NSQF (Level 4)

सूचना एवं संचार प्रौद्योगिकी प्रणाली अनुरक्षण

थ्योरी

I & II YEAR

निम्मी पैटर्न

NSQF (Level 4)

सूचना एवं संचार प्रौद्योगिकी प्रणाली अनुरक्षण

थ्योरी

I & II YEAR

एस सी शर्मा

arihant
SUCCESS AND NOTHING LESS

arihant
SUCCESS AND NOTHING LESS

अरिहन्त प्रकाशन (इण्डिया) लिमिटेड

卐 **रजि. कार्यालय**
'रामछाया' 4577/15, अग्रवाल रोड, दरियागंज, नई दिल्ली- 110002
फोन: 011-47630600, 43518550

卐 **मुख्य कार्यालय**
कालिन्दी, टी.पी. नगर, मेरठ (यूपी)– 250002
फोन: 0121-7156203, 7156204

मुख्य वितरक
शर्मा बुक एजेन्सी, ओम नगर, आगरा देहली बाईपास (निकट अलवर ब्रिज), मथुरा
फोन: 09219662591, 8433486830 ई.मेल: sharmabookagency25@gmail.com

卐 **शाखा कार्यालय**
आगरा, अहमदाबाद, बरेली, बेंगलुरु, चेन्नई, दिल्ली, गुवाहाटी, हैदराबाद, जयपुर, झाँसी, कोलकाता, लखनऊ, नागपुर तथा पुणे

卐 **मूल्य** ₹ 500.00

PO No : TXT-XX-XXXXXXX-X-XX

PUBLISHED BY ARIHANT PUBLICATIONS (INDIA) LTD.

'अरिहन्त' की पुस्तकों के बारे में अधिक जानकारी के लिए हमारी वेबसाइट **www.arihantbooks.com** पर लॉग इन करें या **info@arihantbooks.com** पर सम्पर्क करें।

Follow us on...

प्रस्तावना

तकनीकी शिक्षा के क्षेत्र में नेशनल कॉउन्सिल ऑफ वोकेशनल ट्रेनिंग, NCVT एक महत्त्वपूर्ण भूमिका निभाता है, क्योंकि यह प्रशिक्षुओं के लिए पाठ्यक्रम पर निर्धारित ऑल इण्डिया ट्रेड टैस्ट आयोजित करने के साथ-साथ उन्हें राष्ट्रीय व्यापार प्रमाण-पत्र द्वारा भी प्रमाणित करता है। इसके अतिरिक्त यह विविध ट्रेडों के पाठ्यक्रम में निरन्तर बदलाव कर प्रशिक्षुओं को अपने-अपने क्षेत्र में लगभग पूर्ण विशेषज्ञ बनाने का प्रयास करता है।

अरिहन्त प्रकाशन द्वारा प्रकाशित पुस्तक **'सूचना एवं संचार प्रौद्योगिकी प्रणाली अनुरक्षण थ्योरी'** इन्हीं बातों को ध्यान में रखकर तैयार की गई है। यह पुस्तक निम्मी पैटर्न एवं DGT और NCVT के नवीनतम पाठ्यक्रम के अनुसार तैयार की गई है। यह पुस्तक एक पूर्णत: संशोधित संस्करण है जिसमें विभिन्न विषयों तथा सम्बन्धित सम्पूर्ण पाठ्य सामग्री को सटीक चित्रों सहित सरलतम भाषा में समझाकर विषयक् जटिलता के स्तर को न्यूनतम स्तर तक लाने का प्रयास किया गया है। इसके अतिरिक्त परीक्षा पैटर्न के अनुरूप बहुविकल्पीय प्रश्नों की अधिकता तथा अन्य प्रकार के प्रश्नों का समावेश जैसी विशेषताएँ इस पुस्तक को सर्वश्रेष्ठ बनाती हैं।

पुस्तक की विशेषताएँ

- नवीन संशोधित पाठ्यक्रम के अनुसार सूचना एवं संचार प्रौद्योगिकी प्रणाली अनुरक्षण थ्योरी सम्बन्धी सभी सिद्धान्तों का सरल एवं सटीक भाषा में प्रस्तुतीकरण।
- पाठ्यक्रम के अनुसार अध्यायों एवं का समावेशन।
- सम्पूर्ण पाठ्य सामग्री का तालिका एवं सटीक आरेखों द्वारा वर्णन।
- परीक्षा के दृष्टिकोण से प्रत्येक अध्याय के अन्त में बहुविकल्पीय प्रश्नों का कुंजी सहित समावेश।
- प्रत्येक अध्याय के अन्तर्गत तकनीकी शब्दों केतुल्य अंग्रेजी शब्दों का समावेशन।

यद्यपि यह पुस्तक एक पूर्णतः संशोधित संस्करण है परन्तु फिर भी यदि इस पुस्तक से सम्बन्धि आपको किसी भी स्तर पर संशोधन की आवश्यकता प्रतीत होती है तो कृपया अवगत कराने का कष्ट अवश्य करें ताकि आगामी संस्करणों को और परिष्कृत रूप में प्रस्तुत किया जा सकना सम्भव हो।

प्रकाशक

विषय-सूची

प्रथम वर्ष

द्वितीय वर्ष

SYLLABUS

FIRST YEAR

1. (a) Punctuality and Discipline expected of trainees. Course duration, methodology and structure of the training program. (b) About the institute and infrastructure. (c) Safety in moving and shifting heavy and delicate equipments. (d) First aid. (e) Artificial respiration. (g) Electrical safety.

2. (a) Concept of current and voltage. AC, DC Supply indicating lamps. Different types of Fuses and their applications. Different types of connectors used in electrical and electronic applications. Different types of switches used in electrical and electronic applications. (b) Circuit voltage and current. Measuring circuit voltage and current using voltmeters and ammeters. AC and DC meters.
(c) Measuring instruments, MC, MI type, Ammeter, Voltmeter, Multimeter for measuring voltage and current. Construction, characteristics/ features and specification. Digital Multimeter (d) Meaning of Circuit and basic electrical circuits. (e) Meaning of resistance, continuity and continuity testers. Multimeter for checking continuity. (f) Concept of Power and measurement using V&I meter and Power meter.

3-4. (a) Classification, characteristics and application of different types of resistors.-carbon film, metal film, wire wound, cermets and surface mounted. (b) Colour coding of resistors. Calculating Imeasuring resistance value and its tolerance value. Wattage of resistors, specific resistance and their importance. (c) Resistors in series and parallel. (d) Soft soldering and precautions to be taken for making a good solder joint. Types of solder and need of soldering paste. (e) Ohms law and Kirchhoff's Laws.
(f) Printed circuit boards and its application. (g) De-soldering tools. (h) Temperature dependent resistors and their applications.(PTC and NTC) . (i) Voltage dependent resistors (VDR).
(j) Photoelectric effect, Light Dependent resistors. (k) Variable resistors, pots, presets, types and application. Log and Linear resistors.

5-6. (a) Definition of inductance. Properties. Types of inductors and their application. (b) Inductive reactance, measuring inductance and inductive reactance. Meaning of lead, lag. Effect of inductor on power factor. Frequency dependence of inductive reactance. (c) Self and Mutual inductance. Coefficient of coupling. (d) Transformers. Turns ratio. Transformer winding. Winding machines.
(d) Transformer losses and efficiency. (f) Uses, losses, efficiency type of cores and uses for LF, HF, VHF transformer. (g) Transformers used in high frequency applications.

7-8. (a) Working principle of capacitors. Electrostatic action, dielectric constant. Unit of capacitance and capacitive reactance. Types of Capacitors-electrolytic, ceramic, polyester, tantalum, mica, surface mounted. Colour coding, and tolerance. (b) Measuring capacitance and capacitive reactance.
(c) Behaviour of capacitance at different frequencies. (d) Capacitors in series and parallel.
(e) Meaning of Resonance. Application of resonance. Series and parallel resonance circuits.

9-10. (a) Semiconductor, intrinsic and extrinsic semi conductors, P and N type semiconductor. Development of P.N. junction barrier potential. Effect of temperature. Breakdown voltage.
(b) Different types of Diodes. Diode terminals. Diode specifications using data book. (c) Forward and reverse characteristics of diode. Testing diodes using Multimeter. (d) Half wave and Full wave rectifiers using diodes. Transformer requirements. Calculating output DC, ripple factor. (e) Bridge rectifier. Calculating output DC, ripple factor. (f) Filters for rectifiers. Calculating output DC, ripple factor. (g) Zener diode-Its characteristics and application for voltage regulation. Calculating the series resistor for required current rating. (h) Specifications of a regulated power supply and testing a power supply for its specifications.

11-12. (a) Working principle of PNP, Bipolar transistors. Types of transistors and applications. Leads of transistors and their identification. (b) Forward and reverse bias of transistor Junction. General values of junction resistances. Quick testing a transistor-using Multimeter. (c) Transistor configuration - CB, CE, CC, alpha, beta. Types of Biasing of transistor amplifiers, comparison and applications. Thermal runaway. Steady and Dynamic characteristics. Testing- get frequency response, gain bandwidth product, signal to noise ratio.

13-14. (a) Field effect transistors, types, working principle, applications. (b) Working principle and application of UJT. (c) Working principle and application of SCR. (d) Working principle and application of TRIAC. (e) Working principle and application of DIAC.

15-16. (a) Unregulated, regulated DC Power supply specifications. Application of different types of power supply for specific application types. (b) Series regulator using transistor. Short circuit protection. Overload protection. (c) Shunt regulators using transistors. (d) Fixed Voltage regulators using IC's. (e) Variable voltage regulators using IC's. (f) Mains voltage stabilizers. (g) Inverters and converters. (h) Un-interrupted power supply, types and applications.

17-18. (a) Number systems and conversions. Classification of digital IC's. Use of data book for identification of digital IC's. (b) Basic LOGIC GATES and truth table. Boolean algebra. (c) Logic families, logic levels, propagation delay. Multiple input gates. (d) XOR, XNOR gates and application. (e) Simplification of Boolean equations. (f) Combinational logic circuits. (g) Half adder, full adder, parallel binary adder, half subtractor, full subtractor. (h) Commercially available adders/subtractors.
(i) Comparator, decoders, encoders, multiplexer, demultiplexer. (j) Parity generators / checkers. RS Flip - Flop, JK flip-flop, Master- Slave flip-flops. (k) Types of triggering and applications. D flip-flops.
(l) Counters, ripple, synchronous, up-down, scale-n counters. (m) Principles of A/D & D/A converter. Commercially available A/D & D/A converters. Applications. (n) Shift registers. Types, applications.
(o) Commercially available shift registers and applications. (p) Conversion of serial data into parallel and vice-versa. (q) Concept of Karnaugh Map (K-Map).

19. Lead acid cell, its construction and chemical changes during charging and discharging. Battery charging methods. Maintenance free batteries. Lithium cell, Ni-cad cells their construction and applications.

20. Working principle and application. (b) Precautions to be taken while measuring voltages using CRO. (c) Internal parts of a CRO. Construction and function of CRT and its associated circuitry. (d) Simple Calibration procedures care and maintenance.

21. (a) Modulation - types of modulation. AM, FM, PM. Amplitude modulation. Measurement of percentage of modulation. (b) AM Transmitter block diagram. Amplitude modulator circuit and working. (c) AM receiver block diagram. Principle of an AM demodulator/detector - analysis of crystal receiver. (d) Frequency modulation- bandwidth requirement. FM transmitter block diagram. Comparison with AM- advantages of FM over AM. (e) FM receiver block diagram. Principle of Demodulation of FM signals. (f) Pulse modulation - PAM, PWM and PCM. Demodulators. Advantages and applications.

22. Basics of gears, Belts, Stepper Motor, Drive. Sensors, its types and working principles. Relays, types and its working principles. Introduction to Microprocessor, Pentium processor architecture basics. Timing Circuits, Electronic Display (7 segment, LED, LCD, Plasma, LED matrix.

23-24. Project Work (any one) Create a regulated power supply, Create amplifier using transistor, Create a bridge rectifier, AC to DC converter, Battery Charger etc.

25. Rivision

26. Examination

27. (a) Introduction to word processing and comparison of features. Creating and saving document files using Word processing software. (b) Formatting test and editing. (c) Setting page and margins. Tabs and indents. (d) Creating multicolumn documents. (e) Inserting pictures in documents. (f) Creating tables. (g) Creating different types of documents. (h) Saving word documents in other formats.
(i) Mail merge. (j) Printing documents.

28. (a) Introduction to spread sheet. Creating Worksheets using Spreadsheet Software. (b) Formatting cells. (c) Using formula in cells. (d) Creating simple spreadsheet for an application. (e) Creating relation between sheets. (f) Graphs and tables. (g) Advanced features. (h) Printing spread sheets.

29. (a) Introduction to computers, classification, generations, applications. Basic blocks of a digital computer. (b) Hand Tools Basics and Specifications. (a) Types of cabinets, relation with mother board form factor. Precautions to be taken while opening and closing PC cabinet. (b) Main devices, components, cards, boards inside a PC(to card or device level only). (c) Types and specifications of the cables and connectors used for interconnecting the devices, boards, cards, components inside a PC. (d) Precautions to be taken while removing and/or re-connecting cables inside a PC.

30-32. (e) Types of I/O devices and ports on a standard PC for connecting I/O devices. (f) Function of keyboard, brief principle, types, interfaces, connectors, cable. (g) Function of Mouse, brief principle, types, interfaces, connectors, cable. (h) Function of monitor, brief principle, resolution, size, types, interfaces, connectors, cable. (i) Function of Speakers and Mic, brief principle, types, interfaces, connectors, cable. (j) Function of serial port, parallel port, brief principle of communication through these ports, types of devices that can be connected, interface standards, connectors, cable.

(k) Precaution to be taken while connecting/removing connectors from PC ports. Method of ensuring firm connection.

Types of Processors and their specifications (Intel: Celeron, P4 family, Xeon, dual core, quad core, core 2 duo, i3,i5,i7 and AMD). (a) Memory devices, types, principle of storing. Data organization 4 bit, 8 bit, word. (b) Semiconductor memories, RAM, ROM, PROM, EMPROM, EEPROM, Static and dynamic. (c) Example of memory chips, pin diagram, pin function of (b) Concept of track, sector, cylinder. FD Drive components- read write head, head ctuator, spindle motor, sensors, PCB.

(c) Precaution and care to be taken while dismantling Drives. (d) Drive bay, sizes, types of drives that can be fitted. Precautions to be taken while removing drive bay from PC. (f) HDD, advantages, Principle of working of Hard disk drive, cylinder and clusture, types, capacity, popular brands, standards, interface, jumper setting. Drive components- hard disk platens, and recording media, ,air filter, read write head, head actuator, spindle motor, circuit board, sensor, features like head parking, head positioning, reliability, performances, shock mounting capacity. HDD interface IDE, SCSI-I/2/3 comparative study. Latest trends in interface technology in PC and server HDD interface.

(g) Precautions to be taken while fitting drives into bays and bay inside PC cabinet.

(h) CMOS setting.(restrict to drive settings only). (i) Meaning and need for using Scan disk and defrag. (j) Basic blocks of SMPS, description of sample circuit.

33. Types of software. System software-OS, Compiler. Application software-like MS office. High level, low level language, Computer application scientific industrial and business. Functions of an operating system. Disk operating system. (a) Concept of GUI, Modes of starting on different occasions.

(b) Desktop, Icon, selecting, choosing, drag and drop. (c) My computer, network neighbourhood/ network places. (d) Recycle bin, briefcase, task bar, start menu, tool bar, and menus.

(e) Windows Explorer. (f) Properties of files and folders. (g) Executing application programs.

(h) Properties of connected devices. (i) Applications under windows accessories. (j) Windows Help.

(k) Finding files, folders, computers. (l) Control panel. Installed devices and properties.

34. Utilities for recovering data from defective/bad hard disks. (a) Introduction to removable storage devices, Bulk data storage devices-magnetic, optical, magneto optical drives, WORM drives.

(b) CD ROM drives- Technology, Types of CD drives, working principle application. (c) Technology, working principle, capacity, media of DAT Drive and back-up procedures. (d) Technology, working principle, capacity, media of DVD ROM drive . (e) Technology, working principle, capacity, media of CD WRITER and use different modes of writing on a CD. Using of utility for CD writing.

35. What's Inside a Hard Drive? How Hard Disks Work Inside: Hard Drive Motherboard Desktop Hard Drive Buyer's Guide What is RAID? Using Multiple Hard Drives for Performance and Reliability hard disk (primary and extended partitions)Learn how to prevent your PC from getting malware All the different types of malware and how they attack your PC. The difference between Anti-Virus and Anti-Spyware software.

36. Bad Sectors in Hard disk, Master Boot Record, in-place installation, Registry fixing, performance level check, Shortcut fixing, Fixing Startup process, log, etc. Users and user account. Privileges, scope, permissions etc. Concept of Virtual Machine.

37. Version of a software, Service pack, Updating of OS, Different configurations of Computer system and its peripherals, Compatible with different hardware/software. Software Installation – Pre-installation Prerequisites, Install procedure, Rollback or Un-install procedure, Tests. Post-installation – Backup procedure & specifications, Restore procedure, Periodical view check. Awareness of legal aspects of using computers such as copyright, patent etc.

38. What is a Driver? What hardware device drivers should be updated What is a Device manager? Computer Maintenance Tips and Tricks to Backup, Scan and Clean Power on self test, Peripheral diagnostics, general purpose diagnostics, Operating system diagnostics. Hardware boot process, Windows boot process.

39. Junk files, deleted files, configuration of internet browser. Introduction to UNIX/LINUX and its structure.Files and Processes in Linux. - Directory structure of Linux O.S. Outlook – Add and use contacts, Calendar basics, Recall and replace sent messages, Send automatic replies when you're out of the office, The ins and outs of BCC, Use Instant Search to find Calendar items, Use Instant Search to find contacts, Use Instant Search to find messages and text, Add holidays to your calendar, Create or delete a search folder, Import and export vCards to Outlook contacts, Make the switch to Outlook 2013, Reach out with contact groups (distribution lists), Send or delete an email stuck in your outbox, Take calendars to the next level, Track email with read receipts, Password protect your mailbox, Use rules to manage your email.

40-42. Introduction of laptop and comparison of various Laptops. Block diagram of laptop & description of all its sections. Study of parts of a laptop. Input system: Touchpad, Trackball, Track point, Docking station, Upgrade memory, hard disk, replacing battery, Configuring wireless internet in a laptop, Latest Tools & Gadgets For Desktop/Laptop Repairs.

43-44. (a) DC power source to PC. Need for SMPS. Specifications. Rating of SMPS based on type of motherboard and devices used. (AT /ATX, Micro ATX, mini ATX) (b) Colour coding adopted. Types of connectors used. Output voltage levels. Measuring technique.(c) Precautions to be taken while cleaning the internal area of SMPS. (d) Precautions to be taken while fixing the SMPS inside the cabinet.

45-46. (a) Mother board function, types, Main components on the mother board and their interconnection. Functional description of mother board, specification and variation. Precautions to be taken before removing the mother board from PC cabinet. (b) Form factor of mother board. (c) Meaning and function of chips sets. Manufacturers, comparison, importance of quality chip set for performance of PC. (d) Bus standards-evolution, speed, latest trends (ISA, PCI, AGP, new trends). (e) Types of processor connectors, examples of latest processor connectors, number of pins. (f) Function of BIOS, manufacturers of BIOS. (g) IDE ports available. Primary, secondary. Number of drives that can be connected. Methods of adding SCSI drives. (h) Details of FDD connector on mother board.
(i) Facility for serial Communication ports on mother board. (j) Facility for PS/2 Communication ports on mother board. (k) Meaning and advantage of USB ports. Facility for USB Communication ports on mother board. (l) Facility for game ports on mother board. (m) Facility for parallel Communication port on mother board. (n) Type of connectors in which keyboards cab be used, old type full size DIN connector. (o) Need of Lithium battery. Its specifications. Replacement procedure. Effect of removing the battery from mother board. (p) Other special components available on mother boards such as integrated devices/drivers,

47. (a) Effect of weak /dead battery on PC performance. Identifying weak/dead battery. Precautions to be taken before replacing the battery. Setting to be done after replacing the battery. (b) Organization of RAM, types of RAM's, Module types, pins, replacement procedure and precautions. Compatibility of memory modules to the motherboard. (c) Type of processors, generation, features, speed, popular manufacturers. Advantages and possibility of upgrading Processor of a PC. Mother board/Chipset/ speed/ connector/power/other compatibility criteria for upgrading processor. Precautions to be taken while removing and placing processor in sockets and slots. (d) Types of jumper settings on motherboard. Its functions and effects. (e) CMOS set-up features. Need and procedure for changing the CMOS set-up. Updating Flash BIOS.

48. (a) Memory devices, types & principle of storing. Data organization 4 bit, 8 bit, word.
(b) Semiconductor memories, RAM, ROM, PROM, EMPROM, EEPROM, Static and dynamic.
(c) Example of memory chips, pin diagram, pin function of popularly used RAM, EPROM, and EEPROM Chips in PC's.

49-50. Industrial Visit/ Project Work

Broad Areas:

(a) Create a regulated power supply.

(b) Create amplifier using transistor.

(c) Create a bridge rectifier.

(d) AC to DC converter.

(e) Battery Charger.

51. **Revision**

52. **Examination**

SECOND YEAR

53-54. (a) Basic Linux commands. (b) Linux file system, The Shell, Users and file permissions, VI editor, X window system, Filter Commands, Processes, Shell Scripting.

55-56. (a) Types of printers, Dot Matrix printers laser printer, Ink jet printer, line printer. Block diagram and function of each unit head assembly, carriage, and paper feed mechanism. Front panel controls and interfaces. Pin details of interface port. (b) Installation of a printer driver. And self test.
(c) Ribbon types used. (d) Refilling of ribbons. (e) Printer cable testing defects, effect and servicing. (f) Printer head, types, cleaning procedures. (g) Precaution to be taken while removing and replacing printer head assembly. (h) Pinter power supply, circuit analysis, defects, servicing. (i) Carriage motor assembly, paper feed assembly, sensors . Procedure for dismantling and replacing mechanical parts. (j) Printer control board, circuit, function, probable defects, servicing. (k) Working principle of LASER printer. (l) Toner cartridge, types, replacing toner cartridges. (m) Refilling toner cartridges, equipment available for refilling and procedure. (n) Printer drum, function, cleaning and replacing procedure.
(o) Power supply in laser printers, circuit, defects, servicing. (p) Mechanical parts and sensors on laser printer, function, replacement procedure. (q) Control board(r) in laser printer, circuit diagram, defects and servicing procedure. (s) Working principle of INK JET/Deskjet printers. Type of ink used and replacement of ink cartridge.(s) Refilling of ink, equipment available, quality of refilled cartridges. (t) Printer drum, function, cleaning and replacing procedure. (u) Power supply in inkjet printers, circuit, defects, servicing. (v) Mechanical parts and sensors on inkjet printer, function.
(w) Working principle of Plotter and its common faults.

57-58. (a) Working principles of Network Scanner. (b) Working principles of Multifunction Printer. (c) Working principles of Passbook printer. (d) Working principles of High Speed Printer. (e) Working principles of Line Printer. (f) Working principles of Network Printer. (g) Working principles of Print Server.

59-60. (a) Types of monitor, Monochrome and colour, CGA, EGA, VGA, SVGA, Digital Analogue, interlaced non interlaced. Specifications and comparison of Monitors. Front panel controls brightness, contrast, horizontal and vertical height settings. (b) Display cards, bus standards, types CGA, EGA VGA, SVGA, AGP , memory and drivers. (c) Main components and connectors on display cards, display controller IC, RAM chips and dual port feature principle of working and use of display memory.
(d) Installing display drivers, setting features. (e) Information required before changing the display driver card and precautions to be taken while installing a display driver card. (f) LCD and TFT Monitors. (g) Understanding the difference between flat screens and CRT display systems
(h) Understanding the displays memory and its effect on quality and performance. (i) Working principle of LCD Projector, its specification, configuration and common faults. (j) Working Principle of Touch Pad.

61-62. (a) Specifications of sound card 16/32 bit stereo mono . Frequency response, sound file format, compression and decompression Principle of working and functional units of sound card.
(b) Installation procedure of sound cards. Setting playback and recording features.
(c) Main components on a sound card and its working. (d) Properties and specification of sound cards. (e) Information and resources required before installation of sound card. (f) Type of speaker and microphone, frequency response, control adjustments, cable and connectors of speaker.
(g) Laptops, advantages, essential difference in construction, additional features, PCMCIA cards.
(h) General maintenance procedures and replacement of battery.

63-64. (a) Study of typical working UPS circuit, explanation of each stage involved. Voltage, current, frequency and KVA specifications. (b) Controls of different type of UPS: On-line, Off- line, Line interactive etc. · Typical circuit blocks. (c) Routine maintenance of battery and UPS. (d) Back-up time, its dependence on battery, load and its calculations. (e) Possible problems in UPS, fault finding procedures. (f) Simulated faults and serving of UPS.

65-66. Modem Fundamentals. Band width, baud rate , wireless communication, synchronous / asynchronous transmission. IRQ, DMA, Memory Address, I/O address, Resource Conflict, Plug & Play Concept. Different latest Add on Cards – (Identification in terms of I/O slot and connectors).

67. (1) Recognise POST error message code as an indication of a serial, parallel and USB problem.
(2) Recognise POST error message code as an indication of a printer's problem. (3) Recognise POST error message code as an indication of a MODEM problem. (4) Recognise POST error message code as an indication of a windows start-up problem. (5) Recognise POST error message code as an indication of an illegal operational problem. (6) Recognise POST error message code as an indication of a virus protection utility problem. (7) Recognise POST error message code as an indication of a networks problem. (8) Recognise POST error message code as an indication of an external devises problem.

68-69. Understand the limitation of a PC and scope for upgrading. Understand technical specifications for PC upgrading. (a) Introduction to removable storage devices, Bulk data storage devices-magnetic, optical, magneto optical drives, WORM drives. (b) Minor repairs and maintenance of CD ROM drives. (c) Technology, working principle, capacity, media of ZIP drives. (d) Important parts and functions of a ZIP drive. (e) Minor repairs and maintenance of ZIP drive. (f) Important parts and functions of DAT drive. (g) Minor repairs and maintenance of DAT drive. (h) Important parts and functions of DVD ROM drive. (i) Minor repair works on a DVD ROM drive. (j) Minor repair works on a CD WRITER.
(k) Technology, working principle, capacity, media of Magneto- Optical Disk (MOD) drives. Applications. (l) Important parts and functions of MOD drive. (m) Minor repair works on MOD.
(n) Latest trends in backup devices / media.

70-71. (a) Safety precautions in handling PC, sub assemblies and components, Important points to be considered while purchasing and replacing components. Concept of Preventive and corrective maintenance. Tools required, Active & Passive Maintenance, Maintenance scheduling. Need of diagnostics program. Features, limitations. Examples of commonly used diagnostic programs.
(b) Probable defects in PC. Localizing faults through its observable visual or audio symptoms and possible methods for rectification /servicing. Understanding serviceability of component. Economy in repair/replacement. (c) Block diagram of a KB, function of controller, LED driver Sample circuit
(d) Defects related to Keyboard and its related ports(DIN,PS/2,USB) Discontinuity in cable, and bad keys. Servicing procedure. (e) Defects related to Mouse and its related ports(COM,PS/2,USB) and servicing procedure. (f) Working principle, electro mechanical circuits of Light pen scanner and digitizer. (g) Defects and symptoms related to HDD and its cable, connector and servicing procedure. (h) Defects related to CD ROM Drive jamming of mechanical assembly mal function of control circuit. and its cable, connector and servicing procedure.(i) Defects related to Ports jumper setting on mother board and servicing procedure. (j) Defects related to processor, its socket, cooling and servicing procedure (k) Defects related to RAM memory module connector and servicing procedure.
(l) Defects related to BIOS, upgrading and servicing procedure. (m) Defects related to CMOS, COMS setup and servicing procedure. (n) Defects related to battery and servicing procedure.

72-73. Circuit Board / Motherboard Introduction. Study of parts of a tablet PC / smart devices. Testing of various parts with multimeter. Steps of repairing various hardware problems. Advanced troubleshooting techniques. Introduction of various software faults. Flashing of various brands of tablets / smart devices. Upgrading operating systems. Locking & Unlocking of handsets. Concept of iOS, Android, Icecream sandwich, jellybeans. Concept of PhoneGap.

74. Internet and Web Browser World wide web and website Web Browsing and popular web browsing software. Introduction to Search Engines, Popular Search engines. Concept of Favourites Folder.
What is an Electronic Mail. Email Addressing, BCC and CC, Inbox, Outbox, Address book, SPAM. Cloud Computing Introduction to Cloud Computing, how to access Cloud service providers & to create an account. IT Act & Law Introduction to Cyber Security. Introduction to Cyber Laws & IT Act. Importance of privacy and techniques to manage it.

75-76. Project Work (any one) Troubleshoot / Repair / Replace a faulty Printer / Scanner / UPS / MFD / VDU / Add-on card /Spares, Installation & configuration of LINUX, Configure Outlook, Setting / Configuring Tablet / Android etc.

77. **Revision**

78. **Examination**

79. Introduction to Computer Networks – Advantages of Networking, Peer-to-Peer and Client/Server Network. Network Topologies – Star, Ring, Bus, Tree, Mesh, Hybrid. Type of Networks – Local Area Networks (LAN), Metropolitan Area Networks (MAN), Wide Area Networks (WAN) and Internet, Ethernet, Wi-Fi, Bluetooth, Mobile Networking, Wire and wireless Networking. Difference between Intranet and Internet.

80-81. Communication Media & Connectors – Unshielded twisted-pair (UTP), shielded twisted-pair (STP), Filber Optics and coaxial cable: RJ-45, RJ-11, BNC. Understanding color codes of CAT5 cable. 568A and 568B convention.

82. Introduction to Data Communication – Analog and Digital Signals, Simplex, Half-Duplex and Full-Duplex transmission mode.

83. OSI Model - The functions of different layers in OSI model.

84-85. Network Components – Modems, Firewall, Hubs, Bridges, Routers, Gateways, Repeaters, Transceivers, Switches, Access point, etc. – their types, functions, advantages and applications.
IP Routing in Network RIP IGRP.

86. Protocols, TCP/IP, FTP, Telnet etc., Theory on Setting IP Address(IP4/IP6) & Subnet Mask, Classes of IP Addressing. Overview of Virtual LAN VLAN Memberships Identifying VLAN Trunking - VLAN Trunk Protocol (VTP) Concept of Translator Gateways.

87. Simple Mail Transfer Protocol (SMTP), Telnet, File Transfer Protocol (FTP), Hyper Text Transfer Protocol (HTTP), Simple Network Management Protocol (SNMP). LDAP (Lightweight Directory Access Protocol). Network Security. Concept of Dynamic Host Control Protocol.

88. Concept of Internet. Architecture of Internet. DNS Server. Internet Access Techniques, ISPs and examples(Broadband/Dialup/Wifi). Concept of Social Networking Sites, Video Calling & Conferencing. Concept of VIRUS and its Protection using Anti Virus, UTM and Firewall.

89. Collaborating using wired and wireless networks, Protecting a Network, Network performance study and enhancement.

90. Surveillance using network devices, collaboration on network for team optimization and support activities. Remote management of devices.

91. Modern Network Security Threats and the basics of securing a network. Secure Administrative Access, LAN security considerations. Network Security Devices. Cryptography. Wi-fi security considerations.

92. Server concepts, Server Hardware, Installation steps, configuration of server. Concept of Active Directory. ADS Overview, ADS Database, Active Directory Namespace, Logical & Physical Elements of AD.

93-94. Concept of DNS. Name resolution – Host names, NetBIOS names. DNS Overview. DHCP Overview DHCP Clients and Leases.

95. Remote Access Overview VPN Concepts. Remote Access Authentication Protocol RRAS Policies IAS TCP/IP Routing.

96. Concept of User and Group. Planning Security Group Strategy AGDLP Process Planning User Authentication Strategy Planning OU Structure Planning a Group Policy Strategy Deploying Software Through GPO.

97. Introduction to Web Server Introduction to Messaging Services Concept of Backup and Recovery of Server.

98. Security Baseline and Templates Audit Policy Understanding IPSec Protocol Security cPlanning security for Wireless Network.

99. Managing Network Traffic Types of Problems of Internet Connectivity Types and working of Server Services.

100. (a) Configuration Plan. (b) Public and data directory. (c) Host file. (d) SWAT. (e) Password Authentication. (f) Telnet.

101-102. Project Work (any one) Setting up a LAN of at least 3 PCs using HUB / Switch and structured cabling, Configuration of Switch / Router, Setup a wireless LAN with security features, Invoking Network security, Installation & configuration windows server, Installation & configuration of LINUX Server etc.

103. **Revision**

104. **Examination**

प्रथम वर्ष

अध्याय 01

ट्रेड परिचय एवं सुरक्षा सावधानियाँ

Trade Introduction and Safety Precautions

परिचय Introduction

वर्तमान परिदृश्य सूचना एवं संचार प्रौद्योगिकी का पर्याय बन चुका है। आधुनिक इलेक्ट्रॉनिकी एवं तकनीक का अत्यधिक विकास होने के कारण अब बिना तारों के भी सूचनाओं का संचरण किया जाता है। संचार प्रणाली में सूचनाओं का एक स्थान से किसी अन्य स्थान को ट्रांसमिशन एवं अभिग्रहण (reception) किया जाता है। संचार (communication) वह प्रक्रिया है, जिसमें सूचना (information) को इलेक्ट्रॉनिक रूप में एक स्थान से अन्य स्थान पर प्रेषित किया जाता है। इस कार्य को सुचारु रूप से सम्पन्न करने के लिए कम्प्यूटरों और कृत्रिम उपग्रहों (satellites) इत्यादि का निर्वहन उपयोग करते हैं। अत: हम कह सकते हैं कि वर्तमान में कम्प्यूटर सूचना एवं संचार के क्षेत्र की मुख्य आवश्यकता बन चुका है, जिसका मुख्य कार्य आँकड़ों या डाटा को ग्रहण करके अपनी स्मृति (memory) में सुरक्षित रखना और आवश्यकता पड़ने पर उसे अपनी स्मृति से निकाल कर उचित रूप में प्रदर्शित करना या उसमें से उपयोगी जानकारी निकालना है। किसी भी ट्रेड की सफलता के लिए उससे सम्बन्धित सुरक्षा सावधानियों का भी पूर्ण ज्ञान होना चाहिए ताकि सभी कार्य बिना किसी व्यवधान के सम्पन्न हो सकें। अत: प्रस्तुत अध्याय में ट्रेड के इन सभी पहलुओं का समायोजन किया गया है।

1.1 संस्थान से आत्मसात्मीकरण Familiarisation with Institute

औद्योगिक प्रशिक्षण संस्थान (ITIs) के अन्तर्गत सूचना एवं संचार प्रौद्योगिकी प्रणाली अनुरक्षण (Information and Communication Technology System Maintenance) ट्रेड दो वर्षीय है।

सूचना एवं संचार प्रौद्योगिकी प्रणाली अनुरक्षण (Information and Communication Technology System Maintenance) ट्रेड के अन्तर्गत हम कम्प्यूटर, संचार प्रणाली एवं नेटवर्किंग एवं उससे सम्बन्धित अनुरक्षण इत्यादि की विभिन्न विधियों का विस्तारपूर्वक अध्ययन करते हैं। उदाहरण के लिए, हमारे विद्युत तथा टेलीफोन के बिल कम्प्यूटर द्वारा तैयार कर भेजे जाते हैं; रेलगाड़ियों और हवाई जहाजों में सीटों का आरक्षण कम्प्यूटर द्वारा किया जाता है और बैंकों में अधिकतर कार्य कम्प्यूटर की सहायता से किया जाता है। यहाँ तक कि जब हम किसी बड़ी दुकान पर खरीददारी करने जाते हैं, तो उसका बिल भी कम्प्यूटर से बनाया जाता है। तात्पर्य यह है कि अब कम्प्यूटर गिनी-चुनी जगहों पर काम में आने वाली दुर्लभ मशीन मात्र नहीं रह गया है, अपितु स्कूटर, टेलीफोन, टी.वी., मोटरकार आदि की तरह घरेलू उपयोग की वस्तु बनता जा रहा है।

1.2 विद्युत सुरक्षा Electricity Safety

विद्युत एक प्रकार की ऊर्जा है, जिसे उसके अनुप्रयोगों में (ऊष्मा, प्रकाश, यान्त्रिक ऊर्जा आदि के रूप में) अनुभव किया जा सकता है। अन्य ऊर्जाओं की भाँति ही इस ऊर्जा को भी अन्य ऊर्जाओं के रूपान्तरण के द्वारा प्राप्त किया जा सकता है। जहाँ विद्युत एक बहुउपयोगी ऊर्जा है, वहीं यह मनुष्य के जीवन के लिए घातक भी सिद्ध हो सकती है। किसी भी असावधानी अथवा सुरक्षात्मक उपाय के अभाव में मनुष्य के शरीर में विद्युत धारा प्रवाह स्थापित होना उसके जीवन के लिए घातक हो सकता है। अत: यह आवश्यक है कि वैद्युतिक स्थापनाओं एवं उपकरणों में सभी सुरक्षात्मक उपाय अपनाए जाएँ और विद्युत सम्बन्धी कार्य से जुड़े सभी व्यक्ति सुरक्षात्मक सावधानियों का अनुपालन करें।

कार्यशाला में विद्युतकारों को विद्युत से बचाव के लिए निम्न सुरक्षात्मक सावधानियों का अनुपालन करना चाहिए।

1. कार्यशाला में उपयुक्त पोशाक पहनकर ही जाएँ एवं सुरक्षा संकेतों का अनुपालन करें।
2. प्रत्येक कार्य के लिए सही औजार का सही विधि से प्रयोग करें।
3. किसी मेन-स्विच को तब तक 'ऑन' न करें, जब तक यह सुनिश्चित न हो जाए कि उस स्विच से सम्बन्धित लाइन पर कोई व्यक्ति कार्य तो नहीं कर रहा है।
4. किसी वैद्युतिक मशीन अथवा उपकरण को तब तक न छुएँ, जब तक कि यह सुनिश्चित न कर लें कि उसकी बॉडी में विद्युत धारा का अनैच्छिक प्रवाह तो नहीं हो रहा है।
5. वैद्युतिक मशीनों अथवा उपकरणों पर कार्य करते समय स्वयं को रबर के जूतों, रबर की चटाई, सूखी लकड़ी के फर्नीचर आदि की सहायता से भू-सम्पर्क से पृथक् रखना चाहिए।
6. फ्यूज वायर बदलने से पूर्व मेन-स्विच को 'ऑफ' कर लेना चाहिए।
7. वायरिंग करते समय फेज तार को सदैव स्विच के द्वारा नियन्त्रित करना चाहिए।
8. किसी वैद्युतिक उपकरण का स्थान परिवर्तित करने से पूर्व उसे विद्युत-स्रोत से विसंयोजित (disconnect) कर देना चाहिए।
9. किसी वैद्युतिक उपकरण को विद्युत-स्रोत से विसंयोजित करने के लिए उसके प्लग-टॉप को पकड़कर खींचें न कि उसकी मेन-लीड को।
10. किसी वैद्युतिक उपकरण का प्लग-टॉप परिवर्तित करते समय मेन-लीड के फेज, न्यूट्रल तथा अर्थ तारों को प्लग-टॉप के पिनों में इस प्रकार कसें कि वे सॉकेट के क्रमशः फेज, न्यूट्रल तथा अर्थ तारों से ही सम्पर्क करें।
11. बिना पर्याप्त कारण के किसी वैद्युतिक उपकरण अथवा मशीन के साथ छेड़-छाड़ न करें।
12. वैद्युतिक वायरिंग अथवा मरम्मत कार्य करते समय वैद्युतिक मशीनों अथवा उपकरणों के धात्विक खोल को आवश्यक रूप से 'अर्थ' करें।
13. पोल या टॉवर पर कार्य करते समय सुरक्षा-पेटी (safety belt) का प्रयोग अवश्य करें।
14. चालू वैद्युतिक लाइन पर कार्य करते समय 'इन्सुलेटिड' औजार एवं हाथों में रबर के दस्तानों (hand gloves) का प्रयोग अवश्य करें।
15. किसी वैद्युतिक उपकरण को विद्युत-स्रोत से संयोजित करने से पूर्व यह सुनिश्चित करना आवश्यक है कि वह उपकरण पूर्णतः ठीक है, सप्लाई देने योग्य है और उसके धात्विक भाग 'अर्थ' हैं।

1.3 भार उठाने हेतु सुरक्षा सावधानियाँ
Safety Precautions for Lifting Loads

कार्यशाला में भारी उपकरणों एवं मशीनों को उठाने एवं एक स्थान से अन्य स्थान पर उनका स्थानान्तरण करने के लिए निम्न सावधानियाँ अपनानी चाहिए

1. श्रमिकों को अपनी सामर्थ्य को ध्यान में रखकर ही बोझ उठाना चाहिए, सामर्थ्य से अधिक बोझ न उठाएँ।
2. अधिक भारी मशीनों एवं उपकरणों को एक स्थान से दूसरे स्थान पर ले जाने के लिए ट्रॉली का प्रयोग करना चाहिए।
3. कार्यशाला के फर्श पर ग्रीस एवं तेल इत्यादि गिरे हुए नहीं होने चाहिए ताकि इसके कारण भार लेकर चलते समय उत्पन्न होने वाली दुर्घटना से बचा जा सके।
4. भार उठाते समय पीठ को अधिक से अधिक सीधा रखने की कोशिश करनी चाहिए।
5. भारी मशीनों के स्थानान्तरण के लिए जहाँ तक सम्भव हो आधुनिक प्रणाली; जैसे—फॉर्क लिफ्ट ट्रक, पैलेट ट्रक या ट्राली इत्यादि प्रयोग में लानी चाहिए।

1.4 प्राथमिक उपचार First Aid

किसी दुर्घटनाग्रस्त व्यक्ति का, डॉक्टर के आगमन से पूर्व किया जाने वाला उपचार प्राथमिक उपचार कहलाता है। इस कार्य के लिए कार्यशाला में 'फर्स्ट एड बॉक्स', स्ट्रेचर आदि वस्तुएँ आवश्यक रूप से उपलब्ध रहनी चाहिए। विद्युत झटके से पीड़ित व्यक्ति के उपचार के लिए किसी सहायक के द्वारा डॉक्टर को बुलवाएँ और डॉक्टर के आने से पूर्व निम्न प्राथमिक उपचार प्रारम्भ करें

1. पीड़ित के चारों ओर से भीड़ हटा दें जिससे कि उसे स्वच्छ वायु मिल सके।
2. पीड़ित के मुँह से नकली दाँत, पान, तम्बाकू आदि निकाल दें, जिससे कि उसे श्वास लेने में कठिनाई न हो।
3. पीड़ित के छालों अथवा जले अंगों को स्वच्छ कपड़े अथवा कागज से ढक दें, जिससे कि उन पर मक्खी, मच्छर आदि न बैठें और पीड़ित के शरीर में अन्य बीमारियाँ न फैला सकें।
4. पीड़ित यदि कमरे में हो तो खिड़की-दरवाजे आदि खोल दें, जिससे कि स्वच्छ वायु का निर्बाध आवागमन हो सके।
5. पीड़ित को सर्दी से बचाएँ और उसे पलंग, दरी, चटाई आदि पर लिटाकर कम्बल ओढ़ा दें, परन्तु उसका मुँह उघड़ा रखें।
6. पीड़ित को यदि श्वास लेने में कठिनाई प्रतीत होती हो, तो कृत्रिम श्वास क्रिया प्रारम्भ कर दें।

प्राथमिक उपचार हेतु सुरक्षा किट Safety Kit for First Aid

कार्यशाला में कार्यरत श्रमिकों को कभी भी हल्की या गम्भीर चोट आ सकती है, इसलिए जरूरी है कि प्राथमिक उपचार की कुछ विशेष सामग्री व दवाएँ सुरक्षा किट के रूप में वहाँ पर हर समय उपलब्ध रहें। इन सामग्रियों व दवाओं के तुरन्त प्रयोग से घायल व्यक्ति को बहुत राहत पहुँचती है। ये निम्न प्रकार है

टिंक्चर आयोडीन (tincture iodine), मरक्यूरी क्रोम (mercury chrome), बरनॉल (bernol), टिंक्चर बेंजीन (tincture benzene), डेटॉल (dettol), कपूर (kappor), दर्दनाशक औषधियाँ (pain killer medicines); जैसे—Combiflam आदि, मूर्च्छा दूर करने की औषधियाँ, पट्टियाँ (bandages), जालीदार कपड़ा (gauge), रूई (cotton), सेफ्टी पिन (safety pins), कच्चा प्लास्टर (temporary plaster), लकड़ी की छोटी पट्टिकाएँ (small wooden planks), ग्लास (tumbler), ड्रॉपर (dropper) तथा कैंची, छोटा चाकू एवं नेत्र शोधन सामग्री इत्यादि प्राथमिक उपचार हेतु प्रयोग की जाने वाली सुरक्षा किट में अवश्य होने चाहिए।

1.5 रक्तस्राव तथा उसका नियन्त्रण Bleeding and its Control

किसी भी श्रमिक को कार्यशाला में कार्य करते हुए किसी भी समय चोट लग सकती है। चोट कार्यशाला में लगे या घर से बाहर, किसी वाहन से टकराने से, अनेक बार यह देखा गया है कि छोटी-सी चोट भी घातक सिद्ध हो सकती है और मानसिक रूप से सदमा पहुँचा सकती है एवं उससे मृत्यु तक हो सकती है। चोट के इन दुष्परिणामों से बचने का एक ही उपाय है कि उससे होने वाले रक्तस्राव को जल्दी बन्द किया जाए।

हमारे शरीर में रक्त परिसंचरण तन्त्र में रक्त वाहिकाओं द्वारा घूमता रहता है। चोट लगने पर जब ये वाहिकाएँ (धमनियाँ-शिराएँ) टूट-फूट जाती हैं, तो रक्तस्राव होने लगता है। वैसे तो हमारे शरीर में ऐसी व्यवस्था है कि रक्त का स्राव स्वत: रुक जाए। वास्तव में हमारा शरीर ऐसा करता भी है। कभी-कभी इन प्रयत्नों में सफलता नहीं मिलती, उस समय बाहरी प्रयत्नों से रक्तस्राव को रोकना आवश्यक हो जाता है।

रक्तस्राव रोकने की जानकारी से पूर्व विभिन्न प्रकार के रक्तस्राव के बारे में जानकारी होनी आवश्यक है

1. धमनियों, शिराओं या कोशिकाओं से रक्तस्राव आरम्भ हो सकता है। कोशिकाओं से रक्तस्राव उसी समय होता है जब हमें मामूली खरोंच या चोट आदि लगी हो।
2. धमनियों से भी रक्तस्राव हो सकता है। यह रक्त चमकीले लाल रंग का होता है और रक्त झटके के साथ तेजी से निकलता है, जबकि शिराओं से होने वाला रक्तस्राव धीरे-धीरे निरन्तर होता है और उसका रंग अपेक्षाकृत गहरा लाल अर्थात मैहरून रंग का होता है।
3. शिराओं से निकलने वाले रक्त का रंग उनमें उपस्थित कार्बन डाइ-ऑक्साइड पर निर्भर करता है। यदि कार्बन डाइ-ऑक्साइड अधिक होती है, तो उसका रंग अधिक काला होता चला जाता है।

एक वयस्क के शरीर में आमतौर पर 5-6 लीटर रक्त होता है। इसमें से यदि किसी कारणवश एक लीटर रक्त निकल जाता है, तो स्थिति चिन्ताजनक हो सकती है। बच्चे के शरीर से 500 मिली खून का निकल जाना भी उसके लिए घातक हो सकता है।

आमतौर से इतना अधिक रक्त बहने से बाहरी प्रभाव स्पष्टत: दिखाई देने लगता है और पीड़ित व्यक्ति के चेहरे पर सदमा दिखाई देने लगता है। ऐसी स्थिति में चोटग्रस्त व्यक्ति को प्राथमिक चिकित्सा देना अनिवार्य होता है। आगे, बाहरी रक्तस्राव को रोकने की कुछ विधियाँ बताई गई हैं।

बाह्य रक्तस्राव External Bleeding

बाह्य रक्तस्राव नकसीर छूटने से तथा अस्थि-भंग से, किसी अंग के कट जाने, ठोकर लगने आदि जैसे खुले घावों से होता है। अधिकांश परिस्थितियों में 6 से 10 मिनट के अन्दर रक्त के थक्के बनने लगते हैं, जिससे खून बहना स्वत: ही बन्द हो जाता है। खून जमने की क्रिया से क्षतिग्रस्त वाहिका कटे हुए या चोटग्रस्त सिरे पर संकुचित हो जाती है, जिससे खून बहना बन्द हो जाता है। खून बिम्बाणु (प्लेटलेट) और फाइब्रिन के संयोजन से जमता है, जिसे थक्का बनना कहते हैं। थक्का आकार में बढ़कर क्षतिग्रस्त भाग को बन्द कर देता है। यदि कोई बड़ी रक्तवाहिका कट-फट जाती है तो थक्का स्वत: ही इसका प्रतिरोध करता है।

कभी-कभी रक्तवाहिका का केवल एक भाग ही फटता है। उस समय वाहिका भित्ति न तो फैलती है और न ही संकुचित होती है। ऐसी स्थिति में प्राथमिक उपचार द्वारा ही खून बहना रोकना चाहिए। कभी-कभी खून तेजी से बहता है। ऐसे समय में यदि रक्तस्राव बन्द होने का इन्तजार ही करते रह जाएँ तो थक्का बनने की सामान्य क्रिया होने से पहले ही अत्यधिक रक्त बह जाने के कारण रोगी की मृत्यु तक हो सकती है।

नियन्त्रण Control

बाह्य रक्तस्राव को रोकने की निम्नलिखित विधियाँ हैं

1. **घाव के ऊपर हाथ या अँगुलियों से** (प्रेशर ड्रेसिंग) **स्थानीय दबाव डालकर** यह विधि रक्तस्राव को रोकने के लिए सर्वाधिक प्रभावकारी पाई गई है। घाव के चारों ओर कसकर कपड़ा लपेटने से रक्तस्राव वाले स्थान पर दबाव अच्छी तरह पड़ता है। यदि इसके बाद भी खून बहना बन्द नहीं होता, तो घाव पर पट्टी बाँधनी चाहिए। इस बारे में एक बात पर ध्यान दें कि घाव पर ज्यादा दबाव नहीं डालना चाहिए। घाव पर हाथ से धीरे-धीरे दबाव डालना चाहिए और घाव पर पैड रखते जाना चाहिए।

2. **दाब स्थल** (प्रेशर प्वॉइण्ट) **नियन्त्रण** उन परिस्थितियों में जहाँ प्रेशर ड्रेसिंग उपलब्ध नहीं है या रक्तस्राव नहीं रुक पाता, उस समय जरूरत पड़ने पर रक्तस्राव कम करने या रोकने के लिए घाव की समीपस्थ धमनी पर दबाव डाला जा सकता है।
3. **टूर्नीकेट** असामान्य परिस्थितियों में घाव पर 'टूर्नीकेट' पट्टी बाँधनी चाहिए। यह एक विशेष प्रकार की पट्टी होती है। यह अत्यधिक कसकर बाँधी जाती है। पट्टी कसने के लिए पट्टी की दो तहों के बीच पेन्सिल जैसी वस्तु फँसाकर उसे दो-तीन बार घुमा दिया जाता है। सामान्य परिस्थितियों में इसका प्रयोग नहीं किया जाता, लेकिन साँप के काटने जैसी दुर्घटनाओं में, जिनमें विष आदि फैलने की सम्भावना अधिक होती है, टूर्नीकेट का उपयोग जरूरी हो जाता है।

   टूर्नीकेट आमतौर से आधे घण्टे से अधिक समय तक नहीं कसी रहनी चाहिए। अत: इसके लिए टूर्नीकेट बाँधने का समय नोट कर लेना आवश्यक है। आमतौर से यह समय दुर्घटनाग्रस्त व्यक्ति के माथे पर लिख दिया जाता है।

   महत्वपूर्ण बिन्दु

   टूर्नीकेट के उपयोग में कुछ अन्य बातें भी ध्यान में रखनी चाहिए जो निम्नलिखित हैं

   (i) चौड़ी-से-चौड़ी पट्टी का प्रयोग करें।
   (ii) तार जैसी कोई वस्तु, जिससे त्वचा कटने का डर हो, उपयोग नहीं करनी चाहिए।
   (iii) चिकित्सक के आने तक टूर्नीकेट को खोलना नहीं चाहिए।
   (iv) टूर्नीकेट को पट्टी से ढकना नहीं चाहिए।
   (v) घुटने और कोहनी के नीचे तथा बिल्कुल त्वचा के साथ टूर्नीकेट कभी नहीं बाँधना चाहिए क्योंकि इसके दबाव से तन्त्रिकाएँ नष्ट हो सकती हैं।
4. **लकड़ी की पट्टियाँ** दुर्घटना में हड्डी टूट जाने पर कभी-कभी टूटी हड्डी के नुकीले भाग आस-पास की मांसपेशियों में धँस जाते हैं। इससे पेशियों की रक्तवाहिकाएँ कट जाती हैं और लगातार रक्तस्राव होने लगता है। इस स्थिति में टूटी हड्डी के एक ओर लकड़ी की पतली फट्टी या तख्ता (splint) रखकर उस पर कसकर पट्टी बाँध देना श्रेयस्कर होता है। इससे रक्तस्राव रुक जाता है।
5. **नकसीर छूटना** नाक से खून बहना एक आम बात है, लेकिन कभी-कभी नाक से बहने वाले खून की थोड़ी-सी मात्रा भी आदमी को मूर्च्छित कर देती है। नाक से तो थोड़ी मात्रा में ही रक्त बाहर आता है, लेकिन ऐसा हो सकता है कि अधिकांश खून नाक से गले में होता हुआ पेट में चला जाए। इस दशा में रोगी के शरीर में सूजन आ जाती है और फिर उसे खून के कतरों की उल्टी लग जाती है।

   नकसीर के कई बार गम्भीर कारण होते हैं; जैसे—सिर की हड्डी टूट जाना, चेहरे पर चोट, सिनुसाइटिस, नाक के अन्दर संक्रमण, अधिक रक्तदाब आदि।

   सिर की चोट छोड़कर, यदि अन्य कारणों से खून बहता है, तो खून रोकने के लिए निम्न उपाय करें

   (i) नाक पर अँगुलियों से दबाव डालना चाहिए।
   (ii) रोगी को बैठा देना चाहिए, जिससे खून गले और फेफड़ों में न पहुँच सके।
   (iii) नाक के ऊपर बर्फ रखनी चाहिए, क्योंकि ठण्डक पहुँचने से भी रक्तस्राव रुक जाता है।
   (iv) विशेषत: उच्च रक्त दाब वाले पीड़ित रोगियों को, जो ऐसी अवस्था में बहुत बेचैन या परेशान हो जाते हैं, शान्त और स्थिर अवस्था में रखना चाहिए।

आन्तरिक रक्तस्राव Internal Bleeding

अनेक बार ऐसा होता है कि चोट लगने पर रक्त शरीर के बाहर नहीं निकलता वरन् किसी आन्तरिक अंग से निकलकर, अन्य आन्तरिक अंगों में जमा होने लगता है। यह स्थिति आमतौर से घातक हो सकती है। इस दशा में अनेक बार पीड़ित व्यक्ति बेहोश हो जाता है और बेहोशी की हालत में ही मर जाता है। मुँह और गुदा से तथा पेशाब के साथ खून आना किसी गम्भीर बीमारी या आन्तरिक चोट का संकेत होता है। आन्तरिक रक्तस्राव निम्न कारणों से हो सकता है

1. किसी आन्तरिक हड्डी के टूट जाने पर।
2. पेट में फोड़ा होने पर।
3. विकृत यकृत या तिल्ली से रक्तस्राव होने पर।
4. फेफड़ों और गुर्दों से रक्तस्राव होने पर।

आन्तरिक रक्तस्राव होने पर रोगी सदमे की स्थिति में आ जाता है, उसके निम्न बाह्य लक्षण हो सकते हैं

1. नाड़ी की गति धीमी या फिर बहुत तेज हो जाए।
2. रक्त दाब गिरने लगता है।
3. रोगी को ठण्डे पसीने तथा त्वचा पीली पड़ने लगती है।
4. जल्दी-जल्दी प्यास लगना और बेचैनी का बढ़ जाना।
5. साँस का कभी बहुत तेज और कभी बहुत धीरे चलने लगना।
6. रोगी को मितली आना और उल्टी हो जाना।

यदि समय रहते आन्तरिक रक्तस्राव को रोका नहीं जाता, तो रोगी की पुतली फैल सकती है, जिसका अर्थ है-मृत्यु। पसलियों के टूटने से छाती में आन्तरिक रक्तस्राव हो सकता है। ऐसा होने पर कभी-कभी खाँसी से थूक के साथ चटकीला लाल रंग का खून आने लगता है। यह फेफड़े में चोट की निशानी है। पेट में चोट लगने से भी उल्टी के साथ चटकीला लाल या गहरा लाल अथवा कॉफी जैसे रंग का रक्त आ सकता है। यकृत तथा तिल्ली के फटने से उदरीय गुहा में पर्याप्त मात्रा में रक्त एकत्र हो जाता है। ऐसी स्थिति में रोगी सदमे की स्थिति में हो जाता है। साथ ही उसका पेट भी फूलने लगता है।

यहाँ इस बात की जानकारी देना उचित होगा कि आन्तरिक रक्तस्राव किसी वयस्क की हड्डी के साधारण अस्थि भंग से भी हो सकता है। ऐसा होने पर आस-पास के ऊतकों में एक से तीन फिट तक रक्त जमा हो सकता है। कूल्हे की हड्डी टूट जाने पर श्रोणि गुहा (पेल्विक कैविटी) में रक्त जमा हो जाता है। इस दशा में यदि समय पर उपचार नहीं किया जाता तो रोगी अत्यधिक रक्तस्राव के कारण मर सकता है। विशेष बात यह है कि इस प्रकार के रक्तस्राव में खून का एक भी कतरा शरीर से बाहर नहीं निकलता।

नियन्त्रण Control

आन्तरिक रक्तस्राव पर नियन्त्रण स्राव के स्थल और कारणों पर निर्भर करता है। पैर में होने वाले आन्तरिक स्राव को घटनास्थल पर ही केवल साधारण पट्टी बाँधकर नियन्त्रित किया जा सकता है। अन्य रक्त में स्थित तरल पदार्थ प्लाज्मा के अन्दर एन्टीबॉडी 'ए' तथा एन्टीबॉडी 'बी' मौजूद होती हैं। किन्हीं भी स्थितियों में आन्तरिक स्राव होने पर रोगी को शीघ्रातिशीघ्र अस्पताल पहुँचाना श्रेयस्कर होता है।

इस बारे में प्राथमिक उपचारक को निम्न कार्य करने चाहिए

1. सबसे पहले मरीज को सदमे का उपचार देना चाहिए।
2. रोगी को खाने के लिए कुछ भी न दें, क्योंकि वह उल्टी कर सकता है और हो सकता है कि मरीज का ऑपरेशन करना पड़े। उसके कपड़े, विशेष रूप से कॉलर और बैल्ट ढीले कर दें। उसे उस स्थिति में लिटाना चाहिए जिसमें उसे अधिक-से-अधिक आराम मिले। रोगी के आस-पास से भीड़ हटा दें और उसके पास ताजी हवा आने दें।
3. यदि आपको पूरा विश्वास है कि आन्तरिक रक्तस्राव भुजा या पैर से ही हो रहा है तब फट्टी, स्थानीय दबाव या दाब, फट्टी लगाकर उसे रोकने का प्रयत्न करें।
4. रोगी को शीघ्रातिशीघ्र अधिक-से-अधिक सावधानी और दक्षता के साथ अस्पताल पहुँचा दें।

1.6 कृत्रिम श्वास क्रिया Artificial Respiration

कृत्रिम श्वास क्रिया की तीन प्रमुख विधियाँ इस प्रकार हैं

सिल्वेस्टर विधि Sylvester's Method

इस विधि में पीड़ित को पीठ के बल लिटाया जाता है। उसकी पीठ के नीचे तकिया लगा दिया जाता है जिससे कि उसका सीना कुछ ऊपर उठ जाता है और सिर कुछ नीचा हो जाता है। यह विधि तब प्रयोग की जाती है जब पीड़ित के सीने पर छाले पड़े हों।

प्रथम स्थिति First Position

पीड़ित के सिर के पास अपने घुटनों के बल बैठ जाएँ। उसके दोनों हाथों की आधी मुट्ठी बाँधकर हाथों को सीधा फैला दें। अब पीड़ित के दोनों हाथों को धीरे-धीरे मोड़कर उसके सीने पर लाएँ, चित्र (a) देखें।

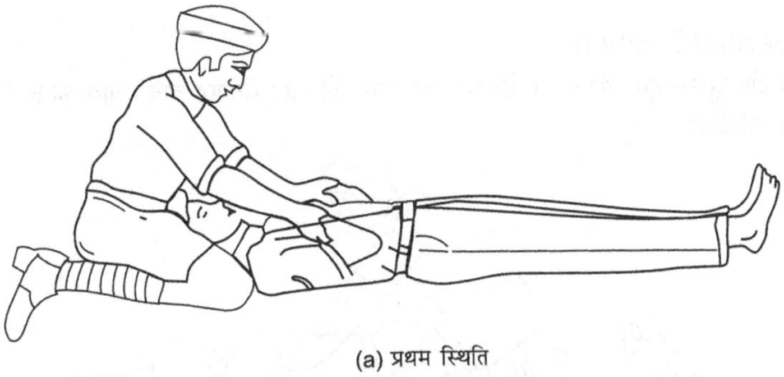

(a) प्रथम स्थिति

चित्र कृत्रिम श्वास क्रिया की सिल्वेस्टर विधि

द्वितीय स्थिति Second Position

प्रथम स्थिति में अपने हाथों से पीड़ित के सीने पर कुछ दबाव डालें। दो-तीन सेकण्ड के बाद दबाव हटा लें और पीड़ित के हाथों को उसके सिर की ओर फैला दें और मुट्ठियाँ खोल दें, चित्र (b) देखें।

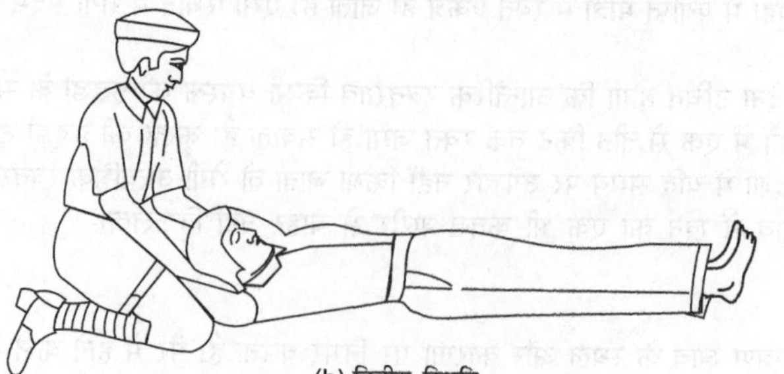

(b) द्वितीय स्थिति

चित्र कृत्रिम श्वास क्रिया की सिल्वेस्टर विधि

उपरोक्त क्रिया को 10-12 बार प्रति मिनट की दर से तब तक दोहराएँ, जब तक कि उसकी श्वास क्रिया सामान्य न हो जाए। जब पीड़ित के सीने पर दबाव डाला जाता है तो फेफड़ों के अन्दर की वायु बाहर निकल जाती है और दबाव हटाने से बाहर की ताजी वायु फेफड़ों के अन्दर जाती है। इस प्रकार, पीड़ित को श्वास लेने में सहायता मिलती है।

शैफर विधि Schaffer's Method

इस विधि में पीड़ित को पेट के बल लिटाया जाता है और उसके सिर को किसी एक करवट कर दिया जाता है। पीड़ित के सीने के नीचे पतला तकिया रख दिया जाता है। यह विधि तब प्रयोग की जाती है, जब पीड़ित की पीठ पर छाले पड़े हों।

प्रथम स्थिति First Position

पीड़ित के घुटनों के पास अपने घुटनों के बल बैठ जाएँ। अपने दोनों हाथ पीड़ित की पीठ पर इस प्रकार रखें कि दोनों हाथ सीधे रहें और चारों अँगुलियाँ आपस में मिली रहें और वे अँगूठे से समकोण बनाएँ, दिए गए पर चित्र (a) को देखें।

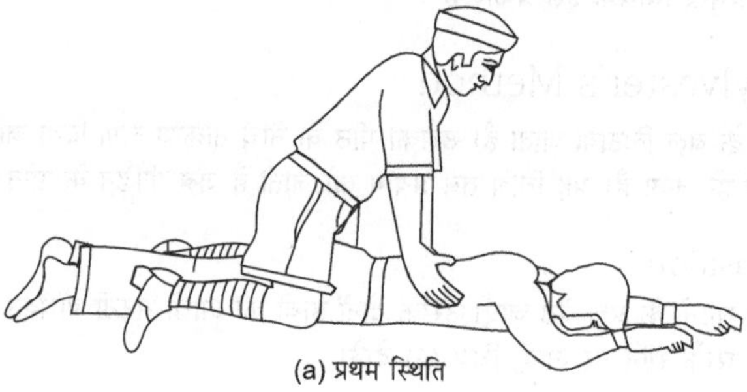

(a) प्रथम स्थिति

द्वितीय स्थिति Second Position

इस स्थिति में आगे की ओर झुकते हुए पीड़ित की पीठ पर भार डालें। दो-तीन सेकण्ड बाद दबाव को हटा लें और अपने दोनों हाथों को सीधा कर दें, दिए गए चित्र (b) को देखें।

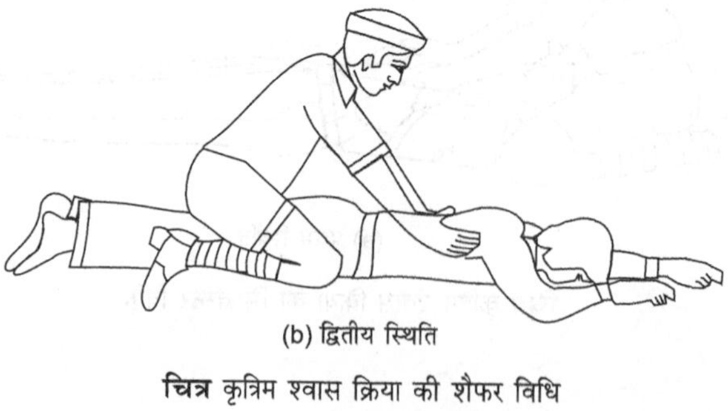

(b) द्वितीय स्थिति

चित्र कृत्रिम श्वास क्रिया की शैफर विधि

उपरोक्त क्रिया को 10-12 बार प्रति मिनट की दर से तब तक दोहराएँ जब तक कि उसकी श्वास क्रिया सामान्य न हो जाए। जब पीड़ित की पीठ पर दबाव डाला जाता है तो फेफड़ों के अन्दर की वायु बाहर निकल जाती है और दबाव हटाने से बाहर की ताजी वायु फेफड़ों के अन्दर जाती है। इस प्रकार, पीड़ित को श्वास लेने में सहायता मिलती है।

मुँह-से-मुँह में हवा भरना Mouth-to-mouth Resuscitation Method

पीड़ित को पीठ के बल लिटा लें। अब पीड़ित की पीठ के नीचे तकिया आदि लगा दें जिससे कि उसका मुँह थोड़ा पीछे की ओर लटक जाए। पीड़ित का मुँह अच्छी तरह साफ कर लें। अब उसके खुले मुँह पर महीन कपड़ा रखकर और एक हाथ से उसकी नाक बन्द करके अपने मुँह से उसके मुँह में बलपूर्वक झटके से हवा भरें। यह ध्यान रखें कि हवा बाहर न निकलने पाए और उसके फेफड़े कुछ फूलें। हवा को बाहर निकलने देने के लिए अपना मुँह हटा लें।

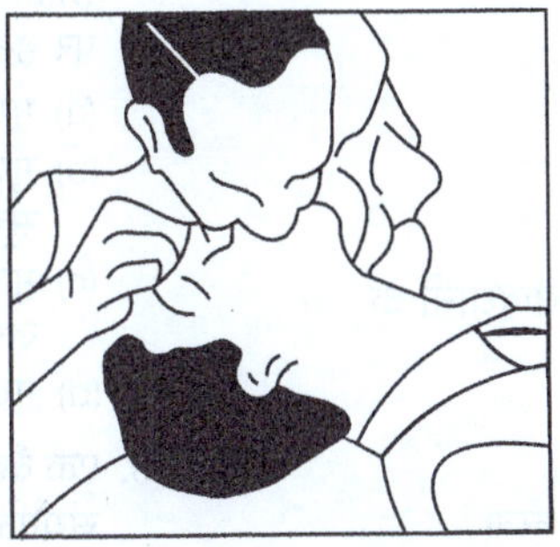

चित्र मुँह-से-मुँह में हवा भरना

उपरोक्त क्रिया 10-12 बार प्रति मिनट की दर से तब तक दोहराते रहें, जब तक कि उसकी श्वास क्रिया सामान्य न हो जाए। बलपूर्वक झटके से हवा भरते समय पीड़ित के फेफड़े फूलते हैं और ताजी वायु अन्दर जाती है। मुँह हटा लेने पर अन्दर की वायु बाहर निकल जाती है। इस प्रकार, पीड़ित को श्वास लेने में सहायता मिलती है।

उपरोक्त तीनों विधियों में से तीसरी विधि अधिक प्रचलित होती जा रही है, क्योंकि यह विधि तुरन्त प्रारम्भ की जा सकती है। इसके साथ ही यह एक प्रभावशाली विधि है और इसे लम्बे समय तक जारी रखने की आवश्यकता नहीं होती, जबकि प्रथम एवं द्वितीय विधि को एक घण्टे से भी अधिक समय तक जारी रखना पड़ सकता है।

अभ्यास प्रश्न

परीक्षा प्रारूपी प्रश्न

बहुविकल्पीय

1. संचार प्रणाली का मुख्य कार्य है
   (a) सूचनाओं का ट्रांसमिशन
   (b) सूचनाओं का अभिग्रहण
   (c) 'a' और 'b' दोनों
   (d) उपरोक्त में से कोई नहीं

2. निम्नलिखित में से कौन-सा कार्य सुरक्षात्मक सावधानी के अन्तर्गत नहीं आता है?
   (a) सुरक्षा चिन्हों का अनुपालन करना
   (b) कार्यशाला में उपयुक्त पोशाक पहनना
   (c) फ्यूज वायर बदलने से पूर्व मेन स्विच ऑफ करना
   (d) पोल या टावर पर कार्य करते समय सुरक्षा पेटी का प्रयोग न करना

3. विद्युत्मय तार से सम्पर्क होने पर एक व्यक्ति को झटका लगता है। विद्युत्मय तार के सम्पर्क में आए व्यक्ति के बचाव हेतु निम्न में से कौन-सा कार्य सर्वप्रथम करना चाहिए?
   (a) तत्काल डॉक्टर को बुलाएँगे
   (b) उसका हाथ पकड़कर विद्युत्मय तार से उसे छुड़ाएँगे
   (c) उसे विद्युत्मय तार से पृथक्कृत (isolate) करेंगे
   (d) अस्पताल ले जाएँगे

4. .... वोल्ट्स से अधिक वोल्टेज पर हमारे शरीर के आर-पार विद्युत प्रवाह स्थापित हो जाता है, जिससे हमें विद्युत झटके का अनुभव होता है।
   (a) 30 (b) 60
   (c) 90 (d) 120

5. भारी मशीनों के स्थानान्तरण के लिए निम्न में से किसका प्रयोग करना चाहिए?
   (a) फॉर्क लिफ्ट ट्रक (b) पैलेट ट्रक
   (c) ट्रॉली (d) उपरोक्त सभी

6. एक विद्युत्कार (electrician) विद्युत चालित उपकरणों सम्बन्धी निम्न में से क्या कार्य करने में पारंगत होना चाहिए?
   (a) निर्माण सम्बन्धी कार्य (construction related work)
   (b) अनुरक्षण सम्बन्धी कार्य (maintenance related work)
   (c) मरम्मत सम्बन्धी कार्य (repair related work)
   (d) उपरोक्त सभी

7. मानव शरीर (human body) का प्रतिरोध .... के बीच होता है।
   (a) $60\,k\Omega$ से $300\,k\Omega$
   (b) $50\,k\Omega$ से $100\,k\Omega$
   (c) $100\,k\Omega$ से $500\,k\Omega$
   (d) $80\,k\Omega$ से $800\,k\Omega$

8. विद्युत लाइन पर कार्य करने की स्थिति में यदि आप मुख्य स्विच (main switch) से कुछ दूरी पर कार्य कर रहे हों, तो स्विच बोर्ड पर इनमें से कौन-सी सूचना लगायेंगे?
   (a) मुख्य स्विच ऑन रखकर 'कार्य जारी है' सूचना लगाएँगे
   (b) मुख्य स्विच का फ्यूज निकालकर 'कार्य जारी है'—सावधान सूचना लगायेंगे
   (c) मुख्य स्विच ऑफ करके 'लाइन पर कार्य हो रहा है' सूचना लगायेंगे
   (d) मुख्य स्विच ऑन रखकर 'उच्च वोल्टता से खतरा' सूचना लगायेंगे

9. एक वैद्युतिक उपकरण (electrical appliance) को विद्युत-स्रोत से संयोजित करने से पूर्व निम्न में से क्या सुनिश्चित करना आवश्यक है?
   (a) उपकरण पूर्णत: ठीक है
   (b) उपकरण सप्लाई देने योग्य है
   (c) उपकरण का धात्विक भाग 'अर्थ' है
   (d) उपरोक्त सभी

10. सर्दी के मौसम में विद्युत झटके से पीड़ित व्यक्ति को .... ओढ़ा दें।
    (a) मुँह उघड़ा रखकर कम्बल (b) मुँह सहित कम्बल
    (c) चटाई (d) सूती कपड़ा

11. विद्युत पोल या टावर (electric pole or tower) पर कार्य करते समय .... का प्रयोग अवश्य करना चाहिए।
    (a) दस्तानों (glooves)
    (b) सुरक्षा पेटी (safety belt)
    (c) फर्स्ट एड बॉक्स (first aid box)
    (d) सीढ़ी (stair)

12. जीवित वैद्युतिक लाइन (live electric line) पर कार्य करते समय .... का प्रयोग अवश्य करना चाहिए।
    (a) विद्युतरोधी औजार (b) धात्विक औजार
    (c) रबर के दस्ताने (d) 'a' और 'c' दोनों

13. विद्युत झटके के कारण इनमें से कौन-सी शारीरिक क्षति (physical damage) नहीं हो सकती है?
    (a) हड्डी टूट जाना (b) रक्त प्रवाह होना
    (c) शरीर पर छाले पड़ना (d) मूर्च्छित होना

14. विद्युत के सम्पर्क में आए व्यक्ति को छुड़ाने के सन्दर्भ में निम्न में से कौन-सा कथन असत्य है?
    (a) मशीन/उपकरण का मेन-स्विच ऑफ करें
    (b) पीड़ित को खींचकर छुड़ाएँ
    (c) छुड़ाते समय पीड़ित को झटके से भूमि पर न गिरने दें
    (d) मेन-लीड का प्लग-टॉप निकालें

15. निम्न में से कौन-सा प्राथमिक उपचार (first aid) का उद्देश्य नहीं है?
(a) पीड़ित व्यक्ति के जीवन को बचाना
(b) स्वयं की सुरक्षा के प्रति जागरूक रहना
(c) घाव को अस्वच्छ कपड़े से ढकना
(d) पीड़ित को अस्पताल भेजने की व्यवस्था करना

16. आन्तरिक रक्तस्राव होने का निम्न में से कौन-सा कारण नहीं है?
(a) किसी आन्तरिक हड्डी का टूट जाना
(b) फेफड़ों और गुर्दों से रक्तस्राव होना
(c) किसी अंग का कट जाना
(d) विकृत यकृत या तिल्ली से रक्तस्राव होना

17. एक वयस्क के शरीर में आमतौर पर .... रक्त होता है।
(a) 8 लीटर (b) 10 लीटर
(c) 5-6 लीटर (d) 12 लीटर

18. सिर की चोट को छोड़कर, यदि अन्य कारणों से रक्त बहता है, तो रक्त रोकने के लिए निम्न में से क्या उपाय करना चाहिए?
(a) नाक पर अँगुलियों से दबाव डालना चाहिए
(b) रोगी को बैठा देना चाहिए
(c) रोगी को शान्त और स्थिर अवस्था में रखना चाहिए
(d) उपरोक्त सभी

19. निम्न में से कौन-सा कार्य प्राथमिक उपचार (first aid) के अन्तर्गत नहीं करना चाहिए?
(a) कसे हुए कपड़ों को ढीला कर दें
(b) रोगी के नीचे कम्बल बिछा दें
(c) अन्दरूनी चोट (internal injury) में पीड़ित को कुछ खाने-पीने के लिए दें
(d) पीड़ित के सचेत (conscious) होने पर उसका ढाँढस बंधाएँ

20. विद्युत झटके से पीड़ित व्यक्ति की पीठ पर छाले होने पर निम्न में कौन-सी कृत्रिम श्वास विधि अपनायी जाती है?
(a) सिल्वेस्टर विधि (b) शैफर विधि
(c) मुँह-से-मुँह में हवा भरना (d) ये सभी

21. कृत्रिम श्वास क्रिया की सरलतम विधि है
(a) सिल्वेस्टर विधि (b) शैफर विधि
(c) मुँह-से-मुँह में श्वास देना (d) इनमें से कोई नहीं

22. कृत्रिम श्वास देने के लिए सर्वप्रथम .... को साफ करना चाहिए।
(a) मांसपेशियों (b) जीभ
(c) मुँह (d) श्वासनली

23. वायुमण्डल से मस्तिष्क और शरीर की विभिन्न कोशिकाओं तक ऑक्सीजन पहुँचाने के लिए शरीर में कौन-सी महत्त्वपूर्ण क्रिया होती है?
(a) श्वसन क्रिया (b) रक्त परिसंचरण क्रिया
(c) 'a' और 'b' दोनों (d) उपरोक्त में से कोई नहीं

24. निम्न में से किस विधि में पीड़ित को पीठ के बल लिटाकर उसकी पीठ के नीचे तकिया लगाते हैं?
(a) सिल्वेस्टर विधि
(b) शैफर विधि
(c) मुँह-से-मुँह में हवा भरना विधि
(d) उपरोक्त सभी

25. सिल्वेस्टर विधि में कृत्रिम श्वसन देने वाले व्यक्ति को पीड़ित व्यक्ति के किस अंग के पास बैठना चाहिए?
(a) पैर के पास (b) सिर के पास
(c) घुटनों के पास (d) सीने के पास

विविध प्रारूपी प्रश्न

सत्य/असत्य

1. विद्युत धारा प्रवाह की गति 332 मी/से होती है।
2. विद्युत कारीगरों को सजीव लाइन पर कार्य करते समय रबर के दस्ताने अवश्य पहनने चाहिए और इन्सुलेटिड औजार का प्रयोग करना चाहिए।
3. किसी व्यक्ति के वस्त्रों में लगी आग को बुझाने के लिए उसे मोटी चादर या कम्बल से ढककर आग बुझाई जा सकती है।
4. वैद्युतिक परिपथ में फ्यूज को धारा नियन्त्रक युक्ति के रूप में प्रयोग किया जाता है।
5. मानव शरीर का प्रतिरोध $100\,k\Omega$ से $500\,k\Omega$ के बीच होता है।
6. मूर्छित व्यक्ति को कृत्रिम साँस दिलानी चाहिए।
7. दबाव देने से रक्तस्राव रुक जाता है।
8. बाह्य रक्तस्राव से ज्यादा हानिकारक अन्दरूनी रक्तस्राव होता है।
9. मुँह में हवा फूँकने से पहले नाक बन्द कर देनी चाहिए।
10. प्राथमिक उपचार के तुरन्त बाद घायल व्यक्ति को निकट के अस्पताल में ले जाना चाहिए।

रिक्त स्थानों की पूर्ति

1. विद्युत झटके से सुरक्षा हेतु, ... तार को सदैव स्विच द्वारा नियन्त्रित करना चाहिए।
2. वैद्युतिक मशीनों/उपकरणों का धात्विक खोल आवश्यक रूप से .... संयोजित किया जाना चाहिए।
3. जिस धारा मान पर कोई फ्यूज पिघल कर परिपथ को भंग कर देता है, वह उसकी .... कहलाती है।
4. दुर्घटनाओं से बचने के लिए आवश्यक है कि प्रत्येक व्यक्ति .... अपनाए।
5. विद्युत खम्भों पर कार्य करते समय .... को प्रयोग करना याद रखें।

अतिलघु उत्तरीय

1. विद्युत धारा के सम्पर्क में आ जाने पर झटका क्यों लगता है?
2. विद्युत धारा प्रवाह की गति कितनी होती है?
3. विद्युत झटके से बचाव के लिए क्या-क्या सुरक्षात्मक उपाय अपनाने चाहिए?
4. विद्युत झटका लगने पर मानव शरीर में क्या-क्या दोष पैदा हो सकते हैं?
5. किसी वैद्युतिक मशीन अथवा उपकरण का स्थान परिवर्तित करना हो तो क्या सुरक्षात्मक सावधानी अपनानी चाहिए?
6. जले हुए फ्यूज को बदलने से पूर्व क्या सुरक्षात्मक सावधानी अपनानी चाहिए?
7. वैद्युतिक सर्किट में फ्यूज क्यों लगाया जाता है?
8. फ्यूज किस प्रकार सर्किट/उपकरण की सुरक्षा करता है?
9. विद्युत लाइन पर कार्य करते समय किन-किन सुरक्षात्मक सावधानियों का अनुपालन करना चाहिए?
10. विद्युत लाइन में स्विच, कौन-से तार पर लगाया जाता है?

लघु उत्तरीय

1. वैद्युतिक उपकरणों की बॉडी को 'अर्थ' (earth) क्यों किया जाता है?
2. विद्युत झटके से पीड़ित को क्या प्राथमिक उपचार देना चाहिए?
3. विद्युत तारों में लगी आग को बुझाने के लिए पानी का प्रयोग क्यों निषिद्ध है?
4. कृत्रिम श्वास देने की सरल विधि क्या है?

दीर्घ उत्तरीय

1. सुरक्षात्मक उपायों का विस्तार से वर्णन कीजिए।
2. श्वास क्रिया की विधियाँ विस्तारपूर्वक समझाइए।
3. प्राथमिक चिकित्सा से आप क्या समझते हैं? दुर्घटनाग्रस्त व्यक्ति को आप क्या प्राथमिक उपचार देंगे?

उत्तरमाला

बहुविकल्पीय

1. (c)	2. (d)	3. (c)	4. (c)	5. (d)	6. (d)	7. (c)	8. (b)	9. (d)	10. (a)
11. (b)	12. (d)	13. (a)	14. (b)	15. (c)	16. (c)	17. (c)	18. (d)	19. (c)	20. (b)
21. (c)	22. (d)	23. (c)	24. (a)	25. (b)					

सत्य/असत्य

1. असत्य	2. सत्य	3. सत्य	4. असत्य	5. सत्य	6. असत्य	7. सत्य	8. सत्य	9. सत्य	10. सत्य

रिक्त स्थानों की पूर्ति

1. फेज	2. अर्थ	3. रेटिंग	4. सुरक्षात्मक दृष्टिकोण	5. सुरक्षा पेटी

अध्याय 02

विद्युत सम्बन्धी पद

Terms Related to Electricity

परिचय Introduction

विद्युत एक प्रकार की ऊर्जा है जिसे आँखों से देखा नहीं जा सकता है। इसे केवल इसके अनुप्रयोगों के द्वारा अनुभव किया जा सकता है। विद्युत एवं विद्युत धारा के मुख्य पदों का अध्ययन करने के लिए सर्वप्रथम परमाणु संरचना एवं विभिन्न प्रकार के परिपथों तथा उनमें प्रयुक्त सहायक सामग्रियों के विषय में अध्ययन करना आवश्यक है।

किसी भवन/कार्यशाला में विद्युत शक्ति की आपूर्ति हेतु मुख्य वैद्युतिक लाइन से विद्युत संयोजन प्रदान किया जाता है। भवन/कार्यशाला में विद्युत के उपयोग हेतु विभिन्न प्रकार के परिपथ एवं वैद्युतिक सहायक सामग्रियों का उपयोग किया जाता है जिससे कि कार्यशाला के प्रत्येक कम्प्यूटर तक विद्युत पावर उपलब्ध कराने एवं उचित प्रकाश व्यवस्था बनाए रखने के कार्य में कोई व्यवधान उत्पन्न न हो। कार्यशाला के वैद्युतिक परिपथों को सुरक्षा एवं नियन्त्रण प्रदान करने वाली इन सामग्रियों की उपयुक्तता को ध्येय/ध्यान में रखकर प्रस्तुत अध्याय में इनका वर्णन विस्तारपूर्वक किया गया है।

2.1 विद्युत सम्बन्धी शब्दावली Electricity Related Terminology

इलेक्ट्रॉन प्रकृति का मूल कण है जो विद्युत धारा के प्रवाह एवं सभी प्रकार की इलेक्ट्रॉनिक एवं वैद्युतिकी प्रक्रियों के लिए उत्तरदायी है।

पदार्थ Matter

''जिसका कोई निश्चित भार होता है और जो स्थान घेरता है, उसे पदार्थ कहते हैं।'' हमारी पृथ्वी पर पदार्थ तीन रूपों में पाया जाता है। ये निम्न हैं

ठोस (Solid) जिसका निश्चित भार, आयतन व आकार होता है वह ठोस (solid) कहलाता है। सामान्य तापक्रम पर सोना, लोहा, कोयला, पत्थर आदि ठोस होते हैं।

द्रव (Liquid) जिसका निश्चित भार व आयतन तो होता है, परन्तु निश्चित आकार नहीं होता और जिस पात्र में भरा जाता है उसी का आकार ग्रहण कर लेता है वह द्रव (liquid) कहलाता है। सामान्य तापक्रम पर जल, पारा, गन्धक का अम्ल आदि द्रव होते हैं।

गैस (Gas) गैस का निश्चित भार तो होता है परन्तु निश्चित आयतन व आकार नहीं होता और जिस पात्र में भरी जाती है उसी का आयतन और आकार ग्रहण कर लेता है वह गैस (gas) कहलाती है। सामान्य तापक्रम पर हाइड्रोजन, ऑक्सीजन, कार्बन डाइ-ऑक्साइड आदि गैसें होती हैं।

अणु Molecule

प्रत्येक पदार्थ छोटे-छोटे कणों से बना होता है जिन्हें अणु कहते हैं। ''किसी पदार्थ का वह छोटे-से-छोटा कण जिसमें उस पदार्थ के सभी भौतिक एवं रासायनिक गुण विद्यमान हों और जो स्वतन्त्र अवस्था में विद्यमान रह सके उसे अणु कहते हैं।''

परमाणु Atom

पदार्थ का प्रत्येक अणु, अपने से छोटे कणों तथा परमाणुओं से मिलकर बना होता है। ''किसी पदार्थ का वह छोटे-से-छोटा कण जो रासायनिक क्रियाओं में भाग ले सके अथवा रासायनिक क्रियाओं के द्वारा पृथक् किया जा सके और स्वतन्त्र अवस्था में विद्यमान न रह सके उसे परमाणु कहते हैं।'' इससे सम्बन्धित मुख्य पद निम्न प्रकार हैं

तत्त्व Element

"केवल एक ही प्रकार के परमाणुओं से बने पदार्थ तत्त्व कहलाते हैं"; जैसे—लोहा, कार्बन, हाइड्रोजन आदि। पृथ्वी पर प्राकृतिक रूप से प्राप्य तत्त्वों की संख्या 92 है और अब तक 13 प्रकार के तत्त्व कृत्रिम रूप से प्रयोगशालाओं में बनाए जा चुके हैं।

यौगिक Compound

"दो-या-दो से अधिक प्रकार के परमाणुओं के रासायनिक संयोग से बने पदार्थ यौगिक कहलाते हैं"; जैसे—नौसादर, नमक, जल आदि। यौगिकों की कुल संख्या का अनुमान लगाना कठिन है, क्योंकि केवल कार्बन नामक तत्त्व से बने यौगिकों की संख्या ही 10,000 से अधिक है।

मिश्रण Mixture

"दो-या-दो से अधिक प्रकार के पदार्थों को एक निश्चित अनुपात में भौतिक रूप में मिला देने पर बना पदार्थ मिश्रण कहलाता है।" मिश्रण के अवयवों को भौतिक विधियों से पृथक् किया जा सकता है जबकि यौगिक के अवयवों को रासायनिक विधियों से ही पृथक् किया जा सकता है।

परमाणु संरचना Atomic Structure

परमाणु भी प्रकृति का सूक्ष्मतम कण नहीं है। यह मुख्यत: प्रोटॉन, न्यूट्रॉन तथा इलेक्ट्रॉन से बना होता है। परमाणु की संरचना, हमारे सौर-मण्डल (solar system) से मिलती-जुलती है। सौर-मण्डल का केन्द्र है—सूर्य, इसके चारों ओर विभिन्न कक्षाओं (परिक्रमा पथों) में शुक्र, बुध, पृथ्वी, मंगल आदि ग्रह परिक्रमा करते रहते हैं। ठीक इसी प्रकार, प्रत्येक परमाणु में एक केन्द्रीय सघन भाग होता है जो **नाभिक** कहलाता है और उसके चारों ओर विभिन्न कक्षाओं (orbits) में इलेक्ट्रॉन्स परिक्रमा करते रहते हैं। ये कक्षाएँ प्राय: दीर्घवृत्तीय (elliptical) होती हैं।

नाभिक Nucleus

परमाणु का केन्द्रीय सघन भाग नाभिक कहलाता है। इसमें प्रोटॉन्स तथा न्यूट्रॉन्स अवस्थित होते हैं।

प्रोटॉन Proton

यह प्रकृति का एक मूल कण है। किसी भी तत्त्व से प्राप्त प्रोटॉन्स, सब प्रकार से समान होते हैं। ये कण नाभिक में अवस्थित रहते हैं और किसी प्रकार की गति नहीं करते। एक प्रोटॉन पर $(+)1.6\times10^{-19}$ कूलॉम आवेश होता है जो इकाई धन आवेश माना जाता है। प्रोटॉन का द्रव्यमान, इलेक्ट्रॉन के द्रव्यमान का 1845 गुना होता है।

न्यूट्रॉन Neutron

यह भी प्रकृति का एक मूल कण है और किसी भी प्रकार के तत्त्व से प्राप्त न्यूट्रॉन्स, सब प्रकार से समान होते हैं। ये कण, नाभिक में अवस्थित रहते हैं और किसी प्रकार की गति नहीं करते। न्यूट्रॉन आवेशरहित होता है। इसका द्रव्यमान, प्रोटॉन के लगभग बराबर होता है।

इलेक्ट्रॉन Electron

यह भी प्रकृति का एक मूल कण है और किसी भी प्रकार के तत्त्व से प्राप्त इलेक्ट्रॉन्स, सब प्रकार से समान होते हैं। एक इलेक्ट्रॉन पर $(-)1.6\times10^{-19}$ कूलॉम आवेश होता है जो इकाई ऋण आवेश माना जाता है। एक इलेक्ट्रॉन का आवेश आंकिक रूप से एक प्रोटॉन के आवेश के तुल्य होता है परन्तु ये दोनों एक-दूसरे के विपरीत स्वभाव वाले होते हैं। इसका भार नगण्य होता है। इलेक्ट्रॉन्स में दो प्रकार की गतियाँ विद्यमान होती हैं, एक तो **चक्रण गति** (spin motion) और दूसरी **कक्षीय गति** (orbital motion)।

संयोजी इलेक्ट्रॉन्स Valance Electrons

"किसी तत्त्व के परमाणु की अन्तिम कक्षा में जितने इलेक्ट्रॉन्स होते हैं वे संयोजी इलेक्ट्रॉन्स कहलाते हैं।" अन्तिम कक्षा के इलेक्ट्रॉन्स दूसरे परमाणुओं के साथ 'संयोजी बन्ध' स्थापित करते हैं और इन्हीं के कारण तत्त्वों की आपसी रासायनिक क्रिया से यौगिक बनते हैं।

मुक्त इलेक्ट्रॉन्स Free Electrons

अधिकांश धातुओं की अन्तिम कक्षा में केवल एक-दो इलेक्ट्रॉन्स होते हैं और इन्हें दूसरे परमाणुओं द्वारा आरोपित थोड़े से आकर्षण बल द्वारा ही धातु के परमाणु से विस्थापित किया जा सकता है। इसका कारण यह है कि अपनी नाभिक से दूर होने के कारण इनमें नाभिक के प्रति आकर्षण बल का मान बहुत कम रह जाता है। इस प्रकार, ये इलेक्ट्रॉन्स मुक्त अवस्था में रहते हैं और इसलिए इन्हें मुक्त इलेक्ट्रॉन्स कहते हैं।

परमाणु क्रमांक Atomic Number

किसी तत्त्व के एक परमाणु में विद्यमान इलेक्ट्रॉन्स अथवा प्रोटॉन्स की संख्या उसकी परमाणु संख्या कहलाती है।

परमाणु भार Atomic Weight

किसी तत्त्व के एक परमाणु की नाभिक में विद्यमान प्रोटॉन्स तथा न्यूट्रॉन्स की कुल संख्या उसका 'परमाणु भार' या 'द्रव्यमान संख्या' कहलाती है।

आयन एवं आयनीकरण Ion and Ionisation

आयन Ion

आवेशयुक्त परमाणु या परमाणुओं के समूह (radical) को आयन कहते हैं। जब किसी परमाणु में एक-दो इलेक्ट्रॉन्स की कमी अथवा अधिकता हो जाती है तो वह वैद्युतिक रूप से उदासीन (आवेशरहित) नहीं रहता अर्थात् वह आवेशयुक्त हो जाता है और उसे 'आयन' कहते हैं। आयन धनायन एवं ऋणायन दो प्रकार के होते हैं।

आयनीकरण Ionisation

"परमाणुओं अथवा परमाणु समूहों (radicals) के आयन बनने की प्रक्रिया आयनीकरण कहलाती है।"

विद्युत वाहक बल Electro Motive Force; EMF

किसी चालक पदार्थ में से विद्युत धारा को एक सिरे से दूसरे सिरे तक प्रवाहित करने वाला बल, विद्युत वाहक बल कहलाता है। यह सैल, बैट्री, जेनरेटर आदि से प्राप्त किया जाता है। इसका प्रतीक E और मात्रक वोल्ट है। वोल्ट का प्रतीक V है।

प्रतिरोध Resistance

यह पदार्थों का स्वाभाविक गुण है जिसके कारण वह अपने में से होने वाले विद्युत धारा प्रवाह का विरोध करता है। प्रतिरोध का प्रतीक R और मात्रक ओह्म है। ओह्म का प्रतीक Ω है।

चालकता Conductivity

पदार्थों का वह स्वाभाविक गुण, जो विद्युत धारा प्रवाह में सुगमता प्रदान करता है, चालकता कहलाता है। इसका प्रतीक G, मात्रक साइमन और मात्रक का प्रतीक S होता है।

विभव Potential

"इकाई आवेश को अनन्तता (infinity) से किसी बिन्दु तक लाने में किया गया कार्य उस बिन्दु का विभव कहलाता है।" दूसरे शब्दों में, "किसी वस्तु का वैद्युतिक स्तर जिससे यह निर्देशित होता है कि विद्युत धारा वस्तु से पृथ्वी की ओर अथवा पृथ्वी से वस्तु की ओर प्रवाहित होगी, उस वस्तु का विभव कहलाता है।" यह धनात्मक अथवा ऋणात्मक होता है।

विभवान्तर Potential Difference, PD

जब किसी चालक (या प्रतिरोधक) में से विद्युत धारा प्रवाहित होती है तो उसके सिरों के विभवों में कुछ अन्तर पैदा हो जाता है जिसे विभवान्तर कहते हैं। विभवान्तर का प्रतीक V और मात्रक वोल्ट है। वोल्ट का प्रतीक V है।

वोल्ट Volt

किसी एक ओह्म प्रतिरोध मान वाले चालक में से एक एम्पियर विद्युत धारा प्रवाहित होने पर उसके सिरों पर उत्पन्न विभवान्तर का मान एक वोल्ट कहलाता है।

नोट *विभवान्तर अथवा विद्युत वाहक बल का वोल्ट्स में व्यक्त किया गया मान वोल्टेज कहलाता है।*

2.2 विद्युत धारा Electric Current

अधिकांश धातुओं के परमाणुओं की अन्तिम कक्षा में केवल एक-दो इलेक्ट्रॉन्स ही होते हैं और नाभिक से दूर होने के कारण इनमें नाभिक के प्रति आकर्षण बल का मान काफी कम होता है। अत: ऐसे तत्त्वों के परमाणुओं में से कुछ बल लगाकर; जैसे—विद्युत वाहक बल लगाकर; इलेक्ट्रॉन्स को गतिमान किया जा सकता है। ऐसे इलेक्ट्रॉन्स (मुक्त इलेक्ट्रॉन्स), एक परमाणु से दूसरे परमाणु में होते हुए उस तत्त्व के टुकड़े के आर-पार प्रवाहित किए जा सकते हैं। इस प्रकार, "किसी तत्त्व या पदार्थ में से इलेक्ट्रॉन्स का प्रवाह विद्युत धारा कहलाता है।"

विद्युत धारा की दिशा Direction of Electric Current

प्रारम्भिक अवधारणा (conventional Concept) के अनुसार विद्युत धारा की दिशा धन (+) वस्तु से ऋण (-) वस्तु की ओर होती है परन्तु इलेक्ट्रॉन्स की खोज एवं परमाणु संरचना ज्ञात हो जाने के बाद यह पता चला कि जिस वस्तु के परमाणु कुछ इलेक्ट्रॉन्स त्याग देते हैं, वह वस्तु

धनावेशित (positively charged) कहलाती है। इसी प्रकार, जिस वस्तु के परमाणु कुछ इलेक्ट्रॉन्स ग्रहण कर लेते हैं, वह वस्तु **ऋणावेशित** (negatively charged) कहलाती है अर्थात् मुक्त इलेक्ट्रॉन्स की बहुलता वाली वस्तु, ऋणावेशित एवं इनकी कमी वाली वस्तु, धनावेशित वस्तु होती है। जिस वस्तु के पास मुक्त इलेक्ट्रॉन्स की बहुलता है, वही दूसरी मुक्त इलेक्ट्रॉन्स की कमी वाली वस्तु को मुक्त इलेक्ट्रॉन्स दे सकती है। अतः 'इलेक्ट्रॉन्स के बहाव' की दिशा ऋण वस्तु से धन वस्तु की ओर होती है।

एक एम्पियर One Ampere

यदि किसी बिन्दु से एक सेकण्ड समय में 6.28×10^{18} इलेक्ट्रॉन्स प्रवाहित हो जाएँ, तो विद्युत धारा का मान एक एम्पियर होता है। विद्युत धारा का प्रतीक I और मात्रक एम्पियर है। एम्पियर को A से प्रदर्शित करते हैं।

नोट *विद्युत धारा की चाल, प्रकाश की चाल के तुल्य अर्थात्* 3×10^8 *मीटर प्रति सेकण्ड होती है।*

विद्युत धारा के प्रभाव Effects of Electric Current

विद्युत धारा के प्रभाव निम्न प्रकार हैं

ऊष्मीय प्रभाव Heating Effect

"प्रत्येक चालक स्वयं में से होने वाले विद्युत धारा प्रवाह का, कम या अधिक विरोध करता है जिसके फलस्वरूप वह गर्म हो जाता है। यह विद्युत धारा का ऊष्मीय प्रभाव कहलाता है।" इस प्रभाव का उपयोग इलैक्ट्रिक प्रैस, इलैक्ट्रिक आयरन, हीटर, बल्ब आदि में किया जाता है। बल्ब तो ऊष्मा के साथ-साथ प्रकाश भी उत्पन्न करता है।

चुम्बकीय प्रभाव Magnetic Effect

"विद्युत धारावाही चालक के चारों ओर चुम्बकीय क्षेत्र पैदा हो जाता है। यह विद्युत धारा का चुम्बकीय प्रभाव कहलाता है।" इस प्रभाव का उपयोग विद्युत घण्टी, विद्युत चुम्बक, पंखा, मोटर, जनित्र आदि में किया जाता है।

रासायनिक प्रभाव Chemical Effect

अम्लीय विलयनों में से विद्युत धारा प्रवाहित करने पर विलयन में घुले पदार्थ अपने अवयवों में विभाजित हो जाते हैं, यह विद्युत धारा का रासायनिक प्रभाव कहलाता है। इस प्रभाव का उपयोग सैल, विद्युत्लेपन (विद्युतरंजन), धातु निष्कर्षण आदि कार्यों में किया जाता है।

किरण प्रभाव Ray Effect

"जब अधिक वोल्टता एवं अधिक फ्रीक्वेन्सी वाली विद्युत धारा वायु-शून्य नली में से प्रवाहित की जाती है तो एक विशेष प्रकार की किरणें X-rays पैदा होती हैं। यह विद्युत धारा का किरण प्रभाव कहलाता है।" इस प्रभाव का उपयोग चिकित्सा क्षेत्र में हड्डियों का छाया-चित्र प्राप्त करने के लिए किया जाता है।

डी.सी. सप्लाई Direct Current (DC) Supply

वह विद्युत धारा जिसका मान एवं प्रवाह दिशा नियत रहती है, दिष्ट धारा सप्लाई या डी. सी. कहलाती है। डी. सी. कई प्रकार की हो सकती है; जैसे—शुद्ध, परिवर्तनीय, पल्सेटिंग आदि परन्तु उसकी प्रवाह दिशा अपरिवर्तित ही रहती है।

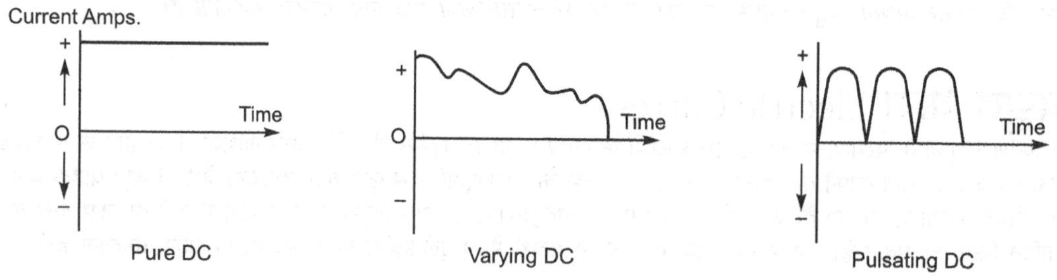

चित्र दिष्ट धारा की किस्में

सैल, बैट्री, डायनमो, जनित्र आदि द्वारा पैदा की जाने वाली विद्युत डी. सी. होती है। इसका उपयोग विद्युत्लेपन (electroplating), धातु शोधन, बैट्री चार्जिंग, आर्क वेल्डिंग, इलैक्ट्रॉनिक उपकरणों के प्रचालन आदि के लिए किया जाता है।

ए.सी. सप्लाई Alternating Current (AC) Supply

वह विद्युत धारा सप्लाई जिसका मान एवं प्रवाह दिशा एक निश्चित दर पर (समयान्तराल पर) परिवर्तित होती रहती है, प्रत्यावर्ती धारा सप्लाई कहलाती है।

ए. सी. कई प्रकार की हो सकती है; जैसे—साइन वेव, स्क्वायर वेव, सॉ-टूथ वेव आदि; परन्तु प्रत्येक अवस्था में इसकी प्रवाह दिशा एक निश्चित दर पर परिवर्तित होती रहती है।

ऑल्टरनेटर, ऑसिलेटर आदि द्वारा पैदा की जाने वाली विद्युत धारा ए. सी. होती है। इसका उपयोग प्रकाश व्यवस्था एवं उपकरणों/यन्त्रों तथा मशीनों के प्रचालन के लिए किया जाता है।

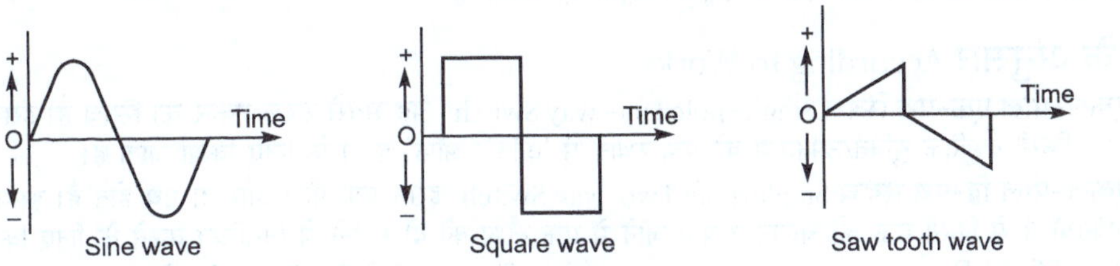

चित्र ए.सी. की किस्में

2.3 वैद्युतिक परिपथ Electric Circuits

विद्युत धारा प्रवाह के लिए तैयार किया गया बन्द एवं पूर्ण मार्ग, वैद्युतिक परिपथ कहलाता है।

मुख्य घटक Main Parts

किसी वैद्युतिक परिपथ के मुख्य घटक निम्न होते हैं

(i) **सप्लाई स्रोत** (Source of Supply) बैट्री, जनित्र, सॉकेट आदि।

(ii) **सुरक्षा युक्ति** (Safety Device) फ्यूज, थर्मल-रिले आदि।

(iii) **नियन्त्रक युक्ति** (Controlling Device) स्विच, सर्किट-ब्रेकर आदि।

(iv) **उपभोक्ता युक्ति** (Consuming Device) बल्ब, ट्यूब-लाइट, हीटर, पंखा आदि।

(v) **चालक युक्ति** (Conducting Device) तार, केबल, बस-बार आदि।

परिपथ के प्रकार Types of Circuits

बन्द परिपथ Closed Circuit

जिस परिपथ में, उपभोक्ता युक्ति में से विद्युत धारा प्रवाहित हो रही हो वह बन्द परिपथ कहलाता है; जैसे— जलते हुए बल्ब का परिपथ। इस परिपथ में स्विच 'ऑन' होता है, फ्यूज लगा होता है और स्रोत से विद्युत धारा चलकर, उपभोक्ता युक्ति में से प्रवाहित होती हुई वापस स्रोत तक अपना मार्ग पूर्ण करती है।

खुला परिपथ Open Circuit

जिस परिपथ में विद्युत धारा प्रवाहित न हो रही हो और उसका प्रतिरोध अनन्त हो वह खुला परिपथ कहलाता है। लोड रहित जनित्र का परिपथ, खुला परिपथ होता है। इस प्रकार, स्विचरहित एवं लोडरहित सॉकेट का परिपथ, खुला परिपथ होता है। खुले परिपथ के संयोजक सिरों पर वि. वा. ब. तो विद्यमान होता है परन्तु परिपथ खुला होने के कारण विद्युत धारा प्रवाह का मान शून्य होता है।

शॉर्ट परिपथ Short Circuit

यदि किसी परिपथ में फेज तार, न्यूट्रल अथवा 'अर्थ' तार के सम्पर्क में आ जाये तो परिपथ का फ्यूज उड़ जाता है और उसमें विद्युत धारा प्रवाह समाप्त हो जाता है, ऐसा परिपथ शॉर्ट परिपथ कहलाता है।

लीकेज परिपथ Leakage Circuit

यदि किसी परिपथ में फेज तार उपकरण की बॉडी, नम दीवार, कण्ड्यूट पाइप (लौह), अर्थ लाइन अथवा न्यूट्रल लाइन को स्पर्श करने लगे और विद्युत धारा का कुछ अंश उपभोक्ता युक्ति में न पहुँच पाता हो तो ऐसा परिपथ, लीकेज परिपथ कहलाता है।

2.4 वैद्युतिक सहायक सामग्रियाँ Electric Accessories

वैद्युतिक वायरिंग में केबिल्स तथा तारों के अतिरिक्त अन्य कई प्रकार की युक्तियों की आवश्यकता होती है जो सहायक सामग्रियाँ कहलाती हैं; जैसे—स्विच, सॉकेट, प्लग-टॉप, लैम्प होल्डर, फ्यूज आदि।

स्विच Switch

किसी वैद्युतिक परिपथ में विद्युत धारा के प्रवाह को नियन्त्रित करने अर्थात् 'प्रारम्भ' या 'समाप्त' करने के लिए प्रयोग की जाने वाली युक्ति स्विच कहलाती है। स्विचों को निम्न तीन वर्गों में वर्गीकृत किया जा सकता है

कार्य के अनुसार According to Work

(i) **एकल-पोल एक-पथ स्विच** Single-pole One-way Switch यह सबसे सरल प्रकार का स्विच है। इसका उपयोग एक लैम्प अथवा अन्य किसी वैद्युतिक युक्ति/उपकरण को एक स्थान से 'ऑन'/'ऑफ' करने के लिए किया जाता है।

(ii) **एकल-पोल द्वि-पथ स्विच** Single-pole Two-way Switch इसमें एक पोल और दो पथ होते हैं। इसका उपयोग दो लैम्प/वैद्युतिक युक्तियों में से किसी एक को चलाने अथवा जीने में एक लैम्प को दो स्थानों से नियन्त्रित करने के लिए किया जाता है।

(iii) **इण्टरमीडिएट स्विच** Intermediate Switch यह चार टर्मिनल वाली ऐसी युक्ति है जिसके चारों टर्मिनल्स को क्षैतिज तल में अथवा 'क्रॉस' रूप में संयोजित किया जा सकता है। इसका उपयोग एक लैम्प/वैद्युतिक युक्ति को तीन या अधिक स्थानों से नियन्त्रित करने के लिए किया जाता है।

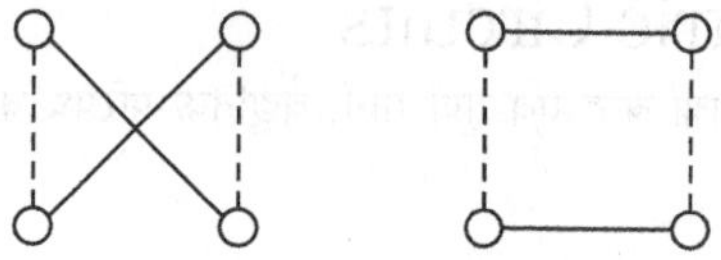

चित्र इण्टरमीडिएट स्विच

(iv) **पुश-बटन स्विच** (Push-button Switch) यह स्प्रिंगयुक्त ऐसा स्विच है जिसे दबाने पर किसी परिपथ को अस्थायी रूप से चालू किया जा सकता है और पुश-बटन को छोड़ने पर परिपथ स्वतः ही 'ऑफ' हो जाता है। इसका उपयोग विद्युत घण्टी, बजर, मशीनों आदि में किया जाता है। ये स्विच दो प्रकार के होते हैं—**पुश-टू-ऑन** तथा **पुश-टू-ऑफ** (push-to-on and push-to-off)। इसी स्विच का एक रूप **लिमिट स्विच** (limit switch) है जो 'पुश-टू-ऑफ' प्रकार का पुश-बटन स्विच होता है। इसका उपयोग कार्यशाला की विभिन्न मशीनों, रोलिंग शटर्स एवं उत्पादन कार्य से सम्बन्धित वैद्युतिक परिपथों में किया जाता है।

(v) **सीलिंग स्विच** (Ceiling Switch) यह एक विशेष पुश-बटन प्रकार का स्विच है। एक बार दबाने/खींचने पर यह परिपथ को 'ऑन' कर देता है और दूसरी बार दबाने/खींचने पर यह उसे 'ऑफ' कर देता है। इसे **बैड-स्विच** एवं **पुल-स्विच** (bed-switch and pull-switch) भी कहते हैं। इसका उपयोग छत से लटकाये जाने वाले पंखों, सजावटी लैम्पों, नाइट-लैम्पों, टेबिल-लैम्पों आदि में किया जाता है।

(vi) **दो पोल आयरन क्लैड स्विच** (Double Pole Iron Clad or D.P.I.C. Switch) यह सिंगल फेज ए. सी. अथवा डी. सी. सप्लाई लाइन के लिए **मेन स्विच** (main switch) का कार्य करता है। इसमें प्रत्येक लाइन के श्रेणी क्रम में (in series) एक फ्यूज भी लगा होता है। इसका एक स्विच फेज लाइन को और दूसरा स्विच न्यूट्रल लाइन को एक साथ 'ऑन'/'ऑफ' करता है। ये स्विच 15 A से 200 A तक और 250 V से 660 V तक बनाए जाते हैं। स्विच का धात्विक आवरण आवश्यक रूप से 'अर्थ' किया जाना चाहिए।

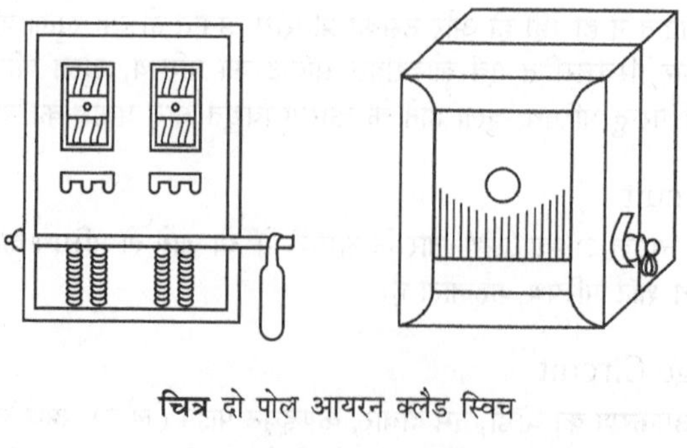

चित्र दो पोल आयरन क्लैड स्विच

(vii) **तीन पोल आयरन क्लैड स्विच** (Three Pole Iron Clad or T.P.I.C. Switch) यह थ्री-फेज ए. सी. लाइन के लिए मेन-स्विच का कार्य करता है। इसमें प्रत्येक फेज लाइन के श्रेणी क्रम में एक फ्यूज होता है और एक 'न्यूट्रल लिंक' होता है। यह स्विच तीनों फेज लाइन्स को एक साथ 'ऑन'/'ऑफ' करता है। ये स्विच 30 A से 400 A तक और 400 V से 1100 V तक बनाए जाते हैं। स्विच का धात्विक आवरण आवश्यक रूप से 'अर्थ' किया जाना चाहिए।

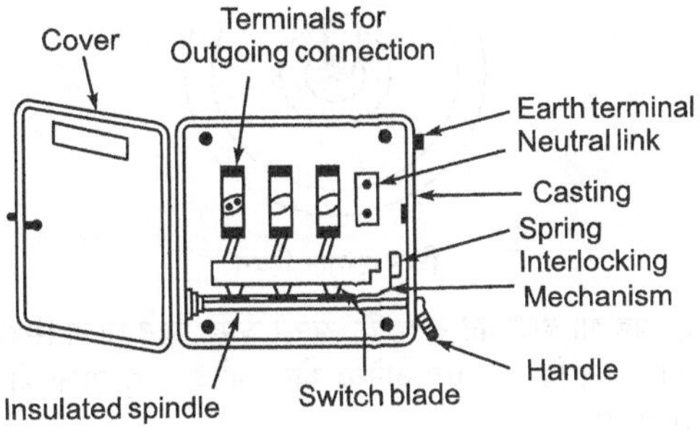

चित्र तीन पोल आयरन क्लैड स्विच

टिप्पणी D.P.I.C. तथा T.P.I.C. दोनों प्रकार के स्विच ऊपर की दिशा में 'ऑन' तथा नीचे की दिशा में 'ऑफ' होते हैं जबकि अन्य स्विच नीचे की दिशा में 'ऑन' होते हैं।

(viii) **नाइफ स्विच** (Knife Switch) यह बिना आवरण वाला उच्च विद्युत धारा वहन क्षमता वाला स्विच है जिसका उपयोग 'सब-स्टेशन' या 'वितरण-स्टेशन' पर ही किया जाता है। यह 30 से 1000 A तक विद्युत धारा वहन क्षमता में बनाया जाता है। ये स्विच सिंगल-थ्रो, डबल-थ्रो तथा 3-फेज प्रकार के होते हैं। चित्र में डबल-थ्रो प्रकार का नाइफ स्विच दर्शाया गया है; इसका उपयोग एक लाइन को 'ऑफ' करके दूसरी लाइन को 'ऑन' करने के लिए किया जाता है।

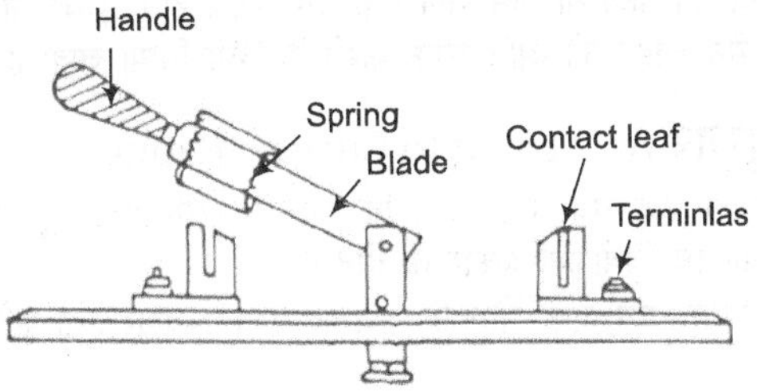

चित्र डबल-थ्रो नाइफ स्विच

संरचना के अनुसार According to Construction

(i) **टम्बलर स्विच** (Tumbler Switch) यह बोर्ड की सतह के ऊपर कसा जाने वाला (surface mounting) स्विच है। यह एक-पोल एक-पथ तथा एक-पोल द्वि-पथ प्रकार का होता है। इस प्रकार के स्विचों का प्रचलन अब बहुत कम हो गया है।

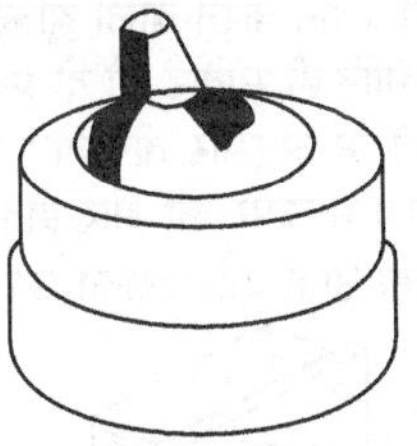

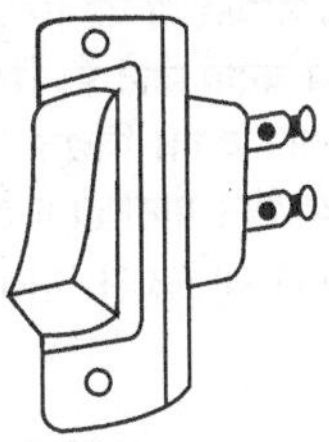

चित्र टम्बलर तथा फ्लश टाइप स्विच

(ii) **फ्लश टाइप स्विच** (Flush Type Switch) यह बोर्ड की सतह के अन्दर कसा जाने वाला स्विच है; स्विच का लीवर बोर्ड से बाहर निकला रहता है। यह भी एक-पोल एक-पथ तथा एक-पोल द्वि-पथ प्रकार का होता है। आजकल वैद्युतिक वायरिंग में फ्लश प्रकार के स्विच ही प्रयोग किए जाते हैं।

(iii) **टॉगल स्विच** (Toggle Switch) यह भी बोर्ड की सतह के अन्दर कसा जाने वाला स्विच है। इसका धात्विक लीवर और पीतल का छल्ला ही बोर्ड के बाहर निकला रहता है। यह एक-पोल एक-पथ, एक-पोल द्वि-पथ तथा इण्टरमीडिएट प्रकार का होता है। इसका उपयोग प्राय: वैद्युतिक एवं इलैक्ट्रॉनिक उपकरणों में किया जाता है।

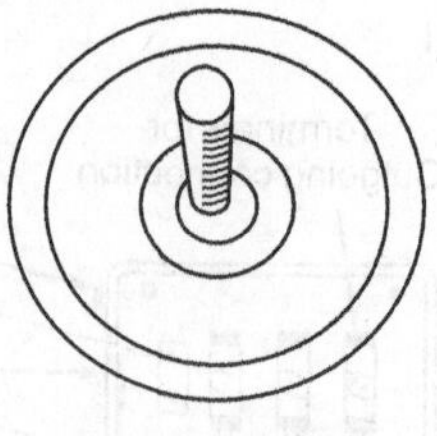

चित्र टॉगल स्विच

(iv) **स्लाइड स्विच** (Slide Switch) यह भी बोर्ड की सतह के अन्दर कसा जाने वाला स्विच है; स्विच का लीवर, बोर्ड से बाहर निकला रहता है। यह एक-पोल, एक-पथ, एक-पोल द्वि-पथ एवं अनेक-पोल अनेक-पथ वाला होता है। इसका उपयोग भी वैद्युतिक एवं इलैक्ट्रॉनिक उपकरणों एवं यन्त्रों में किया जाता है।

(v) **रोटरी स्विच** (Rotary Switch) यह भी बोर्ड के अन्दर कसा जाने वाला स्विच है; स्विच की 'रोटेटिंग नॉब' बोर्ड से बाहर निकली रहती है। यह एक पोल से अनेक पोल वाला तथा एक पथ से अनेक पथ वाला होता है। इसका उपयोग बिजली के पंखों में, कूलर्स में तथा अन्य वैद्युतिक एवं इलैक्ट्रॉनिक उपकरणों में किया जाता है।

(vi) **लघु रूप परिपथ वियोजक** (Miniature Circuit Breaker; MCB) यह एक-पोल एक-पथ वाला विशेष प्रकार का स्विच है जिसमें विद्युत धारा मान नियन्त्रण के लिए एक 'बाइमेटालिक स्विचिंग ऑफ युक्ति' (bimetallic switching off device) लगी होती है जो परिपथ में विद्युत धारा का मान, नियत मान से अधिक हो जाने की स्थिति में परिपथ को स्वत: ही ऑफ कर देती है। यह भी बोर्ड की सतह के अन्दर कसा जाने वाला स्विच है; स्विच का लीवर, बोर्ड की सतह से बाहर निकला रहता है। यह स्विच ऊपर की ओर 'ऑन' तथा नीचे की ओर 'ऑफ' होता है।

(vii) **मेन स्विच** (Main Switch) यह दो पोल या तीन पोल एक पथ स्विच होता है जो प्राय: आयरन क्लैड प्रकार का D.P.I.C. या T.P.I.C. स्विच होता है। इसका उपयोग मेन लाइन को ऑन/ऑफ करने के लिए किया जाता है। इसका वर्णन पहले किया जा चुका है।

विद्युत वहन क्षमता के अनुसार According to Current Rating

(i) 5 A, 240 V स्विच ये एक-पोल एक-पथ, एक-पोल द्वि-पथ, इण्टरमीडिएट, पुश बटन, सीलिंग प्रकार में टम्बलर, फ्लश, टॉगिल, स्लाइड, रोटरी तथा लघु रूप परिपथ वियोजक प्रकार के होते हैं।

(ii) 15 A, 240 V स्विच ये एक-पोल एक-पथ, एक-पोल द्वि-पथ प्रकार में टम्बलर तथा फ्लश प्रकार के तथा लघु रूप परिपथ वियोजक प्रकार के होते हैं।

(iii) 30 A, 415 V स्विच ये D.P.I.C., T.P.I.C., नाइफ तथा लघु रूप परिपथ वियोजक प्रकार के होते हैं।

(iv) 30 A से अधिक 30 A से 1000 A तक विभिन्न क्षमताओं में मेन-स्विच बनाए जाते हैं। ये थ्री-पोल आयरन क्लैड (T.P.I.C.) तथा 'नाइफ' प्रकार के होते हैं। इनके अन्तर्गत, सब-स्टेशन्स में प्रयोग किए जाने वाले 'एयर सॉकेट ब्रेकर' (A.C.B.) तथा 'ऑयल सर्किट ब्रेकर' (O.C.B.) स्विच भी आते हैं, जो 1000 A, 33,000 V तक कार्य करते हैं।

सॉकेट Socket

सचल तथा घरेलू उपयोग के वैद्युतिक उपकरणों को विद्युत सप्लाई प्रदान करने वाली युक्ति सॉकेट कहलाती है। ये सामान्यत: 2 पिन, 5A, 250V तथा 3 पिन, 5A/15A, 250 V क्षमता में बनाए जाते हैं। स्विचों की भाँति ही सॉकेट भी दो प्रकार के होते हैं, बोर्ड की सतह के ऊपर कसे जाने वाले तथा बोर्ड की सतह के अन्दर कसे जाने वाले। विद्युत अधिनियमों के अनुसार तीन पिन वाला सॉकेट ही प्रयोग करना चाहिए जिसमें एक पिन 'अर्थ' संयोजन के लिए होता है। 'अर्थ' पिन मोटा होता है और बीच में ऊपर की ओर होता है। दायाँ पिन फेज के लिए तथा बायाँ पिन न्यूट्रल के लिए प्रयोग करना चाहिए। दो पिन वाले सॉकेट में 'अर्थ' पिन नहीं होता और इसका उपयोग निम्न वोल्टेज कार्यों के लिए ही करना चाहिए।

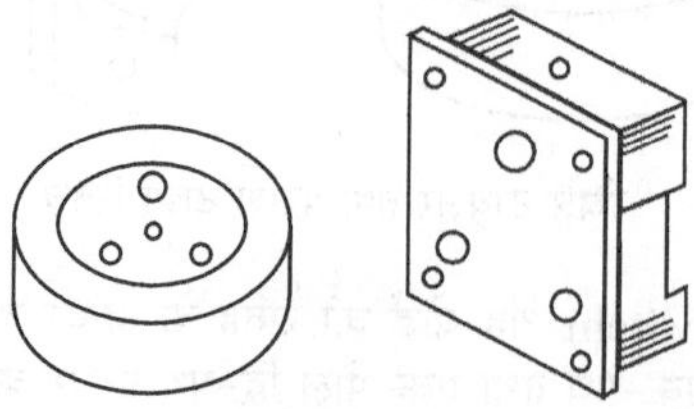

चित्र थ्री-पिन सॉकेट

प्लग-टॉप Plug-top

सचल वैद्युतिक उपकरणों की मेन-लीड को सॉकेट से संयोजित करने वाली युक्ति प्लग-टॉप कहलाती है। सॉकेट के अनुरूप ही ये भी दो-पिन 5A, 250V तथा तीन-पिन, 5A/15A, 250V क्षमता में बनाए जाते हैं।

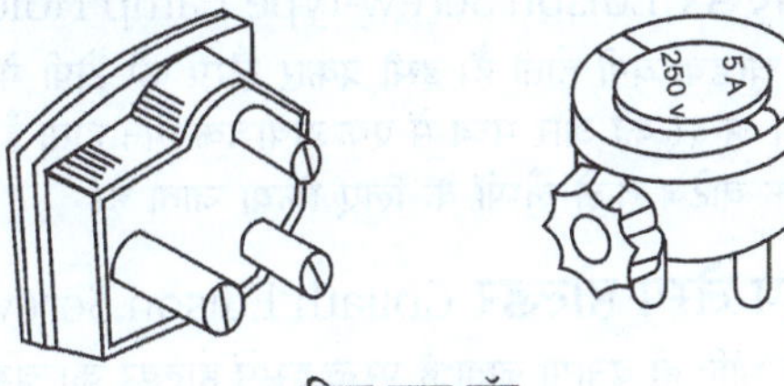

चित्र प्लग-टॉप

लैम्प होल्डर Lamp Holder

वैद्युतिक परिपथ में लैम्प संयोजित करने के लिए प्रयोग की जाने वाली युक्ति लैम्प होल्डर कहलाती है। लैम्प होल्डर्स अग्रलिखित चार प्रकार के होते हैं

बायोनेट कैप लैम्प होल्डर Bayonet Cap Lamp Holders

इस प्रकार के लैम्प होल्डर के रिम में दो विशेष आकृति के खाँचे बने होते हैं और लैम्प की टोपी में उभरे हुए दो पिन, खाँचों में फँस जाते हैं। होल्डर की संयोजक पिनें स्प्रिंगयुक्त होती हैं। B.I.S.732 के अनुसार इस प्रकार के होल्डर्स का उपयोग 200 वाट तक के लैम्पों के लिए ही किया जाना चाहिए। फिटिंग की सुविधा एवं प्रकाश की आवश्यकता के अनुसार ये निम्न आकृतियों में बनाए जाते हैं

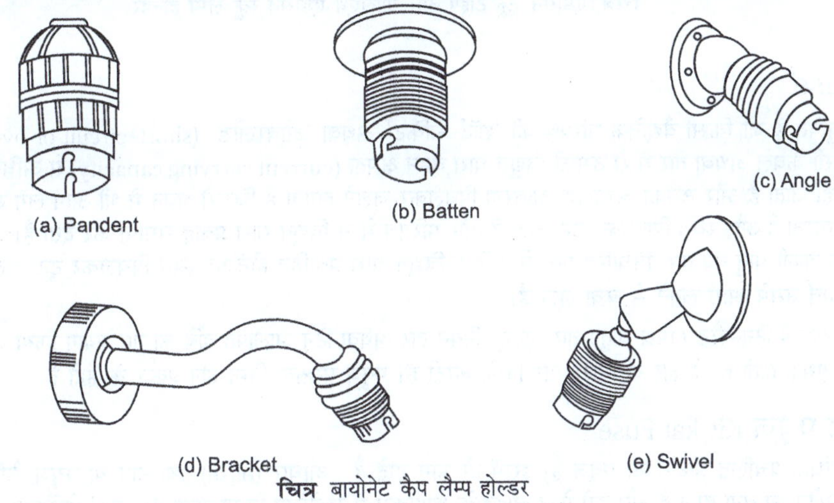

चित्र बायोनेट कैप लैम्प होल्डर

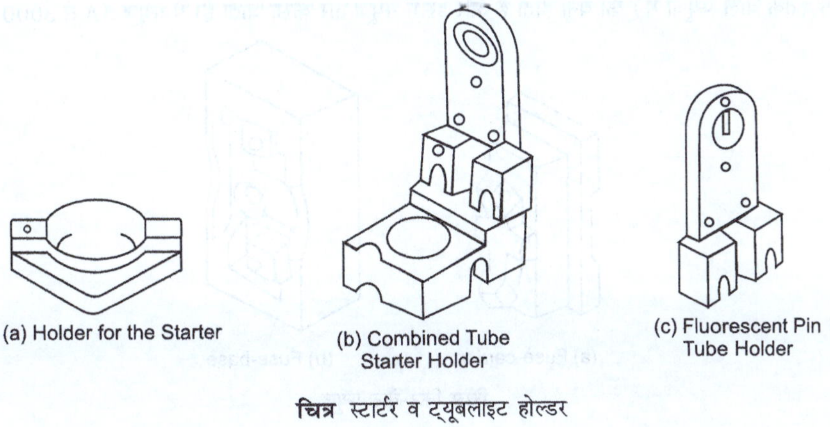

चित्र स्टार्टर व ट्यूबलाइट होल्डर

स्क्रू टाइप या ट्यूब लैम्प होल्डर Screw-type or Tube Lamp Holder

इसका उपयोग ट्यूबलाइट तथा स्टार्टर होल्डर के रूप में किया जाता है। इसमें ट्यूब को पेंच की भाँति घुमाकर होल्डर में फँसाया जाता है।

एडीसन स्क्रू-टाइप लैम्प होल्डर Edison Screw-type Lamp Holder

इस प्रकार के लैम्प होल्डर के रिम में चूड़ियाँ बनी होती हैं। इसी प्रकार लैम्प की टोपी में भी चूड़ियाँ बनी होती हैं। लैम्प को चूड़ियों के सहारे होल्डर में कस दिया जाता है। होल्डर में अन्दर की ओर मध्य में एक संयोजक पिन होता है और चूड़ीदार रिम, दूसरे संयोजक का कार्य करता है। इनका उपयोग 200 से 300 वाट्स तक वाटेज वाले लैम्पों के लिए किया जाता है।

गोलिएथ एडीसन स्क्रू-टाइप लैम्प होल्डर Goliath Edison Screw-type Lamp Holder

यह एडीसन स्क्रू टाइप लैम्प होल्डर की भाँति ही बनाया जाता है परन्तु इसमें होल्डर का चूड़ीदार भाग पोर्सिलेन का बनाया जाता है जिससे कि वह अधिक तापमान सह सके। इन होल्डर्स का उपयोग 300 वाट्स से अधिक वाटेज वाले स्टूडियो, हैडलाइट, फ्लडलाइट, फोकसिंग आदि प्रकार के लैम्पों के साथ किया जाता है।

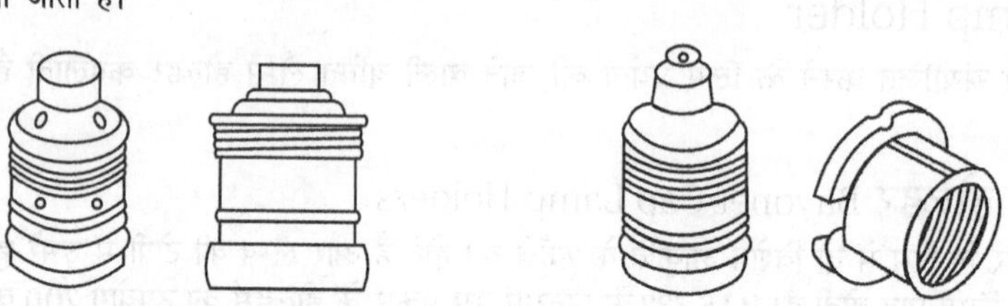

(a) Edison Screw Type Holder (b) Goliath Edison Screw Lamp Holder

चित्र एडीसन स्क्रू टाइप और गोलिएथ एडीसन स्क्रू लैम्प होल्डर

फ्यूज Fuse

एक सुरक्षा युक्ति है जो किसी वैद्युतिक परिपथ की 'शॉर्ट-सर्किट' अथवा 'ओवरलोड' (short-circuit or overload) परिस्थितियों में सुरक्षा करती है। किसी केबल अथवा तार में से उसकी विद्युत धारा वहन क्षमता (current carrying capacity) से अधिक विद्युत धारा प्रवाहित होने पर वह तार गर्म हो जाता है और उसका अचालक आवरण पिघलकर जलने लगता है जिससे भवन में भी आग लग सकती है। ऐसी स्थिति में फ्यूज, सुरक्षा प्रदान करता है और स्वयं पिघलकर टूट जाता है और परिपथ में से विद्युत धारा प्रवाह समाप्त कर देता है। फ्यूज युक्ति में प्रयोग किया गया निम्न गलनांक वाली धातु का तार, निर्धारित मान से अधिक विद्युत धारा प्रवाहित होने पर स्वयं पिघलकर टूट जाता है और केबल्स के अचालक को पिघलने एवं उसमें आग लगने से बचा लेता है।

फ्यूज तार के रूप में टिन-लैड (मिश्र धातु) तार, एल्युमीनियम तार अथवा टिन आलेपित ताँबे का तार प्रयोग किया जाता है। इनकी विद्युत धारा वहन क्षमता पृथक्-पृथक् होती हैं जो तार की मोटाई पर निर्भर करती है। फ्यूज मुख्यत: निम्न तीन प्रकार के होते हैं

किट-कैट फ्यूज Kit-kat Fuse

यह सबसे अधिक प्रचलित प्रकार का फ्यूज है। इसमें दो भाग होते हैं- आधार (base) तथा टॉप या फ्यूज कैरियर (top or fuse carrier)। 'आधार' पोर्सिलेन का बना होता है और इसे फेज लाइन के श्रेणीक्रम में संयोजित किया जाता है। 'टॉप' पोर्सिलेन अथवा बैकेलाइट (निम्न विद्युत धारा क्षमता, 15 A तक वाले फ्यूजों में) का बना होता है और इसमें फ्यूज तार कसा जाता है। ये फ्यूज 5 A से 3000 A क्षमता तक बनाए जाते हैं।

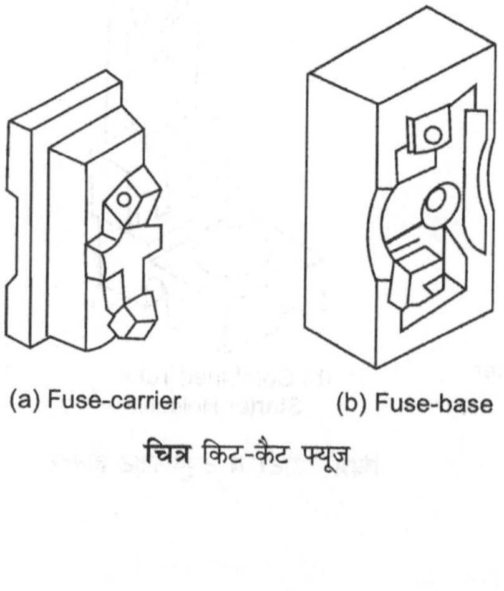

(a) Fuse-carrier (b) Fuse-base

चित्र किट-कैट फ्यूज

कार्ट्रिज फ्यूज Cartridge Fuse

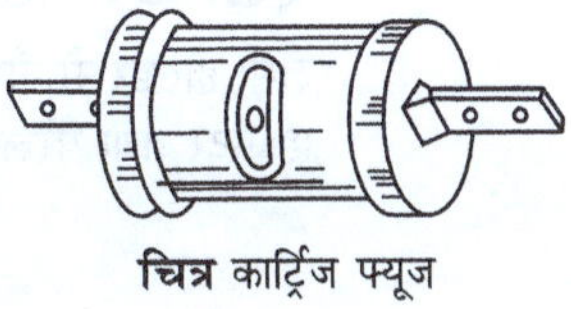

चित्र कार्ट्रिज फ्यूज

यह पूर्णत: वायु-रुद्ध (air tight) प्रकार का फ्यूज है। इसमें प्राय: ताँबा व टिन (63% व 37%) की मिश्रधातु का तार, काँच अथवा पोर्सिलेन की ट्यूब में बन्द कर दिया जाता है। इस प्रकार, बाहरी वातावरण का फ्यूज-तार पर कोई प्रभाव नहीं पड़ता और उसका ऑक्सीकरण भी नहीं हो पाता। फ्यूज जल जाने की स्थिति दर्शाने के लिए इसमें एक 'इण्डैक्स वृत्त' (index circle) होता है और उसके सामने, फ्यूज तार के पीछे एक सफेद कागज लगा होता है। फ्यूज जल जाने पर कागज काला पड़ जाता है। इस प्रकार फ्यूज को बिना खोले ही उसके जल जाने का पता चल जाता है। कार्ट्रिज फ्यूज लगाने के लिए 'फ्यूज कैरियर' (fuse carrier) तथा 'आधार' (base) किट-कैट फ्यूज की भाँति ही होता है।

ये फ्यूज प्राय: 2 A से 60 A क्षमता तक बनाए जाते हैं। फ्यूज उड़ने के समय होने वाली स्पार्किंग को कम करने के लिए फ्यूज की ट्यूब में एक पाउडर जैसा अचालक पदार्थ भरा जाता है। एक बार फ्यूज जल जाने पर उसका दोबारा प्रयोग नहीं किया जा सकता।

कार्ट्रिज फ्यूज, 'डी' प्रकार के भी होते हैं जिनका उपयोग मशीन में किया जाता है। इनमें फ्यूज को एक 'कैप' में लगाकर 'फ्यूज-जैक' में कस दिया जाता है। कैप में एक धात्विक क्लैम्प होता है जो बैकेलाइट खोल में जड़ा होता है और उसी में काँच की ट्यूबनुमा फ्यूज का एक सिरा फँसाया जाता है।

एच.आर.सी. फ्यूज H.R.C. Fuse

इसका पूरा नाम 'हाई रप्चरिंग कैपेसिटी फ्यूज' (high rupturing capacity fuse) है। यह कार्ट्रिज फ्यूज की भाँति ही वायुरुद्ध काँच अथवा पोर्सिलेन की ट्यूब में स्थापित किया जाता है। तार के चारों ओर अचालक चूर्ण भरा होता है। इस फ्यूज की विशेषता यह है कि यह निर्धारित विद्युत धारा मान से लगभग दो गुनी विद्युत धारा भी कुछ क्षणों तक सह सकता है परन्तु विद्युत लाइन में पैदा हुए दोष के तीन-चार क्षण में दूर न होने पर फ्यूज उड़ जाता है। इस प्रकार के फ्यूज 30 A से 1000 A विद्युत धारा क्षमता में बनाए जाते हैं। इनका उपयोग प्राय: नंगे तारों वाली लाइन के उप-केन्द्रों (sub-stations) पर किया जाता है।

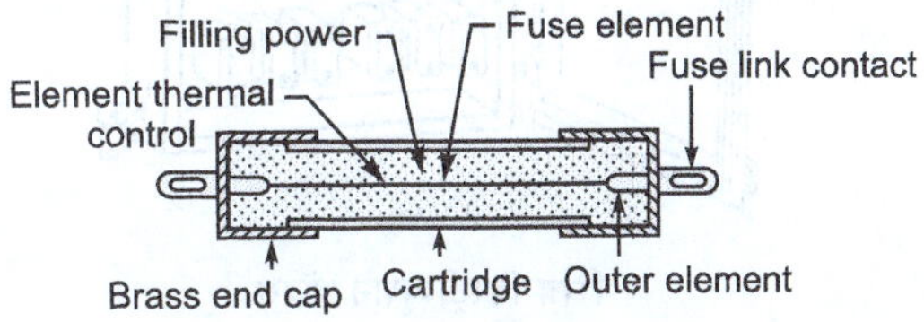

चित्र एच.आर.सी. फ्यूज

फ्यूजिंग फैक्टर (Fusing Factor) किसी फ्यूज के लिए न्यूनतम फ्यूजिंग धारा तथा फ्यूज पर अंकित धारा के मान का अनुपात फ्यूजिंग फैक्टर कहलाता है।

$$\text{फ्यूजिंग फैक्टर} = \frac{\text{न्यूनतम फ्यूजिंग धारा}}{\text{अंकित फ्यूजिंग धारा}}$$

सीलिंग रोज Ceiling Rose

सीलिंग फैन, ट्यूब लाइट, पैन्डेन्ट होल्डर आदि को विद्युत सप्लाई प्रदान करने के लिए सीलिंग रोज प्रयोग किया जाता है। यह दो-प्लेट तथा तीन-प्लेट अर्थात् दो-तार एवं तीन-तार वाली लाइनों के लिए बनाए जाते हैं। तीन प्लेट वाले सीलिंग रोज का उपयोग अतिरिक्त लाइट प्वॉइण्ट प्रदान करने के लिए भी किया जाता है। इनकी क्षमता 5 A, 250 V होती है।

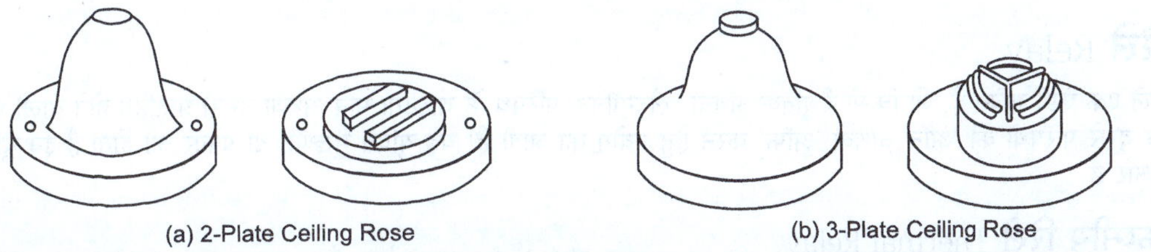

(a) 2-Plate Ceiling Rose (b) 3-Plate Ceiling Rose

चित्र सीलिंग रोज

एडॉप्टर Adopter

लैम्प होल्डर से लैम्प तथा अन्य किसी कार्य के लिए संयोजन प्राप्त करने हेतु एडॉप्टर प्रयोग किया जाता है। ये निम्न प्रकार के होते हैं—सिंगल एडॉप्टर तथा पैरेलल एडॉप्टर। ये भी 5 A, 250 V क्षमता में बनाए जाते हैं।

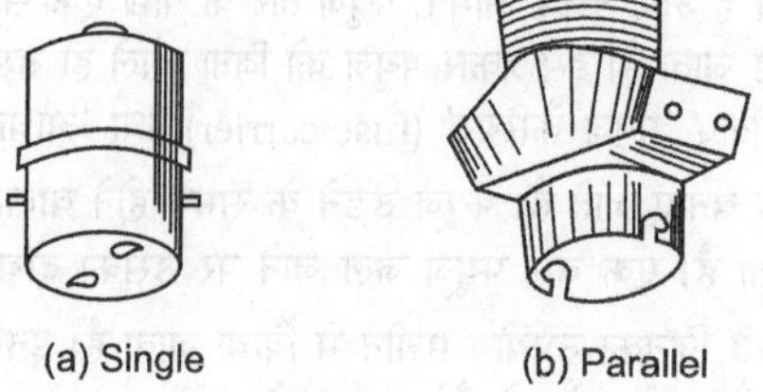

चित्र एडॉप्टर

डिस्ट्रीब्यूशन बॉक्स Distribution Box

अधिक लोड वाले भवनों में अनेक समानान्तर परिपथ बनाए जाते हैं और प्रत्येक परिपथ के लिए पृथक् फ्यूज प्रयोग किया जाता है। सभी फ्यूजों को एक खोल में स्थापित कर दिया जाता है जिसे डिस्ट्रीब्यूशन बॉक्स कहते हैं। यह प्राय: 6-'वे' या 12-'वे' प्रकार का होता है।

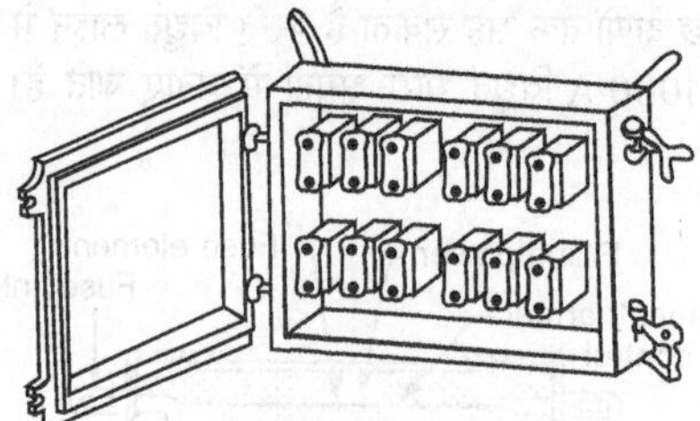

चित्र डिस्ट्रीब्यूशन बॉक्स

लघुरूप परिपथ वियोजन Miniature Circuit Breaker; MCB

यह एक S.P. स्विच की आकृति वाला लघु परिपथ वियोजक होता है। इसकी विशेषता यह है कि इसमें ओवरलोड अवस्था में स्वत: ही 'ऑफ' हो जाने की व्यवस्था होती है। ओवरलोड स्थिति में स्वत: 'ऑफ' होने की व्यवस्था प्राय: द्विधात्विक युक्ति (bimetallic device) के द्वारा सम्पन्न होती है।

ये परिपथ वियोजक 5A से 60 A, 230 V क्षमता में बनाए जाते हैं। डी.पी., टी.पी. तथा चार पोल प्रकार के MCB में क्रमश: दो, तीन, चार S.P.M.C.B. के स्विचिंग लीवर्स को एक साथ प्रचालित करने की व्यवस्था की जाती है। MCB ऊपर को 'ऑन' होता है। MCB का मुख्य लाभ यह है कि परिपथ के ओवरलोड होने पर यह स्वत: ही 'ट्रिप' (trip) अर्थात् 'ऑफ' हो जाता है और ओवरलोड को दूर करके इसे पुन: 'ऑन' किया जा सकता है। यद्यपि परिपथ की सुरक्षा 'फ्यूज' के द्वारा भी की जा सकती है, परन्तु फ्यूज के जल जाने पर उसे परिवर्तित ही करना पड़ता है जबकि MCB में ऐसा नहीं करना पड़ता।

आजकल भवनों, कार्यालयों, उद्योगशालाओं, व्यापारिक प्रतिष्ठानों आदि की 'लाइट एण्ड फैन' वायरिंग में प्रत्येक कक्ष अथवा प्रत्येक 800 W ('पावर' में 3000 W) से अधिक लोड परिपथ में ओवरलोड स्थिति में लाइन को 'ट्रिप' करने के लिए MCB प्रयोग किया जाता है।

रिले Relay

रिले एक ऐसी युक्ति है, जो किसी वैद्युतिक अथवा इलैक्ट्रॉनिक परिपथ के वोल्टता मान अथवा उससे प्रवाहित होने वाली धारा के मान के आधार पर दूसरे परिपथों को 'ऑन' अथवा 'ऑफ' करने हेतु प्रयोग की जाती है। यह युक्ति मुख्यत: दो प्रकार की होती है इन युक्तियों का विवरण इस प्रकार है

ऊष्मीय रिले Thermal Relay

इस प्रकार की रिले में रिले के NO तथा NC संयोजकों का प्रचालन तापक तन्तु में से प्रवाहित होने वाली धारा के मान के आधार पर एक द्वि-धात्विक पत्ती (bi-metallic strip) के द्वारा सम्पन्न होता है। इस प्रकार की रिले का उपयोग थर्मोस्टेट के रूप में रेफ्रीजेरेटर आदि में किया जाता है।

चुम्बकीय रिले Magnetic Relay

वैद्युतिक एवं इलैक्ट्रॉनिक परिपथों को स्वचालित रूप से 'ऑन' अथवा 'ऑफ' करने के लिए प्रयोग की जाने वाली विद्युत-चुम्बकीय युक्ति, चुम्बकीय रिले कहलाती है। यह एक धारा नियन्त्रित युक्ति है। इसमें मुख्यत: एक 6V/12V डी.सी. क्वॉयल लौह-रीड, NO एवं NC संयोजक (normally open and normally closed contacts) होते हैं, देखें चित्र। NO तथा NC संयोजकों की संख्या आवश्यकतानुसार रखी जाती है।

इसमें क्वॉयल को नियन्त्रक सिग्नल सीधे ही परिपथ से प्रदान किया जाता है। जैसे ही नियन्त्रक सिग्नल की धारा का मान, पूर्व-निर्धारित मान तक पहुँचता है, विद्युत-चुम्बक पूर्णत: उत्तेजित हो जाता है। विद्युत-चुम्बक, लौह-रीड को आकर्षित कर लेता है और NO तथा NC संयोजक, आवश्यकतानुसार परिपथों को क्रमश: 'ऑन' अथवा 'ऑफ' कर देते हैं।

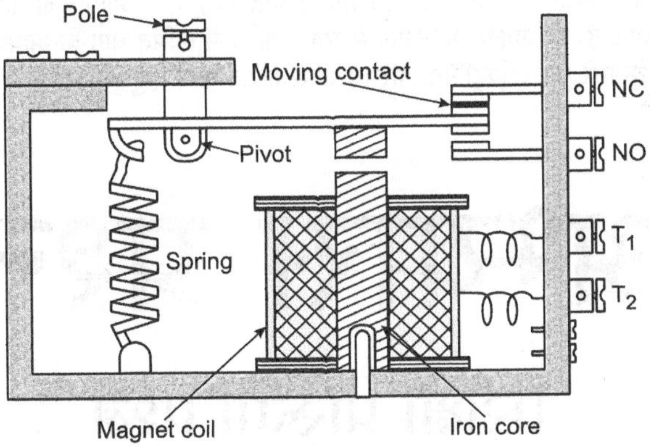

चित्र चुम्बकीय रिले

अतिभार रिले Overload Relay

अतिभार रिले की मौलिक संरचना सामान्य प्रकार की चुम्बकीय रिले के समान होती है। इसमें कुण्डली तथा लौह-रीड को इस प्रकार बनाया जाता है कि यह पूर्व-निर्धारित मान की अपेक्षा भार-धारा का मान बढ़ जाने पर उत्तेजित हो जाती है और NC संयोजकों के द्वारा परिपथ को विसंयोजित कर देती है।

तीन-फेज लाइन के लिए तीन अतिभार रिले प्रयोग की जाती हैं। तीनों रिले की रीड एक दस्ते के द्वारा जोड़ दी जाती हैं, जिससे कि किसी एक फेज में भार-धारा का मान बढ़ने पर तीनों फेज विसंयोजित हो जाते हैं। विद्युत वितरण केन्द्र 100 से 300 एम्पियर तक धारा आपूर्ति करते हैं। अत: इस प्रकार के परिपथों के लिए धारा ट्रांसफॉर्मर (current transformer) प्रयोग करके निम्न धारा मान पर प्रचालित होने वाली रिले प्रयोग की जाती हैं जो अनुपातिक आधार पर, अतिभार स्थिति में सर्किट ब्रेकर के माध्यम से परिपथ को 'ऑफ' कर देती है। इन्हें ट्रिपिंग रिले (tripping relay) के नाम से भी जाना जाता है।

इण्डीकेटिंग लैम्प Indicating Lamp

किसी वैद्युतिक या इलेक्ट्रॉनिकी परिपथ में प्रवाहित धारा की स्थिति दर्शाने के लिए इण्डीकेटिंग लैम्प का प्रयोग किया जाता है। इनके द्वारा पावर के 'ऑन एवं ऑफ' स्थितियों को विभिन्न रंगों के इण्डीकेटिंग लैम्पों द्वारा दर्शाया जाता है। इण्डीकेटिंग लैम्प के रूप में LED (लाइट एमिटिंग डायोड) विशेषत: उपयोग में लाई जाती है। वर्तमान में बाजार में विभिन्न रंगों की LEDs उपलब्ध हैं जिनके द्वारा अलग-अलग रंगों से परिपथ में प्रवाहित धारा को दर्शाया जा सकता है।

2.5 कनेक्टर Connectors

कम्प्यूटर, सर्वर एवं अन्य इलैक्ट्रॉनिक्स उपकरणों में संयोजन तारों (connection wires) के द्वारा एक स्टेज को दूसरी स्टेज से जोड़ने हेतु जिस युक्ति को प्रयोग में लाया जाता है, उसे कनेक्टर (connector) कहते हैं। ये अनेक प्रकार के होते हैं; जैसे—कोएक्सल कनेक्टर, चार, छ: एवं आठ मार्गी (4, 6, and 8 ways) कनेक्टर आदि।

चित्र में निम्न कनेक्टर की आकृतियों को दर्शाया गया है।

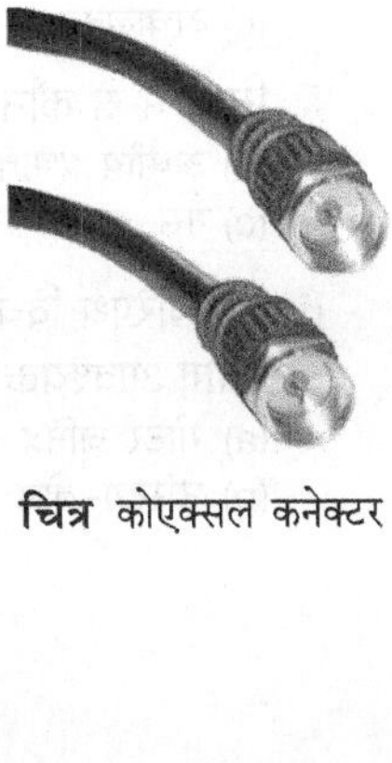

चित्र कोएक्सल कनेक्टर

कनेक्टर के प्रकार Types of Connector

कनेक्टर निम्न प्रकार के होते हैं

(i) कोएक्सल कनेक्टर (Coaxial connectors) संकेतों (signals) को एक स्थान से दूसरे स्थान पर ले जाने वाले केबल के सिरे को इलेक्ट्रॉनिक परिपथ से संयोजित करने वाली युक्ति/कनेक्टर को कोएक्सल कनेक्टर कहते हैं।

(ii) बहुमार्गी कनेक्टर (Multiway connectors) बिना शील्डेड मरोड़ी दार (unshielded twised pair UTP) प्रकार के केबल को विभिन्न क्रियाओं को सम्पन्न (perform) करने हेतु एक स्टेज को दूसरी स्टेज से संयोजित करने हेतु आवश्यकतानुसार बहुमार्गी कनेक्टर प्रयोग में लाए जाते हैं

(iii) ऑप्टिकल फाइबर केबल कनेक्टर (Optical fiber cable connectors) ऑप्टिकल फाइबर केबल में प्लास्टिक एवं काँच (glass) के पदार्थों का प्रयोग किया जाता है। इस प्रकार के केबल में संकेत काँच से निर्मित धागे के आकार की केन्द्रीय कोर से प्रकाश के रूप में गुजरता है। इस प्रकार के केबल के सिरे को इलैक्ट्रॉनिक परिपथ से संयोजित करने हेतु जो कनेक्टर प्रयोग में लाया जाता है, उसे ऑप्टिकल फाइबर केबल कनेक्टर कहते हैं।

अभ्यास प्रश्न

परीक्षा प्रारूपी प्रश्न

बहुविकल्पीय

1. इलेक्ट्रॉन्स में किस प्रकार की गति विद्यमान होती है?
(a) चक्रण गति (b) कक्षीय गति
(c) 'a' और 'b' दोनों (d) इनमें से कोई नहीं

2. जब अधिक वोल्टता एवं अधिक फ्रीक्वेन्सी वाली विद्युत धारा वायु-शून्य नली में प्रवाहित की जाती है तो एक विशेष प्रकार की X-किरणें उत्पन्न होती हैं। यह विद्युत धारा का ………… कहलाता है।
(a) ऊष्मीय प्रभाव (heating effect)
(b) किरण प्रभाव (ray effect)
(c) रासायनिक प्रभाव (chemical effect)
(d) चुम्बकीय प्रभाव (magnetic effect)

3. विद्युत धारा की चाल, प्रकाश की चाल के तुल्य होती है, इसका मान कितना होता है?
(a) 3×10^8 मीटर/मिनट (b) 3×10^8 मीटर/सेकण्ड
(c) 3×10^{18} मीटर/मिनट (d) 3×10^{18} मीटर/सेकण्ड

4. पदार्थों का वह स्वाभाविक गुण, जो विद्युत धारा प्रवाह में सुगमता प्रदान करता है, क्या कहलाता है?
(a) चालकता (b) प्रतिरोधकता
(c) अचालकता (d) विभवान्तर

5. निम्न में से कौन-सा विद्युत धारा का प्रभाव होता है?
(a) ऊष्मीय प्रभाव (b) चुम्बकीय प्रभाव
(c) गैस आयनीकरण प्रभाव (d) उपरोक्त सभी

6. लघु परिपथ वियोजक (miniature circuit breaker, MCB) का प्रयोग आवश्यक है
(a) मोटर जनित्र (generator) की वायरिंग में
(b) टेस्टिंग-बोर्ड की वायरिंग में
(c) भवन के प्रत्येक कक्ष (room) की वायरिंग में
(d) उपरोक्त सभी में

7. चित्र में किस फ्यूज को दर्शाया गया है?

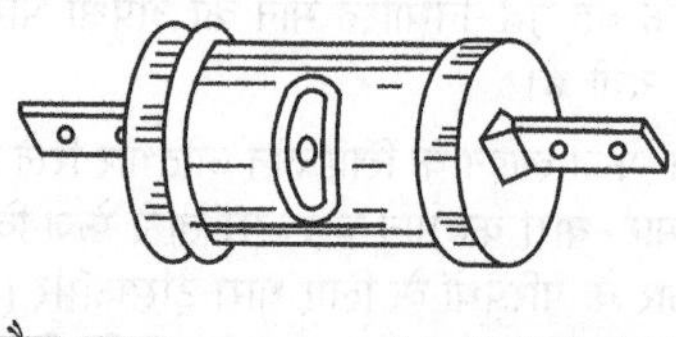

(a) किट-कैट फ्यूज (b) H.R.C. फ्यूज
(c) कार्टरिज फ्यूज (d) इनमें से कोई नहीं

8. किसी वैद्युतिक परिपथ का मुख्य घटक (main component) कौन-सा है?
(a) सप्लाई स्रोत (supply source)
(b) चालक युक्ति (conductive device)
(c) नियन्त्रक युक्ति (controlling device)
(d) उपरोक्त सभी

9. 30A, 415 V स्विच का प्रकार कौन-सा है?
(a) D.P.I.C. (b) नाइफ स्विच (c) T.P.I.C. (d) ये सभी

10. वैद्युतिक परिपथों की सुरक्षा (safety) के लिए ………… एक मूलभूत (basic) आवश्यकता है।
(a) स्विच (b) होल्डर (c) फ्यूज (d) तार

11. 3-फेज लाइन में परिपथ (circuit) को ऑन/ऑफ करने के लिए सामान्यतः प्रयोग किए जाने वाला स्विच है
(a) आई.सी.टी.पी. (I.C.T.P.)
(b) आई.सी.डी.पी. (I.C.D.P.)
(c) तीन टम्बलर स्विच (three tumbler switch)
(d) नाइफ स्विच (knife switch)

12. "यह एक सुरक्षा युक्ति (safety device) है, जो किसी वैद्युतिक परिपथ की 'शॉर्ट सर्किट' अथवा 'ओवरलोड परिस्थितियों (overload condition) से सुरक्षा करती है।' यह कथन सम्बन्धित है
(a) होल्डर से (b) स्विच से (c) सॉकेट से (d) फ्यूज से

13. फ्यूज संयोजित (connected) होना चाहिए
(a) उदासीन (neutral) चालक की श्रेणी में
(b) उदासीन चालक के समान्तर में
(c) जीवित (live) चालक की श्रेणी में
(d) जीवित चालक के समान्तर में

14. निम्न में से कौन-सी उपभोक्ता युक्ति (consumer device) नहीं है?
(a) हीटर (b) बल्ब
(c) स्विच (d) वैद्युतिक उपकरण

15. लघुरूप परिपथ वियोजन (M.C.B.) में अतिभार (overload) स्थिति में स्वतः ऑफ होने की व्यवस्था प्रायः सम्पन्न होती है
(a) द्विधात्विक युक्ति (bimetallic device)
(b) अधात्विक युक्ति (non-metallic device)
(c) स्विचिंग युक्ति (switching device)
(d) फ्यूज युक्ति (fuse device)

16. कार्टरिज फ्यूज का प्रयोग ········ किया जाता है।
(a) वर्कशॉप में
(b) उपकरणों (apparatus) में
(c) केवल वितरण (distribution) स्टेशनों में
(d) विद्युतिक स्थापनाओं (electric installation) में

17. रोटरी स्विच (rotary switch) का उपयोग निम्न में से किस उपकरण (apparatus) में नहीं किया जाता है?
(a) नाइट लैम्प में (b) कूलर में
(c) बिजली के पंखे में (d) ये सभी

18. एक S.P.D.T. स्विच के लिए आवश्यक कनेक्शन (connection) ·············· है।
(a) तारों की वायरिंग (b) जीने की वायरिंग
(c) घरेलू उपकरणों की वायरिंग (d) इनमें से कोई नहीं

19. निम्न युक्ति में से कौन-सी नियन्त्रक यूक्तियों (control devices) के अन्तर्गत सम्मिलित है?
(a) स्विच (b) थर्मल रिले
(c) फ्यूज (d) इनमें से कोई नहीं

20. टू-वे स्विच का प्रयोग ········ किया जाता है।
(a) लैम्प वायरिंग में (b) जीने की वायरिंग में
(c) सॉकेट वायरिंग में (d) ये सभी

21. वैद्युतिक परिपथ की शॉर्ट सर्किट से सुरक्षा (safe) करने वाली युक्ति (device) को ·············· कहते हैं।
(a) बल्ब (b) स्विच (c) रिले (d) फ्यूज

22. वैद्युतिक परिपथ में विद्युत धारा के प्रवाह (current flow) को नियन्त्रित (control) करने वाली युक्ति (device) ·············· है।
(a) सोल्डर (b) स्विच (c) फ्यूज (d) चालक युक्ति

23. निम्न में से कौन-सी उपभोक्ता युक्ति (consumer device) है?
(a) सर्किट ब्रेकर (b) हीटर
(c) केबल (d) स्विच

24. चित्र में किस प्रकार का फ्यूज दर्शाया गया है?

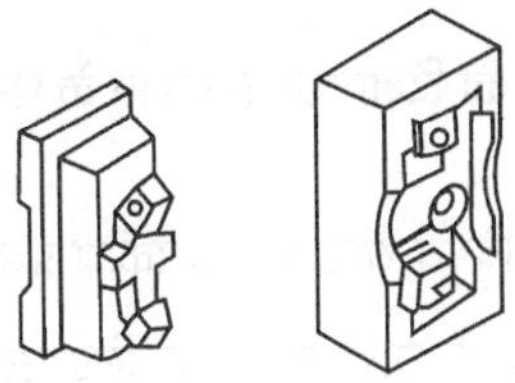

(a) किट-कैट फ्यूज (b) कार्टरिज फ्यूज
(c) एच.आर.सी. फ्यूज (d) इनमें से कोई नहीं

25. एक खुले परिपथ (open circuit) में उपस्थित प्रतिरोध (resistance) का मान होता है
(a) शून्य (zero) (b) निम्न (low)
(c) उच्च (high) (d) अनन्त (infinite)

26. एक फ्यूज के लिए फ्यूजिंग गुणक (fusing factor) का मान ज्ञात किया जा सकता है
(a) $\frac{\text{अधिकतम फ्यूजिंग धारा (maximum fusing current)}}{\text{अंकित फ्यूजिंग धारा (rated fusing current)}}$
(b) $\frac{\text{अधिकतम फ्यूजिंग धारा (maximum fusing current)}}{\text{न्यूनतम फ्यूजिंग धारा (minimum fusing current)}}$
(c) $\frac{\text{न्यूनतम फ्यूजिंग धारा (minimum fusing current)}}{\text{अंकित फ्यूजिंग धारा (rated fusing current)}}$
(d) $\frac{\text{अंकित फ्यूजिंग धारा (rated fusing current)}}{\text{न्यूनतम फ्यूजिंग धारा (minimum fusing current)}}$

27. एक लैम्प को तीन स्थानों से नियन्त्रित (control) करने के लिए कितने स्विच (switch) की आवश्यकता होती है?
(a) एक टू-वे स्विच एवं एक इण्टरमीडिएट स्विच
(b) दो टू-वे स्विच एवं एक इण्टरमीडिएट स्विच
(c) एक टू-वे स्विच एवं दो इण्टरमीडिएट स्विच
(d) दो टू-वे स्विच एवं दो इण्टरमीडिएट स्विच

28. वैद्युतिक परिपथ में लैम्प संयोजित करने के लिए प्रयोग की जाने वाली निर्देश युक्ति (indicating device) ·············· कहलाती है।
(a) लैम्प होल्डर (b) सॉकेट
(c) प्लग-टॉप (d) उपरोक्त सभी

29. H.R.C. फ्यूज में H.R.C. से आशय है
(a) High Rate Capacity (b) High Rupturing Capacity
(c) High Rupturing Current (d) High Resistance Current

30. सीलिंग फैन परिपथ (ceiling fan circuit) में रेगुलेटर का प्रयोग किया जाता है
(a) धारा (current) को घटाने के लिए
(b) पंखे पर आरोपित (applied) वोल्टेज ड्रॉप के लिए
(c) गति (speed) बढ़ाने के लिए
(d) टॉर्क (torque) बढ़ाने के लिए

विविध प्रारूपी प्रश्न

सत्य/असत्य

1. विद्युत धारा की दिशा ऋण (-) वस्तु के धन (+) ऑब्जेक्ट की ओर होती है।
2. विद्युत्लेपन विद्युत धारा का चुम्बकीय प्रभाव कहलाता है।
3. समान मात्रा में धारा प्रवाह के लिए एल्युमीनियम चालक का कटाक्ष क्षेत्रफल, ताँबे के चालक के कटाक्ष क्षेत्रफल से अधिक होना चाहिए।
4. ओवरहैड वितरण लाइन में से विद्युत संयोजन प्राप्त करने के लिए 'टी' जोड़ प्रयोग किया जा सकता है।
5. केबल्स के ढीले जोड़ के कारण स्पार्किंग पैदा होती है और केबल्स अनावश्यक रूप से अधिक गर्म हो जाता है, जिससे आग भी लग सकती है।

रिक्त स्थानों की पूर्ति

1. वैद्युतिक परिपथ में विद्युत धारा के प्रवाह को नियन्त्रित करने वाली युक्ति .... है।
2. वैद्युतिक परिपथ में लैम्प संयोजित करने के लिए प्रयोग की जाने वाली युक्ति .... कहलाती है।
3. वैद्युतिक परिपथ की शॉर्ट सर्किट से सुरक्षा करने वाली युक्ति को .... कहते हैं।
4. इकाई आवेश को अनन्तता से किसी बिन्दु तक लाने में किया गया कार्य उस बिन्दु का .... कहलाता है।
5. विभवान्तर का मात्रक .... होता है।

अतिलघु उत्तरीय

1. विद्युत क्या है?
2. विद्युत धारा मुख्यतः कितने प्रकार की होती है?
3. एक वोल्ट कितना होता है?
4. विद्युत धारा के प्रमुख प्रभाव क्या-क्या है?
5. विद्युत वाहक बल तथा विभवान्तर में क्या अन्तर है?
6. गुणों के अनुसार परिपथ कितने प्रकार के होते हैं?
7. लैम्प होल्डर कितने प्रकार के होते हैं?
8. एच.आर.सी. फ्यूज क्या होता है?
9. शार्ट परिपथ से क्या अभिप्राय है?
10. परिपथ वियोजक (circuit breaker) क्या होता है?

लघु उत्तरीय

1. निम्नलिखित संक्षिप्त रूपों के पूर्ण रूप क्या हैं? वे किस सन्दर्भ में प्रयोग किए जाते हैं?
   (i) ICTPN (ii) PVC
2. परिपथ में धारा के मान के विषय में फ्यूज का कार्य क्या है?
3. वैद्युतिक परिपथों में फ्यूज का क्या महत्त्व है?
4. किट-कैट (kit-kat) फ्यूज पर संक्षिप्त टिप्पणी लिखिए।
5. लघु रूप परिपथ वियोजक कैसा होता है?

दीर्घ उत्तरीय

1. वैद्युतिक सहायक सामग्री से क्या अभिप्राय है? मेन स्विच तथा इण्टरमीडिएट स्विच के कार्य समझाइए।
2. HRC फ्यूज क्या है? इसका निर्माण तथा उपयोगिता बताइए। दोषपूर्ण फ्यूज बदलने से पहले क्या सावधानियाँ बरतेंगे?
3. निम्नलिखित परिपथों का विस्तार से वर्णन कीजिए
   (i) साधारण परिपथ
   (ii) पायलट परिपथ
   (iii) सीरीज, समान्तर परिपथ

उत्तरमाला

बहुविकल्पीय

1. (c)	2. (b)	3. (b)	4. (a)	5. (d)	6. (c)	7. (c)	8. (d)	9. (b)	10. (c)
11. (a)	12. (d)	13. (c)	14. (c)	15. (a)	16. (a)	17. (a)	18. (b)	19. (a)	20. (b)
21. (d)	22. (b)	23. (b)	24. (a)	25. (d)	26. (c)	27. (d)	28. (a)	29. (b)	30. (b)

सत्य/असत्य

1. असत्य 2. असत्य 3. सत्य 4. सत्य 5. सत्य

रिक्त स्थानों की पूर्ति

1. स्विच 2. लैम्प होल्डर 3. फ्यूज 4. विभव 5. वोल्ट

□□□

अध्याय 03

वैद्युतिक मापन यन्त्र

Electrical Measuring Instruments

परिचय Introduction

आज के समय में इलेक्ट्रॉनिक उपकरण मानव जीवन का महत्त्वपूर्ण अंग बन गए हैं। इन सभी इलेक्ट्रॉनिक उपकरणों का आधार उसमें प्रयुक्त किया गया परिपथ होता है, जिस पर उसकी कार्यप्रणाली केन्द्रित होती है। इन उपकरणों के परिपथ में विविध राशियों के मापन हेतु मापन यन्त्रों का प्रयोग किया जाता है, जो एनालॉग एवं डिजिटल प्रकृति के होते हैं। इन मापन यन्त्रों का प्रयोग इलेक्ट्रॉनिक परिपथों में आने वाले दोषों को दूर करने के लिए भी किया जाता है। इलेक्ट्रॉनिक मापन यन्त्रों के अन्तर्गत अमीटर, वोल्टमीटर, ओह्ममीटर, मल्टीमीटर, फंक्शन जनित्र, LCR मीटर एवं कैथोड-रे ऑसिलोस्कोप (C.R.O.) आदि आते हैं। प्रशिक्षुओं को इन मापन यन्त्रों की कार्यप्रणाली समझाने हेतु इससे सम्बन्धित पाठ्य-सामग्री को इस अध्याय में सम्मिलित किया गया है।

3.1 मापन यन्त्रों का वर्गीकरण Classification of Measuring Instruments

मापन यन्त्रों के डिस्प्ले पर प्रदर्शित होने वाली राशि की प्रदर्शन प्रकृति के आधार पर मापन यन्त्र मुख्यत: दो प्रकार के होते हैं

प्राथमिक यन्त्र Primary Instruments

वह यन्त्र, जो किसी सूचक युक्ति के द्वारा किसी वैद्युतिक राशि की केवल उपस्थिति को दर्शाता है, प्राथमिक यन्त्र कहलाता है। उदाहरण के लिए, किसी विद्युत धारावाही चालक के निकट रखी 'चुम्बकीय सुई', उस चालक में से विद्युत धारा प्रवाह की उपस्थिति दर्शाती है। इसी प्रकार टैन्जेन्ट गैल्वेनोमीटर, विद्युत धारा प्रवाह की उपस्थिति तथा दिशा को दर्शाता है।

द्वितीयक यन्त्र Secondary Instruments

वह यन्त्र, जो किसी सूचक युक्ति (जैसे संकेतक) के द्वारा किसी पूर्वांकित पैमाने पर किसी वैद्युतिक राशि का मान दर्शाता है, द्वितीयक यन्त्र कहलाता है। द्वितीयक यन्त्र तीन प्रकार के होते हैं

- सूचक या इण्डीकेटिंग यन्त्र (Indicating Instruments)
- रिकॉर्डिंग यन्त्र (Recording Instruments)
- इण्टीग्रेटिंग यन्त्र (Integrating Instruments)

3.2 मापन यन्त्र प्रचालन के लिए आवश्यक बल Necessary Forces for Operation of Measuring Instrument

मापन यन्त्रों को प्रचालित होने के लिए घुमाव बल (अथवा आघूर्ण) की आवश्यकता होती है। इन घुमाव बलों (torques) के आधार पर ही मीटर का संकेतक डिस्प्ले पर प्वॉइण्टर द्वारा सही प्रदर्शन कर पाने में सक्षम होता है। घुमाव बलों का विवरण अग्र पृष्ठ पर वर्णित है।

विक्षेपक टॉर्क Deflecting Torque

किसी वैद्युतिक मापक यन्त्र में उसके संकेतक को एक पूर्वांकित पैमाने पर चलाने वाला घुमाव-बल, विक्षेपक टॉर्क कहलाता है। यह टॉर्क, यन्त्र में से प्रवाहित की गयी विद्युत धारा के किसी एक प्रभाव; ऊष्मीय, चुम्बकीय, स्थिर-वैद्युतिक आदि; के द्वारा विकसित होता है। इसका परिमाण, यन्त्र में से प्रवाहित की गई विद्युत धारा के मान पर निर्भर करता है।

नियन्त्रक टॉर्क Controlling Torque

किसी वैद्युतिक मापक यन्त्र में, विक्षेपक टॉर्क के कारण पैदा होने वाले संकेतक के घुमाव की गति को नियन्त्रित करने वाला घुमाव-बल, नियन्त्रक टॉर्क कहलाता है। यह टॉर्क, यन्त्र में निम्न दो कार्य करता है

1. यन्त्र के संकेतक गति को नियन्त्रित करता है, जिससे कि वह झटके के साथ गति न करे और पैमाने के दूसरी ओर टकराकर टूट न सके।
2. यन्त्र में प्रेक्षण लेने के बाद संकेतक को पैमाने की स्थिति पर वापस लाता है।

अधिकांश मापक यन्त्रों में नियन्त्रक टॉर्क विकसित करने के लिए स्प्रिंग नियन्त्रक एवं गुरुत्व नियन्त्रक प्रणालियाँ अपनाई जाती हैं।

अवमन्दक टॉर्क Damping Torque

किसी वैद्युतिक मापक यन्त्र के संकेतक में पैदा होने वाले कम्पनों को समाप्त करने वाला घुमाव-बल, अवमन्दक टॉर्क (damping torque) कहलाता है। यदि यन्त्र में डैम्पिंग टॉर्क की व्यवस्था न की जाए तो उसका संकेतक, पाठ्यांक के दाएँ-बाएँ कम्पन करता रहता है और पाठ्यांक लेने में अधिक समय लगता है। संकेतक के कम्पनों का कारण है विक्षेपक टॉर्क तथा नियन्त्रक टॉर्क की आपसी प्रतिक्रिया।

वैद्युतिक मापक यन्त्रों में मुख्यत: वायु घर्षण, भंवर धारा, द्रव घर्षण अवमन्दक प्रणालियाँ प्रयोग की जाती हैं।

3.3 स्थायी चुम्बक मूविंग क्वॉयल मापक यन्त्र Permanent Magnet Moving Coil (PMMC) Measuring Instruments

इस मापक यन्त्र में एक U टाइप स्थायी चुम्बक होता है। चुम्बक के सिरों पर नर्म लोहे से निर्मित दो ध्रुव खण्ड (pole pieces) लगाये जाते हैं। इन ध्रुवों के चुम्बक क्षेत्र के मध्य नर्म लोहे की बेलनाकार कोर (core) प्रयोग की जाती है। चुम्बकीय क्षेत्र में एल्युमीनियम के हल्के आयताकार फॉर्मर पर ताँबे के पतले विद्युतरोधी तार द्वारा कम टर्न्स की क्वॉयल लपेटी जाती है। यह क्वॉयल लोहे की पतली स्पिण्डल पर ज्वैल बियरिंगों पर कीलित (pivoted) रहती है तथा ध्रुव खण्डों एवं बेलनाकार कोर के मध्य वायु अन्तराल (air gap) में स्वतन्त्र रूप से घूमती है। क्वॉयल के केन्द्र से दो स्पाइरल आकृति के नियन्त्रक स्प्रिंग तथा एक संकेत जुड़ा होता है, जो मापक यन्त्र के पैमाने पर लगभग 150° तक विक्षेपित होकर डी.सी. वोल्टेज अथवा करण्ट के मान को दर्शाता है। इसे व्यावहारिक रूप में स्थायी चुम्बक मूविंग क्वॉयल (PMMC) मापक यन्त्र के नाम से जाना जाता है। नीचे दिए गए चित्र में मापक यन्त्र के मुख्य भागों को दर्शाया गया है।

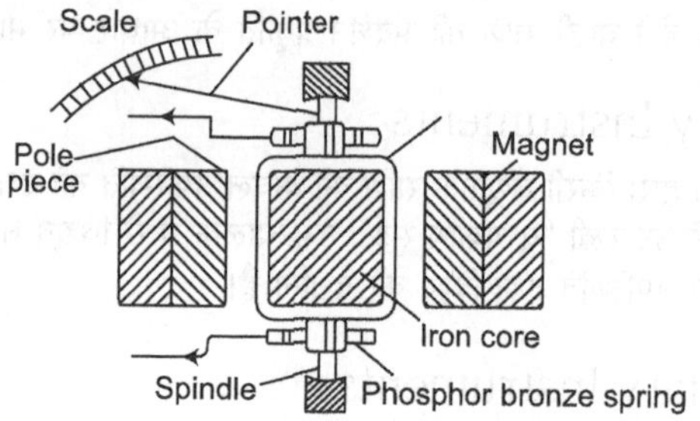

चित्र स्थायी चुम्बक मूविंग क्वॉयल मापक यन्त्र के मुख्य भाग

जब मापक यन्त्र को डी.सी. विद्युत लाइन से जोड़ा जाता है, तब मूविंग क्वॉयल में नियन्त्रण स्प्रिंग से होकर करण्ट प्रवाहित होता है। इससे क्वॉयल में चुम्बकीय क्षेत्र उत्पन्न होता है तथा क्वॉयल से उत्पन्न चुम्बकीय क्षेत्र एवं स्थायी चुम्बक के क्षेत्र के मध्य पारस्परिक क्रिया के परिणामस्वरूप वोल्टेज/करण्ट के समानुपाती क्वॉयल में घुमाव बल (torque) उत्पन्न होता है। इससे संकेतक (pointer) विक्षेपित (deflect) होकर विद्युत राशि के मान को पैमाने पर दर्शाता है।

विक्षेपक आघूर्ण Deflecting Torque, T_d

विक्षेपक या डिफ्लैक्टिंग टॉर्क (T_d) = बल × लम्बवत् दूरी

$= NBIl \times b = NBI(l \times b)$

$= NBIA$ न्यूटन-मीटर

जहाँ, B = फ्लक्स घनत्व वेबर प्रति वर्ग मीटर में, l = क्वॉयल की लम्बाई मीटर में

b = क्वॉयल की चौड़ाई मीटर में, N = क्वॉयल में टर्न्स की संख्या तथा $A = (l \times b)$ क्वॉयल का क्षेत्रफल (area)

क्वॉयल की लम्बाई, चौड़ाई, टर्न्स (turns) की संख्या तथा चुम्बकीय क्षेत्र स्थिर होते हैं। अत: डिफ्लैक्टिंग टॉर्क $T_d \propto$ धारा (I) तथा कण्ट्रोलिंग टॉर्क (T_c) $\propto$ डिफ्लैक्शन एंगिल (θ) होता है।

संकेतक की स्थिर अवस्था के लिए $T_d = T_c$

∵ डिफ्लैक्शन एंगिल (θ) ∝ धारा (*I*) होने के कारण यन्त्रों का पैमाना समरूप होता है।

इन मापक यन्त्रों में भँवर धारा ब्रेक (eddy current brake) द्वारा अवमन्दन (damping) प्राप्त किया जाता है तथा नियन्त्रण टॉर्क सर्पिलाकर कमानीदार स्प्रिंग (spiral spring) द्वारा प्रयुक्त किया जाता है।

लाभ Advantage

मूविंग क्वॉयल मापक यन्त्रों का पैमाना पूर्ण पैमाने पर एकसमान होता है, जिसके कारण न्यूनतम रीडिंग भी सरलता से पढ़ी जा सकती है। इसमें Eddy Current Damping प्रयोग की जाती है, जोकि Air Damping की अपेक्षा अधिक विश्वसनीय होती है।

उपयोग Use

मूविंग क्वॉयल मापक यन्त्र को डी.सी. सप्लाई सर्किट्स में धारा तथा वोल्टेज मापन के लिए प्रयोग किया जाता है।

3.4 मूविंग आयरन मापक यन्त्र Moving Iron Measuring Instruments

मूविंग आयरन मापक यन्त्र में एक इलेक्ट्रोमैग्नेट का प्रयोग किया जाता है, जोकि केवल विद्युत धारा प्रवाहित होने की अवस्था में चुम्बकीय क्षेत्र उत्पन्न करती है। इनमें वायु डैम्पिंग का प्रयोग किया जाता है। इनका प्रयोग ए.सी. एवं डी.सी. दोनों के लिए किया जा सकता है, जबकि स्थायी चुम्बक मूविंग क्वॉयल मापक यन्त्र का प्रयोग केवल डी.सी. के लिए किया जाना सम्भव होता है।

प्रकार Types

मूविंग आयरन मापन यन्त्र की संरचना में लोहे की डिस्क अथवा छड़ का प्रयोग किया जाता है। इन यन्त्रों में चुम्बकीय क्षेत्र एक कुण्डली (coil) के द्वारा उत्पन्न किया जाता है, जिसके द्वारा आयरन की डिस्क अथवा छड़ आकर्षित अथवा प्रतिकर्षित होती है। इनके आधार पर मूविंग आयरन मापक यन्त्र निम्न दो प्रकार के होते हैं

आकर्षण टाइप मूविंग आयरन मापक यन्त्र Attraction type Moving Iron Measuring Instruments

इस प्रकार के मापक यन्त्र अमीटर तथा वोल्टमीटर के रूप में प्रयोग में लाए जाते हैं। चित्र (a) में आकर्षण टाइप मापक यन्त्र की संरचना को दर्शाया गया है। इस मापक यन्त्र में एक स्थिर क्वॉयल होती है तथा एक दीर्घ वृत्ताकार (elliptical) लोहे की डिस्क एक धुरी (axis) के द्वारा इस प्रकार कीलित (pivoted) रहती है कि वह क्वॉयल के भीतर तथा बाहर घूम सके। इस धुरी के साथ प्वॉइण्टर जुड़ा रहता है, जो दीर्घ वृत्ताकार लोहे की डिस्क के साथ मापक यन्त्र पैमाने पर घूमता है। जब कोई विद्युत राशि (करण्ट या वोल्टेज) के समानुपाती करण्ट, क्वॉयल में प्रवाहित होता है, तब इसके अक्ष के साथ एक चुम्बकीय क्षेत्र उत्पन्न होता है, जो लोहे की डिस्क को चुम्बकित कर देता है। क्वॉयल के चुम्बकीय प्रभाव के कारण लोहे की डिस्क, क्वॉयल की ओर आकर्षित होती है। यह आकर्षक बल, क्वॉयल में प्रवाहित होने वाली करण्ट के समानुपाती होता है। इस मापक यन्त्र में नियन्त्रण बल को डैम्पिंग बल व वायु घर्षण डैम्पिंग (air friction damping) स्प्रिंग नियन्त्रण तथा गुरुत्व नियन्त्रण प्राप्त किया जाता है।

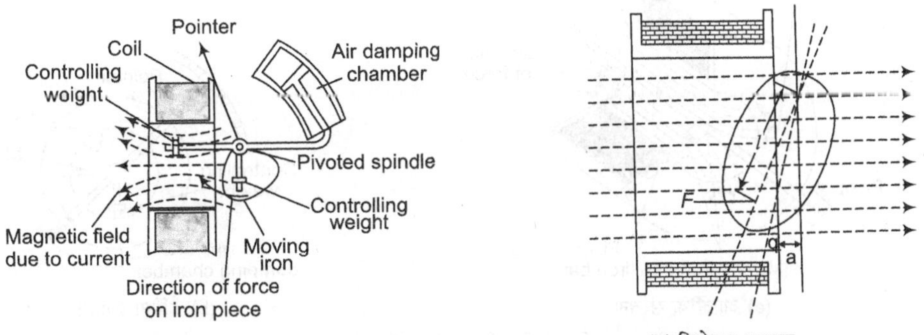

(a) संरचना (b) विक्षेपण अवस्था

चित्र आकर्षण टाइप मूविंग आयरन मापक यन्त्र

विक्षेपक आघूर्ण Deflecting Torque, T_d

उपरोक्त चित्र (a) के अनुसार जब क्वॉयल में विद्युत धारा प्रवाहित होती है, तब क्वॉयल में चुम्बकीय क्षेत्र उत्पन्न होता है। प्रारम्भ में लोहे की डिस्क की अक्ष शून्य धारा की अवस्था में होती है, तब यह अक्ष, क्वॉयल द्वारा उत्पन्न क्षेत्र (H) के लम्बवत् दिशा में कोण बनाता है। माना क्वॉयल में प्रवाहित धारा I के कारण लोहे की डिस्क में डिफ्लैक्शन θ कोण के समान है तथा क्वॉयल में प्रवाहित धारा I सामर्थ्य H का चुम्बकीय क्षेत्र

बनाती है एवं यह चुम्बकीय क्षेत्र क्वॉयल के अक्ष के समानान्तर है। यह चुम्बकीय क्षेत्र लोहे की डिस्क को चुम्बकित करता है तथा विक्षेप (deflection) की स्थिति में डिस्क का चुम्बकन, अपने अक्ष की दिशा में H कम्पोनेन्ट के समानान्तर होता है। इसको चित्र (b) में दर्शाया गया है।

अर्थात् डिस्क की ध्रुव स्ट्रैन्थ $$m \propto H \cos[90° - (\alpha + \theta)]$$

अथवा $$m \propto H \sin(\alpha + \theta)$$

तथा डिस्क को अन्दर की ओर खींचने वाला बल $F \propto$ फील्ड स्ट्रैन्थ $\times$ डिस्क की पोल स्ट्रैन्थ

$\therefore$ बल $F \propto H \times m$

$$\therefore \quad F \propto H^2 \sin(\alpha + \theta) \qquad (\because m \propto H)$$

$$\therefore \quad F \propto I^2 \sin(\alpha + \theta) \qquad (\because H \propto I) \quad ...(i)$$

यदि रोटेटिंग डिस्क से l दूरी पर यह बल (F) कार्य करता है तब डिफ्लैक्टिंग टॉर्क

$$T_d = F \times l \cos(\alpha + \theta) \quad ...(ii)$$

$\because$ डिफ्लैक्टिंग टॉर्क की अवस्था के लिए $T_d = T_c$

यदि इन मापक यन्त्रों को ए. सी. पर प्रयोग किया जाये तब $\theta \propto I^2_{(rms)}$ प्रयोग होगा।

यदि गुरुत्व नियन्त्रण प्रयोग किया जाये तब $T_c = K_2 \sin\theta$ (जहाँ, K_1 एवं K_2 स्थिरांक हैं)

$$\therefore \quad K_1 I^2 \sin(\alpha + \theta) \propto K_2 \sin\theta$$

$$\therefore \quad \sin\theta \propto I^2 \sin 2(\alpha + \theta)$$

इस प्रकार दोनों ही स्थितियों में मापक यन्त्र का पैमाना समरूप (uniform) नहीं होगा। यही कारण है कि मूविंग आयरन टाइप मापक यन्त्रों का पैमाना प्रारम्भ में सिकुड़ा तथा अन्त में फैला हुआ होता है।

उपयोग Use

मूविंग आयरन टाइप मापक यन्त्र डी.सी. तथा ए.सी. दोनों प्रकार की विद्युत राशियों (करण्ट तथा वोल्टेज) के मापन हेतु प्रयोग में लाये जाते हैं।

प्रतिकर्षण मूविंग आयरन मापक यन्त्र
Repulsion type Moving Iron Measuring Instruments

आकर्षण मापक यन्त्रों की तुलना में प्रतिकर्षण मापक यन्त्र अधिक परिशुद्ध (accurate) तथा टिकाऊ (durable) होते हैं। इसकी संरचना आकर्षण टाइप मापक यन्त्र के लगभग समान होती है। दोनों की संरचना में मुख्य अन्तर यह है कि चित्र (a) में दर्शाये अनुसार प्रतिकर्षण मापक यन्त्र की क्वॉयल के भीतर नर्म लोहे की दो छड़ें होती हैं, जिनमें से एक छड़ स्थिर होती है तथा दूसरी छड़ क्वॉयल के केन्द्र से गुजरने वाली स्पिण्डल (spindle) अक्ष से जुड़ी रहती है। क्वॉयल में प्रवाहित होने वाली डी. सी. अथवा ए. सी. धारा दोनों ही लौह-छड़ों पर एकसमान ध्रुवता उत्पन्न करती है। मूविंग लौह छड़ तथा स्थिर लौह छड़ में आपस में प्रतिकर्षण होने के कारण मूविंग छड़ विक्षेपित हो जाती है। इस मूविंग लोहे की छड़ के साथ संकेतक जुड़ा होता है, जोकि मूविंग लोहे की छड़ के साथ-साथ मापक यन्त्र के पैमाने पर विक्षेप देता है।

प्रतिकर्षण बल, क्वॉयल से होकर प्रवाहित होने वाले करण्ट के वर्ग के समानुपाती उत्पन्न होता है। क्वॉयल में करण्ट की दिशा परिवर्तित होने पर दोनों ही दशाओं में समान रूप से प्रतिकर्षण बल उत्पन्न होता है।

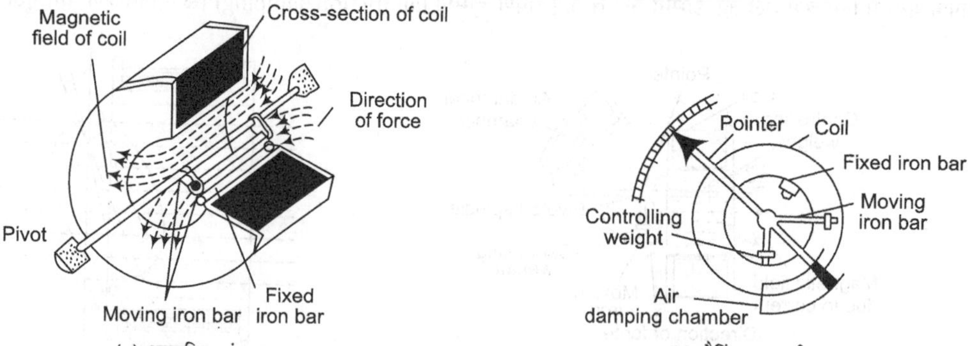

(a) आन्तरिक संरचना (b) डैम्पिंग प्रणाली

चित्र प्रतिकर्षण टाइप मूविंग आयरन मापक यन्त्र

विक्षेपक आघूर्ण Deflecting Torque, T_d

विक्षेपण टॉर्क दो समरूप चुम्बकीय लोहे की छड़ों या डिस्क में परस्पर प्रतिकर्षण बल के कारण उत्पन्न होता है।

यदि m_1 = स्थिर लौह छड़ या लौह डिस्क की ध्रुव सामर्थ्य (pole strength)

m_2 = मूविंग लौह छड़ या लौह डिस्क की ध्रुव सामर्थ्य

H = चुम्बकीय क्षेत्र की सामर्थ्य (strength)

l = क्वॉयल में प्रवाहित धारा

θ = प्वॉइण्टर का डिफ्लैक्टिंग कोण

$\because$ $m_1 \propto H$ तथा $m_2 \propto H$

$\therefore$ $m_1 m_2 \propto H^2$

या डिफ्लैक्टिंग टॉर्क $T_d \propto H^2$

परन्तु चुम्बकीय क्षेत्र की सामर्थ्य क्वॉयल में प्रवाहित होने वाली धारा के समानुपाती होती है।

अर्थात् $H \propto I$

$\therefore$ $T_d \propto H^2$

तथा कण्ट्रोलिंग टॉर्क $T_c \propto \sin\theta$

डिफ्लैक्शन की स्थिर अवस्था के लिए $T_d = T_c$

अत: $\sin\theta \propto I^2$

डिफ्लैक्टिंग कोण θ करण्ट के वर्ग के समानुपाती होने के कारण मापक यन्त्र का पैमाना प्रारम्भ में सिकुड़ा (सघन) होता है तथा बाद में धारा के वर्ग के समानुपाती फैलता जाता है।

उपयोग Use

दोनों लौह छड़ों की ध्रुवता, धारा की दिशा परिवर्तित होने के साथ परिवर्तित हो जाती है, इसलिए इस प्रकार के मापक यन्त्र D.C. तथा A.C. दोनों प्रकार की विद्युत सप्लाई पर प्रयोग किये जा सकते हैं।

लाभ Advantages

1. ये उपकरण D.C. तथा A.C. दोनों ही विद्युत सप्लाई में प्रयोग किये जा सकते हैं।
2. ये सस्ते तथा टिकाऊ होते हैं।
3. ये निम्न फ्रीक्वेन्सी तथा उच्च फ्रीक्वेन्सी पावर सर्किट्स में उपयुक्त रहते हैं।
4. ये उपकरण परिशुद्ध तथा औद्योगिक दोनों ही ग्रेडों में बनाये जाते हैं।
5. ये उपकरण ओवर लोडिंग को सहने में सक्षम होते हैं।

हानियाँ Disadvantages

1. इनका पैमाना समरूप नहीं होता है।
2. इसमें तापमान बढ़ने से चुम्बकीय हिस्टरैसिस के कारण त्रुटियों की अधिक सम्भावना होती है।
3. A.C. सर्किट में प्रयोग करते समय फ्रीक्वेन्सी में परिवर्तन के कारण गम्भीर त्रुटि उत्पन्न हो सकती है।

3.5 अमीटर Ammeter

किसी परिपथ में धारा मापन के लिए प्रयुक्त किए जाने वाले मापक यन्त्र को अमीटर कहते हैं। अमीटर को बनाने के लिए मूविंग क्वॉयल यन्त्र अथवा अन्य प्रकार के यन्त्रों का प्रयोग किया जाता है। करण्ट मापन के लिए अमीटर को परिपथ के श्रेणीक्रम में संयोजित किया जाता है। मूविंग क्वॉयल यन्त्र की सुग्राहिता बढ़ाने के लिए उसकी क्वॉयल का प्रतिरोध न्यूनतम रखा जाता है। इसके फलस्वरूप मूविंग क्वॉयल यन्त्र की धारा परास (current range) बहुत कम होती है। इसकी करण्ट रेंज सामान्यता 0-10 mA की होती है, जिसको बढ़ाने के लिए मापक यन्त्र की क्वॉयल के समान्तर में एक निम्न मान वाला प्रतिरोध लगाया जाता है। इस प्रतिरोध को शंट प्रतिरोध (R_{sh}) कहा जाता है। अमीटर की रेंज को बढ़ाने के सम्बन्ध में नीचे समझाया गया है।

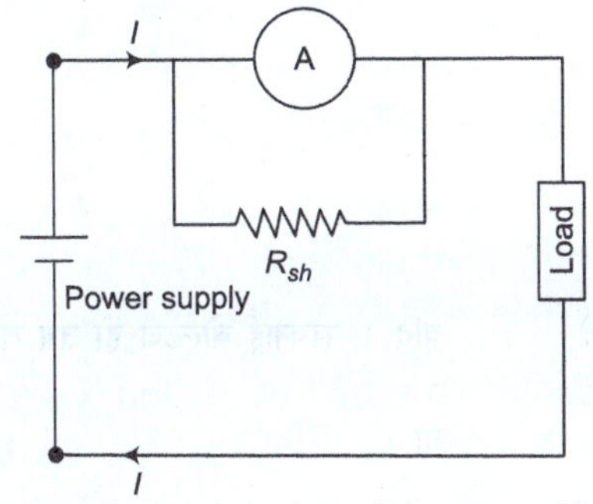

चित्र अमीटर की रेन्ज को बढ़ाने हेतु विद्युत सर्किट

डी.सी. सर्किट के लिए शंट प्रतिरोधक के मान की गणना निम्न प्रकार की जाती है

$\because$ इसमें लोड धारा I_L दो भागों में विभाजित हो जाती है

1. अमीटर क्वॉयल से प्रवाहित धारा I_m तथा
2. शंट प्रतिरोधक से प्रवाहित धारा I_{sh} है।

$$\therefore \quad I_L = I_m + I_{sh} \quad ...(i)$$

∴ शंट प्रतिरोधक के आर-पार वोल्टेज ड्रॉप, शंट प्रतिरोधक तथा अमीटर क्वॉयल दोनों के लिए समान है।

$$\therefore \quad I_m \times R_m = I_{sh} \times R_{sh} \quad ...(ii)$$

∴ शंट प्रतिरोधक $(R_{sh}) = \dfrac{I_m R_m}{I_{sh}}$

समी (i) से $I_{sh} = I_L - I_m$ का मान समी (ii) में रखने पर,

$$R_{sh} = \frac{I_m R_m}{(I_L - I_m)}$$

या

$$R_{sh} = \frac{R_m}{[I_L / I_m - 1]}$$

सर्किट की लोड धारा (load current) I_L तथा अमीटर क्वॉयल धारा I_m के अनुपात को शंट की गुणक पावर (multiplying power) कहते हैं तथा इसे M अक्षर से दर्शाते हैं।

∴ शंट प्रतिरोध (shunt resistor) $R_{sh} = \dfrac{R_m}{(M-1)}$ (सूत्र)

3.6 वोल्टमीटर Voltmeter

किसी परिपथ में वोल्टेज मापन के लिए प्रयुक्त किए जाने वाले मापक यन्त्र को वोल्टमीटर कहते हैं। वोल्टमीटर के रूप में मूविंग क्वॉयल यन्त्र अथवा अन्य प्रकार के यन्त्रों का प्रयोग किया जाता है। वोल्टमीटर को वोल्टता मापन के लिए परिपथ में समान्तर क्रम में संयोजित किया जाता है। मूविंग क्वॉयल यन्त्र अपने प्रतिरोध एवं प्रवाहित करण्ट के गुणनफल के द्वारा वोल्टेज का मापन करता है। वोल्टमीटर में से प्रवाहित होने वाली धारा का प्रवाह न्यूनतम होना चाहिए अन्यथा इसके कारण लोड करण्ट प्रभावित हो जाती है, इसलिए इसके प्रतिरोध का मान अधिकतम होना चाहिए।

वोल्टमीटर की रेन्ज को बढ़ाने के लिए वोल्टमीटर की क्वॉयल की श्रेणी में एक नॉन इण्डक्टिव उच्च प्रतिरोधक जोड़ा जाता है, जिसे वोल्टमीटर गुणांक या मल्टीप्लायर कहते हैं। उच्च वोल्टेज मापने के लिए वोल्टमीटर क्वॉयल की सीरीज में वोल्टमीटर मल्टीप्लायर का प्रयोग किया जाता है। अग्र चित्र में वोल्टमीटर क्वॉयल के सीरीज में मल्टीप्लायर को दर्शाया गया है।

डी. सी. सर्किट के लिए मल्टीप्लायर के मान की गणना करने हेतु कल्पना कीजिए

R_m = वोल्टमीटर क्वॉयल का रेसिस्टैन्स
I = वोल्टमीटर सर्किट से प्रवाहित करण्ट
R_{se} = सीरीज रेसिस्टर (मल्टीप्लायर) का रेसिस्टैन्स

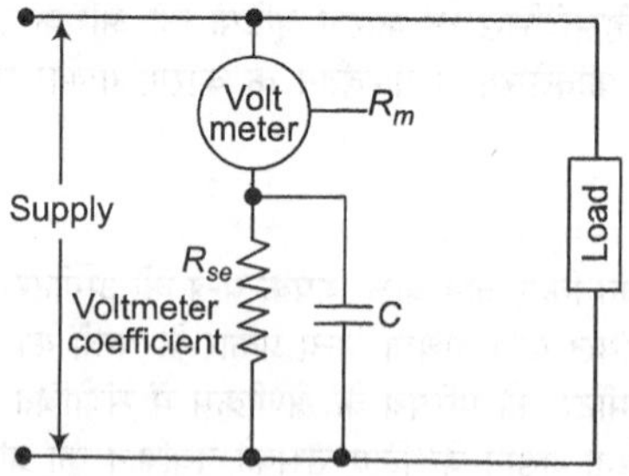

चित्र वोल्टमीटर की रेन्ज को बढ़ाने हेतु विद्युत सर्किट

यदि V सप्लाई वोल्टेज हो तब वोल्टमीटर सर्किट के आर-पार वोल्टेज ड्रॉप भी V वोल्ट ही होगा।

$$\therefore \quad V = I R_m + I R_{se} \quad ...(i)$$

या

$$I R_{se} = V - IR_m$$

या

$$R_{se} = \frac{V - IR_m}{I} = \frac{V}{I} - R_m \quad ...(ii)$$

यदि केवल मापक यन्त्र की क्वॉयल में वोल्टेज ड्रॉप को दर्शाया जाए अर्थात् IR_m को V_m दर्शाया जाए

तब

$$I = \frac{V_m}{R_m} \quad ...(iii)$$

समी (iii) से प्राप्त I के मान को समी (ii) में रखने पर,

$$R_{se} = \frac{V}{V_m} \times R_m - R_m \text{ या } R_{se} = R_m\left(\frac{V}{V_m} - 1\right)$$

वोल्टमीटर के पूर्ण सर्किट के आर-पार वोल्टेज ड्रॉप V तथा वोल्टमीटर क्वॉयल के आर-पार वोल्टेज ड्रॉप V_m के अनुपात $\frac{V}{V_m}$ को मल्टीप्लाइंग पावर (multiplying power) कहते हैं तथा इसे M द्वारा प्रदर्शित किया जाता है।

अत: सीरीज प्रतिरोध (series resistance) $\quad R_{se} = R_m(M-1)$

उदाहरण 3.1 एक वोल्टमीटर का प्रतिरोध 20,000 ओह्म है। यह वोल्टमीटर एक अन्य प्रतिरोधक के श्रेणी में जोड़े जाने पर 220 वोल्ट की सप्लाई लाइन से संयोजित किये जाने पर 110 वोल्ट पाठ्यांक दर्शाता है। अज्ञात प्रतिरोध (R) का मान ज्ञात कीजिए।

हल चित्रानुसार, वोल्टमीटर में प्रवाहित धारा

I = अज्ञात प्रतिरोध (R) में से प्रवाहित धारा

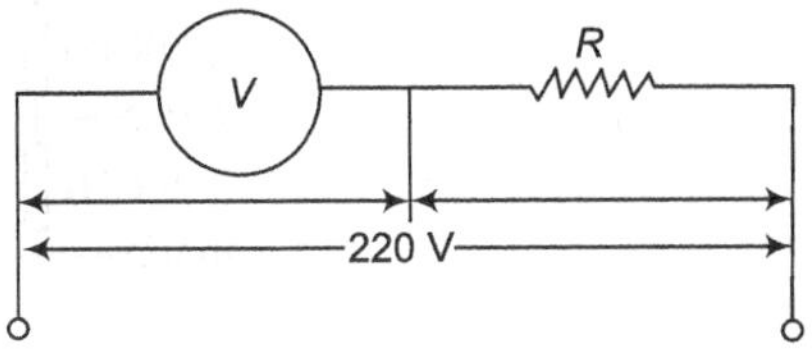

तथा

$$I = \frac{\text{वोल्टमीटर के आर–पार वोल्टेज ड्रॉप}}{\text{वोल्टमीटर का प्रतिरोध}}$$

$$= \frac{\text{वोल्टमीटर की रीडिंग}}{\text{वोल्टमीटर का प्रतिरोध}}$$

$$= \frac{110}{20,000} = 0.0055 \text{ एम्पियर}$$

∴ अज्ञात प्रतिरोध (R) के आर-पार विभवान्तर (P.D.)

$$IR = 220 - 110 = 110 \text{ वोल्ट}$$

∴ अज्ञात प्रतिरोध

$$(R) = \frac{V}{I} = \frac{110}{0.0055} = 20,000 \text{ ओह्म}$$

3.7 एनालॉग मल्टीमीटर Analog Multimeter

एनालॉग मल्टीमीटर को A.V.O. (एम्पियर-वोल्ट-ओह्म) मीटर भी कहते हैं, क्योंकि यह मीटर धारा, वोल्टेज व प्रतिरोध तीनों ही वैद्युत राशियों को मापने हेतु प्रयोग होता है। परास स्विच की सहायता से यह पृथक्-पृथक् किसी भी वैद्युत राशि को मापने हेतु प्रयोग में लाया जा सकता है।

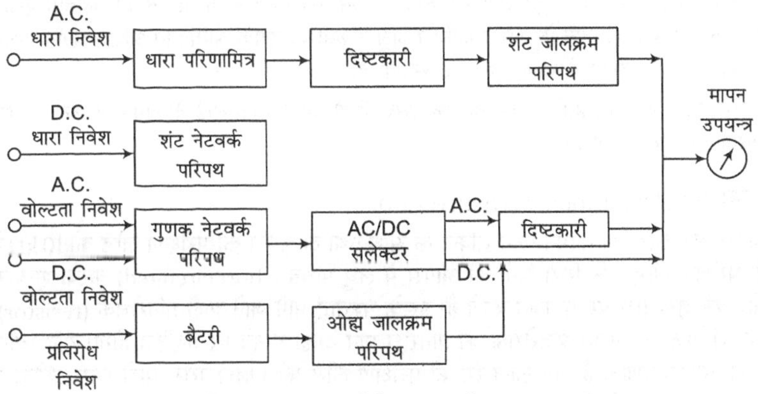

चित्र एनालॉग मल्टीमीटर का ब्लॉक डायग्राम

प्रयोग विधि Method of Use

एनालॉग मल्टीमीटर के द्वारा निम्न राशियों का मापन किया जाता है

वोल्टेज एवं धारा मापन Voltage and Current Measurement

चित्र में दर्शाए अनुसार मल्टीमीटर की आन्तरिक संरचना में AVO मीटर/एनालॉग मल्टीमीटर की भिन्न परासों के लिए पृथक्-पृथक् प्लग सॉकेट्स होते हैं। इस मल्टीमीटर के साथ दो परीक्षण लीड्स (testing leads) होती हैं, जिनमें एक लाल रंग की तथा दूसरी काले रंग की होती है। काले रंग की परीक्षण लीड को कॉमन अंकित (print) वाले प्लग सॉकेट के साथ संयोजित किया जाता है तथा लाल रंग की परीक्षण लीड को

उपयुक्त परास वाले प्लग सॉकेट के साथ संयोजित किया जाता है। माना हमें 2.0 वोल्ट की डी.सी. सप्लाई के वोल्टेज को मापना है तब हम लाल रंग की परीक्षण लीड के सिरे पर लगी धातु पिन को सप्लाई लाइन के धनात्मक (+) तार से तथा काले रंग की परीक्षण लीड के सिरे पर लगी धातु पिन को सप्लाई लाइन के ऋणात्मक (–) सिरे से संयोजित करते हैं, जिससे मल्टीमीटर का प्वॉइण्टर डायल पैमाने पर सप्लाई लाइन वोल्टेज को दर्शाएगा।

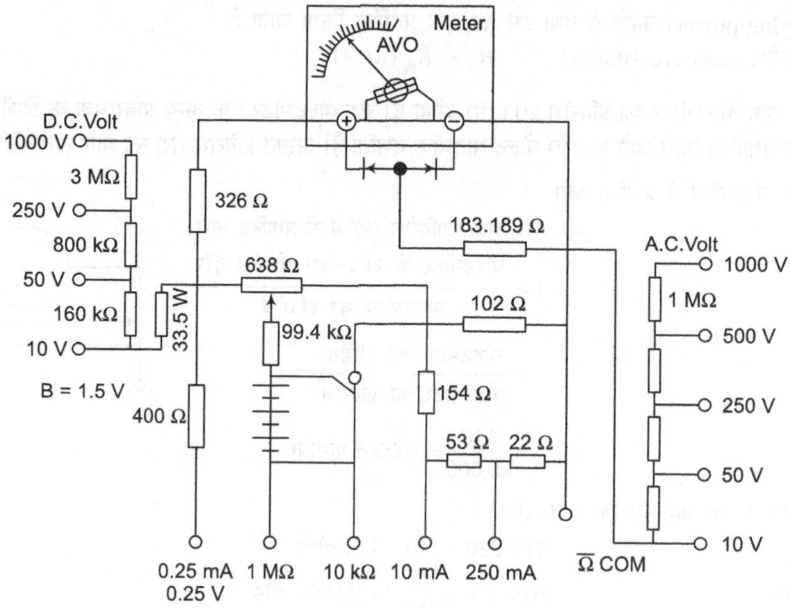

चित्र एनालॉग मल्टीमीटर की आन्तरिक संरचना

इसी प्रकार धारा मापन हेतु लाल रंग के परीक्षण तार को उचित परास वाले डी.सी. धारा प्लग सॉकेट के साथ संयोजित करते हैं। इसके पश्चात् दोनों लीड के सिरो को सप्लाई में जुड़े लोड के साथ श्रेणीक्रम में संयोजित करते हैं। तब प्वॉइण्टर डायल पैमाने पर डी.सी. धारा मान को दर्शाएगा।

➡ (i) अधिक वोल्टेज/धारा की वैद्युत राशि को कभी भी कम परास (रेन्ज) में नहीं मापना चाहिए। ऐसा करने से मापक यन्त्र की मूविंग क्वॉयल से अधिक धारा प्रवाहित होने के कारण क्वॉयल जल सकती है। इसके अतिरिक्त अधिक घूर्णन (torque) उत्पन्न होने कारण प्वॉइण्टर अन्तिम सीमा पर लगे स्टॉपर से टकरा कर टूट सकता है।

(ii) हमेशा वोल्टेज मापन हेतु परीक्षण तार की सिरा पिनों को लोड/सप्लाई के समान्तर क्रम में तथा धारा मापन हेतु लोड के श्रेणी/सीरीज में संयोजित किया जाता है।

प्रतिरोध मापन Resistance Measurement

काले रंग की परीक्षण लीड को कॉमन प्लग सॉकेट के साथ तथा लाल रंग की परीक्षण लीड को 10 kΩ के प्लग सॉकेट के साथ संयोजित करने के पश्चात् दोनों परीक्षण लीड्स के सिरा पिनों को आपस में लघु पथित (short circuited) करके शून्य समंजन नॉब (zero adjusting knob) के द्वारा दाईं ओर बने शून्य (0) पर समंजित करते हैं। इसके पश्चात् मापे जाने वाले प्रतिरोधक (resistor) के दोनों सिरों के साथ परीक्षण लीड की सिरा पिनों को संयोजित करने पर प्रतिरोधक का प्रतिरोध मान ओह्म पैमाने पर प्रदर्शित होगा। यदि प्वॉइण्टर प्रतिरोध मान 10kΩ से ऊपर अर्थात् अन्तिम मान से अधिक दर्शाता है, तब लाल रंग की परीक्षण लीड को 1 MΩ परास वाले प्लग सॉकेट से संयोजित करने के पश्चात् प्रतिरोध मान को मेगा ओह्म (MΩ) में पढ़ते हैं।

जिन मल्टीमीटर में वोल्टेज/धारा/प्रतिरोध राशियों के मापन हेतु भिन्न-भिन्न परासों को चयनित करने हेतु परास चयन स्विच लगा होता है, उनमें पृथक्-पृथक् परास में वैद्युत राशि के मापन हेतु पृथक्-पृथक् प्लग सॉकेट प्रयोग नहीं किए जाते हैं, परन्तु इनमें भी 10 एम्पियर तक की ए.सी. एवं डी.सी. धारा के मापन हेतु पृथक् इनपुट सॉकेट लगे होते हैं।

➡ सभी प्रतिरोधकों पर प्रतिरोध मान को ज्ञात करने हेतु कलर कोड छपा होता है। अतः कलर कोड के अनुसार प्रतिरोध मान का अनुमान लगाने के पश्चात् ही मल्टीमीटर की ओह्म परास प्लग सॉकेट का चयन किया जाता है।

3.8 डिजिटल मल्टीमीटर Digital Multimeter

जिन मल्टीमीटर में वैद्युत राशि के पाठ्यांक को डायल पैमाने पर प्वॉइण्टर के द्वारा दर्शाए जाने के स्थान पर सीधे LCD डिस्प्ले इकाई पर डिजिट्स में दर्शाया जाता है, उनको डिजिटल मल्टीमीटर के नाम से जाना जाता है। डिजिटल मल्टीमीटर का ब्लॉक आरेख चित्र में दर्शाया गया है। इसकी सहायता से वोल्टेज/धारा/प्रतिरोध/कैपेसिटैन्स तथा फ्रीक्वेंसी आदि वैद्युत राशियों का मापन सरलतापूर्वक किया जा सकता है।

एनालॉग मल्टीमीटर्स के द्वारा विभिन्न वैद्युत राशियों को मापते समय चल प्रणाली (moving system) के द्वारा पाठ्यांक को पढ़ने में त्रुटियों के कारण इनके द्वारा प्राप्त पाठ्यांक में यथार्थता (accuracy) की कमी होती है, जबकि डिजिटल मल्टीमीटर के द्वारा प्राप्त किए गए पाठ्यांक में यथार्थता (accuracy) अधिक होती है। यह आकार में छोटे तथा वजन में हल्के होते हैं। इनके द्वारा प्राप्त पाठ्यांक अंकों (digits) में पढ़ा जाता है।

डिजिटल मल्टीमीटर का मुख्य भाग एनालॉग से डिजिटल परिवर्तक (analogy to digital converter) होता है। चित्र में प्रदर्शित डिजिटल मल्टीमीटर के ब्लॉक आरेख के अनुसार डिजिटल मल्टीमीटर में मापी जाने वाली विद्युत राशि के सिग्नल का प्रयोग किया जाता है। डिजिटल मल्टीमीटर (DMM) एक वोल्टेज क्षीणकारी (A.C./D.C. attenuator) के द्वारा सिग्नल को क्षीण/दुर्बल करने के पश्चात् इस क्षीण (weak) एनालॉग सिग्नल को डिजिटल सिग्नल में परिवर्तित करने हेतु एक सेन्सिंग युक्ति प्रयोग करता है, इसलिए इसमें धारा के मापन हेतु धारा को कम मान के शुद्ध शंट प्रतिरोध से गुजारने के पश्चात् आर-पार होने वाले वोल्टता पात (voltage drop) को ए.सी. से डी.सी. में परिवर्तित किया जाता है। इस डी.सी. वोल्टेज के पीक (peak) मान को खोजकर (detect) इसे ए.सी. सिग्नल के rms मान के समतुल्य अंशांकित (calibrate) किया जाता है। A/D परिवर्तक के द्वारा इस मान को डिजिटल रूप में परिवर्तित करके डिजिटल LCD डिस्प्ले इकाई के द्वारा पढ़ लिया जाता है। ए.सी./डी.सी. धारा के मापन हेतु क्षीणकारी के रूप में शंट प्रतिरोधक प्रयोग किया जाता है, परन्तु ए.सी. धारा को क्षीणकारी के द्वारा क्षीण/दुर्बल करने के पश्चात् रेक्टीफायर के द्वारा डी.सी. में परिवर्तित कर लिया जाता है। डिजिटल मल्टीमीटर के द्वारा मापी जाने वली राशियों (वोल्टेज, करण्ट, प्रतिरोध आदि) का मापन एनालॉग मल्टीमीटर के समान ही किया जाता है। इसके साथ ही एनालॉग मल्टीमीटर के अनुसार ही इसमें भी मापन सम्बन्धी सावधानियाँ रखना आवश्यक होता है।

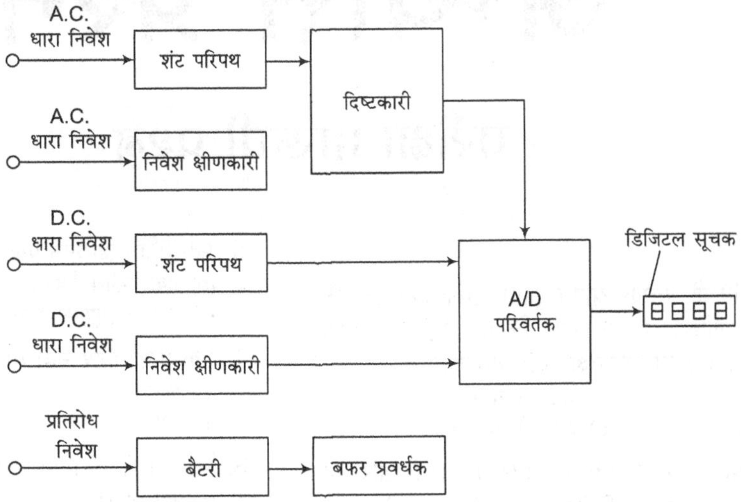

चित्र डिजिटल मल्टीमीटर (DMM) का ब्लॉक आरेख

3.9 निरन्तरता परीक्षक Continuity Tester

किसी विद्युत चालक में निरन्तरता का तात्पर्य यह है कि वह चालक किसी भी स्थान पर टूटा नहीं है अर्थात् चालक से विद्युत प्रवाह के लिए निरन्तरता बनी है।

किसी कुण्डली अथवा चालक (coil or conductor) की निरन्तरता का परीक्षण ओह्ममीटर के द्वारा ज्ञात किया जाता है अर्थात् ओह्ममीटर ही निरन्तरता परीक्षक (continuity tester) का कार्य सम्पन्न करता है। मल्टीमीटर (AVO meter) में ओह्ममीटर सम्मलित रहता है। अत: किसी कुण्डली अथवा चालक का निरन्तरता परीक्षण मल्टीमीटर द्वारा सम्पन्न किया जाता है।

ओह्ममीटर के द्वारा किसी कुण्डली का निरन्तरता परीक्षण सम्पन्न करने पर यदि ओह्ममीटर कुण्डली का डी.सी. प्रतिरोध ओह्म में दर्शाता है तथा चालक का निरन्तरता परीक्षण करने पर शून्य पाठ्यांक दर्शाता है, तब कुण्डली/चालक का निरन्तरता परीक्षण सन्तोषजनक है, परन्तु निरन्तरता परीक्षण के समय ओह्ममीटर अनन्त (infinity) पाठ्यांक दर्शाता है, तब कुण्डली/चालक किसी स्थान पर टूटा है।

3.10 विद्युत शक्ति की संकल्पना Concept of Electric Power

किसी विद्युत परिपथ से विद्युत धारा प्रवाहित होने पर उस पथ में विद्युत शक्ति (electric power) का व्यय (consumption) होता है, जिसे वाट अथवा किलोवाट (watt or kilowatt) में मापा जाता है।

$$\text{वाट} = \text{वोल्ट} \times \text{विद्युत धारा } (V \times I) \text{ अथवा धारा}^2 \times \text{प्रतिरोध } (I^2 \times R)$$

किसी विद्युत लोड के आर-पार (across) वोल्टेज ड्रॉप एवं लोड से होकर प्रवाहित होने वाली धारा का गुणनफल, उस विद्युत लोड का शक्ति व्यय (power consumption) कहलाता है।

उदाहरण 3.2 एक विद्युत हीटिंग एलीमेन्ट के आर-पार 225 वोल्ट पर 5 एम्पियर धारा प्रवाहित हो रही है, तब इस हीटिंग एलीमेन्ट में विद्युत शक्ति व्यय का मान क्या होगा?

हल प्रश्नानुसार, विद्युत लाइन वोल्टेज = 225 वोल्ट

हीटिंग एलीमेन्ट से प्रवाहित होने वाली धारा का मान = 5 एम्पियर

अतः विद्युत एलीमेन्ट में विद्युत शक्ति व्यय = वोल्टेज × धारा

= 225 वोल्ट × 5 एम्पियर

$= 225 \times 5 = 1125$ वाट

अभ्यास प्रश्न

परीक्षा प्रारूपी प्रश्न

बहुविकल्पीय

1. वह यन्त्र, जो किसी सूचक युक्ति (indicator device) के द्वारा किसी पूर्णांकित पैमाने पर किसी वैद्युतिक राशि (electrical quantity) का मान दर्शाता है, कहलाता है
(a) प्राथमिक यन्त्र (b) द्वितीयक यन्त्र
(c) 'a' और 'b' दोनों (d) इनमें से कोई नहीं

2. एक मूविंग क्वॉयल यन्त्र का क्वॉयल प्रतिरोध 5 Ω है और वह 10 mA विद्युत धारा पर पूर्ण विक्षेप दर्शाता है। यन्त्र के साथ 10 A धारा मापने के लिए आवश्यक प्रतिरोध के मान की गणना कीजिए
(a) 0.10 Ω (b) 0.005 Ω
(c) 0.125 Ω (d) 0.25 Ω

3. मूविंग क्वॉयल यन्त्र में होता है
(a) स्थायी चुम्बक (b) वैद्युत चुम्बक
(c) अस्थायी चुम्बक (d) इनमें से कोई नहीं

4. एक अच्छे वोल्टमीटर का प्रतिरोध होना चाहिए
(a) निम्न (b) शून्य (c) नियत (d) उच्च

5. सभी वैद्युतिक मापक यन्त्र सामान्यतः ······· आर.एम.एस. (rms) मान ही दर्शाते हैं।
(a) दिष्ट धारा का (b) प्रत्यावर्ती धारा का
(c) प्रतिरोध का (d) वोल्टेज का

6. एक मूविंग आयरन प्रकार के यन्त्र में होता है
(a) एक रेखीय पैमाना (b) एक अरेखीय पैमाना
(c) एक लघुगुणक पैमाना (d) इनमें से कोई नहीं

7. एक मल्टीमीटर नहीं माप सकता है
(a) धारा (b) विभवान्तर
(c) धारिता (d) प्रतिरोध

8. निम्न में से कौन-सा सूचक यन्त्र का उदाहरण है?
(a) वोल्टमीटर (b) ओह्ममीटर
(c) 'a' और 'b' दोनों (d) इनमें से कोई नहीं

9. चल-लौह मीटर की प्रक्रिया आधारित होती है
(a) वैद्युत-स्थैतिक प्रभाव पर (b) वैद्युत-चुम्बकीय प्रभाव पर
(c) प्रेरण प्रभाव पर (d) ऊष्मीय प्रभाव पर

10. डायनमोमीटर प्रकार के यन्त्र का सिद्धान्त है
(a) ए.सी. एकल कला मोटर सिद्धान्त
(b) डी.सी. मोटर सिद्धान्त
(c) गिलहरी पिंजर प्रेरण मोटर सिद्धान्त
(d) चल-लौह मीटर सिद्धान्त

11. निम्न में से कौन-सा यन्त्र ए.सी. तथा डी.सी. दोनों में वाटमापी की तरह दक्षता से प्रचालित हो सकता है?
(a) PMMC यन्त्र (b) डायनमोमापी यन्त्र
(c) गर्म तार यन्त्र (d) MI यन्त्र

12. वोल्टमीटर सुग्राहिता (voltmeter sensitivity) का सूत्र है

(a) $V_s = \frac{\text{वोल्टमीटर की माप सीमा}}{\text{यन्त्र का कुल प्रतिरोध}}$

(b) $V_s = \frac{\text{यन्त्र की माप सीमा}}{\text{कुल प्रतिरोध}}$

(c) $V_s = \frac{\text{यन्त्र का कुल प्रतिरोध}}{\text{वोल्टमीटर की माप सीमा}}$

(d) उपरोक्त में से कोई नहीं

13. चल-लौह यन्त्रों में निम्न में से अवमन्दक की कौन-सी विधि सामान्यतः उपयोग होती है?
(a) वायु अवमन्दक (b) द्रव अवमन्दक
(c) भँवर धारा अवमन्दक (d) श्यानता अवमन्दक

14. वाटमापी में विद्युत निम्न में से कौन-सा प्रभाव (effect) प्रयोग होता है?
(a) विद्युत-डायनामिक (electric-dynamic) प्रभाव
(b) विद्युत-ऊष्मीय (electric-thermal) प्रभाव
(c) विद्युत-रासायनिक (electric-chemical) प्रभाव
(d) स्थिर-विद्युत (electro-static) प्रभाव

15. निम्न में से कौन-सा इण्डीकेटिंग यन्त्र का प्रकार नहीं है?
(a) अमीटर (b) एनर्जी मीटर
(c) वोल्टमीटर (d) ओह्ममीटर

16. अमीटर मल्टीप्लायर को बनाने के लिए किन पदार्थों का प्रयोग किया जाता है?
(a) मैंगनिन तथा कॉन्स्टैन्टन
(b) कास्ट आयरन तथा मृदु स्टील
(c) क्रोमियम तथा मृदु स्टील
(d) उपरोक्त में से कोई नहीं

17. व्हीटस्टोन ब्रिज का प्रायोगिक रूप कहलाता है
(a) ब्रिज रेक्टीफायर (b) पोस्ट-ऑफिस-बॉक्स
(c) AVO मीटर (d) इनमें से कोई नहीं

18. मूविंग आयरन यन्त्र में कौन-सी प्रणाली प्रयोग की जाती है?
(a) वायु घर्षण अवमन्दक प्रणाली
(b) एडी धारा अवमन्दक प्रणाली
(c) द्रव घर्षण अवमन्दक प्रणाली
(d) उपरोक्त में से कोई नहीं

19. एक अमीटर में शंट प्रतिरोध का मान सामान्यतः .... होता है।
(a) मीटर प्रतिरोध के बराबर (b) मीटर प्रतिरोध से अधिक
(c) मीटर प्रतिरोध से कम (d) इनमें से कोई नहीं

20. एक मल्टीमीटर का भाग है
(a) वोल्टमीटर तथा ओह्ममीटर
(b) वोल्टमीटर तथा अमीटर
(c) वोल्टमीटर, अमीटर तथा ओह्ममीटर
(d) उपरोक्त में से कोई नहीं

21. सूचक प्रकार के विद्युत यन्त्रों की चल प्रणाली पर लगता है
(a) विक्षेपण बल आघूर्ण (b) नियन्त्रण बल आघूर्ण
(c) अवमन्दक बल आघूर्ण (d) ये सभी

22. ओह्ममापी को .... मापने के लिए उपयोग किया जाता है।
(a) विद्युतशक्ति (b) प्रतिरोध
(c) धारा (d) विभवान्तर

23. बिना परास सेट किए किस प्रकार के सूचक उपकरण से निम्न मान का प्रतिरोध सीधे ज्ञात किया जा सकता है?
(a) मेगा ओह्ममीटर (b) ओह्ममीटर
(c) विभवमापी (d) मल्टीमीटर

24. एक इलेक्ट्रो-डायनामिक मीटर (electro-dynamic meter) .... के मापन के लिए प्रयोग किया जाता है।
(a) ए.सी. वोल्टेज (b) डी.सी. वोल्टेज
(c) 'a' और 'b' दोनों (d) इनमें से कोई नहीं

25. यदि किसी व्हीटस्टोन ब्रिज में $P = 10\ \Omega$, $Q = 100\ \Omega$ तथा $S = 60\ \Omega$ हो, तो अज्ञात प्रतिरोध R का मान होगा
(a) 6 Ω (b) 60 Ω
(c) 600 Ω (d) 6000 Ω

विविध प्रारूपी प्रश्न

सत्य/असत्य

1. धारामापी में प्रयुक्त 'शंट' का वोल्टता पतन (voltage drop), यन्त्र की चल-कुण्डली के वोल्टता पतन के तुल्य होता है।
2. उच्च मापसीमा वाले धारामापी में 'शंट' का मान भी उच्च होता है।
3. एम्पियर-घण्टा यन्त्र में दो प्रकार के स्थायी चुम्बक प्रयोग किए जाते हैं, जो 'ब्रेकिंग चुम्बक' तथा 'ड्राइविंग चुम्बक' कहलाते हैं।
4. 'क्लैम्प टैस्टर' में चल-कुण्डली धारामापी को CT की द्वितीयक कुण्डलन (secondary winding) से संयोजित किया जाता है।
5. यदि किसी मल्टीमीटर के सेल लीक (leak) हो गए हों, तो यन्त्र की 'प्रोब्स' को आपस में मिलाने पर यन्त्र शून्य प्रतिरोध नहीं दर्शाता है।

रिक्त स्थानों की पूर्ति

1. वोल्टता मापी की सुग्राहिता (sensitivity) को .... के रूप में व्यक्त किया जाता है।
2. स्थायी चुम्बक चल-कुण्डली (PMMC) यन्त्र में प्रयुक्त फॉस्फर-ब्रोन्ज कमानी का प्रतिरोध तथा तापमान-गुणांक .... होता है।

3. वोल्टता मापी की सुग्राहिता उच्च होनी चाहिए, जिससे कि वोल्टता मापन में.......... प्रभाव उपस्थित न हो सके।
4. एक मिलियन ओह्म .... के बराबर होता है।
5. ओह्ममापी तथा मल्टीमीटर में पोटैन्शियोमीटर,.......... समायोजित करने के लिए प्रयोग किया जाता है।

अतिलघु उत्तरीय

1. वैद्युतिक मापक यन्त्र से क्या अभिप्राय है?
2. एब्सोल्यूट यन्त्र किसे कहते हैं?
3. इण्डीकेटिंग यन्त्र के चल भाग पर कौन-कौन से बल कार्यरत होते हैं?
4. विक्षेपक बल क्या होता है?
5. अवमन्दक आघूर्ण कैसे उत्पन्न किया जाता है?
6. मूविंग क्वॉयल यन्त्र को वोल्टमीटर के रूप में कैसे प्रयोग किया जा सकता है?
7. मूविंग क्वॉयल यन्त्र किस सिद्धान्त पर आधारित है?
8. वायु घर्षण के द्वारा अवमन्दक बल कैसे उत्पन्न किया जाता है?
9. सी-बैक प्रभाव क्या होता है?
10. सेकण्डरी यन्त्र कितने प्रकार के होते हैं?

लघु उत्तरीय

1. मूविंग क्वॉयल तथा मूविंग आयरन यन्त्रों में क्या-क्या मुख्य अन्तर होते हैं?
2. प्रत्याकर्षण प्रकार का मूविंग आयरन यन्त्र किस सिद्धान्त पर कार्य करता है?
3. मूविंग क्वॉयल अमीटर की माप सीमा कैसे बढ़ाई जाती है?

दीर्घ उत्तरीय

1. एक मूविंग क्वॉयल यन्त्र की बनावट तथा कार्य सिद्धान्त की संक्षिप्त व्याख्या कीजिए।
2. निम्नलिखित पर संक्षिप्त टिप्पणी लिखिए
   (i) मूविंग क्वॉयल यन्त्र (ii) मल्टीमीटर
3. सूचक उपकरण में डैम्पिंग से आप क्या समझते हैं? सामान्यतः प्रयुक्त डैम्पिंग के प्रकारों की सूची बनाइए तथा उनमें से किसी एक का चित्र के साथ वर्णन कीजिए।
4. मूविंग क्वॉयल तथा मूविंग आयरन यन्त्रों के बीच अन्तर बताइए।

उत्तरमाला

बहुविकल्पीय

1. (b) 2. (b) 3. (a) 4. (d) 5. (a) 6. (b) 7. (c) 8. (d) 9. (b) 10. (b)
11. (b) 12. (c) 13. (a) 14. (a) 15. (b) 16. (a) 17. (b) 18. (a) 19. (c) 20. (b)
21. (d) 22. (b) 23. (b) 24. (c) 25. (a)

सत्य/असत्य

1. सत्य 2. असत्य 3. सत्य 4. सत्य 5. सत्य

रिक्त स्थानों की पूर्ति

1. ओह्म प्रति वोल्ट 2. निम्न 3. लोडिंग 4. एक मेगा ओह्म 5. संकेतक को शून्य पर

❑❑❑

अध्याय 04

प्रतिरोधक एवं सोल्डरिंग

Resistor and Soldering

परिचय Introduction

जब किसी पदार्थ के टुकड़े अथवा उससे बने तार के एक अंश को एक निश्चित प्रतिरोध मान प्रस्तुत करने वाले अवयव का रूप दिया जाता है, तो वह प्रतिरोधक कहलाता है। प्रतिरोधक वैद्युतिक एवं इलेक्ट्रॉनिकी परिपथों का एक मुख्य घटक है प्रतिरोधक एक निष्क्रिय अवयव है जोकि किसी परिपथ में आवश्यक मान का प्रतिरोध प्रस्तुत कर विद्युत धारा का प्रवाह के मान को नियन्त्रित करता है। किसी वैद्युतिक परिपथ के संयोजन हेतु सोल्डरिंग प्रक्रम का उपयोग किया जाता है। तारों तथा अन्य धात्विक टुकड़ों के जोड़ों की सोल्डरिंग कर देने से जोड़ को स्थायित्व प्राप्त होता है और उसमें विद्युत धारा का प्रवाह सम्भव हो पाता है। प्रस्तुत अध्याय में हम प्रतिरोधक के विभिन्न प्रकार एवं गुणों के अतिरिक्त सोल्डरिंग प्रक्रम का भी अध्ययन करेंगे।

4.1 प्रतिरोधक Resistor

सुपर चालक (super conductor) के अतिरिक्त अन्य सभी चालकों में जब विद्युत धारा का प्रवाह होता है तब चालक पदार्थ द्वारा धारा के मार्ग में बाधा उत्पन्न होती है। इस बाधा के कारण विद्युत ऊर्जा का कुछ भाग ऊष्मा में परिवर्तित हो जाता है। जिस सीमा तक चालक, धारा के प्रवाह का विरोध करता है, वह सीमा चालक की भौतिक स्थितियों पर निर्भर करती है; जैसे—चालक का क्रॉस-सेक्शन एरिया, चालक की लम्बाई, पदार्थ के प्रकार एवं तापमान। धारा प्रवाह के मार्ग में चालक द्वारा उत्पन्न की गई बाधा को प्रतिरोध कहते हैं। किसी इलेक्ट्रॉनिक परिपथ को डिजाइन करते समय प्रतिरोधक का चयन करने हेतु प्रतिरोधक की पूर्ण विशिष्टियों (specifications) का ज्ञान अति आवश्यक है।

4.2 वर्गीकरण Classification

प्रतिरोधकों के वर्गीकरण को निम्न प्रकार समझा जा सकता है

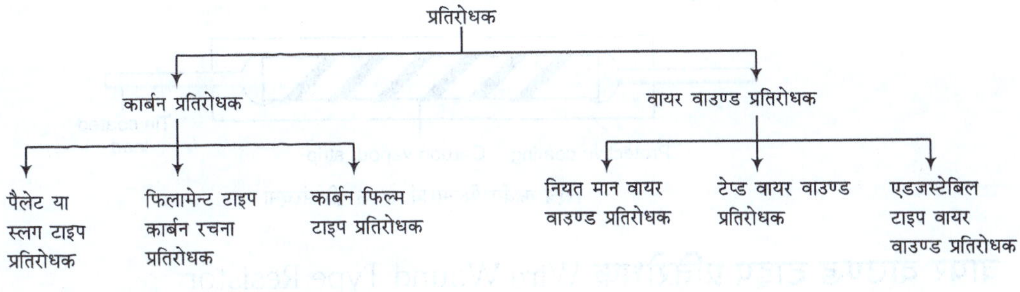

विभिन्न प्रकार के प्रतिरोधकों का विस्तृत वर्णन निम्नवत् है

कार्बन प्रतिरोधक Carbon Resistor

ये प्रतिरोधक कार्बन अथवा ग्रेफाइट के महीन चूर्ण को किसी उपयुक्त अचालक व बन्धक पदार्थ के साथ मिलाकर तैयार किए जाते हैं। कार्बन टाइप प्रतिरोधक इलेक्ट्रॉनिक परिपथ की विभिन्न स्टेजों के लिए वोल्टेज के वितरण एवं धारा को नियन्त्रित करने हेतु उपयोग में लाए जाते हैं। कार्बन प्रतिरोधक निम्नलिखित प्रकार के होते हैं

पैलेट या स्लग टाइप प्रतिरोधक Pallet or Slug Type Resistor

इस प्रकार के प्रतिरोधक के निर्माण हेतु कार्बन अथवा ग्रेफाइट के चूर्ण (powder) को बन्धन पदार्थ (adhesive material) की सहायता से छोटी-छोटी छड़ों (sticks) के रूप में ढाल लिया जाता है। ढालते समय ही कार्बन ग्रेफाइट छड़ प्रतिरोधक के दोनों सिरों पर टिन आलेपित ताँबे के तार (tin coated copper wire) के दो संयोजक तार भी जोड़ दिए जाते हैं। इस प्रकार निर्मित प्रतिरोधक (resistor) की ऊपरी सतह पर रेजिन अथवा सेरामिक की परत चढ़ाकर अन्त में इसे भट्ठी (oven) में रखकर ऊष्मा उपचार (heat treatment) दिया जाता है। इस प्रकार प्रतिरोधक (resistor), इलेक्ट्रॉनिक परिपथों में उपयोग के लिए पूर्णत: तैयार हो जाता है।

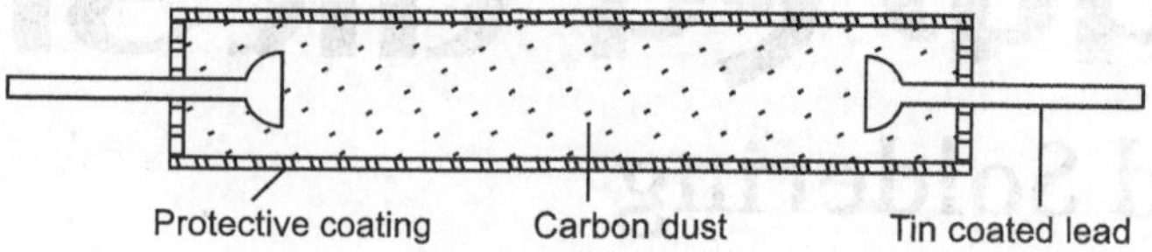

चित्र पैलेट या स्लग टाइप प्रतिरोधक की संरचना

फिलामेन्ट टाइप कार्बन रचना प्रतिरोधक
Filament Type Carbon Composition Resistor

इस प्रकार के प्रतिरोधक के निर्माण हेतु कार्बन चूर्ण को पोर्सेलिन या काँच की पतली नलिका (tube) के ऊपर रेजिन की सहायता से चिपकाया जाता है तथा नलिका के दोनों सिरों पर टिन आलेपित ताँबे के संयोजक तार जोड़ दिए जाते हैं। अन्त में कार्बन परत के ऊपर उपयुक्त विद्युतरोधी पदार्थ; जैसे— पॉलिएस्टर या फिनोलिक (finolic) की सुरक्षात्मक परत चढ़ा दी जाती है।

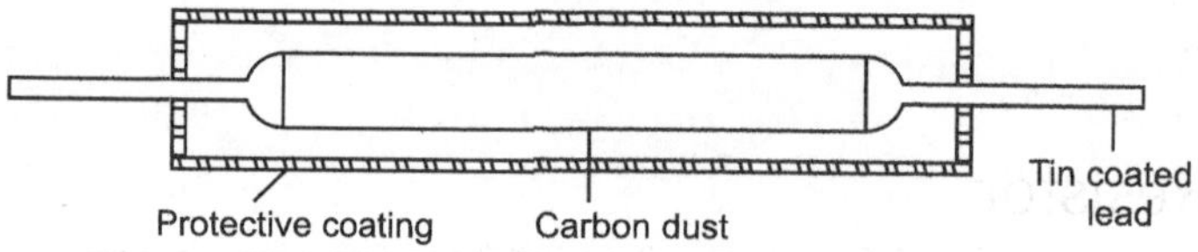

चित्र फिलामेन्ट टाइप कार्बन प्रतिरोधक की संरचना

कार्बन फिल्म टाइप प्रतिरोधक Carbon Film Type Resistor

सेरामिक पदार्थ की पतली नलिका पर 900°C से 1100°C तापमान पर हाइड्रो-कार्बन (hydro-carbon) के वाष्प कण (vapours) एकत्रित करके कार्बन फिल्म प्रतिरोधक निर्मित किए जाते हैं। कार्बन फिल्म के अतिरिक्त धात्विक ऑक्साइड; जैसे—पैलेडियम, निकिल, क्रोमियम (palladium, nickel, chromium) आदि की परत (film) चढ़ाकर प्रतिरोधक निर्मित किए जाते हैं। इस प्रकार के प्रतिरोधक, धात्विक ऑक्साइड फिल्म प्रतिरोधक (metallic oxide film resistor) कहलाते हैं। इस प्रकार के प्रतिरोधक 1 ओह्म से 20 मेगा ओह्म प्रतिरोध मान तथा 1/2 वाटेज रेटिंग (wattage rating) तक निर्मित किए जाते हैं।

चित्र कार्बन फिल्म प्रतिरोधक की संरचना

वायर वाउण्ड टाइप प्रतिरोधक Wire Wound Type Resistor

इन प्रतिरोधकों को ए.सी. तथा डी.सी. परिपथों में धारा नियन्त्रण तथा वोल्टेज वितरण हेतु उपयोग में लाया जाता है। ये बाजार में प्राय: 5W से 50W तक की रेटिंग में विभिन्न प्रतिरोध मानों में उपलब्ध होते हैं। इन प्रतिरोधकों को निम्न वर्गों में विभाजित किया जा सकता है

नियत मान वायर वाउण्ड टाइप प्रतिरोधक Fixed Value Wire Wound Type Resistor

सेरामिक अथवा पोर्सेलिन की नलिका (tube) पर यूरेका मिश्रधातु (eureka alloy-60% nickel + 40% copper) से निर्मित तार को इस प्रकार लपेटा जाता है, ताकि एक टर्न दूसरे टर्न से आपस में स्पर्श न करें। इसके पश्चात् अचालक पदार्थ की नलिका पर लपेटी गई यूरेका तार की

क्वॉयल के सिरों पर टिन विलेपित ताँबे के संयोजक तार जोड़ दिए जाते हैं। वायर वाउण्ड टाइप प्रतिरोधकों का मान 0.1 ओह्म से 100 किलो ओह्म तक होता है।

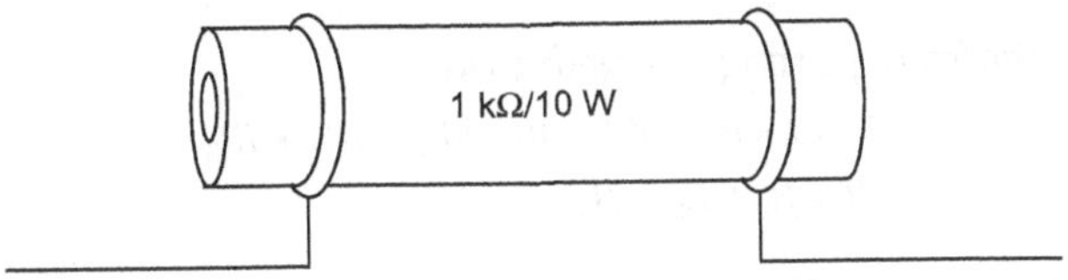

चित्र वायर वाउण्ड प्रतिरोधक की संरचना

टेप्ड वायर वाउण्ड प्रतिरोधक Taped Wire Wound Resistor

यदि वायर वाउण्ड प्रतिरोधक की पूर्ण लम्बाई के मध्य प्रतिरोधक के पूर्ण प्रतिरोध मान से कम, इच्छित प्रतिरोध मान प्राप्त करना होता है तब अचालक नली के मध्य उचित स्थानों पर एक, दो या तीन टिन विलेपित ताँबे के संयोजक तार जोड़कर टेपिंग्स (tappings) प्राप्त कर लिए जाते हैं। इस प्रकार के प्रतिरोधक, टेपिंग युक्त वायर वाउण्ड प्रतिरोधक कहलाते हैं।

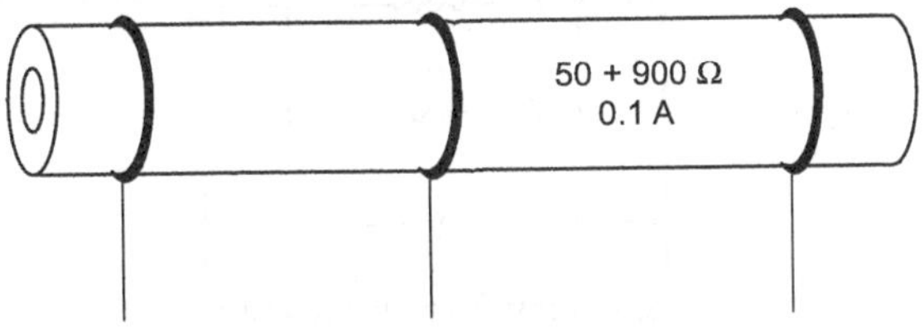

चित्र टेप्ड वायर वाउण्ड प्रतिरोधक की संरचना

एडजस्टेबिल वायर वाउण्ड प्रतिरोधक Adjustable Wire Wound Resistor

यदि नियत मान वायर वाउण्ड प्रतिरोधक में पूर्ण प्रतिरोध मान से कम प्रतिरोध मान प्राप्त करने हेतु टेपिंग के स्थान पर सरकाए जाने योग्य सम्पर्क क्लैम्प, प्रतिरोधक नलिका के मध्य कस दिया जाता है तब इस प्रकार का प्रतिरोधक एडजस्टेबिल टाइप वायर वाउण्ड प्रतिरोधक कहलाता है। यह प्राय: 1kΩ, 2kΩ, व 30 kΩ तथा 0.1 से 0.3 एम्पियर धारा रेटिंग में उपलब्ध होते हैं।

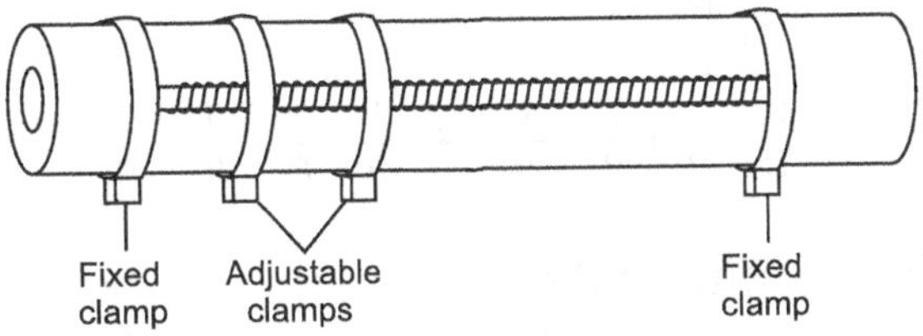

चित्र एडजस्टेबिल वायर वाउण्ड प्रतिरोधक की संरचना

4.3 संयोजन Combination

इलेक्ट्रॉनिक उपकरणों हेतु वैद्युत परिपथ के डिजाइन (design) के लिए, धारा नियन्त्रण एवं वोल्टेज के वितरण हेतु, प्रतिरोधकों को आवश्यकतानुसार निम्न प्रकार श्रेणी तथा समान्तर क्रम में संयोजित किया जाता है

श्रेणी संयोजन Series Combination

जब प्रतिरोधकों (resistors) को, जिनका प्रतिरोध क्रमश: R_1, R_2, R_3 आदि हो, क्रमश: श्रेणीक्रम में संयोजित करते हैं तब ये प्रतिरोधक श्रेणीबद्ध कहलाते हैं। यह सिद्ध किया जा सकता है कि बिन्दु A व B के तुल्य प्रतिरोध (equivalent resistance) या कुल प्रतिरोध तीनों प्रतिरोधकों के अपने प्रतिरोध मानों (resistance values) के योग के बराबर होगा। इसके विषय में निम्न बातें ध्यान में रखनी चाहिए

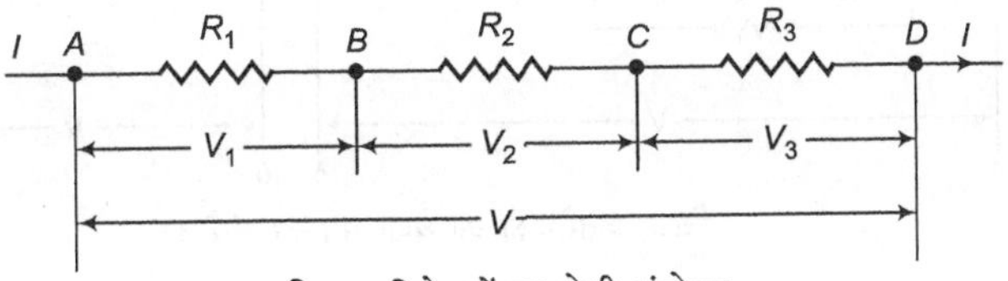

चित्र प्रतिरोधकों का श्रेणी संयोजन

1. तीनों प्रतिरोधकों में धारा एकसमान होगी।
2. परन्तु प्रतिरोधकों का मान भिन्न-भिन्न होने के कारण प्रत्येक प्रतिरोधक के आर-पार वोल्टेज ड्रॉप भिन्न-भिन्न होगा, क्योंकि ओह्म के नियमानुसार,

वोल्टेज (V) = धारा (I) × प्रतिरोध (R)

अर्थात् $V = I \times R$ तथा $IR = IR_1 + IR_2 + IR_3$

∴ $R = R_1 + R_2 + R_3$

समान्तर संयोजन Parallel Combination

जब प्रतिरोधकों को, जिनका प्रतिरोध क्रमशः R_1, R_2, R_3 आदि हो, में दर्शाए परिपथ के अनुसार समान्तर क्रम में संयोजित किया जाए तब इसके विषय में निम्न बातें ध्यान में रखनी चाहिए

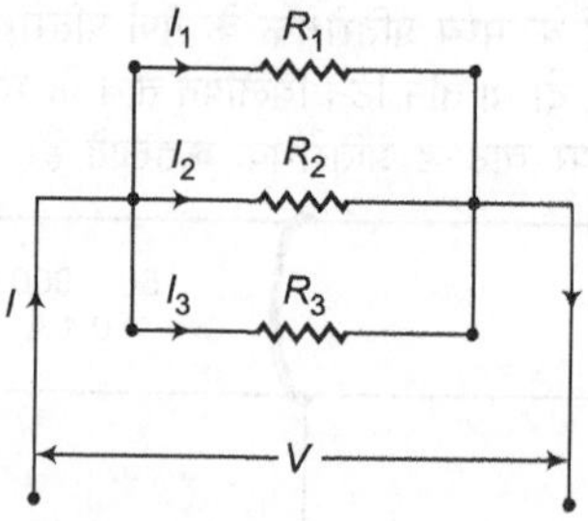

चित्र प्रतिरोधकों का समान्तर संयोजन

1. प्रत्येक प्रतिरोध के आर-पार (across) विभवान्तर (potential difference) समान होता है।
2. प्रत्येक प्रतिरोध से प्रवाहित होने वाली धाराएँ भिन्न-भिन्न होती हैं।
3. तीनों प्रतिरोधकों से प्रवाहित होने वाली धाराओं का योग, परिपथ की कुल धारा के बराबर होता है।

$$I = I_1 + I_2 + I_3 = \frac{V}{R_1} + \frac{V}{R_2} + \frac{V}{R_3}$$ (जहाँ V प्रयुक्त वोल्टेज है)

परन्तु $$I = \frac{V}{R}$$

$$\frac{V}{R} = \frac{V}{R_1} + \frac{V}{R_2} + \frac{V}{R_3} \quad \text{या} \quad \frac{1}{R} = \frac{1}{R_1} + \frac{1}{R_2} + \frac{1}{R_3}$$

मिश्रित संयोजन Mixed Combination

कभी-कभी वांछित प्रतिरोध मान प्राप्त करने के लिए प्रतिरोधकों को आवश्यकतानुसार श्रेणी एवं समान्तर क्रम में संयुक्त रूप से संयोजित करना पड़ता है। इस प्रकार के परिपथों में पृथक्-पृथक् प्रतिरोधक से होकर प्रवाहित होने वाली धारा तथा प्रत्येक प्रतिरोधक के आर-पार वोल्टेज ड्रॉप (voltage drop) ज्ञात करने के लिए पहले सभी समान्तर क्रम में संयोजित प्रतिरोधकों का तुल्य प्रतिरोध R_e(equivalent resistance) ज्ञात किया जाता है। उसके पश्चात् श्रेणीक्रम में संयोजित अन्य प्रतिरोधकों में इस प्रतिरोध मान को सम्मिलित कर लिया जाता है। यहाँ तीन प्रतिरोधक R_1, R_2, R_3 आपस में समान्तर क्रम में संयोजित हैं तथा R_4 इनमें श्रेणीक्रम में संयोजित किया हुआ दर्शाया गया है। इस परिपथ का कुल प्रतिरोध R_t निम्न प्रकार ज्ञात कर सकते हैं

$$\frac{1}{R_e} = \frac{1}{R_1} + \frac{1}{R_2} + \frac{1}{R_3}$$

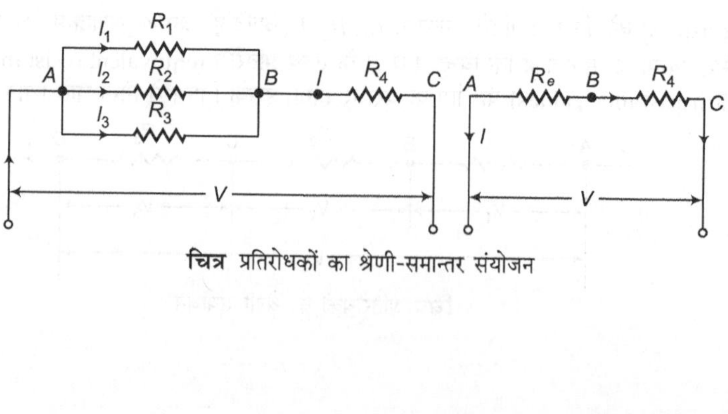

चित्र प्रतिरोधकों का श्रेणी-समान्तर संयोजन

अतः परिपथ का कुल प्रतिरोध $R_t = R_e + R_4$

उपरोक्त परिपथ से प्रवाहित होने वाली धारा $(I) = \frac{V}{R_t}$ [जहाँ V = सप्लाई वोल्टेज तथा R_1 = परिपथ का कुल प्रतिरोध]

धारा I का मान ज्ञात करने के पश्चात् शाखा AB तथा BC में विभवान्तर निम्न समीकरणों द्वारा ज्ञात किया जा सकता है

शाखा AB का विभवान्तर $V_{AB} = I.\ Re = \frac{V}{R_t} R_e$

शाखा BC का विभवान्तर $V_{BC} = I\ .\ R_4 = \frac{V}{R_t} R_4$

प्रत्येक शाखा के सिरों के मध्य विभवान्तर (P.D.) ज्ञात करने के पश्चात् समान्तर में संयोजित विभिन्न प्रतिरोधकों से होकर प्रवाहित होने वाली धाराओं का मान निम्नलिखित समीकरणों द्वारा ज्ञात किए जाएँगे

प्रतिरोधक R_1 से प्रवाहित होने वाली धारा $I_1 = \frac{V_{AB}}{R_1}$ एम्पियर

प्रतिरोधक R_2 से प्रवाहित होने वाली धारा $I_2 = \frac{V_{AB}}{R_2}$ एम्पियर

प्रतिरोधक R_3 से प्रवाहित होने वाली धारा $I_3 = \frac{V_{AB}}{R_3}$ एम्पियर

प्रतिरोधक R_4 से प्रवाहित होने वाली धारा $I_4 = \frac{V_{BC}}{R_4}$ एम्पियर

डी.सी. परिपथ में शक्ति Power in D.C. Circuit

शक्ति (power) = वोल्टेज $(V) \times$ धारा (I) वाट (watts)

ओह्म के नियमानुसार,

$\therefore$ $$V = I \times R$$

$\therefore$ $$\text{शक्ति } (P) = (I \times R) \times I = I^2 \times R \quad \text{...(सूत्र)}$$

तथा $$I = \frac{V}{R}$$

$\therefore$ $$\text{शक्ति } (P) = V \times \frac{V}{R} = \frac{V^2}{R}$$

उदाहरण 4.1 2, 4, 6, 12 **तथा** 24 **ओह्म के प्रतिरोधकों से बने समान्तर परिपथ में** 25 **एम्पियर की धारा प्रवाहित होती है। प्रत्येक प्रतिरोध में धारा ज्ञात कीजिए।**

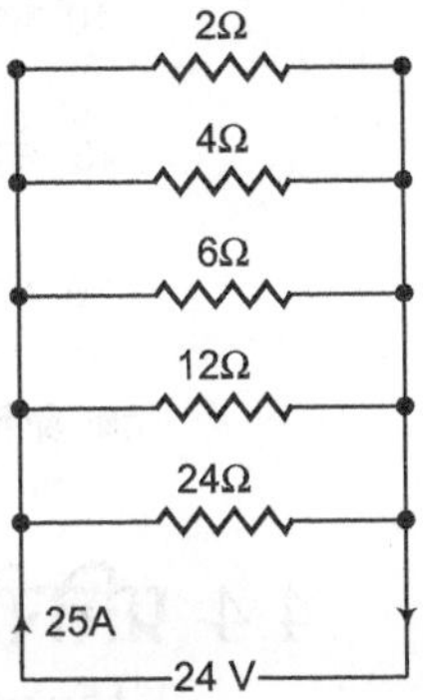

हल माना कि चित्र के समान्तर परिपथ का तुल्य प्रतिरोध = $R\Omega$

समान्तर परिपथ के प्रतिरोधकों के जोड़ निम्न समीकरण से ज्ञात करते हैं

$$\frac{1}{R} = \frac{1}{R_2} + \frac{1}{R_3} + \frac{1}{R_4} + \frac{1}{R_5}$$

यहाँ $$\frac{1}{R} = \frac{1}{2} + \frac{1}{4} + \frac{1}{6} + \frac{1}{12} + \frac{1}{24}$$

$$\frac{1}{R} = \frac{25}{24}$$

$\therefore$ $$R = \frac{24}{25} = 0.96 \text{ ओह्म}$$

समान्तर परिपथ में वोल्टेज $V = I \times R = 25 \times 0.96 = 24$ वोल्ट

परिपथ में कुल धारा प्रवाह 25 एम्पियर है।

$\therefore$ 2 ओह्म के प्रतिरोधक में धारा प्रवाहित होगी $= \frac{V}{R} = \frac{24}{2} = 12$ एम्पियर

4 ओह्म के प्रतिरोधकों में धारा प्रवाहित होगी $= \frac{24}{4} = 6$ एम्पियर

6 ओह्म के प्रतिरोधकों में धारा प्रवाहित होगी $= \frac{24}{6} = 4$ एम्पियर

12 ओह्म के प्रतिरोधकों में धारा प्रवाहित होगी $= \frac{24}{12} = 2$ एम्पियर

24 ओह्म के प्रतिरोधकों में धारा प्रवाहित होगी $= \frac{24}{24} = 1$ एम्पियर

उदाहरण 4.2 5, 10, 15 तथा 20 ओह्म के प्रतिरोधक आपस में समान्तर जुड़कर 1.6 ओह्म के प्रतिरोधक से श्रेणी में जुड़े हैं। इस परिपथ को 40 वोल्ट की सप्लाई लाइन में जोड़ा गया है, जैसा कि चित्र में दर्शाया गया है। परिपथ का कुल प्रतिरोध तथा प्रत्येक परिपथ में धारा ज्ञात कीजिए।

हल समान्तर में जुड़े प्रतिरोधकों का तुल्य प्रतिरोधक निम्न समीकरण से ज्ञात करते हैं

$$\frac{1}{R} = \frac{1}{R_1} + \frac{1}{R_2} + \frac{1}{R_3} + \frac{1}{R_4}$$

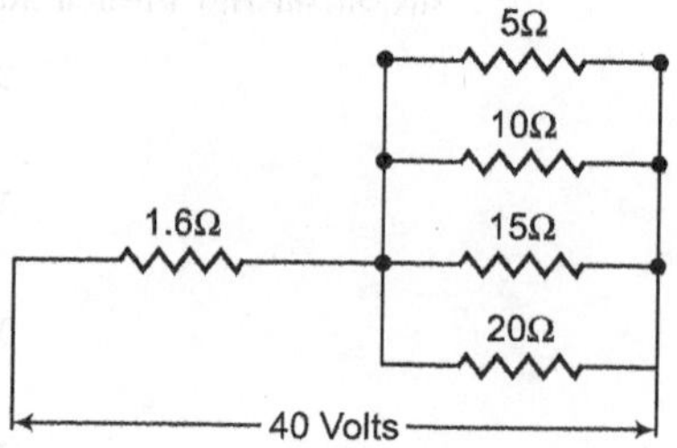

यहाँ
$$\frac{1}{R} = \frac{1}{5} + \frac{1}{10} + \frac{1}{15} + \frac{1}{20}$$

$$\frac{1}{R} = \frac{25}{60}$$

∴
$$R = \frac{60}{25} = 2.4 \text{ ओह्म}$$

अब समान्तर में जुड़े प्रतिरोधकों के तुल्य प्रतिरोधक के मान को श्रेणी में जुड़े प्रतिरोधक में जोड़ने पर $= 2.4 + 1.6 = 4$ ओह्म

∴ परिपथ का कुल प्रतिरोध $R_t = 4\Omega$

परिपथ से प्रवाहित होने वाली कुल धारा $I = \frac{V}{R} = \frac{40}{4} = 10$ एम्पियर

प्रतिरोध $R_e + R = R_t$ यहाँ $R_e = 24\Omega$ तथा $R = 1.6\Omega$

अब, R_e में वोल्टेज ड्रॉप $(V) = I \times R_e = 10 \times 2.4 = 24$ वोल्ट

तथा R में वोल्टेज ड्रॉप $(V) = 10 \times 1.6 = 16$ वोल्ट

परिपथ में कुल धारा प्रवाह $= 10$ एम्पियर

समान्तर प्रतिरोधकों के आर-पार वोल्टेज ड्रॉप $= 24$ वोल्ट

∴ 5 ओह्म के प्रतिरोधक में धारा प्रवाहित होगी $\frac{V}{R} = \frac{24}{5} = 4.8$ एम्पियर

10 ओह्म के प्रतिरोधक में धारा प्रवाहित होगी $= \frac{24}{10} = 2.4$ एम्पियर

15 ओह्म के प्रतिरोधक में धारा प्रवाहित होगी $= \frac{24}{15} = 1.6$ एम्पियर

20 ओह्म के प्रतिरोधक में धारा प्रवाहित होगी $= \frac{24}{20} = 1.2$ एम्पियर

तथा श्रेणी में जुड़े प्रतिरोध में धारा प्रवाहित होगी $= \frac{16}{1.6} = 10$ एम्पियर

4.4 प्रतिरोधकों पर ताप परिवर्तन का प्रभाव
Effect of Variation of Temperature on Resistors

किसी पदार्थ का प्रतिरोध उसकी लम्बाई, अनुप्रस्थ काट क्षेत्रफल एवं विशिष्ट प्रतिरोध के अतिरिक्त उसके चारों ओर के वातावरण के तापमान पर भी निर्भर करता है। अधिकांश धातुओं एवं मिश्र धातुओं का प्रतिरोध, तापमान वृद्धि से बढ़ता है, जबकि अधिकांश अधातुओं, अर्द्धचालकों एवं अपघट्य विचलनों (electrolytes) का प्रतिरोध, तापमान वृद्धि से घटता है। पदार्थ के इन्हीं गुणों का उपयोग विशिष्ट प्रकार के प्रतिरोधकों के निर्माण में किया जाता है। कुछ विशिष्ट प्रतिरोधक निम्नवत् हैं

(i) PTC **प्रतिरोधक** Positive Temperature Coefficient (PTC) Resistor

इस प्रकार के प्रतिरोधक का प्रतिरोध मान, बाह्य तापमान अथवा आपूर्ति वोल्टता वृद्धि से बढ़ जाता है। यह निकिल ऑक्साइड, मैंग्नीज ऑक्साइड एवं कोबाल्ट ऑक्साइड के मिश्रण से बनाए जाते हैं। इसका उपयोग ट्रांजिस्टर परिपथों में बायस स्थिरीकरण (bias stabilisation) हेतु किया जाता है।

(ii) NTC **प्रतिरोधक** Negative Temperature Coefficient (NTC) Resistor

इस प्रकार के प्रतिरोधक का प्रतिरोध मान, प्रतिरोधक के तापमान बढ़ने अथवा प्रतिरोधक में प्रवाहित धारा का मान बढ़ने से बढ़ जाता है। यह ग्रेफाइट से बनाया जाता है; जैसे—थर्मिओनिक ट्यूब फिलामेन्ट परिपथ, वोल्टता स्थिरक, टाइमर परिपथ आदि।

(iii) VDR **प्रतिरोधक** Voltage Dependent Resistor (VDR)

इसका प्रतिरोध मान आपूर्ति वोल्टता पर निर्भर करता है अर्थात् आपूर्ति वोल्टता अधिक होने पर इसका प्रतिरोध मान बढ़ जाता है, जिससे परिपथ में प्रवाहित होने वाली धारा का मान घट जाता है। इसका निर्माण कार्बाइड चूर्ण से सैरामिक बाइण्डर पदार्थ की सहायता से किया जाता है। इसका उपयोग आपूर्ति वोल्टता में होने वाले असामान्य परिवर्तनों को नियन्त्रित करने के लिए किया जाता है।

(iv) LDR **प्रतिरोधक** Light Dependent Resistor (LDR)

इस प्रकार के प्रतिरोधक का प्रतिरोध मान, प्रकाश किरणों के आपतन से घट जाता है। इसका निर्माण सिलीनियम नामक पदार्थ से किया जाता है। इसका उपयोग प्रकाश नियन्त्रित नियन्त्रक परिपथों में किया जाता है; जैसे—कार या टॉर्च के प्रकाश से खुलने वाला द्वार, स्वत: 'ऑन/ऑफ' होने वाली स्ट्रीट लाइट, प्रवेश गणक यन्त्र आदि।

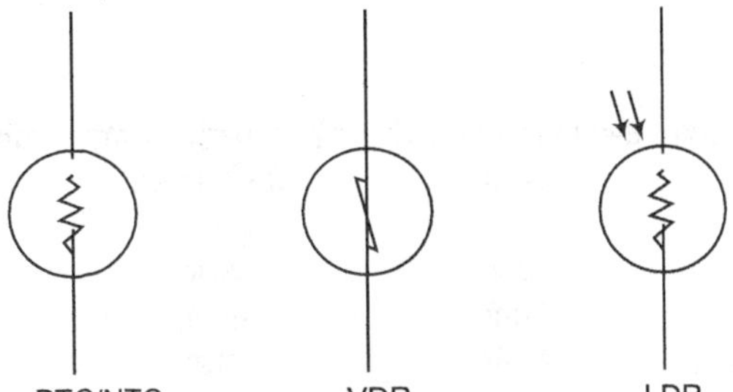

चित्र विशेष प्रकार के प्रतिरोधक

4.5 प्रतिरोध मान अंकन Marking of Resistance Value

नियत मान कार्बन प्रतिरोधकों के अतिरिक्त अन्य सभी प्रकार के प्रतिरोधकों का प्रतिरोध मान, वाटेज आदि अंकों एवं अक्षरों के द्वारा उनकी बॉडी पर अंकित कर दिया जाता है। नियत मान कार्बन प्रतिरोधकों का आकार इतना छोटा होता है कि उनकी बॉडी पर अंकों तथा अक्षरों के द्वारा मान अंकित करना कठिन होता है और साथ ही अंकित मान को पढ़कर अनेक प्रतिरोधकों में से आवश्यक मान का प्रतिरोधक खोज पाना असुविधाजनक होता है। इसका अंकन हम निम्न प्रकार से कर सकते हैं।

विभिन्न रंगों के द्वारा By Different Colours

रंगों के द्वारा प्रतिरोध का मान अंकन दो टाइप से किया जाता है जिनका वर्णन निम्न प्रकार है

(i) **बैण्ड टाइप** Band Type

इस विधि में प्रतिरोधक की बॉडी पर एक किनारे से विभिन्न रंगों की चार पट्टियाँ (band or ring) अंकित की जाती हैं। पहली पट्टी का रंग प्रतिरोध मान के पहले अंक को, दूसरी पट्टी का रंग दूसरे अंक को, तीसरी पट्टी का रंग गुणक को तथा चौथी पट्टी का रंग प्रतिशत सहन सीमा को व्यक्त करता है।

(ii) **बॉडी टाइप** Body Type

इस विधि में प्रतिरोधक की पूरी बॉडी को एक रंग से रँगा जाता है। अब दूसरे रंग से एक सिरे को रँगा जाता है और बॉडी पर भिन्न रंगों की एक वृत्ताकार तथा एक आयताकार बिन्दी अंकित की जाती है। प्रतिरोधक की बॉडी का रंग प्रतिरोध मान के पहले अंक को, सिरे का रंग दूसरे अंक को, बिन्दी का रंग गुणक को तथा आयताकार चिन्ह का रंग प्रतिशत सहन सीमा को व्यक्त करता है।

तालिका रंग संकेत तालिका

रंग	पहली पट्टी या बॉडी के लिए आंकिक मान	दूसरी पट्टी या सिरे के लिए आंकिक मान	तीसरी पट्टी या गोल बिन्दी के लिए आंकिक मान (गुणक)	चौथी पट्टी या आयताकार बिन्दी के लिए आंकिक मान (सहन सीमा)
काला (Black)	0	0	1	—
भूरा (Brown)	1	1	10	± 1%
लाल (Red)	2	2	10^2	± 2%
नारंगी (Orange)	3	3	$10^3 = k$	± 3%
पीला (Yellow)	4	4	10^4	± 4%
हरा (Green)	5	5	10^5	—
नीला (Blue)	6	6	$10^6 = M$	—
बैंगनी (Violet)	7	7	—	—
सलेटी (Gray)	8	8	—	—
सफेद (White)	9	9	—	—
सुनहरी (Golden)	—	—	0.1	± 5%
चाँदनी (Silver)	—	—	0.01	± 10%
कोई रंग नहीं (No colour)	—	—	—	± 20%

उदाहरण Example

क्र. सं.	पहली पट्टी या बॉडी का रंग	दूसरी पट्टी या सिरे का रंग	तीसरी पट्टी या गोल बिन्दी का रंग	चौथी पट्टी या आयताकार बिन्दी का रंग	प्रतिरोध मान
1.	भूरा	काला	सुनहरी	सुनहरी	1.0 Ω ± 5%
2.	लाल	लाल	काला	लाल	22 Ω ± 2%
3.	लाल	बैंगनी	नारंगी	चाँदनी	27 k Ω ± 10%
4.	पीला	बैंगनी	पीला	सुनहरी	470 k Ω ± 5%
5.	भूरा	काला	हरा	सुनहरी	1MΩ ± 5%
6.	भूरा	काला	नीला	चाँदनी	10 MΩ ± 10%

प्रत्यक्ष विधि द्वारा By Direct Method

1/2 वाट से 2 वाट तक के कार्बन प्रतिरोधकों पर अंकों तथा अक्षरों के द्वारा प्रत्यक्ष रूप से भी मान अंकित किया जाता है। इसमें $R = 1$, $k = 10^3$, $M = 10^6$ ओह्म होता है।

उदाहरण

R2 2 = 0.22Ω
1 R8 = 1.8 Ω
2 k7 = 2.7 kΩ
M 2 = 0.2 MΩ
1 M5 = 1.5 MΩ

इस प्रकार, व्यक्त मान में दशमलव बिन्दु के स्थान पर अक्षर प्रयोग किया गया है।

4.6 निष्क्रिय अवयव सम्बन्धी नियम Passive Components Related Laws

वैद्युतिक एवं इलेक्ट्रॉनिक परिपथों में प्रयोग किए जाने वाले अवयवों को निष्क्रिय एवं सक्रिय में विभाजित किया जाता है। प्रतिरोधक, प्रेरक एवं संधारित्र इत्यादि निष्क्रिय अवयवों के अन्तर्गत आते हैं, जोकि ओह्म एवं किरचॉफ के नियमों का अनुपालन करते हैं जिनका वर्णन निम्नलिखित है

ओह्म का नियम Ohm's Law

वैज्ञानिक **जी. एस. ओह्म** ने डी.सी. परिपथों में विद्युत धारा (I), विभवान्तर (V) तथा प्रतिरोध (R) के सम्बन्ध में एक नियम स्थापित किया था जो ओह्म का नियम कहलाता है। इस नियम के अनुसार ''नियत तापमान तथा नियत भौतिक परिस्थितियों में किसी बन्द वैद्युतिक डी.सी. परिपथ में किसी प्रतिरोधक के सिरों पर पैदा होने वाला विभवान्तर, उस प्रतिरोधक में से प्रवाहित होने वाली विद्युत धारा मान के अनुक्रमानुपाती होता है।''

अर्थात् $V \propto I$ या $\frac{V}{I}$ = नियतांक

या $\frac{V}{I} = R$ या $R = \frac{V}{I}, V = I.R, I = \frac{V}{R}$

यहाँ, R = प्रतिरोध, ओह्म में, V = विभवान्तर, वोल्ट्स में, I = विद्युत धारा, एम्पियर्स में।

नोट *प्रत्येक दशा में* V/I *का मान एक ही होगा अर्थात् एक नियतांक होगा।*

उदाहरण 4.3 यदि किसी 20 ओह्म के प्रतिरोधक में से 2.5 A मान की विद्युत धारा प्रवाहित हो रही हो तो उसके सिरों पर पैदा होने वाले विभवान्तर का मान ज्ञात कीजिए।

हल ज्ञात है : प्रतिरोध, $R = 20\ \Omega$

विद्युत धारा, $I = 2{\cdot}5\ \text{A}$

अत: विभवान्तर, $\text{V} = \text{I}{\cdot}\text{R} = 2{\cdot}5 \times 20 = 50\text{V}$

प्रतिरोध के नियम Laws of Resistance

किसी चालक या प्रतिरोधक का प्रतिरोध, निम्न कारकों पर निर्भर करता है

1. किसी चालक का प्रतिरोध उसकी लम्बाई के अनुक्रमानुपाती होता है अर्थात् $R \propto l$.
2. किसी चालक का प्रतिरोध उसके कटाक्ष क्षेत्रफल (cross-sectional area) के व्युत्क्रमानुपाती होता है
   अर्थात् $R \propto \frac{1}{a}$
3. किसी चालक का प्रतिरोध उसके पदार्थ की किस्म अर्थात् पदार्थ की प्रतिरोधकता (resistivity) पर निर्भर करता है।
   इस प्रकार, $R = \frac{\rho \cdot l}{a}$
   यहाँ, R = प्रतिरोध, ओह्म में, ρ = प्रतिरोधकता, ओह्म सेमी में
   l = प्रतिरोधक की लम्बाई, सेमी में, a = प्रतिरोधक का कटाक्ष क्षेत्रफल, सेमी^{2} में

किरचॉफ के नियम Kirchoff 's Laws

जटिल प्रकार के डी.सी. परिपथों के लिए रूसी वैज्ञानिक **किरचॉफ** ने दो नियम प्रतिपादित किए जो निम्न प्रकार हैं

विद्युत धारा नियम Current Law

"किसी बन्द डी.सी. परिपथ में चालकों के संगम पर विद्युत धाराओं का बीजगणितीय योग शून्य होता है" अर्थात्

$$\Sigma I = 0$$

दूसरे शब्दों में, किसी परिपथ के किसी संगम की ओर जाने वाली विद्युत धाराओं का योग, संगम से दूर जाने वाली विद्युत धाराओं के योग के बराबर होता है। यदि संगम की ओर जाने वाली विद्युत धाराएँ i_1, i_2 हों और उससे दूर जाने वाली विद्युत धाराएँ i_3, i_4, i_5 हों तो

$$i_1 + i_2 - i_3 + i_4 + i_5$$

वोल्टेज नियम Voltage Law

किसी बन्द डी.सी. परिपथ में आरोपित वि. वा. बलों का बीजगणितीय योग परिपथ के घटकों के वोल्टेज-ड्रॉपों के बीजगणितीय योग के तुल्य होता है अर्थात्

$$\Sigma E = \Sigma I.R$$

किरचॉफ के नियमों का उपयोग Use of Kirchhoff 's Laws

किसी जटिल परिपथ (circuit) में विद्युत धारा की गणना करने के लिए किरचॉफ के नियमों का उपयोग निम्न प्रकार किया जाता है

1. सर्वप्रथम परिपथ की शाखाओं में धारा का वितरण तीरों के द्वारा i_1, i_2, i_3......, आदि के रूप में अंकित करें। यह ध्यान रखें कि यदि परिपथ के किसी संगम की ओर जाने वाली धारा i_1 व i_2 हों तो संगम से दूर जाने वाली धारा, $(i_1 + i_2)$ होगी।
2. जिन वि.वा.ब. स्रोतों के कारण धारा प्रवाह दक्षिणावर्त (clockwise) दिशा में होता हो, उन्हें धनात्मक (+ ive) मानें और इसी प्रकार, जिन वि.वा.ब. स्रोतों के कारण धारा प्रवाह वामावर्त (anticlockwise) दिशा में होता हो, उन्हें ऋणात्मक (– ive) मानें।
3. दक्षिणावर्त धारा के 'वोल्टेज ड्रॉप्स' को + ive मानें और वामावर्त धारा के 'वोल्टेज ड्रॉप्स' को – ive मानें।

4. वि.वा.ब. बलों के बीजगणितीय योग को 'वोल्टेज ड्रॉप्स' के बीजगणितीय योग के बराबर रखते हुए परिपथ की प्रत्येक शाखा के लिए समीकरण बनाएँ।
5. सभी समीकरणों को हल करके धारा के मान ज्ञात करें।

4.7 सोल्डरिंग Soldering

"दो समान या भिन्न धातुओं के तारों, टुकड़ों आदि को ऊष्मा प्रक्रिया द्वारा तीसरी धातु की सहायता से जोड़ने की क्रिया सोल्डरिंग कहलाती है।" यह तीसरी धातु, **फिलर धातु** (filler metal) कहलाती है। यह प्राय: सीसा तथा टिन से बनी मिश्र धातु होती है। फिलर धातु का गलनांक सदैव जोड़ी जाने वाली धातुओं के गलनांक (melting point) से कम होता है।

डी.सी. मशीन में आर्मेचर वाइण्डिंग्स के सिरों को कम्यूटेटर सैग्मेन्ट्स (commutator segments) से जोड़ने के लिए सोल्डरिंग क्रिया ही उपयुक्त होती है। इलेक्ट्रॉनिक उपकरणों में तो विभिन्न पुर्जों को जोड़कर परिपथ बनाने के लिए सोल्डरिंग क्रिया ही अपनायी जाती है।

सोल्डर Solder

यह एक मिश्र धातु होती है और इसका गलनांक उन धातुओं के गलनांक से कम होना आवश्यक है, जिन्हें सोल्डरिंग द्वारा जोड़ा जाना है। यह मुख्यत: निम्न प्रकार का होता है

कठोर सोल्डर Hard Solder

इस सोल्डर का गलनांक, अन्य सोल्डर्स के गलनांकों की अपेक्षा अधिक होता है। इसका उपयोग ताँबा, पीतल, लोहा आदि धातुओं के बड़े आकार के टुकड़ों या मोटे तारों व केबिल्स के जोड़ों पर टाँका लगाने के लिए किया जाता है। यह निम्न प्रकार का होता है

A. **स्पैल्टर** Spelter

यह निम्न तीन अनुपातों में बनाया जाता है और जॉब की आवश्यकतानुसार प्रयोग किया जाता है

(a) ताँबा = 50%, जस्ता = 50%
(b) ताँबा = 67%, जस्ता = 33%
(c) ताँबा = 50%, जस्ता = 37%, टिन = 13%

इनका उपयोग प्लम्बर एवं शीट मैटल व्यवसायों में ब्रेजिंग करने के लिए किया जाता है।

B. **सिल्वर सोल्डर** Silver Solder

इसका गलनांक, स्पैल्टर के गलनांक से कम होता है। इसका उपयोग सोना, चाँदी, जर्मन सिल्वर आदि धातुओं की वस्तुओं में टाँका लगाने के लिए किया जाता है।

(a) ताँबा = 33%, चाँदी = 67% चाँदी की वस्तुओं में टाँका लगाने के लिए प्रयोग किया जाता है।
(b) ताँबा = 20%, चाँदी = 10%, सोना = 70% इसका उपयोग स्वर्ण आभूषणों में टाँका लगाने के लिए किया जाता है।
(c) ताँबा = 20%, चाँदी = 70%, जस्ता = 10% इसका उपयोग रजत आभूषणों में टाँका लगाने के लिए किया जाता है।
(d) ताँबा = 35%, जस्ता = 55%, निकिल = 10% इसका उपयोग जर्मन सिल्वर में टाँका लगाने के लिए किया जाता है।

नर्म सोल्डर Soft Solder

इसका गलनांक सिल्वर सोल्डर के गलनांक से भी कम होता है। इसके निर्माण में टिन और सीसा धातुएँ प्रयोग की जाती हैं। सोल्डर में टिन की मात्रा जितनी अधिक रखी जाती है उतना ही उसका गलनांक कम होता है। देखें तालिका

तालिका नर्म सोल्डर्स के गलनांक

क्र. सं.	टिन की मात्रा	सीसे की मात्रा	गलनांक
1.	10%	90%	300°C
2.	20%	80%	275°C
3.	30%	70%	255°C
4.	40%	60%	225°C
5.	50%	50%	205°C
6.	66%	34%	185°C
7.	80%	20%	160°C
8.	90%	10%	145°C

उपरोक्त तालिका से स्पष्ट है कि सूक्ष्म आकार वाले वैद्युतिक उपकरणों के लिए 50% : 50%, टिन : लैड वाला सोल्डर उपयुक्त होता है। रेडियो, टी. वी. कार्यों के लिए 80% : 20%, टिन : लैड वाला सोल्डर उपयुक्त होता है।

➡ एल्युमीनियम की वस्तुओं को जोड़ने के लिए उपरोक्त कोई भी सोल्डर उपयुक्त नहीं होता, इसके लिए 'ALCA-P' अथवा निम्न मिश्रण वाला सोल्डर प्रयोग किया जाता है

टिन = 70%, जस्ता = 25%, एल्युमीनियम = 3%, फॉस्फर-टिन = 2%

फ्लक्स Flux

सोल्डरिंग क्रिया को सरलतापूर्वक सम्पन्न करने के लिए फ्लक्स नामक अधात्विक मिश्रण प्रयोग किया जाता है। यह चूर्ण अथवा लेई (powder or paste) के रूप में उपलब्ध होता है।

सोल्डरिंग क्रिया में फ्लक्स निम्न प्रकार सहायक होता है

(i) यह जोड़ी जाने वाली धातुओं की सतह के ऑक्सीकरण को रोकता है।
(ii) यह जोड़ पर पिघलाए गए सोल्डर के बहाव में सुगमता प्रदान करता है।
(iii) यह जोड़ को साफ करता है।
(iv) यह सोल्डर को शीघ्र पिघलने में सहायता प्रदान करता है और ऊष्मा को जॉब तक शीघ्रता से पहुँचने में सहायक होता है।

विभिन्न धातुओं की सोल्डरिंग में भिन्न-भिन्न प्रकार के फ्लक्स प्रयोग किए जाते हैं जो निम्न तालिका में दर्शाए गए हैं

तालिका धातु एवं उसके लिए प्रयोग किया जाने वाला फ्लक्स

क्र. सं.	धातु	फ्लक्स के घटक
1.	ताँबा	जिंक क्लोराइड, अमोनियम क्लोराइड एवं बेरोजा (resin) या फ्लक्साइट (fluxite)
2.	एल्युमीनियम	स्टीयरिन, बेरोजा या EYRE No. 7
3.	जस्ता	जिंक क्लोराइड
4.	गन-मैटल	बेरोजा, जिंक क्लोराइड
5.	पीतल	जिंक क्लोराइड, अमोनियम क्लोराइड एवं बेरोजा
6.	सोना, चाँदी	सुहागा (borax)

फलक्स सम्बन्धी सावधानियाँ Related to Flux Precautions

सोल्डरिंग करते समय निम्न निर्देशों का अनुपालन करना चाहिए

(i) सोल्डरिंग आयरन का बिट ताँबे का होना चाहिए।
(ii) सोल्डरिंग से पूर्व बिट को साफ कर लेना चाहिए और यदि आवश्यक हो तो सैण्ड पेपर प्रयोग करना चाहिए।
(iii) सोल्डरिंग आयरन को बहुत अधिक गर्म नहीं करना चाहिए।
(iv) सोल्डरिंग आयरन की बिट पर सोल्डर की महीन पर्त चढ़ा लेनी चाहिए।
(v) जोड़ को खुरचकर साफ और चिकनाईरहित कर लेना चाहिए।
(vi) जोड़ चमकदार और भरे हुए होने चाहिए।
(vii) जोड़ से अतिरिक्त सोल्डर को हटा देना चाहिए।
(viii) जोड़ में छिद्र नहीं छूटने चाहिए।
(ix) सोल्डरिंग द्वारा शुष्क जोड़ (dry joints) नहीं बनाने चाहिए, क्योंकि शुष्क जोड़ों में से विद्युत धारा का 100% प्रवाह स्थापित नहीं हो पाता।
(x) सोल्डरिंग के पश्चात् अवशिष्ट फ्लक्स को जोड़ पर से साफ कर देना चाहिए।

डिसोल्डरिंग उपकरण Desoldering Tools

सोल्डर हटाने के लिए अर्थात् डिसोल्डरिंग करने के लिए मुख्यत: दो उपकरणों का प्रयोग किया जाता है अधिक मात्रा वाले सोल्डर को हटाने के लिए डिसोल्डरिंग पम्प का प्रयोग किया जाता है, जबकि कम मात्रा वाले सोल्डर को हटाने के लिए डिसोल्डरिंग विक का प्रयोग किया जाता है। जिनका वर्णन निम्न प्रकार है

डिसोल्डरिंग पम्प Desoldering Pump

डिसोल्डरिंग पम्प एक बेलनाकार नली (tube) होती है, जिसका आगे का सिरा शंक्वाकार होता है एवं पीछे एक स्प्रिंग-लोडेड पिस्टनयुक्त प्लंजर (plunger) लगा होता है। डिसोल्डरिंग पम्प को 'सोल्डर चूसक' (solder sucker) भी कहते हैं।

प्रारम्भ में, प्लंजर को दबाकर डिसोल्डरिंग पम्प को लोड (load) करके तैयार रखते हैं। इसके बाद सोल्डरिंग आयरन के द्वारा सोल्डर जोड़ को गर्म करके पिघलाते हैं। जैसे ही सोल्डर जोड़ पिघलना शुरू करता है, तुरन्त डिसोल्डरिंग पम्प की टिप (tip) को पिघले हुए सोल्डर के ऊपर रखते हैं। फिर डिसोल्डरिंग पम्प के चूसक बटन (sucker button) को दबा देते हैं, जिससे वह पिघले हुए सोल्डर को चूस लेता है। इस प्रकार पिघला हुआ पदार्थ डिसोल्डरिंग पम्प में एकत्र हो जाता है। पम्प में इकट्ठा हुए सोल्डर को बाहर निकालने के लिए पुनः पलन्जर को दबाते हैं, जिससे पम्प के अन्दर इकट्ठा हुआ सोल्डर बाहर निकल जाता है।

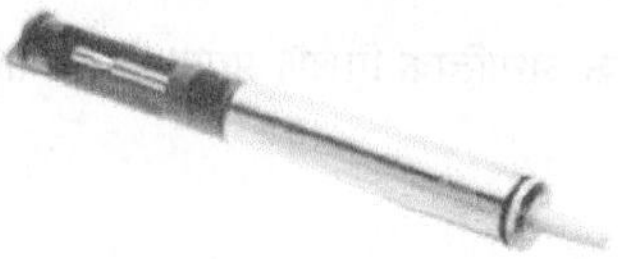

(a) डिसोल्डरिंग पम्प

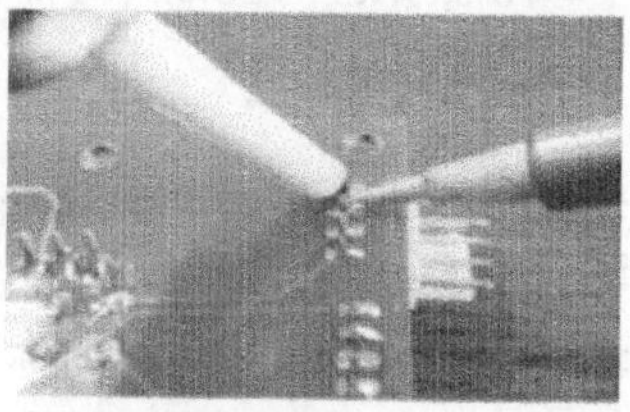

(b) डिसोल्डरिंग पम्प के द्वारा सोल्डर को हटाना

चित्र डिसोल्डरिंग पम्प की प्रयोग विधि

डिसोल्डरिंग विक Desoldering Wick

डिसोल्डरिंग विक, कॉपर मैटेरियल से गूँथकर (braiding) बनाई गई एक स्ट्रिप या बत्तीनुमा डोर होती है। सोल्डर को हटाने के लिए डिसोल्डरिंग विक को पिघले हुए सोल्डर के ऊपर रख देते हैं, जिससे डिसोल्डरिंग विक पिघले हुए सोल्डर को सोख लेती है।

सर्वप्रथम, डिसोल्डरिंग विक को उस सोल्डरिंग जोड़ के ऊपर रखते हैं, जिससे सोल्डर हटाना है। इसके बाद सोल्डरिंग आयरन को गर्म करके विक के ऊपर रखते हैं। कुछ ही सेकण्ड बाद विक, सोल्डर को सोखना (absorb) शुरू कर देती है। डिसोल्डरिंग विक का आगे का जितना भाग सोल्डर से भर जाता है, उसे काटकर अलग कर देते हैं एवं नवीन विक के द्वारा प्रक्रिया 1 व 2 को पुनः दोहराते हैं। इस प्रकार विक के द्वारा सोल्डर को पूर्णतः हटा दिया जाता है।

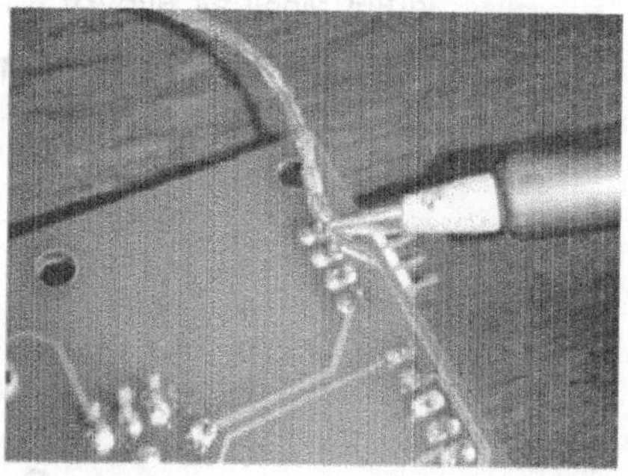

चित्र डिसोल्डरिंग विक के द्वारा सोल्डर को हटाना

4.8 प्रिन्टेड सर्किट बोर्ड
Printed Circuit Board (PCB)

प्रिन्टेड सर्किट बोर्ड इलेक्ट्रॉनिक्स युक्तियों एवं अवयवों के लिये आधार (base) का काम करता है। यह आधार अनेक प्रकार के विद्युतरोधी पदार्थों से निर्मित होता है, जिस पर इलेक्ट्रॉनिक युक्तियों एवं भागों के आन्तरिक संयोजनों हेतु ताँबे की पतली चादर (thin strips) वायरिंग ले आउट के अनुसार उचित आकार में किसी उचित-संसेचित पदार्थ (adhesive material) द्वारा आधार की एक सतह पर चिपका दी जाती है।

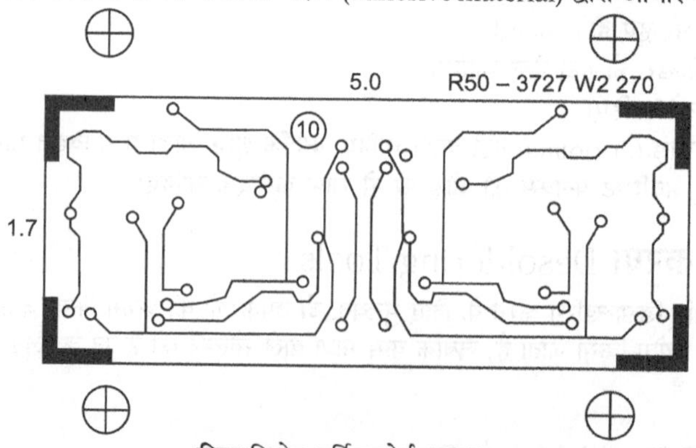

चित्र प्रिन्टेड सर्किट बोर्ड (PCB)

युक्तियों एवं भागों को उचित स्थान पर लगाने हेतु उनकी पिनों को स्ट्रिप (strips) के साथ संयोजन हेतु पतले सुराख आधार प्लेट व ताँबे की पत्ती (strip) में कर दिये जाते हैं, जैसा कि चित्र में दर्शाया गया है। ताँबे की पतली चादर में सर्किट ले आउट को एक विशेष विधि द्वारा विकसित किया जाता है।

अभ्यास प्रश्न

परीक्षा प्रारूपी प्रश्न

बहुविकल्पीय

1. बस-बार में प्रयोग की जाने वाली धातु है
   (a) कठोर खिंचा ताँबा (b) एल्युमीनियम
   (c) अशुद्ध ताँबा (d) लोहा

2. वायर वाउण्ड रेसिस्टर बनाने के लिए उपयुक्त मिश्र धातु है
   (a) यूरेका (b) नाइक्रोम
   (c) कॉन्स्टैन्टन (d) ब्रोंज

3. एक विद्युत सोल्डरिंग आयरन के ऊष्मक तन्तु का प्रतिरोध 80 ओह्म है। यदि इसे 240 V स्रोत से संयोजित किया जाए तो इसमें से प्रवाहित धारा होगी
   (a) 2 A (b) 3 A
   (c) 4 A (d) 5 A

4. निम्नलिखित समीकरणों में से कौन-सा समीकरण ओह्म के नियम के अनुसार सही नहीं है?
   (a) $I = \frac{V}{R}$ (b) $R = R_1 + R_2$
   (c) $W = I^2.R$ (d) $V = \frac{W}{I}$

5. वि.वा.ब. (e.m.f.) आवश्यक होता है
   (a) इलेक्ट्रॉन्स का पलायन रोकने हेतु
   (b) असन्तुलित परमाणुओं से इलेक्ट्रॉन्स को पृथक् रखने हेतु
   (c) कण्डक्टैन्स को रेसिस्टैन्स में परिवर्तित करने हेतु
   (d) इलेक्ट्रॉन्स को गतिमान करने के लिए

6. यदि किसी परिपथ में किसी प्रतिरोधक के पार वोल्टता तथा उसमें से प्रवाहित होने वाली धारा ज्ञात हो तो उस प्रतिरोधक का मान निम्न सूत्र से ज्ञात किया जाता है
   (a) $R = IV$ (b) $R = V \times I$
   (c) $R = V/I$ (d) $R = V^2.I$

7. दिए गए परिपथ I_5 धारा का मान होगा

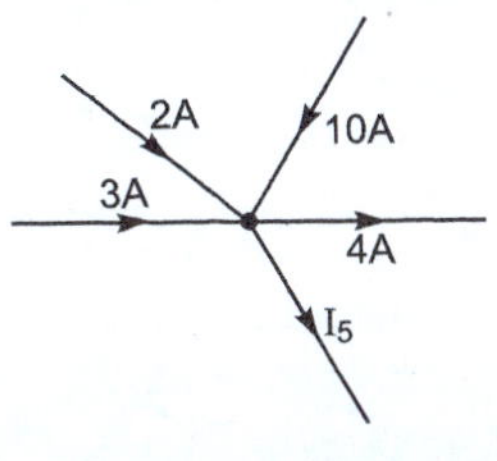

   (a) 19 A (b) 11 A
   (c) 9 A (d) –3 A

8. किसी चालक का प्रतिरोध बढ़ता है जब
   (a) उसकी लम्बाई बढ़ा दी जाती है
   (b) उसकी लम्बाई एवं कटाक्ष क्षेत्रफल बढ़ा दिया जाता है
   (c) उसका कटाक्ष क्षेत्रफल बढ़ा दिया जाता है
   (d) उसकी लम्बाई घटा दी जाती है

9. किसी चालक का विशिष्ट प्रतिरोध निर्भर करता है
   (a) उसकी लम्बाई एवं कटाक्ष क्षेत्रफल पर
   (b) चालक के पदार्थ की प्रकृति पर
   (c) चालक की लम्बाई पर
   (d) उपरोक्त में से कोई नहीं

10. धात्विक प्रतिरोधक का प्रतिरोध, तापमान बढ़ाने पर
    (a) घटता है (b) नियत रहता है
    (c) बढ़ता है (d) परिवर्तित होता रहता है

11. ओह्म का नियम प्रयोग किया जा सकता है
    (a) रेक्टीफायर युक्ति के लिए (b) गैस डिस्चार्ज लैम्प के लिए
    (c) वैक्यूम ट्यूब के लिए (d) इनमें से कोई नहीं

12. सामान्यतः पावर सर्किट्स में प्रयोग किए जाने वाले प्रतिरोधक हैं
    (a) कार्बन
    (b) वायर वाउण्ड
    (c) कार्बन एवं वायर वाउण्ड में से कोई भी
    (d) उपरोक्त में से कोई नहीं

13. प्रतिरोधक का कार्य निम्न में से क्या है?
    (a) विद्युत परिपथ की धारा को नियन्त्रित करना
    (b) विद्युत परिपथ के वोल्टेज का विभाजन करना
    (c) 'a' और 'b' दोनों
    (d) उपरोक्त में से कोई नहीं

14. प्रतिरोधकों को श्रेणीक्रम में संयोजित करने पर उनके प्रतिरोध के समतुल्य मान पर निम्न में से क्या प्रभाव पड़ता है?
    (a) प्रतिरोध का मान घटता है
    (b) प्रतिरोध का मान बढ़ता है
    (c) प्रतिरोध के तुल्यांक मान पर कोई प्रभाव नहीं पड़ता
    (d) उपरोक्त में से कोई नहीं

15. प्रतिरोधकों को समान्तर क्रम में संयोजित करने पर उनके प्रतिरोध के समतुल्य मान पर निम्न में से क्या प्रभाव पड़ता है?
    (a) प्रतिरोध का तुल्यांक मान बढ़ता है
    (b) प्रतिरोध का तुल्यांक मान घटता है
    (c) प्रतिरोध के तुल्यांक मान पर कोई प्रभाव नहीं पड़ता
    (d) उपरोक्त में से कोई नहीं

विविध प्रारूपी प्रश्न

सत्य/असत्य

1. सोल्डरिंग आयरन की बिट बनाने के लिए सर्वोत्तम धातु है–स्टेनलैस स्टील।
2. किसी चालू परिपथ में से वोल्टमीटर को हटा देने से परिपथ पर कोई प्रभाव नहीं पड़ता।
3. करण्ट प्रवाह की दिशा में किसी प्रतिरोधक का प्रथम सिरा धनात्मक तथा द्वितीय सिरा ऋणात्मक होता है।
4. डी.सी. परिपथ में प्रतिरोध मापन के लिए ओह्म मीटर को ध्रुवता के अनुसार संयोजित करना आवश्यक नहीं होता।
5. किरचॉफ के नियम के अनुसार परिपथ के एक लूप में वि.वा. बलों का बीजगणितीय योग शून्य होता है।

रिक्त स्थानों की पूर्ति

1. नमी के कारण अचालक पदार्थों का प्रतिरोध ………… जाता है।
2. 'व्हीट स्टोन ब्रिज' सिद्धान्त का उपयोग अज्ञात मान वाले प्रतिरोधक का ………… ज्ञात करने के लिए किया जाता है।
3. 'शॉर्ट-सर्किट' में विद्युत धारा प्रवाह का मान ………… होता है।
4. किसी प्रतिरोधक की विद्युत शक्ति खपत, प्रतिरोध एवं ………… के गुणनफल के बराबर होती है।
5. जटिल प्रकार के वैद्युतिक परिपथों में करण्ट की गणना ………… के नियमों के आधार पर की जाती है।

अतिलघु उत्तरीय

1. प्रतिरोधक किसे कहते हैं?
2. प्रतिरोधक मुख्यतः कितने प्रकार के होते हैं?
3. किस प्रकार के प्रतिरोधक का प्रतिरोध मान प्रकाश किरणों के आयतन से घट जाता है?
4. किरचॉफ का नियम किस प्रकार के परिपथों के लिए प्रतिपादित किया गया?
5. सोल्डर कैसी धातु है?

लघु उत्तरीय

1. इलेक्ट्रॉनिक्स उपकरणों में प्रतिरोधक का क्या कार्य है?
2. कार्बन प्रतिरोधक के प्रकारों का वर्णन कीजिए।
3. ओह्म के नियम को समझाइए।
4. प्रतिरोधकों पर ताप परिवर्तन का क्या प्रभाव पड़ता है?
5. कठोर सोल्डर से आप क्या समझते हैं?

दीर्घ उत्तरीय

1. प्रतिरोधकों का वर्गीकरण कीजिए एवं विस्तारपूर्वक समझाइए।
2. प्रतिरोधकों की कलर कोडिंग का वर्णन कीजिए।
3. किरचॉफ के नियमों का उपयोग समझाइए।
4. डिसोल्डरन उपकरणों की कार्य प्रणाली का सचित्र वर्णन कीजिए।
5. प्रिन्टेड सर्किट बोर्ड से क्या आशय है? समझाइए।

उत्तरमाला

बहुविकल्पीय

1. (a) 2. (a) 3. (b) 4. (b) 5. (d) 6. (c) 7. (b) 8. (a) 9. (b) 10. (c)
11. (a) 12. (b) 13. (a) 14. (b) 15. (a)

सत्य/असत्य

1. असत्य 2. सत्य 3. सत्य 4. सत्य 5. असत्य

रिक्त स्थानों की पूर्ति

1. घट 2. प्रतिरोध 3. अनन्त 4. करण्ट के वर्ग 5. किरचॉफ

□□□

अध्याय 05

प्रेरकत्व
Inductance

परिचय Introduction

जब किसी कुण्डली में से डी.सी. धारा प्रवाहित की जाती है, तो उसमें किसी प्रकार का इण्डक्शन प्रभाव पैदा नहीं होता हाँ, वह अपना एक चुम्बकीय क्षेत्र अवश्य स्थापित करती है। परन्तु जब किसी कुण्डली में से ए.सी. प्रवाहित की जाती है, तो उसमें एक विरोधी विद्युत वाहक बल (back e.m.f.) पैदा हो जाता है जो आरोपित विद्युत वाहक बल का विरोध करता है। कुण्डली का यह गुण उसका प्रेरकत्व या इण्डक्टैन्स कहलाता है, क्योंकि यह गुण केवल ए.सी. पर ही पैदा होता है, डी.सी. पर नहीं। अत: हम कह सकते हैं कि ए.सी. परिपथों का वह गुण, जिसके कारण वह विद्युत धारा मान में होने वाले परिवर्तनों का विरोध करता है, प्रेरकत्व या इण्डक्टैन्स कहलाता है। इण्डक्टैन्स का प्रतीक L तथा मात्रक हैनरी (H) होता है।

5.1 प्रेरक Inductor

प्रेरक एक ऐसा अवयव है, जो दिष्ट धारा के लिए निम्न प्रतिबाधा तथा प्रत्यावर्ती धारा के लिए उच्च प्रतिबाधा को प्रदर्शित करता है। ऑर्स्टेड नामक वैज्ञानिक ने सन् 1821 में खोज की थी कि जब किसी चालक में से विद्युत धारा प्रवाहित की जाती है तब चालक के चारों ओर चुम्बकीय क्षेत्र उत्पन्न हो जाता है। इसका फ्लक्स चालक के चारों ओर वृत्ताकार (circular) रूप में स्थापित होता है तथा चालक के केन्द्र से चारों ओर समकोण बनाता है। यदि किसी चालक को चुम्बकीय फ्लक्स काटता है अथवा चालक चुम्बकीय फ्लक्स को काटता है तब उस चालक में विद्युत वाहक बल (e.m.f.) उत्पन्न होता है। ऐसा विद्युत-चुम्बकीय प्रेरकत्व (electro-magnetic Induction) के कारण होता है।

सम्बन्धित शब्दावली Related Terminology

प्रेरक की कार्य प्रणाली को उपयुक्त रूप में समझने के लिए कुछ सम्बन्धित शब्दों को जान लेना आवश्यक है। ऐसे कुछ पद निम्न हैं

स्व:प्रेरित विद्युत वाहक बल Self Induced E.M.F.

पारस्परिक प्रेरित विद्यूत वाहक बल (mutually induced e.m.f.) की स्थिति में क्वॉयल में चुम्बकीय फ्लक्स परिवर्तन के द्वारा विद्युत वाहक बल (e.m.f.) प्रेरित (induced) होता है जबकि यह चुम्बकीय फ्लक्स निकट रखी हुई दूसरी क्वॉयल की विद्युत धारा द्वारा स्थापित होता है। इसका तात्पर्य यह है कि जब भी फ्लक्स परिवर्तन होगा, विद्युत वाहक बल उत्पन्न होगा।

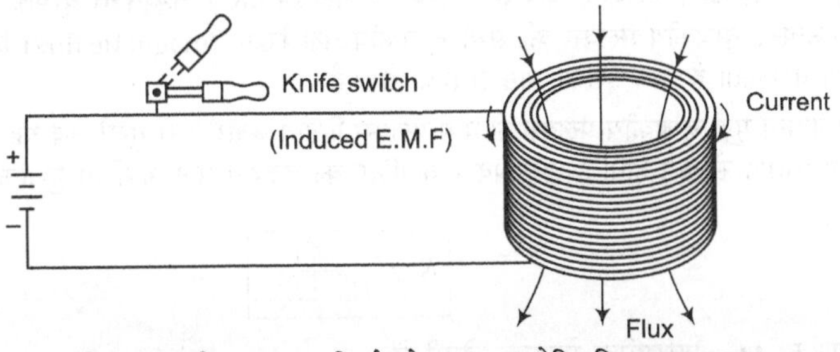

चित्र चुम्बकीय फ्लक्स परिवर्तन के द्वारा स्वः प्रेरित विद्युत वाहक बल

इसी प्रकार यदि किसी एक क्वॉयल में विद्युत धारा प्रवाहित हो रही है तब वह चुम्बकीय फ्लक्स उत्पन्न करेगी और यदि इस विद्युत धारा में परिवर्तन किया जाए तब धारा में परिवर्तन के साथ-साथ चुम्बकीय फ्लक्स में भी परिवर्तन होगा। इस प्रकार चुम्बकीय फ्लक्स परिवर्तन के कारण

क्वॉयल में विद्युत वाहक बल उत्पन्न होगा जिसे स्व:प्रेरित विद्युत वाहक बल कहा जाता है। यह निकट रखी हुई क्वॉयल की विद्युत धारा में परिवर्तन के स्थान पर स्वयं की विद्युत धारा में परिवर्तन के कारण स्थापित होता है।

क्वॉयल में विद्युत धारा में वृद्धि होने पर स्व:प्रेरित विद्युत वाहक बल इसका विरोध करता है एवं विद्युत धारा में ह्रास (decay) होने पर यह विद्युत धारा में कमी का विरोध करता है तथा विद्युत धारा की दिशा में क्रियाशील होता है।

क्वॉयल का यह गुण जिसके कारण उसमें विद्युत धारा की वृद्धि का विरोध तथा विद्युत धारा में ह्रास या कमी का विरोध पाया जाए स्व: प्रेरकत्व (self inductance) कहलाता है। क्वॉयल के इस गुण का उपयोग चुम्बक क्वॉयल में संग्रहित ऊर्जा के लिए किया जाता है जिसका व्यावहारिक उपयोग ऑटोमोबाइल इंजीनियरिंग में प्रज्वलन प्रणाली (ignition system) में किया जाता है।

पारस्परिक प्रेरकत्व Mutual Inductance

चित्रानुसार, यदि दो क्वॉयल्स एक-दूसरे के निकट रखकर किसी एक क्वॉयल में विद्युत धारा प्रवाहित करके धारा के परिमाण (magnitude) में परिवर्तन किया जाए तब क्वॉयल से उत्पन्न होने वाली चुम्बकीय फ्लक्स में धारा में परिवर्तन के साथ-साथ परिवर्तन होता रहता है। प्रथम क्वॉयल से उत्पन्न परिवर्तित चुम्बकीय क्षेत्र के कारण परिवर्तित चुम्बकीय फ्लक्स के द्वितीयक/सेकण्डरी क्वॉयल के साथ सहलग्न (linked) होकर पारस्परिक प्रेरण (mutual induction) के द्वारा द्वितीयक क्वॉयल में विद्युत वाहक बल (e.m.f.) प्रेरित होता है। इससे जब द्वितीयक क्वॉयल में प्रवाहित होने वाली विद्युत धारा में वृद्धि होती है तब पारस्परिक प्रेरित विद्युत वाहक बल विद्युत धारा में वृद्धि का विरोध करता है व विद्युत धारा में कमी होने पर कमी का विरोध करता है तथा विद्युत धारा की दिशा में क्रियाशील होता है। इसी प्रकार द्वितीयक क्वॉयल से उत्पन्न परिवर्तित चुम्बकीय फ्लक्स प्रथम क्वॉयल से सहलग्न होकर प्रथम क्वॉयल में प्रयुक्त विद्युत वाहक बल के विपरीत दिशा में विरोधी विद्युत वाहक बल उत्पन्न करता है जोकि पुन: प्रथम क्वॉयल में विद्युत धारा के परिवर्तन का विरोध करता है। अत: परस्पर एक-दूसरे के निकट रखी हुई दो क्वॉयल्स (coils) का वह गुण जिसके कारण उनमें परस्पर विद्युत धारा में वृद्धि का विरोध तथा विद्युत धारा में ह्रास/कमी का विरोध पाया जाए, पारस्परिक प्रेरकत्व (mutual inductance) कहलाता है।

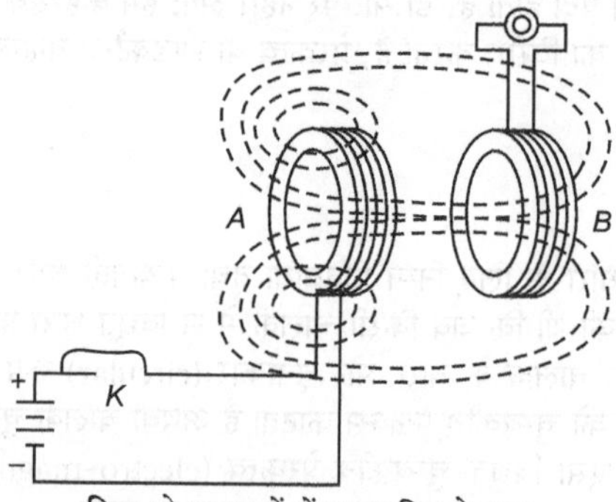

चित्र दो क्वायलों में पारस्परिक प्रेरकत्व

पारस्परिक प्रेरण गुणांक Coefficient of Mutual Induction

दो क्वॉयल्स (coils) के मध्य म्यूच्युअल इण्डक्शन गुणांक प्रथम क्वॉयल के निकट रखी द्वितीयक क्वॉयल के उस प्रेरित विद्युत वाहक बल (induced e.m.f.) के संख्यात्मक मान के बराबर होता है जोकि प्रथम क्वॉयल में धारा परिवर्तन की दर एकांक होने पर उत्पन्न होता है।

युग्मक गुणांक Coupling Coefficient

जब दो क्वॉयल्स एक-दूसरे के निकट इस प्रकार रखी गई हों कि प्रथम क्वॉयल से द्वितीय क्वॉयल में वैद्युत ऊर्जा का स्थानान्तरण चुम्बकीय फ्लक्स के द्वारा होता हो तब वह दोनों क्वॉयल्स परस्पर (चुम्बकीय फ्लक्स द्वारा) चुम्बकत्व युग्मक (magnetically coupled) कहलाते हैं। यदि प्रथम क्वॉयल द्वारा उत्पन्न चुम्बकीय फ्लक्स की सभी चुम्बकीय बल रेखाएँ (magnetic flux) द्वितीय क्वॉयल में से होकर गुजरें तब यह कपलिंग आदर्श कपलिंग कहलाती है, तब इसका मान 100% होता है।

यदि प्रथम क्वॉयल द्वारा उत्पन्न पूर्ण चुम्बकीय फ्लक्स से कम फ्लक्स द्वितीय क्वॉयल से गुजरे तब यह कपलिंग ढीली (loose) कहलाती है तथा इसका मान इस स्थिति में 100% से कम होता है। इस प्रकार कपलिंग का प्रतिशत मान कपलिंग गुणांक (K) कहलाता है। K को निम्न सूत्र द्वारा दर्शाते हैं

$$K = \frac{M}{\sqrt{L_1 \times L_2}}$$

जहाँ, K = कपलिंग गुणांक, M = पारस्परिक प्रेरकत्व, हेनरी में,

L_1 = प्रथम क्वॉयल का स्व:प्रेरकत्व, हेनरी में, L_2 = द्वितीय क्वॉयल का स्व:प्रेरकत्व, हेनरी में

नोट K का मान सदा 1.0 (अर्थात् 100%) से कम होता है।

उदाहरण 5.1 दो परस्पर कपल्ड क्वॉयल्स के प्रेरकत्व क्रमशः 10 mH तथा 20 mH हैं तथा उनका कपलिंग गुणांक 0.85 है, तब इनके पारस्परिक प्रेरकत्व की गणना कीजिए।

हल प्रश्नानुसार, ज्ञात है कि

$$\text{प्रेरकत्व } L_1 = 10\,\text{mH} = 10 \times 10^{-3}\,\text{H}$$

$$\text{प्रेरकत्व } L_2 = 20\,mH = 20 \times 10^{-3}\,H$$

तथा

$$\text{कपलिंग गुणांक } K = 0.85$$

$\therefore$

$$\text{पारस्परिक प्रेरकत्व } M = K\sqrt{L_1 \times L_2}$$

$$= 0.85\sqrt{10 \times 10^{-3} \times 20 \times 10^{-3}}$$

$$= 0.85 \times 10^{-2}\sqrt{2}$$

$$= 12.02\,\text{mH}$$

5.2 प्रकार Types

प्रेरक को व्यावहारिक भाषा में प्रेरकीय चोक के नाम से भी जाना जाता है। संरचना के आधार पर प्रेरकीय चोक या प्रेरक निम्न तीन प्रकार के होते हैं

स्थिर कोर प्रकार का प्रेरक Fixed Core Type Inductor

स्थिर कोर प्रकार की प्रेरणीय चोक की आकृति एक फेज वाले छोटे परिणामित्र (transformer) के समान होती है। एक फेज परिणामित्र तथा प्रेरकीय चोक (inductor) में अन्तर केवल यह है कि ट्रांसफॉर्मर में प्राइमरी तथा सेकण्डरी दो वाइण्डिंग होती हैं जबकि प्रेरकीय चोक में चुम्बकीय कोर की केन्द्रीय भुजा (limb) पर केवल एक वाइण्डिंग प्रयोग की जाती है। परिणामित्र की प्राइमरी वाइण्डिंग को ए.सी. सप्लाई लाइन के समान्तर में तथा सेकण्डरी वाइण्डिंग को विद्युत भार (load) के समान्तर में संयोजित किया जाता है परन्तु प्रेरकीय चोक/इण्डक्टर की वाइण्डिंग को ए.सी. सप्लाई तथा विद्युत भार की श्रेणी में संयोजित किया जाता है। चित्र (a, b) में क्रमशः परतदार लोहे की कोर से निर्मित प्रेरकीय चोक/इण्डक्टर की आकृति एवं संकेत को दर्शाया गया है।

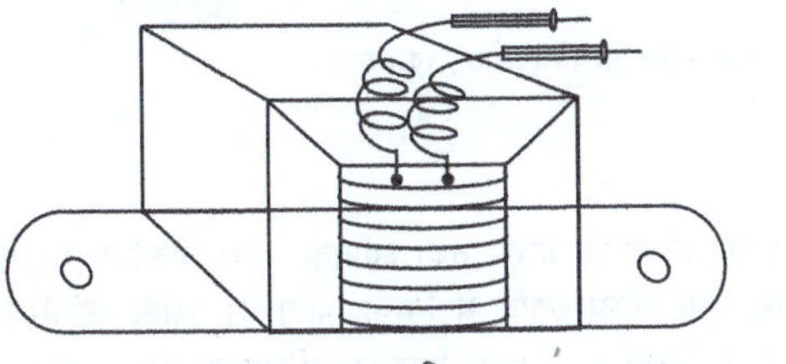

(a) आकृति

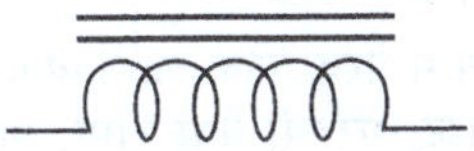

(b) संकेत

चित्र स्थिर कोर प्रेरकीय चोक

प्रेरकीय चोक स्वःप्रेरकत्व के सिद्धान्त पर कार्य करती है। प्रेरकीय चोक की वाइण्डिंग में जब ए.सी. विद्युत धारा प्रवाहित होती है तब इसकी वाइण्डिंग से परिवर्तित चुम्बकीय क्षेत्र उत्पन्न होता है। इससे वाइण्डिंग में स्वयं के चुम्बकीय क्षेत्र के द्वारा प्रयुक्त ए.सी. विद्युत वाहक बल के विपरीत दिशा में विरोधी विद्युत वाहक बल (back e.m.f.) उत्पन्न होता है। अतः प्रेरकीय चोक में प्रयुक्त वोल्टेज (V– back e.m.f.) के अन्तर के अनुपात में धारा प्रवाहित होती है। प्रेरकीय चोक में उत्पन्न होने वाले विरोधी विद्युत वाहक बल का मान कोर के अनुप्रस्थ काट क्षेत्रफल (cross-section area) तथा वाइण्डिंग में टर्न्स की संख्या पर निर्भर करता है। प्रेरकीय चोक/इण्डक्टर से प्रवाहित होने वाली विद्युत धारा IL प्रेरकीय चोक के प्रेरकीय प्रतिघात (inductive reactance) XL के विलोमानुपाती होता है।

अर्थात्

$$IL \propto \frac{1}{XL}$$

परिवर्तित कोर प्रकार का प्रेरक Variable Core Type Inductor

उच्च आवृत्ति (high frequency) विद्युत लाइन पर प्रयोग होने वाली प्रेरकीय चोक प्लास्टिक अथवा पी.वी.सी. विद्युत रोधी पदार्थ से निर्मित छोटे आकार के बॉबिन (bobbin) पर न्यूनतम प्रतिरोध वाले मोटे गेज के विद्युतरोधी परत चढ़े ताँबे के तार (super enamilled copper wire) के टर्न्स (turns) लपेट कर बनाई जाती है। इस बॉबिन के अन्दर स्थिर अथवा चल (fixed or moving) प्रकार की फैरिट्स कोर प्रयोग की जाती है। स्थिर कोर, गोल छड़ के आकार तथा चल कोर चूड़ीदार आकार की होती है। बैकेलाइट पदार्थ के आवरण के अन्दर गोल छड़ प्रकार की फैरिट्स

कोर चूड़ीदार बॉबिन में पेंचकस के द्वारा घुमाकर ऊपर व नीचे आवश्यकतानुसार सरकाई जाती है। चित्र (a, b) में चूड़ीदार फैरिट्स कोर युक्त परिवर्तित कोर टाइप (variable core type) प्रेरकीय चोक की आकृति एवं संकेत (symbol) को दर्शाया गया है।

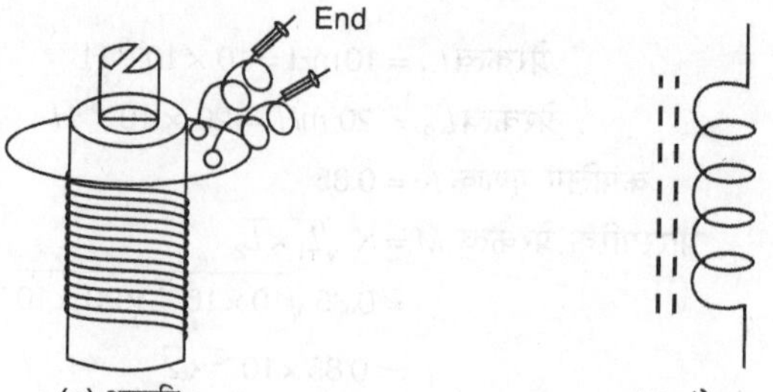

चित्र परिवर्तित कोर प्रकार की प्रेरकीय चोक/इण्डक्टर

कोर रहित या वायु कोर प्रकार का प्रेरक
Coreless or Air Core Type Inductor

कोर रहित प्रेरकीय चोक विद्युतरोधी कागज (insulated paper); जैसे—लेदरऑयड अथवा प्रेसपान विद्युतरोधी कागज आदि से निर्मित बॉबिन के ऊपर मोटे गेज के विद्युतरोधी परत चढ़े ताँबे के तार (S.E. copper wire) के टर्न्स लपेटकर बनाई जाती है। चित्र (a, b) में कोर रहित प्रेरकीय चोक की आवृत्ति एवं संकेत को दर्शाया गया है।

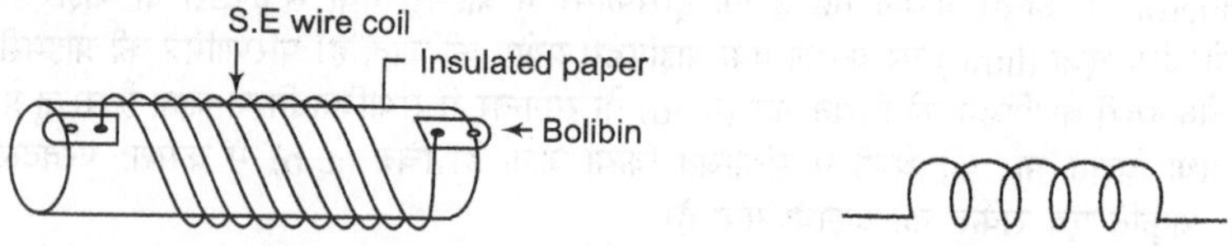

चित्र कोर रहित प्रेरकीय चोक/इण्डक्टर

अनुप्रयोग Applications

किसी ए.सी. परिपथ में प्रेरक चोक का उपयोग धारा को नियन्त्रित करने तथा क्षणिक उच्च वोल्टेज (high voltage surge) उत्पन्न करने हेतु फ्लोरोसैन्ट ट्यूबलाइट, मरकरी वेपर लैम्प, सोडियम वेपर लैम्प आदि में किया जाता है। इसके अतिरिक्त, रेक्टीफायर परिपथ में, पल्सेटिंग डी.सी. को स्मूथ डी.सी. में परिवर्तित करने हेतु RL, LC तथा π – टाइप फिल्टर परिपथ में किया जाता है।

5.3 संयोजन Combinations

परिपथ की आवश्यकतानुसार प्रेरक को श्रेणीक्रम, समान्तर क्रम अथवा मिश्रित क्रम में संयोजित किया जा सकता है। संयोजन के अनुसार, प्रेरकों का कुल प्रेरकत्व निम्न प्रकार से ज्ञात किया जा सकता है

पारस्परिक प्रेरकत्व रहित श्रेणी संयोजन Series Combination without Mutual Inductance

चित्र में दो प्रेरकों को परिपथ में श्रेणीक्रम रूप में संयोजित किया गया है। इसमें दोनों कुण्डलियों के मध्य अधिक अन्तर होने के कारण पारस्परिक प्रेरकत्व (mutual inductance) शून्य होता है अर्थात् $K = 0$ होता है। इस परिपथ का कुल प्रेरकत्व निम्न सूत्र द्वारा ज्ञात किया जाता है

$$L_T = L_1 + L_2 + \ldots L_n \text{ हैनरी (H)}$$

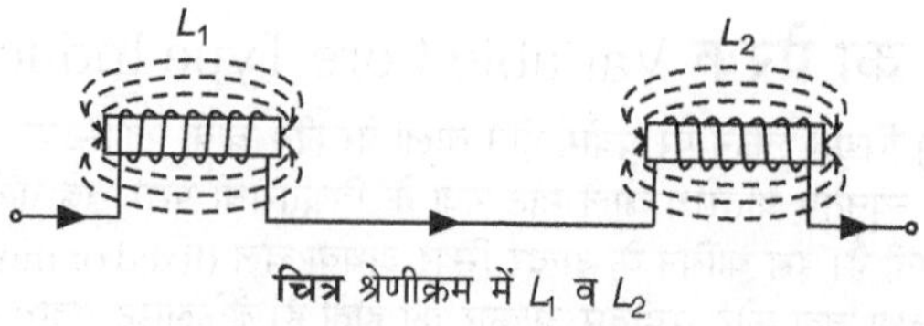

चित्र श्रेणीक्रम में L_1 व L_2

पारस्परिक प्रेरकत्व सहित श्रेणी संयोजन Series Combination with Mutual Inductance

यदि प्रेरकों को श्रेणीक्रम रूप में एक-दूसरे के समीप चित्रानुसार संयोजित करते हैं, तो इस स्थिति में पारस्परिक प्रेरकत्व की उपस्थिति के फलस्वरूप कुल प्रेरकत्व का मान दोनों प्रेरकों के मान के योग से अधिक होगा। इस परिपथ का कुल प्रेरकत्व निम्न सूत्र के द्वारा ज्ञात किया जाता है

$$L_T = L_1 + L_2 \pm 2m$$

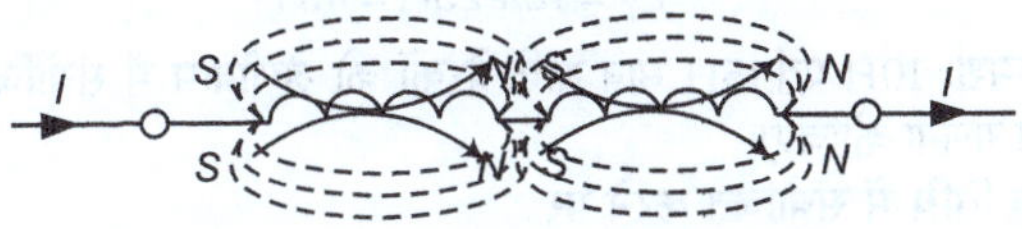

चित्र पारस्परिक प्रेरकत्व सहित श्रेणी संयोजन

$2M$ का चिह्न पारस्परिक प्रेरकत्व के आधार के साथ-साथ दोनों प्रेरकों की संयोजन विधि पर भी निर्भर करता है। इन्हें निम्न चित्र द्वारा समझाया गया है

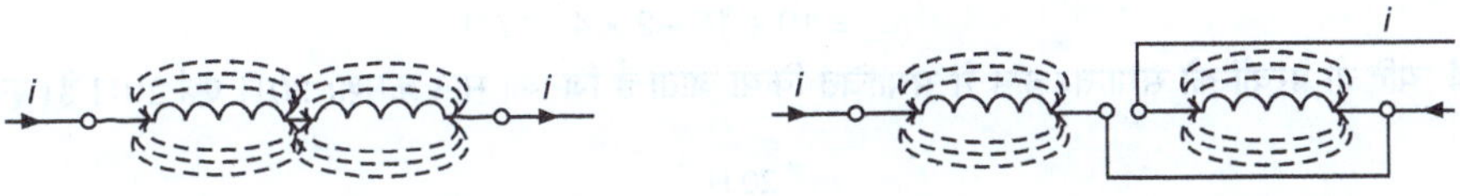

(a) Series-aiding coils-up flux in same direction (b) Series opposing coils set-up flux in opposite directions

चित्र पारस्परिक प्रेरकत्व की दिशा के आधार पर $2M$ के चिह्न का निर्धारण

श्रेणीक्रम में संयोजित किए गए प्रेरकों को श्रेणी सहायक अथवा श्रेणी विरोधक क्रम में व्यक्त करने के लिए बिन्दु प्रतीकांकन (dot notation) का प्रयोग किया जाता है, जिसके आधार पर पारस्परिक प्रेरकत्व को चिन्ह प्रदान करते हैं। इस प्रतीकांकन को चित्र द्वारा सरलतापूर्वक समझा जा सकता है।

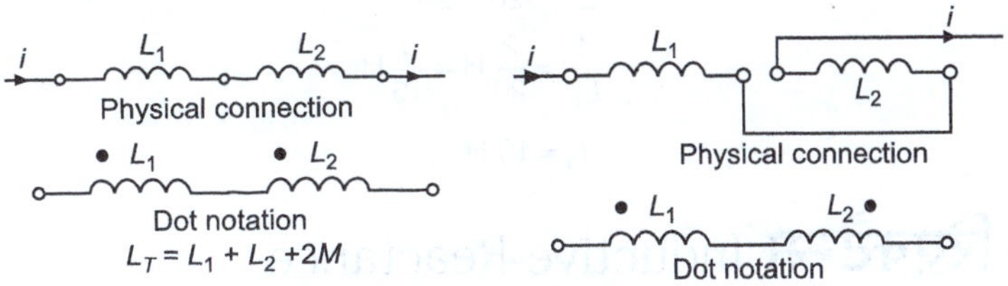

चित्र बिन्दु प्रतीकांकन

समान्तर संयोजन Parallel Combination

जब दो प्रेरकों को चित्रानुसार समान्तर क्रम में संयोजित किया जाता है, तब कुल प्रेरकत्व निम्न सूत्र द्वारा ज्ञात किया जा सकता है

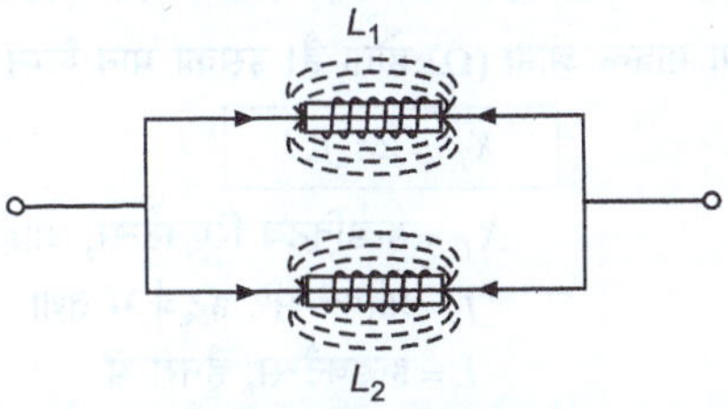

चित्र समान्तर संयोजन

जब L_1 व L_2 समान्तर है। तब $L_T = \frac{L_1 \times L_2}{L_1 + L_2}$

$$\frac{1}{L_T} = \frac{1}{L_1} + \frac{1}{L_2} \text{ हेनरी}$$

प्रेरकों को समान्तर क्रम में संयोजित करने पर इनका तुल्य मान प्रतिरोधकों के समान्तर क्रम के तुल्य मान के समान ही होता है।

उदाहरण 5.2 यदि दो प्रेरक क्रमशः 15H एवं 25H के श्रेणीक्रम में संयोजित होते हैं तब इनके कुल प्रेरकत्व का मान ज्ञात करें।

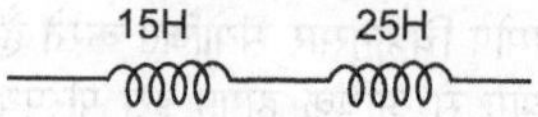

हल कुल प्रेरकत्व

$$L_T = L_1 + L_2$$

$$L_T = 15 + 25\text{H} = 40\text{ H}$$

उदाहरण 5.3 यदि दो प्रेरक क्रमशः 10H एवं 15H मान वाले प्रेरकों को श्रेणीक्रम में संयोजित किया जाता है तथा पारस्परिक प्रेरकत्व का मान 4H होता है तब कुल प्रेरकत्व की गणना कीजिए।

(i) दोनों प्रेरकों को श्रेणी सहायक विधि में संयोजित करने पर

(ii) दोनों प्रेरकों को श्रेणी-विरोधक में संयोजित करने पर

हल (i)

$$L_T = L_1 + L_2 + 2M$$

$$= 10 + 15 + 2 \times 4 = 33\text{ H}$$

(ii)

$$L_T = L_1 + L_2 - 2M$$

$$= 10 + 15 - 2 \times 4 = 17\text{H}$$

उदाहरण 5.4 यदि दो प्रेरकों को समान्तर क्रम में संयोजित किया जाता है जिनका मान क्रमशः 20H एवं 20H है। इनका कुल प्रेरकत्व कितना होगा?

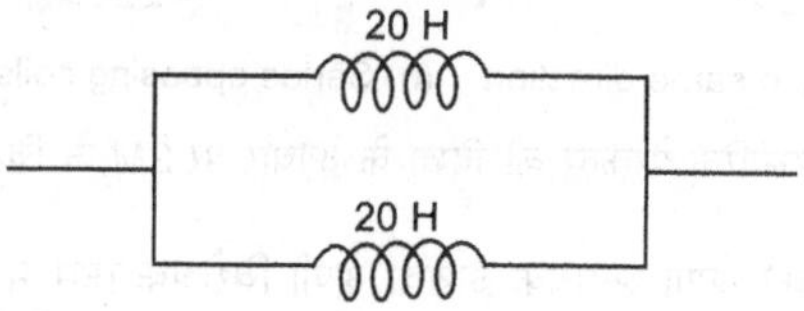

हल

$$\frac{1}{L_T} = \frac{1}{20} + \frac{1}{20}\text{H}$$

$$\frac{1}{L_T} = \frac{2}{20}\text{H} = \frac{1}{10}\text{H}$$

$$L_t = 10\text{ H}$$

5.4 इन्डक्टिव रिएक्टैन्स Inductive Reactance

हम जानते हैं कि प्रत्येक कुण्डली या इन्डक्टर में इन्डक्टैन्स विद्यमान होता है। इसी इन्डक्टैन्स के कारण प्रत्येक कुण्डली, प्रत्यावर्ती विद्युत धारा प्रवाह का विरोध करती है। इस प्रकार, प्रत्यावर्ती विद्युत धारा प्रवाह के लिए किसी कुण्डली द्वारा प्रस्तुत किया जाने वाला विरोध ही उसका इन्डक्विट रिएक्टैन्स कहलाता है।

किसी कुण्डली में इन्डक्टैन्स एवं इन्डक्टिव रिएक्टैन्स तभी तक अस्तित्व में रहते हैं, जब तक कि उसमें ए.सी. प्रवाहित होती रहती है, यदि कुण्डली में से डी.सी. प्रवाहित की जाए, तो उसके इन्डक्टैन्स एवं इन्डक्टिव रिएक्टैन्स, दोनों का मान शून्य होता है।

इन्डक्टिव रिएक्टैन्स का प्रतीक X_L तथा मात्रक ओह्म (Ω) होता है। इसका मान निम्न सूत्र द्वारा ज्ञात किया जाता है

$$X_L = 2\pi . f . L$$

यहाँ,

X_L = इन्डक्टिव रिएक्टैन्स, ओह्म में

f = फ्रीक्वेन्सी, हर्ट्ज में तथा

L = इन्डक्टैन्स, हैनरी में

इन्डक्टर युक्त परिपथ में विद्युत धारा के मान की गणना निम्न सूत्र से की जाती है

$$I_L = \frac{V}{X_L}$$

यहाँ,

I_L = विद्युत धारा, एम्पियर में

V = वोल्टता, वोल्ट में तथा

X_L = इन्डक्टिव रिएक्टैन्स, ओह्म में

5.5 पावर फैक्टर Power Factor

किसी ए.सी. परिपथ में वास्तविक शक्ति (W) एवं आभासी शक्ति ($V.I$) की खपत का अनुपात पावर फैक्टर कहलाता है। इसे $\cos\phi$ से दर्शाया जाता है। पावर फैक्टर का मान सदैव 0 से 1 के मध्य होता है। इसका कोई मात्रक नहीं होता है।

$$\text{पावर फैक्टर} = \frac{\text{वास्तविक शक्ति खपत}}{\text{आभासी शक्ति खपत}}$$

अथवा

$$\text{पावर फैक्टर} = \frac{V.I.\cos\phi}{V.I} = \frac{W}{V \times I}$$

$$\boxed{P.F = \frac{R}{Z}}$$

पावर फैक्टर लोड की प्रकृति पर निर्भर करता है। अतः लोड की प्रकृति के अनुसार पावर फैक्टर निम्न तीन प्रकार का होता है

इकाई पावर फैक्टर Unit Power Factor

किसी ए.सी. परिपथ में इम्पीडेन्स (Z) का मान यदि प्रतिरोध (R) के बराबर हो तब इस परिपथ के P.F. का मान इकाई (unity) होता है अर्थात् $Z = R$ इस दशा में परिपथ का कैपेसिटिव रिएक्टैन्स (X_C) = इण्डक्टिव रिएक्टैन्स (X_L) होता है।

लीडिंग पावर फैक्टर Leading Power Factor

किसी ए.सी. परिपथ में कैपेसिटिव रिएक्टैन्स (X_C) का मान इण्डक्टिव रिएक्टैन्स (X_L) की अपेक्षा अधिक होता है तब इस परिपथ में धारा वोल्टेज से आगे रहती है। इस दशा में परिपथ के पावर फैक्टर को लीडिंग पावर फैक्टर कहते हैं।

लैगिंग पावर फैक्टर Lagging Power Factor

किसी ए.सी. परिपथ में इण्डक्टिव रिएक्टैन्स (X_L) का मान कैपेसिटिव रिएक्टैन्स (X_C) की अपेक्षा अधिक होता है तब इस परिपथ में धारा वोल्टेज से पीछे रहती है। इस दशा में परिपथ के पावर फैक्टर को लैगिंग पावर फैक्टर कहते हैं।

शुद्ध प्रतिरोधी परिपथों में पावर फैक्टर का मान इकाई होता है जबकि शुद्ध इण्डक्टिव व शुद्ध कैपेसिटिव परिपथों में पावर फैक्टर का मान शून्य होता है।

5.6 प्रेरक की कार्य प्रणाली पर आवृत्ति का प्रभाव Effect of Frequency on the Working of Induction

जब ए.सी. सप्लाई से प्रेरकीय क्वॉयल को संयोजित किया जाता है तब क्वॉयल में ए.सी. द्वारा उत्पन्न चुम्बकीय क्षेत्र भी परिवर्तित होता रहता है तथा इस परिवर्ती क्षेत्र का परिमाण प्रत्येक क्षण परिवर्तित होता रहता है। इस परिवर्तित फ्लक्स के कारण क्वॉयल में स्वतः प्रेरित विद्युत वाहक बल (self induced e.m.f.) उत्पन्न हो जाता है। क्वॉयल का प्रतिरोध लगभग नगण्य (शून्य) होने के कारण चित्र (a) के अनुसार क्वॉयल के एक्रॉस वोल्टेज को केवल स्वतः प्रेरित विद्युत वाहक बल का ही विरोध करना पड़ता है। अतः प्रत्येक क्षण आरोपित वोल्टेज (applied voltage) स्वतः प्रेरित विद्युत वाहक बल के बराबर तथा विरोधी होता है।

माना आरोपित वोल्टेज $\boxed{V = V_m \sin\omega t}$

तथा क्वॉयल का इण्डक्टैन्स (L) हैनरी में है।

अतः आरोपित वोल्टेज $V = V_m \sin\omega t$ (जहाँ $\omega = 2\pi f$) समीकरण द्वारा दर्शाते हैं तथा प्रेरकीय परिपथ (क्वॉयल) में धारा $i = I_m \sin(\omega t - \pi/2)$ प्राप्त होती है। अब तात्क्षणिक (instantaneous) वोल्टेज तथा तात्क्षणिक धारा के समीकरणों की तुलना करने पर स्पष्ट होता है कि धारा आरोपित वोल्टेज से $\pi/2$ रेडियन पश्चगामी (lagging) है अर्थात् दोनों के मध्य फेज अन्तर $\pi/2$ रेडियन है। चित्र (b) में प्रेरकीय परिपथ का सदिश आरेख (vector diagram) दर्शाया गया है।

$$\therefore \quad I_m = \frac{V_m}{L_\omega}$$

या

$$I_m = \frac{V_m}{2\pi f L}$$

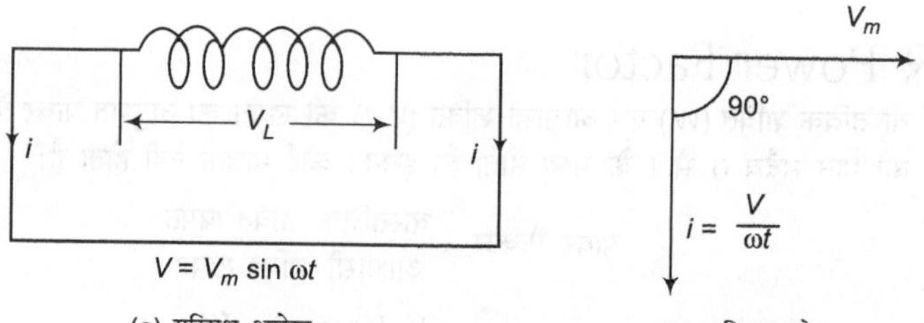

(a) परिपथ आरेख (b) सदिश आरेख

चित्र शुद्ध प्रेरकीय परिपथ

इसमें प्रेरकीय रिएक्टैन्स को XL द्वारा दर्शाया जाता है तथा $XL = 2\pi fL$ होता है, जहाँ L = क्वॉयल की प्रेरकत्व, हैनरी में तथा f = सप्लाई आवृत्ति, हर्ट्ज में है। प्रेरकीय परिपथ में L_ω रिएक्टैन्स कार्य करता है जोकि प्रेरकीय रिएक्टैन्स कहलाता है।

5.7 ट्रांसफॉर्मर Transformer

ट्रांसफॉर्मर एक ऐसी स्थैतिक युक्ति (static device) है जो विद्युत ऊर्जा को एक परिपथ से दूसरे परिपथ में स्थानान्तरित करती है। इसके साथ ही इस युक्ति के द्वारा वोल्टता का अपचयन (step-down) एवं उच्चायन (step-up) सुगमता से किया जा सकता है। यह ध्यान रखना आवश्यक है कि यह युक्ति केवल प्रत्यावर्ती धारा आपूर्ति पर ही कार्य करती है, दिष्ट धारा आपूर्ति पर नहीं।

ट्रांसफॉर्मर का कार्य सिद्धान्त Working Principle of Transformer

ट्रांसफॉर्मर, म्यूच्युअल इण्डक्टेंस (mutual inductance) के सिद्धान्त पर कार्य करता है। इण्डक्टेंस का अस्तित्व केवल ए.सी. परिपथ में होता है। अतः ट्रांसफॉर्मर भी केवल ए.सी. सप्लाई पर कार्य कर सकता है, डी.सी. पर नहीं।

संरचना Transformer

ट्रांसफॉर्मर में दो प्रकार की वाइण्डिंग्स स्थापित की जाती हैं

प्राइमरी Primary

जिस वाइण्डिंग को विद्युत से संयोजित किया जाता है, वह 'प्राइमरी वाइण्डिंग' या 'प्राइमरी' कहलाती है।

सेकण्डरी Secondary

जिस वाइण्डिंग को लोड (विद्युत शक्ति का उपभोग करने वाली युक्ति) से संयोजित किया जाता है, वह 'सेकण्डरी वाइण्डिंग' या 'सेकण्डरी' कहलाती है।

ट्रांसफॉर्मर वाइण्डिंग्स को स्टील स्टैम्पिंग से निर्मित क्रोड (core) पर स्थापित किया जाता है। क्रोड का मुख्य कार्य है—(i) प्राइमरी द्वारा स्थापित चुम्बकीय क्षेत्र की चुम्बकीय बल रेखाओं का मार्ग पूर्ण रखना, (ii) प्राइमरी द्वारा स्थापित चुम्बकीय क्षेत्र की अधिकाधिक चुम्बकीय बल रेखाओं को सेकण्डरी में से गुजारना। वाइण्डिंग्स, क्रोड पर स्थापित की जाती हैं और क्रोड को एक स्टील खोल (envel) में स्थापित कर दिया जाता है, पावर ट्रांसफॉर्मर्स में वाइण्डिंग्स एवं क्रोड के अतिरिक्त अन्य युक्तियाँ भी प्रयोग की जाती हैं।

कार्य प्रणाली Working Procedure

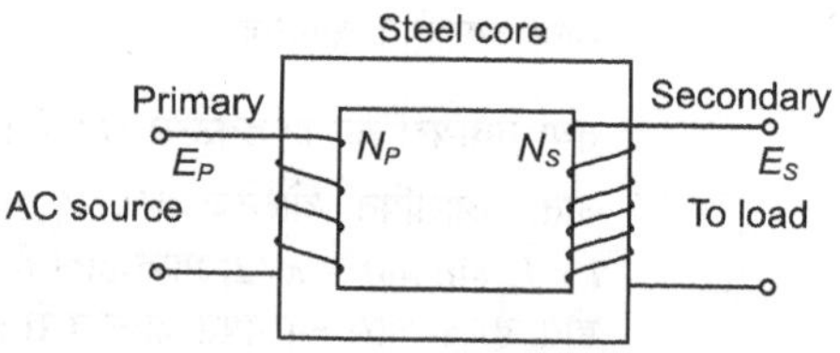

जब ट्रांसफॉर्मर की प्राइमरी को ए.सी. स्रोत से संयोजित कर दिया जाता है तो प्रत्यावर्ती विद्युत धारा के प्रवाह से प्राइमरी के चारों ओर एक प्रत्यावर्ती (alternating) स्वभाव का चुम्बकीय क्षेत्र पैदा हो जाता है। सेकण्डरी वाइण्डिंग के चालक, प्राइमरी द्वारा स्थापित चुम्बकीय क्षेत्र की चुम्बकीय बल रेखाओं का छेदन करते हैं और फैराडे के विद्युत चुम्बकीय प्रेरण सिद्धान्त के अनुरूप उनमें विद्युत वाहक बल पैदा हो जाता है। क्योंकि प्राइमरी द्वारा स्थापित चुम्बकीय क्षेत्र प्रत्यावर्ती स्वभाव का होता है इसलिए सेकण्डरी के चालक, बिना कोई गति किए ही चुम्बकीय बल रेखाओं का छेदन करते हैं। इस प्रकार, प्राइमरी तथा सेकण्डरी में बिना किसी संयोजन अथवा स्पर्श (connection or touch) के ही विद्युत ऊर्जा, प्राइमरी से सेकण्डरी में स्थानान्तरित हो जाती है; यह क्रिया **ट्रांसफॉर्मर क्रिया** (transformer action) कहलाती है।

➡ यदि ट्रांसफॉर्मर की प्राइमरी वाइण्डिंग को डी.सी. स्रोत से जोड़ दिया जाए तो वाइण्डिंग जल सकती है। इसका कारण है– वाइण्डिंग में इन्डक्टेन्स तथा इन्डक्टिव रिएक्टेन्स की अनुपस्थिति में उसका प्रतिरोध बहुत कम होगा/ फलतः धारा का मान उच्च होगा और वाइण्डिंग जल जाएगी।

लाभ Advantages

(i) ट्रांसफॉर्मर में कोई सचल पुर्जा विद्यमान नहीं होता। अतः इसे विशेष देखभाल/अनुरक्षण की आवश्यकता नहीं होती है।

(ii) स्थैतिक प्रकार का उपकरण होने के कारण ट्रांसफॉर्मर की दक्षता 90% से 98% तक होती है जबकि अन्य विद्युतिक मशीनों की दक्षता इससे काफी कम होती है।

(iii) यह अति उच्च वोल्टता पर सामान्य रूप से कार्य कर सकता है जबकि अन्य विद्युतिक मशीनें अति उच्च वोल्टेज (400kV) पर सन्तोषजनक रूप से कार्य नहीं कर पातीं।

(iv) ट्रांसफॉर्मर द्वारा वोल्टता घटाने का कार्य अत्यन्त अल्प विद्युत शक्ति खपत पर सरलता से सम्पन्न किया जा सकता है जबकि डी.सी. पर वोल्टता घटाने के लिए प्रतिरोधक प्रयोग किए जाते हैं जो अधिक मात्रा में विद्युत शक्ति की खपत करते हैं।

(v) ट्रांसफॉर्मर के उपयोग से विद्युत शक्ति के पारेषण एवं वितरण (transmission and distribution) की कुल लागत, डी.सी. प्रणाली की विद्युत शक्ति के पारेषण एवं वितरण की लागत की अपेक्षा काफी कम होती है।

(vi) विद्युत शक्ति के पारेषण में होने वाले वोल्टता ह्रास (voltage drop) को ट्रांसफॉर्मर द्वारा सुगमता से पूरा किया जा सकता है जबकि डी.सी. प्रणाली में इस कार्य के लिए बूस्टर (booster) मोटर जनित्र सेट प्रयोग करने पड़ते हैं जो अधिक खर्चीले होते हैं।

ट्रांसफॉर्मर का विद्युत वाहक बल समीकरण E.M.F. Equation of a Transformer

किसी ट्रांसफॉर्मर की प्रत्येक वाइण्डिग में उत्पन्न होने वाला विद्युत वाहक बल निम्न तीन कारकों पर निर्भर करता है

1. ट्रांसफॉर्मर कोर में पैदा हुआ अधिकतम फ्लक्स (ϕ_m),
2. सप्लाई फ्रीक्वेन्सी (f) तथा
3. वाइण्डिग की लपेट संख्या (N)।

अतः
$$E \propto \phi_m . f . N$$

क्योंकि, प्रत्येक साइकिल में चुम्बकीय फ्लक्स 4 बार शून्य एवं अधिकतम मान के बीच परिवर्तित होता है। अतः

$$E \propto 4 0 \phi_m . f . N$$

क्योंकि
$$E_r \cdot m.s = E_{ave} \times \text{फॉर्म फैक्टर}$$

या
$$E_r \cdot m.s = E_{ave} \times 1.11$$

अतः
$$E = 4.44\, \phi_m\, f . N$$

यहाँ, E = ट्रांसफॉर्मर वाइण्डिग में उत्पन्न विद्युत वाहक बल, वोल्ट में (r.m.s.)

ϕ_m = कोर में पैदा हुआ कुल चुम्बकीय फ्लक्स, वैबर में

f = फ्रीक्वेन्सी, हर्ट्ज में तथा

N = वाइण्डिग की लपेट संख्या।

इस प्रकार, प्राइमरी वाइण्डिग में उत्पन्न विद्युत वाहक बल

$$E_P = 4.44\, \phi_m . f . N_p$$

एवं सेकण्डरी वाइण्डिग में उत्पन्न विद्युत वाहक बल,

$$E_S = 4.44\, \phi_m . f . N_s$$

$$\therefore \quad \frac{E_s}{E_p} = \frac{4.44\, \phi_m . f . N_s}{4.44\, \phi_m . f . N_p}$$

या
$$\boxed{\frac{E_s}{E_p} = \frac{N_s}{N_p} = K}$$

यहाँ, E_p = प्राइमरी में उत्पन्न विद्युत वाहक बल, वोल्ट में

E_s = सेकण्डरी में उत्पन्न विद्युत वाहक बल, वोल्ट में

N_p = प्राइमरी की लपेट संख्या

N_S = सेकण्डरी की लपेट संख्या तथा

K = ट्रांसफॉर्मेशन अनुपात।

ट्रांसफॉर्मेशन अनुपात Transformation Ratio

किसी ट्रांसफॉर्मर के लिए सेकण्डरी वाइण्डिंग की लपेट संख्या (N_s) तथा प्राइमरी वाइण्डिंग की लपेट संख्या (N_p) का अनुपात, ट्रांसफॉर्मेशन अनुपात कहलाता है। इसका प्रतीक K है और इसका कोई मात्रक नहीं होता है।

$$K = \frac{N_s}{N_p}$$

ट्रांसफॉर्मेशन की प्राइमरी वाइण्डिंग पर आरोपित विद्युत वाहक बल एक, प्रत्यावर्ती (alternating) चुम्बकीय क्षेत्र स्थापित करता है। यह चुम्बकीय क्षेत्र (फ्लक्स) सेकण्डरी वाइण्डिंग में से गुजरता है और विद्युत चुम्बकीय प्रेरण सिद्धान्त के अनुसार, उसमें एक विद्युत वाहक बल पैदा कर देता है। सेकण्डरी वाइण्डिंग में पैदा होने वाले विद्युत वाहक बल का मान, उसकी लपेट संख्या पर निर्भर करता है, यदि सेकण्डरी में प्राइमरी की अपेक्षा अधिक लपेट है तो उसमें अपेक्षाकृत अधिक विद्युत वाहक बल पैदा होता है (स्टेप-अप ट्रांसफॉर्मर) और यदि उसमें प्राइमरी की अपेक्षा कम लपेट है तो उसमें अपेक्षाकृत कम विद्युत वाहक बल पैदा होता है (अपचायक ट्रांसफॉर्मर)। इस प्रकार,

$$K = \frac{E_s}{E_p}$$

या
$$K = \frac{E_s}{E_p} = \frac{N_s}{N_p}$$

परन्तु, ट्रांसफॉर्मर की सेकण्डरी में विकसित हुई विद्युत शक्ति (P_s) का मान, प्राइमरी पर आरोपित विद्युत शक्ति (P_p) से अधिक नहीं हो सकता। सामान्यतः P_s का मान, P_p से कम होता है। आदर्श ट्रांसफॉर्मर (ideal transformer) में $P_s = P_p$ होता है।

अतः
$$P_s = P_p \text{ या } P_s = P_p$$
$$I_s \times E_s = I_p \times E_p$$

या
$$\frac{E_s}{E_p} = \frac{I_p}{I_s}$$

इस प्रकार,
$$\boxed{K = \frac{E_s}{E_p} = \frac{N_s}{N_p} = \frac{I_p}{I_s}}$$

यहाँ, K = ट्रांसफॉर्मेशन अनुपात
E_p = प्राइमरी पर आरोपित विद्युत वाहक बल, वोल्ट में
E_s = सेकण्डरी में उत्पन्न विद्युत वाहक बल, वोल्ट में
N_p = प्राइमरी टर्न्स
N_s = सेकण्डरी टर्न्स
I_p = प्राइमरी धारा, एम्पियर में
I_s = सेकण्डरी धारा, एम्पियर में।

➡ **टिप्पणी** *उपरोक्त सूत्र में ट्रांसफॉर्मर क्षतियों का मान नगण्य माना गया है अर्थात् ये सूत्र आदर्श ट्रांसफॉर्मर के लिए हैं। जिस ट्रांसफॉर्मर में क्षतियों का मान शून्य हो, वह आदर्श ट्रांसफॉर्मर कहलाता है। वस्तुतः कोई ट्रांसफॉर्मर, आदर्श ट्रांसफॉर्मर नहीं होता और ये केवल एक काल्पनिक अवधारणा है।*

ट्रांसफॉर्मर का इम्पीडेन्स अनुपात Impedance Ratio of a Transformer

∵ आदर्श ट्रांसफॉर्मर में $P_p = P_s$

या
$$I_P^2 . Z_P = I_S^2 . Z_S$$

या
$$\frac{I_P^2}{I_S^2} = \frac{Z_S}{Z_P}$$

या
$$\frac{I_p}{I_s} = \sqrt{\frac{Z_S}{Z_P}}$$

अतः
$$K = \frac{E_s}{E_p} = \frac{N_s}{N_p} = \frac{I_p}{I_s} = \sqrt{\frac{Z_s}{Z_p}}$$

यहाँ, Z_P = प्राइमरी इम्पीडेन्स, ओह्म में
Z_S = सेकण्डरी इम्पीडेन्स, ओह्म में।

5.8 3-फेज ट्रांसफॉर्मर वाइण्डिंग का संयोजन
Connection of 3-phase Transformer Windings

3-फेज ट्रांसफॉर्मर वाइण्डिंग के संयोजन की प्रमुख विधियाँ निम्न प्रकार हैं

स्टार-स्टार संयोजन Star-star Connection, Y-Y

इस विधि में प्राइमरी तथा सेकण्डरी वाइण्डिंग्स को पृथक्-पृथक् स्टार-संयोजन में संयोजित किया जाता है, चित्र देखें।

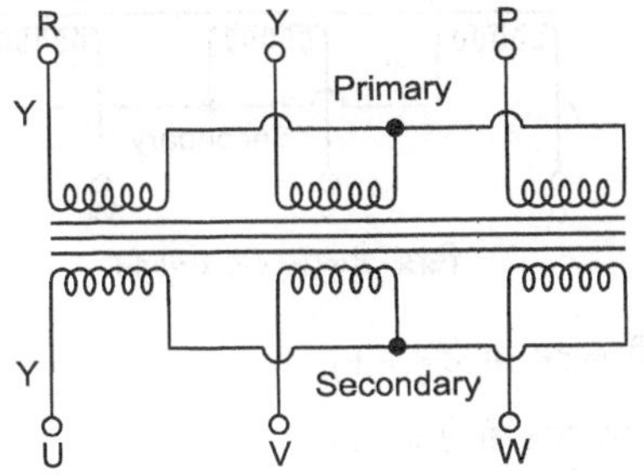

चित्र स्टार-स्टार संयोजन

माना प्राइमरी लाइन वोल्टेज $= V_L$

प्राइमरी फेज वोल्टेज $= \dfrac{V_L}{\sqrt{3}}$

एवं सेकण्डरी फेज वोल्टेज $= \dfrac{V_L \times K}{\sqrt{3}}$

एवं सेकण्डरी लाइन वोल्टेज $= \dfrac{V_L \times KX\sqrt{3}}{\sqrt{3}} = V_L \times K$

यहाँ, $K =$ ट्रांसफॉर्मेशन अनुपात

उपयोग इस संयोजन विधि का उपयोग उच्च वोल्टेज एवं उच्च शक्ति वाले ट्रांसफॉर्मर्स में किया जाता है।

स्टार-डेल्टा संयोजन Star-delta Connection, Y–Δ

इस विधि में प्राइमरी वाइण्डिंग्स को स्टार-संयोजन में तथा सेकण्डरी वाइण्डिंग्स को डेल्टा-संयोजन में संयोजित किया जाता है, संलग्न चित्र देखें।

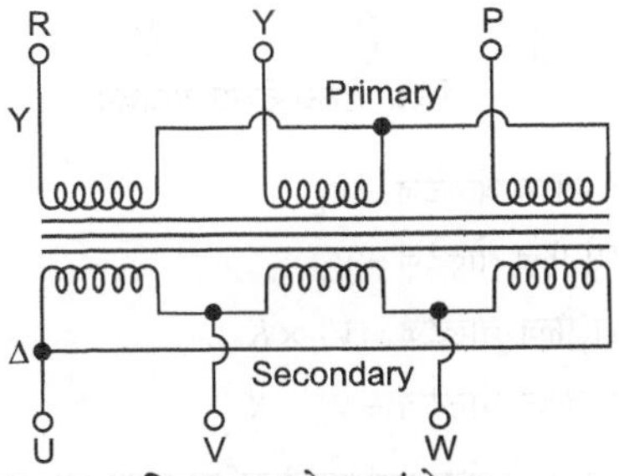

चित्र स्टार-डेल्टा संयोजन

माना प्राइमरी लाइन वोल्टेज $= V_L$

प्राइमरी फेज वोल्टेज $= \dfrac{V_L}{\sqrt{3}}$

एवं सेकण्डरी फेज वोल्टेज $= \dfrac{V_L}{\sqrt{3}} \times K$

एवं सेकण्डरी लाइन वोल्टेज $= \dfrac{V_L}{\sqrt{3}} \times K$ (क्योंकि सेकण्डरी डेल्टा में संयोजित है।)

उपयोग इस संयोजन विधि का उपयोग वोल्टेज स्टेप-अप पावर ट्रांसफॉर्मर्स में किया जाता है।

डेल्टा-स्टार संयोजन Delta-star Connection, Δ–Y

इस विधि में प्राइमरी वाइण्डिंग्स को डेल्टा-संयोजन में तथा सेकण्डरी वाइण्डिंग्स को स्टार-संयोजन में संयोजित किया जाता है, संलग्न चित्र देखें।

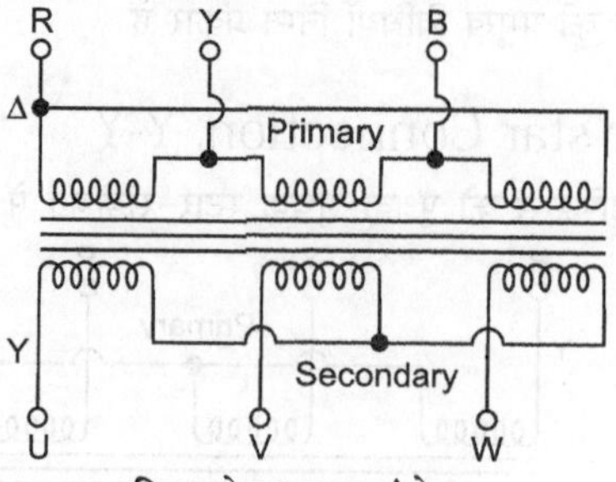

चित्र डेल्टा-स्टार संयोजन

माना प्राइमरी लाइन वोल्टेज $= V_L$

प्राइमरी फेज वोल्टेज $= V_L$ (क्योंकि प्राइमरी डेल्टा में संयोजित है।)

सेकण्डरी फेज वोल्टेज $= V_L \times K$

एवं सेकण्डरी लाइन वोल्टेज $= \sqrt{3} \times V_L \times K$

उपयोग इस संयोजन विधि का उपयोग वोल्टेज अपचायक पावर ट्रांसफॉर्मर्स में किया जाता है।

डेल्टा-डेल्टा संयोजन Delta-delta Connection, Δ – Δ

इस विधि में प्राइमरी तथा सेकण्डरी वाइण्डिंग्स को पृथक्-पृथक् डेल्टा-संयोजन में संयोजित किया जाता है, संलग्न चित्र देखें।

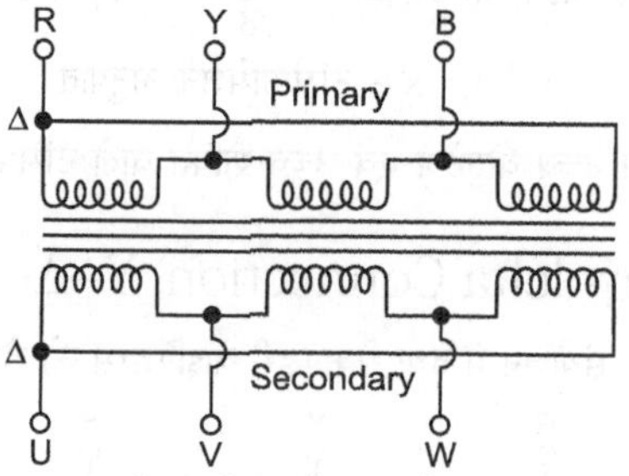

चित्र डेल्टा-डेल्टा संयोजन

माना प्राइमरी लाइन वोल्टेज $= V_L$

प्राइमरी फेज वोल्टेज $= V_L$ (क्योंकि डेल्टा-संयोजन में $V_P = V_L$)

अतः सेकण्डरी फेज वोल्टेज $= V_L \times K$

एवं सेकण्डरी लाइन वोल्टेज $= V_L \times K$

उपयोग इस संयोजन विधि का उपयोग निम्न वोल्टेज एवं उच्च शक्ति वाले ट्रांसफॉर्मर्स में किया जाता है।

➥ **टिप्पणी** *उपरोक्त वर्णित प्रमुख संयोजन विधियों के अतिरिक्त, कुछ अन्य संयोजन विधियाँ भी होती हैं जिनका उपयोग विशेष प्रयोजनों के लिए किया जाता है। ये निम्न प्रकार हैं*

ट्रांसफॉर्मर में वोल्टता नियमन Voltage Regulation in Transformer

किसी ट्रांसफॉर्मर की सेकण्डरी वाइण्डिंग पर लोड का मान बढ़ाने से उसकी आउटपुट टर्मिनल वोल्टता घट जाती है। इस प्रकार, ट्रांसफॉर्मर की शून्य-लोड अवस्था से पूर्ण-लोड अवस्था तक सेकण्डरी वोल्टेज परिवर्तन एवं शून्य-लोड सेकण्डरी वोल्टेज का अनुपात, वोल्टत नियमन कहलाता है, जबकि प्राइमरी पर आरोपित वोल्टेज स्थिर रखा गया हो अर्थात्

$$V.R.\% = \frac{V_{NL} - V_{FL}}{V_{FL}} \times 100$$

यहाँ, $V.R.\%$ = प्रतिशत वोल्टेज नियमन

V_{NL} = शून्य-लोड सेकण्डरी वोल्टेज, वोल्ट में

V_{FL} = पूर्ण-लोड सेकण्डरी वोल्टेज, वोल्ट में

शून्य लोड पर ट्रांसफॉर्मर का कार्य Work of Transformer on No Load

जब ट्रांसफॉर्मर की सेकण्डरी वाइण्डिंग से कोई लोड संयोजित नहीं किया जाता तो वह 'ओपन सर्किट' की भाँति व्यवहार करती है, ट्रांसफॉर्मर की यह अवस्था, 'शून्य लोड अवस्था' कहलाती है। 'शून्य लोड अवस्था' में प्रवाहित होने वाली विद्युत धारा का मान, उसके पूर्ण लोड मान का केवल 2% से 5% रह जाता है; यह विद्युत धारा, शून्य लोड विद्युत धारा (no load current) कहलाती है। इस विद्युत धारा के प्रमुख कार्य निम्न प्रकार हैं

1. क्रोड में चुम्बकीय क्षेत्र पैदा करना तथा
2. शून्य लोड पर लौह क्षतियों को वहन करना।

शून्य लोड अवस्था में, सेकण्डरी वाइण्डिग में से किसी प्रकार की विद्युत धारा का प्रवाह नहीं होगा और न ही सेकण्डरी वाइण्डिग, कोई चुम्बकीय क्षेत्र पैदा करेगी।

शून्य लोड पर ट्रांसफॉर्मर द्वारा ली गई शक्ति

$$W_0 = V_p . I_0 . \cos\phi$$

यहाँ, W_0 = शून्य लोड पर ट्रांसफॉर्मर द्वारा ली गई शक्ति, वाट में

V_P = प्राइमरी पर आरोपित वोल्टेज, वोल्ट में

I_o = प्राइमरी की शून्य लोड विद्युत धारा, एम्पियर में

$\cos\phi$ = शून्य लोड पर पावर फैक्टर।

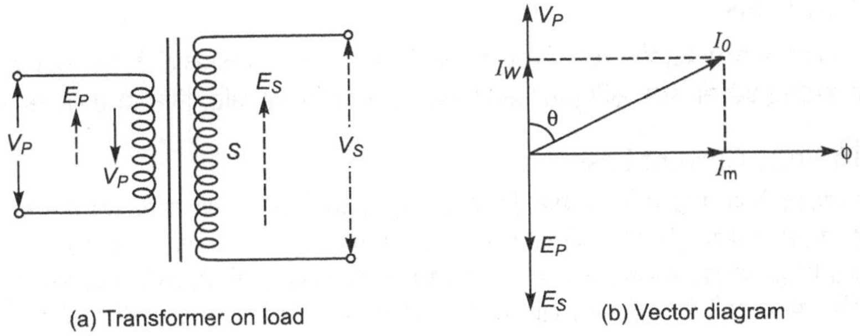

चित्र शून्य लोड पर ट्रांसफॉर्मर का कार्य

शून्य लोड पर, प्राइमरी पर आरोपित वोल्टेज (V_P) के कारण प्राइमरी में E_P तथा सेकण्डरी में E_S विद्युत वाहक बल पैदा होता है। दोनों विद्युत वाहक बल 'इन-फेज' होते हैं। E_P का मान V_P के लगभग बराबर, परन्तु विपरीत दिशा में होता है (सैल्फ इन्डक्शन के कारण प्रेरित विद्युत वाहक बल की दिशा आरोपित वोल्टता की दिशा के विपरीत होती है)।

प्राइमरी धारा I_O के दो भाग होते हैं—(i) वाट रहित घटक I_μ (ii) वाट युक्त घटक I_W

इस प्रकार, $$I_0 = \sqrt{I_\mu^2 + I_w^2}$$

पूर्ण लोड पर ट्रांसफॉर्मर का कार्य Working of a Transformer on Full Load

जब ट्रांसफॉर्मर की सेकण्डरी वाइण्डिंग से लोड (प्रतिरोध) संयोजित कर दिया जाता है तो सेकण्डरी में विद्युत धारा (I_S) का प्रवाह प्रारम्भ हो जाता है। विद्युत धारा I_S के द्वारा क्रोड में जो चुम्बकीय क्षेत्र पैदा होता है, वह प्राइमरी के द्वारा स्थापित क्षेत्र के विपरीत दिशा में कार्य करता है। इस फ्लक्स के कारण, परिणामी फ्लक्स का मान घट जाता है।

परिणामी फ्लक्स घटने से प्राइमरी में पैदा होने वाला विद्युत वाहक बल (E_p) का मान घट जाता है और फलस्वरूप प्राइमरी धारा का मान बढ़ जाता है। प्राइमरी धारा की बढ़ोतरी से सेकण्डरी वाइण्डिग द्वारा उत्पन्न चुम्बकीय क्षेत्र घट जाता है। इस प्रकार ट्रांसफॉर्मर की लोडरहित अवस्था से पूर्ण लोड अवस्था तक उसके कुल चुम्बकीय क्षेत्र का मान लगभग समान रहता है। प्राइमरी धारा (I_P) का मान, प्राइमरी बैलैन्सिग धारा (I_P) तथा लोडरहित प्राइमरी धारा(I_0) के वेक्टर्स द्वारा ज्ञात किया जाता है, चित्र देखें। यहाँ प्राइमरी बैलैन्सिग धारा (I_P), वह धारा है जो सेकण्डरी पर लोड संयोजित करने पर लोडरहित प्राइमरी धारा (I_W) के अतिरिक्त प्राइमरी परिपथ में प्रवाहित होती है।

इसी प्रकार धारा का वेक्टर योग $I = (I_W + I_P) + I_0$

प्राइमरी बैलैन्सिंग धारा (I_P) तथा सेकण्डरी धारा (I_S) की दिशाएँ एक-दूसरे के विपरीत होती हैं।

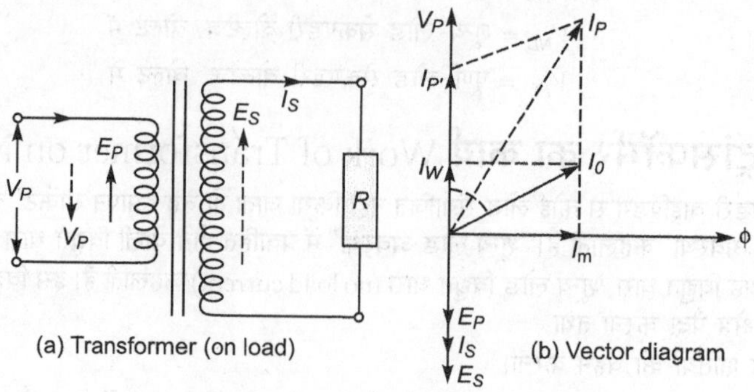

चित्र पूर्ण लोड पर ट्रांसफॉर्मर का कार्य

5.9 ट्रांसफॉर्मर क्षतियाँ Transformer Losses

ट्रांसफॉर्मर का उपयोग एक परिपथ से दूसरे परिपथ को विद्युत ऊर्जा के स्थानान्तरण के लिए व्यापक तौर पर किया जाता है। कोई ट्रांसफॉर्मर शत-प्रतिशत ऊर्जा स्थानान्तरित नहीं कर पाता, इसका कारण है—क्षतियाँ। ट्रांसफॉर्मर में मुख्यत: निम्न दो प्रकार की क्षतियाँ होती हैं

1. लौह क्षति
   (i) एडी धारा क्षति (ii) हिस्टरैसिस क्षति
2. ताम्र क्षति

लौह क्षति Iron Loss

ट्रांसफॉर्मर की लौह-क्रोड के द्वारा पैदा होने वाली विद्युत शक्ति की क्षति, लौह क्षति कहलाती है। इस क्षति का मान प्रत्येक लोड पर समान एवं नियत रहता है और इसलिए इसे नो-लोड क्षति (no load loss) भी कहते हैं। यह क्षति, निम्न दो प्रकार की होती है

एडी धारा क्षति Eddy Current Loss

फैराडे के विद्युत चुम्बकीय प्रेरण सिद्धान्त के अनुसार, किसी प्रत्यावर्ती (alternating) चुम्बकीय क्षेत्र में अवस्थित चालक में विद्युत वाहक बल पैदा हो जाता है और इसके अनुरूप, ट्रांसफॉर्मर की क्रोड (core) में भी विद्युत वाहक बल पैदा हो जाता है। इस विद्युत वाहक बल के कारण क्रोड में प्रवाहित होने वाली विद्युत धाराएँ, अनावश्यक रूप से विद्युत शक्ति की खपत करती हैं, जिसे 'एडी धारा क्षति' कहते हैं। इस क्षति के कारण क्रोड तथा ट्रांसफॉर्मर गर्म हो जाते हैं। एडी धारा क्षति के मान की गणना निम्न सूत्र के द्वारा की जाती है

$$\boxed{W_e = B_m^2 . f^2 . t^2}$$

यहाँ, W_e = एडी धारा क्षति, वाट में, B_m = अधिकतम चुम्बकीय फ्लक्स घनत्व, वेबर/मी^{2}
f = फ्रीक्वेन्सी, हट्र्ज में, t = क्रोड की मोटाई, मिमी में।

हिस्टरैसिस क्षति Hysteresis Loss

लौह आदि चुम्बकीय पदार्थ के बार-बार चुम्बकित तथा विचुम्बकित होने में विद्युत शक्ति की जो खपत होती है, वह हिस्टरैसिस क्षति कहलाती है। इस क्षति की गणना निम्न सूत्र के द्वारा की जाती है

$$\boxed{W_h = \eta \cdot B_m^{1.6} . f . v}$$

यहाँ, W_h = हिस्टरैसिस क्षति, वाट में, η = हिस्टरैसिस नियतांक
B_m = अधिकतम चुम्बकीय फ्लक्स घनत्व, वेबर/मी^{2} में
f = फ्रीक्वेन्सी, हट्र्ज में, V = क्रोड का आयतन, मी^{3}

ताम्र क्षति Copper Loss

यह विद्युत शक्ति की वह क्षति है जो वाइण्डिंग्स के प्रतिरोध के कारण पैदा होती है। इस क्षति का मान, लोड बढ़ने के साथ-साथ बढ़ता जाता है। इस क्षति की गणना निम्न सूत्र के द्वारा की जाती है

$$\boxed{\text{कुल ताम्र क्षति} = I_P^2 . R_p + I_S^2 . R_S \text{ वाट}}$$

यहाँ, I_P = प्राइमरी विद्युत धारा, एम्पियर में
R_P = प्राइमरी प्रतिरोध, ओह्म में
I_S = सेकण्डरी विद्युत धारा, एम्पियर में
R_S = सेकण्डरी प्रतिरोध, ओह्म में।

5.10 ट्रांसफॉर्मर क्षतियों का मान ज्ञात करना Determination the Value of Transformer Losses

ट्रांसफॉर्मर क्षतियों का मान निम्न दो विधियों के द्वारा ज्ञात किया जाता है

ओपन-सर्किट परीक्षण Open-circuit Test

इस परीक्षण के द्वारा ट्रांसफॉर्मर की लोड-रहित अवस्था में लौह क्षति का मान ज्ञात किया जाता है। सामान्यतः, प्राइमरी को उस पर अंकित वोल्टता-स्रोत से संयोजित किया जाता है और सेकण्डरी को ओपन-सर्किट रखा जाता है, परन्तु प्राइमरी के स्थान पर सेकण्डरी को उस पर अंकित वोल्टता-स्रोत से संयोजित कर और प्राइमरी को ओपन-सर्किट रखकर भी लौह क्षति का मान ज्ञात किया जा सकता है। प्राइमरी वाइण्डिग में लोड-रहित विद्युत धारा का मान बहुत कम होने के कारण ताम्र क्षति को नगण्य माना जा सकता है, निम्न चित्र देखें। सेकण्डरी की ओपन-सर्किट अवस्था में वाटमीटर, ट्रांसफॉर्मर की लौह क्षति का मान वाट में दर्शाता है। एमीटर, प्राइमरी धारा का मान तथा वोल्टमीटर, प्राइमरी पर आरोपित वोल्टता को दर्शाता है।

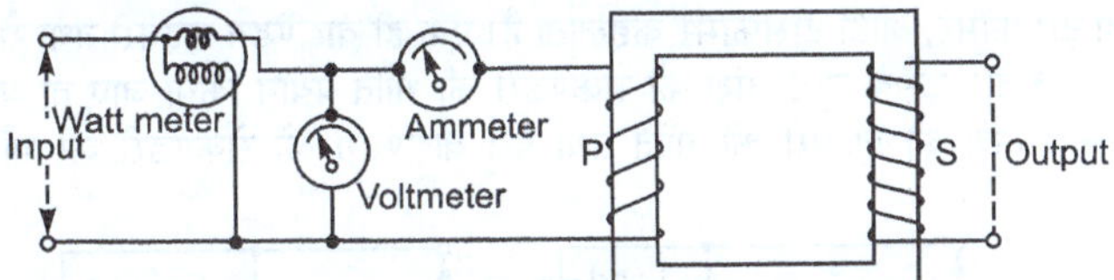

चित्र ओपन-सर्किट परीक्षण

शॉर्ट-सर्किट परीक्षण Short-circuit Test

इस परीक्षण के द्वारा ट्रांसफॉर्मर की पूर्ण लोड अवस्था में अर्थात् निम्न वोल्टता वाइण्डिग को शॉर्ट-सर्किट करके ताम्र क्षति का मान ज्ञात किया जाता है, चित्र देखें। इसमें वाटमीटर, एमीटर तथा वोल्टमीटर को उच्च वोल्टता वाइण्डिग से संयोजित किया जाता है क्योंकि उच्च वोल्टता मान के घटाये गये मान पर वोल्टता आरोपित करना अपेक्षाकृत सरल होता है। उदाहरण के लिए, 3300/240 वोल्ट ट्रांसफॉर्मर के लिए 3300 वोल्ट का 5% अर्थात् 165 वोल्ट आरोपित करना सरल है, अपेक्षाकृत 240 वोल्ट के 5% अर्थात् 12 वोल्ट आरोपित करने के। इस कार्य के लिए वैरिएक (variac) प्रयोग किया जाता है। उदाहरण से स्पष्ट है कि इस परीक्षण में, ट्रांसफॉर्मर को उसके अधिकतम वोल्टता मान का केवल 5% वोल्टेज ही प्रदान किया जाता है क्योंकि एक वाइण्डिग शॉर्ट-सर्किट रखी गई है।

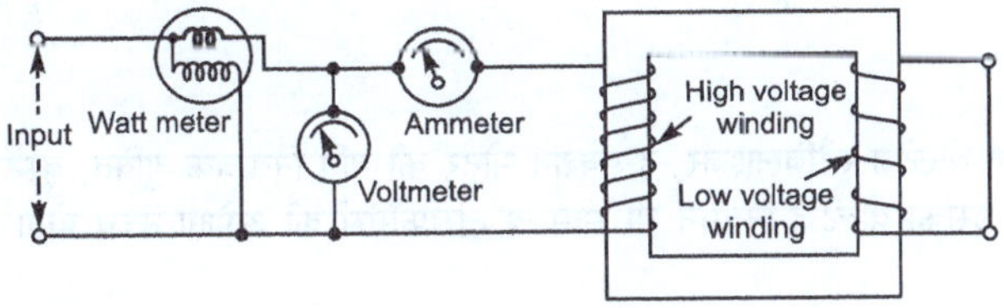

चित्र शॉर्ट-सर्किट परीक्षण

ट्रांसफॉर्मर की दक्षता Transformer's Efficiency

किसी ट्रांसफॉर्मर के लिए आउटपुट शक्ति तथा इनपुट शक्ति का अनुपात उसकी दक्षता कहलाता है। इसका प्रतीक η है और यह प्राय: प्रतिशत में व्यक्त की जाती है।

$$\eta = \frac{\text{आउटपुट शक्ति}}{\text{इनपुट शक्ति}} \times 100$$

या
$$\eta = \frac{\text{आउटपुट शक्ति}}{\text{आउटपुट शक्ति + क्षतियाँ}} \times 100$$

या
$$\eta = \frac{\text{आउटपुट शक्ति} \times 100}{(\text{आउपुट शक्ति} \times \text{पावर फैक्टर}) + (\text{ताम्र क्षति} + \text{लौह क्षति})}$$

या
$$\eta = \frac{kVA_{out} \times \cos\phi \times 100}{(kVA_{out} \times \cos\phi) + (W_c + W_i)}$$

यहाँ, kVA_{out} = किलो वोल्ट एम्पियर में आउटपुट शक्ति, $\cos\phi$ = पावर फैक्टर
W_c = ताम्र क्षति, वाट में, W_i = लौह क्षति, वाट में।

पूर्ण-दिन दक्षता All-day Efficiency

क्योंकि ट्रांसफॉर्मर की सेकण्डरी वाइण्डिंग में विद्युत धारा का प्रवाह उतने ही समय तक होता है जितने समय तक वह लोड से संयोजित रहती है। अत: विद्युत वितरण प्रणाली में प्रयोग किए गए ट्रांसफॉर्मर की 24 घण्टे कार्य करने की औसत दक्षता, उसकी पूर्ण-दिन दक्षता कहलाती है, विद्युत वितरण प्रणाली के लिए ऐसे ट्रांसफॉर्मर का चयन किया जाता है जिसमें लौह क्षति का मान न्यूनतम हो।

$$\text{पूर्ण-दिन दक्षता, } \eta = \frac{kWh_{out}}{kWh_{in}} \times 10$$

5.11 ऑटो ट्रांसफॉर्मर Auto Transformer

केवल एक वाइण्डिग वाला ट्रांसफॉर्मर, ऑटो ट्रांसफॉर्मर कहलाता है। एक ही वाइण्डिग प्राइमरी तथा सेकण्डरी, दोनों का कार्य करती है। यदि पूरी वाइण्डिग को प्राइमरी की भाँति तथा उसके कुछ अंश को सेकण्डरी की भाँति प्रयोग किया जाए तो यह 'उच्चायी' ट्रांसफॉर्मर बन जाता है। इसी प्रकार यदि वाइण्डिग के कुछ अंश को प्राइमरी की भाँति तथा पूरी वाइण्डिंग को सेकण्डरी की भाँति प्रयोग किया जाए तो यह 'अपचायक' ट्रांसफॉर्मर' बन जाता है।

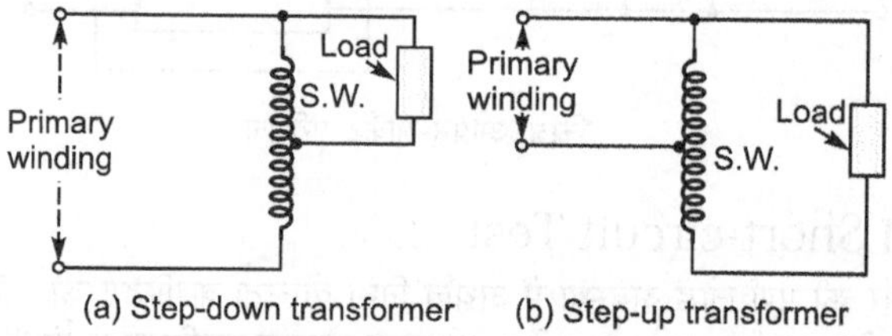

चित्र ऑटो ट्रांसफॉर्मर

ऑटो ट्रांसफॉर्मर, स्व:प्रेरण (self-induction) सिद्धान्त पर कार्य करता है। इसके लिए ट्रांसफॉर्मेशन अनुपात का सूत्र वही रहता है जोकि सामान्य ट्रांसफॉर्मर के लिए होता है अर्थात्

$$\frac{E_s}{E_p} = \frac{N_s}{N_p} \quad \text{या} \quad \text{सेकण्डरी वोल्टेज, } E_s = \frac{E_s \times + p + \text{टैप्ड टर्न्स संख्या}}{N_p}$$

उपयोग Use

ऑटो ट्रांसफॉर्मर का उपयोग वोल्टेज स्टैबिलाइजर, इन्डक्शन मोटर की गति नियन्त्रक युक्ति, बूस्टर आदि में किया जाता है। इसके अतिरिक्त, निम्न वोल्टेज परिवर्तनों पर इसका वोल्टेज नियमन भी सामान्य ट्रांसफॉर्मर्स की अपेक्षा उच्च होता है।

लाभ Advantage

एक वाइण्डिग की बचत के कारण यह सामान्य प्रकार के ट्रांसफॉर्मर की अपेक्षा आकार में छोटा तथा कम लागत मूल्य वाला होता है, इसकी दक्षता उच्च होती है।

हानि Disadvantage

सेकण्डरी वाइण्डिग पृथक् न बनाए जाने के कारण इसके उपयोग पर आधारित उपकरण एवं यन्त्र, मरम्मत करते समय कारीगर को विद्युत का झटका दे सकते हैं।

अभ्यास प्रश्न

परीक्षा प्रारूपी प्रश्न

बहुविकल्पीय

1. प्रेरणिक चोक का कार्य निम्न में से क्या है?
(a) उच्च वोल्टेज सर्ज उत्पन्न करना
(b) विद्युत परिपथ की धारा को नियन्त्रित करना
(c) विद्युत परिपथ के वोल्टेज का विभाजन करना
(d) 'a' और 'b' दोनों

2. शुद्ध प्रेरक में ए.सी. धारा वोल्टतापात (V_L) से पश्चगामी होती है, इसमें धारा वोल्टेज से कितने अंश पर पीछे चलती है?
(a) 45° (b) 60° (c) 75° (d) 90°

3. परिणामित्र निम्न में से किस सिद्धान्त पर कार्य करता है?
(a) स्व: प्रेरण (self induction) के सिद्धान्त पर
(b) फैराडे के चुम्बकीय प्रेरण के सिद्धान्त पर
(c) पारस्परिक प्रेरण (mutual inducation) के सिद्धान्त पर
(d) उपरोक्त में से कोई नहीं

4. निम्न में से कौन-सा कथन स्वः परिणामित्र के सन्दर्भ में सत्य है?
(a) इसमें केवल एक वाइण्डिंग होती है
(b) इसमें दो वाइण्डिंग होती हैं
(c) इसमें एक प्राइमरी एवं दो सेकण्डरी वाइण्डिंग होती हैं
(d) इसके द्वारा केवल फिक्स्ड वोल्टेज प्राप्त होती है

5. उच्च मान की विद्युत धारा के आर्क को बनाए रखने के लिए परिणामित्र का पावर फैक्टर ……… रखा जाता है।
(a) निम्न (b) मध्यम (c) उच्च (d) अनन्त

6. परिणामित्र की प्राथमिक एवं द्वितीयक क्वॉयलों में
(a) तार का साइज सदैव एक ही होता है
(b) मैग्नेटिक सर्किट सदैव एक ही होता है
(c) मैग्नेटिक सर्किट अलग-अलग होता है
(d) टर्नों की संख्या अलग-अलग होती है

7. परिणामित्र में कौन-सी हानियाँ लोड के साथ परिवर्तित होती हैं?
(a) हिस्टरैसिस हानियाँ
(b) भँवर धारा हानियाँ
(c) ताम्र हानियाँ
(d) कोर हानियाँ

8. परिणामित्र के किस भाग में सबसे अधिक गर्मी उत्पन्न होती है?
(a) क्रोड में (b) वाइण्डिंग में
(c) ऑयल में (d) फ्रेम में

9. ट्रांसफॉर्मर के किस भाग में भँवर धारा क्षति (eddy current loss) होती है?
(a) प्राथमिक कुण्डलन में
(b) द्वितीयक कुण्डलन में
(c) क्रोडों में
(d) उपरोक्त में से कोई नहीं

10. बिजली घर से सप्लाई की जाने वाली वोल्टेज को स्थिर करने के लिए निम्न में से कौन-सी युक्ति (device) प्रयोग में लाई जाती है?
(a) डायनमो
(b) ट्रांसफॉर्मर
(c) मोटर
(d) जनित्र

11. ट्रांसफॉर्मर की विद्युत वाहक बल समीकरण है
(a) $E = 4\,\phi_m\, f.N$
(b) $E = \dfrac{3.33\phi_m}{f.N}$
(c) $E = 4.44\,\phi_m\, f.N$
(d) $E = \dfrac{4.44\phi_m\, f}{N}$

12. किसी ट्रांसफॉर्मर में ताम्र क्षति (copper loss), शक्ति की वह क्षति है जो ……… के कारण पैदा होती है।
(a) एडी धारा क्षति
(b) चुम्बकीय क्षेत्र परिवर्तन
(c) कुण्डलन प्रतिरोध
(d) विरोधी विद्युत वाहक बल

13. ट्रांसफॉर्मर की पूर्ण-दिन दक्षता एक अनुपात है
(a) kWh आउटपुट और kWh इनपुट का
(b) kWh आउटपुट और kWh इनपुट (एक दिन में) का
(c) इनपुट शक्ति और आउटपुट शक्ति का
(d) आउटपुट शक्ति और इनपुट शक्ति का

14. ट्रांसफॉर्मर की दक्षता उच्च रहती है, क्योंकि
(a) यह म्यूच्युअल इण्डक्टैन्स के सिद्धान्त पर कार्य करता है
(b) यह एक स्थैतिक युक्ति है
(c) इसमें कोई विद्युतिक क्षति नहीं होती
(d) उपरोक्त में से कोई नहीं

विविध प्रारूपी प्रश्न

सत्य/असत्य

1. परिणामित्र पारस्परिक प्रेरण (mutual induction) पर कार्य करता है।
2. परिणामित्र एक ए.सी. स्थैतिक (static) मशीन है जोकि एकसमान आवृत्ति/फ्रीक्वेन्सी पर उच्च वोल्टेज को निम्न वोल्टेज में तथा निम्न वोल्टेज को उच्च वोल्टेज में स्थानान्तरित करती है।
3. हिस्टरैसिस हानियाँ कोर में प्रवाहित होने वाली धारा पर निर्भर करती हैं।
4. परिणामित्र में लौह हानियाँ भार के अनुसार परिवर्तित होती रहती हैं।

रिक्त स्थानों की पूर्ति

1. परिणामित्र एक ऐसी स्थैतिक (static) मशीन है जोकि एकसमान .... पर उच्च ए.सी. वोल्टेज को निम्न वोल्टेज में तथा निम्न ए.सी. वोल्टेज को उच्च वोल्टेज में स्थानान्तरित करती है।
2. परिणामित्र में प्रयोग होने वाली कोरें, ... के लिए सरल चुम्बकीय पथ प्रदान करती हैं।
3. धारा परिणामित्र में प्राइमरी वाइण्डिंग की अपेक्षा सेकण्डरी वाइण्डिंग में .... टर्न होते हैं।
4. हिस्टरैसिस हानियाँ सप्लाई लाइन की .... पर निर्भर करती हैं।
5. ए.सी. परिपथ में प्रयुक्त वोल्टेज (V), धारा (I) से (ϕ) कोण से .... होती है।

अतिलघु उत्तरीय

1. परिणामित्र किस प्रकार की ए.सी. मशीन है?
2. परिणामित्र एकसमान आवृत्ति पर ए.सी. उच्च वोल्टेज को किस वोल्टेज में परिवर्तित/स्थानान्तरित करता है?
3. प्रेरकत्व इण्डक्टैन्स का सूत्र क्या है?
4. परिणामित्र किस सिद्धान्त पर कार्य करता है?
5. परिणामित्र में कौन-कौन सी हानियाँ होती हैं?

लघु उत्तरीय

1. आवृत्ति का मान बढ़ाने पर प्रेरणिक चोक के प्रेरकत्व का क्या प्रभाव पड़ता है?
2. परिणामित्र में उत्पन्न होने वाली विभिन्न हानियों के नाम बताइए।
3. परिणामित्र की दक्षता का सूत्र लिखिए।
4. वास्तविक शक्ति की परिभाषा एवं सूत्र लिखिए।

दीर्घ उत्तरीय

1. स्वः प्रेरकत्व से आप क्या समझते हैं? स्पष्ट कीजिए।
2. परिणामित्र में होने वाली विभिन्न हानियों को समझाइए।
3. परिणामित्र की दक्षता को समझाइए।
4. ए.सी. परिपथ से सम्बन्धित निम्न की परिभाषा लिखिए
   (i) फेज कोण (ii) वास्तविक शक्ति
   (iii) प्रतिकारक शक्ति (iv) शक्ति गुणांक
   (v) प्रतिबाधा

उत्तरमाला

बहुविकल्पीय

1. (d) 2. (d) 3. (c) 4. (a) 5. (a) 6. (b) 7. (c) 8. (c) 9. (c) 10. (b)
11. (c) 12. (c) 13. (b) 14. (b)

सत्य/असत्य

1. सत्य 2. सत्य 3. असत्य 4. असत्य

रिक्त स्थानों की पूर्ति

1. आवृत्ति/फ्रीक्वेन्सी 2. चुम्बकीय क्लास 3. अधिक 4. आवृत्ति 5. अग्रगामी

अध्याय 06

धारिता एवं अनुनादी परिपथ

Capacitance and Resonance Circuits

परिचय Introduction

वैद्युतिक एवं इलेक्ट्रॉनिकी में प्रयुक्त संधारित्र एक निष्क्रिय अवयव है जोकि विद्युत आवेश संग्रह करने हेतु उपयोग में लाया जाता है एवं किसी संधारित्र के विद्युत आवेश संग्रहित करने का गुण उसकी धारिता (capacitance) कहलाती है अर्थात् हम कह सकते हैं कि धारिता सामान्यतः किसी अचालक पदार्थ या वस्तु में वैद्युतिक आवेश को भण्डारित करने की एक क्षमता है। किसी वोल्टेज पर अधिक धारिता युक्त पदार्थ अधिक वैद्युतिक आवेश धारण करता है। तीन मौलिक इलेक्ट्रॉनिक उपकरणों में से एक संधारित्र के कार्य सिद्धान्त को भली-भाँति समझने के लिए धारिता को समझना विशेषतः महत्त्वपूर्ण है।

किसी वैद्युतिक परिपथ में एक निश्चित अनुनादी आवृत्ति पर वैद्युतिक अनुनाद प्राप्त होता है। अनुनादी परिपथ में तीनों निष्क्रिय अवयव प्रतिरोधक, संधारित्र एवं प्रेरक निहित होते हैं। इस अध्याय में हम धारिता, संधारित्र एवं उससे सम्बन्धित पदों के अतिरिक्त अनुनादी परिपथ का भी अध्ययन करेंगे।

6.1 धारिता Capacitance

किसी अचालक पदार्थ से पृथक् की गई दो चालक प्लेटों के बीच वैद्युतिक आवेश एकत्र करने की जो क्षमता होती है, जिसे धारिता कहते हैं और यह युक्ति संधारित्र या कन्डेन्सर कहलाती है। धारिता का प्रतीक C तथा मात्रक फैरड (F) होता है।

किसी समानान्तर प्लेट संधारित्र की धारिता निम्न कारकों पर निर्भर करती है

(i) प्लेट का क्षेत्रफल, $C \propto A$

(ii) प्लेटों के बीच की दूरी (या अचालक की मोटाई), $C \propto \frac{1}{t}$

(iii) प्लेटों की संख्या, $C \propto (N-1)$

(iv) अचालक नियतांक (dielectric constant), $C \propto K$

इस प्रकार, समानान्तर प्लेट संधारित्र की धारिता की गणना निम्न सूत्र से की जा सकती है

$$C = \frac{8.85\,KA\,(N-1)}{t \times 10^8}\,\mu\text{F}$$

यहाँ,
C = धारिता, माइक्रो फैरड में,
A = एक प्लेट का क्षेत्रफल, वर्ग सेमी में
t = अचालक की मोटाई, सेमी में,
K = अचालक नियतांक
N = प्लेटों की संख्या

6.2 संधारित्र Capacitor

जब किसी भी धातु की दो प्लेटें किसी इन्सुलेटिंग पदार्थ (dielectric) द्वारा पृथक् की जाएँ तब निर्मित युक्ति (device) को संधारित्र कहते हैं। संधारित्र (capacitor) विद्युत ऊर्जा को अपने अन्दर एकत्रित करने वाला तथा आवश्यकता पड़ने पर एकत्रित ऊर्जा को वापस लौटाने वाली एक युक्ति है। चित्र में एक कैपेसिटर की आन्तरिक संरचना को दर्शाया गया है। इसमें टिन अथवा एल्युमीनियम धातु की दो पतली पत्तियाँ प्रयोग की गई हैं तथा ये पत्तियाँ मोमी कागज द्वारा पृथक् की गई हैं। इन पत्तियों को गोलीय रूप (spherical shape) में लपेटकर तथा गर्म मोम में भिगोकर पूर्ण संरचना को टिन अथवा एल्युमीनियम के बेलनाकार खोल में रख दिया जाता है। इस प्रकार से निर्मित कैपेसिटर को पेपर इन्सुलेटिड कैपेसिटर कहते हैं।

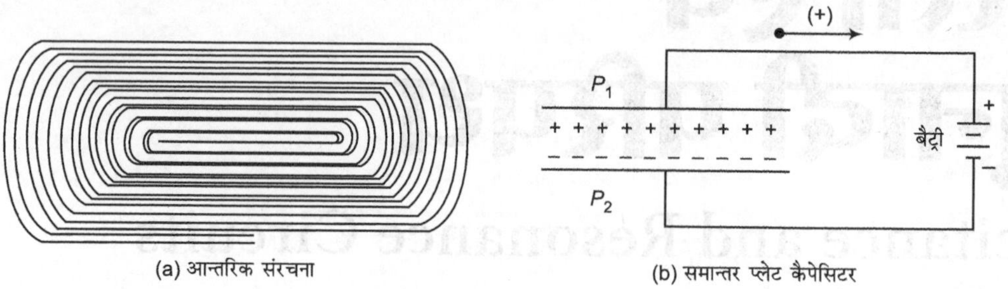

चित्र पेपर इन्सुलेटिड कैपेसिटर

सिद्धान्त Principle

उपरोक्त चित्र (b) में एक समान्तर प्लेट कैपेसिटर एक बैटरी के साथ संयोजित करके दर्शाया गया है। इस कैपेसिटर की प्लेट P_1 बैटरी के धनात्मक टर्मिनल से तथा प्लेट P_2 ऋणात्मक टर्मिनल से संयोजित की गई है। बैटरी का धनात्मक टर्मिनल प्लेट P_1 से कुछ स्वतन्त्र इलेक्ट्रॉनों को अपनी ओर आकर्षित करेगा तथा ऋणात्मक टर्मिनल प्लेट P_2 के इलेक्ट्रॉनों को प्रतिकर्षित करेगा। इस प्रकार विद्युत सप्लाई स्रोत (बैटरी) प्लेट P_1 से इलेक्ट्रॉन लेगा तथा प्लेट P_2 को स्थानान्तरित कर देगा। इस प्रकार प्लेट P_1 धनात्मक आवेशित हो जाएगी, क्योंकि इससे ऋणात्मक आवेशित इलेक्ट्रॉन पृथक् कर लिए गए हैं तथा प्लेट P_2 ऋणात्मक आवेशित हो जाएगी। इस दशा में कैपेसिटर की प्लेटों पर जो आवेश एकत्रित होगा, वह स्थिर विद्युत कहलाता है। इस प्रकार P_1 तथा P_2 प्लेटों के मध्य एक विभवान्तर स्थापित हो जाएगा। जिस समय दोनों प्लेटों के मध्य कोई भार प्रतिरोधक संयोजित किया जाता है, तब भार प्रतिरोधक के द्वारा कैपेसिटर डिस्चार्ज होने लगता है। प्रारम्भ में डिस्चार्ज धारा का मान अधिक होता है, परन्तु बाद में डिस्चार्ज धारा का मान शनैः-शनैः घटने लगता है तथा अन्त में यह धारा शनैः-शनैः शून्य मान पर पहुँच जाती है। इस दशा में प्लेटों के मध्य विभवान्तर शून्य हो जाता है।

सम्बन्धित शब्दावली Related Terminology

संधारित्र के कार्य को उपयुक्त रूप से समझने के लिए कुछ सम्बन्धित शब्दों को समझना आवश्यक होता है जोकि निम्नवत् हैं

स्थिर वैद्युतिकी Electrostatics

स्थिर वैद्युतिकी (electrostatics) विज्ञान की वह शाखा है जो विद्युत की विराम अवस्था के विषय में जानकारी देती है। हम जानते हैं कि कुचालक (insulator) पदार्थ (जैसे– एबोनाइट, काँच आदि) को फलालेन या रेशम से रगड़ा जाता है, तब वे कागज या अन्य हल्के पदार्थ के टुकड़ों को अपनी ओर आकर्षित करने लगते हैं। इसका मुख्य कारण है कि वे विद्युतीय आवेशित (electrically charged) हो जाते हैं। दूसरे शब्दों में, वे धनावेशित (positively charged) अथवा ऋणावेशित (negatively charged) हो जाते हैं।

स्थिर वैद्युतिकी के अनुसार कूलॉम के दो नियम निम्न हैं

प्रथम नियम First Law

प्रथम नियम के अनुसार विद्युत के असमान आवेश (opposite charges) एक-दूसरे को आकर्षित करते हैं तथा समान आवेश (same charges) एक-दूसरे को विकर्षित (repulse) करते हैं।

द्वितीय नियम Second Law

द्वितीय नियम के अनुसार दो आवेशित (charged) बिन्दुओं के मध्य लगने वाला बल

1. आवेशों की सामर्थ्य (strength) के गुणनफल के सीधे समानुपाती होता है।
2. आवेशित बिन्दुओं के मध्य की दूरी के वर्ग के विलोमानुपाती (inversely proportional) होता है।
3. उस माध्यम की प्रकृति पर निर्भर करता है जिसमें वे आवेशित बिन्दु रखे हुए हैं।

माना दो आवेशित बिन्दु q_1 एवं q_2 एक-दूसरे से परस्पर d की दूरी पर रखे हुए हैं तथा उनके मध्य का बल F है,

तब $$F \propto q_1 q_2 \quad ...(i)$$

तथा $$F \propto \frac{1}{d^2} \quad ...(ii)$$

समी (i) व (ii) को आपस में सम्मिलित करने पर,

$$F \propto \frac{q_1 q_2}{d^2} \Rightarrow F = K\frac{q_1 q_2}{d^2}$$

जहाँ, K एक स्थिरांक (constant) है जिसका मान दोनों आवेशों q_1 तथा q_2 के मध्य उपस्थित माध्यम पर निर्भर करता है। इस स्थिरांक का निर्वात (vacuum) में मान $K = \frac{1}{4\pi\varepsilon_0}$ होता है। जबकि ε_0 निर्वात में अन्तराल की विद्युतशीलता (permitivity) है तथा इसका मान लगभग $\varepsilon_0 = 8.854 \times 10^{-12}$ फैरड प्रति मीटर होता है।

विद्युत क्षेत्र Electric Field

विभिन्न प्रयोगों द्वारा देखा गया है कि किसी आवेश के आस-पास का माध्यम सदैव किसी प्रतिबल (stress) के अन्तर्गत होता है। इस माध्यम में जब धनात्मक या ऋणात्मक आवेश रखे जाते हैं तब उन पर बल कार्य करता है। वह स्थान, जिस पर प्रतिबल या विद्युत बल कार्य करता है, विद्युत क्षेत्र, परावैद्युत क्षेत्र (dielectric field) या स्थिर विद्युत क्षेत्र कहलाता है। प्रतिबल को काल्पनिक बल रेखाओं द्वारा प्रदर्शित किया जाता है जोकि धनात्मक आवेश से उत्पन्न होती है तथा ऋणात्मक आवेश पर समाप्त होती हैं। जैसा कि चित्र में दर्शाया गया है।

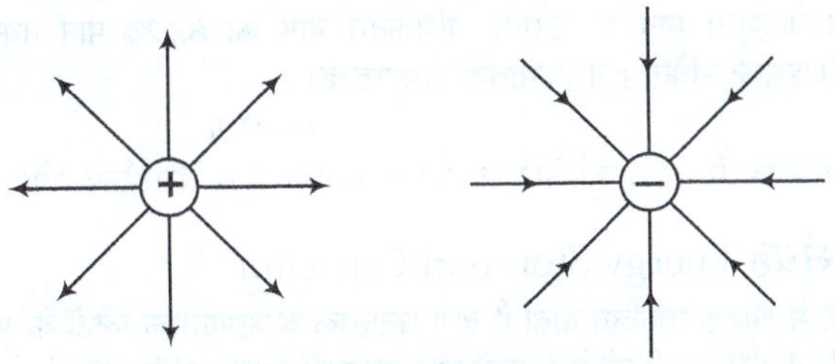

चित्र प्रतिबल

फैराडे के मत के अनुसार, विद्युत क्षेत्र में भी बल रेखाओं अथवा बल नलियों (tubes of force) की कल्पना की जा सकती है। उन्होंने खोजों के द्वारा ज्ञात किया कि ये बल रेखाएँ लचकदार होती हैं तथा देशान्तर में संकुचित होती हैं व अन्त में प्रतिकर्षित होने का गुण रखती हैं। इन गुणों के आधार पर यह स्पष्ट होता है कि समान आवेश एक-दूसरे को प्रतिकर्षित करते हैं। चित्र (a, b) में क्रमशः दो विपरीत आवेशों में आपस में आकर्षण तथा दो समान आवेशों में आपस में प्रतिकर्षण को दर्शाया गया है।

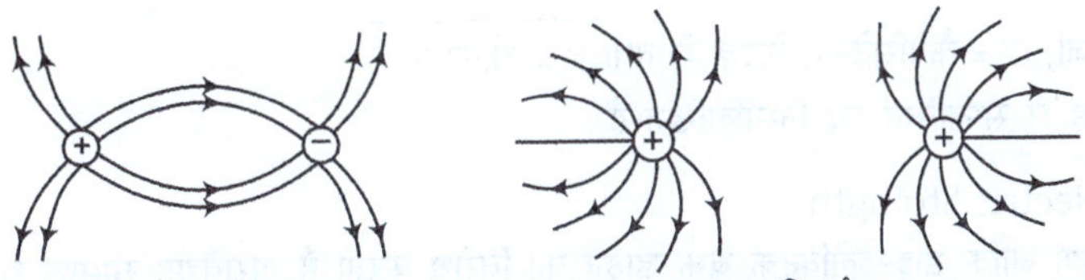

(a) आकर्षण (b) प्रतिकर्षण

चित्र दो आवेशों के मध्य आकर्षण एवं प्रतिकर्षण

आवेश Charge

किसी संधारित्र द्वारा एकत्र किया गया वैद्युतिक आवेश, उस संधारित्र के सिरों पर आरोपित वोल्टता के अनुक्रमानुपाती होता है।

$$Q \propto V \quad \text{या} \quad \frac{Q}{V} = \text{नियतांक}$$

या $$\frac{Q}{V} = C \quad \text{या} \quad Q = C.V$$

यहाँ, Q = एकत्रित वैद्युतिक आवेश, कूलॉम में, V = वोल्टता, वोल्ट में तथा C = धारिता, फैरड में

फैरड Farad

फैरड कैपेसिटर की वह धारिता या कैपेसिटैन्स है जिसमें एक कूलॉम विद्युत आवेश के लिए एक इकाई विभवान्तर की आवश्यकता होती है। फैरड सामान्य उपयोग के लिए बहुत बड़ी इकाई है। अत: इसकी छोटी इकाइयाँ, जैसे माइक्रो फैरड (μF) अथवा पिको फैरड (pF) प्रयोग की जाती है।

$$1 \text{ फैरड (F)} = 10^6 \mu F \text{ (माइक्रो फैरड)}$$

$$1 \text{ माइक्रो फैरड } (\mu F) = 10^{-6} \text{ फैरड}$$

$$1 \text{ पिको फैरड (pF)} = 10^{-9} \text{ फैरड}$$

धारितीय प्रतिघात Capacitive Reactance

जब किसी कैपेसिटर को ए.सी. परिपथ में संयोजित किया जाता है, तो कैपेसिटर द्वारा ए.सी. के प्रवाह में जो बाधा या अवरोध उत्पन्न होता है, उसे कैपेसिटिव रिएक्टैन्स कहते हैं। इसे X_C से प्रदर्शित किया जाता है तथा इसका मात्रक ओह्म है। किसी कैपेसिटर द्वारा ए.सी. के मार्ग में प्रस्तुत रिएक्टैन्स, कैपेसिटैन्स तथा फ्रीक्वेंसी के व्युत्क्रमानुपाती होता है।

$$\because \quad X_C \propto \frac{1}{C} \text{ तथा } X_C \propto \frac{1}{f} \text{ या } X_C = \frac{1}{2\pi f C}$$

यहाँ, X_C = कैपेसिटिव रिएक्टैन्स, ओह्म में, C = कैपेसिटैन्स, फैरड में तथा f = फ्रीक्वेंसी, साइकिल/सेकण्ड (C/S) में

समय नियतांक Time-Constant

किसी कैपेसिटर में वोल्टेज के शून्य मान से, उसके अधिकतम मान का 63.2% मान तक वोल्टेज पहुँचने में लगा (व्यय हुआ) समय, समय-नियतांक कहलाता है। इसका संकेत t तथा मात्रक सेकण्ड है।

$$t = C.R$$

जहाँ, t = समय नियतांक, सेकण्ड में, C = कैपेसिटैन्स, फैरड में तथा R = रेसिस्टैन्स ओह्म में

कैपेसिटर में ऊर्जा संग्रह Energy Stored in Capacitor

हम पढ़ चुके हैं कि कैपेसिटर में आवेश एकत्रित होता है तथा धनात्मक व ऋणात्मक प्लेटों के मध्य विभवान्तर विकसित होता है अर्थात् कैपेसिटर में ऊर्जा एकत्रित की जाती है। कैपेसिटर की प्लेटों में जुड़े संयोजन तारों अथवा टर्मिनल्स को आपस में शॉर्ट सर्किट करने पर चिंगारी उत्पन्न होती है जिससे कैपेसिटर में एकत्रित ऊर्जा का आभास होता है। संधारित्र की चालक प्लेटों के बीच अचालक पदार्थ की परत विद्यमान होने के कारण उसमें से डी.सी. विद्युत धारा का निरन्तर प्रवाह नहीं हो सकता है परन्तु इस विद्युत धारा के क्षणिक प्रवाह से संधारित्र में स्थिर वैद्युतिक क्षेत्र के रूप में वैद्युतिक ऊर्जा एकत्रित ऊर्जा हो जाती है।

$$\boxed{E = \frac{1}{2} C.V^2}$$

यहाँ, E = वैद्युतिक ऊर्जा, C = कैपेसिटेन्स, फेरड में तथा V = वोल्टता

कैपेसिटर में ऊर्जा संग्रह से सम्बन्धित पद निम्नलिखित हैं

परावैद्युत सामर्थ्य Dielectric Strength

किसी पदार्थ का वह गुण जोकि डाइ-इलेक्ट्रिक ब्रेक डाउन का विरोध करता है, परावैद्युत सामर्थ्य या डाइ-इलेक्ट्रिक स्ट्रैन्थ कहलाता है।

अथवा

उच्चतम किलो वोल्ट प्रति मिमी का वह बल जिसमें कोई माध्यम (पदार्थ) बिना भंग हुए अपनी विशिष्टताओं सहित ठीक प्रकार रह सकता है, परावैद्युत सामर्थ्य या डाइ-इलेक्ट्रिक सामर्थ्य कहलाता है।

इसको वोल्ट प्रति यूनिट मोटाई (volt per unit thickness) में दर्शाया जाता है। उदाहरण के लिए, वायु की परावैद्युत सामर्थ्य 300 वोल्ट प्रति मिमी तथा रबड़ व वार्निश कैम्बिक की डाइ-इलेक्ट्रिक सामर्थ्य 16,000 वोल्ट प्रति मिमी होती है।

परावैद्युत स्थिरांक Dielectric Constant

चित्र (a) में दो धातु की प्लेटें d अन्तराल (gap) पर समान्तर रखी हुई दर्शाई गई हैं। माना जब V विभवान्तर दोनों प्लेटों के मध्य लगाया जाता है, तब $+q_1$ धनात्मक आवेश ऊपर वाली प्लेट पर तथा $-q_1$ ऋणात्मक आवेश नीचे वाली प्लेट पर पाया जाता है। यदि काँच या कठोर रबर की शीट अथवा कोई अन्य उत्तम डाइ-इलेक्ट्रिक पदार्थ इन दोनों प्लेटों के मध्य रख दिया जाए ताकि इन प्लेटों के मध्य का रिक्त स्थान पूर्ण रूप से भर जाए जैसा कि चित्र (b) में दर्शाया गया है, तब इस स्थिति में आवेश (charge) $+q_1$ तथा $-q_1$ बढ़कर $+q_2$ तथा $-q_2$ हो जाएँगे, परन्तु V विभवान्तर का मान पहले के समान ही रहेगा।

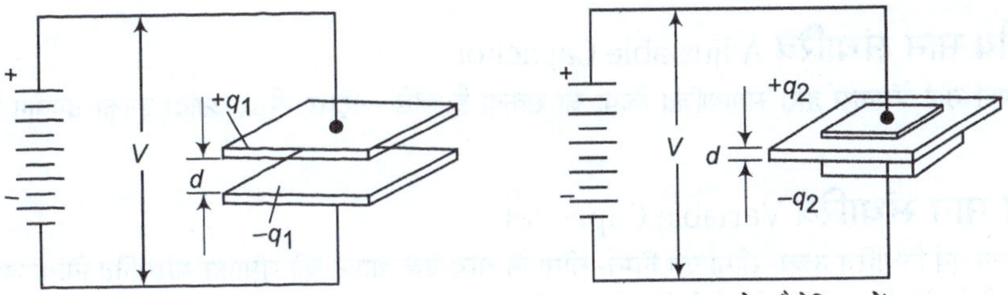

(a) समान्तर प्लेट कैपेसिटर में डाई-इलेक्ट्रिक के रूप में वायु (b) समान्तर प्लेट कैपेसिटर में डाई-इलेक्ट्रिक के रूप में कठोर रबर

चित्र समान्तर प्लेट कैपेसिटर्स

आवेश में यह वृद्धि काँच (glass), रबर या किसी अन्य परावैद्युत पदार्थ के कारण होती है। इन दोनों आवेशों q_2 व q_1 का अनुपात $\frac{q_2}{q_1} = \varepsilon_r$ परावैद्युत स्थिरांक कहलाता है। वायु का डाइ-इलेक्ट्रिक स्थिरांक एकांक माना गया है। अत: वायु के सापेक्ष किसी अन्य विद्युत रोधी पदार्थ के डाइ-इलेक्ट्रिक स्थिरांक के अनुपात को ε_r से दर्शाते हैं।

$$\text{डाइ-इलेक्ट्रिक स्थिरांक } (\varepsilon_r) = \frac{\text{पदार्थ डाइ-इलेक्ट्रिक स्थिरांक के साथ कैपेसिटर की धारिता}}{\text{वायु डाइ-इलेक्ट्रिक स्थिरांक के साथ कैपेसिटर की धारिता}}$$

निम्नांकित तालिका में कुछ डाइ-इलेक्ट्रिक पदार्थों के डाइ-इलेक्ट्रिक स्थिरांक का मान वायु के सापेक्ष दर्शाया गया है

तालिका डाइ-इलेक्ट्रिक स्थिरांक

क्र.सं.	विद्युतरोधी या डाइ-इलेक्ट्रिक पदार्थ	स्थिरांक का मान	क्र.सं.	विद्युतरोधी या डाइ-इलेक्ट्रिक पदार्थ	स्थिरांक का मान
1.	वायु (Air)	1	8.	कागज (Paper)	2.0 से 2.6
2.	बैकेलाइट (Bakelite)	4.5 से 5.5	9.	पैराफिन (Parafin)	2.1 से 2.5
3.	एबोनाइट (Ebonite)	2.8	10.	रबर (Rubber)	2.0 से 3.6
4.	फाइबर (Fiber)	2.5 से 5	11.	लकड़ी (Wood)	2.5 से 7.7
5.	काँच (Glass)	5.4 से 9.9	12.	पोर्सेलिन (Porcelin)	5.7 से 6.8
6.	अभ्रक (Mica)	2.5 से 4.7	13.	स्फटिक (Sffutic)	4.5 से 4.7
7.	तेल (Oil)	2.2 से 4.7			

परावैद्युत हानि Dielectric Loss

जब एक पूर्ण इन्सुलेटिंग पदार्थ पर ए.सी. वोल्टेज प्रयुक्त किया जाए तब उसकी स्थिति ठीक उस प्रकार होगी जिस प्रकार की एक शुद्ध कैपेसिटर पर ए.सी. वोल्टेज प्रयुक्त करने पर कैपेसिटर की चार्जिंग धारा वोल्टेज से ठीक 90° अग्रगामी (leading) रहती है, इस स्थिति में पावर का अवशोषण शून्य होगा। इस आदर्श स्थिति को केवल निर्वात या शुद्ध गैस प्राप्त कर सकती है। अत: निष्कर्ष यह है कि इन्सुलेटिंग पदार्थ में पावर हानि शून्य है। अधिकांश इन्सुलेटिंग पदार्थों में ऐसा सम्भव नहीं होता, क्योंकि एनर्जी का कुछ-न-कुछ अंश अवश्य क्षय होता है। इन्सुलेटिंग पदार्थ पर A.C. प्रयुक्त करने से एनर्जी का व्यय (consumption) ही परावैद्युत हानि कहलाता है, जिससे ये धीरे-धीरे गर्म हो जाते हैं। इन्सुलेटिंग पदार्थों में A.C वोल्टेज प्रयुक्त करने से क्षरण धारा (leakage current) वोल्टेज से 90° अग्रगामी नहीं होती है। इन दोनों के मध्य फेज कोण (phase angle) 90° से कम होता है। एक ऐसा इन्सुलेटिंग पदार्थ जिसका कैपेसिटैन्स C, प्रयुक्त वोल्टेज V तथा सप्लाई फ्रीक्वेंसी (f)Hz है।

6.3 संधारित्रों की किस्में Types of Capacitors

संधारित्रों को उनके कार्य के आधार पर तथा उनमें प्रयोग किए गए अचालक पदार्थ के आधार पर वर्गीकृत किया जाता है।

कार्य के आधार पर According to Work

कार्य के आधार पर संधारित्र निम्न तीन प्रकार के होते हैं

नियत मान संधारित्र Fixed Capacitor

इनका धारिता मान नियत रहता है; जैसे—पेपर, माइका, सेरामिक, इलैक्ट्रोलाइटिक, ऑयल डाइलैक्ट्रिक संधारित्र आदि। इनका उपयोग वैद्युतिक एवं इलैक्ट्रॉनिक यन्त्रों/उपकरणों में किया जाता है।

समायोजनीय मान संधारित्र Adjustable Capacitor

इनका धारिता मान छोटे पेंचकस द्वारा समायोजित किया जा सकता है; जैसे—ट्रिमर, पैडर आदि। इनका उपयोग रिसीवर्स तथा ट्रांसमीटर्स में किया जाता है।

परिवर्तनीय मान संधारित्र Variable Capacitor

इनका धारिता मान पूर्व निर्धारित उच्च-सीमा एवं निम्न-सीमा के बीच एक शाफ्ट को घुमाकर परिवर्तित किया जा सकता है; जैसे—गैंग संधारित्र। इनका उपयोग भी रिसीवर्स तथा ट्रांसमीटर्स में किया जाता है।

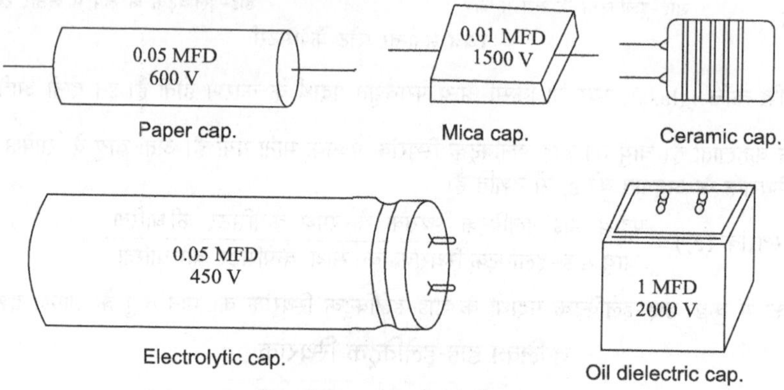

चित्र विभिन्न प्रकार के संधारित्र

अचालक के आधार पर According to Dielectric Used

संधारित्र के निर्माण में प्रयोग किए अचालक पदार्थ के आधार पर संधारित्र निम्न प्रकार के होते हैं

पेपर संधारित्र Paper Capacitor

इनमें मोमी-कागज (wax-paper) को अचालक के रूप में प्रयोग किया जाता है। इनका धारिता मान प्रायः 2.5 μF तक होता है और ये 2000 V तक डी.सी. वोल्टता पर कार्य कर सकते हैं।

माइका संधारित्र Mica Capacitor

इनमें अभ्रक की पतली शीट को अचालक के रूप में प्रयोग किया जाता है। इनका धारिता मान प्रायः 0.1 μF तक होता है और ये 2500 V तक डी. सी. वोल्टता पर कार्य कर सकते हैं।

सेरामिक संधारित्र Ceramic Capacitor

इनमें सेरामिक पदार्थ (टिटेनियम, बेरियम, मैग्नीशियम, स्ट्रॉन्शियम के यौगिक) को अचालक पर्त के रूप में प्रयोग किया जाता है। इनका धारिता मान 0.2 μF तक होता है और ये 1500 V तक डी. सी. वोल्टता पर कार्य कर सकते हैं।

इलैक्ट्रोलाइटिक संधारित्र Electrolytic Capacitor

इनमें अमोनियम-बोरेट, एल्युमीनियम-बोरेट, सोडियम-फॉस्फेट नामक पदार्थों का घोल या लुगदी प्रयोग की जाती है, जो एल्युमीनियम की धनात्मक प्लेटों पर विद्युत-रासायनिक क्रिया से एक पर्त जमा देती है, जो संधारित्र के लिए अचालक का कार्य करती है। इनका धारिता मान 2000 μF तक होता है और ये 450 V तक डी. सी. वोल्टता पर कार्य कर सकते हैं।

ऑयल डाइलैक्ट्रिक संधारित्र Oil Dielectric Capacitor

इनमें खनिज तेल (mineral oil) को अचालक पर्त के रूप में प्रयोग किया जाता है। इनका धारिता मान प्रायः 1 μF तक होता है और ये 25000 V तक डी. सी. वोल्टता पर कार्य कर सकते हैं।

वैद्युतिक उपयोग Electrical Use

इनका उपयोग मोटर्स, फ्लोरोसैन्ट ट्यूब, सोडियम लैम्प आदि में किया जाता है। इन कार्यों में प्रायः पेपर तथा इलैक्ट्रोलाइटिक संधारित्रों का प्रयोग किया जाता है।

धारिता मान अंकन Marking of Capacitance Value

सामान्यतः संधारित्रों का धारिता मान, कार्यकारी वोल्टता, प्रतिशत सहनसीमा, ताप गुणांक आदि को संधारित्र की बॉडी पर अंकों तथा अक्षरों के द्वारा अंकित कर दिया जाता है, परन्तु सेरामिक संधारित्रों का मान, विभिन्न रंगों की पट्टियों (bands) के द्वारा भी व्यक्त किया जाता है। सेरामिक संधारित्रों की रंग संकेत तालिका निम्न प्रकार है

तालिका रंग संकेत तालिका

रंग	पहली पट्टी का रंग-ताप गुणांक PPm/°C	दूसरी पट्टी का रंग-धारिता मान (pF में) का पहला अंक	तीसरी पट्टी का रंग-धारिता मान (pF में) का दूसरा अंक	चौथी पट्टी का रंग कैपैसिटेन्स मान (pF में) का गुणक	पाँचवी पट्टी का रंग-प्रतिशत सहनसीमा
काला (Black)	0	0	0	1	± 20%
भूरा (Brown)	– 30	1	1	10	± 1%
लाल (Red)	– 80	2	2	10^2	± 2%
नारंगी (Orange)	– 150	3	3	10^3	—
पीला (Yellow)	– 220	4	4	10^4	—
हरा (Green)	–330	5	5	—	± 5%
नीला (Blue)	–470	6	6	—	—
बैंगनी (Violet)	–750	7	7	—	—
सलेटी (Grey)	30	8	8	0.1	—
सफेद (White)	500	9	9	0.01	± 10%

➡ **टिप्पणी** PPm/°C का अर्थ Part per million per degree centigrade जबकि 1 million = 10,00,000 (दस लाख)।

6.4 संयोजन Combinations

इलेक्ट्रॉनिक्स उपकरणों में आवश्यकतानुसार संधारित्र का संयोजन किया जाता है। इनका विवरण निम्नलिखित है

कैपेसिटर्स का श्रेणी संयोजन Series Connection of Capacitors

जब एक कैपेसिटर की ऋणात्मक प्लेट, दूसरे कैपेसिटर की धनात्मक प्लेट से चित्र के अनुसार संयोजित की जाती है, तब कैपेसिटर्स श्रेणीक्रम में संयोजित कहलाते हैं। कल्पना कीजिए कि चित्र में संयोजित कैपेसिटर्स की धारिताएँ क्रमशः C_1, C_2, C_3 तथा C_4 हैं एवं प्रत्येक कैपेसिटर के एक्रॉस पोटैन्शियल डिफरैन्स क्रमशः V_1, V_2, V_3 तथा V_4 हैं एवं सभी कैपेसिटर के श्रेणी संयोजन पर प्रयुक्त वोल्टेज V वोल्ट है तथा उसका तुल्य कैपेसिटैन्स मान C है। अब चूँकि सभी कैपेसिटर्स श्रेणीक्रम में जुड़े हैं, इसलिए सभी कैपेसिटर्स पर चार्ज समान होगा, परन्तु पोटैन्शियल डिफरैन्स भिन्न-भिन्न होगा। माना कि प्रत्येक पर आवेश q है।

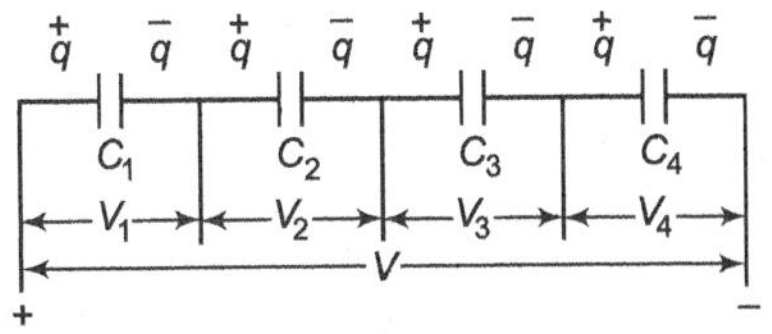

चित्र कैपेसिटर्स का श्रेणी संयोजन

$$V = V_1 + V_2 + V_3 + V_4$$

या $$\frac{q}{C} = \frac{q}{C_1} + \frac{q}{C_2} + \frac{q}{C_3} + \frac{q}{C_4} = \frac{1}{C} = \frac{1}{C_1} + \frac{1}{C_2} + \frac{1}{C_3} + \frac{1}{C_4} \quad \text{(सूत्र)}$$

या $$C = \frac{\text{पूर्ण प्रणाली पर चार्ज}}{\text{प्रणाली के आर-पार विभवान्तर}}$$

$$C = \frac{q}{V} \quad \text{या} \quad \frac{1}{C} = \frac{V}{q}$$

श्रेणीक्रम में संयोजित कैपेसिटर्स में वोल्टेज का वितरण निम्न प्रकार होता है

$$\frac{V_2}{V_1} = \frac{C_1}{C_2} \quad \text{...(i)}$$

परन्तु $$V_1 + V_2 = V \quad (\because V_2 = V - V_1)$$

अब समी (i) में V_2 का मान रखने पर,

$$\frac{V-V_1}{V_1}=\frac{C_1}{C_2}$$

$$\frac{V}{V_1}=\frac{C_1}{C_2}+1=\frac{C_1+C_2}{C_2}$$

∴
$$V_1=V\times\frac{C_2}{C_1+C_2} \quad ...(ii)$$

तथा इसी प्रकार
$$V_2=V\times\frac{C_1}{C_1+C_2} \quad ...(iii)$$

उपरोक्त सम्बन्धों के आधार पर निम्न जानकारी प्राप्त होती है

(i) श्रेणीक्रम में सभी कैपेसिटर्स में पोटैन्शियल डिफरैन्स भिन्न-भिन्न होता है।

(ii) श्रेणीक्रम में सभी कैपेसिटर्स पर समान विद्युत चार्ज होता है।

(iii) समतुल्य कैपेसिटैन्स का विलोम अर्थात् $1/C$ पृथक्-पृथक् कैपेसिटर्स के बीजीय योग के बराबर होता है।

कैपेसिटर्स का समान्तर संयोजन Capacitors Connected in Parallel

जब प्रत्येक कैपेसिटर की एक प्लेट को सप्लाई लाइन के धनात्मक सिरे से तथा दूसरी प्लेट को ऋणात्मक सिरे से चित्र के अनुसार संयोजित किया जाता है, तब कैपेसिटर्स समान्तर क्रम में जुड़े (संयोजित) कहलाते हैं।

कल्पना कीजिए कि

(i) कैपेसिटर्स पर क्रमशः q_1, q_2, q_3 एवं q_4 आवेश हैं।

(ii) विभिन्न कैपेसिटर्स की कैपेसिटैन्सेज क्रमशः C_1, C_2, C_3 एवं C_4 फैरड हैं।

(iii) कैपेसिटर्स की समतुल्य कैपेसिटैन्स C फैरड है।

(iv) प्रयुक्त वोल्टेज V वोल्ट है।

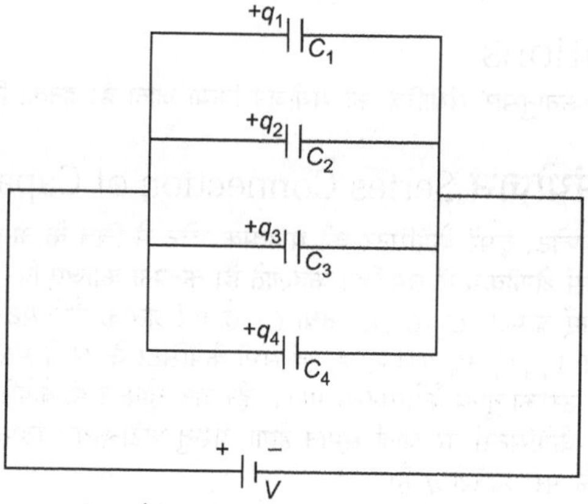

चित्र कैपेसिटर्स का समान्तर क्रम में संयोजन

अतः समान्तर क्रम में संयोजित प्रत्येक कैपेसिटर के आर-पार वोल्टेज समान तथा चार्ज भिन्न-भिन्न होते हैं।

∴
$$q=q_1+q_2+q_3+q_4 \qquad (\because q=CV)$$

$$CV=C_1V+C_2V+C_3V+C_4V$$

या
$$C=C_1+C_2+C_3+C_4$$

उपरोक्त सम्बन्धों के आधार पर निम्न जानकारी प्राप्त होती है

(i) समान्तर क्रम में जुड़े प्रत्येक कैपेसिटर पर विद्युत चार्ज भिन्न-भिन्न होता है।

(ii) प्रत्येक कैपेसिटर के आर-पार वोल्टेज समान होती है।

(iii) कैपेसिटर्स की समतुल्य धारिता पृथक्-पृथक् कैपेसिटर्स की धारिता के बीजीय योग के बराबर होती है।

मिश्रित संयोजन Mixed Combination

कभी-कभी परिपथ की आवश्यकतानुसार संधारित्रों को श्रेणी एवं समान्तर क्रम में संयोजित किया जाता है। इनकी सम्पूर्ण धारिता ज्ञात करने के लिए सबसे पहले सभी श्रेणीक्रम में संयोजित संधारित्रों की तुल्य धारिता ज्ञात कर लेते हैं, तत्पश्चात् सभी समान्तर क्रम में संयोजित संधारित्रों की तुल्य धारिता ज्ञात करते हैं। अन्त में दोनों को जोड़ने के पश्चात् सम्पूर्ण धारिता प्राप्त हो जाती है। चित्र में मिश्रित संयोजन को प्रदर्शित किया गया है।

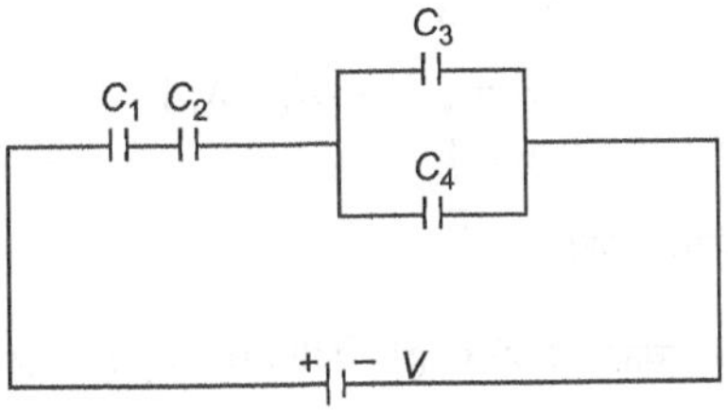

श्रेणीक्रम की तुल्य धारिता $\left(\frac{1}{C_S}\right) = \frac{1}{C_1} + \frac{1}{C_2}$

$$C_S = \frac{C_1 \times C_2}{C_1 + C_2}$$

समान्तर क्रम की तुल्य धारिता $(C_P) = C_3 + C_4$

सम्पूर्ण धारिता $\frac{1}{(C)} = \frac{1}{C_S} + \frac{1}{C_P}$

अत:
$$C = \frac{C_S \times C_P}{C_S + C_P}$$

उदाहरण 6.1 चित्र में मिश्रित संयोजन में चार कैपेसिटर्स 240 वोल्ट डी.सी. प्रदाय (D.C. supply) के साथ संयोजित हैं। निम्न की गणना कीजिए (i) पूर्ण संयोजन का कुल कैपेसिटैन्स तथा (ii) प्रत्येक कैपेसिटर के आर-पार वोल्टेज।

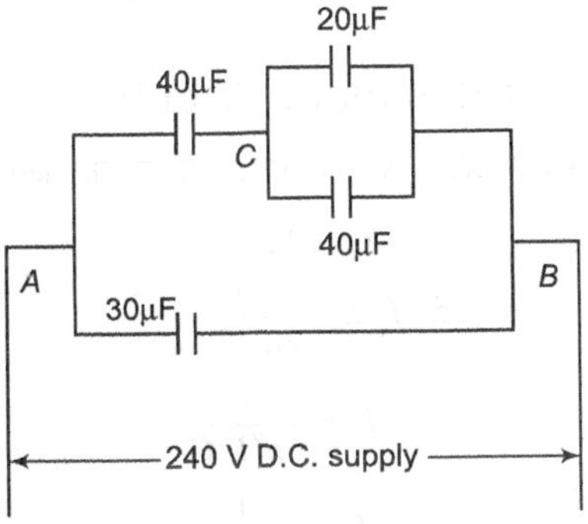

हल (i) C_{CB} = तुल्य कैपेसिटैन्स CB सिरों के मध्य C_{AB} = A व C सिरों के मध्य कैपेसिटैन्स

अब C_{CB} = 20 µF तथा 40 µF कैपेसिटर्स की समान्तर में तुल्य कैपेसिटैन्स

$$= 20 + 40 = 60\ \mu F$$

$$C_{AC} = 40\ \mu F$$

$$\therefore \quad C_{ACB} = \frac{40 \times 60}{40 + 60} = \frac{2400}{100} = 24\ \mu F$$

पूर्ण प्रबन्ध का कुल कैपेसिटैन्स = 24 µF तथा 30 µF = 24 + 30 = 54 µF

(ii) 40 µF कैपेसिटर के आर-पार वोल्टेज $= \frac{240 \times 60}{40 + 60} = \frac{14400}{100} = 144$ वोल्ट

60 µF कैपेसिटर के आर-पार वोल्टेज $= \frac{240 \times 40}{40 + 60} = \frac{9600}{100} = 96$ वोल्ट

20 µF कैपेसिटर के आर-पार वोल्टेज = 96 वोल्ट ही रहेगी क्योंकि 20 तथा 40 µF कैपेसिटर्स आपस में समान्तर में संयोजित हैं।

30 µF कैपेसिटर्स के आर-पार वोल्टेज = 240 वोल्ट होगी।

6.5 अनुनादी Resonance

यह R-L-C श्रेणीक्रम परिपथ की वह स्थिति है जिसमें प्रेरकीय प्रतिघात (inductive reactance) धारितीय प्रतिघात (capacitive reactance) के समान होता है। दोनों प्रतिघात क्योंकि एक-दूसरे के विपरीत क्रिया करते हैं, तो परिपथ का परिणामी प्रतिघात शून्य हो जाता है। परिपथ का इम्पीडैन्स केवल प्रतिरोध पर निर्भर करेगा।

अत: $$X_L = X_C$$

इस प्रकार $$Z = \sqrt{R^2 + (X_L - X_C)^2}$$

या $$Z = R$$

$$\text{परिपथ धारा } I = \frac{E}{R}$$

अनुनाद परिपथ का शक्ति गुणक सदैव इकाई में होता है। श्रेणीक्रम अनुनाद परिपथ का वोल्टता अनुनाद परिपथ अथवा ग्राहक परिपथ कहलाता है।

अनुनादी आवृत्ति Resonance Frequency

वह आवृत्ति जिस पर अनुनाद की उत्पत्ति होती है, अनुनाद आवृत्ति कहलाती है।

अत: $$X_L = X_C$$

या $$2\pi.f.L = \frac{1}{2\pi.f.C}$$

या $$f^2 = \frac{1}{4\pi^2.L.C}$$

या $$f_r = \frac{1}{2\pi.\sqrt{LC}}$$

अनुनाद पर आवृत्ति प्रेरकीय तथा धारितीय अनुनाद को एक-दूसरे पर तटस्थ कर देती हैं, तो परिपथीय धारा अधिकतम मान प्राप्त करती है। यदि परिपथ प्रतिरोध अत्यन्त कम है, तो रेजोनैन्ट परिपथ एक लघु परिपथ सदृश कार्य करेगा।

श्रेणी रेजोनेन्ट परिपथ Series Resonant Circuit

किसी श्रेणी R-L-C परिपथ में वह स्थिति जिसमें $X_L = X_C$ हो जाए, रेजोनेन्स कहलाती है और ऐसा परिपथ **श्रेणी रेजोनेन्ट परिपथ** कहलाता है।

∵ $$X_L = X_C$$

या $$2\pi \cdot f \cdot L = \frac{1}{2\pi \cdot f \cdot C}$$

या $$f^2 = \frac{1}{4\pi^2 L.\, C}$$

या $$f = \frac{1}{2\pi\ \sqrt{L.C}}$$

यहाँ, f = रेजोनेन्स फ्रीक्वेन्सी

सीरीज रेजोनेन्ट परिपथ में $X_L = X_C$ होने पर परिपथ का कुल रिएक्टैन्स शून्य हो जाएगा।

अर्थात् $$X_L \sim X_C = 0$$

परन्तु $$Z = \sqrt{R^2 + (X_L \sim X_C)^2}$$

∴ $$Z = \sqrt{R^2 + 0}$$

या $$Z = R$$

श्रेणी रेजोनेन्ट परिपथ में In Serial Resonant Circuit

(i) परिपथ का परिणामी रिएक्टैन्स शून्य हो जाता है अर्थात् $X = 0$।

(ii) परिपथ का इम्पीडेन्स, उसके प्रतिरोध के तुल्य रह जाता है।

(iii) परिपथ में इम्पीडेन्स का मान न्यूनतम रह जाने से, उसमें विद्युत धारा प्रवाह का मान अधिकतम हो जाता है।

(iv) परिपथ के पावर फैक्टर का मान इकाई अर्थात् 1 हो जाता है।

(v) परिपथ का कुल शक्ति व्यय, $P = I^2.R$ होता है।

समान्तर रेजोनेन्ट परिपथ Parallel Resonant Circuit

किसी समान्तर R-L-C परिपथ में वह स्थिति जिसमें $X_L = X_C$ हो जाए, रेजोनेन्स कहलाती है और ऐसा परिपथ, समान्तर रेजोनेन्ट परिपथ कहलाता है।

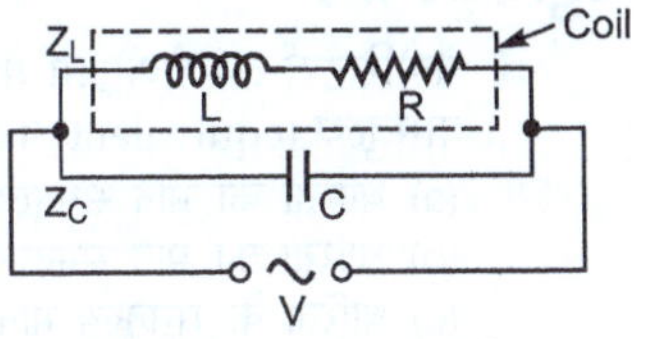

चित्र समान्तर R-L-C परिपथ

इस परिपथ का कुल इम्पीडेन्स,

$$\frac{1}{Z_T} = \frac{1}{Z_1} + \frac{1}{Z_2}$$

या $$\frac{1}{Z_T} = \frac{1}{Z_L} + \frac{1}{Z_C}$$

या $$\frac{1}{Z_T} = \frac{Z_C + Z_L}{Z_L \cdot Z_C}$$

या $$Z_T = \frac{Z_L \cdot Z_C}{Z_L + Z_C}$$

परन्तु $$Z_L = \sqrt{R^2 + X_L^2} \text{ एवं } Z_C = X_C$$

$\therefore$ $$Z_T = \frac{\sqrt{R^2 + X_L^2 \times X_C}}{R^2 + X_L^2 + X_C}$$

या $$Z_T = \frac{X_L \cdot X_C}{\sqrt{R^2 + (X_L \sim X_C)^2}}$$ (अंश में R को छोड़ने पर)

परन्तु रेजोनेन्स स्थिति में $X_L = X_C$ होता है,

$\therefore$ $$Z_T = \frac{X_L \cdot X_L}{R}$$ $(\because X_L = X_C)$

या $$Z_T = \frac{X_L^2}{R}$$

समान्तर रेजोनेन्ट परिपथ में In Parallel Resonant Circuit

(i) परिपथ का इम्पीडेन्स अधिकतम हो जाता है।

(ii) परिपथ में इम्पीडेन्स का मान अधिकतम हो जाने के कारण धारा का मान न्यूनतम रह जाता है।

(iii) परिपथ के पावर फैक्टर का मान इकाई अर्थात् 1 होता है।

➥ **टिप्पणी** श्रेणी एवं समान्तर रेजोनेन्ट परिपथों का उपयोग इलेक्ट्रॉनिक उपकरणों में क्रमशः 'बैण्ड-पास' एवं 'बैण्ड-स्टॉप' फिल्टर सर्किट्स के रूप में किया जाता है।

उदाहरण 6.2 यदि किसी नगण्य प्रतिरोध वाले परिपथ में 0.15 हैनरी की चोक, एक 2.5 माइक्रो फैरड संधारित्र के श्रेणीक्रम में जुड़ी हो, तो वह परिपथ किस फ्रीक्वेन्सी पर रेजोनेट करेगा?

हल ज्ञात है, इन्डक्टैन्स $L = 0.15$ H

धारिता $C = 2.5\ \mu$F

$\therefore$ रेजोनेन्स फ्रीक्वेन्सी $$f = \frac{1}{2\pi\sqrt{L.C}} = \frac{1}{2 \times 3.14\sqrt{0.15 \times 2.5 \times 10^{-6}}}$$

$$= \frac{1}{6.28 \times 10^{-3}\sqrt{0.375}}$$

$$= \frac{1000}{6.28 \times 0.61} = \frac{1000}{3.83} = 261 \text{ हर्ट्ज}$$

अभ्यास प्रश्न

परीक्षा प्रारूपी प्रश्न

बहुविकल्पीय

1. कैपेसिटर्स को श्रेणीक्रम में संयोजित करने पर उनकी धारिता के समतुल्य (equivalent) पर निम्न में से कौन-सा प्रभाव पड़ता है?
   (a) धारिता का मान समतुल्य बढ़ता है
   (b) धारिता का मान समतुल्य घटता है
   (c) धारिता के समतुल्य मान पर कोई प्रभाव नहीं पड़ता
   (d) उपरोक्त में से कोई नहीं

2. कैपेसिटर्स को समान्तर क्रम में संयोजित करने पर उसकी धारिता/कैपेसिटैन्स के मान पर निम्न में से कौन-सा प्रभाव पड़ता है?
   (a) धारिता का मान घटता है
   (b) धारिता का मान बढ़ता है
   (c) धारिता के मान पर कोई प्रभाव नहीं पड़ता
   (d) उपरोक्त में से कोई नहीं

3. कैपेसिटिव प्रतिघात का मान परिवर्तित होता है
   (a) फ्रीक्वेन्सी के अनुक्रमानुपाती
   (b) फ्रीक्वेन्सी के व्युत्क्रमानुपाती
   (c) आरोपित वोल्टेज के अनुक्रमानुपाती
   (d) आरोपित वोल्टेज के व्युत्क्रमानुपाती

4. एक संधारित्र को 230 वोल्ट ए.सी. परिपथ में संयोजित किया गया है। इसकी वोल्टेज रेटिंग होनी चाहिए
   (a) 230 V (b) 300 V
   (c) 325 V (d) 450 V

5. 4 पिको फैरड मान प्रत्येक के दो संधारित्र श्रेणीक्रम में संयोजित किए जाते हैं। उनकी कुल धारिता होगी
   (a) 2 पिको फैरड (b) 4 पिको फैरड
   (c) 8 पिको फैरड (d) 16 पिको फैरड

6. कैपेसिटिव ए.सी. परिपथ में
   (a) धारा वोल्टेज से आगे चलती है
   (b) धारा वोल्टेज के पीछे चलती है
   (c) धारा वोल्टेज के साथ-साथ चलती है
   (d) वोल्टेज धारा से आगे रहता है

7. शुद्ध कैपेसिटिव परिपथ (pure capacitive circuit) का शक्ति व्यय (power consumption) होता है
   (a) नियत (b) उच्च
   (c) शून्य (d) इनमें से कोई नहीं

8. निम्न में से कार्य के आधार पर संधारित्र का प्रकार नहीं है
   (a) माइका संधारित्र (b) नियत मान संधारित्र
   (c) समंजनशील संधारित्र (d) इनमें से कोई नहीं

9. धारिता ……… से प्रभावित नहीं होती है।
   (a) प्लेट के क्षेत्रफल (b) प्लेटों के बीच की दूरी
   (c) परावैद्युत पदार्थ (d) आवृत्ति

10. समान्तर प्लेट संधारित्र की धारिता गणना निम्न में से किस सूत्र से की जा सकती है?
   (a) $C = \frac{7.75\,K^A\,(N+1)}{t \times 10^8}\,\mu F$ (b) $C = \frac{7.60\,K^A\,(N-1)}{t \times 10^8}\,\mu F$
   (c) $C = \frac{8.85\,K^A\,(N-1)}{t \times 10^8}\,\mu F$ (d) $C = \frac{9.95\,K^A\,(N-1)}{t \times 10^8}\,\mu F$

11. यदि किसी संधारित्र के सिरों पर नापा गया विभवान्तर (potential difference) 50 V हो, व उसके परिपथ में धारा प्रवाह 50 mA हो तो, उसका प्रतिघात (reactance) होगा
   (a) 1000 Ω (b) 1500 Ω (c) 1250 Ω (d) 1080 Ω

12. 80 μF संधारित्र का 50 Hz आवृत्ति पर प्रतिघात (reactance) क्या होगा?
   (a) 37.0 Ω (b) 30 Ω (c) 39.8 Ω (d) 37.5 Ω

13. संधारित्र में एकत्र होने वाली वैद्युतिक ऊर्जा का सूत्र है
   (a) $E = C.V^2$ जूल (b) $E = 2C.V^2$ जूल
   (c) $E = \frac{1}{2}C.V^2$ जूल (d) इनमें से कोई नहीं

14. वैद्युतिक कार्यों में संधारित्र का उपयोग किया जाता है
   (a) ट्यूब लाइट में पावर-फैक्टर बढ़ाने के लिए
   (b) वैद्युतिक मोटर्स को सैल्फ स्टार्ट बनाने के लिए
   (c) रेक्टीफायर्स में फिल्टर के रूप में
   (d) उपरोक्त सभी

15. निम्न में से कौन-सा समायोजनीय मान संधारित्र नहीं है?
   (a) ट्रिमर (b) पैडर
   (c) गैंग (d) इनसे कोई नहीं

16. सेरामिक संधारित्र में अचालक परत के रूप में प्रयोग किया जाता है
   (a) टिटेनियम (b) बेरियम (c) मैग्नीशियम (d) ये सभी

17. शुद्ध कैपेसिटिव ए.सी. परिपथ में धारा वोल्टेज से ……. ।
   (a) 90° अंश आगे होती है (b) 90° अंश पीछे होती है
   (c) 120° अंश आगे होती है (d) इनसे कोई नहीं

18. इनमें से किस संधारित्र के भूमि पर गिरने से क्षतिग्रस्त होने की सम्भावना सर्वाधिक होती है?
   (a) स्थिर संधारित्र (b) गैंग संधारित्र
   (c) इलेक्ट्रोलाइटिक संधारित्र (d) समायोजनीय संधारित्र

19. शुद्ध कैपेसिटिव सर्किट में
(a) करण्ट, वोल्टेज से 90° अग्रगामी होती है
(b) वोल्टेज, करण्ट से 90° अग्रगामी होती है
(c) करण्ट, वोल्टेज से 180° अग्रगामी होती है
(d) वोल्टेज, करण्ट से 180° अग्रगामी होती है

20. निम्न में से कौन-सा संधारित्र का प्रकार नहीं है?
(a) इलेक्ट्रोलाइटिक
(b) रिहोस्टेट
(c) ट्रिमर
(d) गैंग

विविध प्रारूपी प्रश्न

सत्य/असत्य

1. संधारित्र विद्युत ऊर्जा को अपने अन्दर एकत्रित करने वाली युक्ति है।
2. पेपर संधारित्र में अभ्रक की पतली शीट का प्रयोग किया जाता है।
3. सेरामिक एक समायोजनीय मान का संधारित्र है।
4. स्थिर वैद्युतिकी विज्ञान की वह शाखा है जो विद्युत की विराम अवस्था के विषय में जानकारी देती है।
5. किसी संधारित्र द्वारा एकत्र किया गया वैद्युतिक आवेश, उस संधारित्र के सिरों पर आरोपित वोल्टता के अनुक्रमानुपाती होता है।

रिक्त स्थानों की पूर्ति

1. कैपेसिटर में .... एकत्रित होता है।
2. परावैद्युत सार्मथ्य को .... मोटाई में दर्शाया जाता है।
3. इलेक्ट्रोलाइटिक एक .... संधारित्र है।
4. अनुनाद परिपथ का शक्ति गुणक सदैव .... होता है?
5. श्रेणी अनुनादी परिपथ का परिणामी रिएक्टैन्स .... हो जाता है।

अतिलघु उत्तरीय

1. किसी समानान्तर प्लेट संधारित्र की धारिता किन कारकों पर निर्भर करती है?
2. धारिता की S.I. प्रणाली में इकाई क्या होती है?
3. इलेक्ट्रोलाइटिक संधारित्र में अचालक पदार्थ के रूप में क्या प्रयोग किया जाता है?
4. संधारित्रों का धारिता मान कैसे दर्शाया जाता है?
5. अनुनाद से आप क्या समझते हैं?

लघु उत्तरीय

1. इलेक्ट्रॉनिक्स परिपथों में संधारित्र का क्या कार्य है?
2. धारिता से क्या अभिप्राय है?
3. परावैद्युत सामर्थ्य से आप क्या समझते हैं?
4. कैपेसिटर को समानान्तर क्रम में संयोजित करने पर उसकी धारिता पर क्या प्रभाव पड़ता है?
5. श्रेणी रेजोनेन्ट परिपथ से क्या आशय है? समझाइए।

दीर्घ उत्तरीय

1. संधारित्र के कार्य सिद्धान्त को विस्तारपूर्वक समझाइए।
2. कैपेसिटर में ऊर्जा संग्रह से सम्बन्धित सभी पदों का वर्णन कीजिए।
3. संधारित्र कितने प्रकार के होते हैं? संक्षिप्त में वर्णन कीजिए।

उत्तरमाला

■ **बहुविकल्पीय**

1. (b)	**2.** (b)	**3.** (b)	**4.** (c)	**5.** (a)	**6.** (a)	**7.** (c)	**8.** (a)	**9.** (d)	**10.** (c)
11. (a)	**12.** (c)	**13.** (c)	**14.** (d)	**15.** (c)	**16.** (d)	**17.** (a)	**18.** (b)	**19.** (a)	**20.** (b)

■ **सत्य/असत्य**

1. सत्य **2.** असत्य **3.** असत्य **4.** सत्य **5.** सत्य

■ **रिक्त स्थानों की पूर्ति**

1. आवेश **2.** वोल्ट प्रति यूनिट **3.** नियत मान **4.** इकाई **5.** शून्य

अध्याय 07

सक्रिय अवयव
Active Components

परिचय Introduciton

इलेक्ट्रॉनिक्स में सक्रिय अवयवों (active components) की महत्त्वपूर्ण भूमिका है। ये अवयव किसी परिपथ में इनपुट सिग्नल की वोल्टता या शक्ति का प्रवर्द्धन कर सकने में सक्षम होते हैं। इनके द्वारा सिग्नलों की प्रोसेसिंग किया जा सकना भी सम्भव है जो निष्क्रिय अवयवों से किया जाना सम्भव नहीं है। इन अवयवों के इनपुट व आउटपुट पूर्व-परिभाषित होते हैं, जिनको किसी भी प्रकार से परिवर्तित नहीं किया जा सकता। सक्रिय अवयवों के अन्तर्गत डायोड, ट्रांजिस्टर, फील्ड इफेक्ट ट्रांजिस्टर, सिलिकॉन कण्ट्रोल रेक्टीफायर आदि आते हैं। इस अध्याय में हम पाठ्यक्रम को ध्येय में रखकर केवल डायोड एवं उससे सम्बन्धित परिपथों के विषय में जानेंगे जबकि अन्य सक्रिय अवयवों के विषय में द्वितीय सेमेस्टर में जानकारी प्राप्त करेंगे।

7.1 सक्रिय अवयवों का आधार Base of Active Components

किसी भी युक्ति की समझ को विकसित करने के लिए उनके आधार को जान लेना भी आवश्यक होता है। सक्रिय अवयवों का आधार अर्द्धचालक पदार्थ है क्योंकि चालक एवं विद्युतरोधी पदार्थों के अतिरिक्त कुछ पदार्थ ऐसे भी होते हैं जिन पदार्थों की प्रतिरोधकता चालक पदार्थ एवं विद्युतरोधी पदार्थों के मध्य होती है।

अर्द्धचालक Semi-conductor

वे पदार्थ जोकि न तो पूर्णत: चालक होते हैं और न ही पूर्णत: विद्युतरोधी होते हैं। ऐसे पदार्थों को 'अर्द्धचालक' (semi-conductor) कहते हैं; जैसे—सिलिकॉन, जर्मेनियम एवं सेलेनियम इत्यादि। इनमें सिलिकॉन एवं जर्मेनियम का प्रयोग इलेक्ट्रॉनिक्स क्षेत्र में सर्वाधिक होता है। अर्द्धचालक पदार्थ में मुक्त इलेक्ट्रॉन की संख्या विद्युतरोधी पदार्थों से अधिक किन्तु चालक पदार्थों से कम होती है। कमरे के तापमान पर अर्द्धचालक पदार्थ के इकाई आयतन में मुक्त इलेक्ट्रॉन की संख्या 10^{18} तथा इनकी रेजिस्टिविटी 10^{-2} से 1 ओह्म मीटर क्रम में होती है। सिलिकॉन की रेसिस्टिविटी 10^{3} ओह्म-मीटर तथा जर्मेनियम की 0.65 ओह्म मीटर होती है। अर्द्धचालक पदार्थ दो प्रकार के होते हैं, जिनका वर्णन निम्न प्रकार है

इन्ट्रिन्सिक अर्द्धचालक Intrinsic Semiconductor

प्राकृतिक दशा में प्राप्त शुद्ध सिलिकॉन तथा जर्मेनियम इन्ट्रिन्सिक अर्द्धचालक (semiconductor) कहलाते हैं।

एक्सट्रिन्सिक अर्द्धचालक Extrinsic Semi-conductor

जब शुद्ध अर्द्धचालक पदार्थ में कोई उचित पदार्थ अशुद्धि के रूप में मिलाया जाता है तब यह पदार्थ अशुद्धि मिलाए जाने के पश्चात् 'एक्सट्रिन्सिक अर्द्धचालक' कहलाते हैं।

पूर्व विवरणों से यह स्पष्ट है कि अर्द्धचालक (0°K) या (–273°C) परम शून्य ताप पर विद्युतरोधी कुचालक की तरह कार्य करता है एवं इसमें धारा का प्रवाह ताप पर निर्भर करता है। यदि ऐसे कण्डक्टर्स पदार्थ (सिलिकॉन या जर्मेनियम) के साथ आवर्त्त तालिका (periodic table) में पाँचवें या तीसरे समूह (group) के कुछ विशेष तत्त्व अल्प मात्रा में अशुद्धि के रूप में मिला दिए जाएँ तो अर्द्धचालकों में मुक्त इलेक्ट्रॉन तथा विवरों (holes) की संख्या अधिक हो जाती है। अर्द्धचालकों के साथ सूक्ष्म मात्रा में अशुद्धि मिलाने की क्रिया डोपिंग (dopping) कहलाती है तथा अशुद्धि युक्त सेमी कण्डक्टर्स को एक्सट्रिन्सिक सेमी कण्डक्टर्स (extrinsic semi-conductors) भी कहा जाता हैं

सेमीकण्डक्टर्स के साथ अशुद्धि मिलाने पर तापमान में वृद्धि किए बिना ही उसमें धारा के प्रवाह को बढ़ाया जा सकता है। सेमी कण्डक्टर्स में अशुद्धि के रूप में तृतीय ग्रुप के बोरोन, गेलियम, इण्डियम या एल्युमीनियम तथा पाँचवें वर्ग (5th group) के एन्टीमनी, आर्सेनिक या फॉस्फोरस आदि मिलाए जाते हैं। इन पदार्थों के द्वारा ही सिग्नलों की प्रोसेसिंग करना एवं उनको नियन्त्रण में कर पाना सम्भव हो पाता है जोकि चालक एवं अचालक पदार्थों के द्वारा सम्भव नहीं है। डोपिंग के आधार पर ये दो प्रकार के होते हैं

P- **टाइप अर्द्धचालक** P-type Semi-conductor

यदि सिलिकॉन या जर्मेनियम सेमीकण्डक्टर में आवर्त्त तालिका (periodic table) के तीसरे ग्रुप जैसे इण्डियम, बोरोन या एल्युमीनियम तत्त्व (element) को अशुद्धि के रूप में सूक्ष्म मात्रा (लगभग दस लाख वाँ भाग) में मिलाया जाता है, तब निर्मित सेमीकण्डक्टर *P*-टाइप सेमीकण्डक्टर (*P*-type semi-conductor) कहलाता है। इस प्रकार की अशुद्धि के कारण जर्मेनियम या सिलिकॉन में सामान्य ताप पर धारा का प्रवाह अधिक होता है, क्योंकि अशुद्धि मिलाने के कारण सेमीकण्डक्टर की विद्युत चालकता बढ़ जाती है।

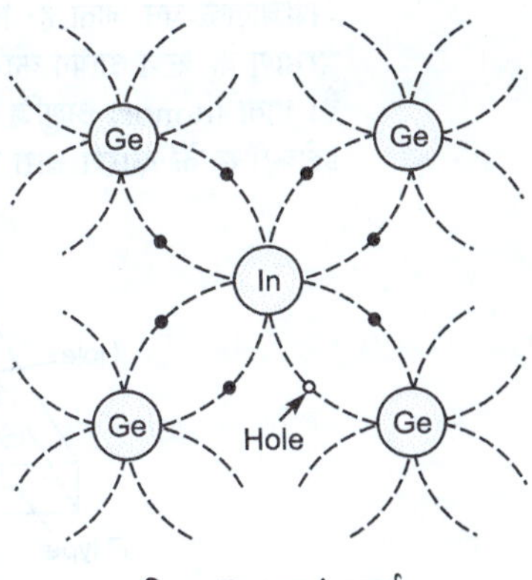

चित्र '*P*-प्रकार' पदार्थ

इण्डियम तथा गैलियम त्रिसंयोजी (trivalent) तत्त्व हैं। यदि इनमें से किसी एक तत्त्व की अल्प मात्रा, जर्मेनियम/सिलिकॉन में प्रवेश करा दी जाए, तो प्रत्येक इण्डियम/गैलियम परमाणु के लिए एक इलेक्ट्रॉन की कमी उत्पन्न हो जाती है जो 'होल' (hole) कहलाती है (देखिए चित्र) 'होल' का अर्थ है कि इलेक्ट्रॉन के लिए 'रिक्त स्थान' या 'विवर'।

जर्मेनियम की संरचना जालीय (lattice) होती है जिसमें प्रत्येक जर्मेनियम परमाणु, चार अन्य जर्मेनियम परमाणुओं के साथ सह-संयोजी बन्ध (covalent bond) स्थापित करता है। जब इस जालीय संरचना (lattice structure) में एक त्रिसंयोजी इण्डियम परमाणु प्रवेश कर जाता है, तो उसकी बाह्य कक्षा में केवल 3 इलेक्ट्रॉन्स विद्यमान होने के कारण एक इलेक्ट्रॉन की कमी पैदा हो जाती है अर्थात् 'विवर' (hole) पैदा हो जाती है। इस 'विवर' का आवेश धनात्मक होता है।

N- **टाइप अर्द्धचालक** N-type Semi-conductor

जब शुद्ध अर्द्धचालक में पाँच संयोजकता वाला अपद्रव्य (impurity); जैसे-आर्सेनिक, फॉस्फोरस अथवा एन्टिमनी को अशुद्धि के रूप में मिलाकर *N*-type अर्द्धचालक बनाते हैं, तो वह अर्द्धचालक के एक परमाणु को हटाकर उसका स्थान ले लेता है। अपद्रव्य पदार्थ परमाणु के पाँच इलेक्ट्रॉनों में से चार इलेक्ट्रॉन सिलिकॉन या जर्मेनियम के साथ सहसंयोजक बन्ध (covalent bond) बना लेते हैं, लेकिन अपद्रव्य परमाणु का एक इलेक्ट्रॉन मुक्त रह जाता है जोकि किसी भी सिलिकॉन या जर्मेनियम के परमाणु के इलेक्ट्रॉन के साथ सहसंयोजक बन्ध नहीं बना पाता है। यह मुक्त या पाँचवा इलेक्ट्रॉन क्रिस्टल में मुक्त हो जाता है।

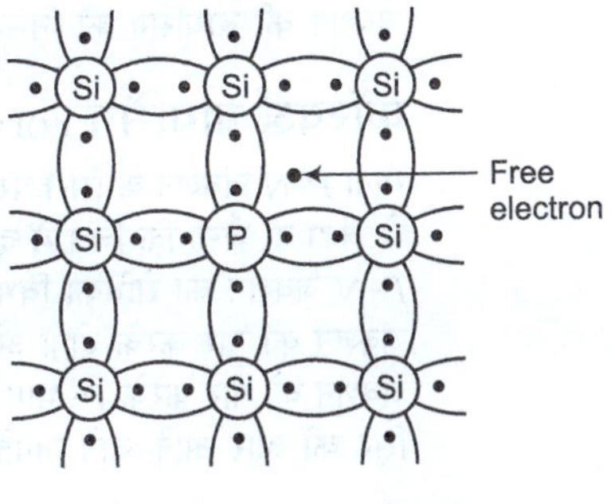

चित्र *N*-टाइप अर्द्धचालक

उदाहरण के लिए, जर्मेनियम में जब आर्सेनिक अशुद्धि को मिलाया जाता है तो एक मुक्त इलेक्ट्रॉन प्राप्त होता है जोकि धारा प्रवाहित करने के काम आता है। यह मुक्त इलेक्ट्रॉन किसी के साथ भी सह-संयोजक बन्ध नहीं बना पाता है। अशुद्ध परमाणु में एक मुक्त इलेक्ट्रॉन स्वतन्त्र होता है। अत: इस अशुद्धि को दाता अशुद्धि कहते हैं। इस विधि से प्राप्त अर्द्धचालक को *N*-type कहते हैं। *N*-type अर्द्धचालक की संरचना चित्र में दिखाई गई है।

➡ *N*-type अर्द्धचालक में मुक्त इलेक्ट्रॉनों की संख्या विवरों की संख्या से अधिक होती है।

N-टाइप अर्द्धचालक में मुक्त इलेक्ट्रॉन बहुसंख्यक आवेश वाहक तथा विवर अल्पसंख्यक आवेश वाहक कहलाते हैं, जिन्हें चित्र में स्पष्ट रूप से दिखाया गया है।

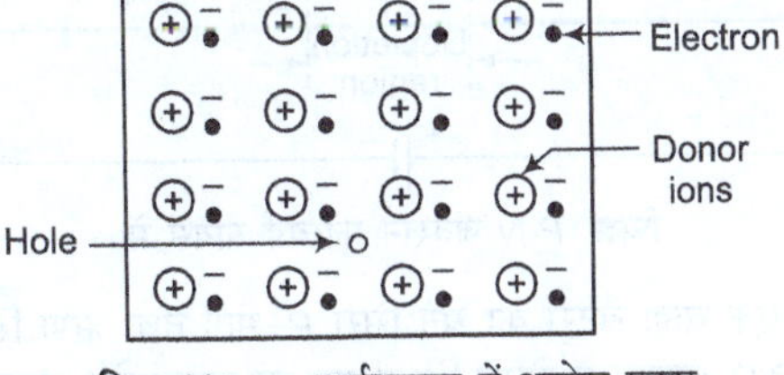

चित्र *N*-type अर्द्धचालक में आवेश प्रकार

7.2 P-N जंक्शन डायोड P-N Junction Diode

जब जर्मेनियम या सिलिकॉन क्रिस्टल में एक ओर दाता (donor) अशुद्धि तथा दूसरी ओर स्वीकारक (acceptor) अशुद्धि मिलाई जाती है, तब इस युक्ति को पी. एन. सन्धि (*P-N* junction) अथवा अर्द्धचालक डायोड कहते हैं। इस प्रकार की सन्धि के निर्माण के लिए जर्मेनियम या सिलिकॉन में पहले एक प्रकार की अशुद्धि मिलाई जाती है तथा एक प्रकार की अशुद्धि मिलाए जाने की क्रिया के मध्य ही दूसरी प्रकार की अशुद्धि मिलाई जाती है, जिससे अर्द्धचालक पदार्थ क्रिस्टल का एक भाग एक प्रकार की अशुद्धि से तथा शेष भाग दूसरी प्रकार की अशुद्धि से युक्त हो जाता है। चित्र में एक पी. एन. जंक्शन को दर्शाया गया है जिससे स्पष्ट होता है कि क्रिस्टल का एक भाग *P*-टाइप तथा दूसरा भाग *N*-टाइप

अर्द्धचालक बन जाता है। चित्र में P–टाइप अर्द्धचालक के भाग में विवर (hole) तथा बड़े वृत्त में ऋण (–) चिह्न द्वारा स्वीकारक अशुद्धि के परमाणु के ऋण आयन को प्रदर्शित किया गया है तथा N–टाइप सेमी कण्डक्टर के भाग में इलेक्ट्रॉन्स तथा बड़े वृत्त में धन (+) चिह्न दर्शाए गए हैं। दाता (donor) अशुद्धि के परमाणु के धन आयन को प्रदर्शित करते हैं। इस प्रकार संधि के P–भाग में विवर के कारण तथा N–भाग में इलेक्ट्रॉन्स के कारण धारा प्रवाहित होती है।

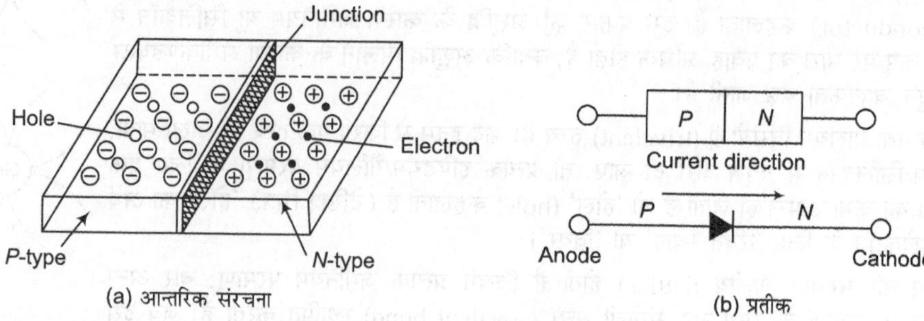

चित्र P-N जंक्शन या अर्द्धचालक डायोड

P-N जंक्शन की बायसिंग Biasing of a P-N Junction

P-N जंक्शन को बाह्य वोल्टेज स्रोत के साथ संयोजित करना बायसिंग कहलाता है। इसमें स्रोत को दो प्रकार से संयोजित करने के कारण P-N जंक्शन की बायसिंग को निम्न दो प्रकार से किया जा सकता है

फॉरवर्ड बायसिंग Forward Biasing

माना P-N जंक्शन के सिरों पर बाह्य बैटरी इस प्रकार संयोजित की जाती है कि बैट्री का धनात्मक सिरा P–भाग से तथा ऋणात्मक सिरा N–भाग से जुड़ा हो जैसा कि चित्र में दर्शाया गया है। चित्र से स्पष्ट है कि बाह्य वि. वा. बल 'पोटैन्शियल बैरियर' के विपरीत है, जिसके परिणामस्वरूप P-N जंक्शन का रोधिका विभव (barrier potential) घटकर इतना दुर्बल हो जाता है कि वह N–तथा P–भाग से होल्स तथा इलेक्ट्रॉन्स को जंक्शन को पार करके दोनों ओर जाने से नहीं रोक पाता। अत: P-N जंक्शन के साथ एक बाह्य बैट्री संयोजित करने पर N–भाग से इलेक्ट्रॉन जंक्शन को पार करके P–भाग में बैटरी के धनात्मक सिरे की ओर तथा P–भाग से होल्स जंक्शन को पार करके N–भाग में बैटरी के ऋणात्मक सिरे की ओर आने-जाने लगते हैं।

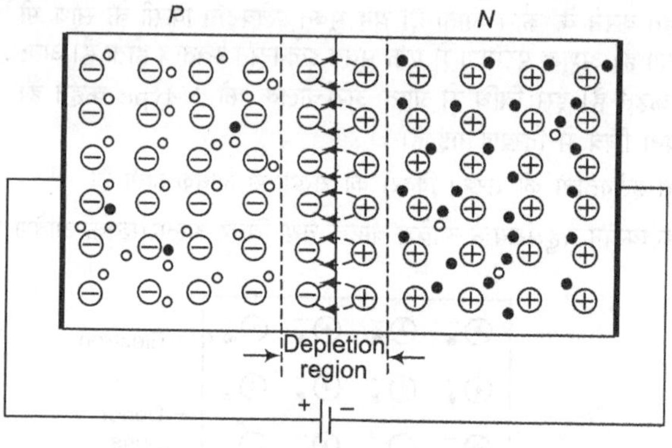

चित्र P-N जंक्शन फॉरवर्ड बायस में

अत: P-N जंक्शन के दोनों सिरों पर एक बाह्य बैटरी का धन सिरा P–भाग तथा ऋण सिरा N–भाग से जोड़ने पर जंक्शन के मैजोरिटी चार्ज कैरियर जंक्शन को पार करने लगते हैं तथा जंक्शन में होकर विद्युतधारा का प्रवाह होने लगता है। अब यह स्पष्ट है कि P–भाग में विवरों (holes) की गति के कारण तथा N–भाग में इलेक्ट्रॉन्स की गति के कारण ही जंक्शन में विद्युत धारा का प्रवाह होता है।

किसी P-N जंक्शन के दोनों सिरों पर बाह्य बैट्री को इस प्रकार संयोजित करने की क्रिया को, जिसमें बाह्य वि. वा. बल आन्तरिक रोधिका विभव के विरुद्ध कार्य करके उसे क्षीण या समाप्त कर देता है तथा जिसके परिणामस्वरूप जंक्शन से होकर धारा प्रवाह होने लगता है, इस स्थिति में यह अवस्था फॉरवर्ड बायस अवस्था (forward biasing) कहलाती है।

रिवर्स बायसिंग Reverse Biasing

यदि बाह्य बैट्री के धन सिरे को जंक्शन के N–भाग से तथा ऋण सिरे को P भाग से संयोजित कर दिया जाए तब बाह्य वि. वा. बल भी आन्तरिक रोधिका विभव (potential barrier) की ही दिशा में कार्य करने लगता है, जिससे आन्तरिक रोधिका विभव (internal potential barrier) और

अधिक शक्तिशाली हो जाता है। अतः वह N-भाग के इलेक्ट्रॉन्स (मैजोरिटी कैरियर) जंक्शन को पार करके P-भाग में तथा P-भाग से होल्स (मैजोरिटी कैरियर) जंक्शन को पार करके N-भाग में नहीं जा पाते जिससे जंक्शन से होकर धारा/करण्ट का प्रवाह नहीं हो पाता। अतः जंक्शन अचालन दशा (non-conducting state) में आ जाता है जैसा कि चित्र में दर्शाया गया है।

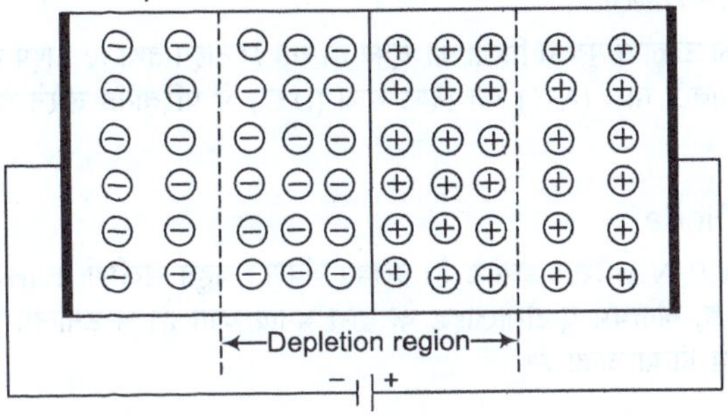

चित्र *P-N* जंक्शन रिवर्स बायस में

किसी P-N जंक्शन के दोनों सिरों पर बाह्य बैट्री को इस तरह संयोजित करने की क्रिया को, जिसमें बाह्य वि. वा. बल आन्तरिक पोटैंशियल बैरियर की दिशा में होने के कारण उसे बढ़ा देता है तथा जिससे जंक्शन अचालन दशा में आ जाता है, इस स्थिति मे यह अवस्था रिवर्स बायसिंग (reverse biasing) कहलाती है।

अभिलक्षण Characteristics

P-N जंक्शन डायोड रेक्टीफायर के समान कार्य करता है, क्योंकि फॉरवर्ड बायस की स्थिति में धारा (current) का प्रवाह जंक्शन से होता है तथा रिवर्स बायस की स्थिति में धारा का प्रवाह जंक्शन से अत्यधिक सूक्ष्म मात्रा में होता है। P-N जंक्शन के सिरों पर लगाए गए बाह्य विभवान्तर तथा जंक्शन से प्रवाहित धारा के मध्य खींचे वक्र को P-N जंक्शन या अर्द्धचालक डायोड का अभिलक्षण कहते हैं।

अभिलक्षण वक्र से स्पष्ट है कि फॉरवर्ड बायस पर प्रारम्भ में धारा/करण्ट बहुत कम प्रवाहित होती है, जब तक कि बाह्य वोल्टेज रोधिका-विभव (potential barrier) को सन्तुलित नहीं करता है। जर्मेनियम डायोड में 0.3 V तथा सिलिकॉन डायोड में 0.7 V पर इलेक्ट्रॉन तथा होल जंक्शन को पार करने लगते हैं जिसे नी-वोल्टेज (knee-voltage) V_k कहते हैं। इसके पश्चात् फॉरवर्ड बायस वोल्टेज में थोड़े परिवर्तन पर ही धारा (current) का मान तीव्रता से बढ़ता जाता है।

रिवर्स बायस में धारा/करण्ट कुछ माइक्रो एम्पियर प्रवाहित होती है, परन्तु रिवर्स बायस वोल्टेज का मान बढ़ाते हुए रिवर्स ब्रेक डाउन वोल्टेज के निकट वोल्टेज में थोड़ा-सा परिवर्तन करने से रिवर्स बायस धारा में तीव्रता से परिवर्तन होता है जैसा कि उपरोक्त अग्र चित्र में दर्शाए गए रिवर्स बायस ग्राफ (graph) OAD से स्पष्ट है।

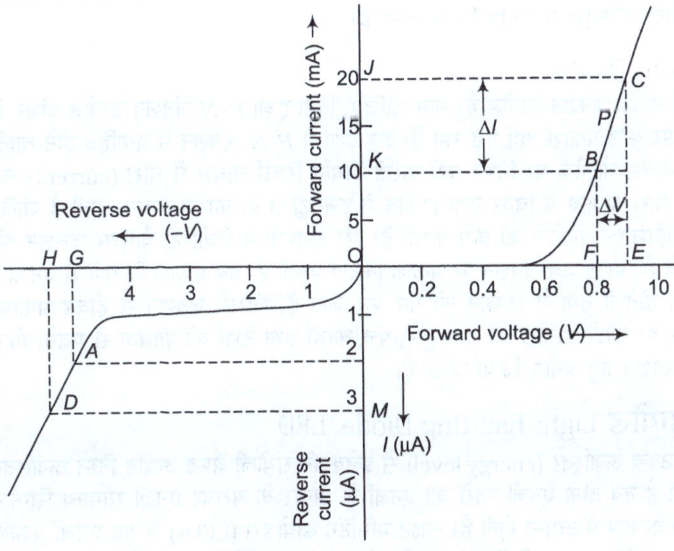

चित्र *P-N* जंक्शन का अभिलक्षण वक्र

वर्गीकरण Classification

इलेक्ट्रॉनिक्स इन्जीनियरिंग के क्षेत्र में विभिन्न प्रकार के डायोड प्रयोग में लाए जाते हैं, जिनमें मुख्य डायोड निम्नलिखित हैं

साधारण डायोड Simple Diode

साधारण *P-N* जंक्शन डायोड का उल्लेख पूर्व में किया जा चुका है। यह *P* टाइप तथा *N* टाइप सेमीकण्डक्टर को मिलाने से बनता है तथा प्रत्यावर्ती धारा (A.C.) को दिष्ट धारा (D.C.) में परिवर्तित करने हेतु रेक्टीफायर सर्किट में प्रयोग किया जाता है।

चित्र साधारण डायोड

टनल डायोड Tunnel Diode

यह उच्च डोपिंग विधि से निर्मित *P-N* जंक्शन डायोड है। इसका जंक्शन बहुत संकीर्ण (narrow) होता है। यह जर्मेनियम, गैलियम आर्सेनाइड, गैलियम एन्टीमोलाइड के द्वारा बनाए जाते हैं। ये टनलिंग प्रभाव देते हैं। इनका प्रयोग माइक्रोवेव सर्किट में किया जाता है।

चित्र टनल डायोड

वैरेक्टर डायोड Varactor Diode

किसी *P-N* जंक्शन को रिवर्स बायस में प्रयोग किये जाने पर वह आवेशित संधारित्र (capacitor) की तरह कार्य करता है जोकि इसके जंक्शन पर वोल्टेज प्रयुक्त करने पर होता है। जंक्शन के मध्य बनी अवक्षय परत (depletion layer) दो चालक प्लेटो के मध्य परावैद्युत (dielectric) के समान कार्य करती है तथा कैपेसिटर संरचना बनाती है। यह फ्रीक्वेन्सी मल्टीप्लायर, ट्यूनिंग सर्किट्स तथा पल्स सर्किट्स में प्रयोग किए जाते हैं।

चित्र वैरेक्टर डायोड

P-I-N डायोड P-I-N Diode

P-I-N डायोड में बहुत अधिक मात्रा में डोपिंग किया गया *P*-क्षेत्र (*P*-region) तथा *N*-क्षेत्र (*N*-region) होता है जिन्हें इन्ट्रिन्सिक क्षेत्र द्वारा पृथक् कर दिया जाता है। जब *I*-टाइप क्षेत्र में करण्ट नहीं होती तब डायोड कैपेसिटर के समान कार्य करता है। इसका प्रतिरोध फॉरवर्ड बायस में कम होता है। निम्न आवृत्ति पर एक साधारण डायोड के समान कार्य करता है, परन्तु उच्च आवृत्ति पर परिवर्तनीय प्रतिरोध दर्शाता है। यह माइक्रोवेव सर्किट्स में प्रयोग किया जाता है।

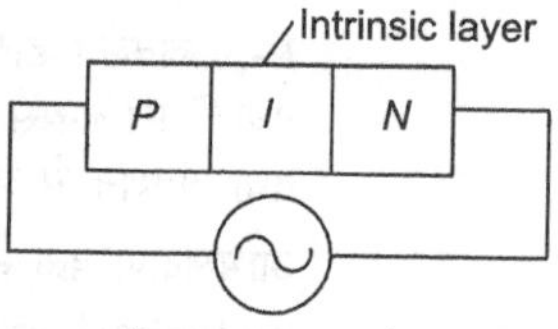

चित्र *P-I-N* डायोड

जीनर डायोड Zener Diode

जीनर डायोड को वोल्टेज रेगुलेटर डायोड के नाम से भी जाना जाता है। इसमें *P-N* जंक्शन के दोनों ओर अधिक मात्रा में डोपिंग किया जाता है, जिसके कारण जीनर ब्रेक डाउन कम वोल्टेज पर प्राप्त होता है। जीनर डायोड 5.0 से 25 वोल्ट तथा 0.25 से 50 वाट तक बाजार में उपलब्ध होते हैं। जीनर डायोड को अस्थिर D.C. सप्लाई इनपुट को, स्थिर D.C. आउटपुट में परिवर्तित करने हेतु एवं रैफरैन्स डी. सी. वोल्टेज प्राप्त करने हेतु रेक्टीफिकेशन कण्ट्रोल सर्किट्स में प्रयोग किया जाता है।

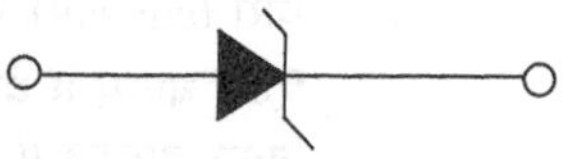

चित्र जीनर डायोड

फोटो डायोड Photo Diode

फोटो डायोड एक रिवर्स बायस जंक्शन डायोड है। मान लीजिए, दिया हुआ *P-N* जंक्शन डायोड अँधेरे में रखा गया है अर्थात् इस पर कोई प्रकाश नहीं पड़ रहा है। इस दशा में *P-N* जंक्शन में प्रवाहित होने वाली धारा (current) रिवर्स बायस वोल्टेज पर निर्भर नहीं करती अर्थात् रिवर्स बायस में धारा (current) का मान स्थिर रहता है। यह धारा *N* क्षेत्र में विवर तथा *P* क्षेत्र में इलेक्ट्रॉन्स के कारण उत्पन्न होती हैं जोकि जंक्शन को पार करके पोटैंशियल वोल्टेज को कम करती हैं। इस अवस्था में मैजोरिटी कैरियर जंक्शन को पार करने में असमर्थ रहते हैं, परन्तु जब जंक्शन पर प्रकाश किरणें पड़ती हैं, तब प्रकाश किरणों से एनर्जी प्राप्त करके नए होल्स-इलेक्ट्रॉन्स जोड़े जंक्शन के निकट उत्पन्न होते हैं तथा वे जंक्शन को पार कर जाते हैं, जिससे जंक्शन से होकर प्रकाश तीव्रता के समानुपाती अतिरिक्त धारा (current) प्रवाहित होती है। फोटो डायोड को कम्प्यूटर, पंच कार्डों तथा टेप्स को शीघ्रता से पढ़ने, फिल्मों के साउण्ड ट्रैक पढ़ने तथा प्रकाश नियन्त्रित स्विच के कण्डक्शन हेतु प्रयोग किया जाता है।

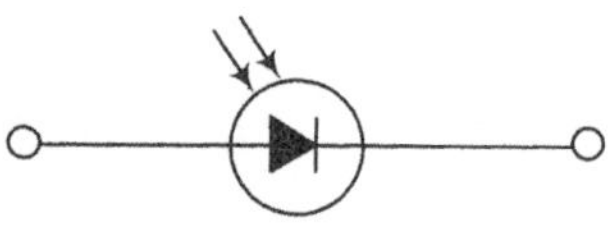

चित्र फोटो डायोड

लाइट एमिटिंग डायोड Light Emitting Diode, LED

जब चालन बैण्ड अर्थात् उच्च ऊर्जास्तर (energy level) से इलेक्ट्रॉन संयोजी बैण्ड अर्थात् निम्न ऊर्जास्तर (energy level) में आता है तब दोनों एनर्जी स्तरों की एनर्जी के अन्तर के बराबर एनर्जी सामान्य सिग्नल एवं पॉवर, डायोड में ताप के रूप में उत्पन्न होती है। लाइट एमिटिंग डायोड्स (LEDs) में यह एनर्जी प्रकाश के रूप में उत्पन्न होती है। जर्मेनियम तथा सिलिकॉन डायोड में प्रकाश उत्सर्जित (emit) होने की सम्भावना कम रहती है।

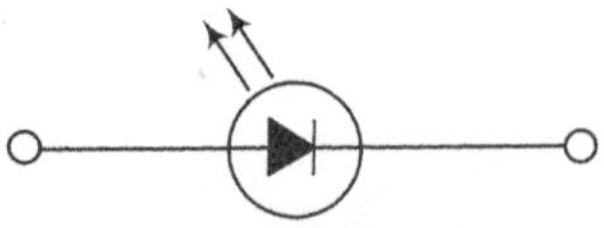

चित्र लाइट एमिटिंग डायोड

इसलिए (LEDs) के निर्माण में गैलियम आर्सेनाइड फॉस्फाइड (Ga As P), गैलियम फॉस्फाइड (Ga P) पदार्थों का प्रयोग किया जाता है। गैलियम फॉस्फाइड का प्रयोग करके LED हरे तथा भूरे रंग का प्रकाश तथा गैलियम आर्सेनाइड (Ga As) का प्रयोग करके (LED) लाल रंग का प्रकाश उत्सर्जित करती हैं। LEDs को डिजिटल घड़ियों, पब्लिसिटी बोर्डों, कैलकुलेटर, टेलीफोन आदि में इण्डिकेटर के रूप में प्रयोग किया जाता है।

अनुप्रयोग Applications

इलेक्ट्रॉनिक्स इन्जीनियरिंग कार्यों में अर्द्ध-चालक डायोड (semi-conductor diodes) के निम्न अनुप्रयोग होते हैं

(i) ट्रांजिस्टर रेडियो रिसीवर तथा टेपरिकॉर्डर के प्रचालन हेतु बैट्री एलिमिनेटर बनाने के लिए प्रयोग किए जाते हैं।

(ii) विभिन्न इलेक्ट्रॉनिक्स, उपकरणों के सर्किट के लिए स्थिर डी. सी. इनपुट वोल्टेज प्रयुक्त करने हेतु डी. सी. पावर सप्लाई के निर्माण हेतु प्रयोग किए जाते हैं।

(iii) दूर संचार सर्किटों में मॉडुलेशन कार्य के लिए प्रयोग किए जाते हैं।

(iv) वोल्टेज स्थिरीकरण (voltage stabilization) सर्किट्स में जीनर डायोड के रूप में प्रयोग किए जाते हैं।

(v) कम्प्यूटर में लॉजिक सर्किट्स डायोड में प्रयोग किए जाते हैं।

(vi) वोल्टेज नियन्त्रित ट्यूनिंग सर्किट्स में रेडियो तथा टी. वी. रिसीवरों में प्रयोग किए जाते हैं। इस कार्य के लिए वैरेक्टर डायोड की जंक्शन कैपेसिटैन्स को किसी विशेष निश्चित सीमा में रखा जाता है।

7.3 दिष्टकारी Rectifier

प्रत्यावर्ती धारा को दिष्ट धारा में परिवर्तित करने की प्रक्रिया दिष्टकरण (rectification) कहलाती है तथा इसके लिए प्रयुक्त की जाने वाली युक्ति को दिष्टकारी (rectifier) कहा जाता है। दिष्टकारी परिपथ का मुख्य अवयव अर्द्धचालक डायोड होता है, क्योंकि वह एक समय में प्रत्यावर्ती धारा के केवल एक अर्द्ध-चक्र पर ही प्रचालित होता है। दिष्टकारी परिपथ मुख्यत: निम्न प्रकार के होते हैं

अर्द्ध तरंग दिष्टकारी Half Wave Rectifier

ऐसे रेक्टीफायर जो A.C. के प्रत्येक चक्र (cycle) में केवल अर्द्ध-चक्र (half-cycle) को ही रेक्टीफाइड (rectified) करते हैं, अर्द्ध-तरंग दिष्टकारी कहलाते हैं। इस प्रकार के दिष्टकारी की रिपिल फ्रीक्वेन्सी, इनपुट फ्रीक्वेन्सी के बराबर होती है

चित्र (a) के अनुसार अर्द्ध तरंग दिष्टकारी में स्टैप डाउन ट्रांसफॉर्मर तथा एक सेमीकण्डक्टर डायोड का प्रयोग किया जाता है। ट्रांसफॉर्मर की प्राइमरी वाइण्डिंग को जब A.C. सप्लाई से जोड़ा जाता है तब 230 वोल्ट की A.C. आवश्यकतानुसार निम्न वोल्टेज (6, 12 या 24 वोल्ट) A.C. में परिवर्तित हो जाती है। निम्न वोल्टेज से लोड प्रतिरोधक (load resistance) R_L के श्रेणी में सेमीकण्डक्टर डायोड D जोड़ा गया है। A.C. साइकिल के प्रथम अर्द्ध-चक्र में जब डायोड D का एनोड A धनात्मक तथा कैथोड K ऋणात्मक होता है तब इस अवस्था में P-N जंक्शन डायोड फॉरवर्ड बायस में होने के कारण चालन (conducting) अवस्था में आ जाता है, जिससे R_L से होकर धारा (current) प्रवाहित होती है तथा A.C. साइकिल के दूसरे अर्द्ध-चक्र (half cycle) में जब एनोड A ऋणात्मक तथा कैथोड K धनात्मक होता है तब P-N जंक्शन डायोड रिवर्स बायस पर होता है। अत: इस समय डायोड अचालन (non-conducting) अवस्था में आ जाता है तथा R_L से होकर विद्युतधारा प्रवाहित नहीं होती है। यह क्रिया A.C. के प्रत्येक साइकिल पर होती रहती है। इस प्रकार लोड रेसिस्टेन्स के आर-पार पल्सेटिंग वोल्टेज (pulsating voltage) विकसित होती है। चित्र (b) में आउटपुट D.C. वोल्टेज वक्र अर्द्ध तरंग दिष्टकारी (half wave rectifier) को दर्शाया गया है।

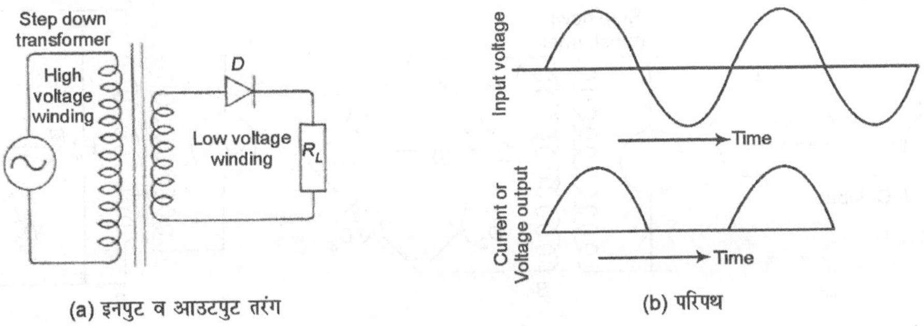

(a) इनपुट व आउटपुट तरंग (b) परिपथ

चित्र अर्द्ध-तरंग दिष्टकारी

पूर्ण तरंग दिष्टकारी Full Wave Rectifier

फुल वेव रेक्टीफायर का परिपथ (circuit) आरेख चित्र (a) में दर्शाया गया जिसमें एक स्टैप डाउन ट्रांसफॉर्मर, दो अर्द्धचालक डायोड D_1 तथा D_2 तथा लोड प्रतिरोधक (resistor) R_L जोड़ा गया है। इस विधि में ट्रांसफॉर्मर की वाइण्डिंग सेन्टर-टैप सहित प्रयोग की जाती है।

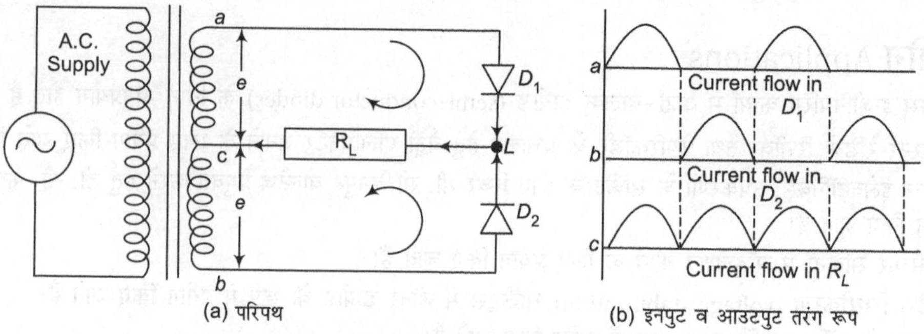

चित्र पूर्ण-तरंग दिष्टकारी

चित्र (a) के अनुसार डायोड D_1, D_2 के P भागों अर्थात् एनोड (A) को क्रमशः ट्रांसफॉर्मर की निम्न वोल्टेज वाइण्डिंग के सिरे a तथा b से संयोजित करते हैं तथा D_1, D_2 के N भागों अर्थात् कैथोड (K) को आपस में एक तार द्वारा बिन्दु L पर संयोजित करते हैं। अब ट्रांसफॉर्मर की प्राइमरी वाइण्डिंग को 230 V A.C सप्लाई लाइन से जोड़ने पर A.C. चक्र के प्रथम अर्द्ध-चक्र में होने पर डायोड D_1 कण्डक्शन अवस्था में आ जाता है तथा D_1 के जंक्शन से होकर धारा/करण्ट लोड रेजिस्टेन्स R_L से सेन्टर टैप C की ओर प्रवाहित होती है। इसके पश्चात् प्रथम चक्र के दूसरे अर्द्ध-चक्र में सेकेण्डरी वाइण्डिंग का सिरा a ऋणात्मक हो जाता है तथा सिरा b धनात्मक हो जाता है। इस दशा में डायोड D_1 रिवर्स बायस पर तथा D_2 फॉरवर्ड बायस पर आ जाता है। इस दशा में धारा/करण्ट डायोड D_2 के P-N जंक्शन से होकर लोड प्रतिरोधक से पुनः कॉमन बिन्दु L से बिन्दु C की ओर प्रवाहित होती है। इस प्रकार A.C. चक्र के प्रत्येक चक्र में यही क्रिया निरन्तर होती रहती है अर्थात् जब डायोड D_1 चालन अवस्था में होता है तब D_2 अचालन अवस्था में होता है तथा जब D_2 चालन अवस्था में होता है तब D_1 अचालन अवस्था में होता है। पूर्ण-तरंग या फुल वेव रेक्टीफिकेशन की आउटपुट को चित्र (b) में दर्शाया गया है। फुल वेव रेक्टीफायर की रिपल फ्रीक्वेन्सी, सप्लाई फ्रीक्वेन्सी की दुगनी अर्थात् 100 Hz होती है।

सेतु दिष्टकारी Bridge Rectifier

अग्र पृष्ठ पर चित्र (a) में फुल वेव ब्रिज रेक्टीफायर का सर्किट दर्शाया गया है, जिसमें एक स्टैपडाउन ट्रांसफॉर्मर तथा चार अर्द्धचालक डायोड D_1, D_2, D_3 व D_4 तथा एक लोड प्रतिरोधक R_L दर्शाए गए हैं।

सर्किट के कार्य सिद्धान्त को सरलतापूर्वक समझने हेतु मुख्य ब्रिज सर्किट को दो भागों में बाँटा गया है। सर्किट के प्रथम भाग को चित्र (b) में दर्शाया गया है। इस सर्किट के अनुसार जब ट्रांसफॉर्मर की निम्न वोल्टेज वाइण्डिंग का a सिरा A.C. चक्र के प्रथम हाफ साइकिल में धनात्मक होता है तब डायोड D_4 तथा D_2 एक साथ फॉरवर्ड बायस पर होने के कारण चालन अवस्था में आ जाते हैं। इससे धारा/करण्ट डायोड D_2 जंक्शन से लोड प्रतिरोधक R_L में बिन्दु L से बिन्दु M से डायोड D_2 के जंक्शन से होती हुई निम्न वोल्टेज वाइण्डिंग के सिरे b को वापस चली जाती है।

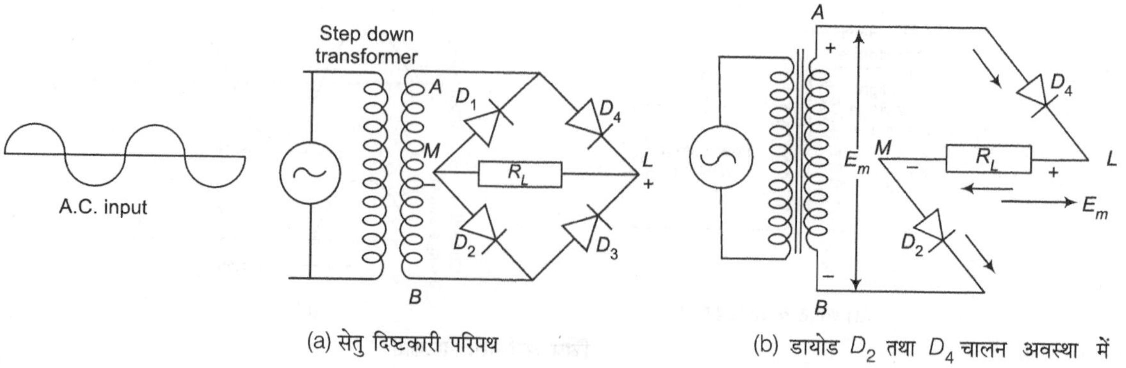

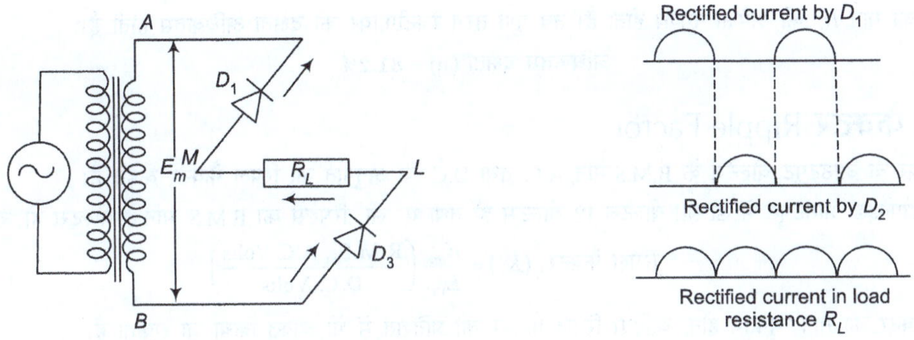

(c) डायोड D_3 तथा D_1 चालन अवस्था में (d) आउटपुट तरंग रूप

चित्र सेतु दिष्टकारी

अब सर्किट के दूसरे भाग चित्र (c) के अनुसार A.C. साइकिल के दूसरे हाफ साइकिल में जब ट्रांसफॉर्मर की निम्न वाल्टेज वाइण्डिंग का सिरा धनात्मक होता है तब डायोड D_3 तथा D_1 एक साथ फॉरवर्ड बायस पर होने के कारण चालन अवस्था में आ जाते हैं। इससे धारा डायोड D_3 के जंक्शन से लोड प्रतिरोध R_L में बिन्दु L से होकर बिन्दु M से, डायोड D_1 के जंक्शन से होती हुई ट्रांसफॉर्मर वाइण्डिंग सिरे को वापस लौटती है। इस प्रकार लोड प्रतिरोधक के आर-पार (across) पूर्ण तरंग दिष्टकारी की भाँति ही ब्रिज रेक्टीफायर की रिपल फ्रीक्वेन्सी भी सप्लाई फ्रीक्वेन्सी की दोगुनी अर्थात् 100 Hz होती है। चित्र (d) में पूर्ण-तरंग ब्रिज दिष्टकारी का आउटपुट डी. सी. वोल्टेज वक्र को दर्शाया गया है।

7.4 दिष्टकारी की दक्षता Efficiency of Rectifier

अर्द्ध-तरंग रेक्टीफायर की दक्षता (Efficiency of half wave rectifier)

$$\text{रेक्टीफायर दक्षता } (\eta) = \frac{\text{D.C. आउटपुट पावर}}{\text{A.C. इनपुट पावर}}$$

$\because$ D.C. आउटपुट पावर $(P_{DC}) = I_{DC}^2 \times R_L = \left(\frac{I_m}{\pi}\right)^2 \times R_L$ तथा A.C. इनपुट पावर $(P_{AC}) = I_{\text{rms}}^2 (r_f + R_L)$

जहाँ r_f = डायोड प्रतिरोध, R_L = लोड प्रतिरोध,

अर्द्ध-तरंग (half wave) रेक्टीफाइड तरंग $I_{\text{rms}} = \frac{I_m}{2}$

$$\therefore \quad P_{\text{A.C.}} = \left(\frac{I_m}{2}\right)^2 \times (r_f + R_L)$$

$$\therefore \quad \text{अर्द्ध-तरंग रेक्टीफायर की दक्षता} = \frac{\text{D.C. आउटपुट पावर}}{\text{A.C. इनपुट पावर}} = \frac{\left(\frac{I_m}{\pi}\right)^2 R_L}{\left(\frac{I_m}{2}\right)^2 \times (r_f + R_L)} = \frac{0.406\, R_L}{r_f + R_L} = \frac{0.406}{1 + \frac{r_f}{R_L}}$$

यदि r_f का मान R_L की अपेक्षा नगण्य (negligible) होता है तब अर्द्ध तरंग रेक्टीफायर की दक्षता अभिकतम होती है।

अत: अधिकतम दक्षता = 40.6%

पूर्ण-तरंग रेक्टीफायर की दक्षता (Efficiency of full wave rectifier) = $I_{\text{DC}} = \frac{2I_m}{\pi}$

$$\therefore \quad \text{D.C. आउटपुट पावर } (P_{\text{DC}}) = I_{DC}^2 \times R_L = \left(\frac{2I_m}{\pi}\right)^2 \times R_L \quad \text{...(i)}$$

A.C. इनपुट पावर उपरोक्त अनुसार, $P_{\text{A.C.}} = I_{\text{rms}}^2 (r_f + R_L)$

पूर्ण तरंग (full wave) रेक्टीफाइड तरंग (wave) $I_{\text{rms}} = \frac{I_m}{\sqrt{2}}$

$$\therefore \quad P_{\text{A.C.}} = \left(\frac{I_m}{\sqrt{2}}\right)^2 \times (r_f + R_L) \quad \text{...(ii)}$$

$$\because \quad \text{पूर्ण तरंग रेक्टीफायर की दक्षता } (\eta) = \frac{P_{\text{D.C.}}}{P_{\text{A.C.}}} = \frac{\left(\frac{2I_m}{\pi}\right)^2 R_L}{\left(\frac{I_m}{\sqrt{2}}\right)^2 (r_f + R_L)} = \frac{8}{\pi^2} \times \frac{R_L}{r_f + R_L} = \frac{0.812}{1 + \frac{r_f}{R_L}}$$

यदि r_f का मान R_L की अपेक्षा नगण्य होता है। तब पूर्ण तरंग रेक्टीफायर की दक्षता अधिकतम होती है।

$\therefore$ अधिकतम दक्षता $(\eta) = 81.2\%$

रिपल फैक्टर Ripple Factor

रेक्टीफायर के आउटपुट वोल्टेज के R.M.S मान, A.C. तथा D.C. के अनुपात को रिपल फैक्टर कहते हैं।

यदि रेक्टीफाइड आउटपुट में डी.सी. वोल्टेज 12 वोल्ट्स हो तथा ए. सी. रिपल्स का R.M.S. मान 4 वोल्ट्स हो, तब

$$\text{रिपल फैक्टर, } (K_r) = \frac{E_{rms}}{E_{DC}}\left(\frac{\text{R.M.S., A.C. Volts}}{\text{D.C. Volts}}\right)$$

रिपल फैक्टर का मान न्यूनतम होना चाहिए। रिपल फैक्टर को प्रतिशत में भी व्यक्त किया जा सकता है।

$$\text{रिपल फैक्टर } (K_r) = \frac{E_{rms}}{E_{DC}} \times 100$$

7.5 फिल्टर परिपथ Filter Circuit

किसी दिष्टकारी परिपथ से प्राप्त होने वाली डी.सी. पल्सेटिंग अर्थात् घटते-बढ़ते स्वभाव वाली होती है। अतः पल्सेटिंग डी.सी. को शुद्ध डी.सी. में परिवर्तित करने के लिए संधारित्रों तथा चोक्स/प्रतिरोधक से निर्मित एक परिपथ प्रयोग किया जाता है, जो फिल्टर परिपथ कहलाता है। इलेक्ट्रॉनिक उपकरणों में प्रयुक्त दिष्टकारी परिपथ के साथ शुद्ध डी.सी. प्रदान करने के लिए फिल्टर परिपथ का प्रयोग लगभग आवश्यक होता है।

कार्यप्रणाली Working System

फिल्टर परिपथ की कार्यप्रणाली मूलतः कैपेसिटर एवं इण्डक्टर के सिद्धान्तों पर आधारित होती है। कैपेसिटर का कैपेसिटिव रिएक्टेन्स, फ्रीक्वेन्सी के व्युत्क्रमानुपाती होता है

अर्थात्
$$X_C \propto \frac{1}{f}$$

इस प्रकार कोई संधारित्र, डी.सी. के लिए अनन्त अवरोध और पल्सेटिंग डी.सी. के लिए कम अवरोध प्रस्तुत करता है। इण्डक्टर का इण्डक्टिव रिएक्टेन्स, फ्रीक्वेन्सी के अनुक्रमानुपाती होता है अर्थात् $X_L \propto f$। इस प्रकार कोई इण्डक्टर, डी.सी. के लिए शून्य अवरोध और पल्सेटिंग डी.सी. के लिए पर्याप्त अवरोध प्रस्तुत करता है। प्रतिरोधक स्वयं में कोई फिल्ट्रेशन क्रिया नहीं करता है।

प्रकार Types

दिष्टकारियों में निम्न दो प्रकार के फिल्टर परिपथों का प्रयोग किया जाता है

चोक इनपुट फिल्टर Choke Input Filter

इस परिपथ का इनपुट घटक एक चोक होती है। यह डी.सी. में विद्यमान रिपिल्स का विरोध करती है तथा शुद्ध डी.सी. को आउटपुट की ओर जाने देती है। चोक के बाद समानान्तर क्रम में संयोजित कैपेसिटर, बचे हुए रिपिल्स को 'बाई-पास' कर देता है, फलतः आउटपुट में शुद्ध डी.सी. प्राप्त हो जाती है। इस परिपथ का 'वोल्टेज रेगुलेशन' उच्च होता है।

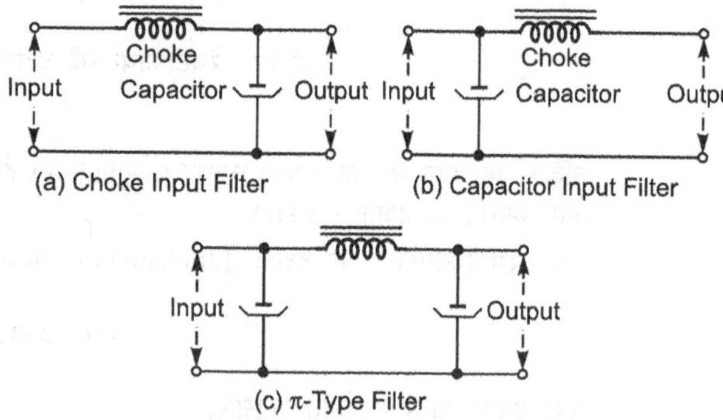

चित्र विभिन्न प्रकार के फिल्टर परिपथ

कैपेसिटर इनपुट फिल्टर Capacitor Input Filter

इस परिपथ का इनपुट घटक कैपेसिटर होता है। यह आउटपुट डी.सी. में विद्यमान रिपिल्स के लिए कम अवरोध वाला समानान्तर मार्ग प्रदान करके उन्हें 'बाई-पास' कर देता है, जबकि श्रेणी-क्रम में संयोजित चोक, रिपिल्स के लिए अधिक अवरोध प्रस्तुत करता है [देखिए चित्र (b)] इस प्रकार आउटपुट में शुद्ध डी.सी. प्राप्त हो जाती है।

चित्र (c) में दर्शाया गया परिपथ भी कैपेसिटर इनपुट फिल्टर परिपथ है यह पाई-टाइप फिल्टर परिपथ कहलाता है। इस परिपथ में त्रिस्तरीय फिल्ट्रेशन क्रिया सम्पन्न होती है और इसीलिए दिष्टकारी में प्रायः इसका उपयोग किया जाता है।

7.6 जीनर डायोड Zener Diode

जीनर डायोड वह अर्द्धचालक डायोड है, जिसमें जीनर ब्रेक डाउन अवधारणा का प्रयोग किया जाता है। सही प्रकार से डोपिंग किया गया क्रिस्टल डायोड जिसका ब्रेक डाउन वोल्टेज तीक्ष्ण (sharp) होता है 'जीनर डायोड' (zener diode) कहलाता है। जब क्रिस्टल डायोड की रिवर्स बायस क्रान्तिक मान (critical value) तक बढ़ाई जाती है तब यह वोल्टेज, ब्रेक डाउन वोल्टेज कहलाता है। इस वोल्टेज पर रिवर्स विद्युतधारा उच्चमान तक तीव्रता से बढ़ती है। जीनर डायोड का भंजन क्षेत्र (break down region) वह तीव्र मोड़ बिन्दु (knee point) है, जिसे चित्र में जीनर डायोड की विपरीत अभिलक्षण (reverse characteristic) में V_R दिशा में X-अक्ष के नीचे दर्शाया गया है। रिवर्स बायस पर अचानक बढ़ जाने वाली विद्युतधारा 'जीनर धारा' (zener current) कहलाती है। जीनर डायोड का ब्रेक डाउन/भंजन या जीनर वोल्टेज, उसके जंक्शन की डोपिंग की मात्रा (amount) पर निर्भर करता है।

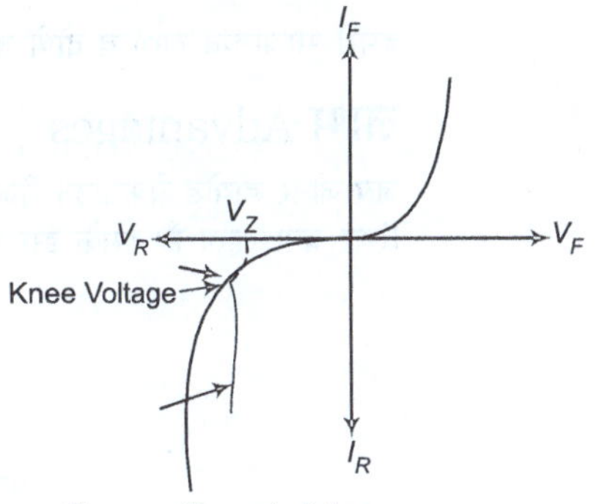

चित्र जीनर डायोड का अभिलक्षण वक्र

यदि जीनर डायोड की डोपिंग राशि का मान उच्च है तब अवक्षय परत (depletion layer) पतली होगी जिसके परिणामस्वरूप डायोड जंक्शन का ब्रेक डाउन निम्न रिवर्स वोल्टेज पर होगा। इसकी विपरीत हल्की डोपिंग करने पर डायोड जंक्शन का ब्रेक डाउन उच्च विपरीत वोल्टेज पर होगा। जीनर डायोड के विषय में निम्न बिन्दुओं को जानना आवश्यक है

(i) जीनर डायोड की संरचना एक साधारण डायोड के समान होती है। केवल दोनों में अन्तर यह है कि जीनर डायोड की डोपिंग की मात्रा वांछित ब्रेक डाउन हेतु की जाती है।

(ii) विद्युत परिपथ में जीनर डायोड सदा रिवर्स बायस से संयोजित किया जाता है।

(iii) फॉरवर्ड बायस में जीनर डायोड एक साधारण डायोड के समान कार्य करता है।

(iv) रिवर्स बायस वोल्टेज का मान सीमा से अधिक बढ़ने पर जीनर डायोड के जंक्शन का ब्रेक डाउन हो जाता है तथा रिवर्स बायस वोल्टेज का मान घटाने पर जीनर डायोड पूर्व के समान सही दशा में पुनः कार्य करने लगता है।

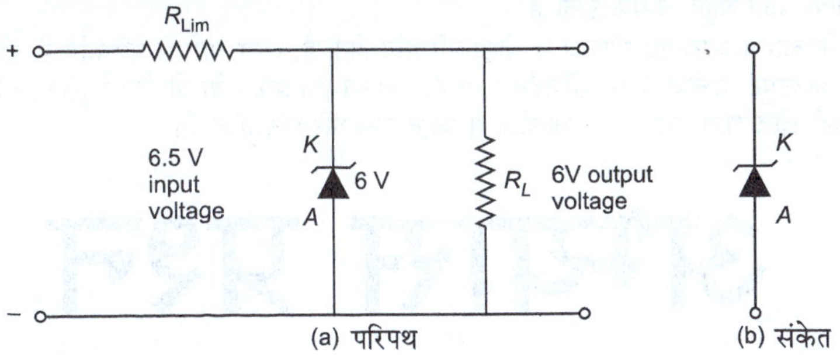

चित्र अनियन्त्रित वोल्टेज पावर सप्लाई परिपथ में जीनर डायोड का प्रयोग

अनुप्रयोग Applications

जीनर डायोड को चित्र में दर्शाए अनुसार अनियन्त्रित वोल्टेज पॉवर सप्लाई की निर्गत में लोड प्रतिरोधक (load resistor) R_L के समानान्तर में रिवर्स बायस दशा में संयोजित किया जाता है। इसके अतिरिक्त निर्गत के श्रेणी में प्रतिरोध (R_{lim}) संयोजित किया जाता है। (R_{lim}) संयोजित करने का लाभ यह होता है कि वोल्टेज रेगुलेटर सर्किट के निर्गत पर स्थिर व निश्चित वोल्टेज प्राप्त होते हैं अर्थात् इनपुट वोल्टेज बढ़ने पर अतिरिक्त धारा लोड प्रतिरोधक R_L से प्रवाहित नहीं होकर डायोड जीनर से होकर प्रवाहित हो जाती है। R_{lim} के मान को निम्न सूत्र की सहायता से गणना के द्वारा प्राप्त किया जाता है।

$$R_{lim} = \frac{V_{in} - V_Z}{I_Z}$$

जहाँ, R_{lim} = लिमिटर प्रतिरोधक का मान ओह्म (Ω) में,

V_{in} = इनपुट डी. सी. वोल्टेज वोल्ट में,

V_Z = जीनर डायोड का कार्यकारी वोल्टेज वोल्ट में,

I_Z = जीनर डायोड की अधिकतम विद्युत धारा (current) एम्पियर में,

जबकि परिपथ में लोड प्रतिरोधक R_L नहीं जुड़ा है।

जीनर डायोड वोल्टेज रेगुलेटर Zener Diode Voltage Regulator

इससे सम्बन्धित लाभ व दोषों को निम्न प्रकार समझ सकते हैं

लाभ Advantages

जब जीनर डायोड ब्रेकडाउन रीजन में प्रचालित होता है तब इसके आर-पार वोल्टेज इसके द्वारा धारा के बड़े परिवर्तन के लिए वास्तविक रूप से स्थिर बना रहता है। इसके इस गुण के कारण इसे वोल्टेज रेगुलेटर के रूप में उपयोग किया जाता है।

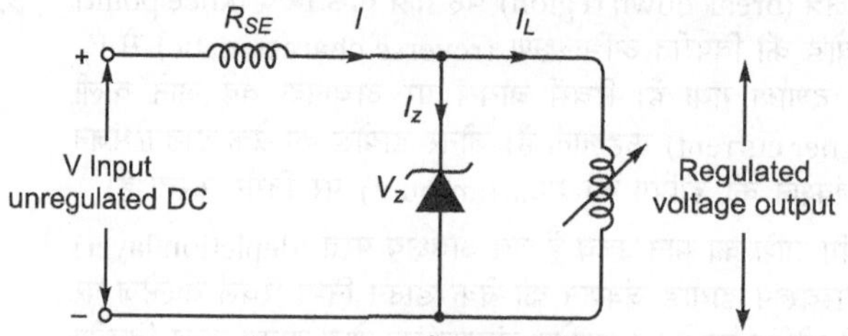

चित्र जीनर डायोड का सर्किट

चित्र में जीनर डायोड का एक सर्किट दर्शाया गया है। जैसे ही इनपुट वोल्टेज, जीनर वोल्टेज V_z से अधिक होता है तब तुरन्त ही जीनर ब्रेकडाउन रीजन में प्रचालित होता है तथा लोड प्रतिरोधक R_L के आर-पार स्थिर वोल्टेज बनाए रखता है। सर्किट में श्रेणीक्रम में जुड़ा प्रतिरोधक R_{SC} इनपुट धारा को सीमा में बनाए रखता है।

दोष Disadvantages

जीनर डायोड वोल्टेज रेगुलेटर में निम्न दोष हैं

1. इसकी दक्षता (efficiency) उच्च लोड धारा के लिए कम है। इसका कारण यह है कि यदि लोड धारा अधिक होती है तब श्रेणीक्रम में जुड़े प्रतिरोधक में पॉवर क्षति बहुत अधिक होती है।
2. जिन इम्पीडेन्स के कारण आउटपुट वोल्टेज में थोड़ा परिवर्तन होता है, लोड धारा में परिवर्तन से जीनर धारा में परिवर्तन होता है जिसके परिणामस्वरूप आउटपुट वोल्टेज में भी परिवर्तन होता है, इसलिए इस प्रकार के वोल्टेज रेगुलेटर सर्किट केवल ऐसे स्थान पर उपयोग में लाए जाते हैं जहाँ लोड धारा तथा इनपुट वोल्टेज में बहुत कम परिवर्तन होता है।

अभ्यास प्रश्न

परीक्षा प्रारूपी प्रश्न

बहुविकल्पीय

1. जर्मेनियम या सिलिकॉन के द्वारा *P-N* जंक्शन डायोड के निर्माण में *P* तथा *N* भाग में निम्न में कौन-सी अशुद्धि मिलाना उचित है?
(a) *P* भाग में आर्सेनिक तथा *N* भाग में इण्डियम
(b) *P* भाग में इण्डियम तथा *N* भाग में आर्सेनिक
(c) *P* तथा *N* दोनों भागों में इण्डियम
(d) *P* तथा *N* दोनों भागों में आर्सेनिक

2. जर्मेनियम डायोड के लिए नी-वोल्टेज (knee-voltage) (V_k) का मान निम्न में से क्या होता है?
(a) 0.2 वोल्ट
(b) 0.3 वोल्ट
(c) 0.7 वोल्ट
(d) 0.8 वोल्ट

3. जर्मेनियम के *P-N* जंक्शन के लिए रोधिका विभव (barrier potential) का मान निम्न में से क्या होता है?
(a) 0.2 से 0.3 वोल्ट (b) 0.4 से 0.6 वोल्ट
(c) 0.7 से 0.8 वोल्ट (d) 0.5 से 0.7 वोल्ट

4. सिलिकॉन डायोड के लिए नी-वोल्टेज (V_k) का मान निम्न में से क्या होता है?
(a) 0.6 वोल्ट (b) 0.8 वोल्ट
(c) 0.7 वोल्ट (d) 0.5 वोल्ट

5. सिलिकॉन के *P-N* जंक्शन के लिए रोधिका विभव (barrier potential) का मान निम्न में क्या होता है?
(a) 0.6 वोल्ट के लगभग
(b) 0.8 वोल्ट के लगभग
(c) 0.5 वोल्ट के लगभग
(d) 0.7 वोल्ट के लगभग

6. निम्न में से कौन-सी युक्ति डायोड का प्रकार नहीं है?
(a) PIN (b) LED
(c) LDR (d) जीनर

7. निम्न में से किस डायोड की स्विचिंग गति उच्च होती है?
(a) फोटो डायोड (b) शॉटकी डायोड
(c) वैरेक्टर डायोड (d) *P-N* डायोड

8. ब्रिज दिष्टकारी की रिपल आवृत्ति .... होती है।
(a) 25 Hz (b) 50 Hz
(c) 75 Hz (d) 100 Hz

9. π-टाइप फिल्टर में किस अवयव का प्रयोग किया जाता है?
(a) प्रेरक (b) संधारित्र
(c) डायोड (d) 'a' और 'b' दोनों

10. जीनर डायोड को अनियन्त्रित वोल्टेज पावर सप्लाई परिपथ में सदैव किस बायस में लगाया जाता है?
(a) रिवर्स बायस में (b) फॉरवर्ड बायस में
(c) शून्य बायस में (d) इनमें से कोई नहीं

11. टनल डायोड के निर्माण में किसका प्रयोग किया जाता है?
(a) गैलियम आर्सेनाइड
(b) आर्सेनाइड फॉस्फाइड
(c) गैलियम फॉस्फाइड
(d) ये सभी

12. अर्द्ध-तरंग रेक्टीफायर की अधिकतम दक्षता कितनी होती है?
(a) 40.2% (b) 40.6%
(c) 40.8% (d) 81.2%

13. अर्द्धचालक से बना वह *P-N* जंक्शन डायोड जो रिवर्स बायस की दशा में कैपेसिटर का कार्य करता है, ... कहलाता है।
(a) *P-I-N* डायोड (b) वैरेक्टर डायोड
(c) टनल डायोड (d) जीनर डायोड

14. जीनर डायोड को अनियन्त्रित वोल्टेज सप्लाई परिपथ में सदैव किस बायस में लगाया जाता है?
(a) रिवर्स बायस में (b) फॉरवर्ड बायस में
(c) शून्य बायस में (d) इनमें से कोई नहीं

15. इलेक्ट्रॉनिकी में, निम्न में से कौन-सा अवयव इनपुट सिग्नल की वोल्टता या शक्ति का प्रवर्द्धन कर सकने में सक्षम है?
(a) सक्रिय अवयव
(b) निष्क्रिय अवयव
(c) प्रकाशीय इलेक्ट्रॉनिक अवयव
(d) उपरोक्त में से कोई नहीं

16. इनमें से उस डायोड का चयन कीजिए जो माइक्रोवेव सर्किट्स में प्रयोग किया जाता है
(a) टनल डायोड (b) *P-I-N* डायोड
(c) वैरेक्टर डायोड (d) 'a' और 'b' दोनों

17. अर्द्ध-तरंग दिष्टकारी की रिपल फ्रीक्वेन्सी .... ।
(a) सप्लाई फ्रीक्वेन्सी की आधी होती है
(b) सप्लाई फ्रीक्वेन्सी की दोगुनी होती है
(c) सप्लाई फ्रीक्वेन्सी के बराबर होती है
(d) उपरोक्त में से कोई नहीं

18. *P-N* जंक्शन की ब्रेक डाउन स्थिति के सन्दर्भ में निम्न में से कौन-सा कथन सत्य है?
(a) इसमें रिवर्स बायस में धारा तीव्रता से बढ़ती है
(b) इसमें फॉरवर्ड बायस में धारा तीव्रता से बढ़ती है
(c) इसमें फॉरवर्ड बायस में वोल्टता तीव्रता से बढ़ती है
(d) इसमें रिवर्स बायस में वोल्टता तीव्रता से बढ़ती है

19. डायोड कार्य करता है
(a) रेक्टीफायर के रूप में
(b) प्रवर्द्धक के रूप में
(c) कण्डेन्सर के रूप में
(d) उपरोक्त में से कोई नहीं

20. किसी अर्द्धचालक की चालकता ....।
(a) ताप के बढ़ने से हमेशा घटती है
(b) उसके वोल्टेज के बढ़ने से बढ़ती है
(c) अशुद्धि मिलाने से हमेशा बढ़ती है
(d) अशुद्धि मिलाने से हमेशा घटती है

21. डायोड में धारा कितनी दिशाओं में बहती है?
(a) एक दिशा में
(b) दोनों दिशा में
(c) डायोड से धारा प्रवाहित नहीं होती
(d) उपरोक्त में से कोई नहीं

22. परम शून्य तापक्रम पर अर्द्धचालक की चालकता होती है
(a) शून्य
(b) एक
(c) अनन्त
(d) उपरोक्त में से कोई नहीं

23. *P-N* जंक्शन डायोड इन्सुलेटर के रूप में कार्य करता है यदि इसे जोड़ा जाए ....।
(a) ए.सी. पर
(b) फॉरवर्ड बायस में
(c) रिवर्स बायस में
(d) उपरोक्त में से कोई नहीं

24. एक सामान्य LED का अधिकतम फॉरवर्ड करण्ट होता है
(a) 50 mA (b) 10 mA
(c) 1 A (d) 0.5 A

25. टनल डायोड, निम्न में से किस पदार्थ से बनाया जाता है?
(a) जर्मेनियम (b) गैलियम आर्सेनाइड
(c) गैलियम एन्टीमोलाइड (d) ये सभी

विविध प्रारूपी प्रश्न

सत्य/असत्य

1. P-N जंक्शन फॉरवर्ड बायसिंग की आन्तरिक रोधिका विभव को बढ़ा देता है।
2. टनल डायोड का जंक्शन बहुत संकीर्ण (narrow) होता है।
3. अर्द्ध-तरंग दिष्टकारी की अधिकतम दक्षता 82% होती है
4. वैरेक्टर डायोड को वैरिकैप भी कहा जाता है।
5. टनल डायोड, निम्न चालकता युक्त दो टर्मिनल वाला P-N जंक्शन होता है।

रिक्त स्थानों की पूर्ति

1. एक शुद्ध अर्द्धचालक में अशुद्धता मिलाने की विधि को ………… कहते हैं।
2. P-टाइप अर्द्धचालक में ………… मैजोरिटी कैरियर होते हैं।
3. जीनर डायोड को ………… दशा में कार्य करने के लिए डिजाइन किया जाता है।
4. एक पूर्ण तरंग रेक्टीफायर में ………… प्रकार का ट्रांसफॉर्मर प्रयोग किया जाता है।
5. अर्द्ध-तरंग दिष्टकारी की अधिकतम दक्षता ………… होती है।

अतिलघु उत्तरीय

1. P-N जंक्शन के निर्माण हेतु जंक्शन के P तथा भाग में अर्द्धचालक पदार्थ में मिलाई जाने वाली अशुद्धियों के नाम बताइए।
2. P-N-P तथा ट्रांजिस्टर हेतु प्रतीक (symbols) दर्शाइए।
3. जीनर डायोड का उपयोग मुख्य रूप से किस कार्य को सम्पन्न करने हेतु किया जाता है
4. सिलिकॉन अर्द्धचालक से निर्मित P-N जंक्शन के लिए रोधिका विभव (barrier potential) का मान क्या होता है?
5. जंक्शन डायोड्स के द्वारा निर्मित किए जाने वाले दो प्रकार (types) के पूर्ण तरंग रेक्टीफायर्स के नाम लिखिए।

लघु उत्तरीय

1. P-N जंक्शन डायोड में किस प्रकार की बायस पर चालन (conduction) होता है?
2. पूर्ण तरंग दिष्टकारी के निर्गत तरंग रूप (wave form) को खींचिए।
3. रिपल फैक्टर का सूत्र लिखिए।
4. L-टाइप एवं π-टाइप फिल्टर के परिपथ दर्शाइए।
5. वैरेक्टर डायोड को 'वैरीकैप' क्यों कहा जाता है?

दीर्घ उत्तरीय

1. P-N जंक्शन डायोड से आप क्या समझते हैं? स्पष्ट कीजिए तथा इसके अनुप्रयोग भी लिखिए।
2. निम्न पर टिप्पणी लिखिए
   (i) साधारण डायोड (ii) टनल डायोड
   (iii) वैरेक्टर डायोड (iv) P-I-N डायोड
   (v) जीनर डायोड (vi) प्रकाश उत्सर्जन डायोड
3. दिष्टकारी से आप क्या समझते हैं? स्पष्ट कीजिए।
4. अर्द्ध-तरंग एवं पूर्ण-तरंग दिष्टकारी को समझाइए।
5. जीनर डायोड का कार्य सिद्धान्त समझाइए, इसका उपयोग लिखिए एवं इसका V-I अभिलक्षण भी खींचिए।

उत्तरमाला

बहुविकल्पीय

1. (b)	**2.** (b)	**3.** (a)	**4.** (c)	**5.** (d)	**6.** (c)	**7.** (b)	**8.** (d)	**9.** (d)	**10.** (a)
11. (a)	**12.** (b)	**13.** (b)	**14.** (a)	**15.** (a)	**16.** (d)	**17.** (c)	**18.** (a)	**19.** (a)	**20.** (c)
21. (a)	**22.** (c)	**23.** (c)	**24.** (a)	**25.** (d)					

सत्य/असत्य

1. असत्य **2.** सत्य **3.** असत्य **4.** सत्य **5.** असत्य

रिक्त स्थानों की पूर्ति

1. डोपिंग **2.** होल्स **3.** रिवर्स बायस **4.** सेन्टर टेप डबल सेकण्डरी **5.** 40.6%

अध्याय 08

ट्रांजिस्टर
Transistor

परिचय Introduction

ट्रांजिस्टर एक तीन टर्मिनल युक्त सक्रिय अवयव है, जिसका प्रयोग इलेक्ट्रॉनिक परिपथों में बहुत अधिक किया जाता है। ट्रांजिस्टर शब्द का उद्भव दो शब्दों के संयोग से हुआ है, जो 'Trans' एवं 'Resistance' हैं। इसमें 'Trans' का तात्पर्य स्थानान्तरण से है, जबकि 'Resistance' का प्रतिरोध से। अत: ट्रांजिस्टर शब्द से अभिप्राय प्रतिरोध के स्थानान्तरण से है। ट्रांजिस्टर कमजोर सिग्नलों को एम्प्लीफाई (amplify) करने का कार्य भी करता है। इनका उपयोग इलेक्ट्रॉनिक्स के क्षेत्र में प्रवर्द्धक, दोलित्र एवं स्विच इत्यादि के रूप में किया जाता है। ट्रांजिस्टर्स सामान्यत: एकध्रुवीय (unipolar) एवं द्विध्रुवीय (bipolar) प्रकार के होते हैं। फील्ड इफैक्ट ट्रांजिस्टर, एकध्रुवीय ट्रांजिस्टर का एवं बाइपोलर ट्रांजिस्टर, द्विध्रुवीय ट्रांजिस्टर का प्रकार है। इस अध्याय में केवल बाइपोलर ट्रांजिस्टर की संरचना, गुणों एवं उनसे सम्बन्धित समस्त अभिलक्षणों को सम्मिलित किया गया है।

8.1 ट्रांजिस्टर की संरचना Structure of Transistor

ट्रांजिस्टर अर्द्धचालक पदार्थ; जैसे-सिलिकॉन एवं जर्मेनियम से निर्मित किए जाते हैं। जब दो *P*-प्रकार के पदार्थों के मध्य में एक *N*-प्रकार के पदार्थ की पतली परत को सैण्डविच (sandwich) किया जाता है या दो *N*-प्रकार के पदार्थों के मध्य में एक *P*- प्रकार के पदार्थ की पतली परत को सैण्डविच किया जाता है, तब इस प्रकार बनने वाली संरचना को ट्रांजिस्टर कहते हैं। अत: हम कह सकते हैं कि *P-N* जंक्शन डायोड को बैक-टू-बैक (back-to-back) संयोजित करने पर ट्रांजिस्टर बनता है।

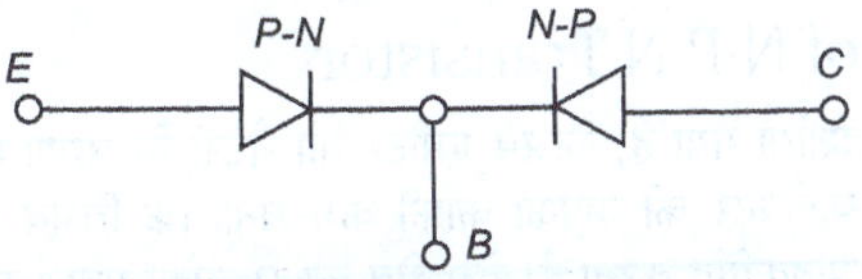

चित्र *P-N-P* ट्रांजिस्टर

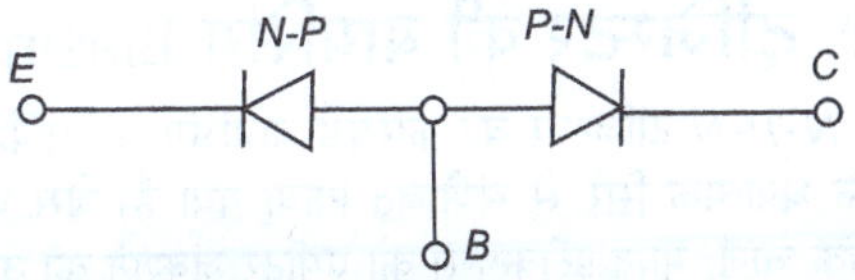

चित्र *N-P-N* ट्रांजिस्टर

ट्रांजिस्टर सामान्यत: (चित्रानुसार) दो प्रकार के होते हैं— *P-N-P* एवं *N-P-N* ट्रांजिस्टर। *P-N* जंक्शन के मध्य यदि *N*-टाइप जर्मेनियम की परत को जोड़ा जाता है, तब *N-P-N* जंक्शन का निर्माण होता है तथा यदि *P-N* जंक्शन के मध्य *P*-टाइप जर्मेनियम की परत को जोड़ा जाता है, तब *P-N-P* जंक्शन का निर्माण होता है। यह दोनों ही जंक्शन ट्रांजिस्टर *P-N-P* तथा *N-P-N* ट्रांजिस्टर के नाम से जाने जाते हैं। ट्रांजिस्टर का केन्द्रीय भाग बेस तथा एक ओर का बाह्य भाग संग्राहक या कलेक्टर तथा दूसरी ओर का बाह्य भाग उत्सर्जक या एमीटर कहलाता है। *N-P-N* ट्रांजिस्टर को एम्प्लीफायर की तरह प्रयोग करने के लिए एमीटर तथा बेस जंक्शन को फॉरवर्ड बायस वोल्टेज पर तथा बेस-कलेक्टर को रिवर्स बायस वोल्टेज पर रखा जाता है। दोनों ही प्रकार के ट्रांजिस्टर्स में दो *P-N* जंक्शन होते हैं, जिनमें से एक एमीटर (E) तथा बेस (B) के मध्य बनता है, जिसे एमीटर जंक्शन (J_E) कहते हैं एवं दूसरा जंक्शन बेस (B) तथा कलेक्टर (C) के मध्य बनता है, जिसे कलेक्टर जंक्शन (J_C) कहते हैं।

8.2 ट्रांजिस्टर टर्मिनल्स Transistor Terminals

ट्रांजिस्टर के तीनों टर्मिनलों को नीचे दिए गए निम्न चित्रों द्वारा समझा जा सकता है। ट्रांजिस्टर में तीन इलेक्ट्रोड होते हैं। प्रथम इलेक्ट्रोड को उत्सर्जक या एमीटर, दूसरे को बेस तथा तीसरे को संग्राहक या कलेक्टर कहते हैं, जिन्हें टर्मिनल (terminal) भी कहा जाता है। इसीलिए हम कह सकते हैं कि ट्रांजिस्टर एक ऐसी युक्ति होती है, जिसमें तीन टर्मिनल एवं दो जंक्शन (junction) होते हैं।

उत्सर्जक Emitter

चित्र (a, b) में ट्रांजिस्टर के बाईं ओर का भाग उत्सर्जक या एमीटर होता है। इस भाग का मुख्य कार्य बेस को मैजोरिटी चार्ज कैरियर *N-P-N* ट्रांजिस्टर में इलेक्ट्रॉन तथा *P-N-P* ट्रांजिस्टर में होल सप्लाई करना होता है। जिस कारण इसका डोपिंग स्तर (doping level) सबसे उच्च होता है। एमीटर को E अक्षर से प्रदर्शित करते हैं।

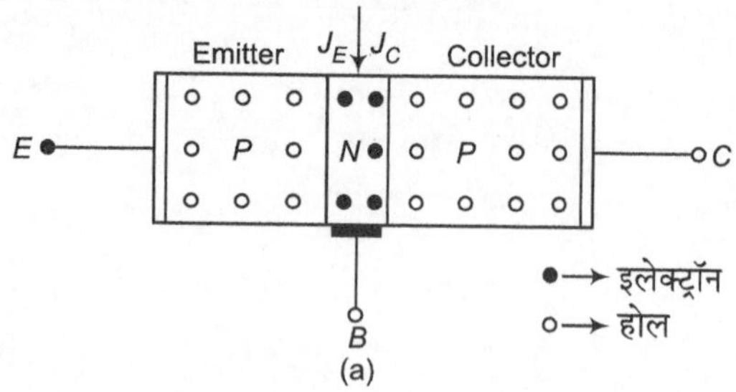

चित्र *P-N-P* ट्रांजिस्टर

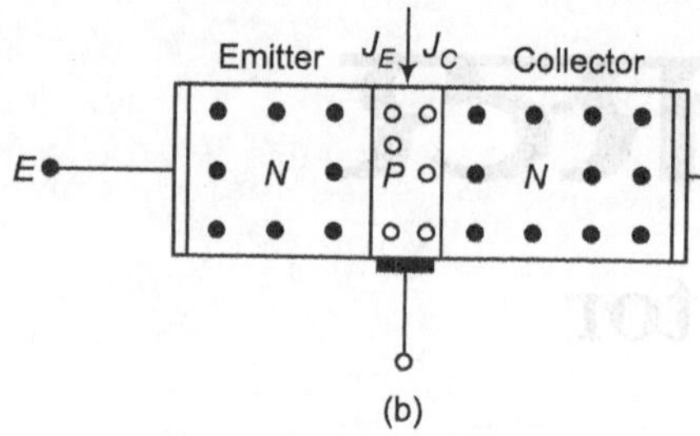

चित्र *N-P-N* ट्रांजिस्टर

बेस Base

चित्र (a, b) के अनुसार बेस ट्रांजिस्टर के मध्य का भाग है, जोकि एमीटर तथा कलेक्टर के मध्य स्थित होता है। इसकी चौड़ाई एमीटर तथा कलेक्टर की अपेक्षा बहुत कम (10^{-6} मीटर) होती है। यह कम डोपिंग वाला क्षेत्र है। यह टर्मिनल जिन चार्ज कैरियर्स (इलेक्ट्रॉन या होल) को एमीटर से प्राप्त करता है, उनमें से अधिकांश को कलेक्टर को जाने देता है। बेस को B अक्षर से प्रदर्शित करते हैं।

संग्राहक Collector

चित्र (a, b) के अनुसार संग्राहक ट्रांजिस्टर के दाहिने ओर का भाग होता है। इसका मुख्य कार्य बेस के अधिकांश मैजोरिटी चार्ज कैरियर्स को ग्रहण कर एकत्रित करना होता है। कलेक्टर भाग एमीटर भाग से बड़ा होता है, क्योंकि उसे अधिक ऊष्मा वहन करनी होती है। इस अन्तर के कारण ट्रांजिस्टर को उत्क्रम (invert) करने (अर्थात् कलेक्टर को एमीटर बनाने) की सम्भावना नहीं होती है। इसे C अक्षर से प्रदर्शित करते हैं।

8.3 ट्रांजिस्टर बायसिंग Transistor Biasing

ट्रांजिस्टर के टर्मिनलों को बाहरी वोल्टेज स्रोतों से संयोजित करने की प्रक्रिया बायसिंग कहलाती है। इसकी इनपुट एवं आउटपुट बायसिंग के आधार पर ही ट्रांजिस्टर का प्रचालन (operation) निर्भर करता है। *N-P-N* एवं *P-N-P* ट्रांजिस्टर की बायसिंग को क्रमवार समझाया गया है।

N-P-N ट्रांजिस्टर की बायसिंग Biasing of N-P-N Transistor

चित्र में *N-P-N* ट्रांजिस्टर का फॉरवर्ड बायसिंग पर सर्किट दर्शाया गया है, जिसमें एमीटर को बैटरी के ऋणात्मक सिरे से तथा कलेक्टर को बैटरी के धनात्मक सिरे से संयोजित किया गया है। बेस को कलेक्टर की अपेक्षा काफी कम धनात्मक विभव पर रखा जाता है। एमीटर का ऋणात्मक चार्ज, मुक्त इलेक्ट्रॉन्स को एमीटर जंक्शन की ओर प्रतिकर्षित करता है। बेस क्षेत्र का *P*–टाइप पदार्थ स्वाभाविक रूप से एमीटर द्वारा प्रतिकर्षित मुक्त इलेक्ट्रॉन्स को आकर्षित कर लेता है। कुछ मुक्त इलेक्ट्रॉन बेस क्षेत्र में होल्स के साथ संयुक्त हो जाते हैं, परन्तु अधिकांश मुक्त इलेक्ट्रॉन को कलेक्टर का प्रबल धनात्मक क्षेत्र अपनी ओर आकर्षित कर लेता है। इस प्रकार मुक्त इलेक्ट्रॉन्स एमीटर क्षेत्र से चलकर एमीटर बेस सन्धि पार कर बेस क्षेत्र में तथा बेस कलेक्टर सन्धि को पार कर कलेक्टर क्षेत्र में पहुँच जाते हैं।

N-P-N ट्रांजिस्टर सर्किट में करण्ट का प्रवाह मुक्त ट्रांजिस्टर इलेक्ट्रॉन्स के द्वारा होता है। एमीटर से चलकर कलेक्टर पर पहुँचने वाले मुक्त इलेक्ट्रॉन की संख्या का नियन्त्रण बहुत कम मान (value) की बेस बायसिंग द्वारा होता है।

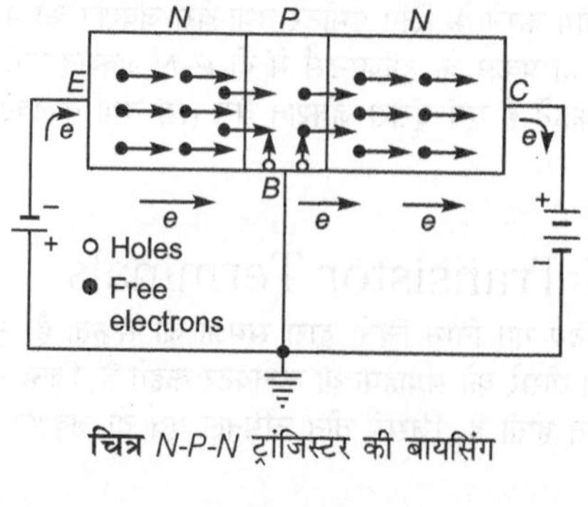

चित्र *N-P-N* ट्रांजिस्टर की बायसिंग

इस गुण के आधार पर ट्रांजिस्टर का उपयोग एम्प्लीफिकेशन (amplification) आदि कार्यों के लिए किया जाता है। *N-P-N* ट्रांजिस्टर की कार्य प्रणाली तथा मुक्त इलेक्ट्रॉन्स के प्रवाह की दिशा, ट्रायोड वाल्व के ठीक अनुरूप होती है।

P-N-P **ट्रांजिस्टर की बायसिंग** Biasing of P-N-P Transistor

चित्र में *P-N-P* ट्रांजिस्टर का बायसिंग परिपथ दर्शाया गया है, जिसमें एमीटर को बैटरी के धनात्मक सिरे से तथा कलेक्टर को बैटरी के ऋणात्मक सिरे से जोड़ा गया है। बेस को कलेक्टर की अपेक्षा काफी कम ऋणात्मक विभव पर रखा जाता है परन्तु अधिकांश होल्स को कलेक्टर का प्रबल ऋणात्मक क्षेत्र होल्स को अपनी ओर आकर्षित कर लेता है। एमीटर का धनात्मक आवेश होल्स को एमीटर बेस जंक्शन कुछ मात्रा में अपनी ओर आकर्षित करता है, एमीटर से चलकर होल्स कलेक्टर पर पहुँच जाते हैं। इस ट्रांजिस्टर का प्रयोग एम्प्लीफिकेशन कार्य के लिए किया जाता है।

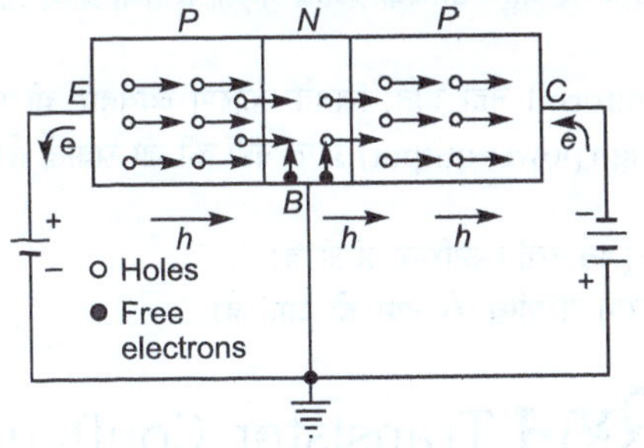

चित्र *P-N-P* ट्रांजिस्टर की बायसिंग

कलेक्टर धारा का मान एमीटर धारा से उतना ही कम होता है, जितना कि बेस धारा का मान होता है अर्थात् एमीटर धारा का मान, कलेक्टर धारा तथा बेस धारा के योग के बराबर होता है।

अतः

$$\text{एमीटर धारा}(I_E) = \text{बेस धारा}\ (I_B) + (I_C)\ \text{कलेक्टर धारा}$$

➥ एमीटर एवं कलेक्टर परत एक ही प्रकार के पदार्थ (*P* या *N*) से निर्मित होती है, फिर भी ये आपस में परिवर्तनीय नहीं होतीं, क्योंकि डोपिंग का स्तर निम्न होने के कारण इनके इलेक्ट्रॉनिक गुण भी भिन्न-भिन्न होते हैं।

8.4 ट्रांजिस्टर सर्किट के लिए महत्त्वपूर्ण तथ्य Important Facts for a Transistor Circuit

किसी भी ट्रांजिस्टर सर्किट के लिए निम्न चार महत्त्वपूर्ण व स्मरणीय तथ्य होते हैं

1. ट्रांजिस्टर सर्किट में संकेत (symbol) के अनुसार धाराएँ (conventional current) तीर की दिशा में (अर्थात् *P-N-P* में एमीटर से बेस की ओर तथा *N-P-N* में बेस से एमीटर की ओर) प्रवाहित होती हैं, जबकि इलेक्ट्रॉन इसके विपरीत दिशा में प्रवाहित होते हैं।
2. एमीटर बेस जंक्शन सदैव फॉरवर्ड बायस में होता है अर्थात् *P-N-P* ट्रांजिस्टर में एमीटर धनात्मक व बेस ऋणात्मक एवं *N-P-N* में एमीटर ऋणात्मक व बेस धनात्मक होता है।
3. कलेक्टर बेस जंक्शन सदैव रिवर्स बायस में होता है अर्थात् *P-N-P* ट्रांजिस्टर में कलेक्टर ऋणात्मक व बेस धनात्मक तथा *N-P-N* में कलेक्टर धनात्मक व बेस ऋणात्मक होता है।
4. ट्रांजिस्टर में एमीटर धारा (I_E), बेस धारा (I_B) तथा कलेक्टर धारा (I_C) में निम्न सम्बन्ध होता है

$$I_E = I_B + I_C$$

गुण Merits

ट्रांजिस्टर के आविष्कार के पश्चात् निर्वात ट्यूब को पूर्णरूप से ट्रांजिस्टर के द्वारा प्रतिस्थापित कर दिया गया है, क्योंकि वैक्यूम ट्यूब की अपेक्षा ट्रांजिस्टर विविध गुणों से विद्यमान होता है, जोकि निम्नलिखित हैं

1. ट्रांजिस्टरों में निर्वात ट्यूब के समान फिलामेन्ट सर्किट नहीं होता, इसलिए इनके तापन (heating) में शक्ति व्यय नहीं करनी पड़ती।
2. ट्यूब की तुलना में ट्रांजिस्टर अपेक्षाकृत कम वोल्टेज पर प्रचालित किया जा सकता है। उदाहरणार्थ, ट्यूब के प्रचालन के लिए 220 वोल्ट आवश्यक हैं, जबकि ट्रांजिस्टर के लिए 2-8 वोल्ट ही पर्याप्त हैं।
3. ट्रांजिस्टर में कोई कैथोड नहीं होता है, जिससे इसकी आयु असीमित है। इसके विपरीत ट्यूब की आयु न केवल सीमित है, बल्कि वह कभी भी जलकर नष्ट हो सकती है।
4. ट्रांजिस्टर का आकार बहुत छोटा होता है। अतः ट्रांजिस्टर के उपयोग से बने इलेक्ट्रॉनिक यन्त्रों के आकार बहुत छोटे हो सकते हैं।

5. ट्रांजिस्टर की दक्षता, ट्यूब की अपेक्षा अधिक होती है। ट्रांजिस्टर के द्वारा 3 वोल्ट के स्रोत से कई मिलीवाट शक्ति प्राप्त कर सकते हैं।
6. ट्यूब द्वारा बने यन्त्र स्विच ऑन करने के कुछ देर बाद गर्म होकर कार्य करना प्रारम्भ करते हैं, जबकि ट्रांजिस्टर युक्त यन्त्र स्विच ऑन करते ही कार्य करने लगते हैं।

   ट्रांजिस्टर के उपरोक्त गुणों के कारण ही आजकल इनका उपयोग रेडियो, टेलीविजन, कम्प्यूटर्स आदि सभी इलेक्ट्रॉनिक युक्तियों में किया जाता है।

दोष Demerits

1. ताप परिवर्तन का इनकी कार्यक्षमता पर बहुत अधिक प्रभाव पड़ता है तथा प्राय: 35°C से उच्च तापक्रमों पर ये उचित प्रकार कार्य नहीं कर सकते हैं।
2. इनके अभिलक्षण एकसमान (uniform) नहीं होते, जिनके कारण व्यवहार भी एकसमान नहीं होता है।
3. इनके द्वारा उच्च निर्गत शक्ति (high power output) प्राप्त नहीं की जा सकती है। अत: अत्यधिक शक्तिशाली प्रसारण में इन्हें प्रयुक्त नहीं किया जाता है।
4. इनमें निर्वात ट्यूबों की अपेक्षा गुंजन ध्वनि अधिक होती है।
5. वोल्टेज के उतार-चढ़ाव के कारण ये शीघ्र ही नष्ट हो जाते हैं।

8.5 ट्रांजिस्टर कॉन्फिगुरेशन Transistor Configuration

ट्रांजिस्टर को अधिकतर एम्प्लीफायर (amplifier) के रूप में प्रयोग किया जाता है। एम्प्लीफायर पर इनपुट देने पर एम्प्लीफाइड (amplified) आउटपुट प्राप्त होता है इसीलिए एम्प्लीफायर में दो पोर्ट्स (ports) अर्थात् चार टर्मिनल्स की आवश्यकता होती है। ट्रांजिस्टर में तीन टर्मिनल होते हैं, जबकि

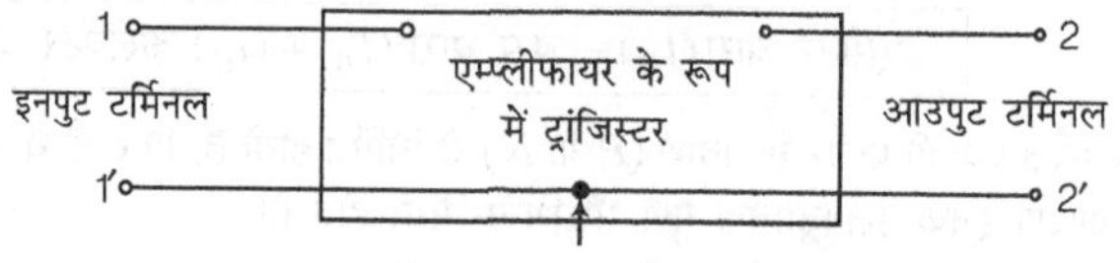

चित्र कॉमन टर्मिनल

इसे एम्प्लीफायर के समान प्रयोग करने के लिए चार टर्मिनल की आवश्यकता होती है, इसीलिए ट्रांजिस्टर के तीन टर्मिनलों में से एक टर्मिनल्स को इनुपट एवं आउटपुट दोनों में कॉमन रखा जाता है, जिससे हमें प्रभावी (effective) रूप में चार टर्मिनल्स प्राप्त हो जाते हैं। किसी ट्रांजिस्टर को विद्युतीय परिपथ से संयोजित करने के लिए तीन विधियाँ प्रयोग की जाती हैं, जोकि निम्नलिखित हैं

कॉमन बेस कॉन्फिगुरेशन Common Base Configuration

बेस B को इनपुट तथा आउटपुट के मध्य कॉमन बनाने वाले सर्किट को कॉमन बेस (CB) सर्किट कहते हैं। इसे आगे दर्शाए गए चित्र से संयोजित समझा जा सकता है। एमीटर बेस के मध्य इनपुट सिग्नल V_S को दिया जाता है तथा कलेक्टर व बेस के मध्य जोड़े गए लोड प्रतिरोधक R_L के सिरों पर आउटपुट सिग्नल V_o प्रवर्द्धित (amplified) होता है। अत: आउटपुट कलेक्टर तथा बेस के मध्य प्राप्त होता है।

अभिलक्षण Characteristics

किसी कॉमन बेस ट्रांजिस्टर में एमीटर धारा (I_E), एमीटर तथा बेस के मध्य वोल्टेज (V_{EB}), कलेक्टर धारा (I_C) व कलेक्टर तथा बेस के मध्य वोल्टेज (V_{CB}) चारों ही राशियाँ परिवर्तनशील होती हैं। इन चारों राशियों में से किन्हीं दो के मध्य खींचे गए वक्रों को ट्रांजिस्टर के अभिलक्षण कहते हैं, क्योंकि इस प्रकार के ट्रांजिस्टर में इनपुट, एमीटर सर्किट में लगाया जाता है। अत: एमीटर धारा I_E तथा एमीटर बेस के मध्य वोल्टेज (V_{EB}) के मध्य खींचा गया वक्र इनपुट अभिलक्षण (input characteristics) कहलाता है। इसी प्रकार कलेक्टर धारा I_C तथा कलेक्टर व बेस के मध्य वोल्टेज V_{CB} के मध्य खींचे गए वक्र को आउटपुट अभिलक्षण (output characteristics) कहते हैं।

इनपुट अभिलक्षण खींचने के लिए नियत कलेक्टर बेस वोल्टेज (V_{CB}) पर एमीटर धारा (I_E) तथा एमीटर व बेस के मध्य वोल्टेज (V_{EB}) के मध्य वक्र खींचना होगा तथा कलेक्टर व बेस के मध्य प्रयुक्त की गई वोल्टेज (V_{CB}) को किसी नियत मान पर रखते हैं। एमीटर व बेस के मध्य विभिन्न वोल्टेज प्रयुक्त की जाती हैं तथा संगत एमीटर धाराओं के मान ज्ञात करते जाते हैं। नियत कलेक्टर बेस वोल्टेज (V_{CB}) के लिए एमीटर बेस वोल्टेज (V_{EB}) तथा एमीटर धारा (I_E) के लिए प्राप्त मानों के मध्य वक्र खींचकर, उस नियत कलेक्टर बेस वोल्टेज (V_{CB}) पर इनपुट अभिलक्षण प्राप्त कर लेते हैं। यह अभिलक्षण डायोड के फॉरवर्ड बायस पर प्राप्त अभिलक्षण के समान आते हैं। कॉमन बेस बन्ध ट्रांजिस्टर का इनपुट अभिलक्षण चित्र (a) में दर्शाया गया है। ट्रांजिस्टर के इनपुट अभिलक्षण से ट्रांजिस्टर का इनपुट गतिज प्रतिरोध (dynamic input resistance) ज्ञात किया जा

सकता है। चित्र के अनुसार ट्रांजिस्टर का इनपुट गतिज प्रतिरोध $(r_i) = \frac{\Delta V_{EB}}{\Delta I_E}$, जबकि V_{CB} नियत है। कॉमन बेस ट्रांजिस्टर के लिए गतिज प्रतिरोध r_i का मान बहुत कम लगभग 20 से 100 ओह्म के मध्य होता है।

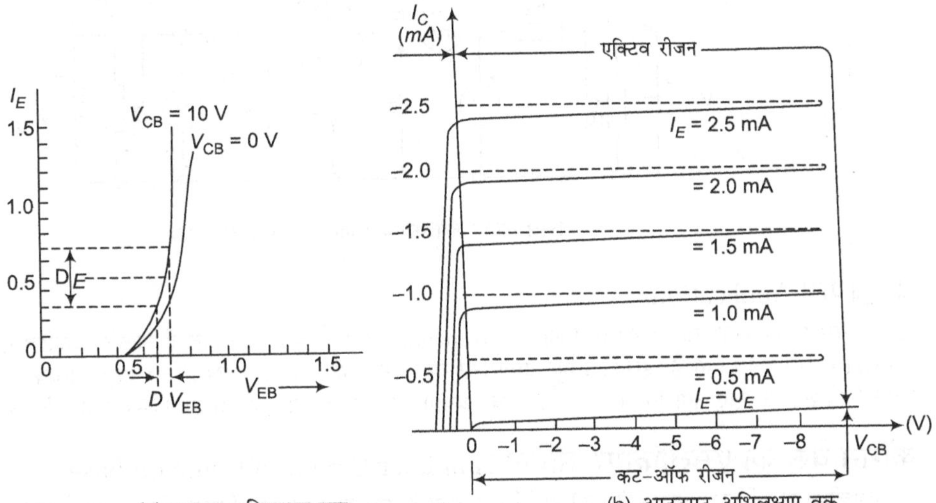

(a) इनपुट अभिलक्षण वक्र (b) आउटपुट अभिलक्षण वक्र

चित्र कॉमन बेस कॉन्फिगुरेशन के अभिलक्षण वक्र

नियत एमीटर धारा के लिए कलेक्टर धारा तथा कलेक्टर-बेस वोल्टेज (V_{CB}) के मध्य खींचे गए वक्र को आउटपुट अभिलक्षण कहते हैं। आउटपुट अभिलक्षण खींचने के लिए चित्र (b) में दर्शाए विद्युत आरेख के अनुसार वोल्टेज डिवाइडर (R_1) द्वारा एमीटर धारा (I_E) का मान निश्चित कर देते हैं। अब आउटपुट सर्किट में कलेक्टर तथा बेस के मध्य पोटेंशियल डिवाइडर (R_2) द्वारा वोल्टेज (V_{CB}) का मान बदलते जाते हैं एवं प्रत्येक दशा में मिली एम्पियर मीटर द्वारा संगत कलेक्टर धारा (I_C) का मान ज्ञात करते जाते हैं। एमीटर धारा के निश्चित मान के लिए कलेक्टर बेस वोल्टेज (V_{CB}) तथा कलेक्टर धारा (I_C) के मध्य खींचा गया वक्र उस एमीटर धारा के लिए ट्रांजिस्टर का आउटपुट अभिलक्षण कहलाता है। इसी प्रकार एमीटर धारा (I_E) का कोई अन्य नियत मान लेकर दूसरा आउटपुट अभिलक्षण खींचा जाता है। चित्र में विभिन्न नियत एमीटर धाराओं (I_E) पर ट्रांजिस्टर के आउटपुट अभिलक्षण दर्शाए गए हैं।

ट्रांजिस्टर के आउटपुट अभिलक्षणों से निम्न निष्कर्ष प्राप्त होते हैं

(i) कलेक्टर – बेस वोल्टेज V_{CB} जब धनात्मक हो जाती है, तब संतृप्त क्षेत्र (saturated region) में कलेक्टर धारा I_C तीव्रता से घटती है।

(ii) कलेक्टर – बेस वोल्टज V_{CB} जब ऋणात्मक हो जाती है अर्थात् सक्रिय क्षेत्र (active region) में कलेक्टर धारा I_C एमीटर धारा I_E के लगभग समान होती है।

(iii) जब एमीटर धारा $I_E = 0$ होती है, तब कलेक्टर धारा I_C शून्य नहीं होती है। यह रिवर्स लीकेज धारा I_{CBO} होती है। ट्रांजिस्टर के लिए आउटपुट गतिज प्रतिरोध (output dynamic resistance) $r_0 = \frac{\Delta V_{CB}}{\Delta I_C}$, जबकि I_E नियत हो।

वक्रों का अध्ययन करने से स्पष्ट है कि V_{CB} के किसी मान के लिए ΔI_C का मान बहुत कम होता, क्योंकि वक्र लगभग समतल (flat) है। अत: आउटपुट गतिज प्रतिरोध का मान बहुत अधिक (लगभग 1 मेगा ओह्म) होता है।

ट्रांजिस्टर का डी.सी. एल्फा $(\alpha_{D.C.}) = \frac{I_C}{I_E}$ होता है। इसमें V_{CB} के ऋणात्मक दशा में I_C तथा I_E के मानों में बहुत कम अन्तर है। अत: $\alpha_{D.C.}$ का मान 1 के लगभग होता है। ट्रांजिस्टर जब एम्प्लीफायर की तरह प्रयोग करते हैं तथा एम्प्लीफायर पर इनपुट सिग्नल A.C. होता है। ऐसी दशा में कलेक्टर धारा I_C तथा एमीटर धारा I_E में परिवर्तनों से ए.सी. धारा लाभ (current gain) या ए.सी. एल्फा (α_{AC}) या $\alpha = \frac{\Delta I_C}{\Delta I_E}$, जबकि V_{CB} नियत है।

अत: कॉमन बेस कॉन्फिगुरेशन ट्रांजिस्टर के लिए निम्न निष्कर्ष प्राप्त होते हैं

(i) धारा लाभ α (एल्फा) बहुत कम (लगभग 0.98) होता है।

(ii) इनपुट गतिज प्रतिरोध r_i लगभग 20 Ω होता है।

(iii) आउटपुट गतिज प्रतिरोध r_0 लगभग 1 MΩ होता है।

(iv) रिवर्स लीकेज धारा I_{CBO} बहुत कम (लगभग 2 – 5 μA जर्मेनियम के लिए तथा 0.02 μA सिलिकॉन के लिए) होती है। इसका मान, तापमान पर निर्भर करता है।

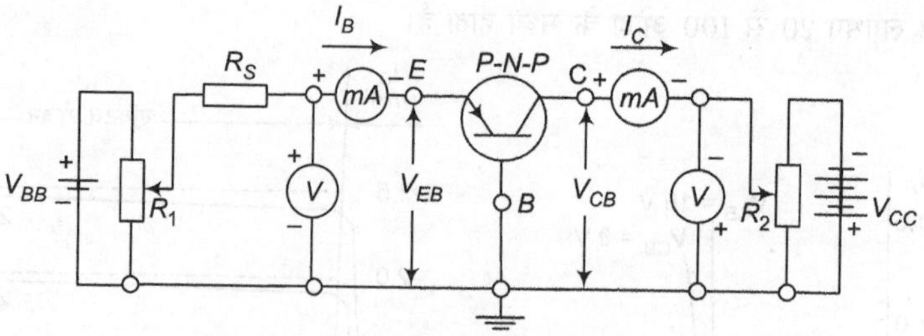

चित्र कॉमन बेस कॉन्फिगुरेशन का विद्युतीय आरेख

अनुप्रयोग Applications

कॉमन-बेस एम्प्लीफायर सर्किट का धारा लाभ (current gain) एक से कुछ कम होता है, जबकि वोल्टेज गेन (voltage gain) और पावर गेन (power gain) उच्च होते हैं। इसका इनपुट इम्पीडैन्स बहुत कम और आउटपुट इम्पीडैन्स बहुत अधिक होता है। अतः इस सर्किट का प्रयोग एम्प्लीफिकेशन के लिए नहीं किया जाता है। इसका प्रयोग एम्प्लीफायर परिपथों में इम्पीडैन्स मैचिंग के लिए किया जाता है।

कॉमन बेस का एम्प्लीफायर सर्किट Amplifier Circuit of Common Base

वह एम्प्लीफायर सर्किट्स, जिनमें बेस को अर्थ किया जाता है, एमीटर पर इनपुट सिग्नल दिया जाता है और कलेक्टर से आउटपुट सिग्नल प्राप्त किया जाता है, कॉमन बेस एम्प्लीफायर कहलाता है। इनमें बेस कॉमन रहता है। इसे ग्राउण्डेड बेस एम्प्लीफायर (grounded base amplifier) या कैस्केड एम्प्लीफायर (cascade amplifier) भी कहते हैं।

इस प्रकार के एम्प्लीफायर में इनपुट तथा आउटपुट सिग्नल्स समान फेज में होते हैं।

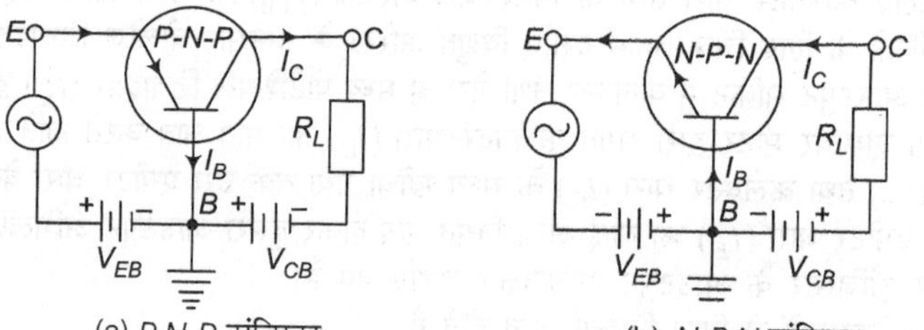

(a) P-N-P ट्रांजिस्टर (b) N-P-N ट्रांजिस्टर

चित्र कॉमन बेस का एम्प्लीफायर सर्किट

इसका इनपुट इम्पीडैन्स बहुत कम तथा आउटपुट इम्पीडैन्स बहुत अधिक (1 से 2 MΩ) होता है। इस एम्प्लीफायर का करण्ट गेन निम्न सूत्र द्वारा ज्ञात किया जाता है, जो 1 से कुछ कम (लगभग 0.98) होता है।

$$\text{करण्ट गेन}\,(\alpha) = \frac{I_C}{I_E}$$

जहाँ α = कॉमन बेस की सर्किट का धारा गेन

I_C = ट्रांजिस्टर की कलेक्टर धारा, mA में

I_E = ट्रांजिस्टर की एमीटर धारा, mA में

अतः किसी ट्रांजिस्टर की कलेक्टर धारा और एमीटर धारा के अनुपात को उस ट्रांजिस्टर का एल्फा (α) कहते हैं। इस सर्किट का वोल्टेज गेन निम्न सूत्र द्वारा ज्ञात किया जाता है, जोकि 1 से अधिक (लगभग 1.96) होता है।

$$\text{वोल्टेज गेन} = \frac{I_C}{I_E} \times \frac{R_L}{R_{in}} = \alpha \times \frac{R_L}{R_{in}}$$

I_C = ट्रांजिस्टर की कलेक्टर धारा, mA में

I_E = ट्रांजिस्टर का एमीटर धारा, mA में

R_L = लोड रेजिस्टैन्स का मान, ओह्म में

R_{in} = सर्किट के इनपुट पर प्रयुक्त रेजिस्टैन्स का मान, ओह्म में

इस सर्किट का पावर गेन निम्न सूत्र द्वारा ज्ञात किया जाता है, जोकि एक से अधिक (लगभग 1.92) होता है।

$$\text{पावर गेन} = \text{करंट गेन} \times \text{वोल्टेज गेन}$$

$$\text{पावर गेन} = \frac{I_C^2}{I_E^2} \times \frac{R_L}{R_{in}} = \alpha^2 \times \frac{R_L}{R_{in}}$$

जहाँ I_C = ट्रांजिस्टर की कलेक्टर धारा, (mA में)

I_E = ट्रांजिस्टर का एमीटर धारा, (mA में)

R_L = लोड रेजिस्टैन्स का मान, (ओह्म में)

R_{in} = सर्किट के इनपुट पर प्रयुक्त रेजिस्टैन्स का मान, (ओह्म में)

उदाहरण 8.1 यदि किसी कॉमन बेस एम्प्लीफायर का एमीटर करण्ट 5 mA तथा कलेक्टर करण्ट 4.9 mA है। इस सर्किट के इनपुट पर 50Ω का रेजिस्टैन्स और आउटपुट पर 10,000 Ω का रेजिस्टैन्स प्रयोग किया गया है।

(i) **सर्किट का धारा लाभ** (current gain) **ज्ञात कीजिए।**

(ii) **सर्किट का वोल्टेज लाभ** (voltage gain) **ज्ञात कीजिए।**

(iii) **सर्किट का शक्ति लाभ** (power gain) **ज्ञात कीजिए।**

हल (i) धारा लाभ $= \frac{I_C}{I_E}, (I_C = 4.9 \text{ mA}, I_E = 5 \text{ mA}) = \frac{4.9}{5} = 0.98$

(ii) वोल्टेज लाभ $= \frac{I_C \times R_L}{I_E \times R_{in}}, (I_C = 4.9 \text{ mA } I_E = 5 \text{ mA}, R_{in} = 50\ \Omega, R_L = 10{,}000\ \Omega),$

$$= \frac{4.9 \times 10{,}000}{5 \times 50} = 196$$

(iii) शक्ति लाभ $= \frac{I_C^2}{I_E^2} \times \frac{R_L}{R_{in}}, (I_C = 4.9 \text{ mA}, I_E = 5 \text{ mA}, R_{in} = 50\ \Omega, R_L = 10{,}000\ \Omega) = \frac{(4.9)^2}{(5)^2} \times \frac{10{,}000}{50}$

$$= (0.98)^2 \times 200 = 192.08 \approx 192\ \Omega$$

कॉमन एमीटर कॉन्फिगुरेशन
Common Emitter Configuration

एमीटर E को इनपुट तथा आउटपुट में कॉमन बनाने वाले सर्किट को कॉमन एमीटर (CE) सर्किट कहते हैं। इसे चित्रानुसार संयोजित करते हैं। इस सर्किट में इनपुट सिरा बेस है तथा आउटपुट सिरा कलेक्टर है। बेस एमीटर के मध्य इनपुट सिग्नल V_s को लगाया जाता है तथा एमीटर कलेक्टर के मध्य जुड़े लोड प्रतिरोधक R_L के सिरों पर आउटपुट प्रवर्द्धित सिग्नल (amplified signal) प्राप्त होता है।

इनपुट सिग्नल V_s बेस एमीटर के मध्य लगाया गया है तथा एम्प्लीफाइड आउटपुट सिग्नल V_o एमीटर कलेक्टर के मध्य प्राप्त होता है। इस सर्किट को 'एमीटर अनुगामी' (emitter follower) भी कहते हैं। इसमें वोल्टेज का प्रवर्द्धन (amplication) एक से अधिक कभी नहीं होता।

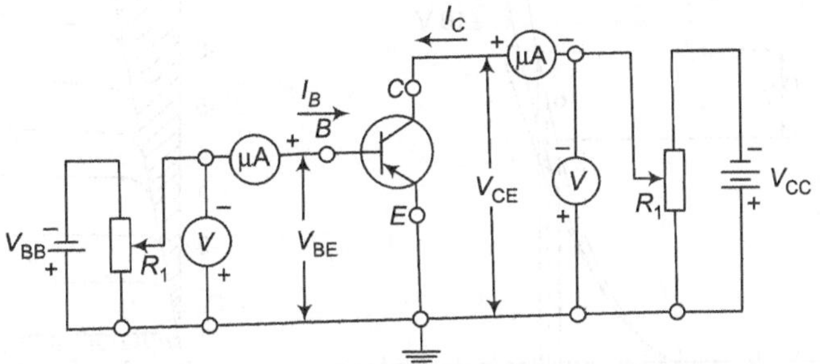

चित्र कॉमन एमीटर ट्रांजिस्टर कॉन्फिगुरेशन का विद्युतीय आरेख

अभिलक्षण Characteristics

कॉमन एमीटर ट्रांजिस्टर बन्ध से बेस धारा (I_B), एमीटर व बेस के मध्य वोल्टेज (V_{EB}) कलेक्टर धारा (I_C) तथा कलेक्टर व एमीटर के मध्य वोल्टेज (V_{CE}) चारों राशियाँ ही परिवर्तनशील होती हैं। इन चारों राशियों में से बेस धारा (I_B) तथा एमीटर व बेस के मध्य वोल्टेज (V_{EB}) इनपुट सर्किट में होते हैं। अत: बेस धारा (I_B) तथा एमीटर व बेस वोल्टेज के मध्य खींचे गए वक्र को इनपुट अभिलक्षण (input characteristics) कहते हैं। इसी प्रकार कलेक्टर धारा (I_C) तथा एमीटर व कलेक्टर वोल्टेज (V_{EC}) के मध्य सम्बन्ध प्रकट करने वाले वक्रों को आउटपुट

अभिलक्षण (output characteristics) कहते हैं। कॉमन एमीटर ट्रांजिस्टर बन्ध या कॉन्फिगुरेशन के अभिलक्षण खींचने के लिए चित्र के अनुसार विद्युतीय आरेख दर्शाया गया है। विद्युतीय आरेख में बेस सर्किट (इनपुट) में μA एम्पियर मीटर तथा कलेक्टर या आउटपुट सर्किट में mA एम्पियर मीटर संयोजित किए गए हैं।

इनपुट अभिलक्षण Input Characteristics

इनपुट अभिलक्षण लिए वोल्टेज डिवाइडर R_2 के द्वारा कलेक्टर व एमीटर के मध्य वोल्टेज (V_{CE}) को एक नियत तथा उपयुक्त मान पर समायोजित करते हैं। अब बेस व एमीटर के मध्य वोल्टेज (V_{BE}) को बदलते जाते हैं तथा प्रत्येक एमीटर बेस वोल्टेज (V_{BE}) के लिए संगत बेस धारा (I_B) का मान ज्ञात करते जाते हैं, इस प्रकार प्राप्त मानों के द्वारा V_{BE} तथा I_B के मध्य अभिलक्षण वक्र खींचते हैं जोकि इस बन्ध का इनपुट अभिलक्षण होता है। कलेक्टर व एमीटर के मध्य वोल्टेज (V_{CE}) को बदलकर प्रत्येक V_{CE} पर बेस धारा का मान ज्ञात करते जाते हैं। इस प्रकार (V_{BE}) तथा I_b के मानों के मध्य बन्ध के लिए दूसरा इनपुट अभिलक्षण खींचा जा सकता है। चित्र में कॉमन एमीटर ट्रांजिस्टर कॉन्फिगुरेशन के लिए इनपुट अभिलक्षणों को दर्शाया गया है।

आउटपुट अभिलक्षण Output Characteristics

आउटपुट अभिलक्षण खींचने के लिए एमीटर कलेक्टर वोल्टेज (V_{CE}) तथा कलेक्टर धारा (I_C) के मध्य वक्र खींचते हैं। पहले R_1 की सहायता से बेस धारा का मान नियत कर लेते हैं। तत्पश्चात् आउटपुट सर्किट में R_2 की सहायता से एमीटर कलेक्टर वोल्टेज (V_{CE}) का मान वोल्ट मीटर द्वारा तथा संगत कलेक्टर धारा (I_C) का मान मिली एम्पियर मीटर (mA) द्वारा पढ़ते हैं। अब (V_{CE}) के मान को बदलते जाते हैं तथा उसके प्रत्येक मान के लिए संगत कलेक्टर धारा (I_C) का मान ज्ञात करके (V_{CE}) तथा (I_C) के मध्य वक्र खींच लेते हैं। यह वक्र आउटपुट अभिलक्षण कहलाता है। अब बेस धारा (I_B) के अन्य मान के लिए इसी क्रिया को दोहराकर दूसरा आउटपुट अभिलक्षण वक्र खींचते हैं। कॉमन एमीटर ट्रांजिस्टर बन्ध या कॉन्फिगुरेशन के लिए आउटपुट अभिलक्षण वक्र चित्र में दर्शाए गए हैं। *P-N-P* ट्रांजिस्टर के लिए V_{CE}, I_C तथा I_B ऋणात्मक तथा *N-P-N* ट्रांजिस्टर के लिए ये राशियाँ धनात्मक होंगी।

उपरोक्त अभिलक्षणों से कॉमन एमीटर ट्रांजिस्टर कॉन्फिगुरेशन के लिए आउटपुट गतिज प्रतिरोध निम्न प्रकार ज्ञात किया जा सकता है।

गतिज प्रतिरोध $r_0 = \dfrac{\Delta V_{CE}}{\Delta I_C}$ (जबकि I_B नियत है)

इन वक्रों से कॉमन एमीटर बन्ध या कॉन्फिगुरेशन के लिए आउटपुट गतिज प्रतिरोध का प्राप्त मान बहुत अधिक (लगभग 20 किलो ओह्म) होता है। वक्र से स्पष्ट है कि जब $I_B = 0$ है, तब I_C का मान शून्य नहीं है। यह लीकेज धारा I_{CEO} है, जिसका मान अधिक होता है।

अनुप्रयोग Applications

कॉमन एमीटर एम्प्लीफायर सर्किट का उच्च इनपुट तथा आउटपुट इम्पीडैन्स, अधिक करण्ट गेन, अधिक वोल्टेज गेन और अधिकतम पावर गेन होने के कारण यह सबसे अधिक प्रचलित है।

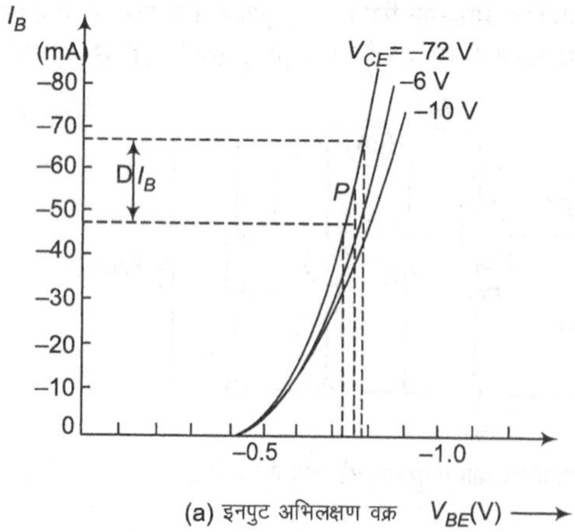

(a) इनपुट अभिलक्षण वक्र

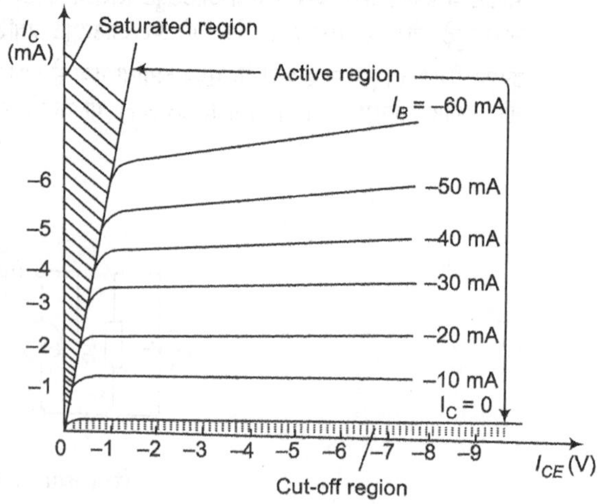

(b) आउटपुट अभिलक्षण वक्र

चित्र कॉमन एमीटर कॉन्फिगुरेशन के अभिलक्षण वक्र

कॉमन एमीटर का एम्प्लीफायर सर्किट Amplifier Circuit of Common Emitter

इस एम्प्लीफायर सर्किट के एमीटर को ग्राउण्ड कर दिया जाता है तथा इनपुट सिग्नल बेस पर प्रयुक्त किया जाता है, इसमें आउटपुट सिग्नल कलेक्टर से प्राप्त किया जाता है। इसे ग्राउण्डेड एमीटर एम्प्लीफायर सर्किट भी कहते हैं। इस सर्किट के इनपुट तथा आउटपुट सिग्नल्स में 180°

का फेज डिफरेन्स होता है। इस प्रकार के एम्प्लीफायर सर्किट का इनपुट इम्पीडैन्स उच्च (700 से 2000 ओह्म तक) तथा आउटपुट इम्पीडैन्स अति उच्च (लगभग 5,00,000 ओह्म) होता है। इस सर्किट में इनपुट बेस पर तथा आउटपुट कलेक्टर पर प्राप्त होता है। अत: इसका करण्ट गेन निम्न सूत्र द्वारा ज्ञात किया जाता है, जोकि लगभग 49 होता है।

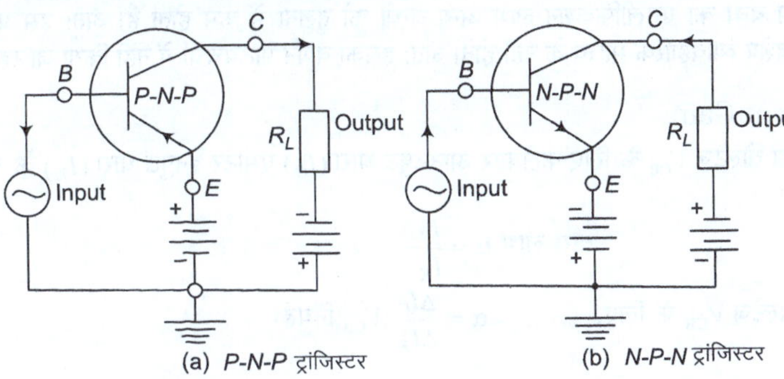

चित्र कॉमन एमीटर का एम्प्लीफायर विद्युतीय आरेख

$$\text{करण्ट गेन} = \frac{I_C}{I_B} = \beta,\ \text{जहाँ}\ I_C = \text{कलेक्टर करण्ट mA},\ I_B = \text{बेस करण्ट (mA)}$$

अत: किसी ट्रांजिस्टर के कलेक्टर करण्ट तथा बेस करण्ट के अनुपात को उस ट्रांजिस्टर का धारा लाभ गेन (β) कहते हैं।

इस सर्किट का वोल्टेज गेन निम्न सूत्र द्वारा ज्ञात किया जाता है, जोकि लगभग 245 होता है।

$$\text{वोल्टेज गेन} = \frac{I_C}{I_B} \times \frac{R_L}{R_{in}} = \beta \times \frac{R_L}{R_{in}}$$

जबकि I_C = कलेक्टर करण्ट, mA में
I_B = बेस करण्ट, mA में
R_{in} = इनपुट पर प्रयुक्त रेजिस्टैन्स, ओह्म में
R_L = लोड रेजिस्टैन्स का मान, ओह्म में

इस सर्किट का शक्ति लाभ निम्न सूत्र द्वारा ज्ञात किया जाता है, जोकि अधिकतम लगभग 12000 होता है।

$$\text{पावर गेन} = \frac{P_{out}}{P_{in}}$$

$$\text{पावर गेन} = \frac{I_C^2\ R_L}{I_B^2\ R_{in}} = (\beta)^2 \times \frac{R_L}{R_{in}}$$

जहाँ I_C = कलेक्टर करण्ट, mA में
I_B = बेस करण्ट, mA में
R_L = लोड रेजिस्टैन्स, ओह्म में
R_{in} = इनपुट रेजिस्टैन्स, ओह्म में

उदाहरण 8.2 यदि किसी कॉमन एमीटर ट्रांजिस्टर एम्प्लीफायर का एमीटर करण्ट 5 mA तथा बेस करण्ट 0.1 mA है। इस सर्किट के इनपुट पर 2,000 ओह्म और आउटपुट पर 10,000 ओह्म रेजिस्टैन्स प्रयोग किया गया है, तब

(i) **एम्प्लीफायर सर्किट का धारा लाभ गेन ज्ञात कीजिए।**
(ii) **एम्प्लीफायर सर्किट का वोल्टेज लाभ ज्ञात कीजिए।**
(iii) **एम्प्लीफायर सर्किट का शक्ति लाभ ज्ञात कीजिए।**

हल (i) $I_C = I_E - I_B = 5 - 0.1 = 4.9$ mA, C.G. = ?, $I_C = 5$ mA, $I_B = 0.1$ mA

$R_L = 10{,}000$ ओह्म, $R_{in} = 2{,}000$ ओह्म

$$\text{धारा लाभ} = \frac{I_C}{I_B} = \frac{4.9}{0.1} = 49$$

(ii) $$\text{वोल्टेज लाभ} = \frac{I_C}{I_B} \times \frac{R_L}{R_{in}} = \frac{4.9 \times 10000}{0.1 \times 2000} = 245$$

(iii) $$\text{शक्ति लाभ} = \frac{I_C^2 \times R_L}{I_{in}^2 \times R_{in}} = \frac{(4.9)^2 \times 10000}{(0.1)^2 \times 2000}\ (49)^2 \times 5 = 12005$$

कॉमन कलेक्टर कॉन्फिगुरेशन Common Collector Configuration

इस प्रकार के ट्रांजिस्टर बन्ध को भू-सम्पर्कित कलेक्टर (earthed collector) भी कहते हैं। इसमें कलेक्टर को इनपुट तथा आउटपुट के लिए कॉमन बना दिया जाता है। इस बन्ध का एम्प्लीफिकेशन लाभ अन्य बन्धों की तुलना में कम होता है। अतः इस प्रकार के ट्रांजिस्टर बन्ध के इनपुट तथा आउटपुट अभिलक्षण विशेष व्यावहारिक महत्त्व के नहीं होते। अतः इसका वर्णन पाठ्यचर्चा में नहीं किया जा रहा है। इसके विभिन्न सूत्र निम्न हैं

धारा लाभ Current Gain

यह नियत कलेक्टर बेस वोल्टेज V_{CB} के लिए कलेक्टर आउटपुट धारा (I_C) एमीटर इनपुट धारा (I_E) के अनुपात के बराबर होता है। इसे एल्फा (α) से प्रकट करते हैं।

अतः

$$\text{धारा लाभ } \alpha = \frac{I_C}{I_E}$$

नियत कलेक्टर बेस वोल्टेज V_{CB} के लिए,

$$\alpha = \frac{\Delta I_C}{\Delta I_E} (V_{CB} \text{ नियत})$$

प्रतिरोध लाभ Resistance Gain

यह आउटपुट के प्रतिरोध (R_C) तथा इनपुट के प्रतिरोध (R_E) के अनुपात के बराबर होता है।

अर्थात्

$$\text{प्रतिरोध लाभ } = \frac{\text{आउटपुट प्रतिरोध } (R_C)}{\text{इनपुट प्रतिरोध } (R_E)}$$

वोल्टेज लाभ Voltage Gain

आउटपुट तथा इनपुट वोल्टेज के अनुपात को वोल्टेज लाभ कहते हैं।

$$\text{वोल्टेज लाभ} = \frac{\text{आउटपुट वोल्टेज}}{\text{इनपुट वोल्टेज}} = \frac{\text{आउटपुट धारा} \times \text{आउटपुट प्रतिरोध}}{\text{इनपुट धारा} \times \text{इनपुट प्रतिरोध}} = \frac{I_C \times R_C}{I_E \times R_E} = \alpha \times \frac{R_C}{R_E}$$

अतः

$$\text{वोल्टेज लाभ} = \text{धारा लाभ} \times \text{प्रतिरोध लाभ}$$

पावर लाभ Power Gain

यह आउटपुट पावर (P_C) तथा इनपुट पावर (P_E) के अनुपात के बराबर होता है।

अतः

$$\text{पावर लाभ} = \frac{\text{आउटपुट पावर } (P_C)}{\text{इनपुट पावर } (P_E)} = (\text{धारा लाभ})^2 \times \text{प्रतिरोध लाभ} = (\alpha)^2 \times \frac{R_C}{R_E}$$

या

$$\text{पावर लाभ} = \text{वोल्टेज लाभ} \times \text{धारा लाभ}$$

उपरोक्त कॉन्फिगुरेशन में एमीटर धारा, $I_E = I_B + I_C$

कॉमन कलेक्टर एम्प्लीफायर सर्किट Common Collector Amplifier Circuit

वह एम्प्लीफायर सर्किट, जिसमें कलेक्टर को ग्राउण्ड किया जाता है, बेस पर इनपुट सिग्नल दिया जाता है और एमीटर पर आउटपुट सिग्नल प्राप्त होता है, कॉमन कलेक्टर एम्प्लीफायर सर्किट कहलाता है। इसे ग्राउण्डेड कलेक्टर एम्प्लीफायर या एमीटर फॉलोअर एम्प्लीफायर भी कहते हैं। इस सर्किट के इनपुट सिग्नल तथा आउटपुट सिग्नल एक ही फेज में होते हैं।

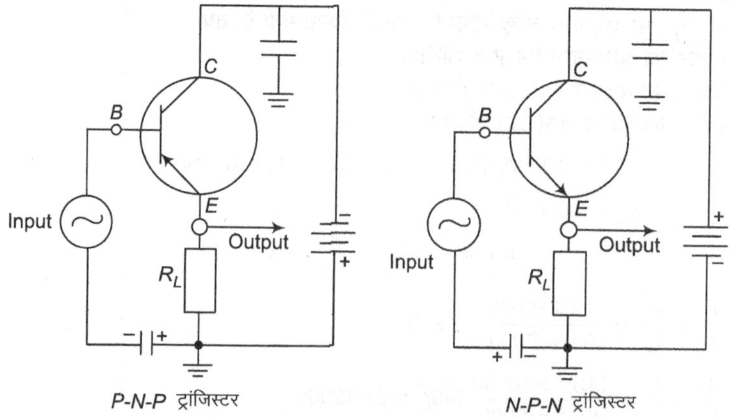

चित्र कॉमन कलेक्टर का एम्प्लीफायर सर्किट

इस सर्किट का इनपुट इम्पीडैन्स बहुत अधिक (लगभग 1 MΩ) और आउटपुट इम्पीडैन्स कम (100 Ω से कम) होता है। इसका धारा लाभ (current gain) (β) कॉमन एमीटर एम्प्लीफायर से कुछ अधिक (β + 1) होता है। इसका वोल्टेज लाभ (voltage gain) एक से कम होता है और इसका शक्ति लाभ (power gain) सबसे कम होता है। अतः इस एम्प्लीफायर का विशेष महत्त्व नहीं है।

तालिका ट्रांजिस्टर अभिलक्षणों का तुलनात्मक विवरण

अभिलक्षण	कॉमन एमीटर	कॉमन बेस	कॉमन कलेक्टर
धारा लाभ	अधिक (β)	1 से कम (α)	अधिक (β + 1)
वोल्टेज लाभ	अधिक	अधिक	1 से कम
शक्ति लाभ	सबसे अधिक	अधिक	सबसे कम
इनपुट रेजिस्टैन्स	कम	सबसे कम	सबसे अधिक
आउटपुट रेजिस्टैन्स	अधिक	सबसे अधिक	सबसे कम
इनपुट तथा आउटपुट सिग्नल्स के मध्य फेज शिफ्ट	180°	0°	0°

8.6 कॉन्फिगुरेशन अभिलक्षणों में सम्बन्ध
Relation in Configuration Characteristics

एल्फा (α) तथा बीटा (β) एक ही ट्रांजिस्टर के अभिलक्षण (characteristics) होते हैं, जोकि एक-दूसरे से सम्बन्धित होते हैं।
हम जानते हैं कि एमीटर धारा, बेस धारा तथा कलेक्टर धारा के योग के बराबर होता है अर्थात्

$$I_E = I_B + I_C \qquad \text{...(i)}$$

$$\therefore \quad I_B = I_E - I_C \qquad \text{...(ii)}$$

हम यह भी जानते हैं कि $I_C, \alpha I_E$ के बराबर होती है।

$$I_C = \alpha I_E = \left(\frac{I_C}{I_E}\right) I_E \qquad \text{...(iii)}$$

I_C का मान αI_E समी (ii) में रखने पर

$$\frac{I_C}{I_B} = \frac{\alpha I_E}{I_E(1-\alpha)}$$

$$\beta = \frac{I_E}{I_B} - \frac{\alpha}{1-\alpha}$$

$$\beta = \frac{\alpha}{1-\alpha}$$

$$\beta(1-\alpha) = \alpha$$

$$\beta - \alpha\beta = \alpha$$

$$\beta = \alpha + \alpha\beta$$

$$\therefore \quad \alpha = \frac{\beta}{1+\beta}$$

इस प्रकार, $\beta = \frac{\alpha}{1-\alpha}$ या $\alpha = \frac{\beta}{1+\beta}$

8.7 तापमान वृद्धि के कारण थर्मल रन अवे समस्या
Thermal Run Away Problem due to Increasing Temperature

सर्किट में कार्यरत ट्रांजिस्टर कभी-कभी किसी कारण सामान्य तापमान से अधिक गर्म हो जाता है। इसके फलस्वरूप जो उसके सेमीकण्डक्टर क्रिस्टल के अन्दर सहसंयोजक बन्ध टूटने लगते हैं, तो इससे अधिक चार्ज कैरियर्स उपलब्ध होने के कारण कलेक्टर धारा बढ़ती है, जिससे तापमान और अधिक बढ़ता है। तापमान बढ़ने से सहसंयोजक बन्ध और अधिक टूटने से कलेक्टर धारा और अधिक बढ़ती है, जिसके परिणामस्वरूप वह ट्रांजिस्टर जलकर नष्ट हो जाता है। इस प्रकार ट्रांजिस्टर का तापमान तीव्रता से बढ़ने की क्रिया को थर्मल रन अवे (thermal run away) कहते हैं।

ट्रांजिस्टर एक निश्चित सीमा से अधिक तापमान पर कार्य नहीं कर सकता। अत: ट्रांजिस्टर को थर्मल रन अवे से बचाने के लिए निम्न उपाय किए जाते हैं, ताकि ट्रांजिस्टर का तापमान उचित सीमा से आगे न बढ़ सके।

(i) ट्रांजिस्टर के एमीटर पर रेजिस्टैन्स का प्रयोग करके बेस की बायस को स्थिर करना।
(ii) थर्मिस्टर का प्रयोग करके बेस की बायस को स्थिर करना।
(iii) हीट सिंक का प्रयोग करके ट्रांजिस्टर का तापमान बढ़ने से रोकना।

8.8 ट्रांजिस्टर सम्बन्धी शब्दावली Transistor Related Terminology

ट्रांजिस्टर की कार्यप्रणाली को समझने के लिए उससे सम्बन्धित शब्दों को समझना आवश्यक होता है, जिनका वर्णन निम्न प्रकार है

स्थायीकरण Stabilisation

प्रचालन बिन्दु शून्य सिग्नल कलेक्टर धारा (I_C) तथा कलेक्टर-एमीटर वोल्टेज (V_{CE}) से प्रदर्शित किया जाता है। इन दोनों राशियों में परिवर्तन होने की दशा में प्रचालन बिन्दु पूर्व स्थान से खिसक जाता है।

कारण Cause

कोई ट्रांजिस्टर एम्प्लीफायर अस्थायी दशा में तब होता है, जबकि उसका प्रचालन बिन्दु उसके पूर्व निश्चित स्थान से खिसक जाता है। यह एम्प्लीफायर की कलेक्टर धारा में परिवर्तन के कारण होता है। किसी ट्रांजिस्टर की कलेक्टर धारा उसकी कार्यशील दशा में तीव्रता से परिवर्तन होते रहने के कारण होता है। ट्रांजिस्टर की कलेक्टर धारा निम्न दशाओं में परिवर्तित होती है

(i) ट्रांजिस्टर के तापमान में परिवर्तन पर
(ii) ट्रांजिस्टर के दोषयुक्त होने पर उसे, उसके समान विशिष्टियों वाले ट्रांजिस्टर से बदलने पर होता है, क्योंकि ट्रांजिस्टर के पैरामीटर (i, e, β) में परिवर्तन हो जाता है।

कलेक्टर धारा (I_C) पर तापमान का प्रभाव Effect of Temperature on Collector Current (I_C)

कलेक्टर धारा (I_C) निम्न सम्बन्ध (relation) के द्वारा दर्शायी जाती है

$$I_C = \beta I_B + I_{CEO}$$

जहाँ,

$$I_{CEO} = (\beta + 1)\, I_{CBO}$$

$$I_C = \beta I_B + (\beta + 1)\, I_{CBO}$$

कलेक्टर की क्षरण धारा (leakage current) I_{CBO} तापमान के द्वारा प्रभावित होती है। कार्यशील दशा (working condition) में कलेक्टर धारा के प्रभाव के कारण ट्रांजिस्टर में ऊष्मा उत्पन्न होती है, जिससे ट्रांजिस्टर की क्षरण धारा I_{CBO} बढ़ जाती है। इसके प्रभाव से कलेक्टर धारा भी बढ़ जाती है, क्योंकि कलेक्टर धारा $I_C = \beta I_B + (\beta + 1)\, I_{CBO}$ होती है। इस प्रकार कलेक्टर धारा के बढ़ने से तापमान बढ़ने के कारण कलेक्टर धारा I_{CBO} और अधिक बढ़ती है। यह निरन्तर/संचयी (cumulative) प्रभाव से ट्रांजिस्टर थर्मल रनअवे क्रिया की ओर अग्रसर होने लगता है।

लाभ Gain

एम्प्लीफायर के आउटपुट व इनपुट के अनुपात को लाभ कहते हैं। इनका वर्णन निम्नलिखित हैं

वोल्टेज लाभ Voltage Gain, A_V

किसी एम्प्लीफायर के आउटपुट ए.सी. वोल्टेज (A.C. V_{out}) तथा ए.सी. इनपुट वोल्टेज (A.C. V_{in}) के अनुपात को उस एम्प्लीफायर का वोल्टेज गेन (A_V) कहते हैं।

$$\text{वोल्टेज गेन } A_V = \frac{V_{out}}{V_{in}} = \frac{i_c\, R_{A.C.}}{i_b\, R_{in}} = \beta \frac{R_{A.C.}}{R_{in}} \qquad \left(\because \frac{\Delta i_c}{\Delta i_b} = \beta\right)$$

जहाँ, $R_{A.C.}$ = प्रभावी लोड प्रतिरोध

$$= R_{A.C.} \parallel R_L = \frac{R_C R_L}{R_C + R_L}$$

धारा लाभ Current Gain, A_i

किसी एम्प्लीफायर की ए.सी. कलेक्टर (आउटपुट) धारा (I_C) ए.सी. बेस (इनपुट सिग्नल) धारा (I_B) के अनुपात को उस एम्प्लीफायर का धारा लाभ कहते हैं

$$\boxed{\text{धारा लाभ (current gain) } A_i = \frac{I_C}{I_B}} \qquad \left(\text{जहाँ, } \frac{I_C}{I_B} = \beta = \frac{\Delta I_C}{\Delta I_B}\right)$$

पावर लाभ Power Gain, A_P

किसी एम्पलीफायर की ए.सी. पावर आउटपुट (P_{out}) तथा ए.सी. इनपुट (P_{in}) के अनुपात (ratio) को पावर लाभ A_p कहते हैं।

लोड लाइन Load Line

एक ट्रांजिस्टर एम्पलीफायर D.C. तथा A.C. लोड लाइन की सहायता से बहुत सरलता से विश्लेषित (analysed) किया जा सकता है। ट्रांजिस्टर परिपथ में D.C. तथा A.C. स्थितियाँ प्राप्त होती हैं। ट्रांजिस्टर लोड लाइन निम्न दो प्रकार की होती हैं

डी.सी. लोड लाइन D.C. Load Line

ट्रांजिस्टर के परिपथ में निर्गत अभिलक्षण (output characteristic) पर खींची गई वह लाइन, जिसके द्वारा ट्रांजिस्टर के शून्य सिग्नल दशा (डी.सी. दशा) के सन्दर्भ में कलेक्टर धारा (I_C) तथा कलेक्टर-एमीटर वोल्टेज ($V_{C.E.}$) प्रदान करता है, डी.सी. लोड लाइन कहलाती है।

ए.सी. लोड लाइन A.C. Load Line

किसी ट्रांजिस्टर एम्पलीफायर परिपथ के निर्गत अभिलक्षण पर खींची गई वह लाइन है, जोकि कलेक्टर धारा V_C तथा कलेक्टर-एमीटर वोल्टेज V_{CE} का मान दर्शाती हैं तथा जब ट्रांजिस्टर के बेस-एमीटर के आर-पार सिग्नल (*AC* स्थिति में) प्रयुक्त किया जाता है, ए. सी. लोड लाइन कहलाती हैं।

8.9 ट्रांजिस्टर लीड्स की पहचान Identification of Transistor Leads

प्रत्येक ट्रांजिस्टर में तीन लीड्स (leads) होती हैं, जोकि कलेक्टर (C), एमीटर (E) एवं बेस (B) कहलाती हैं। जब कोई सर्किट डिजाइन किया जाता है, तब ट्रांजिस्टर की लीड्स को कलेक्टर, बेस, एमीटर के रूप में पहचानना अति आवश्यक होता है (अर्थात् कौन-सी लीड कलेक्टर है, कौन-सी लीड बेस है तथा कौन-सी लीड एमीटर है)? भिन्न-भिन्न ट्रांजिस्टर्स निर्माताओं के द्वारा निर्मित किए गए ट्रांजिस्टर्स की लीड्स का क्रम भिन्न होता है। कोई निर्माता ट्रांजिस्टर की बेस लीड को कलेक्टर-एमीटर लीड्स के मध्य में रखता है, तो कोई निर्माता बेस लीड को एक किनारे पर रखता है। अतः इन लीड्स की पहचान करने के लिए कुछ विधियाँ अपनाई जाती हैं। सामान्यतः ट्रांजिस्टर लीड्स की पहचान करने के लिए चार प्रणालियाँ (systems) प्रयोग में लाई जाती हैं, जिनका विवरण निम्न प्रकार है

(i) जब ट्रांजिस्टर की सभी लीड्स एकसमान आकृति एवं लम्बाई वाली होती हैं तब निर्माता इसके कलेक्टर की पहचान करने के लिए इसकी केन (body) पर कलेक्टर लीड के सम्मुख (front) पर कलर डॉट छाप देते हैं।

(ii) जब ट्रांजिस्टर की लीड्स एक ही रेखा में होते हैं, परन्तु इनकी आकृति असमान होती है, तब कलेक्टर लीड बेस व एमीटर से अधिक दूरी पर होती है। जैसा कि चित्र (b) में दर्शाया गया है।

(iii) जब ट्रांजिस्टर की लीड्स की आकृति एकसमान होती है, परन्तु ये परिधि के साथ-साथ घुमावदार पथ (circular path) पर समान दूरी पर स्थापित होती है, तब ट्रांजिस्टर की केन के किनारे पर निकला छोटा भाग (tab) एमीटर को दर्शाता है तथा ट्रांजिस्टर की लीड को अपने चेहरे की ओर रखकर देखने पर घड़ी की दिशा में एमीटर के पश्चात् क्रमशः बेस व कलेक्टर होते हैं जैसा कि चित्र (c) में दिर्शाया गया है।

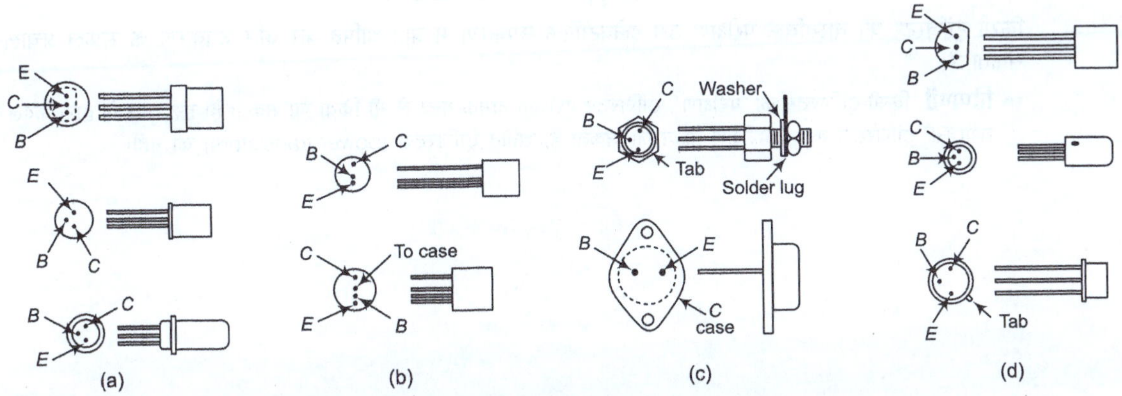

चित्र (a, b, c, d) विभिन्न प्रकार के ट्रांजिस्टर में कलेक्टर, बेस, एमीटर लीड्स की पहचान

(iv) पावर ट्रांजिस्टर 2N 30-सीरीज में केवल दो ही लीड्स होती हैं, जोकि बेस एवं एमीटर होती हैं। इसकी धात्विक बॉडी (metallic body) कलेक्टर से संयोजित होती है। ट्रांजिस्टर की लीड्स को अपने चेहरे की ओर रखने पर बाएँ हाथ की ओर बेस तथा दाएँ हाथ की ओर एमीटर लीड होती है। इसको चित्र (d) में सरलतापूर्वक समझाया गया है।

8.10 ट्रांजिस्टर परीक्षण Transistor Testing

इलेक्ट्रॉनिक उपकरणों की मरम्मत करते समय पुर्जों को बदलने की आवश्यकता होती है। किसी खराब ट्रांजिस्टर के स्थान पर नया ट्रांजिस्टर लगाने से पूर्व नए ट्रांजिस्टर का परीक्षण आवश्यक है। यह परीक्षण निम्न दो प्रकार से किया जा सकता है

मल्टीमीटर द्वारा परीक्षण Testing by Multimeter

इस परीक्षण को ट्रांजिस्टर को किसी परिपथ में संयोजित न करके मल्टीमीटर के प्रयोग द्वारा किया जाता है। *P-N-P* तथा *N-P-N* प्रकार के ट्रांजिस्टर्स के लिए मल्टीमीटर की 'परीक्षण छड़ों' को भिन्न-भिन्न ध्रुवता के अनुसार संयोजित किया जाता है। यह परीक्षण केवल एक अनुमान होता है।

P-N-P ट्रांजिस्टर परीक्षण P-N-P Transistor Testing

मल्टीमीटर की धन 'परीक्षण छड़' को ट्रांजिस्टर के 'बेस' से संयोजित करें तथा ऋण 'परीक्षण छड़' (probe) को क्रमशः 'एमीटर' तथा 'कलेक्टर' से संयोजित करें। यदि मल्टीमीटर प्रत्येक परीक्षण में 'निम्न प्रतिरोध' दर्शाता है, तो ट्रांजिस्टर 'अच्छा' है। यदि मल्टीमीटर प्रत्येक अथवा एक परीक्षण में 'उच्च प्रतिरोध' दर्शाता है, तो वह 'खुला परिपथ' (open-circuited) होना सम्भावित है।

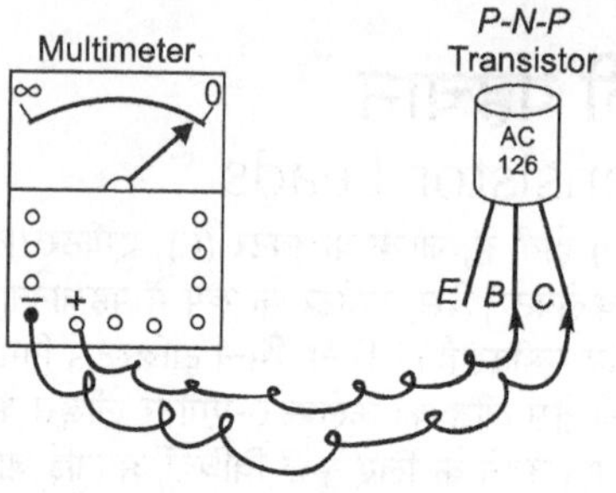

चित्र *P-N-P* ट्रांजिस्टर परीक्षण

N-P-N ट्रांजिस्टर परीक्षण N-P-N Transistor Testing

मल्टीमीटर की ऋण 'परीक्षण छड़' को ट्रांजिस्टर के 'बेस' से संयोजित करें तथा धन 'परीक्षण छड़' को क्रमशः 'एमीटर' तथा 'कलेक्टर' से संयोजित करें। यदि मल्टीमीटर प्रत्येक परीक्षण में 'निम्न प्रतिरोध' दर्शाता है, तो ट्रांजिस्टर 'अच्छा' है। यदि मल्टीमीटर प्रत्येक अथवा एक परीक्षण में 'उच्च प्रतिरोध' दर्शाता है, वह 'खुला परिपथ' होना सम्भावित है।

परिपथ के साथ परीक्षण Testing with in Circuit

किसी ट्रांजिस्टर का वास्तविक परीक्षण उसे इलेक्ट्रॉनिक उपकरण में प्रतिस्थापित कर और उपकरण के सफल प्रचालन द्वारा ही किया जा सकता है।

➡ **टिप्पणी** किसी ट्रांजिस्टर का 'परीक्षण', ट्रांजिस्टर परीक्षक नामक यन्त्र से भी किया जा सकता है। इस यन्त्र के द्वारा केवल सामान्य प्रकार के AF तथा RF ट्रांजिस्टर्स का ही परीक्षण किया जा सकता है, शक्ति ट्रांजिस्टर्स (power transistors) का नहीं।

अभ्यास प्रश्न

परीक्षा प्रारूपी प्रश्न

बहुविकल्पीय

1. निम्न में से कौन-सा ट्रांजिस्टर का टर्मिनल नहीं है?
   (a) एनोड (b) एमीटर
   (c) बेस (d) कलेक्टर

2. "ट्रांजिस्टर में तीन प्रकार की धाराएँ I_E, I_B एवं I_C प्रवाहित होती हैं।" इन तीनों धाराओं के मध्य सम्बन्ध होता है
   (a) $I_C = I_B + I_E$ (b) $I_B = I_C + I_E$
   (c) $I_E = I_B + I_C$ (d) $I_B = 2I_C + I_E$

3. कॉमन बेस ट्रांजिस्टर एम्प्लीफायर सर्किट के धारा लाभ (current gain) (α) का मान निम्न में से क्या होता है?
   (a) एक से अधिक लगभग 1.1 होता है
   (b) एक से कम लगभग 0.98 होता है
   (c) एक होता है
   (d) उपरोक्त में से कोई नहीं

4. कॉमन एमीटर ट्रांजिस्टर एम्प्लीफायर सर्किट के लिए धारा लाभ (α) का मान निम्न में से क्या होता है?
   (a) 50 (b) 49
   (c) 60 (d) 50

5. कॉमन एमीटर ट्रांजिस्टर एम्प्लीफायर सर्किट के वोल्टेज गेन का सूत्र निम्न में से कौन-सा है?
   (a) $\frac{I_c}{I_b} \times \frac{R_L}{R_{in}} = A_V$ (b) $\frac{I_C}{I_b} \times \frac{R_{in}}{R_L} = A_V$
   (c) $\frac{I_b}{I_c} \times \frac{R_L}{R_{in}} = A_V$ (d) इनमें से कोई नहीं

6. ट्रांजिस्टर में थर्मल रनअवे की समस्या निम्न में से किसकी अधिकता के कारण उत्पन्न होती है?
   (a) पावर (b) ताप
   (c) वोल्टता (d) धारा

7. किसी एम्प्लीफायर के शक्ति लाभ का सूत्र है
   (a) $\frac{P_{in}}{P_{out}}$ (b) $P_{in} \times P_{out}$
   (c) $\frac{P_{out}}{P_{in}}$ (d) $\left(\frac{P_{in}}{P_{out}}\right)^2$

8. निम्न में से किससे सबसे अधिक इनपुट प्रतिरोध प्राप्त होता है?
   (a) कॉमन एमीटर
   (b) कॉमन बेस
   (c) 'a' और 'b' दोनों
   (d) कॉमन कलेक्टर

9. *P-N-P* ट्रांजिस्टर में धारा वाहक (current carrier) होते हैं
   (a) इलेक्ट्रॉन (b) होल्स (c) आयन (d) ये सभी

10. कॉमन बेस (CB) मोड में ट्रांजिस्टर के इनपुट व आउटपुट के मध्य कलान्तर (phase difference) होता है
    (a) 180° (b) 90°
    (c) 30° (d) 0°

11. ट्रांजिस्टर में कलेक्टर की डोपिंग (doping) ········ होती है।
    (a) एमीटर से अधिक
    (b) बेस से कम
    (c) बेस से अधिक एवं एमीटर से कम
    (d) उपरोक्त में से कोई नहीं

12. ····· मोड का वोल्टेज गेन सबसे अधिक होता है।
    (a) कॉमन एमीटर (b) कॉमन बेस
    (c) कॉमन कलेक्टर (d) इनमें से कोई नहीं

13. थर्मल रन-अवे (thermal run away) का मुख्य कारण है
    (a) उच्च वोल्टेज (b) उच्च तापमान
    (c) उच्च डोपिंग (d) इनमें से कोई नहीं

14. एम्प्लीफायर में ट्रांजिस्टर को बायस (bias) किया जाता है
    (a) एक्टिव रीजन में (b) सेचुरेशन रीजन में
    (c) कट ऑफ रीजन में (d) इन्वर्स रीजन में

15. निम्न में से कौन-सी बायस सर्वाधिक उपयोग में लाई जाती है?
    (a) फिक्स्ड बायस (b) पोटेन्शियल डिवाइस बायस
    (c) एमीटर बायस (d) ये सभी

16. ट्रांजिस्टर को स्विच-ऑफ करने के लिए उसका ऑपरेटिंग बिन्दु ····· में होना चाहिए।
    (a) सेचुरेशन (b) एक्टिव रीजन
    (c) कट ऑफ रीजन (d) इनमें से कोई नहीं

17. कॉमन कलेक्टर (CC) ट्रांजिस्टर कॉन्फिगुरेशन का उपयोग होता है
    (a) इम्पीडैन्स (impedance) मैचिंग के लिए
    (b) वोल्टेज की एम्प्लीफिकेशन के लिए
    (c) पावर की एम्प्लीफिकेशन के लिए
    (d) उपरोक्त सभी

18. ट्रांजिस्टर्स को डिजिटल परिपथ (digital circuit) में प्रचालित (operate) किया जाता है
    (a) एक्टिव रीजन में
    (b) ब्रेकडाउन रीजन में
    (c) सेचुरेशन और कट ऑफ रीजन में
    (d) लीनियर रीजन में

19. *N-P-N* ट्रांजिस्टर को, *P-N-P* ट्रांजिस्टर्स की तुलना में वरीयता दी जाती है, इसका मुख्य कारण है
(a) उच्च स्विचिंग गति
(b) धनात्मक सप्लाई प्रदान करना सरल
(c) प्रचालन तापमान की बड़ी सीमा
(d) उपरोक्त में से कोई नहीं

20. ट्रांजिस्टर बायसिंग के लिए किस प्रकार की वोल्टेज प्रदान की जाती है?
(a) परिवर्तित मान की ए.सी. वोल्टेज
(b) परिवर्तित मान की डी.सी. वोल्टेज
(c) नियत मान की ए.सी. वोल्टेज
(d) नियत मान की डी.सी. वोल्टेज

विविध प्रारूपी प्रश्न

सत्य/असत्य

1. ट्रांजिस्टर में निर्वात ट्यूब के समान फिलामेन्ट सर्किट होता है।
2. ट्रांजिस्टर का प्रचालन निर्वात ट्यूब की अपेक्षा अधिक तीव्रता से होता है।
3. कॉमन-बेस एम्प्लीफायर सर्किट का उपयोग इम्पीडैन्स मैचिंग के लिए किया जाता है।
4. कॉमन बेस ट्रांजिस्टर एम्प्लीफायर सर्किट का धारा लाभ (α) का मान 0.98 होता है।
5. ट्रांजिस्टर की कलेक्टर धारा तापमान से अप्रभावित रहती है।

रिक्त स्थानों की पूर्ति

1. ट्रांजिस्टर के ··············· टर्मिनल का कार्य, बेस को मैजोरिटी चार्ज कैरियर सप्लाई करना है।
2. ट्रांजिस्टर, निर्वात ट्यूब की अपेक्षा ··············· वोल्टेज पर प्रचालित होता है।
3. ट्रांजिस्टर, स्विच की ऑफ स्थिति में ··············· क्षेत्र में रहता है।
4. कॉमन बेस एम्प्लीफायर सर्किट्स का प्रयोग ··············· के लिए किया जाता है।
5. ट्रांजिस्टर अभिलक्षण को कट-ऑफ क्षेत्र, एक्टिव क्षेत्र एवं ··············· में विभाजित किया जाता है

अतिलघु उत्तरीय

1. ट्रांजिस्टर के कितने टर्मिनल होते हैं? उनके नाम बताइए।
2. *P-N-P* तथा *N-P-N* ट्रांजिस्टर हेतु प्रतीक (symbol) दर्शाइए।
3. ट्रांजिस्टर बायसिंग से क्या अभिप्राय है?
4. ट्रांजिस्टर में एमीटर धारा, बेस धारा एवं कलेक्टर धारा में क्या सम्बन्ध होता है?
5. ट्रांजिस्टर कॉन्फिगुरेशन कितने प्रकार की होती है?
6. ट्रांजिस्टर को थर्मल रन-अवे से बचाने के लिए क्या करना चाहिए?

लघु उत्तरीय

1. ट्रांजिस्टर किसे कहते हैं? इसके संकेत/प्रतीक में इसके टर्मिनल्स को उनके नाम सहित दर्शाइए।
2. ट्रांजिस्टर के कम-से-कम तीन गुण लिखिए।
3. ट्रांजिस्टर के कॉमन बेस बन्ध का *N-P-N* एवं *P-N-P* ट्रांजिस्टर के लिए परिपथ बनाइए।
4. ट्रांजिस्टर सम्बन्धी स्थायीकरण पद से आप क्या समझते हैं?
5. ट्रांजिस्टर के वोल्टेज लाभ एवं धारा लाभ के सूत्र बताइए।

दीर्घ उत्तरीय

1. *P-N-P* ट्रांजिस्टर की कार्यविधि को समझाइए।
2. कॉमन बेस कॉन्फिगुरेशन के इनपुट तथा आउटपुट अभिलक्षणों (characteristics) को खींचिए तथा संक्षेप में समझाइए।
3. ट्रांजिस्टर सर्किट्स के सन्दर्भ में एल्फा (α) तथा बीटा (β) अक्षरों से आप क्या समझते हैं?

उत्तरमाला

बहुविकल्पीय

1. (a) 2. (c) 3. (b) 4. (b) 5. (a) 6. (b) 7. (c) 8. (d) 9. (b) 10. (d)
11. (c) 12. (a) 13. (b) 14. (a) 15. (b) 16. (c) 17. (a) 18. (c) 19. (c) 20. (d)

सत्य/असत्य

1. असत्य 2. सत्य 3. सत्य 4. सत्य 5. असत्य

रिक्त स्थानों की पूर्ति

1. एमीटर 2. कम 3. कट-ऑफ 4. इम्पीडैन्स मैचिंग 5. संतृप्त क्षेत्र

अध्याय 09

विशिष्ट अर्द्धचालक युक्तियाँ

Specific Semiconductor Devices

सामान्य डायोड्स एवं ट्रांजिस्टर्स के अतिरिक्त, इलेक्ट्रॉनिकी में विद्युत शक्ति के नियन्त्रण हेतु कुछ विशेष प्रकार की युक्तियाँ भी निर्मित की गयी हैं, जो विशिष्ट अर्द्धचालक युक्तियाँ कहलाती हैं। इन युक्तियों को 'ठोस अवस्था युक्ति' (solid state device) भी कहा जा सकता है, क्योंकि इनमें प्रयुक्त 'p-प्रकार' एवं 'n-प्रकार' के पदार्थ खण्डों के मध्य में कोई रिक्त स्थान नहीं होता है और आवेश वाहक (मुक्त इलेक्ट्रॉन्स तथा होल्स) सीधे ही एक पदार्थ खण्ड से दूसरे पदार्थ खण्ड में गतिमान हो जाते हैं।

UJT, FET, DIAC, TRIAC, SCR, इत्यादि विशिष्ट अर्द्धचालक युक्तियों के प्रमुख प्रकार हैं। इनमें से अधिकांश युक्तियाँ परिपथों के लिए ऑन-ऑफ कण्ट्रोल युक्ति की भाँति कार्य करती हैं। प्रस्तुत अध्याय इन्हीं युक्तियों को विश्लेषित करता है।

9.1 फील्ड इफैक्ट ट्रांजिस्टर Field Effect Transistor; FET

फील्ड इफैक्ट ट्रांजिस्टर एक तीन सिरों वाली यूनीपोलर (unipolar) ठोस अवस्था युक्ति है। इस ट्रांजिस्टर में धारा का नियन्त्रण, निर्वात ट्यूब की भाँति वैद्युतिक क्षेत्र के द्वारा किया जाता है। FET में धारा का प्रवाह केवल एक ही प्रकार के आवेश वाहकों के द्वारा होता है, इसलिए यह यूनीपोलर युक्ति (unipolar devices) कहलाती है।

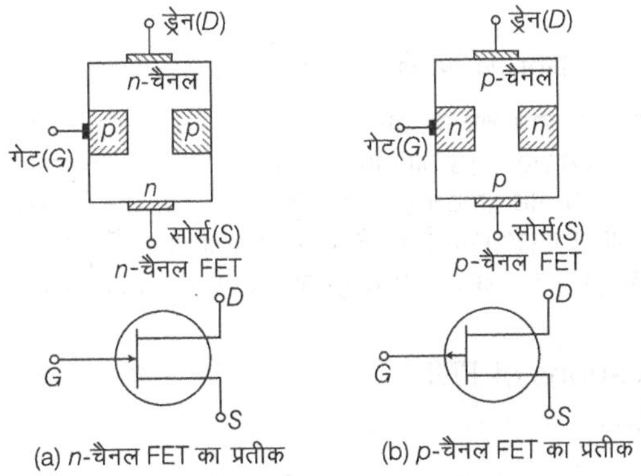

चित्र फील्ड इफैक्ट ट्रांजिस्टर (FET)

FET की संरचना Construction of FET

FET को n-चैनल अथवा p-चैनल चिप पर बनाया जाता है। n-चैनल FET बनाने के लिए n-प्रकार के अर्द्धचालक की एक पतली छड़ ली जाती है। इस छड़ के मध्य में दो विपरीत पार्श्वों पर p-प्रकार के जंक्शन डिफ्यूज (diffuse) कर दिए (चित्रानुसार) जाते हैं।

ये दो जंक्शन, दो p-n डायोड्स अर्थात् गेट्स बनाते हैं और दोनों गेट्स के मध्य का क्षेत्र, चैनल (channel) कहलाता है। दोनों गेट्स को आन्तरिक रूप से संयोजित करके, केवल एक संयोजी सिरा युक्ति से बाहर निकाला जाता है, जिसे गेट (gate) कहते हैं।

छड़ के दोनों सिरों पर दो संयोजी सिरे (प्रत्येक पर एक) जोड़ दिए जाते हैं, जो 'सोर्स' (source) तथा ड्रेन (drain) कहलाते हैं। p-चैनल FET की संरचना भी n-चैनल FET के समान होती है, अन्तर केवल यह है कि इसमें p-प्रकार की छड़ और n-प्रकार के जंक्शन प्रयोग किए जाते हैं। इस प्रकार FET में निम्न तीन टर्मिनल होते हैं जिनका विवरण अग्रपृष्ठ पर है।

- **सोर्स** (Source) इस संयोजी सिरे के द्वारा ही बहुसंख्यक आवेश वाहक चैनल में प्रवेश करते हैं।
- **ड्रेन** (Drain) इस संयोजी सिरे में बहुसंख्यक आवेश वाहक चैनल से बाहर निकलते हैं।
- **गेट** (Gate) दो अशुद्धि-क्षेत्रों को आपस में अन्त: संयोजित करने से निर्मित संयोजी सिरा, 'गेट' (gate) कहलाता है। यह सोर्स (source) से ड्रेन की ओर जाने वाले बहुसंख्यक आवेश वाहकों की संख्या को नियन्त्रित करता है।

FET **की कार्यप्रणाली** Working of FET

n-चैनल FET में सोर्स को वोल्टेज स्रोत (बैट्री) के ऋण सिरे (– ve) से तथा ड्रेन को बैट्री के धनात्मक सिरे (+ ve) से संयोजित किया जाता है। इसमें गेट सिरे को सदैव रिवर्स-बायस स्थिति में रखा जाता है।

जब $V_{GS} = 0$ हो अर्थात् गेट पर कोई वोल्टेज आरोपित नहीं किया गया हो एवं V_{DS} पर भी आरोपित वोल्टेज का मान शून्य हो, तब इस स्थिति में ड्रेन धारा (I_D) का मान भी शून्य होता है। FET की कार्यप्रणाली को निम्नलिखित तीन स्थितियों द्वारा समझा जा सकता है—

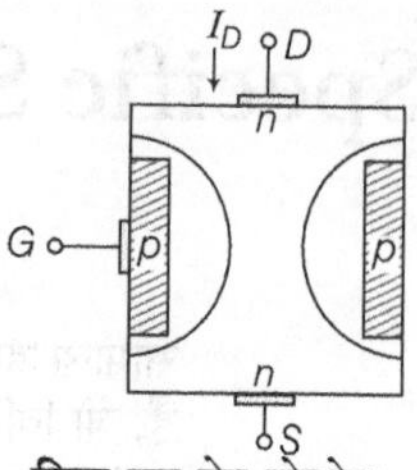

चित्र जब गेट वोल्टेज का मान शून्य हो

(i) **जब गेट वोल्टेज का मान शून्य हो** ($V_{GS} = 0$) तब वोल्टेज, V_{DS} का मान शून्य से ऊपर बढ़ाने पर अर्थात् यदि ड्रेन पर सोर्स के सापेक्ष धनात्मक वोल्टेज आरोपित किया गया हो (जबकि V_{GS} का मान अभी भी शून्य है) तब इलेक्ट्रॉन S से D टर्मिनल की ओर तथा ड्रेन धारा (I_D) D से S टर्मिनल की ओर प्रवाहित होगी।

(ii) **जब गेट वोल्टेज ऋणात्मक हो** ($V_{GS} = -V_e$) अर्थात् अब G टर्मिनल को सोर्स (S) के सापेक्ष रिवर्स बायस किया गया है, जबकि ड्रेन पर सोर्स (S) के सापेक्ष धनात्मक वोल्टेज आरोपित किया गया है। इस स्थिति में डिप्लीशन परत की मोटाई में ड्रेन के पास अत्यधिक वृद्धि होगी। इस कारण चैनल (channel) की मोटाई कम हो जाएगी एवं उसका प्रतिरोध बढ़ जाएगा। जिससे चैनल से प्रवाहित ड्रेन धारा (I_D) का मान कम हो जाएगा।

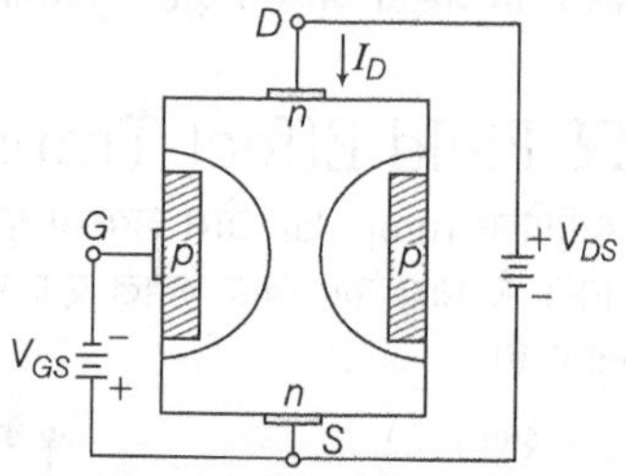

चित्र जब गेट वोल्टेज ऋणात्मक हो ($V_{GS} = -V_e$)

(iii) **जब ऋणात्मक गेट वोल्टेज का मान बढ़ाया जाये** अब यदि गेट (G) पर आरोपित ऋणात्मक वोल्टेज का मान बढ़ाया जाए, तो डिप्लीशन परत एक-दूसरे से चित्रानुसार जुड़ जाएगी। ड्रेन धारा (I_D) का मान न्यूनतम तथा नियत हो जाएगा। इस प्रकार, चित्र (c) के अनुसार ड्रेन धारा (I_D) का नियन्त्रण, गेट वोल्टेज द्वारा सम्पन्न होता है। गेट स्रोत विभव (V_{GS}) का वह मान, जिस पर ड्रेन धारा पूर्णत: नियत हो जाती है, उसे **पिंच-ऑफ वोल्टेज** (V_P) कहते हैं। चैनल में से प्रवाहित ड्रेन धारा डिप्लीशन परत के साथ जुड़े क्षेत्र में परिवर्तन के कारण नियन्त्रित होती है, इसलिए ये ट्रांजिस्टर, **क्षेत्र प्रभावी ट्रांजिस्टर** (field effect transistor) कहलाते हैं।

FET **के अनुप्रयोग** Applications of FET

FET के अनुप्रयोग निम्नलिखित हैं—

(i) लॉजिक परिपथों में
(ii) FM एवं TV रिसीवर की मिक्सर स्टेज में
(iii) कम्प्यूटर के मैमोरी परिपथों में
(iv) ऑपरेशनल एम्प्लीफायर एवं ऑडियो एम्प्लीफायर के टोन परिपथ में वोल्टेज वैरिएबल रेसिस्टर (VVR) की भाँति
(v) ऑसिलोस्कोप एवं अन्य इलेक्ट्रॉनिक परीक्षक यन्त्रों में इनपुट एम्प्लीफायर के रूप में
(vi) निम्न आवृत्ति एम्प्लीफायर में
(vii) लार्ज स्केल इण्टीग्रेशन (LSI) में
(viii) मिक्सर परिपथों में

9.2 मैटल ऑक्साइड सेमीकण्डक्टर फील्ड इफैक्ट ट्रांजिस्टर

Metal Oxide Semiconductor Field Effect Transistor (MOSFET)

FET की भाँति, मैटल ऑक्साइड सेमीकण्डक्टर फील्ड इफैक्ट ट्रांजिस्टर MOSFET भी 'सोर्स', 'गेट' तथा 'ड्रेन' नामक तीन संयोजक सिरे होते हैं। FET तथा MOSFET में अन्तर यह है कि MOSFET में गेट तथा अर्द्धचालक चैनल के बीच सिलिकॉन ऑक्साइड की एक अचालक परत स्थापित की जाती है, जिससे 'गेट' का प्रभावी प्रतिरोध बढ़ जाता है।

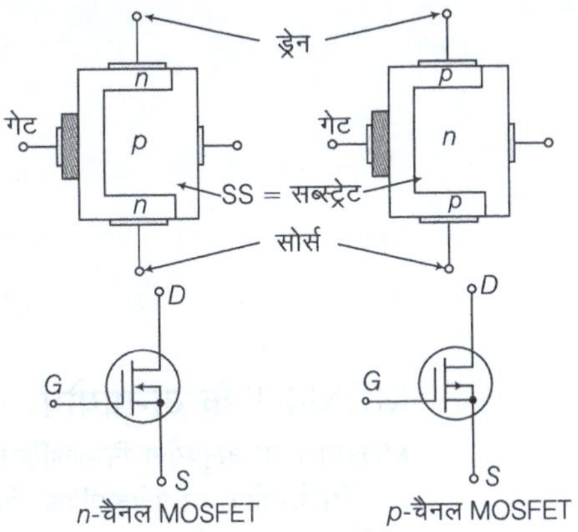

धात्विक 'गेट' तथा अर्द्धचालक चैनल के बीच अचालक परत उपस्थित होने के कारण ही, इसे मैटल ऑक्साइड सेमीकण्डक्टर फील्ड इफैक्ट ट्रांजिस्टर या इन्सुलेटेड गेट फील्ड इफैक्ट ट्रांजिस्टर (IGFET) कहते हैं।

इस प्रकार के ट्रांजिस्टर को दो शैलियों में प्रचालित किया जा सकता है, एक तो आवेश वाहकों की डिप्लीशन (depletion) शैली एवं दूसरी आवेश वाहकों की बहुलता (enhancement) शैली में। अलग-अलग शैलियों में प्रचालन के लिए ट्रांजिस्टर की वोल्टेज की ध्रुवता ही बदलनी पड़ती है। यदि n-चैनल MOSFET का 'गेट-से-सोर्स' वोल्टेज ऋणात्मक रखा जाता है, तो वह डिप्लीशन शैली (depletion mode) में कार्य करता है।

MOSFET या IGFET निम्न दो प्रकार के होते हैं

(i) डिप्लीशन टाइप MOSFET (ii) इनहैन्समेन्ट टाइप MOSFET

MOSFET की संरचना Construction of MOSFET

MOSFET सामान्यतः डिप्लीशन एवं इनहैन्समेन्ट दो प्रकार के होते हैं। दोनों ही प्रकारों में n-चैनल तथा p-चैनल होते हैं। चित्र में n-चैनल डिप्लीशन टाइप MOSFET की संरचना दर्शायी गई है। सोर्स तथा ड्रेन टर्मिनलों को n^+ क्षेत्र से संयोजित किया जाता है। इसमें एक उच्च डोपिंग युक्त p-प्रकार का सब्स्ट्रेट होता है। स्रोत तथा ड्रेन के मध्य एक n-प्रकार का चैनल डिफ्यूजन प्रक्रम द्वारा बनाया जाता है।

एक इन्सुलेटिंग ऑक्साइड, SiO_2 की एक परत सम्पूर्ण सतह पर चढ़ा दी है। सोर्स तथा ड्रेन टर्मिनल्स का सम्पर्क SiO_2 के साथ बना दिया जाता है। इसके पश्चात् एक धातु परत जैसे— एल्युमीनियम को इस पूर्ण संरचना पर बिछाकर मध्य भाग से गेट टर्मिनल निकाला जाता है। इस प्रकार की संरचना के कारण, इसकी इनपुट प्रतिबाधा का मान बहुत अधिक (10^{10} से $10^{15}\Omega$ तक) होता है।

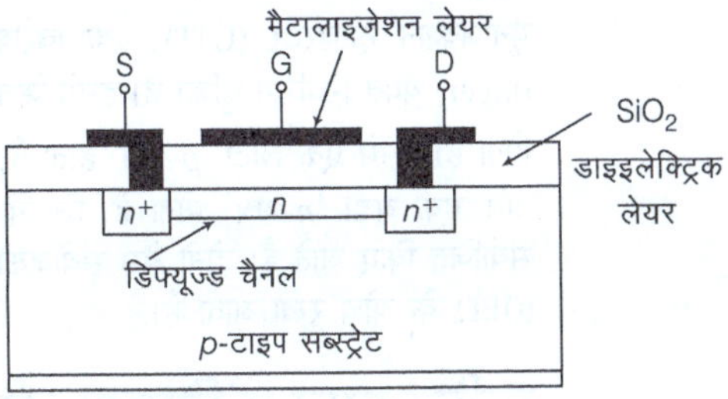

चित्र MOSFET की संरचना

MOSFET की कार्यप्रणाली Working of MOSFET

MOSFET की कार्यप्रणाली को निम्न चरणों में समझाया गया है—

(i) जब $V_{GS} = 0$ अर्थात् गेट से सोर्स वोल्टेज शून्य हो एवं ड्रेन से सोर्स वोल्टेज (V_{DS}) सामान्य हो, तो इलेक्ट्रॉन्स, 'सोर्स' से 'ड्रेन' की ओर स्वतन्त्र रूप से चलते हैं, जिससे चित्रानुसार इलेक्ट्रॉन की एक संचय परत (accumulation layer) बन जाती है तथा ड्रेन धारा (I_D) का प्रवाह युक्ति में होने लगता है।

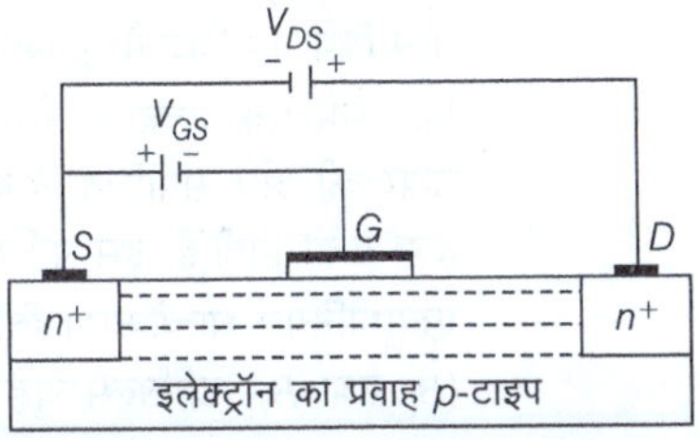

चित्र MOSFET की कार्यप्रणाली

(ii) 'गेट' पर ऋणात्मक वोल्टेज आरोपित करने पर n-चैनल में आवेश वाहकों की कमी हो जाती है, जिसके फलस्वरूप ड्रेन धारा का मान भी कम हो जाता है। इस स्थिति में MOSFET **डिप्लीशन मोड** में कार्य करता है। 'गेट' पर आरोपित ऋणात्मक वोल्टेज का मान जितना अधिक होगा, ड्रेन धारा (I_D) का मान उतना ही घट जाएगा। अत्यधिक ऋणात्मक वोल्टेज, ड्रेन धारा को 'कट-ऑफ' अवस्था में पहुँचा देगी संलग्न चित्र देखें।

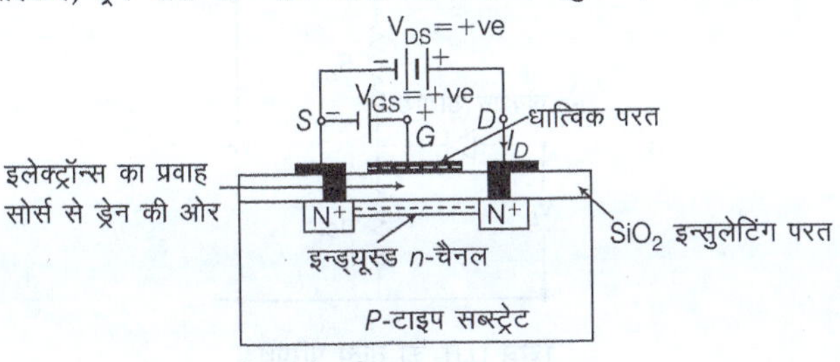

चित्र डिप्लीशन टाइप MOSFET

(iii) पूर्व पृष्ठ पर वर्णित कार्यविधि के विपरीत, यदि ड्रेन को स्रोत के सापेक्ष धनात्मक विभव पर रखा जाए, तो MOSFET **इनहैन्समेन्ट मोड** में कार्य करता है। इस स्थिति में ड्रेन धारा का मान बढ़ जाता है।

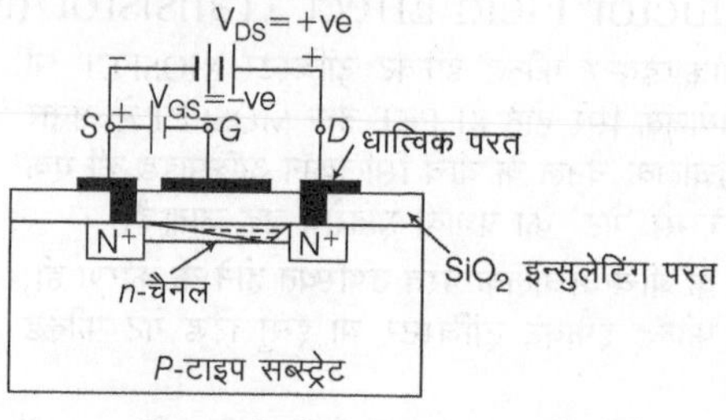

चित्र इनहैन्समेन्ट टाइप MOSFET

MOSFET के अनुप्रयोग

MOSFET के अनुप्रयोग निम्नलिखित हैं—

- ऑसिलोस्कोप एवं इलेक्ट्रॉनिक वोल्टमीटर में
- टी.वी. रिसीवर के FM मिक्सर में
- लॉजिक परिपथों में
- कम्प्यूटर मैमोरी में वोल्टेज वैरिएबिल रेसिस्टर के रूप में।

9.3 यूनीजंक्शन ट्रांजिस्टर Unijunction Transistor

यूनीजंक्शन ट्रांजिस्टर (UJT), एक विशेष प्रकार की तीन टर्मिनल, दो परत (layer) युक्त स्विचिंग युक्ति है। इसमें केवल एक *p-n* जंक्शन वाला ट्रांजिस्टर होता है। इसमें एक छोटा '*p*-क्षेत्र' होता है, जो 'एमीटर' (emitter) कहलाता है और एक बड़ा '*n*-क्षेत्र' होता है, जिसमें दो संयोजक 'बेस-1' तथा 'बेस-2' संयोजित किए जाते हैं। दोनों बेस संयोजकों के बीच प्रतिरोध का मान 5kΩ से 10kΩ के बीच रखा जाता है।

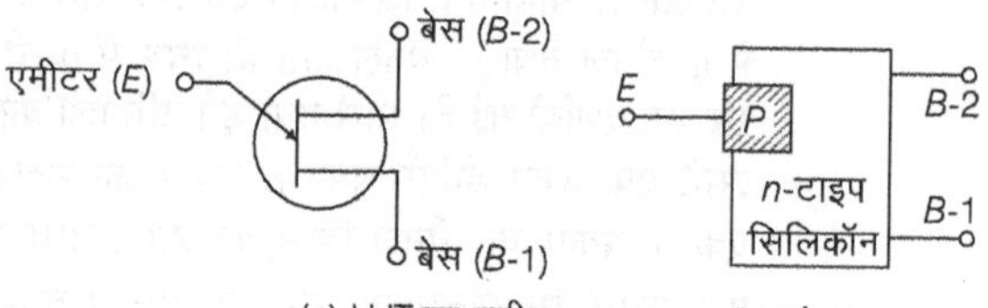

(a) UJT का प्रतीक (b) संरचना

चित्र UJT का प्रतीक एवं संरचना

यूनीजंक्शन ट्रांजिस्टर की संरचना
Construction of Unijunction Transistor

नीचे दिये गये चित्र में यूनीजंक्शन ट्रांजिस्टर की संरचना को दर्शाया गया है। चित्र से स्पष्ट है कि इसमें एक उच्च प्रतिरोधकता वाला *n*–टाइप अर्द्धचालक क्षेत्र होता है, जिसमें *p*-क्षेत्र ऊपर की ओर संयोजित किया गया होता है। यह पूर्ण संरचना ऊपर की ओर से SiO_2 पर्त द्वारा ढकी होती है। इस पर्त में कुछ रिक्तियाँ छोड़ी हुई होती हैं, जिनमें वैद्युत संयोजन हेतु एल्युमीनियम धात्वीकरण विधि द्वारा एमीटर (*E*) एवं बेस (B_1 तथा B_2) टर्मिनल्स जुड़े होते हैं।

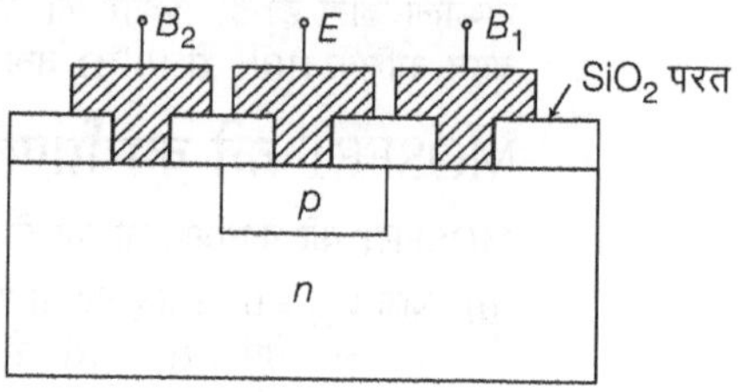

चित्र UJT की संरचना

UJT का तुल्य परिपथ Equivalent Circuit of UJT

नीचे दिये गये चित्र में UJT का एक तुल्य परिपथ दर्शाया गया है। इसमें दो प्रतिरोध तथा एक *p-n* जंक्शन डायोड निहित हैं। प्रतिरोध R_{B_2} का मान R_{B_1} से कम रखा जाता है।

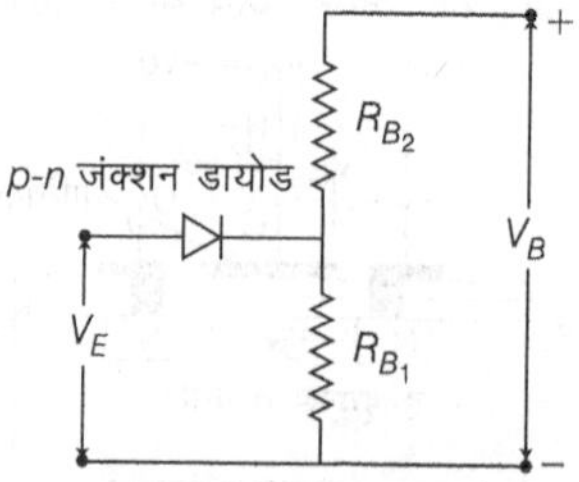

चित्र UJT का तुल्य परिपथ

UJT की कार्यप्रणाली Working of UJT

UJT के सामान्य परिपथ में बेस-1 को अर्थ (earth) कर दिया जाता है एवं बेस-2 पर धनात्मक वोल्टेज आरोपित की जाती है। जब तक एमीटर परिपथ में एमीटर धारा का मान शून्य है तब तक *n*-क्षेत्र, एक वोल्टेज विभाजक (divider) के समान कार्य करता है। इस प्रकार जंक्शन पर कुछ धनात्मक वोल्टेज विद्यमान रहती है।

यदि एमीटर पर दिए गए धनात्मक वोल्टेज का मान बेस-क्षेत्र पर विद्यमान धनात्मक वोल्टेज से कम है, तब ट्रांजिस्टर रिवर्स बायस में रहेगा। यदि एमीटर वोल्टेज का मान, बेस-क्षेत्र से अधिक हो जाए, तब ट्रांजिस्टर फॉरवर्ड बायस में होगा एवं एमीटर-क्षेत्र से होल्स, जंक्शन के पार, बेस-1 पर पहुँचना प्रारम्भ कर देंगे।

इस प्रकार, एमीटर धारा का प्रवाह प्रारम्भ हो जायेगा तथा जंक्शन का प्रभावी प्रतिरोध घट जायेगा। एमीटर धारा वृद्धि से जंक्शन प्रतिरोध (resistance) घटेगा, जिससे एमीटर वोल्टेज भी घटेगी। अतः UJT, ऋणात्मक प्रतिरोध का लक्षण (negative resistance characteristics) प्रदर्शित करेगा।

UJT के लाभ

UJT के लाभ निम्नलिखित हैं—

(i) UJT की लीकेज धारा बहुत कम तथा धारा क्षमता बहुत अधिक होती है।
(ii) UJT की संरचना बहुत सरल होती है।
(iii) यह बाजार में बहुत कम कीमत में उपलब्ध है।
(iv) UJT को प्रारम्भ करने हेतु बहुत कम मात्रा में विद्युत धारा की आवश्यकता होती है।

UJT के अनुप्रयोग

UJT के अनुप्रयोग निम्नलिखित हैं—

(i) फेज नियन्त्रण में
(ii) मोटर-गति नियन्त्रण में
(iii) टाइमर में
(iv) SCR के लिए ट्रिगर पल्स उत्पन्न करने में
(v) विश्रान्ति दोलित्र (relaxation oscillator) एवं निम्न आवृत्ति दोलित्र में

9.4 सिलिकॉन कण्ट्रोल्ड रेक्टिफायर Silicon Controlled Rectifier

सिलिकॉन कण्ट्रोल्ड रेक्टिफायर (SCR) डायोड की भाँति ही एकदिशीय (unidirectional) ठोस अवस्था युक्ति है। दोनों (डायोड तथा SCR) में मुख्य अन्तर यह है कि SCR की स्विचिंग प्रक्रिया, SCR में ही संयोजित एक अतिरिक्त इनपुट टर्मिनल द्वारा कण्ट्रोल की जाती है। इस इनपुट टर्मिनल को गेट (Gate) कहते हैं।

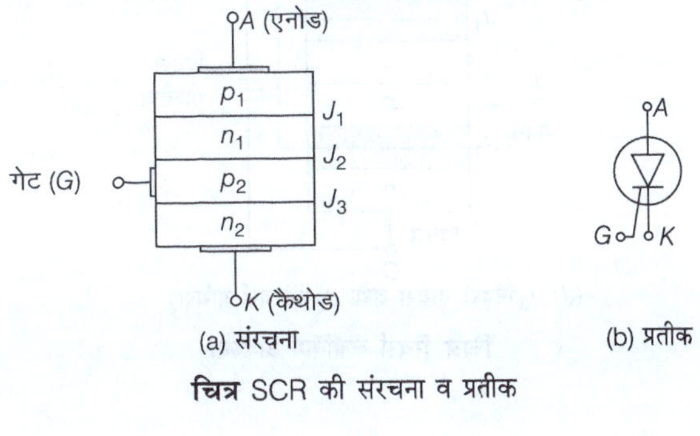

चित्र SCR की संरचना व प्रतीक

SCR की संरचना Construction of SCR

चित्रानुसार SCR में p_1, n_1, p_2, n_2 चार परत तथा J_1, J_2, J_3 तीन जंक्शन होते हैं। इसके तीन टर्मिनल एनोड, कैथोड एवं गेट होते हैं। p_1 व n_2 परत में अशुद्धि की सान्द्रता अधिक, जबकि p_2 व n_1 में कम रखी जाती है। इसी कारण से J_1 व J_3 जंक्शन की डिप्लीशन लेयर की चौड़ाई J_2 जंक्शन से कम होती है। SCR के प्रचालन में फॉरवर्ड बायस हेतु एनोड, कैथोड के सापेक्ष धनात्मक होना चाहिए, परन्तु यह स्थिति अतः SCR को टर्न-ऑन करने के लिए पर्याप्त नहीं है। SCR को पूर्णतः ऑन करने के लिए गेट टर्मिनल से धारा का प्रवाह भी होना चाहिए।

SCR की कार्यप्रणाली Working of SCR

SCR की कार्यप्रणाली को निम्न दो भागों में विभक्त किया गया है—

जब गेट खुला हो When Gate is Open

चित्रानुसार, जब SCR के एनोड टर्मिनल को कैथोड के सापेक्ष धनात्मक (+ ve) वोल्टेज से संयोजित किया जाता है, तब में जंक्शन J_1 व J_3 फॉरवर्ड बायस में एवं J_2 रिवर्स बायस में होता है एवं SCR फॉरवर्ड बायस में कहा जाता है। इस समय SCR में लीकेज धारा के अतिरिक्त, अन्य कोई धारा प्रवाहित नहीं होती है। प्रायोगिक रूप से इस स्थिति में SCR ऑफ (OFF) रहता है, यह SCR की **फॉरवर्ड ब्लॉकिंग अवस्था** (forward blocking state) कहलाती है।

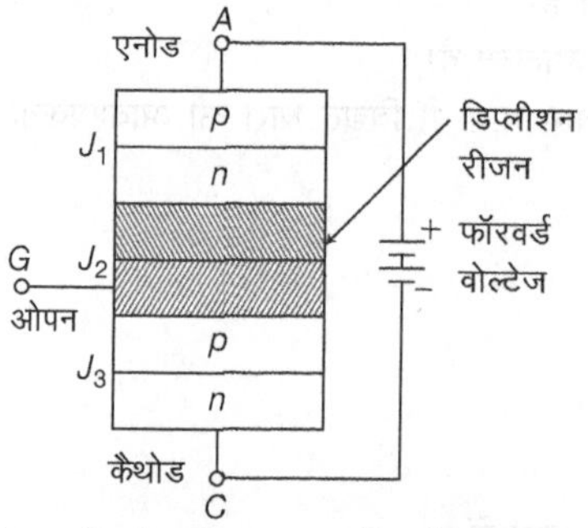

(J_1 ,J_3 रिवर्स बायस तथा J_2 फॉरवर्ड बायस)

चित्र फॉरवर्ड ब्लॉकिंग अवस्था

इसके विपरीत, यदि एनोड को कैथोड के सापेक्ष ऋणात्मक (– ve) वोल्टेज से संयोजित किया जाये चित्र (b) के अनुसार, तो जंक्शन J_1, J_3 रिवर्स बायस में एवं जंक्शन J_2 फॉरवर्ड बायस में होगा तथा SCR में केवल लीकेज धारा का प्रवाह ही होगा। SCR की यह अवस्था, **रिवर्स ब्लॉकिंग अवस्था** (reverse blocking state) कहलाती है तथा SCR ऑफ (OFF) स्थिति में रहता है।

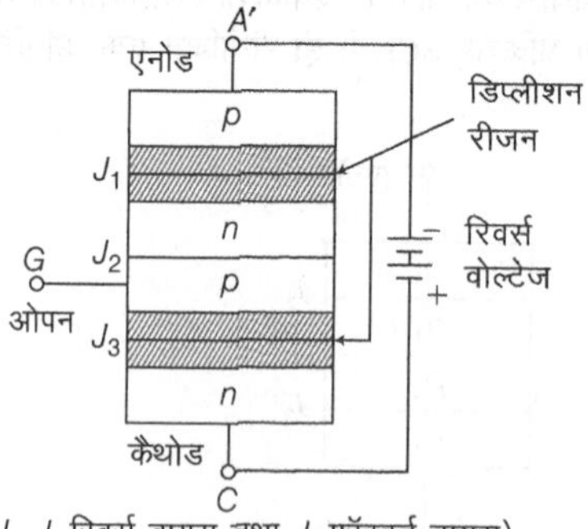

(J_1 ,J_3 रिवर्स बायस तथा J_2 फॉरवर्ड बायस)

चित्र रिवर्स ब्लॉकिंग अवस्था

जब गेट बन्द हो When Gate is Closed

इस स्थिति में गेट को कैथोड के सापेक्ष धनात्मक वोल्टेज से संयोजित किया जाता है। इस दशा में जंक्शन J_2 व J_3 फॉरवर्ड बायस एवं जंक्शन J_1 रिवर्स बायस हो जाता है, जिससे n-प्रकार के अर्द्धचालक से इलेक्ट्रॉन्स जंक्शन J_3 को क्रॉस (cross) करके बैटरी के धनात्मक सिरे पर (अर्थात् जंक्शन J_2 की ओर) पहुँचने लगते हैं, जबकि p-प्रकार के अर्द्धचालक से होल्स जंक्शन J_3 को क्रॉस बैटरी के ऋणात्मक सिरे की ओर आकर्षित होने लगते हैं, जिसके फलस्वरूप SCR में गेट धारा प्रवाहित होने लगती है। इस गेट धारा के कारण एनोड धारा में भी वृद्धि होने लगती है।

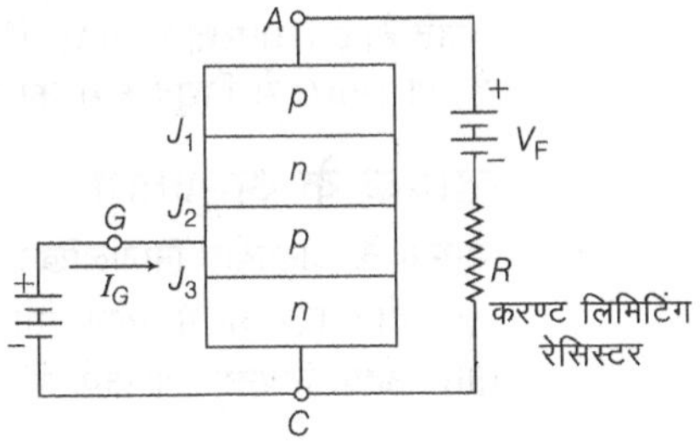

चित्र गेट टर्मिनल पर वोल्टेज आरोपित करना

इस एनोड धारा के कारण जंक्शन J_2 पर अधिक इलेक्ट्रॉन उपलब्ध हो जाते हैं, जोकि जंक्शन J_2 को क्रॉस कर जाते हैं एवं कुछ ही समय में जंक्शन J_2 के ब्रेकडाउन होने पर SCR कार्य करने लगता है। जैसे ही चालन (conduction) प्रारम्भ होता है, गेट धारा का नियन्त्रण समाप्त हो जाता है।

SCR के अनुप्रयोग

SCR के अनुप्रयोग निम्नलिखित हैं—

(i) तापमान व प्रकाश नियन्त्रण में
(ii) दिष्टकारी स्विच के रूप में
(iii) इन्वर्टर के रूप में
(iv) रिले एवं ऊष्मा नियन्त्रण में
(v) ए.सी./डी.सी. मोटर्स की गति नियन्त्रण हेतु
(vi) लॉजिक एवं डिजिटल परिपथों में
(vii) नियमित पावर सप्लाई एवं बैटरी चार्जिंग में

9.5 डायक DIAC

यह दोनों दिशाओं में कार्यरत p-n-p-n युक्ति है। डायक (DIAC) शब्द प्राय: डायोड ए.सी. (AC) स्विच को प्रदर्शित करता है। यह थायरिस्टर परिवार का महत्त्वपूर्ण सदस्य है। सामान्य अवस्था में यह दोनों दिशाओं में रिवर्स बायस स्थिति में रहता है और किसी भी दिशा (फॉरवर्ड अथवा रिवर्स) में बायस वोल्टेज का मान पूर्व निर्धारित मान से अधिक हो जाने पर यह प्रचालित हो जाता है तथा इसमें से विद्युत धारा का प्रवाह प्रारम्भ हो जाता है।

डायक की संरचना Construction of DIAC

DIAC की संरचना नीचे दिये गये चित्र में दर्शायी गई है। इसमें दो टर्मिनल MT_1 एवं MT_2 होते हैं, जब MT_2, MT_1 के सापेक्ष धनात्मक होता है तब धारा प्रवाह की दिशा $p_1n_2p_2n_3$ होती है। इसी प्रकार, जब MT_1 धनात्मक होता है तब धारा प्रवाह की दिशा $p_2\ n_2\ p_1\ n_1$ होती है।

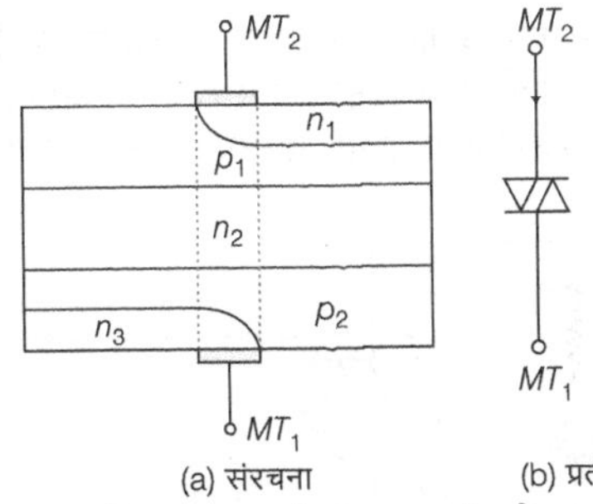

(a) संरचना (b) प्रतीक

चित्र डायक की संरचना एवं प्रतीक

डायक की कार्यप्रणाली Working of DIAC

डायक को वोल्टेज की किसी भी ध्रुवता (polarity) पर टर्न ऑन (ON) किया जा सकता है। जब एनोड MT_2 को MT_1 के सापेक्ष धनात्मक वोल्टेज से संयोजित किया जाता है, तब धारा प्रवाह की दिशा p_1-n_2-p_2-n_3 होती है। इसी प्रकार जब MT_1 को MT_2 के सापेक्ष धनात्मक वोल्टेज से संयोजित किया जाता है तब धारा p_2-n_2-p_1-n_1 से प्रवाहित होती है। डायक की कार्यप्रणाली, श्रेणी-क्रम में संयोजित दो डायोडों की कार्यप्रणाली के समान ही होती है। इसे तीन परतों वाला ट्रिगर डायोड (trigger diode) भी कहते हैं।

जब DIAC के इनपुट टर्मिनल पर प्रत्यावर्ती धारा आरोपित की जाती है, तो प्रत्यावर्ती धारा के धनात्मक अर्द्धचक्र में यदि आरोपित विभव का मान DIAC के ब्रेक ओवर विभव V_{B0} से कम है, तो DIAC प्रचालित अवस्था में नही आता। इस अवस्था को **ब्लॉकिंग अवस्था** (blocking state) कहते हैं। इस अवस्था में DIAC में धारा का प्रवाह नही होता है, परन्तु जैसे ही आरोपित विभव का मान, इस ब्रेक ओवर विभव के समीप पहुँचता है, तो DIAC में विद्युत धारा का प्रवाह प्रारम्भ हो जाता है। यह अवस्था DIAC की **आन अवस्था** (ON state) कहलाती है।

डायक के अनुप्रयोग

डायक के अनुप्रयोग निम्नलिखित हैं—

(i) दोनों दिशाओं में प्रयोग होने के कारण ट्रायक की ट्रिगरिंग में
(ii) मोटर की गति नियन्त्रण में
(iii) ऊष्मा नियन्त्रण युक्तियों में
(iv) प्रोक्सीमिटी डिटेक्टर युक्ति में

9.6 ट्रायक TRIAC

ट्रायक एक तीन टर्मिनल युक्त द्वि-दिशात्मक (bi-directional) अर्द्धचालक युक्ति है, जिसे शक्ति नियन्त्रण के लिए उपयोग में लाया जाता है। TRIAC से अभिप्राय (TRI + AC) प्रत्यावर्ती धारा का नियन्त्रण करने वाली तीन सिरों की युक्ति से है। SCR को प्रत्यावर्ती धारा के ऋणात्मक अर्द्धचक्र के लिए नियन्त्रण जैसे अनुप्रयोगों हेतु उपयोग नहीं किया जा सकता है। इस कार्य हेतु ट्रायक का उपयोग किया जाता है।

सिलिकॉन कण्ट्रोल्ड रेक्टीफायर के पश्चात्, थायरिस्टर फैमिली से सम्बन्धित ट्रायक का उपयोग सर्वाधिक किया जाता है। ट्रायक में दो SCR को विपरीत समान्तर क्रम में (चित्रानुसार) संयोजित किया जाता है।

इसमें दो मुख्य टर्मिनल एनोड (MT_2), कैथोड (MT_1) एवं एक गेट होता है, जो SCR को नियन्त्रित करता है।

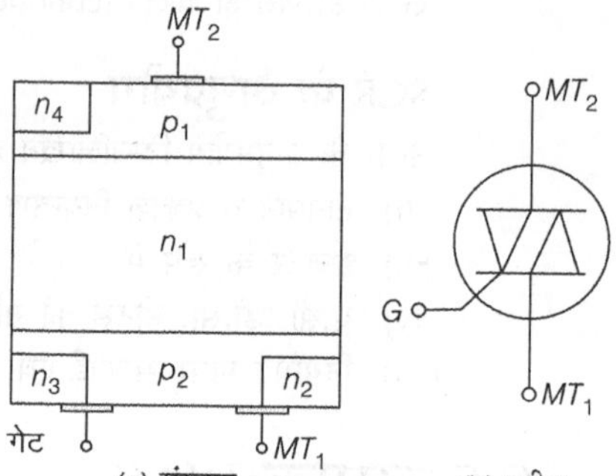

(a) संरचना (b) प्रतीक

चित्र ट्रायक

ट्रायक की कार्यप्रणाली Working of TRIAC

ट्रायक की कार्यप्रणाली को नीचे दर्शाए गए परिपथ द्वारा समझा जा सकता है। जिस प्रत्यावर्ती धारा (AC) को नियन्त्रित करना है, उसे ट्रायक के टर्मिनल MT_1 व MT_2 के मध्य लोड प्रतिरोध (R_L) द्वारा आरोपित किया जाता है। इस परिपथ में परिवर्ती प्रतिरोध तथा बैटरी को स्विच के साथ संयोजित किया गया है। TRIAC की कार्यप्रणाली को समझने हेतु निम्न दो स्थितियों का अवलोकन करें

स्थिति I. जब स्विच *S* खुला हो
Position I. When Switch S is Open

जब स्विच *S* खुला (open) है, तब ट्रायक से धारा प्रवाहित नहीं होती है अर्थात् इस स्थिति में ट्रायक 'ऑफ' (OFF) रहता है। इस स्थिति में आरोपित प्रत्यावर्ती वोल्टेज का मान ब्रेकओवर वोल्टेज के मान से कम रहने के कारण, धारा का प्रवाह नहीं हो पाता है। ट्रायक का चालन तभी सम्भव है, जब ब्रेकओवर वोल्टेज का मान, आरोपित प्रत्यावर्ती वोल्टेज के मान से कम हो।

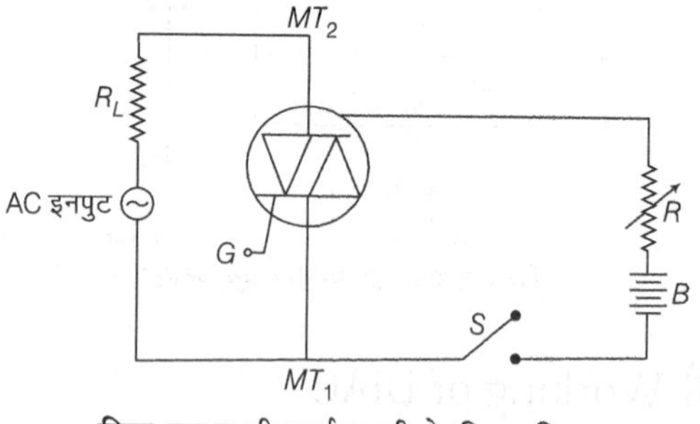

चित्र ट्रायक की कार्यप्रणाली के लिए परिपथ

स्थिति II. जब स्विच S बन्द हो Position II. When Switch S is Closed

द्वितीय स्थिति में, जब स्विच S बन्द हो, तो गेट परिपथ से गेट धारा प्रवाहित होती है। इस गेट धारा में परिवर्ती प्रतिरोध R के द्वारा परिवर्तन किया जा सकता है। परिवर्ती प्रतिरोध के मान में परिवर्तन करके ट्रायक की ब्रेकओवर वोल्टेज को नियन्त्रित किया जा सकता है। एक निम्न गेट धारा आरोपित करने पर ट्रायक प्रत्यावर्ती धारा के दोनों अर्द्धचक्रों में उस स्थिति में चालन करने लगता है, जब ट्रायक पर एक निम्न गेट धारा आरोपित की जाती है।

ट्रायक के लाभ तथा हानियाँ

लाभ

(i) अधिक धारा रेटिंग तथा विभव वाले ट्रायक सरलता से उपलब्ध हो जाते हैं।
(ii) द्वि-दिशीय युक्ति होने के कारण, इसका प्रयोग प्रत्यावर्ती धारा के नियन्त्रण हेतु सरलतापूर्वक किया जा सकता है।
(iii) इसमे केवल एक ही गेट टर्मिनल प्रर्याप्त होता है।

हानि

(i) ट्रायक के प्रारम्भ होने के पश्चात् गेट टर्मिनल अपना नियन्त्रण खो देता है।
(ii) ट्रायक को दिष्ट धारा द्वारा प्रचालित नही किया जा सकता है।
(iii) ट्रायक की प्रचालन आवृति (operating frequency) का मान बहुत कम होता है।

तालिका ट्रायक तथा डायक में अन्तर

क्र.सं.	ट्रायक	डायक
1.	यह एक तीन टर्मिनल युक्त पाँच लेयर वाली पावर इलेक्ट्रॉनिक्स युक्ति है।	यह एक दो टर्मिनल युक्त चार लेयर वाली इलेक्ट्रॉनिक्स युक्ति है।
2.	टर्मिनल्स पर आरोपित वोल्टेज की ध्रुवता में परिवर्तन करते हुए, यह युक्ति चार मोड में कार्य करती है।	टर्मिनल्स वोल्टेज की ध्रुवताओं में परिवर्तन करते हुए, यह युक्ति केवल दो मोड में ही कार्य करती है।
3.	यह एक एक-दिशीय युक्ति है।	यह एक द्वि-दिशीय युक्ति है।
4.	इस युक्ति के टर्मिनल्स को एनोड तथा कैथोड कहते हैं।	इस युक्ति के टर्मिनल्स को T_1 तथा T_2 नामों से जाना जाता है।
5.	इस युक्ति का प्रयोग शक्ति नियंत्रण हेतु, प्रकाश ड्रिमर की भाँति किया जाता है।	यह युक्ति द्वि-दिशीय होने के कारण ट्रायक को ट्रिगर करने में प्रयोग की जाती है।

ट्रायक के अनुप्रयोग

ट्रायक के अनुप्रयोग निम्नलिखित हैं—

(i) प्रत्यावर्ती धारा शक्ति नियन्त्रकों में
(ii) SCR हेतु ट्रिगरिंग की भाँति
(iii) ए.सी. स्विच इत्यादि में

अभ्यास प्रश्न

परीक्षा प्रारूपी प्रश्न

बहुविकल्पीय

1. निम्न में से कौन-सा कथन असत्य है?
(a) FET का गेन अधिक होता है
(b) FET दो गेट्स के साथ भी बनाया जा सकता है
(c) FET का आकार छोटा तथा दक्षता उच्च होती है
(d) FET की इनपुट प्रतिबाधा (impedance) बहुत कम होती है

2. गेट रिवर्स वोल्टेज (gate reverse voltage) बढ़ने से FET का डिप्लीशन क्षेत्र (depletion region) ....।
(a) शून्य हो जाता है (b) बढ़ जाता है
(c) घट जाता है (d) नियत रहता है

3. जब FET पिंच-ऑफ (pinch-off) वोल्टेज से ऊपर कार्य करता है, तब
(a) ड्रेन धारा कम हो जाती है (b) ड्रेन धारा बढ़ने लगती है
(c) ड्रेन धारा स्थिर रहती है (d) इनमें से कोई नहीं

4. FET (फील्ड इफैक्ट ट्रांजिस्टर) ...... के तौर पर भी जाना जाता है।
(a) बाईपोलर ट्रांजिस्टर (b) यूनीपोलर ट्रांजिस्टर
(c) धारा नियन्त्रित दोलित्र (d) विद्युत नियन्त्रित दोलित्र

5. दिए गए पावर इलेक्ट्रॉनिक प्रतीक को पहचानिए।

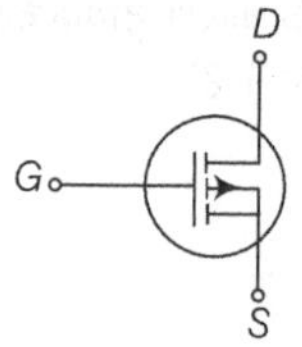

(a) FET (b) *p*-चैनल MOSFET
(c) *n*-चैनल MOSFET (d) UJT

6. MOSFET की धारा चालन क्षमता (current conduction capacity) .... होती है।
(a) कम (b) अधिक
(c) नगण्य (d) इनमें से कोई नहीं

7. निम्न में से किस युक्ति की आन्तरिक संरचना में चार परतें नहीं होती हैं?
(a) UJT (b) DIAC (c) SCR (d) TRIAC

8. निम्न चित्र में किस पावर इलेक्ट्रॉनिक युक्ति के प्रतीक को दर्शाया गया है?

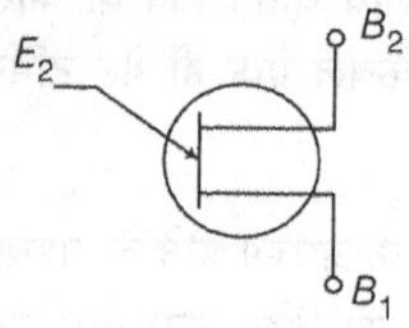

(a) SCR (b) *n*-चैनल MOSFET
(c) UJT (d) FET

9. साधारणतः SCR कैसे ऑन किया जाता है?
(a) रिवर्स ब्रेकओवर वोल्टेज देकर
(b) फॉरवर्ड ब्रेकओवर वोल्टेज देकर
(c) गेट पर धारा देकर
(d) अलग कम्यूटेशन परिपथ से

10. अच्छे SCR में एनोड तथा कैथोड के मध्य .... प्रतिरोध होता है।
(a) शून्य (b) अनन्त (c) कम (d) अधिक

11. डायक किस दिशा में कार्य करने वाली अर्द्धचालक युक्ति (semiconductor device) है?
(a) फॉरवर्ड दिशा में (b) रिवर्स दिशा में
(c) दोनों दिशा में (d) केवल एक दिशा में

12. निम्न में से तीन परतों वाला ट्रिगर डायोड है
(a) SCR (b) DIAC (c) TRIAC (d) UST

13. TRIAC में टर्मिनल मार्किंग क्या है?
(a) सोर्स (*S*), गेट (*G*), ड्रेन (*D*)
(b) मेन टर्मिनल-1 (MT_1), मेन टर्मिनल-2 (MT_2), गेट (*G*)
(c) बेस (*B*), कलेक्टर (*C*), एमीटर (*E*)
(d) एनोड (1), एनोड (2)

14. एक श्रेणी चालक युक्ति, जो दो SCR के तुल्य होती है
(a) IGBT (b) UJT
(c) MOSFET (d) TRIAC

15. ट्रायक एक .... स्विच है।
(a) तीन टर्मिनल युक्त (b) चार टर्मिनल युक्त
(c) पाँच लेयर युक्त (d) इनमें से कोई नहीं

विविध प्रारूपी प्रश्न

सत्य/असत्य

निम्न वाक्यों में से सत्य/असत्य का चयन कीजिए :

1. FET के ड्रेन सिरे से बहुसंख्यक आवेश वाहक चैनल से बाहर निकलते हैं।
2. MOSFET में FET की भाँति सोर्स, गेट तथा ड्रेन तीन संयोजक सिरे होते हैं।
3. यूनीजंक्शन ट्रांजिस्टर एक विशेष प्रकार की दो टर्मिनल एवं तीन परत युक्त स्विचिंग युक्ति है।
4. सिलिकॉन कण्ट्रोल्ड रेक्टीफायर एक प्रकार का थायरिस्टर होता है।
5. दोनों दिशाओं में कार्य करने वाला विशेष प्रकार का डायोड, डायक कहलाता है।

रिक्त स्थानों की पूर्ति

1. ऑसिलोस्कोप एवं अन्य इलेक्ट्रॉनिक परीक्षक यन्त्रों में इनपुट एम्प्लीफायर के रूप में .... का प्रयोग किया जाता है।
2. अन्य पावर इलेक्ट्रॉनिक युक्तियों की अपेक्षा पावर MOSFET की मुख्य विशेषता निम्न वोल्टेज पर .... करना है।
3. MOSFET तथा बाइपोलर ट्रांजिस्टर्स (सामान्य *n-p-n* अथवा *p-n-p* ट्रांजिस्टर) की एक संकर (hybrid) किस्म .... है।
4. .... में ऋणात्मक प्रतिरोध की विशेषता होती है।
5. ट्रायक का चालन तभी सम्भव है जब .... का मान आरोपित प्रत्यावर्ती वोल्टेज के मान से कम हो।

अतिलघु प्रश्नोत्तरी

1. FET में सोर्स से ड्रेन की ओर जाने वाले बहुसंख्यक आवेश वाहकों का नियन्त्रण किसके द्वारा सम्पन्न होता है?

उत्तर FET में सोर्स से ड्रेन की ओर जाने वाले बहुसंख्यक आवेश वाहकों का नियन्त्रण गेट (gate) धारा के द्वारा सम्पन्न होता है।

2. MOSFET का पूर्ण रूप क्या है? **[2011]**

उत्तर MODFET का पूर्णरूप Metal Oxide Semiconductor Field Effect Transistor है।

3. UJT से आप क्या समझते हैं? **[2008, 2011]**

उत्तर UJT (Unijunction Transistor) एक तीन टर्मिनल युक्त अर्द्धचालक स्विचिंग युक्ति है। इसमें केवल एक *p-n* जंक्शन वाला ट्रांजिस्टर होता है। इसका उपयोग फेज नियन्त्रण, मोटर-गति नियन्त्रण, टाइमर आदि में किया जाता है।

4. सिलिकॉन कण्ट्रोल्ड रेक्टीफायर (SCR) क्या है? **[2006]**

उत्तर सिलिकॉन कण्ट्रोल्ड रेक्टीफायर, एक प्रकार का थायरिस्टर होता है। यह चार परतों (four layer) वाली एक ठोस अवस्था युक्ति है, जो टर्न-ऑन विशेषता रखती है, अर्थात् इसे बाह्य वोल्टेज एवं धारा से नियन्त्रित किया जा सकता है।

5. सामान्य अवस्था में ट्रायक के प्रचालन हेतु किस धारा की आवश्यकता होती है?

उत्तर गेट धारा के कारण ही ट्रायक युक्ति का प्रचालन सम्भव है।

उत्तरमाला

बहुविकल्पीय

1. (d) 2. (b) 3. (c) 4. (b) 5. (b) 6. (b) 7. (a) 8. (c) 9. (d) 10. (b)
11. (c) 12. (b) 13. (b) 14. (d) 15. (a)

सत्य/असत्य

1. सत्य 2. सत्य 3. असत्य 4. सत्य 5. सत्य

रिक्त स्थानों की पूर्ति

1. FET 2. उत्तम दक्षता तथा उच्च संचार गति 3. IGBT 4. UJT 5. ब्रेकओवर वोल्टेज

अध्याय 10

पावर सप्लाई
Power Supply

परिचय Introduction

एक इलेक्ट्रॉनिक परिपथ को प्रचालित करने के लिए स्थिर दिष्ट धारा (डी.सी.) वोल्टता की आवश्यकता पड़ती है। इस आवश्यकता की पूर्ति के लिए नियमित पावर सप्लाई का प्रयोग किया जाता है। पावर सप्लाई नियमित एवं अनियमित प्रकार की होती हैं, अनियमित प्रत्यावर्ती धारा (ए.सी.) अथवा दिष्ट धारा (डी.सी.) पावर सप्लाई को नियमित एवं स्थिर दिष्ट धारा (डी.सी.) वोल्टता में परिवर्तित किया जाता है। इसका प्रयोग उन उपकरणों, परिपथों एवं युक्तियों के लिए किया जाता है जिनका प्रचालन एक निश्चित पावर सप्लाई पर होना सम्भव होता है। वोल्टता नियमन के लिए श्रेणी रेगुलेटर एवं स्विचिंग रेगुलेटर का प्रयोग आवश्यकतानुसार किया जाता है। इनके प्रयोग से इलेक्ट्रॉनिक युक्तियों एवं उपकरणों की कार्य प्रचालन आयु, विश्वसनीयता (reliability) व कार्य दक्षता में वृद्धि हो जाती है।

10.1 नियमित पावर सप्लाई Regulated Power Supply

नियमित पावर सप्लाई का कार्य अन्य इलेक्ट्रॉनिक्स उपकरणों के लिए स्थिर डी.सी. वोल्टेज उपलब्ध कराना है। इसके परिपथ में प्रयुक्त किए गए वोल्टेज रेगुलेटर पर्याप्त निर्गत धारा (output current) उपलब्ध कराने योग्य होने चाहिए। नियमित पावर सप्लाई को निम्न प्रकार वर्गीकृत किया जाता है

सीरीज रेगुलेटर Series Regulator

सीरीज रेगुलेटर में पावर ट्रांजिस्टर, अनियन्त्रित (unregulated) इनपुट डी. सी. वोल्टेज एवं आउटपुट के मध्य संयोजित होता है। निर्गत वोल्टेज, सीरीज पास (series-pass) ट्रांजिस्टर के आर-पार (across) होने वाले वोल्टेज ड्रॉप के द्वारा नियन्त्रित होता है, जबकि पावर ट्रांजिस्टर कार्यशील या रेखीय-क्षेत्र (active or linear-region) में चालन (conduct) करता है। इसलिए इस प्रकार के रेगुलेटर 'लीनियर रेगुलेटर' भी कहलाते हैं। लीनियर रेगुलेटर स्थिर अथवा परिवर्तित वोल्टेज उपलब्ध कराने वाले होते हैं तथा इसकी आउटपुट आवश्यकतानुसार धनात्मक अथवा ऋणात्मक (positive or negative) होती है।

इलेक्ट्रॉनिक्स प्रयोगशालाओं एवं अन्वेषण केन्द्रों (laboratories and research centres) में विभिन्न प्रयोगों एवं अन्वेषण सम्बन्धित कार्यों को सम्पन्न (perform) करने हेतु विभिन्न प्रकार की स्थिर वोल्टेज एवं समंजनशील डी.सी. वोल्टेज पावर सप्लाई की आवश्यकता होती है। कार्य प्रणाली एवं आवश्यकता के अनुसार डी.सी. पावर सप्लाई को निम्नानुसार वर्गीकृत किया जा सकता है

1. स्थिर वोल्टेज सीरीज रेगुलेटर या पावर सप्लाई
2. समंजनशील वोल्टेज रेगुलेटर या पावर सप्लाई
3. दोहरा वोल्टेज रेगुलेटर या पावर सप्लाई
4. सामान्य उद्देश्य वोल्टेज रेगुलेटर या पावर सप्लाई

स्थिर वोल्टेज सीरीज रेगुलेटर Fixed Voltage Series Regulator

IC 78XX सीरीज में तीन टर्मिनल्स होते हैं। यह रेगुलेटर IC धनात्मक स्थिर वोल्टेज प्रदान करती है। इसमें सात प्रकार के वोल्टेज विकल्प (option) होते हैं, जोकि 5, 6, 8, 12, 15, 18 तथा 24 वोल्ट हैं। सीरीज 78XX में अन्तिम दो संख्याएँ (XX) आउटपुट वोल्टेज को दर्शाते हैं। अत: 7815 रेगुलेटर IC, 15 वोल्ट निर्गत वोल्टेज वाली IC होगी। रेगुलेटर IC 79XX सीरीज में भी उपलब्ध होती है जोकि ऋणात्मक निर्गत वोल्टेज IC है। यह 78XX सीरीज का पूरक है। इनमें –2 V तथा –5.2 V के अतिरिक्त वोल्टेज की सुविधा उपलब्ध होती है। इन मोनोलिथिक वोल्टेज रेगुलेटर के

IC का मानक प्रतीक एवं परिपथ चित्र में प्रदर्शित किया गया है। इसमें कैपेसिटर C_1 (0.33 μF) सामान्यत: इनपुट एवं ग्राउण्ड के मध्य लम्बी तारों के कारण उत्पन्न प्रेरकीय प्रभाव को निरस्त करने के लिए संयोजित किया गया है तथा कैपैसिटर C_0 (1 μF) ट्रांजियेन्ट्स प्रतिक्रिया को सुधारने के लिए निर्गत टर्मिनल तथा ग्राउण्ड के मध्य संयोजित किया जाता है। ये रेगुलेटर मेटल एवं प्लास्टिक पैकेजेज में उपलब्ध होते हैं।

वोल्टेज रेगुलेटर की लोकप्रिय IC सीरीज LM-340 धनात्मक वोल्टेज सीरीज तथा LM-320 ऋणात्मक वोल्टेज रेगुलेटर हैं।

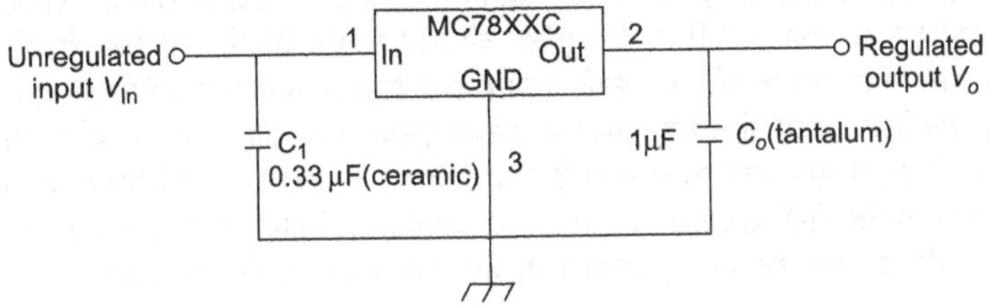

चित्र मोनोलिथिक वोल्टेज रेगुलेटर IC का मानक प्रतीक सहित परिपथ

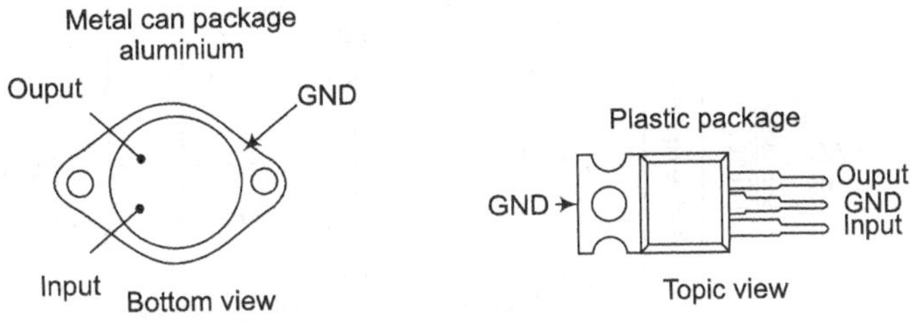

(a) मेटल पैकेज (TO-3 टाइप) (b) प्लास्टिक पैकेज (TO-220 टाइप)

चित्र वोल्टेज रेगुलेटर पैकेज

चित्र में क्रमश: मेटल पैकेज तथा प्लास्टिक पैकेज की आकृतियों को दर्शाया गया है।

समंजनशील/परिवर्तनीय वोल्टेज रेगुलेटर

Adjustable/Variable Voltage Regulator

प्रयोगशालाओं में विभिन्न प्रयोगों को सम्पन्न (perform) करने के लिए भिन्न-भिन्न मान के परिवर्तित वोल्टेज की आवश्यकता होती है। यह स्थिर वोल्टेज रेगुलेटेड पावर सप्लाई के द्वारा उपलब्ध नहीं हो सकते हैं। इसलिए स्थिर तीन टर्मिनल रेगुलेटर IC के परिपथ में कुछ परिवर्तन करके इनको प्राप्त किया जा सकता है, जिसे चित्र में दर्शाया गया है

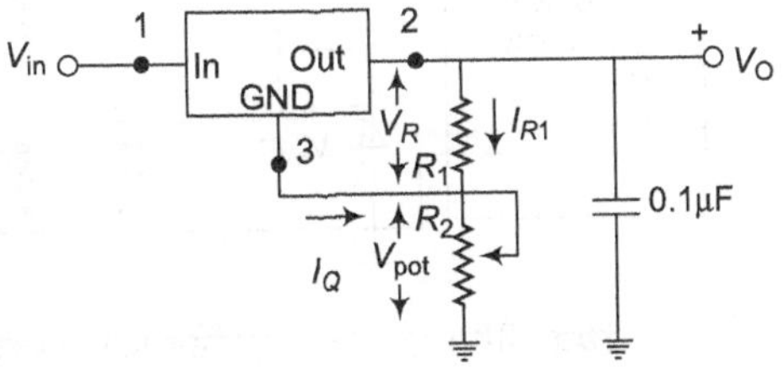

चित्र समंजनशील (adjustable) वोल्टेज रेगुलेटर परिपथ

यह ध्यान देने योग्य है कि स्थिर वोल्टेज तीन टर्मिनल रेगुलेटर का ग्राउण्ड टर्मिनल प्रवाहमान (floating) रहता है तथा इसके निर्गत वोल्टेज का मान निम्न होता है

$$V_o = V_R + V_{pot} = V_R + (I_Q + I_{R1})R_2 = V_R + I_Q R_2 + \frac{V_R}{R_1}.R_2 \text{ या } = V_0(1 + R_2/R_1)V_R + R_2 I_Q$$

जहाँ, V_R = निर्गत वोल्टेज तथा ग्राउण्ड टर्मिनल के मध्य रेगुलेटेड वोल्टेज है। धारा I_Q के प्रभाव को कम करने के लिए R_2 का मान पर्याप्त न्यूनतम चयन करके पद $I_Q R_2$ के मान को घटाया जा सकता है।

LM-117, 217 एवं 317 धनात्मक स्थिर वोल्टेज रेगुलेटर हैं तथा LM-137, 237 एवं 337 ऋणात्मक स्थिर वोल्टेज रेगुलेटर हैं। यह समंजनशील (adjustable) निर्गत वोल्टेज प्राप्त करने के लिए उपयोगी रेगुलेटर है जो कि 1.2 V से 40 V तथा 1.5 A धारा आउटपुट पर उपलब्ध कराते हैं।

दोहरा वोल्टेज रेगुलेटर Dual Voltage Regulator

ऑपरेशनल एम्प्लीफायर (OP-Amps) से निर्मित पावर सप्लाई से डबल वोल्टेज पावर सप्लाई बनाने के लिए दो पृथक्-पृथक् पावर सप्लाई की आवश्यकता पड़ती है, जबकि यह कार्य दो, तीन टर्मिनल्स वोल्टेज रेगुलेटर ICs के द्वारा सरलता से सम्पन्न किया जा सकता है, जिसे चित्र में दर्शाए गए परिपथ द्वारा समझा जा सकता है। यह पावर सप्लाई दोनों (+) एवं (–) टर्मिनल्स पर 1A की धारा को लोड प्रदान कर सकती है। वोल्टेज रेगुलेटर IC LM-320-15 (-15V) वोल्टेज रेगुलेटर है। यह ध्यान देने योग्य है कि LM-340 तथा LM-320 के पिन विन्यास (configuration) भिन्न-भिन्न होते हैं। डायोड्स D_1 तथा D_2 परिपथ में रेगुलेटर की शॉर्ट सर्किट दोष से रक्षा करते हैं, जो इनपुट के कारण उत्पन्न होता है तथा डायोड्स D_3 तथा D_4 उस समय परिपथ की रक्षा करते हैं जब दोनों रेगुलेटर एक साथ ऑन नहीं होते हैं। यदि लोड दो आउटपुट्स के साथ संयोजित किया गया है, तब ऐसी दशा में लोड सही प्रकार से क्लैम्प्ड किया जाना चाहिए अन्यथा पावर सप्लाई सही प्रकार (properly) कार्य नहीं करेगी। यदि लोड दोनों टर्मिनल के साथ सही प्रकार जुड़ा है, तब डायोड्स D_3 तथा D_4 रिवर्स बायस होंगे तथा इस स्थिति में डायोड्स का परिपथ पर कोई प्रभाव नहीं होगा अर्थात् दोनों डायोड्स से होकर धारा प्रवाहित नहीं होगी। ग्राउण्ड तथा $(-V)$ टर्मिनल के मध्य रेगुलेटर ऋणात्मक वोल्टेज प्रदान करेगा जबकि ग्राउण्ड तथा $(+V)$ टर्मिनल के मध्य यह धनात्मक वोल्टेज प्रदान करेगा।

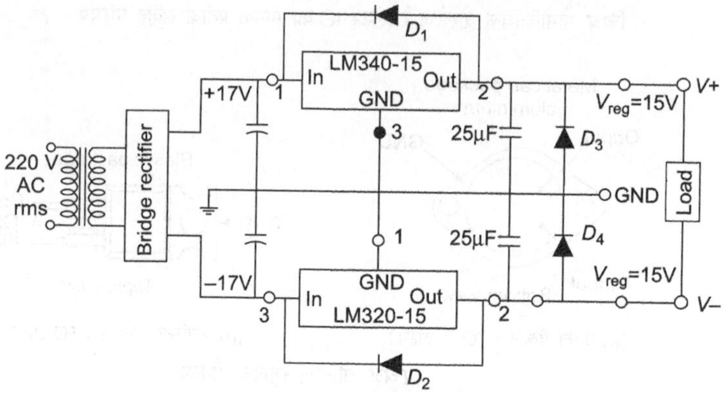

चित्र दोहरा वोल्टेज सप्लाई का परिपथ आरेख

$$\beta = \frac{R_2}{R_1 + R_2}$$

अतः यह इसी अनुपात में त्रुटि एम्प्लीफायर के निर्गत वोल्टेज V_o' के मान को भी घटाता है।

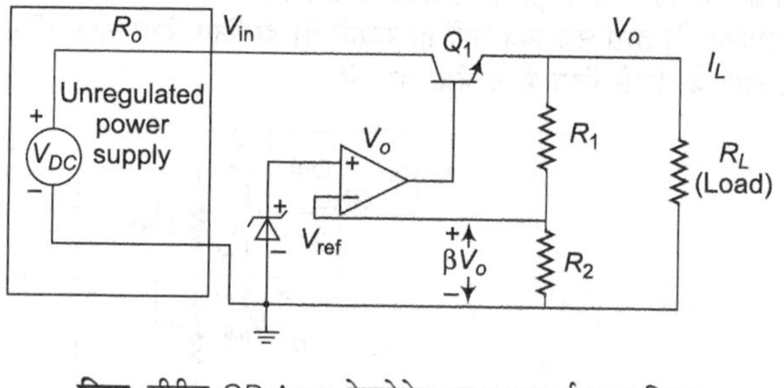

चित्र सीरीज OP-Amp रेगुलेटेड पावर सप्लाई का परिपथ

यह वोल्टेज V_o', Q_1 के बेस पर प्रयुक्त किया जाता है, जो कि अमीटर फॉलोअर के समकक्ष प्रयोग किया गया है। इससे निर्गत वोल्टेज V_o का मान भी घटता है। इसी प्रकार सीरीज OP-Amp रेगुलेटर के निर्गत वोल्टेज में होने वाले उतार-चढ़ाव (fluctuations) निरस्त (cancel) होते रहते हैं तथा निर्गत वोल्टेज V_o का मान स्थिर बना रहता है।

IC-723 सामान्य उद्देश्य रेगुलेटर IC-723 General Purpose Regulator

जिन तीन टर्मिनल्स वोल्टेज रेगुलेटर का वर्णन पूर्व में किया गया है उनकी निम्न सीमाएँ होती हैं

1. इनमें शॉर्ट सर्किट से सुरक्षा (protection against short circuit) की व्यवस्था नहीं होती है।
2. इनका आउटपुट वोल्टेज ऋणात्मक/धनात्मक स्थिर होता है।

उपरोक्त सीमाओं के कारण जो समस्याएँ/कठिनाइयाँ उपयोगकर्ताओं के सम्मुख आती हैं, उन्हें सामान्य उद्देश्य वोल्टेज रेगुलेटर में हल कर दिया गया है। यह IC वास्तविक रूप से निम्न धारा लेती है। इसके द्वारा प्राप्त किए गए (ऋणात्मक या धनात्मक) निर्गत वोल्टेज को अधिक परास

(wide range) में समंजित (adjust) किया जा सकता है। इसके साथ अन्य बाह्य युक्तियाँ (components) संयोजित करके यह 5 एम्पियर अथवा इसके अधिक लोड धारा क्षमता (load current capacity) के लिए प्रयोग की जा सकती है। इसको प्रयोग में लाने में एक मुख्य समस्या यह है कि इनमें तापीय सुरक्षा (thermal protection) की कोई व्यवस्था सम्मिलित नहीं होती हैं। चित्र (a) में 723 रेगुलेटर IC का कार्यशील ब्लॉक आरेख (functional block diagram) दर्शाया गया है। इसमें दो पृथक् खण्ड (sections) होते हैं। इसमें जीनर डायोड स्थिर धारा स्रोत का (constant curreot source) तथा सन्दर्भ एम्प्लीफायर (reference amplifier) 7 वोल्ट, स्थिर वोल्टेज सन्दर्भ टर्मिनल पर उत्पन्न करने का कार्य करते हैं। स्थिर धारा स्रोत, जीनर को स्थिर बिन्दु पर कार्य करने के लिए बाध्य करता है जिससे कि जीनर आउटपुट पर स्थिर वोल्टेज प्राप्त हो।

IC के दूसरे खण्ड में त्रुटि (error) एम्प्लीफायर सम्मिलित होता है जिसमें ट्रांजिस्टर Q_1 सीरीज पास ट्रांजिस्टर के रूप में तथा Q_2 धारा सीमित करने हेतु कार्य करते हैं। त्रुटि एम्प्लीफायर इन्वर्टेड इनपुट टर्मिनल पर, आउटपुट से प्राप्त सैम्पल वोल्टेज की सन्दर्भ वोल्टेज V_{ref} से तुलना करता है जोकि नॉन इन्वर्टिंग (NI) इनपुट टर्मिनल पर प्रयुक्त किया जाता है। यह त्रुटि सिगनल ट्रांजिस्टर के चालन (conduction) को नियन्त्रित करता है। ये दोनों खण्ड आन्तरिक रूप से आपस में संयोजित नहीं होते हैं। IC पैकेज पर अनेक पिनें विभिन्न उद्देश्य के लिए स्थापित होती हैं।, ये IC प्राय: 14-पिनों में dual-in-line पैकेज में तथा 10-पिनें मेटल केन पैकेज में उपलब्ध होती हैं।

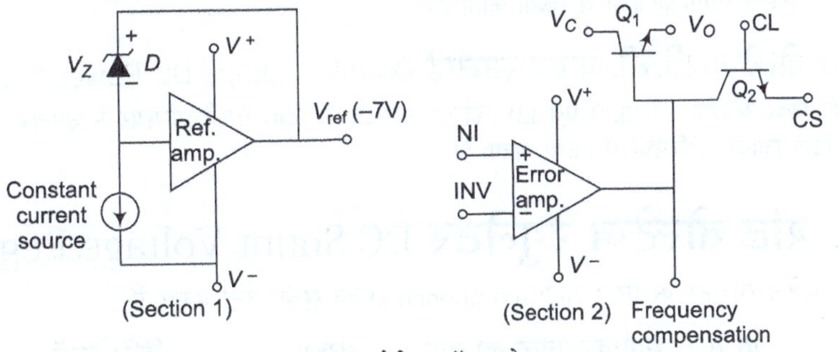

(a) कार्यशील ब्लॉक आरेख

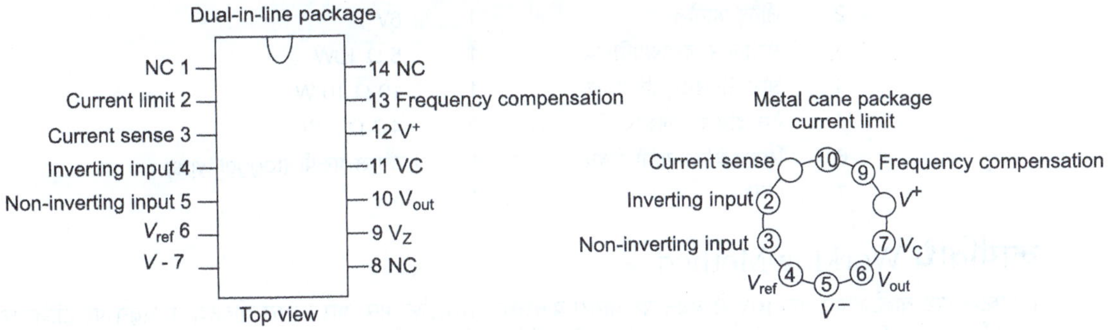

(b) 14-पिन DIP तथा 10-पिन मेटल का पिन निर्गत आरेख

चित्र IC 723 सामान्य उद्देश्य वोल्टेज रेगुलेटर

वोल्टेज रेगुलेशन Voltage Regulation

डी.सी. पावर सप्लाई के आउटपुट टर्मिनल पर उपलब्ध डी.सी. वोल्टेज, लोड धारा पर निर्भर करती है। यदि लोड प्रतिरोध R_L के घटने के कारण लोड धारा बढ़ती है, तब पावर सप्लाई के आन्तरिक सर्किट में वोल्टेज ड्रॉप बढ़ जाता है, जिसके परिणामस्वरूप निर्गत टर्मिनल पर उपलब्ध होने वाली डी.सी. वोल्टेज का मान घट जाता है तथा लोड धारा घटने पर इसके विपरीत क्रिया होती है। अत: निर्गत वोल्टेज (V_o) में परिवर्तन पावर सप्लाई की निर्गत धारा के मान पर निर्भर करता है, जोकि वोल्टेज रेगुलेशन के नाम से जाना जाता है।

इसे निम्न सम्बन्ध के द्वारा व्यक्त किया जाता है

$$\text{प्रतिशत वोल्टेज रेगुलेशन} = \frac{V_0 - V_{FL}}{V_{FL}} \times 100$$

जहाँ, V_0 = शून्य लोड पर डी.सी. आउटपुट वोल्टेज तथा V_{FL} = पूर्ण लोड पर डी.सी. निर्गत वोल्टेज है।

10.2 पावर सप्लाइ के अनुप्रयोग Application of Power Supplies

विभिन्न प्रकार की पावर सप्लाई के अनुप्रयोग निम्न प्रकार हैं

(i) स्थिर वोल्टेज डी.सी. पावर सप्लाई Fixed Voltage DC Power Supply

इस प्रकार की पावर सप्लाई भिन्न-भिन्न डी.सी. वोल्टेज के लिए उपलब्ध होती हैं; जैसे— 5, 6, 9, एवं 12 डी.सी. वोल्टेज आदि। यह पावर सप्लाई 200, 500 एवं 1000 मिली एम्पियर में उपलब्ध होती हैं। इनका उपयोग DC/AC मापक यन्त्रों (measuring instruments) जैसे कि इलेक्ट्रॉनिक वोल्टमीटर, एम्पियर मीटर, वॉटमीटर, फ्रीक्वेन्सी मीटर आदि के परिपथ में तथा इसके अतिरिक्त ऑसिलोस्कोप, ट्रांजिस्ट्राइज्ड रेडियो एवं ऑडियो एम्प्लीफायर आदि में किया जाता है।

(ii) परिवर्तनीय वोल्टेज डी.सी. पावर सप्लाई Variable Voltage DC Power Supply

इस प्रकार की पावर सप्लाई 0 से 30V डी.सी. तथा 1.0 एम्पियर परास (range) में उपलब्ध होती है, इनका उपयोग फिजिक्स, इलेक्ट्रॉनिक्स प्रयोगशाला एवं रिर्सच प्रयोगशालाओं में किया जाता है।

(iii) दोहरा वोल्टेज डी.सी. पावर सप्लाई Double Voltage DC Power Supply

इस प्रकार की पावर सप्लाई ± 5, 6, 9 एवं 12V डी.सी. वोल्टेज में 500 मिली एम्पियर में उपलब्ध होती हैं इस प्रकार की पावर सप्लाई का उपयोग डिजिटल लॉजिक परिपथों में किया जाता है।

10.3 डी.सी. शंट वोल्टेज रेगुलेटर DC Shunt Voltage Regulator

डी.सी. शंट वोल्टेज रेगुलेटर के मुख्य भागों (components) की सूची निम्न प्रकार हैं

क्र.सं.	भाग/कम्पोनेन्ट का नाम	संख्या	विशिष्टियाँ
1.	ट्रांजिस्टर	1	NPN प्ररूपी (type)
2.	जीनर डायोड	1	6V
3.	सीरीज रेजिस्टर/प्रतिरोधक	1	5 Ω 10W
4.	लोड रेजिस्टर/प्रतिरोधक	1	10 Ω 10 W
5.	बेस बॉयस रेजिस्टर	2	4.7 Ω 1 W
6.	सिंगल-वे/एक-मार्गी स्विच	1	टॉगल प्ररूपी (toggel type)
7.	LED	1	5 V

कार्यविधि Working Method

निविष्ट/इनपुट वोल्टेज का मान 10V से बढ़ने पर बॉयस प्रतिरोधक RBE के आर-पार बॉयस वोल्टेज के बढ़ने पर ट्रांजिस्टर चालन दशा में आ जाता है, जिसके परिणामस्वरूप लोड प्रतिरोधक से प्रवाहित होने वाली धारा दो भागों में प्रवाहित होने लगती है, प्रथम भाग R_L से तथा दूसरा भाग NPN ट्रांजिस्टर से प्रवाहित होता है, जिसके कारण R_L के आर-पार वोल्टेज का मान सूत्र $V = I \times R$ के अनुसार घट जाता है। इसी प्रकार, इनपुट वोल्टेज 10 V का मान से घटने पर R_{BE} के आर-पार बॉयस वोल्टेज के घटने पर NPN ट्रांजिस्टर अचालन दशा में आ जाता है, जिसके कारण लोड प्रतिरोधक से प्रवाहित होने वाली धारा का मान बढ़ जाता है, जिसके कारण R_L के आर-पार वोल्टेज का मान बढ़ जाता है। इस प्रकार दोनों ही दशाओं में लोड प्रतिरोधक के आर-पार आउटपुट वोल्टेज का मान स्थिर बना रहता है। चित्र में एक शंट वोल्टेज रेगुलेटर के वैद्युत परिपथ आरेख को दर्शाया गया है।

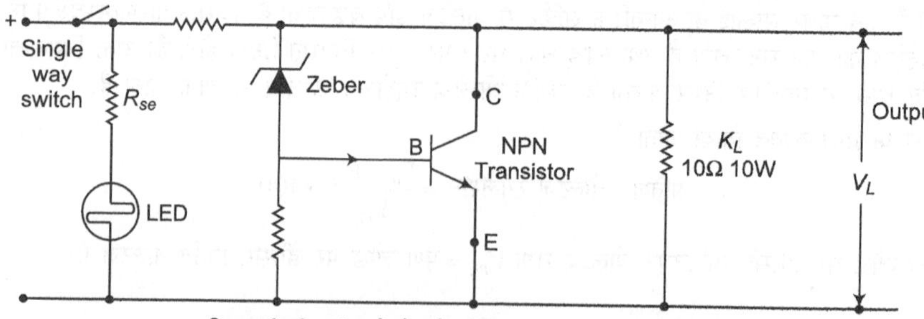

चित्र डी.सी. शंट वोल्टेज रेगुलेटर का विद्युत परिपथ आरेख

10.4 पावर सप्लाई की विशिष्टियाँ Specification of Power Supply

पावर सप्लाई मुख्यत: नियमित एवं अनियमित प्रकार की होती हैं जिनकी विशिष्टियाँ निम्न प्रकार हैं

अनियमित पावर सप्लाई की विशिष्टियाँ

अनियन्त्रित डी.सी. पावर सप्लाई भिन्न-भिन्न डी.सी. वोल्टेज एवं भिन्न-भिन्न लोड धाराओं; जैसे— 3, 4.5, 6.9 एवं 12V डी.सी. एवं 200, 500, 1000 मिली एम्पियर धारा क्षमताओं में उपलब्ध होती हैं तथा इनकी अनियन्त्रित निर्गत पर ए.सी. रिपल्स को निर्गत से पृथक् करने हेतु एक *r* प्ररूपी फिल्टर परिपथ संयोजित किया जाता है। निम्न सूची में उपरोक्त पावर सप्लाई में प्रयोग में लाए जाने वाले कम्पोनेन्टस/भागों की विशिष्टियों (specifications) को दर्शाया गया है

क्र.सं.	कम्पोनेन्ट का नाम	संख्या	विशिष्टियाँ
1.	स्टेप-डाउन ट्रांसफार्मर	1	230/3, 4.5, 6 या 12 वोल्ट तथा 200/500/1000 मिली एम्पियर
2.	ब्रिज रेक्टिफॉयर या सेमी कण्डक्टर डायोड (No-IN4007)	4	250 वोल्ट 1 एम्पियर परास में
3.	प्रेरण चोक	1	1 एम्पियर परास में
4.	इलैक्ट्रोलाइट कैपेसिटर	2	6/15 वोल्ट, 500 μF (आवश्यकतानुसार)
5.	एकमार्गी स्विच	1	250 वोल्ट एम्पियर परास में
6.	LED	1	5 वोल्ट 10 मिली एम्पियर
7.	बाह्य धातु आवरण	1	
8.	प्रतिरोधक	1 ओह्म	
9.	संयोजन तार	2 मीटर	26 S.W सिंगल कोर पी.वी.सी इन्सुलेटेड

नियमित पावर सप्लाई की विशिष्टियाँ Specifications of a Regulated Power Supply

रेगुलेटेड I.C.NO 7805C की वैद्युत अभिलक्षण (electrical characteristics) निम्न प्रकार होती हैं

- आउटपुट वोल्टेज $V_{out} = 5$ V वोल्ट (डी.सी.)
- निविष्ट वोल्टेज $(V_{in}) = 10$ V (वोल्ट) (डी.सी.)
- आउटपुट धारा $(I_{out}) = 500$ mA (मिली एम्पियर)
- तापमान परास (temperature range) = 0°C to 125°C
- आउटपुट/निर्गत धारिता (out put capacitance) = 0.1 μF
- लाइन/इनपुट नियमन (input regulation) = 3 mV (मिली वोल्ट)
- लोड नियमन (load regulation) = 5 mA $< I_0 <$ 1.5A के लिए 15 mV (मिली वोल्ट)

रेगुलेटेड I.C. की विशिष्टियों हेतु इसका परीक्षण Testing of Regulated I.C. for its Specifications

1. लाइन/इनपुट रेगुलेशन के लिए परीक्षण

यह इनपुट वोल्टेज में परिवर्तन के लिए आउटपुट वोल्टेज में प्रतिशत परिवर्तन के रूप में व्यक्त किया जाता है, I.C. के इनपुट वोल्टेज को 7 वोल्ट से शनै: शनै: 10 वोल्ट तक बढ़ाते हुए आउटपुट वोल्टेज में होने वाले परिवर्तन का परीक्षण करते हैं, जोकि 3 mV से अधिक नहीं होना चाहिए।

2. लोड रेगुलेशन हेतु परीक्षण

यह आउटपुट धारा/करण्ट में परिवर्तन के लिए आउटपुट वोल्टेज मे परिवर्तन के लिए परीक्षण करते हैं। 5 mA से 1.5 A के लिए आउटपुट वोल्टेज में 15 mV से अधिक परिवर्तन नहीं होना चाहिए। लोड धारा को 5 mA से शनै: शनै: 1.5 एम्पियर तक बढ़ाते हुए आउटपुट वोल्टेज में होने वाले परिवर्तन की जाँच करते हैं, जोकि 15 mV (मिलीवोल्ट) से अधिक नहीं होना चाहिए।

3. इनपुट एवं आउटपुट धारिताओं का परीक्षण

RLC ब्रिज द्वारा रेगुलेटेड I.C. की इनपुट एवं आउटपुट धारिताओं (capacitances) को मापते हैं, जोकि क्रमश: 0.33 एवं 0.1μF होनी चाहिए।

4. **तापमान परास का परीक्षण**

रेगुलेटेड IC - 7805C की आउटपुट पर पूर्ण लोड (1.5 एम्पियर) संयोजित करके 30 मिनट पश्चात् इसके तापमान की जाँच करते हैं, जोकि 125°C की आउटपुट पर पूर्ण लोड (1.5 एम्पियर) संयोजित करके 30 मिनट पश्चात् इसके तापमान की जाँच करते हैं, जोकि 125°C से अधिक नहीं होना चाहिए। इस तापमान को सामान्य सीमा में बनाए रखने हेतु IC के साथ हीट शिंक का प्रयोग किया जाना अतिआवश्यक है, जोकि 50°C होती है।

10.5 कन्वर्टर तथा इन्वर्टर सर्किट Convertor and Invertor Circuits

वे सर्किट्स जिनके द्वारा विद्युत सप्लाई से प्राप्त ए.सी. सप्लाई को डी.सी. सप्लाई में परिवर्तित किया जाता है, कन्वर्टर्स सर्किट्स कहलाते हैं तथा आवश्यकता पड़ने पर स्टोरेज बैट्रीज में एकत्रित विद्युत ऊर्जा को जिन सर्किट्स के द्वारा डी.सी. से ए.सी. में परिवर्तित किया जाता है, उन्हें इन्वर्टर्स (invertors) कहते हैं।

कन्वर्टर सर्किट Convertor Circuit

ए.सी. से डी.सी. कन्वर्टर सर्किट में एक स्टैपडाउन ट्रांसफॉर्मर, एक पूर्ण तरंग या ब्रिज रेक्टीफायर (full wave or bridge rectifier) तथा एक फिल्टर सर्किट जुड़ा होता है। ट्रांसफॉर्मर ए.सी. उच्च वोल्टेज को ए.सी. निम्न वोल्टेज में परिवर्तित करता है। इसके पश्चात् निम्न वोल्टेज ए.सी. को फुल वेव अथवा ब्रिज रेक्टीफायर द्वारा डी.सी. में परिवर्तित कर लिया जाता है तथा फिल्टर सर्किट द्वारा रेक्टीफायर से प्राप्त पल्सेटिंग डी.सी. को स्मूथ डी.सी. में परिवर्तित किया जाता है। कन्वर्टर सर्किट्स का प्रयोग (application) विभिन्न इलेक्ट्रॉनिक्स सर्किट्स को प्रचालित (operate) करने तथा स्टोरेज बैट्रियों को चार्ज करने हेतु किया जाता है।

इन्वर्टर सर्किट्स Invertor Circuits

चित्र में एक मौलिक (basic) इन्वर्टर सर्किट को दर्शाया गया है। इसमें एक ट्रांसफॉर्मर T है, जिसमें प्राइमरी वाइण्डिंग को दो भागों P_1 तथा P_2 से बनाया गया है। दोनों भागों के मध्य सेन्टर टैप C को स्टोरेज बैट्री के धनात्मक सिरे से जोड़ा गया है तथा प्राइमरी वाइण्डिंग के बाह्य सिरे P_1' तथा P_2' को क्रमश: स्विच S_1 तथा S_2 के द्वारा बैट्री के ऋणात्मक सिरे से जोड़ा गया है। ट्रांसफॉर्मर की सेकेण्डरी वाइण्डिंग S के सिरों के समानान्तर में एक फ्लोरोसैण्ट ट्यूब संयोजित की गई है।

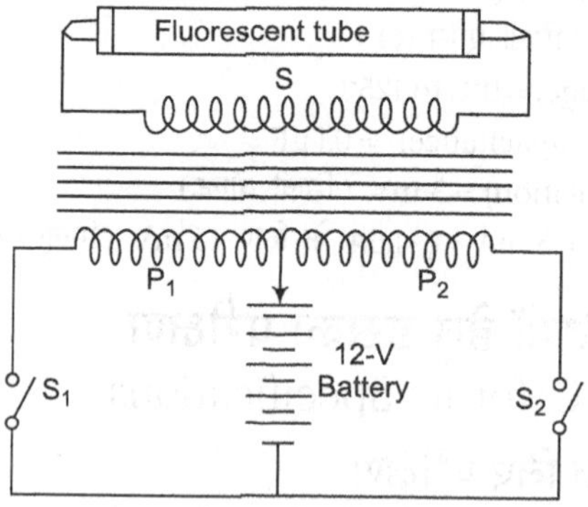

चित्र इन्वर्टर सर्किट

कार्य सिद्धान्त Working Principle

चित्र के अनुसार प्रथम स्थिति में जब स्विच S_1 को बन्द (OFF) तथा स्विच S_2 को खुली (ON) दशा में रखा जाता है, तब ट्रांसफॉर्मर की प्राइमरी वाइण्डिंग के P_1 भाग में धारा का प्रवाह होता है तथा दूसरी स्थिति में जब स्विच को खुली (ON) तथा स्विच S_2 को बन्द (OFF) दशा में रखा जाता है, तब प्राइमरी वाइण्डिंग के P_2 भाग में धारा पहले से विपरीत दिशा में प्रवाहित होती है। अब, यदि S_1 तथा S_2 स्विचों को बन्द तथा खुला रखने के क्रम में निरन्तर दोहराया जाए, तब प्राइमरी वाइण्डिंग में धारा की दिशा निरन्तर परिवर्तित होते रहने के कारण ट्रांसफॉर्मर की कोर में परिवर्तित चुम्बकीय क्षेत्र उत्पन्न होता रहेगा। अत: चुम्बकीय इण्डक्शन (magnetic induction) के कारण पारस्परिक चुम्बकीय इण्डक्शन (magnetic induction) सिद्धान्त पर सेकेण्डरी वाइण्डिंग में स्क्वायर वेव की प्रत्यावर्ती धारा (AC) उत्पन्न होगी, जिससे फ्लोरोसैण्ट ट्यूब प्रदीप्त हो जाएगी। 50 Hz फ्रीक्वेंसी प्राप्त करने के लिए एक सेकण्ड में 50 बार स्विच S_1 तथा S_2 की स्थितियों को बदलना सम्भव नहीं होता है। अत: इस प्रकार के इन्वर्टर सर्किट को व्यावहारिक रूप में प्रयोग नहीं किया जा सकता।

10.6 वोल्टेज स्थिरक इकाई Voltage Stabilizer Unit

वोल्टेज स्थिरक इकाई मुख्यत: निम्नलिखित दो प्रकार की होती हैं

हस्त चालित Manual Operated

इस प्रकार के यन्त्र में एक ऐसा मेन्स ऑटो ट्रांसफॉर्मर प्रयोग किया जाता है जिसकी वाइण्डिंग में से अनेक टेपिंग्स निकाली गई हो। इन टेपिंग्स को एक रोटरी स्विच से संयोजित कर दिया जाता है और रोटरी स्विच के पोल से आउटपुट वोल्टेज प्राप्त किया जाता है। आउटपुट वोल्टेज टर्मिनल्स के एक्रॉस एक वोल्टमीटर भी संयोजित किया जाता है जो आउटपुट वोल्टेज का मान दर्शाता रहता है। आउटपुट वोल्टेज परिवर्तित हो जाने की स्थिति में रोटरी स्विच के द्वारा उसे आवश्यकतानुसार घटा/बढ़ा लिया जाता है।

हस्तचालित वोल्टेज स्टैबिलाइजर का उपयोग ऐसे यन्त्रों/उपकरणों के प्रचालन के लिए किया जा सकता है जिनके प्रचालन के लिए ऑपरेटर उपस्थित रहता हो जो आवश्यकतानुसार वोल्टेज को रोटरी स्विच के द्वारा घटा-बढ़ा सके। चित्र में हस्त चालित वोल्टेज स्टैबिलाइजर परिपथ दर्शाया गया है। इसमें एक 'लो' (low) 'हाई' (high) स्विच तथा एक नियोन इण्डीकेटर भी संयोजित किया गया है।

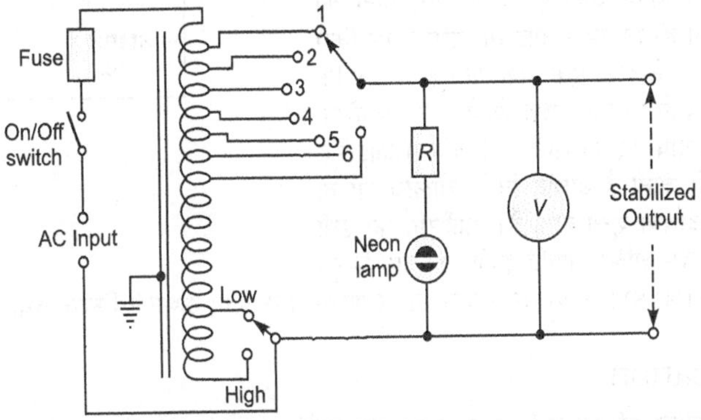

चित्र हस्त चालित वोल्टेज स्टैबिलाइजर

स्वचालित Automatic

इस प्रकार की इकाई में रोटरी स्विच के स्थान पर दो रिले प्रयोग की जाती हैं और उनका प्रचालन दो ट्रांजिस्टराइज्ड नियन्त्रक परिपथों के द्वारा किया जाता है। इस प्रकार, आपूर्ति वोल्टेज में वृद्धि होने पर यह परिपथ उसे घटाकर पूर्व-निर्धारण मान पर ले आता है एवं इसके विपरीत आपूर्ति वोल्टेज में कमी होने पर, यह परिपथ उसे बढ़ाकर पूर्व-निर्धारण मान पर ले आता है। रेफ्रीजेरेटर, टी.वी. रिसीवर, एयर कण्डीशनर आदि के प्रचालन के लिए इसी प्रकार की आपूर्ति इकाई प्रयोग की जाती है।

10.7 स्विच मोड शक्ति आपूर्ति Switch Mode Power Supply, SMPS

स्विच मोड तकनीक Switch Mode Technique

वह तकनीक जिसके द्वारा निम्न वोल्टेज डी. सी. (प्राय: 6 वोल्ट) को 'स्विचिंग' परिपथों के द्वारा उच्च वोल्टेज डी.सी. (प्राय: 18 से 48 वोल्ट) में परिवर्तित किया जाता है, स्विच मोड तकनीक कहलाती है। इस तकनीक में निम्न वोल्टेज को सर्वप्रथम उच्च आवृत्ति (30 kHz तक) वाली ए.सी. में परिवर्तित किया जाता है; तत्पश्चात् ए.सी. को उच्चायी परिणामित्र (step-up transeformer) अथवा स्व परिणामित्र के द्वारा उच्च वोल्टेज ए.सी. में परिवर्तित कर दिया जाता है। अब इस ए.सी. को दिष्टकारी के द्वारा पुन: डी.सी. में परिवर्तित कर दिया जाता है। इस परिपथ में पल्स विड्थ मॉडुलेटर महत्त्वपूर्ण भूमिका अदा करता है जो डी.सी. आपूर्ति में ए.सी. का प्रभाव पैदा करता है और उसे उच्चायी (step-up) करता है।

➡ **टिप्पणी** थर्मिओनिक ट्यूब युक्त इलेक्ट्रॉनिक उपकरणों के काल में निम्न वोल्टेज डी.सी. को ए.सी. में परिवर्तित करने के लिए वाइब्रेटर नामक विद्युत-चुम्बकीय युक्ति प्रयोग की जाती थी

स्विच मोड शक्ति आपूर्ति SMPS

आजकल कम्प्यूटर आदि में एक SMPS बॉक्स प्रयोग किया जाता है जो UPS से प्राप्त ए.सी. आपूर्ति (प्राय: 230 वोल्ट) को विभिन्न मानों की नियमित डी.सी. में परिवर्तित करता है। SMPS बॉक्स के निर्गत वोल्टेज ±2V ± 3V ± 5V ± 6V ± 9V ± 12V ± 15V ± 18V ± 24V आदि होते हैं जो कि कम्प्यूटर के मदर बोर्ड हार्ड डिस्क CD ड्राइव आदि को प्रदान किए जाते हैं। ध्यान दें कि *PNP* प्रकार की ठोस अवस्था युक्तियों के प्रचालन के लिए धनात्मक वोल्टेज की आवश्यकता होती है। यहाँ ±5V से तात्पर्य है ±5V तथा –5V (इसी प्रकार अन्य निर्गत वोल्टेज)।

कार्य प्रणाली Working Procedure

SMPS बॉक्स में ए.सी. के अपचयन के लिए एक अपचायी परिणामित्र (step-down transformer) तथा ए.सी. के दिष्टीकरण के लिए एक दिष्टकारी (rectifier)होता है। ये दोनों परिपथ प्राय: 6 या 15 वोल्ट डी.सी. तैयार करते हैं। अब 6v या 15v डी.सी. को कई वोल्टेज नियामक आई.सी. (78XX श्रेणी तथा 79XX श्रेणी की)को प्रदान किया जाता है जो विभिन्न मानों की डी.सी. वोल्टेज तैयार करती हैं। नियामक आई.सी. द्वारा तैयार किए गए नियमित डी.सी. निर्गत वोल्टेज की एक विशेषता यह होती है कि आई.सी.के अधिक गर्म हो जाने अथवा निवेश वोल्टेज के अत्यधिक बढ़ जाने अथवा कोई अन्य दोष पैदा हो जाने की स्थिति में आई.सी. की निर्गत वोल्टेज शून्य हो जाती है अर्थात् निर्गत वोल्टेज या तो नियमित मान का होता है अथवा शून्य होता है। आई.सी. की इसी स्विचिंग योग्यता के कारण इस शक्ति आपूर्ति इकाई का नाम स्विच मोड शक्ति आपूर्ति रखा गया है। SMPS बॉक्स में आई.सी. के शीतलन के लिए ऊष्मा विकिरक तथा एक विद्युत पंखे की व्यवस्था होती है।

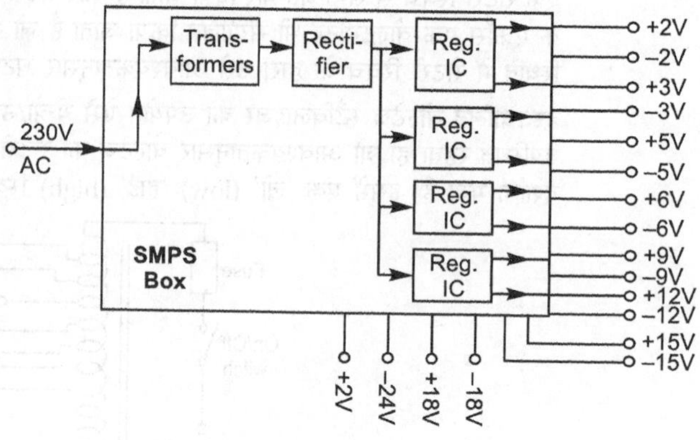

चित्र SMPS

अनुप्रयोग Application

पर्सनल कम्प्यूटर तथा कम्प्यूटर परिपथ आदि अन्य उपकरणों/यन्त्रों के प्रचालन के लिए SMPS बॉक्स प्रयोग किया जाता है।

10.8 UPS अर्थात् अबाधित शक्ति आपूर्ति Uninterrupted Power Supply

कम्प्यूटर आदि उपकरणों के प्रचालन के लिए एक ऐसी शक्ति आपूर्ति इकाई की आवश्यकता होती हैं जो एक मिली सेकण्ड से भी कम समय में उपकरण का प्रचालन मुख्य आपूर्ति से बैट्री प्रचालित इन्वर्टर शक्ति आपूर्ति पर परिवर्तित (changeover) कर दें जिससे कि कम्प्यूटर के स्क्रीन पर विद्यमान डाटा नष्ट न होने पाए और उसे कम्प्यूटर में स्टोर करने का समय मिल जाए। UPS एक ऐसी ही शक्ति आपूर्ति है जो मुख्य आपूर्ति असफल हो जाने पर भी कम्प्यूटर को लगभग 15 मिनट से लेकर कुछ घण्टों तक प्रचालित रख सकती है।

कार्य प्रणाली Working Procedure

इस इकाई में मुख्य कार्य SBS (static bypass switch) सम्पन्न करता है जो कि एक ट्रांजिस्टर युक्त परिपथ होता है। यह स्विच एक मिली सेकण्ड से भी कम समय में कम्प्यूटर आदि को, मुख्य आपूर्ति (प्राय: 230 वोल्ट ए.सी.) के असफल हो जाने पर, बैट्री (प्राय: 6 वोल्ट) प्रचालित इन्वर्टर से संयोजित कर देता है। मुख्य आपूर्ति के पुन: चालू हो जाने पर SBS एक मिली सेकण्ड से भी कम समय में, पुन: उपकरण को मुख्य आपूर्ति से संयोजित कर देता है। मुख्य आपूर्ति अथवा इन्वर्टर के बाद एक वोल्टेज नियामक (voltage regulater) इकाई प्रयोग की जाती है जो उपकरण (लोड) को अधिकतम ±5 वोल्ट परिवर्तन सीमा में ए.सी. आपूर्ति उपलब्ध करती है। यहाँ लोड से अभिप्राय है कम्प्यूटर, मॉनीटर, प्रिन्टर, मॉडेम आदि।

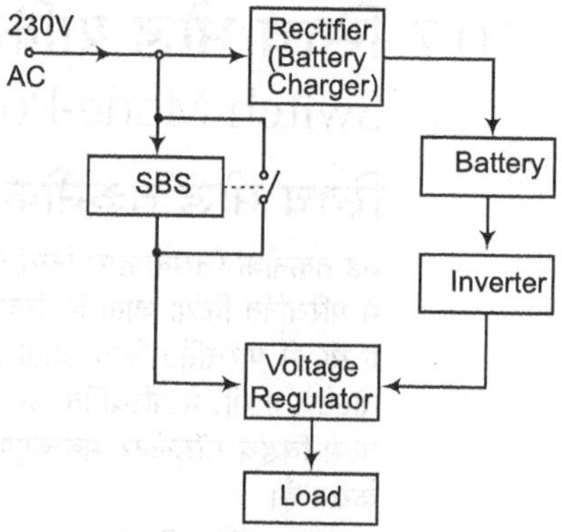

चित्र UPS का ब्लॉक आरेख

अनुप्रयोग Application

पर्सनल कम्प्यूटर तथा कम्प्यूटर परिपथ युक्त अन्य उपकरणों के प्रचालन के लिए यह शक्ति आपूर्ति इकाई प्रयोग की जाती है।

अभ्यास प्रश्न

परीक्षा प्रारूपी प्रश्न

बहुविकल्पीय

1. इलेक्ट्रॉनिक्स प्रयोगशालाओं में निम्न में से किस प्रकार की पावर सप्लाई प्रयोग में लाई जाती है?
   (a) स्थिर वोल्टेज डी. सी. पावर सप्लाई
   (b) समंजनशील (adjustable) डी. सी. वोल्टेज पावर सप्लाई
   (c) दोहरी वोल्टेज डी. सी. पावर सप्लाई
   (d) उपरोक्त सभी

2. निम्न में से कौन-सी IC स्थिर धनात्मक वोल्टेज रेगुलेटर सर्किट के निर्माण हेतु प्रयोग में लाई जाती है?
   (a) LM-117 IC (b) LM-217 IC
   (c) LM-317 IC (d) ये सभी

3. निम्न में से कौन-सी IC स्थिर ऋणात्मक वोल्टेज रेगुलेटर सर्किट के निर्माण हेतु प्रयोग में लाई जाती है?
   (a) LM-137 (b) LM-237
   (c) LM-337 (d) ये सभी

4. रेगुलेटेड पावर सप्लाई के निर्गत टर्मिनल्स के आर-पार (across) जुड़े लोड प्रतिरोध के मान के घटने का प्रभाव निर्गत वोल्टेज पर क्या होता है?
   (a) निर्गत वोल्टेज का मान घट जाता है
   (b) निर्गत वोल्टेज का मान बढ़ जाता है
   (c) निर्गत वोल्टेज का मान स्थिर (constant) बना रहता है
   (d) उपरोक्त में से कोई नहीं

5. निम्न में से कौन-सा कार्य रेगुलेटड पावर सप्लाई का है?
   (a) निर्गत टर्मिनल्स से जुड़े लोड प्रतिरोध में परिवर्तन के कारण निर्गत वोल्टेज में उतार-चढ़ाव को नियन्त्रित करना
   (b) इनपुट ए.सी. सप्लाई वोल्टेज में उतार-चढ़ाव के कारण पावर सप्लाई के निर्गत टर्मिनल वोल्टेज में होने वाले परिवर्तनों को नियन्त्रित करना
   (c) पावर सप्लाई निर्गत टर्मिनल्स वोल्टेज में उपरोक्त दोनों ही कारणों से होने वाले उतार-चढ़ाव (fluctuations) को नियन्त्रित करना
   (d) उपरोक्त में से कोई नहीं

6. अनियन्त्रित (unregulated) पावर सप्लाई के निर्गत टर्मिनल वोल्टेज में उतार-चढ़ाव (fluctuations) निम्न में से किस कारण से होते हैं?
   (a) इनपुट ए.सी. वोल्टेज में परिवर्तनों के कारण निर्गत वोल्टेज में उतार-चढ़ाव होते हैं
   (b) लोड प्रतिरोध में परिवर्तनों के कारण निर्गत वोल्टेज में उतार-चढ़ाव होते हैं
   (c) 'a' और 'b' दोनों
   (d) उपरोक्त में से कोई नहीं

7. IC 723 सामान्य उद्देश्य रेगुलेटर की निम्न में से क्या सीमा नहीं होती है?
   (a) शॉर्ट सर्किट से सुरक्षा (b) स्थिर धनात्मक वोल्टेज
   (c) स्थिर ऋणात्मक वोल्टेज (d) ये सभी

8. निम्न में से कौन-सी Op-Amp आई.सी. है?
   (a) 7408 (b) 547 (c) 723 (d) ये सभी

9. निम्न में से किस विद्युत उपसाधन के लिए स्टेबिलाइजर का प्रयोग किया जाता है?
   (a) टेलीविजन (b) वाटर कूलर
   (c) एयर कण्डीशनर (d) ये सभी

10. स्टेबिलाइजर में निम्न में से कौन-सी रिले प्रयुक्त की जाती है?
    (a) इलेक्ट्रोमैग्नेटिक रिले (b) मैग्नेटिक रिले
    (c) इलेक्ट्रिक रिले (d) ये सभी

11. वोल्टता प्रचालित रिले का क्वॉयल प्रतिरोध कितना होता है?
    (a) अतिनिम्न (b) निम्न (c) मध्यम (d) उच्च

12. ए.सी. परिवर्तक निम्न में से किसके समान कार्य करते हैं?
    (a) परिणामित्र (b) प्रेरक (c) इन्वर्टर (d) रेगुलेटर

13. डी.सी. से डी.सी. परिवर्तकों का प्रयोग निम्न में से किस कार्य के लिए नहीं किया जाता है?
    (a) शोर आइसोलेशन के लिए
    (b) पावर बस रेगुलेशन के लिए
    (c) दिष्टकरण के लिए
    (d) कम वोल्टेज को वांछित स्तर तक बढ़ाने के लिए

14. स्टेप डाउन परिवर्तक .... में परिवर्तक के समान कार्य करता है।
    (a) बूस्ट (b) बक
    (c) 'a' और 'b' दोनों (d) इनमें से कोई नहीं

15. निम्नलिखित UPS प्रणालियों में सबसे अधिक विश्वसनीयता किस प्रणाली की होती है?
    (a) ऑनलाइन UPS प्रणाली (b) ऑफलाइन UPS प्रणाली
    (c) लाइन इण्टरएक्टिव प्रणाली (d) समान्तर UPS प्रणाली

16. UPS प्रणाली हेतु निम्न में से कौन-सी बैटरी अधिक प्रयोग की जाती है?
    (a) रख-रखाव रहित बैटरी (b) लैड-एसिड बैटरी
    (c) निकिल-कैडमियम बैटरी (d) इनमें से कोई नहीं

17. इन्वर्टर मॉड्यूल परिपथ में निम्न में से क्या सम्मिलित नहीं होता है?
    (a) MOSFET (b) दोलित्र
    (c) स्टैप-अप ट्रांसफॉर्मर (d) स्टैप-डाउन ट्रांसफॉर्मर

18. UPS में वह भाग जो ए.सी. पावर को डी.सी. पावर में परिवर्तित करता है निम्न में से कौन-सा है?
(a) इन्वर्टर
(b) कन्वर्टर
(c) रेक्टीफायर
(d) स्थैतिक स्विच

19. बैटरी की वाट-घण्टा दक्षता (W-H efficiency) निम्न में से कौन-सी परास (range) में होती है?
(a) 50-60% (b) 60-70% (c) 70-80% (d) 80-90%

20. शक्ति गुणक को प्रदर्शित किया जाता है
(a) sin ϕ से (b) tan ϕ से (c) cos ϕ से (d) ये सभी

विविध प्रारूपी प्रश्न

सत्य/असत्य

1. अनियन्त्रित (unregulated) डी. सी. पावर सप्लाई के निर्गत वोल्टेज, परिवर्तित इनपुट ए. सी. वोल्टेज एवं परिवर्तित लोड दोनों ही कारणों से परिवर्तित होते हैं।
2. स्टेबिलाइजर मोटर के सिद्धान्त पर कार्य करता है।
3. लैड-एसिड बैटरी के प्रति सैल वोल्टेज को 1.75 वोल्ट प्रति सैल होने के पश्चात् बैटरी को अनावेशित/डिस्चार्ज नहीं करना चाहिए।
4. UPS प्रणाली में पूर्ण ब्रिज रेक्टीफायर ए.सी. पावर को डी. सी. पावर में परिवर्तित करता है।
5. डी.सी. से डी.सी. परिवर्तकों में ड्यूटी अनुपात को 'D' के द्वारा प्रदर्शित किया जाता है।

रिक्त स्थानों की पूर्ति

1. डी. सी. पावर सप्लाई की आउटपुट में लगे पावर ट्रांजिस्टर/MOSFET के साथ हीट सिंक प्रयुक्त न करने पर उनमें ······· उत्पन्न होने के कारण ये अवयव नष्ट (damaged) हो जाएँगे।
2. UPS के परिपथ में कुल पाँच स्टेजेज होती हैं जिनमें प्रथम स्टेज रेक्टीफायर/चार्जर दूसरी स्टेज, ·······, तीसरी स्टेज U.P.S. स्थैतिक स्विच, चौथी स्टेज मुख्य स्थैतिक स्विच एवं स्टेज बैटरी बैक होती है।
3. स्वचालित वोल्टेज स्टेबिलाइजर में ऑटो ट्रांसफॉर्मर की टैपिंग्स बदलने के लिए ········· का प्रयोग किया जाता है।
4. बैटरी की कार्यक्षमता को उचित रूप में बनाए रखने के लिए वातावरण का तापमान ·········· के मध्य रखना चाहिए।
5. रख-रखाव से स्वतन्त्र बन्द (SMF) बैटरियों का मूल्य अधिक एवं एम्पियर-दक्षता कम होने के कारण U.P.S. प्रणाली हेतु ········ बैटरियाँ अधिक प्रयोग की जाती हैं।

अतिलघु उत्तरीय

1. प्रतिशत वोल्टेज रेगुलेशन का सूत्र क्या है?
2. दोहरा स्थिर वोल्टेज डी. सी. वोल्टेज पावर सप्लाई में कौन-कौन सी ICs प्रयोग में लाई जाती हैं?
3. UPS प्रणाली में सबसे अधिक कौन-सी बैटरी उपयोग में लाई जाती हैं?
4. UPS में वह कौन-सा भाग है जोकि डी. सी. पावर में परिवर्तित करता है तथा उस भाग का नाम क्या है?
5. स्टेबिलाइजर में कितने प्रकार की रिले प्रयोग की जाती है?

लघु उत्तरीय

1. रेगुलेटेड पावर सप्लाई के सम्मुख पैनल के सभी कण्ट्रोल्स के नाम लिखिए।
2. यू. पी. एस. के पावर मॉड्यूल परिपथ का आरेख खींचिए।
3. बैटरी के डिस्चार्जिंग के समय बैटरी में प्रयोग होने वाले इलेक्ट्रोलाइट के घनत्व पर क्या प्रभाव पड़ता हैं? घनत्व कम होने पर इसके मान को किस प्रकार बढ़ाया जाता है?

दीर्घ उत्तरीय

1. U.P.S. प्रणाली की विश्वसनीयता से आप क्या समझते हैं? स्पष्ट कीजिए। सबसे अधिक विश्वसनीयता U.P.S. की कौन-सी प्रणाली की होती है?
2. निम्न वोल्टेज सामान्य उद्देश्य (general purpose) वोल्टेज रेगुलेटर या पावर सप्लाई की कार्य प्रणाली को परिपथ आरेख/सर्किट डायग्राम की सहायता से समझाइए।

उत्तरमाला

बहुविकल्पीय

1. (d) 2. (d) 3. (d) 4. (c) 5. (c) 6. (c) 7. (d) 8. (c) 9. (d) 10. (a)
11. (d) 12. (a) 13. (c) 14. (b) 15. (d) 16. (b) 17. (d) 18. (c) 19. (c) 20. (c)

सत्य/असत्य

1. सत्य 2. असत्य 3. सत्य 4. सत्य 5. सत्य

रिक्त स्थानों की पूर्ति

1. थर्मल रनवे 2. इन्वर्टर 3. रिले 4. 20-25°C 5. लैड-एसिड

डिजिटल इलेक्ट्रॉनिक्स
Digital Electronics

सिग्नल्स को एक स्थान से दूसरे स्थान पर सतत् एवं असतत् (continuous and discrete) रूप में प्रेषित एवं ग्रहण किया जा सकता है। सतत् सिग्नल, एनालॉग तथा असतत् सिग्नल, डिजिटल सिग्नल (digital signal) कहलाते हैं। डिजिटल इलेक्ट्रॉनिक्स असतत् सिग्नलों पर ही आधारित है, जो डिजिटल रूप (0 और 1) में प्रेषित तथा ग्रहण (transmitted and received) किया जाता है। डिजिटल इलेक्ट्रॉनिक्स का आधार बाइनरी संख्या प्रणाली है। इस अध्याय में हम बाइनरी संख्या प्रणाली, लॉजिक गेट्स (logic gates), लॉजिक परिवार (logic families) लॉजिक परिपथों का अध्ययन करेंगे।

11.1 संख्या प्रणाली Number System

डिजिटल परिपथों में गणनाएँ (calculations) तथा डाटा के प्रक्रियाकरण (processing) के लिए विभिन्न प्रणालियाँ प्रयोग में लाई जाती हैं। उपयोग में लाई जाने वाली अंक प्रणाली प्राय: स्थिति पद्धति (positional system) होती है। इस प्रणाली में अनेक अंकों की स्थिति उस अंक को दिए जाने वाले महत्त्व (स्थिति मान) को व्यक्त करती है।

उदाहरण 1. 9857.543 **को निम्न प्रकार व्यक्त किया जा सकता है**

$$\underset{(1000 \text{ वीं स्थिति})}{9\times10^3} + \underset{(100 \text{ वीं स्थिति})}{8\times10^2} + \underset{(10 \text{ वीं स्थिति})}{5\times10^1} + \underset{(\text{इकाई स्थिति})}{7\times10^0}$$

$$+ \underset{\left(\frac{1}{10}\text{ वीं स्थिति}\right)}{5\times10^{-1}} + \underset{\left(\frac{1}{100}\text{ वीं स्थिति}\right)}{4\times10^{-2}} + \underset{\left(\frac{1}{1000}\text{ वीं स्थिति}\right)}{3\times10^{-3}}$$

उपरोक्त उदाहरण से स्पष्ट है कि किसी संख्या के दो भाग हो सकते हैं

(i) पूर्णांक भाग (ii) भिन्न भाग

विभिन्न कार्यों के लिए प्रयोग में लाई जाने वाली प्रणालियाँ निम्न चार प्रकार की होती हैं

1. डेसीमल संख्या प्रणाली
2. बाइनरी संख्या प्रणाली
3. ऑक्टल संख्या प्रणाली
4. हेक्साडेसीमल संख्या प्रणाली

1. डेसीमल संख्या प्रणाली Decimal Number System

इस संख्या प्रणाली में 10 विशेष प्रतीकों का प्रयोग किया जाता है। ये प्रतीक 0, 1, 2, 3,......9 होते हैं। डेसीमल प्रणाली को बेस 10 प्रणाली के नाम से भी जाना जाता है, क्योंकि इस प्रणाली का बेस 10 होता है। डेसीमल संख्या प्रणाली का सामान्य प्रारूप नीचे दर्शाया गया है।

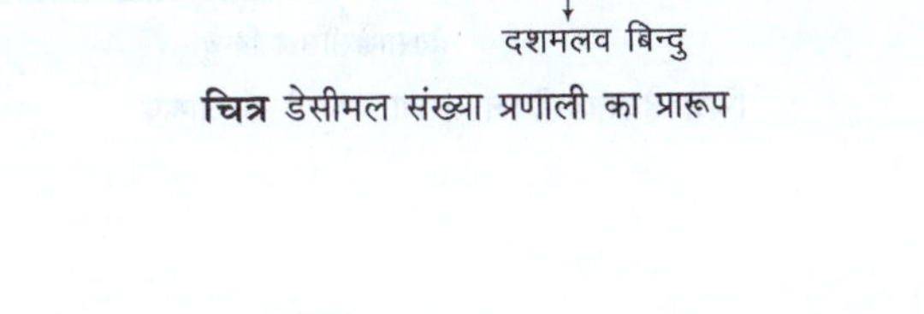

चित्र डेसीमल संख्या प्रणाली का प्रारूप

डेसीमल संख्या प्रणाली में किसी भी डेसीमल संख्या को इकाई, दहाई, हजार,.....आदि में व्यक्त किया जा सकता है; जैसे- 3925.24 को निम्न प्रकार व्यक्त किया जा सकता है—

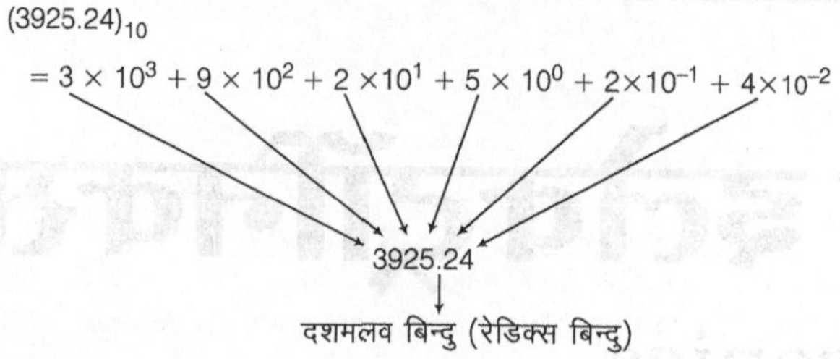

2. **बाइनरी संख्या प्रणाली** Binary Number System

इस प्रणाली का बेस 2 होता है। इस प्रणाली में केवल दो अंक 0 व 1 संकेत के रूप में प्रयोग किए जाते हैं। इन अंकों को बिट कहा जाता है। बाइनरी संख्या प्रणाली का सामान्य प्रारूप नीचे दर्शाया गया है

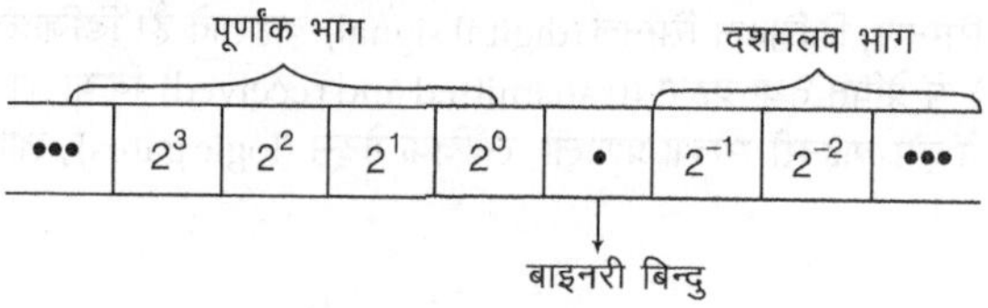

चित्र बाइनरी संख्या प्रणाली का प्रारूप

बाइनरी संख्या 1101.101 को निम्न प्रकार व्यक्त किया जाता है—

$1 \times 2^3 + 1 \times 2^2 + 0 \times 2^1 + 1 \times 2^0 + 1 \times 2^{-1} + 0 \times 2^{-2} + 1 \times 2^{-3}$

उपरोक्त की समतुल्य डेसीमल संख्या निम्न होगी

$$8 + 4 + 0 + 1 + \frac{1}{2} + 0 + \frac{1}{8} = 13.625$$

3. **ऑक्टल संख्या प्रणाली** Octal Number System

इस प्रणाली का बेस 8 होता है। इस प्रणाली में 8 विशेष प्रतीक (symbols)
0, 1, 2, 3, 4, 5, 6, 7 प्रयोग किए जाते हैं। ऑक्टल संख्या प्रणाली का सामान्य प्रारूप नीचे दर्शाया गया है

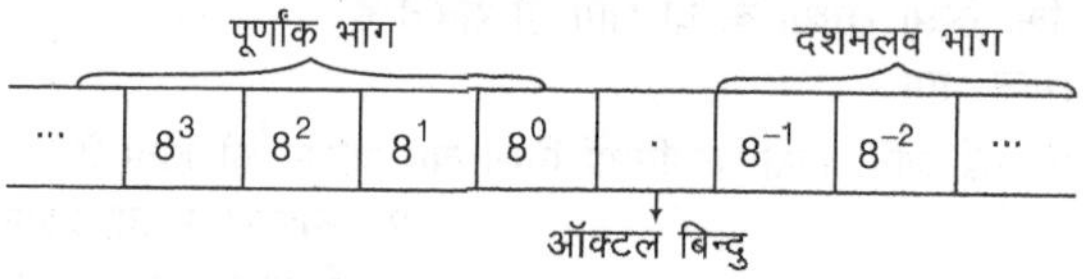

चित्र ऑक्टल संख्या प्रणाली का प्रारूप

4. **हेक्साडेसीमल संख्या प्रणाली** Hexadecimal Number System

इस प्रणाली का बेस 16 होता है। इस प्रणाली में 16 विशेष प्रतीक 0, 1, 2, 3, 4, 5, 6, 7, 8, 9, A, B, C, D, E, F प्रयोग में लाए जाते हैं। इस प्रणाली का सामान्य प्रारूप नीचे दर्शाया गया है

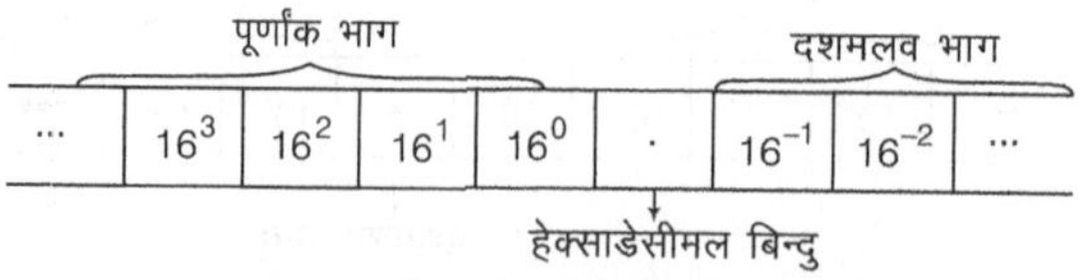

चित्र हेक्साडेसीमल संख्या प्रणाली का प्रारूप

11.2 संख्या प्रणालियों का रूपान्तरण Conversion of Number Systems

डिजिटल इलेक्ट्रॉनिक्स में प्रयुक्त होने वाली संख्या प्रणालियों के रूपान्तरण निम्न प्रकार हैं

1. डेसीमल से बाइनरी रूपान्तरण Decimal to Binary Conversion

दशमलव से बाइनरी रूपान्तरण हेतु दी गई दशमलव संख्या को निरन्तर 2 से तब तक भाग करते हैं जब तक भागफल पूर्णांक आता रहता है तथा प्रत्येक भाग के पश्चात् शेष (remainder) लिखते हैं। अन्त में शून्य आने पर प्राप्त शेष को नीचे से ऊपर की ओर लिखते हैं।

उदाहरण 2. डेसीमल संख्या 25 का बाइनरी में रूपान्तरण ज्ञात कीजिए।

हल

बेस-2	25	शेष
2	12	1
2	6	0
2	3	0
2	1	1
	0	1

अतः $(25)_{10} = (11001)_2$

उदाहरण 3. डेसीमल संख्या $(25.5)_{10}$ का बाइनरी रूपान्तरण ज्ञात कीजिए।

हल $(25.5)_{10} = (?)_2$

पूर्णांक भाग

बेस-2	25	शेष
2	12	1
2	6	0
2	3	0
2	1	1
	0	1

$\therefore \quad (25)_{10} = (11001)_2$

भिन्नात्मक भाग

$$\begin{array}{r} 0.5 \\ \times 2 \\ \hline 1.0 \\ \downarrow \\ 1 \end{array}$$

$\therefore \quad (0.5)_{10} = (0.1)_2$

अतः $(25.5)_{10} = (11001.1)_2$

2. बाइनरी से डेसीमल रूपान्तरण Binary to Decimal Conversion

साधारण बाइनरी संख्या से डेसीमल संख्या में रूपान्तरण हेतु बाइनरी संख्या के LSB को 2^0 से MSB की ओर 2^n तक गुणा करके सभी बाइनरी संख्याओं का योग करते हैं तथा दशमलव बाइनरी संख्या हेतु LSB को 2^{-1} से MSB की ओर 2^{-n} तक गुणा करके उनका योग करते हैं। बाइनरी से डेसीमल संख्या में रूपान्तरण हेतु अग्र पृष्ठ पर दिए गए उदाहरण का ध्यानपूर्वक अवलोकन कीजिए

उदाहरण 4. निम्न बाइनरी संख्याओं का डेसीमल तुल्यांक ज्ञात कीजिए।

(i) $(11001)_2$ (ii) $(111.101)_2$

हल (i) $(11001)_2 = (?)_{10}$

$$(11001)_2 = 1\times2^4 + 1\times2^3 + 0\times2^2 + 0\times2^1 + 1\times2^0$$
$$= 16 + 8 + 0 + 0 + 1$$

अतः $(11001)_2 = (25)_{10}$

(ii) $(111.101)_2 = (?)_{10}$

$$= 1\times 2^2 + 1\times 2^1 + 1\times 2^0 + 1\times 2^{-1} + 0\times 2^{-2} + 1\times 2^{-3}$$

$$4 + 2 + 1 + \frac{1}{2} + 0 + \frac{1}{8};\ 7 + \frac{1}{2} + \frac{1}{8}$$

$$\frac{7\times 8 + 4 + 1}{8} = \frac{56 + 5}{8} = \frac{61}{8}$$

अतः $(111.101)_2 = (7.625)_{10}$

3. ऑक्टल से डेसीमल रूपान्तरण Octal to Decimal Conversion

किसी ऑक्टल संख्या को डेसीमल संख्या में रूपान्तरित करने हेतु ऑक्टल संख्या में ऑक्टल बिन्दु के बाईं ओर (LSB) के अंकों क्रमशः $8^0, 8^1, 8^2$ .... आदि तथा ऑक्टल बिन्दु के दाईं ओर (MSB) अंकों में क्रमशः $8^{-1}, 8^{-2}, 8^{-3}$... आदि की गुणा करके उनका योग करते हैं। पूर्णांक संख्या की घात का मान दाईं ओर से बाईं ओर को बढ़ता है।

इस रूपान्तरण हेतु निम्न उदाहरण को ध्यानपूर्वक देखिए

उदाहरण 5. निम्न ऑक्टल संख्याओं का डेसीमल तुल्यांक ज्ञात कीजिए।

(i) $(354)_8$ (ii) $(326.28)_8$

हल (i) $(354)_8 = 3\times 8^2 + 5\times 8^1 + 4\times 8^0 = 192 + 40 + 4$

अतः $(354)_8 = (236)_{10}$

(ii) $(326.28)_8 = 3\times 8^2 + 2\times 8^1 + 6\times 8^0 + 2\times 8^{-1} + 8\times 8^{-2}$

$$= 192 + 16 + 6 + \frac{2}{8} + \frac{8}{64} = 214 + \frac{1}{4} + \frac{1}{8}$$

अतः $(326.28)_8 = (214.375)_{10}$

4. डेसीमल से ऑक्टल रूपान्तरण Decimal to Octal Conversion

डेसीमल से ऑक्टल संख्या में रूपान्तरण हेतु डेसीमल संख्या के पूर्णांक भाग को निरन्तर 8 से भाग करते हैं, जब तक भागफल पूर्णांक आता रहता है तथा प्राप्त शेषफलों को विपरीत क्रम में लिखते हैं तथा डेसीमल संख्या के भिन्नात्मक भाग को 8 से गुणा करते हैं तथा प्राप्त कैरी (carry) को सीधे क्रम में लिखते हैं।

इस रूपान्तरण हेतु निम्न उदाहरण को ध्यानपूर्वक देखिए

उदाहरण 6. निम्न डेसीमल संख्याओं का ऑक्टल तुल्यांक ज्ञात कीजिए।

(i) $(247)_{10}$ (ii) $(0.256)_{10}$

$(247)_{10} = (?)_8$

हल (i)

बेस-8	247	शेष
8	30	7
8	3	6
	0	3

अतः $(247)_{10} = (367)_8$

(ii) $(0.256)_{10} = (?)_8$

चरण I $0.256\times 8 = 2.048$ → 2 MSB

चरण II $0.048\times 8 = 0.384$ → 0

चरण III $0.384\times 8 = 3.072$ → 3

चरण IV $0.072\times 8 = 0.576$ → 0

चरण V $0.576\times 8 = 4.608$ → 4 LSB

अतः $(0.256)_{10} = (0.20304)_8$

5. ऑक्टल से बाइनरी रूपान्तरण Octal to Binary Conversion

ऑक्टल संख्या से बाइनरी संख्या में रूपान्तरण हेतु सर्वप्रथम ऑक्टल संख्या को बाइनरी संख्या में परिवर्तित करते हैं। इसके पश्चात् तीन-तीन के जोड़े बनाकर उसी क्रम में लिखते हैं।

इस रूपान्तरण को समझने हेतु निम्न उदाहरण को देखिए

उदाहरण 7. निम्न ऑक्टल संख्याओं का बाइनरी तुल्यांक ज्ञात कीजिए।

(i) $(4321)_8$ (ii) $(37.12)_8$

हल (i) $(4321)_8 =$ 4 3 2 1
↓ ↓ ↓ ↓
100 011 010 001

[∵ ऑक्टल संख्या प्रणाली में बाइनरी संख्याओं के तीन-तीन के समूह बनते हैं।]

अत: $(4321)_8 = (100011010001)_2$

(ii) $(37.12)_8 =$ 3 7 • 1 2
↓ ↓ ↓ ↓
011 111 001 010

$= (011111.001010)_2$

6. बाइनरी से ऑक्टल रूपान्तरण Binary to Octal Conversion

बाइनरी से ऑक्टल संख्या में रूपान्तरण हेतु बाइनरी संख्या के दाईं ओर से तीन-तीन बाइनरी संख्याओं के समूह बनाते हैं तथा उसके तुल्य ऑक्टल संख्याओं को उसी क्रम में लिखते हैं।

इस रूपान्तरण के लिए निम्न उदाहरण का अवलोकन कीजिए

उदाहरण 8. निम्न बाइनरी संख्याओं का ऑक्टल तुल्यांक ज्ञात कीजिए।

(i) $(100010001)_2$ (ii) $(0.0101011)_2$

हल (i) $(100010001)_2 =$ 100 010 001
↓ ↓ ↓
4 2 1

[∵ ऑक्टल संख्या प्रणाली में बाइनरी संख्याओं के तीन-तीन के समूह बनते हैं।]

अत: $(100010001)_2 = (421)_8$

(ii) $(0.0101011)_2 =$ 0.010 101 100
↓ ↓ ↓
2 5 4

अत: $(0.0101011)_2 = (0.254)_8$

7. हेक्साडेसीमल से बाइनरी रूपान्तरण Hexadecimal to Binary Conversion

हेक्साडेसीमल संख्या को बाइनरी में रूपान्तरित करने हेतु हेक्साडेसीमल संख्या का प्रत्येक अंक, उसके 4-बिट बाइनरी तुल्यांक में लिखा जाता है।

इस रूपान्तरण के लिए निम्न उदाहरण को देखिए

उदाहरण 9. निम्न हेक्साडेसीमल संख्याओं का बाइनरी तुल्यांक ज्ञात कीजिए।

(i) $(C5\,D\,2)_{16}$ (ii) F2D. 8A1

हल (i) $(C\,5D2)_{16} =$ C 5 D 2
↓ ↓ ↓ ↓
1100 0101 1101 0010

अत: $(C\,5D2)_{16} = (1100010111010010)_2$

[इस प्रणाली में 1 हेक्साडेसीमल अंक के तुल्य 4 बाइनरी तुल्य अंक होते हैं]

(ii) F 2 D . 8 A 1
↓ ↓ ↓ ↓ ↓ ↓
1111 0010 1101 1000 1010 0001

$(F2D.8A1)_{16} = (111100101101\cdot100010100001)_2$

8. बाइनरी से हेक्साडेसीमल रूपान्तरण
Binary to Hexadecimal Conversion

बाइनरी से हेक्साडेसीमल संख्या में रूपान्तरण हेतु बाइनरी संख्या के दाएँ ओर से चार-चार बाइनरी बिट के समूह बनाकर, उन्हें हेक्साडेसीमल संख्या में रूपान्तरित किया जाता है।

इस रूपान्तरण हेतु निम्न उदाहरण का अवलोकन कीजिए

उदाहरण 10. निम्न बाइनरी संख्याओं का हेक्साडेसीमल तुल्यांक ज्ञात कीजिए।

(i) $(11011101001)_2$ (ii) $(110011.111)_2$

हल (i) $(11011101001)_2$ = 0110 1110 1001

↓ ↓ ↓

6 E 9

[इस प्रणाली में 4-4 के समूह बनाते हैं।]

(ii) $(110011.111)_2 = (?)_{16}$

0011 0011 • 1110 = $(33.E)_{16}$

↓ ↓ ↓

3 3 E

दो '0' जोड़ने पर एक '0' जोड़ने पर

9. हेक्साडेसीमल से डेसीमल रूपान्तरण
Hexadecimal to Decimal Conversion

हेक्साडेसीमल संख्या को डेसीमल संख्या में रूपान्तरित करने के लिए हेक्साडेसीमल संख्या के पूर्णांक भाग को $16^0, 16^1, 16^2$ ...... आदि (LSB से MSB की ओर) तथा भिन्नात्मक भाग को $16^{-1}, 16^{-2}, 16^{-3}$ .... आदि की गुणा करके योग करते हैं।

इस रूपान्तरण के लिए निम्न उदाहरण को ध्यानपूर्वक देखिए

उदाहरण 11. निम्न का डेसीमल तुल्यांक ज्ञात कीजिए।

(i) $(6\,E\,9)_{16}$ (ii) $(A00.01)_{16}$

हल (i) $(6E9)_{16} = 6\times16^2 + E\times16^1 + 9\times16^0$

$= 6\times16^2 + 14\times16^1 + 9\times16^0$ $(\because E = 14)$

$= 1536 + 224 + 9$

अत: $(6E9)_{16} = (1769)_{10}$

(ii) $(A00.01)_{16} = (?)_{10}$

A 0 0 . 0 1

2 1 0 −1 −2

→ $1\times16^{-2} = 0.00390$

→ $0\times16^{-1} = 0$

→ $0\times16^{0} = 0$

→ $0\times16^{1} = 0$

→ $10\times16^{2} = 2560$

अत: $(A00.01)_{16} = (2560.00390)_{10}$

10. डेसीमल से हेक्साडेसीमल रूपान्तरण
Decimal to Hexadecimal Conversion

इस रूपान्तरण हेतु डेसीमल संख्या को निरन्तर 16 से भाग दिया जाता है तथा प्रत्येक विभाजन की क्रिया के पश्चात् प्राप्त शेषफलों को विपरीत क्रम में लिखा जाता है तथा भिन्नात्मक भाग को निरन्तर 16 से गुणा कर प्राप्त कैरी को हेक्साडेसीमल बिन्दु के बाद सीधे क्रम में लिखते हैं।

इस रूपान्तरण हेतु निम्न उदाहरण का अवलोकन कीजिए

उदाहरण 12. निम्न डेसीमल संख्याओं का हेक्साडेसीमल तुल्यांक ज्ञात कीजिए।

(i) $(2478)_{10}$ (ii) $(0.210)_{16}$

हल (i) $(2478)_{10}$=

बेस	2478	शेष
16	154	14→E
16	9	10→A
	0	9

अतः $(2478)_{10} = (9\text{ A E})_{16}$

(ii) $(0.210)_{10} = (?)_{16}$

	डेसीमल	हेक्साडेसीमल	
$0.210 \times 16 = 3.36$ →	3	3	MSB
$0.36 \times 16 = 5.76$ →	5	5	
$0.76 \times 16 = 12.16$ →	12	C	
$0.16 \times 16 = 2.56$ →	2	2	
$0.56 \times 16 = 8.96$ →	8	8	
$0.96 \times 16 = 15.36$ →	15	F	LSB

$(0.210)_{10} = (0.35C28F)_{16}$

11.3 बाइनरी गणित Binary Arithmetic

सामान्य गणित की भाँति ही बाइनरी गणित में भी जोड़, घटा, गुणा, भाग आदि से क्रियाएँ की जाती हैं, परन्तु इसमें ये क्रियाएँ भिन्न रूप में की जाती हैं।

1. बाइनरी जोड़ Binary Addition

नियम (i) $0 + 0 = 0$ (ii) $0 + 1 = 1$

(iii) $1 + 0 = 1$ (iv) $1 + 1 = 0$ और हासिल या कैरी (carry) 1

बाइनरी प्रणाली में केवल दो ही अंक होते हैं। अतः यहाँ $1 + 1 = 2$ नहीं लिखा जा सकता, 2 को बाइनरी में 10 लिखा जाता है। अतः $1 + 1 = 10$ अर्थात् $1 + 1 = 0$ और हासिल या कैरी (carry) 1

उदाहरण 17. 11 और 7 को बाइनरी प्रणाली में जोड़िए।

हल डेसीमल जोड़	बाइनरी जोड़
	111 ← हासिल (carry)
11	1011
+ 7	+ 111
= 18	= 10010

क्रिया दाईं ओर से बाईं ओर को जोड़ने पर

$1 + 1 = 0$ और हासिल 1

$1 + 1 + 1$ (हासिल) $= 10 + 1$ या 1 और हासिल 1

$0 + 1 + 1$ (हासिल) $= 0$ और हासिल 1

$1 + 1$ (हासिल) $= 10$

2. बाइनरी घटाना Binary Subtraction

नियम (i) $0-0=0$

(ii) $1-0=1$

(iii) $1-1=0$

(iv) $0-1=1$ यहाँ 1 हासिल लिया गया है।

➥ **टिप्पणी** *क्योंकि 0 में से 1 नहीं घटाया जा सकता अतः उसके बाईं ओर के अंक से 1 हासिल लेने पर 10 हो गया और 10 – 1 अर्थात् 2 – 1 = 1; जिस अंक से हासिल लिया जाता है उसके मान में से 1 कम हो जाता है।*

उदाहरण 18. 6 – 4 का मान बाइनरी प्रणाली से निकालो।

हल दशमलव में घटा बाइनरी में घटा

दशमलव में घटा	बाइनरी में घटा
6	0110
– 4	– 0100
2	0010

3. बाइनरी गुणा Binary Multiplication

बाइनरी संख्याओं की गुणा हेतु निम्न नियमों का अनुपालन करना चाहिए

(i) $0\times0=0$

(ii) $0\times1=0$

(iii) $1\times0=0$

(iv) $1\times1=1$

"किसी संख्या को उसी संख्या में बार-बार जोड़ने की क्रिया गुणा कहलाती है।" यदि 20×5 का मान ज्ञात करना है, तो 20 को 5 बार जोड़ दें तो गुणनफल प्राप्त हो जाएगा।

उदाहरण 19. 20 को 5 से गुणा कीजिए।

हल

```
10100 (20) या                    10100
  + 10100 + (20)      या         × 101
  101000 = (40)                  10100
+ 10100 + (20)                  00000×
111100 = (60)                  10100××
10100 + (20)                   1100100
   111100 = (80)
 + 10100 + (20)
1100100 = (100)
```

4. बाइनरी भाग Binary Division

"किसी संख्या को किसी दूसरी संख्या में से बार-बार घटाने की क्रिया भाग कहलाती है।" इस क्रिया को गणित की भाँति भी ज्ञात किया जा सकता है।

उदाहरण 20. 20 को 5 से भाग कीजिए।

हल $(20)_{10}=(10100)_2$ तथा $(5)_{10}=(101)_2$

```
      100
101)10100
    101
    ---
     00
```

$=(100)_2 \Rightarrow (4)_{10}$

उदाहरण 21. 24 को 4 से भाग दीजिए।

हल $(24)_{10} = (11000)_2$

$(4)_{10} = (100)_2$

```
                 भाज्य
भाजक 100 ) 11000 ( 110 → भागफल
            100
            ----
             100
             100
             ----
               0
```

➥ **टिप्पणी** *यदि भाज्य में से भाजक घट जाये तो भागफल 1 होगा और यदि न घटे तो 0 होगा।*

11.4 लॉजिक गेट्स Logic Gates

इलेक्ट्रॉनिक्स उपकरणों विशेषकर कम्प्यूटर आदि में ऐसे परिपथों की आवश्यकता होती है, जो एक विशेष प्रकार के इनपुट संकेत पर प्रचालित हों अन्य पर नहीं; ऐसे परिपथ तार्किक परिपथ अथवा लॉजिक गेट कहलाते हैं।

इन परिपथों में एक या एक से अधिक इनपुट एवं एक आउटपुट होता है। बेसिक लॉजिक गेट तीन प्रकार के होते हैं—NOT, OR व AND गेट तथा यूनिवर्सल गेट में NAND व NOR गेट आते हैं।

1. NOT गेट

यह एक प्रकार का इन्वर्टर परिपथ है, जो दिए गए बाइनरी इनपुट को उसके पूरक (complement) में परिवर्तित कर देता है, अर्थात् 1 को 0 में तथा 0 को 1 में परिवर्तित कर देता है। चित्र में वैद्युतिक NOT गेट, NOT गेट प्रतीक तथा NOT सत्य सारणी दर्शाई गई हैं। वैद्युतिक NOT परिपथ में एक लैम्प (L) को एक NC पुश-बटन से नियन्त्रित किया गया है। जब स्विच को प्रचालित नहीं किया जाता अर्थात् इनपुट 0 है, तो लैम्प जलता है अर्थात् आउटपुट 1 है। जब स्विच को प्रचालित किया जाता है अर्थात् इनपुट 1 है, तो लैम्प बुझ जाता है अर्थात् आउटपुट 0 हो जाता है।

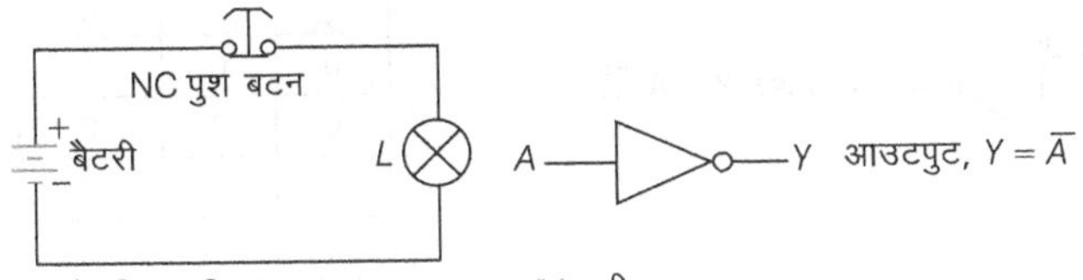

(a) वैद्युतिक परिपथ (b) प्रतीक

चित्र NOT गेट

तालिका NOT गेट की सत्य सारणी

इनपुट A	आउटपुट Y
0	1
1	0

2. OR गेट

यह एक ऐसा लॉजिक गेट है, जिसमें किसी एक अथवा दोनों इनपुट टर्मिनल्स पर 'उच्च' संकेत 1 देने पर आउटपुट भी 'उच्च' अर्थात् 1 प्राप्त होता है। यदि किसी भी इनपुट टर्मिनल पर इनपुट संकेत न दिया जाए तो आउटपुट 0 रहता है। निम्न चित्र में वैद्युतिक OR गेट, OR गेट प्रतीक तथा OR गेट सत्य सारणी दर्शाई गई है। वैद्युतिक OR परिपथ में एक लैम्प (L) को दो स्विचों A तथा B से नियन्त्रित किया गया है। किसी भी एक स्विच (A या B) को ऑन करने पर अर्थात् इनपुट 1 होने पर लैम्प जलता है अर्थात् आउटपुट 1 होता है।

तालिका OR गेट की सत्य सारणी

इनपुट		आउटपुट
A	B	Y
0	0	0
0	1	1
1	0	1
1	1	1

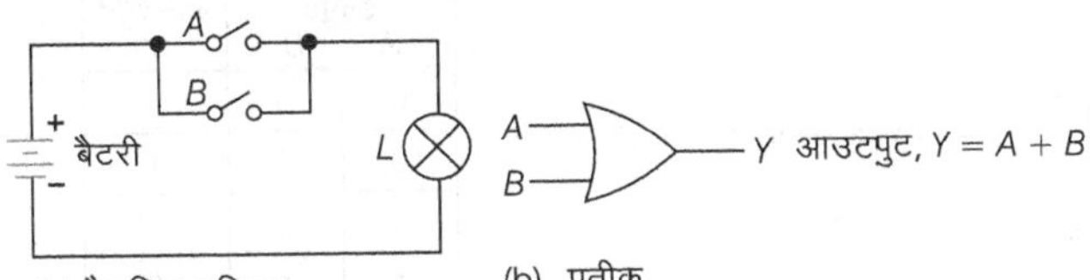

(a) वैद्युतिक परिपथ (b) प्रतीक

चित्र OR गेट

3. AND गेट

यह ऐसा लॉजिक गेट है, जिसमें सभी इनपुट टर्मिनल्स पर उच्च संकेत 1 देने पर ही आउटपुट 'उच्च' अर्थात् 1 होता है अन्यथा 0 रहता है। निम्न चित्र में वैद्युतिक AND गेट, AND गेट प्रतीक तथा AND गेट सत्य सारणी दर्शाई गई है। वैद्युतिक AND परिपथ में एक लैम्प (L) को दो स्विचो A

तथा B से नियन्त्रित किया गया है। जब केवल किसी एक स्विच को ऑन किया जाता है, तो लैम्प नहीं जलता, परन्तु जब दोनों स्विचों को ऑन कर दिया जाता है, तो लैम्प जल जाता है।

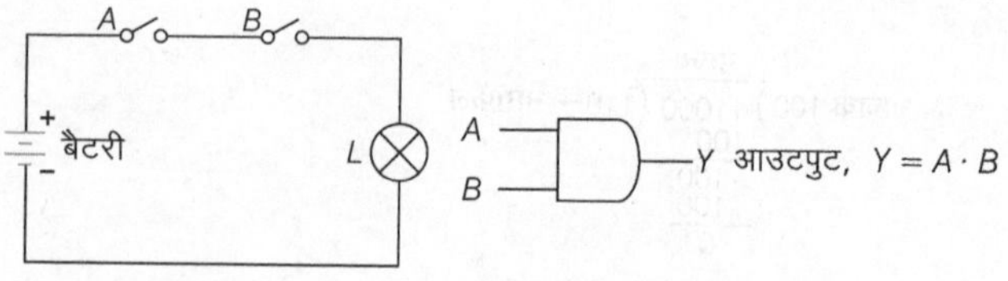

(a) वैद्युतिक परिपथ (b) प्रतीक

तालिका AND गेट की सत्य सारणी

इनपुट		आउटपुट
A	B	Y
0	0	0
0	1	0
1	0	0
1	1	1

चित्र AND गेट

बेसिक प्रकार के लॉजिक गेट्स प्रयोग करके कुछ अन्य प्रकार के गेट्स विकसित किए गए हैं; जैसे—NOR, NAND, Ex-OR, Ex-NOR आदि। ये गेट्स निम्नवत् समझाए गए हैं

4. NOR गेट

यह OR तथा NOT लॉजिक गेट्स का संयुक्त रूप है। इसकी सत्य-सारणी, OR गेट की सत्य सारणी के पूरक आउटपुट प्रदान करने वाली होती है। यदि किसी भी इनपुट टर्मिनल पर इनपुट संकेत न दिया जाए तो आउटपुट 1 होता है और किसी भी एक इनपुट टर्मिनल अथवा सभी इनपुट टर्मिनल्स पर इनपुट 1 देने पर आउटपुट 0 हो जाता है।

ध्यान दें कि 1 का पूरक (complement) 0 तथा 0 का पूरक 1 होता है। निम्न चित्र में NOR गेट संयोजन, NOR गेट प्रतीक तथा NOR गेट सत्य सारणी दर्शाई गई है।

तालिका NOR गेट की सत्य सारणी

इनपुट		आउटपुट
A	B	Y
0	0	1
0	1	0
1	0	0
1	1	0

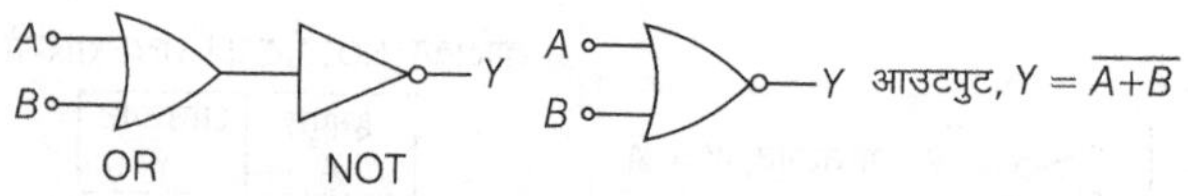

(a) NOR गेट का संयोजन (b) प्रतीक

चित्र NOR गेट

5. NAND गेट

यह AND तथा NOT लॉजिक गेट्स का संयुक्त रूप है। इसकी सत्य सारणी, AND गेट की सत्य सारणी के पूरक आउटपुट प्रदान करने वाली होती है। जब सभी इनपुट टर्मिनल्स पर इनपुट 1 नहीं है तब तक आउटपुट 1 होता है।

सभी इनपुट टर्मिनल्स पर इनपुट 1 होने पर आउटपुट 0 हो जाता है। निम्न चित्र में NAND गेट संयोजन, NAND गेट प्रतीक तथा NAND गेट सत्य सारणी दर्शाई गई है

तालिका NAND गेट की सत्य सारणी

इनपुट		आउटपुट
A	B	Y
0	0	1
0	1	1
1	0	1
1	1	0

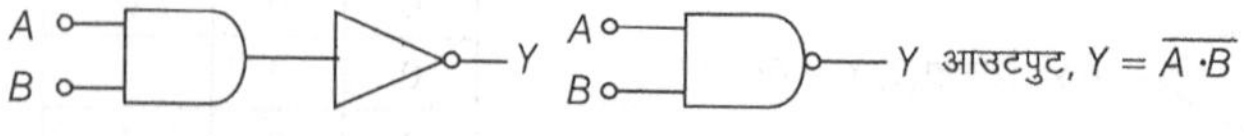

(a) NAND गेट का संयोजन (b) प्रतीक

चित्र NAND गेट

6. Ex-OR गेट

यह गेट एक विशेष प्रकार का (exclusive) OR लॉजिक गेट है, जिसमें दोनों इनपुट टर्मिनल्स पर इनपुट 1 होने की स्थिति में आउटपुट 0 हो जाता है, जबकि एक इनपुट टर्मिनल पर इनपुट 1 होने पर आउटपुट भी 1 ही होती है। चित्र में Ex-OR गेट संयोजन, Ex-OR गेट प्रतीक व सत्य सारणी दर्शाई गई है

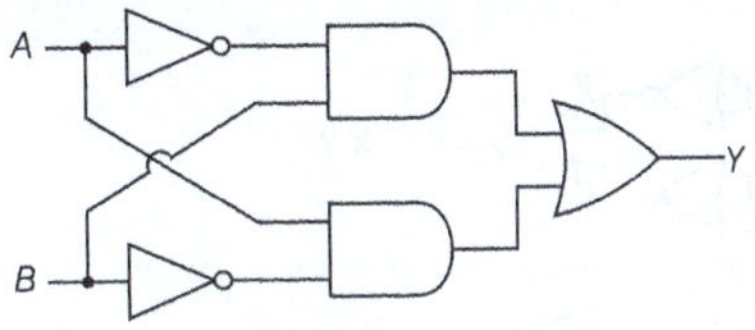

(a) Ex-OR गेट का संयोजन

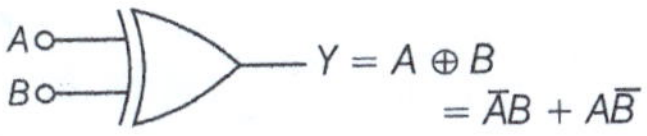

(b) प्रतीक

चित्र Ex-OR गेट

तालिका Ex-OR गेट की सत्य सारणी

इनपुट		आउटपुट
A	B	Y
0	0	0
0	1	1
1	0	1
1	1	0

7. Ex-NOR गेट

यह गेट एक विशेष प्रकार का (exclusive) NOR लॉजिक गेट है, जिसमें दोनों इनपुट टर्मिनल्स पर इनपुट 1 होने की स्थिति में आउटपुट भी 1 हो जाता है, जबकि किसी एक इनपुट टर्मिनल्स पर इनपुट 1 होने पर आउटपुट 0 रहता है। इसके संयोजन के लिए Ex-OR गेट के आउटपुट में एक NOT लॉजिक और जोड़ देने पर Ex-NOR लॉजिक तैयार हो जाता है।

नीचे दर्शाए गए चित्र में Ex-NOR गेट प्रतीक तथा Ex-NOR गेट सत्य सारणी दर्शाई गई है

तालिका Ex-NOR गेट की सत्य सारणी

इनपुट		आउटपुट
A	B	Y
0	0	1
0	1	0
1	0	0
1	1	1

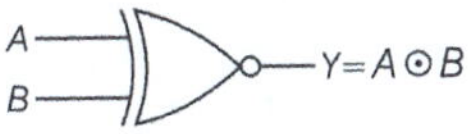

चित्र प्रतीक

यूनिवर्सल लॉजिक गेट Universal Logic Gate

संयुक्त लॉजिक 'NOR' तथा 'NAND' यूनिवर्सल लॉजिक (Universal Logic) गेट कहलाते हैं, क्योंकि इसकी सहायता से तीन प्रकार के बेसिक गेट के प्रचालन ('NOT', 'OR' तथा 'AND') प्राप्त किए जा सकते हैं।

तालिका NAND गेट से निर्मित होने वाले विभिन्न गेट्स के परिपथ

लॉजिक	ग्राफीय संकेत	NAND गेट से निर्मित परिपथ
इनवर्टर (NOT)	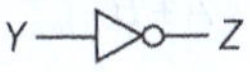	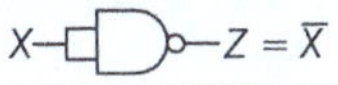
AND		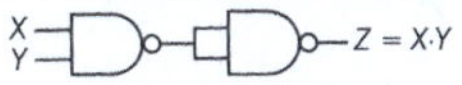
XNOR	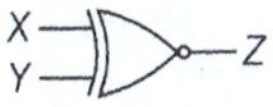	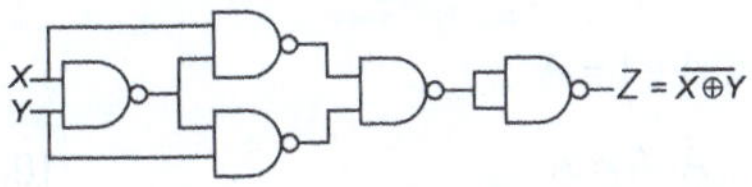
XOR		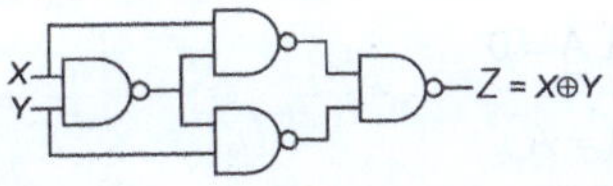
OR	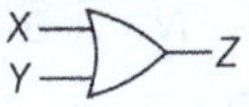	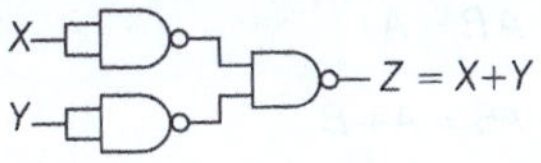
NOR	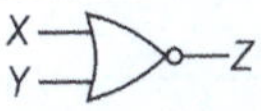	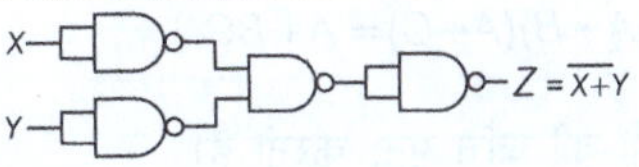

तालिका NOR गेट से निर्मित होने वाले विभिन्न गेट्स के परिपथ

लॉजिक	ग्राफीय संकेत	NOR गेट से निर्मित परिपथ
Inverter (NOT)	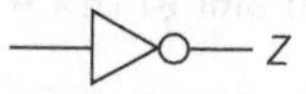	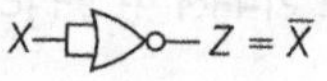
AND	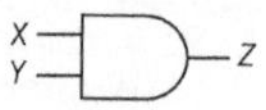	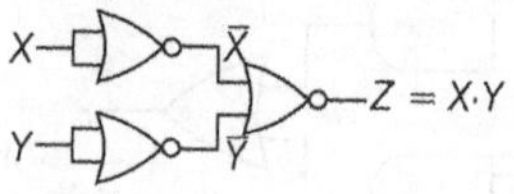
OR	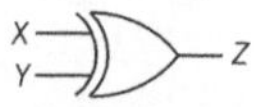	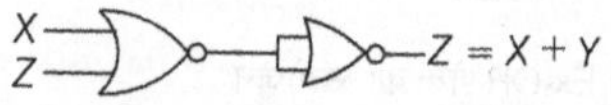
NAND	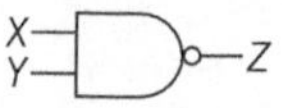	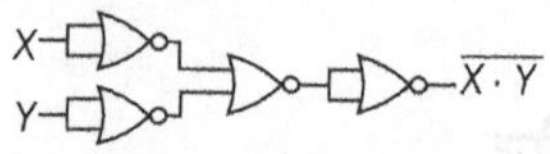
XOR	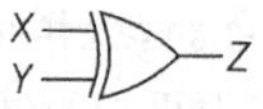	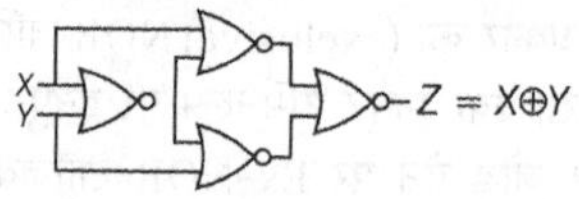
XNOR	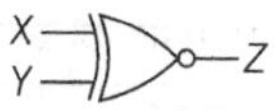	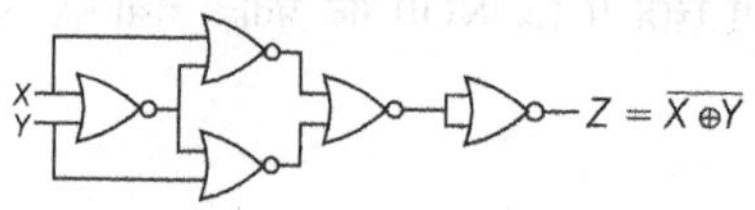

11.5 बूलियन बीजगणित Boolean Alegbra

लॉजिक गेट्स से सम्बन्धित कुछ मुख्य नियम/प्रमेय निम्न प्रकार है

तालिका नियम एवं प्रमेय सम्बन्धी

नियम संख्या	नियम/प्रमेय	अन्य नियम Other Rules	
1.	$A+0=A$	**नियम संख्या**	**नियम/प्रमेय**
2.	$A+1=1$	13.	$A\cdot(A+B)=A$
3.	$A.0=0$	14.	$\overline{A}+(A\cdot B)=A+B$
4.	$A\cdot 1=A$	15.	$\overline{A}\cdot(A+B)=\overline{A}\cdot B$
5.	$A+A=A$	16.	$A\cdot(\overline{A}+B)=A\cdot B$
6.	$A+1=A$	17.	$A+B=B+A$
7.	$A\cdot A=A$	18.	$A\cdot B=B\cdot A$
8.	$A.\overline{A}=0$	19.	$A+(B+C)=(A+B)+C$
9.	$A=A$	20.	$A\cdot(B\cdot C)=(A\cdot B)\cdot C$
10.	$A+AB=A$	21.	$A+B+C+\ldots N=\overline{A}\cdot\overline{B}\cdot\overline{C}\ldots\overline{N}$ डि-मॉर्गन की प्रमेय
11.	$A+\overline{A}B=A+B$	22.	$\overline{A\cdot B\cdot C\ldots.A}=\overline{A}+\overline{B}+\overline{C}+\ldots\overline{N}$ डि-मॉर्गन की प्रमेय
12.	$(A+B)(A+C)=A+BC$		

टिप्पणी सभी नियमों की जाँच पुनः करनी है।

11.6 कारनॉफ मैप Karnaugh Map

कारनॉफ मैप का संक्षिप्त रूप K-map बूलियन व्याकरण व्यंजक (boolean algebra expression) को सरल करने की एक विधि है। K-map विस्तृत गणनाओं को घटाने की विधि को सन् 1953 में ज्ञात किया गया।

बीजगणितीय (बूलियन) समीकरण Algebraic (Boolean) Equation

एक बीजगणितीय समीकरण, सत्य तालिका का एक लघु आकार (compact form) होता है परन्तु इस प्रकार के समीकरण से सम्बन्धित गेट्स (AND, OR, INVERT) के फंक्शन्स/क्रियाओं का पूर्ण ज्ञान होना चाहिए, जैसा कि बीजगणितीय समीकरण में मौलिक क्रियाओं को दर्शाते हैं। एक प्रश्न यह उत्पन्न होता है कि सत्य तालिका (turth table) एवं बूलियन समीकरण के मध्य, कोई मध्यवर्ती रूप के दोनों ही प्रकार के लाभ होते हैं।

(i) सत्य तालिका (Truth table) तथा

(ii) बूलियन समीकरण (Boolean equation)।

दुर्भाग्यवश इस प्रकार का रूप अभी तक ज्ञात नहीं हो सका है तब भी इस प्रकार की सत्य तालिका व्यवस्थित की जा सकती है जोकि बूलियन समीकरण से निकटतम सम्बन्ध रखती है।

गुणनफल पद Product term

यह (A.B.C) तीन परिवर्तनीय संख्याओं (variable numbers) A, B एवं C का तर्क संगत (logical) गुणनफल पद है जोकि एक सत्य रूप (true form) है तथा $(\overline{A}\cdot\overline{B}\cdot\overline{C})$ इसका एक कम्प्लीमैन्ट रूप है।

योग पद Sum term

योग पद भिन्न-भिन्न परिवर्तनीय संख्याओं का तर्क संगत (logical) योग है। उदाहरण के लिए, $(A+B+C)$, A, B एवं C का एक सत्य रूप है तथा $(\overline{A}\cdot\overline{B}\cdot\overline{C})$ इसका एक कम्प्लीमैन्ट है।

गुणाओं का योग Sum of Products

गुणाओं के योग के अन्तर्गत अनेक अंकों की पृथक् गुणाओं को तर्क संगत विधि द्वारा जोड़ा जाता है तथा अनेक भिन्न संख्याओं के **योगों की गुणा** के अन्तर्गत अनेक संख्याओं के पृथक्-पृथक् योगों की तर्क संगत विधि द्वारा गुणा की जाती है।

$(A\cdot\overline{B})+(\overline{A}\cdot B)$ पृथक् भिन्न-भिन्न संख्याओं की पृथक्-पृथक् गुणाओं का योग समीकरण मिनटर्म (minterm) कहलाता है तथा $(A+\overline{B})\cdot(\overline{A}+B)$ भिन्न-भिन्न संख्याओं के पृथक्-पृथक् योगों की गुणा समीकरण मैक्सटर्म (maxterm) कहलाता है।

K-मैप की विशिष्टियाँ K-map Features

(i) इसमें दो निरन्तर पतों (addresses) के मध्य एक से अधिक बिट्स (bits) का अन्तर नहीं होता।

(ii) K-मैप का प्रत्येक वर्गाकार खाना जोकि संख्या '1' रखता है, न्यूनकरण (minimisation) हेतु विचारशील होना चाहिए।

(iii) एक उपधन (subcube) ठीक/सही 2m का सेट है m=1 के लिए निकटतम सेल 1s रखते हैं। उपधन में दो सेल्स (cells) होते हैं एवं m=2 के लिए उपधन में 4 सेल्स होते हैं।

(iv) K-मैप पर चारों ओर से निरन्तर विचार किया जाता है। शीर्ष एवं तली के किनारों को एक-दूसरे को छूने वाला किनारा माना जाता है।

(v) उपधन (subcube) में केवल उपस्थित अथवा अनुपस्थित पद पर विचार किया जाता है।

K-मानचित्र (K-map) के प्रकार

ये 2, 3 अथवा 4 संख्याओं के हो सकते हैं। दो परिवर्तनशील संख्याओं का K-map परम्परागत सत्य सारणी (convential truth table) की व्यवस्था का वैकल्पिक मार्ग चित्र (a) में दर्शाया गया है। यह प्रकृति में दो विमीय (two dimentional) होता है। उदाहरण के लिए, सबसे ऊपर वाले बाएँ कोने (upper left corner) का पता $\overline{A}=\overline{B}=0$ के सन्दर्भ में शून्य (0) है तथा A एक एकल बाइनरी संख्या है जोकि आरेख के प्रत्येक सेल में अंकित है, जोकि निविष्ट पते की दशाओं में बूलियन क्रिया के सन्दर्भ में ज्ञात होते हैं। मुरिस कारनॉफ (murice karnaugh) ने बूलियन समीकरण को सरल करने हेतु एक विधि प्रकाशित की, जिसमें बूलियन समीकरण को सरलतम करने हेतु एक प्रणाली अपनाई गई जिसे कारनॉफ मानचित्र (karnaugh-map) के नाम से जाना जाता है। दो संख्याओं वाला K-map चित्र (b) में दर्शाया गया है, जिसमें प्रथम पंक्ति (row) में संख्या $\overline{A}$ तथा दूसरी पंक्ति में संख्या A है। इसी प्रकार प्रथम स्तम्भ (column) में संख्या $\overline{B}$ तथा दूसरे स्तम्भ में संख्या B है। इसलिए एक विशेष वर्गाकार आकृति अभिकल्पित (designed) की जाती है, जिसमें पंक्तियाँ एवं स्तम्भ (rows and columns) प्रयोग किए जाते हैं। **उदाहरण के लिए**, प्रथम पंक्ति एवं स्तम्भ शून्य (0) व्यक्त करता है, जिसे $\overline{AB}=00$ से प्रदर्शित किया जाता है। प्रथम पंक्ति एवं स्तम्भ संख्याएँ $\overline{A}b=00$ दर्शाई गई हैं, वर्ग संख्या दो में द्वितीय पंक्ति एवं प्रथम स्तम्भ 10 से दर्शाए गए हैं। वर्ग संख्या-3 में द्वितीय पंक्ति एवं स्तम्भ में $AB=11$

दर्शाए गए हैं। इसलिए प्रत्येक पंक्ति एवं स्तम्भ एक अंक के द्वारा प्रत्येक वर्ग के दाहिने कोने पर न्यूनतम पद (minterm) दर्शाता है। आउटपुट में 1 आउटपुट की उपस्थिति तथा शून्य (0) आउटपुट की अनुपस्थिति को दर्शाता है।

A	B	C
0	0	0
0	1	1
1	0	1
1	1	1

(a)

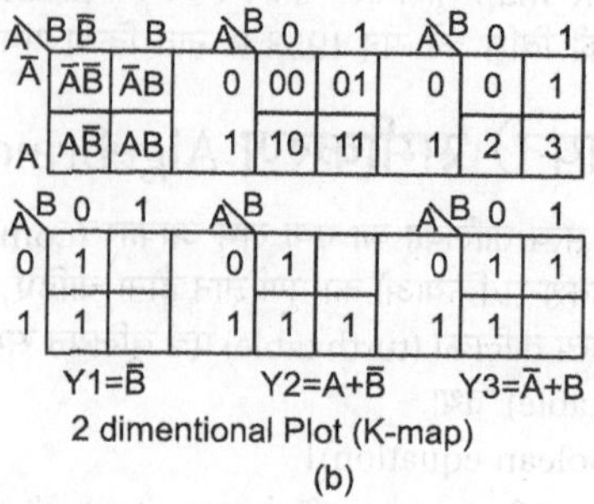

(b)

चित्र (a) सत्य तालिका (b) 2-विमीय आरेख (K-map)

11.7 लॉजिक परिवार Logic Families

व्यावहारिक रूप में विभिन्न प्रकार के इन्टीग्रेटिड लॉजिक परिपथ बाजार में उपलब्ध हैं। इन इन्टीग्रेटिड लॉजिक परिपथों को ही लॉजिक परिवार के नाम से जाना जाता है। लॉजिक परिवारों को आठ वर्गों में वर्गीकृत किया गया है– RTL, DTL, TTL, ECL, IIL, PMOS, NMOS एवं CMOS। यहाँ पर हम पाठ्यक्रम की उपयोगिता को ध्यान में रखते हुए TTL एवं CMOS लॉजिक परिवार तथा उनके अभिलक्षणों का अध्ययन करेंगे।

1. ट्रांजिस्टर-ट्रांजिस्टर लॉजिक Transistor -Trasistor Logic

TTL (transistor-transistor logic) लॉजिक परिवार में ट्रांजिस्टरों का मुख्य रूप से प्रयोग किया जाता है। इसका मौलिक लॉजिक गेट NAND गेट होता है। TTL लॉजिक का प्रयोग विभिन्न प्रकार की डिजिटल ICs को बनाने के लिए किया जाता है। यह एक सस्ता लॉजिक परिवार है तथा लगभग सभी आवश्यक गुणों से परिपूर्ण है। इसका NAND गेट सम्बन्धित परिपथ चित्र में दर्शाया गया है।

अत: TTL तकनीक स्मॉल स्केल इन्टीग्रेशन (SSI) एवं मीडियम स्केल इन्टीग्रेशन (MSI) युक्तियों में व्यापक रूप में प्रयोग मे लाई जाती है।

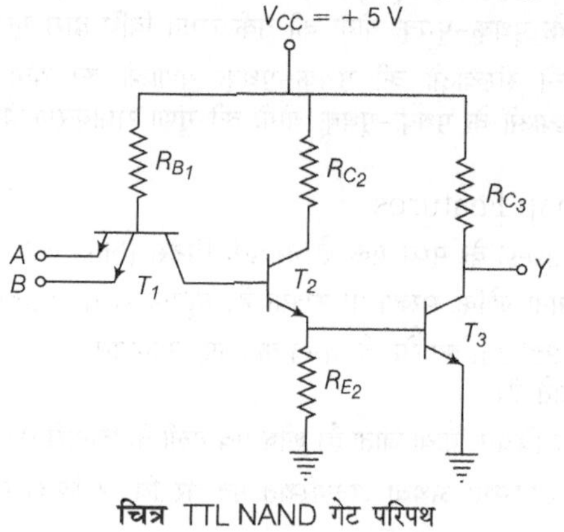

चित्र TTL NAND गेट परिपथ

2. कॉम्प्लीमेन्टरी मैटल ऑक्साइड सेमीकण्डक्टर लॉजिक Complementary Metal Oxide Semiconductor for Logic

एक CMOS परिपथ में P-MOSFET एवं N-MOSFET, दोनों प्रकार की युक्तियाँ एक साथ प्रयुक्त की जाती हैं। *p*-MOS तथा *n*- MOS डिजिटल IC's का पैकिंग घनत्व (packing density) उच्च होता है अर्थात् इसके एक चिप में अधिक मात्रा में ट्रांजिस्टर संग्रहित (assemble) किए जा सकते हैं, इसलिए इस प्रकार की IC's, CMOS की अपेक्षा अधिक सस्ती होती हैं। *n*-MOS IC's का पैकिंग घनत्व *p*-MOS IC's की अपेक्षा दोगुना होता है।

CMOS का पैकिंग घनत्व *n*-MOS तथा *p*-MOS की अपेक्षा कम होती है, परन्तु इनकी क्रिया गति (function speed) अधिक होती है तथा इनका कार्यकारी तापमान (working temperature) कम होता है।

MOS तकनीक (technology) LSI (large scale integration) VLSI एवं (very large scale integration) युक्तियों में व्यापक रूप से उपयोग में लाई जाती है, इस तकनीक के द्वारा माइक्रोप्रोसेसर मैमोरी तथा क्लॉक चिप आदर्श रूप से निर्मित किए जाते हैं। MOS चिप आकार में बहुत छोटी होती हैं तथा ये कम विद्युत-शक्ति (electric power) व्यय करते हैं। इन पर शोर सिग्नल (noise signal) का प्रभाव भी कम पड़ता है।

लॉजिक परिवार के मध्य तुलना Comparison Between Logic Families

TTL व CMOS लॉजिक परिवार का तुलनात्मक अध्ययन निम्न तालिका के माध्यम से स्पष्ट किया जा सकता है

तालिका TTL व CMOS लॉजिक परिवार का तुलनात्मक अध्ययन

क्र.सं.	अभिलक्षण	TTL	CMOS
1.	प्रोपेगेशन डिले	4 ns	70ns
2.	प्रतिगेट पावर क्षय	10mW	0.01mW
3.	शोर मार्जिन	0.4V	5 V (12V सप्लाई)
4.	फैन इन	8	10
5.	फैन आउट	10	50

11.8 कॉम्बीनेशनल लॉजिक परिपथ Combinational Logic Circuit

कॉम्बीनेशनल परिपथों के निर्माण में विभिन्न लॉजिक गेट्स को सम्मिलित किया जाता है, जिनकी आउटपुट, उनके इनपुट के लॉजिक स्तरों (logic levels) पर निर्भर करती है। कॉम्बीनेशनल परिपथों में मैमोरी अभिलक्षण (memory characteristics) नहीं होता है, इसलिए इन परिपथों की आउटपुट केवल इनकी वर्तमान इनपुट्स पर निर्भर करती है।

कॉम्बीनेशनल परिपथ विशेष प्रकार की 'डाटा प्रोसेसिंग' क्रियाओं के द्वारा क्रियान्वित होते हैं। कॉम्बीनेशनल लॉजिक परिपथ का ब्लॉक आरेख नीचे चित्र में दर्शाया गया है

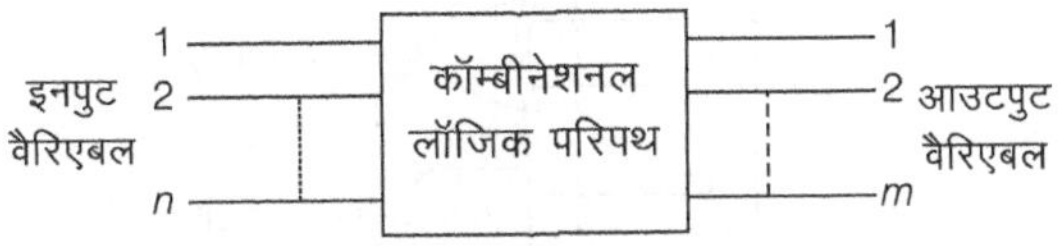

चित्र कॉम्बीनेशनल लॉजिक परिपथ का ब्लॉक आरेख

कॉम्बीनेशनल परिपथों के अन्तर्गत एडर, सब्ट्रेक्टर, एनकोडर, डिकोडर आते हैं, जिनका विस्तृत वर्णन निम्न प्रकार है—

1. डिजिटल एडर Digital Adder

जोड़ना (addition) एक मौलिक क्रिया है। साधारण जोड़ने की क्रिया में चार सम्भव निम्न मौलिक योग क्रियाएँ सम्मिलित रहती हैं; (i) $0+0=0$, (ii) $0+1=1$,
(iii) $1+0=1$ तथा (iv) $1+1=10$ प्रथम तीन क्रियाएँ एक बिट में योग प्रदान करती हैं, परन्तु जब दोनों ही बिट्स का मान 1 के बराबर हो, तब बाइनरी जोड़, दो डिजिट्स के रूप में मिलता है। जोड़ के द्वारा प्राप्त डिजिट्स में जिस बिट का मान उच्च होता है, वह बिट कैरी कहलाता है। जिन कॉम्बीनेशनल परिपथ के द्वारा दो बिट्स का जोड़ सम्पन्न होता है वह परिपथ हाफ एडर (half adder) तथा जिनसे कॉम्बीनेशनल परिपथ के द्वारा तीन बिट्स का जोड़ सम्पन्न होता है, वह परिपथ फुल एडर (full adder) कहलाता है, जिनका विस्तृत वर्णन अग्र पृष्ठ पर वर्णित है।

(i) हाफ एडर Half Adder

हाफ एडर एक ऐसा लॉजिक परिपथ है, जिसके द्वारा दो बाइनरी बिट्स का अंकगणितीय योग सम्पन्न किया जाता है। इस प्रकार के परिपथ में दो इनपुट्स A व B (augend and addend) तथा दो आउटपुट्स sum (S) व carry (C) होते हैं। चित्र में, हाफ एडर का ब्लॉक आरेख दर्शाया गया है।

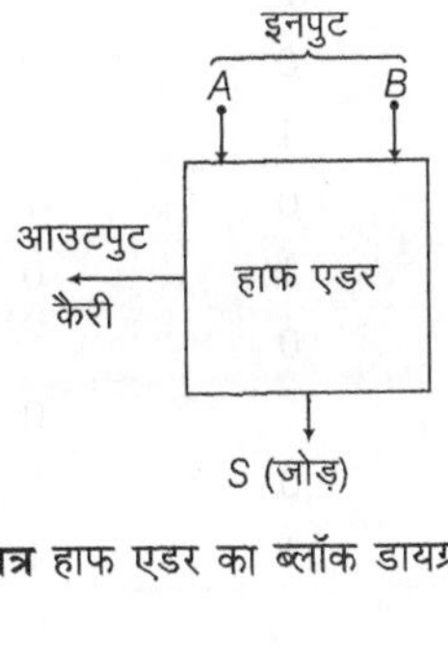

चित्र हाफ एडर का ब्लॉक डायग्राम

तालिका हाफ एडर की सत्य-सारणी

इनपुट		आउटपुट	
		जोड़	कैरी
A	B	S	C
0	0	0	0
0	1	1	0
1	0	1	0
1	1	0	1

सत्य सारणी की सहायता से हम आउटपुट्स (S व C) का लॉजिक व्यंजक (logic expression) निम्न प्रकार से ज्ञात कर सकते हैं–

S के लिए K-map–C के लिए K-map

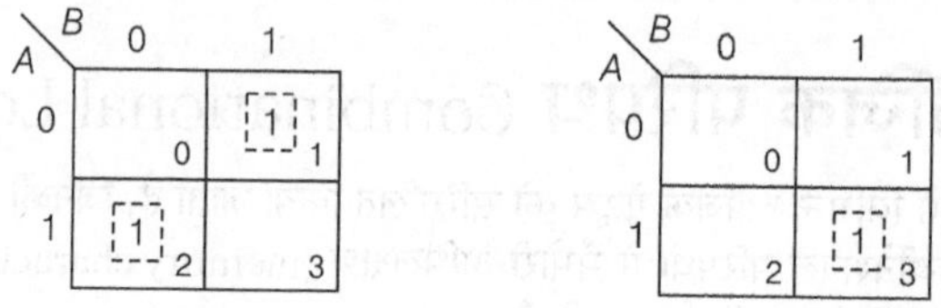

$S = \overline{A}B + A\overline{B}$ या $S = A \oplus BC = AB$

$S = A \oplus B$ तथा $C = A \cdot B$ के लिए लॉजिक परिपथ निम्न प्रकार से बनाया जा सकता है–

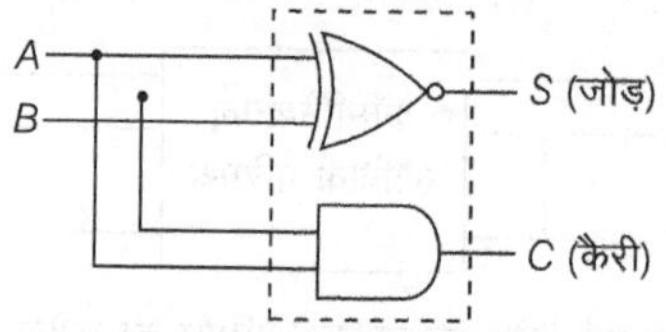

चित्र हाफ एडर का लॉजिक परिपथ

हाफ एडर परिपथ, तीन बिट युक्त फुल एडर (full adder) के कैरी को नहीं स्वीकारता है। इस कार्य के लिए हमें तीन इनपुट्स एडर का उपयोग करना पड़ता है, जिसे हम फुल एडर के नाम से जानते हैं।

(ii) **फुल एडर** Full Adder

यह एक ऐसा एडर परिपथ है, जिसमें तीन इनपुट बाइनरी बिट को जोड़ने की क्रिया सम्पन्न की जाती है। इसमें प्रथम दो इनपुट्स A व B दो बिट्स को तथा तीसरी इनपुट C_{in} कैरी को प्रदर्शित करती हैं। इसके दो आउटपुट्स में से S जोड़ के लिए तथा C_{out} कैरी के लिए होता है। S, जोड़ के LSB मान (least significant bit) को तथा C, कैरी आउटपुट के मान को प्रदर्शित करते हैं। चित्र में फुल एडर का ब्लॉक आरेख तथा लॉजिक परिपथ को दर्शाया गया है।

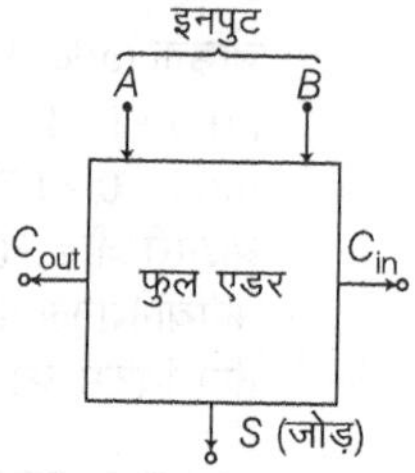

चित्र फुल एडर का ब्लॉक आरेख

निम्न सत्य-तालिका की सहायता से हम S व C की लॉजिक समीकरणें ज्ञात कर सकते हैं।

तालिका फुल एडर की सत्य सारणी

इनपुट			आउटपुट	
A	B	C_{in}	S	C_{out}
0	0	0	0	0
0	0	1	1	0
0	1	0	1	0
0	1	1	0	1
1	0	0	1	0
1	0	1	0	1
1	1	0	0	1
1	1	1	1	1

S के लिए K-map

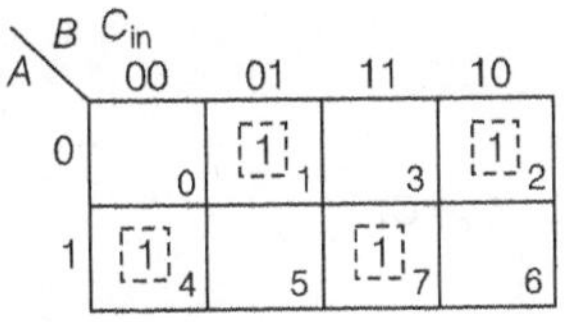

C_{out} के लिए K-map

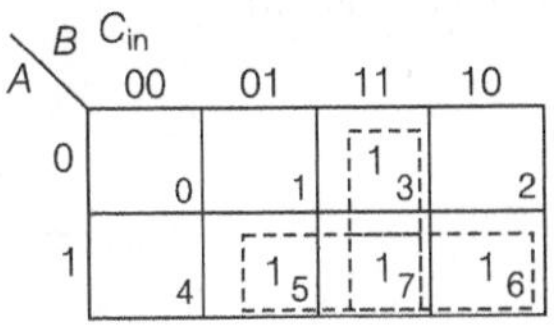

K-map हल करने पर,

$$S = \overline{A}\,\overline{B}\, C_{in} + \overline{A}B\overline{C}_{in} + A\overline{B}\,\overline{C}_{in} + ABC_{in} \quad \text{या} \quad A \oplus B \oplus C_{in}$$

$$C_{out} = AB + AC_{in} + BC_{in}$$

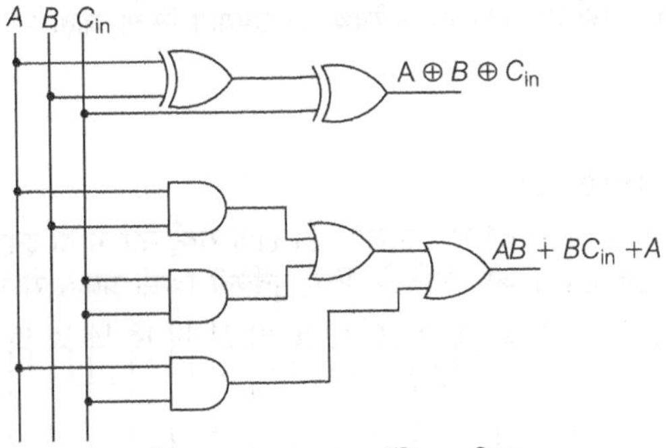

चित्र फुल एडर का लॉजिक परिपथ

(iii) समान्तर बाइनरी एडर Parallel Binary Adder

4-बिट से अधिक बिटों को जोड़ने के लिए समान्तर बाइनरी एडर उपयोग किया जाता है। समान्तर बाइनरी एडर (parallel binary adder), एक डिजिटल लॉजिक परिपथ है, जो दो बाइनरी संख्याओं को समान्तर अवस्था में जोड़ता है। चित्र (a) में समान्तर बाइनरी एडर का ब्लॉक आरेख दर्शाया गया है। इसमें फुल एडर (full adders) कैसकेड प्रणाली (cascade system) में संयोजित होते हैं ।

इसमें प्रथम फुल एडर की आउटपुट कैरी, नैक्सट (next) फुल एडर की इनपुट कैरी से संयोजित होती है। इस प्रकार की एडर में समान्तर एडर की संख्या (number) जोड़े जाने वाले बाइनरी बिट्स (bits) की संख्या के समान होनी चाहिए। चित्र (b) में चार बिट्स समान्तर बाइनरी एडर का ब्लॉक आरेख (block diagram) दर्शाया गया है, जिसमें चार फुल एडर प्रयोग किए गए हैं। इसमें इनपुट्स A_0 A_1 A_2 एवं A_3 पर प्राथमिक बाइनरी बिट्स तथा इनपुट्स B_0 B_1 B_2 एवं B_3 पर द्वितीयक बाइनरी बिट्स दायीं ओर से बायीं ओर (right to left side) प्रविष्ट (entered) की जाती हैं।

C_{in} इनपुट पर इनपुट कैरी प्रविष्ट किया जाता है तथा C_{out} पर आउटपुट कैरी प्राप्त होता है। S_3 S_4 आउटपुट टर्मिनल्स पर दोनों बाइनरी बिट्स के जोड़ का परिणाम प्राप्त होता है, जिसका संलग्न कैरी C_{out} पर प्राप्त होता है। समान्तर बाइनरी एडर 4 बिट्स, 2 बिट्स एवं 1 बिट फुल एडर ICs का प्रयोग करके बनाया जा सकता है।

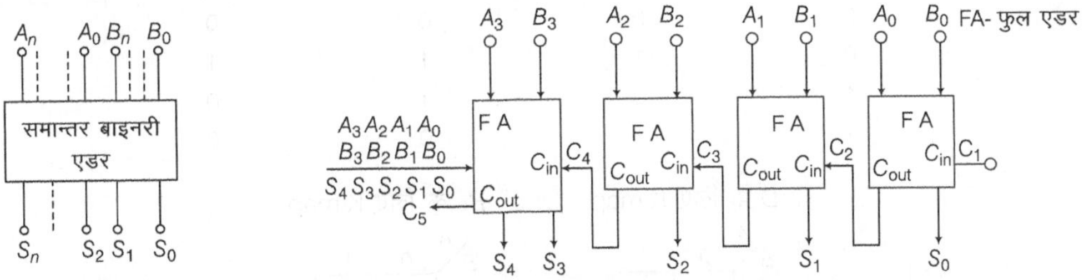

(a) ब्लॉक-आरेख

(b) 4-बिट समान्तर बाइनरी एडर का ब्लॉक आरेख

चित्र समान्तर बाइनरी एडर

इसी प्रकार 2-बिट समान्तर एडर का निर्माण किया जाता है। इसमें दो 1-बिट फुल एडर को समान्तर क्रम में संयोजित किया जाता है जैसा कि निम्न चित्र में दर्शाया गया है।

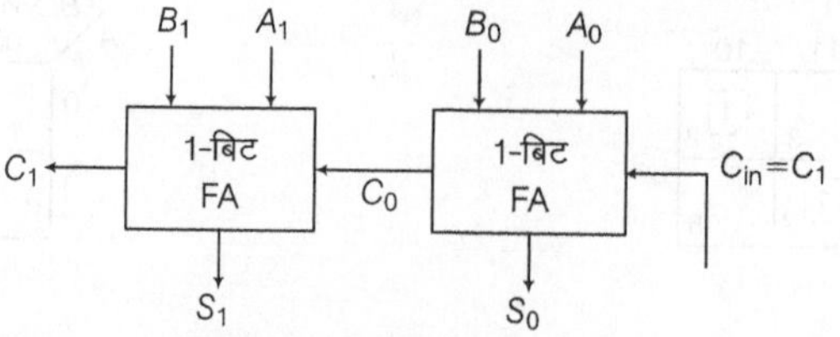

चित्र 2-बिट समान्तर बाइनरी एडर

2. **सब्ट्रैक्टर** Subtractor

बाइनरी संख्याओं को घटाने के लिए सब्ट्रैक्टर लॉजिक परिपथ का उपयोग किया जाता है। सब्ट्रैक्टर परिपथ भी दो प्रकार के होते हैं—

(i) हाफ सब्ट्रैक्टर
(ii) फुल सब्ट्रैक्टर

(i) **हाफ सब्ट्रैक्टर** Half Subtractor

इसमें संयुक्त परिपथ के द्वारा दो बाइनरी बिट्स को घटाया जाता है। हाफ सब्ट्रैक्टर में दो इनपुट एवं दो आउटपुट होते हैं। इसके अन्तर्गत निम्न सार्थक अंक (least significent digit, LSD) को घटाने के लिए पूर्ववर्ती किसी प्रक्रम से कोई हासिल (borrow) नहीं लेना पड़ता है।

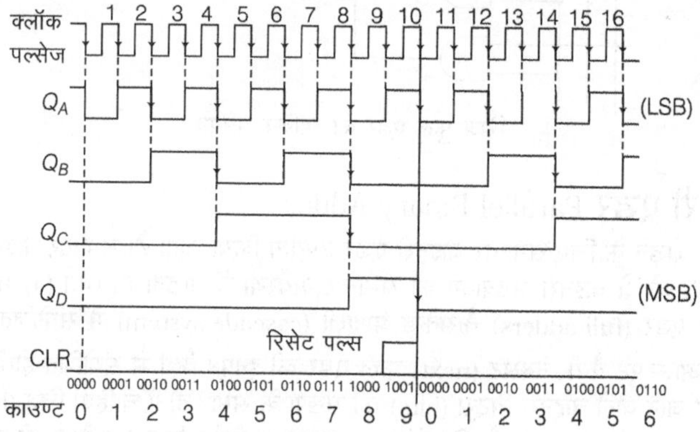

चित्र 4-बिट असिंक्रोनस डिकेड काउण्टर का टाइमिंग आरेख

तालिका हाफ सब्ट्रैक्टर की सत्य सारणी

इनपुट		आउटपुट	
A	B	(D)	(B_o)
0	0	0	0
0	1	1	1
1	0	1	0
1	1	0	0

D के लिए K-map

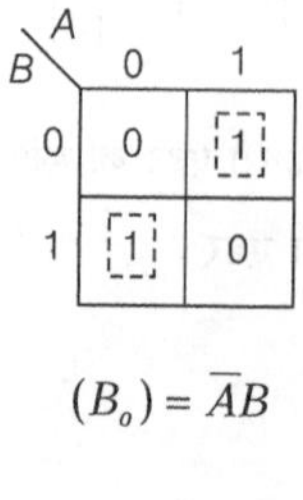

B_o के लिए K-map

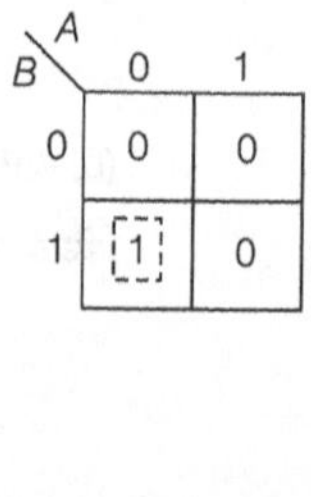

$(D) = \bar{A}B + A\bar{B} = A \oplus B$ $\qquad (B_o) = \bar{A}B$

उपरोक्त समीकरणों द्वारा हाफ सब्ट्रैक्टर का लॉजिक परिपथ निम्न प्रकार बनाया जा सकता है—

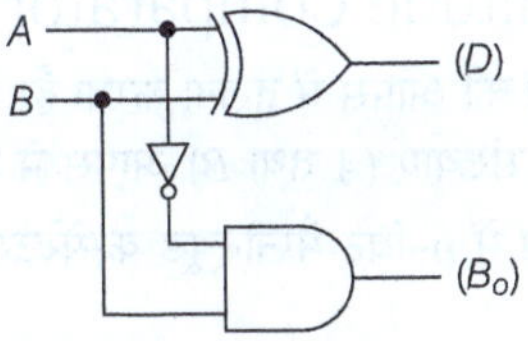

चित्र हाफ सब्ट्रैक्टर परिपथ

(ii) फुल सब्ट्रैक्टर Full Subtractor

यह संयुक्त लॉजिक परिपथ, तीन बाइनरी बिट्स को घटाने का कार्य करता है, अर्थात् जिसमें से घटाना है, वो बिट (subtranend), घटाई जाने वाली बिट (minuend) एवं पूर्ववर्ती स्टेज से प्राप्त हासिल बिट। इसमें तीन इनपुट एवं दो आउटपुट होते हैं।

तालिका फुल सब्ट्रैक्टर की सत्य सारणी

इनपुट			आउटपुट	
A	B	C_{in}	D	B_o
0	0	0	0	0
0	0	1	1	1
0	1	0	1	1
0	1	1	0	1
1	0	0	1	0
1	0	1	0	0
1	1	0	0	0
1	1	1	1	1

D के लिए K-map

$A \backslash BC_{in}$	00	01	11	10
0	$_0$	1 $_1$		1 $_2$
1	1 $_1$	$_5$	1 $_7$	$_6$

$D = \overline{A}\,\overline{B}C_{in} + \overline{A}B\overline{C}_{in} + A\overline{B}\,\overline{C}_{in} + ABC_{in}$ या $D = A \oplus B \oplus C_{in}$

और B_0 के लिए K-map

$A \backslash BC_{in}$	00	01	11	10
0	$_0$	1 $_1$	1	1 $_2$
1	$_4$	$_5$	1 $_7$	$_6$

$B_o = \overline{A}\,\overline{B}C_{in} + \overline{A}B\overline{C}_{in} + \overline{A}BC_{in} + ABC_{in} = \overline{A}B + \overline{A}C_{in} + BC_{in}$

D व B_0 की समीकरणों को लॉजिक अभिव्यक्ति की सहायता से निम्न प्रकार से प्रदर्शित किया जा सकता है।

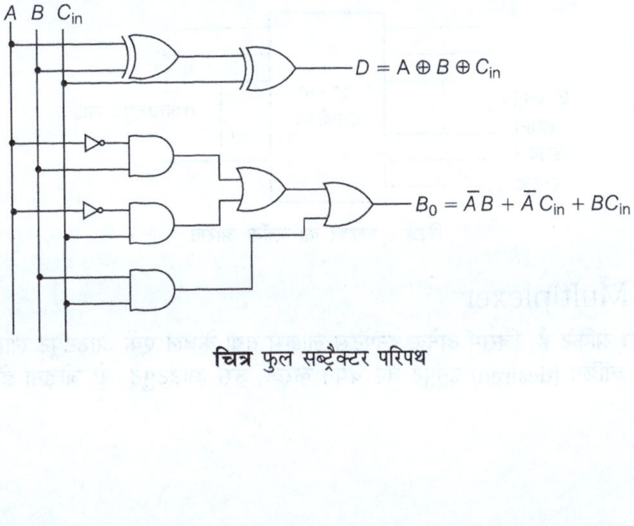

चित्र फुल सब्ट्रैक्टर परिपथ

3. मैग्नीट्यूड कम्पेरेटर Magnitude Comparator

मैग्नीट्यूड कम्पेरेटर परिपथ दो बाइनरी संख्याओं की आपस में तुलना करता है। इसकी सहायता से यह ज्ञात किया जा सकता है कि दूसरी संख्या, प्रथम संख्या से बड़ी है या छोटी है अथवा दोनों संख्याएँ (A तथा B) आपस में बराबर हैं। अत: यह आउटपुट परिणाम को $A > B$, $A < B$ या $A = B$ के रूप में प्रदर्शित करता है। संलग्न चित्र में n-बिट मैग्नीट्यूड कम्पेरेटर का ब्लॉक आरेख दर्शाया गया है। मैग्नीट्यूड कम्पेरेटर के लिए 4 बिट्स IC7485 प्रयोग की जाती है।

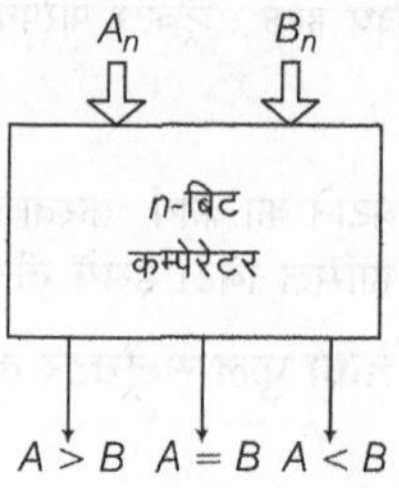

चित्र n- बिट कम्पेरेटर का ब्लॉक आरेख

4. डिकोडर Decoder

डिकोडर एक कॉम्बीनेशनल लॉजिक सर्किट है, जो n-बिट बाइनरी इनपुट कोड को m-बिट आउटपुट कोड में इस प्रकार परिवर्तित करता है कि प्रत्येक आउटपुट लाइन इनपुट के केवल एक विशेष कॉम्बीनेशन के लिए सक्रिय (activate) होती है।

डिकोडर्स उन स्थानों पर प्रयोग किए जाते हैं, जहाँ एक आउटपुट या आउटपुट्स का समूह किसी विशिष्ट इनपुट कॉम्बीनेशन पर कार्य करता है।

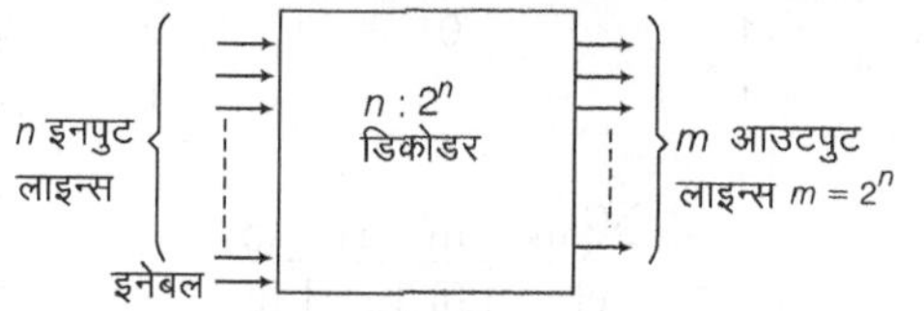

चित्र डिकोडर का ब्लॉक आरेख

कुछ डिकोडर NAND गेट्स के द्वारा निर्मित किए जाते हैं जिसकी इन्वर्टेड आउटपुट AND प्रक्रिया उत्पादित करती है। ये अन्य डिकोडर की अपेक्षा अधिक बचतपूर्ण (economical) होते हैं। इसके अतिरिक्त, डिकोडर में परिपथ के प्रचालन को नियन्त्रित करने के लिए एक या एक से अधिक इनपुट सम्मिलित रहती हैं।

5. एनकोडर Encoder

एनकोडर एक ऐसा लॉजिक परिपथ, जिसके द्वारा एक रूप के इनपुट सिग्नल को उचित कोड के आउटपुट सिग्नल में परिवर्तित किया जाता है। इसमें एक समय में केवल एक ही इनपुट सक्रिय (active) होती है। इसमें आउटपुट सिग्नलों की संख्या इनपुट सिग्नलों से कम होती है। इसको निम्न चित्र में प्रदर्शित किया गया है, जिसमें 'n' इनपुट एवं 'm' आउटपुट को दर्शाया गया है।

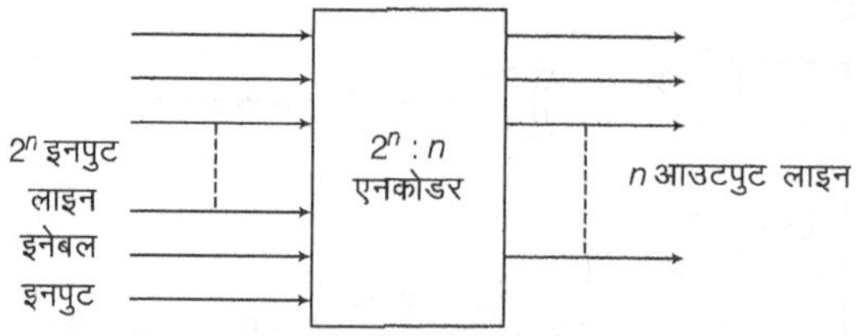

चित्र एनकोडर का ब्लॉक आरेख

6. मल्टीप्लेक्सर Multiplexer

मल्टीप्लेक्सर एक डिजिटल सर्किट है, जिसमें अनेक इनपुट्स लाइन्स तथा केवल एक आउटपुट लाइन होती है। मल्टीप्लेक्सर का मुख्य कार्य अनेक इनपुट्स में से एक वांछित (desired) इनपुट का चयन करके, उसे आउटपुट से जोड़ना होता है।

मल्टीप्लेक्सर को डाटा सलेक्टर भी कहते हैं। वांछित इनपुट की चयन प्रक्रिया, सलेक्शन लाइन्स का चयन करके सम्पन्न (perform) की जाती है। सामान्यत: इसमें 2^N इनपुट लाइन्स तथा N सलेक्शन लाइन्स होती हैं, जिनका बिट संयोजन (bits combinations) यह ज्ञात करता है कि कौन-सी इनपुट का चयन किया जाना है।

मल्टीप्लेक्सर को इसके लघु नाम (short form) MUX से दर्शाया जाता है। इसके कार्यशील ब्लॉक आरेख (functional block diagram) को चित्र में दर्शाया गया है।

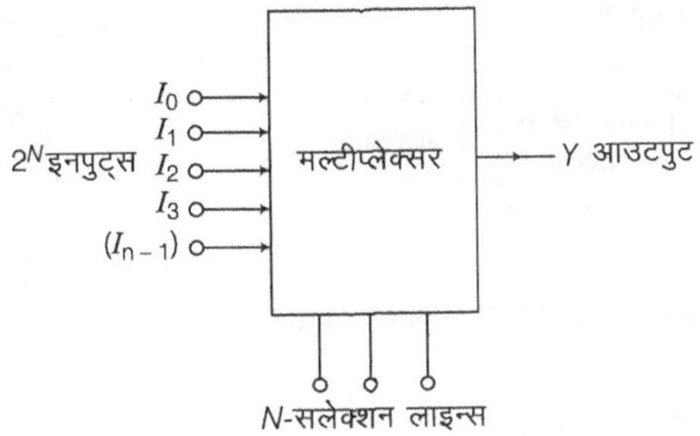

चित्र मल्टीप्लेक्सर का कार्यशील ब्लॉक आरेख

7. **डिमल्टीप्लेक्सर** Demultiplexer

डिमल्टीप्लेक्सर एक ऐसा डिजिटल परिपथ है, जिसमें एक इनपुट लाइन तथा अनेक आउटपुट लाइन्स होती हैं। यह एक इनपुट को किसी एक आउटपुट लाइन के द्वारा भेजने के लिए प्रयोग किया जाता है। अत: यह मल्टीप्लेक्सर से विपरीत क्रिया (reverse function) सम्पन्न (perform) करता है।

मल्टीप्लेक्सर का क्रियाशील ब्लॉक आरेख (functional block diagram) चित्र में दर्शाया गया है, जिसमें एक इनपुट तथा N आउटपुट को दर्शाया गया है। डिमल्टीप्लेक्सर स्रोत से एक इनपुट डाटा लेता है तथा इसे चयनात्मकता (selectively) के साथ N चैनलों में से किसी एक चैनल को वितरित (distribute) करता है। दर्शाए गए ब्लॉक आरेख में S चयन/सलेक्टर लाइन है तथा $N = 2^s$ होता है।

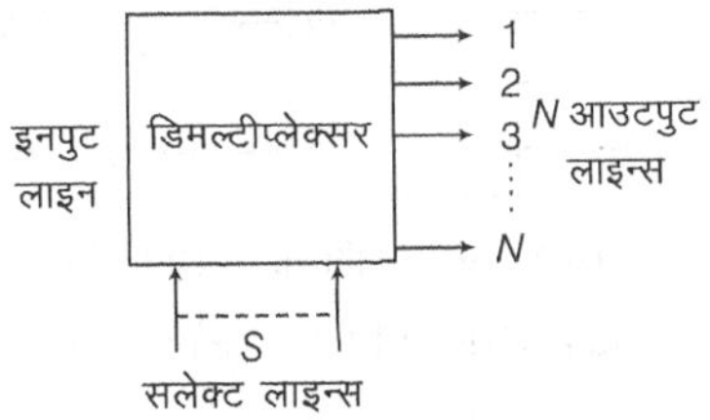

चित्र डिमल्टीप्लेक्सर का कार्यशील ब्लॉक आरेख

11.9 **सीक्वेन्शियल लॉजिक परिपथ** Sequential Logic Circuits

सीक्वेन्शियल परिपथों का निर्माण मैमोरी घटकों (memory elements) का प्रयोग करके किया जाता है। इस प्रकार के परिपथों का आउटपुट उन परिपथ में प्रयोग किए गए, मैमोरी घटकों की दशाओं पर निर्भर करता है तथा मैमोरी घटकों की दशाएँ, पूर्व इनपुट्स पर निर्भर करती हैं।

इसलिए सीक्वेन्शियल परिपथों की आउटपुट वर्तमान इनपुट्स के साथ उनके पूर्व इनपुट्स पर भी निर्भर करती है तथा परिपथ का व्यवहार (behaviour) इनपुट्स के अनुक्रम, मध्यान्तर तथा आन्तरिक दशाओं पर निर्भर करता है। सीक्वेन्शियल लॉजिक परिपथ का ब्लॉक आरेख नीचे दर्शाया गया है।

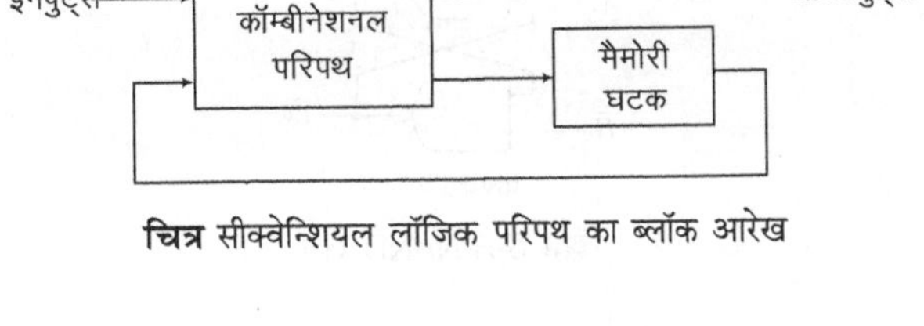

चित्र सीक्वेन्शियल लॉजिक परिपथ का ब्लॉक आरेख

तालिका कॉम्बीनेशनल व सीक्वेन्शियल लॉजिक परिपथ में अन्तर

क्र.सं.	कॉम्बीनेशनल लॉजिक परिपथ	सीक्वेन्शियल लॉजिक परिपथ
1.	इन परिपथों का आउटपुट केवल वर्तमान में दी गई इनपुट पर निर्भर करता है।	इन परिपथों का आउटपुट वर्तमान इनपुट के साथ-साथ पूर्व इनपुट पर भी निर्भर करता है।
2.	इनमें मैमोरी घटकों (memory elements) की आवश्यकता नहीं होती है।	इन परिपथों का निर्माण मैमोरी घटकों (memory elements) का प्रयोग करके किया जाता है।
3.	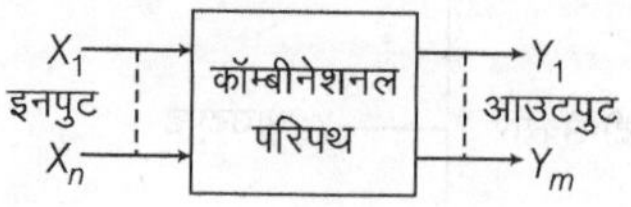	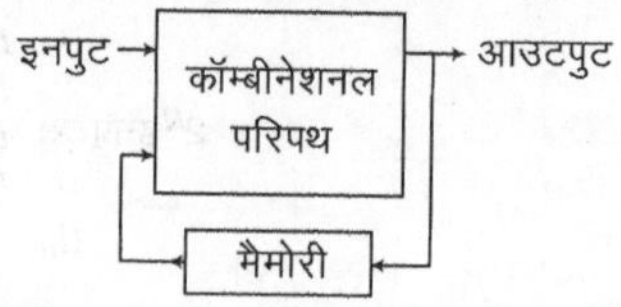
4.	इन लॉजिक परिपथों को आसानी से डिजाइन किया जा सकता है।	इन लॉजिक परिपथों का डिजाइन अपेक्षाकृत कठिन होता है।
5.	ये परिपथ तीव्र गति से आउटपुट प्रदान करते हैं।	ये अपेक्षाकृत धीमे होते हैं।
6.	इनका मूल्य अधिक होता है।	ये अपेक्षाकृत सस्ते होते हैं।

सीक्वेन्शियल लॉजिक परिपथ के अन्तर्गत विभिन्न प्रकार के लॉजिक परिपथ आते हैं, परन्तु हम यहाँ केवल फ्लिप-फ्लॉप परिपथों का ही अध्ययन करेंगे।

फ्लिप-फ्लॉप Flip-Flop

फ्लिप-फ्लॉप एक, दो दशाओं वाली युक्ति (two state device) है, जो सूचनाओं की एक बिट (bit) का भण्डार (store) करने की क्षमता रखती है।

एक फ्लिप-फ्लॉप की दो आउटपुट होती हैं, जिसमें एक सामान्य मान की तथा दूसरी पूरक मान की आउटपुट होती है। फ्लिप-फ्लॉप का लॉजिक संकेत संलग्न चित्र में दर्शाया गया है।

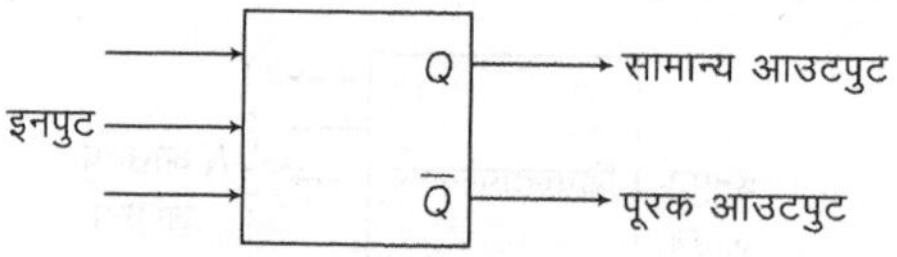

चित्र फ्लिप-फ्लॉप का लॉजिक संकेत

फ्लिप-फ्लॉप को लैच (latch) के नाम से भी जाना जाता है। फ्लिप-फ्लॉप या तो साधारण (simple) होते हैं या क्लॉक्ड (clocked), जो निम्न प्रकार हैं—

1. साधारण फ्लिप-फ्लॉप या लैच Simple Flip-Flop or Latch

साधारण फ्लिप-फ्लॉप को सामान्यत: लैच (latch) कहा जाता है। लैच का प्रयोग सूचनाओं को भण्डारित करने हेतु किया जाता है। कुछ मुख्य लैच निम्न प्रकार समझाए गए हैं—

S-R NAND लैच S-R NAND Latch

S-R लैच को NAND गेट्स का प्रयोग करके निम्न चित्र के अनुसार निर्मित किया जा सकता है

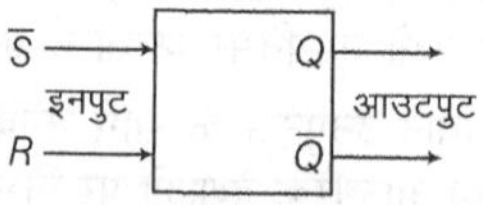

चित्र साधारण *S-R* फ्लिप-फ्लॉप संकेत

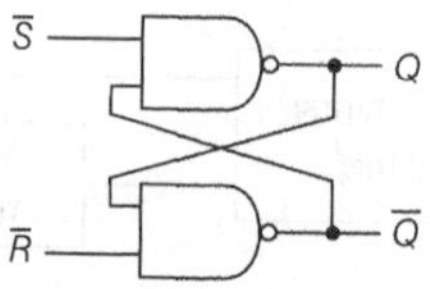

परिपथ

चित्र *S-R* NAND लैच

S-R लैच की कार्यप्रणाली निम्न चार इनपुट कॉम्बीनेशन के द्वारा समझाई जा सकती है—

(i) **जब $\bar{S}=0$ तथा $\bar{R}=0$,** रेस (Invalid)

जब $\bar{S}=0$ तथा $\bar{R}=0$ इनपुट पर हों, तब दोनों आउटपुट Q तथा $\bar{Q}$ लॉजिक 1 होने का प्रयास करती हैं, जो अवैध या रेस (Invalid) स्थिति है।

(ii) **जब $\bar{R}=0$ तथा $\bar{S}=1$** रिसैट (Reset)

इन इनपुट पर $\bar{R}$ निम्न तथा $\bar{S}$ उच्च स्तर पर होता है, तब आउटपुट निम्न या रिसैट (Reset) होता है, जिससे फ्लिप-फ्लॉप स्वयं रिसैट हो जाता है।

(iii) **जब $\bar{R}=1$ तथा $\bar{S}=0$** सैट (Set)

यदि इनपुट पर $\bar{R}$ उच्च तथा $\bar{S}$ निम्न हो, तब आउटपुट Q उच्च स्थिति में होता है, जिससे फ्लिप-फ्लॉप स्वयं सैट स्थिति में आ जाता है।

(iv) **जब $\bar{R}=1$ तथा $\bar{S}=1$** कोई परिवर्तन नहीं

यदि इनपुट पर $\bar{R}$ तथा $\bar{S}$ दोनों उच्च हों, तब आउटपुट Q में कोई परिवर्तन नहीं होता तथा पुरानी आउटपुट ही दोहराई जाती है।

S-R NAND लैच के लिए सत्य-तालिका नीचे दर्शाई गई है।

तालिका NAND लैच की सत्य-सारणी

$\bar{R}$	$\bar{S}$	Q	टिप्पणी
0	0	X	रेस
0	1	1	रिसैट
1	0	0	सैट
1	1	NC	अपरिवर्तित

***D* लैच** *D* Latch

इस लैच में एक इनपुट तथा दो आउटपुट होते हैं। चित्र में एक क्रॉस कपल्ड NAND गेट दर्शाया गया है, जिसमें D, S से संयोजित है तथा D का सम्पूरक R से संयोजित है। संलग्न तालिका में D लैच के लिए सत्य-तालिका दर्शायी गई है।

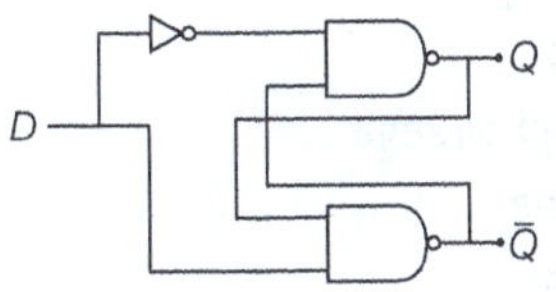

चित्र *D* लैच

तालिका *D* लैच की सत्य-सारणी

इनपुट	आउटपुट	
D	Q	$\bar{Q}$
0	0	1
1	1	0

2. क्लॉक्ड फ्लिप-फ्लॉप Clocked Flip-flop

क्लॉक्ड फ्लिप-फ्लॉप, जो क्लॉक सिग्नल का प्रयोग कर इनपुट को ट्रिगर (trigger) करते हैं, निम्नवत् हैं—

R-S फ्लिप-फ्लॉप या गेट युक्त *R-S* लैच *R-S* Flip-Flop or Gated R-S Latch

क्लॉक्ड R-S फ्लिप-फ्लॉप परिपथ में फ्लिप-फ्लॉप की आउटपुट, एक क्लॉक जनित्र द्वारा उत्पन्न की गई क्लॉक पल्स द्वारा नियन्त्रित की जाती है। चित्र में SR फ्लिप-फ्लॉप का ब्लॉक आरेख दर्शाया गया है

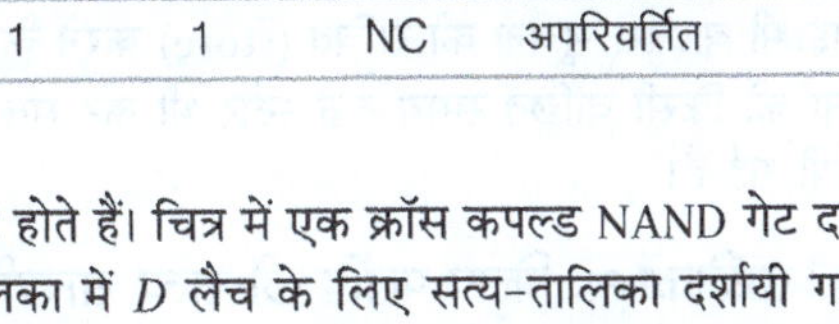

चित्र क्लॉक्ड *R-S* फ्लिप-फ्लॉप का ब्लॉक आरेख

क्लॉक्ड R-S फ्लिप-फ्लॉप सर्किट की व्यवस्था के द्वारा ऐसा फ्लिप-फ्लॉप प्राप्त होता है, जिसे आवश्यकतानुसार चालू (enable) या बन्द (disable) किया जा सकता है। इनपुट (enable) की दशा में क्लॉक पल्स (CK) प्रयुक्त की जाती है। R-S फ्लिप-फ्लॉप का लॉजिक परिपथ चित्र में दर्शाया गया है एवं इसकी कार्यप्रणाली निम्न बिन्दुओं द्वारा स्पष्ट की जा सकती है—

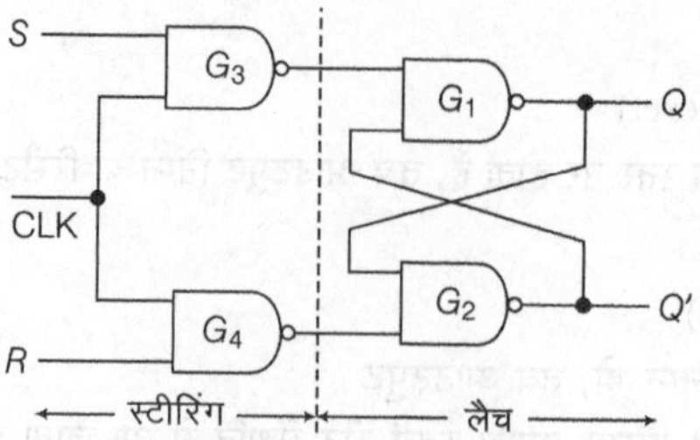

चित्र *S-R* फ्लिप-फ्लॉप लॉजिक परिपथ

(i) **जब $S = 0$ तथा $R = 0$**, अपरिवर्तित
इस स्थिति में दोनों NAND गेट्स की आउटपुट भी निम्न (low) होती है। इस दशा में R व S इनपुट में किसी भी परिवर्तन से फ्लिप-फ्लॉप की आउटपुट Q पर कोई प्रभाव नहीं होता, क्योंकि इस समय फ्लिप-फ्लॉप बन्द (disable) रहता है।

(ii) **जब $S = 0$ तथा $R = 1$**, रिसैट
इस स्थिति में NAND गेट G_3 उच्च (high or 1) तथा G_4 निम्न (low or 0) स्थिति में होते हैं, जिस कारण फ्लिप-फ्लॉप स्वयं रिसैट हो जाता है।

(iii) **जब $S = 1$ तथा $R = 0$**, सैट
इस स्थिति में NAND गेट G_3 निम्न (low) तथा G_4 उच्च (high) स्थिति में होते हैं, जिससे फ्लिप-फ्लॉप की आउटपुट सैट हो जाती है।

(iv) **जब $S = 1$ तथा $R = 1$** अवैध
इस स्थिति में G_4 व G_3 दोनों गेट्स की आउटपुट निम्न (low) हो जाती है तथा G_1 व G_2 दोनों की आउटपुट उच्च (high) होने का प्रयास करती है, तो यह फ्लिप-फ्लॉप की अवैध स्थिति कहलाती है।

इस प्रकार, *RS* फ्लिप-फ्लॉप/लैच कोई भी बाइनरी सूचना को संचित (store) करने के लिए आवश्यकतानुसार, किसी भी समय क्लॉक्ड किया सकता है। इसके अतिरिक्त, यह सूचना को किसी वांछित समय तक स्टोर भी कर सकता है। चित्र में NAND गेट युक्त *SR* फ्लिप-फ्लॉप का लॉजिक परिपथ व सत्य-सारणी दर्शायी गई है।

तालिका *RS* **फ्लिप-फ्लॉप की सत्य सारणी**

इनपुट		आउटपुट
S_n	R_n	Q_n
0	0	अपरिवर्तित पूर्व आउटपुट
0	1	रिसैट
1	0	सैट
1	1	अवैध

J-K फ्लिप-फ्लॉप J-K Flip-Flop

जब दोनों इनपुट उच्च होते हैं, तब *S-R* फ्लिप-फ्लॉप की अवैध (invalid) स्थिति को प्रदर्शित करने हेतु एक सीमा (limit) होती है, जो *J-K* फ्लिप-फ्लॉप में इनपुट पर फीडबैक लगाकर अभिभूत (overcome) होती है। चित्र (a) में *J-K* फ्लिप-फ्लॉप का ब्लॉक आरेख तथा चित्र (b) में लॉजिक परिपथ को दर्शाया गया है।

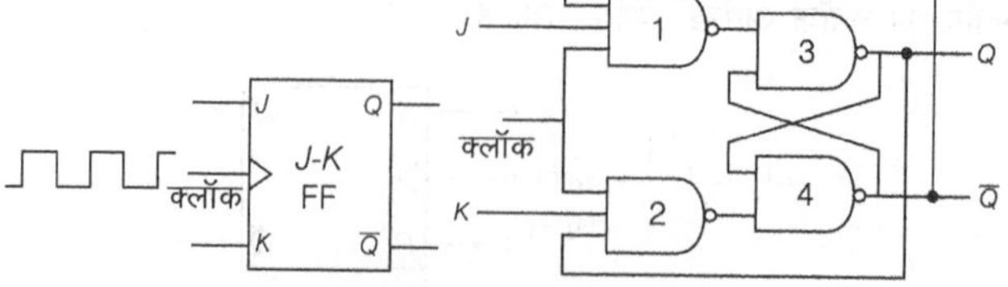

(a) ब्लॉक आरेख (b) लॉजिक परिपथ

चित्र *J-K* फ्लिप-फ्लॉप

(i) **जब $J = K = 0$** हो, तब फ्लिप-फ्लॉप के आउटपुट को क्लॉक पल्स (clock pulses) प्रभावित नहीं करती। अतः आउटपुट अपने अन्तिम (पूर्व) मान पर ही बनी रहती है।

(ii) **यदि $J = 0$ व $K = 1$**, तब नैक्स्ट क्लॉक (next clock) फ्लिप-फ्लॉप को रिसैट (reset) करती है।

(iii) **यदि $J = 1$ व $K = 0$** तब गेट 1 अयोग्य (disable) हो जाता है, इसलिए फ्लिप-फ्लॉप को रिसैट करना असम्भव हो जाता है। जब Q निम्न (low) होता है, तब गेट 1 नैक्स्ट क्लॉक ऐज (next clock egde) पर एक सैट पल्स (set pulses) को पास (pass) करता है तथा आउटपुट उच्च या सैट प्राप्त होता है।

(iv) जब ($K = 1$) हो, तब हैं, तो फ्लिप-फ्लॉप को सैट अथवा रिसैट करना असम्भव होता है।

यदि आउटपुट Q उच्च होता है, तो गेट 2 नैक्स्ट क्लॉक पर एक रिसैट पल्स पास करता है तथा जब आउटपुट Q निम्न होता है, तब गेट 1 नैक्स्ट क्लॉक पर एक सैट पल्स पास करता है।

अतः $J = K = 1$ के लिए फ्लिप-फ्लॉप नैक्स्ट पॉजिटिव क्लॉक पर टॉगल (toggle) होगा

तालिका *J-K* फ्लिप-फ्लॉप की सत्य-सारणी

J_n	K_n	आउटपुट Q
0	0	पूर्व स्थिति
0	1	रिसैट
1	0	सैट
1	1	टॉगल

D **फ्लिप-फ्लॉप** D Flip-flop

D फ्लिप-फ्लॉप (delay flip-flop) को JK फ्लिप-फ्लॉप के J व K इनपुट के मध्य एक NOT गेट को संयोजित करके बनाया जाता है। JK फ्लिप-फ्लॉप द्वारा निर्मित, D फ्लिप-फ्लॉप का ब्लॉक आरेख व लॉजिक परिपथ को क्रमशः चित्र (a) व (b) में दर्शाया गया है।

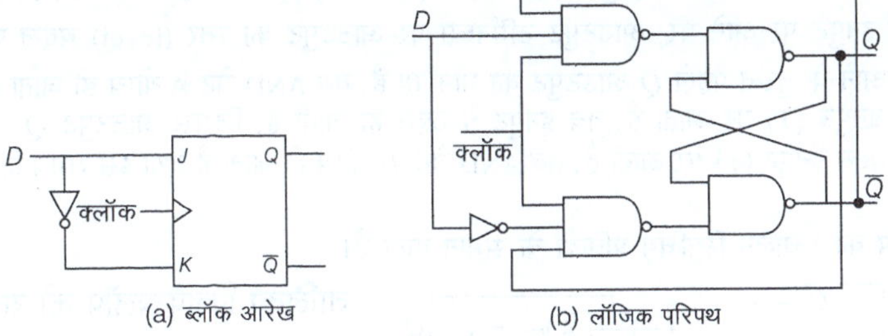

चित्र *D* **फ्लिप-फ्लॉप**

D फ्लिप-फ्लॉप में इनपुट D सीधे S इनपुट तथा इन्वर्ट गेट के द्वारा इसका सम्पूरक (complement) इनपुट R पर आरोपित किया जाता है। अतः यहाँ केवल दो स्थितियाँ $D = 0$ व $D = 1$ होंगी।

जब $D = 1$ होता है, तो आउटपुट Q सैट हो जाता है तथा जब $D = 0$ है, तो आउटपुट Q रिसैट हो जाता है, जैसा कि निम्न तालिका में दर्शाया गया है।

तालिका *D* फ्लिप-फ्लॉप की सत्य-सारणी

इनपुट		आउटपुट
क्लॉक	D	Q_n
1	0	0
1	1	1

अतः तालिका से स्पष्ट है कि D फ्लिप-फ्लॉप का आउटपुट वर्तमान आउटपुट पर निर्भर करता है, इसीलिए इसे डिले फ्लिप-फ्लॉप कहते हैं।

ऐज ट्रिगर्ड D **फ्लिप-फ्लॉप** Edge Triggered D Flip-Flop

D फ्लिप-फ्लॉप में क्लॉक पल्स नियमित आकार की एक वर्गाकार तरंग होती है। यदि यह वर्गाकार तरंग (square wave), किसी RC नेटवर्क के द्वारा D फ्लिप-फ्लॉप पर आरोपित की जाती है, तो तरंग का आकार परिवर्तित हो जाता है तथा यह संकीर्ण धनात्मक तथा ऋणात्मक स्पाइक (narrow positive and negative spike) उत्पन्न करती है।

संकीर्ण ऋणात्मक स्पाइक कोई प्रभाव उत्पन्न नहीं करती, जबकि संकीर्ण धनात्मक स्पाइक कम समयान्तराल के लिए आउटपुट प्रदान करने हेतु AND गेट को इनेबल (enable) करती है। संकीर्ण धनात्मक स्पाइक के माध्यम से AND गेट को इनेबल (enable) करने हेतु प्रचालन धनात्मक ऐज ट्रिगरिंग (positive edge triggering) कहलाती है।

चित्र (a) में D फ्लिप-फ्लॉप की क्लॉक पल्स चित्र (b) में धनात्मक ऐज ट्रिगर्ड D फ्लिप-फ्लॉप तथा सत्य तालिका दर्शाई गई है।

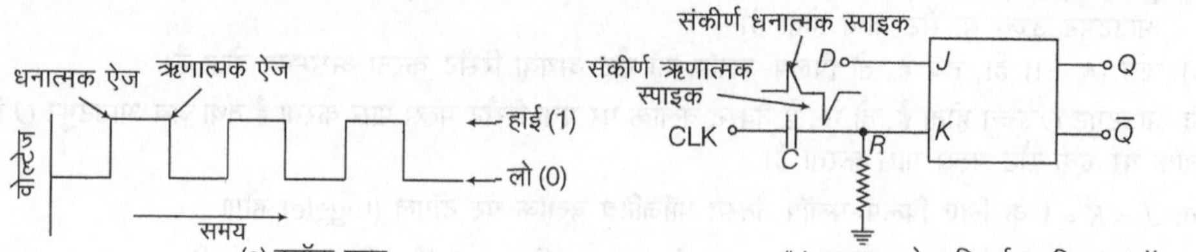

(a) क्लॉक पल्स (b) धनात्मक ऐज ट्रिगर्ड D- फ्लिप फ्लॉप

चित्र ऐज ट्रिगर्ड D-फ्लिप-फ्लॉप

तालिक ऐज ट्रिगर्ड की सत्य-सारणी

इनपुट D_n	आउटपुट
0	0
1	1

T **फ्लिप-फ्लॉप** T Flip-flop

चित्र में, T फ्लिप-फ्लॉप का परिपथ, ब्लॉक आरेख तथा सत्य-तालिका दर्शायी गई है। यह फ्लिप-फ्लॉप RS फ्लिप-फ्लॉप में आउटपुट से इनपुट को फीडबैक देकर निर्मित किया जा सकता है। इस फ्लिप-फ्लॉप में केवल एक ही इनपुट होती है। यह फ्लिप-फ्लॉप, टॉगल फ्लिप-फ्लॉप (toggle flip-flop) भी कहलाता है। इसकी इनपुट (T) को शार्प (narrow) ट्रिगर पल्स की ट्रेन देकर प्रचालित (operate/drive) किया जाता है। प्रत्येक ट्रिगर पल्स इनपुट पर आने पर, आउटपुट टर्मिनल्स पर आउटपुट का स्तर (level) बदल जाता है—

(i) यदि ट्रिगर पल्स आने के तुरन्त पहले Q आउटपुट का मान '0' है, तब AND गेट A योग्य हो जाता है तथा गेट B अयोग्य हो जाता है तथा जब ट्रिगर पल्स इनपुट (T) पर आती है, तब इनपुट S उच्च हो जाती है, जिससे आउटपुट $Q = 1$ सैट हो जाती है।

(ii) जब दूसरी ट्रिगर पल्स इनपुट (T) पर आती है, तब AND गेट 'B' योग्य हो जाता है तथा इस समय ट्रिगर पल्स K इनपुट पर स्थानान्तरित हो जाती है।

अत: इस फ्लिप-फ्लॉप का प्रचालन स्विचिंग प्रक्रिया के समान होता है।

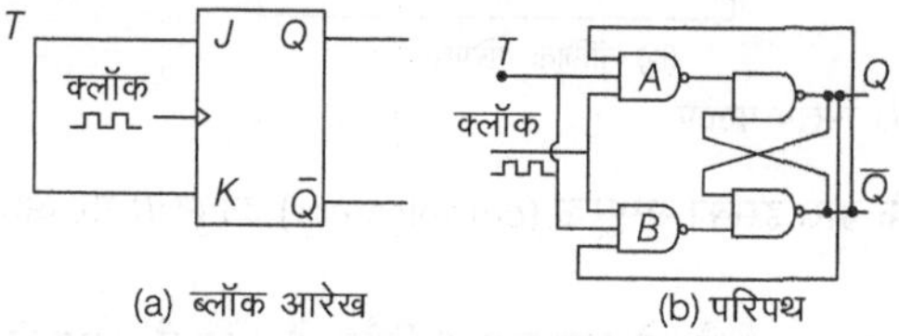

(a) ब्लॉक आरेख (b) परिपथ

तालिका फ्लिप-फ्लॉप की सत्य-सारणी

Q_n	T	Q_{n+1}
0	0	0 (NC)
0	1	1(टॉगल)
1	1	0 (NC)
1	0	1 (टॉगल)

***J-K* मास्टर-स्लेव फ्लिप-फ्लॉप** J-K Master-slave Flip-flop

चित्र में J-K मास्टर-स्लेव फ्लिप-फ्लॉप का ब्लॉक आरेख दर्शाया गया है। इस सर्किट में दो J-K फ्लिप-फ्लॉप प्रयुक्त होते हैं, प्रथम मास्टर तथा दूसरा स्लेव। मास्टर फ्लिप-फ्लॉप धनात्मक तथा स्लेव फ्लिप-फ्लॉप ऋणात्मक ट्रिगर्ड होता है। अत: मास्टर फ्लिप-फ्लॉप, स्लेव फ्लिप-फ्लॉप से पूर्व, इनपुट J तथा K पर प्रचालित हो जाता है।

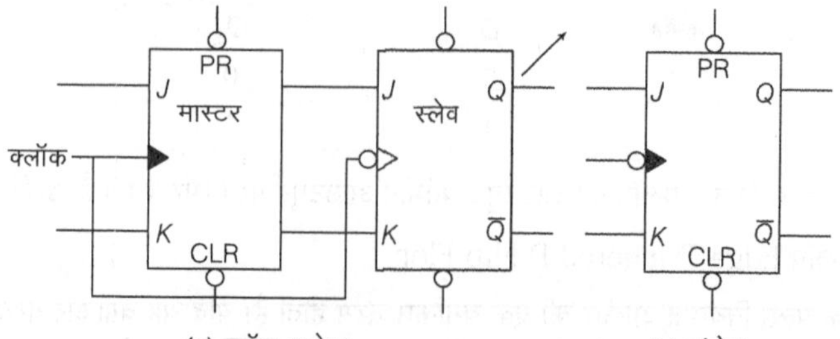

(a) ब्लॉक आरेख (b) संकेत

चित्र *J-K* मास्टर-स्लेव फ्लिप-फ्लॉप

JK फ्लिप-फ्लॉप की कार्यप्रणाली को समझने हेतु निम्न बिन्दुओं का अध्ययन कीजिए।

(i) यदि इनपुट $J=1$ तथा इनपुट $K=0$ है, तब मास्टर पॉजिटिव क्लॉक ऐज पर सैट हो जाता है। इसके पश्चात् जब ऋणात्मक क्लॉक ऐज पल्स आती है, तब मास्टर के समान ही स्लेव सैट हो जाता है।

(ii) यदि $J=0$ तथा $K=1$ होता है, तब मास्टर फ्लिप-फ्लॉप, क्लॉक पल्स की लिडिंग ऐज पर रिसैट हो जाता है। मास्टर की Q आउटपुट उच्च दशा में K इनपुट को ड्राइव करती है। अत: क्लॉक पल्स की ट्रेलिंग ऐज पर स्लेव फ्लिप-फ्लॉप रिसैट हो जाता है।

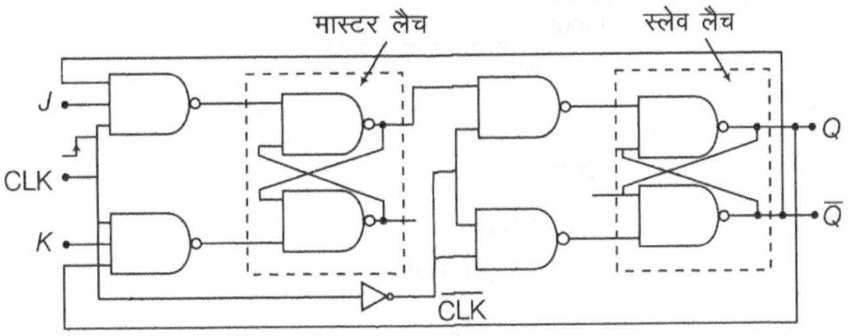

(c) लॉजिक परिपथ

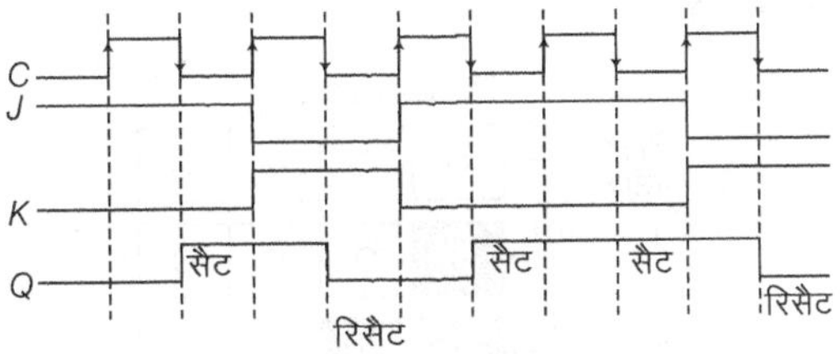

(d) टाइमिंग आरेख

चित्र मास्टर स्लेव फ्लिप-फ्लॉप

11.10 शिफ्ट रजिस्टर्स Shift Registers

वह रजिस्टर, जो अपने प्रत्येक सेल (cell) में होल्ड की हुई (hold) बाइनरी सूचना अपनी निकटतम सेल (neighbouring cell) को चुनी हुई दिशा में स्थानान्तरित (shifting) करने की क्षमता रखता है, शिफ्ट रजिस्टर (shift register) कहलाता है। शिफ्ट रजिस्टर के लॉजिकल विन्यास/विशिष्ट संयोजन व्यवस्था में फ्लिप-फ्लॉप की निरन्तर कड़ी (chain) जुड़ी होती है। इसमें एक फ्लिप-फ्लॉप की आउटपुट अग्रिम फ्लिप-फ्लॉप की इनपुट से संयोजित होती है। सभी फ्लिप-फ्लॉप्स कॉमन क्लॉक पल्स प्राप्त करते हैं, जोकि डाटा के स्थानान्तरण को क्रियान्वित (activate) करती हैं। एक साधारण शिफ्ट रजिस्टर में केवल फ्लिप-फ्लॉप का प्रयोग किया जाता है।

शिफ्ट रजिस्टर्स के प्रकार Types of Shift Registers

रजिस्टर्स को फ्लिप-फ्लॉप अथवा अन्य भण्डारण युक्ति द्वारा कार्यान्वित (implemented) किया जाता है। शिफ्ट रजिस्टर्स को डाटा स्टोर करने तथा उसे अन्य डिजिटल परिपथ को स्थानान्तरित (shift) किए जाने की विधि के अनुसार निम्न चार वर्गों में वर्गीकृत किया जाता है, जिनके ब्लॉक आरेखों को चित्र (a, b, c तथा d) में क्रमश: दर्शाया गया है।

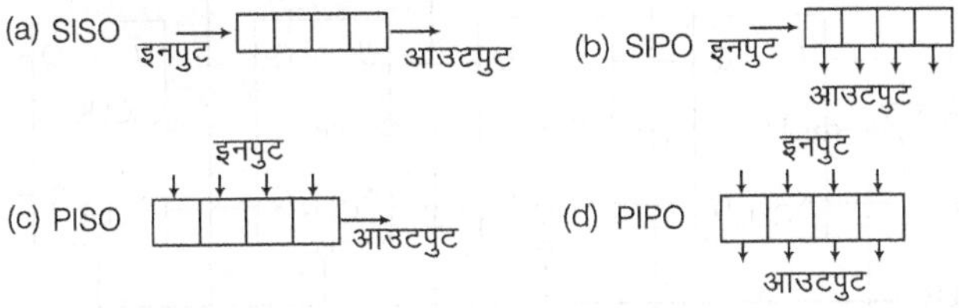

चित्र विभिन्न शिफ्ट रजिस्टर्स के ब्लॉक आरेख

शिफ्ट रजिस्टर्स के प्रकार निम्नलिखित हैं

1. सीरियल इन सीरियल आउट शिफ्ट रजिस्टर, SISO
2. सीरियल इन पैरेलल आउट शिफ्ट रजिस्टर, SIPO
3. पैरेलल इन सीरियल आउट शिफ्ट रजिस्टर, PISO
4. पैरेलल इन पैरेलल आउट शिफ्ट रजिस्टर, PIPO

1. सीरियल इन सीरियल आउट शिफ्ट रजिस्टर
Serial In Serial Out (SISO) Shift Register

इस प्रकार का शिफ्ट रजिस्टर डाटा को क्रमानुसार एक-एक बिट करके क्रमबद्ध (serially) ग्रहण करता है तथा स्टोर की गई सूचना (information) को भी आउटपुट पर क्रमबद्ध रूप में प्रदान करता है।

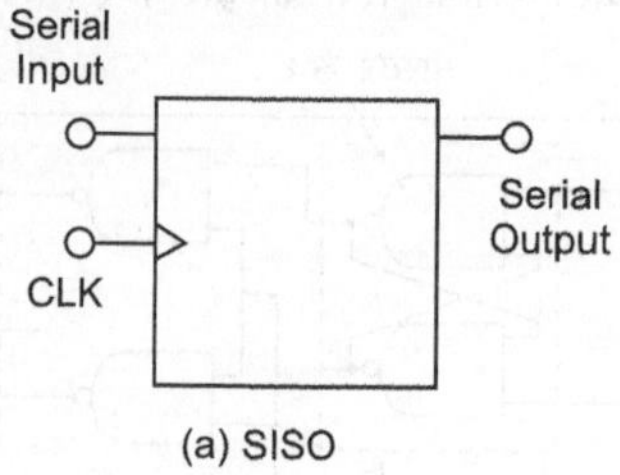

(a) SISO

उपरोक्त शिफ्ट रजिस्टर में, D फ्लिप-फ्लॉप्स को कॉमन क्लॉक पल्स से संयोजित किया गया है। इसमें डाटा को प्रथम फ्लिप-फ्लॉप को इनपुट के रूप में दिया गया है। इसके पश्चात् यह डाटा एक फ्लिप-फ्लॉप से दूसरे फ्लिप-फ्लॉप को क्रमबद्ध स्थानान्तरित होता है, जैसा कि चित्र में क्रमशः चार पदों (steps) में दर्शाया गया है।

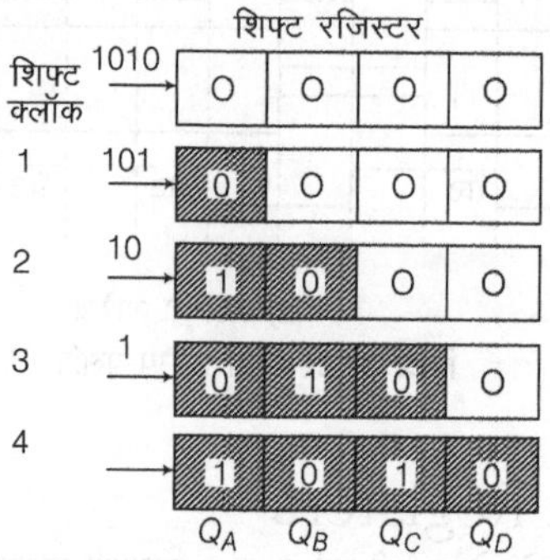

चित्र SISO शिफ्ट रजिस्टर में डाटा की गति

2. सीरियल इन पैरेलल आउट शिफ्ट रजिस्टर
Serial In Parallel Out (SIPO) Shift Register

इस प्रकार का रजिस्टर डाटा को क्रमानुसार एक-एक बिट करके **क्रमबद्ध स्वीकार** करता है तथा स्टोर की गई सूचना को आउटपुट पर **समान्तर रूप** में अर्थात् सभी बिट्स एक ही समय में देता है। चित्र (a) में चार बिट SIPO शिफ्ट रजिस्टर दर्शाया गया है।

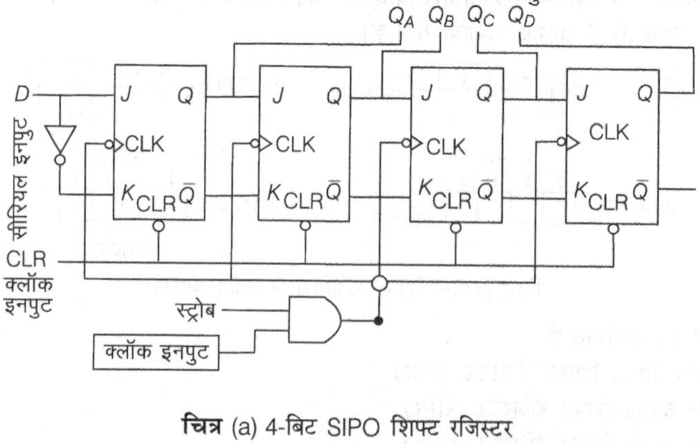

चित्र (a) 4-बिट SIPO शिफ्ट रजिस्टर

इस शिफ्ट रजिस्टर में *JK* फ्लिप-फ्लॉप प्रयोग किए जाते हैं, जो *D* फ्लिप-फ्लॉप के समान प्रचालित होते हैं। इसमें क्रमबद्ध (serially) डाटा प्रथम फ्लिप-फ्लॉप को भेजा जाता है। इसमें डाटा एक फ्लिप-फ्लॉप से अग्रिम फ्लिप-फ्लॉप को क्लॉक की ऋणात्मक (negative) पल्स पर स्थानान्तरित (shift) होता है।

सभी चारों क्लॉक पल्स के पश्चात् चार अंक का क्रमबद्ध डाटा (serial data) उनके उपयुक्त फ्लिप-फ्लॉप को स्थानान्तरित हो जाता है। अब समान्तर डाटा को आउटपुट पर पढ़ा जा सकता है। चित्र (b) में दर्शाए गए तरंगरूपों (waveforms) में दर्शाया गया है कि किस प्रकार 0111 क्रमबद्ध (serial) डाटा, समान्तर रूप में आउटपुट पर प्राप्त होता है।

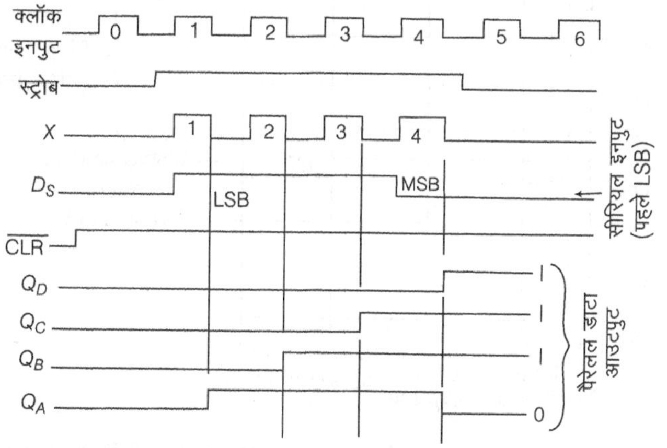

चित्र (b) SIPO में 0111 बाइनरी संख्या का तरंगरूप

डिजिटल संचरण प्रणाली में सूचनाएँ क्रमशः एक-एक बिट के क्रम में भेजी जाती हैं तथा सूचनाओं की प्रोसेसिंग करके *n* बिट्स एक ही समय में आउटपुट पर प्राप्त की जाती हैं। इस कार्य के लिए SIPO रजिस्टर का प्रयोग किया जाता है।

3. पैरेलल इन सीरियल आउट शिफ्ट रजिस्टर
Parallel In Serial Out (PISO) Shift Register

इस प्रकार का शिफ्ट रजिस्टर डाटा को समान्तर (parallel) रूप में ग्रहण करता है अर्थात् सभी बिट्स एक ही समय में प्राप्त करता है, परन्तु फ्लिप-फ्लॉप में स्टोर की गई सूचनाएँ आउटपुट पर क्रमबद्ध (serially) प्रदान करता है।

चित्र (a) में 4 बिट PISO शिफ्ट रजिस्टर को दर्शाया गया है। इसमें JK फ्लिप-फ्लॉप का प्रयोग किया जाता है, जो *D* फ्लिप-फ्लॉप्स के समान ही कार्य करता है। प्रत्येक फ्लिप-फ्लॉप में एक प्री-सैट एवं क्लीयर इनपुट जुड़ी होती है, जो शून्य (low) सिग्नल से क्रियाशील (active) होती है। ये सभी क्लीयर इनपुट आपस में जुड़ी होती हैं। क्लीयर सिग्नल सामान्यतः उच्च (high) रहता है।

डाटा समान्तर क्रम में इनपुट (D_0 से D_3) इन्वर्टर PR पर, इनपुट लाइन्स के द्वारा भेजा जाता है।

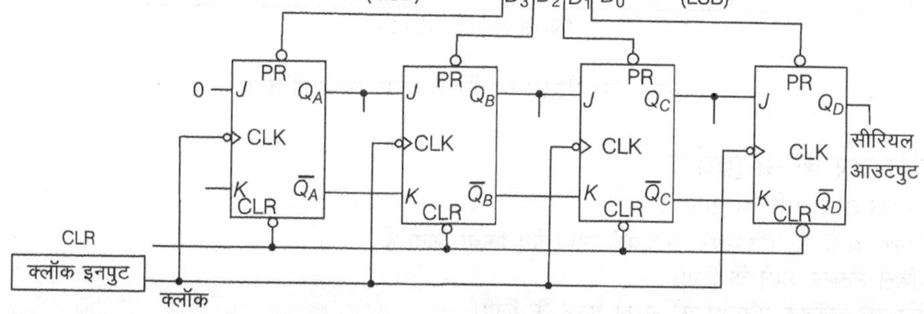

चित्र (a) 4-बिट पैरेलल इन सीरियल आउट (PISO) शिफ्ट रजिस्टर

फ्लिप-फ्लॉप को क्लीयर करने के लिए CLR लाइन को प्रयुक्त किया जाता है। इससे Q_A से Q_D प्रत्येक फ्लिप-फ्लॉप की आउटपुट शून्य हो जाती है। अग्रिम पैरेलल डाटा इनपुट D_0 से D_3 प्रथम ऋणात्मक क्लॉक पल्स पर प्राप्त होती है। चित्र (b) में PISO शिफ्ट रजिस्टर की आउटपुट (0111) तरंगरूप (waveforms) की स्थिति को दर्शाया गया है।

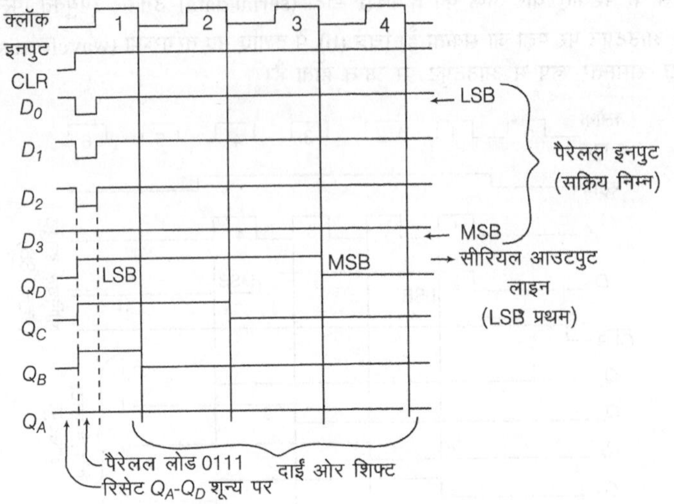

चित्र (b) PISO शिफ्ट रजिस्टर की आउटपुट पर (0111) बाइनरी स्थिति का तरंगरूप

4. पैरेलल इन पैरेलल आउट शिफ्ट रजिस्टर Parallel In Parallel Out (PIPO) Shift Register

इस प्रकार का शिफ्ट रजिस्टर डाटा को समान्तर रूप में ग्रहण करता है तथा आउटपुट पर स्टोर डाटा को भी समान्तर अर्थात् एक साथ प्रदान करता है। चित्र में 4- बिट PIPO को दर्शाया गया है। इसमें एक एक्टिव निम्न (low), क्लीयर सिग्नल होता है, जिसके द्वारा सभी फ्लिप-फ्लॉप के डाटा को क्लीयर कर दिया जाता है।

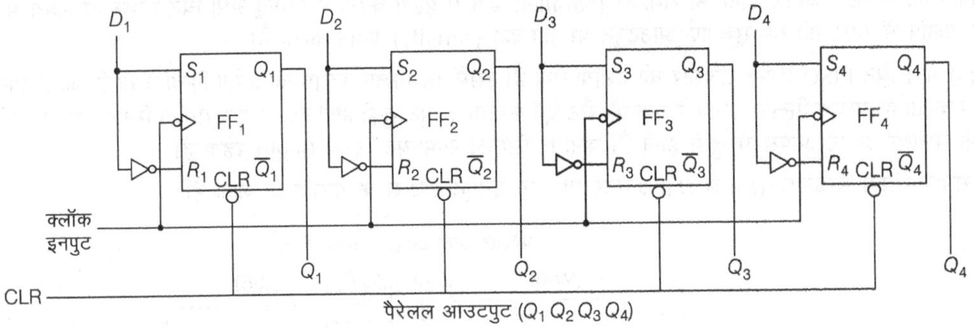

चित्र 4-बिट पैरेलल इन पैरेलल आउट शिफ्ट रजिस्टर

शिफ्ट रजिस्टर के अनुप्रयोग

Applications of Shift Register

डिजिटल परिपथों में शिफ्ट रजिस्टर्स का प्रयोग निम्न हेतु किया जाता है

1. टाइम डिले उत्पन्न करने के लिए।
2. कॉम्बीनेशनल लॉजिक परिपथों को सरल करने के लिए।
3. सीरियल डाटा को पैरेलल डाटा में रूपान्तरित करने के लिए।
4. पैरेलल डाटा को सीरियल डाटा में रूपान्तरित करने के लिए।

11.11 काउण्टर Counter

काउण्टर एक लॉजिक परिपथ है, जो इसके इनपुट पर होने वाली घटना (एक समान अनुक्रमिक परिवर्तन) को गिनने (count) का कार्य करता है। बाइनरी संख्या का प्रत्येक काउण्ट, काउण्टर की दशा (state of counter) कहलाता है, इसलिए काउण्टर n बिट्स के पदों में गिनती करता है।

काउण्टर का वर्गीकरण Classification of Counter

काउण्टर परिपथ में फ्लिप फ्लॉप मिश्रित एलीमेन्ट्स एक साथ लगे होते है। फ्लिप फ्लॉप के ट्रिगर करने के तरीके के आधार पर काउण्टर्स को निम्न दो वर्गों में वर्गीकृत जा सकता है—

1. असिंक्रोनस काउण्टर
2. सिंक्रोनस काउण्टर

1. असिंक्रोनस काउण्टर Asynchronous Counter

असिंक्रोनस काउण्टर में प्रथम फ्लिप-फ्लॉप बाह्य क्लॉक (external clock) की पल्स द्वारा ट्रिगर होता है तथा इसके पश्चात् अनुक्रमिक (successive) फ्लिप-फ्लॉप पूर्व (previous) फ्लिप-फ्लॉप की Q एवं $\bar{Q}$ आउटपुट्स के द्वारा ट्रिगर होते हैं इसलिए काउण्टर परिपथ के सभी फ्लिप-फ्लॉप एक साथ ट्रिगर नहीं होते हैं। इसी कारण, यह असिंक्रोनस काउण्टर कहलाता है।

यदि काउण्टर, इस प्रकार काउण्ट करता है कि इसके आउटपुट का बाइनरी तुल्यांक मान अनुक्रमिक क्लॉक पल्स के साथ बढ़ता है, तब वह काउण्टर अप काउण्टर (up counter) कहलाता है। इसके विपरीत, यदि आउटपुट डेसीमल तुल्यांक मान अनुक्रमिक क्लॉक पल्स के साथ घटता है, तब वह काउण्टर, डाउन काउण्टर (down counter) कहलाता है।

एक अप/डाउन काउण्टर किसी भी ऐच्छिक दिशा में काउण्ट कर सकता है। इसकी दिशा, नियन्त्रण इनपुट (control input) पर निर्भर करती है। कुछ विशेष प्रकार के असिंक्रोनस काउण्टर निम्न प्रकार हैं

(i) 2-बिट असिंक्रोनस काउण्टर

(ii) 3-बिट असिंक्रोनस काउण्टर

(iii) असिंक्रोनस डिकेड काउण्टर

उपरोक्त का विवरण निम्नवत् है।

(i) **2-बिट असिंक्रोनस काउण्टर** (2-bit asynchronous counter) चित्र में दो-बिट असिंक्रोनस बाइनरी काउण्टर का लॉजिक आरेख दर्शाया गया है।

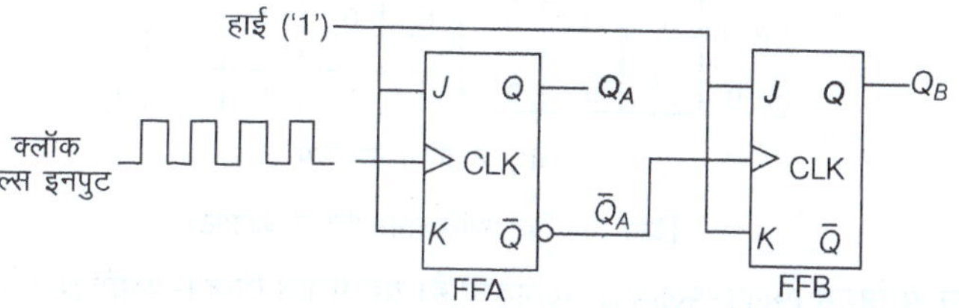

चित्र दो-बिट असिंक्रोनस बाइनरी काउण्टर का लॉजिक आरेख

निम्न चित्र में टाइमिंग तरंगरूपों (timing waveforms) के अनुसार क्लॉक पल्स इनपुट, CLK केवल प्रथम स्टेज पर प्रयुक्त की जाती है, जिससे फ्लिप-फ्लॉप A अपनी दशा (stage) बदलता है। प्रत्येक बार क्लॉक प्लस निम्न से उच्च अर्थात् धनात्मक होती है, जिससे $J = K = 1$ प्रत्येक फ्लिप-फ्लॉप के लिए होता है।

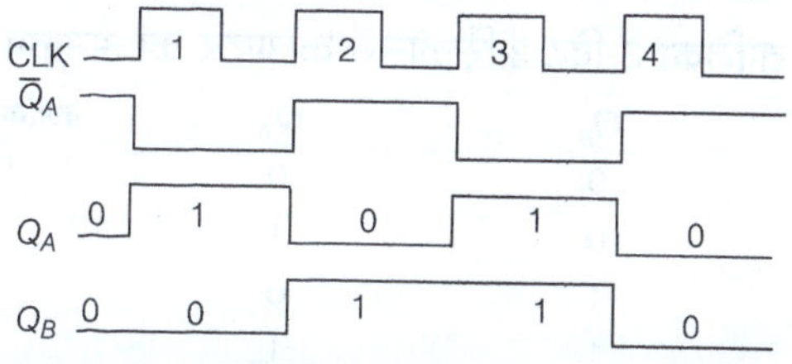

चित्र दो-बिट असिंक्रोनस काउण्टर के लिए टाइमिंग तरंगरूप

फ्लिप-फ्लॉप A की सामान्य आउटपुट, फ्लिप-फ्लॉप B के लिए क्लॉक इनपुट का कार्य करती है। इसलिए फ्लिप-फ्लॉप B की दशा प्रत्येक समय बदलती है, जब Q_A की आउटपुट 0 से 1 होती है।

तालिका में बाइनरी दशाओं का अनुक्रम (sequence) दर्शाया गया है। फ्लिप-फ्लॉप, क्लॉक पल्सेज को प्रयुक्त करने पर क्लॉक प्लसेज का अनुसरण (follow up) करता है। यदि फ्लिप-फ्लॉप का आउटपुट अनुक्रम Q_B एवं Q_A प्राप्त होता है, तब Q_B MSB को तथा Q_A LSB को प्रदर्शित करता है। इस प्रकार बाइनरी काउण्टिंग अनुक्रम 00 से 11 प्राप्त होता है।

तालिका बाइनरी दशाओं का अनुक्रम

Q_B	Q_A	क्लॉक पल्सेज की संख्या
0	0	0
0	1	1
1	0	2
1	1	3

(ii) **3-बिट असिंक्रोनस काउण्टर** (3-bit asynchronous counter) चित्र (a) में 3-बिट असिंक्रोनस काउण्टर का लॉजिक आरेख दर्शाया गया है। इसका मौलिक प्रचालन दो बिट काउण्टर के समान है। इसमें तीन फ्लिप-फ्लॉप्स के कारण आठ दशाएँ (states) होती हैं। इसका टाइमिंग तरंगरूप (timing waveforms) चित्र (b) में दर्शाया गया है।

तीन-फ्लिप-फ्लॉप्स असिंक्रोनस काउण्टर में 0-7 कुल आठ दशाएँ होती हैं तथा पुनः चक्र (recycle) में यह 0 (शून्य) अवस्था से प्रारम्भ होता है। असिंक्रोनस काउण्टर को उसके फंक्शन के आधार पर **रिपल काउण्टर** के नाम से भी जाना जाता है। काउण्टर के अनुक्रम (sequence) को तालिका में दर्शाया गया है।

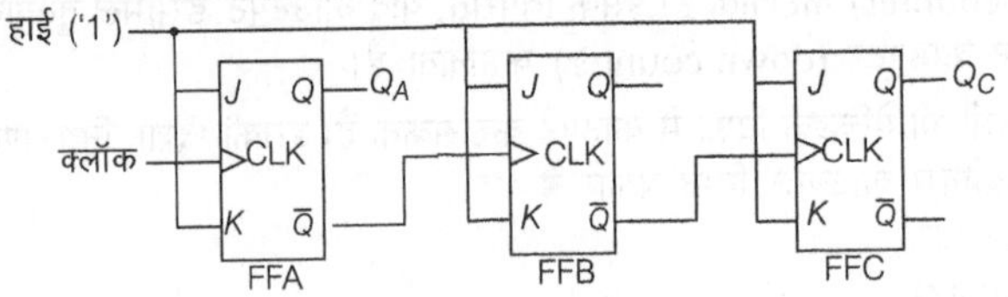

(a) लॉजिक आरेख

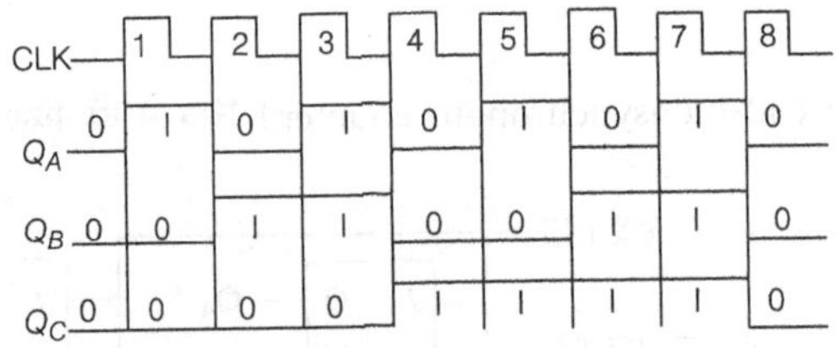

(b) टाइमिंग तरंगरूप

चित्र तीन-बिट असिंक्रोनस/रिपल काउण्टर

इनपुट क्लॉक का प्रभाव सर्वप्रथम फ्लिप-फ्लॉप A पर पड़ता है। यह प्रभाव फ्लिप-फ्लॉप B पर प्रोपेगेशन डिले (propagation delay) के कारण तुरन्त नहीं पहुँच पाता। इसी प्रकार क्लॉक पल्स का यह प्रभाव फ्लिप-फ्लॉप B की प्रोपोगेशन डिले के कारण फ्लिप-फ्लॉप C पर देरी से पहुँचता है। इसके कारण इनपुट क्लॉक रिपल्स (ripples) का काउण्टर के सभी फ्लिप-फ्लॉप्स के द्वारा फ्लिप-फ्लॉप C तक पहुँचने में कुछ देरी हो जाती है।

चित्र में दर्शाए गए टाइमिंग तरंगरूपों (timing waveforms) के द्वारा क्रमशः फ्लिप-फ्लॉप A, फ्लिप-फ्लॉप B तथा फ्लिप-फ्लॉप C पर होने वाली प्रोपेगेशन डिले (delays) को दर्शाया गया है। संलग्न तालिका में बाइनरी दशाओं का अनुक्रम (sequence) दर्शाया गया है।

तालिका 3-बिट असिंक्रोनस काउण्टर का अनुक्रम

Q_C	Q_B	Q_A	क्लॉक पल्सेज की संख्या
0	0	0	0
0	0	1	1
0	1	0	2
0	1	1	3
1	0	0	4
1	0	1	5
1	1	0	6
1	1	1	7

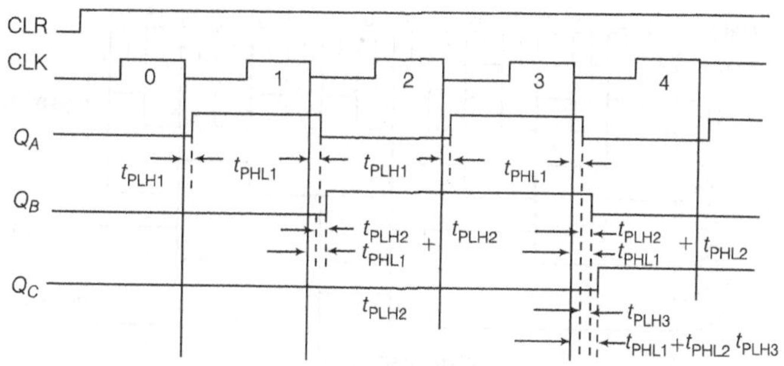

चित्र आउटपुट पर प्रोपेगेशन डिले का प्रभाव दर्शाने हेतु टाइमिंग तरंगरूप

(iii) **असिंक्रोनस डिकेड काउण्टर** (Asynchronous decade counter) इसे BCD रिपल काउण्टर के नाम से भी जाना जाता है। असिंक्रोनस डिकेड काउण्टर 0(0000 BCD तुल्य) से 9 (1001 BCD तुल्य) तक 10 डिजिट्स तक काउण्ट करता है तथा इसके पश्चात् यह पुनः 0 से प्रारम्भ करता है। अतः वह काउण्टर जो 10 स्थितियों तक काउण्ट करता है, डिकेड काउण्टर कहलाता है। संलग्न चित्र में, BCD डिकेड काउण्टर की स्थितियों को दर्शाया गया है।

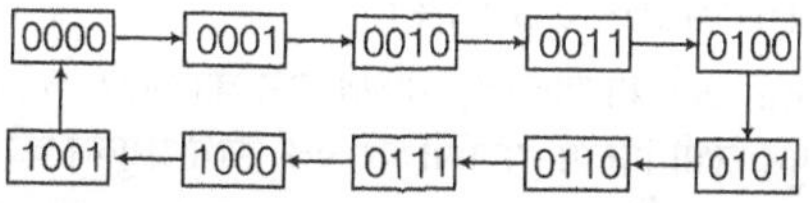

चित्र असिंक्रोनस डिकेड काउण्टर का स्थैतिक आरेख

इस काउण्टर में जब क्लॉक पल्स (clock pulse) आरोपित की जाती है, तो यह 0 से प्रारम्भ करके काउण्टिंग प्रक्रिया आरम्भ कर देता है, परन्तु जैसे ही 10वीं क्लॉक पल्स इनपुट पर आती है, काउण्टर पुनः 9 के बाद 0 से काउण्टिंग आरम्भ कर देता है। संलग्न चित्र में, एक 4-बिट असिंक्रोनस डिकेड काउण्टर दर्शाया गया है। इसमें 4 *J-K* फ्लिप-फ्लॉप का प्रयोग किया गया है जब काउण्टर 1001 तक काउण्ट कर लेता है, उसके बाद परिपथ में लगा NAND गेट निम्न (low) हो जाता है, जिसके कारण सभी फ्लिप-फ्लॉप क्लीयर (clear) हो जाते हैं। अतः 10वीं क्लॉक पल्स आने पर काउण्टर की आउटपुट 0000 हो जाती है। 4-बिट असिंक्रोनस डिकेड काउण्टर की सत्यता सारणी एवं टाइमिंग आरेख नीचे दर्शाए गए हैं

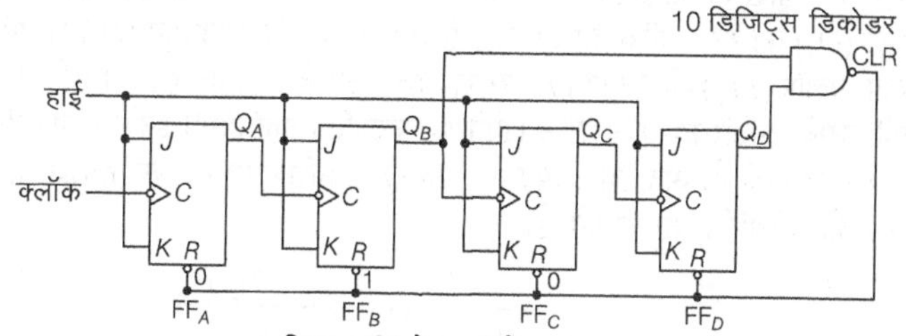

चित्र असिंक्रोनस डिकेड काउण्टर

तालिका 4-बिट असिंक्रोनस डिकेड काउण्टर की सत्यता सारणी

क्लॉक इनपुट	काउण्टर आउटपुट				डेसीमल तुल्य
	Q_3	Q_2	Q_1	Q_0	
1	0	0	0	0	0
2	0	0	0	1	1
3	0	0	1	0	2
4	0	0	1	1	3
5	0	1	0	0	4
6	0	1	0	1	5
7	0	1	1	0	6
8	0	1	1	1	7
9	1	0	0	0	8
10	1	0	0	1	9
11	0	0	0	0	10

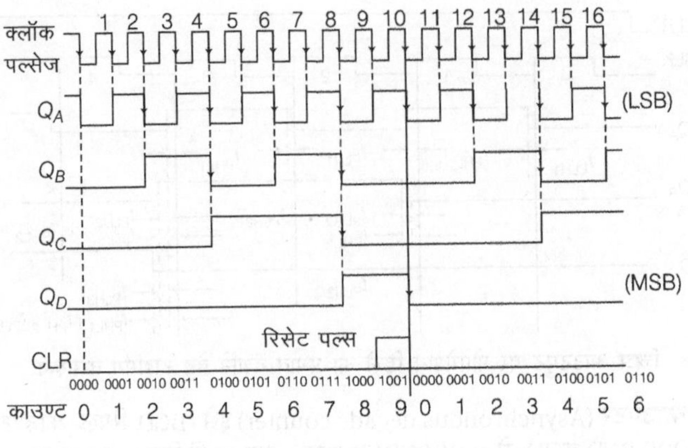

चित्र 4-बिट असिंक्रोनस डिकेड काउण्टर का टाइमिंग आरेख

2. सिंक्रोनस काउण्टर Synchronous Counter

सिंक्रोनस काउण्टर (synchronous counter) का परिपथ, असिंक्रोनस काउण्टर के परिपथ के समान ही होता है। इनमें केवल यह अन्तर होता है कि सिंक्रोनस काउण्टर में क्लॉक इनपुट सभी फ्लिप-फ्लॉपों पर एक साथ प्रयुक्त की जाती हैं, जिसके फलस्वरूप इनके प्रचालन की गति तीव्र हो जाती है। इनके कुछ मुख्य प्रकार निम्नवत् हैं

(i) 3-बिट सिंक्रोनस काउण्टर
(ii) सिंक्रोनस BCD काउण्टर
(iii) अप/डाउन सिंक्रोनस काउण्टर

(i) **3-बिट सिंक्रोनस काउण्टर** (3-bit synchronous counter) क्लॉक युक्त T फ्लिप-फ्लॉप का प्रयोग करके बनाया गया, 3-बिट सिंक्रोनस काउण्टर को चित्र में प्रदर्शित किया गया है। इसमें सभी फ्लिप-फ्लापों को एकसाथ क्लॉक पल्स प्रदान की जाती है, जिसके कारण काउण्टर की गति में वृद्धि हो जाती है। इस काउण्टर में फ्लिप-फ्लॉप (FF_o), न्यूनतम सार्थक (least significant) फ्लिप-फ्लॉप होता है। जब आउटपुट (Q_o) की स्टेट परिवर्तित होकर 1 से 0 होती है, तब आउटपुट (Q_1) भी परिवर्तित हो जाता है। अत: यदि आउटपुट (Q_0) को अगले फ्लिप-फ्लॉप (FF_1) की इनपुट (T_1) से संयोजित कर देते हैं, तब $Q_1 = 1$ होने पर आउटपुट (Q_1) की स्टेट 1 से 0 अथवा 0 से 1 में परिवर्तित होगी, इसके अतिरिक्त $Q_0 = T_1 = 1$ होने पर परिवर्तित नहीं होगी। इनके समान ही आउटपुट (Q_0 एवं Q_1) के उच्च होने पर आउटपुट (Q_2) भी परिवर्तित होती है। अत: आउटपुट (Q_0 एवं Q_1), अधिकतम सार्थक (most significant) फ्लिप-फ्लॉप (FF_2) को प्रदान करके आउटपुट (Q_2) को परिवर्तित कर सकते हैं।

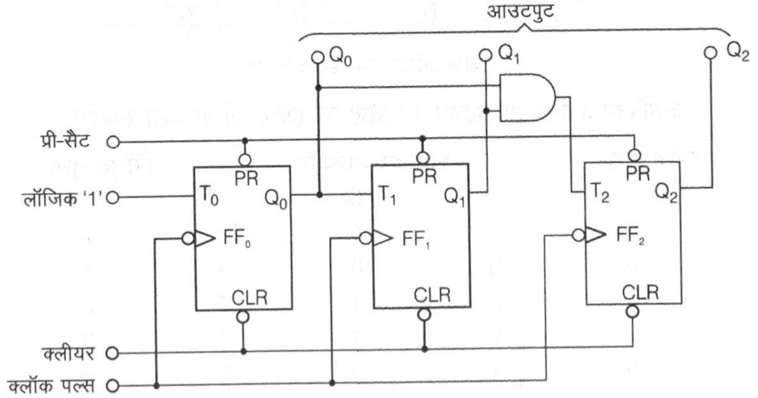

चित्र 3-बिट सिंक्रोनस काउण्टर

3-बिट सिंक्रोनस काउण्टर की सत्यता सारणी एवं टाइमिंग आरेख निम्न चित्रों में दर्शाए गए हैं

तालिका 3-बिट सिंक्रोनस काउण्टर की सत्यता सारणी

काउण्ट	आउटपुट		
	Q_C	Q_B	Q_A
0	0	0	0
1	0	0	1
2	0	1	0
3	0	1	1
4	1	0	0
5	1	0	1
6	1	1	0
7	1	1	1

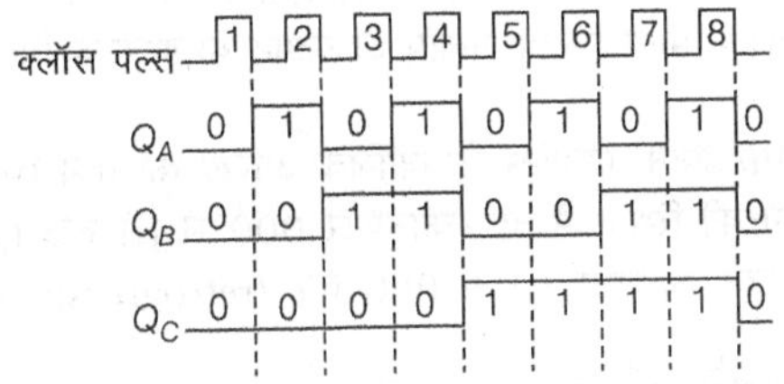

चित्र 3-बिट सिंक्रोनस काउण्टर का टाइमिंग आरेख

(ii) **सिंक्रोनस BCD डिकेड काउण्टर** (Synchronous BCD decade counter) डिकेड काउण्टर अनुक्रम रूप (sequence form) 0000 से 1001 में एक समान रूप में घटित होने वाली घटनाओं को गिनता है; जैसे—किसी संस्थान/कार्यालय में प्रवेश द्वार से प्रविष्ट होने वाले व्यक्तियों को क्रमानुसार गिनना आदि। BCD काउण्टर 1001 तक गिनकर पुनः 0000 पर वापस आ जाता है। सिंक्रोनस BCD डिकेड काउण्टर की दशाओं के अनुक्रम को तालिका के अध्ययन से समझा जा सकता है।

चित्र (a) में सिंक्रोनस BCD डिकेड काउण्टर की लॉजिकल अनुक्रम तथा चित्र (b) में टाइमिंग तरंगरूप (waveforms) को दर्शाया गया है।

तालिका BCD डिकेड काउण्टर के लिए दशाओं का अनुक्रम

क्लॉक पल्स का क्रम	Q_D	Q_C	Q_B	Q_A
1	0	0	0	0
2	0	0	0	1
3	0	0	1	0
4	0	0	1	1
5	0	1	0	0
6	0	1	0	1
7	0	1	1	0
8	0	1	1	1
9	1	0	0	0
10	1	0	0	1

(a) BCD डिकेड काउण्टर

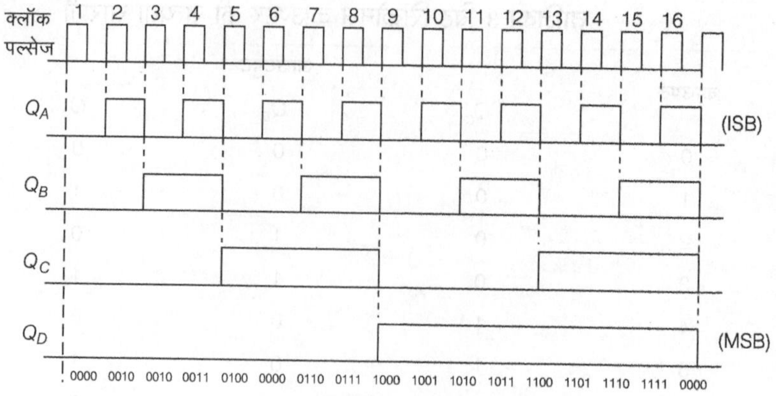

(b) टाइमिंग तरंगरूप

(iii) **अप/डाउन सिंक्रोनस काउण्टर** (UP/Down synchronous counter) एक अप/डाउन सिंक्रोनस काउण्टर बढ़ते हुए क्रम (upward) तथा घटते हुए क्रम (downward) दोनों दशाओं में कार्य कर सकता है। समान्तर अप/डाउन काउण्टर को बनाने के लिए नियन्त्रण इनपुट $(Up/\overline{Down})$ प्रयोग की जाती है। सामान्य फ्लिप-फ्लॉप आउटपुट या इन्वर्टेड फ्लिप-फ्लॉप आउटपुट, अग्रिम फ्लिप-फ्लॉप की J व K इनपुट पर प्रयुक्त होती है।

चित्र (a) में मोड-8 समान्तर अप/डाउन काउण्टर के लॉजिक आरेख को तथा चित्र (b) में लॉजिक संकेत को दर्शाया गया है। कण्ट्रोल (control) इनपुट उच्च (1) रहने की स्थिति में अप-काउण्टर 000 से 111 तक (progressive) काउण्ट करता है तथा नियन्त्रण इनपुट निम्न (0) रहने की स्थिति में डाउन काउण्टर 111 से 000 तक (retrogressive) काउण्ट करता है।

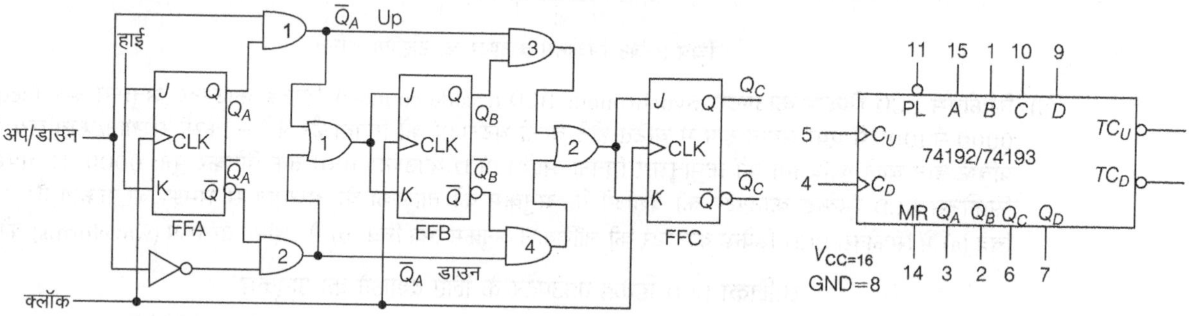

(a) लॉजिक आरेख

चित्र मोड 8 अप/डाउन सिंक्रोनस काउण्टर

(b) IC 74192/74193 का पिन आरेख

अप/डाउन सिक्रोनस काउण्टिंग के लिए IC 74192/74193 का प्रयोग किया जाता है, जिनका पिन आरेख चित्र (b) में दर्शाया गया है। IC No. 74192/74193 दोनों ICs में मुख्य अभिलक्षण लगभग समान होते हैं। ये अप व डाउन दोनों दशाओं में कार्य करने में सक्षम होती हैं, परन्तु IC-74192 BCD डिकेड अप/डाउन काउण्टर के रूप में तथा IC-74193 मोड-16 अप/डाउन काउण्टर के समान कार्य करती है, इसकी काउण्ट करने की क्षमता को दो या दो से अधिक ICs को कैसकेडिंग (cascading) में लगा कर बढ़ाया जा सकता है।

काउण्टर के अनुप्रयोग Applications of Counter

काउण्टर्स को निम्न कार्यों में प्रयोग किया जा सकता है

(i) **घटना को गिनने के लिए** (To count an event) काउण्टर को किसी भी पुनः होने वाली घटना (event) को गिनने के लिए प्रयोग किया जाता है; जैसे—उत्पादित वस्तुओं; उदाहरणार्थ कोल्ड ड्रिंक की बोतलें, दवाइयों की गोलियों को गिनने हेतु, किसी प्रवेश द्वार में प्रविष्ट होने वाले व्यक्तियों को गिनने में आदि। इसके अतिरिक्त किसी रिसर्च कार्य में एक प्रकार के घोल में दूसरी घोल की बूँदें एक निश्चित समय पर गिराए जाने की घटना को गिनना आदि।

(ii) **टाइमर की तरह** (As a timer) डिजिटल टाइमर (digital timer); जैसे—डिजिटल घड़ी की शुद्धता (accuracy), क्रिस्टल ऑसिलेटर पर निर्भर करती है। एक क्रिस्टल ऑसिलेटर (जोकि, 6.5536 MHz उत्पन्न करता है) की सामान्य व्यवस्था 16 फ्लिप-फ्लॉप्स को कैसकेड व्यवस्था में संयोजित करके, इस आवृत्ति को $2^{16} = 65536$ से भाग (divide) करते हैं तथा 16 स्टेज बाइनरी काउण्टर के द्वारा क्लॉक्ड करके 100Hz की आवृत्ति उत्पन्न की जाती है। डिकेड काउण्टर, इस आवृत्ति को एक पल्स प्रति सेकण्ड में परिवर्तित कर देता है।

(iii) **अनुक्रम जनित्र** (Sequence generator) बाइनरी काउण्टर की आउटपुट को लॉजिक गेट्स की इनपुट्स पर प्रयुक्त करके विशेष समय में संकेतों का अनुक्रम (sequence of symbols of particular time) विकसित किया जा सकता है।

अभ्यास प्रश्न

परीक्षा प्रारूपी प्रश्न

बहुविकल्पीय

1. बाइनरी संख्या 1000101.101 को डेसीमल संख्या में लिखेंगे
(a) 64.225 (b) 64.625 (c) 67.225 (d) 69.625

2. डेसीमल संख्या 100 की गिनती करने के लिए कितने बाइनरी अंक आवश्यक हैं?
(a) 7 (b) 3 (c) 2 (d) 100

3. बाइनरी संख्या $(111111110010)_2$ का हेक्साडेसीमल रूप होगा
(a) $(EE2)_{16}$ (b) $(FF2)_{16}$ (c) $(2FE)_{16}$ (d) $(FD2)_{16}$

4. $(2374)_8$ का डेसीमल रूपान्तरण होगा
(a) $(1476)_{10}$ (b) $(1268)_{10}$ (c) $(1276)_{10}$ (d) $(1468)_{10}$

5. $(448)_{10}$ का हेक्सा डेसीमल रूपान्तरण होगा
(a) $(1A8)_{16}$ (b) $(2B0)_{16}$ (c) $(1C0)_{16}$ (d) $(1D6)_{16}$

6. कम्प्यूटर में प्रोग्राम बनाने के लिए कौन-सी प्रणाली प्रयोग की जाती है?
(a) बाइनरी संख्या प्रणाली (b) डेसीमल संख्या प्रणाली
(c) हेक्साडेसीमल संख्या प्रणाली (d) ये सभी

7. सूची I की बाइनरी को सूची II की डेसीमल से सुमेलित कीजिए

सूची I (बाइनरी)	**सूची** II (डेसीमल)	
A. 10101010	(i)	128
B. 11110000	(ii)	240
C. 10001000	(iii)	170
D. 10000000	(iv)	136

कूट
(a) A-(iii); B-(ii); C-(iv); D-(i) (b) A-(ii); B-(iii);C-(i); D-(iv)
(c) A-(ii); B-(iv);C-(i); D-(iii) (d) A-(ii); B-(i); C-(ii); D-(iv)

8. वह लॉजिक गेट, जोकि निम्न (0) इनपुट को उच्च (1) एवं उच्च (1) इनपुट को निम्न (0) में परिवर्तित करता है, ... कहलाता है।
(a) AND गेट (b) OR गेट (c) NOT गेट (d) NOR गेट

9. NOR गेट का आउटपुट उच्च (1) होता है, यदि
(a) सभी इनपुट उच्च हैं (b) कोई एक इनपुट उच्च है
(c) कोई एक इनपुट निम्न है (d) सभी इनपुट निम्न हैं

10. निम्न में NOT गेट की सत्यमान सारणी है
(a) $\begin{bmatrix}1 & 1\\ 0 & 0\end{bmatrix}$ (b) $\begin{bmatrix}1 & 0\\ 0 & 0\end{bmatrix}$ (c) $\begin{bmatrix}1 & 0\\ 0 & 1\end{bmatrix}$ (d) $\begin{bmatrix}0 & 1\\ 1 & 1\end{bmatrix}$

11. निम्न में से कौन-सा NOT गेट का कार्य नहीं है?
(a) सिग्नल को रोकना
(b) निवेश को प्रतिलोम करना
(c) निवेश के मान को परिवर्तित कर देना
(d) अंकीय परिपथ का तर्क बदल देना

12. यदि NOT गेट पर निवेश 1 है, तो आउटपुट होगा
(a) 1 (b) 0 (c) 0 या 1 (d) 0 व 1 दोनों

13. इनमें से किस लॉजिक गेट की आउटपुट तब उच्च होती है, जब इसकी कोई भी एक इनपुट निम्न हो?
(a) EX-OR (b) AND (c) Ex-NOR (d) NOR

14. यदि NOT गेट का इनपुट A व आउटपुट X हो, तो
(a) $X = A$ (b) $X = \bar{A}$
(c) $\bar{X} = 0$ (d) इनमें से कोई नहीं

15. नीचे दिए गए चित्रों में से NOT लॉजिक गेट का प्रतीक है
(a) 

(b) 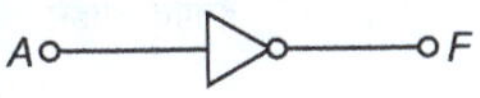

(c) 

(d) 

16. चित्र में दिखाए गए गेट संयोजन की बूलियन समीकरण है
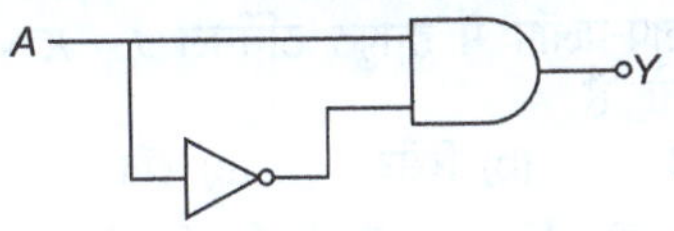

(a) $A\cdot 1 = A$ (b) $A\cdot\bar{A} = 0$ (c) $A\cdot A = A$ (d) $A\cdot 0 = 0$

17. चित्र में दिखाए गए गेट संयोजन का आउटपुट है
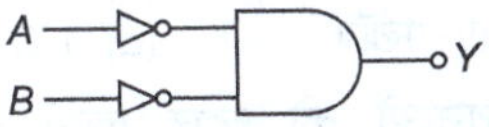

(a) $\overline{A\cdot B}$ (b) $\bar{A}\cdot\bar{B}$
(c) $\overline{\overline{A\cdot B}}$ (d) इनमें से कोई नहीं

18. TTL लॉजिक परिवार का बेसिक गेट होता है
(a) NAND (b) NOT (c) NOR (d) OR

19. TTL लॉजिक परिवार को प्रचालित करने के लिए इनमें से कौन-सी सप्लाई का प्रयोग किया जाता है?
(a) 9 वोल्ट (b) 3 वोल्ट
(c) 12 वोल्ट (d) 5 वोल्ट

20. CMOS लॉजिक परिवार में प्रति गेट पावर क्षय कितना होता है?
(a) 1 मेगावाट (b) 0.01 मेगावाट
(c) 0.10 मेगावाट (d) 10 मेगावाट

21. यदि हाफ एडर द्वारा जोड़ी जाने वाली दो बिट क्रमशः '1' तथा '0' हो, तो हॉफ एडर का आउटपुट होगा
(a) जोड़ = 1, कैरी = 1 (b) जोड़ = 0, कैरी = 1
(c) जोड़ = 1, कैरी = 0 (d) जोड़ = 0, कैरी = 0

22. कम्पेरेटर के रूप में निम्न में से कौन-सा गेट कार्य करता है?
(a) Ex-OR गेट (b) Ex-NOR गेट
(c) NAND गेट (d) NOR गेट

23. मल्टीप्लेक्सर में डाटा इनपुट की संख्या होती है
(a) n (b) 2^n (c) 2^{n-1} (d) n^2

24. फ्लिप-फ्लॉप (flip-flop) कितने बिट का बाइनरी डाटा स्टोर करता है?
(a) 1 (b) 2 (c) 4 (d) 8

25. *RS* फ्लिप-फ्लॉप की दोनों इनपुट उच्च होने की स्थिति में इनमें से कौन-सी दशा उत्पन्न हो जाती है?
(a) रेस दशा (b) टॉगल दशा (c) ट्रिगर दशा (d) निम्न दशा

26. चित्र में किस लॉजिक परिपथ का ब्लॉक आरेख दर्शाया गया है?

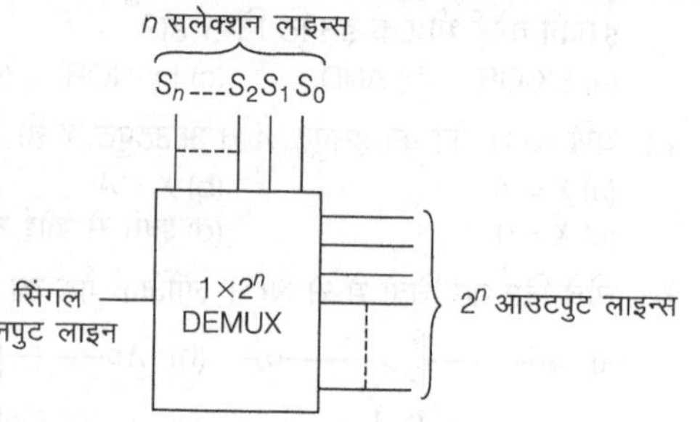

(a) मल्टीप्लेक्सर (b) डिमल्टीप्लेक्सर
(c) एनकोडर (d) डिकोडर

27. *JK* फ्लिप-फ्लॉप में इनपुट टर्मिनल $J = K = 1$ होने की स्थिति कहलाती है
(a) सैट (b) रिसैट (c) टॉगल (d) री-चेंज

28. मास्टर स्लेव फ्लिप-फ्लॉप के निर्माण में .... प्रयुक्त किए जाते हैं।
(a) 2 *JK* फ्लिप-फ्लॉप (b) 2 *RS* फ्लिप-फ्लॉप
(c) 3 *T* फ्लिप-फ्लॉप (d) 4 *D* फ्लिप-फ्लॉप

29. बाइनरी सूचनाओं को स्टोर करने वाला फ्लिप-फ्लॉप ग्रुप .... कहलाता है।
(a) मैमोरी (b) शिफ्ट-रजिस्टर
(c) एनकोडर (d) डिकोडर

30. रजिस्टर में एक बाइनरी बिट को स्टोर निम्न में से किसके द्वारा किया जाता है?
(a) काउण्टर (b) टाइमर (c) गेट (d) फ्लिप-फ्लॉप

31. चित्र में किस प्रकार का शिफ्ट रजिस्टर दर्शाया गया है?

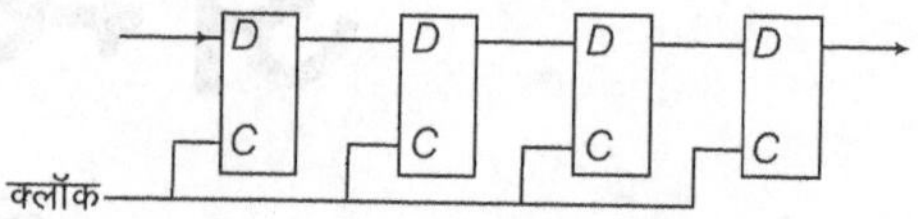

(a) 4- बिट SISO (b) 2- बिट SISO
(c) 2- बिट PISO (d) 4- बिट PISO

32. सीरियल इन पैरेलल आउट (SIPO) शिफ्ट रजिस्टर में डाटा एक फ्लिप-फ्लॉप से अग्रिम फ्लिप-फ्लॉप के क्लॉक (Clock) की........ पल्स पर स्थानान्तरित होता है।
(a) ऋणात्मक (b) धनात्मक (c) शून्य (d) पीक धनात्मक

33. यूनिवर्सल शिफ्ट रजिस्टर निम्न में से किस रजिस्टर के समान कार्य करता है?
(a) SISO (b) SIPO (c) PISO (d) ये सभी

34. काउण्टर (counter) का उपयोग .... की गणना के लिए किया जा सकता है।
(a) धारा (b) वोल्टेज (c) आवृत्ति (d) वैद्युतिक शक्ति

35. एक रिंग काउण्टर (ring counter) समतुल्य होता है
(a) अप-डाउन काउण्टर (b) पैरेलल काउण्टर
(c) शिफ्ट रजिस्टर (d) इनमें से कोई नहीं

36. 3-बिट असिंक्रोनस रिपल काउण्टर में कितनी दशाएँ होती हैं?
(a) 0-7 (b) 0-3 (c) 0-2 (d) 0-15

37. निम्न में से किस काउण्टर के इनपुट की आवृत्ति उच्च (high) होती है?
(a) सिंक्रोनस काउण्टर (b) असिंक्रोनस काउण्टर
(c) 'a' और 'b' दोनों (d) इनमें से कोई नहीं

38. "सिंक्रोनस काउण्टर में क्लॉक इनपुट सभी फ्लिप-फ्लॉपों पर एक साथ प्रयुक्त की जाती है।" इसके प्रचालन की गति पर क्या प्रभाव पड़ता है?
(a) बढ़ जाती है (b) घट जाती है
(c) कोई प्रभाव नहीं पड़ता (d) इनमें से कोई नहीं

39. "एक अप-डाउन काउण्टर किसी भी ऐच्छिक दिशा में गणना कर सकता है।" इनकी दिशा निर्भर करती है
(a) नियन्त्रण इनपुट पर (b) नियन्त्रण आउटपुट पर
(c) क्लॉक पल्स पर (d) ये सभी

40. डिकेड काउण्टर का प्रयोग किया जाता है
(a) डिजिटल वोल्टमीटर में (b) इलेक्ट्रॉनिक घड़ी में
(c) आवृत्ति काउण्टर में (d) ये सभी

विविध प्रारूपी प्रश्न

सत्य/असत्य

1. NAND लॉजिक गेट का आउटपुट समीकरण $Y = \overline{A \cdot B}$ होता है।

2. *n*-MOS व *p*-MOS डिजिटल ICs का पैकिंग घनत्व निम्न होता है।

3. फूल एडर लॉजिक परिपथ में दो इनपुट्स तथा चार आउटपुट्स होती हैं।

4. एनकोडर में एक समय में एक ही इनपुट सक्रिय होता है।

5. SIPO शिफ्ट रजिस्टर में इनपुट पर डाटा एक-एक बिट के रूप में आता है तथा आउटपुट पर भी डाटा एक-एक बिट के रूप में प्राप्त होता है।
6. किसी भी काउण्टर का बेसिक बिल्डिंग ब्लॉक AND गेट होता है।
7. 3-बिट असिंक्रोनस में तीन फ्लिप-फ्लॉप के कारण 6 दशाएँ (states) होती हैं।

रिक्त स्थानों की पूर्ति

1. ऑक्टल संख्या 16 का बाइनरी में रूपान्तरित रूप .... होता है।
2. यदि AND गेट के सभी इनपुट उच्च 1 है, तो आउटपुट .... होगा।
3. MOS तकनीक का उपयोग LSI व .... युक्तियों में व्यापक रूप से किया जाता है।
4. समान्तर बाइनरी एडर में फुल एडर .... प्रणाली में संयोजित होते हैं।
5. क्लॉक सिग्नल का प्रयोग कर इनपुट को ट्रिगर करने वाली युक्ति .... कहलाती है।
6. शिफ्ट रजिस्टर को बनाने के लिए .... का प्रयोग किया जाता है।
7. एक Up/Down सिंक्रोनस काउण्टर .... दोनों दशाओं में कार्य करता है।

अतिलघु उत्तरीय

1. बाइनरी संख्या प्रणाली से आप क्या समझते हैं?

उत्तर बाइनरी संख्या प्रणाली एक ऐसी प्रणाली है, जिसमें केवल दो अंक 0 व 1 संकेत के रूप में प्रयुक्त किए जाते हैं। इस प्रणाली का बेस दो होता है।

2. OR गेट से आप क्या समझते हैं? इसका प्रतीक भी बनाइए।

उत्तर OR गेट एक ऐसा लॉजिक परिपथ है, जिसमें एक अथवा दोनों टर्मिनल्स पर उच्च (1) इनपुट देने पर आउटपुट भी उच्च (1) प्राप्त होता है।

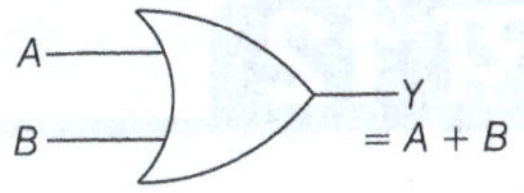

OR गेट का प्रतीक

3. दिए गए परिपथ से आउटपुट 1 प्राप्त करने के लिए इनपुट क्या होने चाहिए।

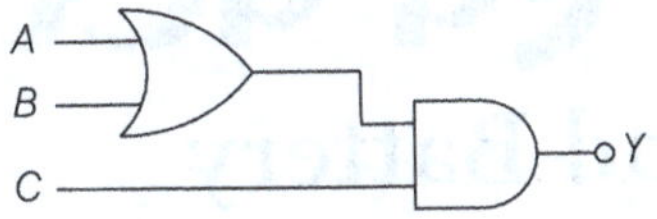

उत्तर दिए गए परिपथ का बूलियन व्यंजक $Y = (A + B) \cdot C$ होगा। अब यदि हम इस व्यंजक में $A = 1, B = 0$ तथा $C = 1$ रखते हैं, तो आउटपुट 1 प्राप्त होता है।

4. 4-बिट बाइनरी डिकोडर में कितनी आउटपुट लाइन होती हैं?

उत्तर 4-बिट बाइनरी डिकोडर में 16 आउटपुट लाइन्स होती हैं।

5. मल्टीप्लेक्सर में वांछित आउटपुट का चयन किस प्रकार किया जाता है?

उत्तर मल्टीप्लेक्सर में वांछित आउटपुट का चयन सलेक्शन लाइन्स द्वारा किया जाता है।

6. फ्लिप-फ्लॉप पर संक्षिप्त टिप्पणी लिखिए।

उत्तर फ्लिप-फ्लॉप पर दो दशाओं (states) वाली युक्ति है, जो सूचनाओं की एक बिट को स्टोर करने की क्षमता रखती है। इसे लैच के नाम से भी जाना जाता है।

7. पैरेलल इन सीरियल आउट शिफ्ट रजिस्टर में प्रयुक्त *J-K* फ्लिप-फ्लॉप किस फ्लिप-फ्लॉप के समान कार्य करता है?

उत्तर पैरेलल इन सीरियल आउटर शिफ्ट रजिस्टर में प्रयुक्त *J-K* फ्लिप-फ्लॉप *D* फ्लिप-फ्लॉप की भाँति कार्य करता है।

8. एक अप/डाउन काउण्टर किसी भी ऐच्छिक दिशा में काउण्ट कर सकता है, यह दिशा किस पर निर्भर करती है?

उत्तर एक अप/डाउन काउण्टर किसी भी ऐच्छिक दिशा में काउण्ट कर सकता है, यह दिशा नियंत्रण इनपुट पर निर्भर करती है।

उत्तरमाला

बहुविकल्पीय

1. (d)	2. (a)	3. (b)	4. (c)	5. (c)	6. (c)	7. (a)	8. (c)	9. (d)	10. (c)
11. (a)	12. (b)	13. (a)	14. (b)	15. (b)	16. (b)	17. (b)	18. (a)	19. (d)	20. (b)
21. (c)	22. (a)	23. (b)	24. (a)	25. (a)	26. (b)	27. (c)	28. (a)	29. (b)	30. (d)
31. (a)	32. (a)	33. (d)	34. (c)	35. (c)	36. (a)	37. (b)	38. (c)	39. (a)	40. (d)

सत्य/असत्य

1. असत्य	2. असत्य	3. असत्य	4. सत्य	5. असत्य	6. असत्य	7. असत्य

रिक्त स्थानों की पूर्ति

1. 1110	2. उच्च	3. VLSI	4. कैसकेड
5. क्लॉक्ड फ्लिप-फ्लॉप	6. फ्लिप-फ्लॉप	7. बढ़ते तथा घटते हुए क्रम में	

□□□

अध्याय 12

WEEK 12

सेल एवं बैटरी
Cell and Battery

परिचय Introduction

सामान्य स्थितियों में वैद्युतिक गतिविधियों में प्रत्यावर्ती धारा का प्रयोग किया जाता है लेकिन कुछ स्थितियों में दिष्ट धारा की उपयोगिता के कारण प्रत्यावर्ती धारा को दिष्ट धारा में परिवर्तित करने की आवश्यकता होती है। दिष्ट धारा को संग्रहित करने के लिए सेल का प्रयोग किया जाता है और समूह रूप में इसका प्रयोग बैटरी के रूप में किया जाता है। सेल/बैटरी के द्वारा वैद्युतिक ऊर्जा विभिन्न प्रकार की रासायनिक क्रियाओं के फलस्वरूप उत्पन्न की जाती है जिसका प्रयोग शुद्ध डी.सी. की आवश्यकता वाले उपकरणों में किया जाता है। विभिन्न प्रकार की आवश्यकताओं को पूर्ण करने के लिए अलग-अलग सेलों का निर्माण किया गया है जिनका विस्तृत वर्णन प्रस्तुत अध्याय में किया जा रहा है।

12.1 रासायनिक सेल Chemical Cell

रासायनिक क्रिया के फलस्वरूप विद्युत वाहक बल (e.m.f.) पैदा करने वाली युक्ति रासायनिक सेल कहलाती है। सेल मुख्यतः दो प्रकार के होते हैं

प्राथमिक सेल Primary Cell

"जिन सेलों में रासायनिक क्रियाओं के फलस्वरूप विद्युत वाहक बल विकसित होता है, वे प्राथमिक सेल कहलाते हैं।" ये सेल निम्न प्रकार के होते हैं

1. वोल्टेइक सेल (Voltaic Cell)
2. डेनियल सेल (Daniel Cell)
3. लैकलांची सेल (Lechlanche Cell)
4. शुष्क सेल (Dry Cell)
5. मरकरी सेल (Mercury Cell)
6. सिल्वर ऑक्साइड सेल (Silver Oxide Cell)

द्वितीयक सेल Secondary Cell

"जिन सेलों में वैद्युतिक ऊर्जा को रासायनिक क्रियाओं के रूप मे एकत्र करके पुनः रासायनिक प्रतिक्रियाओं के द्वारा विद्युत वाहक बल पैदा किया जाता है, वे द्वितीयक सेल कहलाते हैं।" ये सेल निम्न प्रकार के होते हैं

1. लैड-एसिड सेल (Lead-acid Cell)
2. निकेल-आयरन सेल (Nickel-iron Cell)
3. निकेल-कैडमियम सेल (Nickel-cadmium Cell)

प्राथमिक एवं द्वितीयक, दोनों ही प्रकार के सेल विद्युत वाहक बल उत्पन्न करते हैं, परन्तु इनकी संरचना एवं कार्यप्रणाली में अन्तर होता है, जो निम्न प्रकार है

तालिका प्राथमिक एवं द्वितीयक सेलों में अन्तर

क्र. सं.	प्राथमिक सेल	द्वितीयक सेल
1.	यह तुरन्त विद्युत वाहक बल उत्पन्न करता है।	इसे पहले विद्युत देकर आवेशित करना पड़ता है, तब यह विद्युत वाहक बल उत्पन्न करता है।
2.	यह पुनरावेशित करने योग्य नहीं होता।	इसे बार-बार पुनरावेशित किया जा सकता है।
3.	यह वजन में हल्का होता है	यह वजन में भारी होता है।
4.	इसका विद्युत वाहक बल कम होता है।	इसका विद्युत वाहक बल अधिक होता है।
5.	यह निम्न दर पर विद्युत धारा प्रदान कर सकता है।	यह उच्च दर पर विद्युत धारा प्रदान कर सकता है।
6.	एक बार उपयोग कर लेने के बाद यह बेकार हो जाता है।	इसे बार-बार पुनरावेशित कर उपयोग में लाया जाता है।

12.2 लैड-एसिड सेल Lead-acid Cell

लैड-एसिड सेल, कठोर रबर के पात्र में बनाया जाता है। इसमें धन तथा ऋण प्लेटों के दो समूह होते हैं। धन प्लेटों की संख्या, ऋण प्लेटों की संख्या से एक कम होती है। प्लेटों की कुल संख्या 11, 13, 17, 23, 25 आदि होती है। प्रत्येक धन प्लेट दोनों ओर से कार्य कर सके, इसीलिए ऋण प्लेटों की संख्या एक से अधिक रखी जाती है। दोनों प्रकार की प्लेटें, सीसे की जाली से बनी होती हैं और उनमें रैड-लैड (Pb_3O_4) की लुगदी जमा दी जाती है। सेल में तनु गन्धक का अम्ल (तनु H_2O_4) इलेक्ट्रोलाइट के रूप में प्रयोग किया जाता है। प्लेटों को तली पर टिकाने के लिए पात्र में 'गुटके' (rests) बने होते हैं और उन्हें आपस में 'शॉर्ट-सर्किट' होने से रोकने के लिए 'सैपरेटर' (separator) प्रयोग किए जाते हैं। प्रत्येक सेल में एक छिद्रयुक्त ढक्कन (vent plug) अवश्य रखा जाता है, जिसके द्वारा रासायनिक क्रियाओं में निकली गैसें बाहर निकल सकें।

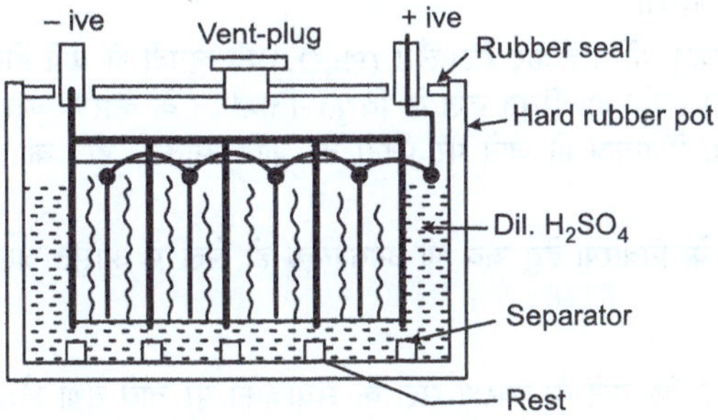

चित्र लैड-एसिड सेल

दोनों प्लेट समूहों के संयोजक सिरे बाहर निकाल कर, पात्र को ऊपर से 'सील' कर दिया जाता है।

रासायनिक क्रियाएँ Chemical Actions

लैड-एसिड सेल में निम्न चरणों में रासायनिक क्रियाएँ सम्पन्न होती हैं

फॉर्मिंग Forming

सेल में तनु गन्धक का अम्ल भरते ही यह क्रिया प्रारम्भ हो जाती है। यह कार्य प्रायः बैटरी विक्रेता द्वारा ही कर दिया जाता है।

$$Pb_3O_4 + 2H_2SO_2 \longrightarrow PbO_2 + 2PbSO_4 + 2H_2O$$

चार्जिंग Charging

सेल में तनु गन्धक का अम्ल भरने के 10-12 घण्टे पश्चात् उसे डी. सी. स्रोत से जोड़ा जाता है, जिससे कि वैद्युतिक ऊर्जा को रासायनिक क्रियाओं के रूप में एकत्र किया जा सके। इस कार्य के लिए सेल के धन संयोजक को स्रोत के धन सिरे से और ऋण संयोजक को स्रोत के ऋण सिरे से जोड़ दिया जाता है और सेल में निम्न रासायनिक क्रियाएँ सम्पन्न होती हैं

$$H_2O \longrightarrow 2H^+ + O^{--}$$

(i) **एनोड पर** $PbSO_4 + H_2O^{--} \longrightarrow PbO_2 + H_2SO_4$

(ii) **कैथोड पर** $PbSO_4 + 2H^+ \longrightarrow Pb + H_2SO_4$

चार्जिंग क्रिया के फलस्वरूप सेल की धन प्लेटें लैड परॉक्साइड (PbO_2) की तथा ऋण प्लेटें स्पंजी-लैड (spungy-lead, pb) की बन जाती हैं।

डिस्चार्जिंग Discharging

आवेशित सेल को लोड से संयोजित करने पर डिस्चार्जिंग क्रिया प्रारम्भ हो जाती है

$$H_2O \longrightarrow 2H^+ + O^{--}$$

एनोड पर $PbO_2 + 2H^+ + H_2SO_4 \longrightarrow PbSO_4 + 2H_2O$

कैथोड पर $Pb + O^{--} + H_2SO_4 \longrightarrow PbSO_4 + H_2O$

डिस्चार्जिंग क्रिया के फलस्वरूप सेल की दोनों ही प्रकार की प्लेटें लैड सल्फेट ($PbSO_4$) की बन जाती हैं। रासायनिक क्रिया में जल के निर्माण के कारण अम्ल तनु (dilute) हो जाता है अर्थात् आपेक्षिक घनत्व घट जाता है।

रिचार्जिंग Recharging

सेल के डिस्चार्ज हो जाने के बाद उसे डी. सी. स्रोत से जोड़कर पुन: आवेशित किया जाता है। यह क्रिया चार्जिंग क्रिया के समान होती है और इसके अन्तर्गत वही रासायनिक क्रियाएँ होती हैं, जोकि चार्जिंग क्रिया के अन्तर्गत होती हैं। इस क्रिया में गन्धक के अम्ल (H_2SO_4) के निर्माण के कारण, इलेक्ट्रोलाइट का आपेक्षिक घनत्व बढ़ जाता है।

दोष Defects

लैड-एसिड सेल में निम्न चार प्रकार के दोष पाए जाते हैं

सेडीमेन्टेशन Sedimentation

लैड-एसिड सेल की प्लेटें ठोस धातु की न होकर रैड-लैड (Pb_3O_4) की लुगदी से बनी होती हैं। अत: रिचार्जिंग तथा डिस्चार्जिंग क्रियाओं में लुगदी का कुछ अंश झड़ जाता है। इसके अतिरिक्त जल के विद्युत-विच्छेदन के कारण जल की अशुद्धियाँ सेल की तली में एकत्र हो जाती हैं। इस प्रकार अधिक अशुद्धियाँ तली में एकत्र हो जाने पर प्लेटों के 'शॉर्ट-सर्किट' होने की सम्भावना पैदा हो जाती है, यह दोष सेडीमेन्टेशन कहलाता है।

निवारण (Remedy) इस दोष के निवारण हेतु जब भी आवश्यक हो सेल में आसुत जल (distilled water) ही डालें।

कोरोजन Corrosion

वायुमण्डल की नमी तथा अम्ल के छिटकने के कारण सेल के संयोजकों पर ताँबे तथा लैड के ऑक्साइड की एक सफेद-नीली पर्त पैदा हो जाती है, जो सेल के संयोजकों का चालक तार से पूर्ण सम्बन्ध स्थापित होने में बाधक बन जाती है, यह दोष कोरोजन कहलाता है।

निवारण (Remedy) इस दोष के निवारण हेतु सेल के संयोजकों को गर्म पानी में भीगे कपड़े से समय-समय पर साफ करते रहना पड़ता है। इसके अतिरिक्त, संयोजकों पर ग्रीस का पतला लेप चढ़ा देना भी लाभदायक होता है।

बकलिंग Buckling

लैड-एसिड सेल को अधिक विद्युत धारा दर पर आवेशित अथवा विसर्जित करने पर उसकी प्लेटों के ऐंठ जाने और आपस में 'शॉर्ट-सर्किट' हो जाने की सम्भावना पैदा हो जाती है, यह दोष बकलिंग कहलाता है।

निवारण (Remedy) एसिड सेल को 6 एम्पियर से अधिक विद्युत धारा दर पर आवेशित और 25 एम्पियर से अधिक विद्युत धारा पर विसर्जित नहीं करना चाहिए। इस प्रकार, सेल में बकलिंग दोष पैदा नहीं हो पाता।

सल्फेशन Sulphation

यदि लैड-एसिड सेल एक सप्ताह से अधिक समय तक अप्रयोगित अवस्था में पड़ा रहे, तो प्लेटों का लैड-सल्फेट कड़ा होने लगता है और सेल की रिचार्जिंग कठिन हो जाती है। यह दोष सल्फेशन कहलाता है।

निवारण (Remedy) लैड-एसिड सेल को प्रति सप्ताह कम-से-कम एक बार आवेशित तथा विसर्जित करते रहना चाहिए। यदि किसी कारण किसी सेल में यह दोष स्थायी रूप धारण कर ले, तो उसे निम्न विद्युत धारा दर (1 एम्पियर) पर लम्बे समय तक आवेशित करके (ट्रिकिल चार्जिंग) ठीक करने का प्रयास करना चाहिए।

अन्य विवरण Specifications

पूर्ण आवेशित अवस्था में लैड-एसिड सेल का विद्युत वाहक बल 2.2 वोल्ट प्रति सेल होता है। सेल की विद्युत धारा प्रदान करने की क्षमता प्लेटों के आकार तथा उनकी संख्या पर निर्भर करती है। इसका आन्तरिक प्रतिरोध कम (2 ओह्म तक) होता है।

उपयोग Use

लैड-एसिड सेल का उपयोग बैटरी के रूप में मोटरगाड़ियों, रेल गाड़ियों आदि में उच्च दर पर विद्युत धारा प्रदान करने वाले एवं पुनरावेशित किए जा सकने वाले डी. सी. स्रोत के रूप में किया जाता है।

12.3 निकिल-कैडमियम सेल Nickel-cadmium Cell

सेल में धनात्मक प्लेटें ही होती हैं तथा ऋणात्मक प्लेटों में सक्रिय पदार्थ के रूप में कैडमियम ऑक्साइड तथा लौह का मिश्रण प्रयोग किया जाता है। इस मिश्रण में 2.8% से 4.5% तक सोलर तेल (solar oil) मिलाया जाता है, जिससे प्लेटों की कैपेसिटी स्थिर रहती है तथा कैडमियम प्रयोग करने से सेल का आन्तरिक प्रतिरोध घट जाता है। इलेक्ट्रोलाइट निकिल-लौह क्षारीय स्टोरेज सेल के समान ही इस सेल की प्लेटें समूहों में जुड़ी होती हैं। दोनों में अन्तर केवल इतना है कि निकिल कैडमियम सेल में धनात्मक प्लेटों की संख्या, ऋणात्मक प्लेटों से एक अधिक होती है एवं

किनारे की प्लेटें सदैव धनात्मक होती हैं तथा पात्र (container) से विद्युत रूप से जुड़ी रहती हैं। चित्र में निकिल-कैडमियम सेल की आन्तरिक संरचना तथा विभिन्न भागों को दर्शाया गया है।

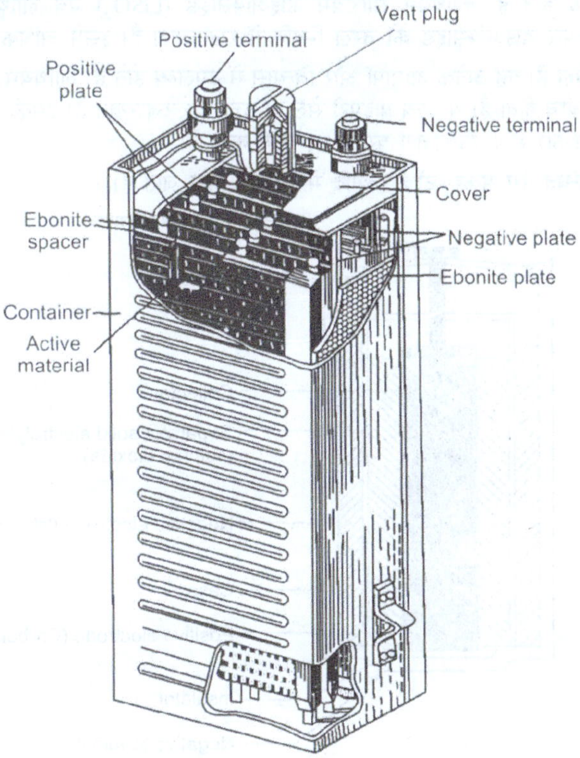

चित्र निकिल-कैडमियम क्षारीय स्टोरेज सेल के विभिन्न भाग

रासायनिक क्रियाएँ Chemical Reactions

निकिल-कैडमियम सेल में होने वाली रासायनिक क्रियाएँ निकिल-लौह सेल के लगभग समान ही हैं। प्लेटों पर होने वाली रासायनिक क्रियाएँ निम्न प्रकार से होती हैं

डिस्चार्जिंग के समय

धनात्मक प्लेट पर $$Ni(OH)_2 + 2K^+ \longrightarrow Ni(OH)_2 + 2KOH$$

ऋणात्मक प्लेट पर $$Cd^{++} + 2OH^- \longrightarrow Cd(OH)_2$$

चार्जिंग के समय

धनात्मक प्लेट पर $$Ni\,(OH)_2 + 2\,(OH)^- \longrightarrow Ni(OH)_4$$

ऋणात्मक प्लेट पर $$Cd\,(OH)_2 + 2K^+ \longrightarrow Cd + 2KOH$$

दोष Defect

क्षारीय सेलों में सल्फेशन, कोरोजन, बकलिंग प्रकार के दोष नहीं होते। हाँ, इसमें थोड़ा सेडीमेन्टेशन दोष अवश्य होता है, जिसका कोई निवारण नहीं है, परन्तु यह दोष इतनी अल्प मात्रा में होता है कि जब तक सेल में पर्याप्त मात्रा में गन्दगी एकत्र हो पाती है, तब तक उसका जीवन ही समाप्त हो जाता है।

अन्य विवरण Specifications

इस सेल का वि.वा.ब. 1.2 से 1.5 वोल्ट तक होता है। इसमें प्रयुक्त स्टील की प्लेटें काफी मजबूत होती हैं, इसलिए क्षारीय सेल की आयु, लैड-एसिड सेल से अधिक होती है। यह अधिक समय तक विसर्जित अवस्था में रह सकता है। लैड-एसिड सेल की अपेक्षा इसकी विद्युत धारा प्रदान करने की क्षमता (AH क्षमता) कम होती है और इसका आन्तरिक प्रतिरोध अधिक होता है।

12.4 लीथियम सेल Lithium Cell

लीथियम सेल दो प्रकार के होते हैं, लीथियम सोडियम डाइऑक्साइड ($LiSO_2$) एवं लीथियम थिनोइल क्लोराइड। लीथियम सोडियम डाइऑक्साइड सेल को, सल्फर डाइऑक्साइड को तरल स्थिति में रखा जाता है। इसमें अधिक दबाव का खोल प्रयोग किया जाता है।

ये भी प्राथमिक (प्राइमरी) सेल है। यह अनेक आमापों और विन्यास में उपलब्ध होते हैं। लीथियम के साथ प्रयुक्त रसायनों पर आधारित सेल की वोल्टेज 2.5 और 3.6 V के बीच होती है। ये अन्य प्राइमरी सेल से उच्च वोल्टेज रखते हैं। इसकी आयु 10 वर्ष होती है तथा इनमें उच्च ऊर्जा और भार अनुपात होता है। ये सेल-50 से + 75°C ताप परासों पर कार्य करते हैं।

ये सेल घड़ियों, हृदय सम्बन्धित पेस मेकर, टॉर्च इत्यादि में उपयोग किए जाते हैं।

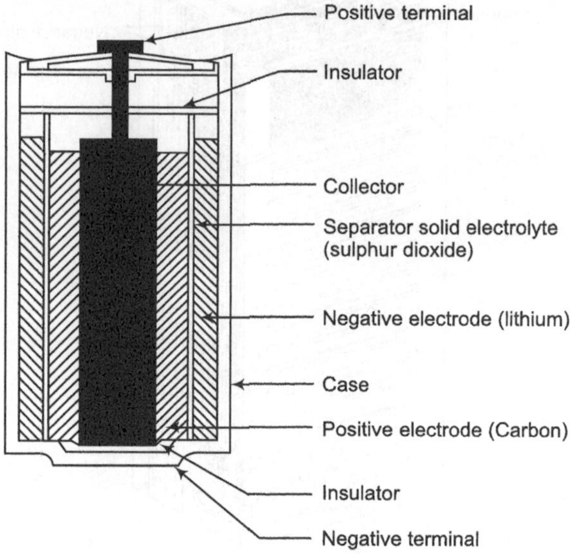

चित्र लीथियम सेल

12.5 बैटरी Battery

एक से अधिक सेलों को श्रेणी-क्रम, समानान्तर-क्रम या मिश्रित-क्रम में संयोजित करना उनका समूहन (grouping) कहलाता है। अतः स्पष्ट है कि "सेलों के समूह को बैटरी कहते हैं।" सेलों को निम्न प्रकार से संयोजित किया जा सकता है

श्रेणी समूह Series Group

"अधिक विद्युत वाहक बल प्राप्त करने के लिए सेलों को श्रेणी क्रम में संयोजित किया जाता है।" इस संयोजन में, एक सेल का ऋण सिरा, दूसरे सेल के धन सिरे से तथा दूसरे सेल का ऋण सिरा तीसरे सेल के धन सिरे से संयोजित किया जाता है और इसी क्रम में सेलों को आवश्यक संख्या में संयोजित किया जाता है।

श्रेणी समूह में, यदि सभी सेलों का विद्युत वाहक बल समान हो तो कुल विद्युत वाहक बल

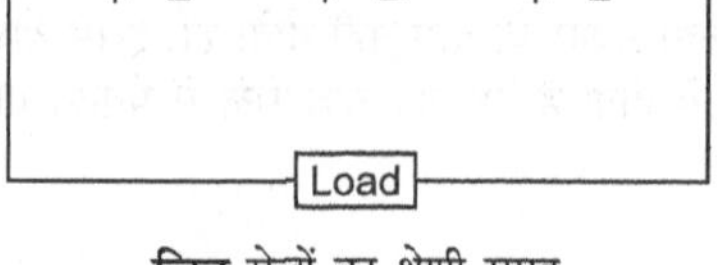

चित्र सेलों का श्रेणी समूह

$$E_T = n.\,E$$

कुल आन्तरिक प्रतिरोध $r_T = n.\,r$

परिपथ की कुल विद्युत धारा $I = \dfrac{n.\,E}{n.\,r + R}$

यहाँ,

$E_T =$ कुल विद्युत वाहक बल, वोल्ट्स में
$E =$ एक सेल का विद्युत वाहक बल, वोल्ट्स में
$n =$ सेलों की संख्या
$r =$ एक सेल का आन्तरिक प्रतिरोध, ओह्म में
$r_T =$ कुल आन्तरिक प्रतिरोध, ओह्म में
$I =$ कुल परिपथ विद्युत धारा, एम्पियर्स में
$R =$ लोड प्रतिरोध, ओह्म में।

समान्तर समूह Parallel Group

"अधिक मान की विद्युत धारा अथवा अधिक समय तक विद्युत धारा प्राप्त करने के लिए सेलों को समानान्तर क्रम में संयोजित किया जाता है" इस संयोजन में, सभी सेलों के धन सिरे एक बिन्दु पर तथा ऋण सिरे दूसरे बिन्दु पर संयोजित किए जाते हैं। समानान्तर समूह में यदि सभी सेलों का विद्युत वाहक बल समान हो तो कुल वि.वा.ब.

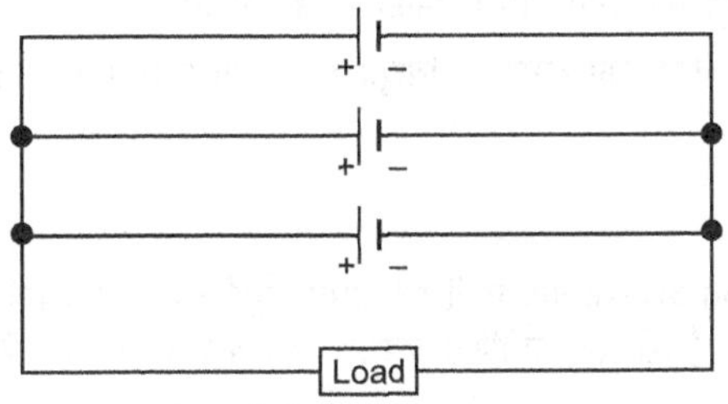

चित्र सेलों का समानान्तर समूह

$$E_T = E$$

कुल आन्तरिक प्रतिरोध $$r_T = \frac{r}{n}$$

परिपथ की कुल विद्युत धारा $$I = \frac{E}{\frac{r}{n} + R}$$

या $$I = \frac{n.E}{r + n.R}$$

यहाँ,

$E_T =$ कुल विद्युत वाहक बल वोल्ट्स में
$E =$ एक सेल का विद्युत वाहक बल, वोल्ट्स में
$n =$ सेलों की संख्या
$r =$ एक सेल का आन्तरिक प्रतिरोध, ओह्म में
$r_T =$ कुल आन्तरिक प्रतिरोध, ओह्म में
$I =$ कुल परिपथ विद्युत धारा, एम्पियर्स में
$R =$ लोड प्रतिरोध, ओह्म में।

मिश्रित समूह Mixed Group

अधिक विद्युत वाहक बल एवं अधिक समय तक विद्युत धारा प्राप्त करने के लिए सेलों को मिश्रित क्रम में संयोजित किया जाता है। इस संयोजन में सेलों के श्रेणी समूहों को समानान्तर क्रम में संयोजित किया जाता है इस संयोजन में यदि एक श्रेणी समूह में E विद्युत वाहक बल वाले n सेल संयोजित हों और ऐसे श्रेणी समूहों की संख्या m हो, तो कुल विद्युत वाहक बल

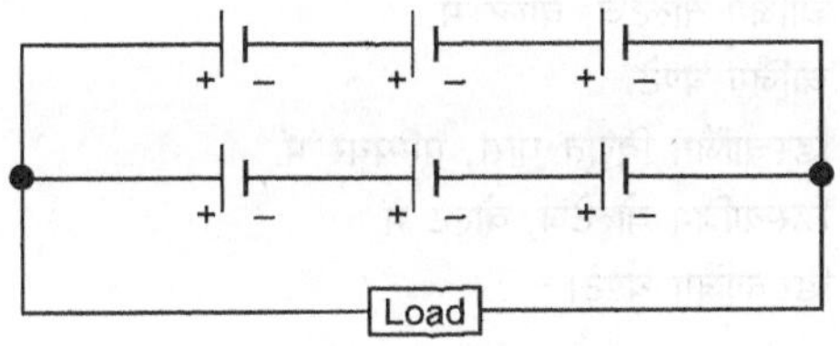

चित्र सेलों का मिश्रित समूह

$$E_T = n.E$$

कुल आन्तरिक प्रतिरोध $$r_T = \frac{n.r}{m}$$

परिपथ की कुल विद्युत धारा $$I = \frac{E_T}{r_T + R}$$

या $$I = \frac{n.E}{\frac{n.r}{m} + R}$$

या $$I = \frac{n.m.E}{n.r + m.R}$$

टिप्पणी अधिकतम बैटरी धारा के लिए $m.R = n.r$

बैटरी की क्षमता Capacity of a Battery

बैटरी की क्षमता सामान्यतः निम्न सूत्र का प्रयोग करके निकाली जा सकती है

बैटरी की क्षमता = विद्युत धारा (एम्पियर में) × घण्टे या Ah

यह निम्न दो प्रकार की होती है

पूर्ण क्षमता Full Capacity

पूर्ण आवेशित अवस्था से पूर्ण विसर्जित अवस्था तक मापी गई क्षमता, पूर्ण क्षमता कहलाती है, परन्तु यह क्षमता व्यावहारिक नहीं है, क्योंकि पूर्ण रूप से विसर्जित हो जाने के पश्चात् बैटरी को आवेशित करना बहुत कठिन हो जाता है।

सामान्य क्षमता Normal Capacity

लैड-एसिड बैटरी के सम्बन्ध में पूर्ण आवेशित अवस्था से 1.8 वोल्ट प्रति सेल विसर्जित अवस्था तक मापी गई क्षमता, सामान्य क्षमता कहलाती है। यदि किसी बैटरी की Ah क्षमता 72 है, तो इसका अर्थ यह है कि उससे 7.2 A विद्युत धारा 10 घण्टे तक प्राप्त की जा सकती है, परन्तु बैटरी से 72 एम्पियर विद्युत धारा 1 घण्टे तक प्राप्त नहीं की जा सकती, क्योंकि किसी बैटरी की अधिकतम विद्युत धारा प्रदान करने की दर निर्धारित कर दी जाती है, जिससे कि बैटरी खराब न हो सके।

बैटरी की दक्षता Efficiency of a Battery

किसी बैटरी की दक्षता को निम्न प्रकार से व्यक्त किया जाता है

एम्पियर-घण्टा दक्षता Ampere-hour Efficiency

$$\eta_{Ah}\% = \frac{\text{डिस्चार्जिंग एम्पियर – घण्टे}}{\text{चार्जिंग एम्पियर – घण्टे}} \times 100 \quad \text{या} \quad = \frac{I_d \times h_d}{I_c \times h_c} \times 100$$

वाट-घण्टा दक्षता Watt-hour Efficiency

$$\eta_{Wh}\% = \frac{\text{डिस्चार्जिंग वाट – घण्टे}}{\text{चार्जिंग वाट – घण्टे}} \times 100 \quad \text{या} \quad = \frac{V_d \times I_d \times h_d}{V_c \times I_c \times h_c} \times 100$$

$\therefore$ $$\text{वाट-घण्टा दक्षता} = \text{एम्पियर घण्टा दक्षता} \times \frac{V_d}{V_c}$$

यहाँ,
I_c = चार्जिंग विद्युत धारा, एम्पियर में
V_c = चार्जिंग वोल्टेज, वोल्ट में
h_c = चार्जिंग घण्टे
I_d = डिस्चार्जिंग विद्युत धारा, एम्पियर में
V_d = डिस्चार्जिंग वोल्टेज, वोल्ट में
h_d = डिस्चार्जिंग घण्टे।

लैड-एसिड बैटरी की एम्पियर-घण्टा क्षमता का मान 90 से 95% तक तथा वाट-घण्टा क्षमता का मान 80 से 85% तक होता है।

12.6 बैटरी चार्जिंग Battery Charging

द्वितीयक सेलों अथवा बैटरी को निर्माण के बाद ही आवेशित करने की आवश्यकता होती है। इसके अतिरिक्त बैटरी का आवेश घट जाने अथवा समाप्त हो जाने पर उसे पुनरावेशित करना पड़ता है। इस कार्य के लिए डी. सी. स्रोत की आवश्यकता होती है। यदि डी. सी. स्रोत उपलब्ध न हो, तो डी. सी. को डी. सी. में परिवर्तित करके भी बैटरी आवेशित की जाती है। ध्यान रखें कि बैटरी को आवेशित करते समय उसका धन संयोजक, स्रोत के धन सिरे तथा ऋण संयोजक, स्रोत के ऋण सिरे से संयोजित किया जाता है। बैटरी-चार्जिंग की प्रचलित विधियाँ निम्नलिखित हैं

स्थिर धारा चार्जिंग Constant Current Charging

इस विधि में चार्जिंग धारा का मान नियत रखा जाता है और इसलिए यह स्थिर धारा चार्जिंग विधि कहलाती है, इसमें एक या अधिक बैटरीज को श्रेणी-क्रम में संयोजित करके एक लैम्प बोर्ड के श्रेणी-क्रम में 110/220 वोल्ट डी. सी. से संयोजित किया जाता है।

इसमें, प्रारम्भिक चार्जिंग धारा को बैटरीज की Ah क्षमता के दसवें भागों के बराबर रखा जाता है। जब बैटरीज आधे से अधिक आवेशित हो जाती है, तो लैम्प बोर्ड के द्वारा चार्जिंग धारा का मान घटा दिया जाता है। बैटरी का वि. वा. ब., स्रोत वि. वा. ब. की अपेक्षा काफी कम होने के कारण इस विधि में वैद्युतिक शक्ति, वोल्टेज ड्रॉप करने में अनावश्यक रूप से व्यय होती है। अत: इस विधि का उपयोग अनेक बैटरीज को एकसाथ आवेशित करने के लिए ही किया जाता है।

स्थिर वोल्टेज चार्जिंग Constant Voltage Charging

इस विधि में चार्जिंग वोल्टेज का मान, पूर्ण आवेषण काल में नियत रहता है, इसीलिए यह विधि स्थिर वोल्टेज चार्जिंग विधि कहलाती है। चार्जिंग वोल्टेज (वि. वा. ब.) का मान बैटरी वोल्टेज से कुछ वोल्ट अधिक रखा जाता है। उदाहरण के लिए, 12 वोल्ट की बैटरी को आवेशित करने के लिए स्रोत विद्युत वाहक बल का मान 15 वोल्ट के लगभग रखा जाता है। बैटरी चार्जिंग के लिए प्राय: डायनमो प्रयोग किया जाता है; जैसे कि मोटर कार, बस, ट्रक आदि में। इसमें, प्रारम्भिक चार्जिंग धारा का मान अधिक रहता है और जैसे-जैसे बैटरी आवेश ग्रहण करती जाती है, चार्जिंग धारा का मान घटता जाता है। एक से अधिक बैटरीज को एक साथ इस विधि द्वारा आवेशित करने के लिए उन्हें समानान्तर क्रम में संयोजित किया जाता है।.

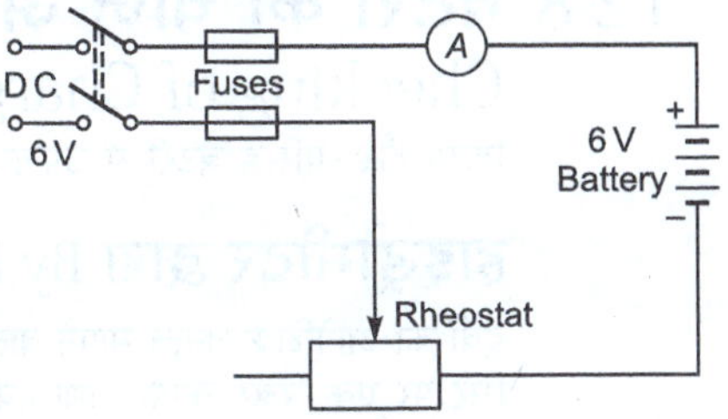

चित्र स्थिर वोल्टेज चार्जिंग

ट्रिकिल चार्जिंग Trickle Charging

सल्फेशन दोषयुक्त लैड-एसिड बैटरी को पुनर्जीवित करने के लिए अति निम्न विद्युत धारा दर (सामान्य चार्जिंग धारा का 2% से 3% तक) पर आवेशित करना, ट्रिकिल चार्जिंग कहलाती है। इस विधि द्वारा किसी बैटरी को आवेशित करने में एक सप्ताह अथवा इससे अधिक समय भी लग सकता है।

बैटरी चार्जर विधि Battery Charger Method

जब ए. सी. स्रोत उपलब्ध हो तो बैटरी चार्जर द्वारा बैटरी चार्जिंग की जाती है। यह उपकरण 230 वोल्ट, सिंगल फेज ए. सी. को 6V / 12V / 24V डी. सी. में परिवर्तित कर देता है। इसमें 3A/ 6A / 12A चार्जिंग दर पर विद्युत धारा प्रदान करने की सुविधा उपलब्ध होती है।

इसमें एक 230 V, सिंगल फेज ट्रांसफॉर्मर लगा होता है, जो ए. सी. को 6V / 142V/ 24V ए. सी. में परिवर्तित करता है।

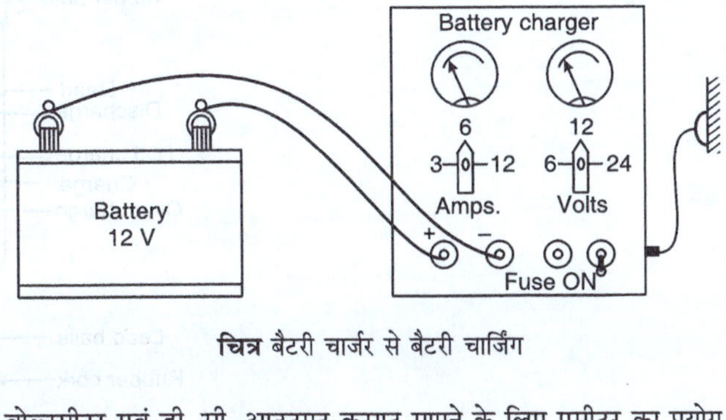

चित्र बैटरी चार्जर से बैटरी चार्जिंग

रेगुलेटर-ट्रांसफॉर्मर की द्वितीयक वाइण्डिंग में 6V, 12V तथा 24V के टेपिंग्स निकले हुए होते हैं। वोल्टेज रेगुलेटर का कार्य उन्हें आवश्यकतानुसार रेक्टीफायर से जोड़ना है एवं परिपथ से संयोजित करण्ट रेगुलेटर डी. सी. आउटपुट वोल्टेज मापने के लिए वोल्टमीटर एवं डी. सी. आउटपुट करण्ट मापने के लिए एमीटर का प्रयोग करते हैं। रेक्टीफायर परिपथ की विद्युत धारा को 3A, 6A तथा 12A पर सेट करता है। यह कार्य रेक्टीफायर्स की संख्या को बढ़ाकर सम्पन्न किया जाता है। उपरोक्त के अतिरिक्त बैटरी चार्जर में ए. सी. फ्यूज, ए. सी. ऑन/ऑफ स्विच, डी. सी. आउटपुट संयोजक, मेन लीड, परिपथ, डी. सी. संयोजक-लीड्स आदि होती हैं।

12.7 बैटरी की चार्ज अवस्थाएँ Charged Conditions of a Battery

लैड-एसिड बैटरी की चार्ज अवस्थाओं को निम्न प्रकार से व्यक्त किया जाता है

पूर्ण-चार्ज अवस्था Full-charge Condition

इस अवस्था में बैटरी का वि. वा. ब. 2.2 वोल्ट प्रति सेल तथा उसके इलेक्ट्रोलाइट का आपेक्षिक घनत्व 1.25 से 1.28 के बीच होता है। इसके अतिरिक्त, पूर्ण-चार्ज अवस्था में बैटरी के छिद्र से गैस के बुलबुले लगातार रूप से निकलने लगते हैं।

अर्द्ध-चार्ज अवस्था Half-charge Condition

इस अवस्था में बैटरी का वि. वा. ब. 2.0 से 2.15 वोल्ट प्रति सेल तथा उसके इलेक्ट्रोलाइट का आपेक्षिक घनत्व 1.20 से 1.25 के बीच होता है। इसके अतिरिक्त, इस अवस्था में बैटरी के छिद्र से गैस के बुलबुले कम निकलते हैं।

डिस्चार्ज्ड अवस्था Discharged Condition

इस अवस्था में बैटरी का विद्युत वाहक बल 2.0 वोल्ट प्रति सेल से कम होता है तथा उसके इलेक्ट्रोलाइट का आपेक्षिक घनत्व 1.18 या इससे कम होता है। इसके अतिरिक्त, इस अवस्था में बैटरी के छिद्र से बुलबुले नहीं निकलते हैं।

12.8 बैटरी की चार्ज अवस्था की जाँच Checking of Charged Condition of a Battery

किसी लैड-एसिड बैटरी में उपलब्ध आवेश की जाँच निम्न प्रकार से की जा सकती है

हाइड्रोमीटर द्वारा By Hydrometer

द्रवों का आपेक्षिक घनत्व मापने वाला सरल यन्त्र है—हाइड्रोमीटर। इसमें 'पॉलीग्लास' (polyglass) की एक बड़ी नली होती है। नली के ऊपरी सिरे पर एक 'रबर-कॉर्क' तथा एक 'रबर-बल्ब' होता है। नली के निचले सिरे पर एक कॉर्क तथा रबर-ट्यूब होती है। नली के बीच में एक 'फ्लोट' (flot) होता है।

जब 'रबर-बल्ब' को दबाकर, धीरे-धीरे मुक्त करते हुए नली में अम्ल/द्रव भरा जाता है, तो 'फ्लोट' उसमें तैरने लगता है। 'फ्लोट' के पतले भाग पर अंकित चिह्न अम्ल/द्रव का आपेक्षिक घनत्व दर्शाते हैं। द्रव पतला होने पर 'फ्लोट' का अधिक भाग उसमें डूब जाता है और इसके विपरीत द्रव गाढ़ा होने पर 'फ्लोट' का कम भाग उसमें डूबता है। बैटरी चार्जिंग कार्य में प्रयोग किए जाने वाले हाइड्रोमीटर में 'फ्लोट' के पतले भाग पर 'पूर्ण-चार्ज', 'अर्द्ध-चार्ज' तथा 'डिस्चार्ज' शब्द अंकित कर दिए जाते हैं।

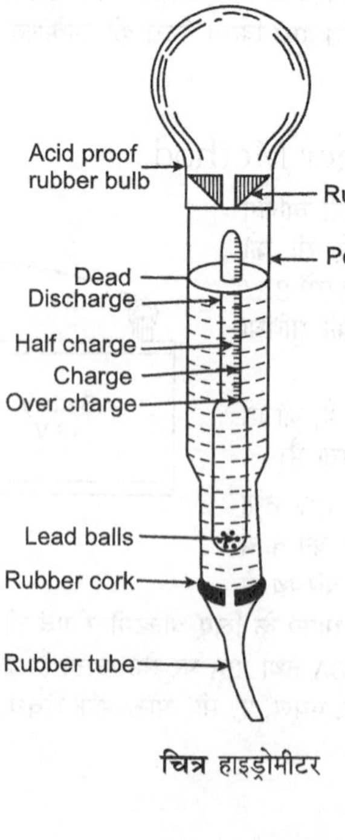

चित्र हाइड्रोमीटर

हाई-रेट डिस्चार्ज सेल-टैस्टर या टाँग-टैस्टर द्वारा By High-rate Discharge Cell-tester or Tong-tester

इसमें एक लकड़ी के दस्ते पर दो नुकीली लौह छड़ें तथा एक वोल्टमीटर जड़े होते हैं। छड़ों के ऊपरी सिरे, वोल्टमीटर से संयोजित होते हैं। छड़ों के मध्य में लोड-प्रतिरोधक तथा एक इण्डीकेटर लैम्प संयोजित होता है। छड़ों की दूरी इतनी रखी जाती है कि वह लैड-एसिड बैटरी के एक सेल के संयोजकों के ऊपर ठीक बैठें।

जब इस टैस्टर की छड़ों को लैड-एसिड सेल के संयोजकों पर दाब के साथ संयोजित करते हैं, तो लोड-प्रतिरोधक में से उच्च मान की विद्युत धारा प्रवाहित होती है और यन्त्र का वोल्टमीटर, वोल्टेज दर्शाता है। यह वोल्टेज, सेल की चार्ज अवस्था दर्शाता है। यदि वोल्टेज का मान तीव्रता से घटने लगता है और 2V से नीचे गिर जाता है तो इसका अर्थ है कि सेल, बहुत कम आवेशित है।

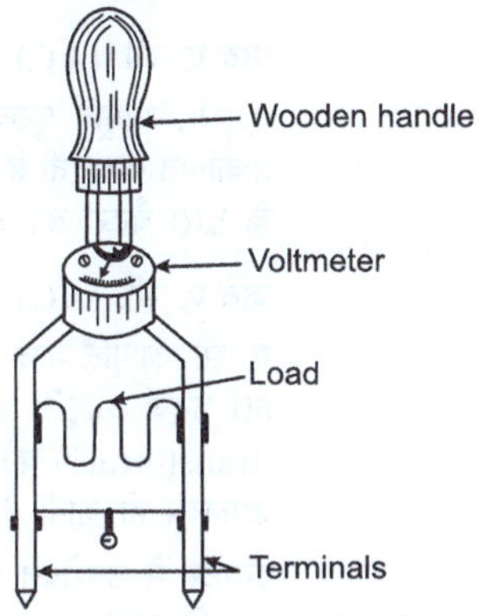

चित्र हाई-रेट डिस्चार्ज्ड सेल-टैस्टर

गैस-डिस्चार्ज द्वारा By Gas-discharge

यदि लैड-एसिड सेल से कोई गैस नहीं निकलती तो इसका अर्थ है कि सेल पूर्णरूप से अनावेशित है। यदि गैस के बुलबुले धीमी गति से निकल रहे हैं तो बैटरी अर्द्ध-आवेशित है, यदि गैस के बुलबुले तीव्रता से एवं लगातार निकल रहे हैं, तो बैटरी पूर्ण आवेशित हो चुकी है।

➡ **टिप्पणी** उपरोक्त तीनों प्रकार की जाँच विधियों में 'हाई-रेट डिस्चार्ज्ड सेल-टैस्टर' विधि अधिक विश्वसनीय है।

12.9 अनुरक्षण मुक्त सीलड बैटरीज Sealed Maintenance Free Batteries

आधुनिक समय में सीसा-अम्ल बैटरी में विद्युत-अपघट्य को कुछ लेई (paste) का रूप देकर सीलड अनुरक्षण मुक्त बैटरी तैयार हो रही है। इन बैटरियों में समय-समय पर आसुत जल (distilled water) डालने की कोई आवश्यकता नहीं होती और न ही आवेषण के समय इनमें गैसों का विसर्जन होता है। इस प्रकार की बैटरियों का उपयोग स्वचालित वाहनों, अबाधित शक्ति आपूर्ति एवं सचल इलेक्ट्रॉनिक उपकरणों में किया जाता है।

सीसा-अम्ल बैटरी के अतिरिक्त निकेल-कैडमियम और निकेल आयरन बैटरियों भी सीलड अनुरक्षण मुक्त बनाई जाती हैं। मोबाइल फोन तथा लैपटॉप आदि के लिए लीथियम-आयन (lithium-ion) बैटरियों का प्रयोग किया जाता है, जो सीलड अनुरक्षण मुक्त प्रकार की ही होती हैं।

इन्वर्टर Inverter

इन्वर्टर एक ऐसी शक्ति आपूर्ति इकाई है जो आउटपुट में निर्धारित वोल्टता की ए. सी. (जैसे 23 वोल्ट v. 50 हट्‌र्ज) अबाधित रूप से उपलब्ध कराती है।

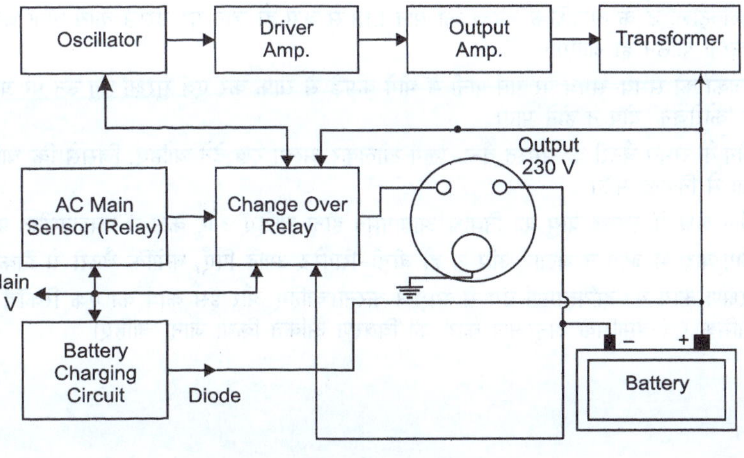

चित्र इन्वर्टर का ब्लॉक आरेख

ब्लॉक आरेख Block Diagram

बेसिक इन्वर्टर के ब्लॉक आरेख (परिपथ) की कार्य-प्रणाली को दो पदों (steps) में इस प्रकार समझा जा सकता है

जब ए. सी. (A.C.) उपलब्ध है When Alternating Current is Available

ए. सी. आपूर्ति मुख्य सेन्सर रिले में जाती है और साथ ही बैटरी आवेशन परिपथ तथा चेंज ओवर रिले में जाती है। ए. सी. आपूर्ति रिले को प्रचालित कर देती है और वह आउटपुट में जस-की-तस (as-it-is) उपलब्ध हो जाती है। इसके अतिरिक्त ए. सी. आपूर्ति बैटरी आवेशन परिपथ के द्वारा बैटरी का आवेशन करती रहती है।

जब ए. सी. (A.C.) उपलब्ध न हो When Alternating Current is not Available

ए. सी. आपूर्ति मन्द हो जाने की स्थिति में चेंज ओवर रिले बैटरी से उत्तेजित होकर ऑसिलेटर परिपथ को चालू कर देती है। ऑसिलेटर परिपथ 50 हर्ट्ज आवृत्ति का ए. सी. संकेत पैदा करता है, जिसे ड्राइवर तथा आउटपुट प्रवर्द्धक के द्वारा प्रवर्द्धित करके एक उच्चायी परिणामित्र (transformer) को दिया जाता है, जो उसे 230 वोल्ट ए. सी. में परिवर्तित कर देता है। यह ए. सी. चेंज ओवर रिले के माध्यम से आउटपुट में उपलब्ध हो जाती है।

इन्वर्टर में उपरोक्त परिपथ के अतिरिक्त कुछ सुरक्षा परिपथ भी लगाए जाते हैं; जैसे

- अति आवेशन सुरक्षा,
- अति भार सुरक्षा तथा
- निम्न बैटरी सुरक्षा आदि।

12.10 बैटरी अनुरक्षण Battery Maintenance

लैड-एसिड बैटरीज को लम्बे समय तक कार्य करने योग्य बनाए रखने के लिए उनका नियमित अनुरक्षण आवश्यक है, अन्यथा ये कुछ ही समय में निष्प्रयोज्य (unserviceable) हो जाती हैं। इस विषय में निम्न बिन्दुओं की ओर ध्यान देना आवश्यक है

1. नई बैटरी से अधिक-से-अधिक कार्य लेना चाहिए, जिससे कि वह क्रियाशील हो जाए।
2. बैटरी को सप्ताह में एक बार डिस्चार्ज कर (अर्थात् उससे कार्य लेकर) पुनः आवेशित अवश्य करते रहना चाहिए।
3. बैटरी को लम्बे समय तक विसर्जित अवस्था में नहीं पड़े रहने देना चाहिए, अन्यथा उसमें 'सल्फेशन' दोष पैदा हो जाता है और उसे पुनः आवेशित करना कठिन हो जाता है।
4. बैटरी-आवेशन की दर Ah/10 से अधिक नहीं होनी चाहिए। इसी प्रकार बैटरी-विसर्जन की दर सामान्यतः 25A से अधिक नहीं होनी चाहिए, अन्यथा बैटरी में 'बकलिंग' दोष पैदा हो जाता है और वह 'शॉर्ट-सर्किट' होकर निष्प्रयोज्य हो जाती है।
5. बैटरी की प्लेटें, इलेक्ट्रोलाइट में पूरी तरह डूबी रहनी चाहिए और इलेक्ट्रोलाइट का तल प्लेटों से लगभग 0.5 सेमी ऊपर होना चाहिए, अन्यथा प्लेटों का ऊपरी भाग निष्क्रिय हो जाएगा। समय-समय पर बैटरी में आसुत जल (distilled water) डालते रहना चाहिए।
6. आवश्यक होने पर बैटरी में केवल आसुत जल ही डालना चाहिए।
   साधारण जल डालने से, जल की अशुद्धियाँ बैटरी की तली में एकत्र हो जाएँगी और उसमें सेडीमेन्टेशन दोष तीव्रता से विकसित होने लगेगा।
7. बैटरी के इलेक्ट्रोलाइट के आपेक्षिक घनत्व का मान 1.18 से कम हो जाने पर उससे कार्य लेना बन्द कर देना चाहिए, अन्यथा उसे पुनः आवेशित करना कठिन हो जाएगा।
8. बैटरी संयोजकों को समय-समय पर गर्म पानी में भीगे कपड़े से साफ कर एवं सुरक्षा हेतु उन पर ग्रीस का पतला लेप करते रहना चाहिए, जिससे कि 'कोरोजन' दोष न होने पाए।
9. बैटरी चार्जिंग के समय बैटरी के समस्त वैन्ट-प्लग खोलकर अलग रख देने चाहिए, जिससे कि चार्जिंग के समय बैटरी से निकलने वाली गैसें सुगमता से निकल सकें।
10. बैटरी चार्जिंग कक्ष में स्वच्छ वायु का निर्बाध आवागमन होना चाहिए और कक्ष में ज्वलनशील पदार्थ रखा हुआ नहीं होना चाहिए।
11. बैटरी चार्जिंग कक्ष में आग न जलाएँ और न ही बीड़ी-सिगरेट आदि पिएँ, क्योंकि बैटरी से निकलने वाली गैसें ज्वलनशील होती हैं।
12. बैटरी अनुरक्षण कार्य को दायित्वपूर्ण ढंग से सम्पन्न करना चाहिए और इस कार्य का एक रिकॉर्ड बना लेना चाहिए, जिसमें साप्ताहिक, पाक्षिक, मासिक एवं त्रैमासिक अनुरक्षण कार्य का विवरण अंकित किया जाना चाहिए।

अभ्यास प्रश्न

परीक्षा प्रारूपी प्रश्न

बहुविकल्पीय

1. बैटरी की एम्पियर क्षमता बढ़ाने के लिए सैल्स को ………. में संयोजित किया जाता है।
   (a) सीरीज में (b) समानान्तर में
   (c) सीरीज-पैरेलल में (d) पैरेलल-सीरीज में

2. लैड-एसिड सेल में सक्रिय पदार्थ (active material) होता है
   (a) लैड परॉक्साइड (b) स्पंजी लैड
   (c) तनु गन्धक का अम्ल (d) ये सभी

3. किसी बैटरी की क्षमता (capacity) मापी जाती है
   (a) किलोवाट-घण्टा में (b) वाट्स में
   (c) एम्पियर में (d) एम्पियर-घण्टा में

4. लैड-एसिड सेल की तुलना में निकेल-आयरन सेल की दक्षता (efficiency) कम होती है नमीयुक्त क्योंकि
   (a) इसका विद्युत वाहक बल कम होता है
   (b) इसमें कम इलेक्ट्रोलाइट प्रयुक्त होता है
   (c) इसका आन्तरिक प्रतिरोध उच्च होता है
   (d) इसकी संरचना सघन होती है

5. जब लोड प्रतिरोध R_L का मान सेलों के कुल आन्तरिक प्रतिरोध r_T के तुल्य हो जाता है, तो
   (a) सर्किट करण्ट अधिकतम होता है
   (b) लोड को अधिकतम शक्ति प्राप्त होती है
   (c) लोड के एक्रॉस अधिकतम वि. वा. ब. प्राप्त होता है
   (d) परिपथ की दक्षता उच्च होती है

6. लैड-एसिड सेल पुनः आवेशित किए जाने योग्य होता है, क्योंकि
   (a) इसमें तनु गन्धक का अम्ल, इलेक्ट्रोलाइट के रूप में प्रयोग किया जाता है
   (b) इसकी रासायनिक प्रक्रिया उत्क्रमणीय (reversible) होती है
   (c) यह एक नमीयुक्त सेल है
   (d) इसके इलेक्ट्रोलाइट का आपेक्षिक घनत्व उच्च होता है

7. एक 144 Ah बैटरी, 8 एम्पियर करण्ट लगभग ………. घण्टों तक प्रदान कर सकती है।
   (a) 10 (b) 12 (c) 15 (d) 18

8. निकेल-आयरन सेल होता है
   (a) नमीयुक्त सेकेण्डरी सेल (b) शुष्क प्राथमिक सेल
   (c) नमीयुक्त प्राथमिक सेल (d) शुष्क द्वितीयक सेल

9. यदि किसी लैड-एसिड बैटरी को लम्बे समय तक निष्क्रिय रखना हो, तो
   (a) बैटरी को ओवरचार्ज कर देना चाहिए
   (b) इलेक्ट्रोलाइट निकाल देना चाहिए
   (c) प्लेट्स को आसुत जल से धो देना चाहिए
   (d) बैटरी का इलेक्ट्रोलाइट निकालकर, बैटरी को सुखाकर, शुष्क, ठण्डे व स्वच्छ स्थान में सुरक्षित रख देना चाहिए

10. चार्जिंग के समय लैड-एसिड सेल विद्युत ऊर्जा को परिवर्तित करता है
    (a) ऊष्मीय ऊर्जा में (b) रासायनिक ऊर्जा में
    (c) प्रकाश ऊर्जा में (d) यान्त्रिक ऊर्जा में

11. इलेक्ट्रोलाइट में उपस्थित अशुद्धियों के कारण सेल की प्लेट्स में आन्तरिक शॉर्ट-सर्किट पैदा हो सकता है, जो ……… कहलाता है।
    (a) विध्रुवण (b) विद्युत-विच्छेदन
    (c) स्थानीय क्रिया (d) ध्रुवण

12. प्राथमिक सेल में पैदा होने वाले स्थानीय क्रिया दोष को दूर किया जा सकता है
    (a) सेल को आवेशित करके
    (b) सेल को केवल अल्प समय के लिए प्रयोग करके
    (c) इलेक्ट्रोड पर पारे की पर्त चढ़ाकर
    (d) किसी भी विधि से नहीं

13. द्वितीयक सेल का मुख्य लाभ है कि
    (a) इसे सचल वैद्युतिक स्रोत के रूप में प्रयोग किया जा सकता है
    (b) इसे पुनः आवेशित किया जा सकता है
    (c) इसका मूल्य कम होता है
    (d) इसका आकार छोटा होता है

14. निम्न प्रक्रिया में 'गैसिंग' (gassing) सम्पन्न होती है
    (a) शुष्क सेल की डिस्चार्जिंग प्रक्रिया में
    (b) लैड-एसिड सेल की डिस्चार्जिंग प्रक्रिया में
    (c) लैड-एसिड सेल की चार्जिंग प्रक्रिया में
    (d) उपरोक्त में से कोई नहीं

15. लैड-एसिड सेल के लिए इलेक्ट्रोलाइट तैयार किया जाता है
    (a) हाइड्रोक्लोरिक अम्ल को जल में घोलकर
    (b) सल्फ्यूरिक अम्ल को जल में घोलकर
    (c) जल में हाइड्रोक्लोरिक अम्ल को घोलकर
    (d) जल में सल्फ्यूरिक अम्ल को घोलकर

16. किसी स्टोरेज बैटरी की क्षमता (capacity), निर्भर करती है
    (a) उसकी प्लेट्स के क्षेत्रफल पर (b) उसकी प्लेट्स की मोटाई पर
    (c) इलेक्ट्रोलाइट के घनत्व पर (d) उपरोक्त में से कोई नहीं

17. डिस्चार्ज्ड बैटरी का आन्तरिक प्रतिरोध
    (a) घट जाता है (b) वही रहता है
    (c) बढ़ जाता है (d) ऋणात्मक हो जाता है

18. चित्र में दर्शाए गए परिपथ का प्रभावी वि.वा.ब. (E_T) कितना होगा?

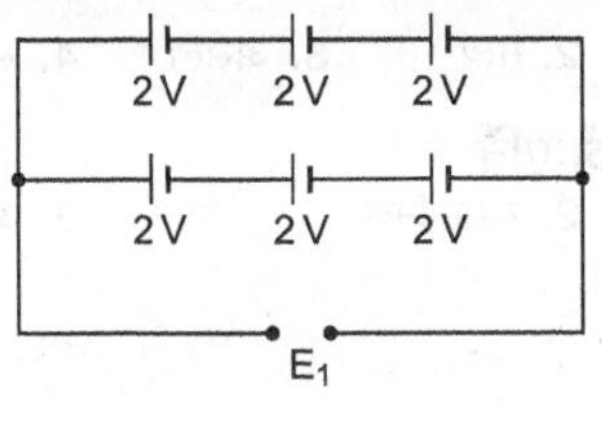

(a) 6V (b) 12V
(c) 4V (d) 2V

19. निम्न में से कौन-सा सेल प्राथमिक सेल नहीं है?
(a) डेनियल सेल
(b) लैकलांची सेल
(c) लैड-एसिड सेल
(d) शुष्क सेल

20. चित्र में 1.5V के 6 सेलों को श्रेणी-क्रम में जोड़ा गया है। + और – टर्मिनल्स के आर-पार जुड़ा वोल्टमीटर निम्न माप दर्शाएगा

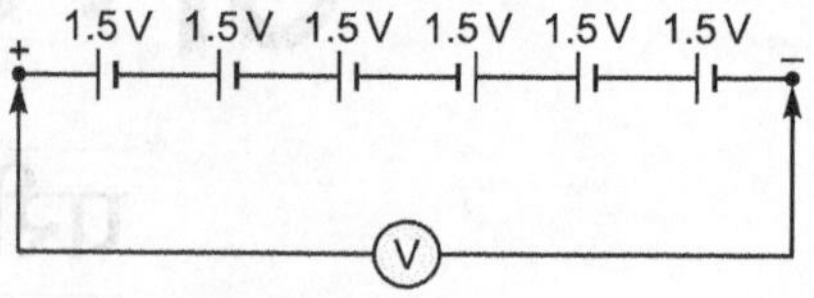

(a) 4.5 V (b) 6.0 V (c) 7.5 V (d) 9.0 V

विविध प्रारूपी प्रश्न

सत्य/असत्य

1. बैटरी को निम्न चार्जिंग करण्ट दर पर लम्बे समय तक चार्ज करना 'ट्रिकिल चार्जिंग' कहलाता है।

2. लैड-एसिड बैटरी को पूर्ण आवेशित करने के पश्चात् उसके इलेक्ट्रोलाइट का आपेक्षिक घनत्व 1.25 हो जाता है।

3. सेल का आन्तरिक प्रतिरोध उसकी आउटपुट करण्ट को सीमित करता है।

4. लैड-एसिड बैटरी को डिस्चार्जिंग प्रक्रिया में दोनों प्रकार की प्लेट्स, लैड सल्फेट में परिवर्तित हो जाती हैं।

5. स्थानीय क्रिया, प्राथमिक सेल के जीवन को घटा देती है।

रिक्त स्थानों की पूर्ति

1. सेलों का समूह .... कहलाता है।

2. लैड-एसिड बैटरी में चार्जिंग के समय वैद्युतिक ऊर्जा, ... ऊर्जा में परिवर्तित हो जाती है।

3. किसी सेल के विद्युत वाहक बल एवं लोड पर टर्मिनल वोल्टेज में अन्तर पैदा होने का मुख्य कारण है, उसका .... ।

4. लीथियम सेल का विद्युत वाहक बल .... होता है।

5. लैड-एसिड बैटरी का आपेक्षिक घनत्व मापने के लिए .... नामक यन्त्र प्रयोग किया जाता है

अतिलघु उत्तरीय

1. प्राथमिक सेल कितने प्रकार के होते हैं?

2. लैड-एसिड सेल की प्लेटों का निर्माण करने हेतु कौन-कौन सी विधियाँ प्रयोग में लाई जाती हैं? इन विधियों में कौन-सी विधि अधिक प्रचलित है?

3. पूर्ण चार्ज सेल की क्या-क्या पहचान हैं?

4. प्रतिशत वाट-घण्टा दक्षता (W-H.η) का सूत्र लिखिए।

5. विद्युत अपघट्य/इलेक्ट्रोलाइट का आपेक्षित घनत्व पानी के आपेक्षित घनत्व के सापेक्ष मापने के लिए जो उपकरण प्रयोग में लाया जाता है। उसका नाम बताइए?

लघु उत्तरीय

1. प्राथमिक एवं द्वितीयक (primary and secondary) सेल किसे कहते हैं?

2. प्रतिशत एम्पियर-घण्टा एवं वाट-घण्टा दक्षता (efficiency) के सूत्र लिखिए।

3. संचायक सेलों के आवेशन (charging of storage cell) की विधियों के नाम लिखिए।

दीर्घ उत्तरीय

1. सेलों का वर्गीकरण कीजिए एवं निकेल कैडमियम सेल को समझाइए।

2. लैड-एसिड एवं क्षारीय सेलों में मुख्य अन्तर बताइए।

3. बैटरी निर्माणक संयोजनों को चित्रसहित समझाइए।

उत्तरमाला

■ बहुविकल्पीय

1. (b)	**2.** (d)	**3.** (d)	**4.** (c)	**5.** (a)	**6.** (b)	**7.** (d)	**8.** (a)	**9.** (d)	**10.** (b)
11. (c)	**12.** (c)	**13.** (b)	**14.** (c)	**15.** (b)	**16.** (a)	**17.** (c)	**18.** (a)	**19.** (c)	**20.** (b)

■ सत्य/असत्य

1. सत्य **2.** सत्य **3.** असत्य **4.** सत्य **5.** सत्य

■ रिक्त स्थानों की पूर्ति

1. बैटरी **2.** रासायनिक **3.** आन्तरिक प्रतिरोध **4.** 2.5 V से 3.6 V **5.** हाइड्रोमीटर

❑❑❑

अध्याय 13 **WEEK 13**

संचार इलेक्ट्रॉनिक्स
Communication Electronics

परिचय Introduction

एक स्थान से सूचना को प्रेषित (transmit) करना एवं दूसरे स्थान पर प्रेषित सूचना को पुनः प्राप्त (receive) करना ही संचार (communication) कहलाता है। संचार आधुनिक युग के सभी क्षेत्रों का महत्त्वपूर्ण अंग बन चुका है। इलेक्ट्रॉनिक्स के क्षेत्र में सूचना सिग्नल को विभिन्न स्थानों पर भेजने की आवश्यकता रहती है तथा संचार, इलेक्ट्रॉनिक्स में एक नया व तेजी से उभरने वाला क्षेत्र बनकर आया है। इसलिए संचार सम्बन्धी तथ्यों का अध्ययन अलग से संचार इलेक्ट्रॉनिक्स विधा के अन्तर्गत किया जाता है।

13.1 मॉडुलेशन Modulation

इलेक्ट्रॉनिक्स और दूरसंचार में, एक आवधिक तरंग (periodic wave) के एक या अधिक गुण को किसी संकेत तरंग (signal wave) द्वारा परिवर्तित करने की प्रक्रिया को मॉडुलेशन कहते हैं तथा उस आवधिक तरंग को वाहक तरंग (carrier wave) भी कहते हैं। अन्य शब्दों में, ''वाहक तरंग के साथ संकेत तरंग को सम्मिलित करने की प्रक्रिया को मॉडुलेशन कहते हैं।''

वाहक तरंगें Carrier Waves

रेडियो फ्रीक्वेन्सी तथा समान आयाम (amplitude) युक्त वे विद्युत चुम्बकीय तरंगें, जिनका प्रयोग ऑडियो फ्रीक्वेन्सी सिग्नल को उच्च फ्रीक्वेन्सी की तरंगों के साथ मॉडुलित करके दूरस्थ स्थानों तक भेजने के लिए किया जाता है, वाहक तरंगें कहलाती हैं। ये तरंगें 3×10^8 मीटर/सेकण्ड (प्रकाश की चाल) की गति से चलती हैं।

संकेत तरंगें Signal Waves

कम आवृत्ति (frequency) के संकेतों; जैसे—ध्वनि तथा दृश्य संकेत को, संकेत तरंगें कहते हैं। प्रायः संकेत तरंगों का आयाम (amplitude) एक समान नहीं होता, बल्कि सिग्नल की स्ट्रेन्थ के साथ बदलता रहता है। संकेत तरंग की शक्ति (power) को डेसीबल (dB) में मापा जाता है। प्रायः संकेत तरंगें (signal waves) कम आवृत्ति (low frequency) की होती हैं। कम आवृत्ति की तरंगों को निम्नलिखित कारणों से दूरस्थ स्थान पर प्रेषित नहीं किया जा सकता है

एण्टीना की लम्बाई Length of Antenna

ध्वनि तरंगें 20 Hz से 20 kHz के फ्रीक्वेन्सी बैण्ड में होती हैं। प्रसारण में एण्टीना की लम्बाई को तरंगदैर्ध्य (wavelength) के सन्दर्भ में व्यक्त किया जाता है।

एण्टीना की लम्बाई, $$L = \frac{\lambda}{2} \quad (\lambda = \text{तरंगदैर्ध्य})$$

तथा $$\lambda = \frac{c}{f}$$

जहाँ c = निर्वात में प्रकाश की चाल,
f = तरंग की आवृत्ति।

अतः कम आवृत्ति (frequency) के लिए एण्टीना की लम्बाई (L) बहुत अधिक होगी, जोकि व्यावहारिक रूप में सम्भव नहीं है।

अन्य संकेतों का मिश्रण Interference of Different Signals

सभी ध्वनि तरंगें 20 Hz से 20 kHz के फ्रीक्वेन्सी बैण्ड में होती हैं। यदि ध्वनि संकेतों को बिना मॉडुलेशन के प्रेषित किया जाता है, तो विभिन्न स्रोतों से प्राप्त हो रहे संकेतों का मिश्रण (mixing of signals) हो सकता है। मॉडुलेशन रेडियो फ्रीक्वेन्सी स्पेक्ट्रम को अलग करने में सहायता करता है।

संकेतों में अप्रत्याशित भिन्नता Abnormal Difference between Signals

वाहक तरंग का आयाम, आवृत्ति, कला, नियत व स्थिर रहता है। मॉडुलेशन की प्रक्रिया में इन गुणों में से किसी एक को संकेत तरंग (signal wave) द्वारा परिवर्तित करके प्रेषित किया जाता है। अत: इसमें अन्य संकेत द्वारा विरूपण (distortion) की सम्भावना बहुत कम होती है, जबकि अमॉडुलित तरंग में अप्रत्याशित परिवर्तन की सम्भावना अधिक होती है। इन सभी दोषों के कारण ही संचार क्षेत्र में मॉडुलेशन की आवश्यकता पड़ती है।

मॉडुलेशन के प्रकार Types of Modulation

मॉडुलेशन प्रक्रम को मुख्यत: तीन प्रकारों में विभाजित किया जाता है, जिनका वर्णन निम्न प्रकार है

आयाम मॉडुलेशन Amplitude Modulation

वह मॉडुलेशन, जिसमें उच्च आवृत्ति वाहक संकेत (high frequency carrier signal) का आयाम, संकेत तरंग (signal wave) के आयाम के अनुसार परिवर्तित होता है, आयाम मॉडुलेशन कहलाता है। आयाम मॉडुलेशन (AM) में वाहक तरंग (carrier wave) की आवृत्ति (frequency) स्थिर रहती है। ए.एम. (AM) का उपयोग रेडियो ट्रांसमिशन में किया जाता है। इसके चैनल की चौड़ाई (width) प्राय: 10 kHz होती है।

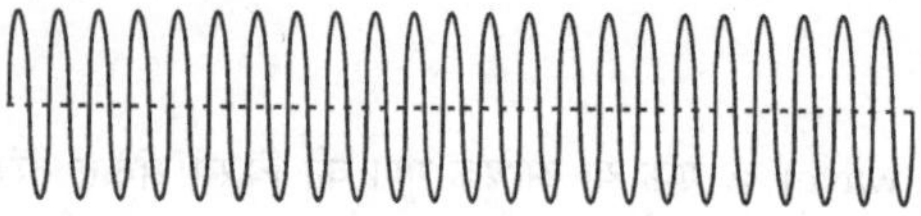

(a) वाहक तरंग

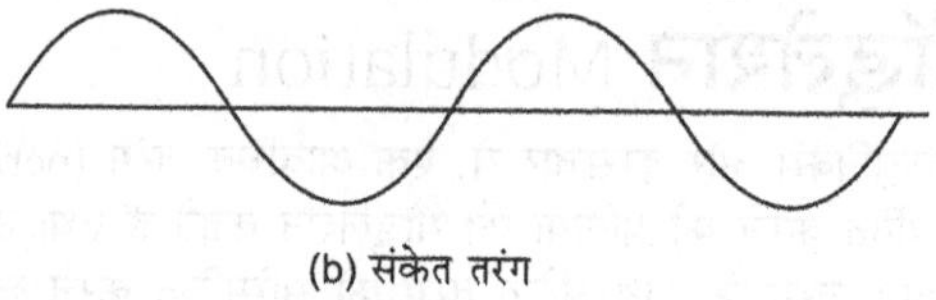

(b) संकेत तरंग

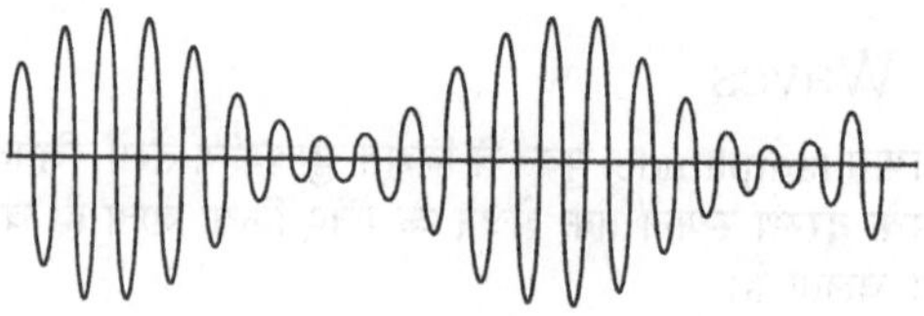

(c) आयाम मॉडुलेशन

SSB-SC तकनीक SSB-SC Technique

SSB-SC का अर्थ है— Single Side Band Supressed Carrier। यह एम्प्लीट्यूड मॉडुलेशन का एक रूप है, जो अपेक्षाकृत अधिक कुशलता से बैण्ड विड्थ (bandwidth) और ट्रांसमिटिंग शक्ति (transmitting power) का उपयोग करता है। एम्प्लीट्यूड मॉडुलेशन में प्राप्त सिग्नल की बैण्ड विड्थ, बेसबैण्ड सिग्नल (मूल सिग्नल) की बैण्ड विड्थ से दोगुनी होती है। एकल साइड बैण्ड दाब वाहक (single side band supressed carrier, SSB-SC) मॉडुलेशन इस बैण्ड विड्थ दोहरीकरण (bandwidth doubling) को रोकता है तथा वाहक तरंग की शक्ति को व्यर्थ होने से भी बचाता है, परन्तु इस प्रकार के मॉडुलेशन में रिसीवर की जटिलता बढ़ जाती है तथा ट्यूनिंग भी मुश्किल होती है।

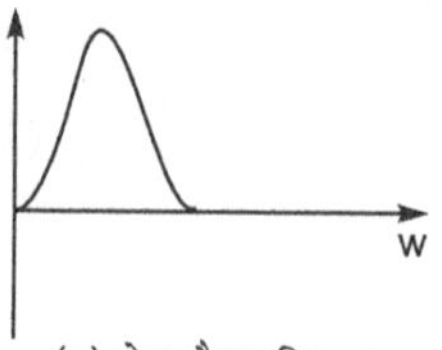

(a) बेस बैण्ड सिग्नल

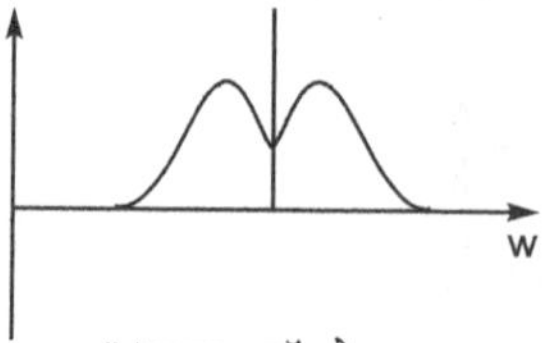

(b) ए.एम. मॉडुलेशन

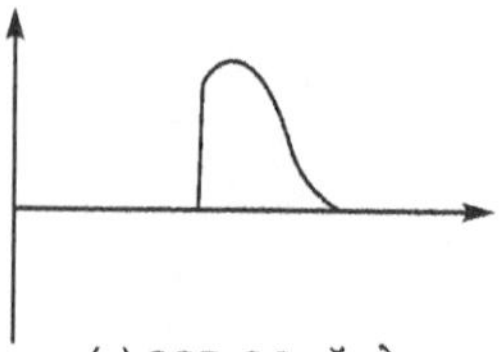

(c) SSB-SC मॉडुलेशन

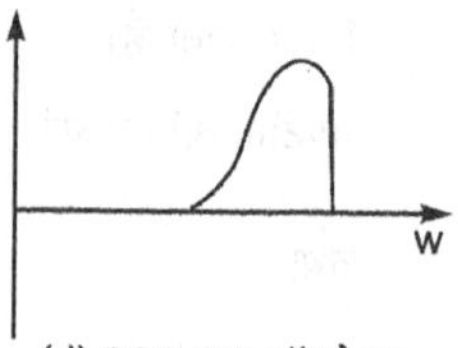

(d) SSB-SC मॉडुलेशन

DSB-SC **तकनीक** DSB-SC Technique

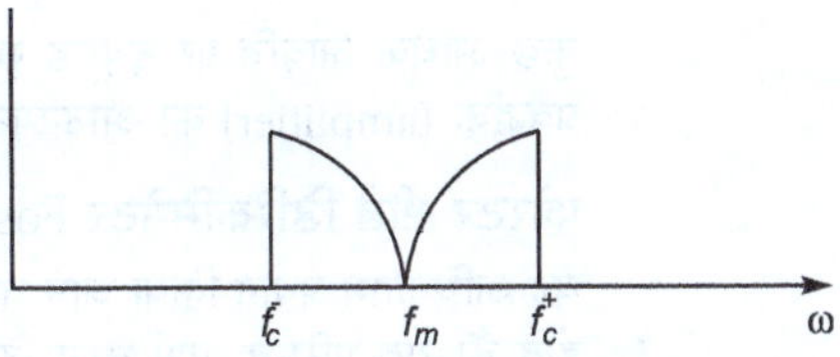

चित्र DSB-SC का स्पेक्ट्रम आरेख

DSB-SC, Double Side Band Suppressed Carrier का संक्षिप्त नाम है। इस प्रकार के मॉडुलेशन में वाहक तरंग (carrier wave) की शक्ति को बहुत कम कर दिया जाता है तथा साइड बैण्ड फ्रीक्वेन्सी ही सिग्नल में उपस्थित रहती है। DSB-SC में ए.एम. मॉडुलेशन के विपरीत, वाहक तरंग (carrier wave) प्रसारित नहीं की जाती है। DSB-SC, मूल रूप में बिना वाहक वाली एम्प्लीट्यूड मॉड्यूलित तरंग होती है। इस प्रकार यह तरंग शक्ति व्यर्थ होने से बचाती है तथा लगभग 100% कुशलता देती है। ए.एम. ट्रांसमिशन की कुशलता अधिकतम 33% होती है।

चूँकि $E =$ साइड बैण्ड शक्ति/(साइड बैण्ड शक्ति + वाहक तरंग की शक्ति)

आवृत्ति मॉडुलेशन Frequency Modulation

वह मॉडुलेशन, जिसमें उच्च आवृत्ति वाहक तरंग की आवृत्ति, संकेत तरंग के एम्प्लीट्यूड के अनुसार परिवर्तित होती है, फ्रीक्वेन्सी मॉडुलेशन कहलाता है। फ्रीक्वेन्सी मॉडुलेशन (FM) में वाहक तरंग का आयाम (amplitude) स्थिर रहता है। एफ.एम. (FM) का उपयोग टी.वी. ट्रांसमिशन तथा माइक्रोवेव कम्युनिकेशन में किया जाता है। इसकी चैनल विड्थ 150 kHz होती है।

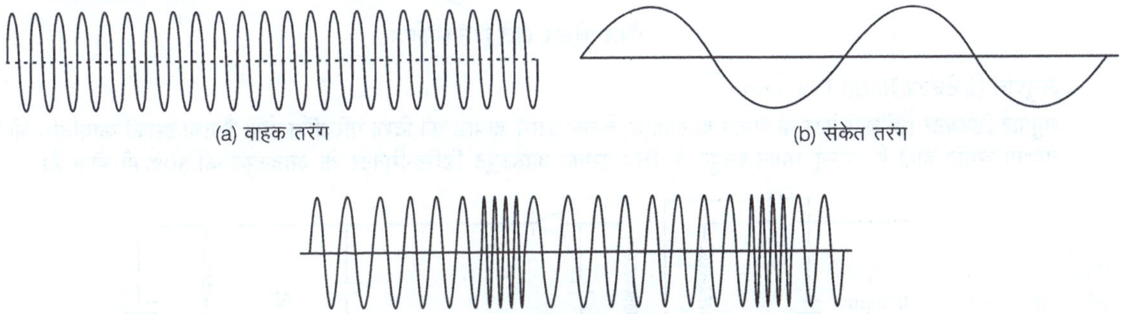

(a) वाहक तरंग (b) संकेत तरंग (c) एफ. एम. वेव

चित्र आवृत्ति मॉडुलेशन

एफ.एम. उत्पादन Generation of FM

एफ.एम. का उत्पादन एक सरल क्रिया है। इसे सरलता से, वोल्टेज से आवृत्ति परिवर्तक द्वारा प्राप्त किया जा सकता है। यदि एक वोल्टेज नियन्त्रित संधारित्र को, एक ऑसीलेटर के पुन: निविष्ट लूप (feedback loop) में लगा दें तथा इस पर मॉडुलेटिंग सिग्नल को लगाने पर, ऑसीलेटर का आउटपुट FM सिग्नल होता है।

एफ.एम. का डिटेक्शन Detection of FM

एफ.एम. डिटेक्शन वह क्रिया है, जिसमें FM वेव को पुन: सन्देश सिग्नल में परिवर्तित किया जाता है। यह कार्य प्राय: निम्न चार डिटेक्टर परिपथों द्वारा किया जाता है।

स्लोप डिटेक्टर Slope Detector

यह एक सरलतम एफ.एम. डिटेक्टर है। चित्र में एक स्लोप डिटेक्टर दर्शाया गया है।

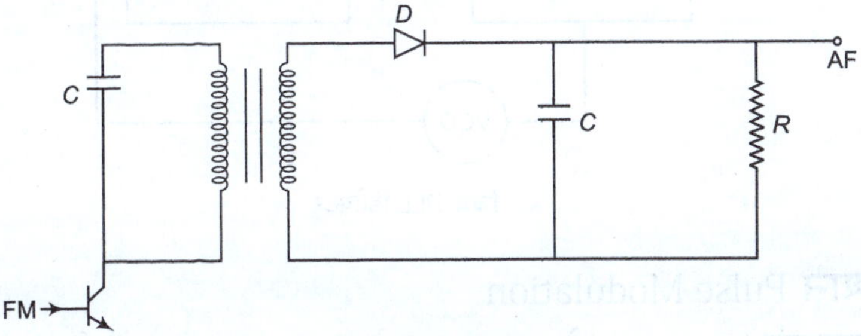

चित्र स्लोप डिटेक्टर

स्लोप डिटेक्टर की कार्यविधि बहुत सरल है। प्रवर्द्धक का आउटपुट परिपथ, वाहक तरंग की आवृत्ति या अधिकतम विचलन के योग के बराबर से कुछ अधिक आवृत्ति पर ट्यूण्ड रहता है। जब इनपुट सिग्नल की आवृत्ति बदलती है तब *LC* परिपथ का वोल्टेज एम्प्लीट्यूड बदलता है। इस प्रवर्द्धक (amplifier) का आउटपुट AM होता है, जिसे डायोड द्वारा डिटेक्ट कर लिया जाता है।

फोस्टर सीले डिस्क्रिमिनेटर Foster Seeley Discriminator

यह अधिकतम प्रयोग किया जाने वाला एफ.एम. डिटेक्टर है। इसमें एक विशेष प्रकार का सेण्टर टेप ट्रांसफॉर्मर होता है, जिसमें दो डायोड लगे होते हैं। यह परिपथ, पूर्ण तरंग दिष्टकारी जैसा लगता है, क्योंकि इनपुट ट्रांसफॉर्मर मध्य आवृत्ति पर ट्यूण्ड रहता है, इसलिए वाहक तरंग (carrier wave) की आवृत्ति में विचलन न होने पर डिस्क्रिमिनेटर का आउटपुट शून्य रहता है। एफ.एम. सिग्नल में आवृत्ति का विचलन होने पर आउटपुट पर उत्पन्न वोल्टेज, आवृत्ति परिवर्तन के समानुपात में होता है।

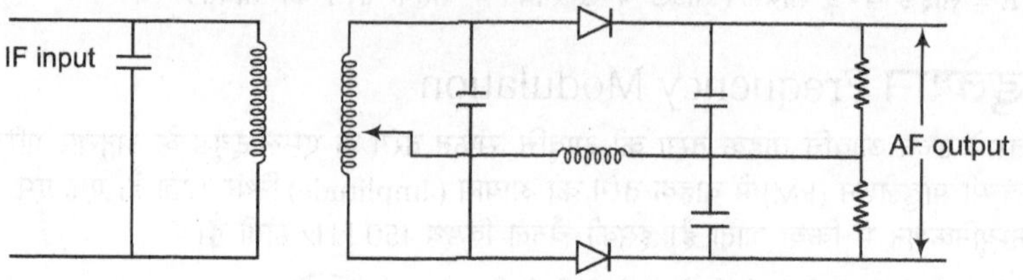

चित्र फोस्टर सीले डिस्क्रिमिनेटर

अनुपात डिटेक्टर Ratio Detector

अनुपात डिटेक्टर डिस्क्रिमिनेटर के समान ही होता है, केवल इसमें डायोड की दिशा परिवर्तित होती है तथा इसकी कार्यविधि भी डिस्क्रिमिनेटर के लगभग समान होती है, परन्तु समान इनपुट के लिए इसका आउटपुट डिस्क्रिमिनेटर के आउटपुट का 50% ही होता है।

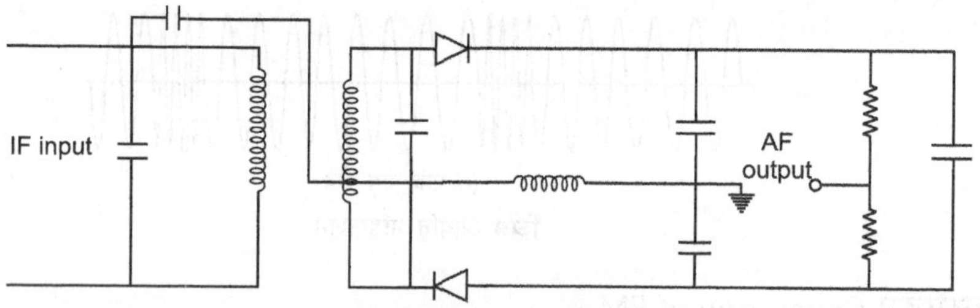

चित्र अनुपात डिटेक्टर

PLL **डिटेक्टर** PLL Detector

PLL डिटेक्टर, PLL (Phase Locked Loop) तकनीक का प्रयोग करता है। चित्र में सरल PLL डिटेक्टर दर्शाया गया है। फेस डिटेक्टर FM इनपुट के फेस तथा VCO के आउटपुट की तुलना करता है। आवृत्ति विचलन दोनों के आउटपुट में अन्तर उत्पन्न करता है तथा यह आउटपुट लो-पास फिल्टर के इनपुट में दिया जाता है। यह सिग्नल VCO को दिया जाता है, जिससे त्रुटि कम हो जाती है और दोनों फेस समान हो जाते हैं। लो-पास फिल्टर पर जो सिग्नल प्राप्त होता है, उसका एम्प्लीट्यूड आवृत्ति विचलन (frequency deviation) के अनुपात में होता है। वास्तव में यह संकेत तरंग (signal wave) का एक रूप होता है।

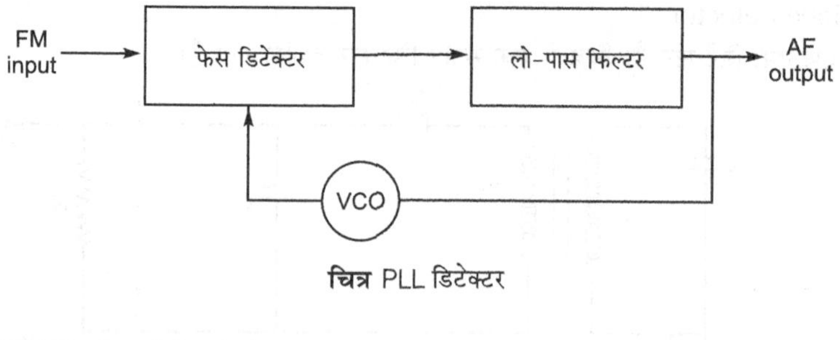

चित्र PLL डिटेक्टर

पल्स मॉडुलेशन Pulse Modulation

जब मॉडुलेशन में वाहक तरंग (carrier wave) के स्थान पर पल्स ट्रेन (pulse train) का प्रयोग किया जाता है, तो इस प्रकार के मॉडुलेशन को पल्स मॉडुलेशन (pulse modulation) कहते हैं। यह निम्न प्रकार का होता है

पल्स एम्प्लीट्यूड मॉडुलेशन Pulse Amplitude Modulation

इस प्रकार के मॉडुलेशन में पल्स का एम्प्लीट्यूड संकेत तरंग के एम्प्लीट्यूड के अनुसार परिवर्तित किया जाता है।

पल्स ड्यूरेशन मॉडुलेशन Pulse Duration Modulation

इस प्रकार के मॉडुलेशन में पल्स ट्रेन (pulse train) की चौड़ाई (width) को संकेत तरंग (signal wave) के अनुसार परिवर्तित किया जाता है। इसे पल्स विड्थ मॉडुलेशन (pulse width modulation, PWM) भी कहते हैं।

पल्स पॉजिशन मॉडुलेशन Pulse Position Modulation

इस प्रकार के मॉडुलेशन में पल्स की स्थिति को, संकेत तरंग (signal wave) के एम्प्लीट्यूड के अनुसार परिवर्तित किया जाता है।

पल्स कोड मॉडुलेशन Pulse Code Modulation

पल्स कोड मॉडुलेशन में मॉडुलेटिंग सिग्नल (संकेत तरंग) के लिए केवल विशेष मानों की अनुमति होती है। इसमें मॉडुलेटिंग सिग्नल को पल्स मॉडुलेशन के अन्य रूपों की तरह प्रयोग किया जाता है।

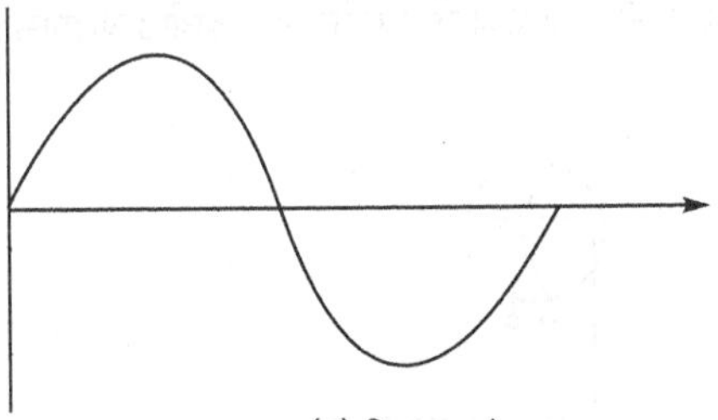

(a) सिग्नल तरंग

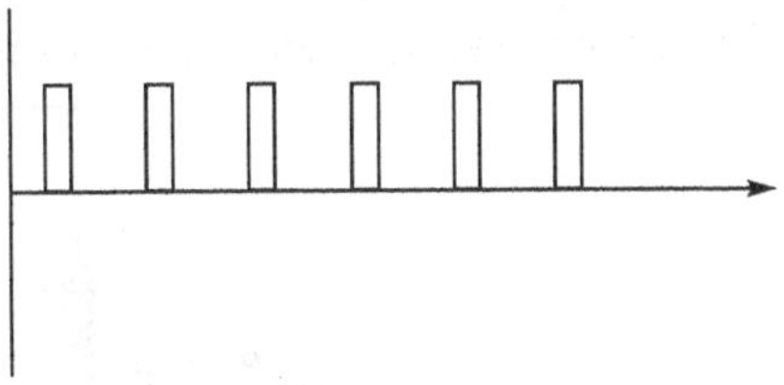

(b) वाहक तरंग

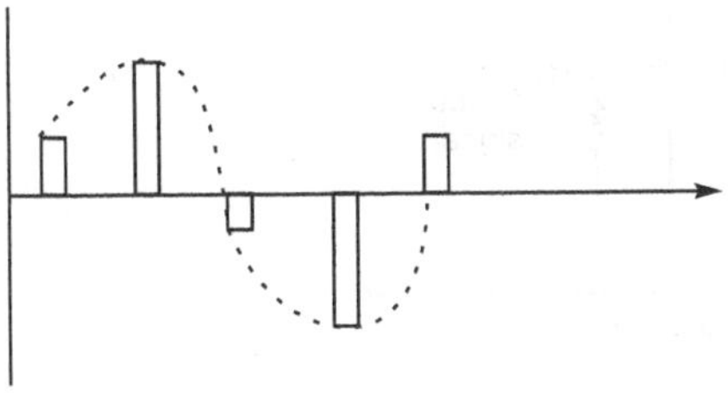

(c) पल्स आयाम मॉडुलेशन

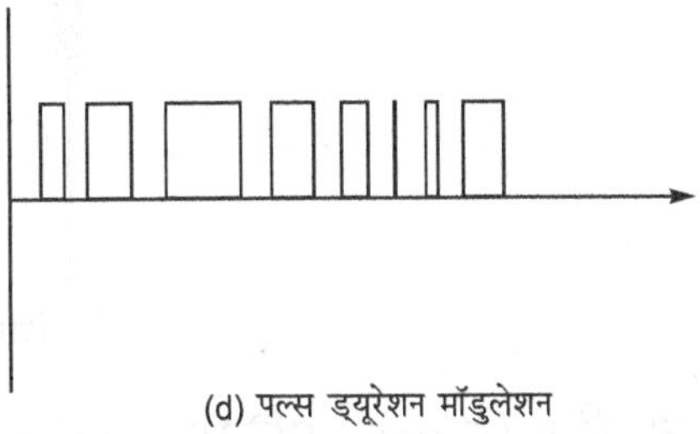

(d) पल्स ड्यूरेशन मॉडुलेशन

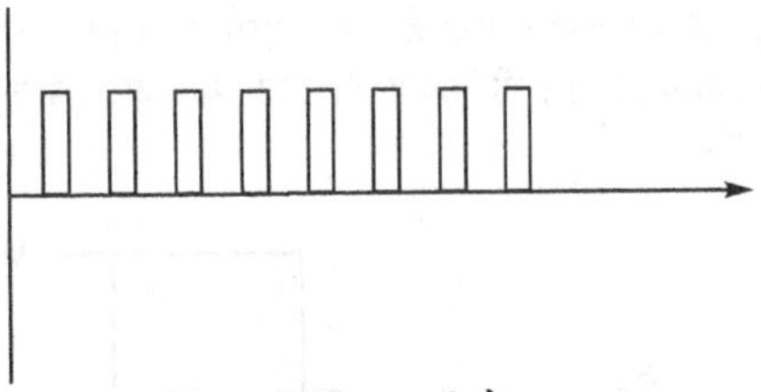

(e) पल्स पॉजिशन मॉडुलेशन

चित्र विभिन्न प्रकार के पल्स मॉडुलेशन

13.2 डिमॉडुलेशन Demodulation

वह क्रिया, जिसके द्वारा मॉडुलित रेडियो तरंग से ऑडियो सिग्नल को पृथक् किया जाता है, उसे डिटेक्शन अथवा डिमॉडुलेशन कहते हैं। मॉडुलेटेड कैरियर वेव से उपयोगी सिग्नल वेव को पृथक् करने के लिए डिटेक्शन क्रिया आवश्यक है, क्योंकि मॉडुलित सिग्नल में ए.एफ. सिग्नल का औसत वोल्टेज मान शून्य होता है जिसके कारण उसे लाउडस्पीकर द्वारा ध्वनि में परिवर्तित नहीं किया जा सकता। डिटेक्शन अथवा डिमॉडुलेशन में निम्न दो क्रियाएँ सम्मिलित रहती हैं

रेक्टीफिकेशन Rectification

मॉडुलित रेडियो तरंग (radio wave) से धनात्मक अथवा ऋणात्मक एम्प्लीट्यूड्स में से एक को पृथक् करने की क्रिया को रेक्टीफिकेशन कहते हैं। रेक्टीफिकेशन के पश्चात् प्राप्त रेक्टीफाइड वेव का औसत ऑडियो फ्रीक्वेन्सी वोल्टेज मान शून्य नहीं होता है।

फिल्ट्रेशन Filtration

रेक्टीफिकेशन (rectification) क्रिया के पश्चात् प्राप्त होने वाली तरंग में ऑडियो तथा रेडियो फ्रीक्वेन्सी की धाराएँ उपस्थित रहती हैं, जिनमें केवल ऑडियो फ्रीक्वेन्सी की धारा ही ऑडियो प्रोग्राम के अनुरूप होती है। अतः संयुक्त धाराओं में से रेडियो फ्रीक्वेन्सी धारा के अंश को आर.एफ. फिल्टर परिपथ द्वारा पृथक् कर दिया जाता है तथा रेडियो रिसीवर के ऑडियो एम्प्लीफायर की आउटपुट पर केवल ऑडियो फ्रीक्वेन्सी सिग्नल प्राप्त होता है।

डिटेक्शन परिपथ Detection Circuits

एम्प्लीट्यूड तथा फ्रीक्वेन्सी मॉडुलित सिग्नल के डिटेक्शन हेतु भिन्न-भिन्न प्रकार के परिपथ प्रयोग में लाए जाते हैं

डायोड डिटेक्टर परिपथ Diode Detector Circuit

एक सरल प्रकार के डिटेक्टर परिपथ में निर्वात डायोड वाल्व, सिलिकॉन या P-N सन्धि डायोड अथवा क्रिस्टल डायोड का प्रयोग करके प्राप्त किया जा सकता है। चित्र में दर्शाये गए डायोड डिटेक्टर परिपथ के अनुसार इच्छित सिग्नल के साथ ट्यूनिंग परिपथ L_2C_2 जब रेजोनेन्स में होता है, तब ट्यूण्ड परिपथ में RF वोल्टेज विकसित होता है। यह वोल्टेज वाल्व की प्लेट तथा कैथोड के मध्य डायोड बाइपास कैपेसिटर C_1 तथा डायोड लोड प्रतिरोधक R_1 के द्वारा प्रयुक्त की जाती है।

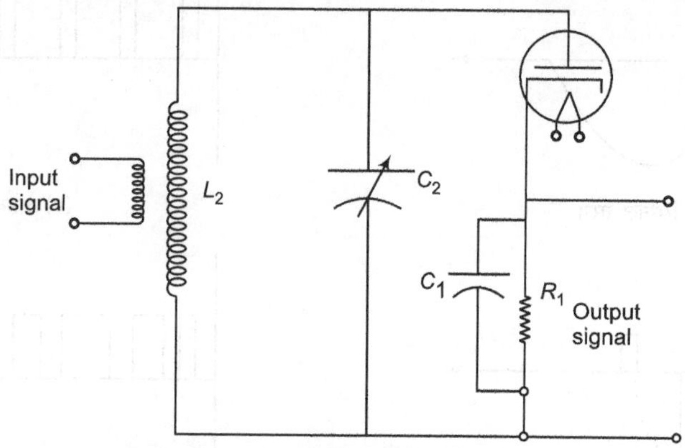

चित्र सरल डायोड डिटेक्टर परिपथ

ग्रिड लीक डिटेक्टर परिपथ Grid Leak Detector Circuit

चित्र में ग्रिड लीक डिटेक्टर का परिपथ दर्शाया गया है, इसमें ट्रायोड अथवा पैण्टोड वाल्व प्रयोग किया जाता है। यह परिपथ डिटेक्शन क्रिया के साथ, सिग्नल का प्रवर्द्धन (amplification) भी करता है। अतः कमजोर सिग्नल (weak signal) के डिटेक्शन के लिए ग्रिड लीक डिटेक्टर परिपथ अधिक उपयुक्त रहता है।

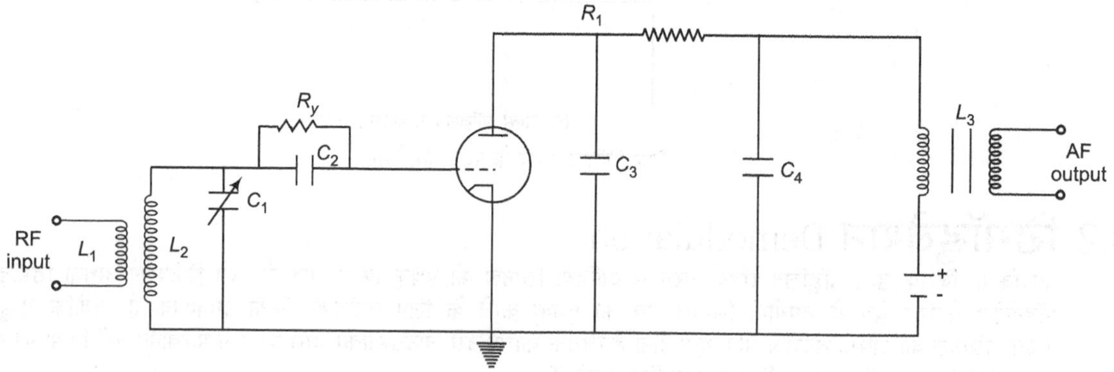

चित्र ग्रिड लीक डिटेक्टर परिपथ

रीजेनरेटिव डिटेक्टर परिपथ Regenerative Detector Circuit

किसी भी ट्रायोड डिटेक्टर परिपथ की आउटपुट, वाल्व की ग्रिड पर प्रयुक्त किये गए इनपुट सिग्नल के साथ परिवर्तित होती है। यदि रेजोनेन्स ग्रिड परिपथ का प्रतिरोध कम कर दिया जाए, तब परिपथ का Q बढ़ जाता है। इसके फलस्वरूप ग्रिड में प्रयुक्त किये जाने वाले सिग्नल तथा प्राप्त किये गए सिग्नल (signal) का अनुपात बढ़ जाता है, जिससे डिटेक्टर परिपथ की संवेदनशीलता बढ़ जाती है। यही समान प्रभाव प्लेट परिपथ से ग्रिड को वापस भेजे जाने वाले भाग से भी प्राप्त किया जा सकता है। यदि यह फीडबैक (feedback) उचित कला (phase) सम्बन्ध में है, तब ग्रिड पर इनपुट वोल्टेज बढ़ जाएगा। यह ग्रिड पर प्रयुक्त किये गए प्रारम्भिक इनपुट वोल्टेज तथा लोड पर आउटपुट वोल्टेज के अनुपात को बढ़ा देता है, जिससे परिपथ की संवेदनशीलता बढ़ जाती है।

रीजेनरेटिव परिपथ में निम्न दोष विद्यमान रहने के कारण इसका उपयोग प्राय: व्यवहार में नहीं किया जाता है

(i) रीजेनरेटिव परिपथ में रीजेनरेशन (regeneration) का उचित मान प्राप्त करने के लिए कम्पोनेण्ट का क्रिटिकल एडजस्टमेण्ट आवश्यक होता है।

(ii) यदि डिटेक्टर परिपथ के गर्म होने पर उसमें प्रयुक्त किसी कम्पोनेण्ट का मान परिवर्तित होता है, तो परिपथ में आवाज आने लगती है।

पावर डिटेक्टर परिपथ Power Detector Circuit

आधुनिक रिसीवर में उच्च गेन का एम्प्लीफायर परिपथ प्रयोग किया जाता है तथा वांछित गेन (gain) तथा चयनता (selectivity) प्राप्त करने हेतु डिटेक्टर से पूर्व एक से अधिक ट्यूण्ड परिपथ प्रयोग किये जाते हैं। इन रिसीवर्स में प्रयोग किये जाने वाले डिटेक्टर परिपथ बिना विकृति (distortion) उत्पन्न किये हुए ही अधिक वोल्टेज का सिग्नल वहन करने योग्य होना चाहिए। इस प्रकार के परिपथ को पावर डिटेक्टर परिपथ (power detector circuit) कहते हैं। पावर डिटेक्टर की इनपुट सिग्नल वोल्टेज सामान्यतया 1 वोल्ट से अधिक होनी चाहिए।

13.3 डिजिटल मॉड्युलेशन एवं डिमॉड्युलेशन Digital Modulation and Demodulation

डिजिटल मॉडुलेशन में सतत् (continuous) वाहक तरंग को असतत् (discrete) सिग्नल द्वारा मॉडुलित किया जाता है। एक प्रकार से डिजिटल मॉडुलेशन, डिजिटल से एनालॉग परिवर्तन है तथा डिमॉडुलेशन अथवा डिटेक्शन एनालॉग से डिजिटल परिवर्तन है।

प्रकार Types

मौलिक रूप से डिजिटल मॉडुलेशन निम्न तकनीकों द्वारा किया जाता है।

कला विस्थापन कुँजीयन Phase Shift Keying (PSK)

वह तकनीक, जिसमें डिजिटल डाटा द्वारा, वाहक तरंग की कला (phase) में परिवर्तन किया जाता है, कला विस्थापन कुँजीयन (phase shift keying) या PSK कहलाती है। दर्शाये गये चित्र द्वारा PSK तकनीक को सरलता से समझा जा सकता है।

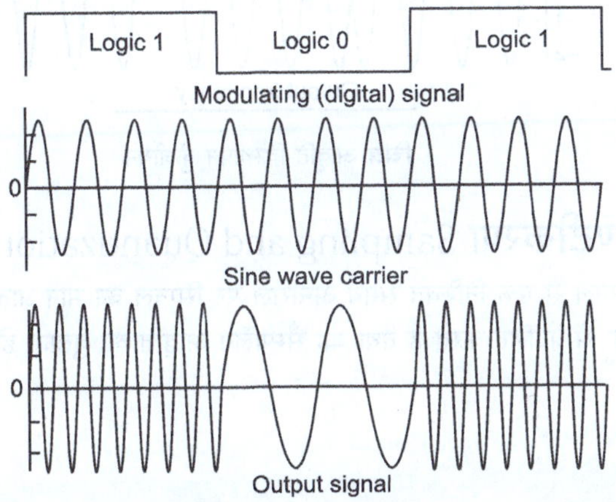

चित्र कला विस्थापन कुँजीयन

आयाम विस्थापन कुँजीयन Amplitude Shift Keying (ASK)

यह एम्प्लीट्यूड मॉडुलेशन का एक रूप है, जिसमें वाहक के एम्प्लीट्यूड का परिवर्तन डिजिटल सिग्नल को व्यक्त करता है। सरलतम व सामान्य रूप में ASK एक स्विच की तरह प्रयोग किया जाता है। वाहक तरंग की उपस्थिति डिजिटल 1 तथा वाहक तरंग की अनुपस्थिति डिजिटल 0 को प्रदर्शित करती है। इस प्रकार के मॉडुलेशन को ऑन–ऑफ कुँजीयन भी कहते हैं।

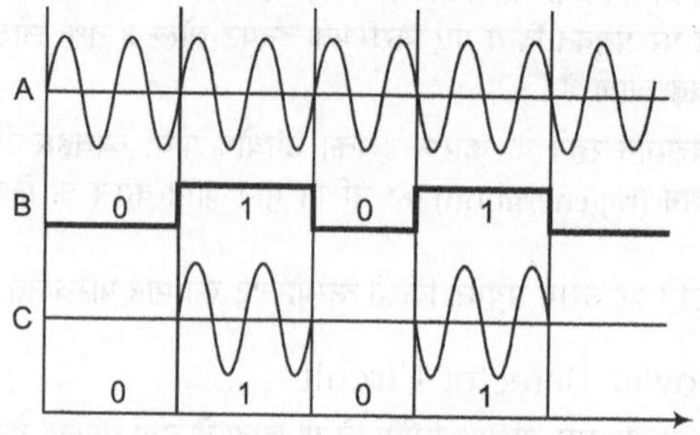

चित्र आयाम विस्थापन कुँजीयन

आवृत्ति विस्थापन कुँजीयन Frequency Shift Keying (FSK)

FSK, आवृत्ति मॉडुलेशन (frequency modulation) का एक रूप है। इसके द्वारा डिजिटल सूचना, एक वाहक तरंग (carrier wave) की आवृत्ति में असतत् (discrete) परिवर्तन द्वारा प्रेषित की जाती है।

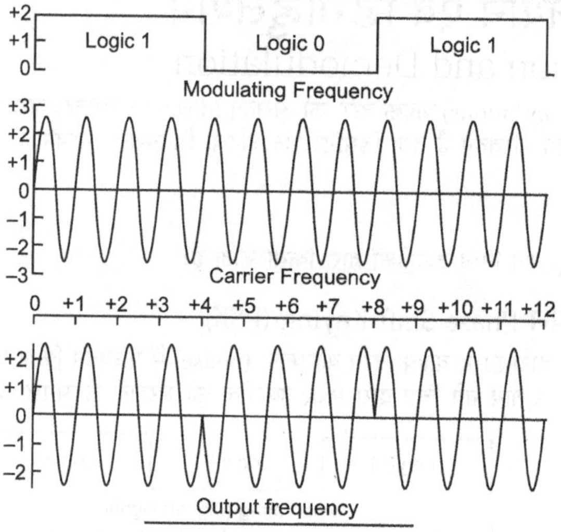

चित्र आवृति विस्थापन कुँजीयन

सैम्पलिंग तथा क्वाण्टीकरण Sampling and Quantization

एक सतत् (continuous) सिग्नल से एक निश्चित समय अन्तराल पर सिग्नल का मान ज्ञात करने की क्रिया को सैम्पलिंग कहते हैं। सैम्पलिंग समयान्तराल (interval) को T_s से प्रदर्शित करते हैं तथा यह सैम्पलिंग आवृत्ति का वुत्क्रम होता है। $f_s \propto \frac{1}{T_s}$

सैम्पलिंग क्रिया से प्राप्त असतत् सिग्नल को निम्न समीकरण द्वारा व्यक्त किया जाता है

$$x[n] = x(n \cdot T_s)$$

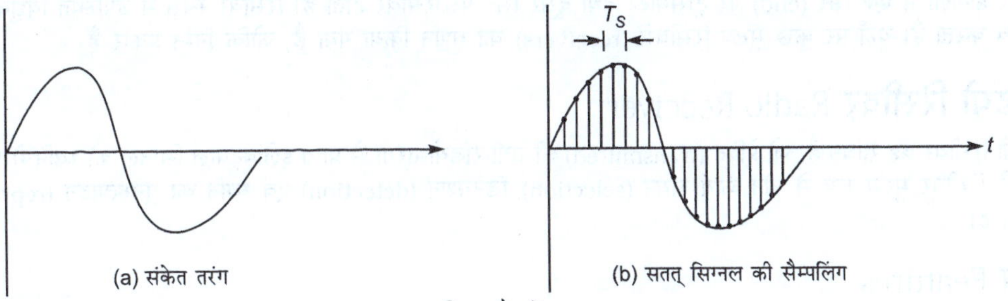

चित्र सैम्पलिंग

सैम्पलिंग प्रमेय Sampling Theorem

इस प्रमेय के अनुसार, ''किसी सैम्पल सिग्नल से मूल सिग्नल को प्राप्त करने के लिए सैम्पलिंग आवृत्ति, सिग्नल की आवृत्ति के अधिक आवृत्ति घटक के दोगुनी अथवा उससे अधिक होनी चाहिए।''

$$f_s > f_n \times 2$$

इस दर को निक्विस्ट दर (nyquist rate) भी कहते हैं।

क्वाण्टीकरण Quantization

क्वाण्टीकरण, डिजिटल सिग्नल प्रोसेसिंग में वह क्रिया है, जिसमें सैम्पलिंग के बाद प्राप्त इनपुट को एक सेट के मानों में व्यक्त किया जाता है। वह युक्ति, जिसके द्वारा यह कार्य किया जाता है, क्वाण्टाइजर कहलाती है। इस क्रिया से सिग्नल में उत्पन्न होने वाली त्रुटि को क्वाण्टीकरण त्रुटि कहते हैं।

एनकोडिंग Encoding

सूचना सिग्नल को बाइनरी अंकों में परिवर्तित करने की प्रक्रिया एनकोडिंग कहलाती है। इसमें एनालॉग प्रकृति के सूचना सिग्नल को 0 एवं 1 अंक युक्त बाइनरी सिग्नल में परिवर्तित किया जाता है। इसमें सिग्नल के प्रत्येक अवयव को 4-बिट, 8-बिट, 16-बिट, 32-बिट आदि कोडों में एनकोडर द्वारा बदला जाता है।

13.4 ट्रांसमीटर Transmitter

ट्रांसमीटर का कार्य सूचना सिग्नल का प्रसारण करना है। इसमें ध्वनि प्रसारण योग्य ट्रांसमीटर को रेडियो ट्रांसमीटर, पिक्चर प्रसारण योग्य ट्रांसमीटर को वीडियो ट्रांसमीटर एवं दोनों प्रकार के सिग्नल को प्रसारण करने योग्य ट्रांसमीटर को टी.वी. ट्रांसमीटर कहते हैं। ट्रांसमीटर, रेडियो आवृत्ति (R.F.) को वाहक तरंगों (carrier waves) को उत्पन्न करके उन्हें सूचना सिग्नल के साथ मॉडुलेट करने के पश्चात् प्राप्त मॉडुलेटिड सिग्नल को पर्याप्त शक्ति के साथ प्रसारित करता है।

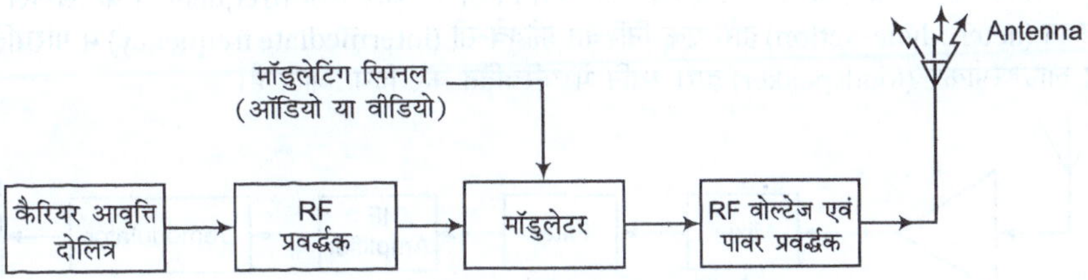

चित्र एक सामान्य ट्रांसमीटर का ब्लॉक आरेख

चित्र में प्रदर्शित एक सामान्य ट्रांसमीटर के ब्लॉक आरेख के अनुसार दोलित्र द्वारा रेडियो आवृत्ति वाली वाहक तरंगें उत्पन्न की जाती हैं तथा इसके बाद RF प्रवर्द्धक द्वारा इन तरंगों को प्रवर्द्धित किया जाता है। अब इस प्रवर्द्धित रेडियो आवृत्ति युक्त वाहक तरंगों को मॉडुलेटर को प्रदान किया जाता है। मॉडुलेटर को इन वाहक तरंगों (carrier wave) के साथ-साथ मॉडुलेटिंग सिग्नल प्रदान किया जाता है, जोकि ऑडियो अथवा वीडियो प्रकार का हो सकता है। मॉडुलेटर के आउटपुट पर मॉडुलेटिड सिग्नल प्राप्त होता है, जिसे R.F. वोल्टेज एवं पावर प्रवर्द्धक द्वारा प्रवर्द्धित करके एरियल को प्रदान कर देते हैं, जिसे मुक्त स्पेस में प्रसारित कर दिया जाता है। अब इन प्रसारित विद्युत-चुम्बकीय तरंगों को रिसीवर के द्वारा ग्रहण करके पुनः उत्पादित कर लिया जाता है।

13.5 **रिसीवर** Receiver

संचार प्रणाली में एक सिरे (end) पर ट्रांसमीटर तथा दूसरे सिरे पर रिसीवर होता है। रिसीवर स्पेस में उपस्थित विद्युत चुम्बकीय सिग्नलों को रिसीव करता है। यहाँ पर कुछ मुख्य रिसीवरों (receivers) का वर्णन किया गया है, जोकि निम्न प्रकार हैं

रेडियो रिसीवर Radio Receiver

रेडियो रिसीवर वह साधन है, जो प्रेषित (transmitted) की गयी रेडियो तरंगों से प्राप्त इलेक्ट्रिकल सिग्नल को ध्वनि में परिवर्तित करता है। कोई रेडियो रिसीवर मुख्य रूप से तीन कार्य चयन (selection), डिटेक्शन (detection) एवं ध्वनि का पुनरुत्पादन (reproduction of sound) करता है।

गुण Features

एक अच्छे रेडियो रिसीवर में निम्नलिखित गुण होने आवश्यक हैं

संवेदनशीलता Sensitivity

रिसीवर का वह गुण, जिसके द्वारा वह न्यूनतम शक्ति का सिग्नल मिलने पर अधिकतम शक्ति का आउटपुट उत्पन्न करता है, संवेदनशीलता कहलाता है।

चयनता Selectivity

रिसीवर का वह गुण, जिसके द्वारा अनेकों सिग्नलों में से वांछित (desired) सिग्नल को स्पष्ट रूप से पृथक् करने की क्षमता रखता है, चयनता (selectivity) कहलाता है।

फाइडेलिटी Fidelity

रेडियो रिसीवर का वह गुण, जिसके द्वारा इसके इनपुट पर प्राप्त होने वाले विभिन्न फ्रीक्वेन्सी के आर.एफ. सिग्नल (R.F. signals) को समान रूप से एम्प्लीफाई (amplify) करके, वांछित समान आउटपुट प्रदान करता है, फाइडेलिटी कहलाता है।

स्थिरता Stability

रेडियो रिसीवर का वह गुण, जिसके द्वारा वह एक निश्चित समय में दिये गए अस्थिर शक्ति के इनपुट सिग्नल से, स्थिर शक्ति का आउटपुट प्रदान करता है, स्टेबिलिटी (stability) कहलाता है।

सिग्नल से शोर अनुपात Signal to Noise Ratio

सिग्नल शक्ति एवं शोर शक्ति का अनुपात सिग्नल से शोर (signal to noise) अनुपात कहलाता है। यह वह मापन है, जिसमें वांछित सिग्नल की बैकग्राउण्ड में उत्पन्न शोर के स्तर से तुलना की जाती है।

सुपर हैट्रोडाइन रिसीवर Super Heterodyne Receiver

सुपर हैट्रोडाइन रिसीवर वह रिसीवर है, जिसमें एरियल से प्राप्त किसी भी फ्रीक्वेन्सी (frequency) के सिग्नल को चयन (selection) के बाद हैट्रोडाइन-एक्शन (heterodyne-action) द्वारा एक निश्चित फ्रीक्वेन्सी (intermediate frequency) में परिवर्तित करके एम्प्लीफाई व डिटेक्ट करने के बाद लाउडस्पीकर (loudspeaker) द्वारा ध्वनि में परिवर्तित कर दिया जाता है।

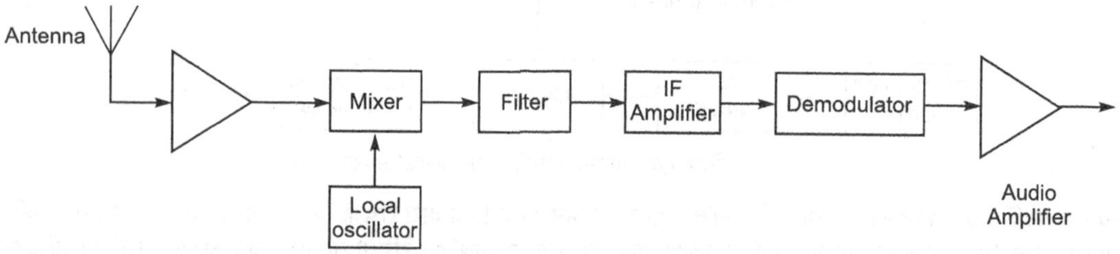

चित्र सुपर हैट्रोडाइन रिसीवर का ब्लॉक डायग्राम

एण्टीना से आने वाली रेडियो आवृत्ति के संकेतों (signals) को एक मिक्सर स्टेज से होकर गुजारा जाता है, जहाँ उसी क्षण उपयुक्त आवृत्ति (frequency) का एक अन्य रेडियो सिग्नल भी प्रविष्ट कराया जाता है। यह दूसरा सिग्नल एक लोक ऑसीलेटर में उत्पन्न किया जाता है। मिक्सर स्टेज में दोनों संकेतों के संयोजन से विस्पंद सिद्धान्त द्वारा एक निम्न आवृत्ति का संकेत प्राप्त होता है, जोकि दोनों आवृत्तियों का अन्तर होता है।

मिक्सर स्टेज से आगे का सम्पूर्ण परिपथ इसी आवृत्ति के लिए समस्वरित होता है। यह आवृत्ति मध्य आवृत्ति कहलाती है। इस क्षीण आवृत्ति को एक रेडियो आवृत्ति प्रवर्द्धक (R.F. amplifier) द्वारा प्रदर्शित कर तथा डिमॉडुलेटर द्वारा संशोधित कर डिटेक्टर के द्वारा ध्वनि तरंगों में परिवर्तित किया जाता है। इन ध्वनि तरंगों को प्रवर्द्धित कर ध्वनि विस्तारक में प्रेषित कर दिया जाता है।

विशेषताएँ Characteristics

सुपर हैट्रोडाइन रिसीवर निम्नलिखित विशेषताओं के कारण उपयोगी होता है

1. इसमें रेडियो आवृत्ति प्रवर्द्धन निम्न आवृत्तियों के लिए अधिक उत्तम एवं शोर रहित (noiseless) उत्पन्न होता है।
2. इसमें वांछित आवृत्तियों का चयन कर सकने की क्षमता पर्याप्त होती है।
3. इसमें अनेक सचर संधारित्रों के बदले एक अस्थिर रेडियो आवृत्ति प्रवर्द्धक में कई प्रवर्द्धक स्तरों (amplifier stages) को सम्मिलित कर अभिष्ट उच्च आवर्द्धन प्राप्त किया जा सकता है। इसलिए ये रिसीवर अपेक्षाकृत सस्ते भी होते हैं।
4. इनके भार में अनावश्यक वृद्धि नहीं होती।

लाभ व हानि Advantages and Disadvantages

सुपर हैट्रोडाइन रिसीवर ने पिछले सभी रेडियो रिसीवरों को बदल दिया है। सुपर हैट्रोडाइन रिसीवर बेहतर संवेदनशीलता आवृत्ति स्थिरता (frequency stability) और चयनात्मकता (selectivity) प्रदान करता है। इन लाभों के साथ-साथ व्यवहार में सुपर हैट्रोडाइन रिसीवर की कुछ हानियाँ भी हैं

1. सुपर हैट्रोडाइन रिसीवर के लिए एक बड़ी हानि इमेज आवृत्ति की समस्या है। इमेज आवृत्ति स्टेशन आवृत्ति के बराबर तथा मध्य आवृत्ति के दोगुने योग के बराबर होती है।
2. सुपर हैट्रोडाइन रिसीवर में प्रयुक्त होने वाला लोकल ऑसीलेटर से विकिरण होता है तथा यह एक निम्न शक्ति (low power) के प्रेषक की तरह कार्य करता है।
3. लोकल ऑसीलेटर कुछ साइड बैण्ड फ्रीक्वेन्सी भी उत्पन्न करता है, जिससे सिग्नल में नॉयज (noise) आ जाती है।

एफ.एम. रिसीवर FM Receiver

एफ.एम. (FM) रिसीवर केवल फ्रीक्वेन्सी मॉडुलित सिग्नल को प्राप्त करके ध्वनि में बदलते हैं। इसमें एम्प्लीट्यूड मॉडुलेशन रिसीवर की अपेक्षा विशेष रूप से 'डिटेक्टर स्टेज' में ही अन्तर होता है।

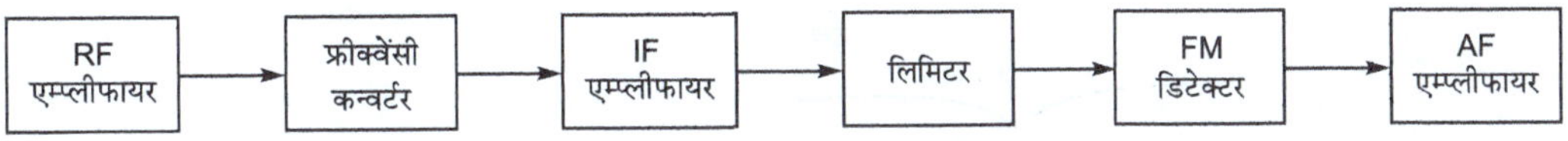

चित्र एफ.एम. रिसीवर का ब्लॉक डायग्राम

आर.एफ. एम्प्लीफायर RF Amplifier

इस स्टेज का कार्य ट्यूनिंग परिपथ द्वारा चयनित सिग्नल को उसकी ही फ्रीक्वेन्सी पर एम्प्लीफाई करना है। इसका आउटपुट सिग्नल फ्रीक्वेन्सी कन्वर्टर परिपथ के इनपुट पर दिया जाता है।

फ्रीक्वेन्सी परिवर्तक Frequency Converter

इस स्टेज में, आर.एफ. एम्प्लीफायर से आने वाले सिग्नल को हैट्रोडाइन क्रिया द्वारा एक निश्चित मध्य आवृत्ति के सिग्नल में बदला जाता है।

मध्य आवृत्ति एम्प्लीफायर Medium Frequency Amplifier

यह एक वाइड बैण्ड (wide band) ट्यूण्ड आर.एफ. एम्प्लीफायर होता है, जिसका कार्य कन्वर्टर स्टेज से आने वाले आई.एफ. सिग्नल को एम्प्लीफाई करना है। इसमें प्रयुक्त आई.एफ. ट्रांसफॉर्मर की ट्यूनिंग वाइड बैण्ड ट्यूनिंग होती है, ताकि फ्रीक्वेन्सी मॉडुलित आई.एफ. सिग्नल की सभी फ्रीक्वेन्सी पास हो सकें। इसका आउटपुट सिग्नल लिमिटर के इनपुट पर दिया जाता है।

लिमिटर Limiter

इस परिपथ का कार्य, इसके इनपुट पर आने वाले मध्य आवृत्ति (IF) सिग्नल के एम्प्लीट्यूड को सीमित करना है। इसका आउटपुट सिग्नल एफ.एम. डिटेक्टर के इनपुट में पहुँचता है।

एफ.एम. डिटेक्टर FM Detector

इसमें प्रयुक्त परिपथ को अनुपात डिटेक्टर कहते हैं। इसके इनपुट पर फ्रीक्वेन्सी मॉडुलित आई.एफ. सिग्नल के आने से, इसके आउटपुट पर ए.एफ. सिग्नल प्राप्त होता है अर्थात् यह परिपथ FM को डिमॉडुलेट करता है।

ए.एफ. एम्प्लीफायर AF Amplifier

यह परिपथ, डिटेक्टर से प्राप्त ए. एफ. सिग्नल का प्रवर्द्धन (amplification) करता है। पावर एम्प्लीफिकेशन के बाद इस सिग्नल को लाउडस्पीकर द्वारा ध्वनि में परिवर्तित कर दिया जाता है।

स्वतः आवृत्ति नियन्त्रण Automatic Frequency Control, AFC

रेडियो में, प्राप्त सिग्नल की आवृत्ति के अनुरूप, रेजोनेण्ट परिपथ की आवृत्ति को ट्यूण्ड रखने की विधि को स्वचालित आवृत्ति नियन्त्रण कहते हैं। रेडियो रिसीवर में इसका प्रयोग प्रायः रिसीवर को वांछित स्टेशन की आवृत्ति पर ट्यूण्ड (tuned) रखने के लिए किया जाता है। कल्पना कीजिए कि रिसीवर वांछित आवृत्ति पर ट्यूण्ड है तथा किसी त्रुटि के कारण आवृत्ति में कुछ बदलाव आ जाता है। तब AFC परिपथ इस त्रुटि के अनुसार एक वोल्टेज जेनरेट करता है, जो ट्यूनिंग परिपथ में फीडबैक देता है। ट्यूनिंग परिपथ इस त्रुटि वोल्टेज के अनुसार ट्यूनिंग को ठीक कर देता है। AFC प्रायः 20वीं शताब्दी में रेडियो तथा टेलीविजन रिसीवर में उपयोग में लाया जाता था। क्रिस्टल ऑसीलेटर के आविष्कार के पश्चात् AFC की आवश्यकता नहीं पड़ती है।

प्री-एम्फेसिस तथा डी-एम्फेसिस Pre-emphasis and De-emphasis

एफ.एम. सिग्नल विशेषतः उसके उच्च आवृत्ति के घटकों के साथ शोर व्यतिकरण (noise interfere) करता है। शोर मुख्य रूप से अधिक ऊर्जा वाले स्पाइक्स (spikes) होते हैं तथा इसमें बहुत-से हारमोनिक्स तथा उच्च आवृत्ति के घटक (components of high frequency) होते हैं। इस उच्च आवृत्ति के शोर को नियन्त्रित करने के लिए जिस तकनीक का प्रयोग किया जाता है, उसे प्री-एम्फेसिस कहते हैं। एक सरल हाई पास फिल्टर (high pass filter) प्रेषक के प्री-एम्फेसिस परिपथ की तरह कार्य करता है। इसके द्वारा केवल उच्च आवृत्ति के घटकों का अधिक प्रवर्द्धन (amplification) होता है।

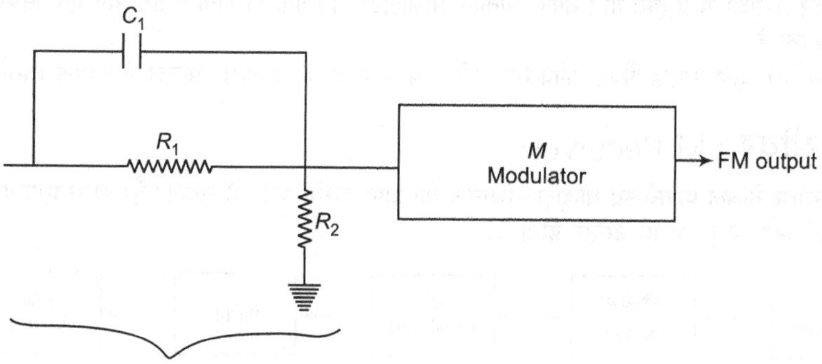

चित्र प्री-एम्फेसिस परिपथ

$$F_u = \frac{R_1 + R_2}{2\pi R_1 R_2 C}$$

इसके विपरीत, रिसीवर में डिमॉडुलेशन के पश्चात् एक फिल्टर प्रयोग किया जाता है। इस क्रिया को डी-एम्फेसिस कहते हैं। एक सरल लो-पास फिल्टर (low pass filter), रिसीवर में डी-एम्फेसिस परिपथ का कार्य करता है।

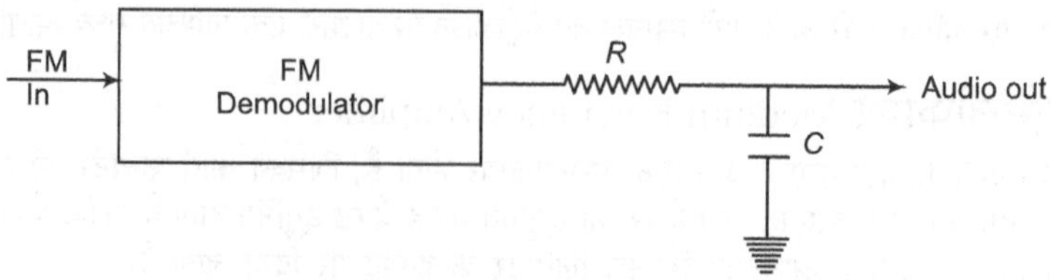

चित्र डी-एम्फेसिस परिपथ

यह एक सामान्य लो-पास फिल्टर परिपथ होता है। प्री-एम्फेसिस एवं डि-एम्फेसिस की सम्पूर्ण प्रणाली एम्फेसिस कहलाती है। जिसका प्रयोग सामान्यतः FM ब्रॉडकास्टिंग में किया जाता है। इन परिपथों का सिग्नल-टू-नॉइज रेशियो (signal-to-noise ratio) उत्तम होता है।

अभ्यास प्रश्न

परीक्षा प्रारूपी प्रश्न

बहुविकल्पीय

1. मॉडुलेशन किसे कहते हैं?
   (a) सिग्नल वेव के साथ कैरियर वेव को सम्मिलित करने की प्रक्रिया को
   (b) सिग्नल वेव का एम्प्लीट्यूड बढ़ाने की प्रक्रिया को
   (c) कैरियर वेव प्रोड्यूस करने की प्रक्रिया को
   (d) कैरियर वेव का एम्प्लीट्यूड बढ़ाने की प्रक्रिया को

2. एम्प्लीट्यूड मॉडुलेशन (AM) में
   (a) ए.एफ. सिग्नल के साथ कैरियर सिग्नल का एम्प्लीट्यूड परिवर्तित होता है, परन्तु फ्रीक्वेन्सी स्थिर रहती है
   (b) आर.एफ. सिग्नल के साथ कैरियर सिग्नल स्थिर रहता है, परन्तु फ्रीक्वेन्सी परिवर्तित होती है
   (c) आर.एफ. तथा कैरियर सिग्नल का एम्प्लीट्यूड एवं फ्रीक्वेन्सी दोनों परिवर्तित होती हैं
   (d) उपरोक्त में से कोई नहीं

3. वह मॉडुलेशन जो टी.वी. में ऑडियो प्रसारण के लिए प्रयोग किया जाता है
   (a) एफ.एम. (b) ए.एम.
   (c) पी.एम. (d) इनमें से कोई नहीं

4. टी.वी. रिसीवर में पिक्चर ट्रांसमिशन के लिए मॉडुलेशन प्रयोग किया जाता है
   (a) पी.एम. (b) एफ.एम.
   (c) ए.एम. (d) इनमें से कोई नहीं

5. वह मॉडुलेशन, जिसमें आर.एफ. कैरियर सिग्नल की फ्रीक्वेंसी, मॉडुलेटिंग सिग्नल के एम्प्लीट्यूड के अनुसार परिवर्तित होती है, कहलाता है
   (a) ए.एम. (b) एफ.एम.
   (c) पी.एम. (d) ये सभी

6. AM RF Alignment में RF जेनरेटर कितने हर्ट्ज़ पर सिग्नल जेनरेट करता है?
   (a) 600 Hz (b) 150 Hz (c) 300 Hz (d) 250 Hz

7. वर्तमान समय प्रायोगिक रूप से Radio frequencies की अधिकतम सीमा कितनी है, जो प्रसारण (broadcast) सेवा में उपयोग होती है?
   (a) 500 MHz (b) 100 kHz (c) 100 GHz (d) 800 Hz

8. MW के 1100 kHz के बैण्ड पर अधिकतम स्टेशनों की संख्या के चैनल में बैण्ड विड्थ रखी जाती है
   (a) 10 kHz (b) 25 kHz (c) 50 kHz (d) 20 kHz

9. फ्रीक्वेन्सी मॉडुलेशन की चैनल बैण्ड विड्थ होती है
   (a) कम चौड़ी (b) अधिक चौड़ी
   (c) AM से दो गुनी (d) AM से कम

10. AM ब्रोडकास्टिंग चैनल की सेण्टर फ्रीक्वेंसी में अन्तराल होता है
   (a) 10 kHz (b) 5 kHz
   (c) 20 kHz (d) 30 kHz

विविध प्रारूपी प्रश्न

सत्य/असत्य

1. वाहक तरंगों (carrier waves) में सूचना होती है।
2. मॉडुलेशन द्वारा तरंग की शक्ति को बढ़ाया जाता है।
3. फिल्टर द्वारा अवांछित तरंगों को हटाया जाता है।
4. एफ.एम. का कार्य तरंग की आवृत्ति में परिवर्तन करना होता है।
5. ASK और FSK डिजिटल मॉडुलेशन तकनीक है।
6. एण्टीना का प्रयोग डाटा को केवल प्राप्त करने हेतु किया जाता है।
7. एण्टीना वैद्युत चुम्बकीय तरंगों द्वारा डेटा प्रोसेसिंग कार्य करता है।
8. एण्टीना की कार्यक्षमता सॉलिड एंगल पर निर्भर करती है।
9. एण्टीना की बैण्ड विड्थ $\frac{f_u}{f_l}$ होती है।
10. एण्टीना का पोलराइजेशन एक उद्देश्य रहित प्रक्रिया है।

रिक्त स्थानों की पूर्ति

1. ध्वनि संकेतों (sound signals) की फ्रीक्वेन्सी रेंज ………… से ……………… तक होती है।
2. दृश्य संकेतों (video signals) की फ्रीक्वेन्सी रेंज ………… से ……………… तक होती है।
3. वाहक तरंगों (carrier waves) के साथ ध्वनि अथवा दृश्य तरंगों को सम्मिलित करने की प्रक्रिया को …………… कहते हैं।

4. मॉडुलेटेड वाहक तरंगों से ध्वनि तरंगों को पृथक् करने की प्रक्रिया को .... कहते हैं।
5. फ्रीक्वेन्सी मॉडुलेशन में कैरियर फ्रीक्वेन्सी के ऊपर या नीचे के एक ओर के परिवर्तन को .... कहते हैं।
6. AM बैण्ड आवृत्ति का आवण्टन माध्यमिक आवृत्ति के लिए .... से .... तक किया जाता है
7. FM बैण्ड (band) आवृत्ति तथा TV बैण्ड (band) जोकि एक VHF बैण्ड है .... से .... तक आवृत्ति रखता है।
8. कुछ TV सिग्नल में VHF बैण्ड में आवृत्तियों का आवण्टन .... से .... तक होता है।
9. Yagiuda एण्टीना का आविष्कार .... में .... ने जापान में किया था
10. किसी प्रसारण मीडिया में attenuation से सिग्नल का प्रभावित होना .... कहलाता है।

अतिलघु उत्तरीय

1. संकेत तरंग की शक्ति की इकाई बताइए।
2. मॉडुलेशन कितने प्रकार की होती है? उनके नाम बताइए।
3. पल्स मॉडुलेशन के प्रकार के नाम बताइए।
4. रेडियो रिसीवर किन तीन कार्य पर आधारित है?

लघु उत्तरीय

1. वाहक तरंगों (carrier waves) से आप क्या समझते हैं?
2. संकेत तरंगों (signal waves) से आप क्या समझते हैं?
3. मॉडुलेशन से आप क्या समझते हैं?
4. एम्प्लीट्यूड मॉडुलेशन को स्पष्ट कीजिए।
5. फ्रीक्वेन्सी मॉडुलेशन को स्पष्ट कीजिए।

दीर्घ उत्तरीय

1. मॉडुलेशन क्या होता है? मॉडुलेशन कितने प्रकार के होते हैं? मॉडुलेशन की आवश्यकता का संक्षेप में वर्णन कीजिए।
2. AM की परिभाषा दीजिए। FM से AM किस प्रकार भिन्न होता है? टी.वी. प्रसारण में Video सिग्नल के लिए किस प्रकार का मॉडुलेशन प्रयोग किया जाता है?
3. SSB-SC (Single Sideband Suppressed Carrier) तथा DSB-SC (Double Sideband Suppressed Carrier) को चित्र सहित संक्षिप्त में समझाइए।
4. एफ.एम. (FM) का उत्पादन तथा डिटेक्शन विस्तार में उल्लेख कीजिए।
5. एम्प्लीट्यूड तथा फ्रीक्वेन्सी मॉडुलित सिग्नल हेतु पृथक् प्रकार के विभिन्न परिपथ को समझाइए।

उत्तरमाला

बहुविकल्पीय

1. (a) 2. (a) 3. (c) 4. (c) 5. (b) 6. (a) 7. (c) 8. (a) 9. (b) 10. (a)

सत्य/असत्य

1. असत्य 2. सत्य 3. सत्य 4. असत्य 5. सत्य 6. असत्य 7. सत्य 8. सत्य 9. सत्य 10. असत्य

रिक्त स्थानों की पूर्ति

1. 20 Hz से 20 kHz 2. 0 Hz से 7 MHz 3. मॉडुलेशन 4. डिटेक्शन 5. फ्रीक्वेन्सी डेविएशन 6. 30 kHz से 3 MHz 7. 30 MHz से 300 MHz 8. 300 MHz से 3 GHz 9. 1962 में shintara uda 10. फेडिंग

अध्याय 14 **WEEK 14**

वैद्युतिक एवं इलेक्ट्रॉनिक सहायक सामग्री

Electrical and Electronic Accessories

परिचय Introduction

वर्तमान प्रौद्योगिकी (technology) युग में संचार (communication) एवं सूचना (information) तकनीकों को अधिक उन्नत बनाने हेतु विविध इलेक्ट्रॉनिकी, यांत्रिकी एवं वैद्युतिक सहायक सामग्रियों को उपयोग में लाया जाता है। आज के समय में जब विज्ञान तथा अभियांत्रिकी ने अद्वितीय उन्नति की है, तो इनका प्रभाव हर क्षेत्र पर पड़ रहा है। इसी कारण से माइक्रोप्रोसेसर तथा आधारीय प्रणालियाँ भी इससे अछूती नहीं रही हैं। माइक्रोप्रोसेसर का डिजिटल डिस्प्ले युक्तियों में विशेषत: अनुप्रयोग किया जाता है। डिजिटल डिस्प्ले में मुख्यत: LED (light emitting diode) और LCD (liquid crystal display) युक्तियाँ सम्मिलित होती हैं। इसके अतिरिक्त यांत्रिकी के क्षेत्र में सहायक सामग्रियों के रूप में गियर्स (gears), बैल्ट्स (belts), ड्राइवों (drives) को प्रयुक्त किया जाता है। प्रस्तुत अध्याय में हम इन सहायक सामग्रियों का विस्तारपूर्वक अध्ययन करेंगे।

14.1 गियर

एक शाफ्ट से दूसरी शाफ्ट को गति तथा शक्ति (power) भेजने (transfer) के लिए हम मशीनों पर बहुत-से साधन उपयोग करते हैं; जैसे—बैल्ट एण्ड पुली (belt and pulley), चेन तथा चेन व्हील (chain and chain wheel), कपलिंग (couplings), क्लच तथा गियर्स आदि। इनमें से गियर्स द्वारा शक्ति पारेषण (power transmission) सर्वोत्तम विधि है, क्योंकि गियरों के द्वारा शक्ति पारेषण करने पर फिसलन (slipage) नहीं होती। इसीलिए इसे पोजीटिव ड्राइव (positive drive) कहा जाता है। वास्तव में गियर एक दाँतेदार पहिया है जिसकी परिधि पर एक ही साइज तथा आकार के दाँते (teeth) बराबर दूरी पर कटे होते हैं।

एक शाफ्ट से दूसरी शाफ्ट पर पावर ट्रांसफर करने के लिए दोनों शाफ्टों पर दो गियर इस प्रकार लगाये जाते हैं कि उनके दाँते आपस में मिले रहें तथा मिल कर घूमने में समर्थ हों। दोनों गियरों पर दाँते अलग-अलग संख्या में हो सकते हैं।

गियर को लकड़ी, प्लास्टिक, एल्युमीनियम, जस्ता (zinc), स्टील, ताँबा (copper), पीतल (srass), कास्ट आयरन (cast iron), नाइलॉन, टेफ्लॉन या फाइबर आदि से बनाया जा सकता है।

14.2 पुली ड्राइव Pulley Drive

पुली ड्राइव में शक्ति को एक शाफ्ट से दूसरी शाफ्ट पर हस्तान्तरित (transfer) करने के लिए दोनों शाफ्टों पर पुली का प्रयोग किया जाता है। साधारणत: पुली को शाफ्ट पर एक चाबी (key) के द्वारा रोक दिया जाता है। अब एक पुली से दूसरी पुली को पट्टे अथवा रस्सी (belt or rope) के द्वारा जोड़ते हैं। ये पट्टे अथवा रस्सी लचीले संयोजक (flexible connectors) कहलाते हैं। पट्टे तथा पुली के मध्य घर्षण (friction) के कारण ही शक्ति का संचरण होता है। इसी आधार पर इसे घर्षण चालन (friction drive) भी कहा जा सकता है। बैल्ट द्वारा संचरित होने वाला बल, बैल्ट तथा पुली के मध्य उपस्थित घर्षण बल से अधिक नहीं होना चाहिए अन्यथा बैल्ट पुली पर फिसल (slip) जाएगी।

जिस पुली अथवा शाफ्ट से शक्ति संचरित की जाती है, उसे चालक (driver) तथा जिस पर संचरित (transfer) की जाती है, उसे चलित (driven) पुली अथवा शाफ्ट कहते हैं। चालक तथा चलित पुलियों के ऊपर से एक सिराराहित (endless) बैल्ट अथवा रस्सी (rope) को गुजारा जाता है। बैल्ट की लम्बाई इस प्रकार रखें कि पुली पर चढ़ाने पर उसमें तनाव (tension) आ जाए। इससे शक्ति संचरित करते समय बैल्ट की पुली पर फिसलने की सम्भावना कम हो जाती है। पुली पर पट्टों को निम्नलिखित प्रकार से व्यवस्थित किया जाता है।

खुला पट्टा चालन Open Belt Drive

जब चलित (driven) पुली की घूमने की दिशा, चालक पुली (driver pulley) की दिशा के अनुरूप रखनी हो, तब खुला पट्टा चालन (open belt drive) का प्रयोग किया जाता है। नीचे दिए गए चित्र में खुला पट्टा चालन दर्शाया गया है।

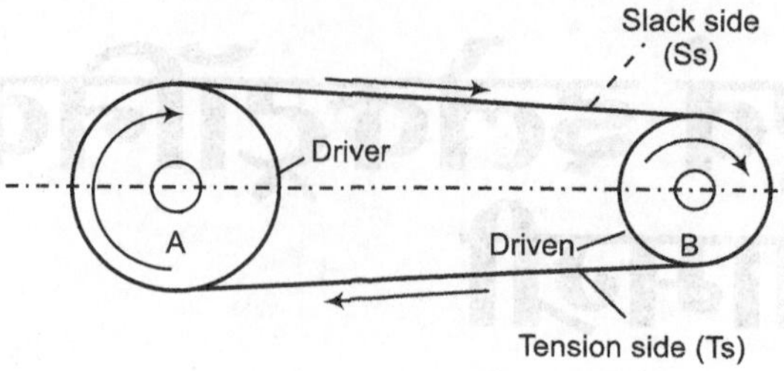

चित्र खुला पट्टा चालन

इस चालन में पुली तथा बैल्ट का सम्पर्क क्षेत्र (area of contact) कम रहता है, इसलिए क्रॉस बैल्ट की तुलना में कम पावर हस्तान्तरित (transfer) कर सकता है।

तिरछा पट्टा चालन Cross Belt Drive

जब चलित पुली (driven pulley) के घूमने की दिशा, चालक पुली (driver pulley) के घूमने की दिशा के विपरीत (opposite) होती है, तब क्रॉस बैल्ट ड्राइव का प्रयोग किया जाता है। नीचे दिए गए चित्र में क्रॉस बैल्ट ड्राइव को दर्शाया गया है।

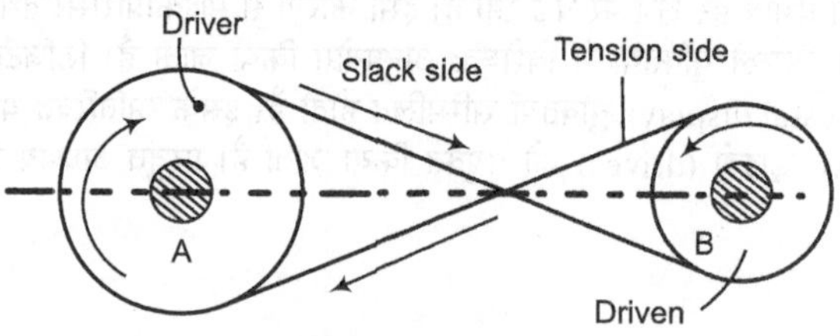

चित्र तिरछा पट्टा चालन

क्रॉस बैल्ट ड्राइव में बैल्ट तथा पुली का सम्पर्क क्षेत्र अधिक होता है, जिसके कारण घर्षण अधिक रहता है, इसलिए अधिक शक्ति का संचरण किया जा सकता है। पट्टे के फिसलने (slip) की सम्भावना कम रहती है। क्रॉस बैल्ट ड्राइव में पट्टे की लम्बाई अधिक रहती है।

बैल्ट ड्राइव के अवयव Elements of Belt Drive

पुली ड्राइव में पुली के अतिरिक्त बैल्ट तथा बैल्ट को जोड़ने की विभिन्न युक्तियाँ प्रयोग की जाती हैं, इनका विवरण यहाँ पर दिया गया है। बैल्ट ड्राइव के अवयव निम्न प्रकार हैं

पुली Pulley

पुली एक प्रकार का वृत्ताकार (circular) पहिया होता है, जिसके केन्द्र में शाफ्ट के व्यास के बराबर का छिद्र होता है। इस छिद्र में चाबी (key) लगाने के लिए एक की-वे (key-way) बना होता है। इसको शाफ्ट पर लगाकर उस पर बैल्ट चढ़ाकर पावर ट्रांसफर की जाती है। यह पुली प्राय: कास्ट आयरन की बनाई जाती है, परन्तु कभी-कभी विशेष परिस्थितियों में माइल्ड स्टील, एल्युमीनियम तथा लकड़ी की बनाकर भी काम चलाया जाता है। पुली के व्यास को घटा-बढ़ाकर हम शाफ्ट की चाल को कण्ट्रोल कर सकते हैं। ये निम्न प्रकार की होती हैं

1. ठोस पुली (Solid Pulley)
2. स्प्लिट पुली (Split Pulley)
3. स्टेप पुली (Step Pulley)
4. 'V' पुली ('V' Pulley)
5. लूज एण्ड फास्ट पुली (Loose and Fast Pulley)
6. जौकी पुली (Jockey Pulley)
7. चेन पुली (Chain Pulley)

बैल्ट Belt

एक पुली से दूसरी पुली पर पावर को हस्तान्तरित करने के लिए बैल्ट का प्रयोग किया जाता है। बैल्ट को पुली की दिशा परिवर्तित करने के लिए भी प्रयोग किया जाता है जैसा कि पूर्व में बताया जा चुका है। मशीन के अचानक जाम हो जाने अथवा ओवर लोड होने पर बैल्ट पुली पर स्लिप हो जाती है। इस प्रकार मशीन की टूट-फूट होने से बच सकती है। बैल्ट के अन्दर निम्नलिखित गुणों का समावेश होना चाहिए

1. बैल्ट में लचीलापन (flexibility) होना चाहिए।
2. बैल्ट की पूरी लम्बाई में मोटाई एकसमान होनी चाहिए।
3. बैल्ट जल्दी घिसने वाली नहीं होनी चाहिए।
4. बैल्ट का पुली के साथ घर्षण (friction) अधिक होना चाहिए।

जब चालक पुली चलित पुली को खींचती है, तो खींचने वाली साइड की बैल्ट की लम्बाई बढ़ जाती है, जोकि स्लैक साइड में पहुँचकर उसे ढीला कर देती है। बैल्ट की लम्बाई के इस परिवर्तन को **बैल्ट की क्रीप** (creep of the belt) कहते हैं। बैल्ट ढीली होकर दाएँ अथवा बाएँ सरक सकती है। इसको बैल्ट की **क्रीपिंग** (creeping) कहते हैं। बैल्ट की स्लिप तथा क्रीपिंग को कण्ट्रोल करने के लिए पुली के फेस पर थोड़ी उत्तलता (convexity) देते हैं। यह उत्तलता क्राउनिंग (crowning) कहलाती है। बैल्ट की स्लिप (slip) को कम करने के लिए पुली तथा बैल्ट के बीच में रेजिन पाउडर (resin powder) डाला जाता है। सिस्टम की आवश्यकता के अनुसार विभिन्न प्रकार की बैल्ट प्रयोग की जाती हैं

14.3 स्टेपर मोटर Stepper Motor

वह मोटर, जिसे एक घूर्णन के 4, 8, 12, ... 480 तक अंशों के लिए पगों में (in steps) घुमाया जा सके, स्टेपर मोटर कहलाती है। इस मोटर को अग्रिम अथवा विपरीत दिशा में केवल पूर्व निर्धारित अंशों के लिए ही प्रचलित किया जा सकता है। इसका प्रचालन डिजिटल संकेत से किया जाता है।

संरचना Construction

सामान्य डी.सी. मोटर की भाँति ही इसमें भी दो मुख्य भाग होते हैं- (i) स्टेटर तथा (ii) रोटर। स्टेटर भाग में प्राय: दो वेष्ठनें स्थापित की जाती हैं, जो केन्द्रीय सिरा युक्त होती हैं। रोटर में तीन छड़ चुम्बक इस प्रकार स्थापित किए जाते हैं, जिससे 3 उत्तरी ध्रुव और 3 दक्षिणी ध्रुव स्थापित हो जाएँ।

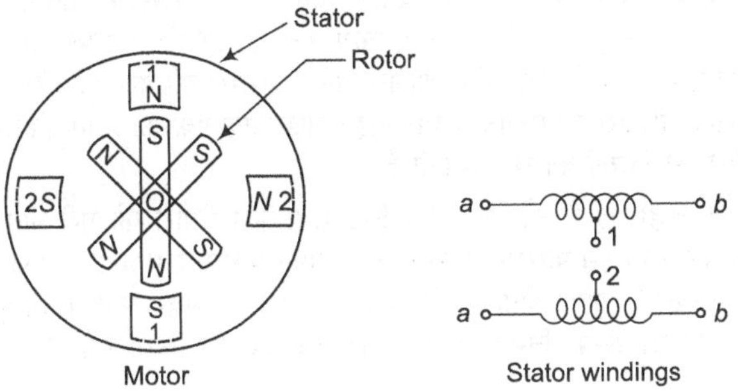

चित्र स्टेपर मोटर की संरचना

कार्य प्रणाली Working Method

जब वेष्ठन के केन्द्रीय सिरे को धन आपूर्ति तथा 'a' व 'b' सिरों को एकान्तर क्रम में ऋण आपूर्ति प्रदान की जाती है, तो स्टेटर का ऊपरी ध्रुव 'उत्तरी' और निचला ध्रुव 'दक्षिणी' ध्रुव बन जाता है। ये 'उत्तरी-दक्षिणी' ध्रुव, रोटर के विपरीत स्वभाव वाले ध्रुवों को आकर्षित करते हैं। तत्पश्चात् स्टेटर वेष्ठन 1 को 'ऑफ' करने तथा स्टेटर वेष्ठन 2 को 'ऑन' करने से मोटर का रोटर 30 अंश घूम जाता है अर्थात् मोटर का रोटर एक पग (step) घूम जाता है।

मोटर को लगातार प्रचलित करने के लिए दोनों वेष्ठनों को एकान्तर क्रम में उत्तेजित किया जाता है और मोटर को 24 पगों (steps) में निम्नवत् डिजिटल संकेत प्रदान किया जाता है।

24 पग

वेष्ठन 1a →	1000	1000	1000	1000	1000	1000
वेष्ठन 1b →	0010	0010	0010	0010	0010	0010
वेष्ठन 2a →	0100	0100	0100	0100	0100	0100
वेष्ठन 2b →	0001	0001	0001	0001	0001	0001

उपरोक्त डिजिटल संकेत को ध्यानपूर्वक देखने से ज्ञात होता है कि किसी वेष्ठन (1 या 2) के दोनों अर्द्धखण्डों को एक साथ उत्तेजित नहीं किया गया है। डिजिटल प्रणाली में 1 का अर्थ ऑन तथा 0 का अर्थ 'ऑफ' होता है। इस मोटर का रोटर बेलनाकार होता है, इसलिए इस मोटर को यूनीपोलर मोटर (unipolar motor) भी कहते हैं।

14.4 माइक्रोप्रोसेसर Microprocessor

माइक्रोप्रोसेसर, जिसे सी पी यू (CPU) भी कहा जाता है, इसका कार्य प्रत्येक गणितीय/लॉजिकल (arithmetic/logical) संक्रियाओं (operations) को पूरा करना, प्रोग्राम क्रियान्वित करते समय अस्थायी रूप से डेटा संग्रह करना तथा माइक्रोप्रोसेसर के सभी भागों में टाइमिंग व कण्ट्रोल सिग्नलों का आदान-प्रदान करना होता है। माइक्रोप्रोसेसर एक सेमीकण्डक्टर इंटीग्रेटेड सर्किट पर बनाए गए प्रोग्राम पर कार्य करने योग्य (programmable) डिजिटल इलेक्ट्रॉनिक वस्तु है, जो किसी सेण्ट्रल प्रोसेसिंग यूनिट के सभी कार्य करता है। वास्तव में यह प्रोसेसर ही होता है किन्तु माइक्रो कम्प्यूटरों में प्रयुक्त होने के कारण माइक्रोप्रोसेसर कहलाता है, यह किसी कम्प्यूटर का हृदय एवं दिमाग होता है। माइक्रोप्रोसेसर की तकनीक का विकास होने से पहले इलेक्ट्रॉनिक सी पी यू (CPU) कई अलग-अलग भारी-भरकम स्विचिंग उपकरणों से बनता था, जिस कारण कम्प्यूटर बहुत बड़े आकार वाले होते थे किन्तु वर्ष 1970 के बाद माइक्रोप्रोसेसरों के विकास के बाद छोटे आकार वाले कम्प्यूटरों का बनाया जाना सम्भव हुआ।

14.5 पेण्टियम Pentium

इण्टेल कम्पनी ने मार्च, 1993 में पेण्टियम (Pentium) नामक माइक्रोप्रोसेसर जारी किए, जो पाँचवीं पीढ़ी के माइक्रोप्रोसेसर कहे जाते हैं। ये 32 बिट प्रोसेसर होते हैं, जिनकी क्लॉक स्पीड 66 मेगाहर्ट्ज से प्रारम्भ होती है। इसी श्रेणी में बढ़ती हुई क्लॉक स्पीड के साथ पेण्टियम प्रो, पेण्टियम II, पेण्टियम III, पेण्टियम IV, पेण्टियम D तथा पेण्टियम ड्यूअल कोर (Pentium Dual Core) नामक माइक्रोप्रोसेसर बाजार में उतारे गए, जो आज भी व्यापक रूप से उपयोग में लाए जा रहे हैं, इनकी गति कई गीगाहर्ट्ज (GHz) में है।

पेण्टियम-4 प्रोसेसर Pentiun-4 Processor

पेण्टियम-4 प्रोसेसर को कुछ समय तक अत्यधिक प्रयोग किया जा रहा था। इसके अनेक संस्करण जोकि गतियों पर आधारित हैं, को अधिक प्रयोग किया गया। विकास क्रम में यह प्रोसेसर सातवीं पीढ़ी का प्रतिनिधित्व करता है। इसमें 32 मिलियन ट्रांजिस्टरों का प्रयोग किया गया है। इसकी डेटा प्रोसेसिंग गति 2.7 GHz से अधिक होती है। इस प्रोसेसर में अर्थमैटिक और लॉजिक यूनिट प्रोसेसर की कोर फ्रीक्वेंसी से दुगुनी अधिक गति से कार्य करने में सक्षम है। इसके अन्तर्गत हाइपर पाइप लाइन तकनीक को प्रयोग किया गया है, जो बहुत ही गहराई तक निर्देशों को क्रियान्वित कर सकती है।

चित्र इण्टेल पेण्टियम-4 प्रोसेसर

इसमें ब्रांच प्रिडिक्शन क्षमता भी जोड़ी गई है और यह 128-बिट L-2 कैश मैमोरी को पूरी गति से आठ पृथक्-पृथक् आयामों में प्रयोग करता है। इस प्रोसेसर के साथ आप अपने कम्प्यूटर में 4GB RAM को लगा सकते हैं। इसमें इन्हेंस्ड फ्लोटिंग प्वॉइण्ट यूनिट होती है और यह मल्टीपल लो पावर स्टेट (multiple low power state) पर आधारित होता है। इसका निर्माण SSE2-144 तकनीक पर किया गया है।

प्रोसेसर की कार्य प्रणाली Working Method of Processor

कम्प्यूटर सिस्टम में प्रयोग किया जाने वाला प्रोसेसर जिसे सामान्य भाषा में सी पी यू भी कहा जाता है, अपने में एक जटिल कार्य-प्रणाली को समेटे हुए है। इसकी डेटा को प्रोसेस करने की प्रक्रिया कई चरणों से होकर गुजरती है। इसकी कार्य प्रणाली निम्न प्रकार है

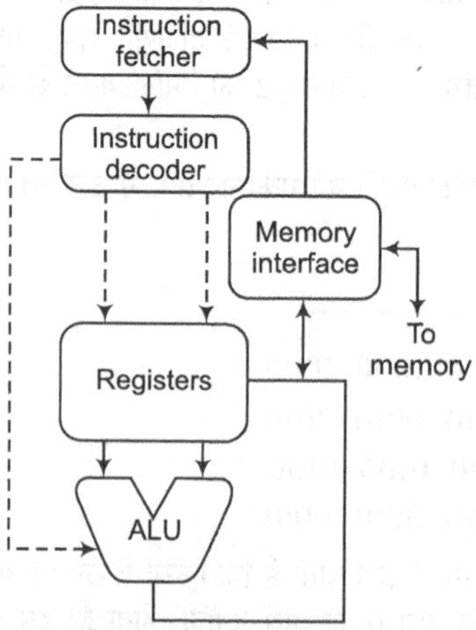

चित्र CPU की कार्यप्रणाली

प्रोसेसिंग चक्र Processing Cycle

CPU में ALU और CU में कुछ विशेष डेटा अथवा निर्देश कक्ष उपलब्ध होते हैं जो प्रोसेसिंग में मदद करते हैं, इन्हें रजिस्टर्स कहते हैं। जब हम कम्प्यूटर में कोई डेटा अथवा प्रोग्राम लिखते हैं तो वह प्राइमरी मैमोरी से इन रजिस्टर्स में भण्डारित (stored) हो जाता है। उसी समय ये रजिस्टर्स अत्यन्त महत्त्वपूर्ण भूमिका निभाते हैं और कम्प्यूटर तेजी से डेटा संसाधन करने लगता है। CPU में तीन प्रकार के रजिस्टर प्रयोग किए जाते हैं

1. निर्देश का पता रजिस्टर 2. भण्डारण रजिस्टर 3. संचायक रजिस्टर

तीनों प्रकार के रजिस्टर नाम के अनुसार अपने लिए निर्धारित कार्यों को संज्ञान देते हैं।

मशीन चक्र Machine Cycle

सबसे पहले हमें यह समझना होगा कि मशीन चक्र किसे कहते हैं? किसी भी एक निर्देश की प्रोसेसिंग प्रक्रिया मशीन साइकिल कहलाती है। यह प्रक्रिया दो भागों में बँटी होती है- निर्देश चक्र एवं क्रियान्वयन चक्र। इनका विवरण निम्न प्रकार है

निर्देश चक्र Instruction Cycle

इस प्रक्रिया से CPU में ये कार्य सम्पन्न होते हैं

1. सर्वप्रथम प्राइमरी मैमोरी से एक निर्देश का क्रियान्वयन होता है।
2. इसके पश्चात् यह निर्देश DECODE होता है।
3. फिर यह निर्देश रजिस्टर में LOAD होता है।
4. अग्रिम चरण में यह निर्देश पता (address) रजिस्टर में दर्ज हो जाता है।

क्रियान्वयन चक्र Execution Cycle

उपरोक्त चार चरण समाप्त होने के पश्चात् क्रियान्वयन चक्र की प्रक्रिया शुरू होती है

1. इसमें सबसे पहले मेन मैमोरी आँकड़ों को स्टोरेज रजिस्टर में भेजता है।
2. इसके पश्चात् CPU से आँकड़े को नियन्त्रित करके प्रक्रिया को पूरा करने के लिए कमाण्ड दिया जाता है।
3. इस चरण में ALU से क्रिया सम्पन्न की जाती है।
4. इस अन्तिम चरण में परिणाम को संचायक रजिस्टर में भेज दिया जाता है।

इन दोनों प्रक्रियाओं को देखने या पढ़ने से ऐसा लगता है मानो यह लम्बी प्रक्रिया है, लेकिन कम्प्यूटर इतनी तीव्र गति से काम करता है कि ये सारी क्रिया-प्रक्रिया एक सेकण्ड के 100वें हिस्से में या इससे भी अधिक जल्दी निपट जाती है।

14.6 7-सेगमेण्ट डिस्प्ले 7-Segment Display

7-सेगमेण्ट डिस्प्ले का निर्माण सात प्रकाश उत्सर्जक डायोडों (LEDs) के द्वारा होता है जिन्हें चित्रानुसार a, b, c, d, e, f एवं g प्रतीकों द्वारा दर्शाया जाता है। यह सम्पूर्ण संरचना आठ (8) अंक के समान दिखाई देती है। इसमें वांछित LEDs को फॉरवर्ड बायस प्रदान करके विभिन्न अंक (0-9) प्रतीक एवं अक्षर प्रदर्शित किए जा सकते हैं। चित्र में 7-सेगमेण्ट डिस्प्ले इकाई के साथ-साथ 0-9 तक के अंकों को भी दर्शाया गया है।

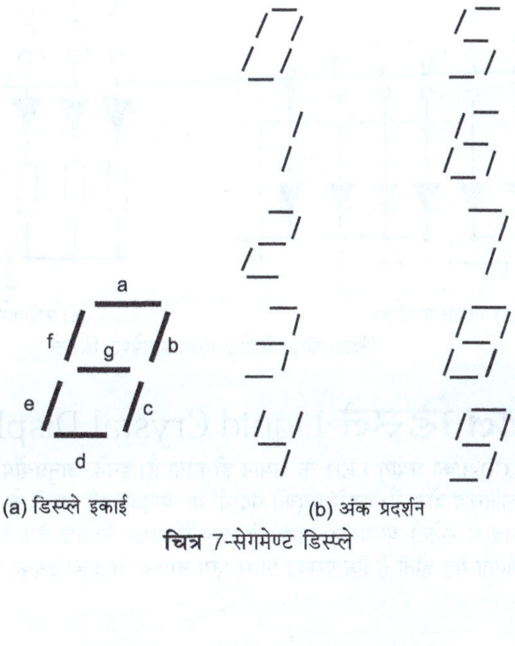

चित्र 7-सेगमेण्ट डिस्प्ले

प्रकार Types

सेवन-सेगमेण्ट डिस्प्ले मुख्यत: निम्न दो प्रकार के होते हैं, जिन्हें उपयोगकर्ता आवश्यकतानुसार विभिन्न प्रकार की डिस्प्ले यूनिटों के लिए प्रयुक्त कर सकता है।

कॉमन एनोड प्रकार Common Anode Type

इस प्रकार के सेवन-सेग़मेण्ट डिस्प्ले की सभी LEDs के एनोड टर्मिनल को एक साथ संयोजित कर दिया जाता है तथा उनके कैथोड को पृथक्-पृथक् सप्लाई प्रदान की जाती है। चित्र में कॉमन एनोड 7-सेगमेण्ट डिस्प्ले के आन्तरिक परिपथ के साथ-साथ इसका प्रयोगात्मक परिपथ भी प्रदर्शित किया गया है जिसमें प्रत्येक LED में से प्रवाहित होने वाली धारा का मान निश्चित करने के लिए एक प्रतिरोध LED एवं V_{CC} के मध्य लगाया जाता है। सामान्यत: LED में से प्रवाहित होने वाली धारा का मान 1 mA से 50 mA के मध्य निश्चित किया जाता है।

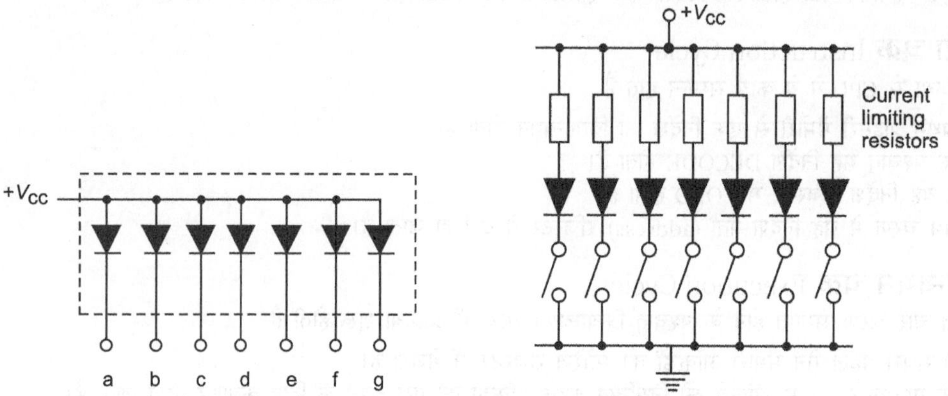

(a) आन्तरिक परिपथ (b) प्रयोगात्मक परिपथ

चित्र कॉमन एनोड सेवन-सेगमेण्ट डिस्प्ले

कॉमन कैथोड प्रकार Common Cathode Type

इस प्रकार के सेवन-सेगमेण्ट डिस्प्ले की सभी LEDs के कैथोड टर्मिनल को एक साथ संयोजित कर दिया जाता है तथा उनके एनोड को पृथक्-पृथक् सप्लाई प्रदान की जाती है। चित्र में इसके आन्तरिक परिपथ के साथ ही प्रयोगात्मक परिपथ भी दर्शाया गया है। इस प्रयोगात्मक परिपथ में प्रत्येक LED में से प्रवाहित होने वाली धारा का मान निश्चित करने के लिए LED एवं ग्राउण्ड के मध्य एक प्रतिरोध लगाया जाता है।

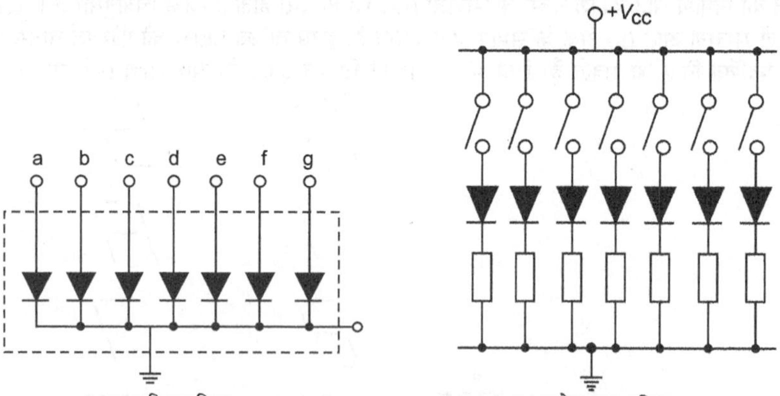

(a) आन्तरिक परिपथ (b) प्रयोगात्मक परिपथ

चित्र कॉमन कैथोड सेवन-सेगमेण्ट डिस्प्ले

14.7 लिक्विड क्रिस्टल डिस्प्ले Liquid Crystal Display, LCD

लिक्विड क्रिस्टल डिस्प्ले (LCDs) का प्रयोग LED के समान ही होता है। इनके अनुप्रयोग (applications) न्यूमेरिक और एल्फान्यूमेरिक प्रकार के होते हैं। इसमें ऑर्गेनिक लिक्विड होता है। इसमें प्रयुक्त पदार्थों के अणुओं की लम्बी चेन होती है। जब इसे कम मात्रा में वोल्टेज दिया जाता है, तो उसके विद्युत क्षेत्र के प्रभाव से स्लेटी या काली लाइन के रूप में अक्षर दिखाई देते हैं और वोल्टेज हटा लेने पर उनका रंग पहले की तरह सफेद हो जाता है। इसमें विशेषता यह होती है कि इसका पावर क्षय नगण्य होता है। इनका उपयोग पर्दे या डायल पर अंकों का (डिजिट्स के रूप

में) प्रदर्शन करने के लिए किया जाता है। LCD द्वारा प्रदर्शित अंक केवल प्रकाश की उपस्थिति में ही देखे जा सकते हैं। इनका उपयोग मापक उपकरणों कैलकुलेटर्स, रिस्ट-वाच, टॉयज वीडियो गेम इत्यादि में अधिकतर किया जाता है।

LCD को ऑन करने के लिए 300 μA धारा की आवश्यकता होती है। अत: LCD को AC सप्लाई की आवश्यकता होती है जिसकी आवृत्ति प्राय: 30 से 1000 Hz के मध्य होती है। LCD में भी प्रत्येक सेल (सेगमेण्ट) का एक टर्मिनल कॉमन (common) होता है, परन्तु LCD डिस्प्ले कॉमन टर्मिनल को वर्गीकृत करना मुश्किल है। अत: इस कॉमन टर्मिनल को 'बैक प्लेन' (back plane) कहते हैं।

चित्र में एक LCD की आन्तरिक संरचना प्रदर्शित की गई है। इसमें इलेक्ट्रोड्स के मध्य उत्पन्न विद्युत क्षेत्र द्रव क्रिस्टल (liquid crystal) के अणुओं को संरेखित (align) करता है जिससे प्रकाश द्रव में से गुजर कर नीचे दर्पण (mirror) पर पड़ता है। इसमें दर्पण पहले से ही प्रकाश में रखा होता है। अत: यह अपने आस-पास के क्षेत्र की तुलना में अधिक प्रकाश परावर्तित करता है तथा अत्यधिक प्रकाशित प्रतीत होता है। इस प्रकार के डिस्प्ले रिफ्लेक्टिव लिक्विड क्रिस्टल डिस्प्ले (reflective LCD) कहलाते हैं।

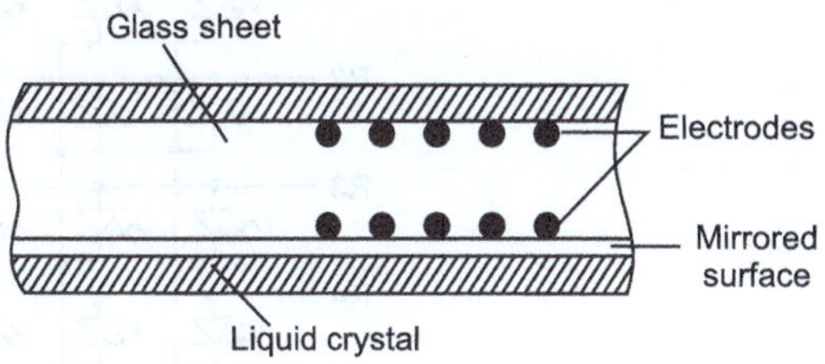

चित्र LCD की आन्तरिक संरचना

इसके अतिरिक्त अवशोषित प्रकार लिक्विड क्रिस्टल डिस्प्ले (absorption type LCD) इलेक्ट्रोड्स पर वोल्टेज देने पर प्रकाश का अवशोषण (absorption) करते हैं। इसमें LCD के नीचे रखा एक काला कागज लगभग समस्त प्रकाश को अवशोषित कर लेता है जिससे कि LCD की स्क्रीन काली (black) दिखाई देती है। इस प्रकार की LCDs प्राय: डिजिटल घड़ियों तथा कैलकुलेटर्स में प्रयुक्त की जाती है।

प्रकार Types

लिक्विड क्रिस्टल डिस्प्ले (LCD) संरचना की दृष्टि से मुख्यत: दो प्रकार के होते हैं

डायनमिक स्केटरिंग टाइप Dynamic Scattering Type

डायनमिक स्कैटरिंग टाइप LCD सेल में प्रयुक्त किया जाने वाला द्रव क्रिस्टल पदार्थ ऐसा कार्बनिक कम्पाउण्ड (organic compound) होता है जो द्रव अवस्था में होने पर प्रकाशीय गुण प्रदर्शित करता है। इसमें द्रव क्रिस्टल दो ग्लास शीटों के मध्य एक परत के रूप में फैलाया जाता है एवं शीटों के मध्य पारदर्शी इलेक्ट्रोड लगाए जाते हैं। जब सेल के टर्मिनल पर वि.वा. बल (e.m.f.) प्रयुक्त किया जाता है, तब द्रव में प्रवाहित होने वाले आवेश आण्विक संरेखण (molecular alignment) को भंग (disturb) करते हैं तथा एक प्रकार का आण्विक क्षोभ (turbulence) उत्पन्न करते हैं। सामान्य अवस्था में द्रव पारदर्शी होता है। विद्युत क्षेत्र के प्रभाव से उत्पन्न आण्विक स्कैट्रिंग के कारण प्रकाश सभी दिशाओं में बिखराव (scatter) हो जाता है तथा LCD सेल चमकने लगता है। यह प्रक्रिया डायनमिक स्केटिंग कहलाती है।

फील्ड इफैक्ट टाइप Field Effect Type

फील्ड इफेक्ट टाइप LCD सेल में प्रत्येक ग्लास शीट के अन्दर दो पतले (thin) ध्रुवीय ऑप्टिकल फिल्टर (polarising optical filters) रखे जाते हैं। इस LCD में प्रयुक्त किया गया पदार्थ विद्युत क्षेत्र (e.m.f.) की अनुपस्थिति में सेल से गुजरने वाले प्रकाश को मोड़ (twist) देता है जिसके कारण प्रकाश ऑप्टिकल फिल्टरों में से गुजरता है तथा सेल चमकता हुआ दिखाई देता है। जब सेल को कोई वि.वा.ब. दिया जाता है तब प्रकाश मुड़ता (twist) नहीं है तथा धुँधला (dull) दिखाई देता है। इसकी आन्तरिक संरचना को चित्र में दर्शाया गया है।

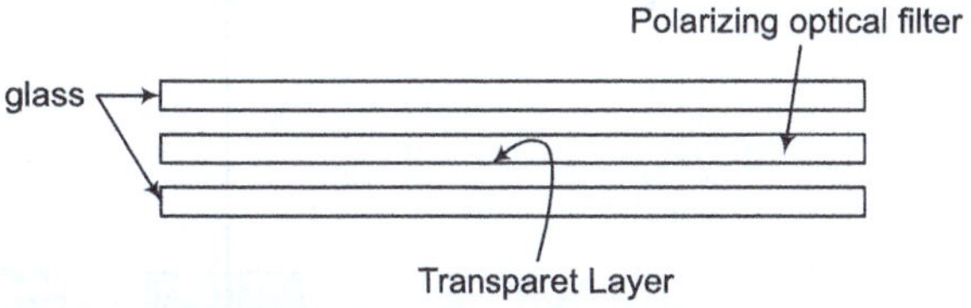

चित्र क्षेत्र प्रभाव प्रकार LCD की आन्तरिक संरचना

14.8 स्क्रॉलिंग डिस्प्ले Scrolling Display

हम सामान्यतया साधारण स्थैतिक (static) LED डिस्प्ले स्क्रीन का उपयोग एक सूचना को प्रदर्शित करने के लिए करते हैं, परन्तु जब हम अधिक डेटा को डिस्प्ले करना चाहते हैं, तो मैसेज लगातार कुछ समय बाद परिवर्तित होता रहता है। इस कार्य के लिए स्थैतिक डिस्प्ले के स्थान पर स्क्रॉलिंग डिस्प्ले को प्राथमिकता प्रदान की जाती है। LED डिस्प्ले को स्क्रॉलिंग बनाने के लिए प्री-प्रोग्राम कण्ट्रोलर का प्रयोग किया जाता है। स्क्रॉलिंग डिस्प्ले का प्रयोग सामान्य आउटडोर LED मूविंग अथवा स्क्रॉलिंग साइन बोर्ड, मार्केटिंग हेतु साइन बोर्ड एवं इलेक्ट्रॉनिक प्रोजेक्टों में किया जाता है।

LED एरे (array) बनाने के लिए सभी LEDs के कैथोड आपस में संयोजित करके उन्हें ग्राउण्ड कर दिया जाता है तथा माइक्रोकण्ट्रोलर के द्वारा प्रत्येक एनोड को ड्राइव किया जाता है। माइक्रोकण्ट्रोलर को विभिन्न पैटर्न LEDs पर उत्पन्न करने के लिए प्रोग्राम किया जाता है। LED स्क्रॉलिंग बोर्ड के लिए एक एरे का प्रयोग करके विभिन्न प्रकार के पैटर्न उत्पन्न किए जा सकते हैं। यदि LED एरे को मल्टीप्लेक्सिंग तकनीक द्वारा एक साथ लगाकर व्यवस्थित किया जाए तो उस पर अक्षर, प्रतीक, अंक, पिक्चर एवं एनीमेशन भी उत्पन्न किया जाना सम्भव है। LED डॉट मैट्रिक्स

बनाने के लिए प्रत्येक पंक्ति (row) की सभी LEDs के सभी एनोड टर्मिनलों को एक साथ संयोजित कर देते हैं तथा प्रत्येक स्तम्भ (column) की सभी LEDs के कैथोड को एक साथ संयोजित किया जाता है। इसकी संरचना को आगे दर्शाए गए चित्र में दर्शाया गया है। LED स्क्रॉलिंग मैसेज डिस्प्ले मैट्रिक्स को कार्य सम्पन्न करने के लिए इसके सभी एनोड को माइक्रोकण्ट्रोलर से संयोजित किया जाता है तथा कॉलमों को शिफ्ट रजिस्टर (74L5164) से चित्रानुसार संयोजित करते हैं।

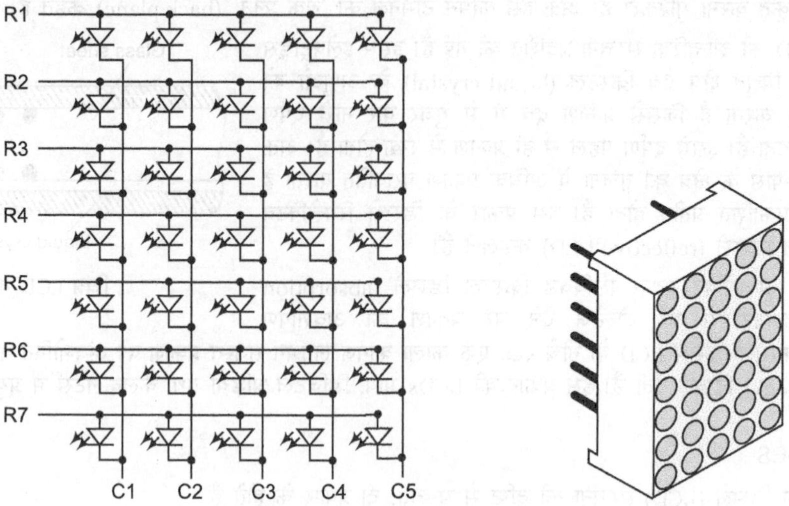

चित्र LED डॉट मैट्रिक्स की संरचना

इस परिपथ में माइक्रोकण्ट्रोलर शिफ्ट रजिस्टर को डेटा एवं क्लॉक नियन्त्रण सिग्नल प्रदान करता है तथा इसकी डेटा पिन पर डेटा क्रम भी प्रदान करता है। इसमें LED मैट्रिक्स का पहला कॉलम ULN 2803 के द्वारा ग्राउण्ड से संयोजित रहता है जबकि शेष सभी कॉलम असंयोजित रहते हैं। अत: उस कॉलम की LEDs माइक्रोकण्ट्रोलर द्वारा प्रदान किए गए डेटा के अनुसार प्रकाशमान होती है। जब यह डेटा-क्रम शिफ्ट रजिस्टर को दिया जाता है, तो माइक्रोकण्ट्रोलर द्वारा प्रदान किया गया डेटा अगले कॉलम की LEDs पर प्रदर्शित होने लगता है। इस प्रकार शिफ्ट रजिस्टर को दिए गए डेटा क्रम के अनुसार अगला कॉलम एक के बाद एक रूप में ड्राइव होता है तथा डिस्प्ले मैसेज स्क्रॉलिंग रूप में प्रदर्शित होता है।

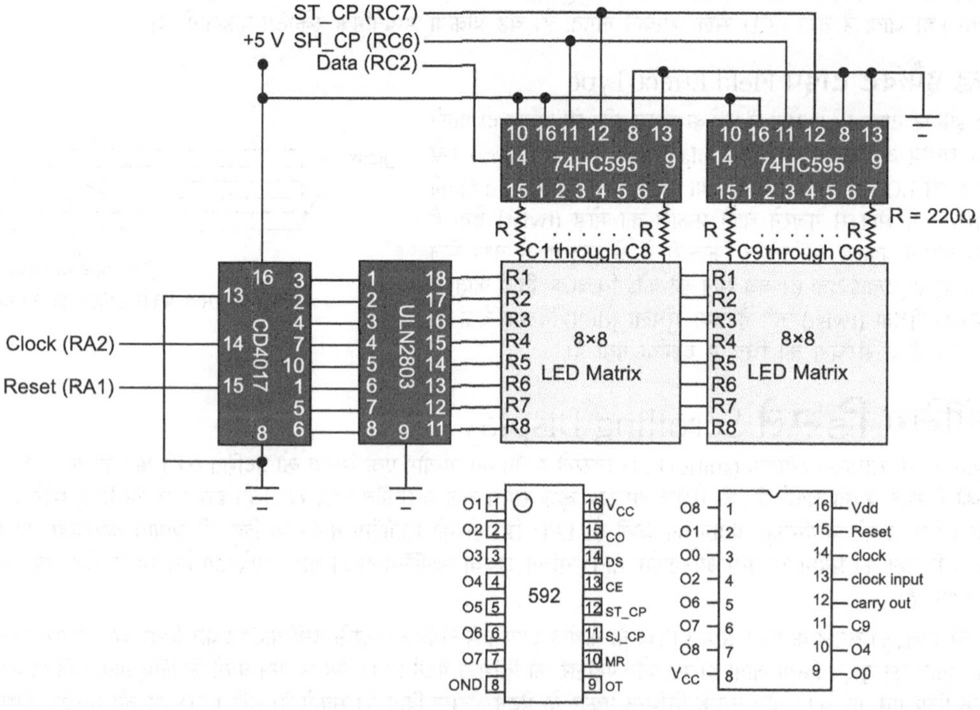

चित्र माइक्रोकण्ट्रोलर सहित परिपथ आरेख

14.9 प्रकाश उत्सर्जक डायोड पैनल Light Emitting Diode (LED) Panels

LED पैनल एक समतल (flat) पैनल डिस्प्ले होता है जिसमें वीडियो डिस्प्ले में पिक्सल (pixel) के लिए LEDs के एरे का प्रयोग किया जाता है। इनकी ब्राइटनैस अर्थात् चमक के आधार पर इनका अनुप्रयोग निर्धारित किया जाता है; जैसे—स्टोर साइन एवं बिल बोर्ड्स (bill boards) के आउटडोर हेतु एवं पब्लिक ट्रांसपोर्ट पर डेस्टीनेशन (destination) साइन हेतु। इसके अतिरिक्त इसका उपयोग दृश्यिक (visual) डिस्प्ले, स्टेज लाइट अथवा सजावटी लाइट के रूप में भी किया जाता है।

LED पैनल मुख्यत: दो प्रकार के होते हैं, पारम्परिक (डिस्क्रीट LED युक्त) एवं सतह जड़ित युक्ति (SMD) पैनल/अधिकतर आउटडोर एवं कुछ इनडोर स्क्रीन के लिए पारम्परिक पैनल प्रयोग किए जाते हैं जिसमें LEDs को अलग से स्वतन्त्र रूप में माउण्ट किया जाता है। इसमें एक पूर्ण रंग पिक्सल (full colour pixel) बनाने के लिए लाल (R), हरे (G) एवं नीले (B) डायोड को एक साथ ड्राइव किया जाता है। इसके विपरीत अधिकतर इनडोर स्क्रीन के लिए SMD तकनीक का उपयोग किया जाता है। इसमें SMD पिक्सल में लाल (R), हरा (G) एवं नीला (B) डायोड एक ही पैकेज पर माउण्ट होते हैं जोकि ड्राइवर PC बोर्ड पर माउण्ट होते हैं। इन दोनों प्रकारों में मुख्य अन्तर यह है कि SMD पैनल का रिजोल्यूशन समान दूरी की पारम्परिक डिस्क्रीट डायोड स्क्रीन की अपेक्षा 25% तक कम होता है। इसलिए SMD पैनल इनडोर अनुप्रयोगों के लिए अधिक उपयुक्त होते हैं।

14.10 LEDs स्टैकिंग LEDs Stacking

LEDs की स्टेकिंग के द्वारा विभिन्न प्रकार के इण्डीकेटिंग सिग्नल, वार्निंग सिग्नल, टावर सिग्नल एवं औद्योगिक सिग्नल प्रदान किए जाते हैं। इनका उपयोग स्वचालित उत्पान में इन-लाइन गुणवत्ता निरीक्षण हेतु किया जाता है। यह विभिन्न प्रकार के दृश्यिक सिग्नलों को प्रदर्शित करती है। इसमें अलग-अलग रंग के इण्डीकेटर सेगमेण्टों का प्रयोग किया जाता है। इसमें सामान्यतया विभिन्न स्थितियों को प्रदर्शित करने के लिए पाँच पृथक्-पृथक् रंग के सेगमेण्टों का प्रयोग करते हैं जोकि लाल, पीले, हरे, नीले अथवा सफेद रंग युक्त होते हैं। इनकी प्रकृति ऑफ, लगातार ऑन अथवा फ्लेशिंग प्रकार की हो सकती है। इन LEDs स्टेक को प्रोग्रामेबल लॉजिक कण्ट्रोलर (PLC), वितरित नियन्त्रण सिस्टम (distributed control system) अथवा PC नियन्त्रण सिस्टम द्वारा सीधे ही नियन्त्रित किया जा सकता है। इनके अतिरिक्त इन्हें मशीनों के साथ टाइमर, सेन्सर एवं लैचिंग रिले के साथ संयोजित करके भी नियन्त्रित किया जा सकता है। इसके लिए प्रयुक्त कलर कोड के लिए सामान्यतया निम्न स्थिति उत्तरदायी होती है

लाल Red

फेल स्थिति; जैसे—आपातकालीन रुकना अथवा दोषी मशीन।

पीला Yellow

चेतावनी (warning) स्थिति; जैसे—अति तापमान अथवा अति दाब स्थिति।

हरा Green

सामान्य मशीन अथवा कार्य प्रचालन।

नीला Blue

बाहरी मदद की आवश्यकता; जैसे—कच्चा माल अथवा अनुरक्षण।

सफेद White

उपभोक्ता द्वारा निर्धारित स्थिति जोकि प्राय: उत्पादन मॉनिटिरिंग से सम्बन्धित होती है।

अभ्यास प्रश्न

परीक्षा प्रारूपी प्रश्न

बहुविकल्पीय

1. जब चलित पुली के घूमने की दिशा, चालक पुली की दिशा के अनुरूप रखनी हो, तब ······· का प्रयोग किया जाता है।
(a) खुला पट्टा चालन (b) तिरछा पट्टा चालन
(c) सीधा पट्टा चालन (d) इनमें से कोई नहीं

2. ······· पुली को एक ही पीस में, कास्टिंग करके बनाया जाता है।
(a) ठोस (b) स्टेप
(c) 'V' (d) स्प्लिट

3. हल्के लोड को ट्रांसफर करने के लिए निम्न में से कौन-सी बैल्ट का प्रयोग किया जाता है?
(a) फ्लैट बैल्ट (b) लैदर बैल्ट
(c) कैनवास बैल्ट (d) रबर बैल्ट

4. दो परस्पर झुकी हुई शाफ्टों पर शक्ति पारेषण करने के लिए किस प्रकार के गियर प्रयोग किए जाते हैं?
(a) स्पर गियर (b) सिंगल हेलिकल गियर
(c) डबल हेलिकल गियर (d) बेवेल गियर

5. लेथ मशीन में कौन-सी पुली प्रयोग की जाती है?
(a) स्टेप पुली (b) फास्ट एण्ड लूज पुली
(c) ठोस पुली (d) जौकी पुली

6. क्रॉस बैल्ट ड्राइव में दोनों पुली की दिशाएँ आपस में
(a) समान होती हैं (b) विपरीत होती हैं
(c) कैसी भी हो सकती हैं (d) इनमें से कोई नहीं

7. बैल्ट द्वारा स्लिपरहित ट्रांसमिशन प्राप्त करने के लिए निम्न बैल्ट का प्रयोग करेंगे
(a) रिब्ड बैल्ट (b) 'V' बैल्ट
(c) फ्लैट बैल्ट (d) टूथ्ड या ट्रिनिंग बैल्ट

8. सेवन-सेगमेण्ट डिस्प्ले के सेगमेण्टों को किसके द्वारा दर्शाया जाता है?
(a) 0-6 द्वारा (b) a-g द्वारा
(c) A-Z द्वारा (d) 1-7 द्वारा

9. डिस्प्ले की LED को कौन-सी बायस प्रदान करके ऑन किया जाता है?
(a) फॉरवर्ड बायस (b) रिवर्स बायस
(c) शून्य बायस (d) इनमें से कोई नहीं

10. कॉमन एनोड सेवन-सेगमेण्ट के लिए प्रयुक्त डिकोडर/ड्राइवर आई सी है
(a) IC 7446 (b) IC 7448
(c) IC 7482 (d) IC 7432

11. IC 7106 को किस डिस्प्ले को ड्राइव करने हेतु बनाया गया है?
(a) LED डिस्प्ले (b) सेवन सेगमेण्ट डिस्प्ले
(c) स्क्रॉलिंग डिस्प्ले (d) LCD डिस्प्ले

12. LCD को ऑन करने के लिए कितनी धारा की आवश्यकता होती है?
(a) 300 mA (b) 300 μA
(c) 30 mA (d) 30 A

13. पारम्परिक LED पैनल अधिकतर किस लिए प्रयोग होते हैं?
(a) आउटडोर स्क्रीन के लिए
(b) इनडोर स्क्रीन के लिए
(c) कम रिजोल्यूशन के लिए
(d) उपरोक्त में से कोई नहीं

14. पेण्टियम शब्द का प्रयोग इनमें से किस कम्प्यूटर कॉम्पोनेन्ट के लिए किया जाता है?
(a) डीवीडी ड्राइव (b) प्रोसेसर
(c) यूएसबी पोर्ट (d) माउस

15. SSE तकनीक को सबसे पहले इनमें से किस प्रोसेसर में प्रयोग किया गया था?
(a) पेण्टियम-3 प्रोसेसर (b) पेण्टियम-2 प्रोसेसर
(c) पेण्टियम-1 प्रोसेसर (d) ये सभी

16. पेंटियम-4 प्रोसेसरों में कितने मिलियन ट्रांजिस्टरों को प्रयोग किया गया है?
(a) 13 मिलियन (b) 21 मिलियन
(c) 10 मिलियन (d) 32 मिलियन

17. पेण्टियम-4 प्रोसेसर कितनी बिट पर काम करते हैं?
(a) 32-बिट (b) 128-बिट
(c) 64-बिट (d) 56-बिट

18. प्रोसेसर में किसी भी निर्देश की प्रोसेसिंग की प्रक्रिया क्या कहलाती है?
(a) लॉजिक साइकल (b) मशीन साइकल
(c) एडवांस साइकल (d) इनमें से कुछ भी नहीं

19. किसी भी प्रोसेसर की गति को इनमें से किसमें मापा जाता है?
(a) Hz (b) FLOPS
(c) MIPS (d) ये सभी

20. कम्प्यूटर प्रोसेसर को ठण्डा रखने के लिए इनमें से किसे प्रयोग किया जाता है?
(a) ठण्डे पानी को (b) कूलिंग फैन
(c) नाइट्रोजन गैस को (d) इनमें से कोई नहीं

विविध प्रारूपी प्रश्न

सत्य/असत्य

1. कार्य के अन्तर्गत प्लास्टिक की पुली भी प्रयोग की जाती है।
2. बैल्ट ड्राइव एक प्रकार का धनात्मक संचरण (positive drive) है।
3. सेवन-सेगमेण्ट डिस्प्ले पर अंक, प्रतीक एवं अक्षर प्रदर्शित किए जा सकते हैं।
4. LED में से प्रवाहित धारा का मान निश्चित करने के लिए प्रेरक का प्रयोग करते हैं।
5. स्क्रॉलिंग डिस्प्ले में मैसेज को शिफ्ट करने के लिए काउण्टर का प्रयोग करते हैं।

रिक्त स्थानों की पूर्ति

1. विपरीत दिशा में शक्ति पारेषण के लिए ………. बैल्ट ड्राइव का प्रयोग करते हैं।
2. ओपन बैल्ट ड्राइव में दोनों पुली के व्यासों में ……….. से कम अनुपात होना चाहिए।
3. सेवन-सेगमेण्ट डिस्प्ले इकाई पर ……….. तक के अंक दर्शाए जा सकते हैं।
4. LED में प्रवाहित होने वाली धारा का मान 1mA से ……….. के मध्य निश्चित किया जाता है।
5. LED पैनल में लाल, हरा एवं नीला रंग मिलकर एक ……….. बनाते हैं।

अतिलघु उत्तरीय

1. एक बैल्ट ड्राइव के अवयव क्या हैं?
2. स्पर गियर का प्रयोग कब किया जाता है?
3. डिजिटल डिस्प्ले युक्तियों से क्या अभिप्राय है?
4. BCD से सेवन-सेगमेण्ट डिकोडर में कितनी इनपुट लाइनें होती हैं?
5. लिक्विड क्रिस्टल डिस्प्ले (LCD) के अनुप्रयोग किस प्रकार के होते हैं?
6. LCD संरचना की दृष्टि से कितने प्रकार के होते हैं?

लघु उत्तरीय

1. पुली ड्राइव में प्रयोग किए जाने वाले अवयव संक्षेप में बताइए।
2. गियर ड्राइव पर संक्षेप में टिप्पणी लिखिए।
3. स्क्रॉलिंग डिस्प्ले का प्रयोग किसलिए किया जाता है?
4. LED पैनल कितने प्रकार के होते हैं?
5. LCD के साथ डिकोडर/ड्राइवर आई सी को लगाकर स्पष्ट परिपथ बनाइए।

दीर्घ उत्तरीय

1. बैल्ट ड्राइव में कौन-कौन से प्रकार की बैल्ट प्रयोग की जाती हैं? विस्तृत विवरण दीजिए।
2. गियरों द्वारा किस प्रकार शक्ति पारेषण किया जाता है? विस्तृत विवरण दीजिए।
3. लिक्विड क्रिस्टल डिस्प्ले (LCD) की कार्यप्रणाली समझाइए एवं इनके प्रकार बताइए।
4. प्रकाश उत्सर्जक डायोड (LED) पैनल के विषय में विस्तार से समझाइए।

उत्तरमाला

बहुविकल्पीय

1. (a)	**2.** (b)	**3.** (b)	**4.** (d)	**5.** (a)	**6.** (b)	**7.** (d)	**8.** (b)	**9.** (a)	**10.** (a)
11. (d)	**12.** (b)	**13.** (a)	**14.** (b)	**15.** (a)	**16.** (d)	**17.** (b)	**18.** (b)	**19.** (d)	**20.** (b)

सत्य/असत्य

1. सत्य **2.** असत्य **3.** सत्य **4.** असत्य **5.** असत्य

रिक्त स्थानों की पूर्ति

1. क्रॉस **2.** 6:1 **3.** 0-9 **4.** 50 mA **5.** पिक्सल

□□□

वर्ड प्रोसेसिंग सॉफ्टवेयर
Word Processing Software

परिचय Introduction

कम्प्यूटर पर वर्ड प्रोसेसिंग करने और इलेक्ट्रॉनिक स्प्रेडशीट बनाने से लेकर प्रेज़ेन्टेशन बनाना और डेटाबेस मैनेजमेन्ट जैसे सभी कार्यों को यदि आप एक ही सॉफ्टवेयर से सम्पन्न करना चाहते हैं, तो माइक्रोसॉफ्ट का एमएस-ऑफिस नामक सॉफ्टवेयर इसके लिए सबसे उपयोगी है। वर्तमान समय में ज्यादातर कम्प्यूटरों में माइक्रोसॉफ्ट ऑफिस 2010 संस्करण का प्रयोग किया जा रहा है। इसे ऑफिस 14 के नाम से भी जाना जाता है। ऑफिस 2010 के इस्तेमाल को और भी ज्यादा सरल बनाने के लिए माइक्रोसॉफ्ट ने इसके इण्टरफेस को एक नया रूप दिया है और इसमें ऐसी सुविधाओं को जोड़ा है, जिससे आप बहुत कम मेहनत करके ज्यादा-से-ज्यादा परिणाम हासिल कर सकते हैं और डॉक्यूमेण्ट्स को XML और PDF फॉर्मेटों में भी सेव कर सकते हैं। इसके अतिरिक्त गणित से सम्बन्धित डॉक्यूमेण्ट्स को आसानी से बनाया जा सकता है।

15.1 माइक्रोसॉफ्ट वर्ड Microsoft Word

माइक्रोसॉफ्ट वर्ड एक प्रकार का वर्ड प्रोसेसिंग सॉफ्टवेयर है, जिसका प्रयोग किसी डॉक्यूमेण्ट को बनाने, उसमें कुछ सुधार करने के लिए किया जाता है। यह एक बहुत महत्त्वपूर्ण सॉफ्टवेयर है, जो लगभग सभी कम्प्यूटर्स में एमएस-ऑफिस (MS-Office) पैकेज के अन्दर पाया जाता है। इसमें अनेक प्रकार के टूल्स पाए जाते हैं जिनका उपयोग डॉक्यूमेण्ट को बनाने, उसमें बदलाव करने, डॉक्यूमेण्ट की प्रिण्टिंग करने, उसमें एडिटिंग करने आदि, कार्यों के लिए किया जाता है। इस सॉफ्टवेयर के प्रयोग से विभिन्न प्रकार के टेक्स्टाइल डॉक्यूमेण्ट और डॉक्यूमेण्ट में चित्र आदि लगाकर एक आकर्षक डॉक्यूमेण्ट तैयार किया जाता है। वर्ष 1983 में, MS-DOS ऑपरेटिंग सिस्टम के लिए प्रथम वर्ड प्रोसेसिंग सॉफ्टवेयर तैयार किया गया था। वर्ष 1985 में Mac ऑपरेटिंग सिस्टम के लिए माइक्रोसॉफ्ट वर्ड का एक ग्राफ़िकल संस्करण तैयार किया गया और वर्ष 1990 में एमएस-ऑफिस के प्रथम संस्करण में यह सॉफ्टवेयर जोड़ा गया था।

माइक्रोसॉफ्ट वर्ड की विशेषताएँ Features of Microsoft Word

माइक्रोसॉफ्ट वर्ड एक लोकप्रिय (popular) वर्ड प्रोसेसिंग सॉफ्टवेयर है, जिसे एक अनभिज्ञ व्यक्ति भी आसानी से चला सकता है और इस सॉफ्टवेयर पर कार्य कर सकता है। MS-Word की निम्नलिखित विशेषताएँ हैं

1. **टेक्स्ट एडिटिंग** (Text Editing) एमएस-वर्ड में किसी टेक्स्ट को लिखना, लिखे हुए टेक्स्ट को एडिट करना, डिलीट करना, टेक्स्ट के कम्पोनेन्ट को मॉडिफाई करना आदि कार्य बहुत ही आसानी से किए जा सकते हैं। यदि किसी टेक्स्ट को कट कर दिया जाता है, तो कट किया हुआ टेक्स्ट क्लिप बोर्ड में अस्थायी रूप से स्टोर रहता है। जब उसे पेस्ट कर देते हैं, तो क्लिप बोर्ड से कट किया हुआ टेक्स्ट हट जाता है।
2. **फॉर्मेट टेक्स्ट** (Format Text) एमएस-वर्ड में किसी टेक्स्ट या शब्द को अनेक प्रकार के शब्द डिज़ाइन से मॉडिफाई (modify) कर सकते हैं। विभिन्न प्रकार की स्टाइल का प्रयोग करके टेक्स्ट के एपीयरैन्स (appearance) को बदल सकते हैं।
3. **इण्डेण्टेशन** (Indentation) इण्डेण्टेशन का तात्पर्य पेज की बाउण्ड्री और टेक्स्ट के बीच के अन्तर से है। इसके प्रयोग से टेक्स्ट और पेज बाउण्ड्री के बीच में चारों ओर से गैप को कम या ज्यादा कर सकते हैं।
4. **पेज ओरिएण्टेशन** (Page Orientation) एमएस-वर्ड में दो प्रकार के पेज ओरिएण्टेशन होते हैं
   (i) क्षैतिज ओरिएण्टेशन (horizontal orientation) तथा (ii) ऊर्ध्वाधर ओरिएण्टेशन (vertical orientation)
   इसका प्रयोग किसी टाइप किए हुए टेक्स्ट को एक क्षैतिज पेज में या ऊर्ध्वाधर पेज में प्रिण्ट करने के लिए किया जाता है।
5. **फाइण्ड एण्ड रिप्लेस** (Find and Replace) एमएस-वर्ड में टाइप किए गए टेक्स्ट में से किसी विशेष कैरेक्टर या शब्द को आसानी से फाइण्ड किया जा सकता है अन्यथा फाइण्ड किए गए कैरेक्टर या शब्द को किसी दूसरे कैरेक्टर या टेक्स्ट से बदला जा सकता है।
6. **स्पेल चैक** (Spell Check) इसमें स्पेलिंग और ग्रामर को चैक करने की सुविधा होती है। यह ऑटोमैटिकली (automatically) स्पेलिंग और ग्रामर (grammar) की गलतियों को ढूँढता है तथा उसे सही भी करता है।

7. **शब्दकोष** (Thesaurus) इस सॉफ्टवेयर में एक कॉम्प्रेहेन्सिव डिक्शनरी और शब्दकोष होता है, जो एक शब्द के कई पर्यायवाची (synonyms) देता है।
8. **बुलेट्स एण्ड नम्बरिंग** (Bullets and Numbering) इस सॉफ्टवेयर में अनेक प्रकार के बुलेट्स (विशेष प्रकार के चिह्न) और नम्बर (गिनती के अंक, रोमन अंक और अंग्रेजी के अक्षर) होते हैं, जिनका प्रयोग करके पेज में एक लिस्ट बना सकते हैं और पेज में लिखे हुए डेटा को एक क्रम में भी रख सकते हैं।
9. **मेल मर्ज** (Mail Merge) मेल मर्ज एमएस-वर्ड की वह सुविधा है, जिसके द्वारा एक पत्र अनेक व्यक्तियों को भेज सकते हैं अथवा कुछ सूचनाएँ बदलते हुए किसी डॉक्यूमेण्ट की अनेक प्रतियाँ निकाल सकते हैं। इससे दो फाइलों से सूचनाएँ लेकर उन्हें आपस में मिलाकर या विलय (merge) करके वास्तविक डॉक्यूमेण्ट तैयार किया जाता है, जिसमें एक फाइल को डेटा फाइल या डेटा सोर्स तथा दूसरी फाइल को फॉर्म लेटर या मुख्य डॉक्यूमेण्ट कहा जाता है। इस विधि से आप लिफाफों पर एड्रेस लेबल (address label) भी प्रिण्ट कर सकते हैं।
10. **ग्राफ़िक्स** (Graphics) यह MS-Word में ड्राइंग बनाने की अच्छी सुविधा होती है। इसके द्वारा विभिन्न प्रकार की आकृति; जैसे— वृत्त, आयत, रेखाएँ, त्रिभुज आदि अनेक प्रकार की ड्राइंग आसानी से बना सकते हैं। इसमें ड्राइंग बनाने का ड्राइंग टूलबार उपलब्ध होता है, जिसमें अनेक प्रकार की ड्राइंग्स होती हैं।
11. **ऑब्जेक्ट लिंकिंग एण्ड एम्बेडिंग** (Object Linking and Embedding) यह एक प्रकार की प्रोग्राम इन्टीग्रेशन टेक्नोलॉजी है, जिसका प्रयोग करके वस्तुओं (objects) के द्वारा सूचनाओं को प्रोग्राम के मध्य साझा (share) किया जाता है तथा प्रदर्शित किया जाता है। इसमें विभिन्न प्रकार के ऑब्जेक्ट्स; जैसे— चार्ट्स, समीकरण, वीडियो क्लिप, पिक्चर आदि पाए जाते हैं, जो सूचनाओं को साझा करने तथा प्रदर्शित करने में प्रयोग किए जाते हैं।
12. **क्षैतिज और ऊर्ध्वाधर स्क्रॉल बार** (Horizontal and Vertical Scroll Bar) इस सॉफ्टवेयर में दो स्क्रॉल बार होते हैं जो पेज को डॉक्यूमेण्ट विण्डोज़ में ऊपर-नीचे या दाएँ-बाएँ मूव कराते हैं। इसमें क्षैतिज स्क्रॉल बार होता है जो स्टेटस बार के ऊपर स्थित होता है। यह स्क्रॉल बार पेज को दाईं ओर या बाईं ओर मूव करा सकता है। दूसरा ऊर्ध्वाधर स्क्रॉल बार होता है, जो स्क्रीन के दाईं ओर होता है। यह स्क्रॉल बार पेज को डॉक्यूमेण्ट विण्डोज़ में ऊपर-नीचे मूव कराता है।

15.2 वर्ड 2010 डॉक्यूमेण्ट विण्डो Word 2010 Document Window

वर्ड 2010 डॉक्यूमेण्ट विण्डो में निम्नलिखित फंक्शन होते हैं

टाइटल बार Title Bar

यह खुली हुई विण्डो के सबसे ऊपर होता है और इसे टाइटल बार कहते हैं।

मिनिमाइज़ बटन Minimize Button

टाइटल बार के दाईं ओर एक अण्डरस्कोर (_) होता है, जो स्क्रीन के नीचे एक एप्लीकेशन प्रोग्राम स्टोर करता है।

मैक्सीमाइज़ बटन Maximize Button

टाइटल बार के दाईं ओर एक बॉक्स होता है जो उपलब्ध स्पेस को डॉक्यूमेण्ट या एप्लीकेशन से भर देता है।

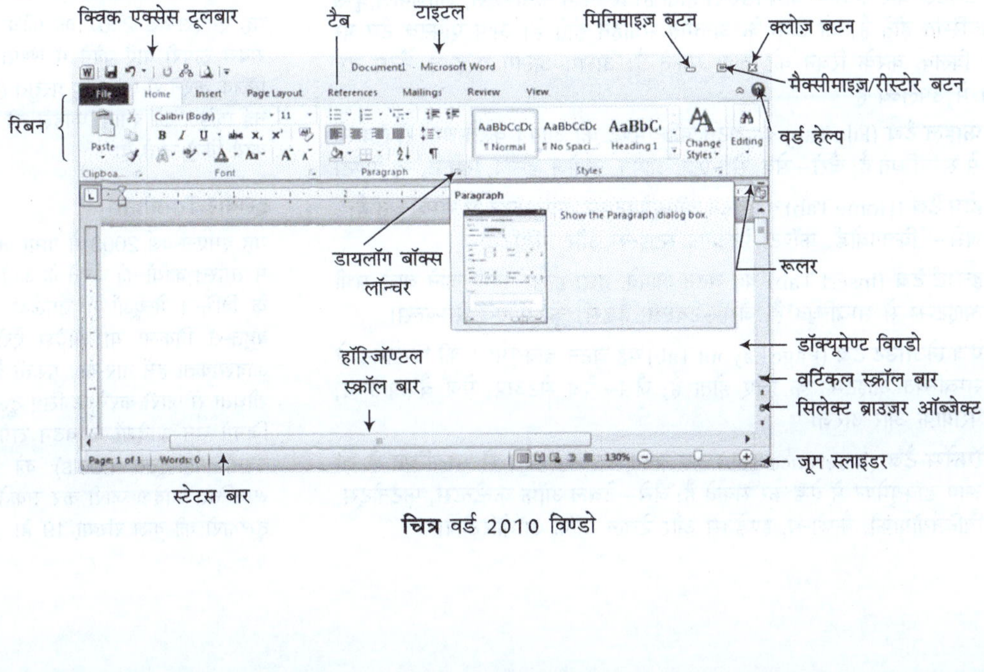

चित्र वर्ड 2010 विण्डो

क्लोज़ बटन Close Button

टाइटल बार के दाईं ओर एक बॉक्स होता है जिस पर (×) चिह्न होता है, जब आप इसे माउस प्वॉइण्टर से क्लिक करते हैं, तब यह विण्डो या डायलॉग बॉक्स को बन्द कर देता है।

रीस्टोर बटन Restore Button

टाइटल बार के दाईं ओर एक डबल बॉक्स होता है जो एप्लीकेशन या डॉक्यूमेण्ट को एक साइज़ेबल विण्डो में रीस्टोर कर देता है।

हेल्प बटन Help Button

यह रिबन के दाएँ सिरे पर दिखाई देता है, जब माउस प्वॉइण्टर किसी भी बटन के ऊपर कुछ सेकेण्ड्स के लिए आता है (जिसे होवरिंग कहा जाता है) तब यह एक स्क्रीन टिप दिखाता है, जिसमें न केवल बटन का नाम होता है, बल्कि इसका काम भी होता है।

स्टेटस बार Status Bar

विण्डो के नीचे स्थित स्टेटस बार आपको करण्ट डॉक्यूमेण्ट के बारे में सूचना देता है तथा आप किसी भी सूचना के आइटम के डिस्प्ले को ऑफ कर सकते हैं। इसके लिए आपको पहले स्टेटस बार पर राइट क्लिक फिर आइटम पर लेफ्ट क्लिक करना होगा।

व्यू टूलबार View Toolbar

स्टेटस बार के दाईं ओर व्यू टूलबार होता है। यह डॉक्यूमेण्ट के व्यू को एडजस्ट करने के लिए टूल्स प्रदान करता है।

रूलर Ruler

एक ऐसी पट्टी, जिसमें स्केल होती है जो पैराग्राफ़ में टैब्स, पैराग्राफ़ इण्डेण्ट्स और मार्जिन के बारे में बताती है, जहाँ पर इन्सर्शन प्वॉइण्ट (कर्सर) स्थित होता है। रूलर का प्रयोग माउस द्वारा पैराग्राफ़्स को तेजी से फॉर्मेट करने के लिए होता है।

क्विक एक्सेस टूलबार Quick Access Toolbar

यह टूलबार डिफॉल्ट से ही वर्ड 2010 विण्डो में सबसे ऊपर स्थित होता है। डिफॉल्ट से, यह टूलबार सेव (save), अनडू (undo) और रिपीट (repeat) बटन्स दिखाता है।

डायलॉग बॉक्स लॉन्चर्स Dialog Box Launchers

डायलॉग बॉक्स लॉन्चर्स छोटे आइकन्स होते हैं जो कुछ ग्रुप्स में दिखाई देते हैं। किसी डायलॉग बॉक्स लॉन्चर पर क्लिक करने से एक रिलेटेड डायलॉग बॉक्स या टास्क पेन खुलता है, जिसमें उस ग्रुप से रिलेटेड अनेक विकल्प होते हैं।

रिबन कमाण्ड Ribbon Command

रिबन टाइटल बार के ठीक नीचे डिस्प्ले होता है। रिबन में कमाण्ड्स, लॉजिकल ग्रुप्स में व्यवस्थित होते हैं, जो टैब्स के अन्तर्गत संग्रहित होते हैं। आप ऐक्टिव टैब पर डबल क्लिक करके रिबन को छिपा सकते हैं। अलग-अलग तरह के टैब्स वर्ड 2010 में उपलब्ध हैं

(i) **फाइल टैब** (File Tab) यह बटन डॉक्यूमेण्ट को ओपन करने तथा सेव करने से सम्बन्धित है; जैसे—सेव, सेव एज़, ओपन, क्लोज़, इन्फो, रिसेन्ट, न्यू प्रिण्ट।

(ii) **होम टैब** (Home Tab) यह बटन डॉक्यूमेण्ट पर काम करने से सम्बन्धित है; जैसे— क्लिपबोर्ड, फॉण्ट, पैराग्राफ़ स्टाइल्स और एडिटिंग।

(iii) **इन्सर्ट टैब** (Insert Tab) यह बटन आपके द्वारा इन्सर्ट किए जाने वाले सभी आइटम्स से सम्बन्धित है; जैसे—टेबल्स, हैडर्स, फुटर्स एवं सिम्बल्स।

(iv) **पेज लेआउट टैब** (Page Layout Tab) यह बटन डॉक्यूमेण्ट की दिखावट से सम्बन्धित आइटम्स के लिए होता है; जैसे—पेज सेटअप, पेज बैकग्राउण्ड, पैराग्राफ़ और अरेंज।

(v) **रेफरेंस टैब** (Reference Tab) यह बटन उन आइटम्स से सम्बन्धित है जो आप डॉक्यूमेण्ट में ऐड कर सकते हैं; जैसे—टेबल ऑफ कन्टेन्ट्स, फुटनोट्स, बिब्लियोग्राफ़ी, कैप्शन्स, इण्डेक्स और टेबल ऑफ ऑथोरिटीज़।

ऑफिस बटन Office Button

यह एमएस-वर्ड 2007 का फीचर है। यह विण्डो के सबसे ऊपरी बाएँ कोने में स्थित होता है जिस पर क्लिक करने से एक मेन्यू प्रस्तुत होता है। इस मेन्यू में नई फाइल को बनाना फाइल को सेव करना इत्यादि कार्य किये जाते हैं।

टूलबार Toolbar

यह एमएस-वर्ड 2003 में पाया जाता है। एमएस-वर्ड में समस्त कार्यों को करने के आदेश उसके मेन्यू बार के विभिन्न मेन्यूओं में उपलब्ध होते हैं, उनमें से बहुत-से विकल्प या आदेश ऐसे होते हैं जिनकी आवश्यकता हमें बार-बार पड़ती है। ऐसे आदेशों को शीघ्रता से जारी करने के लिए टूलबार बनाये गये हैं, जिनमें उन आदेशों के बटन लगे होते हैं। हम उन बटनों या टूल्स (tools) को क्लिक करके ही सम्बन्धित आदेश जारी कर सकते हैं। एमएस-वर्ड में टूलबारों की कुल संख्या 19 है।

(vi) **मेलिंग टैब** (Mailing Tab) इस बटन में मास मेलिंग बनाने से सम्बन्धित कमाण्ड्स होते हैं। इसमें क्रिएट, स्टार्ट, मेल मर्ज, राइट एण्ड इन्सर्ट फील्ड्स, प्रिव्यू रिजल्ट्स और फिनिश कमाण्ड्स होते हैं।

(vii) **रिव्यू टैब** (Review Tab) यह बटन प्रूफिंग, लैंग्वेज कमेण्ट्स, ट्रैकिंग, चेंज़िस कम्पेयर और प्रोटेक्ट जैसे कमाण्ड्स से सम्बन्धित होता है।

(viii) **व्यू टैब** (View Tab) यह डॉक्यूमेण्ट्स का डिस्प्ले या व्यू बदलने से सम्बन्धित कमाण्ड्स को शामिल करता है।

(ix) **स्क्रॉल बार** (Scroll Bar) स्क्रॉल बार दाईं ओर वर्टिकल स्क्रॉलिंग और नीचे हॉरिज़ॉण्टल स्क्रॉलिंग के लिए दिखाई देता है जैसा कि पूर्व पृष्ठ पर दर्शाये चित्र में दिखाया गया है। वर्ड 2010 में आप एक साथ कई डॉक्यूमेण्ट्स पर काम कर सकते हैं।

15.3 MS-Word **को प्रारम्भ करना** To Start MS-Word

MS-Word खोलने या प्रारम्भ करने की तीन विधियाँ हैं

1. टास्कबार में Start बटन पर क्लिक करते हैं, उसके बाद Run विकल्प पर क्लिक करते हैं। क्लिक करने के बाद एक टेक्स्ट बॉक्स आता है। उस टेक्स्ट बॉक्स में Winword टाइप करके Enter Key दबाते हैं।
2. डेस्कटॉप पर उपलब्ध माइक्रोसॉफ्ट आइकन पर Double क्लिक करते हैं।
3. स्टार्ट पर क्लिक करते हैं। स्टार्ट मेन्यू खुलने पर All Programs विकल्प का चयन करते हैं। तत्पश्चात् प्राप्त मेन्यू से Microsoft Office का चयन करने के बाद Microsoft Word 2010 पर क्लिक करते हैं।

   अर्थात् Start → All Programs → Microsoft Office → Microsoft Word 2010

15.4 नया डॉक्यूमेण्ट क्रिएट करना
Creating the New Document

वर्ड 2010 में नया डॉक्यूमेण्ट क्रिएट करने के लिए निम्न पदों का प्रयोग करेंगे

- वर्ड 2010 में नया डॉक्यूमेण्ट क्रिएट करने के लिए सबसे पहले File विकल्प को क्लिक करें। इस File विकल्प के ऑप्शन मेन्यू में आपको New विकल्प दिखाई देगा।

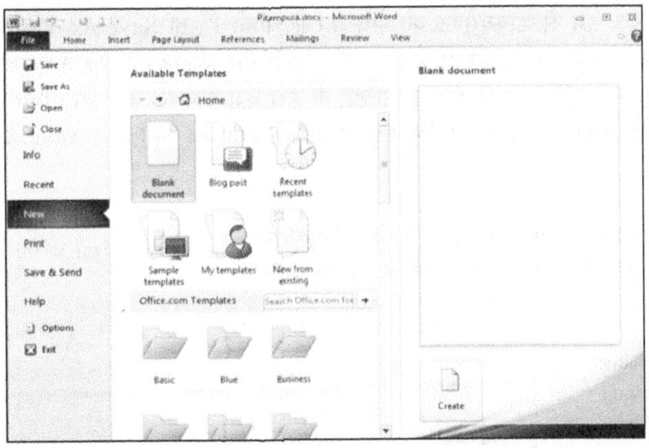

- यहाँ पर आप देख सकते हैं कि New विकल्प को क्लिक करते ही स्क्रीन पर वर्ड में उपलब्ध सभी टेम्पलेट्स की सूची ऊपर दिए गए चित्र की तरह से ही डिस्प्ले होगी यदि आप केवल खाली डॉक्यूमेण्ट खोलना चाहते हैं, तो Blank document टेम्पलेट को क्लिक करें।
- इस टेम्पलेट को सिलेक्ट करने के बाद साइड में डिस्प्ले हो रहे प्रिव्यू के नीचे Create बटन को क्लिक करें। इससे स्क्रीन पर एक खाली डॉक्यूमेण्ट प्रदर्शित होगा।

15.5 डॉक्यूमेण्ट को सेव करना Saving the Document

वर्ड में डॉक्यूमेण्ट को खोलने के बाद जब आप टेक्स्ट इत्यादि को टाइप कर लेते हैं, तो इसे सेव करने की जरूरत होती है। यदि डॉक्यूमेण्ट सेव नहीं है, तो अचानक कम्प्यूटर बन्द होने की अवस्था में आपके द्वारा बनाई गई फाइल आपको खोलने के लिए नहीं मिलेगी।

- वर्ड में खुले हुए किसी भी डॉक्यूमेण्ट को सेव करने के लिए आपको रिबन बार में दिए File टैब को क्लिक करना होगा। जब यह टैब स्क्रीन पर खुलकर आएगा, तो इसमें आपको सेव करने से सम्बन्धित विकल्प दिखाई देंगे।

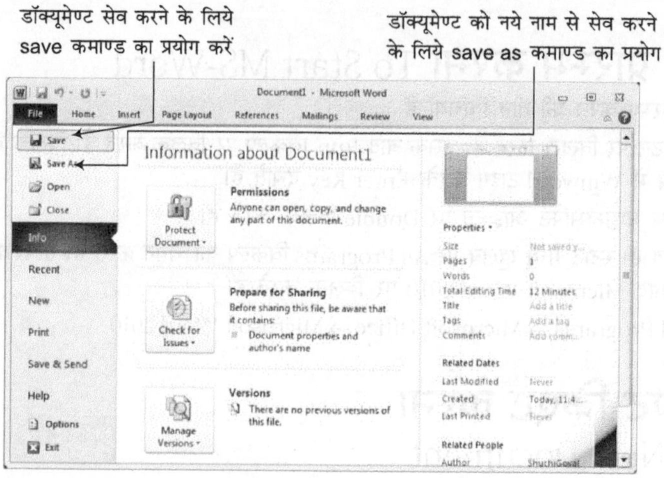

- इसमें आप देख सकते हैं कि Save नामक विकल्प सबसे ऊपर है। इस विकल्प या कमाण्ड का प्रयोग करके आप खुले हुए डॉक्यूमेण्ट को सेव कर सकते हैं।
- यदि आप पहली बार Document को सेव कर रहे हैं, तो Save नामक विकल्प को क्लिक करें।
- यदि आप किसी नए नाम से डॉक्यूमेण्ट को सेव करना चाहते हैं, तो Save As नामक विकल्प को क्लिक करें।
- सेव और सेव एज़ कमाण्ड में यह अन्तर है कि आप पहली बार फाइल को सेव कमाण्ड से सेव कर सकते हैं, लेकिन उसी फाइल की प्रति बनाने के लिए जब उसे दूसरे नाम से सेव करना हो, तो सेव एज़ कमाण्ड का प्रयोग किया जाता है। सेव कमाण्ड का की-स्ट्रोक Ctrl+S होता है, जबकि सेव एज़ कमाण्ड का की-स्ट्रोक Ctrl+Shift+S होता है। स्क्रीन पर Save As नामक कमाण्ड का डायलॉग बॉक्स इस तरह से डिस्प्ले होगा

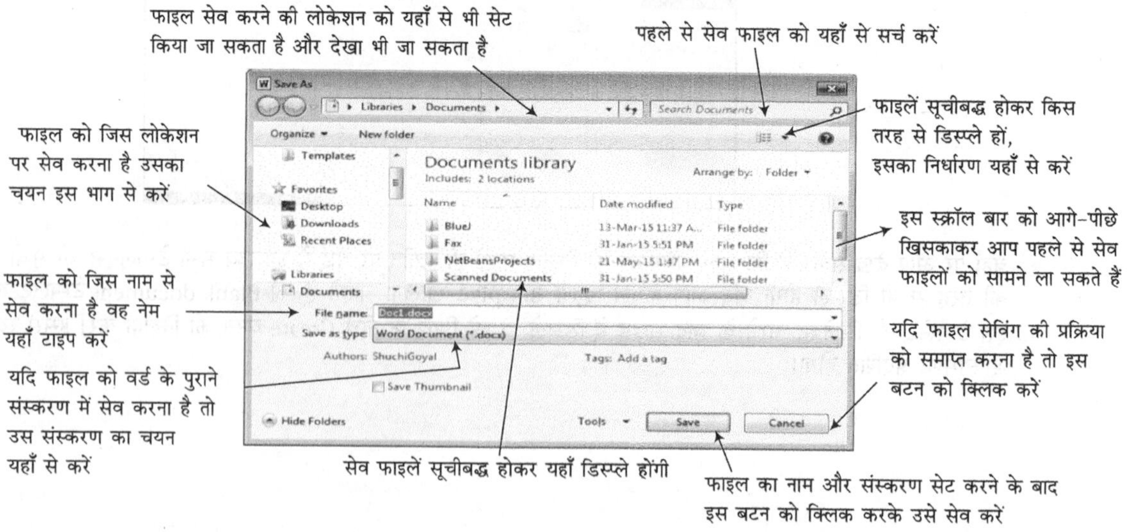

- इस डायलॉग बॉक्स में आपको File name नामक विकल्प सबसे पहले दिखाई दे रहा है। इसमें आप वह नाम टाइप करें, जिस नाम से डॉक्यूमेण्ट को सेव करना है। इसके बाद Save as type नामक विकल्प विण्डो को खोलें और उसमें से वह टाइप या फॉर्मेट सिलेक्ट करें, जिसमें डॉक्यूमेण्ट को सेव करना है।

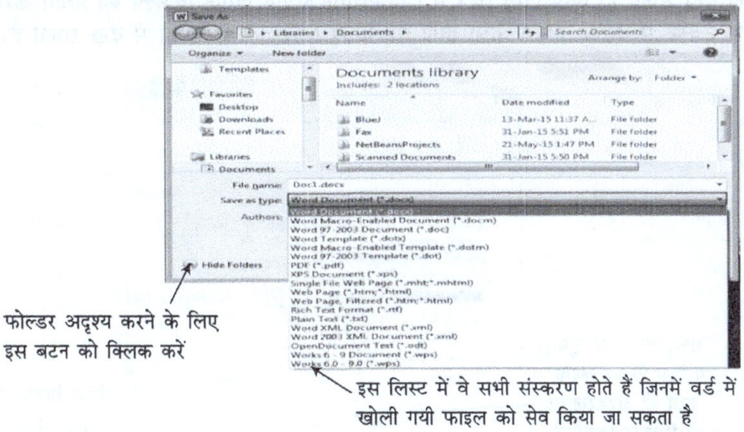

- उपरोक्त वर्णित कार्य करने के बाद Save नामक बटन को क्लिक करें। इससे डॉक्यूमेण्ट कम्प्यूटर की हार्डडिस्क में सेव हो जाएगा।

15.6 वर्ड में टेक्स्ट फॉर्मेटिंग Text Formatting in Word

वर्ड में टाइप किए टेक्स्ट को फॉर्मेट करने के लिए इस सॉफ्टवेयर में अनेक विकल्प होते हैं। इनका प्रयोग टेक्स्ट को खूबसूरती प्रदान करने और प्रभावी ढंग से प्रस्तुत करने के लिए कर सकते हैं। इन विकल्पों में सबसे प्रमुख विकल्प है— फॉण्ट, उसका आकार, उससे जुड़े स्टाइल और रंग इत्यादि। जब आप रिबन बार के होम (home) टैब के फॉण्ट (font) ग्रुप को ध्यान से देखेंगे, तो ये सभी विकल्प इस तरह से डिस्प्ले होंगे।

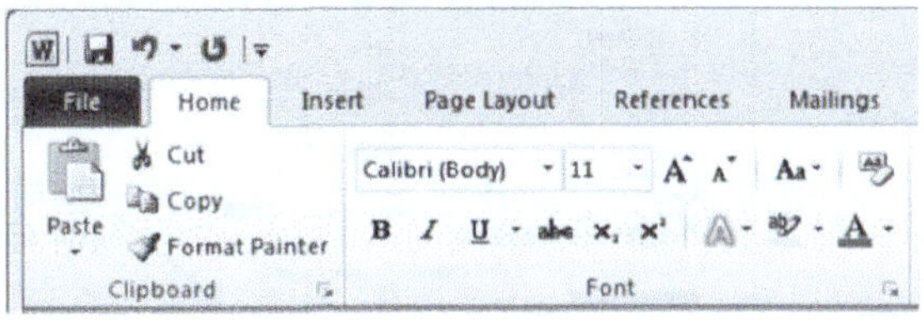

- यहाँ से आप मनचाहे फॉण्ट का चयन तो कर ही सकते हैं, साथ ही सिलेक्ट किए टेक्स्ट का रंग इत्यादि भी बदल सकते हैं। टेक्स्ट को बोल्ड, इटेलिक और अण्डरलाइन भी कर सकते हैं।
- फॉण्ट का आकार आप साइज़ विण्डो से तो कम या ज्यादा कर ही सकते हैं, साथ ही Grow Font (Ctrl+>) और Shrink Font (Ctrl+<) नामक विकल्पों से भी यह कार्य किया जा सकता है।
- वर्ड में सिलेक्ट किए टेक्स्ट को अण्डरलाइन करने के लिए भी अनेक विकल्प उपलब्ध होते हैं। जब आप अण्डरलाइन नामक बटन के ऐरो पर क्लिक करेंगे, तो ये सभी विकल्प इस तरह से स्क्रीन पर डिस्प्ले होंगे

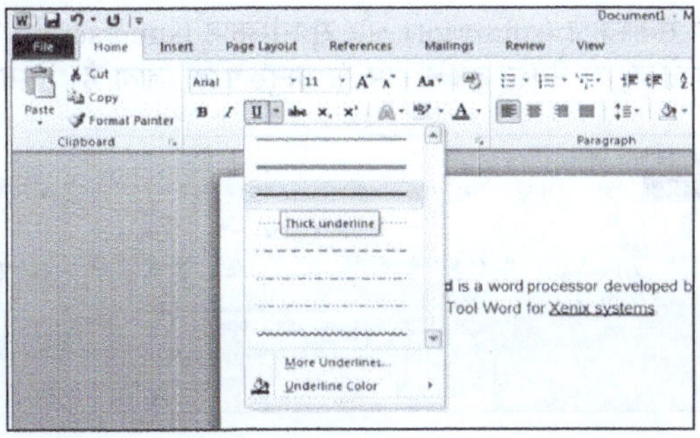

- यहाँ पर आपको अनेक लाइनें दिखाई दे रही हैं जिन्हें भी अण्डरलाइन के तौर पर प्रयोग करना है, उन पर क्लिक करके उन्हें सिलेक्ट किया जा सकता है।
- यदि इन लाइनों से आपका उद्देश्य पूर्ण नहीं होता है, तो आप यहाँ पर दिए विकल्प More Underlines... को क्लिक करके और ज्यादा लाइन स्टाइलों को देख सकते हैं। आप निम्न चित्र में Underline Style नामक विकल्प का प्रयोग करके अण्डरलाइनों की सूची को देख सकते हैं, साथ ही टेक्स्ट में उसका प्रभाव कैसा होगा यह प्रिव्यू (preview) विण्डो में देख सकते हैं।

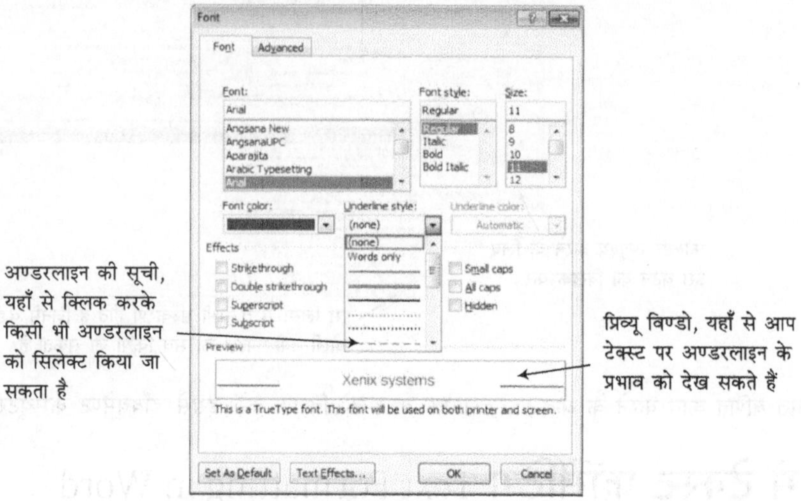

- सिलेक्ट किए टेक्स्ट की अण्डरलाइन को मनचाहा रंग देने के लिए यहाँ पर दिए Underline Color नामक विकल्प का प्रयोग करें। रंगों को देखने के लिए इस विकल्प पर क्लिक करना होगा।

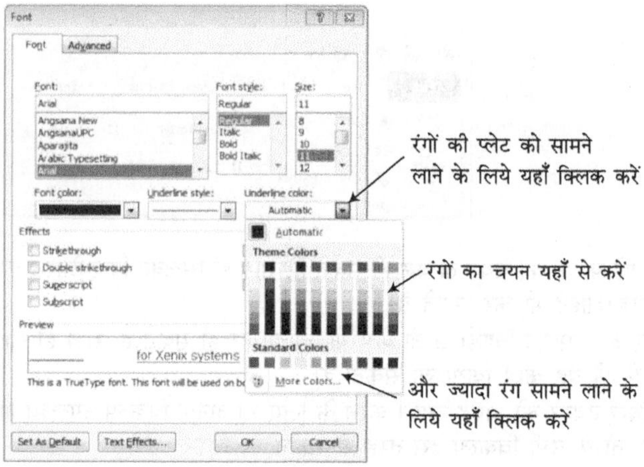

- सिलेक्ट किए टेक्स्ट को सबस्क्रिप्ट (subscript) और सुपरस्क्रिप्ट (superscript) बनाने के लिए इसी नाम से विकल्प होते हैं। जब आप इन विकल्पों को क्लिक करते हैं, तो टेक्स्ट इनके नाम के अनुरूप हो जाता है। निम्न चित्र में इन विकल्पों को देख सकते हैं

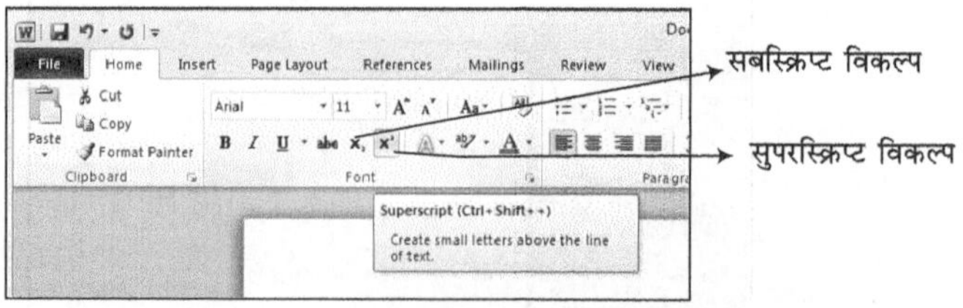

- टेक्स्ट की फॉर्मेटिंग को और भी ज्यादा प्रभावशाली बनाने के लिए इसमें टेक्स्ट इफेक्ट (text effect) कण्ट्रोल विकल्प होता है। इसमें पहले से बने हुए अनेक प्रभाव निहित होते हैं।

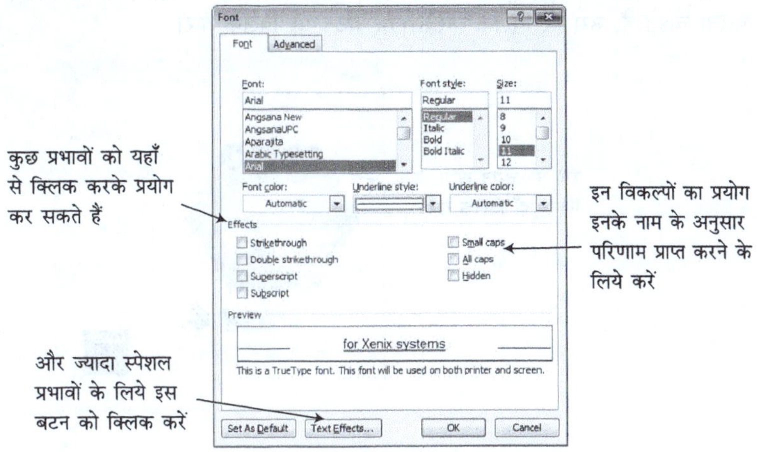

- जिस भी विकल्प को आप सिलेक्ट किए टेक्स्ट पर लगाना चाहते हैं, उस पर क्लिक करें, वह टेक्स्ट पर प्रभावी हो जाएगा।
- इन प्रभावों को आप और भी ज्यादा कस्टमाइज़ (customize) कर सकते हैं। कस्टमाइज़ेशन की इस प्रक्रिया के लिए Text Effects नामक विकल्प पर क्लिक करें, जिससे Format Text Effects नामक डायलॉग बॉक्स प्रदर्शित होगा।

इसमें कई विकल्प होते हैं, जिन्हें आप Text, Outline, Shadow, Reflection और Glow and Soft Edges के नाम से देख सकते हैं। इन सभी को आप इनके नाम के अनुसार टेक्स्ट को प्रभावित करने के लिए प्रयोग कर सकते हैं। अग्र चित्र में आप Format Text Effects नामक डायलॉग बॉक्स को देख सकते हैं।

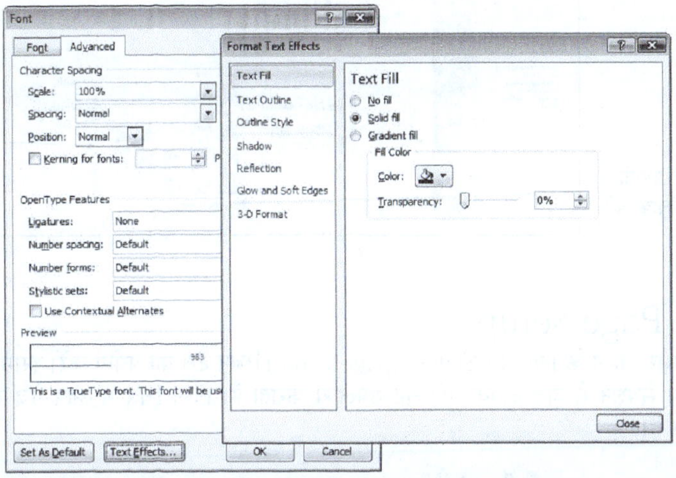

- सिलेक्ट किए गए टेक्स्ट का रंग बदलने के लिए भी आप वर्ड में दिए Font Color Control विकल्प का प्रयोग कर सकते हैं। जब इस विकल्प पर क्लिक करते हैं, तो स्क्रीन पर रंग को सिलेक्ट करने से जुड़ा विकल्प बॉक्स इस तरह से डिस्प्ले होगा।

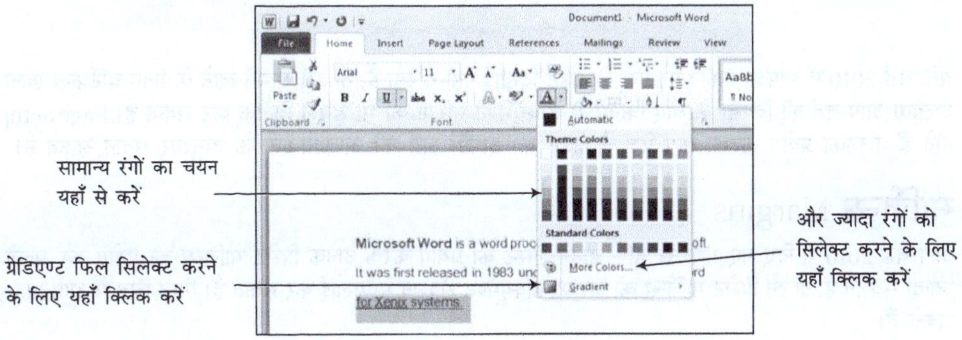

- यहाँ पर आप देख सकते हैं कि Theme Colors नामक भाग में बने हुए अनेक रंग हैं। जिस रंग को टेक्स्ट पर लगाना है, उस पर क्लिक करें। यदि आपको इनसे ज्यादा रंग चाहिए, तो यहाँ पर दिए विकल्प More Colors .. नामक विकल्प को क्लिक करें। आप जिस रंग को भी सिलेक्ट करना चाहते हैं, उस पर क्लिक करके OK बटन पर क्लिक करें।

रंगों का चयन करने के लिए यहाँ क्लिक करें

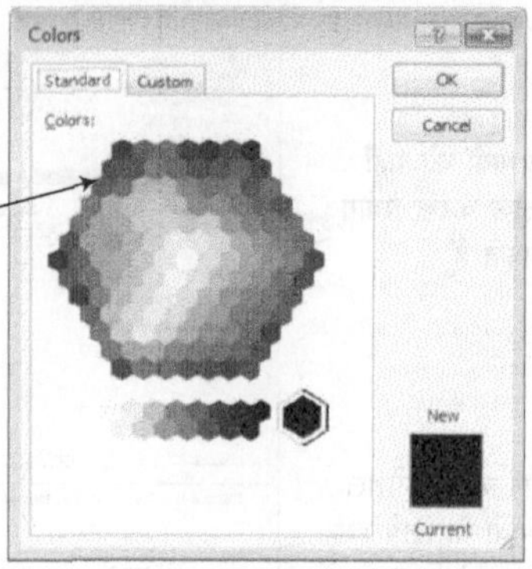

- सिलेक्ट किए टेक्स्ट में यदि Gradient फिल का प्रयोग करना है, तो यहाँ दिए Gradient विकल्प का प्रयोग करें। वर्ड 2010 में बेसिक टेक्स्ट फॉर्मेटिंग कितनी तरह से की जा सकती है, इसे आप निम्न चित्र में देख सकते हैं

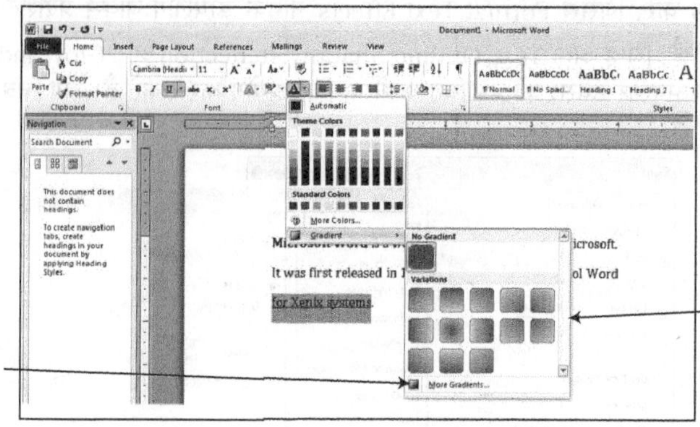

प्रभाव को प्रयोग करने के लिए उस पर क्लिक करें

ज्यादा ग्रेडिएण्ट प्रभावों के लिये यहाँ क्लिक करें

15.7 पेज सेटअप Page Setup

फॉर्मेटिंग सेक्शन को एक्सेस करने के लिए पेज लेआउट (page layout) रिबन टैब का प्रयोग करें। इसमें दिया गया पेज सेटअप (page setup) सेक्शन आपको फॉर्मेटिंग सेक्शन से जुड़े अनेक एट्रिब्यूट उपलब्ध कराता है। निम्न चित्र में आप पेज सेटअप (page setup) नामक भाग के विकल्पों को देख सकते हैं।

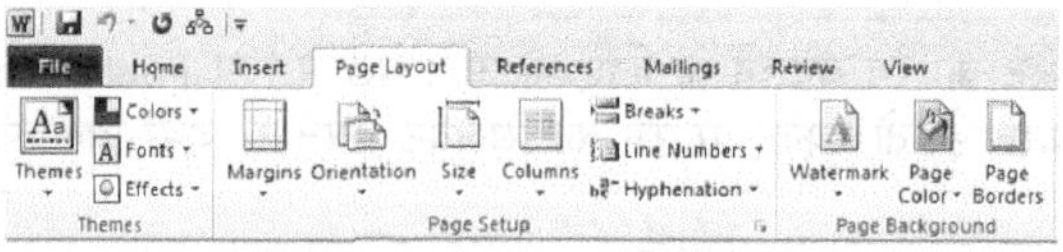

यदि वर्ड 2010 में आपको स्क्रीन पर पेज लेआउट दिखाई नहीं दे रहा है, तो इसे सामने लाने के लिए वर्टिकल रूलर को डबल क्लिक करें। इसके अलावा आप वर्ड की विण्डो के बाएँ किनारे में डॉक्यूमेण्ट एरिया को भी डबल क्लिक कर सकते हैं। Page Setup नामक भाग में निम्न विकल्प होते हैं, जिनका प्रयोग करके आप पेज लेआउट को अपने कार्य की आवश्यकता के अनुसार बदल सकते हैं।

मार्जिन्स Margins

आप वर्ड 2010 में दिए गए मार्जिन्स ड्रॉप-डाउन लिस्ट का प्रयोग करके अनेक प्रिसेट मार्जिन्स का प्रयोग कर सकते हैं। यदि डॉक्यूमेण्ट में एक से ज्यादा सेक्शन हैं, तो इन प्रिसेट मार्जिन्स को करण्ट डॉक्यूमेण्ट सेक्शन में एप्लाई कर सकते हैं। निम्न चित्र में आप Margin ड्रॉप-डाउन लिस्ट को देख सकते हैं।

प्रिसेट मार्जिन्स

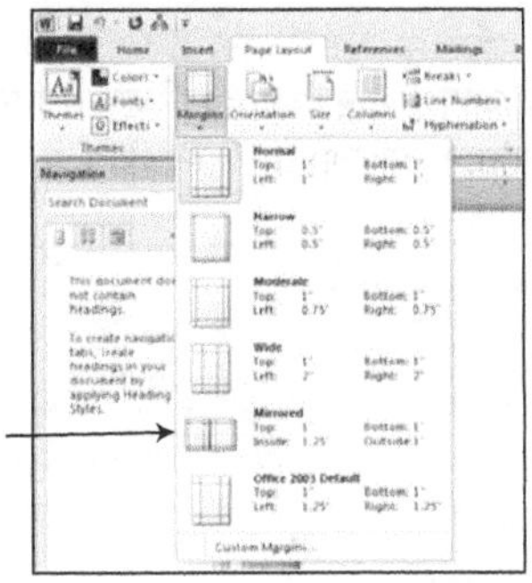

प्रिव्यू विण्डो

- यहाँ पर आप देख सकते हैं कि अनेक प्रिसेट मार्जिन्स दिखाई दे रहे हैं, इनमें से जिसे भी प्रयोग करना है, उस पर क्लिक करें।
- यदि आप टॉप और बॉटम मार्जिन को एडजस्ट करना चाहते हैं, तो वर्टिकल रूलर की नीली और सफेदी बाउण्ड्री को ड्रैग करें।
- टॉप मार्जिन को बढ़ाने के लिए टॉप बॉर्डर को नीचे की ओर ड्रैग करें। इसी तरह से बॉटम मार्जिन को बढ़ाने के लिए बॉटम बॉर्डर को ऊपर की ओर ड्रैग करें, यदि आप ड्रैग करते समय मार्जिन सेटिंग को डिस्प्ले करना चाहते हैं, तो ऑल्ट बटन को दबाएँ।
- इस लिस्ट में मार्जिन्स से सम्बन्धित जो प्रिसेट सेट दिए गए हैं। यदि वे आपके कार्य के अनुरूप नहीं हैं, तो आप इसमें दिए विकल्प Custom Margins ...... को प्रयोग करके मनचाहे मार्जिन को सेट कर सकते हैं। इस विकल्प पर क्लिक करने से Page Setup डायलॉग बॉक्स स्क्रीन पर डिस्प्ले होगा।
- इस डायलॉग बॉक्स में दिए मार्जिन नामक भाग में आप टॉप, बॉटम, लेफ्ट और राइट मार्जिन को सेट कर सकते हैं।
- इसके अलावा गटर स्पेस और गटर पोज़ीशन को भी सेट किया जा सकता है। इस कार्य के लिए इन्हीं नामों से दिए विकल्पों में मान टाइप करना होगा।
- टाइप किए मान का क्या प्रभाव होता है, इसे साथ में ही प्रिव्यू विण्डो में देखा जा सकता है।
- यदि आप इस मार्जिन को केवल एक पेज पर प्रभावी करना चाहते हैं या एक से ज्यादा पेजों पर, तो इसकी सेटिंग करने के लिए Apply to नामक विकल्प का प्रयोग करें। जब इस विकल्प को खोलेंगे, तो आपके सामने इसकी विण्डो निम्न चित्र की तरह से डिस्प्ले होगी।

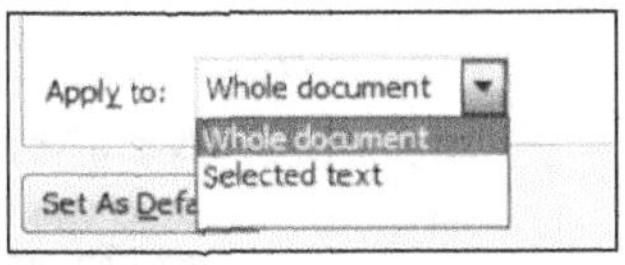

- यहाँ पर आपको दो विकल्प दिखाई दे रहे हैं, एक का नाम Selected text है और दूसरे का नाम Whole document है यदि चुने हुए सेक्शन में ही यह मार्जिन प्रभावी करना है, तो selected text नामक विकल्प को क्लिक करें।
- यदि पूरे डॉक्यूमेण्ट में यह मार्जिन प्रभावी करना है, तो Whole document नामक विकल्प को सिलेक्ट करें।
- आप एक पेज में अलग-अलग तरह के अनेक मार्जिनों का प्रयोग करना चाहते हैं, तो इसके लिए आपको पेज में अलग-अलग सेक्शन बनाने होंगे।

ओरिएण्टेशन Orientation

इस विकल्प का प्रयोग पेज की दशा को निर्धारित करने के लिए किया जाता है। आप इससे वर्टिकली या फिर हॉरिज़ॉण्टली पेपर को सेट कर सकते हैं। हॉरिज़ॉण्टल को लैण्डस्केप (landscape) और वर्टिकल को पोर्ट्रेट (portrait) कहते हैं। जब पेज में किसी विशेष चित्र, चार्ट या फिर ऑब्जेक्ट को फिट करना हो, तब आप पेज को लैण्डस्केप सेट करें। निम्न चित्र में इन दोनों विकल्पों को देख सकते हैं।

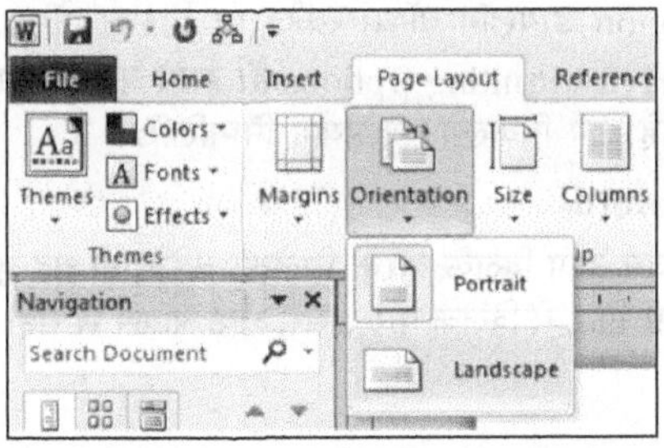

साइज Size

इस भाग में पहले से निर्धारित अनेक पेपर साइज़ निहित होते हैं। जब आप Page Layout रिबन में दिए गए विकल्प Page Setup सेक्शन को खोलेंगे, तो एक ड्रॉप-डाउन लिस्ट में पेज साइज़ों के सभी प्रिसेट सामने आ जाएँगे। निम्न चित्र में आप इन्हें देख सकते हैं।

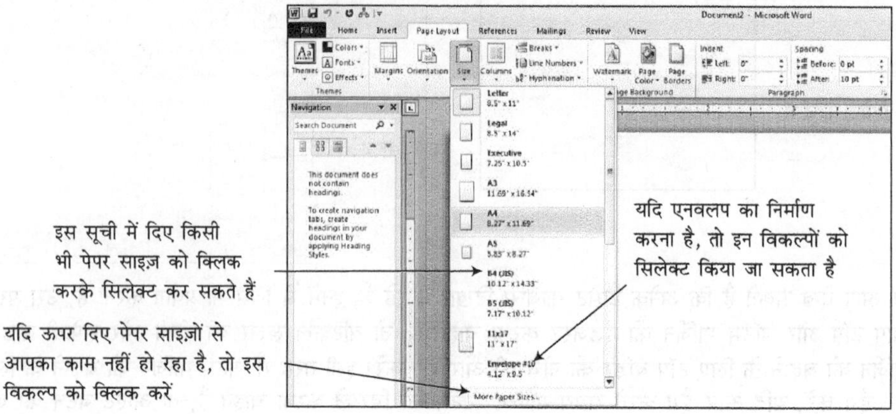

- इसमें आपको Letter, Legal, A5, A4, B5 जैसे अपने पूर्व-निर्धारित साइज़ मिलेंगे यदि आपको इनके अलावा और पेपर साइज़ चाहिए, तो लिस्ट के अन्त में दिए गए विकल्प More Paper Sizes... पर क्लिक करते ही आपके सामने Page Setup डायलॉग बॉक्स का Paper टैब आ जाएगा।

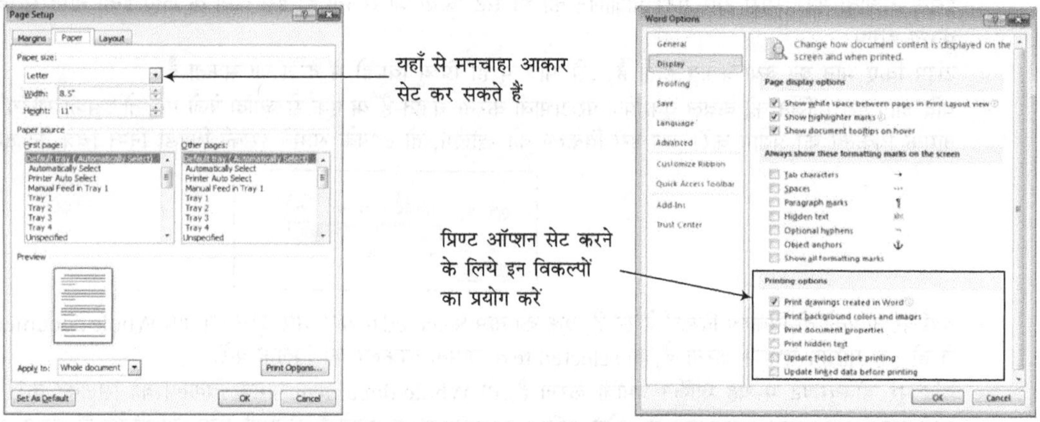

- इसमें दिए पेपर साइज़ (page size) विकल्प से उस साइज़ को क्लिक करें, जिसे प्रयोग करना है। इसके अलावा आप पहले पेज का सोर्स Paper Source विकल्प के First Page तथा Other Pages से सेट कर सकते हैं।
- सेटिंग को एक पेज पर प्रभावी करना है या सम्पूर्ण डॉक्यूमेण्ट पर इसकी सेटिंग भी यहीं से हो जाती है। इसके लिए Apply to नामक विकल्प का प्रयोग करना होता है।
- यदि प्रिण्ट से जुड़े कुछ विशेष विकल्पों को लागू करना है, तो इसमें दिए Print Options... बटन को क्लिक करें। जब इस बटन को क्लिक करेंगे, तो इसका Word Option डायलॉग बॉक्स स्क्रीन पर डिस्प्ले होगा।
- इस विकल्प के तीसरे भाग का नाम Printing Options हैं। इसमें कुल मिलाकर छ: विकल्प हैं, जिन पर क्लिक करके उन्हें सिलेक्ट और डिसिलेक्ट किया जा सकता है। इन विकल्पों का प्रयोग निम्नलिखित है

Print drawings created in word

इस विकल्प के चैक बॉक्स को जब आप क्लिक करके सिलेक्ट करेंगे, तो वह ड्रॉइंग भी प्रिण्ट हो जाएगी, जिसे आपने वर्ड में क्रिएट किया है। यदि इसे ऑफ करना है, तो इस पर फिर से क्लिक करें, इससे चैक बॉक्स से सही का निशान हट जाएगा और यह डिसिलेक्ट हो जाएगा।

Print background colors and images

इस विकल्प के चैक बॉक्स को जब आप क्लिक करके सिलेक्ट करेंगे, तो वर्ड की डॉक्यूमेण्ट फाइल में प्रयोग की गई बैकग्राउण्ड (चाहे वह रंग हो या इमेज) प्रिण्ट हो जाएगी यदि बैकग्राउण्ड को प्रिण्ट नहीं करना है, तो इसे डिसिलेक्ट करें।

Print document properties

इस विकल्प के चैक बॉक्स को जब आप क्लिक करके सिलेक्ट करेंगे, तो वर्ड की डॉक्यूमेण्ट फाइल की प्रॉपर्टीज़ भी प्रिण्ट हो जाएगी यदि ऐसा नहीं करना है, तो इसे डिसिलेक्ट करें।

Print hidden text

इस विकल्प के चैक बॉक्स को जब आप क्लिक करके सिलेक्ट करेंगे, तो वर्ड की डॉक्यूमेण्ट फाइल में प्रयोग किया गया हिडन अर्थात् अदृश्य टेक्स्ट भी प्रिण्ट हो जाएगा।

Update fields before printing

इस विकल्प के चैक बॉक्स को जब आप क्लिक करके सिलेक्ट करेंगे, तो वर्ड की डॉक्यूमेण्ट फाइल में प्रयोग किए गए फील्ड पहले अपडेट होंगे फिर प्रिण्ट होंगे।

Update linked data before printing

इस विकल्प के चैक बॉक्स को जब आप क्लिक करके सिलेक्ट करेंगे, तो वर्ड की डॉक्यूमेण्ट फाइल में प्रयोग किया गया लिंक पहले अपडेट होगा फिर प्रिण्ट होगा।

कॉलम्स Columns

पेज सेटअप के इस विकल्प का प्रयोग करके आप पेज में कॉलमों का समावेश कर सकते हैं। सामान्य अवस्था में पेज में केवल एक ही कॉलम होता है लेकिन बुकवर्क, न्यूज़पेपर इत्यादि में आपको एक से ज्यादा कॉलमों की जरूरत हो सकती है। ऐसे में यह विकल्प आपके लिए उपयोगी सिद्ध होगा।

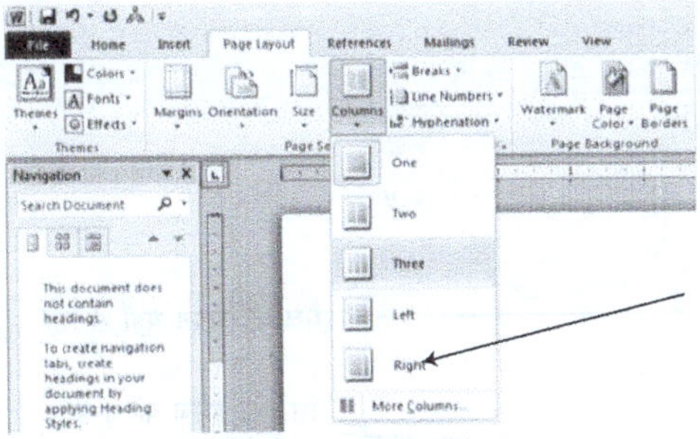

पूर्व निर्धारित कॉलमों की सूची और प्रिव्यू आइकन

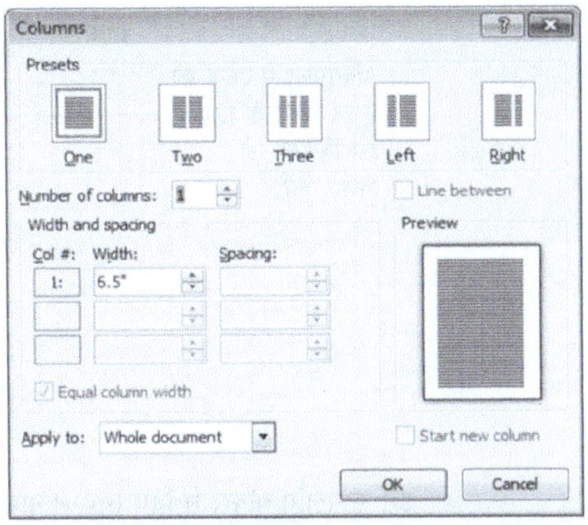

- दिए गए चित्र में आप देख सकते हैं कि मुख्य रूप से कॉलमों के पाँच पूर्व निर्धारित विकल्प हैं। इनके नाम One, Two, Three, Left और Right हैं। इन विकल्पों को छोटे आइकनों के साथ डिस्प्ले किया गया है। इन आइकनों को ध्यान से देखने से पता चलता है कि इनका प्रभाव वास्तविकता में टेक्स्ट पर किस तरह से होगा। ये आइकन वास्तव में एक तरह का प्रिव्यू है।
- यदि उपरोक्त वर्णित विकल्प आपके लिए उपयोगी नहीं हैं, तो आप पेज में कॉलमों की संख्या का खुद भी निर्धारण कर सकते हैं। इसके लिए अन्तिम विकल्प More Columns ... का प्रयोग करना होगा। इसे प्रयोग करने के लिए इस विकल्प पर क्लिक करें, आपके सामने इसका क्रियान्वयन निम्न चित्र की तरह से डिस्प्ले होगा।
- इस डायलॉग बॉक्स के ऊपरी भाग में आपको प्रिसेट्स (presets) दिखाई दे रहे हैं और इनके नीचे Number of columns नामक भाग है। इस भाग में आप कॉलमों की संख्या को टाइप करें, जितने कॉलम आपको पेज में चाहिए।
- इसके बाद नीचे दिए विकल्पों का प्रयोग करके प्रत्येक कॉलम की चौड़ाई (width) को सेट करें, और फिर कॉलमों के बीच की दूरी Spacing विकल्प से सेट की जा सकती है। आपके द्वारा निर्धारित कॉलम कैसा होगा इसकी झलक आपको प्रिव्यू विण्डो में साथ-साथ दिखाई देती रहेगी।

- यदि इन कॉलमों को केवल एक पेज पर या एक से ज्यादा पेजों पर प्रभावी करना चाहते हैं, तो इसकी सेटिंग करने के लिए Apply to विकल्प का प्रयोग करें। जब इस विकल्प पर क्लिक करेंगे, तो आपके सामने ड्रॉप-डाउन लिस्ट निम्न चित्र की तरह से डिस्प्ले होगा।

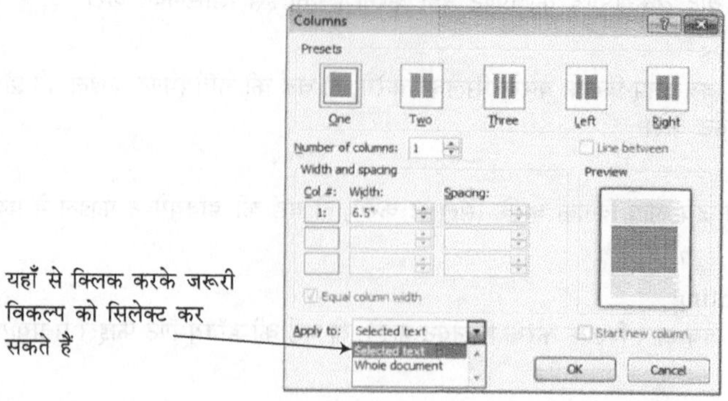

- यहाँ पर आपको दो विकल्प दिखाई दे रहे हैं, एक का नाम Selected text है और दूसरे का नाम Whole document है। यदि चुने हुए सेक्शन में ही कॉलम बनाने हैं, तो Selected text नामक विकल्प को क्लिक करें।
- यदि पूरे डॉक्यूमेण्ट में कॉलमों को बनाना है, तो Whole document नामक विकल्प को सिलेक्ट करें। आप एक पेज में अनेक अलग-अलग तरह के कॉलमों को प्रयोग कर सकते हैं। इसके लिए आपको पेज में अलग-अलग सेक्शन बनाने होंगे।

15.8 पिक्चर को इन्सर्ट करना Inserting the Picture

किसी भी पिक्चर को वर्ड के डॉक्यूमेण्ट में इन्सर्ट करने के लिए Insert टैब को खोलें और उसमें दिए विकल्प Illustrations पर जाएँ। इसमें आपको Picture नामक एक विकल्प मिलेगा। इसे क्लिक करने से स्क्रीन पर निम्न डायलॉग बॉक्स डिस्प्ले होगा।

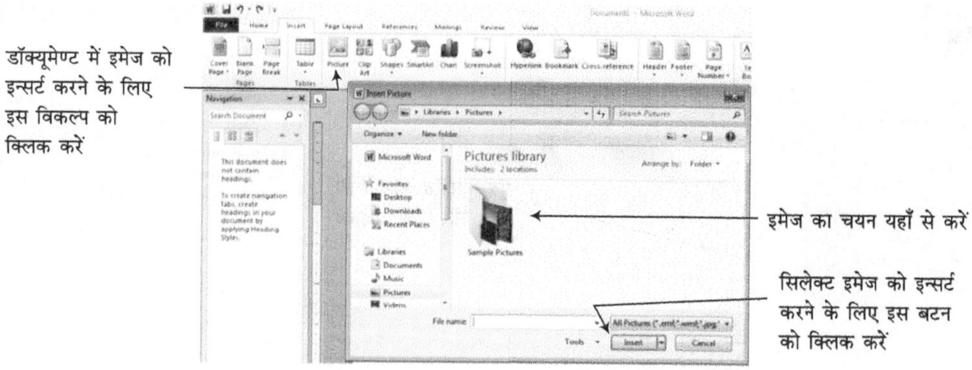

- इस डायलॉग बॉक्स में दिए Insert नामक विकल्प को क्लिक करने से सिलेक्ट पिक्चर डॉक्यूमेण्ट में इन्सर्ट हो जाएगी। यदि आप पिक्चर का लिंक इन्सर्ट करना चाहते हैं, तो Insert विकल्प के ऐरो पर क्लिक करके Insert and Link विकल्प को क्लिक करें।
- वर्ड में एक बार पिक्चर को इन्सर्ट करने के बाद आप उसे रिसाइज़ कर सकते हैं, रिपोज़िशन कर सकते हैं और कुछ हद तक फॉर्मेट भी कर सकते हैं। उदाहरण के लिए, यदि आप किसी शेप को वर्ड में लाएँगे, तो उसे रिसाइज़ इत्यादि करने के लिए एक फ्रेम उसके चारों ओर इस तरह से डिस्प्ले होगा।

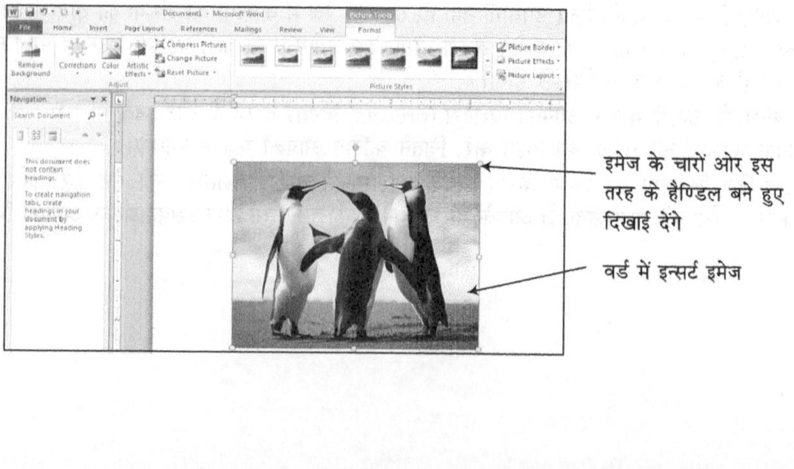

- इमेज के फ्रेम में बने हैण्डिलों को माउस से खींचकर आप इस शेप को छोटा या बड़ा कर सकते हैं और इसका स्थान भी परिवर्तित कर सकते हैं।
- वर्ड आपको Shape में स्टाइल लगाने की सुविधा भी प्रदान करता है, जब आप रिबन बार में Format टैब में दिए पिक्चर स्टाइल्स ग्रुप के अन्तर्गत आने वाले Picture Styles विकल्प को क्लिक करेंगे, तो ये सभी पिक्चर स्टाइल निम्न चित्र की तरह डिस्प्ले होंगे, साथ ही आप निम्न चित्र की भाँति पिक्चर पर स्टाइल के प्रभाव को देख भी सकते हैं।

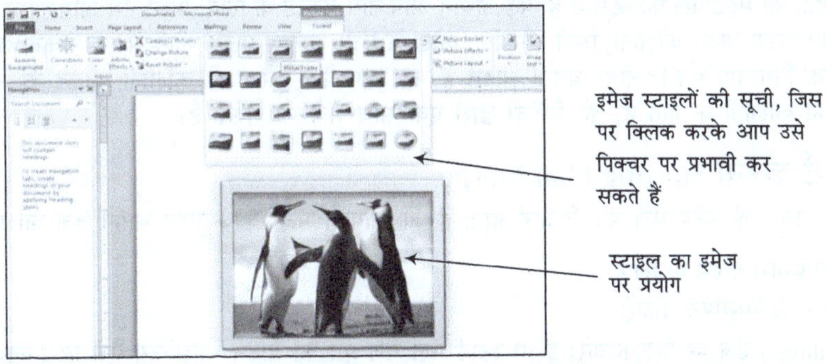

- यहाँ पर दिखाई दे रहे जिस स्टाइल पर आप क्लिक करेंगे, वह स्टाइल, सिलेक्ट की गई शेप पर लागू हो जाएगा। यदि आप चाहें तो शेप में प्रयोग की गई इमेज को बदल सकते हैं, उसकी आउटलाइन बदल सकते हैं और उस पर किसी अन्य प्रभाव को भी लगा सकते हैं। जब आप पिक्चर इफेक्ट्स (picture effects) विकल्प को खोलेंगे, तो स्क्रीन पर यह सभी इस तरह से डिस्प्ले होंगे।

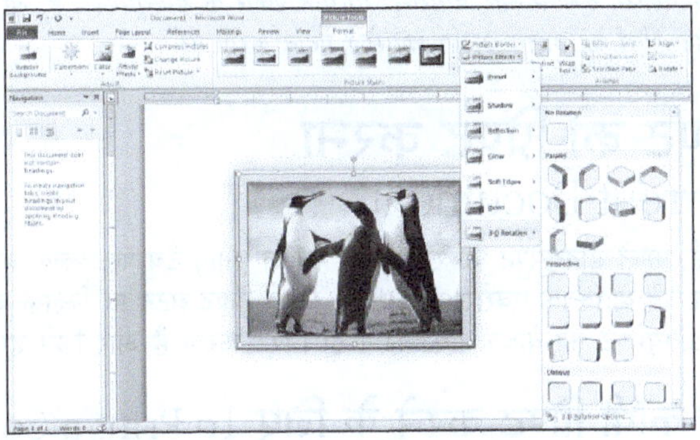

- यहाँ पर आपको Preset, Shadow, Reflection, Glow, Soft Edges, Bevel और 3D Rotation जैसे विकल्प मिलेंगे। ऊपर दिए चित्र में 3D Rotation विकल्प को खोलकर दर्शाया गया है।
- इसके अन्तर्गत आने वाले जिस रोटेशन (rotation) पर आप क्लिक करेंगे, वह इमेज पर प्रभावी हो जाएगा। इसी तरह से अन्य प्रभावों को भी सिलेक्ट की गई आकृति या शेप पर प्रयोग किया जा सकता है।

15.9 मेल मर्ज Mail Merge

मेल मर्ज एक मास मेलिंग सुविधा है जो नाम, एड्रेस और रेसीपिएण्ट्स (recipients) के बारे में अन्य जानकारी लेती है और इस जानकारी को एक लेटर के साथ मर्ज कर देती है। मेल मर्ज प्रिण्ट में दो फाइल्स का प्रयोग होता है। एक डेटा फाइल जिसमें डेटा आइटम्स (फील्ड्स) होते हैं, जो किसी विशेष क्रम में व्यवस्थित होते हैं और एक मास्टर फाइल, जिसमें स्टैण्डर्ड टेक्स्ट एवं डेटा वेरिएबल्स होते हैं, जो निश्चित आइटम्स से रिप्लेस किए जाते हैं, जिन्हें एमएस-वर्ड 2010 में मर्ज ऑपरेशन के समय डेटा फाइल से लिया जाता है।

एक मेल मर्ज लेटर बनाना Creating a Mail Merge Letter

एक मर्ज डॉक्यूमेण्ट को किस तरह से बनाना और प्रिण्ट करना है, इसे नीचे बताया गया है

1. एक डेटा सोर्स बनाएँ।
2. एक मेन डॉक्यूमेण्ट बनाएँ।
3. मेन डॉक्यूमेण्ट में फील्ड्स इन्सर्ट करें।
4. डिज़ाइन और डेटा एण्ट्री एरर्स की जाँच करें।
5. डेटा सोर्स डॉक्यूमेण्ट और मेन डॉक्यूमेण्ट को मर्ज करें और अन्त में मर्ज्ड डॉक्यूमेण्ट को प्रिण्ट करें।

डेटा सोर्स की प्लानिंग करना Planning of Data Source

एक डेटा सोर्स डॉक्यूमेण्ट को डिज़ाइन करना, मेल मर्ज फीचर को प्रयोग करने का एक महत्त्वपूर्ण भाग है। शुरूआत में आप ऐसा डेटा सोर्स डॉक्यूमेण्ट बना सकते हैं जिसमें एक फील्ड आपके फ्रेण्ड के नाम का हो, एक एड्रेस का हो, एक सिटी और पिनकोड का हो। यह हमेशा अच्छा होता है यदि आप डेटा को मल्टीपल फील्ड्स में ही पढ़ें अर्थात् आप नाम फील्ड के लिए, फर्स्ट नेम और लास्ट नेम, दो फील्ड्स प्रयोग कर सकते हैं। इसी तरह से आप हाउस नम्बर कॉलोनी, सिटी और पिन कोड के लिए अलग-अलग फील्ड्स रख सकते हैं। उदाहरण के लिए, यदि आप एक मैसेंजर के द्वारा एक निमन्त्रण पत्र डिलीवर करना चाहते हैं, तो आपको एड्रेसेज़ को कॉलोनी फील्ड के आधार पर शार्ट करना होगा ताकि निमन्त्रण जो एक ही कॉलोनी के होते हैं, को मैसेंजर द्वारा एक साथ भेजे जा सकते हैं।

मेल मर्ज स्टार्ट करना Starting Mail Merge

वर्ड 2010 में एक स्टेप-बाई-स्टेप मेल मर्ज विज़ार्ड होता है जो आपको मर्ज्ड डॉक्यूमेण्ट बनाने तक की प्रक्रिया में गाइड करता है।

मेल मर्ज हेल्पर का प्रयोग करने के लिए

1. पहले एक ब्लैंक डॉक्यूमेण्ट बनाएँ।
2. मेलिंग्स (mailings) टैब पर क्लिक करें। इसमें स्टार्ट मेल मर्ज ग्रुप का डाउन प्वॉइण्टिंग ऐरो पर क्लिक करें जिससे लिस्ट दिखाई देगी, जिसमें पाँच चॉएस - Letters, E-mail Messages, Envelopes, Labels और Directory होती हैं।
3. मेल मर्ज प्रोसेस का पहला स्टेप है— मेन डॉक्यूमेण्ट बनाना, क्योंकि मेन डॉक्यूमेण्ट जिस तरह का होता है, उसी के अनुसार बाकी की चॉएसेज़ होती हैं जो आप मेल मर्ज हेल्पर में चुन सकते हैं।

नोट *लेटर्स, ई-मेल मैसेजेस, एनवलप्स, लेबल्स और डायरेक्ट्री विभिन्न प्रकार के डॉक्यूमेण्ट्स हैं, जो आप मेल मर्ज विज़ार्ड का प्रयोग करके तैयार कर सकते हैं। अत: हेल्पर आपके डेटा सोर्स को अलग-अलग चॉएसेज़ प्रदान करता है।*

15.10 करण्ट डॉक्यूमेण्ट को प्रिण्ट करना Printing the Current Document

प्रिण्ट का सबसे सरल तरीका है, पहले डॉक्यूमेण्ट को खोलें फिर फाइल (file) टैब पर क्लिक करें, प्रिण्ट (print) टैब चुनने पर बैक स्टेज व्यू आता है। इस पर प्रिण्ट आइकन चुनें या क्विक एक्सेस टूलबार पर स्थित प्रिण्ट बटन पर क्लिक करें। डिफॉल्ट से, वर्ड 2010 सिलेक्ट किए गए प्रिण्टर पर खोले गए करण्ट डॉक्यूमेण्ट की केवल एक कॉपी ही प्रिण्ट करता है और छिपे हुए टेक्स्ट को प्रिण्ट नहीं करता है।

डॉक्यूमेण्ट की एक कॉपी प्रिण्ट करने के लिए To Print a Copy of Document

1. प्रिण्ट किए जाने वाले डॉक्यूमेण्ट को खोलें।
2. फाइल (file) टैब पर क्लिक करें और प्रिण्ट विकल्प चुनें। प्रिण्ट प्रिव्यू दिखाई देता है, उसके बाद प्रिण्ट आइकॉन पर क्लिक करें या Ctrl + Shift + F12 या Ctrl + P कीज़ को एकसाथ दबाएँ।

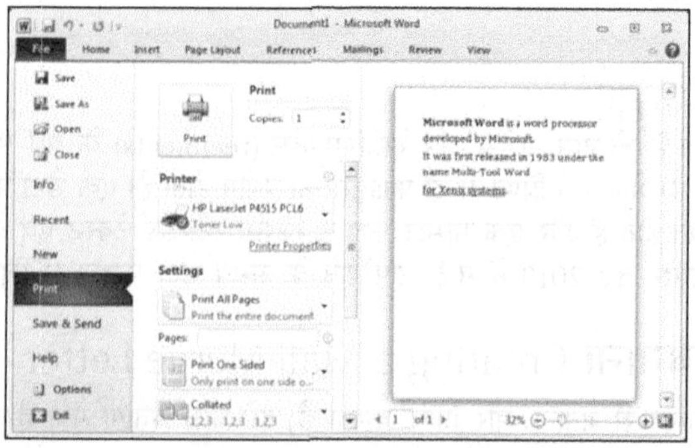

3. प्रिण्ट व्यू बन्द हो जाता है और स्टेटस बार में प्रिण्ट जॉब का प्रोसेस डिस्प्ले होता है।

एमएस-ऑफिस वर्ड शॉर्टकट कीज़
MS-Office Word Shortcut Keys

कार्य (Action)	कुंजियाँ (Keystroke)
डॉक्यूमेण्ट्स (Documents)	
फाइल खोलना (Open a File)	Ctrl + O
नई फाइल बनाना (Create New File)	Ctrl + N
फाइल सेव करना (Save As)	F12
सेव (Save)	Ctrl + S
प्रिण्ट (Print)	Ctrl + P
प्रिण्ट प्रिव्यू देखना (Display the Print Preview)	Ctrl + F2
डॉक्यूमेण्ट क्लोज़ करना (Close a Document)	Ctrl + W
हेल्प (Help)	F1
टास्क पेन ओपन करना	Ctrl + F1
फॉर्मेटिंग (Formatting)	
डॉक्यूमेण्ट सिलेक्ट करना (Select All)	Ctrl + A
बोल्ड (Bold)	Ctrl + B
इटैलिक (Italic)	Ctrl + I
अण्डरलाइन (Underline)	Ctrl + U
अलाइन लैफ्ट (Align Left)	Ctrl + L
अलाइन सेण्टर (Align Center)	Ctrl + E
अलाइन राइट (Align Right)	Ctrl + R
फॉण्ट विण्डो (Font Window)	Ctrl + D, Ctrl + Shift + F
फाइण्ड बॉक्स (Find Box)	Ctrl + F
जस्टीफाई (Justify)	Ctrl + J
इन्सर्ट लिंक (Insert Link)	Ctrl + K
इण्डेण्ट पैराग्राफ़ (Indent Paragraph)	Ctrl + M
गोटू डायलॉग बॉक्स खोलना (Open Goto Dialog Box)	F5

एडिटिंग (Editing)	
कट (Cut)	Ctrl + X
कॉपी (Copy)	Ctrl + C
पेस्ट (Paste)	Ctrl + V, Shift + Insert
अनडू (Undo)	Ctrl + Z
रिडू (Redo)	Ctrl + Y
क्रिएट बुलेट (Create Bullet)	Ctrl + Shift + L
फॉण्ट का साइज़ बढ़ाना (Increase Font Size)	Ctrl + Shift+ > or Ctrl +]
फॉण्ट का साइज़ कम करना (Decrease Font Size)	Ctrl + Shift+ < or Ctrl + [
नेविगेशन (Navigation)	
एक स्क्रीन ऊपर जाना (Up One Screen)	Page Up
एक स्क्रीन नीचे आना (Down One Screen)	Page Down
लाइन के शुरू में आना (Beginning of Line)	Home
लाइन के अन्त में जाना (End of Line)	End
डॉक्यूमेण्ट के शुरू में आना (Beginning of Document)	Ctrl + Home
डॉक्यूमेण्ट के अन्त में जाना (End of Document)	Ctrl + End
किसी कमाण्ड को क्लोज़ करना (Cancel a Command)	Esc
टेक्स्ट सिलेक्शन (Text Selection)	
एक वर्ड (A Word)	वर्ड को डबल क्लिक (Double Click the Word)
एक वाक्य (A Sentence)	प्रेस एण्ड होल्ड Ctrl (Press and hold Ctrl)
एक लाइन (A Line)	Shift + Home or Shift + End
एक पैराग्राफ़ (A Paragraph)	तीन बार क्लिक (Triple Click)

कार्य (Action)	कुंजियाँ (Keystroke)

अभ्यास प्रश्न

परीक्षा प्रारूपी प्रश्न

बहुविकल्पीय

1. एक्सेल में एक्टिव सेल के कन्टेन्ट्स को कौन डिस्प्ले करता है?
(a) नेम बॉक्स (b) रो हेडिंग्स
(c) फॉर्मूला बार (d) टास्कपेन

2. एक्सेल में किस विकल्प का प्रयोग करके सिलेक्ट किए सेल रेंज में सभी निगेटिव मानों को बोल्ड करते हैं?
(a) जीरो फॉर्मेटिंग (b) कण्डीशनल फॉर्मेटिंग
(c) कम्पेयर फॉर्मेटिंग (d) निगेटिव फॉर्मेटिंग

3. एक्सेल में नयी वर्कबुक क्रिएट करते समय वर्कशीटों की किस अधिकतम संख्या को डिफॉल्ट रूप से सेट किया जा सकता है?
(a) 254 (b) 255
(c) 265 (d) 400

4. एक्सेल किस सॉफ्टवेयर का एक भाग है?
(a) ऑफिस 2010
(b) कोरल सूट
(c) क्रिएटिव सूट
(d) उपरोक्त में से कोई नहीं

5. रिबन बार हमें क्या उपलब्ध कराता है?
(a) क्लिपआर्ट (b) ग्राफिक्स
(c) कमाण्ड (d) इनमें से कोई नहीं

6. माइक्रोसॉफ्ट एक्सेल की एक वर्कशीट में रो (low) की संख्या होती है
(a) 30,000 (b) 40,000
(c) 10,48,576 (d) 98,48,672

7. प्रिण्ट के लिए कौन-सा मेन्यू सिलेक्ट किया जाता है?
(a) एडिट (b) स्पेशल
(c) फाइल (d) टूल्स

8. उपयोगकर्ता डॉक्यूमेण्ट को जो नाम देता है, उसे कहते हैं
(a) फाइल नेम (b) प्रोग्राम
(c) रिकॉर्ड (d) डेटा

9. एक डॉक्यूमेण्ट को कितने प्रकार से सेव किया जा सकता है?
(a) 6 (b) 9
(c) 2 (d) 3

10. टेक्स्ट डॉक्यूमेण्ट को बनाने, एडिट करने, फॉर्मेट करने, स्टोर करने, रिट्रीव और प्रिण्ट करने के लिए कुल मिलाकर एक शब्द कौन-सा है?
(a) वर्ड प्रोसेसिंग (b) स्प्रैडशीट डिज़ाइन
(c) वेब डिज़ाइन (d) डेटाबेस मैनेजमेन्ट

11. किसी डॉक्यूमेण्ट को सेव और क्लोज़ करने के लिए प्रयोग किया जाता है
(a) Ctrl + S (b) Ctrl + Q
(c) Ctrl + C (d) Ctrl + W

12. वर्ड में कॉलम डेटा बनाने के लिए आपको क्या करना होगा?
(a) जब तक कर्सर इच्छित स्थान पर न पहुँच जाए, लगातार टैब दबाएँ
(b) टैब सेट करें या टेबल मेन्यू का प्रयोग करें
(c) आपको एक्सेल प्रयोग करना होगा
(d) जब तक कर्सर इच्छित स्थान पर न पहुँच जाए, तब तक स्पेस बार दबाएँ

13. वर्ड डॉक्यूमेण्ट में वाक्य के लिए फॉण्ट का चुनाव करना हो, तो ······ सिलेक्ट करें।
(a) फॉर्मेट मेन्यू में फॉण्ट (b) एडिट मेन्यू में फॉण्ट
(c) टूल्स मेन्यू में फॉण्ट (d) इन्सर्ट मेन्यू में फॉण्ट

14. किसी डॉक्यूमेण्ट में से कोई वाक्य डिलीट करने के लिए आप किसका प्रयोग करेंगे?
(a) हाइलाइट एण्ड कॉपी (b) कट एण्ड पेस्ट
(c) कॉपी एण्ड पेस्ट (d) हाइलाइट एण्ड डिलीट

15. वर्ड डॉक्यूमेण्ट में पेज ब्रेक इन्सर्ट करने के लिए किस विकल्प का प्रयोग किया जाएगा?
(a) इन्सर्ट एण्ड कॉपी (b) इन्सर्ट एण्ड एण्टर
(c) इन्सर्ट एण्ड डिलीट (d) इन्सर्ट एण्ड ब्रेक

16. डॉक्यूमेण्ट के टेक्स्ट को दाएँ और बाएँ दोनों हाशियों (मार्जिन) पर कौन-सी जस्टीफिकेशन एलाइन करती है?
(a) राइट (b) जस्टीफाइड
(c) दोनों साइड (d) बैलेन्स्ड

17. डॉक्यूमेण्ट को एडिट करने का अर्थ है, जिस डॉक्यूमेण्ट को आपने बनाया है उसे पढ़ना और फिर ······।
(a) गलतियों को सही करना (b) उसे प्रिण्ट करना
(c) उसे सेव करना (d) उसे डिलीट करना

18. हेल्प मेन्यू किस बटन पर उपलब्ध होता है?
(a) एण्ड (b) स्टार्ट
(c) टर्न ऑफ (d) रीस्टार्ट

19. टेक्स्ट को ······ बनाने के लिए Ctrl + B क्लिक किया जाता है।
(a) इटेलिक्स (b) अण्डरलाइन
(c) इटेलिक्स और अण्डरलाइन (d) बोल्ड

20. डॉक्यूमेण्ट क्रिएट करने के लिए आप फाइल मेन्यू पर ...... कमाण्ड का प्रयोग करते हैं।
(a) ओपन (b) क्लोज़ (c) न्यू (d) सेव

21. वर्ड डॉक्यूमेण्ट के किस तत्त्व को रंग में दिखाया जा सकता है?
(a) केवल ग्राफ़िक्स
(b) केवल टेक्स्ट
(c) सभी तत्त्व
(d) सभी तत्त्व, लेकिन तभी यदि आपके पास कलर प्रिण्टर हो

22. सभी वर्ड डॉक्यूमेण्टों के लिए डिफॉल्ट फाइल एक्सटेंशन क्या होता है?
(a) .TXT (b) .WRD (c) .FILL (d) .DOC

23. फाइल एक्सटेंशन किस लिए इस्तेमाल होते हैं?
(a) फाइल को नाम देने के लिए
(b) यह सुनिश्चित करने के लिए कि फाइल का नाम गुम न हो जाए
(c) फाइल को आइडेण्टीफाई करने के लिए
(d) फाइल टाइप को आइडेण्टीफाई करने के लिए

24. माइक्रोसॉफ्ट वर्ड ...... का एक उदाहरण है।
(a) ऑपरेटिंग सिस्टम (b) प्रोसेसिंग डिवाइस
(c) एप्लीकेशन सॉफ्टवेयर (d) इनपुट डिवाइस

25. डॉक्यूमेण्ट के एपीयरैन्स (appearance) को चेंज करने से सम्बद्ध वर्ड प्रोसेसिंग टास्क को ...... कहते हैं।
(a) राइटिंग (b) फॉर्मेटिंग (c) एडिटिंग (d) स्टोरिंग

26. किसी विद्यमान डॉक्यूमेण्ट को अलग नाम सहित सेव करने के लिए आप क्या करेंगे?
(a) डॉक्यूमेण्ट रिवाइज़ कर इसे अलग नाम देंगे
(b) Save As कमाण्ड को प्रयुक्त करेंगे
(c) मूल डॉक्यूमेण्ट से एक नए डॉक्यूमेण्ट में कॉपी करेंगे
(d) किसी अलग लोकेशन पर डॉक्यूमेण्ट कॉपी करने के लिए विण्डोज़ एक्सप्लोरर का उपयोग कर उसे नया नाम देंगे

27. टेक्स्ट की पंक्ति के आरम्भ में जाने के लिए ...... कुंजी (की) का इस्तेमाल करना पड़ता है।
(a) होम (b) ESC
(c) पेजअप (d) एण्टर

28. वर्ड में टेक्स्ट की फॉर्मेटिंग करते समय किस ग्रुपिंग में कार्य किया जाता है?
(a) टेबल पैराग्राफ़्स और इण्डेक्सेज़
(b) पैराग्राफ़, इण्डेक्सेज़ और सेक्शन्स
(c) कैरेक्टर्स, सेक्शन्स और पैराग्राफ़्स
(d) इण्डेक्सेज़, कैरेक्टर्स और टेबल्स

29. समग्र डॉक्यूमेण्ट सिलेक्ट करने के लिए निम्नलिखित में से किसे प्रयुक्त किया जा सकता है?
(a) Ctrl + A (b) ALT + F5
(c) Shift + A (d) Ctrl + K

30. माइक्रोसॉफ्ट ऑफिस ......।
(a) शेयरवेयर है (b) पब्लिक डोमेन सॉफ्टवेयर है
(c) ओपन-सोर्स सॉफ्टवेयर है (d) एक एप्लीकेशन सूट है

विविध प्रारूपी प्रश्न

सत्य/असत्य

1. एमएस-वर्ड एक वर्ड प्रोसेसर सॉफ्टवेयर है।
2. फाइल को सेव करने के लिए, स्टैण्डर्ड टूलबार पर स्थित सेव बटन पर क्लिक करना पड़ता है।
3. वर्ड डॉक्यूमेण्ट्स को फ्लॉपी डिस्क पर संग्रहित नहीं किया जा सकता है।
4. रिबन के इन्सर्ट टैब का प्रयोग मार्जिन बदलने के लिए किया जाता है।
5. वर्ड डॉक्यूमेण्ट को सेव करने पर स्क्रीन पर नाम प्रदर्शित नहीं करता।

रिक्त स्थानों की पूर्ति

1. वाक्य को सिलेक्ट करने के लिए कीबोर्ड पर ...... दबाते हैं।
2. ...... क्लिक करने से डॉक्यूमेण्ट सेव हो जाता है।
3. आप टेक्स्ट को ...... करके अपने डॉक्यूमेण्ट को बेहतर बना सकते हैं।
4. एक पेज का अन्त तथा दूसरे पेज का प्रारम्भ ...... द्वारा दिखाया जाता है।
5. आप डॉक्यूमेण्ट में ...... के द्वारा सुन्दर टाइल प्रदर्शित कर सकते हैं।

अतिलघु उत्तरीय

1. पेज ओरिएण्टेशन क्या है?
2. रिबन कमाण्ड क्या है?
3. मेल मर्ज में डेटा सोर्स को कैसे सेव किया जाता है?
4. पेज सेटअप में मार्जिन्स से आप क्या समझते हैं?
5. वर्ड के डॉक्यूमेण्ट में कलर कैसे सप्लाई किया जाता है?
6. पेज सेटअप में टॉप व बॉटम मार्जिन को कैसे बढ़ाया जाता है?
7. किसी शब्द को इटेलिक कैसे किया जाता है?
8. वर्ड में बुलेट्स व नम्बरिंग से क्या समझते हैं?
9. एमएस-वर्ड में हेल्प बटन के कार्य को समझाइए।
10. सेव और सेव एज़ में एक अन्तर लिखें।

लघु उत्तरीय

1. माइक्रोसॉफ्ट ऑफिस 2010 क्या है?
2. माइक्रोसॉफ्ट वर्ड की फॉर्मेटिंग कैसे करते हैं?
3. माइक्रोसॉफ्ट वर्ड में पिक्चर कैसे इन्सर्ट करते हैं?
4. डॉक्यूमेण्ट को प्रिण्ट कैसे किया जाता है?
5. माइक्रोसॉफ्ट ऑफिस में टूलबार के बारे में लिखें।

दीर्घ उत्तरीय

1. माइक्रोसॉफ्ट वर्ड को कैसे प्रारम्भ करते हैं? इसकी विशेषताएँ लिखिए।
2. डॉक्यूमेण्ट को क्रिएट तथा सेव कैसे करते हैं?
3. पेज सेटअप क्या है? इसके भागों के बारे में लिखिए।
4. मेल मर्ज को विस्तारपूर्वक लिखें।

उत्तरमाला

बहुविकल्पीय

1. (c)	**2.** (b)	**3.** (b)	**4.** (a)	**5.** (d)	**6.** (c)	**7.** (c)	**8.** (a)	**9.** (d)	**10.** (a)
11. (d)	**12.** (d)	**13.** (a)	**14.** (d)	**15.** (d)	**16.** (b)	**17.** (a)	**18.** (b)	**19.** (d)	**20.** (c)
21. (c)	**22.** (d)	**23.** (d)	**24.** (c)	**25.** (b)	**26.** (b)	**27.** (a)	**28.** (c)	**29.** (a)	**30.** (d)

सत्य/असत्य

1. सत्य **2.** सत्य **3.** असत्य **4.** असत्य **5.** असत्य

रिक्त स्थानों की पूर्ति

1. Shift + Arrow **2.** Ctrl + S **3.** अलाइनमेण्ट **4.** पेज ब्रेक **5.** WordArt

सुमेलन

1. A. (i), B. (iii), C. (iv), D. (i) **2.** A. (ii), B. (iv), C. (iii), D. (i)

❑❑❑

अध्याय 16 WEEK 16

स्प्रैडशीट सॉफ्टवेयर

Spreadsheet Software

परिचय Introduction

एमएस-एक्सेल माइक्रोसॉफ्ट द्वारा बनाए गए सॉफ्टवेयर पैकेज एमएस-ऑफिस का स्प्रैडशीट प्रोग्राम है। इसे संक्षेप में एक्सेल भी कहा जाता है जो डेटा को व्यवस्थित करने, कैलकुलेशन करने, निर्णय तक पहुँचने, ग्राफ, डेटा प्रोफेशन दिखाने वाली रिपोर्ट तैयार करने, व्यवस्थित डेटा को वेब पर पब्लिश करने तथा रीयल टाइम डेटा को एक्सेस करने की सुविधा प्रदान करता है। माइक्रोसॉफ्ट कम्पनी ने वर्ष 1985 में, Mac OS X के लिए, MS-Excel का प्रथम संस्करण बनाया था। वर्ष 1990 में, यह MS-Office पैकेज के साथ कम्बाइण्ड हो गया था।

इसमें एक इलेक्ट्रॉनिक स्प्रैडशीट होती है, जिसका प्रयोग एकाउण्टिंग उद्देश्य (accounting purpose) में, गणितीय कार्यों में, बजट बनाने में तथा बिल बनाने में करते हैं। इसे वर्कशीट या स्प्रैडशीट भी कहते हैं। इसके अतिरिक्त आप स्प्रैडशीट में दूसरे प्रोग्रामों द्वारा बनाए गए अथवा आयात (import) किए गए फोटोग्राफ्स, ड्रॉइंग, क्लिपआर्ट, लोगो (logo) आदि भी जोड़ सकते हैं। MS-Excel में स्प्रैडशीट या वर्कशीट बहुत-से सेलों (cells) का एक समूह होता है, जिन्हें पंक्तियों (rows) तथा कॉलमों (columns) में व्यवस्थित किया जाता है। पंक्तियाँ दाएँ से बाएँ अर्थात् क्षैतिज (horizontal) होती हैं, जबकि कॉलम ऊपर से नीचे अर्थात् ऊर्ध्वाधर (vertical) होते हैं।

पंक्तियों को क्रम संख्याओं (जैसे— 1, 2, 3......) में पहचानते हैं तथा कॉलमों को A, B, C अक्षरों से पहचानते हैं। MS-Excel के अतिरिक्त कुछ अन्य स्प्रैडशीट्स; जैसे— स्नोबॉल (snowball), Lotus 1-2-3, एप्पल नम्बर्स (apple numbers) आदि हैं। इसे डेटाबेस की भाँति प्रयोग कर सकते हैं, जो सम्बन्धित डेटा को स्टोर करता है। इसके द्वारा किसी विशेष डेटा को एक पैटर्न के आधार पर ढूँढा जा सकता है।

16.1 माइक्रोसॉफ्ट ऑफिस एक्सेल की विशेषताएँ
Features of Microsoft Office Excel

माइक्रोसॉफ्ट ऑफिस एक्सेल की विशेषताएँ निम्नलिखित हैं

(i) माइक्रोसॉफ्ट एक्सेल की आधारभूत विशेषताओं में सम्मिलित है, उसकी सभी स्प्रैडशीट्स में सेलों (cells) की अनोखी बनावट जो बड़ी संख्या में पंक्तियों (rows) में बँटी होती है और जिन्हें विभिन्न नामों के आधार पर कॉलम्स में विभाजित किया जाता है।

(ii) ये सभी अंकगणितीय प्रणाली के अन्तर्गत आँकड़ों को कुशलतापूर्वक व्यवस्थित करने के लिए प्रयोग किये जाते हैं। इसमें उत्तर सांख्यिकीय, इंजीनियरिंग और वित्तीय आवश्यकताओं के अनुसार उपलब्ध प्रतिक्रियाएँ श्रेणी के रूप में होती हैं। इसके अतिरिक्त इसमें आँकड़े, लाइन ग्राफ, हिस्टोग्राम्स व चार्ट्स और कुछ केसिज़ में त्रि-विमीय ग्राफिक्स (three dimensional graphics) के रूप में भी प्रदर्शित किए जाते हैं।

(iii) विज़ुअल बेसिक फॉर एप्लीकेशन्स इसका प्रोग्रामिंग पहलू है, जो उपयोगकर्ता को बड़ी संख्या में विभिन्न प्रकार के अंकगणितीय तरीकों का प्रयोग करने का विकल्प देता है।

उदाहरणार्थ, गणितीय भौतिकी (mathematical physics) के अवकल समीकरणों को हल करने के बाद, उसके परिणामों को स्प्रैडशीट पर रिपोर्ट करना।

(iv) इसमें पारम्परिक क्रियाओं की भी कई विशेषताएँ उपस्थित होती हैं, जिसमें उपयोगकर्ता अन्तरपृष्ठों की स्प्रैडशीट्स को पूर्णरूप से अदृश्य (invisible) बना सकता है। इसलिए स्प्रैडशीट जो पारम्परिक तरीके से यूज़र इण्टरफेस के द्वारा एप्लीकेशन या DSS (decision support system) प्रस्तुत करता है, सामान्यतया एक डिज़ाइन टूल की भाँति कार्य करता है, उपयोगकर्ता से प्रश्न भी पूछता है तथा उसके उत्तर और रिपोर्ट भी देता है।

(v) एक एक्सेल एप्लीकेशन स्वतः बाहरी डेटाबेसों को काट-छाँटकर आधुनिक तरीके का प्रयोग कर उपकरणों से माप करता है, परिणामों को विश्लेषित करता है, वर्ड रिपोर्ट या पावर प्वॉइण्ट स्लाइड प्रस्तुतीकरण तैयार करता है तथा सहयोगियों की सूची के अनुसार, नियमित रूप से उन्हें ई-मेल भेजने का कार्य भी करता है।

16.2 MS-excel को प्रारम्भ करना Starting MS-excel

MS-Excel को प्रारम्भ करने के लिए निम्न में से किसी एक विधि का प्रयोग कर सकते हैं

1. डेस्कटॉप पर उपलब्ध MS-Excel के शॉर्टकट पर डबल क्लिक करके MS-Excel को प्रारम्भ कर सकते हैं।
2. Start→ All Programs→ Microsoft Office→ Microsoft Excel 2010 पर क्लिक करके भी MS-Excel को प्रारम्भ कर सकते हैं।
3. Start बटन पर क्लिक करके Run कमाण्ड पर क्लिक करें। क्लिक करने के बाद रन विण्डो में Excel टाइप करके Enter कुँजी दबाने से भी MS-Excel को प्रारम्भ कर सकते हैं।

16.3 इलेक्ट्रॉनिक स्प्रैडशीट विण्डो के अवयव Elements of Electronic Spreadsheet Window

वर्ड प्रोसेसर की भाँति स्प्रैडशीट में भी एक मुख्य एप्लीकेशन विण्डो होती है। इस विण्डो के कई भाग होते हैं; जैसे— टाइटल बार, एक्सेस टूलबार, रिबन आदि। स्प्रैडशीट में डेटा को इनपुट तथा उसकी प्रोसेसिंग का कार्य वर्कशीट एरिया में होता है। स्प्रैडशीट की मुख्य विण्डो के विभिन्न अवयवों का वर्णन निम्न प्रकार है

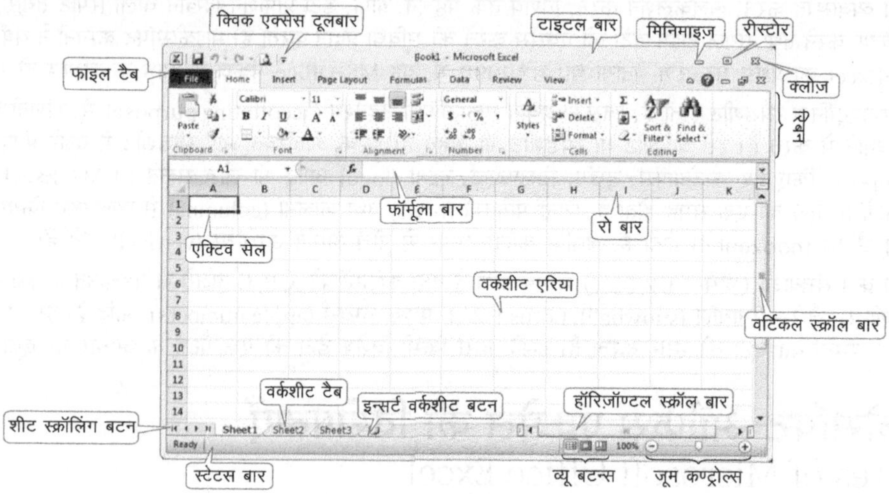

चित्र इलेक्ट्रॉनिक स्प्रैडशीट विण्डो

फाइल टैब File Tab

एक्सेल शीट में सबसे ऊपर बाएँ कोने में बने एक बटन को फाइल टैब कहते हैं। इस बटन (जिस पर File लिखा होता है) पर क्लिक करने पर न्यू (new), ओपन (open), सेव (save), सेव एज़ (save as) और प्रिण्ट (print) आदि ऑप्शन्स आते हैं।

क्विक एक्सेस टूलबार Quick Access Toolbar

ये टूलबार ऑफिस बटन के दाईं ओर होता है। इसके साथ एक छोटा त्रिभुज (triangle) बना होता है, जिस पर क्लिक करके इस टूलबार में अतिरिक्त ऑप्शन्स जोड़े या हटाए जा सकते हैं। इस टूलबार को रिबन के नीचे भी स्थापित किया जा सकता है। इसके लिए छोटे त्रिकोण पर क्लिक करके इसमें नीचे दिए गए ऑप्शन Show Below the Ribbon को चुनने पर क्विक एक्सेस टूलबार रिबन के नीचे आ जाता है।

टाइटल बार Title Bar

क्विक एक्सेस टूलबार के दाईं ओर बनी पट्टी को टाइटल बार कहते हैं। टाइटल बार पर वर्कबुक का नाम अंकित होता है। इसमें दाएँ कोने पर तीन बटन्स—मिनिमाइज़, रीस्टोर तथा क्लोज़ होते हैं।

रिबन Ribbon

टाइटल बार के नीचे और फॉर्मूला बार के ऊपर के पैनल को रिबन कहते हैं। इस पर कुछ टैब्स (home, insert, page layout, formulas, data, review and view) होते हैं। इन टैब्स (tabs) पर क्लिक करने पर विभिन्न ग्रुप्स प्रकट होते हैं, जिनमें विभिन्न फंक्शन्स के लिए विभिन्न ऑप्शन्स/बटन्स दिए गए होते हैं। विभिन्न टैब्स एवं उनके ग्रुप्स निम्न प्रकार हैं

Tabs	Groups
Home	Clipboard, Font, Alignment, Number, Styles, Cells, Editing
Insert	Tables, Illustrations, Charts, Sparklines, Filter, Links, Text, Symbols
Page Layout	Themes, Page Setup, Scale to Fit, Sheet Options, Arrange
Formulas	Function Library, Defined Names, Formula Auditing, Calculation
Data	Get External Data, Connections, Sort and Filter, Data Tools, Outline
Review	Proofing, Comments, Changes
View	Workbook, Views, Show, Zoom, Window, Macros

फॉर्मूला बार Formula Bar

रिबन के नीचे तथा रो बार (row bar) के ऊपर फॉर्मूला बार स्थित होता है। जब किसी सेल में डेटा प्रविष्ट किया जाता है, तो वह डेटा उस सेल के साथ फॉर्मूला बार में भी दिखाई देता है। फॉर्मूला बार के दाईं ओर एक बड़ा बटन होता है, जिस पर *fx* लिखा होता है तथा क्लिक करने पर दो नए बटन्स ✕ ✓ प्रकट होते हैं। फॉर्मूला बार में कुछ डेटा प्रविष्ट कराकर ✓ बटन पर क्लिक करने पर वह डेटा चुनी हुई सेल में एण्टर (enter) हो जाता है, जबकि ✕ बटन पर क्लिक करने पर वह डेटा नष्ट (delete) हो जाता है।

वर्कशीट Worksheet

फॉर्मूला बार के नीचे का विशाल भाग वर्कशीट एरिया होता है। यह अनेक पंक्तियों एवं कॉलमों में विभाजित होता है। इसके ऊपर एक सीधी पट्टी (रो बार) होती है, जिस पर कॉलम नेम (A, B, C, D,.......) तथा बाईं ओर एक ऊर्ध्वाधर (vertical) पट्टी (कॉलम बार) होती है, जिस पर रो नेम (1, 2, 3,........) लिखे होते हैं।

वर्कशीट के दाईं ओर के स्क्रॉल बार (scroll bar) को वर्टिकल स्क्रॉल बार तथा नीचे के स्क्रॉल बार को हॉरिज़ॉण्टल स्क्रॉल बार कहते हैं। ये स्क्रॉल बार वर्कशीट को ऊपर-नीचे या दाएँ-बाएँ मूव करने के काम आते हैं।

वर्कबुक Workbook

एक्सेल की फाइल को वर्कबुक भी कहते हैं, इसका ऐक्सटेंशन (extension) .xlsx होता है। प्रत्येक वर्कबुक अनेक वर्कशीटों से मिलकर बनी होती है। प्राय: एक वर्कबुक में 3 वर्कशीट्स होती हैं, किन्तु आवश्यकतानुसार वर्कशीटों की संख्या बढ़ाई जा सकती है। एक वर्कबुक में अधिकतम 255 वर्कशीटें आ सकती हैं।

शीट टैब Sheet Tab

हॉरिज़ॉण्टल स्क्रॉल बार के बाईं ओर शीट टैब होता है, जिस पर किसी वर्कबुक की कुल शीट्स अंकित होती हैं। इस टैब के बाईं ओर चार बॉक्स होते हैं, इन्हें शीट स्क्रॉलिंग बटन्स कहते हैं। इनके उपयोग से वर्कशीट टैब को आगे-पीछे मूव किया जा सकता है।

स्टेटस बार Status Bar

वर्कशीट पर सबसे नीचे स्थित टैब को स्टेटस बार कहते हैं। इस स्टेटस बार पर विभिन्न ऑप्शन्स प्रदर्शित होते हैं। नए ऑप्शन्स जोड़ने अथवा हटाने के लिए स्टेटस बार पर माउस ले जाकर दायाँ बटन क्लिक करने पर कस्टमाइज़ स्टेटस बार खुलता है, जिसमें से इच्छानुसार ऑप्शन्स चुने जा सकते हैं।

कन्टेक्स्ट मेन्यू Context Menu

यह टूलबार वर्कशीट पर जाकर माउस से दायाँ बटन क्लिक करने पर प्रदर्शित होता है। इसमें सामान्य फॉर्मेटिंग कुंजियाँ होती हैं।

मिनी टूलबार Mini Toolbar

इस टूलबार में होम टैब के फॉण्ट ग्रुप, क्लिपआर्ट ग्रुप, एलाइनमेण्ट ग्रुप के अधिक प्रयोग होने वाले ऑप्शन्स दिए होते हैं।

16.4 वर्कशीट तैयार करना Creating Worksheet

साधारणत: स्प्रैडशीट विण्डो में एक खाली (blank) वर्कबुक स्वत: ही खुली होती है और एक वर्कबुक में Sheet 1, Sheet 2, Sheet 3 नाम की तीन वर्कशीट्स जुड़ी होती हैं। यदि यूज़र चाहे, तो किसी वर्कबुक में नई वर्कशीट भी जोड़ी जा सकती है। इसके लिए शीट टैब पर जाकर Sheet 3 के दाईं ओर स्थित Insert worksheet बटन पर क्लिक करने पर नई शीट खुल जाती है अथवा इसके लिए शॉर्टकट कुँजी (Shift + F11) का भी उपयोग किया जा सकता है।

वर्कबुक खुलते ही सामने एक नई और खाली वर्कशीट आ जाती है, जिसमें आप डेटा एण्टर कर सकते हैं। आप जिस सेल में डेटा एण्टर करना चाहते हैं, उस सेल में जाएँ और डेटा टाइप करें। निम्न चित्र में आप वर्कशीट में एण्टर किए गए डेटा को देख सकते हैं

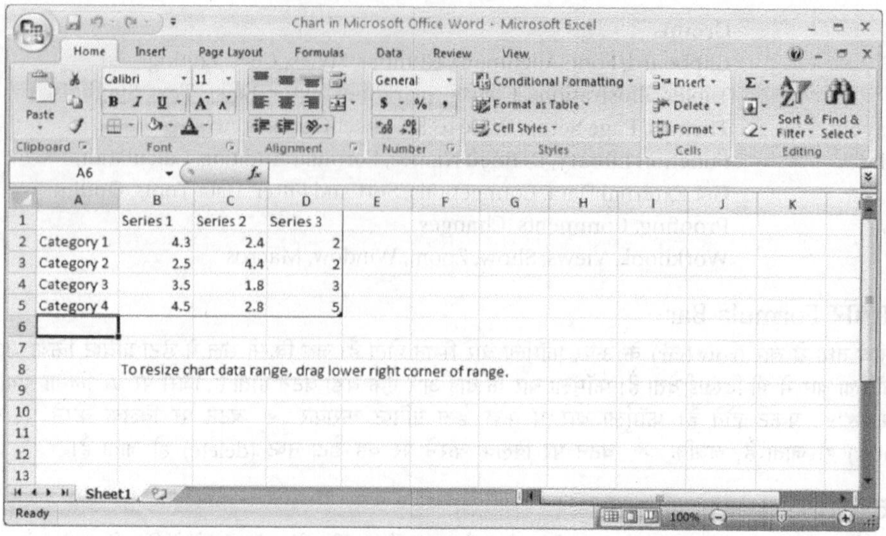

चित्र वर्कशीट में डेटा एण्टरी

जहाँ तक डेटा का प्रश्न है तो आप वर्कशीट में **टेक्स्ट, डेट, न्यूमेरिक** और **डेटाटाइप** का डेटा एण्टर कर सकते हैं। जिस सेल में डेटा एण्टर करना चाहते हैं, उस पर जाने के लिए माउस प्वॉइण्टर की सहायता से उस पर क्लिक करें या फिर ऐरो कुँजी का प्रयोग करें।

यदि किसी सेल में डेटा एण्टर कर दिया है और उसे एडिट करना है तो F2 कुँजी को दबाकर डेटा एडिटिंग मोड़ में लाया जा सकता है। एडिटिंग को समाप्त करने के लिए एण्टर कुँजी दबाएँ और एडिटिंग में किए बदलाव कैंसिल करने हैं तो Esc कुँजी को दबाएँ। निम्न चित्र में एक्सेल के एडिटिंग मोड को प्रदर्शित किया गया है

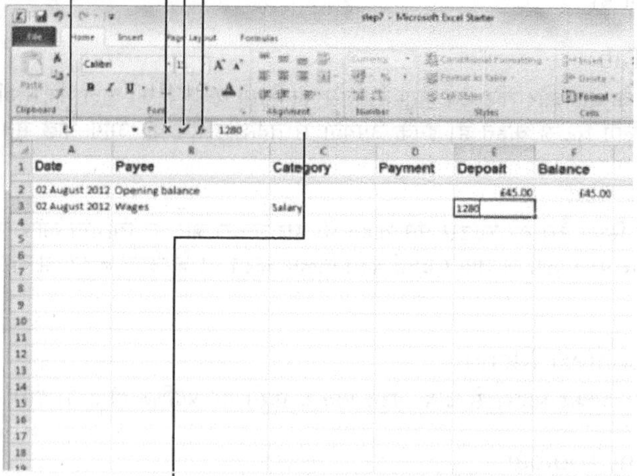

जब एडिटिंग का कार्य समाप्त हो जाए तो सही (✓) के निशान पर क्लिक करें। यदि एडिटिंग को सेल पर लागू नहीं करना चाहते हैं तो कैंसिल के निशान (✗) पर क्लिक करें।

यदि आप किसी सेल में एडिट मोड में हैं तो इससे बाहर आने के लिए ऐरो कुँजी का प्रयोग नहीं किया जा सकता है। जहाँ तक एक सेल से दूसरे सेल में जाने की बात है, तो आप राइट और लेफ्ट ऐरो कुँजी को इस काम के लिए प्रयोग कर सकते हैं। इसके अलावा Tab कुँजी और शिफ्ट कुँजी के साथ टैब कुँजी को भी प्रयोग किया जा सकता है। ऊपर के सेल या नीचे के सेल में जाने के लिए अप और डाउन एरो कुँजी का प्रयोग किया जा सकता है।

पेज अप और पेज डाउन कुंजी को दबाकर स्क्रीन को ऊपर और नीचे भी किया जा सकता है। एक्सेल की एक स्क्रीन में 10 सेल सामने प्रदर्शित होते हैं।

- वर्कशीट के पहले सेल अर्थात् करण्ट रो के कॉलम A में जाने के लिए Home कुंजी को दबाएँ।
- यदि A1 सेल में आना चाहते हैं, तो कण्ट्रोल कुंजी के साथ Home कुंजी को दबाएँ।
- यदि वर्कशीट की अन्तिम प्रयोग की गई रो और कॉलम में आना है, तो कण्ट्रोल कुंजी के साथ End कुंजी को दबाएँ।

जब यूज़र वर्कशीट में कार्य पूरा कर लेते हैं, तो इसके बाद बाहर आने से पूर्व अपने कार्य को सेव करना आवश्यक होता है। इसके लिए निम्न क्रियाएँ होती हैं

1. File → Save पर क्लिक करने पर Save As डायलॉग बॉक्स प्रदर्शित होता है।
2. इस डायलॉग बॉक्स में, उस फोल्डर का नाम चुना या प्रविष्ट करा जाता है, जिसमें उस फाइल को संग्रहित किया जाना है।
3. File name बॉक्स में फाइल का नाम लिखने के बाद Save बटन पर क्लिक करने पर फाइल सेव हो जाती है।

इसके अतिरिक्त, यदि फाइल को किसी अन्य नाम से संग्रहित करना हो, तो File → Save As बटन पर क्लिक करते हैं, ऐसा करने से निम्न डायलॉग बॉक्स प्राप्त होता है व शेष प्रक्रिया पूर्व की भाँति होगी।

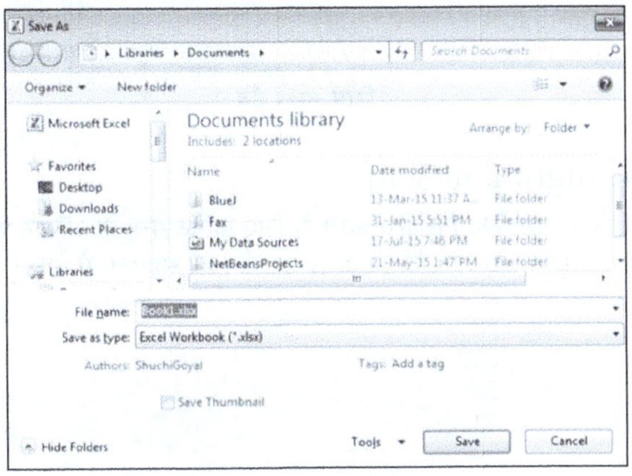

चित्र Save As डायलॉग बॉक्स

16.5 सेलों का मैनिपुलेशन Manipulation of Cells

एक्सेल में डेटा को मैनिपुलेट करने से पहले उसे सही तरीके से एण्टर किया जाना चाहिए। इसके लिए यूज़र स्प्रैडशीट में एक साथ एक-से-अधिक सेलों को भी चुन सकता है और सेलों में अनेक प्रकार का डेटा प्रविष्ट करा सकता है। निम्नांकित सारणी में सेल प्वॉइण्टर के विभिन्न आकारों को उनके प्रयोग के साथ दर्शाया गया है

प्वॉइण्टर शेप	प्रयोग
✚	सेल्स को सिलेक्ट करने के लिए
→	रो को सिलेक्ट करने के लिए
↓	कॉलम को सिलेक्ट करने के लिए
↕	कॉलम विड्थ (width) को बढ़ाने-घटाने के लिए
↔	रो हाइट (height) को बढ़ाने-घटाने के लिए
✥	सिलेक्टिड सेल्स के कन्टेन्ट्स को मूव करने के लिए
+	सेल में ऑटोफिल करने के लिए

16.6 सेलों को फॉर्मेट करना Formatting the Cells

एक्सेल में कोई डेटा किसी सेल में सदैव ठीक उसी प्रकार नहीं दिखाई देता, जिस प्रकार उसे प्रविष्ट किया जाता है। यह उस सेल के फॉर्मेट पर निर्भर करता है। एक्सेल में सेलों को फॉर्मेट करने के लिए फॉर्मेट सेल्स (format cells) ऑप्शन दिया होता है, जिसे कीबोर्ड पर Ctrl +1 कुंजियों के संयोजन को दबाने पर यह डायलॉग बॉक्स प्रदर्शित होता है। इस डायलॉग बॉक्स में छः टैब्स होते हैं– नम्बर टैब, एलाइनमेण्ट टैब, फॉण्ट टैब, बॉर्डर टैब, फिल टैब तथा प्रोटेक्शन टैब। Excel के ये टैब निम्नलिखित हैं

1. **नम्बर टैब** Number Tab

फॉर्मेट सेल डायलॉग बॉक्स के नम्बर टैब में कैटेगरी (category) नामक लिस्ट बॉक्स होता है, जिसमें विभिन्न फॉर्मेट की सूची दर्शाई जाती है, लिस्ट सूची में दिए गए कुछ फॉर्मेट्स इस प्रकार हैं— General, Number, Currency इत्यादि।

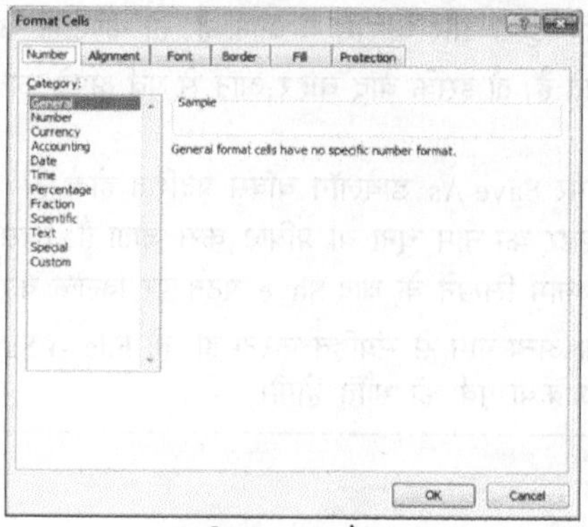

चित्र नम्बर टैब

2. **एलाइनमेण्ट टैब** Alignment Tab

सेल में की गई प्रविष्टि (entry) का एलाइनमेण्ट निर्धारित करने के लिए फॉर्मेट मेन्यू के ऑप्शन पर क्लिक करें, उसके बाद फॉर्मेट सेल डायलॉग बॉक्स ओपन होगा, इसके दूसरे टैब एलाइनमेण्ट पर क्लिक करें। इस टैब की सहायता से टेक्स्ट का एलाइनमेण्ट सेट किया जा सकता है।

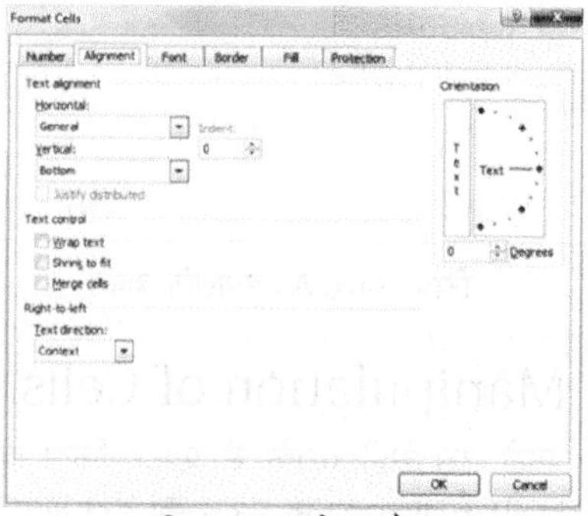

चित्र एलाइनमेण्ट टैब

नोट *एक्सेल में बाइ डिफॉल्ट (by default) टेक्स्ट प्रविष्टि (text entry) के लिए लैफ्ट तथा मान प्रविष्टि (value entry) के लिए राइट हॉरिजॉण्टल एलाइनमेण्ट होता है।*

3. **फॉण्ट टैब** Font Tab

सेल में की गई प्रविष्टि का फॉण्ट परिवर्तित करने के लिए फॉण्ट टाइप, फॉण्ट शेप, फॉण्ट स्टाइल, फॉण्ट कलर आदि फॉण्ट टैब की सहायता से निर्धारित कर सकते हैं।

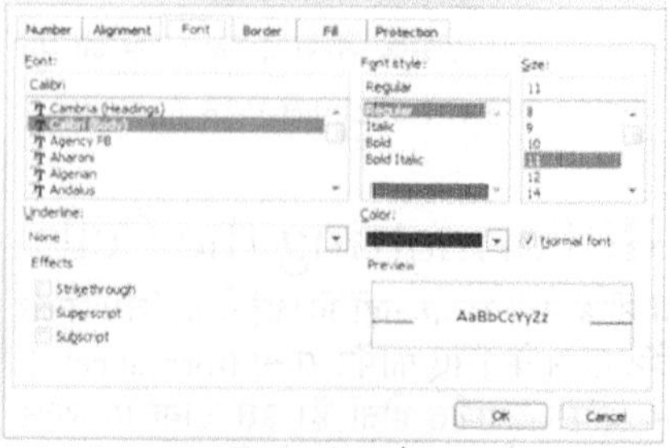

चित्र फॉण्ट टैब

4. **बॉर्डर टैब** Border Tab

इस टैब को सिलेक्ट करने के लिए फॉर्मेट सेल डायलॉग बॉक्स में बॉर्डर टैब पर क्लिक करें। इस टैब की सहायता से किसी सिलेक्ट किए गए सेल का बॉर्डर, स्टाइल, बॉर्डर कलर आदि ऑप्शन्स को सिलेक्ट किया जा सकता है।

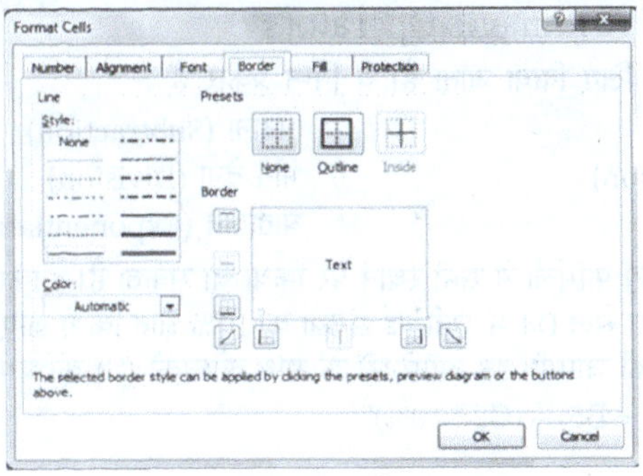

चित्र बॉर्डर टैब

5. **फिल टैब** Fill Tab

एक्सेल में किसी सिलेक्टिड सेल का पैटर्न भरने के लिए फॉर्मेट सेल डायलॉग बॉक्स के फिल टैब का प्रयोग किया जाता है। इस टैब में बैकग्राउण्ड कलर, फिल इफेक्ट, पैटर्न कलर, पैटर्न स्टाइल आदि को दर्शाया जाता है।

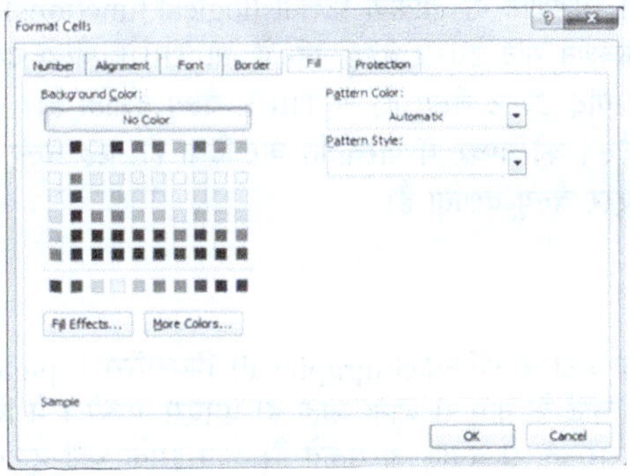

चित्र फिल टैब

6. **प्रोटेक्शन टैब** Protection Tab

एक्सेल में सिलेक्ट किए गए सेल्स को प्रोटेक्ट करने के लिए फॉर्मेट सेल डायलॉग बॉक्स के अन्तिम टैब, प्रोटेक्शन टैब का प्रयोग किया जाता है। इस डायलॉग बॉक्स में दो चैक बॉक्स दिए होते हैं— पहला लॉक्ड (locked), जिसकी सहायता से सिलेक्ट किए गए सेल को उसके आकार अथवा इसमें कोई भी परिवर्तन करने से प्रोटेक्ट किया जा सकता है तथा दूसरा हिडन (hidden), जिसको सिलेक्ट करने पर वर्कशीट पर सिलेक्ट किए गए सेल अथवा सेल्स को पुन: सिलेक्ट करने पर फॉर्मूला बार में नहीं देखा जा सकता, ये सेल्स हाइड हो जाती हैं।

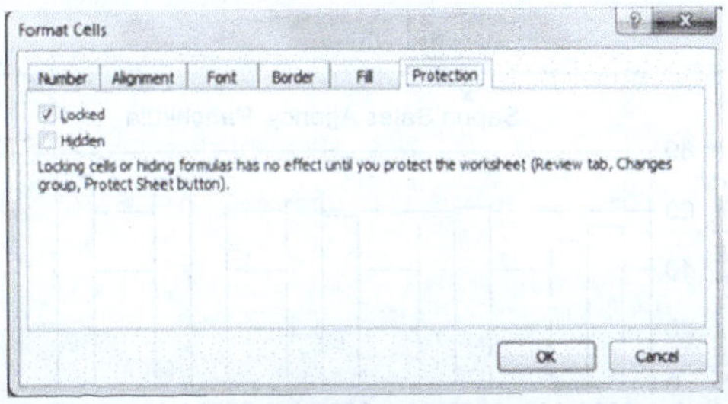

चित्र प्रोटेक्शन टैब

16.7 फॉर्मूला ऑपरेटर्स Formula Operators

ऑपरेटर एक चिह्न या निर्देश है जो सूत्र में अभिव्यक्ति (expression) को मैनिपुलेट करता है। एक्सेल में कुछ ऑपरेटर्स निम्न प्रकार से हैं

1. अंकगणितीय ऑपरेटर्स Arithmetic Operators

इनका उपयोग गणितीय क्रियाओं के लिए किया जाता है। ये निम्न प्रकार हैं

+ जोड़ना (Addition)	– घटाना (Subtraction)
* गुणा करना (Multiplication)	/ भाग देना (Division)
% प्रतिशत (Percentage)	^ घातांकन (Exponentiation)

कोई गणना करने के लिए इनका प्रयोग फॉर्मूलों में सही स्थान पर किया जा सकता है। इनका प्रभाव अंकगणित के नियमों के अनुसार ही होता है। **उदाहरण**, फॉर्मूला = 'D4 * 10%' द्वारा सेल D4 में रखी गई संख्या का 10% ज्ञात किया जाएगा। इसी प्रकार फॉर्मूला = 'C4^2' द्वारा सेल C4 की संख्या के वर्ग (Square) की गणना की जाएगी। इन ऑपरेटरों के साथ कोष्ठकों (' ') का प्रयोग करके यूज़र अधिक जटिल या मिश्रित फॉर्मूले भी बना सकते हैं; जैसे— = 'C5 * (B4 + B5) – (C2 * 10%)'

2. तुलना ऑपरेटर्स Comparison Operators

इनके द्वारा हम दो मानों (Values) की आपस में तुलना करते हैं और उसके परिणाम के अनुसार कार्य करते हैं। ये ऑपरेटर निम्नलिखित हैं

= बराबर (Equal to)	> बड़ा (Greater than)
>= बड़ा या बराबर (Greater than or equal to)	< छोटा (Less than)
<= छोटा या बराबर (Less than or equal to)	!= बराबर नहीं (Not equal to)

इन ऑपरेटरों का प्रयोग सामान्यतया स्प्रैडशीट के तार्किक फलनों (logical functions) के साथ किया जाता है

- **ISNONTEXT (value)** यह फंक्शन यदि टेक्स्ट वैल्यू नहीं है, तो TRUE वैल्यू दर्शाता है।
- **ISTEXT (value)** यह फंक्शन यदि टेक्स्ट वैल्यू है, तो TRUE वैल्यू दर्शाता है।
- **N (value)** यह फंक्शन जिस वैल्यू को नम्बर में परिवर्तित कर दिया हो, वह वैल्यू दर्शाता है।
- **NA ( )** यह फंक्शन #N/A एरर वैल्यू दर्शाता है।

16.8 चार्ट्स Charts

एमएस-एक्सेल में किसी वर्कशीट के डेटा के ग्राफ़िकल (graphical), पिक्टोरियल (pictorial) एवं प्रेज़ेन्टेशन (presentation) के लिए ग्राफ का प्रयोग करते हैं, जिसे एक्सेल में चार्ट के नाम से जाना जाता हैं। एमएस-एक्सेल में किसी वर्कशीट में उपस्थित डेटा के आधार पर अनेक प्रकार के दो-या-तीन आयामी चार्ट सरलता से बनाए जा सकते हैं। आप इसके चार्ट टूलबार (chart toolbar) द्वारा अपनी इच्छा से कैसा भी चार्ट बना सकते हैं या फिर एक्सेल के चार्ट विज़ार्ड (chart wizard) प्रोग्राम द्वारा चार्ट बना सकते हैं। इतना ही नहीं एक बार चार्ट बन जाने के बाद आप उसे प्रिण्ट भी कर सकते हैं, उसमें सुधार (modify) भी कर सकते हैं और एक्सेल से बाहर के प्रोग्रामों; जैसे— एमएस-वर्ड या पावर प्वॉइण्ट में भी ले जा सकते हैं। एक्सेल के चार्टों में यह विशेषता भी है कि जब भी आप उस डेटा में कोई परिवर्तन करते हैं, जिस पर चार्ट आधारित है, तो सम्बन्धित चार्ट में वह परिवर्तन स्वत: हो जाता है।

चार्ट के तत्त्व Elements of Chart

जिस डेटा के आधार पर कोई चार्ट बनाया जाता है, उसके अतिरिक्त चार्ट में कई तत्त्व होते हैं। इन तत्त्वों को निम्न चित्र के कॉलम चार्ट में दर्शाया गया है।

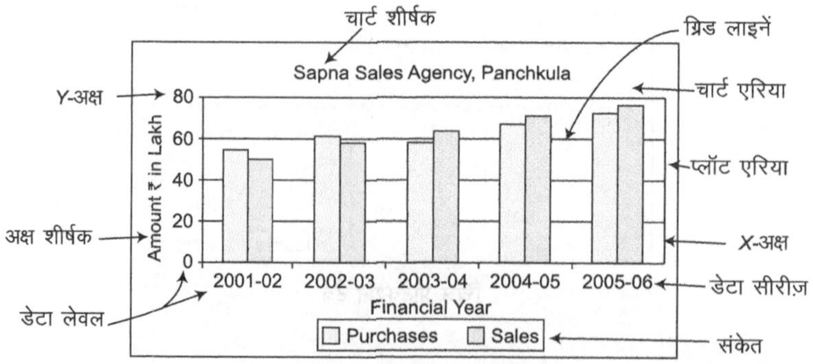

इनका संक्षिप्त परिचय निम्न प्रकार है

1. **चार्ट एरिया** (Chart Area) किसी चार्ट को बनाने में प्रयोग किया गया कुल क्षेत्र, चार्ट एरिया होता है। चार्ट एरिया में चार्ट को घेरने के लिए एक आयताकार बॉक्स का प्रयोग करते हैं। इस आयताकार बॉक्स का एरिया, चार्ट एरिया कहलाता है।
2. **प्लॉट एरिया** (Plot Area) वह क्षेत्रफल जिसमें डेटा को चार्ट के रूप में प्रदर्शित करते हैं, प्लॉट एरिया कहलाता है।
   प्लॉट एरिया 2D-chart में अक्षों से घिरा होता है, जबकि 3D-chart में वॉल्स (walls) और फ्लोर (floor) से घिरा होता है।
3. **चार्ट शीर्षक** (Chart Title) ये चार्ट और दोनों अक्षों (X और Y) के शीर्षक होते हैं। इसमें हमें पता चलता है कि चार्ट हमें क्या दर्शाना चाहता है और उसके अक्षों के मानों का क्या अर्थ है?
   - **अक्ष** (Axis) सामान्यत: किसी चार्ट में दो अक्ष होते हैं, जिन्हें क्रमश: X-अक्ष और Y-अक्ष कहा जाता है।
   - **X-अक्ष** क्षैतिज अक्ष होता है, जिसे **कैटेगरी अक्ष** (category axis) भी कहते हैं।
   - **Y-अक्ष** ऊर्ध्वाधर अक्ष होता है, जिसे **वैल्यू अक्ष** (value axis) भी कहते हैं।
   - **अक्ष शीर्षक** (Axis Title) X, Y और Z अक्षों के मानों को जिस शीर्षक से प्रस्तुत करते हैं, उसे अक्ष शीर्षक कहते हैं। अक्ष शीर्षक बताते हैं कि अक्षों के मानों (Values) का क्या अर्थ है।
4. **डेटा सीरीज़** (Data Series) डेटा श्रेणियाँ (series) उन सभी मानों की सूची है, जिनको हम चार्ट में दर्शाना चाहते हैं। उपरोक्त चित्र में खरीद और बिक्री दो डेटा श्रेणियाँ हैं, जो भिन्न-भिन्न रंगों के कॉलमों द्वारा दर्शाई गई हैं।
5. **ग्रिड लाइनें** (Grid Lines) ये कुछ बैकग्राउण्ड लाइनें होती हैं। इनमें हमें प्रत्येक डेटा श्रेणी के मानों का स्तर ज्ञात होता है।
   ग्रिड लाइनें दो प्रकार की होती हैं— मुख्य (major) और गौण (minor)। मुख्य ग्रिड लाइनें मुख्य स्तरों को दर्शाती हैं, जबकि गौण ग्रिड लाइनें छोटे स्तरों को दर्शाती हैं। X-अक्ष की ग्रिड लाइनें ऊर्ध्वाधर (vertical) होती हैं, जबकि Y- अक्ष की ग्रिड लाइनें क्षैतिज (horizontal) होती हैं।
6. **संकेत** (Symbols) ये हमें चार्ट में उपयोग किए गए विभिन्न प्रकार के कॉलमों, रेखाओं, बिन्दुओं और रंगों का अर्थ बताते हैं।
   सामान्यत: प्रत्येक डेटा श्रेणी के लिए एक संकेत होता है, जो चार्ट में दर्शाया जाता है। संकेतों को दाएँ-बाएँ, ऊपर-नीचे या किसी कोने में, कहीं भी दर्शाया जा सकता है।
7. **डेटा लेबल** (Data Label) ये डेटा श्रेणी के वास्तविक मान होते हैं, जो चार्ट में उस मान को व्यक्त करने वाले कॉलम, रेखा या चिह्न के पास ही दर्शाए जाते हैं।
8. **डेटा सारणी** (Data Table) यह एक साधारण सारणी होती है, जिसमें सभी डेटा श्रेणियों के मान दर्शाए जाते हैं। यह सारणी चार्ट में किसी भी कोने पर दर्शाई जा सकती है।

विभिन्न प्रकार के चार्ट्स Different Types of Charts

चार्ट अनेक प्रकार के होते हैं। कुछ मुख्य चार्ट्स निम्नलिखित हैं

कॉलम चार्ट Column Chart

इसमें किसी मान को एक ऊर्ध्वाधर कॉलम्स (vertical columns) के रूप में दर्शाया जाता है। इसमें विभिन्न डेटा श्रेणियों को X-अक्ष पर और उनके मानों को Y-अक्ष पर दर्शाया जाता है।

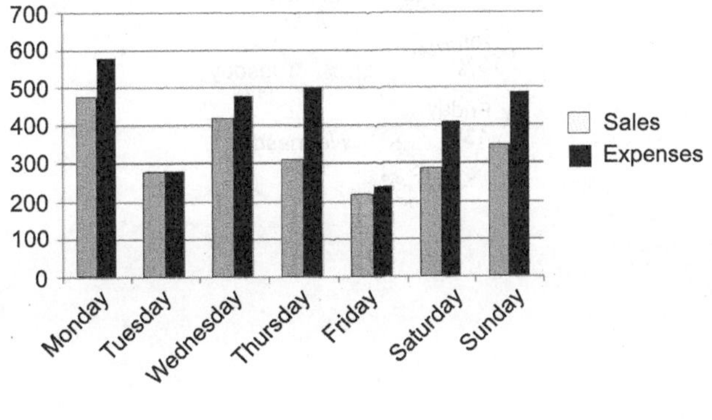

बार चार्ट Bar Chart

बार चार्ट भी कॉलम चार्ट जैसा ही होता है। अन्तर केवल यह है कि इसमें विभिन्न डेटा श्रेणियों के मानों को क्षैतिज बारों (horizontal bars) द्वारा दर्शाया जाता है।

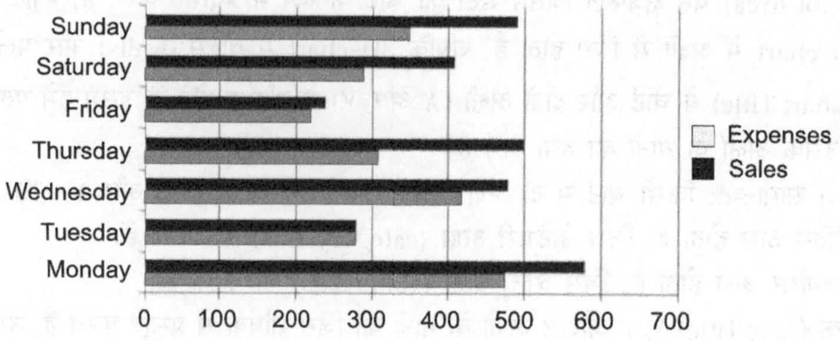

लाइन चार्ट Line Chart

लाइन चार्ट में विभिन्न डेटा श्रेणियों के मानों को विभिन्न बिन्दुओं द्वारा दर्शाया जाता है, जिन्हें सरल रेखाओं से जोड़ दिया जाता है। इस अन्तर के अतिरिक्त लाइन चार्ट कॉलम चार्टों की भाँति ही होते हैं।

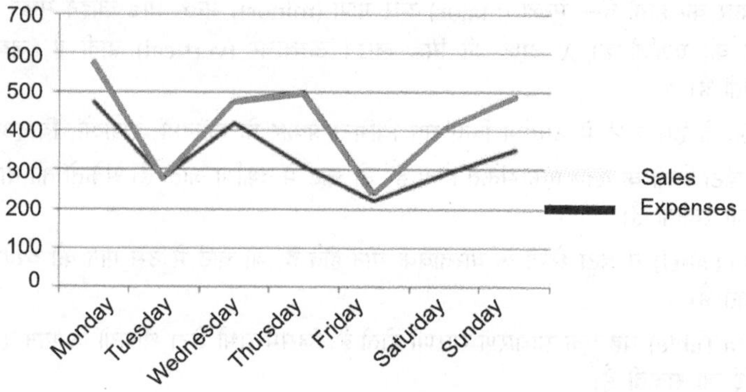

पाई चार्ट Pie Chart

इस प्रकार के चार्ट में केवल एक डेटा श्रेणी को दर्शाया जाता है। इसमें विभिन्न मानों को एक वृत्त के विभिन्न भागों या सेक्टरों (sectors) द्वारा दर्शाया जाता है। प्रत्येक भाग का आकार, उसके मान के अनुपात में होता है। उस मान को भी उस भाग के पास ही प्रदर्शित किया जाता है।

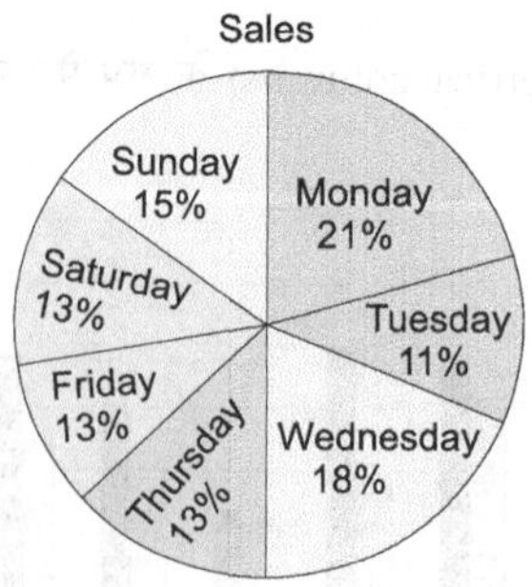

एरिया चार्ट Area Chart

एरिया चार्ट भी लाइन चार्ट की भाँति होता है। अन्तर केवल यह है कि इनमें विभिन्न मानों को उन लाइनों के नीचे के क्षेत्र द्वारा दर्शाया जाता है।

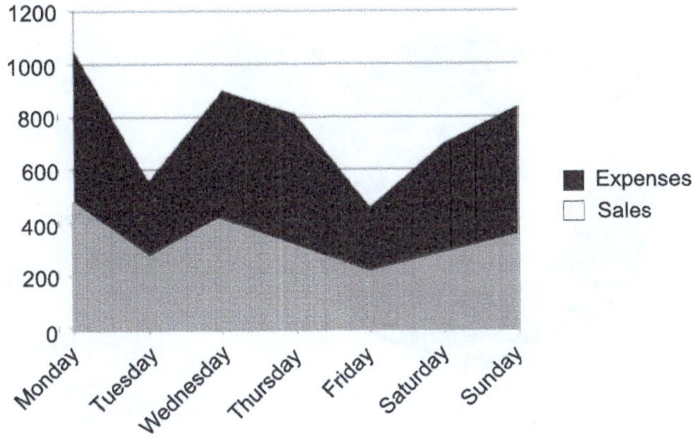

स्कैटर चार्ट Scatter Chart

स्कैटर चार्ट न्युमैरिक वैल्यू ; जैसे—वैज्ञानिक, सांख्यिकीय और इंजीनियरिंग डेटा की तुलना तथा प्रदर्शन के लिए प्रयोग किया जाता है।

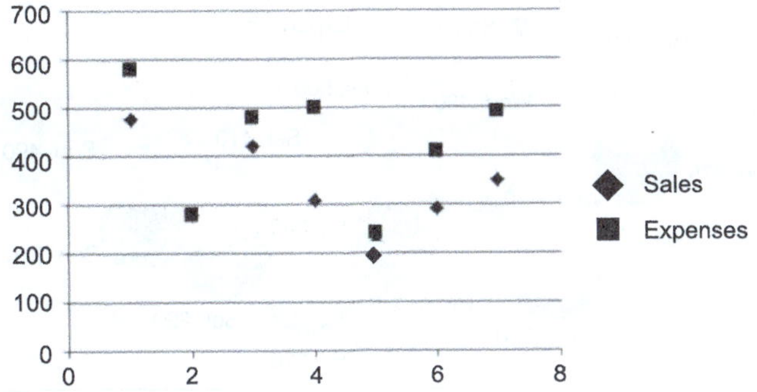

सर्फेस चार्ट Surface Chart

एक सर्फेस चार्ट त्रि-विमीय (three-dimensional) सर्फेस को प्रदर्शित करता है, जो डेटा बिन्दुओं के सेट को कनेक्ट करता है। सर्फेस चार्ट प्राय: टोपोग्राफिक मैप (topographic map) के लिए प्रयोग होते हैं।

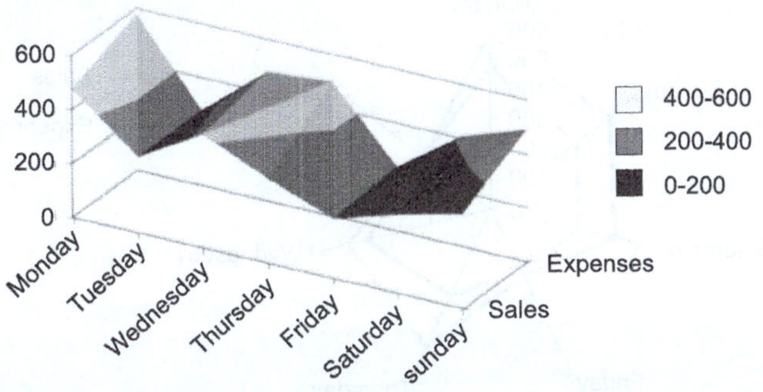

डोनट चार्ट Doughnut Chart

पाई चार्ट की भाँति, डोनट चार्ट भी डेटा में रिलेशनशिप को प्रदर्शित करता है, लेकिन यह चार्ट एक-से-अधिक डेटा सीरीज़ को प्रदर्शित करता है।

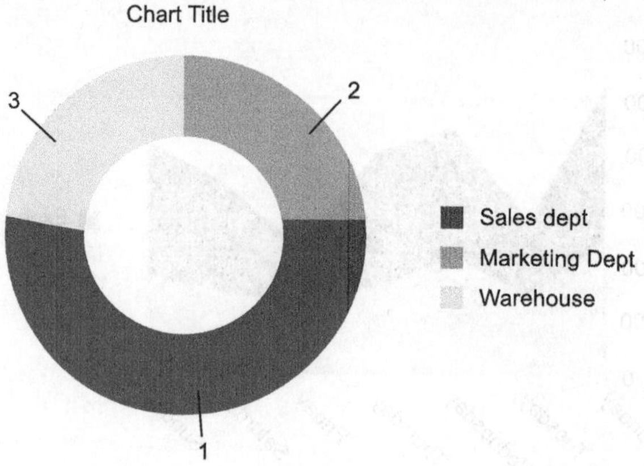

बबल चार्ट Bubble Chart

एक बबल चार्ट स्कैटर चार्ट का वेरिएशन है, जिसमें डेटा बिन्दु बबल के साथ परिवर्तित हो जाते हैं। डेटा की अतिरिक्त डायमेंशन (dimension) प्रत्येक बबल के साइज़ में प्रदर्शित होती है।

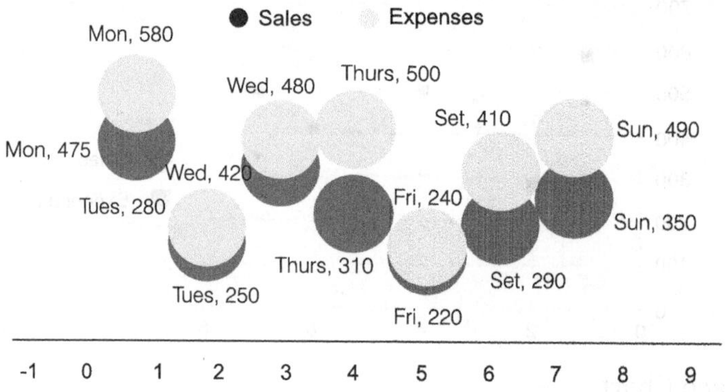

रडार चार्ट Radar Chart

रडार चार्ट केन्द्र-बिन्दु तथा प्रत्येक बिन्दु के सम्बन्ध में डेटा के मानों को दर्शाता है। सभी डेटा सीरीज़, डेटा लाइनों के द्वारा जुड़ी होती हैं।

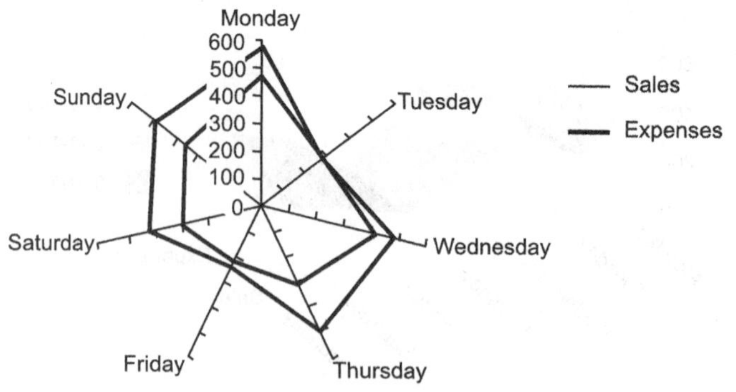

16.9 वर्कशीट के लिंक को तैयार करना Preparing Link of the Worksheet

लिंक को तैयार करने से पूर्व, सेल को फॉमेंट करना चाहिए जिसने लिंक के फॉर्मूले को गन्तव्य वर्कशीट में सम्मिलित किया हुआ है, जो Source डेटा के फॉर्मेट के बराबर है।

1. Source वर्कशीट में, आप जो भी लिंक करना चाहते हैं, उसे सिलेक्ट करें और Home tab के कॉपी बटन पर क्लिक करें या Ctrl + C कीज़ का संयोजन दबाएँ या माउस के Right बटन पर क्लिक करें और Copy ऑप्शन को सिलेक्ट करें।
2. Destination वर्कशीट में जाएँ और जहाँ पर आप लिंक करना चाहते हैं, वहाँ पर क्लिक करें।
3. वापस Source वर्कशीट पर जाएँ और Esc दबाएँ, जो सैल के चारों ओर के बॉर्डर को हटा देगा।

एक्सेल के वर्कशीट डेटा को जोड़ना Adding Worksheet Data of Excel

एक्सेल में, लिंक एक फॉर्मूला है जो डायनमिकली (dynamically) दूसरी वर्कशीट में सेल से डेटा को आकर्षित करता है। वर्कशीट same वर्कबुक में भी हो सकती है या अलग वर्कबुक में भी हो सकती है। Destination worksheet लिंक फॉर्मूले को सम्मिलित करती है और Source worksheet में सेल से डेटा को प्राप्त करती है। किसी भी समय पर Source worksheet में सेल की वैल्यू परिवर्तित हो जाने पर, सेल ने जो लिंक फॉर्मूला सम्मिलित किया हुआ है, वह update हो जाएगा।

स्प्रैडशीट डेटाबेस 2: एक्सेल टेबल्स Spreadsheet Database 2: Excel Tables

	A	B	C	D
1	Sales History			
2	DateTime	Product	Color	Amount
3	2012-01-05	Ties	Black	1
4	2012-01-06	Ties	Brown	12
5	2012-01-07	Ties	Black	11
6	2012-02-02	Coats	Brown	8
7	2012-02-29	Coats	Black	7
8	2012-02-29	Hats	Black	10
9	2012-02-29	Coats	Brown	5
10	2012-03-05	Ties	Black	6

एक्सेल 2007 एक नई विशेषता एक्सेल टेबल्स से परिचित कराता है।

स्प्रैडशीट डेटाबेस 3: पाइवट टेबल्स Spreadsheet Database 3: Pivot Tables

एक्सेल के अन्तर्गत इस रिपोर्ट का निर्माण करने के लिए, आप सोर्स डेटा में किसी भी सेल को सिलेक्ट करें। इसके पश्चात् कण्ट्रोल और शिफ्ट कुंजी को दबाएँ। Ctrl+F3 कुंजियों के संयोजन को दबाएँ और सोर्स डेटा के लिए एक नाम डिफाइन करें। एक्सेल टैब को खोलें और उसमें दिए हुए कमाण्ड Pivot Tables पर क्लिक करें।

साधारण रिपोर्ट बनाना Create a Simple Report

साधारण रिपोर्ट बनाने के लिए निम्न क्रियाएँ होती हैं

1. View मैन्यू में जाकर Report Manager पर क्लिक करके Add बटन पर क्लिक करें।
2. Report name box में My Report टाइप करें।
3. View/Select कर Add बटन पर क्लिक करें। पुन: ये स्टैप View 2 होने तक पुनवर्तित Repeat करें।
4. OK बटन पर क्लिक करें।

16.10 स्प्रैडशीट को प्रिण्ट करना Printing of the Spreadsheet

स्प्रैडशीट को प्रिण्ट करने से पूर्व यूज़र को कागज का आकार-प्रकार और मार्जिन इत्यादि सेट कर लेना चाहिए। यह कार्य प्राय: पेज लेआउट टैब बॉक्स द्वारा किया जाता है।

स्प्रैडशीट में पेज सेट करना Setting Page in Spreadsheet

ये सेटिंग पेज लेआउट टैब से की जाती है। इस टैब में पाँच अलग-अलग ग्रुप होते हैं, इन ग्रुप्स में एक पेज सेटअप ग्रुप होता है, जिसके द्वारा यूज़र सरलता से पेज को सेट कर सकता है। ये सभी ग्रुप्स Page Setup डायलॉग बॉक्स में एक साथ संलग्न होते हैं, इस कारण सीधे Page Setup डायलॉग बॉक्स से भी पेज को सेट किया जा सकता है।

इसके लिए Page Layout → Page Setup → Click करें। ऐसा करने से निम्न डायलॉग बॉक्स प्रदर्शित होता है।

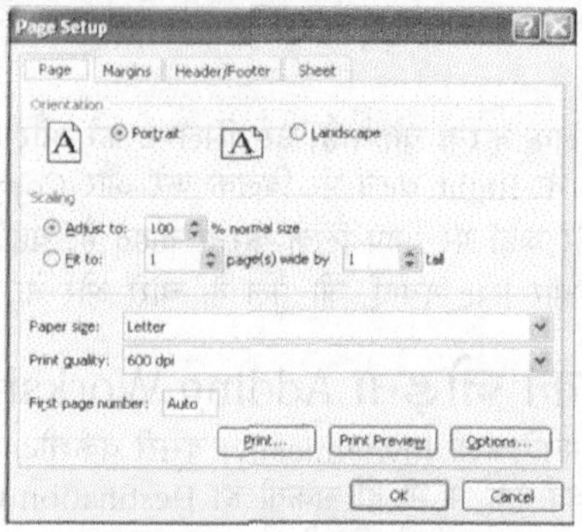

चित्र Page setup डायलॉग बॉक्स

इस डायलॉग बॉक्स में चार टैबशीट्स होती हैं, जिनसे पहली तीन टैबशीटों में क्रमशः पेज, मार्जिन्स व हैडर/फुटर (header/footer) की सूचनाएँ दी जाती हैं। संलग्नित चित्र में Page टैबशीट दिखाई गई है। इस टैबशीट में पेपर का आकार और ओरिएण्टेशन आदि सेट किए जाते हैं। इनके अतिरिक्त Scaling भाग में दो रेडियो बटन होते हैं।

यूज़र इनमें से पहले रेडियो बटन Adjust to... को सेट करके और उसके स्पिन बॉक्स में प्रतिशत में स्केलिंग फैक्टर सेट करके सामग्री को प्रिण्ट कर सकते हैं। 100% स्केलिंग फैक्टर का अर्थ है, समान आकार अर्थात् जितना भी यूज़र ने फॉर्मेट किया है। 50% का अर्थ है, अर्द्धाकार में अर्थात् छोटे अक्षर स्केलिंग प्रतिशत कम करने से एक पृष्ठ पर अधिक सामग्री प्रिण्ट की जा सकती है। पेज की मार्जिन, इस डायलॉग बॉक्स की Margins टैबशीट से रिपोर्ट में प्रत्येक पेज के बीच, दाएँ-बाएँ, ऊपर-नीचे, हैडर तथा फुटर इत्यादि के मार्जिन्स को सेट किया जाता है।

इसे निम्न चित्र द्वारा सरलता से समझा जा सकता है सभी आवश्यक सेटिंग करने के बाद OK बटन को क्लिक करने पर यूज़र द्वारा की गई सेटिंग्स लागू हो जाएगी।

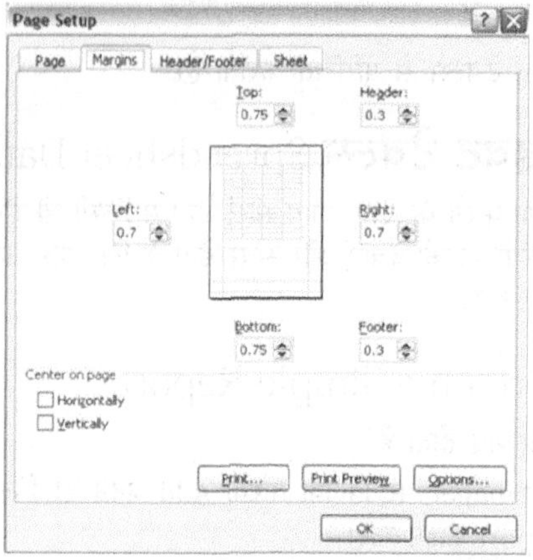

चित्र Page Setup डायलॉग बॉक्स की मार्जिन्स टैबशीट

प्रिण्ट एरिया को सेट करना Setting of Print Area

प्रिण्ट एरिया को सेट करने के लिए निम्न पदों का अनुसरण किया जाता है

1. Page Layout टैब → Print Area ग्रुप → Set Print Area ऑप्शन को चुनें।

   इस विकल्प को चुनने से दो ऑप्शन्स प्रदर्शित होंगे। पहला Set Print Area तथा दूसरा Clear Print Area. प्रिण्ट एरिया सेट करने के लिए एरिया सिलेक्ट करके Set Print Area क्लिक करें। इससे वह सिलेक्टिड एरिया प्रिंटिंग के लिए सिलेक्ट हो जाएगा।

2. यदि यूज़र Print Area की सेटिंग्स को निरस्त करना चाहता है, तो Page Layout टैब→ Print Area ग्रुप→ Clear Print Area ऑप्शन को चुनें। इससे पहले से सेट किया हुआ, प्रिण्ट एरिया समाप्त हो जाएगा।

डेटा को प्रिण्ट करना Printing the Data

किसी भी वर्कशीट को प्रिण्ट करने के लिए निम्नलिखित प्रक्रियाएँ हैं

1. File मेन्यू → Print को चुनिए।

अथवा

Customize Quick Access टूलबार में Print बटन को क्लिक कीजिए।

अथवा

Ctrl+P कुंजियों के संयोजन को दबाएँ।

ऐसा करते ही निम्न डायलॉग बॉक्स प्रस्तुत होगा

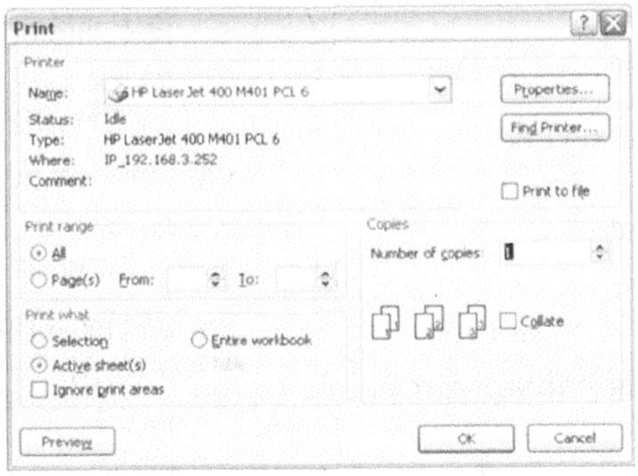

चित्र Print डायलॉग बॉक्स

अभ्यास प्रश्न

परीक्षा प्रारूपी प्रश्न

बहुविकल्पीय

1. किसी भी वर्कबुक में खुलते ही मूलतः कितनी वर्कशीट होती हैं?
   (a) 3 (b) 10
   (c) 12 (d) 4

2. MS-Excel आन्तरिक रूप से दिनांकों को ····· के रूप में संग्रहित करके रखता है।
   (a) Date (b) Text
   (c) Number (d) Date and time

3. निम्न में कौन-सा एक स्प्रैडशीट सॉफ्टवेयर नहीं है?
   (a) VisiCalc (b) Multiplan
   (c) Lotus 1-2-3 (d) उपरोक्त में से कोई नहीं

4. एमएस-एक्सेल क्या है?
   (a) विण्डो पर आधारित प्रोसेसर पैकेज
   (b) विण्डो पर आधारित स्प्रैडशीट पैकेज
   (c) डॉस पर आधारित स्प्रैडशीट पैकेज
   (d) डॉस पर आधारित प्रोसेसर पैकेज

5. एक्सेल वर्कबुक संग्रह है
   (a) चार्ट (b) वर्कबुक
   (c) वर्कशीट (d) 'a' और 'c' दोनों

6. किसी फॉर्मूले में 45 सेल एड्रेस, निम्न में से किस प्रकार का सन्दर्भण (referencing) हैं?
   (a) Absolute (b) Mixed
   (c) Relative (d) Direct

7. एक्सेल में कोई फॉर्मूला किस चिह्न से प्रारम्भ होना अनिवार्य है?
   (a) # (b) = (c) $ (d) @

8. किसी भी चार्ट का वह भाग, जिसमें वास्तविक डेटा को दर्शाया जाता है, क्या कहलाता है?
   (a) चार्ट एरिया (b) डेटा एरिया
   (c) प्लॉट एरिया (d) शीट एरिया

9. निम्न में से किस चार्ट में ग्रिड लाइनें नहीं हो सकती हैं?
   (a) बार चार्ट (b) पाई चार्ट
   (c) लाइन चार्ट (d) कॉलम चार्ट

10. जब यूज़र एक ही वर्कशीट में अलग शीट पर चार्ट को बनाता है, तो यह कहलाता है
(a) चार्ट शीट (b) व्यू शीट
(c) एम्बेडेड चार्ट (d) व्यू चार्ट

11. स्प्रैडशीट में डेटा कैसे ऑर्गेनाइज़ होता है?
(a) लाइन्स एण्ड स्पेसिज़ (b) लेयर्स एण्ड प्लेन्स
(c) हाइट एण्ड विड्थ (d) पंक्ति और स्तम्भ

12. एक्सेल में एक्टिव सेल के कन्टेन्ट्स को कौन डिस्प्ले करता है?
(a) नेम बॉक्स (b) रो हेडिंग्स
(c) फॉर्मूला बार (d) टास्क पेन

13. एक्सेल की सबसे छोटी रेंज है
(a) शीट (b) बुक (c) पेज (d) सेल

14. दूसरी शीट पर जाने की शॉर्टकट कुंजी (key) है
(a) Ctrl + Page Down (b) Ctrl + Page Up
(c) Ctrl + Home (d) Ctrl + V

15. एक्सेल में अधिकतम वर्कशीट होती हैं
(a) 56 (b) 112 (c) 255 (d) 254

16. डिफॉल्ट वर्कबुक का लेबल एक्सेल वर्कशीट में क्या होता है?
(a) Sheet1 (b) Book 1
(c) Workbook (d) इनमें से कोई नहीं

17. सेल को एक्ज़िक्यूट बनाने के लिए निम्न में से किस संकेत को लगाते हैं?
(a) $ (b) # (c) & (d) =

18. फॉर्मूला B5&D7 में '&' प्रदर्शित करता है
(a) रेफरेन्स ऑपरेटर (b) अर्थमैटिक ऑपरेटर
(c) तुलनात्मक ऑपरेटर (d) टेक्स्ट ऑपरेटर

19. '<>' किस प्रकार का ऑपरेटर है?
(a) टेक्स्ट ऑपरेटर (b) रेफरेन्स ऑपरेटर
(c) तुलनात्मक ऑपरेटर (d) अर्थमैटिक ऑपरेटर

20. निम्न में से किस सेल को होम कहा जाता है?
(a) A1 (b) B1
(c) C1 (d) इनमें से कोई नहीं

21. एक्सेल की वर्कशीट को कहते हैं
(a) मेन्युअल स्प्रैडशीट (b) इलेक्ट्रॉनिक स्प्रैडशीट
(c) मैकेनिकल वर्कशीट (d) इनमें से कोई नहीं

22. निम्न में से कौन-सी एक्सेल की क्षमता है?
(a) वर्कशीट (b) डेटाबेस
(c) ग्राफ़िक्स (d) ये सभी

23. एक्सेल में जहाँ प्वॉइण्टर उपस्थित है, वह सेल कहलाता है
(a) एक्टिव सेल (b) करण्ट सेल
(c) A1 (d) होम

24. एक्सेल की वर्कशीट में किसी सेल में नए कमेण्ट को जोड़ने के लिए किस शॉर्टकट कुँजी का प्रयोग करते हैं?
(a) F2 (b) Alt + F2
(c) Ctrl + F2 (d) Shift + F2

25. रिबन बार उपलब्ध करता है
(a) कमाण्ड (b) ग्राफिक्स
(c) क्लिपआर्ट (d) इनमें से कोई नहीं

26. वर्कशीट की प्रथम सेल में जाने के लिए किस कुँजी का उपयोग करते हैं?
(a) F2 (b) होम
(c) टैब (d) शिफ्ट

27. एक्सेल निम्न में से किस सॉफ्टवेयर का भाग है?
(a) कोरल (b) ऑफिस 2010
(c) माइक्रोसॉफ्ट (d) कोबोल

28. एमएस-एक्सेल में बनने वाली फाइलों को कहते हैं
(a) डॉक्यूमेण्ट फाइल (b) वर्कबुक
(c) इमेज फाइल (d) डॉक्यूमेण्ट

29. एक्सेल में नई वर्कबुक के लिए किस कुँजी का प्रयोग करते हैं?
(a) Ctrl + N (b) Ctrl + A
(c) Ctrl + C (d) Ctrl + E

30. एक्सेल में निम्न में से कौन-सा ग्राफ या चार्ट नहीं बना सकते हैं?
(a) पाई ग्राफ (b) थ्री-डी पाई ग्राफ
(c) कॉलम ग्राफ (d) वीडियो ग्राफ

विविध प्रारूपी प्रश्न

सत्य/असत्य

1. एक वर्कबुक में तीन-से-अधिक वर्कशीट्स होती हैं।

2. A$4 रिलेटिव संकेत (relative reference) का एक उदाहरण है।

3. वर्कशीट विण्डो का अन्तिम कॉलम IV है।

4. SUM ( ) फंक्शन एक-से-अधिक आर्ग्युमेण्ट को स्वीकार नहीं करता।

5. किसी भी एक्सेल वर्कबुक में अधिकतम 10 शीट हो सकती हैं।

6. दो वर्कशीट्स को एक्सेल में एक साथ खोला जा सकता है।

7. एक्सेल में कई गैर-आसन्न (non-adjacent) रेंज को सिलेक्ट किया जा सकता है।

8. लाइन चार्ट (line chart) बराबर (equal) अन्तरालों पर डेटा में आए परिवर्तनों को दर्शाता है।

9. AVERAGE ( ) फंक्शन, SUM ( ) तथा COUNT ( ) फंक्शन कॉम्बिनेशन की भाँति कार्य करता है।

10. वर्कशीट की सेलों में डिफॉल्ट टेक्स्ट प्रविष्टियाँ राइट एलाइण्ड होती हैं।

रिक्त स्थानों की पूर्ति

1. कोई भी वर्कशीट ………. ग्रिड के रूप में व्यवस्थित होती है, जिसमें कॉलम (लम्बवत्) और रो (क्षैतिज) सम्मिलित होते हैं।
2. एमएस-वर्ड सॉफ्टवेयर की भाँति स्प्रैडशीट में भी बेसिक (सामान्य) ………. होते हैं।
3. बहुत-सी वर्कशीटों को जिस एक फाइल में रखा जाता है, उसको ………. कहते हैं।
4. एक्सेल किसी भी डेटा को रो और कॉलम में ………. करता है।
5. माइक्रोसॉफ्ट एक्सेल 2010 एक ………. प्रोग्राम है।

अतिलघु उत्तरीय

1. माइक्रोसॉफ्ट एक्सेल का प्रयोग क्यों किया जाता है?
2. टाइम को सेट करने के लिए किस डेटा टाइप का प्रयोग किया जाता है?
3. वर्कशीट डेटा को मैनिपुलेट करने की अनुमति कौन देता है?
4. एक्सेल में डेटा लेबल से क्या तात्पर्य है?
5. चार्ट की परिभाषा संक्षेप में लिखिए।

लघु उत्तरीय

1. एक्सेल में Pivot टेबल को कैसे तैयार करते हैं?
2. डेटा टेबल के प्रयोग बताइए।
3. माइक्रोसॉफ्ट एक्सेल की विशेषताएँ लिखिए।
4. माइक्रोसॉफ्ट एक्सेल के डेटा टाइप्स को परिभाषित कीजिए।
5. डेटा वेलिडेशन क्या है? संक्षिप्त में समझाइए।

दीर्घ उत्तरीय

1. माइक्रोसॉफ्ट ऑफिस क्या है? इसे कैसे प्रारम्भ किया जाता है?
2. फंक्शन्स तथा इसकी सभी श्रेणियों का विस्तृत वर्णन कीजिए।
3. चार्ट्स तथा इसके तत्त्व के विषय में विस्तारपूर्वक बताइए।

उत्तरमाला

बहुविकल्पीय

1. (a)	**2.** (c)	**3.** (d)	**4.** (b)	**5.** (c)	**6.** (c)	**7.** (b)	**8.** (b)	**9.** (b)	**10.** (a)
11. (d)	**12.** (c)	**13.** (d)	**14.** (a)	**15.** (c)	**16.** (b)	**17.** (a)	**18.** (d)	**19.** (c)	**20.** (a)
21. (b)	**22.** (d)	**23.** (a)	**24.** (d)	**25.** (d)	**26.** (b)	**27.** (b)	**28.** (b)	**29.** (a)	**30.** (d)

सत्य/असत्य

1. सत्य	**2.** असत्य	**3.** असत्य	**4.** असत्य	**5.** असत्य	**6.** असत्य	**7.** सत्य	**8.** सत्य	**9.** सत्य	**10.** सत्य

रिक्त स्थानों की पूर्ति

1. आयताकार **2.** फीचर्स **3.** वर्कबुक **4.** व्यवस्थित **5.** स्प्रैडशीट

❑❑❑

अध्याय 17 **WEEK 17**

कम्प्यूटर के मूल आधार
Computer Fundamentals

परिचय Introduction

आज दैनिक जीवन के हर क्षेत्र में कम्प्यूटर ने अपना स्थान बनाने में सफलता प्राप्त कर ली है। संचार क्रान्ति में प्रतिदिन प्रगति करने में कम्प्यूटर तकनीक की विशेष भूमिका है। कम्प्यूटर की निरन्तर बढ़ती क्षमताओं के फलस्वरूप, इसका प्रयोग प्रतिदिन नवीन कार्यक्षेत्रों में बढ़ता जा रहा है। उदाहरण के लिए, हमारे बिजली तथा टेलीफोन के बिल कम्प्यूटर द्वारा छापकर भेजे जाते हैं— रेलगाड़ियों और हवाई जहाज में सीटों का आरक्षण कम्प्यूटर द्वारा किया जाता है और बैंकों में अधिकतर कार्य कम्प्यूटर की सहायता से होने लगे हैं।

इतना ही नहीं, कम्प्यूटर की सहायता से हम एक नगर से दूसरे नगर अथवा एक देश से दूसरे देश में अपने सन्देश ई-मेल की सहायता से कुछ ही क्षणों में प्रेषित करने में सक्षम हैं। विश्व के किसी भी कोने से हम अपनी इच्छित वस्तुएँ इण्टरनेट के माध्यम से खरीदने या बेचने में सक्षम हो गए हैं। कहने का तात्पर्य यह है कि अब कम्प्यूटर गिनी-चुनी जगहों पर काम में आने वाली दुर्लभ मशीन नहीं रह गई है, बल्कि घरेलू उपयोग की वस्तु बनती जा रही है, इसलिए वर्तमान युग को **कम्प्यूटर का युग** कहा जाने लगा है।

आज फिल्म निर्माण, उद्योग, व्यापार, शोध, यातायात नियन्त्रण और अन्तरिक्ष जगत का कोई भी क्षेत्र ऐसा नहीं है, जिसमें कम्प्यूटर की आवश्यकता महसूस न की जा रही हो। ऐसे अनेक कम्प्यूटरों का निर्माण हो रहा है, जिनके द्वारा मानव मस्तिष्क की बातें भी कम्प्यूटर समझकर उसे निष्पादित करने में सक्षम हो रहा है। आजकल इतने छोटे आकार के कम्प्यूटरों का निर्माण हो रहा है, जिन्हें जेब में रखकर कहीं भी ले जाया जा सकता है और अपनी आवश्यकतानुसार उनका उपयोग भी किया जा सकता है।

17.1 कम्प्यूटर Computer

कम्प्यूटर एक स्वचालित तथा निर्देशों के अनुसार कार्य करने वाली इलेक्ट्रॉनिक डिवाइस है, जिसमें डेटा को प्राप्त, संग्रहित अथवा प्रदर्शित करने की क्षमता होती है। इस डिवाइस द्वारा प्राप्त डेटा का प्रयोग करते हुए किसी प्रोग्राम के निर्देशों के अनुसार गणितीय, तार्किक अथवा मैनिपुलेटिव क्रियाओं को करते हुए सूचना को विभिन्न इच्छित रूपों में प्रदर्शित किया जा सकता है। कोई कम्प्यूटर बड़ा हो या छोटा, नया हो या पुराना, उसकी मूल संरचना हमेशा एक ही तरह की होती है। 'कम्प्यूटर' शब्द अंग्रेजी के आठ अक्षरों से मिलकर बना है, जो इसके अर्थ को और भी अधिक व्यापक बना देते हैं

C Commonly
M Machine
U Used for
E Education and
O Operated
P Particularly
T Technical
R Research

प्रत्येक कम्प्यूटर के मुख्य पाँच भाग होते हैं, जो निम्नलिखित हैं

1. इनपुट यूनिट (Input Unit)
2. आउटपुट यूनिट (Output Unit)
3. मैमोरी यूनिट (Memory Unit)
4. गणितीय एवं तार्किक यूनिट (Arithmetic and Logic Unit-ALU)
5. कण्ट्रोल यूनिट (Control Unit-CU)।

कम्प्यूटर में डेटा को स्वीकार करके प्रोग्राम को क्रियान्वित करने की क्षमता होती है। इनपुट यूनिट द्वारा हम अपना डेटा, निर्देश या प्रोग्राम कम्प्यूटर में प्रविष्ट कराकर मैमोरी में उचित स्थान पर स्टोर कर सकते हैं। आवश्यकता पड़ने पर ए एल यू (ALU) मैमोरी से ही डेटा तथा निर्देश लेती है, जहाँ कण्ट्रोल यूनिट के आदेश के अनुसार उन पर विभिन्न क्रियाएँ की जाती हैं और परिणाम आउटपुट इकाई को प्रेषित कर दिए जाते हैं या पुन: मैमोरी में ही रख दिए जाते हैं। अन्य सभी यूनिट, कण्ट्रोल यूनिट के नियन्त्रण में कार्य करती हैं। नीचे दिए हुए कम्प्यूटर के ब्लॉक आरेख में डेटा के प्रवाह को सरल रेखाओं और कण्ट्रोल के प्रवाह को टूटी रेखाओं द्वारा दिखाया गया है।

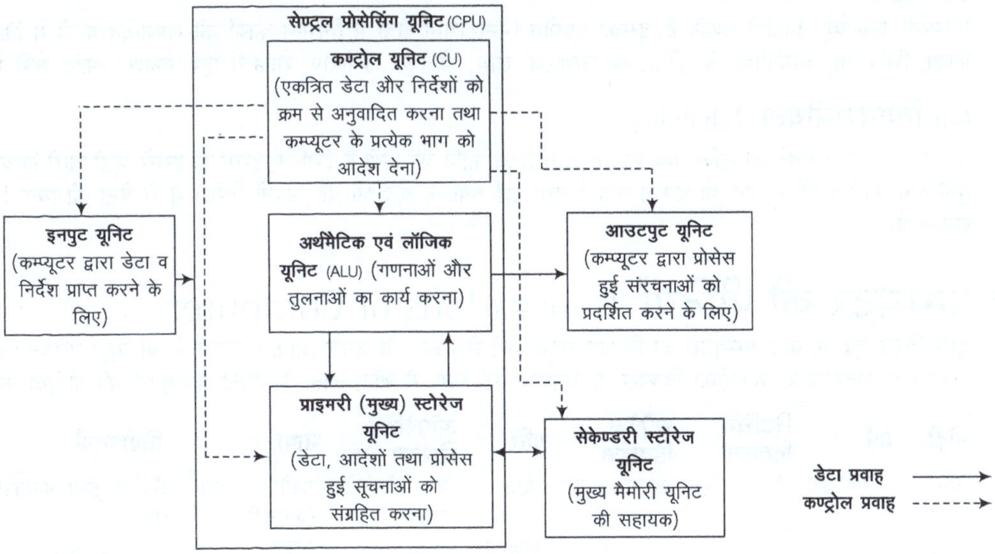

चित्र कम्प्यूटर का ब्लॉक आरेख

कम्प्यूटर के पाँच भागों में से अन्तिम तीन यूनिटों—मैमोरी, एएलयू तथा कण्ट्रोल को सम्मिलित रूप में सेण्ट्रल प्रोसेसिंग यूनिट (central processing unit) या सी पी यू (CPU) कहा जाता है। सी पी यू ही कम्प्यूटर का मुख्य कार्य करता है। शेष दो यूनिट्स (इनपुट तथा आउटपुट), उपयोगकर्ता का संवाद या सम्पर्क (interface) कराने का माध्यम है। इनपुट यूनिट द्वारा, जहाँ उपयोगकर्ता (user) अपना डेटा कम्प्यूटर तक पहुँचाता है, वहीं आउटपुट यूनिट द्वारा, कम्प्यूटर आउटपुट (परिणाम) को उपयोगकर्ता तक पहुँचाता है। सिस्टम इकाई में स्थित मदरबोर्ड व सहायक उपकरणों के संकलन को सी पी यू की संज्ञा दी गई है।

कम्प्यूटर के ब्लॉक आरेख से यह स्पष्ट है कि प्रोसेसिंग का कार्य कम्प्यूटर की 'सेण्ट्रल प्रोसेसिंग यूनिट' (central processing unit) में होता है। यह सीपीयू **कम्प्यूटर का मस्तिष्क** (brain) कहलाता है।

कम्प्यूटर के गुण Characteristics of a Computer

कम्प्यूटर के मुख्य गुण निम्नलिखित हैं

(i) गति Speed

कम्प्यूटर पलभर में लाखों गणनाएँ कर सकता है। यह इतना तीव्र होता है कि एक सेकण्ड में हजारों-लाखों गणितीय क्रियाएँ एक साथ कर सकता है अर्थात् कम्प्यूटर में आँकड़ों को तीव्र गति से संशोधित किया जा सकता है। वर्तमान में, कम्प्यूटर नैनो सेकण्ड (10^{-9} सेकण्ड) में भी गणनाएँ कर सकता है।

(ii) शुद्धता Accuracy

कम्प्यूटर कठिन-से-कठिन प्रश्न का भी बिना किसी त्रुटि के परिणाम देता है। इसमें शुद्ध निर्देशों (Instructions) एवं आँकड़ों के द्वारा त्रुटिविहीन सूचनाएँ प्राप्त होती हैं। प्रोग्रामर द्वारा गलत प्रोग्राम बनाने के कारण कभी-कभी कम्प्यूटर गलत सूचनाएँ देता है अपितु इसके द्वारा दिए गए परिणाम सदैव शुद्ध व सही होते हैं।

(iii) भण्डारण Storage

कम्प्यूटर अपनी मैमोरी में सूचनाओं का विशाल भण्डार संचित कर सकता है, इसमें आँकड़ों एवं प्रोग्रामों के भण्डारण की क्षमता होती है। कम्प्यूटर के बाह्य (external) तथा आन्तरिक (internal) संग्रहण माध्यमों (हार्ड डिस्क, सीडी रोम आदि) में डेटा और सूचनाओं का संग्रहण किया जा सकता है, जिसे हम प्राय: प्रयोग कर सकते हैं।

(iv) **सक्षमता** Diligence

एक मशीन होने के कारण कम्प्यूटर पर बाहरी वातावरण का कोई प्रभाव नहीं पड़ता है। वह किसी भी कार्य को बिना रुके लाखों-करोड़ों बार कर सकता है। यह अपने कार्य में सक्षम भूमिका निभाता है, यही कारण है कि कम्प्यूटर की उपरोक्त सभी विशेषताएँ उसे एक काबिल मशीन बनाती हैं।

(v) **बहु उपयोगी** Versatile

कम्प्यूटर एक बहु उपयोगी मशीन है, इसका उपयोग भिन्न-भिन्न क्षेत्रों में विभिन्न कार्यों को सम्पादित करने में किया जाता है। इसका उपयोग शिक्षा, चिकित्सा, औद्योगिक, वैज्ञानिक, खगोलशास्त्र, शोध, खेलकूद, ज्योतिष, साहित्य एवं प्रकाशन आदि क्षेत्रों में किया जाता है।

(vi) **विश्वसनीयता** Reliability

कम्प्यूटर की याद रखने की शक्ति एवं शुद्धता बहुत उच्च कोटि की होती है इसलिए इसमें या इससे जुड़ी सारी क्रियाएँ विश्वसनीय होती हैं। यह वर्षों तक कार्य करने के बाद भी थकता नहीं है तथा कई वर्षों के बाद भी यह अपनी मैमोरी में से डेटा को बिना किसी परेशानी के प्रदान कर सकता है।

17.2 कम्प्यूटर की पीढ़ियाँ Generations of Computer

दूसरे विश्व युद्ध के बाद कम्प्यूटरों का विकास बहुत तेजी से हुआ और उनके आकार-प्रकार मे भी बहुत परिवर्तन हुए। आधुनिक कम्प्यूटरों के विकास के इतिहास को तकनीकी विकास के अनुसार कई भागों में बाँटा जाता है; जिन्हे कम्प्यूटरों की पीढ़ियाँ कहा जाता है।

पीढ़ी	वर्ष	स्विचिंग डिवाइस	स्टोरेज डिवाइस	गति	ऑपरेटिंग सिस्टम	भाषा	विशेषताएँ	उपयोग
प्रथम	1940-56	वैक्यूम ट्यूब	मैग्नेटिक ड्रम	333 माइक्रो सेकण्ड	बैच ऑपरेटिंग सिस्टम	मशीनी भाषा (बाइनरी नम्बर 0's और 1's)	• सीमित मुख्य भण्डारण क्षमता • मन्द गति से इनपुट-आउटपुट	• मुख्यतया वैज्ञानिक बाद में सामान्य व्यापार सिस्टम • जैसे–ENIAC, UNIVAC, MARK-1, आदि।
द्वितीय	1956-63	ट्रांजिस्टर	मैग्नेटिक कोर टैक्नोलॉजी	10 माइक्रो सेकण्ड	मल्टी बैग, रिमैनिंग, टाइम शेयरिंग	एसेम्बली भाषा, उच्च स्तरीय	• ट्रांजिस्टर का उपयोग आरम्भ • आकार और ताप में कमी • तीव्र और विश्वसनीय	• व्यापक व्यावसायिक प्रयोग • इंजीनियरिंग डिजाइन • इनवेन्टरी फाइल का अपडेशन।
तृतीय	1964-71	इण्टिग्रेटेड सर्किट (IC)	मैग्नेटिक कोर	100 नैनो सेकण्ड्स	वास्तविक समय / टाइम शेयरिंग	फोरट्रॉन, कोबोल आदि	• चुम्बकीय कोर और सॉलिड स्टेट मुख्य भण्डारण के रूप में उपयोग • रिमोट प्रोसेसिंग • इनपुट-आउटपुट को नियन्त्रित करने के लिए सॉफ्टवेयर उपलब्ध	• डेटाबेस मैनेजमेन्ट सिस्टम, ऑनलाइन सिस्टम, रिजर्वेशन सिस्टम आदि। • जैसे–IBM System/360, NCR 395, B6500
चतुर्थ	1971-वर्तमान	बड़े पैमाने पर इंटिग्रेटेड सर्किट/ माइक्रो-प्रोसेसर्स	सेमीकंडक्टर मैमोरी, विंचेस्टर डिस्क	300 नैनो सेकण्ड	टाइम शेयरिंग नेटवर्क्स	फोरट्रान 77, पास्कल, एडीए, कोबोल-74	• मिनी कम्प्यूटर के उपयोग में वृद्धि • भिन्न-भिन्न हार्डवेयर निर्माता के यन्त्रों के बीच एक अनुकूलता ताकि उपभोक्ता किसी एक विक्रेता से बँधा न रहे।	• इलेक्ट्रॉनिक फण्ड ट्रांसफर, व्यावसायिक उत्पादन और व्यक्तिगत उपयोग। • जैसे–IBM, PC-XT, एप्पल II, इनटेल 4004 चिप।
पंचम	वर्तमान-आगे तक	सबसे बड़े पैमाने पर इण्टिग्रेटेड सर्किट	ऑप्टिकल डिस्क	–	नॉलेज इन्फॉर्मेशन प्रोसेसिंग सिस्टम		• आर्टिफिशियल इण्टेलिजेंस	• इंफोर्मेशन मैनेजमेण्ट नैचुरल लैंग्वेज, प्रोसेसेसिंग स्पीच कैरेक्टर, इमेज रिकॉगनिशन

17.3 भारत में कम्प्यूटर Computer in India

भारत में कम्प्यूटरों का उपयोग बहुत देरी से प्रारम्भ हुआ है। कहते हैं कि भारत में पहला कम्प्यूटर वर्ष 1955 में कोलकाता में लगाया गया था, जिसका नाम था-HEC-2M। भारत में वर्ष 1980 तक गिने-चुने ही कम्प्यूटर थे और उनमें भी प्राय: सभी दूसरी पीढ़ी के कम्प्यूटर थे। वर्ष 1980 के बाद के दशक में भारत में कम्प्यूटरों का उपयोग अचानक बढ़ा। इसके दो कारण थे, पहला कि नई पीढ़ी के कम्प्यूटरों के साथ इनपुट-आउटपुट और भण्डारण की सुविधाओं का विकास हुआ, जिससे कम्प्यूटर का उपयोग करना आसान हो गया और दूसरा, कम्प्यूटर की कीमत कम और रख-रखाव सरल हो जाने के कारण बड़े-बड़े शैक्षिक संस्थानों और व्यापारिक संगठनों द्वारा कम्प्यूटर लगाना सम्भव हो गया। इसके साथ ही कम्प्यूटरों में विद्यार्थियों की रुचि में वृद्धि हुई और इससे सम्बन्धित शिक्षा की माँग होने लगी।

फिर भी वर्ष 1995 तक कम्प्यूटर केवल बड़े व्यापारिक और सरकारी संस्थानों तक ही सीमित रहे। भारत में वास्तविक कम्प्यूटर क्रान्ति वर्ष 1995 के बाद ही आई, जब पर्सनल कम्प्यूटर सर्व-सुलभ हो गए और उनका मूल्य भी छोटे विद्यालयों तथा व्यापारियों की पहुँच में आ गया। इसके साथ ही कम्प्यूटरों की संख्या और उपयोग दिन दूना रात चौगुना बढ़ने लगा। लगभग सभी विद्यालयों में अनिवार्य रूप से कम्प्यूटरों की शिक्षा दी जाने लगी। आज तो स्थिति यह है कि घर-घर में कम्प्यूटर उसी तरह पाए जाते हैं, जिस तरह टेलीविज़न या बाइक पाए जाते हैं।

भारतीय भाषाओं में कम्प्यूटरों के उपयोग को बढ़ावा देने के लिए भारत सरकार ने सी-डैक (C-DAC : centre for development of advanced computing) की पुणे में स्थापना की, जिसने जिस्ट (GIST) तकनीक का विकास करके भारतीय भाषाओं में कम्प्यूटर पर कार्य करना सरल बनाया। इस संस्थान ने सुपर कम्प्यूटरों का भी निर्माण किया है। इसके द्वारा विकसित किया गया परम 10000 नामक सुपर कम्प्यूटर बहुत शक्तिशाली है। यह पूरी तरह स्वदेशी तकनीक पर निर्भर है।

17.4 कम्प्यूटरों का वर्गीकरण Classification of Computers

कम्प्यूटर का उपयोग विभिन्न क्षेत्रों में विभिन्न प्रकार के कार्यों को पूर्ण करने के लिए किया जाता है। सभी कम्प्यूटरों का मूल डिज़ाइन समान होने के बाद भी अपने उद्देश्य एवं क्षमता के अनुसार कम्प्यूटर अनेक प्रकार के होते हैं। अत: कम्प्यूटरों को इनके डिज़ाइन, आकार व क्षमता तथा उद्देश्य के आधार पर वर्गीकृत करना ही सुगम होगा। हम मुख्यत: तीन आधारों पर कम्प्यूटरों का वर्गीकरण (classification) करते हैं

1. अनुप्रयोगों के आधार पर On the Basis of Applications

अनुप्रयोगों के आधार पर कम्प्यूटर तीन प्रकार के होते हैं, इनका संक्षिप्त परिचय निम्नवत् है

(i) एनालॉग कम्प्यूटर Analog Computer

ये ऐसे कम्प्यूटर होते हैं, जो इनपुट के रूप में डेटा या आँकड़ों के स्थान पर कोई गुणवाचक सूचना (qualitative information) लेते हैं और आउटपुट भी गुणवाचक ही प्रदान करते हैं। इसे समझने के लिए अपने घर के फ्रिज या टीवी के साथ लगे स्टेबलाइज़र पर ध्यान दीजिए। इसमें लगा हुआ मीटर या संकेतक हमें यह बताता है कि इनपुट के रूप में वोल्टेज कितना है और आउटपुट कितना आ रहा है।

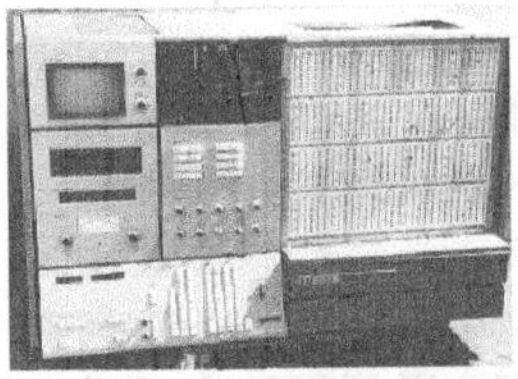

चित्र एनालॉग कम्प्यूटर

वोल्टेज का उतार-चढ़ाव उसकी सुई (या संकेतक) के घूमने से पता चलता है, जिसे ठीक-ठीक संख्याओं में बदला जा सकता है। एनालॉग कम्प्यूटर भी इनपुट (input) के रूप में ऐसी ही चीजें ग्रहण करता है, जिन्हें लगातार नापा जा सके; जैसे— तापमान (temperature), दबाव (pressure), आयतन (volume), वोल्टेज (voltage), प्रतिरोध (resistance), गति (speed), त्वरण (acceleration), वज़न (weight) आदि। दूसरे शब्दों में, एनालॉग कम्प्यूटर में इनपुट लगातार सी पी यू में जाता रहता है, जहाँ उसके ऊपर क्रियाएँ की जाती हैं और आउटपुट (output) भी लगातार आता रहता है। ऐसे कम्प्यूटर का उपयोग मुख्यत: शोध और उत्पादन के क्षेत्रों में होता है, अत: ये कम संख्या में पाए जाते हैं।

उदाहरण— स्पीडोमीटर, भूकम्प सूचक यन्त्र आदि।

(ii) डिजिटल कम्प्यूटर Digital Computer

अंकों की गणना करने के लिए डिजिटल कम्प्यूटर का उपयोग किया जाता है। ये इनपुट के रूप में संख्याएँ या आँकड़े लेते हैं, जहाँ उन पर अंकगणितीय क्रियाएँ की जाती हैं तथा आउटपुट के रूप में ये हमें आँकड़े ही प्रदान करते हैं। कहने का तात्पर्य यह है कि इनके लिए प्रत्येक सूचना को अंकों में बदला जा सकता है, इस कारण इनकी शुद्धता भी अधिक होती है। इन कम्प्यूटरों का प्रयोग वैज्ञानिक तथा व्यापारिक सभी तरह के

कार्यों में किया जाता है। इनकी उपयोगिता भी बहुत होती है, क्योंकि एक ही कम्प्यूटर पर सभी तरह के कार्य किए जा सकते हैं, इसलिए आजकल अधिकतर स्थानों पर डिजिटल कम्प्यूटर ही पाए जाते हैं।

चित्र डिजिटल कम्प्यूटर

उदाहरण— डेस्कटॉप कम्प्यूटर, लैपटॉप आदि।

(iii) हाइब्रिड कम्प्यूटर Hybrid Computer

ये कम्प्यूटर एनालॉग तथा डिजिटल दोनों प्रकार के कम्प्यूटरों के मिले-जुले रूप में होते हैं। इनमें इनपुट के रूप में प्राप्त होने वाली कोई भी सूचना लगातार आँकड़ों में बदलकर दिखाई जाती है तथा आउटपुट एनालॉग के साथ-साथ अंकीय (numerical) भी होता है। ऐसे कम्प्यूटरों का उपयोग कारखानों, मशीनों आदि में बड़ी संख्या में किया जाता है, लेकिन उपयोगिता में ये डिजिटल कम्प्यूटरों का मुकाबला नहीं कर सकते।

उदाहरण— ECG और DIALYSIS मशीन।

2. आकार और क्षमता के आधार पर On the Basis of Size and Capacity

आकार तथा क्षमता के आधार पर कम्प्यूटर को मुख्यतः चार वर्गों में बाँटा जाता है, इन वर्गों के कम्प्यूटरों का संक्षिप्त विवरण निम्नवत् है

(i) माइक्रो कम्प्यूटर Micro Computer

ये आकार में बहुत छोटे होते हैं और माइक्रोप्रोसेसर (microprocessor) के साथ इनपुट/आउटपुट (input/output) तथा भण्डारण उपकरण (storage devices) जोड़कर तैयार किए जाते हैं। माइक्रोप्रोसेसर वास्तव में एक सी पी यू होता है, जो एक छोटी-सी चिप पर समा जाता है। ये आकार में इतने छोटे होते हैं कि एक मेज पर भी रखे जा सकते हैं। इन पर एक बार में एक ही व्यक्ति काम कर सकता है। इनकी कीमत कुछ हजार रुपयों में होती है। इनकी मुख्य मैमोरी का आकार 16 मेगाबाइट से लेकर 256 मेगाबाइट या और अधिक भी हो सकता है।

माइक्रो कम्प्यूटर कई प्रकार के होते हैं

(a) **डेस्कटॉप कम्प्यूटर** (Desktop Computer) यह पर्सनल कम्प्यूटर का सबसे अधिक उपयोग होने वाला रूप (form) है। इस तथ्य के बावजूद कि PCs को छोटा करके आज लैपटॉप और पामटॉप का आकार दे दिया है, फिर भी अधिकांश घरों और व्यापारिक स्थानों पर आपको डेस्कटॉप ही मिलेंगे, क्योंकि ये सस्ते, टिकाऊ और ज्यादा चलने वाले होते हैं।

(b) **लैपटॉप** (Laptop) विगत् कुछ वर्षों में हुए तकनीकी विकास ने माइक्रो कम्प्यूटरों का आकार इतना सूक्ष्म कर दिया है कि उन्हें सरलतापूर्वक इधर-उधर ले जाया जा सकता है और साधारण व्यक्ति भी उनको खरीदकर, उपयोग में ला सकता है। ऐसे कम्प्यूटरों को लैपटॉप कहा जाता है। लैपटॉप को कभी-कभी **नोटबुक** (notebook) भी कहा जाता है।

(c) **पामटॉप** (Palmtop) यह लैपटॉप की तरह पोर्टेबल पर्सनल कम्प्यूटर है। यह लैपटॉप से भी हल्का और छोटा होता है। यह हैण्डहेल्ड ऑपरेटिंग प्रणाली का इस्तेमाल करता है।

(d) **टैबलेट पर्सनल कम्प्यूटर** (Tablet Personal Computer) टैबलेट और लैपटॉप एक तरह से समान हैं, परन्तु टैबलेट PC नोटबुक कम्प्यूटर से ज्यादा सुविधाजनक है। ये दोनों ही पोर्टेबल हैं, परन्तु प्रयुक्त सॉफ्टवेयर, स्क्रीन आदि की विभिन्नता से दोनों में अन्तर है। टैबलेट PC की स्क्रीन पर यूज़र बिना कीबोर्ड की सहायता से लिख सकते हैं, परन्तु नोटबुक पर नहीं।

(e) **पर्सनल डिजिटल असिस्टैन्ट** (Personal Digital Assistant) PDA या **डिजिटल डायरी** भी एक पोर्टेबल कम्प्यूटर ही है, लेकिन यह सभी कार्य नहीं कर सकता। मुख्यतः इसका उपयोग छोटे आँकड़ों और सूचनाओं; जैसे— फोन नम्बर, ई-मेल, पता आदि के भण्डारण में किया जाता है।

(f) **वर्कस्टेशन** (Workstation) यह अभियान्त्रिकी, तकनीकी और ग्राफिक्स के कार्यों के साथ-साथ कम्प्यूटर के एकल व्यक्ति के साथ पारस्परिक व्यवहार में भी प्रयोग होता है।

(ii) मिनी कम्प्यूटर Mini Computer

ये आकार में माइक्रो कम्प्यूटर से कुछ बड़े और क्षमता में बहुत अधिक होते हैं। इनकी मुख्य मैमोरी का आकार 64 मेगाबाइट से लेकर 512 मेगाबाइट या और अधिक भी हो सकता है। इन पर एक साथ कई लोग कार्य कर सकते हैं और एक साथ कितने भी प्रोग्राम चल सकते हैं। इन कम्प्यूटरों में आवश्यकतानुसार डिस्क ड्राइव, लाइन प्रिण्टर आदि अलग से जोड़े जा सकते हैं। इनका मूल्य साधारण तथा बड़ी कम्पनियों द्वारा वहन करने योग्य होता है। इनका उपयोग शोध, विद्यालयों और इंजीनियरिंग के कार्यों में किया जाता है।

उदाहरण— CDC 1700, SDS-92

(iii) **मेनफ्रेम कम्प्यूटर** Mainframe Computer

ये आकार में मिनी कम्प्यूटर से काफी बड़े और क्षमता में भी बहुत अधिक होते हैं। इनकी मुख्य मैमोरी का आकार 256 मेगाबाइट से लेकर 2 गीगाबाइट तक होता है। इन पर एक साथ सैकड़ों व्यक्ति कार्य कर सकते हैं। इन कम्प्यूटरों के लिए एयरकण्डीशनिंग अनिवार्य होती है, ताकि तापमान 20°C से 25°C तक बना रहे। इनमें ऑनलाइन डेटा स्टोरेज की विशेष सुविधा होती है। इन कम्प्यूटरों का मूल्य बहुत अधिक होता है। इन कम्प्यूटरों को सैटेलाइट के माध्यम से जोड़कर एक देशव्यापी या विश्वव्यापी नेटवर्क बनाया जा सकता है। इस प्रकार के कम्प्यूटरों का उपयोग एयरलाइनों में टिकटिंग, प्रसारण, विज्ञापन, विक्रय, केन्द्रीकृत वेतन-गणना प्रणाली, उत्पादन नियोजन एवं नियन्त्रण आदि महत्त्वपूर्ण कार्यों में किया जाता है।

उदाहरण— IBM ZSeries, System Z9

(iv) **सुपर कम्प्यूटर** Super Computer

ये कम्प्यूटर आकार में विराट और गति में मेनफ्रेम कम्प्यूटरों से भी सैकड़ों-हजारों गुना तेज होते हैं। इनमें समान्तर प्रोसेसिंग (parallel processing) की क्षमता होती है, जिसमें कोई गणना अलग-अलग चरणों में करने के स्थान पर इस प्रकार एक साथ की जाती है कि जल्दी पूर्ण हो जाए। ये ऐसे कार्यों में प्रयोग किए जाते हैं, जिनमें लम्बी और जटिल गणनाएँ करनी पड़ती हैं; जैसे— मौसम अनुमान, अन्तरिक्षयान, उपग्रह प्रक्षेपण, मिसाइल निर्माण, परमाणु विस्फोट आदि। इनकी कीमत भी कई करोड़ रुपयों में होती है।

सुपर कम्प्यूटर बनाने वाली प्रमुख कम्पनियों के नाम हैं— क्रे रिसर्च (CRAY research), आई टी ए सिस्टम्स (I.T.A. systems), हिताची (hitachi), एन ई सी (N.E.C.) आदि। इनके द्वारा बनाए गए कुछ प्रमुख सुपर कम्प्यूटर्स CRAY 1, CRAY 2, CRAY X-MP, CRAY 3, I.T.A. आदि हैं। भारत के प्रथम सुपर कम्प्यूटर का नाम 'परम' (PARAM) है। इसका विकास C-DAC ने किया है। इसका विकसित रूप 'परम-10000' भी तैयार कर लिया गया है।

3. उद्देश्य के आधार पर On the Basis of Purpose

प्रत्येक कम्प्यूटर की स्थापना का कोई विशेष उद्देश्य होता है। उद्देश्य के आधार पर कम्प्यूटर को निम्न दो वर्गों में बाँटा जाता है

(i) सामान्य उद्देशीय कम्प्यूटर General Purpose Computer

ये ऐसे कम्प्यूटर होते हैं, जिनमें प्राय: सभी प्रकार के कार्य करने की क्षमता होती है। दूसरे शब्दों में, ऐसे कम्प्यूटर पर प्राय: सभी प्रोग्राम चलाए जा सकते हैं और विभिन्न प्रकार के कार्य किए जा सकते हैं; जैसे— पत्र या दस्तावेज तैयार करना, गणनाएँ करना, छोटे-मोटे डेटाबेस तैयार करना, आदि। आजकल पाए जाने वाले अधिकांश कम्प्यूटर इसी प्रकार के होते हैं। ऐसे कम्प्यूटरों का मूल्य कम और सीमित क्षमता होती है।

(ii) विशेष उद्देशीय कम्प्यूटर Special Purpose Computer

ये ऐसे कम्प्यूटर होते हैं, जो किसी विशेष कार्य को पूर्ण करने के लिए तैयार किए जाते हैं और कार्य की आवश्यकतानुसार ही उसमें सी पी यू आदि आन्तरिक अवयव तथा बाहरी उपकरण जोड़े जाते हैं। कई बार इनमें एक से अधिक प्रोसेसर भी जोड़ दिए जाते हैं।

उदाहरण— मौसम का अनुमान लगाने के लिए प्रयोग किया जाने वाला कम्प्यूटर इस उद्देश्य से बनाया जाता है कि वह अधिक-से-अधिक गणनाएँ कम-से-कम समय में कर सके।

मल्टीमीडिया कम्प्यूटर भी विशेष उद्देशीय कम्प्यूटर होते हैं। इनका उपयोग संगीत तथा फिल्में तैयार करने या सम्पादित करने में किया जाता है। इनके अलावा जनगणना, उपग्रह प्रक्षेपण, शोध, इंजीनियरिंग, चिकित्सा, खनन, यातायात नियन्त्रण, मोबाइल सेवा आदि में विशेष उद्देशीय कम्प्यूटरों का उपयोग किया जाता है।

17.5 कम्प्यूटर के अनुप्रयोग Applications of Computer

आधुनिक युग में शायद ही कोई ऐसा क्षेत्र हो, जहाँ कम्प्यूटर का प्रयोग न होता हो। कुछ मुख्य क्षेत्रों में, कम्प्यूटर के अनुप्रयोग निम्नलिखित हैं

शिक्षा Education

इण्टरनेट के माध्यम से हम किसी भी विषय की जानकारी कुछ ही क्षणों में प्राप्त कर सकते हैं। मल्टीमीडिया के विकास और इण्टरनेट की सुलभता ने कम्प्यूटर को विद्यार्थियों के लिए अत्यन्त उपयोगी बना दिया है।

बैंक Bank

बैंकिंग क्षेत्र में तो कम्प्यूटर के अनुप्रयोग ने क्रान्ति ही ला दी है। आज बैंकों के अधिकांश समयसाध्य कार्य; जैसे—ऑनलाइन बैंकिंग, एटीएम द्वारा पैसे निकालना, चेक का भुगतान, रुपया गिनना इत्यादि; कम्प्यूटर के द्वारा सहज ही सम्भव हैं।

चित्र कम्प्यूटर के अनुप्रयोग

संचार Communication

कम्प्यूटर के प्रयोग ने संचार के क्षेत्र में इण्टरनेट के प्रयोग को सम्भव बनाया है। आधुनिक संचार व्यवस्था की तो कम्प्यूटर के अभाव में कल्पना भी नहीं की जा सकती। टेलीफोन और इण्टरनेट ने संचार क्रान्ति को जन्म दिया है। तन्तु प्रकाशिकी संचार (fiber optics communication) में भी कम्प्यूटर का प्रयोग किया जाता है।

चिकित्सा Medicine

चिकित्सा के क्षेत्र में कम्प्यूटर का अनुप्रयोग विभिन्न शारीरिक रोगों का पता लगाने के लिए किया जाता है। रोगों का विश्लेषण तथा निदान भी कम्प्यूटर द्वारा सम्भव है। आधुनिक युग में एक्स-रे, सीटी-स्कैन, अल्ट्रासाउण्ड इत्यादि विभिन्न जाँचों में कम्प्यूटर का प्रयोग विस्तृत रूप से हो रहा है।

वायुयान तथा रेलवे आरक्षण Air-lines and Railway Reservation

एक स्थान-से-दूसरे स्थान पर वायुयान तथा रेल द्वारा जाने के लिए आरक्षण कम्प्यूटर द्वारा ही किए जाते हैं तथा कम्प्यूटर द्वारा ही हम घर बैठे निर्धारित समय की भी जानकारी प्राप्त कर सकते हैं।

मनोरंजन Recreation

मनोरंजन के क्षेत्र में कम्प्यूटर का उपयोग प्राय: सिनेमा, टेलीविजन कार्यक्रमों, वीडियो गेम इत्यादि रूपों में किया जाता है। मल्टीमीडिया के प्रयोग ने तो कम्प्यूटर को बहुआयामी बना दिया है।

प्रशासन Administration

हर एक संस्थान में अपना एक आन्तरिक प्रशासन होता है और अधिकतर प्रशासनिक कार्य कम्प्यूटर्स के द्वारा ही किए जाते हैं।

सुरक्षा Security

सुरक्षा के दृष्टिकोण से सभी क्रियाविधि तथा इसके अतिरिक्त एयरक्राफ्ट को ट्रैक करने, हवाई हमले आदि में कम्प्यूटर का इस्तेमाल किया जाता है।

वाणिज्य Commerce

दुकान, बैंक, बीमा, क्रेडिट कम्पनी आदि में कम्प्यूटर का अधिकतम उपयोग करते हैं। कम्प्यूटर के बिना काम करना वित्तीय (financial) दुनिया के लिए असम्भव हो गया है।

विज्ञान और इन्जीनियरिंग Science and Engineering

कम्प्यूटर का उपयोग कठिन गणितीय और वैज्ञानिक गणनाओं को करने में किया जाता है। इसके अतिरिक्त, कम्प्यूटर कई तरह के रिकॉर्ड का संग्रहण करने, अकाउण्ट्स तथा पुस्तकालय में किताबों या पत्रिकाओं को सहेजने में भी सहायता करता है।

उद्योग Industry

बहुत सारे औद्योगिक संस्थान; जैसे— स्टील, कैमिकल, तेल कम्पनी आदि कम्प्यूटर पर निर्भर हैं। संयन्त्र प्रक्रियाओं के वास्तविक नियन्त्रण के लिए भी कम्प्यूटर का उपयोग करते हैं।

17.6 बेसिक हैण्ड टूल्स Basic Hand Tools

कम्प्यूटर को बनाने (assemble) के लिये या उसके रख-रखाव (maintenance) सम्बन्धी कुछ औजारों (tools) की आवश्यकता होती है, जिन्हें बेसिक हैण्ड टूल्स कहते हैं। इसके अन्तर्गत वे औजार आते हैं जिन्हें हार्डवेयर इंजीनियर अपने टूल किट में अपने साथ रखते हैं।

स्क्रू ड्राइवर सेट Screw Driver Set

ये अनेक प्रकार के होते हैं; जैसे—फ्लैट टिप, क्रॉस टिप, यू टिप आदि। इनका आकार इनके शैंक या ब्लेड की लम्बाई के आधार पर व्यक्त किया जाता है। इसके द्वारा कम्प्यूटर के कैबिनेट में लगे स्क्रू को खोल सकते हैं और इसे कस भी सकते हैं।

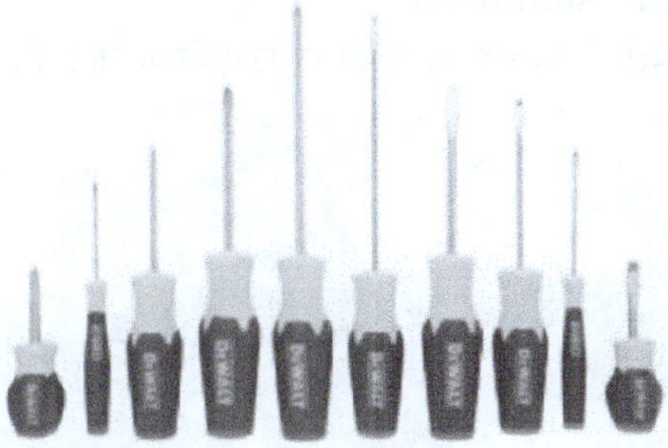

चित्र स्क्रू ड्राइवर सेट

चिमटी Tongs

इलेक्ट्रॉनिक मैकेनिक के लिए यह अति आवश्यक औजार है, जिसका उपयोग छोटे अवयवों, पतले तारों एवं लड़ियों को पकड़ने के लिए किया जाता है।

प्लास Plier

प्लास मूलत: टाँगों (legs) का जोड़ा होता है, जोकि एक पिवेट से जुड़ा रहता है। इसकी प्रत्येक लैग में एक लम्बा हैण्डिल एवं एक छोटा जबड़ा होता है। इसका प्रयोग छोटे भागों तथा अवयवों को पकड़ने, जकड़ने, खींचने व घुमाने के लिए किया जाता है।

रेती File

यह एक कटिंग टूल है और प्राय: सभी प्रकार के कारीगर इसका प्रयोग करते हैं। इसका उपयोग किसी जॉब को उपयुक्त आकार तथा फिनिशिंग करने के लिए किया जाता है।

वायर कटर Wire Cutter

इसका प्रयोग करके खराब केबलों के अनावश्यक भाग को काटकर निकाला जाता है और केबल को दोबारा प्रयोग के लायक बनाया जाता है। तार काटते समय इस बात की जाँच अवश्य कर लेना कि उसमें किसी प्रकार का विद्युत प्रवाह तो नहीं है, ताकि दुर्घटना से बचा जा सके।

ESD **प्रोटेक्शन किट** ESD Protection Kit

इसके द्वारा इलेक्ट्रॉनिक मैकेनिक कम्प्यूटर अवयवों में उपस्थित इलेक्ट्रोस्टैटिक चार्ज को डिस्चार्ज करता है। यह कलाई में बाँधने वाला एक प्रकार का बैंड होता है।

चित्र ESD प्रोटेक्शन किट

सोल्डर Solder

यह एक मिश्र धातु होती है और इसका गलनांक उन धातुओं के गलनांक से कम होता है जिन्हें सोल्डरिंग द्वारा जोड़ा जाता है।

बस Bus

कम्प्यूटर के विभिन्न हार्डवेयर भागों को मदरबोर्ड से संयोजित करने के लिए समानान्तर तारों के समूह या केबल का प्रयोग किया जाता है, जिसे कम्प्यूटर की भाषा में 'बस' (bus) कहा जाता है।

डिजिटल मल्टीमीटर Digital Multimeter

डिजिटल मल्टीमीटर का उपयोग केबिलों में धारा प्रवाह मापन के लिए किया जाता है। इसे निम्न चित्र में प्रदर्शित किया गया है

चित्र डिजिटल मल्टीमीटर

नेटवर्किंग तथा अन्य उपकरणों से सम्बन्धित टूल्स
Tools Related to Networking and other Equipments

इण्टरनेट सेवा प्रदान करने के लिए संसार में अनेक संस्थाएँ स्थापित हो गई हैं जो अपने भूतल संचार लाइन नेटवर्क अथवा वायरलैस नेटवर्क के माध्यम से किसी व्यक्ति के निजी कम्प्यूटर को विशाल नेटवर्क में कार्यरत हजारों-लाखों कम्प्यूटर्स से संयोजित कर उसके द्वारा सूचनाएँ प्राप्त करा सकता है। इसके लिए कुछ महत्त्वपूर्ण टूल्स का विवरण नीचे दिया गया है

IEEE-1284 केबल IEEE-1284 Cable

कम्प्यूटर के साथ अतिरिक्त पैरेलल प्रिण्टर्स को लगाने के लिए इस केबल का होना आवश्यक है। इस कार्य के लिए 10 फुट तक की लम्बाई वाला केबल बेहतर माना जाता है।

RJ-45 नेटवर्क केबल (CAT 5) RJ-45 Network Cable (CAT 5)

UTP कनेक्टर में जो केबल प्रयोग होते हैं, वे रजिस्टर जैक (RJ-45) कनेक्टर कहलाते हैं। UTP केबल छोटे व्यास के होते हैं तथा इनको भू-संपर्कित करने की आवश्यकता नहीं होती है।

चित्र RJ-45 नेटवर्क केबल

क्रॉसओवर RJ-45 नेटवर्क केबल (CAT 5) Crossover RJ-45 Network Cable (CAT 5)

UTP केबलिंग विभिन्न प्रकार की श्रेणियाँ रखती हैं। वर्तमान समय में सबसे ज्यादा प्रयोग होने वाली प्रचलित श्रेणियाँ CAT 5, 5e इत्यादि हैं। इस केबल का प्रयोग ब्रॉडबैण्ड मोडेम और कम्प्यूटर तथा रूटर के साथ किया जाता है। इस केबल की सहायता से दो कम्प्यूटरों के मध्य सीधे-सीधे कनेक्शन किये जाते हैं। इसमें किसी हब की जरूरत नहीं होती है।

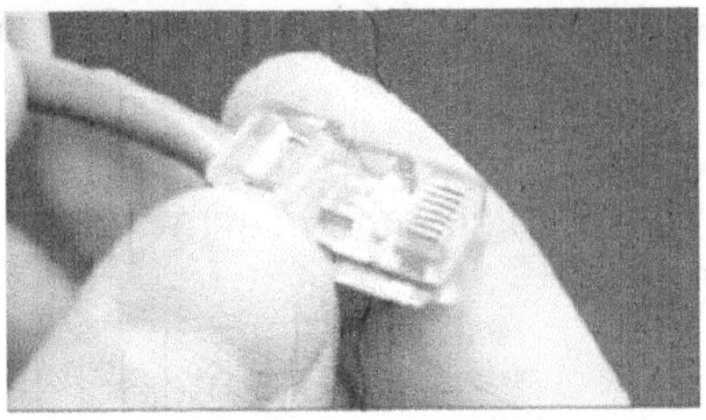

चित्र क्रॉसओवर RJ-45 नेटवर्क केबल

डेटा ट्रांसफर केबल्स Data Transfer Cables

कम्प्यूटर पर कार्य करते समय किसी विशेष परिस्थिति में कम्प्यूटरों के बीच आपस में डेटा का आदान-प्रदान करना पड़ता है। इसके लिए निम्न प्रकार के केबल आवश्यक हो जाते हैं।

पैरेलल डेटा केबल Parallel Data Cable

दो कम्प्यूटरों को सीधे-सीधे जोड़ने के लिए आपके पास लैपलिंक और इण्टरलिंक टाइप की यह केबल होनी चाहिए, जिससे दो कम्प्यूटरों के बीच डेटा ट्रांसफर का कार्य बिना किसी नेटवर्क के किया जा सके। डेटा ट्रांसफर करते समय हमेशा पैरेलल पोर्ट और केबल का प्रयोग करें। इससे कार्य तेजी से सम्पन्न होता है।

सीरियल केबल Serial Cable

इस केबल का प्रयोग डेटा ट्रांसफर में किया जाता है। यह लैपलिंक या इण्टरलिंक टाइप की एक विशेष प्रकार की केबल है।

USB डेटा ट्रांसफर केबल USB Data Transfer Cable

इसका प्रयोग विण्डोज़ XP के अन्तर्गत USB सपोर्ट के सन्दर्भ में होता है। इसकी गति सीरियल और पैरेलल दोनों केबलों से तेज होती है।

क्लीनिंग एण्ड मैण्टीनेन्स टूल्स
Cleaning and Maintenance Tools

किसी कम्प्यूटर के सामान्य रख-रखाव के लिए एक उपयोगकर्ता के पास निम्न टूल्स का होना अति आवश्यक है

डिस्क ड्राइव क्लीनिंग किट
Disc Driver Cleaning Kit

कम्प्यूटर या लैपटॉप के डिस्क ड्राइव के हैड से गन्दगी को साफ करने के लिए क्लीनर का प्रयोग किया जाता है। यह क्लीनर विभिन्न ब्राण्डों में बाजार में उपस्थित होता है। सुपर डिस्क के लिए विशेष रूप से सुपर डिस्क क्लीनिंग किट आती है, जिससे हम ड्राइव के हैड की गन्दगी साफ कर सकते हैं।

टेप ड्राइव क्लीनिंग किट
Tape Drive Cleaning Kit

यदि किसी कम्प्यूटर में टेप ड्राइव है, तो इसके हैड की गन्दगी साफ करने के लिए टेप ड्राइव क्लीनिंग किट का प्रयोग किया जाता है, इसके लिए निर्माता द्वारा निर्धारित किट का ही इस्तेमाल करना चाहिए।

17.7 कम्प्यूटर कैबिनेट्स
Computer Cabinets

साधारण कम्प्यूटर सहायक सामग्री में वे युक्तियाँ आती हैं, जो कम्प्यूटर के चलाने के लिए अति आवश्यक होती हैं; जैसे—माउस, कीबोर्ड, मॉनीटर आदि। इनके अतिरिक्त कुछ और एसेसरीज भी होते हैं, जिनको असेम्बल किया जाता है। इन एसेसरीज को असेम्बल करने में विभिन्न प्रकार के कैबिनेटों का प्रयोग किया जाता है। इन कैबिनेटों का सम्बन्ध कम्प्यूटर के मदरबोर्ड के आकार और प्रकार से होता है। इसे फॉर्म फैक्टर के नाम से जानते हैं। मदरबोर्ड के आकार के अनुरूप ही कैबिनेट का चुनाव किया जाता है। यह निम्न प्रकार का होता है

फुल टॉवर Full Tower

यह वर्टिकल कैबिनेट के सदृश होती है। इसकी ऊँचाई 30 इंच या 76 सेमी से ज्यादा हो सकती है। इसमें सीडी या डीवीडी ड्राइवों को लगाने के लिये बे (bay) की संख्या 6 से 10 तक होती है।

चित्र कम्प्यूटर कैबिनेट्स

मिड टॉवर Mid Tower

यह भी देखने में वर्टिकल कैबिनेट की तरह ही होती है, परन्तु इसकी ऊँचाई 24 इंच या 60 सेमी से ज्यादा हो सकती है। इसमें सीडी या डीवीडी ड्राइवों को लगाने के लिये बे (bay) की संख्या 4 से 6 तक होती है।

मिनी टॉवर Mini Tower

यह भी वर्टिकल कैबिनेट ही होती है, परन्तु इसकी ऊँचाई 12-18 इंच या 45-60 सेमी से ज्यादा हो सकती है।

इसमें सीडी या डीवीडी ड्राइवों को लगाने के लिये बे (bay) की संख्या 2 से 3 तक होती है। इसमें सभी कनेक्टर; जैसे— कीबोर्ड, मॉनीटर, माउस और लैन इत्यादि बैक साइड में होते हैं।

स्लिम लाइन केस Slim Line Case

यह एक प्रकार का टावर केस होता है जिसकी ऊँचाई एक फुट तक होती है तथा मोटाई छः इंच तक होती है।

इनमें ज्यादातर कनेक्टर फ्रण्ट साइड में होते हैं। इसके अलावा इन्हें लिटाकर इनके ऊपर भी मॉनीटर को रख सकते हैं।

स्मॉल फॉर्म फैक्टर केस Small Form Factor Case

यह देखने में हॉरिजोण्टल स्लिम कैबिनेट होती है, जिसकी अधिकतम मोटाई चार इंच तक होती है। इसमें मॉनीटर को इसके ऊपर रखा जाता है।

17.8 मदरबोर्ड फॉर्म फैक्टर Motherboard Form Factor

मदरबोर्ड के आकार का सीधा सम्बन्ध इसके कैबिनेट से होता है और इसी आकार के अनुरूप ही कैबिनेट का चयन किया जाता है। तकनीकी रूप से इसे फॉर्म फैक्टर कहते हैं। यह विभिन्न आकारों में पाया जाता है। कुछ महत्त्वपूर्ण मदरबोर्ड फॉर्म फैक्टर निम्न प्रकार के होते हैं

ए टी एक्स फॉर्म फैक्टर ATX Form Factor

यह एक ऐसा फॉर्म फैक्टर है जिसमें मदरबोर्ड 30 सेमी × 24 सेमी तक होता है। इसे निम्न चित्र में दर्शाया गया है

चित्र ए टी एक्स फॉर्म फैक्टर

माइक्रो ए टी एक्स फॉर्म फैक्टर Micro ATX Form Factor

सामान्यतया मिनी ए टी एक्स मदरबोर्ड से माइक्रो ए टी एक्स फॉर्म फैक्टर आधारित मदरबोर्ड का आकार छोटा होता है। इसके स्लॉट की संख्या मिनी ए टी एक्स के समान होती है।

माउण्टिंग होल्स (कैबिनेट में कसने के लिये बने छिद्र) की पोजीशन सामान्य ए टी एक्स और मिनी ए टी एक्स की तरह ही होती है, इसलिये इसे सामान्य ए टी एक्स कैबिनेट और मिनी ए टी एक्स में भी लगाया जा सकता है।

चित्र माइक्रो ए टी एक्स फॉर्म फैक्टर

मिनी आई टी एक्स फॉर्म फैक्टर Mini ITX Form Factor

यह एक ऐसा फॉर्म फैक्टर है जिस पर आधारित मदरबोर्ड का आकार 27 × 17 सेमी होता है। इसका आकार फ्लैक्स फॉर्म फैक्टर से भी छोटा होता है। इसका प्रयोग विशेष उद्देश्य के लिये प्रयोग किये जाने वाले कम्प्यूटरों में किया जाता है। विशेष रूप से बड़े-बड़े स्टोर्स में प्रयोग होने वाले बिलिंग टर्मिनल में इसका इस्तेमाल होता है। इसके किसी भी तरह के कार्ड को प्रयोग करने के लिये केवल एक स्लॉट होता है, लेकिन इसके होल्स की पोजीशन सामान्य ए टी एक्स से मैच होती है, इसलिये इसे किसी भी फुल साइज की टॉवर कैबिनेट में भी लगाया जा सकता है।

मोबाइल आई टी एक्स फॉर्म फैक्टर Mobile ITX Form Factor

यह एक ऐसा फॉर्म फैक्टर है जिस पर आधारित मदरबोर्ड का आकार 6 × 6 सेमी होता है। इसका प्रयोग बहुत छोटे कम्प्यूटिंग उपकरणों में किया जाता है।

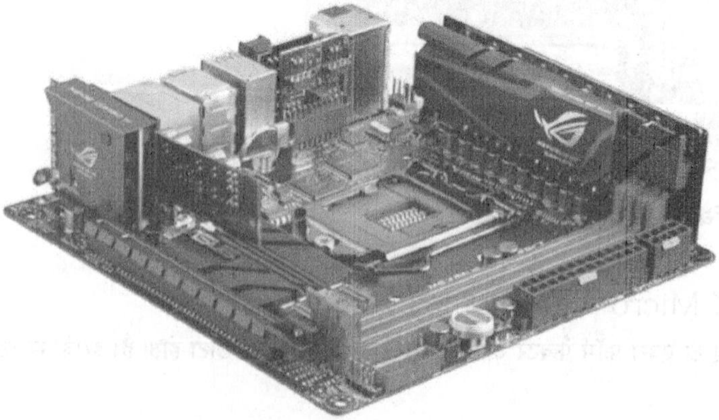

चित्र मिनी आई टी एक्स फॉर्म फैक्टर

चित्र मोबाइल आई टी एक्स फॉर्म फैक्टर

डी टी एक्स फॉर्म फैक्टर DTX Form Factor

डी टी एक्स फॉर्म फैक्टर एक महत्त्वपूर्ण फॉर्म फैक्टर है, जिसका निर्माण पर्सनल कम्प्यूटरों के लिए किया गया था। इसका आकार 20.3 × 24.4 सेमी होता है।

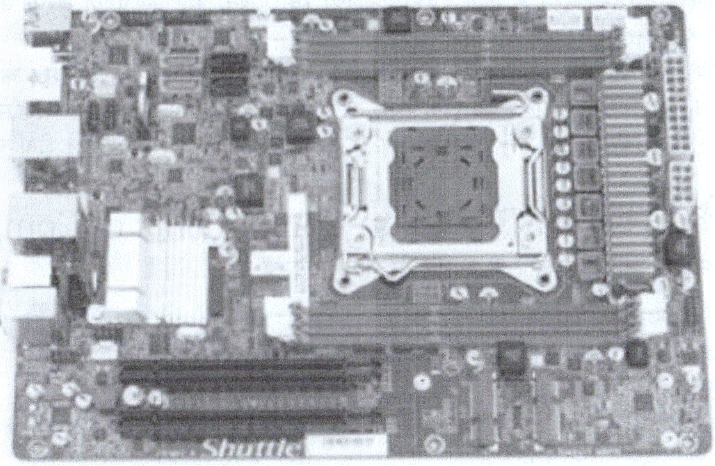

चित्र डी टी एक्स फॉर्म फैक्टर

SSI CEB फॉर्म फैक्टर SSI CEB Form Factor

इसे सर्वर सिस्टम इन्फ्रास्ट्रक्चर फोरम के द्वारा विकसित किया गया था। इसका प्रयोग उन कम्प्यूटरों में किया जाता है, जिनमें एक साथ दो-या-दो से अधिक प्रोसेसर प्रयोग किये जाते हैं, इसीलिये इसे सर्वर के साथ वर्कस्टेशनों में भी इस्तेमाल किया गया है। इसके स्पेसीफिकेशन को ए टी एक्स (ATX) से लिया गया है, इसलिये इसका रियर पैनल (पिछला पैनल) ए टी एक्स की तरह से ही होता है। इसका IO कनेक्टर एरिया और माउण्टिंग होल्स भी ए टी एक्स की तरह से ही होते हैं, लेकिन इसका आकार ए टी एक्स (ATX) से ज्यादा होता है। इसका आकार 30.5 × 26.7 सेमी होता है।

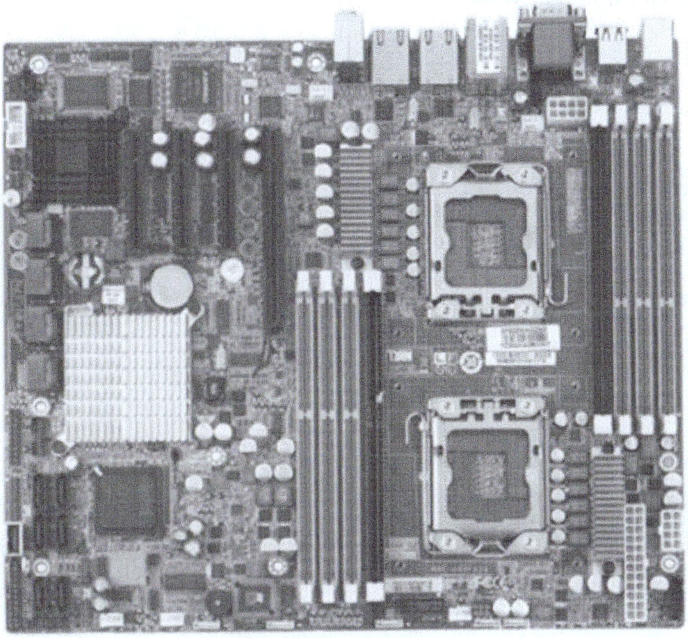

चित्र SSI CEB फॉर्म फैक्टर

17.9 PC कैबिनेट को खोलते और बन्द करते समय सावधानियाँ Precautions to be taken while Opening and Closing PC Cabinet

किसी कम्प्यूटर को खोलने या बन्द करते समय निम्न बातों का ध्यान अवश्य रखना चाहिए

1. कैबिनेट को खोलने या बन्द करने के लिये हमेशा फिलिप्स स्क्रू ड्राइवर सेट का प्रयोग करना चाहिए।
2. पेय पदार्थों को कम्प्यूटर से दूर रखना चाहिए।
3. कम्प्यूटर की विद्युत आपूर्ति को पूरी तरह से बन्द कर देना चाहिए और इसके पावर कनेक्टर को मेन प्लग से निकाल देना चाहिए।
4. यदि कम्प्यूटर के मदरबोर्ड को कैबिनेट में लगाना है, तो इसके साथ आये मैन्युअल को ध्यान से पढ़ना चाहिए।
5. यदि कम्प्यूटर में कोई जरूरी डेटा है, तो इसे खोलने से पहले इसका बैकअप अवश्य ले लेना चाहिए।

17.10 कम्प्यूटर के मुख्य अवयव Main Components of Computer

कम्प्यूटर के मुख्य अवयव उसकी विशेषता के आधार पर नीचे दिए गए हैं

1. **मदरबोर्ड** (Motherboard)

यह कम्प्यूटर का मुख्य बोर्ड या बेस बोर्ड तथा सिस्टम बोर्ड या लॉजिक बोर्ड भी कहलाता है। इस पर निम्नलिखित मुख्य भाग स्थापित किए जाते हैं

(i) माइक्रोप्रोसेसर
(ii) रैण्डम एक्सेस मैमोरी (RAM)
(iii) बेसिक इनपुट-आउटपुट सिस्टम (BIOS)
(iv) पावर सप्लाई
(v) साउण्ड कार्ड
(vi) वीडियो कार्ड
(vii) मॉडेम
(viii) नेटवर्किंग कार्ड
(ix) विभिन्न कनेक्टर्स
(x) विभिन्न बस तथा
(xi) शीतलक पंखे आदि।

2. **इनपुट युक्तियाँ** (Input Devices)

कीबोर्ड, माउस, ट्रैक-बॉल, जॉयस्टिक, गेम पैड, डिजिटल कैमरा, माइक्रोफोन आदि।

3. **आउटपुट युक्तियाँ** (Output Devices)

मॉनीटर, प्रिण्टर, लाउडस्पीकर, हैडफोन आदि।

अभ्यास प्रश्न

परीक्षा प्रारूपी प्रश्न

बहुविकल्पीय

1. कम्प्यूटर के किस भाग द्वारा आँकड़ों की प्रोसेसिंग की जाती है?
   (a) इनपुट इकाई (b) मैमोरी
   (c) सी पी यू (d) आउटपुट इकाई
2. निम्नलिखित में से कौन-सा सी पी यू का भाग नहीं है?
   (a) ए एल यू (b) मैमोरी
   (c) कण्ट्रोल इकाई (d) डिस्क ड्राइव
3. अभी तक कम्प्यूटरों की कुल कितनी पीढ़ियाँ अस्तित्व में आ चुकी हैं?
   (a) 3 (b) 4
   (c) 5 (d) 6
4. तीसरी पीढ़ी के कम्प्यूटर में निम्न में से किसका प्रयोग किया गया?
   (a) एकीकृत परिपथ (b) ट्रांज़िस्टर
   (c) सिलिकॉन चिप (d) वैक्यूम ट्यूब
5. आकार के अनुसार सबसे छोटा कम्प्यूटर कौन-सा होता है?
   (a) माइक्रो कम्प्यूटर (b) मिनी कम्प्यूटर
   (c) मेनफ्रेम कम्प्यूटर (d) सुपर कम्प्यूटर
6. इनमें से कौन-सा माइक्रो कम्प्यूटर नहीं है?
   (a) पर्सनल कम्प्यूटर (b) होम कम्प्यूटर
   (c) पेण्टियम (d) इनमें से कोई नहीं
7. निम्न में से किस कम्प्यूटर की गति सबसे तीव्र होती है?
   (a) माइक्रो कम्प्यूटर (b) मिनी कम्प्यूटर
   (c) मेनफ्रेम कम्प्यूटर (d) सुपर कम्प्यूटर
8. निम्न में से क्या कम्प्यूटर का/के गुण है/हैं?
   (a) गति (b) विश्वसनीयता
   (c) शुद्धता (d) ये सभी
9. माइक्रोचिप का प्रयोग ……… से शुरू हुआ।
   (a) दूसरी पीढ़ी (b) तीसरी पीढ़ी
   (c) चौथी पीढ़ी (d) पाँचवीं पीढ़ी
10. प्रोसेसर का प्रमुख कार्य क्या है?
    (a) डेटा स्टोरेज (b) डेटा प्रोसेसिंग
    (c) डेटा स्पीडिंग (d) डेटा राइटिंग
11. एनालॉग तथा डिजिटल कम्प्यूटर की विशेषताओं के संयुक्त रूप को कहते हैं
    (a) हाइब्रिड कम्प्यूटर
    (b) डिजिटल कम्प्यूटर
    (c) एनालॉग कम्प्यूटर
    (d) सुपर कम्प्यूटर
12. वे कम्प्यूटर जिनमें इनपुट तथा आउटपुट गुणवाचक सूचना के रूप में होते हैं, कहलाते हैं
    (a) डिजिटल कम्प्यूटर (b) हाइब्रिड कम्प्यूटर
    (c) एनालॉग कम्प्यूटर (d) ये सभी
13. मदरबोर्ड पर, चिप के लिए उपस्थित कनेक्शन प्वॉइण्ट्स को कहते हैं
    (a) स्लॉट्स (b) सॉकेट्स
    (c) पोर्ट्स (d) लाइन्स
14. किसी प्रोग्राम में सर्वाधिक यूज होने वाले इन्स्ट्रक्शन लिए जाते हैं
    (a) हार्डडिस्क से (b) कैश से
    (c) रैम से (d) रोम से
15. सिस्टम यूनिट के मेन सर्किट बोर्ड को कहते हैं
    (a) कम्प्यूटर प्रोग्राम (b) कण्ट्रोल यूनिट
    (c) मदरबोर्ड (d) रैम

विविध प्रारूपी प्रश्न

सत्य/असत्य

1. कम्प्यूटर केवल 0 एवं 1 पर ही कार्य करता है।
2. ट्रांज़िस्टर का कम्प्यूटरों में प्रयोग दूसरी पीढ़ी से प्रारम्भ हुआ।
3. VLSI तकनीक के प्रयोग से एक माइक्रोचिप पर हज़ारों-लाखों ट्रांज़िस्टर्स को लगा दिया जाता है।
4. आजकल कम्प्यूटर का प्रयोग रेलवे आरक्षण में भी किया जाता है।
5. हाइब्रिड कम्प्यूटर, एनालॉग तथा डिजिटल कम्प्यूटरों के मिले-जुले रूप होते हैं।

रिक्त स्थानों की पूर्ति

1. परिणाम को प्रस्तुत करने के लिए …… डिवाइस प्रयुक्त होती है।
2. सेन्ट्रल प्रोसेसिंग इकाई को कम्प्यूटर का ………… तथा हृदय माना जाता है।

3. लैपटॉप को कभी-कभी ………… भी कहा जाता है।

4. व्यक्तिगत उपयोग वाले कम्प्यूटर ………… कहलाते हैं।

5. ………… को स्थायी मैमोरी कहा जाता है।

अतिलघु उत्तरीय

1. मैमोरी किसे कहते हैं?
2. रैम (RAM) तथा रोम (ROM) के पूर्णरूप लिखिए।
3. कम्प्यूटर के कोई तीन उपयोग लिखिए।
4. एनालॉग कम्प्यूटर किसे कहते हैं?
5. दो सुपर कम्प्यूटरों के नाम बताइए।

लघु उत्तरीय

1. सुपर कम्प्यूटर पर टिप्पणी लिखिए।
2. शिक्षा के क्षेत्र में कम्प्यूटर का क्या उपयोग है?
3. कम्प्यूटर के कोई दो गुण तथा दो अवगुण बताइए।
4. निम्नलिखित का पूरा नाम लिखिए
   (i) BASIC (ii) ALU (iii) CPU (iv) ROM
5. इनपुट तथा आउटपुट यूनिट के प्रमुख कार्य कौन-से हैं?
6. ई-गवर्नेंस के क्षेत्र में कम्प्यूटर का क्या महत्त्व है? स्पष्ट करें।
7. कम्प्यूटर का वर्गीकरण किस आधार पर किया गया है?
8. सी पी यू की किस इकाई का कार्य कम्प्यूटर के सभी भागों पर नजर रखना होता है?
9. निम्नलिखित पर संक्षिप्त टिप्पणियाँ लिखिए
   (i) अर्थमैटिक एवं लॉजिक यूनिट (ALU)
   (ii) सेण्ट्रल प्रोसेसिंग यूनिट (CPU) 8755957691
10. निम्न में अन्तर स्पष्ट करें
    (i) रैम तथा रोम
    (ii) इनपुट यूनिट तथा आउटपुट यूनिट

दीर्घ उत्तरीय

1. कम्प्यूटर का परिचय लिखिए।
2. कम्प्यूटर की मूल संरचना क्या है?
3. कम्प्यूटर का ब्लॉक (block) आरेख खींचिए एवं प्रत्येक ब्लॉक के कार्य की व्याख्या कीजिए।
4. कम्प्यूटर के वर्गीकरण का विस्तारपूर्वक वर्णन कीजिए।
5. एनालॉग और डिजिटल कम्प्यूटर के बीच अन्तर स्पष्ट कीजिए।

उत्तरमाला

बहुविकल्पीय

1. (c) 2. (d) 3. (c) 4. (a) 5. (a) 6. (d) 7. (d) 8. (d) 9. (c) 10. (b)
11. (a) 12. (c) 13. (b) 14. (b) 15. (c)

सत्य/असत्य

1. सत्य 2. सत्य 3. सत्य 4. सत्य 5. सत्य

रिक्त स्थानों की पूर्ति

1. आउटपुट 2. मस्तिष्क 3. नोटबुक 4. पर्सनल कम्प्यूटर 5. रोम

❑❑❑

अध्याय 18 WEEK 18

इनपुट-आउटपुट युक्तियाँ
Input-output Devices

परिचय Introduction

कम्प्यूटर और मनुष्य के मध्य सम्पर्क (communication) स्थापित करने के लिए इनपुट-आउटपुट युक्तियों का प्रयोग किया जाता है। इनपुट युक्तियों का प्रयोग कम्प्यूटर को डेटा और निर्देश प्रदान करने के लिए किया जाता है। इनपुट डेटा को प्रोसेस करने के बाद, कम्प्यूटर आउटपुट युक्तियों के द्वारा प्रयोगकर्ता को आउटपुट प्रदान करना है। कम्प्यूटर मशीन से जुड़ी हुई सभी इनपुट-आउटपुट युक्तियों को पेरीफेरल युक्तियाँ भी कहते हैं।

18.1 इनपुट युक्तियाँ Input Devices

वे युक्तियाँ, जिनका प्रयोग उपयोगकर्ता (user) के द्वारा कम्प्यूटर को डेटा और निर्देश प्रदान करने के लिए किया जाता है, इनपुट युक्तियाँ कहलाती हैं। इनपुट युक्तियाँ उपयोगकर्ता से इनपुट लेने के बाद इसे मशीनी भाषा में परिवर्तित करती हैं और इस परिवर्तित इनपुट को सी.पी.यू. के पास भेज देती हैं। कुछ प्रमुख इनपुट युक्तियाँ निम्न प्रकार हैं

'की' बोर्ड Keyboard

यह सबसे प्रमुख इनपुट युक्ति है, जो टाइपराइटर के समान दिखाई देती है। इसमें टाइपराइटर की तरह ही बहुत-से बटन या कुँजियाँ (keys) होती हैं। इन कुँजियों को दबाकर कोई भी पाठ्य; जैसे—शब्द, संख्याएँ, चिह्न आदि टाइप किए जा सकते हैं। इसका प्रयोग कम्प्यूटर में डेटा एवं निर्देशों को कम्प्यूटर की मैमोरी तक पहुँचाने में किया जाता है। आजकल पेण्टियम प्रोसेसर वाले कम्प्यूटर के साथ जिस कीबोर्ड का प्रयोग किया जाता है, उसमें 105 से अधिक कुँजियाँ होती हैं।

चित्र 'की' बोर्ड

प्रमुख कुँजियों का संक्षिप्त परिचय इस प्रकार है

(i) **वर्णमाला कुँजियाँ** (Alphabet Keys) इन कुँजियों से अंग्रेजी वर्णमाला के अक्षर टाइप किए जाते हैं। किसी वर्णमाला कुँजी को अकेले दबाने पर छोटा अक्षर टाइप होता है। उसी को शिफ्ट (shift) के साथ दबाने पर कैपिटल अक्षर टाइप होता है। इनकी कुल संख्या 26 है।

(ii) **संख्या कुँजियाँ** (Number Keys) वर्णमाला कुँजियों से ऊपर की पंक्ति में संख्या कुँजियाँ (number keys) होती हैं। इन कुँजियों से 0 से 9 तक के अंक टाइप किए जाते हैं। संख्याएँ टाइप करने के लिए कीबोर्ड में संख्या कुँजियों का एक अलग सेट भी होता है, जिसे संख्यात्मक कीपैड (numeric keypad) कहा जाता है। कीबोर्ड में F1 से F12 तक की फंक्शन कुँजियाँ होती हैं।

(iii) **एस्केप कुँजी** (Escape Key) इस कुँजी का उपयोग कुछ प्रोग्रामों से बाहर निकलने के लिए किया जाता है।

(iv) **फंक्शन कुंजियाँ** (Function Keys) ये ऐसी कुंजियाँ हैं, जिनमें किसी चल रहे प्रोग्राम के अनुसार विभिन्न आदेश भरे होते हैं। किसी फंक्शन कुंजी को दबाने पर, उसमें भरा हुआ आदेश चालू हो जाता है। इनका उपयोग विभिन्न प्रोग्रामों के अनुसार अलग-अलग होता है।

(v) **कर्सर कण्ट्रोल कुंजियाँ** (Cursor Control Keys) इन कुंजियों पर तीर के चिह्न छपे होते हैं। इन कुंजियों से कर्सर को मॉनीटर की स्क्रीन पर कहीं भी ले जाया जा सकता है। किसी तीर की कुंजी को दबाने पर कर्सर उस पर छपे तीर की दिशा में एक स्थान सरक जाता है; जैसे ↓ कुंजी को दबाने पर कर्सर एक लाइन नीचे की ओर चला जाएगा और → कुंजी को दबाने पर कर्सर एक स्थान दाईं ओर चला जाएगा।

(vi) **संख्यात्मक कीपैड** (Numeric Keypad) यह कीबोर्ड के दाएँ भाग में कुंजियों का एक विशेष समूह होता है, जिससे केवल संख्यात्मक डेटा तैयार किया जाता है। इस कीपैड का स्वरूप एक साधारण इलेक्ट्रॉनिक कैलकुलेटर की तरह होता है। हम कम्प्यूटर में जो डेटा भरते हैं उसमें लगभग 90% डेटा संख्यात्मक होता है। संख्यात्मक डेटा तैयार करने की सुविधा के लिए यह कीपैड लगाया गया है। इस पर हम केवल एक हाथ से संख्यात्मक डेटा टाइप कर सकते हैं। इसको क्रियाशील करने के लिए Num Lock बटन ON होना चाहिए।

(vii) **कण्ट्रोल कुंजी** (Control Key) इस कुंजी का उपयोग कुछ विशिष्ट आदेश देने के लिए अन्य कुंजियों के साथ संयुक्त रूप से किया जाता है। उदाहरण के लिए, विण्डोज वातावरण में कण्ट्रोल के साथ C (Ctrl + C) दबाने पर कोई चुनी हुई वस्तु या सामग्री क्लिप बोर्ड में नकल (copy) हो जाती है। दूसरे शब्दों में, यह Copy आदेश का शॉर्टकट है। कण्ट्रोल कुंजी का उपयोग इसी प्रकार विभिन्न शॉर्टकट आदेश देने के लिए किया जाता है।

(viii) **ऑल्ट कुंजी** (Alt Key) इस कुंजी का उपयोग भी कण्ट्रोल कुंजी की तरह कुछ शॉर्टकट आदेशों में किया जाता है।

(ix) **एण्टर कुंजी** (Enter Key) इसे रिटर्न (return) कुंजी भी कहा जाता है। यह हमारे द्वारा तैयार किए गए किसी आदेश को कम्प्यूटर में भेजने का कार्य करती है। एम.एस.डॉस में एण्टर कुंजी दबाने पर कम्प्यूटर या आइकन को सक्रिय करने का आदेश देने का कार्य किया जाता है। इसका उपयोग दस्तावेज तैयार करते समय नया 'पैराग्राफ' शुरू करने के लिए भी किया जाता है।

(x) **शिफ्ट कुंजियाँ** (Shift Keys) ये संख्या में दो होती हैं, इनका उपयोग टाइप करते समय अंग्रेजी वर्णमाला के बड़े अक्षर टाइप करने के लिए किया जाता है। यदि किसी कुंजी पर दो चिह्न छपे हैं, तो शिफ्ट के साथ दबाने पर ऊपर का चिह्न टाइप होता है।

(xi) **बैकस्पेस कुंजी** (Backspace Key) इसका उपयोग टाइपिंग के समय की गई गलतियों को तत्काल ठीक करने के लिए किया जाता है। इसे दबाने पर कर्सर से बाईं ओर का टेक्स्ट मिटा दिया जाता है।

(xii) **सम्पादन कुंजियाँ** (Editing Keys) कर्सर कण्ट्रोल कुंजियों के ऊपर कुंजियों का एक विशेष समूह होता है, जिनका उपयोग दस्तावेज या पाठ्य को तैयार करते समय सम्पादन के लिए किया जाता है। इस समूह में ये कुंजियाँ होती हैं; जैसे— Insert, Delete, Home, End, Page Up तथा Page Down आदि। इनका प्रभाव विभिन्न प्रोग्रामों में भिन्न-भिन्न होता है।

(xiii) **कैप्स लॉक कुंजी** (Caps Lock Key) यह कुंजी सेट कर देने पर केवल बड़े अर्थात् कैपिटल अक्षर टाइप होते हैं, अन्यथा छोटे अक्षर टाइप होते हैं। वर्णमाला कुंजियों के अलावा अन्य कुंजियों पर इसका कोई प्रभाव नहीं पड़ता।

(xiv) **अन्य कुंजियाँ** (Other Keys) ऊपर बताई गई कुंजियों के अलावा कीबोर्ड में अन्य कई कुंजियाँ होती हैं; जैसे— Pause, Break, Print Screen, Scroll Lock आदि। इनका विशेष उपयोग होता है।

विशेषताएँ (Features)

(i) इसके द्वारा इनपुट डेटा को कम्प्यूटर में सही तरीके से भेजा जा सकता है।

(ii) इसमें विभिन्न प्रकार के तरीकों से डेटा भेजा जा सकता है।

माउस Mouse

माउस हाथ में पकड़कर चलाई जाने वाली एक इनपुट युक्ति है। यह एक केबिल द्वारा सी.पी.यू. से जुड़ा रहता है। इसका उपयोग मॉनीटर के पर्दे पर कर्सर को कण्ट्रोल करने में किया जाता है। माउस एक छोटी डिब्बी के आकार का होता है। इसको हाथ से पकड़कर एक समतल पैड पर सरकाया जाता है, जिसे माउस पैड (mouse pad) कहते हैं। माउस के ऊपर दो बटन भी लगे होते हैं, जिन्हें बायाँ और दायाँ बटन कहा जाता है।

चित्र माउस

हम इन बटनों को दबाकर कम्प्यूटर को इनपुट देते हैं। मॉनीटर के पर्दे पर एक ऊपर उठे हुए तिरछे तीर जैसा चिह्न होता है, जिसे माउस प्वॉइण्टर (mouse pointer) कहा जाता है। यह प्वॉइण्टर माउस की हलचल के अनुसार ही हलचल करता है। जब माउस को उसके पैड पर सरकाया जाता है, तब माउस प्वॉइण्टर भी स्क्रीन पर उसी दिशा में सरकता है।

माउस को सरकाकर माउस प्वॉइण्टर को स्क्रीन पर कहीं भी लाया जा सकता है। माउस प्वॉइण्टर का रूप उसकी स्थिति और प्रोग्राम के अनुसार बदलता रहता है। माउस के साथ कई क्रियाएँ की जाती हैं। जब माउस को सरकाकर माउस प्वॉइण्टर को स्क्रीन के किसी विशेष स्थान पर लाते हैं, तो उसे प्वॉइण्ट करना (pointing) कहा जाता है। माउस के बाएँ बटन को एक बार दबाकर छोड़ देने की क्रिया को क्लिक करना (clicking) कहा जाता है। जब बाएँ बटन को जल्दी-जल्दी दो बार क्लिक करते हैं, तो इस क्रिया को डबल-क्लिक करना (double clicking) कहा जाता है। कभी-कभी दाएँ बटन को भी क्लिक किया जाता है। इस क्रिया को दायाँ क्लिक करना (right clicking) कहते हैं। इसकी आवश्यकता प्रायः विण्डोज़ आधारित प्रोग्रामों में होती है।

हम मॉनीटर की स्क्रीन पर बनी हुई किसी भी वस्तु पर माउस प्वॉइण्टर लाकर और क्लिक करके उस वस्तु को चुन सकते हैं। कभी-कभी स्क्रीन की किसी वस्तु को माउस प्वॉइण्टर द्वारा चुनते हुए बायाँ बटन दबाकर पकड़ लेते हैं और बटन दबाए रखते हुए माउस प्वॉइण्टर को सरकाते हैं, इससे वह चुनी हुई वस्तु भी साथ-ही-साथ सरकती है। इस क्रिया को खींचना या ड्रैगिंग (dragging) कहा जाता है। जब हम माउस प्वॉइण्टर द्वारा किसी वस्तु को एक स्थान से खींचकर दूसरे स्थान पर छोड़ते हैं, तो इस क्रिया को छोड़ना या ड्रॉपिंग (dropping) कहा जाता है। इन क्रियाओं की आवश्यकता भी विण्डोज़ में या विण्डोज़ आधारित प्रोग्रामों पर कार्य करते समय होती है। माउस का प्रयोग कम्प्यूटर पर गेम खेलने तथा विण्डोज़ (windows), डेस्कटॉप प्रकाशन (desktop publishing) तथा ग्राफिक्स (graphics) आदि ग्राफिकल यूज़र इण्टरफेस (Graphical User Interface-GUI) आधारित प्रोग्रामों अथवा कार्यों में अनिवार्य रूप से किया जाता है।

विशेषताएँ (Features)

(i) इससे ऑब्जेक्ट्स और ऑप्शन्स को आसानी से सिलेक्ट किया जा सकता है।
(ii) इसका प्वॉइण्टिंग युक्ति के लिए अधिकतम प्रयोग किया जाता है।

माउस के प्रकार Types of Mouse

माउस मुख्यत: निम्न प्रकार के होते हैं

(i) **यांत्रिक माउस** (Mechanical Mouse) इसमें रबर की एक गोल गेंद होती है जो माउस पैड पर किसी भी दिशा में गति कर सकती है। यह गेंद दो 'रोलर व्हील्स' (roller wheels) को गतिमान करती है। रोलर्स एक-दूसरे से समकोण पर स्थापित होते हैं। रोलर्स के साथ संयोजित परिपथ, तारों के माध्यम से CPU को संकेत प्रेषित करते हैं। माउस को आवश्यकतानुसार किसी भी दिशा में गतिमान कर 'माउस प्वॉइण्टर' को मॉनीटर स्क्रीन पर वांछित स्थान पर सरकाया जा सकता है।

माउस में ऊपर की ओर दो पुश-बटन होते हैं जो दायाँ व बायाँ (right and left) पुश-बटन कहलाते हैं। इन्हें दबाकर कम्प्यूटर को इनपुट प्रदान किया जाता है। दोनों पुश-बटन्स के बीच एक दाँतेदार पहिया होता है जो 'स्क्रॉल' (scroll) कहलाता है। इस पहिये को घुमाकर, मॉनीटर स्क्रीन पर प्रदर्शित मैटर को ऊपर-नीचे गतिमान किया जा सकता है, जिससे हर बार अगला पृष्ठ (next page) नहीं बदलना पड़ता। माउस के बटन को एक बार दबाकर छोड़ देना 'क्लिकिंग' (clicking) कहलाता है। कुछ प्रक्रियाओं के लिए बायाँ पुश-बटन 'क्लिक' किया जाता है और कुछ के लिए दायाँ पुश-बटन 'क्लिक' किया जाता है। कुछ विशेष प्रक्रियाओं के लिए बाएँ पुश-बटन को जल्दी-जल्दी दो बार 'क्लिक' किया जाता है जो 'डबल क्लिक' (double click) कहलाता है। पृष्ठ को ऊपर-नीचे गतिमान करने के लिए 'स्क्रॉल' पहिये को ऊपर-नीचे चलाया जाता है।

(a) माउस का बाह्य आकार

(b) माउस की आन्तरिक संरचना

चित्र यांत्रिक माउस और उसकी संरचना

(ii) **ऑप्टिकल माउस** (Optical Mouse) यांत्रिक माउस में एक दोष यह है कि धूल आदि भर जाने से गेंद, भली प्रकार गति नहीं करती और तदानुसार ही माउस ठीक प्रकार कार्य नहीं कर पाता। इस दोष के निवारण के लिए ऑप्टिकल माउस विकसित किया गया है।

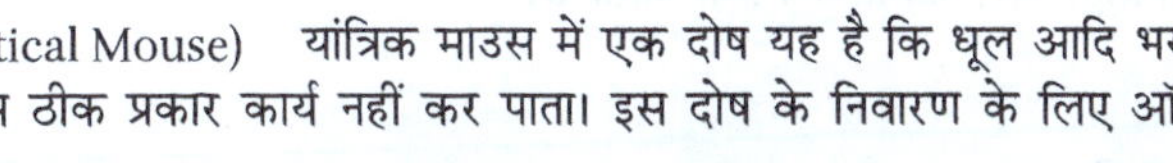

चित्र ऑप्टिकल माउस

ऑप्टिकल माउस में एक LED एवं CCD (Charge Coupled Device) प्रयोग की जाती है। जब माउस को माउस-पैड पर गतिमान किया जाता है तो LED, माउस-पैड की सतह पर प्रकाश किरणें प्रक्षेपित करता है। CCD, LED द्वारा प्रक्षेपित प्रकाश किरणों की माउस-पैड की सतह से परावर्तित किरणें ग्रहण करता है और उन्हें पल्सेज में परिवर्तित कर 'संयोजक लीड' के माध्यम से कम्प्यूटर को प्रेषित कर देता है। इस प्रक्रिया के फलस्वरूप माउस-प्वॉइण्टर, मॉनीटर स्क्रीन पर गति करने लगता है। इस माउस की शेष संरचना, यांत्रिक माउस की संरचना के समान होती है और उसी की भाँति इसमें भी बाएँ व दाएँ 'पुश-बटन' तथा 'स्क्रॉल-व्हील' होता है।

(iii) **लेजर माउस** (Laser Mouse) लेजर माउस एक ऑप्टिकल माउस है, जिसमें माउस की गति का पता लगाने के लिए लेजर लाइट का प्रयोग किया जाता है। लेजर माउस का प्रिसीज़न यथार्थता में होता है। इनमें युक्त लेजर सोर्स से निकलने वाली लेजर लाइट की किरण जब किसी पृष्ठ से टकराकर परिवर्तित होती है, तब ही माउस का प्वॉइन्टर मूव (move) होता है। वर्तमान में ग्लास लेजर तकनीक वाले माउस अधिक प्रचलित हैं। इन्हें VCSEL तकनीक द्वारा एक इन्टीग्रेटेड परिपथ से जोड़ा जाता है। अन्य माउस की अपेक्षा लेजर माउस सबसे महँगे होते हैं।

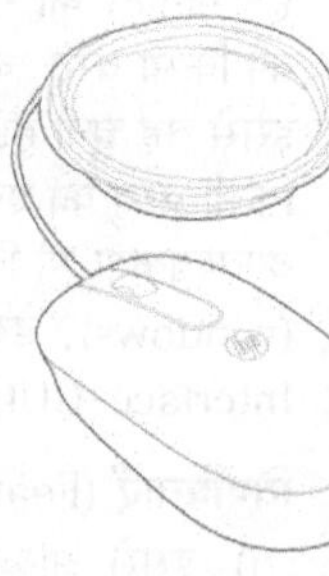

चित्र लेजर माउस

यद्यपि सभी प्रकार के माउस की अपनी अलग ही विशेषता होती है, तथापि सभी माउस CPU में बने तीन भिन्न प्रकार के पोर्ट से ही संयोजित किए जाते हैं। कुछ समय पहले माउस को COM1 नामक पोर्ट से संयोजित किया जाता था। इसके पश्चात् PS/2 नामक पोर्ट का प्रचलन बढ़ा, परन्तु धीरे-धीरे इस पोर्ट का भी चलन कम होता चला गया। ब्लूटूथ तकनीक अथवा इन्फ्रारेड तकनीक वाले वायरलेस माउस को कम्प्यूटर से संयोजित करने के लिए माउस के डोंगल को कम्प्यूटर की USB पोर्ट में ही लगा देते हैं।

जॉयस्टिक Joystick

यह एक गोलाकार गेंद के ऊपर लगी हुई एक छड़ी या मूठ होती है, जिससे उस गेंद को उसके सॉकेट के अन्दर घुमाया जाता है। जॉयस्टिक की सहायता से हम स्क्रीन पर चलती हुई किसी वस्तु की दिशा बदल सकते हैं तथा उसे आगे-पीछे या ऊपर-नीचे ले जा सकते हैं। जॉयस्टिक में एक बटन भी लगा होता है, जिसे पुश बटन (push button) या फायर बटन (fire button) कहा जाता है। जॉयस्टिक का प्रयोग प्रायः कम्प्यूटर पर वीडियो गेम खेलने में किया जाता है और फायर बटन को दबाकर आदेश दिया जाता है।

चित्र जॉयस्टिक

विशेषता Feature

यह एक ऐसी युक्ति होती है, जिसे हम एक हाथ से आसानी से पकड़कर वीडियो गेम्स (video games) को नियन्त्रित कर सकते हैं।

लाइट पेन Light Pen

यह भी जॉयस्टिक और माउस की भाँति एक प्वॉइण्टिंग युक्ति होती है, जो एक साधारण बॉलपेन की तरह दिखाई देता है। इसके एक सिरे पर एक पतली पिन या सुई होती है और दूसरे सिरे से तार निकलकर कम्प्यूटर से जुड़ा होता है। इसका प्रयोग एक विशेष प्रकार की लिखने वाली सतह पर किया जाता है। इसको साधारण पेन की तरह हाथ से पकड़कर या तो किसी विशेष सतह पर या मॉनीटर की स्क्रीन पर किसी बिन्दु पर रखा जाता है। इसकी सुई में से निकली प्रकाश की बौछार से स्क्रीन पर बिन्दु बन जाते हैं। हम जो कुछ भी इस पेन से लिखते हैं या चित्र बनाते हैं, वह उसी रूप में कम्प्यूटर की स्क्रीन पर दिखाई पड़ता है। यह चित्रकारों तथा डिजाइनरों के लिए बहुत उपयोगी युक्ति है। इसे चुम्बकीय छड़ी (magnetic stick) भी कहा जाता है। इसका प्रयोग प्रायः कम्प्यूटर एडिड डिज़ाइनिंग (computer aided designing) जैसे कार्यों में किया जाता है।

चित्र लाइट पेन

विशेषताएँ Features

(i) इसका प्रयोग करना अत्यधिक आसान है।
(ii) इसका प्रयोग कम्प्यूटर एडिड डिज़ाइनिंग (CAD) जैसे प्रोग्रामों में किया जाता है।
(iii) इसका स्क्रीन पर सीधे प्रयोग किया जा सकता है।

ट्रैकबॉल Trackball

इसे रोलर बॉल (roller ball) भी कहा जाता है। यह भी माउस की तरह एक प्वॉइण्टिंग युक्ति होती है। इसमें एक गेंद होती है, जिसे अँगुलियों द्वारा घुमाया जाता है। जिस दिशा में यह गेंद घूमती है, उसी दिशा में स्क्रीन पर इसका प्वॉइण्टर घूमता है। इसमें भी माउस की तरह दाएँ और बाएँ दो बटन लगे होते हैं। ट्रैकबॉल प्रायः लैपटॉप कम्प्यूटरों के कीबोर्ड में लगी होती है। यह अलग से भी उपलब्ध होती है।

चित्र ट्रैकबॉल

विशेषताएँ Features

(i) इसका प्रयोग CAD (Computer Aided Design) वर्कस्टेशनों में किया जाता है।
(ii) इसका प्रयोग CAM (Computer Aided Manufacturing) वर्कस्टेशनों में किया जाता है।

ऑप्टिकल मार्क रीडर Optical Mark Reader; OMR

यह एक ऐसा इनपुट साधन है, जिसके उपयोग से किसी कागज पर बनाए गए चिह्नों को पहचाना जाता है। उदाहरण के लिए, वस्तुनिष्ठ प्रकार (objective type) की प्रतियोगात्मक परीक्षा में उत्तरों को मोटे कागज के एक उत्तर-पत्रक (answer sheet) पर काले वृत्त या दीर्घवृत्त बनाकर चिह्नित किया जाता है। ऑप्टिकल मार्क रीडर ऐसे उत्तर-पत्रों को पढ़कर यह पहचान लेता है कि किस प्रश्न का क्या उत्तर दिया गया है। इसकी सहायता से हजारों उत्तर-पत्रों की जाँच मिनटों में ही सही-सही की जा सकती है और परीक्षा का परिणाम तत्काल घोषित किया जा सकता है।

विशेषताएँ Features

(i) ओ.एम.आर. सिस्टम 100% (one hundred percent) एक्यूरेट (accurate) है।
(ii) यह अक्षरों को पढ़ने का बहुत तेज माध्यम है, इसके पढ़ने की क्षमता मशीन की दक्षता पर निर्भर करती है।

ऑप्टिकल कैरेक्टर रीडर Optical Character Reader; OCR

यह ऑप्टिकल मार्क रीडर का कुछ सुधरा हुआ रूप होता है। यह केवल साधारण चिह्नों को ही नहीं बल्कि छापे गए या हाथ से साफ-साफ लिखे गए अक्षरों को भी पढ़ लेता है। इस तकनीक को ऑप्टिकल कैरेक्टर रिकॉग्निशन (optical character recognition) कहा जाता है। ओ.सी.आर. की सामान्य स्पीड 1500 से 3000 कैरेक्टर प्रति सेकेण्ड होती है। यह तकनीक अत्यधिक सटीक रिकॉग्निशन के लिए विकसित की जा रही है, जिसे इन्टेलिजेण्ट कैरेक्टर रिकॉग्निशन (Intelligent Character Recognition – ICR) कहते हैं।

विशेषताएँ Features

(i) ओ.सी.आर. एक प्रिण्टिड फोर्स या हैण्डरिटन फॉर्म डॉक्युमेण्ट को टाइप करने में कम समय लेता है।
(ii) इसके द्वारा बदले हुए फॉर्मेट को वर्ड प्रोसेसर (word processor) में एडिट भी किया जा सकता है।
(iii) इसके उपयोग से पुराने दस्तावेज को भी आसानी से पढ़ा जा सकता है।

एम.आई.सी.आर. Magnetic Ink Character Recognition; MICR

यह ऑप्टिकल कैरेक्टर रिकॉग्निशन तकनीक का ही दूसरा रूप है, जिसमें किसी चुम्बकीय स्याही से छापी गई सूचनाओं को पढ़ा जाता है। इसमें गलतियाँ होने की सम्भावना लगभग शून्य होती है, इसलिए इसका उपयोग प्राय: बैंकों द्वारा चैक, ड्राफ्ट आदि की प्रोसेसिंग या क्लीयरिंग (clearing) में किया जाता है। स्मार्ट काड्र्स जोकि विशिष्ट प्रकार की सूचना रखते हैं, उनमें भी एक मैग्नेटिक पट्टी होती है, जिस पर सूचना मैग्नेटिक इंक से अंकित होती है। इन कार्डों को एम.आई.सी.आर. के द्वारा ही पढ़ा व प्रोसेस्ड किया जाता है।

विशेषताएँ Features

(i) एम.आई.सी.आर. से तैयार किए गए डॉक्युमेण्ट को फर्जी सिद्ध करना कठिन है।
(ii) इसके द्वारा तैयार डॉक्युमेण्ट मुड़ने तथा फटने पर भी पढ़ा जा सकता है।

टच स्क्रीन Touch Screen

यह इनपुट का आधुनिकतम रूप है। इसमें एक विशेष प्रकार के मॉनीटर का उपयोग किया जाता है। इसमें कोई इनपुट देने के लिए हम कीबोर्ड के बटनों को नहीं दबाते, बल्कि स्क्रीन पर ही निश्चित स्थान को छूते हैं या हल्के से दबाते हैं, इससे पता चल जाता है कि हम क्या इनपुट देना चाहते हैं। टच स्क्रीन का उपयोग प्राय: ऐसे स्थानों पर किया जाता है, जहाँ ग्राहकों को कम्प्यूटर में कोई इनपुट देना होता है; जैसे— ए.टी.एम. मशीनों में या टिकट वेटिंग मशीनों (ticket waiting machines) में।

चित्र टच स्क्रीन

विशेषताएँ Features

(i) इसके द्वारा लिखने के लिए कीपैड की आवश्यकता नहीं होती है।
(ii) यह कीपैड की अपेक्षा जल्दी इनपुट देता है।

स्कैनर Scanner

स्कैनर का प्रयोग पेपर पर लिखे हुए डेटा या छपे हुए चित्र (image) को डिजिटल रूप में परिवर्तित करने के लिए करते हैं। यह एक ऑप्टिकल इनपुट युक्ति है, जो इमेज को इलेक्ट्रॉनिक रूप में बदलने के लिए प्रकाश को इनपुट की तरह प्रयोग करता है और फिर चित्र को डिजिटल रूप में बदलने के बाद कम्प्यूटर में भेजता है। स्कैनर का प्रयोग किसी डॉक्यूमेण्ट (document) को उसके वास्तविक रूप में स्टोर करने के लिए किया जा सकता है, जिससे उसमें आसानी से कुछ बदलाव किया जा सके।

चित्र स्कैनर

विशेषताएँ Features

(i) फ्लैटबैड (flatbed) स्कैनर अधिक शुद्ध (accurate) एवं उच्चतम गुणवत्ता की इमेज बनाते हैं।
(ii) स्कैनर द्वारा किसी भी प्रिण्टिड इमेज को डिजिटल फॉर्मेट में बदला जा सकता है और उन्हें किसी अन्य डॉक्युमेण्ट में प्रयोग किया जा सकता है।

स्कैनर के प्रकार Types of Scanner

स्कैनर निम्न प्रकार के होते हैं

(i) **हैण्ड हैल्ड स्कैनर** (Hand Held Scanner) ये आकार में काफी छोटे और हल्के होते हैं, जिन्हें आसानी से हाथ में रखकर भी डॉक्युमेण्ट को स्कैन किया जा सकता है। इनकी कीमत कम होती है व ये कम चौड़े होते हैं। यदि किसी डॉक्युमेण्ट को स्कैन करना हो, तो डॉक्युमेण्ट के अलग-अलग भागों को स्कैन करना पड़ता है, लेकिन आकार में छोटा और हल्का होना इसका एक महत्त्वपूर्ण फायदा है।

(ii) **फ्लैटबेड स्कैनर** (Flatbed Scanner) ये काफी बड़े और महँगे स्कैनर होते हैं तथा काफी उच्च गुणवत्ता के चित्र (image) उत्पन्न करते हैं। इसमें एक समतल पटल (flat surface) होता है, जिस पर डॉक्युमेण्ट को रखकर स्कैन किया जाता है। यह बिल्कुल उसी तरह कार्य करता है, जिस तरह फोटोकॉपी मशीन पर पेज रखकर फोटोकॉपी करते हैं। यह एक बार में पूरा एक पेज स्कैन करता है।

(iii) **ड्रम स्कैनर** (Drum Scanner) ये मध्यम आकार (medium size) के स्कैनर होते हैं। इनमें एक घूमने वाला ड्रम होता है। पेपर या शीट को स्कैनर में इनपुट देते हैं और स्कैनर में लगा ड्रम पूरे पेज पर घूमता है, जिससे पूरा पेज स्कैन हो जाता है। यह बिल्कुल फैक्स मशीन की तरह कार्य करता है।

माइक्रोफोन Microphone

माइक्रोफोन एक प्रकार की इनपुट युक्ति है, जिसका प्रयोग कम्प्यूटर को साउण्ड के रूप में इनपुट देने के लिए किया जाता है। माइक्रोफोन आवाज़ को प्राप्त करता है तथा उसे कम्प्यूटर के फॉर्मेट (format) में परिवर्तित करता है, जिसे डिजीटाइज़्ड साउण्ड या डिजिटल ऑडियो भी कहते हैं। माइक्रोफोन में आवाज़ को डिजिटल रूप में परिवर्तित करने के लिए एक सहायक हार्डवेयर की आवश्यकता पड़ती है। इस सहायक हार्डवेयर को साउण्ड कार्ड (sound card) कहते हैं। माइक्रोफोन को कम्प्यूटर के साथ जोड़ा जाता है, जिससे आवाज कम्प्यूटर में रिकॉर्ड हो जाती है। आजकल माइक्रोफोन का प्रयोग स्पीच रिकॉग्निशन सॉफ्टवेयर (speech recognition software) के साथ भी किया जाता है अर्थात् इसकी सहायता से हमें कम्प्यूटर में टाइप करने की जरूरत नहीं पड़ती, बल्कि जो बोला जाता है वो डॉक्युमेण्ट में छप जाता है।

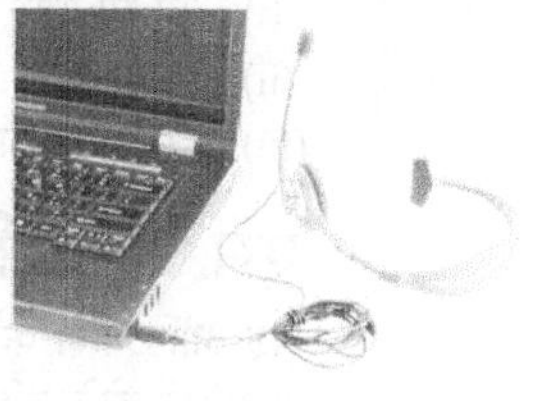

चित्र माइक्रोफोन

विशेषताएँ Features

यह ऑडियो/साउण्ड (audio/sound) इनपुट करने में सहायक होता है, जो किसी अन्य डिवाइस से सम्भव नहीं है।

वेबकैम या वेबकैमरा Webcam or Webcamera

वेबकैम एक प्रकार की वीडियो कैप्चरिंग (video capturing) युक्ति है। यह एक डिजिटल कैमरा है, जिसे कम्प्यूटर के साथ जोड़ा जाता है। इसका प्रयोग वीडियो कॉन्फ्रेन्सिंग (video conferencing) और ऑनलाइन चैटिंग (online chatting) आदि कार्यों के लिए किया जाता है। इसकी सहायता से चित्र भी बना सकते हैं। यदि दो लोगों के कम्प्यूटर में वेबकैमरा लगा है और कम्प्यूटर इण्टरनेट से जुड़ा हुआ है, तो हम आसानी से एक-दूसरे को देखकर बातचीत कर सकते हैं।

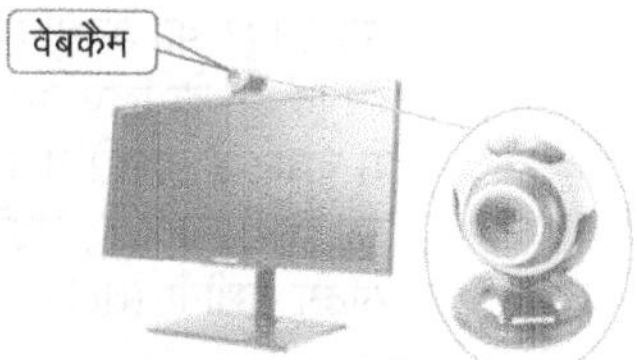

चित्र वेबकैमरा

विशेषताएँ Features

(i) वेबकैम सुरक्षा और सामान्य गतिविधियों पर नज़र रखने के लिए विभिन्न स्थानों पर लगाया जाता है।
(ii) वेबकैम अपने कम उत्पादन की लागत और लचीलेपन के लिए जाना जाता है।

18.2 आउटपुट युक्तियाँ Output Devices

आउटपुट युक्तियों का प्रयोग कम्प्यूटर से प्राप्त परिणाम को देखने के लिए किया जाता है। आउटपुट युक्तियाँ, आउटपुट को सॉफ्ट (soft) अथवा हार्ड (hard) कॉपी के रूप में प्रस्तुत करते हैं। सॉफ्ट कॉपी वह आउटपुट होता है, जो यूज़र को कम्प्यूटर के मॉनीटर पर प्राप्त होता है जबकि हार्ड कॉपी वह आउटपुट है, जो यूज़र को पेपर पर प्रिण्टिड (printed) रूप में प्राप्त होता है। कुछ प्रमुख आउटपुट युक्तियाँ निम्न हैं, जो आउटपुट को हार्ड कॉपी या सॉफ्ट कॉपी के रूप में प्रस्तुत करती हैं।

मॉनीटर Monitor

मॉनीटर को **विज़ुअल डिस्प्ले यूनिट** (Visual Display Unit-VDU) भी कहते हैं। मॉनीटर कम्प्यूटर से प्राप्त परिणाम को सॉफ्ट कॉपी के रूप में दिखाता है। मॉनीटर दो प्रकार के होते हैं— मोनोक्रोम डिस्प्ले मॉनीटर और कलर डिस्प्ले मॉनीटर। मोनोक्रोम डिस्प्ले मॉनीटर टेक्स्ट को डिस्प्ले करने के लिए एक ही रंग का प्रयोग करता है और कलर डिस्प्ले मॉनीटर एक समय में 256 रंगों को दिखा सकता है। मॉनीटर पर चित्र छोटे-छोटे बिन्दुओं (dots) से मिलकर बनता है। इन बिन्दुओं को पिक्सल्स (pixels) के नाम से भी जाना जाता है।

विशेषताएँ Features

(i) यह टेक्स्ट और ग्राफिक्स में बहुत सारे रंग डिस्प्ले करता है।
(ii) इसकी स्क्रीन पर आउटपुट तुरन्त डिस्प्ले हो जाता है।
(iii) मॉनीटर सस्ता और विश्वसनीय होता है।

किसी चित्र की स्पष्टता (clearity) तीन तथ्यों पर निर्भर करती है

- **स्क्रीन का रिज़ोल्यूशन** (Resolution of Screen) किसी मॉनीटर का रिज़ोल्यूशन, उसके क्षैतिज (horizontal) और ऊर्ध्वाधर (vertical) पिक्सल्स की संख्या के गुणनफल के बराबर होता है। किसी मॉनीटर का रिज़ोल्यूशन जितना अधिक होगा, उसके पिक्सल उतने ही नजदीक होंगे और चित्र उतना ही स्पष्ट होगा।
- **डॉट पिच** (Dot Pitch) दो कलर्ड पिक्सल के विकर्णों के बीच की दूरी को डॉट पिच कहते हैं। यदि किसी मॉनीटर की डॉट पिच कम-से-कम हो, तो उसका रिज़ोल्यूशन अधिक होगा तथा उस मॉनीटर में चित्र काफी स्पष्ट होगा।
- **रिफ्रेश रेट** (Refresh Rate) एक सेकेण्ड में कम्प्यूटर का मॉनीटर जितनी बार रिफ्रेश होता है, वह संख्या उसकी रिफ्रेश रेट कहलाती है। ज्यादा-से-ज्यादा रिफ्रेश करने पर स्क्रीन पर चित्र ज्यादा अच्छे और स्पष्ट दिखाई देते हैं।

मॉनीटर के प्रकार Types of Monitor

प्रयोग में आने वाले कुछ प्रमुख मॉनीटर निम्न हैं

(i) **सी.आर.टी.** (Cathode Ray Tube; CRT) यह एक आयताकार बॉक्स की तरह दिखने वाला मॉनीटर होता है। इसे डेस्कटॉप कम्प्यूटर के साथ आउटपुट देखने के लिए प्रयोग करते हैं। यह आकार में बड़ा तथा भारी होता है। इसकी स्क्रीन में पीछे की तरफ फॉस्फोरस की एक परत लगाई जाती है। इसमें एक इलेक्ट्रॉन गन (electron gun) होती है। CRT में एनालॉग डेटा को इलेक्ट्रॉन गन के द्वारा मॉनीटर की स्क्रीन पर भेजा जाता है। इलेक्ट्रॉन गन एनालॉग डेटा को इलेक्ट्रॉन्स में परिवर्तित करता है तथा इलेक्ट्रॉन ऊर्ध्वाधर तथा क्षैतिज प्लेट्स के बीच में होते हुए फॉस्फोरस स्क्रीन पर टकराती है। इलेक्ट्रॉन स्क्रीन पर जिस जगह टकराती है, उस जगह का फॉस्फोरस चमकने लगता है और चित्र दिखाई देने लगता है।

चित्र सी.आर.टी.

(ii) **एल.सी.डी.** (Liquid Crystal Display; LCD) यह एक प्रकार की अधिक प्रयोग में आने वाली आउटपुट युक्ति है। यह CRT की अपेक्षा काफी हल्की किन्तु महँगी आउटपुट युक्ति है। इसका प्रयोग लैपटॉप, नोटबुक, पर्सनल कम्प्यूटर, डिजिटल घड़ियों आदि में किया जाता है। LCD में दो प्लेट होती हैं, इन प्लेटों के बीच में एक विशेष प्रकार का द्रव (liquid) भरा जाता है। जब प्लेट के पीछे से प्रकाश निकलता है, तो प्लेट्स के अन्दर के द्रव एलाइन (align) होकर चमकते हैं, जिससे चित्र दिखाई देने लगता है।

चित्र एल.सी.डी.

(iii) **एल.ई.डी.** (Light Emitted Diode; LED) यह एक प्रकार की इलेक्ट्रॉनिक तथा आउटपुट युक्ति है, जिसका प्रयोग कम्प्यूटर से प्राप्त आउटपुट को देखने के लिए करते हैं। यह आजकल घरों में टेलीविजन की तरह प्रयोग किया जाता है। इसके अन्दर छोटे-छोटे LEDs (Light Emitted Diodes) लगे होते हैं। जब विद्युतधारा इन LEDs से गुजरती है, तो ये LEDs चमकने लगते हैं और LED की स्क्रीन पर विभिन्न चित्र दिखाई देने लगते हैं। LEDs मुख्य रूप से लाल प्रकाश उत्सर्जित करते हैं, किन्तु आजकल LEDs लाल, हरा और नीला (Red, Green and Blue; RGB) प्रकाश भी उत्पन्न करते हैं। यह सफेद प्रकाश भी उत्पन्न कर सकते हैं। इन सभी रंगों के संयोग से विभिन्न रंग के चित्र LED में दिखाई देते हैं।

चित्र एल.ई.डी

(iv) **3D मॉनीटर** (Three-dimension Monitor) यह एक आउटपुट युक्ति है, जिसका प्रयोग आउटपुट को थ्री-डायमेन्शन में देखने के लिए करते हैं। यह टू-डायमेन्शन (Two Dimension; 2D) मॉनीटर की अपेक्षा ज्यादा स्पष्ट और साफ चित्र दिखाता है। यदि चित्र को 3D मॉनीटर में देखते हैं, तो ऐसा प्रतीत होता है कि यह चित्र बिल्कुल वास्तविक है।

चित 3D मॉनीटर

(v) **टी.एफ.टी.** (Thin Film Transistor) TFT और एक्टिव मैट्रिक्स LCD (AMLCD) एक प्रकार की आउटपुट युक्ति है। TFT में एक पिक्सल को कण्ट्रोल करने के लिए एक से चार ट्रांज़िस्टर लगे होते हैं।

ये ट्रांज़िस्टर पैसिव मैट्रिक्स की अपेक्षा स्क्रीन को काफी तेज, चमकीला, ज्यादा कलरफुल बनाते हैं। इस आउटपुट युक्ति की मुख्य बात यह है कि हम इसमें बने चित्रों को विभिन्न कोणों (angles) से भी देख सकते हैं, जबकि अन्य मॉनीटर में विभिन्न कोणों (angles) से चित्र देखने पर स्पष्ट दिखाई नहीं देते हैं। TFT अन्य मॉनीटर्स की अपेक्षा महँगा, लेकिन काफी अच्छी क्वालिटी का चित्र डिस्प्ले (display) करने वाली आउटपुट युक्ति है।

प्रिण्टर Printer

प्रिण्टर एक प्रकार की आउटपुट युक्ति है, इसका प्रयोग कम्प्यूटर से प्राप्त डेटा और सूचना को किसी कागज पर प्रिण्ट करने के लिए करते हैं। यह ब्लैक और व्हाइट (black and white) के साथ-साथ कलर डॉक्युमेण्ट को भी प्रिण्ट कर सकता है। किसी भी प्रिण्टर की क्वालिटी उसकी प्रिंटिंग की क्वालिटी पर निर्भर करती है अर्थात् जितनी अच्छी प्रिंटिंग क्वालिटी होगी, प्रिण्टर उतना ही अच्छा माना जाएगा। किसी प्रिण्टर की गति **कैरेक्टर प्रति सेकण्ड** (Character Per Second; CPS) में, **लाइन प्रति मिनट** (Line Per Minute; LPM) में और **पेजिज़ प्रति मिनट** (Pages Per Minute; PPM) में मापी जाती है। किसी प्रिण्टर की क्वालिटी **डॉट्स प्रति इंच** (Dots Per Inch; DPI) में मापी जाती है अर्थात् पेपर पर एक इंच में जितने ज्यादा-से-ज्यादा बिन्दु होंगे, प्रिंटिंग उतनी ही अच्छी होगी।

विशेषताएँ Features

(i) एप्पल आइपैड (apple ipad), आईफोन (iphone) और आईपोड टच (ipod touch) के द्वारा प्रिण्ट बहुत जल्दी प्राप्त किए जा सकते हैं।

(ii) वायरलैस (wireless) प्रिण्टर के द्वारा तारों के कनेक्शन (connection) के बिना प्रिण्ट आसानी से और कहीं से भी प्राप्त किए जा सकते हैं।

प्रिण्टर के प्रकार Types of Printer

प्रिण्टर को निम्न भागों में बाँटा जाता है

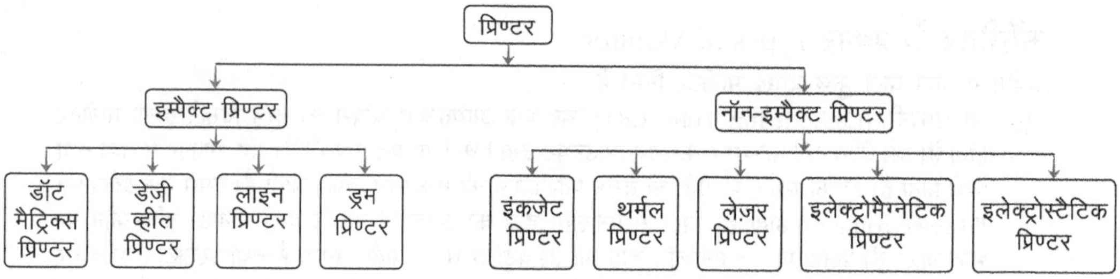

प्लॉटर Plotter

प्लॉटर एक आउटपुट युक्ति है, जिसका प्रयोग बड़ी ड्रॉइंग या चित्र जैसे कि कंस्ट्रक्शन प्लान्स (construction plans), मैकेनिकल वस्तुओं की ब्लूप्रिण्ट, AUTOCAD, CAD/CAM आदि के लिए करते हैं। इसमें ड्रॉइंग बनाने के लिए पेन, पेन्सिल, मार्कर आदि राइटिंग टूल का प्रयोग होता है। यह प्रिण्टर की तरह होता है। इसमें एक समतल चौकोर सतह पर कागज़ लगाया जाता है। इस सतह से कुछ ऊपर एक ऐसी छड़ (rod) होती है, जो कागज़ के एक सिरे से दूसरे सिरे तक चल सकती है। इस छड़ पर अलग-अलग रंगों के दो या तीन पेन लगे होते हैं, जो छड़ पर आगे-पीछे सरक सकते हैं।

इस प्रकार छड़ और पेनों की सम्मिलित हलचल से समतल सतह के किसी भी भाग में कागज़ पर चिह्न या चित्र बनाया जा सकता है। इनके द्वारा छपाई अच्छी होती है, परन्तु ये बहुत धीमे होते हैं तथा मूल्य भी अपेक्षाकृत अधिक होता है। लेज़र प्रिण्टरों के आ जाने के बाद इनका प्रयोग लगभग समाप्त हो गया है।

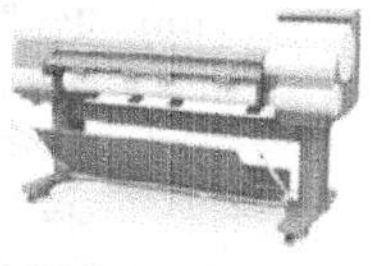
चित्र प्लॉटर

विशेषताएँ Features

यह स्वत: पेपर कटर का आकार करने के लिए दस्तावेजों की ट्रिमिंग (trimming) का काम आसान करता है।

प्लॉटर के प्रकार Types of Plotter

प्लॉटर दो प्रकार के होते हैं

(i) **फ्लैटबैड प्लॉटर** (Flatbed Plotter) ये प्लॉटर साइज़ में छोटे होते हैं तथा इसे आसानी से मेज पर रखकर प्रिंटिंग की जा सकती है। इसमें जो पेपर प्रयोग होता है, उनका आकार (size) सीमित होता है।

(ii) **ड्रम प्लॉटर** (Drum Plotter) ये साइज़ में काफी बड़े होते हैं तथा इसमें प्रयुक्त पेपर की लम्बाई असीमित होती है। इसमें पेपर का एक रोल (roll) प्रयोग किया जाता है।

स्पीकर Speaker

यह एक ऐसी युक्ति है, जिससे कम्प्यूटर आवाज़ के रूप में आउटपुट दे सकता है। यह कम्प्यूटर से डेटा विद्युत धारा (electric current) के रूप में प्राप्त करता है प्राय: यह एक जोड़े के रूप में होता है। इसका उपयोग मल्टीमीडिया कम्प्यूटरों के साथ किया जाता है। हम इसकी सहायता से संगीत, फिल्मों के गाने और संवाद आदि सुन सकते हैं। स्पीकर का उपयोग करने के लिए कम्प्यूटर में साउण्ड कार्ड का होना आवश्यक है। यह कार्ड मदरबोर्ड में एक निश्चित स्थान पर लगाया जाता है।

चित्र स्पीकर

प्रोजेक्टर Projector

यह एक ऐसी युक्ति है, जिसका प्रयोग कम्प्यूटर से प्राप्त सूचना या डेटा को एक बड़ी स्क्रीन पर देखने के लिए करते हैं। इसकी सहायता से एक समय में बहुत सारे लोग एक समूह में बैठकर परिणाम को देख सकते हैं। इसका प्रयोग क्लास रूम ट्रेनिंग या एक बड़े कॉन्फ्रेन्स हॉल, जिसमें ज्यादा संख्या में दर्शक हों, जैसी जगहों पर किया जाता है। इसके द्वारा छोटे चित्रों को बड़ा करके सरलतापूर्वक देखा जा सकता है। यह एक प्रकार की अस्थायी आउटपुट युक्ति है।

हैडफोन Headphone

यह एक ऐसी युक्ति है जो स्पीकर जैसा ही कार्य करती है, परन्तु इसे सिर पर एक बैल्ट की तरह पहना जाता है। इसके स्पीकर दोनों कानों के ऊपर आ जाते हैं, इसलिए इसकी आवाज केवल इसे पहनने वाला व्यक्ति ही सुन सकता है। किसी-किसी हैडफोन के साथ एक माइक्रोफोन या माइक भी लगा होता है, जिसमें हम सुनने के साथ बोल भी सकते हैं। इस युक्ति का उपयोग प्राय: टेलीफोन ऑपरेटरों, कॉल सेन्टर ऑपरेटरों, कमेंण्टेटरों आदि द्वारा किया जाता है। यहाँ यह जानना आवश्यक है कि हम ध्वनि वाली युक्तियों का उपयोग केवल तभी कर सकते हैं, जब मदरबोर्ड में साउण्ड कार्ड लगा हो। वैसे आजकल लगभग सभी मदरबोर्ड में पहले से साउण्ड कार्ड लगा हुआ आता है।

चित्र हैडफोन

18.3 इनपुट/आउटपुट पोर्ट Input/Output (I/O) Port

पेरिफेरल डिवाइसेज को कम्प्यूटर से जोड़ने के लिए जिस माध्यम का प्रयोग होता है, उन्हें इनपुट/आउटपुट पोर्ट (Input/Output Port) कहते हैं। यह एक बाह्य (external) इण्टरफेस होता है, जिसमें इनपुट/आउटपुट डिवाइस; जैसे—प्रिण्टर, मॉडेम (modem) और जॉयस्टिक आदि को कम्प्यूटर से जोड़ते हैं। इनपुट/आउटपुट पोर्ट निम्न प्रकार के होते हैं

पैरेलल पोर्ट Parallel Port

पैरेलल पोर्ट एक माध्यम होता है, जिसमें आठ या उससे अधिक तारों (wires) को जोड़ सकते हैं। इसमें आठों तारों से एक साथ डेटा ट्रान्सफर होता है। इसी वजह से इसकी डेटा स्थानान्तरण (transmission) की स्पीड काफी तेज होती है। इसका प्रयोग कम्प्यूटर से प्रिण्टर को जोड़ने के लिए किया जाता है।

दिए हुए चित्र में आप तीन अलग-अलग तरह के पैरेलल पोर्ट कनेक्टरों को देख सकते हैं

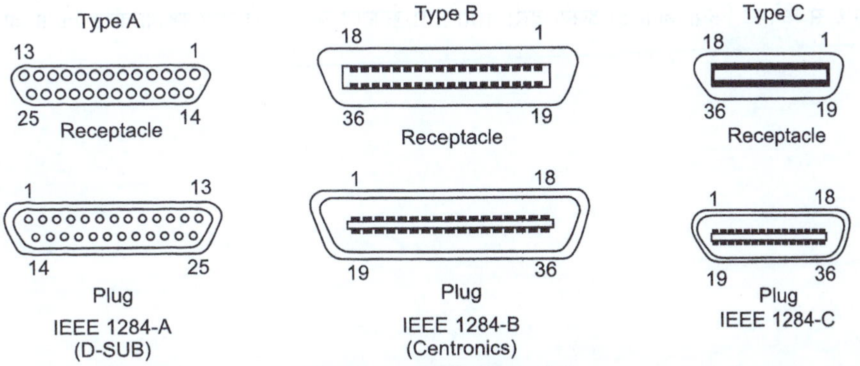

चित्र विभिन्न प्रकार के पैरेलल पोर्ट

सीरियल पोर्ट Serial Port

सीरियल पोर्ट के द्वारा एक बार में एक ही बिट डेटा भेजा जा सकता है। इसके द्वारा काफी धीमी गति से डेटा स्थानान्तरण होता है। इसका प्रयोग मॉडेम (modem), प्लॉटर, बार कोड रीडर आदि को कम्प्यूटर से जोड़ने के लिए करते हैं। इस पोर्ट को कम्युनिकेशन पोर्ट अथवा कॉम (com) भी कहा जाता है।

दिए हुए चित्र में आप इस तरह के कनेक्टर को देख सकते हैं

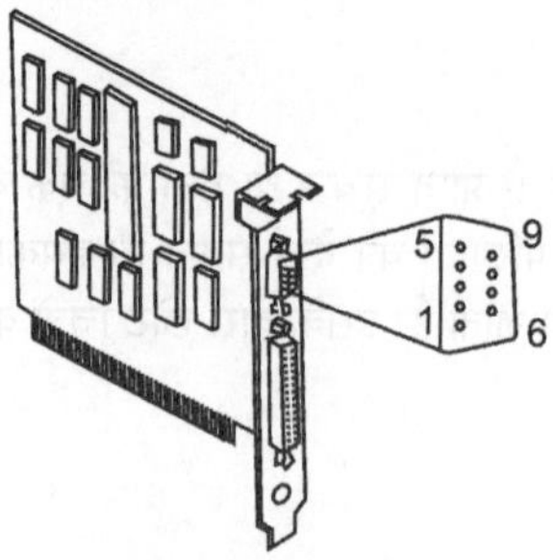

चित्र सीरियल पोर्ट

यूनिवर्सल सीरियल बस Universal Serial Bus; USB

यह सर्वाधिक प्रयोग में आने वाला बाह्य पोर्ट है जो लगभग सभी कम्प्यूटरों में लगा होता है। सामान्यत: दो से चार USB पोर्ट कम्प्यूटर में लगे होते हैं। USB में प्लग (plug) और प्ले (play) फीचर होते हैं जो किसी डिवाइस को कम्प्यूटर से जोड़ने तथा चलाने में सहायक होते हैं। एक सिंगल USB पोर्ट में 127 डिवाइसेज को जोड़ा (connect) जा सकता है। नीचे दिए हुए चित्र में आप यूएसबी पोर्ट के आइकन को देख सकते हैं

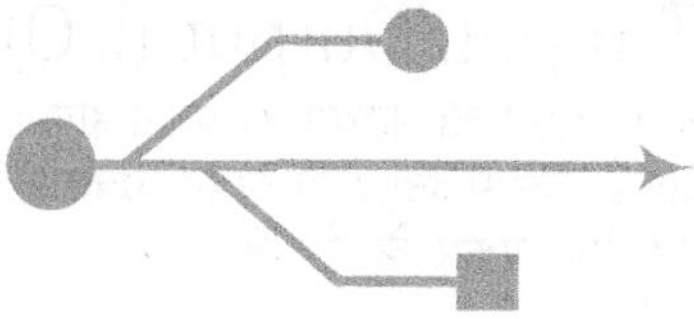

चित्र यू.एस.बी. पोर्ट आइकन

फायर वायर Fire Wire

इसका प्रयोग ऑडियो, वीडियो या मल्टीमीडिया डिवाइसेज, जैसेकि वीडियो कैमरा आदि को जोड़ने के लिए किया जाता है। यह एक महँगी तकनीक है, जिसका प्रयोग बड़ी मात्रा में डेटा स्थानान्तरित करने के लिए करते हैं। हार्ड डिस्क ड्राइव और नई DVD ड्राइव को फायर वायर के द्वारा कम्प्यूटर से कनेक्ट किया जाता है। इसके द्वारा 400 MB/सेकण्ड की दर से डेटा स्थानान्तरित किया जा सकता है।

अभ्यास प्रश्न

परीक्षा प्रारूपी प्रश्न

बहुविकल्पीय

1. कम्प्यूटर को आँकड़े या आदेश देने के लिए किस प्रकार की युक्ति का प्रयोग किया जाता है?
   (a) इनपुट युक्ति (b) आउटपुट युक्ति
   (c) स्टोरेज युक्ति (d) सी.पी.यू.

2. निम्न में से कौन-सा स्कैनर का प्रकार है?
   (a) हैण्डहैल्ड स्कैनर (b) फ्लैटबैड स्कैनर
   (c) ड्रम स्कैनर (d) ये सभी

3. स्क्रीन पर डिस्प्ले किए गए पिक्सल्स की संख्या को स्क्रीन ……… कहते हैं।
   (a) रिजोल्यूशन (b) कलर डेप्थ
   (c) रिफ्रेश रेट (d) व्यूइंग साइज

4. कम्प्यूटर पर वीडियो गेम खेलने के लिए प्रायः किस युक्ति का उपयोग नहीं किया जाता?
   (a) माउस (b) कीबोर्ड
   (c) जॉयस्टिक (d) माइक्रोफोन

5. निम्नलिखित में कौन-सी युक्ति आउटपुट श्रेणी की नहीं है?
   (a) मॉनीटर (b) स्पीकर
   (c) हैडफोन (d) स्कैनर

6. प्रिण्टर द्वारा किस प्रकार का आउटपुट छापा जा सकता है?
   (a) पत्र, रिपोर्ट आदि (b) ग्राफ, चार्ट आदि
   (c) लिफाफों पर पते (d) ये सभी

7. डॉट मैट्रिक्स प्रिण्टरों द्वारा छपाई किसके माध्यम से की जाती है?
   (a) बिन्दुओं (b) रेखाओं (c) अक्षरों (d) नम्बरों

8. निम्नलिखित में से कौन-सी प्वॉइण्टिग डिवाइस नहीं है?
   (a) माउस (b) ट्रैक बॉल
   (c) बारकोड रीडर (d) टच स्क्रीन

9. स्कैनर ……… को स्कैन करता है।
   (a) पिक्चर
   (b) टेक्स्ट
   (c) पिक्चर और टेक्स्ट दोनों
   (d) न तो पिक्चर न तो टेक्स्ट

10. निम्नलिखित में अस्थाई आउटपुट डिस्प्ले कौन-सा है?
    (a) प्रोजेक्टर (b) प्रिण्टर
    (c) स्कैनर (d) वीडियो कैमरा

11. जॉयस्टिक का प्राथमिक तौर पर प्रयोग ……… के लिए होता है।
    (a) स्क्रीन पर ध्वनि नियन्त्रण (b) कम्प्यूटर गेमिंग
    (c) टेक्स्ट एण्टर (d) पिक्चर बनाने

12. इनमें से कौन-सी प्वॉइण्टिग और ड्रॉप डिवाइस है?
    (a) माउस (b) स्कैनर
    (c) प्रिण्टर (d) CD-ROM

13. ट्रैकबॉल ……… का एक उदाहरण है।
    (a) प्रोग्रामिंग डिवाइस
    (b) प्वॉइण्टिग डिवाइस
    (c) आउटपुट डिवाइस
    (d) सॉफ्टवेयर डिवाइस

14. निम्नलिखित में से किस समूह में केवल इनपुट डिवाइस है?
    (a) माउस, कीबोर्ड, मॉनीटर
    (b) माउस, कीबोर्ड, प्रिण्टर
    (c) माउस, कीबोर्ड, प्लॉटर
    (d) माउस, कीबोर्ड, स्कैनर

15. निम्न में से कौन-सा हार्डवेयर नहीं है?
    (a) पंच कार्ड रीडर (b) मैग्नेटिक टेप रीडर
    (c) प्रिण्टर (d) असेम्बलर

विविध प्रारूपी प्रश्न

सत्य/असत्य

1. ऑप्टिकल मार्क रीडर एक इनपुट साधन है, जिसका उपयोग कर कागज पर बनाए गए चिह्नों को पहचाना जाता है।
2. MICR के प्रयोग में सावधानी के बावजूद भी गलती हो जाती है।
3. कम्प्यूटर में कीबोर्ड का प्रयोग डेटा एवं निर्देशों को कम्प्यूटर की मैमोरी तक पहुँचाने में किया जाता है।
4. फ्लैटबैड स्कैनर एक बार में पूरा पेज स्कैन करने में सक्षम होता है।
5. माउस हाथ में पकड़कर चलाया जाने वाला एक इनपुट उपकरण है।

रिक्त स्थानों की पूर्ति

1. प्रिण्टर, प्लॉटर तथा स्पीकर ………… युक्तियाँ हैं।
2. कम्प्यूटर के सभी कलपुर्जों, भागों, उपकरणों आदि को ………… कहा जाता है।
3. कीबोर्ड में …………… के समान ही बहुत-से बटन होते हैं।
4. ………… से गेम खेलना आसान हो जाता है।
5. डॉट मैट्रिक्स ………… का एक प्रकार है।

अतिलघु उत्तरीय

1. स्कैनर की सहायता से क्या कार्य सम्भव है?
2. ऑप्टिकल कैरेक्टर रीडर तकनीक का दूसरा रूप क्या है?
3. माइक्रोफोन में आवाज को डिजिटल रूप में परिवर्तित करने के लिए किसकी आवश्यकता होती है?
4. पैरेलल पोर्ट अधिकतर किसके द्वारा प्रयोग किया जाता है?
5. ओ.सी.आर. (OCR), एम.आई.सी.आर. (MICR) से कैसे अलग हैं?

लघु उत्तरीय

1. मॉनीटर पर चित्र की स्पष्टता किन-किन तथ्यों पर निर्भर करती है?
2. एम.आई.सी.आर. (MICR) का प्रयोग प्रमुख रूप से कहाँ किया जाता है?

दीर्घ उत्तरीय

1. कम्प्यूटर हार्डवेयर व सॉफ्टवेयर पर विस्तृत टिप्पणी लिखिए।
2. प्रमुख इनपुट युक्तियों के नाम एवं उनके द्वारा ग्रहण किए जाने वाले इनपुट का रूप बताइए।
3. आउटपुट युक्ति की परिभाषा देते हुए इसका विस्तृत वर्णन कीजिए।

उत्तरमाला

बहुविकल्पीय

1. (a) **2.** (d) **3.** (a) **4.** (d) **5.** (d) **6.** (d) **7.** (a) **8.** (c) **9.** (c) **10.** (a)
11. (b) **12.** (a) **13.** (b) **14.** (d) **15.** (d)

सत्य/असत्य

1. सत्य **2.** असत्य **3.** सत्य **4.** सत्य **5.** सत्य

रिक्त स्थानों की पूर्ति

1. आउटपुट **2.** हार्डवेयर **3.** टाइपराइटर **4.** कीबोर्ड **5.** प्रिण्टर

अध्याय 19 **WEEK 19**

कम्प्यूटर के प्रोसेसर
Processors of Computer

परिचय Introduction

माइक्रोप्रोसेसर एक बहु-उद्देश्य (multipurpose) प्रोग्राम बनाने योग्य (programmable), क्लॉक चालित (clock driven), रजिस्टर आधारित इलेक्ट्रॉनिक युक्ति (electronic device) है, जोकि भण्डार युक्ति (जिसे स्मृति (memory) कहते हैं) से बाइनरी निर्देशों (binary instructions) को पढ़ती है। यह इनपुट के रूप में बाइनरी डाटा को स्वीकार करती है तथा उन निर्देशों के अनुसार प्रक्रियाओं (processes) को पूर्ण करती है एवं आउटपुट के रूप में परिणाम उपलब्ध करती है। चित्र में माइक्रोप्रोसेसर के सामान्य ब्लॉक आरेख को दर्शाया गया है। इस प्रणाली के मौलिक घटकों (physical components) को ब्लॉक आरेख द्वारा दर्शाया गया है।

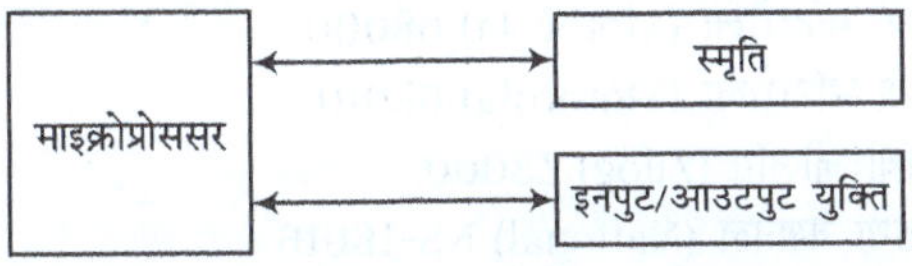

चित्र माइक्रोप्रोसेसर का सामान्य ब्लॉक आरेख

19.1 माइक्रोप्रोसेसर के प्रकार Types of Microprocessor

माइक्रोप्रोसेसर समय/पीढ़ी (time/generation) के आधार पर निम्न प्रकार के होते हैं

प्रथम पीढ़ी (Ist Generation) माइक्रोप्रोसेसर्स

इन्टेल कॉर्पोरेशन ने विश्व का प्रथम माइक्रोप्रोसेसर वर्ष 1971 एवं 1973 के मध्य विकसित किया, जिसमें इन्टेल ने इसके डिजाइन में PMOS तकनीक का प्रयोग किया। इस माइक्रोप्रोसेसर का मूल्य कम था, इसकी गति मन्द (slow) एवं आउटपुट पावर (output power) कम थी तथा यह ट्रान्जिस्टर-ट्रान्जिस्टर लॉजिक (TTL) के अनुरूप था।

प्रथम जेनरेशन माइक्रोप्रोसेसर प्रणाली के निर्माण में कम-से-कम 30 ICs की आवश्यकता होती है। 4 बिट प्रोसेसर की IC में 16 पिनें होती हैं, जबकि 8-बिट प्रोसेसर की IC में 40 पिनें होती हैं।

(a) 4-**बिट प्रोसेसर्स**

नाम/मॉडल संख्या

1. इन्टेल 4004 तथा Intel-4040
2. फेयर चाइल्ड (Fair child) PPS-24 तथा National IMP-4
3. रॉक वैल (Rock well) PPP-4 तथा माइक्रो सिस्टम INTL-MC-1

(b) 8-**बिट प्रोसेसर्स**

नाम/मॉडल संख्या

1. इन्टेल 8008 तथा National IMP-8
2. रॉक वैल (Rock well) PPS-8 तथा AMI 7200
3. मॉसटेक (Mostek) 5065

(c) 16-**बिट प्रोसेसर्स**

नेशनल IMP/16 National Pal

द्वितीय पीढ़ी (2nd Generation) माइक्रोप्रोसेसर्स

दूसरी पीढ़ी के माइक्रोप्रोसेसर्स वर्ष 1973 में विकसित किए गए तथा इनके निर्माण में NMOS तकनीक का प्रयोग किया गया था, जिसके द्वारा PMOS तकनीक की अपेक्षा तीव्र गति उच्च घनत्व तकनीक प्रयोग में लाई गई है। यह TTL के अनुरूप है। कुछ दूसरी पीढ़ी के माइक्रोप्रोसेसर्स निम्न हैं

8-बिट माइक्रोप्रोसेसर्स

नाम/मॉडल संख्या

(i) इन्टेल 8080 तथा इन्टेल 8080
(ii) फेयरचाइल्ड (Fair child) F-8 तथा मॉटोरोला (Motorola) M-6800
(iii) मॉटोरोला (Motorola) M-6809 तथा नेशनल (National) CMP-8
(iv) RCA COSMAC तथा MOS TECH 6500
(v) सिग्नेटिक (Signetic) 2650 तथा तोशिबा (Toshiba) TLCS-12

तीसरी पीढ़ी (3rd Generation) माइक्रोप्रोसेसर्स

तीसरी पीढ़ी के माइक्रोप्रोसेसर्स वर्ष 1978 के पश्चात् विकसित किए गए, ये 16-बिट प्रोसेसर्स हैं तथा इनमें उच्च घनत्व तकनीक (high density technique) का उपयोग किया गया। तृतीय पीढ़ी के कुछ माइक्रोप्रोसेसर्स निम्न हैं

16-बिट माइक्रोप्रोसेसर्स

नाम/मॉडल संख्या

(i) इन्टेल (Intel) 8086 तथा मॉटोरोला (Motorola) 68000
(ii) इन्टेल (Intel) 8088 तथा मॉटोरोला (Motorola) 68010
(iii) इन्टेल (Intel) 80186 तथा जीलॉग (Zilog) Z8000
(iv) इन्टेल (Intel) 80286 तथा नेशनल (National) NS-16016
(v) टेक्सास इन्स्ट्रूमेन्ट्स (Texas Instruments) TMS 99000

चतुर्थ पीढ़ी (4th Generation) माइक्रोप्रोसेसर्स

चतुर्थ पीढ़ी के माइक्रोप्रोसेसर्स वर्ष 1980 में विकसित किए गए, ये 4th पीढ़ी के माइक्रोप्रोसेसर्स, 32 बिट्स के माइक्रोप्रोसेसर्स हैं। इनके निर्माण HMOS की निम्न पावर संस्करण (Version) हैं। कुछ चतुर्थ पीढ़ी के माइक्रोप्रोसेसर्स निम्न हैं

नाम/मॉडल संख्या

(i) इन्टेल (Intel) 80386 तथा मॉटोरोला (Motorola) M-68020
(ii) इन्टेल (Intel) 80486 तथा मॉटोरोला (Motorola) M-68030
(iii) मॉटोरोला (Motorola) NS-116032 तथा BELL-MAC-32
(iv) नेशनल (National) NS 116032

पाँचवीं पीढ़ी (5th Generation) माइक्रोप्रोसेसर्स

पाँचवीं पीढ़ी के माइक्रोप्रोससेर्स वर्ष 1993 में विकसित किए गए। पाँचवीं पीढ़ी में इन्टेल पेन्टियम प्रोसेसर अतिउत्तम हैं। इन्टेल के द्वारा माइक्रोप्रोसेसर को आवश्यकता के आधार पर एवं सिस्टम के प्रयोग के आधार पर विभिन्न श्रेणियों में रखा गया। इन्टेल पेन्टियम माइक्रोप्रोसेसर उन प्रणालियों (systems) को प्रोग्राम करने में सहायता प्रदान करता है, जिन्हें बहुत अधिक मात्रा में प्रोसेसिंग की आवश्यकता होती है। पाँचवीं पीढ़ी में क्रमश: पेन्टियम-I एवं पेन्टियम-II माइक्रोप्रोसेसर्स आते हैं। पेन्टियम-I माइक्रोप्रोसेसर एक 32 बिट माइक्रोप्रोसेसर है, जोकि 1983 में विकसित किया गया। यह माइक्रोप्रोसेसर्स 60 MHz से 66 MHz क्लॉक गति (clock speed) का प्रयोग करता है।

पेन्टियम-II माइक्रोप्रोसेसर्स वर्ष 1977 में इन्टेल द्वारा विकसित किया गया एवं इसकी क्लॉक गति 233 से 266 MHz है। इसमें प्रणाली बस गति (System bus speed) 66MHz से 1000 MHz है।

छठी पीढ़ी (6th Generation) माइक्रोप्रोसेसर्स

छठी पीढ़ी में इन्टेल के द्वारा पेन्टियम-III, पेन्टियम-प्रो एवं पेन्टियम-4 माइक्रोप्रोसेसर आते हैं। पेन्टियम-III प्रोसेसर इन्टेल द्वारा डिज़ाइन करके विकसित किया गया। पेन्टियम-III प्रोसेसर 100 अथवा 133 MHz सिस्टम बस के साथ लोड किया हुआ होता है। इस प्रोसेसर की क्लॉक गति 800 MHz है

पेन्टियम-प्रो (Pentium-Pro) इन्टेल के द्वारा पेन्टियम-प्रो माइक्रोप्रोसेसर वर्ष 1995 में विकसित किया गया। इसका प्रयोग नेटवर्क पर मल्टी प्रोसेसिंग को एक साथ सम्पन्न करने हेतु किया जाता है। पेन्टियम-प्रो ग्राफिक्स इन्टेन्सिव एप्लीकेशन को सम्पन्न करने हेतु बहुत अच्छी गति प्रदान करता है। पेन्टियम-प्रो प्रोसेसर में चार प्रोसेसर का प्रयोग किया जाता है।

पेन्टियम-IV प्रोसेसर्स को इन्टेल के द्वारा वर्ष 2000 में विकसित किया गया है। यह इन्टेल के माइक्रोप्रोसेसर्स परिवार का सबसे तीव्र कार्य क्षमता वाला प्रोसेसर है, इसमें 300 MHz सिस्टम बस होती हैं जोकि माइक्रोप्रोसेसर की प्रोसेसिंग गति में बढ़ोतरी करती हैं।

सातवीं पीढ़ी (7th Generation) माइक्रोप्रोसेसर्स

इन्टेल पेन्टियम प्रोसेसर की सातवीं पीढ़ी में निम्न प्रोसेसर्स आते हैं

(i) इन्टेल कोर i-7 प्रोसेसर

इन्टेल प्रोसेसर की सूची में इन्टेल कोर i-7 प्रोसेसर बहुत तीव्र गति प्रोसेसर है। यह 2.93 GHz से 2.66 GHz गति वाला प्रोसेसर है। यह प्रोसेसर उच्च प्रदर्शन एवं कुशल कैशे सबसिस्टम प्रदान करता है। इसका प्रयोग मल्टी थ्रेडेड गेम एवं इण्डस्ट्री व्यवहार में होता है। इसमें इन्टेल HTT तकनीक के साथ 8 प्रोसेसिंग थ्रेड होते हैं, जोकि इसकी कार्य क्षमता में वृद्धि करते हैं।

(ii) इन्टेल कोर i-7 प्रोसेसर एक्सट्रीम एडिशन

इन्टेल पेन्टियम प्रोसेसर की सूची में इन्टेल कोर i-7 प्रोसेसर एक्सट्रीम एडिशन बहुत तीव्र गति से कार्य करने वाला प्रोसेसर है जोकि एक ही समय में बहुत-से अनुप्रयोगों (applications) को क्रियान्वित करने में सक्षम है। इसका प्रयोग डिजिटल मीडिया में किया जाता है तथा यह वीडियो इनकोड करने की सुविधा प्रदान करता है। यह इमेज को बहुत तीव्र गति से दर्शाता है। इसमें 8 प्रोसेसिंग थ्रेड होते हैं।

(iii) इन्टेल कोर-2 ड्यूअल प्रोसेसर

50% तक कैशे साइज की वृद्धि के साथ लैस होता है। यह उत्तम प्रदर्शन प्रदान करता है। PC उपयोगकर्ताओं (users) की आवश्यकताओं को पूर्ण करने के लिए इस प्रोसेसर का डिजाइन किया गया। इस प्रोसेसर में मल्टिपल इन्टेंस सॉफ्टवेयर एप्लीकेशन निष्पादन करने की क्षमता में वृद्धि की गई है।

(iv) इन्टेल कोर-2 क्वैड प्रोसेसर

एक मल्टीकोर तकनीक है, यह प्रोसेसर हाइ बैण्डविड्थ प्रदान करता है, जोकि उच्चतम-थ्रेडेड अनुप्रयोगों के लिए आवश्यक होती है। यह क्लॉक चक्र के अनुसार निर्देशों को डिलीवर करती है। इसमें 12 MB की लेवल-2 कैशे के साथ 1333 MHz फ्रण्ट साइड बस होती है।

(v) इन्टेल ड्यूअल कोर प्रोसेसर

अनेक कार्यों को सम्पन्न करने के लिए बहुत उपयोगी प्रोसेसर है, इसमें प्रत्येक कोर का अपना कैशे होता है जोकि स्वतन्त्र रूप से अपना कार्य होता है एवं इनकमिंग डाटा थ्रेड को एकसमान रूप से लेकर कार्य क्षमता में वृद्धि करता है। यह निर्देशों को कार्यान्वित करने के लिए अच्छी गति प्रदान करता है।

19.2 ए. एम. डी. (AMD)

एडवान्स्ड माइक्रो डिवाइसेस [Advanced Micro Devices (AMD)] कम्पनी का निर्माण वर्ष 1969 में हुआ। यह अमेरिका की माइक्रोप्रोसेसर्स निर्माता कम्पनी है। इस कम्पनी ने इन्टेल की सहायता लिए बिना स्वयं का माइक्रोप्रोसेसर ए.एम.डी. एथलॉन (AMD Athlon), ए.एम.डी. डयूरोन (AMD Duron) एवं ए.एम.डी. ऑपट्रान (AMD Opetron) सर्वर आधारित माइक्रोप्रोसेसर डिजाइन किए। इनके अतिरिक्त यह कम्पनी सेमीकण्डक्टर युक्तियाँ (semiconductor devices) जैसेकि नेटवर्किंग डिवाइस के लिए माइक्रोप्रोसेसर चिप, फ्लैश मैमोरी, इन्टेग्रेटेड परिपथ/सर्किट आदि का निर्माण करती है। ए.एम.डी. के द्वारा निर्मित किए गए माइक्रोप्रोसेसर्स का वर्णन निम्न प्रकार है

ए.एम.डी. ऑपट्रॉन AMD Opetron

यह ए. एम. डी. कम्पनी के द्वारा निर्मित 86-64 प्रोसेसर है। यह ए एम डी के द्वारा वर्ष 2003 में डिजाइन किया गया। यह सर्वर पर आधारित कम्प्यूटर्स एवं उच्च वर्कड स्टेशनों हेतु डिजाइन किया गया। यह 32-बिट अनुप्रयोगों एवं नवीन 64-बिट अनुप्रयोगों दोनों प्रचालनों (operations) के लिए उपयुक्त माइक्रोप्रोसेसर, है जोकि 4 गीगाबाइट से अधिक रैम (RAM) को सीधे एक्सेस कर सकती है। इसके अतिरिक्त इस प्रोसेसर में एक इन्टेग्रेटेड डबल डाटा रेट-सिंक्रोनस डी रैम मैमोरी नियन्त्रक (memory controller) होता है।

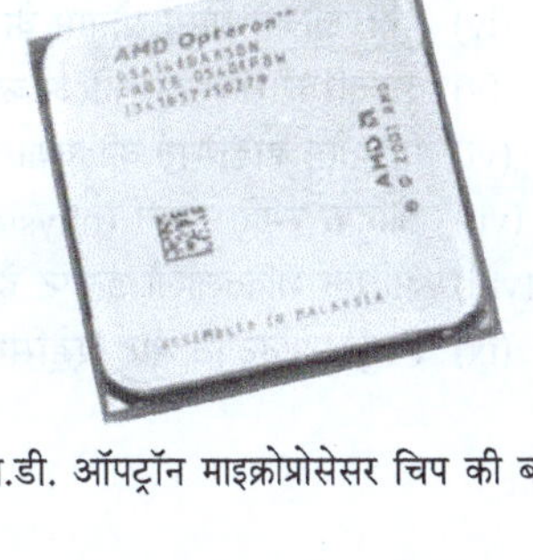

चित्र ए.एम.डी. ऑपट्रॉन माइक्रोप्रोसेसर चिप की बाह्य आकृति

ए.एम.डी. ड्यूरॉन AMD Duron

यह एक x 86 कम्प्यूटर प्रोसेसर है, जोकि AMD कम्पनी के द्वारा निर्मित किया गया। इसका निर्माण वर्ष 2000 में किया गया। यह ए एम डी एथलॉन प्रोसेसर से कम मूल्य का है। इस प्रोसेसर में लेवल-1 कैशे की क्लॉक गति 128 K होती है, इसलिए यह व्यापारिक कार्यों में एथलॉन से अच्छा कार्य करता है। यह प्रोसेसर 100 MHz फ्रण्ट-साइड बस गति DD 266 पर प्रचालित (operate) करने के लिए सीमित है, जबकि एथलॉन 133 MHz (DDR 266) बस क्लॉक गति पर कार्य कर सकता है। ड्यूरॉन माइक्रोप्रोसेसर्स का कार्य पेन्टियम सेलेरॉन माइक्रोप्रोसेसर के समान है।

ए.एम.डी. एथलॉन AMD Athlon

यह प्रोसेसर ए. एम. डी. K7 आर्किटेक्चर x86 माइक्रोप्रोसेसर पर आधारित है। यह प्रोसेसर एक 64-बिट माइक्रोप्रोसेसर्स है। इसका प्रयोग डेस्कटॉप एवं मोबाइल कम्प्यूटर के लिए किया जाता है। इस प्रोसेसर में 0.13, 0.9 एवं 0.065 माइक्रोन तकनीक प्रयोग की गई है। (1 माइक्रोन = 1 मीटर का एक मिलियन भाग के समान है) ए एम डी एथलॉन 64 बिट माइक्रोप्रोसेसर फ्रण्ट-साइज बस के स्थान पर इन्टेग्रेटेड मैमोरी कण्ट्रोलर एवं मैमोरी नियन्त्रक एवं हाइपर ट्रांसपोर्ट लिंक का बाह्य उपकरणों एवं मैमोरी के साथ इण्टरफेस करने के लिए प्रयोग करता है। इन्टेग्रेटेड मैमोरी नियन्त्रक (memory controller) प्रदर्शन एवं हाइपर ट्रांसपोर्ट लिंक नए पैकेज एवं सॉकेट टाइप को निर्मित करने हेतु विकसित किए गए हैं। ए. एम. डी. एथलॉन माइक्रोप्रोसेसर, 754 पिनों वाले सॉकेट प्रयोग किए जाते हैं, जिसमें सिंगल चैनल DDR ADRM मैमोरी नियन्त्रक एवं एक 800 MHz हाइपर ट्रांसपोर्ट लिंक होता है। यह प्रोसेसर बहुत अधिक संख्या में डाटा एक ही समय में ग्रहण करने एवं अन्य प्रक्रिया पूर्ण करने में सक्षम है।

चित्र ए. एम. डी. एथलॉन माइक्रोप्रोसेसर चिप की बाह्य आकृति

19.3 माइक्रोप्रोसेसर्स के अभिलक्षण Characteristics of Microprocessors

द्वितीय पीढ़ी के अभिलक्षण Characteristics of Second Generation

(i) बड़ा चिप साइज (large chip size) 170 x 200 mils [1 mil = 10 inch]
(ii) पिनों की संख्या = 40
(iii) चिप पर अधिक संख्या में डिकोडेड टाइमिंग सिग्नल (decoded timing signals)
(iv) एड्रेस की क्षमता = बड़ा स्मृति स्थान (large memory space)
(v) इनपुट/आउटपुट पोर्ट = अधिक
(vi) प्रचालन में तीव्रता (faster in operation)
(vii) अधिक शक्तिशाली निर्देश सेट (more powerfull instruction set)
(viii) सबरोटीन के लिए = लेबल की बहुत बड़ी संख्या (greater number of level)
(ix) अच्छी इन्ट्रप्ट हैण्डलिंग क्षमताएँ (better interrupt handling capabilities)

तृतीय पीढ़ी के अभिलक्षण Characteristics of Third Generation

(i) 40/48/64 पिनों में उपलब्ध (provided in 40/48/64 pins)
(ii) उच्च गति एवं अधिक दृढ़ प्रक्रिया क्षमता (high speed and very strong processing capability)
(iii) प्रोग्राम बनाने में सरलतम (Easer in making of program)
(iv) पुन: खोजने योग्य प्रोग्राम के लिए अनुमति देता है।
(v) आन्तरिक रेजिस्टर का आकार 8/16/32 बिट्स
(vi) गणितीय हार्डवेयर की गुणा/भाग करता है।
(vii) भौतिक स्मृति स्थान (physical memory space 1 से 16 MB) (मेगाबाइट्स)
(viii) अधिक शक्तिशाली इन्ट्रप्ट हैण्डलिंग क्षमता
(ix) इनपुट/आउटपुट पोर्ट एड्रेसिंग क्षमताएँ (लचीली)

चतुर्थ पीढ़ी के अभिलक्षण Characteristics of Fourth Generation

(i) भौतिक स्मृति स्थान (Physical memory space) 2^{24} bytes = 16MB (मेगा बाइट्स)
(ii) यथार्थ में स्मृति स्थान (Virtual memory space) = 2^{40} बाइट्स (1 टेट्रा बाइट्स)
(iii) फ्लोटिंग प्वॉइण्ट हार्डवेयर इसमें सम्मिलित रहता है।
(iv) एड्रेसिंग मोड्स की अधिक संख्या को सहायता प्रदान करता है।

19.4 माइक्रोप्रोसेसर का विकास Development of Microprocessor

वर्ष 1971 में इन्टेल कॉर्पोरेशन ने विश्व का प्रथम 4-बिट माइक्रोप्रोसेसर इन्टेल 4004 (मॉडल) के नाम से निर्मित कर विश्व के समक्ष प्रस्तुत किया। इसमें शब्दों के आकार में स्मृति लोकेशन (word size memory location) 4096 शब्दों की थी। इसमें 45 विभिन्न निर्देश सेट्स (instruction sets) प्रयोग किए जाते थे। इसमें POMS तकनीक में लार्ज स्केल इन्टेग्रेशन (large scale integration) मोनोलिथिक IC (Monolithic IC) का प्रयोग किया गया। इसके पश्चात् समय के साथ-साथ माइक्रोप्रोसेसर तकनीक में निरन्तर विकास विभिन्न निर्माताओं के द्वारा किया गया तथा 4-बिट क्षमता के पश्चात् क्रमश: 8-बिट, 16-बिट एवं 32-बिट माइक्रोप्रोसेसर्स का निर्माण किया गया। माइक्रोप्रोसेसर के द्वारा ही कम्प्यूटर्स का निर्माण किया जाना सम्भव हो सका। माइक्रोप्रोसेसर को निम्न दो भागों में विभक्त किया गया—

डेस्कटॉप माइक्रोप्रोसेसर्स Desktop Microprocessors

डेस्कटॉप माइक्रोप्रोसेसर्स (desktop microprocessors) का प्रयोग पर्सनल कम्प्यूटर के रूप में उपयोगकर्ताओं के द्वारा किया गया। इसका उपयोग सामान्यता व्यक्तिगत उद्देश्यों की पूर्ति एवं विभिन्न संस्थाओं के उद्देश्यों की पूर्ति हेतु किया गया।

सर्वर माइक्रोप्रोसेसर्स Server Microprocessors

सर्वर प्रोसेसर अथवा कम्प्यूटर का केन्द्रीय प्रबन्धन (centralized management) होता है, जिसमें क्लाइण्ट के डाटा का भण्डारण (storages) किया जाता है। सर्वर प्रोसेसर को अधिक मात्रा में डाटा को क्रियान्वित करने की आवश्यकता होती है। सर्वर पर आधारित प्रोसेसर्स बहुत अधिक डाटा अनुप्रयोग (data application) को क्रियान्वित करने हेतु बहुत उपयोगी हैं।

तालिका में इन्टेल डेस्कटॉप माइक्रोप्रोसेसर्स की विशिष्टियों (specifications) को दर्शाया गया है

प्रोसेसर का मॉडल	क्लॉक गति	बस गति	कैशे मैमोरी
इन्टेल पेन्टियम-1	233 MHz	66 MHz	16 KB-L_2
इन्टेल पेन्टियम-2	450 MHz	100 MHz	512 KB
इन्टेल पेन्टियम-3	1.33 GHz	800 MHz	256 K B L_2
इन्टेल पेन्टियम-4	3.0 GHz	1066 FSB	2 MB
इन्टेल पेन्टियम ड्यूल कोर	3.20 GHz	800 MHz	2 MB
इन्टेल पेन्टियम कोर i-7 प्रोसेसर	3.20 GHz	1066 MHz	8 MB

19.5 माइक्रोप्रोसेसर के घटक Components of Microprocessor

माइक्रोप्रोसेसर में उपयोग में लाए जाने वाले घटकों का विवरण निम्न प्रकार है

(i) **अर्थमेटिक लॉजिक यूनिट** (ALU) यह गणितीय एवं तर्क (logic) सम्बन्धी निर्देशों का निर्वहन करती है।
(ii) **कण्ट्रोल यूनिट** (CU) यह सभी सिस्टम/प्रणालियों के प्रचालन को नियन्त्रित एवं सम्मिलित करता है।
(iii) **डिकोड यूनिट** (DU) यह माइक्रोप्रोसेसर से प्राप्त किए गए निर्देशों (instructions) को डिकोड (decode) करता है, जोकि गणितीय एवं तर्कपूर्ण (Arithmetic and logic) unit के द्वारा समझा जा सकता है।
(iv) **प्रोग्राम काउण्टर** (PC) यह अग्रिम निर्देशों को सम्पन्न करने हेतु निर्देशों को मैमोरी में रखता है।
(v) **इन्स्ट्रक्शन कैशे** यह चिप पर सूचनाएँ भण्डारित (stored) करता है, जिससे माइक्रोप्रोसेसर को कम्प्यूटर की मेन मैमोरी, रोम (rom) से निर्देशों को पुन: प्राप्त नहीं करना पड़ता है।
(vi) **बस यूनिट** यह माइक्रोप्रोसेसर की आन्तरिक यूनिट को कण्ट्रोल यूनिट एवं प्री फैच यूनिट (prefetch unit) से संयोजित करता है।
(vii) **प्री फैच यूनिट** यह इन्स्ट्रक्शन कैशे (instruction cache) से प्रवाहित होने वाले डाटा (data) एवं निर्देशों के प्रवाह को नियन्त्रित करता है एवं डिकोड यूनिट को इसकी सूचना प्रदान करता है।
(viii) **डेटा कैशे** यह माइक्रोप्रोसेसर में डाटा (data) का भण्डारण करता है, जिससे कि बाद में भी प्रोसेसिंग में प्रयोग किया जा सके।
(ix) **रजिस्टर** यह विशेष उद्देश्य अस्थाई लोकेशन (special purpose temporary location) प्रस्तुत करता है, जहाँ कॉन्टेन्ट (content) एक्सेस किए जाते हैं एवं मुख्य भण्डारण लोकेशन की अपेक्षा बहुत तीव्रता से बदले जा सकते हैं।

19.6 प्रोसेसर की कार्य प्रणाली Working System of Processor

माइक्रोप्रोसेसर एक इण्टेग्रेटेड सर्किट (IC) है, जोकि गणितीय एवं तर्कपूर्ण प्रचालनों (arithmetic and logic operations) को सम्पन्न करने में सक्षम है। अग्र चित्र में माइक्रोप्रोसेसर मौलिक क्रियाशील ब्लॉक आरेख (block diagram) दर्शाया गया है, जिसमें इसके प्रत्येक खण्ड/भाग (stage) के कार्य को समझाया गया है जोकि निम्न हैं

(i) गणितीय एवं लॉजिक इकाई (ALU) ,
(ii) प्रोग्राम काउण्टर (program counter),
(iii) टाइमिंग एवं नियन्त्रक इकाई (timing and control unit),
(iv) फ्लैग रजिस्टर (flag register),
(v) निर्देश सूचक (instruction pointer) (IP),
(vi) रजिस्टर ऐरे (register array) तथा
(vii) निर्देश का अर्थ निकालने वाली इकाई (instruction decoding unit)।

ALU कम्प्यूटर की एक संगणात्मक (computational) इकाई है, जोकि बाइनरी डाटा पर गणितीय एवं तर्कपूर्ण (arithmetic and logic) प्रचालन सम्पन्न करती है। परिणाम की विभिन्न दशाएँ (परिणाम धनात्मक, ऋणात्मक अथवा समतुल्यता) जो भी हो वह स्टेटस बिट के रूप में फ्लैग रेजिस्टर में भण्डारित (stored) होता है। उदाहरण के लिए, साइन (sign), फ्लैग रजिस्टर यदि दर्शाता है। तब ALU का आउटपुट यदि '1' संचित होता है तब परिणाम ऋणात्मक होगा, परन्तु यदि फ्लैग '0' संचित करता है तब ALU द्वारा दर्शाया गया परिणाम धनात्मक होगा।

रजिस्टर ऐरे (register array) एक आन्तरिक भण्डारण युक्ति है, इसलिए यह आन्तरिक स्मृति (internal memory) कहलाती है। ALU की इनपुट पर डाटा भेजने के पश्चात् ALU की आउटपुट पर जो डाटा प्राप्त होता है, वह ALU के द्वारा दिया गया परिणाम कहलाता है।

किसी भी माइक्रोप्रोसेसर के लिए उसके निर्माता के द्वारा निर्देशों का सेट (set of instructions) दिया जाता है कि उसे किस प्रकार कार्य सम्पन्न करना है। माइक्रोप्रोसेसर के साथ कोई भी उपयोगी कार्य करने के लिए हमें निर्माता द्वारा भेजे गए निर्देशों के अनुसार माइक्रोप्रोसेसर की इनपुट पर प्रोग्राम टाइप करके भेजना होता है, जोकि रजिस्टर ऐरे अथवा स्मृति (memory) में भण्डारित (stored) किया जाता है।

निर्देश सूचक (instruction pointer) मैमोरी में प्रत्येक निर्देश पंक्ति हेतु पता (address) उत्पन्न करता है तथा इसे डाटा बस के द्वारा मैमोरी को भेजता है। तब मैमोरी, डाटा बस के द्वारा निर्देश कोड्स (instruction codes) भेजता है। अब निर्देश कोड्स को डिकोडिंग इकाई के द्वारा डिकोड करके इसकी सूचना टाइमिंग एवं नियन्त्रण इकाई को भेजी जाती है। सूचना प्राप्त करने के पश्चात् नियन्त्रण एवं टाइमिंग इकाई माइक्रोप्रोसेसर के सभी भागों को उचित टाइमिंग सिग्नल निर्देश में दर्शाए गए विशिष्ट कार्य को पूर्ण करने हेतु भेजती है तथा ALU के द्वारा प्रक्रिया पूर्ण करने हेतु डाटा को रजिस्टर में भण्डारित किया जाता है। नियन्त्रण इकाई माइक्रोप्रोसेसर आन्तरिक एवं बाह्य प्रचालन हेतु नियन्त्रण सिग्नल उत्पन्न करती है।

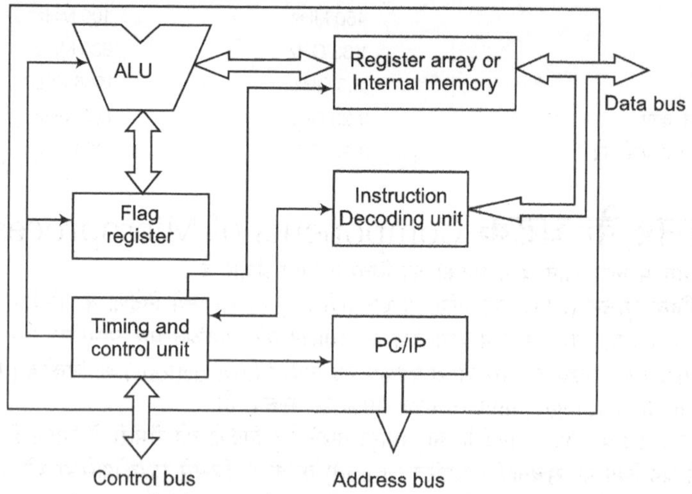

चित्र माइक्रोप्रोसेसर का मौलिक क्रियाशील (functional) ब्लॉक आरेख

अभ्यास प्रश्न

परीक्षा प्रारूपी प्रश्न

बहुविकल्पीय

1. पेन्टियम-4 प्रोसेसर कितनी बिट पर काम करते हैं?
(a) 32-बिट (b) 128-बिट (c) 64-बिट (d) 56-बिट

2. डेटा प्रोसेसिंग का काम किस कम्पोनेन्ट के द्वारा होता है?
(a) हार्ड डिस्क (b) ऑपरेटिंग सिस्टम
(c) रैम (d) माइक्रोप्रोसेसर

3. MMX नामक तकनीक का प्रयोग निम्न में से किस कम्पनी के प्रोसेसरों में हुआ है?
(a) ए एम डी (b) मॉटोरोला
(c) इन्टेल (d) इनमें से कोई नहीं

4. SSE तकनीक को सबसे पहले निम्न में से किस प्रोसेसर मे प्रयोग किया गया था?
(a) पेन्टियम-3 प्रोसेसर (b) पेन्टियम-2 प्रोसेसर
(c) पेन्टियम-1 प्रोसेसर (d) ये सभी

5. कम्प्यूटर में प्रयुक्त होने वाले प्रोसेसर के कितने कार्यकारी मोड होते हैं?
(a) 3 (b) 4
(c) 7 (d) इनमें से कोई नहीं

6. पेन्टियम-4 प्रोसेसरों में कितने मिलियन ट्रांजिस्टरों का प्रयोग हुआ है?
(a) 13 मिलियन (b) 21 मिलियन
(c) 10 मिलियन (d) 32 मिलियन

7. SSE तकनीक वाले प्रोसेसरों को किस नाम से जाना जाता है?
(a) एडवान्स प्रोसेसर (b) कटमाई
(c) मल्टी प्रोसेसर (d) ग्राफिक्स प्रोसेसर

8. SSE तकनीक को AMD ने अपने प्रोसेसरों में किस नाम से प्रयोग किया है?
(a) एडवान्स तकनीक (b) 4D-Now
(c) 3D-Now (d) 2D-Now

9. MMX नामक तकनीक का पूर्ण नाम है
(a) मैट्रिक मैथ एक्सटेंशन (b) मेगा मैट्रिक एक्सटेंशन
(c) मेगा मैथ एक्सटेंशन (d) मैट्रिक मैमोरी एक्सटेंशन

10. AMD एथलॉन का प्रयोग किस कम्प्यूटर कम्पोनेन्ट के लिए किया जाता है?
(a) प्रोसेसर (b) फॉयर वॉयर
(c) साटा पोर्ट (d) लैन कार्ड

11. निम्न में से कौन-सी कम्पनी कम्प्यूटर का प्रोसेसर बनाती है?
(a) सन जावा (b) माइक्रोसॉफ्ट
(c) एप्पल (d) इन्टेल

12. प्रोसेसरों में प्रयोग की जाने वाली SSE तकनीक का नाम है
(a) स्ट्रीमिंग सिंगल एक्सटेंशन (b) सिंगल साइड एक्सप्लोरर
(c) सुपर साइड एक्सटेंशन (d) इनमें से कोई नहीं

13. ALU और CU नामक भाग निम्न में से किस कम्पोनेन्ट के भाग होते हैं?
(a) हार्ड डिस्क (b) रोम
(c) माइक्रोप्रोसेसर (d) SMPS

14. AMD नामक कम्पनी ने किस सीरीज के प्रोसेसरों का निर्माण किया है?
(a) B5 - सीरीज (b) K6 - सीरीज
(c) M9 - सीरीज (d) ये सभी

15. Machine Cycle नामक प्रक्रिया निम्न में से किस कम्पोनेन्ट के द्वारा सम्पन्न होती है?
(a) सी पी यू (b) रोम
(c) डी वी डी ड्राइव (d) SMPS

16. Quad-core नामक शब्द का प्रयोग निम्न में से कौन-से कम्प्यूटर कम्पोनेन्ट के लिए किया जाता है?
(a) प्रिण्टर (b) ऑपरेटिंग सिस्टम
(c) हार्ड डिस्क (d) प्रोसेसर

17. निम्न में से कौन-सा प्रोसेसर का मुख्य भाग है?
(a) मैमोरी एड्रेस बस (b) साटा पोर्ट
(c) बॉयोस (d) इनमें से कोई नहीं

18. निम्न में से किस शब्द का प्रयोग एक प्रोसेसर के सम्बन्ध में किया जाता है?
(a) MMX (b) XXX
(c) SFX (d) ये सभी

19. निम्न में से कौन-सी कैश मैमोरी कम्प्यूटर के प्रोसेसर का भाग होती है?
(a) M2 (b) L2
(c) M3 (d) ये सभी

20. प्रोसेसर में किसी भी निर्देश की प्रोसेसिंग की प्रक्रिया क्या कहलाती है?
(a) लॉजिक चक्र (b) मशीन चक्र
(c) एडवान्स चक्र (d) इनमें से कोई नहीं

21. AMD के थण्डरबर्ड नामक प्रोसेसरों को निम्न में से किस सॉकेट या स्लॉट में लगाया जा सकता है?
(a) सॉकेट-6 (b) सॉकेट-2
(c) स्लॉट-A (d) उपरोक्त में से कोई नहीं

22. इन्टेल के Xeon नामक प्रोसेसर की डेटा बस कितने बिट की होती है?
(a) 32 - bit (b) 64 - bit
(c) 16 - bit (d) उपरोक्त में से कोई नहीं

23. पेन्टियम शब्द का प्रयोग निम्न में से किस कम्प्यूटर कम्पोनेन्ट के लिए किया जाता है?
(a) डी वी डी ड्राइव (b) प्रोसेसर
(c) यू एस बी पोर्ट (d) माउस

24. AMD के K6 सीरीज के प्रोसेसरों को निम्न में से किस सॉकेट में लगाया जा सकता है?
(a) सॉकेट-3 (b) सॉकेट-4
(c) सॉकेट-7 (d) इनमें से कोई नहीं

25. किसी भी प्रोसेसर की गति को इनमें से किसमें मापा जाता है?
(a) Hz (b) FLOPS
(c) MIPS (d) ये सभी

विविध प्रारूपी प्रश्न

सत्य/असत्य

1. इन्टेल द्वारा जारी पहला माइक्रोप्रोसेसर 8008 था।
2. प्रोसेसर का प्रमुख कार्य डेटा प्रोसेसिंग है।
3. कम्प्यूटर में प्रयोग किए जाने वाले प्रोसेसर के 4 कार्यकारी मोड होते हैं।
4. पेन्टियम-4 प्रोसेसर 128 बिट पर काम करते हैं।
5. प्रोसेसर में किसी भी निर्देश की प्रोसेसिंग की प्रक्रिया मशीन चक्र कहलाती है।

रिक्त स्थानों की पूर्ति

1. कम्प्यूटर का माइक्रोप्रोसेसर केवल .... की भाषा समझता है।
2. इन्टेल द्वारा .... का निर्माण किया जाता है।
3. .... एक इलेक्ट्रॉनिक डिवाइस है जो डेटा को इनफॉर्मेशन में कनवर्ट करते हुए प्रोसेस करता है।
4. पहला माइक्रोप्रोसेसर .... था।
5. इन्स्ट्रक्शन का समूह, जो कम्प्यूटर को निर्देशित करता है, ... कहलाता है।

अतिलघु उत्तरीय

1. माइक्रोप्रोसेसर किसे कहते हैं?
2. माइक्रोप्रोसेसर का उपयोग बताइए।
3. CPU के मुख्य भाग कौन-कौन से होते हैं?
4. SSE तकनीक वाले प्रोसेसरों को किस नाम से जाना जाता है?

लघु उत्तरीय

1. माइक्रोप्रोसेसर क्या है, इसका प्रयोग किस प्रकार के कम्प्यूटर में किया जाता है?
2. MMX तकनीक वाला प्रोसेसर आम प्रोसेसर की अपेक्षा कितने ज्यादा निर्देशों का पालन कर सकता है?

दीर्घ उत्तरीय

1. प्रोसेसर सूचनाओं को किसके द्वारा ग्रहण करता है और फिर वापस करता है?
2. CPU और RAM के बीच सम्बन्ध किसके द्वारा स्थापित होता है?

उत्तरमाला

बहुविकल्पीय

1. (b) 2. (d) 3. (c) 4. (a) 5. (a) 6. (d) 7. (b) 8. (c) 9. (a) 10. (a)
11. (d) 12. (a) 13. (c) 14. (b) 15. (a) 16. (d) 17. (a) 18. (a) 19. (b) 20. (b)
21. (c) 22. (b) 23. (b) 24. (c) 25. (d)

सत्य/असत्य

1. असत्य 2. सत्य 3. असत्य 4. सत्य 5. सत्य

रिक्त स्थानों की पूर्ति

1. मशीन 2. माइक्रोप्रोसेसर 3. प्रोसेसर 4. इन्टेल 4004 5. प्रोग्राम

□□□

प्राइमरी मैमोरी
Primary Memory

परिचय Introduction

कम्प्यूटर की मैमोरी किसी कम्प्यूटर के उन अवयवों, साधनों तथा रिकॉर्ड करने वाले माध्यमों को कहा जाता है, जिनमें प्रोसेसिंग में उपयोग किए जाने वाले अंकीय डेटा (digital data) को किसी समय तक सुरक्षित रखा जाता है। कम्प्यूटर मैमोरी आधुनिक कम्प्यूटरों के मूल कार्यों में से एक अर्थात् सूचना भण्डारण (information storage) की सुविधा प्रदान करती है। वास्तव में, मैमोरी कम्प्यूटर का वह भाग है, जिसमें सभी डेटा और प्रोग्राम स्टोर किए जाते हैं। यदि यह भाग न हो, तो कम्प्यूटर को दिया जाने वाला कोई भी डेटा तुरन्त नष्ट हो जाएगा। इसलिए इस भाग का महत्त्व स्पष्ट है। मैमोरी मुख्यतया दो प्रकार की होती है— **मुख्य मैमोरी** (main memory) तथा **सहायक मैमोरी** (auxiliary memory)।

इनमें से मुख्य मैमोरी को सी पी यू (CPU) का भाग माना जाता है तथा सहायक मैमोरी उससे बाहर चुम्बकीय माध्यमों (magnetic mediums); जैसे– हार्ड डिस्क, फ्लॉपी डिस्क, टेप आदि के रूप में होती है। दोनों प्रकार की मैमोरी में लाखों की संख्या में बाइट्स (bytes) होती हैं, जिनमें सभी प्रकार के डेटा (data) और आदेश (instruction), बाइनरी संख्याओं के रूप में भण्डारित किए जाते हैं। किसी कम्प्यूटर की मुख्य मैमोरी का आकार जितना अधिक होता है, उसकी प्रोसेसिंग गति उतनी ही अधिक होती है।

20.1 मैमोरी का अनुक्रम Memory Hierarchy

मैमोरी को दो आधार पर विभाजित किया जाता है— क्षमता (capacity) तथा एक्सेस समय (access time)।

क्षमता, सूचना (information) की वह मात्रा (बिट्स में) है जिसे मैमोरी स्टोर कर सकती है। एक्सेस समय, समय का वह अन्तराल है जो डेटा के लिए रिक्वेस्ट (request) तथा उस रिक्वेस्ट के प्रतिपादन में लगता है। ये एक्सेस समय जितना कम होता है, मैमोरी की गति उतनी ही अधिक होती है। चित्र में मैमोरी अनुक्रम को बढ़ती गति तथा घटते आकार के रूप में दर्शाया गया है।

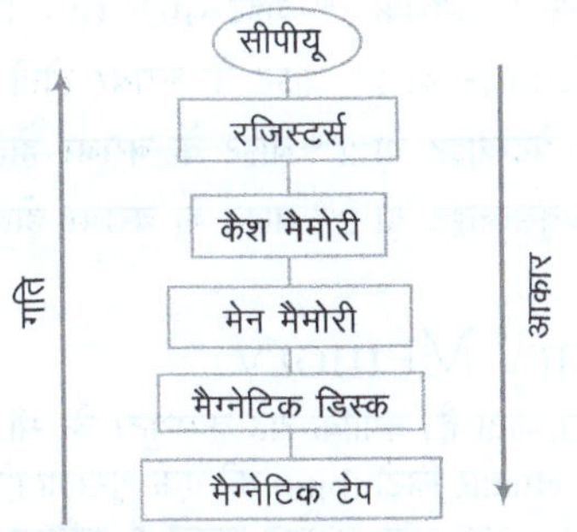

चित्र मैमोरी अनुक्रम

मैमोरी के मापदण्ड Parameters of Memory

स्टोरेज कैपेसिटी Storage Capacity

यह मैमोरी के साइज को प्रदर्शित करती है। कम्प्यूटर की आन्तरिक मैमोरी को **वर्ड** या **बाइट** में मापा जाता है।

एक्सेस मोड Access Mode

किसी भी मैमोरी की बहुत सारी लोकेशन होती हैं। इन मैमोरी लोकेशनों से इन्फॉर्मेशन को रैण्डमली (randomly), सीक्वेन्शियली (sequentially) तथा डायरेक्टली (directly) एक्सेस किया जाता है।

एक्सेस टाइम Access Time

एक्सेस टाइम वह है, जो कम्प्यूटर के रीड और राइट ऑपरेशन्स को सम्पन्न करने के लिए प्रयोग किया जाता है।

20.2 मापन की प्राथमिक इकाइयाँ Basic Units of Measurement

कम्प्यूटर की सभी सूचनाएँ (informations), इलेक्ट्रॉनिक कम्पोनेन्ट; जैसे—इण्टीग्रेटेड सर्किट, सेमीकण्डक्टर के द्वारा हैण्डल की जाती हैं जो किसी भी सिग्नल की केवल दो ही अवस्थाओं (states) को पहचानती हैं—**उपस्थिति** और **अनुपस्थिति**। इन अवस्थाओं को पहचानने के लिए दो प्रतीकों (symbols) का प्रयोग किया जाता है—0 और 1, जिसे 'बिट' भी कहते हैं। 0, सिग्नल की अनुपस्थिति तथा 1, सिग्नल की उपस्थिति को दर्शाता है। एक बिट कम्प्यूटर की वह सबसे छोटी यूनिट है जो केवल 0 या 1 स्टोर कर सकती है, क्योंकि एक सिंगल (single) बिट केवल एक या दो ही मान (value) स्टोर कर सकती है। कम्प्यूटर में जब हम रैम, रोम, फ्लॉपी डिस्क, हार्ड डिस्क इत्यादि का प्रयोग करते हैं तो डेटा कुछ यूनिट्स में स्टोर होता है जिसे निबल, बिट, बाइट, किलोबाइट, मेगाबाइट और गीगाबाइट कहते हैं।

इनका संक्षिप्त विवरण निम्नवत् है

- **बिट** बिट, बाइनरी डिजिट को निरूपित करता है। यह एक सिंगल डिजिट है, जिसमें 0 तथा 1 का प्रयोग होता है—0 से तात्पर्य ऑफ (OFF) तथा 1 से तात्पर्य ऑन (ON) से है।
- **निबल** निबल में चार बिट होती हैं, दो निबल एक बाइट के बराबर होते हैं।
- **बाइट** बाइट लगभग एक कैरेक्टर है (जैसे— लैटर 'a', नम्बर '1', प्रतीक '2' आदि)। 8 बिट के एक समूह को बाइट कहा जाता है।
- **किलोबाइट** मैमोरी में 1024 बाइट्स को 1 किलोबाइट कहते हैं।
- **मेगाबाइट** मैमोरी में 1024 किलोबाइट्स को 1 मेगाबाइट कहते हैं। इसका तात्पर्य 1 मिलियन बाइट या 1000 किलोबाइट्स से है।
- **गीगाबाइट** मैमोरी में 1024 मेगाबाइट के समूह को 1 गीगाबाइट कहते हैं। इसका तात्पर्य एक बिलियन बाइट्स या 1000 मेगाबाइट्स से है। अधिकतर चिप बनाने वाली कम्पनियाँ मेगाबाइट तथा गीगाबाइट का प्रयोग करती हैं; जैसे— 64 MB, 128 MB, 256 MB, 1.2 GB इत्यादि।
- **टेराबाइट** एक टेराबाइट में अधिक-से-अधिक 2^{40} बाइट (1024 GB), 1 ट्रिलियन (10^{12}) बाइट होती है।
- **पेटाबाइट** एक पेटाबाइट, 1024 टेराबाइट या 2^{50} बाइट के बराबर होती है।
- **एक्साबाइट** एक एक्साबाइट, 1024 पेटाबाइट या 2^{60} बाइट के बराबर होती है।
- **जेटाबाइट** एक जेटाबाइट 1024 एक्साबाइट या 2^{70} बाइट के बराबर होती है।

मैमोरी की इकाइयाँ
(Units of Memory)

1 बिट	=	बाइनरी डिजिट
8 बिट	=	1 बाइट = 2 निबल
1024 बाइट	=	1 किलोबाइट (1 KB)
1024 किलोबाइट	=	1 मेगाबाइट (1 MB)
1024 मेगाबाइट	=	1 गीगाबाइट (1 GB)
1024 गीगाबाइट	=	1 टेराबाइट (1 TB)
1024 टेराबाइट	=	1 पेटाबाइट (1 PB)
1024 पेटाबाइट	=	1 एक्साबाइट (1 EB)
1024 एक्साबाइट	=	1 जेटाबाइट (1 ZB)
1024 जेटाबाइट	=	1 योटाबाइट (1 YB)
1024 योटाबाइट	=	1 ब्रोण्टोबाइट (1 Bronto Byte)
1024 ब्रोण्टोबाइट	=	1 जीओपबाइट (Geop Byte)

20.3 प्राइमरी मैमोरी Primary Memory

इसे आन्तरिक (internal) मैमोरी भी कहा जाता है, क्योंकि यह कम्प्यूटर के सी पी यू से सीधे सम्पर्क में रहती है। इसमें लाखों की संख्या में बाइट्स (bytes) होती हैं। प्रत्येक बाइट, 8 लगातार बिटों (bits) की एक शृंखला होती है। बिट सूचना की सबसे छोटी इकाई है। किसी बिट की दो स्थितियाँ हो सकती हैं, जिन्हें हम ऑन (ON) तथा ऑफ (OFF) कहते हैं, सुविधा के लिए हम इन स्थितियों को क्रमशः 1 तथा 0 से व्यक्त करते हैं। इन बिटों की स्थितियों के अनुसार बाइट का मान (value) या अर्थ निकाला जाता है। मैमोरी में बाइट को ही सबसे छोटी इकाई माना जाता है। मैमोरी की प्रत्येक बाइट का एक विशेष पता (address) होता है। जिस प्रकार किसी शहर में मकानों पर नम्बर प्लेट होती हैं, उसी प्रकार मैमोरी में बाइटों पर क्रम संख्याएँ होती हैं। ये क्रम संख्याएँ शून्य से प्रारम्भ होती हैं। इन संख्याओं को ही बाइटों का पता कहा जाता है।

कम्प्यूटर की मुख्य मैमोरी का आकार किलोबाइट या मेगाबाइट में मापा जाता है। साधारण छोटे कम्प्यूटरों की मुख्य मैमोरी 16 मेगाबाइट से लेकर 1 गीगाबाइट तक होती है। बड़े कम्प्यूटरों की मुख्य मैमोरी कई गीगाबाइटों की भी हो सकती है।

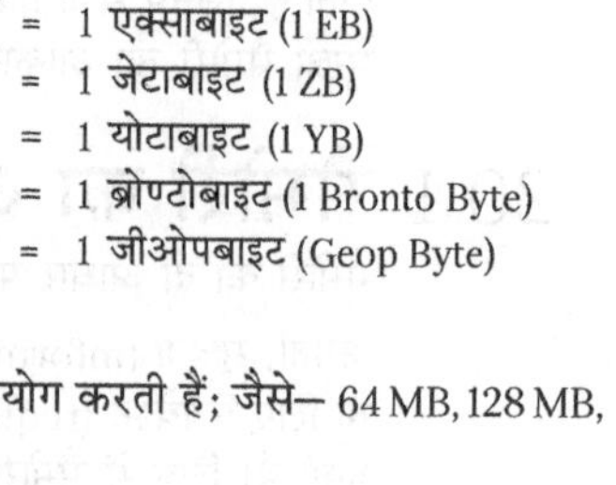

चित्र मुख्य मैमोरी

मुख्य मैमोरी में किसी समय चल रहे प्रोग्राम (या प्रोग्रामों) तथा उनके इनपुट एवं आउटपुट डेटा को अस्थायी रूप से कुछ समय के लिए स्टोर किया जाता है। जैसे ही उनकी आवश्यकता समाप्त हो जाती है,

उन्हें हटाकर दूसरे डेटा या प्रोग्राम उस जगह रख दिए जाते हैं। मुख्य मैमोरी का आकार सीमित होता है, परन्तु इसकी गति बहुत तेज होती है, ताकि जब भी किसी डेटा की जरूरत हो, इसमें से तुरन्त प्राप्त किया जा सके।

मुख्य मैमोरी में निम्नलिखित सूचनाएँ रखी जाती हैं

- प्रोसेस किया जाने वाला समस्त डेटा और उसको प्रोसेस करने के लिए आवश्यक निर्देश, जो इनपुट साधनों से प्राप्त किए गए होते हैं।
- प्रोसेसिंग के अन्तरिम (intermediate) परिणाम।
- प्रोसेसिंग के अन्तिम (final) परिणाम, उन्हें आउटपुट साधन को भेजे जाने तक रखा जाता है।

विशेषताएँ Features

(i) यह कार्यक्रमों और डेटा धारण प्रोसेसर के लिए सक्रिय रूप से कार्य करती है।
(ii) प्रोसेसर इसके साथ प्रति सेकण्ड में लाखों सूचनाओं का आदान-प्रदान कर सकता है।
(iii) इसमें संग्रहित डेटा को आसानी से बदला जा सकता है।

मुख्य मैमोरी के विभिन्न प्रकार होते हैं, जिनका विवरण निम्न प्रकार है

(i) **रैण्डम एक्सेस मैमोरी** Random Access Memory; RAM

यह मैमोरी एक चिप में होती है, जो मैटल-ऑक्साइड सेमीकण्डक्टर (MOS) से बनी होती है। हम इस मैमोरी की किसी भी लोकेशन को चुनकर उसका उपयोग सीधे ही किसी डेटा को स्टोर करने या उसमें से डेटा पढ़ने के लिए कर सकते हैं। यह मैमोरी ऐसे रजिस्टरों और उनमें जुड़े हुए परिपथों (circuits) से बनी होती है, जिनसे डेटा को वहाँ तक और वहाँ से स्थानान्तरित करना सम्भव हो। ऐसी प्रत्येक लोकेशन का एक निश्चित पता (address) होता है, जिसकी सहायता से हम उस लोकेशन तक पहुँच सकते हैं। इस मैमोरी के रजिस्टरों या लोकेशनों को हम आवश्यकता होने पर कभी भी उपयोग में ला सकते हैं, इसलिए इसका नाम रैण्डम एक्सेस मैमोरी रखा गया है। रैम में भरी जाने वाली सूचनाएँ अस्थायी होती हैं और जैसे ही कम्प्यूटर की बिजली सप्लाई बन्द कर दी जाती है, वैसे ही वे समस्त सूचनाएँ नष्ट हो जाती हैं।

चित्र रैण्डम एक्सेस मैमोरी

रैम में वे प्रोग्राम और डेटा रखे जाते हैं, जिनको सी पी यू खोज और प्राप्त कर सके। इस मैमोरी को भी कई सेक्शनों में बाँटा जाता है, ताकि उसमें रखी गई सूचनाओं को व्यवस्थित किया जा सके और उन्हें पाया जा सके। एड्रेस बस सी पी यू को यह बताने की सुविधा देता है कि हमें मैमोरी की किस लोकेशन में सूचना स्टोर करनी है या वहाँ से प्राप्त करनी है।

रैम (RAM) मुख्यत: दो प्रकार की होती हैं

(a) **डायनमिक रैम; डी रैम** Dynamic RAM; DRAM

डी रैम चिप के स्टोरेज सेल परिपथों में एक ट्रांजिस्टर लगा होता है जो ठीक उसी प्रकार कार्य करता है, जिस प्रकार कोई ऑन-ऑफ लाइट स्विच कार्य करता है और एक कैपेसिटर (capacitor) भी लगा होता है, जो एक विद्युत चार्ज को स्टोर कर सकता है। ट्रांजिस्टर रूपी स्विच की स्थिति के अनुसार, वह कैपेसिटर या तो कोई चार्ज नहीं रखता या चार्ज रखता है। इन स्थितियों को क्रमश: 0 बिट और 1 बिट माना जाता है, परन्तु कैपेसिटर का चार्ज लीक हो सकता है इसलिए उस चार्ज को फिर से भरने या उत्पन्न करने का प्रावधान किया जाता है अर्थात् डी रैम को बार-बार रिफ्रेश (refresh) करना पड़ता है। इस प्रकार डायनमिक रैम चिप ऐसी मैमोरी की सुविधा देती है, जिसकी सूचना बिजली बन्द करने पर नष्ट हो जाती है।

डी रैम कई प्रकार की होती हैं, जिनमें से कुछ निम्नलिखित हैं

- एस डी रैम (Synchronous DRAM; SD RAM)
- आर डी रैम (Rambus DRAM; RD RAM)
- एफ पी एम डी रैम (Fast Page Mode DRAM; FPMD RAM)
- ई एस डी रैम (Enhanced Synchronous DRAM; ESD RAM)
- ई डी ओ डी रैम (Extended Data Output DRAM; EDOD RAM)

(b) **स्टैटिक रैम; एस रैम** Static RAM; SRAM

यह सूचना को तब तक संग्रहित रखता है, जब तक कि बिजली आपूर्ति की जा रही है और बिजली बन्द होते ही इसकी सारी सूचनाएँ नष्ट हो जाती हैं। स्टैटिक रैम में स्टोरेज सेल परिपथों में एक-से-अधिक ट्रांजिस्टर्स लगे होते हैं। डी रैम के विपरीत, एस रैम को बार-बार रिफ्रेश करने की जरूरत नहीं पड़ती। स्टैटिक रैम, डायनमिक रैम की तुलना में, डेटा को तेजी से एक्सेस करती है तथा सस्ती होती है।

एस रैम कई प्रकार की होती हैं, जिनमें से कुछ निम्नलिखित हैं

- नॉन-वॉलेटाइल एस रैम (Non-Volatile SRAM)
- एसिंक्रोनस एस रैम (Asynchronous SRAM)
- स्पेशल एस रैम (Special SRAM)
- सिंक्रोनस एस रैम (Synchronous SRAM)

एसडी रैम SD RAM

यह सिंक्रोनस डायनेमिक रैम (Synchronous Dynamic RAM) का लघु नाम है। यह ऐसी विस्तारित मैमोरी है, जिससे किसी भी समय डाटा का स्थानान्तरण करना सम्भव होता है। इसके उपयोग से मौमरी की कार्यक्षमता नाटकीय रूप से बढ़ जाती है।

इस मैमोरी का नियन्त्रक (controller) एक 64 बिट चौड़ी मैमोरी बस के द्वारा कई डिम (DIMN) सॉकेटों से जुड़ा होता है। डिम मॉड्यूलों से एड्रैस और कण्ट्रोल सिग्नल किसी डाटा बस के स्थान पर एक अन्य विशेष संरचना द्वारा जुड़े होते हैं, जिससे कुछ सिग्नल दूसरों से अलग प्रकार से व्यवहार करते हैं। एड्रैस लाइनों को पंक्ति और कॉलम एड्रैस प्रदान किए जाते हैं, जिनकी सहायता से किसी लोकेशन तक पहुँचा जाता है। मैमोरी कन्ट्रोलर इनको उचित मान प्रदान करता है।

चित्र एसडी रैम

आर डी रैम RD RAM

यह रैम्बस डायनमिक रैम (Rambus Dynamic RAM) का छोटा नाम है। इसमें ऐसे अलग डाटा चैनल होते हैं, जिनके द्वारा 800 मेगाहर्ट्ज तक की गति से डाटा को स्थानान्तरित किया जा सकता है। ये बहुत हाई स्पीड बस का उपयोग करती हैं। उच्च गति के सिग्नल देना मैमोरी कण्ट्रोलर और आरडी रैम के बीच अलग इण्टरफेस द्वारा सम्भव होता है। ऐसे इण्टरफेसों का उपयोग केवल कम्प्यूटर की ही नहीं बल्कि सभी प्रकार की मैमोरी चिपों के साथ किया जा सकता है, जिससे स्पीड बहुत बढ़ जाती है।

चित्र आरडी रैम

(ii) रीड ओनली मैमोरी Read Only Memory; ROM

यह वह मैमोरी है, जिसमें डेटा पहले से भरा जा चुका होता है, जिसे हम केवल पढ़ सकते हैं। हम उसे हटा या बदल नहीं सकते, वास्तव में रोम चिप बनाते समय ही उसमें कुछ आवश्यक प्रोग्राम और डेटा लिख दिए जाते हैं, जो स्थायी होते हैं।

जब कम्प्यूटर की बिजली बन्द कर दी जाती है, तब भी रोम चिप में भरी हुई सूचनाएँ सुरक्षित बनी रहती हैं। रोम चिपों का उपयोग सभी प्रकार की इलेक्ट्रॉनिक युक्तियों; जैसे—वीडियो गेम, डिजिटल कैमरा आदि में किया जाता है, अधिकांश पर्सनल कम्प्यूटरों में रोम मैमोरी के बहुत उपयोग होते हैं। इनमें प्राय: ऐसी सूचनाएँ स्टोर की जाती हैं, जो स्थायी और महत्त्वपूर्ण होती हैं या वे प्रोग्राम स्टोर किए जाते हैं, जिनको बदलने की आवश्यकता नहीं होती; जैसे—कम्प्यूटर को बूट करने वाला प्रोग्राम।

कम्प्यूटर केवल 0 और 1 को समझ सकते हैं। किसी ट्रांजिस्टर की दो स्थितियाँ होती हैं, या तो उनमें बिजली होकर जा सकती है या नहीं जा सकती अर्थात् उनमें विद्युतधारा है या नहीं है। ये स्थितियाँ क्रमश: 1 और 0 के समतुल्य हैं। रोम चिप वास्तव में लाखों ट्रांजिस्टरों से बनाई जाती है।

चित्र रोम

रोम (ROM) मुख्यत: निम्न प्रकार की होती हैं

(a) **पी रोम** PROM

यह प्रोग्रामेबल रीड ओनली मैमोरी (programmable read only memory) का संक्षिप्त नाम है। यह एक ऐसी मैमोरी है, जिसमें एक प्रोग्राम की सहायता से सूचनाओं को स्थायी रूप से स्टोर किया जाता है। साधारण रोम मैमोरी में ट्रांजिस्टर स्विचों को स्थायी रूप से ऑन (1) या ऑफ (0) स्थितियों में सेट कर दिया जाता है, लेकिन पी रोम को मैमोरी के मामले में चिप को इस प्रकार बनाया जाता है कि इसके सभी स्विचों को ऑन करके छोड़ दिया जाता है।

इस मैमोरी में यदि कोई सूचना भरनी होती है, तो एक युक्ति जिसे पी रोम प्रोग्रामर (PROM Programmer) या बर्नर (burner) कहा जाता है, जिसके द्वारा ऐसे उच्च वोल्टेज के पल्स उत्पन्न किए जाते हैं, जिनसे कुछ चुने हुए स्विच नष्ट हो जाते हैं अर्थात् वे स्विच 1 से 0 हो जाते हैं। इस प्रकार पी रोम चिप में सूचनाएँ स्टोर कर दी जाती हैं।

(b) **ई पी रोम** EPROM

यह इरेजेबल प्रोग्रामेबल रीड ओनली मैमोरी (erasable programmable read only memory) का संक्षिप्त नाम है। यह एक ऐसी पी रोम मैमोरी है, जिसको फिर से प्रोग्राम किया जा सकता है। इसकी सूचनाओं को चिप में ही रखी गई विद्युत धारा के द्वारा स्थायी रखा जाता है। किसी ई पी रोम की सूचनाओं को उसके सर्किट से हटाकर और उसमें बनी हुई एक छोटी-सी खिड़की से पराबैंगनी किरणें (ultraviolet rays) डालकर साफ किया जा सकता है। बाद में इसे एक ई पी रोम बर्नर (EPROM Burner) की सहायता से फिर से प्रोग्राम किया जा सकता है।

(c) **ई ई पी रोम** EEPROM

यह इलेक्ट्रॉनिकली इरेजेबल प्रोग्रामेबल रीड ओनली मैमोरी (Electronically Erasable Programmable Read Only Memory) का संक्षिप्त नाम है। यह एक ऐसी ई पी रोम मैमोरी है, जिसको फिर से प्रोग्राम करने के लिए सर्किट से हटाने और निर्माता को भेजने की आवश्यकता नहीं होती। आप इसको एक विशेष सॉफ्टवेयर या प्रोग्राम की सहायता से अपने कम्प्यूटर में ही प्रोग्राम कर सकते हैं। इसमें यह विशेषता भी है कि फिर से प्रोग्राम करने के लिए इसकी सारी सूचनाओं को नष्ट करने की आवश्यकता नहीं है। आप एक बार में इसकी एक बाइट को साफ करके फिर से लिख सकते हैं। इसमें प्राय: कम्प्यूटर के कॉन्फिगुरेशन (configuration) से सम्बन्धित सूचनाएँ रखी जाती हैं।

(d) **फ्लैश रोम** Flash ROM

यह भी एक प्रकार की ई ई पी रोम (EEPROM) मैमोरी है, लेकिन इसकी सूचनाएँ एक-एक बाइट के हिसाब से नहीं लिखी जातीं, बल्कि एक बार में एक पूरा ब्लॉक लिखा जाता है। इससे यह साधारण ई ई पी रोम मैमोरी से अधिक तेज होती है। इसको कार्य करने के लिए कम वोल्टेज की आवश्यकता होती है।

फ्लैश रोम का उपयोग आजकल पर्सनल कम्प्यूटरों के बेसिक इनपुट-आउटपुट सिस्टम (BIOS) को स्टोर करने में किया जाता है। इससे इनको इण्टरनेट द्वारा अपडेट करना भी सम्भव है। इसके लिए यूजर को निर्माता की वेबसाइट पर जाकर कुछ सूचनाएँ डाउनलोड करनी होती हैं और उनके निर्देशों के अनुसार कार्य करना होता है। ऐसा करने पर कम्प्यूटर नवीनतम विशेषताओं से सम्पन्न हो जाता है, लेकिन इस कार्य को करने से पहले इसका बैकअप लेना आवश्यक होता है, ताकि कोई गड़बड़ हो जाने पर पुरानी सूचनाओं को रिस्टोर किया जा सके। वैसे हर बार नई अपडेट आने पर फ्लैश मैमोरी को प्रोग्राम करना अच्छा नहीं है। ऐसा तभी करना चाहिए, जब आपको किसी नई विशेषता की वास्तव में आवश्यकता हो।

नोट *सी पी यू में इन दोनों के अतिरिक्त एक अन्य मैमोरी भी होती है, जिसे कैशे मैमोरी (cache memory) कहा जाता है।*

अभ्यास प्रश्न

परीक्षा प्रारूपी प्रश्न

बहुविकल्पीय

1. निर्माण प्रक्रिया में इनमें से किस मैमोरी चिप को प्रोग्राम किया जाता है?
(a) RAM (b) ROM
(c) PROM (d) EEPROM

2. निम्न में से किस मैमोरी चिप की गति अधिक तेज है?
(a) कोई निश्चितता नहीं है
(b) DRAM
(c) SRAM
(d) DRAM बड़े चिप्स के लिए अधिक तेज है

3. DRAM का लाभ है
(a) यह SRAM से सस्ता है
(b) यह SRAM से अधिक स्टोर कर सकता है
(c) यह SRAM से तेज है
(d) SRAM की तुलना में इसमें डेटा अधिक आसानी से इरेज किया जा सकता है

4. प्राइमरी मैमोरी यूनिट किसका एक हिस्सा है?
(a) इनपुट डिवाइस (b) कण्ट्रोल यूनिट
(c) आउटपुट डिवाइस (d) सी पी यू

5. जब PC पर किसी डॉक्यूमेण्ट पर कार्य करते हैं, तब डॉक्यूमेण्ट अस्थायी रूप से स्टोर होता है
(a) RAM (b) ROM
(c) CPU (d) CD-ROM

6. वर्चुअल मैमोरी से क्या तात्पर्य है?
(a) मैमोरी मैनेजमेण्ट टेक्निक, जिसमें प्रोग्राम को विभिन्न टुकड़ों में विभाजित कर दिया जाता है
(b) मैमोरी टेक्निक, जिसमें दो प्रोग्राम को आपस में जोड़ दिया जाता है
(c) मैमोरी टेक्निक, जिसमें प्रोग्रामों को हटा दिया जाता है
(d) मैमोरी टेक्निक, जिसमें प्रोग्राम को हार्डवेयर के अनुसार ढाल दिया जाता है

7. 'EPROM' का क्या उपयोग है?
(a) रोम के सन्देश मिटाता है
(b) रोम के सन्देशों में परिवर्तन करता है
(c) रोम के सन्देशों को हटाता है और पुन: नए बनाता है
(d) रोम का प्रारूप बनाता है

8. मैमोरी बनती है
(a) तारों के समूह से
(b) सेलों (cells) की अधिक मात्रा से
(c) परिपथों के समूह में
(d) उपरोक्त सभी

9. RAM में स्टोर की गई सूचना वॉलेटाइल मानी जाती है, जिसका अर्थ है कि वह ………।
(a) वहाँ स्थायी रूप से स्टोर्ड है
(b) स्थायी रूप से नहीं, केवल अस्थायी रूप से है
(c) जब बिजली बन्द की जाए तो स्टोर की जाती है
(d) CPU डिवाइस में स्थायी रूप से स्टोर की जाती है

10. RAM व सेकण्डरी स्टोरेज डिवाइस प्राथमिक तौर पर भिन्न होती है
(a) उनमें पीरियड डेटा स्टोर किया जाता है
(b) RAM स्थायी है और सेकण्डरी स्टोरेज अस्थायी
(c) RAM इनपुट स्वीकार करती है, सेकण्डरी स्टोरेज डिवाइस नहीं
(d) जिस तरीके से उनमें डेटा स्टोर होता है

11. .... में वॉलेटाइल चिप होते हैं जो डेटा या इन्स्ट्रक्शनों को अस्थायी रूप से स्टोर करता है।
(a) CPU (b) ROM (c) DMA (d) RAM

12. कम्प्यूटर के स्पेस को क्या कहते हैं, जिसमें डेटा लोड होता है और कार्य करता है?
(a) कैश मैमोरी (b) CPU
(c) ROM (d) RAM

13. मेन मैमोरी की तुलना में सेकण्डरी मैमोरी की रफ्तार होती है
(a) धीमी (b) एक जैसी (c) तेज (d) बहुत तेज

14. कम्प्यूटर की प्रमुख मैमोरी को ……… भी कहा जाता है।
(a) प्राथमिक/प्राइमरी स्टोरेज (b) आन्तरिक मैमोरी
(c) प्राइमरी मैमोरी (d) ये सभी

15. RAM वॉलेटाइल मैमोरी है, क्योंकि
(a) इसे रीड और राइट दोनों के लिए उपयोग किया जा सकता है
(b) इसमें किसी भी लोकेशन को सीधे एक्सेस किया जा सकता है
(c) डेटा रिटर्न करने के लिए इसे सतत् पावर सप्लाई की जरूरत होती है
(d) इसे सतत् पावर सप्लाई की जरूरत नहीं होती है

16. CPU वर्तमान में जिन प्रोग्रामों और डेटा को प्रोसेस कर रहा होता है, उन्हें स्टोर करने के लिए किस कम्प्यूटर मैमोरी का प्रयोग किया जाता है?
(a) MOS मैमोरी (b) इण्टरनल मैमोरी
(c) PROM (d) नॉन वॉलेटाइल मैमोरी

17. वह तकनीक जो मेन मैमोरी के वास्तविक साइज को बढ़ा देती है
(a) मल्टीटास्किंग (b) वर्चुअल स्टोरेज
(c) मल्टीप्रोसेसिंग (d) मल्टीप्रोग्रामिंग

18. निम्न में कौन सत्य है?
(a) CD-ROM ड्राइव एक्सपैन्शन स्लॉट्स में लगाए जाते हैं
(b) फ्लैश में प्रोग्राम स्थायी होते हैं

(c) ROM में प्रोग्राम स्थायी होते हैं
(d) CD-ROM में प्रोग्राम दोबारा लिखे जा सकते हैं

19. जब प्रोसेसर डेटा और प्रोग्राम का प्रयोग करता है, तब वे कहाँ उपस्थित होते हैं?
(a) मेन मैमोरी (b) सेकण्डरी मैमोरी
(c) डिस्क मैमोरी (d) प्रोग्राम मैमोरी

20. सेव कर कम्प्यूटर बन्द करने पर भी आपका डेटा यथावत होगा
(a) RAM में (b) मदरबोर्ड में
(c) सेकण्डरी स्टोरेज डिवाइस में (d) प्राइमरी स्टोरेज डिवाइस में

21. फाइल सिस्टम स्थायी रूप से .... संग्रहण में रहता है।
(a) प्राइमरी (b) सेकण्डरी
(c) डिवाइस (d) डायरेक्ट मैमोरी

22. जब बिजली की आपूर्ति बन्द हो जाती है, तो मैमोरी के कॉण्टेण्ट्स गुम (नष्ट) नहीं होते हैं
(a) रोम (b) ई पी रोम (EPROM)
(c) ई ई पी रोम (EEPROM) (d) उपरोक्त सभी

23. निम्न में से कौन-से घटकों के विषय में स्टोरेज और मैमोरी भिन्न है?
(a) कीमत/मूल्य (b) विश्वसनीयता
(c) गति (d) ये सभी

24. कितना बाइट मिलाकर एक किलोबाइट बनता है?
(a) 612 (b) 1024 (c) 2048 (d) 4096

25. कम्प्यूटर डेटा की सबसे छोटी इकाई है
(a) बाइट (b) बिट (c) रिकॉर्ड (d) फाइल

विविध प्रारूपी प्रश्न

सत्य/असत्य

1. रैम के कॉण्टेण्ट्स में बदलाव नहीं किया जा सकता।
2. मेन मैमोरी की स्टोरेज क्षमता, द्वितीयक मैमोरी से अधिक होती है।
3. कम्प्यूटर की मैमोरी एक आउटपुट युक्ति की तरह भी कार्य करती है।
4. कम्प्यूटर में की-बोर्ड का प्रयोग डेटा एवं निर्देशों को कम्प्यूटर की मैमोरी तक पहुँचाने में किया जाता है।
5. सी पी यू की कण्ट्रोल यूनिट का कार्य लॉजिकल ऑपरेशन्स परफॉर्म करना है।

रिक्त स्थानों की पूर्ति

1. .... मैमोरी की डेटा भण्डारण क्षमता सबसे कम होती है।
2. मैमोरी मुख्यतः .... प्रकार की होती हैं।
3. मैमोरी को .... भी कहा जाता है।
4. .... को स्थायी मैमोरी कहा जाता है।
5. रोम में कम्प्यूटर निर्माण के समय ही .... संग्रहित कर दिए जाते हैं।

अतिलघु उत्तरीय

1. मैमोरी कितने प्रकार की होती हैं?
2. DRAM एवं प्रोसेसर के मध्य किस चिप के द्वारा संचार मुमकिन होता है?
3. ROM से क्या तात्पर्य है?
4. कम्प्यूटर के प्रोसेसर में जो मैमोरी होती है, उसे किस नाम से जाना जाता है?

लघु उत्तरीय

1. SRAM क्या होती है?
2. RAM में कैपेसिटर का क्या कार्य होता है?
3. मैमोरी बैंक से आप क्या समझते हैं?

दीर्घ उत्तरीय

1. RAM की कार्य-प्रणाली विस्तारपूर्वक समझाएँ।
2. ROM से आप क्या समझते हैं? विस्तृत विवरण कीजिए।

उत्तरमाला

बहुविकल्पीय

1. (b)	2. (c)	3. (a)	4. (d)	5. (a)	6. (a)	7. (c)	8. (b)	9. (b)	10. (a)
11. (d)	12. (d)	13. (a)	14. (d)	15. (c)	16. (b)	17. (b)	18. (c)	19. (a)	20. (c)
21. (b)	22. (d)	23. (d)	24. (b)	25. (b)					

सत्य/असत्य

1. असत्य 2. असत्य 3. सत्य 4. सत्य 5. सत्य

रिक्त स्थानों की पूर्ति

1. प्राइमरी 2. दो 3. स्टोरेज युक्ति 4. रोम 5. प्रोग्राम

अध्याय 21

WEEK 21

सेकेण्डरी मैमोरी
Secondary Memory

परिचय Introduction

द्वितीयक मैमोरी को बाह्य (external) या सेकेण्डरी (secondary) मैमोरी भी कहा जाता है। कम्प्यूटर की मुख्य मैमोरी बहुत महँगी होने तथा बिजली बन्द कर देने पर उसमें रखी अधिकतर सूचनाएँ नष्ट हो जाने के कारण न तो हम उसे इच्छानुसार बढ़ा सकते हैं और न ही हम उसमें कोई सूचना स्थायी रूप से स्टोर कर सकते हैं। इसलिए हमें सहायक मैमोरी का उपयोग करना पड़ता है।

इसकी कीमत तुलनात्मक दृष्टि से बहुत कम और डेटा स्टोर करने की क्षमता (capacity) बहुत अधिक होती है। इसमें ऐसी सूचनाएँ भण्डारित की जाती हैं, जिन्हें लम्बे समय तक सुरक्षित रखना हो तथा जिनकी आवश्यकता लगातार नहीं पड़ती हो।

यह मैमोरी कुछ चुम्बकीय उपकरणों के रूप में होती है; जैसे—मैग्नेटिक डिस्क (उदाहरण; हार्ड डिस्क, फ्लॉपी डिस्क, मैग्नेटिक टेप आदि), ऑप्टिकल डिस्क (उदाहरण-सी डी, डी वी डी आदि) एवं सॉलिड स्टेट डिस्क (फ्लैश ड्राइव आदि)। इस मैमोरी का उपयोग बैकअप के लिए किया जाता है। इसकी निम्न विशेषताएँ होती हैं

(i) यह मैमोरी के साइज को प्रदर्शित करती है। कम्प्यूटर की आन्तरिक मैमोरी को वर्ड या बाइट में मापा जाता है।

(ii) मैमोरी में बहुत सारी लोकेशन होती हैं। इन मैमोरी लोकेशनों से इन्फॉर्मेशन को रैण्डमली (randomly), सीक्वेन्शियली (sequentially) तथा डायरेक्टली (directly) एक्सेस किया जाता है।

21.1 हार्ड डिस्क ड्राइव Hard Disk Drive

हार्ड डिस्क वह संग्रहण माध्यम (storage media) है जिसमें अनेक मैग्नेटिक डिस्क्स (magnetic disks) को एक-के-ऊपर-एक और समानान्तर में लगाकर तैयार किया जाता है। सबसे ऊपरी और सबसे नीचे डिस्क की बाहरी सतहों को छोड़कर अन्य सभी सतहों पर डेटा स्टोर किया जाता है। ऐसी प्रत्येक सतह के लिए एक अलग रीड-राइट हैड होता है, जो आगे-पीछे सरक सकता है। चूँकि हार्ड डिस्क और इसे चलाने के लिए ड्राइव (drive) एक साथ होती है, इसलिए इसे हार्ड डिस्क ड्राइव (Hard Disk Drive, HDD) भी कहा जाता है। एक साधारण हार्ड डिस्क की संरचना अग्र पृष्ठ के चित्र में दिखाई गई है।

किसी हार्ड डिस्क में डिस्क को तेज गति से घुमाया जाता है। इनके घूमने की गति 3600 चक्कर/मिनट (rotations per minute) से 7200 चक्कर/मिनट तक होती है। रीड-राइट हैड और डिस्क की सतह के बीच लगभग 0.064 इंच का अन्तर होता है। सभी डिस्कें एक साथ घूमती हैं और सभी रीड-राइट हैड एक साथ आगे-पीछे सरकते हैं, परन्तु डेटा लिखने और पढ़ने के लिए एक समय में केवल एक ही रीड-राइट हैड को चुना जाता है। इस प्रकार विभिन्न रीड-राइट हैडों को चुनते हुए किसी भी सतह के किसी भी सेक्टर से डेटा पढ़ा या उस पर लिखा जा सकता है।

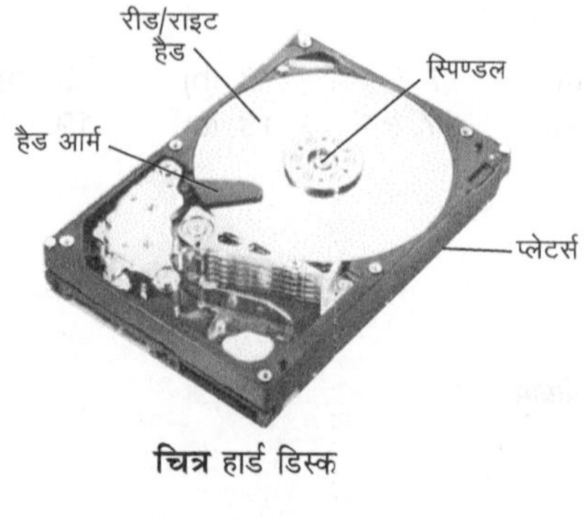

चित्र हार्ड डिस्क

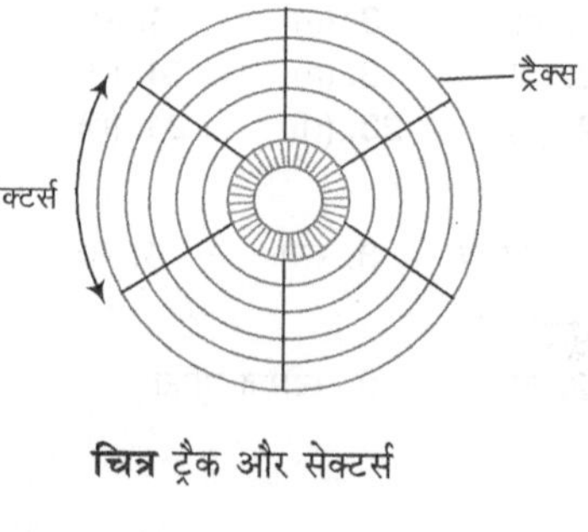

चित्र ट्रैक और सेक्टर्स

आधुनिक हार्ड डिस्कों की क्षमता 200 गीगाबाइट तक होती है। पर्सनल कम्प्यूटरों के लिए विशेष प्रकार की हार्ड डिस्क भी उपलब्ध हैं, जिन्हें विंचेस्टर डिस्क कहा जाता है। इनकी क्षमता 20 गीगाबाइट से 80 गीगाबाइट तक होती है। हार्ड डिस्क सूचनाओं को स्थायी रूप से संग्रहीत करने का बहुत विश्वसनीय माध्यम है और इनका उपयोग करने की गति भी पर्याप्त होती है लेकिन ये धूल आदि के प्रति बहुत संवेदनशील होती हैं, जिसके कारण इनको एक डिब्बे में स्थायी रूप से बन्द रखा जाता है और सिस्टम यूनिट के भीतर लगा दिया जाता है।

21.2 हार्ड डिस्क की भौतिक संरचना Physical Structure of Hard Disk

हार्ड डिस्क में गोलाकार और चपटी डिस्क का प्रयोग किया जाता है, जिसे प्लैटर (platter) कहते हैं। प्लैटर पर दोनों ओर से एक विशेष प्रकार के पदार्थ की परत चढ़ी होती है, जिसे सूचनाओं को मैग्नेटिक पैटर्न पर संचित करने के लिए डिजाइन किया जाता है। प्लैटर बीच में एक कटे हुए छिद्र द्वारा स्पिण्डल के ऊपर टिका होता है। प्लैटर एक विशेष प्रकार के स्पिण्डल मोटर की सहायता से बहुत तीव्र गति से घूमता है, जो स्पिण्डल से कनेक्ट होता है। एक विशेष प्रकार का इलेक्ट्रो-मैग्नेटिक रीड/राइट डिवाइस स्लाइडर में लगा होता है, जिसे हैड कहा जाता है। इसका प्रयोग या तो सूचनाओं को डिस्क पर रिकॉर्ड करने या सूचनाओं को पढ़ने के लिए किया जाता है। स्लाइडर्स हैड आर्म के ऊपर लगे होते हैं, जिसमें से सभी एक असेम्बली में जुड़े होते हैं और डिस्क की सतह पर एक्चुएटर (actuator) नामक डिवाइस से जुड़े होते हैं। एक प्रकार का लॉजिक बोर्ड हार्ड डिस्क में मौजूद सभी घटकों (components) के कार्य को नियन्त्रित करने के लिए लगाते हैं और पी सी (PC) से संयोजन करते हैं।

ट्रैक्स एवं सेक्टर्स Tracks and Sectors

हार्ड डिस्क की प्रत्येक डिस्क प्लेट (disk plate), अदृश्य केन्द्रीभूत वृत्तों अर्थात् इनविजिबल कॉनसेन्ट्रिक सर्किल्स (invisible concentric circles) में विभाजित होती है, जिन्हें ट्रैक्स (tracks) कहा जाता है।

प्रत्येक ट्रैक (track), सेक्टर्स (sectors) में विभाजित होता है तथा प्रत्येक ट्रैक (track) में सेक्टर्स (sectors) की संख्या एकसमान होती है। हार्ड डिस्क की सभी डिस्क प्लेट्स (disk plates) ऊर्ध्वाधर रूप से (vertically) एक स्टैक (stack) में व्यवस्थित होने के कारण एक सिलेण्डर (cylinder) का निर्माण करती हैं।

हार्ड डिस्क रीड/राइट हैड्स Hard Disk Read/Write Heads

हार्ड डिस्क के रीड/राइट हैड मैग्नेटिक मीडिया के बीच इण्टरफेस है, जिस पर डेटा स्टोर किया जाता है और हार्ड डिस्क ड्राइव में तथा पर्सनल कम्प्यूटर में ये इलेक्ट्रॉनिक घटक (component) प्रयोग किए जाते हैं। हैड, बिटों को मैग्नेटिक पल्सेज में बदलता है और प्लैटर्स पर उन्हें स्टोर करता है तथा जब डेटा को पुन: रीड करना होता है तो यही प्रक्रिया विपरीत (reverse) होती है। रीड/राइट हैड्स हार्ड डिस्क के कार्यों का निर्धारण करने में बहुत महत्त्वपूर्ण होते हैं, क्योंकि ये डेटा को स्टोर करने और दोबारा सामने लाने में महत्त्वपूर्ण भूमिका अदा करते हैं।

डिस्क से इन्फॉर्मेशन (information) को रीड (read) करने अथवा डिस्क पर इन्फॉर्मेशन को राइट (write) करने के लिए सम्बन्धित हार्ड डिस्क का रीड/राइट हैड वांछित ट्रैक (track) पर मूव (move) करता है और हार्ड डिस्क तब तक रोटेट (rotate) करती रहती है, जब तक कि वांछित सेक्टर (sector), रीड/राइट हैड के अधीन नहीं आ जाता है। वांछित सेक्टर (sector) के हैड (head) के अधीन आने के पश्चात् हैड उस सेक्टर से इन्फॉर्मेशन को राइट (write) कर सकता है। किसी हार्ड डिस्क की स्टोरेज क्षमता (storage capacity) उसके सिलेण्डर्स (cylinders), हैड्स (heads) और सेक्टर्स प्रति ट्रैक (sectors per track) पर निर्भर करती है। हार्ड डिस्क के सिलेण्डर्स (cylinders), हैड्स (heads) और सेक्टर्स प्रति ट्रैक (sectors per track) को सामूहिक रूप से हार्ड डिस्क की CHS वैल्यूज (CHS values) कहते हैं।

21.3 हार्ड डिस्क के प्रकार Types of Hard Disk

हार्ड डिस्क ड्राइव्स मुख्यत: निम्न प्रकार की हैं

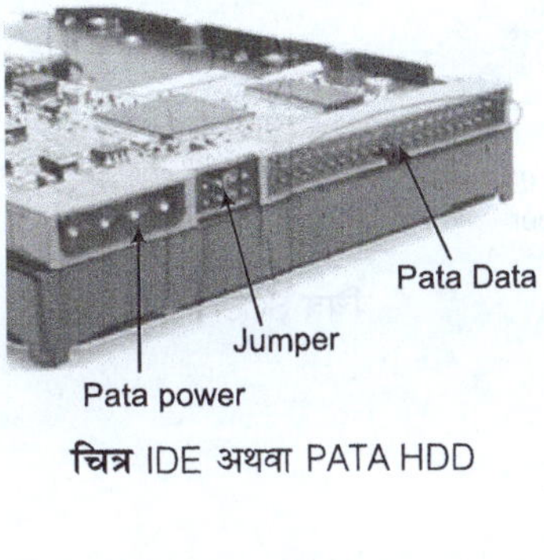

चित्र IDE अथवा PATA HDD

इन्टीग्रेटेड ड्राइव इलेक्ट्रॉनिक्स Integrated Drive Electronics, IDE

IDE ड्राइव्स को पैरेलल एडवांस टेक्नोलॉजी अटैचमेन्ट (Parallel Advance Technology Attachment, PATA) के नाम से भी जाना जाता है। IDE ड्राइव्स में 40 पिनें (pins) होती हैं।

इन हार्ड डिस्क ड्राइव्स की डेटा ट्रांसफर स्पीड (data transfer speed) 133 MB प्रति सेकण्ड तक की होती है। ये 8 बिट (bit) तक डेटा एक ही समय में प्रेषित कर सकती हैं।

इनको कम्प्यूटर से कनेक्ट करने के लिए पाटा केबल्स (PATA cables) का प्रयोग किया जाता है। एक पाटा केबल से दो ड्राइव्स को कनेक्ट किया जा सकता है, जिनमें से एक मास्टर ड्राइव (master drive) के रूप में और दूसरी स्लेव ड्राइव (slave drive) के रूप में होती है।

सीरियल एडवांस टेक्नोलॉजी अटैचमेन्ट Serial Advance Technology Attachment, SATA

SATA ड्राइव्स में 7 पिनें (pins) होती हैं। इनमें से दो-दो पिन्स (pins) की जोड़ी में चार पिन्स डेटा को प्रेषित (sending) और प्राप्त (receiving) करने के लिए होती है और शेष तीन पिनें ग्राउण्डेड होती है। ये ड्राइव्स बिट-बाई-बिट (bit-by-bit) डेटा प्रेषित करती हैं।

SATA हार्ड डिस्क ड्राइव्स को कम्प्यूटर से कनेक्ट करने के लिए साटा केबल्स (SATA cables) का प्रयोग किया जाता है। एक साटा केबल से केवल एक ही ड्राइव को कनेक्ट किया जा सकता है।

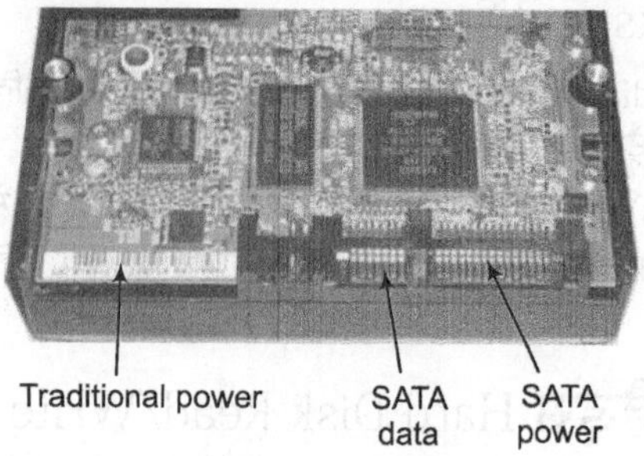

चित्र SATA HDD

स्मॉल कम्प्यूटर सिस्टम इण्टरफेस Small Computer System Interface, SCSI

SCSI ड्राइव्स में सामान्यत: 50 से 80 पिन्स (pins) होती हैं। इनकी डेटा ट्रान्सफर स्पीड (data transfer speed) 6 GB प्रति सेकण्ड होती है। इनकी डेटा ट्रांसफर स्पीड अन्य हार्ड डिस्क ड्राइव्स की अपेक्षा अधिक होती है।

ये हार्ड डिस्क्स हॉट स्वेपेबल (hot swappable) होती हैं अर्थात् इन हार्ड डिस्क्स को चलते हुए कम्प्यूटर में जोड़ा (attach) अथवा हटाया (detach) जा सकता है।

इनको कम्प्यूटर से कनेक्ट करने के लिए SCSI केबल्स का प्रयोग किया जाता है। एक SCSI केबल से 16 ड्राइव्स को कनेक्ट किया जा सकता है। केबल में प्रत्येक हार्ड डिस्क के आइडेन्टीफिकेशन (identification) के लिए 8 बाइट्स (bytes) का हैक्साडेसिमल कोड (hexadecimal code) होता है। इस हैक्साडेसिमल कोड को वर्ल्ड वाइड नेम (World Wide Name WWN) के रूप में जाना जाता है।

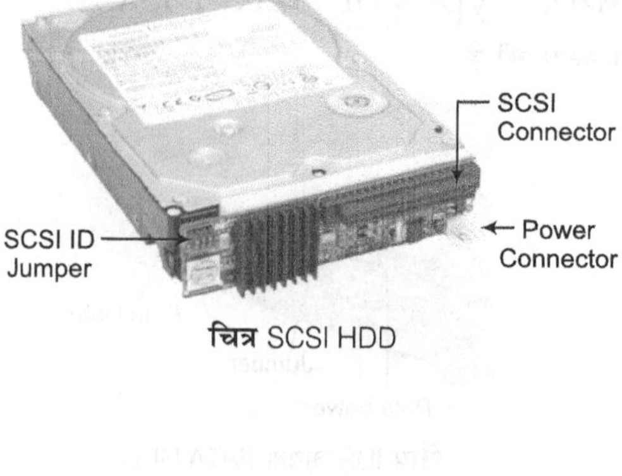

चित्र SCSI HDD

21.4 जम्पर सेटिंग्स Jumper Settings

हार्ड डिस्क के फ्रण्ट पैनल (front panel) में दो कनेक्टर होते हैं। एक पावर केबल को पावर सप्लाई यूनिट से तथा दूसरे को डेटा केबल से संयोजित करते हैं। इन दो कनेक्टरों को साइड्स (sides) से व्यवस्थित करते हैं। दो IDE युक्तियों को एक IDE चैनल से संयोजित कर सकते हैं। जब दो युक्तियों का संयोजन एक ही केबल से होता है, तब एक युक्ति को मास्टर (master) स्टेटस तथा दूसरी को स्लेव (slave) स्टेटस से नियुक्त किया जाता है। सिर्फ इस अवस्था में ही सिस्टम सही प्रकार से कार्य करता है। डिवाइस की यह कॉन्फिगुरेशन जम्पर पिनों (jumper pins) को डिवाइस पर ठीक प्रकार से सेटिंग करके की जाती है। जम्पर पिनें हार्ड डिस्क के फ्रण्ट पर भी उपलब्ध होती हैं। चित्र में पूरी व्यवस्था दर्शायी गई है।

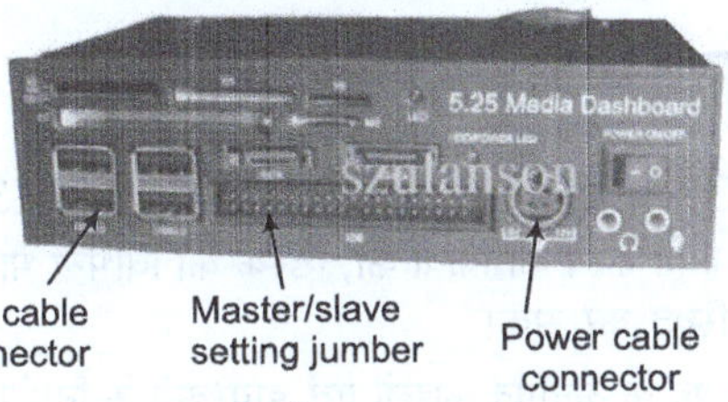

चित्र IDE हार्ड डिस्क फ्रण्ट पैनल

दो संयोजित युक्तियों हेतु डेटा एक ही चैनल से पास होता है, जिनकी विभिन्न आवृत्तियाँ होती हैं। मास्टर युक्ति की उच्च आवृत्ति होती है तथा स्लेव युक्ति की निम्न आवृत्ति होती है, ताकि संयोजित युक्तियों के मध्य डेटा ट्रांसफर होने में किसी भी प्रकार की भिड़न्त (clash) न हो। चैनल के अन्त में लगे कनेक्टर आपस में बदले जा सकते हैं, जोकि मदरबोर्ड या युक्ति से संयोजित किये जा सकते हैं।

21.5 हार्ड डिस्क के घटक Components of Hard Disk

हार्ड डिस्क का निर्माण अनेक पृथक्-पृथक् घटकों (components) को संग्रहित (assembled) करके होता है, जोकि निम्नानुसार होते हैं

- इन घटकों में सबसे प्रमुख घटक वह डिस्क होती है जिस पर डेटा लिखा जाता है। इसकी सतह पर विद्युत चुम्बकीय पदार्थ की परत चढ़ी होती है जिस पर डेटा भण्डारित रहता है।
- इस डिस्क की सतह के ऊपर डेटा को लिखने एवं पढ़ने हेतु रीड-राइट हैड का प्रयोग किया जाता है।
- रीड-राइट हैड को डिस्क पर आगे-पीछे सरकाने के लिए एक युक्ति लगी होती है, जिसे एक्चुएटर कहते हैं।
- डिस्क को घुमाने के लिए एक विद्युत मोटर लगी होती है जोकि डिस्क के केन्द्र पर लगे एक हब से जुड़ी होती है एवं यह हब मोटर के द्वारा डिस्क को घुमाता है।
- डिस्क को कम्प्यूटर से जोड़ने हेतु केबल एवं कनेक्टर प्रयोग किए जाते हैं, जिसके द्वारा डेटा स्थानान्तरण/ट्रांसफर एवं विद्युतशक्ति आपूर्ति के कार्य होते हैं।
- डिस्क के बाह्य भाग में एक प्रिण्टेड सर्किट बोर्ड लगा होता है। इसे तकनीकी भाषा में लॉजिक कार्ड कहते हैं। इस पर निर्मित सर्किट, डिस्क प्लेट एवं रीड-राइट हैड को नियन्त्रित करता है।
- डिस्क प्लेट एवं हैड एक आवरण में बन्द रहते हैं। इस आवरण में नीचे की ओर एक लॉजिक सर्किट बोर्ड कसा होता है।

21.6 हार्ड डिस्क में दोष युक्त क्षेत्र Bad Sector in Hard Disk

कम्प्यूटर डिस्क में दोष युक्त क्षेत्र अथवा फ्लैश मैमोरी स्थाई रूप से दोष युक्त होने के कारण उपलब्ध नहीं होने अथवा नहीं लिखे/पढ़े जाने योग्य होती है। इस प्रकार के दोष, खराब भौतिक दशा अथवा फ्लैश मैमोरी ट्रांजिस्टर के दोष युक्त होने के कारण उत्पन्न होते हैं। दोष युक्त वृत्त खण्ड (bad sector) सामान्यतः माइक्रोसॉफ्ट प्रणाली पर डिस्क उपयोगिता सॉफ्टवेयर (disk utility software) जैसे कि CHKDISK अथवा SCAN DISK अथवा UNIX Like प्रणाली के द्वारा खोजा जाता है। जब दोष युक्त वृत्त खण्ड का पता चलता है, तब उपरोक्त सॉफ्टवेयर प्रोग्राम दोष युक्त वृत्त खण्ड पर अनुपयोगी चिह्न/संकेत (unserviceable mark) लगा देता है तथा ऑपरेटिंग प्रणाली (operating system) भविष्य के लिए उन्हें छोड़ (skip) देती है। अधिकांश फाइलों में डिस्क में दोष युक्त वृत्त खण्ड चिह्न लगाने की सुविधा उपलब्ध होती है, जिससे ऑपरेटिंग प्रणाली भविष्य के लिए इन्हें छोड़ देती है।

यदि दोष युक्त चिह्न (bad mark) लगे डिस्क की कोई फाइल उपयोग में लाई जाती है तब फाइल का दोष युक्त वृत्त खण्ड DISK Utility सॉफ्टवेयर के द्वारा, फ्री सेक्टर को रिमैप्ड (remapped to free sector) तथा कोई भी नहीं पढ़े जाने योग्य डेटा समाप्त हो जाता है। इस प्रकार ऐसी स्थिति से बचने के लिए डेटा पुनः प्राप्त (data recovery method) सम्पन्न किया जाना चाहिए।

जब फर्मवेयर (firmware) के द्वारा कोई हार्ड डिस्क दोष युक्त अथवा अस्थिर (bad or unstable) पायी जाती है, तब डिस्क नियन्त्रक विभिन्न भौतिक वृत्त खण्डों में से तर्क संगत वृत्त खण्ड को रिमैप करता है।

हार्ड डिस्क ड्राइव के सामान्य प्रचालन दशा में दोष युक्त वृत्त खण्ड को खोजना एवं पुन: मैपिंग करना होता है, तब शेष प्रणाली को पारदर्शी ढंग में होना चाहिए अर्थात् प्रणाली के प्रचालन में अन्य कोई दोष उपस्थित नहीं होना चाहिए तथा डेटा के पूर्ण होने के पूर्व तक ही दोष को खोजा जाना एवं दोष युक्त वृत्त खण्ड की रिमैपिंग की जानी चाहिए। तब भी हार्ड डिस्क ड्राइव की दोष युक्त भौतिक बॉडी, भण्डारित डेटा (stored data) के एक क्षेत्र को पूर्णरूप से प्रभावित नहीं करती। प्राय: दोष युक्त भौतिक वृत्त खण्ड फाइल के विभिन्न भागों पर बाधा (interfere) उत्पन्न करता है।

डिस्क हार्डवेयर के द्वारा पुन: मैपिंग निम्न दो प्रकार की होती है

(i) P-LIST (फैक्ट्री उत्पादन के समय मैपिंग के द्वारा)

(ii) G-LIST (उपयोगकर्ता के द्वारा डिस्क माइक्रोड प्रयोग करने पर)

21.7 हार्ड डिस्क को विभिन्न भागों में बाँटना
Partitioning of Hard Disk in Different Parts

हार्ड डिस्क पर एक से अधिक क्षेत्र निर्मित करने की क्रिया को, डिस्क को विभिन्न भागों में बाँटना कहते हैं जिससे कि प्रचालन प्रणाली सूचनाओं को पृथक्-पृथक् क्षेत्रों/भागों में व्यवस्थित कर सके।

एक नवीन डिस्क के निर्माण के प्रथम पद के अन्तर्गत फाइलों एवं डायरेक्ट्री के निर्माण से पूर्व डिस्क को आदर्श रूप से आवश्यकतानुसार अनेक भागों में बाँटा जाता है।

डिस्क के भागों के विभाजन के विषय में सूचनाएँ तालिका के रूप में भण्डारित रहती हैं, जिन्हें प्रचालन प्रणाली डिस्क के अन्य भागों को पढ़ने से पूर्व पढ़ती है। इसके पश्चात् प्रचालन प्रणाली डिस्क के अन्य भागों को पढ़ती है। प्रणाली प्रबन्धक (system administrator) एक प्रोग्राम को प्रयोग में लाता है, जिसे विभाजन सम्पादक (partition editor) कहते हैं, जिसके द्वारा विभाजन सम्पादक (editor) डिस्क के भाग का आकार निश्चित करता है। इन भागों से पूर्व में संग्रहित किए गए अनावश्यक डेटा को हटाया जाता है अथवा संग्रहित डेटा में आवश्यक परिवर्तन किया जाता है।

डिस्क के विषय में और अधिक जानकारी प्राप्त करने हेतु कुछ बिन्दुओं को जानना आवश्यक है, जोकि निम्न प्रकार हैं

1. डिस्क में बहुल विभाजित भागों का लाभ (benefits of multiple partitions in the disk)
2. डिस्क में बहुल विभाजित भागों की हानियाँ (Disadvantage of multiple partitions in the disk)
3. विभाजन भागों के प्रकार (a) प्रारम्भिक विभाजन (Primary partition) (b) 3/2 बढ़ाए गए विभाजन (3/2 extended partition)
4. विभाजन योजनाएँ (Partition schemes)
5. DOS विण्डोज एवं प्रचालन प्रणाली (DOS windows and operating system)
6. यूनिक्स समान प्रणालियाँ (Unix like systems)
7. बहु-बूट एवं मिश्रित-बूट प्रणालियाँ (Multi-boot and mixed-boot systems)
8. गाइड विभाजन तालिका (Guide partition table)
9. विभाजन पुन: वापसी (Partition recovery)
10. दाबित डिस्क्स (Compressed disks)

लाभ Advantages

डिस्क में एक से अधिक विभाजनों के निम्न लाभ होते हैं

(i) प्रचालन प्रणाली (OS) एवं उपयोगकर्ता फाइल से प्रोग्राम फाइल का पृथक्करण करता है, प्रचालन प्रणाली एवं संस्थापित सॉफ्टवेयर को मदद (back up) प्रदान करता है।

(ii) प्रचालन प्रणाली आभासी स्मृति अदला-बदली (virtual memory swapping) करने हेतु पृथक् क्षेत्र रखता है।

(iii) शीघ्र उपयोग होने वाले प्रोग्राम एवं डेटा को एक-दूसरे के निकट रखता है।

(iv) कम्प्यूटर पर कुछ समय पूर्व खोली गई फाइलों के प्रतिरूपों को एक-दूसरे से पृथक् रखता है जोकि आकार में तुरन्त परिवर्तित की जा सकती हैं।

(v) बहु-बूट सेटअप का उपयोग होता है जोकि कम्प्यूटर पर उपयोगकर्ता को एक से अधिक प्रचालन प्रणालियाँ रखने की अनुमति प्रदान करता है। उदाहरण के लिए; जैसे—एक समान HDD पर विभिन्न प्रचालन प्रणालियों पर लाइनेक्स, बी.एस.डी. मैक, ओ एस एक्स, माइक्रो सॉफ्ट विण्डोज अथवा अन्य प्रचालन प्रणालियाँ, समान HDD पर विभिन्न विभाजन पर एवं किसी भी अनुरूप प्रचालन प्रणाली (operating system) में अप-पावर पर बूटिंग का चुनाव/विकल्प (choice) रखता है।

(vi) फाइलों को सुरक्षित एवं पृथक् रखने, प्रचालन प्रणाली, संस्थापन अथवा विकृत फाइल को पुन: सही करना सरल होता है तथा यदि एक विभाजन दोष युक्त हो जाता है तब अन्य फाइल प्रणालियाँ उससे प्रभावित नहीं होनी चाहिए।

(vii) जहाँ छोटी-से-छोटी (smallest) फाइल प्रणाली अधिक दक्ष (efficient) होती है, वहाँ कम्प्यूटर का सम्पूर्ण प्रदर्शन (overall performance) बढ़ता है।

(viii) जब डिस्क स्थान की आवश्यकता नहीं होती तब उपलब्ध पूर्ण आकार की अपेक्षा कम महत्त्वपूर्ण ढंग के लिए विभाजन करना, नैदानिक औजारों (diagnostic tools) जैसे कि चालन हेतु चैक डिस्क अथवा पूर्ण प्रतिबिम्ब के लिए बैकअप चालन का समय घटा सकती है।

हानियाँ Disadvantages

एक विभाजन की अपेक्षा एक से अधिक विभाजन करने पर निम्न हानियाँ होती हैं

(i) डिस्क पर उपयोगकर्ता भण्डारण हेतु उपलब्ध क्षेत्र (area) घट जाता है जोकि प्रचालन प्रणाली (OS) को तीव्र गति से कार्य करने हेतु बाध्य करता है।

(ii) बहुल विभाजनों में एवं समानान्तर में डेटा निरन्तर खोजा जाता है, तब डिस्क प्रदर्शन घट जाता है, क्योंकि प्रत्येक विभाजन क्षेत्र में यह डेटा खोजने के लिए डिस्क को लिखने-पढ़ने वाले हैड को आगे-पीछे चलाने के लिए बाध्य करता है तथा प्रत्येक विभाजन क्षेत्र में फाइल प्रणाली प्रशासनिक क्षेत्र को ठीक प्रकार (up to date) बनाए रखता है। यह फाइलों को शीघ्रता से खोजने हेतु फाइल को तीव्रता से ले जाने में बाधा उत्पन्न करता है।

(iii) यह डिस्क के विखण्डन को बढ़ाता है, क्योंकि समान मात्रा के डेटा को लिखे जाने के पश्चात् लघु सम्पूर्ण आकार के सिंगल विभाजन की अपेक्षा प्रत्येक विभाजन पर समीपवर्ती/निकट के ब्लॉक के औसत आकार को घटाती है।

(iv) यदि एक डिस्क के दो विभाजन हैं तथा इसके एक भाग की भण्डारण क्षमता (storage capacity) 3GB है। अत: इसकी कुल पूर्ण भण्डारण क्षमता 6GB होगी, परन्तु इस डिस्क में 4GB प्रतिबिम्ब फाइल (image file) के डेटा को भण्डारित (stored) नहीं किया जा सकता है, क्योंकि इसके एक भाग की कुल भण्डारण क्षमता 3GB है।

(v) डिस्क विभाजन भाग के आर-पार (across) मूविंग फाइल को बाइट्स (bytes) की वास्तविक नकल करने की आवश्यकता होती है, जबकि विभाजन भाग के अन्दर सामान्यतया केवल मेटा-डेटा (meta-data) के आधुनिकीकरण करने की आवश्यकता होती है।

21.8 दोष युक्त हार्ड डिस्क से डेटा पुनः प्राप्त करने की उपयोगिताएँ Utilities of Recovering Data from Defective Hard Disk

कभी-कभी कम्प्यूटर की हार्ड डिस्क में सुरक्षित रखा गया (saved) डेटा अनेक कारणों से या तो दोष युक्त (defective) हो जाता है अथवा हट जाता है अर्थात् बूट नहीं हो पाता, ऐसी स्थिति में आपको इसके पुन: वापसी हेतु एक पुन: वापसी औजार (data recovery tool) का सहारा लेना पड़ता है। इस प्रकार की परिस्थितियों में 'ब्राइन पौसी' (Brien Posey) सॉफ्टवेयर विशेषज्ञ ने निम्न पाँच डेटा पुन: प्राप्ति उपयोगिताओं सॉफ्टवेयर्स (data recovery utilities softwares) को प्रयोग करने की सलाह दी है, जोकि निम्न हैं

आभासी लैब डेटा पुनः प्राप्ति उपयोगिता Virtual Lab Data Recovery Utility

यह सॉफ्टवेयर अनेक प्रकार के डेटा जैसे कि आप आशा करते हैं, उत्पाद लक्षण (product features), फाइल स्तर पुन: प्राप्ति एवं विभाजन स्तर पुन: प्राप्ति (partition level recovery) तब भी इससे यह आशा नहीं की गई कि यह macintosh विभाजनों (partitions) के लिए भी सहारा देगा। उपरोक्त सॉफ्टवेयर के पास समर्पित क्रियाएँ (functions) भी हैं जोकि CD/DVD Roms डेटास एवं हटाए गए (deleted) ई-मेल मैसेजेस (E-mail message) एवं फोटोज को पुन: प्राप्त करेंगे। तब भी वहाँ एक RAID पुन: प्राप्ति क्रिया है। इन सबसे अच्छा इण्टरफेस जोकि स्वच्छ (clean) एवं सरल है।

आभासी लैब का मूल्य $ 39.95 (डॉलर) है, परन्तु इसका मूल्य रहित पूर्व परीक्षण संस्करण (free trial version) पुन: प्राप्त करने योग्य डेटा के लिए सूक्ष्मता से जाँच (scan) करता है।

फाइल स्कैवेन्गर डेटा पुनः प्राप्ति उपयोगिता File Scavenger Data Recovery Utility

यह सॉफ्टवेयर हमारे द्वारा चयन किए गए डेटा के आयतन (volume) को स्कैन (scan) करता है। जिस फाइल को हम पुन: प्राप्त करना चाहते हैं, उसका हम चयन करते हैं एवं तब उस फाइल को चयन की गई लोकेशन के साथ आरक्षित (saved) कर देते हैं।

इसकी उपयोगिता यह है कि यह सक्रियता (activity) से पुन: प्राप्ति के पश्चात् फाइल को उस स्थान पर आरक्षित करने से रोकती है, जहाँ यह फाइल पहले से आरक्षित थी। इसलिए महत्त्वपूर्ण है, क्योंकि उस स्थान पर आरक्षित अन्य डेटा पुन: प्राप्त किए गए डेटा को इसके पश्चात् अन्य डेटा को पुन: प्राप्त करना सम्भव नहीं हो पाएगा। यह सॉफ्टवेयर अन्य सॉफ्टवेयर की अपेक्षा खोए हुए अथवा दोष युक्त डेटा को अच्छी प्रकार पुन: प्राप्त करने का कार्य सम्पन्न करता है।

इस सॉफ्टवेयर का मूल्य $ 49.95 (डॉलर) है, परन्तु एक-मूल्य रहित पूर्व परीक्षण संस्करण (trial version) डाउनलोड करने हेतु उपलब्ध है परन्तु यह पूर्व परीक्षण संस्करण 64 KB आकार की फाइल डेटा को पुन: प्राप्त करने हेतु सीमित है।

स्टेल्लर फिनिक्स विण्डोज डेटा पुनः प्राप्ति (व्यापारिक)
Stellar Phinix Windows Data Recovery (Professional)

यह एक मौलिक डेटा पुनः प्राप्ति सॉफ्टवेयर है। यह समर्पित विधि है, जोकि खोई हुई फाइल डेटा को पुनः प्राप्त करने की अनुमति प्रदान करता है (जैसे—CDs, DVDs, फोटोज (photos) एवं ई-मेल मैसेजेस आदि)। इसमें यह विशेषता होती है कि यह आपको डिस्क के प्रतिबिम्ब को सृजन करने देता है, जिससे आप बाद में वापस लौटते हैं।

यह सॉफ्टवेयर का व्यापारिक मूल्य $ 95.00 (डॉलर) है, परन्तु इसका मूल्य रहित, पूर्व परीक्षण संस्करण (trial version) डाउन लोड करने हेतु उपलब्ध है। यह पूर्व परीक्षण संस्करण, डेटा पुनः प्राप्त करने हेतु खोये हुए (lost) डेटा की सूक्ष्मता से जाँच (scan) करता है।

मिनी टूल पावर डेटा पुनः प्राप्ति (मूल्य रहित) संस्करण
Mini Tool Power Data Recovery Free Edition

यह सॉफ्टवेयर विभिन्न स्रोतों से डेटा की पुनः प्राप्ति हेतु एक मूल्य रहित संस्करण (free version) है। यह सॉफ्टवेयर बिना पृथक् हुए (undeleted), खोए हुए विभाजन (lost partition) अथवा दोष युक्त (defective) डेटा की पुनः प्राप्ति करके डेटा को उपलब्ध कराता है। यह डिजिटल मीडिया की पुनः प्राप्ति तथा CD/DVD की पुनः प्राप्ति करता है।

इस सॉफ्टवेयर का विशेष लक्षण यह है कि इसका मूल्य रहित संस्करण (free version) डाउनलोड करने के स्थान पर आप इसकी एक 'बूट डिस्क' क्रय कर सकते हैं। इस बूट डिस्क की सहायता से आप खोए हुए अथवा दोष युक्त डेटा को सरलतापूर्वक पुनः प्राप्त कर सकते हैं।

इज अस डेटा पुनः प्राप्ति 'जटिलता स्वतन्त्र' संस्करण
Ease Us Data Recovery Wizard Free Edition

यह हटाई गई (deleted) फाइल डेटा का पुनः प्राप्ति विभाजन (partition) को पुनः प्राप्त करने एवं पूर्ण प्रणाली प्राप्त करने का एक मूल्य रहित औजार (tool) है। इसके द्वारा प्रथम दृष्टि में आप विशिष्ट प्रकार के डेटा; जैसे— पिक्चर्स अथवा ई-मेल मैसेजेस प्राप्त कर सकते हैं, तब भी इण्टरफेस एक अन्य विकल्प रखता है जिसको प्रयोग करके किसी भी प्रकार की फाइल को पुनः प्राप्त (recover) कर सकते हैं। इस औजार (tool) का मूल्य रहित संस्करण 2GB डेटा की पुनः प्राप्ति (recovery) करने की अनुमति प्रदान करता है। यह सॉफ्टवेयर $ 59.95 मूल्य पर विण्डोज PE आधारित बूट डिस्क क्रय करने का विकल्प भी उपलब्ध कराता है।

21.9 पृथक् किए जाने योग्य भण्डारण युक्तियाँ
Removable Storage Devices

कम्प्यूटर में डेटा भण्डारण (data storage) प्रक्रिया में रीड एवं राइट क्रियाओं हेतु कुछ युक्तियाँ इस प्रकार से डिजाइन की जाती हैं कि उन्हें (पृथक् किए जाने योग्य) रीडर, राइटर एवं ड्राइव के द्वारा कम्प्यूटर के साथ जोड़ा तथा पृथक् किया जा सकता है, परन्तु कुछ पृथक् किए जाने योग्य युक्तियाँ कम्प्यूटर के साथ समाहित (integrated) होती हैं।

पृथक् किए जाने योग्य रीड/राइट युक्तियों के उदाहरण निम्न हैं

(i) ऑप्टिकल डिस्क्स जैसे कि ब्लू-रे डिस्क्स, डी वी डी एवं सीडीज
(ii) स्मृति/मैमोरी काड्र्स जैसे कि कॉम्पैक्ट फ्लैश कार्ड, सुरक्षित डिजिटल कार्ड, मैमोरी स्टिक
(iii) जिप डिस्क्स/अन्य फ्लॉपी डिस्क्स
(iv) डिस्क पैक्स
(v) चुम्बकीय टेप्स
(vi) पेपर डेटा भण्डारण जैसे कि पन्चड काड्र्स, पन्च टेप्स

डेटा को कम्प्यूटर से प्राप्त करके अन्य स्थान पर ले जाने हेतु प्रयुक्त की जाने वाली युक्तियों के उदाहरण निम्न हैं

(i) डिजिटल कैमरे
(ii) स्मार्ट फोन्स
(iii) वायर सहित अथवा वायर रहित प्रिन्टर्स

21.10 सी डी रोम ड्राइव तकनीक CD-ROM Drive Technology

डिजिटल बहु उपयोगी डिस्क रीड-ओनली मैमोरी [Digital Versatile Disk-Read Only Memory (DVD-ROM)] एक रीड-ओनली (केवल पढ़ने योग्य) डिजिटल बहु उपयोगी (DVD) है, जोकि सामान्यतया बड़े (large) सॉफ्टवेयर के भण्डारण अनुप्रयोग हेतु उपयोग में लाई जाती है। यह कॉम्पैक्ट डिस्क-रीड ओनली मैमोरी के समतुल्य है, परन्तु इसकी क्षमता अधिक होती है। एक DVD-ROM लगभग 4.38 GB डेटा का भण्डारण करती है। एक CD-ROM सामान्यतया 650 MB डेटा का भण्डारण करती है। एक DVD-ROM डेटा फाइलों का स्थाई रूप से भण्डारण करती है जोकि परिवर्तित नहीं किया जा सकता है और ना ही मिटाया (erase) जाने के पश्चात् इस पर पुन: अन्य कोई डेटा लिखा नहीं जा सकता है। एक PC–DVD-ROM अथवा DVD-RAM ड्राइव, DVD-ROM को पढ़ने (read) हेतु डिजाइन किया जाता है। एक ब्लैंक (बिना लिखी) DVD सामान्यतया DVD-R अथवा DVD + R कहलाती है, जिसमें रीड-राइट फॉर्मेट होता है।

CD-ROM की अपेक्षा DVD-ROM का आकार में व्यास एक समान (5 इन्च) एवं मोटाई (thickness) 1.2 मिमी होती है, परन्तु DVD-ROM में लघुतम तरंग लम्बाई लेसर के द्वारा, अधिक कसी हुई संक्षिप्त गड्ढे निर्मित किए जाते हैं, जिससे डिस्क की डेटा भण्डारण करने की क्षमता बढ़ जाती है।

CD बर्नर किस प्रकार कार्य करता है? How CD Burner Works?

CD बर्नर एक आश्चर्यजनक तकनीक है एवं इसका कार्य सिद्धान्त वास्तव में आकर्षक है। CD बर्नर म्यूजिक एवं अन्य डेटा CD पर कोडित (coded) करता है, जोकि CD को पढ़ने (reading) के समय पर पुन: प्राप्त किया जा सकता है। CD डेटा को डिजिटल रूप (digital form) में भण्डारित (stored) करता है। CD डिस्क का आकार, व्यास (diameter) में 5" इन्च एवं मोटाई (thickness) में 1.2 मिमी होता है। इसे शुद्ध पॉलीकार्बोनेट प्लास्टिक पदार्थ के द्वारा निर्मित किया जाता है तथा इसका भार 15-20 ग्राम (लगभग) होता है। CD की संरचना/बनावट को चित्र में दर्शाया गया है। डिस्क के केन्द्र से बाह्य परिधि के मध्य का क्षेत्र, संक्रमण/परिवर्तन काल (transition area)/मिरर बैण्ड (mirror band) कहलाता है। केन्द्र के निकट का प्रथम क्षेत्र क्लैम्पिंग रिंग द्वितीय संक्रमण क्षेत्र मिरर बैण्ड तथा तृतीय संक्रमण क्षेत्र सूचना/डेटा क्षेत्र एवं अन्तिम बाह्य क्षेत्र बाह्य रिंग (outer ring) कहलाता है।

CD की सतह को परावर्तक (reflective) बनाने हेतु इसकी सतह पर एल्युमीनियम की बहुत पतली परत (coating) चढ़ाई जाती है तथा इस एल्युमीनियम की परत को सुरक्षित बनाए रखने हेतु इसकी सतह पर पारदर्शी तरल पदार्थ/वार्निश (lacquer) की पतली फिल्म चढ़ाई जाती है।

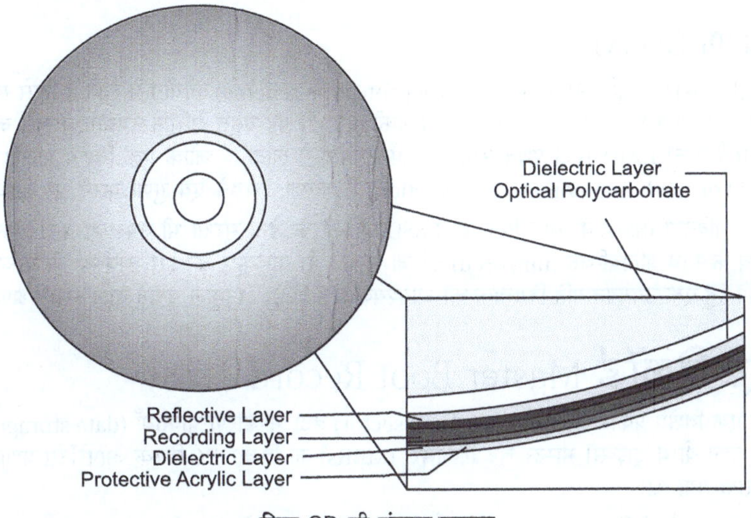

चित्र CD की संरचना/बनावट

डिस्क पर निर्मित ट्रैक्स की चौड़ाई 0.5 माइक्रोन होती है। इन ट्रैक्स के घेरों (circles) की कुल निरन्तर लम्बाइयों का योग लगभग 5 KM होता है। CD को पढ़ने की अवधि में एक "रीड लेसर बीम" (read laser beam) ट्रैक के उभरे लोगों (parts) के द्वारा परिवर्तित होकर एक फोटो सेन्सर एसेम्बली के ऊपर गिरती है जिसे यह सेन्सर बाइनरी सिग्नल के रूप में (1) उच्च में अनुवाद करता है तथा जब लेसर बीम ट्रैक के ऊपर बने पिट्स के ऊपर से छलाँग (bounce) लगाती/करती है, तब यह परावर्तित नहीं होती तब इसे फोटो सेन्सर बाइनरी सिग्नल के रूप में (0) शून्य अनुवाद करता है।

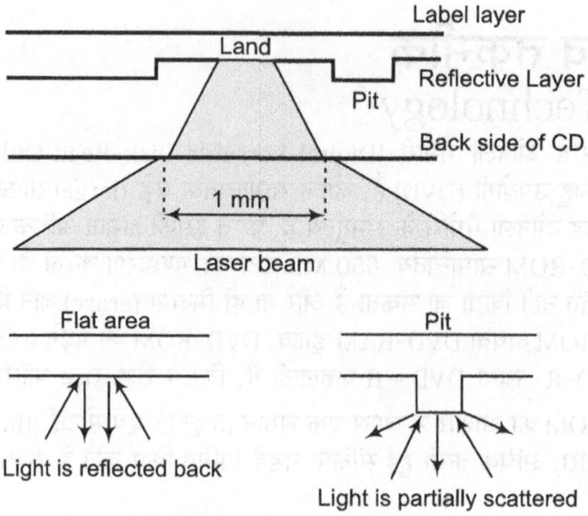

चित्र CD रीड/राइट तकनीक

21.11 RAID क्या है? What is RAID?

RAID का तात्पर्य अतिरिक्त शृंखला समूह स्वतन्त्र डिस्क (radundantarry of independent disk) है। यह एक भण्डारण कम्प्यूटर प्रोग्राम चालित आभासीकरण तकनीक है जोकि एक एकल तर्कसंगतीय इकाई में डेटा के स्थान को घटाने, प्रदर्शन सुधार अथवा दोनों उद्देश्यों से बहुल भौतिकीय डिस्क ड्राइव घटकों को एकल तर्कसंगत इकाई में संयुक्त (combine) करती है।

डेटा, ड्राइव्स के आर-पार (across) अनेक मार्गों में से एक मार्ग से वितरित होता है, जिसका RAID स्तर (level) से उल्लेख किया जाता है। जोकि अतिरिक्त स्तर एवं प्रदर्शन (performance) पर निर्भर करता है। विभिन्न योजनाओं अथवा डेटा वितरण ले-आउट को शब्द RAID नाम दिया गया है जोकि संख्या के द्वारा क्रमागत होता है। उदाहरण के लिए; RAID-0 अथवा RAID-1 हैं। प्रत्येक योजना अथवा एक RAID स्तर विभिन्न, 'की'-लक्ष्यों (key-goals); जैसे कि विश्वसनीयता, उपलब्धता, प्रदर्शन एवं क्षमता के मध्य विभिन्न सन्तुलन उपलब्ध कराता है। RAID स्तर RAID-0 (शून्य) से बड़ा होता है, जोकि पुन: प्राप्त नहीं होने योग्य सेक्टर रीड त्रुटियों (unrecoverable sector read errors) के प्रति सुरक्षा प्रदान करता है।

संक्षिप्त विवरण Overview

अनेक RAID स्तर (levels) एक त्रुटि सुरक्षा योजना (error protection scheme) उपयोग में लाते हैं जिसे समतुल्यता कहते हैं। दिए गए डेटा के सेट में दोष सहनशीलता उपलब्ध करने के लिए सूचना तकनीकी (I.T.) में यह बहुत अधिक उपयोग में लाई जाने वाली विधि है। इसका अधिकांश सरल उपयोग XOR है परन्तु RAID-6 दो पृथक् समतुल्यताएँ उपयोग में लाता है, जोकि एक विशेष गालॉइस फील्ड अथवा रीड सोलोमन त्रुटि सुधार (galois field or reed-solomon error correction) में क्रमशः जोड़ने एवं गुणा करने पर आधारित होती है।

RAID सॉलिड स्टेट युक्तियों (SSD) के साथ बिना सभी SSD प्रणाली के डेटा सुरक्षा भी उपलब्ध करा सकता है। उदाहरण के लिए; एक तीव्र SSD यान्त्रिक ड्राइव के साथ प्रतिबिम्बित (mirrored) की जा सकती है। कम्प्यूटर की इस व्यवस्था के प्रारूप/समाकृति के लिए महत्त्वपूर्ण गति लाभ उपलब्ध कराने हेतु एक उपयुक्त गति नियन्त्रक की आवश्यकता होती है। अनुकूल बनाने वाले इसे मिश्रण/हाइब्रिड को SSD कहते हैं।

21.12 मास्टर बूट रिकॉर्ड Master Boot Record

मास्टर बूट रिकॉर्ड एक विशेष प्रकार की बूट सेक्टर (boot sector) डेटा भण्डारण युक्तियाँ (data storage devices) हैं जैसे कि स्थिर डिस्क अथवा पृथक् किए जाने योग्य ड्राइव्स। मास्टर बूट रिकॉर्ड्स (MBRs) का विचार PC डिस्क ऑपरेटिंग प्रणाली के साथ सन् 1983 में जनता के समक्ष परिचित कराया गया था।

MBR अपने अन्दर सूचनाएँ संग्रहित (stored) रखता है कि किस प्रकार इसके विभाजित भाग (partitioned parts) उस माध्यम पर फाइल प्रणालियों को संगठित (organised) रखते हैं।

MBR संस्थापित ऑपरेटिंग प्रणाली के लिए, भारक (loader) के समान कार्य करने के लिए अमल करने योग्य कोड (code) भी रखता है। सामान्यत: भारक के द्वितीय चरण को पास करके अथवा प्रत्येक विभाजन के वोल्यूम बूट रिकॉर्ड (VBR) के संयोग में, यह MBR कोड सामान्यत: बूट लोडर के रूप में दर्शाया जाता है।

MBR में विभाजन तालिका का संगठन ($2^{32} \times 512 + 2^{32} \times 512$ बाइट्स) 512 सेक्टर डिस्क से 3.99 TB अधिकतम एड्रेस योग्य भण्डारण स्थान (storage space) सीमित करता है। इसलिए MBR, विभाजन करने की योजना पर निर्भर करता है। एक GPT, MBR से मिला जुला रहता है।

MBR अविभाजित माध्यम में उपस्थित नहीं रहता जैसे कि फ्लॉपियाँ, सुपर फ्लॉपियाँ (floppies, super floppies) अथवा अन्य भण्डारण युक्तियाँ आदि समानुरूप बर्ताव करती हैं।

MBR के घटक निम्न हैं

1. डिस्क का विभाजन करना (Disk partitioning)
   (a) सेक्टर ले-आउट (Sector lay-out)
   (b) विभाजन तालिका में प्रविष्टियाँ (Partition table entries)
2. प्रणाली बूट स्ट्रेपिंग (System boot strapping)
3. Disk की पहचान (Disk identity)
4. प्रोग्रामिंग पर विचार (Consideration on programming)
   (a) BIOS से MBR इण्टरफेस
   (b) MBR से VBR इण्टरफेस
5. MBR घटकों का सम्पादन/बदलना

डिस्क का विभाजन करना Disk Partitioning

MBR विभाजनों को बनाए रखने हेतु IBM PC DOS 2.0 FDISK की उपयोगिता से परिचित कराता है। जब इस योजना के अनुसार भण्डारण युक्ति (storage device) विभाजित की जाती है। इसके MBR में विभाजन तालिका होती है जोकि रेखीय क्षेत्रों (linear regions) के स्थानों, आकारों एवं लक्षणों का विभाजनों के सन्दर्भ में वर्णन करती है।

सेक्टर ले-आउट Sector Lay-out

MBR विभाजन तालिका में चलन/समझौते के द्वारा (by convention) सही-सही चार प्राथमिक विभाजन तालिका प्रविष्टियाँ होती हैं। यद्यपि कुछ ऑपरेटिंग प्रणालियाँ एवं प्रणाली औजार (system tools) इसका पाँच तक विस्तार करते हैं। एडवांस्ड एक्टिव पार्टीशन (AAP), PTS-DOS 6.60 एवं DR-DOS 7.07 इसका आठ तक तथा AST एवं NEC MS-DOS-3 सोलह प्रविष्टियों तक विस्तार करते हैं।

21.13 उपयोगकर्ता एवं उपयोगकर्ता अकाउण्ट User and User Account

उपयोगकर्ता (user) उस व्यक्ति को कहते हैं जोकि कम्प्यूटर अथवा नेटवर्क सेवा (computer or network service) का उपयोग करता है, उपयोगकर्ता सामान्यतया प्रणाली अथवा सॉफ्टवेयर उत्पाद (product) का उपयोग विषय की विशेषज्ञता प्राप्त किए बिना अर्थात् विषय का पूर्ण ज्ञान प्राप्त किए बिना ही करता है।

पावर उपयोगकर्ता Power User

पावर उपयोगकर्ता प्रोग्रामों के विशेष गुणों का उपयोग करता है, यद्यपि वे कम्प्यूटर प्रोग्रामिंग एवं प्रणाली प्रशासनिक के विषय में आवश्यक रूप से सक्षम नहीं होते। उपयोगकर्ता प्राय: उपयोगकर्ता अकाउण्ट रखता है एवं प्रणाली के द्वारा, उपयोगकर्ता के नाम से पहचाना हुआ होता है। उपयोगकर्ता नाम के लिए अन्य पद (term) लॉगिन नाम (login name), स्क्रीन नाम (screen name), निक नेम (nick name) सम्मिलित रहते हैं, जोकि अभिन्न रूप से (identical) सिटिजन के बैण्ड रेडियो पद (band radio term) से व्युत्पन्न हुए (drived) होते हैं।

कुछ सॉफ्टवेयर उत्पाद अन्य प्रणाली को सेवाएँ प्रदान करते हैं तथा इनसे कोई भी (user) सीधा जुड़ा हुआ नहीं होता है।

विषय सूची Content

1. अन्तिम उपयोगकर्ता
2. उपयोगकर्ता अकाउण्ट
3. उपयोगकर्ता नाम
4. शब्दावली
5. सन्दर्भ
6. बाह्य लिंक्स

अन्तिम उपयोगकर्ता End User

अन्तिम उपयोगकर्ता सॉफ्टवेयर उत्पाद (software product) का अन्तिम उपयोगकर्ता है, जिसे ऑपरेटर भी कहते हैं। यह पद (term) सॉफ्टवेयर विकसित करने वाली कम्पनियों से प्राप्त किए गए सॉफ्टवेयर के सारांश एवं सॉफ्टवेयर की आन्तरिक पहचान के लिए उपयोग किया गया है (अर्थात् प्रयोग में लाया जाने वाला सॉफ्टवेयर किस प्रकार के उपयोग हेतु विकसित किया गया है) यह पृथक्करण/संक्षेपण (abstraction)

मौलिक रूप से उपयोगकर्ता इण्टरफेस (user interface) को डिजाइन करने में उपयोगी (useful) है एवं सम्बद्ध अभिलक्षणों (characteristics) के उपसेट का हवाला संकेत देता है।

उपयोगकर्ता अकाउण्ट User Account

उपयोगकर्ता अकाउण्ट, उपयोगकर्ता को प्रणाली (system) के द्वारा प्रमाणित करने (authenticate) की अनुमति प्रदान करता है एवं उस प्रणाली से उपलब्ध साधनों (resources) के विषय में जानकारी तक पहुँचने का अधिकार प्रदान करता है। तब भी प्रमाणित करना, अधिकार प्राप्त होने की ओर संकेत नहीं करता है। अकाउण्ट में अधिकारिक रिकॉर्ड रखने को एक उपयोगकर्ता आदर्श रूप से स्वयं को प्रमाणित करने एवं अन्य आवश्यकताओं जैसे कि सुरक्षा लॉगिंग एवं संसाधन प्रबन्ध (protection logging and resource management) के उद्देश्य से पासवर्ड (password) प्रयोग करता है।

एक बार जब उपयोगकर्ता ऑपरेटिंग प्रणाली में प्रविष्ट (logged on) होता है, तब ऑपरेटिंग प्रणाली पहचानने का, प्रणाली का उपयोग करता है जैसे कि इन्टेगर (intger) जोकि एक प्रक्रिया (जिसे identity correlation कहते हैं) के द्वारा उपयोगकर्ता के नाम के बदले, वर्तमान उपयोगकर्ता का उल्लेख करता है। यूनिक्स प्रणाली (unix system) में उपयोगकर्ता का नाम (username) का पारस्परिक सम्बन्ध (correlation) उपयोगकर्ता की आई.डी. (user id) के साथ देखा जाता है।

कम्प्यूटर प्रणाली दो प्रकार की उपयोगकर्ता प्रणालियों में से किसी एक प्रकार की उपयोगकर्ता प्रणाली में अनेक उपयोगकर्ताओं का अकाउण्ट उपलब्ध नहीं होता जबकि मल्टीयूजर प्रणाली में, प्रणाली को उपयोग करने के पूर्व उन्हें अपनी पहचान (identify) कराना आवश्यक होता है। मल्टीयूजर प्रणाली पर प्रत्येक यूजर अकाउण्ट आदर्श रूप से एक होम डायरेक्टरी रखता है, जिसमें उन फाइलों को स्टोर किया जाता है, जिसमें उस अकेले उपयोगकर्ता से सम्बन्धित उपयोगी सूचनाएँ एवं डेटा आदि पासवर्ड का प्रयोग करके सुरक्षित किए जाते हैं।

21.14 प्राधिकार क्षेत्र Privileges Scope

वे प्राधिकार (privileges) जोकि उस उपयोगकर्ता के कार्य हेतु आवश्यक है, उदाहरण के लिए; एक संगत उपयोगकर्ता (backup user) को सॉफ्टवेयर संस्थापन (install) करने की आवश्यकता नहीं होती, इसलिए संगत उपयोगकर्ता को केवल यह अधिकार होता है कि वह बैकअप एवं बैकअप से सम्बन्धित अनुप्रयोगों को कार्यशील कराए। अन्य कोई प्राधिकार जैसे कि नए सॉफ्टवेयर का संस्थापन करने को रोक दिया जाता है। इस पर यह सिद्धान्त भी लागू होता है कि एक पर्सनल कम्प्यूटर उपयोगकर्ता, जोकि सामान्यतया सामान्य उपयोगकर्ता अकाउण्ट में कार्य करता है तथा प्राधिकार को खोलता है अर्थात् पासवर्ड सुरक्षित अकाउण्ट को केवल उस समय खोलता है जबकि परिस्थिति के अनुसार इसकी माँग है। यह उपयोगकर्ता जोकि एक उत्कृष्ट/बहुत बड़ा उपयोगकर्ता है।

जब यह छोटे उपयोगकर्ता पर प्रयुक्त होता है, पद सबसे छोटा उपयोगकर्ता प्रवेश मार्ग (access) अथवा सबसे छोटा प्राधिकारित ''उपयोगकर्ता अकाउण्ट'' (LUA) भी प्रयोग होते हैं। सिद्धान्त के सन्दर्भ में जोकि प्रत्येक समय सभी उपयोगकर्ता अकाउण्ट जैसे कि सम्भव हो थोड़े प्राधिकार के साथ कार्यशील होने चाहिए। जब अनुप्रयोग ठीक प्रकार से कार्य नहीं कर रहे हों तब प्राधिकार को उपयोग किए बिना सॉफ्टवेयर की कमियाँ ज्ञात हो सकती हैं। कम-से-कम प्राधिकार (least privilege) के सिद्धान्त को महत्त्वपूर्ण डिजाइन के विचार हेतु डेटा की सुरक्षा बढ़ाने एवं दोष सहनशीलता से क्रियात्मकता एवं कम्प्यूटर सुरक्षा हेतु बहुत अधिक मान्यता है।

उपरोक्त सिद्धान्त के लाभ में सम्मिलित बिन्दु निम्न हैं

उत्तम प्रणाली स्थिरता Better System Stability

परिवर्तनों के कार्यक्षेत्र में जब कोड सीमित होता है तब यह प्रणाली को बना सकता है। इसकी सम्भव प्रारम्भिक क्रियाओं एवं अन्त:क्रियाओं का अन्य अनुप्रयोगों के साथ परीक्षण करना सम्भव है। अभ्यास में उदाहरण के लिए; प्रतिबन्धित अधिकारों के साथ जारी अनुप्रयोग प्रचालनों को सम्पन्न (perform) नहीं करेंगे, जोकि मशीन को चूर-चूर (crash) करेंगे अथवा समान प्रणाली पर अन्य जारी अनुप्रयोगों पर विपरीत रूप से प्रभाव डालेंगे।

उत्तम प्रणाली सुरक्षा Better System Safety

जब प्रणाली के अन्दर कोड सीमित होता है तब बड़ी क्रियाएँ सम्पन्न हो सकती हैं। एक अनुप्रयोग के अन्तर्गत, शेष मशीन को बहुत अधिक उपयोग में लाने पर अति संवेदनशीलता उपयोग में नहीं लाई जा सकती है, उदाहरण के लिए; माइक्रोसॉफ्ट दर्शाता है कि मानक उपयोग दशा में कम्प्यूटर को उपयोग में लाने पर उपयोगकर्ता की माल वेयर एवं शैटर अटैक्स (malware and shatter attacks) से सुरक्षा बढ़ जाती है जैसे कि रूट किट्स, स्पाई वेयर एवं नहीं खोजे जाने वाले वायरसेस (spyware and undetectable viruses) आदि।

परियोजना की सुगमता Easy Planning

अभ्यास में सत्य न्यूनतम प्राधिकारों की विविध परिभाषाएँ अस्तित्व में हैं, जैसा कि प्रोग्राम की जटिलता, घातांकी दर (exponential rate) पर बढ़ती है, इसलिए अन्तर्निहित मुद्दों (issues) की संख्या की व्याख्या भविष्य सूचक पहुँच हेतु अव्यावहारिक है। इसके उदाहरण में परिवर्ती राशि

के मान जिनकी यह प्रक्रिया (process) करता है, एड्रेसेज अथवा यथार्थ समय की इसे आवश्यकता होती है, इसके उदाहरण में सम्मिलित रहते हैं। विषय क्षमता प्रणाली एकल उपयोग (single use) प्राधिकार को स्वीकृत करके अनुमति, उस समय प्रदान करता है, जब इसकी आवश्यकता होती है।

वर्तमान में आवश्यक प्राधिकारों को पृथक् करना, जोकि हस्तचालित विधि द्वारा मूल्यांकन कर सके, ये ही प्रयोगात्मक पहुँच (practical approach) है। प्राधिकारों का परिणामी सेट वह होता है, जोकि आदर्शरूप से न्यूनतम आवश्यक सत्य प्राधिकारों से प्रक्रिया हेतु आगे बढ़ते हैं।

21.15 आभासी मशीन का मूल सिद्धान्त Concept of Virtual Machine

संगणना (computing) में आभासी मशीन [Virtual Machine (VM)] विशेष कम्प्यूटर प्रणाली का अनुकरण करती है। आभासी मशीन का प्रचालन कम्प्यूटर की वास्तुकला (architecture) पर निर्भर करता है तथा इसके कार्य कम्प्यूटर के वास्तविक अथवा प्राक्कल्पना (hypothetical) पर निर्भर करते हैं तथा इनका क्रियान्वयन (implemention) में वस्तु विशेष सॉफ्टवेयर एवं हार्डवेयर अथवा दोनों के सम्मिश्रण (combination) सम्मिलित रहते हैं।

वर्तमान में विशेष प्रकार की अनेक आभासी मशीनें उपलब्ध हैं, जिनमें प्रत्येक के कार्य (functioning) भिन्न-भिन्न हैं। प्रणाली में आभासी मशीनें जोकि पूर्ण आभासीकरण कहलाती हैं, के वास्तविक मशीन के लक्ष्य को प्राप्त करने के लिए पूर्ण प्रतिस्थापन (substitute) उपलब्ध कराती हैं तथा पूर्ण प्रचालन प्रणाली को लागू करने के लिए प्रकार्यात्मक (functionality) के विशेष स्तर की आवश्यकता होती है। एक आभासी मशीन मॉनीटर, हार्डवेयर को बाँटने (शेयर करने) एवं प्रबन्ध करने हेतु मूल प्रयुक्तीकरण/लागूकरण प्रयोग में लाता है एवं बहुल अनेक वातावरण (multiple different environments) की अनुमति देता है तथा एक समान भौतिक मशीन पर अमल करने को एक-दूसरे से पृथक् रखता है। आधुनिक आभासी मशीन, हार्डवेयर सहायता प्राप्त (hardware assisted) आभासीकरण उपयोग में लाया गया जोकि आभासीकरण विशिष्ट हार्डवेयर क्षमताएँ प्राथमिक रूप से नियन्त्रक सी.पी.यू. (host-CPU) से दक्ष एवं पूर्ण आभासीकरण उपलब्ध कराता है। एक निकाला गया एवं प्लेटफार्म से स्वतन्त्र प्रोग्राम उपलब्ध कराने से सिंगल कम्प्यूटर प्रोग्राम अमल में लाकर, प्रक्रिया आभासी मशीनें जैसे कि QEMU डिजाइन की जाती हैं, जोकि वास्तुकला को एक समान करती हैं एवं सॉफ्टवेयर अनुप्रयोगों को अमल में लाने तथा CPU अथवा वास्तुकला के लिए लिखे गए प्रचालन प्रणालियों को अमल में लाने की अनुमति प्रदान करती हैं।

अभ्यास प्रश्न

परीक्षा प्रारूपी प्रश्न

बहुविकल्पीय

1. निम्न में से कौन-सा स्टोरेज डिवाइस/उपकरण ऐसा है जो कठिन/रिजीड स्थाई रूप से स्थापित मैगनेटिक डिस्क का प्रयोग डेटा/जानकारी स्टोर करने हेतु करता है?
(a) फ्लॉपी डिस्क (b) हार्ड डिस्क
(c) स्थायी/परमानेण्ट डिस्क (d) ऑप्टिकल डिस्क

2. सेकेण्डरी स्टोरेज मीडिया से हार्ड डिस्क में सॉफ्टवेयर प्रोग्रामों को कॉपी करने की प्रक्रिया को कहते हैं
(a) कॉन्फिगुरेशन (b) डाउनलोड
(c) अपलोड (d) इनस्टॉलेशन

3. हार्ड डिस्क ड्राइव्स को ········· स्टोरेज माना जाता है।
(a) फ्लैश (b) नॉन वॉलेटाइल
(c) टेम्पररि (d) नॉन परमानेण्ट

4. डिस्क को ट्रैकों और सेक्टरों में विभाजित करने की प्रक्रिया क्या है?
(a) ट्रैकिंग (b) फॉर्मेटिंग
(c) क्रैशिंग (d) एलॉटिंग

5. फ्लॉपी डिस्क किस प्रकार की मैमोरी है?
(a) इण्टर्नल
(b) एक्सटर्नल
(c) वॉलेटाइल
(d) 'a' और 'b' दोनों

6. हार्ड डिस्क में ट्रैक 0 होता है
(a) फार्मेटिंग द्वारा निर्धारित
(b) सबसे बाहरी ट्रैक
(c) सबसे भीतरी ट्रैक
(d) प्रत्येक कम्प्यूटर में पृथक् स्थान पर

7. हार्ड डिस्क के संदर्भ में प्रयुक्त होने वाले शब्द ATA का क्या अर्थ है?
(a) अल्टरनेट अटैचमेंट
(b) एलाइड अटैचमेंट
(c) एडवांस टेक्नोलॉजी अटैचमेंट
(d) उपरोक्त में से कोई नहीं

8. निम्न में से कौन-सा हार्ड डिस्क का मुख्य हार्डवेयर है?
(a) लॉजिक कार्ड (b) प्रोसेसर
(c) जम्पर्स (d) इनमें से कोई नहीं

9. हार्ड डिस्क के हैड को निम्न में से कौन-सा कम्पोनेंट आगे-पीछे करता है?
(a) हैड मूवर (b) हैड स्टार्टर
(c) हैड एक्यूरेटर (d) ये सभी

10. हार्ड डिस्क के साटा (SATA) केबल की अधिकतम लम्बाई कितनी होनी चाहिए?
(a) 18'' (b) 24''
(c) 21'' (d) इनमें से कोई नहीं

11. हार्ड डिस्क में पार्टीशनों के संदर्भ में निम्न में से किस शब्द का प्रयोग होता है?
(a) क्लस्टर (b) कार्ट्रिज
(c) आर्पनेट (d) इनमें से कोई नहीं

12. कम्प्यूटर से हार्ड डिस्क को जोड़ने के लिए किस तकनीक का प्रयोग किया जाता है?
(a) स्कैजी तकनीक (b) वीजीए तकनीक
(c) एजीपी तकनीक (d) इनमें से कोई नहीं

13. सीडी या डीवीडी डिस्क के जिस स्थान पर डेटा राइट होता है, वह कहलाता है
(a) पिट्स (b) लैंड
(c) हिल्स (d) इनमें से कोई नहीं

14. ऑप्टिकल स्टोरेज में कौन-सी किरण डेटा रीड/राइट के लिए प्रयुक्त होती है?
(a) अल्फा किरण (b) लेजर किरण
(c) गामा किरण (d) इनमें से कोई नहीं

15. निम्न में से कौन-सा ऑपरेटिंग सिस्टम फ्लॉपी डिस्क में भी आता था एवं सिस्टम को बूट करता था?
(a) यूनिक्स (b) एमएस डॉस
(c) लाइनेक्स (d) इनमें से कोई नहीं

16. हार्ड डिस्क की मीडिया प्लेट और उसके हैड के बीच कितनी दूरी होती है?
(a) 100 नैनोमीटर (b) 15 नैनोमीटर
(c) 110 नैनोमीटर (d) 200 नैनोमीटर

17. निम्न में से कम्प्यूटर का ऑप्टिकल डेटा स्टोरेज मीडिया है
(a) फ्लॉपी डिस्क
(b) जिप डिस्क
(c) डीवीडी डिस्क
(d) उपरोक्त में से कोई नहीं

18. निम्न में से कौन-सा कम्पोनेंट हार्ड डिस्क ड्राइव का भाग होता है?
(a) रीड/राइट हैड
(b) मीडिया प्लेट
(c) साटा कनेक्टर
(d) उपरोक्त सभी

19. हार्ड डिस्क के लिये प्रयुक्त की जाने वाली साटा तकनीक का पूर्ण नाम है
(a) सीरियल ATA (b) स्ट्रीम्ड ATA
(c) सिंगल ATA (d) इनमें से कोई नहीं

20. निम्न में से किस पोर्ट को प्रयुक्त करके वर्तमान समय में कम्प्यूटर से एक्सटर्नल हार्ड डिस्क को प्रयुक्त किया जाता है?
(a) लैन पोर्ट
(b) ब्लूटूथ
(c) यूएसबी पोर्ट
(d) इनमें से कोई नहीं

21. वर्तमान समय में हार्ड डिस्क में मीडिया के रूप में निम्न में से क्या प्रयुक्त होता है?
(a) फाइबर ग्लास
(b) थिन-फिल्म मीडिया
(c) मेटल मीडिया
(d) इनमें से कोई नहीं

22. हार्ड डिस्क की मीडिया प्लेट पर हैड को घुमाने के लिये निम्न में से क्या प्रयुक्त होता है?
(a) वेज़ सर्वो (b) डेडीकेटेड सर्वो
(c) इम्बेडेट सर्वो (d) ये सभी

23. निम्न में से किस कमाण्ड का प्रयोग हार्ड डिस्क को क्लीन करने के लिए किया जाता था?
(a) SYS (b) FORMAT
(c) BACKUP (d) ये सभी

24. वर्तमान समय में प्रयुक्त होने वाली ब्लू-रे डिस्क में कितना डेटा स्टोर हो सकता है?
(a) 50 GB (b) 200 GB
(c) 100 GB (d) इनमें से कोई नहीं

25. IDE तकनीक की द्वारा कम्प्यूटर में निम्न में से किस उपकरण को जोड़ सकते हैं?
(a) लैन कार्ड (b) डीवीडी ड्राइव
(c) प्रिंटर (d) इनमें से कोई नहीं

विविध प्रारूपी प्रश्न

सत्य/असत्य

1. हार्ड डिस्क में फ्लॉपी डिस्क की तुलना में अधिक डेटा स्टोर किया जा सकता है।
2. ऑपरेटिंग सिस्टम कम्प्यूटर के आन्तरिक फंक्शनों को कण्ट्रोल व कोर्डिनेट करता है, जबकि आउटपुट युक्तियों को कण्ट्रोल करने में डिवाइस ड्राइवर्स उसकी मदद करते हैं।
3. पेन ड्राइव एक प्रकार की फ्लैश मैमोरी डेटा स्टोरेज युक्ति है जो यूएसबी (USB) कनेक्टर के द्वारा कम्प्यूटर से कनेक्ट होती है।
4. वह मैमोरी इकाई जो सीधे सीपीयू से कम्युनिकेट करती है, बाह्य मैमोरी कहलाती है।
5. फ्लॉपी डिस्क कम्प्यूटर का मैग्नेटिक डेटा स्टोरेज मीडिया होता है।

रिक्त स्थानों की पूर्ति

1. हार्ड डिस्क में पार्टीशनों की अधिकतम संख्या ………… हो सकती है।
2. डीवीडी ड्राइव को मदरबोर्ड से ………… पोर्ट से जोड़ते हैं।
3. डीवीडी डिस्क में दो पिट्स के बीच की जगह को ………… कहते हैं।
4. फ्लॉपी डिस्क ड्राइव में ………… मोटर प्रयोग की जाती है।
5. हार्ड डिस्क को कम्प्यूटर से जोड़ने वाली केबल को तकनीकी भाषा में ………… कहा जाता है।

अतिलघु उत्तरीय

1. सेक्टर किसे कहते हैं?
2. हार्ड डिस्क कण्ट्रोलर कार्ड से आप क्या समझते हैं?
3. FAT का पूर्ण नाम क्या है?
4. हाई-लेवल फॉर्मेटिंग से क्या तात्पर्य है?
5. सीडी में डेटा स्टोर करने के लिए किस तकनीक का प्रयोग किया जाता है?

लघु उत्तरीय

1. RAID तकनीक से क्या अभिप्राय है?
2. सीडी ड्राइव के बारे में संक्षेप में बताइए।
3. Write Protect Notch का क्या कार्य है?

दीर्घ उत्तरीय

1. हार्डडिस्क में फाइल एलोकेशन टेबल (FAT) क्या होता है?
2. SATA पोर्ट से क्या तात्पर्य है? वर्तमान समय में किस मदरबोर्ड में इसका प्रयोग किया जा रहा है?

उत्तरमाला

बहुविकल्पीय

1. (b)	2. (d)	3. (b)	4. (b)	5. (b)	6. (c)	7. (c)	8. (a)	9. (c)	10. (a)
11. (a)	12. (a)	13. (a)	14. (b)	15. (b)	16. (b)	17. (a)	18. (d)	19. (a)	20. (c)
21. (b)	22. (d)	23. (b)	24. (a)	25. (b)					

सत्य/असत्य

1. असत्य 2. असत्य 3. असत्य 4. असत्य 5. सत्य

रिक्त स्थानों की पूर्ति

1. 16 2. डिस्प्ले 3. लैंड 4. स्टैपर 5. AT-IO

अध्याय 22

WEEK 22

कम्प्यूटर सॉफ्टवेयर
Computer Software

परिचय Introduction

एक कम्प्यूटर सिस्टम अनेक इकाइयों का समूह होता है, जो एक या अनेक लक्ष्यों की प्राप्ति हेतु बनाया जाता है। उदाहरणार्थ— प्रयोगशाला भी एक प्रकार का सिस्टम ही है, जिसका लक्ष्य विविध प्रकार के शोध करना है तथा जिसकी अनेक इकाइयाँ वैज्ञानिक शोधार्थी और वैज्ञानिक उपकरण इत्यादि हैं। इसी प्रकार कम्प्यूटर भी एक सिस्टम है, जिसका लक्ष्य विविध प्रकार के कार्य करना है तथा जिसकी इकाइयाँ हार्डवेयर तथा सॉफ्टवेयर हैं।

22.1 सॉफ्टवेयर Software

सॉफ्टवेयर, प्रोग्रामिंग भाषा में लिखे गए निर्देशों अर्थात् प्रोगामों की वह श्रृंखला है, जो कम्प्यूटर सिस्टम के कार्यों को नियन्त्रित करता है तथा कम्प्यूटर के विभिन्न हार्डवेयरों के बीच समन्वय स्थापित करता है, ताकि किसी विशेष कार्य को पूरा किया जा सके। इसका प्राथमिक उद्देश्य डेटा को सूचना में परिवर्तित करना है। सॉफ्टवेयर के निर्देशों के अनुसार ही हार्डवेयर कार्य करता है। इसे **प्रोग्रामों का समूह** भी कहते हैं।

दूसरे शब्दों में, "कम्प्यूटरों में सैकड़ों की संख्या में प्रोग्राम होते हैं, जो अलग-अलग कार्यों के लिए लिखे या बनाए जाते हैं। इन सभी प्रोग्रामों के समूह को सम्मिलित रूप से 'सॉफ्टवेयर' कहा जाता है।"

22.2 सॉफ्टवेयर के प्रकार Types of Software

सॉफ्टवेयर को उसके कार्यों तथा संरचना के आधार पर दो प्रमुख भागों में विभाजित किया गया है

1. सिस्टम सॉफ्टवेयर
2. एप्लीकेशन सॉफ्टवेयर

चित्र में सॉफ्टवेयर सम्बन्धी एक-ब्लॉक डायग्राम दर्शाया गया है। जिसके माध्यम से सॉफ्टवेयर के प्रकारों से अवगत हुआ जा सकता है

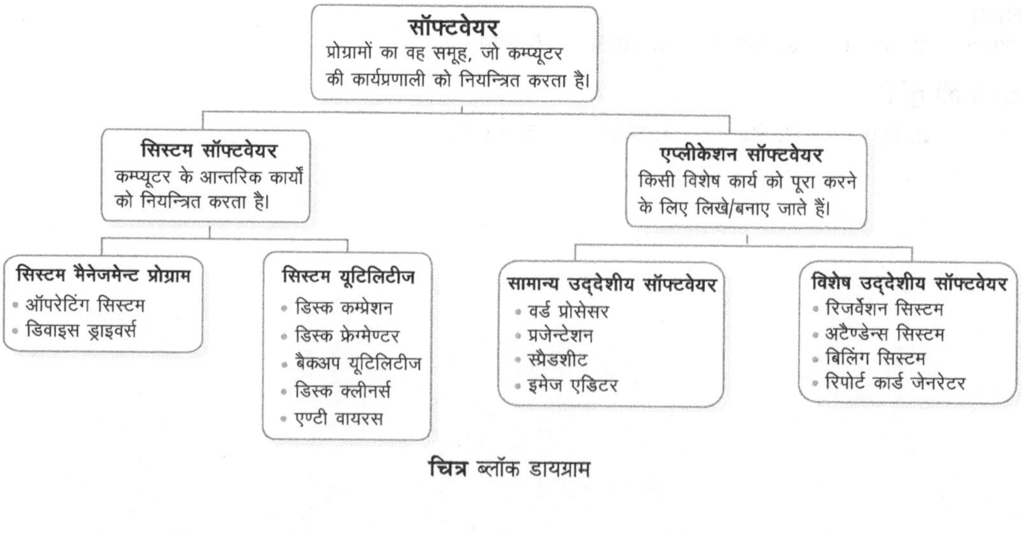

चित्र ब्लॉक डायग्राम

सिस्टम सॉफ्टवेयर System Software

जो प्रोग्राम कम्प्यूटर को चलाने, उसको नियन्त्रित करने, उसके विभिन्न भागों की देखभाल करने तथा उसकी सभी क्षमताओं का अच्छे से उपयोग करने के लिए लिखे जाते हैं, उनको सम्मिलित रूप से 'सिस्टम सॉफ्टवेयर' कहा जाता है। सामान्यत: सिस्टम सॉफ्टवेयर कम्प्यूटर के निर्माता द्वारा ही उपलब्ध कराया जाता है।

कम्प्यूटर से हमारा सम्पर्क या संवाद सिस्टम सॉफ्टवेयर के माध्यम से ही हो पाता है। दूसरे शब्दों में, कम्प्यूटर हमेशा सिस्टम सॉफ्टवेयर के नियन्त्रण में ही रहता है, जिसके कारण से हम सीधे कम्प्यूटर से अपना सम्पर्क नहीं बना सकते। वास्तव में सिस्टम सॉफ्टवेयर के बिना कम्प्यूटर से सीधा सम्पर्क नामुमकिन है, इसलिए सिस्टम सॉफ्टवेयर उपयोगकर्ता की सुविधा के लिए ही बनाया जाता है। सिस्टम सॉफ्टवेयर से हमें बहुत सुविधा हो जाती है, क्योंकि वह कम्प्यूटर को अपने नियन्त्रण में लेकर हमारे द्वारा बताए गए कार्यों को कराने तथा प्रोग्रामों का सही-सही पालन कराने के दायित्व अपने ऊपर ले लेता है।

सिस्टम सॉफ्टवेयर में वे प्रोग्राम शामिल होते हैं, जो कम्प्यूटर सिस्टम को नियन्त्रित (control) करते हैं और उसके विभिन्न भागों के बीच उचित तालमेल बनाकर कार्य कराते हैं।

कार्यों के आधार पर सिस्टम सॉफ्टवेयर को दो भागों में बाँटा गया है—(i) सिस्टम मैनेजमेण्ट प्रोग्राम तथा (ii) डवलपिंग सॉफ्टवेयर

सिस्टम मैनेजमेण्ट प्रोग्राम System Management Program

ये वे प्रोग्राम होते हैं, जो सिस्टम का प्रबन्धन (management) करने के काम आते हैं। इन प्रोग्राम्स का प्रमुख कार्य इनपुट, आउटपुट तथा मैमोरी युक्तियों और प्रोसेसर के विभिन्न कार्यों का प्रबन्धन करना है। ऑपरेटिंग सिस्टम, डिवाइस ड्राइवर्स तथा सिस्टम यूटिलिटीज, सिस्टम मैनेजमेण्ट प्रोग्राम्स के प्रमुख उदाहरण हैं।

ऑपरेटिंग सिस्टम Operating System

इसमें वे प्रोग्राम शामिल होते हैं, जो कम्प्यूटर के विभिन्न अवयवों के कार्यों को नियन्त्रित करते हैं, उनमें समन्वय स्थापित करते हैं तथा उन्हें प्रबन्धित (manage) करते हैं। इसका प्रमुख कार्य उपयोगकर्ता (user) तथा हार्डवेयर के मध्य एक समन्वय स्थापित करना है।

ऑपरेटिंग सिस्टम कुछ विशेष प्रोग्रामों का ऐसा व्यवस्थित समूह है, जो किसी कम्प्यूटर के सम्पूर्ण क्रियाकलापों को नियन्त्रित रखता है। यह कम्प्यूटर के साधनों के उपयोग पर नजर रखने और उन्हें व्यवस्थित करने में हमारी सहायता करता है। ऑपरेटिंग सिस्टम आवश्यक होने पर अन्य प्रोग्रामों को चालू करता है, विशेष सेवाएँ देने वाले प्रोग्रामों का मशीनी भाषा में अनुवाद करता है और उपयोगकर्ताओं की इच्छा के अनुसार आउटपुट निकालने के लिए डेटा का प्रबन्धन करता है। वास्तव में यह प्रोग्रामों को कार्य करने के लिए एक आधार उपलब्ध कराता है। एमएस-डॉस, विण्डोज XP/2000/98, यूनिक्स, लाइनेक्स इत्यादि ऑपरेटिंग सिस्टम के कुछ उदाहरण हैं।

ऑपरेटिंग सिस्टम के कार्य Functions of Operating System

1. कम्प्यूटर तथा उसके उपयोगकर्ता के बीच संवाद (communication) स्थापित करना।
2. कम्प्यूटर के सभी उपकरणों को नियन्त्रण में रखना तथा उनसे काम लेना।
3. उपयोगकर्ता द्वारा दिए प्रोग्रामों का पालन कराना।
4. सभी प्रोग्रामों के लिए आवश्यक साधन (मैमोरी, सी पी यू, प्रिण्टर आदि) उपलब्ध कराना।
5. ऊपर बताए गए कार्यों में सहायक, दूसरे छोटे-छोटे कार्य करना या उनकी व्यवस्था करना।

डिवाइस ड्राइवर Device Driver

यह एक विशेष प्रकार का सॉफ्टवेयर होता है, जो किसी युक्ति (device) के प्रचालन (operation) को समझाता है। यह सॉफ्टवेयर किसी युक्ति तथा उपयोगकर्ता के मध्य इण्टरफेस (interface) का कार्य करता है। किसी भी युक्ति को सुचारु रूप से चलाने के लिए चाहे वो प्रिण्टर, माउस, मॉनीटर या की-बोर्ड ही हो, उसके साथ एक ड्राइवर प्रोग्राम जुड़ा होता है। यह ऑपरेटिंग सिस्टम के निर्देशों (commands) को कम्प्यूटर के विभिन्न भागों के लिए उनकी भाषा में परिवर्तित करता है। डिवाइस ड्राइवर्स निर्देशों का ऐसा समूह होता है, जो हमारे कम्प्यूटर का परिचय उससे जुड़ने वाले हार्डवेयर्स से करवाता है।

सिस्टम यूटिलिटीज System Utilities

ये प्रोग्राम्स कम्प्यूटर के रख-रखाव से सम्बन्धित कार्य करते हैं। ये प्रोग्राम्स कम्प्यूटर के कार्यों को सरल बनाने, उसे अशुद्धियों से दूर रखने तथा सिस्टम के विभिन्न सुरक्षा कार्यों के लिए बनाए जाते हैं। यूटिलिटी प्रोग्राम्स कई ऐसे कार्य करते हैं, जो कम्प्यूटर का उपयोग करते समय हमें कराने पड़ते हैं। उदाहरण के लिए, कोई यूटिलिटी प्रोग्राम हमारी फाइलों का बैकअप किसी बाहरी भण्डारण साधन पर लेने का कार्य कर सकता है। ये सिस्टम सॉफ्टवेयर के अनिवार्य भाग नहीं होते, परन्तु सामान्यत: उसके साथ ही आते हैं और कम्प्यूटर के निर्माता द्वारा ही उपलब्ध कराए जाते हैं।

कुछ यूटिलिटी सॉफ्टवेयर निम्न प्रकार है

(a) **डिस्क कम्प्रेशन** (Disk compression) ये हार्ड डिस्क पर उपस्थित सूचना पर दबाव डालकर उसे संकुचित (compressed) कर देता है, ताकि हार्ड डिस्क पर अधिक-से-अधिक सूचना स्टोर की जा सके। यह यूटिलिटी स्वयं अपना कार्य करती रहती है तथा जरूरी नहीं कि उपयोगकर्ता को इसकी उपस्थिति की जानकारी हो।

(b) **डिस्क फ्रेग्मेण्टर** (Disk fragmenter) यह कम्प्यूटर की हार्ड डिस्क पर, विभिन्न जगहों पर बिखरी हुई फाइलों को खोजकर उन्हें एक स्थान पर लाता है। इसका प्रयोग फाइलों तथा हार्ड डिस्क की खाली पड़ी जगह को व्यवस्थित करने में होता है।

(c) **बैकअप यूटिलिटीज** (Backup utilities) यह कम्प्यूटर की डिस्क पर उपस्थित सारी सूचना की एक कॉपी रखता है तथा जरूरत पड़ने पर कुछ जरूरी फाइलें या पूरी हार्ड डिस्क की सामग्री वापस रिस्टोर (restore) कर देता है।

(d) **डिस्क क्लीनर्स** (Disk cleaners) ये उन फाइलों को ढूँढ़कर डिलीट (delete) करते हैं, जिनका बहुत समय से उपयोग नहीं हुआ है। इस प्रकार ये कम्प्यूटर की गति को भी तेज करते हैं।

(e) **एण्टी वायरस स्कैनर्स एण्ड रीमूवर्स** (Anti-virus scanners and removers) ये ऐसे यूटिलिटी प्रोग्राम्स हैं, जिनका प्रयोग कम्प्यूटर के वायरस ढूँढ़ने और उन्हें डिलीट करने में होता है।

एप्लीकेशन सॉफ्टवेयर Application Software

एप्लीकेशन सॉफ्टवेयर उन प्रोग्रामों को कहा जाता है, जो हमारे वास्तविक कार्य कराने के लिए लिखे जाते हैं; जैसे—कार्यालय के कर्मचारियों के वेतन की गणना करना, सभी लेन-देन तथा खातों का हिसाब-किताब रखना, विभिन्न प्रकार की रिपोर्ट छापना, स्टॉक की स्थिति का विवरण देना, पत्र-दस्तावेज तैयार करना इत्यादि।

ये कार्य हर कम्पनी या उपयोगकर्ता के लिए अलग-अलग प्रकार के होते हैं, इसलिए हमारी आवश्यकता के अनुसार इनके लिए प्रोग्राम हमारे द्वारा नियुक्त प्रोग्रामर द्वारा लिखे जाते हैं। आजकल ऐसे प्रोग्राम सामान्यतौर पर सबके लिए एक जैसे लिखे हुए भी आते हैं, जिन्हें **रेडीमेड सॉफ्टवेयर** (Readymade software) या **पैकेज** (package) कहा जाता है; जैसे—एमएस-वर्ड, एमएस-एक्सेल, टैली, कोरल ड्रॉ, पेजमेकर, फोटोशॉप आदि। सामान्यत: एप्लीकेशन सॉफ्टवेयर दो प्रकार के होते हैं

सामान्य उद्देशीय सॉफ्टवेयर General Purpose Software

प्रोग्रामों का वह समूह, जिन्हें उपयोगकर्ता अपनी आवश्यकतानुसार अपने सामान्य उद्देश्यों की पूर्ति के लिए उपयोग में लाते हैं, सामान्य उद्देश्य के सॉफ्टवेयर कहलाते हैं उदाहरणार्थ—ग्राफिक्स सॉफ्टवेयर। जिसके प्रयोग द्वारा उपयोगकर्ता निर्मित डेटा का चित्रपूर्ण कर ग्राफिक्स का प्रस्तुतीकरण करता है।

ये सॉफ्टवेयर विशेष कार्यों से सम्बन्धित होते हैं, परन्तु इनका उद्देश्य केवल सामान्य कार्य करने के लिए होता है जिसके कारण ये सॉफ्टवेयर लगभग हर क्षेत्र, हर संस्था तथा कार्यालय में दैनिक रूप से उपयोग में लाए जाते हैं;

जैसे—स्प्रैडशीट (spreadsheet), डेटाबेस प्रबन्धन प्रणाली (database management system), ग्राफिक्स सॉफ्टवेयर (graphics software), शब्द संसाधन (word processing), कोरल ड्रॉ (corel draw), पेन्ट (paint), एमएस-पावरप्वाइण्ट (MS-power point)।

वर्ड प्रोसेसिंग सॉफ्टवेयर Word Processing Software

वर्ड प्रोसेसर एक विशेष प्रकार का सॉफ्टवेयर है, जिसकी सहायता से टेक्स्ट या दस्तावेज (document) को संचालित किया जाता है। यह सॉफ्टवेयर **डॉक्यूमेण्ट प्रीप्रेशन सिस्टम** के नाम से भी जाना जाता है। यह सॉफ्टवेयर प्रिण्ट होने वाले मैटीरियल की कम्पोजीशन, एडीटिंग, फॉर्मेटिंग और प्रिण्टिंग आदि के लिए भी प्रयोग किया जाता है।

इस सॉफ्टवेयर में बनाए गए डॉक्यूमेण्ट्स को भविष्य में उपयोग करने के लिए सुरक्षित (save) कर दिया जाता है तथा भविष्य में भी इन डॉक्यूमेण्ट्स में बदलाव किया जा सकता है। वर्ड प्रोसेसिंग सॉफ्टवेयर, आज के समय में सर्वाधिक प्रयोग होने वाला सॉफ्टवेयर है;

जैसे—माइक्रोसॉफ्ट वर्ड, वर्ड परफेक्ट (केवल windows के लिए), एप्पल वर्क्स (केवल apple के लिए), openoffice word आदि।

इलेक्ट्रॉनिक स्प्रैडशीट्स Electronic Spreadsheets

इस सॉफ्टवेयर के द्वारा उपयोगकर्ता अपने डेटा को 'रो' तथा 'कॉलम' (rows and columns) के रूप में व्यवस्थित कर सकते हैं। ये 'रो' और 'कॉलम्स' सामूहिक रूप से **स्प्रैडशीट** कहलाते हैं। इन सॉफ्टवेयरों में अधिकतर स्प्रैडशीट बनाने, उन्हें सेव, एडिट और फॉर्मेट करने के फीचर होते हैं;

जैसे—माइक्रोसॉफ्ट एक्सेल, कोरल क्वाटरो प्रो, लॉट्स 1-2-3 आदि।

प्रेजेण्टेशन सॉफ्टवेयर Presentation Software

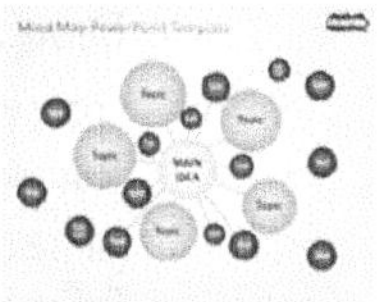

प्रेजेण्टेशन का अर्थ है अपने विचार, संदेश तथा अन्य सूचना को एक ऐसे सरल रूप में किसी ग्रुप के सामने प्रस्तुत करना, जिससे उस ग्रुप को वह सूचना आसानी से समझ आ सके। प्रेजेण्टेशन सॉफ्टवेयर इसी उद्देश्य के लिए प्रयोग किया जाता है जो सूचना को स्लाइड के रूप में प्रदर्शित करता है।

इसके तीन मुख्य कार्य निम्नलिखित हैं

- यह एक टेक्स्ट एडीटर प्रदान करता है जो टेक्स्ट को इन्सर्ट तथा फॉर्मेट करने की अनुमति देता है।
- ग्राफिक चित्रों को इन्सर्ट तथा अपने हिसाब से बदलने की सुविधा प्रदान करता है।
- सामग्री को प्रदर्शित करने के लिए एक स्लाइड-शो (slide-show) प्रणाली प्रदान करता है।
- इस सॉफ्टवेयर का प्रयोग करके उपयोगकर्ता अपनी प्रजेण्टेशन को अधिक आकर्षक बना सकता है।

डेटाबेस मैनेजमेण्ट सिस्टम Database Management System

ऑर्गेनाइज्ड डेटा का ऐसा संग्रह (collection), जिसमें जरूरत पड़ने पर डेटा को एक्सेस (access), रिट्रीव (retrieve) तथा फॉर्मेट (format) किया जा सके, डेटाबेस मैनेजमेण्ट सिस्टम कहलाता है।

इस सॉफ्टवेयर का कार्य डेटाबेस को क्रिएट, एक्सेस और मैनेज करना होता है। इस सॉफ्टवेयर का प्रयोग करके डेटाबेस में डेटा को जोड़ा जा सकता है, सुधारा जा सकता है और डिलीट किया जा सकता है। साथ-ही-साथ डेटा को व्यवस्थित तथा रिट्रीव (sort and retrieve) भी किया जा सकता है;

जैसे—माइक्रोसॉफ्ट एक्सीस, कोरल पैराडॉक्स, लॉट्स एप्रोच आदि।

डेस्कटॉप पब्लिशिंग सॉफ्टवेयर Desktop Publishing Software

इन सॉफ्टवेयर्स का प्रयोग ग्राफिक डिजाइनरों द्वारा किया जाता है। इन सॉफ्टवेयरों का प्रयोग डेस्कटॉप प्रिण्टिंग तथा ऑनस्क्रीन इलेक्ट्रॉनिक पब्लिशिंग के लिए किया जाता है;

जैसे—क्वार्क एक्सप्रेस, एडोब पेजमेकर, 3B2, कोरल ड्रॉ आदि।

ग्राफिक्स सॉफ्टवेयर Graphics Software

ये सॉफ्टवेयर कम्प्यूटर पर पड़ी इमेज में बदलाव करने और उन्हें सुन्दर बनाने की अनुमति देते हैं। इन सॉफ्टवेयर्स के द्वारा images को रीटच (retouch), कलर एडजस्ट (colour adjust), एनहैन्स (enhance) शैडो (shadow) व ग्लो (glow) जैसे विशेष इफैक्ट्स दिए जा सकते हैं;

जैसे—एडोब फोटोशॉप, पिजाप (pizap) आदि

मल्टीमीडिया सॉफ्टवेयर Multimedia Software

टेक्स्ट (text), ऑडियो (audio), वीडियो (video), इमेजिस (images) तथा एनीमेशन (animation) आदि के संयोजन को '**मल्टीमीडिया**' कहते हैं। वे सॉफ्टवेयर जो ये सारी सुविधा प्रदान करते हैं, मल्टीमीडिया सॉफ्टवेयर कहलाते हैं।

विशिष्ट उद्देशीय सॉफ्टवेयर Specific Purpose Software

ये सॉफ्टवेयर किसी विशेष उद्देश्य की पूर्ति हेतु बनाए जाते हैं। इस प्रकार के सॉफ्टवेयर का अधिकांशत: केवल एक ही उद्देश्य होता है। सामान्य रूप से उपयोग किए जाने वाले कुछ विशिष्ट उद्देशीय सॉफ्टवेयर निम्न हैं

इनवेण्टरी मैनेजमेण्ट सिस्टम एण्ड परचेजिंग सिस्टम Inventory Management System and Purchasing System

इस प्रकार के सॉफ्टवेयर अधिकतर जनरल स्टोर्स या ऐसे संस्थानों में उपयोग किए जाते हैं, जिनमें भौतिक संसाधनों (physical resources) की आवश्यकता होती है।

नोट *किसी स्टॉक में उपस्थित वस्तुओं (goods and material) की सूची को **इनवेण्टरी** कहते हैं।*

पेरौल मैनेजमेण्ट सिस्टम Payroll Management System

आधुनिक समय में लगभग प्रत्येक संस्थान के द्वारा अपने कर्मचारियों के वेतन तथा अन्य भत्तों का हिसाब रखने के लिए इस सॉफ्टवेयर का प्रयोग किया जाता है। यह सॉफ्टवेयर कर्मचारियों के वेतन, भत्ते इत्यादि का हिसाब-किताब रखता है।

होटल मैनेजमेण्ट सिस्टम Hotel Management System

होटलों के विभिन्न कार्यों को व्यवस्थित करना ही होटल मैनेजमेण्ट कहलाता है। इसके अन्तर्गत मार्केटिंग, हाउसकीपिंग, बिलिंग, एडमिनिस्ट्रेशन (administration) जैसे कार्य आते हैं।

रिजर्वेशन सिस्टम Reservation System

रिजर्वेशन सिस्टम या सेण्ट्रल रिजर्वेशन सिस्टम एक ऐसा कम्प्यूटराइज्ड सिस्टम है, जिसके प्रयोग से उपयोगकर्ता ट्रेन या वायु यातायात के बारे में विभिन्न जानकारी प्राप्त कर सकता है। इसके अतिरिक्त इस सॉफ्टवेयर के द्वारा ट्रेन या हवाई जहाज आदि में उपलब्ध सीटों, बर्थों (births) या टिकटों के बारे में विभिन्न जानकारियाँ प्राप्त की जा सकती हैं।

रिपोर्ट कार्ड जेनरेटर Report Card Generator

इस प्रकार के सॉफ्टवेयर्स का प्रयोग विभिन्न स्कूलों या कॉलेजों के एग्जामिनेशन (examination) विभाग द्वारा विद्यार्थियों के परीक्षाफल (results) तैयार करने में किया जाता है। ये सॉफ्टवेयर विभिन्न गणितीय गणनाएँ (mathematical calculations) करता है और जाँच करता है कि विद्यार्थी (students) अपनी कक्षा की परीक्षा में पास हुआ या फेल।

अकाउण्टिंग सॉफ्टवेयर Accounting Software

ये सॉफ्टवेयर एक ऐसा एप्लीकेशन सॉफ्टवेयर है, जो विभिन्न खातों के लेन-देन का लेखा-जोखा रखता है। यह सॉफ्टवेयर लेखांकन (accounting) की जानकारियाँ रखता है।

लेखांकन सॉफ्टवेयर कई प्रकार के होते हैं

(i) देय खाता सॉफ्टवेयर (Accounts Payable Software)

(ii) बैंक समाधान सॉफ्टवेयर (Bank Reconciliation Software)

(iii) बजट प्रबन्धन सॉफ्टवेयर (Budget Management Software)

बिलिंग सिस्टम Billing System

ये एक प्रकार का सॉफ्टवेयर है जो बिलों (bills) की प्रक्रिया को पूरा करता है। ये उन वस्तुओं तथा सेवाओं (services) के मूल्य की जाँच करता है, जो किसी ग्राहक को प्रदान किए जाते हैं।

तालिका सिस्टम सॉफ्टवेयर एवं एप्लीकेशन में अन्तर

क्र. सं.	सिस्टम सॉफ्टवेयर	एप्लीकेशन सॉफ्टवेयर
1.	कम्प्यूटर सिस्टम के लिए सिस्टम सॉफ्टवेयर होना अति आवश्यक है।	कम्प्यूटर सिस्टम के लिए एप्लीकेशन सॉफ्टवेयर का होना आवश्यक नहीं है।
2.	सिस्टम सॉफ्टवेयर को विकसित करना अधिक जटिल होता है।	एप्लीकेशन सॉफ्टवेयर को विकसित करना जटिल नहीं होता।
3.	यह हार्डवेयर को संचालित कर एप्लीकेशन को रन करता है।	यह प्रयोगकर्ता द्वारा दिए गए कार्य को ही करता है।
4.	सिस्टम सॉफ्टवेयर महँगे होते हैं।	एप्लीकेशन सॉफ्टवेयर सस्ते होते हैं।
5.	सिस्टम सॉफ्टवेयर को कस्टमाइज नहीं किया जा सकता।	एप्लीकेशन सॉफ्टवेयर को कस्टमाइज किया जा सकता है।

22.3 इण्टरनेट सिक्योरिटी के लिए खतरा : मालवेयर Threat to Internet Security : Malware

मालवेयर का अर्थ है द्वेषपूर्ण सॉफ्टवेयर (malicious software)। ये उस प्रकार के प्रोग्रामों का सम्मिलित रूप हैं, जिनका प्रमुख कार्य होता है कम्प्यूटर को हानि पहुँचाना; जैसे—वायरस, वॉर्म्स, स्पाईवेयर इत्यादि।

इनमें से कुछ प्रमुख तत्त्वों का विवरण निम्न प्रकार है

वायरस Virus

वायरस वह प्रोग्राम है जो कम्प्यूटर पर नकारात्मक प्रभाव डालते हैं। ये पीसी पर कण्ट्रोल करके उनसे असामान्य व विनाशकारी कार्यों को करवाते हैं। वायरस स्वत: ही अपने आप को सिस्टम में कॉपी कर लेते हैं व आगे संक्रमण हेतु अन्य प्रोग्रामों के साथ स्वत: ही जुड़ जाते हैं। वायरस कम्प्यूटर सॉफ्टवेयर के किसी भी हिस्से; जैसे—बूट ब्लॉक, ऑपरेटिंग सिस्टम, सिस्टम एरिया, फाइल्स तथा अन्य एप्लीकेशन प्रोग्राम इत्यादि को क्षति पहुँचा सकते हैं।

कुछ सामान्य वायरसों के प्रकार निम्नलिखित हैं

1. **डायरेक्ट एक्शन वायरस** (Direct Action Virus) यह वायरस फाइल में होता है और जब उस फाइल का उपयोग किया जाता है, तब यह वायरस स्वयं को क्रियान्वित कर देता है। यह वायरस केवल उन्हीं फाइलों को संक्रमित करता है, जिनके फोल्डर (autoexec. bat) फाइल पथ पर वर्णित होते हैं।
   उदाहरण, Vienna Virus इत्यादि
2. **ओवर राइट वायरस** (Overwrite Virus) यह संक्रमित फाइलों में रखे हुए डेटा व सूचना को डिलीट कर देता है।
   उदाहरण, Way, Trivial. 88-D इत्यादि।
3. **बूट सेक्टर वायरस** (Boot Sector Virus) इसे मास्टर बूट सेक्टर वायरस या मास्टर बूट रिकॉर्ड वायरस भी कहा जाता है। यह सामान्यत: कम्प्यूटर के बूट्स-अप होने पर फैलता है, क्योंकि यह वायरस हार्ड डिस्क या फ्लॉपी डिस्क के मास्टर बूट रिकॉर्ड के बूट सेक्टर में होता है।
   उदाहरण, AnticiExe, Parity Boot इत्यादि।
4. **मैक्रो वायरस** (Macro Virus) यह केवल उन्हीं एप्लीकेशनों तथा प्रोग्रामों को संक्रमित करता है, जिनमें .doc, .xls, .pps इत्यादि मैक्रोज़ होते हैं।
   उदाहरण, Melissa.A, DMV इत्यादि।
5. **फाइल सिस्टम वायरस** (File System Virus) यह किसी भी फाइल के डायरेक्टरी पाथ को बदलकर मैमोरी प्रबन्धन में गड़बड़ कर देता है, इसे क्लस्टर वायरस (cluster virus) या डायरेक्टरी वायरस (directory virus) भी कहते हैं।
   उदाहरण, Dir-2 Virus इत्यादि।
6. **पॉलीमॉर्फिक वायरस** (Polymorphic Virus) यह जब भी किसी सिस्टम को संक्रमित करता है, तो अपने आपको प्रत्येक बार एनकोड या एनक्रिप्ट करता है। इस प्रकार वायरस की ज्यादा-से-ज्यादा कॉपी तैयार हो जाती है।
   उदाहरण, ElKern, Tuareg इत्यादि।

7. **फैट वायरस** (FAT Virus) यह फाइलों की लोकेशन व अप्रयोगित मैमोरी स्थान के बारे में सभी प्रकार की जानकारियों को संग्रहीत करने के लिए प्रयोग होता है।
   उदाहरण, Link Virus इत्यादि।
8. **वेब स्क्रिप्टिंग वायरस** (Web Scripting Virus) कई वेबसाइटों में रोचक सूची को डालने के लिए कठिन कोड का प्रयोग होता है, यह इन्हीं कोड्स को संक्रमित करता है।
   उदाहरण, JS. Fortnight इत्यादि।
9. **मल्टीपार्टाइट वायरस** (Multipartite Virus) यह वायरस कई तरीकों से फैलता है; जैसे-ऑपरेटिंग सिस्टम इन्स्टॉल्ड करने पर।
   उदाहरण, Flip, Invader इत्यादि।
10. **रेज़िडेंट वायरस** (Resident Virus) यह अपने आप को सिस्टम की मैमोरी में स्थिर कर लेता है तथा ऑपरेटिंग सिस्टम के चलने पर सक्रिय हो जाता है और खोले जाने वाली सभी फाइलों को प्रभावित करता है। यह रैम (RAM) में छुपा होता है तथा द्वेषपूर्ण कोड (malicious code) के निष्पादन के बाद भी वहीं रहता है।
    उदाहरण, Randex, Meve इत्यादि।

तालिका कुछ प्रमुख कम्प्यूटर वायरस

वर्ष	नाम	वर्ष	नाम
1971	क्रीपर	2003	ब्लास्टर
1982	ई ल के क्लोनर	2004	सैंसर
1988	द मॉरीस इण्टरनेट वॉर्म	2010	स्टक्सनेट
1999	मेल्लिसा	2011	ट्रॉजन
2000	आई लव यू	2012	रूटकिट
2001	कोड रेड	2014	जैनेरिक पी यू पी
2003	एस क्यू एल स्लैमर	2014	नेट वॉर्म

वायरस के प्रभाव Effects of Virus

कम्प्यूटर पर वायरस विभिन्न प्रकार के प्रभाव डाल सकते हैं। वायरसों के प्रकार पर निर्भर होते हुए, कुछ वायरसों के प्रभाव इस प्रकार हैं

1. उपयोगकर्ता के कार्य की निगरानी करना।
2. कम्प्यूटरों की दक्षता को कम करना।
3. लोकल डिस्क पर उपस्थित सभी डेटा को नष्ट करना।
4. कम्प्यूटर नेटवर्क्स व इण्टरनेट कनेक्शन को प्रभावित करना।
5. मैमोरी के आकार को बढ़ाना या घटाना।
6. विभिन्न प्रकार के त्रुटि सन्देशों को डिस्प्ले करना।
7. पीसी सेटिंग्स को बदलना।
8. अनचाहे ऐडवरटाइज़ों के क्षेत्रों को डिस्प्ले करना।
9. बूट टाइम को बढ़ाना इत्यादि

वॉर्म Worm

कम्प्यूटर वॉर्म एक अकेला ऐसा मालवेयर प्रोग्राम है, जो दूसरे कम्प्यूटरों में अपने आप को फैलाने के लिए कॉपी करता हैं। वॉर्म्स को ढूँढ़ पाना अत्यन्त कठिन है, क्योंकि ये अदृश्य फाइलों के रूप में होते हैं। ये कम्प्यूटर नेटवर्क में बैण्डविड्थ को नष्ट करके भी क्षति पहुँचाते हैं।

उदाहरण, Bagle, I love you, Morris, Nimda ऑपरेटिंग सिस्टम का वह हिस्सा है, इत्यादि।

ट्रोजन Trojan

ट्रोजन या ट्रोजन हॉर्स (trojan horse) एक प्रकार का नॉन-सेल्फ रिपलिकेटिंग (non-self replicating) मालवेयर है, जो किसी भी इच्छित कार्य को पूरा करते हुए प्रतीत होता है, पर ये उपयोगकर्ता के कम्प्यूटर सिस्टम पर अनाधिकृत उपयोग (unauthorised access) की सुविधा प्रदान करता है। यह कम्प्यूटर वायरस की भाँति अपने आप को दूसरी फाइलों में सम्मिलित करने का प्रयास नहीं करता है। ये सॉफ्टवेयर इण्टरनेट चालित ऐप्लिकेशनों द्वारा टार्गेट कम्प्यूटरों तक पहुँच सकते हैं।

उदाहरण, Beast, Sub 7. Zeus, Zero Access Rootkit इत्यादि।

स्पाईवेयर Spyware

यह प्रोग्राम किसी भी कम्प्यूटर सिस्टम पर इन्स्टॉल्ड होता है, जो सिस्टम के मालिक की सभी गतिविधियों की निगरानी तथा गलत तरीके से आगे प्रयोग होने वाली सभी सूचनाओं को एकत्रित करता है, इनका प्रयोग हम कानूनी या गैरकानूनी उद्देश्यों के लिए कर सकते हैं। स्पाईवेयर व्यक्तिगत सूचनाओं को दूसरे व्यक्ति के कम्प्यूटर पर इण्टरनेट के माध्यम से संचरित कर सकते हैं। **उदाहरण,** Cool Web Search, Zango, Keyloggers, Zlob Trojan इत्यादि।

मालवेयर दोष के लक्षण Symptoms of Malware Attack

किसी भी सिस्टम के मालवेयर द्वारा प्रभावित होने को निम्न लक्षणों द्वारा समझा जा सकता है

1. बेमेल सन्देशों को कम्प्यूटर स्क्रीन पर डिस्प्ले करना
2. कुछ फाइलों का खो जाना
3. सिस्टम का धीमा चलना
4. पीसी का क्रैश होकर बार-बार रीस्टार्ट होना
5. माउस के प्वॉइण्टर का ग्राफ़िक बदलना
6. ड्राइव्स का प्रवेश योग्य न होना
7. एण्टीवायरस सॉफ्टवेयर का क्रियान्वयन या इन्स्टॉलेशन न होना

22.4 एक्सेस कण्ट्रोल Access Control

एक्सेस कण्ट्रोल एक विशेष प्रकार की क्रियाविधि है, जिसके द्वारा सिस्टम कुछ डेटा को एक्सेस करने के अधिकार को स्वीकृति देता है या खण्डन कर देता है या कुछ क्रिया का पालन करता है। एक्सेस कण्ट्रोल डेटाबेस को यूज़र की ID की तुलना करने के लिए बना सकता है। एक्सेस कण्ट्रोल सिस्टम निम्न को सम्मिलित करता है

- फाइल की आज्ञा को, जैसे कि फाइल सर्वर पर क्रिएट, पढ़ना, एडिट या डिलीट करना आदि।
- प्रोग्राम की आज्ञा को, जैसे कि एप्लीकेशन सर्वर पर प्रोग्राम को एक्ज़िक्यूट करने का अधिकार।
- डेटा को एक्सेस करने का अधिकार देना, जैसे कि डेटाबेस में इन्फॉर्मेशन को अपडेट या पुन:प्राप्त करने का अधिकार देना।
- बहुत अधिक कण्ट्रोल्स के द्वारा अकाउण्ट के एक्सेस को कार्यान्वित कर सकते हैं।

मेण्डेटरी एक्सेस कण्ट्रोल Mandatory Access Control-MAC

MAC में, यूज़र्स के पास यह बताने की स्वतन्त्रता नहीं होती कि इनकी फाइल्स को कौन एक्सेस करेगा? **उदाहरण,** यूज़र्स की सिक्योरिटी की रुकावट को हटाना और डेटा का वर्गीकरण, विश्वास के लेवल को बताने के लिए सिक्योरिटी लेब्लस की तरह प्रयोग किए जाते हैं।

डिस्क्रेशनरी एक्सेस कण्ट्रोल Discretionary Access Control-DAC

DAC में, डेटा का स्वामी बताता है कि कौन विशिष्ट रिसोर्सिज़ को एक्सेस करेगा? **उदाहरण**, सिस्टम एडमिनिस्ट्रेटर फाइल्स की hierarchy को क्रिएट कर सकता है जो एक्सेस के लिए निश्चित आदेश (order) पर निर्भर करता है।

रोल बेस्ड एक्सेस कण्ट्रोल Role Based Access Control-RBAC

RBAC एक्सेस को आज्ञा देता है, जो जॉब टाइटल पर निर्भर करता है। **उदाहरण**, नेटवर्क अकाउण्ट्स को क्रिएट करने के लिए मानव संसाधन विशेषज्ञ (Human Resources Specialist) के पास अनुमति होती है, यह टास्क नेटवर्क एडमिनिस्ट्रेटर के लिए आरक्षित (reserved) होता है।

रूल बेस्ड एक्सेस कण्ट्रोल Rule Based Access Control

रूल बेस्ट एक्सेस कण्ट्रोल यूज़र द्वारा एक-या-एक से अधिक सिक्टम को एक्सेस करने की रणनीति है, जहाँ एक्सेस कण्ट्रोल पर कुछ नियम लागू किए जाते हैं।

उदाहरण, केवल विद्यार्थियों को दिन के निश्चित समय के मध्य में लैब्स (labs) का प्रयोग करने की आज्ञा दी जाती है।

आइडेन्टिटी बेस्ड एक्सेस कण्ट्रोल Identity Based Access Control, IBAC

IBAC एक ऐसा एक्सेस कण्ट्रोल है जो यूज़र की पहचान (identity) पर आधारित होता है।

ऑर्गेनाइज़ेशन बेस्ड एक्सेस कण्ट्रोल Organisation Based Access Control, OrBAC

OrBAC मॉडल पॉलिसी डिज़ाइनर को कार्य करने (implementation) की स्वतन्त्रता के साथ सुरक्षा की नीतियों को निर्धारित करने की आज्ञा देता है।

रेस्पॉन्सिबिलिटी बेस्ड एक्सेस कण्ट्रोल Responsibility Based Access Control

यह किसी डॉक्टर या बिज़नेस को असाइन (assign) की गई जिम्मेदारी पर निर्भर करता है।

एट्रिब्यूट बेस्ड एक्सेस कण्ट्रोल Attribute Based Access control

एक नया एक्सेस कण्ट्रोल जहाँ नीतियों (policies) के प्रयोग के द्वारा एक्सेस करने का अधिकार यूज़र्स को स्वीकृत होता है, जो एट्रिब्यूट को एक साथ जोड़ता है।

22.5 प्रोग्रामिंग भाषाएँ Programming Languages

कम्प्यूटर एक मशीन है तथा हमारी सामान्य बोलचाल की भाषाओं में लिखे प्रोग्रामों को नहीं समझ सकता, इसलिए कम्प्यूटर के लिए विशेष प्रकार की भाषाओं में प्रोग्राम लिखे जाते हैं। इन भाषाओं को प्रोग्रामिंग भाषाएँ कहते हैं। इन भाषाओं की अपनी एक अलग व्याकरण (grammar) होती है और प्रोग्राम लिखते समय उनके व्याकरण का पालन करना आवश्यक है। आजकल ऐसी सैकड़ों भाषाएँ प्रचलन में हैं। ये भाषाएँ कम्प्यूटर और प्रोग्रामर के बीच सम्पर्क या संवाद बनाती हैं। कम्प्यूटर उनके माध्यम से दिए गए निर्देशों को समझकर उनके अनुसार कार्य करता है। ये निर्देश इस प्रकार दिए जाते हैं कि उनका क्रमशः पालन करने से कोई कार्य पूरा हो जाए। प्रोग्रामिंग भाषाओं को निम्न तीन प्रमुख भागों में विभाजित किया गया है

निम्न स्तरीय भाषाएँ Low Level Languages

निम्न स्तरीय भाषाएँ कम्प्यूटर की आन्तरिक कार्यप्रणाली के अनुसार बनाई जाती हैं तथा ऐसी भाषाओं में लिखे गए प्रोग्रामों के पालन करने की गति अधिक होती है, क्योंकि कम्प्यूटर उसके निर्देशों का सीधे ही पालन कर सकता है। इनके दो प्रमुख उदाहरण हैं—मशीनी भाषाएँ तथा असेम्बली भाषाएँ।

मशीनी भाषाएँ Machine Languages

ये भाषा केवल बाइनरी अंकों (0 या 1) से बनी होती है। प्रत्येक कम्प्यूटर के लिए उसकी अलग मशीनी भाषा होती है। मशीनी भाषा का प्रयोग प्रथम पीढ़ी के कम्प्यूटरों में किया जाता था तथा इनमें त्रुटियों का पता लगाना एवं उन्हें ठीक करना लगभग असम्भव होता है।

असेम्बली भाषाएँ Assembly Languages

ये भाषाएँ पूरी तरह मशीनी भाषाओं पर आधारित होती हैं, परन्तु इनमें 0 से 1 की शृंखलाओं के स्थान पर अंग्रेजी के अक्षरों और कुछ गिने चुने शब्दों को कोड के रूप में प्रयोग किया जाता है। इन भाषाओं में लिखे गए प्रोग्रामों में त्रुटि का पता लगाना एवं उन्हें ठीक करना सरल होता है।

लिंकर Linker

जब वास्तविक भाषा में लिखे प्रोग्राम को मशीनी भाषा में अनुवादित किया जाता है, तो इस प्रकार प्राप्त होने वाले आउटपुट को **ऑब्जेक्ट प्रोग्राम** (object program) या **ऑब्जेक्ट फाइल** (object file) कहा जाता है जिसके बाद लिंकर (linker) नामक प्रोग्राम सभी ऑब्जेक्ट फाइल को मिलाकर एक वास्तविक एक्जीक्यूटेबल फाइल (executable file) बना देता है।

लोडर Loader

लोडर एक प्रकार का सिस्टम सॉफ्टवेयर है, जो किसी एक्जीक्यूटेबल प्रोग्राम को मेन मैमोरी में लोड करने (डालने) का कार्य करता है। यह एक निर्देशों की शृंखला होती है, जो प्रोग्राम को हार्ड डिस्क या फ्लॉपी से मैमोरी में भेजती है। ये ऑपरेटिंग सिस्टम का वह हिस्सा है, जो डिस्क पर पड़ी एक्जीक्यूटेबल फाइल को मेन मैमोरी पर लोड करता है और इसका क्रियान्वयन शुरू करता है।

मध्य स्तरीय भाषाएँ Medium Level Languages

ये भाषा निम्न स्तरीय तथा उच्च स्तरीय भाषाओं के मध्य पुल का कार्य करती है। C भाषा को मध्य स्तरीय भाषा कहा जाता है, क्योंकि इसमें उच्च स्तरीय तथा निम्न स्तरीय दोनों भाषाओं के गुण हैं।

उच्च स्तरीय भाषाएँ High Level Languages

ये भाषाएँ कम्प्यूटर की आन्तरिक कार्यप्रणाली पर आधारित नहीं होती हैं। इन भाषाओं में अंग्रेजी के कुछ चुने हुए शब्दों और साधारण गणित में प्रयोग किए जाने वाले चिह्नों का प्रयोग किया जाता है। इनमें त्रुटियों का पता लगाना और उन्हें ठीक करना सरल होता है, किन्तु इन भाषाओं में लिखे प्रोग्राम्स को मशीनी भाषा में कम्पाइलर या इण्टरप्रेटर के द्वारा अनुवादित (translated) कराया जाना आवश्यक होता है।

कुछ उच्च स्तरीय भाषाएँ तथा उनके अनुप्रयोग क्षेत्र
Some High Level Languages and Their Application Areas

भाषा (Language)	वर्ष (Year)	डवलपर (Developer)	अनुप्रयोग क्षेत्र (Application Area)	प्रकृति (Nature)
FORTRAN (Formula Translation)	1957	प्रोग्राम्स के एक समूह ने बेल प्रयोगशाला में विकसित की।	गणित के क्षेत्र के लिए (विशेषकर गणना के लिए)	कम्पाइल्ड
ALGOL (Algorithmic Language)	1958	यूरोपियन तथा अमेरिकी कम्प्यूटर वैज्ञानिकों ने सामूहिक रूप से विकसित की।	वैज्ञानिक अनुप्रयोग के लिए	कम्पाइल्ड
LISP (List Processing)	1958	जॉन मकार्थी ने MIT इन्स्टीट्यूट में विकसित की।	आर्टीफिशियल इण्टेलिजेन्स के क्षेत्र में	कम्पाइल्ड और इण्टरप्रेटेड
COBOL (Common Business Oriented Language)	1959	ग्रेस हूपर ने विकसित की।	बिजनेस परपज (purpose) के लिए	कम्पाइल्ड
BASIC (Beginner's All Purpose Symbolic Instruction Code)	1964	जॉन जी केमेनी और ई. कुर्ट्ज ने डर्टमाउथ कॉलेज न्यू हैमिसपायर में विकसित की।	शिक्षण कार्य के लिए	इण्टरप्रेटेड
PASCAL	1970	निकलोस विर्थ ने विकसित की।	शिक्षण कार्य के लिए	कम्पाइल्ड
C	1972	डेनिस रिचि ने बेल प्रयोगशाला में विकसित की।	सिस्टम प्रोग्रामिंग के लिए	कम्पाइल्ड
C++	1983	बज़ारने स्ट्रोस्ट्रप ने बेल प्रयोगशाला में विकसित की।	सिस्टम ऑब्जेक्ट प्रोग्रामिंग के लिए	कम्पाइल्ड
JAVA	1995	जेम्स गोसलिंग ने सन माइक्रोसिस्टम में विकसित की।	इण्टरनेट आधारित प्रोग्रामिंग के क्षेत्र में	कम्पाइल्ड और इण्टरप्रेटेड

22.6 भाषा अनुवादक Language Translators

ये ऐसे प्रोग्राम हैं, जो विभिन्न प्रोग्रामिंग भाषाओं में लिखे गए प्रोग्रामों का अनुवाद कम्प्यूटर की मशीनी भाषा (machine language) में करते हैं। यह अनुवाद कराना इसलिए आवश्यक होता है, क्योंकि कम्प्यूटर केवल अपनी मशीनी भाषा में लिखे हुए प्रोग्राम का ही पालन कर सकता है। भाषा अनुवादकों को मुख्यत: निम्न तीन श्रेणियों में बाँटा जाता है

1. असेम्बलर Assembler

यह एक ऐसा प्रोग्राम होता है, जो असेम्बली भाषा (assembly language) में लिखे गए किसी प्रोग्राम को पढ़ता है और उसका अनुवाद मशीनी भाषा में कर देता है। असेम्बली भाषा के प्रोग्राम को सोर्स प्रोग्राम (source program) कहा जाता है। इसका मशीनी भाषा में अनुवाद करने के बाद जो प्रोग्राम प्राप्त होता है, उसे ऑब्जेक्ट प्रोग्राम (object program) कहा जाता है।

2. कम्पाइलर Compiler

यह एक ऐसा प्रोग्राम होता है, जो किसी प्रोग्रामर द्वारा उच्च स्तरीय प्रोग्रामिंग भाषा (high level programming language) में लिखे गए सोर्स प्रोग्राम का अनुवाद मशीनी भाषा में करता है। कम्पाइलर सोर्स प्रोग्राम के प्रत्येक कथन या निर्देश का अनुवाद करके उसे मशीनी भाषा के निर्देशों में बदल देता है। प्रत्येक उच्च स्तरीय भाषा के लिए एक अलग कम्पाइलर की आवश्यकता होती है।

3. इण्टरप्रेटर Interpreter

यह किसी प्रोग्रामर द्वारा उच्च स्तरीय प्रोग्रामिंग भाषा (high level programming language) में लिखे गए सोर्स प्रोग्राम का अनुवाद मशीनी भाषा में करता है, परन्तु यह एक बार में सोर्स प्रोग्राम के केवल एक कथन को मशीनी भाषा में अनुवाद करता है और उसका पालन कराता है। इसका पालन हो जाने के बाद ही वह सोर्स प्रोग्राम के अगले कथन का मशीनी भाषा में अनुवाद करता है। मूलत: कम्पाइलर और इण्टरप्रेटर का कार्य समान होता है, अन्तर केवल यह है कि कम्पाइलर जहाँ ऑब्जेक्ट प्रोग्राम बनाता है, वहीं इण्टरप्रेटर कुछ नहीं बनाता, इसलिए इण्टरप्रेटर का उपयोग करते समय हर बार सोर्स प्रोग्राम की आवश्यकता पड़ती है।

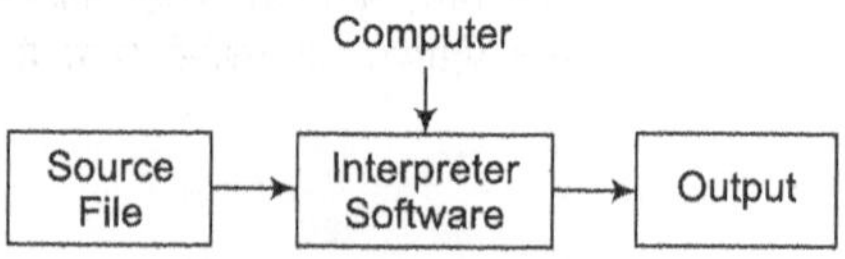

चित्र अनुवादक कार्यप्रणाली

22.7 कम्प्यूटर के अनुप्रयोग Applications of Computer

नोट *सम्बन्धित अध्ययन के लिए प्रशिक्षु इसी सेमेस्टर के अध्याय 3 को संज्ञान में लें।*

अभ्यास प्रश्न

परीक्षा प्रारूपी प्रश्न

बहुविकल्पीय

1. कम्प्यूटर इन्स्ट्रक्शन लिखने के प्रोसेस को .... कहते हैं।
(a) असेम्बलिंग (b) कम्पाइलिंग
(c) एक्जीक्यूटिंग (d) कोडिंग

2. .... वह प्रोग्राम है, जो कम्प्यूटर को प्रयोग करने में आसान बना देता है।
(a) एप्लीकेशन (b) यूटिलिटी
(c) नेटवर्क (d) ऑपरेटिंग सिस्टम

3. सॉफ्टवेयर का प्राथमिक उद्देश्य डेटा को .... में बदलना है।
(a) वेबसाइट (b) सूचना (c) प्रोग्राम (d) ऑब्जेक्ट

4. संकेतों का संग्रह, जोकि कम्प्यूटर को बताता है कि किसी विशेष काम को कैसे किया जाएगा, क्या कहलाता है?
(a) आँकड़ा संगणना (b) प्रोग्राम
(c) फाइल (d) सूचना

5. कम्प्यूटर में कोई विशेष काम करने के लिए किस सॉफ्टवेयर का प्रयोग किया जाता है?
(a) सिस्टम सॉफ्टवेयर (b) एप्लीकेशन सॉफ्टवेयर
(c) प्रोग्राम सॉफ्टवेयर (d) पैकेज सॉफ्टवेयर

6. कौन-सा सॉफ्टवेयर कम्प्यूटर के हार्डवेयर को नियन्त्रित करता है?
(a) एप्लीकेशन सॉफ्टवेयर (b) सिस्टम सॉफ्टवेयर
(c) प्रोग्राम सॉफ्टवेयर (d) मैमोरी सॉफ्टवेयर

7. .... एक बार में पूरे प्रोग्राम को कन्वर्ट और एक्जीक्यूट करता है।
(a) कम्पाइलर (b) इण्टरप्रेटर (c) कन्वर्टर (d) इन्स्ट्रक्शन्स

8. फ्रीवेयर के उदाहरण हैं
(a) विनझिप और लिनक्स
(b) शेयरवेयर और फाइल शेयरिंग
(c) माइक्रोसॉफ्ट वर्ड और गूगल टूलबार
(d) इन्स्टेण्ट मेसेजिंग और गूगल टूलबार

9. असेम्बलर के बारे में निम्नलिखित में से क्या सत्य नहीं है?
(a) असेम्बली लैंग्वेज के इन्स्ट्रक्शन्स को मशीन लैंग्वेज में ट्रांसलेट करता है
(b) यह C प्रोग्राम को ट्रांसलेट नहीं करता है
(c) यह प्रोग्राम एक्जीक्यूशन में शामिल होता है
(d) एक ट्रांसलेटिंग प्रोग्राम है

10. सिस्टम के .... में प्रोग्राम या इन्स्ट्रक्शन होते हैं।
(a) पेरीफेरल (b) सॉफ्टवेयर
(c) इन्फॉर्मेशन (d) आइकन

11. निम्न में से कौन-सा कम्पाइलर के बारे में सत्य नहीं है?
(a) उच्च स्तरीय भाषा के इन्स्ट्रक्शन का मशीन की भाषा में अनुवाद करता है
(b) सारे सोर्स प्रोग्राम का मशीन की भाषा के प्रोग्राम में अनुवाद करता है
(c) यह प्रोग्राम के एक्जीक्यूशन में शामिल होता है
(d) यह अनुवाद का प्रोग्राम है

12. जिससे कम्प्यूटर एक से अधिक टास्क परफॉर्म कर सकता है उस सेट ऑफ इन्स्ट्रक्शन्स के लिए निम्नलिखित में से कौन-सा पद उपयुक्त है?
(a) हार्डवेयर (b) सॉफ्टवेयर
(c) ह्यूमनवेयर (d) फर्मवेयर

13. विशिष्ट प्रतिबन्धों के आधार पर सॉफ्टवेयर के प्रयोग का कानूनी अधिकार .... के माध्यम से दिया जाता है।
(a) सॉफ्टवेयर प्राइवेसी नीति (b) सॉफ्टवेयर लाइसेन्स
(c) सॉफ्टवेयर पासवर्ड मैनेजर (d) सॉफ्टवेयर लॉग

14. ऑपरेटिंग सिस्टम और यूटिलिटी प्रोग्राम, सॉफ्टवेयर के उस वर्ग के हैं, जिन्हें .... कहा जाता है।
(a) एप्लीकेशन सॉफ्टवेयर
(b) सीक्वेन्शियल सॉफ्टवेयर
(c) BIOS सॉफ्टवेयर
(d) सिस्टम सॉफ्टवेयर

15. कम्प्यूटर की असेम्बली भाषा में लिखे गए प्रोग्राम को मशीनी भाषा में बदलने का काम कौन करता है?
(a) असेम्बलर (b) कम्पाइलर
(c) इण्टरप्रेटर (d) प्रोसेसर

16. कम्प्यूटरों के सन्दर्भ में सॉफ्टवेयर का क्या अर्थ है?
(a) कम्प्यूटर प्रोग्राम्स (b) ह्यूमन ब्रेन
(c) फ्लॉपी डिस्क (d) इनमें से कोई नहीं

17. कम्प्यूटर सॉफ्टवेयर की परिभाषा ऐसी हो सकती है ......
(a) कम्प्यूटर और उसके सहयोगी साधन/उपकरण
(b) ऐसे अनुदेश जो कम्प्यूटर को बताते हैं कि क्या करना है
(c) कम्प्यूटर के घटक जो लक्ष्यपूर्ति का कार्य करते हैं
(d) कम्प्यूटर और नेटवर्क के बीच का इण्टरफेस/चर्चा

18. ...., एक समय में एक कथन को कन्वर्ट और एक्जीक्यूट करता है।
(a) कन्वर्टर (b) कम्पाइलर
(c) इन्स्ट्रक्टर (d) इण्टरप्रेटर

विविध प्रारूपी प्रश्न

सत्य/असत्य

1. एप्लीकेशन सॉफ्टवेयर को कस्टमाइज नहीं किया जा सकता है।
2. ऑपरेटिंग सिस्टम कम्प्यूटर के आन्तरिक फंक्शनों को कण्ट्रोल व कोर्डिनेट करता है, जबकि आउटपुट युक्तियों को कण्ट्रोल करने में डिवाइस ड्राइवर्स उसकी मदद करते हैं।
3. एक ऑपरेटिंग सिस्टम को कम्प्यूटर से जुड़ी सभी युक्तियों को मैनेज करने की कोई आवश्यकता नहीं होती।
4. एक जैसे कार्यों को एक समूह में संकलित करना मल्टी प्रोसेसिंग ऑपरेटिंग सिस्टम का गुण है।
5. डेटा को एकत्र करके उसे अर्थपूर्ण सूचना में बदलने की प्रक्रिया प्रोसेसिंग कहलाती है।

रिक्त स्थानों की पूर्ति

1. वे प्रोग्राम जो कम्प्यूटर सिस्टम को नियन्त्रित करते हैं और उनके विभिन्न भागों के बीच उचित तालमेल बनाकर कोई कार्य कराते हैं, ………… कहलाते हैं।
2. प्रोग्रामों के समूह को सम्मिलित रूप में ……. कहा जाता है।
3. ऐसे सिस्टम सॉफ्टवेयर प्रोग्रामों का समूह जो मनुष्य, एप्लीकेशन सॉफ्टवेयर एवं कम्प्यूटर हार्डवेयर के मध्य संवाद करता है, ………… कहलाता है।
4. ………… कुछ विशेष प्रोग्रामों का ऐसा व्यवस्थित समूह है जो किसी कम्प्यूटर के सम्पूर्ण क्रियाकलापों को नियन्त्रित करता है।
5. C भाषा को ………… स्तरीय भाषा कहा जाता है।

अतिलघु उत्तरीय

1. सॉफ्टवेयर से क्या अभिप्राय है?
2. सिस्टम सॉफ्टवेयर कितने प्रकार के होते हैं?
3. लो-लेवल लैंग्वेज कितने प्रकार की होती है?
4. ऑपरेटिंग सिस्टम के कार्य लिखिए।

लघु उत्तरीय

1. सॉफ्टवेयर के बिना कम्प्यूटर क्यों बेकार है? इसका उत्तर संक्षिप्त रूप में दीजिए।
2. प्रोग्रामर द्वारा लिखे गए प्रोग्राम का अनुवाद करना क्यों आवश्यक है? यह अनुवाद किसके द्वारा होता है?

दीर्घ उत्तरीय

1. असेम्बलर, इण्टरप्रेटर एवं कम्पाइलर में अन्तर स्पष्ट कीजिए। इनकी आवश्यकता क्यों होती है?
2. कम्प्यूटर के सम्पूर्ण क्रियाकलाप कौन नियन्त्रित करता है और इसके क्या-क्या कार्य हैं?

उत्तरमाला

बहुविकल्पीय

1. (d) **2.** (d) **3.** (b) **4.** (b) **5.** (b) **6.** (b) **7.** (a) **8.** (d) **9.** (c) **10.** (b)
11. (d) **12.** (b) **13.** (b) **14.** (d) **15.** (a) **16.** (a) **17.** (b) **18.** (d)

सत्य/असत्य

1. असत्य **2.** असत्य **3.** सत्य **4.** असत्य **5.** सत्य

रिक्त स्थानों की पूर्ति

1. सिस्टम सॉफ्टवेयर **2.** सॉफ्टवेयर **3.** ऑपरेटिंग सिस्टम **4.** ऑपरेटिंग सिस्टम **5.** मध्य

❑❑❑

GUI आधारित ऑपरेटिंग सिस्टम
GUI Based Operating System

परिचय Introduction

प्रारम्भ में जब Computer Windows का उपयोग नहीं था। तब Computer में अर्थात् Console Mode में काम किया जाता था अर्थात् हम Computer पर Commands देकर काम करते थे। आज के समय में हम माउस का प्रयोग करके किसी भी चीज को आसानी से देख सकते हैं और मनचाहे बदलाव कर सकते हैं और इसी प्रणाली को हम GUI के नाम से जानते हैं।

GUI के आने के बाद अब हम केवल स्क्रीन पर देखकर ही कार्य करते हैं जहाँ पहले किसी एक File को बनाने के लिए एक लम्बी Command को देना होता था, वहीं अब माउस के इस्तेमाल से हम कुछ Seconds में किसी फाइल को बना सकते हैं और उस पर काम कर सकते हैं।

23.1 ग्राफिकल यूज़र इण्टरफेस Graphical User Interface-GUI

इस इण्टरफेस में ग्राफ़िक्स का प्रयोग करके स्क्रीन पर चित्र, आइकन, मेन्यू या विण्डो जैसे तत्त्वों को प्रदर्शित किया जाता है। इण्टरफेस में प्रचलित प्रचालन प्रणाली Windows (95/98/2000/Me/XP/Vista), Macintosh, Motif, Linux हैं।

ग्राफ़िकल उपयोगकर्ता इण्टरफेस पर माउस का प्रयोग
Working with Mouse on a Graphical User Interface

- **सिंगल क्लिक** (single click) किसी आइकन (icon) का चयन करने के लिए माउस के प्वॉइण्टर (pointer) को उस आइकन (icon) पर माउस के बाएँ बटन (Left button) से एक समय क्लिक किया जाता है, जिसके फलस्वरूप वह आइकन हाइलाइट (highlight) हो जाता है।
- **डबल क्लिक** (double click) किसी आइकन (icon) द्वारा निरूपित किसी प्रोग्राम को क्रियान्वित करने के लिए माउस के प्वॉइण्टर (pointer) को उस आइकन पर माउस के बाएँ बटन (left Button) से दो बार तेजी से क्लिक किया जाता है, जिसके फलस्वरूप उस आइकन द्वारा प्रदर्शित प्रोग्राम क्रियान्वित हो जाता है।
- **विण्डो के बॉर्डर पर माउस के बाएँ बटन का सिंगल क्लिक** (single click of left button of mouse on window border) किसी विण्डो के बॉर्डर पर माउस के प्वॉइण्टर को रखने से उसका आकार परिवर्तित हो जाता है। हम विण्डो के आकार को ऊर्ध्वाधर (vertical), क्षैतिज (horizontal) अथवा विकर्ण (diagonal) दिशा में परिवर्तित कर सकते हैं।
- **आइकन पर माउस के दाएँ बटन का सिंगल क्लिक** (single click of right button of mouse on icon) आइकन को माउस के दाएँ बटन से क्लिक करने पर शॉर्टकट मेन्यू या उस आइकन से सम्बन्धित फीचर्स प्रदर्शित हो जाता है।

ग्राफिकल उपयोगकर्ता इण्टरफेस पर कीबोर्ड का प्रयोग
Working with Keyboard on a Graphical User Interface

- **ऑल्ट की** (alt key) ऑल्ट-की (key) को दबाकर विण्डो के सभी मेन्यू सक्रिय (active) किए जाते हैं। ऑल्ट की दबाने से मेन्यू का प्रथम ऑप्शन प्रकाशमय हो जाता है।
- **शॉर्टकट कीज़** (shortcut keys) शॉर्टकट कीज़ को किसी अन्य की (key) के साथ दबाकर सक्रिय किया जाता है, जिसका निर्माण विण्डो के सभी मेन्यू विकल्पों में किसी एक कैरेक्टर को लेकर किया जाता है।
  उदाहरण— Alt+F4 का प्रयोग सिस्टम पर चलने वाले किसी एप्लीकेशन को बन्द करने के लिए, F1 का प्रयोग Help को डिस्प्ले (display) करने के लिए किया जाता है।

23.2 डेस्कटॉप Desktop

मॉनीटर पर आने वाली प्रारम्भिक स्क्रीन को डेस्कटॉप कहा जाता है, यह सभी प्रोग्रामों तथा उन पर पहुँचने के लिए आवश्यक निर्देशों की पृष्ठभूमि (background) है। डेस्कटॉप या कम्प्यूटर स्क्रीन पर ब्लींक (blink) करने वाले प्रतीक को कर्सर कहा जाता है।

डेस्कटॉप के कुछ प्रमुख अवयव निम्नलिखित हैं

आइकन Icon

आइकन एक छोटा-सा ग्राफिक इमेज होता है, जो किसी भी प्रोग्राम के क्रियान्वयन का प्रतिनिधित्व करता है। जब हम माउस द्वारा इस आइकन पर क्लिक करते हैं, तब इससे सम्बन्धित प्रोग्राम क्रियान्वित (execute) हो जाता है। आइकन्स का प्रयोग विण्डो वातावरण में होता है। इनके द्वारा प्रोग्राम, फाइल तथा फोल्डर को डेस्कटॉप पर दर्शाया जाता है तथा इनके नीचे प्रोग्राम, फाइल या फोल्डर का नाम लिखा होता है। ये आइकन प्रोग्राम के क्रियान्वयन के लिए शॉर्टकट (shortcut) होते हैं।

डेस्कटॉप पर कुछ महत्त्वपूर्ण आइकन (important icon on desktop) निम्न प्रकार हैं

माई कम्प्यूटर My Computer

यह कम्प्यूटर में संग्रहीत सभी सूचनाओं को प्रदर्शित करता है। इसमें हार्ड डिस्क के भागों, डॉक्यूमेण्ट फोल्डरों, रीमूवेबल डिस्क ड्राइव (जैसे—फ्लॉपी डिस्क, सी डी, डी वी डी आदि), प्रिण्टर्स और दूसरे सिस्टम अनुप्रयोगों के आइकन होते हैं। इसी में सभी प्रोग्राम्स तथा सॉफ्टवेयर का बैकअप होता है।

रिसाइकल बिन Recycle Bin

जब हम किसी फाइल तथा फोल्डर को डिलीट करते हैं, तो वह रिसाइकल बिन में चला जाता है। रिसाइकल बिन से हम उन फाइलों या फोल्डरों को उनके सही स्थान पर वापस रिस्टोर (restore) कर सकते हैं, परन्तु यदि रिसाइकल बिन को खाली कर दिया जाए, तो उन फाइलों या फोल्डरों को वापस रिस्टोर नहीं किया जा सकता।

माई नेटवर्क प्लेसिज My Network Places

इसके अन्तर्गत नेटवर्क कनेक्शन दर्शाया जाता है।

माई डॉक्यूमेण्ट My Document

यह कम्प्यूटर के हार्डड्राइव (hard drive) में एक विशेष फोल्डर होता है, जिसका उपयोग उपयोगकर्ता अपने पर्सनल डॉक्यूमेण्ट, संगीत, चित्र आदि को स्टोर करने के लिए करता है।

टास्क बार Task Bar

टास्क बार, डेस्कटॉप के नीचे एक पतली पट्टी होती है, जिसके बाएँ छोर पर स्टार्ट बटन तथा दाएँ छोर पर घड़ी (clock) रहती है। टास्क बार पर घड़ी की तरफ कुछ और छोटे-छोटे आइकन रहते हैं, जिन्हें क्विक लॉन्च (quick launch) कहते हैं।

टास्क बार के दाएँ छोर को **नोटिफिकेशन एरिया** (notification area) भी कहते हैं। यह एरिया कई प्रोग्राम्स के आइकन, कम्प्यूटर सेटिंग, पेन ड्राइव, साउण्ड आदि के आइकन भी दर्शाता है। जब भी उपयोगकर्ता कोई विण्डो या प्रोग्राम खोलता है, तब उस विण्डो या प्रोग्राम का एक बटन टास्क बार के मध्य भाग में आ जाता है।

स्टार्ट मेन्यू Start Menu

टास्क बार के बाएँ कोने पर स्टार्ट बटन होता है, जिस पर क्लिक करके स्टार्ट मेन्यू खुलता है। इस मेन्यू में कई ऑप्शन होते हैं; जैसे—प्रोग्राम (program), फेवरिट (Favorites), डॉक्यूमेण्ट (documents), सेटिंग्स (setting), सर्च (search), हेल्प (help),रन (run), लॉग ऑफ (log off) और टर्न ऑफ (turn off) या शट डाउन (shut down)।

ऑल प्रोग्राम All Programs

यह कम्प्यूटर में इन्स्टॉल्ड (installed) सभी प्रोग्रामों की सूची दर्शाता है।

हेल्प तथा सपोर्ट Help and Support

यह विण्डो के लिए हेल्प और सपोर्ट उपलब्ध कराती है।

कण्ट्रोल पैनल Control Panel

एड/रिमूव प्रोग्राम्स, एड न्यू हार्डवेयर, मॉडेम (modem), प्रिण्टर, टॉस्कबार आदि की सेटिंग होती है।

सर्च Search

विशेष फाइल तथा फोल्डर को सर्च करने के लिए प्रयोग किया जाता है।

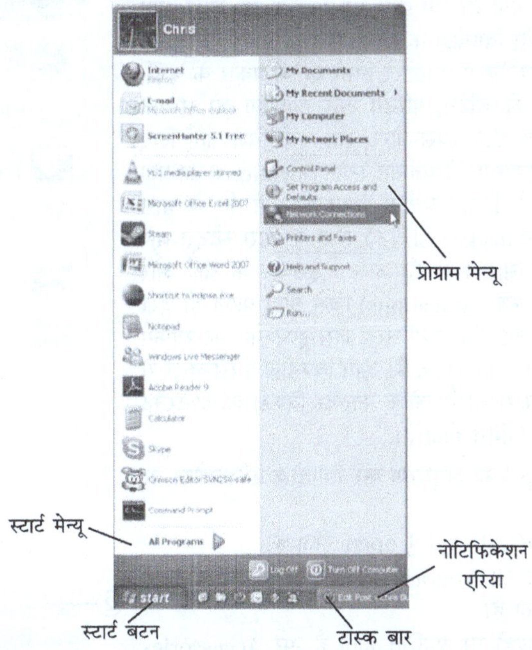

चित्र स्टार्ट मेन्यू

लॉग ऑफ Log off

वर्तमान उपयोगकर्ता का सत्र (session) समाप्त कर देता है, परन्तु नए उपयोगकर्ता के लॉग ऑन (log on) करने के लिए कम्प्यूटर को खुला छोड़ देता है।

टर्न ऑफ Turn off

कम्प्यूटर को शट डाउन या रीस्टार्ट करने के लिए प्रयोग होता है।

23.3 मेन्यू बार Menu Bar

मेन्यू बार विकल्पों की एक सूची होता है, जिनमें से आवश्यकता के अनुसार कोई एक विकल्प चुना जाता है। प्रत्येक विकल्प सामान्यतया तथा किसी क्रिया (operation) या सेटिंग (setting) को व्यक्त करता है। यह बार टाइटल बार के नीचे स्थित होता है।

23.4 टूलबार Toolbar

अधिकांश विण्डोज़ आधारित प्रोग्रामों में टूलबार की सुविधा होती है। किसी विण्डो में एक से अधिक टूलबार भी हो सकते हैं। टूलबार कुछ बटनों का एक संग्रह होता है, जिनमें से प्रत्येक के द्वारा कोई विशेष कार्य किया जाता है। इन बटनों को टूल भी कहा जाता है। किसी बटन या टूल को क्लिक करने पर उससे सम्बन्धित आदेश या क्रिया प्रारम्भ हो जाती है। उदाहरण के लिए— प्रिण्टर के आइकन चिह्न वाले बटन को क्लिक करने पर सम्बन्धित दस्तावेज प्रिण्टर पर छप जाता है।

23.5 विण्डोज़ एक्सप्लोरर Windows Explorer

विण्डोज़ एक्सप्लोरर एक एप्लीकेशन है, जोकि हमें उपयोगकर्ता इण्टरफेस प्रदान करता है जिसमें आप अपनी फाइलों, फोल्डरों और ड्राइवों (drives) के विषय में विस्तृत विवरण या सूचनाएँ प्राप्त कर सकते हैं। विण्डोज़ एक्सप्लोरर को दो भागों में विभक्त किया गया है। विण्डोज़ एक्सप्लोरर का बायाँ भाग फोल्डरों को प्रदर्शित करता है और विण्डोज़ का दायाँ भाग चुने गए फोल्डरों के कण्टेंट को प्रदर्शित करता है। विण्डोज़ एक्सप्लोरर हमारे अनेक प्रकार के कार्य; जैसे— फाइलों और फोल्डरों की कटिंग, पेस्टिंग और कॉपीइंग को सम्पन्न करता है। विण्डोज़ विस्टा में विण्डोज़ एक्सप्लोरर कुछ नयी विशेषताएँ लिए होता है। उदाहरण के लिए— ऐड्रेसबार में वर्तमान स्थान (locations) का पता श्रेणीबद्ध रूप से प्रदर्शित होता है, जिसमें प्रत्येक स्थान को एक तीर के द्वारा पृथक् किया गया होता है, न कि back slash (/) चिह्न के द्वारा स्टेट्स बार अब बहुत अधिक विवरणों के साथ होता है। आप ऐड्रेसबार के बाईं ओर फॉरवर्ड और बैकवर्ड बटन का स्थान (locations) जिसे आप पहले ही देख चुके हैं, को नेविगेट करने के लिए ठीक उसी तरह जैसे इण्टरनेट पर सर्फिंग (surfing) करते हैं, वैसे ही क्लिक कर सकते हैं। आप विण्डोज़ एक्सप्लोरर में ऐड्रेसबार पर सर्फ (surf) भी कर सकते हैं, जोकि फोल्डर विण्डो को इण्टरनेट एक्सप्लोरर में बदलने के लिए निमित्त होता है।

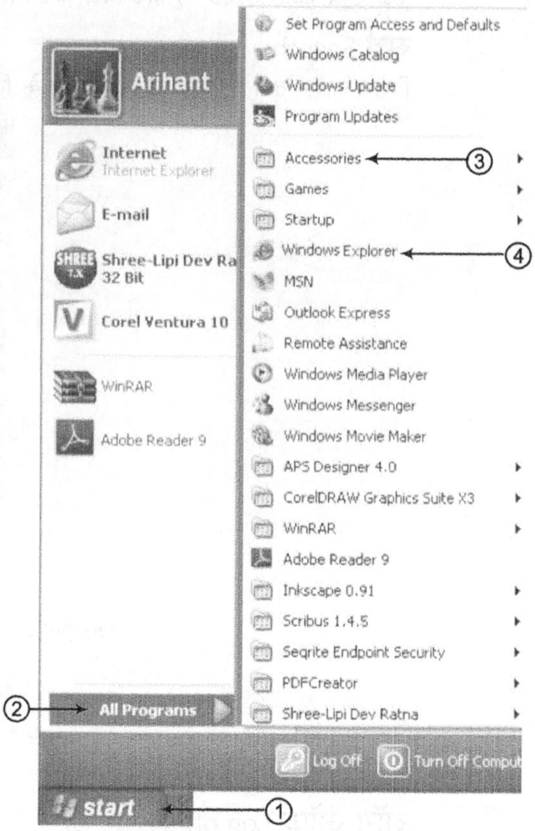

आइए, अब हम निम्न पदों (steps) का अनुसरण कर विण्डोज़ एक्सप्लोरर पर कार्य करने के विषय में सीखें—

1. Start बटन पर क्लिक करें। Start मेन्यू open होता है।
2. Start मेन्यू के बाएँ पेन पर All Programs विकल्प पर क्लिक करें। तब यह प्रोग्राम की सूची दर्शाता है।
3. प्रोग्रामों की लिस्ट, जो विण्डो पर प्रदर्शित होती है, पर Accessories विकल्प पर क्लिक करें, जैसा कि चित्र में प्रदर्शित होता है
4. Accessories विकल्प के नीचे Windows Explorer विकल्प है।

Document विण्डो प्रदर्शित होती है, जैसा कि चित्र में दर्शाया गया है।

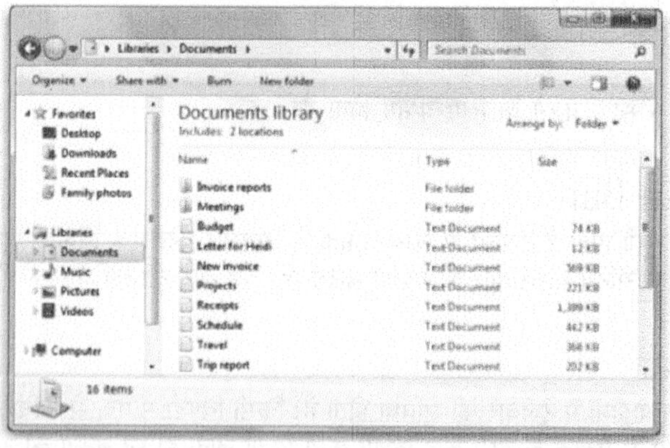

➥ **टिप्पणी** *आपको विण्डोज़ खोलने के लिए सदैव (1 से 4) तक के steps को अनुसरण करने की आवश्यकता नहीं पड़ती, क्योंकि विण्डोज़ एक्सप्लोरर अपने आप खुलता है जब आप फोल्डर को खोलते हैं। उदाहरण के लिए जब आप स्टार्ट बटन पर क्लिक करते हैं और तब किसी फोल्डर पर; जैसे—स्टार्ट मेन्यू के दाहिने पेन में डॉक्यूमेण्ट, विण्डोज एक्सप्लोरर से सम्बन्धित फोल्डर के साथ खुलता है और तब विण्डोज़ एक्सप्लोरर में विण्डोज़ एक्सप्लोरर विण्डो को खोलता है।*

आइए, अब हम विण्डो एक्सप्लोरर विण्डोज़ की Layout के विषय में सीखें—

- **ऐड्रेसबार** (address bar) ऐड्रेसबार विण्डोज़ एक्सप्लोरर विण्डो के शीर्ष पर प्रकट होता है। यह आपकी वर्तमान स्थिति को एक क्रमबद्ध शृंखला में दर्शाता है, जोकि एरो के द्वारा दर्शाया गया है।

- **टूलबार** (toolbar) टूलबार अनेक बटनों से युक्त होता है, जिसकी सहायता से वह फाइलों और फोल्डरों; जैसे—content area में आइकनों के साइज में परिवर्तित करना, फाइलों की ई-मेलिंग, फोल्डरों का विभाजन, फाइलों और फोल्डरों की सीडी में burning इत्यादि। टूलबार पर उपस्थित बटन का परिवर्तित होना हमारे द्वारा चुने गए आइकन के प्रकार, फाइल या फोल्डर पर निर्भर करता है।
- **नैविगेशन पेन** (navigation pane) नैविगेशन पेन विण्डोज़ एक्सप्लोरर के बाईं ओर प्रदर्शित होता है। नैविगेशन पेन होरीजॉण्टल रूप में दो सेक्शन—फेवरेट लिंक्स (favorite links) और फोल्डर पेन (folder pane) में बँटे होते हैं। आप कण्टेन्ट एरिया (content area) का कण्टेन्ट फेवरेट लिंक्स या फोल्डर पेन से परिवर्तित कर सकते हैं।
- **कण्टेन्ट एरिया** (content area) कण्टेन्ट एरिया फोल्डर के कण्टेन्ट, जिसे आप वर्तमान में देख रहे हों, को प्रदर्शित करता है। उदाहरण के लिए चित्र में डॉक्यूमेण्ट फोल्डर का कण्टेन्ट एरिया एक ही फोल्डर की अनेक फाइलें या फोल्डर दर्शाता है।
- **डिटेल्स पेन** (details pane) डिटेल्स पेन आइकनों के विषय में सूचनाएँ प्रदर्शित करता है, जो कण्टेन्ट एरिया से चुनी गई हैं। यदि कोई आइकन कण्टेन्ट एरिया से नहीं चुना गया है, तब डिटेल्स पेन कण्टेन्ट एरिया के सभी आइटमों को दर्शाता है।
- **सर्च बॉक्स** (search box) सर्च बॉक्स विण्डोज़ एक्सप्लोरर विण्डो के ऊपरी दाहिने भाग में प्रदर्शित होता है। आप किसी फाइल या वर्तमान फोल्डर को ढूँढने के लिए सर्च बॉक्स में कोई शब्द या वाक्यांश टाइप कर सकते हैं।

आइए, अब हम विण्डोज़ एक्सप्लोरर में किए गए परिवर्तनों को, जब हम इसे कम्प्यूटर, ड्राइव, फाइल, फोल्डरों के लिए खोलते हैं।

1. Windows Explorer विण्डो में Folders पेन में My Computer विकल्प पर क्लिक करें, जैसा कि चित्र में दर्शाया गया है।

   Computer फोल्डर के लिए Windows Explorer विण्डो प्रदर्शित होता है जैसा कि चित्र में दर्शाया गया है। Windows Explorer विण्डो से Computer फोल्डर के लिए हम अपने कम्प्यूटर की अनेक ड्राइव कण्टेन्ट एरिया में देखते हैं। डिटेल्स पेन उपयोगकर्ता के नाम, उपयोगकर्ता के कार्य-समूह और सिस्टम सम्बन्धी सूचनाएँ; जैसे—प्रोसेसर का प्रकार, इसकी गति और इसकी मैमोरी के आकार के विषय में दर्शाता है।

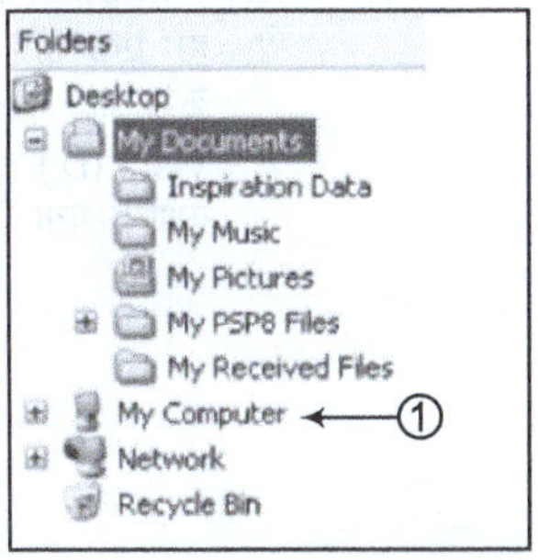

➥ **टिप्पणी** *कण्टेन्ट एरिया दो प्रकार की ड्राइव-हार्ड डिस्क ड्राइव और रिमूवेबल ड्राइव; जैसे—फ्लॉपी, सीडी और डीवीडी आदि दर्शाता है।*

एक कम्प्यूटर में कम-से-कम एक हार्ड डिस्क ड्राइव होती है, किन्तु विण्डोज़ इन्स्टॉल करते समय हार्ड डिस्क ड्राइव में पार्टीशन कर सकते हैं। यहाँ हमने हार्ड डिस्क ड्राइव के तीन पार्टीशन (Local Drive (C:), Vista (D:), Vista (E:)) किए हैं, जैसा कि चित्र में दर्शाया गया है।

जैसा कि स्पष्ट किया जा चुका है, दूसरी श्रेणी की ड्राइव रिमूवेबल ड्राइव हैं; जैसे—फ्लॉपी डिस्क ड्राइव, सीडी और डीवीडी ड्राइव। हमने यहाँ डीवीडी/सीडी ड्राइव लिया है, जिसका ड्राइव (F:) से जाना जाता है। डिटेल्स पेन आपके कम्प्यूटर का नाम, कार्य समूह का नाम (यदि आपका कम्प्यूटर नेटवर्क पर है) और सिस्टम का कॉन्फिगुरेशन; जैसे—प्रोसेसर की गति, मैमोरी का आकार आदि को प्रदर्शित करता है।

2. इसके पश्चात् कण्टेन्ट एरिया से एक ड्राइव चुनें। हमने Vista (D:) को चुना है। जब एक ड्राइव चुन ली जाती है, तब चुनी हुई ड्राइव के विषय में डिटेल्स पेन में कुछ सूचनाएँ प्रदर्शित होती हैं।

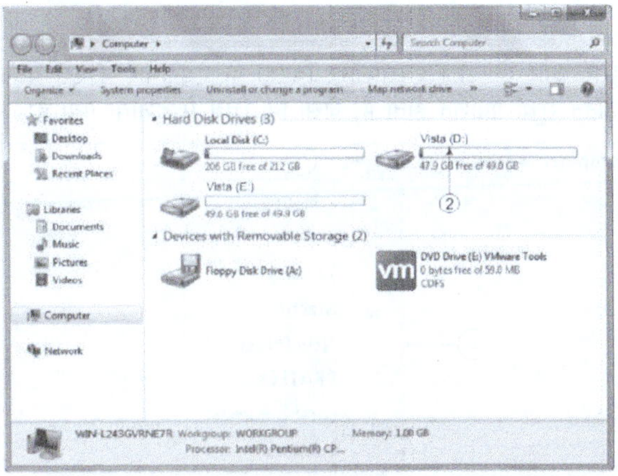

डिटेल्स पेन चुनी हुई ड्राइव की कुछ सूचनाएँ; जैसे—ड्राइव की स्टोरेज क्षमता, ड्राइव में प्रयोग किए गए और रिक्त स्थान को दर्शाती है। टूलबार में कुछ परिवर्तन भी होते हैं, उदाहरण के लिए— Properties बटन टूलबार में जुड़ा है। जहाँ ड्राइव नहीं चुनी गई है, वहाँ आप देख सकते हैं कि यह विण्डोज़ एक्सप्लोरर विण्डो के टूलबार में उपस्थित नहीं है।

3. इसके पश्चात् विण्डोज़ एक्सप्लोरर विण्डो में परिवर्तन क्या हुआ है? यह देखने के लिए एक फोल्डर चुनें। हमने यहाँ (Vista (D:)) में comdex_windows vista फोल्डर चुना है। विण्डोज़ एक्सप्लोरर विण्डो के डिटेल्स पेन में जिसमें फोल्डर चुना गया है, कुछ सूचनाएँ; जैसे—फाइल का नाम और फोल्डर की संशोधित दिनांक आदि हैं और इस विण्डो की टूलबार में कुछ बटन हैं; जैसे—Organize, View, Explore, Share एवं Burn आदि।
4. अब एक फाइल चुनें और किए गए परिवर्तन को विण्डोज़ एक्सप्लोरर विण्डो में देखें। उदाहरण के लिए— हमने माइक्रोसॉफ्ट वर्ड फाइल को चुना है, जो Vista (D:) ड्राइव में comdex_office 2007 फोल्डर में है।

   आइए, अब फाइल चुनने के पश्चात् विण्डोज़ एक्सप्लोरर विण्डो के विभिन्न पेन और कम्पोनेन्टों पर प्रदर्शित होने वाले परिवर्तन का अवलोकन करें। जब आप .doc फाइल चुनते हैं, तब सूचनाएँ एवं फाइल का नाम, फाइल का आकार और टैग्स तथा फाइल की संशोधित दिनांक डिटेल्स पेन पर प्रदर्शित होती है। टूलबार भी नई सूचनाओं के साथ परिवर्तित हो जाता है। उदाहरण के लिए— यह अब Organize, Views, Open, e-mail और Burn आदि सूचनाएँ दर्शाता है।

ऐड्रेसबार का प्रयोग करना Using the Address Bar

ऐड्रेसबार का प्रयोग करते हुए आप विभिन्न लोकेशंस तक पहुँच सकते हैं। निम्न चरणों द्वारा ऐड्रेसबार का प्रयोग करें

1. Computer Link के दूसरी ओर एरो बटन पर क्लिक करें, जैसा कि चित्र में दर्शाया गया है।
2. हमें एक ड्रॉप डाउन लिस्ट दिखाई देती है, अब किसी विशेष ड्राइव पर कार्य करने के लिए ड्रॉप डाउन लिस्ट में ड्राइव विकल्प पर क्लिक करें। यहाँ Vista (D:) ड्राइव चुनी है, जैसा कि चित्र में दर्शाया गया है।

   Vista (D:) ड्राइव में स्थित फाइलें और फोल्डर Windows Explorer विण्डो के कण्टेन्ट एरिया में प्रदर्शित होता है, जैसा कि चित्र में दर्शाया गया है।

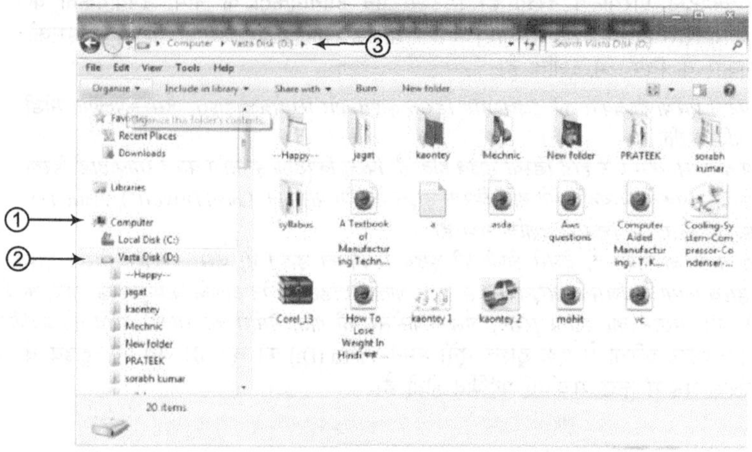

3. **Vista** (D:) ड्राइव के दूसरी ओर विण्डोज़ एक्सप्लोरर विण्डो के ऐड्रेसबार में एरो बटन पर क्लिक करें। फोल्डर की एक ड्रॉप डाउन सूची प्रदर्शित होती है, जैसा कि चित्र में दर्शाया गया है।

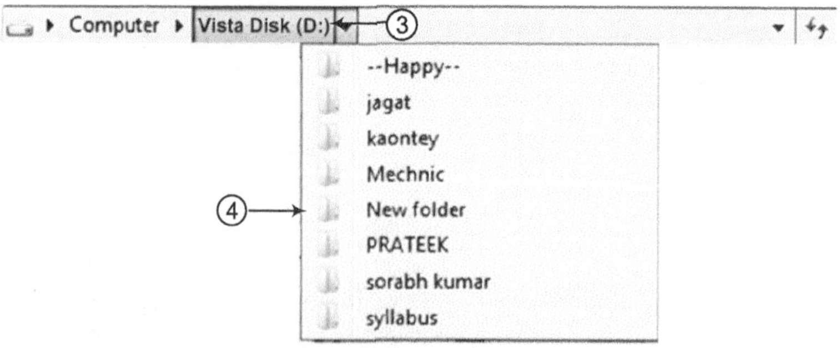

4. फोल्डर नाम की ड्रॉप डाउन लिस्ट में अपने पसन्द के फोल्डर पर कण्टेन्ट्स (फाइलें एवं सब-फोल्डर) देखने के लिए क्लिक करें। उदाहरण के लिए—हमने यहाँ (new folder) का चुनाव किया है।

➡ **टिप्पणी** *ऐड्रेसबार में सीधे पूर्ण फोल्डर पाथ टाइप कर Enter दबाकर आप फोल्डर को देख सकते हैं, जैसा कि चित्र में दर्शाया गया है। आप Chap3_Images Folder की सभी फाइलों को देख सकते हैं।*

टूलबार का प्रयोग करना Using the Toolbar

विण्डोज़ एक्सप्लोरर में टूलबार में मेन्यू बार को सक्रिय कर सकते हैं। निम्न चरणों का अनुसरण कर मेन्यू बार को ऐक्टिवेट करें।

1. टूलबार में Organize बटन पर क्लिक करें, जैसा कि चित्र में दर्शाया गया है।

एक ड्रॉप डाउन मेन्यू प्रदर्शित होता है, जैसा कि चित्र में दर्शाया गया है।

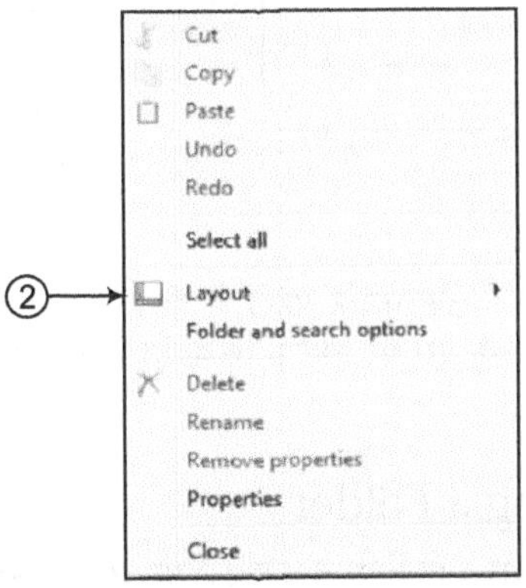

2. ड्रॉप डाउन मेन्यू में layout विकल्प पर क्लिक करें। एक सब-मेन्यू प्रदर्शित होता है, जैसा कि चित्र में दर्शाया गया है।
3. सब-मेन्यू में menu bar विकल्प पर क्लिक करें।

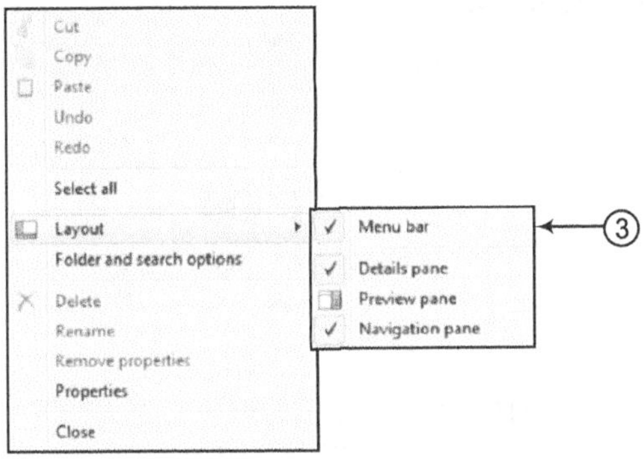

विण्डोज़ एक्सप्लोरर विण्डो में आप मेन्यू बार को ऐड्रेसबार और टूलबार के मध्य देख सकते हैं जैसा कि चित्र में दर्शाया गया है। मेन्यू बार में कई मेन्यू; जैसे—File, Edit, View, Tools और help आदि प्रदर्शित होते हैं।

ड्राइव या फोल्डर को Expand या Collapse करना
Expanding or Collapsing of a Drive or Folder

इसके लिए निम्न चरणों का अनुसरण करें

1. फोल्डर के दूसरी ओर एरो पर क्लिक कर, Folders पेन में आप My Computer को चुनें, जैसा कि चित्र में दर्शाया गया है।

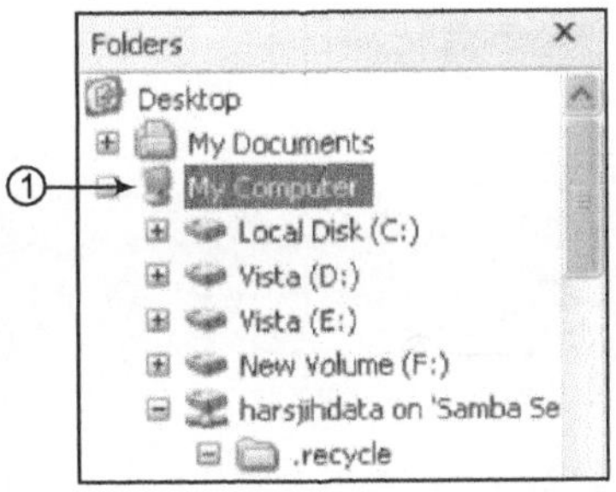

आप देख सकते हैं कि Folders पेन में कम्प्यूटर विकल्प पर Computer की सभी ड्राइव प्रदर्शित हो गई हैं।

2. आप local Disk (C:) में सभी फोल्डरों को देख सकते हैं, जो फोल्डर पेन में दर्शाए गए हैं, जैसा कि चित्र में दर्शाया गया है।

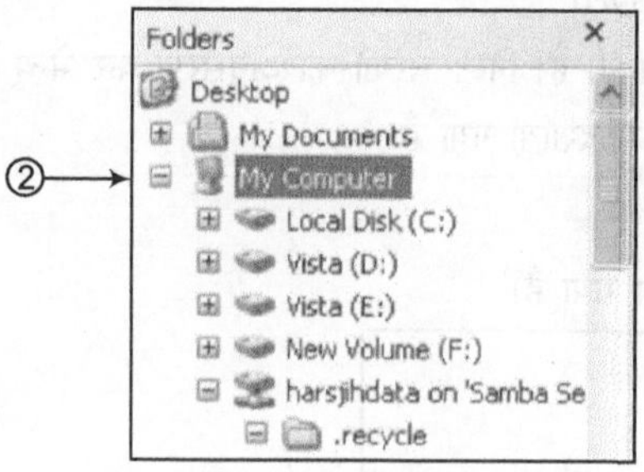

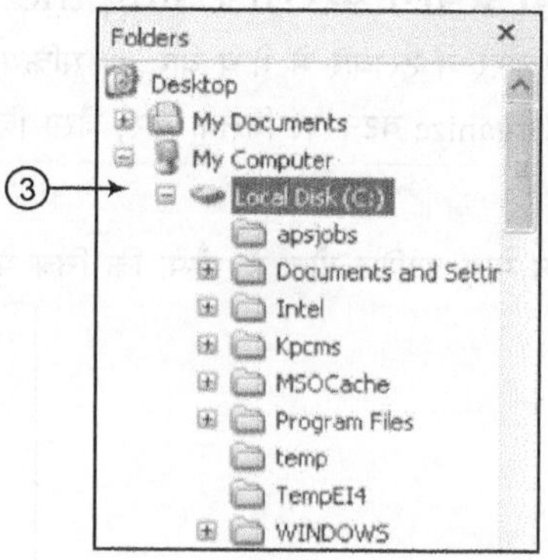

3. फोल्डर या ड्राइव के पश्चात् एरो पर क्लिक करके पहले से ही Expand हुए ड्राइव या फोल्डर को कोलैप्स कर सकते हैं। यहाँ हमने Local Disk C:) ड्राइव के दूसरी ओर के एरो पर क्लिक किया है। Local Disk (C:) ड्राइव कोलैप्स हो जाती है, जैसा कि चित्र में दर्शाया गया है।

फोल्डर को चुनना Selecting a Folder

नैविगेशन पेन के माध्यम से अपने कम्प्यूटर पर आप विभिन्न फोल्डर्स पर आ-जा सकते हैं। निम्न चरणों का अनुपालन करते हुए नैविगेशन पेन से फोल्डर चुनें

1. फोल्डर नाम के दूसरी ओर एरो बटन पर क्लिक करें। उदाहरण के लिए— यहाँ program files के दूसरी ओर नैविगेशन पेन में ऐरिया चुना गया है, जैसा कि चित्र में दर्शाया गया है।

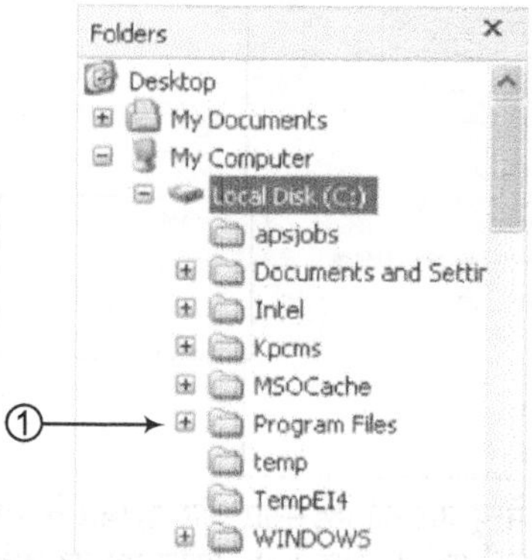

2. Program Files फोल्डर में सब-फोल्डर प्रकट होता है। फोल्डर पर क्लिक करें और microsoft. net को चुनें। कण्टेन्ट एरिया में, (Microsoft.Net) में फाइल्स एवं सब-फोल्डर के नीचे चुना गया फोल्डर प्रदर्शित होता है।

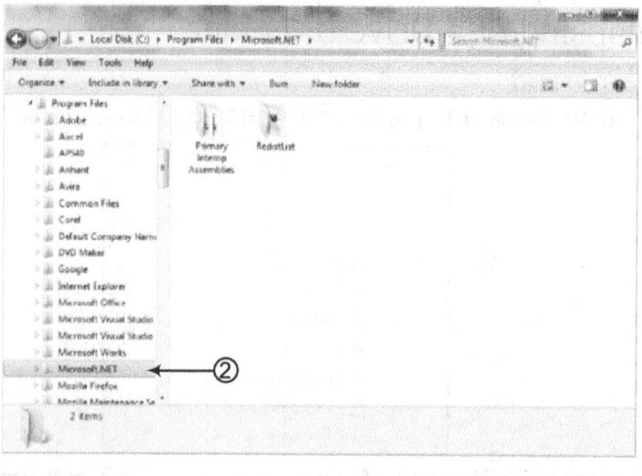

कण्टेन्ट एरिया के साथ कार्य करना

Working with Content Area

विण्डोज़ एक्सप्लोरर विण्डो में, कण्टेन्ट एरिया वह स्थान है, जो आपके सिस्टम की फाइलों, फोल्डरों और ड्राइवों को प्रदर्शित करता है। कण्टेन्ट एरिया में आप फाइलों या फोल्डरों में कार्य कर सकते हैं। यह कण्टेन्ट एरिया चुने गए फोल्डरों के अन्तर्गत मौजूद फाइलों और सब-फोल्डरों को प्रदर्शित करता है। अब हम आपकों बताएँगे कि किसी ड्राइव या फोल्डर के अन्दर फोल्डर कैसे बनाते हैं?

नया फोल्डर अथवा सब-फोल्डर बनाना

Creating a New Folder or Sub-folder

ड्राइव के अन्दर फोल्डर या सब-फोल्डर बनाने के लिए निम्न प्रकार कार्य करें

1. Windows Explorer में कण्टेन्ट एरिया के किसी रिक्त स्थान में राइट क्लिक करें। शॉर्टकट मेन्यू प्रदर्शित होता है।
2. New विकल्प पर क्लिक करें। एक सब-मेन्यू प्रकट होता है।
3. फोल्डर बनाने के लिए सब-मेन्यू में Folder विकल्प पर क्लिक करें।
   विण्डोज़ एक्सप्लोरर विण्डो में New Folder Icon बन गया है, जैसा कि चित्र में दर्शाया गया है।

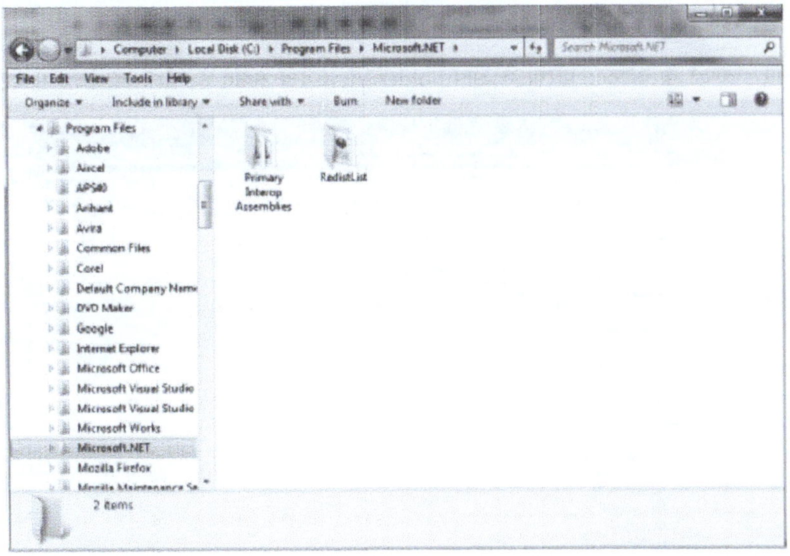

4. आइकन फोल्डर में New Folder नाम के साथ टेक्स्ट बॉक्स है। फोल्डर आइकन में प्रदर्शित हो रहे टेक्स्ट बॉक्स में फोल्डर का नाम बदलने के लिए अपनी इच्छानुसार नाम टाइप करें। हमने नए फोल्डर को Folder का नाम दिया है।

➥ **टिप्पणी** *फोल्डर को कोई अन्य नाम देने के लिए राइट क्लिक करें। Rename विकल्प के साथ शॉर्टकट मेन्यू होता है। Rename विकल्प पर क्लिक करें और फोल्डर का नाम अपनी आवश्यकता के अनुसार बदलें।*

फोल्डर व्यू परिवर्तित करना

Changing the Folder View

विण्डोज़ विस्टा में विण्डोज़ एक्सप्लोरर विण्डो के द्वारा फाइलों और फोल्डरों को कण्टेन्ट एरिया में विभिन्न तरीके से दर्शाने के लिए आप टूलबार में View बटन को चुन सकते हैं। विण्डोज़ विस्टा में उपलब्ध कुछ विकल्प हैं-एक्सट्रा लार्ज आइकन्स, लार्ज आइकन्स, एवं लिस्ट, जोकि फोल्डर के व्यू को बदलने के लिए चुने जा सकते हैं। फोल्डर के View को बदलने के लिए निम्न चरणों का अनुसरण करें

1. विण्डोज़ एक्सप्लोरर विण्डो के टूलबार में View बटन के दूसरी ओर डाउन एरो बटन पर क्लिक करें।
   एक ड्रॉप डाउन मेन्यू प्रदर्शित होता है, जैसा कि चित्र में दर्शाया गया है। आप मेन्यू के बाईं ओर एक स्लाइडर देख रहे हैं।

2. जो विकल्प आप चुनना चाहते हैं, उसके दूसरी ओर अपने Folder View के लिए स्लाइडर घुमाएँ। यहाँ हमने स्लाइडर को List विकल्प पर सेट किया है।

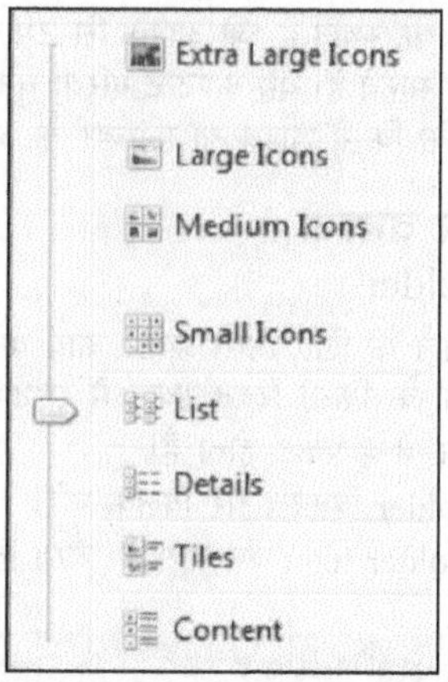

विण्डोज़ एक्सप्लोरर विण्डो के कण्टेन्ट एरिया में आप Folder View देख सकते हैं, जैसा कि चित्र में दर्शाया गया है।

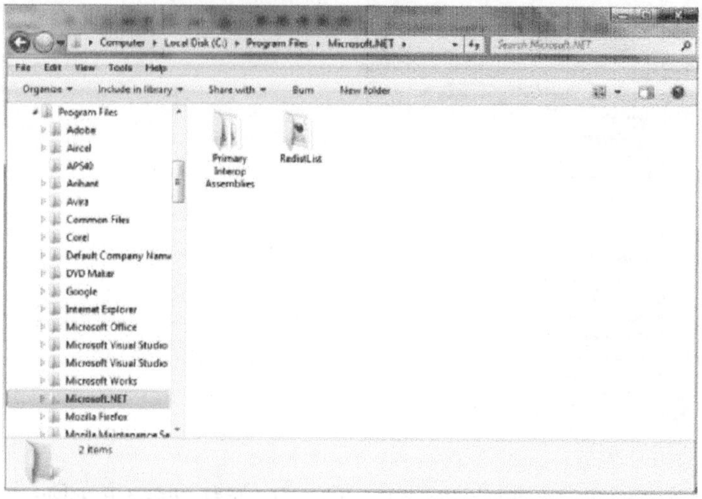

फाइलों और फोल्डरों को सॉर्ट करना
Sorting Files and Folders

आप Name, Size, Type या Date Modified के आधार पर फाइलों और फोल्डरों को छाँट सकते हैं। संक्षेप में विभिन्न छाँटने (sorting) की प्रक्रियाओं का वर्णन निम्नलिखित है

- **नाम** (Name) आइकन के नाम के अनुसार वर्णानुक्रम में व्यवस्थित करता है।
- **साइज** (Size) आइकनों को फाइल के साइज के क्रम में व्यवस्थित करता है। यदि आइकन किसी प्रोग्राम का शॉर्टकट है, तब आइकन का Size शॉर्टकट फाइल के समान होगा।
- **टाइप** (Type) आइकन को टाइप के क्रम में व्यवस्थित करता है। उदाहरण के लिए— डेस्कटॉप पर यदि अनेक पावर प्वॉइण्ट प्रेजेन्टेशन के लिए शॉर्टकट हैं, तब ये प्रेजेन्टेशन एक के पश्चात् एक के क्रम में व्यवस्थित होते हैं।
- **परिवर्तित दिनांक** (Date Modified) ये अन्तिम परिवर्तित दिनांक के आधार पर व्यवस्थित होते हैं।

अब हम निम्न चरणों का अनुसरण कर फाइलों और फोल्डरों को छाँटेंगे—

1. विण्डोज़ एक्सप्लोरर विण्डो के मेन्यू बार में View मेन्यू पर क्लिक करें। एक ड्रॉप डाउन मेन्यू प्रदर्शित होता है।
2. ड्रॉप डाउन मेन्यू में Sort By विकल्प पर क्लिक करें। एक सब-मेन्यू दिखाई देता है, जैसा कि चित्र में दर्शाया गया है।

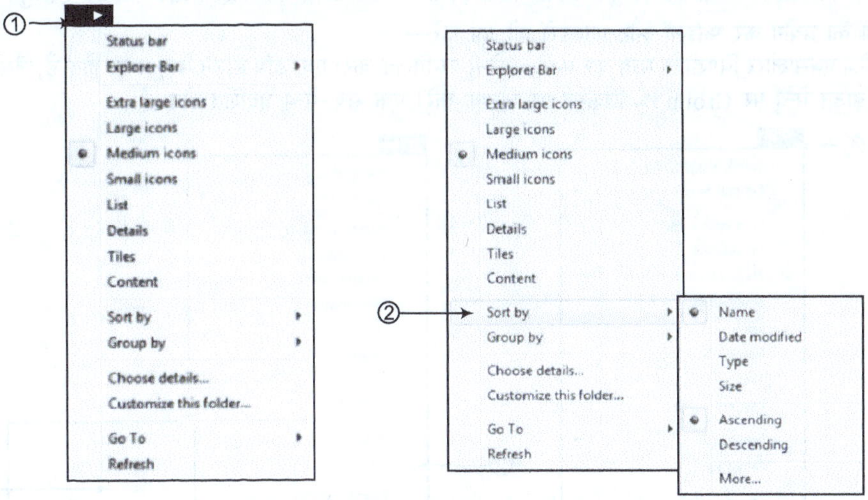

3. सब-मेन्यू से अपने पसन्द का विकल्प चुनें। हमने यहाँ Type विकल्प चुना है।

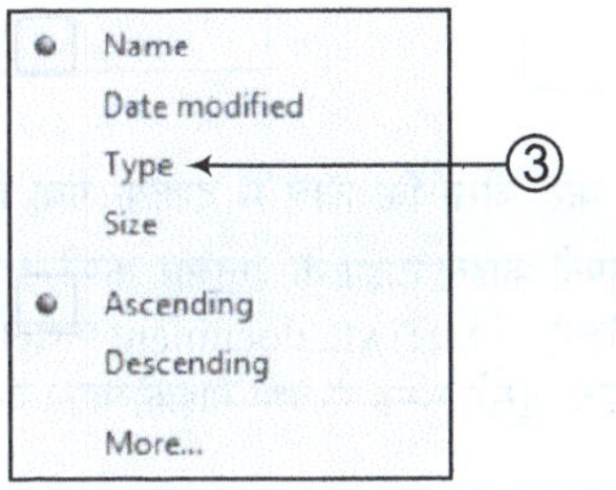

आप देखेंगे कि विण्डोज़ एक्सप्लोरर विण्डो में फाइलें और फोल्डरों को छाँटने का कार्य पूर्ण हो गया है। फाइलें टाइप (file type) के द्वारा छाँटी (sort) हुई हैं। उदाहरण के लिए— विण्डोज़ एक्सप्लोरर विण्डो पावर प्वॉइण्ट फाइलों को एक के पश्चात् एक प्रदर्शित करता है और उसके बाद वर्ड फाइलों को एक के पश्चात् एक प्रदर्शित करता है।

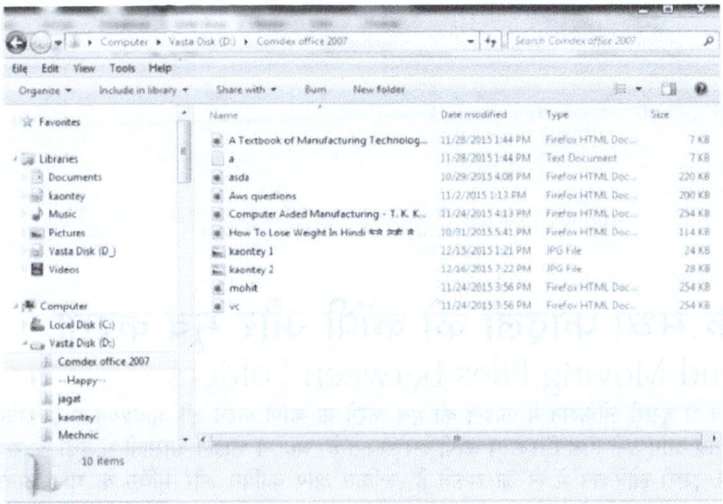

फाइलों और फोल्डरों को ग्रुप करना Grouping the Files and Folders

आप फाइलों और फोल्डरों का उनके Name, Size, Type या Date Modified के आधार पर ग्रुप कर सकते हैं। उदाहरण के लिए— यदि हम फाइलों को उनके टाइप के आधार पर ग्रुप करना चाहते हैं, तब समान टाइप की फाइल और फोल्डर एक ग्रुप का निर्माण करेंगे।

निम्न चरणों का प्रयोग कर फाइलों और फोल्डरों को ग्रुप करें—

1. विण्डोज़ एक्सप्लोरर विण्डो के मेन्यू बार में view मेन्यू पर क्लिक करें। एक ड्रॉप डाउन मेन्यू प्रकट होता है, जैसा कि चित्र में दर्शाया गया है।
2. ड्रॉप डाउन मेन्यू पर Group By विकल्प पर क्लिक करें। एक सब-मेन्यू प्रदर्शित होता है।

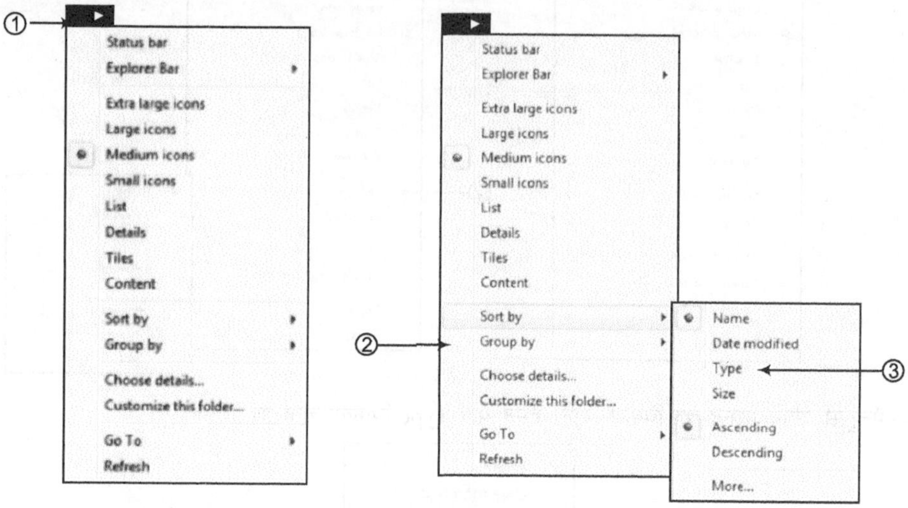

3. सब-मेन्यू type विकल्प पर क्लिक करें, जैसा कि चित्र में दर्शाया गया है।

अब आप देख सकते हैं कि सभी फाइलें अपनी फाइल टाइप के अनुसार कण्टेन्ट एरिया में ग्रुप हो गई हैं। सभी एकसमान टाइप वाली फाइलें एक समूह में व्यवस्थित हो गई हैं। उदाहरण के लिए— MHTML document फाइलें एक समूह में व्यवस्थित हो गई हैं, माइक्रोसॉफ्ट ऑफिस, पावर प्वॉइण्ट 97-2003 और प्रेजेन्टेशन फाइलें एक-दूसरे समूह में तथा माइक्रोसॉफ्ट ऑफिस वर्ड फाइलें एक पृथक् समूह में व्यवस्थित हो गई हैं।

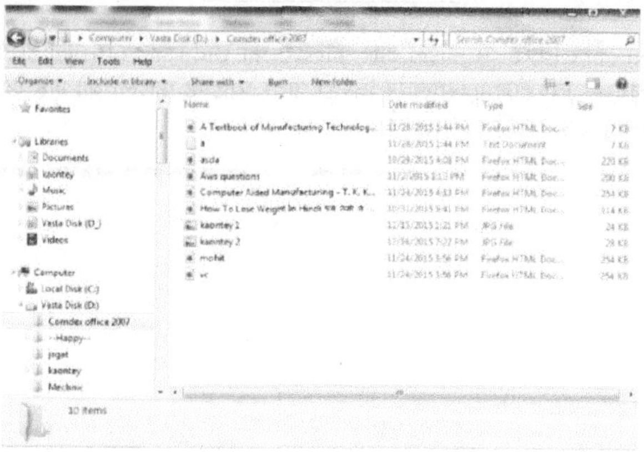

23.6 फोल्डरों के मध्य फाइलों को कॉपी और मूव करना Copying and Moving Files between Folders

आपको एक लोकेशन से दूसरी लोकेशन में फाइल को मूव करने या कॉपी करने की आवश्यकता हो सकती है। यदि आप की बाहरी डिस्क में बहुत-सी फाइलें हैं, तब आप उन्हें हार्ड डिस्क में कॉपी कर सकते हैं, जहाँ ये फाइलें आसानी से ढूँढ़ी जा सकती हैं। ठीक उसी प्रकार आप फाइलों को एक लोकेशन से दूसरी लोकेशन में ले जा सकते हैं, लेकिन आप कॉपिंग और मूविंग के मध्य अन्तर को अवश्य समझ लें।

मूविंग ए फाइल का अर्थ है कि फाइल को एक लोकेशन से दूसरे लोकेशन में ले जाना और आपके सिस्टम में फाइल की केवल एक ही कॉपी है जबकि कॉपिंग ए फाइल का अर्थ है कि फाइल को कॉपी करना और उस फाइल को किसी दूसरे लोकेशन में रखना। इस प्रकार आपके पास एक

ही फाइल की दो कॉपियाँ हो जाएँगी-एक जहाँ से आपने कॉपी किया है और दूसरा लोकेशन ड्राइव या फोल्डर जहाँ आपने कॉपी की गई फाइल को रखा है। एक ही फाइल की दोनों कॉपियाँ एक ही ड्राइव में भी हो सकती हैं या भिन्न ड्राइवों में।

माना कि आप Sample Pictures सब-फोल्डर से (जो pictures फोल्डर में) कोई फोटो, पिक्चर फोल्डर में कॉपी करना चाहते हैं। यह करने के लिए निम्न पदों Steps का अनुसरण करें

1. विण्डोज़ एक्सप्लोरर विण्डो के बाएँ पेन में Favorite Links के नीचे pictures विकल्प पर क्लिक करें।
2. Pictures फोल्डर के लिए Windows Explorer विण्डो प्रदर्शित होती है। विण्डोज़ एक्सप्लोरर विण्डो में Sample Pictures फोल्डर आइकन पर क्लिक करें।

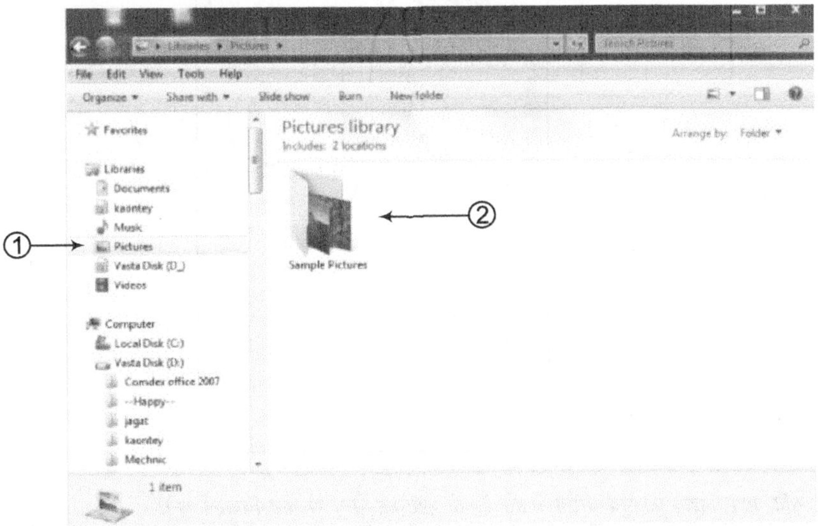

3. Sample Pictures फोल्डर खुलता है और अनेक पिक्चर. विण्डो कण्टेन्ट एरिया में होती हैं, जैसा कि चित्र में दर्शाया गया है। अब आप अपनी पसन्द के चित्र को चुनें। हमने यहाँ Chrysanthemum को चुना है, जैसा कि चित्र में दर्शाया गया है।

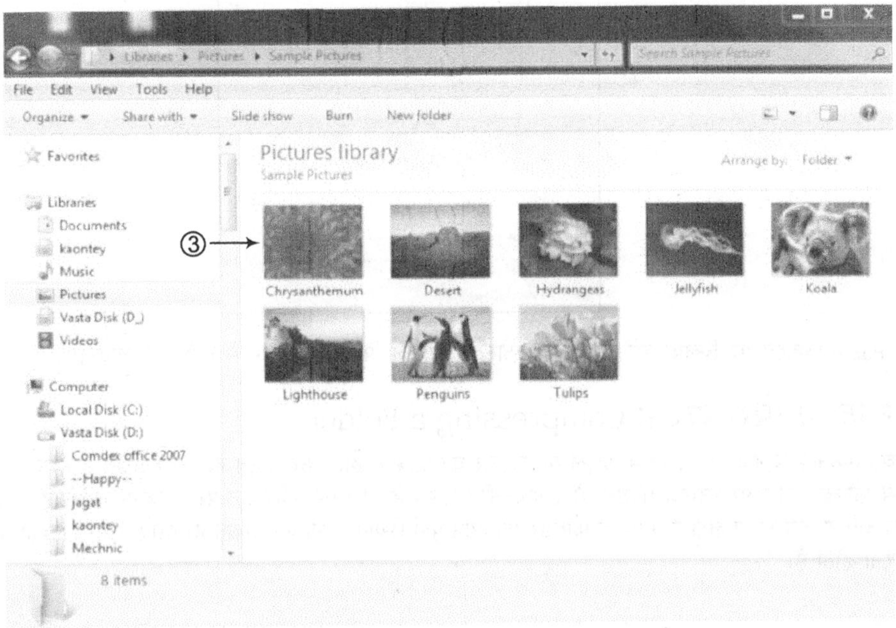

4. चुनी गई पिक्चर पर राइट क्लिक करें। एक शॉर्टकट मेन्यू प्रदर्शित होता है, जैसा कि चित्र में दर्शाया गया है।

5. शॉर्टकट मेन्यू से पिक्चर को कॉपी करने के लिए Copy विकल्प पर क्लिक करें।

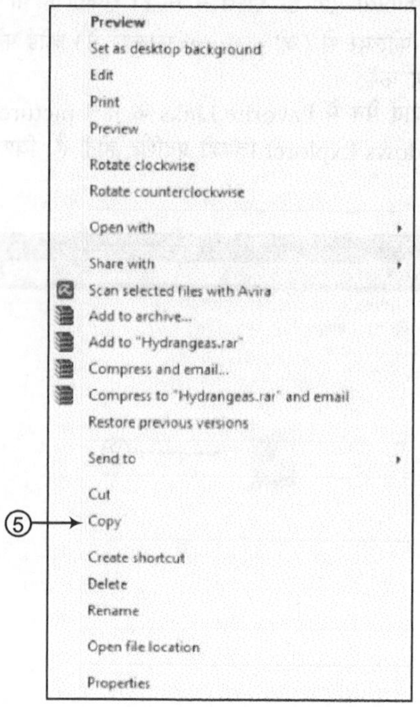

➥ **टिप्पणी** *यदि आप फाइल को मूव करना चाहते हैं, तो शॉर्टकट मेन्यू से कट विकल्प चुनें।*

6. पिक्चर फोल्डर पर वापस जाने के लिए विण्डोज़ एक्सप्लोरर विण्डो पर Back बटन पर तथा कण्टेन्ट पेन के रिक्त स्थान पर राइट क्लिक करें। एक शॉर्टकट मेन्यू प्रदर्शित होता है।

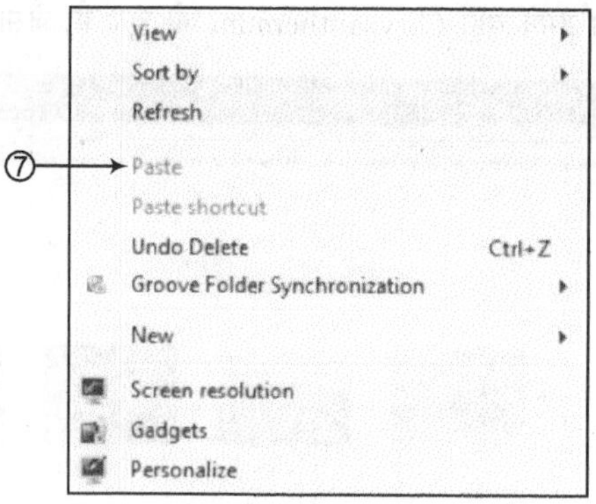

7. अब Paste विकल्प पर क्लिक करें, चुना गया फोल्डर आपके पिक्चर फोल्डर में कॉपी हो जाएगा।

फोल्डर को कम्प्रेस करना Compressing a Folder

कम्प्रेसिंग वह तकनीक है, जिसके द्वारा हम फाइल या फ़ोल्डर का आकार छोटा कर सकते हैं। इससे ड्राइव में स्थान कम घिरता है। जब हम अपने कम्प्यूटर से फोल्डर को दूसरे स्टोरेज मीडिया में स्थानान्तरित करते हैं या दूसरी लोकेशन पर ले जाना चाहते हैं, तब कम्प्रैस्ड फोल्डर सामान्य फोल्डर की अपेक्षा कम समय लेता है कम्प्रैस्ड फोल्डर की आप पूर्ण स्थिति में भी कर सकते हैं। इसके लिए आपको कण्टेन्ट के फोल्डर को पुन: डिस्प्ले करना होता है।

फोल्डर को कम्प्रेस करने के लिए निम्न चरणों का अनुसरण करें—

1. Windows Explorer को खोलें। बाएँ पेन में Folders विकल्प से Public फोल्डर पर क्लिक करें। Windows Explorer विण्डो के कण्टेन्ट एरिया में Public फोल्डर प्रदर्शित होता है।
2. Public Document फोल्डर पर राइट क्लिक करें, जैसा कि चित्र में दर्शाया गया है।

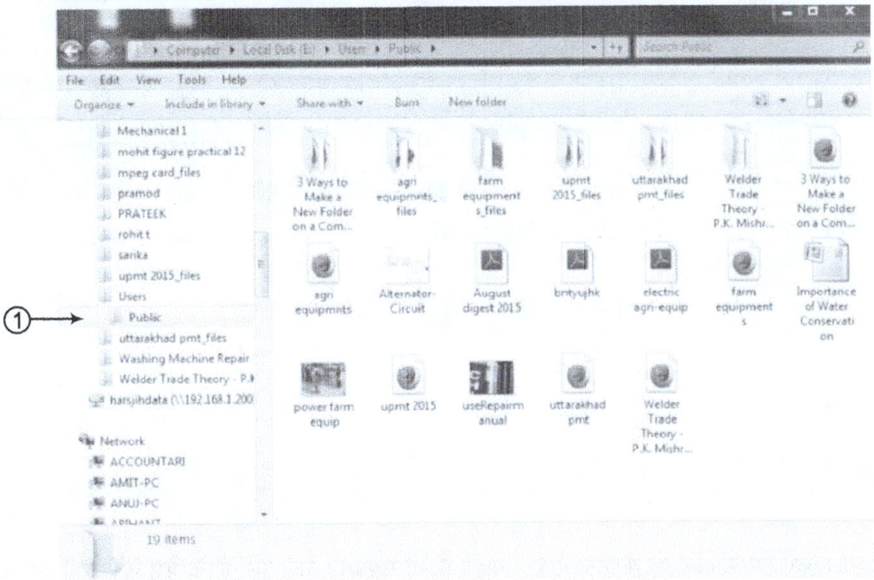

एक शॉर्टकट मेन्यू प्रदर्शित होता है।

3. शॉर्टकट मेन्यू में Send to विकल्प पर क्लिक करें। एक सब-मेन्यू प्रदर्शित होता है।

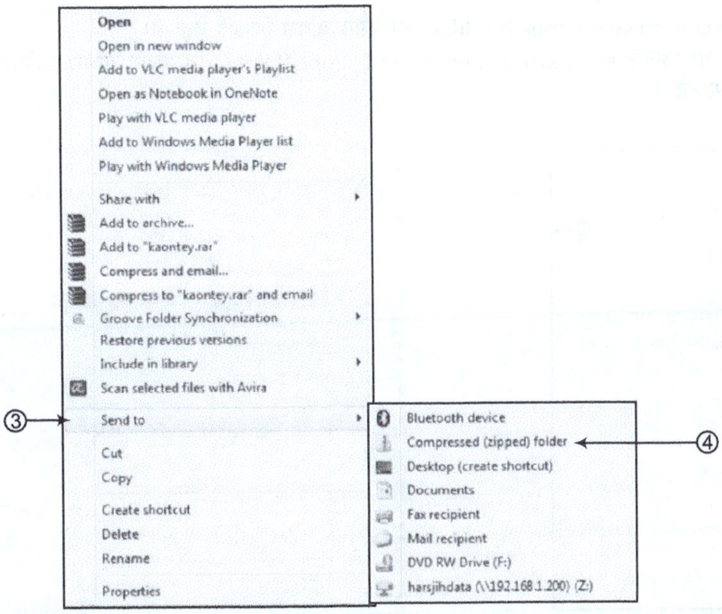

4. सब-मेन्यू में Compressed (zipped) Folder विकल्प पर क्लिक करें।

5. एक कम्प्रैस्ड फोल्डर तैयार किया गया है। इस फोल्डर पर zip का चिह्न होता है आप इसका नाम परिवर्तित भी कर सकते हैं। हमने यहाँ इसका दूसरा नाम Compress Public Document कर दिया है।

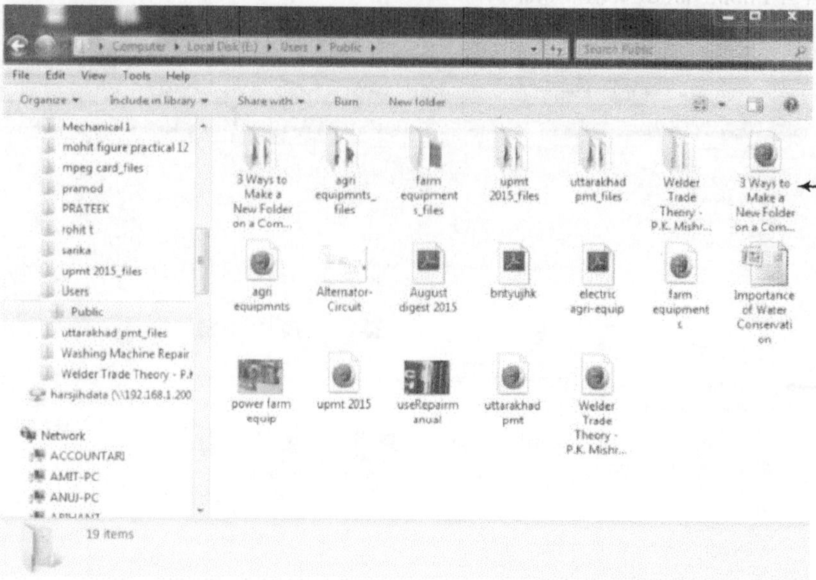

यदि आप कम्प्रेस किए गए फोल्डर का कण्टेन्ट देखना चाहते हैं, तो सर्वप्रथम आप इसे अनकम्प्रेस करें, तभी आप इस फोल्डर का कण्टेन्ट देख सकते हैं।

6. फोल्डर को पुनः अनकम्प्रेस करने के लिए कम्प्रेस किए गए फोल्डर के आइकन पर राइट क्लिक करें।
7. एक शॉर्टकट मेन्यू प्रदर्शित होता है, जैसा कि चित्र में दर्शाया गया है। Extract Here विकल्प पर क्लिक करें, जैसा कि चित्र में दर्शाया गया है।

   एक (extract compressed (zipped) folders डायलॉग बॉक्स दिखाई देता है।
8. Extract बटन पर क्लिक करें। Extract Compressed (zipped) Folder डायलॉग बॉक्स स्क्रीन से हट जाता है और आप फोल्डर का कण्टेन्ट देख सकते हैं।

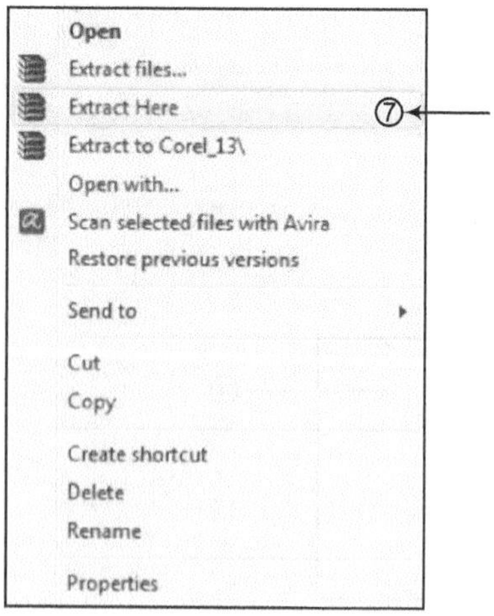

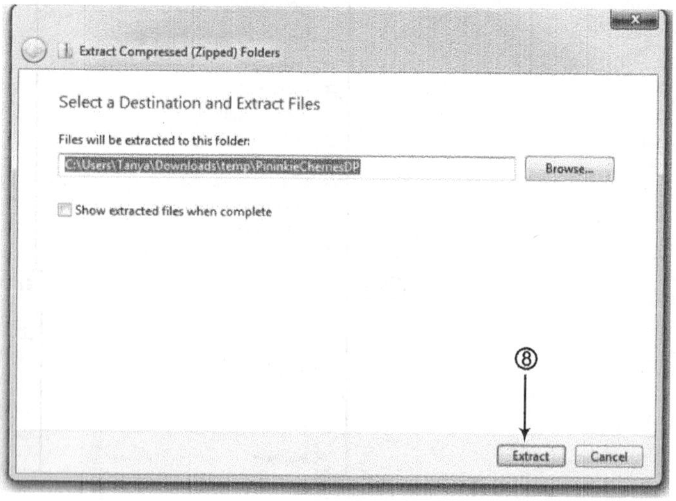

फोल्डर को छिपाना Hiding a Folder

फोल्डर को छिपाने का उद्देश्य फोल्डर को प्रदर्शित होने से रोकना है।

इसके लिए निम्न चरणों का अनुसरण करें

1. विण्डोज़ एक्सप्लोरर विण्डो में फोल्डर को चुनें। हमने Public Desktop फोल्डर चुना है, जैसा कि चित्र में दर्शाया गया है।

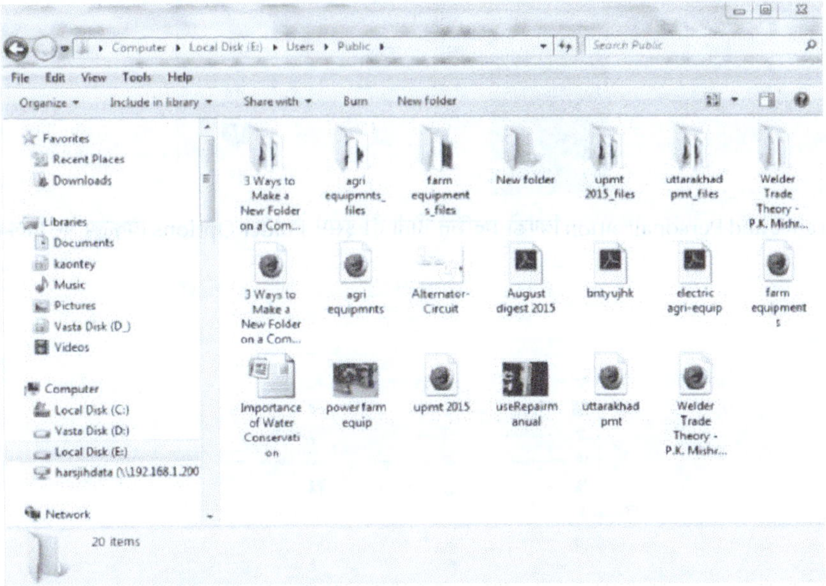

2. चुने गए फोल्डर पर राइट क्लिक करें। एक शॉर्टकट मेन्यू प्रदर्शित होता है।
3. शॉर्टकट मेन्यू में Properties विकल्प पर क्लिक करें।
   Public Desktop Properties डायलॉग बॉक्स प्रदर्शित होता है, जैसा कि चित्र में प्रदर्शित होता है।

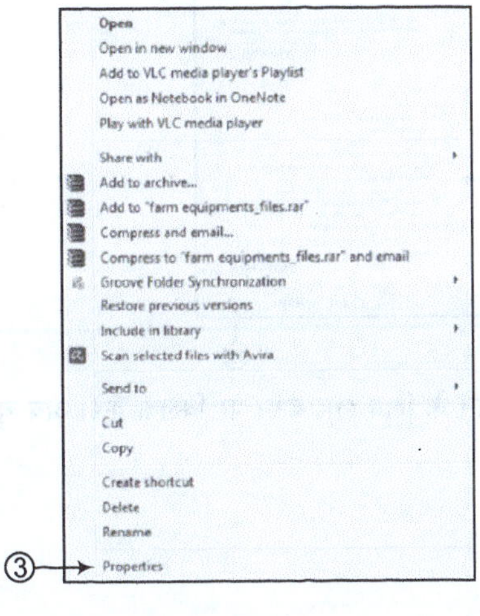

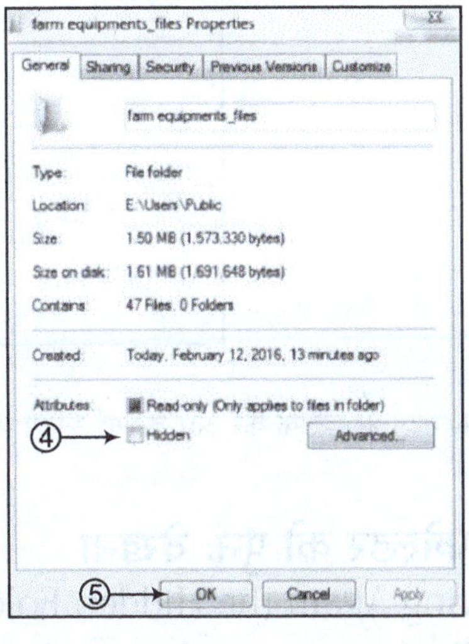

4. General टैब के नीचे Hidden विकल्प के दूसरी ओर Check Box चुनें।
5. इसके पश्चात् OK बटन पर क्लिक करें। Public Desktop Properties डायलॉग बॉक्स स्क्रीन से हट जाता है।
6. अब start बटन पर क्लिक करें। स्टार्ट मेन्यू प्रदर्शित होता है।
7. स्टार्ट मेन्यू के दाहिने पेन में Control Panel विकल्प पर क्लिक करें। Control Panel विण्डो प्रदर्शित होती है।

8. Control Panel के लिए विण्डोज़ एक्सप्लोरर विण्डो में जैसा कि चित्र में दर्शाया गया है,

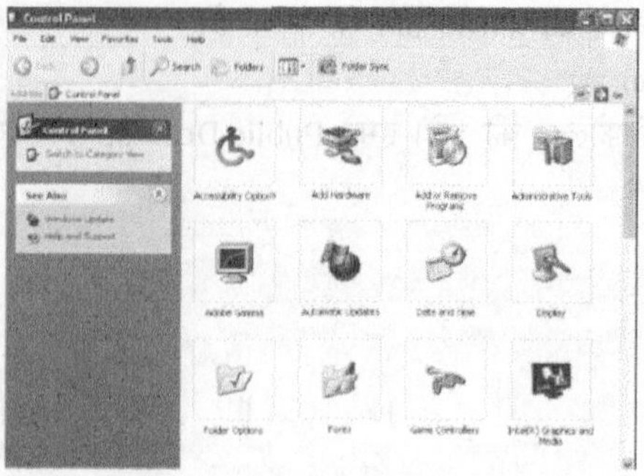

9. Appearance and Personalization विण्डो प्रदर्शित होती है। इसमें Folder Options विकल्प पर क्लिक करें, जैसा कि चित्र में दर्शाया गया है।

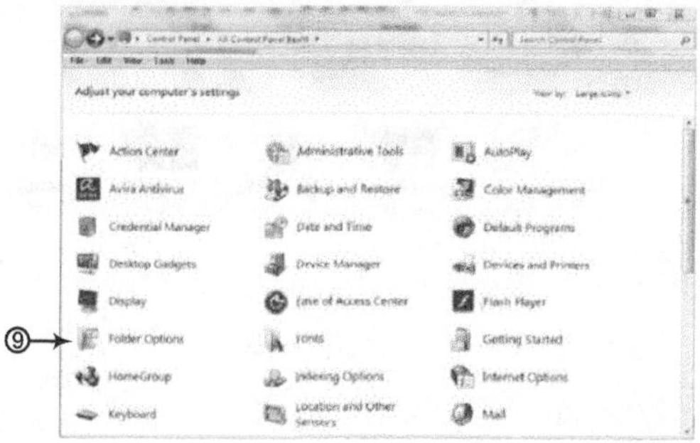

10. Folder Options डायलॉग बॉक्स प्रदर्शित होता है। इसमें विभिन्न विकल्पों को देखने के लिए View टैब पर क्लिक करें
11. Do not show hidden files and folders विकल्प के साथ Radio बटन पर क्लिक करें, जैसा कि चित्र में दर्शाया गया है।

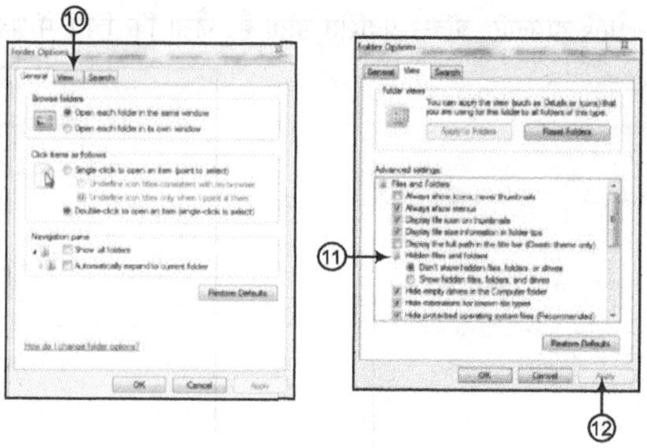

12. Apply बटन पर क्लिक करें और की गई सेटिंग को सुरक्षित करने के लिए OK बटन पर क्लिक करें। अब चुना गया फोल्डर प्रदर्शित नहीं होगा।

हिडेन फोल्डर को पुनः देखना

Reviewing Again the Hidden Folders

फोल्डर सेटिंग को बदलकर आप हिडेन फाइल को देख सकते हैं। निम्न पदों का पालन करते हुए हिडेन फोल्डर को देखा जा सकता है

1. Start बटन पर क्लिक करें। स्टार्ट मेन्यू प्रदर्शित होता है।
2. स्टार्ट मेन्यू के दाहिने पेन पर Control Panel विकल्प पर क्लिक करें। Control Panel के लिए विण्डोज़ एक्सप्लोरर विण्डो प्रदर्शित होती है।
3. Control Panel के लिए विण्डोज़ एक्सप्लोरर विण्डो में Appearance and Personalization विकल्प पर क्लिक करें।
4. Appearance and Personalization के लिए विण्डोज़ एक्सप्लोरर विण्डो होती है। इसमें Folder Options विकल्प पर क्लिक करें, जैसा कि चित्र में दर्शाया गया है।

5. Folder Options डायलॉग बॉक्स प्रदर्शित होता है। इसमें विभिन्न विकल्पों को देखने के लिए View टैब पर क्लिक करें।
6. View टैब के नीचे Show Hidden Files Folders विकल्प के साथ Radio बटन पर क्लिक करें, सभी Hidden Files and Folders पुनः प्रदर्शित होने लगते हैं।

फोल्डर को शेयर करना Sharing a Folder

फोल्डर या फाइल की शेयरिंग का अर्थ है, फाइल या फोल्डर को दूसरे उपयोगकर्ताओं के लिए नेटवर्क पर उपलब्ध कराना। कभी-कभी उपयोगकर्ता उसी कम्प्यूटर पर कार्य कर रहा होता है या दूसरे कम्प्यूटर पर उसी नेटवर्क में कार्य कर रहा होता है, तब उसे आपकी फाइल या फोल्डर की आवश्यकता पड़ सकती है। यह केवल तभी सम्भव हो सकता है, जब आप फोल्डर को शेयर करें। विण्डोज़ विस्टा में पब्लिक फोल्डर पहले से ही निर्मित होता है, जिससे नेटवर्क पर फाइलों और फोल्डरों को शेयर किया जा सकता है।

पब्लिक फोल्डर को शेयर करने की विधि इस प्रकार है

पब्लिक फोल्डर के माध्यम से शेयरिंग Sharing through Public Folder

आप अपने फोल्डर और फाइल को पब्लिक फोल्डर के माध्यम से शेयर कर सकते हैं। पब्लिक फोल्डर का कण्टेन्ट दूसरे उपयोगकर्ता के लिए स्वतः उपलब्ध होता है, जोकि आपके कम्प्यूटर या नेटवर्क से जुड़े किसी अन्य कम्प्यूटर पर कार्य कर रहा होता है। इससे आवश्यक केवल इतना है कि पब्लिक फोल्डर की शेयरिंग ऑन होनी चाहिए। जिसके पास कम्प्यूटर पर यूजर एकाउण्ट है, उस कम्प्यूटर पर पब्लिक फोल्डर एक्सेस कर सकता है। नेटवर्क पर यदि पब्लिक फोल्डर टर्न-ऑन है, तब नेटवर्क पर कोई भी पब्लिक फोल्डर एक्सेस कर सकता है। यदि पब्लिक फोल्डर शेयरिंग टर्न-ऑफ है, तब कोई भी नेटवर्क पर पब्लिक फोल्डर को एक्सेस नहीं कर सकता। फोल्डर को या फाइल को दूसरे उपयोगकर्ताओं से शेयर करने के लिए आपको उन फोल्डरों और फाइलों को पब्लिक फोल्डर में कॉपी करना होगा या इसके किसी सब-फोल्डर में कॉपी करनी पड़ेगी; जैसे—पब्लिक डॉक्यूमेण्ट्स, पब्लिक पिक्चर्स आदि।

पब्लिक, फोल्डर को एक्सेस करने की तीन विधियाँ हैं

- शेयरिंग को इस प्रकार टर्न-ऑन करें कि नेटवर्क पर कोई भी फाइल को खोल सकें।
- यदि आप इस विकल्प को टर्न-ऑन करते हैं, तब नेटवर्क पर कार्य करने वाला प्रत्येक व्यक्ति फाइल को खोल सकता है, किन्तु किसी प्रकार का परिवर्तन नहीं कर सकता। इसका अर्थ यह है कि फाइल केवल रीड ओनली है।
- शेयरिंग को इस प्रकार टर्न-ऑन करना कि कोई भी नेटवर्क पर फाइल को खोल सके, उसमें परिवर्तन कर सके और फाइल तैयार कर सके।
- यदि आप इस विकल्प को चुनते हैं, तब नेटवर्क पर कार्य कर रहे उपयोगकर्ता केवल फाइल को (read) ही नहीं करते, बल्कि उसमें परिवर्तन भी कर सकते हैं और नई फाइल भी तैयार कर सकते हैं।

टर्न-ऑफ शेयरिंग Turn-off Sharing

यदि आप शेयरिंग को टर्न-ऑफ करते हैं, तब प्रयोगकर्ता नेटवर्क पर पब्लिक फोल्डर को एक्सेस नहीं कर सकता। केवल वही उपयोगकर्ता जिसका यूजर एकाउण्ट ठीक उसी कम्प्यूटर में है, पब्लिक फोल्डर को एक्सेस कर सकता है।

निम्न पदों का अनुसरण कर पब्लिक फोल्डर को खोलने के विषय में समझें।

1. Start बटन ⊛ पर क्लिक करें। स्टार्ट मेन्यू प्रदर्शित होता है।
2. Start मेन्यू के दाहिने पेन पर Document विकल्प पर क्लिक करें।

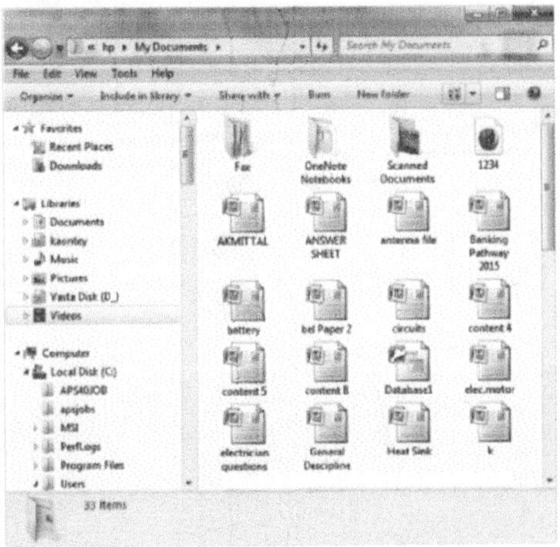

3. Document फोल्डर के लिए विण्डोज़ एक्सप्लोरर विण्डो प्रदर्शित होता है। Navigation पेन में Favorite Links के नीचे More बटन पर क्लिक करें।

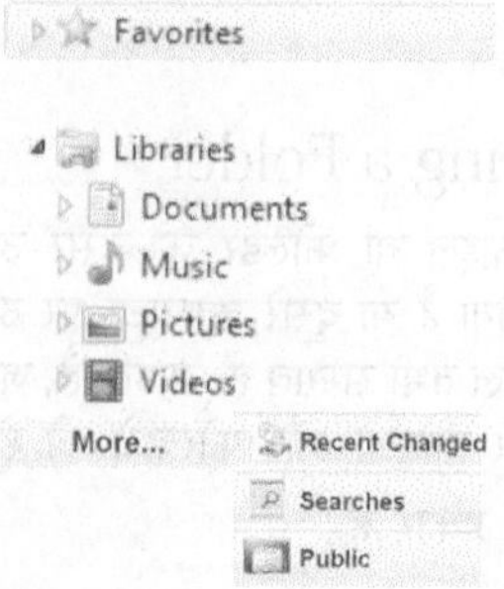

4. Public के नाम से एक सब-फोल्डर Windows Explorer विण्डो के कण्टेन्ट एरिया में प्रदर्शित होता है, जैसा कि चित्र में दर्शाया गया है।

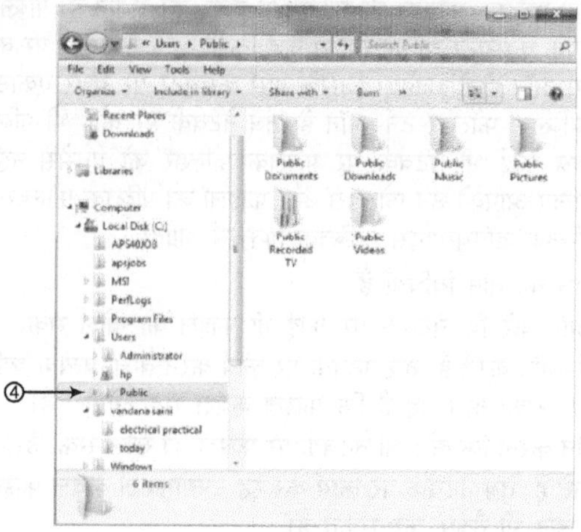

निम्न चरणों का अनुसरण कर पब्लिक फोल्डर के माध्यम से फाइलों और फोल्डरों को शेयर कर सकते हैं

1. Start बटन पर क्लिक करें। स्टार्ट मेन्यू प्रदर्शित होता है।
2. Start मेन्यू के दाहिने पेन पर Control Panel विकल्प पर क्लिक करें। Control Panel फोल्डर के लिए विण्डोज़ एक्सप्लोरर विण्डो प्रदर्शित होता है।
3. Control Panel के लिए Windows Explorer विण्डो में Network and Internet विकल्प पर क्लिक करें, जैसा कि चित्र में प्रदर्शित होता है।

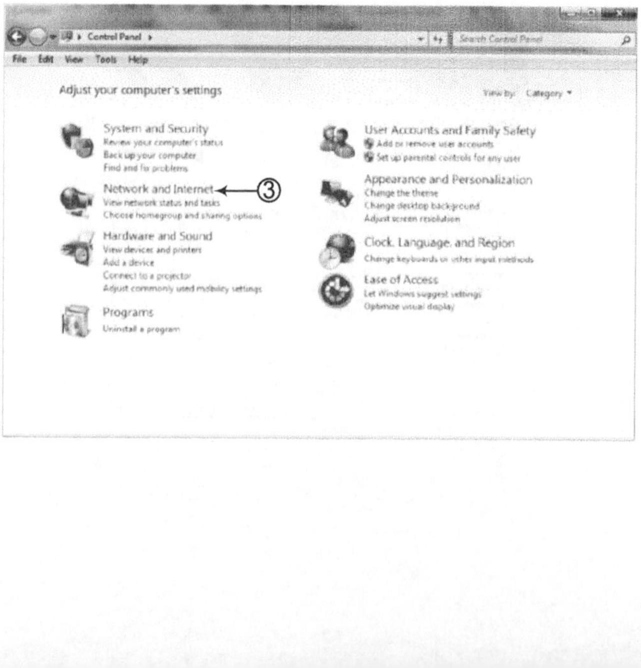

4. Network and Internet फोल्डर के लिए Windows Explorer विण्डो प्रदर्शित होती है। Network and Sharing Center विकल्प पर क्लिक करें, जैसा कि चित्र में दर्शाया गया है।

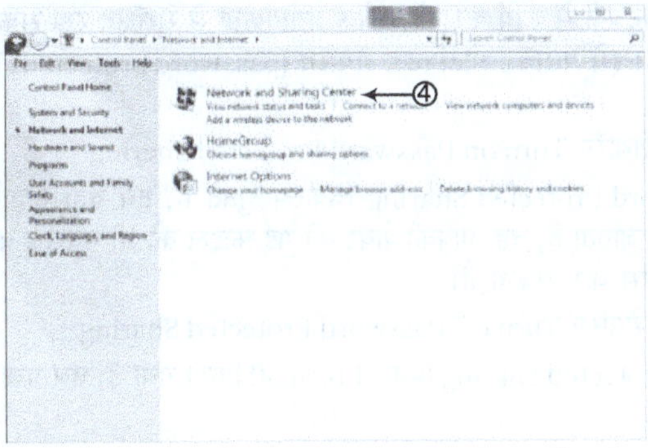

Network and Sharing Center के लिए Windows Explorer विण्डो प्रदर्शित होती है; जैसा कि चित्र में दर्शाया गया है।

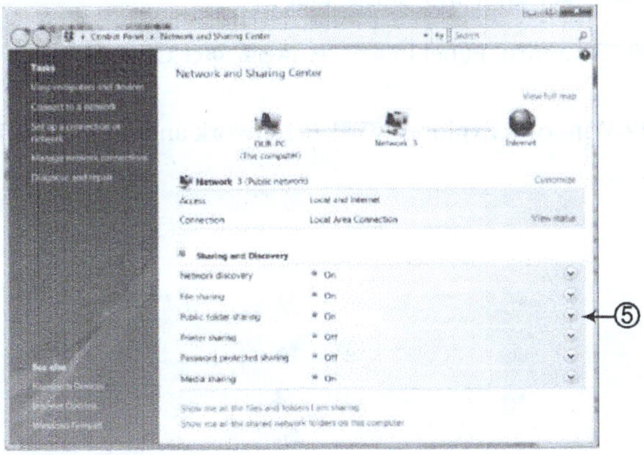

5. Public Folder Sharing विकल्प के दूसरी ओर डाउन एरो बटन पर क्लिक करें। Public Folder Sharing विकल्प के नीचे तीन विकल्प Public Folder के लिए एक्सेस लेवल प्रदान करते हैं।
6. Turn on Sharing के दूसरी तरफ रेडियो बटन पर क्लिक करें, जिससे नेटवर्क पर कार्य करने वाला कोई भी File को खोल सके।
7. Apply बटन पर क्लक करें।
   अब आप विण्डो में देख सकते हैं कि Public Folder Sharing विकल्प टर्न-ऑन हो गया है। इसमें उपयोगकर्ता नेटवर्क पर शेयर की गई फाइल या फोल्डर को केवल रीड कर सकता है। वह कोई परिवर्तन फाइल या फोल्डर में नहीं कर सकता।

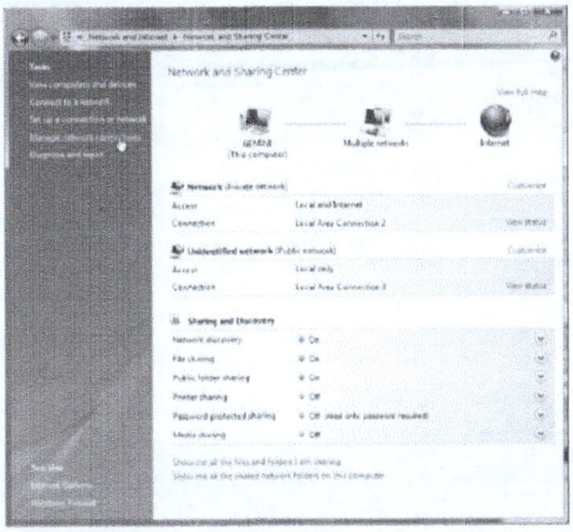

पब्लिक फोल्डर के लिए पासवर्ड निर्धारित करना Assigning Password to the Public Folder

आप अपने पब्लिक फोल्डर को नेटवर्क में कार्य कर रहे प्रत्येक प्रयोगकर्ता से सुरक्षित रख सकते हैं। आपके द्वारा शेयर की गई फाइल या फोल्डर को पासवर्ड सुरक्षित कर सकते हैं। इसे पासवर्ड प्रोटेक्टिड शेयरिंग (password protected sharing) कहा गया है। सीमा का निर्धारण करने के लिए आपके पास दो विकल्प हैं

- टर्न ऑन पासवर्ड प्रोटेक्टिड शेयरिंग Turn on Passward Protected Sharing

  जब आप Turn on Password Protected Sharing विकल्प चुनते हैं, तब वही आपके कम्प्यूटर को यूजर नेम और पासवर्ड के द्वारा एक्सेस कर सकता है, जो इसे जानता है, वह आपकी शेयर की गई फाइल को भी एक्सेस कर सकता है, आपके कम्प्यूटर से जुड़े प्रिण्टर और पब्लिक फोल्डर को भी एक्सेस कर सकता है।

- टर्न ऑफ पासवर्ड प्रोटेक्टिड शेयरिंग Turn off Password Protected Sharing

  यदि Turn on Password Protected Sharing विकल्प turn off किया गया है, तब प्रयोगकर्ता नेटवर्क पर पब्लिक फोल्डर को भी एक्सेस कर सकता है।

निम्न पदों का अनुसरण करते हुए password protected sharing को turn on/turn off करना सीखें—

1. Start बटन (⊞) पर क्लिक करें। Start मेन्यू प्रदर्शित होता है।
2. Start मेन्यू के दाहिने पेन पर Control Panel विकल्प पर क्लिक करें। Control Panel फोल्डर के लिए Windows Explorer विण्डो प्रदर्शित होती है।
3. Control Panel के लिए Windows Explorer विण्डो में Network and Internet विकल्प पर क्लिक करें, जैसा कि चित्र में दर्शाया गया है।

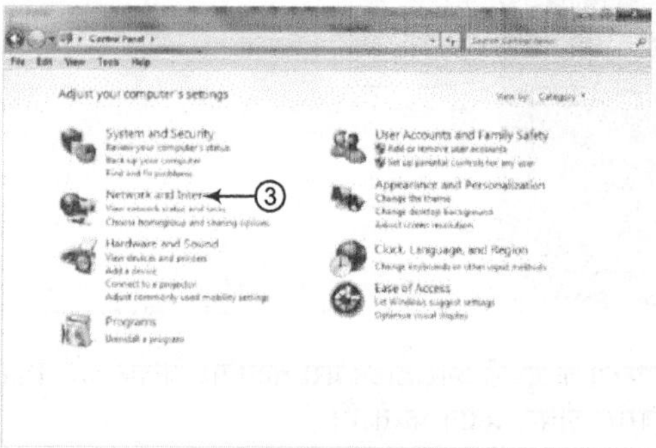

4. Network and Internet फोल्डर के लिए Windows Explorer विण्डो प्रदर्शित होती है। Network and Sharing Center विकल्प पर क्लिक करें, जैसा कि चित्र में दर्शाया गया है।

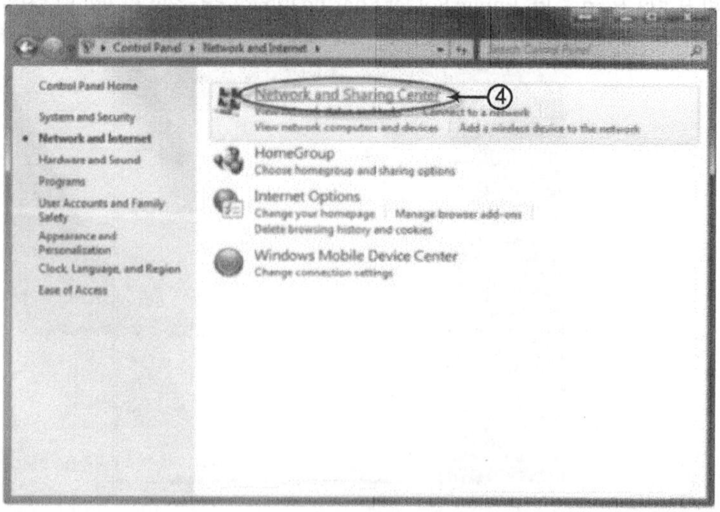

Network and Sharing Center के लिए Windows Explorer विण्डो प्रदर्शित होती है जैसा कि चित्र में दर्शाया गया है।

5. डिफॉल्ट द्वारा Password Protected Sharing विकल्प On होता है। Password Protected Sharing विकल्प के दूसरी ओर डाउन एरो बटन पर क्लिक करें।

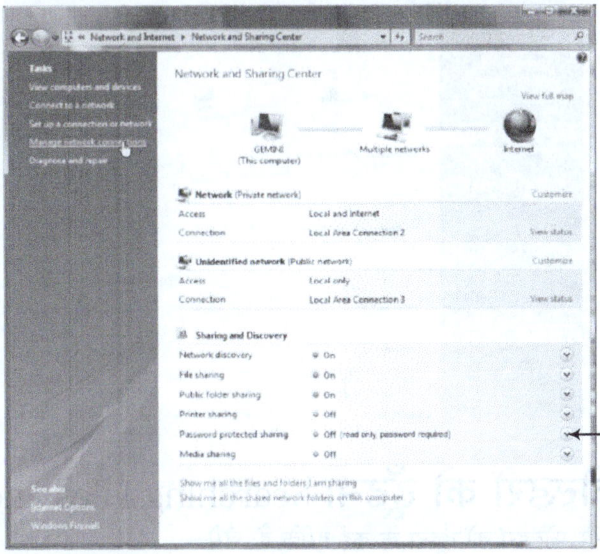

जब आप Password Protected Sharing विकल्प पर क्लिक करेंगे तो आपको दो विकल्प दिखाई देंगे - Turn on Password Protected Sharing और Turn off Password Protected Sharing जैसा कि चित्र में दर्शाया गया है। चुने हुए विकल्प के आधार पर यह निश्चित होगा कि पब्लिक फोल्डर कौन एक्सेस कर सकता है? चित्र दोनों विकल्पों को दर्शाता है। आप इसके विषय में पहले ही अध्ययन कर चुके हैं।

6. Turn off Password Protected Sharing विकल्प के दूसरी ओर रेडियो बटन पर क्लिक करें।
7. की गई सेटिंग को सुरक्षित करने के लिए Apply बटन पर क्लिक करें।

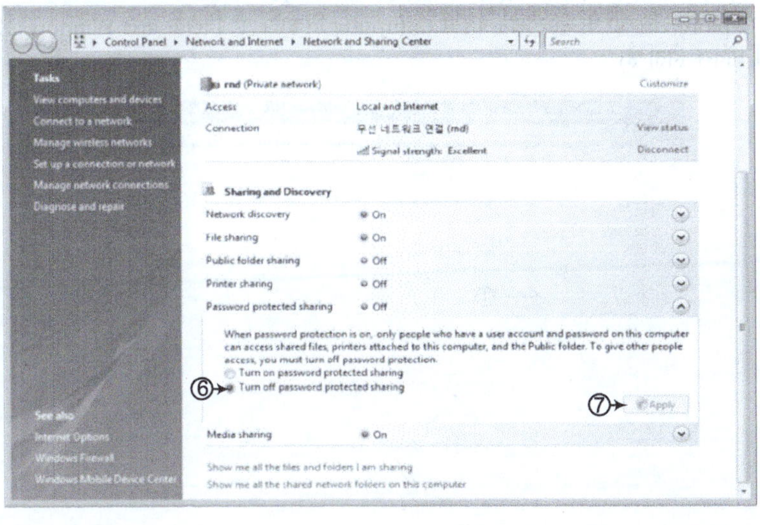

अब Password Protected Sharing विकल्प ऑफ है, जैसा कि चित्र में दर्शाया गया है।

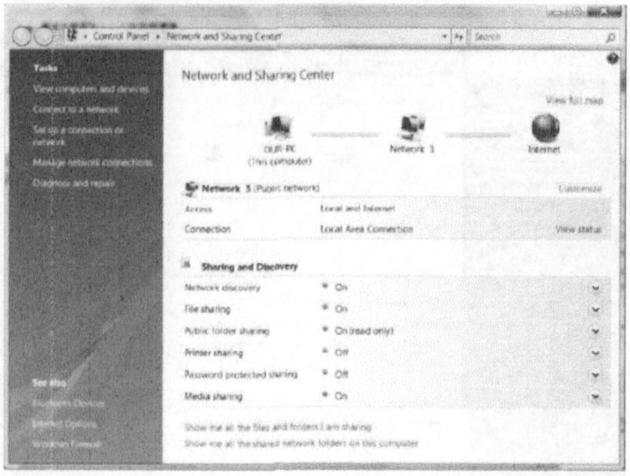

23.7 **फाइलों और फोल्डरों को ढूँढना** Searching Files and Folders

विण्डोज़ विस्टा में फाइलों और फोल्डरों को ढूँढना के कई तरीके हैं; जैसे—

सर्च बॉक्स का प्रयोग कर फाइलों और फोल्डरों को ढूँढना
Searching Files and Folders Using Search Box

यदि कोई फाइल या फोल्डर कम्प्यूटर के किसी विशेष फोल्डर में; जैसे—कम्प्यूटर, डॉक्यूमेण्ट, पिक्चर्स या म्यूजिक फोल्डर में स्टोर की गई है और आपको याद नहीं है कि वह फाइल और फोल्डर कहाँ सुरक्षित है। ऐसे में आप उस फाइल या फोल्डर को विण्डोज़ एक्सप्लोरर में सर्च बॉक्स का प्रयोग कर ढूँढ सकते हैं।

निम्न चरणों का अनुसरण करते हुए किसी फाइल या फोल्डर को कम्प्यूटर में ढूँढें

1. Windows Explorer विण्डो के नैविगेशन पेन में Computer विकल्प पर क्लिक करें। Windows Explorer विण्डो के ऊपर के दाहिने भाग में सर्च बॉक्स होता है।

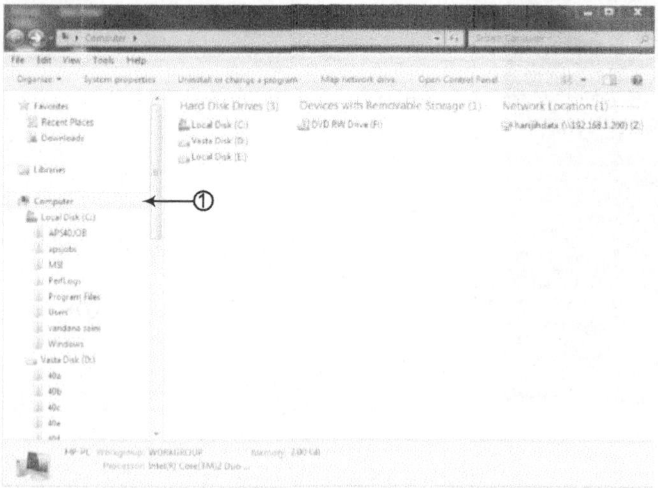

2. सर्च बॉक्स में उस फाइल या फोल्डर से सम्बन्धित शब्द टाइप करें। सर्च के परिणाम कण्टेन्ट एरिया में प्रदर्शित होते हैं, जैसा कि चित्र में दर्शाया गया है।

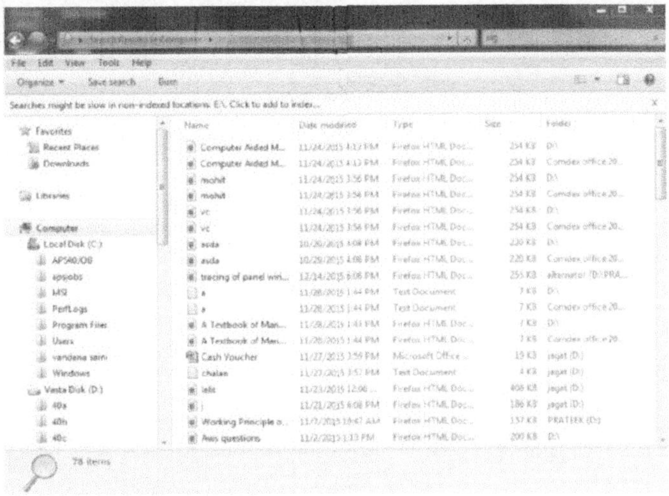

सर्च फोल्डर का प्रयोग कर फाइलों और फोल्डरों को ढूँढना

Searching Files and Folders Using Search Folder

जब यह पता न हो कि फाइल या फोल्डर किस फोल्डर में हैं? तब आप सर्च फोल्डर का प्रयोग कर फाइलों और फोल्डरों को ढूँढ़ सकते हैं। ऐसा करने के लिए आप निम्न पदों का अनुसरण करें—

1. Start बटन पर क्लिक करें। Start मेन्यू प्रदर्शित होता है।
2. स्टार्ट मेन्यू के दाहिने पेन पर Search Folder विकल्प पर क्लिक करें। Search Results फोल्डर के लिए Windows Explorer विण्डो प्रदर्शित होती है।

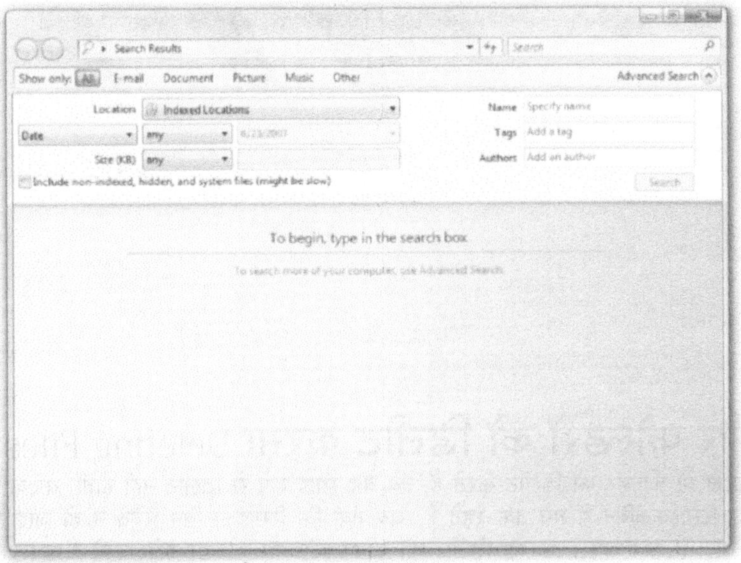

3. सर्च बॉक्स में फाइल या फोल्डर से सम्बन्धित शब्द टाइप करें, सर्च किया गया परिणाम कण्टेन्ट एरिया में प्रदर्शित होता है।

4. अब Advanced Search विकल्प के दूसरी ओर डाउन एरो बटन पर क्लिक करें, जैसा कि चित्र में दर्शाया गया है। अनेक विकल्प; जैसे—Location, Date, Size और कुछ Textboxes Name, Tag & Authors प्रदर्शित होते हैं, जैसा कि चित्र में दर्शाया गया है।

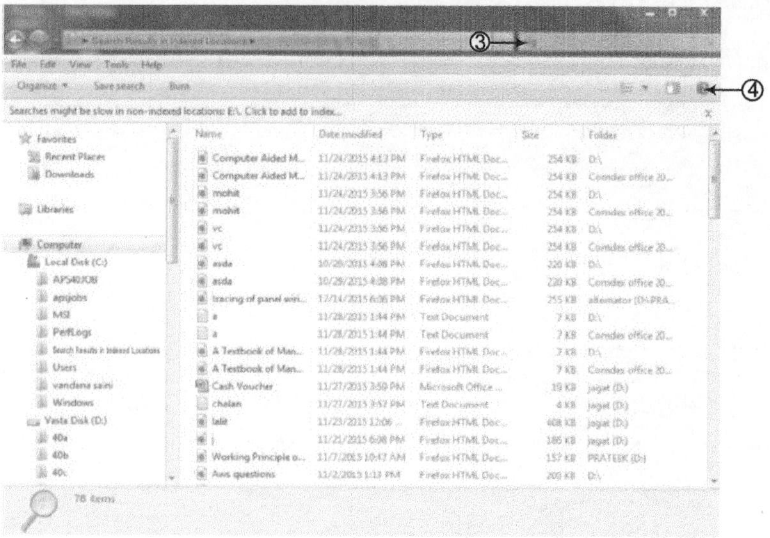

5. किसी भी लिस्ट बॉक्स में सूचनाएँ प्रविष्ट करें। हमने यहाँ Name विकल्प के दूसरी ओर फोल्डर का नाम Pictures टाइप किया है, अब Search बटन पर क्लिक करें।

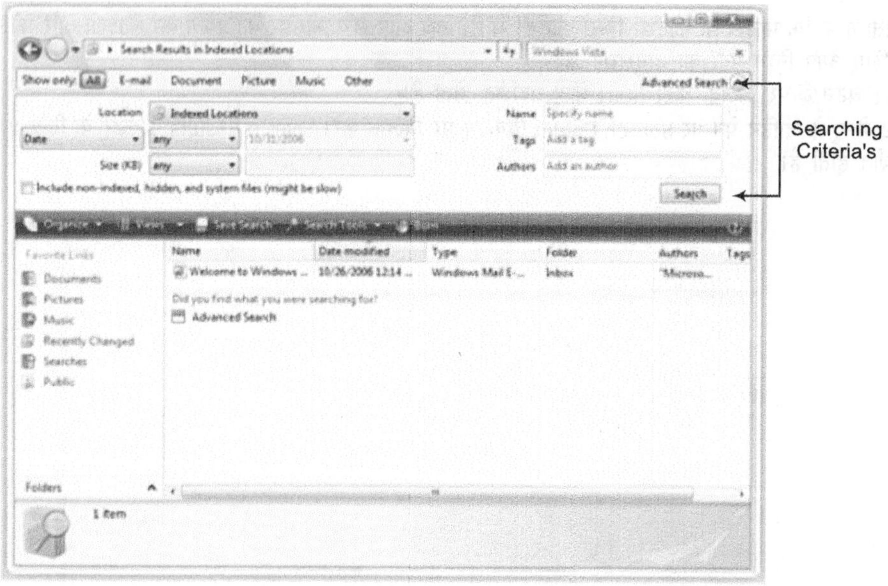

23.8 फाइलों और फोल्डरों को डिलीट करना Deleting Files and Folders

जब आप किसी फाइल या फोल्डर को डिलीट करते हैं, तब वह स्थाई रूप से डिलीट नहीं होती, बल्कि रिसाइकलबिन में स्टोर हो जाती है। फाइल और फोल्डर रिसाइकलबिन में तब तक रहते हैं, जब तक कि रिसाइकलबिन रिक्त न हो जाए या रिसाइकलबिन भर न जाए। जब रिसाइकलबिन भर जाता है, तब केवल तत्काल डिलीट की गई फाइलें और फोल्डर स्टोर रहते हैं एवं पहले की डिलीट की गई फाइलें और फोल्डर स्थाई रूप से डिलीट होते जाते हैं। फाइलों और फोल्डरों को डिलीट करने की विधि एक समान है। निम्न चरणों का अनुसरण कर फाइल या फोल्डर को डिलीट करें

1. विण्डोज़ एक्सप्लोरर विण्डो में फोल्डर को चुनें। हमने यहाँ Public Pictures फोल्डर को खोला है, जैसा कि चित्र में दर्शाया गया है। इस फोल्डर के अन्तर्गत सभी पिक्चर विण्डोज़ के कण्टेन्ट एरिया में प्रदर्शित होते हैं। अब चुने गए फोल्डर पर राइट क्लिक करें।

2. एक शॉर्टकट मेन्यू प्रदर्शित होता है, जैसा कि चित्र में दर्शाया गया है। शॉर्टकट मेन्यू में Delete विकल्प पर क्लिक करें।

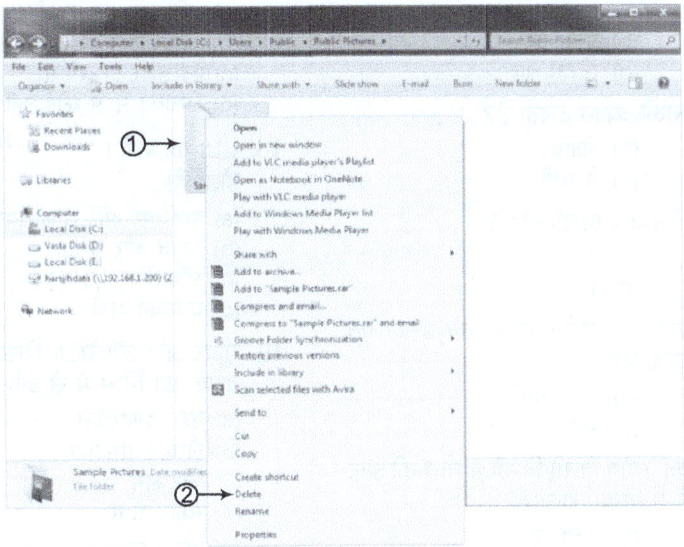

3. Delete Folder डायलॉग बॉक्स दिखाई देता है, जैसा कि चित्र में दर्शाया गया है। अब Delete Folder के Yes बटन पर क्लिक करें, जैसा कि चित्र में दर्शाया गया है।

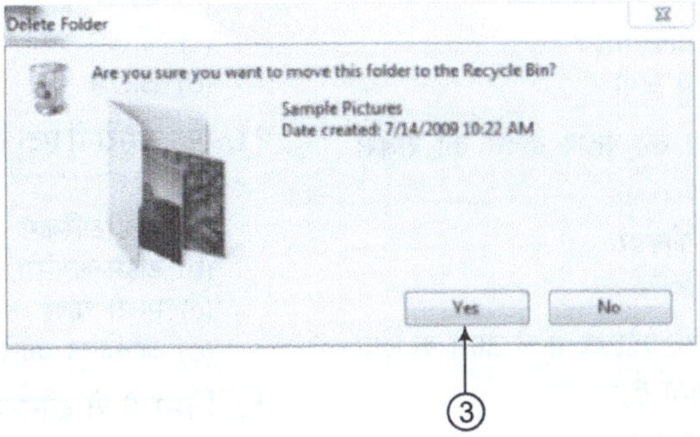

अभ्यास प्रश्न

परीक्षा प्रारूपी प्रश्न

बहुविकल्पीय

1. नई डायरेक्ट्री बनाने के लिए कौन-सा आदेश दिया जाता है?
(a) RD (b) MD (c) CD (d) ND

2. किसी डायरेक्ट्री को डिलीट करने के लिए कौन-सा आदेश दिया जाता है?
(a) RD (b) MD (c) CD (d) ND

3. MS-DOS में कितने प्रकार के आदेश होते हैं?
(a) 2 (b) 3 (c) 4 (d) 5

4. किसी डिस्क की सबसे ऊपर की डायरेक्ट्री को क्या कहा जाता है?
(a) ROOT
(b) MAIN
(c) TOP
(d) उपरोक्त में से कोई नहीं

5. करण्ट डायरेक्ट्री की ऊपर की डायरेक्ट्री को करण्ट डायरेक्ट्री बनाने के लिए क्या आदेश दिया जाएगा?
(a) CD ↵ (b) CD. ↵
(c) CD.. ↵ (d) इनमें से कोई नहीं

6. किसी विण्डो के किस भाग में सम्बन्धित प्रोग्राम का नाम दिखाया जाता है?
(a) टाइटल बार (b) मेन्यू बार
(c) टूलबार (d) स्टेटस बार

7. कोई आइकन इनमें से किसको व्यक्त करता है?
(a) फाइल (b) प्रोग्राम
(c) फोल्डर (d) ये सभी

8. किसी विण्डो में कितने स्क्रॉल बार हो सकते हैं?
(a) 1 (b) 2
(c) 3 (d) 4

9. इनमें से किस कण्ट्रोल बटन का प्रयोग विण्डो को उसके पूर्व आकार में लाने में किया जाता है?
(a) न्यूनतम (b) अधिकतम
(c) रीस्टोर (d) बन्द

10. इनमें से किस स्क्रॉल बार का प्रयोग किसी विण्डो में नीचे की ओर छिपी हुई सामग्री को देखने में किया जाता है?
(a) क्षैतिज (b) ऊर्ध्वाधर
(c) 'a' और 'b' दोनों (d) इनमें से कोई नहीं

11. इनमें से कौन-सा कण्ट्रोल बटन किसी विण्डो का आकार बदलने में प्रयोग किया जाता है?
(a) मिनिमाइज़ (b) मैक्सिमाइज़
(c) रीस्टोर (d) ये सभी

12. विण्डोज़ ऑपरेटिंग सिस्टम में डाटा को स्टोर करने की सबसे छोटी इकाई क्या है?
(a) फाइल (b) फोल्डर
(c) सब-फोल्डर (d) ब्लॉक

13. किसी फाइल को एक फोल्डर से दूसरे फोल्डर में ले जाने के लिए आदेशों का कौन-सा जोड़ा दिया जाता है?
(a) कॉपी-पेस्ट (b) कट-पेस्ट
(c) डिलीट-पेस्ट (d) डिलीट-मूव

14. डेस्कटॉप में कोई नया फोल्डर बनाने के लिए क्या आदेश दिया जाता है?
(a) Create New (b) New File
(c) Open file (d) New Folder

15. किसी फाइल या फोल्डर का नाम बदलने के लिए कौन-सा आदेश दिया जाता है?
(a) Change Name (b) New Name
(c) Rename (d) इनमें से कोई नहीं

16. निम्न में से किस विकल्प को चुनने पर प्रत्येक फाइल और फोल्डर को एक सूची में उसके नाम, प्रकार, आकार तथा अन्तिम बार सुधारने की दिनांक के साथ प्रदर्शित किया जाता है?
(a) टाइल्स (b) आइकन्स
(c) लिस्ट (d) डिटेल्स

17. GUI का पूर्ण रूप है
(a) ग्राफिकल यूज़ इण्टफेस
(b) ग्राफिकल यूज़र इण्टरफेस
(c) ग्रेट यूजर इण्टरफेस
(d) उपरोक्त में से कोई नहीं

18. GUI का प्रयोग ………… के बीच एक इण्टरफेस के रूप में होता है।
(a) हार्डवेयर और सॉफ्टवेयर
(b) मानव और मशीन
(c) सॉफ्टवेयर एवं यूज़र
(d) उपरोक्त सभी

19. यूज़र और ऑपरेटिंग सिस्टम के मध्य होने वाले इण्टरेक्शन के तरीके को निम्न में से कौन कण्ट्रोल करता है?
(a) यूज़र इण्टरफेस
(b) लैंग्वेज़ ट्रांसलेटर
(c) प्लेटफॉर्म
(d) स्क्रीन सेवर

20. ऑपरेटिंग सिस्टम का वह कौन-सा भाग है, जो सीपीयू में होने वाले कार्यों को निर्देशित करता है?
(a) करनल
(b) फाइल
(c) फोल्डर
(d) BIOS

21. एक समय में एक से अधिक एप्लीकेशन चलाने वाले OS की क्षमता को ………… कहते हैं।
(a) मल्टीटास्किंग
(b) टाइम शेयरिंग
(c) मल्टी यूज़र
(d) ऑब्जेक्ट ऑरिएण्टिड

22. निम्न में से कौन-सी MS-DOS की एक्सटर्नल कमाण्ड नहीं है?
(a) CHKDSK (b) Tree
(c) Diskcopy (d) Dir

23. डॉस में MD कमाण्ड प्रयोग होती है
(a) डायरेक्टरी या उप-डायरेक्टरी बनाने के लिए
(b) किसी फाइल को डिस्क या फ्लॉपी से हटाने के लिए
(c) किसी डायरेक्टरी को हटाने के लिए
(d) किसी फाइल की सामग्री देखने के लिए

24. OS का प्रमुख कार्य है
(a) प्रोसेसिंग प्रबन्धन (b) मैमोरी प्रबन्धन
(c) फाइल प्रबन्धन (d) ये सभी

25. यूज़र, एप्लीकेशन सॉफ्टवेयर, हार्डवेयर को कनेक्ट करते हुए, इण्टरफेस के रूप में फंक्शन करते हुए किस प्रकार का सॉफ्टवेयर कम्प्यूटर प्रोसेसरों को मैनेज करता है?
(a) सिस्टम सॉफ्टवेयर (b) यूटिलिटी प्रोग्राम
(c) ट्रांसलेटर (d) ऑपरेटिंग सिस्टम

विविध प्रारूपी प्रश्न

सत्य/असत्य

1. ऑपरेटिंग सिस्टम कम्प्यूटर का एक महत्त्वपूर्ण अंग है, जो अन्य सभी प्रोग्रामों को कम्प्यूटर में क्रियान्वित करता है।
2. डॉस छोटे-बड़े प्रत्येक प्रकार के कम्प्यूटर के लिए हो सकता है।
3. एमएस - डॉस में प्रत्येक कार्य के लिए एक विशेष आदेश होता है, जिसका एक निश्चित नाम भी होता है।
4. किसी फाइल का नाम बदलने के लिए Rename आदेश का प्रयोग किया जाता है।
5. डेस्कटॉप पर सबसे नीचे की पट्टी को टूलबार कहा जाता है।

रिक्त स्थानों की पूर्ति

1. किसी कम्प्यूटर सिस्टम और प्रयोगकर्ता के मध्य सम्पर्क स्थापित करने की विधि को ही .... कहते हैं।
2. विण्डोज़ डेस्कटॉप पर कुछ ग्राफ़िकल सिग्नलों को हम .... कहते हैं।
3. टास्क बार पर बाईं ओर विण्डोज़ का .... होता है।
4. .... आदेश का प्रयोग एमएस-डॉस में किसी फाइल की सामग्री देखने के लिए किया जाता है।
5. जो व्यक्ति फाइल का निर्माण करता है, उसे .... कहा जाता है।

अतिलघु उत्तरीय

1. कम्प्यूटर सिस्टम के प्रचालन में ऑपरेटिंग सिस्टम की क्या भूमिका है?
2. ऑपरेटिंग सिस्टम मूलतः क्या है?
3. ऑपरेटिंग सिस्टम के कार्य लिखिए।
4. यूज़र इण्टरफेस क्या है?
5. ग्राफ़िकल यूज़र इण्टरफेस को वास्तविक लोकप्रियता किसके द्वारा मिली?

लघु उत्तरीय

1. डेस्कटॉप पर पाए जाने वाले कुछ आइकन्स के नाम और उपयोग बताइए।
2. रिसाइकल बिन का क्या उपयोग है?
3. स्क्रॉल बार का क्या उद्देश्य है?
4. आइकन क्या होते हैं?
5. किसी विण्डो के मुख्य तत्त्व कौन-कौन से हैं? उनका परिचय दीजिए।

दीर्घ उत्तरीय

1. MS-DOS की फाइल व्यवस्था पर टिप्पणी लिखिए।
2. MS-DOS की अनिवार्य फाइलें कौन-कौन-सी हैं? उनका परिचय दीजिए।
3. करण्ट और वर्किंग डायरेक्ट्री किसे कहते हैं? टिप्पणी लिखिए।
4. MS-DOS के आन्तरिक और बाह्य आदेशों में क्या अन्तर है? स्पष्ट कीजिए।
5. फाइल और डायरेक्ट्री में मूल अन्तर क्या है? विस्तारपूर्वक समझाइये।

उत्तरमाला

बहुविकल्पीय

1. (b)	**2.** (a)	**3.** (a)	**4.** (a)	**5.** (c)	**6.** (a)	**7.** (d)	**8.** (b)	**9.** (c)	**10.** (b)
11. (d)	**12.** (d)	**13.** (b)	**14.** (d)	**15.** (c)	**16.** (d)	**17.** (b)	**18.** (b)	**19.** (a)	**20.** (a)
21. (a)	**22.** (d)	**23.** (a)	**24.** (d)	**25.** (d)					

सत्य/असत्य

1. सत्य **2.** सत्य **3.** सत्य **4.** सत्य **5.** असत्य

रिक्त स्थानों की पूर्ति

1. यूज़र इण्टरफेस **2.** आइकन **3.** Start बटन **4.** TYPE **5.** फाइल ओनर

विण्डोज अपडेट एवं डिवाइस ड्राइवर

Windows Update and Device Driver

परिचय Introduction

पुराने विण्डोज सॉफ्टवेयर जैसे ऑपरेटिंग सिस्टम अथवा एम.एस. वर्ड जैसे एप्लीकेशन सॉफ्टवेयर्स में उपयोगकर्ताओं के समक्ष उनके उपयोग के समय विभिन्न प्रकार की कठिनाइयाँ उत्पन्न होने के कारण इनमें आवश्यक सुधार करके इन सभी सॉफ्टवेयर के नए-नए संस्करण (version) आज-कल बाजार में उपलब्ध हैं जोकि पुराने संस्करणों के सापेक्ष अनुप्रयोग में सरल एवं अच्छे पाए गए हैं। इन सॉफ्टवेयर संस्करणों को और अधिक आधुनिक करने हेतु सर्विस पैक (service pack) को प्रक्षेपित (launch) किया जाता है। ये सर्विस पैक विण्डोज की त्रुटियों (errors) को संस्थापित (installed) होने के पश्चात् कुछ क्षणों में ही दूर कर देते हैं। इस प्रकार ऑपरेटिंग सिस्टम का सही प्रकार से आधुनिकीकरण अपडेट (updation) हो जाता है। निम्न चित्र में नियन्त्रण पैनल (control panel) में आपके कम्प्यूटर की मौलिक सूचनाओं (basic informations) को दर्शाया गया है।

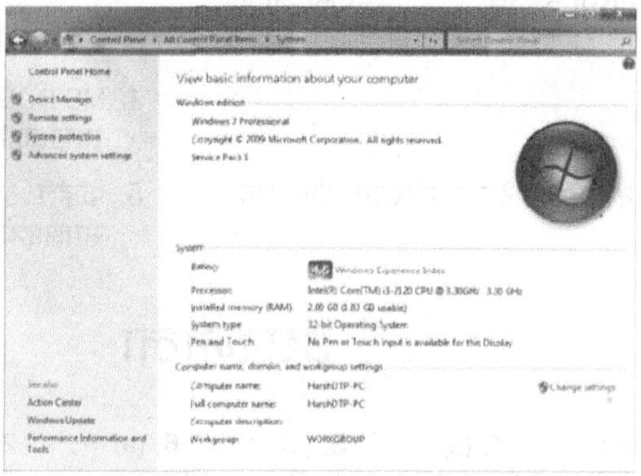

चित्र कम्प्यूटर के कण्ट्रोल पैनल में मौलिक सूचनाएँ

(i) यदि हम सर्विस पैक के विषय में विचार-विमर्श करें तब ये एक प्रकार के पैच प्रोग्राम (patch program) होते हैं। इनमें विशेष लाभ यह होते हैं कि इनके कारण सम्पूर्ण विण्डोज को संस्थापित (installed) न करके केवल एक छोटे से प्रोग्राम को संस्थापित करके ऑपरेटिंग सिस्टम की त्रुटियों (errors) को दूर किया जा सकता है।

(ii) माइक्रोसॉफ्ट कम्पनी/निर्माता ने अपने XP संस्करण (version) के लिए सर्विस पैक संख्या 1 एवं 2 को प्रक्षेपण (launch) किया था।

24.1 ऑपरेटिंग सिस्टम का आधुनिकीकरण Updation of Operating System

यदि आप यह चाहते हैं कि आपका विण्डोज ऑपरेटिंग सिस्टम हमेशा ही आधुनिकीकरण दशा (update condition) में रहे इसके लिए माइक्रोसॉफ्ट निर्माता ने इसमें विण्डोज अपडेट नामक सुविधा को संयोजित किया है, जो कि अनेक बार स्वत: ही सिस्टम को आधुनिकीकरण दशा में करती है तथा इसके अतिरिक्त आप स्वत: ही अपनी आवश्यकतानुसार विण्डोज को आधुनिकीकरण दशा में कर सकते हैं।

उपरोक्त कार्य हेतु निम्न बिन्दुओं को ध्यान में रखना चाहिए

(i) यह सूचना हमारे कम्प्यूटर के टास्कबार (taskbar) में निर्मित अधिसूचना क्षेत्र (notification area) में दर्शाई गई होती है। जिस पर क्लिक करके हम इस अपडेट सुविधा को अपने आप ही कम्प्यूटर में संस्थापित (installed) कर सकते हैं। जब कभी इस प्रकार की अपडेट सुविधा आपके कम्प्यूटर में स्वत: ही डाउनलोड हो जाती है और जब आप अपने कम्प्यूटर को ऑन करते हैं, तब इसके संस्थापित होने की सूचना आपको प्राप्त हो जाती है। निम्न चित्र में आपके कम्प्यूटर विण्डो अपडेट होने की सूचना को दर्शाया गया है।

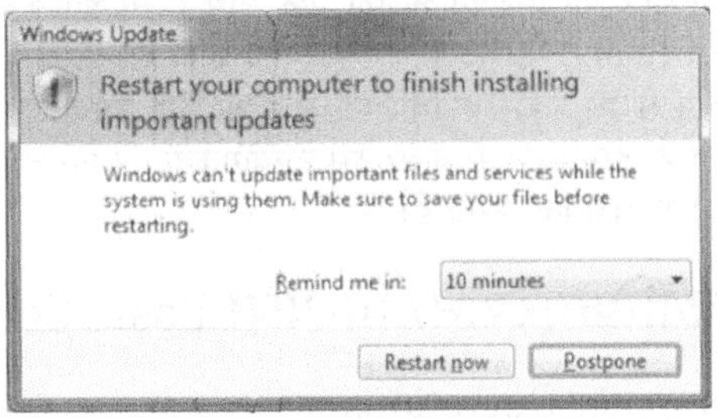

चित्र कण्ट्रोल पैनल में विण्डो अपडेट होने की सूचना

(ii) जब तक अपडेट संस्थापित होने की प्रक्रिया पूर्ण होती है, तब तक आप अपने कम्प्यूटर को शट डाउन न करें। विण्डो के पूर्णतया अपडेट होने के पश्चात् ही कम्प्यूटर को शटडाउन करें तथा जब आप कम्प्यूटर को पुन: ऑन करेंगे, तब सम्बन्धित विण्डो अपडेट होकर आपके सम्मुख प्रदर्शित होगी।

(iii) विण्डोज की निर्माता कम्पनी जब भी विण्डोज के लिए किसी भी अपडेट को प्रेक्षण/लॉन्च करती है, तब आपके कम्प्यूटर के इण्टरनेट के साथ संयोजित (connect) होने के कारण इसकी सूचना आपको कम्प्यूटर स्क्रीन पर प्राप्त हो जाती है।

(iv) इस सुविधा को आप अपने कम्प्यूटर पर तभी प्राप्त कर सकते हैं, जबकि इन्टरनेट आपके कम्प्यूटर से संयोजित/कनेक्ट होता है।

24.2 कम्प्यूटर प्रणाली के विभिन्न कॉन्फिगुरेशन्स एवं पेरिफेरल तथा विभिन्न सॉफ्टवेयर/हार्डवेयर के साथ इसकी अनुकूलता

Different Configurations of Computer System and Its Peripherals and Its Compatibility with Different Software/Hardware

मौलिक प्रकार के कम्प्यूटर निम्न तीन प्रकार के होते हैं

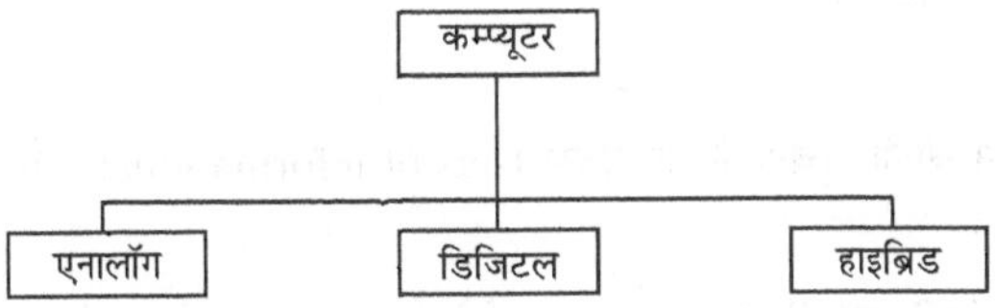

एनालॉग कम्प्यूटर Analog computer

एनालॉग कम्प्यूटर एनालॉग डाटा को प्रोसेस करने हेतु उपयोग में लाया जाता है। एनालॉग डाटा निरन्तर प्रकृति (continuous nature) का होता है, जोकि पृथक्-पृथक् नहीं होता।

इस प्रकार के डाटा में तापमान, दाब, गति, वोल्टेज आदि सम्मिलित रहते हैं। ये राशियाँ निरन्तर घटती/बढ़ती रहती हैं।

डिजिटल कम्प्यूटर Digital Computer

- इस प्रकार के कम्प्यूटर डिजिटल पर कार्य करते हैं तथा संख्याएँ, अक्षर अथवा अन्य विशेष चिन्ह (numerals, letters and other special symbols) प्रदर्शित करते हैं।
- डिजिटल कम्प्यूटर, डिजिटल इनपुट (1 & 0) पर कार्य करते हैं तथा इससे प्राप्त आउटपुट भी (1 एवं 0) अर्थात् उच्च एवं निम्न (high and low) प्रकार की होती है।
- एक डिजिटल कम्प्यूटर संख्या सम्बन्धित तथा इसके अतिरिक्त बिना संख्या सम्बन्धित डाटा को प्रोसेस करता है।

हाइब्रिड कम्प्यूटर Hybrid Computer

- एक हाइब्रिड कम्प्यूटर डिजिटल एवं एनालॉग कम्प्यूटर्स का सम्मिलित रूप (combination) होता है।
- यह दोनों ही प्रकार के कम्प्यूटर की विशेषताओं को एक साथ सम्मिलित करता है अर्थात् इसमें एनालॉग कम्प्यूटर की गति एवं यथार्थता (accuracy) तथा स्मृति (memory) डिजिटल कम्प्यूटर की होती है।
- हाइब्रिड कम्प्यूटर मुख्य रूप से इस प्रकार के विशिष्ट कार्यों के लिए उपयोग में लाए जाते हैं जहाँ दोनों प्रकार के डाटास (datas) को प्रोसेस करने की आवश्यकता होती है। इस प्रकार से कम्प्यूटर्स उपयोगकर्ता को निरन्तर एवं पृथक्-पृथक् (continuous and discrete) दोनों प्रकार के डाटास को प्रोसेस करने में सहायता करता है।

मौलिक कम्प्यूटर कॉन्फिगुरेशन/विन्यास Basic Computer Configuration

कम्प्यूटर प्रचालन Computer Operations

कम्प्यूटर एक इलेक्ट्रानिक मशीन है, जोकि निम्न पाँच मौलिक प्रचालनों को सम्पन्न करती है

- इनपुट (input)
- प्रक्रिया (process)
- आउटपुट (output)
- भण्डार (store)
- नियन्त्रण (control)

1. इनपुट Input

- यह कम्प्यूटर की प्रक्रिया (Process) है, जोकि सूचनाओं को प्राप्त करती है। कम्प्यूटर आवश्यकतानुसार कोई भी प्रक्रिया कर सकता है।
- कोई सूचना अथवा डाटा जोकि कम्प्यूटर में प्रविष्ट किया जाता है; इसके लिए एक इनपुट युक्ति (device) की आवश्यकता होती है जिसे हम ''की-बोर्ड'' कहते हैं।
- डाटा को हस्त विधि (manually) स्वचालित विधि (automatically) एवं दोनों ही विधियों द्वारा उत्पन्न किया जा सकता है।

2. कम्प्यूटर प्रचालन Computer operation

कम्प्यूटर इनपुट के प्रकार

कम्प्यूटर इनपुट के प्रकार निम्न हैं

प्रोग्राम्स Programs

ये कम्प्यूटर को भेजे जाने वाली सूचनाओं के सेट्स (sets of informations) होते हैं।

निर्देश Commands

ये विशेष कोड्स अथवा ''की-शब्द'' (key words) होते हैं, जोकि किसी कार्य/टॉस्क को सम्पन्न करते हेतु प्रयोग में लाए जाते हैं।

उपयोगकर्ता अनुक्रिया User Response

कम्प्यूटर के प्रश्न के प्रति उपयोगकर्ता का उत्तर अर्थात् हाँ अथवा ना आदि।

3. प्रोसेसिंग Processing

- यह इनपुट को आउटपुट में परिवर्तित करने की एक रूपान्तरण प्रक्रिया है।
- यह प्रोग्राम को रन करते समय होती रहती है।
- प्रोसेसिंग के परिणामस्वरूप स्मृति में सुरक्षित किए गए निर्देशों का कम्प्यूटर पालन करता है।
- प्रोसेसिंग केन्द्रीय प्रक्रिया इकाई (CPU) के द्वारा सम्पन्न होती है।

CPU **की प्रक्रियाएँ** Processing of CPU

CPU के निम्न भाग होते हैं जोकि पृथक्-पृथक् प्रक्रियाएँ सम्पन्न करते हैं।

- अर्थमेटिक/लॉजिक इकाई (unit) अर्थात् (ALU)
- नियन्त्रण इकाई (Control unit)
- इनपुट/आउटपुट इकाई (I/O unit)

अर्थमेटिक लॉजिक यूनिट Arithmetic Logic Unit

कम्प्यूटर का वह भाग, जोकि गणितीय गणनाएँ सम्पन्न (perform) करता है, जैसेकि जोड़ना, घटाना, गुणा, भाग आदि ALU कहलाता है।

नियन्त्रण कन्ट्रोल यूनिट Control Unit

कन्ट्रोल यूनिट एक विशेष सर्किट होता है, जोकि प्रोसेसर के द्वारा डाटा के प्रवाह को नियंत्रित (control) करता है एवं अन्य इकाइयों की क्रियाओं पर नियंत्रण बनाए रखता है।

इनपुट/आउटपुट यूनिट Input/Output Unit

कम्प्यूटर के वे भाग जोकि इनपुट एवं आउटपुट को नियंत्रित करते हैं (इनपुट को स्वीकार करते हैं तथा आउटपुट को दर्शाते हैं), इनपुट/आउटपुट इकाई कहलाते हैं। कम्प्यूटर की आउटपुट के उदाहरण हैं— रिपोर्ट, म्यूजिक, ग्राफिक्स, वीडियो क्लिप आदि।

पेरिफेरल Peripheral

पेरिफेरल एक युक्ति (device) है, जोकि कम्प्यूटर में सूचनाओं को भेजती है तथा कम्प्यूटर की आउटपुट पर सूचनाओं को दर्शाती है।

पेरिफेरल के प्रकार Types of Peripheral

पेरिफेरल निम्न तीन प्रकार के होते हैं

1. **इनपुट युक्ति** Input device

यह युक्ति उपयोगकर्ता (user) एवं कम्प्यूटर के मध्य कार्य करती है एवं डाटा/सूचनाओं को कम्प्यूटर की इनपुट पर भेजती है, जैसेकि माउस, की-बोर्ड इत्यादि।

2. **आउटपुट युक्ति** Output device

यह युक्ति कम्प्यूटर से उपयोगकर्ता को आउटपुट दर्शाती/उपलब्ध कराती है, जैसेकि मॉनीटर, प्रिन्टर आदि।

3. **स्पर्श/टच स्क्रीन** Touch Screen

टच स्क्रीन विभिन्न युक्तियों (devices) को सिंगल हार्डवेयर कम्पोनेन्ट में सम्मिलित करती है। यह इनपुट एवं आउटपुट दोनों ही प्रकार की युक्तियों के समान कार्य करती है।

पेरिफेरल युक्ति को सामान्यतया एक सहायक युक्ति (auxiliary device) के रूप में व्यक्त किया जाता है, जैसेकि माउस अथवा 'की-बोर्ड' आदि।

सामान्य इनपुट पेरिफेरल में की-बोर्ड, कम्प्यूटर, माउस, ग्राफिक टेबल, टच स्क्रीन, बार कोड रीडर, इमेज स्कैनर, माइक्रोफोन, गेम कण्ट्रोलर, लाइट पेन एवं डिजिटल कैमरा आदि सम्मिलित रहते हैं।

24.3 सॉफ्टवेयर के संस्थापन की विधि Method of Installation of Software

आपके कम्प्यूटर के विण्डोज जैसे ऑपरेटिंग सिस्टम में किसी भी एप्लीकेशन अथवा यूटीलिटी सॉफ्टवेयर को निम्न पदों में दर्शाई गई प्रक्रियाओं का अनुसरण करके सरलतापूर्वक इसे संस्थापित (Installed) किया जा सकता है

- अपने कम्प्यूटर को ऑन करें तथा जब विण्डोज के लोड होने के पश्चात् आपके सम्मुख विण्डोज का डेस्कटॉप प्रदर्शित होगा एवं इसके साथ ही नीचे की ओर बाएँ कोने पर स्टार्ट बटन प्रदर्शित होगा।
- इसके पश्चात् उस एप्लीकेशन सॉफ्टवेयर जिसे संस्थापित/इंस्टॉल्ड करना है, उसके मैनुअल को ध्यानपूर्वक पढ़ें तथा इसके रैम, हार्ड डिस्क के आवश्यक आकार एवं प्रोसेसिंग गति को नोट करें। इसे प्री-इन्स्टॉलेशन विधि (procedure) कहते हैं। मैनुअल को पढ़ने से आपको यह ज्ञात हो जाएगा कि इसके लिए विण्डोज के कौन-से सर्विस पैक का पहले संस्थापित किया जाना आवश्यक है?
- तत्पश्चात् उस सॉफ्टवेयर की C.D. को सिस्टम की CD/DVD पॉकेट में लगाएँ।

- यदि सॉफ्टवेयर के संस्थापित होने की प्रक्रिया स्वत: ही प्रारम्भ नहीं होती, तब विण्डोज के रन कमाण्ड के द्वारा एप्लीकेशन अथवा यूटीलिटी की फाइल को रन करें (इस फाइल का नाम setup EXE अथवा Install EXE होता है), जिससे सॉफ्टवेयर संस्थापित/इन्स्टॉल्ड होना प्रारम्भ हो जाएगा तथा जब सॉफ्टवेयर स्वत: ही पूर्णतया संस्थापित हो जाएगा, तब विण्डोज इसे स्वत: ही कॉन्फिगर कर लेगी तथा इसे प्रोग्राम की सूची में लाकर सूची में इसे प्रदर्शित करेगी।
- संस्थापन की प्रक्रिया में आप उन कम्पोनेन्ट्स का चयन भी कर सकते हैं, जिन्हें आपको संस्थापित/इन्स्टॉल्ड करना होता है तथा सॉफ्टवेयर के लिए फोल्डर अथवा डायरेक्ट्री का चयन भी कर सकते हैं।
- किसी भी सॉफ्टवेयर को संस्थापित करने से पूर्व उसके सम्बन्ध में दर्शाई गई कानून/नियम सम्बन्धी चेतावनी को जान लेना अति आवश्यक होता है।
- वर्तमान समय में सॉफ्टवेयर के संस्थापन की प्रक्रिया के पूर्ण होने के पश्चात् इण्टरनेट के माध्यम से, एप्लीकेशन सॉफ्टवेयर का उसकी वेबसाइट पर पंजीकरण (registration) कराया जाना आवश्यक होता है, इसके पश्चात् ही उस सॉफ्टवेयर को प्रयोग में लाया जा सकता है।
- इस प्रक्रिया में अनेक बार एक 'की-नम्बर' भी आपको दिया जाता है, जिसे एण्टर करने के पश्चात् ही आप एप्लीकेशन सॉफ्टवेयर को प्रयोग में ला सकते हैं। इसके अतिरिक्त इस प्रक्रिया में आपको अपना ई-मेल पता भी एण्टर करना पड़ सकता है।

सॉफ्टवेयर को अन-इन्स्टॉल्ड करने की विधि Method of Un-installation of Software

संस्थापित/इन्स्टॉल्ड सॉफ्टवेयर को अन-इन्स्टॉल्ड करने हेतु विण्डोज, जैसे— ऑपरेटिंग सिस्टम में संस्थापित किसी भी सॉफ्टवेयर को असंस्थापित/अन-इन्स्टॉल्ड करने के लिए विण्डोज के कन्ट्रोल में जाकर प्रोग्राम के नाम से आइकन क्लिक करते हैं, जिससे विण्डोज में संस्थापित वांछित सॉफ्टवेयर को सॉफ्टवेयर की सूची से खोजकर अ-संस्थापित (un-installed) किया जाता है।

24.4 ऑपरेटिंग सिस्टम एवं हार्डवेयर कॉन्फिगुरेशन Operating System and Hardware Configuration

यदि आपके कम्प्यूटर सिस्टम में विण्डोज का XP अथवा 7 संस्करण (version) संस्थापित/इन्स्टॉल्ड है, तब इसका तात्पर्य यह है कि इस सिस्टम में किसी भी प्रकार के हार्डवेयर को संस्थापित करने एवं उसे इस सिस्टम के अनुसार कॉन्फिगर करने की सुविधा है। हार्डवेयर कॉन्फिगुरेशन व्यवस्था को निम्न पदों (steps) में सम्पन्न किया जाता है

- हार्डवेयर की पहचान करने के पश्चात् विण्डोज उसे संस्थापित करने की प्रक्रिया को प्रारम्भ करती है। इसके लिए अनके बार विण्डोज में ही सॉफ्टवेयर अथवा डिवाइस ड्राइवर पहले से ही अन्तर्निहित (inbuilt) होता है।
- यह सुविधा तभी क्रियाशील (active) होती है, जबकि संस्थापित की जा रही युक्ति (device) विण्डोज के अनुकूल हो।
- यदि आप अपने कम्प्यूटर सिस्टम से मॉडेम अथवा किसी USB युक्ति को संयोजित करते हैं तब विण्डोज उसे स्वत: ही पहचान लेती है।
- युक्ति/डिवाइस के संस्थापित (installed) होने के पश्चात् विण्डोज उसे स्वत: ही कॉन्फिगुरेशन कर लेती है इसके अतिरिक्त आप युक्ति/डिवाइस के लिए सॉफ्टवेयर का चयन वेब (web) के द्वारा भी कर सकते हैं।
- यदि विण्डोज युक्ति/डिवाइस को पूर्णतया से संस्थापित (installed) करने में सक्षम नहीं है, तब यह आपसे इसके लिए डिवाइस ड्राइवर की माँग करेगी, तब युक्ति/डिवाइस के साथ CD अथवा DVD को सिस्टम में लगाकर (insert) इसे विण्डोज में संस्थापित/इन्स्टॉल्ड करना होगा।

24.5 ड्राइवर Driver

कम्प्यूटर के साथ अन्य कोई उपकरण, जैसेकि—स्कैनर, डिजिटल कैमरा आदि प्रयोग करने हेतु एक सॉफ्टवेयर की आवश्यकता होती है, जिसे ड्राइवर कहते हैं, इस सॉफ्टवेयर को कम्प्यूटर की विण्डोज में संस्थापित करने के पश्चात् ही कम्प्यूटर इन उपकरणों को पहचानता है। अत: यदि ड्राइवर को संक्षेप में परिभाषित करना है तब हम इसे निम्न प्रकार परिभाषित कर सकते हैं

''एक ऐसा सॉफ्टवेयर अथवा प्रोग्राम जिसकी सहायता से कोई कम्प्यूटर बाह्य उपकरणों को पहचानता है, उसे ड्राइवर के नाम से जान जाता है।''
ये दो प्रकार के होते हैं

डिवाइस ड्राइवर Device Driver

कम्प्यूटर पेरिफेरल्स को सिस्टम से संयोजित करने हेतु एक प्रोग्राम की आवश्यकता होती है, जिसे डिवाइस ड्राइवर कहते हैं।

सभी उपकरणों जैसेकि मॉडेम, माउस, डिस्प्ले कार्ड आदि की सिस्टम के साथ जोड़ने/संयोजित करने हेतु डिवाइस ड्राइवर की आवश्यकता होती है। अग्र चित्र में डिवाइस का क्रियाशील आरेख (functional block diagram) दर्शाया गया है।

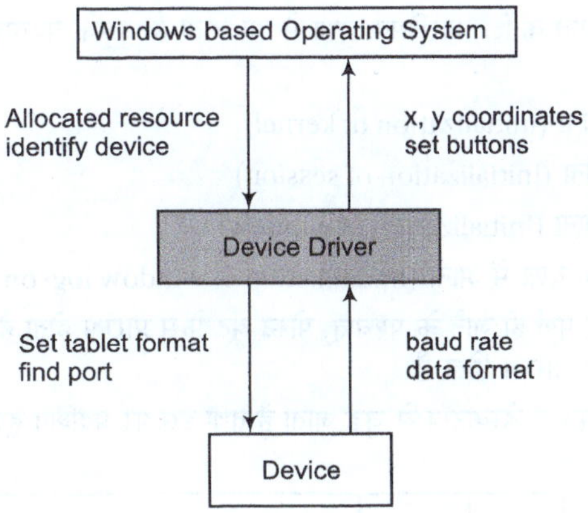

चित्र डिवाइस ड्राइवर का क्रियाशील आरेख

डिवाइस मैनेजर Device Manager

कम्प्यूटर के विण्डोज ऑपरेटिंग सिस्टम में कम्प्यूटर के एक 'कण्ट्रोल प्रोग्राम' को डिवाइस मैनेजर के नाम से जाना जाता है, जिसे कण्ट्रोल एप्लेट (control applet) भी कहते हैं। इसका प्रयोग करके कम्प्यूटर से सम्बन्धित समस्त युक्तियों (devices) के विषय में जानकारी प्राप्त की जा सकती है। जब कोई युक्ति/डिवाइस कम्प्यूटर के साथ संयोजित करके संस्थापित (installed) की जाती है, तब यह युक्ति डिवाइस मैनेजर की सूची में जुड़ जाती है।

इस सूची में दर्शाई गई युक्तियों में से जिस युक्ति पर क्लिक किया जाता है, तब इस बात का पता चलता है कि यह डिवाइस ठीक प्रकार से कार्य कर रही है अथवा नहीं। निम्न चित्र में ''डिवाइस मैनेजर'' के कण्ट्रोल पैनल को दर्शाया गया है।

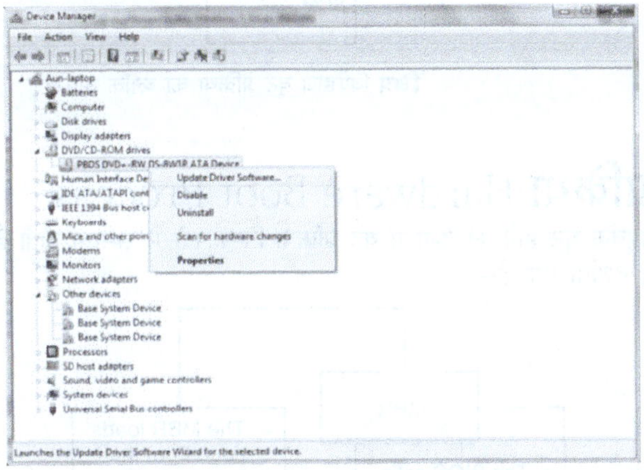

चित्र डिवाइस मैनेजर का कण्ट्रोल पैनल

24.6 विण्डोज बूट प्रक्रिया Windows Boot Process

कम्प्यूटर विण्डोज की बूट प्रक्रिया निम्न पदों के अनुसार सम्पन्न की जाती है

पद (Step)-1 सर्वप्रथम बायोस (BIOS) को प्रारम्भिक दशा में लाया जाता है।

पद (Step)-2 इसके पश्चात् द्वितीय पद में OS लोडर प्रारम्भ होता है तथा इसके साथ ही मैमोरी में OS (operating system) को लोड होने की प्रक्रिया प्रारम्भ होती है।

पद (Step)-3 तदुपरान्त तृतीय पद में लोडेड OS प्रारम्भिक दशा में वापस आ जाता है, जिससे OS अपना कार्य प्रारम्भ कर देता है। अग्र चित्र में दर्शाया गए ब्लॉक आरेख/डायग्राम में विण्डोज बूट प्रक्रिया के क्रम को दर्शाया गया है

पद (Step)-4 इस प्रक्रिया के अन्तर्गत कर्नेल, प्रारम्भिक दशा में आ जाता है। इसके पश्चात् लॉग-इन एवं प्लग एण्ड प्ले जैसी क्रियाएँ होती हैं, जोकि निम्न हैं

(a) कर्नेल का प्रारम्भिक दशा में आना (Initialization of kernel)

(b) सेशन का प्रारम्भिक दशा में आना (Initialization of session)

(c) विण्डो का प्रारम्भिक दशा में आना (Initialization of window)

(d) विण्डो लॉग-ऑन का प्रारम्भिक दशा में आना (Initialization of window log-on)

पद (Step)-5 उपरोक्त चार पदों के पूर्ण हो जाने के पश्चात्, पोस्ट बूट फेस प्रारम्भ होता है तथा इसके अन्तर्गत सम्पूर्ण बैक ग्राउण्ड क्रियाएँ एवं डेस्कटॉप को तैयार रखने का कार्य प्रारम्भ होता है।

पद (Step)-6 इसके पश्चात् उपयोगकर्ता डेस्कटॉप से जुड़ जाता है तथा इस पर प्रदर्शित हुए आइकनों को विण्डोज के द्वारा प्रदान की गई सेवाएँ कहा जाता है।

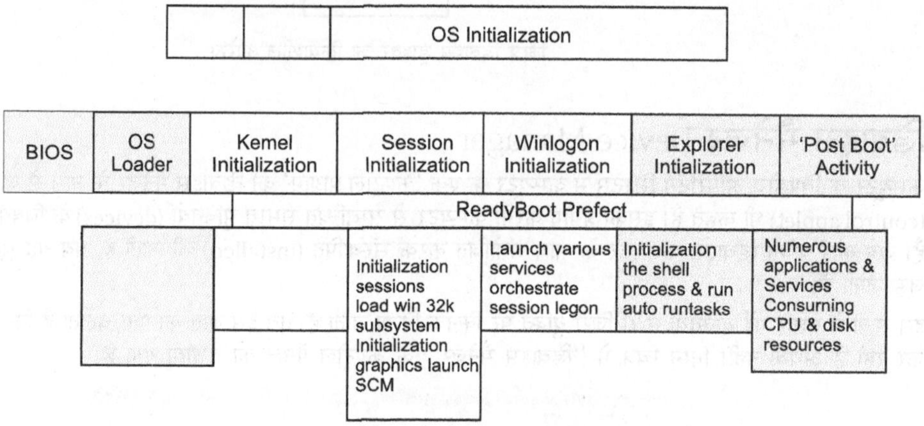

चित्र विण्डोज बूट प्रक्रिया का ब्लॉक आरेख

24.7 हार्डवेयर बूट प्रक्रिया Hardware Boot Process

किसी कम्प्यूटर के सफलतापूर्वक बूट हाने की दशा में यह प्रक्रिया निम्न पदों में सम्पन्न होती है। निम्न चित्र में दर्शाए गए ब्लॉक आरेख में हार्डवेयर बूट प्रक्रियाओं को दर्शाया गया है—

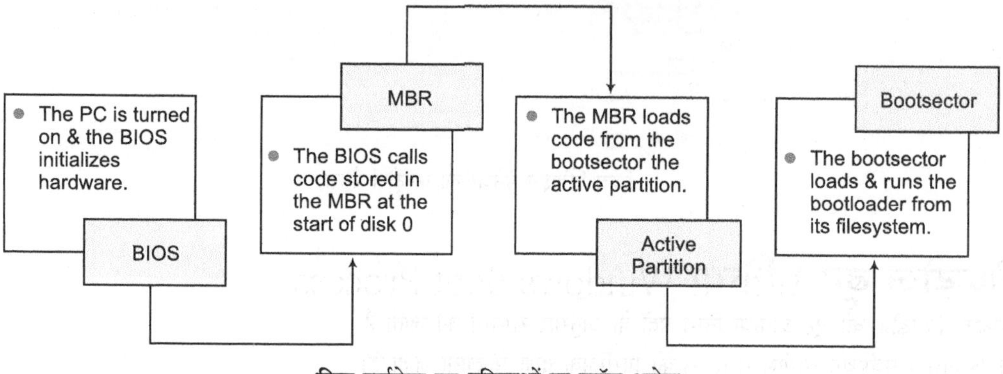

चित्र हार्डवेयर बूट प्रक्रियाओं का ब्लॉक आरेख

पद (Step)-1 सर्वप्रथम पावर-ऑन सेल्फ परीक्षण (power-on self test) सम्पन्न किया जाता है, जिसके अन्तर्गत करण्ट सर्वप्रथम CPU से प्रवाहित होता है, जिसके परिणामस्वरूप क्लॉक जेनरेटर क्लॉक पल्सेस की सीरीज उत्पन्न करता है।

पद (Step)-2 इसकी प्रथम अन्योन्य क्रिया (interaction) ROM BIOS से होती है, जो कि CPU के प्रारम्भ होने के एक भाग के रूप में होती है।

पद (Step)-3 CPU के निर्देश के परिणामस्वरूप पावर-ऑन स्वत: परीक्षण (power-on-self test) प्रारम्भ होता है, जिसके द्वारा इसमें BIOS पिच एवं CMOS RAM की जाँच होती है।

पद (Step)-4 प्रोसेसर कम्प्यूटर में संस्थापित/इंस्टॉल्ड सभी हार्डवेयर्स की जाँच करता है, जैसेकि वीडियो कार्ड, रैम, हार्ड डिस्क, डी वी डी डिस्क, की-बोर्ड, पोर्ट, माउस आदि प्रोसेसर की प्रारम्भिक दशा बैटरी की दशा पर निर्भर करती है तथा POST बैटरी की दशा की जाँच करता है।

पद (Step)-5 उपरोक्त प्रक्रिया से यह ज्ञात होता है कि कम्प्यूटर का सम्पूर्ण हार्डवेयर सही प्रकार से कार्य कर रहा है। इसके उपरान्त BIOS, OS को रीड करके, बूटिंग की प्रक्रिया को अग्रसर करता है।

पद (Step)-6 OS के प्रारम्भिक दशा में आते ही BIOS अपने भण्डारण से कुछ फाइलों को कम्प्यूटर की मैमोरी से कॉपी कर देता है, जिसके परिणामस्वरूप OS बूटिंग के आगे के नियन्त्रण (controls) को अपनी देख-रेख में ले लेता है।

पद (Step)-7 बूटिंग प्रक्रिया का नियन्त्रण/कन्ट्रोल OS की देख-रेख में आने पर मैमोरी पते (Address) की पुन: जाँच होती है एवं प्रणाली (system) को यह ज्ञात होता है कि कुल कितनी मैमोरी उपलब्ध है।

पद (Step)-8 उपरोक्त प्रक्रिया के पूर्ण होने के पश्चात् मैमोरी में डिवाइस-ड्राइवर लोड होते हैं तत्पश्चात् प्रणाली/सिस्टम बूट हो जाता है।

कम्प्यूटर स्टार्ट-अप प्रक्रिया को निम्न तीन मौलिक पदों में बाँटा जा सकता है

(i) पावर-ऑन स्वत: परीक्षण (Power-on self test)

(ii) BIOS

(iii) बूटिंग या बूटिंग स्ट्रेप (Booting or Booting Strap)

24.8 बेकार/कम उपयोगी फाइलों का निर्माण एवं निस्तारण
Production and Disposal of Junk Files

जब आप इन्टरनेट की सहायता से अपने कम्प्यूटर से किसी दूसरे कम्प्यूटर पर फाइलों को ट्रांसफर करते हैं एवं दूसरे कम्प्यूटर से फाइलों को डाउनलोड करते हैं, तब इन प्रक्रियाओं के परिणामस्वरूप कम्प्यूटर में उपयोग में नहीं लाए जाने वाली अर्थात् बेकार (junk) फाइलों का निर्माण होता है।

जंक फाइलों की संख्या में बढ़ोतरी निम्न कारणों से होती है

(i) कभी-कभी सॉफ्टवेयर के संस्थापन (installation) के समय भी बेकार/जंक फाइलों का निर्माण होता है।

(ii) माइक्रोसॉफ्ट वर्ड एवं ऐक्सल इस प्रकार के सॉफ्टवेयर हैं, जिनके द्वारा किसी भी प्रकार की फाइल को खोलते समय जंक अथवा अस्थाई फाइल का निर्माण होता है।

(iii) बेकार/जंक फाइलों के निर्माण में सबसे मुख्य भूमिका OS की है। यदि आप विण्डोज ऑपरेटिंग सिस्टम (OS) का प्रयोग कर रहे हैं, तब इस प्रकार की फाइलों का निर्माण विण्डोज के द्वारा सम्पन्न होता है।

(iv) विण्डोज के अतिरिक्त कुछ अन्य एप्लीकेशन सॉफ्टवेयर, जोकि मैमोरी को अस्थाई रूप से प्रयोग करके पुन: रिलीज करते हैं। ये भी इस प्रकार की फाइलों का निर्माण करते हैं।

(v) यदि कम्प्यूटर पर कार्य करते समय अचानक ही पावर सप्लाई ऑफ हो जाए तथा UPS की बैटरी पूर्णतया आवेशित (Charged) नहीं है, तो ऐसी दशा में UPS कम्प्यूटर को पावर बैक-अप देने में असमर्थ रहे, तब फाइल की रिकवरी के समय अस्थाई फाइलों का निर्माण होता है।

(vi) इन बेकार/जंक फाइलों एवं अस्थाई फाइलों से कम्प्यूटर को कोई विशेष हानि नहीं पहुँचाती हैं, परन्तु इन फाइलों की संख्या बहुत अधिक बढ़ जाने पर ये कम्प्यूटर मैमोरी का बहुत अधिक स्थान घेरती रहती हैं एवं कम्प्यूटर के कार्य करने की गति को धीमा कर देती हैं। उपरोक्त दशाओं में समय-समय पर इस प्रकार की फाइलों को डिलीट करना आवश्यक हो जाता है। इन फाइलों को डिलीट करने हेतु विण्डोज में "डिस्क क्लीन-अप" नाम का यूटिलिटी सॉफ्टवेयर होता है।

इसके अतिरिक्त ऐसे अनेक यूटिलिटी सॉफ्टवेयर भी उपलब्ध हैं, जोकि बेकार/जंक फाइलों का पता लगाकर उन्हें डिलीट कर देते हैं तथा कम्प्यूटर की अनावश्यक रूप से उपयोग में लाई गई मैमोरी स्पेस को क्लीन कर देते हैं।

24.9 डिलीट की गई फाइलों को कम्प्यूटर से हटाना
Removal of the Deleted Files from the Computer

जब आप अनुपयोगी/बेकार फाइल को विण्डो ऑपरेटिंग सिस्टम से डिलीट करते हैं, तब सीधे ही डिलीट न होकर रिसाइकिलबिन (recyclebin) में स्थानान्तरित हो जाती है। ऐसी स्थिति में यह हार्ड डिस्क में अनावश्यक रूप से स्थान घेरे रहती है। जिस कारण डिस्क में घिरे स्थान को रिक्त करने के लिए इन डिलीटेड फाइलों को स्थायी रूप से मैमोरी से हटाना आवश्यक हो जाता है, इसके लिए निम्न प्रक्रिया अपनाई जाती है

पद (Step) I. विण्डोज के डेस्कटॉप पर बने रि-साइकिल बिन पर माउस के ऐरो को ले जाकर दाहिनी ओर के बटन से क्लिक करें, जिससे आपके सम्मुख Emptyrecyclebin नाम का विकल्प आएगा।

पद (Step) 2. अब इस विकल्प पर क्लिक करके सिस्टम की मैमोरी से वांछित फाइल को हटा सकते हैं। निम्न चित्र में बेकार/जंक फाइल को हटाने हेतु नियन्त्रण/कण्ट्रोल पैनल को दर्शाया गया है।

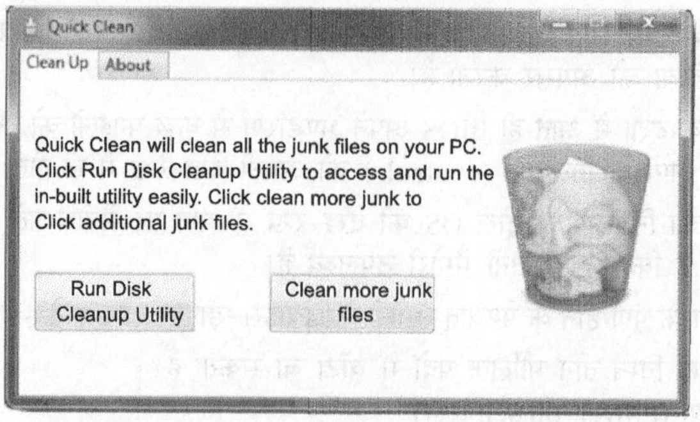

चित्र बेकार/जंक फाइल को हटाने हेतु नियन्त्रण/कण्ट्रोल पैनल

24.10 इन्टरनेट ब्राउजर का कॉन्फिगुरेशन Configuration of Internet Browser

इन्टरनेट ब्राउजर के कॉन्फिगुरेशन हेतु आपको निम्न पदों में दर्शाए गए प्रक्रमों (process) को अपनाना चाहिये। निम्न चित्र में इन्टरनेट एक्सप्लोरर के कन्ट्रोल पैनल को दर्शाया गया है।

पद (Step) 1. आप उपरोक्त कार्य को सम्पन्न करने हेतु टूल्स मेन्यू (tools menu) में जाएँ एवं इसमें दर्शाए गए कमाण्ड (इन्टरनेट ऑप्शन) पर क्लिक करें।

पद (Step) 2. अब आपके सम्मुख ऑप्शन बॉक्स प्रदर्शित होगा, जिसमें अनेक विकल्प होते हैं। इस टैब के अन्तर्गत दर्शाए गए विकल्पों को सलेक्ट/डी सलेक्ट करके इसे आप अपनी आवश्यकतानुसार कॉन्फिगुरेशन कर सकते हैं।

पद (Step) 3. इन्टरनेट एक्सप्लोरर की 'एडवांस कॉन्फिगुरेशन' को सेट करने हेतु 'इन्टरनेट ऑप्शन' नाम के कमाण्ड के विकल्प बॉक्स में दर्शाए गए एडवांस्ड (advanced) नामक टैब के विकल्पों का प्रयोग करें।

पद (Step) 4. आप यदि गूगल क्रोम को ब्राउजर के रूप में, दाहिनी ओर कोने में दर्शाए गए विकल्प पर क्लिक करें जिससे आपके सम्मुख एक मेन्यू प्रदर्शित होगा। इस मेन्यू में सेटिंग नामक कमाण्ड पर क्लिक करके आप गूगल क्रोम को कॉन्फिगुरेशन कर सकते हैं।

पद (Step) 5. अनेक बार कुछ वेबसाइटें (websites) ब्राउजर में स्वत: ही परिवर्तन कर देती हैं। इन परिवर्तनों को निरस्त करने हेतु आप सेटिंग नामक विकल्प में दर्शाए गए 'रिसेट' (reset) कमाण्ड पर क्लिक करें।

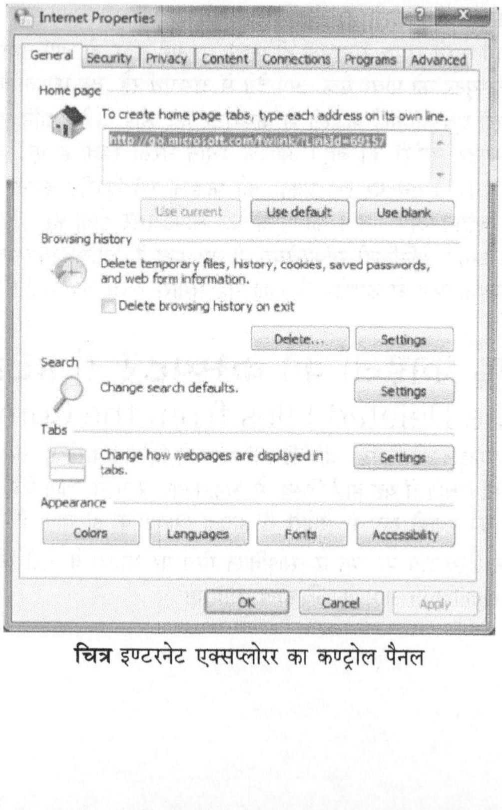

चित्र इण्टरनेट एक्सप्लोरर का कण्ट्रोल पैनल

24.11 पावर ऑन सेल्फ टैस्ट Power ON Self Test (POST)

जब आप कम्प्यूटर को ऑन करते हैं तब उसका पावर ऑन सेल्फ टैस्ट स्वत: ही सम्पन्न होता है, जिसके कारण कम्प्यूटर अपने अन्तर्गत आने वाले समस्त अवयवों (components) की जाँच करता है एवं पर्दे (screen) पर उन अवयवों की वास्तविक स्थिति की सूचना हमें देता है। इस प्रक्रिया में निम्न परीक्षण सम्पन्न होते हैं

(i) की-बोर्ड एवं माउस आदि के संयोजन (connections) की जाँच होती है तथा स्क्रीन पर इसका मैसेज भी आ जाता है। इस मैसेज के अनुसार सिस्टम में सुधार करके सिस्टम को पुन: ऑन करके प्रयोग किया जा सकता है।

(ii) इस परीक्षण प्रक्रिया में रैम का परीक्षण (test) होता है एवं सिस्टम में लगी डिस्कों की जाँच होती है कि वह सही प्रकार से संयोजित है अथवा नहीं।

24.12 कम्प्यूटर का रख-रखाव Maintenance of Computer

कम्प्यूटर के उचित रख-रखाव के लिए नीचे दिए गए बिन्दुओं का अनुसरण करें

(i) कम्प्यूटर को हमेशा UPS के माध्यम से ही प्रचालित/ऑपरेट करें।

(ii) कम्प्यूटर को ऑफ करने से पूर्व उसे उचित प्रकार से शटडाउन करें।

(iii) बिना आवश्यकता के कम्प्यूटर को प्रचालित दशा (operating condition) में न रखें यदि आवश्यकता नहीं है, तब इसे शटडाउन करें और इसके सप्लाई स्विच को ऑफ कर दें।

(iv) कार्यशील दशा में कम्प्यूटर की स्क्रीन को कभी भी गीले कपड़े से नहीं पौछें करें, ऐसा करने से स्क्रीन में क्रैक (crack) उत्पन्न होने की सम्भावना रहती है।

(v) कार्यशील दशा में कम्प्यूटर को एक स्थान से दूसरे स्थान पर न सरकाएँ ऐसा करने में कम्प्यूटर पिक्चर ट्यूब के फिलामेन्ट के टूटने की सम्भावना रहती है।

(vi) माउस पैड को सप्ताह में एक बार अवश्य साफ करें तथा माउस को कभी भी गीले हाथ के द्वारा प्रचालित/ऑपरेट न करें।

(vii) माउस में दोष उत्पन्न होने पर विद्युत् सप्लाई स्विच को ऑफ करने के पश्चात् ही इसके पीछे के कवर को खोलकर दोष को खोज कर दूर करें।

(viii) कम्प्यूटर के मदर बोर्ड अथवा पावर सप्लाई में दोष उत्पन्न होने पर इनके कनेक्टर्स को कम्प्यूटर पी.सी.बी से पृथक् करने के पश्चात् इन्हें कम्प्यूटर बॉडी/चैसेस से बाहर निकालने के पश्चात् इनका दोष खोजना चाहिए।

(ix) मदर बोर्ड, पावर सप्लाई एवं अन्य भागों पर चढ़ी धूल की परत को कपड़े के द्वारा न हटाएँ अपितु इस कार्य हेतु दाबित वायु (compressed air) का प्रयोग करें।

(x) कम्प्यूटर स्क्रीन को स्वच्छ सूती कपड़े से साफ करें यदि स्क्रीन पर तेल आदि के दाग लगे हैं, तब इसे हल्के गीले कपड़े से साफ करके पुन: इसे सूखे कपड़े से साफ करें।

(xi) मदर बोर्ड एवं पावर सप्लाई के केबल कनेक्टर निकालते एवं पुन: लगाते समय इस बात का ध्यान रखें कि कनेक्टर्स के मेल भाग कि पिनें लापरवाही के कारण टेढ़ी न होने पाएँ। अत: इन्हें सावधानीपूर्वक लगाएँ। कनेक्टर पिनों पर यदि ऑक्साइड कोटिंग चढ़ी है, तब इसे शून्य ग्रेड के एम्री पेपर द्वारा ठीक प्रकार साफ करें।

(xii) कम्प्यूटर के EHT केबल को पिक्चर ट्यूब/CRT से पृथक् करने वाले वोल्टेज को ग्राउण्ड वायर के द्वारा भू-सम्पर्कित (earthed) करके इसके उच्च वोल्टेज आवेश को भू-विसर्जित कर देना चाहिए, ऐसा न करने पर सुधार करने वाले व्यक्ति को उच्च वोल्टेज का विद्युत झटका (electric shock) लग सकता है।

(xiii) कम्प्यूटर के किसी अवयव/कम्पोनेन्ट के दोषयुक्त होने पर इसे एक समान विशिष्टियों वाले कम्पोनेन्ट से बदलना चाहिए।

(xiv) कम्प्यूटर को कभी भी नमी वाले स्थान पर प्रयोग नहीं करना चाहिए।

अभ्यास प्रश्न

परीक्षा प्रारूपी प्रश्न

बहुविकल्पीय

1. जिस प्रोग्राम का प्रयोग करके विण्डोज बाहरी उपकरण को प्रयुक्त करता है, वह कहलाता है
   (a) यूटीलिटी सॉफ्टवेयर (b) वेब ब्राउजर
   (c) डिवाइस ड्राइवर (d) इनमें से कोई नहीं
2. निम्न में से किस फाइल को रन करके किसी भी बाहरी सॉफ्टवेयर को विण्डोज में इन्स्टॉल करते हैं?
   (a) SETUP.EXE (b) WIN.INI
   (c) SETUP.MSI (d) इनमें से कोई नहीं
3. यदि सिस्टम बार-बार हैंग हो रहा है तो निम्नलिखित में से क्या कारण हो सकता है?
   (a) सिस्टम में वायरस होना (b) प्रिण्टर खराब होना
   (c) स्पीकरों का खराब होना (d) इनमें से कोई नहीं
4. विण्डोज में इन्स्टॉल प्रोग्राम को हटाने के लिये निम्न में से किसका प्रयोग किया जाता है?
   (a) टास्कबार का
   (b) कण्ट्रोल पैनल-प्रोग्राम एण्ड फीचर
   (c) रिसाइकिल बिन का
   (d) उपरोक्त में से कोई नहीं
5. विण्डोज के अन्तर्गत हार्डवेयर के ड्राइवर को निम्न में से किसके द्वारा इन्स्टॉल कर सकते हैं?
   (a) इण्टरनेट से (b) सीडी या डीवीडी से
   (c) प्लग एण्ड प्ले द्वारा (d) ये सभी
6. विण्डोज बूट प्रोसेस में दूसरी स्टेज में निम्न में से क्या सक्रिय होता है?
   (a) मॉनीटर (b) OS Loader
   (c) MBR (d) इनमें से कोई नहीं
7. POST के बाद सिस्टम यदि बूट न हो तो ऐसी स्थिति में क्या करना चाहिए?
   (a) बॉयोस सेटअप की जाँच करें
   (b) Boot डिस्क को लगायें
   (c) बूटिंग डिस्क का क्रम सही करें
   (d) उपरोक्त सभी
8. पावर ऑन सेल्फ टेस्ट में निम्न में से क्या होता है?
   (a) रैम टेस्ट होता है
   (b) डिस्प्ले कार्ड टेस्ट होता है
   (c) की-बोर्ड/माउस टेस्ट होता है
   (d) उपरोक्त सभी
9. डी वी डी ड्राइव, डी वी डी डिस्क को देर से रीड करती है, इससे बचने का निम्नलिखित में से क्या उपाय है?
   (a) माउस को चेंज करें
   (b) मॉनीटर को चेंज करें
   (c) DVD ड्राइव का लेंस क्लीन करें
   (d) उपरोक्त में से कोई नहीं
10. विण्डोज हार्डवेयर की पहचान करके उसे जिस सुविधा के द्वारा इन्स्टॉल किया जाता है, वह सुविधा कहलाती है
    (a) ऑटोमेटिक अपडेशन
    (b) ऑटोमेटिक कॉन्फिगुरेशन
    (c) प्लग एण्ड प्ले
    (d) उपरोक्त में से कोई नहीं
11. विण्डोज में आई किसी बड़ी बग को दूर करने हेतु निम्न में से किसे प्रयुक्त करते हैं?
    (a) यूटीलिटी फाइल्स (b) सर्विस पैक
    (c) एसेसरीज (d) इनमें से कोई नहीं
12. हार्ड डिस्क में बैड सेक्टर इत्यादि तो नहीं है इसका पता लगाने के लिए निम्न में से किससे प्रयुक्त करते हैं?
    (a) करेक्टर मैप
    (b) डिस्क क्लीनअप यूटीलिटी
    (c) डिस्क डिफ्रैगमेंटर
    (d) उपरोक्त में से कोई नहीं
13. कम्प्यूटर ऑन है लेकिन स्क्रीन पर कुछ भी डिस्प्ले नहीं हो रहा है तो इसका मतलब यह है कि
    (a) रैम खराब है (b) VGA कार्ड खराब है
    (c) माउस खराब है (d) ये सभी
14. जब कोई बाहरी प्रोग्राम विण्डोज में इन्स्टॉल हो जाये तो इसके बाद निम्न में से क्या करना जरूरी हो जाता है?
    (a) प्रिण्टर इन्स्टॉल करना
    (b) विण्डोज को रिस्टार्ट करना
    (c) इण्टरनेट ऑफ करना
    (d) उपरोक्त में से कोई नहीं
15. विण्डोज को अपडेट करने की आवश्यकता है यह इसकी सूचना डेस्कटॉप के किस भाग से प्राप्त होती है?
    (a) टास्क बार-नोटीफिकेशन एरिया
    (b) माई कम्प्यूटर आइकन
    (c) नेटवर्क नेवहुड आइकन
    (d) उपरोक्त में से कोई नहीं

विविध प्रारूपी प्रश्न

सत्य/असत्य

1. विण्डोज में किसी बाहरी सॉफ्टवेयर को इन्स्टॉल करने के लिये START BUTTON→RUN का प्रयोग करते हैं।
2. विण्डोज में फाइलें डिलीट होने के बाद लाइब्रेरी में स्टोर हो जाती हैं।
3. विण्डोज ऑपरेटिंग सिस्टम लगातार अपने आप अपडेट होता रहे इसके लिए इण्टरनेट कनेक्शन ऑन (on) होना जरूरी होता है।
4. जिस प्रोग्राम का प्रयोग करके विण्डोज बाहरी उपकरण का प्रयोग करता है उसे डिवाइस ड्राइवर कहते हैं।
5. विण्डोज के अन्तर्गत कौन-कौन से हार्डवेयर सही ढंग से इन्स्टॉल हैं और काम करने योग्य हैं, इसका पता लगाने के लिए डिवाइस मैनेजर का प्रयोग करते हैं।

रिक्त स्थानों की पूर्ति

1. कम्प्यूटर से जंक फाइलें ………… से आ जाती हैं।
2. हार्ड डिस्क में अस्थायी फाइलों को खोजकर हटाने के लिए ………… का प्रयोग किया जाता है।
3. विण्डोज को अपडेट करने के लिए इसकी सूचना डेस्कटॉप के ………… भाग से प्राप्त होती है।
4. विण्डोज हार्डवेयर की पहचान करके उसे जिस सुविधा के द्वारा इन्स्टॉल करता है, वह सुविधा ………… कहलाती है।
5. POST का पूर्ण नाम ………… है।

अतिलघु उत्तरीय

1. सेक्टर नॉट फाउण्ड से आप क्या समझते हैं?
2. की-बोर्ड एरर और नो की-बोर्ड प्रेजेंट कब आता है?
3. CMOS का पूर्ण नाम क्या है?
4. डाटा एरर रीडिंग इन ड्राइव C से क्या अभिप्राय है?
5. इनवैलिड ड्राइव स्पेसीफिकेशन से आप क्या समझते हैं?

लघु उत्तरीय

1. हार्ड डिस्क इनीशिलाइज, प्लीज वेट मैसेज का क्या तात्पर्य है?
2. विण्डोज की डिस्क क्लीनअप यूटीलिटी कौन-कौन सी फाइलों को कम्प्यूटर के स्थायी रूप से हटाती है?
3. सिस्टम Halted से क्या अभिप्राय है?

दीर्घ उत्तरीय

1. हार्ड डिस्क इन्स्टॉल फेलियर मैसेज कब आता है?
2. मदरबोर्ड के BIOS को अपडेट करने का कार्य किस प्रकार से सम्पन्न किया जाता है एवं BIOS ROM चैकसम एरर कब आती है?
3. बैड सेक्टर से क्या अभिप्राय है? बैड सेक्टर से क्या हानियाँ हैं?

उत्तरमाला

बहुविकल्पीय

1. (c) **2.** (a) **3.** (a) **4.** (b) **5.** (d) **6.** (b) **7.** (d) **8.** (d) **9.** (c) **10.** (c)
11. (b) **12.** (c) **13.** (b) **14.** (b) **15.** (a)

सत्य/असत्य

1. सत्य **2.** असत्य **3.** सत्य **4.** सत्य **5.** सत्य

रिक्त स्थानों की पूर्ति

1. इण्टरनेट **2.** डिस्क क्लीनअप यूटीलिटी **3.** टास्क बार-नोटिफिकेशन एरिया **4.** प्लग एण्ड प्ले **5.** पावर ऑन सेल्फ टेस्ट

❑❑❑

माइक्रोसॉफ्ट आउटलुक
Microsoft Outlook

परिचय Introduction

माइक्रोसॉफ्ट ऑफिस के भाग (part) के रूप में उपलब्ध माइक्रोसॉफ्ट आउटलुक (microsoft outlook) एक व्यक्तिगत सूचना प्रबन्धक (personal information manager) है। यह एक संगठन में स्वतन्त्र रूप से कार्य करने वाले अनुप्रयोगों (applications) अथवा माइक्रोसॉफ्ट एक्सचेन्ज सर्वर एवं किसी संगठन में कार्य कर सकता है जैसे कि मेलबॉक्स एवं कैलेण्डर तथा किसी संगठन में बहुल उपयोगकर्ता हेतु माइक्रोसॉफ्ट शेयर प्वॉइण्ट सर्वर के रूप में कार्य कर सकता है।

25.1 सम्पर्कों को जोड़ना एवं प्रयोग करना Add and Use of Contacts

उपरोक्त उद्देश्य/प्रक्रिया (purpose/process) हेतु निम्न पदों को (steps) प्रयोग में लाया जा सकता है

(i) कॉन्टेक्ट्स (contacts) में नए समूह (group) में होम टैब (home tab) में **न्यू कॉन्टेक्ट** पर क्लिक (click) करें।
की-बोर्ड शॉर्टकट आउटलुक में किसी फोल्डर से कॉन्टेक्ट बनाने के लिए CTRL + SHIFT + C दबाएँ (press) करें।

(ii) कॉन्टेक्ट के लिए नाम एवं कोई सूचना (information) जोकि आप सम्मिलित करना चाहते हैं, एण्टर (enter) करें।

(iii) निम्न से एक करें (Do one from the following)
- क्रिया समूह (action group) में कॉन्टेक्ट टैब पर प्रवेश किए जाने वाले सम्पर्कों (contacts) को पूर्ण करने हेतु "save and close" पर क्लिक करें।
- कॉन्टेक्ट को सुरक्षित (save) करने एवं अन्य कॉन्टेक्ट्स को प्रारम्भ करने हेतु "New" पर क्लिक करें।
- समान कम्पनी अथवा पते से कॉन्टेक्ट को सुरक्षित करने के लिए डाउन ऐरो "down arrow ↓" पर क्लिक करें।
- एक्शन ग्रुप में "कॉन्टेक्ट टैब" पर एन्टरिंग कॉन्टेक्ट को पूर्ण करने हेतु "save and close" पर क्लिक करें।
- अन्य कॉन्टेक्ट को प्रारम्भ करने एवं वर्तमान कॉन्टेक्ट को सुरक्षित रखने हेतु "New" पर क्लिक करें।
- समान कम्पनी या पते से अन्य पते (addresses) को सुरक्षित (save) करने हेतु "save and new" पर क्लिक करने के पश्चात् "contact from the same company" पर क्लिक करें।

➥ *एक फील्ड के लिए बहुल प्रविष्टियाँ (multiple entries) एण्टर करने के समान ही एक से अधिक फोन नम्बर या ई-मेल एड्रेस के लिए फील्ड के पश्चात् "डाउन ऐरो ↓" पर क्लिक करें।*
- *आपके कॉन्टेक्ट का फोटो सम्मिलित करने हेतु फोटो-आइकन अथवा ग्रुप ऑप्शन (group option) पर क्लिक करें। पहले पिक्चर पर क्लिक करें।*
- *इसके पश्चात् "Add Picture" पर क्लिक करें।*

25.2 भेजे गए सन्देश को पुनः कॉल करना एवं बदलना Recall and Replace Sent Message

इसके लिये निम्न प्रक्रम को ध्यान में रखते हैं

1. आउटलुक के निचले कोने पर मेल (mail) का चयन करें।
2. अब कम्प्यूटर निम्न टैब्स दर्शाएगा

3. इस फोल्डर पैन (folder pane) में भेजी गई वस्तुओं (items) के फोल्डर का चयन करें।
4. जिस सन्देश को आप पुन: कॉल करना चाहते हैं, उसमें केवल उस सन्देश का चयन करें जोकि आपके कार्य से सम्बन्धित है।
5. सन्देश टैब (message tab) के अन्तर्गत "Action" का चयन करें > Recall this message.

➡ **टिप्पणी** *यदि आप 'Recall this message' command को स्क्रीन पर नहीं देखते हैं, तब सम्भवत: आपके पास एक्सचेन्ज एकाउण्ट नहीं है अथवा आपके संगठन (organisation) के साथ "feature" उपलब्ध नहीं है।*

6. सन्देश की बिना पढ़ी हुई प्रतिलिपियाँ (copies) हटाएँ/डिलीट करें या नए सन्देशों से इन्हें बदलें तथा इसके पश्चात् "OK" पर क्लिक करें।
7. यदि आप एक बदले जाने वाले सन्देश को भेज रहे हैं तब सन्देश को छापें/रचना करें तथा तब इसको भेजने के लिए "send" पर क्लिक करें।

25.3 एक स्वचालित उत्तर को सेट करना Set an Automatic Reply

आप सुधारे गए स्वचालित उत्तर को चालू (turn-on) कर सकते हैं

1. आउटलुक वेब अनुप्रयोग (web application) में हस्ताक्षर (sign) करें। सहायता के लिए "sign into outlook wave app" खोलकर देखें।
2. नेविगेशन बार (Nav.bar) पर outlook या mail का चयन करें।

अथवा

एप्लीकेशन लॉन्चर 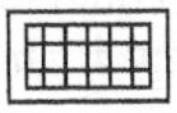 > outlook का चयन करें।

3. नेविगेशन पर सेटिंग का चयन करें  > स्वचालित उत्तर (automatic reply) सेट करें।

अथवा

नेविगेशन बार पर सेटिंग करें  > option > स्वचालित उत्तर (automatic reply) का चयन करें।

आपके स्वचालित उत्तर सेटअप (automatic reply setup) की सहायता हेतु निम्न सूचनाओं को प्रयोग करें

सेटिंग विवरण

Don't send automatic reply	Select this option to turn-on automatic replies
केवल इस समय में उत्तर भेजें	इस चैक बॉक्स का चयन किया एवं तब प्रारम्भ समय सेट किया तथा प्रारम्भ समय को अन्त (end) किया।
Send automatic reply	Select this option to turn-on automatic replies
केवल इस अवधि में उत्तर भेजें	इस क्लिक बॉक्स का चयन करें तथा तब इसके पश्चात् प्रारम्भ एवं अन्त समय (start and end time) स्वचालित उत्तर भेजने के समय को नियन्त्रण करने हेतु सेट करें। आपके स्वचालित उत्तर तब तक जारी रहेंगे जब तक कि आप इसे बन्द (turn-off) नहीं करेंगे। आपको यह याद दिलाता है कि प्रत्येक समय जब तक आप ''मेल बॉक्स'' में साइन नहीं करेंगे।
अपने संगठन के अन्दर प्रत्येक सन्देश को भेजने वाले को एक बार उत्तर भेजें।	एक सन्देश को बनाने हेतु टैक्स्ट बॉक्स (text box) का प्रयोग करें जोकि केवल सन्देश वाहक (sender) को भेजा गया है जोकि आपके संगठन के अन्दर है। यह विकल्प उपलब्ध नहीं भी हो सकता है अथवा हो भी सकता है।

25.4 कैलेण्डर की वस्तुओं को खोजने हेतु उसी क्षण खोज का प्रयोग Use Instant Search to Find Calendar Items

1. कैलेण्डर के ऊपरी दाहिने कोने पर "Search Calendar Box" पर क्लिक करें।
2. सर्च टूल सर्च टैब (search tool search tab) पर क्लिक करें यदि करण्ट फोल्डर (current folder) का चयन by default होता है, तब आप सब फोल्डर को खोजने एवं खोज/सर्च का विस्तार करने हेतु Sub folder पर क्लिक कर सकते हैं। अपने फोल्डर को विस्तार से खोजने हेतु अथवा अपने कैलेण्डर की सभी वस्तुओं को खोजने हेतु Allout look Items पर क्लिक करें।

उच्च श्रेणी की खोज Advanced Search

1. कैलेण्डर पर क्लिक करें।
2. कैलेण्डर के 'सर्च कैलेण्डर बॉक्स' के ऊपरी दाहिने कोने पर क्लिक करें।
3. 'सर्च टूल्स सर्च टैब' पर क्लिक करें।
4. सर्च टूल > एडवांस फाइण्ड पर क्लिक करें। इस टूल के साथ आपके पास अनेक मार्ग हैं।

अपने कैलेण्डर में अवकाश के दिन सम्मिलित करना Add Holiday in Your Calendar

1. फाइल टैब (file tab) पर क्लिक करें।
2. ऑप्शन (option) पर क्लिक करें।
3. कैलेण्डर (calendar) पर क्लिक करें।
4. कैलेण्डर ऑप्शन्स के अन्तर्गत 'एड होलीडेज' (add holidays) पर क्लिक करें।
5. चैक बॉक्स (check box) का चयन करने के पश्चात् जिस देश/प्रदेश के अवकाश जोकि आप कैलेण्डर में सम्मिलित करना चाहते हैं उनकी सूची छाप/बनाकर OK पर क्लिक करें।

➡ **टिप्पणी** *आपके देश/प्रदेश का स्वत: ही चयन (automatically select) हो जाएगा।*

यदि आपने अपने कैलेण्डर में देश/प्रदेश के अवकाश के दिन पहले से ही सम्मिलित किए हुए हैं, तब यदि आप अवकाश के दिन पुन: सम्मिलित करने का प्रयास करेंगे तब ऐसी दशा में आप निम्न सन्देश प्राप्त करेंगे।

Holiday for your country/region are already added.

25.5 सम्पर्क ग्रुप सदस्यों तक पहुँच बनाना Reachout with Contact Group's Members

यदि आप नियमित रूप से समान ग्रुप के सदस्यों को कार्य योजना मीटिंग (schedule meeting) के विषय में समिति को सूचना भेजने हेतु E-mail भेजते हैं, तब आप ग्रुप के पृथक्-पृथक् सदस्य को सूचना भेजने से बच सकते हैं। ग्रुप में ग्रुप के सभी सदस्यों के नाम उनके कॉन्टेक्ट नम्बरों सहित सम्मिलित रहते हैं। इसके लिए आप वह फोल्डर खोलें जिसमें ग्रुप में सम्मिलित सदस्यों के सम्पर्क (contact) नम्बर लिखे (printed) हैं तथा जिन्हें आप ग्रुप के रूप में सुरक्षित (save) रखना चाहते हैं।

न्यू कॉन्टेक्ट ग्रुप (new contact group) पर क्लिक करें। कॉन्टेक्ट ग्रुप के किसी एक सदस्य का नाम ग्रुप इन्चार्ज के रूप में दर्शाएँ तथा सम्मिलित सदस्य (add member) पर क्लिक करें, जिससे कि सभी शेष सदस्यों के कॉन्टेक्ट नम्बर पर ग्रुप सदस्यों के नाम ग्रुप इन्चार्ज सहित उनके E-mail पते (address) पर प्रदर्शित (display) हो जाएँगे। ग्रुप सदस्यों के नाम परिवर्तित/बदलने हेतु Group पर दो बार क्लिक करें। इसके पश्चात् आप ग्रुप से अवांछित सदस्यों के नाम हटाकर वांछित सदस्यों के नाम सम्मिलित कर सकते हैं। इसके पश्चात् E-mail कमाण्ड का प्रयोग करें, जिसमें आप सभी नए चुने गए सदस्यों को सन्देश (message) भेज सकते हैं अथवा मीटिंग सम्पन्न करने हेतु निमन्त्रण (invitation) भी भेज सकते हैं।

25.6 सम्पर्कों को प्राप्त करने की तत्काल खोज प्रयोग करना Use of Instant Search to Find Contacts

1. स्क्रीन की तली (bottom) पर प्यूपिल (people) पर क्लिक करें।
2. आपकी सम्पर्कों की सूची (contacts list) हेतु Search Contacts Box पर क्लिक करें।
3. जिस सूचना को आप खोजना चाहते हैं, जैसे कि फोन नम्बर अथवा कम्पनी के नाम आदि को टाइप करना प्रारम्भ करें।
4. उस व्यक्ति के नाम पर क्लिक करें, जिसके विषय में आप खोज परिणाम (search result) के द्वारा कुछ जानना चाहते हैं।

➡ **टिप्पणी** *आप सम्पूर्ण सूचना अथवा उसके भाग को खोज सकते हैं उदाहरण हेतु, यदि आप व्यक्ति के विषय में जानना चाहते हैं जिसका नाम Chris Perston है, तब आप उसका लघु नाम Per ही टाइप करके उसके विषय में वांछित सूचनाएँ ज्ञात कर सकते हैं।*

25.7 आपके ई-मेल को नियन्त्रित करने के नियमों का प्रयोग करना Use Rules to Manage Your E-mail

आउटलुक वेब अनुप्रयोग (outlook web application) के अन्दर बॉक्स के अन्दर (Inbox) नियमों को बनाएँ, जिससे कि सन्देशों (messages) के ऊपर कुछ विशिष्ट क्रियाएँ स्वत: ही सम्पन्न (perform) की जा सकें, क्योंकि वे आपके मापदण्ड पर आधारित होते हैं। उदाहरण के लिए; आप ऐसे नियम बना सकते हैं जोकि स्वत: ही सभी मेल (mails) को ग्रुप के उस फोल्डर में भेजें जिसके आप सदस्य हैं।

आउटलुक डेस्कटॉप प्रोग्राम में यदि आप सन्देश बॉक्स में नियम बनाना एवं उन्हें नियन्त्रित करना चाहते हैं, तो ई-मेल सन्देशों को निम्न नियमों के द्वारा नियन्त्रित करें

1. सहायता के लिए आउटलुक वेब अनुप्रयोग (outlook web application) में साइन करें।
2. पेज के ऊपरी भाग आउटलुक अथवा मेल या एप्लीकेशन लॉन्चर (application launcher) का चयन करें। > Mail

25.8 रीड रिसिप्ट के साथ ई-मेल को ट्रैक करना
Track E-mail with Read Receipt

जब आप ई-मेल के माध्यम से रसीद (receipt) को पढ़ने की प्रार्थना के साथ कोई सन्देश प्राप्त करते हैं, इसका तात्पर्य यह है कि सन्देश को भेजने वाला व्यक्ति इसकी पुष्टि (confirmation) करना चाहता है कि आपने ई-मेल प्राप्त कर लिया है। ई-मेल को पढ़ने की रसीद प्रेषक को स्वत: ही वापस हो सकती है और नहीं भी वापस हो सकती है। आप इसका चयन कर सकते हैं कि प्रत्येक रसीद को पढ़ने की प्रार्थना (read receipt request) का क्या करना है? ई-मेल को पढ़ने हेतु निम्न पदों (steps) का प्रयोग करें

1. फाइल टैब (file tab) पर क्लिक करें।
2. ऑप्शन्स (options) पर क्लिक करें।
3. मेल (mail) पर क्लिक करें।
4. प्राप्त किए गए सन्देश को खोजने के तरीके के अन्तर्गत रसीद (receipt) को पढ़ने की प्रार्थना सम्मिलित रहती है।

उपरोक्त हेतु निम्न ऑप्शन/विकल्प में से एक पर क्लिक करें

- Always send a read receipt
- Never send a read receipt

25.9 एक आउटलुक ई-मेल सन्देश से एक V-कार्ड आयात करना
Import a V-card from an Outlook E-mail Message

V-कार्ड को सुरक्षित (save) करने के लिए आप संलग्न के रूप में नए सम्पर्क (new contacts) प्राप्त करते हैं, आउटलुक सम्पर्क सूची में एक-एक करके V-कार्ड सम्मिलित करें।

ई-मेल सन्देश की बॉडी V-कार्ड पर राइट क्लिक एवं इसके पश्चात् Add to Outlook Contacts पर क्लिक करें, जिससे एक नई विण्डो प्रदर्शित होती है जोकि सम्पर्क सूचना (contact information) दर्शाती है

1. कॉन्टेक्ट विण्डो में save and close पर क्लिक करें एवं इसके पश्चात् Add to Outlook Contacts पर क्लिक करें।
2. सन्देश/मैसेज में प्रत्येक V-कार्ड के लिए पदों (steps) 1 एवं 2 को दोहराएँ/रिपीट करें।

अन्य मेल प्रोग्राम से एक V-कार्ड का आयात करना
Import a V-card from Another Mail Programme

- केवल उस प्रेषक (sender) को उत्तर भेजें जोकि my contact list में है।
- स्वत: उत्तर भेजने की क्रिया को सीमित करें ताकि उन प्रेषकों (senders) को स्वत: उत्तर प्राप्त हों जोकि my contact folder में सम्मिलित हैं, परन्तु ऐसे व्यक्ति जो कि आपके कॉन्टेक्ट्स फोल्डर में सम्मिलित नहीं हैं, उन्हें स्वत: उत्तर प्राप्त नहीं होंगे।
- प्रत्येक बाहर के प्रेषकों (senders) को पृथक् रूप से उत्तर भेजें।
- आपके संगठन से बाहर के प्रेषकों को उत्तर भेजने के लिए निम्न का चयन करें।

send a reply once to each sender out side my organisation	If you select send replies to all external senders, in the text box, type the message you want to sent.

25.10 आपके आउटलुक सूचना को सुरक्षित रखने का पासवर्ड
Password to Protect Your Outlook Information

आउटलुक डेटा फाइल (pst) के लिए पासवर्ड सेट किया जा सकता है। ऐसे व्यक्तियों का अनुचित हस्तक्षेप रोकने हेतु जोकि आपके कम्प्यूटर पर साझा उपयोग करते हैं, ऐसे व्यक्ति आपके परिवार के सदस्य भी हो सकते हैं। जब पासवर्ड का प्रयोग आउटलुक प्रयोग करने की समय अवधि में प्रयोग किया जाएगा, तब आउटलुक को प्रारम्भ करने अथवा फाइल को प्रथम बार खोलने पर स्क्रीन पर ''पासवर्ड अति आवश्यक'' (password prompt) प्रदर्शित (display) होगा।

सुरक्षा हेतु टिप्पणी Remark for Safety

आउटलुक डेटा फाइल पासवर्ड जानबूझकर दुर्भावनापूर्ण भावना से आपकी सूचना को जानने के लिए फाइल को खोलने के प्रति सुरक्षा प्रदान नहीं करता, इस कार्य के लिए डेटा को खोलने से रोकने का सबसे उत्तम तरीका यह है कि ऐसा पासवर्ड बनाएँ जोकि विण्डो यूजर एकाउण्ट (window user account) अर्थात् उस व्यक्ति के नाम से बनाएँ जोकि उस कम्प्यूटर को प्रयोग करता हो, जिसमें पासवर्ड डालना है।

इससे अधिक सूचना प्राप्त करने हेतु विण्डो हैल्प एवं सपोर्ट (window help and support) देखें

1.	Send a reply once to each sender outside my organization with the following message.	If you select send replies to all external sender in the text box, type the reply message you want to sent.
2.	Send a reply once to each sender inside organisation with the following message.	Use the text box to create a message that is sent only to sender who are inside your organization. This option may not be available.
3.	Send automatic reply message to senders to outside my organization.	Select this check box if you want automatic replies to be sent to senders outside your organization. If you select the check box to send automatic replies to persons outside your organization, the other options are made available choose one of the following • Send replies only to senders in my contacts list. • Select this to limit automatic replies to senders.

25.11 बी.सी.सी. के इन्स एण्ड आउट्स Ins and Outs of BCC

ब्लाइण्ड कार्बन कॉपी (BCC) से तात्पर्य अनाधिकृत/अधिकार रहित (unauthorized) व्यक्ति को नहीं दिखने वाली प्रतिलिपि से है। यदि आप किसी प्राप्तकर्ता (recipient) को कोई गोपनीय सन्देश भेजते हैं, तब अन्य कोई व्यक्ति यह नहीं देख सकता है कि यह सन्देश किस व्यक्ति के द्वारा भेजा गया तथा यह सन्देश किसे प्राप्त हुआ परन्तु यदि आप BCC का प्रयोग देखना चाहते हैं तब आप सर्वप्रथम ऑप्शन टैब (option tab) में जाएँ तथा BCC पर क्लिक करें, इसके पश्चात् क्षेत्र (field) का नाम सम्मिलित करें तथा सन्देश भेजें।

प्राप्तकर्ता अभी भी CC क्षेत्र/फील्ड में पता (address) देख सकता है, परन्तु BCC फील्ड में इसे नहीं देख सकता है। यदि वह रिप्लाइ ऑल (reply all) पर क्लिक करे तब भी न तो सन्देश देख सकता है और न ही BCC के पतों (addresses) पर इसका उत्तर भेज सकता है।

25.12 आउटबॉक्स में एक ई-मेल फँस गया है उसे भेजना या हटाना Send or Delete an E-mail Stuck in the Outbox

आपके आउटबॉक्स में जब एक सन्देश (message) फँस/अटक जाता है, इसका अत्यधिक कारण आउटबॉक्स में बड़ी सामग्री/सन्देश (attachment) है। ऐसी स्थिति में ई-मेल को भेजने या हटाने के लिए निम्न पद अपनाएँ

1. Send/Receive > work पर क्लिक करें।
2. नेविगेशन पैन (Navigation Pane) में आउटबॉक्स पर क्लिक करें।
3. यहाँ से आगे निम्न करें
   - सन्देश (message) को हटाने को इसे चयन (select) करें एवं Delete नॉब/बटन को दबाएँ/प्रेस करें।
   - अपने ड्राफ्ट फोल्डर से सन्देश को लाने हेतु इसे खोलने हेतु डबल क्लिक करें। अटेचमेन्ट को डिलीट करें (सन्देश को क्लिक करके डिलीट बटन को प्रेस करें)।
4. यदि आपसे एरर कहती है कि आउटलुक सन्देश को भेजने का प्रयत्न कर रहा है, तब आउटलुक का चयन करें, यह बाहर आने में कुछ क्षण लेगा। यदि आउटलुक बन्द (close) नहीं होता तब Ctrl + Alt + delete को दबाएँ/प्रेस करें एवं टास्क मैनेजर start task manager को क्लिक करें। Processes tab को क्लिक करें, आउटलुक एक्स पर आकर scroll down करें एवं अन्तिम प्रक्रिया (end process) पर क्लिक करें।
5. आउटलुक के बन्द (close) होने के पश्चात् इसे पुनः प्रारम्भ (start) करें तथा पद (steps) 2-3 को पुनः दोहराएँ।
6. Attachment को हटाने/दूर (remove) करने के पश्चात्, बटन को अचयनित (deselect) करने एवं ऑनलाइन पर कार्य करने हेतु send/Receive > work offline पर क्लिक करें, जब आप send पर क्लिक करते हैं, परन्तु ऑनलाइन से नहीं जुड़ते हैं तब send/Receive पर क्लिक करें तथा work offline बटन पर देखें। यदि यह नीला (blue) है, तो इसका अर्थ है कि आप ऑनलाइन से नहीं जुड़े हैं, तब जुड़ने के लिए क्लिक करें, जिससे बटन सफेद प्रकाश देगा तथा send All पर क्लिक करें।

25.13 कैलेण्डर को अग्रिम स्तर तक ले जाना

Take Calendar to the Next Level

किसी व्यक्ति से मिलने अथवा मीटिंग करने के प्रोग्राम को बदलना

1. यदि आप एक वस्तु (item) को खोलते हैं जोकि एक रेकरिंग सीरीज (recurring series) का भाग है। ओपन रेकरिंग वस्तु dialog box में, पहले Just this one एवं इसके पश्चात् OK पर क्लिक करें।
2. Item occurrence tab पर ऑप्शन (options) बदलें (जिसे आप चाहते/पसन्द करते हैं) इसके पश्चात् Send and Close क्लिक करें या मीटिंग के लिए क्लिक करें, Send up to date पर क्लिक करें।
3. किसी व्यक्ति से मिलने अथवा मीटिंग करने की तिथि/दिनांक कैलेण्डर पर बदलने हेतु एवं विषय को बदलने हेतु text पर क्लिक करें तथा इसके पश्चात् परिवर्तन टाइप करें।

25.14 एक सर्च फोल्डर को बनाना अथवा हटाना

Create or Delete a Search Folder

पहले से व्यक्त किए गए सर्च फोल्डर को सम्मिलित करना

1. मेल (mail) में फोल्डर को क्लिक करें।
2. नए ग्रुप में, न्यू सर्च फोल्डर की-बोर्ड शॉर्टकट (new search folder key-board shortcut) पर क्लिक करें। सर्च फोल्डर को बनाने हेतु Ctrl + Shift + P पर क्लिक करें।
3. सलेक्ट सर्च फोल्डर (select search folder) लिस्ट से search folder को क्लिक करें जिसे आप चयन (select) करना चाहते हैं।
4. कस्टॉमाइज सर्च फोल्डर (customize search folder) के अन्तर्गत यदि अतिआवश्यक है तब उपयोग का सर्च मापदण्ड (criteria) का विस्तार से उल्लेख करें।
5. कस्टॉमाइज सर्च फोल्डर (customize search folder) के अन्तर्गत भिन्न मेल बॉक्स (mail box) खोजने हेतु सर्च मेल इन बॉक्स (search mail in box) में ऐरो (arrow) पर क्लिक करें, इसके पश्चात् लिस्ट से मेल बॉक्स का चयन करें।

अभ्यास प्रश्न

परीक्षा प्रारूपी प्रश्न

बहुविकल्पीय

1. आउटलुक में ई-मेल की कार्बन कॉपी को किसी अन्य व्यक्ति तक भेजने के लिए पता किस फील्ड में लिखा जाता है?
   (a) Cc नामक फील्ड में
   (b) Bcc नामक फील्ड में
   (c) For नामक फील्ड में
   (d) उपरोक्त में से कोई नहीं

2. आउटलुक में ई-मेल का रिप्लाई भेजने वाला किस की-स्ट्रोक का प्रयोग करता है?
   (a) Ctrl + L (b) Ctrl + C
   (c) Ctrl + R (d) Tab + B

3. निम्न में से किस सॉफ्टवेयर को ई-मेल के लिए प्रयुक्त किया जाता है?
   (a) आउटलुक को (b) एमएस-वर्ड को
   (c) जावा को (d) इनमें से कोई नहीं

4. आउटलुक में ई-मेल से अटैच करके इनमें से किस फाइल को भेजा जाता है?
   (a) Zip फाइलों को (b) Doc फाइलों को
   (c) Jpg फाइलों को (d) ये सभी

5. आउटलुक के सन्दर्भ में निम्न में से कौन-सा ई-मेल पता सही है?
   (a) vishnu@gmail.com
   (b) vishnu.singh@gmail.com
   (c) vishnu_11@gmail.com
   (d) उपरोक्त सभी

6. ई-मेल के लिए प्रयुक्त होने वाले POP का पूर्णरूप है
   (a) पोस्ट ऑफिस प्रोटोकॉल
   (b) प्राइवेट ऑनलाइन प्रोटोकॉल
   (c) पर्सनल ओपेरा प्रोटोकॉल
   (d) उपरोक्त में से कोई नहीं

7. आउटलुक में ई-मेल पते को मेल कम्पोज करने वाले फार्म में किस फील्ड में लिखते हैं?
   (a) To नामक फील्ड में (b) For नामक फील्ड में
   (c) Attach नामक फील्ड में (d) इनमें से कोई नहीं

8. आउटलुक में काम करते समय किसी अन्य एप्लीकेशन में स्विच करने के लिए कौन-से की-स्ट्रोक को प्रयुक्त किया जाता है?
   (a) Alt + Tab को (b) Shift + Tab को
   (c) Ctrl + Tab को (d) Home + Tab को

9. आउटलुक में ई-मेल एड्रेस को सलेक्ट करने के लिए किस शॉर्टकट के द्वारा एड्रेस बुक को सामने लाते हैं?
   (a) Alt + Tab + L द्वारा
   (b) Shift + Tab + C द्वारा
   (c) Ctrl + Tab + A द्वारा
   (d) Ctrl + shift + B द्वारा

10. आउटलुक में कम्पोज की गई ई-मेल की स्पेलिंग जाँचने के लिए निम्न में से किस फंक्शन कुँजी का प्रयोग करते हैं?
    (a) F1 नामक कुँजी का
    (b) F12 नामक कुँजी का
    (c) F9 नामक कुँजी का
    (d) F7 नामक कुँजी का

11. निम्न में से आउटलुक किस विशाल एप्लीकेशन सॉफ्टवेयर पैकेज का भाग है?
    (a) कोरल सुईट (b) ऑफिस
    (c) क्रियेटिव सुईट (d) इनमें से कोई नहीं

12. आउटलुक में ई-मेल के साथ किसी इमेज या वीडियो फाइल को जोड़कर भेजने के लिए निम्न में से किस विकल्प को प्रयुक्त किया जाता है?
    (a) फाइल प्लस विकल्प को
    (b) अटैच विकल्प को
    (c) क्लिप विकल्प को
    (d) उपरोक्त में से कोई नहीं

13. आउटलुक में ई-मेल की रिप्लाई एड्रेस बुक के सभी पतों पर करने के लिए किस की-स्ट्रोक का प्रयोग किया जाता है?
    (a) Alt + L (b) Shift + C
    (c) Ctrl + A (d) End + B

14. ई-मेल में IMAP का पूर्ण नाम है
    (a) इण्टरनल मेल मैसेजिंग प्रोटोकॉल
    (b) इंस्टेंट मेल मैसेजिंग प्रोटोकॉल
    (c) इण्टरनेट मैसेजिंग प्रोटोकॉल
    (d) उपरोक्त में से कोई नहीं

15. आउटलुक में नई ई-मेल को कम्पोज करने के लिए निम्न में से किस की-स्ट्रोक को प्रयुक्त किया जाता है?
    (a) कण्ट्रोल कुँजी + A (b) कण्ट्रोल कुँजी + N
    (c) कण्ट्रोल कुँजी + O (d) इनमें से कोई नहीं

विविध प्रारूपी प्रश्न

सत्य/असत्य

1. ई-मेल भेजने के लिए प्रयोग किए जाने वाले पतों को एड्रेस बुक में स्टोर करते हैं।
2. आउटलुक विशाल एप्लीकेशन सॉफ्टवेयर पैकेज कोरल सुईट का भाग है।
3. 50 मेगाबाइट को ई-मेल को अटैचमेण्ट के रूप में भेज सकते हैं।
4. आउटलुक में नई ई-मेल को कम्पोज करने के लिए कंट्रोल कुँजी + N कुँजी का प्रयोग करते हैं।
5. ई-मेल से वीडियो को भेज सकते हैं।

रिक्त स्थानों की पूर्ति

1. ई-मेल ट्रांसमिशन में ············ डेटा पैकेज तोड़ता और जोड़ता है।
2. वर्तमान समय में प्रयोग होने वाली ई-मेल ············ तकनीक पर आधारित होती है।
3. आउटलुक में ई-मेल के साथ किसी इमेज या वीडियो फाइल को जोड़कर भेजने के लिए ············ विकल्प का प्रयोग किया जाता है।
4. CGI का पूर्ण नाम ············ है।
5. आउटलुक नामक सॉफ्टवेयर का विकास ············ कम्पनी के द्वारा किया गया है।

अतिलघु उत्तरीय

1. प्रोटोकॉल से क्या तात्पर्य है?
2. रूटिंग से आप क्या समझते हैं?
3. आउटलुक में कॉन्टेक्ट खोलने की प्रक्रिया क्या है?
4. आउटलुक में नई मेल एकाउण्ट की सेटिंग को कैसे परिवर्तित किया जाता है?

लघु उत्तरीय

1. आउटलुक में किसी भी टास्क को डिलीट करने के लिए क्या करते हैं?
2. आउटलुक में Calendar नामक भाग के द्वारा क्या-क्या किया जा सकता है?

दीर्घ उत्तरीय

1. ई-मेल के सन्दर्भ में कम्पोज मेल और इसके अन्तर्गत आने वाले घटकों के प्रयोग को स्पष्ट कीजिए।
2. ई-मेल में यूज़रनेम और पासवर्ड क्या होता है एवं इसके सन्दर्भ में स्पैम से क्या तात्पर्य है?

उत्तरमाला

बहुविकल्पीय

1. (a) **2.** (c) **3.** (a) **4.** (d) **5.** (d) **6.** (a) **7.** (a) **8.** (a) **9.** (d) **10.** (d)
11. (b) **12.** (b) **13.** (a) **14.** (c) **15.** (b)

सत्य/असत्य

1. सत्य **2.** असत्य **3.** असत्य **4.** सत्य **5.** सत्य

रिक्त स्थानों की पूर्ति

1. टी.सी.पी. **2.** क्लाइण्ट-सर्वर **3.** अटैच **4.** कॉमन गेटवे इण्टरफेस **5.** माइक्रोसॉफ्ट

□□□

लैपटॉप
Laptop

परिचय Introduction

प्रथम लैपटॉप वर्ष 1982 में प्रचलन में आया था। इसका नाम ग्रिड कम्पास-1100 था। इसमें 16-बिट के 8086 प्रोसेसर को प्रयोग किया गया था। इस लैपटॉप में 256 किलोबाइट रैम का प्रयोग किया गया था। उस समय यह विद्युत सप्लाई लाइन पर कार्य करता था और इसमें बैटरी का प्रयोग नहीं किया गया था। उस समय इसका मूल्य 8150 डॉलर था। इस लैपटॉप के निर्मित होने के पश्चात् लैपटॉप के निर्माण के कार्य में अनेक कम्पनियाँ कार्यशील हो गईं तथा इन कम्पनियों के द्वारा निर्मित लैपटॉप बाजार में उपलब्ध होने लगे। वर्तमान समय में डेस्कटॉप की अपेक्षा लैपटॉप सभी प्रकार की सुविधाओं से परिपूर्ण है, जैसे कि इनमें इण्टरनेट के लिए मॉडेम एवं लेन कार्ड जैसे—कम्पोनेन्ट्स को लैपटॉप में स्थाई रूप से जोड़ा गया है।

26.1 लैपटॉप Laptop

लैपटॉप को कम्प्यूटर नोटबुक के नाम से भी जाना जाता है। लैपटॉप कम्प्यूटर एक पोर्टेबल कम्प्यूटर है, जो एक डिस्प्ले स्क्रीन, की-बोर्ड, ट्रैकबॉल, प्रोसेसर और मैमोरी से युक्त होता है। लैपटॉप कम्प्यूटर को हम कहीं भी ले जा सकते हैं और कम्प्यूटर पर काम करने के लिए किसी एक स्थान पर रहने की आवश्यकता नहीं रहती। डेस्कटॉप कम्प्यूटर की अपेक्षा लैपटॉप महँगे तथा आकार में छोटे एवं कम-वजन वाले होते हैं। लैपटॉप कम विद्युत शक्ति की खपत करते हैं। लैपटॉप में एक चार्ज करने योग्य बैटरी लगी होती है, जोकि विद्युत सप्लाई की अनुपस्थिति में लगभग दो घण्टों तक लैपटॉप को कार्यशील स्थिति में बनाए रखती है। लैपटॉप में की-बोर्ड एवं माउस दोनों ही अन्तर्निहित (built-in) होते हैं तथा इनका आकार डेस्कटॉप में प्रयोग होने वाले की-बोर्ड एवं माउस से छोटा होता है।

चित्र लैपटॉप

26.2 लैपटॉप का ब्लॉक आरेख-मेन यूनिट Block Diagram of Laptop-main Unit

लैपटॉप में कैबिनेट यूनिट में प्रोसेसिंग एवं कण्ट्रोलिंग कार्य विभिन्न चरणों में पूर्ण होता है। चित्र में लैपटॉप की मेन यूनिट (कैबिनेट यूनिट) का ब्लॉक आरेख दर्शाया गया है।

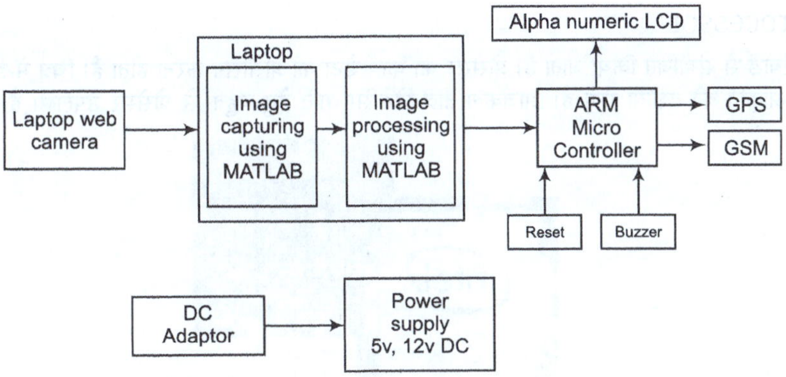

चित्र लैपटॉप का ब्लॉक आरेख—मेन यूनिट

- लैपटॉप में मुख्यत: दो यूनिट होती हैं— कैबिनेट एवं चार्जिंग।
- लैपटॉप में की-बोर्ड एवं माउस सन्निहित (built-in) होते हैं।
- लैपटॉप में CD/DVD ड्राइव, हार्ड डिस्क, मदरबोर्ड तथा विभिन्न प्रकार के पोर्ट्स होते हैं, जिनमें विभिन्न घटकों का संयोजन किया जाता है; जैसे—पेन ड्राइव, मैमोरी कार्ड रीडर इत्यादि।
- लैपटॉप में चार्जिंग हेतु DC एडॉप्टर (adaptor) होता है, जोकि 5 वोल्ट से 12 वोल्ट की पावर सप्लाई पर कार्यरत होता है।

26.3 प्रणाली अवयव System Components

लैपटॉप में निम्न अवयव/घटक होते हैं

हार्ड डिस्क Hard Disk

हार्ड डिस्क लैपटॉप की सेकण्डरी मैमोरी होती है। यह एक ऐसा भण्डारण माध्यम (storage medium) है जिसकी डेटा भण्डारण क्षमता (data storage capacity) सबसे अधिक होती है। वर्तमान में हार्ड डिस्क की भण्डारण क्षमता गीगा बाइट (giga byte) से भी अधिक होती है।

चित्र लैपटॉप में प्रयोग की जाने वाली हार्ड डिस्क की आकृति

प्रोसेसर Processor

प्रोसेसर को मदरबोर्ड से संयोजित किया जाता है। प्रोसेसर का कार्य डेटा की प्रोसेसिंग करना होता है। चित्र में इन्टेल के कोर-2 एक्सट्रीम सीरीज के प्रोसेसर की आकृति को दर्शाया गया है। आजकल तीव्र प्रोसेसिंग गति हेतु बहुत-से प्रोसेसर उपलब्ध हैं।

चित्र इन्टेल कोर-2 एक्सट्रीम सीरीज प्रोसेसर की आकृति

एल सी डी/एल ई डी स्क्रीन LCD/LED Screen

इस स्क्रीन को लैपटॉप के मदरबोर्ड में लगी डिस्प्ले इकाई/यूनिट से संयोजित किया जाता है। इसके अतिरिक्त बाह्य मॉनीटर का भी प्रयोग किया जा सकता है। यह एक आउटपुट युक्ति (output device) है, जोकि डिस्प्ले हेतु प्रयुक्त की जाती है।

मदरबोर्ड Motherboard

मदरबोर्ड लैपटॉप का सबसे महत्त्वपूर्ण अवयव होता है, जिसमें सम्पूर्ण परिपथ (circuit) बना होता है। हार्ड डिस्क तथा रैम भी मदरबोर्ड से संयोजित किए जाते हैं। चित्र में लैपटॉप के मदरबोर्ड के शीर्ष दृश्य (top view) को दर्शाया गया है।

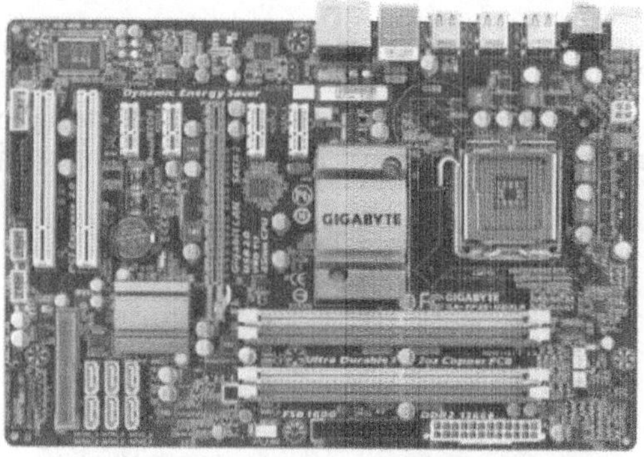

चित्र लैपटॉप में प्रयोग किए जाने वाले मदरबोर्ड का शीर्ष दृश्य

की-बोर्ड Key-board

लैपटॉप में 104 कीज (keys) वाले मल्टीमीडिया की-बोर्ड का प्रयोग किया जाता है। की-बोर्ड लैपटॉप में सन्निहित (built-in) होता है। यदि हम अलग से की-बोर्ड संयोजित करना चाहते हैं, तो हम USB पोर्ट के साथ की-बोर्ड लगाकर प्रयोग कर सकते हैं।

माउस Mouse

लैपटॉप की-बोर्ड में माउस कीज (keys) के ठीक नीचे एक पैड के रूप में होता है। हम इस पैड पर अँगुली चलाकर माउस प्वॉइण्टर को दाईं/बाईं एवं ऊपर/नीचे की ओर स्क्रॉल (scroll) कर सकते हैं। आवश्यकतानुसार लैपटॉप में अतिरिक्त माउस लगाकर भी प्रयोग कर सकते हैं।

रैण्डम एक्सेस मैमोरी Random Access Memory-RAM

रैम को लैपटॉप के मैमोरी स्लॉट्स (memory slots) में लगाया जाता है। चित्र में लैपटॉप में प्रयोग की जाने वाली रैम की आकृति को दर्शाया गया है।

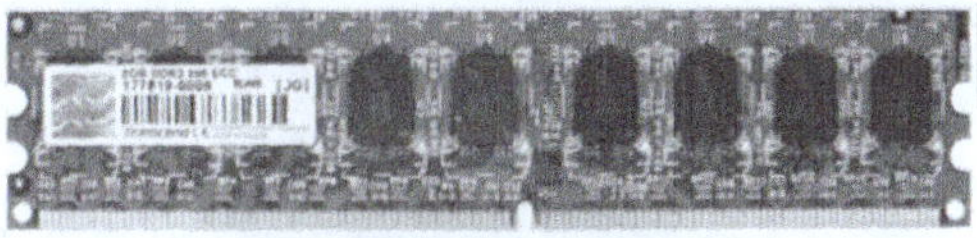

चित्र लैपटॉप में प्रयोग की जाने वाली रैम की आकृति

स्पीकर Speaker

लैपटॉप में स्पीकर अन्तर्निहित (built-in) होते हैं। वीडियो प्रोग्राम की ध्वनि (sound) को हम स्पीकर द्वारा सुन सकते हैं। यह विद्युत चुम्बकीय तरंगों (electromagnetic waves) को ध्वनि तरंगों (sound waves) में परिवर्तित करता है।

सी डी/डी वी डी ड्राइव CD/DVD Drive

वर्तमान समय में सी डी/डी वी डी ड्राइव का उपयोग डेटा का बैकअप लेने के लिए मुख्य युक्ति (device) के रूप में किया जाता है। डी वी डी ड्राइव, सी डी ड्राइव का आधुनिक संस्करण (advance edition) है। यह दोनों CD तथा DVD ड्राइव देखने में एकसमान होते हैं।

चित्र लैपटॉप में प्रयोग की जाने वाली सी डी/डी वी डी ड्राइव

वीडियो कार्ड तकनीक Video Card Technique

मॉनीटर पर जो भी दृश्य हम देखते हैं, वो इस कार्ड पर निर्भर करता है। लैपटॉप में यह अन्तर्निहित (built-in) होता है। यह एक चिप के रूप में होता है।

माइक Mike

ध्वनि तरंगों को विद्युत चुम्बकीय तरंगों में परिवर्तित करने वाली युक्ति (device) को माइक कहते हैं। इसे साउण्ड पोर्ट के साथ संयोजित किया जाता है।

26.4 लैपटॉप की पावर सप्लाई एवं बैटरी Power Supply and Battery of Laptop

लैपटॉप उसमें स्थापित/लगी चार्ज करने योग्य (chargeable) बैटरी एवं पावर सप्लाई दोनों से ही प्रचालित (operated) होता है। लैपटॉप में विद्युत शक्ति की आपूर्ति के लिए एडॉप्टर (adaptor) का प्रयोग किया जाता है, जोकि 110-240 वोल्ट ए.सी. सप्लाई वोल्टेजेस को 12 वोल्ट डी.सी. में सप्लाई परिवर्तित कर देता है।

जैसा कि हम जानते हैं कि लैपटॉप बैटरी द्वारा प्रचालित होता है, लैपटॉप में प्रयोग की जाने वाली बैटरी के प्रकार निम्नानुसार हैं

(a) निकिल कैडमियम (NiCd)
(b) निकिल मेटल-हाइड्राइड (NiM-H)
(c) लीथियम-ऑयन (Li-ion)
(d) लीथियम-ऑयन पॉलीमर (LIP or Li-Poly)

जब हम लैपटॉप की बैटरी को चार्ज करने हेतु इसके एडॉप्टर को विद्युत सप्लाई से संयोजित करते हैं, तब टास्कबार के नोटीफिकेशन एरिया में बैटरी इण्डीकेट (एक आइकन आता है), करता है जिससे यह ज्ञात होता है कि बैटरी किस लेवल तक चार्ज्ड (charged) है जिससे यह पता चलता है कि बैटरी चार्ज हो रही है अथवा नहीं। चित्र में लैपटॉप में प्रयुक्त होने वाली बैटरी को दर्शाया गया है।

चित्र बैटरी

26.5 लैपटॉप की बैटरी को बदलना Replacing Laptop Battery

- कभी-कभी लैपटॉप की बैटरी को बदलना आवश्यक हो जाता है। बैटरी को बदलने हेतु सर्वप्रथम लैपटॉप को ऑफ करें।
- उसके पश्चात् बैटरी चार्जर एवं सभी केबलें जोकि लैपटॉप से संयोजित हैं, उन्हें हटाएँ।
- अब डिस्प्ले को बंद किया जाता है एवं लैपटॉप को पलट कर रखा जाता है।
- अब बैटरी को बैटरी लैच (latch) की सहायता से उसकी स्थिति (position) में ही उठाया जाता है।
- अब बैटरी लैच को अनलॉक (unlock) किया जाता है।
- इसके पश्चात् बैटरी को चित्र में निर्धारित दिशा की ओर से हटाया जाता है।
- बैटरी को हटाने के बाद एक पूर्ण आवेशित (full charged) बैटरी को इंस्टॉल किया जाता है।
- अब लैच को दोबारा से लॉक्ड (locked) स्थिति में स्लाइड (slide) किया जाता है।
- इस प्रकार से बैटरी के इंस्टॉलेशन का कार्य सम्पूर्ण किया जाता है।
- अब लैपटॉप को दोबारा से ऑन किया जाता है।
- बैटरी चार्जर एवं केबल्स का संयोजन किया जाता है तथा लैपटॉप को स्विच ऑन किया जाता है।

चित्र लैपटॉप बैटरी पैक को हटाना

26.6 लैपटॉप में इण्टरनेट का कॉन्फिगुरेशन Configuration of Internet in a Laptop

वायरलेस फिडेलिटी Wireless Fidelity, WiFi

यह एक सार्वत्रिक वायरलेस तकनीक है, जिसमें रेडियो आवृत्तियों को डेटा ट्रांसफर करने में प्रयोग किया जाता है।

वाई फाई केबल या तारों के बिना ही उच्च गति से इण्टरनेट सेवा प्रदान करती है। इसका प्रयोग हम रेस्तराँ, कॉफी शॉप, होटल, एयरपोर्ट्स, कन्वेशन सेण्टर और सिटी पार्कों इत्यादि में कर सकते हैं।

लैन नेटवर्क LAN Network

वर्तमान समय में प्रत्येक लैपटॉप में लैन कार्ड अन्तर्निहित (built-in) होता है। इसे हम RJ-45 कनेक्टर द्वारा संयोजित भी कर सकते हैं, जिसका पोर्ट बाहर की ओर रहता है।

मॉडेम/ब्लूटुथ Modem/Bluetooth

वर्तमान समय में मॉडेम का प्रयोग करके टेलीफोन लाइन से इण्टरनेट से जुड़ सकते हैं। कम दूरी के मध्य संचार कायम करने हेतु ब्लूटुथ तकनीक को भी लैपटॉप में सन्निहित (built-in) किया जा सकता है।

26.7 लैपटॉप को खोलने एवं अपग्रेड करने हेतु औज़ार

Tools for Opening and Upgrading Laptop

यदि हम लैपटॉप में आई समस्या/दोष को दूर करने के लिए उसका सुधार (repair) करना चाहते हैं, तब इसके लिए हमें कुछ विशेष औजारों (tools) की आवश्यकता होगी।

विशेष औजारों के अतिरिक्त किसी बड़े दोष को खोजने के लिए एवं इसका सुधार करने/दोष को दूर करने के लिए विशिष्ट परीक्षण उपकरणों एवं औजारों की आवश्यकता होती है, जिनकी सहायता से सुधार कार्य सरलतापूर्वक सम्पन्न किया जा सकता है।

लैपटॉप के सुधार हेतु प्रयोग किए जाने वाले आवश्यक परीक्षण उपकरणों को तालिकाबद्ध किया गया है

क्र.सं.	उपकरण एवं औजार का नाम	संख्या	टिप्पणी
1.	मल्टीमीटर (AVO मीटर) डिजिटल प्ररूपी (digital type multimeter)	1 No.	वोल्टेज, धारा एवं प्रतिरोध मापने हेतु
2.	निरन्तरता परीक्षक/लॉजिक प्रोब (continuity tester/logic probe)	1 No.	वायरिंग तारों में निरन्तर परीक्षण हेतु
3.	इन्फ्रारेड थर्मामीटर	1 No.	मदरबोर्ड एवं अन्य अवयवों का तापमान मापने हेतु
4.	विद्युत सोल्डरिंग आयरन 25 वाट 230 वोल्ट 50 Hz	1 No.	संयोजन तारों में जोड़ लगाने एवं दोषयुक्त अवयवों को बदलने हेतु
5.	ग्रेबर औजार	1 Pair	IC को PCB से पृथक् करने हेतु
6.	चिमटी	1 No.	
7.	सुवाह्य पेंचकस हैण्डिल सहित	1 Set	क्रॉस प्ररूपी बिट एवं फ्लैट टिप दोनों प्रकार के
8.	सुवाह्य पेंचकस भिन्न-भिन्न आकार वाले षट्भुजाकार बिट्स सहित	1 Set	चैसिस के स्क्रू खोलने हेतु
9.	मुलायम बालों वाला ब्रुश	1 No.	अवयवों की सफाई करने हेतु
10.	वायु पम्प, वायु नली एवं नॉजल सहित		मदरबोर्ड एवं अन्य अवयवों की उन स्थानों की सफाई हेतु जहाँ ब्रुश नहीं पहुँचें
11.	सी डी/डी वी डी ड्राइव के लेन्स की सफाई हेतु उचित रासायनिक तरल पदार्थ	आवश्यकतानुसार	
12.	संकेत/सिग्नल परीक्षक	1 No.	विभिन्न स्टेजों पर सिग्नल की उपस्थिति का पता लगाने हेतु
13.	इलेक्ट्रोस्टेटिक डिस्चार्ज किट (ESD)	1 No.	कार्यकर्ता की जीवन की सुरक्षा हेतु

अभ्यास प्रश्न

परीक्षा प्रारूपी प्रश्न

बहुविकल्पीय

1. वर्तमान समय में लैपटॉप की स्क्रीन निम्न में से किस तकनीक पर आधारित होती है?
(a) CRT (b) LED/LCD
(c) प्रोजेक्शन (d) इनमें से कोई नहीं

2. लैपटॉप से डिजिटल कैमरे को जोड़ने के लिए निम्न में से किस पोर्ट को प्रयुक्त करते हैं?
(a) IEEE 1394 (b) पैरलल पोर्ट
(c) सीरियल पोर्ट (d) इनमें से कोई नहीं

3. लैपटॉप से एक्सटर्नल मॉडेम को जोड़ने के लिए किस पोर्ट को प्रयुक्त करते हैं?
(a) डिस्प्ले पोर्ट (b) VGA पोर्ट
(c) यूएसबी पोर्ट (d) इनमें से कोई नहीं

4. वर्तमान समय के लैपटॉप में निम्न में से किस हार्ड डिस्क को प्रयुक्त करते हैं?
(a) आईडी हार्ड डिस्क को (b) ई-साटा को
(c) स्कैजी हार्ड डिस्क को (d) इनमें से कोई नहीं

5. लैपटॉप निम्न में से किस श्रेणी का कम्प्यूटर है?
(a) मिनी कम्प्यूटर (b) माइक्रो कम्प्यूटर
(c) मेनफ्रेम कम्प्यूटर (d) इनमें से कोई नहीं

6. लैपटॉप के BIOS सेटअप को सामने लाने के लिए निम्न में से किस कुँजी को प्रयुक्त करते हैं?
(a) टैब कुँजी (b) F10 फंक्शन कुँजी
(c) एण्टर कुँजी (d) इनमें से कोई नहीं

7. वर्तमान समय में लैपटॉप में किस तकनीक पर आधारित बैटरी का प्रयोग किया जाता है?
(a) हीलियम (b) नीयॉन
(c) लीथियम (d) 'b' और 'c' दोनों

8. आजकल प्रयुक्त होने वाला लैपटॉप निम्न में से किस तकनीक पर आधारित होता है?
(a) सिंगल बोर्ड तकनीक
(b) मल्टीबोर्ड तकनीक
(c) मदर/डॉटर बोर्ड
(d) उपरोक्त में से कोई नहीं

9. लैपटॉप में ड्राइव से बूटिंग का क्रम बदलने के लिए निम्न में से किसका प्रयोग किया जाता है?
(a) हार्ड डिस्क का
(b) रैम का
(c) BIOS सेटअप का
(d) उपरोक्त में से कोई नहीं

10. निम्न में से किस भाग को लैपटॉप खोले बिना ही बदला जा सकता है?
(a) की-बोर्ड (b) बैटरी
(c) प्रोसेसर (d) ये सभी

11. आज की तारीख में प्रयुक्त होने वाले लैपटॉप में डेटा बैकअप लेने के लिए पेन ड्राइव को किस पोर्ट से संयोजित करते हैं?
(a) फॉयरवायर पोर्ट (b) लैन पोर्ट
(c) पैरलल पोर्ट (d) यूएसबी पोर्ट

12. लैपटॉप में LAN कनेक्शन को जोड़ने के लिए जो कनेक्टर होता है, वो कहलाता है
(a) RJ-11 (b) RJ-21
(c) RJ-19 (d) RJ-45

13. ऑप्टिकल तकनीक की निम्न में से किस ड्राइव को लैपटॉप में लगाया जाता है?
(a) हार्ड डिस्क ड्राइव
(b) जिप ड्राइव
(c) डी वी डी ड्राइव
(d) उपरोक्त में से कोई नहीं

14. लैपटॉप खोलते समय निम्न में से किस किट को हाथ में पहनना जरूरी होता है?
(a) ई एस डी किट (b) टूल किट
(c) प्रोटेक्शन किट (d) ये सभी

15. लैपटॉप में इंस्टॉल ऑपरेटिंग सिस्टम करप्ट होने पर उसे निम्न में से किस ड्राइव के द्वारा बूट करते हैं?
(a) डी वी डी ड्राइव
(b) जिप ड्राइव
(c) फ्लॉपी ड्राइव
(d) उपरोक्त में से कोई नहीं

विविध प्रारूपी प्रश्न

सत्य/असत्य

1. आजकल प्रयोग किया जाने वाला लैपटॉप सिंगल बोर्ड तकनीक पर आधारित होता है।
2. लैपटॉप में ड्राइव से बूटिंग का क्रम बदलने के लिए हार्ड डिस्क का प्रयोग किया जाता है।
3. लैपटॉप में LAN कनेक्शन को जोड़ने के लिए RJ-21 कनेक्टर प्रयुक्त किया जाता है।
4. विश्व का पहला लैपटॉप ग्रिड कम्पास 1100 था।
5. इन्फ्रारेड थर्मामीटर मदरबोर्ड एवं अन्य अवयवों का तापमान मापने हेतु प्रयुक्त किया जाता है।

रिक्त स्थानों की पूर्ति

1. लैपटॉप से एक्स्टर्नल मॉडेम को जोड़ने के लिए ········· पोर्ट का प्रयोग किया जाता है।
2. लैपटॉप ········· श्रेणी का कम्प्यूटर है।
3. वर्तमान समय में प्रयुक्त होने वाले लैपटॉप में ········· हार्ड डिस्क का प्रयोग करते हैं।
4. लैपटॉप में इंस्टॉल ऑपरेटिंग सिस्टम करप्ट होने पर ········· ड्राइव के द्वारा बूट करते हैं।
5. स्पीकर विद्युत चुम्बकीय तरंगों को .... तरंगों में परिवर्तित करता है।

अतिलघु उत्तरीय

1. लैपटॉप में कौन-कौन सी ड्राइव प्रयुक्त की जाती हैं?
2. लैपटॉप की स्क्रीन में किस तकनीक का प्रयोग किया जाता है?
3. लैपटॉप में कौन-कौन से अवयव अन्तर्निहित (built-in) होते हैं? उनके नाम बताएँ।

लघु उत्तरीय

1. सिंगल-बोर्ड लैपटॉप से आप क्या समझते हैं?
2. पोर्टेबल लैपटॉपों में कितनी तरह की बैटरियाँ प्रयुक्त होती हैं? उनका विवरण कीजिए।

दीर्घ उत्तरीय

1. लैपटॉप को खोलने तथा अपग्रेड करने हेतु कौन-से विशेष औजारों (tools) की आवश्यकता होती है? उनकी व्याख्या कीजिए।
2. लैपटॉप में प्रयुक्त सभी घटकों का विस्तारपूर्वक विवरण दीजिए।

उत्तरमाला

बहुविकल्पीय

1. (b) **2.** (a) **3.** (c) **4.** (b) **5.** (b) **6.** (b) **7.** (c) **8.** (a) **9.** (c) **10.** (b)
11. (d) **12.** (d) **13.** (c) **14.** (a) **15.** (a)

सत्य/असत्य

1. सत्य **2.** असत्य **3.** असत्य **4.** सत्य **5.** सत्य

रिक्त स्थानों की पूर्ति

1. यू एस बी **2.** माइक्रो **3.** ई-साटा **4.** डी वी डी **5.** ध्वनि

□□□

स्विच मोड पावर सप्लाई
Switch Mode Power Supply

परिचय Introduction

कम्प्यूटर हेतु रेगुलेटेड वोल्टेज वाली प्राय: स्विच मोड प्रकार की पावर सप्लाई (SMPS) प्रयोग की जाती है, जिसके द्वारा कम्प्यूटर की पृथक्-पृथक् स्टेजेस को आवश्यकतानुसार स्थिर डी.सी. वोल्टेज प्राप्त होते हैं। SMPS का अर्थ है— ''एक ऐसी शक्ति आपूर्ति इकाई जिससे निम्न वोल्टेज डी.सी. की स्विचिंग प्रक्रिया के द्वारा ए.सी. में परिवर्तित किया जाता है एवं उसके वोल्टेज के उच्चीकरण के पश्चात् दिष्टकारी के द्वारा उच्च वोल्टेज डी.सी. में परिवर्तित किया जाता है।'' कम्प्यूटर के क्षेत्र में विभिन्न प्रकार की पावर सप्लाई का प्रयोग किया जाता है। पावर सप्लाई युक्तियों द्वारा कम्प्यूटर के विभिन्न भागों (parts) को उनकी आवश्यकतानुसार पृथक्-पृथक् डी.सी. वोल्टेज प्रदान की जाती हैं। ये वोल्टेज स्थिर (constant) होने आवश्यक हैं अर्थात् इन वोल्टताओं में उतार-चढ़ाव (fluctuations) विद्यमान नहीं होने चाहिए।

पाठ्यक्रम को ध्येय में रखते हुए एवं प्रशिक्षुओं के पावर सप्लाई सम्बन्धित ज्ञान में वृद्धि करने हेतु इस अध्याय में पावर सप्लाई के प्रकारों का संक्षिप्त वर्णन भी सम्मिलित किया गया है, ताकि SMPS को संज्ञान में लाने से पूर्व पावर सप्लाई के प्रकारों को भी प्रशिक्षु भली-भाँति समझ सकें।

27.1 स्विच मोड पावर सप्लाई
Switch Mode Power Supply ; SMPS

स्विच मोड पावर सप्लाई में अनियन्त्रित डी.सी. वोल्टेज को उच्च आवृत्ति स्विच द्वारा उच्च आवृत्ति चोप्ड (chopped) ए.सी. में परिवर्तित किया जाता है, जोकि एक नियन्त्रण परिपथ से नियन्त्रित होती है। आजकल कम्प्यूटर आदि में एक SMPS बॉक्स प्रयोग किया जाता है जो UPS से प्राप्त ए.सी. आपूर्ति (प्राय: 230 वोल्ट) को विभिन्न मानों की नियमित डी.सी. में परिवर्तित करता है। SMPS बॉक्स का निर्गत वोल्टेज ±2V, ±3V, ±5V, ±6V, ±9V, ±12V, ±15, ±18V, ±24V आदि होते हैं जोकि कम्प्यूटर के मदरबोर्ड, हार्ड डिस्क, CD ड्राइव आदि को प्रदान किए जाते हैं। ध्यान दें कि *PNP* प्रकार की ठोस अवस्था युक्तियों के प्रचालन के लिए ऋणात्मक वोल्टेज की तथा *NPN* प्रकार की ठोस अवस्था युक्तियों के प्रचालन के लिए धनात्मक वोल्टेज की आवश्यकता होती है। यहाँ ±5V से तात्पर्य है— +5V तथा –5V (इसी प्रकार अन्य निर्गत वोल्टेज)।

वह तकनीक, जिसके द्वारा निम्न वोल्टेज डी.सी. (प्राय: 6 वोल्ट) को 'स्विचिंग' परिपथों के द्वारा उच्च वोल्टेज डी.सी. (प्राय: 18 से 48 वोल्ट) में परिवर्तित किया जाता है, स्विच मोड तकनीक कहलाती है। इस तकनीक में निम्न वोल्टेज को सर्वप्रथम उच्च आवृत्ति (30 kHz तक) वाली ए.सी. में परिवर्तित किया जाता है तत्पश्चात् ए.सी. को उच्चायी परिणामित्र (step-up transformer) अथवा स्व-परिणामित्र के द्वारा उच्च वोल्टेज ए सी में परिवर्तित किया जाता है। अब इस ए.सी. को दिष्टकारी के द्वारा पुन: डी.सी. में परिवर्तित कर दिया जाता है। इस परिपथ में पल्स विड्थ मॉड्युलेटर (PWM) महत्त्वपूर्ण भूमिका अदा करता है जो डी.सी. आपूर्ति में ए.सी. का प्रभाव पैदा करता है और उसे उच्चायी (step-up) करता है।

कार्य प्रणाली Working Method

SMPS बॉक्स में ए.सी. के अपचयन के लिए एक अपचायी परिणामित्र (step down transformer) तथा ए.सी. के दिष्टीकरण के लिए एक दिष्टकारी (rectifier) होता है। ये दोनों परिपथ प्राय: 6 या 15 वोल्ट डी.सी. तैयार करते हैं। अब 6 V या 15 V डी.सी. को कई वोल्टेज नियामक आई सी (78XX श्रेणी तथा 79XX श्रेणी की) को प्रदान किया जाता है जो विभिन्न मानों का डी.सी. वोल्टेज तैयार करती हैं। नियामक आई सी द्वारा तैयार किए गए नियमित डी.सी. निर्गत वोल्टेज की एक विशेषता यह होती है कि आई सी के अधिक गर्म हो जाने अथवा निवेश वोल्टेज के अत्यधिक बढ़ जाने अथवा कोई अन्य दोष पैदा हो जाने की स्थिति में आई सी का निर्गत वोल्टेज शून्य हो जाता है अर्थात् निर्गत वोल्टेज या तो

नियमित मान का होता है अथवा शून्य होता है। आई सी की इसी 'स्विचिंग' योग्यता के कारण इस शक्ति आपूर्ति इकाई का नाम 'स्विच मोड' शक्ति आपूर्ति रखा गया है। SMPS बॉक्स में आई सी के शीतलन के लिए ऊष्मा-विकिरक तथा एक विद्युत पंखे की व्यवस्था होती है।

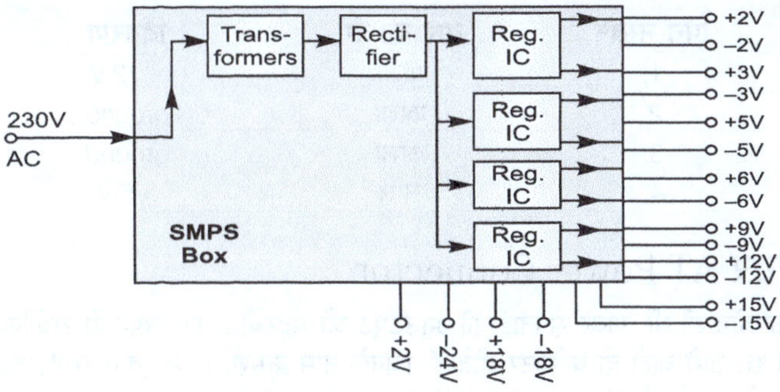

चित्र SMPS का ब्लॉक आरेख

SMPS की विशिष्टियाँ Specifications of SMPS

SMPS की विशिष्टियाँ निम्न प्रकार हैं

विशेषताएँ	विशिष्ट मान
मानक (standard)	ATX 12V
Power	600 W
Connectors	PCI, SATA, Molex
+ 12V rails	4 numbers
Pole Connectors	2 × 8 pin
Fan diameter	140 mm

अनुप्रयोग Applications

पर्सनल कम्प्यूटर तथा कम्प्यूटर परिपथ आदि अन्य उपकरणों/यन्त्रों के प्रचालन के लिए SMPS बॉक्स प्रयोग किया जाता है।

27.2 पावर कनेक्टर Power Connector

पावर सप्लाई इकाई की आउटपुट वोल्टेज को कम्प्यूटर के भिन्न-भिन्न भागों (parts); जैसे—मदरबोर्ड, हार्ड डिस्क ड्राइव, फ्लॉपी डिस्क ड्राइव आदि की इनपुट से संयोजित करने वाले ऐसे साधन को कनेक्टर कहते हैं, जोकि आवश्यकता पड़ने अर्थात् दोष उत्पन्न होने की दशा में कम्प्यूटर के उपरोक्त भागों से पावर सप्लाई के संयोजनों को सरलतापूर्वक पृथक् कर सकें।

फ्लॉपी ड्राइव पावर कनेक्टर Floppy Drive Power Connector

उपरोक्त प्रकार के संयोजक/कनेक्टर की मुख्य विशेषता यह है कि फ्लॉपी ड्राइव परिपथ की आवश्यक ध्रुवता (polarity) के अनुसार ही पावर सप्लाई से प्राप्त डी.सी. वोल्टेज को फ्लॉपी ड्राइव परिपथ की इनपुट से संयोजित करती है, परन्तु विपरीत ध्रुवता पर यह इनपुट से संयोजित नहीं हो पाती है अर्थात् कनेक्टर का मेल भाग फीमेल सॉकेट के अन्दर प्रवेश नहीं कर पाता है।

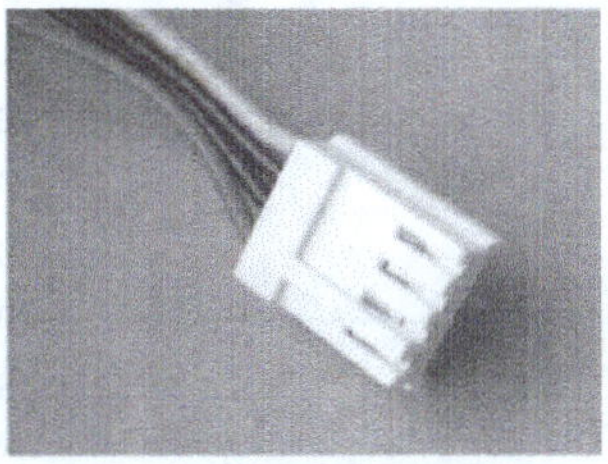

चित्र फ्लॉपी ड्राइव पावर कनेक्टर

मानक पेरीफेरल पावर कनेक्टर Standard Peripheral Power Connector

यह एक चार पिनों वाला कनेक्टर है जिसे मोलेक्स पावर केबिल से संयोजित किया जाता है जिसकी बाएँ ओर की प्रथम पिन पीले रंग के तार से संयोजित होती है जिस पर + 12 वोल्ट प्राप्त होते हैं तथा इसकी दूसरी एवं तीसरी पिन काले रंग के तारों से संयोजित होती है जोकि ग्राउण्ड (शून्य वोल्टेज) से संयोजित होते हैं तथा दाएँ हाथ की चतुर्थ पिन लाल रंग के तार से संयोजित होती है जिस पर + 5 वोल्ट प्राप्त होते हैं।

चित्र पेरीफेरल पावर कनेक्टर

सारणी कलर विशिष्टियाँ

पिन नम्बर	तार का रंग	विवरण
1.	पीला	+12 V
2.	काला	ground
3.	काला	ground
4.	लाल	+5 V

AT पावर कनेक्टर AT Power Connector

AT पावर कनेक्टर का उपयोग डी.सी. पावर सप्लाई की आउटपुट को मदरबोर्ड की इनपुट से संयोजित करने हेतु किया जाता है। इसमें छः तारों वाले दो कनेक्टर होते हैं, जिनके नाम क्रमशः P-8 एवं P-9 हैं, जोकि AT स्टाइल कनेक्टर के नाम से जाने जाते हैं।

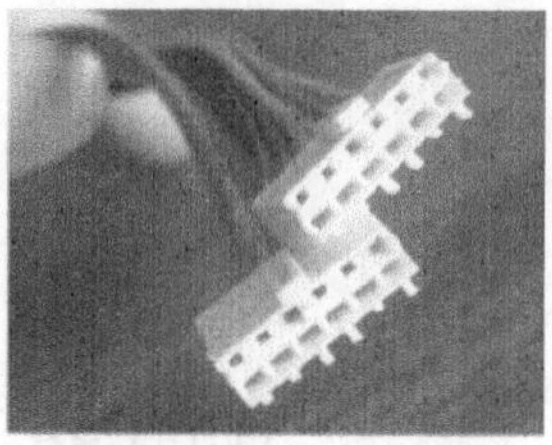

चित्र ए टी पावर कनेक्टर

ATX पावर कनेक्टर ATX Power Connector

एडवांस टेक्नोलॉजी एक्सटेण्डिड (Advanced Technology Extended, ATX) पावर कनेक्टर 20 पिनों वाला कनेक्टर है, जो छः प्रकार की वोल्टेज आउटपुट प्रदान करता है। ATX स्टाइल पावर कनेक्टर का प्रयोग ATX/NLX फॉर्म फैक्टर में किया जाता है।

चित्र ए टी एक्स पावर कनेक्टर

सारणी कलर विशिष्टियाँ

पिन नम्बर	सिग्नल	प्रथम रंग	द्वितीय रंग	पिन नम्बर	सिग्नल	प्रथम रंग	द्वितीय रंग
1	3 V	Orange	Violet	11	3.3V	Orange	Orange
2	3.3 V	Orange	Violet	12	-12V	Blue	Blue
3	Ground	Black	Black	13	Ground	Black	Black
4	5V	Red	Red	14	Ps_ON	Green	Grey
5	Ground	Black	Black	15	Ground	Black	Black
6	5V	Red	Red	16	Ground	Black	Black
7	Ground	Black	Black	17	Ground	Black	Black
8	PW_OK	Orange	Orange	18	-5V	White	White
9	5V_SB	Brown	Brown	19	5V	Red	Red
10	12V	Yellow	Yellow	20	5V	Red	Red

27.3 निर्गत वोल्टेज स्तर Output Voltage levels

स्विच मोड पावर सप्लाई (SMPS) के द्वारा इनपुट ए.सी. वोल्टेज को भिन्न-भिन्न डी.सी. वोल्टेजेस में परिवर्तित किया जाता है। यह मुख्य रूप से तीन स्तरों (levels) के डी.सी. वोल्टेजेस कम्प्यूटर को प्रदान करती है

(i) 3.3 वोल्ट (ii) 5.0 वोल्ट (iii) 12.0 वोल्ट

3.3 वोल्ट एवं 5.0 वोल्ट डी.सी. का प्रयोग डिजिटल परिपथों/सर्किट्स के लिए एवं 12 वोल्ट डी.सी. का प्रयोग डिस्क ड्राइव एवं पंखे (fan) की मोटर को प्रचालित (operate) करने हेतु किया जाता है। SMPS को कम्प्यूटर के मदरबोर्ड से संयोजित (connect) करने हेतु एक 20 पिनों वाले कनेक्टर का प्रयोग किया जाता है जिसमें भिन्न रंगों के तारों वाली केबल प्रयोग की जाती है, जिनसे प्राप्त होने वाले वोल्टेजेस का विवरण निम्न तालिका में दर्शाया गया है

तालिका विविध तारों की निर्गत वोल्टेज स्तर

पिन संख्या (Pin Number)	वायर कलर (Wire Colour)	वोल्टेज (Voltage)	पिन संख्या (Pin Number)	वायर कलर (Wire Colour)	वोल्टेज (Voltage)
1	नारंगी (orange)	3.3 V	11	नारंगी (orange)	3.3 V
2	नारंगी (orange)	3.3 V	12	नीला (blue)	–12 V
3	काला (black)	ग्राउण्ड	13	काला (black)	ग्राउण्ड
4	लाल (red)	5 V	14	हरा (green)	PS_ON
5	काला (black)	ग्राउण्ड	15	काला (black)	ग्राउण्ड
6	लाल (red)	5 V	16	काला (black)	ग्राउण्ड
7	काला (black)	ग्राउण्ड	17	काला (black)	ग्राउण्ड
8	ग्रे (gray)	PG 5 V	18	सफेद (white)	–5 V
9	जामुनी (purple)	SB 5 V	19	लाल (red)	5 V
10	पीला (yellow)	12 V	20	लाल (red)	5 V

आउटपुट वोल्टेज स्तर मापन तकनीक
Output Voltage Level Measuring Technique

मल्टीमीटर नॉब को डी.सी. परास (range) में 10 वोल्ट पर रखकर दशाई गई तालिका के अनुसार 20 पिन सॉकेट की पिन सं. 1, 2 एवं 11 पर पिन सं. 3 (ग्राउण्ड) के सापेक्ष मापते हैं, जोकि 3.3 वोल्ट होना चाहिए, इसी प्रकार पिन सं. 4, 6, 8, 9, 19 एवं 20 पर पिन सं. 3/5/7/13/16 अथवा 17 (जोकि सभी ग्राउण्ड से सम्बन्धित हैं) के सापेक्ष डी.सी. वोल्ट मीटर की सहायता से डी.सी. वोल्टेज मापते हैं जोकि + 5 वोल्ट होना चाहिए, परन्तु पिन सं. 18 पर ग्राउण्ड पिन के सापेक्ष वोल्टेज मापने पर (–5 वोल्ट) होना चाहिए। इसके पश्चात् वोल्टमीटर की नॉब को 50 वोल्ट डी सी परास/रेन्ज पर रखकर पिन सं. 10 पर ग्राउण्ड पिन के सापेक्ष डी.सी. वोल्टेज मापते हैं जोकि + 12 वोल्ट होना चाहिए तथा पिन सं. 12 पर ग्राउण्ड पिन के सापेक्ष (–12 वोल्ट) होना चाहिए।

27.4 स्विच मोड पावर सप्लाई के प्रकार
Types of Switch Mode Power Supply

निम्न तीन प्रकार की स्विच मोड पावर सप्लाई प्रयोग में लाई जाती हैं

AT SMPS **पावर सप्लाई** AT SMPS Power Supply

यह अत्यन्त पुराने प्रकार की SMPS है जिसमें 12 पिनों वाले पावर कनेक्टर प्रयोग किए जाते हैं, जिसे AT पावर कनेक्टर कहते हैं। इनका उपयोग पेन्टियम-I, पेन्टियम-II, पेन्टियम-III एवं पेन्टियम MMX प्रकार के CPUs को डी.सी. वोल्टेजेस सप्लाई करने हेतु किया जाता है।

ATX SMPS **पावर सप्लाई** ATX SMPS Power Supply

यह एक एडवांस्ड टेक्नोलॉजी के द्वारा निर्मित की गई पावर सप्लाई है, इसमें 20 पिनों वाले पावर कनेक्टर्स प्रयोग किए जाते हैं। इनका उपयोग पेन्टियम-III, पेन्टियम-IV एवं ADM प्रकार के CPUs के लिए किया जाता है।

BTX SMPS **पावर सप्लाई** BTX SMPS Power Supply

BTX का अर्थ/तात्पर्य बैलेन्स्ड टेक्नोलॉजी एक्टेण्डेड से है, इसमें 24 पिनों वाले कनेक्टर्स प्रयोग किए जाते हैं। इनका उपयोग डुअल कोर-2 (Core-2 DVO), क्वाड कोर *i*3, *i*5, *i*7 एवं आधुनिक ADM प्रोसेसर्स के CPUs के साथ किया जाता है।

27.5 पावर सप्लाई को स्वच्छ करने की विधि
Method for Cleaning of Power Supply

कम्प्यूटर्स की पावर सप्लाई के घटकों/अवयवों (components) की अच्छी प्रकार सफाई करने एवं पावर सप्लाई के पंखे के भागों की सफाई करने के पश्चात् उसके बुश बियरिंग्स में 50 ग्रेड का स्नेहक तेल (lubricant oil) डालने से पावर सप्लाई का जीवन काल अधिक हो जाता है तथा यह गरम नहीं होती है। SMPS/स्विच मोड पावर सप्लाई (SMPS) को स्वच्छ करने का कार्य निम्न चरणों में पूर्ण किया जाता है

प्रथम चरण First Step

कम्प्यूटर की सप्लाई लाइन प्लग टॉप को सप्लाई सॉकेट से पृथक् करने के पश्चात् SMPS के सभी कनेक्टर्स को, मदरबोर्ड एवं अन्य युक्तियों (devices) से पृथक् करते हैं।

द्वितीय चरण Second Step

अब SMPS की कैबिनेट को खोलकर कम्प्यूटर कैबिनेट से बाहर निकालकर इसे एक पॉलीथीन शीट अथवा अखबार के ऊपर रखकर इसके ढक्कन (cover) को खोलते हैं तथा एक मुलायम बालों वाले ब्रुश के द्वारा SMPS के सभी भागों एवं अवयवों/कम्पोनेन्ट्स के ऊपर चढ़ी धूल को बाहर निकालते हैं तथा जहाँ गहराई में ब्रुश नहीं पहुँच पाए, उसे ब्लोअर के साथ लगे लचीले पाइप की सहायता से बलात् वायु (forced air) के द्वारा धूल को बाहर निकालते हैं अथवा इसके स्थान पर निर्वात पम्प (vaccum pump) के द्वारा धूल को खींच (Suck) कर पृथक् करते हैं।

तृतीय चरण Third Step

उपरोक्त सफाई कार्य पूर्ण होने के पश्चात् पावर सप्लाई पंखे को पावर सप्लाई से पृथक् करने के पश्चात् उसके बुश बियरिंग्स में सिलाई मशीन में प्रयोग किया जाने वाला (50 ग्रेड) लुब्रीकेन्ट ऑयल बहुत कम मात्रा में (4-5 बूँद लगभग) डालते हैं। इसके पश्चात् पंखे को पुन: यथास्थान कस देते हैं।

चतुर्थ चरण Fourth Step

अन्त में स्वच्छ की गई पावर सप्लाई को कम्प्यूटर में यथास्थान पर कसकर इसके सभी सप्लाई सॉकेट्स यथास्थान उनकी पिनों के साथ लगाकर कम्प्यूटर कैबिनेट को बन्द करके कम्प्यूटर को सप्लाई लाइन के साथ संयोजित करके कम्प्यूटर के कार्य प्रदर्शन (performance) की जाँच करते हैं।

27.6 SMPS की सफाई करते समय प्रयुक्त सावधानियाँ
Precautions to be taken while Cleaning of SMPS

SMPS की सफाई करते समय निम्न सावधानियों को ध्यान में रखना चाहिए

1. SMPS के सॉकेट्स को उनकी पिनों से पृथक् करते समय इस बात का ध्यान रखा जाना चाहिए कि सॉकेट की मेल पिनें टेढ़ी न होने पाएँ।
2. SMPS के अवयवों/कम्पोनेन्ट्स को साफ करने हेतु कड़े (hard) बालों वाले ब्रुश का प्रयोग नहीं करना चाहिए।
3. पंखे के बियरिंग्स में लुब्रीकेन्ट ऑयल डालने के पूर्व बियरिंग्स के ऊपर चढ़ी धूल को स्वच्छ करने के पश्चात् ही बियरिंग्स के अन्दर ऑयल 4-5 बूँद से अधिक नहीं डालना चाहिए तथा लुब्रीकेन्ट ऑयल गाढ़े (thick) ग्रेड का प्रयोग नहीं करना चाहिए।
4. SMPS को पुन: यथास्थान लगाने के पूर्व पंखे की पँखड़ी को अँगुली के द्वारा घुमाकर पँखड़ी के स्वतन्त्र रूप से घूमने की जाँच करनी चाहिए, यदि जाँच के समय पँखड़ियाँ जाम हों तब इस दशा में पंखे को खोलकर दोष का पता लगाकर दोष दूर करना चाहिए।

27.7 SMPS को कम्प्यूटर कैबिनेट में संयोजन हेतु प्रयुक्त सावधानियाँ
Precautions to be taken while Connecting SMPS in Computer Cabinet

SMPS को कम्प्यूटर कैबिनेट में संयोजित करते समय निम्नलिखित सावधानियों को संज्ञान में लाना चाहिए

1. डी.सी. आउटपुट सॉकेट्स को यथास्थान उसकी पिनों पर लगाकर इस बात की जाँच करनी चाहिए कि पिनों पर सॉकेट ठीक प्रकार लगा है अर्थात् सॉकेट पूर्णतया कसा है या नहीं।
2. SMPS को कैबिनेट में लगाने के पश्चात् यह जाँच करनी चाहिए कि उसके फिक्सिंग स्क्रू ढीले तो नहीं रह गए हैं और यदि ढीले हैं तो इन्हें कस देना चाहिए।
3. इनपुट एवं आउटपुट सॉकेट्स को उनकी पिनों पर ध्यानपूर्वक लगाना चाहिए एवं कोई मेल सॉकेट पिन यदि टेढ़ी है, तब उसे फीमेल सॉकेट लगाने के पूर्व लाँग नोज प्लायर की सहायता से सीधा कर देना चाहिए।
4. SMPS को कम्प्यूटर कैबिनेट के अन्दर पुन: लगाते समय इस बात का विशेष ध्यान रखना चाहिए कि SMPS के द्वारा कम्प्यूटर के अन्य भागों/घटकों (components) को क्षति नहीं पहुँचनी चाहिए।

अभ्यास प्रश्न

परीक्षा प्रारूपी प्रश्न

बहुविकल्पीय

1. कम्प्यूटर की पावर सप्लाई के मदरबोर्ड कनेक्टरों में नीले रंग की तार में कितने वोल्ट की धारा होती है?

(a) –12 वोल्ट (b) 30 वोल्ट
(c) + 15 वोल्ट (d) 10 वोल्ट

2. पावर सप्लाई के मदरबोर्ड कनेक्टरों में कौन-से रंग की तार अर्थ के लिए होती है?

(a) RED (b) BLACK
(c) YELLOW (d) WHITE

3. वर्तमान समय की पावर सप्लाई में मदरबोर्ड कनेक्टर में कितनी पिन होती हैं?

(a) 12 पिन (b) 24 पिन
(c) 36 पिन (d) इनमें से कोई नहीं

4. डेस्कटॉप कम्प्यूटरों में आज जिस पावर सप्लाई का प्रयोग करते हैं, वह निम्न में से कौन-सा कार्य करती है?

(a) AC धारा को DC में बदलती है
(b) DC धारा को AC में बदलती है
(c) DC धारा को फिल्टर करती है
(d) उपरोक्त में से कोई नहीं

5. SMPS में इन्वर्टर 'चौपर' का कार्य होता है

(a) ए.सी. को डी.सी. में बदलना
(b) ए.सी. को परिवर्तित ए.सी. में बदलना
(c) डी.सी. को ए.सी. में बदलना
(d) उपरोक्त में से कोई नहीं

6. निम्न में से कौन-सा SMPS का लाभ नहीं है?

(a) कम आकार (b) अधिक वजन
(c) उच्च दक्षता (d) कम ऊष्मा उत्पादन

7. कम्प्यूटर पावर सप्लाई के द्वारा निम्न में से किसमें धारा की आपूर्ति नहीं होती है?

(a) रैम (b) प्रिण्टर
(c) हार्ड डिस्क ड्राइव (d) डीवीडी ड्राइव

8. प्रोसेसर वाले कम्प्यूटर हेतु कितने वाट की पावर सप्लाई आदर्श रहेगी?

(a) 100 वाट (b) 35 वाट
(c) 125 वाट (d) 300 वट

9. कम्प्यूटर के कूलिंग फैन के लिए पावर सप्लाई कितने वोल्ट करेण्ट सप्लाई करती है?

(a) + 2 वोल्ट (b) 12 वोल्ट
(c) 10 वोल्ट (d) + 5 वोल्ट

10. निम्न में से कौन-सा फार्म स्टाइल मदरबोर्ड की पावर सप्लाई का नहीं है?

(a) माइक्रो ATX (b) लेजर GTT
(c) SFX स्टाइल (d) इनमें से कोई नहीं

11. SMPS परिवर्तित करती है

(a) उच्च वोल्टेज डी.सी. को निम्न वोल्टेज डी.सी. में
(b) उच्च वोल्टेज ए.सी. को निम्न वोल्टेज डी.सी. में
(c) निम्न वोल्टेज डी.सी. को उच्च वोल्टेज डी.सी. में
(d) निम्न वोल्टेज ए.सी. को निम्न वोल्टेज ए.सी. में

12. SMPS का अनुप्रयोग है

(a) कम्प्यूटर प्रचालन में
(b) मोबाइल फोन में
(c) रेफ्रिजरेटर प्रचालन में
(d) सिलाई मशीन प्रचालन में

13. वर्तमान समय में प्रयोग की जाने वाली पावर सप्लाई में कितने वोल्ट की धारा का इनपुट होता है?

(a) 110-270 वोल्ट
(b) 50-480 वोल्ट
(c) 110-530 वोल्ट
(d) 90-100 वोल्ट

14. कम्प्यूटर की पावर सप्लाई को निम्न में से किस नाम से जाना जाता है?

(a) एस एम पी एस (b) के एम पी एस
(c) आर एम पी एस (d) इनमें से कोई नहीं

15. निम्न में से कौन-सा स्टाइल पावर सप्लाई हेतु प्रयुक्त किया जाता है?

(a) KKX स्टाइल
(b) FXX स्टाइल
(c) ATX स्टाइल
(d) SRK स्टाइल

विविध प्रारूपी प्रश्न

सत्य/असत्य

1. स्विच मोड पावर सप्लाई (SMPS), रेखीय पावर सप्लाई की अपेक्षा अधिक जटिल होती है।
2. SMPS का उपयोग निम्न वोल्टेज डी.सी. को उच्च वोल्टेज ए.सी. में परिवर्तित करने के लिए किया जाता है।
3. वर्तमान समय की पावर सप्लाई में 36 पिन का मदरबोर्ड कनेक्टर होता है।
4. SMPS की क्षमता 150 वाट से लेकर 250 वाट तक हो सकती है।
5. ATX SMPS पावर सप्लाई में 40 पिनों वाले पावर कनेक्टर्स का प्रयोग किया जाता है।

रिक्त स्थानों की पूर्ति

1. SMPS की दक्षता ·········· होती है।
2. SMPS की इनपुट प्रत्यावर्ती धारा (ए.सी.) होने पर प्रथम चरण में ·········· एवं फिल्टर का प्रयोग किया जाता है।
3. SMPS का अनुप्रयोग ·········· प्रचालन में किया जाता है।
4. पावर सप्लाई के मदरबोर्ड कनेक्टरों में ·········· रंग की तार पावर गुड के लिए होती है।
5. डिजिटल परिपथों/सर्किट्स के लिए ·········· डी.सी. का प्रयोग किया जाता है।

अतिलघु उत्तरीय

1. स्विच मोड पावर सप्लाई अनियमित डी.सी. सप्लाई को किसमें परिवर्तित करती है?
2. स्विच मोड पावर सप्लाई के गुण व दोष बताइए।
3. पावर सप्लाई का जो कनेक्टर, डेस्कटॉप के मदर बोर्ड से लगता है, उसमें कितने पिन वाला कनेक्टर होता है?

लघु उत्तरीय

1. स्विच मोड पावर सप्लाई के कनेक्टरों के प्रकारों को समझाइए।
2. SMPS को पुनः कम्प्यूटर कैबिनेट में लगाते समय प्रयोग में लाई जाने वाली सावधानियाँ बताइए।

दीर्घ उत्तरीय

1. स्विच मोड पावर सप्लाई की कार्यप्रणाली चित्र सहित समझाइए।
2. पावर सप्लाई को स्वच्छ करने की विधि का वर्णन कीजिए।

उत्तरमाला

बहुविकल्पीय

1. (b) **2.** (b) **3.** (b) **4.** (a) **5.** (c) **6.** (b) **7.** (b) **8.** (d) **9.** (b) **10.** (b)
11. (c) **12.** (a) **13.** (a) **14.** (a) **15.** (c)

सत्य/असत्य

1. सत्य **2.** असत्य **3.** असत्य **4.** सत्य **5.** असत्य

रिक्त स्थानों की पूर्ति

1. उच्च **2.** दिष्टकारी **3.** कम्प्यूटर **4.** ORANGE **5.** 3.3 वोल्ट एवं 5 वोल्ट

❑❑❑

मदरबोर्ड/सिस्टम बोर्ड का परिचय
Introduction to Motherboard/System Board

परिचय Introduction

पर्सनल कम्प्यूटर में मदरबोर्ड एक प्रिन्टेड सर्किट बोर्ड (PCB) होती है जोकि कम्प्यूटर के सम्पूर्ण कार्य को नियन्त्रित (control) करती है। हमारे कम्प्यूटर का निर्माण करने वाले सभी घटक/भाग (components) मदरबोर्ड से संयोजित होते हैं। मदरबोर्ड PCB पर कम्प्यूटर के महत्त्वपूर्ण अंग जैसे; केन्द्रीय प्रक्रिया इकाई (Central Processing Unit, CPU), स्मृति खाँचे (memory slots), वीडियो खण्ड (video section), उत्तरी एवं दक्षिणी सेतु हीट शिंक सहित (North and South bridges with heat sink) एवं CMOS बैकअप बैटरी आदि संयोजित (connected) होते हैं। इसके साथ-साथ कम्प्यूटर पेरीफेरल (computer peripheral) के लिए संयोजक (connectors) उपलब्ध (available) कराता है।

28.1 मदरबोर्ड Motherboard

कम्प्यूटर के घटक मदरबोर्ड पर ही संयोजित होते हैं। अत: कम्प्यूटर में मदरबोर्ड के मुख्य कार्य निम्न होते हैं यह प्रणाली के महत्त्वपूर्ण घटकों/भागों जैसे कि केन्द्रीय प्रक्रिया इकाई (CPU) स्मृति (memory) के मध्य संचार को पकड़कर, संचार की अनुमति प्रदान करता है तथा मदरबोर्ड के पीछे वाली सतह पर संस्थापित (installed) अन्य महत्त्वपूर्ण पेरीफेरल उप प्रणाली जैसे कि प्रोसेसर एवं अन्य घटकों/भागों के लिए संयोजक उपलब्ध कराता है।

प्रकार Types

फिटिंग (assembly) के आधार पर मदरबोर्ड को निम्न दो वर्गों में बाँटा जाता है

(a) इण्टीग्रेटेड मदरबोर्ड (Integrated Motherboard) (b) नॉन-इण्टीग्रेटेड मदरबोर्ड (Non-integrated Motherboard)

इण्टीग्रेटेड मदरबोर्ड Integrated Motherboard

कम्प्यूटर हेतु आवश्यक कार्यों (functions) को सम्पन्न (perform) करने हेतु सभी आवश्यक घटक (components) एक ही PCB पर संग्रहीत (assembled) होते हैं। इस प्रकार के मदरबोर्ड्स का दोष यह है कि यदि इण्टीग्रेटेड मदरबोर्ड का कोई घटक/कम्पोनेन्ट दोष युक्त (defective) हो जाता है तब सम्पूर्ण मदरबोर्ड को बदला जाना आवश्यक हो जाता है यद्यपि इस प्रकार कि सम्भावना बहुत कम रहती है। इस प्रकार के मदरबोर्ड की दूसरी कमी (disadvantage) यह है कि यदि PC को उन्नत (upgrade) करना होता है तब इसके लिए उपलब्ध एक्सपैन्शन स्लॉट्स सीमित होते हैं, जिससे इसे उन्नत करना कठिन होता है। इनका मूल्य नॉन-इण्टीग्रेटेड मदरबोर्ड की अपेक्षा बहुत कम होता है।

नॉन-इण्टीग्रेटेड मदरबोर्ड Non-integrated Motherboard

इस प्रकार के मदरबोर्ड उच्च प्रदर्शन (high performance) प्रकार के पर्सनल कम्प्यूटर (PCs) का उपयोग करने वाले व्यक्तियों के लिए उपयोगी होते हैं। यदि हम कम्प्यूटर पर उन्नत प्रकार का कोई गेम खेलना चाहते हैं अथवा इसको साउण्ड या वीडियो एडिटिंग (editing) के लिए प्रयोग करना चाहते हैं, तब हमें उन्नत प्रकार के (advanced) साउण्ड कार्ड, वीडियो कार्ड एवं नेटवर्क कार्ड की आवश्यकता होगी जोकि नॉन-इण्टीग्रेटेड मदरबोर्ड में प्रयोग किए जा सकते हैं। इस प्रकार के मदरबोर्ड की कमी (disadvantage) यह है कि उपरोक्त सुविधाओं को उपलब्ध कराने हेतु इसके आवरण/बॉडी/कैबिनेट का आकार बड़ा होता है तथा ये इण्टीग्रेटेड मदरबोर्ड की अपेक्षा महँगे होते हैं। नॉन-इण्टीग्रेटेड मदरबोर्ड पर आवश्यकता के अनुसार मुख्य घटकों/भागों (components) को पृथक् रूप से लगाया जा सकता है।

इनपुट/आउटपुट पोर्ट्स (input/output ports) रैम (RAM) आदि को मदरबोर्ड पर संयोजित इनके खाँचों (slots) का प्रयोग करके इस पर लगाया (fix) जा सकता है।

उपरोक्त प्रकार के मदरबोर्ड का यदि कोई घटक/कम्पोनेन्ट दोष युक्त हो जाता है तब इसे सरलतापूर्वक बदला जा सकता है, इसलिए इस प्रकार के मदरबोर्ड का प्रचलन इण्टीग्रेटेड प्रकार के मदरबोर्ड की अपेक्षा अधिक है अर्थात् ये अधिक लोकप्रिय (popular) है।

28.2 प्रोसेसर के आधार पर मदरबोर्ड के प्रकार Types of Motherboard on the Basis of Processor

वर्तमान समय में मार्केट में उपलब्ध सीपीयू (CPU) किसी विशेष मदरबोर्ड के साथ प्रयुक्त/सुसंगत (suitable/compatible) होते हैं। अत: मदरबोड्र्स को प्रोसेसर के आधार पर निम्नलिखित वर्गों में बाँटा/वर्गीकृत किया गया है

सॉकेट A मदरबोर्ड Socket A Motherboard

सॉकेट A मदरबोर्ड को सॉकेट 464 मदरबोर्ड के नाम से भी जाना जाता है। इस प्रकार के मदरबोर्ड ए एम डी एवं ड्यूरॉन्स (AMD and durons) प्रोसेसर हेतु होते हैं। इस प्रकार के मदरबोर्ड के CPU सॉकेट में 462 पिनें (pins) होती हैं तथा यह एक पिन ग्रेड ऐरे (PGA) पैकिंग में उपलब्ध होता है। इस प्रकार के मदरबोर्ड की बस गति (bus speed) 100 to 200 मेगा हट्र्ज (MHz) होती है।

सॉकेट H मदरबोर्ड Socket H Motherboard

इस प्रकार के मदरबोर्ड को सॉकेट 1156 के नाम से भी जाना जाता है। ये इन्टेल कोर i3, i5 एवं इन्टेल कोर i7 प्रोसेसर के लिए उपयुक्त होते हैं। इस प्रकार के मदरबोर्ड के CPU सॉकेट में 1156 पिनें होती हैं तथा यह लॉर्ज ग्रिड ऐरे (LGA) पैकिंग में उपलब्ध होता है।

सॉकेट T मदरबोर्ड Socket T Motherboard

इस प्रकार के मदरबोर्ड को LGA-775 के नाम से भी जाना जाता है। इस प्रकार के मदरबोड्र्स इन्टेल कोर 2 डुओ (intel core 2 duo), इन्टेल कोर 2 क्वाड (intel core 2 quad) एवं इन्टेल जिऑन (intel xeon) प्रोसेसर के लिए उपयुक्त होते हैं। इसके अतिरिक्त इस प्रकार के मदरबोर्ड में इन्टेल प्रोसेसर जैसे कि—सेलेरॉन, पेन्टियम-4, पेन्टियम-D, सेलेरॉन-D एवं पेन्टियम XE (celeron, pentium-4, pentium-D, seleron-D and pentium XE) के लिए भी उपयुक्त होता है। इस प्रकार के मदरबोर्ड में CPU सॉकेट में 775 पिनें होती हैं एवं इसकी बस गति (bus speed) 1600 मेगा हट्र्ज (MHz) होती है तथा ये पिन ग्रिड ऐरे पैकिंग में उपलब्ध होती हैं।

सॉकेट AM3 मदरबोर्ड Socket AM3 Motherboard

इस प्रकार के मदरबोड्र्स ए एम डी फेनॉम-II एवं ए एम डी एथलॉन-II (AMD Phenom-II and AMD Athlon-II) प्रोसेसर हेतु उपलब्ध होते हैं। इस प्रकार के मदरबोर्ड के CPU सॉकेट में 941 पिनें होती हैं एवं इसकी बस गति (bus speed) 200 से 3200 मेगा हट्र्ज (MHz) होती है।

सॉकेट 370 मदरबोर्ड Socket 370 Motherboard

इस प्रकार के मदरबोर्ड पेन्टियम-4 (pentium-4) प्रोसेसर के लिए उपयुक्त होते हैं तथा इसके CPU सॉकेट में 370 पिनें होती हैं। यह 1-पिन ग्रिड ऐरे पैकिंग में उपलब्ध होता है एवं इस प्रकार के मदरबोर्ड की बस गति (bus speed) 66 से 133 मेगा हट्र्ज (MHz) होती है।

सॉकेट 478 मदरबोर्ड Socket 478 Motherboard

इस प्रकार का मदरबोर्ड इन्टेल पेन्टियम-4EE (intel pentium-4EE) एवं इन्टेल पेन्टियम-M (intel pentium-M) प्रोसेसर के लिए उपयुक्त होता है। इस प्रकार के मदरबोर्ड के CPU सॉकेट में 478 पिनें होती हैं तथा इसकी बस गति (bus speed) 100-200 मेगा हट्र्ज (MHz) होती है। इस प्रकार के मदरबोर्ड को सॉकेट N मदरबोर्ड के नाम से भी जाना जाता है।

सॉकेट 939 मदरबोर्ड Socket 939 Motherboard

इस प्रकार का मदरबोर्ड ए एम डी प्रोसेसर (AMD Processors) जैसे कि एथलॉन-64/64 FE/64 × 2 एवं ऑपेट्रॉन (Athlon 64/64 FE/ 64 × 2 and Opetron) हेतु उपयुक्त होता है। इस प्रकार के मदरबोर्ड में CPU सॉकेट में 939 पिनें होती हैं एवं इसकी बस गति (bus speed) 200 से 1000 मेगा हट्र्ज (MHz) होती है। यह पिन ग्रिड ऐरे पैकिंग में उपलब्ध होते हैं।

28.3 आयाम/विस्तार के आधार पर मदरबोर्ड के प्रकार
Types of Motherboard on the Basis of Dimension/Expansion

कम्प्यूटर मदरबोर्ड के आकार (dimensions) के आधार पर मदरबोर्ड को निम्न वर्गों में बाँटा जाता है। इसके आकार/आयाम को फॉर्म फैक्टर (form factor) के नाम से जाना जाता है।

ATX मदरबोर्ड ATX Motherboard

इस प्रकार के मदरबोर्ड को इन्टेल के द्वारा अभिकल्पित (design) किया गया है। यह इण्टीग्रेटेड एवं नॉन-इण्टीग्रेटेड मदरबोर्ड का सर्वोत्तम सम्मिश्रण है अत: इस प्रकार के मदरबोर्ड को उन्नत (upgrade) करने में सरलता होती है। ATX मदरबोर्ड का पूर्ण नाम एडवांस टेक्नोलॉजी एक्सटेन्डेड है। इस प्रकार के मदरबोर्ड का आकार 12 × 7.5 इंच होता है। इनपुट/आउटपुट पोर्ट एवं USB पोटर्स (ports) को इस मदरबोर्ड एकीकृत (integrate) किया जाता है। इस प्रकार के मदरबोर्ड की बस गति (bus speed) 100 मेगा हर्ट्ज (MHz) होती है।

BTX मदरबोर्ड BTX Motherboard

इस प्रकार का मदरबोर्ड यह ध्यान में रखकर बनाया गया है कि अधिक ऊष्मा उत्पन्न करने वाले घटक एक स्थान पर एक-दूसरे के निकट केन्द्रित न हो जाएँ तथा मदरबोर्ड कम्प्यूटर की पावर सप्लाई पंखे की वायु के द्वारा ठण्डा बनी रहे। इस मदरबोर्ड का आकार ATX मदरबोर्ड के आकार के समान ही होता है।

ATX मदरबोर्ड एवं BTX मदरबोर्ड में मुख्य अन्तर पावर सप्लाई एवं की-बोर्ड (Key-board) कनेक्टर का होता है।

NLX मदरबोर्ड NLX Motherboard

इस प्रकार के मदरबोर्ड में प्रथम बार उभरे हुए एक्सपैन्शन स्लॉट्स (expansion slots) बनाए गए, जिसके माध्यम से विभिन्न कम्पोनेन्ट्स मदरबोर्ड के समान्तर लगाए जा सकें, परन्तु उपयोगकर्ताओं (users) के मध्य मदरबोर्ड की यह विधि लोकप्रिय नहीं हो पाई। इसलिए इस प्रकार का मदरबोर्ड लोकप्रिय नहीं हो पाया।

छोटे आकार (slimline cases) में लगाने के लिए मदरबोर्ड निर्माताओं का प्रथम प्रयास था कि नया प्रोफाइल एक्सटेण्टेड अर्थात् NLX फॉर्म फैक्टर है इसमें प्रथम बार उठे हुए एक्सपैन्शन स्लॉट्स (expansion slots) बनाए गए, जिनके माध्यम से भिन्न-भिन्न प्रकार के घटक/कम्पोनेन्ट्स मदरबोर्ड के समान्तर लगाए जा सकते हैं। यह निश्चित रूप से लघु स्थान में कॉम्पेक्ट कम्पोनेन्ट्स के लिए एक अच्छी विधि है।

पूर्ण AT मदरबोर्ड Full AT Motherboard

सम्मानित रूप से यह मदरबोर्ड का प्रथम प्रकार था। इस मदरबोर्ड का आकार 12 × 11 इंच होता है। इस मदरबोर्ड को अत्यधिक समस्याओं जैसे कि घटकों/कम्पोनेन्ट्स तक जटिल पहुँच एवं अत्यधिक गरम होने का सामना करना आदि।

बेबी AT मदरबोर्ड Baby AT Motherboard

इस मदरबोर्ड के ऊपरी दाएँ कोने में बना DIN की-बोर्ड कनेक्टर से इसे पहचानना अपेक्षाकृत सरल होता है। इस मदरबोर्ड का आकार 10 × 8.5 इंच होता है एवं यह क्लासिक पेन्टियम प्रोसेसर के लिए बनाया जाता है।

माइक्रो ATX मदरबोर्ड Micro ATX Motherboard

इस मदरबोर्ड का आकार 9.6 × 9.6 इंच होता है। ATX मदरबोर्ड की अपेक्षा छोटा होता है। इसमें कॉम्पेक्ट डिज़ाइन का प्रयोग किया गया है। इसलिए यह छोटे आकार के पर्सनल कम्प्यूटर निर्माताओं की पसन्द के अनुसार है। यही कारण है कि बड़ी कैबिनेट का स्थान कॉम्पेक्ट कैबिनेट ने ले लिया है। इस प्रकार के मदरबोर्ड पर USB पेरीफेरल स्लॉट्स की संख्या अधिक होने के कारण इससे अधिक बाह्य युक्तियों (external devices) को संयोजित किया जा सकता है। इस प्रकार के मदरबोर्ड का आकार 9.6 × 7.5 इंच होता है। इस प्रकार के एक अन्य छोटे संस्करण, जिसे छोटे फ्लेक्स ATX के नाम से जाना जाता है, परन्तु इस प्रकार के मदरबोर्ड में अतिरिक्त ग्राफिक्स काड्र्स लगाना सम्भव नहीं होता है।

28.4 मदरबोर्ड का विशिष्ट ले-आउट Typical Layout of Motherboard

चित्र में एक मदरबोर्ड का विशेष ले-आउट दर्शाया गया है। इस चित्र में मदरबोर्ड के मुख्य खण्डों (stages) ब्लॉकों (blocks) को एक-दूसरे के साथ आन्तरिक संयोजनों (internal connections) को दर्शाया गया है।

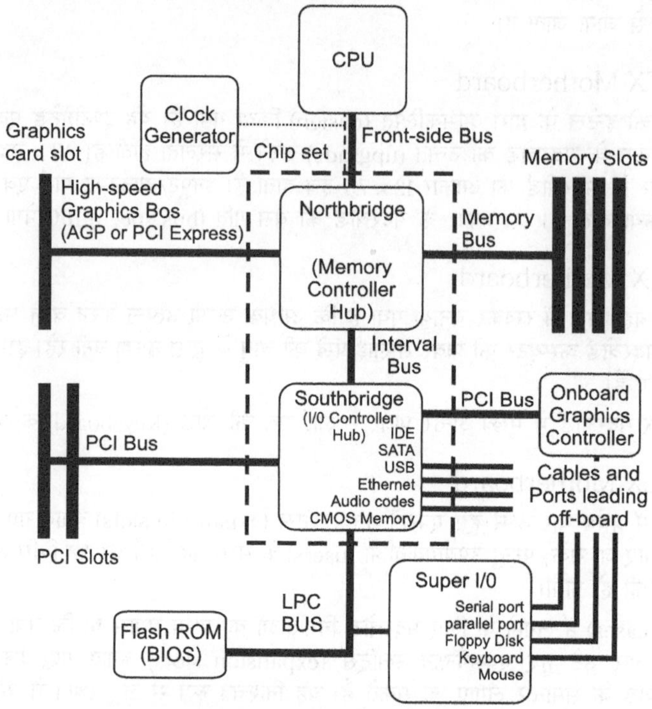

चित्र मदरबोर्ड का आदर्श ले-आउट

28.5 मदरबोर्ड के घटक Components of Motherboard

मदरबोर्ड (एक अनेक पर्तों वाला प्रिन्टेड सर्किट बोर्ड) उन युक्तियों (devices) को नियन्त्रित करता है जोकि डेटा प्रोसेसिंग के लिए उत्तरदायी (responsible) हैं। चित्र में मदरबोर्ड पर स्थापित घटकों/कम्पोनेन्ट्स को दर्शाया गया है। तालिका में मदरबोर्ड पर प्रयोग किए जाने वाले घटकों की सूची में घटकों/कम्पोनेन्ट्स के लेबल एवं विवरण को दर्शाया गया है।

तालिका मदरबोर्ड के कम्पोनेन्ट्स

लेबल	कम्पोनेन्ट्स के विवरण
A	प्रोसेसर सॉकेट
B	हीट सिंक
C	प्रोसेसर फैन हैडर
D	डी डी आर 2 चैनल A DIMM 0 सॉकेट
E	डी डी आर 2 चैनल B DIMM 0 सॉकेट
F	मेन पावर कनेक्टर (2 × 12 pix)
G	आई डी ई कनेक्टर
H	बैटरी
I	ऑल्टरनेट फ्रण्ट पैनल पावर LED हैडर
J	फ्रण्ट पैनल हैडर
K	सीरियल ए टी ए कनेक्टर
L	बी आई ओ एस कॉन्फिगुरेशन जम्पर ब्लॉक
M	चिपसेट

लेबल	कम्पोनेन्ट्स के विवरण
N	हाईस्पीड USB 2.0 हैडर्स
O	स्पीकर
P	सीरियल पोर्ट हैडर
Q	एस/पी डी आई एफ कनेक्टर
R	फ्रण्ट पैनल ऑडियो हैडर
S	पी सी आई बस कनेक्टर 2
T	पी सी आई बस कनेक्टर 1
U	पी सी आई एक्सप्रेस x 16 कनेक्टर
V	रिअर चेसिस फैन हैडर (3-पिन)
W	पी एस/2 की-बोर्ड और माउस कनेक्टर
X	वी जी ए पोर्ट
Y	आर जे 45
Z	लाइन इन पोर्ट
1	पैरेलल पोर्ट हैडर
2	12 V प्रोसेसर कोर वोल्टेज कनेक्टर (2 × 2 pix)

28.6 मदरबोर्ड का कार्यशील विवरण Functional Description of Motherboard

मदरबोर्ड के विभिन्न घटकों के कार्यशील विवरण (functional description) को नीचे दर्शाया गया है

प्रोसेसर के सॉकेट्स Processor's Sockets

प्रोसेसर में एक या एक से अधिक सॉकेट्स होते हैं जिनमें प्रोसेसर को लगाया (connect) जाता है। आधुनिक मदरबोर्ड शून्य निवेशन बल (zero insertion force) सॉकेट का प्रयोग करते हैं। इस प्रकार के सॉकेट्स, "सॉकेट लीवर" का प्रयोग करते हैं, जोकि प्रोसेसर को सॉकेट में लगाने एवं पृथक् करने में सहायता करता है। वर्तमान समय में इन्टेल पर आधारित मदरबोर्ड सॉकेट 775 अथवा T सॉकेट अथवा LGA-775 का प्रयोग करते हैं एवं पेन्टियम-4, पेन्टियम-D एवं कोर-2 डुओ इन्टेल पर आधारित प्रोसेसर को सहायता (support) प्रदान करते हैं।

मैमोरी सॉकेट्स Memory Sockets

मैमोरी सॉकेट का प्रयोग रैम (RAM) को सॉकेट पर स्थापित करने हेतु किया जाता है। मैमोरी कार्ड को संस्थापित (installed) करने के लिए दो प्रकार के मैमोरी सॉकेट होते हैं

सिंगल-इन-लाइन मैमोरी मॉड्यूल Single-inline Memory Module; SIMM

इस प्रकार के मॉड्यूल में मैमोरी के समूह होते हैं एवं यह 8 या 9 चिपें (chips) होल्ड कर सकता है। PC पर नौवीं चिप का प्रयोग अनेक बार पेरिटी बिट चैकर (parity bit checker) के लिए किया जाता है। SIMM –32 बिट डेटा पथ/मार्ग का प्रयोग करता है।

ड्यूअल-इन-लाइन मैमोरी मॉड्यूल Dual-inline Memory Module; DIMM

इसमें एक से अधिक रैम (RAM) चिप्स होती हैं। DIMM में दोनों ओर मैमोरी चिप्स होती हैं DIMM 64 बिट डेटा पथ का प्रयोग करता है।

मदरबोर्ड चिप सेट Motherboard Chip Set

मदरबोर्ड चिप सेट प्रोसेसर रैम और कैशे प्रणाली बसें (buses) एवं पेरिफेरल के मध्य डेटा के प्रवाह (flow) को नियन्त्रित करता है। आधुनिक मदरबोर्ड में दो पृथक् चिपें (chips) होती हैं। उत्तरी सेतु एवं दक्षिणी सेतु (north bridge and south bridge) उत्तरी सेतु/ब्रिज चिप प्रोसेसर, कम्प्यूटर मैमोरी एवं ग्राफिक्स कार्ड के मध्य समन्वय एवं थ्रो पुट (through put) गति को नियन्त्रित करता है। दक्षिणी सेतु/ब्रिज चिप पी सी सीरियल एवं पेरेलल पोर्ट, यू एस बी (USB) सहायता (support) एवं प्रबन्धन (management) कार्य प्रणाली को नियन्त्रित करता है।

➡ **टिप्पणी** *थ्रो पुट अथवा डेटा ट्रांसफर रेट ही गति (speed) होती है जोकि बिट्स अथवा बाइट्स प्रति सेकण्ड में मापी जाती है।*

कैशे Cache

कैशे एक तीव्र गति वाली मैमोरी है जोकि स्टेटिक रैम के द्वारा निर्मित होती है। आन्तरिक कैशे प्रोसेसर से निर्मित होता है एवं बाह्य कैशे प्रोसेसर एवं रैम के मध्य एक पृथक् चित्र पर बना होता है। वर्तमान समय में प्रोसेसर, कैशे के दो स्तरों (levels) L_1 एवं L_2 के साथ उपलब्ध होता है। कैशे की सीमा 8 से 128 KB तक होती है। L_2 कैशे प्रोसेसर के साथ निर्मित होता है।

परन्तु वर्तमान में L_2 कैशे सीधा ही प्रोसेसर में बना (inbuilt) होता है। प्रोसेसर 512 KB, 1 MB या 2MB के L_2 कैशे के साथ उपलब्ध होता है। कुछ CPU जैसे कि Intel Core-I 7 में लगभग 8 MB लेवल-3 (L_3) कैशे भी उपलब्ध होता है।

बी आई ओ एस BIOS

बेसिक इनपुट/आउटपुट प्रणाली (BIOS) एक अन्तर्निर्मित सॉफ्टवेयर है। यह मदरबोर्ड पर रोम चिप (ROM chip) में होता है। BIOS पावर-ऑन सेल्फ टेस्ट भी सम्पन्न (perform) करता है। यह एक डाइग्नोस्टिक टेस्टिंग टूल (diagnostic testing tool) है, जोकि यह जाँच करता है कि प्रयोग में लाई जाने वाली हार्डवेयर डिवाइस सही प्रकार से कार्य कर रही है या नहीं। आधुनिक पी सी में फ्लैश BIOS उपलब्ध होता है। फ्लैश BIOS एक फ्लैश मैमोरी चिप में संग्रहीत (assembled) होता है, जोकि एक रीराइटेबल मैमोरी चिप (rewritable memory chip) होती है। यदि हम चाहें तब फ्लैश BIOS को आवश्यकतानुसार अपडेट (update) कर सकते हैं।

क्लॉक जेनरेटर Clock Generator

क्लॉक जेनरेटर एक इलेक्ट्रॉनिक परिपथ/सर्किट है, जोकि कम्प्यूटर के विभिन्न घटकों को नियन्त्रित एवं अनुकूलन (adjustment) करने के लिए टाइमिंग सिग्नल प्रदान करता है सिंक्रोनाइज़िंग सिग्नल को प्रयोग किए बिना कम्प्यूटर के सभी घटक/अवयव ठीक प्रकार से कार्य नहीं कर सकेंगे एवं कम्प्यूटर हमारे नियन्त्रण के अन्तर्गत कार्य नहीं कर सकेगा। कम्प्यूटर का आउटपुट उस गति (speed) पर निर्भर करता है जिस पर वह कार्य करता है एवं वह गति कम्प्यूटर की क्लॉक गति (clock speed) होती है, जिस पर प्रोसेसर सूचनाओं को देना प्रारम्भ करता है। जितनी अधिक तीव्र क्लॉक गति होगी उतनी ही तीव्रता से CPU सूचनाओं को प्रति सेकण्ड की दर से देना प्रारम्भ कर सकेगा। क्लॉक की गति को मेगा हर्ट्ज (MHz) या गीगा हर्ट्ज (GHz) में दर्शाया जाता है। वर्तमान समय में प्रोसेसर 2GHz, 2.4GHz एवं 3GHz की क्लॉक गति में उपलब्ध होते हैं।

रीयल टाइम क्लॉक एवं कॉम्प्लीमेन्टरी मेटल-ऑक्साइड सेमीकण्डक्टर (CMOS) मैमोरी चिप Real Time Clock and Complimentary Metal Oxide Semiconductor (CMOS) Memory Chip

CMOS चिप रीयल टाइम क्लॉक को नियन्त्रित करता है, जोकि हमारे कम्प्यूटर डेटा एवं टाइम को नियन्त्रित करता है। इसमें एक CMOS रैम होती है, जिसमें कम्प्यूटर की BIOS की सेटिंग होती है। यह एक बैटरी से पावर ग्रहण करता है, जोकि मदरबोर्ड में लगी होती है। कम्प्यूटर में बैटरी कमजोर होने के कारण ये टाइम को ठीक प्रकार बनाए नहीं रखते हैं अर्थात् इनकी क्लॉक का समय परिवर्तित होता रहता है।

सुपर आई/ओ नियन्त्रक Super I/O Controller

सुपर I/O नियन्त्रक मदरबोर्ड अकेला चिप होता है। इसका मुख्य कार्य सीरियल एवं पैरेलल पोर्टों एवं फ्लॉपी डिस्क ड्राइव को नियन्त्रित करना है। आजकल मदरबोर्ड में बढ़ा हुआ (enhanced) सुपर आई/ओ नियन्त्रक लगा होता है, जोकि रीयल टाइम क्लॉक, की-बोर्ड एवं आई डी ई नियन्त्रक को नियन्त्रित करता है।

एक्सपैन्शन कार्डों हेतु स्लॉट्स Slots for Expansion Cards

विस्तार/एक्सपैन्शन खाँचे (slots) मदरबोर्ड पर बने होते हैं जोकि कुछ अतिरिक्त कार्यों को सम्पन्न करने की सुविधा प्रदान करते हैं जैसे कि वीडियो एवं साउण्ड कार्ड को कम्प्यूटर से संयोजित (connect) करना। हम इन खाँचों/स्लॉटों में एक्सपैन्शन/विस्तार कार्ड लगाते हैं। कम्प्यूटर कैबिनेट एवं मदरबोर्ड के फॉर्म फैक्टर के आधार पर इन स्लॉटों में अनेक एक्सपैन्शन कार्ड लगा सकते हैं। मदरबोर्ड में विभिन्न आकार-प्रकार के एक्सपैन्शन स्लॉट्स बने होते हैं। एक्सपैन्शन स्लॉट्स की प्रचलित श्रेणियाँ इस प्रकार हैं

इन्डस्ट्री स्टेण्डर्ड आर्कीटेक्चर, एक्सेलरेटिड, ग्राफिक्स पोर्ट एवं पीसीआई आदि।

➥ **टिप्पणी** *एक्सपैन्शन कार्ड इलेक्ट्रॉनिक कार्ड होते हैं, जोकि कम्प्यूटर की कार्य क्षमता बढ़ाने हेतु प्रयोग में लाए जाते हैं जैसे कि इण्टरफेस कार्ड, मॉडम, नेटवर्क कार्ड, वीडियो कार्ड, साउण्ड कार्ड, वीडियो कैचर कार्ड आदि इसके कुछ उदाहरण हैं। नेटवर्क कार्ड का प्रयोग करके हम एक कम्प्यूटर को दूसरे कम्प्यूटर से जोड़ सकते हैं।*

पावर कनेक्टर Power Connector

मिनी ATX फॉर्म फैक्टर मदरबोर्ड एवं पावर सप्लाई के लिए 24 पिन वायर मदरबोर्ड को प्रयोग करते हैं। पूर्व समय में ATX फॉर्म फैक्टर की-बोर्ड 20 पिनों में उपलब्ध होते थे, परन्तु अब वर्तमान समय में ये 24 पिन पावर सप्लाई कनेक्टरों के साथ उपलब्ध होते हैं। इन कनेक्टर में

अतिरिक्त 4 पिनें, मदरबोर्ड को 20 पिनों वाले पावर सप्लाई कनेक्टर की अपेक्षा अधिक पावर प्रदान करती हैं। ये कनेक्टर मदरबोर्ड के पीछे की ओर पावर सप्लाई के निकट लगे होते हैं।

कैपेसिटर Capacitor

कैपेसिटर कम्प्यूटर, मदरबोर्ड पर प्राप्त सिग्नल्स को फिल्टर करते हैं तथा अनावश्यक सिग्नल को आगे बढ़ने से रोक देते हैं। वर्तमान समय में मदरबोर्ड निर्माता मदरबोर्ड के अन्दर कैपेसिटर की संख्या को कम करने का प्रयत्न कर रहे हैं।

बैटरी Battery

विद्युत सप्लाई में लघु समय के लिए उत्पन्न होने वाले व्यवधानों से मदरबोर्ड के कार्यों को निरन्तर बनाए रखने हेतु एक कम कैपेसिटी की गोल बटन के आकार की बैटरी प्रयोग में लाई जाती है, जोकि लीथियम/मैगनीज़-ऑक्साइड (lithium/manganese-oxide) के द्वारा निर्मित की जाती है।

की-बोर्ड/माउस कनेक्टर Key-board/Mouse Connector

की-बोर्ड एवं माउस कनेक्टर के प्रकार (types) मदरबोर्ड के फॉर्म फैक्टर एवं मॉडल के स्टाइल पर निर्भर करते हैं। ये कनेक्टर मदरबोर्ड के पीछे की ओर लगे होते हैं। PC की-बोर्ड हेतु छोटे 6 पिनों वाले कनेक्टर के जोड़े एवं माउस हेतु पर्सनल सिस्टम-2 एवं PS/2 का प्रयोग किया जाता है।

जम्पर Jumper

जम्पर एक प्लास्टिक कवर वाला छोटा मेटल कनेक्टर है जिसका प्रयोग दो मेटल पिनों को एक साथ जोड़ने हेतु किया जाता है। यह साधारण रूप से जम्पर ब्लॉक में होता है। इसकी पिनें जम्पर ब्लॉक से ऊपर की ओर उठी होती हैं। जम्पर तब ही क्रियाशील होता है जब यह दो पिनों को आपस में मिला देता है। जम्पर को ऊपर की ओर खींचकर निकालने पर दोनों पिनें एक-दूसरे से पृथक् हो जाती हैं। मदरबोर्ड पर जम्पर ब्लॉक सामान्यतया JP_1, JP_2, JP_3 द्वारा मदरबोर्ड निर्माता मदरबोर्ड की विशिष्टियों (specifications); जैसे—मदरबोर्ड पर जम्परों की संख्या, जम्परों का लेबल, प्रत्येक जम्पर के प्रयोग करने का निर्णय करता है। प्रत्येक जम्पर में एक से अधिक सेटिंग्स होती हैं। उदाहरण के लिए; जम्पर ब्लॉक के साथ एक मदरबोर्ड एवं तीन पिनों पर 1, 2 एवं 3 लेबल अंकित (marked) हो लेना चाहिए। प्रथम सेटिंग के लिए पिन 1 एवं 2 तथा दूसरी सेटिंग के लिए पिन 2 एवं 3 प्रयोग में लाई जाती हैं। यदि हम जम्पर को 2 एवं 3 पिनों से संयोजित करेंगे तब यह BIOS सेटअप पासवर्ड को निरस्त कर देगा। सेल्फ-ऑन पोस्ट टेस्ट के चलने के पश्चात् BIOS सेटअप स्वत: ही ऑफ हो जाएगा एवं इसके पश्चात् पुन: किसी भी पासवर्ड की आवश्यकता नहीं होगी।

यदि किसी जम्पर को प्रयोग में नहीं लाया जा रहा है तो इसे जम्पर ब्लॉक में किसी एक पिन पर संयोजित करें, ऐसा करने पर यह सक्रिय नहीं होगा।

➥ **टिप्पणी** *कौन-सा जम्पर किन पिनों से संयोजित करना है, इसका विवरण PC के साथ सप्लाई किए गए मैनुअल में दिया होता है।*

मैनुअल से प्राप्त विवरण निम्न प्रकार होता है

(i) प्रोसेसर का प्रकार
(ii) कैशे साइज एवं प्रकार
(iii) फ्लैश बी आई ओ एस इनेबल
(iv) सी एम ओ एस क्लीयर
(v) बैटरी सोर्स
(vi) डिसेबल जम्पर
(vii) प्रोसेसर गति/बस गति/मल्टीप्लायर
(viii) प्रोसेसर/सीपीयू वोल्टेज

प्रोसेसर/सी पी यू वोल्टेज Processor/CPU Voltage

आधुनिक मदरबोर्ड्स में प्रोसेसर के वोल्टेज सेट करने के लिए एक अथवा एक से अधिक जम्पर होते हैं। इसलिए इन जम्परों को ठीक प्रकार से सेट करना अतिआवश्यक होता है, अन्यथा चिप के जल जाने की सम्भावना रहती है। नवीन प्रोसेसर में दो प्रकार के वोल्टेजेस का प्रयोग होता है, एक बाह्य (external) I/O वोल्टेज एवं दूसरे आन्तरिक कोर वोल्टेज। इन प्रोसेसरों के लिए मदरबोर्ड में इन दोनों वोल्टेजेस को सेट करने के लिए जम्पर प्रयोग किए जाने आवश्यक हैं।

प्रोसेसर गति/बस गति/मल्टीप्लायर Processor Speed/Bus Speed/Multiplier

सभी प्रकार के मदरबोर्डों में प्रोसेसर की गति को दर्शाने का मार्ग होता है। प्रोसेसर की गति को चयन करने की मुख्य दो विधियाँ हैं, जोकि मैनुअल में दी गई होती हैं। कुछ मदरबोर्डों में मैनुअली गति को समायोजित (adjust) करने हेतु गतियों की एक सूची दी जाती है जिसमें इन गतियों का मेल कराने हेतु कैसे जम्पर आवश्यक जम्पर को सेट करते हैं। कुछ मदरबोर्डों में दो पृथक् जम्परों को सेट करने की आवश्यकता होती है, जिनमें एक मैमोरी बस गति को नियन्त्रित करने हेतु तथा दूसरा प्रोसेसर मल्टीप्लायर को सेट करने हेतु होता है। मल्टीप्लायर वह संख्या होती है जिसे बस गति से गुणा करने पर यह CPU की गति दर्शाता है। उदाहरण के लिए 90 MHz पेन्टियम गति प्राप्त करने हेतु 60 MHz बस गति को 1.5 मल्टीप्लायर से गुणा किया जाता है।

कुछ प्रयोग में लाए जाने वाले मल्टीप्लायर निम्न हैं
1.5, 2.0, 2.5, 3.0, 3.5, 4.0,4.5,5.0, 5.5, 6.0, 6.5, 7.0, 7.5, 8.0, 8.5, 9.0, 9.5 एवं 10 सामान्य मदरबोर्डों की बस गतियों में 60, 66, 68, 75, 83, 100 एवं 133 MHz हैं। मल्टीप्लायर एवं बस गति मदरबोर्ड के निर्माताओं द्वारा निश्चित की जाती है।

प्रोसेसर के प्रकार Types of Processor

उपयोगकर्ताओं को वोल्टेज एवं बस गति को सेट करने में उत्पन्न होने वाली कठिनाई को दूर करने हेतु निर्माताओं के द्वारा मदरबोर्ड जम्परों को एक जम्पर सेट अथवा ग्रुप में जोड़ने के निर्देश दिए जाते हैं, जिसमें यह बताया जाता है कि आप कैसे जम्परों को सेट कर सकते हैं। यदि आप पेन्टियम 133 को सेट करेंगे तब जम्पर 1, 3, 12 एवं 12 को कैसे सेट करेंगे। इसे आप मैनुअल में दिए गए निर्देशों को ध्यानपूर्वक पढ़ने के पश्चात् जम्परों को सेट करें।

कैशे का आकार एवं प्रकार Cache Size and Types

वर्तमान समय में मदरबोर्डों में विभिन्न संख्याओं में कैशे उपलब्ध होते हैं। कैशे अन्तनिर्मित अथवा कैशे एक स्टिक (cache on a stick) हो सकते हैं। मदरबोर्ड पर प्रयोग किए जाने वाले कैशे के प्रकार एवं कैशे के आकार के अनुसार हम एक अथवा दो जम्पर सेट कर सकते हैं। कुछ बोर्डों में केवल एक ही कैशे व्यवस्था होती है। इस प्रकार के मदरबोर्डों में जम्पर उपलब्ध नहीं होते।

मैमोरी साइज एवं प्रकार Memory Size and Types

रैम की क्षमता एवं प्रकार की PC स्वत: ही खोज (detect) कर लेता है, परन्तु अनेक पुराने कम्प्यूटर जैसे कि 486 मॉडल के लिए जब भी हम मैमोरी के साइज को परिवर्तित करते हैं, तब जम्पर की सेटिंग को परिवर्तित करना पड़ता है।

फ्लैश बी आई ओ एस इनेबल Flash BIOS Enable

फ्लैश BIOS फीचर को अपडेट करने के लिए जम्पर को किसी विशेष स्थिति में सेट करने की आवश्यकता होती है। BIOS अपडेट करते समय सामान्यत: यह जम्पर डिफॉल्ट पर सेट होता है।

CMOS क्लियर CMOS Clear

कम्प्यूटर की समस्याओं में से एक सबसे बड़ी समस्या यह है कि BIOS सेटअप पासवर्ड का खो जाना, जोकि BIOS सेटअप प्रोग्राम (BIOS Setup Program) लॉक हो जाता है जिससे उपयोगकर्ता (user) प्रोग्राम को खोलने में असमर्थ रहता है। BIOS सेटअप विन्यास व्यवस्था (configuration) के लिए भी जम्पर सामान्यत: डिफॉल्ट पर सेट होता है। कुछ नवीन PC में मदरबोर्ड में जम्पर को अस्थायी रूप से सेट करने एवं परिवर्तित करने के द्वारा BIOS को हटाने की क्षमता बनाई जाती है।

डिसेबल जम्पर Disable Jumper

कुछ मदरबोर्डों में विशेष प्रकार के जम्परों का प्रयोग किया जाता है जोकि मदरबोर्डों के घटकों जैसे कि सीरियल/पैरेलल पोर्ट अथवा फ्लॉपी डिस्क नियन्त्रक को इनेबल अथवा डिसेबल करने की अनुमति प्रदान करता है, जबकि दूसरे जम्पर मदरबोर्ड को विशेष रूप से संयोजित करने के कार्य में लाए जाते हैं जोकि पूर्णरूप से मदरबोर्ड के प्रकार पर आधारित होता है। इसका कारण यह है कि कुछ मदरबोर्डों में जम्पर नहीं होते हैं, जम्पर के स्थान पर वे अधिकांश रूप से विन्यास व्यवस्था विकल्पों को सेट करने हेतु BIOS सेटिंग के विशेष ग्रुपों का प्रयोग करते हैं।

पोर्ट्स एवं हैडर्स Ports and Headers

पोर्ट एक संयोजक (connector) है जोकि केबलों एवं युक्तियों (cables and devices) को मदरबोर्ड संयोजित करने के कार्य में कम आता है। की-बोर्ड एवं PS-2 माउस कनेक्टर के अतिरिक्त कुछ विशेष प्रकार के मदरबोर्ड जैसे कि ATX मदरबोर्ड में पीछे की ओर सीरियल एवं पैरेलल पोर्ट होते हैं।

वे मदरबोर्ड जिनमें इस प्रकार के पोर्ट नहीं होते, उन मदरबोर्ड पर हैडर को प्रयोग में लाते हैं। हैडर पिनों का समूह होता है जिसका प्रयोग मदरबोर्ड पर युक्तियों (devices) अथवा पोर्टों (ports) को संयोजित (connect) करने के लिए किया जाता है। एक केबल पोर्ट से मदरबोर्ड संयोजित होती है। मदरबोर्डों पर सामान्यतया प्रयोग में लाए जाने वाले हैडर निम्न हैं

(i) 10 पिनों के साथ USB
(ii) 6 पिनों के साथ PS/2 माउस पोर्ट
(iii) 26 पिनों के साथ पैरेलल पोर्ट
(iv) 9 से 10 पिनों वाले सीरियल पोर्ट
(v) फ्लॉपी डिस्क इण्टरफेस 34-पिन फ्लॉपी डिस्क के बिल सहित
(vi) प्रत्येक दो आई डी ई इण्टरफेस के लिए 40 पिनों वाला प्राइमरी एवं सेकेण्डरी आई डी ई/ए टी ए हार्ड डिस्क इण्टरफेस (IDE/ATA Hard disk Interface)
(vii) वायरलेस युक्तियों के लिए इन्फ्रारेड पोर्ट, जैसे—4-5 पिनों के मध्य माउस अथवा की-बोर्ड

पिन संयोजक Pin Connectors

मदरबोर्ड में कुछ संयोजक (connectors) होते हैं जोकि केस LEDs इन्डीकेटर एवं स्विचेस (switches) से संयोजित होते हैं। मदरबोर्ड फॉर्म फैक्टर पर निर्भर होने वाले ये संयोजक/कनेक्टर समय-समय पर बदलते रहते हैं।

निम्न संयोजक/कनेक्टर एक आधुनिक मदरबोर्ड पर पाए जा सकते हैं

(i) पावर स्विच
(ii) रिसेट स्विच
(iii) पावर एल ई डी एवं की-लॉक स्विच
(iv) आई डी ई/ए टी ए हार्ड डिस्क एक्टिविटी एल ई डी
(v) स्पीकर
(vi) सीपीयू फैन
(vii) सस्पेण्ड मोड स्विच
(viii) सस्पेण्ड मोड एल ई डी

पावर एल ई डी एवं की-लॉक स्विच Power LED and Key-lock Switch

पावर LED एवं की-लॉक स्विच के संयोजन हेतु 2 पिनों की आवश्यकता होती है, परन्तु इन्हें अधिकांश रूप से 5 पिनों वाले कनेक्टर के साथ संयोजित किया जाता है। आजकल नवीन तकनीक में LED एवं की-लॉक स्विच दोनों अधिकांश रूप से पृथक् होते हैं, परन्तु कुछ PC में की-लॉक स्विच लगा नहीं होता परन्तु इस दशा में लघु आकार प्राप्त करने के लिए 5 पिनों वाला कनेक्टर प्रयोग किया जाता है। तालिका में पाँच पिनों वाले कनेक्टर की पिनों के विन्यास (configuration) को दर्शाया गया है।

तालिका पाँच पिनों वाले कनेक्टर की पिनों का विन्यास/विवरण

पिन संख्या	सिग्नल विवरण
1.	पावर LED आउटपुट (पॉजिटिव)
2.	ग्राउण्ड (नेगेटिव)
3.	की-लॉक सिग्नल (पॉजिटिव)
4.	की-लॉक ग्राउण्ड (नेगेटिव)

रीसेट/स्विच Reset Switch

यह स्विच बिना ध्रुवता (polarity) वाला 2-पिन कनेक्टर है। यह कनेक्टर पावर स्विच को बिना टर्न-ऑफ किए हुए कम्प्यूटर को रीबूट (reboot) करने हेतु रीसेट स्विच से जुड़ा होता है।

आई डी ई/ए टी ए हार्ड डिस्क सक्रियता एल ई डी
IDE/ATA Hard Disk Activity LED

IDE हार्ड डिस्क में मदरबोर्ड कम्प्यूटर की किसी सक्रियता (activity) को खोजता है तब आई डी ई/ए टी ए हार्ड डिस्क सक्रियता एल ई डी (LED) कनेक्टर एल ई डी को सिग्नल भेजता है। कुछ मदरबोर्डों में इस कनेक्टर के लिए चार पिनें होती हैं। पिन-1 एवं पिन-2 एक जोड़ा व पिन-3 एवं पिन-4 दूसरा जोड़ा बनाते हैं। इस कनेक्टर को संयोजित करने के लिए किसी जोड़े को प्रयोग में लाया जा सकता है। कुछ मदरबोर्ड्स में केवल दो पिनों का प्रयोग किया जाता है।

सस्पेन्ड मोड स्विच Suspend Mode Switch

कुछ कम्प्यूटर में टॉगल स्विच (toggle switch) हेतु 2-पिन संयोजक/कनेक्टर होते हैं, जिनका प्रयोग कम्प्यूटर को सस्पेन्ड मोड में रखने हेतु किया जाता है। नवीन कम्प्यूटर में इस कार्य हेतु टबों बटन का प्रयोग किया जाता है।

सी पी यू पंखा CPU Fan

प्रोसेसर के पंखे को पावर सप्लाई से संयोजित करने हेतु मदरबोर्ड में चार पिन संयोजक/कनेक्टर होते हैं। मदरबोर्ड पर पंखा केबल को इन संयोजकों/कनेक्टर पर संयोजित किया जाता है।

स्पीकर Speaker

मदरबोर्ड में स्पीकर को संयोजित करने हेतु 4-पिन संयोजक/कनेक्टर होता है। यह स्पीकर कम्प्यूटर के द्वारा गाने सुनने, फीचर फिल्म की आवाज सुनने हेतु सुविधा प्रदान करता है।

28.7 मदरबोर्ड फॉर्म फैक्टर Motherboard Form Factor

मदरबोर्ड के ले-आउट एवं आकार को फॉर्म फैक्टर निर्धारित करता है। मदरबोर्ड पर विभिन्न घटक/कम्पोनेन्ट्स किस प्रकार स्थापित किए जाएँगे, यह इसको निर्धारित करता है। कम्प्यूटर के मदरबोर्ड के लिए फॉर्म फैक्टर विभिन्न आकार एवं विशेषताएँ प्रदान करते हैं।

फॉर्म फैक्टर के प्रकार Types of Form Factor

(i) ए टी फॉर्म फैक्टर (AT Form Factor)
(ii) ए टी एक्स फॉर्म फैक्टर (ATX Form Factor)
(iii) मिनी-ए टी एक्स फॉर्म फैक्टर (Mini ATX Form Factor)
(iv) माइक्रो ए टी एक्स फॉर्म फैक्टर (Micro ATX Form Factor)
(v) फ्लैक्स ए टी एक्स फॉर्म फैक्टर (Flex ATX Form Factor)
(vi) बेबी ए टी फॉर्म फैक्टर (Baby AT Form Factor)
(vii) एल पी एक्स फॉर्म फैक्टर (LPX Form factor)
(viii) एन एल एक्स फॉर्म फैक्टर (NLX Form Factor)

ए टी फॉर्म फैक्टर AT Form Factor

ए टी मदरबोर्ड को वर्ष 1984 में आई बी एम ने निर्मित किया। ए टी मदरबोर्ड का आकार 12″ × 12″ होता है। ए टी फॉर्म फैक्टर सबसे अधिक प्रयोग किया जाने वाला फॉर्म फैक्टर है। ए टी की सबसे बड़ी विशेषता यह है कि उसका टॉवर डिज़ाइन एवं एक रिमोट पावर स्विच है। AT की पावर सप्लाई 192 वाट पावर प्रदान करती है जोकि पुराने प्रकार के फॉर्म फैक्टर्स से लगभग 6 गुना अधिक है। इस प्रकार के फॉर्म फैक्टर में मुख्य कठिनाई है, इसकी चौड़ाई जिसके कारण बोर्ड के कुछ घटक ड्राइव बेज को ओवरलैप कर देते हैं। इसमें मदरबोर्ड का संस्थापन (installation) दोषों का निवारण एवं उन्नत (upgrading) करना कठिन हो जाता है।

ए टी एक्स फॉर्म फैक्टर ATX Form Factor

ए टी एक्स ने ए टी फॉर्म फैक्टर की अनेक समस्याओं को दूर किया, जिससे कम्प्यूटर निर्माता कठिनाइयों का सामना कर रहे थे। ए टी एक्स फॉर्म फैक्टर को इन्टेल ने वर्ष 1995 में निर्मित किया। इन्टेल के द्वारा इसको कम्प्यूटर कैबिनेट एवं मदरबोर्ड में अनेक प्रकार के परिवर्तनों के साथ प्रस्तुत किया गया। पुराने मदरबोर्डों से अधिक अच्छा होने के कारण ए टी एक्स मदरबोर्ड अत्यधिक प्रचलित हुआ। चित्र में ए टी एक्स मदरबोर्ड

की आकृति को दर्शाया गया है। ए टी एक्स मदरबोर्ड में इण्टीग्रेटेड आई/ओ पोर्ट्स होते हैं जोकि मदरबोर्ड पर लगे होते हैं, जबकि बेबी ए टी मदरबोर्ड में होल्डर का प्रयोग किया जाता है जिससे इसका मूल्य कम हो जाता है, संस्थापन समय में बचत हो जाती है तथा विश्वसनीयता भी अधिक हो जाती है। ए टी एक्स मदरबोर्ड इण्टीग्रेटेड PS/2 माउस कनेक्टर, पावर-सप्लाई आदि में उन्नत डिज़ाइन का प्रयोग किया गया है। इसमें मदरबोर्ड पर घटकों कम्पोनेन्ट्स को स्थापित करना सरल होता है।

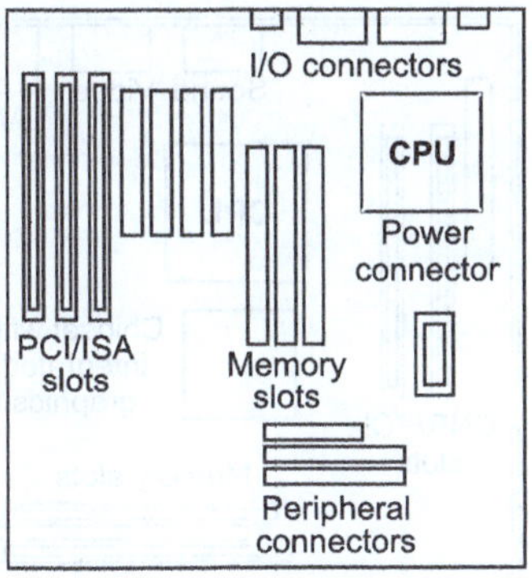

चित्र ATX मदरबोर्ड की आकृति

मिनी ए टी एक्स फॉर्म फैक्टर Mini ATX Form Factor

यह लगभग ATX फॉर्म फैक्टर के समान होता है, परन्तु मिनी ए टी एक्स फॉर्म फैक्टर मदरबोर्ड, ATX फॉर्म फैक्टर मदरबोर्ड का एक छोटा स्वरूप है।

माइक्रो ATX फॉर्म फैक्टर Micro ATX Form Factor

यह इन्टेल के ATX फॉर्म फैक्टर मदरबोर्ड का एक छोटा स्वरूप है। माइक्रो ATX मदरबोर्ड वर्ष 1990 में निर्मित किया गया। इसका अधिकतम आकार 9.6 स्क्वायर इंच होता है। माइक्रो ATX मदरबोर्ड में लघु आकार की पावर सप्लाई को प्रयोग किया जाता है। जैसे कि SFX डिज़ाइन जोकि आकार में छोटा होता है, इसके साथ इसका पावर निर्धारण (rating) भी ATX मदरबोर्ड से कम होता है। आकार में छोटा होने के कारण इस प्रकार के मदरबोर्ड में विस्तार (expansion) स्लॉट्स कम होते हैं। चित्र में माइक्रो ए टी एक्स मदरबोर्ड की आकृति को दर्शाया गया है।

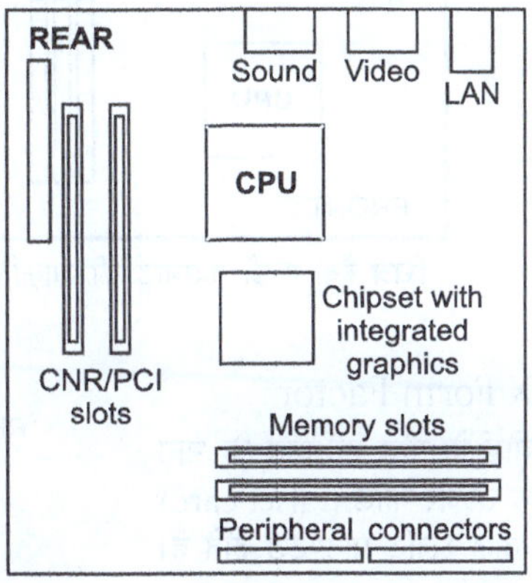

चित्र माइक्रो ए टी एक्स मदरबोर्ड की आकृति

फ्लेक्स ए टी एक्स फॉर्म फैक्टर Flex ATX Form Factor

इन्टेल ने माइक्रो ए टी एक्स में कुछ सुधार करके जो मदरबोर्ड विकसित किया, उसे फ्लेक्स ए टी एक्स नाम से जाना गया। इसका आकार 9" × 7.5" है। यह मदरबोर्ड केवल सॉकिट प्रोसेसर टेक्नोलॉजी एवं माइक्रो ए टी एक्स के समान होल्स को सहायता (support) करता है। चित्र में फ्लेक्स ए टी एक्स मदरबोर्ड की आकृति को दर्शाया गया है।

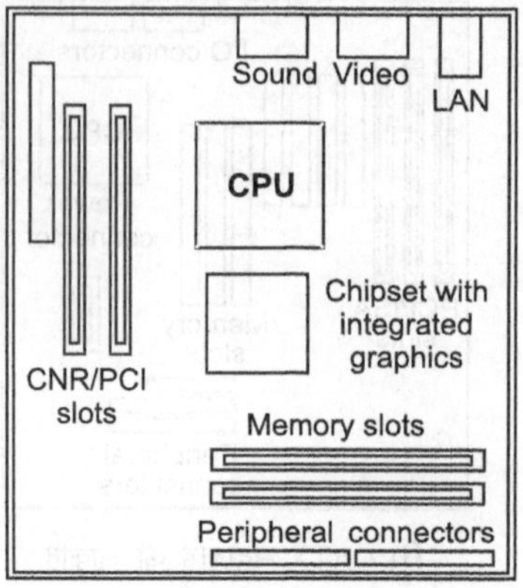

चित्र फ्लेक्स ए टी एक्स मदरबोर्ड की आकृति

बेबी ए टी फॉर्म फैक्टर Baby AT Form Factor

आई बी एम ने वर्ष 1985 में बेबी ए टी फॉर्म फैक्टर मदरबोर्ड को विकसित किया जिसका, आकार 9" ×10" होता है। यह मदरबोर्ड काफी अधिक लोकप्रिय हुआ। इस प्रकार के मदरबोर्ड सुधार करने में सरलता होती है। चित्र में बेबी ए टी फॉर्म की आकृति को दर्शाया गया है।

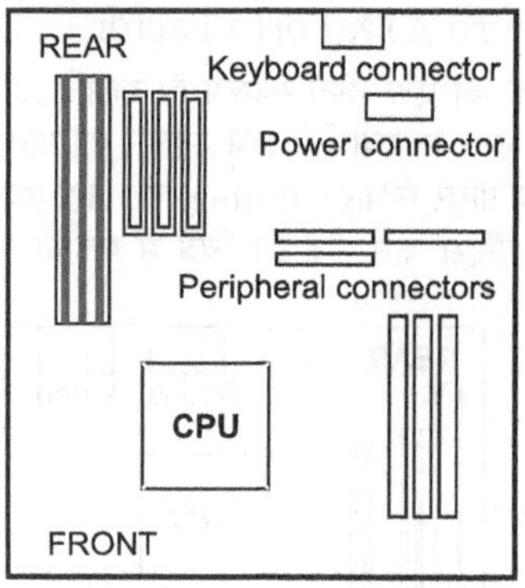

चित्र बेबी ए टी मदरबोर्ड की आकृति

एल पी एक्स फॉर्म फैक्टर LPX Form Factor

एल पी एक्स डिज़ाइन में सामान्यत: मदरबोर्ड के पीछे की ओर के भाग में आई ओ पोर्ट एवं मदरबोर्ड के मध्य एक राइजर कार्ड (raiser card) होता है जिस पर आई एस ए एवं पी सी आई स्लॉट माउण्टेड होते हैं। विस्तार खाँचे (expansion slots) राइजर कार्ड (raiser card) के मध्य होते हैं जोकि हमें एक्सपैन्शन कार्ड प्लग करने की सुविधा प्रदान करता है जिससे कि एक्सपैन्शन कार्ड मदरबोर्ड के प्लेन के समान्तर हो जाए। इस व्यवस्था से मदरबोर्ड को कैबिनेट से बाहर निकालने में कठिनाई होती थी क्योंकि राइजर कार्ड, कम्प्यूटर केस के अन्दर वायु के प्रवाह को रोकता था, इसलिए अतिरिक्त चेसिस पंखे की सदैव आवश्यकता रहती है। मानक विशिष्टियों की कमी के कारण राइजर कार्ड (raiser card) मदरबोर्ड के प्रत्येक डिज़ाइन के लिए पृथक् होते थे। चित्र में एल पी एक्स फॉर्म फैक्टर मदरबोर्ड की आकृति को दर्शाया गया है।

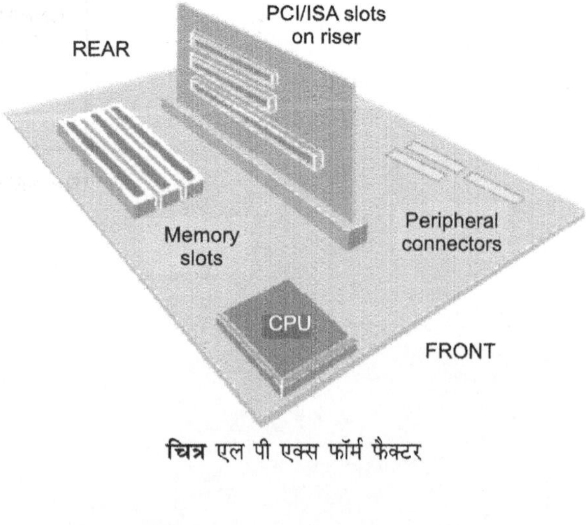

चित्र एल पी एक्स फॉर्म फैक्टर

AGP फॉर्मेट से जटिलता उत्पन्न हो गई कि इस डिज़ाइन ने न केवल राइजर कार्ड पर पिनों की संख्या बढ़ा दी बल्कि कई कार्डों को एक ए जी पी, एक पी सी आई एवं एक आई एस ए स्लॉट तक सीमित भी कर दिया।

एन एल एक्स फॉर्म फैक्टर NLX Form Factor

एन एल एक्स डिज़ाइन को इन्टेल ने वर्ष 1997 में विकसित किया। इसका आकार 13" लम्बा एवं 8" चौड़ा था, इसलिए यह डेस्कटॉप के अनुकूल था। यह डिज़ाइन हमें ए जी पी कार्ड का प्रयोग करने की सुविधा प्रदान करता है, परन्तु मदरबोर्ड पर एक्सपैन्शन स्लॉट होने आवश्यक हैं। सभी विस्तार स्लॉट, पावर केबल्स एवं पेरीफेरल कनेक्शन माउण्टिड राइजर कार्ड पर स्थित होते हैं, जोकि मुख्य मदरबोर्ड को सरलतापूर्वक निकलने देते हैं जोकि चैसिस में सतह पर माउण्टेड होते हैं। यह पिछले पैनल आई ओ के विभिन्न कनेक्शनों की सुविधा प्रदान करने हेतु पूर्ण विड्थ आई ओ/शील्ड का प्रयोग करता है। यह डिज़ाइन हमें ए जी पी कार्ड का प्रयोग करने की सुविधा प्रदान करता है, परन्तु मदरबोर्ड पर एक्सपैन्शन स्लॉट होना आवश्यक है। चित्र में एन एल एक्स मदरबोर्ड की आकृति को दर्शाया गया है।

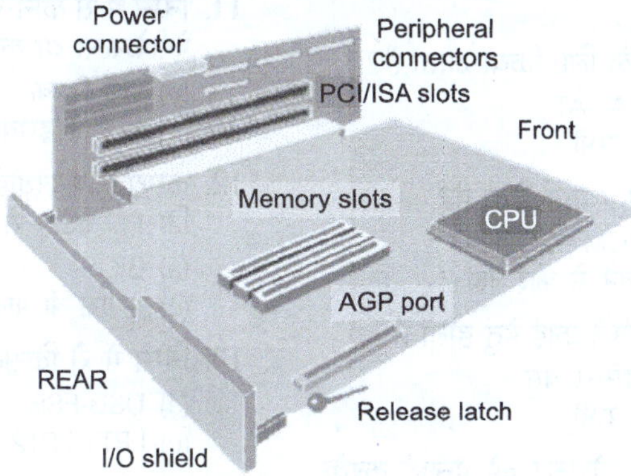

चित्र एन एल एक्स मदरबोर्ड की आकृति

28.8 BIOS के कार्य Understanding Functions of BIOS

बीआईओएस बेसिक इनपुट आउटपूट सिस्टम का लघु रूप है। बी आई ओ एस कम्प्यूटर के ऑपरेटिंग सिस्टम से अलग है, फिर भी यह ऑपरेटिंग सिस्टम से समन्वय करता है। बी आई ओ एस निम्नलिखित बेसिक बूट फंक्शन सम्पन्न करता है।

1. यह प्रत्येक कम्पोनेन्ट की आधारभूत कार्यप्रणाली को सिस्टम में सभी हार्डवेयर की लिस्ट के प्रयोग द्वारा सुनिश्चि करता है।
2. बीआईओएस नए हार्डवेयर जैसे हार्ड ड्राइव और फ्लॉपी ड्राइव को कनफिगर करके उसकी पहचान करता है।
3. वैध ऑपरेटिंग सिस्टम को ढूँढता है और सिस्टम बूट होने के बाद ऑपरेटिंग सिस्टम को सौंपता है।

28.9 BIOS के निर्माता Manufacturers of BIOS

बीआईओएस के कुछ शीर्ष के निर्माताओं का विवरण नीचे दिया जा रहा है

अमेरिकन मैगाट्रैन्ड आईएनसी [American Megatrends Inc. (AMI)] बीआईओएस का प्रथम निर्माता एएमआई है, जिसने मदरबोर्ड पर आधारित इन्टेल के 386 और 486 प्रोसेसर प्लेटफॉर्म पर बीआईएस का निर्माण किया। इसकी स्थापना वर्ष 1984 में हुई।

एवार्ड (Award) यह बीआईओएस का प्रमुख निर्माता है। इसका फॉनिक्स टेक्नोलॉजी (Phonix Technology) में विलय हो गया।

एमआरबीआईओएस (MRBIOS) यह माइक्रोड रिसर्च आईएनसी (Microid Research Inc.) द्वारा निर्मित किया गया था, जिसकी स्थापना 1989 में हुई थी।

फॉनिक्स टेक्नॉलोजी (Phonix Technologies) इसकी स्थापना वर्ष 1979 में हुई थी और इसने पहला कमर्शियल बीआईओएस 1983 में विकसित किया था।

अभ्यास प्रश्न

परीक्षा प्रारूपी प्रश्न

बहुविकल्पीय

1. निम्न में से किसका प्रयोग मदरबोर्ड के लिए किया जाता है?
(a) Baby AT (b) CAT-AT
(c) Baba AT (d) ये सभी

2. निम्न में से कौन पैरेलल पोर्ट के लिए प्रयुक्त होता है?
(a) LPT1-LPT2 (b) COM1-COM2
(c) KPT1-KPT2 (d) इनमें से कोई नहीं

3. मदरबोर्ड की किस बस का प्रयोग डिस्प्ले कार्ड हेतु होता है?
(a) AGP बस (b) प्रोसेसर बस
(c) FSB बस (d) ये सभी

4. डेस्कटॉप मदरबोर्ड के किस भाग में प्रोसेसर को इन्सर्ट करके लगाते हैं?
(a) सॉकेट-370 (b) पी सी आई स्लॉट
(c) ए जी पी स्लॉट (d) ये सभी

5. मदरबोर्ड के जिन स्लॉट्स में एड-ऑन कार्ड लगाते हैं, वे कहलाते हैं
(a) डायनॉमिक स्लॉट्स (b) डेटा स्लॉट्स
(c) नेटवर्क स्लॉट्स (d) एक्सपैन्शन स्लॉट्स

6. कम्प्यूटर की प्राइमरी मैमोरी जिसे RAM के नाम से भी जाना जाता है, उसे कम्प्यूटर के किस भाग में सीधे-सीधे इन्सर्ट करते हैं?
(a) कैबिनेट (b) पावर सप्लाई
(c) मदरबोर्ड (d) इनमें से कोई नहीं

7. मदरबोर्ड के जिस कनेक्टर से मॉनीटर को जोड़ते हैं, वह कहलाता है
(a) VGA (b) USB
(c) LAN (d) SATA

8. कम्प्यूटर के मदरबोर्ड की IEEE पोर्ट की गति कितनी होती है?
(a) 512 MB/s (b) 25 MB/s
(c) 999 MB/s (d) 1024 MB/s

9. वर्तमान समय के मदरबोर्ड से अधिकतम कितनी हार्ड डिस्कों को जोड़ सकते हैं?
(a) 2 हार्ड डिस्क (b) 4 हार्ड डिस्क
(c) 24 हार्ड डिस्क (d) इनमें से कोई नहीं

10. मदरबोर्ड में मुख्य मैमोरी और प्रोसेसर के बीच डेटा स्थानान्तरण के लिये निम्न में से कौन-सी बस का प्रयोग किया जाता है?
(a) प्रोसेसर बस (b) मैमोरी बस
(c) फ्रण्ट साइड बस (d) इनमें से कोई नहीं

11. निम्न में से कौन-सा भाग कम्प्यूटर की बुनियाद होता है और सभी पेरीफेरल्स या कम्पोनेन्ट उससे जुड़कर काम करते हैं?
(a) हार्ड डिस्क (b) रैम
(c) डीवीडी ड्राइव (d) मदरबोर्ड

12. कम्प्यूटर मदरबोर्ड के किस कम्पोनेन्ट में वह प्रोग्राम स्टोर रहता है जिसकी वजह से पावर ऑन सेल्फ टेस्ट सम्पन्न होता है?
(a) BIOS (b) साटा पोर्ट
(c) यू एस बी पोर्ट (d) इनमें से कोई नहीं

13. निम्न में से किसका प्रयोग सीरियल पोर्ट के लिये होता है?
(a) USB-FSB (b) COM1-COM2
(c) LPT1-LPT2 (d) ये सभी

14. मदरबोर्ड की प्रोसेसर बस का निम्न में से तकनीकी नाम क्या है?
(a) USB (b) KSB
(c) FSB (d) इनमें से कोई नहीं

15. मदरबोर्ड के पावर मैनेजमेण्ट हेतु निम्न में से किसका प्रयोग होता है?
(a) FCPI एनर्जी स्टार (b) XCPT एनर्जी स्टार
(c) XCPI एनर्जी स्टार (d) ACPI एनर्जी स्टार

16. कम्प्यूटर की हार्ड डिस्क को कण्ट्रोल करके संचालित करने वाली SATA पोर्ट कम्प्यूटर के किस भाग में स्थित होती है?
(a) एस एम पी एस में (b) सी पी यू में
(c) रैम में (d) मदरबोर्ड में

17. मदरबोर्ड की SATA पोर्ट से निम्न में से किसे जोड़ते हैं?
(a) Printer (b) DVD Drive (c) Monitor (d) LAN Card

18. प्रोसेसर में बिजली का प्रवाह बना रहे, इसके लिये कम्प्यूटर के किस भाग से स्विच मोड पावर सप्लाई के कनेक्टरों को जोड़ते हैं?
(a) की-बोर्ड से (b) मॉनीटर से
(c) मदरबोर्ड से (d) ये सभी

19. मदरबोर्ड के बस स्ट्रक्चर में प्रयोग होने वाली AGP बस स्लॉट्स में निम्न में से किसे जोड़ा जाता है?
(a) प्रिण्टर को (b) डिस्प्ले कार्ड को
(c) BIOS को (d) इनमें से कोई नहीं

20. निम्न में से कौन-सा कार्य बॉयस के द्वारा किया जाता है?
(a) हार्ड डिस्क में डेटा स्टोर करना
(b) डीवीडी में डेटा बर्न करना
(c) पावर ऑन सेल्फ टेस्ट करना
(d) उपरोक्त में से कोई नहीं

विविध प्रारूपी प्रश्न

सत्य/असत्य

1. पावर ऑन सेल्फ टेस्ट BIOS द्वारा किया जाता है।
2. मदरबोर्ड की BIOS के सॉफ्टवेयर को RAM में स्टोर करते हैं।
3. वर्तमान समय के मदरबोर्ड से अधिकतम 50 हार्ड डिस्कों को जोड़ा जा सकता है।
4. मदरबोर्ड की प्रोसेसर बस का तकनीकी नाम FSB है।
5. की-बोर्ड कनेक्टर या पोर्ट मदरबोर्ड के पिछले भाग में होता है।

रिक्त स्थानों की पूर्ति

1. BIOS का पूरा नाम ………… है।
2. मदरबोर्ड की ………… बस का प्रयोग डिस्प्ले कार्ड के सन्दर्भ में होता है।
3. वर्तमान समय के मदरबोर्ड में ………… इन-बिल्ट होता है।
4. मदरबोर्ड के ………… स्लॉट्स में एड-ऑन कार्ड लगाते हैं।
5. मदरबोर्ड के ………… कनेक्टर से मॉनीटर को जोड़ते हैं।

अतिलघु उत्तरीय

1. कम्प्यूटर मदरबोर्ड के मुख्य भाग कौन-कौन से हैं?
2. LPT1 कनेक्टर का क्या कार्य है?
3. JP2 जम्पर का क्या कार्य है?
4. वर्तमान समय में कितने प्रकार के मदरबोर्डों का इस्तेमाल हो रहा है?
5. यूनिवर्सल सीरियल बस से आप क्या समझते हैं?

लघु उत्तरीय

1. मदरबोर्ड में IRQ क्या होती है?
2. मदरबोर्ड में एक्सपैन्शन स्लॉट्स क्या होता है और इसका क्या कार्य है?
3. मदरबोर्ड में I/O पोर्ट एड्रेस का क्या कार्य है?

दीर्घ उत्तरीय

1. मदरबोर्ड से क्या आशय है? मदरबोर्ड को प्रोसेसर के आधार पर वर्गीकृत कीजिए।
2. मदरबोर्ड की समस्याओं के निवारण पर संक्षिप्त नोट लिखिए।

उत्तरमाला

बहुविकल्पीय

1. (a) **2.** (a) **3.** (a) **4.** (a) **5.** (d) **6.** (c) **7.** (a) **8.** (b) **9.** (c) **10.** (a)
11. (d) **12.** (a) **13.** (b) **14.** (c) **15.** (d) **16.** (d) **17.** (b) **18.** (c) **19.** (b) **20.** (c)

सत्य/असत्य

1. सत्य **2.** असत्य **3.** असत्य **4.** सत्य **5.** सत्य

रिक्त स्थानों की पूर्ति

1. बेसिक इनपुट/आउटपुट सिस्टम **2.** AGP **3.** BIOS **4.** एक्सपैन्शन **5.** VGA

❑❑❑

ITIL V3 एवं मूल कारण विश्लेषण

ITIL V3 and Root Cause Analysis (RCA)

परिचय Introduction

सूचना तकनीकी मौलिक संरचना लाइब्रेरी (information technology infrastructure library) आई. टी. सर्विस मैनेजमेन्ट (ITSM) के लिए अभ्यास/प्रैक्टिस का एक सेट है, जोकि आई. टी. सेवाओं की व्यापार की आवश्यकताओं के साथ संरेखित (align) करने पर प्रकाश डालती है। इसके वर्तमान रूप में जो कि ITIL-2011 एजुकेशन के नाम से जाना जाता है। ITIL पाँच कोर संस्करणों (versions) की सीरीज के रूप में प्रकाशित की गई, जिसका प्रत्येक संस्करण विभिन्न IT सर्विस मैनेजमेन्ट (ITSM) जीवन चक्र दशा (life cycle stage) का वर्णन करता है। यद्यपि ITIL, ISO/IEC 20,000 ITSM मानक (standard) को सहारा (support) देता है। यहाँ ISO-2000 मानक एवं ITIL फ्रेमवर्क में अन्तर है।

ITIL-2007 के पूर्ण जीवन चक्र पर अधिक पूर्णतावादी (holistic) दृष्टिकोण प्रदान करता है, जोकि सम्पूर्ण IT संगठन के सभी सहारा देने वाले घटकों (supporting components) की व्याख्या करता है, जोकि ग्राहकों को सेवा प्रदान करने हेतु आवश्यक होते हैं। संस्करण-2 (V2) विशिष्ट सेवा एवं सहारा देने के विशिष्ट क्रियाकलापों पर सीधा प्रकाश डालता है। अधिकांशतः V2 की सक्रियता वर्ष 2007 में अछूती (untouched) रही, परन्तु इसका विस्तार करने से शब्दावली (terminology) में कुछ महत्त्वपूर्ण परिवर्तन किए गए।

29.1 ITIL 2007 संस्करण का संक्षिप्त विवरण Brief Description of ITIL-2007 Version

ITIL-2007 संस्करण, पूर्व में संस्करण-3 के नाम से जाना जाता था, जोकि 30 जून, 2011 को पूर्णतया बदल दिया गया था। ITIL-2007, पूर्ण जीवन चक्र सेवाओं (life cycle services) पर अधिक पूर्णतयावादी दृष्टिकोण उपलब्ध कराता है, जोकि सम्पूर्ण IT संगठन एवं सम्पूर्ण सहायक घटकों, जोकि ग्राहकों को सेवाएँ प्रदान करने हेतु आवश्यक होते हैं, की व्याख्या करता है, जबकि संस्करण-2 केवल विशिष्ट सक्रियता पर प्रकाश डालता है, जोकि सीधी सेवाएँ एवं सहारा देने से सीधा सम्बन्ध रखता है। अधिकांश V2 सक्रियता (activity)-2007 अछूती रही थी, परन्तु शब्दावली में कुछ महत्त्वपूर्ण परिवर्तन करके इसे पूर्ण करने के पश्चात् 30 जून, 2011 को इसे उपयोग हेतु प्रकाशित किया गया था।

29.2 सेवा कूटनीति
Service Strategy (SS)

उद्देश्य Objective

ITIL सेवा कूटनीति का उद्देश्य ग्राहकों की आवश्यकताओं की पूर्ति करने की कूटनीति है। ग्राहकों की आवश्यकताओं एवं बाजार के स्थान की दूरी के आकलन (assessment) से प्रारम्भ करके सेवा कूटनीति जीवन चक्र दशा खोजी जाती है, जोकि IT संगठन को सेवा दी जाती है एवं जिन योग्यताओं को विकसित करने की आवश्यकता होती है उन्हें विकसित किया जाता है। इस अन्तिम लक्ष्य के अन्तर्गत IT संगठन के द्वारा कूटनीति के विषय में नवीन तरीके (method) सोचने से इसे अच्छे कार्य करने के योग्य बनाता है। निम्न चित्र में IT सेवा प्रबन्धन ITIL-2011 प्रक्रियाओं (processes) की ITIL सेवा कार्य नीति-1 (service strategy-1) के प्रवाह आरेख को दर्शाया गया है।

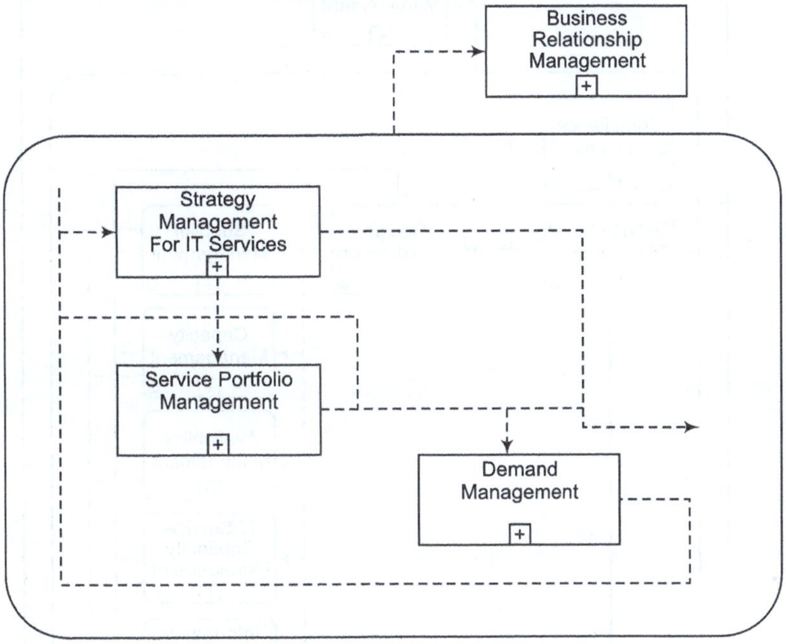

चित्र सेवा कूटनीति का प्रवाह (flow) आरेख

29.3 ITIL **सेवा अभिकल्पना** ITIL Service Design (SD)

ITIL सेवा अभिकल्पना का उद्देश्य, नई IT सेवा को डिजाइन करना है। नई सेवा अभिकल्पना/डिजाइन के स्कोप में नया डिजाइन सम्मिलित होता है, साथ ही पहले से अस्तित्व में रही सेवाओं में सुधार करना है। निम्न चित्र में ITIL सेवा प्रबन्धन (ITIL-2011) प्रक्रियाएँ ITIL सेवा अभिकल्पना (service design) का प्रवाह आरेख दर्शाया गया है।

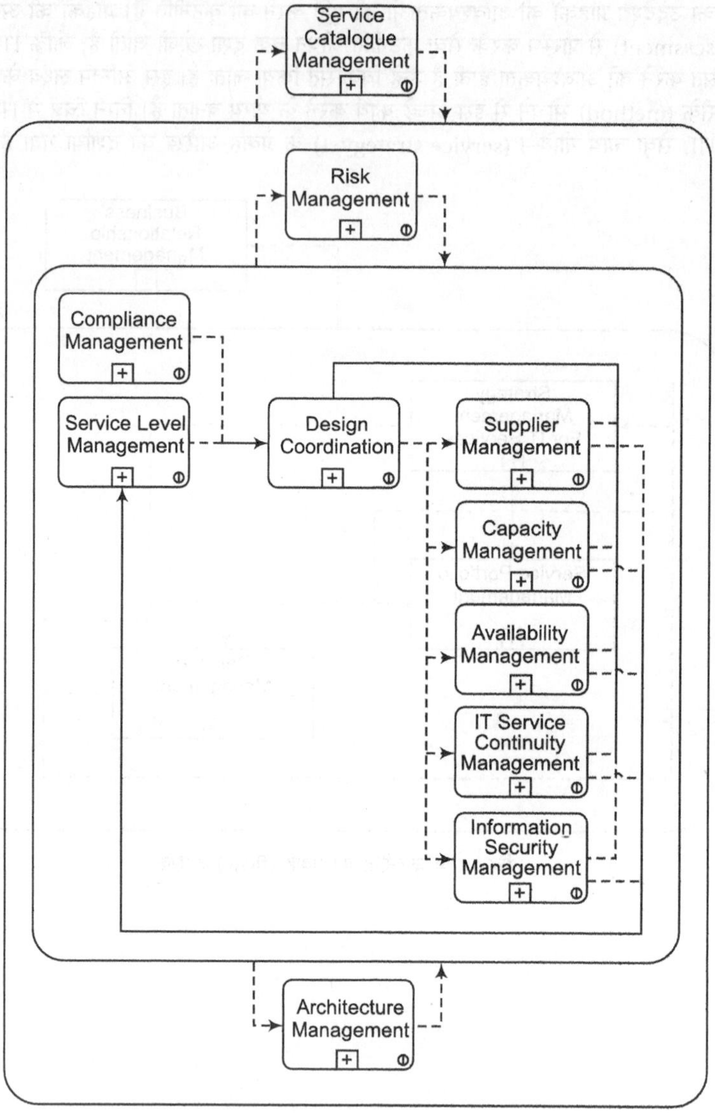

चित्र सेवा अभिकल्पना का प्रवाह (flow) आरेख

29.4 ITIL **सेवा पारगमन** ITIL Service Transition (ST)

उद्देश्य Objective

ITIL सेवा पारगमन का उद्देश्य इन सेवाओं को तैयार करना एवं फैलाना है यह सेवा यह भी निश्चित करती है कि सेवाओं के परिवर्तनों एवं सेवा प्रबन्धन प्रक्रियाएँ सहयोगपूर्ण मार्ग से आगे बढ़ाई गई हैं। निम्न चित्र में ITIL सेवा पारगमन का प्रवाह आरेख दर्शाया गया है।

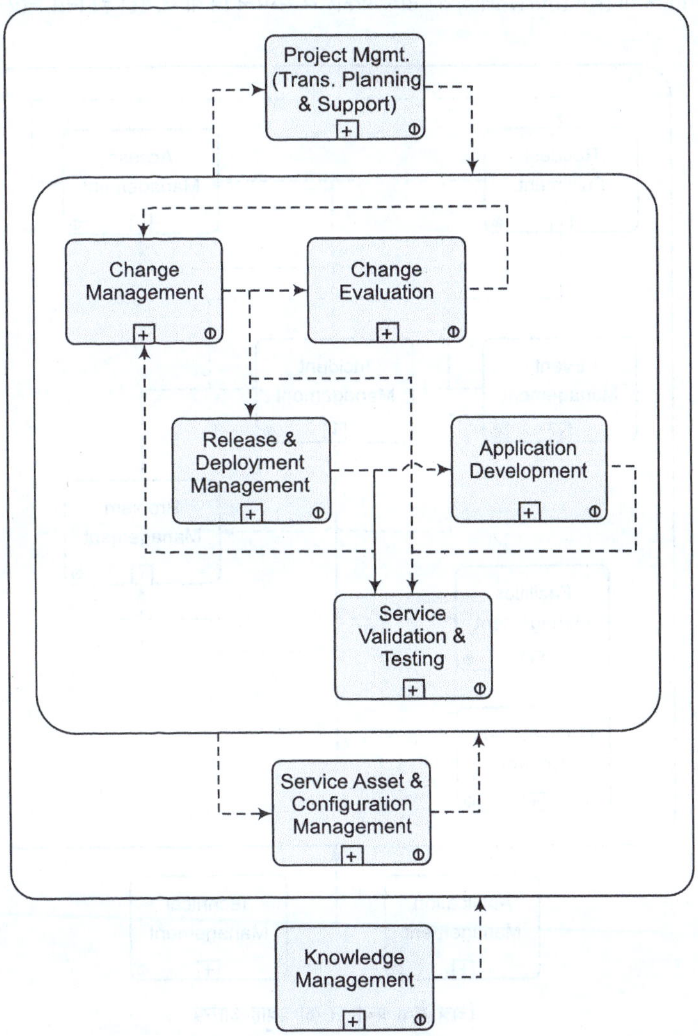

चित्र सेवा पारगमन/ट्रांजिशन का प्रवाह (flow) आरेख

29.5 ITIL सेवा प्रचालन ITIL Service Operation

उद्देश्य Objective

ITIL सेवा प्रचालन का उद्देश्य यह है कि IT सेवाएँ प्रभावशाली रूप से एवं दक्षता (efficiency) के साथ प्रदान की जा रही हैं। इन सेवाओं के अन्तर्गत उपयोगकर्ता (user) की प्रार्थनाओं (requests) पूर्ण की जा रही हैं। सेवाओं के असफल होने के कारणों का समाधान किया जा रहा है, दिनचर्या के कार्यों; नियत कार्यों (routine works) को ठीक प्रकार से सम्पन्न किया जा रहा है। निम्न चित्र में ITIL सेवा-प्रचालन का प्रवाह आरेख दर्शाया गया है।

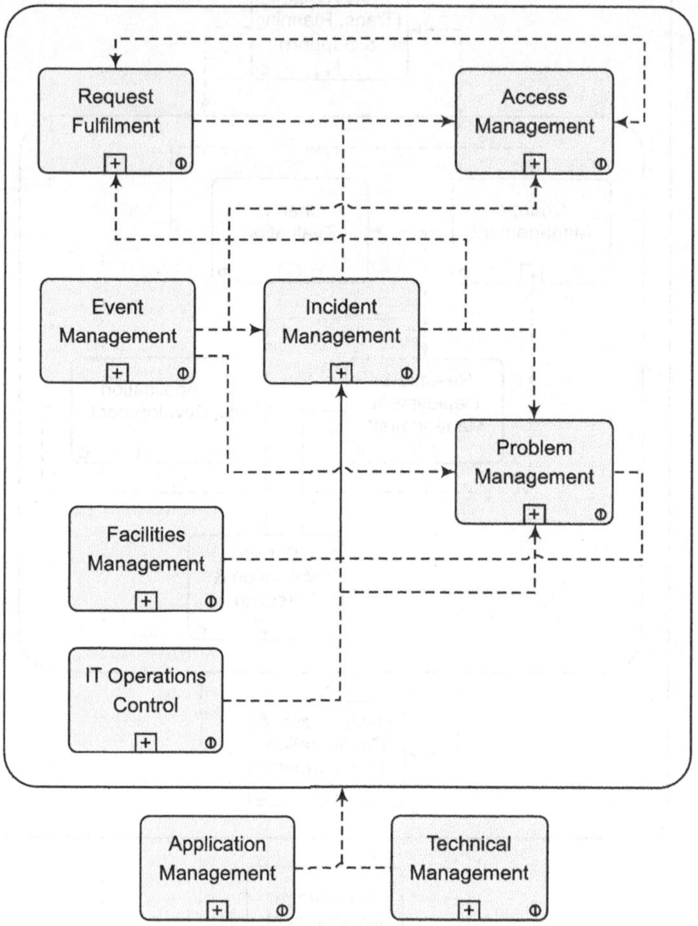

चित्र सेवा प्रचालन का प्रवाह आरेख

29.6 ITIL निरन्तर सेवा विकास ITIL Continual Service Improvement (CSI)

उद्देश्य Objective

ITIL निरन्तर सेवा विकास (CSI) प्रक्रिया गुणवत्ता प्रबन्धन (quality management) की विधि का उपयोग, पूर्व की सफलता एवं असफलता से सीख लेकर करती है। CSI, IT प्रक्रिया सेवाओं की प्रभावशीलता एवं दक्षता का निरन्तर सुधार करती रहती है। यह ISO-2000 के द्वारा अपनाई गई निरन्तर सेवा के विचार के अनुसार नियत प्रक्रिया को अपनाती है। निम्न चित्र में ITIL निरन्तर सेवा सुधार के प्रवाह आरेख को दर्शाया गया है।

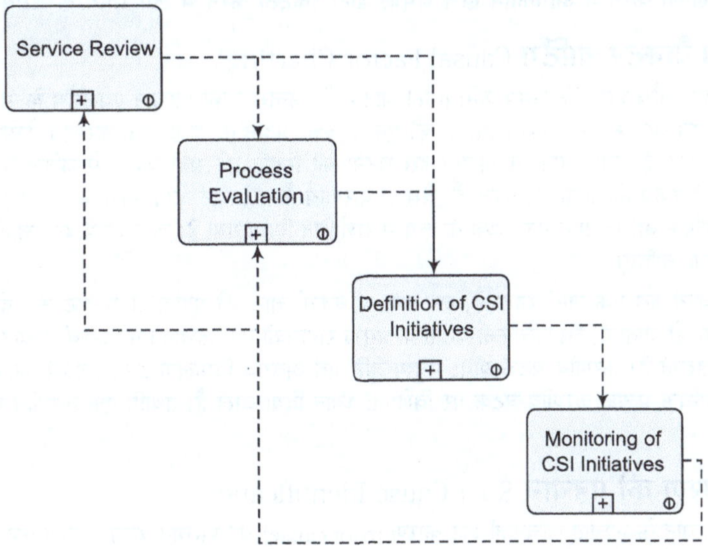

चित्र निरन्तर सेवा विकास का प्रवाह (flow) आरेख

29.7 मूल कारण विश्लेषण Root Cause Analysis (RCA)

मूल कारण विश्लेषण प्रक्रिया (root cause analysis process) एवं ITIL, जोकि समस्या प्रबन्धन (problem management) को दर्शाता है, में आधारभूत/प्राथमिक अन्तर मूल कारण विश्लेषण (RCA) की लोकप्रियता (popularity) का है।

दोनों में प्राथमिक अन्तर, सापेक्ष प्रक्रियाआ का है। मूल कारण विश्लेषण (RCA) एवं समस्या प्रबन्धन प्रक्रिया घटनाओं से सम्बन्धित डाटा की प्रवृत्ति, विश्लेषण एवं परिवर्तनों, सत्य स्रोत (true sources) को खोजने का क्रम अथवा बड़ी सेवा विघ्नों का मूल कारण होता है।

दोनों प्रक्रियाओं में सामान्यतया विषय सम्बन्धी समस्याओं पर विशेषज्ञों के साथ मीटिंग्स सम्मिलित रहती है। उनके नि:सन्देह आरोप-आक्रमण सम्भव कारण पर अन्तर्दृष्टि रखना एवं मीटिंग्स में सामान्य परिणामों की ओर ध्यान केन्द्रित किया जाता है।

इसके अतिरिक्त दोनों प्रक्रियाओं में निष्कर्ष पर आधारित रिपोर्ट प्रकाशित की जाती है, जोकि इन सक्रियताओं से प्राप्त की जाती है, जोकि प्रबन्धन समिति के सदस्यों को वितरित की जाती है।

परिभाषा Definition

रूट कॉज (root cause) की परिभाषा को समझने के लिए निम्न बिन्दुओं पर विचार करना आवश्यक है, जोकि निम्नलिखित हैं

1. रूट कॉज (root cause) विशिष्ट चिन्हित कारण (cause) होते हैं।
2. रूट कॉज को यथोचित पहचाना जा सकता है।
3. रूट कॉज एक ऐसी व्यवस्था है, जिसके प्रबन्धन को नियन्त्रित किया जा सकता है।
4. रूट कॉज वह होता है, जो प्रभावी रूप से उत्पादन पुनरावृत्ति को रोकने के लिए संस्तुत किया जाता है।

चार मुख्य पद Four Main Steps

RCA मुख्यतः चार-पदों को प्रक्रम होता है, जोकि निम्न प्रकार है

पद-1 : **डाटा संग्रहण** Data Collection

इस पद में डाटा को एकत्र करने का विश्लेषण किया जाता है। जानकारी को पूर्ण किए बिना एवं घटना (event) को समझे बिना, घटना से सम्बन्धित करणीय फैक्टर (causal factors) एवं रूट केस (root casues) को पहचाना नहीं जा सकता है।

किसी घटना के विश्लेषण करने में अधिकतम खर्च समय, डाटा इकट्ठा करने में लगे समय के बराबर होता है।

पद-2 : **करणीय फैक्टर चार्टिंग** Causal Factor Charting

करणीय फैक्टर चार्टिंग, जाँच प्रक्रम के समय कमियों की जानकारी, अन्तराल की पहचान एवं जाँच के समय एकत्र जानकारी का विश्लेषण एवं व्यवस्था बनाए रखने हेतु जाँचकर्ता (investigators) को एक स्ट्रक्चर प्रदान करता है। एक करणीय फैक्टर चार्ट सामान्यतः लॉजिक टेस्ट सहित एक अनुक्रम आरेख होता है, जोकि एक घटना एवं इस घटना की स्थिति को सही प्रकार से वर्णित करता है। घटना के सम्बन्ध में जैसे ही जाँचकर्ता जानकारी को एकत्र करना प्रारम्भ करता है, वैसे ही करणीय फैक्टर चार्ट का निर्माण करना चाहिए। ये कंकाल चार्ट (skeleton chart) द्वारा प्रारम्भ होते है, जोकि अधिक प्रासंगिक तथ्यों के रूप में संशोधित किया गया है। करणीय फैक्टर चार्ट द्वारा डाटा पहचान से डाटा कलेक्शन प्रक्रम को ड्राइव करना चाहिए।

डाटा कलेक्शन का कार्य तब तक जारी रहता है, जब तक जाँचकर्ता चार्ट की पूर्णता से सन्तुष्ट नहीं हो जाता। जब पूर्ण घटना का रेखाचित्र (charted-out) तैयार हो जाता है, तब जाँचकर्ता घटना के प्रमुख सहायकों को पहचानने की अच्छी स्थिति में होता है। ये सहायक करणीय घटक (causal factor) कहलाते हैं। करणीय घटक प्रायः मनुष्य त्रुटि एवं अवयव विफलता इत्यादि इसके सहायक घटक होते हैं। अनेक परम्परागत विश्लेषण में सबसे अधिक प्रत्यक्ष करणीय घटक पर विशेषतः ध्यान दिया जाता है। तथापि एक करणीय घटक घटना आमतौर पर सहायकों का संयुक्त परिणाम है।

पद-3 : **रूट कारण की पहचान** Root Cause Identification

करणीय घटक की पहचान के पश्चात् जॉचकर्ता रूट कारण (root cause) की पहचान करना प्रारम्भ कर देता है। इस पद में निर्णय डायग्राम का प्रयोग जिसे रूट कॉज मैप (root cause map) कहते हैं, तार्किक प्रक्रम की मैप संरचना जॉचकर्ता की किसी निश्चित करणीय फैक्टर का विद्यमान होना या न होना, सम्बन्धित प्रश्न एवं उत्तर में सहायता करता है। रूट कॉज (root cause) की पहचान की सहायता से जाँचकर्ता किसी घटना के उत्पन्न होने के कारणों को ज्ञात करता है।

पद-4 : **संस्तुति उत्पादन एवं सुधार** Recommendation Generation and Implementation

रूट कॉज (root cause) की पहचान के पश्चात् अन्य पद उत्पादन एवं संस्तुति हैं। रूट कॉज विश्लेषक सामान्यतः संस्तुति उत्पादन के सुधार के लिए उत्तरदायी नहीं है। फिर भी यदि संस्तुति परिपालित (implemented) नहीं होती है, तो विश्लेषक प्रदर्शन में विस्तार का प्रयोग विफल हो जाएगा। इसके अतिरिक्त यदि किसी घटना के दोबारा से पुनरावृत्ति होने की सम्भावना रहती है, तो संस्था को संस्तुति से सम्बन्धित प्रदर्शन को पूर्ण करने के लिए सुनिश्चित होना चाहिए।

29.8 कॉजल फैक्टर चार्ट Causal Factor Chart

कॉजल फैक्टर चार्ट के अन्तर्गत जाँच प्रक्रम के समय कमियों की जानकारी एवं उनका विश्लेषण तथा व्यवस्था को एक फ्लोचार्ट (flowchart) के रूप में प्रदर्शित किया गया है

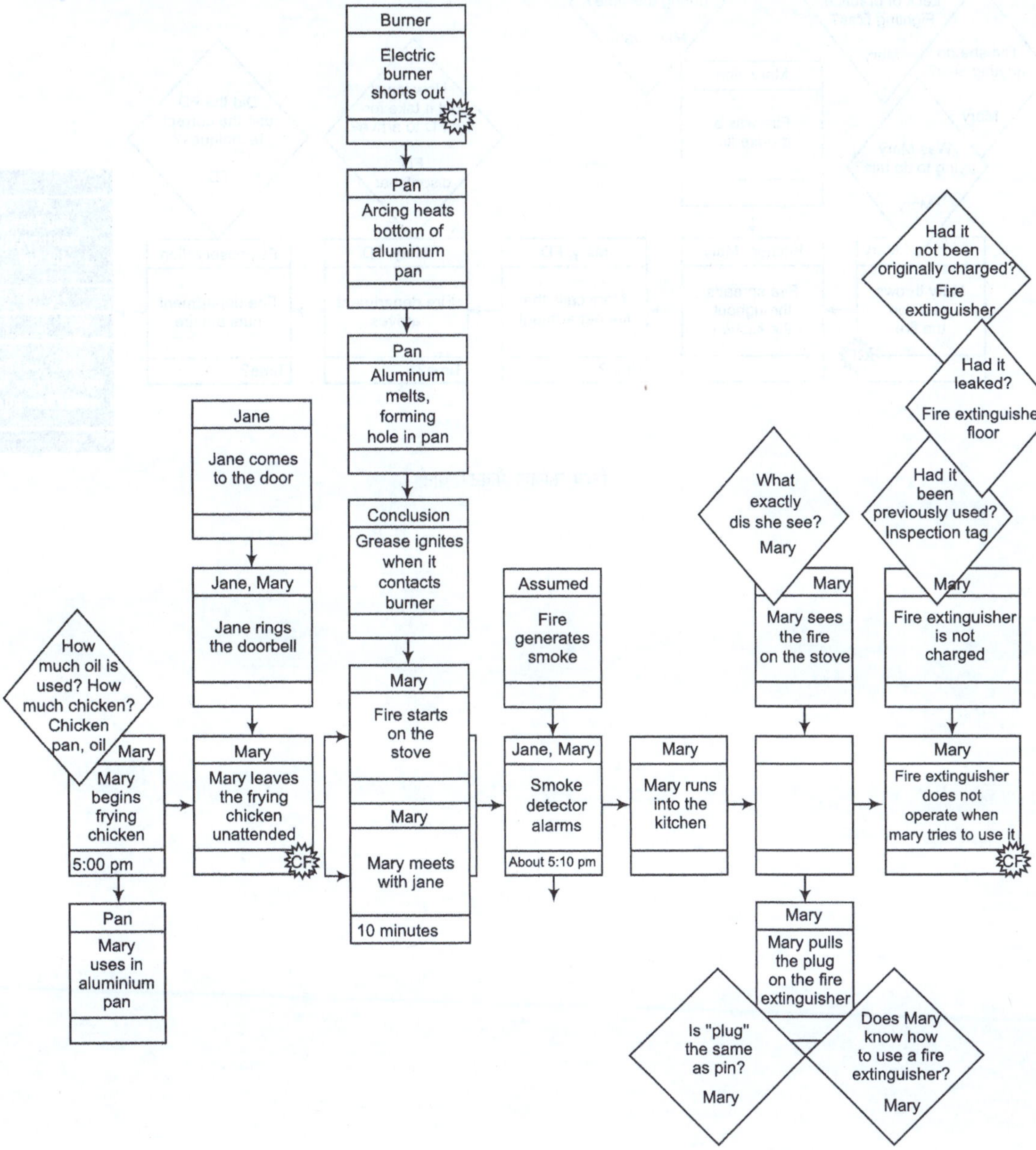

चित्र कॉजल फैक्टर चार्ट

(Fig. contd. on nextPage)

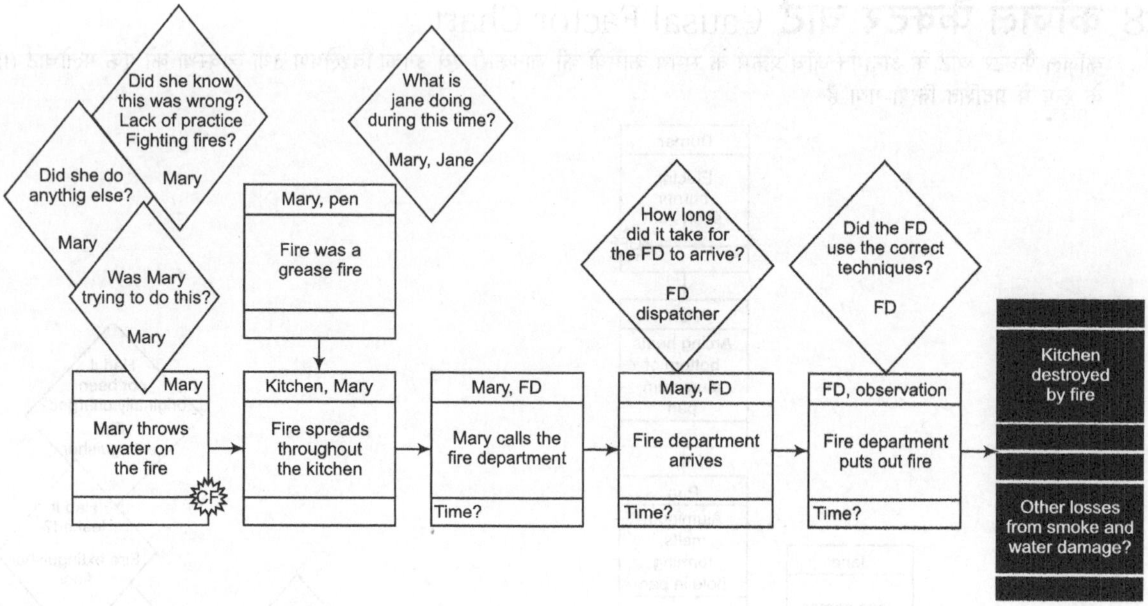

चित्र कॉजल फैक्टर चार्ट

29.9 रूट कॉज़ मैप Root Cause Map

रूट कॉज़ मैप के अन्तर्गत विभिन्न समस्याओं के समाधानों को एक फ्लोचार्ट (flowchart) के रूप में विस्तृत किया गया है

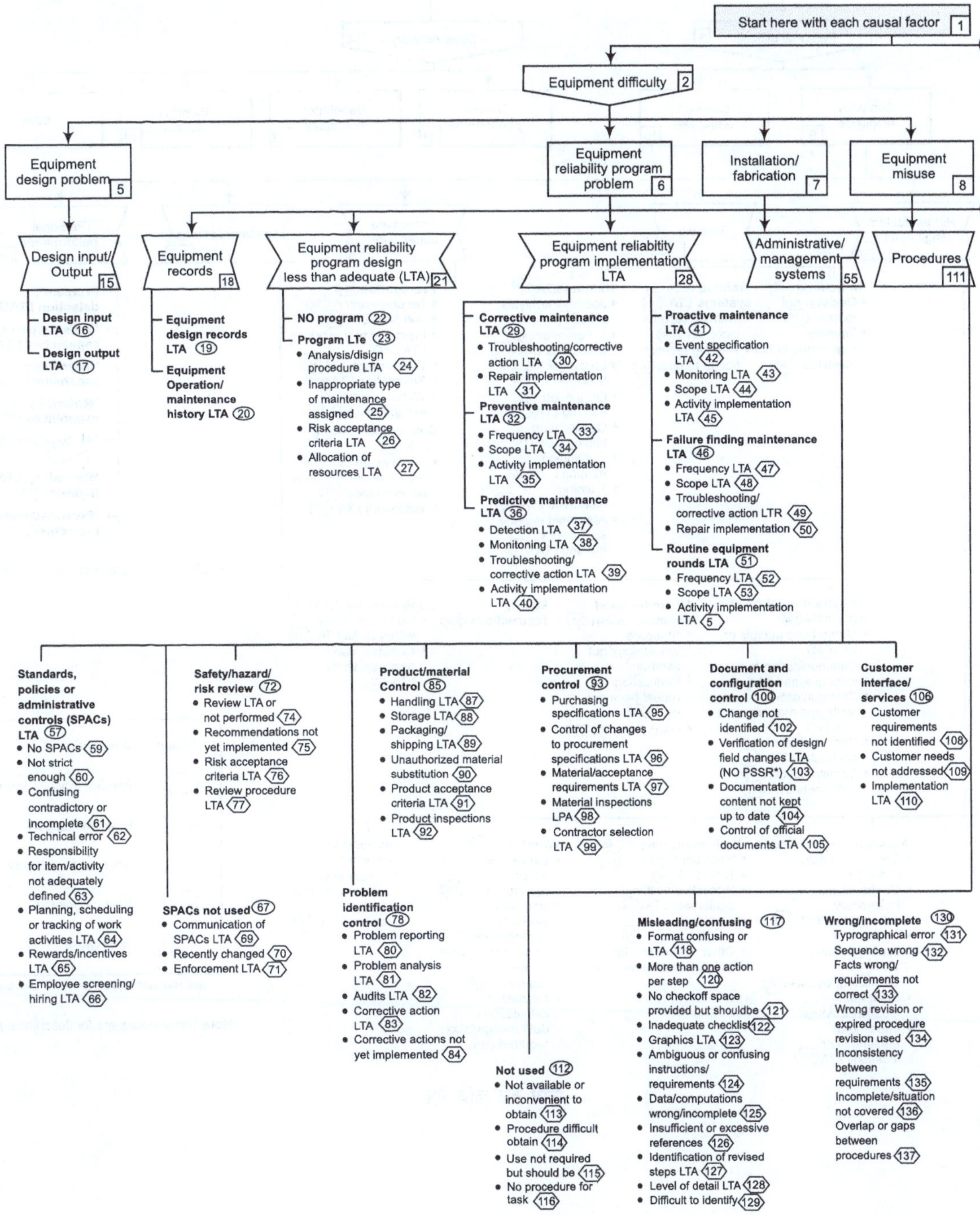

चित्र रूट कॉज़ मैप

(Fig. contd. on next Page)

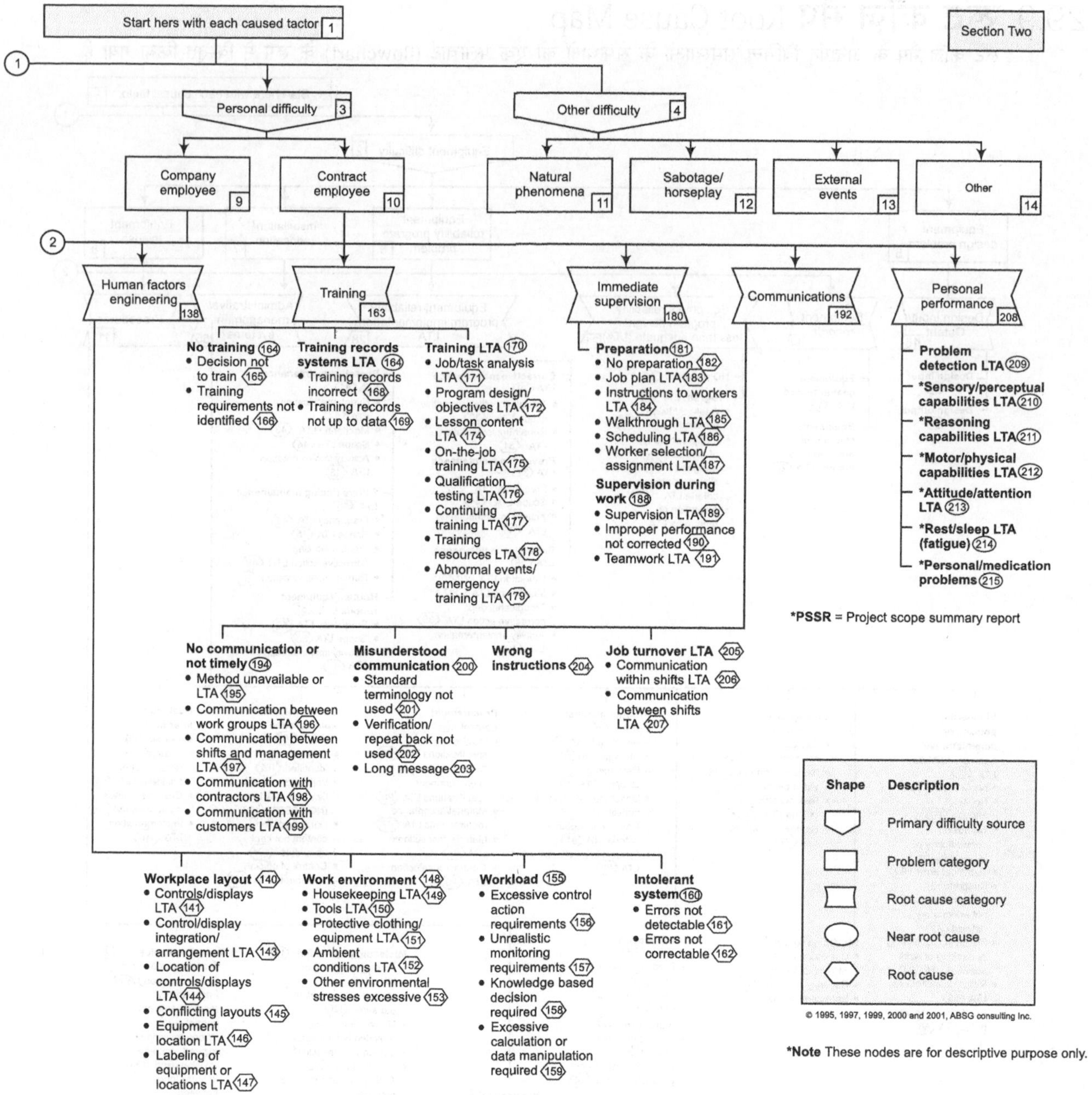

Start hers with each caused tactor 1
Section Two
1
Personal difficulty 3
Other difficulty 4
Company employee 9
Contract employee 10
Natural phenomena 11
Sabotage/ horseplay 12
External events 13
Other 14
2
Human factors engineering 138
Training 163
Immediate supervision 180
Communications 192
Personal performance 208
No training 164
• Decision not to train 165
• Training requirements not identified 166
Training records systems LTA 164
• Training records incorrect 168
• Training records not up to data 169
Training LTA 170
• Job/task analysis LTA 171
• Program design/ objectives LTA 172
• Lesson content LTA 174
• On-the-job training LTA 175
• Qualification testing LTA 176
• Continuing training LTA 177
• Training resources LTA 178
• Abnormal events/ emergency training LTA 179
Preparation 181
• No preparation 182
• Job plan LTA 183
• Instructions to workers LTA 184
• Walkthrough LTA 185
• Scheduling LTA 186
• Worker selection/ assignment LTA 187
Supervision during work 188
• Supervision LTA 189
• Improper performance not corrected 190
• Teamwork LTA 191
Problem detection LTA 209
*Sensory/perceptual capabilities LTA 210
*Reasoning capabilities LTA 211
*Motor/physical capabilities LTA 212
*Attitude/attention LTA 213
*Rest/sleep LTA (fatigue) 214
*Personal/medication problems 215
*PSSR = Project scope summary report
No communication or not timely 194
• Method unavailable or LTA 195
• Communication between work groups LTA 196
• Communication between shifts and management LTA 197
• Communication with contractors LTA 198
• Communication with customers LTA 199
Misunderstood communication 200
• Standard terminology not used 201
• Verification/ repeat back not used 202
• Long message 203
Wrong instructions 204
Job turnover LTA 205
• Communication within shifts LTA 206
• Communication between shifts LTA 207
Workplace layout 140
• Controls/displays LTA 141
• Control/display integration/ arrangement LTA 143
• Location of controls/displays LTA 144
• Conflicting layouts 145
• Equipment location LTA 146
• Labeling of equipment or locations LTA 147
Work environment 148
• Housekeeping LTA 149
• Tools LTA 150
• Protective clothing/ equipment LTA 151
• Ambient conditions LTA 152
• Other environmental stresses excessive 153
Workload 155
• Excessive control action requirements 156
• Unrealistic monitoring requirements 157
• Knowledge based decision required 158
• Excessive calculation or data manipulation required 159
Intolerant system 160
• Errors not detectable 161
• Errors not correctable 162
Shape Description
Primary difficulty source
Problem category
Root cause category
Near root cause
Root cause
© 1995, 1997, 1999, 2000 and 2001, ABSG consulting Inc.
*Note These nodes are for descriptive purpose only.

चित्र रूट कॉज़ मैप

29.10 रूट कॉज़ संक्षिप्त तालिका Root Cause Summary Table

विभिन्न समस्याओं से सम्बन्धित रूट कॉज़ मैप को प्रयुक्त करके; समस्याओं का समाधान निम्न तालिका में दर्शाया गया है

Causal factor # 1	Paths Through Root Cause Map	Recommendations
Description Mary leaves the frying chicken unattended.	• Personnel difficulty • Administrative/management systems. • Standards, policies or administrative controls (SPACs) less than adequate (LTA). • No SPACs.	• Implement a policy that hot oil is never left unattended on the stove. • Determine whether policies should be developed for other types of hazards in the facility to ensure they are not left unattended. • Modify the risk assessment process or procedure development process to address requirements for personnel attendance during process operations.
Causal factor # 2	**Paths Through Root Cause Map**	**Recommendations**
Description Electric burner element fails (short out).	• Equipment difficulty. • Equipment reliability program problem. • Equipment reliability program design LTA. • No program.	• Replace all burners on stove. • Develop a preventive maintenance strategy to periodically replace the burner elements. • Consider alternative methods for preparing chicken that may involve fewer hazards, such as baking the chicken or purchasing the finished product from a supplier.
Causal factor # 3	**Paths Through Root Cause Map**	**Recommendations**
Description Fire extinguisher does not operate when Mary tries to use it.	• Equipment difficulty. • Equipment reliability program problem. • Equipment proactive maintenance LTA. • Activity implementation LTA.	• Refill the fire extinguisher. • Inspect other fire extiguishers in the facility to ensure they are full. • Have incident reports describing the use of fire protection equipment routed to maintenance to trigger refilling of the fire extinguishers.
	• Equipment difficulty. • Equipment reliability program problem. • Administrative/management systems. • Problem identification and control LTA.	• Add this fire extinguisher to the audit list. • Verify that all fire extinguishers are on the quarterly fire extinguisher audit list. • Have all maintenance work requests that involve fire protection equipment routed to the safety engineer so the quarterly checklists can be modified as required.
Causal factor # 4	**Paths Through Root Cause Map**	**Recommendations**
Description Mary throws water on fire.	• Personnel difficulty. • Company employee. • Training. • Training LTA. • Abnormal events/emergency training LTA.	• Provide practical (hands-on) training on the use of fire extinguishers. Classroom training may be insufficient to adequately learn this skill. • Review other skill based activities to ensure appropriate level of hands-on training is provided. • Review the training development process to ensure adequate guidance is provided for determining the proper training setting (for example, classroom, lab, simulator, on the job training, computer based training).

29.11 फिश बोन आरेख Fish Bone Diagram

फिश बोन आरेख की रचना वैज्ञानिक कॉरर इसीकावा के द्वारा वर्ष 1968 में की गई थी। इसे सामान्यतया कारण एवं प्रभाव आरेख (cause and effect diagram) भी कहते हैं। इस आरेख के द्वारा किसी निश्चित घटना (event) के कारणों का पता लगाया जा सकता है। कॉरर इसीकावा ने इसका प्रयोग प्रोडक्ट डिजाइन एवं उसमें क्वालिटी से सम्बन्धित त्रुटियों का पता लगाकर उन्हें दूर (remove) करने के लिए किया था, यदि किसी उत्पाद/प्रोडक्ट में कोई त्रुटि पाई जाती है, तब इसका कारण उत्पाद में प्रयोग किए गए कच्चे पदार्थ (raw materials) की गुणवत्ता (quality) एवं निर्माण के समय की गई लापरवाही पर निर्भर करता है।

इसमें निम्न घटक सम्मिलित होते हैं, जिसे चित्र में फिश बोन आरेख/डायग्राम द्वारा दर्शाया गया है।

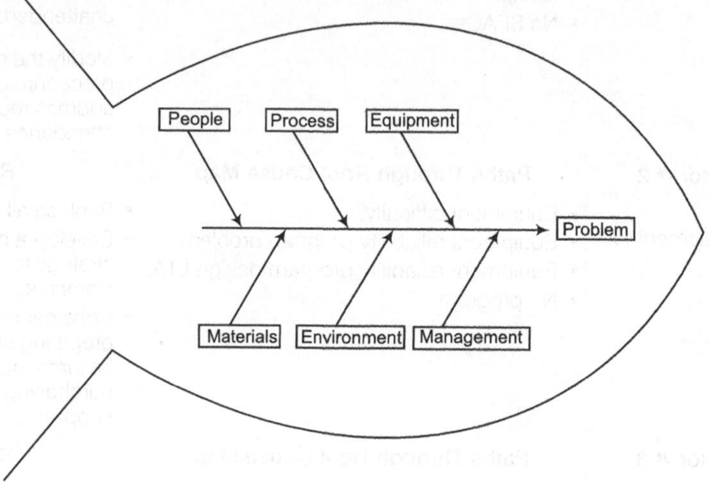

चित्र फिश बोन आरेख/डायग्राम

29.12 गेम्बा/गेमबुट्सु अथवा 5 क्यों ? Gemba/Gembutsu or 5 Why's?

इसका प्रयोग दोष के मूल कारण (root cause) का पता लगाने हेतु किया जाता है। इसे 5 way's तकनीक के नाम से भी जाना जाता है। यह दोष को खोजने/पता लगाने का एक तर्कपूर्ण दृष्टिकोण (logical approach) होता है। उदाहरण के लिए किसी विद्युत मोटर के स्टार्ट नहीं होने के कारणों का पता लगाना है, तब इसके दोष का पता निम्न तकनीक के द्वारा लगाया जाता है

इस तकनीक में प्रत्येक प्रश्न, पूर्व प्रश्न पर निर्भर करता है।

विद्युत् मोटर का दोष/समस्या : विद्युत् मोटर, स्टार्टर को प्रचालित/ऑपरेट करने पर स्टार्ट नहीं होता

1. क्यों (Why) ? विद्युत् सप्लाई लाइन का फ्यूज जला हुआ है।
2. क्यों (Why) ? मोटर स्टार्टर के सम्पर्क ढीले/गन्दे हैं।
3. क्यों (Why) ? मोटर पर यान्त्रिक लोड संयोजित है।
4. क्यों (Why) ? मोटर का संरेखन/एलाइमेन्ट बिगड़ा हुआ है।
5. क्यों (Why) ? मोटर की वाइण्डिंग में खुला परिपथ (open circuit) दोष है।

अभ्यास प्रश्न

परीक्षा प्रारूपी प्रश्न

बहुविकल्पीय

1. RCFA का पूर्ण नाम है
   (a) रूट कॉज फेलियर एनालिसिस
   (b) रूट कॉज फिलिंग एनालिसिस
   (c) रन कॉज फ्री एनालिसिस
   (d) उपरोक्त में से कोई नहीं

2. ITIL का पहला संस्करण किस वर्ष में प्रकाशित किया गया था?
   (a) वर्ष 1980 (b) वर्ष 2000
   (c) वर्ष 2005 (d) इनमें से कोई नहीं

3. ITIL का तीसरा संस्करण मुख्य रूप से किस पर केन्द्रित था?
   (a) सर्विस स्ट्रेटजी (b) सर्विस ट्रांसियन
   (c) सर्विस ऑपरेशन (d) इनमें से कोई नहीं

4. ITIL का प्रयोग निम्न में से किस सन्दर्भ में होता है?
   (a) इनकम टैक्स मैनेजमेन्ट
   (b) इण्टरमीडियेट टेक्नोलॉजी मैनेजमेण्ट
   (c) इण्टरनेट टेक्नोलॉजी मैनेजमेण्ट
   (d) इन्फॉर्मेशन टेक्नोलॉजी मैनेजमेण्ट

5. कॉज एण्ड इफेक्ट डायग्राम को निम्न में से किस नाम से जाना जाता है?
   (a) डॉग बोन डायग्राम (b) फिश बोन डायग्राम
   (c) रैट बैट डायग्राम (d) ईगल फ्लाई डायग्राम

6. ITIL का पूरा नाम है
   (a) इन्फॉरमेशन टेक्नोलॉजी इन्फ्रास्ट्रक्चर लाइब्रेरी
   (b) इण्टरमीडियेट टेक्नोलॉजी इन्फ्रास्ट्रक्चर लाइब्रेरी
   (c) इण्टरनेट टेक्नोलॉजी इन्फ्रास्ट्रक्चर लाइब्रेरी
   (d) उपरोक्त में से कोई नहीं

7. कॉज एण्ड इफेक्ट (cause and effect) डायग्राम की रचना किसके सन्दर्भ में की गई थी?
   (a) प्रोडक्ट डिजाइन एण्ड क्वालिटी
   (b) सर्विस क्वालिटी
   (c) मशीन मैण्टीनैन्स
   (d) उपरोक्त में से कोई नहीं

8. ITIL पब्लिकेशन के प्रकाशन की शुरूआत निम्न में से किसके सहयोग से हुई थी?
   (a) माइक्रोसॉफ्ट (b) इण्टरनेशनल बिजनेस मशीन
   (c) सरकार (d) इनमें से कोई नहीं

9. निम्नलिखित में से कौन-सा विषय RCA के अन्तर्गत आता है?
   (a) Safety–based RCA
   (b) Production–based RCA
   (c) System–based RCA
   (d) उपरोक्त सभी

10. वर्तमान समय में ITIL के अन्तर्गत कितने मुख्य पब्लिकेशन हैं?
    (a) 7 (b) 5
    (c) 3 (d) 10

11. RCA का पूरा नाम है
    (a) रियल कॉज एक्शन (b) रूट कॉज एनालिसिस
    (c) रन सीमॉस एनालिसिस (d) इनमें से कोई नहीं

12. कॉज एण्ड इफेक्ट डायग्राम की रचना किसने की थी?
    (a) बिल गेट्स
    (b) मार्क जुकरबर्ग
    (c) एडा ऑगस्टस
    (d) कारू इसीकावा

13. ITIL के साथ प्रयोग होने वाले शब्द V3 का अर्थ क्या है?
    (a) वैरिएशन तृतीय (b) वैरिफिकेशन तृतीय
    (c) वर्जन तृतीय (d) इनमें से कोई नहीं

14. ITIL के सर्विस ऑपरेशन में किस बात पर ध्यान केन्द्रित किया गया है?
    (a) डिलीवरी एण्ड कण्ट्रोल प्रोसेस
    (b) सर्विस प्रोसेस
    (c) सर्विस फंक्शन्स
    (d) उपरोक्त में से कोई नहीं

15. ITIL का दूसरा संस्करण मुख्य रूप से किस पर केन्द्रित था?
    (a) बेसिक आई टी ऑपरेशन (b) सर्विस स्ट्रेटजी
    (c) सर्विस डिजाइन (d) इनमें से कोई नहीं

विविध प्रारूपी प्रश्न

सत्य/असत्य

1. वर्तमान समय में ITIL पाँच प्रमुख पब्लिकेशन्स में प्रयुक्त किया जाता है।
2. फिशबोन डॉयग्राम को cause and effect डॉयग्राम के नाम से भी जाना जाता है।
3. समस्त आई टी प्रोफेशनल ITIL-V3 के तीन स्तरों के अन्तर्गत एक्रीडियेटेड होते हैं।
4. Gemba Gembutsu तकनीक में प्रत्येक प्रश्न, पिछले प्रश्न पर आधारित होता है।
5. ITIL की शुरूआत वर्ष 1985 में हुई थी।

रिक्त स्थानों की पूर्ति

1. किसी भी समस्या के समाधान के लिये ………… मैथड प्रयुक्त किया जाता है।
2. ………… डायग्राम के द्वारा किसी निश्चित इवेण्ट के कारण का पता लगाया जा सकता है।
3. ITIL सर्विस ………… के अन्तर्गत सर्विस डिलीवरी कण्ट्रोल प्वॉइण्ट और सर्विस सपोर्ट को प्रमुखता दी गई है।
4. ………… तकनीक को 5 Why's तकनीक के नाम से भी जाना जाता है।
5. MORT का पूरा नाम ………… है।

अतिलघु उत्तरीय

1. ITIL का पूर्ण नाम क्या है?
2. ITIL-V3 के कुल कितने संस्करण उपलब्ध होते हैं?
3. ITIL का क्या प्रयोग है?

लघु उत्तरीय

1. RCA से क्या तात्पर्य है?
2. ITIL के अन्तर्गत आने वाले सर्विस ऑपरेशन से आप क्या समझते हैं?
3. डायग्राम को चित्रांकन सहित संक्षेप में बताइए।

दीर्घ उत्तरीय

1. ITIL के पाँचों संस्करणों के कार्य क्षेत्र को विस्तारपूर्वक वर्णित कीजिए।
2. ITIL के अन्तर्गत आने वाली सर्विस स्ट्रैटजी से आप क्या समझते हैं?

उत्तरमाला

बहुविकल्पीय

1. (a) **2.** (a) **3.** (c) **4.** (d) **5.** (b) **6.** (a) **7.** (a) **8.** (c) **9.** (d) **10.** (b)
11. (b) **12.** (d) **13.** (b) **14.** (a) **15.** (a)

सत्य/असत्य

1. सत्य **2.** सत्य **3.** असत्य **4.** सत्य **5.** असत्य

रिक्त स्थानों की पूर्ति

1. रूट कॉज एनालिसिस (RCA) **2.** फिशबोन **3.** ऑपरेशन **4.** Gemba Gembutsu **5.** मैनेजमेण्ट ओवरसाइट रिस्क ट्री

❑❑❑

द्वितीय वर्ष

अध्याय 01 **WEEK 01**

लाइनक्स ऑपरेटिंग सिस्टम

Linux Operating System

परिचय Introduction

लाइनक्स वास्तव में यूनिक्स का ही प्रतिरूप है, जो स्वतन्त्र रूप से विकसित किया गया है। इसका प्रारम्भ **लाइनस टॉरवॉल्ड्स** (linus torvalds) नामक विद्यार्थी ने हेलसिंकी विश्वविद्यालय में एक प्रोजेक्ट के रूप में किया था। वह प्रारम्भ में यूनिक्स के एक लघु संस्करण मिनिक्स (minix) का उपयोग विद्यार्थियों को सिखाने में किया करता था। इस ऑपरेटिंग सिस्टम की विशेषताओं से प्रभावित होकर, उन्होंने इसका एक अलग संस्करण निकालने का निश्चय किया। इसी से लाइनक्स का विकास हुआ। इसमें यूनिक्स ही नहीं अन्य सभी ऑपरेटिंग सिस्टमों की अधिकांश विशेषताएँ सम्मिलित हैं। उसने इसका पहला संस्करण 0.11, वर्ष 1991 में रिलीज़ किया था। इस संस्करण को इण्टरनेट के माध्यम से लोगों में बाँटा गया था। आजकल अनेक कम्पनियाँ लाइनक्स को विभिन्न नामों से वितरित कर रही हैं। इनमें **रेड हैट** सबसे अधिक प्रचलित और लोकप्रिय है। इसके विकास में दुनिया के सभी क्षेत्रों के लोगों ने योगदान दिया है।

1.1 लाइनक्स Linux

लाइनक्स एक ऑपरेटिंग सिस्टम है। यह यूनिक्स का ही दूसरा रूप है। वर्ष 1964 में जनरल इलेक्ट्रिक (general electric–GE), ए टी एण्ड टी (AT&T) बेल प्रयोगशाला और कुछ शोधकर्ताओं ने संयुक्त रूप से एक ऑपरेटिंग सिस्टम का विकास किया। इसका नाम मल्टिक्स (MULTICS : Multiplexed Information and Computing Service) रखा गया। बाद में वर्ष 1969 में केन थॉम्पसन (Ken Thompson) और डेनिस रिची (Dennis Ritchie) ने ए टी एण्ड टी (AT&T) प्रयोगशाला के शोधकर्ताओं के साथ मिलकर इसी में से यूनिक्स ऑपरेटिंग सिस्टम का विकास किया, जिसमें मल्टिक्स के बहुत-से गुणों को सम्मिलित किया गया था। यूनिक्स में कई वर्षों तक विकास होता रहा था। यह निजी उत्पाद से परिवर्तित होकर सार्वजनिक उत्पाद बन गया। इसी क्रम में माइक्रोसॉफ्ट ने यूनिक्स का एक पीसी संस्करण (PC version) भी निकाला, जिसका नाम उन्होंने ज़ेनिक्स (zenix) रखा।

लाइनक्स में इण्टरनेट से सम्बन्धित प्राय: सभी सुविधाएँ उपलब्ध हैं। लाइनक्स ऑपरेटिंग सिस्टम का पूरा सोर्स कोड इण्टरनेट पर उपलब्ध है और कोई भी व्यक्ति उसमें सुधार (modify) भी कर सकता है। लाइनक्स ऑपरेटिंग सिस्टम में चलने वाले प्राय: सभी प्रकार के सॉफ्टवेयर भी आजकल सरलता से उपलब्ध हैं; जैसे—वर्ड प्रोसेसर, स्प्रैडशीट, प्रेजेण्टेशन, डेस्कटॉप पब्लिशिंग, इमेज प्रोसेसिंग, ड्रॉइंग आदि।

मुख्य विशेषताएँ Main Features

लाइनक्स ऑपरेटिंग सिस्टम में अनेक विशेषताएँ हैं, जिनमें से कुछ महत्त्वपूर्ण विशेषताएँ निम्न प्रकार हैं

(i) यह एक मल्टी-यूज़र (multi-user) ऑपरेटिंग सिस्टम है। इसमें एक ही समय पर एक-से-अधिक उपयोगकर्ता स्वतन्त्र रूप से कार्य कर सकते हैं और अपने-अपने प्रोग्राम चला सकते हैं।

(ii) लाइनक्स फाइलों को सुरक्षा भी प्रदान करता है। यह अपने से जुड़े प्रत्येक उपयोगकर्ता को एक अलग फाइल सेट व डायरेक्टरी से जोड़ देता है। इस प्रकार कोई उपयोगकर्ता केवल अपनी डायरेक्टरी में उपलब्ध सूचनाओं को ही पढ़ सकता है, हटा सकता है, सुधार सकता है और जोड़ सकता है। इसका लाभ यह होता है कि जो अन्य उपयोगकर्ता हैं, उनकी फाइलों में कोई बदलाव (change) नहीं हो सकता।

(iii) लाइनक्स एक मल्टी-प्रोग्रामिंग (Multi-programming) ऑपरेटिंग सिस्टम भी है। यह विभिन्न उपयोगकर्ताओं के कई प्रोग्रामों को एक साथ संचालित कर सकता है। लाइनक्स में मल्टी प्रोग्रामिंग सुविधा टाइम शेयरिंग (time sharing) द्वारा उपलब्ध कराई गई है।

(iv) लाइनक्स ऑपरेटिंग सिस्टम का प्रमुख भाग कर्नल (kernel) होता है, जो एप्लीकेशन क्रैशों से पूर्णरूप से सुरक्षित (crash proof) है। एप्लीकेशन क्रैश (crash) हो जाने के बाद भी कर्नल कार्य करता रहता है। इसका लाभ यह होता है कि लाइनक्स ऑपरेटिंग सिस्टम को दोबारा चालू नहीं करना पड़ता।

(v) लाइनक्स ऑपरेटिंग सिस्टम वायरसों के आक्रमणों से पूर्णरूप से सुरक्षित है, क्योंकि सामान्य उपयोगकर्ता इसके मुख्य भाग 'कर्नल' तक नहीं पहुँच सकता।

(vi) लाइनक्स भी विण्डोज़ की भाँति (Graphical User Interface - GUI) पर कार्य करता है। इसकी विण्डोज़ को X-विण्डोज़ कहा जाता है। विण्डोज़ की भाँति इसमें भी डेस्कटॉप, आइकन, मेन्यू , फ्रेम आदि समस्त सुविधाएँ होती हैं। वैसे आवश्यक होने पर इसमें डॉस (DOS) की भाँति कमाण्ड लाइन इण्टरफेस (command line interface-CLI) में भी कार्य किया जा सकता है।

(vii) लाइनक्स में डॉस आधारित प्रोग्रामों को भी चलाया जा सकता है। इसके लिए डॉस एम्यूलेटर (DOS Emulator) या DOSEMV नामक प्रोग्राम का उपयोग किया जाता है।

(viii) लाइनक्स में अपाचे (apache) वेब सर्वर प्रोग्राम भी उपलब्ध है, जिसमें वेब पेजों को तैयार तथा व्यवस्थित किया जाता है।

(ix) लाइनक्स में इसके अतिरिक्त बहुत-से उपयोगी प्रोग्राम और मुफ्त सॉफ्टवेयर भी उपलब्ध हैं; जैसे— टेक्स्ट एडिटर, वेब ब्राउज़र, वैज्ञानिक उपयोगों के सॉफ्टवेयर आदि।

(x) लाइनक्स कई प्रकार की मशीनों पर स्थापित किया जा सकता है और उसके सॉफ्टवेयर को फिर से कॉन्फिगर (configure) करने की कोई आवश्यकता नहीं होती है।

मुख्य कमियाँ Main Drawbacks

लाइनक्स की उपरोक्त विशेषताओं के अतिरिक्त उसमें कुछ कमियाँ भी हैं। ऐसी कुछ कमियाँ निम्न प्रकार हैं—

(i) इसकी प्रमुख कमी यह है कि इस पर कार्य करना बहुत कठिन है। इसमें सभी आदेशों को उनके प्रारूप (syntax) सहित याद रखना पड़ता है।

(ii) इसके अतिरिक्त इसकी विशेषता में स्थायित्व की भी कमी है। इसमें कोई सॉफ्टवेयर स्थापित करना या उसे हटाना भी बहुत कठिन होता है।

(iii) लाइनक्स में नया हार्डवेयर जोड़ना भी अत्यन्त कठिन है, क्योंकि विण्डो में हार्डवेयर के अधिकांश ड्राइवर उपलब्ध हैं, किन्तु लाइनक्स के साथ ऐसा नहीं है। इसमें नया हार्डवेयर जोड़ने के लिए ड्राइवर हार्डवेयर निर्माता को ही तैयार करना पड़ता है।

(iv) लाइनक्स के लिए उपलब्ध विभिन्न सॉफ्टवेयरों की सूचना सामान्य उपयोगकर्ता को न होने के कारण अभी इसका प्रयोग सीमित है, जबकि विण्डोज़ में बहुत पैकेजिज़ उपलब्ध हैं।

(v) नए उपयोगकर्ता के लिए कमाण्ड लाइन का प्रयोग सीखना कठिन है, क्योंकि प्वॉइण्टिंग या क्लिकिंग के स्थान पर उपयोगकर्ता को आदेश याद रखना पड़ता है।

(vi) लाइनक्स केस सेन्सिटिव (case sensitive) है अर्थात् इसमें अंग्रेजी वर्णमाला के छोटे और बड़े अक्षरों को अलग-अलग माना जाता है इसलिए यदि गलती से किसी आदेश में छोटे अक्षर के स्थान पर कैपिटल अक्षर का प्रयोग कर लिया जाता है, तो आदेश गलत हो जाता है।

1.2 लाइनक्स की संरचना Structure of Linux

लाइनक्स की संरचना (structure) निम्न को सम्मिलित करता है—

(i) **हार्डवेयर** (Hardware) हार्डवेयर सभी पेरिफेरल डिवाइसिज़ (peripheral devices) को शामिल करता है; जैसे— RAM/HDD/CPU आदि। लाइनक्स की कमाण्ड्स को रन करने के लिए कर्नल को हार्डवेयर की आवश्यकता होती है।

(ii) **कर्नल** (Kernel) यह लाइनक्स का मुख्य भाग होता है, जो हार्डवेयर के साथ सीधे सम्पर्क करता है, अपर लेयर कम्पोनेन्ट्स को लो लेवल सर्विस (low level service) प्रदान करता है। यह लाइनक्स के अन्य प्रोग्रामों को चलाता है और कम्प्यूटर के सभी हार्डवेयर; जैसे— प्रिण्टर एवं डिस्क को व्यवस्थित करता है।

(iii) **शैल** (Shell) शैल एक ऐसा प्रोग्राम होता है, जिससे यूज़र सीधे सम्पर्क में आता है। शैल, यूज़र द्वारा दिए कमाण्ड को कर्नल (kernel) तक पहुँचाता है। शैल एक कमाण्ड इण्टरप्रेटर का कार्य करता है।

(iv) **यूज़र** (User) यूज़र वह होता है जो कम्प्यूटर या नेटवर्क सेवाओं का प्रयोग करता है।

लाइनक्स ऑपरेटिंग सिस्टम में उपयोगकर्ताओं की कई श्रेणियाँ होती हैं, जिनके अनुसार उन्हें विभिन्न कार्य करने और फाइलों तक पहुँचने का अधिकार मिलता है। लाइनक्स उपयोगकर्ताओं की श्रेणियाँ निम्न प्रकार हैं

(a) **सिस्टम प्रशासक** (System Administrator) सिस्टम प्रशासक का मुख्य दायित्व सिस्टम को सुचारु रूप से चलाना होता है। सिस्टम प्रशासक कम्प्यूटर को सर्वर की भाँति चलाता है। वह उपयोगकर्ता और उपयोगकर्ता का समूह भी बनाता है और उन्हें पासवर्ड प्रदान करता है। किसी अनापेक्षित दुर्घटना के कारण डेटा को नष्ट होने से बचाने के लिए भी वह निश्चित समय अन्तरालों पर डेटा का बैकअप भी लेता है। सिस्टम प्रशासक को लाइनक्स सिस्टम में सभी अधिकार प्राप्त होते हैं।

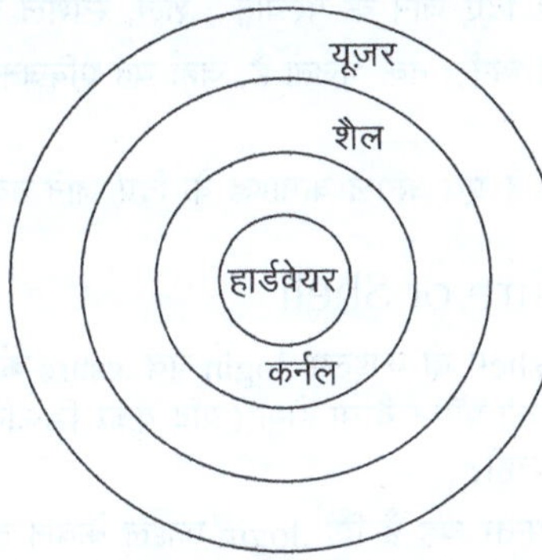

चित्र लाइनक्स की संरचना

(b) **फाइल ओनर** (File Owner) यह किसी फाइल का वह उपयोगकर्ता होता है, जो उस फाइल को बनाता है। वह अपनी फाइल पर कोई भी क्रिया कर सकता है; जैसे— उसकी कॉपी करना, उसे सुधारना या उसको हटा देना आदि।

(c) **ग्रुप ओनर** (Group Owner) अधिकतर कुछ उपयोगकर्ता किसी एक प्रोजेक्टर पर एक साथ कार्य करते हैं। उनको सम्मिलित रूप में उपयोगकर्ता समूह कहा जाता है। ऐसे समूह का प्रत्येक उपयोगकर्ता अपनी फाइलों का ओनर (owner) होता है, लेकिन वह उस समूह के अन्य उपयोगकर्ताओं की फाइलों तक भी पहुँच सकता है। इस समूह का एक उपयोगकर्ता उस समूह का ओनर (group owner) बनाया जाता है। वह समूह के सभी उपयोगकर्ताओं की सभी फाइलों तक पहुँच सकता है और उन फाइलों का आवश्यकतानुसार उपयोग कर सकता है।

(d) **अन्य उपयोगकर्ता** (other users) जो उपयोगकर्ता किसी समूह में शामिल नहीं होते और अपने आप में स्वतन्त्र होते हैं, उन्हें अन्य उपयोगकर्ता कहा जाता है। वे अपनी बनाई हुई फाइलों के ओनर होते हैं, परन्तु अन्य उपयोगकर्ताओं की फाइलों तक नहीं पहुँच सकते।

1.3 लाइनक्स शैल Linux Shell

शैल वास्तव में एक्ज़िक्यूटेबल (executable) प्रोग्राम्स होते हैं। यह यूज़र द्वारा मशीन से सम्बन्ध स्थापित करने पर इण्टरप्रेटर (interpreter) के रूप में कार्य करते हैं। लाइनक्स सिस्टम के अन्तर्गत आज विभिन्न शैल उपलब्ध हैं; जैसे— बॉर्न शैल (bourne shell), कॉर्न शैल (korn shell), सी शैल (c shell) इत्यादि। लाइनक्स के विभिन्न डिस्ट्रीब्यूशन्स में सामान्यत: पाए जाने वाले उपयोगी शैलों को निम्नानुसार एक तालिका के रूप में दर्शाया गया है एवं सिस्टम में वह शैल सामान्यत: किस स्थान पर उपलब्ध होता है, ये भी दर्शाया गया है।

लाइनक्स के एक प्रचलित डिस्ट्रीब्यूशन 'Red Hat Linux' द्वारा उपलब्ध कराए जाने वाले शैल्स जोकि रेड हैड लाइनक्स फाइल सिस्टम में उपस्थित होते हैं, इस प्रकार हैं—

नाम	विवरण	फाइल सिस्टम में स्थिति
ash	स्मॉल शैल (sh जैसा)	/bin/ash
ash.static	'ash' का ही वर्ज़न (यह सॉफ्टवेयर लाइब्रेरीज़ पर निर्भर नहीं रहता है)	/bin/ash.static
bash	The Bourne Again Shell	/bin/bash
bsh	'ash' से सिम्बोलिक लिंक	/bin/bsh
csh	c-शैल; 'tch' से सिम्बोलिक लिंक	/bin/csh
ksh	पब्लिक डोमेन कॉर्न शैल	/bin/ksh या usr//bin/ksh
pdksh	'ksh' से सिम्बोलिक लिंक	/usr//bin/pdksh
rsh	रेस्ट्रिक्टिड-शैल (नेटवर्क क्रियाविधियों हेतु)	/usr/bin/rsh
sh	'bash' से सिम्बोलिक लिंक	/bin/snh
tcsh	'csh' कम्पेटिबल शैल	/bin/tcsh
zsh	csh, ksh, sh शैल कम्पेटिबल शैल	/bin/zsh

शैल द्वारा उपयोगकर्ता व मशीन के मध्य की जाने वाली क्रियाविधि मुख्यत: चार चरणों में पूर्ण की जाती है। शैल मुख्य रूप से अपना कार्य निम्न चरणों में करते हैं—

प्रथम चरण यह उपयोगकर्ता के लिए प्रॉम्प्ट चिह्न उपलब्ध कराता है एवं उपयोगकर्ता के द्वारा कमाण्ड दिए जाने का इन्तजार करता है।

द्वितीय चरण उपयोगकर्ता के द्वारा कमाण्ड दिए जाने के पश्चात् ; शैल, स्पेशल कैरेक्टर्स के लिए कमाण्ड लाइन को री-बिल्ड करता है।

तृतीय चरण इसके पश्चात् यह कमाण्ड को कर्नल तक भेजता है, जहाँ यह एक्ज़िक्यूट किया जाता है। शैल एक्ज़िक्यूशन पूर्ण होने तक प्रतीक्षा करता है।

चतुर्थ चरण पुन: प्रॉम्प्ट चिह्न पर आ जाता है एवं अगले कमाण्ड के दिए जाने तक प्रतीक्षा करता है।

शैल की क्रियाविधि Procedure of Shell

जब यूज़र सिस्टम में लॉगइन होते हैं, तब c-shell दो फाइल्स .login एवं .cshrc को देखता है, जहाँ .login फाइल यह परिभाषित करती है कि कौन-सा टर्मिनल उपयोग कर रहे हैं? यूज़र का प्रॉम्प्ट कैसा होगा (यदि यूज़र डिफॉल्ट प्रॉम्प्ट नहीं चाहते हैं) साथ ही यह भी कि यूज़र लॉगइन होने के तुरन्त बाद कुछ करना चाहते हैं या नहीं?

.login एवं .cshrc फाइल के मध्य मुख्य अन्तर यह है कि .login फाइल केवल तभी रीड (read) की जाती है, जब उपयोगकर्ता सिस्टम में लॉगइन होता है, जबकि .cshrc फाइल हर समय रीड की जाती है, जब उपयोगकर्ता कोई शैल आरम्भ करता है अथवा कोई नया c-शैल एक्सेस करता है। लॉगइन होने पर सर्वप्रथम .cshrc फाइल रीड की जाती है, तत्पश्चात् .login फाइल रीड की जाती है। c-shell /bin/csh रूप में होता है। जबकि कॉर्न शैल पूर्णरूप से बॉर्न शैल पर आधारित होता है, क्योंकि अधिकतर बॉर्न शैल स्क्रिप्ट के बिना किसी समायोजन के कॉर्न शैल में उपयोग किए जा सकते हैं। कॉर्न शैल वह सभी एनवायरमेण्ट (environment) वेरिएबल्स को सपोर्ट करता है, जो बॉर्न शैल उपयोग करता है। (जैसे—कि ENV, HISTSIZE and VISUAL) सामान्यत: सभी .profile में परिभाषित होती हैं। ENV वेरिएबल यह परिभाषित करता है कि कॉर्न शैल कहाँ एनवायरमेण्ट फाइल को स्टार्टअप के लिए पाएगा। यह c-शैल फाइल की .cshrc फाइल के ही सदृश्य है और इसे ksh_env के नाम से जाना जाता है, जो यूज़र होम डायरेक्टरी में होती है। कॉर्न शैल कोई निर्दिष्ट स्थिति में नहीं होता है, इसकी स्थिति यूज़र अपनी .profile में परिभाषित कर सकते हैं। यूज़र कॉर्न शैल की इस फाइल को अपनी होम डायरेक्टरी में रखने के लिए निम्न प्रकार से उपयोग कर सकते हैं।

ENV = $ HOME

सिस्टम द्वारा बहुत सारे वेरिएबल्स अलग-अलग सेट किए जाते हैं, जिनमें से कुछ वेरिएबल्स सिस्टम बूट होने के दौरान और कुछ लॉगइन के पश्चात् सेट होते हैं। इन वेरिएबल्स को सिस्टम वेरिएबल्स के नाम से जानते हैं, जिन्हें $ प्रॉम्प्ट पर उक्त स्टेटमेण्ट के द्वारा देखा जा सकता है।

```
$ set
HOME
MAIL
PATH
PS1
TERM etc.
```

इसी प्रकार, सिस्टम में शैल वेरिएबल्स (जैसे कि 'sh' Bourne Shell/'csh'C shell and 'ksh' korn shell) को भी सेट किया जा सकता है। इनमें से यदि किसी एक वेरिएबल को डिफॉल्ट शैल के रूप में सेट करना चाहते हैं, तो उसी के अनुरूप वेरिएबल्स को निर्दिष्ट करना होता है। सिस्टम द्वारा /etc/passwd फाइल को पढ़ने के पश्चात् ही समानुदेश किया जाता है।

यदि यूज़र स्थायी रूप से पूरी सेटिंग को बदलना चाहते हैं, तो यूज़र /etc/passwd फाइल को एडिट करेंगे। सामान्यत: जब सिस्टम एडमिनिस्ट्रेटर किसी उपयोगकर्ता का एकाउण्ट खोलने (अर्थात् लॉगइन बनाते समय) लॉगइन शैल को सेट करता है, उस समय शैल वेरिएबल को निर्दिष्ट किया जा सकता है।

यदि यूज़र बहुत सारे कमाण्ड्स को एक साथ इकट्ठा कर किसी फाइल में लाकर क्रियान्वित कराना चाहते हैं, तो इस प्रकार बनी हुई फाइल शैल स्क्रिप्ट कहलाती है, वास्तव में शैल स्क्रिप्ट में कमाण्ड्स की एक श्रेणी होती है।

फाइल में संचित ये स्क्रिप्ट, डॉस में बैच फाइल्स के सदृश्य होती है। जब यूज़र कोई स्क्रिप्ट एक्ज़िक्यूट करते हैं, टेक्स्ट फाइल में लिखी हुई प्रत्येक कमाण्ड, शैल द्वारा होता हुआ एक्ज़िक्यूट होता है। यह शैल एक समय में एक ही कमाण्ड को एक्ज़िक्यूट करता है। यह शैल स्क्रिप्ट न केवल कमाण्ड्स को बल्कि शैल द्वारा उपलब्ध कराए गए विभिन्न स्वनिहित फंक्शन्स को भी एक्ज़िक्यूट करती है।

यदि यूज़र बॉर्न स्क्रिप्ट उपयोग करना चाहते हैं, तो ये आवश्यक होता है कि यूज़र बॉर्न शैल में हों। माना कि यूज़र इस समय c शैल (जैसे कि .csh) में हैं और यूज़र बॉर्न शैल (जैसे कि .sh) में जाना चाहते हैं, तो निम्नानुसार जा सकते हैं–

% sh

$

कमाण्ड प्रॉम्प्ट csh% से sh$ में परिवर्तित हो गया, जो यह दर्शाता है कि यूज़र बॉर्न शैल में हैं। बॉर्न शैल से बाहर होने के लिए exit द्वारा अथवा Ctrl + D द्वारा बाहर आ सकते हैं। पुन: sh $ से csh% प्रॉम्प्ट पर आ जाएँगे।

1.4 लाइनक्स में कार्य प्रारम्भ करना Logging in Linux

लाइनक्स एक बहु-उपयोगकर्ता (multi-user) ऑपरेटिंग सिस्टम है इसलिए उसमें कार्य का प्रारम्भ लॉगइन (login) करके किया जाता है। जब कम्प्यूटर को ऑन किया जाता है, तो लाइनक्स प्रारम्भ हो जाता है और स्क्रीन पर एक डायलॉग बॉक्स में निम्नलिखित प्रॉम्प्ट प्रदर्शित होता है—

Login इस प्रॉम्प्ट के सम्मुख यूज़र लॉगइन नेम (login name) या यूज़रनेम (username) टाइप करते हैं और एण्टर दबाते हैं। इसके बाद यूज़र से पासवर्ड टाइप कराने के लिए निम्न प्रकार का प्रॉम्प्ट दिया जाता है—

Password इसके सम्मुख यूज़र अपना पासवर्ड टाइप करके एण्टर दबाते हैं। यूज़र द्वारा टाइप किया हुआ पासवर्ड दिखाया नहीं जाता, उसके स्थान पर asterisk दिखाई देते हैं, ताकि अन्य कोई उस पासवर्ड को देख न ले। लाइनक्स सभी यूज़रनेम और पासवर्डों को अपनी फाइलों में लिखकर सुरक्षित रखता है। जब यूज़र अपना यूज़रनेम और पासवर्ड प्रविष्ट (enter) करते हैं, तो वह अपनी फाइलों की जाँच करता है।

यदि यूज़रनेम और पासवर्ड दोनों में से एक भी गलत या अशुद्ध होता है, तो यूज़र को एक बार फिर लॉगइन (login) करने का अवसर दिया जाता है। यदि दोनों सही होते हैं, तो यूज़र लाइनक्स पर आगे कार्य कर सकते हैं। यह व्यवस्था अनाधिकृत उपयोगकर्ताओं (unauthorised users) को कार्य करने से रोकने के लिए बनाई गई है। जब सही यूज़रनेम और पासवर्ड प्रविष्ट किया जाता है, तो एक डॉलर चिह्न ($) दिखाई देता है, जो शैल (shell) का प्रॉम्प्ट होता है। यूज़र इसके सामने ही लाइनक्स के आदेश टाइप कर सकते हैं।

लॉगआउट करना Logout

जब कार्य समाप्त हो जाता है और आप लाइनक्स से बाहर आना चाहते हैं, तो सिस्टम से लॉगआउट करना होता है। ऐसा करने के लिए कमाण्ड प्रॉम्प्ट (शैल प्रॉम्प्ट) $ पर निम्नलिखित आदेश टाइप किया जाता है—

$ logout अथवा $ exit

यह आदेश देकर एण्टर दबाने पर लाइनक्स से बाहर आ जाते हैं और स्क्रीन पर पुन: login प्रॉम्प्ट दिखाई देता है, जिससे पता चलता है कि इस समय कोई उपयोगकर्ता लॉगइन किया हुआ नहीं है।

फाइलों की सुरक्षा के लिए कभी भी बिना लॉगआउट किए टर्मिनल छोड़कर नहीं जाना चाहिए।

लाइनक्स का फाइल सिस्टम File System of Linux

लाइनक्स का फाइल सिस्टम एमएस-डॉस के फाइल सिस्टम से मिलता-जुलता है। इसमें भी कम्प्यूटर पर स्टोर की गई समस्त सूचनाओं को फाइलों में व्यवस्थित करके रखा जाता है। फाइलों को डायरेक्ट्रियों में वंशानुक्रम (hierarchy) के अनुसार व्यवस्थित किया जाता है। किसी डायरेक्टरी में फाइलें तथा अन्य डायरेक्ट्रियाँ हो सकती हैं, जिन्हें उप-डायरेक्टरी (sub-directory) कहा जाता है। इस प्रकार एक डायरेक्टरी के अन्दर उसकी उप-डायरेक्ट्रियाँ स्टोर करते हुए किसी भी उप-डायरेक्टरी तक जा सकते हैं।

सबसे ऊपर की डायरेक्टरी को रूट डायरेक्टरी (root directory) कहा जाता है। इसका कोई नाम नहीं होता, इसे एक स्लैश (/) से व्यक्त किया जाता है। अन्य सभी डायरेक्ट्रियों और फाइलों के नाम रखे जाते हैं।

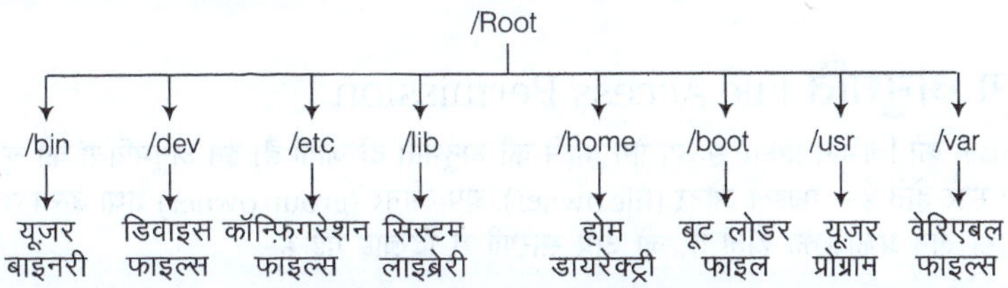

चित्र लाइनक्स में एक फाइल संरचना

नोट **पाथ** (Path) लाइनक्स में किसी फाइल का पूरा सन्दर्भ उसके पाथ के साथ दिया जाता है। रूट डायरेक्टरी से किसी फाइल तक पहुँचने में जिन-जिन डायरेक्ट्रियों से होकर जाना पड़ता है, उस फाइल का पाथ उन सबकी सूची होती है, जिन्हें स्लैश से अलग किया जाता है।

(i) **डायरेक्टरी रूट** Directory Root

रूट डायरेक्टरी से किसी एक फाइल से अतिरिक्त फाइल तक पहुँचने में जिन-जिन डायरेक्ट्रियों से होकर जाना पड़ता है, उन सबकी सूची को उस फाइल का पाथ (path) कहते हैं। लाइनक्स के आदेशों में पाथ को कई बार देने की आवश्यकता होती है।

(ii) **उप-डायरेक्टरी** Sub-directory

रूट डायरेक्टरी को कई उप-डायरेक्ट्रियों में विभाजित किया जाता है, इन सभी डायरेक्ट्रियों में अलग-अलग प्रकार की विशेष फाइलें होती हैं। इनका संक्षिप्त विवरण निम्नलिखित है—

(a) /bin **डायरेक्टरी** इस डायरेक्टरी में लाइनक्स ऑपरेटिंग सिस्टम में उपलब्ध आदेशों या यूटिलिटीज़ को स्टोर किया जाता है; जैसे— cp, cat, pwd, is, sort, date, chmod आदि। ये सभी आदेश फाइलों या यूटिलिटीज़ बाइनरी (binary) फॉर्मेट में होते हैं, इसलिए इनको bin डायरेक्टरी में रखा जाता है।

(b) /dev **डायरेक्टरी** इस डायरेक्टरी में सिस्टम के सभी उपकरणों या साधनों (devices) सम्बन्धी फाइलों को रखा जाता है। इन उपकरणों में टर्मिनल (TTY), हार्ड डिस्क (HD), रैम (RAM) आदि शामिल होते हैं। उपयोगकर्ता डिवाइस फाइलों के द्वारा इन साधनों का सीधे उपयोग कर सकता है।

(c) /etc **डायरेक्टरी** इस डायरेक्टरी में सिस्टम के कॉन्फ़िगरेशन (configuration) आदि से सम्बन्धित फाइलों को स्टोर किया जाता है; जैसे—पासवर्ड फाइल। ये फाइलें सिस्टम को सुचारु रूप से चलाने के लिए आवश्यक होती हैं।

(d) /lib **डायरेक्टरी** इस डायरेक्टरी में ऐसे छोटे-छोटे प्रोग्रामों को रखा जाता है, जिनकी आवश्यकता कम्पाइलर को होती है। इसे लाइब्रेरी कहा जाता है।

(e) /home **डायरेक्टरी** इस डायरेक्टरी में प्राय: सभी उपयोगकर्ताओं की होम या प्रमुख डायरेक्ट्रियों को रखा जाता है।

(f) /boot **डायरेक्टरी** इस डायरेक्टरी में लाइनक्स की कर्नल (kernel) तथा बूट लोडर कॉन्फ़िगरेशन फाइलें होती हैं, जिनकी आवश्यकता सिस्टम को बूट करते समय पड़ती है।

(g) /usr **डायरेक्टरी** इस डायरेक्टरी में लाइनक्स ऑपरेटिंग सिस्टम की उन फाइलों को रखा जाता है, जो बूट करते समय आवश्यक नहीं होती हैं। इसमें भी यूटिलिटीज़ को रखा जाता है।

(h) /var **डायरेक्टरी** इस डायरेक्टरी में ऐसी सूचनाओं को रखा जाता है, जो विभिन्न यूटिलिटीज़ के लिए विशेष रूप से आवश्यक होती हैं।

1.5 लाइनक्स में फाइलों के प्रकार Types of Files in Linux

लाइनक्स में हर प्रकार की सूचना को फाइल माना जाता है और उसे उसी रूप में प्रयोग किया जाता है। फाइलों को सामान्य रूप से तीन श्रेणियों में वर्गीकृत किया जाता है, जो निम्नलिखित हैं—

(i) **साधारण फाइलें** (Ordinary Files) ये वे फाइलें होती हैं जो उपयोगकर्ता द्वारा बनाई जाती हैं; जैसे— डेटा फाइल, प्रोग्राम फाइल, ऑब्जेक्ट फाइल तथा सभी प्रकार की पालन योग्य (executable) फाइल। उपयोगकर्ता इन फाइलों को अपनी सुविधा के अनुसार बदल सकता है।

(ii) **डायरेक्टरी फाइलें** (Directory Files) जब उपयोगकर्ता कोई डायरेक्टरी बनाता है, तो लाइनक्स एक डायरेक्टरी फाइल बना देता है, जिसमें उस डायरेक्टरी में शामिल फाइलों के बारे में सूचनाएँ होती हैं। डायरेक्टरी फाइल को उपयोगकर्ता द्वारा सुधारा नहीं जा सकता, लेकिन जब भी उस डायरेक्टरी में कोई नई फाइल जोड़ी जाती है या उप-डायरेक्टरी बनाई जाती है, तो लाइनक्स स्वत: ही उस डायरेक्टरी फाइल को सुधार देता है।

(iii) **विशेष फाइलें** (Special Files) ये वे फाइलें होती हैं, जो इनपुट/आउटपुट उपकरणों से सम्बन्धित होती हैं और स्टैण्डर्ड लाइनक्स डायरेक्ट्रियों; जैसे— /dev तथा /etc में पाई जाती हैं। वास्तव में अधिकांश सिस्टम फाइलें विशेष फाइलें होती हैं। उपयोगकर्ता इन्हें सुधार नहीं सकते।

फाइल उपयोग अनुमति File Access Permission

लाइनक्स में किसी फाइल को विभिन्न प्रकार से उपयोग करने की अनुमति दी जाती है। इन अनुमतियों को यूज़र सुविधा के अनुसार बदल सकता है। अनुमतियों के तीन स्तर होते हैं— फाइल ओनर (file owner), ग्रुप ओनर (group owner) तथा अन्य उपयोगकर्ता (other users)। इन तीनों स्तरों की अनुमतियाँ भी तीन प्रकार की होती हैं, जो अग्र सारणी में दिखाई गई हैं—

उपयोग के प्रकार	चिह्न	फाइल के लिए	डायरेक्टरी के लिए
पढ़ना	r	फाइल को देखने, कॉपी करने तथा कम्पाइल करने की अनुमति	डायरेक्टरी के कन्टेन्ट की सूची देखने की अनुमति
लिखना	w	फाइल को सुधारने, नाम बदलने या अन्य स्थान पर ले जाने की अनुमति	डायरेक्टरी में नई फाइलें या उप-डायरेक्ट्रियाँ बनाने की अनुमति
चलाना	x	फाइल को एक्ज़िक्यूट (Execute) कराने की अनुमति	उप-डायरेक्टरी में आने की अनुमति

किसी फाइल या डायरेक्टरी से जुड़ी हुई फाइल का उपयोग अनुमतियों को ls आदेश के साथ –1 स्विच देकर देखा जा सकता है।

किसी फाइल की उपयोग अनुमति में 10 चिह्न होते हैं।

उदाहरण— मान लीजिए कि एक फाइल की फाइल उपयोग अनुमति निम्न प्रकार है—

-rwxrwxr-x

इसमें पहला चिह्न फाइल का प्रकार बताता है। इसके लिए निम्नलिखित चिह्न होते हैं—

– साधारण फाइल (Ordinary File)
d डायरेक्टरी (Directory)
b ब्लॉक उपकरण फाइल (Block Device File)
c कैरेक्टर उपकरण फाइल (Character Device File)
l हार्ड लिंक फाइल (Hard Link File)
s सिम्बोलिक लिंक फाइल (Symbolic Link File)

शेष 9 चिह्नों को 3-3 चिह्नों के 3 समूहों में बाँटा जाता है, जो क्रमशः फाइल ओनर के लिए, ग्रुप ओनर के लिए और अन्य उपयोगकर्ताओं के लिए अनुमति को व्यक्त करते हैं। प्रत्येक समूह क्रमशः पढ़ने, लिखने और एक्ज़िक्यूट कराने की अनुमति दिखाता है। यदि वह अनुमति उपलब्ध है, तो उसे क्रमशः r, w और x चिह्नों द्वारा दिखाया जाता है, नहीं तो उनके स्थान पर हाइफन या डैश (-) दिखाया जाता है।

1.6 लाइनक्स के मौलिक आदेश Basic Commands of Linux

लाइनक्स में हजारों आदेश और प्रोसीज़र (procedure) होते हैं, परन्तु वे सभी हमारे लिए उपयोगी नहीं हैं। लाइनक्स आदेशों को केवल कमाण्ड प्रॉम्प्ट या शैल प्रॉम्प्ट ($) पर दिया जा सकता है। शैल प्रॉम्प्ट पर एक साथ कई आदेश भी दे सकते हैं, परन्तु उनको सेमीकॉलम (;) से अलग करना आवश्यक होता है। ऐसे आदेशों का पालन उसी क्रम में किया जाता है, जिस क्रम में वे दिए जाते हैं।

किसी आदेश के बारे में विस्तार से जानने के लिए man मैनुअल आदेश का प्रयोग किया जाता है। **उदाहरण**— यदि cd आदेश के बारे में विस्तार से जानना चाहते हो, तो शैल प्रॉम्प्ट पर निम्नलिखित आदेश दिए जाते हैं

$ man cd

इसके उत्तर में cd आदेश का पूरा प्रारूप स्क्रीन पर दिखाया जाएगा।

लाइनक्स के कुछ प्रमुख आदेश निम्नलिखित हैं

(i) करण्ट डायरेक्टरी बदलना - cd आदेश To Change the Current Directory-cd Command

जिस डायरेक्टरी में आप कार्य कर रहे होते हैं, उसे करण्ट डायरेक्टरी कहा जाता है। किसी आदेश में यदि किसी फाइल या डायरेक्टरी के नाम के साथ उसका पाथ न दिया गया हो, तो उसे करण्ट डायरेक्टरी में माना जाता है। cd आदेश से करण्ट डायरेक्टरी परिवर्तित कर सकते हैं।

उदाहरण— $cd ashok

इसके वर्तमान करण्ट डायरेक्टरी में ashok नाम की उप-डायरेक्टरी को करण्ट डायरेक्टरी बनाया जाएगा।

$cd..

यह आदेश वर्तमान करण्ट डायरेक्टरी से ऊपर की डायरेक्टरी में जाने के लिए है।

(ii) नई डायरेक्टरी बनाना - mkdir आदेश
To Change the New Directory-mkdir Command

इस आदेश से कोई भी नई डायरेक्टरी बना सकते हैं।

उदाहरण— $ mkdir my_dir

इससे करण्ट डायरेक्टरी में my_dir नाम से उप-डायरेक्टरी बनेगी।

$ mkdir /usr/pension/family

इस आदेश से /usr/pension डायरेक्टरी में family नाम से उप-डायरेक्टरी बनेगी।

(iii) डायरेक्टरी हटाना - rmdir आदेश
To Delete the Directory-rmdir Command

इस आदेश का प्रयोग किसी खाली डायरेक्टरी को हटाने के लिए किया जाता है। इससे करण्ट डायरेक्टरी से ऊपर की डायरेक्टरी को नहीं हटा सकते। इसके लिए उस डायरेक्टरी से बाहर निकलना होता है।

उदाहरण— $ rmdir my_dir

इससे करण्ट डायरेक्टरी की my_dir उप-डायरेक्टरी को हटाया जाएगा।

$ rmdir / usr/pension/ super

इससे /usr/pension डायरेक्टरी की super उप-डायरेक्टरी को हटाया जाएगा। यदि किसी डायरेक्टरी में फाइलें हैं, तो उसे इस प्रकार से नहीं हटाया जा सकता। पहले उसकी फाइलों को हटाना होता है।

(iv) फाइलों की सूची देखना -1s आदेश To View List of Files-1s Command

इस आदेश से किसी डायरेक्टरी की सामग्री अर्थात् फाइलों और उप-डायरेक्ट्रियों की सूची देख सकते हैं।

उदाहरण— $ ls

इस आदेश से करण्ट डायरेक्टरी की सामग्री दिखाई जाएगी।

$ ls ashok

इस आदेश से करण्ट डायरेक्टरी की ashok उप-डायरेक्टरी की सामग्री दिखाई जाएगी।

$ 1s /usr/pension/family

इस आदेश से /usr/pension डायरेक्टरी की family उप-डायरेक्टरी की सामग्री दिखाई जाएगी।

$ 1s ab*

इससे करण्ट डायरेक्टरी में 'ab' से प्रारम्भ होने वाले नामों की सभी फाइलों की सूची दिखाई जाएगी। 1s आदेश के साथ कुछ स्विच भी जोड़ सकते हैं, जिनमें से कुछ मुख्य स्विच निम्न प्रकार हैं

-a छिपी हुई फाइलों सहित सभी फाइलों की सूची देखने के लिए

-l फाइलों की सूची के साथ उनके गुण (attribute) तथा फाइल उपयोग अनुमतियाँ (file access permissions) भी देखने के लिए

-s फाइलों की सूची को आकार के अनुसार छाँटकर देखने के लिए

-r फाइलों की सूची उनके नाम के उल्टे क्रम (reverse order) में छाँटकर देखने के लिए

-f डायरेक्टरी के लिए फाइल के नाम के साथ उसका प्रकार (type) भी देखने के लिए

उदाहरण— $ ls -1

इस आदेश से फाइलों की सूची को उनके गुण और अनुमतियों के साथ दिखाया जाएगा।

(v) फाइल की कॉपी करना - cp आदेश To Copy the File-cp Command

इस आदेश के द्वारा किसी फाइल की कॉपी किसी दूसरे नाम से कर सकते हैं।

उदाहरण— $cp myfile astha

इस आदेश से myfile नाम की फाइल की कॉपी astha नाम से बनाई जाएगी। इस आदेश के साथ भी स्विचों का प्रयोग किया जा सकता है, जिनमें से कुछ स्विच निम्नलिखित हैं

– i ओवरराइटिंग करने से पहले सूचित करने के लिए

–l फाइल को कॉपी करने के स्थान पर केवल लिंक करने के लिए

– s सिम्बोलिक लिंक बनाने के लिए

(vi) फाइल को हटाना - rm आदेश To Change the File-rm Command

इस आदेश का प्रयोग किसी फाइल को हटाने के लिए किया जाता है।

उदाहरण— $ rm ashok

इस आदेश से ashok नाम की फाइल हटा दी जाएगी।

$ rm /urs/pension/old

इस आदेश से urs/pension डायरेक्टरी की old उप-डायरेक्टरी हटा दी जाएगी।

$ rm *.*

इस आदेश से सभी फाइलों को हटा दिया जाएगा। इस आदेश के साथ भी कई स्विचों का प्रयोग किया जा सकता है, जिनमें से कुछ स्विच निम्नलिखित हैं—

– i हटाने से पहले प्रॉम्प्ट करने के लिए

–f फाइल को बलपूर्वक हटा देने के लिए

(vii) फाइलों को मूव करना या नाम बदलना - mv आदेश To Move or Rename the Files-mv Command

इस आदेश का प्रयोग किसी फाइल या डायरेक्टरी को एक स्थान से दूसरे स्थान पर ले जाने अथवा उनका नाम बदलने के लिए किया जाता है।

उदाहरण— $ mv astha ashok

इससे astha फाइल का नाम ashok हो जाएगा।

$ mv ashok/home/pension/family

इससे ashok नाम की फाइल करण्ट डायरेक्टरी से /home/pension/family डायरेक्टरी में आ जाएगी।

(viii) दिनांक तथा समय देखना - date आदेश To View Data and Time-date Command

इस आदेश के द्वारा सिस्टम में सेट की गई वर्तमान दिनांक और समय को देख सकते हैं।

उदाहरण— $ date

Sun July 31 18 : 20 : 31 EST 2012

इस आदेश से सिस्टम की दिनांक तथा समय सेट भी किया जा सकता है, परन्तु यह कार्य केवल सिस्टम एडमिनिस्ट्रेटर (administrator) ही कर सकता है।

(ix) स्क्रीन साफ करना - clear आदेश To Clear the Screen-clear Command

इस आदेश का उपयोग मॉनीटर की स्क्रीन को clear करने के लिए किया जाता है।

उदाहरण— $ clear

(x) फाइल की सामग्री देखना - cat आदेश To View the Contents of File-cat Command

इस आदेश से किसी फाइल की सामग्री को स्क्रीन पर देखा जा सकता है।

उदाहरण— $ cat data 1

इस आदेश से स्क्रीन पर लिखा हुआ डेटा मिट जाएगा। इससे data 1 को स्क्रीन पर दिखाया जाएगा।

$ cat file[123]

इससे तीन फाइलों file 1, file 2 तथा file 3 की सामग्री को स्क्रीन पर क्रमश: दिखाया जाएगा।

(xi) फाइल की सामग्री को रुक-रुक कर देखना - more आदेश
To View the Content of File Intermissively-more Command

इस आदेश के द्वारा किसी फाइल की सामग्री को रुक-रुक कर देख सकते हैं, ताकि आप उसे पढ़ भी सकें। इस आदेश के द्वारा एक समय में एक स्क्रीन के अनुरूप सामग्री दिखाई जाती है, फिर स्पेसबार दबाने पर अगला भाग (next part) दिखाया जाता है।

उदाहरण— $ more ashok

इससे ashok फाइल की सामग्री एक समय में एक स्क्रीन करके दिखाई जाएगी। यदि आप पिछला भाग देखना चाहते हैं, तो स्पेसबार के स्थान पर B दबाना चाहिए।

(xii) आदेशों में सहायता लेना - man आदेश
To Take Helps in Orders-man Command

इस आदेश के द्वारा लाइनक्स के किसी भी आदेश के बारे में अधिकतम सूचना प्राप्त कर सकते हैं। इससे उस आदेश के विषय में मैनुअल के पेज दिखाए जाते हैं, जिसमें सभी विकल्प, स्विच आदि के प्रभाव भी बताए जाते हैं।

उदाहरण— $ man cp

इससे cp आदेश के विषय में सूचना दी जाएगी।

$ man man

इससे man आदेश के विषय में सूचना दी जाएगी।

(xiii) स्क्रीन पर सन्देश देना - echo आदेश
To Give a Message on the Screen-echo Command

इस आदेश के द्वारा हम स्क्रीन पर कोई भी सन्देश दिखा सकते हैं। इस आदेश में यूज़र जो भी इनपुट करेगा, वह स्क्रीन पर वैसा ही दिखा दिया जाएगा।

उदाहरण— **$ echo this is a message**

इस आदेश से स्क्रीन पर 'This is a message' प्रदर्शित हो जाएगा।

$ echo $ home

इस आदेश से यूज़र की होम डायरेक्टरी का नाम दिखाया जाएगा।

(xiv) करण्ट डायरेक्टरी का पूरा नाम देखना - pwd आदेश
To View Complete Name of Current Directory-pwd Command

इस आदेश के द्वारा करण्ट डायरेक्टरी का पूरा नाम उसके पाथ सहित देख सकते हैं।

उदाहरण— $ pwd

इस आदेश से करण्ट डायरेक्टरी का पूरा नाम पाथ सहित दिखाया जाएगा; जैसे— /home/pension/family

(xv) उपयोगकर्ताओं के नाम देखना - who आदेश
To View the Name of Users-who Command

इस आदेश के द्वारा यूज़र सहित उन सभी उपयोगकर्ताओं के नाम, टर्मिनल आदि देख सकते हैं, जो उस समय login किए हुए हैं।

उदाहरण— **$ who**

इस आदेश से निम्न आउटपुट दिखाई देगा

```
root  tty 1  July 31  18 : 21
vineet  tty 4  July 31  18 : 28
anil  tty 5  July 31  18 : 25
```

(xvi) किसी फाइल की उपयोग अनुमति बदलना - chmod आदेश

To Change the Permission of the Use of a File-chmod Command

इस आदेश का उपयोग किसी फाइल या डायरेक्टरी के लिए उसकी उपयोग अनुमतियाँ बदलने में किया जाता है। इस आदेश में क्रमशः फाइल ओनर, ग्रुप ओनर तथा अन्य उपयोगकर्ता के लिए उपयोग अनुमतियाँ ऑक्टल डिजिट (octal digit) के रूप में दी जाती हैं।

उदाहरण— $ chmod 777 myfile

यहाँ 777 का अर्थ है rwxrwxrwx क्योंकि ऑक्टल संख्या 777 बाइनरी में 111111111 के बराबर होती है। इस आदेश के कारण फाइल myfile की उपयोग अनुमति rwxrwxrwx हो जाएगी।

(xvii) किसी फाइल में शब्दों को गिनना - wc आदेश

To Count the Words in a File-wc Command

इस आदेश के द्वारा किसी फाइल में पंक्तियों, शब्दों और चिह्नों की संख्या को गिन सकते हैं।

उदाहरण— $ wc ashok

इस आदेश से निम्न आउटपुट दिखाई देगा

4 15 64

इस उत्तर से पता चलता है कि फाइल ashok में 4 पंक्तियाँ, 15 शब्द और 64 चिह्न हैं।

(xviii) चिह्न समूहों को बदलना - tr आदेश

To Change the Symbol Groups-tr Command

इस आदेश के द्वारा किसी फाइल में दिए हुए चिह्नों के बदले दूसरे चिह्न रख सकते हैं।

उदाहरण— $ tr 'Agra' 'Kanpur'<astha> ashok

इससे astha फाइल से इनपुट लेकर जहाँ-जहाँ भी Agra होगा, वहाँ-वहाँ उसे 'Kanpur' करके आउटपुट को ashok फाइल के रूप में स्टोर कर दिया जाएगा।

(xix) फाइल की सामग्री को छाँटना - sort आदेश

To Sort the Contents of a File-sort Command

इस आदेश के द्वारा किसी फाइल की सामग्री को किसी क्रम में छाँटकर देख सकते हैं या नई फाइल में स्टोर कर सकते हैं।

उदाहरण— $ sort <astha>

इससे astha फाइल को छाँटकर स्क्रीन पर दिखाया जाएगा।

$ sort <astha> ashok

इससे छाँटी हुई फाइल ashok के नाम से स्टोर की जाएगी।

$ sort-r <ashok>

फाइल को उल्टे क्रम (reverse order) में छाँटा जाएगा।

विण्डोज़ शॉर्टकट कीज़ Windows Shortcut Keys

कार्य (Action)	कुंजियाँ (Keystroke)
जनरल शॉर्टकट कीज़ (General Shortcut keys)	
Delete	सिलेक्टिड आइटम को डिलीट करने एवं रिसाइकल बिन में भेजने के लिए (To Delete Selected Items and Move to Recycle Bin)
Shift + Delete	बिना रिसाइकल बिन में भेजे आइटम को स्थायी रूप में डिलीट करने के लिए (To Delete Item Permanently Without Moving to Recycle Bin)
F2	सिलेक्टिड आइटम का नाम परिवर्तित करने के लिए (To Rename the Selected Item)
F3	फाइल या फोल्डर खोजने के लिए (To Search File or Folder)
F5	सक्रिय विण्डो के कन्टेन्ट्स को रिफ्रेश करने के लिए (To Refresh the Contents of the Active Window)
F10	सक्रिय प्रोग्राम में मेन्यू बार को एक्टिवेट करने के लिए (To Activate the Menu Bar in the Active Program)
Ctrl + F4	सक्रिय विण्डो को बन्द करने के लिए (To Close the Active Window)
Ctrl + Esc	Start मेन्यू को प्रदर्शित करने के लिए (To Display the Start Menu)
Ctrl+ Shift + Esc	Task Manager को खोलने के लिए (To Open Task Manager)
डायलॉग बॉक्स शॉर्टकट्स (Dialog Box Shortcuts)	
Ctrl + Tab	Tab के द्वारा आगे बढ़ने के लिए (To Move Forward through Tab)
F1	Help प्रदर्शित करने के लिए (To Display Help)
F4	सक्रिय लिस्ट में आइटम को प्रदर्शित करने के लिए (To Display Items in the Active List)

कार्य (Action)	कुंजियाँ (Keystroke)
विण्डोज़ एक्सप्लोरर शॉर्टकट कीज़ (Windows Explorer Shortcut Keys)	
HOME	सक्रिय विण्डो के top को प्रदर्शित करने के लिए (To Display the Top of the Active Window)
END	सक्रिय विण्डो के bottom को प्रदर्शित करने के लिए (To Display the Bottom of the Active Window)
टेक्स्ट एडिटिंग के लिए शॉर्टकट कीज़ (Shortcut Keys for Text Editing)	
Ctrl + A	सिलेक्ट all के लिए (To Select All)
Ctrl + C	कॉपी करने के लिए (To Copying)
Ctrl + X	कट करने के लिए (To Cutting)
Ctrl + V	पेस्ट करने के लिए (To Pasting)
Ctrl + Z	अनडू (Undo) करने के लिए (To Undoing)

विण्डोज़ नेचुरल कीबोर्ड शॉटकर्ट कीज़ (Windows Natural Keyboard Shortcut Keys)

Window	Start मेन्यू को छिपाने या प्रदर्शित करने के लिए (To Display or Hide the Start Menu)
Window + D	डेस्कटॉप प्रदर्शित करने के लिए (To Display the Desktop)
Window + M	सभी खुली विण्डोज़ को मिनिमाइज़ करने के लिए (To Minimize All Open Windows)
Window + F1	विण्डोज़ Help को प्रदर्शित करने के लिए (To Display Windows Help)
Window + L	कीबोर्ड को लॉक करने के लिए (To Lock the Keyboard)
Window + U	Utility Manager को खोलने के लिए (To Open Utility Manager)

लाइनक्स शॉर्टकट कीज़ Linux Shortcut Keys

कार्य (Action)	कुँजियाँ (Keystroke)
कीबोर्ड शॉर्टकट कीज़ (Keyboard Shortcut Keys)	
Ctrl + B	कर्सर को एक कैरेक्टर पीछे मूव करने के लिए (To Move the Cursor Backward One Character)
Ctrl + C	प्रचलित रूप से रन हो रही कमाण्ड को कैंसिल करने के लिए (To Cancel the Currently Running Command)
Ctrl + D	वर्तमान सेशन को लॉगआउट करने के लिए (To Logout of the Current Session)
Ctrl + F	कर्सर को एक कैरेक्टर आगे मूव करने के लिए (To Move the Cursor Forward One Character)
Ctrl + H	एक कैरेक्टर को मिटाने के लिए (To Erase a Character)
Ctrl + P	पिछली (Previous) लाइन को पेस्ट करने के लिए (To Paste Previous Line)
Ctrl + S	स्क्रीन पर सभी आउटपुट्स को रोकने के लिए (To Stop All Outputs on Screen (XOFF))
Ctrl+ U	पूरी लाइन को मिटाने के लिए (To Erase the Complete Line)
Ctrl+ W	अन्तिम टाइप्ड अक्षर को मिटाने के लिए (To Delete the Last Typed Word)
कमाण्ड लाइन शॉर्टकट्स कीज़ (Command Line Shortcuts Keys)	
~	यूज़र्स की होम डायरेक्टरी में मूव करने के लिए (To Move to The User's Home Directory)
!!	शैल पर अन्तिम एण्टर लाइन को दोहराने के लिए (To Repeat the Last Entered Line at the Shell)
reset	टर्मिनल रिसेट करने के लिए, यदि टर्मिनल स्क्रीन ठीक से प्रदर्शित नहीं हो रही है। (To Reset the Terminal, if Terminal Screen is not Displaying Correctly)

अभ्यास प्रश्न

परीक्षा प्रारूपी प्रश्न

बहुविकल्पीय

1. 'लाइनक्स (linux)' एक है
(a) ऑपरेटिंग सिस्टम (b) ऑपरेटिंग डिवाइस
(c) कम्प्यूटर का नाम (d) कम्प्यूटर वायरस

2. निम्नलिखित में से कौन ऑपरेटिंग सिस्टम का उदाहरण नहीं है?
(a) यूनिक्स (b) विण्डोज़ (c) लाइनक्स (d) रेड हैट

3. निम्नलिखित में से कौन-सा एक प्रसिद्ध ऑपरेटिंग सिस्टम (system) नहीं है?
(a) लाइनक्स (b) मैक OSX
(c) विण्डोज़ विस्टा (d) वर्चुअल बॉक्स

4. लाइनक्स (linux) की सबसे ऊपरी डायरेक्टरी का क्या नाम है?
(a) रूट (Route) (b) होम (Home)
(c) बिन (Bin) (d) बट

5. निम्न में से किस शब्द का प्रयोग लाइनक्स (linux) के साथ किया जाता है?
(a) रेड हैट (b) डेबियन (c) कैलडेटा (d) ये सभी

6. निम्न में से कौन-सी क्षमता लाइनक्स (linux) ऑपरेटिंग सिस्टम (operating system) में निहित होती है?
(a) मल्टी-टास्किंग (b) मल्टी-यूज़र
(c) टाइम शेयरिंग (d) ये सभी

7. लाइनक्स ऑपरेटिंग सिस्टम (linux operating system) के विकास में निम्न में से किसकी अहम् भूमिका है?
(a) स्टीव जॉब्स (b) लाइनस ट्रोवेल्ड
(c) बिल गेट्स (d) पॉल एलन

8. लाइनक्स ऑपरेटिंग सिस्टम का विकास निम्न में से किसके अन्तर्गत किया गया है?
(a) जीपीएल (GPL) (b) पीपीपी (PPP)
(c) पर्सनल यूज़र लाइसेंस (d) इनमें से कोई नहीं

9. प्रारम्भ में लाइनक्स ऑपरेटिंग सिस्टम को किसका ऑपरेटिंग सिस्टम माना जाता था?
(a) प्रोग्रामरों का (b) हैकरों का
(c) बैंकों का (d) ये सभी

10. निम्न में से कौन-सा एलीमेण्ट लाइनक्स ऑपरेटिंग सिस्टम का मुख्य भाग होता है?
(a) कर्नल (b) एप्लीकेशन
(c) शैल (d) ये सभी

11. लाइनक्स के कर्नल (kernel) में निम्न में से क्या शामिल होता है?
(a) वर्ड प्रोसेसिंग प्रोग्राम (b) प्रोग्रामिंग भाषाएँ
(c) डिवाइस ड्राइवर (d) ये सभी

12. लाइनक्स (linux) के फाइल सिस्टम (file system) में रूट (route) डायरेक्टरी का सांकेतिक चिह्न है
(a) / (b) \ (c) # (d) %

13. लाइनक्स O.S. में /bin नामक डायरेक्टरी में निम्न में से कौन-सी फाइलें होती हैं?
(a) ग्राफिक्स फाइलें (b) वीडियो फाइलें
(c) बाइनरी फाइलें (d) ये सभी

14. लाइनक्स में /dev नामक डायरेक्टरी में निम्न में से कौन-सी फाइलें (files) होती हैं?
(a) बाइनरी फाइलें (b) इमेज फाइलें
(c) डिवाइस फाइलें (d) ये सभी

15. लाइनक्स O.S. में कम्प्यूटर की कॉन्फ़िगुरेशन (configuration) फाइलें निम्न में से किस डायरेक्टरी में होती हैं?
(a) /dev (b) /etc (c) /lib (d) ये सभी

16. लाइनक्स निम्न में से किस व्यक्ति ने विकसित किया है?
(a) बिल गेट्स (b) लाइनस टॉरवॉल्ड्स
(c) केन थॉम्प्सन (d) डेनिस्स रिची

17. लाइनक्स निम्नलिखित में से कैसा ऑपरेटिंग सिस्टम है?
(a) सिंगल-यूज़र (b) मल्टी-यूज़र
(c) मल्टी-टास्किंग (d) ये सभी

18. लाइनक्स में करण्ट डायरेक्टरी परिवर्तित करने के लिए क्या आदेश दिया जाता है?
(a) cp (b) mkdir (c) ls (d) cd

19. लाइनक्स में ls आदेश का उपयोग किसलिए किया जाता है?
(a) किसी डायरेक्टरी को हटाने के लिए
(b) किसी डायरेक्टरी की सामग्री देखने के लिए
(c) किसी फाइल की कॉपी करने के लिए
(d) उपरोक्त में से कोई नहीं

20. लाइनक्स में किसी फाइल की सामग्री को स्क्रीन पर देखने के लिए क्या आदेश दिया जाता है?
(a) more (b) cat
(c) ls (d) lpr

विविध प्रारूपी प्रश्न

सत्य/असत्य

1. लाइनक्स ऑपरेटिंग सिस्टम यूनिक्स (unix) का ही दूसरा रूप है।
2. लाइनक्स ऑपरेटिंग सिस्टम में एक ही समय पर एक-से-अधिक उपयोगकर्ता स्वतन्त्र रूप से कार्य कर सकते हैं।
3. लाइनक्स एक मल्टी-प्रोग्रामिंग ऑपरेटिंग सिस्टम है।
4. लाइनक्स केस सेन्सिटिव (case sensitive) नहीं होता है।
5. लाइनक्स में फाइलों को प्रायः तीन प्रकारों में विभाजित किया गया है।

रिक्त स्थानों की पूर्ति

1. लाइनक्स ऑपरेटिंग सिस्टम का प्रमुख भाग .... होता है।
2. लाइनक्स ऑपरेटिंग सिस्टम .... से पूर्णरूप से सुरक्षित है।
3. .... शॉर्टकट 'की' (key) का प्रयोग कर्सर को एक कैरेक्टर पीछे मूव (move) करने के लिए किया जाता है।
4. .... शॉर्टकट 'की' (key) का प्रयोग कर्सर को एक कैरेक्टर आगे मूव (move) करने के लिए किया जाता है।
5. अन्तिम टाइप्ड अक्षर (letter) को मिटाने के लिए .... शॉर्टकट की (shortcut key) का प्रयोग होता है।

अतिलघु उत्तरीय

1. लाइनक्स ऑपरेटिंग सिस्टम किसका प्रतिरूप है?
2. लाइनक्स के भागों का उल्लेख कीजिए।
3. लाइनक्स का फाइल सिस्टम किसके समान है?
4. लाइनक्स के मुख्य लाभ क्या हैं?
5. लाइनक्स के मुख्य प्रकार कौन-से हैं?

लघु उत्तरीय

1. लाइनक्स में वायरस क्यों नहीं आ सकते?
2. लाइनक्स में cat और more आदेशों में क्या अन्तर है?
3. लाइनक्स में नई डायरेक्टरी किस प्रकार बनाई जाती है?

दीर्घ उत्तरीय

1. लाइनक्स के फाइल सिस्टम के विषय में विस्तार से बताइए।
2. लाइनक्स में लॉगइन की क्या तकनीक होती है?

उत्तरमाला

बहुविकल्पीय

1. (a)	**2.** (d)	**3.** (d)	**4.** (a)	**5.** (d)	**6.** (d)	**7.** (b)	**8.** (a)	**9.** (b)	**10.** (d)
11. (c)	**12.** (a)	**13.** (c)	**14.** (c)	**15.** (c)	**16.** (b)	**17.** (d)	**18.** (d)	**19.** (b)	**20.** (a)

सत्य/असत्य

1. सत्य **2.** सत्य **3.** सत्य **4.** असत्य **5.** असत्य

रिक्त स्थानों की पूर्ति

1. कर्नल **2.** वायरस **3.** Ctrl + B **4.** Ctrl + F **5.** Ctrl + U

❑❑❑

अध्याय 02 **WEEK 02**

प्रिन्टर्स एवं प्लॉटर्स
Printers and Potters

परिचय Introduction

किसी कम्प्यूटर प्रणाली में इनपुट युक्तियों के समान ही आउटपुट साधनों का भी महत्त्वपूर्ण स्थान है, क्योंकि यूज़र को अपने कार्यों का परिणाम इन्हीं साधनों से प्राप्त होता है प्रिन्टर आउटपुट का एक महत्त्वपूर्ण साधन है कम्प्यूटर द्वारा प्रोग्रामों का पालन करने पर जो परिणाम प्राप्त होते हैं उस परिणाम को प्रिन्टर की सहायता से ही आउटपुट के रूप में किसी कागज पर प्राप्त किया जाता है। प्रिन्टर के समान ही प्लॉटर भी एक विशेष आउटपुट युक्ति होती है जो ग्राफ, चार्ट, डिजाइन एवं नक्शे इत्यादि छापने के लिए विशेषरूप से उपयोग की जाती है प्रस्तुत अध्याय इन्हीं आउटपुट युक्तियों को पूर्णरूप से विश्लेषित करेगा।

2.1 प्रिन्टर Printer

प्रिन्टर एक प्रकार की आउटपुट युक्ति है, इसका प्रयोग कम्प्यूटर से प्राप्त डेटा और सूचना को किसी कागज पर प्रिन्ट करने के लिए करते हैं। यह ब्लैक और व्हाइट (black and white) के साथ-साथ कलर डॉक्यूमेण्ट को भी प्रिन्ट कर सकता है। किसी भी प्रिन्टर की क्वालिटी उसकी प्रिन्टिंग की क्वालिटी पर निर्भर करती है अर्थात् जितनी अच्छी प्रिन्टिंग क्वालिटी होगी, प्रिन्टर उतना ही अच्छा माना जाता है। किसी प्रिन्टर की गति **कैरेक्टर प्रति सेकण्ड** (Character Per Second – CPS) में, **लाइन प्रति मिनट** (Line Per Minute – LPM) में और **पेजिज़ प्रति मिनट** (Pages Per Minute – PPM) में मापी जाती है। किसी प्रिन्टर की क्वालिटी **डॉट्स प्रति इंच** (Dots Per Inch – DPI) में मापी जाती है अर्थात् पेपर पर एक इंच में जितने अधिक-से-अधिक बिन्दु होंगे, प्रिन्टिंग उतनी ही अच्छी होगी।

2.2 प्रिन्टर का वर्गीकरण Classification of Printer

प्रिन्टर का वर्गीकरण निम्न प्रकार है—

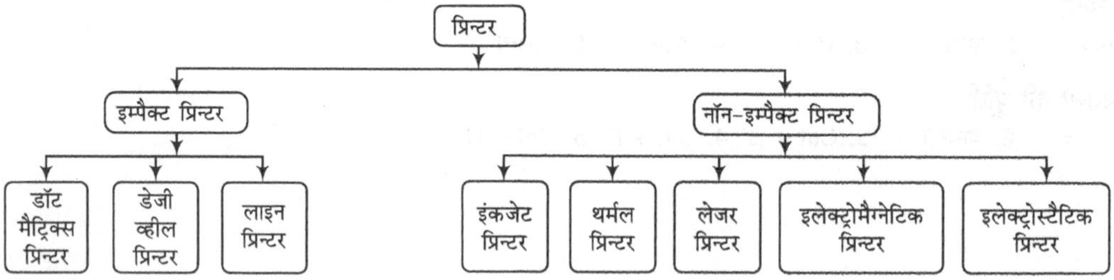

इम्पैक्ट प्रिन्टर Impact Printer

यह प्रिन्टर टाइपराइटर की तरह कार्य करता है। इसमें अक्षर छापने के लिए छोटे-छोटे पिन या हैमर्स होते हैं, इन पिनों पर अक्षर बने होते हैं। ये पिन स्याही से लगे हुए रिबन (ribbon) और उसके बाद पेपर पर प्रहार करते हैं, जिससे अक्षर पेपर पर छप जाते हैं। इम्पैक्ट प्रिन्टर एक बार में एक कैरेक्टर या एक लाइन प्रिन्ट कर सकता है। इस प्रकार के प्रिन्टर ज्यादा अच्छी क्वालिटी की प्रिन्टिंग नहीं करते हैं। ये प्रिन्टर दूसरे प्रिन्टर्स की तुलना में सस्ते होते हैं और प्रिन्टिंग के दौरान अधिक आवाज़ करते हैं, इसलिए इनका प्रयोग कम होता है।

ये निम्न प्रकार के होते हैं

डॉट मैट्रिक्स प्रिन्टर Dot Matrix Printer

इस प्रकार के प्रिन्टर में पिनों की एक पंक्ति होती है, जो कागज के ऊपरी सिरे पर रिबन पर प्रहार करती है। जब पिन रिबन पर प्रहार करती है, तो डॉट्स (dots) का एक समूह, एक मैट्रिक के रूप में कागज पर पड़ता है, जिससे अक्षर या चित्र छप जाते हैं। इस प्रकार के प्रिन्टर को पिन प्रिन्टर भी कहते हैं। डॉट मैट्रिक्स प्रिन्टर एक बार में एक ही कैरेक्टर प्रिन्ट करता है। ये काफी धीमी गति से प्रिन्ट करते हैं तथा ज्यादा आवाज करते हैं, जिससे इसे कम्प्यूटर के साथ कम प्रयोग करते हैं।

चित्र डॉट मैट्रिक्स प्रिन्टर

आजकल बाजार में विभिन्न कम्पनीज के विभिन्न मॉडल्स के डॉट मैट्रिक्स प्रिन्टर्स (dot matrix printers) उपलब्ध है, इनमें से अच्छे डॉट मैट्रिक्स प्रिन्टर (dot matrix printer) का चुनाव करने के लिए निम्नलिखित विशेषताओं को ध्यान में रखा जाता है

लाभ Advantages

डॉट मैट्रिक्स प्रिन्टर के प्रमुख लाभ निम्नलिखित हैं

1. इन प्रिन्टर्स की प्रिन्टिंग लागत इंकजेट अथवा लेजर प्रिन्टर्स की तुलना में बहुत कम होती है, क्योंकि इसमें रिबन (ribbon) का प्रयोग होता है
2. ये प्रिन्टर्स मल्टी-पार्ट स्टेशनरी (multi-part stationery) अथवा कॉर्बन कॉपीज (carbon copies) को एक साथ प्रिन्ट कर सकते हैं।
3. ये प्रिन्टर्स निरन्तर पेपर फीड के लिए उपयुक्त होते हैं, जबकि इंकजेट अथवा लेजर प्रिन्टर्स में पेपर शीट अग्रसर की जाती है।
4. इन प्रिन्टर्स को प्रयोग के लिए किसी विशेष प्रशिक्षण की आवश्यकता नहीं होती।

हानियाँ Disadvantages

डॉट मैट्रिक्स प्रिन्टर की प्रमुख हानियाँ निम्नलिखित हैं

1. ये प्रिन्टर्स बहुत शोर करते हैं।
2. इन प्रिन्टर्स का प्रयोग अच्छी गुणवत्ता वाली इमेजेज अथवा फोटो प्रिन्टिंग के लिए नहीं किया जा सकता।
3. इनकी प्रिन्ट गुणवत्ता इंकजेट अथवा लेजर प्रिन्टर्स की अपेक्षा बहुत कम होती है।
4. इन प्रिन्टर्स की प्रिन्ट करने की गति इंकजेट अथवा लेजर प्रिन्टर्स की अपेक्षा बहुत कम होती है।

लाइन प्रिन्टर Line Printer

इस प्रकार के प्रिन्टर के द्वारा एक बार में पूर्ण (complete) एक लाइन प्रिन्ट होती है, इसीलिए इन्हें लाइन प्रिन्टर कहते हैं। इसकी प्रिन्टिंग की क्वालिटी अधिक अच्छी नहीं होती है, लेकिन प्रिन्टिंग की गति पर्याप्त रूप से तीव्र होती है। लाइन प्रिन्टर्स तीन प्रकार के होते हैं

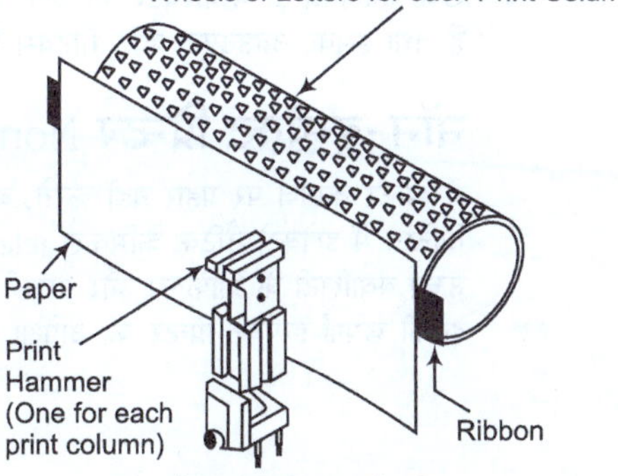

चित्र ड्रम प्रिन्टर की प्रक्रिया

(i) **ड्रम प्रिन्टर** Drum Printer

ड्रम प्रिन्टर एक रोटेटिंग बेलनाकार ड्रम का बना होता है, जिसके अन्तर्गत अनेक व्हील्स की परिधि पर पूर्ण कैरेक्टर सेट खुदा एवं उभरा हुआ होता है। ये व्हील्स ड्रम (drum) पर तीव्रता से घूमते हैं और वांछित कैरेक्टर्स की एक लाइन बनाते हैं। अब यह लाइन रिबन के सामने आती है और रिबन पर लगे कागज के पीछे स्थित हैमर्स की चोट से यह लाइन कागज पर छप जाती है।

(ii) **चेन प्रिन्टर** Chain Printer

चेन प्रिन्टर का मुख्य भाग एक रोटेटिंग चेन होती है जिसे प्रिन्ट चेन कहते हैं, इस प्रिन्ट चेन पर कैरेक्टर्स खुदे एवं उभरे हुए होते हैं, यह प्रिन्ट चेन दो गियर्ड पुलीज के मध्य तीव्र गति से घूमती (move) रहती है। जब प्रिन्टर सैन्सेज को सही कैरेक्टर वांछित प्रिन्ट पोजीशन पर प्राप्त होता है, तब

एक हैमर कागज पर चोट करता है। इससे कागज रिबन और उस कैरेक्टर पर दबता है एवं यह कैरेक्टर कागज पर छप जाता है। चूँकि प्रिन्ट चेन निरन्तर मूव करती रहती है। अत: कम्प्यूटर द्वारा दिए गए निर्देश के अनुरूप लाइन के अन्य कैरेक्टर्स भी इसी प्रकार प्रिन्ट हो जाते हैं।

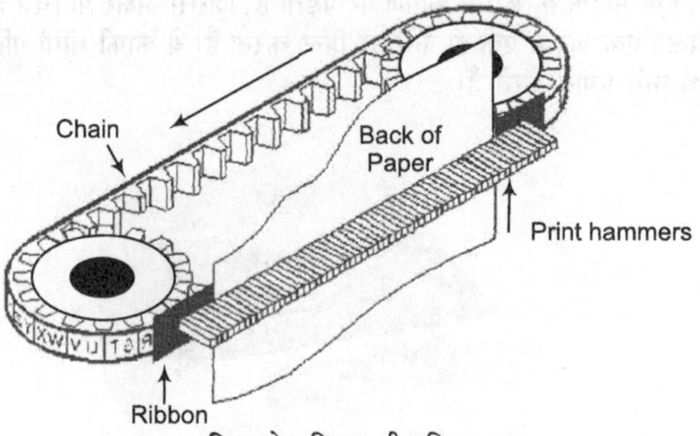

चित्र चेन प्रिन्टर की प्रक्रिया

(iii) **बैण्ड प्रिन्टर** Band Printer

बैण्ड प्रिन्टर बहुत सीमा तक चेन प्रिन्टर के समान ही होते हैं, परन्तु इनमें प्रिन्ट चेन के स्थान पर स्टील प्रिन्ट बैण्ड (steel print band) का प्रयोग किया जाता है। इस स्टील प्रिन्ट बैण्ड पर करैक्टर्स खुदे एवं उभरे हुए होते हैं।

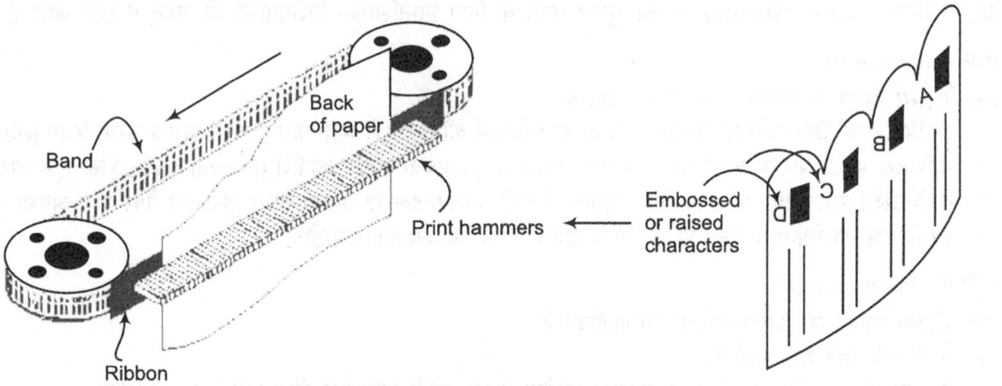

चित्र बैण्ड प्रिन्टर की प्रक्रिया

डेज़ी व्हील प्रिन्टर Daisy Wheel Printer

डेजी व्हील प्रिन्टर में कैरेक्टर की छपाई टाइपराइटर की तरह होती है। यह डॉट मैट्रिक्स प्रिन्टर की अपेक्षा अधिक रिज़ोल्यूशन की प्रिन्टिंग करता है तथा इसका आउटपुट, डॉट मैट्रिक्स प्रिन्टर की अपेक्षा ज्यादा विश्वसनीय (reliable) होता है।

नॉन-इम्पैक्ट प्रिन्टर Non-impact Printer

ये प्रिन्टर कागज पर प्रहार नहीं करते, बल्कि अक्षर या चित्र प्रिन्ट करने के लिए स्याही की फुहार कागज पर छोड़ते हैं। नॉन-इम्पैक्ट प्रिन्टर प्रिन्टिंग में इलेक्ट्रोस्टैटिक केमिकल (electrostatic chemical) और इंकजेट तकनीकी (inkjet technique) का प्रयोग करते हैं। इसके द्वारा उच्च क्वालिटी के ग्राफिक्स और अच्छी किस्म के अक्षरों को छापा जाता है। ये प्रिन्टर इम्पैक्ट प्रिन्टर की तुलना में काफी महँगे होते हैं, किन्तु इनकी छपाई इम्पैक्ट प्रिन्टर की अपेक्षा ज्यादा अच्छी होती है। ये प्रिन्टर निम्न प्रकार के होते हैं—

इंकजेट प्रिन्टर Inkjet Printer

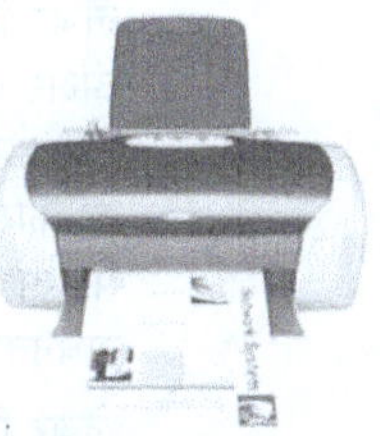

चित्र इंकजेट प्रिन्टर

इस प्रकार के प्रिन्टर में कागज पर स्याही की फुहार द्वारा छोटे-छोटे बिन्दु डालकर छपाई की जाती है, इनकी छपाई की गुणवत्ता भी अच्छी होती है। ये विभिन्न प्रकार के रंगों द्वारा अक्षर और चित्र छाप सकते हैं। इन प्रिन्टरों में छपाई के लिए A4 आकार के पेपर का प्रयोग करते हैं। इंकजेट प्रिन्टर में रिबन के स्थान पर गीली स्याही से भरा हुआ कार्ट्रिज (cartridge) लगाया जाता है, यह कार्ट्रिज एक जोड़े के रूप में होता है। एक में काली (black) स्याही तथा दूसरे में मजेण्टा (magenta), पीली (yellow) और सियान रंग (green-bluish) की स्याही भरी जाती है। कार्ट्रिज ही इस प्रिन्टर का हेड (head) होता है, जो कागज पर स्याही की फुहार छोड़कर छपाई करता है। इंकजेट प्रिन्टर को प्राय: समानान्तर पोर्ट (parallel port) के माध्यम से कम्प्यूटर से जोड़ा जाता है। वैसे आजकल USB पोर्ट वाले इंकजेट प्रिन्टर प्रयोग किए जाते हैं। इसमें रोज एक या दो पेज प्रिन्ट करना चाहिए, जिससे इसका कार्ट्रिज गीला रहता है और बेकार नहीं होता है।

कार्य प्रणाली Working Method

इंकजेट प्रिन्टर कम्प्यूटर प्रिन्टर का एक ऐसा संस्करण है, जो डिजिटल इमेज का निर्माण पेपर पर इंक की छोटी-छोटी बूँदों को गिराकर करता है। जब एक इंकजेट प्रिन्टर कम्प्यूटर से कोई प्रिन्ट इन्फॉर्मेशन को प्राप्त करता है, तो प्रिन्टर की पेपर ट्रे से पेपर को स्लाइडिंग प्रिन्ट हैड एवं कार्टेज एसेम्बली के नीचे की ओर आगे बढ़ाया जाता है। अब प्रिन्ट हैड स्टेपर मोटर एक बैल्ट के माध्यम से स्लाइडिंग रॉड पर स्लाइडिंग प्रिन्ट हैड एवं कार्टेज एसेम्बली को इसकी प्रारम्भिक स्थिति पर लाती है।

कुछ प्रिन्टर्स में प्रिन्ट हैड, हैड और इंक कार्ट्रिज एक यूनिट के रूप में होते हैं। हैड की सूक्ष्म नलिकाएँ छोटे इंक चैम्बर्स से इंक की अत्यन्त सूक्ष्म बूँदों के लिए आउटलेट का कार्य करती हैं। जैसे-जैसे प्रिन्ट हैड स्लाइडिंग रॉड (sliding rod) पर सरकता है, इंक (ink) की नन्हीं-नन्हीं बूँदें अक्षर बनाती चली जाती हैं। इस प्रक्रिया में सभी प्रकार के पेपर एवं अन्य माध्यमों पर भी प्रिन्टिंग की जा सकती है। इन प्रिन्टर्स में कम्प्यूटर से प्राप्त विद्युत सिग्नल को प्रथम दाब में परिवर्तित करके उसे इंक चैम्बर्स पर भेजा जाता है। इससे इंक की बूँदें चार्ज होकर बाहर निकलकर पेपर पर प्रिन्ट कर देती है।

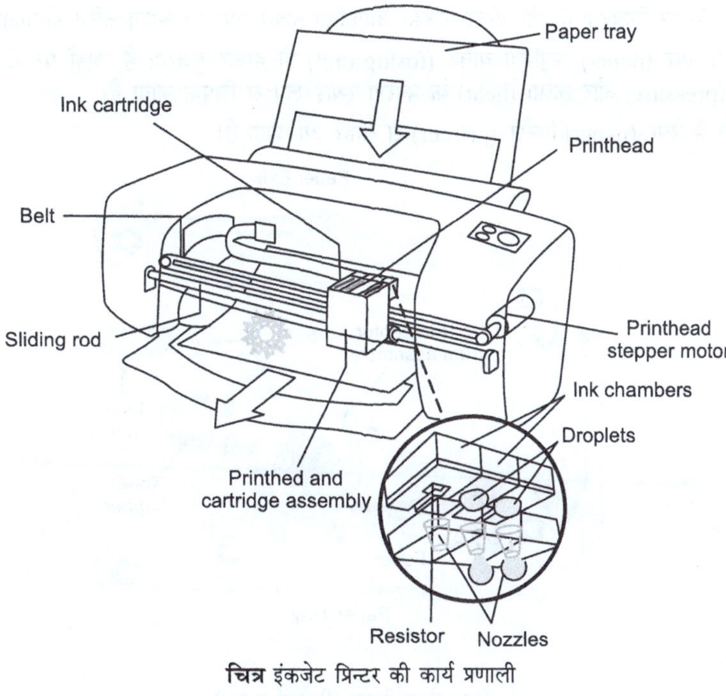

चित्र इंकजेट प्रिन्टर की कार्य प्रणाली

लेजर प्रिन्टर Laser Printer

चित्र लेज़र प्रिन्टर

लेजर प्रिन्टर के द्वारा उच्च गुणवत्ता के अक्षर और चित्र छापे जाते हैं। ये विभिन्न प्रकार और विभिन्न स्टाइल के अक्षर को छाप सकते हैं। इसकी छपाई की विधि फोटोकॉपी मशीन से मिलती-जुलती है। इसमें कम्प्यूटर से भेजा गया डेटा लेज़र किरणों की सहायता से इसके ड्रम पर चार्ज उत्पन्न कर देता है। इसमें एक टोनर होता है, जो चार्ज के कारण ड्रम पर चिपक जाता है। जब यह ड्रम घूमता है और इसके नीचे से कागज निकलता है, तो टोनर कागज पर अक्षरों या चित्रों का निर्माण करता है। ये प्रिन्टर अपनी क्षमता के अनुसार, 1 इंच में 300 से 1200 बिन्दुओं की सघनता द्वारा छपाई कर सकते हैं।

लेजर प्रिन्टर एक ऐसा कम्प्यूटर प्रिन्टर होता है, जो कागज पर उच्च गुणवत्ता के साथ टेक्स्ट और ग्राफिक्स को प्रिन्ट करता है। सबसे तीव्र गति वाले मोनोक्रोम लेजर प्रिन्टर से एक रंग वाले प्रति मिनट 200 से अधिक पृष्ठ प्रिन्ट किए जा सकते हैं, जबकि कलर लेजर प्रिन्टर से 100 से अधिक रंगीन पृष्ठ प्रति मिनट की गति से प्रिन्ट किए जा सकते हैं। लेजर प्रिन्टर एक समय में एक पूरा पेज (page) प्रिन्ट करते हैं, इसीलिए यह पेज प्रिन्टर (page printer) भी कहलाता है।

कार्य प्रणाली Working Method

लेजर प्रिन्टर की कार्यप्रणाली को निम्न पदों (steps) द्वारा स्पष्ट किया जा सकता है

पद 1 (Step 1) पेपर ट्रे से पेपर प्रिन्टर में प्रविष्ट होता है एवं इसके पश्चात् पद 5 में इसे इलेक्ट्रिक चार्ज प्रदान किया जाता है, जिससे कि इससे टोनर पाउडर चिपक सके।

पद 2 (Step 2) ड्रम पर टोनर पाउडर को प्रभावी किया जाता है, जोकि ड्रम के आवेशित क्षेत्र में आकर्षित हो जाता है और सम्पूर्ण पृष्ठ के लिए इमेज बनाता है।

पद 3 (Step 3) प्रिन्टर के माइक्रोप्रोसेसर से सूचनाएँ लेजर बीम को नियन्त्रित करती है, जो ड्रम पर उपयुक्त स्थानों को चार्ज करती है, जिससे पद 4 (step 4) में टोनर पाउडर आकर्षित हो जाता है।

पद 4 (Step 4) प्रिन्टर का माइक्रोप्रोसेसर कम्प्यूटर द्वारा भेजे गए डेटा को डिकोड करता है।

पद 5 (Step 5) पेपर ड्रम पर लिपटता है और टोनर पाउडर आकर्षित होकर पेपर पर स्थानान्तरित हो जाता है।

पद 6 (Step 6) अब पेपर (paper) फ्यूजिंग यूनिट (fusing unit) से होकर गुजरता है, जहाँ पर टोनर पाउडर (toner powder) पेपर (paper) पर दबाव (pressure) और ऊष्मा (heat) के कारण स्थाई रूप से चिपक जाता है।

पद 7 (Step 7) अन्त में पेपर (paper) प्रिन्टर (printer) से बाहर आ जाता है।

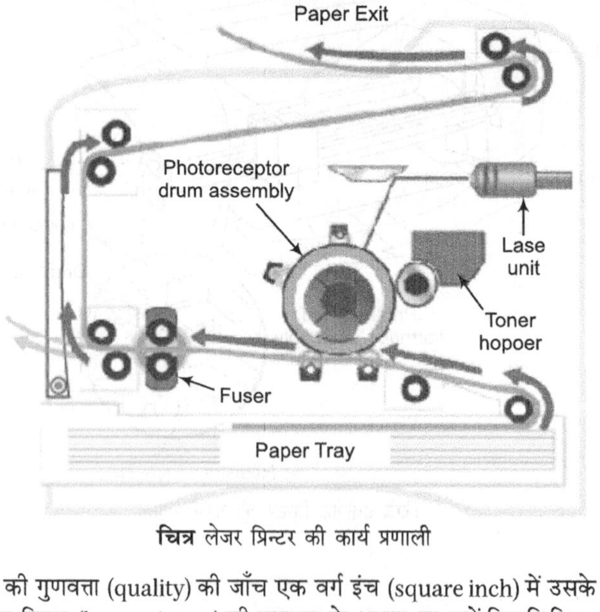

चित्र लेजर प्रिन्टर की कार्य प्रणाली

लेजर प्रिन्टर (laser printer) की गुणवत्ता (quality) की जाँच एक वर्ग इंच (square inch) में उसके द्वारा प्रिन्ट किए जाने वाले डॉट्स (dots) की संख्या से की जाती है। लेजर प्रिन्टर (laser printers) की गुणवत्ता के आधार पर इन्हें निम्नलिखित चार वर्गों में विभाजित किया गया है

वर्ग 1. 300 डीपीआई प्रिन्टर्स (300 DPI Printers) एक वर्ग इंच में अधिकतम $300 \times 300 = 90000$ डॉट्स प्रिन्ट करते हैं।

वर्ग 2. 600 डीपीआई प्रिन्टर्स (600 DPI Printers) एग वर्ग इंच में अधिकतम $600 \times 600 = 360000$ डॉट्स प्रिन्ट करते हैं।

वर्ग 3. 1200 डीपीआई प्रिन्टर्स (1200 DPI Printers) एक वर्ग इंच में अधिकतम 1200 × 1200 = 1440000 डॉट्स प्रिन्ट करते हैं।

वर्ग 4. 2400 डीपीआई प्रिन्टर (2400 DPI Printers) एक वर्ग इंच में अधिकतम 2400 × 2400 = 5760000 डॉट्स प्रिन्ट करते हैं।

बाजार में उपलब्ध मोनोक्रोम लेजर प्रिन्टर में काले रंग की टोनर इंक (toner ink) का प्रयोग किया जाता है। इनमें केवल एक टोनर कार्ट्रिज (toner cartridge) का ही प्रयोग किया जाता है। अनेक रंगों वाले टेक्स्ट अथवा इमेज को इन प्रिन्टर्स से प्रिन्ट करने पर वे रंग, काले रंग की विभिन्न प्रतिशत मान में परिवर्तित होकर प्रिन्ट होते हैं। रंगीन लेजर प्रिन्टर्स में Cyan, Magneta, Yellow और Black चार रंगों और टोनर इंक (toner ink) का प्रयोग किया जाता है। इनमें चारों रंगों के लिए पृथक्-पृथक् चार टोनर कार्टेजेज (toner cartridges) का प्रयोग किया जाता है और प्राप्त किए जाने वाले प्रिन्ट्स वास्तविक रंगों में प्रिन्ट होते हैं।

इलेक्ट्रोमैग्नेटिक प्रिन्टर Electromagnetic Printer

इलेक्ट्रोमैग्नेटिक प्रिन्टर या इलेक्ट्रो फोटोग्राफिक प्रिन्टर (electro photographic printer) बहुत तेज गति से छपाई करते हैं। ये प्रिन्टर, पेज प्रिन्टर (जो एक बार में पूरा पेज प्रिन्ट करते हों) की श्रेणी में आते हैं। ये प्रिन्टर किसी डॉक्युमेण्ट में एक मिनट के अन्दर 20000 लाइनें प्रिन्ट कर सकते हैं अर्थात् 250 पेज प्रति मिनट की दर से छपाई कर सकते हैं। इसका विकास पेपर कॉपियर तकनीक के माध्यम से किया गया था।

इलेक्ट्रोस्टैटिक प्रिन्टर Electrostatic Printer

इस प्रिन्टर का प्रयोग सामान्यत: बड़े फॉर्मेट की प्रिन्टिंग; जैसे— प्रिन्टिंग प्रेस के लिए किया जाता है, क्योंकि इनकी गति काफी तेज होती है तथा प्रिन्ट करने में खर्च कम आता है।

थर्मल प्रिन्टर Thermal Printer

यह पेपर पर अक्षर छापने के लिए ऊष्मा का प्रयोग करता है। ऊष्मा के द्वारा स्याही को पिघलाकर कागज पर छोड़ते हैं, जिससे अक्षर या चित्र छपते हैं। फैक्स मशीन भी एक प्रकार का थर्मल प्रिन्टर है। यह अन्य प्रिन्टर की अपेक्षा धीमा और महँगा होता है और इसमें प्रयोग करने के लिए एक विशेष प्रकार के पेपर की जरूरत पड़ती है, जो कैमिकली ट्रीटिड पेपर (chemically treated paper) होता है।

2.3 मल्टी फंक्शन प्रिन्टर्स Multi Function Printers-MFPs

मल्टी फंक्शन प्रिन्टर (Multi Function Printer-MFP) एक ऐसी ऑफिस मशीन होती है, जो प्रिन्टिंग (printing) के साथ-साथ ऑफिस के अन्य उपयोगी कार्य भी कर सकती है। फैक्स करना, फोटोकॉपी करना, स्कैन करना इत्यादि इस प्रिन्टर के अन्य कार्य है।

बाजार में ब्लैक एण्ड व्हाइट (black and white) अथवा मोनोक्रोम (monochrome) लेज़र प्रिन्टर (laser printer), कलर लेज़र प्रिन्टर (color laser printer) और इंकजेट प्रिन्टर (inkjet printer) तीन मुख्य प्रकार के मल्टी फंक्शन प्रिन्टर्स (multi function printers) उपलब्ध हैं—

ये प्रिन्टर्स कम्प्यूटर से यूएसबी (USB) अथवा पैरेलल पोर्ट के माध्यम से कनेक्ट होते हैं। यदि प्रिन्टर, फैक्स मशीन (fax machine) और स्कैनर (scanner) को अलग-अलग खरीदा जाए तो इनकी कुल कीमत एक मल्टी फंक्शन प्रिन्टर की तुलना में अत्यन्त अधिक होगी और इन तीनों के लिए कार्यालय में अतिरिक्त स्थान की आवश्यकता होगी। इस प्रकार मल्टी फंक्शन प्रिन्टर्स लागत और स्थान की बचत करते हैं।

मल्टी फंक्शन प्रिन्टर के उपरोक्त लाभ के साथ-साथ इसकी कुछ कमियाँ अथवा सीमाएँ भी हैं। इनमें से मुख्य निम्नलिखित हैं

(1) एक समय में एक ही कार्य किया जा सकता है। उदाहरण के लिए, हम एक ही समय में किसी डॉक्यूमेन्ट को प्रिन्ट करने और फैक्स प्राप्त करने का कार्य नहीं कर सकते।

(2) इसकी सबसे बड़ी कमी यह है कि यदि इसमें कोई खराबी आती है, तो इसके सभी फंक्शन को प्रयोग नहीं किया जा सकता।

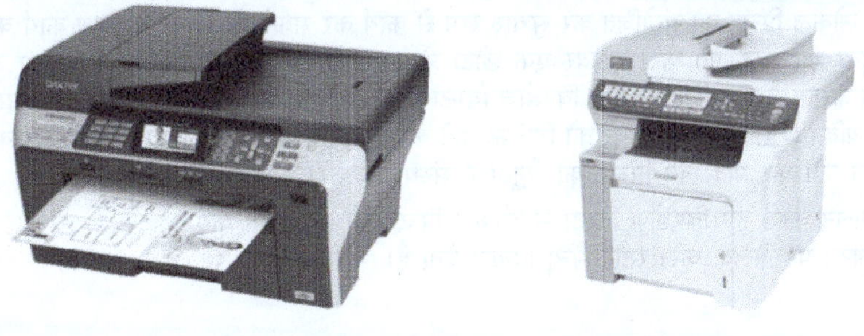

(a) (b)

चित्र मल्टी फंक्शन प्रिन्टर्स (a) इंकजेट (b) लेजर

2.4 प्रिन्टर पोर्ट Printer Port

प्रिन्टर पोर्ट में प्रिन्टर को कम्प्यूटर से संयोजित किया जाता है। एक आउटपुट युक्ति पैरेलल डेटा ट्रांसमिशन का प्रयोग करके कम्प्यूटर को दूसरी युक्ति से डेटा (data) ट्रांसफर करने के लिए सक्षम करता है। सेन्ट्रोनिक्स प्रथम कम्पनी थी, जिसने प्रथम बार 36 पिन कनेक्टर डक्टर एम्फीनोल कनेक्टर को निर्मित किया था। जब IBM ने PC निर्मित किया, तब उसने 25 पिन कनेक्टर को चुना, जो DB-25 पिन कनेक्टर के नाम से भी जाना जाता था। जब तक सेन्ट्रोनिक्स कनेक्टर प्रिन्टर के साथ प्रयोग नहीं हुआ, तब तक कम्प्यूटरों में 25 पिन कनेक्टर का प्रयोग हुआ। कम्प्यूटर के पैरेलल पोर्टों को एलपीटी 1, एलपीटी 2 (LPT1, LPT2) नाम से जाना जाता है। प्रिन्टर से कम्प्यूटर को कनेक्ट करने के लिए निम्न तीन प्रकार के पैरेलल पोर्टों का प्रयोग किया किया जाता है

स्टैण्डर्ड पैरेलल पोर्ट Standard Parallel Port

स्टैण्डर्ड पैरेलल पोर्ट प्रथम पोर्ट था, जो IBM PC द्वारा सीरियल पोर्ट के स्थान पर प्रस्तुत किया गया था। इसमें 25 पिनें थीं और यह DB-25 पिन कनेक्टर के नाम से भी जाना जाता था। इस पोर्ट में 8 बिट्स डेटा एक साथ (पीसी से प्रिन्टर को) भेजने की क्षमता थी, जबकि सीरियल पोर्ट एक समय में डेटा का केवल 1 बिट ही भेजता था। इस पैरेलल पोर्ट में आठ डेटा लाइन, चार आउटपुट लाइन (कण्ट्रोल सिग्नल) और पाँच इनपुट लाइनें (स्टेटस) भी हैं।

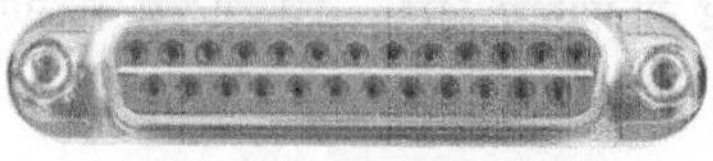

चित्र स्टैण्डर्ड पैरेलल पोर्ट

एनहैन्स्ड पैरेलल पोर्ट Enhanced Parallel Port

यह एक हाल्फ-डुप्लैक्स द्वि-दिशीय (half-duplex bidirectional) पोर्ट है, जोकि युक्तियों; जैसे— प्रिन्टर और स्कैनर को बड़ी मात्रा में डेटा भेजने की सुविधा प्रदान करने के लिए बनाया गया है। यह कम्प्यूटर और प्रिन्टर के मध्य तीव्रता से डेटा भेजता है

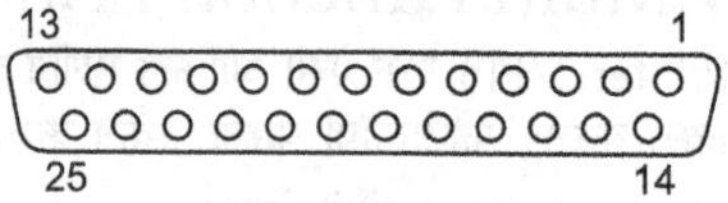

चित्र एन्हैन्स्ड पैरेलल पोर्ट

परिवर्द्धित योग्यता पोर्ट Enhanced Capability Port

परिवर्द्धित योग्यता कैपेबिलिटी पोर्ट (enhanced capability port) परिवर्द्धित पैरेलल पोर्ट के समान ही है, क्योंकि इसमें भी हाल्फ-डुप्लैक्स द्वि-दिशीय पोर्ट का प्रयोग किया जाता है। परिवर्द्धित योग्यता पोर्ट एनहैन्स्ड पैरेलल पोर्ट से भी तीव्र गति से डेटा भेजने के लिए डायरेक्ट मैमोरी एक्सेस का प्रयोग करता है। यह डेटा कम्प्रेशन के लिए रन लैन्थ प्रोटोकॉल (Run Length Protocol, RLP) का प्रयोग करता है।

2.5 लोकल प्रिन्टर इन्स्टॉल करना Installing Local Printer

लोकल प्रिन्टिंग कम्प्यूटर से प्रिन्ट लेने में तीव्रगति से डेटा भेजने की एक बहुत विश्वसनीय एवं तीव्र विधि है। आप जिस कम्प्यूटर पर कार्य कर रहे हैं, उससे सीधे लोकल प्रिन्टर को संयोजित कर सुचारु रूप से कार्य कर सकते हैं। प्रिन्टर के साथ कार्य करने के लिए सबसे पहले प्रिन्टर के लिए उपयुक्त ड्राइवर को संस्थापित करें। ड्राइवर एक छोटा प्रोग्राम होता है, जोकि कम्प्यूटर और अन्य उपकरणों; जैसे— प्रिन्टर के मध्य इण्टरफेस उपलब्ध कराता है। डिफॉल्ट के द्वारा विण्डोज विस्टा अपने आप डिवाइस ड्राइवर को डिटेक्ट कर लेता है जब हम उसे कम्प्यूटर से संयोजित करते हैं। यदि विण्डोज विस्टा ड्राइवर को डिटेक्ट नहीं करता है, तब सीडी की सहायता से ड्राइवर को संस्थापित करना होगा। यदि आप ड्राइवर को इन्स्टॉल नहीं कर पाते, तब प्रिन्टर को मैनुअली संस्थापित करें।

निम्न चरणों का पालन करते हुए विण्डोज विस्टा में लोकल प्रिन्टर को संस्थापित करें

1. स्टार्ट (fig.) बटन पर क्लिक करें। स्टार्ट मेन्यू दिखाई देता है।

2. स्टार्ट मेन्यू के दाहिने पेन पर कण्ट्रोल पैनल पर क्लिक करते हैं। कण्ट्रोल पैनल विण्डो दर्शाई गई है।

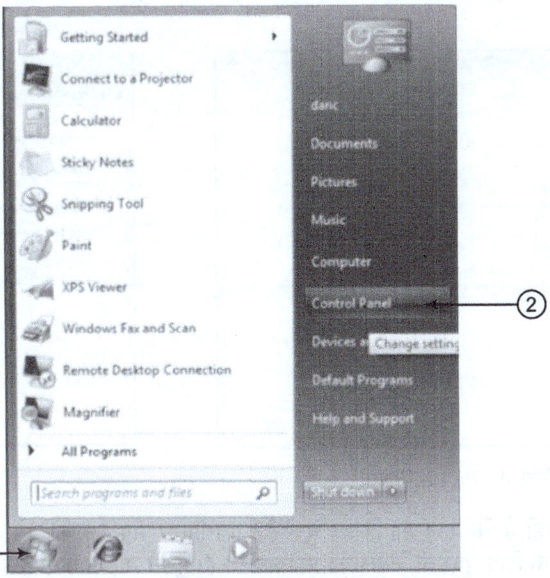

चित्र स्टार्ट मेन्यू

3. Hardware and Sound Category के अन्तर्गत Printer विकल्प पर क्लिक करते हैं जिससे Printers विण्डो प्रदर्शित होती है।
4. अब Menu Bar में Add a Printer विकल्प पर क्लिक करते हैं। Add Printer विजार्ड दर्शाता है।

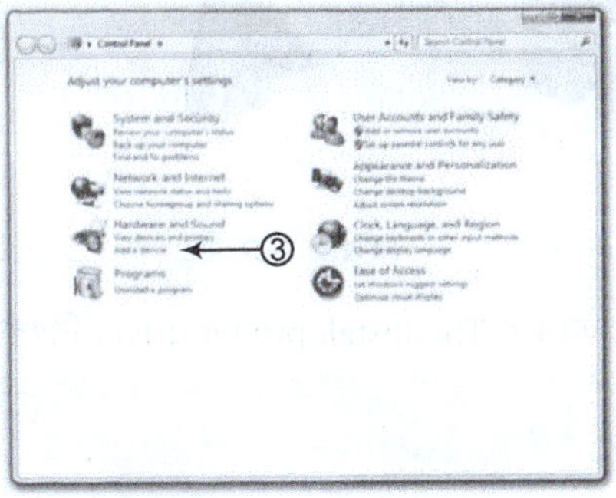

चित्र Control panel विण्डो

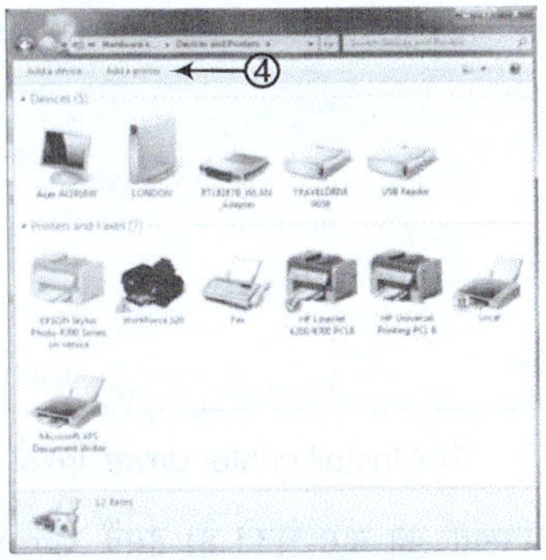

चित्र (a) Printer विण्डो

5. लोकल प्रिन्टर को जोड़ने के लिए Add a Local Printer विकल्प चुनते हैं। प्रिन्टर पोर्ट को चुनने के लिए तत्काल अग्रिम विण्डो दर्शाती है।

6. उपयुक्त प्रिन्टर पोर्ट को चुनने के लिए Use an Existing Port के दूसरी ओर स्थित Radio बटन पर क्लिक करते हैं, जैसा कि चित्र (c) में दर्शाया है।

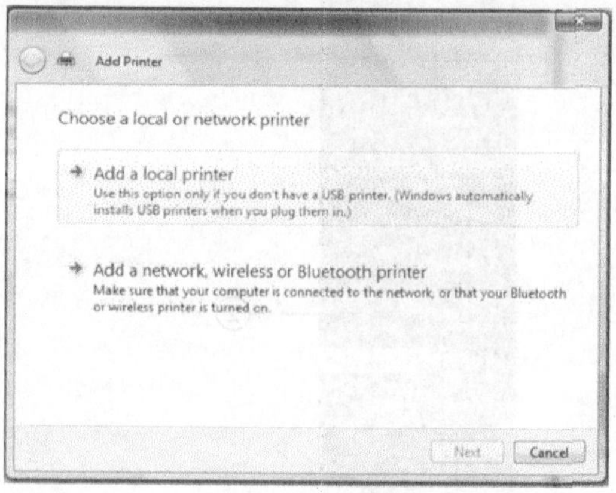

चित्र (b) Printer विण्डो

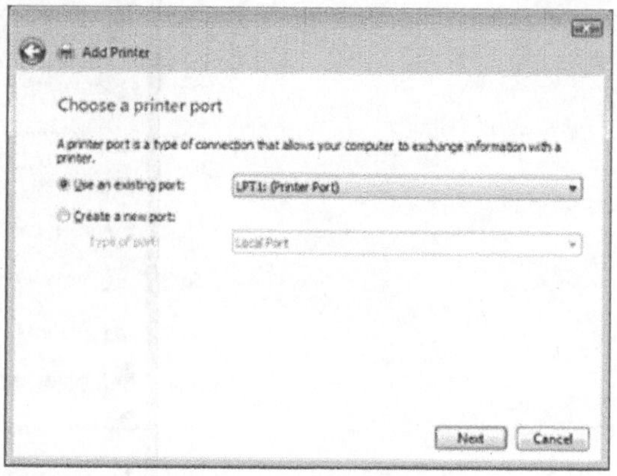

चित्र (c) Printer विण्डो

यदि आपको पता नहीं हैं कि कौन-सा प्रिन्टर चुना है? तब प्रिन्टर मैनुअल को पढ़ें और प्रिन्टर पोर्ट को चुनें। आजकल अधिकतर प्रिन्टर कम्प्यूटर से जोड़ने के लिए यूएसबी केबल का प्रयोग करते हैं। पुराने मॉडल के प्रिन्टर में LPT Port होता है। यदि केबल, चित्र मे दर्शाए गए दोनों केबलों में से कोई एक ही प्रकार दर्शाता है, तो LPT 1 Port चुनते है

चित्र प्रिन्टर पोर्ट

7. तत्पश्चात् Next बटन पर क्लिक करते हैं The Install printer driver विण्डो दिखाई देती है।

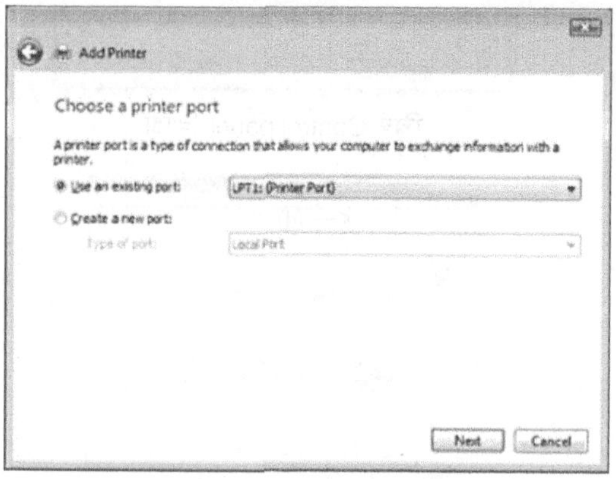

चित्र Install printer driver विण्डो

8. Manufacturer लिस्ट में प्रिन्टर के निर्माता का नाम चुनते हैं। हमनें Xerox नाम चुना है।
9. Printers लिस्ट से प्रिन्टर का नाम चुनते हैं। हमने Xerox Tektronix Phaser 860B प्रिन्टर चुना है।

10. Next बटन पर क्लिक करते हैं। प्रिन्टर के लिए ड्राइवर चुनने के लिए Add Printer विण्डो तत्काल दर्शाता है।

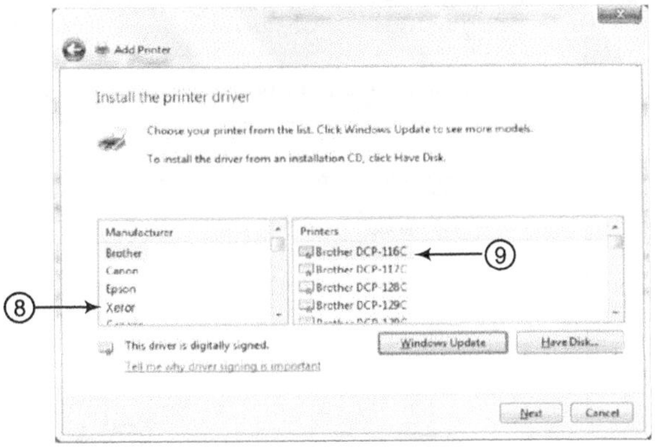

चित्र लिस्ट विण्डो

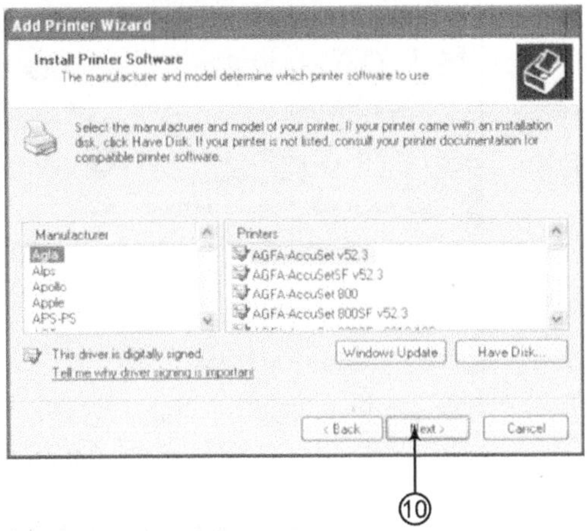

चित्र (a) Add printer विण्डो

11. Use the driver that is currently installed (recommended) के दूसरी ओर Radio बटन पर क्लिक करते हैं।
12. Next बटन पर क्लिक करते हैं। डिफॉल्ट रूप से इन्स्टॉल प्रिन्टर का नाम (Tektronix Phaser 860B Xerox) दर्शाता है और डिफॉल्ट रूप से Set as the default printer चेक बॉक्स सिलेक्ट हो जाता है, जैसा कि चित्र (c) में दर्शाया गया है।

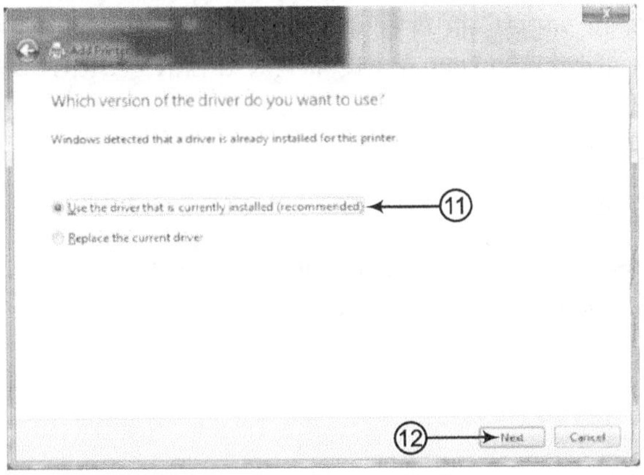

चित्र (b) Add printer विण्डो

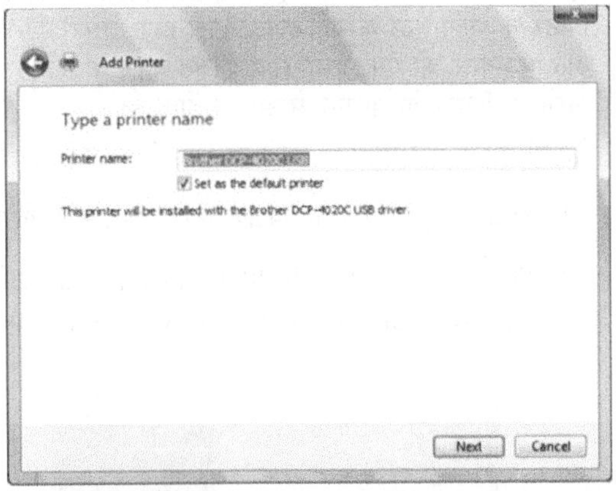

चित्र (c) Add printer विण्डो

यदि आप इन्स्टॉल किए गए प्रिन्टर को डिफाल्ट प्रिन्टर नहीं बनाना चाहते तब चेक बॉक्स को Set as the default printer विकल्प के दूसरी ओर Clear करते है

13. प्रिन्टर को Rename करने के लिए Printer Name के दूसरी ओर टेक्स्ट बॉक्स में नाम टाइप करते हैं। हमने यहाँ Comdex_Printer टाइप किया है।
14. Next बटन पर क्लिक करते हैं। प्रिन्टर इन्स्टॉल हो गया। अन्त में आप एक सूचना प्राप्त करते हैं कि You have successfully added Comdex_printer.

15. Add Printer विजार्ड को बन्द करने के लिए Finish बटन पर क्लिक करते हैं, जैसा कि चित्र (e) में दर्शाया गया है।

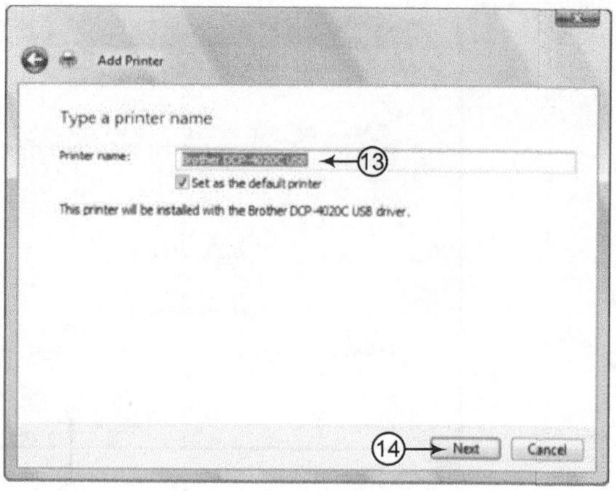

चित्र (d) Add printer विण्डो

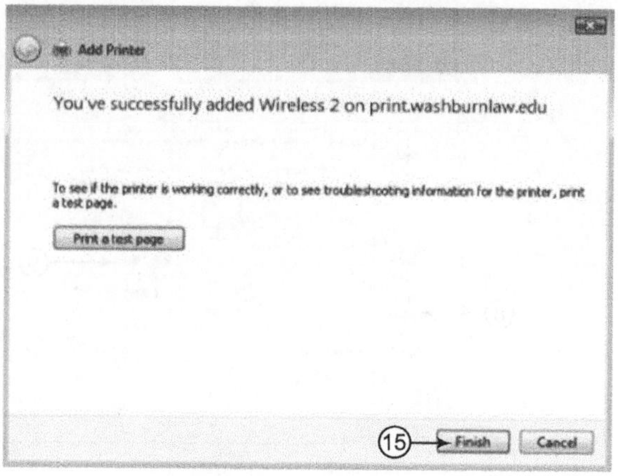

चित्र (e) Add printer विण्डो

2.6 नेटवर्क प्रिन्टर को इन्स्टॉल करना Installing of Network Printer

बड़े संस्थानों के लिए नेटवर्क पर प्रिन्टर इन्स्टॉल करना बहुत आवश्यक है, क्योंकि प्रत्येक कम्प्यूटर पर प्रिन्टर इन्स्टॉल करने के स्थान पर केवल एक नेटवर्क प्रिन्टर सभी कम्प्यूटरों के प्रिन्ट कमाण्ड को हैण्डल कर सकता है, जो नेटवर्क से जुड़े होते हैं, लेकिन इसके लिए कम्प्यूटर और प्रिन्टर के मध्य कुछ कम्युनिकेशन चैनल होना जरूरी है। इस प्रकार कम्प्यूटर और प्रिन्टर के मध्य टू-वे कम्युनिकेशन LAN कनेक्शन (प्रिन्टर और कम्प्यूटर को एक-दूसरे से संयोजित करने के लिए) और पैरेलल पोर्ट (प्रिन्टर के लिए कम्प्यूटर से LAN पर असंख्य प्रिन्ट प्रार्थना प्राप्त करने के लिए) के माध्यम से सम्भव होता है।

नेटवर्क प्रिन्टर को इन्स्टॉल करने के लिए निम्न पदों का अनुसरण करें

1. Start ( ) बटन पर क्लिक करें। Start मेन्यू दिखाई देता है।
2. Start मेन्यू के दाहिने पेन पर Control Panel पर क्लिक करते हैं। Control Panel विण्डो दिखाई देती है।
3. Hardware and Sound Category के अन्तर्गत Printer विकल्प पर क्लिक करते हैं।

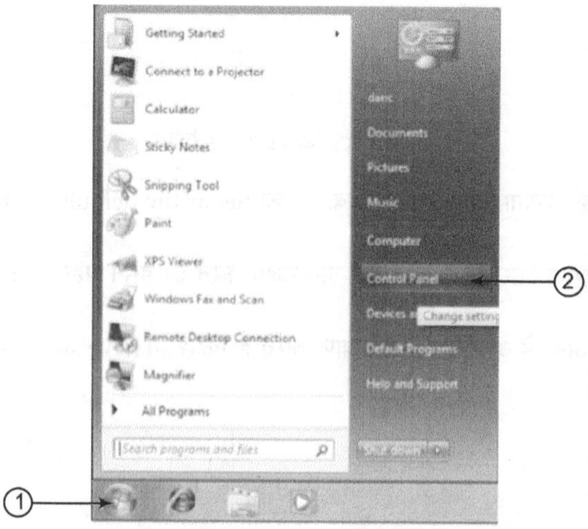

चित्र स्टार्ट मेन्यू

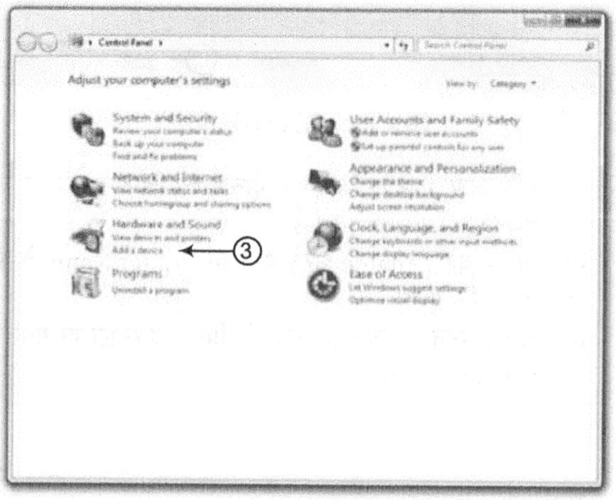

चित्र Control Panel विण्डो

4. Menu Bar में Add a Printer विकल्प पर क्लिक करते हैं। Add Printer विजार्ड दिखाई देता है।
5. Network प्रिन्टर को इन्स्टॉल करने के लिए Add a Network, Wireless or Bluetooth Printer पर क्लिक करते हैं। अब यह नेटवर्क पर उपलब्ध प्रिन्टर को ढूँढता है और प्राप्त सभी Items को सूचीबद्ध करता है।

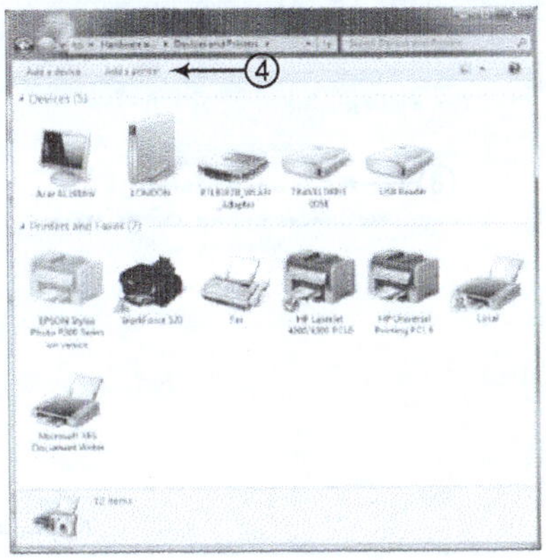

चित्र मेन्यू बार

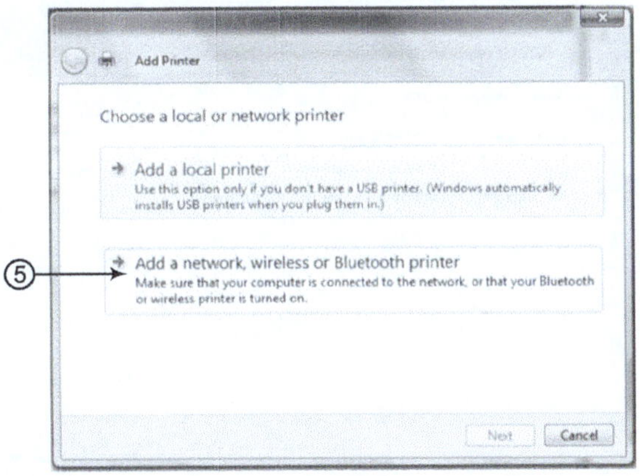

चित्र (a) Add printer विजार्ड

6. जिस प्रिन्टर को इन्स्टॉल करना चाहते हैं, उसका चयन करते हैं। हमने HP 1320 PCL 5 प्रिन्टर चुना है।
7. Next बटन पर क्लिक करते हैं। Windows Printer Installation मेसेज बॉक्स दिखाई देता है, जो इन्स्टॉलेशन प्रॉसेस को दर्शाता है।

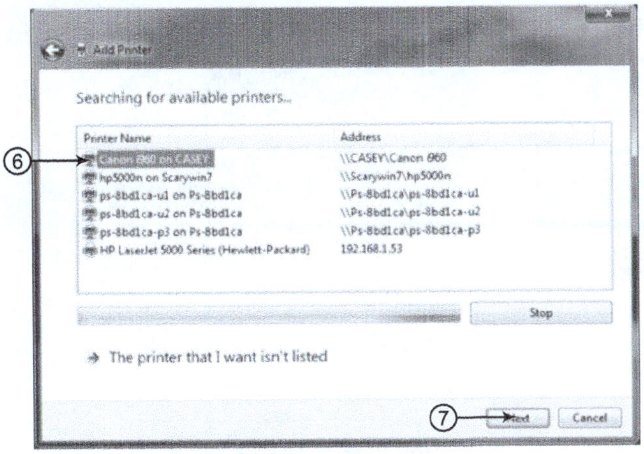

चित्र (b) Add printer विजार्ड

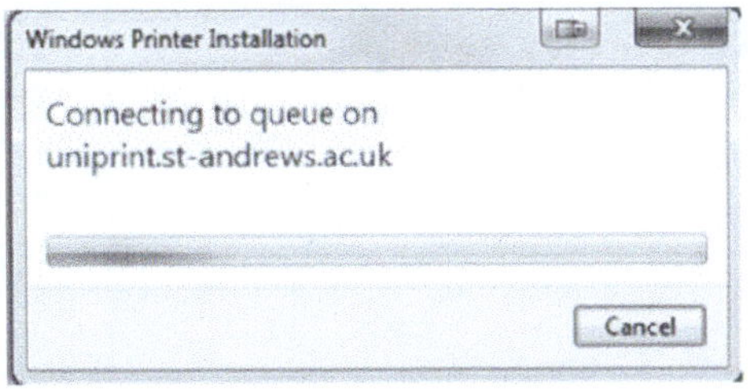

चित्र Windows printer installation विण्डो

जैसे ही प्रिन्टर इन्स्टॉल होता है, Add Printer डायलॉग बॉक्स दिखाई देता है।

8. प्रिन्टर को डिफॉल्ट प्रिन्टर बनाने के लिए Set as the default printer के दूसरी ओर Check box चुनते हैं एवं Next बटन पर क्लिक करते हैं। चित्र : (c)]

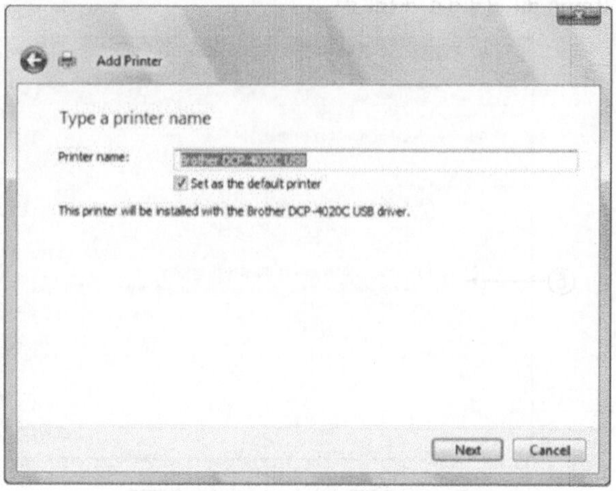

चित्र (c) Add printer विजार्ड

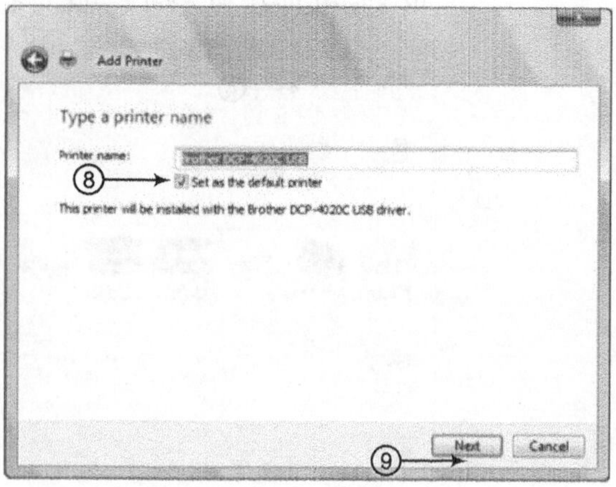

चित्र (c) Add printer विजार्ड

Add printer डायलॉग बॉक्स में एक सूचना दर्शाता है, कि आपने सफलतापूर्वक कम्प्यूटर में HP 1320 PCL 5 Printer को Add कर लिया है।

9. Add Printer डायलॉग बॉक्स को बन्द करने के लिए Finish बटन पर क्लिक करते हैं। चित्र [d]

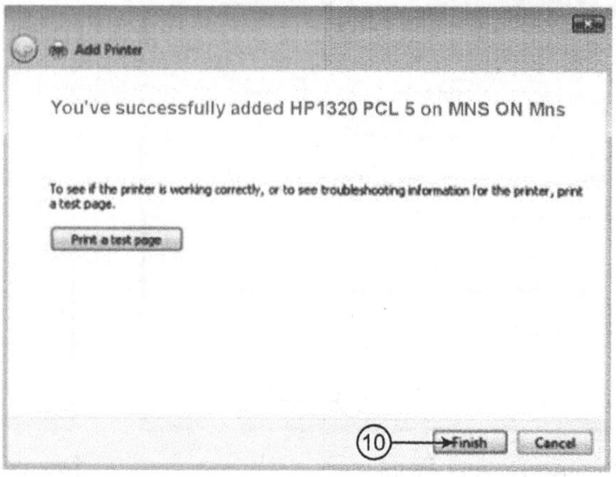

चित्र (d) Add printer विजार्ड

2.7 प्रिन्टर को अनइन्स्टॉल करना Uninstalling of Printer

यदि इन्स्टॉल किया गया प्रिन्टर ठीक से कार्य नहीं कर रहा है और आप दूसरा प्रिन्टर इन्स्टॉल करना चाहते हैं, तो आप पहले प्रिन्टर को अनइन्स्टॉल करके दूसरा प्रिन्टर स्थापित (install) कर सकते हैं।

निम्न चरणों का अनुसरण कर प्रिन्टर को अनइन्स्टॉल करें

1. Start ( ) बटन पर क्लिक करते हैं। यह Start मेन्यू दर्शाता है।
2. Start मेन्यू के दाहिने पेन पर Control Panel पर क्लिक करते हैं। Control Panel विण्डो दिखाई देती है।

3. Hardware and Sound कैटेगरी के अन्तर्गत Printer विकल्प पर क्लिक करते हैं। Printer विण्डो दर्शाता है।

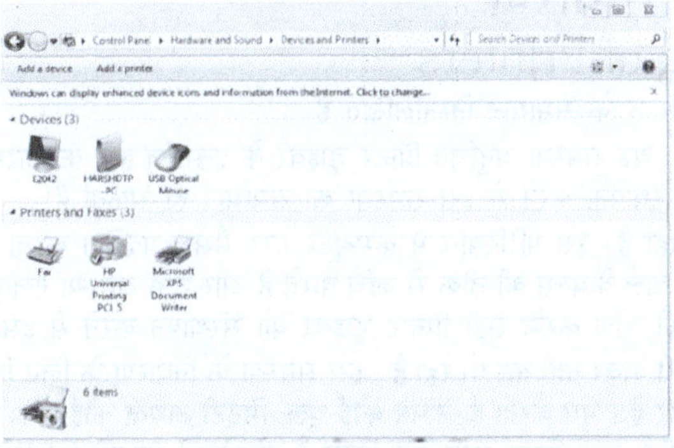

चित्र Printers विण्डो

4. उस प्रिन्टर को चुनते हैं, जिसे आप अनइन्स्टॉल करना चाहते हैं। हमने यहाँ HP 2500C Series Printer चुना है।
5. चुने गए प्रिन्टर पर राइट क्लिक करते हैं, यह एक शॉर्टकट मेन्यू दर्शाता है।
6. चुने गए प्रिन्टर को पृथक् करने के लिए Delete विकल्प चुनते हैं।

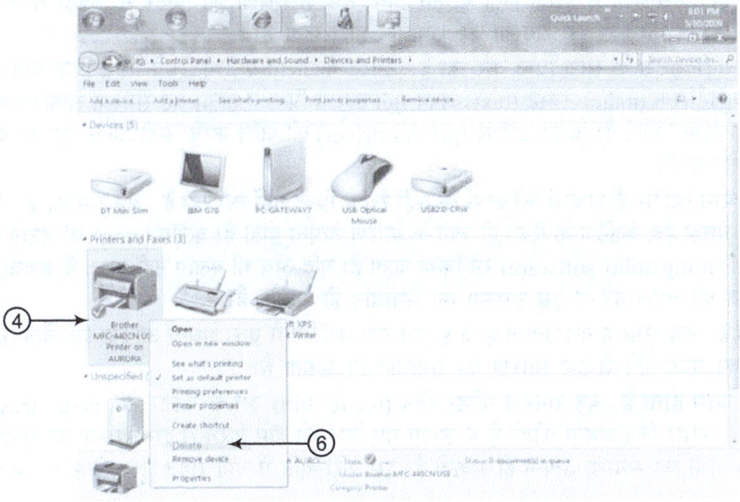

चित्र शॉर्टकट मेन्यू विण्डो

चित्र में एक मैसेज बॉक्स दिखाई देता है, जो आपकी अनुमति के लिए पूछता है कि आप प्रिन्टर को Delete करना चाहते हैं या नहीं।

7. प्रिन्टर को पृथक् करने या Delete करने के लिए Yes बटन पर क्लिक करते हैं।

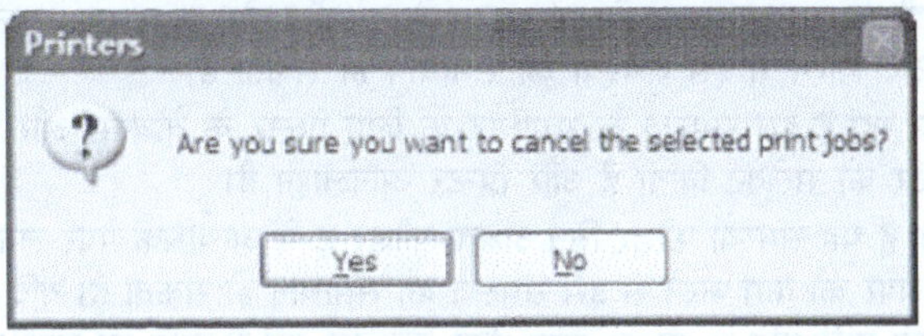

चित्र मैसेज बॉक्स

2.8 प्रिन्टर्स का दोष-निवारण
Troubleshooting of Printers

प्रिन्टर्स की प्रमुख समस्याएँ और उनके समाधान निम्नलिखित हैं

1. **निरर्थक प्रिन्ट कर रहा है** यह समस्या अनुचित प्रिन्टर ड्राइवर के इन्स्टॉल होने के कारण उत्पन्न होती है। प्रिन्टर ड्राइवर को जाँच करके सही प्रिन्टर ड्राइवर की संस्थापना करने से इस समस्या का समाधान हो सकता है।
2. **प्रिन्ट रेस्पॉन्स नहीं कर रहा है** इस परिस्थिति में कम्प्यूटर एरर मैसेज प्रदर्शित करता है। इस समस्या के निवारण के लिए प्रिन्टर को कम्प्यूटर से कनेक्ट करने वाले केबल्स की ठीक से जाँच करते हैं और उन्हें समस्या गलत प्रिन्टर ड्राइवर के इन्स्टॉल होने के कारण उत्पन्न होती है। प्रिन्टर ड्राइवर की जाँच करके सही प्रिन्टर ड्राइवर को संस्थापन करने से इस समस्या का समाधान हो सकता है।
3. **प्रिन्टर हैड पूर्ण क्षैतिज दूरी कवर नहीं कर पा रहा है** इस समस्या के निवारण के लिए प्रिन्टर के कवर को उठाकर यह सुनिश्चित करते हैं कि जिन रुकावटों पर प्रिन्टर हैड मूव करता है, उसमें कोई धूल, मिट्टी अथवा कोई अन्य रुकावट तो नहीं है। गन्दगी को साफ करके प्रिन्टर के कवर को बन्द कर देते हैं। यदि प्रिन्टर अभी नया लिया है, तो सेफ्टी टैप को न हटाने के कारण भी यह समस्या उत्पन्न हो सकती है। सेफ्टी टैप को हटा देने से इस समस्या का समाधान हो सकता है। प्रिन्टर में पेपर जाम होने के कारण भी यह समस्या उत्पन्न हो सकती है। जाम हुए पेपर को उसके प्रिन्ट होने की दिशा में धीरे-धीरे खींचकर बाहर निकाल दें और प्रिन्टर को रिसेट करने पर भी इस समस्या का समाधान हो सकता है।
4. **पेज पर इंक नहीं आ रही है** यह समस्या प्रिन्टर में इंक कार्टिज के संस्थापन न होने के कारण उत्पन्न होती है। अधिकांश प्रिन्टर्स में इंक कार्टिज प्रिन्ट हैड असेम्बली से पृथक् होती है और प्रिन्ट हैड असेम्बली को प्रिन्टर में फैक्ट्री से संस्थापन किया होता है। प्रिन्टर में इंक कार्टिज के संस्थापन करने से इस समस्या का समाधान हो सकता है।
5. **टेक्स्ट गलत एट्रीब्यूट्स के साथ प्रिन्ट कर रहा है** टेक्स्ट के गलत एट्रीब्यूट्स के साथ प्रिन्ट होने से आशय है कि डॉक्यूमेन्ट में बोल्ड (bold) अथवा इटैलिक (italic) टेक्स्ट (text) अपने मूल रूप में प्रिन्ट न होना। यह समस्या सामान्यतया प्रिन्टर ड्राइवर के अनुचित इन्स्टॉल होने के कारण उत्पन्न होती है। प्रिन्टर ड्राइवर (printer driver) को जाँच करके सही प्रिन्टर ड्राइवर का संस्थापन करने से इस समस्या का समाधान हो सकता है।
6. **कैरेक्टर्स के भाग मिसिंग हैं अथवा कैरेक्टर्स के सही रंग में प्रिन्ट नहीं कर रहा है** यह समस्या इंक कार्टिज में इंक के जम जाने से क्लॉग (clog) बनने अथवा इंक कार्टिज के रिक्त हो जाने के कारण उत्पन्न होती है। क्लॉग (clog) को हटाने के लिए प्रिन्टर के क्लीनिंग यूटिलिटी सॉफ्टवेयर (cleaning utility software) रन किया जाता है। यदि अब भी क्लॉग नहीं हटता है अथवा इंक कार्टिज के रिक्त होने की स्थिति में इंक कार्टिज को बदल देने से इस समस्या का समाधान हो सकता है।
7. **टेक्स्ट हल्का है** यह समस्या तब उत्पन्न होती है जब इंक कार्टिज में एक अथवा अधिक इंक वेल (ink well) लगभग रिक्त हो चुका है। इंक कार्टिज को बदल देने से इस समस्या का समाधान हो सकता है।
8. **अक्सर पेपर जाम होता है** यह समस्या फीडर बिन (feeder bin) अथवा फीडर ट्रे (feeder tray) में अत्यधिक पेपर लगाए जाने से उत्पन्न होती है। फीडर बिन अथवा फीडर ट्रे में लगाए गए पेपर को कम करने से इस समस्या का समाधान हो सकता है। यदि पेपर पर नमी आ गई है, तो अभी यह समस्या उत्पन्न हो सकती है। इस परिस्थिति में नमी रहित शुष्क पेपर लगाकर इस समस्या का समाधान किया जा सकता है।

लेजर प्रिन्टर्स का दोष-निवारण Troubleshooting of Laser Printers

लेजर प्रिन्टर्स की प्रमुख समस्याएँ और उनके समाधान निम्नलिखित हैं

1. **निरर्थक प्रिन्ट कर रहा है** यह समस्या गलत प्रिन्टर ड्राइवर के इन्स्टॉल होने के कारण उत्पन्न होती है। प्रिन्टर ड्राइवर को जाँच करके सही प्रिन्टर ड्राइवर को इन्स्टॉल करने से इस समस्या का समाधान हो सकता है।
2. **प्रिन्ट करने से मना कर रहा है** इस समस्या के समाधान के लिए प्रिन्टर के केबल्स और फ्रन्ट पैनल सेटिंग्स की जाँच कर रहा है। यह सुनिश्चित करें कि प्रिन्टर को सलेक्ट किया है और प्रिन्टर ऑनलाइन है।
3. **अक्सर पेपर जाम होता है** यह समस्या फीडर बिन अथवा फीडर ट्रे में अत्यधिक पेपर लगाए जाने से उत्पन्न होती है। फीडर बिन अथवा फीडर ट्रे में लगाए गए पेपर को कम करने से इस समस्या का समाधान हो सकता है। यदि पेपर पर सीलन आ गई है, तो भी यह समस्या उत्पन्न हो सकती है। इस परिस्थिति में सीलन रहित पेपर लगाकर इस समस्या का समाधान किया जा सकता है।
4. **प्रिन्ट हल्का आ रहा है** यह समस्या टोनर कार्टिज के खाली होने के कारण उत्पन्न होती है। टोनर कार्टिज को बदल देने से इस समस्या का समाधान हो सकता है।

2.9 प्लॉटर Plotter

प्लॉटर एक आउटपुट युक्ति है, जिसका प्रयोग बड़ी ड्रॉइंग या चित्र जैसे कि कंस्ट्रक्शन प्लान्स (construction plans), मैकेनिकल वस्तुओं की ब्लूप्रिन्ट, AUTOCAD, CAD/CAM आदि के लिए करते हैं। इसमें ड्रॉइंग बनाने के लिए पेन, पेन्सिल, मार्कर आदि राइटिंग टूल का प्रयोग होता है। यह प्रिन्टर की तरह होता है। इसमें एक समतल चौकोर सतह पर कागज लगाया जाता है। इस सतह से कुछ ऊपर एक ऐसी छड़ (rod) होती है, जो कागज के एक सिरे से दूसरे सिरे तक चल सकती है। इस छड़ पर अलग-अलग रंगों के दो या तीन पेन लगे होते हैं, जो छड़ पर आगे-पीछे सरक सकते हैं। इस प्रकार छड़ और पेनों की सम्मिलित हलचल से समतल सतह के किसी भी भाग में कागज या चिन्ह या चित्र बनाया जा सकता है। इसके द्वारा छपाई अच्छी होती है, परन्तु ये बहुत धीमे होते हैं तथा मूल्य भी अपेक्षाकृत अधिक होता है। लेजर प्रिन्टरों के आ जाने के बाद इनका प्रयोग लगभग समाप्त हो गया है।

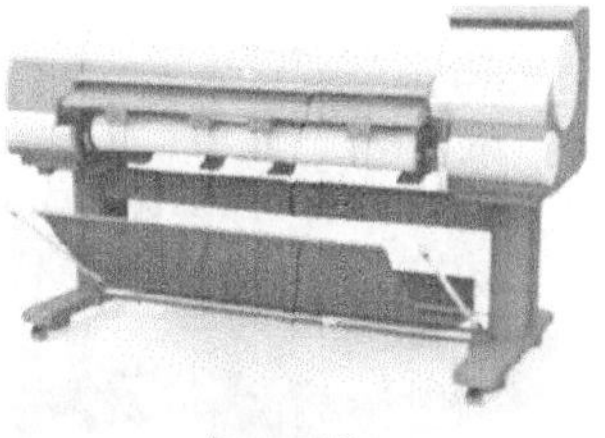

चित्र प्लॉटर

बहुरंगी प्लॉटर्स (multicolor plotterds) विभिन्न रंगों के अनेक पेन्स का प्रयोग करते हैं ये पेन्स, पेपर अथवा पॉलीएस्टर फिल्म (polyester film) अथवा चर्मपत्र अर्थात् वेलम (vellum) पर ड्रॉइंग कर सकते हैं। इनके द्वारा ड्रॉइंग आकार में बहुत बड़ी यहाँ तक कि 1-2 मीटर लम्बी हो सकती है।

प्लॉटर्स (plotters) तीन प्रकार के होते हैं

ड्रम प्लॉटर्स Drum Plotters

ड्रम प्लॉटर्स को रोलर प्लॉटर भी कहा जा सकता है। इसमें एक रोलर अथवा ड्रम होता है, जोकि आगे और पीछे रोटेट होता है। ड्रम प्लॉटर एक पेन प्लॉटर है, जिसमें पेपर एक पिन फीड अटैचमेण्ट (pin feed attachment) के साथ एक ड्रम पर लिपटा रहता है। इस पेपर के ऊपर प्लॉटर हैड कार्य करता है। प्लॉटर हैड में पेन्स लगे होते हैं। जैसे-जैसे प्लॉटर हैड मूव करता है, ड्रम रोटेट होता है और इमेज को ड्रॉ करता है। यह ग्राफिक्स और इन्जीनियरिंग ड्रॉइंग्स को प्रिन्ट करने के लिए प्रयोग की गई पहली आउटपुट डिवाइस थी। ड्रम प्लॉटर्स दो प्रकार के होते हैं, एक्सटर्नल ड्रम प्लॉटर्स इन्टरनल ड्रम प्लॉटर्स, एक्सटर्नल ड्रम प्लॉटर्स में पेपर इसकी बाहरी सतह पर लिपटा रहता है, जबकि इन्टरनल ड्रम प्लॉटर्स में पेपर इसकी आन्तरिक सतह पर लिपटा रहता है।

चित्र ड्रम प्लॉटर्स

फ्लैट-बैड प्लॉटर्स Flat-bed Plotters

फ्लैट-बैड प्लॉटर्स को टेबल प्लॉटर के रूप में जाना जाता है। फ्लैट-बैड प्लॉटर्स को X-Y प्लॉटर भी कहा जाता है। इस प्लॉटर में कागज बिछा रहता है जिसके ऊपर एक छड़ होती है। इसी छड़ में प्लॉटर हैड लगा रहता है। प्लॉटर हैड पर विभिन्न रंगों के पेन्स का प्रयोग किया जा सकता है। छड़ कागज के आगे अथवा पीछे सरक सकती है और प्लॉटर हैड दाएँ अथवा बाएँ सरकता है। इस प्रकार फ्लैट-बैड प्लॉटर्स छोटी अथवा बड़ी आकृतियाँ बहुत ही आसानी से ड्रॉ कर सकती हैं।

चित्र फ्लैट-बैड प्लॉटर्स

इंकजेट प्लॉटर्स Inkjet Plotters

इंकजेट प्लॉटर्स, इंकजेट प्रिन्टर्स की भाँति सूक्ष्म बूँदों का प्रयोग करके इमेजस को कागज पर ड्रॉ करने के लिए किया जाता है। इस प्रकार के प्लॉटर्स विज्ञापन एजेन्सीज और ग्राफिक डिजाइनर्स के लिए लोकप्रिय विकल्प है। इंकजेट प्लॉटर्स का प्रयोग सामान्यत: बड़े आउटपुट; जैसे—बैनर्स, साइन बोर्ड्स आदि, जोकि प्राय: सड़क के किनारे देखने को मिलते हैं, को प्रिन्ट करने के लिए किया जाता है।

इंकजेट प्लॉटर्स दो मॉडल्स में उपलब्ध होते हैं—थर्मल और पाइजोइलेक्ट्रिक थर्म इंकजेट प्लॉटर्स का प्रयोग ड्रॉपलेट्स (droplets) को प्रभावी करने के लिए ऊष्मा का प्रयोग करते हैं, जबकि पीजोइलेक्ट्रिक इंकजेट प्लॉटर्स (piezoelectric inkjet plotters) इंक को प्रभावी करने के लिए आवेशित क्रिस्टल्स (charged crystals) का प्रयोग करते हैं। इंकजेट प्लॉटर्स अन्य प्लॉटर्स की अपेक्षा बहुत अच्छी गुणवत्ता की ग्राफिक्स प्रस्तुत करते हैं

चित्र इंकजेट प्लॉटर्स

2.10 प्लॉटर का दोष-निवारण Troubleshooting of Plotter

प्लॉटर एक प्रिन्टर होता है, जो बड़े ग्राफिक डिजाइन्स को भी प्रिन्ट कर सकता है। हम किसी भी ब्राण्ड के प्लॉटर का प्रयोग कर रहे हों, इनमें मुख्य रूप से निम्नलिखित समस्याएँ उत्पन्न होती हैं। इन समस्याओं और उनके समाधान का वर्णन यहाँ पर किया जा रहा है

डेड प्रिन्ट हैड Dead Print Head

समय के साथ स्वाभाविक रूप से प्रिन्ट हैड घिस जाता है एवं इसे बदलने की आवश्यकता होती है। यदि इसकी उचित प्रकार से देख-रेख की जाए, तो यह समय से पहले ही दोषयुक्त हो सकता है। प्लॉटर का लम्बे समय तक प्रयोग न किया जाना, प्रिन्ट हैड के असफल (fail) होने का मुख्य कारण होता है। प्रत्येक प्रिन्ट हैड में हजारों माइक्रोस्कोपिक नोजल्स (microscopic nozzels) होते हैं, जोकि सूखी स्याही के कारण बाधित हो सकते हैं। इस समस्या के समाधान के लिए इन्टरनल प्रिन्ट हैड चैक एण्ड कैलीबरेशन्स (internal print head check and calibrations) को नियिमत रूप से करते रहना चाहिए। प्लॉटर को ऑन ही रहने दें, ताकि ऑटोमेटेड चक्र मेन्टनेन्स (automated cycle maintenance) स्वत: ही नियमित रूप से होता रहे।

पेपर जाम एवं खराब स्टेकिंग Paper Jam and Poor Stacking

अधिकांश प्लॉटर्स ग्रेविटी-फेड डिलीवरी सिस्टम (gravity fed delivery system) पर निर्भर करते हैं। अन्य शब्दों में प्रिन्टेड शीट्स प्लॉटर से निकलकर एक कैच बास्केट में गिरती रहती है। ड्राइवर जाम (jam) और स्टेकिंग (stacking) की समस्या प्रिन्टिंग की अवधि में सिकुड़ जाने से होता है। इस समस्या के समाधान के लिए मोटे कागज का प्रयोग किया जाना चाहिए।

सॉफ्टवेयर कॉम्पेरीबिलिटी Software Comparibility

विशेष रूप से विण्डोज 7 के साथ यह समस्या एक बड़ी चिन्ता का कारण है। प्लॉटर के निर्माता अक्सर पुराने मॉडल्स के लिए नए ड्राइवर्स (drivers) उपलब्ध कराते रहते हैं, परन्तु विण्डोज 7 के लिए पुराने मॉडल्स का ड्राइवर नहीं मिल पाता है, इसका मुख्य कारण विण्डोज़ 7 को 64 बिट्स (bits) को ही सपोर्ट करना है। इस समस्या का समाधान अपने ऑपरेटिंग सिस्टम के अनुरूप प्रिन्टिंग टैक्नोलॉजी को अपग्रेड किया जाना है।

पी डी एफ फाइल्स की प्रिन्टिंग Printing of PDF Files

चूँकि पी डी एफ फॉरमेट वाले डॉक्यूमेन्ट को किसी भी स्थान पर कभी भी भेजा जा सकता है। अत: यह व्यापक रूप से प्रयोग किया जा रहा है। ऑटोकैड (auto cad) जैसे प्रोग्राम्स, जिनमें लेयर्स का प्रयोग होता है इनसे बनाई गई PDF फाइल्स को प्लॉटर करना समस्या उत्पन्न कर सकता है, यदि PDF बनाने से पहले लेयर्स को फ्लैटेन (flatten) नहीं किया गया है। सभी PDF फाइल्स समान नहीं होती है, यह सम्भव है कि कोई एक PDF फाइल एक प्लॉटर से प्रिन्ट न हो रही हो, परन्तु वह किसी अन्य प्लॉटर से प्रिन्ट हो जाए। इस समस्या के समाधान के लिए हमारे पास एडोब एक्रोबेट रीडर का नवीनतम् संस्करण होना चाहिए और प्लॉटर का पोस्टस्क्रिप्ट ड्राइवर अपग्रेड होना चाहिए।

अभ्यास प्रश्न

परीक्षा प्रारूपी प्रश्न

बहुविकल्पीय

1. निम्न में से कौन-सा उपकरण कम्प्यूटर के लिए एक आउटपुट का कार्य करता है?
(a) की-बोर्ड (b) माउस
(c) प्रिन्टर (d) 'a' और 'b' दोनों

2. निम्न में से किस प्रिन्टर में स्याही के तौर पर कपड़े का रिबन प्रयोग किया जाता है?
(a) लेजर प्रिन्टर (b) इंकजेट प्रिन्टर
(c) डॉट मैट्रिक्स प्रिन्टर (d) इनमें से कोई नहीं

3. किस प्रकार के प्रिन्टर की स्याही को टोनर कहा जाता है?
(a) लाइन प्रिन्टर (b) थर्मल प्रिन्टर
(c) लेजर प्रिन्टर (d) इंकजेट प्रिन्टर

4. लाइन प्रिन्टर एक मिनट में कितनी लाइन्स को प्रिन्ट कर सकता है?
(a) 100 से 1000 (b) 200 से 2000
(c) 300 से 3000 (d) 400 से 4000

5. निम्न में से कौन-सा लाइन प्रिन्टर का प्रकार नहीं है?
(a) ड्रम प्रिन्टर (b) चेन प्रिन्टर
(c) बैण्ड प्रिन्टर (d) लेटर क्वालिटी प्रिन्टर

6. लेजर प्रिन्टर है
(a) कैरेक्टर प्रिन्टर (b) लाइन प्रिन्टर
(c) पेज प्रिन्टर (d) इनमें से कोई नहीं

7. स्थायी आउटपुट प्राप्त करने हेतु ········· उपयोग होता है।
(a) प्रिन्टर (b) लाइन पेन (c) स्केनर (d) की-बोर्ड

8. निम्न में से कौन-सा प्रिन्टर पेज प्रिन्टर है?
(a) डॉट मैट्रिक्स (b) लाइन प्रिन्टर
(c) लेजर प्रिन्टर (d) ड्रम प्रिन्टर

9. प्रिन्टर द्वारा किस प्रकार का आउटपुट छापा जा सकता है?
(a) पत्र, रिपोर्ट आदि (b) ग्राफ, चार्ट आदि
(c) लिफाफों पर पते (d) ये सभी

10. इलेक्ट्रोमैग्नेटिक प्रिन्टर की गति क्या है?
(a) 20,000 LPM (b) 290 PPM
(c) 400 CPM (d) 300 CPM

11. ······· प्रिन्टर एक समय में एक से अधिक कैरेक्टर प्रिन्ट नहीं कर सकता है।
(a) लाइन (b) डेजी व्हील (c) लेजर (d) डॉट मैट्रिक

12. निम्न में से पिन प्रिन्टर कौन-सा है?
(a) Daisy wheel (b) Line printer
(c) Drum printer (d) Dot matrix

13. नॉन, इम्पैक्ट प्रिन्टर्स में कागज पर इमेज (image) बनाने के लिए प्रयोग किया जाता है
(a) रसायनों (chemicals) का
(b) लेजर किरणों (laser-rays) का
(c) ऊष्मा का
(d) उपरोक्त सभी

14. इम्पैक्ट प्रिन्टर्स (impact printers) की गति निर्भर करती है
(a) प्रिन्ट किए जाने वाले टेक्स्ट पर
(b) इमेज पर
(c) 'a' और 'b' दोनों
(d) उपरोक्त में से कोई नहीं

15. फैक्स करना, फोटोकॉपी करना, स्कैन करना आदि कार्य निम्न में से किस प्रकार के प्रिन्टर द्वारा सम्भव है?
(a) इम्पैक्ट प्रिन्टर्स (b) नॉन इम्पैक्ट प्रिन्टर्स
(c) मल्टी फंक्शन प्रिन्टर्स (d) इनमें से कोई नहीं

16. प्लॉटर्स का व्यापक रूप से प्रयोग किया जाता है
(a) आर्किटैक्ट क्षेत्र में
(b) इन्जीनियरिंग एवं कन्स्ट्रक्शन क्षेत्र में
(c) जिओग्राफिकल इन्फॉर्मेशन क्षेत्र में
(d) उपरोक्त सभी

17. निम्न मे से कौन-सा प्लॉटर (plotter) का प्रकार नहीं है?
(a) ड्रम प्लॉटर्स (b) लेजर प्लॉटर्स
(c) फ्लैट-बैड प्लॉटर्स (d) इंकजेट प्लॉटर्स

18. निम्न में से किस प्लॉटर को रोलर प्लॉटर के नाम से भी जाना जाता है?
(a) ड्रम प्लॉटर (b) फ्लैट-बैड प्लॉटर
(c) इंकजेट प्लॉटर (d) इनमें से कोई नहीं

19. ग्राफिक्स और इन्जीनियरिंग ड्रॉइंग्स को प्रिन्ट करने हेतु प्रयोग की गई पहली आउटपुट डिवाइस थी
(a) ड्रम प्लॉटर्स (b) इम्पैक्ट प्रिन्टर
(c) नॉन इम्पैक्ट प्रिन्टर (d) मल्टी फंक्शन प्रिन्टर

20. फ्लैट-बैड प्लॉटर्स को अन्य किस नाम से जाना जाता है?
(a) टेबल प्लॉटर (b) x-y प्लॉटर
(c) 'a' और 'b' दोनों (d) रोलर प्लॉटर

21. इंकजेट प्लॉटर्स का प्रयोग किया जाता है
(a) विज्ञापन एजेन्सीज में
(b) ग्राफिक डिजाइन में
(c) 'a' और 'b' दोनों
(d) उपरोक्त में से कोई नहीं

22. इंकजेट प्लॉटर्स का प्रकार नहीं है
(a) थर्मल इंकजेट प्लॉटर (b) पाइजोइलेक्ट्रिक इंकजेट प्लॉटर
(c) 'a' और 'b' दोनों (d) एक्सटर्नल इंकजेट प्लॉटर

23. निम्न में से कौन-सा कथन डॉट मैट्रिक्स प्रिन्टर से सम्बन्धित है?
(a) ये प्रिन्टर्स बहुत शोर करते हैं
(b) इनकी गुणवत्ता अपेक्षाकृत कम होती है
(c) इनकी गति अपेक्षाकृत कम होती है
(d) उपरोक्त सभी

24. निम्न में से कौन-सा थर्मल प्रिन्टर का भाग (part) है?
(a) प्रिन्टर हैड (b) थर्मल पेपर
(c) रबर रोलर (d) ये सभी

25. उच्च गुणवत्ता (high quality) वाले टेक्स्ट एवं ग्राफिक्स को प्रिन्ट करने हेतु किस प्रिन्टर का प्रयोग किया जाता है?
(a) इंकजेट प्रिन्टर (b) लेजर प्रिन्टर
(c) थर्मल प्रिन्टर (d) इलेक्ट्रोस्टैटिक प्रिन्टर

विविध प्रारूपी प्रश्न

सत्य/असत्य

1. लाइन प्रिन्टर, एक बार में एक लाइन प्रिन्ट करता है।
2. डॉट मैट्रिक्स प्रिन्टर्स की गति 30 से 600 CPS (character per second) होती है।
3. नॉन इम्पैक्ट प्रिन्टर्स, लॉ-स्पीड प्रिन्टर्स होते हैं।
4. प्लॉटर्स इमेज को बनाने के लिए पेन्स (pens) का प्रयोग करते हैं।
5. प्लॉटर का लम्बे समय तक प्रयोग न किया जाना, प्रिन्ट हैड के फेल होने का मुख्य कारण है।

रिक्त स्थानों की पूर्ति

1. डॉट मैट्रिक्स प्रिन्टर्स में निरर्थक प्रिन्ट की समस्या गलत .... के इन्स्टॉल होने के कारण उत्पन्न होती है।
2. थर्मल इंकजेट प्लॉटर्स में ड्रॉपलेट्स (droplets) को प्रभावी करने के लिए .... का प्रयोग करते हैं।
3. मल्टी फंक्शन प्रिन्टर्स में एक समय में ...... कार्य किया जा सकता है।
4. इलेक्ट्रोस्टैटिक प्रिन्टर्स में प्रयुक्त पेपर अँधेरे में .... की भाँति व्यवहार करता है।
5. लेजर प्रिन्टर्स में .... प्रक्रिया का प्रयोग किया जाता है।

अतिलघु उत्तरीय

1. इलेक्ट्रोस्टैटिक प्रिन्टर्स में प्रयुक्त पेपर किस पदार्थ का बना होता है?
2. प्रिन्टर्स के प्रकार बताइए।
3. इंकजेट प्लॉटर्स से क्या तात्पर्य है?
4. डॉट मैट्रिक्स प्रिन्टर्स से प्राप्त धुँधले प्रिन्ट की समस्या को कैसे दूर किया जाता है?
5. प्लॉटर के प्रकारों के नाम बताइए।

लघु उत्तरीय

1. इम्पैक्ट प्रिन्टर्स से क्या आशय है? इसके विभिन्न प्रकारों का वर्णन कीजिए।
2. लेजर प्रिन्टर्स की समस्याओं के निवारण पर संक्षिप्त टिप्पणी लिखिए।
3. प्लॉटर से आप क्या समझते हैं? संक्षिप्त में उत्तर दीजिए।

दीर्घ उत्तरीय

1. प्रिन्टर से आप क्या समझते हैं? इसके विभिन्न प्रकारों को संक्षिप्त में समझाइए।
2. डॉट मैट्रिक्स प्रिन्टर की कार्य प्रणाली समझाइए तथा इसके लाभ व हानि पर भी प्रकाश डालिए।
3. प्लॉटर्स में आई विभिन्न प्रकार की समस्याओं पर प्रकाश डालिए।

उत्तरमाला

बहुविकल्पीय

1. (c)	2. (c)	3. (c)	4. (c)	5. (d)	6. (c)	7. (a)	8. (c)	9. (c)	10. (a)
11. (d)	12. (d)	13. (d)	14. (c)	15. (c)	16. (d)	17. (b)	18. (a)	19. (a)	20. (c)
21. (c)	22. (d)	23. (d)	24. (d)	25. (b)					

सत्य/असत्य

1. सत्य 2. सत्य 3. असत्य 4. सत्य 5. सत्य

रिक्त स्थानों की पूर्ति

1. प्रिन्टर ड्राइवर 2. ऊष्मा 3. एक ही 4. अचालक 5. जेरोग्राफिक्स प्रिन्टिंग

□□□

स्कैनर
Scanner

परिचय Introduction

कम्प्यूटर प्रणाली में मुख्यत: प्रयुक्त होने वाली पेरीफेरल (peripheral) युक्तियों में से स्कैनर (scanner) एक प्रमुख इनपुट युक्ति है। स्कैनर का कार्य दस्तावेजों (documents) को स्कैन करना होता है, जिसे कम्प्यूटर बाद में फाइल रूपान्तरण के पश्चात् प्रयुक्त करता है। स्कैनर छपी हुई पाठ्य-सामग्री को स्कैन करके कम्प्यूटर में स्टोर (store) कर सकता है।

3.1 स्कैनर्स Scanners

स्कैनर एक प्रिन्टेड इमेज के इलेक्ट्रॉनिक स्वरूप की रचना करता है, जिसमें आवश्यकतानुसार सुधार किया जा सकता है अथवा कम्प्यूटर में सीधे-सीधे फीड अर्थात् इनपुट किया जा सकता है। डाटा इन्फॉर्मेशन की कम्प्यूटर में सीधे-सीधे एन्ट्री से उपयोगकर्ता के श्रम और समय की बचत तो होती ही है, साथ ही डाटा एन्ट्री तेज (fast) एवं शुद्ध (accurate) होती है। ये स्कैनर्स पेपर पर प्रिन्टेड इन्फॉर्मेशन को रीड करने के लिए प्रकाश स्रोतों और लाइट सेन्सर्स (light sensors) का प्रयोग करते हैं। ये ओसीआर सॉफ्टवेयर (OCR Software) का प्रयोग करके ऑप्टिकल कैरेक्टर रिकॉग्निशन (optical character recognition) का कार्य भी करते हैं। यदि सिस्टम में फैक्स कार्ड लगाया हुआ है, तब यह किसी डॉक्यूमेन्ट को फैक्स करने के लिए उसे स्कैन करके कम्प्यूटर के माध्यम से फैक्स करने में सहायक होता है। प्राय: अपनी इन्हीं विशेषताओं के कारण ही स्कैनर्स का उपयोग कार्यालयों में हो रहा है।

3.2 स्कैनर्स के प्रकार Types of Scanners

सामान्यत: प्रयोग में आने वाले स्कैनर्स निम्न प्रकार के होते हैं

हैण्ड हैल्ड स्कैनर्स Hand Held Scanners

इसका प्रयोग करने के लिए प्रतिबिम्ब को एक समतल स्थान पर रखकर ड्रैग (drag) किया जाता है। इसको ड्रैग करते समय इसके स्कैन (scan) बटन को दबा लिया जाता है, अब इसे प्रतिबिम्ब पर धीमी गति से खींचते (drag) समय इसमें एक लाइट प्रकाशित होती है। स्कैनर में लगे लेन्स एवं प्रकाश स्रोत (light sources) प्रतिबिम्ब को फोटोसेन्स (photosense) करते हैं। परावर्तित प्रकाश से यह प्रतिबिम्ब को कम्प्यूटर में इनपुट कर देता है। इस प्रकार के स्कैनर्स में ड्रैग करते समय हाथ के हिलने से स्कैन किया गया प्रतिबिम्ब भी क्षतिग्रस्त हो सकता है, इसके अतिरिक्त इनसे छोटे आकार के प्रतिबिम्बों को ही स्कैन (scan) किया जा सकता है। इन कठिनाइयों से बचने के लिए फ्लैटबेड स्कैनर का प्रयोग किया जाता है।

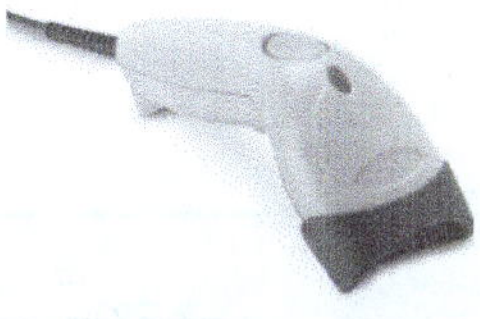

चित्र हैण्ड हैल्ड स्कैनर

फ्लैटबेड स्कैनर्स Flatbed Scanners

फ्लैटबेड स्कैनर्स को डेस्कटॉप स्कैनर्स भी कहा जाता है और वे सामान्यतया बहुतायत में प्रयोग किए जाते हैं। यह स्कैनर लैटर आकार अर्थात् 8.5 इंच चौड़े एवं 11 इंच लम्बे प्रतिबिम्ब को भी स्कैन कर सकता है। इस स्कैनर में स्कैन (scan) किए जाने वाले डॉक्यूमेन्ट को एक फोटोस्टेट मशीन की भाँति एक शीशे पर रखा जाता है। इससे बारीकी से जाँच (scan) की जा रही प्रतिबिम्ब (image) के इनपुट के समय क्षतिग्रस्त होने की सम्भावना समाप्त हो जाती है, साथ ही इस स्कैनर की गुणवत्ता हैण्ड हैल्ड स्कैनर की अपेक्षा अधिक होती है।

यदि स्कैन किए जाने वाले प्रतिबिम्ब का आकार लैटर आकार से बड़ा है अथवा इसकी गुणवत्ता फ्लैटबेड स्कैनर द्वारा स्कैन की गई प्रतिबिम्ब से अधिक चाहिए, तब इसके लिए ड्रम स्कैनर का प्रयोग किया जाता है। स्कैन की जाने वाली प्रतिबिम्ब गुणवत्ता को डॉट्स प्रति इंच में मापा जाता है।

चित्र फ्लैटबेड स्कैनर

कार्यप्रणाली Working Method

फ्लैटबेड स्कैनर्स अपनी विशेषताओं के कारण अधिक उपयोग में लाए जाते हैं; जैसे चार्ज-कपल्ड युक्ति, स्कैन हैड, ग्लास प्लेट, स्टेपर मोटर, बैल्ट, पावर सप्लाई, इन्टरफेस पोटर्स एवं कण्ट्रोल परिपथ इत्यादि फ्लैटबेड स्कैनर्स के मुख्य घटक होते हैं। चार्ज-कपल्ड डिवाइस (charged-coupled device-CCD) एरे (array) बारीकी से जाँचकर्ताओं/स्कैनर्स में प्रतिबिम्ब को कैप्चर करने के लिए सर्वाधिक प्रयोग की जाने वाली तकनीक है। वह छोटे प्रकाश-सेन्सिटिव डायोड्स (light-sensitive diodes) का एक संग्रह होता है, जोकि फोटॉन्स अर्थात् प्रकाश को इलेक्ट्रॉन्स अर्थात् विद्युत आवेश में परिवर्तित करता है। इन डायोड्स को फोटोसाइट्स (photosites) कहा जाता है। बारीकी से जाँच (scan) किए जाने वाले डॉक्यूमेन्ट का प्रतिबिम्ब CCD एरे (CCD Array) तक मिरर्स, फिल्टर्स और लेन्सेज (lenses) की एक सीरीज के माध्यम से पहुँचता है।

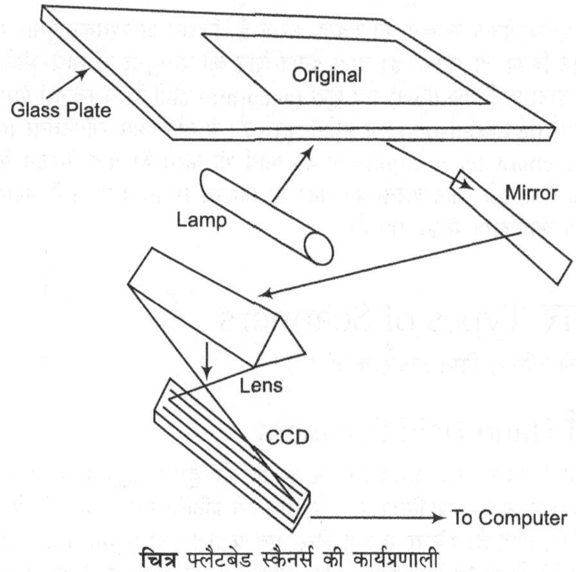

चित्र फ्लैटबेड स्कैनर्स की कार्यप्रणाली

स्कैन किए जाने वाले डॉक्यूमेन्ट को ग्लास प्लेट पर इस प्रकार रखा जाता है कि डॉक्यूमेन्ट का स्कैन होने वाला भाग नीचे की ओर हो और इसे कवर से ढक दिया जाता है। कवर के अन्दर की सतह सामान्यतया सफेद रंग की होती है, यद्यपि कुछ स्कैनर्स में यह काले रंग की भी होती है। यह कवर (cover) एक समान बैकग्राउण्ड (background) उपलब्ध कराता है, जिसे बारीकी से जाँच सॉफ्टवेयर, बारीकी से जाँच किए जा रहे डॉक्यूमेन्ट के आकार को निर्धारित करने के लिए एक सन्दर्भ प्वॉइण्ट के रूप में प्रयोग कर सकता है। किसी मोटे ऑब्जेक्ट; जैसे—किसी मोटी पुस्तक के किसी पृष्ठ को स्कैन (scan) करने के लिए अधिकांश फ्लैटबेड स्कैनर्स कवर (cover) को हटाने की अनुमति प्रदान करते हैं।

डॉक्यूमेन्ट पर प्रकाश डालने के लिए एक लैम्प (lamp) का प्रयोग किया जाता है। नए स्कैनर में यह लैम्प या तो कोल्ड कैथोड फ्लोरेसेन्ट लैम्प अथवा जेनॉन लैम्प होता है, जबकि पुराने बारीकी से जाँचकर्ताओं/स्कैनर्स (scanners) में एक स्टैण्डर्ड फ्लोरेसेन्ट लैम्प (standard fluorecent lamp) होता था।

मिरर्स, लेन्स, फिल्टर और CCD एरे (CCD array) पूर्ण यन्त्रावली (mechanism) एक स्कैन हैड बनाता है। यह स्कैन हैड स्टेपर मोटर से जुड़ी एक बैल्ट (belt) द्वारा धीरे-धीरे पूरे डॉक्यूमेन्ट पर मूव करता है। स्कैन हैड एक स्टेबलाइजर बार से जुड़ा होता है, जो यह सुनिश्चित करता है कि स्कैन हैड की चाल में कोई हलचल या विचलन तो नहीं है। डॉक्यूमेन्ट का प्रतिबिम्ब एक एंगल्ड मिरर (angled mirror) द्वारा एक अन्य मिरर पर परावर्तित (reflect) होता है। अधिकांश तीन मिरर्स (three mirrors) का प्रयोग किया जाता है और प्रत्येक मिरर थोड़ा-सा वक्राकार होता है, जो कि डॉक्यूमेन्ट के प्रतिबिम्ब को अपेक्षाकृत छोटी सतह (surface) पर फोकस करता है। अन्तिम मिरर डॉक्यूमेन्ट की इमेज एक लेन्स पर डालता है और लेन्स इस इमेज को फिल्टर के माध्यम से CCD एरे पर फोकस करता है। फिल्टर और लेन्स की यह व्यवस्था स्कैनर पर निर्भर करते हुए भिन्न-भिन्न होती है।

सस्ते फ्लैटबेड स्कैनर्स में, कॉन्टैक्ट इमेज सेन्सर (Contact Image Sensor-CIS) नामक एक अन्य इमेजिंग एरे टेक्नोलॉजी लोकप्रिय हुई है। इसने CCD एरे, मिरर्स, लेन्स, फिल्टर्स और लैम्प को रेड, ग्रीन और ब्लू LEDs को एक पंक्ति द्वारा प्रतिस्थापित कर दिया है। कॉन्टैक्ट इमेज सेन्सर मैकेनिज्म में ग्लास प्लेट, जिस पर स्कैन (scan) किए जाने वाले डॉक्यूमेन्ट को रखा जाता है, उसके अत्यन्त निकट पूरे जाँच करने के क्षेत्र (scanning area) में 300 से 600 सेन्सर्स लगे होते हैं। जब प्रतिबिम्ब की बारीकी से जाँच की जाती है, तो सभी LEDs मिलकर एक सफेद प्रकाश उपलब्ध कराती हैं। इसके उपरान्त प्रकाशित होने वाले प्रतिबिम्ब को सेन्सर्स की पंक्ति द्वारा कैप्चर (capture) किया जाता है। CSI स्कैनर्स CCD स्कैनर्स की अपेक्षा सस्ते, हल्के और पतले होते हैं, परन्तु इनसे स्कैन (scan) किए गए डॉक्यूमेन्ट की गुणवत्ता अपेक्षाकृत बहुत कम होती है।

शीट-फेड स्कैनर्स Sheet-fed Scanners

शीट-फेड स्कैनर्स की कार्यप्रणाली वैसे तो फ्लैटबेड स्कैनर्स के समान ही होती है, परन्तु इनमें स्कैन हैड स्थिर होता है, जबकि स्कैन (scan) किया जाने वाला डॉक्यूमेन्ट मूव करता है। ये देखने में एक छोटे पोर्टेबल प्रिन्टर की भाँति होते हैं। इनमें एक ऑटोमेटिक डॉक्यूमेन्ट फीडर होता है, जिसमें 50 डॉक्यूमेन्ट तक रखे जा सकते हैं और यह एक के बाद एक करके सभी डॉक्यूमेन्टों को लगभग 25 डॉक्यूमेन्ट प्रति मिनट की गति से स्वचालित रूप से स्कैन (scan) कर सकता है। ऑटोमेटिक डॉक्यूमेन्ट फीडर में रखा गया डॉक्यूमेन्ट किसी भी तरह टेढ़ा-मेढ़ा अर्थात् सिकुड़ा हुआ नहीं होना चाहिए।

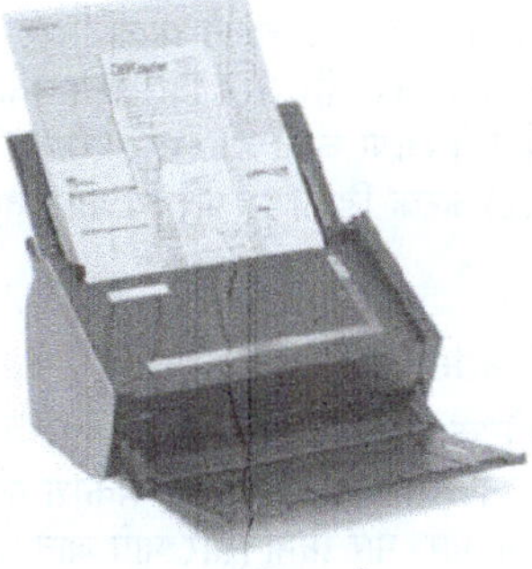

चित्र शीट-फेड स्कैनर

ड्रम स्कैनर्स Drum Scanners

ड्रम स्कैनर्स का प्रयोग प्रकाशन उद्योग में किसी प्रतिबिम्ब के अत्यन्त सूक्ष्म विवरण को भी स्पष्ट रूप से स्कैन (scan) करने के लिए किया जाता है। इनमें प्रयोग की जाने वाली तकनीक को फोटोमल्टीप्लायर ट्यूब कहा जाता है। इसमें स्कैन (scan) किए जाने वाले डॉक्यूमेन्ट को एक शीशे के सिलेण्डर पर रखा जाता है। इस सिलेण्डर के केन्द्र में एक सेन्सर (sensor) स्थित होता है, जो डॉक्यूमेन्ट में बाउन्स (bounce) होने वाले प्रकाश को तीन बीम्स (beams) में विभाजित करता है। प्रत्येक बीम को एक कलर फिल्टर के माध्यम से फोटोमल्टीप्लायर ट्यूब (photomultiplier tube) में भेजा जाता है, जहाँ प्रकाश को इलेक्ट्रॉनिक सिग्नल में परिवर्तित कर दिया जाता है।

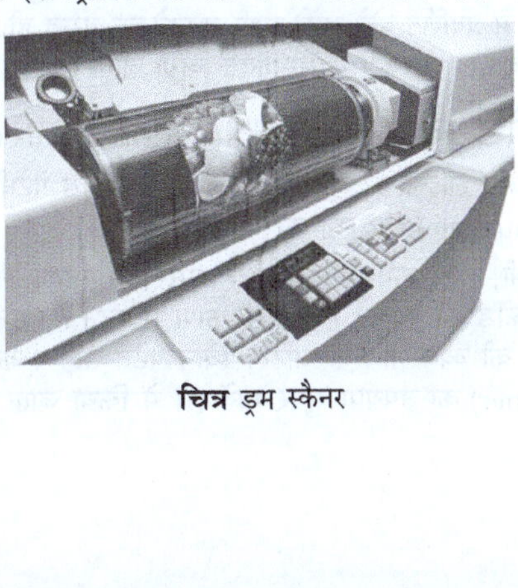

चित्र ड्रम स्कैनर

3.3 बारकोड स्कैनर Barcode Scanner

बारकोड स्कैनर/रीडर एक इलेक्ट्रॉनिक युक्ति (device) है, जोकि प्रिन्टेड बारकोड की आउटपुट को पढ़कर कम्प्यूटर की इनपुट को प्रदान करता है। फ्लैट बैड स्कैनर के समान इसमें एक प्रकाश स्रोत एक लेन्स एवं एक प्रकाश संवेदक होता है, जोकि प्रकाश सम्बन्धी स्पन्दों (optical pulses) को विद्युत स्पन्दों में रूपान्तरित करता है। इसके अतिरिक्त सभी प्रकार के बारकोड स्कैनर में एक डिकोड परिपथ होता है, जोकि सेन्सर के द्वारा प्रयुक्त बारकोड प्रतिबिम्ब डाटा (barcode image data) को विश्लेषित करता है तथा बारकोड विषय-वस्तु (contents) को बारकोड की आउटपुट पोर्ट पर दर्शाता है।

बारकोड स्कैनर्स के प्रकार Type of Barcode Scanners

बारकोड स्कैनर्स के प्रकार निम्नलिखित हैं

पेन टाइप रीडर Pen Type Reader

पेन टाइप रीडर/स्कैनर में एक प्रकाश स्रोत एवं एक फोटो डायोड होता है, जोकि टिप में एक के पश्चात् एक स्थापित होते हैं। बारकोड को पढ़ने के लिए पढ़ने वाला व्यक्ति पेन की टिप से बारकोड की लाइनों को एक समान गति से स्कैन करता है। फोटो डायोड, प्रकाश स्रोत के द्वारा वापस परावर्तित होने वाले प्रकाश को मापता है, जोकि पेन टिप के द्वारा प्रत्येक लाइन (bar) के ऊपर से होकर गुजरती है। फोटो डायोड, वेवफॉर्म उत्पन्न (generate) करता है यह वेवफॉर्म बारकोड लाइनों की चौड़ाइयों (widths) को मापता है। काली लाइनें (dark bar) प्रकाश को शोषित (absorb) कर लेती हैं, जबकि सफेद स्थानों (white spaces) को परावर्तित करते हैं, जिससे कि बारकोड का पैटर्न बनकर कम्प्यूटर की इनपुट पर जाता है। यह वेवफॉर्म, स्कैनर के द्वारा डिकोड होकर मोर्स कोड (morse code) डॉट्स एवं डैशेस (dots and dashes) के समान डिकोड होता है।

लेसर स्कैनर Laser Scanner

प्रकाश स्रोत (light source) के स्थान पर लेसर बीम उपयोग करने के अतिरिक्त लेसर स्कैनर, पेन टाइप रीडर के समान ही कार्य करता है। इसमें आदर्श रूप के बारकोड के आर-पार (across) आगे-पीछे चलने वाला मिरर अथवा घूमने वाला प्रिज्म (rotating prism) लेसर बीम बारकोड लाइन के आर-पार स्कैन करने हेतु प्रयोग में लाया जाता है। जैसा कि लेसर स्कैनर एवं पेन टाइप रीडर में बारकोड से परावर्तित होने वाले प्रकाश की तीव्रता को मापने हेतु फोटो डायोड उपयोग में लाया जाता है। लेसर स्कैनर के द्वारा उत्सर्जित प्रकाश की तीव्रता डाटा पैटर्न के साथ परिवर्तित होती है एवं फोटो डायोड इसे प्राप्त (receive) करके डिकोडर परिपथ को देता है, जोकि मॉड्यूलेटिड पैटर्न के साथ सिग्नल को ज्ञात करने हेतु डिजाइन किया गया है।

CCD रीडर/LED स्कैनर CCD Reader/LED Scanner

CCD रीडर में लगभग 100 छोटे प्रकाश संवेदक (light sensors) उपयोग में लाए जाते हैं, जोकि रीडर के अग्रभाग में पंक्तियों में व्यवस्थित (arranged) होते हैं, इसमें से प्रत्येक सेन्सर इनके सम्मुख गिरने वाले प्रकाश को मापता है। बारकोड में पैटर्न के ठीक एक समान रीडर में उत्पन्न वोल्टेज, पंक्ति (raw) में जुड़े प्रत्येक सेन्सर के आर-पार क्रमानुसार मापे जाते हैं। CCD रीडर एवं पेन रीडर तथा लेसर स्कैनर में महत्त्वपूर्ण अन्तर यह है कि पेन अथवा लेसर स्कैनर परावर्तित प्रकाश को मापते हैं, जबकि CCD रीडर बारकोड से चारों ओर उत्सर्जित होने वाले प्रकाश को मापता है।

कैमरा आधारित रीडर Camera Based Reader

द्वि-दिशीय प्रतिबिम्बित स्कैनर (two-directional imaging scanner) एक नवीन प्रकाश का बारकोड रीडर है। इसमें कैमरा एवं प्रतिबिम्ब प्रक्रियाएँ प्रयोग में लाने की तकनीकें बारकोड को डिकोड करने हेतु अपनाई जाती हैं।

दृश्य रीडर का बड़ा क्षेत्र Large Field of View Reader

इसमें उच्च संकल्प/दृढ़ता वाले औद्योगिक कैमरे (high resolution cameras) बहुल (multiple) बारकोड्स को एक साथ पकड़ (capture) करने हेतु प्रयोग में लाए जाते हैं। फोटो में प्रदर्शित होने वाले सभी बारकोड्स तुरन्त ही डिकोड हो जाते हैं। दिए गए नियत कार्य को निश्चय ही सम्पन्न करने हेतु 'प्लगइन्स' को एक विकल्प के रूप में सम्पादित किया जाता है।

ओमनी डायरेक्शनल बारकोड स्कैनर Omni-directional Barcode Scanner

बहु-दिशीय स्कैनिंग में सीधी एवं वक्राकार लाइनों की श्रृंखला (series) लिसाजस पैटर्न (lissajous pattern) के रूप में प्रयोग में लाई जाती है अथवा संकेत पर अन्य बहुकोण (multiangle) व्यवस्था की जाती है।

बहु-दिशीय स्कैनर अधिकतर/प्राय: सभी, लेसर का प्रयोग करते हैं। सरलतम एकल-लाइन लेसर स्कैनर्स के विपरीत, वे बीम का पैटर्न बदलते हुए निर्देशन में उत्पन्न करते हैं एवं बारकोड को बदलते हुए किसी कोण से पढ़ने हेतु उन्हें अनुमति दी जाती है। उनमें से अधिकांश में घूमने वाला बहुभुजी मिरर एवं अनेक स्थिर मिररों की व्यवस्था एक जटिल स्कैन पैटर्न उत्पन्न करने हेतु पूर्ण की जाती है। बहु-दिशीय बारकोड स्कैनर (omni-directional barcode scanner) का उपयोग सुपर मार्केट्स में किया जाता है।

3.5 नेटवर्क स्कैनर Network Scanner

नेटवर्क स्कैनर, नेटवर्क्स (networks) को विश्लेषित करने के लिए इन्टरनेट प्रोटोकॉल (IP) एक स्कैनर औजार (tool) है, जोकि बड़े संगठित नेटवर्क, जिसमें लघु और घरेलू कम्प्यूटर में नेटवर्क्स के साथ लगभग सौ हजार कम्प्यूटर्स सम्मिलित रहते हैं, की बारीकी से जाँच (scanning) करता है, जबकि प्रोग्राम IP एड्रेसेस, कम्प्यूटर्स एवं IP एड्रेसेस की परासों (ranges) की बारीकी से जाँच करता है। कम्प्यूटर्स एवं सबनेटों (subnets) की संख्या असीमित होती है। नेटवर्क स्कैनर सभी अंश विभाजित (shared) संसाधनों (resources) जिसमें प्रणाली एवं छिपे हुए नेटवर्क बेसिक I/O सिस्टम (BIOS) अंश विभाजित किए गए संसाधन, फाइल ट्रांसफर प्रोटोकॉल (FTP) एवं वेबसाइट संसाधनों (resources) को आपको दर्शाता है। नेटवर्क कम्प्यूटर्स के लेखा परीक्षण (audit) अथवा उपलब्ध संसाधनों को खोजने के लिए इसे प्रयोग किया जाता है। दोनों नेटवर्क प्रबन्धक एवं नियमित उपभोक्ता नेटवर्क स्कैनर को प्रयोग कर सकते हैं। नेटवर्क स्कैनर केवल कम्प्यूटर एवं अंश विभाजित संसाधनों को ही नहीं खोजेता है, वरन् इसके अभिगम (access) अधिकारों की जाँच भी करता है, जिसको यूजर नेटवर्क चालन अथवा उनके ब्राउजर में माउण्ट कर सकता है। आप स्कैनिंग के परिणाम को सरलतापूर्वक एक XML, HTML अथवा टेक्स्ट फाइलों को निर्यात कर सकते हैं अथवा उनको स्वयं के प्रोग्राम में संग्रहण (store) कर सकते हैं।

अभ्यास प्रश्न

परीक्षा प्रारूपी प्रश्न

बहुविकल्पीय

1. स्कैनर पेपर पर प्रिन्टेड इन्फॉर्मेशन को रीड करने के लिए निम्न में से किसका प्रयोग करते हैं?
(a) लाइट सोर्सेज (b) लाइट सेन्सर्स
(c) 'a' और 'b' दोनों (d) इनमें से कोई नहीं

2. निम्न में से कौन-सा स्कैनर का प्रकार है?
(a) हैण्ड हैल्ड स्कैनर (b) फ्लैटबेड स्कैनर
(c) शीट-फेड स्कैनर (d) ये सभी

3. हैण्ड हैल्ड स्कैनर का प्रयोग करने के लिए इमेज को ………… स्थान पर रखकर ड्रैग (drag) किया जाता है।
(a) समतल (b) वक्राकार
(c) उभरे हुए (d) इनमें से कोई नहीं

4. हैण्ड हैल्ड स्कैनर्स से ………… इमेज को ही स्कैन किया जा सकता है।
(a) छोटी (b) बहुत छोटी (c) बड़ी (d) बहुत बड़ी

5. सर्वाधिक प्रयोग में लाया जाने वाला स्कैनर है
(a) हैण्ड हैल्ड स्कैनर (b) फ्लैटबेड स्कैनर
(c) ड्रम स्कैनर (d) शीट-फेड स्कैनर

6. निम्न में से किस स्कैनर द्वारा 8.5 इंच चौड़ी तथा 11 इंच लम्बी इमेज को भी स्कैन किया जा सकता है?
(a) फ्लैटबेड स्कैनर (b) ड्रम स्कैनर
(c) हैण्ड हैल्ड स्कैनर (d) शीट-फेड स्कैनर

7. स्कैन की जाने वाली इमेज गुणवत्ता को मापा जाता है
(a) डॉट्स प्रति इंच (b) डॉट्स प्रति वर्ग इंच
(c) पेज प्रति इंच (d) पेज प्रति वर्ग इंच

8. शीट-फेड स्कैनर की कार्य प्रणाली किस स्कैनर के समान होती है?
(a) ड्रम स्कैनर (b) फ्लैटबेड स्कैनर
(c) हैण्ड हैल्ड स्कैनर (d) इनमें से कोई नहीं

9. निम्न में से कौन-सा सामान्य फ्लैटबेड स्कैनर का भाग है?
(a) लैम्प (b) लेन्स (c) मिरर्स (d) ये सभी

10. CCD का पूरा नाम है
(a) Charged coupled device
(b) Charged cover device
(c) Charged cathode device
(d) Charged coupled document

11. पेन टाइप रीडर में प्रयुक्त फोटोडायोड से उत्पन्न वेबफॉर्म बारकोड की लाइनों की ……… को मापता है।
(a) चौड़ाइयों (b) लम्बाइयों
(c) 'a' और 'b' दोनों (d) इनमें से कोई नहीं

12. CCD रीडर में लगभग कितने छोटे प्रकाश संवेदक (sensors) उपयोग में लाए जाते हैं?
(a) 25 (b) 50 (c) 75 (d) 100

13. रीडर बार से चारों ओर को उत्सर्जित होने वाले प्रकाश को निम्न में से किस स्कैनर द्वारा मापा जाता है?
(a) लेसर स्कैनर
(b) पेन टाइप रीडर/स्कैनर
(c) CCD स्कैनर
(d) ओमनी डायरेक्शनल बार कोड स्कैनर

14. BIOS का पूर्ण रूप है
(a) Basic input output symbol
(b) Binary Input output symbol
(c) Basic input output system
(d) Binary input output system

15. निम्न में से कौन-सा बारकोड स्कैनर्स का प्रकार है?
(a) पेन टाइप रीडर/स्कैनर (b) लेसर स्कैनर
(c) CCD स्कैनर (d) ये सभी

विविध प्रारूपी प्रश्न

सत्य/असत्य

1. स्कैनर एक इनपुट डिवाइस है।
2. फ्लैटबेड स्कैनर में स्कैन किए जाने वाले डॉक्यूमेन्ट को एक फोटोस्टेट मशीन की भाँति एक शीशे पर रखा जाता है।
3. स्कैनर्स में प्रयोग की जाने वाली तकनीक को फोटोमल्टीप्लायर ट्यूब कहा जाता है।
4. पेन टाइप रीडर में फोटोडायोड प्रकाश उत्पन्न करता है।
5. नेटवर्क स्कैनर केवल कम्प्यूटर एवं अंश विभाजित संसाधनों को ही नहीं खोजता है, बल्कि इसके अभिगम (access) अधिकारों की भी जाँच करता है।

रिक्त स्थानों की पूर्ति

1. फ्लैटबेड स्कैनर्स को ………… स्कैनर्स भी कहा जाता है।
2. फ्लैटबेड स्कैनर्स डिवाइस ………… का मुख्य घटक होता है।
3. शीट-फेड स्कैनर्स की कार्यप्रणाली ………… स्कैनर्स के समान ही होती है।
4. पेन टाइप रीडर में काली लाइनें ………… को शोषित कर लेती हैं।
5. बहु-दिशीय बार कोड स्कैनर्स का उपयेग ………… में किया जाता है।

अतिलघु उत्तरीय

1. स्कैनर से आप क्या समझते हैं?
2. स्कैनर कितने प्रकार के होते हैं? इनके प्रकारों के नाम भी बताइए।
3. फ्लैटबेड स्कैनर्स की विशेषता बताइए।
4. पेन टाइप रीडर/स्कैनर से आप क्या समझते हैं?
5. नेटवर्क स्कैनर पर संक्षिप्त टिप्पणी लिखिए।

लघु उत्तरीय

1. ड्रम स्कैनर्स से आपका क्या तात्पर्य है? संक्षिप्त में बताइए।
2. फ्लैटबेड स्कैनर के भागों के नाम लिखिए।
3. निम्नलिखित पर संक्षिप्त टिप्पणी लिखिए
   (i) फ्लैटबेड स्कैनर
   (ii) हैण्ड हैल्ड स्कैनर तथा
   (iii) शीट-फेड स्कैनर
4. बारकोड स्कैनर से आपका क्या आशय है? इसके विभिन्न प्रकारों के नाम बताइए।
5. निम्न पदों पर संक्षिप्त टिप्पणी लिखिए
   (i) कैमरा आधारित रीडर
   (ii) नेटवर्क स्कैनर तथा
   (iii) CCD रीडर

दीर्घ उत्तरीय

1. स्कैनर से आप क्या समझते हैं? इसके विभिन्न प्रकारों का वर्णन कीजिए।
2. फ्लैटबेड स्कैनर की कार्यप्रणाली का वर्णन कीजिए।
3. फ्लैटबेड स्कैनर की समस्याओं का निवारण किस प्रकार किया जाता है?
4. बारकोड का वर्णन इसके विभिन्न प्रकारों सहित कीजिए।
5. नेटवर्क स्कैनर से आप क्या समझते हैं? विस्तृत विवरण दीजिए।

उत्तरमाला

बहुविकल्पीय

1. (c)	2. (d)	3. (a)	4. (a)	5. (b)	6. (a)	7. (a)	8. (b)	9. (d)	10. (a)
11. (a)	12. (d)	13. (c)	14. (c)	15. (d)					

सत्य/असत्य

1. सत्य 2. सत्य 3. सत्य 4. असत्य 5. सत्य

रिक्त स्थानों की पूर्ति

1. डेस्कटॉप 2. एरे स्कैनर 3. फ्लैटबेड 4. प्रकाश 5. सुपर मार्केट्स

❑❑❑

मॉनीटर, डिस्प्ले कार्ड और ड्राइवर

Monitor, Display Card and Driver

परिचय Introduction

मॉनीटर एक आउटपुट युक्ति है, जो कम्प्यूटर के यूजर इण्टरफेस और प्रयोगकर्ता द्वारा माँगी गई सूचनाओं को प्रदर्शित करता है। मॉनीटर को कम्प्यूटर स्क्रीन का डिस्प्ले भी कहा जाता है, क्योंकि यह प्रयोगकर्ता को विभिन्न सॉफ्टवेयर से जोड़ता है। दूसरे शब्दों में, मॉनीटर एक टीवी के समान उपकरण है, जिसका प्रयोग कम्प्यूटर में सूचनाएँ प्रदर्शित करने के लिए किया जाता है। डिस्प्ले कार्ड का मुख्य कार्य मॉनीटर पर स्पष्ट एवं उचित प्रकार से चित्र का प्रदर्शन करना होता है।

4.1 मॉनीटर Monitor

मॉनीटर को विज़ुअल डिस्प्ले यूनिट (Visual Display Unit-VDU) भी कहते हैं। मॉनीटर कम्प्यूटर से प्राप्त परिणाम को सॉफ्ट कॉपी के रूप में दिखाता है। मॉनीटर दो प्रकार के होते हैं— मोनोक्रोम डिस्प्ले मॉनीटर और कलर डिस्प्ले मॉनीटर। मोनोक्रोम डिस्प्ले मॉनीटर टेक्स्ट को डिस्प्ले करने के लिए एक ही रंग का प्रयोग करता है और कलर डिस्प्ले मॉनीटर एक समय में 256 रंगों को दिखा सकता है। मॉनीटर पर चित्र छोटे-छोटे बिन्दुओं (dots) से मिलकर बनता है। इन बिन्दुओं को पिक्सल्स (pixels) के नाम से भी जाना जाता है।

विशेषताएँ Features

(i) यह टेक्स्ट और ग्राफिक्स में बहुत सारे रंग डिस्प्ले करता है।
(ii) इसकी स्क्रीन पर आउटपुट तुरन्त डिस्प्ले हो जाता है।
(iii) मॉनीटर सस्ता और विश्वसनीय होता है।

किसी चित्र की स्पष्टता (clearity) तीन तथ्यों पर निर्भर करती है

स्क्रीन का रिज़ोल्यूशन Resolution of Screen

किसी मॉनीटर का रिज़ोल्यूशन, उसके क्षैतिज और ऊर्ध्वाधर पिक्सल्स की संख्या के गुणनफल के बराबर होता है। किसी मॉनीटर की रिज़ोल्यूशन जितनी अधिक होगी, उसके पिक्सल उतने ही नजदीक होंगे और चित्र उतना ही स्पष्ट होगा।

डॉट पिच Dot Pitch

दो कलर्ड पिक्सल के विकर्णों के बीच की दूरी को डॉट पिच कहते हैं। यदि किसी मॉनीटर की डॉट पिच कम-से-कम हो, तो उसका रिज़ोल्यूशन अधिक होगा तथा उस मॉनीटर में चित्र काफी स्पष्ट होगा।

रिफ्रेश रेट Refresh Rate

एक सेकण्ड में कम्प्यूटर का मॉनीटर जितनी बार रिफ्रेश होता है, वह संख्या उसकी रिफ्रेश रेट कहलाती है। अधिक-से-अधिक रिफ्रेश करने पर स्क्रीन पर चित्र अधिक अच्छे और स्पष्ट दिखाई देते हैं।

4.2 मॉनीटर के प्रकार Types of Monitor

मॉनीटर निम्न प्रकार के होते हैं

सी.आर.टी. Cathode Ray Tube, CRT

यह एक आयताकार बॉक्स की तरह दिखने वाला मॉनीटर होता है। इसे डेस्कटॉप कम्प्यूटर के साथ आउटपुट देखने के लिए प्रयोग करते हैं। यह आकार में बड़ा तथा भारी होता है। इसकी स्क्रीन में पीछे की तरफ फॉस्फोरस की एक परत लगाई जाती है। इसमें एक इलेक्ट्रॉन गन (electron gun) होती है। CRT में एनालॉग डेटा को इलेक्ट्रॉन गन के द्वारा मॉनीटर की स्क्रीन पर भेजा जाता है। इलेक्ट्रॉन गन एनालॉग डेटा को इलेक्ट्रॉन्स में परिवर्तित करती है तथा इलेक्ट्रॉन ऊर्ध्वाधर तथा क्षैतिज प्लेट्स के बीच में होते हुए फॉस्फोरस स्क्रीन पर टकराते हैं। इलेक्ट्रॉन स्क्रीन पर जिस जगह टकराते हैं, उस जगह का फॉस्फोरस चमकने लगता है और चित्र दिखाई देने लगता है।

चित्र सी.आर.टी.

एल.सी.डी. Liquid Crystal Display, LCD

यह एक प्रकार की अधिक प्रयोग में आने वाली आउटपुट युक्ति है। यह CRT की अपेक्षा काफी हल्की, किन्तु महँगी आउटपुट युक्ति है। इसका प्रयोग लैपटॉप में, नोटबुक में, पर्सनल कम्प्यूटर में, डिजिटल घड़ियों आदि में किया जाता है। LCD में दो प्लेट होती हैं, इन प्लेटों के बीच में एक विशेष प्रकार का द्रव (liquid) भरा जाता है। जब प्लेट के पीछे से प्रकाश निकलता है, तो प्लेट्स के अन्दर के द्रव एलाइन (align) होकर चमकते हैं, जिससे चित्र दिखाई देने लगता है।

चित्र एल.सी.डी.

एल.ई.डी. Light Emitted Diode, LED

यह एक प्रकार की इलेक्ट्रॉनिक तथा आउटपुट युक्ति है, जिसका प्रयोग कम्प्यूटर से प्राप्त आउटपुट को देखने के लिए करते हैं। इसका आजकल घरों में टेलीविजन की तरह प्रयोग किया जाता है। इसके अन्दर छोटे-छोटे LEDs (light emitted diodes) लगे होते हैं। जब विद्युत धारा इन LEDs से गुजरती है, तो ये LEDs चमकने लगते हैं और LED की स्क्रीन पर विभिन्न चित्र दिखाई देने लगते हैं। LEDs मुख्य रूप से लाल प्रकाश उत्सर्जित करते हैं, किन्तु आजकल LEDs लाल, हरा और नीला (red, green and blue -RGB) प्रकाश भी उत्पन्न करते हैं। ये सफेद प्रकाश भी उत्पन्न कर सकते हैं। इन सभी रंगों के संयोग से विभिन्न रंग के चित्र LED में दिखाई देते हैं।

चित्र एल.ई.डी.

3D मॉनीटर 3D Monitor

यह एक आउटपुट युक्ति है, जिसका प्रयोग आउटपुट को थ्री डायमेन्शन में देखने के लिए करते हैं। यह टू डायमेन्शन (two dimension-2D) मॉनीटर की अपेक्षा अधिक स्पष्ट और साफ चित्र दिखाता है। यदि चित्र को 3D मॉनीटर में देखते हैं, तो ऐसा प्रतीत होता है कि यह चित्र बिल्कुल वास्तविक है।

चित्र 3D मॉनीटर

टी.एफ.टी. Thin Film Transistor, TFT

TFT और एक्टिव मैट्रिक्स LCD (AMLCD) एक प्रकार की आउटपुट युक्ति है। TFT में एक पिक्सल को कण्ट्रोल करने के लिए एक से चार ट्रांज़िस्टर लगे होते हैं। ये ट्रांज़िस्टर पैसिव मैट्रिक्स की अपेक्षा स्क्रीन को काफी तेज, चमकीला, और अधिक कलरफुल बनाते हैं। इस आउटपुट युक्ति की मुख्य बात यह है कि हम इसमें बने चित्र को विभिन्न कोणों (angles) से भी देख सकते हैं। जबकि अन्य मॉनीटरों में विभिन्न कोणों (angles) से चित्र देखने पर स्पष्ट दिखाई नहीं देते हैं। TFT अन्य मॉनीटर्स की अपेक्षा महँगी, लेकिन काफी अच्छी क्वालिटी का चित्र डिस्प्ले (display) करने वाली आउटपुट युक्ति है।

4.3 मॉनीटर केबल तकनीक Monitor Cable Technology

मॉनीटर में दो प्रकार की तकनीक-वीडियो ग्राफिक्स एरे [video graphics array (VGA)] और डिजिटल वीडियो इण्टरफेस [digital video interface (DVI)] प्रयोग में लाई जाती हैं। इन्हीं दोनों तकनीकों के द्वारा इमेज को मॉनीटर की स्क्रीन पर डिस्प्ले किया जाता है। अब हम इन दोनों तकनीकों के विषय में विस्तार से वर्णन करेंगे।

वीडियो ग्राफिक्स एरे (वीजीए) Video Graphics Array; VGA

वीडियो ग्राफिक्स एरे कार्ड वर्ष 1987 में IBM कम्पनी द्वारा कम्प्यूटर के डिस्प्ले स्टैण्डर्ड को प्रस्तुत करने के लिए किया गया। यह एक वीडियो एडॉप्टर है, जिसका प्रयोग वीडियो सिग्नल को कम्प्यूटर में स्थानान्तरित करने के लिए किया जाता है। VGA में सभी प्रकार के मॉनीटरों; जैसे—CRT और LCD मॉनीटरों के साथ उच्च स्तर की संयोजकता है। एक Generic VGA में 15 पिनें होती हैं और प्रत्येक पिन (तीन खाली पिनों के अतिरिक्त) विशेष प्रकार के रंगीन सिग्नल को स्थानान्तरित करने के लिए होती हैं। उदाहरण के लिए चौथी पिन नीली, नौवीं पिन लाल रंग के सिग्नल को स्थानान्तरित करने के लिए निर्धारित की गई है। अत: केवल 12 पिनों की वीडियो ही इन्फॉर्मेशन कम्प्यूटर से मॉनीटर को स्थानान्तरित करने के लिए आवश्यक होती है। डिस्प्ले इन्फॉर्मेशन Analog Form में VGA केबल के माध्यम से मॉनीटर को भेजी जाती है। एनालॉग फार्म एक प्रकार का संकेत होता है, जो ध्वनि, वीडियो या डेटा को हवा या तार के द्वारा भेजे जाते हैं। चूँकि VGA एडॉप्टर्स (ऐसे एडॉप्टर्स जिनका प्रयोग वीडियो सिग्नल को भेजने के लिए किया जाता है), डिजिटल मॉनीटर को प्रयोग के लिए पूरी तौर से सपोर्ट नहीं करते इसलिए एक नयी स्टैण्डर्ड केबल को इस समस्या के समाधान के लिए डिजाइन किया गया है, जिसे डिजिटल वीडियो इण्टरफेस (DVI) कहते हैं।

चित्र VDU-6

डिजिटल वीडियो इण्टरफेस Digital Video Interface; DVI

डिजिटल वीडियो इण्टरफेस [digital video interface (DVI)] डिजिटल वीडियो इण्टरफेस तकनीक का एक लोकप्रिय प्रारूप है, जो फ्लैट पैनल LCD मॉनीटरों और आधुनिक वीडियो ग्राफिक्स कार्ड की गुणवत्ता में वृद्धि करता है। DVI तकनीक ट्रांजिशन मिनिमाइज्ड डिफ्रैन्शियल सिग्नेलिंग [Transition Minimized Differential Signaling; TMDS] पर आधारित है, जो कम्प्यूटर को डिजिटल इन्फॉर्मेशन भेजने के लिए बनाई गई है। यह सिलिकॉन इमेज (silicon image) के द्वारा विकसित किया गया है, जो हाई स्पीड डिजिटल इन्टरफेस प्रदान करता है। TMDS ग्राफिक्स एडॉप्टर से सिग्नल प्राप्त करता है (यह हार्डवेयर उपकरण का एक भाग है, जो ग्राफिक्स तैयार करता है और जिसे मॉनीटर पर डिस्प्ले किया जाता है। यह मदरबोर्ड के पीसीआई स्लॉट (PCI Slot) या एजीपी ग्राफिक्स पोर्ट (AGP graphics port) से जुड़ा होता है।), जो मॉनीटर में प्रयोग होने वाले रिजोल्यूशन और रिफ्रेश रेट को तय करता है और उपलब्ध बैण्ड विड्थ (band width) पर सीपीयू (CPU) से मॉनीटर को डेटा ट्रांसफर करने के लिए सिग्नल को प्रसारित करता है।

चित्र VDU-7

4.4 डिस्प्ले कार्ड Display Card

कम्प्यूटर में मल्टीमीडिया तकनीक का चलन बढ़ने के फलस्वरूप कम्प्यूटर सिस्टम में ऑडियो एवं वीडियो पक्ष का तेजी से विकास हुआ है। प्रारम्भिक समय में वीडियो प्रदर्शन हेतु हरे रंग के मॉनीटर प्रयोग में लाए जाते थे फिर उसके पश्चात् ब्लैक एण्ड व्हाइट एवं रंगीन मॉनीटर प्रचलन में आए। रंगीन मॉनीटर भी बाजार में विभिन्न प्रकार के उपलब्ध हैं; जैसे—PCI, VGA, AGP एवं LCD स्क्रीन। मॉनीटर के क्षेत्र में निरन्तर तकनीक के विकसित होने के परिणामस्वरूप उनके डिस्प्ले कार्डों में भी परिवर्तन आया है, जिनका उपयोगकर्ता कम्प्यूटर सिस्टम की आवश्यकतानुसार चयन करता है। डिस्प्ले कार्ड कम्प्यूटर सिस्टम में अलग से भी लगाया जा सकता है अथवा यह मदरबोर्ड पर इनबिल्ट भी हो सकता है।

डिस्प्ले कार्ड के इतिहास में सर्वप्रथम मोनोक्रोम डिस्प्ले कार्ड का प्रयोग किया जाता था। इसके पश्चात् क्रमश: HGC, CGA, EGA, VGA, SVGA, XGA एवं UVGA डिस्प्ले कार्डों का प्रयोग किया जाने लगा। डिस्प्ले कार्ड के अन्तर्गत विविध अवयवों को लगाया जाता है, जिनका उद्देश्य मॉनीटर पर स्पष्ट एवं उचित डिस्प्ले कराना होता है। आजकल थ्री-डी ग्राफिक्स एक्सीलेटर्स तकनीक का भी प्रयोग किया जा रहा है, जिसके द्वारा त्रि-आयामी (three dimensional, 3-D) गतिशील ग्राफिक्स मॉनीटर स्क्रीन पर दिखाई देते हैं। इन कार्डों में अधिक क्षमता युक्त रैम (RAM) लगायी जाती है तथा इन रैम को गरम होने से बचाने के लिए हीटिंग फैन लगाए जाते हैं। उपयोगकर्ता अपने कार्य की आवश्यकता के अनुसार वांछित डिस्प्ले कार्ड का चयन करके उसको कम्प्यूटर सिस्टम में इन्स्टॉल कर सकता है।

डिस्प्ले कार्ड के प्रकार Types of Display Cards

विभिन्न प्रकार की तकनीक पर आधारित मॉनीटर के अनुसार ही अलग-अलग डिस्प्ले काड्र्स का निर्माण किया जाता है। इन डिस्प्ले कार्डों का विस्तृत वर्णन निम्न प्रकार है

कलर ग्राफिक्स एडेप्टर Colour Graphic Adapter, CGA

कलर ग्राफिक्स एडेप्टर का परिचय IBM के द्वारा वर्ष 1981 में प्रथम ग्राफिक्स कार्ड के रूप में दिया गया। यह IBM के पर्सनल कम्प्यूटर (PC) हेतु पहला कलर डिस्प्ले कार्ड था। इसलिए यह कम्प्यूटर का प्रथम कलर कम्प्यूटर डिस्प्ले मानक बन गया। मानक IBM CGA ग्राफिक्स कार्ड की वीडियो मैमोरी 16 किलोबाइट है। यह डायरेक्ट ड्राइव CRT मॉनीटर से 4 बिट डिजिटल TTL RGB इण्टरफेस द्वारा ही संयोजित किया जा सकता है अथवा RCA कनेक्टर द्वारा NTSC आधारित टेलीविजन या कम्पोजिट वीडियो मॉनीटर से भी जोड़ा जाता है।

एनहैन्स ग्राफिक्स एडेप्टर Enhanced Graphics Adapter, EGA

CGA के पश्चात् वर्ष 1984 में IBM के द्वारा एनहैन्स ग्राफिक्स एडेप्टर (EGA) को बनाया गया। EGA 64 कलर पेलट से एक साथ 16 कलर को डिस्प्ले करने की क्षमता रखता है, जिनका रिजोल्यूशन 640 × 350 पिक्सल तक होता है EGA डिस्प्ले कार्ड में अन्य ग्राफिक्स फंक्शन बढ़ाने हेतु 16KB ROM भी होती है तथा साथ ही एक CRT कण्ट्रोलर भी होता है, जो आरम्भिक ग्राफिक्स कण्ट्रोलर के लिए वीडियो टाइपिंग सिग्नल उत्पन्न करता है। EGA एक ड्यूल सिंक (dual sync) है, जोकि 350-लाइन मोड के साथ 23KHz तथा 200-लाइन के साथ 15 KHz स्कैन करता है। EGA कार्ड PC ISA बस का उपयोग करती है तथा 8 बिट व 16 बिट दोनों वर्जन हेतु उपलब्ध हैं।

वीडियो ग्राफिक्स एरे Video Graphics Array, VGA

वीडियो ग्राफिक्स एरे एक पॉपुलर डिस्प्ले मानक कार्ड है, जो 1987 में IBM द्वारा बनाया गया। VGA का रिजोल्यूशन 640 × 48 कलर डिस्प्ले स्क्रीन का है, जिसकी रिफ्रेश दर (rate) 60Hz है। यह एक समय में 16 कलर डिस्प्ले करने में सक्षम है। यह IBM का अन्तिम ग्राफिक्स मानक था। आजकल VGA एनालॉग इण्टरफेस हाई डेफिनेशन वीडियो के लिए 1080P रिजोल्यूशन के साथ प्रयोग किए जाते हैं। इनकी ट्रांसमिशन बैण्डविड्थ काफी उच्च होती है, परन्तु केबल की लम्बाई एवं गुणवत्ता के आधार पर पिक्चर गुणवत्ता कम हो जाती है। इसके लिए HDMI अथवा DVI इनपुट का प्रयोग करके डिस्प्ले गुणवत्ता में सुधार किया जा सकता है। इसमें 256KB वीडियो RAM, 16 कलर व 256 कलर पेलट डिस्प्ले मोड होते हैं।

सुपर वीडियो ग्राफिक्स एरे Super Video Graphics Array, SVGA

वीडियो ग्राफिक्स एरे (VGA) की क्षमताओं को बढ़ाने हेतु सुपर वीडियो ग्राफिक्स एरे को बनाया गया, जिसमें सभी रिजोल्यूशन, कलर मोड एवं मानक थे। इसे अल्टा VGA (Ulta VGA) (Ulta) के नाम से भी जाना जाता है। यह वर्ष 1987 में IBA द्वारा बनाया गया, जोकि सामान्यतया 800 × 600 पिक्सल का रिजोल्यूशन दर्शाता था। इसमें प्रत्येक पिक्सल 16 विभिन्न कलर के हो सकते हैं। SVGA संयोजन हेतु VGA कनेक्टर का ही उपयोग करते हैं। SVGA कार्ड की आउटपुट एनालॉग प्रकृति की होती है, जबकि इसकी आन्तरिक गणनाएँ डिजिटल आधारित होती हैं। इसे शीघ्र ही 1024 × 768, 8 पिक्सल में एक्सटेन्ड भी किया गया।

एक्सीलेरेटिड ग्राफिक्स पोर्ट Accelerated Graphics Port, AGP

एक्सीलेरेटिड ग्राफिक्स पोर्ट कम्प्यूटर सिस्टम का एक उच्च स्पीड, प्वॉइण्ट-टू-प्वॉइण्ट चैनल डिस्प्ले कार्ड है, जोकि 3D कम्प्यूटर ग्राफिक्स को सपोर्ट करता है। यह PCI-टाइप कनेक्शन वाले वीडियो कार्ड का मूल डिजाइन है। AGP, स्लॉट एवं प्रोसेसर के मध्य पाथ-वे (path-way) प्रदान करता है तथा यह साइडबैण्ड एड्रेसिंग का प्रयोग करता है, जिससे एड्रेस एवं डेटा बस अलग-अलग रहती हैं। AGP कार्ड सिस्टम RAM से सीधे ही टेक्स्चर को पढ़ने में सक्षम होता है, जिसके लिए वह ग्राफिक्स एड्रेस रिमैपिंग टेबल (GART) का प्रयोग करता है। सिस्टम मैमोरी की अधिकांश मैमोरी इस पर ही उपस्थित रहती है। इसके ऑफिशियल एक्सटैन्शन AGP Pro व 16 bit AGP है, जबकि अनऑफिशियल इन्टरनल AGP इण्टरफेस (अल्टा AGP, अल्टा AGP-II) एवं PCI आधारित AGP पोर्ट हैं। AGP कार्ड एक सीमा में ही बैकवर्ड एवं फॉरवर्ड होते है। 1.5 Keyed कार्ड 3.3V स्लॉट में नहीं लगाया जा सकता है, जबकि यूनिवर्सल कार्ड सभी प्रकार के स्लॉट के साथ फिट हो सकते हैं।

4.5 बस मानक Bus Standards

32 बिट युक्त क्लासिक PCI बस आजकल सभी एक्सपैन्शन कार्डों के लिए प्रयोग में लाई जाती है। PCI से अभिप्राय पैरीफेरल कम्पोनेन्ट्स इण्टरकनेक्ट (peripheral components interconnect) से है। यह 32 बिट की मानक बस होती है, जोकि 33 MHz रन करती है तथा 133MB/s की बैण्डविड्थ प्रदान करती है। PCI इन्टरफेस का स्थान वर्ष 1990 में ISA एवं इसके एक्सटैन्शन VL-Vesa local bus द्वारा ले लिया गया, जिनमें अधिक उच्च बैण्डविड्थ की सुविधा उपलब्ध थी। PCI बस आजकल अधिकतर कम्प्यूटर के एड-इन कार्ड्स का मानक है, परन्तु आधुनिक ग्राफिक्स कार्ड्स PCI का अधिक उपयोग नहीं करते हैं। इसके स्थान पर ग्राफिक्स कार्ड्स AGP एवं PCI एक्सप्रेस इन्टरफेस का उपयोग करते हैं। कम्प्यूटर का विशाल मात्रा में उत्पादन करने वाली कम्पनियाँ ग्राफिक्स एक्सपैन्शन AGP अथवा PCI एक्सप्रेस के बिना ही करती हैं। इनमें ग्राफिक्स कार्ड्स के एक्सपैन्शन के लिए PCI इण्टरफेस सहित वीडियो/डिस्प्ले कार्ड का ही विकल्प है।

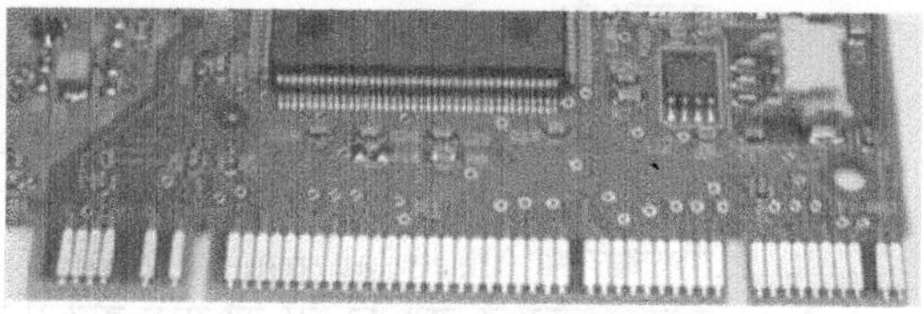

चित्र PCI बस

PCI-X बस इण्टरफेस PCI-X Bus Interface

PCI-X से अभिप्राय पैरीफेरल कम्पोनेट्स इण्टरकनेन्ट—एक्सटेन्डिड (peripheral components interconnect-extended) से है। यह 64 बिट की मानक इण्टरफेस बस है, जो 4, 266 MB/s की बैण्डविड्थ प्रदान करती है, जोकि बस क्लॉक स्पीड पर निर्भर करती है। PCI-X कार्ड को PCI स्लॉट में सरलता से लगाया जा सकता है, जबकि इसे PCI एक्सप्रेस स्लॉट के साथ लगाना सम्भव नहीं है। इसलिए PCI-X एवं PCI एक्सप्रेस को समान समझने की गलती न करें।

4.6 वीडियो मैमोरी Video Memory

अधिकतर आधुनिक डिस्प्ले कार्ड्स की मैमोरी क्षमता 1GB से 12GB तक होती है। वीडियो मैमोरी की आवश्यकता ग्राफिक्स प्रोसेसर यूनिट (GPU) एवं डिस्प्ले सर्किट के लिए पड़ती है। यह अक्सर विशिष्ट उच्च गति अथवा मल्टी पोर्ट मैमोरी; जैसे—VRAM, WRAM, SGRAM आदि का उपयोग करते हैं। लगभग वर्ष 2003 में वीडियो मैमोरी का आधार DDR तकनीक बन गया। इस वर्ष में एवं इसके पश्चात् उत्पादनकर्ताओं ने DDR2, GDDR3, GDDR4 एवं GDDR5 पर आधारित वीडियो मैमोरी का निर्माण किया। आधुनिक कार्डों की प्राय: मैमोरी क्लॉक दर (rate) 1GHz से 7GHz के मध्य होती हैं। वीडियो मैमोरी डाटा के साथ-साथ स्क्रीन इमेज को भी स्टोर करने का कार्य करती हैं। उदाहरण के लिए Z-बफर टेक्स्चर, कम्पाइल्ड शेडर प्रोग्राम एवं 3D ग्राफिक्स में डेप्थ कॉर्डीनेट्स (depth Coordinates) को मैनेज करने का कार्य करता है।

तालिका विविध वीडियो मैमोरी का तुलनात्मक अध्ययन

प्रकार (Types)	**मैमोरी क्लॉक दर** (MHz) (Memory Clock Rate)	**बैण्ड चौड़ाई** (GB/s) (Bandwidth)
DDR	166-950	1.2-3.04
DDR2	2000-3600	128-200
GDDR5	900-7000	80-336.5

4.7 डिस्प्ले कार्ड के मुख्य अवयव एवं कनेक्टर्स
Main Components and Connectors of a Display Card

एक डिस्प्ले कार्ड कम्प्यूटर सिस्टम में मदरबोर्ड के साथ संयोजित किया जाता है, जोकि डिस्प्ले पर इमेज के रूप में आउटपुट प्रदान करता है। डिस्प्ले कार्ड को वीडियो कार्ड अथवा ग्राफिक्स कार्ड के नाम से भी जाना जाता है। वीडियो/डिस्प्ले कार्ड के मुख्य अवयव प्रोसेसिंग यूनिट, मैमोरी, कोडिंग मैकेनिज्म एवं कनेक्टर्स हैं, जिनका विस्तृत विवरण निम्नवत् है।

डिस्प्ले कण्ट्रोलर आई. सी. Display Controller I.C.

डिस्प्ले कण्ट्रोलर IC वीडियो सिग्नल जेनरेटर का वह मुख्य अवयव है, जोकि कम्प्यूटर में वीडियो सिग्नल को उत्पादित करता है। कुछ डिस्प्ले कण्ट्रोलर IC में ऑडियो को जेनरेट करने की भी सुविधा भी होती है, परन्तु यह उसका मुख्य कार्य नहीं है। यह घरेलू कम्प्यूटर में वर्ष 1980 से प्रयोग किया गया है, परन्तु वीडियो गेम सिस्टम में इनका प्रयोग इससे पहले भी होता रहा है। डिस्प्ले कण्ट्रोलर IC वीडियो सिग्नल की टाइमिंग को उत्पन्न करने के लिए उत्तरदायी होता है; जैसे—क्षैतिज एवं ऊर्ध्वाधर सिंक्रोनाइजेशन सिग्नल (horizontal and vertical synchronisation signals) एवं ब्लैकिंग इण्टरवल सिग्नल। इसके साथ कभी-कभी सहायक चिपों की भी आवश्यकता होती है, जिनका अपना एक विशिष्ट कार्य होता है। इनके अन्तर्गत RAM चिप, ROM चिप एवं विविध लॉजिक चिप आती हैं। अधिकतर डिस्प्ले कण्ट्रोलर IC पर ही सभी लॉजिक परिपथ समाहित होते हैं। इसके ब्लॉक आरेख को चित्र में दर्शाया गया है, जिसके द्वारा इस IC के विभिन्न अंगों की जानकारी प्राप्त होती है।

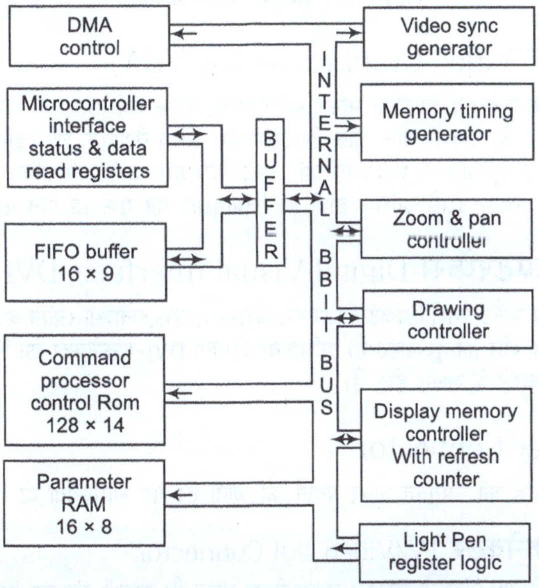

चित्र डिस्प्ले कण्ट्रोलर का ब्लॉक आरेख

RAM चिप RAM Chip

कम्प्यूटर सिस्टम में RAM चिप के रूप में RAM DAC का उपयोग किया जाता है, जिसका पूर्ण नाम रेण्डम एक्सेस मैमोरी डिजिटल से एनालॉग परिवर्तन (random access memory digital-to analog converter) है। इसका कार्य डिजिटल सिग्नल को एनालॉग में परिवर्तित करके डिस्प्ले हेतु कैथोड-रे ट्यूब (cathode-ray tube, CRT) को प्रदान करना है। यह RAM चिप ग्राफिक्स/डिस्प्ले कार्ड के फंक्शन को नियमित करती है। बिट संख्या एवं RAM DAC चिप की डाटा ट्रांसफर दर के आधार पर ही कन्वर्टर विभिन्न कम्प्यूटर डिस्प्ले रिफ्रेश दर को सपोर्ट करने के योग्य बनता है। CRT डिस्प्ले के लिए 75Hz से अधिक पर यह उत्तम कार्य करता है तथा 60Hz से कम होने पर यह फ्लिकर (Flicker) दोष उत्पन्न करने लगता है। LCD डिस्प्ले में फ्लिकर प्रकार का दोष उपस्थित नहीं होता है। डिजिटल कम्प्यूटर डिस्प्ले के अधिक प्रयोग में आने के कारण एवं ग्राफिक्स प्रोसेसिंग यूनिट (GPU) के अन्तर्गत ही RAM DAC समाहित होने के फलस्वरूप इनका अलग से प्रयोग कम होने लगता है, आजकल सभी LCD मॉनीटर में केवल डिजिटल कनेक्शन ही प्रदान किए जाते हैं।

आउटपुट इण्टरफेसिंग कनेक्टर्स Output Interfacing Connectors

डिस्प्ले कार्ड के साथ विभिन्न प्रकार के कनेक्टर्स का प्रयोग किया जाता है, जोकि डिस्प्ले कार्ड एवं कम्प्यूटर डिस्प्ले को संयोजित करने का कार्य सम्पन्न करते हैं। चित्र में डिस्प्ले कार्ड पर उपस्थित विभिन्न कनेक्टर्स को दर्शाया गया है, जिनका विवरण निम्नवत् है

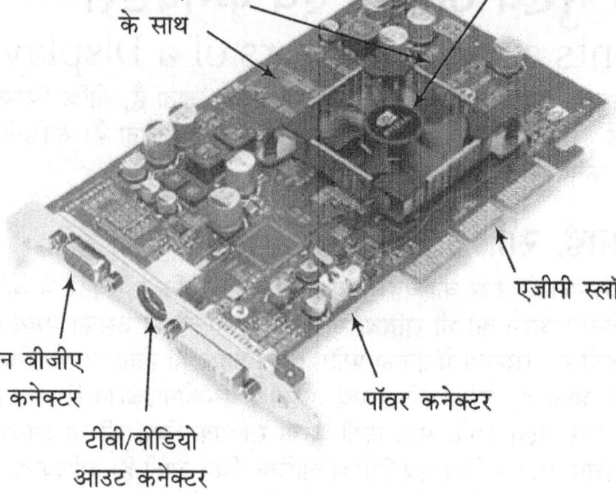

चित्र डिस्प्ले कार्ड के विभिन्न कनेक्टर्स

वीडियो ग्राफिक्स एरे Video Graphics Array, VGA

वीडियो ग्राफिक्स एरे (VGA) एक एनालॉग आधारित मानक कनेक्टर है, जोकि वर्ष 1980 के अन्त में CRT डिस्प्ले के लिए डिजाइन किया गया था। इसे संक्षिप्त में VGA कनेक्टर के नाम से जाना जाता है। इसमें उस समय वैद्युतिक शोर, इमेज विकृति (image distortion) एवं सैम्पलिंग त्रुटि सम्बन्धी दोष उपस्थित थे, परन्तु आज के VGA एनालॉग इण्टरफेस द्वारा उच्च परिभाषित वीडियो (high definition video) उत्पन्न की जाती है, जोकि 1080 पिक्सल अथवा उससे अधिक होती है। चित्रानुसार यह एक 15 पिन का कनेक्टर होता है।

डिजिटल दृश्यिक इण्टरफेस Digital Visual Interface, DVI

डिजिटल आधारित DVI कनेक्टर फ्लैट पैनल डिजिटल डिस्प्ले; जैसे—LCDs, प्लाज्मा स्क्रीन आदि वीडियो प्रोजेक्टर के लिए डिजाइन किए गए हैं। यह इमेज विकृति एवं वैद्युतिक शोर को दूर करते हैं। अधिकतर निर्माता DVI-I कनेक्टर का निर्माण करते हैं, जोकि पुराने CRT अथवा LCD मॉनीटर के साथ ही इण्टरफेस करने में सक्षम होते हैं।

पावर कनेक्टर Power Connector

इस कनेक्टर के द्वारा डिस्प्ले कार्ड को उपयुक्त पावर प्रदान की जाती है। यह सामान्यता दो पिन वाला कनेक्टर होता है।

टीवी/वीडियो आउट कनेक्टर TV/Video Out Connector

इस कनेक्टर के द्वारा मॉनीटर को TV/वीडियो सिग्नल प्रदान किया जाता है। इसकी संरचना एवं स्थान को चित्र में प्रदर्शित डिस्प्ले कार्ड द्वारा समझा जा सकता है।

एजीपी स्लॉट AGP Slot

एजीपी स्लॉट के द्वारा ही आप नये डिस्प्ले कार्ड को मदरबोर्ड के साथ संयोजित कर सकते हैं, क्योंकि इसके बिना मदरबोर्ड का डिस्प्ले कार्ड से संयोजन एक जटिल एवं कठिन प्रक्रिया है तथा विभिन्न दोष उत्पन्न होने की भी सम्भावना बनी रहती है। इस स्लॉट के द्वारा आसानी से दोषी डिस्प्ले कार्ड को मदरबोर्ड से अलग किया जा सकता है तथा नए डिस्प्ले कार्ड को लगाया जा सकता है। इसके कारण ही कम्प्यूटर सिस्टम के डिस्प्ले कार्ड का अपग्रेडेशन सरलता से किया जाना सम्भव है।

4.8 ड्यूअल पोर्ट सुविधा Dual Port Feature

LCD मॉनीटर का मूल्य प्रतिदिन कम होने के कारण नियमित उपयोगकर्ता अपने कम्प्यूटर के साथ अन्य दूसरे वीडियो मॉनीटर भी संयोजित करने का विचार रखने लगे हैं। दो डिस्प्ले प्रयुक्त होने से आप न केवल बड़े आकार का डेस्कटॉप ही प्राप्त करेंगे, बल्कि उत्पादकता में भी बढ़ोतरी सम्भव हो सकेगी। इसके द्वारा दो अलग-अलग प्रोग्राम्स को एक ही समय में फुल स्क्रीन साइज में देखा जा सकता है; उदाहरणस्वरूप एक डिस्प्ले पर ऐक्सल स्प्रैडशीट तथा अन्य डिस्प्ले पर वर्ड डॉक्यूमेन्ट एक साथ देखे जा सकते हैं। इसके द्वारा बार-बार रीड व कॉपी कार्य हेतु विण्डो को बड़ा करने एवं पुन: छोटा करने में नष्ट होने वाले समय को समाप्त किया जा सकता है, जबकि एक वीडियो मॉनीटर को प्रयुक्त करने से इस प्रक्रिया में बहुत समय नष्ट होता है। दो मॉनीटर के साथ काम करने वाले व्यक्ति की कार्य करने की गति बढ़ जाती है और वह एक वीडियो मॉनीटर के साथ कार्य करने में परेशानी महसूस करने लगता है, क्योंकि उसमें अधिक समय नष्ट होता है।

आजकल सभी कम्प्यूटर डिस्प्ले कार्ड के साथ दो वीडियो आउटपुट की सुविधा होती है, जिनके द्वारा उपयोगकर्ता बिना अतिरिक्त हार्डवेयर संयोजित करे सरलता से कभी भी दो वीडियो मॉनीटर को संयोजित करने में सक्षम हैं। कम्प्यूटर डिस्प्ले कार्ड के साथ प्रदान की गयी दो वीडियो आउटपुट की सुविधा को ही ड्यूअल पोर्ट सुविधा कहते हैं। चित्र में दो प्रकार के अधिकतर प्रयोग में आने वाले वीडियो कार्ड प्रदर्शित किए गए हैं। इसमें चित्र (a) में दो DVI कनेक्टर्स तथा चित्र (b) में एक DVI कनेक्टर व एक VGA कनेक्टर दर्शाया गया है, जबकि चित्र (c) में एक वीडियो मॉनीटर कनेक्टर कम्प्यूटर से संयोजित दर्शाया गया है। चित्र (c) में प्रदर्शित अन्य DVI कनेक्टर से उपयोगकर्ता आवश्यकतानुसार एक अन्य वीडियो मॉनीटर को संयोजित कर सकता है।

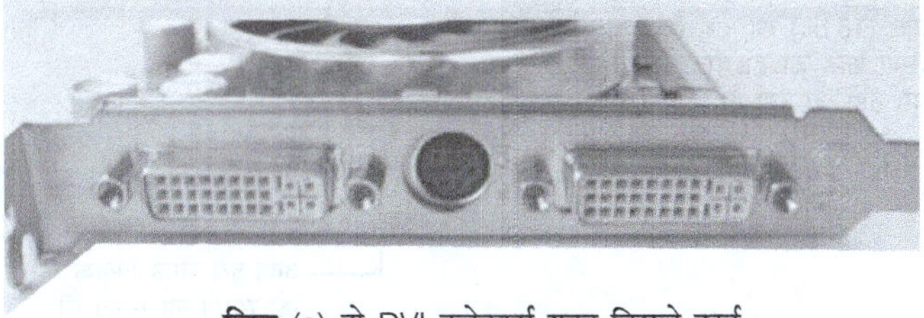

चित्र (a) दो DVI कनेक्टर्स युक्त डिस्प्ले कार्ड

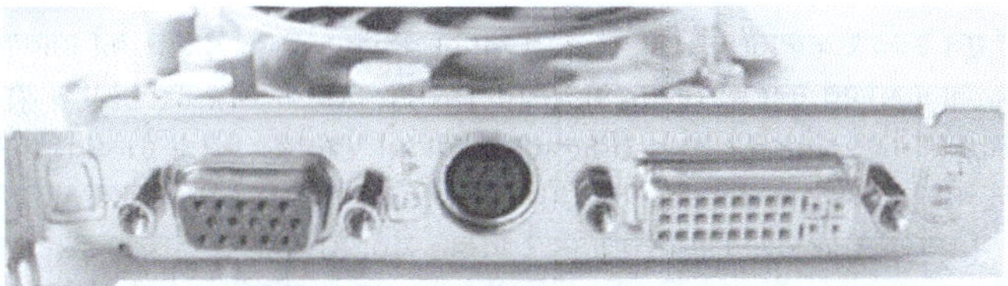

चित्र (b) एक DVI एवं एक VGA कनेक्टर युक्त डिस्प्ले कार्ड

चित्र में एक केबिनेट को दर्शाया गया है जिसके अन्तर्गत डयूल पोर्ट हेतु कनेक्टर्स को दर्शाया गया है

(c) सामान्य संयोजन

चित्र ड्यूअल पोर्ट हेतु कनेक्टर्स

4.9 डिस्प्ले ड्राइवर की इन्स्टॉलेशन प्रक्रिया
Installation Process of Display Driver

डिस्प्ले कार्ड को कम्प्यूटर में लगाने के लिए उसका मदरबोर्ड से अलग होना आवश्यक है, अन्यथा आजकल यह मदरबोर्ड पर ही इनबिल्ट होता है। मदरबोर्ड पर डिस्प्ले कार्ड इनबिल्ट होने की स्थिति में पूरा मदरबोर्ड ही बदलना अनिवार्य हो जाता है। वांछित कार्ड को मदरबोर्ड पर बहुत धीरे से इन्सर्ट करते हैं, जिससे कि मदरबोर्ड पर अनावश्यक दबाव पड़ने के कारण क्रैक होने की स्थिति उत्पन्न न हो सके। डिस्प्ले कार्ड को ठीक प्रकार से उचित स्लॉट में लगाकर उसे कैबिनेट के साथ स्क्रू में कस दें। कम्प्यूटर में अधिक मैमोरी एवं उच्च क्षमता वाले डिस्प्ले कार्ड को लगाने के लिए आवश्यक स्लॉट कम्प्यूटर में बना होना अनिवार्य है। उदाहरण के लिए– यदि एक्सीरिलेटिव ग्राफिक्स पोर्ट (AGP) डिस्प्ले कार्ड कम्प्यूटर में लगाना है, तो कम्प्यूटर के मदरबोर्ड पर AGP स्लॉट होना चाहिए अन्यथा वह इन्स्टॉल नहीं हो पाएगा।

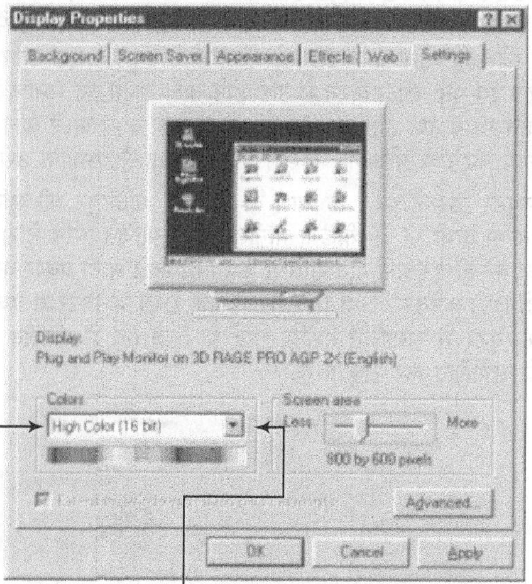

यहाँ पर हाई कलर (16 bit) का अर्थ है कि अभी डिस्प्ले कार्ड का ड्राइवर ठीक से काम नहीं कर रहा है।

आप इस जगह क्लिक करके और ज्यादा रंगों को सामने ला सकते हैं।

चित्र डिस्प्ले प्रोपर्टी विण्डो

कम्प्यूटर में अधिक मैमोरी एवं उच्च संकल्पता का डिस्प्ले कार्ड लगाने के लिए उसके ड्राइवर की आवश्यकता पड़ती है अन्यथा डिस्प्ले कार्ड की पूर्ण क्षमता का प्रयोग किया जाना सम्भव नहीं है। वास्तव में प्रत्येक डिस्प्ले कार्ड के साथ उसका एक ड्राइवर भी आता है, जिसका कार्य कम्प्यूटर के ऑपरेटिंग सिस्टम के साथ सामंजस्य बैठाकर उच्च संकल्पता क्षमता को एक्टीवेट करना है। अत: कम्प्यूटर में सामान्यतया विण्डोज ऑपरेटिंग सिस्टम के रूप में इन्स्टॉल करने के पश्चात् कण्ट्रोल पैनल में जाकर डिस्प्ले प्रॉपर्टीज पर क्लिक करें। इस पर क्लिक करते ही रिजोल्यूशन की विण्डो सेटिंग टैब ऑप्शन में पूर्व पृष्ठ पर दर्शाये गये चित्रानुसार दिखाई देती है। यहाँ पर ड्राइवर इन्स्टॉल न होने की अवस्था में केवल 16 रंग ही दिखाई देंगे। अब डिस्प्ले ड्राइवर को इन्स्टॉल करके आप वीडियो ग्राफिक्स कार्ड की पूर्ण क्षमता का प्रयोग कर सकते हैं। इनके ड्राइवर सीडी अथवा फ्लॉपी डिस्क में डिस्प्ले कार्ड के साथ ही मिलते हैं, जिनमें सामान्यतया ऑटो रन प्रोग्राम उपलब्ध होता है। आज के समय में इण्टरनेट के प्रचलन के कारण विविध ड्राइवर्स के फ्री-वर्जन वेबसाइटों पर भी उपलब्ध होते हैं, जिन्हें आवश्यकतानुसार उपयोग में लाया जा सकता है।

ऑटो रन प्रोग्राम ड्राइवर इन्स्टॉलेशन हेतु सेटअप फाइल को स्वत: ही रन करा देता है तथा क्रमानुसार सभी चरण स्क्रीन पर प्रदर्शित होते रहते हैं, जिन्हें उपयोगकर्ता ध्यानपूर्वक पढ़कर सरलता से उसे इन्स्टॉल कर सकता है। यदि किसी कारणवश उसमें ऑटो रन की सुविधा उपलब्ध नहीं है, तो ड्राइवर इन्स्टॉलेशन का कार्य निम्न प्रकार सम्पन्न कर सकते हैं

1. सर्वप्रथम कण्ट्रोल पैनल आइकन पर क्लिक करें तथा उसके पश्चात् 'एड न्यू हार्डवेयर' आइकन पर क्लिक करें।
2. अब विण्डोज की प्लग-एण्ड-प्ले क्षमता का उपयोग करते हैं। यदि इसके द्वारा डिस्प्ले कार्ड को पहचान लिया जाता है, तो यह स्वत: ही ड्राइवर डिस्क को उपयोगकर्ता से माँगेगा।
3. सीडी-रोम ड्राइव में ड्राइवर सीडी लगाकर 'नेक्स्ट' बटन पर क्लिक करें। अब 'ब्राउज' बटन पर क्लिक करके उस फोल्डर को स्क्रीन पर लाएँ, जिसमें डिस्प्ले कार्ड का ड्राइवर इन्स्टॉल करना है। अब 'ok' बटन पर क्लिक करें।
4. कम्प्यूटर का ऑपरेटिंग सिस्टम स्वत: ही डिस्प्ले ड्राइवर को पहचान कर इन्स्टॉल कर देता है।
5. ड्राइवर के इन्स्टॉल हो जाने के पश्चात् कम्प्यूटर को रिस्टार्ट करना चाहिए।
6. अब 'डिस्प्ले प्रॉपर्टीज' आइकन पर क्लिक करते हैं, जिसमें डिस्प्ले ड्राइवर की क्षमता के अनुसार सभी रिजोल्यूशन सूचीबद्ध रूप में प्रदर्शित हो जाते हैं।

सेटिंग विशेषता Setting Features

डिस्प्ले कार्ड ड्राइवर की सेटिंग करने के लिए निम्न चरणों का अनुसरण करें

1. सर्वप्रथम 'डिस्प्ले प्रॉपर्टीज' आइकन पर क्लिक करें।
2. डिस्प्ले कार्ड के अनुरूप प्रदर्शित सभी रिजोल्यूशन को चैक करें।
3. अब उपयोगकर्ता, जिस रिजोल्यूशन को सेट करना चाहता है, उस पर क्लिक करके उसे सलेक्ट करें।
4. सलेक्शन के पश्चात् 'एप्लाई अथवा ओके' बटन पर क्लिक करें।
5. कम्प्यूटर को रिस्टार्ट करें।
6. अब उपयोगकर्ता के द्वारा सेट किया गया रिजोल्यूशन डिस्प्ले पर प्रदर्शित हो जाता है।

4.10 डिस्प्ले ड्राइवर कार्ड सम्बन्धी जानकारी एवं सावधानियाँ Precautions and Information Related to Display Driver Card

यदि आपके कम्प्यूटर में लगा डिस्प्ले कार्ड आपकी आवश्यकतानुसार उपयुक्त नहीं है, तो आप उसे स्वयं भी बदल सकते हैं, परन्तु यह डिस्प्ले कार्ड केवल उस स्थिति में ही बदला जा सकता है, जब वह अलग से कम्प्यूटर सिस्टम पर लगा हुआ हो। डिस्प्ले कार्ड को बदलने एवं उसके इन्स्टॉलेशन से पूर्व उपयोगकर्ता को निम्न जानकारी होनी आवश्यक है तथा इसके साथ-ही-साथ कुछ निम्न सावधानियाँ भी रखनी चाहिए।

1. कम्प्यूटर को ऑफ करने के पश्चात् ही डिस्प्ले कार्ड को स्लॉट में से निकालें।
2. अब वांछित डिस्प्ले कार्ड को सॉकेट में सही प्रकार इन्सर्ट करें।
3. डिस्प्ले कार्ड को मदरबोर्ड पर बहुत धीरे से सावधानीपूर्वक इन्सर्ट करें।
4. यह ध्यान रखें कि मदरबोर्ड पर आवश्यकता से अधिक दबाव न पड़े अन्यथा मदरबोर्ड के क्रैक होने की स्थिति उत्पन्न हो सकती है।
5. डिस्प्ले कार्ड को उचित प्रकार से उपयुक्त स्लॉट में लगाकर उसे कैबिनेट के साथ पेंच द्वारा मजबूती से कस देना चाहिए।
6. डिस्प्ले कार्ड को किसी भी स्थिति में ढीला नहीं छोड़ना चाहिए अन्यथा मॉनीटर का सॉकेट उससे संयोजित करते समय कम्प्यूटर के खराब होने की स्थिति उत्पन्न हो सकती है।
7. डिस्प्ले कार्ड ड्राइवर की सेटिंग अवश्य कर लें।
8. ड्राइवर सीडी उपलब्ध न होने की अवस्था में इण्टरनेट कनेक्शन के उपयोग से ड्राइवर इन्स्टॉलेशन का कार्य सम्पन्न कर लें।
9. इन्स्टॉलेशन एवं सेटिंग के उपरान्त कम्प्यूटर सिस्टम को रिस्टार्ट अवश्य कर लेना चाहिए अन्यथा कभी-कभी उचित रिजोल्यूशन प्राप्त नहीं हो पाता है।
10. डिस्प्ले कार्ड की मैमोरी को भी सॉकेट में उचित प्रकार लगाना चाहिए।

डिस्प्ले कार्ड को बदलने से पूर्व उपरोक्त आवश्यक जानकारी को उपयोगकर्ता द्वारा एकत्रित कर लेना चाहिए तथा सावधानियों का ध्यान रखते हुए डिस्प्ले कार्ड को बदलकर ड्राइवर इन्स्टॉलेशन का कार्य पूर्ण करना चाहिए। अल्प एवं गलत जानकारी की स्थिति में कम्प्यूटर सिस्टम को हानि पहुँच सकती है तथा अनावश्यक नुकसान की स्थिति भी उत्पन्न हो सकती है।

अभ्यास प्रश्न

परीक्षा प्रारूपी प्रश्न

बहुविकल्पीय

1. निम्न में से कौन-सा मॉनीटर (monitor) रंगीन मॉनीटर का एक प्रकार है?

(a) PCI-VGA (b) AGP
(c) LCD (d) ये सभी

2. निम्न में से सर्वप्रथम प्रयोग में लाया जाने वाला डिस्प्ले कार्ड है

(a) मोनोक्रोम डिस्प्ले (b) HGC डिस्प्ले
(c) CGA डिस्प्ले (d) ये सभी

3. PCI का पूर्ण रूप है

(a) Peripheral components interconnected
(b) Peripheral computer index
(c) Peripheral computer interconnected
(d) उपरोक्त में से कोई नहीं

4. PCI कितने बिट (bit) की मानक बस (standard bus) होती है?

(a) 4 (b) 8
(c) 64 (d) 32

5. PCI कितनी बैण्डविड्थ प्रदान करती है?
(a) 130 MB/S (b) 133 MB/S (c) 100 MB/S (d) 150 MB/S

6. PCI-X जो PCI मानक बस से अलग होती है; कितने बिट की मानक बस (standard bus) है?
(a) 16 (b) 32 (c) 64 (d) 128

7. मानक IBM CGA (Color Graphics Adapter) ग्राफिक्स कार्ड की वीडियो मैमोरी कितने किलोबाइट की होती है?
(a) 16 (b) 32 (c) 4 (d) 64

8. EGA का रिजोल्यूशन कितना होता है?
(a) 320 × 350 पिक्सल (b) 350 × 420 पिक्सल
(c) 420 × 520 पिक्सल (d) 640 × 350 पिक्सल

9. EGA (Enhanced Graphics Adaptor) डिस्प्ले कार्ड में अन्य ग्राफिक्स फंक्शन बढ़ाने हेतु कितने KB का ROM लगा होता है?
(a) 10 (b) 12 (c) 16 (d) 32

10. VGA (Video Graphics Array) डिस्प्ले कार्ड एक समय में कितने कलर डिस्प्ले कर सकता है?
(a) 8 (b) 12 (c) 20 (d) 16

11. VGA की रिफ्रेश दर (refresh rate) होती है
(a) 50 Hz (b) 60 Hz (c) 100 Hz (d) 40 Hz

12. आधुनिक डिस्प्ले कार्ड्स की मैमोरी क्षमता की परास होती है
(a) 1GB से 6GB (b) 1GB से 5GB
(c) 1GB से 12GB (d) 1GB से 50GB

13. डिस्प्ले कार्ड (display card) को किस अन्य नाम से भी जाना जाता है?
(a) वीडियो कार्ड (b) ग्राफिक्स कार्ड
(c) 'a' और 'b' दोनों (d) इनमें से कोई नहीं

14. वीडियो सिग्नल जेनरेटर का कौन-सा मुख्य अवयव वीडियो सिग्नल को उत्पादित (generate) करता है?
(a) डिस्प्ले कण्ट्रोलर IC
(b) RAM चिप
(c) आउटपुट इण्टरफेसिंग कनेक्टर्स
(d) उपरोक्त सभी

15. RAM DAC का पूर्ण रूप है
(a) Read analog Memory digital-to-Analog convertor
(b) Random Access memory digital-to-Analog convertor
(c) Random analog message digital-to-Analog convertor
(d) उपरोक्त में से कोई नहीं

16. पावर कनेक्टर (power connector) में सामान्यतः कितनी पिन्स होती हैं?
(a) 2 (b) 3 (c) 1 (d) 4

17. मॉनीटर को कम्प्यूटर की किस यूनिट (unit) के अन्तर्गत रखा जाता है?
(a) सेन्ट्रल प्रोसेसिंग यूनिट (b) इनपुट यूनिट
(c) आउटपुट यूनिट (d) इनमें से कोई नहीं

18. इनमें से कौन-सा कनेक्टर (connector) मॉनीटर को कम्प्यूटर से जोड़ता है?
(a) लैन कनेक्टर (b) वीजीए कनेक्टर
(c) मॉडेम कनेक्टर (d) इनमें से कोई नहीं

19. यदि कम्प्यूटर के मदरबोर्ड में डिस्प्ले पोर्ट इनबिल्ट नहीं है, तो डिस्प्ले कार्ड को मदरबोर्ड की किस स्लॉट में लगाते हैं?
(a) एजीपी स्टॉट (b) पीसीआई स्लॉट
(c) आईएसए स्लॉट (d) ये सभी

20. निम्न में से कौन-सी तकनीक कम्प्यूटर मॉनीटर से सम्बन्धित है?
(a) सीआरटी (b) एलसीडी
(c) एलईडी (d) ये सभी

21. CRT तकनीक का पूरा नाम क्या है?
(a) क्रिस्टल-रे तकनीक (b) कैथोड-रे ट्यूब
(c) क्रिस्प रिवर्स टेक्नोलॉजी (d) इनमें से कोई नहीं

22. मॉनीटर को इनमें से किस कार्ड से जोड़ते हैं?
(a) VGA कार्ड से (b) HGA कार्ड से
(c) CGA कार्ड से (d) ये सभी

23. कम्प्यूटर के डिस्प्ले कार्ड को इनमें से किस बस से जोड़ सकते हैं?
(a) ISA बस से (b) AGP बस से
(c) PCI बस से (d) ये सभी

24. निम्न में से कौन-सी मैमोरी डिस्प्ले कार्ड से सम्बन्धित है?
(a) VRAM (b) RDRAM
(c) SDRAM (d) ये सभी

25. निम्न में से कौन-सा प्रोसेसर डिस्प्ले कार्ड का भाग होता है?
(a) GPU (b) CPU
(c) FPU (d) इनमें से कोई नहीं

26. रंगीन मॉनीटरों के सन्दर्भ में प्रयोग किए जाने वाले RGB शब्द का अर्थ है
(a) रियल ग्राफिक्स बिपोलर (b) रेड ग्रीन ब्लू
(c) रिवर्स ग्राफ ब्लॉटिंग (d) इनमें से कोई नहीं

27. मॉनीटरों के सन्दर्भ में प्रयोग किये जाने वाले LCD शब्द का अर्थ है
(a) लिक्विड क्रिस्टल डिस्प्ले (b) लीनियर क्रिस्प डिस्प्ले
(c) लाइन किलोबाइट डायोड (d) इनमें से कोई नहीं

28. LCD तकनीक वाले मॉनीटर इनमें से किसका प्रयोग करते हैं?
(a) कैथोड-रे ट्यूब (b) सीसीडी कैमरा
(c) पोल राइजिंग फिलर (d) इनमें से कोई नहीं

29. LCD मॉनीटर के सन्दर्भ में प्रयोग किए जाने वाले DVI शब्द का क्या अर्थ है?
(a) डिजिटल विजुअल इण्टरफेस
(b) डिजिटल वीडियो इण्टरफेस
(c) डायरेक्ट वीडियो इण्टरफेस
(d) उपरोक्त में से कोई नहीं

30. LCD मॉनीटर के सन्दर्भ में निम्न में से किस तकनीक का प्रयोग किया जाता है?
(a) एक्टिव मैट्रिक्स डिजिटल
(b) लेजर स्कैनिंग तकनीक
(c) ऑप्टिकल वीडियो इण्टरफेस
(d) उपरोक्त में से कोई नहीं

31. मॉनीटर के सन्दर्भ में प्रयोग होने वाले शब्द TFT का क्या अर्थ है?
(a) टोटल फ्लेयर टेक्नोलॉजी (b) टेक्नीकल फिल्म ट्रांसपोर्टेशन
(c) थिन फिल्म ट्रांजिस्टर (d) इनमें से कोई नहीं

32. LCD/LED मॉनीटर में कलर प्रदर्शन के लिए इनमें से किस शब्द का प्रयोग करते हैं?
(a) बैक लाइट (b) स्कैनिंग कोड
(c) पावर सप्लाई (d) इनमें से कोई नहीं

33. LCD/LED मॉनीटर प्रयोग होने वाला CCFL इन्वर्टर का पूरा नाम क्या है?
(a) क्लियर कोल्ड फस्ट लैम्प (b) कोल्ड कैथोड फ्लूरोसेंट लैम्प
(c) स्यान क्रिस्प फेयर लैम्प (d) इनमें से कोई नहीं

34. फाइबर ऑप्टिक बैक लाइट का प्रयोग इनमें से किस मॉनीटर में होता है?
(a) LED मॉनीटर (b) LCD मॉनीटर
(c) CRT मॉनीटर (d) इनमें से कोई नहीं

35. इनमें से कौन-सा शब्द मॉनीटर से सम्बन्धित नहीं है?
(a) HDD (b) LED
(c) CRT (d) इनमें से कोई नहीं

विविध प्रारूपी प्रश्न

सत्य/असत्य

1. VGA एक अत्यन्त उच्च रिजोल्यूशन कार्ड है।
2. मॉनीटर (VDU) को कन्सोल (console) भी कहते हैं।
3. CRT काँच की बनी होती है, जिस पर एल्युमीनीयम का लेप चढ़ा होता है।
4. एनहैन्स ग्राफिक्स एडेप्टर (EGA) को C-DAC ने बनाया था।
5. सुपर वीडियो ग्राफिक्स एरे (SVGA) को अल्टा VGA (U VGA) भी कहते हैं।

रिक्त स्थानों की पूर्ति

1. सुपर वीडियो ग्राफिक्स एरे समान्यतया .... पिक्सल का रिजोल्यूशन दर्शाता है।
2. वीडियो मैमोरी DPR की मैमोरी क्लॉक दर रेंज .... MHz होती है।
3. फ्लिकर दोष .... Hz से कम पर उत्पन्न होता है।
4. वीडियो ग्राफिक्स एरे (VGA) एक .... आधारित मानक कनेक्टर है।
5. डिजिटल दृश्यिक इण्टरफेस .... एवं वैद्युतिक शोर दूर करता है।

अतिलघु उत्तरीय

1. वीडियो कार्ड से आप क्या समझते हैं?
2. VGA कार्ड से क्या अभिप्राय है?
3. मॉनीटर का क्या कार्य है?
4. एलसीडी से क्या तात्पर्य है?
5. कन्सोल (Console) किसे कहते हैं?

लघु उत्तरीय

1. CRT से आप क्या समझते हैं?
2. सुपर VGA मोनोक्रोम मॉनीटर से क्या अभिप्राय है।
3. ग्राफिक्स प्रोसेसर क्या होते हैं?

दीर्घ उत्तरीय

1. डिस्प्ले कार्ड का विस्तारपूर्वक वर्णन करें।
2. वीडियो मैमोरी का वर्णन करें।
3. ड्यूअल पोर्ट सुविधा से आप क्या समझते हैं? विस्तारपूर्वक वर्णन कीजिए।

उत्तरमाला

बहुविकल्पीय

1. (d)	**2.** (a)	**3.** (a)	**4.** (d)	**5.** (b)	**6.** (c)	**7.** (a)	**8.** (d)	**9.** (c)	**10.** (d)
11. (b)	**12.** (c)	**13.** (c)	**14.** (a)	**15.** (b)	**16.** (a)	**17.** (c)	**18.** (b)	**19.** (d)	**20.** (a)
21. (b)	**22.** (d)	**23.** (d)	**24.** (a)	**25.** (a)	**26.** (b)	**27.** (a)	**28.** (c)	**29.** (a)	**30.** (a)
31. (c)	**32.** (a)	**33.** (b)	**34.** (a)	**35.** (a)					

सत्य/असत्य

1. सत्य **2.** सत्य **3.** असत्य **4.** असत्य **5.** सत्य

रिक्त स्थानों की पूर्ति

1. 800 × 1600 **2.** 166 – 950 MH_2 **3.** 60 **4.** एनालॉग **5.** इमेज विकृति

अध्याय 05 **WEEK 05**

साउण्ड कार्ड एवं स्पीकर्स

Monitor, Display Card and Driver

परिचय Introduction

आजकल कम्प्यूटर का कार्यक्षेत्र व्यापक हो गया है, इसलिए कम्प्यूटर सिस्टम के द्वारा विभिन्न प्रकार की गणनाएँ एवं प्रोग्रामों के साथ-साथ ही इससे ऑडियो सम्बन्धी कार्य भी सम्पन्न किए जाते हैं। विविध प्रकार के संचार सम्बन्धी कार्यों एवं गेम्स के लिए इसके साथ साउण्ड युक्तियों को भी संयोजित किया जाता है। आरम्भिक कम्प्यूटर सिस्टम के साथ स्पीकर लगाने का कार्य अलग से किया जाता था तथा उसका ऑडियो/साउण्ड कार्ड भी सिस्टम में पृथक् रूप से लगाया जाता था, परन्तु आज के समय में इसकी आवश्यकता को ध्यान में रखते हुए मदरबोर्ड के साथ ही इनबिल्ट कर दिया गया है, जिसने इसकी लोकप्रियता को और भी बढ़ा दिया है। कम्प्यूटर के क्षेत्र में होने वाली उन्नति के परिणामस्वरूप डेस्कटॉप कम्प्यूटर का स्थान लैपटॉप ने ले लिया है। जिससे इसके उपयोगकर्ताओं की संख्या में काफी वृद्धि हुई है। अतः इनकी उपयोगिता को ध्यान में रखते हुए साउण्ड कार्ड, उसके ड्राइवर, स्पीकर एवं लैपटॉप सम्बन्धी आवश्यक जानकारी को इस अध्याय में समाहित किया गया है, जोकि प्रशिक्षणार्थी के लिए भविष्य में अति फलदायक सिद्ध होगी।

5.1 साउण्ड कार्ड Sound Card

कम्प्यूटर में जिस अवयव अथवा भाग के द्वारा आवाज की सुविधा प्राप्त होती है, वह साउण्ड कार्ड कहलाता है। साउण्ड कार्ड को मदरबोर्ड में अलग से भी लगाया जाता है और यह मदरबोर्ड पर भी समाहित (inbuilt) हो सकता है। साउण्ड कार्ड विभिन्न तकनीकों पर आधारित होते हैं। साउण्ड कार्ड में गेम कण्ट्रोलर को भी लगाने की सुविधा होती है। इस कार्ड के द्वारा कम्प्यूटर द्वारा उत्पन्न आवाज को बाहरी स्पीकरों (external speakers) पर भी सुन सकते हैं।

आज के समय में अधिकतर म्यूजिक सम्बन्धी डेटा; जैसे—CD अथवा कम्प्यूटर फाइल का प्रारूप डिजिटल होता है, जिसके फलस्वरूप साउण्ड कार्ड इस डिजिटल डेटा को एनालॉग में परिवर्तित करके सुनने योग्य बनाता है। डिजिटल डेटा को एनालॉग रूप अर्थात् ध्वनि रूप में परिवर्तित करने के लिए साउण्ड कार्ड में डिजिटल से एनालॉग परिवर्तक आई. सी. का प्रयोग किया जाता है। इसके आउटपुट सिग्नल को हैडफोन अथवा स्पीकर्स से संयोजित किया जाता है, जिनके द्वारा ऑडियो सिग्नल को सुना जाता है। कुछ साउण्ड कार्डों में कोडेक (codec) चिप का प्रयोग किया जाता है, जिसमें कोडर एवं डिकोडर दोनों एक ही चिप पर समाहित होते हैं। साउण्ड कार्ड में विविध प्रकार के संयोजन हेतु कनेक्टर्स दिए जाते हैं, जिनसे बाहरी उपकरणों को आसानी से संयोजित किया जा सकता है।

5.2 16/32 बिट स्टीरियो/मोनो साउण्ड कार्ड की विशिष्टताएँ Specifications of 16/32 Bit Stereo/Mono Sound Card

साउण्ड कार्ड के द्वारा कम्प्यूटर सिस्टम में ऑडियो का उत्पादन किया जाता है। इससे सम्बन्धित विशिष्टताओं का वर्णन 16/32 बिट स्टीरियो/मोनो के परिप्रेक्ष्य में निम्न प्रकार हैं

आवृत्ति अनुक्रिया Frequency Response

आवृत्ति अनुक्रिया के द्वारा यह पता चलता है कि हार्डवेयर किस परास (range) की साउण्ड को उत्पन्न करने में सक्षम है। यह निम्न आवृत्ति से लेकर उच्च आवृत्ति के मध्य खींची जाती है। मनुष्य द्वारा सुनी जा सकने वाली ऑडियो की आवृत्ति 20Hz से 20 kHz के मध्य होती है। इसके द्वारा प्लेबैक अवस्था में वॉल्यूम परिवर्तन को मापा जाता है। चित्र में आदर्श आवृत्ति अनुक्रिया को प्रदर्शित किया गया है।

आवृत्ति अनुक्रिया को मापने के लिए विविध प्रकार के सॉफ्टवेयर बाजार में उपलब्ध हैं। इनके द्वारा साउण्ड कार्ड द्वारा उत्पन्न की जाने वाली ऑडियो को सीधे ही फीड कराकर आवृत्ति अनुक्रिया खींची जा सकती है। यह मानक साउण्ड कार्ड सामान्यतया दोनों चैनल (स्टीरियो), 16 बिट संकल्पता (resolution) एवं 44.1 kHz सैम्पल प्रदान करता है, जबकि मोनो ऑपरेशन के लिए 8 बिट संकल्पता एवं 22.05 kHz/11.025 kHz सैम्पल प्रदान करता है।

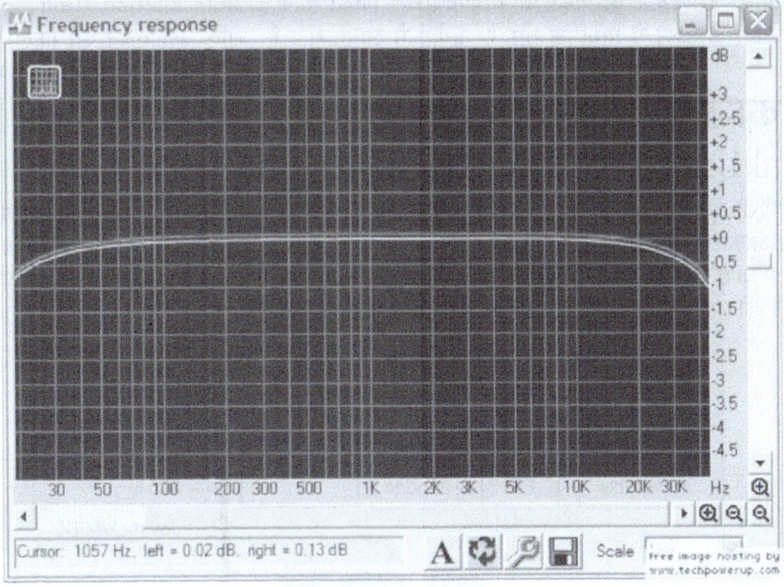

चित्र आवृत्ति अनुक्रिया

साउण्ड फाइल प्रारूप Sound File Format

डिजिटल ऑडियो डेटा को कम्प्यूटर सिस्टम में स्टोर करने के लिए प्रयुक्त किए जाने वाले प्रारूप को साउण्ड फाइल प्रारूप कहते हैं। इसमें ऑडियो डेटा का बिट लेआउट ऑडियो कोडिंग प्रारूप कहलाता है। बिट लेआउट ऑडियो कोडिंग प्रारूप को लचर सम्पीडन (loosy compression) के प्रयोग से फाइल साइज कम करने हेतु कम्प्रेस्ड अथवा डिकम्प्रेस्ड किया जाता है। ऑडियो कोडिंग प्रारूप में डेटा अपरिष्कृत (raw) बिट स्ट्रिम (bit stream) में रहता है, परन्तु यह कन्टेनर प्रारूप में व्यवस्थित रहता है अथवा ऑडियो डेटा प्रारूप मूर्त (defined) स्टोरेज लेयर के साथ उपस्थित रहता है।

ऑडियो कोडिंग प्रारूप के अन्तर्गत आने वाले कन्टेनर (अपरिष्कृत ऑडियो डेटा) एवं ऑडियो कोडेक (codec) में अन्तर समझना अति आवश्यक है। कोडेक अपरिष्कृत ऑडियो डेटा की एनकोडिंग एवं डिकोडिंग करता है, जबकि यह एनकोडिड डेटा सामान्यतया कन्टेनर फाइल (container file) में स्टोर किया जाता है। अधिकतर फाइल प्रारूप केवल एक प्रकार की ऑडियो कोडिंग डेटा को सपोर्ट करते हैं, जोकि ऑडियो कोडर द्वारा बनाया जाता है, परन्तु मल्टीमीडिया कन्टेनर प्रारूप विभिन्न प्रकार के ऑडियो एवं वीडियो डेटा को सपोर्ट करने में सक्षम होता है। मल्टीमीडिया कन्टेनर प्रारूप के मुख्य उदाहरण Matroska एवं AVI हैं। ऑडियो फाइल प्रारूप मुख्यत: निम्न प्रकार के होते हैं

कम्प्रेसन प्रारूप Compression Format

कम्प्रेसन प्रारूप के अन्तर्गत हानिरहित (lossless) एवं हानिसहित (loosy) प्रारूप आते हैं। इनमें हानि रहित कम्प्रैस्ड प्रारूप में डेटा बिना कोई सूचना छोड़े सम्पूर्ण डेटा को कम स्पेस में संग्रहीत कर लेता है तथा आवश्यकतानुसार संग्रहीत डेटा से पुन: वास्तविक डेटा प्राप्त भी किया जा सकता है। हानिरहित कम्प्रेसन प्रारूप में साउण्ड एवं साइलेन्स को समान बिट संख्या प्रति समय इकाई (number of bits per unit of time) में एनकोड करते हैं। इसमें म्यूजिक एवं साइलेन्स की एक मिनट की फाइल समान साइज की होती है। इनके द्वारा लगभग 2 : 1 का कम्प्रेसन अनुपात प्रदान किया जाता है। इसके उदाहरण— FLAC, Wav Pack, Monkey's Audio, ALAC आदि हैं।

हानिसहित अथवा लचर कम्प्रेसन प्रारूप में फाइल साइज को उच्च सीमा तक कम किया जाता है। इसमें ऑडियो सूचना के कुछ भाग को हटाकर डेटा को सरलीकृत (simplify) किया जाता है। इसमें ऑडियो गुणवत्ता को कम किया जाता है, परन्तु इनमें विभिन्न तकनीकों का भी प्रयोग किया जाता है। इस कार्य को सम्पन्न करने के लिए मुख्यत: साइकोअकॉस्टिक (psychoacousties) तकनीक का प्रयोग करते हैं। MP3 प्रारूप इसका एक अच्छा उदाहरण है। इसमें कम्प्रेसन को बिट रेट में मापते हैं। बिट रेट निम्न होने से फाइल साइज कम हो जाता है तथा डेटा को गुणवत्ता सहित कम किया जा सकता है।

डिकम्प्रेसन प्रारूप Decompression Format

डिकम्प्रेसन प्रारूप का प्रयोग सामान्यतया निम्न स्तर ऑडियो APIs एवं डिजिटल से एनालॉग परिवर्तक युक्त हार्डवेयर में किया जाता है। इसमें ऑडियो डेटा कम्प्यूटर पर अपरिष्कृत (raw) रूप में ही स्टोर किया जा सकता है। यह विण्डो में .wav फाइल एवं Mac OS में .aiFF फाइल के रूप में निर्मित होती है। इस प्रकार के प्रारूप में सम्पूर्ण सूचना निहित होती है अर्थात् हानिरहित सूचना स्टोर की जाती है। यह उन विभिन्न व्यावसायिक ऑडियो वर्कस्टेशन में प्राथमिक तौर पर प्रयोग में लाया जाता है, जोकि टेलीविजन एवं फिल्म उद्योग के लिए कार्यरत् होते हैं।

5.3 साउण्ड कार्ड के कार्यकारी खण्ड Functional Units of a Sound Card

साउण्ड कार्ड एक ऐसी युक्ति है, जो कम्प्यूटर सिस्टम को ऑडियो उत्पन्न करने एवं रिकॉर्ड करने योग्य बनाती है। इसको प्रयोग करने का मुख्य लाभ इसका छोटा आकार एवं पोर्टेबिल्टी है, जिसके फलस्वरूप साउण्ड कार्ड को आसानी से इन्स्टॉल किया जा सकता है तथा कम्प्यूटर की साउण्ड क्षमताओं में वृद्धि भी की जा सकती है। चित्र में एक आधुनिक साउण्ड कार्ड के कार्यकारी खण्डों को प्रदर्शित किया गया है, जिसके द्वारा इसकी कार्यप्रणाली को समझना सरल हो जाता है। इसके विभिन्न खण्डों का कार्य निम्न प्रकार हैं

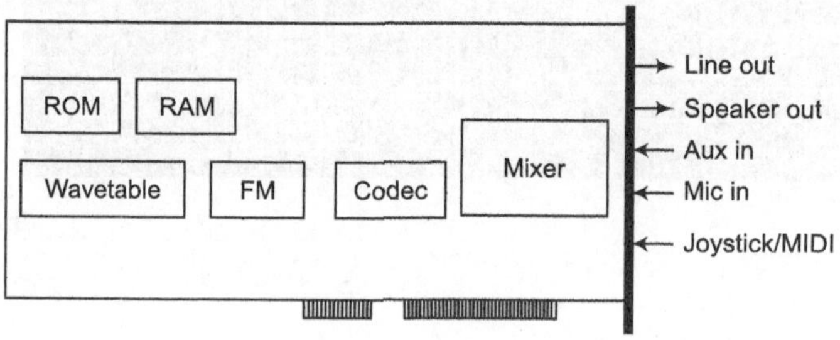

चित्र साउण्ड कार्ड के कार्यकारी खण्ड

1. ROM (read only memory) के अन्तर्गत पूर्व निर्धारित वेवटेबल सिन्थेसाइजर सैम्पलों को संग्रहीत किया जाता है।
2. RAM (random access memory) का प्रयोग वेवटेबल उपकरणों के डाउनलोड करने के लिए किया जाता है।
3. वेवटेबल सिन्थेसाइजर ROM एवं RAM के सैम्पलों में से साउण्ड बनाता है।
4. कोडेक (codec) ऑडियो सिग्नल का एनालॉग से डिजिटल एवं डिजिटल से एनालॉग परिवर्तन करने का कार्य करता है।
5. FM सिन्थेसाइजर FM साउण्ड को प्ले करता है।
6. मिक्सर एक एनालॉग मिक्स्चर आई. सी. है, जो साउण्ड को विविध इनपुटों (जैसे—माइक्रोफोन, वेवटेबल सिन्थेसाइजर, एफ. एम. सिन्थेसाइजर, CD-ROM ऑडियो इत्यादि के साथ अन्तिम रूप में मिक्स करती है, जोकि स्पीकर को भेजी जाती है।

5.4 साउण्ड कार्ड की इन्स्टॉलेशन विधि Installation Procedure of Sound Card

साउण्ड कार्ड को कम्प्यूटर में लगाने के लिए उसे मदरबोर्ड में उपस्थित साउण्ड कार्ड सॉकेट में इन्सर्ट किया जाता है। इसके पश्चात् इसे कैबिनेट से कस दिया जाता है। यदि मदरबोर्ड पर साउण्ड कार्ड इनबिल्ट है, तब उसे क्रियान्वित (activate) करने के लिए साउण्ड कार्ड ड्राइवर इन्स्टॉल किया जाता है। ड्राइवर इन्स्टॉल करने के लिए ऑपरेटिंग सिस्टम लोड होने के पश्चात् साउण्ड कार्ड की प्लग-एण्ड-प्ले क्षमता का उपयोग करते हैं। आजकल ड्राइवर ऑटो रन प्रोग्राम युक्त होते हैं, जिसके कारण ड्राइवर इन्स्टॉलेशन की सेटअप फाइल स्वयं ही रन हो जाती है। अब एक-एक करके सेटअप के सभी चरण आपके सामने स्क्रीन पर डिस्प्ले होने लगेंगे, जिनको ध्यानपूर्वक पढ़कर इसे इन्स्टॉल कर लें।

यदि किसी कारणवश ऑटो रन की सुविधा नहीं है, तो ड्राइवर को निम्न विधि के अनुसार स्वयं इन्स्टॉल कर लें।

1. इसके लिए कण्ट्रोल पैनल पर उपस्थित 'एड न्यू हार्डवेयर' आइकन पर क्लिक करें।
2. अब सर्वप्रथम विण्डोज की प्लग-एण्ड-प्ले क्षमता का प्रयोग करें।
3. यदि विण्डोज की यह क्षमता साउण्ड कार्ड को पहचान लेती है, तो वह स्वयं ड्राइवर डिस्क को माँगेगी।

4. स्क्रीन पर आपको यह जानकारी निम्न चित्रानुसार दिखाई देगी।

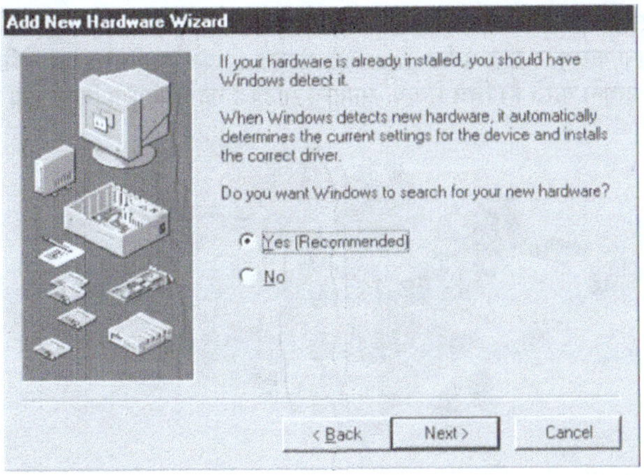

5. अब सीडी-रोम ड्राइव में ड्राइवर सीडी लगाएँ तथा 'नेक्स्ट' बटन पर क्लिक करें।
6. इसके पश्चात् 'ब्राउज' बटन पर क्लिक करें तथा उस फोल्डर को सामने लाएँ, जिसमें आपको साउण्ड कार्ड का ड्राइवर स्टोर करना है।
7. इसके बाद 'ओके' बटन पर क्लिक करें। ऑपरेटिंग सिस्टम स्वयं ही इस डिस्प्ले ड्राइवर को सीडी द्वारा इन्स्टॉल कर लेगा।
8. ड्राइवर के इन्स्टॉल हो जाने के पश्चात् कम्प्यूटर सिस्टम को रि-स्टार्ट करें तथा साउण्ड कार्ड की कार्यप्रणाली की जाँच करें।

प्लेबैक सेटिंग Playback Setting

साउण्ड कार्ड के उपयोग से कम्प्यूटर सिस्टम द्वारा आवाज सुन सकते हैं। इसके द्वारा आवाज को बाहरी स्पीकरों/हैडफोन एवं टेलीविजन आदि से भी सुना जाना सम्भव है। साउण्ड कार्ड में गेम कण्ट्रोलर को लगाने की भी सुविधा उपलब्ध होती है। यदि टेप रिकॉर्ड अथवा अन्य उपकरण द्वारा उत्पन्न की गई आवाज को आप कम्प्यूटर पर फाइल के रूप में सेव करना चाहते हैं, तो इसके लिए साउण्ड कार्ड के 'लाइन इन' सॉकेट का प्रयोग किया जाता हैं। इसके अतिरिक्त साउण्ड कार्ड के 'लाइन आउट' सॉकेट के द्वारा अन्य उपकरण; जैसे—टी.वी., स्पीकर आदि को संयोजित किया जाना सम्भव है। नेटमीटिंग एवं नेट-टू-फोन के बढ़ते प्रचलन के कारण इस तकनीक का उपयोग अधिक किया जाने लगा है। चित्र में साउण्ड कार्ड सम्बन्धी बेसिक इनपुट/आउटपुट कनेक्टरों एवं एडॉप्टर को प्रदर्शित किया गया है, जिनके द्वारा उनके उपयोग को सरलतापूर्वक समझा जा सकता है।

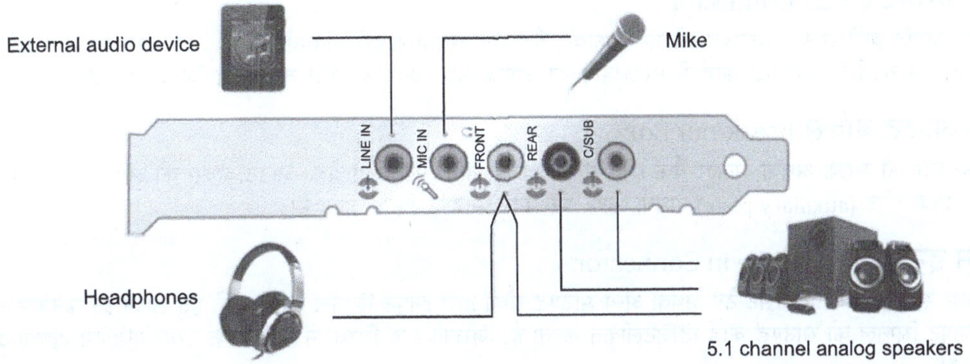

चित्र साउण्ड कार्ड सम्बन्धी कनेक्टर्स एवं एडॉप्टर

रिकॉर्डिंग Recording

साउण्ड कार्ड के अन्तर्गत आवाज को रिकॉर्ड करने की भी सुविधा उपलब्ध होती है। इसके लिए साउण्ड कार्ड में माइक वाले स्थान/कनेक्टर से माइक को संयोजित कर लेते हैं। इसके पश्चात्-ऑपरेटिंग सिस्टम में आवाज रिकॉर्ड करने वाले सॉफ्टवेयर को क्रियान्वित करते हैं तथा आवाज को रिकॉर्ड करते हैं। रिकॉर्डिंग के पश्चात् उसको सेव कर लेते हैं तथा इच्छानुसार उसको सुन सकते हैं। विण्डोज में रिकॉर्डिंग की सुविधा सामान्यतया इनबिल्ट होती है, जिसके कारण किसी अन्य रिकॉर्डिंग सॉफ्टवेयर को इन्स्टॉल करने की आवश्यकता नहीं रहती है।

साउण्ड कार्ड के मुख्य अवयव Main Components of a Sound Card

एक कम्प्यूटर सिस्टम के द्वारा उत्पन्न की जाने वाली ध्वनि को उपभोक्ता/उपयोगकर्ता तक पहुँचाने के लिए साउण्ड कार्ड एक माध्यम का कार्य करता है। साउण्ड कार्ड के बिना कम्प्यूटर द्वारा संगीत (music), साउण्ड इफेक्ट युक्त गेम्स एवं वीडियो सम्बन्धी प्रोग्राम अधूरे हैं, क्योंकि ये सभी प्रोग्राम वर्किंग स्थिति में ध्वनि उत्पन्न करते हैं। चित्र में एक सामान्य साउण्ड कार्ड प्रदर्शित किया गया है, जिसके मुख्य अवयव निम्नलिखित हैं

चित्र साउण्ड कार्ड

साउण्ड प्रोसेसर Sound Processor

साउण्ड कार्ड का मुख्य साउण्ड प्रोसेसर अधिकतर मदरबोर्ड पर ही लगा रहता है, जबकि इसके साथ प्रयुक्त एक अन्य चिप सभी डिजिटल सिग्नलों को एनालॉग में परिवर्तित करती है, जोकि कम्प्यूटर द्वारा इस चिप को प्रदान किए जाते हैं। इसके अतिरिक्त साउण्ड कार्ड का अलग से प्रयोग किए जाने से उच्च श्रेणी की ध्वनि (sound) प्राप्त होती है। ये साउण्ड कार्ड विभिन्न प्रकार के कम्प्यूटर गेम्स एवं डीवीडी को सपोर्ट करने में सक्षम होते हैं। इसलिए उपयोगकर्ता आवश्यकता के अनुसार साउण्ड प्रोसेसर युक्त कार्ड का चयन करता है।

डिजिटल से एनालॉग परिवर्तक Digital to Analog Converter

ऑडियो सिग्नल एनालॉग प्रकृति का होता है, जबकि साउण्ड प्रोसेसर द्वारा उत्पन्न किया गया सिग्नल डिजिटल प्रकृति का होता है। इसलिए स्पीकर को सिग्नल प्रदान करने हेतु डिजिटल से एनालॉग परिवर्तक चिप का प्रयोग किया जाता है, जो डिजिटल सिग्नल को एनालॉग रूपी ऑडियो सिग्नल में परिवर्तित कर देती है।

RCA कनेक्टर RCA Connector

एनालॉग प्रकृति वाले साउण्ड सिग्नल को एम्प्लीफायर, हैडफोन अथवा बाहरी युक्तियों से संयोजित करने के लिए कनेक्टर की आवश्यकता पड़ती है। इस कार्य हेतु साउण्ड कार्ड में RCA कनेक्टर अथवा RTS फोन कनेक्टर का प्रयोग किया जाता है।

ब्रेक-आउट बॉक्स Break-out Box

यदि कनेक्टर की संख्या अथवा आकार बैक प्लेट से अधिक है, तब इसके लिए ब्रेक-आउट बॉक्स को लगाया जाता है। ब्रेक-आउट बॉक्स में एक सहायक प्लेट (auxiliary plate) अथवा फ्रण्ट पर पैनल माउण्ट किया जाता है।

लाइन इन कनेक्टर Line in Connector

अधिकतर साउण्ड कार्ड में कैसेट टेप अथवा अन्य साउण्ड स्रोतों द्वारा इनपुट सिग्नल प्रदान करने हेतु लाइन इन कनेक्टर लगाया जाता है। इनसे प्राप्त इनपुट सिग्नल को साउण्ड कार्ड डिजिटलीकृत करता है, जिसको हार्ड डिस्क में सेव करके उसमें एडिटिंग अथवा अन्य प्रोसेसिंग की जा सकती है।

माइक्रोफोन कनेक्टर Microphone Connector

साउण्ड कार्ड के द्वारा ऑडियो सुनने के अलावा उसको रिकॉर्ड करने की भी सुविधा उपलब्ध होती है। इसके लिए साउण्ड कार्ड से माइक्रोफोन को संयोजित किया जाता है। जिसे साउण्ड कार्ड पर स्थित माइक्रोफोन कनेक्टर द्वारा जोड़ा जाता है।

उपरोक्त अवयवों के अतिरिक्त अत्याधुनिक साउण्ड कार्डों में एक से अधिक साउण्ड चिप लगाई जाती हैं, जोकि उच्च डेटा दर एवं विविध फंक्शनों को एक समय में सम्पन्न करने में सक्षम होती हैं। उदाहरण के लिए-सिन्थेसाइज्ड साउण्ड के डिजिटल पुनर्त्पादन के लिए म्यूजिक का रियल टाइम उत्पादन एवं साउण्ड इफेक्ट्स का होना आवश्यक होता है।

साउण्ड कार्ड की विशिष्टियाँ Specifications of Sound Card

पर्सनल कम्प्यूटर के उद्भव के कई सालों पश्चात् भी उनके साथ साउण्ड कार्ड इन्स्टॉल नहीं किए जाते थे। लगभग वर्ष 1990 के आरम्भ में साउण्ड कार्ड को कम्प्यूटर के साथ ऑप्शनल के रूप में दिया जाने लगा, जिनका मुख्य उद्देश्य कम्प्यूटर गेम्स के लिए ऑडियो उत्पन्न करना था परन्तु वर्ष 1990 के बाद में सभी नए कम्प्यूटरों में साउण्ड कार्ड लगाये जाने लगे, जोकि आज तक प्रचलन में हैं। साउण्ड कार्ड के अन्तर्गत निम्नलिखित विशिषताएँ निहित होती हैं

संकल्पता Resolution

सर्वप्रथम प्रयुक्त किए गए साउण्ड कार्ड की संकल्पता 8 बिट थी, जबकि मानक कॉम्पैक्ट डिस्क 16 बिट संकल्पता का प्रयोग करती है। आज के समय में साउण्ड कार्ड की मानक संकल्पता 16 एवं 24 बिट की है। इसमें उच्च संकल्पता के लिए एनालॉग के स्थान पर डिजिटल साउण्ड का उपयोग किया जाता है। साउण्ड कार्ड में 16 बिट युक्त साउण्ड कार्ड 65,000 वॉल्यूम लेवल प्रदर्शित करता है, जबकि 24 बिट युक्त साउण्ड कार्ड 16 मिलियन वॉल्यूम लेवल प्रदर्शित करने में सक्षम है।

सैम्पल दर Sample Rate

डिजिटल ऑडियो सैम्पल प्रति सेकण्ड (sample per second) में मापी जाती है। कॉम्पैक्ट डिस्क का प्रयोग करने पर इसकी दर 44,100 होती है। आरम्भ में प्रयुक्त किए जाने वाले साउण्ड कार्ड 11,000 एवं 22,000 दर का उपयोग करते थे, परन्तु आजकल इनका मानक (standard) 44,100 एवं 48,000 हैं। इनके अतिरिक्त 96,000 एवं 192,000 सैम्पल प्रति सेकण्ड युक्त साउण्ड कार्ड अधिक महँगे होते हैं।

चेनल Channels

साउण्ड कार्ड की विशिष्टता उनके आउटपुट चेनल्स की संख्या पर भी निर्भर करती हैं। मानक स्टीरियो दो चेनल्स का प्रयोग करते हैं, परन्तु चारों ओर फैलने वाली आवाज (surround sound) 6 और 8 चेनल्स का प्रयोग सराउण्ड साउण्ड वर्जन के आधार पर करती है। सराउण्ड साउण्ड वर्जन के उदाहरण– 5.1 अथवा 7.1 हैं।

साउण्ड कार्ड के मुख्य गुण Main Properties of Sound Card

कम्प्यूटर में उपस्थित ऑडियो फाइलों में डेटा अन्य फाइलों के समान डिजिटल रूप में होता है, जबकि हमें सुनाई देने वाली ध्वनि की प्रकृति एनालॉग होती है। इसलिए साउण्ड कार्ड के अन्तर्गत विभिन्न अवयव होते हैं, जोकि उपयोगकर्ता की इच्छानुसार ध्वनि सम्बन्धी कार्य सम्पन्न करने में सक्षम होते हैं। एक साउण्ड कार्ड में निम्न विशेषताएँ सम्मिलित होती हैं

1. साउण्ड कार्ड कम्प्यूटर में सेव ऑडियो फाइल के डिजिटल डेटा को एनालॉग में परिवर्तित करके सुनने योग्य बनाता है।
2. मदरबोर्ड के साथ साउण्ड कार्ड को पैरीफेरल कम्पोनैन्ट इण्टरकनेक्टर (PCI) के द्वारा संयोजित किया जाता है।
3. रिकार्डिंग कार्य को करने के लिए साउण्ड कार्ड एनालॉग ऑडियो सिग्नल को डिजिटिलीकृत करता है, जिसे कम्प्यूटर में सेव भी किया जा सकता है।
4. साउण्ड कार्ड के द्वारा कम्प्यूटर से बाहरी स्पीकर, माइक्रोफोन अथवा अन्य उपकरण भी संयोजित किए जा सकते हैं।
5. उच्च गुणवत्ता युक्त ऑडियो प्राप्त करने के लिए मदरबोर्ड के साथ अलग से साउण्ड कार्ड संयोजित करते हैं, जिसके द्वारा ऑडियो के अभिलक्षणों में भी आवश्यकतानुसार परिवर्तन किया जाना सम्भव हो जाता है।
6. साउण्ड कार्ड में विभिन्न प्रकार के ऑडियो कनेक्टर्स उपलब्ध होते हैं; जैसे—2.5 मिमी, 3.5 मिमी, 3.5 मिमी स्टीरिंयो एवं 6.35 मिमी स्टीरियो इत्यादि। कम्प्यूटर सिस्टम में अधिकतर 3.5 मिमी कनेक्टर का प्रयोग किया जाता है जबकि 6.35 मिमी कनेक्टर का उपयोग विशिष्ट ऑडियो सिस्टम; जैसे—गियर, लाउडस्पीकर एवं माइक्रोफोन इत्यादि के लिए किया जाता है।
7. कुछ विशेष सॉफ्टवेयर प्रोग्रामों का प्रयोग करके साउण्ड कार्ड ऑडियो आवृत्ति ऑसिलोस्कोप (audio frequency oscilloscope) के समान भी उपयोग में लाए जाते हैं।

5.5 साउण्ड कार्ड इन्स्टॉलेशन सम्बन्धी आवश्यक जानकारी Information Related to Installation of Sound Card

साउण्ड कार्ड को इन्स्टॉल करने से पूर्व प्रशिक्षणार्थी को निम्नवत् जानकारी एवं संसाधनों की आवश्यकता होती हैं

1. साउण्ड कार्ड को लगाने हेतु पेंचकस की आवश्यकता होती है, क्योंकि इसके द्वारा ही कैबिनेट में लगे पेंचों को खोला जाता है तथा साउण्ड कार्ड लगाने के पश्चात् उसे पेंचों द्वारा कसा जाता है।
2. सर्वप्रथम प्रशिक्षणार्थी के पास साउण्ड कार्ड की विशिष्टता के अनुसार इन्स्टॉलेशन सॉफ्टवेयर की सीडी होना अनिवार्य है।
3. यदि सीडी न हो, तो इन्स्टॉलेशन सॉफ्टवेयर को इण्टरनेट से डाउनलोड करने हेतु सिस्टम में इण्टरनेट कनेक्शन होना चाहिए।

4. आवाज चैक करने के लिए स्पीकर, हैडफोन एवं टेलीविजन इत्यादि आवश्यकतानुसार कनेक्ट करना चाहिए।
5. रिकॉर्डिंग की विशिष्टता को जाँचने के लिए माइक्रोफोन का साउण्ड कार्ड से कनेक्शन होना चाहिए।
6. साउण्ड कार्ड पर उपलब्ध गेम पोर्ट से जॉयस्टिक कनेक्ट होनी चाहिए, जिसके द्वारा इन्स्टॉलेशन के पश्चात् उन्हें जाँचा जा सकें।
7. डीवीडी को चलाने हेतु उसका प्ले बैक सॉफ्टवेयर उपलब्ध होना चाहिए।

उपरोक्त संसाधनों एवं जानकारी को इकट्ठा करने के पश्चात् ही साउण्ड कार्ड को इन्स्टॉल करने का कार्य सम्पन्न करना चाहिए। इस कार्य के लिए पहले मदरबोर्ड पर साउण्ड कार्ड लगाने के पश्चात् उसे कैबिनेट में फिट करें तथा अन्त में ड्राइवर इन्स्टॉलेशन का कार्य पूर्ण करें।

5.6 **स्पीकर** Speaker

स्पीकर एक इलेक्ट्रोमैकेनिकल युक्ति है, जो वैद्युत सिग्नलों को ऑडियो तरंगों में परिवर्तित करती है। कम्प्यूटर के साथ स्पीकर का प्रयोग मूवी एवं गेम्स को प्ले करने हेतु किया जाता है। ये उच्च पावर युक्त एवं स्पष्ट ऑडियो सिग्नल उत्पन्न करते हैं।

प्रकार Types

आजकल कम्प्यूटर सिस्टम के साथ विभिन्न प्रकार के स्पीकर प्रयोग किए जाते हैं। स्पीकर्स को उनकी पावर रेटिंग, आउटपुट गुणवत्ता एवं बाहरी कैबिनेट आकार के आधार पर वर्गीकृत किया जा सकता है। कम्प्यूटर सिस्टम के साथ प्रयोग किए जाने वाले स्पीकर्स के उदाहरण— डेस्कटॉप स्टीरियो स्पीकर, लैपटॉप मोनो टाइप, लैपटॉप स्टीरियो टाइप, मॉनिटर स्टीरियो, की-बोर्ड स्टीरियो एवं सराउण्ड साउण्ड आदि हैं। अलग-अलग प्रकार के स्पीकर उपयोगकर्ता को अलग-अलग तरह का साउण्ड अनुभव कराते हैं। नए प्रकार के स्पीकर्स वास्तविक साउण्ड अनुभव उत्पन्न करने में सक्षम हैं। ये स्पीकर्स सराउण्ड साउण्ड मानक (surround sound standards); जैसे—डॉल्बी डिजिटल (dolby digital) अथवा डिजिटल थियेटर सिस्टम (DTS) को भी सपोर्ट करते हैं। इनमें छोटे आकार के स्पीकर्स डेस्कटॉप के साथ लगाए जाते हैं, जबकि बड़े आकार के स्पीकर्स स्टैण्ड, दीवार अथवा फर्श पर लगाए जाते हैं, स्पीकर्स में पावर को ऑन अथवा ऑफ करने के लिए नॉब (knob) उपलब्ध होती है तथा इसके साथ ही वॉल्यूम कण्ट्रोल हेतु भी नॉब की सुविधा रहती है। आजकल कम्प्यूटर सिस्टम के साथ अलग से स्पीकर्स संयोजित करने की आवश्यकता नहीं होती है, क्योंकि लैपटॉप, मॉनीटर एवं की-बोर्ड के साथ ही स्पीकर्स समाहित रहते हैं।

चित्र विभिन्न प्रकार के स्पीकर्स

स्पीकर्स की विशिष्टियाँ Specifications of Speakers

स्पीकर्स की मुख्य विशिष्टियाँ निम्नवत् हैं

पावर रेटिंग Power Rating

स्पीकर की प्राथमिक विशिष्टता उसकी पावर रेटिंग है, जिसको RMS रेटिंग अथवा पीक म्यूजिक पावर आउटपपुट (peak music power output, PMPO) द्वारा मापा जाता है। स्पीकर द्वारा सतत् पावर (continuous power) को हैण्डिल करने की योग्यता को उसकी RMS पावर के रूप में परिभाषित किया जाता है। यह स्पीकर की सतत् पावर को हैण्डिल करने के लिए प्रयुक्त होने वाला वास्तविक तकनीकी मापन (true technical measure) है। सामान्यतया ऑडियो सिस्टम हेतु YOW RMS एक आदर्श पावर रेटिंग है।

आवृत्ति अनुक्रिया Frequency Response

आवृत्ति अनुक्रिया स्पीकर्स की एक अन्य महत्त्वपूर्ण विशेषता है। स्पीकर एक विशिष्ट आवृत्ति रेंज में ही प्रभावशाली कार्य करने में सक्षम होता है। सामान्यतया स्पीकर्स 40Hz से 18kHz तक की आवृत्ति अनुक्रिया रेंज में उचित प्रकार कार्य करने में सक्षम होते हैं।

स्पीकर्स सम्बन्धी महत्त्वपूर्ण विशिष्टताएँ नीचे प्रदर्शित सारणी में दर्शाई गई हैं।

तालिका स्पीकर की विशिष्टियाँ

क्र. सं.	मापदण्ड	विशिष्टमान
1.	पावर रेटिंग	40 W RMS
2.	आवृत्ति अनुक्रिया रेंज	40 Hz - 18 kHz
3.	कनेक्टर्स	फ्रण्ट, रीयर (rear) इत्यादि
4.	उपलब्ध कण्ट्रोल	वॉल्यूम, बास (bass), म्यूट (mute) इत्यादि
5.	बण्डल सहायक सामग्री	पावर एडॉप्टर, स्पीकर स्टैण्ड इत्यादि

स्पीकर संयोजन Speaker Connections

कम्प्यूटर के साथ संयोजित की जाने वाली अन्य पैरीफेरल के समान ही स्पीकर को भी संयोजन हेतु दो कनेक्शनों की आवश्यकता होती है, जिनमें से विद्युत आउटलेट से एक पावर कनेक्शन है तथा अन्य कम्प्यूटर से होने वाला कनेक्शन है। स्पीकर का सिग्नल केबल कम्प्यूटर सिस्टम के पैनल पर उपस्थित ऑडियो जैक से संयोजित किया जाता है। आजकल कम्प्यूटर मदरबोर्ड पर ही ऑडियो ड्राइवर कार्ड लगा होता है तथा मदरबोर्ड ड्राइवर सीडी के द्वारा ऑडियो युक्ति के ड्राइवर सॉफ्टवेयर को इन्स्टॉल कर दिया जाता है। विविध प्रकार के ऑपरेटिंग सिस्टम कम्प्यूटर से संयोजित युक्ति की साउण्ड एवं ऑडियो प्रोपर्टीज को नियन्त्रित करने की सुविधा उपलब्ध रहती हैं। विण्डो आधारित ऑपरेटिंग सिस्टम में कण्ट्रोल पैनल में उपस्थित साउण्ड एवं ऑडियो डिवाइस विण्डो को ओपन करके स्पीकर की प्रोपर्टीज को नियन्त्रित किया जा सकता है। चित्रानुसार विण्डो में प्रदर्शित वांछित आइकन पर डबल क्लिक करके स्पीकर सम्बन्धी सेटिंग्स की जा सकती है। इच्छित टैब को ओपन करके उनमें प्रदर्शित ऑप्शन पर क्लिक करके सरलता से स्पीकर प्रोपर्टीज के विविध फंक्शनों को नियन्त्रित किया जाना सम्भव है।

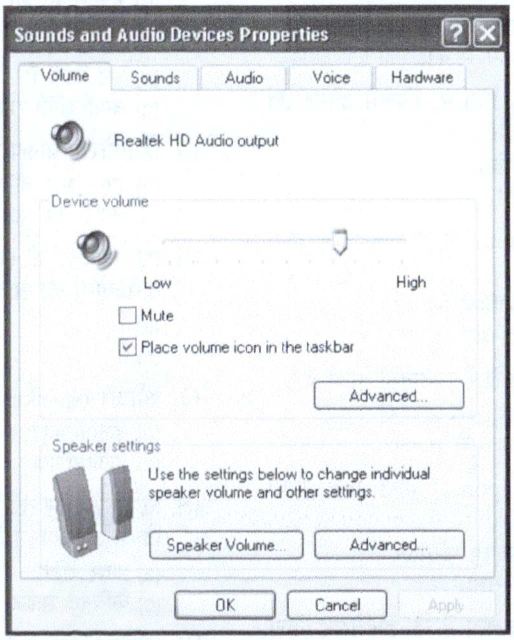

चित्र साउण्ड एवं ऑडियो डिवाइस प्रोपर्टीज विण्डो

ऑडियो कॉन्फ्रेन्सिंग एवं गेम्स के उद्देश्यों की पूर्ति हेतु मदरबोर्ड पर स्थित ऑडियो सम्बन्धी अवयव पर्याप्त नहीं होते हैं, क्योंकि विशेषताएँ सीमित एवं सामान्य होती हैं। इसलिए इन उद्देश्यों को पूर्ण करने के लिए कम्प्यूटर सिस्टम के साथ अलग से ऑडियो कार्ड अथवा साउण्ड कार्ड प्रयोग में लाए जाते हैं, जिन्हें ऑडियो एडॉप्टर के नाम से भी जाना जाता है। इनके द्वारा स्पष्ट एवं उच्च पावर युक्त ऑडियो उत्पन्न की जाती है।

अभ्यास प्रश्न

परीक्षा प्रारूपी प्रश्न

बहुविकल्पीय

1. कम्प्यूटर के किस भाग से आवाज (sound) की प्राप्ति होती है?
(a) सिम कार्ड (b) साउण्ड कार्ड
(c) मॉनीटर (d) ये सभी

2. साउण्ड कार्ड का मुख्य कार्य क्या है?
(a) डिजिटल डेटा को एनालॉग में परिवर्तन करना
(b) एनालॉग डेटा को डिजिटल में परिवर्तन करना
(c) 'a' और b' दोनों
(d) उपरोक्त में से कोई नहीं

3. साउण्ड कार्ड द्वारा उत्पन्न आउटपुट (output) को संयोजित किया जाता है
(a) हैडफोन (b) स्पीकर्स
(c) 'a' और 'b' दोनों (d) इनमें से कोई नहीं

4. साउण्ड कार्ड में प्रयुक्त वह कौन-सी चिप है, जिसमें कोडर एवं डिकोडर दोनों एक ही चिप पर होते हैं?
(a) कोडेक (b) मोडेम
(c) रैम (d) रोम

5. कम्प्यूटर सिस्टम (computer system) में साउण्ड कार्ड द्वारा किस सिग्नल का उत्पादन होता है?
(a) वीडियो सिग्नल (b) ऑडियो सिग्नल
(c) नॉयज सिग्नल (d) 'a' और 'b' दोनों

6. ऑडियो की मानक (standard) आवृत्ति रेंज कितनी होती है?
(a) 20Hz से 100Hz (b) 20Hz से 200Hz
(c) 20Hz से 2000Hz (d) 20Hz से 20kHz

7. आवृत्ति अनुक्रिया (frequency response) द्वारा क्या मापा जाता है?
(a) वीडियो परिवर्तन (b) वॉल्यूम परिवर्तन
(c) नॉयज परिवर्तन (d) ये सभी

8. निम्न में से किसके द्वारा यह पता चलता है कि हार्डवेयर किस परास की साउण्ड को उत्पन्न करने में सक्षम है?
(a) फ्रीक्वेन्सी रेस्पॉन्स (b) साउण्ड रेस्पॉन्स
(c) नॉयज रेस्पॉन्स (d) ये सभी

9. डिजिटल ऑडियो डेटा को कम्प्यूटर सिस्टम में स्टोर करने के लिए प्रयुक्त प्रारूप (format) को क्या कहते हैं?
(a) पिक्चर फाइल प्रारूप (b) वीडियो फाइल प्रारूप
(c) साउण्ड फाइल प्रारूप (d) इनमें से कोई नहीं

10. कम्प्रेसन प्रारूप के अन्तर्गत निम्न में से कौन-सा प्रारूप आता है?
(a) हानिरहित प्रारूप (b) हानिसहित प्रारूप
(c) 'a' और 'b' दोनों (d) इनमें से कोई नहीं

11. हानि रहित प्रारूप में कम्प्रेसन अनुपात क्या होता है?
(a) 2 : 3 (b) 2 : 1 (c) 1 : 2 (d) 1 : 3

12. हानिसहित प्रारूप का अन्य नाम क्या है?
(a) अचर प्रारूप (b) लचर प्रारूप
(c) सरल प्रारूप (d) इनमें से कोई नहीं

13. MP3 प्रारूप निम्न में से किस प्रारूप का उदाहरण है?
(a) साउण्ड फाइल प्रारूप (b) हानिरहित प्रारूप
(c) हानिसहित प्रारूप (d) इनमें से कोई नहीं

14. बिट रेट कम होने से फाइल साइज पर क्या प्रभाव पड़ता है?
(a) घट जाती है (b) बढ़ जाती है
(c) अपरिवर्तित रहती है (d) इनमें से कोई नहीं

15. डिकम्प्रेसन प्रारूप सामान्यतया प्रयोग होता है
(a) निम्न स्तर वीडियो (b) निम्न स्तर ऑडियो
(c) उच्च स्तर वीडियो (d) उच्च स्तर ऑडियो

16. एक स्पीकर को एक कम्प्यूटर से संयोजित करने के लिए कितने कनेक्शनों की आवश्यकता होती है?
(a) 1 (b) 2
(c) 3 (d) 4

17. स्पीकर (speaker) किस प्रकार की युक्ति है?
(a) इलेक्ट्रिकल (b) मैकेनिकल
(c) इलेक्ट्रॉनिक (d) इलेक्ट्रोमैकेनिकल

18. किसी स्पीकर को निम्न में से किसके आधार (basis) पर वर्गीकृत किया जा सकता है?
(a) पावर रेटिंग (b) आउटपुट गुणवत्ता
(c) कैबिनेट साइज (d) ये सभी

19. ऑडियो सिस्टम हेतु आदर्श पावर रेटिंग का मान कितना होता है?
(a) 10W (b) 20W
(c) 40W (d) 50W

20. स्पीकर्स की आवृत्ति अनुक्रिया (frequency response) रेंज समान्यतया कितनी होती है?
(a) 40Hz से 18kHz (b) 40Hz से 10kHz
(c) 20Hz से 20kHz (d) 20Hz से 2000Hz

विविध प्रारूपी प्रश्न

सत्य/असत्य

1. साउण्ड को, साउण्ड कार्ड के द्वारा रिकॉर्ड किया जाता है।
2. वीडियो डेटा को कम्प्रैस नहीं किया जा सकता है।
3. स्पीकर पर्सनल कम्प्यूटर का आउटपुट उपकरण का उदाहरण है।
4. मैग्नेटिक डिस्क एक हार्ड डिस्क है।
5. साउण्ड कार्ड को मदर बोर्ड पर लगाना सम्भव नहीं है।

रिक्त स्थानों की पूर्ति

1. डिकम्प्रेसन प्रारूप को विण्डो में........फाइल के रूप में निर्मित होती है।
2. साउण्ड कार्ड किसी कम्प्यूटर को........करने योग्य बनाती है।
3. ROM के अन्तर्गत पूर्व निर्धारित........सैम्पलों को संग्रहीत किया जाता है।
4. साउण्ड कार्ड को क्रियान्वित करने के लिए........इन्स्टॉल किया जाता है।
5. टी. वी. को........सॉकेट द्वारा संयोजित किया जाता है।

अतिलघु उत्तरीय

1. साउण्ड कार्ड क्या है?
2. आवृत्ति अनुक्रिया से क्या तात्पर्य है?
3. कम्प्रेसन प्रारूप कितने प्रकार के होते हैं?
4. डिकम्प्रेसन प्रारूप से आप क्या समझते हैं?
5. प्लेबैक सेटिंग से आप क्या समझते हैं?

लघु उत्तरीय

1. कम्प्रेसन प्रारूप से आप क्या समझते हैं?
2. मीनो साउण्ड कार्ड से क्या अभिप्राय है?
3. 16/32 बिट स्टीरियो से क्या आशय है?
4. स्पीकर से आप क्या समझते हैं?

दीर्घ उत्तरीय

1. साउण्ड कार्य से क्या अभिप्राय है? इसकी विशेषताओं का उल्लेख विस्तारपूर्वक करें।
2. साउण्ड फाइल प्रारूप को विस्तारपूर्वक समझाएँ।
3. साउण्ड कार्ड के मुख्य अवयवों का उल्लेख करें।
4. स्पीकर से क्या अभिप्राय है? यह कितने प्रकार का होता है?
5. स्पीकर की क्या विशेषताएँ हैं? इसे कम्प्यूटर से किस प्रकार से संयोजित किया जाता है?

उत्तरमाला

बहुविकल्पीय

1. (b)	**2.** (a)	**3.** (c)	**4.** (a)	**5.** (b)	**6.** (d)	**7.** (b)	**8.** (a)	**9.** (c)	**10.** (c)
11. (b)	**12.** (b)	**13.** (c)	**14.** (a)	**15.** (b)	**16.** (b)	**17.** (d)	**18.** (d)	**19.** (c)	**20.** (a)

सत्य/असत्य

1. सत्य **2.** असत्य **3.** सत्य **4.** सत्य **5.** असत्य

रिक्त स्थानों की पूर्ति

1. .wav, **2.** रिकॉर्ड, **3.** वेवटेबल सिन्थेसाइजर, **4.** साउण्ड कार्ड ड्राइवर, **5.** लाइन आउट

❑❑❑

अबाधित पावर सप्लाई
Uninterrupted Power Supply

परिचय Introduction

अनेक प्रकार के व्यवसायों एवं संस्थाओं को सुचारु एवं दक्षतापूर्ण चलाने के लिए इलेक्ट्रॉनिक प्रणालियों; जैसे-कम्प्यूटर नेटवर्क, प्रबन्धन प्रणाली एवं सुरक्षा प्रणाली की आवश्यकता होती है। इन सभी प्रणालियों एवं मानव जीवन के लिए स्थायी तथा विश्वसनीय विद्युत पावर सप्लाई की सदैव आवश्यकता बनी रहती है, परन्तु विश्व के सभी स्थानों पर विद्युत पावर सप्लाई की अविश्वसनीयता उपस्थित है। इसके परिणामस्वरूप कम्प्यूटर सिस्टम तथा उनके फाइल व अनुप्रयोगों; जैसे-सूचनाएँ, दस्तावेज, फोटो एवं सभी प्रकार के रिकॉर्ड; के करप्ट (corrupt) होने का खतरा बना रहता है। इन समस्याओं को एक सीमा तक दूर करने के लिए सरल, सस्ता एवं सुलभ उपाय कम्प्यूटर सिस्टम के साथ अबाधित पावर सप्लाई (UPS) का प्रयोग करना है जो इनपुट पावर सप्लाई के उपलब्ध न होने पर मिली सेकण्ड के समय में ही कम्प्यूटर सिस्टमों को पावर उपलब्ध करा देती है, जिससे कम्प्यूटर की कार्यप्रणाली एवं डेटा अप्रभावित रहता है और कम्प्यूटर सुचारु रूप से कार्य करता रहता है।

6.1 अबाधित पावर सप्लाई
Uninterrupted Power Supply, UPS

अबाधित पावर सप्लाई' से अभिप्राय इलेक्ट्रॉनिक उपकरणों को तुरन्त पावर सप्लाई उपलब्ध कराने से है जिससे उपकरण सुचारु रूप से कार्य कर सके तथा उसमें किसी भी प्रकार दोष उत्पन्न न हो सके। कम्प्यूटर आदि उपकरणों के प्रचालन के लिए एक ऐसी शक्ति आपूर्ति इकाई की आवश्यकता होती है, जो एक मिली सेकण्ड से भी कम समय में उपकरण का प्रचालन मुख्य आपूर्ति से बैटरी प्रचालित इन्वर्टर शक्ति आपूर्ति पर परिवर्तित कर दें, जिससे कि कम्प्यूटर की स्क्रीन पर विद्यमान डेटा नष्ट न होने पाए एवं उसे कम्प्यूटर में स्टोर करने का समय मिल जाए। UPS एक ऐसी ही शक्ति आपूर्ति है जो मुख्य आपूर्ति असफल हो जाने पर भी कम्प्यूटर को लगभग 15 मिनट से लेकर कई घण्टों तक प्रचालित रख सकती है।

अबाधित पावर सप्लाई का ब्लॉक आरेख
Block Diagram of Uninterrupted Power Supply

अबाधित पावर सप्लाई एक ऐसी युक्ति है, जिसमें बैटरी में स्टोर शक्ति को मुख्य पावर सप्लाई की अनुपस्थिति में इन्वर्टर परिपथ द्वारा उपकरण को प्रदान की जाती है। इसके मुख्य अवयव चित्र में प्रदर्शित ब्लॉक आरेख के अनुसार निम्नवत् हैं

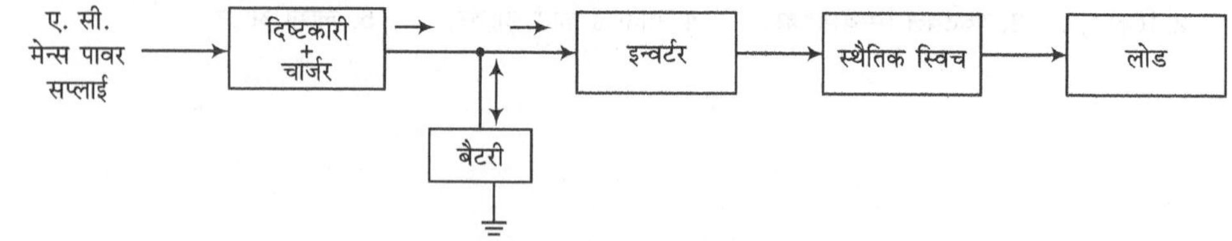

चित्र यू.पी.एस. का ब्लॉक आरेख

दिष्टकारी एवं चार्जर Rectifier and Charger

दिष्टकारी एक ऐसा परिपथ है, जिसका कार्य प्रत्यावर्ती धारा (ए. सी.) को दिष्टधारा (डी.सी.) में परिवर्तित करना है। इस ब्लॉक के दो मुख्य कार्य हैं— पहला ए. सी. को डी. सी. में बदलकर इन्वर्टर को सप्लाई प्रदान करना तथा दूसरा बैटरी को चार्जिंग वोल्टेज उपलब्ध कराना। इसलिए यह ब्लॉक चार्जर की भी भूमिका का निर्वहन करता है।

बैटरी Battery

अबाधित पावर सप्लाई की बैटरी ऊर्जा को संग्रहित करने वाली युक्ति है, जिसमें 12 V प्राप्त करने हेतु सारे सेल श्रेणीक्रम में संयोजित रहते हैं, जोकि इसकी क्षमता को डिस्चार्ज समय के अनुसार अनुरक्षित रखते हैं। इसका मुख्य कार्य है कि जब विद्युत आपूर्ति सामान्य हो, तो यह विद्युत ऊर्जा को रासायनिक ऊर्जा में परिवर्तित करके बैटरी के अन्दर संग्रहित कर लेती है तथा जब विद्युत आपूर्ति उपलब्ध नहीं होती है, तब यह संग्रहित रासायनिक ऊर्जा को विद्युत ऊर्जा में परिवर्तित करके इन्वर्टर अथवा लोड को प्रदान करती है।

इन्वर्टर Inverter

इन्वर्टर का मुख्य कार्य बैटरी से प्राप्त दिष्टधारा (डी. सी.) को प्रत्यावर्ती धारा (ए.सी.) में परिवर्तित करना होता है। इन्वर्टर ब्लॉक में इन्वर्टर ब्रिज कण्ट्रोल लॉजिक एवं फिल्टर परिपथ सम्मिलित रहते हैं।

स्थैतिक स्विच Static Switch

स्थैतिक स्विच सम्पर्करहित स्विच होता है, जोकि दो सिलिकॉन कण्ट्रोल रेक्टीफायर (SCRs) को रिवर्स समानान्तर अवस्था में संयोजित करके बनाया जाता है। इसके बन्द एवं खुले रहने का नियन्त्रण एक लॉजिक कण्ट्रोलर द्वारा किया जाता है। स्विच एवं मॉडल इसके प्रकार होते हैं। जिनमें से परिवर्तन प्रकार के स्विच टू-वे पावर सप्लाई सिस्टम में मुख्य रूप से प्रयोग किए जाते हैं, जिसे स्वचालित स्विचिंग की आवश्यकता होती है तथा मॉडल प्रकार के स्विच का प्रयोग विद्युत के साथ संयोजित समानान्तर इन्वर्टर अथवा अधिक इन्वर्टर हेतु किया जाता है।

अबाधित पावर सप्लाई के गुण
Features of Uninterrupted Power Supply

अबाधित पावर सप्लाई को इलेक्ट्रॉनिक उपकरणों के साथ मुख्यत: कम्प्यूटर के साथ बहुतायत रूप में प्रयोग किया जाता है। इसके प्रयोग किए जाने के पीछे निम्न गुण होते हैं

(i) यह विद्युत पावर सप्लाई की प्रत्येक दशा में अच्छे गुणों की ए.सी. सप्लाई उपलब्ध कराता है।
(ii) यह मुख्य विद्युत सप्लाई वोल्टेज में उतार-चढ़ाव (fluctuations) उत्पन्न होने पर लोड वोल्टेज को नियमित (regulate) करता है।
(iii) यह लोड एवं मुख्य विद्युत सप्लाई लाइन के मध्य पृथक्कीकरण (isolation) प्रदान कराता है।
(iv) यह विद्युत सप्लाई लाइन पर उत्पन्न होने वाले ट्रांजिएण्ट (transients) एवं वोल्टेज स्पाइक्स को दबाता है।
(v) यह स्थिर वोल्टेज एवं आवृत्ति प्रदान करता है।

6.2 अबाधित पावर सप्लाई के प्रकार
Types of Uninterrupted Power Supply

यू.पी.एस. को विन्यास के आधार पर निम्न वर्गों में बाँटा जा सकता है

ऑनलाइन U.P.S. प्रणाली (इन्वर्टर आधारित)
Online U.P.S. System (Inverter Based)

चित्र में ऑनलाइन U.P.S. प्रणाली के ब्लॉक आरेख को अग्र पृष्ठ पर दर्शाया गया है। प्रचालन के इस मोड में इन्वर्टर लोड से स्थैतिक (static) स्विच के द्वारा हमेशा संयोजित रहता है। इस प्रणाली में स्थैतिक स्विच सामान्य दशा में ऑन स्थिति में रहता है। यह स्विच केवल ऐसे समय में ऑफ स्थिति में आता है, जब U.P.S. प्रणाली असफल (fail) हो जाती है। इस प्रणाली के विभिन्न प्रचालन मोड्स (operating modes) अग्रलिखित हैं

मोड-I Mode-I

जब ए. सी. विद्युत पावर सप्लाई ऑन स्थिति में होती है, तब रेक्टीफायर, इन्वर्टर के इनपुट को डी. सी. पावर की आपूर्ति (supply) करने के साथ बैटरियों को भी चार्ज करता है तथा लोड को ए. सी. की आपूर्ति इन्वर्टर से प्राप्त ए. सी. आउटपुट के द्वारा होती रहती है। इसलिए रेक्टीफायर की धारा क्षमता (current rating) उच्च होती है। इस मोड में बैटरियाँ चार्ज होती रहती हैं।

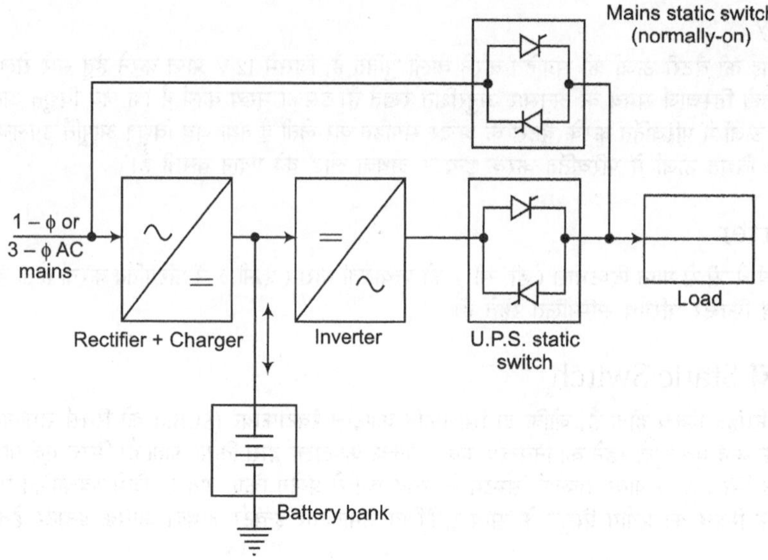

चित्र ऑनलाइन यू.पी.एस. प्रणाली का ब्लॉक आरेख

मोड-II Mode-II

यदि ए. सी. विद्युत पावर अचानक असफल (fail) हो जाती है, तब रेक्टीफायर की आउटपुट शून्य हो जाती है। इस स्थिति में बैटरियों का समूह (batteries bank) डी. सी. पावर इन्वर्टर की इनपुट को प्रदान करता है। इन्वर्टर की इनपुट पर डी. सी. पावर सप्लाई का प्रणाली परिवर्तन (change over) इतना शीघ्र होता है कि लोड पर इसका कोई प्रभाव नहीं होता है अर्थात् लोड को ए. सी. पावर की आपूर्ति में किसी प्रकार की बाधा उत्पन्न नहीं होती है। ए. सी. पावर सप्लाई के पुन: प्राप्त होने पर U.P.S. में संस्थापित चार्जर द्वारा बैटरियाँ पुन: चार्ज हो जाती हैं तथा ए.सी. पावर के उपलब्ध न होने पर इन्वर्टर इनपुट को डी. सी. पावर की आपूर्ति बैटरियों द्वारा होती है।

मोड-III Mode-III

ऐसी दशा में जब U.P.S. अचानक असफल (fail) हो जाता है तब सामान्य रूप से ऑफ रहने वाला मुख्य स्थैतिक स्विच (main static switch) स्व:चालित प्रणाली द्वारा ऑन-दशा में आ जाता है। इससे ए. सी. पावर सप्लाई लाइन लोड को लगभग 1/4 साइकिल अवधि में स्थानान्तरित (transfer) हो जाती है। इस प्रकार ए. सी. सप्लाई लाइन के लोड स्थानान्तरित होने का लोड पर कोई प्रभाव नहीं पड़ता है। इस प्रकार की प्रणाली अन्य प्रणालियों की तुलना में अधिक लोकप्रिय है, क्योंकि यह प्रणाली ए.सी. सप्लाई लाइन एवं लोड के मध्य पूर्ण पृथक्कीकरण (isolation) बनाए रखती है एवं ए.सी. पावर की वोल्टेज एवं आवृत्ति को स्थिर बनाए रखती है। यह लोड को वोल्टेज सर्ज (surges) से सुरक्षित रखती है। इस प्रकार की सुरक्षा ऑफलाइन प्रणाली में उपलब्ध नहीं होती है। अग्र तालिका में ऑनलाइन U.P.S. प्रणाली की महत्त्वपूर्ण विशिष्टियाँ (specifications) दर्शायी गई हैं।

तालिका ऑनलाइन U.P.S. की विशिष्टियाँ

क्र. सं.	पैरामीटर्स	विशिष्टियाँ
1.	पावर रेटिंग	500 VA से 50 kVA तक
2.	निर्गत वोल्टेज	230 V ± 1%
3.	निर्गत फ्रीक्वेंसी	50 Hz ± 0.1%
4.	इनपुट वोल्टेज	230 V ± 15%
5.	निर्गत वोल्टेज तरंग रूप	साइन वेव
6.	शक्ति गुणांक (power factor)	> 0.8 पश्चगामी (lagging)
7.	बैकअप समय	30 मिनट से 4 घण्टे
8.	कुल हार्मोनिक डिस्टॉर्शन (THD)	< 3%
9.	दक्षता (efficiency)	< 85%
10.	सुरक्षा उपलब्धि	(i) ओवर वोल्टेज/अण्डर वोल्टेज (ii) ओवर लोड करण्ट ट्रिप-रिसैट सहित

ऑफलाइन U.P.S. प्रणाली (लाइन आधारित)
Offline U.P.S. System (Line Based)

चित्र में ऑफलाइन U.P.S. के ब्लॉक आरेख को दर्शाया गया है। ब्लॉक आरेख का अध्ययन करने से ज्ञात होता है कि ऑनलाइन तथा ऑफलाइन U.P.S. में मुख्य अन्तर यह है कि ऑनलाइन U.P.S. में मुख्य लाइन एवं लोड के मध्य संयोजित स्थैतिक (static) स्विच सामान्य दशा में 'ON' स्थिति में रहता है। इस U.P.S. में बैटरी चार्जर को इस प्रकार अभिकल्पित किया जाता है कि यह बैटरियों के समूह को पूर्ण चार्ज स्थिति में बनाए रखता है, जिससे इन्वर्टर के निर्गत टर्मिनल्स पर निर्धारित वोल्टेज प्राप्त हो सकें।

ऑफलाइन U.P.S. का इन्वर्टर केवल उसी समय प्रचालित (operate) होता है जब मुख्य ए.सी. पावर सप्लाई लाइन असफल होती है। इस U.P.S. का स्थैतिक स्विच सामान्य दशा में ऑफ स्थिति में रहता है। यह केवल उस स्थिति में ऑन होता है, जब मुख्य सप्लाई असफल (fail) हो जाती है। इसमें मुख्य ए.सी. पावर सप्लाई के ऑफ होने एवं प्रणाली परिवर्तन/चेंजओवर में व्यय हुआ कुल समय 5 मिली सेकण्ड (1/4) चक्र होता है।

ऑफलाइन U.P.S. प्रणाली में लोड एवं मुख्य ए.सी. सप्लाई लाइन के मध्य कोई पृथक्कीकरण नहीं होता। इसलिए इस प्रणाली की उच्च क्रान्तिक लोड के लिए सन्तुति नहीं की जाती है।

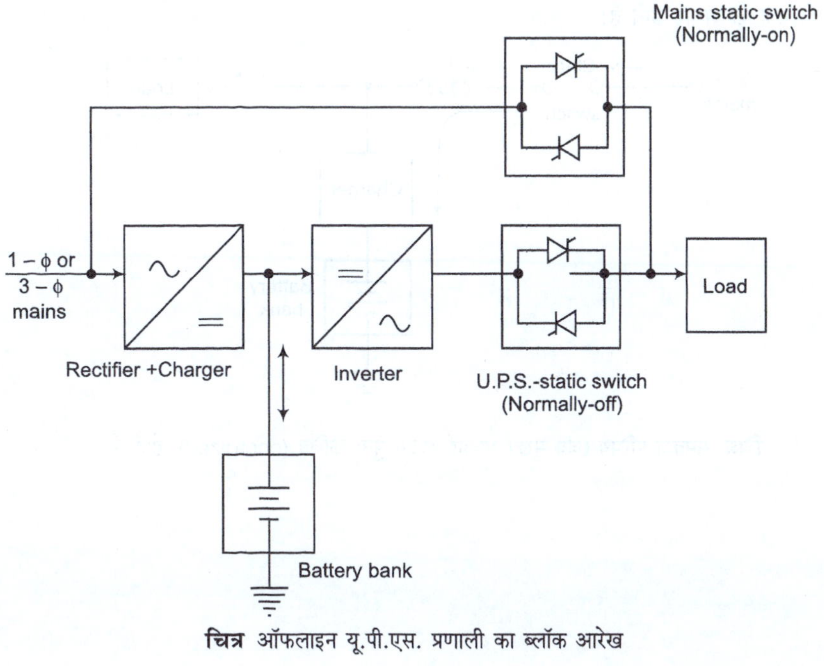

चित्र ऑफलाइन यू.पी.एस. प्रणाली का ब्लॉक आरेख

लाइन पारस्परिक क्रियापरक U.P.S. प्रणाली Line Interactive U.P.S. System

चित्र में लाइन पारस्परिक क्रियापरक U.P.S. प्रणाली (line interactive U.P.S. system) का ब्लॉक आरेख दर्शाया गया है। इस प्रणाली का महत्त्वपूर्ण भाग बैटरी चार्जर एवं इन्वर्टर का सम्मिलित रूप है, जोकि इन्वर्टर के समान कार्य करता है। इस प्रणाली में क्रान्तिक लोड (critical load) को ए.सी. पावर सप्लाई स्थैतिक स्विच एवं प्रेरकत्व (*L*) [static switch and inductance (*L*)] के द्वारा संयोजित किया जाता है। इस प्रणाली के प्रचालन को निम्न दो मोड्स में बाँटा जा सकता है

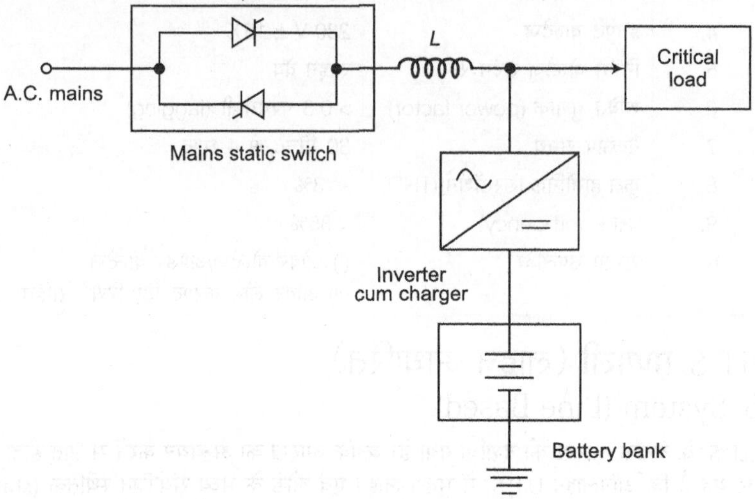

चित्र लाइन पारस्परिक क्रियापरक यू.पी.एस. प्रणाली का ब्लॉक आरेख

मोड-I (मुख्य सप्लाई लाइन ऑन)
Mode-I (Main Supply Line On)

जब मुख्य ए.सी. सप्लाई लाइन ऑन होती है, तब स्थैतिक स्विच ऑन स्थिति में होता है तथा लोड प्रेरकत्व [inductance (*L*)] के द्वारा सीधा मुख्य ए.सी. सप्लाई लाइन से संयोजित होता है तब चित्र में दर्शाए गए समकक्ष परिपथ (equivalent circuit) में यह इन्वर्टर/चार्जर बैटरियों के समूह को चार्ज करने के लिए चार्जर के रूप में कार्य करता है। चार्जर/इन्वर्टर की निर्गत पर प्राप्त वोल्टेज स्थिर वोल्टेज ट्रांसफॉर्मर (C.V.T.) की निर्गत पर प्राप्त वोल्टेज के समान होते हैं।

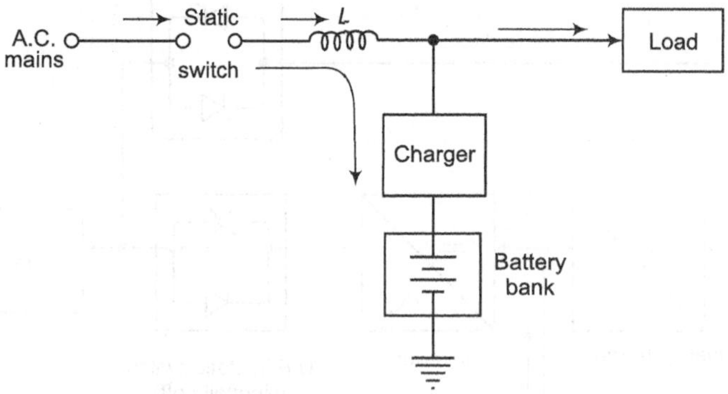

चित्र समकक्ष परिपथ (जब मुख्य सप्लाई लाइन पुनः ऊर्जित (energized) होती है)

मोड-II (मुख्य सप्लाई लाइन ऑफ) Mode-II (Main Supply Line Off)

मुख्य ए.सी. सप्लाई लाइन ऑफ होते ही यह तुरन्त ऑफ स्थिति में आ जाता है, जिससे इन्वर्टर/चार्जर, इन्वर्टर के समान प्रचालित (operate) होता है, जैसा कि चित्र में समकक्ष परिपथ में दर्शाया गया है। इन्वर्टर/चार्जर की निर्गत पर वोल्टेज C.V.T. की निर्गत पर प्राप्त वोल्टेज के समान होते हैं।

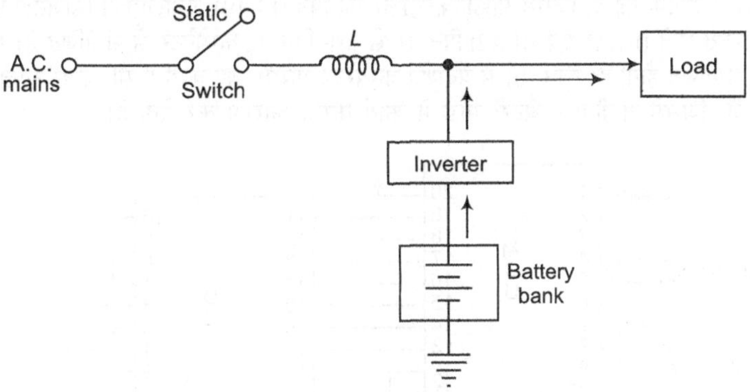

चित्र समकक्ष परिपथ (जब मुख्य सप्लाई लाइन ऑफ होती है)

6.3 अबाधित पावर सप्लाई परिपथ Uninterrupted Power Supply Circuit

अबाधित पावर सप्लाई परिपथ को विभिन्न भागों (sections) में विभाजित करके सरलतापूर्वक समझा जा सकता है। इसलिए इसके सम्पूर्ण परिपथ को छोटे-छोटे सेक्शनों के परिपथों के रूप में निम्न प्रकार स्पष्ट किया गया है

पावर मॉड्यूल परिपथ Power Module Circuit

इस मॉड्यूल का मुख्य कार्य परिपथ के अवयवों; जैसे—रिले, माइक्रोकण्ट्रोलर एवं आई. सी. आदि को एवं पुन: आवेशित बैटरी को रेगुलेटिड डी. सी. पावर सप्लाई प्रदान करना है। यह परिपथ मेन्स ए.सी. सप्लाई से स्टेप-डाउन रेक्टीफाइड सप्लाई बनाता है। इसका परिपथ आरेख चित्र में प्रदर्शित किया गया है। इसकी इनपुट वोल्टेज लगभग नियत (220-240 V ए.सी.) होती है तथा परिपथ को सुरक्षा प्रदान करने के लिए 13A, 240 V फ्यूज लगाया जाता है। परिपथ में सीमा से अधिक धारा प्रवाहित होने पर यह फ्यूज जलकर परिपथ का बचाव करता है। इसमें वोल्टेज रेगुलेटर आई.सी. के रूप में LM7815 एवं LM7805 का प्रयोग किया जाता है।

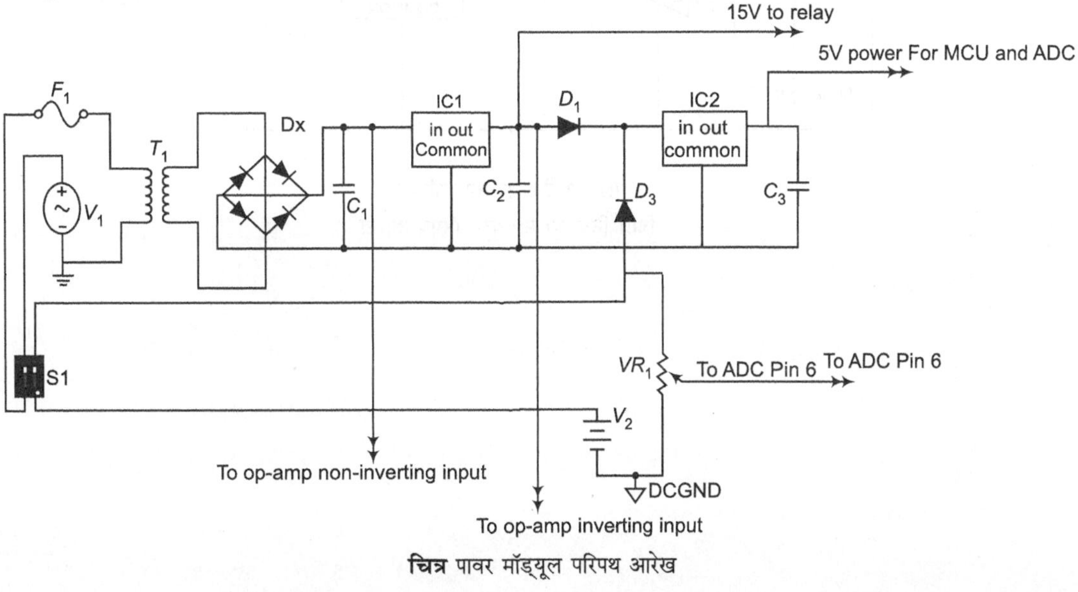

चित्र पावर मॉड्यूल परिपथ आरेख

नियन्त्रण मॉड्यूल परिपथ Control Module Circuit

नियन्त्रण मॉड्यूल सम्पूर्ण अबाधित पावर सप्लाई परिपथ को ड्राइव करता है। यह विभिन्न प्रकार के कार्य; जैसे— बैटरी का चार्जिंग मान, रिले की स्विच वोल्टेज तथा बैटरी का सुरक्षित वोल्टेज मान आदि सम्पन्न करता है। इस मॉड्यूल के अन्तर्गत माइक्रोकण्ट्रोलर, कम्पेरेटर एवं रिले आते हैं। चित्र में माइक्रोकण्ट्रोलर एवं वोल्टेज कम्पेरेटर का परिपथ दर्शाया गया है। चित्र (a) में माइक्रोकण्ट्रोलर एवं एनालॉग से डिजिटल परिवर्तक (ADC) के मध्य इन्टरफेसिंग दर्शायी गई है, जिसमें माइक्रोकण्ट्रोलर की पिन (13-19), एनालॉग से डिजिटल परिवर्तक (ADC) की पिन (11-17) से संयोजित है। इसके अतिरिक्त रिले (RLA1 एवं RLA2) पिन-11 से तथा पिन-12 कम्पेरेटर से संयोजित है। माइक्रोकण्ट्रोलर की पिन-20 V_{cc} से तथा पिन-10 ग्राउण्ड से संयोजित होती है। चित्र (b) में प्रदर्शित कम्पेरेटर परिपथ का कार्य ए.सी. पावर सप्लाई के 180 V से कम होने की स्थिति में रिले को ऑन करना है, जिससे यू.पी.एस. बैटरी मोड में कार्य करना आरम्भ कर देता है।

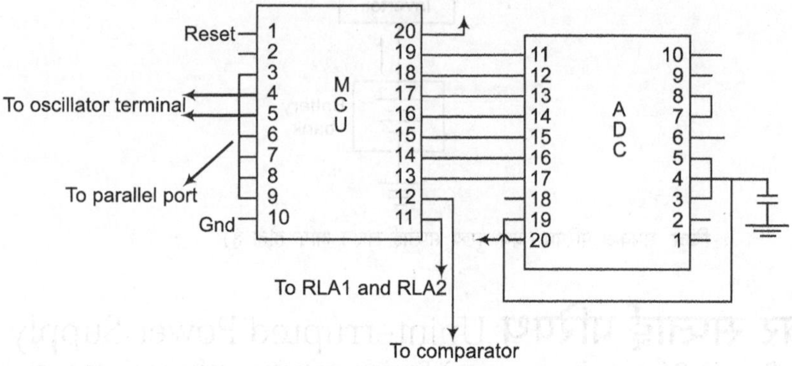

चित्र (a) ADC सहित माइक्रोकण्ट्रोलर परिपथ

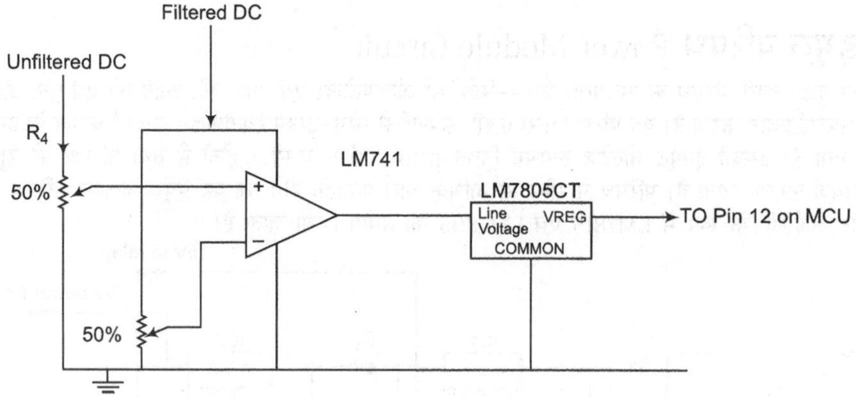

(b) वोल्टेज कम्परेटर परिपथ

चित्र नियन्त्रण मॉड्यूल परिपथ आरेख

इन्वर्टर मॉड्यूल परिपथ Inverter Module Circuit

इन्वर्टर मॉड्यूल परिपथ का कार्य बैटरी से प्राप्त 12 V डी. सी. पावर सप्लाई को 220 V ए.सी. पावर सप्लाई में परिवर्तित करना होता है, जिससे लोड को बैकअप पावर प्रदान की जाती है। इस मॉड्यूल परिपथ में चित्रानुसार एक दोलित्र परिपथ (oscillator circuit) होता है, जिसमें MOSFETs के दो सेट होते हैं, जो आल्टरनेटिंग रूप में स्विचिंग करके 50 Hz आवृत्ति बनाते हैं। इसके अतिरिक्त स्टेप-अप ट्रांसफॉर्मर होता है, जो 12 V AC वोल्टेज को 220 V AC में स्टेप-अप करता है।

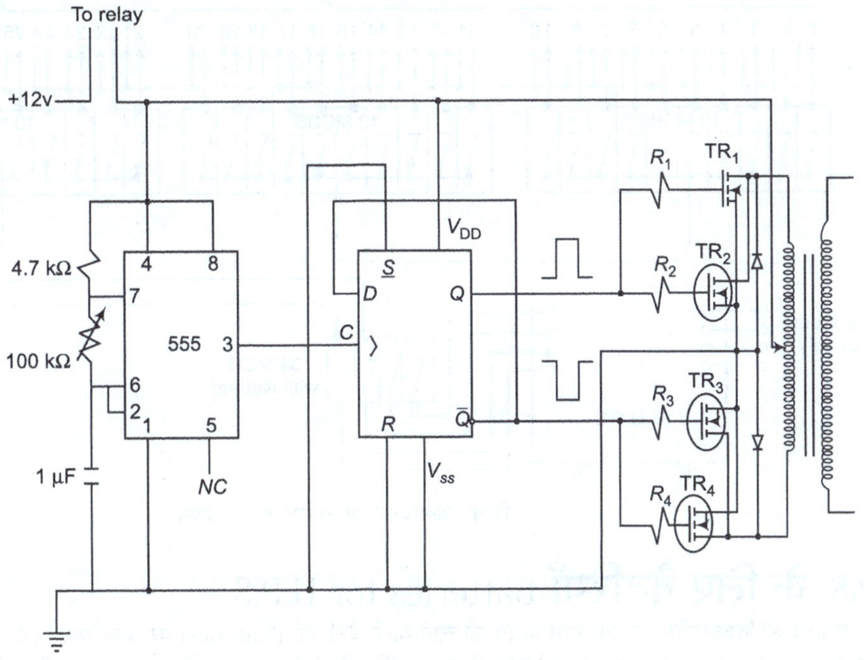

चित्र इन्वर्टर मॉड्यूल परिपथ आरेख

6.4 अबाधित पावर सप्लाई का संस्थापन
Installation of Uninterrupted Power Supply

तकनीकी शैक्षिक संस्थानों एवं अन्य विभागों में जहाँ 10 से अधिक कम्प्यूटर्स एक ही लैब में प्रयोग किए जाते हैं, ऐसे स्थानों पर विद्युत सप्लाई लाइन के बाधित होने पर कम्प्यूटर्स को निरन्तर कार्यशील दशा में बनाए रखने हेतु बाधारहित पावर सप्लाई (U.P.S.) का प्रयोग करके कम्प्यूटर्स को उपयोग हेतु विद्युत सप्लाई निरन्तर प्राप्त की जा सकती है। सिंगल फेज U.P.S. प्रयोग करके अधिक-से-अधिक 10 कम्प्यूटर्स को इनपुट विद्युत पावर उपलब्ध कराई जा सकती है, परन्तु सिंगल फेज U.P.S. के स्थान पर त्रि-फेज U.P.S. को प्रयोग में लाकर एक समय में 10 कम्प्यूटर्स के स्थान पर 10 से अधिक कम्प्यूटर्स को इनपुट विद्युत पावर उपलब्ध कराई जा सकती है। त्रि-फेज U.P.S. के द्वारा न्यूट्रल तार को कॉमन रूप से प्रयोग करते हुए R.Y.B फेजों के साथ सिंगल फेज की तीन आउटपुट्स प्रयोग में लाई जा सकती हैं, परन्तु 10 से अधिक कम्प्यूटर्स को इनपुट विद्युत पावर उपलब्ध कराने हेतु त्रि-फेज U.P.S. के स्थान पर सिंगल फेज के तीन U.P.S. प्रयोग करने के लिए कम्प्यूटर लैब में तीन गुने स्थान की आवश्यकता होगी तथा इसके साथ एक U.P.S. के स्थान पर तीन U.P.S. का अनुरक्षण करना होगा।

वायरिंग संयोजन Wiring Connections

चित्र में तीन फेज U.P.S. के संस्थापन हेतु वायरिंग संयोजन आरेख को दर्शाया गया है। इस वायरिंग आरेख में R.Y.B फेजेस आउटपुट पर क्रमश: तीनों फेजों की सिंगल फेज की सप्लाई के साथ 10-10 कम्प्यूटर्स इनपुट विद्युत सप्लाई उपलब्ध करने हेतु विद्युत वितरण व्यवस्था को दर्शाया गया है, जिसमें पुन: बदले जाने वाली फ्यूज इकाइयों के स्थान पर M.C.Bs को प्रयोग किया गया है।

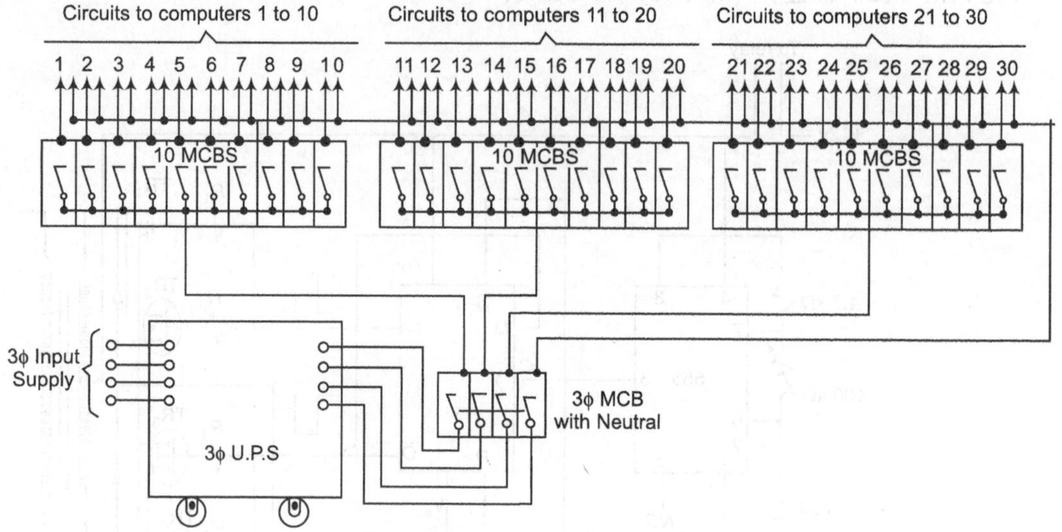

चित्र अबाधित पावर सप्लाई का संस्थापन

6.5 U.P.S. के लिए बैटरियाँ Batteries for U.P.S.

U.P.S. प्रणाली की विश्वसनीयता उनके साथ प्रयोग की जाने वाली बैटरियों (batteries) पर अत्यधिक निर्भर करती है। यदि बैटरियों का चुनाव सही प्रकार किया गया है, तब U.P.S. की कार्य प्रणाली उच्च कोटि की होती है। बाजार में अनेक प्रकार की बैटरियाँ उपलब्ध हैं, जिनके नाम निम्न प्रकार हैं

(i) लैड-एसिड बैटरियाँ (lead-acid batteries)

(ii) निकिल-कैडमियम बैटरियाँ (Nickel-cadmium batteries)

(iii) बन्द रख-रखाव से स्वतन्त्र बैटरियाँ (Sealed maintenance free Or SMF batteries)

सामान्यत: U.P.S. के लिए लैड-एसिड बैटरियाँ उपयोग में लाई जाती हैं। इसका मुख्य कारण यह है कि समान एम्पियर-घण्टा क्षमता के लिए SMF प्रकार की बैटरियों का मूल्य लैड-एसिड बैटरियों की तुलना में बहुत अधिक है।

बैटरी की क्षमता Capacity of Battery

बैटरी की कैपेसिटी/क्षमता एम्पियर-घण्टा (ampere-hour or A-H) में दर्शायी जाती है। यह क्षमता यह दर्शाती है कि एक घण्टे में चयन की गई बैटरी कितनी धारा-करण्ट की आपूर्ति (supply) लोड को प्रदान कर सकती है। उदाहरण के लिए; 10A-H क्षमता (capacity) वाली बैटरी यह व्यक्त करती है कि यह बैटरी एक घण्टे तक 10 एम्पियर की धारा लोड को प्रदान कर सकती है अथवा 5 एम्पियर की धारा दो घण्टों तक लोड को प्रदान कर सकती है। अत: लोड धारा का मान घटने पर समय अवधि अधिक हो जाती है। इसी प्रकार लोड धारा का मान बढ़ने पर समय अवधि घट जाती है।

इलेक्ट्रोलाइट का घनत्व Density of Electrolyte

बैटरी में प्रयोग किया जाने वाला विद्युत अपघट्य/इलेक्ट्रोलाइट का घनत्व बैटरी के डिस्चार्जिंग के समय होने वाली रासायनिक प्रतिक्रियाओं के कारण प्रभावित होता है। इसका बैटरी की धारा क्षमता पर बहुत अधिक प्रभाव पड़ता है अर्थात् रासायनिक प्रतिक्रियाओं के परिणामस्वरूप बैटरी में प्रयोग किए गए विद्युत अपघट्य का घनत्व घट जाता है, जिससे बैटरी की क्षमता घट जाती है। अत: बैटरी को पुन: आवेशित (chraged) करने पर बैटरी में प्रयोग किए गए विद्युत अपघट्य का घनत्व पुन: बढ़ जाता है, जिससे बैटरी की क्षमता बढ़ जाती है।

सम्बन्धी सूत्र Related Formula

(i) बैटरी kW में $= \dfrac{\text{लोड KVA में} \times \text{पावर फैक्टर} (\cos\phi)}{\text{इन्वर्टर की दक्षता (efficiency)}}$

(ii) सेलों की संख्या $= \dfrac{\text{न्यूनतम स्वीकृत बैटरी वोल्टेज}}{\text{अन्तिम वोल्टेज प्रति सेल}}$

(iii) सेल की क्षमता (kW/सेल) $= \dfrac{\text{बैटरी (kW)}}{\text{समानान्तर क्रम में जुड़े सेलों की संख्या}}$

बैटरी को नष्ट (damage) होने से बचाने के लिए 2.0 वोल्ट प्रति सेल वाली लैड-एसिड बैटरी के अनावेशित (discharged) होने के पश्चात् यदि 1.75 वोल्ट प्रति सेल से और अधिक अनावेशित किया जाता है, तब बैटरी की सेलें स्थायी रूप से दोष युक्त (defective) हो जाती हैं। अत: बैटरी की दक्षता को बनाए रखने हेतु बैटरी की सेलों को 1.75 वोल्ट से नीचे डिस्चार्ज नहीं करना चाहिए।

बैटरी की दक्षता Efficiency of Battery

बैटरी की दक्षता निम्न दो प्रकार से ज्ञात की जाती है— (i) एम्पियर-घण्टा दक्षता (ii) वाट-घण्टा दक्षता

(i) एम्पियर-घण्टा दक्षता (A-H efficiency) $= \dfrac{\text{A} - \text{H during discharging}}{\text{A} - \text{H input during charging}}$

(ii) वाट-घण्टा दक्षता (W-H efficiency) $= \text{A} - \text{H efficiency} \times \dfrac{\text{(Average cell voltage} - \text{during discharging)}}{\text{(Average cell voltage} - \text{during charging)}}$

A-H दक्षता का आदर्श मान 90-95% के मध्य एवं W-H दक्षता का आदर्श मान सामान्यत: 70-80% के मध्य होता है।

6.6 U.P.S. प्रणाली की विश्वसनीयता Reliability of U.P.S. System

ए.सी. पावर की दशाएँ सुधारने वाली प्रणाली में विश्वसनीयता का बहुत अधिक महत्त्व है। विश्वसनीयता को असफलताओं के मध्य औसत समय पद के रूप में मापा जाता है। इसको $\left(\dfrac{1}{10^3}\right)$ घण्टा (hour) में मापा जाता है। U.P.S. प्रणाली ए.सी. पावर प्रणाली के लिए एक अस्थायी वैकल्पिक व्यवस्था (temporary alternative arrangement) है तथा U.P.S. के द्वारा क्रान्तिक लोड जैसे कम्प्यूटर्स या मेडिकल उपकरण प्रचालित/ऑपरेट होते हैं। इसलिए U.P.S. प्रणाली असफलता के प्रति अत्यधिक विश्वसनीय होनी चाहिए। यह असफलता से मुक्त होनी चाहिए तथा इसका रख-रखाव बहुत सरल होना चाहिए। U.P.S. प्रणाली की विश्वसनीयता को डबल U.P.S. प्रणाली का प्रयोग करके बढ़ाया जा सकता है। इसका तात्पर्य (meaning) यह है कि आवश्यक KVA क्षमता के U.P.S. के समानान्तर में अतिरिक्त U.P.S. संयोजित किया जाए। एक U.P.S. के दोष युक्त होने पर उससे संयोजित लोड को समानान्तर में संयोजित U.P.S. पर स्थानान्तरित (transfer) करके बाधा रहित वैकल्पिक व्यवस्था का निर्माण किया जा सकता है। चित्र में मुख्य U.P.S.-I के साथ अतिरिक्त सहायक U.P.S.-II को समानान्तर क्रम में संयोजित करने हेतु ब्लॉक आरेख को दर्शाया गया है।

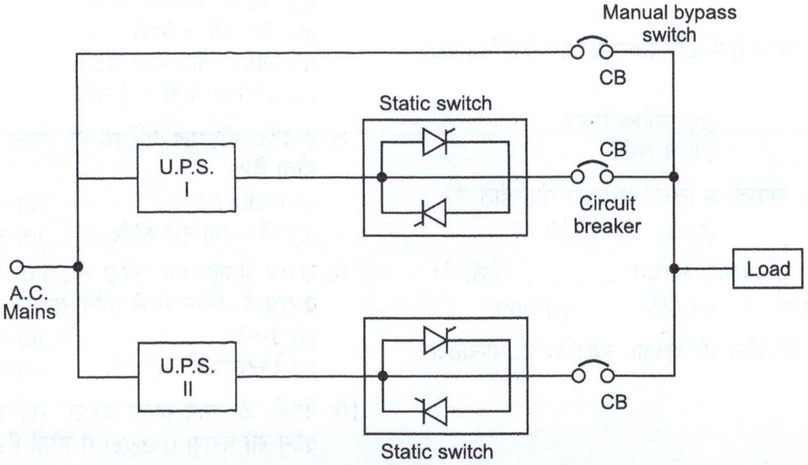

चित्र समानान्तर क्रम में यू.पी.एस. प्रणाली का ब्लॉक आरेख

6.7 यू. पी. एस. सम्बन्धी दोषोपचार Troublshooting Related to U.P.S.

अबाधित पावर सप्लाई (U.P.S.) के साथ सामान्यतया अनुरक्षण-रहित बैटरी (maintenance-free battery) का प्रयोग किया जाता है, जिसमें बैटरी सम्बन्धी अधिकतर दोष स्वत: ही कम हो जाते हैं, क्योंकि इसमें उपस्थित होने वाले एक तिहाई दोष बैटरी के कारण ही उत्पन्न होते हैं। यू.पी.एस. में आने वाले दोषों को निम्न प्रकार समझकर उनका निवारण किया जा सकता है

1. मेन पावर सप्लाई संकेतक ऑन न होने की स्थिति में मुख्य पावर सप्लाई की लीड के कनेक्शन चैक करें तथा साथ ही फ्यूज को भी चैक करें। उनमें दोष होने पर उनको बदल दें।
2. बैटरी के चार्ज न होने की स्थिति में सर्वप्रथम बैटरी के चार्जिंग कनेक्शनों को चैक करें तथा उनके सही होने पर चार्जर परिपथ के आउटपुट को चैक करें। चार्जर परिपथ के दोषी होने पर उसके टेस्टिंग बिन्दुओं पर वोल्टेज चैक करके दोष दूर करें।
3. बैटरी की कार्यक्षमता को उचित रूप में बनाए रखने के लिए वातावरण का तापमान 20-25°C के मध्य बनाए रखें। इससे बैटरी की कार्यकारी आयु बढ़ जाती है।
4. बैटरी के अत्यधिक डिस्चार्ज होने की स्थिति में इसे पृथक् से अधिक पावर वाले चार्जर द्वारा चार्ज करें। अत्यधिक डिस्चार्ज की स्थिति से बचने के लिए यू.पी.एस. को समय-समय पर ऑन करके चार्ज करना चाहिए।
5. यू.पी.एस. द्वारा उचित बैक-अप न देने की स्थिति में अधिकतर बैटरी के खराब होने की सम्भावना होती है। इसलिए उसे बदलकर पुन: चैक करें।
6. यू.पी.एस. के मेन्स सप्लाई जाने पर ऑन न होने की स्थिति में फ्यूज की जाँच करें तथा उसके दोषी होने पर इसे बदलकर नया फ्यूज लगाएँ।

अभ्यास प्रश्न

परीक्षा प्रारूपी प्रश्न

बहुविकल्पीय

1. अबाधित पावर सप्लाई (uninterrupted power supply) की क्या विशेषता है?
(a) लोड वोल्टेज नियमन
(b) लोड व मुख्य पावर सप्लाई के मध्य पृथक्करण
(c) स्थिर आवृति
(d) उपरोक्त सभी

2. ऑनलाइन यू.पी.एस. प्रणाली में कौन सामान्य दशा में ऑन (ON) रहता है?
(a) रेक्टीफायर (b) स्थैतिक स्विच
(c) इन्वर्टर (d) ये सभी

3. ऑनलाइन यू.पी.एस. प्रणाली में कितने प्रचालन मोड होते हैं?
(a) 1 (b) 2 (c) 3 (d) 4

4. ऑनलाइन यू.पी.एस. की दक्षता लगभग .... होती है।
(a) 30% (b) 50% (c) 65% (d) 85%

5. ऑनलाइन (U.P.S.) में कौन-सी सुरक्षा उपलब्धि सामान्यतया मिलती है?
(a) ओवर वोल्टेज
(b) अण्डर वोल्टेज
(c) ओवर करण्ट ट्रिप-रिसैट सहित
(d) उपरोक्त सभी

6. निम्नलिखित U.P.S. प्रणालियों में सबसे अधिक विश्वसनीयता किस प्रणाली की होती है?
(a) ऑनलाइन U.P.S. प्रणाली (b) ऑफलाइन U.P.S. प्रणाली
(c) लाइन इण्टरएक्टिव प्रणाली (d) समानान्तर U.P.S. प्रणाली

7. U.P.S. प्रणाली हेतु निम्न में से कौन-सी बैटरी अधिक प्रयोग की जाती है?
(a) रख-रखाव रहित बैटरी
(b) लैड-एसिड बैटरी
(c) निकिल-कैडमियम बैटरी
(d) उपरोक्त में से कोई नहीं

8. इन्वर्टर मॉड्यूल परिपथ में निम्न में से क्या सम्मिलित नहीं होता है?
(a) MOSFET (b) दोलित्र
(c) स्टेप-अप ट्रांसफॉर्मर (d) स्टेप-डाउन ट्रांसफॉर्मर

9. U.P.S. में वह भाग, जो ए.सी. पावर को डी.सी. पावर में परिवर्तित करता है, निम्न में से कौन-सा है?
(a) इन्वर्टर (b) कन्वर्टर
(c) रेक्टीफायर (d) स्थैतिक स्विच

10. बैटरी की वाट-घण्टा दक्षता (W-H efficiency) निम्न में से कौन-सी परास (range) में होती है?
(a) 50-60% (b) 60-70%
(c) 70-80% (d) 80-90%

11. ऑनलाइन यू.पी.एस. प्रणाली के किस मोड में यह लोड को वोल्टेज सर्ज से सुरक्षित रखती है?
(a) मोड–IV में (b) मोड–III में
(c) मोड–II में (d) मोड–I में

12. यू.पी.एस. प्रणालियों में सर्वाधिक विश्वसनीय प्रणाली है
(a) श्रेणी यू.पी.एस. प्रणाली
(b) समानान्तर यू.पी.एस. प्रणाली
(c) मिश्रित यू.पी.एस. प्रणाली
(d) उपरोक्त सभी

13. यदि यू.पी.एस. बैटरी की क्षमता 10A-H है, तो इससे अभिप्राय है
(a) बैटरी एक घण्टे तक 10 एम्पियर की धारा लोड को प्रदान कर सकती है
(b) बैटरी दस घण्टे तक 1 एम्पियर की धारा लोड को प्रदान कर सकती है
(c) बैटरी दो घण्टे तक 5 एम्पियर की धारा लोड को प्रदान कर सकती है
(d) उपरोक्त सभी

14. यू.पी.एस. में प्रयुक्त की गई बैटरी से ली जाने वाली लोड धारा का मान घट जाने पर इसकी समय अवधि ....।
(a) घट जाती है
(b) बढ़ जाती है
(c) निष्प्रभावी रहती है
(d) तीव्रता से घट जाती है

15. यू.पी.एस. में प्रयुक्त बैटरी की दक्षता को बनाए रखने के लिए बैटरी की सेलों को कितने वोल्ट से नीचे डिस्चार्ज नहीं करना चाहिए?
(a) 0.5 वोल्ट (b) 1.0 वोल्ट
(c) 1.5 वोल्ट (d) 1.75 वोल्ट

16. यू.पी.एस. की बैटरी की वाट-घण्टा दक्षता का आदर्श मान सामान्यतया कितना होता है?
(a) 50-60% (b) 70-80% (c) 80-90% (d) 90-95%

17. यू.पी.एस. में डी.सी. पावर को ए.सी. पावर में परिवर्तित करने वाला भाग कहलाता है
(a) कन्वर्टर (b) इन्वर्टर
(c) रेक्टीफायर (d) इनमें से कोई नहीं

18. सामान्यतः यू.पी.एस. के लिए इनमें से कौन-सी बैटरी प्रयोग की जाती है?
(a) सील्ड मेन्टीनेन्स फ्री बैटरी (b) निकिल कैडमियम बैटरी
(c) मरकरी बैटरी (d) लैड-एसिड बैटरी

19. यू.पी.एस. की बैटरी क्षमता को .... में दर्शाया जाता है।
(a) एम्पियर-घण्टा (b) वोल्ट-घण्टा
(c) एम्पियर प्रति घण्टा (d) वोल्ट प्रति घण्टा

20. यू.पी.एस. प्रणाली की विश्वसनीयता को इनमें से किसका प्रयोग करके बढ़ाया जा सकता है?
(a) इन्वर्टर का (b) डबल यू.पी.एस. का
(c) बैटरी का (d) स्थैतिक स्विच का

21. ऑफ लाइन यू.पी.एस. प्रणाली में मुख्य ए.सी. पावर सप्लाई के ऑफ होने एवं प्रणाली परिवर्तन अर्थात् चेंज-ओवर में कितना समय व्यय होता है?
(a) 5 मिली सेकण्ड (b) 50 मिली सेकण्ड
(c) 35 मिली सेकण्ड (d) 30 मिली सेकण्ड

22. ऑफ लाइन यू.पी.एस. प्रणाली में इनमें से कौन-सी सुविधा न होने के कारण इसकी उच्च क्रान्तिक (high critical) लोड के लिए संस्तुति नहीं की जाती है?
(a) चार्जिंग सुविधा (b) स्थैतिक स्विच सुविधा
(c) पृथक्कीकरण सुविधा (d) इन्वर्टर सुविधा

23. लाइन पारस्परिक क्रियापरक (line interactive) यू.पी.एस. प्रणाली में क्रान्तिक लोड को इनमें से किसके द्वारा संयोजित किया जाता है?
(a) स्थैतिक स्विच द्वारा (b) संधारित्र द्वारा
(c) प्रेरक द्वारा (d) 'a' और 'c' दोनों

24. लाइन पारस्परिक क्रियापरक यू.पी.एस. प्रणाली में इनमें से कौन-सा मोड उपस्थित होता है?
(a) मुख्य सप्लाई लाइन-ऑफ मोड
(b) लोड लाइन-ऑन मोड
(c) लोड लाइन-ऑफ मोड
(d) उपरोक्त सभी

25. ए.सी. लोड को बाधारहित (uninterrupted) विद्युत पावर की आपूर्ति प्रदान करता है
(a) S.M.P.S (b) स्टेबलाइजर (c) U.P.S (d) ये सभी

विविध प्रारूपी प्रश्न

सत्य/असत्य

1. समानान्तर U.P.S. प्रणाली की विश्वसनीयता अन्य U.P.S. प्रणाली की अपेक्षा उच्चतम होती है।

2. U.P.S. प्रणाली में सामान्यतः निकिल-कैडमियम बैटरियाँ प्रयोग की जाती हैं।

3. U.P.S. प्रणाली में पूर्ण ब्रिज रेक्टीफायर ए.सी. पावर को डी.सी. पावर में परिवर्तित करता है।

4. यू.पी.एस. नियन्त्रण मॉड्यूल परिपथ में माइक्रोकण्ट्रोलर का प्रयोग नहीं किया जाता है।

रिक्त स्थानों की पूर्ति

1. U.P.S. के परिपथ में कुल पाँच स्टेजेज होती हैं, जिनमें प्रथम स्टेज रेक्टीफायर/चार्जर, दूसरी स्टेज ...., तीसरी स्टेज U.P.S. स्थैतिक स्विच, चौथी स्टेज मुख्य स्थैतिक स्विच एवं अन्तिम स्टेज बैटरी बैंक होती हैं।

2. ऑफलाइन U.P.S. प्रणाली की अपेक्षा .... U.P.S. प्रणाली अधिक उपयोग में लाई जाती है।

3. रख-रखाव से स्वतन्त्र बन्द (SMF) बैटरियों का मूल्य अधिक एवं एम्पियर-दक्षता कम होने के कारण U.P.S. प्रणाली हेतु .... बैटरियाँ अधिक प्रयोग की जाती हैं।

4. बैटरी की कार्यक्षमता को उचित रूप में बनाए रखने के लिए वातावरण का तापमान .... के मध्य रखना चाहिए।

अतिलघु उत्तरीय

1. U.P.S. का पूर्ण नाम क्या है?
2. ऑनलाइन U.P.S. प्रणाली कितने मोड्स में कार्यशील होती है?
3. U.P.S. के द्वारा मुख्य सप्लाई के असफल (fail) होने की सूचना को समझने में न्यूनतम कितना समय लगता है?
4. ऑनलाइन U.P.S. की पावर रेटिंग की परासें (ranges) क्या हैं?
5. ऑनलाइन U.P.S. प्रणाली के ब्लॉक आरेख (block diagram) में कुल कितने भाग/खण्ड होते हैं?
6. कौन-कौन-सी U.P.S. प्रणालियाँ प्रचलित हैं?
7. U.P.S. प्रणालियों में सबसे अधिक विश्वसनीय प्रणाली कौन-सी मानी जाती है?
8. बाजार में कौन-कौन सी बैटरियाँ उपलब्ध होती हैं?
9. U.P.S. प्रणाली में सबसे अधिक कौन-सी बैटरी उपयोग में लाई जाती है?
10. U.P.S. में वह कौन-सा भाग है, जोकि डी.सी. पावर को ए.सी. पावर में परिवर्तित करता है तथा उस भाग का नाम क्या है?

लघु उत्तरीय

1. U.P.S. के प्रकारों के नाम लिखिए। इनमें से कौन-सा U.P.S. अधिक उपयोग में लाया जाता है?
2. बाजार में U.P.S. के लिए उपयोग हेतु कौन-कौन सी बैटरियाँ उपलब्ध होती हैं?
3. बैटरी के डिस्चार्जिंग के समय बैटरी में प्रयोग होने वाले इलेक्ट्रोलाइट के घनत्व पर क्या प्रभाव पड़ता है? घनत्व कम होने पर इसके मान को किस प्रकार बढ़ाया जाता है?
4. यू.पी.एस. के पावर मॉड्यूल परिपथ का आरेख खींचिए।

दीर्घ उत्तरीय

1. ऑनलाइन U.P.S. प्रणाली का ब्लॉक आरेख निर्मित कीजिए तथा इसके प्रत्येक ब्लॉक/स्टेज की कार्य-प्रणाली को समझाइए।
2. ऑनलाइन एवं ऑफलाइन U.P.S. प्रणालियों में अन्तर को स्पष्ट कीजिए। दोनों प्रकार की प्रणालियों में कौन-सी प्रणाली कम्प्यूटर्स एवं मेडिकल उपकरणों के प्रचालन हेतु उपयोगी है?
3. ऑफलाइन U.P.S. प्रणाली का ब्लॉक आरेख निर्मित कीजिए तथा इसके ब्लॉक आरेख के सभी ब्लॉक/स्टेज की कार्य-प्रणाली को समझाइए।
4. U.P.S. प्रणाली की विश्वसनीयता से आप क्या समझते हैं? स्पष्ट कीजिए। सबसे अधिक विश्वसनीयता U.P.S. की कौन-सी प्रणाली की होती है?
5. यू.पी.एस. में उत्पन्न होने वाले दोषों एवं उनके निवारण की विवेचना कीजिए।

उत्तरमाला

बहुविकल्पीय

1. (d)	**2.** (c)	**3.** (c)	**4.** (d)	**5.** (d)	**6.** (d)	**7.** (b)	**8.** (d)	**9.** (c)	**10.** (c)
11. (b)	**12.** (b)	**13.** (d)	**14.** (b)	**15.** (d)	**16.** (b)	**17.** (b)	**18.** (d)	**19.** (a)	**20.** (b)
21. (a)	**22.** (c)	**23.** (d)	**24.** (a)	**25.** (c)					

सत्य/असत्य

1. सत्य **2.** असत्य **3.** सत्य **4.** असत्य

रिक्त स्थानों की पूर्ति

1. इन्वर्टर **2.** ऑनलाइन **3.** लैड-एसिड **4.** 20-25°C

मॉडेम एवं सिस्टम संसाधन
Modem and System Resources

परिचय Introduction

मॉडेम (modem), एक प्रकार की हॉफ-डुप्लेक्स युक्ति (half duplex device) होती हैं; क्योंकि ये ट्रांसमिशन मोड (transmission mode) और रिसीविंग मोड (receiving mode) में बारी-बारी से स्विच (switch) कर क्रमशः डेटा को ट्रांसमिट और रिसीव करती हैं। अधिकांश मॉडेम कनेक्शन्स (connections) हाफ-डुप्लेक्स डेटा ट्रांसमिशन का प्रयोग करते हैं।

माइक्रोप्रोसेसर इनपुट युक्तियों से डेटा प्राप्त करता है तथा उन पर निर्देश के अनुसार प्रक्रिया करके परिणाम आउटपुट युक्तियों को प्रदान करता है। इन इनपुट/आउटपुट युक्तियों को कम्प्यूटर की भाषा में पेरीफेरल (peripheral) या परिसरीय युक्ति भी कहते हैं। माइक्रोप्रोसेसर व पेरीफेरल युक्तियों के मध्य संचार कराने के लिए इण्टरफेसिंग (interfacing) की आवश्यकता होती है। इस प्रकार वह युक्ति जो माइक्रोप्रोसेसर तथा पेरीफेरल युक्तियों के मध्य संचार कराने के लिए प्रयोग की जाती है, इण्टरफेसिंग युक्ति कहलाती है।

7.1 मॉडेम Modem

वह युक्ति (device), जोकि इण्टरनेट केबिल कनैक्शन से प्राप्त डिजिटल सिग्नल को कम्प्यूटर/मोबाइल की पूर्ति हेतु आवश्यकतानुसार एनालॉग सिग्नल में परिवर्तित करती है, मॉडेम कहलाती है। अत्यधिक प्रचलित प्रकार डेटा सर्किट टर्मिनेटिंग उपकरण है। मॉडेम को मॉडुलेटर/डिमॉडुलेटर भी कहते हैं। मॉडेम का मॉडुलेटर भाग डिजिटल सिग्नल को एनालॉग सिग्नल में तथा डिमॉडुलेटर भाग एनालॉग सिग्नल को पुनः डिजिटल सिग्नल में परिवर्तित करता है। चित्र में कम्युनिकेशन लिंक से मॉडेम के सम्बन्ध को दर्शाया गया है।

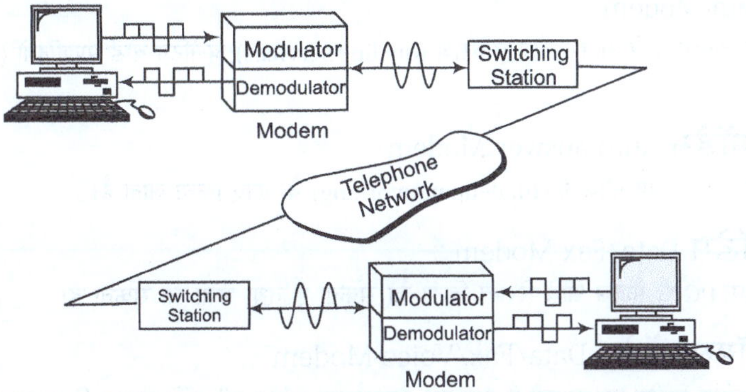

चित्र कम्युनिकेशन लिंक के साथ मॉडेम के सम्बन्ध को दर्शाने हेतु ब्लॉक डायग्राम

मॉडेम को सामान्यतः डेटा की मात्रा (amount of data) के आधार पर वर्गीकृत किया जाता है, जिसे वह एक निश्चित समय में भेज सकते हैं। इसे सामान्यतः bits per second (bps) में प्रदर्शित किया जाता है। तीव्र गति (faster) के मॉडेम इण्टरनेट यूजर्स प्रतिदिन प्रयोग करते हैं। टेलीकम्युनिकेशन प्रणालियों में रेडियो मॉडेम, माइक्रोवेव रेडिया लिंक पर, डेटा फ्रेम, उच्च डेटा रेट पर ट्रांसमिट करते हैं। ऑप्टिकल मॉडेम, ऑप्टिकल फाइबर्स पर डेटा ट्रांसमिट करते हैं। ऑप्टिकल मॉडेम की डेटा रेट सामान्यतः 10^9 mbps से भी अधिक होती है।

7.2 मॉडेम के अभिलक्षण Characteristics of Modem

मॉडेम के विभिन्न अभिलक्षण निम्न प्रकार हैं

बैण्डविड्थ Bandwidth

बैण्डविड्थ प्रचालन आवृत्ति बैण्ड (operating frequency band) है जिसकी सहायता से मॉडेम आवश्यकतानुसार संकेत की आवृत्ति बैण्ड को अपने से होकर गुजारता है। यदि वितरण प्रक्रिया में बैण्ड के साथ कोई परिवर्तन नहीं होता है तब यह बैण्डविड्थ मॉडेम की बैण्डविड्थ से मिलती है। मॉडेम की बैण्डविड्थ, वितरण प्रक्रिया के चरित्र के आधार पर परिवर्तित हो सकती है और वितरण चरित्र मॉडेम के मिलान पर निर्भर करता है। बैण्डविड्थ को अनेक प्रकार से परिभाषित कर सकते हैं। बैण्ड्विड्थ का अनुपात (BW_r) निम्नानुसार होता है

$$\boxed{BW_r = \frac{f_u}{f_e}}$$

जहाँ f_u = उच्च आवृत्ति, f_e = निम्न आवृत्ति

प्रतिशत बैण्डविड्थ (percent bandwidth) तथा सम्बन्धित बैण्डविड्थ को निम्न प्रकार से परिभाषित कर सकते हैं

$$BW_p = \frac{200\ f_u - f_e}{f_u + f_e}\% = 200\ \frac{WB_r - 1}{WB_r + 1}\%$$

बैण्डविड्थ आवृत्ति की वह श्रृंखला है जिसमें मॉडेम सरलतापूर्वक ऊर्जा का उत्सर्जन प्राप्त करती है। प्रायः मॉडेम के निर्माण के समय उसकी बैण्डविड्थ ज्ञात होती है, बहुत-से मॉडेम पतली बैण्डविड्थ वाले होते हैं, जोकि चौड़ी बैण्डविड्थ के लिए अनुपयोगी हैं। बैण्डविड्थ को VSWR के रूप में व्यक्त किया जाता है। यदि किसी मॉडेम की प्रचालन आवृत्ति 100–400 MHz है तब उसका WSWR < 1.5 होगा। (1.5 से कम होगा)

बॉड दर Baud Rate

यह मॉडुलेशन की संकेत दर के लिए एक इकाई है जो कि संकेत प्रति सेकण्ड (symbols per second) अथवा पल्सेस (pulses) प्रति सेकण्ड होती है।

7.3 मॉडेम के प्रारूप Types of Modem

फंक्शन के आधार पर मॉडेम निम्नलिखित प्रकार की होती हैं

डेटा मॉडेम Data Modem

डेटा मॉडेम का प्रयोग इण्टरनेट से ऑन-लाइन सर्विसेज (on-line services), बुलेटिन बोर्ड प्रणालियों (BBSs) तथा अन्य PCs के कनैक्शन के लिए किया जाता है।

ऑटो-आंसर मॉडेम Auto-answer Modem

इस मॉडेम का प्रयोग डायल-अप नेटवर्किंग (dial-up networking) के लिए किया जाता है।

डेटा/फैक्स मॉडेम Data/Fax Modem

डेटा/फैक्स मॉडेम द्वारा PC से फैक्स सीधे रिसीव किया जा सकता है तथा भेजा जा सकता है।

डेटा/फेक्स/वॉयस मॉडेम Data/Fax/Voice Modem

वायस मॉडेम फोन-कॉल्स रिसीव कर सकती है तथा इसे डेटा/फैक्स मॉडेम की भाँति प्रयुक्त किया जा सकता है।

सैलुलर मॉडेम Cellular Modem

सैलुलर मॉडेम का प्रयोग लैपटॉप कम्प्यूटर के PCMCIA (Personal Computer Memory Card International Association) स्लॉट में किया जा सकता है। इस मॉडेम द्वारा सैलुलर फोन से कनैक्शन स्थापित किया जा सकता है।

ISDN टर्मिनल एडॉप्टर ISDN Terminal Adapter

यह उच्च स्पीड की एक विशेष प्रकार की डिजिटल मॉडेम है। इसका प्रयोग इण्टरनेट तथा ऑन-लाइन सर्विसेज को कनेक्ट करने के लिए किया जाता है। संरचना की दृष्टि से मॉडेम तीन प्रकार के कम्युनिकेशन में उपलब्ध है

बाह्य मॉडेम External Modem

यह कम्प्यूटर के सीरियल (COM) पोर्ट में बाहर से कनैक्ट की जाती है। इसके लिए कम्प्यूटर को 'disassemble' करने की आवश्यकता नहीं है तथा यह डेस्क टॉप पर अधिक स्पेस नहीं लेती।

आन्तरिक मॉडेम Internal Modem

इस मॉडेम को PC के अन्दर लगाया जाता है तथा यह कोई भी स्पेस नहीं लेती।

PCMCIA मॉडेम PCMCIA Modem

यह मॉडेम PCMCIA स्लॉप में फिट की जाती है। यह PC कार्ड के रूप में होती है। डेस्कटॉप PCs में सामान्यत: PCMCIA स्लॉट नहीं होते हैं। इसका प्रयोग लैपटॉप में किया जाता है। वर्तमान समय में तीव्र गति के मॉडेम उपलब्ध हैं, जिनके द्वारा स्टैन्डर्ड लाइनों पर 56 Kbps की स्पीड पर डेटा ट्रांसफर किया जा सकता है।

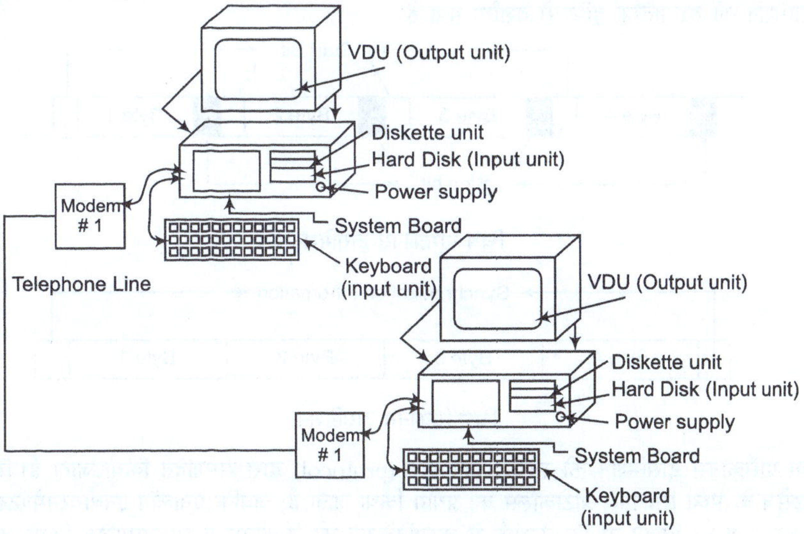

चित्र कम्प्यूटर का मॉडेम के साथ संयोजन

7.4 ट्रांसमिशन Transmission

जब किसी नेटवर्क में दो डिवाइसेज परस्पर कम्युनिकेट (communicate) करने का प्रयास करते हैं, तो उनके बीच डेटा के फ्लो (flow) को नियन्त्रित करने के लिए किसी तरीके का प्रयोग होना आवश्यक होता है; ताकि वे यह समझ सकें कि भेजे जा रहे कैरेक्टर्स (characters) कहाँ से प्रारम्भ और कहाँ पर समाप्त (end) हो रहे हैं। वास्तव में दो डिवाइस आपस में अपने-अपने प्रोसेसर (processor) के माध्यम से कम्युनिकेट करते हैं। प्रोसेसर्स (processors) को एक-दूसरे से कम्युनिकेट करने की प्रक्रिया को इन्टरप्रोसेसर कम्युनिकेशन (interprocessor communication) कहते हैं। इन्टरप्रोसेसर कम्युनिकेशन में प्रोसेसर्स (processors) को एक-दूसरे से कम्युनिकेट करने की आवश्यकता होती है। विदित हो कि एक प्रोसेसर किसी अन्य प्रोसेसर की अपेक्षा अत्यन्त तीव्र गति से एक्जिक्यूट (execute) कर सकता है।

डेटा ट्रांसमिशन के दो मोड्स (modes) हैं—एसिंक्रोनस ट्रांसमिशन और सिंक्रोनस ट्रांसमिशन, जिनका वर्णन अग्रवत् है

एसिंक्रोनस ट्रांसमिशन Asynchronous Transmission

एसिंक्रोनस ट्रांसमिशन में एक डिवाइस से दूसरे डिवाइस को भेजे जाने वाले डेटा अर्थात् इन्फॉर्मेशन (अक्षर, संख्या अथवा सिम्बल) को बिट्स के एक स्ट्रिंग के रूप में अभिव्यक्त किया जाता है। भेजे जाने वाले डेटा/इन्फॉर्मेशन की प्रत्येक बिट्स-स्ट्रिंग (bits-string) एक-दूसरे से एक स्टार्ट बिट और एक स्टॉप बिट (Stop Bit) से पृथक् होती है। ट्रांसमिट किए गए प्रत्येक कैरेक्टर के लिए एक स्टार्ट बिट और एक स्टॉप बिट (stop bit) के प्रयोग से प्रत्येक डिवाइस यह जान जाता है कि वह कब एक कैरेक्टर को भेज रहा है अथवा रिसीव (receive) कर रहा है। अत: एसिंक्रोनस ट्रांसमिशन (asynchronous transmission) में डेटा के फ्लो (flow) को नियन्त्रित करने के लिए किसी बाह्य टाइमिंग सिग्नल्स (external timing signals) का होना आवश्यक नहीं होता है। एसिंक्रोनस कम्युनिकेशन का सबसे कमजोर पक्ष यह है कि इसमें भेजे गये डेटा में से लगभग 20 से 25% डेटा का प्रयोग कण्ट्रोल इन्फॉर्मेशन के लिए किया जाता है, जिसका प्रयोग दो डिवाइसेज के मध्य कन्वर्सेशन (conversation) को सिंक्रोनाइज (synchronize) करने के लिए किया जाता है। परम्परागत मॉडेम्स द्वारा एसिंक्रोनस ट्रांसमिशन का प्रयोग किया जाता है।

सिंक्रोनस ट्रांसमिशन Synchronous Transmission

सिंक्रोनाइजेशन (synchronization) एक ऐसी मेकेनिज्म (mechanism) है, जिसके द्वारा किसी प्रोसेसर के एक्जिक्यूशन (execution) को डिले (delay) किया जाता है, ताकि प्रोसेस किसी खास कार्य; जैसे—वैरिएबल की वैल्यू का निर्धारण करना, अन्य प्रोसेसर्स (processors) को मैसेज (message) भेजना आदि, कार्यों को पूरा कर सके। सिंक्रोनाइजेशन (synchronization) वह प्रक्रिया है जिसके अन्तर्गत मैसेज भेजे जाने वाले प्रोसेसर को तब तक ब्लॉक (block) कर दिया जाता है जब तक कि रिसीविंग डिवाइस भेजे गये मैसेज को पूर्णरूप से रिसीव न कर ले। इस प्रकार से सेन्डिंग और रिसीविंग प्रोसेसस को ब्लॉक (block) करने की प्रक्रिया को सिंक्रोनाइजेशन कहा जाता है।

सिंक्रोनस ट्रांसमिशन में डेटा/इन्फॉर्मेशन में सन्निहित कैरेक्टर का ट्रांसमिशन कैरेक्टर के विभिन्न ब्लॉक्स में होता है, जिन्हें फ्रेम्स कहा जाता है। इसमें फ्रेम्स के ट्रांसमिशन को नियन्त्रित करने के लिए टाइमिंग सिग्नल का प्रयोग किया जाता है। विदित हो कि डेटा के ट्रांसमिशन के लिए किसी भी स्टार्ट बिट (start bit) अथवा स्टॉप बिट (stop bit) का प्रयोग नहीं किया जाता है। इसमें सिंक्रोनाइजेशन कैरेक्टरों का प्रयोग ट्रांसमिशन को प्रारम्भ करने तथा ट्रांसमिशन की परिशुद्धता (accuracy) की जाँच (check) करने के लिए किया जाता है। निम्नांकित चित्र में सिंक्रोनस और एसिंक्रोनस ट्रांसमिशन को तुलनात्मक दृष्टि से दर्शाया गया है

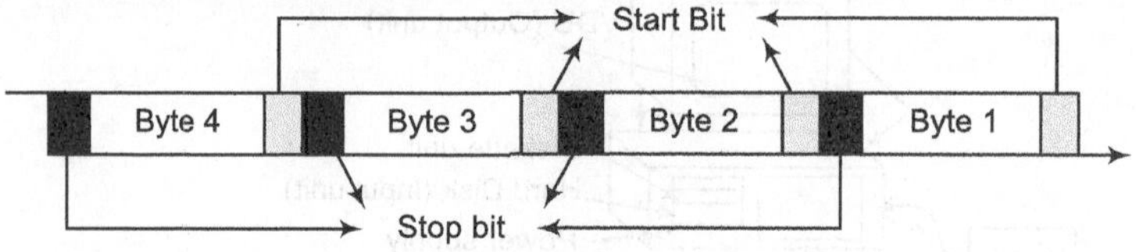

चित्र एसिंक्रोनस ट्रांसमिशन

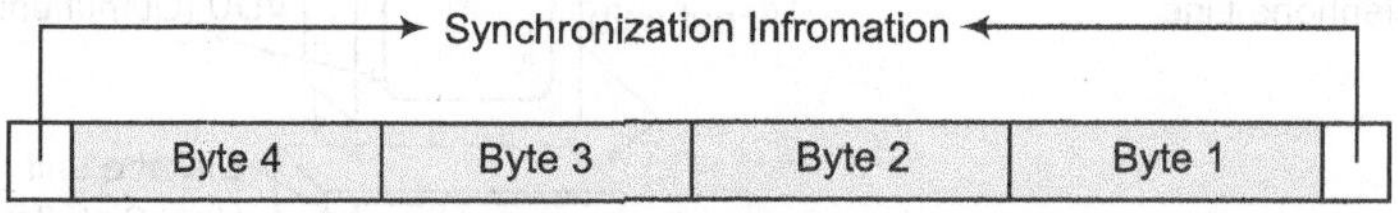

चित्र सिंक्रोनस ट्रांसमिशन

सिंक्रोनस अथवा एसिंक्रोनस ट्रांसमिशन को सम्बद्ध प्रोटोकॉल (protocol) द्वारा सम्पादित किया जाता है। डिजिटल इनवायरनमेण्टल अर्थात् डिजिटल डिवाइसेज के मध्य सिंक्रोनस प्रोटोकॉल्स का प्रयोग किया जाता है; जबकि एनालॉग इनवायरनमेण्टल अर्थात् एनालॉग डिवाइसेज के मध्य कम्युनिकेशन होता है। विदित हो कि नेटवर्क में कम्युनिकेशन को सिंक्रोनसली भी सम्पादित किया जा सकता है। बाइनरी सिंनक्रोनस कम्युनिकेशन प्रोटोकॉल अर्थात् बाइसिन्क (bisynch), सिंक्रोनस डेटा लिंक कण्ट्रोल और हाई-लेवल डेटा लिंक कण्ट्रोल, सिंक्रोनस प्रोटोकॉल के कुछ उदाहरण हैं।

7.5 प्रोग्राम एवं डेटा मैमोरी की अवधारणा Concept of Program and Data Memory

सामान्यत: कम्प्यूटर में कुछ निश्चित उद्देश्यों के लिए प्राय: स्थायी प्रोग्राम स्टोर किए जाते हैं तथा जो मैमोरी इन स्थायी प्रोग्रामों को स्टोर करती है, उसे प्रोग्राम मैमोरी कहते हैं। इसके लिए सामान्यत: ROM, PROM और EPROM इत्यादि मैमोरी का प्रयोग किया जाता है। इसके अतिरिक्त डेटा संचय करने वाली मैमोरी को डेटा मैमोरी (data memory) कहते हैं। डेटा मैमोरी में यूजर अपनी आवश्यकतानुसार परिवर्तन कर सकता है, किन्तु प्रोग्राम मैमोरी में कोई भी परिवर्तन नहीं कर सकता।

जनरल पर्पज रजिस्टर्स General Purpose Registers; GPRs

जब प्रोग्रामर किसी प्रोग्राम का विकास करता है, तब उसे डेटा स्टोर करने के लिए बाह्य मैमोरी के अतिरिक्त माइक्रोप्रोसेसर के आन्तरिक रजिस्टरों की भी आवश्यकता होती है। इसके लिए सामान्यत: जनरल पर्पज रजिस्टर्स का प्रयोग किया जाता है। माइक्रोप्रोसेसर 8085 में इनकी संख्या 6 होती है तथा ये B, C, D, E, H तथा L द्वारा प्रदर्शित किए जाते हैं। इनमें से प्रत्येक रजिस्टर 8-बिट डेटा स्टोर कर सकता है। माइक्रोप्रोसेसर में जितने GPRs अधिक होते हैं, उसकी गति उतनी ही अधिक होती है।

डेटा तथा परिणाम को संग्रहित करने के लिए बाह्य मैमोरी External Memory for Storing Data and Result

जनरल पर्पज रजिस्टर्स के द्वारा कुछ ही डेटा माइक्रोप्रोसेसर चिप में संचय किया जा सकता है, किन्तु प्रोग्रामर की आवश्यकता इनसे पूर्ण नहीं होती। उदाहरण के लिए; माइक्रोप्रोसेसर 8085 में 6 रजिस्टर्स होते हैं, जिनमें से प्रत्येक 8-बिट का होता है तब इस प्रकार इनके द्वारा केवल

6×8 बिट = 48 बिट डेटा ही स्टोर किया जा सकता है। इससे अधिक डेटा संग्रहित करने के लिए बाह्य मैमोरी की आवश्यकता होती है। यह RAM (Random Access Memory) होती है।

रैम की संरचना तथा वर्णन Structure and Description of RAM

RAM का पूरा क्षेत्र प्रोग्रामर चार भागों में विभाजित करता है। सबसे बड़ा भाग मुख्य प्रोग्राम स्टोर करने में, उससे नीचे वाला भाग डेटा स्टोर करने में, उससे नीचे वाला भाग सब-रूटीन्स (sub-routines) के लिए तथा सबसे नीचे वाला भाग स्टैक (stack) के लिए प्रयोग किया जाता है; जैसे

A. **मुख्य प्रोग्राम** Main Program

RAM का सबसे ऊपर वाला भाग मुख्य प्रोग्राम को स्टोर करता है तथा उसका क्रियान्वयन (execution) करता है।

B. **डेटा संग्रहण** Data Storage

यदि प्रोग्राम क्रियान्यवन (execution) के समय माइक्रोप्रोसेसर को डेटा स्टोर करने की आवश्यकता होती है, तब RAM का यह भाग प्रयोग किया जाता है।

C. **सबरूटीन्स** Sub-routines

सबरूटीन्स निर्देशों (instructions) का एक ऐसा समूह होता है, जिसे मुख्य प्रोग्राम से अलग लिखा जाता है तथा जिसका उपयोग मुख्य प्रोग्राम में अनेक स्थानों पर किया जाता है। ये RAM के तीसरे भाग में होते हैं।

D. **स्टैक** Stack

यह RAM का सबसे नीचे वाला भाग होता है। स्टैक उन मैमोरी लोकेशनों (memory locations) का समूह है, जो program execution के समय बाइनरी सूचनाओं (data) को अस्थायी (temporary) रूप से संग्रहित करता है। स्टैक का स्थान RAM में आरक्षित होता है तथा इनकी संख्या लगभग 30 होती है।

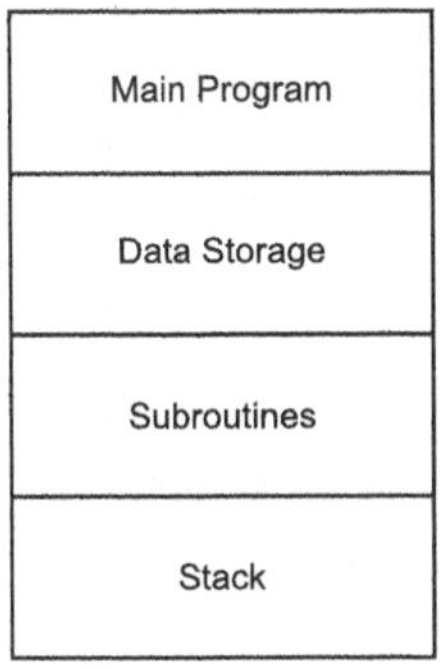

चित्र RAM की संरचना

7.6 मैमोरी संगठन Memory Organisation

मैमोरी संगठन के अन्तर्गत निर्माता स्टोरेज युक्तियों (memory elements) का प्रयोग करके अपनी आवश्यकतानुसार मैमोरी संगठित कर सकता है। जैसा कि हम जानते हैं—

1-बाइनरी डिजिट (0 या 1) = 1-बिट

1-निबल = 4-बिट

1-बाइट = 8-बिट

इनके आधार पर तीन प्रकार से मैमोरी संगठित की जाती है

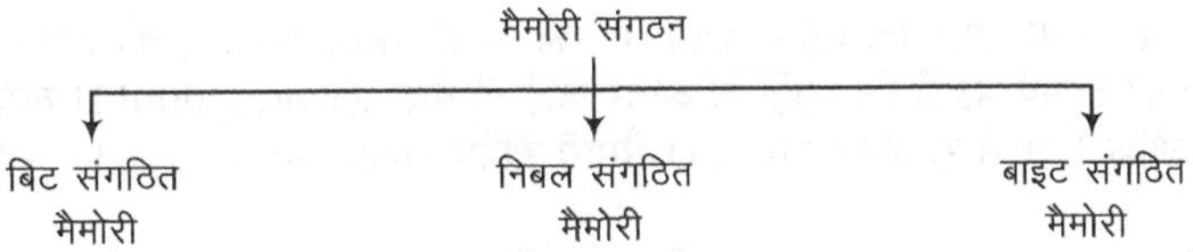

बिट संगठित मैमोरी Bit Organised Memory

किसी मैमोरी को यदि इस प्रकार संगठित किया गया है कि उससे एक बार में एक बिट डेटा को रीड अथवा राइट किया जा सके, तो वह बिट संगठित मैमोरी कहलाती है। इसे 'm×1' द्वारा प्रदर्शित किया जाता है।

निबल संगठित मैमोरी Nibble Organised Memory

मैमोरी से जब एक बार में 4-बिट डेटा रीड अथवा राइट किया जाए तब इस प्रकार की मैमोरी निबल संगठित मैमोरी कहलाती है। इसे 'm × 4' से प्रदर्शित करते हैं।

बाइट संगठित मैमोरी Byte Organised Memory

यह मैमोरी सबसे अधिक प्रचलित है। इस प्रकार संगठित की गई मैमोरी से एक बार में 1-बाइट (8-बिट) डेटा रीड अथवा राइट किया जा सकता है। इसे 'm × 8' द्वारा प्रदर्शित किया जाता है। चित्र में एक बाइट संगठित मैमोरी की अभिकल्पना की गई है। इसमें प्रयोग होने वाला प्रत्येक रजिस्टर

8-बिट (1 बाइट) का है। सभी रजिस्टर एक क्रम में व्यवस्थित किए गए हैं। इन्हें 000 से 111 तक एड्रेस दिए गए। माइक्रोप्रोसेसर इनमें से किसी भी रजिस्टर को Select करके डेटा इनपुट/आउटपुट लाइन ($D_0 - D_7$) द्वारा Read या Write संक्रिया (operation) कर सकता है।

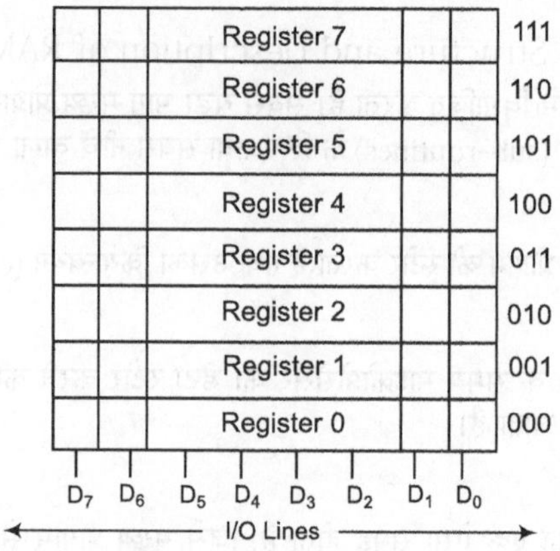

चित्र बाइट संगठित मैमोरी

तालिका कुछ मैमोरी चिप तथा उनका मैमोरी संगठन

मैमोरी चिप	**प्रकार**	**संगठित मैमोरी** (m × m)
H M 6264	SRAM	8K × 8
2114	SRAM	1K × 4
2164 A	DRAM	64 × 1
2708	EPROM	1K × 8
2716	EPROM	2K × 8
2817 A	EEPROM	2K × 8

7.7 इनपुट/आउटपुट की एड्रेसिंग करना Addressing of I/O Devices

माइक्रोप्रोसेसर को स्मृति (memory) तथा इसके साथ-साथ इनपुट/आउटपुट युक्तियों (I/O devices) से कॉमन बस-बार के द्वारा संयोजित किया जाता है। इस प्रकार का माइक्रोप्रोसेसर डिजाइन किया जाना सम्भव है जोकि विभिन्न युक्तियों को एक ही स्मृति (memory location) पर प्रयोग कर सकता है। उदाहरण के लिए; पता/एड्रेस 0001 H ''की-बोर्ड'' (Key-board) को तथा पता/एड्रेस 0002 H, LED के प्रदर्शन के समरूप होने चाहिए। इसका तात्पर्य यह है कि स्मृति के अन्दर कोई भी बाइट (byite) 0001 H तथा 0002 H पते पर नहीं जाएगी और इस प्रकार के संयोजन को जोकि I/O से संयोजित करे, I/O मैमोरी मैपिंग (memory mapped) कहलाती है।

7.8 मैमोरी में एड्रेस इनपुट तथा एड्रेस स्पेस Address Input and Address Space in Memory

किसी मैमोरी चिप में उपस्थित एड्रेस पिनों की संख्या उस मैमोरी चिप के लिए एड्रेस इनपुट तथा इन पिनों के द्वारा चयन (select) किए जाने वाले रजिस्टरों की संख्या को उस चिप का एड्रेस स्पेस कहते हैं। किसी भी मैमोरी चिप का एड्रेस स्पेस निम्नलिखित सूत्र के अनुसार ज्ञात किया जा सकता है

$$\boxed{2^P = m}$$

जहाँ m = मैमोरी स्पेस या एड्रेस स्पेस या रजिस्टरों की संख्या तथा P = एड्रेस इनपुट पिनों की संख्या या एड्रेस बसों की संख्या

इसी प्रकार I/O (इनपुट/आउटपुट) स्पेस की भी गणना की जा सकती है।

$$2^d = \text{I/O स्पेस}$$

जहाँ d = डेटा I/O पिनों की संख्या या डेटा बसों की संख्या

तालिका माइक्रोप्रोसेसरों का विस्तृत विवरण

माइक्रोप्रोसेसर	डेटा	एड्रेस बस	एड्रेस स्पेस	I/O स्पेस
8085	8-bit	16-bit	64 KB	256
Z-80	8-bit	16-bit	64 KB	256
8086	16-bit	20-bit	1024 KB = 1MB	64K
6502	8-bit	16-bit	64KB	–
6800	16-bit	24-bit	16384 K= 16 M	–

- 6502 एवं 6800 माइक्रोप्रोसेसर में I/O स्पेस नहीं होता अर्थात् इनके द्वारा I/O युक्तियों को एड्रेस नहीं किया जा सकता है।

7.9 इन्ट्रप्ट रिक्वेस्ट लाइन्स
Interrupt Request Lines, IRQ Lines

इन्ट्रप्ट रिक्वेस्ट लाइन्स वे लाइन होती हैं जिनके 'की'-बोर्ड, डिस्क ड्राइव्स, I/O पोर्ट्स और NICs जैसी डिवाइसेज (devices) कम्प्यूटर के प्रोसेसर (processer) को सर्विस के लिए इन्ट्रप्ट्स (interrupts) या रिक्वेस्ट्स (requests) भेज सकती हैं। IRQ लाइन्स कम्प्यूटर के आन्तरिक हार्डवेयर में अन्तर्निर्मित होती हैं, जिन्हें प्राथमिकता (priority) के भिन्न-भिन्न स्तर (level) के लिए एसाइन (assign) किया गया होता है; ताकि प्रोसेसर आने वाली सर्विस रिक्वेस्ट्स (Incoming Service Requests) के सापेक्षिक महत्त्व का निर्धारण कर सके।

जब NIC, कम्प्यूटर को एक रिक्वेस्ट (request) भेजता है, तो यह एक इन्ट्रप्ट (interrupt) का प्रयोग करता है। विदित हो कि एक इन्ट्रप्ट (interrupt), प्रोसेसर (processor) को भेजा गया एक इलेक्ट्रॉनिक सिग्नल होता है। CPU से जुड़ी प्रत्येक डिवाइस (device) अलग-अलग इन्ट्रप्ट रिक्वेस्ट लाइन (interrupt request line) का प्रयोग करती हैं। किसी डिवाइस को कॉन्फिगर (configure) करने के पश्चात् उसे एक इन्ट्रप्ट लाइन (Interrupt Line) एसाइन की जाती है।

ज्यादातर इन्ट्रप्ट लाइन 3 या 5 (IRQ 3 or IRQ 5) का प्रयोग NIC के लिए किया जाता है। अधिकतर सिस्टम में NIC के IRQ 5 ही डिफाल्ट लाइन 3 या 5 (IRQ 3 or IRQ 5) का प्रयोग NIC के लिए किया जाता है। अधिकतर सिस्टम में NIC के IRQ 5 ही डिफाल्ट इन्ट्रप्ट लाइन (default interrupt line) अथवा डिवाइस (device) को एसाइन (assign) की गई है, इसकी जानकारी के लिए आप अपने सिस्टम पर सिस्टम डायग्नोस्टिक टूल (System Diagnostic Tool) को रन कर सकते हैं। निम्नांकित चित्र में विन्डोज XP के msinfo32.exe नामक टूल/कमाण्ड को रन (run) करके एक सिस्टम में विभिन्न IRQ के स्टेटस Status को दर्शाया गया है

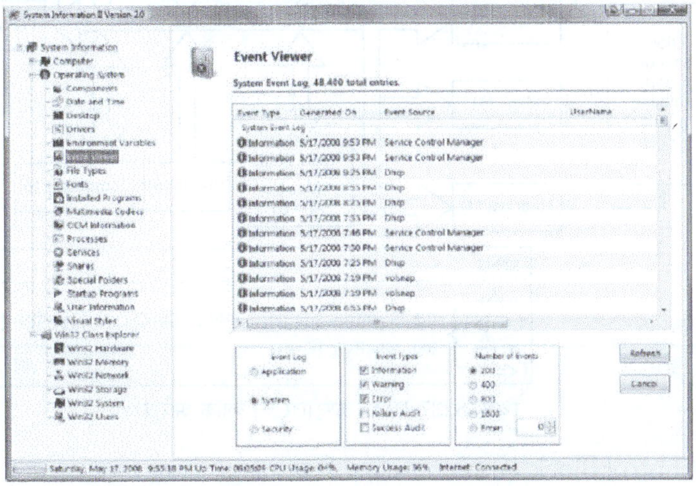

चित्र msm Fo32.exe टूल/कमाण्ड को रन कराने हेतु IRQ स्टेटम

7.10 8237-DMA कण्ट्रोलर 8237-DMA Controller

डॉयरेक्ट मैमोरी एक्सेस (Direct Memory Access; DMA) कण्ट्रोलर एक 40 पिनों वाली IC होती है। यह एक लॉजिक परिपथ है, जो माइक्रोप्रोसेसर को किसी पेरीफेरल युक्ति पर रीड एवं राइट ऑपरेशन के लिए सक्रिय करता है। उच्च गति पर बहुत अधिक डेटा स्थानान्तरण में भी DMA का प्रयोग किया जाता है। यह माइक्रोप्रोसेसर तथा अन्य पेरीफेरल युक्तियों के मध्य डेटा स्थानान्तरण को कण्ट्रोल भी करता है। 8237-DMA कण्ट्रोलर की प्रमुख विशेषताएँ अग्र प्रकार से हैं

- इसके साथ चार I/O युक्तियाँ इन्टरफेस की जा सकती हैं। यह इन्टेल के सभी माइक्रोप्रोसेसरों के साथ उपयुक्त है।
- यह तीन चक्र (DMA रीड, DMA राइट तथा DMA सत्यापन) निष्पादित करता है।
- यह दो मोडों में प्रचालित किया जाता है
  (i) **स्लेव मोड** (Slave mode) इस मोड में माइक्रोप्रोसेसर 'बस-मास्टर' तथा DMA कण्ट्रोलर 'बस स्लेव' की भाँति कार्य करता है।
  (ii) **मास्टर मोड** (Master mode) इस मोड में माइक्रोप्रोसेसर DMA-कण्ट्रोलर 'बस मास्टर' की भाँति कार्य करता है। इस मोड में डेटा मैमोरी तथा I/O युक्तियों के मध्य ही स्थानान्तरित होता है तथा माइक्रोप्रोसेसर प्रणाली से विसंयोजित हो जाता है।
- 8237-DMA कण्ट्रोलर को 3MHz क्लॉक आवृत्ति की आवश्यकता होती है।
- इसकी डेटा स्थानान्तरण गति 1.6 mbyte/second होती है।

8237-DMA **कण्ट्रोलर का ब्लॉक आरेख**
Block Diagram of 8237-DMA Controller

8237-DMA कण्ट्रोलर का ब्लॉक आरेख अत्यन्त जटिल होता है जिसका विवरण निम्न प्रकार से दिया गया है। इसमें प्रयुक्त होने वाले प्रमुख फंक्शनल ब्लॉकों को दो भागों में विभाजित किया जाता है।

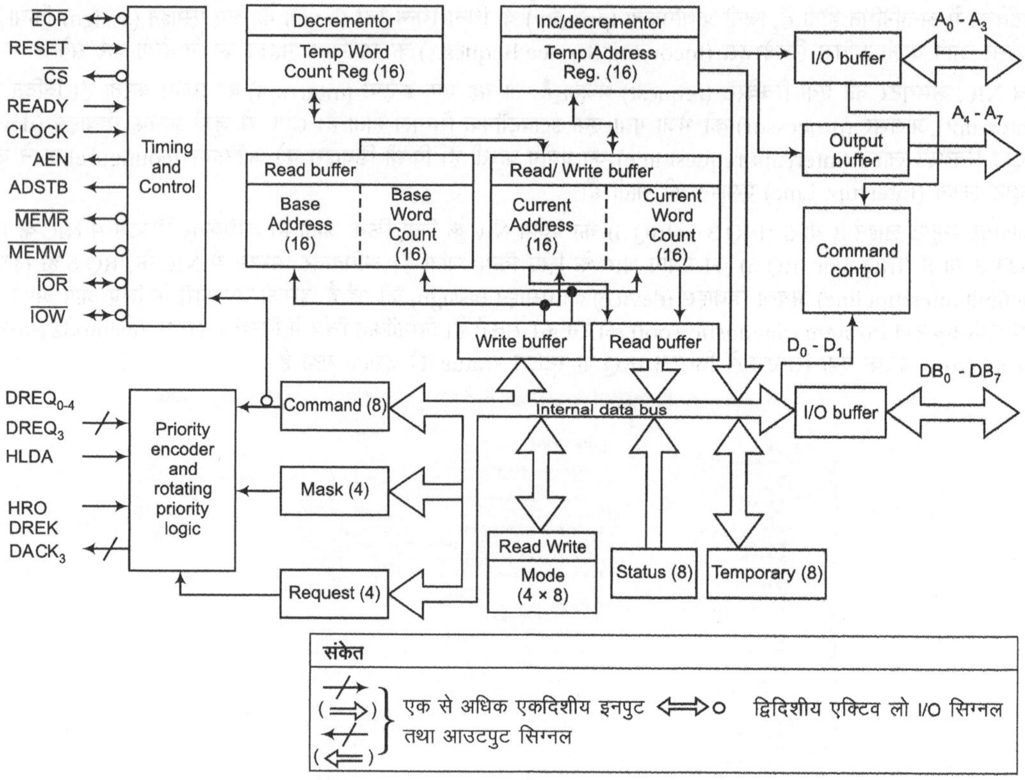

चित्र 8237-DMA कण्ट्रोलर का ब्लॉक आरेख

कण्ट्रोल ब्लॉक Control Block

इसके अन्तर्गत तीन प्रमुख बेसिक ब्लॉक सम्मिलित किए गए हैं, जिनका वर्णन निम्न प्रकार से है

टाइमिंग कण्ट्रोल ब्लॉक Timing Control Block

यह 8237 के लिए आन्तरिक तथा बाह्य कण्ट्रोल सिग्नल उत्पन्न करता है।

प्रोग्राम कमाण्ड कण्ट्रोल ब्लॉक Program Command Control Block

यह माइक्रोप्रोसेसर के द्वारा 8237 को दी जाने वाली विभिन्न Commands को डिकोड करता है।

प्राथमिकता एनकोड ब्लॉक Priority Encode Block

यह DMA चैनलों के मध्य Priority को Resolve करता है।

7.11 स्रोत द्वंद Resource Conflict

कम्प्यूटर सिस्टम में COM पोर्ट इन्ट्रप्ट सिग्नल (interupt signal IRQ) एवं I/O पोर्ट एड्रेस का प्रयोग करता है। यदि उपयोगकर्ता Win Modem का प्रयोग कर रहा है। तो वह डॉयरेक्ट मैमोरी एक्सेस (direct memory access, DMA) चैनल के विषय में भी प्लान कर सकता है। सामान्यतया डिवाइस एक यूनिक रिसोर्स का उपयोग कर सकता है तथा कम्प्यूटर सिस्टम की दो डिवाइस एक समान रिसोर्स को साझा (share) नहीं कर सकती है। जब दो या दो से अधिक डिवाइस एक समन रिसोर्स को प्रयोग करती हैं, तब उत्पन्न होने वाली स्थिति स्रोत द्वंद (resource conflict) कहलाती है। द्वंद उस समय तक एक अथवा दोनों द्वंद वाली डिवाइउस को कार्य करने से बचाता है जब तक कि द्वंद पहचानकर उसे रिजोल्व अर्थात् हल नहीं कर लिया जाता है। सभी प्रकार की परिस्थितियों में उपयोगकर्ता डिवाइस मैनेजर के द्वारा निम्न प्रकार रिसोर्स को मैनेज कर सकता है तथा द्वंद को रिजोल्व कर सकता है।

1. स्टार्ट पर क्लिक करके सैटिंग्स को हाईलाइट करें तथा इसके बाद कण्ट्रोल पैनल पर क्लिक करें।
2. सिस्टम आइकन पर डबल क्लिक करें तथा डिवाइस मैनेजर टैब को सलेक्ट करें।

7.12 प्लग एवं प्ले संकल्पना Plug and Play Concept

प्लग एवं प्ले सॉफ्टवेयर अथवा डिवाइस ड्रॉइवर को बताता है कि उन्हें मॉडेम, नेटवर्क कार्ड, साउण्ड कॉर्ड इत्यादि विविध प्रकार की हॉर्डवेयर डिवाइस को किस स्थान पर फाइण्ड (find) करना है।

प्लग एवं प्ले टॉस्क फिजिकल डिवाइस को सॉफ्टवेयर के साथ मैच करता है तथा उसको आपरेट करता है यह प्रत्येक फिजिकल डिवाइस एवं उसके ड्रॉइवर के मध्य कम्युनिकेशन चैनल स्थापित करता है। इसे प्राप्त (achieve) करने के लिए PnP एलोकेट करते है तथा बस रिसोर्स हॉर्डवेयर में सैट करते है। यह बस रिसोर्स I/O एड्रेस, मैमोरी क्षेत्र, IRQs, DMA चैनल (केवल LPC एवं ISD बस) के रूप में होता है। कई बार ये चारों Ist ऑर्डर रिसोर्स अथवा रिसोर्स के नाम से भी जाने जाते हैं। PnP इन सूचनाओं को प्राप्त करने हेतु क्या करना है तथा किस डिवाइस ड्रॉइवर को अनुमति देनी है, इसका रिकॉर्ड मेनटेन करता है। जब यह बस रिसोर्स एसाइन हो जाता है और उचित ड्राइवर कम्प्यूटर सिस्टम में इन्स्टॉल होता है तब "dev" डॉयरेक्टरी में वास्तविक ड्रॉइवर (actual driver) एवं इसके लिए उपयुक्त फाइल प्रयोग करने हेतु तैयार हो जाती हैं।

7.13 आधुनिक एड ऑन कॉर्ड Latest Add On Cards

एड ऑन कॉर्ड कम्प्यूटर के क्षेत्र में एक प्रिन्टेड सर्किट बोर्ड (PCB) होता है जोकि मदरबोर्ड पर स्थित एक्सपेंशन स्लॉट अथवा इलेक्ट्रिकल कनैक्टर में इन्सर्ट किया जाता है। इसमें एक्सपेंशन बस का प्रयोग करके कम्प्यूटर सिस्टम की फंक्शनेलिटी को बढ़ाया जाता है। एड ऑन कॉर्ड को एक्सपेंशन कॉर्ड, एक्सपेंशन बोर्ड, एडॉप्टर कॉर्ड अथवा एक्सेसरी कार्ड आदि के नाम से भी जाना जाता है। एक्सपेंशन बस एक कम्प्यूटर बस होती है जोकि कम्प्यूटर सिस्टम के आन्तरिक हॉर्डवेयर एवं पैरीफेरल डिवाइस के मध्य सूचनाओं का आदान-प्रदान करती है। यह तारों का समूह होती है तथा इसके उपयोग से प्रोटोकॉल, कम्प्यूटर के एक्सपेंशन को अनुमति प्रदान करता है। एड ऑन कॉर्ड का मुख्य उद्धेश्य मदाबोर्ड में अनुपस्थित विशिष्टताओं को बढ़ाना होता है। इन एड ऑन कॉर्ड को चित्र में प्रदर्शित कम्प्यूटर सिस्टम में उपस्थित एड ऑन कॉर्ड स्लॉट अथवा एक्सपेंशन स्लॉट में फिट कर दिया जाता है। इन्हें कई बार सामान्य भाषा में इन्टर्नल कॉर्ड, इण्टरफेस एडॉप्टर या कॉर्ड अथवा डॉटर बोर्ड (daughter board) भी कह दिया जाता है।

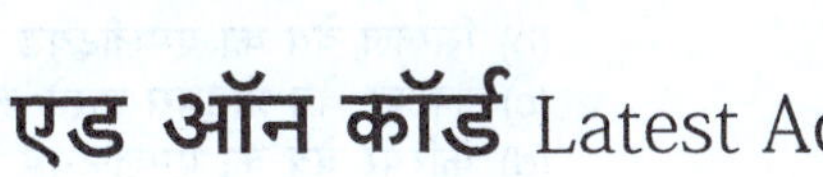

(a) एक्सपेंशन स्लॉट

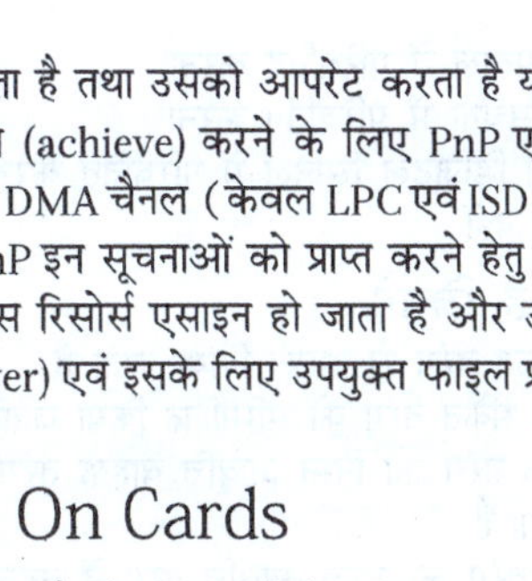

(b) ISA मॉडेम एड ऑन कॉर्ड

चित्र एड ऑन कॉर्ड

चित्र में एक ISA मॉडेम एड ऑन कॉर्ड का ग्रॉफिक प्रदर्शन किया गया है। चित्र के अनुसार एड ऑन कॉर्ड के मुख्यत: दो भाग होते हैं। इसमें पहला भाग गोल्ड प्लेटिड कनैक्टर होता है जोकि मदरबोर्ड के एक्सपेंशन स्लॉट एवं कनैक्टर प्लेट को कनैक्ट करता है। इनके अतिरिक्त इसकी बैक मैटल प्लेट में वह कनैक्शन निहित होते है जोकि आउटसाइड डिवाइस को कॉर्ड एवं कम्प्यूटर के साथ कम्युनिकेट करने में सहायता प्रदान करते हैं। चित्रानुसार इस उदाहरण में मॉडेम में दो RJ-11 जैक है जो फोन लाइन के साथ कम्युनिकेट करते है।

अभ्यास प्रश्न

परीक्षा प्रारूपी प्रश्न

बहुविकल्पीय

1. संकेत तरंगों को उच्च आवृत्ति युक्त वाहक तरंग के साथ मॉडुलेट करने की विधि को क्या कहते हैं?
(a) मोबाइल तकनीक (b) संचार तकनीक
(c) वायर्ड तकनीक (d) इनमें से कोई नहीं

2. ट्रांसमीटर का कार्य है
(a) सूचना को विद्युत सिग्नल में परिवर्तित करना
(b) विद्युत सिग्नल को सूचना में परिवर्तित करना
(c) एनालॉग सिग्नल को डिजिटल सिग्नल में परिवर्तित करना
(d) उपरोक्त में से कोई नहीं

3. मॉडुलेशन वह प्रक्रिया है, जिसमें
(a) वाहक तरंग को संकेत तरंग से अलग किया जाता है
(b) वाहक तरंग के साथ संकेत तरंग को सम्मिलित किया जाता है
(c) उच्च आवृत्ति वाहक तरंग को निम्न आवृत्ति वाहक तरंग में परिवर्तित किया जाता है
(d) अति उच्च आवृत्ति तरंग को उच्च आवृत्ति तरंग में बदला जाता है

4. निम्न में से कौन-सा ब्लॉक संचार प्रक्रिया से सम्बन्धित नहीं है?
(a) ट्रांसमीटर ब्लॉक (b) संचार माध्यम ब्लॉक
(c) रिसीवर ब्लॉक (d) वेवशेपिंग ब्लॉक

5. विद्युत सिग्नल को पुनः सूचना में परिवर्तित करने वाली प्रणाली है
(a) ट्रांसमीटर (b) रिसीवर
(c) ऑप्टिकल फाइबर (d) इनमें से कोई नहीं

6. इलेक्ट्रॉनिक संचार में 'ऑप्टिकल फाइबर' का उपयोग किस रूप में किया जाता है?
(a) संचार माध्यम (b) सिग्नल स्रोत
(c) डिकोडर (d) फिल्टर

7. मॉडुलेशन प्रक्रिया के लिए प्रयुक्त होने वाली वाहक तरंगों की चाल होती है
(a) 3×10^{10} मी/से (b) 8×10^{8} मी/से
(c) 2.5×10^{10} मी/से (d) 3×10^{8} मी/से

8. मॉडुलित रेडियो तरंग से ऑडियो सिग्नल को पथक् करने की क्रिया कहलाती है
(a) डिटेक्शन (b) सैम्पलिंग
(c) क्वाण्टाइजेशन (d) इनमें से कोई नहीं

9. रेडियोतरंगों को प्रेषित करने वाला उपकरण क्या कहलाता है?
(a) ऑसिलेटर (b) डिटैक्टर
(c) ट्रांसफॉर्मर (d) ट्रांसमीटर

10. निम्न में से कौन-सी क्रिया किसी एनालॉग सिग्नल को डिजिटल सिग्नल में परिवर्तित करने के लिए उत्तरदायी है?
(a) सैम्पलिंग (sampling)
(b) क्वाण्टाइजिंग (quantizing)
(c) डिकोडिंग (decoding)
(d) 'a' और 'b' दोनों

11. मॉडुलेटिड रेडियो वेव से धनात्मक अथवा ऋणात्मक एम्प्लीट्यूड्स को पृथक् करने की क्रिया को ········ कहते हैं।
(a) रेक्टीफिकेशन (b) फिल्टरेशन
(c) सलेक्शन (d) डिजिटलाइजेशन

12. मॉडुलेशन कहते हैं
(a) सिग्नल वेव के साथ कैरियर वेव को सम्मिलित करने की प्रक्रिया को
(b) सिग्नल वेव का एम्प्लीट्यूड बढ़ाने की प्रक्रिया को
(c) कैरियर वेव प्रोड्यूस करने की प्रक्रिया को
(d) कैरियर वेव का एम्प्लीट्यूड बढ़ाने की प्रक्रिया को

13. एटेनुएशन (attenuation) में निम्न में से कौन-सी हानि सम्मिलित रहती है?
(a) अवशोषण (absorption) (b) बिखराव (scattering)
(c) विकिर्णता (radiative) (d) ये सभी

14. आवृत्ति की इकाई होती है
(a) Cm (b) km
(c) Hz (d) Newton

15. सूचनाओं को आदान-प्रदान करने की प्रक्रिया क्या कहलाती है?
(a) मॉडुलेशन (b) संचार
(c) क्वाण्टाइजेशन (d) डिजिटलाइजेशन

16. डिजिटल सूचना को प्रसारित करने की गति क्या कहलाती है?
(a) बिट दर (b) संचार दर
(c) संचरण दर (d) ये सभी

17. मॉडेम की ग्राही डिजिटल संचार दर लगभग कितनी होती है?
(a) 50 k bits/sec (b) 56 k bits/sec
(c) 1 M bits/sec (d) 1.2 bits/sec

18. "व्यावहारिक रूप में अधिकतर सभी भौतिक राशियों की प्रकृति एनालॉग प्रकार की होती है।" एक एनालॉग सिग्नल का आयाम समय के साथ ·········· ।
(a) परिवर्तित होता है
(b) केवल दो दशाएँ (0 और 1) दर्शाता है
(c) अपरिवर्तित रहता है
(d) उपरोक्त में से कोई नहीं

19. एक संचार प्रक्रिया में सिग्नल शोर अनुपात (Signal to Noise Ratio SNR) को परिभाषित किया जाता है

(a) $\frac{\text{वांछित सिग्नल शक्ति}}{\text{शोर सिग्नल शक्ति}}$

(b) $\frac{\text{शोर सिग्नल शक्ति}}{\text{वांछित सिग्नल शक्ति}}$

(c) (वांछित सिग्नल शक्ति) $\times$ (शोर सिग्नल शक्ति)

(d) (वांछित सिग्नल) – (शोर सिग्नल)

20. एनालॉग संचार की तुलना में डिजिटल संचार का व्यापक रूप में प्रयोग किए जाने के पीछे मुख्य कारण है

(a) उच्च प्रतिरक्षण क्षमता
(b) सरल त्रुटि चयनता एवं निवारण
(c) महँगी संचार प्रणाली
(d) 'a' और 'b' दोनों

21. निम्न में मैमोरी क्षमता ज्ञात करने का सही सूत्र है

(a) 2^p
(b) $n \times 2^n$
(c) $m \times n$
(d) d^2

22. EPROM इरेज करने के लिए निम्न में से किसका प्रयोग किया जाता है?

(a) लेजर बीम
(b) अल्ट्रावॉयलेट किरणें
(c) पानी
(d) भाप

23. निम्न में से कौन मैमोरी का मात्रक नहीं है?

(a) KB (b) MB (c) GB (d) CCD

24. 2817 A एक .... मैमोरी होती है।

(a) SRAM (b) DRAM
(c) EEPROM (d) EPROM

25. 2114 एक .... मैमोरी होती है।

(a) EEPROM (b) SRAM
(c) DRAM (d) EPROM

26. DRAM को बार-बार .... करना पड़ता है।

(a) Refresh
(b) Erase
(c) Read
(d) Write

27. 8237-DMA नियन्त्रक की डेटा स्थान्तरण की गति .... होती है।

(a) 1.6 MB/S (b) 16 MB/S
(c) 20 MB/S (d) 50 MB/S

28. डॉयरेक्ट मैमोरी एक्सेस कण्ट्रोलर कितने पिन वाली IC है?

(a) 30 (b) 40 (c) 80 (d) 85

29. 8237-DMA कण्ट्रोलर को कितने क्लॉक आवृत्ति की आवश्यकता होती है?

(a) 2 MHz (b) 3 MHz (c) 5 MHz (d) 9 MHz

30. 8237-DMA में एक आन्तरिक मैमोरी, जो रजिस्टरों के रूप में होती है, कितने बिट की होती है?

(a) 300 (b) 350 (c) 344 (d) 360

विविध प्रारूपी प्रश्न

सत्य/असत्य

1. ऑप्टिकल मॉडेम की डेटा रेट सामान्यतः 10^9bps से अधिक होती है।
2. बैण्डविड्थ आवृत्ति की वह श्रृंखला है जिसमें एण्टीना सरलतापूर्वक ऊर्जा का उत्सर्जन प्राप्त करता है।
3. स्टैक RAM का सबसे ऊपर वाला भाग होता है।
4. 8237-DMA कण्ट्रोलर के साथ तीन I/O युक्तियाँ इण्टरफेस की जा सकती हैं।
5. टाइमिंग कण्ट्रोल ब्लॉक 8237-DMA के लिए आन्तरिक तथा बाह्य कण्ट्रोल सिग्नल उत्पन्न करता है।

रिक्त स्थानों की पूर्ति

1. ऑटो-आंसर मॉडेम का प्रयोग .... नेटवर्किंग के लिए किया जाता है।
2. डेटा ट्रांसमिशन के दो मोड्स होते हैं;-एसिंक्रोनस तथा ....।
3. 1 निबल में .... बिट होती हैं।
4. उच्च गति पर बहुत अधिक डेटा स्थानान्तरण में भी .... का प्रयोग किया जाता हैं।
5. प्राथमिकता एनकोड ब्लॉक, DMA चैनलों के मध्य .... को Resolve करता है।

अतिलघु उत्तरीय

1. मॉडेम क्या है?
2. मॉडेम के विभिन्न प्रारूपों के नाम लिखिए।
3. सिंक्रोनस ट्रांसमिशन से आप क्या समझते हैं?
4. जनरल पर्पज रजिस्टर्स से आपका क्या आशय है?
5. स्लेव मोड में माइक्रोप्रोसेसर तथा DMA कण्ट्रोलर किस की भाँति कार्य करता है?

लघु उत्तरीय

1. मॉडेम के अभिलक्षण से आप क्या समझते हैं? संक्षेप में उत्तर दीजिए।
2. मॉडेम के विभिन्न प्रारूपों को संक्षिप्त में समझाइए।
3. मैमोरी संगठन से आप क्या समझते हैं?
4. 8237-DMA कण्ट्रोलर की प्रमुख विशेषताएँ लिखिए।
5. 8237-DMA कण्ट्रोलर का पिन आरेख बनाइए।

दीर्घ उत्तरीय

1. मॉडेम क्या है? इसके अभिलक्षणों एवं प्रारूपों को विस्तार से समझाइए।
2. एसिंक्रोनस तथा सिंक्रोनस ट्रांसमिशन का विस्तृत वर्णन कीजिए।
3. प्रोग्राम एवं डेटा मैमोरी की अवधारणा क्या है? समझाइए।
4. 8237-DMA कण्ट्रोलर से आप क्या समझते हैं? ब्लॉक आरेख सहित समझाइए।

उत्तरमाला

बहुविकल्पीय

1. (b)	**2.** (a)	**3.** (b)	**4.** (d)	**5.** (b)	**6.** (a)	**7.** (d)	**8.** (a)	**9.** (d)	**10.** (d)
11. (a)	**12.** (a)	**13.** (d)	**14.** (c)	**15.** (b)	**16.** (b)	**17.** (b)	**18.** (a)	**19.** (a)	**20.** (d)
21. (c)	**22.** (b)	**23.** (d)	**24.** (c)	**25.** (b)	**26.** (a)	**27.** (a)	**28.** (b)	**29.** (b)	**30.** (c)

सत्य/असत्य

1. सत्य **2.** सत्य **3.** असत्य **4.** असत्य **5.** सत्य

रिक्त स्थानों की पूर्ति

1. डॉयल-अप **2.** सिंक्रोनस **3.** 4 **4.** DMA **5.** Priority

❑❑❑

अध्याय 08

पोस्ट कोड
Post Code

परिचय Introduction

कम्प्यूटर के सन्दर्भ में पोस्ट से अभिक्रिया पावर-ऑन-सैल्फ-टैस्ट (Power on self test, Post) से है। पोस्ट, सामान्यत: कम्प्यूटर अथवा इलेक्ट्रॉनिक युक्ति के पावर ऑन होने के पश्चात् तुरन्त घटित होने वाला प्रोसेस है, जोकि फर्म वेयर अथवा सॉफ्टवेयर की सहायता से सम्पन्न किया जाता है। इस अध्याय में मुख्य रूप से कम्प्यूटर सम्बन्धी पोस्ट कोड की चर्चा की गई है जबकि पोस्ट कोड का सम्बन्ध महत्त्वपूर्ण उपकरणों, संचार अथवा मेडिकल उपकरणों से भी है। पोस्ट के रन करने के बाद प्राप्त होने वाला रिजल्ट डिवाइस पैनल पर डिस्प्ले हो सकता है, बाहरी युक्तियों को प्रदान किया जा सकता है अथवा डॉयग्नोस्टिक टूल के द्वारा भविष्य में कार्य हेतु स्टोर किया जा सकता है। यह सैल्फ टैस्ट डिस्प्ले द्वारा, इण्डीकेटर लैम्प द्वारा अथवा स्पीकर द्वारा उपयोगकर्ता को अपनी उपस्थिति का अहसास कराता है तथा विभिन्न प्रकार के इण्डीकेशन; जैसे—लगातार बीप बजना, लम्बी बीप सुनाई देना आदि के द्वारा एरर कोडों को दर्शाता है। कम्प्यूटर में पोस्ट एरर मैसेज उस समय मॉनीटर पर डिस्प्ले होता है जब पावर-ऑन-सैल्फ-टैस्ट करते समय पर्सनल कम्प्यूटर को स्टार्ट होने सम्बन्धी समस्या उत्पन्न हो जाती है। यदि कम्प्यूटर बूट होने के बाद सैल्फ टैस्ट नहीं कर पाता है तो वह मॉनीटर पर डिस्प्ले होता है अन्यथा इससे पहले की स्थिति में सैल्फ टैस्ट सम्पन्न न कर पाने पर पोस्ट कोड बीप रूपी कोड उत्पन्न करता है। डिस्प्ले अथवा बजर द्वारा उत्पन्न किए जाने वाले दोषों को पहचान कर तकनीशियन उचित दोष को सर्च करके दूर कर देता है। इस अध्याय में विभिन्न कम्प्यूटर सम्बन्धी दोषों के लिए उत्पन्न होने वाले पोस्ट कोड एरर मैसेज की चर्चा की गयी है।

8.1 श्रेणी दोष हेतु पोस्ट एरर मैसेज कोड
Post Error Message Code For Serial Problem

समानान्तर पोर्ट के समान ही डॉयग्नोस्टिक पैकेज जब सीरियल लूप बैक टैस्ट के लिए उपयोगकर्ता से पूछता है जब वह सीरियल पोर्ट कनेक्टर को पोर्ट के साथ कनेक्ट करके रन करता है। किसी IRQ अथवा एड्रेसिंग कॉन्फ्लिक्ट (addressing conflicts) के सीरियल पोर्ट एवं अन्य इन्स्टॉल्ड ऑप्शन के मध्य उत्पन्न होने पर उसे चैक करने के लिए डॉयग्नोस्टिक प्रोग्राम का उपयोग किया जाता है। सीरियल लूप बैक प्लग भौतिक रूप (physically) से पैरेलल लूप बैग प्लग से भिन्न होता है। सीरियल लूप बैक प्लग सीरियल डिवाइस के प्रचालन को सिम्युलेट (simulate) कर सकता है। टैस्टिंग कार्य हेतु इसके साथ एक लाइव सीरियल डिवाइस भी संयोजित की जा सकती है, परन्तु प्रिन्टर जैसी डिवाइस संयोजित करने पर दोष-निवारण प्रक्रिया के समय कुछ अन्य समस्याएँ भी उत्पन्न हो सकती हैं। इसलिए प्रिन्टर जैसी डिवाइस को दोष-निवारण प्रक्रिया (troubleshooting process) के समय कम्प्यूटर से संयोजित नहीं करना चाहिए।

सीरियल पोर्ट सम्बन्धी पोस्ट एरर मैसेज कोड निम्नवत् हैं

(i) 011-XXX-000
Failed COM1 serial port test.
Check the system board.

(ii) 011-XXX-001
Failed COM2 serial port test.
Check the system board.

8.2 समानान्तर दोष हेतु पोस्ट एरर मैसेज कोड
Post Error Message Code for Parallel Problem

समानान्तर पोर्ट सम्बन्धी दोषों को पहचानने के लिए सॉफ्टवेयर डॉयग्नोस्टिक पैकेज को रन करते हैं। पैरेलल पोर्ट सम्बन्धी दोष, सामान्य दोषों के अन्तर्गत नहीं आता है, क्योंकि पैरेलल पोर्ट के फेल हो जाने की स्थिति में कम्प्यूटर सिस्टम के मुख्य अवयवों पर कोई प्रभाव नहीं पड़ता है। पोर्ट पर

टैस्ट करने के लिए सॉफ्टवेयर डॉयग्नोस्टिक पैकेज को रन कराने हेतु सामान्यतया पैरेलल पोर्ट कनेक्टर में लूप बैक प्लग की आवश्यकता होती है। लूप बैक प्लग प्रिन्टर डिवाइस को आउटपुट सिग्नल पोर्ट से पोर्ट इनपुट पिन की ओर कनेक्ट करके सिम्युलेट करता है। टैस्टिंग कार्य हेतु पोर्ट के साथ एक लाइव प्रिन्टर संयोजित किया जा सकता है, परन्तु दोष निवारण प्रक्रिया में प्रिन्टर लगाते समय कुछ अन्य दोष भी उत्पन्न होने की सम्भावना बढ़ जाती है। यदि कम्प्यूटर एवं प्रिन्टर के मध्य प्रिन्टर स्विच बॉक्स उपस्थित होता है तब प्रिन्टर शियरिंग उपकरण को हटाकर प्रिन्टर को कम्प्यूटर से सीधे ही कनेक्ट कर देते हैं और डिवाइस में डायरेक्ट प्रिन्ट निकालने का प्रयास करते हैं। पैरेलल पोर्ट सम्बन्धी पोस्ट एरर मैसेज कोड निम्नवत् है

014-XXX-000
Failed parallel port test.
Check the system board.

8.3 USB **दोष हेतु पोस्ट एरर मैसेज कोड**
Post Error Message Code For USB Problem

पर्सनल कम्प्यूटर में पैरीफेरल डिवाइस को जोड़ने के लिए सामान्यत: USB पोर्ट का प्रयोग अधिक चलन में है। USB पोर्ट से सम्बन्धित दोषों को पहचानने के लक्षण निम्न तीन सामान्य क्षेत्रों से सम्बन्धित होते हैं

(i) USB हार्डवेयर डिवाइस (ii) USB कण्ट्रोलर (iii) USB ड्राइवर

अन्य प्रकार के पोर्ट के समान ही USB पोर्ट सम्बन्धी दोषों का निवारण आरम्भ करने से पूर्व CMOS सेटअप स्क्रीन चैक करें, जहाँ पर USB फंक्शन एनेबल होना चाहिए। CMOS सेटअप स्क्रीन पर USB फंक्शन एनेबल होने पर डिवाइस मैनेजर में जाकर उसका सत्यापन (verification) अवश्य कर लेना चाहिए। विण्डोज 2000 में USB कण्ट्रोलर को यूनिवर्सल सीरियल बस कण्ट्रोलर अथवा ह्यूमन इण्टरफेस डिवाइस एण्ट्री में प्रदर्शित किया जाता है। यदि USB कण्ट्रोलर डिवाइस मैनेजर में डिस्प्ले नहीं हो रहा है अथवा कण्ट्रोलर के आगे येलों वार्निंग आइकन (yellow warning icon) प्रदर्शित हो रहा है तो सिस्टम बॉयस (system's BIOS) आउटडेटिड हो सकता है। इसके लिए अपडेटिड कॉपी की आवश्यकता पड़ती है। यदि कण्ट्रोलर डिवाइस मैनेजर में उपस्थित है तब USB कण्ट्रोलर एण्ट्री पर राइट क्लिक (right click) करके प्रोपर्टीज पर क्लिक करें। यदि इस स्थिति में कोई समस्या उत्पन्न होती है तो चित्रानुसार डिवाइस स्टेटस विण्डो पर मैसेज दिखाई देता है। यहाँ इस समस्या को दूर करने के लिए दोष एवं उनके लिए उपयुक्त सुझावों का वर्णन दिया जा रहा है।

यदि बॉयस एवं कण्ट्रोलर की सेटिंग उचित प्रतीत हो रही है तब USB पोर्ट ड्राइवर को चैक करना चाहिए। डिवाइस मैनेजर में इस पोर्ट की अलग से एण्ट्री होती है, जोकि आप यूनिवर्सल सीरियल बस कण्ट्रोलर ऑप्शन पर जाकर क्लिक करके प्राप्त कर सकते हैं।

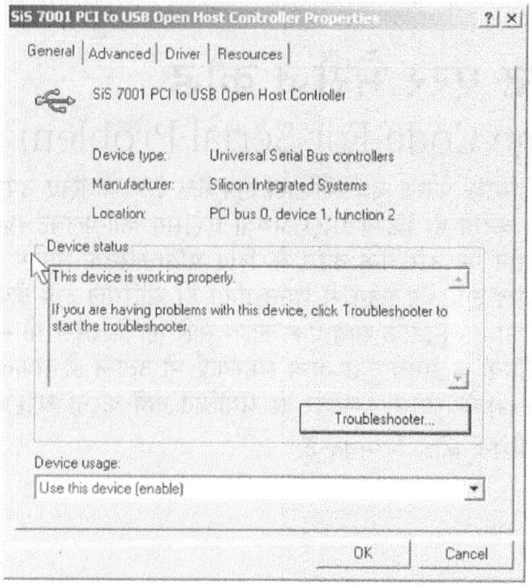

चित्र USB कण्ट्रोलर प्रोपर्टी डायलॉग बॉक्स

अब USB रूट हब एण्ट्री (root hub entry) पर राइट क्लिक करके तथा इसके बाद प्रोपर्टीज पर क्लिक करें। यदि USB डिवाइस ऑटोमैटिक रूप से स्वत: इन्स्टॉल नहीं हो पा रही है तब डिवाइस के लिए ड्राइवर लोड करने में कुछ गलती हो गयी है। अत: इस स्थिति में उसे रिमूव करना आवश्यक है। USB ड्राइवर को पूर्ण रूप से रिमूव करने के लिए निम्नलिखित पदों को सम्पन्न करें

1. USB डिवाइस को कम्प्यूटर सिस्टम से डिसकनेक्ट करके सिस्टम को सेफ मोड में स्टार्ट करें।
2. विण्डोज 2000 से सम्बन्धित ऑपरेटिंग सिस्टम हेतु कम्प्यूटर सिस्टम ऑपरेटिंग सिस्टम के बारे में पूछता है। अब अप एवं डाउन एरो-की (arrow keys) द्वारा विण्डोज 2000 प्रोफेशनल अथवा विण्डोज 2000 सर्वर को हाईलाइट करें तथा एण्टर (enter) प्रेस करें। यदि अलर्ट मैसेज दिखाई देता है तो ध्यानपूर्वक पढ़कर 'ओके' बटन पर क्लिक करके क्लोज करें।

3. डिवाइस मैनेजर को ओपन करके इच्छित USB डिवाइस पर क्लिक करें तथा रिमूव बटन दबाएँ। उपयोगकर्ता द्वारा सलेक्ट की जाने वाली डिवाइस यूनिवर्सल सीरियल बस कण्ट्रोलर, अन्य (other) डिवाइस, अज्ञात डिवाइस (unknown device) अथवा एक विशिष्ट डिवाइस कैटेगरी में उपस्थित हो सकती है।
4. अब स्टार्ट मेन्यू पर क्लिक करें एवं शट डाउन ऑप्शन पर क्लिक करें तथा रिस्टार्ट एण्ट्री पर क्लिक करके 'OK' बटन पर क्लिक करें।
5. USB डिवाइस को कम्प्यूटर के साथ सीधे ही संयोजित करें। यदि सिस्टम डिवाइस को स्वत: डिटैक्ट नहीं कर पाता है तब उपयोगकर्ता को डिवाइस ड्राइवर को मैनुअली इन्स्टॉल करना चाहिए। USB पोर्ट, सम्बन्धी पोस्ट एरर कोड मैसेज निम्नवत् हैं

   (i) 015 –XXX –001
   USB 1 interface not found, board damaged.
   Not applicable. The USB interface is not supported in ACNS software.

   (ii) 015 - XXX - 015
   Failed USB 1 external loopback test.
   Not applicable. The USB interface is not supported in ACNS software.

   (iii) 015 - XXX - 198
   USB 1 device connected during USB test.
   Not applicable. USB peripheral devices are not supported in ACNS software.

8.4 प्रिन्टर दोष हेतु पोस्ट एरर मैसेज कोड
Post Error Message Code for Printer Problem

कम्प्यूटर सिस्टम के साथ प्रिन्टर का उपयोग विविध प्रकार के प्रिन्टआउट निकालने हेतु किया जाता है। प्रिन्टर के उचित प्रकार कार्य न कर पाने पर कम्प्यूटर सिस्टम के मॉनीटर पर विभिन्न एरर कोड डिस्प्ले होते है, जिनमें से मुख्य एरर कोड एवं उनके अर्थ निम्नलिखित हैं, जोकि HP प्रिन्टर से सम्बन्धित हैं

1. Error 10
   Supply memory error. Error format is 10.XX.YY
   XX Description 00 memory error on the cartridge or 01 memory device not found
   10.00.00 Black print cartridge
   10.00.01 Cyan print cartridge
   10.00.02 Megenta print cartridge
   10.00.03 Yellow print cartridge
2. Error 10.32.00–Authorized supply
3. Error 11–Paper out
4. Error 12–Printer open
5. Error 13–Paper jam
6. Error 14–No EP Cartridge or No Toner Cartridge
7. Error 16–Toner low
8. Error 18–MIO Not ready
9. Error 20–Memory Overflow/Insufficient memory
10. Error 21–Print Overrun
11. Error 22–I/O Config. Error/Par I/O Error/MIO Error
12. Error 23–I/O not ready
13. Error 24–Job memory full
14. Error 30–PS error 16
15. Error 41–Momentary Error
16. Error 41-X–Temporary Error Occured
17. Error 43/Error 43 OPT INTERFACE–Communication problem between the formatter PCA and an Optional interface installed.

18. Error 49 XXXX–Critical Firmware error
19. Error 51–Loss of Beam detect
20. Error 55–DC Controller not receiving the proper information upon startup
21. Error 57–Main motor problem
22. Error 59–Add memory
23. Error 60.2–Tray 2 Lifter motor not functioning
24. Error 62.X–Improperly seated SIMMS or Font cartridge/Defective internal memory
25. Error 67–Defective Formatter PCA

8.5 मॉडेम दोष हेतु पोस्ट एरर मैसेज कोड
Post Error Message Code for Modem Problem

मॉडेम सम्बन्धी दोषों को चैक करने के लिए इन्हें निम्न दो वर्गों में विभाजित किया गया है

1. बाहरी मॉडेम (External Modem)
2. आन्तरिक मॉडेम (Internal Modem)

आन्तरिक मॉडेम को चैक करने के लिए किसी भी इनपुट/आउटपुट कार्ड को चैक करने हेतु प्रयोग होने वाले चरणों का ही अनुसरण करते हैं। सबसे पहले उसके हार्डवेयर एवं सॉफ्टवेयर कॉन्फिगुरेशन को चैक करते हैं, सिस्टम को चैक करते हैं तथा उचित ड्राइवर को चैक करते हैं। मॉडेम के कार्य करने के पीछे सर्वाधिक सामान्य कारण उचित सॉफ्टवेयर सेटअप न होना है। इसलिए सर्वप्रथम उचित सॉफ्टवेयर सेटअप को इन्स्टॉल करते हैं। अब सभी केबल कनेक्शनों को चैक करते हैं कि वे सही प्रकार कनेक्ट हैं और उनका कार्य सही है। अब मॉडेम हार्डवेयर का परीक्षण करते हैं। इसी प्रकार बाहरी मॉडेम को चैक करते समय उसे बाहरी पैरीफेरल के समान चैक करते हैं। सीरियल पोर्ट के साथ मॉडेम को सैपरेट I/O पोर्ट के समान मानते हैं। मॉडेम सम्बन्धी सामान्य दोष निम्नवत् हैं

1. मॉडेम से कोई रेस्पॉन्स न मिलना।
2. मॉडेम द्वारा डॉयलिंग न होना।
3. नम्बर डॉयल होने के बाद भी मॉडेम कनेक्ट न होना।
4. कनेक्शन हो जाने के पश्चात् भी रिमोट यूनिट के साथ डेटा ट्रांसमिट न करना।
5. ऑपरेशन हेतु मॉडेम उचित प्रकार इन्स्टॉल न होना।
6. मॉडेम द्वारा कम्युनिकेशन सेशन टर्मिनल न होना।
7. मॉडेम द्वारा फाइल ट्रांसफर न होना।
8. COM पोर्ट सम्बन्धी दोष

मॉडेम सम्बन्धी पोस्ट एरर कोड मैसेज निम्नवत् है

415-XXX-OOO

Failed Modem 9 Test

Not applicable No modem installed

8.6 विण्डोज स्टार्ट अप दोष हेतु पोस्ट एरर मैसेज कोड
Post Error Message Code for Windows Start-up Problem

विण्डोज स्टार्ट अप सम्बन्धी दोषों को निम्न प्रकार से समझा जा सकता है। विण्डोज 95 स्टार्ट अप सम्बन्धी दोष Windows 95 start up Related Problems विण्डोज 95 सम्बन्धी स्टार्ट अप समस्याएँ एवं एरर मैसेज उस समय डिस्प्ले होते हैं जब कम्प्यूटर रेस्पॉन्स देना बन्द कर देता है अथवा एरर मैसेज पर आकर रुक जाता है। विण्डोज 95 सम्बन्धी दोष, उनके एरर मैसेज तथा उनके निवारण हेतु सुझाव यहाँ पर दिये जा रहे हैं।

सेफ मोड Safe Mode

यदि विण्डोज 95 स्टार्ट नहीं हो रही है तो उसको सेफ मोड में स्टार्ट करने का प्रयास करें। सेफ मोड में विण्डोज 95 को स्टार्ट करने के लिए फंक्शन की 'F8' दबाएँ, जिससे स्टार्टिंग विण्डोज 95 का मैसेज उपयोगकर्ता को स्क्रीन पर दिखायी देता है तथा वह स्टार्ट अप मेन्यू में से 'सेफ मोड' ऑप्शन को सलेक्ट कर लेता है। यदि विण्डोज 95 सेफ मोड में स्टार्ट नहीं हो पाती है तो अगले शीर्षक के अनुसार कार्य करें।

सेफ मोड में विण्डोज 95 का स्टार्ट न होना Windows 95 Does not Start in Safe Mode

निम्न परिस्थितियों के कारण विण्डोज 95 सेफ मोड में स्टार्ट नहीं हो पाती है

1. 129972 — कम्प्यूटर में वायरस का उपस्थित होना
2. 118579 — विण्डोज Msdos.sys फाइल सम्बन्धी दोष
3. 155364 — पहले ऑपरेटिंग सिस्टम के बूट करने के बाद OSR 2 का हैंग होना।

विण्डोज 95 का सेफ मोड में स्टार्ट होना Windows 95 Starts in Safe Mode

विण्डोज 95 के सेफ मोड में स्टार्ट हो जाने के पश्चात् किसी डिवाइस के लोड होने में आने वाली समस्या हेतु स्टार्ट अप प्रोसेस सम्बन्धी स्टैप्स का प्रयोग करते हैं। इसके लिए कम्प्यूटर को रिस्टार्ट करते हैं। 'स्टॉर्टिंग विण्डोज 95' मैसेज को देखने के बाद फंक्शन की 'F8' को दबाते हैं तथा स्टार्टअप मेन्यू से स्टेप-बाई-स्टेप कन्फर्मेशन सलेक्ट करते हैं। नीचे प्रदर्शित की गई तालिका में विभिन्न प्रकार के स्टार्ट अप ऑप्शन दर्शाए गए हैं। ये ऑप्शन बूट A, बूट B, बूट C एवं बूट D नाम से प्रदर्शित किए गए हैं। इन सभी ऑप्शन को चलाकर उनके रिजल्ट नोट करें। बूट ऑप्शन प्रयोग करते समय तालिका के अनुसार 'Y' अथवा 'N' प्रेस करें।

तालिका स्टार्ट अप ऑप्शन

	Boot A	Boot B	Boot C	Boot D
Load Drive Space Driver?	(Y)es	(Y)es	(Y)es	(Y)es
Process the system registry?	(Y)es	(Y)es	(Y)es	(N)o
Create a startup log file (Bootlog.txt)?	(Y)es	(Y)es	(Y)es	(Y)es
Process your startup device drivers (Config.sys)?	(N)o	(N)o	(Y)es	(Y)es
Device =<path>\Himem.sys?	(Y)es	(Y)es	(Y)es	(Y)es
Device=<path>\Ifshlp.sys?	(Y)es	(Y)es	(Y)es	(Y)es
Device=<path>\Dblbuff.sys?	(Y)es	(Y)es	(Y)es	(Y)es
Device=<path>\Setver.exe?	(Y)es	(Y)es	(Y)es	(Y)es
Process your startup command file (Autoexec.bat)?	(N)o (N)o	(N)o (N)o	(Y)es (Y)es	(Y)es (Y)es
Load the Windows graphical user interface?	(Y)es	(Y)es	(Y)es	(Y)es
Load all Windows Drivers?	(N)o	(Y)es	(N)o	(Y)es

यदि विण्डोज 95 बूट A के साथ स्टार्ट न हो तो उसे बूट D ऑप्शन के साथ स्टार्ट करने की कोशिश करें। यदि बूट D के साथ वह स्टार्ट हो जाती है तो ड्राइवर के साथ कोई समस्या है। इसी प्रकार बूट B के साथ विण्डोज 95 स्टार्ट न होने पर बूट C के साथ स्टार्ट करें। स्टार्ट हो जाने पर उसके ड्राइवर अथवा TSR लोडिंग सम्बन्धी दोष उपस्थित होने की सम्भावना रहती है। बूट C के साथ विण्डोज 95 स्टार्ट न होने पर बूट D के साथ कोशिश करें तथा स्टार्ट होने पर विण्डोज 95 प्रोटेक्टिड मोड ड्राइवर सम्बन्धी दोष हो सकता है। बूट D के साथ स्टार्ट न होने पर 'System.ini' के स्टैप का अनुसरण करें, क्योंकि इस स्थिति में सिस्टम रजिस्ट्री सम्बन्धी समस्या हो सकती है।

विण्डोज 7 एवं विस्टा स्टार्ट अप सम्बन्धी दोष

Windows 7 and Vista Start up Related Problems

विण्डोज 7 अथवा विस्टा के सही प्रकार बूट न करने के कारण कम्प्यूटर के स्टार्ट न होने पर उपयोगकर्ता को परेशानी का सामना करना पड़ता है। इसके लिए रिकवरी टूल भी उपलब्ध है जोकि स्टार्टिंग सम्बन्धी प्रोब्लम को फिक्स कर देता है। विण्डोज के उचित प्रकार बूट न होने के कारण हार्डवेयर चेंज, अनापेक्षित शटडाउन अथवा अन्य एरर उत्पन्न हो जाती है। रिपयेर एवं रिकवरी टूल के द्वारा विण्डो को सामान्य रूप से स्टार्ट अथवा बूट करने की सुविधा प्राप्त होती है। इसके लिए कम्प्यूटर की पावर ऑफ करके उसे पुनः ऑन करते हैं तथा 'F8' फंक्शन की को तब तक दबाते हैं जब तक कि एडवांस बूट ऑप्शन स्क्रीन दिखायी नहीं देती है। अब रिपेयर पर हाईलाइट करके एण्टर दबाते हैं। रिपेयर सम्बन्धी कोड एवं उनके अर्थ निम्नलिखित हैं

1. 10 srt – "windows is loading files" मैसेज दिखायी देगा।
2. 11 srt – राइट की-बोर्ड इनपुट विधि का चयन करें।
3. 12 srt – यदि आप कमाण्ड प्रोम्पट को एक्सेस करना चाहते हैं तो लोकल यूजर अथवा एडमिनिस्ट्रेटर के समान लॉग करें।

4. 13 srt – विविध प्रकार के सिस्टम रिकवरी ऑप्शन में से चयन करें। स्टार्ट अप रिपेयर पर क्लिक करें जिससे दोष निवारण प्रोसेस आरम्भ होकर दोषों को डिटेक्ट करके फिक्स कर दें।
5. 14 srt – स्टार्ट अप स्कैन करके सिस्टम को रिपेयर करना आरम्भ कर देगा।
6. 15 srt – इसमें सिस्टम रिस्टोर के विषय में ऑप्शन आएगा। इस ऑप्शन का प्रयोग न करें अर्थात् इसे कैंसिल कर दें।
7. 16 srt – सिस्टम रिस्टोर प्रोसेस स्टार्ट होकर कार्य पूर्ण करके सैटिंग्स पर पुन: पहुँच जाता है।
8. 19 srt – रिस्टोर हो जाने के बाद ''सक्सेसफुल'' का मैसेज दिखाई देता है। अब कम्प्यूटर सिस्टम को रिस्टार्ट करने की आवश्यकता होती है।
9. 20 srt – यदि समस्या फिक्स नहीं होती है तो 'It can't be fixed automatically' मैसेज प्राप्त होता है।
10. 18 srt – यह ऑप्शन माइक्रोसॉफ्ट को एरर डिटेल भेजता है।
11. 17 srt – विस्टा में स्टार्ट अप रिपेयर इन्स्टॉलेशन डिस्क को लगाकर करते हैं। इसमें भाषा को सलेक्ट करके नेक्स्ट पर क्लिक करते हैं।
12. 23 srt – इसमें 'रिपेयर योर कम्प्यूटर' पर क्लिक करें।
13. 24 srt – सिस्टम रिकवरी ऑप्शन विण्डो दिखाई देगी तथा ड्राइव पर OS को सर्च करें।
14. 25 srt – स्टार्ट अप रिपेयर को रन करा दें।
15. 26 srt – मैमोरी डॉयग्नोस्टिक टूल से कम्प्यूटर मैमोरी सम्बन्धी एरर चैक करें।

8.7 अवैध प्रचालन दोष हेतु पोस्ट एरर मैसेज कोड
Message Code for Illegal Operational Problem

अवैध प्रचालन (illegal operation) की स्थिति में कम्प्यूटर स्क्रीन पर एरर मैसेज अक्सर दिखाई देता है। यह ऑपरेटिंग सिस्टम को कमाण्ड देता है अथवा कम्प्यूटर प्रोसेसर को सूचना प्रदान करता है कि किया जाने वाला ऑपरेशन ऑपरेटिंग सिस्टम अथवा प्रोसेसर के लिए अपरिचित (unknown) है तथा वह यह कार्य सम्पन्न करने में सक्षम नहीं हैं। इसके परिणामस्वरूप ऑपरेटिंग सिस्टम अथवा प्रोसेसर उस प्रोग्राम को टर्मिनेट कर देते हैं तथा "अवैध (illegal)" रिक्वेस्ट भेज देते हैं। यदि यह प्रोग्राम एक एप्लीकेशन होता है तो एण्टर किया गया डेटा समाप्त होने की भी स्थिति उत्पन्न हो सकती है। इस दोष को समाप्त करने के लिए ऑपरेटिंग सिस्टम को रीबूट करें तथा पुन: प्रचालन करने का प्रयास करें। बार-बार इस प्रकार का दोष उत्पन्न होने की स्थिति में सॉफ्टवेयर वेण्डर को रिपोर्ट करनी चाहिए।

8.8 वायरस सुरक्षा उपयोगिता दोष हेतु पोस्ट एरर मैसेज कोड
Error Message Code for Virus Protection Utility Problem

वायरस एवं फायरवॉल सुरक्षा के लिए एरर कोड "19100101" होता है। पहले वायरस सुरक्षा हेतु एरर कोड "80240020" था, परन्तु अब "C1900101" हो गया है। एरर कोड "80240020" मीडिया कार्ड रीडर को रिमूव कर देता था तथा USB 3.0 इण्टरफेस PCI कार्ड को फिक्स करके Norton 360 को टर्न ऑफ कर देता था। यह win 10 pro को अपडेट हेतु स्टार्ट एवं फिनिश करने पर अनुमति प्रदान करता था। एरर कोड "19100101" उत्पन्न होने पर फायरफॉक्स केवल ब्लैंक पेज ओपन करता है तथा एडोब सॉफ्टवेयर कार्य नहीं कर पाते हैं।

8.9 बाहरी युक्ति दोष हेतु पोस्ट एरर मैसेज कोड
Post Error Message Code for External Devices Problem

किसी भी सिस्टम में उत्पन्न हुए दोष को पहचानने के लिए निम्न पदों (steps) का प्रयोग करें

1. सभी एक्सटर्नल डिवाइस एवं सिस्टम की पावर ऑफ कर दें।
2. सभी केबल एवं पावर कोड को चैक करें।
3. टर्मिनल पर उपस्थित सभी डिस्प्ले कण्ट्रोल को सेट करें अथवा उन्हें मध्यम पोजीशन पर सेट करें।
4. सभी एक्सटर्नल डिवाइस की पावर ऑन करें।
5. सिस्टम की पावर ऑन करें।
6. यदि स्क्रीन पर कोई एरर मैसेज डिस्प्ले हो रहा है तो पोस्ट एरर मैसेज को रिकॉर्ड करें। पोस्ट एरर कोड को पहचानने के लिए पोस्ट एरर मैसेज में से कोड को देखकर उसका अर्थ समझें।
7. फ्रन्टपैनल पर उपस्थित LED पर सिस्टम एरर सम्बन्धी दोष चैक करें।
8. सिस्टम एरर लॉग चैक करें।
9. डॉयग्नोस्टिक प्रोग्राम को स्टार्ट करें एवं उसके रेस्पॉन्स को चैक करें।
10. डॉयग्नोस्टिक प्रोग्राम से प्राप्त रेस्पॉन्स के अनुसार दोषी डिवाइस का निर्धारण करें।

बाहरी युक्ति सम्बन्धित दोषों के लिए उत्पन्न होने वाले पोस्ट एरर मैसेज कोड निम्नवत् हैं

पोस्ट एरर मैसेज कोड	अर्थ
301	Keyboard 1 or Keyboard controller error
303	Keyboard 1 controller error
602	Invalid disk 2 boot record
604	Disk 2 drive error
605	Unlock failure. 2 (The device does not support a disk drive)
662	Disk 2 drive configuration error
762	Coprocessor Configuration error
962	Parallel port error
1600	The system management processor is not functioning
1762	Hard disk configuration error
178X	Fixed disk error
1962	Drive does not contain a valid boot sector
2400	Video controller test failure
2462	Video memory configuration error
5962	IDE CD-ROM drive configuration error
8603	Pointing device error
00181000	PCI error
01295085	ECC checking hardware test error
19990301	Hard disk sector error
19990305	Hard disk sector error, no operating system installed
264-XXX-999	Errors on multiple tape drives
405-XXX-000	Failed Ethernet test on controller on the system board

अभ्यास प्रश्न

परीक्षा प्रारूपी प्रश्न

बहुविकल्पीय

1. 'POST' का पूर्ण रूप है
   (a) Post office software test
   (b) Power on self test
   (c) Power off self test
   (d) इनमें से कोई नहीं

2. त्रुटि (error) हैण्डलिंग से ज्ञात किया जा सकता है
   (a) त्रुटि (error) का कारण (b) त्रुटि (error) का जनक
   (c) 'a' और 'b' दोनों (d) इनमें से कोई नहीं

3. विण्डोज 2000 में OSB कण्ट्रोलर को निम्न में किसमें प्रदर्शित किया जाता है?
   (a) यूनिवर्सल सीरियल इण्टरफेस
   (b) ह्यूमन इण्टरफेस डिवाइस एण्ट्री
   (c) 'a' और 'b' दोनों
   (d) उपरोक्त में से कोई नहीं

4. USB डिवाइस का स्वचालित रूप से स्वतः इन्सटॉल न होने का मुख्य कारण है
   (a) ड्राइवर लोड का सही प्रचालन न होना
   (b) बॉयस की सेटिंग सही न होना
   (c) डिवाइस मैनेजर में समस्या होना
   (d) उपरोक्त सभी

5. सीरियल पोर्ट (serial port) के साथ मॉडेम को किसके समान मानते हैं?
   (a) मैसेज पोर्ट (b) फंक्शन पोर्ट
   (c) I/O पोर्ट (d) इनमें से कोई नहीं

6. मैमोरी की स्टोरेज क्षमता किसमें मापी जाती है?
   (a) बाइट में (b) किलोबाइट में
   (c) मेगाबाइट में (d) ये सभी

7. वायरस एवं फायरवॉल सुरक्षा के लिए एरर कोड होता है
   (a) 80240010 (b) 1980021
   (c) 19100101 (d) इनमें से कोई नहीं

8. यदि कम्प्यूटर की स्क्रीन पर '015-XXX-001' मैसेज डिस्प्ले हो रहा है तो इसका क्या अर्थ है?
(a) बोर्ड डैमेज्ड (b) नॉट एप्लीकेबल
(c) 'a' और 'b' दोनों (d) USBI डिवाइस कनेक्टेड

9. HP प्रिन्टर से सम्बन्धित त्रुटि कोड 'Error-II' कम्प्यूटर स्क्रीन पर डिस्प्ले होता है; जिसका अर्थ है
(a) पेपर आउट (b) पेपर जैम
(c) प्रिन्टर ओपन (d) इनमें से कोई नहीं

10. यदि H.P प्रिन्टर की जॉब मैमोरी फुल है, तो कम्प्यूटर स्क्रीन पर क्या मैसेज डिस्प्ले होगा?
(a) Error-18 (b) Error-16
(c) Error-22 (d) Error-24

विविध प्रारूपी प्रश्न

सत्य/असत्य

1. पोस्ट, एक कम्प्यूटर अथवा इलेक्ट्रॉनिक युक्ति के पावर ऑन होने के पश्चात् तुरन्त घटित होने वाला प्रोसेस है।
2. सीरियल लूप बैक प्लग सीरियल डिवाइस के प्रचालन को सिम्युलेट कर सकता है।
3. मॉडेम को स्टार्ट करने के लिए PC में सॉफ्टवेयर इन्स्टॉल करने की आवश्यकता नहीं होती है।
4. सीरियल पोर्ट के साथ मॉडेम को सैपरेट I/O पोर्ट के समान माना जाता है।
5. रिपेयर एवं रिकवरी टूल के द्वारा विण्डो को सामान्य रूप से स्टार्ट अथवा बूट करने की सुविधा प्राप्त होती है।

रिक्त स्थानों की पूर्ति

1. जब विण्डोज 95 स्टार्ट नहीं हो रही है तो उसको ········ में स्टार्ट करने का प्रयास करें।
2. सेफ मोड में विण्डोज 95 को स्टार्ट करने के लिए .... की (Key) को दबाया जाता है।
3. बूट ऑप्शन का प्रयोग करते समय .... 'की' (key) को प्रेस करते रहना चाहिए।
4. ············ दोष समाप्त करने के लिए ऑपरेटिंग सिस्टम को रीबूट करना चाहिए।
5. वायरस एवं फायरवॉल सुरक्षा के लिए एरर कोड .... होता है।

अतिलघु उत्तरीय

1. 'पोस्ट कोड' से क्या अभिप्राय है?
2. USB पोर्ट का प्रयोग क्यों किया जाता है?
3. कौन-सा पोर्ट दोष सामान्य दोषों के अन्तर्गत नहीं आता है?
4. टैस्टिंग से आप क्या समझते हैं?
5. कम्प्यूटर के किस भाग में पोस्ट त्रुटि मैसेज कोड डिस्प्ले होता है?

लघु उत्तरीय

1. पोस्ट कोड को किसकी सहायता से सम्पन्न किया जाता है?
2. किन्हीं तीन प्रमुख पोस्ट कोड त्रुटि मैसेज का संक्षिप्त विवरण दीजिए।
3. USB पोर्ट से सम्बन्धित दोषों को पहचानने के लक्षण के तीन सामान्य क्षेत्रों के नाम लिखिए।
4. प्रिन्टर से क्या अभिप्राय है?
5. मॉडेम (modem) किस सिद्धान्त पर कार्य करता है?

दीर्घ उत्तरीय

1. पोस्ट कोड का वर्णन विस्तारपूर्वक कीजिए।
2. किन्हीं पाँच प्रमुख पोस्ट कोड त्रुटि मैसेज का वर्णन कीजिए।
3. प्रिन्टर दोष हेतु पोस्ट त्रुटि मैसेज कोड एवं उनके अर्थ को विस्तार पूर्वक समझाएँ।
4. मॉडेम दोष हेतु पोस्ट त्रुटि मैसेज कोड से क्या अभिप्राय है? इसके दोषों को चैक करने के लिए कितने वर्गों में विभाजित किया गया है?
5. सेफ मोड में विण्डोज 95 के स्टार्ट न होने का क्या कारण है?

उत्तरमाला

बहुविकल्पीय

1. (b) **2.** (c) **3.** (b) **4.** (a) **5.** (c) **6.** (d) **7.** (b) **8.** (c) **9.** (a) **10.** (d)

सत्य/असत्य

1. सत्य **2.** सत्य **3.** असत्य **4.** सत्य **5.** सत्य

रिक्त स्थानों की पूर्ति

1. सेफ मोड **2.** F8 **3.** Y/N **4.** अवैध प्रचालन **5.** C1900101

❑❑❑

अध्याय 09 **WEEK 09**

सिस्टम अपग्रेडिंग एवं बैकअप युक्तियाँ

System Upgrading and Backup Devices

परिचय Introduction

किसी उत्पाद को उसी उत्पाद के नये प्रारूप (version) में बदलने की प्रक्रिया अपग्रेडिंग कहलाती है। कम्प्यूटर एवं कंज्यूमर इलेक्ट्रॉनिक्स के क्षेत्र में अपग्रेडिंग से अभिप्राय उनके हार्डवेयर, सॉफ्टवेयर अथवा फर्मवेयर को नये एवं उत्तम प्रारूप से बदलना है, जिससे सिस्टम अप-टू-डेट बना रहता है तथा उसके अभिलक्षण भी बेहतर हो जाते हैं। हार्डवेयर अपग्रेडेशन के सामान्य उदाहरण मैमोरी (RAM) को बढ़ाना, हार्ड डिस्क की क्षमता बढ़ाना, माइक्रोप्रोसेसर कार्ड अथवा ग्राफिक्स कार्ड को बदलना इत्यादि हैं, जबकि सॉफ्टवेयर अपग्रेडेशन में ऑपरेटिंग सिस्टम के नए प्रारूप, एन्टीवायरस प्रोग्राम अथवा अन्य टूल समाहित हैं। इनके अतिरिक्त फर्मवेयर सम्बन्धी अपग्रेडेशन में आईपोड (iPod) कण्ट्रोल मैन्यू , Xbox 360 डैशबोर्ड अथवा नॉन-वोल्टॉइल फ्लैश मैमोरी आते हैं। अपग्रेडेशन कार्य हेतु उपयोगकर्ता के सिस्टम में उपलब्ध सूचनाओं को किसी अन्य स्थान पर स्टोर करना अनिवार्य होता है जिसके लिए बैकअप ड्राइव का उपयोग किया जाता है। इस अध्याय में अपग्रेडिंग एवं बैकअप ड्राइव के विषय में जानकारी प्रदान की गयी है।

9.1 पर्सनल कम्प्यूटर की सीमाएँ Limitations of Personal Computer (PC)

पर्सनल कम्प्यूटर के साथ कार्य करते-करते कुछ समय पश्चात् उपयोगकर्ताओं को विविध समस्याओं का सामना करना पड़ता है; जैसे—उपयोग हेतु कम्प्यूटर सिस्टम की मैमोरी सीमित रह जाना, कम्प्यूटर की स्पीड अपेक्षाकृत कम हो जाना एवं सिस्टम का बार-बार हैंग हो जाना इत्यादि। इन सभी समस्याओं के पीछे कम्प्यूटर टेक्नोलॉजी का निरन्तर विकसित होना एवं उपयोगकर्ताओं के कार्य में विस्तार होना है। इसलिए उपयोगकर्ताओं को समय-समय पर सिस्टम अपग्रेडिंग एवं बैकअप युक्तियों की आवश्यकता बनी रहती है, जिनसे उनके पर्सनल कम्प्यूटर अप-टू-डेट रहते हैं।

अपग्रेडिंग का कार्यक्षेत्र Scope of Upgrading

किसी भी कम्प्यूटर सिस्टम को अप-टू-डेट रखने के लिए अपग्रेडेशन एक महत्त्वपूर्ण प्रक्रिया है, क्योंकि इसके द्वारा ही समय-समय पर सिस्टम को अपग्रेड करके अधिक उपयोगी बनाया जाना सम्भव है। अपग्रेडेशन के द्वारा कम्प्यूटर सिस्टम की गुणवत्ता को बढ़ाया जाता है। अपग्रेडिंग का कार्यक्षेत्र निम्नलिखित बिन्दुओं पर आधारित होता है

1. उच्च स्तर की उत्पादकता (productivity) बनाना।
2. एनर्जी के उपयोग अधिक सक्षम (efficient) बनाना।
3. पुराने कम्प्यूटर सिस्टम को मजबूत (consolidate) बनाना।
4. सिस्टम सुरक्षा को बेहतर बनाना।
5. कम्प्यूटर सिस्टम को कार्य हेतु बनाए रखना।
6. नये फीचर को प्रयोग में लाना।
7. अपग्रेड को फ्री अर्थात् मूल्य रहित उपलब्ध कराना।
8. कम्प्यूटर सिस्टम को अप-टू-डेट रखना।
9. कम्प्यूटर सिस्टम को वायरस मुक्त बनाना।
10. उपयोगकर्ता की आवश्यकताओं का ध्यान रखना।

अपग्रेडिंग हेतु पी सी की तकनीकी विशिष्टताएँ
Technical Specification of PC for Upgrading

कम्प्यूटर सिस्टम की आयु में वृद्धि करने के लिए सिस्टम अपग्रेडेशन एक प्रभावशाली प्रक्रिया है। उपयोगकर्ता को अपग्रेड प्रक्रिया से पूर्व यह जानकारी होना अति आवश्यक है कि अपग्रेडिंग द्वारा सिस्टम की गुणवत्ता में किस प्रकार का सुधार सम्भव है? हार्डवेयर अपग्रेडेशन के द्वारा धीमी गति वाला कम्प्यूटर सिस्टम फास्ट नहीं हो सकता है और न ही ब्लैक एण्ड व्हाइट प्रिण्टर के द्वारा कलर प्रिन्ट आउट निकालना सम्भव है। पीसी को अपग्रेड करने से पहले कम्प्यूटर सिस्टम की हार्डवेयर एवं सॉफ्टवेयर विशिष्टताओं को पहचानना अनिवार्य है, क्योंकि इन्हें पहचानकर ही इन्हें अपग्रेड किया जाना सम्भव है।

अधिकतर हार्डवेयर अपग्रेडेशन के अन्तर्गत कम्प्यूटर सिस्टम को ओपन करके अतिरिक्त अवयवों (extra components) को जोड़ा जाता है। यह पढ़ने में एक आसान कार्य लगता है, परन्तु कम्प्यूटर के अन्दर हार्डवेयर संयोजित करते समय एक कुशल तकनीशियन की आवश्यकता होती है। हार्डवेयर अपग्रेडिंग के द्वारा कम्प्यूटर की मैमोरी बढ़ायी जा सकती है। इसी प्रकार सॉफ्टवेयर अपग्रेडेशन का कार्य निरन्तर करने से विविध प्रकार के लाभ होते हैं। उदाहरण— के तौर पर एक सॉफ्टवेयर पैकेज के पुराने वर्जन के साथ नये वर्जन हेतु निर्मित फाइल ओपन करनी सम्भव नहीं होती है। इसलिए सॉफ्टवेयर अपग्रेडेशन कार्य निरन्तर करने से नए वर्जन पर आधारित फाइल भी आसानी से ओपन हो जाती है। इसके साथ नए वर्जन के सॉफ्टवेयर के साथ अतिरिक्त फीचर मिलते हैं तथा कभी-कभी इनकी स्पीड भी बढ़ जाती है। हार्डवेयर की अपेक्षा सॉफ्टवेयर अपग्रेडिंग कार्य सरल होता है, क्योंकि सॉफ्टवेयर को अपग्रेड करने के लिए आधुनिक वर्जन के सॉफ्टवेयर को खरीदकर इन्स्टॉल करना होता है। अपग्रेडिंग से पहले उपयोगकर्ता को हमेशा हार्डवेयर को चैक कर लेना चाहिए कि वह सॉफ्टवेयर को सपोर्ट करने के योग्य है या नहीं।

रिमूवेबल स्टोरेज युक्तियाँ Removable Storage Devices

कम्प्यूटर स्टोरेज के अन्तर्गत कुछ रिमूवेबल प्रकार की स्टोरेज युक्तियाँ भी आती हैं, जिनके द्वारा डेटा को रीड एवं राइट किया जाना सम्भव है। इनके मुख्य उदाहरण निम्नवत् हैं

1. ऑप्टिकल डिस्क (ब्लू-रे डिस्क, DVD, CD)
2. मैमोरी कार्ड (कॉम्पैक्ट फ्लैश कार्ड, सिक्योर डिजिटल कार्ड, मैमोरी स्टिक)
3. जिप डिस्क अथवा फ्लॉपी डिस्क
4. डिस्क पैक
5. मैग्नेटिक टेप
6. पेपर डेटा स्टोरेज (पंच कार्ड, पंच टेप)

कुछ रिमूवेबल स्टोरेज मीडिया रीडर एवं ड्राइव कम्प्यूटर में ही समाहित होती हैं, जबकि अन्य रिमूवेबल प्रकृति वाली होती हैं। इनमें से कुछ रिमूवेबल स्टोरेज युक्तियाँ डेटा को एक स्थान से दूसरे स्थान तक ले जाने अथवा स्टोर करने का भी कार्य करती हैं।

विशाल डेटा स्टोरेज युक्तियाँ Bulk Data Storage Devices

कम्प्यूटर के क्षेत्र में बल्क डेटा स्टोरेज युक्तियाँ वे हैं, जो विशाल रूप में डेटा को स्टोर करने में सक्षम होती हैं। विशाल डेटा स्टोरेज युक्तियों के अन्तर्गत रिमूवेबल एवं नॉन-रिमूवेबल दोनों प्रकार की ही युक्तियाँ आती हैं। इनमें रेण्डम एक्सेस मैमोरी (RAM) सम्मिलित नहीं होती है, क्योंकि वह वोल्टॉइल होती है, जिसके परिणामस्वरूप पावर न मिलने पर उनमें स्टोर डेटा समाप्त होने की सम्भावना बनी रहती है। इनके अन्तर्गत निम्न प्रकार की युक्तियाँ आती हैं

मैग्नेटिक ड्राइव Magnetic Drive

मैग्नेटिक ड्राइव में डेटा मैग्नेट युक्त मीडियम पर स्टोर किया जाता है। इनमें डेटा को स्टोर करने के लिए विभिन्न प्रकार के पैटर्न उपयोग में लाए जाते हैं तथा यह एक नॉन-वोल्टॉइल प्रकार की मैमोरी होती है। इनमें स्टोर डेटा एक अथवा अधिक रीड/राइट हैड (read/write head) प्राप्त किया जाता है। हार्ड डिस्क इसका एक प्रमुख उदाहरण है जोकि कम्प्यूटर में डेटा स्टोर करने के लिए व्यापक रूप से उपयोग में लायी जाती है।

ऑप्टिकल ड्राइव Optical Drive

ऑप्टिकल ड्राइव में डेटा को ऑप्टिकल रीड करने योग्य मीडियम पर स्टोर किया जाता है। इनमें डेटा एक पैटर्न में मार्क बनाकर रिकॉर्ड किया जाता है जिसे लाइट के द्वारा पुन: पढ़ लिया जाता है। रीड करने हेतु सामान्यतया डिस्क पर लेजर लाइट की बीम फोकस की जाती है। ऑप्टिकल स्टोरेज की रेंज सिंगल ड्राइव रीडिंग से मल्टीपल ड्राइव रीडिंग तक हो सकती है। इसमें सिंगल CD लगभग 700 MB (megabytes) एवं मल्टीपल डिस्क अर्थात् ज्यूक बॉक्स (juke box) बहुत अधिक डेटा स्टोर करने में सक्षम है।

मैग्नेटो-ऑप्टिकल ड्राइव Magneto Optical Drive

मैग्नेटो-ऑप्टिकल ड्राइव, ऑप्टिकल डिस्क ड्राइव का एक प्रकार है जोकि मैग्नेटो-ऑप्टिकल डिस्क पर डेटा को लिखने एवं पुनः लिखने में सक्षम है। यह टेक्नोलॉजी वर्ष 1985 से पहचान में आयी है। यह कुछ देश; जैसे—जापान में बहुत सफल रही है परन्तु अन्य देशों में इसका कम उपयोग किया जाता है।

राइट वन्स रीड मैनी ड्राइव Write Once Read Many (WORM) Drive

WORM एक ऐसी डेटा स्टोरेज युक्ति है जिसमें डेटा को एक बार लिखे जाने के बाद पुनः परिवर्तित नहीं किया जा सकता है। कम्प्यूटर के साथ प्रयोग में लाई जाने वाली CD-R एवं DVD-R ऑप्टिकल डिस्क कॉमन WORM युक्तियाँ हैं। इन डिस्क में दोबारा से रिकॉर्ड किए जाने की सुविधा उपलब्ध नहीं होती है। इस प्रकार की ड्राइव पर एक बार डेटा स्टोर हो जाने के पश्चात् उसे असीमित बार रीड किया जा सकता है।

9.2 CD-ROM ड्राइव को/का रिपेयर व अनुरक्षण करना Repairs and Maintenance of CD-ROM Drive

CD-ROM ड्राइव में कई बार कुछ कॉमन समस्याएँ उत्पन्न हो जाती हैं जिनको दूर करने के लिए सर्विस मैनुअल अथवा टैस्टिंग उपकरण की आवश्यकता नहीं रहती है अर्थात् इनके बिना भी उपयोगकर्ता उन दोषों को दूर कर सकता है। CD-ROM ड्राइव में उत्पन्न होने वाले सामान्य दोष निम्न हैं, जिनके निवारण भी साथ में दिए गए हैं

1. धूल, स्नेहन (lubrication), रबर अवयवों का घिसना, गन्दे अथवा निम्न गुणवत्ता के लिमिट स्विच एवं भौतिक नुकसान (physical damage) सम्बन्धी दोष इसके यान्त्रिक दोषों में आते हैं। धूल वाले लेन्स के कारण डिस्क की पहचान नहीं हो पाती है अथवा सुनने में शोर एवं ट्रैकिंग, स्टिकिंग या स्किपिंग सम्बन्धी दोष उत्पन्न हो जाते हैं। इसके लिए एक साफ सूती कपड़े अथवा कॉटन से लेन्स को साफ करके पुनः चैक करें।
2. कोर्स (coarse) ट्रैकिंग, फाइन ट्रैकिंग, फोकस, लेसर पावर आदि वैद्युतिक एडजस्टमेण्ट हैं। ये फंक्शन कई बार कुछ समय बाद कार्य करना बन्द कर देते हैं। इसके लिए इन एडजस्टमेण्ट स्विचों को चैक करें एवं खराब होने की स्थिति में बदल दें।
3. पावर सम्बन्धी समस्याएँ; जैसे—कमजोर बैटरी अथवा ए.सी. एडॉप्टर का सही प्रकार कार्य नहीं करने से उत्पन्न समस्याओं को पहचानकर दूर करें। कमजोर बैटरी को सही बैटरी से बदल दें तथा ए.सी. एडॉप्टर के कनेक्शन एवं आउटपुट चैक करके उनके दोषों को दूर करें।
4. बेकार कनेक्शन को ध्यान से चैक करें क्योंकि इनके कारण परिपथ की कनेक्टिविटी उचित प्रकार नहीं हो पाती है। इसलिए इन्हें पहचानकर सही प्रकार सोल्डर करें तथा ब्रेक हुए तारों को बदल दें।
5. वैद्युतिक अवयवों (electrical components) के नष्ट हो जाने के कारण उन्हें पहचान करके जाँच लें तथा आवश्यकतानुसार सही अवयव से बदल दें जोकि उसके समान रेटिंग वाला हो। अब बदले हुए अवयव के साथ पुनः CD-ROM ड्राइव को रन कराकर चैक कर लें।

अनुरक्षण Maintenance

CD-ROM ड्राइव को सही प्रकार लम्बे समय तक दोषरहित प्रयोग में लाने के लिए उनका समय-समय पर अनुरक्षण किया जाना अनिवार्य हो जाता है। CD-ROM ड्राइव की लम्बी कार्यकारी आयु के लिए निम्न अनुरक्षण को प्रयोग में लाना चाहिए

1. CD-ROM ड्राइव को ठण्डी लोकेशन में रखें। इससे CD-ROM ड्राइव के आन्तरिक अवयव उचित प्रकार कार्य करने में सक्षम बने रहेंगे।
2. इसे धूल वाले स्थानों पर नहीं रखना चाहिए।
3. इसके सभी ऑडियो कनेक्शन टाइट होने चाहिए जिससे कम-से-कम शोर उत्पन्न हो।
4. इसके लेन्स को समय-समय पर साफ कपड़े से साफ करें।
5. सीडी को भी सदैव कवर में सम्भालकर रखें जिससे उस पर स्क्रैच न आए।
6. गन्दी एवं स्क्रैच युक्त सीडी को CD-ROM ड्राइव में लगाकर न चलाएँ क्योंकि इससे उसके लेन्स में खराबी आ सकती है।
7. CD-ROM ड्राइव को परिवर्तन रहित अर्थात् रेगुलेटिड इनपुट पावर सप्लाई प्रदान करनी चाहिए जिसके फलस्वरूप उसके आन्तरिक अवयवों की आयु में वृद्धि हो सके।
8. बैटरी के 'लो' हो जाने पर CD-ROM ड्राइव को न चलाएँ, क्योंकि इस स्थिति में वह उचित प्रकार कार्य नहीं कर पाएगी।

9.3 ZIP ड्राइव ZIP Drive

ZIP ड्राइव मीडियम से हाई क्षमता वाली रिमूवेबल फ्लॉपी डिस्क स्टोरेज सिस्टम है। इसे वर्ष 1994 में लोमेगा (lomega) ने प्रस्तुत किया था। वास्तविक ZIP डिस्क 100 MB क्षमता के साथ लाँच की गयी थी, परन्तु इसके पश्चात् 250 MB एवं 750 MB की ZIP ड्राइव भी प्रस्तुत की गयी। ZIP ड्राइव के बाद पुन: लिखने योग्य (rewritable) CD, DVDs एवं USB फ्लैश ड्राइव प्रस्तुत की गयी जिनमें अधिक मात्रा में डेटा स्टोरेज क्षमता होने के कारण वर्ष 2000 के लगभग ZIP ड्राइव का प्रयोग कम किया जाने लगा। ZIP ब्राण्ड ने आन्तरिक एवं बाहरी CD राइटर को बनाया जिन्हें ZIP-650 अथवा ZIP CD के नाम से जाना गया, परन्तु ZIP ड्राइव का इनसे कोई सम्बन्ध नहीं रह गया था। चित्र में ZIP ड्राइव को दर्शाया गया है जोकि बाहरी आकृति से फ्लॉपी ड्राइव के समान प्रतीत होती है।

(a) बाहरी ZIP-100 ड्राइव

(b) आन्तरिक ZIP ड्राइव

(c) ZIP डिस्क मीडिया

चित्र ZIP ड्राइव के प्रकार

तकनीक एवं कार्यकारी सिद्धान्त Technology and Working Principle

ZIP ड्राइव में एक रीड/राइट हैड का सेट होता है जोकि लीनियर एक्चुएटर के ऊपर माउण्ट किया जाता है। यह सम्पूर्ण कॉम्बीनेशन स्टर्डी कार्टेज (sturdy cartridge) में स्पिनिंग फ्लैक्सिबल मीडियम पर माउण्ट होता है। ZIP कार्टेज में आरम्भ में बरनॉली (bernoulli) प्लेट का अभाव था जिसके फलस्वरूप ZIP कार्टेज में केवल एक डिस्क लग सकती थी, जबकि बरनॉली कार्टेज में दो डिस्क लगाना सम्भव था। ZIP ड्राइव में हैड हार्ड डिस्क ड्राइव के समान ही कार्य करता है। इसमें प्रयुक्त लीनियर एक्चुएटर (linear actuator) आधुनिक हार्ड डिस्क ड्राइव के समान वॉयस क्वॉयल एक्चुऐशन तकनीक का प्रयोग करता है। ZIP डिस्क कम मीडिया का प्रयोग करता है, जोकि 9 सेमी (3.5") माइक्रो फ्लॉपी का साइज होता है। इसके फलस्वरूप 3.5" फ्लॉपी के समान साइज में ही अपेक्षाकृत अधिक डेटा उपलब्ध कराया गया। एक ZIP डिस्क की मोटाई फ्लॉपी डिस्क से अधिक थी। वास्तविक ZIP ड्राइव की अधिकतम डेटा ट्रांसफर दर (rate) लगभग 1 मेगाबाइट प्रति सेकण्ड तथा सीक समय (seek time) औसतन 28 मिलीसेकण्ड था।

क्षमता एवं माध्यम Capacity and Media

ZIP ड्राइव की क्षमता लॉन्च करते समय 100 MB थी, परन्तु इसके आधुनिक वर्जन में 250 MB तथा इसके पश्चात् 750 MB की क्षमता थी। उच्च क्षमता वाली ZIP डिस्क समान क्षमता योग्यता वाली ड्राइव के साथ प्रयोग में लाई जा सकती है तथा उच्च क्षमतायुक्त ZIP ड्राइव निम्न क्षमता मीडिया युक्त डिस्क को केवल रीड कर सकती है। 250 MB की ZIP ड्राइव 100 MB की ZIP ड्राइव की अपेक्षा 100 MB डिस्क पर धीमी गति से राइट फंक्शन पूर्ण करती है। 750 MB डिस्क ड्राइव 100 MB डिस्क पर राइट नहीं कर सकती है, परन्तु वह 100 MB डिस्क को पढ़ने में सक्षम होती है। यह एक रिमूवेबल मीडिया है जिसे कम्प्यूटर के साथ आवश्यकता पड़ने पर जोड़ा जा सकता है एवं डेटा रीड/राइट करने के बाद पुन: उसे कम्प्यूटर से अलग किया जाना सम्भव है।

आवश्यक अंग एवं कार्य
Important Parts and Functions

ZIP ड्राइव के अन्तर्गत उसके यान्त्रिक अवयव एवं सेन्सिंग अवयव आते हैं। इनमें एक रीड/राइट हैड होता है, जिसका कार्य ZIP डिस्क में डेटा रीड/राइट करना है। इसके स्टर्डी कार्टेज पर स्पिनिंग फ्लैक्सिबल मीडियम लगा होता है जोकि डिस्क को तेजी से घुमाने का कार्य करता है। इसमें प्रयुक्त हैड लीनियर एक्चुएटर पर माउण्ट किया जाता है। इनके बाद के ZIP ड्राइव में बरनॉली प्लेट भी लगायी जाती है जिसमें दो ZIP डिस्क लगाने की सुविधा होती है। इनमें से एक कॉर्टेज में तथा अन्य बरनॉली प्लेट की दूसरी ओर लगायी जा सकती है। अग्र पृष्ठ पर चित्र में ZIP ड्राइव की आन्तरिक संरचना को दर्शाया गया है तथा तालिका में विभिन्न ZIP ड्राइवों के साथ प्रयुक्त होने वाले इन्टरफेसों की जानकारी दी गई है।

चित्र ZIP ड्राइव की आन्तरिक संरचना

तालिका ZIP ड्राइव एवं उनके इन्टरफेस

Name	Interface				
	ATAPI	SCSI	LPT [note1]	USB	FireWire [note 2]
ZIP 100	Yes	Yes	Yes	Yes	No
ZIP 250	Yes	Yes	Yes	Yes	Yes
ZIP 750	Yes	No	No	Yes	Yes

1. Jump up ^ Also known as IEEE 1284, Parallel Port
2. Jump up ^ Also known as IEEE 1394 interface

ZIP ड्राइव को निम्न ड्राइवर सपोर्ट करते हैं

- MS-DOS (पैरेलल पोर्ट मॉडल में तथा 80286 प्रोसेसर की जरूरत होती है)
- माइक्रोसॉफ्ट विण्डोज फैमिली (पैरेलल ड्राइव विण्डोज 7 एवं इससे ऊपर सहयोग नहीं करती)
- कुछ लाइनक्स/BSD इत्यादि (जोकि सार्वभौमिक नहीं होते)
- ऑरेकल सोलेरिस 8,9,10,11
- IBM OS/2
- मैकिनतोश सिस्टम 6.x, 7.1-7.5 एवं मैक OS 7.6-9.2 मैक OSX
- अमिगा OS 2.0 और इससे उच्च वर्जन

रिपेयर एवं अनुरक्षण Repair and Maintenance

कम्प्यूटर के साथ प्रयुक्त की जाने वाली ZIP ड्राइव में समय के साथ कुछ समस्याएँ उत्पन्न हो जाती हैं जिन्हें पहचानकर रिपेयर किया जा सकता है। इनमें ड्राइव का डिस्क रीड न कर पाना एक मुख्य दोष है। इसके मुख्य कारण ZIP ड्राइव की रीड/राइट हैड खराब होना अथवा अन्य मैकेनिज्म सेटिंग दोष हो सकते हैं। इसके लिए सबसे पहले ZIP ड्राइव को डिस्कनेक्ट करना होता है अथवा कम्प्यूटर की आन्तरिक ड्राइव होने की स्थिति में कम्प्यूटर को अनप्लग करना अनिवार्य है। अब ZIP ड्राइव को खोलते हैं तथा ZIP डिस्क स्लॉट को ओपन करते हैं। रीड/राइट हैड के चारों ओर लगे चारों टॉन्स (tongs) को चैक करते हैं कि कोई मुड़ा हुआ तो नहीं है। टॉन्ग के मुड़े होने की स्थिति में उन्हें सीधा करके ZIP ड्राइव में डिस्क डालकर चैक करते हैं। सभी टॉन्स एवं हैड सही होने की अवस्था में ZIP डिस्क को चैक करते हैं, क्योंकि उसके भी खराब होने की सम्भावना हो सकती है। इसके लिए एक सही अथवा नयी ZIP डिस्क लगाकर चैक करते हैं।

ZIP ड्राइव के अनुरक्षण के लिए इन्हें धूल वाले स्थानों से बचाकर रखना चाहिए तथा ठण्डे स्थानों पर स्थापित करना चाहिए, क्योंकि धूल एवं गर्म स्थानों पर ZIP ड्राइव प्रयुक्त करने से उनकी आयु भी कम हो जाती है तथा खराबी भी शीघ्र उत्पन्न हो जाती है। ZIP डिस्क को ZIP ड्राइव में लगाने के बाद जल्दी-जल्दी बटन नहीं दबाना चाहिए, क्योंकि ऐसा करने से कम्प्यूटर संशय की स्थिति में पहुँच जाता है और उचित कार्य नहीं कर पाता है।

9.4 DAT ड्राइव DAT Drive

DAT ड्राइव से तात्पर्य डिजिटल ऑडियो टेप (digital audio tape) ड्राइव से है जोकि सिग्नल रिकॉर्ड करने एवं उन्हें प्लेबैक करने का कार्य करती है। बाह्य रूप से DAT ड्राइव सामान्य कॉम्पैक्ट कैसेट के समान प्रतीत होती है जिसमें चुम्बकीय टेप का प्रयोग किया जाता है। इसके नाम के अनुसार ही इसमें रिकॉर्डिंग डिजिटल रूप में की जाती है न कि एनालॉग रूप में। DAT एक CD की अपेक्षा उच्च, समान अथवा निम्न सैम्पलिंग दर (rate) (लगभग 16 बिट क्वाण्टाइजेशन) पर रिकॉर्ड करने की योग्यता रखती है। यदि किसी डिजिटल सोर्स के द्वारा DAT पर डेटा कॉपी किया जाता है, तो वह बिना किसी हानि अथवा शोर के डेटा को पुन: उत्पन्न करने में सक्षम है। DAT कैसेट में डेटा एक ही दिशा में रिकॉर्ड एवं प्ले होता है जबकि कोई DAT रिकॉर्डर में प्रोग्राम नम्बर एवं ID (identification) के रूप में रिकॉर्ड होने की सुविधा होती है जोकि CD प्लेयर के समान व्यक्तिगत ट्रैक को सलेक्ट करके प्रयोग में लाया जा सकता है। DAT ड्राइव में प्रयुक्त होने वाली DAT कार्टेज को चित्र में दर्शाया गया है, जोकि 90 मिनट के लिए बनायी गयी है।

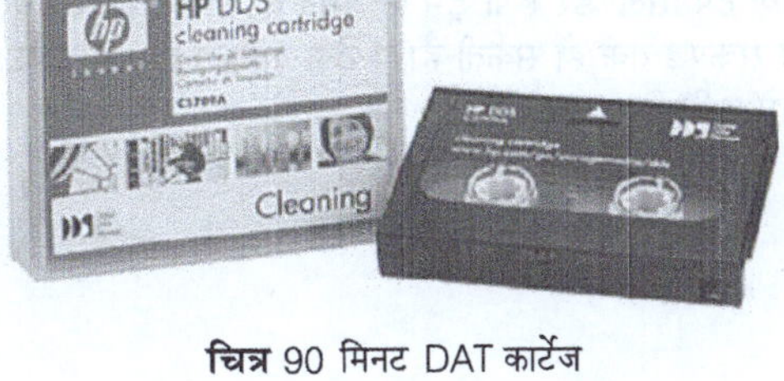

चित्र 90 मिनट DAT कार्टेज

आवश्यक अंग एवं कार्य Important Parts and Function

DAT के द्वारा CD के समान गुणवत्ता वाली ऑडियो प्राप्त होती है। DAT तकनीक में 4 mm टेप प्रयुक्त होती है, जिसके लिए हेलीकल स्कैन रिकॉर्डिंग तकनीक का प्रयोग किया जाता है। चित्र में DAT ड्राइव की आन्तरिक संरचना एवं कार्यप्रणाली को दर्शाया गया है, जिनसे DAT ड्राइव के अंगों एवं कार्य को सरलता से समझा जा सकता है।

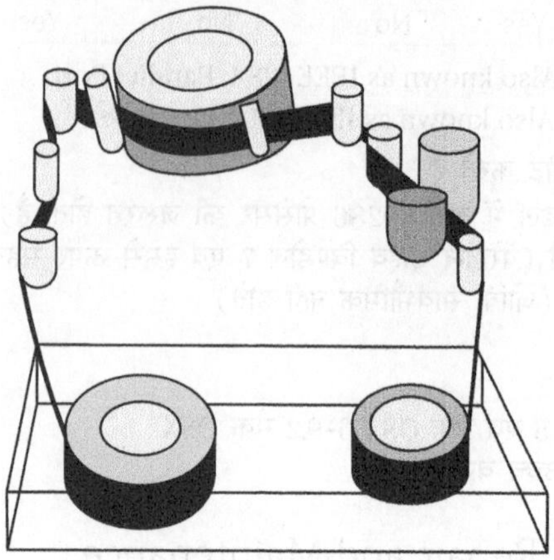

(a) आन्तरिक संरचना

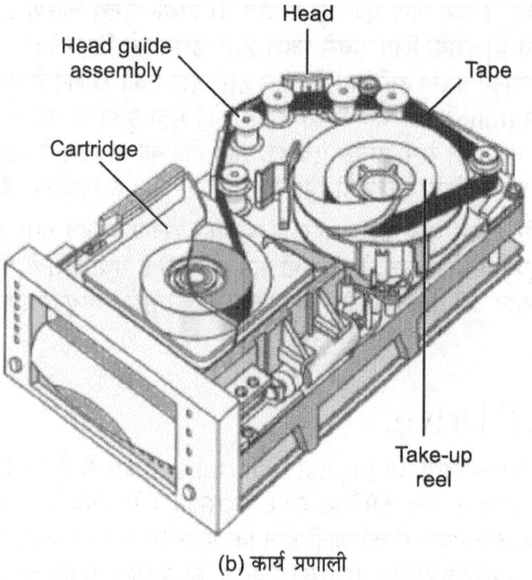

(b) कार्य प्रणाली

चित्र DAT ड्राइव

DAT ड्राइव में प्रयुक्त होने वाली रिकॉर्डिंग वीडियो टेप रिकॉर्डिंग के ही समान होती है। इसलिए DAT का उपयोग मुख्यत: उन अनुप्रयोगों में किया जाता है, जहाँ पर उच्च क्षमता की रिकॉर्डिंग की आवश्यकता रहती है। इसके मुख्य अंग टू-रील कार्टेज, सिलेण्डर रूपी ड्रम, दो रीड हैड एवं दो राइट हैड हैं। इसमें टेप टू-रील कार्टेज द्वारा खींची जाती है तथा सिलेण्डर रूपी ड्रम पर केवल आधे परिमाप पर घूमती हुई दो रीड हैड एवं दो राइट हैड पर पहुँचती है। इसमें रीड हैड का कार्य राइट हैड द्वारा राइट किए गए डेटा को चैक करना होता है। इसमें सिलेण्डर रूपी ड्रम 2,000 rpm की गति से घूमता है तथा टेप सिलेण्डर रूपी ड्रम के घूमने की विपरीत दिशा चलती है, जिसकी गति लगभग 1 इंच प्रति सेकण्ड होती है। इसकी प्रभावी स्पीड 15 इंच प्रति सेकण्ड तक हो सकती है। ये ट्रैक लगभग 128 KB डेटा को स्टोर करते हैं तथा इनके साथ ही एरर (error) करेक्शन कोड (ECC) को भी इसमें सम्मिलित करते हैं।

इसमें रीड हैड के डेटा सत्यापन करने में त्रुटि (error) मिलने पर डेटा टेप पर पुनः राइट किया जाता है अन्यथा कण्ट्रोलर बफर उसे अगले सेग्मेन्ट को भेज देता है। अब दूसरा राइट हैड पहले से 40° के कोण पर डेटा को लिखता है। दोनों हैडों द्वारा लिखा गया डेटा ओवरलैप हो जाता है, परन्तु चुम्बकीय अलग-अलग ध्रुवता (polarity) के कारण उनको एनकोड कर लिया जाता है जिससे वह सही डेटा को रीड करने में सक्षम हो जाते हैं। इस प्रकार के पैटर्न को क्रिस-क्रॉस (criss-cross) पैटर्न कहते हैं, जिसके कारण अपेक्षाकृत अधिक डेटा टेप पर स्टोर कर लिया जाता है। इसलिए DAT का प्रयोग विशाल डेटा स्टोरेज के रूप में किया जाता है।

DAT रिकॉर्डर मैकेनिज्म अधिक जटिल एवं कीमती होता है। फिलिप्स एवं पैनासोनिक कॉर्पोरेशन ने स्टेशनरी हैड आधारित डिजिटल टेप रिकॉर्डर बनाया, जोकि DAT की अपेक्षा सस्ता एवं सरल था, परन्तु यह डिजिटल कॉपी उचित प्रकार नहीं बना पाता था। यह एक लॉसी कम्प्रेशन (loosy compression) तकनीक का प्रयोग करता था, जोकि PASC के नाम से जानी जाती है। इसे DCC का नाम दिया गया था तथा यह DAT के साथ ही प्रस्तुत किया गया। DCC के द्वारा सस्ते व सरल मैकेनिज्म के साथ उच्च गुणवत्ता की डिजिटल रिकॉर्डिंग की जानी सम्भव थी।

रिपेयर एवं अनुरक्षण Repair and Maintenance

DAT ड्राइव में टेप के मुड़ जाने एवं डेटा उचित प्रकार रीड/राइट न कर पाने सम्बन्धी दोष उत्पन्न हो जाते हैं। इसके अतिरिक्त कई बार सिलेण्डर रूपी ड्रम कार्य नहीं करता है। इन दोषों को सरलता से दूर किया जा सकता है। टेप के मुड़ जाने की स्थिति में उसे खोलकर सीधा कर लेते हैं तथा पुनः व्हील पर लगा लेते हैं। डेटा के सही प्रकार रीड/राइट न कर पाने की स्थिति में रीड व राइट हैड को साफ कॉटन के कपड़े अथवा स्प्रिट में डूबे कॉटन से साफ कर लेते हैं। DAT ड्राइव के ड्रम के कार्य न करने पर सर्वप्रथम उसकी सप्लाई चैक करते हैं, क्योंकि उसके कारण ही घूमने में सक्षम होता है। ड्रम को सप्लाई न मिलने की स्थिति में तारों को चैक करते हैं व टूटे हुए तारों को पुनः जोड़कर ड्रम की कार्य प्रणाली चैक करते हैं। कुछ सामान्य बातों का ध्यान रखकर DAT ड्राइव का अनुरक्षण किया जा सकता है। इसको सदैव धूल वाले वातावरण से दूर रखें अथवा प्रयोग में आने वाले समय में कवर से ढक कर रखें जिससे मैकेनिज्म में धूल जमा न हो। समय-समय पर DAT ड्राइव मैकेनिज्म को ब्रश से साफ करते रहना चाहिए तथा टूटे अथवा लूज तारों को बदल देना चाहिए। अटकने वाली DAT टेप को ड्राइव में नहीं लगाना चाहिए, क्योंकि इससे हैड के खराब होने की सम्भावना बढ़ जाती है।

9.5 DVD ROM ड्राइव DVD ROM Drive

DVD ROM ड्राइव का पूर्ण नाम डिजिटल वर्सेटाइल डिस्क अथवा डिजिटल वीडियो डिस्क रीड ओनली मैमोरी ड्राइव है। यह एक डिजिटल ऑप्टिकल डिस्क स्टोरेज मीडियम है जिसे वर्ष 1995 में फिलिप्स, सोनी, तोशिबा एवं पैनासोनिक द्वारा बनाया गया। इस मीडियम पर सभी प्रकार के डिजिटल डेटा स्टोर किए जा सकते हैं। DVD सॉफ्टवेयर, अन्य कम्प्यूटर फाइलों एवं वीडियो प्रोग्राम हेतु व्यापक रूप से प्रयोग में लाई जाती है। चित्र में एक सामान्य DVD ड्राइव दर्शायी गई है। DVD समान आकार में CD की अपेक्षा उच्च स्टोरेज क्षमता प्रदान करते हैं। DVD निम्न क्षमताओं में सरलता से बाजार में उपलब्ध हैं

1. 4.7 GB (सिंगल साइड, सिंगल लेयर कॉमन)
2. 8.5-8.7 GB (सिंगल साइड, डबल लेयर)
3. 9.4 GB (डबल साइड, सिंगल लेयर)
4. 17.08 GB (डबल साइड, डबल लेयर-रेयर)

चित्र DVD ड्राइव

आवश्यक अंग एवं कार्य Important Parts and Function

DVD ड्राइव वे युक्तियाँ हैं जो कम्प्यूटर द्वारा DVD डिस्क को रीड करने में सक्षम होती हैं। ये ड्राइव DVD-वीडियो एवं DVD-ऑडियो दोनों प्रकार की डिस्क को रीड कर सकती हैं। एक DVD ड्राइव की आन्तरिक संरचना को चित्र में प्रदर्शित किया गया है।

चित्र DVD-ROM ड्राइव

ड्राइव की आन्तरिक संरचना

ऑप्टिकल रिकॉर्डिंग तकनीक का आविष्कार डेविड पॉल ग्रेग एवं जेम्स रशेल ने सन् 1958 में किया था जिसे सन् 1961 में पेटेंट किया गया। उपभोक्ता ऑप्टिकल डिस्क डेटा फॉर्मेट जिसे लेजर डिस्क कहते हैं, उसे यूनाइटेड स्टेट ने बनाया तथा इसके बाद अधिक क्षमता वाली डिस्क बनायी गयी। DVD ड्राइव के मुख्य अंग डिस्क ड्राइव मैकेनिज्म, ऑप्टिकल सिस्टम एवं प्रिन्टेड सर्किट बोर्ड होते हैं। इसके डिस्क ड्राइव मैकेनिज्म में एक मोटर होती है जोकि डिस्क को सर्कुलर रूप में घुमाती है। इसमें एक डिस्क फीड एक लोडिंग ट्रे होती है, जिसके द्वारा उपयोगकर्ता से DVD को रिसिव किया जाता है। इस डिस्क ड्राइव में एक स्पिण्डल डिस्क को होल्ड करता है तथा छोटे आकार के गियर एवं बैल्ट की सहायता से डिस्क को आन्तरिक रूप से होल्ड किया जाता है। कुछ ड्राइव स्वत: फीड सिस्टम रखते हैं जिससे डिस्क को पहचान कर स्वत: फीड कार्य आरम्भ हो जाता है।

DVD ड्राइव के ऑप्टिकल सिस्टम में मुख्यत: लेजर बीम, लेन्स, प्रिज्म, फोटो डिटेक्टर एवं मिरर सम्मिलित होते हैं। इस मैकेनिज्म का आउटपुट ही डिस्क ड्राइव का इनपुट होता है। इसकी लेजर बीम में एक लाल रंग का लेजर डायोड होता है, जोकि 600 नैनोमीटर की वेवलेंथ पर कार्य करता है। इस ऑप्टिकल सिस्टम के साथ एक मोटर इन्हें ड्राइव करने के लिए लगा होता है। इसमें लेजर सिस्टम एवं फोटो डिटेक्टर एक ही प्लेटफार्म पर लगे रहते हैं। लेजर डायोड एवं अन्य डायोड ग्लॉस (glass) की सहायता से बने होते हैं। इसके अतिरिक्त प्रिन्टेड सर्किट बोर्ड अन्य इलेक्ट्रॉनिक सर्किट के समान होता है।

इस पर सभी इलेक्ट्रॉनिक अवयव अपने नियत स्थान पर लगे रहते हैं, जिन्हें सोल्डरिंग प्रक्रिया द्वारा मजबूती प्रदान की जाती है। इलेक्ट्रॉनिक सर्किट के अधिकतर सभी अवयव सिलिकॉन से निर्मित होते हैं। इसमें लेजर बीम डिस्क से सिग्नल को सेंस करके बाइनरी कोड में परिवर्तित कर देती है। यह बाइनरी सिग्नल डिजिटल से एनालॉग कन्वर्टर को भेजा जाता है जोकि प्रिन्टेड सर्किट बोर्ड पर लगा होता है। इसके आउटपुट पर प्राप्त सिग्नल को एम्प्लीफाई करके कम्प्यूटर के ग्राफिक्स/ऑडियो सिस्टम को प्रदान किया जाता है।

DVD-ROM ड्राइव एवं CD राइटर का रिपेयर कार्य
Repair work of DVD-ROM Drive and CD Writer

DVD-ROM ड्राइव एवं CD राइटर ड्राइव की संरचना लगभग समान होती है। इनमें मुख्य भिन्नता यह है कि DVD-ROM ड्राइव में प्रयुक्त ऑप्टिकल सिस्टम केवल रीड कर सकता है, जबकि CD राइटर ड्राइव में रीड करने के साथ-साथ राइट करने की भी सुविधा उपलब्ध होती है। इनसे सम्बन्धित समस्याएँ एवं उनके निवारण निम्नवत् हैं

1. ड्राइव का पूर्णरूप से कार्य न कर पाना अर्थात् डैड (dead) होना। इस स्थिति में ड्राइव को मिलने वाली पावर सप्लाई को चैक करें। सप्लाई के तार अथवा फ्यूज दोषी हो सकते हैं अथवा कभी-कभी माइक्रोकण्ट्रोलर के भी दोषी होने की सम्भावना रहती है। अत: दोषी अवयव पहचानकर उसे बदल दें।
2. ड्रॉअर (drawer) ओपन एवं क्लोज नहीं हो रही है। इस स्थिति में मैकेनिज्म में जमी धूल, स्नेहक (lubricant), गियर अथवा अन्य मैकेनिकल अवयव का खराब होना, दोषी मोटर तथा उचित प्रकार पावर सप्लाई प्राप्त न होने सम्बन्धी कारण हो सकते हैं। सर्वप्रथम धूल एवं स्नेहक को मैकेनिज्म पर से साफ करके चैक करें। यदि अब भी सही कार्य न हो तो अन्य कारणों पर विचार करके उन दोषों को दूर करें।

3. ड्रॉअर के कार्य करने के अटकने का कारण भी गन्दगी, धूल स्नेहक, बैल्ट एवं मोटर हो सकते हैं। कभी-कभी पावर सप्लाई के वोल्टेज सही प्रकार न मिलने के कारण भी यह समस्या उत्पन्न हो जाती है।
4. ड्राइव में लगाने पर DVD/CD का खराब हो जाना। इस दोष के उत्पन्न होने के उत्तरदायी ड्राइव के टूटे, मुड़े एवं दोषी अवयव हो सकते हैं। इनके अतिरिक्त यान्त्रिक एवं गियर सम्बन्धी दोष भी DVD/CD को खराब कर सकते हैं।
5. डिस्क को ड्राइव द्वारा पहचान न पाना एवं 'डिस्क एरर' को मैसेज देना। इस स्थिति में ऑप्टिकल सिस्टम में गन्दगी हो सकती है अथवा स्पिण्डल मोटर खराब हो सकता है। इसके अतिरिक्त ऑप्टिकल सिस्टम में भी दोष हो सकता है, जिसको पहचानकर दूर करना आवश्यक है।

9.6 MOD **ड्राइव** MOD Drive

MOD ड्राइव का पूर्ण नाम मैग्नेटो-ऑप्टिकल ड्राइव है, जोकि ऑप्टिकल डिस्क ड्राइव का एक प्रकार है। MOD ड्राइव के द्वारा मैग्नेटो-ऑप्टिकल डिस्क पर राइटिंग एवं रिराइटिंग (writing and rewriting) का कार्य सम्पन्न किया जाता है। यह 130 mm (5.25 inch) एवं 90 mm (3.5 inch) दोनों फॉर्म फैक्टर में उपलब्ध होती है। यह तकनीक वर्ष 1985 में प्रस्तुत की गयी। MOD ड्राइव देखने में हार्ड डिस्क ड्राइव के समान प्रतीत होती है तथा इसे किसी भी फाइल सिस्टम के साथ फॉर्मेट किया जा सकता है। जापान जैसे देशों में मैग्नेटो-ऑप्टिकल ड्राइव का प्रयोग सामान्य रूप से किया जाता है। चित्र में 130 mm एवं 90 mm की MOD डिस्क को प्रदर्शित किया गया है।

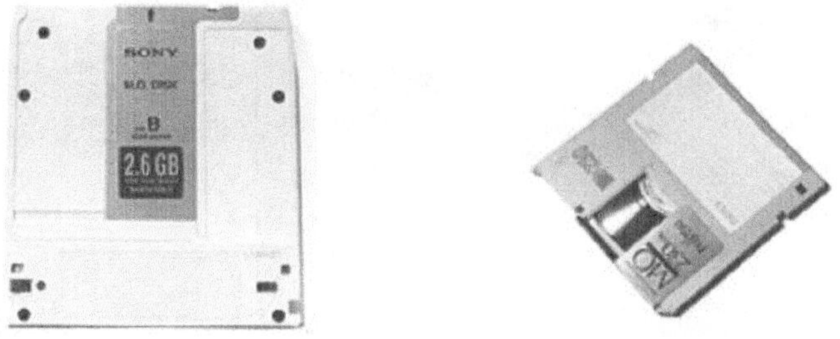

(a) 130 mm, 2.6 GB MOD डिस्क (b) 90 mm, 230 MB MOD डिस्क

चित्र MOD डिस्क

तकनीक एवं कार्यकारी सिद्धान्त Technology and Working Principle

MOD डिस्क फैरोमैग्नेटिक पदार्थ से बनी होती है तथा इसमें प्लास्टिक कोटिंग युक्त एक खिड़की होती है। इसमें रिकॉर्डिंग में उस समय ही फिजिकल कॉन्टैक्ट बनता है जब एक मैग्नेटिक हैड लेजर के विपरीत डिस्क की साइड के साथ जाकर कॉन्टैक्ट बनाता है। रीडिंग के समय लेजर डिस्क पर एक बीम डालती है, जोकि सर्फेस की चुम्बकीय अवस्था पर निर्भर करता है। इससे उत्पन्न लाइट मैग्नेटो-ऑप्टिक कैर (kerr) प्रभाव के कारण परिवर्तित होती है। रिकॉर्डिंग के समय सिंगल स्पॉट में लेजर पावर डिस्क पदार्थ की हीट को क्यूरी बिन्दु तक बढ़ाती है। डिस्क के विपरीत साइड के इलेक्ट्रोमैग्नेट को एनेबल करने के लिए उसके लोकल मैग्नेटिक पोलराइजेशन को बदल देते हैं। राइट साइकिल में दोनों पास (pass) की आवश्यकता रहती है, क्योंकि एक पास सम्भावित क्षेत्र को इरेज करता है तथा अन्य पास सूचना को उस पर लिखने का कार्य करता है। दोनों पास रिकॉर्डिंग लेयर को हीट करने के लिए लेजर का प्रयोग करते हैं, जबकि मैग्नेटिक फील्ड रिकॉर्डिंग लेयर के मैग्नेटिक ओरियन्टेशन को बदलने का कार्य करता है। इसमें प्रयुक्त इलेक्ट्रोमैग्नेट की पोलरिटी राइटिंग हेतु रिवर्स हो जाती है तथा लेजर रिकॉर्डिंग हेतु '1' एवं इरेजिंग हेतु '0' स्पॉट करती है।

क्षमता, माध्यम एवं अनुप्रयोग Capacity, Medium and Applications

MOD ड्राइव की 130 mm ड्राइव 650 MB से 9.2 GB तक की क्षमता में उपलब्ध होती है। ये क्षमता डिस्क के दोनों साइड में विभाजित होती है। उदाहरण के तौर पर, 2.6 GB डिस्क के एक ओर (side) 1.2 GB तथा अन्य ओर 1.2 GB की सुविधा होती है। 90 mm डिस्क की पूर्ण क्षमता एक साइड ही उपलब्ध होती है। इसमें डिस्क के दूसरी साइड स्टोरिंग क्षमता नहीं होती है। 130 mm ड्राइव सदैव SCSI फॉर्मेट में उपलब्ध होती है जबकि 90 mm ड्राइव SCSI, IDE एवं USB फॉर्मेट में भी हो सकती है। 90 mm डिस्क की क्षमता 128 MB से 2.3 GB तक होती है। MOD ड्राइव एक रिमूवेबल मीडिया के समान प्रयोग में लाया जाता है। MOD ड्राइव का उपयोग विशाल आकार के डेटा को स्टोर करने में किया जाता है, क्योंकि इसकी क्षमता 128 MB से लेकर 9.2 GB तक है, जिसके फलस्वरूप एक ही MOD डिस्क पर अधिक मात्रा में डेटा स्टोर करने की सुविधा मिल जाती है।

आवश्यक अंग एवं कार्य Important Parts and Functions

MOD ड्राइव की आन्तरिक संरचना को नीचे चित्र में दर्शाया गया है। इसमें उपस्थित मुख्य अंग यान्त्रिक मैकेनिज्म, ऑप्टिकल सिस्टम एवं इलेक्ट्रॉनिक परिपथ हैं। यान्त्रिक मैकेनिज्म के अन्तर्गत गियर, बैल्ट, मोटर एवं अन्य मैकेनिकल अवयव आते हैं, जोकि MOD डिस्क को फिट करने व बाहर निकालने के साथ-साथ स्पिण्डल पर घुमाने का कार्य भी सम्पन्न करते हैं। इसके अतिरिक्त ऑप्टिकल सिस्टम में लेजर अवयव आते हैं, जोकि लेजर बीम उत्पन्न करके डिस्क पर डालते हैं। इस लेजर बीम के द्वारा ही रीडिंग एवं राइटिंग का कार्य सम्पन्न किया जाता है। MOD ड्राइव में सभी अवयवों एवं फंक्शनों को नियन्त्रित करने तथा डेटा परिवर्तन कार्य हेतु इलेक्ट्रॉनिक परिपथ का प्रयोग किया जाता है, जिसमें कण्ट्रोलर एवं अन्य इलेक्ट्रॉनिक अर्द्धचालक अवयव सम्मिलित होते हैं। ये सभी अंग मिलकर MOD ड्राइव को कार्य करने योग्य बनाते हैं।

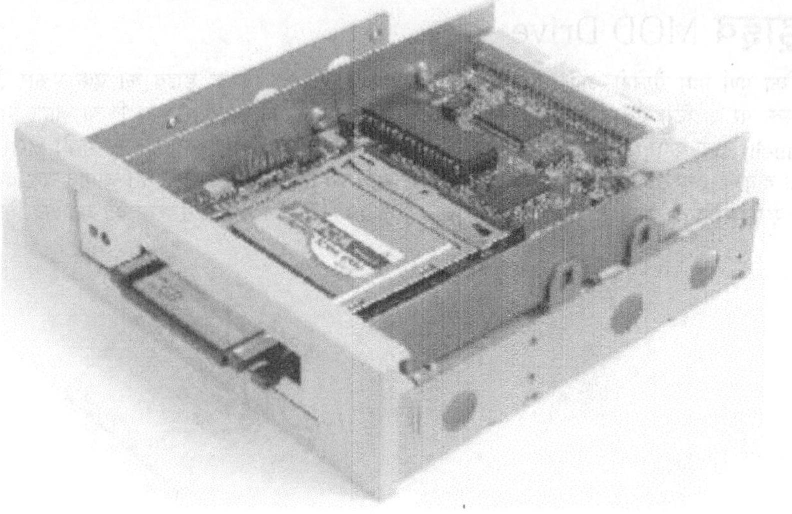

चित्र डिस्क सहित आन्तरिक दृश्य

रिपेयर कार्य Repair Work

MOD ड्राइव को भी अन्य ड्राइव के समान ही धूल, मिट्टी एवं तेलीय पदार्थों से बचाकर रखना चाहिए अन्यथा उसमें समस्या उत्पन्न हो सकती है। इन परिस्थितियों में डिस्क को रीड/राइट न कर पाना, डिस्क का अटकना एवं ओपन/क्लोज सम्बन्धी फंक्शन सही प्रकार कार्य नहीं कर पाते हैं। इन दोषों को दूर करने के लिए MOD ड्राइव के सभी अंगों एवं अवयवों को साफ कपड़े अथवा ब्रश से साफ करते हैं तथा डिस्क लगाकर चैक करते हैं। कई बार डिस्क के डैमेज हो जाने की स्थिति में भी वह सही प्रकार कार्य नहीं कर पाता है। इसलिए सदैव जाँच के समय सही डिस्क का ही प्रयोग करें, जिससे दोष का सही प्रकार से पता चल सके।

आधुनिक बैकअप ड्राइव/मीडिया Latest Backup Drive/Media

समय के साथ-साथ कम्प्यूटर के क्षेत्र में निरन्तर प्रगति होती रही है। प्रतिदिन नए-नए बैकअप ड्राइव/मीडिया प्रस्तुत किए जा रहे हैं, जिन्हें उपयोगकर्ताओं की आवश्यकताओं को ध्यान में रखकर निर्मित किया जाता है। सभी बैकअप ड्राइव/मीडिया नॉन-वोल्टॉइल प्रकृति के होते हैं। उपयोगकर्ता कम्प्यूटर सिस्टम में से बैकअप कार्य हेतु प्रयोग करते हैं। इनके अन्तर्गत मैग्नेटिक, ऑप्टिकल एवं अन्य प्रकार की बैकअप युक्तियाँ आती हैं। मैग्नेटिक ड्राइव/मीडिया के अन्तर्गत फ्लॉपी डिस्क, हार्ड डिस्क ड्राइव, मैग्नेटिक टेप एवं मैग्नेटिक रोल आते हैं जबकि ऑप्टिकल ड्राइव/मीडिया के अन्तर्गत CD, CD-ROM, DVD, BD-ROM, CD-R, DVD-R, DVD+R, BD-R, CD-RW, DVD-RW, DVD+RW, DVD-RAM, BD-RE, Ultra Density Optical (UDO), MOD आते हैं एवं 3D ऑप्टिकल स्टोरेज पर अभी कार्य चल रहा है। इनके अतिरिक्त पेपर टेप, पंच कार्ड, ऑप्टिकल टेप, फेज चेंज मैमोरी एवं होलो-ग्राफिक डेटा स्टोरेज भी बैकअप मीडिया के रूप में प्रयोग किए जाते हैं।

अभ्यास प्रश्न

परीक्षा प्रारूपी प्रश्न

बहुविकल्पीय

1. सिस्टम अपग्रेडेशन से क्या लाभ है?
   (a) सिस्टम अप-टू-डेट हो जाता है
   (b) सिस्टम की गुणवत्ता बढ़ जाती है
   (c) 'a' और 'b' दोनों
   (d) उपरोक्त में से कोई नहीं

2. कम्प्यूटर सिस्टम की आयु में वृद्धि करने के लिए एक आवश्यक प्रक्रिया क्या है?
   (a) सिस्टम अपग्रेडेशन (b) सिस्टम बूटिंग
   (c) सिस्टम फॉमेटिंग (d) इनमें से कोई नहीं

3. सोर्स डेटा का बैकअप बनाया (created) जा सकता है
   (a) उसी युक्ति पर (b) दूसरी युक्ति पर
   (c) अन्य दूसरे स्थान पर (d) ये सभी

4. भण्डारण क्षमता के आधार पर निम्न में से कौन-सी बैकअप तकनीक अधिक उपयुक्त है?
   (a) फुल बैकअप (b) इन्क्रीमेण्टल बैकअप
   (c) डिफरेन्शियल बैकअप (d) ये सभी

5. निम्न में से कौन-सा कथन सत्य है?
   (a) अपग्रेडेशन के द्वारा धीमी गति वाला कम्प्यूटर फास्ट हो जाता है
   (b) अपग्रेडेशन के द्वारा धीमी गति वाला कम्प्यूटर फास्ट नहीं हो सकता
   (c) अपग्रेडेशन द्वारा ब्लैक एण्ड व्हाइट प्रिन्टर द्वारा कलर प्रिन्ट निकल सकता है
   (d) उपरोक्त सभी

6. निम्न में से किस तकनीक का उपयोग करके बैकअप डेटा स्पेस को सबसे बेहतर ढंग से उपयोग में लाया जा सकता है?
   (a) एन्क्रीप्शन (b) कम्प्रेसन
   (c) ऑथेन्टिकेशन (d) इनमें से कोई नहीं

7. निम्न में से कौन-सी युक्ति रिमूवेबल स्टोरेज युक्तियों के अन्तर्गत आती है?
   (a) ब्लू-रे-डिस्क (b) DVD
   (c) CD (d) ये सभी

8. वह डिस्क जो डेटा को सिगनल ट्रैक में स्टोर करती है, ... कहलाती है।
   (a) टेप कैसेट्स (b) मैग्नेटिक कैसेट्स
   (c) मार्क्ड कैसेट्स (d) बयॉक्ड कैसेट्स

9. निम्न में से कौन-सी तकनीक एक रिकवरी तकनीक नहीं है?
   (a) डीफर्ड तकनीक (Deferred update)
   (b) इमेडिएट तकनीक (Immediate update)
   (c) टू-फेज कॉमिट (Two phase commit)
   (d) उपरोक्त सभी

10. रिमोट बैकअप साइट को .... साइट भी कहा जाता है।
    (a) प्राइमरी (b) सेकेण्डरी
    (c) टर्शरी (d) इनमें से कोई नहीं

11. मैग्नेटिक ड्राइव किस प्रकार की मैमोरी होती है?
    (a) वोल्टॉइल (b) नॉन-वोल्टॉइल
    (c) 'a' और 'b' दोनों (d) इनमें से कोई नहीं

12. हार्ड डिस्क निम्न में से किस युक्ति का उदाहरण है?
    (a) मैग्नेटिक ड्राइव (b) ऑप्टिकल ड्राइव
    (c) मैग्नेटो-ऑप्टिकल ड्राइव (d) ये सभी

13. ZIP ड्राइव को लोमेगा (lomega) ने किस वर्ष प्रस्तुत किया था?
    (a) 2000 (b) 1998
    (c) 1988 (d) 1994

14. उच्च क्षमता वाली ZIP ड्राइव की क्षमता है
    (a) 100 MB
    (b) 250 MB
    (c) 750 MB
    (d) 1000 MB

15. DAT का पूर्णरूप है
    (a) Digital Audio Tape (b) Data Audio Tape
    (c) Digital Authentical Time (d) इनमें से कोई नहीं

16. पीसी को अपग्रेड करने से पहले कम्प्यूटर सिस्टम की किस विशेषता की पहचान आवश्यक है?
    (a) हार्डवेयर (b) सॉफ्टवेयर
    (c) 'a' और 'b' दोनों (d) इनमें से कोई नहीं

17. RAM का पूर्णरूप क्या है?
    (a) Random access memory
    (b) Roman access memory
    (c) Reflexive access memory
    (d) उपरोक्त सभी

18. RAM किस प्रकार की मैमोरी है?
    (a) वोल्टॉइल (b) नॉन-वोल्टॉइल
    (c) 'a' और 'b' दोनों (d) इनमें से कोई नहीं

19. ZIP ड्राइव के बरनॉली प्लेट में कितनी ZIP डिस्क लगाने की सुविधा होती है?
    (a) 1 (b) 2 (c) 3 (d) 4

20. डबल साइड DVD की क्षमता कितनी होती है?
    (a) 4.7 MB (b) 8.5 GB
    (c) 9.4 GB (d) 17.08 GB

विविध प्रारूपी प्रश्न

सत्य/असत्य

1. DAT सिग्नल रिकॉर्ड करने एवं उन्हें प्लेबैक करने का कार्य करती है।
2. DVD ROM एक ड्राइव है।
3. MOD ड्राइव के द्वारा राइटिंग एवं रिराइटिंग का कार्य सम्पन्न नहीं हो सकता है।
4. DVD ड्राइव वे युक्तियाँ हैं, जो कम्प्यूटर द्वारा DVD डिस्क को रीड करने में सक्षम होती हैं।
5. DVD-ROM ड्राइव में प्रयुक्त ऑप्टिकल सिस्टम रीड/राइट दोनों कर सकता है।

रिक्त स्थानों की पूर्ति

1. DVD ड्राइव ………… एवं ………… डिस्क को रीड कर सकती है।
2. लेजर बीम में ………… रंग का लेजर डायोड होता है।
3. MOD डिस्क ………… पदार्थ से बनी होती है।
4. ………… एक ऐसी युक्ति है जिसमें डेटा को एक बार लिखे जाने के बाद पुनः परिवर्तित नहीं किया जा सकता है।
5. ZIP ड्राइव की क्षमता लॉन्च करते समय ………… थी।

अतिलघु उत्तरीय

1. पर्सनल कम्प्यूटर (PC) क्या होता है?
2. अपग्रेडेशन प्रक्रिया से आप क्या समझते हैं?
3. किन्हीं पाँच प्रमुख रिमूवेबल स्टोरेज युक्तियों के नाम बताइए।
4. ZIP ड्राइव क्या होती है?
5. PC का अनुरक्षण क्यों आवश्यक है?

लघु उत्तरीय

1. पर्सनल कम्प्यूटर की क्या सीमाएँ होती हैं?
2. रिमूवेबल स्टोरेज युक्तियों का संक्षेप में उल्लेख कीजिए।
3. विशाल डेटा स्टोरेज युक्तियों का संक्षिप्त वर्णन करें।
4. DAT ड्राइव से क्या तात्पर्य है?
5. DVD ROM ड्राइव से क्या तात्पर्य है? संक्षेप में उल्लेख कीजिए।

दीर्घ उत्तरीय

1. सिस्टम अपग्रेडिंग से क्या तात्पर्य है? इसके कार्यक्षेत्र का विस्तारपूर्वक वर्णन कीजिए।
2. विशाल डेटा स्टोरेज युक्तियों के अन्तर्गत आने वाली युक्तियों का विस्तारपूर्वक वर्णन कीजिए।
3. CD-ROM ड्राइव को रिपेयर व अनुरक्षण करने के सम्बन्ध में विस्तारपूर्वक समझाएँ।
4. DAT ड्राइव क्या है? इसके आवश्यक अंगों एवं कार्यों का वर्णन करें।
5. MOD ड्राइव क्या है? इसकी तकनीक एवं कार्यकारी सिद्धान्त का वर्णन करें।

उत्तरमाला

बहुविकल्पीय

1. (c) 2. (a) 3. (d) 4. (b) 5. (b) 6. (b) 7. (d) 8. (a) 9. (c) 10. (b)
11. (b) 12. (a) 13. (d) 14. (c) 15. (a) 16. (c) 17. (a) 18. (a) 19. (b) 20. (d)

सत्य/असत्य

1. सत्य 2. सत्य 3. असत्य 4. सत्य 5. असत्य

रिक्त स्थानों की पूर्ति

1. वीडियो, ऑडियो 2. लाल 3. फैरो मैग्नेटिक 4. WORM 5. 100 MB

□□□

PC का अनुरक्षण एवं दोषोपचार

Maintenance and Troubleshooting of PC

परिचय Introduction

सूचना एवं प्रौद्योगिकी के क्षेत्र में पर्सनल कम्प्यूटर (PC) का सही प्रकार से प्रचालन एवं अनुरक्षण करना अति आवश्यक है। अनुरक्षण व दोषोपचार (maintenance and troubleshooting) की विधियों को समझकर निर्बाध प्रकार से उपयोग किया जा सकता है। अत: PC से सम्बन्धित सॉफ्टवेयर की समस्याओं को पहचानकर उन्हें दूर करने की सम्पूर्ण प्रक्रिया को संज्ञान में लेना आवश्यक है, ताकि बिना किसी व्यवधान के कार्य सम्पन्न किया जा सके। PC के मूल अनुरक्षण में PC टूल किट, परीक्षक यन्त्र एवं सम्बन्धित टूल्स की आवश्यकता पड़ती है, जिससे PC की मुख्य आपूर्ति, वोल्टता परीक्षण एवं मरम्मत इत्यादि कार्य आसानी से किए जा सकें। अत: हम संक्षेप में कह सकते हैं कि कम्प्यूटर एक संवेदनशील युक्ति है, जिसका अनुरक्षण एवं दोषोपचार (maintenance and troubleshooting) सम्बन्धित प्रक्रमों का पूर्ण विश्लेषण एवं ज्ञान प्रशिक्षुओं को भली-भाँति आना चाहिए।

10.1 ट्रबलशूटिंग प्रक्रम Troubleshooting Process

जब भी कम्प्यूटर में समस्या उत्पन्न होती है, हम तत्काल ही उस समस्या को ढूँढकर ठीक कर सकते हैं। इसके लिए सबसे अधिक सहायता करता है रिकॉर्ड किया गया रख रखाव पत्रिका (maintenance journal) इसके साथ ही नीचे दिए गए समस्या समाधान सम्बन्धी उपायों को क्रमबद्ध रूप में प्रयोग करने पर हम सभी सम्भावित समस्याओं को आसानी से ढूँढ सकते हैं, जो पर्सनल कम्प्यूटर में उत्पन्न हो सकती हैं। सामान्यत: समस्या समाधान विधि के निम्न छ: चरण हैं

समस्या को पहचानना Identify the Problem

समस्या के समाधान की विधि का यह भाग बहुत कठिन है। इस भाग में समस्या वह नहीं होती, जो दिखाई देती है। हमें वह सभी डेटा एकत्र कर लेना चाहिए, जिसे हम समस्या के विषय में एकत्र कर सकते हैं।

सम्भावित कारणों को पहचानना Identify Possible Causes

कोई समस्या; जैसे— कुछ मिनटों पूर्व चलाने के बाद पर्सनल कम्प्यूटर का बन्द हो जाना, कई कारणों से हो सकता है। सभी को पहचानने और विचार करने की आवश्यकता होती है। जिन कारणों के महत्त्व के अनुसार अधिक से कम के रूप में रखना होगा।

सम्भावित समाधान ढूँढना Identify Possible Solutions

हमें प्रत्येक सम्भावित कारण का समाधान ढूँढना होगा। प्रत्येक सम्भावित कारण के एक से अधिक समाधान हो सकते हैं। आपको समाधानों के द्वारा किए गए परिणाम को क्षमता के क्रम में वरीयता प्रदान करते हुए क्रमबद्ध करना चाहिए।

सम्भावित समाधान का विश्लेषण Analyze the Possible Solutions

यदि एक समस्या के दो समाधान एक जैसे परिणाम प्रदान करते हैं, तब आप अन्य बातों; जैसे—समस्या को दूर करने पर आने वाला खर्च या पर्सनल कम्प्यूटर के लिए अपग्रेड की गई विशेषता को सम्मिलित कर सकते हैं।

समाधान को चुनना Apply a Solution

सम्भावित समाधानों में से हमें कोई एक जो बहुत आशाजनक दिखाई दे, चुनना चाहिए और इसे कार्यान्वित करना चाहिए।

समाधान की जाँच Test the Solution

यदि समस्या ठीक हो जाती है और हमारे अनुकूल परिणाम प्रदान करती है, तो maintenance journal में इसे अपडेट करना सुनिश्चित कर लेना चाहिए। इसके साथ ही इससे सम्बन्धित अन्य डॉक्यूमेन्ट्स को भी अपडेट कर लेना चाहिए। यदि समस्या का समाधान नहीं होता है, तो हमें समस्या को ठीक करने के लिए समस्या समाधान प्रक्रिया को पुनः दोहराना पड़ सकता है।

10.2 डायग्नोस्टिक, ट्रबलशूटिंग और रिपेयर टूल Diagnostic, Troubleshooting and Repair Tools

कम्प्यूटर में समस्या समाधान एक कठिन और थका देने वाली प्रक्रिया है। सौभाग्य से कम्प्यूटर में कुछ ऐसे स्थान सहायता के लिए हैं तथा कुछ ऐसे यन्त्र हैं जो इसे आसान बनाते हैं। ये कम्प्यूटर टूल समस्याओं की पहचान करने अथवा सिस्टम के विषय में अधिक जानकारी प्रदान करने के लिए प्रयोग किए जाते हैं, जिनकी सहायता से हम अच्छी तरह से समझ सकते हैं कि हम किन समस्याओं का सामना कर रहे हैं।

डायग्नोस्टिक सॉफ्टवेयर Diagnostic Software

ये टूल्स सिस्टम में उत्पन्न हुई समस्या के कारण को तो नहीं पहचानते, किन्तु सिस्टम में मौजूद महत्त्वपूर्ण सूचनाओं के विषय में संकेत जरूर प्रदान करते हैं या सिस्टम कैसे काम कर रहा है। इसके विषय में सूचना प्रदान करते हैं, इनमें से कुछ टूल्स निःशुल्क हैं और कुछ टूल्स व्यावसायिक उत्पाद हैं और मूल्य देकर खरीदे जा सकते हैं। कुछ सामान्य डायग्नोस्टिक सॉफ्टवेयर टूल्स नीचे दिए जा रहे हैं, जो आपके कम्प्यूटर में उत्पन्न हुई समस्याओं का समाधान करने में सहायता करते हैं।

पोस्ट Post

यह Power-On Self-Test का संक्षिप्त रूप है। POST का निर्माण BIOS (Basic Input/Output System) में होता है और कम्प्यूटर के शुरू होने पर प्रत्येक समय चलता है। यह कम्प्यूटर की रैम, डिस्क ड्राइव, सम्बन्धित उपकरणों और दूसरे हार्डवेयर कम्पोनेन्टों की कार्यप्रणाली की जाँच करता रहता है कि वे ठीक से चल रहे हैं या नहीं। यदि हार्डवेयर कम्पोनेन्ट Detect नहीं होते या ठीक से काम नहीं कर रहे हैं, तो इसकी सूचना स्क्रीन पर भेजता है।

MEM.EXE

यह उपलब्ध, प्रयोग की गई और शेष बची मैमोरी के विषय में विवरण प्रदान करता है। यह DOS के आधुनिक Versions और Windows Vista में उपलब्ध है। यह तब विशेष उपयोगी है, जब आप /C या /P पैरामीटर्स के साथ कमाण्ड को चलाते हैं। /C पैरामीटर मैमोरी के प्रयोग के आधार पर प्रोग्राम को वर्गीकृत करता है। यह प्रोग्रामों के साइज की तालिका बनाता है, प्रयोग की जा रही मैमोरी दर्शाता है और उपलब्ध Largest Memory Block की तालिका बनाता है। जब स्क्रीन सूचनाओं से भरी होती है तब /P पैरामीटर स्क्रीन को रोक देता है।

डायग्नोस्टिक हार्डवेयर Diagnostic Hardware

सॉफ्टवेयर टूल कम्प्यूटर में उत्पन्न होने वाली समस्याओं के कारणों को पहचानने में सहायक होते हैं। इसके अलावा कुछ हार्डवेयर कम्पोनेन्ट्स हैं, जो कुछ विशिष्ट हार्डवेयरों के दोष निवारण में सहायता कर सकते हैं। ये बहुत प्रचलित नहीं हैं, क्योंकि ये बहुत महँगे हैं और इनका प्रयोग सिर्फ विशेष प्रकार की समस्याओं के समाधान के लिए ही होता है। इसी कारण सॉफ्टवेयर डायग्नोस्टिक टूलों की अपेक्षा ये हार्डवेयर डायग्नोस्टिक टूल कम उपयोगी हैं। यदि आप Troubleshooter हैं, तब आपको एक या एक से अधिक नीचे दिए गए डायग्नोस्टिक हार्डवेयर उपकरणों का प्रयोग किसी विशेष हार्डवेयर की समस्या के समाधान के लिए करना पड़ सकता है।

लूप-बैक प्लग्स Loop-back Plugs

Loop-back परीक्षण करने के लिए कम्प्यूटर के सीरियल और पैरेलल पोर्ट में लूप-बैक प्लग को जोड़ें। इस प्लग का प्रयोग प्रोग्राम के साथ करें; जैसे— Norton l डायग्नोस्टिक आपको सीरियल पैरेलल पोर्ट्स की कार्यविधि का पूर्ण परीक्षण करने की सुविधा देता है, जबकि बिना इसके केवल पोर्ट के आन्तरिक भाग का ही परीक्षण किया जा सकता है।

मल्टीमीटर Multimeter

यह उपकरण इलेक्ट्रिकल रेजिस्टेन्स को मापने के लिए प्रयोग किया जाता है। इसका प्रयोग विद्युत तकनीशियनों के द्वारा किया जाता है। इसके अतिरिक्त इस उपकरण का प्रयोग इलेक्ट्रॉनिक डिजाइनरों और मरम्मत करने वालों के द्वारा भी किया जाता है। सस्ते और कम खर्चीले मल्टीमीटर बाजार में उपलब्ध हैं। मल्टीमीटरों का प्रयोग बड़े इलेक्ट्रॉनिक परीक्षण के लिए किया जाता है।

ओह्म मीटर Ohmmeter

इस उपकरण का प्रयोग विद्युत और वोल्टेज के रेजिस्टेन्स को मापने के लिए किया जाता है। इस मीटर का प्रयोग Short Circuits और Open Circuits की जाँच करने के लिए भी किया जाता है।

BIOS पोस्टकार्ड्स BIOS Post Cards

यह उपकरण पता करता है कि Post में सिस्टम कहाँ Hang-up होता है। यदि Post के दौरान कम्प्यूटर में यह कोई समस्या पाता है, BIOS बीप ध्वनि द्वारा त्रुटि का सन्देश देता है। बहुत से प्रयोगकर्ता यह नहीं जानते कि BIOS कम्प्यूटर के बहुत से विशेष मैमोरी लोकेशन के लिए Test Codes भेजते हैं। Test Codes को डिस्प्ले करने और कैप्चर करने के लिए बनाए गए स्पेशल कार्ड के प्रयोग के द्वारा आप ठीक-ठीक पता लगा सकते हैं कि कहाँ Power on self test में सिस्टम हैंग हुआ है। यह कम्प्यूटर में आने वाली सिस्टम सम्बन्धी जटिल समस्याओं को दूर करने में अत्यधिक सहायक है।

टैस्ट बैड Test Bed

यह उपकरण अनजाने उपकरण का परीक्षण दूसरे हार्डवेयर के साथ करता है, जो काम कर रहे होते हैं। कुछ कम्प्यूटर तकनीशियन कम्पोनेन्ट के परीक्षण के लिए एक पुरानी विधि का प्रयोग test bed के लिए करते हैं।

आजकल अत्याधुनिक परीक्षण करने वाले हार्डवेयर उपलब्ध हैं। जिसमें कुछ उपकरण; जैसे— logic, process, oscilloscopes और बहुत प्रकार के विशिष्ट कम्पोनेन्ट परीक्षक होते हैं। ये बहुत महँगे हैं और इनके प्रयोग के लिए प्रशिक्षण की आवश्यकता होती है। प्रशिक्षित व्यक्ति ही इनका प्रयोग कर सकता है।

पीसी टूल किट The PC Tool Kit

यदि आप कम्प्यूटर की अपग्रेडिंग, समस्या निवारण या मरम्मत आदि करना चाहते हैं, तो आपको उपयुक्त टूल किट की जरूरत पड़ती है। कम्प्यूटर प्रयोगकर्ता के पास अनेक प्रकार के टूल किट होते हैं, जो काम करने में सहायता करते हैं। ये टूल समय की बचत करते हैं और आपके सिस्टम को क्षतिग्रस्त होने से बचाते हैं। आकार, गुणवत्ता और काम के आधार पर टूल किट विभिन्न प्रकार के होते हैं। टूलकिट में आने वाले items नीचे दिए जा रहे हैं। इनमें से कुछ सामान्य टूल किट में नहीं आते। आप इन्हें स्वयं जोड़ सकते हैं।

स्क्रूड्राइवर Screwdriver

यह स्क्रू को जोड़ता है और कसता है। आपको अच्छे किस्म का स्क्रू ड्राइवर रखना चाहिए, जिसमें चुम्बकीय प्रभाव से युक्त अलग-अलग साइजों की कई बिटें होती हैं और इनके हैण्डिल आरामदेह होते हैं। कम-से-कम दो भिन्न साइजों की चपटी बिटें रखनी चाहिए।

नीडल-नोज प्लायर्स Needle-nose Pliers

यह छोटे items को कसकर पकड़ता है और सर्किट बोर्ड पर जम्पर को हटाता और पुनर्स्थापित करता है।

वायर स्नीप्स Wire Snips

यह तारों को काटने और इन्सुलेशन को उतारने के लिए प्रयोग किया जाता है। कुछ किटों में वायर स्टिपर भी इन्सुलेशन उतारने के लिए होते हैं।

स्मॉल फ्लैशलाइट Small Flashlight

यह कम्प्यूटर के अत्यन्त छोटे-छोटे कम्पोनेन्ट्स को देखने के लिए प्रयोग किया जाता है; जैसे— कनेक्टर पर pin 1 मार्किंग।

ट्वीजर्स Tweezers

छोटी-छोटी वस्तुओं को, जो आसानी से हाथ से पकड़ी नहीं जा सकतीं, उन्हें आसानी से पकड़ने के लिए इस टूल का प्रयोग किया जाता है। यह टूल स्प्रिंग लगे हत्थे वाला होता है।

रोल ऑफ ब्लैक इलेक्ट्रीकल टेप Roll of Black Electrical Tape

इस टेप का प्रयोग तार के अन्तिम सिरे को आवरणयुक्त (isolated) करने के लिए किया जाता है। यह टेप के तार के अन्त में लगाकर इन्सुलेशन का काम करता है।

कैन ऑफ कम्प्रैस्ड एयर Can of Compressed Air

यह मदरबोर्ड को साफ करने के लिए प्रयोग किया जाता है और संवेदनशील हार्डवेयर उपकरणों की सफाई के भी काम आता है।

सॉफ्ट लिंट-फ्री क्लॉथ Soft Lint-free Cloth

यह मॉनीटर और दूसरे उपकरणों को साफ करने के काम आता है।

3/16 नट ड्राइव 3/16 Nut Driver

यह टूल हार्डवेयर उपकरणों, सीरियल पोर्टों और, पैरेलल पोर्टों को मदरबोर्ड पर लगाने के काम आता है।

नाइफ Knife

यह वायरों को काटने के लिए ब्लेड का काम करता है।

सोल्डरिंग आयरन Soldering Irons

यह कम्प्यूटर के सर्किट बोर्ड की मरम्मत करने के काम आता है, किन्तु इनका प्रयोग कम ही किया जाता है। इनका गलत प्रयोग बहुत ही खतरनाक परिणाम दे सकता है।

चिप एक्सट्रैक्टर Chip Extactors

यह चिपों को रेगुलर सॉकेट से हटाने के लिए प्रयोग किया जाता है, किन्तु आधुनिक कम्प्यूटर में सामान्यत: इन सॉकेटों का प्रयोग नहीं किया जाता। कुछ मामलों में पुराने कम्प्यूटरों की अपग्रेडिंग करने के लिए टूल का प्रयोग किया जाता है।

स्क्रू Screws

यह हार्डवेयर उपकरणों को जोड़ता है।

केबल्स Cables

यह पावर, फ्लॉपी या सीडी रोम केबलों में हुई त्रुटि की जाँच करता है।

10.3 रैम सम्बन्धी दोष Defects Related to RAM

अनेक स्थितियाँ ऐसी हो सकती हैं, जिनमें हमारे कम्प्यूटर में रैम (RAM) समस्या उत्पन्न हो सकती है, जोकि निम्नानुसार है

रैम टाइमिंग RAM Timing

वर्तमान में विभिन्न स्पीड्स (speeds) की रैम्स (RAMs) उपलब्ध हैं। बेहतर मदरबोर्ड (motherboards) इसके अधिकतम स्पेसिफिकेशन (specification) से मैच (match) न करने वाली रैम (RAM) को भी स्वीकार कर लेते हैं, परन्तु यह सिस्टम की स्पीड (speed) पर नकारात्मक प्रभाव डालती है। सिस्टम अपने अधिकतम स्पेसिफिकेशन (specification) के अनुरूप कार्य करे, इसके लिए आवश्यक है कि इससे मैच (match) करती हुई रैम (RAM) का ही प्रयोग किया जाए।

सूक्ष्म दोष Minor Defect

रैम में मामूली खराबी भी सिस्टम की स्पीड और नियमितता (stability) पर नकारात्मक प्रभाव डालती है। सिस्टम अपनी अधिकतम स्पीड (maximum speed) और नियमितता के अनुरूप कार्य करे, इसके लिए आवश्यक है कि मामूली खराबी वाली रैम को भी बदल दिया जाए।

अत्यधिक गर्म होना Over heated

ऐसी समस्या तब उत्पन्न होती है, जब हम सिस्टम में उसके मदरबोर्ड (motherboard) द्वारा सपोर्ट (support) की जाने वाली कैशिंग मैमोरी (caching memory) से अधिक रैम लगाते हैं। सिस्टम अपनी अधिकतम स्पीड और नियमितता के अनुरूप कार्य करे, इसके लिए आवश्यक है कि मदरबोर्ड द्वारा सपोर्ट की जाने वाली कैशिंग मैमोरी से अधिक रैम न लगाई जाए।

10.4 हार्ड डिस्क सम्बन्धी दोष Hard Disk Related Defects

हार्ड डिस्क (hard disk) के पूर्णतः अनुपयुक्त होने से पूर्व अनेक संकेत प्राप्त होते हैं, जोकि निम्नानुसार हैं

एक्सेस करने में अधिक समय लगना Access Take More Time

यदि किसी ड्राइव (drive) को एक्सेस (access) करने में पहले से अधिक समय लगने लगा है, तो इस ड्राइव पर स्कैनडिस्क (scandisk) अथवा चैकडिस्क (checkdisk), जो भी ऑपरेटिंग सिस्टम (operating system) में उपलब्ध है, को रन (Run) करना चाहिए।

बैड सेक्टर्स की संख्या में वृद्धि होना Increase in the Number of Bad Sectors

किसी ड्राइव (drive) पर स्कैनडिस्क अथवा चैकडिस्क, जो भी ऑपरेटिंग सिस्टम में उपलब्ध है, को रन करने पर यदि बैड सेक्टर्स (bad sectors) की संख्या में वृद्धि हो रही है, तो यह स्पष्ट संकेत है कि हार्ड डिस्क पूर्णतः खराब होने जा रही है। ऐसी परिस्थिति में इस हार्ड डिस्क पर स्थित डेटा का बैकअप (backup) ले लेना चाहिए और शीघ्रातिशीघ्र इसे बदल देना चाहिए।

अचानक नीली स्क्रीन होना Suddenly Blue Screen

यदि बिना किसी कारण मॉनीटर की स्क्रीन नीले रंग की हो जाती है, तो यह भी हार्ड डिस्क के पूर्णतः अनुपयुक्त होने से पूर्व एक महत्त्वपूर्ण संकेत है। ऐसी परिस्थिति में इस हार्ड डिस्क पर स्थित डेटा का बैकअप ले लेना चाहिए और शीघ्रातिशीघ्र इसे बदल देना चाहिए।

विफल होना Boot Failure

यदि कम्प्यूटर को ऑन करने पर अक्सर बूट फेल्यर (boot failure) होता है, तो यह भी हार्ड डिस्क के पूर्णतः अनुपयुक्त होने से पूर्व का एक महत्त्वपूर्ण संकेत है। ऐसी परिस्थितियों में इस हार्ड डिस्क पर स्थित डेटा का बैकअप ले लेना चाहिए और शीघ्रातिशीघ्र इसे बदल लेना चाहिए।

10.5 बायोस सेटिंग्स BIOS Settings

सिस्टम के धीमे होने का एक ऐसा कारण जिसकी अक्सर अनदेखी की जाती है, उसकी बायोस सेटिंग्स (BIOS settings) है। अधिकांश कम्प्यूटर प्रयोगकर्ता बायोस सेटिंग्स को इसकी फैक्ट्री (factory) के अनुरूप ही रहने देते हैं। यदि मशीन के कॉन्फिगुरेशन (configuration) के अनुरूप बायोस सेटिंग्स नहीं है, तो सिस्टम धीमा हो जाता है। ऐसी परिस्थिति में हमें बायोस सेटिंग्स का निर्धारण फैक्ट्री के अनुरूप न करके मशीन के कॉन्फिगुरेशन के अनुरूप कर देना चाहिए।

10.6 वायरस Virus

कुछ वायरसेज (viruses), वॉर्म्स (worms) और टॉर्शन हॉर्सेज (trojan horses) स्वचालित रूप से डेटा जेनरेट करते हैं और कम्प्यूटर की परफॉरमेन्स पर नकारात्मक प्रभाव डालते हैं। इस समस्या के निवारण के लिए हमें अपने कम्प्यूटर के एण्टीवायरस सॉफ्टवेयर को सदैव अप-टू-डेट (up-to-date) रखना चाहिए और कम्प्यूटर को नियमित रूप से वायरसेज, वॉर्म्स और टॉर्शन हॉर्सेज को स्कैन करते रहना चाहिए।

10.7 डिस्क फ्रैगमेन्टेशन Disk Fragmentation

जब किसी डिस्क पर फाइल्स (files) को जोड़ा (add), मिटाया (delete) और संशोधित (Improve) किया जाता है, तो फाइल के कॉन्टेन्ट्स (contents) डिस्क के विभिन्न रीजन्स (regions) में लोकेटेड (located) सेक्टर्स (sectors) पर फैल सकते हैं। ये प्रक्रिया फाइल फ्रैगमेन्टेशन (file fragmentation) कहलाती है।

इस समस्या के निवारण के लिए हमें अपने कम्प्यूटर के System Tolls के अन्तर्गत दी गई सुविधा डिस्क डिफ्रैगमेन्टर (disk defragmenter) का प्रयोग करना चाहिए। डिस्क डिफ्रैगमेन्टर प्रोग्राम (disk defragmenter program) हार्ड डिस्क में अनेक स्थानों पर बिखरे विभिन्न फाइल के विभिन्न कॉन्टेन्ट्स को पढ़कर, फाइल को एक स्थान पर व्यवस्थित कर देता है। यह ध्यान रखना आवश्यक होता है कि डिस्क डिफ्रैगमेन्टर प्रोग्राम को चलाने के लिए ड्राइव (drive) में 20 से 25% तक का रिक्त स्थान हो।

डिफ्रैगमेन्टेशन प्रक्रिया के दौरान, डिस्क, डिफ्रैगमेन्टर प्रोग्राम, उस प्रोग्राम (program), जिस पर कार्य कर रहे हैं, को पुनः शुरू कर सकता है। अतः अच्छा यही रहता है कि इस प्रक्रिया के दौरान अन्य सभी प्रोग्राम्स को बन्द कर दिया जाए।

10.8 बैकग्राउण्ड एप्लीकेशन्स Background Applications

कभी-कभी कम्प्यूटर प्रयोगकर्ता अपना कार्य करते समय, कार्य के लिए उपयोगी प्रोग्राम्स को चलाने के साथ-साथ सीडी (CD) को प्ले (play) करते हैं अथवा इन्टरनेट पर सर्फिंग (surfing) करते हैं। ऐसे ही कुछ अन्य प्रोग्राम्स भी होते हैं, जो कम्प्यूटर के चलने पर स्वत: ही बैकग्राउण्ड (background) में स्वचालित रूप में रन होते हैं। इन प्रोग्राम्स के कारण भी कम्प्यूटर की गति कम हो जाती है। इस समस्या के निवारण के लिए हमें startup फोल्डर को खोलकर उसमें स्थित अनावश्यक प्रोग्राम्स को डिलीट कर देना चाहिए।

10.9 डेड मदरबोर्ड का दोष निवारण Troubleshooting of Dead Motherboard

यदि हमें ऐसा लगता है कि हमारा मदरबोर्ड डेड (dead) हो गया है, तो समस्या का निवारण करने और उसे कार्यकारी स्थिति में लाने के लिए निम्न चरणों का प्रयास करते हैं—

1. पावर सप्लाई (power supply) से पावर कॉर्ड (power cord) को निकाल दें और यह सुनिश्चित करें कि यह 110 अथवा 220 वोल्ट्स के लिए निर्धारित है।
2. पावर सप्लाई के पीछे की जाँच करें, कि इसका फैन (fan) कार्य कर रहा है।
3. यदि आवश्यक समझें तो पावर सप्लाई को बदल दें।
4. यह सुनिश्चित करें कि कम्प्यूटर को अच्छे पावर आउटलेट (power outlet) में प्लग (plug) किया जा रहा है।
5. पूरे मदरबोर्ड से सभी कनेक्शन (connections) को निकालकर इसे कम्प्यूटर कैबिनेट (computer cabinate) से बाहर निकालकर इसका परीक्षण करें।
6. मदरबोर्ड को हिलाकर देखें कि किसी ढीले मैटेलिक ऑब्जैक्ट (loose metallic object) की आवाज अथवा एक्सपैन्शन बोर्ड स्लॉट्स (expansion board slots) के पास से कोई आवाज तो नहीं आ रही है।
7. मदरबोर्ड (motherboard) पर ISA और PCI स्लॉट्स (slots) का निरीक्षण करें और देखें कि क्या यह टेढ़ा अथवा शॉर्ट (short) तो नहीं हो गया है। यदि ऐसा है, तो इस एक्सपैन्शन बोर्ड (expansion board) को निकाल दें।
8. मदरबोर्ड की जाँच करें और देखें कि इस पर कोई टूटा अथवा जला हुआ कॉम्पोनेन्ट तो नहीं है। यदि कोई काला धब्बा दिखता है, तो इसे साफ करें और यदि यह जलने का ही निशान है, तो यदि सम्भव है, तो इस कॉम्पोनेन्ट को बदल दें और यदि सम्भव नहीं है, तो मदरबोर्ड ही बदलना होगा।
9. मदरबोर्ड पर स्थित पिन्स की जाँच करें और सुनिश्चित करें कि ये टेढ़ी अथवा शॉर्ट न हो गई हों।
10. सुनिश्चित करें कि मदरबोर्ड में स्पीकर को प्लग-इन किया हुआ हो, ताकि बीप कोड्स को सुना जा सके।
11. सभी जम्पर्स की जाँच करें और वे सभी चिप्स और छोटे कॉम्पोनेन्ट्स जिन्हें निकाला जा सकता है, को निकालकर पुन: लगा दें।
12. सुनिश्चित करें कि सीपीयू कोर वोल्टेज सही है।
13. सीमॉस बैटरी जम्पर की जाँच करें और सुनिश्चित करें कि यह सही स्थिति में है।
14. सीमॉस को क्लीयर करें। इसके लिए पावर कॉर्ड को मदरबोर्ड से निकाल लें। इसके उपरान्त सीमॉस बैटरी को मदरबोर्ड से अलग कर दें और कुछ क्षणों की प्रतीक्षा के उपरान्त सीमॉस बैटरी को पुन: मदरबोर्ड में लगाकर पावर कॉर्ड (power cord) को भी मदरबोर्ड (motherboard) पर लगा दें।
15. उन सभी ड्राइव्स (drives) और केबल्स (cables) को डिस्कनेक्ट (disconnect) कर दें, जो बूट (boot) करने के लिए आवश्यक नहीं हैं और पावर सप्लाई को मदरबोर्ड से कनेक्ट करें। इस समय सम्भवत: मदरबोर्ड के साथ मैमोरी (memory), सीपीयू (CPU), पावर सप्लाई और वीडियो कार्ड (video card) जुड़े होते हैं। यदि हमारे मदरबोर्ड पर जीपीयू (GPU) इन्टीग्रेटेड हैं, तो इससे वीडियो कार्ड को निकाला जा सकता है। अब बूट (boot) करने का प्रयास करें।
16. मॉनीटर प्लग की जाँच करें और सुनिश्चित करें कि यह मुड़ा अथवा ढीला कनेक्शन तो नहीं है।
17. यदि हम अनिश्चित वर्किंग मैमोरी के साथ कार्य कर रहे हैं, तो इसे निकालकर, इसे और इसके स्लॉट (slot) को साफ करके पुन: लगा दें।

यदि उपरोक्त सभी कार्य करने पर मदरबोर्ड कार्य नहीं कर रहा है, तो इसे बदल देना ही उचित रहता है।

10.10 'की'-बोर्ड की समस्याओं का निवारण Troubleshooting of Key-board

की-बोर्ड को बदलने से पहले इसकी समस्या के निवारण हेतु निम्नलिखित बिन्दुओं पर विचार करना चाहिए

1. सबसे पहले कम्प्यूटर को ऑफ OFF करके यह सुनिश्चित करें कि क्या की-बोर्ड (key-board) का प्लग ठीक तरीके से कम्प्यूटर में लगा है अथवा नहीं। एक बार प्लग (plug) को सॉकेट से निकालकर पुन: लगा दें। यदि आप की-बोर्ड और माउस (mouse) दोनों ही PS/2 प्रयोग कर रहे हैं, तो जाँच लें कि कहीं की-बोर्ड (key-board) के सॉकेट (socket) में माउस का प्लग और माउस के सॉकेट में की-बोर्ड

का प्लग तो नहीं लग गया है। यदि ऐसा है, तो दोनों को परस्पर बदलकर सही सॉकेट में लगा दें। यदि आप यूएसबी पोर्ट (USB port) वाले की-बोर्ड का प्रयोग कर रहे हैं, तो प्लग को किसी अन्य यूएसबी पोर्ट में लगा दें। यदि की-बोर्ड अब भी कार्य नहीं कर रहा है, तो इसे बदल देना ही उचित रहेगा।

2. यदि किसी 'की' (key) को दबाने पर उस पर कैरेक्टर (chracter) अथवा अंक (number) एक से अधिक बार प्रदर्शित होता है, तो इसे 'की' बाउन्स (key bounce) कहा जाता है। इस समस्या का समाधान ऑपरेटिंग सिस्टम के माध्यम से भी हो सकता है। यदि कम्प्यूटर में विण्डोज 95 अथवा इसके उन्नत संस्करण का प्रयोग किया जा रहा है, तो उसके कण्ट्रोल पैनल (control panel) के key-board आइकन पर क्लिक करने पर प्रदर्शित होने वाले key-board properties डायलॉग बॉक्स में repeat rate को slow करके इस समस्या का समाधान किया जा सकता है।
3. की-बोर्ड को सफाई की आवश्यकता भी हो सकती है। की-बोर्ड को उल्टा करके झाड़ दें अथवा एयर कम्प्रेसर (air compressor) से उस धूल को हटा दें और उसकी keys को किसी ब्रश (brush) से साफ कर दें।
4. यदि की-बोर्ड पर अचानक पानी अथवा कोई पेय पदार्थ गिर गया है, तो कम्प्यूटर को तुरन्त ऑफ OFF कर दें और की-बोर्ड से इस तरल पदार्थ को बह जाने दें इसके उपरान्त इसे साफ करे दें। इस की-बोर्ड (keyboard) को पुन: प्रयोग करने से पूर्व यह सुनिश्चित कर लें कि यह पूर्णत: सूख गया है।

10.11 माउस की समस्याओं का निवारण Troubleshooting of Mouse

ऐसे अनेक कारण हो सकते हैं, जिनके कारण माउस (mouse) कार्य करना बन्द कर सकता है। ये कारण निम्न हैं

स्क्रॉल माउस की समस्याओं का निवारण Troubleshooting of Scroll Mouse

- सर्वप्रथम यह सुनिश्चित कर लें कि माउस सही USB पोर्ट से कनेक्ट है।
- यदि माउस प्वॉइण्टर सहज रूप से (smoothly) नहीं मूव कर रहा है, तो माउस के रोलर्स को साफ कर लें।
- तत्पश्चात् सुनिश्चित कर लें कि माउस नवीनतम् ड्राइवर (latest driver) उचित रूप से इन्स्टॉल किया हुआ है।
- फिर यह सुनिश्चित कर लें कि कम्प्यूटर से केवल एक ही माउस (mouse) कनेक्ट किया हुआ है।
- माउस को किसी अन्य कम्प्यूटर से कनेक्ट करके जाँच लें कि क्या यह यहाँ पर सही कार्य कर रहा है। यदि यहाँ पर यह सही कार्य कर रहा है, तो हमारा माउस तो ठीक है, सम्भवत: हमारे कम्प्यूटर का माउस ड्राइवर (mouse driver) करप्ट (currept) हो गया है अथवा इसका पोर्ट सही ढंग से कार्य नहीं कर रहा है।
- किसी अन्य माउस को अपने कम्प्यूटर से कनेक्ट करके जाँच लें कि क्या यह यहाँ पर सही कार्य कर रहा है। यदि यह माउस सही नहीं कार्य कर रहा है, तो इसका तात्पर्य है कि माउस में ही कोई समस्या है।

यदि उपरोक्त समाधानों से भी माउस सही कार्य नहीं करता है, तो इसे किसी सर्विस इन्जीनियर (service engineer) को दिखाएँ अथवा इसे बदल दें।

ऑप्टिकल माउस की समस्याओं का निवारण Troublesooting of Optical Mouse

- सर्वप्रथम यह सुनिश्चित कर लें कि माउस (mouse) सही PS/2 अथवा USB पोर्ट (port) से कनेक्ट (connect) है।
- माउस को उल्टा करके इसके लेन्स एरिया (lens area) को धीरे से कॉटन से साफ कर दें।

यदि उपरोक्त समाधानों से भी माउस सही कार्य नहीं करता है, तो इसे किसी सर्विस इन्जीनियर (service engineer) को दिखाएँ अथवा इसे बदल दें।

10.12 हार्ड डिस्क की समस्याओं का निवारण Troubleshooting of Hard Disk

जब भी हार्ड डिस्क (hard disk) में कोई समस्या उपस्थित हो, तो निम्नलिखित सामान्य समस्या निवारण सलाहों (troubleshooting tips) को ध्यान में रखें

फिजिकल कनेक्टिविटी Physical Connectivity

हार्ड डिस्क सही ढंग से कार्य कर सके, इसके लिए इसे एसएमपीएस (SMPS) से आने वाली पावर केबल्स (power cables) के माध्यम से पावर की आवश्यकता होती है और इसका एक केबल (cable) के माध्यम से मदरबोर्ड (motherboard) पर जुड़ा होना आवश्यक होता है। यदि हमारी हार्ड डिस्क (hard disk) में कोई समस्या उपस्थित होती है, तो सबसे पहले इसके पावर और डेटा (data) केबल्स को निकालकर पुन: लगाएँ।

जम्पर सेटिंग की जाँच Check Jumper Setting

हार्ड डिस्क के जम्पर्स (jumpers) की उचित सेटिंग (setting) न होने पर भी हार्ड डिस्क सही ढंग से कार्य नहीं करती है। इसलिए यदि हार्ड डिस्क के पावर और डेटा केबल्स को निकालकर पुन: लगाने पर भी कार्य न करे, तो इसकी जम्पर सेटिंग को जाँच लें।

बायोस सैटअप की जाँच Check BIOS Setup

आधुनिक सिस्टम्स में बायोस (BIOS) स्वत: ही हार्ड डिस्क को डिटेक्ट (detect) कर लेते हैं। यदि हमारे सिस्टम में पुराने बायोस (BIOS) का प्रयोग हो रहा है, तो हमें बायोस सैटअप (BIOS setup) प्रोग्राम में जाना होगा और फिर इसके IDE चैनल को बदलना होगा। बायोस सैटअप प्रोग्राम में जाने के लिए सामान्यत: F1 अथवा Del. 'की' (key) को दबाना होता है।

वायरस की जाँच Check Virus

यदि अब भी हार्ड डिस्क सही कार्य नहीं कर रही है, तो वायरस की जाँच करें। एक ऐसी हार्ड ड्राइव (hard drive), जिसमें कोई बूट सेक्टर वायरस (boot sector virus) है, सही ढंग से कार्य नहीं करती है। सिस्टम में एक अच्छा एण्टीवायरस प्रोग्राम (antivirus program) इन्स्टॉल (install) होना चाहिए और इसे निरन्तर अपडेट (update) भी करते रहना चाहिए।

पार्टीशिन्स की जाँच Check Partitions

हार्ड डिस्क पर यदि एक से अधिक पार्टीशन्स (partitions) किए गए हैं, तो इनकी जाँच कर लें। इसके लिए विण्डोज (windows) के डिस्क मैनेजमेन्ट टूल (disk management tool) का प्रयोग किया जाता है। यदि पार्टीशन सही होता है, तो इसमें उस पार्टीशन (partition) के लिए healthy लिखा हुआ प्रतीत होता है।

10.13 ऑप्टिकल डिस्क ड्राइव का रख-रखाव Maintenance of Optical Disc Drive

हमारे कम्प्यूटर में लगी ऑप्टिकल डिस्क ड्राइव (optical disk drive) को कम्प्यूटर के अन्य भागों की अपेक्षा अधिक सफाई की आवश्यकता होती है।

ड्राइव लेन्स (drive lens) से लेजर प्रकाश (laser light) को डिस्क (disk) पर फोकस करके सीडी/डीवीडी ड्राइव (CD/DVD drive) कार्य करती है और फिर डिस्क से परावर्तित प्रकाश (reflected light) द्वारा डेटा को पढ़ती है। ड्राइव में स्थित फोटोडायोड्स (photodiodes) परावर्तित लेजर बीम (reflected laser baem) की इन्फॉर्मेशन को डिटेक्ट (detect) और डिकोड (decode) करते हैं।

समय के साथ-साथ ड्राइव लेन्स (drive lens) पर गन्दगी और धूल जमा हो जाती है। यह गन्दगी और धूल हमारे द्वारा ड्राइव (drive) में लगाई जा रही सीडी/डीवीडी (CD/DVD) द्वारा भी जा सकती है। यह गन्दगी और धूल हमारी ड्राइव (drive) के ड्राइव लेन्स से लेजर (laser) को ब्लॉक (block) कर सकती है। इससे हमारे द्वारा ड्राइव में लगाई गई डिस्क (disk) को पढ़ने में समस्या हो सकती है अथवा ड्राइव इस डिस्क को पढ़ने में पूर्णत: असफल हो सकती है।

इस समस्या का सबसे अच्छा समाधान यह है कि अपनी ऑप्टिकल डिस्क ड्राइव (optical disk drive) के लेन्स (lens) को समय-समय पर साफ करना चाहिए, ताकि यह सुनिश्चित किया जा सके कि इस पर कोई धूल अथवा गन्दगी जमा हुई नहीं है। इसके लिए बाजार में एक सीडी लेन्स क्लीनर किट (CD lens cleaner kit) उपलब्ध है, जिसका प्रयोग करके हम ड्राइव लेन्स (drive lens) को साफ रख सकते हैं।

ऑप्टिकल डिस्क ड्राइव में आने वाली समस्याओं को दो भागों में विभाजित किया जाता हैं

डिस्क पढ़ने की समस्याएँ Disc Read Problems

डिस्क को पढ़ने से सम्बन्धित प्रमुख समस्याएँ निम्नलिखित हैं—

यदि डिस्क किसी अन्य ड्राइव में लगाने पर रीड (read) हो रही है, तो इसका अर्थ है कि समस्या ड्राइव में है। अब इस ड्राइव में किसी अन्य डिस्क जो कि अब से पहले इस पर पढ़ी जा रही थी, को लगाकर देखते हैं, यदि यह डिस्क भी सही तरह से रीड नहीं हो रही है, तो वैक्यूम क्लीनर (vaccum cleaner) का प्रयोग करके इस पर स्थित गन्दगी अथवा धूल को उड़ा सकते हैं। यदि इसके बावजूद भी डिस्क को पढ़ा नहीं जा रहा है, तो अब निम्नलिखित पदों का अनुपालन करें

- अपने कम्प्यूटर की कैबिनेट (cabinet) को खोल लें।
- कम्प्यूटर कैबिनेट (cabinet) के अन्दर अपनी सीडी/डीवीडी ड्राइव (CD/DVD/drive) को लोकेट (locate) करते हैं। यह ड्राइव चार स्क्रूज (screws) द्वारा कैबिनेट में कसी होती है। इसके प्रत्येक ओर दो स्क्रूज होते हैं। इन स्क्रूज को खोल लें।
- दोनों ओर से स्क्रूज को खोलकर ड्राइव के कनेक्शन्स को मदरबोर्ड और पावर सप्लाई (power supply) से हटा लेते हैं और ड्राइव को पीछे से पुश करते हुए इसे आगे से निकाल लेते हैं।

- अब खुली सी.डी ट्रे के साथ हमें ड्राइव के सामने वाले कवर को हटाने की आवश्यकता होती है। इसके लिए हमें एक क्लिप (clip) को खोलने की आवश्यकता होती है, जिससे यह फ्रन्ट कवर जुड़ा होता है।
- इस क्लिप को पुश करके सामने वाले कवर के लॉक (lock) को खोल देते हैं और फ्रन्ट कवर को धीरे से ड्राइव (drive) से अलग कर देते हैं।
- फ्रन्ट कवर को ड्राइव से अलग कर देने के उपरान्त इसके चार स्क्रूज को खोलकर ड्राइव के ऊपरी और निचले भाग को अलग-अलग कर देते हैं। अब हमें इसके अन्दर के पार्ट्स दिखने लगते हैं।
- अब एक कॉटन स्वैब (cotton swab) की सहायता से हल्के हाथ से धूल-मिट्टी को हटा देते हैं। सफाई शूरू करने से पहले इस कॉटन स्वैब को हल्का-सा एल्कोहॉल (alcohol) में भिगोया भी जा सकता है।

सीडी-रोम में CD-R अथवा RW डिस्क्स का रीड फेल्योर
Read Failures of CD-R or RW Discs in ROM Drive

यदि हम सीडी-रोम (CD-ROM) में लगाई गई सीडी-आर (CD-R) अथवा सीडी-आर डब्ल्यू (CD-RW) को पढ़ने की कोशिश कर रहे हैं, तो इन्हें न पढ़े जाने की समस्या उत्पन्न हो सकती है। सीडी-रोम ड्राइव (CD-ROM drive) इनको रिकॉगनाइज (reconginze) नहीं करती है। इसके कुछ कारण होते हैं। इसका एक प्रमुख कारण यह भी हो सकता है कि जब इस डिस्क (disk) को बर्न (burn) किया गया, तो इसे फाइनेलाइज (finalize) नहीं किया गया। इस समस्या के समाधान के लिए डिस्क को उसी मशीन (machine) में लगाएँ, जिससे इसे बर्न किया गया था और इसे फाइनेलाइज कर दिया जाए। इसके लिए किट (kit) पर दिए गए निर्देशों का पालन करें, एक अन्य सम्भावना यह भी हो सकती है कि सीडी-रोम ड्राइव (CD-ROM drive) इतनी पुरानी है कि उसे इन डिस्क्स को पढ़ने के लिए डिजाइन ही नहीं किया गया है। इस परिस्थिति में तो ड्राइव (drive) को रिप्लेस (replace) करना ही उचित रहेगा।

डिस्क पर लिखने की समस्याएँ Problems of Writing to a Disc

डिस्क पर लिखते समय बफर अण्डररन एरर्स (buffer underrun errors) प्राप्त होना सामान्य बात है। ये एरर्स (errors) यह दर्शाते हैं कि डेटा (data) को, लिखने की गति से भिन्न गति से पढ़ा जा रहा है। नई ड्राइव्स (drives) को इस प्रकार के एरर्स को रोकने के लिए डिजाइन किया गया है, परन्तु फिर भी यदि यह समस्या उत्पन्न होती है, तो इसके उत्पन्न होने की सम्भावना को कम करने के कुछ उपाय निम्न हैं

1. सीडी (CD) पर लिखे जाने से पूर्व सभी फाइल्स को हार्ड ड्राइव (hard drive) में एक फोल्डर (folder) में कॉपी कर लिया जाए।
2. बर्निंग प्रोग्राम (burning program) की राइटिंग स्पीड (writing speed) को कम कर दिया जाए।
3. कम्प्यूटर पर चल रहे अनावश्यक प्रोग्राम्स को बन्द कर दिया जाए।

10.14 फ्लैश ड्राइव की समस्या का निवारण Flash Drive Troubleshooting

यूएसबी फॉरमेट एरर USB Format Error

कभी-कभी यह एरर (error) आकस्मिक रूप से उपस्थित हो जाती है और हमें हमारी पेन ड्राइव (pen drive) अथवा यूएसबी ड्राइव (USB drive) को फॉरमेट (format) करने की अनुमति प्रदान नहीं करती है। इस समस्या के निवारण हेतु निम्नलिखित पदों का अनुसरण किया जाता है

- स्टार्ट (start) बटन पर क्लिक (click) करें।
- माई कम्प्यूटर (My Computer) पर राइट क्लिक (right click) करें।
- अब प्रदर्शित होने वाले शॉटकर्ट मेन्यू में से manage ऑप्शन पर क्लिक करें।
- अब प्रदर्शित होने वाली Computer Management विण्डो के बाएँ भाग में से storage के अन्तर्गत दिए गए ऑप्शन disk management पर क्लिक करें।
- Computer Management विण्डो के अब प्रदर्शित होने वाले प्रदर्शन में से USB डिस्क पर राइट क्लिक (right click) करने पर प्रदर्शित होने वाले शॉटकर्ट मेन्यू में से format ऑप्शन पर क्लिक करें।

यू एस बी का डिटेक्ट न होना USB Non detectable

कभी-कभी हमारी पेन ड्राइव (pen drive) अथवा यूएसबी ड्राइव (USB drive) कम्प्यूटर द्वारा डिटेक्ट (detect) नहीं होती है। इस समस्या के निवारण हेतु निम्नलिखित पदों का अनुसरण किया जाता है

- स्टार्ट (start) बटन पर क्लिक (click) करें।
- स्टार्ट मेन्यू (start menu) में से Run ऑप्शन सेलेक्ट करें।
- अब प्रदर्शित होने वाले Run डायलॉग बॉक्स के open टेक्स्ट बॉक्स में devmgmt.msc टाइप करके कमाण्ड बटन OK पर क्लिक करें।

- अब मॉनीटर स्क्रीन पर device manager विण्डो का प्रदर्शन होता है।
- device manager विण्डो में universal serial bus controllers पर क्लिक (click) करें।
- अब प्रदर्शित होने वाली स्टोरेज डिवाइसेज (storage devices) की सूची में से अपनी डिटेक्ट (detect) न होने वाली पेन ड्राइव (pen drive) अथवा यूएसबी ड्राइव (USB drive) पर राइट क्लिक (right click) करें।
- अब प्रदर्शित होने वाले शॉर्टकट मेन्यू में से Uninstall ऑप्शन पर क्लिक Click करें।
- अब अपनी पेन ड्राइव (pen drive) अथवा यूएसबी ड्राइव (USB drive) को कम्प्यूटर से निकाल लें और कम्प्यूटर को रिस्टार्ट (restart) कर दें।
- अब कम्प्यूटर के रिस्टार्ट (restart) होने पर अपनी पेन ड्राइव (pen drive) अथवा यूएसबी ड्राइव (USB drive) को कम्प्यूटर में लगाएँगे, तो वह डिटेक्ट (detect) हो जाएगी।

यू एस बी का माई कम्प्यूटर विण्डों में प्रदर्शित न होना
USB not Visible in My Computer Window

कभी-कभी हमारी पेन ड्राइव (pen drive) अथवा यूएसबी ड्राइव (USB drive) कम्प्यूटर द्वार डिटेक्ट (detect) तो होती है, परन्तु माई कम्प्यूटर (my computer) विण्डो में प्रदर्शित नहीं होती है। इस समस्या के निवारण हेतु निम्नलिखित पदों का अनुसरण किया जाता है

- स्टार्ट (start) बटन पर क्लिक (click) करें।
- माई कम्प्यूटर (my computer) पर राइट क्लिक (right click) करें।
- अब प्रदर्शित होने वाले शॉर्टकट मेन्यू में से manage ऑप्शन पर क्लिक (click) करें।
- अब प्रदर्शित होने वाली computer management विण्डो के बाएँ भाग में storage के अन्तर्गत दिए गए ऑप्शन disk management पर क्लिक करें।
- Computer management विण्डो के अब प्रदर्शित होने वाले प्रदर्शन में से USB डिस्क पर राइट क्लिक (right click) करने पर प्रदर्शित होने वाले शॉटकर्ट मेन्यू में से change drive letter and pahts ऑप्शन पर क्लिक (click) करें।
- अब प्रदर्शित होने वाली change drive letter and paths for...विण्डो में USB ड्राइव के लिए नया ड्राइव लैटर (drive letter), जोकि my computer में प्रयोग नहीं किया जा रहा है, एसाइन (assign) कर दें।
- अब my computer विण्डो में हम अपनी पेन ड्राइव pen drive अथवा यूएसबी ड्राइव (USB drive) को देख सकेंगे।

यू एस बी ड्राइव के साथ डिलेड राइट फेल्ड एरर
Delayed Write Failed Error with USB Drive

कभी-कभी सामान्यत: यह समस्या तब उत्पन्न होती है, जब हमारी पेन ड्राइव (pen drive) अथवा यूएसबी ड्राइव (USB drive) पूरी भरी होती है और फाइल एलोकेशन टेबल (file allocation table) को मेन्टन (maintain) करने में कुछ समस्या होती है। इस समस्या के निवारण हेतु निम्नलिखित पदों का अनुसरण किया जाता है

- स्टार्ट (start) बटन पर क्लिक (click) करें।
- माई कम्प्यूटर my computer पर क्लिक (click) करें।
- अब प्रदर्शित होने वाली (my computer) विण्डो में से अपनी पेन ड्राइव (pen drive) अथवा यूएसबी ड्राइव (USB drive) पर राइट क्लिक (click) करें।
- अब प्रदर्शित होने वाले शॉर्टकट मेन्यू में से properties ऑप्शन पर क्लिक (click) करें।
- अब प्रदर्शित होने वाले properties डायलॉग बॉक्स के Tools टैब पर क्लिक करते हैं और प्रदर्शित होने वाले properties डायलॉग बॉक्स में से check now कमाण्ड बटन पर क्लिक (click) करें।
- अब प्रदर्शित होने वाले check disk डायलॉग बॉक्स में दिए गए दोनों चैक बॉक्सेज—automatically fix the file system और scan for and attempt recovery of bad sectors को सलेक्ट करके कमाण्ड बटन start पर क्लिक (click) करें।
- कुछ समय प्रतीक्षा करें। एक बार यह प्रक्रिया पूरी हो जाने के पश्चात् कम्प्यूटर को रिस्टार्ट (restart) कर दें।

अभ्यास प्रश्न

परीक्षा प्रारूपी प्रश्न

बहुविकल्पीय

1. निम्न में से कौन-सा ट्रबलशूटिंग कार्यप्रणाली का तत्त्व है?
(a) रख-रखाव पत्रिका
(b) सम्भावित कारणों की पहचान
(c) डायग्नोस्टिक चेक लिस्ट या प्रश्न
(d) उपरोक्त सभी

2. निम्न में से कौन-सा डायग्नोस्टिक सॉफ्टवेयर (diagnostic software) है?
(a) POST (b) MEM.EXE
(c) 'a' और 'b' दोनों (d) इनमें से कोई नहीं

3. POST का पूर्ण रूप है
(a) Power-on self-test
(b) Power-on system-test
(c) Power-on symbolic test
(d) Power-on software-test

4. POST का कार्य है
(a) रैम की जाँच करना
(b) डिस्क ड्राइव की जाँच करना
(c) अन्य हार्डवेयर कम्पोनेन्टों की जाँच करना
(d) उपरोक्त सभी

5. निम्न में से कौन-सा डायग्नोस्टिक हार्डवेयर उपकरण नहीं है?
(a) लूप-बैक प्लग्स (b) मल्टीमीटर
(c) वोल्टमीटर (d) ओह्म मीटर

6. POST में सिस्टम के Hang-up होने का पता किस उपकरण द्वारा लगाया जाता है?
(a) टैस्ट बैड द्वारा (b) BIOS पोस्टकार्ड द्वारा
(c) ओह्ममीटर द्वारा (d) मल्टीमीटर द्वारा

7. पी सी टूल किट में रखे जाने वाला उपकरण नहीं है
(a) स्क्रू ड्राइवर (b) ट्वीजर्स
(c) नाइफ (d) पंच

8. मॉनीटर एवं दूसरे उपकरणों को साफ करने हेतु कौन-सा पीसी टूल उपयोग में लाया जाता है?
(a) नट ड्राइव (b) सॉफ्ट लिंट-फ्री क्लॉथ
(c) स्मॉल फ्लैशलाइट (d) कैन ऑफ कम्प्रैस्ड

9. हार्डवेयर उपकरणों को कसने या जोड़ने के लिए कौन-सा पीसी टूल (tool) उपयोग में लाया जाता है?
(a) नट ड्राइव (b) स्क्रू
(c) वायर स्नीप्स (d) सोल्डरिंग आयरन

10. निम्न में से कौन स्वचालित रूप से डेटा जेनरेट करता है?
(a) वॉर्म्स (b) टॉर्शन हॉर्सेज
(c) 'a' और 'b' दोनों (d) इनमें से में से कोई नहीं

11. डिस्क डिफ्रैगमेन्टर प्रोग्राम को चलाने के लिए ड्राइव में .... प्रतिशत तक का रिक्त स्थान होना चाहिए।
(a) 10 से 15 (b) 20 से 25
(c) 25 से 30 (d) 35 से 40

12. हार्ड डिस्क की समस्याओं का निवारण करने के लिए ध्यान रखना चाहिए
(a) फिजिकल कनेक्टिविटी
(b) जम्पर सेटिंग की जाँच
(c) वायरस की जाँच
(d) उपरोक्त सभी

13. फ्लैश ड्राइव में उत्पन्न समस्या हो सकती है
(a) यू एस बी फॉमेंट एरर
(b) यू एस बी डिटेक्ट होने पर
(c) यू एस बी माई कम्प्यूटर विण्डो में प्रदर्शित नहीं हो रही है
(d) उपरोक्त सभी

14. कम्प्यूटर में केबल्स का कार्य है
(a) पावर केबलों में हुई त्रुटि की जाँच करना
(b) फ्लॉपी केबलों में हुई त्रुटि की जाँच करना
(c) सीडी रोम केबलों में हुई त्रुटि की जाँच करना
(d) उपरोक्त सभी

15. हार्डवेयर उपकरणों, सीरियल पोर्टों तथा पैरेलल पोर्टों को मदरबोर्ड पर किस टूल की सहायता से लगाया जाता है?
(a) $\frac{3''}{16}$ नट ड्राइवर
(b) सोल्डरिंग आयरन
(c) कैन ऑफ कम्प्रैस्ड एयर
(d) ट्वीजर्स

विविध प्रारूपी प्रश्न

सत्य/असत्य

1. Diagnostic Software Tools का प्रयोग आपका कीमती समय बचाता है।
2. केबल, पावर फ्लॉपी या सीडी रोम केबलों में हुई त्रुटि की जाँच करता है।
3. POST का निर्माण BIOS में होता है।
4. छोटी-छोटी वस्तुओं को, जो आसानी से हाथ से पकड़ी नहीं जा सकतीं, उन्हें आसानी से पकड़ने के लिए ट्वीजर्स (tweezer) का प्रयोग किया जाता है।
5. Short Circuits तथा Open Circuit की जाँच करने हेतु मल्टीमीटर का प्रयोग किया जाता है।

रिक्त स्थानों की पूर्ति

1. MEM.EXE, DOS के आधुनिक Versions तथा .... में उपलब्ध हैं।
2. Loop-back परीक्षण हेतु कम्प्यूटर के सीरियल तथा पैरेलल पोर्ट में .... जोड़ते हैं।
3. मदरबोर्ड तथा संवेदनशील हार्डवेयर उपकरणों की सफाई .... से की जाती है।
4. तारों को काटने एवं इन्सुलेशन को उतारने के लिए .... प्रयोग किया जाता है।
5. वायरों को काटने के लिए .... का प्रयोग किया जाता है।

अतिलघु उत्तरीय

1. डायग्नोस्टिक सॉफ्टवेयर से आप क्या समझते हैं?
2. डिस्क फ्रैगमेन्टेशन क्या है?
3. पी सी टूल किट में रखे जाने वाले कुछ टूल्स के नाम लिखिए।
4. वायरस (virus) से आपका क्या तात्पर्य है?
5. बैकग्राउण्ड एप्लीकेशन्स से आप क्या समझते हैं?

लघु उत्तरीय

1. ट्रबलशूटिंग से आप क्या समझते हैं? संक्षिप्त में समझाइए।
2. हार्ड डिस्क के पूर्णतः अनुपयुक्त होने से पूर्व विभिन्न प्रकार के संकेत प्राप्त होते हैं, उनका विवरण दीजिए।
3. की-बोर्ड (Key-board) में आई समस्याओं का निवारण किस प्रकार किया जाता है?
4. डिस्क (disc) को पढ़ने में कुछ समस्याएँ सामने आती हैं, उनका निवारण किस प्रकार किया जा सकता है?
5. ट्रबलशूटिंग विधि के चरणों (steps) को संक्षिप्त में समझाइए।

दीर्घ उत्तरीय

1. पीसी टूल में रखे जाने वाले टूल्स का विवरण उनके प्रयोग द्वारा दीजिए।
2. रैम में कौन-कौन-सी समस्याएँ आ सकती हैं? इन समस्याओं को किस प्रकार दूर किया जा सकता है? विस्तृत विवरण दीजिए।
3. मदरबोर्ड में आई विभिन्न समस्याओं का निवारण कैसे किया जाता है? विस्तृत उत्तर दीजिए।
4. माउस की समस्याओं का निवारण किस प्रकार किया जाता है?
5. की-बोर्ड की समस्याओं का निवारण किस प्रकार किया जाता है?

उत्तरमाला

बहुविकल्पीय

1. (d) **2.** (c) **3.** (a) **4.** (d) **5.** (c) **6.** (b) **7.** (d) **8.** (b) **9.** (b) **10.** (c)
11. (b) **12.** (d) **13.** (d) **14.** (d) **15.** (a)

सत्य/असत्य

1. सत्य **2.** सत्य **3.** सत्य **4.** सत्य **5.** असत्य

रिक्त स्थानों की पूर्ति

1. Windows vista **2.** लूप-बैक प्लग **3.** कैन ऑफ कम्प्रैस्ड एयर **4.** वायर स्नीप्स **5.** नाइफ

❑❑❑

अध्याय 11 WEEK 11

स्मार्ट युक्तियाँ

Smart Devices

परिचय Introduction

आज के समय में कम्प्यूटर मनुष्य की दिनचर्या का एक महत्त्वपूर्ण अंग बन गया है। कम्प्यूटर की सहायता से मनुष्य विभिन्न प्रकार के कार्य उच्च गुणवत्ता, उच्च विश्वसनीयता एवं तीव्र गति के साथ कम समय में सम्पन्न करने में सक्षम हो गया है। मनुष्य की आवश्यकताओं को ध्यान में रखते हुए कम्प्यूटर के क्षेत्र में लगातार अन्वेषण हो रहे हैं, जिनके द्वारा इनके आकार को लगातार कम करने का प्रयास किया जा रहा है तथा साथ ही कम्प्यूटर की गति एवं फंक्शनों को बढ़ाने का प्रयास किया जा रहा है। आज के समय में डेस्कटॉप कम्प्यूटर का स्थान लैपटॉप ने ले लिया है तथा अब लैपटॉप के साथ-साथ टेबलेट कम्प्यूटर का भी चलन बढ़ गया है। जिन व्यक्तियों का कार्य लगातार यात्रा सम्बन्धी होता है, उन लोगों के लिए टेबलेट कम्प्यूटर का आविष्कार अति महत्त्वपूर्ण सिद्ध हुआ है। टेबलेट कम्प्यूटर उन व्यक्तियों के लिए उपयोगी हैं जो अधिकतर यात्रा सम्बन्धी कार्य करते हैं, मीटिंग सम्बन्धी नोट्स व्यवस्थित करते हैं तथा उन्हें हर समय इण्टरनेट से कनेक्ट रहना अनिवार्य होता है। इस अध्याय में टेबलेट कम्प्यूटर सम्बन्धी उन विभिन्न जानकारियों को बताया गया है जिनके कारण वह स्मार्ट युक्तियों में सम्मिलित किया गया है।

11.1 टेबलेट Tablet

टेबलेट कम्प्यूटर एक मोबाइल कम्प्यूटर है, जिसमें टच स्क्रीन डिस्प्ले, सर्किट एवं बैटरी एक ही युक्ति पर व्यवस्थित रहती हैं। टेबलेट कम्प्यूटर को ही संक्षिप्त रूप में 'टेबलेट' कहा जाता है। टेबलेट के साथ विभिन्न प्रकार की सुविधाएँ उपलब्ध कराई जाती हैं; जैसे—कैमरा, माइक्रोफोन, माउस एवं की-बोर्ड के स्थान पर टच स्क्रीन डिस्प्ले इत्यादि। इसमें प्रयुक्त किया गया टच स्क्रीन डिस्प्ले अँगुली को स्क्रीन पर टच करते ही कार्यशील हो जाता हैं। इसमें टाइपिंग हेतु पॉप-अप आभासी (virtual) की-बोर्ड होता है। टेबलेट में बेसिक कार्यों (जैसे—स्पीकर वॉल्यूम, पावर, नेटवर्क संचार हेतु पोर्ट एवं बैटरी चार्जिंग इत्यादि) के लिए बटन प्रदान किए जाते हैं। टेबलेट सामान्यतया स्मार्ट फोन से आकार में बड़ा होता है, जिसकी स्क्रीन 7 इंच अथवा इससे अधिक होती है। अप्रैल, 2010 में आई-पैड (i-pad) द्वारा टेबलेट का अधिक मात्रा में उत्पादन किया गया, जिनमें मल्टी-टच एवं समर्पित (dedicated) ऑपरेटिंग सिस्टम की सुविधा उपलब्ध थी, आजकल टेबलेट का उपयोग दिन-प्रतिदिन बढ़ता जा रहा है।

मदरबोर्ड/सर्किट बोर्ड
Motherboard/Circuit Board

मदरबोर्ड का कार्य उसके नाम में ही समाहित है, क्योंकि यह एक ऐसा बोर्ड (विशेषत: सर्किट बोर्ड) है, जिसमें आपके कम्प्यूटर द्वारा सम्पन्न होने वाले सभी कार्य सम्मिलित हैं। इससे कम्प्यूटर सम्बन्धी सभी कनेक्शन किए जा सकते हैं; जैसे—DVD ड्राइव, वीडियो हार्डवेयर एवं स्कैनर आदि। एक टेबलेट के मदरबोर्ड को अग्रपृष्ठ पर प्रदर्शित किया गया है, जोकि कम्प्यूटर चिप्स, ट्रांजिस्टर एवं अन्य इलेक्ट्रॉनिक अवयवों का समूह प्रतीत होता है।

मदरबोर्ड पर अवयव विविध लेयर में व्यवस्थित रहते हैं। इसमें सबसे ऊपर की लेयर पर वीडियो हार्डवेयर, वायर रहित नेटवर्किंग, हार्ड ड्राइव अथवा DVD ड्राइव उपस्थित रहती हैं जबकि अगली परत (layer) पर मैमोरी (RAM) एवं प्रोसेसर लगे रहते हैं, जोकि कम्प्यूटर सम्बन्धी कार्यों के लिए अनिवार्य अवयव हैं। इससे निचली परत पर चिप्स का सेट लगा होता है। चिप्स सेट से अभिप्राय उस हार्डवेयर से है, जोकि सभी अवयवों को आपस में संयोजित करता है। इसकी सबसे निचली परत स्वयं बोर्ड है, जोकि सभी परतों एवं अवयवों को सहारा प्रदान करता है।

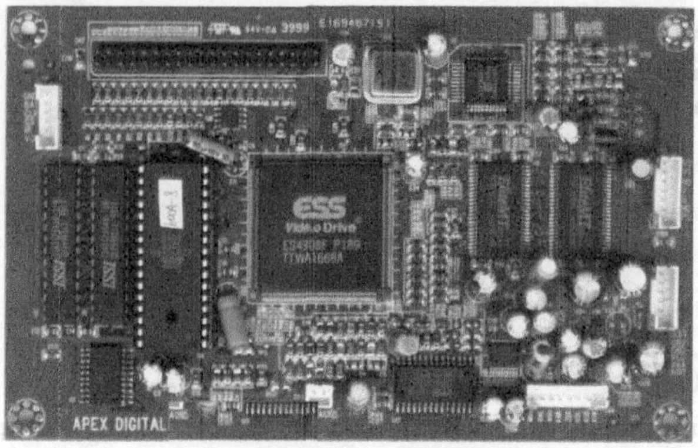

चित्र मदरबोर्ड का आन्तरिक भाग

11.2 टेबलेट/स्मार्ट युक्तियों के भाग Parts of Tablet/Smart Devices

टेबलेट/स्मार्ट युक्तियों का निर्माण विभिन्न अवयवों द्वारा किया जाता है, जिनको अलग-अलग भागों में बाँटा गया है। चित्रानुसार टेबलेट/स्मार्ट युक्तियों के मुख्य भागों का विवरण निम्नवत् है

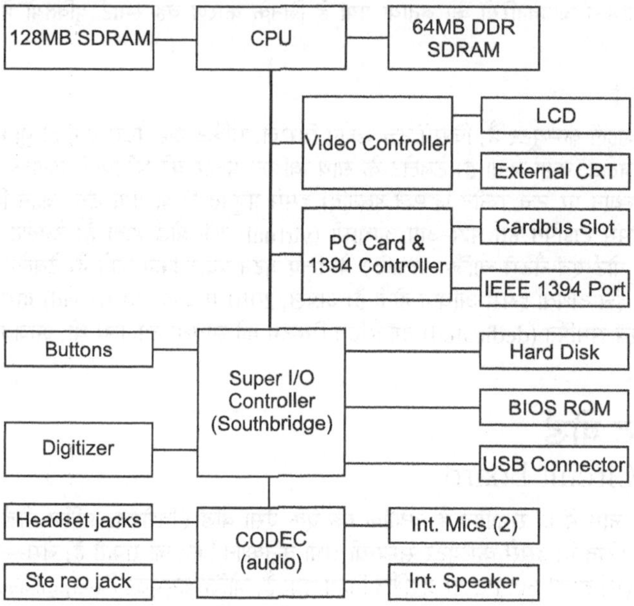

चित्र टेबलेट/स्मार्ट युक्तियों का ब्लॉक आरेख

टचस्क्रीन Touchscreen

टेबलेट पर्सनल कम्प्यूटर (PC) पतला, कम वजन एवं किफायती (affordable) आदि विशेषताओं से युक्त होता है, अत: हम इसे आकर्षक पैकेज में एनर्जी का बण्डल कह सकते हैं। यह टच सेन्सिटिव स्क्रीन के साथ स्टार्ट होता है। एक टेबलेट की स्क्रीन मॉनीटर एवं की-बोर्ड दोनों का ही कार्य करने में सक्षम होती है, जिससे इसका भौतिक आकार (physical size) घट जाता है। यह स्क्रीन व्यावसायिक प्रेजेन्टेशन के लिए उत्तम कलर फोटो एवं HD गुणवत्ता युक्त वीडियो का प्रस्तुतीकरण करने में सक्षम है। कुछ टेबलेट उपयोगकर्ता इसके साथ आवश्यकता के अनुसार लिखने सम्बन्धी कार्यों के लिए पृथक् USB अथवा ब्लूटूथ की-बोर्ड भी लगा लेते हैं।

प्रोसेसर Processor

टेबलेट पर्सनल कम्प्यूटर एक निम्न पावर, उच्च-ऑक्टेन (Octan) माइक्रोप्रोसेसर का उपयोग करता है जिसको चिप अथवा सेण्ट्रल प्रोसेसिंग यूनिट (CPU) के नाम से भी जाना जाता है। एक निम्न पावर युक्त प्रोसेसर टेबलेट की बैटरी आयु को 8 से 10 घण्टे तक प्राप्त करने में सहायता प्रदान करता है। इसके साथ ही निम्न पावर माइक्रोप्रोसेसर उपयुक्त प्रासेसिंग स्पीड भी उपलब्ध कराता है।

मैमोरी Memory

टेबलेट पर्सनल कम्प्यूटर में विशेषत: 1 से 2 गीगा बाइट (GB) रैम (RAM) प्रदान की जाती है। यह रैम टेबलेट के बेसिक कार्यों के लिए पर्याप्त होती है; जैसे—ई-मेल रीडिंग, नोट टेकिंग (note taking) एवं वीडियो प्रदर्शन इत्यादि। रैम टेबलेट लोड एवं प्रोग्राम व फाइलों की अदला-बदली (swap out) करने में मदद करती है। कुछ टेबलेट पीसी रैम को 4 गीगा बाइट (GB) तक अपग्रेड करने में सक्षम होते हैं। यह सुविधा उन उपयोगकर्ताओं के लिए लाभकारी है जोकि टेबलेट को वीडियो एडिटिंग सम्बन्धी कार्यों के लिए भी प्रयोग करते हैं।

हार्ड ड्राइव Hard Drive

टेबलेट पीसी विशेषत: नेटबुक अथवा नेटवर्क कम्प्यूटर के समान ऑनलाइन स्थिति में कार्य करता है। यदि टेबलेट एक मूल भौतिक ड्राइव रखता है तब हार्ड ड्राइव स्पेस न्यूनतम रहता है। सामान्यतया टेबलेट पीसी 16GB अथवा 32GB आन्तरिक मैमोरी के साथ ही उपलब्ध होते हैं। इनकी स्टोरेज सुरक्षित डिजिटल उच्च क्षमता फ्लैश मैमोरी कार्ड के द्वारा अपग्रेड की जा सकती है। ये SDHC फ्लैश मैमोरी कार्ड 4GB, 8GB, 16GB, 32GB अथवा 64GB में सरलता से बाजार में उपलब्ध होते हैं।

एकीकृत मदरबोर्ड Integrated Motherboard

विविध प्रकार के टेबलेट पीसी के फंक्शन, एकीकृत मदरबोर्ड के द्वारा संचालित किए जाते हैं। एकीकृत मदरबोर्ड में ग्रॉफिक्स कार्ड वायरलैस नेटवर्क, फोर-इन-वन कार्ड रीडर, USB पोर्ट एवं मिनी HDMI पोर्ट सम्मिलित होते हैं।

11.3 टेबलेट/स्मार्ट युक्तियों का परीक्षण Testing of Tablet/Smart Devices

मल्टीमीटर परीक्षण यन्त्र के द्वारा वोल्टता, धारा, फ्रीक्वेन्सी एवं कन्टीन्यूटी सरलता से चैक की जा सकती है तथा यह परीक्षण यन्त्र अधिकतर सभी इलेक्ट्रॉनिक मैकेनिक के पास उपलब्ध भी रहता है। मल्टीमीटर के द्वारा टेबलेट/स्मार्ट युक्तियों के उन विभिन्न परीक्षण बिन्दुओं पर प्राप्त होने वाली वोल्टेज को चैक करते हैं जोकि मैनुअल में दिए रहते हैं। मल्टीमीटर के द्वारा टेबलेट/स्मार्ट युक्तियों में प्रयुक्त की जाने वाली बैटरी की वोल्टेज भी चैक की जाती है, जिससे इसकी चार्जिंग एवं डिस्चार्जिंग वोल्टेज स्तर का पता चलता है। मदरबोर्ड पर स्थापित विभिन्न कनेक्टर्स पर उपस्थित वोल्टेज को मल्टीमीटर द्वारा जाँचा जाता है तथा कन्टीन्यूटी परीक्षण द्वारा विभिन्न संयोजनों के मध्य निरन्तरता परीक्षण भी सम्पन्न किया जाता है। मल्टीमीटर के द्वारा प्रिन्टेड सर्किट बोर्ड पर उत्पन्न ट्रैक सम्बन्धी दोषों को भी चैक करके दूर करना सम्भव होता है। माइक्रोप्रोसेसर एक निश्चित फ्रीक्वेन्सी पर कार्य करता है जिसको एक क्रिस्टल ऑसिलेटर द्वारा उत्पन्न किया जाता है। इस क्रिस्टल के आउटपुट पर प्राप्त फ्रीक्वेन्सी को चैक करने के लिए मल्टीमीटर को फ्रीक्वेन्सी मोड में सेट किया जाता है। इस प्रकार मल्टीमीटर परीक्षण यन्त्र द्वारा टेबलेट पी सी/स्मार्ट युक्तियों की प्रारम्भिक जाँच सरलता से की जा सकती है।

11.4 टेबलेट/स्मार्ट युक्तियों सम्बन्धी दोष व उनका निवारण Faults and their Remedies Related to Tablet/Smart Devices

टेबलेट व स्मार्ट युक्तियों ने मानव जीवन को अति सरल एवं उसके ज्ञान को व्यापक बना दिया है। इनके लगातार उपयोग करने से इनमें विभिन्न तकनीकी दोष उत्पन्न हो जाते हैं, जिनका वर्णन निम्नलिखित है

हार्डवेयर दोषों की मरम्मत करना Repairing of Hardware Problems

टेबलेट अथवा स्मार्ट युक्तियों की मरम्मत करने से पूर्व यह जानकारी होनी आवश्यक है कि टेबलेट/स्मार्ट युक्तियाँ मुख्य रूप से दो भागों से मिलकर निर्मित होती हैं, जोकि हार्डवेयर एवं सॉफ्टवेयर हैं। इनसे उत्पन्न दोष सदैव हार्डवेयर अथवा सॉफ्टवेयर में ही निहित होते हैं, इसलिए दोषों को उनके अनुसार सही श्रेणी में पहचानना मैकेनिक के लिए अनिवार्य हो जाता है। एक सामान्य टेबलेट पीसी हार्डवेयर में मैमोरी, सेण्ट्रल प्रोसेसिंग यूनिट (CPU), पावर सप्लाई, मदरबोर्ड एवं वीडियो कार्ड इत्यादि सम्मिलित होते हैं। अत: हार्डवेयर, टेबलेट पीसी की स्क्रीन, पावर, साउण्ड एवं लोडिंग क्षमताओं का निर्वहन करता है। टेबलेट/स्मार्ट युक्तियों सम्बन्धी सामान्य हार्डवेयर दोषों एवं उनके निवारण का वर्णन अग्रपृष्ठ पर दिया गया है।

टेबलेट/स्मार्ट युक्तियों का ऑन न होना Tablet/Smart Devices is not Turning ON

अधिकतर केस में टेबलेट/स्मार्ट युक्तियों के ऑन न होने के पीछे मुख्य कारण बैटरी होती है। इस स्थिति में स्मार्ट युक्ति को चार्ज करने के पश्चात् भी वह ऑन नहीं होती है। इसके मुख्य कारण निम्न हो सकते हैं

1. बैटरी का तार ढीला हो सकता है, इसके लिए युक्ति का बैक कवर खोलकर बैटरी के सर्किट बोर्ड से कनेक्शन चैक करें। इसके ढीले होने पर पुन: उचित कनेक्शन करें।
2. बैटरी की डीप डिस्चार्ज होने की स्थिति में बैटरी को बूस्ट करें अर्थात् बैटरी को अलग से बैटरी बूस्टर द्वारा चार्ज करें।

ऑन अथवा ऑफ न होना Don't Turn ON or OFF

कई बार टेबलेट/स्मार्ट युक्तियाँ हैंग हो जाती हैं जिसके कारण वह ऑन/ऑफ नहीं होती हैं। इसके लिए पावर/लॉक बटन को लगभग 8 सेकण्ड तक दबाकर रखें, जिससे वह ऑन/ऑफ हो जाता है। कई बार कोई प्रोग्राम युक्ति को लॉक कर सकता है, इसके लिए 8 सेकण्ड से अधिक के लिए पावर/लॉक बटन दबाकर रखें।

टचस्क्रीन का कार्य न करना Touchscreen Doesn't Work

टचस्क्रीन के उचित प्रकार से कार्य करने हेतु मानव अँगुली की आवश्यकता होती है। स्क्रीन एवं मानव अँगुली के मध्य के उचित पोटेन्शियल को सेन्स करके टचस्क्रीन कार्य करती है। टचस्क्रीन बैटरी पावर के लो होने अथवा स्मार्ट युक्ति के भौतिक रूप से नष्ट (physically damaged) हो जाने की स्थिति में कार्य नहीं करती है।

स्क्रीन का डार्क हो जाना Screen is Too Dark

टेबलेट/स्मार्ट युक्तियों में सामने की ओर एक लाइट सेन्सर होता है। यह सेन्सर टच स्क्रीन की ब्राइटनैस को कण्ट्रोल करने हेतु प्रयोग किया जाता है। किसी कारणवश सेंसर के कवर हो जाने की स्थिति में स्क्रीन डार्क हो जाती है। इसके लिए स्मार्ट युक्तियों हेतु प्रयुक्त होने वाले केसों एवं स्क्रीन प्रोटैक्टर को लगाने से बचना चाहिए।

टेबलेट/स्मार्ट युक्ति का गर्म होकर स्वतः बन्द हो जाना Tablet/Smart Devices get so Hot that it Turns Itself OFF

इसके लिए टेबलेट/स्मार्ट युक्ति को ऑफ करके बैटरी को निकालकर ठण्डा कर लें। इसके बाद भी समस्या समाप्त न हो, तो पोटैन्शियल रिपेयर की आवश्यकता होती है। इसके लिए बैटरी को भी बदलना पड़ सकता है।

11.5 आधुनिक दोष-निवारण तकनीक Advanced Troubleshooting Techniques

आज के समय में तकनीकी क्षेत्र में लगातार नई-नई खोजें हो रही हैं तथा उतनी ही तेजी से उनमें उत्पन्न होने वाले दोषों को दूर करने के लिए नई-नई तकनीकों को बनाया जा रहा है। कुछ स्मार्ट युक्तियों के निर्माणकर्ता स्पेशल डॉयग्नोस्टिक टूल्स का प्रयोग विशिष्ट अवयव सम्बन्धी दोषों को डिटेक्ट करने के लिए करते हैं। ये आवश्यक टूल्स, नहीं होते हैं बल्कि यह दोषों को ढूँढने में सहायता करते हैं। इनके द्वारा दोषों को चैक करके दूर करना सरल हो जाता है। इस प्रकार के सॉफ्टवेयर टेबलेट/स्मार्ट युक्तियों के साथ कनेक्ट किए जाते है तथा दोष सम्बन्धी 'एरर कोड' उत्पन्न करते हैं जिससे दोष की पहचान आसानी से कर ली जाती है। उदाहरण स्वरूप मैमोरी सम्बन्धी दोषों के लिए मैमोरी डॉयग्नोस्टिक टूल को प्रयोग में लाया जाता है जिसके द्वारा मैमोरी सम्बन्धी दोषों को खोजकर दूर किया जाता है। इसी के समान हार्ड डिस्क, बैटरी अथवा अन्य चिप हेतु सॉफ्टवेयर बनाए जाते हैं, जिन्हें आधुनिक दोष-निवारण तकनीकों में सम्मिलित किया जाता है।

विविध सॉफ्टवेयर दोष Various Software Faults

टेबलेट/स्मार्ट युक्तियों में हार्डवेयर दोषों के साथ विभिन्न प्रकार के सॉफ्टवेयर दोष भी उत्पन्न हो जाते हैं जिनके लिए तकनीशियन को इन दोषों को पहचान करके दूर करने की भी जानकारी होना आवश्यक है। विविध सामान्य सॉफ्टवेयर दोष निम्नवत् हैं

इण्टरनेट से कनेक्ट न होना Don't Connect to the Internet

इण्टरनेट से कनेक्ट न हो पाने की स्थिति में टेबलेट/स्मार्ट युक्ति को रिस्टार्ट करें। पुन:स्टार्ट होने पर वह इण्टरनेट कनेक्शन को सेन्स कर लेता है। इसी प्रकार वाई-फाई से पहली बार में कनेक्ट न होने पर पुन: पासवर्ड डालकर चैक करें। इसके अतिरिक्त वायरलैस राउटर को अनप्लग करें तथा कुछ देर बाद लगाकर पुन: चैक करें।

इण्टरनेट एक्सप्लोरर को डिफॉल्ट स्टेटस में लाना
Return Internet Explorer to Default Status

इण्टरनेट एक्सप्लोरर के कण्ट्रोल से बाहर होने की स्थिति में इण्टरनेट एक्सप्लोरर को ओपन करके सेटिंग आइकन पर क्लिक करें। स्टार्टिंग मेन्यू से इण्टरनेट ऑप्शन का चयन करें। अब एडवांस्ड टैब में जाकर रिसेट बटन पर क्लिक करें तथा पुन: सुनिश्चित (confirm) करें। इसके पूर्ण होने पर इण्टरनेट एक्सप्लोरर डिफॉल्ट स्टेटस में आ जाएगा।

टेबलेट/स्मार्ट युक्ति में समस्याग्रस्त एप को फिक्स करना
Fix Problem App on Tablet/Smart Device

समस्याग्रस्त एप्लीकेशन (एप) को टेबलेट/स्मार्ट युक्ति में फिक्स करने के लिए प्रोब्लम युक्त एप को सलेक्ट करके अनइन्स्टॉल पर क्लिक करें, जिससे वह आपकी स्मार्ट युक्ति/टेबलेट से हट जाए तथा पुन: उसे नए तरह से इन्स्टॉल कर लें।

टेबलेट/स्मार्ट युक्ति को रिफ्रेश करना Refreshing of Tablet/Smart Devices

टेबलेट/स्मार्ट युक्तियों को रिफ्रेश करने के लिए सेटिंग पर क्लिक करें। इसके जनरल सेक्शन में जाकर रिफ्रेश बटन पर क्लिक करें। रिफ्रेश होने के पश्चात् टेबलेट/स्मार्ट युक्तियों की स्पीड बढ़ जाती है।

रिसेट करना Resetting

टेबलेट/स्मार्ट युक्तियों को पूर्ण रूप से क्लीन करना ही रिसेटिंग कहलाता है। इन्हें फैक्टरी कण्डीशन में लाने के लिए रिसेटिंग एक उचित ऑप्शन है। इसके लिए सेटिंग्स में जाकर चेंज पीसी सेटिंग पर क्लिक करें। अब जनरल कैटेगरी में जाकर रिसेट करने के निर्देशों का पालन करके टेबलेट/स्मार्ट युक्तियों को रिसेट करने का कार्य सम्पन्न करें।

11.6 टेबलेट/स्मार्ट युक्तियों की फ्लैशिंग Flashing of Tablet/Smart Devices

फ्लैशिंग प्रक्रिया के द्वारा टेबलेट/स्मार्ट युक्तियों की कार्यप्रणाली (performance) में सुधार किया जाता है। इसके सम्बन्ध में एण्ड्रॉयड अपनी ओपन सोर्स प्रकृति के रूप में जाना जाता है तथा इसमें डिवाइस सॉफ्टवेयर की प्रत्येक बिट को उपयोगकर्ता के द्वारा अपनी इच्छानुसार एनेबल किया जाना सम्भव है। पावर यूजर के लिए फ्लैशिंग एक अमूल्य टूल है तथा कभी-कभी डिवाइस परफॉरमेन्स को बढ़ाने की केवल यही एक उपयोगी विधि है। टेबलेट/स्मार्ट युक्तियों की फ्लैशिंग करने के लिए निम्न चरणों का प्रयोग किया जाता है

1. सर्वप्रथम टेबलेट/स्मार्ट युक्ति पूर्ण रूप से चार्ज हो तथा फ्लैशिंग स्टार्ट करने से पहले महत्त्वपूर्ण डेटा का बैकअप अवश्य लें।
2. पीसी पर Kingo Android Root को डाउनलोड एवं इन्स्टॉल करें।
3. सेटिंग ऑप्शन में जाकर डवलपर ऑप्शन पर क्लिक करें। अब USB डिबगिंग ऑप्शन पर क्लिक करें।
4. पीसी पर स्थित एप्लीकेशन में एण्ड्रॉयड रूट को सर्च करके उसे लाँच करें।
5. टेबलेट/स्मार्ट युक्ति को USB केबल द्वारा पीसी से कनेक्ट करें। अब पीसी आपकी स्मार्ट युक्ति के साथ कनेक्शन को दर्शाता है।
6. एण्ड्रॉयड रूट एप्लीकेशन पर रूट पर क्लिक करके उसके फिनिश होने का इन्तजार करें।
7. अब टेबलेट/स्मार्ट युक्ति के अनुकूल (compatible) उपयुक्त करनेल (kernel) को सलेक्ट करें, जोकि डिवाइस मॉडल नम्बर एवं एण्ड्रॉयड वर्जन के अनुरूप हो।
8. करनेल पैकेज को डाउनलोड करें तथा आन्तरिक अथवा बाहरी स्टोरेज में उसको सेव करें।
9. डिवाइस की पावर ऑफ करें। अब पुन: रिबूट करके करनेल पैकेज पर क्लिक करें तथा इन्स्टॉल को राइट साइड स्वाइप करें।
10. फ्लैशिंग के पूर्ण हो जाने पर Cache एवं dalvik को क्लीयर करें व पुन: रीबूट करें। अब आपकी स्मार्ट युक्ति की फ्लैशिंग पूर्ण हो गई है।

11.7 ऑपरेटिंग सिस्टम अपग्रेड करना Upgrading Operating Systems

टेबलेट/स्मार्ट युक्तियों के सर्वोत्तम परफॉरमेन्स एवं विशिष्टताओं हेतु उन्हें नवीनतम् सॉफ्टवेयर के साथ कार्य करना अनिवार्य है। ये नवीनतम् सॉफ्टवेयर एप्लीकेशन से ही सम्बन्धित नहीं हैं, बल्कि इनका सम्बन्ध ऑपरेटिंग सिस्टम के अपग्रेडेशन से भी है। टेबलेट/स्मार्ट युक्तियों के ऑपरेटिंग सिस्टम को अपग्रेड करने के लिए निम्न चरण उपयोगी हैं

1. सर्वप्रथम टेबलेट/स्मार्ट युक्ति में रन कर रहे ऑपरेटिंग सिस्टम को चैक करें। अगर वह पहले से ही अपग्रेडिड सिस्टम पर रन कर रहा है, तो अपग्रेड करना आवश्यक नहीं है अन्यथा उसके लिए उपयुक्त ऑपरेटिंग सिस्टम का चयन करें।
2. टेबलेट/स्मार्ट युक्ति में से आवश्यक डेटा; जैसे—कॉन्टैक्ट एवं फोटो आदि का बैकअप लें। अपग्रेडेशन में डेटा पर कोई प्रभाव नहीं पड़ता है, परन्तु इसकी कोई गारण्टी नहीं होती है।

3. युक्ति के सेटिंग मेन्यू में जाएँ। अधिकतर एण्ड्रॉयड युक्तियों में एप मेन्यू अथवा नोटिफिकेशन बार के द्वारा सरलता से सेटिंग में जा सकते हैं।
4. सेटिंग मेन्यू में 'About Phone' अथवा 'About Tablet' ऑप्शन पर क्लिक करें। मेन्यू के इस सेक्शन में आपकी स्मार्ट युक्ति/टेबलेट में रन कर रहे एण्डॉयड अथवा ऑपरेटिंग सिस्टम वर्जन सम्बन्धी सूचनाएँ भी उपलब्ध होती हैं।
5. इसके पश्चात् 'सॉफ्टवेयर अपडेट' अथवा इस प्रकार के अन्य ऑप्शन पर क्लिक करें। मेन्यू के इस सेक्शन में आपकी स्मार्ट युक्ति/टेबलेट में रन कर रहे एण्ड्रॉयड अथवा ऑपरेटिंग सिस्टम की वर्णन सम्बन्धी सूचनाएँ भी उपलब्ध होती हैं।
6. अब टेबलेट/स्मार्ट युक्ति उपलब्ध अपडेट को सर्च करते हैं तथा अपडेट उपलब्ध होने पर उसे इन्स्टॉल करने हेतु आपकी इच्छा पूछता है।
7. आपके द्वारा 'यस' का ऑप्शन सलेक्ट करने पर ऑपरेटिंग सिस्टम सॉफ्टवेयर डाउनलोड हो जाता है तथा नया सॉफ्टवेयर इन्स्टॉल होकर पुनः रिबूट हो जाता है, इस प्रकार स्मार्ट युक्ति/टेबलेट का ऑपरेटिंग सिस्टम अपग्रेड करने का कार्य सम्पन्न हो जाता है।

11.8 हैण्डसेट की लॉकिंग एवं अनलॉकिंग Locking and Unlocking of Handsets

लॉक किया गया हैण्डसेट सॉफ्टवेयर द्वारा प्रतिबन्धित (restricted) किया जाता है जिसके फलस्वरूप वह केवल एक नेटवर्क अथवा कैरियर के साथ कार्य करने में सक्षम रहता है। लॉक किए गए मोबाइल फोन/टेबलेट सामान्यतया GSM फोन होते हैं, जोकि सिम कार्ड का प्रयोग करते हैं। हैण्डसेटों को लॉक करने के पीछे उद्देश्य यह है कि ये उच्च सब्सिडी युक्त होते हैं तथा इनको अन्य देशों में भी भेजा जाता है। लॉकिंग पद्धति के द्वारा इनको सीमित क्षेत्र में ही उपयोग में लाया जाता है।

हैण्डसेटों की अनलॉकिंग से अभिप्राय यह है कि वे हैण्डसेट किसी भी सिम कार्ड/कैरियर एवं देश में प्रयोग में लाए जा सकते हैं, परन्तु अनलॉक हैण्डसेट मूल नेटवर्क ब्राण्ड को ही डिस्प्ले करता है और नए कैरियर की विशेषताओं को सपोर्ट नहीं करता है। अधिकतर हैण्डसेट ब्राण्डरहित होते हैं, जोकि विभिन्न आन्तरिक सॉफ्टवेयर अथवा फर्म वेयर को अपलोड करने में सक्षम होते हैं। लॉक हैण्डसेट का एक उदाहरण एप्पल आईफोन (iPhone) है जोकि लॉंच करते समय लॉक किया गया था।

एक हैण्डसेट को नेटवर्क ऑपरेटर के द्वारा प्रदान किए गए कोड को डालकर अनलॉक किया जा सकता है। इस कोड को मास्टर कोड, नेटवर्क कोड की (Key) अथवा मल्टीलॉक कोड भी कहते हैं। नेटवर्क के द्वारा हैण्डसेट में लॉकिंग के एक से अधिक स्तर (level) भी हो सकते हैं, जोकि अन्य नेटवर्क के सिमकार्ड को ब्लॉक करते हैं। लॉक किया गया हैण्डसेट अनलॉक करने के लिए डिस्प्ले पर प्रदर्शित करता है। इसमें उचित कोड डालने पर हैण्डसेट का डिस्प्ले 'नेटवर्क अनलॉक्ड' अथवा नेटवर्क अनलॉक 'सक्सेसफुल' का मैसेज दर्शाता है। सिम लॉकिंग भारत में अधिक प्रचलित नहीं है, क्योंकि यहाँ के प्रत्येक राज्य में विविध मोबाइल नेटवर्क ऑपरेटर हैं तथा रोमिंग भी हैं। यहाँ पर सिम कार्ड बदलना सस्ता पड़ता है। एक राज्य से अन्य राज्य में लगातार यात्रा करने वाले उपयोगकर्ता को ही अनलॉक हैण्डसेट की आवश्यकता रहती है।

11.9 विविध अवधारणाएँ Various Concepts

टेबलेट पीसी विभिन्न प्रकार के ऑपरेटिंग सिस्टम (OS) के साथ रन करने में सक्षम होता है। ये ऑपरेटिंग सिस्टम दो प्रकार की श्रेणी में उपलब्ध होते हैं— डेस्कटॉप आधारित एवं मोबाइल आधारित ऑपरेटिंग सिस्टम। डेस्कटॉप OS आधारित टेबलेट अधिक मोटे, भारी, अधिक स्टोरेज की आवश्यकता वाले, अधिक कूलिंग एवं कम बैटरी लाइफ वाले होते हैं, परन्तु ये तीव्र अनुप्रयोगों; जैसे—एडोब फोटोशॉप आदि रन कर सकते हैं व अधिक पोर्ट रखते हैं। मोबाइल OS आधारित टेबलेट इनके विपरीत होते हैं अर्थात् वे केवल मोबाइल अनुप्रयोगों (applications) को ही रन कर सकते हैं। मोबाइल OS आधारित टेबलेट सामान्य लैपटॉप से भी अधिक बैटरी लाइफ प्रदान करते हैं। टेबलेट सम्बन्धी ऑपरेटिंग सिस्टम की विविध मुख्य अवधारणाएँ निम्नवत् हैं

iOS

ipad का संचालन iOS द्वारा होता है, जिसको iPhone एवं iPod Touch द्वारा निर्मित किया गया है। यह Mac OS मूलभूत Unix इम्प्लीमेण्टेशन के समान बनाया गया है। इसका यूजर इण्टरफेस मौलिक रूप से भिन्न है। iOS अँगुलियों के लिए डिजाइन किया गया है और इसमें ऐसी सुविधाएँ नहीं थीं जोकि आरम्भिक टेबलेट के लिए प्रयुक्त स्टाईलस (Stylus) हेतु आवश्यक होती थीं। इसके पश्चात् एप्पल ने मल्टी-टच भाव प्रदर्शन (gestures) युक्त OS प्रस्तुत किया, जोकि दो अँगुलियों के प्रयोग से जूम इन अथवा आउट (Zoom in or out) कार्य सम्पन्न कर सकता है, जिसे 'पिंच टू जूम' (Pinch to zoom) कहा जाता है। iOS का निर्माण ARM आर्किटेक्चर हेतु किया गया है।

एण्ड्रॉयड Android

एण्ड्रॉयड एक लाइनक्स (Linux) आधारित ऑपरेटिंग सिस्टम (OS) है, जोकि अपाचे (Apache) लाइसेंस के अन्तर्गत ओपन सोर्स के रूप में गूगल द्वारा प्रदान किया जाता है। यह प्राथमिक तौर पर मोबाइल युक्तियों; जैसे—स्मार्ट फोन और टेबलेट कम्प्यूटर के लिए बनाया गया है। एण्ड्रॉयड कम कीमत के ARM सिस्टम एवं अन्य को सपोर्ट करता है। इस प्रकार के विभिन्न सिस्टम सन् 2010 में घोषित किए गए। एण्ड्रॉयड 3.0 एवं इसके उपरान्त के वर्जन बड़ी स्क्रीन साइज मुख्यतः टेबलेट को सपोर्ट करते हैं तथा ये गूगल प्ले सर्विस का भी प्रयोग करने में सक्षम होते हैं। एण्ड्रॉयड में ऑपरेटिंग सिस्टम, मिडिलवेयर एवं की-अनुप्रयोग (key-applications) सम्मिलित होते हैं।

आइसक्रीम सैण्डविच Icecream Sandwich, ICS

एण्ड्रॉयड 4.0 'आइसक्रीम सैण्डविच', एण्ड्रॉयड मोबाइल ऑपरेटिंग सिस्टम का एक वर्जन है, जोकि गूगल द्वारा बनाया गया है। इस वर्जन को बनाने का मुख्य उद्देश्य स्मार्टफोन एवं टेबलेट के लिए एकीकृत मंच (unified platform) बनाना था। एण्ड्रॉयड 4.0 ने 'होलो (holo)' नामक एक नई दृश्यिक बाह्यकृति (visual appearance) प्रस्तुत की, जोकि एक क्लीनर, सूक्ष्म डिजाइन एवं नए रोबोटो (roboto) नामक डिफॉल्ट टाइपफेस को ध्यान में रखते हुए बनाया गया। इसके अतिरिक्त इसमें विभिन्न नई विशेषताएँ भी सम्मिलित की गईं; जैसे—रिफ्रेशड होम स्क्रीन, नीयर फील्ड कम्युनिकेशन (Near Field Communication, NFC) सपोर्ट एवं तकनीकी उपयोग द्वारा अन्य यूजर हेतु 'बीम' कन्टेन्ट योग्यता, अपडेटिड वेब ब्राउजर, सोशल नेटवर्क इन्टीग्रेशन सहित नया कॉन्टेक्ट मैनेजर, कैमरा एक्सेस योग्यता एवं लॉक स्क्रीन से म्यूजिक प्लेबैक कण्ट्रोल करना, अनलॉकिंग हेतु मुख पहचानना (फेस अनलॉक), मोबाइल डेटा यूजेस को मॉनीटर व सीमित करना तथा विविध आन्तरिक सुधार।

जैलीबीन्स Jellybeans

एण्ड्रॉयड 4.2 जैलीबीन्स गूगल मोबाइल ऑपरेटिंग सिस्टम का एक वर्जन है जोकि एण्ड्रॉयड 4.0 आइसक्रीम सैण्डविच (ICS) का अनुसरण करता है। यह टेबलेट कम्प्यूटर एवं स्मार्टफोन्स के साथ रन करता है। गूगल के अनुसार, एण्ड्रॉयड 4.2 जैलीबीन्स के साथ 60,000 से अधिक एप्स (apps) एवं गेम उपयोग में लाने के लिए उपलब्ध हैं। इसके साथ ही मूवीज, गाने व बुक्स भी इसके साथ प्रयोग में लाए जा सकते हैं। इसमें निम्नवत् विशेषताएँ सम्मिलित हैं

1. लॉगिंग आउट किए बिना ही मल्टीपल यूजर सपोर्ट करना।
2. जैस्टर (gesture) टाइपिंग सहित स्मार्ट की-बोर्ड।
3. बिग-स्क्रीन HDTV सेट पर इमेज एवं वीडियो का वायर रहित (wireless) डिस्प्ले।
4. यूजर द्वारा स्क्रीन टच करने पर तीव्रता से प्रोसेसिंग करना।
5. निकटवर्ती प्रोक्सीमिटी में मल्टीपल यूनिट के साथ वायर रहित इमेज एवं वीडियो शेयर करना।
6. सर्वोत्कृष्ट (optimum) डिस्प्ले रीड एबिल्टी हेतु स्क्रीन का ऑटोमैटिक रिसाइजिंग एवं रिलोकेशन।
7. मैग्नीफिकेशन फंक्शन द्वारा स्क्रीन को बड़ा करना।
8. गूगल द्वारा लगातार सूचना को अपडेट करना।
9. तीस से भी अधिक भाषाओं द्वारा वॉयस-एक्टीवेटिड वेब सर्च को सपोर्ट करना।

11.10 फोनगैप की अवधारणा Concept of Phone Gap

अपाचे कोरडोवा (apache cordova) अथवा फोनगैप एक प्रसिद्ध मोबाइल एप्लीकेशन डेवलपमेन्ट फ्रेमवर्क है, जोकि वास्तव में Nitobi द्वारा बनाया गया है। एडोब सिस्टम ने वर्ष 2011 में Nitobi को खरीद लिया तथा इसको 'फोन गैप' नामक ब्रॉण्ड दिया गया, परन्तु कुछ समय पश्चात् अपाचे कोरडोवा नामक ओपन सोर्स सॉफ्टवेयर वर्जन के नाम से रिलीज किया। इसके द्वारा सॉफ्टवेयर प्रोग्रामर CSS3, HTML5 तथा JavaScript का प्रयोग करके मोबाइल युक्तियों के लिए एप्लीकेशन का निर्माण करते हैं। ये सॉफ्टवेयर प्रोग्रामर विशेषतया API; जैसे—एण्ड्रॉयड, iOS अथवा विण्डोज फोन आदि सम्बन्धी प्लेटफार्म पर निर्भर नहीं रहते हैं। यह HTML एवं Java Script के डिवाइस के साथ काम करने के फीचर को बढ़ाता है। इसके द्वारा निर्मित एप्लीकेशन हाइब्रिड प्रकार की होती हैं अर्थात् न तो वे शुद्ध रूप से नेटिव मोबाइल एप्लीकेशन हैं और न ही वे वेब-आधारित हैं। मिक्सिंग नेटिव एवं हाइब्रिड कोड वर्जन 1.9 से ही सम्भव हुए हैं। इस सॉफ्टवेयर को 'अपाचे कॉलबैक' से पहले 'फोनगैप' के नाम से ही जाना जाता था। इस प्रोजेक्ट में अडोब, ब्लैकबेरी, गूगल, IBM, इन्टेल, माइक्रोसॉफ्ट, मोजिला एवं अन्यों का भी योगदान रहा है।

अभ्यास प्रश्न

परीक्षा प्रारूपी प्रश्न

बहुविकल्पीय

1. निम्न में से कौन-सा भाग टेबलेट (tablet) में नहीं होता है?
(a) टच स्क्रीन (b) डिस्प्ले
(c) की-पैड (d) इनमें से कोई नहीं

2. एक टेबलेट में निम्न में से कौन-सी सुविधा प्राप्त होती है?
(a) कैमरा (b) माइक्रोफोन
(c) टच स्क्रीन (d) ये सभी

3. टेबलेट सामान्यतया स्मार्ट फोन (smart phone) से आकार में बड़ा होता है, जिसकी स्क्रीन होती है
(a) 5 इंच (b) 3 इंच
(c) 7 इंच (d) 7 इंच अथवा इससे अधिक

4. निम्न में से माउस (mouse) का प्रकार है
(a) मैकेनिकल माउस (b) ऑप्टिकल माउस
(c) लेजर माउस (d) ये सभी

5. टेबलेट में टाइपिंग हेतु किस प्रकार के की-बोर्ड (key-board) का प्रयोग किया जाता है?
(a) वास्तविक (b) आभासी
(c) पॉप-अप आभासी (d) इनमें से कोई नहीं

6. किसी कम्प्यूटर द्वारा सम्पन्न होने वाले सभी कार्य निम्न में से किसमें सम्मिलित होते हैं?
(a) सी पी यू (b) मॉनीटर
(c) ALU (d) मदरबोर्ड

7. टेबलेट कम्प्यूटर एक ऐसी इलेक्ट्रॉनिक युक्ति है, जो ...... गणना कर सकती है।
(a) अंकगणितीय (b) तार्किक
(c) 'a' और 'b' दोनों (d) इनमें से कोई नहीं

8. जब पहले से चलते कम्प्यूटर को दोबारा चलाते हैं अर्थात् रीस्टार्ट करते हैं, तो इसे क्या कहते हैं?
(a) स्क्रीन शॉर्ट (b) कोल्ड बूटिंग
(c) वार्म बूटिंग (d) स्कैनिंग

9. टेबलेट के मदरबोर्ड (mother board) में संयोजित होते हैं?
(a) कम्प्यूटर चिप्स (b) ट्रांजिस्टर
(c) ICs (d) ये सभी

10. मदरबोर्ड में लगे सभी अवयवों को आपस में संयोजित करने का कार्य करता है
(a) चिप्स सेट (b) वीडियो हार्डवेयर
(c) हार्ड ड्राइव (d) प्रोसेसर

11. मदरबोर्ड में अवयव विविध लेयर (layer) में व्यवस्थित होते हैं। इसमें सबसे ऊपरी लेयर पर होता है
(a) वीडियो हार्डवेयर (b) मैमोरी (RAM)
(c) प्रोसेसर (d) चिप्स सेट

12. टेबलेट पर्सनल कम्प्यूटर (PC) की मुख्य विशेषता है
(a) यह पतला होता है
(b) इसका वजन कम होता है।
(c) यह अपेक्षाकृत सस्ता होता है
(d) उपरोक्त सभी

13. टेबलेट की स्क्रीन .... कार्य सम्पन्न करती है।
(a) मॉनीटर (b) की-बोर्ड
(c) 'a' और 'b' दोनों (d) इनमें से कोई नहीं

14. टेबलेट पर्सनल कम्प्यूटर के प्रोसेसर को अन्य किस नाम से भी जाना जाता है?
(a) चिप (b) सेण्ट्रल प्रोसेसिंग यूनिट
(c) 'a' और 'b' दोनों (d) इनमें से कोई नहीं

15. टेबलेट पर्सनल कम्प्यूटर में विशेषतः कितनी RAM प्रदान की जाती है?
(a) 1 से 2 GB (b) 512 MB से 1GB
(c) 2 से 5 GB (d) 5 GB से ऊपर

16. इण्टीग्रेटेड मदरबोर्ड में सम्मिलित होते हैं
(a) ग्राफिक्स (b) वायरलेस नेटवर्क
(c) फोर-इन-वन कार्ड रीडर (d) ये सभी

17. जब कभी स्मार्ट युक्तियों (Smart Devices) में हैंगिंग (hanging) की समस्या उत्पन्न हो जाती है, तो इसे दूर करने के लिए पावर/लॉक बटन को कितने समय के लिए दबाना चाहिए?
(a) 2 sec
(b) 5 sec
(c) 6 sec
(d) 8 या इससे अधिक सेकण्ड तक

18. स्मार्ट युक्तियों को पूर्णरूप से क्लीन करना क्या कहलाता है?
(a) रीस्टार्ट (b) रिसेट
(c) स्कैनिंग (d) इनमें से कोई नहीं

19. स्मार्ट युक्तियों की कार्यप्रणाली में सुधार किया जा सकता है
(a) फ्लैशिंग प्रक्रिया द्वारा (b) स्कैनिंग प्रक्रिया द्वारा
(c) रिस्टार्टिंग प्रक्रिया द्वारा (d) ये सभी

20. ipad का संचालन किसके द्वारा होता है?
(a) DOS (b) iOS
(c) NOS (d) ये सभी

विविध प्रारूपी प्रश्न

सत्य/असत्य

1. कम्प्यूटर को ही संक्षिप्त रूप में 'टेबलेट' कहते हैं।
2. टेबलेट 'कम्प्यूटर' में टचस्क्रीन डिस्प्ले, सर्किट एवं बैटरी एक की युक्ति पर व्यवस्थित रहती है।
3. टेबलेट में माउस एवं की-बोर्ड (key-board) के स्थान पर टच स्क्रीन डिस्प्ले लगा होता है।
4. सभी स्मार्ट युक्तियों (smart devices) में मदरबोर्ड (mother board) की आवश्यकता नहीं होती है।
5. टेबलेट में लगा स्क्रीन HD गुणवत्ता की वीडियो को प्रस्तुत नहीं कर सकता है।

रिक्त स्थानों की पूर्ति

1. मल्टीपल प्रोसेसरों द्वारा दो या अधिक प्रोग्रामों का साथ-साथ प्रोसेसिंग .... कहलाता है।
2. ALU में .... होता/होते हैं।
3. लगभग 1000 मेगाबाइट एक .... होता है।
4. टेबलेट कम्प्यूटर एक .... है।
5. एण्ड्रॉयड एक .... आधारित ऑपरेटिंग सिस्टम है।

अतिलघु उत्तरीय

1. टेबलेट से आप क्या समझते हैं?
2. टेबलेट की मुख्य विशेषताएँ बताइए।
3. टेबलेट/स्मार्ट युक्तियों के मुख्य भागों के नाम बताइए।
4. किस स्थिति में टच स्क्रीन कार्य नहीं करती है?
5. टेबलेट सम्बन्धी कुछ ऑपरेटिंग सिस्टम के नाम बताइए।

लघु उत्तरीय

1. मदरबोर्ड (motherboard) से आपका क्या तात्पर्य है? संक्षिप्त में समझाइए
2. स्मार्ट युक्तियों में मुख्य भागों का संक्षिप्त में विवरण कीजिए।
3. टेबलेट में हार्डवेयर दोषों की मरम्मत किस प्रकार की जाती है?
4. जैलीबीन्स (jellybeans) से आप क्या समझते हैं? इसकी विशेषताओं का भी विवरण दीजिए।
5. ऑपरेटिंग सिस्टम अपग्रेड किस प्रकार किया जाता है?

दीर्घ उत्तरीय

1. स्मार्ट युक्तियों के सॉफ्टवेयर में उत्पन्न विविध दोषों एवं उनके समाधानों पर प्रकाश डालिए।
2. टेबलेट/स्मार्ट युक्तियों की फ्लैशिंग (flashing) से आप क्या समझते हैं? इनकी फ्लैशिंग करने के लिए विभिन्न चरण (steps) लिखिए।
3. हैण्डसेट की लॉकिंग एवं अनलॉकिंग किस प्रकार की जाती है? विस्तृत रूप से समझाइए।

उत्तरमाला

बहुविकल्पीय

1. (c)	**2.** (d)	**3.** (d)	**4.** (d)	**5.** (c)	**6.** (d)	**7.** (c)	**8.** (c)	**9.** (d)	**10.** (a)
11. (a)	**12.** (d)	**13.** (c)	**14.** (c)	**15.** (a)	**16.** (d)	**17.** (d)	**18.** (b)	**19.** (a)	**20.** (b)

सत्य/असत्य

1. सत्य **2.** सत्य **3.** सत्य **4.** असत्य **5.** असत्य

रिक्त स्थानों की पूर्ति

1. टाइम शेयरिंग **2.** RAM स्पेस **3.** टेराबाइट **4.** मोबाइल कम्प्यूटर **5.** लाइनक्स

❑❑❑

इण्टरनेट एवं वेब ब्राउजर
Internet and Web Browser

परिचय Introduction

इण्टरनेट कम्प्यूटरों का एक विशाल नेटवर्क है, जिसे कोई भी यूजर एक्सेस कर उपयोग कर सकता है। इण्टरनेट के माध्यम से सूचनाओं का आदान-प्रदान बड़ी सरलता से किया जा सकता है। इण्टरनेट को नेटवर्कों का नेटवर्क भी कहा जाता है, जिसके अन्तर्गत बहुत सारे छोटे-छोटे प्रयोगकर्ता, संस्थाएँ, व्यावसायिक एवं सरकारी विभाग सम्मिलित होते हैं। वेब ब्राउजर्स का प्रयोग करके इण्टरनेट संयोजन के माध्यम से विभिन्न वेब पेजिज को देखा जा सकता है। इस अध्याय में इण्टरनेट से सम्बन्धित पदों का विश्लेषण किया गया है।

12.1 वर्ल्ड वाइड वेब World Wide Web, WWW

वर्ल्ड वाइड वेब इण्टरनेट का सबसे महत्त्वपूर्ण संसाधन है, जिस पर सभी विषयों से सम्बन्धित सूचनाएँ उपलब्ध होती हैं। वेब या वर्ल्ड वाइड वेब इण्टरनेट पर उपलब्ध इण्टरकनेक्टेड डॉक्यूमेण्ट्स या पेजिज़ और अन्य रिसोर्सिज़ का एक समूह है। पेजिज़ या डॉक्यूमेण्ट्स को हाइपरलिंक्स द्वारा इण्टरकनेक्ट किया जाता है। इण्टरकनेक्टेड पेजिज़ को **वेब पेजिज़** (web pages) कहा जाता है और इन्हीं वेब पेजिज़ के समूह को **वेबसाइट** (website) कहा जाता है।

एक वेब पेज को वर्ल्ड वाइड वेब पर देखने के लिए वेब ब्राउज़र (web browser) सॉफ्टवेयर का प्रयोग किया जाता है। वेब ब्राउज़र एक प्रकार का क्लाइण्ट सॉफ्टवेयर है। वेब ब्राउज़र पर पेज का एड्रेस या URL (Uniform Resource Locator) टाइप करके पेज या वेबसाइट को देखा जाता है। वेब पेज से सम्पर्क करने के लिए HTTP (Hyper Text Transfer Protocol) का उपयोग किया जाता है। HTTP एक प्रकार का प्रोटोकॉल है, जिसमें इण्टरनेट पर सेवा प्रदान करने वाला कम्प्यूटर **वेब सर्वर** (Web Server) तथा उसका उपयोग करने वाला **वेब क्लाइण्ट** (web client) कहलाता है। प्रत्येक वेब पेज HTML (Hyper Text Markup Language) में लिखा जाता है।

12.2 वेब ब्राउज़िंग सॉफ्टवेयर Web Browsing Software

वेब ब्राउज़िंग सॉफ्टवेयर को ब्राउज़र्स या वेब क्लाइण्ट्स (web clients) भी कहा जाता है, जो माइक्रोसॉफ्ट कॉर्पोरेशन एवं कई अन्य कम्पनियों द्वारा मुफ्त में प्रदान किया जाता है। इन वेब ब्राउज़िंग सॉफ्टवेयर का प्रयोग वर्ल्ड वाइड वेब में नेविगेट करने एवं वेब पेजिज़ (web pages) को देखने हेतु किया जाता है। अधिकांश ब्राउज़र्स फ्रीवेयर (freeware) होते हैं। प्रथम ग्राफ़िकल वेब ब्राउज़र मोज़ाइक (mosaic) था, जिसे मार्क एण्ड्रेसन (Marc Andreessen) ने बनाया था। एक वेब ब्राउज़र की निम्नलिखित विशेषताएँ होती हैं

1. वेब ब्राउज़र को जब यूआरएल (URL) एड्रेस दिया जाता है, तो वह उससे सम्बन्धित सूचनाओं को एक्सेस करने में सक्षम होता है।
2. वेब ब्राउज़र HTTP (HyperText Transfer Protocol) प्रोटोकॉल का प्रयोग करके वेब सर्वर के साथ संचार कायम करने में सक्षम होता है।
3. डॉक्यूमेण्ट्स को रिट्रीव करना एवं उन्हें सिस्टम के अनुकूल फॉर्मेट करना, एक वेब ब्राउज़र की कार्य प्रणाली के मुख्य आधार-स्तम्भ माने जाते हैं।

लोकप्रिय वेब ब्राउज़र्स Popular Web Browsers

कुछ लोकप्रिय वेब ब्राउज़र्स निम्नलिखित हैं

मोज़िला फायरफॉक्स Mozilla Firefox

यह एक नि:शुल्क, ओपन सोर्स वेब ब्राउज़र है, जिसे विण्डोज़ OS, XP तथा लाइनक्स ऑपरेटिंग सिस्टम के साथ-साथ मोबाइल डिवाइसों पर इण्टरनेट उपयोग करने के लिए बनाया गया है। इसमें ऐडडॉन्स (addons), एक्सटेंशन्स (extensions), थीम्स् (themes), टैब्स (tabs), किसी शब्द को ढूँढने के लिए सर्चिंग व Spell Check जैसी अच्छी सुविधाएँ उपलब्ध हैं।

गूगल क्रोम Google Chrome

यह एक फ्रीवेयर वेब ब्राउज़र है, जिसे Google कम्पनी द्वारा बनाया गया है। इस वेब ब्राउज़र में बुकमार्क्स (Bookmarks) तथा सेटिंग्स सिंक्रोनाइज़ेशन, वेब स्टैण्डर्ड सपोर्ट, सिक्योरिटी, मालवेयर ब्लॉकिंग, तेज गति से इण्टरनेट एक्सेस, आकर्षक यूज़र इण्टरफेस, डेस्कटॉप शॉर्टकट्स व ऐप्स (Apps), ऑटोमैटिक वेब पेज ट्रांसलेशन व कलर मैनेजमेन्ट के साथ-साथ अन्य सभी परम्परागत विशेषताएँ भी उपलब्ध हैं।

इण्टरनेट एक्सप्लोरर Internet Explorer

इण्टरनेट एक्सप्लोरर एक लोकप्रिय वेब ब्राउज़र है, जिसका निर्माण माइक्रोसॉफ्ट कम्पनी द्वारा किया गया है। इण्टरनेट एक्सप्लोरर, विण्डोज़ और मैकिनटोश (Macintosh) ऑपरेटिंग सिस्टम के सभी संस्करणों में उपयोगी होता है।

नेटस्केप नेविगेटर Netscape Navigator

नेटस्केप नेविगेटर वेब ब्राउज़र का निर्माण नेटस्केप कम्युनिकेशन द्वारा किया गया है। नेटस्केप नेविगेटर, विण्डोज़, मैक्निटोश और यूनीक्स ऑपरेटिंग सिस्टम के सभी संस्करणों के लिए उपलब्ध हैं।

लाइनक्स Linux

लाइनक्स एक टेक्स्ट-आधारित ब्राउज़र है, इसका निर्माण यूनिवर्सिटी ऑफ कन्सास द्वारा किया गया था। यह मुख्यत: टेक्स्ट आधारित इण्टरनेट कनेक्शन; जैसे—डायल-अप टेक्स्ट ओनली Unix अकाउण्ट आदि के लिए उपयुक्त है। इस वेब ब्राउज़र के द्वारा आप डॉक्यूमेण्ट्स को कलर रूप में या ग्राफ़िक्स को ऑनलाइन नहीं देख सकते।

वेब ब्राउज़र के कार्य Functions of Web Browser

वेब ब्राउज़र (Web Browser) के निम्नलिखित कार्य हैं

1. वेब ब्राउज़र किसी पेज के निर्दिष्ट किए गए वेब एड्रेस (Web Address) अर्थात् URL के लिए सम्बन्धित वेबसाइट (Website) से इन्फॉर्मेशन को रिट्रीव (Retrieve) करके प्रदर्शित करता है।
2. किसी वेब पेज के हाइपरटेक्स्ट लिंक (Hypertext Link) के लिए वेब ब्राउज़र (web browser), वेब सर्वर से कम्युनिकेट करता है, ताकि वह लिंक्ड पेज अथवा लिंक्ड डॉक्युमेण्ट को प्रदर्शित कर सके।
3. वेब ब्राउज़र HTML में लिखे गए वेब पेजिज़ (web pages) को इण्टरप्रेट, फॉर्मेट और डिस्प्ले करता है। वेब ब्राउज़र किसी भी वेब पेज को एक्ज़िक्यूट नहीं करता है। वास्तव में, यह प्रयोगकर्ता द्वारा निर्दिष्ट किए वेब पेज अर्थात् URL के लिए वेब सर्वर से प्रार्थना (request) करता है। जब वेब सर्वर उस प्रार्थना (request) को प्राप्त करता है, तो वह उस पेज को प्रोसेस कर उस पेज का HTML कोड ब्राउज़र अर्थात् क्लाइण्ट को वापस भेज देता है, जिसे ब्राउज़र द्वारा इण्टरप्रेट और फॉर्मेट करके प्रदर्शित किया जाता है।

वेब ब्राउज़र को एक्सेस करना Accessing Web Browser

वेब ब्राउज़र एक सॉफ्टवेयर/प्रोग्राम है, जिसका प्रयोग वेब पेजिज़ को देखने के लिए किया जाता है। वेब ब्राउज़र पर वेब पेज देखने या वेब को एक्सेस करने के लिए निम्नलिखित चरणों का अनुसरण किया जाता है

1. Start → All Programs → Internet Explorer
   या अन्य वेब ब्राउज़र को सिलेक्ट करें।
2. इसमें प्रस्तुत प्रारम्भिक वेब पेज को होम पेज कहा जाता है। इस पेज में यूज़र किसी भी कन्टेन्ट के बारे में सर्च कर सकता है तथा वेब ब्राउज़र के एड्रेस बार में वेब पेज के इण्टरनेट एड्रेस या यूआरएल (URL) को टाइप करके फिर एण्टर दबाकर उस वेब पेज को एक्सेस कर सकता है।

12.3 सर्च इंजन्स Search Engines

सर्च इंजन एक ऐसा सॉफ्टवेयर है, जिसके द्वारा इण्टरनेट से इच्छानुसार सूचनाओं को खोजा जाता है। सबसे पहले सर्च इंजन का निर्माण कार्य McGill University में वर्ष 1990 में आरम्भ हुआ था, जिसे WAIS (Wide Area Information Server) तथा Gopher ने मिलकर आगे बढ़ाया। इन्होंने इण्टरनेट पर उपलब्ध सूचनाओं को क्रमबद्ध करने का कार्य किया। गोफ़र (Gopher) आविष्कार अमेरिका के मिनिसोटा नामक विश्वविद्यालय में हुआ था। यह एक यूज़र फ्रेण्डली इण्टरफेस है जिसके माध्यम से यूज़र इण्टरनेट पर प्रोग्राम्स तथा सूचनाओं का आदान-प्रदान कर सकता है। गोफ़र यूज़र की वांछित सूचनाओं तथा प्रोग्राम्स को खोजकर यूज़र के सामने आउटपुट ला देता है।

चित्र Google सर्च इंजन

लोकप्रिय सर्च इंजन Popular Search Engine

कुछ लोकप्रिय सर्च इंजनों का विवरण निम्न प्रकार हैं

याहू ! Yahoo !

यह बेसिक रूप से एक सर्च डायरेक्टरी है। यह वेब की डायरेक्टरी या सब्जेक्ट कैटेलॉग के साथ हैरार्किकली ऑर्गेनाइज़्ड (hierarchical organised) होती है, जो ब्राउज़ और सर्च की जा सकती है। Yahoo! को दो रूपों में सर्च किया जाता है

(a) Yahoo! सर्च पेज (Search Page)

(b) Yahoo! सर्च ऑप्शन्स (Search Options)

Yahoo! सर्च पेज (+) इन्क्लूसिव (inclusive) और (–) एक्सक्लूजिव (exclusive) जैसे ऑपरेटर्स का प्रयोग करता है। Yahoo! सर्च ऑप्शन्स (options) सर्च की फाइन ट्यूनिंग के लिए, स्विचिज़ लाने में सहयता करते हैं। यदि Yahoo! में सर्च रिक्वेस्ट असफल हो जाती है, तो यह स्वतः ही AltaVista की तरफ मुड़ जाती है, ताकि अधिक-से-अधिक सर्च की जा सके। Yahoo! बहुत-सी अतिरिक्त सेवाएँ; जैसे— ई-मेल अकाउण्ट्स, रीज़न स्पेसिफिक साइट्स लोगों को खोजने के लिए सर्चेज़, साइट रिव्यूज़ (site reviews) एवं एक कस्टमाइज़ेबल (customizable) न्यूज़ पेज (news page) प्रदान करता है।

अल्ताविस्ता AltaVista

अल्ताविस्ता का निर्माण यूएसए (USA) की डिजिटल इक्विपमेंट कॉर्पोरेशन (DEC) की रिसर्च सुविधा के द्वारा किया गया था। इस सर्च इंजन में इण्डेक्सिंग, एक डॉक्युमेण्ट के फुल टेक्स्ट पर आधारित होती है, जिसके अन्तर्गत पहली कुछ लाइन्स एक एब्स्ट्रैक्ट (abstract) के रूप में प्रयोग की जाती हैं। इस सर्च इंजन में सर्च टाइप्स के दो मोड्स होते हैं, जो निम्नलिखित हैं

(a) सिम्पल सर्च (Simple Search) (b) एडवांस्ड सर्च (Advanced Search)

सिम्पल सर्च के अन्तर्गत अल्ताविस्ता, सर्च वर्ड्स (search words) को अधिक-से-अधिक संख्या में ढूँढने का प्रयास करके उन परिणामों को अवरोही क्रम में व्यवस्थित कर प्रदर्शित करता है। एडवांस्ड सर्च में, पेज एकसमान सिन्टेक्स रूल्स (syntax rules) का प्रयोग करते हैं, जैसा कि सिम्पल सर्च में, लेकिन ये इनमें बूलियन ऑपरेटर्स (boolean operators) जोड़ देते हैं, ताकि सर्च अधिक-से-अधिक फ्लेक्सिबल हो सकें। इन ऑपरेटर्स में AND, OR और NOT शामिल हैं।

वेब क्रॉलर Web Crawler

इस सर्च इंजन में एक वेब रोबोट की सहायता से पूरे वेब के डॉक्यूमेण्ट्स में से की-वर्ड्स को लेकर एक डेली इण्डेक्स का निर्माण किया जाता है। वेब क्रॉलर को वेब स्पाइडर (web spider) या वेब रोबोट (web robot) भी कहा जाता है। यह रोबोट एचटीएमएल (HTML) डॉक्यूमेण्ट्स के शीर्षक और टेक्स्ट को इन्डेक्स करके नए डॉक्यूमेण्ट्स को प्राप्त करने का प्रयास करता है।

गूगल Google

यह एक लोकप्रिय सर्च इंजन है, जिसमें अनेक अद्वितीय फीचर्स उपलब्ध होते हैं। इसमें एक ऐसा फीचर होता है, जो सबसे सम्भावित मैच को ढूँढने और उसे लोड करने के लिए ऑटोमैटिक सुविधा प्रदान करता है। यही कारण है कि गूगल एक सर्च में बेस्ट मैचिंग वेबसाइट्स ढूँढने में कुशल है। इस सुविधा का प्रयोग करने के लिए सर्च बॉक्स में कम्पनी का नाम टाइप कर 'I am Feeling lucky' बटन पर क्लिक करें।

हॉट बॉट Hot Bot

इस सर्च इंजन का प्रयोग वेब डॉक्युमेण्ट्स को रिट्रीव एवं उन्हें इण्डेक्स करने के उद्देश्य से किया जाता है, जिसके लिए यह सर्च इंजन एक रोबोट एवं वर्क स्टेशन्स के एक पैरलल नेटवर्क्स का प्रयोग करता है।

यह सर्च इंजन विशेष प्रकार के शब्दों या वाक्यांशों (phrases) को सर्च करने के लिए अधिक उपयुक्त है। इस सर्च में प्रयोगकर्ताओं के लिए एक टेक्स्ट बॉक्स होता है, जिसमें वे अपनी क्वेरी स्ट्रिंग्स (query strings) प्रविष्ट करते हैं एवं साथ ही एक लिस्ट बॉक्स (list box) भी होता है, जिसमें से किसी सही शब्द या वाक्यांश को चुना जा सकता है। अपने सर्च को फाइन ट्यून करने के लिए भी Hot Bot का प्रयोग कर सकते हैं।

लाइकोस Lycos

इस सर्च इंजन के डेटाबेस (database) में लगभग 66 मिलियन पृष्ठ होते हैं, जिसमें नेविगेशन (navigation) का कार्य एक वेब रोबोट द्वारा होता है, जो Heuristics विधि का प्रयोग कर नेविगेशन करता है एवं सर्च करने योग्य इण्डेक्स बनाता है। वेब रोबोट प्रत्येक डॉक्युमेण्ट की इण्डेक्सिंग कर उसके आउटगोइंग लिंक्स को एक कतार में रखता है और इसमें से एक URL का चयन करता है। लाइकोज़, टाइटल्स, हैडिंग्स और HTML की सब-हैडिंग्स, FTP एवं Gopher डॉक्यूमेण्ट्स को इण्डेक्स करता है। इस सर्च इंजन में इमेज एवं साउण्ड्स को सर्च करने की क्षमता होती है। यह न्यूज़ (News), साइट रिव्यू (site review) जैसी बहुत-सी सामग्रियाँ प्रदान करता है।

सर्च इंजन पर कन्टेन्ट सर्च करना Searching Content on Search Engine

किसी इन्फॉर्मेशन को सर्च करने के लिए निम्नलिखित चरणों का अनुसरण किया जाता है

1. सर्च इंजन के होम पेज पर जाएँ।
2. सर्च इंजन के होम पेज पर एक टेक्स्ट बॉक्स प्रदर्शित होगा।
3. इस टेक्स्ट बॉक्स में वो वर्ड टाइप करें, जिसके बारे में आप सर्च करना चाहते हैं।
4. इसके बाद Search बटन पर क्लिक करें, जिससे उस वर्ड से सम्बन्धित वेबसाइटों की लिस्ट प्रदर्शित होगी।
5. जिस वेबसाइट को आप खोलना चाहते हैं, उस वेबसाइट के लिंक पर क्लिक करें, जिससे वह वेबसाइट खुल जाएगी।

12.4 इलेक्ट्रॉनिक मेल Electronic Mail

इण्टरनेट की सबसे अधिक उपयोग की जाने वाली सेवा इलेक्ट्रॉनिक मेल या संक्षेप में ई-मेल (E-mail) है। इलेक्ट्रॉनिक मेल एक ऐसा इलेक्ट्रॉनिक सन्देश होता है, जो किसी नेटवर्क से जुड़े विभिन्न कम्प्यूटरों के मध्य भेजा और प्राप्त किया जाता है। ई-मेल का उपयोग व्यक्ति या व्यक्तियों के समूहों के मध्य जो भौगोलिक रूप से हजारों मील दूर भी हो सकते हैं, लिखित सन्देश भेजने में किया जाता है। ई-मेल को मेल सर्वर (Mail Server) के माध्यम से भेजा और प्राप्त किया जाता है। कोई मेल सर्वर ऐसा कम्प्यूटर होता है, जिसका कार्य ई-मेलों को प्रोसेस करना और उचित क्लाइण्ट कम्प्यूटर को भेजना होता है। सामान्यतया नेट सर्वर ही मेल सर्वर का कार्य भी करते हैं।

वेब एड्रेस की भाँति ई-मेल एड्रेस भी होते हैं, जिस पर ई-मेल भेजा जा सकता है। ब्राउज़र प्रोग्राम की भाँति ई-मेल भेजने और प्राप्त करने के लिए विशेष ई-मेल प्रोग्राम या सॉफ्टवेयर होते हैं; जैसे—माइक्रोसॉफ्ट आउटलुक तथा आउटलुक एक्सप्रेस। जब हम कोई ई-मेल भेजना चाहते हैं, तो हम प्राप्तकर्ता का ई-मेल एड्रेस उस प्रोग्राम की विण्डो में उचित स्थान पर टाइप करते हैं और अपना सन्देश उसी विण्डो के एक बड़े बॉक्स में टाइप करते हैं। जब हम 'Send' बटन को क्लिक करते हैं, तो वह प्रोग्राम उस सन्देश को प्राप्तकर्ता के ई-मेल एड्रेस के साथ उस मेल सर्वर को भेज देता है, जिससे हमारा कम्प्यूटर जुड़ा होता है। मेल सर्वर उस ई-मेल पते को मेल सर्वरों पर खोजता है और उसका पता चल जाने पर उस सन्देश को प्राप्तकर्ता के मेल सर्वर को भेज देता है, जहाँ से वह सन्देश प्राप्तकर्ता को भेज दिया जाता है। यही प्रक्रिया तब उल्टे क्रम में दोहराई जाती है, जब कोई उपयोगकर्ता हमें कोई ई-मेल भेजता है। यदि प्रेषक और प्राप्तकर्ता दोनों के कम्प्यूटर एक ही समय पर इण्टरनेट से जुड़े हुए होते हैं, तो ई-मेल कुछ ही सेकण्डों में भेजा और प्राप्त किया जा सकता है।

ई-मेल एड्रेस E-mail Address

ई-मेल भेजने और प्राप्त करने के लिए आपके पास कोई ई-मेल एड्रेस होना चाहिए। कोई ई-मेल पता किसी ई-मेल सर्वर पर ऐसा स्थान होता है, जहाँ आपका ई-मेल स्टोर किया जाता है, इस स्थान को मेल बॉक्स (mail box) भी कहा जाता है। जब आप किसी इण्टरनेट सेवा प्रदाता (ISP) कम्पनी से इण्टरनेट कनेक्शन खरीदते हैं, तो वह सामान्यतया आपके लिए एक मेल बॉक्स भी बना देता है और उस मेल बॉक्स का एड्रेस आपको दे देता है, जिसे आपका ई-मेल एड्रेस कहा जाता है। कोई ई-मेल एड्रेस सामान्यतया अग्र रूप का होता है

username@hostname

यहाँ 'username' आपके मेल बॉक्स का नाम है। यह सामान्यतया आपके यूज़रनेम के समान होता है, जिसके द्वारा आप अपने कम्प्यूटर को इण्टरनेट से जोड़ते हैं। 'hostname' या 'domain name' मेल सर्वर का नाम होता है।

उदाहरण, यदि आपने BSNL से इण्टरनेट कनेक्शन लिया है, तो आपका ई-मेल एड्रेस इस प्रकार का हो सकता है

'v_kumar@sancharnet.in'।

कुछ वेब पोर्टल आपको मुफ्त में मेल बॉक्स बनाने की सुविधा भी देते हैं।

ऐसे कुछ वेब पोर्टलों के नाम हैं—www.yahoo.com, www.rediffmail.com, www.e-patra.com, www.jagran.com आदि। इनके अतिरिक्त कुछ वेब पोर्टल कुछ शुल्क लेकर आपको मेल बॉक्स की सुविधा देते हैं। इनमें से किसी भी वेब पोर्टल में मेल बॉक्स बनाने के लिए आपको अपने विषय में सूचनाएँ देते हुए एक ऑनलाइन फार्म भरना पड़ता है और अपने यूज़रनेम तथा पासवर्ड की पसन्द भी बतानी होती है। विवरण स्वीकृत होने पर वेब पोर्टल आपको वही यूज़रनेम तथा पासवर्ड आवण्टित कर देता है और आपका मेल बॉक्स अपने मेल सर्वर पर बना देता है। आप जो भी ई-मेल कहीं से भी प्राप्त करते हैं, वह आपके मेल बॉक्स में स्टोर कर दी जाती है, भले ही आप उसकी प्राप्ति के समय इण्टरनेट से जुड़े हों या नहीं। आप उस वेब पोर्टल के होम पेज में जाकर और अपने यूज़रनेम पासवर्ड द्वारा साइन इन (sign in) करके अपने मेल बॉक्स को कभी भी खोल सकते हैं तथा आप उस वेब पोर्टल से ई-मेल भी भेज सकते हैं।

ई-मेल क्लाइण्ट को आउटलुक पर कॉन्फ़िगुरिंग करना
Configuring E-mail Client on Outlook

ई-मेल अकाउण्ट को आउटलुक पर कॉन्फिगुरिंग करने के लिए निम्नलिखित चरणों का अनुसरण किया जाता है

(i) Outlook 2007 को खोलें।
(ii) Tools टैब पर क्लिक करें।
(iii) Account Settings ऑप्शन पर क्लिक करें।
(iv) New पर क्लिक करें।
(v) अपने अकाउण्ट का विवरण; जैसे— नाम, ई-मेल एड्रेस तथा पासवर्ड आदि प्रविष्ट करें।
(vi) Next बटन पर क्लिक करें तथा अकाउण्ट की पुष्टि होने का इन्तजार करें।
(vii) अकाउण्ट सफलतापूर्वक बनने के बाद, Finish बटन पर क्लिक करें।

ई-मेल का अनुप्रयोग Application of an E-mail

ई-मेल के मुख्य अनुप्रयोग निम्नलिखित है

वेब आधारित ई-मेल खाता बनाना Creating Web Based E-mail Account

कुछ वेब पोर्टलों में आप अपना मुफ्त ई-मेल खाता बना सकते हैं। ऐसे कुछ वेब पोर्टल हैं—www.hotmail.com, mail.yahoo.com, mail.sify.com, www.rediffmail.com, www.e-patra.com आदि। इनमें से किसी भी साइट को खोलने के बाद आप अपना पंजीकरण एक नए उपयोगकर्ता की भाँति करवाकर अपना ई-मेल खाता बना सकते हैं। नया ई-मेल खाता खोलने की प्रक्रिया इन सभी साइटों में एकसमान होती है। हम यह प्रक्रिया www.rediffmail.com के लिए समझा रहे हैं।

यूज़र निम्न चरणों से अपना वेब आधारित ई-मेल अकाउण्ट बना सकता है

1. किसी वेब ब्राउज़र के एड्रेस बार पर www.gmail.com को टाइप करके Enter कुँजी को दबाइए, जिससे इस वेबसाइट का Home Page स्क्रीन पर खुल जाएगा, जोकि कुछ निम्न प्रकार का होगा—

चित्र Gmail का होम पेज

2. एकाउण्ट बनाने के लिए Create an account हाइपरलिंक पर क्लिक करें। इसे क्लिक करने से निम्न रजिस्ट्रेशन फॉर्म प्रस्तुत होगा—

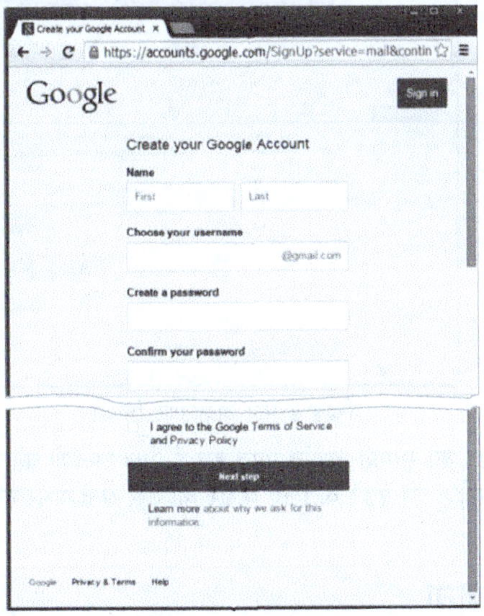

चित्र रजिस्ट्रेशन फॉर्म

3. फॉर्म पूरा भरकर Next Step बटन को दबाएँ। फॉर्म भरते समय सभी दिशा-निर्देशों का पालन करें, ताकि यह सुनिश्चित हो जाए कि यूज़रनेम अद्वितीय (Unique) है। यदि ऐसा नहीं है तो यूज़र को पुन: रजिस्ट्रेशन फॉर्म भरना होगा।
4. Create your public Google + profile पेज खुलेगा इसमें यदि आप प्रोफाइल बनाना चाहते हैं, तो Create your profile बटन पर क्लिक करें अन्यथा No thanks बटन पर क्लिक करें।
5. यदि आपने Create your profile बटन पर क्लिक किया है, तो Welcome पेज प्रदर्शित होगा। जिसमें Continue to Gmail बटन पर क्लिक करें।
6. ई-मेल अकाउण्ट बनने के बाद उसकी Confirmation Information यूज़र को दे दी जाएगी व निम्न वेब पेज ब्राउज़र पर प्रस्तुत होगा।

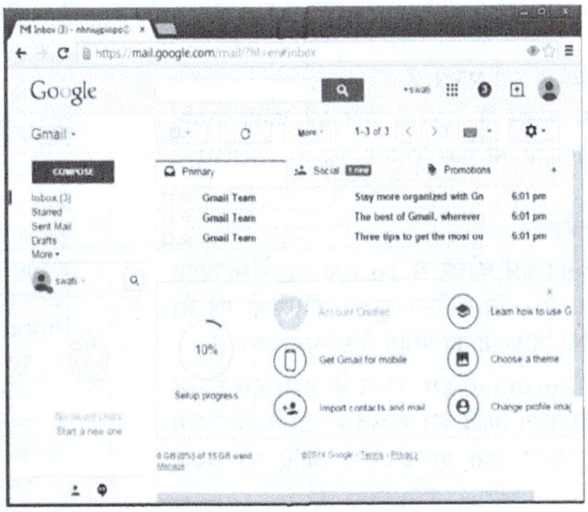

चित्र ई-मेल अकाउण्ट विण्डो

ई-मेल को देखना Viewing an E-mail

ई-मेल अकाउण्ट बना लेने के बाद यूज़र Sign in कर सकता है अर्थात् ई-मेल अकाउण्ट को खोल सकता है और अपनी ई-मेल को देख सकता है। इसके लिए यूज़र को उस वेबसाइट के Home Page पर जाना होगा जिस पर उसका ई-मेल अकाउण्ट है। वहाँ Sign in करने के लिए एक डायलॉग बॉक्स वेब पेज पर प्रदर्शित होगा। इसमें E-mail टेक्स्ट बॉक्स में अपनी ई-मेल ID तथा Password टेक्स्ट बॉक्स में उस ई-मेल ID का पासवर्ड प्रविष्ट करके Sign in बटन पर क्लिक करें।

यदि ई-मेल-ID तथा पासवर्ड एकदम सही हैं तो यूज़र का Gmail ई-मेल बॉक्स खुल जाएगा। इसके पश्चात् निम्न विण्डो प्रदर्शित होगी—

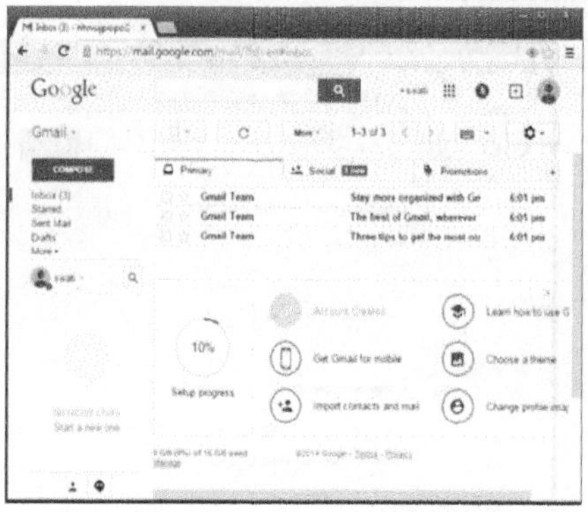

चित्र ई-मेल अकाउण्ट विण्डो

इसमें सामान्यतया पहले Inbox फोल्डर की सामग्री अर्थात् प्राप्त हुए ई-मेल सन्देशों की सूची दिखाई देगी, जिसमें दिनांक, भेजने वाले का नाम, विषय आदि सूचनाएँ होती हैं। किसी सन्देश को पढ़ने के लिए कर्सर को उस सन्देश पर लाकर क्लिक करें, जहाँ माउस प्वॉइण्टर हाथ के चिह्न में परिवर्तित हो जाता है।

नई ई-मेल बनाना और भेजना

Creating and Sending a New E-mail

लॉगइन करने के पश्चात् यदि यूज़र अपने मित्रों और सम्बन्धियों को ई-मेल करना चाहता है, तो COMPOSE बटन पर क्लिक करें, जिससे निम्न विण्डो प्रदर्शित होगी—

चित्र New Message विण्डो

इसमें To टेक्स्ट बॉक्स में रेसिपिएण्ट का ई-मेल एड्रेस व Subject में ई-मेल का विषय तथा Body में टेक्स्ट टाइप कर Send बटन पर क्लिक करने से वह ई-मेल उस रेसिपिएण्ट को तुरन्त भेज दिया जाता है। इसके स्थान पर यदि यूज़र किसी फाइल (.doc, .pdf, .jpg इत्यादि) को भेजना चाहता है, तो Attach files पर क्लिक करके फाइल अटैच कर सकता है। ई-मेल में टेक्स्ट फॉर्मेटिंग, Cc (Carbon Copy), Bcc (Blind Carbon Copy) के विकल्प भी उपलब्ध होते हैं।

कुछ महत्त्वपूर्ण विकल्पों का विवरण इस प्रकार है—

(i) Cc (Carbon Copy) इस फीचर के द्वारा ई-मेल की कॉपी अर्थात् कार्बन कॉपी को अन्य रेसिपिएण्ट को भेजा जाता है तथा To रेसिपिएण्ट को यह सूचना दे दी जाती है कि इस ई-मेल की कॉपी अन्य किन-किन व्यक्तियों को भेज दी गई है।

(ii) Bcc (Blind Carbon Copy) इस फीचर में To तथा Cc रेसिपिएण्ट को यह नहीं पता होता कि Bcc किन-किन यूज़रों को भेजी गई है। ई-मेल में Cc तथा Bcc दोनों विकल्पों का प्रयोग वैकल्पिक होता है।

(iii) **टेक्स्ट फॉर्मेटिंग** (Text Formatting) इस फीचर के द्वारा हम टेक्स्ट को बोल्ड, इटेलिक, अण्डरलाइन आदि कर सकते हैं। इसके द्वारा हम टेक्स्ट का फॉण्ट साइज़ कलर तथा एलाइनमेण्ट आदि भी बदल सकते हैं।

सिग्नेचर (Signature)

ई-मेल में यह व्यक्तिगत सूचना होती है जोकि आउटगोइंग मैसेज के निचले भाग में स्वतः ही दिखती है इसका प्रयोग भी वैकल्पिक है। यूज़र सिग्नेचर में इच्छानुसार किसी भी सूचना को डाल सकता है। इसे सिग्नेचर ब्लॉक या सिग्नेचर फाइल भी कहते हैं। एक सिग्नेचर में निम्न सूचनाएँ प्रयुक्त हो सकती हैं–

- पूरा नाम
- जॉब टाइटल या पोजीशन
- ऑर्गेनाइज़ेशन का नाम और डिवीज़न
- फोन तथा फैक्स नम्बर्स
- स्थाई एड्रेस
- ई-मेल एड्रेस आदि।
- वेबसाइट एड्रेस

सिग्नेचर के प्रयोग से यूज़र सूचना टाइप करने से बच जाता है।

ई-मेल मैसेज का जवाब देना

Replying to an E-mail Message

किसी ई-मेल का जवाब देने के लिए निम्नलिखित चरणों का अनुसरण किया जाता है—

- जिस ई-मेल का जवाब देना है, उसे ओपन करें।
- केवल ई-मेल भेजने वाले को जवाब देने के लिए 'Reply' विकल्प पर क्लिक करें।
- To और Cc बॉक्सों के सभी रेसिपिएण्ट्स को जवाब देने के लिए 'Reply to all' विकल्प पर क्लिक करें।

ई-मेल मैसेज को फॉरवर्ड करना Forwarding an E-mail Message

किसी ई-मेल को फॉरवर्ड करने के लिए निम्नलिखित चरणों का अनुसरण किया जाता है—

- यूज़र जिस मेल को फॉरवर्ड करना चाहते हैं, उसे ओपन करें।
- 'Forward' विकल्प पर क्लिक करें।
- To, Cc और Bcc बॉक्सों में रेसिपिएण्ट्स नाम एण्टर करें।

ई-मेल को सोर्ट तथा सर्च करना Sorting and Searching E-mail

ई-मेल को सोर्ट करने के लिए निम्नलिखित चरणों का अनुसरण किया जाता है—

- Settings बटन पर क्लिक करें।
- Inbox टैब पर क्लिक करें।
- Inbox type लिस्ट बॉक्स से अपनी इच्छानुसार विकल्प; जैसे— Default, Important first, Unread first, Shared first तथा Priority first का चयन करें।
- Save changes बटन पर क्लिक करें।
- इसके पश्चात् आपकी इच्छानुसार Inbox में ई-मेल सोर्ट हो जाएगी।

ई-मेल को सर्च करने के लिए निम्नलिखित चरणों का अनुसरण किया जाता है—

- सबसे ऊपर स्थित टेक्स्ट बॉक्स में उस ई-मेल की जानकारी; जैसे— भेजने वाले का नाम, विषय आदि प्रविष्ट करें, जिसे आप सर्च करना चाहते हैं।
- Search बटन पर क्लिक करें।
- इसके पश्चात् सर्च की गई सूचना से सम्बन्धित ई-मेल की सूची प्रदर्शित हो जाएगी।

एडवांस्ड ई-मेल फीचर्स Advanced E-mail Features

ई-मेल के कुछ एडवांस्ड फीचर्स निम्नलिखित हैं—

स्पेल चैकिंग को एक्टिवेट करना Activating Spell Checking

किसी डॉक्युमेण्ट को भेजने से पहले उसकी स्पेल चैकिंग करना अत्यन्त महत्त्वपूर्ण है। स्पेल चैक को एक्टिवेट करने के लिए निम्नलिखित चरणों का अनुसरण किया जाता है—

- Gmail एकाउण्ट विण्डो पर COMPOSE बटन पर क्लिक करें, जिससे New Message बॉक्स प्रदर्शित होगा।
- New Message बॉक्स की Body में Message टाइप करें।
- More options बटन पर क्लिक करें, जिससे एक मेन्यू खुलेगी। उस मेन्यू में से Check Spelling पर क्लिक करें।

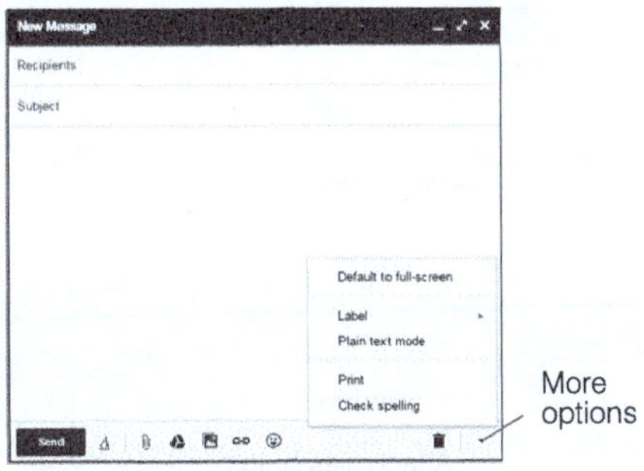

चित्र New Message विण्डो

एड्रेस बुक का प्रयोग करना Using the Address Book

जिन लोगों को ई-मेल भेजा जाता है, उनके नाम एवं ई-मेल एड्रेसेज़ को स्टोर करने के लिए एड्रेस बुक का प्रयोग किया जाता है। मैसेज विण्डो में एड्रेस बुक को ओपन करने के लिए निम्न चरणों का अनुसरण किया जाता है—

- Gmail अकाउण्ट विण्डो में COMPOSE बटन पर क्लिक करें। जिससे New Message बॉक्स प्रदर्शित होगा।

- New Message बॉक्स के To पर क्लिक करें। जिससे Select contacts बॉक्स प्रदर्शित होगा।

चित्र Select Contacts विण्डो

- Select contacts बॉक्स में से जिस भी Contact को आप सिलेक्ट करना चाहते हैं उस एड्रेस के आगे चैक बॉक्स पर क्लिक करें या यदि आप सभी Contacts को सिलेक्ट करना चाहते हैं, तो Select All चैक बॉक्स पर क्लिक करें।
- Select बटन पर क्लिक करें, जिससे सिलेक्ट किए हुए Contacts To: लाइन में एड हो जाएँगे।

अटैचमेन्ट के रूप में सॉफ्ट कॉपी भेजना/डॉक्यूमेण्ट को ई-मेल से भेजना

Sending Soft Copy as Attachment/Sending Document by E-mail

कम्प्यूटर पर स्टोर की जाने वाली किसी भी फाइल को ई-मेल द्वारा भेजा जा सकता है।

अटैचमेन्ट के रूप में एक सॉफ्ट कॉपी भेजने के लिए निम्नलिखित चरणों का अनुसरण किया जाता है—

- Gmail अकाउण्ट विण्डो पर COMPOSE बटन पर क्लिक करें। जिससे एक New Message बॉक्स प्रदर्शित होगा।
- रेसिपिएण्ट के ई-मेल एड्रेस को To लाइन में एड्रेस टाइप करें या अपनी एड्रेस बुक से ई-मेल एड्रेस को सिलेक्ट करें।
- सब्जेक्ट लाइन में ई-मेल के लिए सब्जेक्ट टाइप करें।
- किसी भी सॉफ्ट कॉपी को अटैच करने के लिए Attach files 📎 बटन पर क्लिक करें। जिससे Open डायलॉग बॉक्स प्रदर्शित होगा।
- Open डायलॉग बॉक्स में से उस फाइल को सिलेक्ट करें, जिसे आप अटैच करना चाहते हैं। फाइल को सिलेक्ट करने के बाद Open बटन पर क्लिक करें।

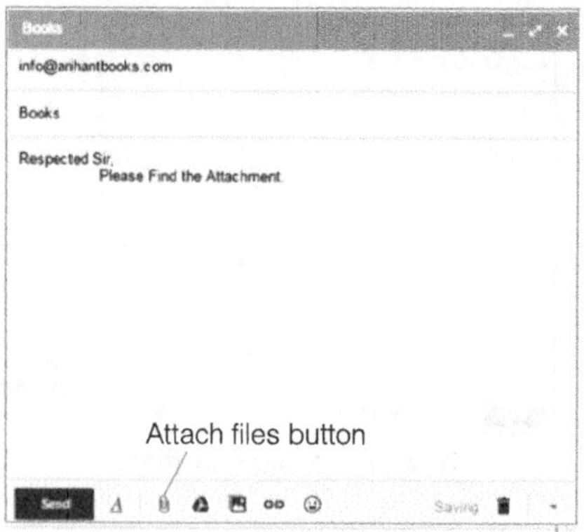

चित्र New Message विण्डो

- जब फाइल ई-मेल Body में अटैच हो जाए, तब Send बटन पर क्लिक करें।

चित्र ई-मेल मैसेज विण्डो

SPAM **की हैण्डलिंग** Handling of SPAM

SPAM, अवांछित ई-मेल मैसेज होते हैं जो प्राय: व्यापारिक सामग्री के साथ बहुत बड़ी संख्या में रेसिपिएण्ट को भेजे जाते हैं। Gmail में स्पैम को हैण्डल करने के लिए एक Spam फोल्डर होता है। Gmail सभी स्पैम को Spam फोल्डर में स्थानान्तरित कर देता है। Spam फोल्डर Gmail विण्डो के बाईं तरफ प्रदर्शित होता है। यदि Spam फोल्डर Gmail विण्डो के बाईं तरफ प्रदर्शित नहीं होता है, तो Gmail अकाउण्ट की Settings में परिवर्तन करने की आवश्यकता होती है। Settings में परिवर्तन करने के लिए विण्डो के दाईं ओर से Setting को चुनें तथा Labels टैब पर क्लिक करें। इसके बाद Spam के आगे प्रदर्शित Show पर क्लिक करें।

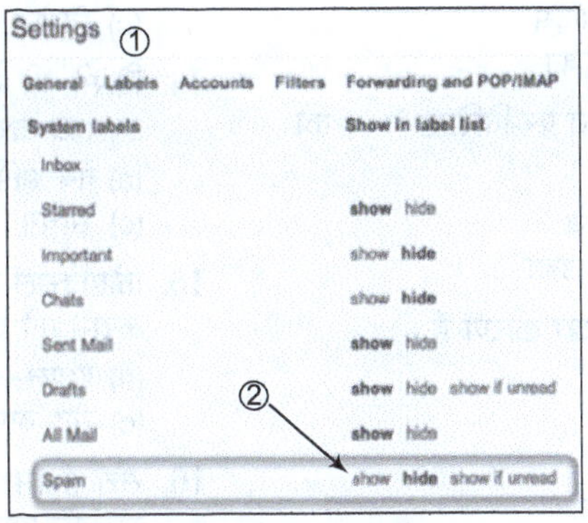

चित्र Setting विण्डो

ई-मेल को Spam **की भाँति अंकित करना** Marking an E-mail as Spam

यदि आप अपने inbox में वो ई-मेल प्राप्त करते हैं, जो वास्तव में Spam है, तो आपको 'Report Spam' बटन पर क्लिक करने की आवश्यकता है, जिससे ई-मेल, Spam फोल्डर में स्थानान्तरित हो जाएगी।

Spam **फोल्डर को चैक करना** Checking Spam Folder

कुछ दिनों के अन्तराल पर आपको अपना Spam फोल्डर चैक करते रहना चाहिए, जिससे यह सुनिश्चित होता है कि कोई जरूरी ई-मेल गलती से Spam की भाँति निर्धारित तो नहीं हो गई। यदि Spam फोल्डर की सभी ई-मेल स्पैम हों तो आप इन्हें बिना डिलीट करें छोड़ सकते हैं क्योंकि Gmail स्वत: ही 30 दिनों में Spam को डिलीट कर देता है। फिर भी यदि आप स्वयं ई-मेल को डिलीट करना चाहते हों तो Delete Forever बटन पर क्लिक करें।

अभ्यास प्रश्न

परीक्षा प्रारूपी प्रश्न

बहुविकल्पीय

1. एक व्यक्ति जो अपने ज्ञान का प्रयोग दूसरे व्यक्तियों के कम्प्यूटरों से अवैध तरीके से जानकारी को प्राप्त करने या उसे नष्ट करने मे करता है, कहलाता है
(a) स्पैमर (b) हैकर
(c) इन्स्टैंट मैसेंजर (d) ये सभी

2. जब हैकर आपके फोन या ई-मेल पर सम्पर्क करके आपका पासवर्ड अधिग्रहित करने की कोशिश करता है, तो इस प्रक्रिया को कहते हैं
(a) स्पूफिंग (b) फिशिंग
(c) स्पैमिंग (d) बगिंग

3. Google, Yahoo, MSN, Netscape Navigator इत्यादि वेबसाइट हैं
(a) वायरस (b) हॉट बॉट्स
(c) यूज़र के नाम (d) सर्च इंजन

4. वेबसाइट एड्रेस एक यूनीक नाम है, जो वेब पर विशिष्ट ····· को पहचानने के काम में आता है।
(a) लिंक (b) वेब पेज
(c) वेबसाइट (d) वेब ब्राउज़र

5. किसी फाइल को इन्क्रिप्शन करने का मुख्य कारण है
(a) फाइल के आकार को कम करना
(b) इसके संचरण को सुरक्षित रखना
(c) इसे बैकअप के लिए तैयार करना
(d) इसमें स्टार्टअप क्रम को सम्मिलित करना

6. यूआरएल (URL) क्या है?
(a) एक कम्प्यूटर सॉफ्टवेयर प्रोग्राम
(b) एक प्रकार का प्रोग्रामिंग ऑब्जेक्ट
(c) हार्डवेयर का भाग
(d) किसी भी डॉक्युमेण्ट या पेज का www पर एड्रेस

7. इण्टरनेट पर प्रयुक्त होने वाला मानक प्रोटोकॉल है
(a) TCP/IP (b) Java (c) PHP (d) SMTP

8. किसी व्यक्ति को ई-मेल द्वारा मेल भेजने के लिए प्राप्तकर्ता को किस जानकारी का होना अति आवश्यक है?
(a) इण्टरनेट (b) मॉडेम
(c) टेलीफोन लाइन (d) ई-मेल एड्रेस

9. नेटवर्कों के नेटवर्क को कहा जाता है
(a) कम्प्यूटर नेटवर्क (b) यूज़नेट
(c) इण्टरनेट (d) इण्टरनेट

10. निम्न में से सबसे पहला ग्राफ़िकल वेब ब्राउज़र कौन-सा माना जाता है?
(a) नेक्सेस (b) नेटस्केप नेविगेटर
(c) इण्टरनेट एक्स्प्लोरर (d) मोज़ॉइक

11. किसी वेबसाइट के पहले प्रदर्शित होने वाले पेज को कहते हैं
(a) फर्स्ट पेज (b) इनीशियल पेज
(c) होम पेज (d) मेन पेज

12. निम्नलिखित में से कौन-सा कम्युनिकेशन प्रोटोकॉल प्रत्येक कम्प्यूटर के लिए मानक सेट करता है, जोकि वेब आधारित सूचनाओं को एक्सेस करती है?
(a) XML (b) DML (c) HTTP (d) HTML

13. मॉड्यूलेशन व डिमॉड्यूलेशन के लिए प्रयोग होने वाला उपकरण है
(a) प्वॉइण्टर (b) कनेक्टर
(c) डिमोड (d) मॉडेम

14. किसी भी वेबसाइट या वेब पेज को इण्टरनेट पर पब्लिश या उपलब्ध कराने को कहते हैं
(a) वेब सर्फिंग (b) गूगलिंग
(c) सर्चिंग (d) वेब हॉस्टिंग

15. कोएक्सिल केबल के माध्यम से इण्टरनेट की सुविधा को उपलब्ध कराने की प्रक्रिया के लिए प्रयोग होता है
(a) डायल-अप कनेक्शन (b) मॉडेम
(c) सेट-अप बॉक्स (d) केबल मॉडेम

16. सर्च इंजन पर सर्च किए गए तत्त्वों के आधार पर जो वेब पेज खुलकर आता है इसे जिस पद से सम्बोधित किया जाता है, वह है
(a) ब्लॉग (b) हिट (c) लिंक (d) व्यू

17. यह वेब ब्राउजर टेक्स्ट तथा ग्राफिक्स दोनों को सपोर्ट करता है
(a) टेक्स्ट ब्राउजर (b) ग्राफिकल वेब ब्राउजर
(c) वेब सर्वर (d) HTML

18. इण्टरनेट द्वारा किसी भी सर्विस के लिए आरक्षण करना है
(a) ई-लर्निंग (b) ई-गवर्नेंस
(c) ई-ट्रेडिंग (d) ई-रिजर्वेशन

19. वेब ब्राउजर को ·········· भी कहा जाता है।
(a) वेब क्लाइण्ट्स (b) वेब सर्वर
(c) वर्ल्ड वाइड वेब (d) ये सभी

20. FTP का पूर्ण रूप है
(a) फास्ट टेक्स्ट प्रोसेसिंग (b) फाइल ट्रांसमिशन प्रोग्राम
(c) फास्ट ट्रांसमिशन प्रोसेसर (d) फाइल ट्रांसफर प्रोटोकॉल

विविध प्रारूपी प्रश्न

सत्य/असत्य

1. Gopher, इण्टरनेट का एक मुख्य प्रोटोकॉल है।
2. लाइकोस एक वेब ब्राउज़र है।
3. वेब ब्राउज़र HTML का प्रयोग करके वेब सर्वर के साथ संचार करता है।
4. प्रोटोकॉल का उपयोग कम्युनिकेशन के लिए नहीं किया जाता है।
5. इण्टरनेट और वर्ल्ड वाइड वेब एक ही हैं।

रिक्त स्थानों की पूर्ति

1. कम्प्यूटर को इण्टरनेट से जोड़ने के लिए ······· का होना आवश्यक है।
2. इण्टरनेट ······· का एक विशाल नेटवर्क है।
3. ······· फायरवॉल का प्रमुख कार्य है।
4. वेब ब्राउज़र को ······· भी कहा जाता है।
5. ई-मेल भेजते समय ······· की लाइन सन्देश की विषय-वस्तु के बारे में बता देती है।

अतिलघु उत्तरीय

1. इण्टरनेट के दो उपयोग लिखिए।
2. पेज़िज या डॉक्यूमेण्ट्स को किसके द्वारा इण्टरकनेक्ट किया जाता है?
3. गूगल क्रोम कैसा वेब ब्राउज़र है?
4. ई-मेल में व्यक्तिगत सूचना का प्रारूप क्या कहलाता है?
5. Manesh2013@yahoo.co.in ई-मेल एड्रेस में यूज़र नेम क्या है?

लघु उत्तरीय

1. इण्टरनेट के द्वारा किन-किन सुविधाओं का प्रयोग किया जा सकता है?
2. वेब ब्राउज़र के कार्यों का उल्लेख कीजिए।
3. विण्डोज़ पर आधारित वेब सर्वर कौन-से हैं? उनका संक्षिप्त विवरण दीजिए।
4. क्लाउड स्टोरेज को उपयोग करने के क्या लाभ हैं?
5. इण्टरनेट सिक्योरिटी से सम्बन्धित खतरों का समाधान कैसे होता है?

दीर्घ उत्तरीय

1. ई-मेल की प्रक्रिया कैसे सम्पन्न होती है?
2. सर्च इंजन से क्या तात्पर्य है? कुछ लोकप्रिय सर्च इंजन का विवरण दीजिए।

उत्तरमाला

बहुविकल्पीय

1. (b)	**2.** (b)	**3.** (d)	**4.** (a)	**5.** (b)	**6.** (d)	**7.** (a)	**8.** (d)	**9.** (d)	**10.** (d)
11. (c)	**12.** (c)	**13.** (d)	**14.** (d)	**15.** (d)	**16.** (b)	**17.** (b)	**18.** (d)	**19.** (a)	**20.** (d)

सत्य/असत्य

1. सत्य **2.** सत्य **3.** असत्य **4.** असत्य **5.** सत्य

रिक्त स्थानों की पूर्ति

1. टेलीफोन कनेक्शन **2.** कम्प्यूटर **3.** निगरानी करना **4.** वेब क्लाइण्ट्स **5.** सब्जेक्ट

□□□

साइबर सिक्योरिटी
Cyber Security

परिचय Introduction

विगत् कुछ दशकों में सूचना प्रौद्योगिकी का अप्रत्याशित विकास हुआ है और इस क्षेत्र में सभी विकास बेहद तीव्र गति से हुए हैं। इसमें परोक्ष-अपरोक्ष रूप से इण्टरनेट की मुख्य भूमिका रही है। सूचना प्रौद्योगिकी के उन्नयन के साथ ही उसके दुरुपयोग की दिशा में भी कम प्रयास नहीं हुए हैं। सूचना प्रौद्योगिकी के दुरुपयोग को 'साइबर क्राइम' की संज्ञा दी गई है, इसके दुरुपयोग को नियन्त्रित करने के लिए शासन स्तर से प्रयास किए गए हैं, जिनको समग्र रूप से सूचना प्रौद्योगिकी अधिनियम के अन्तर्गत समायोजित किया गया है। इस अध्याय में हम सूचना प्रौद्योगिकी अधिनियम व उससे सम्बन्धित जन-जागरूकता के शासन स्तरीय प्रयासों का अध्ययन करेंगे।

13.1 इन्फॉर्मेशन सिक्योरिटी Information Security

इन्फॉर्मेशन सिक्योरिटी अनाधिकृत पहुँच (unauthorized access), उपयोग (uses), प्रकटीकरण (disclosure), विघटन (dissolution), संशोधन (modification), अवलोकन (observation), निरीक्षण और विनाश से सूचना की रक्षा करने की प्रक्रिया है। हमारे आधुनिक युग में सबसे अधिक सूचना कम्प्यूटर पर संग्रहित की जाती है।

- इन्फॉर्मेशन के प्रोटेक्शन (protection) और इसके महत्त्वपूर्ण (Important) तत्त्व, उस सिस्टम और हार्डवेयर को सम्मिलित करते हैं, जो इन्फॉर्मेशन को प्रयोग, स्टोर और ट्रांसमिट करता है।
- अवश्य टूल्स — पॉलिसी, जागरूकता, ट्रेनिंग, एजुकेशन, टेक्नोलॉजी।
- C.I.A. त्रिभुज गोपनीयता (confidentiality), अखण्डता (integrity) और उपलब्धता (availability) के आधार पर निर्भर करता है।
- C.I.A. त्रिभुज अब इन्फॉर्मेशन की महत्त्वपूर्ण विशेषताओं की लिस्ट को विस्तारित (expand) करता है।

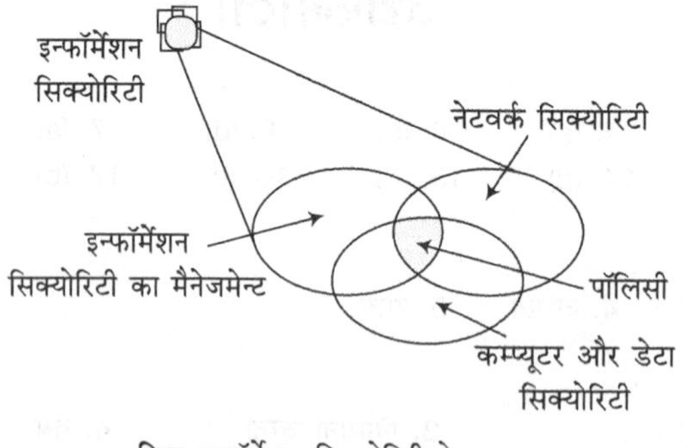

चित्र इन्फॉर्मेशन सिक्योरिटी के अवयव

सूचना सुरक्षा जागरूकता Information Security Awareness

साइबर सुरक्षा की महत्त्वपूर्ण भूमिका निरन्तर चलती रहेगी, लोगों में प्रारम्भ और बढ़ावा देने के लिए एवं विद्यमान जागरूकता और प्रयास उन तक पहुँचाने के लिए साइबर सुरक्षा जागरूकता की एक विशाल भूमिका रही है और आगे भी रहेगी। क्षेत्र या आकार का विचार किए बिना, प्रत्येक नागरिक, सभी स्तरों की सरकार, शिक्षा संस्थान और उद्योगों को सुरक्षित साइबरस्पेस को बढ़ावा/समर्थन देना चाहिए। समाधान में सम्मिलित प्रमुख स्टॉक होल्डर्स की सूची असीमित है और इसीलिए, समस्या का समाधान व्यवस्थित सार्वजनिक-निजी सहभागिता (collaboration) के परिणाम के रूप में सामने आएगा। सम्पूर्ण देश में जनसाधारण, शिक्षा संस्थान और निजी उद्योगों में साइबर सुरक्षा को बढ़ावा देने में उनकी भूमिका के प्रति एक राष्ट्रीय जागरूकता अभियान और एक रणनीति चलाने की आवश्यकता है।

पाठशाला के विद्यार्थी, शिक्षकगण और पाठशालाएँ तथा विद्यापीठ इन सबकी भूमिका को पहचानते हुए, उन सब तक साइबर सुरक्षा पहुँचाने के लिए एक रणनीति (strategy) बनाई गई है। साथ ही, हमें प्रत्येक समर्पित राज्य और स्थानीय जनसेवकों को, जिन्होंने राज्य और स्थानीय सरकारी एजेन्सियों में साइबर सुरक्षा जागरूकता को बढ़ावा देने का उत्तरदायित्व बाँटा है, उन्हें संगठित करना होगा।

प्रोजेक्ट का उद्देश्य एवं व्याप्ति Purpose and Coverage of Project

1. उद्योग, शैक्षिक क्षेत्रों और जनसाधारण के लिए व्यापक राष्ट्रीय जागरूकता अभियान की पहचान, संरचना, कार्यान्वयन और संयोजन करना।
2. जागरूकता अभियान चलाना। उदाहरण के लिए, कार्यशालाएँ।
3. साइबर सुरक्षा की तैयारी के लिए सुरक्षा मार्गदर्शक पुस्तकों का विकास करना।
4. साइबर सुरक्षा पर प्रिण्ट और इलेक्ट्रॉनिक मीडिया के माध्यम से एक राष्ट्रीय सेवा अभियान को समर्थन करना, प्रोत्साहन देना और प्रारम्भ करना।
5. गृह उपयोगकर्ता, विद्यार्थी और गृहिणियों के लिए एक ओपन सोर्स साइबर सुरक्षा टूल किट विकसित करना।
6. उपयुक्त साइबर सुरक्षा आचरण सम्बन्धी जागरूकता बढ़ाने के लिए विद्यार्थी और उच्च शिक्षा संस्थानों में सामग्री वितरण तथा विकास के लिए शैक्षिक समूह, पाठशाला बोर्ड्स, सुपरिटेन्डेन्ट्स, शिक्षकगण और महाविद्यालय एवं विद्यापीठों की सहभागिता करना।
7. अभ्यासक्रम के घटक के स्वरूप में साइबर सुरक्षा एवं नीतिशास्त्र पाठ्यक्रम उपलब्ध कराना और जागरूकता घटक की पहचान कराने के लिए अवसरों की खोज करना एवं वेब पोर्टल के माध्यम से कार्यान्वयन में सहायता करना।
8. सूचना सुरक्षा का उत्तम अभ्यास करना, विविध स्टॉक होल्डर्स की जागरूकता स्तर और सूचना सुरक्षा जागरूकता तक पहुँच (विशिष्ट मध्यवर्ती घटनाओं के साथ डिपस्टिक विश्लेषण/अभ्यास भौतिक उपलब्धियाँ) बनाए रखना।

13.2 सिक्योरिटी थ्रेट्स Security Threats

कम्प्यूटर सिक्योरिटी में थ्रेट एक ऐसा सम्भावित खतरा है, जो अतिसंवेदनशील सिक्योरिटी को भेदने के काम में लाया जाता है। अधिकतर संगठनों में इन्फॉर्मेशन एक ऐसी सम्पदा है जो कम्पनी को उस इन्फॉर्मेशन के उपयोग के द्वारा एक प्रतियोगात्मक लाभ प्रदान कराती है। इस इन्फॉर्मेशन को प्राप्त करने के लिए हमारे कम्प्यूटर, मोबाइल फोन इत्यादि में थ्रेट्स आते हैं, जिससे व्यापार की सामान्य प्रक्रिया में अड़चनें आती रहती हैं।

कम्प्यूटर अटैकर्स बहुत-से टूल्स, मैथड्स और टैक्नीक्स का प्रयोग कम्प्यूटर में स्टोर संवेदनशील सूचना को प्राप्त करने, व्यापार की प्रक्रिया में अड़चन डालने इत्यादि के लिए करते हैं। इस प्रकार की अड़चनों से बचने के लिए, ताकि व्यापार की सामान्य प्रक्रिया में अड़चन न आए और अपनी संवेदनशील इन्फॉर्मेशन को सुरक्षित रखने के लिए कम्प्यूटर सिक्योरिटी आवश्यक है। कम्प्यूटर सिक्योरिटी का उद्देश्य सरलता से उपलब्ध इन्फॉर्मेशन को सिक्योरिटी प्रदान करना है।

कॉमन इन्फॉर्मेशन सिक्योरिटी थ्रेट्स Common Information Security Threats

अपनी संवेदनशील सूचना को सुरक्षित रखने के लिए हमें कुछ प्रमुख इन्फॉर्मेशन सिक्योरिटी थ्रेट्स और उनसे बचने के उपायों के प्रति जागरूकता बनाए रखनी चाहिए। इस टॉपिक में 12 अलग-अलग प्रकार के इन्फॉर्मेशन सिक्योरिटी थ्रेट्स के विषय में सूचना दी गई है, जोकि सामान्यतः आते रहते हैं। कॉमन इन्फॉर्मेशन सिक्योरिटी थ्रेट्स इस प्रकार हैं—

अनाधिकृत प्रवेश Unauthorised Access

इसमें किसी संवेदनशील सूचना का उसके स्वामी की अनुमति के बिना ही सफलतापूर्वक प्रयोग कर लिया जाता है।

संवेदनशील सूचना को सुरक्षित रखने के उपाय निम्नलिखित हैं—

- हमें अपने कम्प्यूटर में लगी फायरवॉल को उचित तरीके से कॉन्फ़िगर करना चाहिए।
- सिस्टम में अप-टू-डेट मालवेयर प्रिवेन्शन सॉफ्टवेयर (prevention software) इन्स्टॉल होने चाहिए।
- सभी संवेदनशील सूचना को पासवर्ड, इन्क्रिप्शन और उचित कोडिंग माध्यम द्वारा सुरक्षित रखना चाहिए।

साइबर जासूसी Cyber Espionage

कम्प्यूटर के माध्यम से किसी कम्पनी या सरकारी नेटवर्क की 'हैकिंग' का कार्य तथा संवेदनशील सूचना को गुप्त रूप से देखना ही साइबर जासूसी कहलाता है। साइबर जासूसी से बचने के लिए निम्न उपाय करने चाहिए—

- सिस्टम में अप-टू-डेट सिक्योरिटी सॉफ्टवेयर इन्स्टॉल होने चाहिए।
- नेटवर्क सुरक्षित रहना चाहिए तथा असामान्य नेटवर्क व्यवहार पर सिक्योरिटी रखनी चाहिए।

मालवेयर Malware

मालवेयर, मेलिसियस सॉफ्टवेयर (malicious software) का संक्षिप्त रूप है। यह एक मेलिसियस सॉफ्टवेयर की श्रेणी है जिसमें वायरस, वॉर्म और ट्रोजन को इसके अन्तर्गत सम्मिलित किया गया है। मालवेयर से कम्प्यूटर को सुरक्षित रखने के लिए निम्न उपाय करने चाहिए—

- अनजान व्यक्ति द्वारा भेजे गए ई-मेल में प्राप्त किसी लिंक या फाइल को नहीं खोलना चाहिए।
- सिस्टम में अप-टू-डेट मालवेयर प्रिवेन्शन सॉफ्टवेयर इन्स्टॉल होना चाहिए।

डेटा लीकेज Data Leakage

किसी संवेदनशील सूचना या व्यक्तिगत सूचना का किसी दुर्घटना के द्वारा या जान-बूझकर प्रदर्शन करना, डेटा लीकेज के अन्तर्गत आता है। डेटा को सुरक्षित रखने का उपाय निम्न है—

- संवेदनशील सूचना को कूटबद्ध करके रिमूवेबल स्टोरेज मीडिया में स्टोर करके सुरक्षित रखना चाहिए।

मोबाइल डिवाइस अटैक Mobile Device Attack

किसी मोबाइल डिवाइस या उसमें स्टोर संवेदनशील सूचना को कोलिसियस अटैक के द्वारा या अनाधिकृत रूप से एक्सेस करना ही मोबाइल डिवाइस अटैक है। इसके अन्तर्गत मोबाइल, टैबलेट इत्यादि हाथ से पकड़ने वाले डिवाइस पर होने वाले अटैक आते हैं। मोबाइल डिवाइस पर होने वाले अटैक से बचने का मुख्य उपाय निम्न है—

- हमें अपना हैण्डहेल्ड डिवाइस अपने साथ रखना चाहिए तथा उसमें उपस्थित सूचना को गोपनीय रखना चाहिए।

सोशल इंजीनियरिंग Social Engineering

सोशल इंजीनियरिंग एक ऐसा नॉन-टैक्निकल तरीका है, जो हैकर के द्वारा संवेदनशील सूचना को प्राप्त करने के लिए उपयोग में लाया जाता है। इसमें हैकर मानसिक रूप से व्यक्ति को मैनिपुलेट करके संवेदनशील सूचना को प्राप्त कर लेता है। इससे बचने के उपाय निम्न हैं—

- संवेदनशील सूचना को देने से पहले हमें दी गई रिक्वेस्ट को वैरिफाई कर लेना चाहिए।
- संवेदनशील सूचना को सुरक्षित रखने के लिए उपयोग किए गए पासवर्ड को, किसी अन्य के साथ शेयर नहीं करना चाहिए।

इन्साइडर्स Insiders

कम्पनी के ऐसे मजदूर या कर्मचारी, जो कम्पनी की संवेदनशील सूचना को चुराने की इच्छा रखते हों, इन्साइडर्स की श्रेणी के अन्तर्गत आते हैं। इनसे बचने के उपाय निम्न हैं—

- संदिग्ध वर्कर्स या कर्मचारियों की एक्टिविटी की रिपोर्ट पर नजर रखनी चाहिए।
- सूचना उन्हीं वर्कर्स या कर्मचारियों को देखने की अनुमति होनी चाहिए, जिन्हें उसकी आवश्यकता है। अन्य के लिए, इस प्रकार की सूचना बाधित होनी चाहिए।

फिशिंग Phishing

संवेदनशील सूचना; जैसे— यूज़रनेम, पासवर्ड, क्रेडिट कार्ड की डिटेल इत्यादि को प्राप्त करना फिशिंग के अन्तर्गत आता है।

इससे बचने के उपाय निम्न हैं—

- किसी अनजाने व्यक्ति के द्वारा भेजे गए मेल में माँगी गई संवेदनशील सूचना वाले मेल को नहीं खोलना चाहिए।

स्पैम Spam

वे सभी अनचाही ई-मेल जो प्रचार व मार्किटिंग के उद्देश्य से बहुत बड़ी मात्रा में इण्टरनेट यूज़र को भेजी जाती हैं, स्पैम कहलाती हैं। ऐसा व्यक्ति जो बड़ी मात्रा में अवांछित ई-मेल संदेश भेजता है, स्पैमर कहलाता है।

स्पैम से बचने के लिए निम्न उपाय करने चाहिए—

- अनजाने व्यक्ति को ई-मेल नहीं देना चाहिए।
- स्पैम फिल्टर का उपयोग करना चाहिए।
- स्पैम ई-मेल का Reply नहीं करना चाहिए।
- स्पैम ई-मेल से सम्बन्धित लिंक पर Click नहीं करना चाहिए।

डिनाइल ऑफ सर्विस Denial of Service

इसके द्वारा ऑथोराइज़ यूज़र (authorize user) अपने सिस्टम में स्टोर डेटा को एक्सेस नहीं कर पाता है।

इससे बचने के कुछ उपाय निम्न प्रकार हैं—

- लॉग रिव्यू के द्वारा नेटवर्क को मॉनीटर करते रहना चाहिए।
- सभी नेटवर्क को सिक्योरिटी कॉन्फ़िगर करना चाहिए।

आइडेन्टिटी थेफ्ट Identity Theft

अपराध करने के उद्देश्य से किसी व्यक्ति की निजी इन्फॉर्मेशन को, उस व्यक्ति को बिना बताए, अपने लाभ के लिए उपयोग करना आइडेन्टिटी थेफ्ट के अन्तर्गत आता है। इससे बचने के उपाय निम्न हैं—

- अपनी व्यक्तिगत सूचना किसी अन्य वेबसाइट या फिर किसी अविश्वसनीय व्यक्ति को नहीं देनी चाहिए।
- जब हमें अपनी व्यक्तिगत सूचना की आवश्यकता नहीं होती है, तो हमें यह सुनिश्चित कर लेना चाहिए कि हमारी इन्फॉर्मेशन सुरक्षित स्टोर है।

13.3 सिक्योरिटी भेद्यता Security Vulnerabilities

अन्य प्रतिस्पर्धी या अटैकर सिस्टम की सिक्योरिटी को भंग करके उसके डेटा में भेद्यता लाने के लिए विभिन्न प्रकार के मैथड का प्रयोग करता है। सिक्योरिटी में भेद्यता एक कमजोर कड़ी की भाँति होती है, जो अटैकर को यह अनुमति देती है कि वह सिस्टम की सूचना में परिवर्तन कर सके। भेद्यता के तीन प्रतिच्छेदन (intersection) तत्त्व हैं—

1. एक संवेदनशीलता प्रणाली या त्रुटि
2. त्रुटि के लिए अटैकर का प्रवेश
3. त्रुटि का उपयोग करने के लिए अटैकर की क्षमता

सिक्योरिटी भेद्यता के कुछ उदाहरण इस प्रकार हैं—

- यूज़र द्वारा इनपुट किए डेटा में इनपुट वेलिडेशन का अभाव
- पर्याप्त लॉगिंग तन्त्र की कमी
- प्रोटोकॉल का अभाव
- डिज़ाइन में त्रुटि आना
- एरर हैण्डलिंग का फेल हो जाना
- डेटाबेस कनेक्टिविटी ठीक से बन्द न होना

13.4 पासवर्ड सिस्टम Password System

पासवर्ड (password) एक शब्द (word) अथवा कैरेक्टर्स की शृंखला (string of characters) है, जिसका प्रयोग किसी संसाधन (resource) तक पहुँचने हेतु अनुमोदन प्राप्त करने अथवा अपनी पहचान सिद्ध करने के लिए यूज़र के प्रमाणीकरण (authentication) के लिए किया जाता है और इसे उन सभी से गुप्त रखा जाना चाहिए, जो इसके अधिकृत नहीं हैं और न ही उनके पास इसके लिए अनुमति है।

पासवर्ड का प्रयोग अत्यन्त प्राचीन माना जाता है। प्राचीनकाल में किसी सुरक्षित क्षेत्र में प्रविष्ट करने से पूर्व सन्तरी (guard) द्वारा पूछे जाने पर प्रवेश करने वाले व्यक्ति को एक पासवर्ड या वॉचवर्ड (watchword) बोलना पड़ता था, जिसके सही होने पर ही सन्तरी व्यक्ति को उस क्षेत्र में प्रविष्ट होने देता था।

आधुनिक समय में यूज़रनेम्स (usernames) और पासवर्ड्स का उपयोग लोगों द्वारा लॉगइन प्रोसेस (login process), जोकि संरक्षित (protected) कम्प्यूटर ऑपरेटिंग सिस्टम, मोबाइल फोन्स, केबल टीवी, डिकोडर्स, ऑटोमेटिड टैलर मशीन्स (automated teller machines-ATMs) आदि के एक्सेस (access) को नियन्त्रित करने के लिए सामान्यत: किया जाता है। एक विशिष्ट कंम्प्यूटर यूज़र (typical computer user) के पास विभिन्न उद्देश्यों के लिए पासवर्ड्स होते हैं; जैसे— अकाउण्ट्स में लॉगइन होना, ई-मेल प्राप्त करना एप्लीकेशन्स डेटाबेसिज़, नेटवर्क्स, वेबसाइट्स को एक्सेस करना और यहाँ तक कि सुबह-सुबह ऑनलाइन समाचार पत्र को पढ़ने के लिए भी।

किसी ओनर (owner) को याद रखने में सरल पासवर्ड का अर्थ है कि किसी हमलावर को इसका अनुमान लगाना भी सरल होगा। हालाँकि जो पासवर्ड याद रखने में कठिन होते हैं, वो भी सिस्टम की सुरक्षा को कम करते हैं, क्योंकि

- यूज़र्स को पासवर्ड लिखकर अथवा इलेक्ट्रॉनिक रूप से स्टोर करके रखना होगा।
- यूज़र्स को लगातार पासवर्ड को रिसैट (reset) करना होगा।
- यूज़र्स द्वारा एक की-पासवर्ड का फिर से प्रयोग करने की सम्भावना रहेगी।

इसी प्रकार पासवर्ड को स्ट्रॉन्ग बनाने के लिए अधिक कठोर पासवर्ड की आवश्यकताएँ होती हैं; जैसे— पासवर्ड में अपरकेस (uppercase) और लोअरकेस (lowercase), अक्षरों (letters) तथा अंकों (digits) का प्रयोग अथवा पासवर्ड (password) को मासिक रूप से परिवर्तित करना है। विविध कैरेक्टर्स (characters) के साथ बड़े पासवर्ड्स (long passwords), छोटे पासवर्ड्स (small passwords) की अपेक्षा अधिक सुरक्षा प्रदान करते हैं।

किसी एक वाक्यांश; जैसे— This year I go to Delhi on Tuesday 16 September, शब्दों के पहले कैरेक्टर्स (characters) को पासवर्ड के रूप में प्रयोग किया जा सकता है। उपरोक्त वाक्यांश के अनुरूप पासवर्ड tyIgtDoT1S होगा। यूज़र (user) के लिए वाक्यांश को याद रखना सरल होगा और किसी अन्य को इसका अनुमान लगना अत्यन्त कठिन होगा। ऐसा करना पासवर्ड को अधिक शक्तिशाली और सुरक्षित बनाता है।

13.5 साइबर सिक्योरिटी में रिस्क मैनेजमेन्ट का रोल The Role of Risk Management in Cyber Security

रिस्क (risk), इन्फॉर्मेशन टेक्नोलॉजी और बिज़नेस का स्वाभाविक भाग है। यह प्रभावकारी रूप से साइबर सिक्योरिटी के रिस्क को मैनेज करती है। किसी भी बड़े ऑर्गेनाइज़ेशन में एक उभयनिष्ठ टर्म रिस्क (term risk) मैनेजमेन्ट होता है। रिस्क मैनेजमेन्ट शीर्ष (vertical) के Role से

विकसित होता है, जो अलग से ऊर्ध्वाधर कार्यों में बहुत अधिक संगठनात्मक कार्यकारी को बाँटता है, जिसमें प्रोफेशनल की सीरीज़ प्रायः सम्पूर्ण व्यवसाय को समर्पित करती है, लेकिन रिस्क मैनेजमेन्ट सही में क्या है? IT रिस्क मैनेजमेन्ट क्या है? रिस्क मैनेजमेन्ट फ्रेमवर्क क्या है? रिस्क मैनेजमेन्ट एक कठिन बिज़नेस अनुशासन है, यह सही प्रकार से कम्युनिकेट होने पर निश्चित करता है कि बिज़नेस लाभकारी विकास के लिए रणनीति प्राप्त करने के लिए एक कार्यकारी भाषा को जारी रखें। रिस्क मैनेजमेन्ट यह जानने का प्रोसेस है कि तुम्हारी कम्पनी को नकारात्मक तरीके से सम्भवत: क्या फर्क पड़ता है और प्रत्येक सम्भव आशंका के लिए क्या कार्य योजना है?

रिस्क मैनेजमेन्ट का उद्देश्य दो भाग में होता है। सबसे बुरे के लिए तैयार हो जाइए और सबसे अच्छा निर्णय लेने के लिए लीडर्स (leaders) की सहायता करें। IT रिस्क मैनेजमेन्ट एण्टरप्राइज़ वाइड रिस्क मैनेजमेन्ट (enterprise wide risk management) कार्यनीति के लिए सबसेट है। रिस्क मैनेजमेन्ट दृष्टिकोण का यह भाग IT के सम्बन्ध में इन्फॉरमेशन सिक्योरिटी नीतियों और गतिविधियों को रिस्क मैनेजमेन्ट सिद्धान्त के साथ संयोग करता है। यह एक लाइफ चक्र का परिणाम है, जो IT रिस्क मैनेजमेन्ट फ्रेमवर्क कहलाता है।

प्रत्येक ऑर्गेनाइज़ेशन IT रिस्क मैनेजमेन्ट के सम्बन्ध में अपना दृष्टिकोण प्रकट करता है। फिर भी सारे IT रिस्क मैनेजमेन्ट फ्रेमवर्क कुछ बेसिक विशेषता को बाँटते हैं।

उदाहरण, IT रिस्क मैनेजमेन्ट फ्रेमवर्क स्टेप-बाइ-स्टेप प्रोसेस की देखभाल करता है या वर्कफलों (workflow) और निम्न पर केन्द्रित करता है

- Threats को पहचानना
- प्रत्येक threat की सम्भवत: और दृढ़ता का मानचित्र दर्शाना
- प्रत्येक threat के प्रभाव को निर्धारित करना
- प्रमाण के कण्ट्रोल को कार्यान्वित करना

13.6 डायरेक्टरी सर्विस Directory Service

नेटवर्क सर्विस, नेटवर्क पर सारे रिसोर्सिज़ (resources) की पहचान करता है और यह यूज़र्स और एप्लीकेशन को सुलभ बनाता है। रिसोर्सिज़ ई-मेल एड्रेसिस (addresses), कम्प्यूटर्स और पेरिफेरल डिवाइसिज़ जैसे कि प्रिण्टर्स को सम्मिलित करता है। आदर्श रूप में, डायरेक्ट्री सर्विस फिजिकल नेटवर्क टोपोलॉजी (physical network topology) और प्रोटोकॉल्स को पारदर्शी बनाता है, इसलिए नेटवर्क पर यूज़र बिना जाने कि कहाँ या कैसे यह फिज़िकली जुड़ा हुआ है, किसी भी रिसोर्स को एक्सेस करता है। यहाँ कुछ डायरेक्ट्री सर्विसिज़ हैं, जो विस्तारपूर्वक प्रयोग की जाती हैं। इनमें से दो अधिक महत्त्वपूर्ण हैं— पहली LDAP, जो ई-मेल एड्रेसिस के लिए प्रयोग की जाती है और नेटवर्क डायरेक्ट्री सर्विस (NDS) जो Novel Netware Networks पर प्रयोग की जाती है। वास्तव में सारी डायरेक्ट्रीज़ सर्विसिज़ X.500 ITU Standard पर निर्भर करती हैं जोकि बहुत बड़ा और कठिन है।

13.7 एक्सेस कण्ट्रोल Access Control

एक्सेस कण्ट्रोल एक विशेष प्रकार की क्रियाविधि है, जिसके द्वारा सिस्टम कुछ डेटा को एक्सेस करने के अधिकार को स्वीकृति देता है या खण्डन कर देता है, या कुछ क्रिया का पालन करता है। एक्सेस कण्ट्रोल डेटाबेस को यूज़र की ID की तुलना करने के लिए बना सकता है। एक्सेस कण्ट्रोल सिस्टम निम्न को सम्मिलित करता है—

- फाइल की आज्ञा को, जैसे कि फाइल सर्वर पर क्रिएट, पढ़ना, एडिट या डिलीट करना आदि।
- प्रोग्राम की आज्ञा को, जैसे कि एप्लीकेशन सर्वर पर प्रोग्राम को एक्ज़िक्यूट करने का अधिकार।
- डेटा को एक्सेस करने का अधिकार देना, जैसे कि डेटाबेस में इन्फॉर्मेशन को अपडेट या पुन: प्राप्त करने का अधिकार देना।
- बहुत अधिक कण्ट्रोल्स के द्वारा अकाउण्ट के एक्सेस को कार्यान्वित कर सकते हैं।

(i) मेन्डेटरी एक्सेस कण्ट्रोल Mandatory Access Control, MAC

MAC में, यूज़र्स के पास यह बताने की स्वतन्त्रता नहीं होती कि इनकी फाइल्स को कौन एक्सेस करेगा। **उदाहरण,** यूज़र्स की सिक्योरिटी की रुकावट को हटाना और डेटा का वर्गीकरण, विश्वास के लेवल को बताने के लिए सिक्योरिटी लेवल्स की तरह प्रयोग किए जाते हैं।

(ii) डिस्क्रेशनरी एक्सेस कण्ट्रोल Discretionary Access Control, DAC

DAC में, डेटा का स्वामी बताता है कि कौन विशिष्ट रिसोर्सिज़ को एक्सेस करेगा। **उदाहरण**, सिस्टम एडमिनिस्ट्रेटर फाइल्स की Hierarchy को क्रिएट कर सकता है, जो एक्सेस के लिए निश्चित आदेश (order) पर निर्भर करता है।

(iii) रोल बेस्ड एक्सेस कण्ट्रोल Role Based Access Control, RBAC

RBAC एक्सेस को आज्ञा देता है, जो जॉब टाइटल पर निर्भर करता है। **उदाहरण**, नेटवर्क अकाउण्ट्स को क्रिएट करने के लिए मानव संसाधन विशेषज्ञ (human resources specialist) के पास अनुमति होती है, यह टास्क नेटवर्क एडमिनिस्ट्रेटर के लिए आरक्षित (reserved) होता है।

(iv) **रूल बेस्ड एक्सेस कण्ट्रोल** Rule Based Access Control, RBAC

रूल बेस्ड एक्सेस कण्ट्रोल यूज़र द्वारा एक-या-एक से अधिक सिस्टम को एक्सेस करने की रणनीति है, जहाँ एक्सेस कण्ट्रोल पर कुछ नियम लागू किए जाते हैं।

उदाहरण, केवल विद्यार्थियों को दिन के निश्चित समय के मध्य में लैब्स (labs) का प्रयोग करने की आज्ञा दी जाती है।

(v) **आइडेन्टिटी बेस्ड एक्सेस कण्ट्रोल** Identity Based Access Control, IBAC

IBAC एक ऐसा एक्सेस कण्ट्रोल है जो यूज़र की पहचान Identity पर आधारित होता है।

(vi) **ऑर्गेनाइज़ेशन बेस्ड एक्सेस कण्ट्रोल** Organisation Based Access Control, Or BAC

OrBAC मॉडल पॉलिसी डिज़ाइनर को कार्य करने (implementation) की स्वतन्त्रता के साथ सुरक्षा की नीतियों को निर्धारित करने की आज्ञा देता है।

(vii) **रेस्पॉन्सिबिलिटी बेस्ड एक्सेस कण्ट्रोल** Responsibility Based Access Control

यह किसी डॉक्टर या बिज़नेस को असाइन (assign) की गई जिम्मेदारी पर निर्भर करता है।

(viii) **एट्रिब्यूट बेस्ड एक्सेस कण्ट्रोल** Attribute Based Access Control, ABAC

एक नया एक्सेस कण्ट्रोल जहाँ नीतियों (policies) के प्रयोग के द्वारा एक्सेस करने का अधिकार यूज़र्स को स्वीकृत होता है, जो एट्रिब्यूट को एक साथ जोड़ता है।

13.8 सॉफ्टवेयर डेवलपमेण्ट सिक्योरिटी Software Development Security

सॉफ्टवेयर डेवलपमेण्ट सिक्योरिटी के अन्तर्गत पाँच चरण होते हैं–

1. आवश्यक विश्लेषण तथा विशेष चरण
2. डिज़ाइन फेज़
3. कोडिंग फेज़
4. इण्टिग्रेशन और सिस्टम टेस्टिंग
5. ऑपरेशन और अनुरक्षण

सॉफ्टवेयर डेवलपमेण्ट सिक्योरिटी में सभी चरण उपरोक्त क्रम में होते हैं तथा कभी ओवरलैप नहीं होते हैं। एक डेवलपर अगले चरण को करने से पहले प्रत्येक चरण को पहले पूरा करता है। इस मॉडल का नाम वाटरफॉल मॉडल होता है, क्योंकि इसकी आकृति किसी झरने के रूप में दिखाई देती है।

आवश्यक विश्लेषण तथा विशेष चरण Required Analysis and Specification Phase

इस फेज़ का सबसे महत्त्वपूर्ण उद्देश्य ग्राहक (customer) की आवश्यकताओं को समझना होता है। आवश्यकताओं में इसका वर्णन किया जाता है कि एक प्रणाली क्या है, न कि ये कैसे कार्य करती है? यह फेज़ एक बड़े डॉक्यूमेण्ट को दर्शाता है कि एक सिस्टम में क्या-क्या आवश्यकताएँ होनी चाहिए, न कि कैसे करना है? एक परिणामी डॉक्यूमेण्ट सॉफ्टवेयर रिक्वायरमेण्ट स्पेसिफिकेशन (software requirement specification) के नाम से जाना जाता है।

डिज़ाइन फेज़ Design Phase

इस डिज़ाइन फेज़ का मुख्य उद्देश्य आवश्कताओं को परिवर्तित करना है, इसमें सम्पूर्ण आर्किटेक्चर को उच्च स्तर पर परिभाषित किया जाता है तथा उन्हें डिज़ाइन के रूप में दर्शाया जाता है, इसे कार्य के डॉक्यूमेण्ट के रूप में जाना जाता है तथा इसे सॉफ्टवेयर डिज़ाइन डिस्क्रिप्शन (Software Design Description-SDD) भी कहते हैं।

कोडिंग फेज़ Coding Phase

इस चरण में डिज़ाइन किए गए मॉड्युलर डॉक्यूमेण्ट को कोडिंग में परिवर्तित किया जाता है, टेस्टिंग के समय छोटे मॉड्युलर को अलग-अलग टेस्ट किया जाता है।

इण्टिग्रेशन और सिस्टम टेस्टिंग Integration and System Testing

यूनिट के रूप में टेस्टिंग का मुख्य उद्देश्य, मॉड्युलर को सही ढंग से कार्यान्वित करना होता है। अलग-अलग भागों की यूनिट के रूप में टेस्टिंग करने से उन्हें पुन: निर्माण का समय मिल जाता है। पूरे सिस्टम की टेस्टिंग एक साथ करना सॉफ्टवेयर प्रणाली का एक हिस्सा है।

ऑपरेशन और अनुरक्षण Operation and Maintenance

किसी सॉफ्टवेयर का निर्माण करना, उसके उल्लिखित चरणों में से एक है।

13.9 प्राइवेसी प्रोटेक्शन Privacy Protection

प्राइवेसी प्रोटेक्शन डोमेन नेम ओनर्स (owners) के लिए WHOIS प्राइवेसी सर्विस है, जो हम अपने पार्टनर्स (partners) के द्वारा प्राप्त करते हैं। जब डोमेन नेम खरीदते हैं, तब आप सही सूचना (contact) इन्फॉर्मेशन प्रदान करें अन्यथा यह रजिस्ट्रेशन समझौते (registration agreement) का उल्लंघन भी कर सकता है। यह इन्फॉर्मेशन हर किसी को सार्वजनिक रूप से उपलब्ध (publically available) कराई जाती है, वैसे ही पब्लिक WHOIS डेटाबेस ICANN, डोमेन नेम के लिए International Governing Body Required होती है।

इसलिए कॉन्टैक्ट इन्फॉर्मेशन पब्लिक होनी चाहिए, प्राइवेसी प्रोटेक्शन यह निश्चित करता है कि आपकी प्राइवेट इन्फॉर्मेशन आपकी सारी Publically Visible Contact डिटेल्स, कॉन्टैक्ट इन्फॉर्मेशन के साथ पब्लिश्ड नहीं होगी।

कार्य प्रणाली Working Method

जब आप डोमेन नेम पर प्राइवेसी प्रोटेक्शन को Enable करते हैं, तब आपकी सारी ऑल्टरनेट कॉन्टैक्ट इन्फॉर्मेशन Publically visible contact details के साथ, परिवर्तित (replace) कर दी जाती है इसलिए कि जब डोमेन पर WHOIS क्वेरी लागू होगी, ऑल्टरनेट mailing address, ई-मेल एड्रेस और फोन नम्बर प्रदर्शित होगा। आप डोमेन के पूर्ण स्वामित्व (full ownership) को धारण करेंगे और आपके पास इसका पूरा कण्ट्रोल होगा।

13.10 इन्फॉर्मेशन टेक्नोलॉजी ऑडिट Information Technology Audit

इन्फॉर्मेशन टेक्नोलॉजी ऑडिट या इन्फॉर्मेशन सिस्टम ऑडिट, इन्फॉर्मेशन टेक्नोलॉजी इन्फ्रास्ट्रक्चर के साथ में मैनेजमेन्ट को कण्ट्रोल करने का कार्य करता है। प्राप्त प्रमाण (evidence) या विकास (evaluation), इन्फॉर्मेशन सिस्टम सम्पत्ति की रक्षा करता है, डेटा इण्टिग्रिटी को बनाए रखता है और यह ऑर्गेनाइज़ेशन (organisation) के लक्ष्य या उद्देश्य को प्राप्त करने के लिए प्रभावकारी कार्य करता है।

IT ऑडिट्स "Automated Data Processing-ADP" और कम्प्यूटर ऑडिट भी कहलाता है। इससे पहले ये इलेक्ट्रॉनिक डेटा प्रोसेसिंग कहलाते हैं। IT ऑडिट किसी ऑर्गेनाइज़ेशन इन्फॉर्मेशन टेक्नोलॉजी इन्फ्रास्ट्रक्चर, नीतियों और संचालन की एक परीक्षा तथा मूल्यांकन है।

13.11 कम्प्यूटर सिक्योरिटी Computer Security

कम्प्यूटर सिक्योरिटी, Cyber Safety या IT सिक्योरिटी कहलाती है, ये सिक्योरिटी कम्प्यूटिंग डिवाइसज़ को प्राप्त होती है, जैसे कि कम्प्यूटर्स और स्मार्टफोन को कम्प्यूटर नेटवर्क्स जैसे कि प्राइवेट और पब्लिक नेटवर्क प्राप्त हो जो पूरे इण्टरनेट को सम्मिलित करता है। फील्ड सारे प्रोसेस और क्रियाविधि (mechanism) को सम्मिलित करता है, जिसके द्वारा डिजिटल उपकरण, इन्फॉर्मेशन और सर्विसिज़ को अनाधिकृत एक्सेस, अनाधिकृत इच्छा या परिवर्तन या विनाश से प्रोटेक्ट करता है और अधिकतर समाज में कम्प्यूटर सिस्टम के भरोसे को बढ़ाने के लिए महत्त्व बढ़ रहा (growing importance) है। यह Physical सिक्योरिटी को भी सम्मिलित करता है, जो उपकरण की चोरी को रोकता है और इन्फॉर्मेशन सिक्योरिटी, उस उपकरण पर डेटा को प्रोटेक्ट करता है।

13.12 सूचना प्रौद्योगिकी Information Technology

सूचना प्रौद्योगिकी या आईटी, प्राय: व्यावसायिक या प्रौद्योगिकी सन्दर्भ में डेटा स्टोर, रिट्रीव, ट्रांसमिट तथा मैनिपुलेट करने हेतु कम्प्यूटरों तथा टेलीकम्युनिकेशन उपकरणों का एक एप्लीकेशन है। हालाँकि यह कम्प्यूटर तथा कम्प्यूटर नेटवर्क के समानार्थी के रूप में प्रयुक्त किया जाता है, किन्तु इसके अन्तर्गत अन्य सूचना विवरण तकनीक; जैसे— टी.वी., टेलीफोन आदि भी आते हैं। आईटी के साथ अनेक उद्योग जुड़े हैं; जैसे—कम्प्यूटर सॉफ्टवेयर, हार्डवेयर, इलेक्ट्रॉनिक्स, सेमीकन्डक्टर्स, इण्टरनेट, टेलिकॉम उपकरण, ई-कॉमर्स तथा कम्प्यूटर सेवाएँ।

सूचना प्रौद्योगिकी वह तकनीक है, जिसके जरिए तीव्रतापूर्वक, त्रुटिमुक्त तथा उचित रास्ते से सूचना प्रोसेस, संचारित, दिखाई तथा रिट्रीव की जाती है। सूचना प्रौद्योगिकी वह तकनीक है, जिसमें टेलीकम्युनिकेशन तथा कम्प्यूटर तकनीक, सूचना प्रदान करने हेतु एक साथ कार्य करती हैं।

आज प्रतिदिन, एक नई तकनीक तथा आविष्कार सूचना के क्षेत्र में जन्म लेता है। शायद ही कोई क्षेत्र है जो सूचना प्रौद्योगिकी से अछूता है। इस कारण 'दूरी' शब्द आज अस्तित्वहीन हो गया है। कोई भी सूचना कुछ ही सेकण्डों में लोगों तक पहुँचाई जा सकती है, वह भी डेटा खोए बिना उचित तथा प्रभावी तरीके से। सूचना प्रौद्योगिकी आँकड़ों की प्राप्ति, सूचना संग्रह, सुरक्षा, परिवर्तन, आदान-प्रदान, अध्ययन, डिज़ाइन आदि कार्यों तथा इन कार्यों के निष्पादन के लिए आवश्यक कम्प्यूटर हार्डवेयर एवं सॉफ्टवेयर अनुप्रयोगों से सम्बन्धित है। सूचना प्रौद्योगिकी कम्प्यूटर पर आधारित सूचना-प्रणाली का आधार है। सूचना प्रौद्योगिकी, वर्तमान समय में वाणिज्य और व्यापार का अभिन्न अंग बन गई है। संचार क्रान्ति के फलस्वरूप, अब इलेक्ट्रॉनिक संचार को सूचना प्रौद्योगिकी का एक प्रमुख घटक माना जाने लगा है और उसे **सूचना एवं संचार प्रौद्योगिकी** (Information and Communication Technology-ICT) भी कहा जाता है। एक उद्योग के तौर पर यह एक उभरता हुआ क्षेत्र है।

कारक Factors

- **अर्द्धचालक प्रौद्योगिकी** इण्टिग्रेट परिपथों का लघुकरण, कम्प्यूटिंग शक्ति में वृद्धि, उन्नत क्षमता युक्त एकीकृत परिपथों का विकास।
- **सूचना भण्डारण** भण्डारण क्षमता में अत्यधिक वृद्धि हुई है।
- **नेटवर्किंग** प्रकाशीय तन्तुओं (ऑप्टिकल फाइबर) का तकनीकी में अत्यधिक विकास होने के कारण नेटवर्किंग सस्ती, तेज और सरल हो गई है।
- **सॉफ्टवेयर तकनीकी** नित नए-नए और उपयोगी सॉफ्टवेयरों के आने से सूचना प्रौद्योगिकी और अधिक उपयोगी बन गई है।

सूचना प्रौद्योगिकी का महत्त्व Importance of Information Technology

- सूचना प्रौद्योगिकी सेवा अर्थतन्त्र (service economy) का आधार है।
- पिछड़े देशों के सामाजिक और आर्थिक विकास के लिए सूचना प्रौद्योगिकी एक सम्यक तकनीकी (Appropriate Technology) है।
- गरीब जनता को सूचना-सम्पन्न बनाकर ही निर्धनता का उन्मूलन किया जा सकता है।
- सूचना-सम्पन्नता से सशक्तिकरण (Empowerment) होता है।
- सूचना तकनीकी, प्रशासन और सरकार में पारदर्शिता लाती है, इससे भ्रष्टाचार को कम करने में सहायता मिलती है।
- सूचना तकनीक का प्रयोग नीति निर्धारण तथा निर्णय लेने में होता है।
- यह नए रोजगारों का सृजन करती है।

सूचना प्रौद्योगिकी अधिनियम, 2000 Information Technology Act, 2000

यह अधिनियम इलेक्ट्रॉनिक डेटा इण्टरचेंज और इलेक्ट्रॉनिक संचार के अन्य साधनों के माध्यम से सामान्यतया इलेक्ट्रॉनिक कॉमर्स के रूप में सन्दर्भित किए जाते हैं, जिसमें संचार की कागज़ आधारित विधियों के विकल्प निहित हैं।

शासकीय एजेन्सियों के साथ दस्तावेजों की इलेक्ट्रॉनिक फाइलिंग और फिर भारतीय दण्ड संहिता, भारतीय साक्ष्य अधिनियम, 1872 बैंकर्स बुक्स साक्ष्य अधिनियम, 1891 और भारतीय रिज़र्व बैंक अधिनियम, 1934 और आकस्मिक सम्बन्धित मामलों में संशोधन के लिए पारित किए गए। परन्तु 30 जनवरी, 1997 को संयुक्त राष्ट्र की आम सभा ने संकल्प A/RES/51/162 से इलेक्ट्रॉनिक कॉमर्स पर मॉडल कानून को अपनाया, जिसे अन्तर्राष्ट्रीय व्यापार कानून द्वारा भी अपनाया गया है।

अधिनियम में व्यवस्थाएँ Provisions in Act

सूचना प्रौद्योगिकी एक्ट, भारतीय साइबर संविधान से सम्बन्धित महत्त्वपूर्ण कानूनों में से एक है, जो वर्ष 2000 में भारतीय संसद द्वारा पारित किया गया। इण्टरनेट की सहायता से व्यापार के विकास के लिए यह अधिनियम बहुत उपयोगी है। इसके अन्तर्गत कुछ ऐसे नियमों और विनियमों की व्यवस्था है जो किसी भी व्यापार के इलेक्ट्रॉनिक लेन-देन पर प्रभावी किए जा सकते हैं। साइबर क्षेत्र में अपराध वृद्धि के कारण भारतीय शासन ने इण्टरनेट यूज़र की समस्याओं को समझा और उनके हितों के संरक्षण के लिए आईटी एक्ट पारित किया।

आईटी एक्ट की प्रस्तावना के अनुसार, इस अधिनियम के उद्देश्य निम्न प्रकार हैं—

- इलेक्ट्रॉनिक डेटा अन्तरण के माध्यम से होने वाले लेन-देनों तथा इलेक्ट्रॉनिक संचार के साधनों, जो सामान्यतया इलेक्ट्रॉनिक कॉमर्स के रूप में सन्दर्भित किए जाते हैं, उनको कानूनी मान्यता प्रदान करना है।
- शासकीय एजेन्सियों के साथ दस्तावेजों की इलेक्ट्रॉनिक व्यवस्था को सुगम बनाना है।

यह अधिनियम सम्पूर्ण देश में 17 अक्टूबर, 2000 को प्रभावी हुआ।

सूचना प्रौद्योगिकी के विभिन्न घटक Different Parts of Information Technology

सूचना प्रौद्योगिकी के विभिन्न घटकों का वर्णन निम्न प्रकार है—

कम्प्यूटर हार्डवेयर प्रौद्योगिकी Computer Hardware Technology

इसके अन्तर्गत माइक्रो-कम्प्यूटर्स, सर्वर्स, बड़े मेनफ्रेम के साथ-साथ इनपुट, आउटपुट एवं संग्रह (storage) करने वाली युक्तियाँ (devices) आती हैं।

कम्प्यूटर सॉफ्टवेयर प्रौद्योगिकी Computer Software Technology

इसके अन्तर्गत ऑपरेटिंग सिस्टम (operating system), वेब ब्राउज़र (web browser), डेटाबेस मैनेजमेन्ट सिस्टम (DBMS), सर्वर तथा व्यापारी/वाणिज्यिक सॉफ्टवेयर आते हैं।

दूरसंचार व नेटवर्क प्रौद्योगिकी Telecommunication and Network Technology

इसके अन्तर्गत दूरसंचार के माध्यम, प्रोसेसर (processor) तथा इण्टरनेट से जुड़ने के लिए तार या बेतार (wireless) पर आधारित सॉफ्टवेयर, नेटवर्क-सुरक्षा, सूचना का कूटलेखन (क्रिप्टोग्राफी) आदि हैं।

मानव संसाधन Human Resources

सिस्टम एडमिनिस्ट्रेटर (system administrator), नेटवर्क एडमिनिस्ट्रेटर (network administrator) आदि।

सूचना प्रौद्योगिकी का प्रभाव Effect of Information Technology

सूचना प्रौद्योगिकी ने पूरी धरती को एक गाँव की भाँति बना दिया है। इसने विश्व की विभिन्न अर्थव्यवस्थाओं को जोड़कर एक वैश्विक अर्थव्यवस्था को जन्म दिया है। यह नवीन अर्थव्यवस्था अधिकाधिक रूप से सूचना की रचनात्मक व्यवस्था व वितरण पर निर्भर है। इसके कारण व्यापार और वाणिज्य में सूचना का महत्त्व अत्यधिक बढ़ गया है।

इसलिए इस अर्थव्यवस्था को सूचना **अर्थव्यवस्था** (information economy) या **ज्ञान अर्थव्यवस्था** (knowledge economy) भी कहने लगे हैं। वस्तुओं के उत्पादन (production) पर आधारित परम्परागत अर्थव्यवस्था कमजोर पड़ती जा रही है और सूचना पर आधारित सेवा अर्थव्यवस्था (service economy) निरन्तर आगे बढ़ती जा रही है।

सूचना क्रान्ति से समाज के सम्पूर्ण कार्यकलाप प्रभावित हुए हैं— धर्म, शिक्षा (E-learning), स्वास्थ्य (E-health), व्यापार (E-commerce), प्रशासन, सरकार (e-governance), उद्योग, अनुसन्धान व विकास, संगठन, प्रचार आदि सभी क्षेत्रों में कायापलट हो गई है। आज का समाज, सूचना समाज कहलाने लगा है।

आई टी अधिनियम के साइबर नियमों के लाभ Advantages of Cyber Laws Under IT Act

आईटी अधिनियम, 2000 (IT Act, 2000) में अन्तर्निहित साइबर कानूनों (cyber laws) से आउटडेटिड नियमों को परिवर्तित करने में सहायता मिलती है तथा साइबर अपराधों (cyber crimes) को हैण्डल करने में सरलता होती है। हमें ऐसे नियमों की आवश्यकता है, जिसके द्वारा लोग बिना किसी डर के अपने क्रेडिट कार्ड्स (credit cards) द्वारा इण्टरनेट (Internet) पर लेन-देन (transaction) कर सकें।

यह अधिनियम (act) एक ऐसा आवश्यक फ्रेमवर्क (framework) प्रदान करता है, जिससे इन्फॉर्मेशन (information) का लीगल इफेक्ट (legal effect), वैलेडिटी (validity) एवं एन्फोर्सिएबिलिटी (enforceability) नकारी नहीं जाती। इलेक्ट्रॉनिक रिकॉर्ड्स (electronic records) के माध्यम से बढ़ते ट्रांज़ैक्शन्स (transactions) एवं कम्युनिकेशन (communication) को देखते हुए यह अधिनियम (act) सरकारी विभागों में भी डिजिटल फॉर्मेट (digital format) के माध्यम से फाइलिंग (filing), ऑफिशियल डॉक्यूमेण्ट्स (official documents) आदि के निर्माण करने एवं उन्हें बनाए रखने की सुविधा दे रहा है।

इस अधिनियम (act) में डिजिटल सिग्नेचर (digital signature) द्वारा किसी इलेक्ट्रॉनिक रिकॉर्ड (electronic record) अथवा कम्युनिकेशन (communication) के ऑथेण्टिकेशन (authentication) (सत्यता प्रमाणित करने) हेतु एक लीगल फ्रेमवर्क (legal framework) का भी प्रस्ताव रखा गया है।

- भारत में ई-कॉमर्स (E-commerce) के दृष्टिकोण से देखने पर, आईटी अधिनियम, 2000 (IT Act, 2000) एवं इसके प्रोविज़न्स में अनेक सकारात्मक पहलू नज़र आते हैं। सबसे पहले तो ये कि इससे ई-मेल (E-mail) अब कम्युनिकेशन का वैध (valid) एवं वैधानिक (legal) तरीका बन जाएगा तथा आवश्यकता पड़ने पर इसे अदालत में प्रस्तुत कर साबित किया जा सकेगा।
- इस अधिनियम (act) द्वारा उपलब्ध लीगल फ्रेमवर्क (legal framework) के द्वारा अब कम्पनियाँ ई-कॉमर्स (E-commerce) का प्रयोग कर पाएँगी।
- इस अधिनियम में डिजिटल सिग्नेचर (digital signature) की वैधता पूरी प्रकार प्रमाणित की गई है। इस कारण अनेक कम्पनियाँ सर्टिफाइंग अथॉरिटी (certifying authority) बनने के व्यवसाय (business) में कूद रही हैं, ताकि वे डिजिटल सिग्नेचर्स सर्टिफिकेट (digital signature certificate) के जारी करने का अधिकार प्राप्त कर सकें।
- इस अधिनियम के कारण अब सरकार वेब (web) पर अपने नोटिफिकेशन्स (notifications) जारी कर सकती है।
- इस अधिनियम की सहायता से कम्पनीज़ (companies) कोई भी कॉपी (copy), आवेदन (application) तथा डॉक्यूमेण्ट (document) किसी भी कार्यालय, अधिकारी एवं एजेन्सी जोकि उपयुक्त सरकार द्वारा संचालित अथवा नियन्त्रित हो, उसमें उस सरकार द्वारा निर्धारित इलेक्ट्रॉनिक संरचना (electronic structure) द्वारा फाइल (file) कर सकती हैं।
- यह अधिनियम सिक्योरिटी (security) के महत्त्वपूर्ण पहलुओं पर भी ध्यान देता है, जो इलेक्ट्रॉनिक ट्रांजैक्शन्स (electronic transactions) की सफलता हेतु अनिवार्य होती है। इस अधिनियम (act) ने सुरक्षित डिजिटल सिग्नेचर्स की संकल्पना को एक नई परिभाषा दी है जो सिक्योरिटी प्रोसीज़र्स (security procedures) के लिए अनिवार्य है।
- आईटी अधिनियम, 2000 (IT Act, 2000) के तहत यदि कोई अनाधिकृत व्यक्ति कम्पनियों के कम्प्यूटर सिस्टम अथवा नेटवर्क (network) में एक्सेस (access) प्राप्त करके डेटा (data) को हानि पहुँचाता है अथवा कॉपी करता है, तो ऐसे केसों को हैण्डिल (handle) करने के लिए इस अधिनियम में एक उपाय किया गया है। यह उपाय दोषी व्यक्ति को ₹ 1 करोड़ तक का जुर्माना भरने के लिए बाध्य करेगा।

13.13 साइबर अपराध Cyber Crime

साइबर अपराध या साइबर क्राइम से आशय है-'कम्प्यूटर जनित अपराध'। कम्प्यूटर और इण्टरनेट से जुड़े अपराध को ही 'साइबर अपराध' कहा जाता है। यूरोपियन साइबर क्राइम ट्रीटी काउन्सिल के अनुसार, "साइबर क्राइम एक ऐसा अपराध है, जो डेटा एवं कॉपीराइट के विरुद्ध की गई अपराधिक गतिविधि को बढ़ावा देता है।" कम्प्यूटर विज्ञानी **ज़ेवियर गीज़** के अनुसार, "साइबर क्राइम कम्प्यूटर और इण्टरनेट के माध्यम से होने वाला अपराध है, जिसमें जालसाजी, अनाधिकृत प्रवेश, चाइल्ड पॉर्नोग्राफी और साइबर स्टॉकिंग सम्मिलित हैं"।

साइबर क्राइम वह अवैधानिक कार्य है, जिसमें कम्प्यूटर औज़ार की भाँति या लक्ष्य की भाँति अथवा दोनों प्रकार से प्रयोग किया जाता है।

साइबर क्राइम किसी भी समय, किसी भी स्थान पर दुनिया के किसी भी कोने में बैठे हुए व्यक्ति द्वारा किया जा सकता है। साइबर क्राइम में कम्प्यूटर एवं उससे संलग्नक उपकरणों का प्रयोग तीन प्रकार से किया जा सकता है, जो निम्न प्रकार हैं—

(i) एजेण्ट के रूप में
(ii) अपराध के रूप में
(iii) कम्प्यूटर को ही लक्ष्य बनाकर

'साइबर अपराध' पद का प्रयोग परम्परागत कम्प्यूटर अपराधों के साथ-साथ नेटवर्क अपराध से सम्बन्धित अपराधों की विस्तृत श्रेणी को परिभाषित करने में किया गया है। ये अपराध, क्योंकि अनेक मायनों में भिन्नता के लिए होते हैं, इसलिए इनके लिए एक निश्चित सीमा में विधायी व्यवस्था कर पाना सम्भव नहीं।

साइबर क्राइम के अवयव Elements of Cyber Crime

साइबर क्राइम से सम्बन्धित अवयवों का संक्षिप्त वर्णन निम्न प्रकार है

कॉपीराइट एक्ट Copyright Act

एक व्यक्ति के व्यापार उद्यम या उत्पादों को एक विशिष्ट पहचान प्रदान करने के लिए और अपने उपभोक्ताओं को सेवाएँ प्रदान करने के लिए ट्रेडमार्क एक कानूनी पहचान है। ट्रेडमार्क नाम, शब्द, वाक्यांश, प्रतीक, डिज़ाइन, छवि या लोगों की एक अनूठी पहचान है।

कॉपीराइट एक्ट प्राधिकरण के अधिकार से सम्बन्धित एक विशेष कानून है। भारतीय कॉपीराइट अधिनियम, 1957 के तहत भारत का कॉपीराइट कानून संचालित है। कॉपीराइट एक प्राधिकरण, साहित्यिक की मूल रचनाओं, नाटकीय, संगीत और कलात्मक कार्य, सिनेमा या ग्राफिक फिल्मों के निर्माता, ध्वनि रिकॉर्डिंग के लिए कानून द्वारा दिया गया अधिकार है। कॉपीराइट अधिनियम निर्माता के प्राधिकरण का अधिकार, लेखक की रचना को सुरक्षा प्रदान करता है।

साइबर या वेब मानहानि Cyber or Web Defamation

इस प्रकार के अपराध में किसी व्यक्ति द्वारा अन्य किसी इण्टरनेट उपयोगकर्ता का पासवर्ड तोड़कर, उसके नाम से दूसरे व्यक्ति को बदनाम करने वाली ई-मेल भेजी जाती है, जिसकी सूचना उपयोगकर्ता को नहीं हो पाती है और बाद में, जिसके पास ई-मेल पहुँचती है, वह वाद-विवाद करता है।

उदाहरण, अनुराधा नाम की एक युवती की शादी अनुराग नाम के एक युवक के साथ हो गई। एक दिन अनुराधा को अनुराग का व्यवहार कुछ अजीब-सा लगा। पूछने पर अनुराग ने बताया कि उसके घर ढेर सारी ई-मेल प्राप्त हो रही हैं, जिनमें अनुराधा के विषय में अनेक प्रकार की गलत बातें लिखी गई हैं, जिसके कारण उसके घर में तनाव पैदा हो गया है। अनुराधा के कहने पर अनुराग ने इसकी सूचना पुलिस को दी। छानबीन के बाद पता चला कि अनुराग के घर सारी ई-मेल अनुराधा के सौतेले पिता ने भेजी थीं। वह अनुराधा की शादी नहीं होने देना चाहते थे।

हैकिंग Hacking

हैक का शाब्दिक अर्थ है— उड़ा लेना। हैकिंग से आशय किसी कम्प्यूटर सिस्टम या नेटवर्क में सुरक्षित सूचनाओं को अनाधिकृत तरीके से उस सिस्टम या नेटवर्क में प्रवेश करके सिस्टम में किसी व्यक्ति या संस्था द्वारा संग्रहित सूचनाओं को उड़ा लेना या सूचनाओं को चुरा लेना या अनाधिकृत तरीके से डेटा का प्रयोग करना है।

नेटवर्क प्रोग्रामिंग के द्वारा हैकिंग की जा सकती है। हैकर्स नेटवर्क को तोड़ने तथा पासवर्ड को चुराने के लिए प्रोग्राम बनाते हैं और प्रोग्राम की सहायता से अनाधिकृत कार्य करते हैं।

हैकिंग का प्रारम्भ 'व्हिस्कर' नामक प्रोग्राम से हुआ था, जिसका प्रयोग सिस्टम एडमिनिस्ट्रेटर अपने सिस्टम की कमियों को जानने के लिए करते हैं। इसी प्रोग्राम की सहायता से हैकर एक क्षण में यह जान लेता है कि उस सिस्टम में कौन-सा ऑपरेटिंग सिस्टम है तथा उसमें कितनी सुरक्षा त्रुटियाँ उपस्थित हैं तथा सुरक्षा त्रुटियों का निवारण करने के लिए पैच इन्स्टॉल किया गया है अथवा नहीं।

इसके बाद स्कैनर, प्रोग्राम तथा अन्य सॉफ्टवेयर की सहायता से असुरक्षित स्थान या फाइल में एक वायरस ट्रोज़न हॉर्स डाल दिया जाता है, जो कम्प्यूटर द्वारा लॉग-ऑन होने पर बिना किसी की वास्तविक सूचना के हैकर को कम्प्यूटर से सम्बन्धित सूचनाएँ भेजना प्रारम्भ कर देता है। एक बार पहचान एवं पासवर्ड पता लगने के बाद हैकर का पूर्ण रूप से कम्प्यूटर पर नियन्त्रण हो जाता है।

भारत के एक हैकर ने 80 लाख लोगों की पहचान व उनका विस्तृत विवरण चुराकर रूस के एक माफिया को बेच दिया। इससे करीब 3 अरब पाउण्ड अर्थात् ₹ 2 खरब 43 अरब का नुकसान हुआ। साइबर क्राइम के इतिहास में यह अब तक का सबसे बड़ा अपराध है।

पॉर्नोग्राफी Pornography

इण्टरनेट के माध्यम से कम्प्यूटर के जानकार बच्चों, महिलाओं एवं पुरुषों की अश्लील तस्वीरों का प्रचार एवं प्रसार करते हैं। इस प्रकार की अश्लील तस्वीरों को देखकर अपरिपक्व बच्चे एवं किशोर अनुचित यौन सम्बन्धों की ओर प्रेरित होते हैं। इण्टरनेट के माध्यम से साइबर यौन अपराधी इण्टरनेट के अन्य उपयोगकर्ताओं तक सरलता से पहुँच जाता है। अमेरिका, ब्रिटेन, थाइलैण्ड, रूस, जर्मनी में साइबर पॉर्नोग्राफी बड़े पैमाने पर प्रसारित है। अमेरिका में तो पॉर्नोग्राफी की रोकथाम के लिए "द इनोसेण्ट, इमेजिंग, नेशनल इनीशिएटिव" नामक संस्था का गठन किया गया है। पॉर्नोग्राफी के अन्तर्गत निम्न प्रकार के अपराध आते हैं—

- अश्लील साहित्य को नेट पर उपलब्ध कराना
- अश्लील साहित्य का वितरण
- अश्लील चित्रों का उत्पादन, वितरण तथा आयात
- ब्लैकमेलिंग के लिए किसी का अशिष्ट रूपण करके नेट पर डालना

पहचान की चोरी Identity Theft

इस प्रकार के अपराध में आर्थिक लाभ अर्जित करने के लिए या अपराधिक गतिविधियों के लिए किसी व्यक्ति की पहचान चोरी की जाती है। इस प्रकार के साइबर क्राइम में कोई व्यक्ति गलत तरीके से किसी अन्य व्यक्ति का व्यक्तिगत डेटा या व्यक्तिगत गोपनीय सूचना अनाधिकृत ढंग से प्राप्त कर लेता है तथा फिर इसका प्रयोग अपनी पहचान छिपाकर एवं अन्य व्यक्ति की पहचान प्रदर्शित करके किसी फ्रॉड अथवा आर्थिक लाभ के लिए करता है। चूँकि इस अपराध में पहचान बहुत चालाकी से चोरी की जाती है। अत: पीड़ित व्यक्ति बहुत समय तक यह नहीं जान पाता है कि उसकी पहचान को चुरा लिया गया है।

पहचान चोरी के दो प्रकार होते हैं—

1. खाते का अधिग्रहण (account takeover) तथा
2. सच्चे नाम की चोरी (true name theft)।

साइबर क्राइम से सजा Penalty to Cyber Crime

1. **चोरी करे हुए कम्प्यूटर रिसोर्स या कम्युनिकेशन डिवाइस प्राप्त करने के लिए धोखेबाज को दण्ड देना** (Punishment for Dishonestly Receiving Stolen Computer Resource or Communication Device) जो कोई चोरी किए हुए कम्प्यूटर रिसोर्स या कम्युनिकेशन डिवाइस को प्राप्त करता है, कम्प्यूटर रिसोर्स या कम्युनिकेशन डिवाइस को चोरी करने वाला व्यक्ति कारावास के साथ सजा प्राप्त करेगा, जो 3 वर्ष के लिए बढ़ सकती है या एक लाख के भुगतान के साथ बढ़ सकती है या दोनों के साथ।
2. **पहचान की चोरी के लिए सजा** (Punishment for Identity Theft) जो कोई किसी व्यक्ति के इलेक्ट्रॉनिक सिग्नेचर, पासवर्ड या किसी भी दूसरी अतुलनीय पहचान को धोखेबाज़ी से प्रयोग करता है, तब वह उस अधिनियम की प्रत्येक व्याख्या के साथ कारावास में सजा प्राप्त करेगा जो 3 वर्ष के लिए बढ़ सकती है और फाइन के लिए उत्तरदायी भी हो सकता है, जो ₹ 1 लाख तक भी बढ़ सकती है।
3. **प्रोटेक्टिड सिस्टम** (Protected System) उपयुक्त सरकार के पास अधिकारिक गज़ट (official gazette) में सूचना हो सकती है, जो प्रत्यक्ष या अप्रत्यक्ष रूप से महत्त्वपूर्ण सूचना के बुनियादी ढाँचे (critical information infrastructure) को प्रभावित कर सकती है, वो एक संरक्षित (protected) सिस्टम है। उपयुक्त सरकार (appropriate government) व्यक्ति को लिखने के लिए अधिकार दे सकती है, कि कौन प्रोटेक्टिड सिस्टम को एक्सेस के लिए अधिकार देगा? इन प्रोटेक्टिड सिस्टम्स के लिए केन्द्र सरकार (central government) सूचना सुरक्षा के लिए सलाह दे सकती है।
4. **गलत इलेक्ट्रॉनिक सिग्नेचर सर्टिफिकेट को पब्लिश करने के लिए सजा** (Penalty for Publishing Electronic False Signature Certificate) कोई व्यक्ति इलेक्ट्रॉनिक सिग्नेचर सर्टिफिकेट को पब्लिश नहीं कर सकता।
   (i) सर्टिफिकेट में अधिकार प्रमाणित करने की लिस्ट जारी नहीं होती है।
   (ii) सर्टिफिकेट में अंशदाता की लिस्ट प्राप्त नहीं की जाती है।
   अत: जो कोई चोरी करने का अपराध करता है वह उस अवधि में कारावास की सजा प्राप्त करेगा, जो 3 वर्ष के लिए बढ़ सकती है या जुर्माने के साथ या दोनों के साथ।

अभ्यास प्रश्न

परीक्षा प्रारूपी प्रश्न

बहुविकल्पीय

1. सूचना प्रौद्योगिकी के दुरूप्रयोग को किसकी संज्ञा दी गई है?
   (a) साइबर क्राइम (b) साइबर यूटिलिटी
   (c) साइबर सिक्योरिटी (d) ये सभी

2. जंक ई-मेल को किस अन्य नाम से भी जाना जाता है?
   (a) स्पैम (b) स्पूफ
   (c) स्निफर स्क्रिप्ट (d) स्पूल

3. कम्प्यूटर नेटवर्क को बाह्य आक्रमण से बचाने की कार्यविधि है
   (a) फायरवॉल (b) एण्टीवायरस
   (c) फॉर्मेटिंग (d) ये सभी

4. किसी फाइल के इन्क्रिप्शन करने का मुख्य कारण है
   (a) फाइल के आकार (size) को कम करना
   (b) इसके संचरण को सुरक्षित रखना
   (c) इसे बैकअप के लिए तैयार करना
   (d) उपरोक्त में से कोई नहीं

5. जब हैकर आपके फोन या ई-मेल पर सम्पर्क करके आपका पासवर्ड अधिग्रहित करने की कोशिश करता है, तो इस प्रक्रिया को क्या कहते हैं?
   (a) स्पूफिंग (b) फिशिंग (c) स्पैमिंग (d) बगिंग

6. निम्न में से कौन एक प्रकार का प्रोग्राम है, जोकि GIF इमेज के अन्दर पड़ा होता है?
   (a) वेब बग (b) कूकी
   (c) स्पाईवेयर एप्लीकेशन (d) स्पैम

7. हैकर समान्यतया वैध उपयोगकर्ता होने का अभिनय करके किसी नेटवर्क (network) में प्रवेश अर्जित करते हैं, इस प्रक्रिया को क्या कहते हैं?
   (a) स्पूफिंग (b) फॉर्जिंग
   (c) आईपी स्पूफिंग (d) मॉसक्वैर्ड

8. एक व्यक्ति जो अपने ज्ञान का प्रयोग दूसरे व्यक्तियों के कम्प्यूटरों (computers) से अवैध तरीके से जानकारी को प्राप्त करने या नष्ट करने के लिए करता है, कहलाता है
   (a) स्पैमर (b) हैकर
   (c) इन्स्टैंट मैसेंजर (d) ये सभी

9. निम्न में से कौन वायरसों, वॉर्म्स, ट्रोजन हॉर्स अटैक, ऐप्पलेट तथा अटैक स्क्रिप्ट को वर्णित करता है?
   (a) मालवेयर (b) स्पैम
   (c) फिशिंग (d) वायरस

10. निम्न में से कौन रियल सिक्योरिटी तथा प्राइवेसी खतरों से सम्बन्धित नहीं है?
   (a) हैकर्स (b) स्पैम
   (c) वायरस (d) चोर की पहचान करना

11. कम्प्यूटर वायरस क्या है?
   (a) एक हार्डवेयर (b) विण्डोज़ टूल
   (c) एक कम्प्यूटर प्रोग्राम (d) एक सिस्टम सॉफ्टवेयर

12. पहला कम्प्यूटर वायरस है
   (a) क्रीपर (b) परम (c) द फैमस (d) हार्ली

13. निम्नलिखित में से कौन-सा फायरवॉल का प्रमुख कार्य है?
   (a) निगरानी करना (b) डिलीट करना
   (c) कॉपी करना (d) मूव करना

14. पहला बूट सेक्टर वायरस है
   (a) कम्प्यूटेड (b) माइण्ड
   (c) ब्रेन (d) एल्क क्लोनर

15. ARPANET ने किस वायरस का पता लगाया था?
   (a) एण्टीवायरस (b) क्रीपर
   (c) एल्क-क्लोनर (d) मौलिसा

16. विगत् कुछ दशकों में किसका अप्रत्याशित विकास हुआ है?
   (a) सूचना प्रौद्योगिकी (b) कृषि
   (c) यातायात (d) इनमें से कोई नहीं

17. इलेक्ट्रॉनिक लेन-देनों पर प्रभावी किए जा सकने वाले नियमों-विनियमों का प्रावधान किसके अन्तर्गत आता है?
   (a) आईटी एक्ट (b) क्राइम एक्ट
   (c) 'a' और 'b' दोनों (d) इनमें से कोई नहीं

18. वर्तमान में कम्प्यूटर जगत में अपराध वृद्धि की निरन्तरता
   (a) औसत ही है (b) एक खतरनाक संकेत है
   (c) चिन्ता की बात नहीं है (d) इनमें से कोई नहीं

19. आर्थिक लाभ अर्जित करने के लिए या अपराधिक गतिविधियों के लिए किसी व्यक्ति की पहचान चोरी करने को .... कहते हैं।
   (a) वायरस हमला (b) फिशिंग
   (c) आइडेन्टिटी थेफ्ट (d) ऑनलाइन स्मगलिंग

20. किसी कम्प्यूटर सिस्टम या नेटवर्क में सुरक्षित सूचनाओं को अनाधिकृत तरीके से चुरा लेना या डेटा को प्रयोग करना इत्यादि कहलाता है
   (a) साइबर स्टॉकिंग (b) हैकिंग
   (c) स्पैम (d) पहचान का चोरी होना

विविध प्रारूपी प्रश्न

सत्य/असत्य

1. IT ऑडिट्स (Automated Data Processing) और कम्प्यूटर ऑडिट भी कहलाता है।
2. सूचना सम्पन्नता शक्तिकरण नहीं होता है।
3. साइबर क्राइम किसी भी समय, किसी भी स्थान पर दुनिया के किसी भी कोने में बैठे हुए व्यक्ति द्वारा किया जा सकता है।
4. कम्प्यूटर के माध्यम से किसी संवेदनशील सूचना को गुप्त रूप से देखना ही साइबर जासूसी है।
5. पहले एटीएम कार्ड्स लन्दन में वार्कलेज द्वारा वर्ष 1970 में निर्गत किए गए थे।

रिक्त स्थानों की पूर्ति

1. नेटवर्क सर्विस नेटवर्क पर सम्पूर्ण रिर्सोसिज़ को .... करता है।
2. सूचना प्रौद्योगिकी .... का आधार है।
3. सूचना तकनीकी प्रशासन और सरकार में .... लाती है।
4. कम्प्यूटर और इण्टरनेट से जुड़े अपराध को ही .... कहा जाता है।
5. मालवेयर .... सॉफ्टवेयर का संक्षिप्त रूप है।

अतिलघु उत्तरीय

1. Mandatory एक्सेस कण्ट्रोल क्या है?
2. प्राइवेसी प्रोटेक्शन कैसे कार्य करता है?
3. अनाधिकृत प्रवेश के विषय में लिखिए।
4. हम प्राइवेसी को क्यों प्रोटेक्ट करते हैं?
5. मालवेयर की परिभाषा लिखिए।

लघु उत्तरीय

1. ऑडिट और सिक्योरिटी के विषय में लिखिए।
2. इन्फॉर्मेशन सिक्योरिटी भेद्यता के विषय में लिखिए।
3. सिक्योरिटी थ्रेटस क्या हैं? क्या डेटा लीकेज एक सिक्योरिटी थ्रेट है?
4. साइबर सिक्योरिटी में रिस्क मैनेजमेन्ट के रोल के विषय में लिखिए।
5. साइबर अपराध क्या है? इसके अवयव के विषय में लिखिए।

दीर्घ उत्तरीय

1. इन्फॉर्मेशन सिक्योरिटी क्या है? इसे विस्तारपूर्वक बताइए।
2. रिस्क मैनेजमेन्ट के विषय में विस्तारपूर्वक व्याख्या कीजिए।
3. डायरेक्ट सर्विस और एक्सेस कण्ट्रोल के विषय में लिखिए।
4. सूचना प्रौद्योगिकी क्या है तथा साइबर क्राइम के लिए क्या सजा है?
5. सॉफ्टवेयर डेवलपमेण्ट सिक्योरिटी के विषय में विस्तारपूर्वक लिखिए।

उत्तरमाला

बहुविकल्पीय

1. (a)	2. (a)	3. (a)	4. (b)	5. (b)	6. (c)	7. (d)	8. (b)	9. (a)	10. (c)
11. (c)	12. (a)	13. (a)	14. (c)	15. (b)	16. (a)	17. (b)	18. (b)	19. (b)	20. (b)

सत्य/असत्य

1. सत्य 2. असत्य 3. सत्य 4. सत्य 5. असत्य

रिक्त स्थानों की पूर्ति

1. आइडेन्टिफाई 2. सेवा अर्थतन्त्र 3. पारदर्शिता 4. साइबर क्राइम 5. मेलिसियस

□□□

कम्प्यूटर नेटवर्क

Computer Network

परिचय Introduction

कम्प्यूटर के उपयोग से औद्योगिक इकाइयों एवं शिक्षा के क्षेत्र में एक क्रान्ति आ गयी है। इससे सम्बन्धित सूचना प्रोसेसिंग तकनीक उपयोगकर्ताओं के लिए सरल एवं सुगम है। कॉर्पोरेशन एवं शिक्षा सम्बन्धी इकाइयाँ कम्प्यूटर को इन्फॉर्मेशन मैनेजमेण्ट की सुविधा प्रदान करने हेतु खरीदते हैं। इस कार्य को सम्पन्न करने हेतु विविध कम्प्यूटरों को एक साथ कनेक्ट किया जाता है, जिसे कम्प्यूटर नेटवर्क से सम्बोधित किया जाता है। अतः नेटवर्क मीडिया लिंक्स द्वारा कनेक्ट की गई युक्तियों का एक सेट है, जो किसी अन्य नेटवर्क के नोड्स द्वारा उत्पन्न किये गये डाटा को प्राप्त करने और भेजने में समर्थ होता है। युक्तियों को आपस में संयोजित करने वाले मीडिया लिंक्स को सामान्य भाषा में संचार चैनल (communication channel) कहा जाता है। इस अध्याय में कम्प्यूटर नेटवर्क सम्बन्धी पदों, उनके प्रकारों एवं सम्बन्धित तथ्यों का विवरण विस्तार से दिया गया है, जो प्रशिक्षणार्थी को कम्प्यूटर नेटवर्क को सरलता से समझने में सहायता प्रदान करता है।

14.1 कम्प्यूटर नेटवर्क Computer Network

कम्प्यूटर नेटवर्क से तात्पर्य अनेक कम्प्यूटरों को एक साथ जोड़ने से है। एक नेटवर्क का उद्देश्य एक से अधिक बिन्दुओं, वस्तुओं या व्यक्तियों को आपस में इस प्रकार जोड़ना होता है कि उससे सम्बन्धित प्रत्येक किसी भी अन्य के साथ सीधा सम्बन्ध स्थापित कर सके। कम्प्यूटर नेटवर्क एक से अधिक कम्प्यूटर को किसी संचार माध्यम से आपस में इस प्रकार जोड़ता है कि वे अपना सन्देश दूसरों को भेज सकें तथा उनसे संदेश प्राप्त भी कर सकें। चित्र में एक सामान्य कम्प्यूटर नेटवर्क की कार्य प्रणाली दिखाई गई है। किसी कम्प्यूटर नेटवर्क के कम्प्यूटर अपने नेटवर्क में रहते हुए दूसरे नेटवर्क के कम्प्यूटर के साथ भी आवश्यकतानुसार सम्पर्क बना सकते हैं।

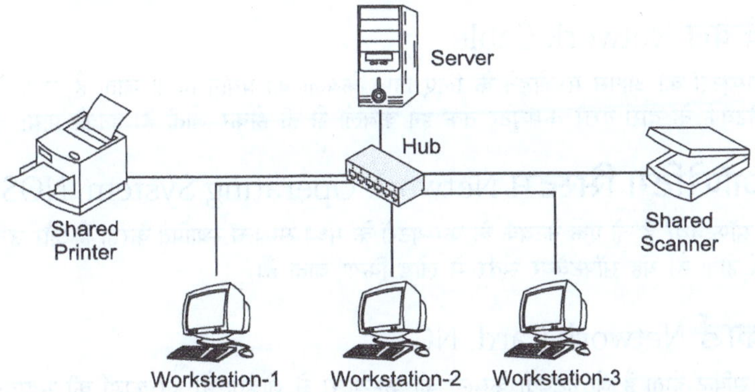

चित्र बहु-उपयोगकर्ता कम्प्यूटर प्रणाली

बहु-उपयोगकर्ता सिस्टम एवं नेटवर्क लगभग एक समान प्रतीत होते हैं, परन्तु बहु-उपयोगकर्ता सिस्टम और नेटवर्क में मूल अन्तर यह है कि बहु-उपयोगकर्ता सिस्टम में चित्रानुसार कोई उपयोगकर्ता केवल एक कम्प्यूटर के साधनों का लाभ उठा सकता है, इसके विपरीत नेटवर्क कम्प्यूटर में वह एक से अधिक कम्प्यूटरों की सेवाओं और साधनों का लाभ उठा सकता है। नेटवर्कों का निर्माण केवल कम्प्यूटर सुविधाओं को साझा करने के लिए ही नहीं किया जाता, बल्कि इसका एक प्रारम्भिक उद्देश्य किसी संगठन की आन्तरिक और बाहरी सूचनाओं के प्रवाह में सुधार करना है। अतः नेटवर्क सूचना प्रौद्योगिकी (information technology) के क्षेत्र की एक महत्त्वपूर्ण प्रणाली है।

किसी नेटवर्क में डाटा के ट्रांसफर की मूल तकनीक को पैकेट स्विचिंग (packet switching) कहा जाता है। एक उपयोगकर्ता द्वारा भेजे जाने वाले डाटा, जिसे प्रायः सन्देश (message) कहा जाता है, को कुछ छोटी इकाइयों में तोड़ा जाता है, जिन्हें पैकेट (packet) कहते हैं। प्रत्येक पैकेट को अलग-अलग मानकर किसी निश्चित एड्रैस पर नेटवर्क के माध्यम से भेजा जाता है। इन पैकेटों को तब तक एक पैकेट स्विचिंग एक्सचेंज (PSE) से दूसरे पैकेट स्विचिंग एक्सचेंज तक भेजा जाता रहता है, जब तक कि वे अपने निश्चित गन्तव्य (destination) तक न पहुँच जाएँ। प्रत्येक एक्सचेंज में पैकेटों की जाँच की जाती है और फिर उन्हें आगे भेज दिया जाता है।

कम्प्यूटर नेटवर्किंग के लाभ Advantages of Computer Networking

कम्प्यूटर नेटवर्किंग ने सूचनाओं के आदान-प्रदान को अति सरल बना दिया है। इसलिए इसका उपयोग दिन-प्रतिदिन बढ़ता जा रहा है। कम्प्यूटर नेटवर्किंग के मुख्य लाभ निम्नवत् हैं

1. इसके द्वारा एक से अधिक कम्प्यूटर एक साथ कनेक्ट किए जा सकते हैं।
2. इसमें संयोजित सभी कम्प्यूटरों से सूचनाओं एवं संदेशों का आदान-प्रदान सरलतापूर्वक किया जा सकता है।
3. इसमें कार्य के पूर्ण होने में लगने वाला समय एवं कीमत की बचत होती है।
4. इस तकनीक के द्वारा सभी कम्प्यूटर्स एक-दूसरे के साधनों एवं सुविधाओं को शेयर करने में सक्षम हो जाते हैं।
5. इसके द्वारा डाटा ट्रांसफर की स्पीड में वृद्धि हो जाती है।
6. इस तकनीक के द्वारा सूचना का प्रवाह एक बहुत बड़े क्षेत्र में सरलता से किया जाना सम्भव है।
7. इसमें विभिन्न प्रकार की टोपोलॉजी एवं नेटवर्क प्रकार होते हैं, जिनका चयन उपयोगकर्ता अपनी आवश्यकता के अनुसार कर सकता है।

14.2 कम्प्यूटर नेटवर्क के अवयव Components of a Computer Network

एक कम्प्यूटर नेटवर्क विभिन्न तत्त्वों या अवयवों से मिलकर बना होता है। इनमें से प्रमुख अवयवों का वर्णन निम्नलिखित है

सर्वर Server

यह नेटवर्क का सबसे प्रमुख भाग होता है। नेटवर्क के सभी कम्प्यूटर सर्वर से जुड़े होते हैं। सर्वर क्षमता और गति की दृष्टि से अन्य सभी कम्प्यूटरों से श्रेष्ठ होता है और प्रायः नेटवर्क का अधिकांश अथवा समस्त डाटा सर्वर में ही स्टोर किया जाता है।

नोड Node

सर्वर के अतिरिक्त नेटवर्क के अन्य सभी कम्प्यूटरों को नोड (node) कहा जाता है। नोड वे कम्प्यूटर होते हैं, जिन पर उपयोगकर्ता कार्य करते हैं। प्रत्येक नोड का एक निश्चित नाम और पहचान होती है। कई नोड अन्य नोडों की अपेक्षा अधिक शक्तिशाली होते हैं, ऐसे नोडों को प्रायः वर्कस्टेशन (workstation) कहा जाता है। नोडों को प्रायः क्लाइण्ट (client) भी कहा जाता है।

नेटवर्क केबल Network Cable

नेटवर्क के कम्प्यूटर्स को आपस में जोड़ने के लिए निम्न केबलों का प्रयोग किया जाता है, उन्हें नेटवर्क केबल कहते हैं। सभी सूचनाएँ एक कम्प्यूटर से नेटवर्क के द्वारा दूसरे कम्प्यूटर तक इन केबलों से ही होकर जाती हैं। इनको प्रायः बस (bus) भी कहा जाता है।

नेटवर्क ऑपरेटिंग सिस्टम Network Operating System, NOS

यह एक ऐसा सॉफ्टवेयर है जो एक नेटवर्क के कम्प्यूटरों के मध्य सम्बन्ध स्थापित करता है और उनके मध्य सूचना के आवागमन को नियन्त्रित करने में समर्थ होता है। यह सॉफ्टवेयर सर्वर में लोड किया जाता है।

नेटवर्क कार्ड Network Card, NC

यह एक ऐसा सर्किट होता है जो नेटवर्क केबलों को कम्प्यूटरों से जोड़ता है। इन कार्डों की सहायता से डाटा का आवागमन तीव्र होता है। ये कार्ड्स नेटवर्क से जुड़े प्रत्येक कम्प्यूटर के मदरबोर्ड में लगाए जाते हैं। इनको ईथरनेट कार्ड (ethernet card) भी कहा जाता है।

नेटवर्क टोपोलॉजी Network Topology

किसी नेटवर्क के कम्प्यूटर को आपस में जोड़ने की विशेष पद्धति नेटवर्क टोपोलॉजी कहलाती है। ऐसी कई पद्धतियाँ आजकल प्रचलन में हैं; जैसे— स्टार टोपोलॉजी, रिंग टोपोलॉजी, बस टोपोलॉजी आदि।

14.3 कम्प्यूटर नेटवर्किंग मॉडल Computer Networking Models

कम्प्यूटर नेटवर्क के मुख्यत: दो मानक मॉडल होते हैं, जिनका विवरण निम्नवत् है

पियर-टू-पियर नेटवर्क Peer-to-peer Network

एक पियर-टू-पियर नेटवर्क कम्प्यूटरों का ऐसा समूह होता है, जिसमें प्रत्येक कम्प्यूटर फाइलों को साझा (share) करने के लिए एक नोड (node) के रूप में कार्य करता है। इस नेटवर्क में केन्द्रीय सर्वर के स्थान पर शेयरिंग ड्राइव (sharing drive) के रूप में प्रयुक्त कम्प्यूटर संग्रहित फाइलों के लिए सर्वर के समान व्यवहार करता है। इसमें डाटा (ऑडियो, वीडियो आदि) का डिजिटल प्रारूप में आदान-प्रदान होता है। इस नेटवर्क में कम्प्यूटर्स आपस में फाइलें ट्रांसफर करने के लिए यूनिवर्सल सीरियल बस (USB) से जुड़े होते हैं। इस नेटवर्क में प्रयुक्त सभी कम्प्यूटर क्लाइण्ट तथा सर्वर दोनों की तरह कार्य करने में सक्षम होते हैं।

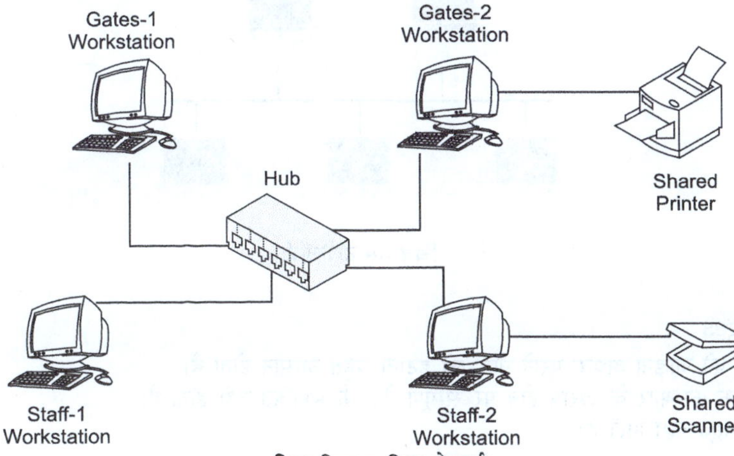

चित्र पियर-टू-पियर नेटवर्क

क्लाइण्ट/सर्वर नेटवर्क Client/Server Network

ऐसा नेटवर्क, जिसमें एक कम्प्यूटर सर्वर के समान तथा अन्य कम्प्यूटर क्लाइण्ट की तरह कार्य करें, क्लाइण्ट/सर्वर नेटवर्क कहलाता है। क्लाइण्ट कम्प्यूटर, सर्वर से किसी सर्विस के लिए रिक्वेस्ट (request) करता है तथा सर्वर उस रिक्वेस्ट के लिए उचित अनुक्रिया (response) प्रदान करता है। क्लाइण्ट सर्वर नेटवर्क सबसे अधिक प्रचलित नेटवर्क है, क्योंकि इस नेटवर्क में ट्रैफिक अपेक्षाकृत कम रहता है एवं प्रत्येक नोड पर उच्च अनुक्रिया (response) प्राप्त होती है।

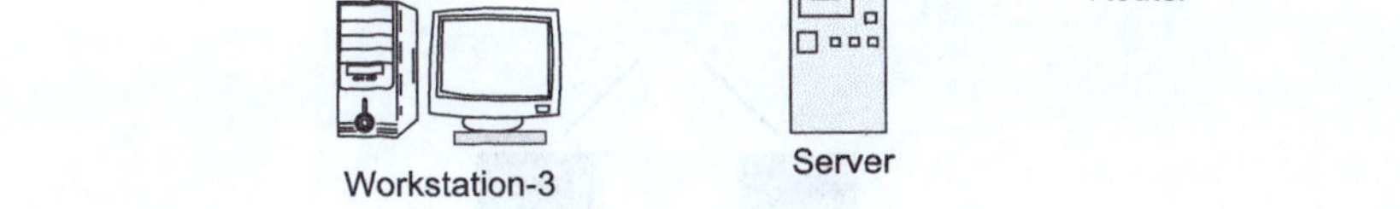

चित्र क्लाइण्ट/सर्वर नेटवर्क

14.4 नेटवर्क टोपोलॉजी Network Topology

टोपोलॉजी नेटवर्क में कम्प्यूटरों को जोड़ने की भौगोलिक व्यवस्था होती है। इसके द्वारा विभिन्न कम्प्यूटर एक-दूसरे से परस्पर सम्पर्क स्थापित कर सकते हैं। नेटवर्क टोपोलॉजी निम्नलिखित प्रकार की होती हैं

बस टोपोलॉजी Bus Topology

इस टोपोलॉजी में एक लम्बे केबल की युक्तियों को आपस में संयोजित किया है। यह नेटवर्क इन्स्टॉलेशन छोटे अथवा अल्पकालीन ब्रॉडकास्ट के लिए होता है। इस प्रकार की नेटवर्क टोपोलॉजी का प्रयोग ऐसे स्थानों पर किया जाता है, जहाँ अत्यन्त उच्च गति के कम्युनिकेशन चैनल का प्रयोग सीमित क्षेत्र में किये जाने की आवश्यकता होती है।

चित्र बस टोपोलॉजी

लाभ Advantages

1. इसमें नए नोड को जोड़ना अथवा पुराने नोड को हटाना बहुत आसान होता है।
2. इसमें किसी एक कम्प्यूटर के खराब होने पर सम्पूर्ण नेटवर्क प्रभावित नहीं होता है।
3. इसकी लागत बहुत कम होती है।

हानि Disadvantages

1. यदि इसमें मुख्य केबल में रुकावट आती है, तो पूरा नेटवर्क बन्द हो जाता है।
2. बैकबोन केबल के दोनों सिरों पर टर्मिनेटरों की आवश्यकता होती है।
3. यदि पूरा नेटवर्क बन्द हो जाता है, तो इस समस्या को पहचानने में बहुत कठिनाई उत्पन्न हो जाती है।

स्टार टोपोलॉजी Star Topology

इस टोपोलॉजी के अन्तर्गत एक होस्ट कम्प्यूटर होता है, जिससे विभिन्न लोकल कम्प्यूटरों को सीधे ही जोड़ा जाता है। इस होस्ट कम्प्यूटर को हब कहा जाता है।

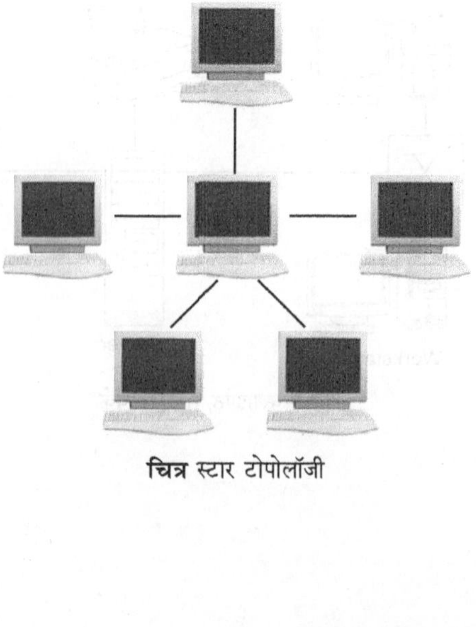

चित्र स्टार टोपोलॉजी

लाभ Advantages

1. यदि कोई लोकल नोड कम्प्यूटर खराब हो जाए, तो शेष नेटवर्क प्रभावित नहीं होता है। इस स्थिति में खराब हुए नोड कम्प्यूटर का पता लगाना आसान होता है।
2. एक कम्प्यूटर को होस्ट कम्प्यूटर से जोड़ने में कम लागत आती है।
3. लोकल कम्प्यूटर की संख्या बढ़ाने से नेटवर्क की सूचना के आदान-प्रदान की क्षमता प्रभावित नहीं होती है।

हानि Disadvantages

1. बस टोपोलॉजी की अपेक्षा अधिक लम्बाई के केबल की आवश्यकता होती है।
2. यदि हब (hub) खराब हो जाता है, तो उससे जुड़ी हुई नोड्स भी उद्देश्यहीन हो जाती हैं।
3. बस टोपोलॉजी की तुलना में यह अधिक व्ययसाध्य है, क्योंकि इसमें प्रयोग होने वाली डिवाइसों की कीमत अधिक होती है।

रिंग टोपोलॉजी Ring Topology

इस टोपोलॉजी में कोई भी होस्ट, हब अथवा लम्बी केबल नहीं होती है। सभी कम्प्यूटर एक गोलाकार आकृति के रूप में केबल द्वारा जुड़े होते हैं। प्रत्येक कम्प्यूटर अपने अधीनस्थ कम्प्यूटर से जुड़ा होता है, इसलिए कोई भी मास्टर कम्प्यूटर (hub) नहीं होता है। यह गोलाकार आकृति 'सर्कुलर नेटवर्क' (circular network) भी कहलाती है।

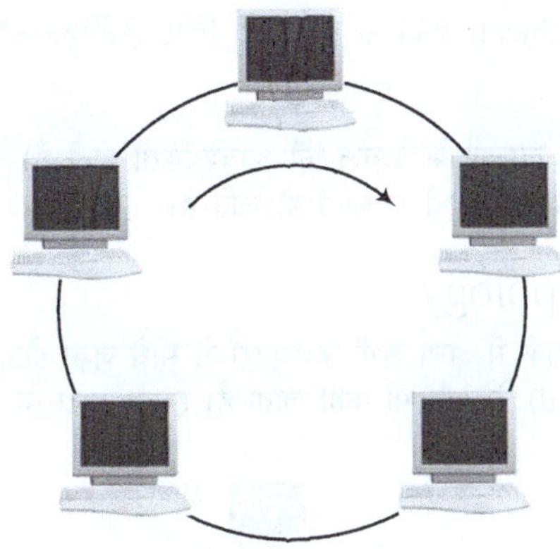

चित्र रिंग टोपोलॉजी

लाभ Advantages

इस टोपोलॉजी में सिग्नलों के खराब होने की स्थिति बहुत कम रहती है। इसके नेटवर्क में प्रत्येक वर्कस्टेशन भाग लेता है जोकि कमजोर सिग्नलों के पुनः निर्माण के लिए उत्तरदायी होता है।

हानि Disadvantages

1. इस टोपोलॉजी में यदि एक वर्कस्टेशन खराब हो जाता है तो पूरा नेटवर्क ही अव्यवस्थित हो जाता है।
2. इसमें ट्रैफिक यूनीडायरेक्शनल (unidirectional) होता है।

ट्री टोपोलॉजी Tree Topology

इस टोपोलॉजी में एक नोड से दूसरी नोड तथा दूसरी नोड से तीसरी नोड, एक पेड़ की शाखाओं की तरह आपस में जुड़ी होती हैं। इसलिए यह प्रणाली ट्री टोपोलॉजी कहलाती है। ट्री टोपोलॉजी, स्टार टोपोलॉजी का ही विस्तृत रूप है। इस टोपोलॉजी में रूट (root) नोड सर्वर की तरह कार्य करता है।

ट्री टोपोलॉजी का व्यवस्थापन निम्नवत् है

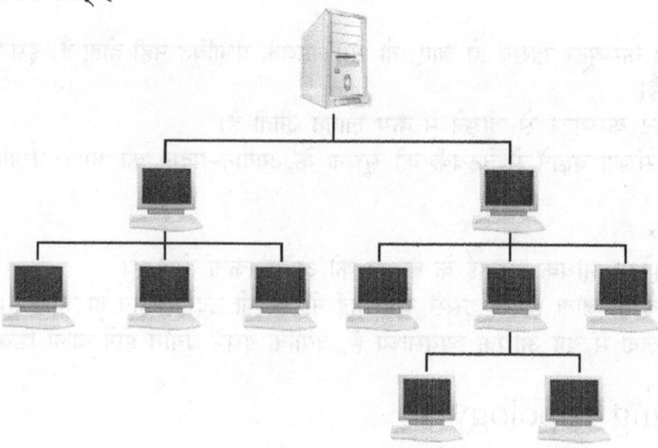

चित्र ट्री टोपोलॉजी

लाभ Advantages

1. इस टोपोलॉजी में नेटवर्क को आसानी से बढ़ाया जा सकता है।
2. यह टोपोलॉजी पदानुक्रम (hierarchical) डाटा के संचार के लिए सर्वाधिक उपयुक्त है।

हानि Disadvantages

1. बस टोपोलॉजी की अपेक्षा अधिक लम्बाई के केबल की आवश्यकता होती है।
2. हब खराब हो जाने पर उससे जुड़े नोड्स भी निष्क्रिय हो जाते हैं।

मैश टोपोलॉजी Mesh Topology

इस टोपोलॉजी का प्रत्येक कम्प्यूटर, नेटवर्क में अन्य सभी कम्प्यूटरों से सीधे जुड़ा होता है। इसी कारण से इसे प्वॉइण्ट-टू-प्वॉइण्ट नेटवर्क या पूर्ण संयोजित (completely connected) नेटवर्क भी कहा जाता है। इसके डाटा के आदान-प्रदान का प्रत्येक निर्णय कम्प्यूटर स्वयं लेने में समर्थ होता है।

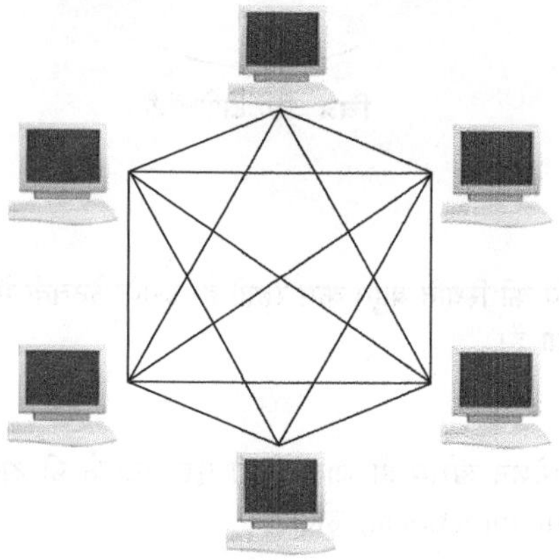

चित्र मैश टोपोलॉजी

लाभ Advantages

1. डिवाइसों के मध्य सम्बद्धता उपयोगी होती है।
2. डिवाइसों के मध्य तारों की स्थिति का कार्य पर कोई विपरीत प्रभाव नहीं होता है।
3. सुरक्षा की दृष्टि से यह अन्य टोपोलॉजी से अधिक बेहतर है।

हानि Disadvantages

1. इसमें अतिरिक्त केबलों का व्यवस्थापन अत्यन्त जटिल होता है।
2. तारों (wires) के मैश स्थिति में होने के कारण उन्हें क्षति पहुँचने की प्रबल सम्भावना रहती है।

हाइब्रिड टोपोलॉजी Hybrid Topology

दो या दो से अधिक प्रकार की टोपोलॉजी (बस, स्टार, रिंग इत्यादि) के संयोजन से हाइब्रिड टोपोलॉजी का निर्माण होता है। जब एक स्टार टोपोलॉजी को बस टोपोलॉजी से संयोजित किया जाता है या बस टोपोलॉजी को स्टार व रिंग इत्यादि टोपोलॉजी से संयोजित किया जाता है तो निर्मित टोपोलॉजी विविध टोपोलॉजी का हाइब्रिड स्वरूप होती है। इस टोपोलॉजी में किसी भी एक विशिष्ट टोपोलॉजी की विशेषताएँ या अभिलक्षण प्रदर्शित नहीं होते हैं, क्योंकि यह एक से अधिक टोपोलॉजी का मिश्रण होती है।

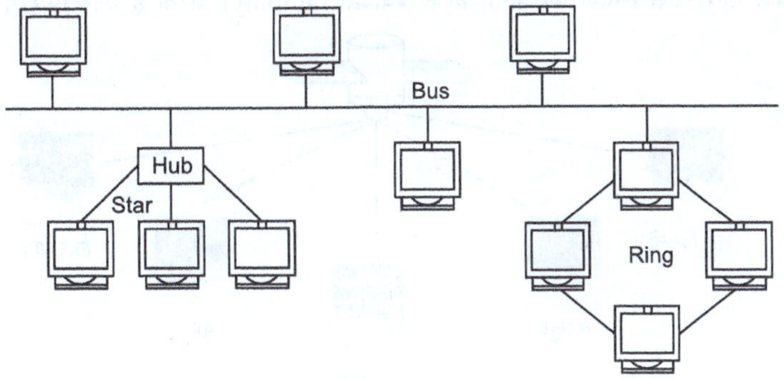

चित्र हाइब्रिड टोपोलॉजी

लाभ Advantages

1. यह टोपोलॉजी अन्य टोपोलॉजी की अपेक्षा अधिक विश्वसनीय है।
2. हाइब्रिड टोपोलॉजी का निर्माण उपलब्ध संसाधनों की अनुकूलता के अनुसार किया जा सकता है।
3. इस टोपोलॉजी में नए अवयवों को जोड़कर नेटवर्क का आकार आवश्यकतानुसार बढ़ाया जा सकता है।

हानि Disadvantages

1. इस टोपोलॉजी का बुनियादी ढाँचा महँगा होता है।
2. इस टोपोलॉजी का डिजाइन अत्यन्त जटिल होता है।

14.5 नेटवर्क के प्रकार Types of Network

कम्प्यूटर नेटवर्क में नेटवर्कों (networks) को उनके कम्प्यूटरों की भौगोलिक स्थिति के आधार पर निम्नलिखित भागों में बाँटा जाता है—

लोकल एरिया नेटवर्क Local Area Network, LAN

इस प्रकार के नेटवर्कों के सभी कम्प्यूटर एक सीमित क्षेत्र में स्थित होते हैं। यह क्षेत्र लगभग एक किलोमीटर की सीमा में होना चाहिए; जैसे—कोई बड़ी इमारत या इमारतों का समूह। लोकल एरिया नेटवर्क में जोड़े गए उपकरणों की संख्या अलग-अलग हो सकती है। इन उपकरणों को किसी संचार केबल द्वारा चित्रानुसार जोड़ा जाता है। लोकल एरिया नेटवर्क के द्वारा कोई संगठन अपने कम्प्यूटरों, टर्मिनलों, कार्यस्थलों तथा अन्य बाहरी उपकरणों को एक दक्ष (efficient) तथा मितव्ययी (cost effective) विधि से जोड़ सकता है, ताकि वे आपस में सूचनाओं का आदान-प्रदान कर सकें तथा सबको सभी साधनों का लाभ मिल सके।

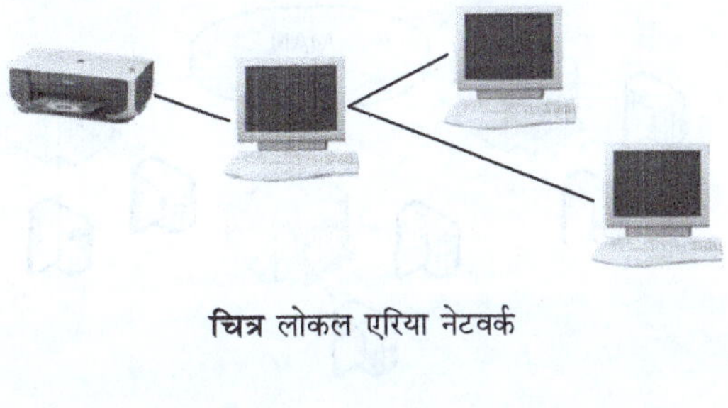

चित्र लोकल एरिया नेटवर्क

वाइड एरिया नेटवर्क Wide Area Network, WAN

वाइड एरिया नेटवर्क से जुड़े हुए कम्प्यूटर तथा उपकरण एक-दूसरे से हजारों किलोमीटर की भौगोलिक दूरी पर भी स्थित हो सकते हैं। इनका कार्यक्षेत्र कई महाद्वीपों तक फैला हो सकता है। यह एक बड़े आकार का डाटा नेटवर्क होता है। इसमें डाटा के संचरण की दर लोकल एरिया नेटवर्क की तुलना में कम होती है। अधिक दूरी के कारण प्राय: इनमें माइक्रोवेव स्टेशनों या संचार उपग्रहों (communication satellites) का प्रयोग सन्देश आगे भेजने वाले स्टेशनों की तरह किया जाता है। माइक्रोवेव नेटवर्क दो रिले टॉवरों के बीच आवाज या डाटा को रेडियो तरंगों के रूप में भेजते हैं। प्रत्येक टॉवर उस सन्देश को प्राप्त करके प्रवर्द्धित (amplify) करता है और फिर पुन: उसे आगे भेज देता है।

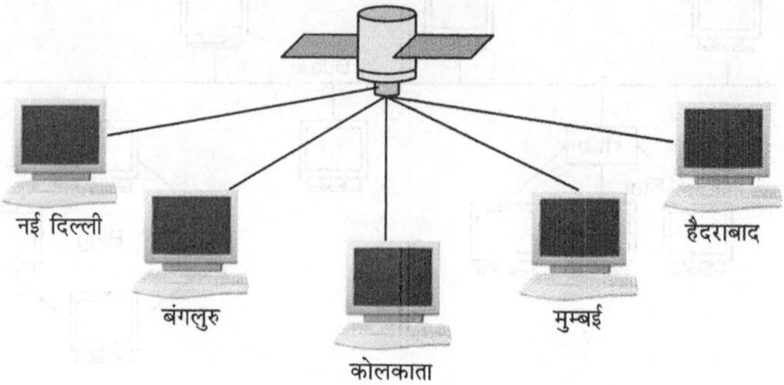

चित्र वाइड एरिया नेटवर्क

तालिका लोकल एरिया नेटवर्क (LAN) एवं वाइड एरिया नेटवर्क (WAN) में अन्तर

क्र. सं.	LAN	WAN
1.	लैन नेटवर्क का क्षेत्र 5 किमी से अधिक का नहीं होता है।	यह नेटवर्क पूरे देश के क्षेत्र को कवर करता है।
2.	डाटा ट्रांसमिशन की गति 10 Mbps की होती है।	डाटा ट्रांसमिशन की गति 1 Mbps से कम होती है।
3.	यह किसी भवन या ऑफिस के अन्दर ही स्थापित किया जा सकता है।	यह विभिन्न नगरों के बीच स्थापित किया जाता है।
4.	इसमें त्रुटियों की सम्भावना काफी कम होती है।	इसमें त्रुटियों की सम्भावना काफी अधिक होती है।

विश्वव्यापी डाटा कम्युनिकेशन नेटवर्कों का महत्त्व दिन-प्रतिदिन बढ़ता जा रहा है। वे आजकल के वित्तीय जगत (शेयर मार्केट, बैंक, वित्तीय संस्थाओं आदि) के लिए अनिवार्य होते जा रहे हैं।

मेट्रोपोलिटन एरिया नेटवर्क Metropolitan Area Network, MAN

जब बहुत सारे लोकल एरिया नेटवर्क अर्थात् लैन (LAN) किसी नगर या शहर के अन्दर एक-दूसरे से जुड़े रहते हैं तो इस प्रकार के नेटवर्क को मेट्रोपोलिटन एरिया नेटवर्क कहा जाता है। इसे संक्षेप में मैन (MAN) भी कहते हैं जिसकी गति 10-100 Mbits/sec होती है। ये काफी महँगे नेटवर्क होते हैं, जो फाइबर ऑप्टिक केबल से जुड़े होते हैं। ये टेलीफोन या केबल ऑपरेटर और माइक्रोवेव लिंक द्वारा प्रदान किए जाते हैं।

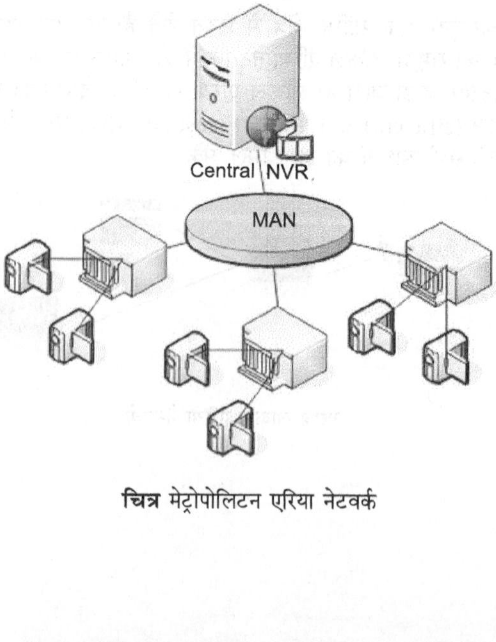

चित्र मेट्रोपोलिटन एरिया नेटवर्क

14.6 संचार नेटवर्किंग Communication Networking

डाटा का संचार माध्यम के द्वारा ही सम्भव है और यह माध्यम ही संचार के क्षेत्र में संचार नेटवर्किंग कहलाता है। कम्प्यूटर नेटवर्क के सम्बन्ध में यह माध्यम मुख्यत: दो; वायर एवं वायरलैस प्रकार का होता है।

वायर नेटवर्किंग Wire Networking

संचार की वायर नेटवर्किंग में डाटा का संचरण विविध प्रकार के नेटवर्किंग तारों के माध्यम से किया जाता है। इन तारों के द्वारा डाटा का संचार विशेष धात्विक पथ (path) से होता है जोकि कॉपर, सिल्वर इत्यादि से निर्मित होते हैं। सामान्यत: ये निम्नलिखित प्रकार के होते हैं

ईथरनेट केबल या ट्विस्टेड पेयर केबल Ethernet Cable or Twisted Pair Cable

इस प्रकार के केबल में तार आपस में गुंथे (twisted) होते हैं, जिसके ऊपर एक कुचालक पदार्थ तथा एक अन्य परत का बाहरी आवरण (जिसे जैकेट कहते हैं) लगा होता है। दोनों में से एक तार सिग्नल्स को प्राप्तकर्ता तक पहुँचाने के लिए तथा दूसरा अर्थिंग के लिए उपयोग किया जाता है। इस केबल का प्रयोग छोटी दूरी में डाटा संचार के लिए करते हैं। इस तार का प्रयोग लोकल एरिया नेटवर्क (LAN) में किया जाता है। ट्विस्टेड पेयर केबल दो प्रकार के होते हैं

अनशील्डिड ट्विस्टेड पेयर केबल Unshielded Twisted Pair (UTP) Cable

यह सबसे साधारण केबल है। इसकी फ्रीक्वेंसी रेंज डाटा तथा वॉयस, दोनों प्रकार के ट्रांसमिशन के लिए उपयुक्त है।

शील्डिड ट्विस्टेड पेयर केबल Shielded Twisted Pair (STP) Cable

शील्डिड ट्विस्टेड पेयर केबल का प्रयोग इलेक्ट्रॉनिक नॉयस (electronic noise) से बचने के लिए किया जाता है। STP केबल UTP केबल की तुलना में महँगे होते हैं।

कोएक्सल केबल Coaxial Cable

इस केबल के द्वारा उच्च आवृत्ति वाले डाटा को संचारित किया जाता है। यह केबल उच्च गुणवत्ता का संचार माध्यम है। इस तार को जमीन या समुद्र के नीचे से ले जाया जाता है। इस केबल के केन्द्र में ठोस तार होता है, जो चारों ओर से कुचालक तार (wire) द्वारा घिरा होता है। इस कुचालक तार के ऊपर तार की जाली बनी होती है, जिसके ऊपर फिर कुचालक की परत होती है। यह तार अपेक्षाकृत महँगा होता है, किन्तु इसमें अधिक डाटा संचार की क्षमता होती है। इसका प्रयोग टेलीविज़न नेटवर्क में किया जाता है।

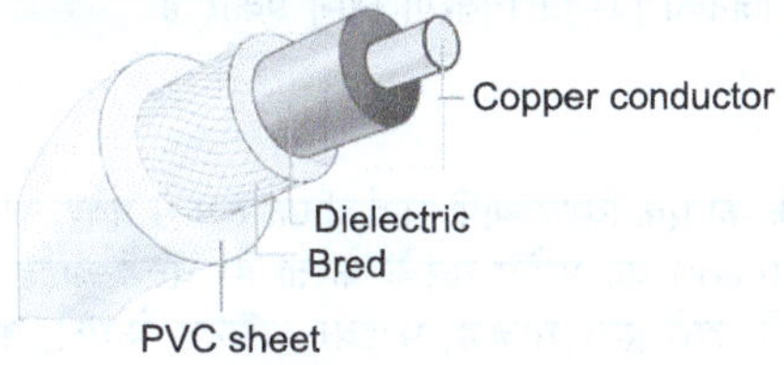

चित्र कोएक्सल केबल

फाइबर-ऑप्टिक केबल Fibre-optic Cable

यह एक नई तकनीक है, जिसमें धातु के तारों के स्थान पर विशिष्ट प्रकार के काँच या प्लास्टिक के फाइबर का उपयोग डाटा संचार के लिए करते हैं। ये केबल हल्के तथा तीव्र गति वाले होते हैं। इस केबल का प्रयोग टेलिकम्युनिकेशन और नेटवर्किंग के लिए होता है।

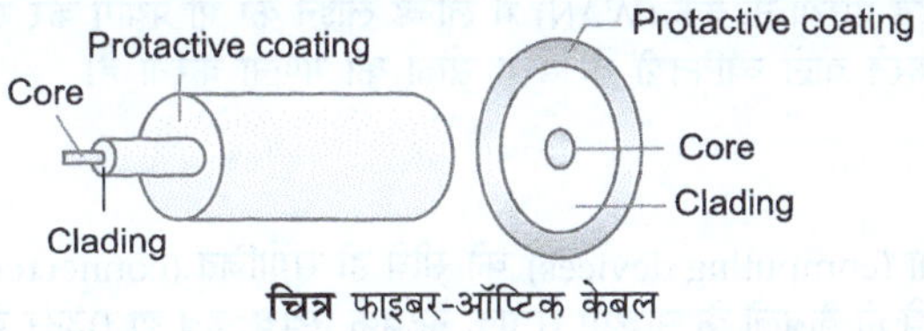

चित्र फाइबर-ऑप्टिक केबल

वायरलैस नेटवर्किंग Wireless Networking

इस नेटवर्किंग में डाटा का प्रवाह, बिना तारों वाले संचार माध्यमों के द्वारा होता है। इस मीडिया में डाटा का प्रवाह तरंगों के माध्यम से होता है। इस माध्यम में डाटा का संचार बिना तारों (तरंगों के द्वारा) के द्वारा होने के कारण इन्हें 'अनगाइडिड मीडिया या वायरलैस नेटवर्किंग' कहा जाता है। कुछ वायरलैस नेटवर्किंग का विवरण अग्र प्रकार है

रेडियोवेव संचार Radiowave Communication

जब दो टर्मिनल रेडियो आवृत्तियों (radio frequencies) के माध्यम से सूचना का आदान-प्रदान करते हैं, तो इस प्रकार के संचार को रेडियोवेव संचार कहा जाता है। ये रेडियो तरंगें सर्वदिशात्मक (omnidirectional) होती हैं तथा लम्बी दूरी के संचार के लिए प्रयोग की जा सकती हैं। रेडियोवेव संचार वायर तकनीक से सस्ता होता है तथा अधिक मोबिलिटी (mobility) प्रदान करता है, परन्तु इस पर वर्षा, धूल आदि का बुरा प्रभाव पड़ता है।

माइक्रोवेव संचार Microwave Communication

इस सिस्टम में सिग्नल्स बिना किसी माध्यम के रेडियो सिग्नल्स की भाँति संचारित होते हैं। इस सिस्टम में सूचना का आदान-प्रदान आवृत्तियों के माध्यम से किया जाता है। माइक्रोवेव एक प्रकार की इलेक्ट्रोमैग्नेटिक (Electromagnetic) तरंगें होती हैं, जिनकी आवृत्ति लगभग 0.3 GHz से 300 GHz के मध्य होती है तथा यह एकल-दिशात्मक (Uni-directional) होती है। यह कोएक्सल केबल की तुलना में तीव्र गति से संचार प्रदान करता है। इनमें बैण्डविड्थ अधिक होती है, किन्तु इन पर वर्षा, धूल आदि (अर्थात् खराब मौसम) का बुरा प्रभाव पड़ता है। इसका प्रयोग सेल्युलर नेटवर्क तथा टेलीविज़न ब्रॉडकास्टिंग में किया जाता है।

इन्फ्रारेड वेव संचार Infrared Wave Communication

इन्फ्रारेड वेव छोटी दूरी के संचार हेतु प्रयुक्त की जाने वाली उच्च आवृत्ति की तरंगें होती हैं। ये तरंगें ठोस ऑब्जेक्ट्स (solid objects); जैसे-दीवार आदि के आर-पार नहीं जा सकती हैं। ये मुख्यत: टीवी रिमोट, वायरलैस स्पीकर आदि में प्रयोग में लायी जाती हैं।

सैटेलाइट संचार Satellite Communication

सैटेलाइट संचार तीव्र गति का डाटा संचार माध्यम है। यह लम्बी दूरी के संचार के लिए सबसे आदर्श संचार माध्यम होता है। अन्तरिक्ष में स्थित सैटेलाइट (उपग्रह) को जमीन पर स्थित स्टेशन से सिग्नल भेजते हैं तथा सैटेलाइट उस सिग्नल का विस्तार करके, उसे किसी दूसरे दूर स्थित स्टेशन पर वापस भेज देता है। इस सिस्टम के द्वारा एक बड़ी मात्रा में डाटा को अधिकतम दूरी तक भेजा जा सकता है। इसका प्रयोग मोबाइल फोन, टीवी तथा इण्टरनेट आदि के लिए सिग्नल्स भेजने में होता है।

14.7 नेटवर्क तकनीकें Network Technologies

कम्प्यूटर नेटवर्क एवं मोबाइल नेटवर्क में डाटा एवं सूचनाओं को एक स्रोत से अन्य स्रोत तक प्रेषित करने के लिए वर्तमान में विविध प्रकार की तकनीकों का उपयोग किया जाता है, जिनका विस्तृत विवरण निम्न प्रकार है

इण्टरनेट Internet

इण्टरनेट, अन्तर्सम्बद्ध कम्प्यूटर नेटवर्क का एक विश्वव्यापी सार्वजनिक रूप से प्रवेश योग्य नेटवर्क है, जो डाटा का स्थानान्तरण मानक इण्टरनेट प्रोटोकॉल (standard internet protocol) का प्रयोग करके करता है। वर्ल्ड वाइड वेब तथा इण्टरनेट समान पद नहीं होते हैं। इण्टरनेट, अन्तर्सम्बद्ध कम्प्यूटर नेटवर्क, कॉपर के तारों द्वारा सम्बद्ध, फाइबर ऑप्टिक केबल, तार रहित इलेक्ट्रॉनिक विद्युत चुम्बकीय तरंगों से सम्बद्ध आदि का एक संग्रह है जबकि वेब अन्तर्सम्बद्ध डॉक्यूमेण्ट्स तथा अन्य स्रोतों का एक संग्रह है, जो हाइपरलिंक तथा URLs के द्वारा जुड़ा होता है। वर्ल्डवाइड वेब एक ऐसी सर्विस है जो इण्टरनेट से ई-मेल, फाइलों का साझा, ऑनलाइन गेमिंग आदि को प्रवेश योग्य बनाती है।

इण्ट्रानेट Intranet

इण्ट्रानेट एक व्यक्तिगत नेटवर्क है, जो एक ही उद्यम में सम्मिलित होता है। यह बहुत-से अन्तर्सम्बद्ध लोकल एरिया नेटवर्क (LAN) को अपने में सम्मिलित कर सकता है तथा वाइड एरिया नेटवर्क (WAN) में लीज्ड लाइन का भी प्रयोग कर सकता है। इण्ट्रानेट का मुख्य उद्देश्य कम्पनी की सूचनाओं को साझा तथा कार्य करने वाले व्यक्तियों के मध्य स्रोतों की गणना करना है।

ईथरनेट Ethernet

ईथरनेट केबल कम्प्यूटिंग युक्तियों (computing devices) को सीधे ही संयोजित (connected) करने वाले ईथरनेट केबल का एक प्रकार है। इस केबल की मुख्य विशिष्टि सीधे ही केबलों के माध्यम से एक नेटवर्क स्विच, हब या राउटर को होस्ट नेटवर्क इण्टरफेस कण्ट्रोलर (कम्प्यूटर या उसी के समान कोई अन्य युक्ति) से संयोजित करना है।

ब्लूटूथ Bluetooth

ब्लूटूथ स्थायी एवं गतिशील यन्त्रों से छोटी/लघु दूरियों के बीच कम लम्बाई वाली रेडियो तरंगों का उपयोग करते हुए, आँकड़ों का आदान-प्रदान करने वाली एक स्वतन्त्र वायरलैस तकनीक का मानक है, जोकि उच्चस्तरीय सुरक्षा के साथ एक Personal Area Network (PAN) का निर्माण

करता है। यह सिन्क्रोनाइजेशन (synchronisation) की समस्या को दूर करते हुए, कई सारे यन्त्रों को एक समय में आपस में जोड़ या सम्बद्ध कर सकता है। इसका आविष्कार एक टेलिकॉम विक्रेता एरिक्सन (Ericsson) द्वारा वर्ष 1994 में किया गया था। ब्लूटूथ में एक विशेष प्रकार की रेडियो तकनीक, जिसे **फ्रीक्वेन्सी हॉपिंग स्प्रेड स्पेक्ट्रम** कहते हैं, का उपयोग किया जाता है जो भेजे जाने वाले आँकड़ों को टुकड़ों/खण्डों में विभाजित कर देता है तथा पुनः 2402-2480 MHz के प्रसार के मध्य इसके खण्डों को 1 MHz की चौड़ाई वाले 79 बैण्ड्स तक प्रसारित करता है। ब्लूटूथ से युक्त यन्त्र रेडियो दूरसंचार प्रणाली का उपयोग करते हैं इसलिए इन्हें एक-दूसरे के आमने-सामने एक रेखा में रखना अनिवार्य नहीं होता है।

वाई-फाई Wi-Fi

वाई-फाई इलेक्ट्रॉनिक डिवाइसों को वायरलैस तरीके से सम्बद्ध करने के लिए एक मैकेनिज्म है। कोई भी एक डिवाइस वाई-फाई के साथ कार्य करने योग्य होती है; जैसे एक व्यक्तिगत कम्प्यूटर, वीडियो गेम कन्सोल, स्मार्ट फोन या डिजिटल ऑडियो प्लेयर आदि। एक वायरलैस नेटवर्क एक्सेस बिन्दु के द्वारा इण्टरनेट से सम्बद्ध हो सकते हैं। एक एक्सेस बिन्दु (या हॉटस्पॉट) घर के अन्दर 20 मी (65 फीट) तक की परास (range) तथा घर के बाहर इससे अधिक परास रखता है। बहुत-से ओवरलैपिंग (लगभग एकसमान) एक्सेस बिन्दु बड़े आकार वाले क्षेत्रों को घेर सकते हैं।

मोबाइल नेटवर्किंग Mobile Networking

मोबाइल नेटवर्किंग एक ऐसी तकनीक है, जो रेडियो ट्रांसमिशन के माध्यम से आवाज एवं डाटा नेटवर्क को वायरलैस कनैक्टिविटी (connectivity) प्रदान करती है। मोबाइल नेटवर्किंग का मुख्य अनुप्रयोग मोबाइल फोन है। मोबाइल फोन एक पोर्टेबल टेलीफोन है जोकि सैल साइट (बेस स्टेशन) या ट्रांसमीटिंग टावर के द्वारा कॉल (call) को प्रेषित (transmitt) एवं प्राप्त (receive) करता है। सैलफोन को ट्रांसफर सिग्नल प्रदान करने एवं प्रेषित करने के लिए रेडियो तरंगें प्रयोग की जाती हैं। आधुनिक मोबाइल फोन नेटवर्क में सैल (cell) का प्रयोग किया जाता है। सैल-साइट एवं हैण्डसेट कम्प्यूटर नियन्त्रक के अन्दर आवृत्ति को परिवर्तित करता है एवं निम्न पावर ट्रांसमीटर का उपयोग करता है। लाइन-ऑफ-साइट हानि से बचने के लिए बड़े भौगोलिक क्षेत्रों को छोटे सैलों (cells) में विभाजित किया जाता है एवं उस क्षेत्र की सभी सक्रिय फोन लाइनों को सपोर्ट प्रदान करता है। सभी सैल साइट, टेलीफोन एक्सचेंजर (telephone exchanger) या स्विच से संयोजित की जाती हैं जोकि पब्लिक टेलीफोन नेटवर्क से जुड़ी हुई होती हैं। मोबाइल फोन GSM, CDMA एवं AMPS मोबाइल तकनीकों का उपयोग करते हैं।

14.8 इण्टरनेट एवं इण्ट्रानेट में अन्तर Difference Between Internet and Intranet

कार्य के दृष्टिकोण से इण्टरनेट एवं इण्ट्रानेट में विभिन्न अन्तर होते हैं, जिन्हें हम निम्न तालिका के माध्यम से समझ सकते हैं

क्र. सं.	**इण्टरनेट** (Internet)	**इण्ट्रानेट** (Intranet)
1.	इण्टरनेट सभी संचार युक्तियों (कम्प्यूटर्स) के लिए एक वर्ल्ड वाइड एवं ओपन अन्तः संयोजन है।	इण्ट्रानेट एक ऐसा नेटवर्क है, जोकि यूजर के विशिष्ट समूहों अथवा संस्था के लिए निर्मित किया जाता है।
2.	इण्टरनेट में बड़ी संख्या में इण्ट्रानेट निहित होते हैं। 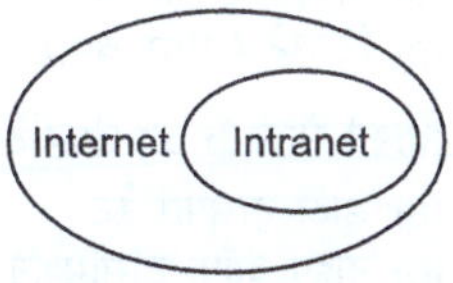	इण्ट्रानेट को शर्तों (restrictions) सहित इण्टरनेट द्वारा एक्सेस (access) किया जा सकता है।
3.	इण्टरनेट को प्रयोग करने वाले यूजर असीमित होते हैं।	इसके यूजर सीमित होते हैं।
4.	इसमें विजिटर ट्रैफिक (visitor traffic) असीमित होता है।	इण्टरनेट का ही उपवर्ग होने के कारण इसका विजिटर ट्रैफिक सीमित होता है।
5.	इसमें जानकारी/सूचना के स्रोत असीमित मात्रा में निहित होते हैं।	विशिष्ट समूहों के लिए निर्मित होने के कारण इसमें केवल विशिष्ट उद्देश्यों से निहित जानकारी/सूचना ही होती है।
6.	यह विभिन्न LANs, WANs एवं MANs का संग्रह होता है।	इसमें LANs, WANs, एवं MANs में से किसी एक का ही प्रयोग किया जाता है।

अभ्यास प्रश्न

परीक्षा प्रारूपी प्रश्न

बहुविकल्पीय

1. कम्प्यूटर की नेटवर्किंग से लाभ हैं
(a) साधनों का साझा (b) डाटा का तीव्र सम्प्रेषण
(c) विश्वसनीयता (d) ये सभी

2. कम्प्यूटर नेटवर्क के अवयवों में शामिल हैं
(a) सर्वर (b) नोड
(c) नेटवर्क कार्ड (d) ये सभी

3. निम्न में से किसकी गति सबसे तीव्र होती है?
(a) LAN (b) MAN
(c) WAN (d) इनमें से कोई नहीं

4. निम्न में से किसमें त्रुटियों की सम्भावना सबसे अधिक होती है?
(a) LAN (b) MAN
(c) WAN (d) इनमें से कोई नहीं

5. निम्न में से किस नेटवर्क टोपोलॉजी को Completely Connected नेटवर्क भी कहा जाता है?
(a) स्टार टोपोलॉजी (b) बस टोपोलॉजी
(c) रिंग टोपोलॉजी (d) मैश टोपोलॉजी

6. ब्रॉडबैण्ड कनेक्शन के लिए निम्न में से किसका प्रयोग नहीं किया जाता है?
(a) डिजिटल सब्सक्राइबर लाइन
(b) ऑप्टिकल फाइबर केबल
(c) इन्फ्रारेड लाइन
(d) उपरोक्त में से कोई नहीं

7. लैन (LAN) में डाटा ट्रांसमिशन की गति लगभग ……. होती है।
(a) 1000 Mbps (b) 10 Mbps
(c) 100 Mbps (d) 1 Mbps

8. निम्न में से किस अवस्था में डाटा का संचरण एक ही समय में दोनों दिशाओं में सम्भव है?
(a) सिम्प्लेक्स (b) अर्द्ध-डुप्लेक्स
(c) पूर्ण-डुप्लेक्स (d) ये सभी

9. इस प्रोटोकॉल के अन्तर्गत कम्प्यूटर को इण्टरनेट से सीधे जोड़ा जाता है व इसमें एक डायल अकाउण्ट व मॉडम की आवश्यकता पड़ती है
(a) Telent
(b) Usenet-प्रोटोकॉल
(c) प्वॉइण्ट-टू-प्वॉइण्ट प्रोटोकॉल
(d) WAP

10. ……. टोपोलॉजी में नेटवर्क कम्पोनेन्ट एक ही केबल से कनेक्ट किए जाते हैं।
(a) स्टार (b) रिंग
(c) बस (d) मैश

11. कोएक्सल केबल के माध्यम से इण्टरनेट की सुविधा को उपलब्ध कराने की प्रक्रिया के लिए प्रयोग होता है
(a) डायल-अप कनेक्शन (b) मॉडम
(c) सेटअप बॉक्स (d) केबल मॉडल

12. मॉडम किसके साथ कनेक्ट किया जाता है?
(a) प्रोसेसर (b) मदरबोर्ड
(c) फोन लाइन (d) प्रिण्टर

13. एक स्थान से दूसरे स्थान पर कम्प्यूटराइज़्ड डाटा का संचरण कहलाता है
(a) डाटा ट्रांसफर (b) डाटा फ्लो
(c) डाटा सम्प्रेषण (d) माइक्रोवेव

14. नीचे दिए गए समूहों में से भिन्न पद को पहचानिए
(a) कोएक्सल केबल (b) ऑप्टिकल फाइबर
(c) ट्विस्टेड पेयर वायर (d) माइक्रोवेव

15. किसी नेटवर्क का बैण्डविड्थ है
(a) डाटा ट्रांसफर रेट
(b) टाइप ऑफ ट्रांसमिशन
(c) नम्बर ऑफ कम्प्यूटर्स
(d) आई पी क्लास एड्रेस

विविध प्रारूपी प्रश्न

सत्य/असत्य

1. नेटवर्किंग में एक से अधिक अवयवों को आपस में जोड़ा जाता है।
2. किसी नेटवर्क में डाटा के ट्रांसफर की मूल तकनीक को पैकेट स्विचिंग कहा जाता है।
3. नोड का अर्थ तारों (wires) से है।
4. बस टोपोलॉजी में एक लम्बे केबल से डिवाइस जुड़े होते हैं।
5. वर्कस्टेशन, नेटवर्क को सेवा प्रदान करते हैं।

रिक्त स्थानों की पूर्ति

1. .... नियमों का एक सेट है।
2. LAN से जुड़े कम्प्यूटर .... शेयर करते हैं।
3. .... टोपोलॉजी में नेटवर्क कम्पोनेन्ट एक ही केबल से कनेक्ट किए जाते हैं।
4. हब .... नेटवर्क से सम्बन्धित है।
5. नोड्स को .... भी कहा जाता है।

अतिलघु उत्तरीय

1. नेटवर्किंग से क्या लाभ हैं?
2. नेटवर्क में नोड्स का क्या कार्य होता है?
3. डाटा का रेडियो तरंगों के रूप में आदान-प्रदान कौन करता है?
4. ब्लूटूथ का प्रयोग कितनी दूरी की रेंज तक किया जा सकता है?
5. एनालॉग सिग्नल्स को डिजिटल सिग्नल्स में बदलने की प्रक्रिया को क्या कहते हैं?

लघु उत्तरीय

1. क्लाइण्ट कम्प्यूटर एवं सर्वर कम्प्यूटर में क्या अन्तर है?
2. फाइल ट्रांसफर प्रोटोकॉल की उपयोगिता क्या है?
3. नेटवर्क सुरक्षा उपकरणों से नेटवर्क को कैसे सुरक्षित किया जा सकता है?
4. कम्प्यूटर नेटवर्क से आपका क्या तात्पर्य है? LAN, MAN, WAN को समझाइए।
5. किसी कम्प्यूटर सिस्टम के IP एड्रेस के क्या अभिप्राय हैं? स्पष्टीकरण कीजिए।

दीर्घ उत्तरीय

1. कम्प्यूटर के मध्य नेटवर्किंग स्थापित करने के लिए आवश्यक विभिन्न अवयवों की विवेचना कीजिए।
2. क्लाइण्ट सर्वर तकनीक क्या है? संक्षेप में वर्णन कीजिए।
3. वायर्ड (wired) नेटवर्किंग तकनीक में उपयोग होने वाले तीन प्रकार के केबलों की व्याख्या कीजिए।
4. विभिन्न प्रकार की नेटवर्क टोपोलॉजी पर एक संक्षिप्त टिप्पणी लिखिए।
5. नेटवर्कों पर ध्वनि संचार का वितरण किसकी सहायता से होता है? उल्लेख कीजिए।

उत्तरमाला

बहुविकल्पीय

1. (d) **2.** (d) **3.** (a) **4.** (d) **5.** (d) **6.** (c) **7.** (b) **8.** (c) **9.** (c) **10.** (b)
11. (d) **12.** (c) **13.** (c) **14.** (d) **15.** (a)

सत्य/असत्य

1. सत्य **2.** सत्य **3.** असत्य **4.** सत्य **5.** असत्य

रिक्त स्थानों की पूर्ति

1. प्रोटोकॉल **2.** इन्फॉर्मेशन **3.** बस **4.** स्टार **5.** वर्कस्टेशन

❑❑❑

संचार माध्यम
Communication Media

परिचय Introduction

सूचना प्रवाह सम्बन्धी सभी तकनीकें संचार पर ही आधारित होती हैं, क्योंकि संचार प्रणाली के द्वारा ही सूचनाओं का आदान-प्रदान सम्भव है। कम्प्यूटर नेटवर्क में संचार प्रणाली को क्रियाशील एवं सुगम बनाने में संचार साधनों की महती भूमिका होती है जिनकी अनुपस्थिति में नेटवर्किंग प्रणाली का क्रियान्वयन करना सम्भव नहीं है। डेटा एवं सूचना को प्राप्त एवं प्रेषित करने के लिए संचार साधनों की आवश्यकता पड़ती है। नेटवर्किंग में विविध कम्प्यूटरों को संयोजित किया जाता है जिनमें संचार माध्यम ही संचार चैनल के समान कार्य करते हैं। किसी कम्प्यूटर नेटवर्क के सम्प्रेषण के सुगम एवं सुचारु प्रचालन में नेटवर्क अवयव सहायक होते हैं, इनके प्रयोग से प्रमाणित यूजर किसी अन्य कम्प्यूटर का डेटा तथा सूचनाएँ सरलता से एक्सेस कर सकता है। इस अध्याय में हम संचार साधनों का विस्तृत अध्ययन करेंगे।

15.1 संचार साधन Communication Media

संचार प्रणाली में किसी नेटवर्क के विभिन्न बिन्दुओं अर्थात् नोड्स (nodes) को अन्त: संयोजित करने के लिए संचार साधनों का प्रयोग किया जाता है। आमतौर पर संचार साधन (communication media) बाउण्डेड (bounded) एवं अनबाउण्डेड (unbounded) प्रकार के होते हैं। बाउण्डेड मीडिया के अन्तर्गत व्यावर्तित युग्म केबल, समाक्षीय केबल एवं ऑप्टिकल फाइबर्स इत्यादि आते हैं जबकि वायु तरंगें, जिन पर रेडियो, माइक्रोवेव एवं इन्फ्रारेड तरंगें इत्यादि ब्रॉडकास्ट की जाती हैं, अनबाउण्डेड मीडिया के अन्तर्गत आते हैं। टेलीफोन, केबल लिंक एवं LAN इत्यादि प्रणालियों में संचार के लिए बाउण्डेड मीडिया (bounded media) का प्रयोग किया जाता है। इन साधनों का प्रयोग विभिन्न युक्तियों को नेटवर्क के साथ सम्बद्ध करने के लिए किया जाता है। इनका वर्णन निम्न प्रकार है

व्यावर्तित युग्म केबल Twisted Pair Cable

आप आज के लोकल एरिया नेटवर्क (LAN) में देख सकते हैं कि ट्विस्टेड पेयर केबल, केबलिंग का एक प्रचलित उभयनिष्ठ तरीका है। तारों का युग्म एक परिपथ बनाता है, जो डेटा को पहुँचाने का काम करते हैं। तारों के युग्म घुमावदार होते हैं, जो फोन पर एक-दूसरे से बात करने व एक-दूसरे से सटे हुए युग्मों के कारण उत्पन्न शोर से सुरक्षा प्रदान करते हैं। जब एक तार में विद्युत धारा का प्रवाह होता है, तो विद्युत धारा तारों के अनुदिश एक चुम्बकीय क्षेत्र उत्पन्न करती है। यह क्षेत्र आस-पास के तारों पर सिग्नलों के साथ हस्तक्षेप कर सकता है। इसको समाप्त करने को, तारों के युग्म सिग्नलों को विपरीत दिशाओं में पकड़ते हैं। इस प्रकार दो चुम्बकीय क्षेत्र विपरीत दिशाओं में भी दिखाई पड़ते हैं तथा एक-दूसरे को बाहर ही समाप्त करते हैं। इस प्रक्रिया को समाप्तिकरण कहते हैं। यह कम भार का, आसानी से इन्स्टॉल होने वाला, मितव्ययी तथा विभिन्न प्रकार के नेटवर्कों को सम्भालने वाला होता है। यह 100 mbps की गति को भी सम्भालता है। ट्विस्टेड पेयर केबलिंग (घुमावदार युग्मों के तार) ठोस या स्ट्रेण्डेड कॉपर, जो एक-दूसरे के अनुदिश मुड़े हुए होते हैं, से बनते हैं। तारों का घुमाव इलेक्ट्रोमैग्नेटिक हस्तक्षेप तथा आर-पार बात को कम करने हेतु किया जाता है। केबल के अन्दर युग्मों की संख्या उसके प्रकार पर निर्भर करती है। कॉपर का अन्त:भाग सामान्यत: 22-AWG या 24-AWG है, जिसका मानक मापन अमेरिकन वायर गेज है।

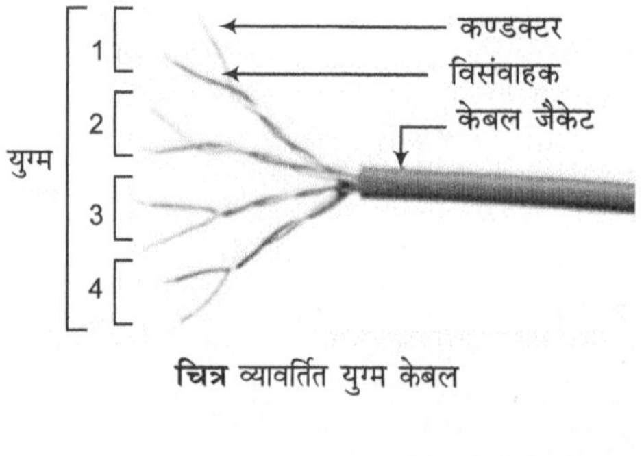

चित्र व्यावर्तित युग्म केबल

व्यावर्तित युग्म केबल दो प्रकार के होते हैं, जोकि निम्न प्रकार हैं

कवचरहित व्यावर्तित युग्म केबल Unshielded Twisted Pair (UTP) Cable

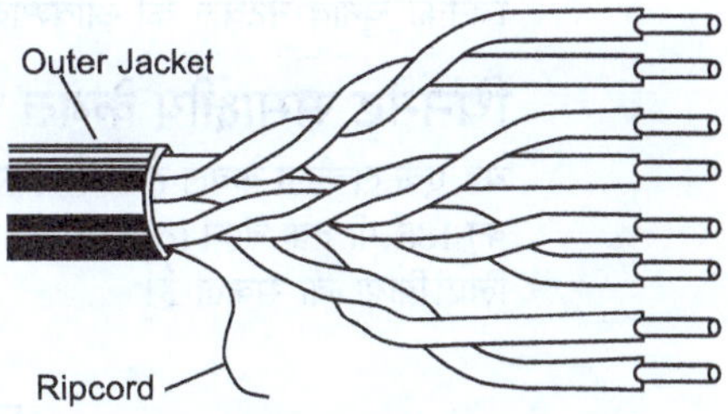

चित्र कवचरहित व्यावर्तित युग्म केबल

कवचरहित घुमावदार युग्म का केबल एक प्रचलित नेटवर्क माध्यम है। इसका प्रकार इसकी स्थिति पर निर्भर इस प्रकार कर सकता है कि यह ध्वनि या डेटा वर्ग में से किस प्रकार का है। UTP केबल सामान्यत: 100 ओह्म की प्रतिबाधा रखते हैं। UTP की कीमत STP की तुलना में कम होती है तथा इनके बहुत ज्यादा प्रयोग होने के कारण ये आसानी से उपलब्ध हो जाते हैं। यहाँ पर डेटा केबलिंग के पाँच स्तर होते हैं। कवचरहित घुमावदार युग्म (UTP), कलर-कोडेड प्लास्टिक इन्सुलेशन में चार पतले कॉपर के तार रखता है, जो एक-दूसरे के साथ चारों ओर से घिरा होता है। UTP कनेक्टर में जो केबल प्रयोग होते हैं, वे रजिस्टर्ड जैक (RJ-45) कनेक्टर कहलाते हैं। UTP केबल छोटे व्यास के होते हैं तथा इनको भू-सम्पर्कित करने की आवश्यकता नहीं होती है। UTP केबलों के लिए यहाँ कोई कवच नहीं होता है इसलिए यह शोर से बचने के लिए रद्द करने पर निर्भर करता है। UTP केबल विभिन्न प्रकार की श्रेणियाँ रखता है। UTP केबल की प्रत्येक श्रेणी एक विशिष्ट प्रकार के सम्प्रेषण या प्रवाह दर के लिए डिजाइन हो चुकी है। वर्तमान दिनों में सबसे ज्यादा प्रयोग होने वाली प्रचलित श्रेणियाँ 5, 5e तथा 6 हैं, जो प्रवाह दर को 1000 Mbps (1Gbps) के ऊपर तक पहुँचा सकती हैं।

तालिका विभिन्न UTP श्रेणियों की प्रवाह दर

UTP **श्रेणी**	**उद्देश्य**	**प्रवाह दर**
श्रेणी 1	केवल ध्वनि (आवाज)	4 Mbps
श्रेणी 2	डेटा	10 Mbps
श्रेणी 3	डेटा	16 Mbps
श्रेणी 4	डेटा	100 Mbps
श्रेणी 5	डेटा	1 Gbps
श्रेणी 6	डेटा	1/10 Gbps

कवच सहित व्यावर्तित युग्म केबल Shielded Twisted Pair (STP) Cable

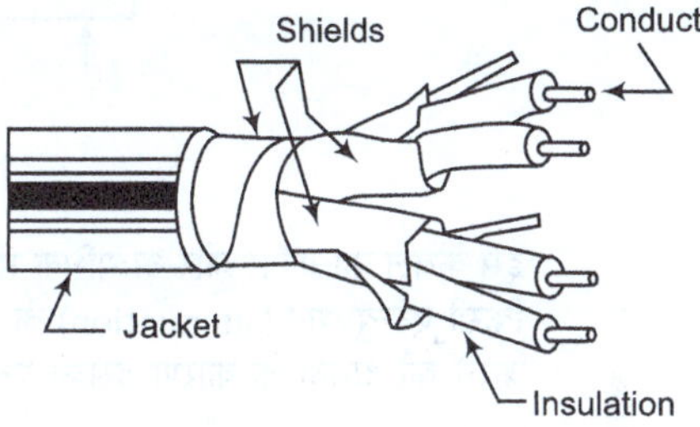

चित्र कवच सहित व्यावर्तित युग्म केबल

यह केबल UTP के समान ही होता है, परन्तु इसमें जाल परिरक्षण कार्य हेतु जाल उपस्थित होता है, जो इलेक्ट्रोमैग्नेटिक हस्तक्षेप से इसे सुरक्षित रखता है तथा जो उच्च प्रवाह दर के लिए अनुमति देता है।

इस केबल में ब्रेडेड मेटॉलिक तार की एक अतिरिक्त परत होती है, जोकि केबल की जैकेट की सतह के ठीक नीचे होती है एवं लिपटे हुए तारों को सुरक्षा प्रदान करती है। इस अतिरिक्त जैकेट के कारण इस केबल में बाह्य इण्टरफेस से प्रेषित (transmitt) किए गए डेटा की सुरक्षा होती है।

SCTP **केबल** SCTP Cable

UTP एवं STP केबलों का हाइब्रिड (hybrid) रूप SCTP कहलाता है। इस केबल का पूर्ण रूप स्क्रीन ट्विस्टेड-युग्म केबल (screened twisted-pair cable) है। इसे FTP (foiled twisted pair) के नाम से भी जाना जाता है। SCTP केबल में 24 AWG, 100Ω के कवचरहित युग्म होते हैं। यह केबल लगभग UTP केबल के समान ही होता है, परन्तु इसमें अन्तर यह है कि SCTP केबल में इसके चारों युग्म पूर्णरूप से फॉयल शील्ड (foil shield) के अन्दर कवर रहते हैं।

समाक्षीय केबल Coaxial Cable

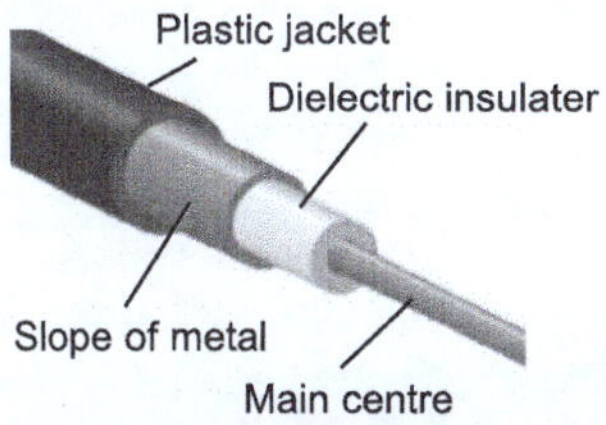

चित्र समाक्षीय केबल

एक दूसरे प्रकार का कॉपर तार समाक्षीय केबल है, जो TV के धारा प्रवाहक तार के लिए प्रयोग होने वाले तार के समान है। धातु कवच के द्वारा उत्पन्न हस्तक्षेप से समाक्षीय केबल अच्छी सुरक्षा प्रदान करता है। धातु कवच अन्दर के तारों के चारों तरफ एक लचीले बेलन का आकार बनाता है जो आने तथा जाने वाली इलेक्ट्रोमैग्नेटिक रेडिएशन में एक अवरोध प्रदान करता है। केबल, अन्य केबलों के समान्तर क्रम में हो सकते हैं तथा कोनों के चारों तरफ मुड़ सकते हैं। एक ठोस-कोर कॉपर का तार केबल के मध्य में नीचे की ओर चलता है। इस ठोस-कोर कॉपर के तार के चारो तरफ इन्सुलेशन की एक परत चढ़ी होती है तथा यह इन्सुलेशन, धातु पन्नी तथा गूँथे हुए तारों से चढ़ा रहता है जो इलेक्ट्रोमैग्नेटिक हस्तक्षेप के विरुद्ध कवच होता है। इन्सुलेशन की अन्तिम परत गूँथे हुए तारों को चारों तरफ से घेरती है। समाक्षीय केबल की बैण्डविड्थ 10 Mbps (मेगा बिट्स पर सेकण्ड) होती है।

समाक्षीय केबल में व्यावर्तित युग्म केबल की तुलना में अधिक बड़ी बैण्डविड्थ (bandwidth) प्राप्त होती है। इनके द्वारा उच्च गति पर डेटा को संचारित किया जा सकता है तथा इस प्रणाली में वैद्युतिक अवरोध एवं त्रुटियों की सम्भावना कम होती है। समाक्षीय केबल दो प्रकार के होते हैं, जिनका चुनाव नेटवर्क की आवश्यकताओं पर निर्भर करता है

थिननेट समाक्षीय केबल Thinnet Coaxial Cable

यह एक लचीला केबल होता है, जिसकी मोटाई लगभग 0.64 सेमी अथवा 0.25 इंच होती है। यह केबल बिना किसी एटेन्युएशन के डेटा सिग्नल को 185 मी तक वहन (carry) कर सकता है। लचीला होने के कारण इस केबल का प्रयोग किसी नेटवर्क की स्थापना (installation) करने के लिए किया जा सकता है।

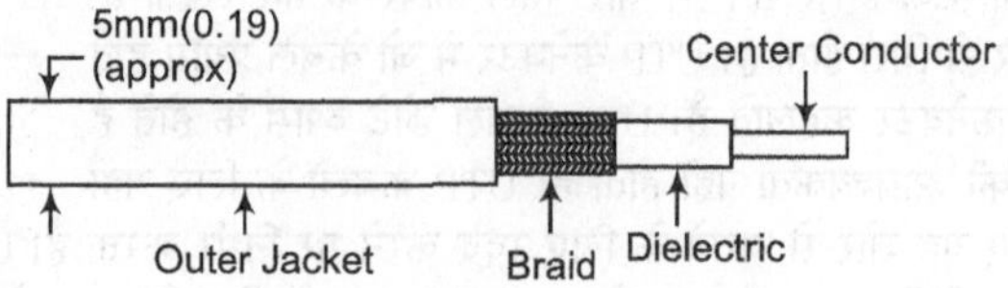

चित्र थिननेट समाक्षीय केबल

नेटवर्किंग में प्रयुक्त होने वाले केबलों को अलग-अलग श्रेणी में रखा जाता है। थिननेट केबल को RG-58 श्रेणी में रखा जाता है, जिसकी प्रतिबाधा 58Ω तक होती है। यह छोटी दूरियों के लिए प्रयोग किया जाता है।

थिकनेट समाक्षीय केबल Thicknet Coaxial Cable

यह केबल थिननेट केबल की अपेक्षा अधिक कठोर होता है, जिनका व्यास 1.27 सेमी होता है। चित्र में थिकनेट समाक्षीय केबल को दर्शाया गया है।

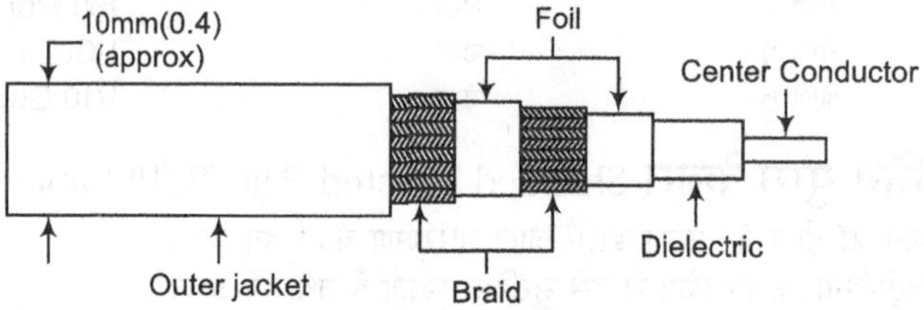

चित्र थिकनेट समाक्षीय केबल

इस केबल का कॉपर कोर अत्यधिक मोटा होने के कारण इन केबलों द्वारा अधिक दूरी तक सिग्नल को वहन (carry) किया जाना सम्भव है। बिना किसी एटेन्युएशन (attenuation) के थिकनेट केबल 500 मी तक डेटा सिग्नल को वहन कर सकता है। लम्बी दूरी तक डेटा सिग्नलों को प्रेषित करने की क्षमता के कारण इसका प्रयोग अनेक छोटे-छोटे थिननेट आधारित नेटवर्कों को जोड़ने में विशेष रूप से किया जाता है।

फाइबर-ऑप्टिक केबल Fibre-optic Cable

कम्युनिकेशन प्रणालियों में वायर ट्रांसमिशन लाइन के स्थान पर ऑप्टिकल फाइबर का प्रयोग तीव्रता से बढ़ता जा रहा है। ऑप्टिकल फाइबर लाइनों के वायर लाइन्स की तुलना में अनेक लाभ हैं। सर्वप्रथम क्योंकि प्रकाश, रेडियो फ्रीक्वेन्सी विकिरण (R.F.Radiation) के समान ही है तथा प्रकाश की आवृत्ति, अति उच्च (लगभग, 3000 GHz) होती है। अत: फाइबर की सूचना ट्रांसमिट करने की क्षमता (information carrying capacity) माइक्रोवेव रेडियो प्रणालियों की तुलना में बहुत अधिक होती है।

चित्र फाइबर-ऑप्टिक केबल

फाइबर-ऑप्टिक की संरचना Structure of Fibre-optic

एक प्रायोगिक प्रकाशीय फाइबर के तीन समाक्षीय (coaxial) क्षेत्र होते हैं, जिन्हें चित्र में प्रदर्शित किया गया है। इसका सबसे भीतरी भाग, जोकि प्रकाश को पूर्ण रूप (totally) से परावर्तित करता है, कोर (core) कहलाता है। क्लैडिंग (cladding) नामक मध्यवर्ती भाग समाक्षीय क्षेत्र से घिरा होता है तथा इसका सबसे बाहरी भाग शीथ (sheath) अथवा जैकेट कहलाता है। क्लैडिंग का अपवर्तनांक, कोर के अपवर्तनांक से कम होता है। क्लैडिंग क्षेत्र प्रकाश को कोर क्षेत्र में नियन्त्रित रखता है।

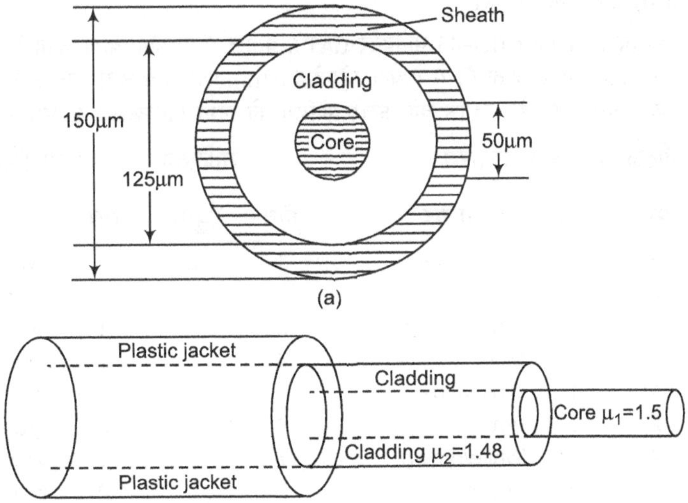

चित्र फाइबर-ऑप्टिक केबल की संरचना

यहाँ पर प्रत्येक केबल पर दो फाइबर (रेशे) होते हैं— एक जो प्रवाह करता है तथा दूसरा जो ग्रहण करता है। कोर साफ प्लास्टिक का एक प्रकाशिक गुण भी हो सकता है तथा क्लैडिंग जैली जैसे दिखने वाले एक गाढ़े पदार्थ से बनी हो सकती है जो सिग्नलों की हानि को घटाने के लिए सिग्नलों को वापस फाइबर (रेशे) में परावर्तित करती है। फाइबर-ऑप्टिक केबल दो प्रकार के होते हैं, जिनका संक्षिप्त वर्णन निम्न प्रकार है

सिंगल मोड फाइबर Single Mode Fibre, SMF

सिंगल मोड का अर्थ है कि इन फाइबर्स में प्रकाश तरंगें सीधी रेखा में चलती हैं। यह पथ फाइबर की अनुदैर्ध्य अक्ष (longitudinal axis) के अनुदिश होता है। सिंगल मोड फाइबर का डिजाइन इस प्रकार किया जाता है कि प्रकाश तरंगों को संचरण हेतु केवल एक पथ (path) ही मिलता है। इसके लिए फाइबर कोण का व्यास बहुत कम (लगभग 5 से 10μm) रखा जाता है।

मल्टीमोड फाइबर Multimode Fibre, MMF

मल्टीमोड फाइबर मुख्यत: स्टैप इण्डैक्स फाइबर एवं मल्टीमोड ग्रेडेड इण्डैक्स फाइबर प्रकार के होते हैं। मल्टीमोड स्टैप इण्डैक्स फाइबर का केन्द्रीय कोर (central core) अपेक्षाकृत मोटा होता है तथा इसका व्यास लगभग 50μm होता है। छोटी दूरियों के अनुदिश प्रसारण को जारी रखने के लिए मल्टीमोड फाइबर (MMF) प्रकाश की बहुत-सी किरणों का साथ-साथ प्रयोग करते हैं, जिससे प्रत्येक प्रकाश की किरण एक विभिन्न परावर्तित कोण पर चलती है।

फाइबर-ऑप्टिक केबल के लाभ Merits of Fibre-optic Cable

फाइबर ऑप्टिक ट्रांसमिशन का लाभ यह है कि सिग्नल लाइनें इलेक्ट्रिकल सिग्नल लाइनों की तुलना में काफी छोटी होती हैं एवं सिग्नल लाइनों पर इलेक्ट्रिकल noise का कोई प्रभाव नहीं होता (immune to electrical noise) तथा लम्बी दूरी तक, रिपीट एम्प्लीफायर्स के बिना, सिग्नल ट्रांसमिट किया जा सकता है। एक सिंगल केबल में फाइबर की बहुत बड़ी संख्या स्थापित की जा सकती है।

फाइबर-ऑप्टिक ट्रांसमिशन प्रणालियों का मुख्य प्रयोग समुद्र पार (across the oceans) एवं नगरों में टेलीफोनों की बहुत बड़ी संख्याओं (large number of telephone connections) के दक्ष प्रचालन (efficient operation) में किया गया है। निकट भविष्य में सम्भव है कि फाइबर-ऑप्टिक कम्युनिकेशन में उच्च डेटा रेट पर ट्रांसमिशन होने के कारण, घरों में पिक्चर फोन (picture phones) एक वास्तविकता हो जाए तथा TV केबल एवं सेटेलाइट कम्युनिकेशन को भी विस्थापित (replace) कर दें।

CAT 5 केबल CAT 5 Cable

श्रेणी 5 केबल को सामान्यतया CAT 5 द्वारा उल्लिखित किया जाता है। यह एक व्यावर्तित युग्म केबल होता है, जोकि सिग्नलों को वहन करता है। इस प्रकार के केबल का प्रयोग कम्प्यूटर प्रयोग नेटवर्क में केबल बिछाने (cabling) में विशेषत: ईथरनेट में किया जाता है। यह केबल 100 MH_Z तक का मानक प्रदर्शन करता है। 10 बेस T, 100 बेस T× (उच्च ईथरनेट) एवं 100 बेस (गीगाबाइट ईथरनेट) के लिए यह केबल अत्यधिक उपयुक्त है। पंच-डाउन ब्लॉक एवं मॉड्युलर कनेक्टर का प्रयोग करके इस केबल का संयोजन किया जाता है। अधिकतम CAT 5 केबल अनशील्डिड (unshielded) प्रकार के होते हैं।

वर्तमान समय में 8P8C माड्युलर कनेक्टर (RJ-45 कनेक्टर CAT 5 केबल में उपयोग किया जाता है। यह केबल T 568 A अथवा T 568 B पद्धति द्वारा टर्मिनेट (terminate) किया जाता है। ये केबल स्ट्रेण्डेड (stranded) एवं ठोस चालक रूपों में उपलब्ध हैं। स्ट्रेण्डेड केबल ठोस केबलों की अपेक्षा अधिक लचीले होते हैं। CATS की कलर कोडिंग को निम्न तालिकाओं से समझा जा सकता है

तालिका T 568 A वायरिंग

पिन	युग्म	तार	कलर
1	3	1	White/green
2	3	2	green
3	2	1	White/orange
4	1	2	blue
5	1	1	White/blue
6	2	2	orange
7	4	1	White/brown
8	4	2	brown

तालिका T 568 B वायरिंग

पिन	युग्म	तार	कलर
1	2	1	White/orange
2	2	2	orange
3	3	1	White/green
4	1	2	blue
5	1	1	White/blue
6	3	2	green
7	4	1	White/brown
8	4	2	brown

चित्र CAT 5 की कलर कोडिंग

ईथरनेट केबल Ethernet Cable

ईथरनेट क्रॉस ओवर केबल कम्प्यूटिंग युक्तियों (computing devices) को सीधे ही संयोजित (connected) करने वाले ईथरनेट केबल का एक प्रकार है। इस केबल की मुख्य विशेषता सीधे ही केबलों के माध्यम से एक नेटवर्क स्विच, हब या राउटर को होस्ट नेटवर्क इण्टरफेस कण्ट्रोलर (कम्प्यूटर या उसी के समान कोई अन्य युक्ति) से संयोजित करना है। क्रॉस ओवर संयोजन के साथ यह केबल दो समान युक्तियों (devices) को संयोजित करने के लिए प्रयोग किया जाता है। प्रत्येक दिशा में ट्रांसमिशन (transmission) के लिए 10-बेस क्रॉस ओवर मानक केबल का उपयोग करते हैं। इसके लिए प्रत्येक युक्ति रिसीविंग सिरे (receiving end) से संयोजित होनी चाहिए। टर्मिनल स्विच या हब (hub) के बिना भी प्रत्यक्ष रूप में एक-दूसरे से संयोजित करने के लिए केबल बिछाने में अर्थात् केबलिंग में क्रॉस ओवर (cross over) अवश्य करना चाहिए।

पिन आउट एसाइनमेन्ट Pin Out Assignment

किन्हीं दो हबों (hubs) को एक-दूसरे से संयोजित करने के लिए ईथरनेट का उपयोग किया जाता है। इस केबल में, ट्रांसमिट एवं रिसीव वायर एक-दूसरे से क्रॉस रूप में संयोजित होते हैं अर्थात् एक सिरे पर रिसीव युग्म (पिन 1 तथा 2) तथा केबल के दूसरे सिरे पर ट्रांसमिट युग्म (पिन 3 तथा 6) से संयोजित होने चाहिए। चित्र में दो UTP हब पोर्ट का एक-दूसरे से संयोजन दर्शाया गया है। इसमें पिन नं. 4, 5, 7 एवं 8 समान ही रहेंगी।

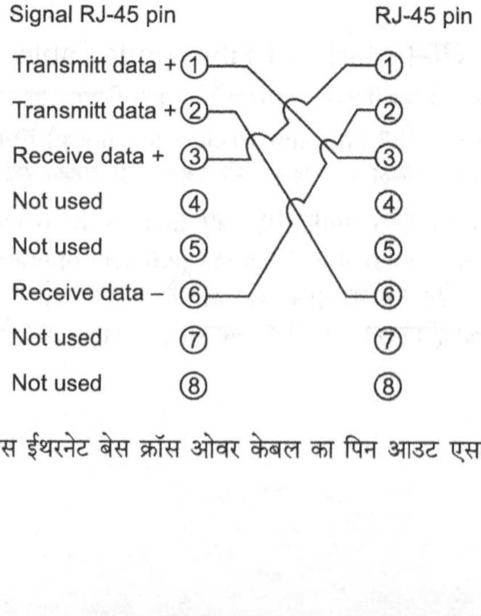

चित्र बेस ईथरनेट बेस क्रॉस ओवर केबल का पिन आउट एसाइनमेन्ट

कनेक्टर Connector

किसी तार/केबल में अन्य तार/केबल जोड़कर उसकी लम्बाई में वृद्धि करने वाली युक्ति कनेक्टर कहलाती है। कम्प्यूटर नेटवर्क में विविध कनेक्टर्स का प्रयोग डेटा को एक कम्प्यूटर से अन्य कम्प्यूटर में प्रेषित एवं रिसीव करने के लिए किया जाता है। कनेक्टर्स सामान्यत: 5A एवं 15A धारा वहन क्षमता के बनाए जाते हैं। कम्प्यूटर प्रणाली में विभिन्न कनेक्टर का प्रयोग किया जाता है। यहाँ पर कुछ प्रमुख कनेक्टर्स का वर्णन दिया जा रहा है।

RJ-45 कनेक्टर RJ-45 Connector

इसे आमतौर पर LAN पोर्ट एवं ईथरनेट पोर्ट कहते हैं। RJ-45 कनेक्टर आठ-पिन कनेक्टर के साथ IEC 60603-7 8P8C मॉड्युलर कनेक्टर के रूप में मानकीकृत है। एक RJ-45 कनेक्टर 8-पोजीशन एवं 8-पिन कनेक्टर है जोकि CAT 5 एवं CAT 6 व्यावर्तित युग्म केबल के टर्मिनेशन में उपयोग किया जाता है। रजिस्टर्ड जैक-45 (RJ-45) कनेक्टर में प्राय: 8 तार होते हैं, जो RJ-11 कनेक्टर के समान ही होते हैं। इनका केवल आकार थोड़ा बड़ा होता है। इस कनेक्टर के पिनआउट की विशेष व्यवस्था होती है। सीधे, क्रॉसओवर, रोल एवं लूपबैक सहित RJ-45 के विविध पिनआउट होते हैं। RJ-45 वायरिंग के दो मानक T-568 A एवं T-568 B होते हैं, इन दोनों में चित्रानुसार तारों के चार युग्म होते हैं।

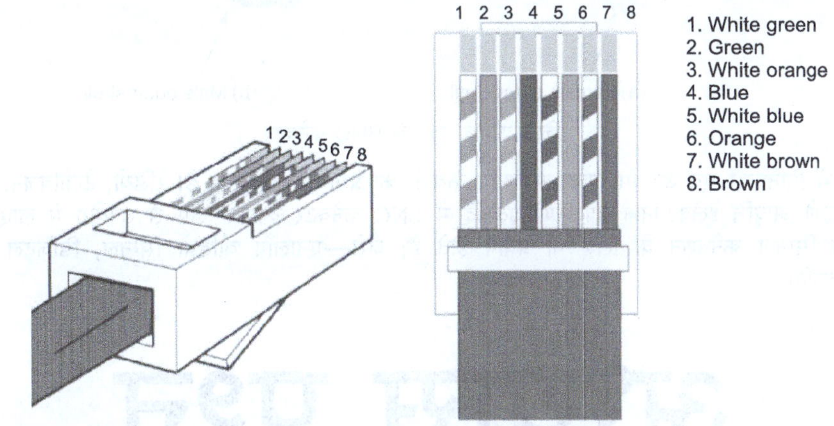

चित्र RJ-45 कनेक्टर

RJ-11 कनेक्टर RJ-11 Connector

एक रजिस्टर्ड जैक, लोकल एक्सचेंज कैरियर (local exchange carrier) के द्वारा साउण्ड एवं डेटा उपकरणों को संयोजित करने हेतु एक मानक दूरसंचार नेटवर्क इण्टरफेस (telecommunication network interface) है, भौतिक संरचना, वायरिंग एवं सिग्नल सेग्मेण्ट इत्यादि इसकी मुख्य विशिष्टियाँ हैं। रजिस्टर्ड जैकों को RJ अक्षर द्वारा प्रदर्शित किया जाता है और रजिस्टर्ड जैक के लिए प्रयुक्त कनेक्टर प्राय: मॉड्युलर कनेक्टर होते हैं। RJ-11 कनेक्टर मुख्यत: टेलीफोन केबलों में प्रयुक्त छोटे प्लास्टिक से निर्मित कनेक्टर होते हैं।

RJ-11 कनेक्टर 6-स्थिति तथा 2-कण्डक्टर (6P2 C) प्रयोग करता है। एनालॉग टेलीफोन लाइन के लिए RJ-11 मॉड्युलर का प्रयोग किया जाता है। RJ-11 को मॉडम पोर्ट, फोन कनेक्टर, फोन जैक इत्यादि नामों से भी जाना जाता है। लाइनों की संख्या के आधार पर RJ-11, RJ-14 एवं RJ-25 की कार्यिकी समान होती है।

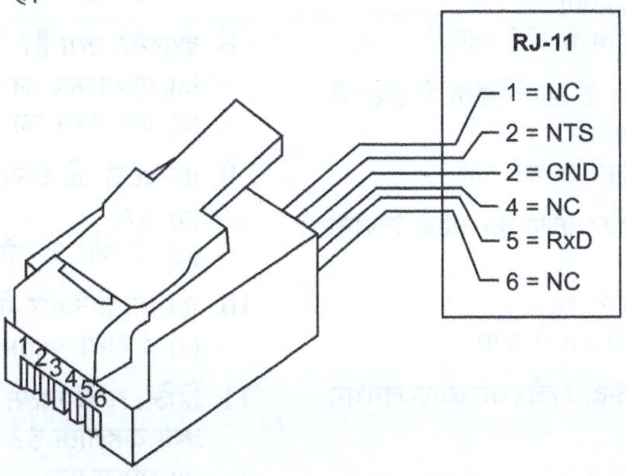

चित्र RJ-11 कनेक्टर

BNC **कनेक्टर** BNC Connector

BNC (bayonet neill-concelman) कनेक्टर एक लघु त्वरित संयोजित/विसंयोजित रेडियो आवृत्ति कनेक्टर (radio frequency connector) है। BNC कनेक्टर के दोनों प्रकार के कनेक्टर्स (मेल तथा फीमेल) पर एक स्लॉटेड बाहरी चालक एवं कुछ प्लास्टिक अचालकों का प्रयोग किया जाता है। BNC कनेक्टर में मेल टर्मिनल का व्यास 14.5 मिमी (0.570 इंच) एवं फीमेल टर्मिनल का व्यास 11.1 मिमी (0.436 इंच) होता है। इसकी पारितरंग सामान्यतया 0-4 GHz तक होती है।

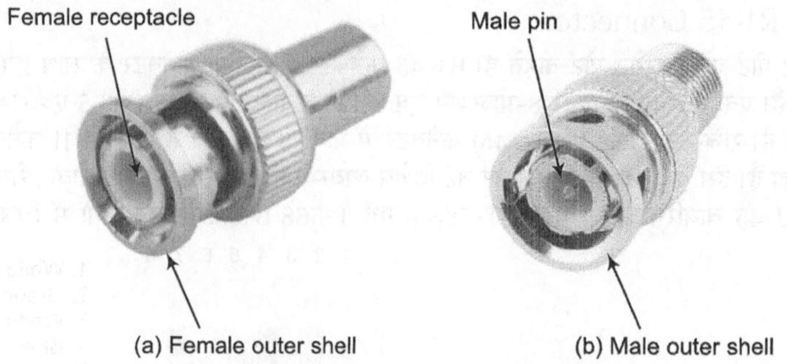

चित्र फीमेल एवं मेल BNC कनेक्टर

BNC कनेक्टर में मिनिएचर एवं उप-मिनिएचर समाक्षीय केबलों का प्रयोग किया जाता है। रेडियो, टेलीविजन, परीक्षण उपकरण, वीडियो सिग्नल एवं रेडियो आवृत्ति इलेक्ट्रॉनिक उपकरणों इत्यादि में BNC कनेक्टर व्यापक रूप से उपयोग में लाए जाते हैं। इसके अतिरिक्त BNC कनेक्टर्स सिग्नल कनेक्शन के लिए भी प्रयोग होते हैं; जैसे—एनालॉग वीडियो सिग्नल, डिजिटल इण्टरफेस एवं एयरोस्पेस इलेक्ट्रॉनिक्स इत्यादि।

अभ्यास प्रश्न

परीक्षा प्रारूपी प्रश्न

बहुविकल्पीय

1. ऑप्टिकल फाइबर केबल किस सिद्धान्त पर कार्य करता है?
(a) TIR (b) अपवर्तन (c) परावर्तन (d) प्रकीर्णन

2. फाइबर/ऑप्टिक के सबसे भीतरी भाग को क्या कहते हैं?
(a) शीथ (b) क्लैडिंग
(c) कोर (d) इनमें से कोई नहीं

3. क्लैडिंग का अपवर्तनांक, कोर (core) के अपवर्तनांक से होता है
(a) कम (b) अधिक
(c) बराबर (d) इनमें से कोई नहीं

4. सिंगल मोड फाइबर/ऑप्टिक में फाइबर कोण का व्यास कितना होता है?
(a) 2 से 3 μm (b) 5 से 10 μm
(c) 10 से 50 μm (d) 50 μm से ऊपर

5. मल्टीमोड स्टैप इण्डैक्स फाइबर्स के केन्द्रीय कोर का व्यास लगभग कितना होता है?
(a) 20 μm (b) 30 μm
(c) 40 μm (d) 50 μm

6. ईथरनेट केबल CAT 5 का मानक रेंज कितना होता है?
(a) 50 MHz (b) 75 MHz (c) 100 MHz (d) 125 MHz

7. निम्न में से कौन-सा कनेक्टर CAT 5 केबल के साथ प्रयोग होता है?
(a) RJ-45 (b) RJ-55 (c) RJ-60 (d) RJ-20

8. ईथरनेट क्या है?
(a) एक प्रकार का कम्प्यूटर (b) एक प्रकार का केबल
(c) एक प्रकार का कनेक्टर (d) इनमें से कोई नहीं

9. कनेक्टर्स की धारा वहन क्षमता सामान्यतः होती है
(a) 5 A (b) 15 A
(c) 'a' और 'b' दोनों (d) 50 A

10. RJ-45 कनेक्टर में कितनी पिन्स होती हैं?
(a) 4 पिन्स (b) 6 पिन्स (c) 10 पिन्स (d) 8 पिन्स

11. डिजिटल सिग्नल्स को एनालॉग सिग्नल्स में बदलने की प्रक्रिया क्या कहलाती है?
(a) मॉड्युलेशन (b) डिमॉड्युलेशन
(c) 'a' और 'b' दोनों (d) इनमें से कोई नहीं

12. एनालॉग सिग्नल्स को डिजिटल सिग्नल्स में बदलने की प्रक्रिया क्या कहलाती है?
(a) मॉड्युलेशन (b) डिमॉड्युलेशन
(c) 'a' और 'b' दोनों (d) इनमें से कोई नहीं

13. समाक्षीय केबिल की बैण्डविड्थ होती है
(a) 5 Mbps (b) 7 Mbps (c) 8 Mbps (d) 10 Mbps

14. निम्न में से कौन-सा केबिल अधिक कठोर होता है?
(a) थिननेट समाक्षीय केबिल (b) थिकनेट समाक्षीय केबिल
(c) 'a' और 'b' दोनों (d) इनमें से कोई नहीं

15. मल्टीमोड फाइबर का व्यास लगभग होता है
(a) 50 μm (b) 60 μm
(c) 80 μm (d) 100 μm

विविध प्रारूपी प्रश्न

सत्य/असत्य

1. मल्टीमोड फाइबर मुख्यतः स्टैप इण्डैक्स फाइबर एवं मल्टीमोड ग्रेडेड इण्डैक्स फाइबर प्रकार के होते हैं।
2. किन्हीं दो हबों (hubs) को एक-दूसरे से संयोजित करने के लिए ईथरनेट का उपयोग किया जाता है।
3. पैसिव हब किसी सिग्नल (signal) को पुनः उत्पन्न (regenerate) कर सकता है।
4. ऐसे स्विच जिनमें राउटर और ब्रिज दोनों की क्षमताएँ होती हैं, राउटिंग स्विच कहलाते हैं।
5. राउटिंग इन्फॉर्मेशन प्रोटोकॉल (RIP) डिस्टैन्स वेक्टर एल्गोरिद्म पर आधारित है।

रिक्त स्थानों की पूर्ति

1. RIP जिन दो डिस्टैन्स मैट्रिक्स (distance matrix) का प्रयोग करता है, वह क्रमशः .... एवं .... हैं।
2. IGRP- रूट पैकेट्स का उच्च विन्यास हॉप काउन्ट (hop count) .... होता है।
3. BNC कनेक्टर में मेल टर्मिनल का व्यास .... मिमी होता है।
4. मॉडेम .... शब्दों का संयुक्त रूप है।
5. डायनमिक राउटिंग को .... भी कहा जाता है।

अतिलघु उत्तरीय

1. व्यावर्तित युग्म केबल (twisted pair cable) कितने प्रकार के होते हैं?
2. UTP (unshielded twisted pair cable) की STP की तुलना में कम होती है; क्यों?
3. UTP एवं STP का हाइब्रिड क्या कहलाता है?
4. समाक्षीय केबल की इन्सुलेशन परत का क्या कार्य होता है?
5. फाइबर-ऑप्टिक केबल किस सिद्धान्त पर कार्य करता है?

लघु उत्तरीय

1. ऑप्टिकल फाइबर से आप क्या समझते हैं?
2. ईथरनेट केबल (ethernet cable) क्या है?
3. कनेक्टर (connector) से आप क्या समझते हैं?
4. मॉडम का क्या कार्य होता है?
5. गेटवे (gateway) का मुख्य क्या कार्य होता है?

दीर्घ उत्तरीय

1. संचार (communication) से आप क्या समझते हैं? संचार साधन का उल्लेख विस्तारपूर्वक कीजिए।
2. ऑप्टिकल फाइबर केबल का वर्णन विस्तारपूर्वक कीजिए।
3. कनेक्टर से आप क्या समझते हैं? कुछ प्रमुख कनेक्टर्स का वर्णन कीजिए।
4. नेटवर्क अवयव (network components) से क्या तात्पर्य है? कुछ प्रमुख नेटवर्क अवयवों का उल्लेख विस्तारपूर्वक कीजिए।
5. राउटर क्या है? राउटर के कार्यों का उल्लेख कीजिए।

उत्तरमाला

बहुविकल्पीय

1. (a) **2.** (c) **3.** (a) **4.** (b) **5.** (d) **6.** (c) **7.** (a) **8.** (b) **9.** (c) **10.** (d)
11. (a) **12.** (b) **13.** (d) **14.** (b) **15.** (a)

सत्य/असत्य

1. सत्य **2.** सत्य **3.** असत्य **4.** सत्य **5.** सत्य

रिक्त स्थानों की पूर्ति

1. टिक्स, हॉप काउण्ट **2.** 255 **3.** 14.5 **4.** दो **5.** एडॉप्टिव राउटिंग

□□□

अध्याय 16 **WEEK 16**

डेटा संचार
Data Communicaiton

परिचय Introduction

वर्तमान परिदृश्य में सूचना एवं संचार प्रौद्योगिकी के क्षेत्र में डेटा संचार एवं कम्प्यूटर नेटवर्क तेजी से उभरती हुइ तकनीकें हैं, जिनके द्वारा व्यापार एवं अन्य दैनिक कार्यों को करना नितान्त आसान हो गया है। कम्प्यूटर तथा कम्प्यूटर प्रणालियों के घटकों द्वारा डेटा संचरण ही डेटा संचार कहलाता है। डेटा संचार में फाइबर ऑप्टिक, समाक्षीय केबल एवं वैद्युत चुम्बकीय तरंगें इत्यादि डेटा को प्रेषित करने हेतु माध्यम का कार्य करते हैं, डेटा संचार से अभिप्राय सूचना शेयर करने से होता है। इसमें डेटा किसी भी रूप में प्रस्तुत किए गए तथ्यों, सिद्धान्तों एवं निर्देशों से सम्बन्धित हो सकता है, जबकि कम्प्यूटर इसे बाइनरी रूप में स्वीकार करता है। डेटा संचार दो युक्तियों के मध्य ट्रांसमिशन माध्यम द्वारा डेटा का आदान-प्रदान करता है। इस अध्याय में डेटा संचार सम्बन्धी पदों एवं अवयवों को समझाया गया है, जोकि प्रशिक्षणार्थी को डेटा संचार को समझने में सहायता प्रदान करेंगे।

16. 1 डेटा संचार Data Communication

किसी ट्रांसमिशन माध्यम द्वारा दो स्रोतों (sources) के मध्य डेटा (0 एवं 1 के रूप में) का आदान-प्रदान, डेटा संचार कहलाता है। कम्प्यूटर नेटवर्क में जो कम्प्यूटर सूचनाएँ प्रेषित (send) करता है उसे प्रेषक (sender) एवं जो सूचनाएँ प्राप्त (receive) करता है उसे प्राप्तकर्ता अर्थात् रिसीवर (receiver) कहते हैं, अर्थात् हम कह सकते हैं कि "एक प्रेषक और रिसीवर के मध्य डेटा अथवा सूचनाओं का स्थानान्तरण डेटा संचार कहलाता है।" यह संचार लोकल एवं रिमोट प्रकार का हो सकता है। किसी इमारत में स्थापित संवाद युक्तियों अर्थात् कम्प्यूटर्स के मध्य डेटा संचार लोकल एवं एक से अधिक इमारत अथवा भौगोलिक स्तर पर हुआ संचार, रिमोट संचार कहलाता है।

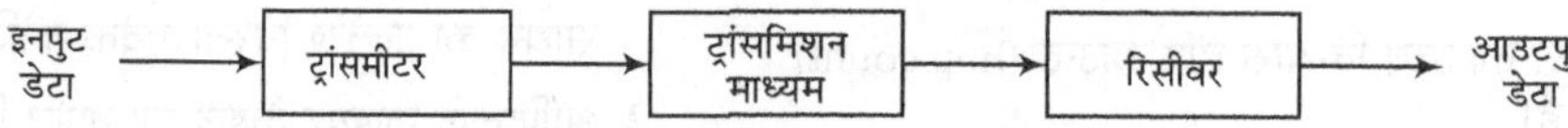

चित्र सामान्य डेटा संचार प्रणाली

डेटा संचार प्रणाली की प्रभावशीलता मुख्यत: डिलीवरी (delivery), यर्थाथता (accuracy) एवं समय (time) इन तीनों अभिलक्षणों पर निर्भर करती है। डेटा संचार का मुख्य उद्देश्य नियमों तथा विनियमों (regulations) को उपलब्ध कराना है ताकि भिन्न-भिन्न ऑपरेटिंग सिस्टम, केबिलिंग एवं लोकेशन्स (locations) वाले कम्प्यूटर्स, परस्पर विविध रिसोर्सेज (resources) को शेयर (share) कर सकें। डेटा संचार में इन नियमों को प्रोटोकॉल्स (protocols) एवं मानक (standard) कहते हैं।

डेटा संचार के अवयव Components of Data Communication

एक डेटा संचार प्रणाली सामान्यतया पाँच अवयवों से बनी होती है। जिनका संक्षिप्त वर्णन निम्न प्रकार है—

(i) **सन्देश** (Message) डेटा संचार प्रणाली में संप्रेषित (communicate) की जाने वाली जानकारी अर्थात् सूचना ही सन्देश (message) कहलाता है। इसके अन्तर्गत टेक्स्ट, नम्बर, पिक्चर, साउण्ड, वीडियो एवं इनमें से किसी का संयोजन इत्यादि निहित हो सकते हैं।

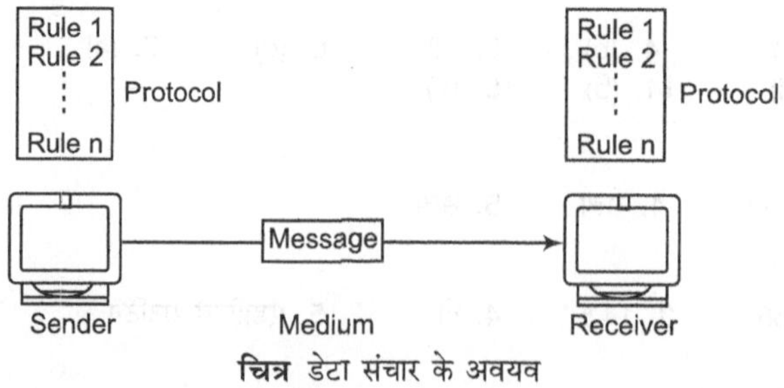

चित्र डेटा संचार के अवयव

(ii) **प्रेषक** (Sender) डेटा संचार का यह अवयव डेटा को प्रेषित करने का कार्य करता है। यह एक कम्प्यूटर, वर्कस्टेशन, टेलीफोन हैण्डसैट, वीडियो कैमरा एवं टेलीविजन इत्यादि हो सकता है।

(iii) **रिसीवर** (Receiver) प्रेषक (sender) द्वारा प्रेषित सन्देश को रिसीवर द्वारा प्राप्त किया जाता है। प्रेषक के समान ही कम्प्यूटर, वर्कस्टेशन, टेलीफोन हैण्डसेट, वीडियो कैमरा एवं टेलीविजन इत्यादि रिसीवर हो सकते हैं।

(iv) **ट्रांसमिशन माध्यम** (Transmission medium) वह भौतिक पथ (physical path) जिसके द्वारा सन्देश प्रेषक से रिसीवर तक पहुँचता है, ट्रांसमिशन माध्यम कहलाता है। ट्रांसमिशन माध्यम के रूप में व्यावर्तित युग्म केबल, समाक्षीय केबल, फाइबर ऑप्टिक केबल, लेजर एवं रेडियो तरंगें इत्यादि प्रयोग में लाए जा सकते हैं।

(v) **प्रोटोकॉल** (Protocol) कम्प्यूटर नेटवर्क में, प्रोटोकॉल प्राय: नियमों का समूह होता है जोकि डेटा संचार को नियन्त्रित करता है। यह दो कम्युनिकेटिंग युक्तियों (communicating devices) के मध्य अनुबन्ध को प्रदर्शित करता है। बिना किसी प्रोटोकॉल के दो युक्तियों को संयोजित तो किया जा सकता है, परन्तु उनके मध्य संवाद (communicate) स्थापित नहीं किया जा सकता। उदाहरणत: केवल चीनी भाषा (chinese) बोलने व समझने वाला व्यक्ति, हिन्दी भाषी व्यक्ति से संवाद स्थापित नहीं कर सकता है।

16.2 सिग्नल Signal

कम्प्यूटर नेटवर्क में डेटा का वैद्युतिक या वैद्युत-चुम्बकीय रूप (electro-magnetic) एनकोडिंग सिग्नल कहलाता है, जोकि डेटा को प्रेषित (transmit) करने का कार्य करता है। डेटा ट्रांसमिशन हेतु जिन विद्युत कम्पनों का प्रयोग किया जाता है, उसे सिग्नल कहते हैं। डेटा ट्रांसमिशन को पूर्णत: भलीभाँति समझने के लिए सिग्नलों के प्रकारों का ज्ञान होना अत्यन्त आवश्यक है। डेटा की जानकारी (information) के आधार पर सिग्नल को मुख्यत: दो भागों में बाँटा जाता है, जिनका वर्णन निम्नवत् है

एनालॉग सिग्नल Analog Signal

एनालॉग सिग्नल प्राय: एक निरन्तर वेवफॉर्म (continuous waveform) है जोकि समय के साथ परिवर्तित होता रहता है। एनालॉग सिग्नल में दिए गए मानों (values) के परासों (ranges) में से कोई भी मान हो सकता है। एनालॉग सिग्नल में ट्रांसमिशन पावर वैद्युत चुम्बकीय तंरगों; जैसे—श्रव्य तरंग, प्रकाश या रेडियो तरंग इत्यादि में से एक अनवरत् परास (continuous range) में परिवर्तित होती है। एनालॉग सिग्नल की आवृत्ति (f) को हट्र्ज में मापा जाता है। टेलीफोन पर बातचीत करना एनालॉग सिग्नल का ही एक उदाहरण है।

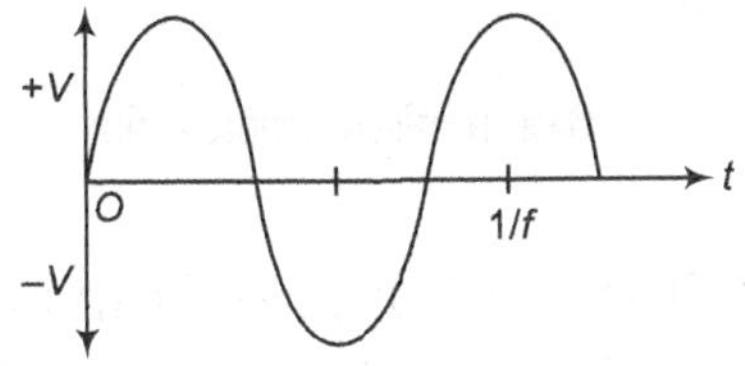

चित्र एनालॉग सिग्नल

डिजिटल सिग्नल Digital Signal

डिजिटल सिग्नल असतत् मान (discrete value) के होते हैं। डिजिटल सिग्नल्स की दो ही अवस्थाएँ 0 एवं 1 होती हैं। अत: हम कह सकते हैं कि बाइनरी संख्या डिजिटल सिग्नल्स का मूल आधार है। आधुनिक कम्प्यूटर प्रणाली में डिजिटल सिग्नल ही उपयोग में लाए जाते हैं। एक डिजिटल सिग्नल, वोल्टेज का अनुक्रम (sequence) होता है जिसे बाइनरी रूप में दर्शाया जाता है। कम्प्यूटर द्वारा उत्पन्न (generate) डेटा, डिजिटल प्रकार का होता है, जबकि कम्प्यूटर नेटवर्क में डेटा संचार के लिए प्रयुक्त टेलीफोन लाइन का प्रयोग एनालॉग सिग्नलों को कैरी (carry) करने के लिए किया जाता है।

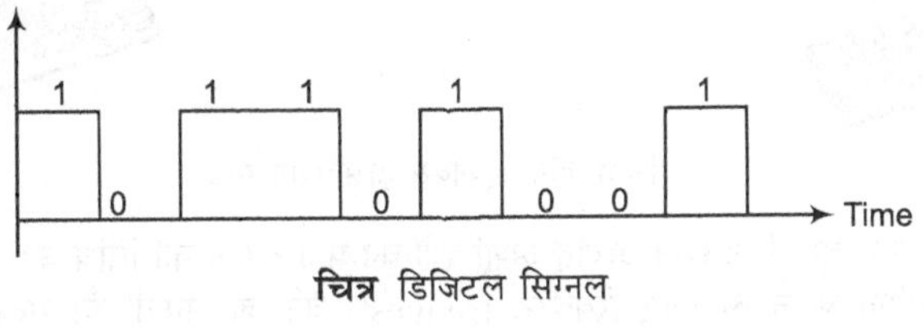

चित्र डिजिटल सिग्नल

16.3 ट्रांसमिशन मोड Transmission Mode

ट्रांसमिशन मोड या साधन पद सामान्यत: दो संयोजित युक्तियों के मध्य डेटा प्रवाह की दिशा को परिभाषित करता है। किसी संचार नेटवर्क पर डेटा के सम्प्रेषण को डेटा ट्रांसमिशन कहा जाता है। जैसे-जैसे किसी नेटवर्क का आकार बढ़ता है, उसी आधार पर डेटा ट्रांसमिशन की गति को बढ़ाना आवश्यक हो जाता है। किसी नेटवर्क प्रणाली में सूचना या डेटा को प्रेषित करने के आधार पर निम्न ट्रांसमिशन मोड (transmission mode) का उपयोग किया जाता है—

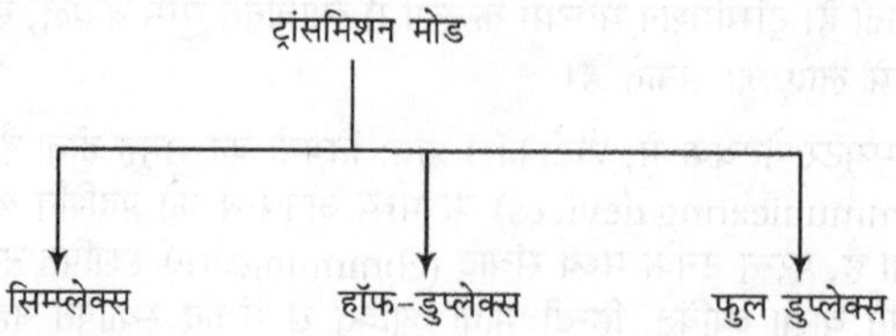

सिम्प्लेक्स ट्रांसमिशन मोड Simplex Transmission Mode

इस ट्रांसमिशन मोड में डेटा को केवल एक ही दिशा में भेजा जा सकता है अर्थात् डेटा को प्रेषक युक्तियों (sending device) से रिसीविंग युक्तियों (receiving device) को प्रेषित किया जा सकता है। रेडियो ब्रॉडकास्टिंग और टेलीविजन टेलीकास्टिंग सिम्प्लेक्स ट्रांसमिशन मोड के मुख्य उदाहरण हैं। सिम्प्लेक्स ट्रांसमिशन मोड में ट्रांसमिशन के समय होने वाली किसी भी समस्या को ज्ञात करना व उसका निवारण करना असम्भव होता है। इसके अतिरिक्त कोई भी प्रेषक (sender) यह सुनिश्चित नहीं कर सकता कि डेटा को रिसीव (receive) किया गया है अथवा नहीं।

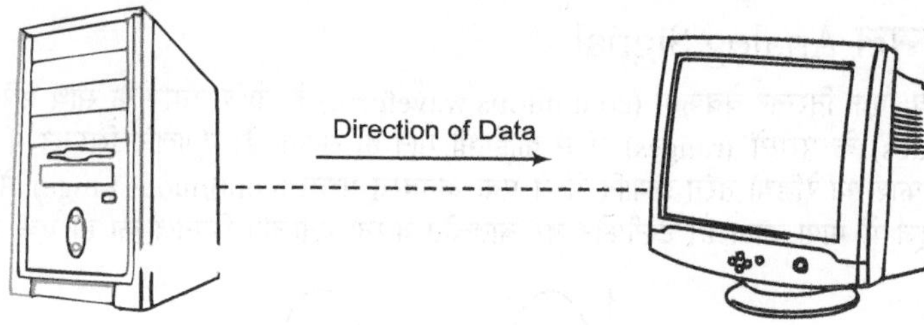

चित्र सिम्प्लेक्स ट्रांसमिशन मोड

हॉफ-डुप्लेक्स ट्रांसमिशन मोड Half-duplex Transmission Mode

हॉफ-डुप्लेक्स ट्रांसमिशन मोड में डेटा (data) को दोनों दिशाओं (directions) में प्रेषित किया जा सकता है, परन्तु एक समय में डेटा (data) को केवल एक ही दिशा में प्रेषित किया जा सकता है। चित्र में हॉफ-डुप्लेक्स ट्रांसमिशन मोड (half-duplex transmission mode) को दर्शाया गया है। शॉर्ट वेव रेडियो और वॉकी-टॉकी हॉफ-डुप्लेक्स ट्रांसमिशन मोड के उदाहरण हैं।

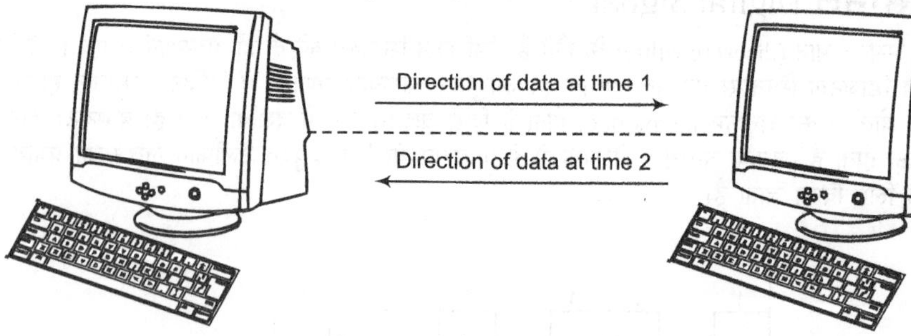

चित्र हॉफ-डुप्लेक्स ट्रांसमिशन मोड

हॉफ-डुप्लेक्स ट्रांसमिशन के साथ त्रुटि डिटेक्शन अर्थात् अशुद्धियों का पता लगाने की विधि को सम्मिलित किया जा सकता है और करप्ट डेटा (corrupt data) को पुन: प्रेषित करने के लिए रिक्वेस्ट (request) की जा सकती है। वर्ल्ड वाइड वेब (www) की सर्फिंग करना भी हॉफ-डुप्लेक्स ट्रांसमिशन किसी वेब पेज (web page) के लिए किसी रिक्वेस्ट को प्रेषित किया जाता है। अधिकांश मॉडेम कनैक्शन हॉफ-डुप्लेक्स डेटा ट्रांसमिशन का प्रयोग करते हैं। मॉडेम ट्रांसमिशन मोड एवं रिसिविंग मोड में बारी-बारी से स्विच करके क्रमश: डेटा ट्रांसमिट एवं रिसीव करते हैं।

फुल-डुप्लेक्स ट्रांसमिशन मोड Full-duplex Transmission Mode

फुल-डुप्लेक्स ट्रांसमिशन मोड में एक साथ और एक ही समय में डेटा को प्रेषित (send) और प्राप्त (receive) किया जा सकता है। केबल कनैक्शन फुल-डुप्लेक्स ट्रांसमिशन मोड का एक उत्तम उदाहरण है, जो न केवल TV चैनल्स को रिसीव (receive) करने की सुविधा प्रदान करता है वरन् टेलीफोन और इण्टरनेट कनैक्शन की सुविधा भी प्रदान करता है। इसके अतिरिक्त टेलीफोन भी एक फुल-डुप्लेक्स युक्ति है, जो एक साथ और एक ही समय में दो व्यक्तियों को बातचीत करने की अनुमति देता है।

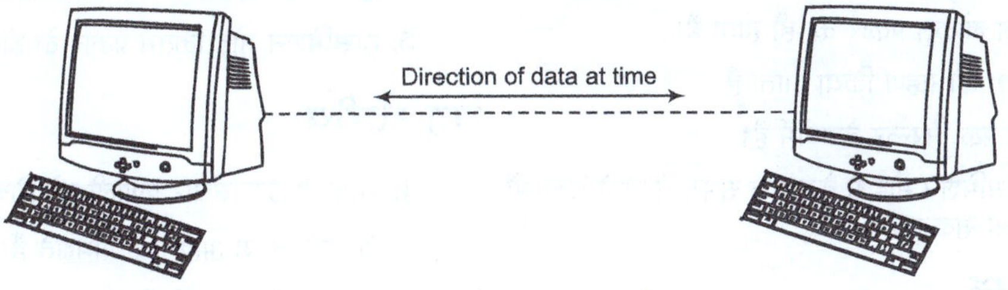

चित्र फुल डुप्लेक्स ट्रांसमिशन मोड

अभ्यास प्रश्न

परीक्षा प्रारूपी प्रश्न

बहुविकल्पीय

1. डेटा संचार में डेटा किस रूप में आदान-प्रदान किया जाता है?
(a) डेसीमल (b) बाइनरी
(c) ऑक्टल (d) हैक्सॉ डेसीमल

2. डेटा संचार प्रणाली की प्रभावशीलता किस अभिलक्षण पर निर्भर करती है?
(a) यथार्थता (b) डिलीवरी
(c) समय (d) ये सभी

3. डेटा संचार के नियम क्या कहलाते हैं?
(a) प्रोटोकॉल (b) अभिलक्षण
(c) ट्रांसमिशन मोड (d) इनमें से कोई नहीं

4. इनमें से कौन-सा डेटा संचार का एक अवयव नहीं है?
(a) सन्देश (b) प्रेषक (c) रिसीवर (d) मॉडेम

5. इनमें से सन्देश किस रूप में होता है?
(a) टेक्स्ट (b) नम्बर (c) वीडियो (d) ये सभी

6. इनमें से कौन-सा ट्रांसमिशन माध्यम नहीं है?
(a) समाक्षीय केबल (b) वीडियो कैमरा
(c) लेजर तरंगें (d) फाइबर ऑप्टिक केबल

7. डेटा ट्रांसमिशन में प्रयुक्त सिग्नल कितने प्रकार के होते हैं?
(a) 2 (b) 4 (c) 5 (d) 8

8. एनालॉग सिग्नल की आवृत्ति को मापा जाता है
(a) वोल्ट में (b) एम्पियर में (c) हर्ट्ज (d) ये सभी

9. टेलीफोन पर बातचीत करना किसका उदाहरण है?
(a) एनालॉग सिग्नल का (b) डिजिटल सिग्नल का
(c) बाइनरी सिग्नल का (d) इनमें से कोई नहीं

10. डिजिटल सिग्नल का आधार क्या है?
(a) डेसीमल संख्याएँ (b) भाज्य संख्याएँ
(c) सम संख्याएँ (d) बाइनरी संख्याएँ

11. ध्वनि किस प्रकार का सिग्नल होता है?
(a) एनालॉग (b) डिजिटल सिग्नल
(c) वोल्टता (d) ऊष्मीय सिग्नल

12. ट्रांसमिशन मोड कितने प्रकार के होते हैं?
(a) 2 (b) 3 (c) 4 (d) 6

13. इनमें से किस मोड में डेटा को केवल एक दिशा में ही भेजा जा सकता है?
(a) सिम्प्लेक्स मोड (b) फुल डुप्लेक्स मोड
(c) हॉफ डुप्लेक्स (d) इनमें से कोई नहीं

14. मॉडेम किस प्रकार के ट्रांसमिशन मोड का उदाहरण है?
(a) सिम्प्लेक्स ट्रांसमिशन मोड
(b) हॉफ डुप्लेक्स ट्रांसमिशन मोड
(c) फुल डुप्लेक्स ट्रांसमिशन मोड
(d) उपरोक्त सभी

15. फुल डुप्लेक्स ट्रांसमिशन मोड का उदाहरण है
(a) टेलीफोन (b) टेलीविजन
(c) मॉडेम (d) रेडियो ब्रॉडकास्टिंग

विविध प्रारूपी प्रश्न

सत्य/असत्य

1. डेटा संचार में डेटा 0 एवं 1 के रूप में आदान-प्रदान किया जाता है।
2. डेटा संचार केवल लोकल प्रकार का ही होता है।
3. प्रेषक द्वारा सन्देश को ग्रहण किया जाता है
4. एनालॉग सिग्नल एक निरन्तर वेवफॉर्म है।
5. हॉफ डुप्लेक्स ट्रांसमिशन मोड में डेटा एक समय में दोनों दिशाओं में प्रेषित किया जा सकता है।

रिक्त स्थानों की पूर्ति

1. कम्प्यूटर नेटवर्क में, प्रोटोकॉल प्रायः .... का समूह होता है
2. फाइबर ऑप्टिक केबल एक .... माध्यम है।
3. एनालॉग सिग्नल .... के साथ परिवर्तित होता रहता है।
4. .... दो संयोजित युक्तियों के मध्य डेटा प्रवाह की दिशा को परिभाषित करता है।
5. इन्टरनेट कनैक्शन .... डुप्लेक्स ट्रांसमिशन मोड का एक उदाहरण है।

अतिलघु उत्तरीय

1. डेटा संचार की प्रभावशीलता किन अभिलक्षणों पर निर्भर करती है?
2. डेटा संचार के अवयवों के नाम बताइए।
3. सिग्नल से आप क्या समझते हैं?
4. ट्रांसमिशन मोड को परिभाषित कीजिए।
5. ट्रांसमिशन मोड कितने प्रकार के होते हैं?

लघु उत्तरीय

1. सामान्य डेटा संचार प्रणाली को चित्र द्वारा समझाइए।
2. डेटा संचार से आप क्या समझते हैं।
3. एनालॉग सिग्नल की विशेषता बताइए।
4. डिजिटल सिग्नल को संक्षेप में चित्र द्वारा समझाइए।
5. सिप्लेक्स ट्रांसमिशन मोड से क्या अभिप्राय है?

दीर्घ उत्तरीय

1. डेटा संचार के मुख्य अवयवों का वर्णन कीजिए।
2. सिग्नल से क्या अभिप्राय है? ये कितने प्रकार के होते हैं?
3. ट्रांसमिशन मोड से आप क्या समझते हैं तथा इनके प्रकार बताइए।
4. सिम्प्लेक्स ट्रांसमिशन मोड एवं डुप्लेक्स ट्रांसमिशन मोड में अन्तर बताइए।
5. डुप्लेक्स ट्रांसमिशन मोड कितने प्रकार के होते हैं? प्रत्येक के विषय में विस्तारपूर्वक बताइए।

उत्तरमाला

■ **बहुविकल्पीय**

1. (b) **2.** (d) **3.** (a) **4.** (d) **5.** (d) **6.** (b) **7.** (a) **8.** (c) **9.** (a) **10.** (d)
11. (a) **12.** (b) **13.** (a) **14.** (b) **15.** (a)

■ **सत्य/असत्य**

1. सत्य **2.** असत्य **3.** असत्य **4.** सत्य **5.** असत्य

■ **रिक्त स्थानों की पूर्ति**

1. नियमों **2.** ट्रांसमिशन **3.** समय **4.** ट्रांसमिशन मोड **5.** फुल

❑❑❑

अध्याय 17 WEEK 17

OSI मॉडल

OSI Model

परिचय Introduction

ISO, International Standard Organization मानक ने कम्प्यूटर नेटवर्क संचार के सभी पहलुओं की विषयक जानकारी हेतु OSI, Open System Interconnection मॉडल का निर्माण किया। ओपन सिस्टम (open system) एक ऐसा मॉडल है जो दो विभिन्न प्रणालियों को संयोजित करके एक नेटवर्क आर्किटेक्चर का निर्माण करता है। OSI मॉडल में सात लेयर होती हैं, जिनकी कार्यिकी भिन्न-भिन्न होती है। कम्प्यूटर नेटवर्किंग में इस मॉडल का प्रयोग विविध कम्प्यूटरों के मध्य संयोजन स्थापित करने के लिए किया जाता है। यह अधिकतम राउटिंग प्रोटोकॉल को सपोर्ट करता है एवं किसी संस्था के मध्य इन्टरनेटवर्किंग सामंजस्य स्थापित करने का कार्य भी OSI मॉडल द्वारा किया जाना सम्भव है। इस अध्याय में हम OSI मॉडल की सभी लेयर्स का विस्तारपूर्वक अध्ययन करेंगे।

17.1 OSI मॉडल OSI Model

इन्टरनेशनल ऑर्गेनाइजेशन फॉर स्टैण्डर्डाइजेशन (International Organization for Standardization, IOS) ने सन् 1978 में विविध विशिष्टियों से पूर्ण एक ऐसे नेटवर्क आर्किटेक्चर (network architecture) का निर्माण किया जो असमान युक्तियों को संयोजित करने के लिए प्रयोग किया गया। इसके पश्चात् सन् 1984 में ISO ने इस मॉडल के संशोधित रूप का प्रारूप बनाया, जिसे ओपन सिस्टम इन्टरकनैक्शन (OSI) का रेफरेन्स मॉडल (reference model) कहा गया।

ओपन इन्टरकनैक्शन (open interconnection) का तात्पर्य एक ऐसे इन्टरकनैक्शन से होता है, जिसमें विभिन्न निर्माता कम्पनियों के कम्प्यूटर्स और नेटवर्क डिवाइसेज (network devices) को आपस में जोड़ा जाता है। OSI रेफरेन्स मॉडल डेटा संचार एवं नेटवर्क के लिए इन्टरनेशनल स्टैण्डर्ड (international standard) बन चुका है और यह नेटवर्किंग के लिए एक दिशा-निर्देशक के समान कार्य करता है। निर्माता कम्पनियों द्वारा अपने-अपने नेटवर्क उत्पादों (network products) को डिजाइन करते समय OSI रेफरेन्स मॉडल (OSI reference model) का अनुपालन किया जाता है। OSI रेफरेन्स मॉडल यह विवरण देता है कि संचार को सम्भव बनाने के लिए किस तरह हार्डवेयर और सॉफ्टवेयर एक साथ मिलकर लेयर्ड फैशन (layered fashion) में कार्य करते हैं।

OSI रेफरेन्स मॉडल किसी संचार में सन्निहित आवश्यक विभिन्न प्रोसेसेज (processes) को सात भिन्न-भिन्न फंक्शनल लेयर्स (functional layers) में विभाजित करता है। ये लेयर्स, किसी कम्युनिकेशन सत्र (communication session) के समय स्वाभाविक क्रम में घटित होने वाले घटनाक्रम के आधार पर व्यवस्थित की गई हैं। इसमें प्रत्येक लेयर नेटवर्क के भिन्न-भिन्न क्रियाकलापों (activities), उपकरण (equipment) और प्रोटोकॉल को कवर करती है।

निम्नांकित चित्र में OSI रेफरेन्स मॉडल के लेयर्ड आर्किटेक्चर (layered architecture) को दर्शाया गया है

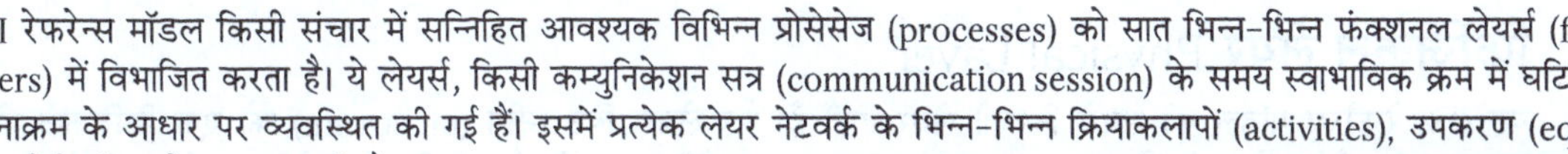

चित्र OSI मॉडल की विभिन्न लेयर

इन सात लेयरों को बनाने के लिए निम्न सिद्धान्त प्रयुक्त किए गए

1. प्रत्येक लेयर को सम्बन्धित कार्यों के एक सेट (set) पर काम करना चाहिए।
2. प्रत्येक लेयर के कार्य इस प्रकार से परिभाषित होने चाहिए, ताकि नेटवर्क के बड़े सेट को अनुमति मिल सके। दूसरे शब्दों में, लेयर के लिए फंक्शन (functions) इस प्रकार से नहीं होने चाहिए कि केवल एक नेटवर्क ही सम्भव हो सके।

OSI मॉडल डेटा कम्युनिकेशन का एकमात्र उदाहरण नहीं है। प्रत्येक लेयर पर अनगिनत प्रोटोकॉल हो सकते हैं। ओ एस आई मॉडल यह प्रदर्शित करता है कि प्रोसेस (process) को किस प्रकार विभाजित करना चाहिए और प्रत्येक लेयर पर कौन-सा प्रोटोकॉल प्रयोग करना उपयुक्त है।

17.2 OSI लेयर OSI Layer

OSI रेफरेन्स मॉडल यह परिभाषित करता है कि प्रत्येक लेयर किस प्रकार ऊपर और नीचे की लेयर (layer) से संवाद स्थापित करने का कार्य करती है। OSI मॉडल में सात लेयर होती हैं, जिनमें से प्रथम चार लेयर अर्थात् फिजिकल, डेटा लिंक, नेटवर्क एवं ट्रांसपोर्ट लेयर शुरू से अन्त तक वे सेवाएँ प्रदान करती हैं जो दो कम्प्यूटर सिस्टमों के मध्य डेटा को प्रेषित करने के लिए आवश्यक हैं। OSI मॉडल की सबसे नीचे की दो लेयर्स नेटवर्क के फिजिकल मीडिया (physical media) और उससे सम्बन्धित कार्यों; जैसे—नेटवर्क इन्टरफेस कॉर्ड्स (network interface cards) और केबल (cable) पर डेटा-बिट्स (data-bits) को रखना इत्यादि को निष्पादित करती हैं। उच्चतम लेयर्स (highest layers) यह परिभाषित करती हैं कि एप्लीकेशन्स किस प्रकार कम्युनिकेशन सर्विसेस (communication services) को एक्सेस (access) करती है।

इस मॉडल में जो लेयर जितनी उच्चतर है, उसका कार्य भी उतना ही जटिल है। इस मॉडल में सभी लेयर्स एक-दूसरे से बाउण्ड्री द्वारा पृथक् होती हैं, जिसे इन्टरफेस (interface) कहा जाता है। इसकी लेयर से सभी रिक्वेस्ट्स (requests) अपनी अगली लेयर में इन्टरफेस के माध्यम से पास (pass) की जाती हैं। प्रत्येक लेयर अपने नीचे की लेयर के स्टैण्डर्ड्स (standards) और क्रियाकलापों (activities) पर निर्मित होती है। प्रत्येक लेयर अपनी अगली उच्चतर लेयर को सर्विसेस (services) प्रदान करती है साथ ही, दूसरे कम्प्यूटर पर प्रत्येक लेयर अपने से सम्बन्धित लेयर से सीधा-सीधा संवाद स्थापित करती हुई प्रतीत होती है। यह पीयर लेयर (peer layers) अर्थात् एकसमान लेयर्स को एक लॉजिकल (logical) या वर्चुअल (virtual) कम्युनिकेशन प्रदान करती है। इसमें एक लेयर से दूसरी लेयर को डेटा पास (pass) करने से पूर्व उसे पैकेट्स (packets) में विभाजित किया जाता है, जिसे नेटवर्क में एक डिवाइस से दूसरी डिवाइस को एक यूनिट (unit) के रूप में ट्रांसमिट (transmit) किया जाता है। सॉफ्टवेयर प्रत्येक लेयर में पैकेट (packet) में फॉर्मेटिंग (formatting) अथवा एड्रैसिंग (addressing) से सम्बन्धित कुछ सूचनाओं को एड (add) करता है, जो नेटवर्क में पैकेट को सफलतापूर्वक ट्रांसमिट करने के लिए आवश्यक होते हैं।

रिसीविंग कम्प्यूटर (receiving computer) पर पैकेट उल्टे क्रम में लेयर (layers) से होकर गुजरता है। प्रत्येक लेयर पर एक सॉफ्टवेयर यूटिलिटी, पैकेट से इन्फॉर्मेशन को रीड (read) करती है तथा उस लेयर से सम्बन्धित इन्फॉर्मेशन को पैकेट से हटा देती है और पैकेट को अगली लेयर को पास कर देती है। अन्त में जब पैकेट, एप्लीकेशन लेयर पर पहुँचता है, तो उससे एड्रैसिंग इन्फॉर्मेशन को हटा दिया जाता है। इस प्रकार पैकेट अपने वास्तविक स्वरूप में वापस आ जाता है, जो रिसीवर (receiver) द्वारा रीड (read) करने अर्थात् पढ़े जाने योग्य होता है।

OSI नेटवर्किंग मॉडल में केवल सबसे निचली लेयर को छोड़कर, कोई भी लेयर दूसरे कम्प्यूटर पर अपने समान लेयर को सीधे-सीधे इन्फॉर्मेशन पास नहीं कर सकती है। सेन्डिंग कम्प्यूटर (sending computer) पर इन्फॉर्मेशन को तब तक एक-के-बाद एक प्रत्येक नीचे की लेयर से होकर पास (pass) करना पड़ता है अर्थात् गुजरना पड़ता है; जब तक कि वह फिजिकल लेयर (physical layer) तक नहीं पहुँच जाती है। इसके पश्चात् इन्फॉर्मेशन नेटवर्क में मीडिया (media) के माध्यम से रिसीविंग कम्प्यूटर (ceceiving computer) पर पहुँचता है, जहाँ वह नीचे की लेयर से ऊपर की सम्बन्धित लेयर तक पास करता है। उदाहरण के लिए, जब computer A से नेटवर्क लेयर, इन्फॉर्मेशन भेजती है तो वह इन्फॉर्मेशन, सेन्डिंग कम्प्यूटर पर, डेटा-लिंक लेयर और फिर फिजिकल लेयर से होकर गुजरती है अर्थात् नीचे की ओर पास करती है, जबकि computer B, जो रिसीविंग कम्प्यूटर है, पर भेजी गई इन्फॉर्मेशन फिजिकल लेयर से होते हुए डेटा-लिंक लेयर और फिर नेटवर्क लेयर तक पहुँचती है अर्थात् ऊपर की ओर पास करती है। समीपवर्ती लेयर्स (adjacent layers) के मध्य इन्ट्रैक्शन, इन्टरफेस के माध्यम से होता है। इन्टरफेस यह परिभाषित करता है कि प्रत्येक लेयर अपने से नीचे की लेयर की सर्विसेस को किस तरह एक्सेस करेगी। OSI रेफरेन्स मॉडल की सातों फंक्शनल लेयर्स के उद्देश्यों का वर्णन निम्नानुसार है

फिजिकल लेयर Physical Layer

यह OSI रेफरेन्स मॉडल की सबसे निचली लेयर होती है। यह लेयर, बिट स्ट्रीम (bit stream) को एक फिजिकल मीडियम (physical medium); जैसे—नेटवर्क केबल (network cable) पर प्रेषित करती है। फिजिकल लेयर पूर्ण रूप से हार्डवयर-ओरियेन्टिड (hardware-oriented) होती है और संवाद स्थापित करने वाले कम्प्यूटर्स के मध्य एक फिजिकल लिंक स्थापित और बनाए रखने के सभी पहलुओं को संचालित करती है। फिजिकल लेयर ट्रांसमिशन माध्यम के लिए मैकेनिकल एवं इलेक्ट्रिल इन्टरफेस प्रदान करती है। यह केबल के द्वारा बिट्स को डेटा लिंक लेयर (layer 2) को भेजती है जो दो सिस्टमों के बीच डेटा बिट्स का प्रवाह करती है।

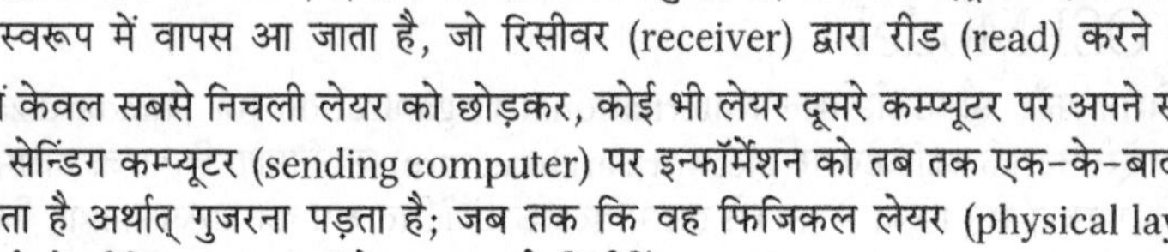

चित्र फिजिकल लेयर

फिजिकल लेयर में वायर या मीडिया होता है, जिससे नेटवर्क सिग्नल संचालित होता है। इस लेयर में वायर प्लग्स, सॉकिट्स और सिग्नल जेनरेटर जैसे हार्डवयर होते हैं। इस लेयर का काम बिट्स को कनैक्टिंग मीडिया तक लाने-ले जाने का होता है। यह लेयर नेटवर्क के माध्यम से इलेक्ट्रिकल और मैकेनिकल स्तर पर बिट के प्रवाह को भेजती है। यह लेयर डेटा को भेजने और प्राप्त करने के लिए हार्डवेयर उपलब्ध कराती है। यह लेयर डेटा एन्कोडिंग (data encoding) और बिट सिन्क्रोनाइजेशन (bit synchronization) हेतु यन्त्रावली प्रदान करती है। यह लेयर एक कम्प्यूटर से

दूसरे कम्प्यूटर पर बिट्स को प्रेषित करने हेतु उपयोग की जाती है। चूँकि भिन्न-भिन्न प्रकार के मीडिया (media) भिन्न-भिन्न ढंग के बिट्स (bits) को ट्रांसमिट करते हैं। अत: फिजिकल लेयर प्रत्येक आवेग की समयावधि को भी परिभाषित करती है तथा साथ ही यह भी परिभाषित करती है कि प्रत्येक बिट किस प्रकार से नेटवर्क केबल (network cable) के लिए यथोचित इलेक्ट्रिकल या ऑप्टिकल आवेग में परिवर्तित होगा। इस लेयर को सामान्यत: हार्डवयर लेयर (hardware layer) भी कहते हैं। फिजिकल लेयर डेटा लिंक लेयर से फ्रेम्स (frames) को स्वीकार करती है तथा उनकी संरचना एवं कन्टेन्ट (content) को श्रेणी रूप में प्रेषित करती है अर्थात् डेटा को एक-एक बिट करके प्रेषित करती है।

कार्य Functions

- यह लेयर एक कम्प्यूटर से दूसरे कम्प्यूटर पर बिट्स को ट्रांसमिट करने के लिए उत्तरदायी होती है।
- यह डेटा को एक-एक बिट करके रिसीव करती है।

प्रोटोकॉल Protocol

PLC, Wi-Fi, Ethernet Physical layer, SONE/SDH, Modems आदि।

डेटा लिंक लेयर Data Link Layer

डेटा लिंक लेयर, नेटवर्क लेयर से डेटा फ्रेम्स (data frames) को फिजिकल लेयर को भेजती है। रिसीविंग (recieving) सिरे पर डेटा लिंक लेयर, फिजिकल लेयर से रो बिट्स (raw bits) को लेकर, उन्हें डेटा फ्रेमों में परिवर्तित करती है। यह फिजिकल लेयर के लिए पैकेज किए गए डेटा को प्राप्त करने के लिए उत्तरदायी होती है। डेटा लिंक लेयर विश्वसनीय सूचना ट्रांसफर क्षमता नेटवर्क लेयर (layer 3) को प्रदान करती है। नीचे दर्शाए चित्र में डेटा लिंक लेयर से फिजिकल लेयर का सम्बन्ध दर्शाया गया है।

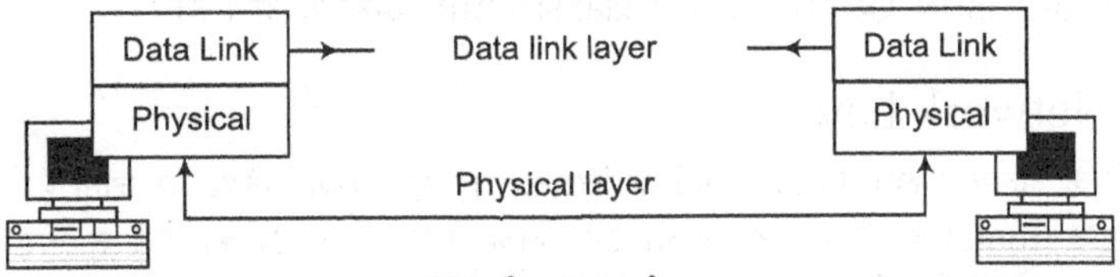

चित्र डेटा लिंक लेयर

डेटा लिंक लेयर को लाइन या मीडिया एक्सेस लेयर भी कहा जाता है। यह फिजिकल नेटवर्क हार्डवयर के लिए एक्सेस को नियन्त्रित करती है। यह डेटा लिंक ट्रांसमिशन की नोड-टू-नोड (node-to-node) वैधता की जिम्मेदार होती है। डेटा लिंक लेयर पैकेट फ्रेमिंग और मीडिया-स्तर की एड्रेसिंग (addressing) प्रदान करती है। डेटा लिंक लेयर मीडिया पर आधारित होती है। यह नेटवर्क मीडिया पर पैकेजिंग और डेटा स्थापन के लिए आवश्यक है एवं बिट की धारा के प्रवाह की विधि का प्रबन्ध करती है। डेटा लिंक लेयर के विविध क्रियाकलाप इस प्रकार रहा है

- फ्रेम की सीमा को तैयार करना
- चैनल एक्सेस और फ्लो कण्ट्रोल को व्यवस्थित करना
- निरन्तरता के लिए प्राप्त सूचनाओं की जाँच करना
- ट्रांसमिट डेटा का सही क्रम सुनिश्चित करना
- अपर लेयर फंक्शन का प्रयोग किए बिना फिजिकल लेयर में होने वाली त्रुटियों को ज्ञात करके उनका निवारण करना
- डेटा लिंक लेयर को प्राय: दो उपविभागों-एलएलसी (LLC) और एमएसी (MAC) में बाँटा गया है।

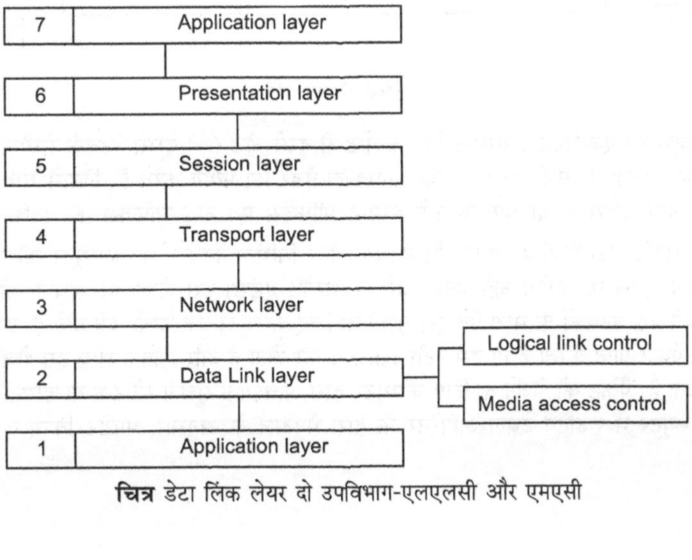

चित्र डेटा लिंक लेयर दो उपविभाग-एलएलसी और एमएसी

मीडिया एक्सेस कण्ट्रोल (Media Access Control, MAC) एक प्रोटोकॉल है जो उस समय यह निर्णय करता है कि किस कम्प्यूटर का प्रयोग ट्रांसमिशन के लिए किया जाए, जिस समय बहुत-से कम्प्यूटर प्रयत्न में लगे हैं। यह कार्य एक सेकण्ड से भी कम समय में सम्पन्न होता है। यह उस समय भी जब नेटवर्क बहुत व्यस्त होता है, तो भी यूजर को कम समय में ही डेटा एक्सेस करा देता है और यूजर को प्रतीक्षा (wait) नहीं करनी पड़ती है। लिंक लेयर का ऊपर का अर्द्ध भाग, जिसे एलएलसी (Logical Link Control, LCC) भी कहा जाता है, फिजिकल लिंक पर विश्वसनीय डेटा ट्रांसफर (transfer) करता है। वास्तव में यह फिजिकल लिंक को व्यवस्थित करने का कार्य करता है।

इन्स्टीट्यूट ऑफ इलेक्ट्रिकल एण्ड इलेक्ट्रॉनिक्स इंजीनियर्स (IEEE) ने लिंक लेयर को दो भागों में विभक्त किया है। लेयर को पास (pass) करने के अन्तर्गत दो कार्य (functions) आते हैं। प्रथम डेटा के फिजिकल ट्रांसफर का समन्वय और द्वितीय फिजिकल मीडियम के लिए एक्सेस की व्यवस्था करना। मीडिया एक्सेस कण्ट्रोल लेयर एवं लॉजिकल लिंक कण्ट्रोल लेयर कुछ हार्डवयर युक्तियाँ; जैसे—हब, स्विच, रिपीटर, केबल, ट्रांसमीटर्स एवं रिसीवर इत्यादि डेटा लिंक एवं फिजिकल लेयर के मध्य सूचनाओं का आदान-प्रदान करती है। प्रत्येक फिजिकल लेयर के अनुकूल होने के कारण एमएसी लेयर के विभाजन के द्वारा कुछ एमएसी लेयर का निर्माण किया जा सकता है, लेकिन केवल एक एलआईसी लेयर उन सभी को संचालित कर सकती है। यह लचीलेपन में वृद्धि करता है और एलआईसी को विभिन्न मैक लेयर और हॉयर लेवल प्रोटोकॉल के बीच इन्टरफेस प्रदान करने के लिए आधार प्रदान करता है।

अभिलक्षण Characteristics

- यह लेयर त्रुटि रहित डेटा ट्रांसफर (transfer) करती है।

प्रोटोकॉल Protocall

- यह डेटा को फ्रेम (frame) में पुनः भेजती है।

PPP, HDLC, LAPB, ARP, ISDN एवं FDDI इत्यादि प्रोटोकॉल इसके अन्तर्गत आते हैं।

नेटवर्क लेयर Network Layer

नेटवक लेयर, नेटवर्क के अलग-अलग पैकेट्स बनाती है जिसकी सप्लाई ट्रांसपोर्ट लेयर पर जाती है। यह लेयर प्रेषित और प्राप्त करने वाले नोड्स के बीच एक रूट (route) का निर्माण करती है। डेटा लिंक लेयर (लेयर 2) का नोड-टू-नोड फंक्शन पूरे नेटवर्क के अन्दर बढ़ाया जाता है, क्योंकि राउटेबल प्रोटोकॉल, जैसे कि—IP, इण्टरनेट वर्क पैकेज एक्सचेन्ज (Internet Workpackage Exchange, IPX), सिस्टम नेटवर्क आर्किटेक्चर (Systyem Network Archietecture, SNA), एप्पल टॉक में नोड एड्रेस के अतिरिक्त नेटवर्क एड्रेस होता है। चित्र में डेटा लिंक लेयर और नेटवर्क लेयर के बीच सम्बन्ध दर्शाया गया है।

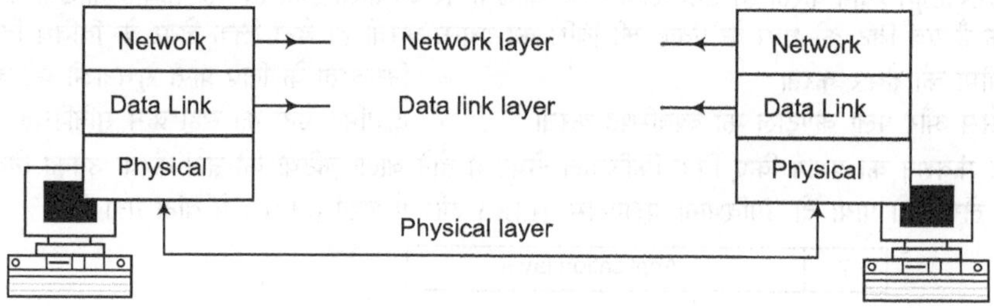

चित्र नेटवर्क लेयर

नेटवर्क लेयर डेटा पैकेट्स को एक नेटवर्क सेग्मेन्ट के एक नोड से दूसरे नोड (जो दूसरा नेटवर्क सेग्मेन्ट हो सकता है) तक एक ही नेटवर्क पर डिलीवर करने का प्रयत्न करता है। सभी नेटवर्क लेयर प्रोटोकॉल हैडर का प्रयोग करते हैं, जिसमें स्रोत (source) और लक्ष्य (destination) दोनों होते हैं। नेटवर्क लेयर एड्रेस के दो भाग नेटवर्क सेग्मेन्ट प्रीफिक्स एवं नोड सफिक्स को प्रदर्शित करता है।

नेटवर्क लेयर डेटा की राउटिंग को नियन्त्रित करता है। नेटवर्क लेयर विभिन्न नेटवर्कों पर कम्प्यूटर की सूचना से सम्बद्ध होती है। इस लेयर पर लॉजिकल या फिजिकल एड्रेस का प्रयोग नहीं होता, जैसे—ईथरनेट एड्रेस। इस लेयर पर सूचना की मूल इकाई को पैकेट कहा जाता है। एकसमान नेटवर्क न होने पर, नेटवर्कों के मध्य पैकेट्स भेजने के लिए कम्प्यूटर उत्तरदायी नहीं होते हैं। इस प्रक्रिया को पैकेट स्विचिंग कहा जाता है। जब कम्प्यूटर कोई पैकेट प्राप्त करता है तो इसे स्टोर (store) कर लेता है और जितना शीघ्र इसे भेजने के लिए चैनल उपलब्ध होता है, यह उसके लक्ष्य पर भेज देता है। पैकेट को भेजने के लिए कम्प्यूटर द्वारा आवश्यक सूचना स्टेटिक या डायनामिक रूप से निर्धारित की जा सकती है। स्टेटिक सिस्टम में कम्प्यूटर में राउटिंग टेबल ऑपरेटर के द्वारा मैनुअल के अनुसार अपडेट किया जाता है।

डायनामिक सिस्टम में विशेष राउटिंग प्रोटोकॉल, जैसे राउटिंग इन्फॉर्मेशन प्रोटोकॉल (Routing Information Protocol, RIP) और ओपन शॉर्टेस्ट पाथ फर्स्ट (Open Shortest Path First, OSPF) के साथ राउटिंग इन्फॉर्मेशन के आदान-प्रदान के द्वारा कम्प्यूटर स्वत: उनका राउटिंग टेबल निर्मित करता है। रूटिंग के अतिरिक्त नेटवर्क लेयर नेटवर्क पर पैकेटों के प्रवाह को भी नियन्त्रित करती है। नेटवर्क ट्रैफिक की क्षमता को व्यवस्थित करना आवश्यक है।

अभिलक्षण Characteristics

- यह लेयर ट्रांसपोर्ट लेयर को सर्विस प्रदान करती है।
- नेटवर्क लेयर पैकेट्स की राउटिंग करती है।
- यह डेटा को रिसेम्बल (resemble) करती है।

प्रोटोकॉल Protocol

IP Protocol, CIDR, NAT, ARP, RARP, BOOTP आदि।

ट्रांसपोर्ट लेयर Transport Layer

ट्रांसपोर्ट लेयर OSI मॉडल की चौथी लेयर है। यह लेयर नेटवर्क लेयर की सर्विस एप्लीकेशन एवं सिस्टम के बीच डेटा का पारदर्शी स्थानान्तरण करती है। ट्रांसपोर्ट सर्विसों का काम रिमोट ट्रांसपोर्ट एनटीटी के साथ पीयर-टू-पीयर कम्युनिकेशन करना होता है। यह सेशन लेयर के नीचे एक अतिरिक्त संयोजन (connection) उपलब्ध कराती है। यह लेयर सुनिश्चित करती है कि पैकेट्स (packets) बिना किसी एरर (error) के सही क्रम में और बिना क्षति (loss) अथवा डुप्लीकेशन (duplication) के डिलीवर (deliver) किए जाएँ। डेटा भेजने वाले कम्प्यूटर पर यह लम्बे मैसेज को अनेक छोटे पैकेट्स में विभाजित करके, उन्हें एकत्र करती है। ट्रांसपोर्ट लेयर के द्वारा भेजा गया डेटा लेयर में संचित होता है और जो इसे नेटवर्क लेयर में भेज देता है। नेटवर्क लेयर नोड्स को परिवर्तित और डिकोड किए बिना ही डेटा को ट्रांसफर कर देती है। निम्न चित्र में नेटवर्क एवं ट्रांसपोर्ट लेयर के मध्य सम्बन्ध दर्शाया गया है।

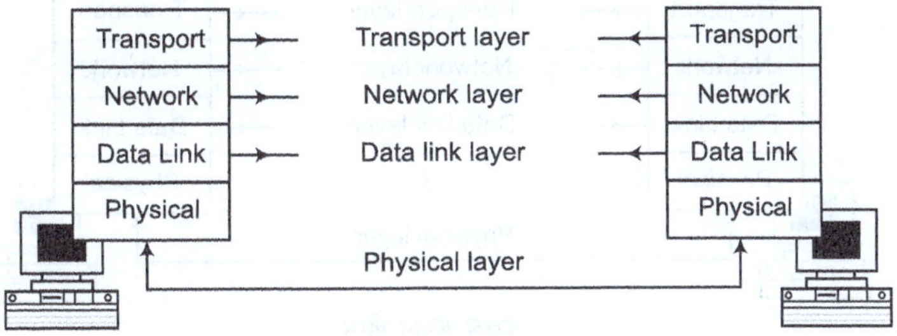

चित्र ट्रांसपोर्ट लेयर

ट्रांसपोर्ट लेयर विश्वसनीय और निम्न लागत में डेटा ट्रांसफर करती है। यह एप्लीकेशन प्रोग्राम द्वारा एण्ड-टू-एण्ड (end-to-end) सूचनाओं का स्थानान्तरण करती है। ट्रांसपोर्ट लेयर पहली लेयर होती है जो नोड्स के बीच दोनों सिरों पर संचार प्रदान करती है। इस कार्य को सम्पन्न करने के लिए यह नेटवर्क लेयर की सेवाएँ लेती है। इस लेयर पर सूचनाओं के आधारभूत तत्त्व को सेग्मेन्ट (segment) कहा गया है। यह लेयर डेटा पैकेट और उसकी उचित डिलीवरी (delivery) के लिए जाँच करने और भेजने के लिए डेटा के क्रम को निर्मित करने के लिए उत्तरदायी है। साधारण शब्दों में ट्रांसपोर्ट लेयर यह निर्धारित करती है कि सभी पैकेट पहुँच गए हैं अथवा नहीं। यदि डेटा गलत प्रकार से भेजा (send) जाता है तो ट्रांसपोर्ट लेयर डेटा को पुन: ट्रांसमिट करने के लिए कमाण्ड देती है। यह लेयर सैंडिंग नोड को रिसीविंग नोड से ऑवर रन होने से रोकती है। यह डेटा को मल्टीप्लेक्स कर सकता है जोकि कॉमन कम्युनिकेशन चैनल पर मल्टीपल मैसेज भेजता है। विशेषत: ट्रांसपोर्ट लेयर शीर्ष की तीन एप्लीकेशन आधारित लेयर्स को विश्वसनीय, नेटवर्क-इण्डिपेन्डेन्ट मैसेज इन्टरचेंज सर्विस प्रदान करती है। यह लेयर निचली और ऊपर की तीन लेयर्स के बीच इन्टरफेस का कार्य करती है। ट्रांसपोर्ट लेयर कनैक्शन ओरिएण्टिड सर्विसेज (connection oriented services) और कनैक्शनलैस सर्विसेज (connectionless services) दो प्रकार की आधारभूत सेवाएँ प्रदान करती है। कनैक्शन ओरिएण्टिड सर्विसेज (connection oriented services) के साथ दो एण्ड नोड्स (end node) के बीच प्रथम वर्चुअल सर्किट (virtual circuit) स्थापित किया जाता है। कनैक्शन को स्थापित करने के बाद सेग्मेन्ट (ट्रांसपोर्ट लेयर में डेटा की इकाई) के पास अपने लक्ष्य पर पहुँचने के लिए अलग से पथ नहीं होता। यह सर्विस बड़े डेटा ट्रांसफर के लिए उपयोगी है। कनैक्शनलैस सर्विसेज (connectionless services) में दो एण्ड नोड्स (end nodes) के बीच वर्चुअल लिंक स्थापित करने की आवश्यकता नहीं रहती है। इसमें प्रत्येक सेग्मेन्ट अलग-अलग भेजा जाता है। ट्रांसपोर्ट लेयर भी डेटा का त्रुटिरहित आवागमन करता है। लेयर उस डेटा को ट्रैक करता है जोकि प्राप्त और ट्रांसमिट किया गया है और सुनिश्चित करता है कि डेटा अपने लक्ष्य पर पहुँच गया है अथवा नहीं।

अभिलक्षण Characteristics

- यह एण्ड-टू-एण्ड कनैक्शन स्थापित करती है।
- यह लेयर डेटा का पारदर्शी स्थानान्तरण करती है।

प्रोटोकॉल Protocol

TCP, UDP, DCCP, SCTP, RSVP, ECN आदि

यूनिवर्सल डेटाग्राम प्रोटोकॉल The Universal Datagram Protocol (UDP)

यह प्रोटोकॉल नेटवर्क पर मैसेज ब्रॉडकास्ट करने में सहायता करता है।

ट्रांसमिशन कण्ट्रोल प्रोटोकॉल Transmisstion Control Protocol

यह प्रोटोकॉल एक नोड के प्रोग्राम से दूसरे नोड के प्रोग्राम पर एकदम सही, आदेशित बाइट्स के प्रवाह की क्रमबद्ध डिलीवरी प्रदान करता है।

सेशन लेयर Session Layer

सेशन लेयर दो भिन्न कम्प्यूटर्स पर रन (Run) कर रहीं दो एप्लीकेशन्स (applications) के एक कनैक्शन को ओपन (open) करने, उसे प्रयोग करने और पुनः क्लोज करने की अनुमति देती है। इसी कनैक्शन को एक सेशन (one session) कहा जाता है। सेशन लेयर रिमोट एप्लिकेशनों के साथ एप्लीकेशनों को कम्युनिकेट करने और व्यवस्थित करने के लिए सक्षम बनाती है। यह निर्णय करती है कि कब कम्प्यूटर के बीच कम्युनिकेशन टर्न ऑन और टर्न ऑफ होना है। यह एक मैकेनिज्म भी प्रदान करती है जो डेटा के आदान-प्रदान को नियन्त्रित करता है और उनके बीच समन्वय करता है। चित्र में ट्रांसपोर्ट लेयर के साथ सेशन लेयर के सम्बन्ध को दर्शाया गया है।

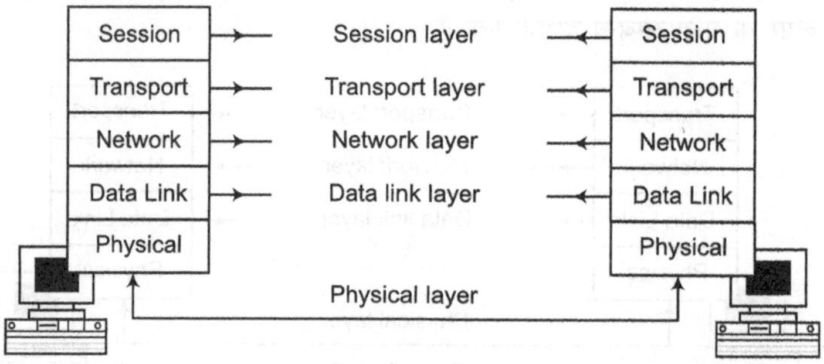

चित्र सेशन लेयर

सेशन लेयर हाई-लेवल लेयर के लिए नेटवर्क कनैक्शन व्यवस्थित करती है और लॉग-इन और यूजर के प्रमाणीकरण (user authentication) के लिए उत्तरदायी है। यह एक-आयामी या द्वि-आयामी सूचना प्रणाली को निर्धारित करती है और दोनों सिरों के बीच कम्युनिकेशन व्यवस्थित करती है। उदाहरण के लिए यह सुनिश्चित करना कि पहला निर्देश दूसरा निर्देश भेजने के पहले पूरा हो गया है, इसके कार्यों के अन्तर्गत आता है। यह ट्रांसमिट किए गए डेटा के महत्त्वपूर्ण भाग को कनैक्शन फेल होने की स्थिति में त्वरित रिकवरी के लिए चैक प्वॉइण्ट्स के साथ चिह्नित करती है।

अभिलक्षण Characteristics

- डायलॉग को प्रबन्धित करने के लिए उत्तरदायी होता है।
- यह लेयर एप्लीकेशन्स को कम्युनिकेट करने के आवश्यक कार्य; जैसे—नेम रिकोग्निशन और सिक्योरिटी को निष्पादित करने के लिए उत्तरदायी होता है।

प्रोटोकॉल Protocol

ADSP, ASP, ISO-SP, L2TP, F2F, PAP, PPTF, RPC, SMPP, SDP, ZIP, RTCP, NET, BIOS आदि।

प्रेजेन्टेशन लेयर Presentation Layer

इस लेयर में नेटवर्क में कम्प्यूटर्स के मध्य एक्सचेन्ज किए जाने वाले डेटा के फॉर्मेट (format) को परिभाषित किया जाता है। इस लेयर को **नेटवर्क का ट्रांसलेटर** (translator of network) भी कहा जाता है। यह लेयर निर्धारित करती है कि सिस्टम कैसे एकसमान रूप से फाइलें और

सूचना निर्देश एप्लीकेशनों को प्रदान करेगा। यह लेयर नेटवर्किंग में नेटवर्क से संयोजित कम्प्यूटर के लिए ऑपरेटिंग सिस्टम के समान कार्य कर सकती है।

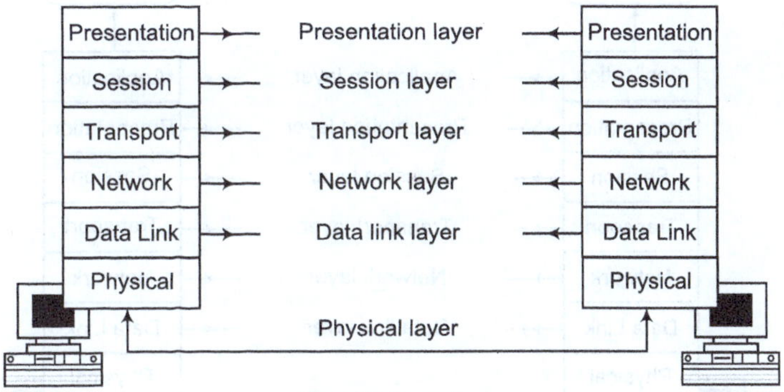

चित्र प्रेजेन्टेशन लेयर

जब डेटा विभिन्न प्रकार के कम्प्यूटर सिस्टमों के बीच भेजा जाता है, तब प्रेजेन्टेशन लेयर उस रूट (route) को व्यवस्थित करता है जिस पर डेटा भेजा है और एनकोड (encode) किया गया है। उदाहरण के लिए यह अमेरिकन स्टैण्डर्ड कोड फॉर इन्फॉर्मेशन इन्टरचेंज (American Standard Code for Information Interchange, ASCII) और एक्सटेंडेड बाइनरी कोडेड डेसीमल इन्टरचेंज कोड (Extended Binary Coded Decimal Interchange Code, EBCDIC) कम्प्यूटरों के साथ-साथ विभिन्न फ्लोटिंग प्वॉइण्ट और बाइनरी फॉर्मेट्स के बीच एक जैसा नाम प्रदान करती है। यह लेयर डेटा के एनक्रिप्शन (encryption) और डिक्रिप्शन (decryption) के लिए भी प्रयोग की जाती है। प्रेजेन्टेशन लेयर ऑपरेटिंग सिस्टम का वह भाग है जो प्राप्त एवं प्रेषित किए डेटा को एक प्रेजेन्टेशन फॉर्मेट से दूसरे में प्रेजेन्टेशन फॉर्मेट परिवर्तित भी करती है।

अभिलक्षण Characterstics

डेटा को स्टैण्डर्ड फॉर्म में बदलने के लिए

- कैरेक्टर कोड ट्रांसलेशन
- डेटा कम्प्रेशन
- डेटा कनवर्जन
- डेटा एनक्रिप्शन

प्रोटोकॉल Protocol

AFP, ASCII, EBCDIC, ICA, LPP, NCP, NDR, XDR, X.25 PAP आदि।

एप्लीकेशन लेयर Application Layer

OSI रेफरेन्स मॉडल की सबसे ऊपरी लेयर, एप्लीकेशन लेयर होती है। यह लेयर उन सर्विसों से सम्बन्धित है, जो यूजर एप्लीकेशन, जैसे—फाइल ट्रांसफर, डेटाबेस एक्सेस और ई-मेल के लिए सॉफ्टवेयर का समर्थन करती है। अन्य शब्दों में, यह लेयर एक विन्डो (window) की भाँति कार्य करती है, जिसके माध्यम से एप्लीकेशन प्रोसेसेस (application processes) नेटवर्क सर्विसेस को एक्सेस (access) कर सकती है। नेटवर्क में भेजा जाने वाला कोई मैसेज (messaage) OSI रेफरेन्स मॉडल के इसी बिन्दु (point) पर प्रवेश (enter) करता है और रिसीविंग कम्प्यूटर (receiving computer) पर OSI रेफरेन्स मॉडल की एप्लीकेशन लेयर (application layer) से बाहर निकलता है। एप्लीकेशन लेयर के प्रोटोकॉल्स (protocols) अपने आप में प्रोग्राम होते हैं, जैसे—फाइल ट्रांसफर प्रोटोकॉल (File Transfer Protocol, FTP) या फिर वे (प्रोटोकॉल्स) जो अन्य प्रोग्राम्स (programs) द्वारा प्रयोग किए जा सकते हैं। उदाहरण के लिए सिम्पल मेल ट्रांसफर प्रोटोकॉल (Simple Mail Transfer Protocol, SMTP) का प्रयोग ज्यादातर ई-मेल प्रोग्राम्स (e-mail programs) द्वारा किया जाता है। इस लेयर में निष्पादित होने वाले कार्यों (tasks) का सपोर्ट नीचे की लेयर्स (lower layers) द्वारा किया जाता है। इन कार्यों (tasks) के अन्तर्गत नेटवर्क एक्सेस (network access), फ्लो कण्ट्रोल (flow control) और त्रुटि रिकवरी (error recovery) जैसे कार्य आते हैं।

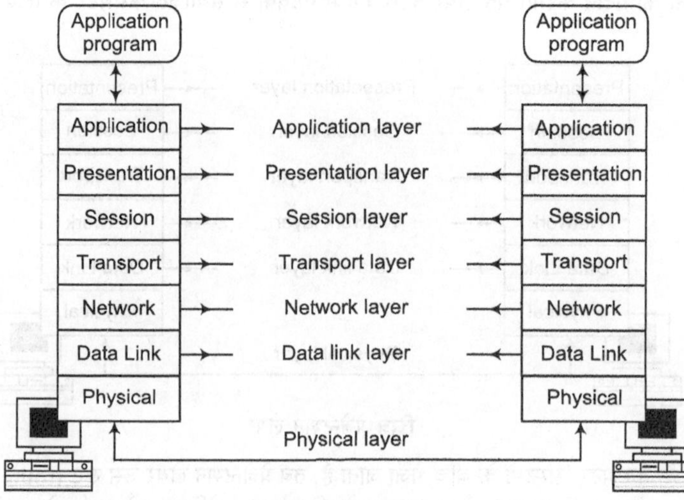

चित्र एप्लीकेशन लेयर

एप्लीकेशन लेयर कम्प्यूटर में चल रहे सॉफ्टवेयर और नेटवर्क के बीच इन्टरफेस प्रदान करती है। यूजर के सॉफ्टवेयर के लिए यह फाइल ट्रांसफर एक्सेस एण्ड मैनेजमेन्ट (File Transfer Axis and Management, FTAM) प्रोटोकॉल और ई-मेल सर्विस जैसे कार्य करती है। एप्लीकेशन लेयर एप्लीकेशन प्रोग्रामों के लिए कम्प्यूटर पर सेवाएँ प्रदान करती है। एप्लीकेशन लेयर के कुछ कार्यों का संक्षिप्त वर्णन नीचे दिया जा रहा है

एसोसिएशन कण्ट्रोल सर्विस एलीमेन्ट Association Control Service Element, ACSE

यह कम्प्युनिकेटिंग एप्लीकेशनों के बीच एसोसिएशन स्थापित और विस्थापित करता है।

रिमोट ऑपरेशन्स सर्विसेज एलीमेन्ट Remote Operations Service Element, ROSE

यह रिमोट ऑपरेशन्स, जो दूसरे कम्प्यूटर में अमल में लाए गए हैं, के लिए अनुमति प्राप्त एप्लीकेशनों के द्वारा Distributed एप्लीकेशनों को निर्मित करने में सहायता प्रदान करता है।

रिलाएबल ट्रांसफर सर्विस एलीमेन्ट Reliable Transfer Service Element, RTSE

यह एक एप्लीकेशन से दूसरे एकदम सही रूप में डेटा ट्रांसफर करने में सहायता प्रदान करता है।

प्रोटोकॉल Protocol

एप्लीकेशन लेयर के कुछ प्रसिद्ध प्रोटोकॉल HTTP, SMTP, POP3, FTP, TELNET, ETC आदि हैं, जिनका वर्णन निम्नवत् है

- **एफटीपी** (FTP) नेटवर्क पर Nodes के बीच फाइलों को ट्रांसफर करता है।
- **टेलनेट** (Telnet) नेटवर्क पर दूसरे Nodes के साथ एक वर्चुअल टर्मिनल सेशन रखने के लिए Nodes को सक्षम बनाता है।
- **सिम्पल मैसेज ट्रांसफर प्रोटोकॉल** (Simple Message Transfer Protocol, SMTP) यह यूजर्स और एप्लीकेशनों के बीच मैसेज स्थानान्तरित करने में सहायता करता है।
- **सिम्पल नेटवर्क मैनेजमेन्ट प्रोटोकॉल** (Simple Network Management Protocol, SNMP) यह नेटवर्क का निरीक्षण व व्यवस्थापन करता है।

विशेषताएँ Properties

- यह लेयर उन सर्विसिज (services) से सम्बन्धित है, जो यूजर एप्लीकेशन; जैसे—फाइल ट्रांसफर, डेटाबेस एक्सेस और ई-मेल के लिए सॉफ्टवेयर का समर्थन करती है।
- एप्लीकेशन गेटवे इसका एक हार्डवयर है।
- यह यूजर एप्लीकेशन सम्बन्धी सर्विसों से सम्बन्धित है।

अभ्यास प्रश्न

परीक्षा प्रारूपी प्रश्न

बहुविकल्पीय

1. ISO का पूर्ण रूप क्या है?
(a) International Standard Organization
(b) Indian Standard Organization
(c) Isaro Space Organization
(d) उपरोक्त में से कोई नहीं

2. OSI मॉडल का पूर्ण रूप क्या है?
(a) Overlap System Interchange
(b) Open System Interconnection
(c) Ocean System Interconnection
(d) उपरोक्त में से कोई नहीं

3. OSI मॉडल में कुल कितनी लेयर्स (layers) होती हैं?
(a) 3 (b) 5
(c) 7 (d) 9

4. OSI रेफरेन्स मॉडल को ISO द्वारा किस वर्ष प्रकाशित किया गया था?
(a) 1951 (b) 1975
(c) 1980 (d) 1984

5. OSI रेफरेन्स मॉडल की सबसे नीचे की दो लेयर्स (layers) हैं
(a) एप्लीकेशन लेयर एवं प्रेजेन्टेशन लेयर
(b) फिजिकल लेयर एवं डेटा लिंक लेयर
(c) सेशन एवं ट्रांसपोर्ट लेयर
(d) उपरोक्त में से कोई नहीं

6. OSI मॉडल की कौन-सी लेयर बिट स्ट्रीम (bit stream) को एक फिजिकल मीडिया पर ट्रांसमिट करती है?
(a) ट्रांसपोर्ट लेयर
(b) सेशन लेयर
(c) प्रेजेन्टेशन लेयर
(d) फिजिकल लेयर

7. फिजिकल लेयर द्वारा डेटा लिंक लेयर (data link layer) से डेटा किस रूप (form) में स्वीकार किया जाता है?
(a) बिट्स (b) फ्रेम
(c) पैकेट (d) ये सभी

8. निम्न में से OSI मॉडल के किस लेयर को लाइन या मीडिया एक्सेस लेयर भी कहा जाता है?
(a) एप्लीकेशन लेयर
(b) ट्रांसपोर्ट लेयर
(c) डेटा लिंक लेयर
(d) फिजिकल लेयर

9. OSI मॉडल में दो उपविभागों एल एल सी (LLC) और एम ए सी (MAC) किस लेयर के अन्तर्गत आते हैं?
(a) सेशन लेयर (b) ट्रांसपोर्ट लेयर
(c) नेटवर्क लेयर (d) डेटा लिंक लेयर

10. निम्न में से कौन-सी लेयर, डेटा को पैकेट्स के रूप में परिवर्तित करती है?
(a) नेटवर्क लेयर (b) डेटा लिंक लेयर
(c) ट्रांसपोर्ट लेयर (d) सेशन लेयर

11. OSI मॉडल की चौथी लेयर का नाम क्या है?
(a) डेटा लिंक लेयर (b) ट्रांसपोर्ट लेयर
(c) एप्लीकेशन लेयर (d) फिजिकल लेयर

12. निम्न में से कौन-सा प्रोटोकॉल ट्रांसपोर्ट लेयर पर कार्य करता है?
(a) TCP (b) UDP
(c) DCCP (d) ये सभी

13. लॉग-इन (log-in) तथा यूजर के प्रमाणीकरण (user authentication) के लिए उत्तरदायी लेयर है
(a) सेशन लेयर (b) एप्लीकेशन लेयर
(c) डेटा लिंक लेयर (d) ट्रांसपोर्ट लेयर

14. निम्न में से कौन प्रेजेन्टेशन लेयर (presentation layer) के अभिलक्षण (characteristics) को प्रदर्शित करता है?
(a) डेटा कनवर्जन (b) डेटा कम्प्रैशन
(c) डेटा एनक्रिप्शन (d) ये सभी

15. FTP तथा Telnet दो प्रसिद्ध प्रोटोकॉल (protocol) OSI मॉडल के किस लेयर (layer) पर कार्य करते हैं?
(a) एप्लीकेशन लेयर (b) प्रेजेन्टेशन लेयर
(c) सेशन लेयर (d) ट्रांसपोर्ट लेयर

विविध प्रारूपी प्रश्न

सत्य/असत्य

1. OSI रेफरेन्स मॉडल में जो लेयर जितनी उच्चतर है, उसका कार्य भी उतना ही जटिल है।
2. डेटा लिंक लेयर पैकेट फ्रेमिंग और मीडिया-स्तर की एड्रेसिंग प्रदान करती है।
3. ARP ट्रांसपोर्ट लेयर पर कार्य करता है।
4. सेशन लेयर (session layer) हाई लेवल लेयर्स के लिए नेटवर्क कनैक्शन व्यवस्थित करती है।
5. एप्लीकेशन लेयर ट्रांसमिशन माध्यम के लिए मैकेनिकल एवं इलेक्ट्रिकल इन्टरफेस प्रदान करती है।

रिक्त स्थानों की पूर्ति करें

1. फिजिकल लेयर में ………… होता है, जिससे नेटवर्क सिग्नल संचालित होता है।
2. सभी नेटवर्क लेयर ………… हैडर का प्रयोग करते हैं।
3. ट्रांसपोर्ट सर्विसों का काम रिमोट ट्रांसपोर्ट एनटीटी के साथ ………… कम्युनिकेशन करना होता है।
4. ………… प्रोटोकॉल नेटवर्क पर मैसेज ब्रॉडकास्ट करने में सहायता करता है।
5. ………… प्रोटोकॉल नेटवर्क का निरीक्षण व व्यवस्थापन करता है।

अतिलघु उत्तरीय

1. टेलनेट (TELNET) क्या है? संक्षेप में उत्तर दीजिए।
2. सेशन लेयर का कार्य क्या है?
3. FTP किस लेयर पर कार्य करता है?
4. SMTP से आप क्या समझते हैं?
5. POP 3 क्या है?

लघु उत्तरीय

1. OSI रेफरेन्स (reference) मॉडल क्या है?
2. एप्लीकेशन लेयर का क्या कार्य होता है?
3. फिजिकल लेयर (physical layer) के प्रमुख प्रोटोकॉल कौन-कौन से होते हैं?
4. नेटवर्क लेयर से आप क्या समझते हैं? इसके प्रमुख कार्यों का उल्लेख करें।
5. TCP किस लेयर का प्रोटोकॉल है? इसके कार्यों का उल्लेख करें।

दीर्घ उत्तरीय

1. OSI रेफरेन्स मॉडल का वर्णन करें। इसके विभिन्न लेयर्स का उल्लेख करें।
2. OSI रेफरेन्स मॉडल के प्रमुख प्रोटोकॉल का उल्लेख करें।
3. डेटा लिंक लेयर को विस्तारपूर्वक समझाइए।
4. ट्रांसपोर्ट लेयर को चित्र सहित समझाइए।
5. एप्लीकेशन लेयर के प्रमुख कार्यों का वर्णन कीजिए।

उत्तरमाला

बहुविकल्पीय

1. (a) **2.** (b) **3.** (c) **4.** (d) **5.** (b) **6.** (d) **7.** (b) **8.** (c) **9.** (d) **10.** (a)
11. (b) **12.** (d) **13.** (a) **14.** (d) **15.** (a)

सत्य/असत्य

1. सत्य **2.** सत्य **3.** असत्य **4.** सत्य **5.** असत्य

रिक्त स्थानों की पूर्ति

1. वायर **2.** प्रोटोकॉल **3.** पीयर-टू-पीयर **4.** UDP **5.** SNMP

अध्याय 18

WEEK 18

नेटवर्क अवयव

Network Components

परिचय Introduction

कम्प्यूटर नेटवर्किंग में दो-या-दो से अधिक कम्प्यूटरों को आपस में संयोजित करने के लिए नेटवर्क अवयवों का प्रयोग किया जाता है। इन हार्डवेयर अवयवों के माध्यम से डेटा के सम्प्रेषण को सुगम बनाया जा सकता है। कम्प्यूटर नेटवर्क में विविध नेटवर्क स्रोतों को संयोजित करने हेतु प्रयुक्त इन अवयवों को अन्त: नेटवर्किंग अवयव भी कहा जाता है। सिग्नल्स की वास्तविक शक्ति में वृद्धि करने हेतु भी इन अवयवों का प्रयोग किया जाता है। इस अध्याय में प्रमुख नेटवर्क अवयवों का वर्णन दिया गया है जोकि प्रशिक्षणार्थी को नेटवर्किंग सम्बन्धी अवयवों को समझने में सहायता प्रदान करते हैं।

18.1 मॉडेम Modems

मॉडेम दो शब्दों मॉडुलेटर एवं डिमॉडुलेटर का संयुक्त रूप है। मॉडेम एनालॉग सिग्नल्स को डिजिटल सिग्नल्स में तथा डिजिटल सिग्नल्स को एनालॉग सिग्नल्स में बदलता है। एक मॉडेम को हमेशा टेलीफोन लाइन तथा कम्प्यूटर के मध्य लगाया जाता है। डिजिटल सिग्नल्स को एनालॉग सिग्नल्स में बदलने की प्रक्रिया को **मॉड्युलेशन** तथा एनालॉग सिग्नल्स को डिजिटल सिग्नल्स में बदलने की प्रक्रिया को **डिमॉड्युलेशन** कहते हैं। मॉडेम प्रयुक्त करने का मुख्य उद्देश्य ऐसा सिग्नल उत्पन्न करना है, जिसे सरलता से प्रेषित किया जा सके तथा डिकोडिंग (decoding) के पश्चात् मूल डेटा (original data) प्राप्त किया जा सके। इसे सामान्यत: बिट प्रति सेकण्ड (bps) में प्रदर्शित किया जाता है। मॉडेम को सामान्यत: डेटा की उस मात्रा के आधार पर वर्गीकृत किया जाता है, जिसे वह एक निश्चित समयावधि में भेजने (transmitt) में सक्षम होता है। इसके मुख्य प्रकार निम्न हैं

(i) **बाह्य मॉडेम** (External Modem) यह साधारण प्रकार का मॉडेम होता है जोकि कम्प्यूटर में स्थित न होकर, अलग से डिवाइस के रूप में होता है। बाह्य मॉडेम कम्प्यूटर के सीरियल पोर्ट से एक केबल द्वारा जोड़ा जाता है, इसमें स्वयं की पावर सप्लाई उपस्थिति होती है।

(ii) **आन्तरिक मॉडेम** (Internal Modem) यह कम्प्यूटर के आन्तरिक भाग में इन्स्टॉल रहता है। जब किसी प्रोग्राम को रन किया जाता है, तो आन्तरिक मॉडेम अपने आप एक्टिवेट हो जाता है तथा जब प्रोग्राम से बाहर निकलते हैं अर्थात् Exit करते हैं, तो आन्तरिक मॉडेम अपने आप ऑफ हो जाता है।

चित्र मॉडेम

(iii) **पीसी कार्ड मॉडेम** (PC Card Modem) इस प्रकार के मॉडेम को पोर्टेबल कम्प्यूटर (जैसे—लैपटॉप) के लिए डिज़ाइन किया गया है। पीसी मॉडेम बाह्य तथा आन्तरिक मॉडेम का संयोजन (combination) होता है।

(iv) **वायरलैस मॉडेम** (Wireless Modem) यह मॉडेम बाह्य मॉडेम, आन्तरिक मॉडेम या पीसी मॉडेम, किसी भी प्रकार का हो सकता है। अन्य सभी मॉडेमों को पीसी से जोड़ने के लिए तार की आवश्यकता होती है, परन्तु वायरलैस मॉडेम बिना तार के सिग्नलों (संकेतों) को भेजता तथा प्राप्त करता है।

18.2 फायरवॉल Firewall

कम्प्यूटर नेटवर्क में फायरवॉल एक नेटवर्क सुरक्षा प्रणाली है जोकि प्रेषित एवं रिसीव नेटवर्क ट्रैफिक को मॉनीटर (monitor) एवं नियन्त्रित करती है। फायरवॉल आमतौर पर सुरक्षित आन्तरिक नेटवर्क एवं अन्य बाह्य नेटवर्क के मध्य बैरियर (barrier) का कार्य करता है; जैसे कि इण्टरनेट। इण्टरनेट कम्प्यूटर नेटवर्क सुरक्षा प्रणाली के अन्तर्गत सुरक्षित नहीं माना जाता है। फायरवॉल को नेटवर्क फायरवॉल एवं होस्ट आधारित फायरवॉल के रूप में वर्गीकृत किया जाता है। नेटवर्क फायरवॉल सॉफ्टवेयर उपकरण (appliance) होते हैं जोकि सामान्य हार्डवेयर या हार्डवेयर आधारित फायरवॉल कम्प्यूटर उपकरणों के लिए कार्य करते हैं यह दो-या-दो से अधिक नेटवर्क के मध्य ट्रैफिक को फिल्टर करती है। होस्ट आधारित फायरवॉल किसी एक होस्ट पर सॉफ्टवेयर की एक परत प्रदान करता है, जो नेटवर्क ट्रैफिक को नियन्त्रित करती है।

18.3 हब Hub

हब का प्रयोग ऐसे स्थान पर किया जाता है, जहाँ नेटवर्क की सभी केबल मिलती हैं। यह एक प्रकार का रिपीटर होता है, जिसमें नेटवर्क चैनलों को जोड़ने के लिए पोर्ट्स लगे होते हैं। सामान्यतया एक हब में 4, 8, 16 अथवा 24 पोर्ट लगे होते हैं। इसके अतिरिक्त हब पर प्रत्येक पोर्ट के लिए एक इण्डीकेटर लाइट (Light Emitting Diode-LED) लगी होती है। जब पोर्ट से जुड़ा कम्प्यूटर ऑन होता है, तब लाइट जलती रहती है। हब में कम्प्यूटरों को जोड़ना अथवा हबों को आपस में जोड़ना या हटाना बहुत सरल होता है। एक बड़े हब में लगभग 24 कम्प्यूटरों को जोड़ा जा सकता हैं इससे अधिक कम्प्यूटरों को जोड़ने के लिए एक अतिरिक्त हब का प्रयोग किया जा सकता है। इस प्रक्रिया (दो-या-दो से अधिक हबों को आपस में जोड़ने) को डेज़ी चेनिंग कहते हैं। हब ओएसआई मॉडल (OSI Model) के फिज़िकल लेयर पर कार्य करता है।

चित्र हब

हब के कुछ मूल प्रकार निम्न हैं

पैसिव हब Passive Hub

इस हब के लिए विद्युत स्रोत की आवश्यकता नहीं होती, क्योंकि ये किसी सिग्नल को फिर से उत्पन्न नहीं करता। पैसिव हब में केबल की लम्बाई अधिक प्रयोग की जाती है, इसलिए पैसिव हब का उपयोग लगभग पूरी तरह से समाप्त हो गया है। पैसिव हबों को कभी-कभी कन्सन्ट्रेटर (concentrator) भी कहा जाता है।

एक्टिव हब Active Hub

एक्टिव हब आवश्यकता होने पर सिग्नलों को फिर से उत्पन्न करते हैं, इसलिए इनके लिए विद्युत कनैक्शन की भी आवश्यकता होती है। एक्टिव हब रिपीटर का भी कार्य करता है। एक्टिव हब अधिकतम नेटवर्क मीडिया दूरी का विस्तार आसानीपूर्वक कर सकता है।

इण्टेलिजेण्ट हब Intelligent Hub

इसे स्विच हब भी कहा जाता है। इस हब का प्रयोग नेटवर्क मैनेजमेन्ट में किया जाता है। यह हब कॉलीजन डिटेक्शन में भाग लेता है। यह हब एक से अधिक टोपोलॉजी की सुविधा प्रदान करता है तथा आभासी लैन (Virtual LAN) बनाने में भी भाग लेता है।

18.4 ब्रिज Bridge

ब्रिज छोटे नेटवर्कों को आपस में संयोजित करने के लिए प्रयुक्त किए जाते हैं, ताकि ये आपस में जुड़कर एक बड़े नेटवर्क की भाँति कार्य कर सकें। ब्रिज एक बड़े या व्यस्त नेटवर्क को छोटे हिस्सों में वितरित करने का भी कार्य करता है। व्यस्त नेटवर्क को तब बाँटा जाता है, जब नेटवर्क के एक हिस्से को अन्य हिस्सों से अलग रखा जाने की आवश्यकता हो।

ब्रिज का प्रयोग निम्न कार्यों को सम्पन्न करने हेतु किया जाता है

- किसी LAN सेगमेन्ट की लम्बाई में वृद्धि करने हेतु।
- किसी नेटवर्क में कम्प्यूटर की संख्या बढ़ाने हेतु।
- अत्यधिक संख्या में नेटवर्क से जुड़े कम्प्यूटर के कारण उत्पन्न ट्रैफिक की समस्याओं के निवारण हेतु।
- किसी ओवरलोड नेटवर्क को दो पृथक्-पृथक् नेटवर्क्स में विभाजित करने हेतु।

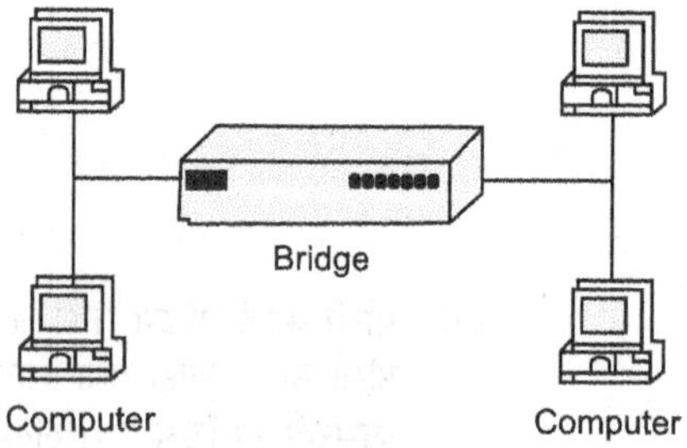

चित्र ब्रिज

ब्रिज मुख्यत: निम्न प्रकार के होते हैं

लोकल ब्रिज Local Bridge

यह लोकल एरिया नेटवर्क को सीधे ही आपस में संयोजित करता है।

रिमोट ब्रिज Remote Bridge

इस ब्रिज का प्रयोग दो-या-दो से अधिक दूर स्थित LAN को जोड़ने के लिए किया जाता है। कम्पनी प्राय: दो या दो से अधिक LAN को इसलिए जोड़ती है, ताकि वे एक बड़े लैन की भाँति कार्य करने में सक्षम हो सकें।

वायरलैस ब्रिज Wireless Bridge

यह रिमोट ब्रिज की भाँति हो सकते हैं। जब दो लैनों के ब्रिज को सीधी लाइन द्वारा जोड़ना सम्भव न हो, तो उन्हें वायरलैस ब्रिज द्वारा जोड़ा जा सकता है। ऐसे ब्रिज को सैटेलाइट ब्रिज भी कहा जाता है।

18.5 राउटर Router

राउटर का प्रयोग नेटवर्क में डेटा को कहीं भी भेजने के लिए करते हैं, इस प्रक्रिया को राउटिंग कहते हैं। राउटर एक जंक्शन की भाँति कार्य करते हैं। बड़े नेटवर्कों में एक से अधिक रूट होते हैं, जिनके द्वारा सूचनाएँ अपने गन्तव्य (destination) तक पहुँच सकती हैं। ऐसे में राउटर ये निश्चय करते हैं, कि किसी सूचना को किस रास्ते से उसके गन्तव्य तक पहुँचाना है।

राउटर बुनियादी सुविधाओं से युक्त एक नेटवर्क डिवाइस है जो पैकेटों को नेटवर्क द्वारा जो कि OSI मॉडल की नेटवर्क (लेयर-3) की सूचनाओं पर आधारित होता है, दिशा-निर्देश देता है। राउटर हार्डवेयर तथा सॉफ्टवेयर के मिश्रण का प्रयोग अपने सोर्स से अपने डेस्टीनेशन तक डेटा को मार्ग देने का कार्य करता है। एक राउटर को विभिन्न प्रकार के नेटवर्क प्रोटोकॉल; जैसे—TCP/IP, IPX/SPX तथा एप्पल टॉल्क ड्रे से डेटा पैकेट को मार्ग देने के लिए विन्यासित किया जा सकता है।

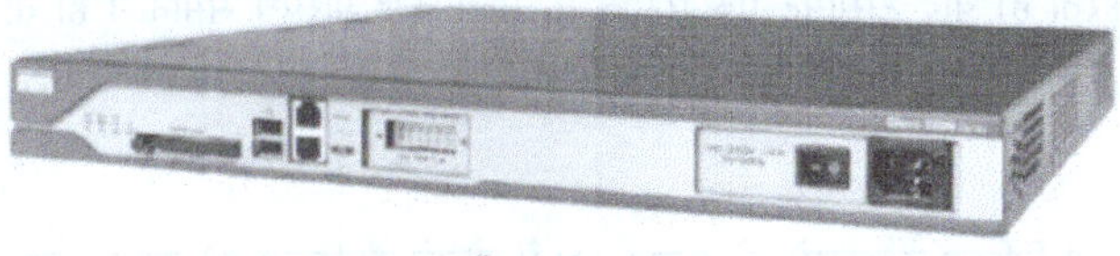

चित्र राउटर

राउटर बड़े नेटवर्कों को तार्किक भागों में विभक्त करते हैं जिन्हें सबनेट कहते हैं। नेटवर्क का विभाजन लेयर-3 एड्रेसिंग सिस्टम; जैसे—IP एड्रेस पर आधारित होता है। यदि स्थायी सबनेट पर नेटवर्क लेयर (लेयर-3) डेटा पैकेट (IP डेटाग्राम) को किसी अन्य डिवाइस के लिए एड्रेस किया जाता है, तो पैकेट राउटर को क्रॉस नहीं करता है तथा अन्य नेटवर्क में ट्रैफिक के जमाव की समस्या को उत्पन्न करता है। यदि डेटा को सबनेट से बाहर एक कम्प्यूटर के लिए एड्रेस किया जाता है, तब राउटर डेटा को एड्रेस नेटवर्क के लिए आगे की ओर भेजता है। इस प्रकार नेटवर्क डेटा की राउटिंग नेटवर्क बैण्डविड्थ को सुरक्षित रखने में सहायता करती है। चित्र में एक सीसको 2800 श्रेणी का राउटर प्रदर्शित किया गया है। राउटर LAN तथा WAN दोनों पर कार्य कर सकते हैं एवं अनेक मीडिया और आर्किटेक्चर को संयोजित कर सकते हैं।

18.6 गेटवे Gateway

वर्तमान में विभिन्न प्रकार के नेटवर्क प्रोटोकॉलों का प्रयोग किया जाता है। उदाहरण के लिए— बड़ी इण्टरनेट कम्पनी जिसे AOL कहा जाता है अपना एक विशिष्ट प्रोटोकॉल रखती है। यदि आपका कम्प्यूटर AOL प्रोटोकॉल का प्रयोग नहीं करता है (तथा यह भी सम्भव है कि ऐसा न हो), तब आप अपने मित्र के लिए AOL नेटवर्क पर ई-मेल कैसे प्राप्त करते हैं?

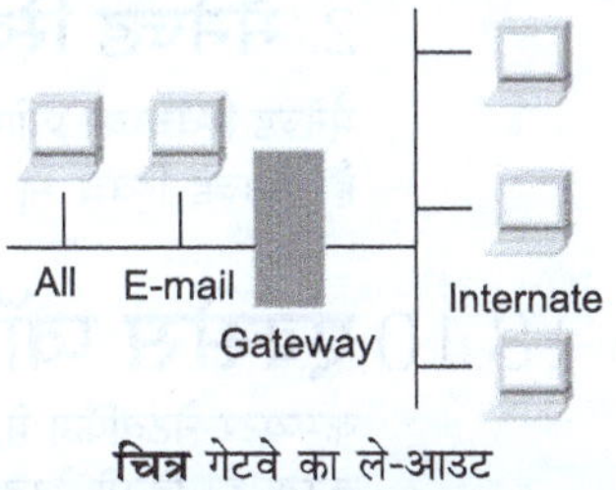

चित्र गेटवे का ले-आउट

गेटवे असमान नेटवर्कों के मध्य गुजरते हुए डेटा को परिवर्तित करता है। इस प्रकार प्रत्येक साइड एक-दूसरे के साथ सम्प्रेषण कर सकती है अर्थात् उचित नेटवर्क प्रोटोकॉल में डेटा परिवर्तित होता है। गेटवे हार्डवेयर अवयवों तथा सॉफ्टवेयर का मिश्रण है। यह एक मानक 'ब्रिज' के समान है, जो आसानी से दो नेटवर्कों को इस प्रकार जोड़ता है कि वो समान प्रोटोकॉल का साझा करने में समर्थ हो जाते हैं।

गेटवे एक नेटवर्क से डेटा को स्वीकार करके डेटा पैकेट्स से, उस नेटवर्क के प्रोटोकॉल स्टैक द्वारा पैकेट्स से संयोजित जानकारी/सूचना को हटाकर डेटा पैकेट्स को किसी अन्य नेटवर्क द्वारा स्वीकार किए जाने वाले फॉर्मेट (format) में परिवर्तित कर देता है। इसका तात्पर्य यह है कि गेटवे, प्रोटोकॉल कन्वर्टर के समान कार्य करता है अर्थात् हम कह सकते हैं कि गेटवे एक ऐसी युक्ति है, जिसका प्रयोग दो विभिन्न नेटवर्क प्रोटोकॉल्स को जोड़ने के लिए किया जाता है। इन्हें प्रोटोकॉल परिवर्तक (protocol converters) भी कहते हैं। ये फायरवॉल की भाँति कार्य करते हैं। गेटवे का कार्य राउटर या स्विच की तुलना में अधिक जटिल है।

18.7 रिपीटर Repeater

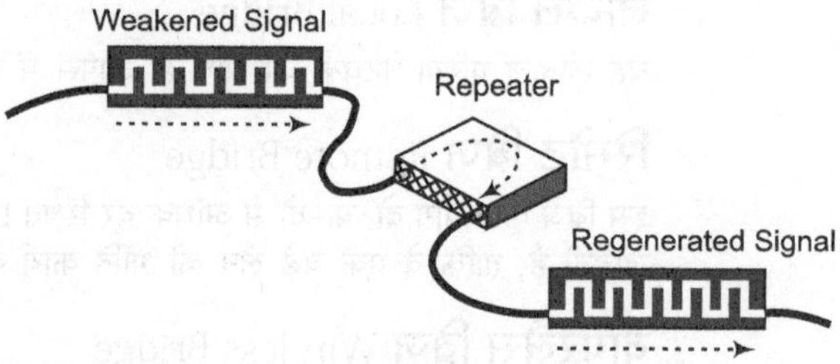

चित्र रिपीटर

रिपीटर ऐसे इलेक्ट्रॉनिक अवयव होते हैं, जो निम्न स्तर (low level) के सिग्नल्स को प्राप्त (receive) करके, उन्हें उच्च स्तर का बनाकर वापस भेजते हैं। इस प्रकार सिग्नल्स लम्बी दूरियों को बिना बाधा के तय कर सकते हैं। रिपीटर्स कमजोर पड़ चुके सिग्नल्स एवं उनसे उत्पन्न होने वाली समस्याओं को दूर करते हैं। रिपीटर्स का प्रयोग नेटवर्क में कम्प्यूटरों को एक-दूसरे से जोड़ने वाले केबल की लम्बाई बढ़ाने में किया जाता है। यदि डेटा को संचार मीडिया की अधिकतम लम्बाई से अधिक दूरी तक प्रेषित किया जाता है, तो सिग्नल्स को प्रवर्द्धित (amplify) किए जाने की आवश्यकता होती है। रिपीटर एक ऐसा अवयव होता है, जो प्रेषित किए गए सिग्नल्स को स्वीकार करके उन्हें एम्प्लीफाई करता है एवं नेटवर्क संचार मीडिया पर आगे प्रेषित कर देता है।

एक रिपीटर का प्रयोग उस समय किया जाता है, जब

- जब दो समान अथवा समान मीडिया वाले LAN सेग्मेन्ट्स को कनैक्ट (connect) करना होता है।
- जब सिग्नल (signal) को अधिक दूरी तक ट्रांसमिट (transmit) करने के लिए रिजेनरेट (regenerate) करना होता है।
- जब सभी नेटवर्क ट्रैफिक को दोनों दिशाओं में पास (pass) करना होता है।
- जब कम खर्चे में दो सेग्मेन्ट्स (segments) को आपस में जोड़ना होता है।
- अधिक नेटवर्क ट्रैफिक होने पर रिपीटर का प्रयोग नहीं करना चाहिए।

18.8 ट्रांसरिसीवर Transreceiver

एक सिंगल पैकेज (package) पर ट्रांसमीटर एवं रिसीवर का संयुक्त रूप ट्रांसरिसीवर कहलाता है। ट्रांसरिसीवर युक्ति समान परिपथ एवं सिंगल हाउसिंग शेयर (share) करती है। यदि ट्रांसमिट एवं रिसीव के मध्य कोई परिपथ समान न हो तो वह युक्ति ट्रांसमीटर रिसीवर कहलाती है। रिपीटर, ट्रांसवर्टर इत्यादि ट्रांसरिसीवर के समान ही कार्य करते हैं।

18.9 स्विच Switch

स्विच वे हार्डवेयर होते हैं, जो विभिन्न कम्प्यूटरों को एक LAN में जोड़ते हैं। स्विच को हब के स्थान पर उपयोग किया जाता है। हब तथा स्विच के मध्य एक महत्त्वपूर्ण अन्तर यह है कि हब स्वयं तक आने वाले डेटा को अपने प्रत्येक पोर्ट पर भेजता है, जबकि स्विच स्वयं तक आने वाले डेटा को केवल उसके गन्तव्य (destination) तक भेजता है। ऐसे स्विच, जिनमें राउटर और ब्रिज दोनों की क्षमताएँ होती हैं, उन्हें राउटिंग स्विच कहा जाता है। राउटिंग स्विच नेटवर्क के किसी कम्प्यूटर तक भेजी जाने वाली सूचनाओं को पहचान कर, उन्हें रास्ता दर्शाते हैं। राउटिंग स्विच, सूचनाओं को सबसे सही रास्ता खोजकर उनके गन्तव्य तक पहुँचाता है। स्विच मुख्यत: दो प्रकार के होते हैं जिनका वर्णन निम्नवत् है

1. अनमैनेज्ड स्विच Unmanaged Switch

इस प्रकार के स्विच साधारण प्रकार के होते हैं, जिनमें कॉन्फिगुरेशन करने का कोई विकल्प नहीं होता हैं। ये प्लग एण्ड प्ले (plug and play) प्रकार के उपकरण होते हैं। इस प्रकार के स्विच का प्रयोग सामान्यतया घरों एवं ऑफिसों आदि में किया जाता है।

2. मैनेज्ड स्विच Managed Switch

मैनेज्ड स्विच का प्रयोग कार्य को नियन्त्रित करने या सुधारने के लिए किया जाता है। ऐसे स्विचों के कॉन्फिगुरेशन में कई परिवर्तन किए जा सकते हैं। मैनेज्ड स्विच भी दो प्रकार के होते हैं— स्मार्ट (या इण्टेलिजेण्ट) स्विच और एण्टरप्राइज मैनेज्ड (फुली मैनेज्ड) स्विच।

18.10 एक्सेस प्वॉइण्ट Access Point

कम्प्यूटर नेटवर्किंग में, एक्सेस प्वॉइण्ट एक स्टेशन होता है जोकि डेटा को ट्रांसमिट एवं रिसीव (कभी-कभी ट्रांसरिसीवर के रूप में निर्दिष्ट) करता है। किसी नेटवर्क के अन्दर एक एक्सेस प्वॉइण्ट एक यूजर (user) को अन्य यूजर से कनैक्ट करता है एवं WLAN एवं स्थिर वायर नेटवर्क के मध्य अन्त: संयोजन के बिन्दु (point) का कार्य भी कर सकता है। प्रत्येक एक्सेस प्वॉइण्ट किसी नेटवर्क क्षेत्र में विविध यूजर्स को भी सर्विस प्रदान करता है। एक छोटे WLAN को सिंगल एक्सेस प्वॉइण्ट की ही आवश्यकता होती है। नेटवर्क का भौतिक क्षेत्र या नेटवर्क यूजर्स की संख्या बढ़ने पर इसकी संख्या बढ़ायी जा सकती है।

18.11 नेटवर्क इण्टरफेस कण्ट्रोलर Network Interface Controller

नेटवर्क इण्टरफेस कण्ट्रोलर, जिसे नेटवर्क इण्टरफेस कॉर्ड (NIC) नेटवर्क एडॉप्टर, लोकल एरिया नेटवर्क एडॉप्टर तथा इन्हीं के समान पदों द्वारा भी जाना जाता है। यह एक कम्प्यूटर हार्डवेयर घटक है, जो कम्प्यूटर को कम्प्यूटर नेटवर्क से सम्बद्ध करता है। नेटवर्क इण्टरफेस कॉर्ड कम्प्यूटर नेटवर्क के अनुदिश कम्प्यूटरों का सम्प्रेषण करने की अनुमति देता है। ये दोनों OSI परत-1 (फिजिकल लेयर) तथा परत-2 (डेटा लिंक लेयर) डिवाइस है। यह नेटवर्किंग माध्यम के फिजिकल एक्सेस प्रदान करती है तथा MAC एड्रेसेज के प्रयोग द्वारा कम स्तर का एड्रेसिंग सिस्टम प्रदान करती है। यह यूजरों को केबलों या वायरलैस के प्रयोग द्वारा एक-दूसरे से सम्बद्ध होने की अनुमति देती है। यह कम्प्यूटर को पूर्णरूप से समर्पित एवं फुल-टाइम कनैक्शन प्रदान करता है। यह LAN से संयोजित पर्सनल कम्प्यूटर एवं वर्क-स्टेशनों में स्थापित किया जाता है।

चित्र नेटवर्क इण्टरफेस कण्ट्रोलर

18.12 राउटिंग Routing

किसी नेटवर्क में पाथ (path) को सलेक्ट (select) करने की प्रकिया राउटिंग कहलाती है। नेटवर्क ट्रैफिक (netwoprk traffic) को इन पाथ के साथ ही भेजा जाता है। टेलीफोन नेटवर्क, इलेक्ट्रॉनिक डेटा नेटवर्क एवं ट्रांसपोर्ट नेटवर्क इत्यादि विभिन्न नेटवर्कों में राउटिंग की जाती है। राउटर पैकेट्स अथवा डेटाग्राम्स (datagrams) को रिसीव करता है और उन्हें तब तक बफर (buffer) करता है अर्थात् स्टोर करके रखता है, जब तक कि वह यह निर्धारण करता है कि पैकेट्स (packets) अथवा डेटाग्राम के साथ क्या करना है। यदि पैकेट (packet) का हैडर स्ट्रक्चर (header structure) राउटर तक आने में ट्रांसमिशन के समय डैमेज (damage) हो गया होता है, तो राउटर उसे फॉरवर्ड करने अर्थात् नेटवर्क (network) में अगले राउटर को भेजने में असक्षम होता है और उसे डिस्कार्ड (discard) अर्थात् निरस्त कर देता है और पैकेट (packet) भेजने वाले होस्ट (host) के ट्रांसमिशन कन्ट्रोल प्रोटोकॉल (TCP) को पैकेट की क्षति (loss) को डिटेक्ट (detect) करने और उसे पुनः ट्रांसमिट करने का कार्य नहीं करता है।

राउटर्स (routers) द्वारा रिसीव किए गए पैकेट्स की राउटिंग दो प्रकार से की जा सकती है

स्टेटिक राउटिंग Static Routing

इस प्रकार की राउटिंग (routing) को नॉन-एडॉप्टिव राउटिंग (non-adaptive routing) भी कहा जाता है। स्टेटिक राउटिंग में किसी पैकेट (packet) को रूट (route) करने के लिए राउटर (router) पैकेट के डेस्टिनेशन के लिए अगले हॉप (hop) की गणना करता है, जिसके लिए राउटर अपनी राउटिंग टेबल (routing table) से सम्पर्क करता है और साथ ही यह भी निर्धारित करता है कि पैकेट (packet) को किस इण्टरफेस (interface) पर भेजा जाएगा। इसके पश्चात् राउटर पैकेट (packet) को नेटवर्क में अपने अगले राउटर (router) को प्रेषित कर देता है।

डायनामिक राउटिंग Dynamic Routing

इस प्रकार की राउटिंग को एडॉप्टिव राउटिंग (adaptive routing) भी कहा जाता है। डॉयनामिक राउटिंग एक ऐसी नेटवर्किंग तकनीक है, जो सर्वोत्तम डेटा राउटिंग उपलब्ध कराती है। स्टैटिक राउटिंग के विपरीत डॉयनामिक राउटिंग राउटर को नेटवर्क लेआउट में होने वाले रीयल-टाइम परिवर्तनों के अनुरूप पाथ को सेलेक्ट करने योग्य बनाती है। डॉयनामिक राउटिंग में राउटर पर प्रचालित करने वाला राउटिंग प्रोटोकॉल डॉयनामिक राउटिंग टेबल के क्रिएशन (creation), मेन्टेनेन्स (maintinance) और अपडेशन (updation) के लिए आवश्यक होता है, जबकि स्टेटिक राउटिंग में ये सभी कार्य सिस्टम एडमिनिस्ट्रेटर (system administrator) द्वारा मैनुअली (manually) किया जाता है।

18.13 राउटिंग प्रोटोकॉल Routing Protocal

राउटिंग प्रोटोकॉल राउटर द्वारा उस उपयुक्त पाथ को निर्धारित करने का सूत्र अथवा प्रोटोकॉल (protocal) है, जिस पर डेटा को प्रेषित किया जाना है। राउटिंग प्रोटोकॉल नेटवर्क नोड्स के मध्य संचार पाथ और सर्वोत्कृष्ट नेटवर्क का निर्धारण करने के लिए सॉफ्टवेयर और राउटिंग एल्गोरिद्म का प्रयोग करता है। राउटिंग प्रोटोकॉल यह भी निर्दिष्ट करता है कि नेटवर्क में राउटर किस प्रकार एक-दूसरे से सूचनाओं को शेयर करते हैं। यहाँ पर हम कुछ मुख्य राउटिंग प्रोटोकॉल्स के बारे में जानकारी प्राप्त करेंगे।

राउटिंग इन्फॉर्मेशन प्रोटोकॉल Routing Information Protocal, RIP

राउटिंग इन्फॉर्मेशन प्रोटोकॉल डिस्टैन्स वेक्टर एल्गोरिद्म पर आधारित एक राउटिंग प्रोटोकॉल है। डिस्टैन्स वेक्टर राउटिंग (distance vector routing) में प्रत्येक राउटर (router) को एक निश्चित समयान्तराल (साधारणतया 30 सेकण्ड के अन्तराल) पर अपनी राउटिंग टेबल की कॉपी निकटतम राउटर (routers) को भेजते रहने की आवश्यकता होती है। प्रत्येक रेसिपियेन्ट राउटर (recipient router) अपनी राउटिंग टेबल में एक डिस्टैन्स वेक्टर (distance vector) अर्थात् अपनी डिस्टैन्स वैल्यू को Add करता है और राउटिंग टेबल को अपने पड़ोसी राउटरों को फॉरवर्ड कर देता है।

राउटिंग इन्फॉर्मेशन प्रोटोकॉल (Routing Information Protocol, RIP) किसी पैकेट (packet) को उसके डेस्टिनेशन (destination) तक पहुँचाने के लिए अगले सर्वोत्तम पाथ का निर्धारण करने के लिए दो डिस्टैन्स मैट्रिक्स (distance metrics), टिक्स (tics) और हॉप काउण्ट (hop count) का प्रयोग करता है, जो टाइम-सेन्सिटिव (time-sensitive) होते हैं। इसके पश्चात् रेसिपियेन्ट राउटर्स द्वारा उस टेबल की तुलना अपनी-अपनी राउटिंग टेबल्स की एन्ट्रीज से की जाती है।

यदि राउटर द्वारा रिसीव की गई टेबल में मैट्रिक की वैल्यू अर्थात् डिस्टैन्स की वैल्यू, राउटर (router) की अपनी टेबल की वैल्यू से कम होती है, तो राउटर द्वारा अपनी टेबल में उस एन्ट्री को रिसीव की गई टेबल की वैल्यू से रिप्लेस करके टेबल को अपडेट कर दिया जाता है। मैट्रिक (metric) को राउटर्स (routers) की उस संख्या के रूप में अभिव्यक्त किया जाता है, जिनसे होकर किसी पैकेट (packet) को अपने डेस्टिनेशन (destination) तक पहुँचने के लिए गुजरना पड़ता है। मैट्रिक (metric) की न्यूनतम मान (minimum value) 1 अर्थात् एक हॉप (hop) होती है।

इण्टीरियर गेटवे राउटिंग प्रोटोकॉल Interior Gateway Routing Protocol, IGRP

IGRP सामान्यत: एक डिस्टैन्स वेक्टर इण्टीरियर राउटिंग प्रोटोकॉल है। किसी स्वायत्त प्रणाली (Outonomous system) में राउटिंग डेटा को बदलने के लिए राउटर द्वारा इस प्रोटोकॉल का प्रयोग किया जाता है। IGRP एक अधीनस्थ (proprietary) प्रोटोकॉल है। किसी बड़े नेटवर्क में RIP (right information protocol) की कमियों (केवल 15 उच्च हॉप काउण्ट एवं एकल राउटिंग मैट्रिक) को दूर करने के लिए इस प्रोटोकॉल का निर्माण किया गया।

प्रत्येक रूट (route) के लिए IGRP बैण्डविड्थ, डिले, लोड एवं विश्वसनीयता सहित विभिन्न मैट्रिक्स प्रदान करता है। IGRP में इन मैट्रिक्स के दो रूटों को एक साथ एक सिंगल मैट्रिक में संयुक्त किया जाता है। निम्न सेग्मेन्ट बैण्डबिड्थ एवं सेग्मेन्ट डिले का योग ही IGRP संयुक्त मैट्रिक कहलाता है। IGRP रूट पैकेट्स का उच्च विन्यास हॉप काउण्ट (hop count) 255 होता है एवं प्रत्येक 90 सेकण्ड पश्चात् राउटिंग अपडेट (routing update) ब्रॉडकास्ट की जाती है। संचार के लिए IGRP प्रोटोकॉल संख्या 9 का प्रयोग करता है।

अभ्यास प्रश्न

परीक्षा प्रारूपी प्रश्न

बहुविकल्पीय

1. इनमें से कौन-सा मॉडेम का एक प्रकार नहीं है?
(a) नेटवर्क मॉडेम (b) वायरलैस मॉडेम
(c) पीसी कार्ड मॉडेम (d) आन्तरिक मॉडेम

2. एक बड़े हब से लगभग कितने कम्प्यूटरों को जोड़ा जा सकता है?
(a) 8 (b) 16 (c) 24 (d) 64

3. निम्न में से किस हब में विद्युत स्रोत की आवश्यकता नहीं होती है?
(a) पैसिव हब (b) एक्टिव हब
(c) इण्टेलिजेण्ट हब (d) ये सभी

4. इनमें से कौन-सा ब्रिज सैटेलाइट ब्रिज भी कहलाता है?
(a) लोकल ब्रिज (b) वायलैस ब्रिज
(c) रिमोट ब्रिज (d) ये सभी

5. स्विच का उपयोग किसके स्थान पर किया जाता है?
(a) रिपीटर (b) मॉडेम (c) फायरवॉल (d) हब

6. निम्न स्तर के सिग्नल को प्राप्त करके उन्हें उच्च स्तर का बनाकर भेजने का कार्य कौन-सा अवयव करता है?
(a) स्विच (b) मॉडेम (c) रिपीटर (d) ब्रिज

7. निम्न में से कौन-सी एक नेटवर्क सुरक्षा प्रणाली है?
(a) फायरवॉल (b) गेटवे (c) रिपीटर (d) ये सभी

8. इनमें से कौन असमान नेटवर्कों के मध्य गुजरते हुए डेटा को परिवर्तित करता है?
(a) मॉडेम (b) गेटवे (c) ब्रिज (d) स्विच

9. राउटर किसकी भाँति कार्य करता है?
(a) स्विच (b) रिपीटर
(c) जक्शन (d) इनमें से कोई नहीं

10. राउटर बड़े नेटवर्कों को किसमें विभक्त करता है?
(a) मॉडेम (b) फायरवॉल (c) गेटवे (d) सबनेट

11. एक्सेस प्वॉइण्ट का क्या कार्य होता है?
(a) डेटा को ट्रांसमिट व रिसीव करना
(b) डेटा को विभक्त करना
(c) डेटा का मॉडुलेशन करना
(d) डेटा शेयर करना

12. किसी नेटवर्क में पाथ को सलेक्ट करने की प्रक्रिया क्या कहलाती है?
(a) रिपिटिंग (b) राउटिंग (c) ब्रिजिंग (d) नेटवर्किंग

13. हब (hub) ओ एस आई मॉडल (OSI model) के किस लेयर पर कार्य करता है?
(a) एप्लीकेशन लेयर
(b) सेशन लेयर
(c) प्रेजेन्टेशन लेयर
(d) फिजिकल लेयर

14. राउटर का प्रयोग OSI मॉडल के किस लेयर पर होता है?
(a) लेयर-1 (b) लेयर-2 (c) लेयर-3 (d) लेयर-4

15. नेटवर्क इण्टरफेस कण्ट्रोलर कार्ड (NIC card) OSI मॉडल के किस लेयर पर कार्य करता है?
(a) फिजिकल लेयर (b) डेटा लिंक लेयर
(c) 'a' और 'b' दोनों (d) एप्लीकेशन लेयर

विविध प्रारूपी प्रश्न

सत्य/असत्य

1. ब्रिज छोटे नेटवर्कों को आपस में संयोजित करने के लिए प्रयुक्त किए जाते हैं।
2. किन्हीं दो हबों (hubs) को एक-दूसरे से संयोजित करने के लिए ईथरनेट का उपयोग किया जाता है।
3. पैसिव हब किसी सिग्नल (signal) को फिर से उत्पन्न (regenerate) कर सकता है।
4. ऐसे स्विच जिनमें राउटर और ब्रिज दोनों की क्षमताएँ होती हैं, राउटिंग स्विच कहलाते हैं।
5. राउटिंग इन्फॉर्मेशन प्रोटोकॉल (RIP) डिस्टैन्स वेक्टर एल्गोरिद्म पर आधारित नहीं है।

रिक्त स्थानों की पूर्ति

1. RIP जिन दो डिस्टैन्स मैट्रिक्स (distance matrix) का प्रयोग करता है, वह क्रमशः ·········· एवं ·········· हैं।
2. IGRP- रूट पैकेट्स का उच्च विन्यास हॉप काउन्ट (hop count) ·········· होता है।
3. ·········· वे हॉर्डवेयर होते हैं, जो विभिन्न कम्प्यूटरों को एक LAN में जोड़ते हैं।
4. मॉडेम ·········· शब्दों का संयुक्त रूप है।
5. डायनामिक राउटिंग को ·········· भी कहा जाता है।

अतिलघु उत्तरीय

1. नेटवर्क अवयवों का प्रयोग किसलिए किया जाता है?
2. मॉडेम कितने प्रकार के होते हैं?
3. एक्टिव हब की विशेषताएँ बताइए।
4. ब्रिज का प्रयोग किन कार्यों को सम्पन्न करने के लिए किया जाता है?
5. फायरवॉल से आप क्या समझते हैं?

लघु उत्तरीय

1. रिपीटर्स का उपयोग नेटवर्किंग में किसलिए किया जाता है?
2. ब्रिज के विषय में संक्षेप में बताइए।
3. राउटिंग से आप क्या समझते हैं? इसका नेटवर्किंग के क्षेत्र में क्या उपयोग है?
4. मॉडेम का क्या कार्य होता है?
5. गेटवे (gateway) का मुख्य क्या कार्य होता है?

दीर्घ उत्तरीय

1. हब एवं स्विच की उपयोगिता बताते हुए इसके अन्तर को स्पष्ट कीजिए।
2. राउटिंग कितने प्रकार से की जा सकती है? प्रत्येक के विषय में बताइए।
3. राउटिंग प्रोटोकॉल से क्या अभिप्राय है? किन्हीं दो राउटिंग प्रोटोकॉल के विषय में बताइए।
4. नेटवर्क अवयव (network components) से क्या तात्पर्य है? कुछ प्रमुख नेटवर्क अवयवों का उल्लेख विस्तारपूर्वक कीजिए।
5. राउटर क्या है? राउटर के कार्यों का उल्लेख कीजिए।

उत्तरमाला

बहुविकल्पीय

1. (a) **2.** (c) **3.** (a) **4.** (b) **5.** (d) **6.** (c) **7.** (a) **8.** (b) **9.** (c) **10.** (d)
11. (a) **12.** (b) **13.** (d) **14.** (c) **15.** (c)

सत्य/असत्य

1. सत्य **2.** सत्य **3.** असत्य **4.** सत्य **5.** असत्य

रिक्त स्थानों की पूर्ति

1. टिक्स, हॉप काउण्ट **2.** 255 **3.** स्विच **4.** दो **5.** एडॉप्टिव राउटिंग

❑❑❑

अध्याय 19 WEEK 19

IP एड्रेसिंग एवं प्रोटोकॉल्स

IP Addressing and Protocols

परिचय Introduction

कम्प्यूटर नेटवर्क में कम्युनिकेट (communicate) करने के लिए प्रयोग किये जाने वाले नियमों और प्रक्रम को प्रोटोकॉल्स कहते हैं, ये यह परिभाषित करते हैं कि नेटवर्क में दो-या-दो से अधिक युक्तियाँ किस प्रकार संवाद स्थापित करेंगी। भिन्न-भिन्न प्रोटोकॉल्स के उद्देश्य भिन्न होते हैं एवं अलग-अलग कार्यों को निष्पादित करते हैं। इसके अतिरिक्त IP एड्रेसिंग का प्रयोग नेटवर्क्स एवं उनसे संयोजित कम्प्यूटर युक्तियों की पहचान करने के लिए किया जाता है। एक IP एड्रेस सामान्यतया होस्ट या नेटवर्क इण्टरफेस पहचान एवं लोकेशन एड्रेसिंग इन दो मुख्य कार्यों को सम्पन्न करता है। IP एड्रेसिंग को भली-भाँति समझने के लिए इण्टरनेट प्रोटोकॉल के वर्जन-4 एवं वर्जन-6 का अध्ययन ध्यानपूर्वक करना आवश्यक है। इस अध्याय में हम एप्लीकेशन लेयर से सम्बन्धित प्रोटोकॉल्स का विस्तृतपूर्वक अध्ययन करेंगे एवं इण्टरनेट प्रोटोकॉल की एड्रेसिंग को समझने का प्रयास करेंगे।

19.1 ट्रांसमिशन कण्ट्रोल प्रोटोकॉल/इण्टरनेट प्रोटोकॉल Transmission Control Protocol/Internet Protocol, TCP/IP

TCP/IP एक इन्डस्ट्री-स्टैण्डर्ड प्रोटोकॉल सूट है, जो हेट्रोजीनियस नेटवर्क्स (heterogeneous networks) अर्थात् असमान नेटवर्क्स के मध्य कम्युनिकेशन प्रदान करता है। इसी कारण यह (TCP/IP) विभिन्न प्रकार के कम्प्यूटर्स के मध्य इण्ट्रोपैराबिलिटी (interoperability) के लिए एक स्टैण्डर्ड प्रोटोकॉल बन चुका है। विदित हो कि अधिकांश नेटवर्क एक प्रोटोकॉल के रूप में TCP/IP का समर्थन करते हैं और सर्वसाधारण तौर पर इसका प्रयोग इण्टरनेटवर्किंग के लिए किया जाता है।

TCP/IP को अमेरिका के सुरक्षा विभाग द्वारा वाइड एरिया नेटवर्क प्रोटोकॉल्स (wide area network protocols) के सेट (set) के रूप में विकसित किया गया था। इस प्रोटोकॉल का मुख्य उद्देश्य आण्विक युद्ध (nuclear war) के समय भी साइट्स (sites) के मध्य कम्युनिकेशन लिंक्स (communication links) को बनाए रखना था, परन्तु आज TCP/IP के विकास की सम्पूर्ण जिम्मेदारी इण्टरनेट कम्युनिटी के पास है। TCP/IP के प्रयोग करने के प्रमुख लाभ निम्नलिखित हैं

1. यह एक इन्डस्ट्री स्टैण्डर्ड (industry standard) प्रोटोकॉल है। अत: यह एक ओपन प्रोटोकॉल है, जिसके कारण यह हेट्रोजीनियस नेटवर्क (heterogeneous network) अर्थात् असमान नेटवर्क्स को इण्टरकनेक्ट करने में सक्षम है। यहाँ ओपन प्रोटोकॉल का तात्पर्य यह है कि इसे किसी एक कम्पनी द्वारा नियन्त्रित नहीं किया जाता है। यह इण्टरनेट का स्टैण्डर्ड प्रोटोकॉल है।
2. यह असमान ऑपरेटिंग सिस्टम्स को कनेक्ट करने के लिए यूटिलिटीज का सेट (set) उपलब्ध कराता है।
3. यह क्रॉस-प्लेटफार्म क्लाइण्ट-सर्वर आर्किटेक्चर का प्रयोग करता है। अत: भविष्य में TCP/IP को आवश्यकतानुसार भिन्न-भिन्न परिस्थितियों में विस्तारित या सीमित किया जा सकता है। यह ऑपरेटिंग सिस्टम्स को एक-दूसरे से पारदर्शी (transparent) बनाने के लिए TCP/IP सॉकेट्स हेतु एक आइडेन्टिफायर (identifier) होता है। एक सॉकेट का निर्माण एक नोड एड्रेस और एक पोर्ट नम्बर से होता है, जो किसी सर्विस को Identify करता है।

TCP/IP, ट्रांसमिशन कण्ट्रोल प्रोटोकॉल/इन्टरनेट प्रोटोकॉल का संक्षिप्त रूप है। TCP/IP, OSI रेफरेन्स मॉडल की भाँति ओपन सिस्टम कम्युनिकेशन आर्किटेक्चर के लिये एक मॉडल है और एक प्रोटोकॉल सूट (protocol suit) भी है। TCP/IP मॉडल में केवल चार फंक्शनल लेयर (functional layers) हैं—नेटवर्क एक्सेस/इण्टरफेस लेयर (network access/interface layer), इण्टरनेट लेयर (internet layer), होस्ट-टू-होस्ट लेयर (host-to-host layer) और प्रोसेस/एप्लीकेशन लेयर (process/application layer)।

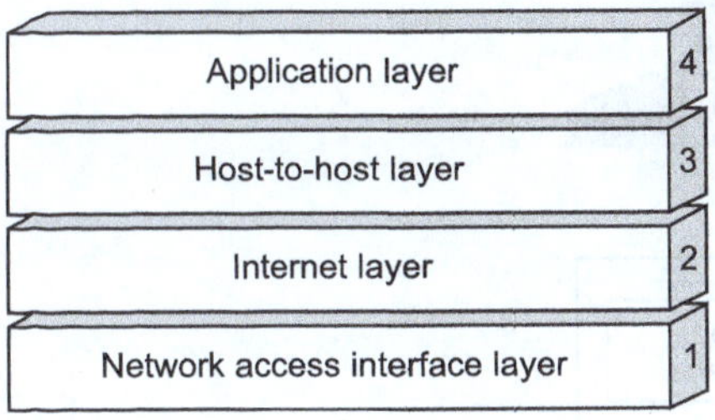

चित्र TCP/IP मॉडल

चित्र में प्रदर्शित TCP/IP मॉडल की चारों लेयर्स OSI मॉडल की सातों लेयर्स को क्रियात्मकता प्रदान करती है। नीचे चित्र में TCP/IP प्रोटोकॉल सूट (suit) के सभी प्रोटोकॉल्स को उनसे सम्बन्धित लेयर के साथ दर्शाया गया है।

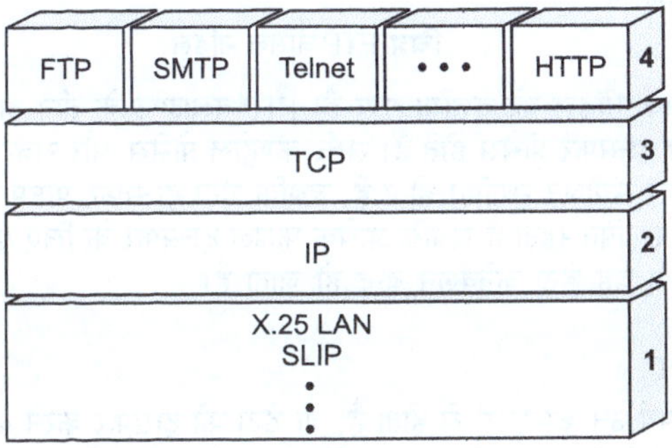

चित्र TCP/IP प्रोटोकॉल सूट

➥ TCP/IP मॉडल की सभी लेयर्स का विस्तृत वर्णन मुख्य शीर्षक के रूप में निम्न प्रकार है।

19.2 लेयर-4: एप्लीकेशन लेयर Layer-4: Application Layer

TCP/IP मॉडल की प्रोसेस/एप्लीकेशन लेयर रिमोट एक्सेस और रिसोर्स शेयरिंग के लिये प्रोटोकॉल्स (protocols) प्रदान करती है। इस लेयर में विभिन्न एप्लीकेशन और प्रोटोकॉल; जैसे—Telnet, FTP, SMTP, HTTP और अन्य रिसाइड (reside) अर्थात् निवास करते हैं और अपनी निचली लेयर्स की क्रियात्मकता पर निर्भर करते हैं। एप्लीकेशन लेयर के कुछ प्रमुख प्रोटोकॉल्स (protocols) हैं—फाइल ट्रांसफर प्रोटोकॉल (file transfer protocol-FTP), सिम्पल मेल ट्रांसफर प्रोटोकॉल (simple mail transfer protocol-SMTP), हाइपरटेक्स्ट ट्रांसफर प्रोटोकॉल (hypertext transfer protocol–HTTP) और टेलनेट (telnet), जिनका विस्तृत वर्णन निम्न प्रकार है

फाइल ट्रांसफर प्रोटोकॉल File Transfer Protocol, FTP

फाइल ट्रांसफर प्रोटोकॉल एक TCP/IP प्रोटोकॉल है जिसका प्रयोग नेटवर्क में एक होस्ट से दूसरे होस्ट के मध्य फाइल्स को ट्रांसफर या कॉपी करने के लिए किया जाता है। डॉयरेक्टरी संरचना भिन्न होने पर भी FTP कम्प्यूटरों के मध्य फाइलों को ट्रांसफर कर सकता है। दो होस्टों (hosts) के मध्य फाइल को ट्रांसफर करने के लिए FTP दो TCP संयोजन स्थापित करता है। FTP द्वारा एक संयोजन का प्रयोग डेटा ट्रांसफर एवं दूसरे संयोजन का प्रयोग कण्ट्रोल इन्फॉर्मेशन कमाण्ड्स एण्ड रेस्पॉन्सेस के लिए किया जाता है। कण्ट्रोल कनेक्शन, दो होस्ट्स अर्थात् कम्प्यूटर्स के मध्य कम्युनिकेशन के सरल नियमों का प्रयोग करता है।

दूसरी ओर विभिन्न प्रकार के डेटा को ट्रांसफर करने के लिए डेटा-कनेक्शन को कार्यान्वित करने के लिए काफी जटिल नियमों का अनुपालन करने की आवश्यकता होती है।

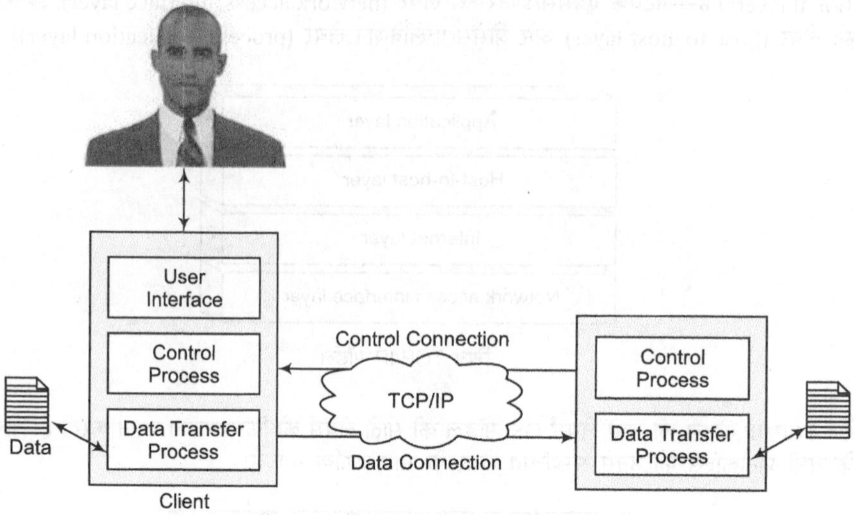

चित्र FTP बेसिक मॉडल

उपरोक्त चित्रानुसार FTP के बेसिक मॉडल को दर्शाया गया है। FTP क्लाइण्ट के तीन अवयव यूजर इन्टरफेस (user interface), क्लाइण्ट कन्ट्रोल प्रोसेस और क्लाइण्ट डेटा ट्रान्सफर प्रोसेस होते हैं। सर्वर कण्ट्रोल प्रोसेस और सर्वर डेटा ट्रान्सफर प्रोसेस इत्यादि सर्वर के अवयव होते हैं। कण्ट्रोल प्रक्रम के मध्य कण्ट्रोल संयोजन स्थापित होता है, जबकि डेटा ट्रान्सफर प्रक्रम के मध्य डेटा कनेक्शन स्थापित होता है। पूर्ण FTP सेशन के समय कण्ट्रोल कनेक्शन स्थापित रहता है जबकि प्रत्येक फाइल ट्रान्सफर के लिए एक डेटा कनेक्शन प्राय: ओपन (open) होता है तथा फाइल के ट्रान्सफर होने के पश्चात् वह डेटा कनेक्शन बन्द हो जाता है।

FTP **सर्वर** FTP Server

FTP सर्वर (FTP server) का तात्पर्य उन कम्प्यूटर्स से होता है, जो डेटा को ट्रांसफर करने के लिए FTP प्रोटोकॉल का प्रयोग करते हैं। अभी भी फाइल्स के वितरण को संचालित करने के लिए अनेक संस्थाओं द्वारा FTP सर्वर प्रयोग किया जाता है। FTP सर्वर पर संग्रहीत कुछ फाइल्स को सामान्य यूजर एक्सेस (access) कर सकते हैं, जबकि कुछ फाइल्स को विशिष्ट यूजर्स द्वारा ही एक्सेस (access) किया जा सकता है। वे FTP सर्वर, जिनकी फाइल्स को सामान्य लोगों/यूजर्स द्वारा एक्सेस किया जा सकता है, उन्हें एनॉनिमस सर्वर (anonymous server) कहते हैं और वे साइट्स (sites), जो एनॉनिमस सर्वर का प्रयोग करती हैं, उन्हें एनॉनिमस साइट्स कहते हैं। विदित हो कि किसी एनॉनिमस साइट (anonymous site) को एक्सेस करने के लिए यूजर को केवल एनॉनिमसली (anonymously) लॉग-इन (log-in) करना पड़ता है और पासवर्ड के रूप में अपना ई-मेल एड्रेस टाइप करना पड़ता है। वे FTP सर्वर, जिनकी फाइल्स को सामान्य लोगों/यूजर्स द्वारा एक्सेस नहीं किया जा सकता है और जिन्हें एक्सेस करने के लिए यूजर को लॉग-इन नेम एवं पासवर्ड एण्टर करने की आवश्यकता होती है, उन्हें नॉन-एनॉनिमस सर्वर (non-anonymous server) कहते हैं। वे साइट्स जो नॉन-एनॉनिमस सर्वर का प्रयोग करती हैं, उन्हें नॉन-एनॉनिमस साइट्स कहते हैं। FTP संयोजन एनॉनिमस (anonymous) और नॉन-एनॉनिमस (non-anonymous)। दो मुख्य प्रकार के होते हैं FTP सर्वर से फाइल्स को डाउनलोड करने के लिए अधिकांशत: एनॉनिमस कनेक्शन (anonymous connection) का ही प्रयोग किया जाता है। सर्वविदित है कि अधिकांशत: वेब पेजेज में कुछ लिंक्स (links) होते हैं, जिन्हें आप डाउनलोड (download) कर सकते हैं। ये लिंक्स (links) सामान्यत: विभिन्न एनॉनिमस FTP डॉयरेक्ट्री (anonymous FTP directory) की फाइल्स को इंगित करते हैं। विदित हो कि नॉन-एनॉनिमस FTP साइट (non-anonymous FTP site) को एक्सेस करने के लिए यूजर को लॉग-इन नेम (log-in name) अर्थात् यूजरनेम और पासवर्ड (password), उस साइट के एडमिनिस्ट्रेटर (adiministrator) द्वारा प्रदान किया जाता है।

FTP **क्लाइण्ट्स** FTP Clients

किसी FTP सर्वर से वांछित सिस्टम पर डेटा को कॉपी/ट्रान्सफर करने अर्थात् डाउनलोड करने अथवा सिस्टम से डेटा को किसी रिमोट कम्प्यूटर पर कॉपी करने अर्थात् अपलोड (upload) करने के लिए आपको एक FTP सेशन प्रारम्भ करने की आवश्यकता होती है। एक FTP सेशन तब प्रारम्भ होता है, जब आप अपने कम्प्यूटर के माध्यम से किसी FTP सर्वर से कनेक्ट (connect) होते हैं और किसी FTP सर्वर अर्थात् रिमोट साइट से कनेक्ट होने के लिए आपको एक FTP सॉफ्टवेयर की आवश्यकता होती है, जिसे FTP क्लाइण्ट कहते हैं। विण्डोज 98/NT/2000XP की FTP.exe नामक एप्लीकेशन फाइल एक FTP क्लाइण्ट है, जो कमाण्ड मोड में कार्य करती है, जबकि WS-FTP, cute FTP, WS-FTP Pro इत्यादि ग्राफिकल यूजर इण्टरफेस आधारित FTP क्लाइण्ट्स हैं।

एक FTP सेशन (FTP session) प्रारम्भ करने के लिए आपको किसी FTP क्लाइण्ट अर्थात् FTP सॉफ्टवेयर को रन (run) करना पड़ता है और इसके पश्चात् उस FTP सर्वर से कनेक्शन स्थापित करना पड़ता है जिससे फाइल्स को डाउनलोड (download) करना है। FTP दो होस्ट अर्थात् कम्प्यूटर्स के मध्य कम्युनिकेशन को संचालित करने के लिए दो TCP कनेक्शन का प्रयोग करता है—कण्ट्रोल कनेक्शन और डेटा कनेक्शन यह दोनों होस्ट्स (hosts) के मध्य एक सेशन (session) प्रारम्भ करता है। प्रत्येक FTP सर्वर/साइट पर एक डेमॉन (daemon) सर्विस रन करता रहता है, जो सभी FTP ट्रान्जंक्शन्स को संचालित करता है। जब कोई FTP क्लाइण्ट, किसी FTP सर्वर से सम्पर्क करता है तो डेमॉन (daemon) यूजर से यूजर नेम (user name) और पासवर्ड एण्टर करने के लिए कहता है, परन्तु जब आप किसी एनॉनिमस FTP साइट से किसी FTP क्लाइण्ट के माध्यम से जुड़ते हैं तो आपको केवल पासवर्ड के रूप में अपना ई-मेल एड्रेस ही एण्टर करना पड़ता है। कुछ FTP क्लाइण्ट तो स्वत: ही इस कार्य को अन्जाम देते हैं। अत: आपको अपना यूजर नेम या पासवर्ड एण्टर करने की भी आवश्यकता नहीं होती है।

जब आप किसी FTP सर्वर में लॉग-इन (Log-in) करते हैं तो आपके कम्प्यूटर और उस सर्वर के मध्य एक कनेक्शन ओपन होता है, जिसे कमाण्ड लिंक कहा जाता है। इस लिंक का प्रयोग आपके कम्प्यूटर से सर्वर को कमाण्डों को भेजने तथा सर्वर से आपके कम्प्यूटर पर मैसेजेज (messages) और इन्फॉर्मेशन को भेजने के लिए किया जाता है। जब आप कनेक्टिड FTP सर्वर/साइट पर डॉयरेक्ट्री परिवर्तित करने के लिए FTP क्लाइण्ट को कमाण्ड देते हैं, तो FTP क्लाइण्ट सॉफ्टवेयर उस कमाण्ड को FTP सर्वर पर रन कर रहे डेमॉन (daemon) को कमाण्ड लिंक (command link) का प्रयोग कर भेजता है।

इसके पश्चात् डेमॉन द्वारा FTP सर्वर/साइट पर डॉयरेक्ट्री को परिवर्तित किया जाता है तथा उस डॉयरेक्ट्री की फाइलों की सूची कमाण्ड लिंक के माध्यम से आपके कम्प्यूटर को भेज दी जाती है। इसी प्रकार जब आप किसी फाइल को डाउनलोड (download) करने के लिए FTP क्लाइण्ट/सॉफ्टवेयर को निर्देश देते हैं तो वह कमाण्ड, FTP क्लाइण्ट/सॉफ्टवेयर द्वारा कमाण्ड लिंक के माध्यम से FTP सर्वर/साइट पर रन कर रहे डेमॉन (daemon) को भेज दी जाती है। इसके पश्चात् FTP सर्वर से आपके कम्प्यूटर पर डेटा को कॉपी/ट्रान्सफर करने के लिए डेमॉन द्वारा एक कनेक्शन ओपन (open) किया जाता है, जिसे डेटा कनेक्शन अथवा डेटा लिंक कहा जाता है।

टेलनेट Telnet

टेलनेट मुख्यत: टर्मिनल नेटवर्क का संक्षिप्त रूप है यह एक ऐसा प्रोग्राम है जो यूजर को किसी रिमोट कम्प्यूटर सिस्टम में लॉग-इन (login) करके सम्बन्धित सिस्टम पर संग्रहित सभी रिसोर्सेस (resources) का उपयोग करने की सुविधा प्रदान करता है।

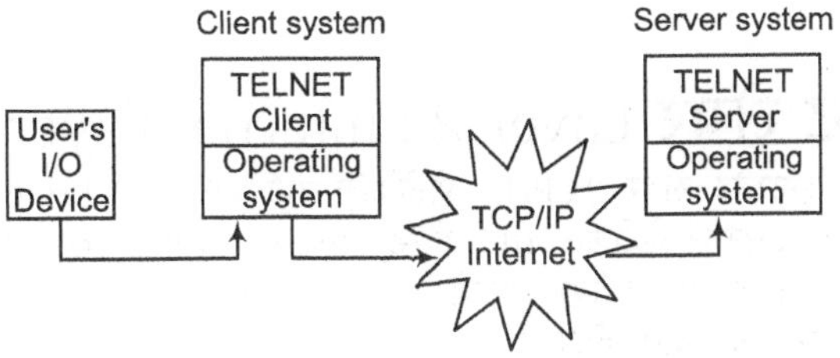

चित्र Telnet के माध्यम से रिमोट लॉग-इन

जब TELNET प्रोग्राम का प्रयोग कर यूजर किसी रिमोट कम्प्यूटर (remote computer) में लॉग-इन (login) करता है, तो यूजर द्वारा अपने कम्प्यूटर अर्थात् लोकल कम्प्यूटर पर टाइप की गई कमाण्ड लोकल ऑपरेटिंग सिस्टम द्वारा स्वीकार तो की है, परन्तु इन्टरप्रेट नहीं की जाती है; वरन् उस कमाण्ड के कैरेक्टर्स को ऑपरेटिंग सिस्टम, TELNET क्लाइण्ट (TELNET client) को भेज देता है, जो उन कैरेक्टर्स को एक यूनिवर्सल कैरेक्टर सेट, जिसे नेटवर्क वर्चुअल कैरेक्टर्स कहा जाता है, में परिवर्तित कर देता है और इसके पश्चात् उन्हें लोकल TCP/IP स्टेक को डिलीवर कर दिया जाता है इसके पश्चात् ऑपरेटिंग सिस्टम इन सभी कैरेक्टर्स को TELNET सर्वर को पास (pass) कर देता है। इसके पश्चात् TELNET सर्वर उन कैरेक्टर्स (characters) को, रिमोट कम्प्यूटर द्वारा समझने योग्य कैरेक्टर्स (characters) में परिवर्तित कर देता है। विदित हो कि रिमोट कम्प्यूटर के सर्वर को इस तरह से डिजाइन नहीं किया गया होता है कि वह TELNET सर्वर से कैरेक्टर्स को सीधे-सीधे रिसीव (receive) कर सकें। अत: रिमोट कम्प्यूटर के ऑपरेटिंग सिस्टम के साथ-साथ अतिरिक्त रूप से एक सॉफ्टवेयर इन्स्टॉल किया जाता है, जिसे स्यूडोटरमिनल ड्राइवर कहा जाता है, जो ऑपरेटिंग सिस्टम के लिए इन कैरेक्टर्स को समझने योग्य कैरेक्टर्स में परिवर्तित करता है। इसके पश्चात् ऑपरेटिंग सिस्टम इन कैरेक्टर्स को वांछित एप्लीकेशन प्रोग्राम को पास कर देता है।

19.3 लेयर-3 होस्ट-टू-होस्ट लेयर Layer-3 : Host-to-host Layer

TCP/IP मॉडल की होस्ट-टू-होस्ट लेयर (host-to-host layer) OSI रेफरेन्स मॉडल की सेशन लेयर और ट्रान्सपोर्ट लेयर की क्रियात्मकता से सम्बन्धित है। होस्ट-टू-होस्ट लेयर (host-to-host layer) वर्तमान में दो प्रोटोकॉल/इन्टिटी (protocol/intity)—ट्रान्समिशन कण्ट्रोल प्रोटोकॉल और यूजर डेटाग्राम प्रोटोकॉल (User Datagram Protocol-UdP) से निर्मित है। इन्टरनेट के ट्रान्जैक्शन-ओरियेन्टेड प्रवृत्ति को देखते हुए तीसरी इन्टिटी (intity)/प्रोटोकॉल को विकसित किया जा रहा है जिसे ट्रान्जैक्शन/ट्रांसमिशन कण्ट्रोल प्रोटोकॉल कहा जाता है।

ट्रांसमिशन कण्ट्रोल प्रोटोकॉल Transmission Control Protocol-TCP

TCP दो अथवा दो से अधिक होस्ट्स (Hosts) के मध्य कनेक्शन-ओरियेन्टेड डेटा ट्रान्समिशन उपलब्ध कराता है। इसके अतिरिक्त यह मल्टीपल डेटा स्ट्रीम्स के ट्रान्सफर का समर्थन करता है तथा डेटा-फ्लो एवं एरर कण्ट्रोल के यन्त्रावली को क्रियान्वित करता है एवं गलत ऑर्डर में रिसीव किये गये डेटा को रिऑर्डर (reorder) करता है। कनेक्शन-ओरियेन्टेड कम्युनिकेशन (connection-oriented communication) में निम्न कार्य सम्पन्न होते हैं

- दो होस्ट कम्प्यूटर्स अर्थात् इन्टिटी के मध्य हैन्डशेक प्रोटोकॉल का प्रयोग करते हुये एक सेशन स्थापित होता है।
- डेटा ट्रान्सफर, ऑर्डरली (orderly) घटित होता है।
- फ्लो और एरर कण्ट्रोल होता है।
- कॉल डिसकनेक्ट (disconnect) करता है अर्थात् सेशन (session) टर्मिनेट करता है।

पब्लिक फोन सिस्टम, कनेक्शन ओरियेन्टेड कम्युनिकेशन का एक अच्छा उदाहरण है।

यूजर डेटाग्राम प्रोटोकॉल User Datagram Protocol-UDP

TCP/IP मॉडल के होस्ट-टू-होस्ट (host-to-host) लेयर से सम्बन्धित TCP/IP प्रोटोकॉल सूट (TCP/IP protocol suit) का एक अन्य प्रोटोकॉल है—यूजर डेटाग्राम प्रोटोकॉल इन्डिपेन्डेन्ट पैकेट्स (independent packers) के कनेक्शनलेस ऑर्गेनाइजेशन (connectionsless organization) को डेटाग्राम्स (datagrams) कहा जाता है। यह TCP/IP प्रोटोकॉल सूट (TCP/IP Protocol Suit) का एक कनेक्शनलेस ट्रान्सपोर्ट प्रोटोकॉल है। यहाँ कनेक्शनलेस का अर्थ है कि दो होस्ट (host) के बीच सेशन प्रारम्भ करने के लिये न तो कनेक्शन को स्थापित करना होता है और न ही रिलीज (release) करना होता है।

UDP, एप्लीकेशन्स के लिए बिना कनेक्शन स्थापित हुए ही इन्कैप्सुलेटेड IP डेटाग्रामों को भेजने का तरीका उपलब्ध कराता है। वे क्लाइण्ट-सर्वर एप्लीकेशन, जो एक रिक्वेस्ट (request) के लिये एक ही रेसपॉन्स (response) का प्रयोग करते हैं, वे एक कनेक्शन को स्थापित करने, उसे रिलीज करने में होने वाली दिक्कतों के स्थान पर UDP का प्रयोग करते हैं। UDP का प्रयोग सिस्टम मैसेजेज ब्रॉडकास्ट किये गये NetBIOS नामों इत्यादि को एक्सचेन्ज (Exchange) करने के लिए किया जा सकता है; क्योंकि इन एक्सचेंजेज में फ्लो-कण्ट्रोल (flow-control), एकनॉलेजमेंट रिऑर्डरिंग (Reordering) या TCP द्वारा प्रदान की जाने वाली किसी क्रियात्मकता की आवश्यकता नहीं होती है।

19.4 लेयर-2 इण्टरनेट लेयर Layer-2 : Internet Layer

TCP/IP रेफरेन्स मॉडल की इन्टरनेट लेयर TCP/IP प्रोटोकॉल सूट (TCP/IP Protocol Suit) के इन्टरनेट प्रोटोकॉल (Internet Protocol-IP) से सम्बद्ध होती है। इन्टरनेट प्रोटोकॉल (IP), होस्ट्स (hosts) के मध्य एक से अधिक नेटवर्क्स से गुजरते हुए डेटा कम्युनिकेशन को सम्भव बनाने के लिये सभी आवश्यक प्रोटोकॉल्स और प्रोसीजर्स (procedures) से निर्मित होता है। IP, डेटा-पैकेट्स (data-packets) को रूटेबल (routable) बनाने के लिये उत्तरदायी होता है।

निम्न में प्रदर्शित इण्टरनेट प्रोटोकॉल वर्जन 4 (Internet Protocol Version 4-Ipv4) के IP हैडर के स्ट्रक्चर निम्नलिखित फील्ड होते हैं

1. **वर्जन** (Version) यह फील्ड 4 बिट का होता है और इस बात की जानकारी रखता है कि डेटाग्राम, इण्टरनेट प्रोटोकॉल (IP) के किस वर्जन से सम्बन्धित है।
2. **इण्टरनेट हैडर लेंथ** (Internet Header Length) यह फील्ड भी 4 बिट का होता है। IP हैडर की ये चार बिट हैडर की लेंथ की वैल्यू को स्टोर करके रखती है, जो 32 का मल्टीपल (multiple) अर्थात् गुणन होती है।
3. **टाइप ऑफ सर्विस** (Type of Service) यह फील्ड 8 बिट का होता है। यह फील्ड 1-बिट फ्लैग्स की वैल्यूज को स्टोर करके रखता है, जिनका प्रयोग डेटा के पैकेट के लिए विभिन्न पैरामीटर्स (parameters); जैसे—प्रिसीडेन्स (precedence), डिले (delay), थ्रोपुट (throughput) और विश्वसनीयता को निर्दिष्ट करने के लिये किया जा सकता है।
4. **टोटल लैन्थ** (Total Length) यह फील्ड 16 बिट का होता है। यह फील्ड डेटाग्राम (datagram), हैडर (header) और डेटा (data) की कुल लम्बाई होती है, जिसे बाइट में निर्दिष्ट किया जाता है। एक IP डेटाग्राम की अधिकतम लम्बाई 65,535 बाइट होती है।
5. **आइडेन्टिफिकेशन** (Identification) यह फील्ड 6 बिट का होता है। यह फील्ड डेस्टिनेशन होस्ट को यह निर्धारित करने की अनुमति देने के लिए आवश्यक होता है कि शुरूआत में अचानक पहुँचा फ्रैगमेन्ट (fragment) किस डेटाग्राम (datagram) से सम्बन्धित है। प्रत्येक IP डेटाग्राम की आइडेन्टिफिकेशन वैल्यू यूनिक (unique) होती है तथा किसी डेटाग्राम के सभी फ्रैगमेन्ट्स की आइडेन्टिफिकेशन एक समान होती है।
6. **फ्लैग्स** (Flags) यह फील्ड 3 बिट का होता है, जिसमें एक अप्रयुक्त बिट और दो 1 बिट के फील्ड होते हैं। किसी डेटाग्राम को डोन्ट फ्रैगमेन्ट (don't fragment-DF) बिट से मार्क (mark) करने पर उस डेटाग्राम को राउटरों द्वारा फ्रैगमेन्ट नहीं किया जाता है। IP डेटाग्राम में अधिक फ्रैगमेन्ट्स बिट के सेट होने पर डेटाग्राम विभिन्न फ्रैगमेन्ट में विभाजित हो जाते हैं। अत: यह कहा जात सकता है कि DF और MF फील्ड अर्थात् फ्लैग्स (flags) यह इंगित करते हैं कि डेटाग्राम (पैकेट) का फ्रैगमेन्टेशन होगा या नहीं।

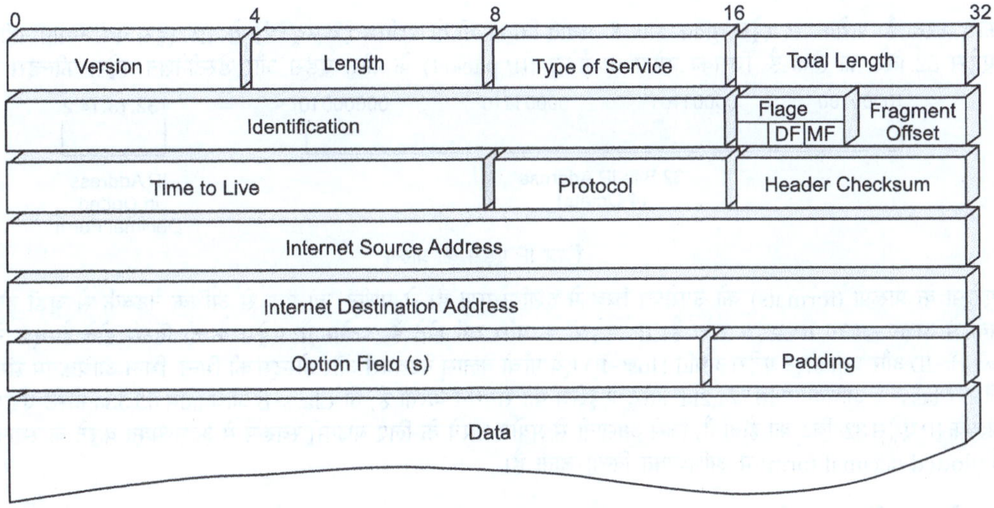

चित्र IPv4 हैडर की संरचना

7. **फ्रैगमेन्ट ऑफसेट** (Fragment Offset) यह फील्ड 13 बिट का होता है। चूँकि इस फील्ड के लिये 13 बिट प्रदान किए जाते हैं। अत: प्रत्येक डेटाग्राम में अधिकतम 8192 फ्रैगमेन्ट हो सकते हैं। फ्रैगमेन्ट ऑफसेट यह बताता है कि कोई फ्रैगमेन्ट, वर्तमान डेटाग्राम में कहाँ से सम्बन्धित है।
8. **टाइम टू लाइव** (Time to Live) यह फील्ड 8 बिट का होता है और यह निर्दिष्ट करता है कि कोई डेटाग्राम नेटवर्क में कितने समय (सेकण्ड्स) तक ट्रैवल (travel) करेगा। IP पैकेट/डेटाग्राम को वाइड एरिया नेटवर्क (WAN) में अनिश्चित काल के लिये भटकने की अनुमति नहीं दी जा सकती है। अत: इसके लिये एक निश्चित हॉप (hop) की संख्या को निर्धारित किया जाता है। टाइम टू लाइव (time to live) फील्ड की वैल्यू को प्रत्येक हॉप (hop) के लिये एक-एक कर बढ़ाया जाता है। जब इस फील्ड की वैल्यू हॉप की अधिकतम संख्या के बराबर हो जाती है, तो पैकेट को नष्ट (destroy) कर दिया जाता है और सोर्स होस्ट को वापस एक वार्निंग पैकेट भेज दिया जाता है।
9. **प्रोटोकॉल** (Protocol) जब इण्टरनेट लेयर एक पूर्ण डेटाग्राम/पैकेट को असेम्बल (assemble) कर लेता है तो उसे यह जानने की आवश्यकता होती है कि उसे पैकेट के साथ क्या करना है। प्रोटोकॉल फील्ड, इण्टरनेट लेयर (internet layer) को यह बताता है कि उसे उस पैकेट/डेटाग्राम को किस ट्रान्सपोर्ट प्रोसेस; जैसे—TCP, UDP, VINES अथवा अन्य को सौंपना है। यह फील्ड 8 बिट का होता है।
10. **चैकसम** (Checksum) यह फील्ड 16 बिट का होता है। यह एक त्रुटि-चेकिंग (error-checking) फील्ड है। यह फील्ड केवल हैडर (header) को वैरिफाई (verify) करता है। यहाँ चैकसम एल्गोरिद्म (checksum algorithm), TCP हैडर के चैकसम फील्ड के लिये, चर्चा के लिये एवं लिये गये एल्गोरिद्म के समान होता है, परन्तु यह केवल IP हैडर पर किया जाता है अर्थात् डेटा को शामिल नहीं किया जाता है।
11. **सोर्स IP एड्रेस** (Source IP Address) यह सोर्स कम्प्यूटर का IP एड्रेस होता है, जो 32 बिट का होता है।
12. **डेस्टिनेशन IP एड्रेस** (Destination IP Address) यह डेस्टिनेशन कम्प्यूटर का IP एड्रेस होता है, जो 32 बिट का होता है।
13. **पैडिंग** (Padding) IP हैडर को हमेशा 32 बिट का मल्टीपल बनाने के लिए इस फील्ड में अतिरिक्त जीरो (zero) को सम्बद्ध (add) किया जाता है।

IPv4 के ये हैडर फील्ड्स (header fields) यह उद्धत करते हैं कि IPv4 की इण्टरनेट-लेयर (internet-layer) स्वाभाविक रूप से कनेक्शनलेस है। पैकेट्स को नेटवर्क में ले जाने के लिये उनके सर्वोत्तम रास्तों (paths) का निर्धारण करने के लिये पैकेट-फॉरवर्डिंग डिवाइसेज प्रयुक्त होते हैं।

19.5 लेयर-1 : नेटवर्क इन्टरफेस लेयर Layer- 1 : Network Interface Layer

नेटवर्क इन्टरफेस लेयर (network interface layer), OSI रेफरेन्स मॉडेल की फिजिकल लेयर और डेटा-लिंक लेयर (data - link layer) से सम्बन्धित है जो नेटवर्क से सीधे-सीधे कम्युनिकेट करता है। यह नेटवर्क आर्किटेक्चर (network architecture); जैसे—टोकन रिंग, ईथरनेट और इण्टरनेट लेयर के मध्य एक इन्टरफेस स्थापित करती है।

19.6 IP एड्रेसिंग स्कीम IP Addressing Scheme

IPv4 एक 32 बिट के बाइनरी एड्रेसिंग स्कीम का प्रयोग नेटवर्क्स, नेटवर्क से जुड़े कम्प्यूटर्स और नेटवर्क की डिवाइसेज की पहचान करने के लिए करता है। इन एड्रेसेज को IP एड्रेसेज (IP addresses) कहते हैं, जिन्हें इण्टरनेट नेटवर्क इन्फॉर्मेशन सेन्टर INIC द्वारा व्यवस्थित और संचालित किया जाता है। इण्टरनेट पर प्रत्येक होस्ट (host) और राउटर का एक IP एड्रेस होता है, जो उसके नेटवर्क नम्बर और होस्ट नम्बर को

एनकोड करता है। प्रत्येक IP एड्रेस यूनिक होता है अर्थात् किन्हीं भी दो मशीन्स (कम्प्यूटर्स) के IP एड्रेस एक समान नहीं हो सकते हैं। प्रत्येक IP एड्रेस 32 बिट का होता है, जिसका प्रयोग IP पैकेट (IP packet) के सोर्स एड्रेस और डेस्टीनेशन एड्रेस फील्ड्स में होता है।

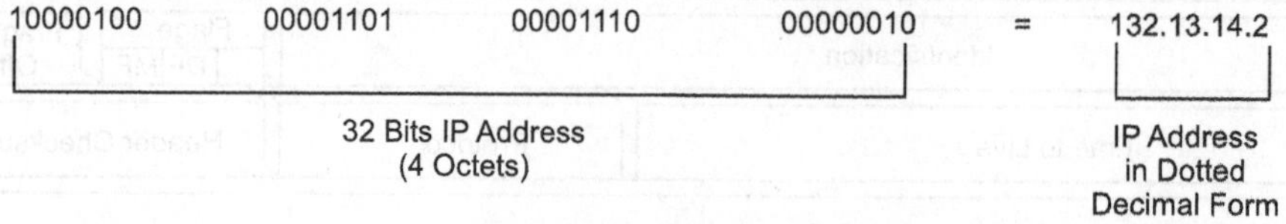

चित्र IP एड्रेस का प्रारूप

IP एड्रेसों के प्रारूपों (formats) को उपरोक्त चित्र में दर्शाया गया है। वे मशीन, जो एक से अधिक नेटवर्क से जुड़ी होती हैं, उनका प्रत्येक नेटवर्क में अलग-अलग IP एड्रेस होता है। IP एड्रेसों के पाँच वर्ग होते हैं, प्रत्येक IP एड्रेस के दो हिस्से होते हैं-एक नेटवर्क-एड्रेस अर्थात् network-ID और एक होस्ट एड्रेस अर्थात् Host-ID। ये पाँचों क्लास नेटवर्क्स और होस्ट्स की भिन्न-भिन्न अधिकतम संख्या का समर्थन करते हैं; जैसे-Class-A, अधिकतम 16,774,214 होस्ट एड्रेसेज का समर्थन करती है, तो Class-B अधिकतम 65,534 होस्ट एड्रेसों का समर्थन करती है। प्रत्येक IP एड्रेस 32-बिट का होता है, जिसे आसानी से प्रयोग करने के लिए बाइनरी स्वरूप में अभिव्यक्त करने के स्थान पर डॉटेड डेसिमल फॉर्म (dotted decimal form) में अभिव्यक्त किया जाता है।

IP **एड्रेस की क्लासेज** Classes of IP Address

IP एड्रेसेस (IP addresses) के पाँचों क्लासेज (classes), होस्ट और नेटवर्क एड्रेसेज को निम्न प्रकार विभाजित करते हैं

क्लास 'A' IP एड्रेस

क्लास A एड्रेस का पहले दो बिट हमेशा शून्य (0) होते हैं तथा अगले सात बिट नेटवर्क नम्बर के लिए होते हैं। Class A एड्रेस के अन्तिम 24 बिट अर्थात् अन्तिम तीन डॉटेड डेसिमल नम्बर, होस्ट एड्रेस के लिए होते हैं। Class A एड्रेसेज की रेंज, 1.0.0.0 से 126.0.00. तक होती है। प्रत्येक Class A एड्रेस अधिकतम 16,774,214 होस्ट एड्रेसेज (host addresses) का समर्थन करता है। Class A नेटवर्क बहुत बड़े होते हैं अर्थात् इनमें होस्ट (host) की संख्या बहुत अधिक होती है; परन्तु Class A के अधिकतम 128 नेटवर्क ही हो सकते हैं।

क्लास 'B' IP एड्रेस

क्लास B एड्रेस के पहले दो बिट 10 होते हैं तथा अगला 14 बिट नेटवर्क नम्बर (network number) के लिए व अंतिम 16 बिट सम्भावित होस्ट एड्रेसेज (host addresses) के लिए होता है। Class B एड्रेसेज की रेंज 128.1.0.0 से 191.254.0.0 तक होती है। प्रत्येक Class B एड्रेस अधिकतम 65,534 यूनिक होस्ट एड्रेसेज का समर्थन करता है। Class B के नेटवर्क्स की अधिकतम संख्या 16,384 होती है।

क्लास 'C' IP एड्रेस

क्लास C एड्रेस के पहले तीन बिट 110 होते हैं तथा अगला 21 बिट नेटवर्क के नम्बर के लिए होता है और अन्तिम ऑक्टेट (octet) अर्थात् अंतिम 8 बिट का प्रयोग होस्ट की एड्रेसिंग के लिए किया जाता है। क्लास C एड्रेसेज की रेंज, 192.0.1.0 से 223.255.254.0 होती है। प्रत्येक Class C एड्रेस, 254 यूनिक होस्ट एड्रेसों का समर्थन कर सकता है। Class C के अधिकतम 2,097,152 नेटवर्क्स हो सकते हैं।

क्लास 'D' IP एड्रेस

क्लास D एड्रेस के पहले चार बिट 1110 होते हैं। इन एड्रेसेज का प्रयोग मल्टीकास्टिंग (multicasting) के लिए किया जाता है। विदित हो कि एक मल्टीकास्ट एड्रेस एक यूनिक नेटवर्क एड्रेस होता है जो पैकेट्स को IP एड्रेसेज के पूर्वपरिभाषित समूहों से सम्बद्ध डेस्टिनेशन एड्रेस को पथ दिखाता है अर्थात् डाइरेक्ट (direct) करता है। Class D एड्रेसों की रेंज 224.0.0.0 से 239.255.254 तक होती है।

क्लास 'E' IP एड्रेस

Class E एड्रेस को परिभाषित तो किया गया है; परन्तु इसे इण्टर NIC द्वारा अपने शोध-कार्यों के लिए आरक्षित रखा गया है। अत: इण्टरनेट पर प्रयोग के लिए Class E एड्रेसेज को रिलीज (release) नहीं किया गया है।

एक डोमेन सभी डिवाइसेज , यूजर्स और संसाधनों का एक कलेक्शन होता है, जिन्हें एक यूनिट के रूप में एडमिनिस्ट्रेट किया जा सकता है। IPv4 लगभग 25 साल पुराना है और इसके आगमन से अब तक इण्टरनेट में अनेक महत्त्वपूर्ण परिवर्तन हो चुके हैं। इन परिवर्तनों ने एक यूनिवर्सल इण्टरकनेक्टिविटी प्रोटोकॉल के रूप में IPv4 की प्रभावकला को कम कर दिया है। कदाचित इन परिवर्तनों में सबसे महत्त्वपूर्ण इण्टरनेट का कॉमर्शियलाइजेशन (commercialization) है, जिसने इण्टरनेट के यूजर्स की संख्या में अपूर्व वृद्धि की है। इस वृद्धि के कारण अधिक एड्रेसेज की आवश्यकता हुई और इण्टरनेट लेयर द्वारा नई प्रकार की सर्विसेज (services) का समर्थन करने की भी आवश्यकता हुई। अत: इण्टरनेट प्रोटोकॉल के नए वर्जन (version) को विकसित किया गया, जिसे इण्टरनेट प्रोटोकॉल वर्जन 6 कहा जाता है। विदित हो कि IPv6 को Internet Protocol Next Generation–IPNG भी कहा जाता है।

इण्टरनेट प्रोटोकॉल, वर्जन 6 Internet Protocol, Version 6— IPv6

IPv6 एक साधारण और फॉरवर्ड-कम्पेटिबल (forward compatible) प्रोटोकॉल है, जो IPv4 का अपग्रेडेशन है। IPv6 में IPv4 –IP की सभी खामियों; जैसे—IP एड्रेसेज की उपलब्धता की कमी, नेटवर्क लेयर सिक्योरिटी की कमी, टाइम-सेन्सिटिव ट्रैफिक (time-sensitive traffic) को एकोमोडेट (accomodate) करने अर्थात् धारण करने की अयोग्यता इत्यादि को दूर करने का प्रयास किया गया है। इन मुद्दों के अतिरिक्त राउटिंग भी एक ऐसा मुद्दा है, जिसने नए IP प्रोटोकॉल के विकास और क्रियान्वयन की आवश्यकता पैदा की। इण्टरनेट के अनवरत विस्तार का समर्थन करने के लिए IPv6 एक विस्तीर्ण एड्रैसिंग स्कीम उपलब्ध कराता है। सैद्धान्तिक तौर पर IPv4 की 32 बिट की एड्रेस लेंथ प्रोटोकॉल को करीब-करीब 4 करोड़ (2^{32}) डिवाइसेज को एड्रेस (address) करने की क्षमता प्रदान करती है।

जहाँ तक IPv6 का सवाल है तो यह 128 बिट एड्रेस का प्रयोग करता है और यह IPv4 से $2^{128} - 2^{32} = 2^{96}$ गुणा अधिक एड्रेस स्पेस उपलब्ध कराने में सक्षम है। अत: IPv6, 2^{128} = 340, 282, 366, 920, 933, 463, 463, 347, 607, 431, 768, 211, 456 सम्भावित एड्रेसेज को उपलब्ध करा सकता है।

एड्रेसेज के एसाइनमेंट और राउटिंग में पदानुक्रम (hierarchies) के निर्माण की आवश्यकता होती है। पदानुक्रम सम्भावित एड्रेसेज की संख्या को घटा सकते हैं; परन्तु IPv6 सक्षम राउटिंग प्रोटोकॉल की प्रभावकता को बढ़ाते हैं। IPv6 एड्रेस लेंथ (IPv6 address length) की एक व्यावहारिक समस्या यह है कि इसके लिए डोमेन नेम सर्विस अनिवार्य है। डोमेन नेम सर्विस एक नेटवर्क यूटिलिटी है, जो किसी निमोनिक होस्ट नेम; जैसे—www.netscape.com को न्यूमेरिक IP एड्रेस में परिवर्तित करने के लिए उत्तरदायी होता है। IPv6 अनेक फीचर (feature); जैसे—रीयल टाइम ऑडियो और/या वीडियो ट्रांसमिशन, इन्टरनेट लेयर एन्क्रिप्शन के माध्यम से एण्ड-टू-एण्ड सिक्योरिटी और ऑथेन्टिकेशन (authentication), होस्ट मोबिलिटी (host mobility), ऑटो-कॉन्फिगुरेशन (auto-configuration) और ऑटो-रिकॉन्फिगुरेशन (auto-reconfiguration) का समर्थन करता है। IPv6 न केवल बहुत ही बड़ी मात्रा में एड्रेस स्पेस उपलब्ध कराता है, वरन् इसका एड्रेस स्ट्रक्चर भी फ्लेक्सिबल है। IPv6, तीन प्रकार के यूनिकास्ट एड्रेसेज (unicast addresses) के साथ कार्य कर सकता है। IPv4 की class D, एड्रेस के एक नए मल्टीकास्ट एड्रेस का प्रयोग करती है और एक नए एड्रेस टाइप का समर्थन करती है।

IPv6 यूनिकास्ट एड्रेस स्ट्रक्चर IPv6 Unicast Address Structure

यूनिकास्ट एड्रेसिंग एक एण्ड-प्वॉइण्ट (end-point) से दूसरे एण्ड-प्वॉइण्ट (end-point) को कनेक्टिविटी प्रदान करता है। अग्रांकित चित्र में IPv6 द्वारा समर्थन किए जाने वाले यूनिकास्ट एड्रेसेज को दर्शाया गया है

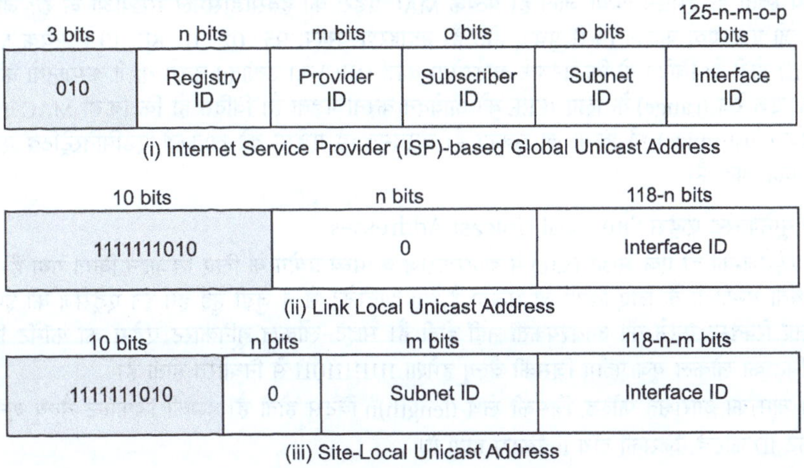

चित्र IPv6 यूनिकास्ट एड्रेस

इण्टरनेट सर्विस प्रोवाइडर आधारित यूनिकास्ट एड्रेस Internet Service Provider (ISP) based Unicast Address

IPv6 यूनिकास्ट एड्रेस फॉर्मेट (unicast address format) उपलब्ध करता है, जिसे विशेष रूप से इण्टरनेट सर्विस प्रोवाइडरों (ISPs) के प्रयोग के लिए व्यक्तिगत यूजर्स को इण्टरनेट से कनेक्ट करने के लिये डिजाइन किया है। प्रोवाइडर-आधारित यूनिकास्ट एड्रेसेस उन व्यक्तिगत यूजर्स या यूजर्स के छोटे समूहों के लिये यूनिक एड्रेसेस (unique address) प्रदान करता है, जो किसी इण्टरनेट सर्विस प्रोवाइडर (ISP) के माध्यम से इण्टरनेट को एक्सेस (access) करते हैं। ISP-आधारित यूनिकास्ट एड्रेस का फॉर्मेट निम्नानुसार है

(i) एक तीन बिट का ISP यूनिकास्ट एड्रेस फ्लैग जिसका मान हमेशा 010 से निर्धारित होता है।

(ii) एक रजिस्ट्री ID फील्ड (registry ID) जिसकी लम्बाई (length) n बिट्स होती है। Registry ID फील्ड इण्टरनेट एड्रेस रजिस्ट्री (internet address registry) को आइडेन्टिफाई करती है।

(iii) एक प्रोवाइडर ID (provider ID) फील्ड, जिसकी लम्बाई (length) m बिट्स होती है। Provider ID फील्ड इण्टरनेट सर्विस प्रोवाइडर (ISP) को आइडेन्टिफाई (identify) करती है।

(iv) एक सब्सक्राइबर ID (subsciber ID) फील्ड, जिसकी लम्बाई (length) 0 बिट्स होती है। Subscriber ID फील्ड किसी इण्टरनेट सर्विस प्रोवाइडर (ISP) के एक विशिष्ट सब्स्क्राइबर (A specific subscriber) को आइडेन्टिफाई करती है।

(v) एक सबनेट ID (subnet ID) फील्ड जिसकी लेंथ p बिट्स होती है। subnet ID फील्ड एक विशिष्ट फिजिकल लिंक (a specific physical link) को आइडेन्टिफाई करती है।

(vi) एक इण्टरफेस ID (interface ID) फील्ड, जिसकी लेंथ, 125 (n + m + o + p) बिट्स होती है। interface ID फील्ड किसी सबनेट (subnet) में एक इण्टरफेस (interface) को आइडेन्टिफाई (identify) करती है।

विदित हो कि अंग्रेजी वर्णमाला के अक्षर—n, m, o और p वैरिएबल लेंथ की फील्ड्स को इंगित करते हैं। इण्टरफेस ID की लेंथ 125 बिट्स होती है। 010 : 0 : 0 : 0 : X, एक यूनिकास्ट टाइप के एड्रेस का उदाहरण है, जहाँ X कोई भी संख्या हो सकती है।

लिंक-लोकल यूनिकास्ट एड्रेस Link-local Unicast Address

लिंक-लोकल एड्रेस (link-local address) का प्रयोग एक सिंगल लिंक (single link) पर ऑटो-कॉन्फिगुरेशन (auto-configuration) एवं नेबर डिस्कवरी (neighbour discovery) के लिए किया जाता है। लिंक-लोकल यूनिकास्ट एड्रेस का फॉर्मेट (format of link-local unicast address) निम्नानुसार है

(i) एक 10-बिट का लोकन यूज फ्लैग (local use flag) जिसकी वैल्यू हमेशा 1111111011 से निर्धारित होती है।

(ii) बिना नाम का एक आरक्षित फील्ड, जिसकी लेंथ n बिट्स होती है। इस फील्ड की डिफॉल्ट वैल्यू (default value) शून्य (0) होती है।

(iii) एक इन्टरफेस ID (interface ID) फील्ड, जिसकी लेंथ (length), 118-n बिट्स होती है।

interface ID किसी ईथरनेट नेटवर्क इण्टरफेस कार्ड का एक मैक एड्रेस हो सकता है। विदित हो कि MAC एड्रेस यूनिक (unique) होते हैं, जिन्हें मोबाइल यूजर्स के लिए यूनिक एड्रेसों का निर्माण करने के लिए IP एड्रेस के अन्त में जोड़ा जा सकता है। 1111111011 : 0 : mac-address, एक MAC एड्रेस के साथ लिंक-लोकल यूनिकास्ट एड्रेस का उदाहरण है।

MAC मीडिया एक्सेस कण्ट्रोल का संक्षिप्त रूप है। MAC एड्रेस, एक यूनिक एड्रेस होता है, इसे ईथरनेट नेटवर्क इन्टरफेस कार्डों को उनके निर्माण के समय स्वत: ही एसाइन किया जाता है। प्रत्येक MAC एड्रेस को हैक्सॉडेसिमल संख्याओं के छ: जोड़ों (six pairs) द्वारा अभिव्यक्त किया जाता है, जो एक-एक कॉलन (:) से पृथक् होते हैं। उदाहरणस्वरूप, 95 : 02 : 11 : 8F : 19 । प्रत्येक MAC एड्रेस में प्रथम दो संख्याएँ मैनुफैक्चर की ID होती है। विदित हो कि नेटवर्क इण्टरफेस कार्ड (NIC) का उत्पादन करने वाली कम्पनियों को एक यूनिक मैनुफैक्चर ID और MAC एड्रेस की एक रेंज (range) के लिए IEEE को आवेदन करना पड़ता है। विदित हो कि किसी MAC एड्रेस को NIC के इन्सटॉलेशन के समय कस्टमाइज (customize) भी किया जा सकता है। कस्टमाइज्ड एड्रेसों को लोकली एडमिनिस्ट्रेटिव एड्रेस (locally administrative address) भी कहा जाता है।

साइट-लोकल यूनिकास्ट एड्रेस Site-local Unicast Addresses

साइट-लोकल एड्रेसेज को ही एक साइट (site) में इण्टरफेसेज के मध्य प्रयोग के लिए डिजाइन किया गया है। साइट-लोकल एड्रेसों का प्रयोग उन साइट्स अथवा संस्थाओं के लिए किया जा सकता है, जो इण्टरनेट से न जुड़ी हुई हों। इन एड्रेसेज की इण्टनेट एड्रेस स्पेस से एक एड्रेस प्रिफिक्स के लिए रिक्वेस्ट करने की आवश्यकता नहीं होती है। साइट-लोकल यूनिकास्ट एड्रेस का फॉर्मेट निम्नानुसार है

(i) एक 10-बिट का लोकल यूज फ्लैग जिसकी वैल्यू हमेशा 1111111011 से निर्धारित होती है।

(ii) एक बिना नाम का आरक्षित फील्ड, जिसकी लेंथ (length)n बिट्स होती है। इसकी डिफॉल्ट वैल्यू शून्य (0) होती है।

(iii) एक सबनेट ID फील्ड, जिसकी लेंथ m बिट्स होती है।

(iv) एक इण्टरफेस ID फील्ड, जिसकी लेंथ $118 - (m + n)$ बिट्स होती है।

1111111011 : 0 : subject : Interface, एक साइट लोकल यूनिकास्ट एड्रेस का उदाहरण है। किसी साइट-लोकल यूनिकास्ट एड्रेस (site local unicast address) के साइट-लोकल प्रिफिक्स को एक सब्सक्राइबर प्रिफिक्स (subcriber prefix) से रिप्लेस (replace) कर यूनिक ग्लोबल एड्रेस बनाया जा सकता है और फिर इण्टरनेट से जुड़ा जा सकता है।

IPv6 एनीकास्ट एड्रेस स्ट्रक्चर IPv6 Anycast Address Structure

एनीकास्ट एड्रेस (anycast address) , एक से अधिक इण्टरफेस (interfaces) को प्रदान (assign) की गई एक ही एड्रैस वैल्यू होती है। साधारणतया इण्टरफेस (interface) विभिन्न डिवाइसेज (devices) से सम्बद्ध होते हैं। किसी एनीकास्ट एड्रेस (anycast address) के लिए भेजे गये पैकेट (packet) को यह एक ही डिवाइस के लिये रूट (route) करता है तथा किसी भेजे गये पैकेट (packet) को सेन्डर (sender) के निकटतम् इण्टरफेस (interface) पर डिलीवर (deliver) किया जाता है।

उदाहरण के लिए, वर्ल्ड वाइब वेब (world wide web - www) की किसी साइट (site) को एक से अधिक सर्वर (server) पर स्थापित किया जा सकता है तथा सर्वर को एक एनीकास्ट एड्रेस (anycast address) प्रदान किया जा सकता है और जब यूजर उस साइट (site) से कनेक्टिविटी (connectivity) के लिए रिक्वेस्ट (request) करता है, तो उस रिक्वेस्ट को यूजर के सबसे नजदीकी सर्वर (nearest server) को रूट कर दिया जाता है। विदित हो कि एनीकास्ट एड्रेसेज (anycast addresses) को यूनिकास्ट एड्रेस स्पेस (unicast address space) से सृजित किया जाता है और इनका स्वरूप किसी भी यूनिकास्ट एड्रेस (unicast address) टाइप का हो सकता है। एक से अधिक इण्टरफेस (interface) किसी यूनिकास्ट एड्रेस (unicast address) द्वारा एसाइन कर एक एनीकास्ट एड्रेसों (anycast addresses) का सृजन किया जा सकता है।

IPv6 मल्टीकास्ट एड्रेस स्ट्रक्चर IPv6 Multicast Address Structure

IPv4, मल्टीकास्टिंग (multicasting) का समर्थन तो करता है, परन्तु इसके लिये अस्पष्ट Class D एड्रेसिंग के प्रयोग की आवश्यकता होती है। IPv6, मल्टीकास्टिंग (multicasting) के लिए Class D एड्रेसेज की आवश्यकता को खत्म करता है। IPv4, मल्टीकास्टिंग के लिए एक नये एड्रेस फॉर्मेट का समर्थन करता है, जो करोड़ों सम्भावित मल्टीकास्ट ग्रुप कोड्स के प्रयोग की अनुमति देता है।

विदित हो कि प्रत्येक ग्रुप कोड किसी पैकेट के दो या दो से अधिक रिसीवर को आइडेन्टिफाई करता है। प्रत्येक मल्टीकास्ट एड्रेस एक ही सिस्टम तक सीमित रहता है, किसी विशिष्ट साइट (site) में रिस्ट्रिक्ट (restirict) होता है, किसी खास नेटवर्क लिंक से सम्बद्ध होता है या ग्लोबली वितरित (globally distributed) हो सकता है; क्योंकि प्रत्येक मल्टीकास्ट एड्रेस का स्कोप (scope) फ्लैक्सिबल (flexible) होता है। विदित हो कि नए मल्टीकास्टिंग एड्रैसिंग फॉर्मेट के समर्थन में IP के ब्रॉडकास्ट्स (brodcasts) को भी हटा दिया गया है। एक मल्टीकास्ट एड्रेस एक यूनिक नेटर्वक एड्रेस होता है, जो पैकेट्स को IP एड्रेसेज के पूर्वपरिभाषित समूहों से सम्बद्ध डेस्टिनेशन एड्रेस पर डायरेक्ट करता है। पैकेट्स के सम्बन्धित मशीन्स अर्थात् कम्प्यूटर्स के समूहों को ट्रांसमिट करने की प्रक्रिया को मल्टीकास्टिंग कहा जाता है।

19.7 लाइटवेट डायरेक्टरी ऐक्सेस प्रोटोकॉल Lightweight Directory Access Protocol, LDAP

LDAP एक ओपन, वेण्डर न्यूट्रल उद्योग मानक एप्लीकेशन प्रोटोकॉल होता है जो इण्टरनेट प्रोटोकॉल पर वितरित डायरेक्टरी को ऐक्सस एवं बनाए रखता है। नेटवर्क एवं यूजर में सम्बन्धित जानकारी को साझा करने हेतु प्रयुक्त इण्ट्रानेट एवं इण्टरनेट में यह डायरेक्टरी सर्विस महत्त्वपूर्ण भूमिका निभाती है। उदाहरणतः रिकॉर्डों का सेट प्रायः श्रेणीबद्ध संरचना; जैसे कि—कॉर्पोरेट ई-मेल डायरेक्टरी इत्यादि सुविधा डायरेक्टरी सर्विस उस प्रकार प्रदान करती है जिस प्रकार एक टेलीफोन डायरेक्टरी में यूजर्स के पते (address) एवं फोन नम्बर की एक सूची होती है।

LDAP का मुख्य कार्य पासवर्ड एवं यूजरनेम को संग्रहीत करने हेतु केन्द्रीय स्थान प्रदान करना है। यह विभिन्न एप्लीकेशन्स एवं सर्विसों को मान्य यूजर से LDAP सर्वर में संयोजित करने की अनुमति देता है। इसका मुख्य लाभ यह भी है कि यह अपडेशन के लिए केन्द्रीय स्थान एवं यूजर पासवर्ड को बदलने में भी सक्षम होता है। LDAP X.500 मानक के अन्तर्गत एक सबसेट है, इसीलिए कभी-कभी LDAP को X.500 लाइट भी कहा जाता है।

19.8 वर्चुअल लोकल एरिया नेटवर्क Virtual Local Area Network

वर्चुअल लोकल एरिया नेटवर्क (Virtual Local Aera Network, VLAN) लोकल एरिया नेटवर्क का एक ऐसा सब नेटवर्क या सेगमेन्ट (segment) है जोकि भौतिक वायरिंग द्वारा विन्यसित न करके सॉफ्टवेयरों द्वारा विन्यसित किया जाता है। नीचे चित्र में किसी उद्योग की स्विच्ड LAN को दर्शाया गया है।

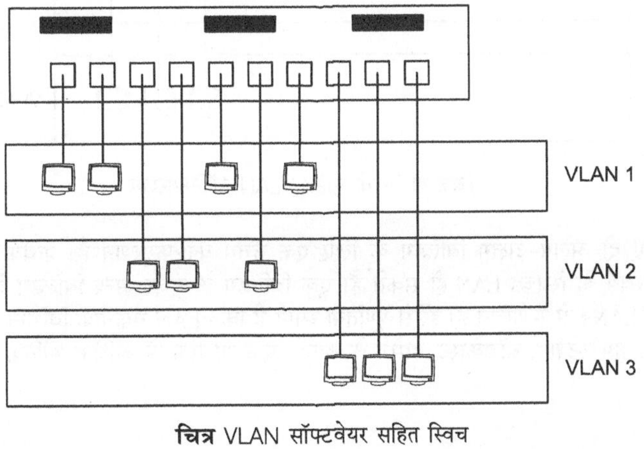

चित्र VLAN सॉफ्टवेयर सहित स्विच

इसमें स्विच द्वारा संयोजित तीन सेगमेन्ट से 10 स्टेशनों के ग्रुपों को दर्शाया गया है। यहाँ नेटवर्कों का सेग्मेन्टेशन (segmentation) करने का मुख्य कारण डेटा लिंक लेयर पर ब्रॉडकास्टिंग को सम्भव करना है। अन्य शब्दों में इस ग्रुप में प्रत्येक सेगमेन्ट का स्टेशन ब्रॉडकास्ट मैसेज का प्राप्तकर्ता (recipient) हो सकता है। इसमें ग्रुप या ग्रुप से बाहर के किसी स्टेशन से मैसेज प्राप्त होता है। इस कॉन्फिगुरेशन में ग्रुप में कार्य किया जा सकता है। उदाहरण के रूप में; प्रथम ग्रुप के रूप में चार इन्जीनियर एक साथ कार्य करते हैं अगले तीन इन्जीनियर दूसरे ग्रुप के रूप में एवं अन्तिम तीन इस व्यवस्था को LAN विन्यसित प्रदान करता है। लेकिन यदि व्यवस्थापक दो इन्जीनियर्स को तीसरे ग्रुप से प्रथम ग्रुप में लाने की आवश्यकता पड़ती है तो LAN विन्यसित को परिवर्तित करना पड़ता है। स्विच्ड LAN में वर्कग्रुप को बदलने से तात्पर्य नेटवर्क कॉन्फिगुरेशन पूर्ण फिजिकल (physical) को परिवर्तन करने से है।

एक वचुर्अल LAN एक ब्रॉडकास्ट डोमेन है जो डेटा लिंक लेयर पर कम्प्यूटर नेटवर्क में विभाजित एवं पृथक् (isolated) हो जाता है। किसी नेटवर्क को वर्चुअल LAN में विभाजित करने के लिए, एक नेटवर्क स्विच या राउटर विन्यसित करते हैं। समान नेटवर्क स्विच पर होस्ट (host) न होने पर भी VLAN नेटवर्क एडमिनिस्ट्रेशन के समूह के होस्ट को साथ-साथ अनुमति प्रदान करता है। VLAN तकनीक भौतिक या सेग्मेन्ट के अतिरिक्त लॉजिकल LAN (Logical LAN) में विभाजित की जाती है। एक LAN विविध लॉजिकल LAN में विभाजित की जा सकती है, जिसे VLAN कहते हैं। किसी संस्था में प्रत्येक VLAN एक कार्यसमूह होता है। यदि एक यूजर एक ग्रुप से दूसरे ग्रुप में जाता है तो यहाँ पर भौतिक विन्यास (physical configuration) में कोई परिवर्तन करने की आवश्यकता नहीं पड़ती है। VLAN में ग्रुप के मेम्बरों को सॉफ्टवेयर के द्वारा परिभाषित किया जाता है। कोई भी स्टेशन, लॉजिक रूप से किसी अन्य VLAN की ओर मूव (move) कर सकता है।

VLAN से सम्बन्धित सभी मेम्बर (member), किसी विशिष्ट VLAN से भेजा गया ब्रॉडकास्ट मैसेज (broadcast message) प्राप्त कर सकते हैं। इसका तात्पर्य यह है कि यदि स्टेशन VLAN-1 से VLAN-2 की ओर मूव करता है तो वह VLAN-2 से भेजे गए ब्रॉडकास्ट मैसेज को रिसीव करता है लेकिन VLAN-1 से भेजे गए ब्रॉडकास्ट मैसेज को रिसीव (receive) नहीं कर सकता है। इससे स्पष्ट है कि LAN विन्यसित की समस्याओं को VLAN द्वारा दूर किया जाता है। अग्र चित्र में दो स्विचों के साथ तीन VLANs नेटवर्क कॉन्फिगुरेशन को दर्शाया गया है। स्विच A तथा B के प्रत्येक स्टेशन VLAN से सम्बन्धित है।

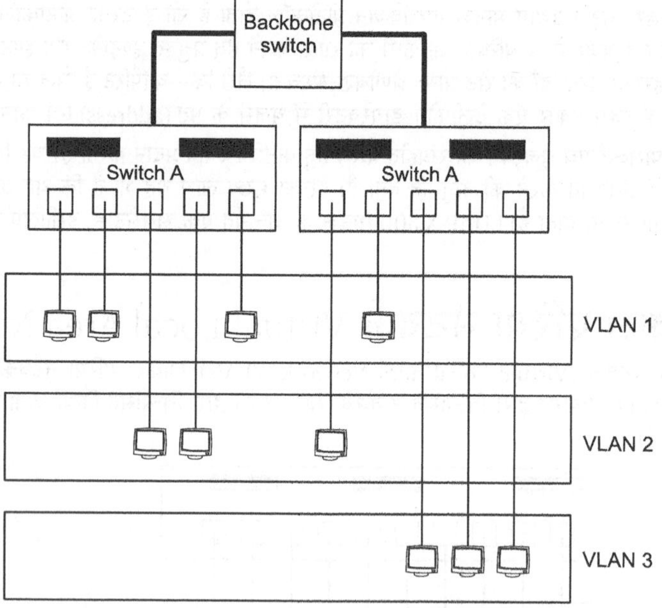

चित्र दो स्विचों सहित VLAN कॉन्फिगरेशन

यह किसी संस्था के लिए दो अलग-अलग बिल्डिंग के लिए एक उत्तम कॉन्फिगुरेशन है। प्रत्येक बिल्डिंग में बैकबोन स्विच (backbone switch) द्वारा संयोजित स्वयं के स्विच्ड LAN हो सकते हैं। एक बिल्डिंग के यूजर अन्य बिल्डिंग के यूजर्स के समान वर्कग्रुप में हो सकते हैं जबकि वे विभिन्न भौतिक LANs से संयोजित हैं। इससे पूर्णतया स्पष्ट है कि VLAN तकनीक विभिन्न स्विचों से संयोजित स्टेशनों के संयोजन का समर्थन करती है। VLAN ग्रुप स्टेशन, ब्रॉडकास्ट डोमेन के अन्दर एक या एक से अधिक भौतिक LANs से सम्बन्धित होते हैं।

मेम्बरशिप Membership

VLAN मेम्बरशिप निर्धारित करने हेतु दो सामान्य दृष्टिकोण निम्नानुसार हैं

स्टैटिक VLAN Static VLAN

स्टैटिक VLAN को पोर्ट आधारित VLAN से भी सन्दर्भित किया जा सकता है। स्टैटिक VLAN एसाइनमेन्ट VLAN के लिए पोर्ट (port) निर्धारण द्वारा निर्मित किया जाता है। जैसे ही कोई युक्ति स्वत: ही पोर्ट के अन्दर प्रविष्ट (insert) करती है, वह युक्ति स्वत: ही पोर्ट के VLAN को समझ लेती है। यदि यूजर पोर्ट को बदलकर समान VLANs का प्रयोग करना चाहता है तो नये संयोजन के लिए VLAN एसाइनमेन्ट के पोर्ट को नेटवर्क एडमिनिस्टर मैनुअली (manually) निर्मित करता है।

डाइनैमिक VLAN Dynamic VLAN

सॉफ्टवेयरों के द्वारा डायनैमिक VLAN निर्मित की जाती है। एक एडमिनिस्ट्रेटर VLAN के लिए स्विच पोर्ट को गतिज रूप में निरूपित करता है जो कि पोर्ट से संयोजित युक्ति के मैक एड्रेस (MAC address) स्रोत से सम्बन्धित जानकारी पर आधारित होता है। जैसे ही युक्ति नेटवर्क के अन्दर प्रविष्ट करती है, यह युक्ति पोर्ट की VLAN मेम्बरशिप के लिए स्विच क्वेरी डेटाबेस से संयोजित हो जाती है।

कॉन्फिगुरेशन Configuration

VLAN के कॉन्फिगुरेशन के तीन मुख्य प्रकार होते है जिनका वर्णन निम्नानुसार है

मैनुअल कॉन्फिगुरेशन Manual Configuration

मैनुअल कॉन्फिगुरेशन में, नेटवर्क एडमिनिस्टर VLAN सॉफ्टवेयर का प्रयोग सेटअप पर विविध VLANs स्टेशनों को मैनुअली निर्धारित करने के लिए किया जाता है। एक VLAN से अन्य VLAN पर स्थानान्तरित करने का कार्य भी मैनुअली किया जाता है। ध्यान रखें कि यह भौतिक कॉन्फिगुरेशन नहीं एक लॉजिक कॉन्फिगुरेशन है। 'मैनुअली' पद का अर्थ VLAN सॉफ्टवेयर में प्रयुक्त एडमिनिस्ट्रेटर प्रकार, पोर्ट नम्बर, IP एड्रेस एवं अन्य अभिलक्षणों से है।

ऑटोमैटिक कॉन्फिगुरेशन Automatic Configuration

ऑटोमैटिक कॉन्फिगुरेशन में, एडमिनिस्ट्रेटर द्वारा परिभाषित मानदण्डों द्वारा VLAN से स्वचालित रूप में संयोजित या विसंयोजित होती है। किसी ग्रुप का मेम्बर बनने के लिए आवश्यक मानदण्ड जैसे ही एडमिनिस्ट्रेटर प्रोजेक्ट नम्बर को परिभाषित कर सकता है। जब कोई यूजर प्रोजेक्ट को बदलता है तो स्टेशन स्वत: ही नये VLAN हेतु स्थानान्तरित हो जाता है।

सेमी-ऑटोमैटिक कॉन्फिगुरेशन Semi-automatic Configuration

यह कॉन्फिगुरेशन मैनुअली एवं ऑटोमैटिक कॉन्फिगुरेशन के मध्य की होती है। सामान्यत: इस कॉन्फिगुरेशन का प्रारम्भ मैनुअली एवं स्थानान्तरण ऑटोमैटिक प्रकार से होता है।

VLAN ट्रंकिंग प्रोटोकॉल VLAN Trunking Protocol

VLAN ट्रंकिंग प्रोटोकॉल CISCO द्वारा निर्मित प्रोटोकॉल है जोकि पूर्ण लोकल एरिया नेटवर्क पर वर्चुअल लोकल एरिया नेटवर्क (VLAN) के निर्धारण को प्रसारित करता है। इस कार्य को करने में, VTP एक VTP डोमेन में सभी स्विचों के लिए VLAN इन्फॉर्मेशन का वहन करते हैं। VTP विज्ञापन (advertisement) ISL, 802. IQ, IEEE 802.10 एवं लैन ट्रंक पर भेजा जा सकता है।

VTP (VLAN Trunking Protocol) सम्पूर्ण नेटवर्क में VLAN विन्यास बनाए रखता है। VTP सर्वर मोड में एक केन्द्रीकृत स्विच से एक नेटवर्क वाइड पर VLAN का नाम बदलना, हटाना, जोड़ना इत्यादि का नियन्त्रण करने हेतु VTP लेयर-2 का प्रयोग करता है। किसी VTP डौमेन के अन्दर VLAN इन्फॉर्मेशन को सिंक्रोनाइज करने हेतु VTP उत्तरदायी होता है एवं प्रत्येक स्विच पर एक ही VLAN जानकारी विन्यसित करने की आवश्यकता को कम कर देता है। VTP के मुख्यत: निम्नलिखित कार्य होते हैं

- पूर्ण नेटवर्क में VLAN विन्यास सम्बन्धी स्थिरता बनाए रखना।
- VLAN की सटीक ट्रंकिंग एवं निगरानी करना।
- नेटवर्क में संयोजित VLAN की गतिशील रिपोर्टिंग करना।
- नये VLANs जोड़ने पर प्लग-एण्ड-प्लग कॉन्फिगुरेशन करना।

19.9 सिम्पल मेल ट्रांसफर प्रोटोकॉल Simple Mail Transfer Protocol

वह प्रोटोकॉल, जो इण्टरनेट पर मैसेज ट्रांसफर अर्थात् ई-मेल (e-mail) करने की सुविधा प्रदान करता है, सिम्पल मेल ट्रांसफर प्रोटोकॉल कहलाता है। यह इण्टरनेट पर ई-मेल (e-Mail) ट्रांसमिट करने की अनुमति देने वाला कम्युनिकेशन गाइडलाइन्स का एक सेट है। मुख्य रूप से SMTP, ई-मेल एड्रेसेज के आधार पर किसी एक कम्प्यूटर से मैसेजेज को अन्य कम्प्यूटर पर भेजने की एक प्रणाली है। SMTP किसी एक अथवा भिन्न नेटवर्क (networks) में यूजर्स (users) को मेल (mail) का आदान-प्रदान करने की सुविधा प्रदान करता है तथा निम्नलिखित का समर्थन करता है

(1) एक ही मैसेज को एक से अधिक ई-मेल एड्रेसेज पर भेजना।

(2) मैसेज में टैक्स्ट, साउण्ड, ग्राफिक्स और वीडियो को सन्निहित कर भेजना।

(3) इण्टरनेट के वाहन नेटवर्क्स के प्रयोगकर्ताओं को मैसेजेज को भेजना।

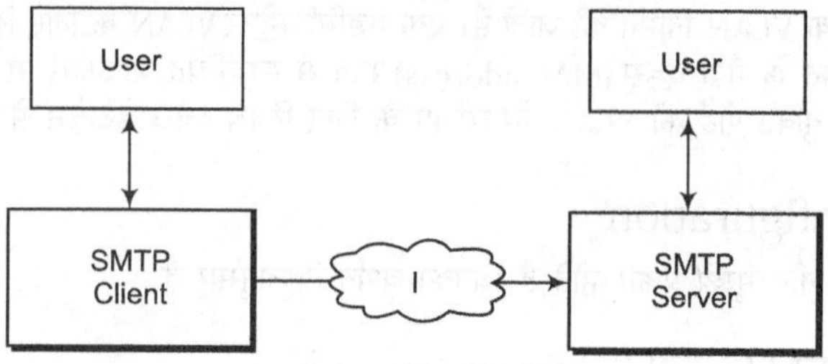

चित्र SMTP संकल्पना

चित्र में SMTP की मूलभूत अवधारणा (basic concept) को दर्शाया गया है। सिम्पल मेल ट्रांसफर प्रोटोकॉल क्लाइण्ट और सर्वर दोनों को दो पदों में विभाजित किया जाता है

यूजर एजेन्ट User Agent

यह मैसेज तैयार करता है, एनवेलप (envelope) क्रिएट करता है और मैसेज (message) को एनवेलप (envelope) में रखता है। यूजर एजेन्ट यूजर्स को ई-मेल (e-mail) भेजने और पढ़ने की सुविधा उपलब्ध कराता है। वस्तुत: यूजर एजेन्ट (user agent), जिसे मेल-रीडर (mail-reader) भी कहा जाता है, मैसेज को कम्पोज और रिसीव (receive) करने तथा रिप्लाई देने के लिए विभिन्न कमाण्ड्स को यूजर से स्वीकर करता है। MH और Berkely यूजर प्रोग्राम्स के उदाहरण हैं।

मैसेज ट्रांसफर एजेन्ट Message Transfer Agent

इसका कार्य मेल (mail) को इण्टरनेट (internet) पर ट्रांसफर (transfer) करना है। ये सिस्टम प्रोग्राम्स होते हैं, जो सिस्टम अर्थात् कम्प्यूटर में बैकग्राउण्ड में रन होते हैं और नेटवर्क में मेल को ट्रान्सफर करते हैं। Sendmail यूनिक्स सिस्टम का एक मैसेज ट्रांसफर एजेन्ट प्रोग्राम है। ई-मेल सिस्टम में सेन्डर साइट पर केवल एक ही MTA और रिसीवर साइट पर अनेक MTAs भी क्लाइण्ट अथवा सर्वर के रूप में मेल (mail) को रिले (relay) अर्थात् प्रसारित कर सकते हैं। रिले सिस्टम उन साइट्स को भी ई-मेल भेजने की सुविधा उपलब्ध कराता है, जो TCP/IP प्रोटोकॉल (TCP/IP protocol) का प्रयोग नहीं करते हैं। इस कार्य के लिए ई-मेल गेटवे का प्रयोग किया जाता है। ई-मेल गेटवे (e-mail gateway) एक रिले मैसेज ट्रांसफर एजेन्ट (transfer agent, relay MTA) होता है, जो SMTP के अतिरिक्त किसी अन्य प्रोटोकॉल (protocol) द्वारा तैयार किए गए मैसेज को SMTP फॉर्मेट में परिवर्तित करके डेस्टिनेशन अर्थात् रिसीवर को प्रेषित (send) कर देता है निम्नांकित चित्र में मेल गेटवे के कॉन्सेप्ट को दर्शाया गया है

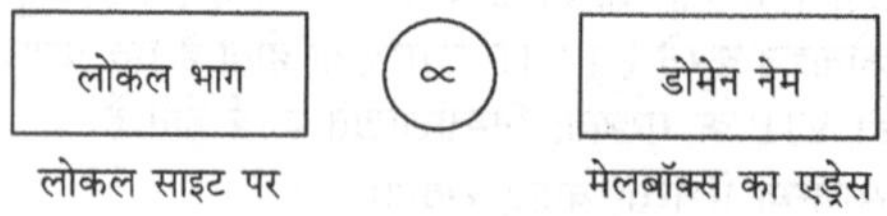

चित्र ई-मेल एड्रैस फार्मेट

SMTP द्वारा प्रयुक्त की जाने वाली एड्रेसिंग प्रणाली, लोकल पार्ट (local part) एवं डोमेन नेम भागों से निर्मित होती है। डोमेन नेम को '∝' चिह्न द्वारा पृथक दर्शाया जाता है। किसी भी ई-मेल एड्रेस का लोकल पार्ट एक विशिष्ट फाइल होती है जिसे यूजर मेलबॉक्स कहते हैं। यूजर मेलबॉक्स में किसी यूजर के लिए रिसीव किए गये मेल यूजर एजेन्ट द्वारा रिट्रीव करने के लिए भण्डारित किए जाते हैं।

डोमेन नेम (domain name) ई-मेल एड्रेस का दूसरा भाग होता है— ज्यादातर संस्थाएँ ई-मेल को प्रेषित (send) और रिसीव (receive) करने के लिए एक या एक से अधिक होस्ट (host) का चयन करती हैं; जिन्हें मेल एक्सचेंजर (mail exchanger) कहते हैं। प्रत्येक मेल एक्सचेंजर (mail exchanger) को एक डोमेन नेम एसाइन (assign) किया जाता है। मेल (mail) को भेजने के लिए एक सिस्टम अथवा कम्प्यूटर के पास एक क्लाइण्ट MTA (A Client MTA) होना चाहिए और मेल को रिसीव करने के लिए एक सिस्टम अथवा कम्प्यूटर के पास एक सर्वर MTA (A Server MTA) होना चाहिए। SMTP किसी विशिष्ट MTAs को परिभाषित नहीं करता हैं। SMTP यह परिभाषित करता है कि कमाण्ड्स और उनके प्रत्युत्तरों (responsees) को कैसे भेजना है।

SMTP एक साधारण ASCII प्रोटोकॉल है। एक TCP कनेक्शन स्थापित करने के बाद ई-मेल (e-mail) भेजने वाली मशीन अथवा कम्प्यूटर, जो क्लाइन्ट (client) के रूप में कार्य करती है, ई-मेल प्राप्त करने वाली मशीन अथवा कम्प्यूटर, जो सर्वर (server) के रूप में कार्य करती है, से सर्वप्रथम सम्पर्क स्थापित करने के लिए प्रतीक्षा करती है। इसके बाद क्लाइण्ट यह सुनिश्चित करने के लिए सर्वर को एक मैसेज भेजता है कि वह मेल को प्राप्त करने के लिए तैयार है अथवा नहीं। यदि सर्वर मेल को प्राप्त करने के लिए तैयार नहीं होता है, तो क्लाइण्ट स्थापित किए गए TCP कनेक्शन (TCP connection) को मुक्त (release) कर देता है और पुन: कोशिश करता है। जब सर्वर ई-मेल को प्राप्त करने के लिए तैयार होता है, तो क्लाइण्ट सर्वर को यह सूचित करता है कि मेल कौन भेज रहा है और इसे किसे भेजा जा रहा है। यदि क्लाइण्ट द्वारा सूचित किए गए रिसीवर का अस्तित्व गन्तव्य (destination) पर होता है, तो सर्वर, क्लाइण्ट को मेल भेजने की अनुमति प्रदान करता है। इसके बाद क्लाइण्ट मैसेज भेजता है, जिसके लिए सर्वर द्वारा क्लाइण्ट को एकनॉलेज (acknowledge) किया जाता है।

19.10 हाइपर टेक्स्ट ट्रांसफर प्रोटोकॉल Hyper Text Transfer Protocol, HTTP

हाइपर टेक्स्ट ट्रांसफर प्रोटोकॉल डिस्ट्रीब्यूटेड कोलाबोरेटिव, हाइपरमीडिया इन्फॉर्मेशन सिस्टम्स के लिए एक एप्लीकेशन-लेवल प्रोटोकॉल है यह सन् 1990 से वर्ल्ड वाइड वेब (world wide web) अर्थात् इण्टरनेट पर डेटा कम्युनिकेशन की नींव है। मूल रूप से हाइपर टेक्स्ट ट्रांसफर प्रोटोकॉल एक TCP/IP पर आधारित कम्युनिकेशन प्रोटोकॉल है, जिसका प्रयोग वर्ल्ड वाइब वेब पर डेटा (data); जैसे-HTML फाइल्स, इमेज फाइल्स, क्वैरी रिजल्ट्स आदि को डिलीवर करने के लिए किया जाता है। इसका डिफॉल्ट पोर्ट (default port) TCP80 है, परन्तु अन्य पोर्ट्स (Ports) का भी प्रयोग किया जा सकता है।

यह कम्प्यूटर्स को परस्पर कम्युनिकेट करने के लिए एक मानक तरीका (standardized way) उपलब्ध कराता है। HTTP विशिष्टताएँ (HTTP specification) यह निर्दिष्ट करती है कि क्लाइण्ट (slient) द्वारा रिक्वेस्ट (request) किए गए डेटा का निर्माण किस प्रकार होगा एवं सर्वर (server) किस प्रकार इन रिक्वेस्टड्स (requests) पर प्रतिक्रिया करता है। अग्र चित्र में एक वेब एप्लीकेशन की मूल भूत संरचना को दर्शाया गया है, साथ ही यह भी दर्शाया गया है कि किस स्थान पर HTTP स्थित होता है।

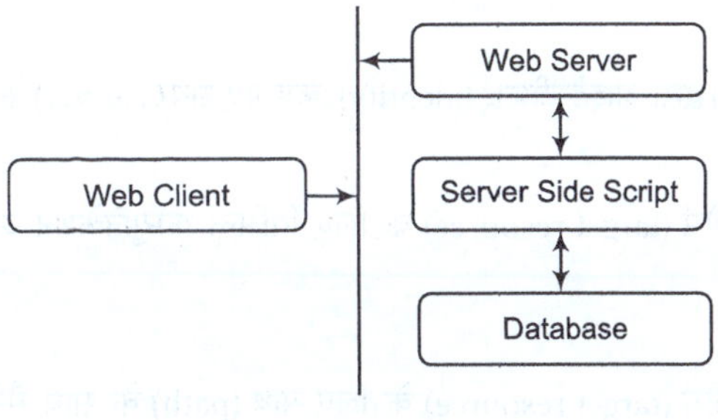

चित्र HTTP आर्किटेक्चर

HTTP प्रोटोकॉल (HTTP protocol) एक क्लाइण्ट/सर्वर आधारित संरचना पर आधारित एक रिक्वेस्ट/रेस्पॉन्स प्रोटोकाल है, जिसमें वेब ब्राउजर्स, रोबोट्स और सर्च इंजन आदि एक HTTP क्लाइण्ट (HTTP) के रूप में और वेब सर्वर एक सर्वर के रूप में कार्य करते हैं।

क्लाइण्ट Client

HTTP क्लाइण्ट सर्वर को एक रिक्वेस्ट, TCP/IP कनेक्शन (TCP/IP connection) पर एक रिक्वेस्ट विधि (request method), यूनिफॉर्म रिसोर्स आइडेन्टीफायर (Uniform Resource Identifier-URI) और प्रोटोकॉल वर्जन (protocol version), के रूप में प्रेषित (send) करता है। इसके बाद एक MIME की तरह मैसेज, जिसमें रिक्वेस्ट मॉडीफायर (request modifier), क्लाइण्ट इन्फॉर्मेशन और सम्भावित बॉडी कन्टेन्ट सम्मिलित हैं को प्रेषित करता है।

सर्वर Server

HTTP सर्वर (server) एक मैसेज के प्रोटोकॉल वर्जन और एक सक्सेस अथवा एरर कोड के रूप में प्रतिक्रिया करता है। इसके बाद एक MIME की तरह मैसेज (message), जिसमें सर्वर इन्फॉर्मेशन (server information), एन्टिटी मेटाइन्फॉर्मेशन (entity metainformation) और सम्भावित एन्टिटी बॉडी कन्टेन्ट (entity-body content) सम्मिलित हैं, इन सभी के साथ प्रतिक्रिया (respond) करता है। यूनिफॉर्म रिसोर्स आइडेन्टीफायर्स (uniform resource identifiers-URI) एक स्पष्ट रूप से फॉरमेटेड केस-इन्सेन्सिटिव स्ट्रिंग (case-insensitive string) है, जिसमें रिसोर्स को आइडेन्टीफाई करने के लिए नाम (name), लोकेशन (location) आदि देते हैं।

HTTP विधियाँ HTTP Methods

HTTP के लिए आम विधियों के सेट (set) को यहाँ पर परिभाषित किया जा रहा है और इस सेट को आवश्यकताओं के आधार पर विस्तारित किया जा सकता है। इन विधियों के नाम केस सेन्सिटिव (case sensitive) होते हैं और इसका प्रयोग अपरकेस में किया जा सकता है।

GET

इस विधि (method) का प्रयोग, एक दिए गए URI का प्रयोग करके दिए गए सर्वर से इन्फॉर्मेशन को रिट्रीव (retrieve) करने के लिए किया जाता है। GET विधि का प्रयोग करने वाली रिक्वेस्ट्स केवल डेटा को रिट्रिव करना चाहिए और डेटा पर कोई अन्य प्रभाव नहीं होना चाहिए।

HEAD

यह विधि (method) GET विधि (method) के समान है, परन्तु यह केवल स्टेटस लाइन और हैडर सेक्शन को ट्रांसफर करती है।

POST

इस रिक्वेस्ट का प्रयोग सर्वर को डेटा प्रेषित (send) करने के लिए किया जाता है, उदाहरण के लिए, HTML फॉर्म्स (HTML forms) का प्रयोग करके कस्टमर इन्फॉर्मेशन फाइल को अपलोड करना।

PUT

यह विधि (method) अपलोडेड कन्टेन्ट (uploaded content) के साथ टारगेट रिसोर्स (rarget resource) के सभी वर्तमान रिप्रेजेन्टेशन्स (current respresentations) को प्रतिस्थापित (replace) कर देती है।

DELETE

यह विधि (method) URI द्वारा दिए गए टारगेट रिसोर्स (target resource) के सभी वर्तमान रिप्रेजेन्टेशन्स (current representations) को मिटा (remove) देती है।

CONNECT

यह विधि (method) दिए गए URI द्वारा आइडेन्टीफाई (identify) किए गए सर्वर (server) के लिए एक टनल (tunnel) स्थापित करती है।

OPTIONS

यह विधि (method) टारगेट रिसोर्स (target resource) के लिए विभिन्न कम्युनिकेशन ऑप्शन्स (communication options) की व्याख्या (describe) करती है।

TRACE

यह विधि (method) टारगेट रिसोर्स (target resource) के लिए पाथ (path) के साथ मैसेज लूप-बैक टेस्ट (message loop-back test) करती है।

19.11 सिम्पल नेटवर्क मैनेजमेन्ट प्रोटोकॉल Simple Network Management Protocol—SNMP

सिम्पल नेटवर्क मैनेजमेन्ट प्रोटोकॉल एक एप्लीकेशन लेयर प्रोटोकॉल SNMP नेटवर्क तत्त्वों (network elements) को मैनेज (manage) और मॉनीटर (monitor) करने के लिए व्यापक रूप से स्वीकृत प्रोटोकॉल (protocol) है, जिसे इण्टरनेट आर्किटेक्चर बोर्ड (Internet architecture board-IAB) द्वारा RFC 1157 में नेटवर्क युक्तियों के मध्य मैनेजमेन्ट इन्फॉर्मेशन्स का आदान-प्रदान (exchange) करने के लिए परिभाषित किया गया है। यह TCP/IP प्रोटोकॉल सूट (TCP/IP protocol suit) का एक हिस्सा है।

अधिकांश प्रोफेशनल-ग्रेड नेटवर्क एलीमेन्ट्स (professional-grade network elements) SNMP एजेन्ट्स (SNMP agents) के साथ आते हैं। इन एजेन्ट्स को नेटवर्क मैनेजमेन्ट सिस्टम के साथ कम्युनिकेट करने के लिए समर्थ और कॉन्फिगुर (configure) करना होता है। SNMP के मुख्यकों का वर्णन निम्नानुसार है

SNMP मैनेजर SNMP Manager

मैनेजर (manager) अथवा मैनेजमेन्ट सिस्टम एक पृथक् इकाई है, जो SNMP एजेन्ट (SNMP agent) द्वारा कार्यान्वित की गई नेटवर्क युक्तियों के साथ संवाद स्थापित करने के लिए उत्तरदायी है। यह विशिष्ट रूप से एक कम्प्यूटर होता है, जिसका प्रयोग एक अथवा अधिक नेटवर्क मैनेजमेन्ट सिस्टम को रन (run) करने के लिए किया जाता है। SNMP प्रबन्धक के मुख्य कार्य निम्नवत् हैं

- एजेन्ट्स को क्वैरी (query) करना
- एजेन्ट्स से रिस्पॉन्स (response) प्राप्त करना
- एजेन्ट्स में वैरिएबल्स (variables) सेट (set) करना
- एजेन्ट्स से एसिंक्रोनस इवेन्ट्स (asynchronous events) को स्वीकार करना इत्यादि

मैनेज्ड डिवाइसेज Managed Devices

एक मैनेज्ड डिवाइस या नेटवर्क एलीमेन्ट (network element) नेटवर्क का वह भाग है, जिसे मॉनीटरिंग और मैनेजमेन्ट के कुछ रूपों; जैसे—राउटर्स (routers), स्विचेज (switches), सर्वर (servers), वर्कस्टेशन्स, प्रिन्टर्स आदि की आवश्यकता होती है।

SNMP एजेन्ट SNMP Agent

SNMP एजेन्ट एक प्रोग्राम होता है, जो नेटवर्क एलीमेन्ट के साथ पैकेज में आता है। SNMP एजेन्ट सक्रिय करने से, इसे यह अनुमति प्राप्त होती है कि स्थानीय स्तर पर (locally) डिवाइस से मैनेजमेन्ट इन्फॉर्मेशन डेटाबेस को कलेक्ट करे और जब भी SNMP मैनेजर को इसकी आवश्यकता हो, तो उसको उपलब्ध कराए। ये एजेन्ट्स (agents) स्टैण्डर्ड (standard) हो सकते हैं; जैसे—Net-SNMP अथवा वेण्डर (vendor) के लिए विशिष्ट भी हो सकते हैं; जैसे—HP इनसाइट एजेन्ट (HP insight agent)।

मैनेजमेन्ट इन्फॉर्मेशन डेटाबेस Management Information Database

प्रत्येक SNMP एजेन्ट (SNMP agent) मैनेज किए गए डिवाइस पैरामीटर्स (device parameters) का वर्णन करने वाला एक इन्फॉर्मेशन डेटाबेस मेन्टेन करता है। SNMP मैनेजर इस डेटाबेस का उपयोग विशिष्ट सूचनाओं के लिए SNMP एजेन्ट को रिक्वेस्ट करने और नेटवर्क मैनेजमेन्ट सिस्टम के लिए आवश्यक सूचनाओं (informations) को ट्रान्सलेट करने के लिए करता है। SNMP मैनेजर और SNMP एजेन्ट के मध्य सामान्यत: शेयर किया जाने वाला डेटाबेस, मैनेजमेन्ट इन्फॉर्मेशन बेस (management information base-MIB) कहलाता है। विशिष्ट रूप से ये MIB नेटवर्क पर हार्डवेयर नोड के लिए परिभाषित सांख्यिकीय और नियन्त्रण मानों (values) का एक सेट होते हैं। SNMP निजी MIBs (private MIBs) के प्रयोग के माध्यम से किसी विशेष एजेन्ट (agent) के लिए वैल्यूज (values) के साथ मानक वैल्यूज (standard values) का विस्तार करने की अनुमति प्रदान करती है।

संक्षेप में MIB फाइल्स SNMP मैनेजर द्वारा एजेन्ट से पूछे जा सकने वाले प्रश्नों का एक सेट हैं। एजेन्ट इस डेटा को MIB में परिभाषित किए जाने के अनुरूप स्थानीय स्तर (locally) पर कलेक्ट (collect) और स्टोर (store) करता है। इस प्रकार SNMP मैनेजर को प्रत्येक प्रकार के एजेन्ट के लिए इन मानक (standard) और निजी (private) प्रश्नों के लिए जागरूक (aware) होना चाहिए।

19.12 डायनमिक होस्ट कॉन्फिगुरेशन प्रोटोकॉल Dynamic Host Configuration Protocol

Dynamic Host Configuration Protocol (DHCP) के शब्दों से स्पष्ट होता है कि ये डायनमिक रूप से कार्य करता है। इसे मुख्य रूप से कम्प्यूटर में स्वचालित IP देने के लिए प्रयोग में लाया जाता है। ये कम्प्यूटर को IP देते हैं तथा आपका कम्प्यूटर इसके माध्यम से जुड़ा होता है। यह मुख्यत: ऐसे स्थानों पर प्रयोग में लाया जाता है, जहाँ बहुत अधिक कम्प्यूटर एक साथ काम में लाए जाते हों।

डायनमिक होस्ट कॉन्फिगुरेशन प्रोटोकॉल (डीएचसीपी) उपकरणों (डीएचसीपी क्लाइण्ट) द्वारा प्रयुक्त होने वाला कम्प्यूटर नेटवर्किंग प्रोटोकॉल है जो गन्तव्य (destination) होस्ट पर आईपी एड्रेस को डायनमिक ढंग से वितरित करता है। DHCP क्लाइण्ट-सर्वर मॉडल पर कार्य करता है। अक्टूबर, 1993 में RFC 1531 ने Bootstrap प्रोटोकॉल (BOOTP) के पश्चात् डीएचसीपी को एक मानक ट्रैक प्रोटोकॉल के रूप में परिभाषित किया था। वर्ष 1997 में लागू किया गया अगला अपडेट RFC 2131, इण्टरनेट प्रोटोकॉल संस्करण 4 (IPv4) नेटवर्क के लिए डीएचसीपी की वर्तमान परिभाषा है। डीएचसीपी के IPv6 (डीएचसीपीv6) के लिए एक्सटेंशन RFC 3315 में प्रकाशित किए गए थे।

तकनीकी अवलोकन Technical Observation

डायनमिक होस्ट कॉन्फिगुरेशन प्रोटोकॉल एक या एक से अधिक दोष सहिष्णु-डीएचसीपी सर्वर के नेटवर्क उपकरणों के लिए नेटवर्क-पैरामीटर को स्वचालित ढंग से निर्धारित करता है। यहाँ तक कि छोटे नेटवर्क में, डीएचसीपी उपयोगी है क्योंकि यह नेटवर्क में नई मशीनों को जोड़ना सरल

बना सकता है। जब एक डीएचसीपी-कॉन्फिगुरेशन क्लाइण्ट (एक कम्प्यूटर या कोई अन्य नेटवर्क-युक्त उपकरण) एक नेटवर्क से जुड़ता है, तो डीएचसीपी क्लाइण्ट DHCP सर्वर से आवश्यक सूचना के लिए एक प्रसारण क्वेरी भेजता है।

डीएचसीपी सर्वर IP एड्रेस और क्लाइण्ट कॉन्फिगुरेशन पैरामीटर की सूचनाओं का एक समूह एकत्रित करता है; जैस कि डिफॉल्ट गेटवे, डोमेन नेम, DNS सर्वर अन्य सर्वर जैसे टाइम सर्वर एक वैध अनुरोध प्राप्त होने पर, सर्वर कम्प्यूटर को एक आईपी एड्रेस, एक लीज़ (जितने समय तक आवण्टन मान्य है) और अन्य आईपी कॉन्फिगुरेशन पैरामीटर जैसे कि सबनेट मास्क और डिफॉल्ट गेटवे निर्दिष्ट करता है। सामान्यतया रूप से बूटिंग के तुरन्त बाद क्वेरी प्रारम्भ हो जाती है और यह क्लाइण्ट द्वारा अन्य होस्ट के साथ आईपी आधारित संचार प्रारम्भ होने से पहले होनी चाहिए। कार्यान्वयन के आधार पर, डीएचसीपी सर्वर तीन तरीकों से आईपी आवण्टन कर सकते हैं जो निम्न प्रकार है।

डायनमिक आवण्टन Dynamic Allocation

एक नेटवर्क एडमिनिस्ट्रेटर डीएचसीपी को आईपी एड्रेस की एक शृंखला प्रदान करता है और LAN पर प्रत्येक क्लाइण्ट कम्प्यूटर का अपना आईपी एड्रेस होता है जो इस ढंग से कॉन्फिगुरेशन होता है कि नेटवर्क के प्रारम्भ होने पर डीएचसीपी सर्वर से एक आईपी एड्रेस का अनुरोध करता है। अनुरोध और अनुदान प्रक्रिया एक नियन्त्रित की जा सकने वाली समय अवधि के साथ एक लीज़ की अवधारणा का प्रयोग करती है, ताकि डीएचसीपी सर्वर उन आईपी एड्रेस को पुन: प्राप्त कर सके जो नए सिरे से नहीं बने हैं (आईपी एड्रेस का डॉयनमिक पुन: प्रयोग)।

स्वचालित आवण्टन Automatic Allocation

डीएचसीपी सर्वर स्थाई रूप से एडमिनिस्ट्रेटर द्वारा निर्धारित सीमा से अनुरोध करने वाले क्लाइण्ट को एक मुफ्त आईपी एड्रेस प्रदान करता है। यह डायनमिक आवण्टन की भाँति डीएचसीपी सर्वर के रूप में पिछले आईपी एड्रेस की एक टेबल रखता है, ताकि यह क्लाइण्ट को प्राथमिकता के आधार पर वही आईपी एड्रेस आवण्टित कर सके जो क्लाइण्ट के पास पहले था।

स्टैटिक आवण्टन Static Allocation

डीएचसीपी सर्वर एक मैक एड्रेस/आईपी एड्रेस पेयर से युक्त एक तालिका के आधार पर आईपी एड्रेस आवण्टित करता है, जोकि मैनुअली भरे जाते हैं (शायद एक नेटवर्क एडमिनिस्ट्रेटर द्वारा)। केवल इस तालिका में सूचीबद्ध मैक एड्रेस से क्लाइण्ट को अनुरोध करने पर एक आईपी एड्रेस आवण्टित होगा, इस सुविधा (जो सभी राउटरों द्वारा समर्थित नहीं है) को अधिकतर स्टैटिक डीएचसीपी एसाइनमेन्ट (DD-WRT द्वारा) फिक्स्ड एड्रेस (डीएचसीपी द्वारा) DHCP आरक्षण या स्टैटिक DHCP (सिस्को/लिंकसिस द्वारा) और आईपी आरक्षण या मैक/IP बाइंडिंग (विभिन्न अन्य राउटर निर्माताओं द्वारा) कहा जाता है।

तकनीकी विवरण Technical Details

डीएचसीपी IANA द्वारा निर्दिष्ट उन्हीं दो पार्ट का प्रयोग BOOTP के लिए करता है। सर्वर साइड के लिए 67/udp और क्लाइण्ट साइड के लिए 68/udp डीएचसीपी ऑपरेशन के चार बुनियादी चरण हैं - आईपी खोज, आईपी लीज़ प्रस्ताव, आईपी अनुरोध और आईपी लीज़ स्वीकृति।

फील्ड (Field)	**ऑक्टेट** (Octets)	**विवरण** (Description)
op	1	संदेश का प्रकार
htype	1	हॉर्डवेयर एड्रेस का प्रकार
hlen	1	हॉर्डवेयर एड्रेस की लम्बाई
hops	1	रिले एजेन्ट (relay agent) की स्थिति में प्रयोग। क्लाइण्ट इनको 0 सेट कर देता है।
xid	4	ट्रांज़ैक्शन ID एक सेशन (session) के लिए क्लाइण्ट और सर्वर द्वारा प्रयोग की जाती है।
secs	2	जब तक क्लाइण्ट की request क्रियाशील नहीं हो जाती।
flags	2	फ्लैग (flag)
ciaddr	4	क्लाइण्ट का IP एड्रेस
yiaddr	4	IP एड्रेस जो सर्वर द्वारा क्लाइण्ट को दिया जाता हो
siaddr	4	सर्वर का IP एड्रेस
giaddr	4	रिले एजेन्ट का IP एड्रेस
chaddr	16	क्लाइण्ट का हार्डवेयर एड्रेस
sname	64	सर्वर का होस्ट नाम
file	128	बूट फाइल का नाम
options	var	और अधिक विकल्प

DHCP के कार्य Works of DHCP

1. **DHCP का पता लगाना** (DHCP DISCOVER) किसी क्लाइण्ट तथा सर्वर के मध्य कम्युनिकेशन स्थापित करता है। इसके लिए दोनों तरफ के सिस्टम का IP एड्रेस ज्ञात करने का कार्य DHCD DISCOVER करता है।
2. **DHCP का प्रस्ताव** (DHCP OFFER) यह DHCP क्लाइण्ट को DHCP सर्वर द्वारा DHCP DISCOVER के जवाब में जो प्रस्ताव या संदेश भेजा जाता है उसे DHCP OFFER कहते हैं।
3. **DHCP अनुरोध** (DHCP REQUEST) DHCP अनुरोध यह दर्शाता है कि DHCP क्लाइण्ट द्वारा संदेश प्राप्त कर लिया गया है तथा इसके उत्तर में नेटवर्क विन्यास (configuration) को स्वीकार कर लिया जाता है।
4. **DHCP एसीके** (DHCP ACK) यह मैसेज/संदेश DHCP सर्वर द्वारा DHCP अनुरोध के बाद क्लाइण्ट से प्राप्त संदेश के उत्तर के रूप में होता है। DHCP ACK इस बात का चिह्न होता है कि DHCP Discover प्रोसेस अन्त हो चुका है। DHCP ACK एक रसीद (acknowledgement) के रूप में होता है।
5. **DHCP एनएके** (DHCP NAK) यह संदेश DHCP ACK विवरण के बिल्कुल विपरीत होता है। जब यह मैसेज प्राप्त होता है, इसका अर्थ है कि क्लाइण्ट DHCP REQUEST सन्देश से संतुष्ट नहीं है।
6. **DHCP का पतन** (DHCP DECLINE) यह मैसेज DHCP सर्वर द्वारा DHCP क्लाइण्ट को तब भेजा जाता है, जब क्लाइण्ट द्वारा प्रयोग किया जाने वाला IP एड्रेस किसी ओर के द्वारा पहले से प्रयोग किया जा रहा हो।

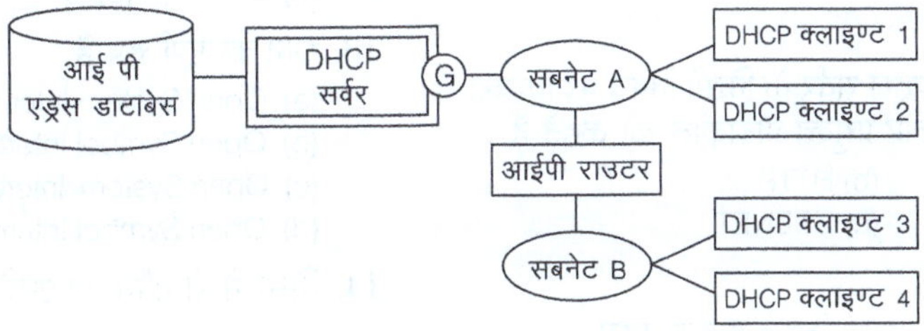

चित्र DHCP ऑर्किटेक्चर

7. **DHCP इन्फॉर्म** (DHCP INFORM) यह संदेश DHCP क्लाइण्ट द्वारा तब भेजा जाता है, जब क्लाइण्ट IP एड्रेस को स्टैटिक रूप से डायनमिक रूप में सर्वर से चाहता है।
8. **DHCP निवारण** (DHCP RELEASE) यह संदेश DHCP क्लाइण्ट द्वारा DHCP सर्वर को भेजा जाता है, जब वह नेटवर्क एड्रेस को समाप्त करना चाहता है।

19.13 ट्रांसलेटर गेटवे Translator Gateways

एक प्रोटोकॉल ट्रांसलेटर/मैपिंग गेटवे (tranlator/mapping gateway) आवश्यक प्रोटोकॉल परिवर्तनों (protocal conversoins) द्वारा विभिन्न नेटवर्क प्रोटोकॉल तकनीक आधारित नेटवर्क्स को आपस में संयोजित (interconnect) करता है। गेटवे को प्रोटोकॉल कर्न्वटर के नाम से भी जाना जाता है। जो किसी भी नेटवर्क लेयर को प्रचालित करने में सक्षम होते हैं। गेटवे का कार्य राउटर अथवा स्विच की अपेक्षा अधिक जटिल होता है। क्योंकि यह एक से अधिक प्रोटोकॉल का प्रयोग करके कम्युनिकेट करता है। अधिकतम राउटर की गेटवे एक आवश्यक विशेषता है। जिससे यह गेटवे के समान कार्य कर सकते है। गेटवे के मुख्य प्रकार इण्टरने-टू-आरबिट गेटवे (internet-to-orbit gateway) क्लाउड गेटवे (cloud gateway) एवं IOT गेटवे (IOT gateway) हैं। इन्हें उपयोगकर्ता की आवश्यकता के अनुसार उपयोग में लाया जाता है।

अभ्यास प्रश्न

परीक्षा प्रारूपी प्रश्न

बहुविकल्पीय

1. इस प्रोटोकॉल के अन्तर्गत कम्प्यूटर को इण्टरनेट से सीधे जोड़ा जाता है व इसमें एक डायल अकाउण्ट व मॉडम की आवश्यकता पड़ती है
(a) Telnet
(b) Usenet-प्रोटोकॉल
(c) प्वॉइण्ट-टू-प्वॉइण्ट प्रोटोकॉल
(d) WAP

2. इण्टरनेट पर बिना किसी सेण्ट्रल सर्वर के किसी विषय पर विचारों के आदान-प्रदान करने के लिए प्रयुक्त प्रोटोकॉल को कहते हैं
(a) VOIP (b) HTTP
(c) FTP (d) USENET

3. प्रत्येक IP पैकेट में होता है
(a) केवल स्रोत एड्रेस (b) केवल गन्तव्य एड्रेस
(c) स्रोत या गन्तव्य एड्रेस (d) स्रोत और गन्तव्य एड्रेस दोनों

4. टेलनेट .... आधारित कम्प्यूटर प्रोटोकॉल है।
(a) ध्वनि (b) टेक्स्ट
(c) इमेज (d) एनीमेशन

5. इस प्रोटोकॉल का प्रयोग हैण्डहैल्ड डिवाइसों पर इण्टरनेट को एक्सेस करने में होता है
(a) TCD/IP (b) VOLP (c) ARP (d) WAP

6. निम्नलिखित में से कौन-सा कम्युनिकेशन प्रोटोकॉल प्रत्येक कम्प्यूटर के लिए मानक सेट करता है, जोकि वेब आधारित सूचनाओं को एक्सेस करती है?
(a) XML (b) DML
(c) HTTP (d) HTML

7. इण्टरनेट पर प्रयुक्त होने वाला मानक प्रोटोकॉल है
(a) TCP/IP (b) java
(c) PHP (d) SMTP

8. यह प्रोटोकॉल IP आधारित नेटवर्क्स पर ध्वनि को वितरित कर संचार हेतु प्रयोग में लाया जाता है
(a) TCP/IP (b) VOIP (c) SMTP (d) ATP

9. FTP का पूर्ण रूप है
(a) फास्ट टेक्स्ट प्रोसेसिंग (b) फाइल ट्रांसमिशन प्रोग्राम
(c) फास्ट ट्रांसमिशन प्रोसेसर (d) फाइल ट्रांसफर प्रोटोकॉल

10. TCP/IP मॉडल में फंक्शनल लेयर होती है
(a) इण्टरफेस लेयर (b) इण्टरनेट लेयर
(c) ट्रांसपोर्ट लेयर (d) ये सभी

11. कनेक्शन ओरियेन्टेड कम्युनिकेशन में ....।
(a) डेटा ट्रांसफर ऑर्डरली होता है
(b) फ्लो और एरर कण्ट्रोल होता है
(c) सेशन टर्मिनेट करता है
(d) उपरोक्त सभी

12. OSI मॉडल में कितनी लेयर्स होती हैं?
(a) 4 (b) 5 (c) 7 (d) 9

13. OSI का पूर्ण रूप है
(a) Open System Interconnection
(b) Open Symbol Interconnection
(c) Open System Interchange
(d) Open Symbol Interchange

14. निम्न में से कौन-सा एप्लीकेशन लेयर का प्रमुख प्रोटोकॉल है?
(a) FTP (b) SMTP
(c) HTTP (d) ये सभी

15. FTP क्लाइण्ट का अवयव नहीं है
(a) यूजर इण्टरफेस
(b) क्लाइण्ट कण्ट्रोल प्रोसेस
(c) क्लाइण्ट कण्ट्रोल इण्टरफेस प्रोसेस
(d) क्लाइण्ट डेटा ट्रांसफर प्रोसेस

16. ग्राफिकल यूजर इण्टरफेस आधारित FTP क्लाइण्ट नहीं है
(a) WS-FTP (b) Cute FTP
(c) FTP. exe (d) WS-FTP Pro

17. निम्न में से कौन-सा IPv4 हेडर का फील्ड है?
(a) वर्जन (b) कुल लेंथ
(c) फ्लैग्स (d) ये सभी

18. प्रत्येक IP एड्रेस कितने बिट का होता है?
(a) 4 (b) 8
(c) 16 (d) 32

19. VTP का मुख्य कार्य है
(a) पूर्ण नेटवर्क में VLAN विन्यास स्थिरता बनाए रखना
(b) VLAN की सटीक ट्रैकिंग एवं निगरानी करना
(c) नेटवर्क में संयोजित VLAN की गतिशील रिपोर्टिंग करना
(d) उपरोक्त सभी

20. SMTP का पूर्ण रूप है
(a) Simple Mail Transfer Protocol
(b) Simple Mode Transfer Protocol
(c) Simple Mail Tranking Protocol
(d) Simple Mode Tranking Protocol

विविध प्रारूपी प्रश्न

सत्य/असत्य

1. TCP/IP एक इण्डस्ट्री-स्टैण्डर्ड प्रोटोकॉल सूट है।
2. TCP/IP मॉडल में केवल चार फंक्शनल लेयर होती हैं।
3. फाइल ट्रांसफर प्रोटोकॉल का प्रयोग नेटवर्क में एक होस्ट से दूसरे होस्ट के मध्य फाइल्स को ट्रांसफर अथवा कॉपी करने के लिए किया जाता है।
4. इण्टरनेट पर प्रत्येक होस्ट (host) तथा राउटर का अलग-अलग IP एड्रेस होता है।
5. LDAP का मुख्य कार्य पासवर्ड एवं यूजरनेम को संग्रहित करने हेतु केन्द्रीय स्थान प्रदान करना है।

रिक्त स्थानों की पूर्ति

1. टेलनेट मुख्यतः ······ का संक्षिप्त रूप है।
2. पब्लिक फोन सिस्टम, ······ कम्युनिकेशन का एक अच्छा उदाहरण है।
3. इण्टरनेट हैडर लेंथ फील्ड ······ बिट का होता है।
4. IPv6 ······ बिट एड्रेस का प्रयोग करता है।
5. यूज़र एजेण्ट को ······ भी कहा जाता है।

अतिलघु उत्तरीय

1. TCP क्या है?
2. फाइल ट्रांसफर प्रोटोकॉल का क्या कार्य है?
3. टेलनेट से आप क्या समझते हैं?
4. TCP/IP मॉडल में कितनी फंक्शनल लेयर होती हैं? उनके नाम बताइए।
5. डायनमिक VLAN से क्या आशय है?

लघु उत्तरीय

1. ट्रांसमिशन कण्ट्रोल प्रोटोकॉल/इण्टरनेट प्रोटोकॉल पर संक्षिप्त टिप्पणी लिखिए।
2. FTP सर्वर से आप क्या समझते हैं? संक्षिप्त में टिप्पणी लिखिए।
3. लाइटवेट डायरेक्टरी एक्सेस प्रोटोकॉल से आपका क्या तात्पर्य है?
4. HTTP क्या है? इसकी विधि को संक्षिप्त में समझाइए।
5. सिम्पल नेटवर्क मैनेजमेन्ट प्रोटोकॉल के मुख्य घटकों को समझाइए।

दीर्घ उत्तरीय

1. ट्रांसमिशन कण्ट्रोल प्रोटोकॉल/इण्टरनेट प्रोटोकॉल का विस्तृत वर्णन कीजिए।
2. निम्न पर टिप्पणी लिखिए।
   (i) TCP (ii) FTP
   (iii) LDAP (iv) SMTP
3. वर्चुअल लोकल एरिया नेटवर्क का विस्तृत में वर्णन कीजिए।
4. HTTP से क्या तात्पर्य है? इसकी विधि का भी वर्णन कीजिए।

उत्तरमाला

बहुविकल्पीय

1. (c)	2. (d)	3. (d)	4. (b)	5. (d)	6. (c)	7. (a)	8. (b)	9. (d)	10. (d)
11. (d)	12. (c)	13. (a)	14. (d)	15. (c)	16. (c)	17. (d)	18. (d)	19. (d)	20. (a)

सत्य/असत्य

1. सत्य 2. सत्य 3. सत्य 4. असत्य 5. सत्य

रिक्त स्थानों की पूर्ति

1. टर्मिनल नेटवर्क 2. कनेक्शन ओरियेन्टेड 3. 4 4. 128 5. मेल-रीडर

❑❑❑

अध्याय 20 WEEK 20

इण्टरनेट की संकल्पना

Concept of Internet

परिचय Introduction

इण्टरनेट ज्ञान का वह अथाह स्रोत है, जिसके द्वारा प्रदत्त सटीक सूचना कम्प्यूटर ऑपरेटर को कोई भी सूचना प्राप्त करने में सक्षम बना देती है। इस ज्ञान अर्जित करने की जिज्ञासा रखने वाले व्यक्तियों के लिए, यह माध्यम अतुलनीय तथा हर प्रकार से सहायता करने वाला स्रोत है। इण्टरनेट वैश्विक रूप से कम्प्यूटरों को जोड़ता है। इसे नेटवर्कों का नेटवर्क भी कहते हैं। प्रस्तुत अध्याय में इससे सम्बन्धित सभी जानकारी/निर्देश एवं सुरक्षा निहित की गई हैं, जिससे प्रशिक्षु इण्टरनेट के उपयोग के साथ-साथ इण्टरनेट सुरक्षा तथा बचावों को भी संज्ञान में ले सकें।

20.1 इण्टरनेट का निर्माण Architecture of Internet

इण्टरनेट को 1950 के दशक में बनाया गया था। इण्टरनेट का वर्तमान विकसित रूप वर्ष 1960 से अब तक लगातार नेटवर्किंग के विकास का परिणाम है। पचास एवं साठ के दशक में कम्प्यूटरों को आपस में जोड़ने के उद्देश्य से अमेरिका के रक्षा विभाग ने DARPA (Defense Advanced Research Projects Agency) प्रोजेक्ट की स्थापना की थी, जिसका मुख्य लक्ष्य तकनीकी श्रेष्ठता को प्राप्त करना था। DARPA को प्रारम्भ में ARPA (Advanced Research Projects Agency) के संक्षिप्त नाम से जाना गया। इसके फलस्वरूप इन्फॉर्मेशन प्रोसेसिंग टेक्नीक्स ऑफिस (Information Processing Techniques Office) का निर्माण किया गया, जिसे और आगे बढ़ाते हुए सेमी-ऑटोमैटिक ग्राउण्ड एनवायरमेन्ट Semi-automatic Ground Enviornment (SAGE) प्रोग्राम का विकास हुआ।

अक्टूबर, 1962 में DARPA ने औपचारिक रूप से कम्प्यूटर नेटवर्किंग की रिसर्च शुरू की। इस नेटवर्क प्रोजेक्ट के अन्तर्गत ARPANET का पहला लिंक 21 नवम्बर, 1969 को कैलीफोर्निया विश्वविद्यालय एवं स्टैण्डर्ड रिसर्च इन्स्टीट्यूट के मध्य स्थापित हुआ था। 5 दिसम्बर, 1969 तक इस नेटवर्क के चार नोड स्थापित हो गए थे। इसमें प्रयोग होने वाला होस्ट सॉफ्टवेयर RFC1 है, जिसे कैलीफोर्निया विश्वविद्यालय के स्टीव क्रोकर (Steve Crocker) के द्वारा अप्रैल, 1969 में लिखा गया था। वर्ष 1972 में इस प्रोजेक्ट का आधिकारिक नाम ALOTTANET से बदलकर ARPANET कर दिया गया था। ARPANET का सम्पूर्ण विकास RFC (Request For Comment Process) के ऊपर केन्द्रित था, जिसका प्रयोग आज भी इण्टरनेट प्रोटोकॉल में हो रहा है। जहाँ तक इण्टरनेट नामक शब्द के प्रयोग की बात है, तो सबसे पहले इसका प्रयोग TCP प्रोटोकॉल के लिए RFC 675 में किया गया था। ARPANET का लिंक NSFNET से होने के बाद इण्टरनेट शब्द का प्रयोग और अधिक होने लगा। इसका प्रयोग उस नेटवर्क के लिए किया जाता था, जो नेटवर्क TCP/IP को प्रयोग करता था। इण्टरनेट प्रोटोकॉल नामक शब्द का प्रयोग ज़ीरोक्स नेटवर्क सिस्टम (Xerox Network System–XNS) के द्वारा नेटवर्क सिस्टमों के सन्दर्भ में किया गया था।

ARPANET का अमेरिका से बाहर पहला नेटवर्क कनेक्शन NORSAR था, जोकि वर्ष 1973 में अमेरिका एवं नॉर्वे के मध्य स्थापित हुआ था। वर्ष 1984 से 1988 तक CERN ने TCP/IP को अपने सभी मुख्य कम्प्यूटरों और वर्कस्टेशनों में इन्स्टॉल कर लिया था। एशिया में इण्टरनेट का चलन वर्ष 1980 के बाद शुरू हुआ था। भारतवर्ष में वर्ष 1995 में VSNL (Videsh Sanchar Nigam Limited) ने इण्टरनेट सेवा प्रारम्भ की थी। तब से लेकर आज तक इण्टरनेट कनेक्शनों में लगातार वृद्धि हो रही है। वर्तमान समय में अनेक इण्टरनेट सर्विस प्रोवाइडर (ISP) हमारे देश में हैं जो ब्रॉडबैण्ड इण्टरनेट कनेक्शन उपलब्ध कराते हैं।

लाभ Advantages

इण्टरनेट के उपयोग से अनेक लाभ होते हैं। इनमें से कुछ विशेष लाभों को नीचे संक्षेप में बताया गया है

(i) इण्टरनेट के माध्यम से हम कोई भी सूचना, चित्र, वीडियो आदि दुनिया के किसी भी कोने से किसी भी कोने तक क्षणमात्र में पहुँचा सकते हैं।

(ii) इण्टरनेट के माध्यम से ई-मेल भेज और प्राप्त कर सकते हैं। यह सन्देश भेजने और प्राप्त करने का सबसे सरल और सस्ता माध्यम है।

(iii) इण्टरनेट के माध्यम से हम दुनिया के किसी भी भाग में बैठे हुए अपने मित्र या सम्बन्धी से बातचीत कर सकते हैं, इसे इण्टरनेट चैटिंग (Internet Chatting) कहा जाता है।

(iv) इण्टरनेट से हम किसी भी विषय पर अपनी आवश्यकतानुसार सूचनाएँ घर बैठे प्राप्त कर सकते हैं। वर्ल्ड वाइड वेब में सूचनाओं को शीर्षकों और उपशीर्षकों में बाँटा गया है। हम अपनी आवश्यकता की सूचना, उससे सम्बन्धित कुछ शब्द लिखकर मिनटों में प्राप्त कर सकते हैं।

(v) इण्टरनेट के माध्यम से हम अपने विचारों और वस्तुओं को संसार भर में प्रचारित कर सकते हैं। यह विज्ञापन करने का सबसे सरल और प्रभावी माध्यम है।

(vi) इण्टरनेट के माध्यम से हम व्यापार भी कर सकते हैं और अपनी वस्तुओं तथा सेवाओं का क्रय-विक्रय भी कर सकते हैं।

(vii) इण्टरनेट के माध्यम से हम विभिन्न प्रतियोगिताओं में भाग ले सकते हैं और नौकरी या रोजगार के लिए अपना बायोडेटा भी इण्टरनेट पर डाल सकते हैं।

(viii) इण्टरनेट के माध्यम से खेल भी खेले जा सकते हैं तथा अनेक प्रकार के मनोरंजन के साधनों का आनन्द प्राप्त किया जा सकता है।

इण्टरनेट के लाभों की यह सूची पूर्ण नहीं है, वास्तव में इण्टरनेट के लाभों को पूरी प्रकार बता पाना असम्भव है। जैसे-जैसे इसका विस्तार होता जा रहा है, वैसे-वैसे इण्टरनेट की उपयोगिता भी बढ़ती जा रही है।

हानियाँ Disadvantages

इण्टरनेट की हानियाँ निम्नलिखित हैं

(i) कम्प्यूटर में वायरस के लिए यह सर्वाधिक उत्तरदायी है।

(ii) इण्टरनेट पर भेजे गए सन्देशों को सरलता से चुराया जा सकता है।

(iii) बहुत-सी सूचना जाँची नहीं जाती, वह गलत या असंगत भी हो सकती है।

(iv) अनैच्छिक तथा अनुचित डॉक्यूमेण्ट/तत्त्व कभी-कभी गलत व्यक्तियों (आतंकवादी) द्वारा प्रयोग कर लिए जाते हैं।

(v) साइबर धोखेबाज क्रेडिट/डेबिट कार्ड की समस्त सूचना को चुराकर उसे गलत तरीके से प्रयोग कर सकते हैं।

20.2 इण्टरनेट के घटक Component of Internet

इण्टरनेट को एक नेटवर्क मानकर इसके विभिन्न भागों (घटक) को सरलता से निम्न प्रकार परिभाषित किया जा सकता है

क्लाइण्ट कम्प्यूटर Client Computer

वे कम्प्यूटर जोकि टेलीफोन लाइन या केबल कनेक्शन के द्वारा इण्टरनेट से जुड़ते हैं, वे कम्प्यूटर क्लाइण्ट कम्प्यूटर कहलाते हैं।

सर्वर कम्प्यूटर Server Computer

वे कम्प्यूटर जिनसे क्लाइण्ट जुड़ते हैं, सर्वर कम्प्यूटर कहलाते हैं। सर्वर कम्प्यूटर एक ही समय में अनेकों क्लाइण्ट कम्प्यूटरों द्वारा माँगी गई सूचनाओं और वेबसाइटों को एक साथ प्रदान कराने में सक्षम होते हैं।

नोड Node

इण्टरनेट पर किसी भी क्लाइण्ट, सर्वर या नेटवर्क को नोड कहते हैं।

यूनिफॉर्म रिसोर्स लोकेटर Uniform Resource Locator, URL

इण्टरनेट पर किसी सर्वर या सेवा के नाम को व्यक्त करने वाला पता URL कहलाता है। यह एक निश्चित मापक है, जोकि किसी सूचना को इण्टरनेट पर व्यक्त करता है। URL के चार भाग होते हैं

प्रोटोकॉल Protocol

किसी कम्प्यूटर नेटवर्क के किन्हीं दो नोड के मध्य डेटा संचरण करने की प्रक्रिया के सम्पन्न होने के नियम एवं विधियों के समूह को प्रोटोकॉल कहते हैं, जैसे– HTTP (Hyper Text Transfer Protocol)

सर्वर नेम Server Name

यह वेब ब्राउज़र द्वारा एक्सेस किया जाने वाला सर्वर नेम बताता है। इस भाग में बताए गए सर्वर में ही वांछित वेब पेज स्टोर होते हैं।

फाइल नेम File Name

यह URL का तीसरा भाग है। इसमें दूसरे भाग में बताए गए सर्वर नेम में स्टोर फाइल का नाम बताया जाता है, जिसे एक्सेस कर क्लाइण्ट मशीन तक लाना होता है।

फाइल पाथ File Path

इस भाग में फाइल के नाम से पहले उन डायरेक्टरी का नाम दिया होता है, जिनके अन्दर फाइल स्टोर होती है।

उदाहरण—"http://www.computer.com/devices/input/keyboard.html" में दिए URL से "Keyboard. html" फाइल को एक्सेस किया जा सकता है, जो www.computer.com एड्रेस के सर्वर पर डिवाइस डायरेक्टरी के सब-डायरेक्टरी इनपुट में स्टोर है।

हाइपरटेक्स्ट Hypertext

यह एक सूचना प्रस्तुतीकरण की ऐसी प्रणाली है, जिसमें इमेज, टेक्स्ट, ध्वनि एवं क्रियाओं के परस्पर लिंक जुड़े हुए रहते हैं, जिससे लेख को लगातार पढ़े बिना इच्छित टॉपिक का विवरण माउस क्लिक से प्राप्त किया जा सके। हाइपरटेक्स्ट एक नॉन-लीनियर (non-linear) पठन सामग्री है, जिसे पुस्तक के समान पढ़ने के अतिरिक्त इच्छानुसार मध्य में से भी अन्य सूचना प्राप्त की जा सकती है।

हाइपरलिंक Hyperlink

लेखक या वेब डिज़ाइनर, वेब पेज में प्रस्तुत लेख में उपस्थित अतिरिक्त सूचना युक्त शब्दों को स्क्रीन पर उभरा हुआ या रंगीन प्रदर्शित करता है, जिससे पाठक द्वारा क्लिक किए जाने पर लिंक हुई सामग्री स्क्रीन पर प्रस्तुत हो जाए। वेब पेज के ऐसे अवयव या एलिमेन्ट हाइपरलिंक कहलाते हैं। हाइपरलिंक तीन प्रकार के होते हैं— टेक्स्ट हाइपरलिंक (text hyperlink), इमेज हाइपरलिंक (image hyperlink) और इमेज मैप (image map)।

20.3 इण्टरनेट एक्सेस तकनीकें Internet Access Techniques

इण्टरनेट को एक्सेस करने में निम्नलिखित तकनीकों का प्रयोग किया जाता है

इण्टरनेट सेवा प्रदाता Internet Service Provider, ISP

इण्टरनेट के उपयोगों को सभी इच्छुक व्यक्तियों तक पहुँचाने के लिए अनेक कम्पनियाँ अपने सर्वरों की सेवाएँ प्रदान करती हैं। उनके सर्वर इण्टरनेट से सीधे जुड़े होते हैं। वे अपने सर्वर के माध्यम से अन्य उपयोगकर्ताओं को इण्टरनेट का उपयोग करने की सुविधा देती हैं। ऐसी कम्पनियों को इण्टरनेट सेवा प्रदाता (internet service provider) कहा जाता है। यदि हम अपने कम्प्यूटर को इण्टरनेट से जोड़ना चाहते हैं, तो हमें किसी इण्टरनेट सेवा प्रदाता कम्पनी से कनेक्शन लेना पड़ता है।

वर्ल्ड वाइड वेब World Wide Web, WWW

यह एक ऐसा डेटाबेस है जो विश्व भर में फैला हुआ है। इण्टरनेट का कोई भी उपभोक्ता इस डेटाबेस के माध्यम से सूचनाएँ प्राप्त कर सकता है। इसमें सूचनाओं को विभिन्न शीर्षकों और उपशीर्षकों में बाँटकर रखा गया है। उपभोक्ता शीर्षकों के अनुसार अपनी आवश्यकता की जानकारी प्राप्त कर सकता है। शुरू में इस पर केवल लिखित पाठ्य सामग्री (text) ही प्रसारित और उपलब्ध होती थी, परन्तु अब इसमें चित्र, ध्वनि, फिल्म आदि कोई भी ऐसी सामग्री मिल सकती है, जिसे आप कम्प्यूटर पर तैयार कर सकें। वर्ल्ड वाइड वेब में किसी सूचना को ढूँढना बहुत समय और श्रमसाध्य कार्य है। इसमें इण्टरनेट एक्सप्लोरर (internet explorer), नेवीगेटर (navigator) या ब्राउज़र (browser) प्रोग्रामों की सहायता ली जाती है। यहाँ यह बताना आवश्यक है कि यद्यपि वर्ल्ड वाइड वेब इण्टरनेट का सबसे बड़ा भाग है, परन्तु यही इण्टरनेट नहीं है। इसकी व्यापकता के कारण गलती से इसी को सम्पूर्ण इण्टरनेट समझ लिया जाता है।

भारत में आई एस पी ISP in India

भारत में कार्यरत् कुछ प्रमुख इण्टरनेट सेवा प्रदाता कम्पनियाँ भारत संचार निगम लिमिटेड, महानगर टेलीफोन निगम लिमिटेड, यन्त्र ऑनलाइन, सत्यम् ऑनलाइन, नेट फॉर यू, डिशनेट, डीएसएल, ग्लाइड, नेटक्रैकर, रिलायन्स, सिफी, भारती आदि हैं।

वेब सर्वर Web Server

वेब सर्वर ढाँचे पर आधारित नेटवर्क है। इस संरचना में कोई सर्वर बहुत शक्तिशाली कम्प्यूटर होता है, जिसमें बहुत प्रकार की सूचनाएँ भरी रहती हैं और जो अनेक प्रकार की सेवाएँ; जैसे— फाइलों को छापना, डेटा साझा करना, अन्य कम्प्यूटरों को सूचना भेजना आदि दे सकता है। क्लाइण्ट, सामान्यतया छोटे कम्प्यूटर या वर्कस्टेशन जैसा कि उन्हें किसी नेटवर्क में पुकारा जाता है, होते हैं। क्लाइण्ट सर्वर से कई प्रकार की सेवाओं के लिए अनुरोध करते हैं। नेटवर्क संरचना विभिन्न क्लाइण्ट कम्प्यूटरों को आपस में और सर्वर से जोड़ती है। कोई वेब सर्वर ऐसा सर्वर होता है, जो वेब ब्राउज़रों द्वारा किए गए अनुरोधों का उत्तर देता है।

वेब ब्राउज़र Web Browser

किसी इण्टरनेट क्लाइण्ट को वेब ब्राउज़र या केवल ब्राउज़र कहा जाता है। वेब ब्राउज़र एक ऐसा प्रोग्राम होता है, जो इण्टरनेट पर सूचनाएँ खँगालता है और वेब पेजों को प्रदर्शित करता है। वेब ब्राउज़र की तरह उपयोग किए जाने वाले कई सॉफ्टवेयर प्रचलित हैं। इन्हें प्राय: ब्राउज़र प्रोग्राम कहा जाता है। ऐसे दो सबसे अधिक लोकप्रिय प्रोग्राम माइक्रोसॉफ्ट इण्टरनेट एक्सप्लोरर तथा नेटस्केप नेवीगेटर हैं।

वेबसाइट Website

यह एक ऐसी सुविधा है, जिसमें कोई भी व्यक्ति, संगठन, कम्पनी आदि अपने बारे में किसी भी प्रकार की सूचनाएँ भरकर इण्टरनेट पर प्रसारित कर सकते हैं। कम्पनियाँ इसमें अपने विज्ञापन दे सकती हैं तथा बेरोजगार व्यक्ति अपना बायोडाटा भरकर नौकरियाँ ढूँढ सकता है। इसमें विज्ञापन करना बहुत सस्ता पड़ता है।

वेब पेज Web Page

किसी वेबसाइट में सूचनाओं को कई भागों में बाँटकर दिखाया जाता है। प्रत्येक भाग को वेब पेज कहा जाता है। एक वेबसाइट में एक या अधिक वेब पेज हो सकते हैं। एक वेब पेज किसी वेब डिजाइन करने वाली भाषा; जैसे HTML या Java; में तैयार किया गया दस्तावेज होता है। वेबसाइट के पहले या प्रमुख वेब पेज को उसका होम पेज कहा जाता है। जब किसी वेबसाइट को खोला जाता है, तो उसका होम पेज ही प्रदर्शित किया जाता है।

20.4 इण्टरनेट कनेक्शन सेटअप Internet Connection Setup

इण्टरनेट पर कार्य करने के लिए आपको एक इण्टरनेट कनेक्शन की आवश्यकता होती है। इण्टरनेट कनेक्शन किसी भी इण्टरनेट सर्विस प्रोवाइडर से लिया जा सकता है। इण्टरनेट ब्राउज़िंग प्रारम्भ करते समय आपको कुछ सेटिंग्स अपने कम्प्यूटर पर कॉन्फिगर करनी होगीं, जिसमें यूजरनेम और पासवर्ड होते हैं। यूजरनेम और पासवर्ड आपको इण्टरनेट सर्विस प्रोवाइडर द्वारा प्रदान किए जाते हैं।

इण्टरनेट कनेक्शन विभिन्न प्रकार के हो सकते हैं। अब हम सर्वप्रथम इण्टरनेट कनेक्शन के विभिन्न प्रकारों, उनकी विधियों और उनमें प्रयुक्त होने वाले आवश्यक हार्डवेयरों और सॉफ्टवेयरों के विषय में जानेंगे, जिनकी आवश्यकता इण्टरनेट कनेक्शन की सेटिंग के समय पड़ती है। विभिन्न प्रकार के इण्टरनेट कनेक्शन निम्नानुसार हैं

- **ब्रॉडबैण्ड कनेक्शन** (Broadband Connection) यह कनेक्शन सीधे आपके कम्प्यूटर को ब्रॉडबैण्ड मॉडेम से कनेक्ट करता है।
- **डेटा सब्सक्राइबर लाइन** (Data Subscriber Line, DSL) यह स्टैण्डर्ड टेलीफोन वायर का प्रयोग कम्प्यूटर को मोडम से जोड़ने के लिए करता है। डीएसएल और केबल मॉडेम ब्रॉडबैण्ड कनेक्शन को श्रेणीबद्ध करते हैं।
- **केबल मोडम** (Cable Modem) केबल मॉडेम डीएसएल से कनेक्शन स्थापित करने के लिए टेलीफोन वायर के स्थान पर कोएक्सल केबल का प्रयोग करते हैं।
- **डॉयल-अप कनेक्शन** (Dial-up Connection) डॉयल-अप कनेक्शन सामान्यतया टेलीफोन वायर का प्रयोग करता है। डॉयल-अप कनेक्शन वॉयस कॉल और डेटा ट्रांसमिशन दोनों को सपोर्ट करता है लेकिन ये दोनों काम एक-साथ होने सम्भव नहीं हैं।

20.5 डीएनएस सर्वर DNS Server

डोमेन नेम सिस्टम (DNS) एक प्रकार के बड़े कम्प्यूटर होते हैं, जिनका कार्य इण्टरनेट के आईपी एड्रेस और नामों की सूचना रखना है। जैसे ही कोई नाम कम्प्यूटर से जुड़ने के लिए कहता है, तो सबसे पहले डोमेन नेम सिस्टम उस विशेष नाम का एड्रेस ढूँढता है और फिर उस आईपी एड्रेस का कम्प्यूटर के इण्टरनेट से सम्पर्क बनाया जाता है।

डोमेन की श्रेणियाँ Categories of Domain

डोमेन नेम को मुख्य रूप से दो वर्गों में विभाजित किया जा सकता है

1. **जेनेरिक टॉप-लेवल डोमेन** Generic Top-level Domain
   - जेनेरिक टॉप लेवल डोमेन को GTLD के नाम से भी जाना जाता है।
   - इसका प्रयोग किसी विशेष वर्ग या संस्था द्वारा किया जाता है।
   - ये तीन या तीन से अधिक अक्षरों तक लम्बे हो सकते हैं।
   - इनके नाम संस्था के नामों के अनुसार भी हो सकते हैं।

तालिका कुछ प्रचलित डोमेन नेम तथा उनके प्रयोग क्षेत्र

डोमेन नेम	प्रयोग क्षेत्र
.aero	एयरपोर्ट क्षेत्रों के लिए
.biz	व्यावसायिक संस्थाओं के लिए
.com	व्यावसायिक संस्थाओं के लिए
.coop	सहकारी संस्थाओं के लिए
.edu	शैक्षणिक संस्थाओं के लिए
.gov	सरकारी संस्थाओं के लिए
.info	सूचना प्रदान करने वाली संस्थाओं के लिए
.jobs	रोजगार से सम्बन्धित संस्थाओं के लिए
.org	सरकारी या गैर-सरकारी संस्थाओं के लिए
.in	अन्तर्राष्ट्रीय संस्थाओं के लिए
.net	नेटवर्क इन्फ्रॉस्ट्रक्चर वाली संस्थाओं के लिए

2. **कण्ट्री कोड टॉप-लेवल डोमेन** Country Code Top-Level Domain

- कण्ट्री कोड टॉप-लेवल डोमेन को CCTLD के नाम से भी जाना जाता है।
- इसके अन्तर्गत देशों के नाम के अनुसार डोमेन नेम बनाए जाते हैं।

तालिका प्रचलित डोमेन नेम व उनके यूज़र

डोमेन नेम	प्रयोग करने वाले देश	डोमेन नेम	प्रयोग करने वाले देश
.ac	Ascension Island	.fr	France
.ae	United Arab Emirates	.ge	Georgia
.af	Afghanistan	.gh	Ghana
.at	Austria	.gy	Guyana
.au	Australia	.hk	Hong Kong
.br	Brazil	.hr	Croatia
.ca	Canada	.ht	Haiti
.dk	Denmark	.id	Indonesia
.dm	Dominica	.ie	Ireland
.dz	Algeria	.il	Israel
.eg	Egypt	.zm	Zambia
.es	Spain	.zw	Zimbabwe
.fi	Finland		

20.6 **सोशल नेटवर्किंग** Social Networking

सोशल नेटवर्किंग इण्टरनेट द्वारा प्रदत्त आम-आदमी के लिए अपनी रुचि के लोगों से सम्बन्ध विकसित करने का एक माध्यम है। सामान्य जन-जीवन में भी विविध उद्देश्यों की पूर्ति हेतु स्वरुचि से सम्बन्धों को प्रगाढ़ बनाना भी यद्यपि 'सोशल नेटवर्किंग' की श्रेणी में आता है, परन्तु 'सोशल नेटवर्किंग' शीर्षक इण्टरनेट प्रदत्त है। इण्टरनेट की सोशल नेटवर्किंग सुविधा ने विश्व भर में संवाद के द्वार खोल दिए हैं। आप अपनी रुचि के व्यक्ति से विश्व भर में कहीं भी संवाद स्थापित कर सकते हैं, परन्तु इसके लिए इण्टरनेट का प्रयोग किया जाना आवश्यक है। इसके लिए उद्देश्यों ने इतना व्यापक विस्तार किया है कि आप अपने उद्देश्यों के अनुसार असंख्य लोगों से सम्पर्क कर पाने में सक्षम हो जाते हैं और उनसे विविध आधारों पर विचार-विनिमय कर उत्कृष्ट करने में सफल हो सकते हैं। इस साइट का प्रयोग प्रकृति, गृह-कार्य, गृह-सज्जा, व्यावसायिक सम्बन्ध, सन्धियाँ, रोजगार या व्यवसाय कुछ भी हो सकता है।

कुछ प्रमुख सोशल नेटवर्किंग वेबसाइटें निम्नलिखित हैं

लिंक्डइन Linkedin

यह पेशेवर व्यवसाय के लोगों के लिए एक सामाजिक नेटवर्किंग वेबसाइट है।

मायस्पेस Myspace

यह एक विशिष्ट प्रकार की सामाजिक नेटवर्किंग सेवा है, जो मीडिया LLC, पॉप संगीतकार और नाटककार जस्टिन टिम्बर लेक के अधीन है।

ट्विटर Twitter

इसकी स्थापना 21 मार्च, 2006 को की गई थी। इस सोशल नेटवर्किंग साइट का उपयोगकर्ता केवल 140 शब्दों में अपने संदेश को सम्प्रेषित कर सकते हैं, जिसे ट्वीटर (twitter) कहते हैं। वर्तमान में इस सोशल नेटवर्किंग साइट् के उपयोगकर्ताओं की संख्या पूरे विश्व में लगभग 500 मिलियन है।

टम्बलर Tumbler

डेविस कार्प ने वर्ष 2007 में टम्बलर की स्थापना की थी। यह ब्लॉगिंग साइट सोशल नेटवर्किंग की सुविधा भी देती है। इसके 10 करोड़ से अधिक ब्लॉग हैं। पाई (इण्टरनेट सर्च इंजन) ने मई, 2013 में ब्लॉगिंग एप 'टम्बलर' को खरीदने की घोषणा की। इस डील से याहू के यूज़र्स 50% बढ़ जाएँगे। डील होने के बाद भी टम्बलर अलग व्यवसाय के रूप में ऑपरेट होती रहेगी।

फेसबुक Facebook

यह दुनिया की सबसे बड़ी सोशल नेटवर्किंग साइट है, जोकि फरवरी, 2004 में लॉन्च की गई। वर्तमान में इसके एक अरब से अधिक सक्रिय यूज़र हैं। फेसबुक (facebook) की स्थापना मार्क जुकेरवर्ग एवं उनके मित्रों ने की थी। इसमें यूज़र अपना प्रोफाइल बनाकर मित्रों को जोड़ सकता है। सन्देशों का आदान-प्रदान कर सकता है तथा समान रुचि के ग्रुप बना सकता है। इसका एक महत्त्वपूर्ण फीचर यह है कि इसमें ऑटोमैटिक नोटीफिकेशन आते रहते हैं, जो इस साइट के उपयोग को रोचक बनाते हैं।

20.7 वीडियो कॉलिंग Video Calling

वीडियो कॉलिंग को वीडियो कॉनफ्रेन्सिंग भी कहते हैं यह दूरस्थ लोगों के मध्य वीडियो एवं ध्वनि के दोनों तरफ किए जाने वाले ट्रांसमिशन की सुविधा प्रदान करती है। यह तकनीक भौगोलिक रूप से एक-दूसरे से काफी दूरी पर बैठे हुए दो-या-दो से अधिक लोगों के मध्य वर्चुअल मीटिंग को सम्भव बनाती है। यह कहा जाता है कि ट्रांसपोर्टेशन एवं कम्युनिकेशन के मध्य प्रतिस्पर्धा है और जो जीतेगा, वह दूसरे को लुप्त कर देगा। वर्चुअल मीटिंग अर्थात् वीडियो कॉनफ्रेन्सिंग का प्रयोग डिस्टेन्स एजुकेशन या दूरस्थ शिक्षा अर्थात् रिमोट स्कूलिंग, ऑर्गेनाइजेशनल अर्थात् संस्थागत एवं क्रॉस-ऑर्गेनाइजेशनल अर्थात् अन्तर-संस्था मीटिंग, दूरस्थ विशेषज्ञों से मेडिकल विचारों/सुझावों को प्राप्त करने एवं अन्य एप्लीकेशन्स के लिए किया जा सकता है। वर्चुअल मीटिंग अर्थात् वीडियो कॉनफ्रेन्सिंग आयोजित करने के लिए निम्नलिखित की आवश्यकता होती है

1. मल्टीमीडिया युक्त एक कम्प्यूटर।
2. एक कैमरा जो वीडियो को कैप्चर करने में सक्षम हो और उसे लोकल एण्ड प्वॉइण्ट से भेजने में सक्षम हो।
3. एक माइक्रोफोन जो ऑडियो अर्थात् साउण्ड को कैप्चर कर उसे व लोकल एण्ड प्वॉइण्ट तक भेज सके।
4. स्पीकर्स जो रिमोट एण्ड-प्वॉइण्ट्स से रिसीव की गई साउण्ड अर्थात् ऑडियो को प्ले कर सकें।
5. एक हाइस्पीड इण्टरनेट कनेक्शन।
6. एक वीडियो कॉनफ्रेन्सिंग सॉफ्टवेयर तथा माइक्रोसॉफ्ट नेटमीटिंग।

वीडियो कॉनफ्रेन्सिंग के तरीके Modes of Video Conferencing

वीडियो कॉनफ्रेन्सिंग दो तरीकों से आयोजित की जा सकती है-

- **प्वॉइण्ट-टू-प्वॉइण्ट** (Point-to-point) यह दो एण्ड-प्वॉइण्ट्स के मध्य सम्पन्न होती है।
- **मल्टी-प्वॉइण्ट्स** (Multi-points) यह दो-या-दो से अधिक एण्ड-प्वॉइण्ट्स के मध्य सम्पन्न होती है।

20.8 वायरस Virus

वायरस वो प्रोग्राम है जो कम्प्यूटर पर नकारात्मक प्रभाव डालते हैं। ये पर्सनल कम्प्यूटर (PC) पर नियन्त्रण (control) हासिल करके उनसे असामान्य व विनाशकारी कार्यों को करवाते हैं। वायरस स्वत: ही अपने आप को सिस्टम में कॉपी कर लेते हैं व आगे संक्रमण हेतु अन्य प्रोग्रामों के साथ स्वत: ही जुड़ जाते हैं। वायरस कम्प्यूटर सॉफ्टवेयर के किसी भी हिस्से; जैसे— बूट ब्लॉक, ऑपरेटिंग सिस्टम, सिस्टम एरिया, फाइल्स तथा अन्य एप्लीकेशन प्रोग्राम इत्यादि को क्षति पहुँचा सकते हैं।

प्रकार Types

कुछ सामान्य वायरसों के प्रकार निम्नलिखित हैं

डायरेक्ट एक्शन वायरस Direct Action Virus

यह वायरस फाइल में होता है और जब उस फाइल का उपयोग किया जाता है, तब यह वायरस स्वयं को क्रियान्वित कर देता है। यह वायरस केवल उन्हीं फाइलों को संक्रमित करता है, जिनके फोल्डर Autoexec. bat फाइल पथ पर वर्णित होते हैं।

उदाहरण—Vienna Virus।

ओवरराइट वायरस Overwrite Virus

यह संक्रमित फाइलों में रखे हुए डेटा व सूचना को डिलीट कर देता है।

उदाहरण—Way, Trivial. 88-D इत्यादि।

बूट सेक्टर वायरस Boot Sector Virus

इसे मास्टर बूट सेक्टर वायरस या मास्टर बूट रिकॉर्ड वायरस भी कहा जाता है। यह सामान्यत: कम्प्यूटर के बूट्स-अप होने पर फैलता है, क्योंकि यह वायरस हॉर्ड डिस्क या फ्लॉपी डिस्क के मास्टर बूट रिकॉर्ड के बूट सेक्टर में होता है।

उदाहरण—AnticiExe, Parity Boot इत्यादि।

मैक्रो वायरस Macro Virus

यह केवल उन्हीं एप्लीकेशनों तथा प्रोग्रामों को संक्रमित करता है, जिनमें .doc, .xls, .pps इत्यादि मैक्रोज़ होते हैं।

उदाहरण—Melissa.A, DMV इत्यादि।

फाइल सिस्टम वायरस File System Virus

यह किसी भी फाइल के डायरेक्टरी पाथ को बदलकर मैमोरी प्रबन्धन में गड़बड़ कर देता है, इसे क्लस्टर वायरस (cluster virus) या डायरेक्टरी वायरस (directory virus) भी कहते हैं।

उदाहरण—Dir-2 Virus इत्यादि।

पॉलीमॉर्फिक वायरस Polymorphic Virus

यह जब भी किसी सिस्टम को संक्रमित करता है, तो अपने आपको प्रत्येक बार एनकोड या एनक्रिप्ट करता है। इस प्रकार वायरस की ज्यादा-से-ज्यादा कॉपी तैयार हो जाती हैं।

उदाहरण—ElKern, Tuareg इत्यादि।

फैट वायरस FAT Virus

यह फाइलों की लोकेशन व अप्रयोगिक मैमोरी स्थान के बारे में सभी प्रकार की जानकारियों को संग्रहीत करने के लिए प्रयोग होता है।

उदाहरण—लिंक वायरस (link virus) इत्यादि।

वेब स्क्रिप्टिंग वायरस Web Scripting Virus

कई वेबसाइटों में रोचक सूची को डालने के लिए कठिन कोड का प्रयोग होता है, यह इन्हीं कोड्स को संक्रमित करता है।

उदाहरण—JS. Fortnight इत्यादि।

मल्टीपार्टाइट वायरस Multipartite Virus

यह वायरस कई तरीकों से फैलता है। इसका एक उदाहरण ऑपरेटिंग सिस्टम इन्स्टॉल्ड करने पर वायरस का फैलना है।

उदाहरण—Flip, Invader इत्यादि।

रेज़िडेंट वायरस Resident Virus

यह अपने आप को सिस्टम की मैमोरी में स्थिर कर लेता है तथा ऑपरेटिंग सिस्टम के चलने पर सक्रिय हो जाता है और खोले जाने वाली सभी फाइलों को प्रभावित करता है। यह रैम (RAM) में छुपा होता है तथा द्वेषपूर्ण कोड (malicious code) के निष्पादन के बाद भी वहीं रहता है।

उदाहरण—Randex, Meve इत्यादि।

वॉर्म्स Worms

कम्प्यूटर वॉर्म एक अकेला ऐसा मालवेयर प्रोग्राम है, जोकि दूसरे कम्प्यूटरों में अपने आप को फैलाने के लिए कॉपी करता है। वॉर्म्स को ढूँढ पाना अत्यन्त कठिन है, क्योंकि ये अदृश्य फाइलों के रूप में होते हैं। ये कम्प्यूटर नेटवर्क में बैण्ड्विथ को नष्ट करके भी क्षति पहुँचाते हैं।

उदाहरण—Bagle, I love you, Morris, Nimda इत्यादि।

ट्रोजन Trojan

ट्रोजन या ट्रोजन हॉर्स (Trojan Horse) एक प्रकार का नॉन-शेल्फ रेपलिकेटिंग मालवेयर है, जोकि किसी भी इच्छित कार्य को पूरा करते हुए प्रतीत होता है, परन्तु यह उपयोगकर्ता के कम्प्यूटर सिस्टम पर अनाधिकृत उपयोग (unauthorised access) की सुविधा प्रदान करता है। यह कम्प्यूटर वायरस की भाँति अपने आप को दूसरी फाइलों में सम्मिलित करने का प्रयास नहीं करते। ये सॉफ्टवेयर इण्टरनेट चालित एप्लीकेशनों द्वारा टार्गेट कम्प्यूटरों तक पहुँच सकते हैं।

उदाहरण—Beast, Sub 7. Zeus, Zero Access Rootkit इत्यादि।

स्पाईवेयर Spyware

यह प्रोग्राम किसी भी कम्प्यूटर सिस्टम पर इन्स्टॉल्ड होता है, जोकि सिस्टम के मालिक की सभी गतिविधियों की निगरानी तथा गलत तरीके से आगे प्रयोग होने वाली सभी सूचनाओं को एकत्रित करता है। इनका प्रयोग हम कानूनी या गैरकानूनी उद्देश्यों के लिए कर सकते हैं। स्पाईवेयर व्यक्तिगत सूचनाओं को दूसरे व्यक्ति के कम्प्यूटर पर इण्टरनेट के माध्यम से संचरित कर सकते हैं।

उदाहरण—Cool Web Search, Zango, Keyloggers, Zlob Trojan इत्यादि।

तालिका कुछ प्रमुख कम्प्यूटर वायरस

वर्ष	नाम	वर्ष	नाम
1971	क्रीपर	2003	ब्लास्टर
1982	ई एल के क्लोनर	2004	सेंसर
1988	द मॉरीस इण्टरनेट वॉर्म	2010	स्टक्सनेट
1999	मेल्लिसा	2011	ट्रोजन
2000	आई लव यू	2012	रूटकिट
2001	कोड रेड	2014	जेनेरिक पीयूपी
2003	एसक्यूएल स्लैमर	2014	नेट वॉर्म

वायरस के प्रभाव Effects of Virus

कम्प्यूटर पर वायरस विभिन्न प्रकार के प्रभाव डाल सकते हैं

1. उपयोगकर्ता के कार्य की निगरानी करना
2. कम्प्यूटरों की दक्षता को कम करना
3. लोकल डिस्क पर उपस्थित सभी डेटा को नष्ट करना
4. कम्प्यूटर नेटवर्क्स व इण्टरनेट कनेक्शन को प्रभावित करना
5. मैमोरी के आकार को बढ़ाना या घटाना
6. विभिन्न प्रकार के त्रुटि सन्देशों को डिस्प्ले करना
7. पीसी सेटिंग्स को बदलना
8. अनचाहे एडवरटाइज़ों के ऐरे को डिस्प्ले करना
9. बूट टाइम को बढ़ाना इत्यादि।

वायरस से बचाव Protection from Virus

वायरस से बचाव के लिए एण्टीवायरस का प्रयोग किया जाता है, जिनका विवरण निम्न प्रकार हैं

नॉर्टन एण्टीवायरस Norton Antivirus

सिमेण्टेक कॉर्पोरेशन (symantec corporation) द्वारा विकसित तथा वितरित नॉर्टन एण्टीवायरस एक सदस्यता अवधि के दौरान मालवेयर की रोकथाम को हटाने के लिए प्रदान किया था। इसने वायरस को पहचानने के लिए हस्ताक्षर (signatures) तथा हेरिस्टिक (heuristics) का प्रयोग किया था। इसमें अन्य सुविधाएँ ई-मेल स्पैम फिल्टर तथा फिशिंग सुरक्षा शामिल थे।

विशेषताएँ Features

- जब आप अपने पीसी (PC) का उपयोग नहीं करते हैं, तब यह अनुसूचियाँ संसाधन ग्रहण करने का कार्य करता है।
- यह ऑनलाइन खतरों को आपके कम्प्यूटर में पहुँचने से पहले ही रोक देता है।

McAfee **एण्टीवायरस** McAfee Antivirus

McAfee इनकॉर्पोरेटेड एक कम्प्यूटर सुरक्षा से सम्बन्धित कम्पनी है, जिसका मुख्यालय सैंटा क्लारा, कैलीफोर्निया में स्थित है। यह घरेलू प्रयोगकर्ताओं, व्यावसायिक प्रतिष्ठानों तथा सरकारी क्षेत्र को सॉफ्टवेयर तथा सेवाओं का विपणन करती है। 19 अगस्त, 2010 को इलेक्ट्रॉनिक्स कम्पनी इण्टेल McAfee को 7.68 बिलियन डॉलर (5 बिलियन पाउण्ड) में खरीदने के लिए सहमत हो गई।

विशेषताएँ Features

- यह इनबाउण्ड और आउटबाउण्ड फायरवॉल का संरक्षण करती है।
- यह स्पाइवेयर सुरक्षा प्रदान करता है।
- यह McAfee के एक्स-रे रूटकिट का पता लगाते हैं।
- यह डेली परिभाषा अपडेट करता है।
- McAfee SiteAdvisor स्पैम, मालवेयर और फिशिंग के सबूत के लिए परीक्षण पर आधारित वेबसाइटों के लिए एक सुरक्षा रेटिंग को प्रदर्शित करता है।

क्विक हील एण्टीवायरस Quick Heal Antivirus

क्विक हील टैक्नोलॉजिस प्राइवेट लिमिटेड (Quick Heal Technologies Pvt. Ltd) एक इण्डिया बेस्ड ग्लोबल कम्प्यूटर सुरक्षा सॉफ्टवेयर कम्पनी है जिसका मुख्यालय पुणे में है। यह मुख्य रूप से वर्ष 1993 में एक कम्प्यूटर सेवा केन्द्र के रूप में शुरू कर दिया गया है।

विशेषताएँ Features

- क्विक हील एण्टीवायरस डाउनलोड करने तथा स्थापित करने के लिए सरल है।
- इसका इन्स्टॉलेशन (Installation) सीधा है और इसे पुन: आरम्भ करने की आवश्यकता नहीं होती है।
- सॉफ्टवेयर समर्थन टीम आपके प्रश्न या चिन्ताओं का किसी भी समय जल्दी जवाब देने में सक्षम है।

20.9 इण्टरनेट सिक्योरिटी के लिए कुछ अन्य खतरे Some Other Threats for Internet Security

इण्टरनेट सिक्योरिटी से सम्बन्धित कुछ अन्य खतरे निम्नवत् हैं

स्पूफिंग Spoofing

अनाधिकृत (Unauthorised) डेटा को उसके अधिकृत (Authorised) उपयोगकर्ता की सूचना के बिना एक्सेस करने की तकनीक को स्पूफिंग कहते हैं। यह नेटवर्क पर विभिन्न संसाधनों को एक्सेस करने के लिए भी प्रयोग होती है। IP स्पूफिंग (IP Spoofing) इसका एक प्रकार है।

हैकिंग Hacking

नेटवर्क से जुड़े कम्प्यूटर में घुसपैठ (intrusion) करने की प्रक्रिया को हैकिंग कहते हैं। हैकिंग DOS (Denial of Service) अटैक का परिणाम भी हो सकता है। यह कम्प्यूटर के सभी संसाधनों को वैध यूज़रों द्वारा प्रयोग करने से दूर रखती है। इस प्रक्रिया को अन्तिम चरण तक पहुँचाने वाले व्यक्ति को **हैकर** (hacker) कहते हैं।

क्रैकिंग Cracking

यह कम्प्यूटर में किसी भी प्रकार के सॉफ्टवेयर या उनके घटकों को तोड़ने की प्रक्रिया है। इसमें पासवर्ड क्रैकर, ट्रोजन्स, वायरसेज़, वार डायलर (war dialer) इत्यादि सम्मिलित हैं।

फ़िशिंग Phishing

कम्प्यूटर की संवेदनशील सूचनाओं को धोखेबाजी से प्राप्त करने की कोशिश करना इत्यादि विशेषताओं को फ़िशिंग कहते हैं। इसके अन्तर्गत पासवर्ड्स, क्रेडिट कार्ड डिटेल्स इत्यादि सम्मिलित हैं। यह एक प्रकार का इण्टरनेट फ्रॉड (धोखा) है, जिसमें उपयोगकर्ता को बहकाकर उसके सभी क्रेडिन्शियलों को प्राप्त कर लिया जाता है।

स्पैम Spam

यह एक प्रकार से मैसेजिंग सिस्टम्स का दुरुपयोग है, जिसके अन्तर्गत अनचाहे सन्देशों को ई-मेलों के रूप में भेजा जाता है।

एडवेयर Adware

यह एक ऐसा सॉफ्टवेयर पैकेज है, जोकि एडवरटाइजमेण्ट को स्वत: ही टुकड़े-टुकड़े कर स्क्रीन पर दर्शाता है। इसे अधिकांशत: अनचाहे एडवरटाइजमेण्टों को दर्शाने के लिए प्रयोग किया जाता है।

रूटकिट्स Rootkits

यह एक प्रकार का मालवेयर है, जिसके द्वारा किसी कम्प्यूटर सिस्टम में एडमिनिस्ट्रेटिव स्तर की नियन्त्रितता प्राप्त की जाती है व इसकी सूचना किसी को भी नहीं होती है। रूटकिट्स को निकालना बेहद मुश्किल होता है तथा कभी-कभी पूर्णत: ऑपरेटिंग सिस्टम के पुन: इन्स्टॉलेशन की भी आवश्यकता होती है।

20.10 इण्टरनेट सिक्योरिटी से सम्बन्धित खतरों का समाधान Solutions of Internet Security Threats

कम्प्यूटर सिस्टम को अवैध-उपयोगकर्ता से बचाने के लिए अभी तक कुछ रक्षा बचाव बनाए गए हैं, जोकि इस प्रकार हैं

एण्टीवायरस सॉफ्टवेयर Antivirus Software

ये उस प्रकार के सॉफ्टवेयर होते हैं, जिनका प्रयोग कम्प्यूटर को वायरस, स्पाईवेयर, वॉर्म्स, ट्रोजन इत्यादि से बचाना होता है। इसमें वे प्रोग्राम भी सम्मिलित होते हैं, जिनका कार्य वायरस या अन्य मालवेयर को ढूँढकर खत्म करना होता है। Avast, Avg, Kaspersky, Symantec, Norton, McAfee इत्यादि लोकप्रिय एण्टीवायरस सॉफ्टवेयर हैं।

डिजिटल सिग्नेचर Digital Signature

यह सिग्नेचर (हस्ताक्षर) का डिजिटल रूप है, जिसे प्रेषित किए गए सन्देश को प्रमाणित करने के लिए प्रयोग किया जाता है तथा यह डॉक्यूमेण्ट के ऑरिजनल होने को भी सुनिश्चित करता है।

फायरवॉल Firewall

फायरवॉल या तो सॉफ्टवेयर या फिर हार्डवेयर आधारित हो सकता है, जोकि नेटवर्क को सुरक्षित रखने में सहायताप्रद होता है। इसका प्राथमिक उद्देश्य इनकमिंग तथा आउटगोइंग नेटवर्क ट्रैफिक को डेटा पैकेट्स विश्लेषण द्वारा नियन्त्रित करना है। फायरवॉल में प्रॉक्सी सर्वर के साथ कार्य करना या सम्मिलित होना भी उल्लेखनीय है, ताकि वह नेटवर्क की सभी आवश्यकताओं को वर्कस्टेशन यूज़र्स के लिए पूरा कर सके।

डिजिटल सर्टिफिकेट Digital Certificate

डिजिटल सर्टिफिकेट सिक्योरिटी उद्देश्यों के लिए इलेक्ट्रॉनिक सन्देशों में प्रयुक्त होने वाली कॉपी है। डिजिटल सर्टिफिकेट किसे प्रेषित किया गया था व इसे किसने प्रेषित किया था इत्यादि सूचनाएँ इसमें सम्मिलित होती हैं।

20.11 इण्टरनेट सिक्योरिटी से सम्बन्धित सूचनाएँ Related Information to Internet Security

प्रॉक्सी सर्वर Proxy Server

प्रॉक्सी सर्वर को 'प्रॉक्सी अथवा एप्लीकेशन-लेवल गेटवे' भी कहा जाता है। यह उपयोगकर्ता एवं सर्वर के मध्य कार्य करता है। यह नेटवर्क के सही एड्रेस को छिपाता है और नेटवर्क में आने-जाने वाले सभी सन्देशों को इण्टरसेप्ट करता है।

एप्लीकेशन गेटवे Application Gateway

यह कुछ विशिष्ट एप्लीकेशनों पर सुरक्षा कार्यविधि को लागू करता है। इन विशिष्ट एप्लीकेशनों में फाइल ट्रांसफर प्रोटोकॉल तथा टेलनेट सेवाएँ इत्यादि सम्मिलित हैं।

टाइम बॉम्ब Time Bomb

यह सॉफ्टवेयर का हिस्सा है, जोकि किसी विशेष समय पर सक्रिय होता है।

लॉजिक बॉम्ब Logic Bomb

यह एक कोड होता है, जिसे कम्प्यूटर की मैमोरी में जान बूझकर डाला जाता है, जोकि अनुकूल परिस्थितियों के मिलते ही हानिकारक रूप से सक्रिय हो जाते हैं। ये कोड अपनी नकल तैयार करने में सक्षम नहीं होते हैं।

पैचिज़ Patches

यह सॉफ्टवेयर का एक ऐसा भाग होता है, जिसे उस सॉफ्टवेयर में सुधार करने के लिए बनाया जाता है।

मास्क्वेर्डिंग Masquerading

इसमें हमलावर वैध उपयोगकर्ता की भाँति कार्य करता है, व अवैध रूप से विशेषाधिकार प्राप्त कर लेता है।

निगरानी रखना Eavesdropping

इसमें हमलावर संचरित होने वाले सन्देशों के कन्टेन्ट की निगरानी करता है।

अभ्यास प्रश्न

परीक्षा प्रारूपी प्रश्न

बहुविकल्पीय

1. हैकर सामान्यतया वैध उपयोगकर्ता के रूप में कार्य करके किसी नेटवर्क में प्रवेश अर्जित करते हैं, इस प्रक्रिया को कहते हैं
(a) स्पूफिंग (Spoofing)
(b) फॉर्जिंग (Forging)
(c) आई पी स्पूफिंग (IP Spoofing)
(d) मास्क्वेर्डिंग (Masquerading)

2. एक व्यक्ति जो अपने ज्ञान का प्रयोग दूसरे व्यक्तियों के कम्प्यूटरों से अवैध तरीके से जानकारी को प्राप्त करने या उसे नष्ट करना, कहलाता है
(a) स्पैमर (Spammer) (b) हैकर (Hacker)
(c) इन्स्टैंट मैसेंजर (d) ये सभी

3. डिजिटल सिग्नेचर का प्रयोग किया जाता है
(a) वायरस पहचानने के लिए
(b) वायरस डालने के लिए
(c) वायरस समाप्त करने के लिए
(d) खेलने के लिए

4. एक टाइम बम विशेषतया प्राप्त होता है
(a) एक विशेष समय या तारीख पर
(b) लॉजिक या डेटा
(c) केवल एक विशेष समय पर
(d) उपरोक्त सभी

5. किसी पेज या दस्तावेज को किसी अन्य पेज या दस्तावेज से जोड़ना ····· कहलाता है।
(a) हाइपर प्वॉइण्ट (b) हाइपर जंक्शन
(c) हाइपर लिंक (d) हाईटेक लिंक

6. जब हैकर आपके फोन या ई-मेल पर सम्पर्क करके आपका पासवर्ड अधिग्रहित करने की कोशिश करता है, तो इस प्रक्रिया को कहते हैं
(a) स्पूफिंग (Spoofing) (b) फिशिंग (Phishing)
(c) स्पैमिंग (Spamming) (d) बगिंग (Bugging)

7. Google, Yahoo, MSN, Netscape Navigator इत्यादि हैं
(a) वायरस (b) हॉट बॉट्स
(c) यूज़र के नाम (d) सर्च इंजन

8. वेबसाइट एड्रेस एक यूनिक नाम है, जो वेब पर विशिष्ट ····· को पहचानने के काम में आता है।
(a) लिंक (b) वेब पेज
(c) वेबसाइट (d) वेब ब्राउज़र

9. किसी भी शैक्षणिक संस्थान को सामान्य रूप से दर्शाने के लिए निम्न में से कौन-सा डोमेन नेम प्रयुक्त होता है?
(a) .org (b) .mil
(c) .in (d) .edu

10. वेण्डर द्वारा बनाए प्रोग्राम मॉडिफिकेशन्स (बदलाव) को कहा जाता है
(a) पैचेज़ (Patches) (b) एण्टीवायरस (Antivirus)
(c) हेल्स (Hales) (d) फिक्सिस (Fixes)

11. कम्प्यूटर नेटवर्क को बाह्य आक्रमण से बचाने की कार्यविधि है
(a) फायरवॉल (Firewall)
(b) एण्टीवायरस (Antivirus)
(c) डिजिटल सिग्नेचर (Digital Signature)
(d) फॉर्मेटिंग (Formatting)

12. किसी फाइल को एन्क्रिप्शन करने का मुख्य कारण है
   (a) फाइल के आकार को कम करना
   (b) इसके संचरण को सुरक्षित रखना
   (c) इसे बैकअप के लिए तैयार करना
   (d) इसमें स्टार्टअप क्रम को सम्मिलित करना

13. यदि कम्प्यूटर अपने आप रीबूट हो रहा हो, तो यह प्रायः हो सकती है
   (a) वायरस के कारण
   (b) प्रिन्टर न होने के कारण
   (c) CD-ROM की आवश्यकता होने पर
   (d) पर्याप्त मैमोरी न होने के कारण

14. निम्न में से कौन-सा डोमेन लाभान्वित व्यापार में प्रयोग किया जाता है?
   (a) .com (b) .edu
   (c) .mil (d) .net

15. इण्टरनेट को बनाया गया
   (a) वर्ष 1950 के दशक में (b) वर्ष 1960 के दशक में
   (c) वर्ष 1970 के दशक में (d) वर्ष 1980 के दशक में

16. यू आर एल (URL) क्या है?
   (a) एक कम्प्यूटर सॉफ्टवेयर प्रोग्राम
   (b) एक प्रकार का प्रोग्रामिंग ऑब्जेक्ट
   (c) हार्डवेयर का भाग
   (d) किसी भी डॉक्यूमेण्ट या पेज का www पर एड्रेस

17. ई-मेल एड्रेस में दो भाग होते हैं, पहला भाग यूज़रनेम होता है जो दूसरे भाग से @ के द्वारा अलग रहता है, तो इसमें दूसरा भाग होता है
   (a) पासवर्ड (b) मेल प्रोवाइडर
   (c) वेबसाइट का नाम (d) डोमेन नेम

18. इण्टरनेट पर प्रयुक्त होने वाला मानक प्रोटोकॉल है
   (a) TCP/IP (b) Java
   (c) PHP (d) SMTP

19. किसी व्यक्ति को ई-मेल द्वारा मेल भेजने के लिए प्राप्तकर्ता को किस जानकारी का होना अति आवश्यक है?
   (a) इण्टरनेट (b) मॉडम
   (c) टेलीफोन लाइन (d) ई-मेल एड्रेस

20. निम्न में से कौन-सा डोमेन ऑस्ट्रिया देश द्वारा प्रयोग किया जाता है?
   (a) .ac (b) .ae (c) .at (d) .au

21. नेटवर्कों के नेटवर्क को कहा जाता है
   (a) कम्प्यूटर नेटवर्क (b) यूज़नेट
   (c) इण्टरानेट (d) इण्टरनेट

22. निम्न में से सबसे पहला ग्राफ़िकल वेब ब्राउज़र कौन-सा माना जाता है?
   (a) नेक्सेस (b) नेटस्केप नेविगेटर
   (c) इण्टरनेट एक्सप्लोरर (d) मोज़ॉइक

विविध प्रारूपी प्रश्न

सत्य/असत्य

1. Gopher, इण्टरनेट का एक मुख्य प्रोटोकॉल है।
2. लाइकोस एक वेब ब्राउज़र है।
3. वेब ब्राउज़र HTML का प्रयोग करके वेब सर्वर के साथ संचार करता है।
4. प्रोटोकॉल का उपयोग कम्युनिकेशन के लिए नहीं किया जाता है।
5. इण्टरनेट पर प्रत्येक कम्प्यूटर का डोमेन नेम और डोमेन एड्रेस होता है।

रिक्त स्थानों की पूर्ति

1. डोमेन नेम को ······· वर्गों में विभाजित किया जा सकता है।
2. कम्प्यूटर को इण्टरनेट से जोड़ने के लिए ······· का होना आवश्यक है।
3. ······· सिस्टम में वायरस छोड़ने से पहले स्वयं को एनकोड या एनक्रिप्ट (encrypt) करता है।
4. इण्टरनेट ······· का एक विशाल नेटवर्क है।
5. ······· फायरवॉल का प्रमुख कार्य है।

अतिलघु उत्तरीय

1. इण्टरनेट के दो उपयोग लिखिए।
2. पेज़िज या डॉक्यूमेण्ट्स को किसके द्वारा इण्टरकनैक्ट किया जाता है?
3. वेब ब्राउज़र HTTP प्रोटोकॉल का प्रयोग क्यों करते हैं?
4. गूगल क्रोम कैसा वेब ब्राउज़र है?
5. सिक्योर वेब सर्वर किस-किस विण्डो पर कार्य करता है?
6. वीडियो कॉनफ्रेन्सिग कितने प्रकार से आयोजित की जा सकती है?
7. ई-मेल अटैचमेन्ट्स को साइबर आक्रमण का स्रोत क्यों कहाँ जाता है?
8. किसी सिस्टम द्वारा सम्भाली गई धनराशि के एक बड़े हिस्से से छोटे हिस्से को अलग करने का खतरा क्या कहलाता है?
9. ई-मेल में व्यक्तिगत सूचना का प्रारूप क्या कहलाता है?
10. Manesh2013@yahoo.co.in ई-मेल एड्रेस में यूज़र नेम क्या है?

लघु उत्तरीय

1. इण्टरनेट के द्वारा किन-किन सुविधाओं का प्रयोग किया जा सकता है?
2. इण्टरनेट पर किसी सर्वर या सेवा के नाम को कौन व्यक्त करता है? इण्टरनेट सर्विस भागों का भी उल्लेख कीजिए।
3. वेब ब्राउज़र के कार्यों का उल्लेख करो।
4. विण्डोज़ पर आधारित वेब सर्वर कौन-से हैं? उनका संक्षिप्त विवरण दीजिए।
5. इण्टरनेट पर वेब ब्राउज़र को कैसे एक्सेस किया जाता है?

दीर्घ उत्तरीय

1. डोमेन नेम सिस्टम से क्या अभिप्राय है?
2. ई-मेल की प्रक्रिया कैसे सम्पन्न होती है?
3. इण्टरनेट के विकास में किस-किस ने योगदान दिया? संक्षिप्त वर्णन कीजिए।
4. सर्च इंजन से क्या तात्पर्य है? कुछ लोकप्रिय सर्च इंजन का विवरण दीजिए।
5. VoIP इण्टरनेट में क्या कार्य करता है?

उत्तरमाला

बहुविकल्पीय

1. (d) **2.** (b) **3.** (a) **4.** (c) **5.** (c) **6.** (b) **7.** (d) **8.** (a) **9.** (d) **10.** (a)
11. (a) **12.** (b) **13.** (a) **14.** (a) **15.** (a) **16.** (d) **17.** (d) **18.** (a) **19.** (d) **20.** (c)
21. (d) **22.** (d)

सत्य/असत्य

1. सत्य **2.** सत्य **3.** असत्य **4.** असत्य **5.** सत्य

रिक्त स्थानों की पूर्ति

1. दो **2.** टेलीफोन कनेक्शन **3.** Polymorphic Virus **4.** कम्प्यूटर **5.** निगरानी करना

अध्याय 21 **WEEK 21**

नेटवर्क सुरक्षा

Network Security

परिचय Introduction

नेटवर्क सुरक्षा से तात्पर्य किसी कम्प्यूटर नेटवर्क से संयोजित अन्य कम्प्यूटरों तथा युक्तियों व उनमें भण्डारित डेटा/सूचना की भौतिक (physical) एवं तार्किक (logical) सुरक्षा से है। नेटवर्क सुरक्षा कम्प्यूटर नेटवर्किंग का एक महत्त्वपूर्ण घटक है। कम्प्यूटर नेटवर्किंग में नेटवर्क सुरक्षा का कार्य (function) न केवल नेटवर्क से सम्बन्धित कम्प्यूटर्स में भण्डारित डेटा को अनाधिकृत (unauthorised) यूजर के एक्सेस (access) से बचाना होता है वरन् ऐसी भौतिक परिस्थिति को भी बनाए रखना होता है, जिसमें नेटवर्क बिना किसी व्यवधान के कार्यरत् रह सकें। वर्तमान में इण्टरनेट के विस्तार से नेटवर्क सुरक्षा एक विकराल समस्या बन गई है, अब कोई भी यूजर (user) नेटवर्क में प्रवेश करके फाइलों/डेटा को चुरा सकता है। इसीलिए किसी संस्था में नेटवर्क की सुरक्षा सुनिश्चित करनी महत्त्वपूर्ण हो जाती है। इस अध्याय में हम नेटवर्क सुरक्षा से सम्बन्धित सभी तथ्यों का अवलोकन करेंगे।

21.1 नेटवर्क सुरक्षा Network Security

सार्वजनिक तथा व्यक्तिगत नेटवर्क दोनों ही कम्प्यूटर नेटवर्क होते हैं, जो प्रतिदिन ट्रांजेक्शन के प्रबन्ध तथा व्यवसाय के मध्य सम्प्रेषण हेतु सरकारी एजेन्सी तथा निजी कार्यों के लिए उपयोग किए जाते हैं। नेटवर्क 'नोड्स' का बना हुआ होता है, जो 'क्लाइण्ट' टर्मिनल (PC का व्यक्तिगत यूजर) तथा एक या एक से अधिक 'सर्वर' या 'होस्ट' कम्प्यूटर होते हैं। ये सम्प्रेषण सिस्टम के द्वारा सम्बद्ध होते हैं, इनमें से कुछ व्यक्तिगत हो सकते हैं; जैसे एक कम्पनी के साथ में तथा अन्य सार्वजनिक तौर पर एक्सेस करने के लिए खुले हो सकते हैं। नेटवर्क सिस्टम का वास्तविक उदाहरण यह है कि सार्वजनिक तौर पर एक्सेस; जैसे—इण्टरनेट है, के लिए खुले रहते हैं, परन्तु बहुत-से व्यक्तिगत नेटवर्क सार्वजनिक तौर पर एक्सेस सम्प्रेषण का भी उपयोग करते हैं। आज बहुत-सी कम्पनियों के होस्ट कम्प्यूटर उनके कर्मचारियों द्वारा, उनके दफ्तरों में, उनके घरों से या होटल के कमरों में, जबकि सड़कों पर सामान्य टेलीफोन लाइनें गुजर रही हों, व्यक्तिगत सम्प्रेषण नेटवर्क के अनुदिश एक्सेस किये जा सकते हैं।

नेटवर्क सुरक्षा सभी गतिविधियाँ सम्मिलित करती हैं; जैसे— संगठनों, एन्टरप्राइजों तथा इन्स्टीट्यूशनों के मूल्यों की रक्षा, चलित उपयोगी गुणों, सम्पूर्णता तथा प्रक्रियाओं की सततता की जिम्मेदारी। एक प्रभावी नेटवर्क सुरक्षा योजना को धमकियों या खतरों को पहचानने की आवश्यकता होती है और तब वे उन धमकियों या खतरों को सबसे ज्यादा प्रभावी सहायक वस्तुओं के समूह को चुनकर समाप्त करने का प्रयास करते हैं।

नेटवर्क सुरक्षा की मूलभूत आवश्यकता Basic Need of Network Security

नेटवर्क (network) का मुख्य उद्देश्य स्थानीय (local) अथवा दूरस्थ (remote) स्तर पर स्थित इसके यूजर्स (users) के मध्य सूचनाओं (information) को शेयर (share) करना है। इसलिए यह सम्भावना सदा बनी रहती है कि अवांछनीय यूजर (undesired user) नेटवर्क को हैक (hack) कर लें। इससे बचाव हेतु नेटवर्क को पर्याप्त सुरक्षा प्रदान करने के लिए कुछ मूलभूत बिन्दुओं का अनुपालन करना चाहिए। इन बिन्दुओं में ई-कॉमर्स (E-commerce) के मामले में नेटवर्क-स्पेसिफिक सिक्योरिटी (network-specific security) सम्मिलित नहीं है।

ये सुरक्षा सम्बन्धी बिन्दु निम्नलिखित हैं

1. नेटवर्क को इन्फॉर्मेशन को शेयर करने के लिए डिजाइन किया गया है। अत: नेटवर्क को शेयर करने योग्य (shareble) और शेयर न करने योग्य (non-shareble) सूचना की पहचान करने के लिए स्पष्ट रूप से कॉन्फिगर (configure) किया जाना आवश्यक है।
2. नेटवर्क्स को उनके बारे में भी स्पष्ट होना चाहिए कि जिनके साथ इन्फॉर्मेशन (information) को शेयर किया जाना है।
3. सिस्टम सिक्योरिटी बढ़ने के साथ ही उसके प्रबन्धन (management) की कीमत (price) में भी तद्नुसार वृद्धि होगी। अत: नेटवर्क की सिक्योरिटी पॉलिसी (security policy) की आवश्यकता के अनुसार सिक्योरिटी और कीमत में एक मध्यास्थ स्तर (compromising level) स्थापित किया जाना चाहिए। यह मध्यास्थ स्तर काफी हद तक नेटवर्क में लागू किए जाने वाली सिक्योरिटी के स्तर, समग्र सिक्योरिटी आवश्यकताएँ और चुने गए सिक्योरिटी स्तर के प्रभावी कार्यान्वयन पर निर्भर करेगा।
4. यूजर (user) और नेटवर्क एडमिनिस्ट्रेटर (network administrator) के मध्य नेटवर्क सिक्योरिटी (network security) से सम्बन्धित जिम्मेदारियाँ स्पष्ट रूप से परिभाषित होनी चाहिए।
5. ऑर्गेनाइजेशन की नेटवर्क सिक्योरिटी पॉलिसी के अन्तर्गत नेटवर्क सिक्योरिटी की आवश्यकताओं का विस्तृत वर्णन होना चाहिए, जो व्यवसाय के लिए मूल्यवान डेटा (valuable data) और उनकी सम्बद्ध लागत को इंगित करता हो।

प्रभावित कारक Effective Factors

नेटवर्क को प्रभावित करने वाले कारक निम्न हैं

वायरस Virus

कम्प्यूटर वायरस अनैतिक कृत्यों में लिप्त प्रोग्रामरों द्वारा अपनी ही प्रतिकृति बनाने के लिए तथा एक विशेष घटना में किसी प्रतिक्रिया के कारण कम्प्यूटरों को संक्रमित करने के लिए लिखे जाते हैं।

ट्रोजन हॉर्स Trojan Horse

विनाशकारी कोड को पहुँचाने वाले वाहन, जो हानिरहित या उपयोगी सॉफ्टवेयर प्रोग्रामों; जैसे—गेम्स; में सामान्यत: दिखाई पड़ते हैं।

वैनडल्स Vandals

ये वे सॉफ्टवेयर अनुप्रयोग या एपलेट्स हैं, जो विनाश का कारण बनते हैं।

अटैक (आक्रमण) Attacks

यह रेकॉनिसन्स (reconnaissance) आक्रमण (डेटा को एकत्र करने हेतु सूचनाओं को इकट्ठा करने की क्रियाएँ जो बाद में नेटवर्क के समझौते के लिए उपयोगी होती हैं), एक्सेस आक्रमण (जो नेटवर्क को पराक्रम से भेजते हैं तथा इसी क्रम में ई-मेल, डेटाबेस या कॉर्पोरेट नेटवर्क में प्रवेश पाते हैं) तथा सेवाओं का निषेध-आक्रमण हैं, जो सभी कम्प्यूटर सिस्टम या भागों को एक्सेस करने से रोकती है।

डेटा इन्टरसेप्शन Data Interception

यह सम्प्रेषण पर गुप्त बातों को सुनना या संचरण के मध्य डेटा पैकेटों को बदलना सम्मिलित करता है।

सोशल इंजीनियरिंग Social Engineering

ये गैर-तकनीकी तरीकों से नेटवर्क सुरक्षा की गुप्त सूचनाओं को प्राप्त करते हैं; जैसे कि ये तकनीकी सपोर्ट पर्सन की तरह प्रस्तुत होते हैं तथा व्यक्तियों के पासवर्ड को पूछते हैं।

21.2 नेटवर्क सुरक्षा टूल्स Network Security Tools

ये वे टूल्स हैं जो नेटवर्क को बाधित करने के उद्देश्य से किए जाने वाले प्रयासों का स्वमेव निदान करते चलते हैं। नेटवर्कों और इण्टरनेट के व्यापक प्रसार के निमित्त अब इसको बाधित करने या निर्बाध बना देने सम्बन्धी तकनीक को विकसित करने हेतु भी अलग-अलग स्तर पर शोध हो रहे हैं।

यहाँ कुछ ऐसे उपलब्ध टूल्सों का वर्णन किया जा रहा है, जो नेटवर्क सिक्योरिटी टूल्स में सम्मिलित हैं

एण्टीवायरस सॉफ्टवेयर पैकेज Antivirus Software Package

ये पैकेज बहुत-से वायरस खतरों का विरोध और उनका विनाश भी करते हैं। यदि इनको नियमित रूप से अपडेट तथा सही ढंग से रखा जाए तो नेटवर्क को वायरस रूपी खतरों से बचाया जा सकता है।

सुरक्षित नेटवर्क इन्फ्रास्ट्रक्चर Secure Network Infrastructure

स्विच तथा राउटर हार्डवेयर तथा सॉफ्टवेयर के लक्षण रखते हैं, जो सुरक्षित सम्बद्धता, पैरामीटर सुरक्षा, बिना आज्ञा के प्रवेश से सुरक्षा, पहचान सेवा तथा सुरक्षा प्रबन्धन को सम्भालते हैं। समर्पित नेटवर्क सुरक्षा के हॉर्डवेयर तथा सॉफ्टवेयर टूल्स; जैसे—कि फायरवॉल तथा बिना आज्ञा प्रवेश को पहचानना आदि सिस्टम नेटवर्क के सभी क्षेत्रों में तथा सजग सुरक्षित सम्बद्धता हेतु सुरक्षा प्रदान करते हैं।

वर्चुअल प्राइवेट नेटवर्क Virtual Private Network

यह नेटवर्क दो विभिन्न कम्प्यूटरों के मध्य एक्सेस कन्ट्रोल तथा डेटा एन्क्रिप्शन प्रदान करता है। यह रिमोट वर्करों को हैकर या चोरों के अवरोध डेटा के बिना नेटवर्क से सम्बद्ध होने के लिए अनुमति प्रदान करता है।

पहचान सेवा Identity Service

यह सेवा नेटवर्क पर यूजरों की पहचान तथा उनकी क्रियाओं और ट्रांजेक्शन को सम्भालने में सहायता करती है। इन सेवाओं में पासवर्ड, डिजिटल सर्टिफिकेट तथा डिजिटल प्रामाणिक कुंजी (keys) सम्मिलित हैं।

एन्क्रिप्शन Encryption

एन्क्रिप्शन विश्वास दिलाता है कि प्रामाणिक रेसीपिएन्ट की तुलना में मैसेज में अवरोध उत्पन्न नहीं होगा तथा यह अन्य (अप्रामाणिक) के द्वारा पढ़ा नहीं जा सकता है।

प्रबन्धन सुरक्षा Security Management

यह एक सुरक्षा सिस्टम है, जो मजबूत सुरक्षा हलों के साथ अन्य बिल्डिंग ब्लॉकों को एक साथ जोड़े रखता है। इनमें से कोई भी एक तरीका नेटवर्क को सुरक्षित रखने के लिए आवश्यक नहीं होगा, परन्तु जब ये एक साथ प्रयोग किये जाते हैं, तो ये नेटवर्क को आक्रमण से तथा सुरक्षा को अन्य खतरों (धमकियों) से सुरक्षित रखने में बहुत अधिक उपयोगी हो सकते हैं। अच्छी तरह से सोची गई कॉर्पोरेट नीतियाँ निर्धारित करने के लिए और नेटवर्क के विभिन्न भागों के उपयोग को नियन्त्रित करने के लिए यह महत्त्वपूर्ण है।

21.3 आधुनिक नेटवर्क सुरक्षा खतरे Modern Network Security Threats

नेटवर्क सुरक्षा खतरों को मुख्यत: दो भागों में विभाजित किया जा सकता है, जिनका विस्तृत वर्णन निम्न प्रकार है

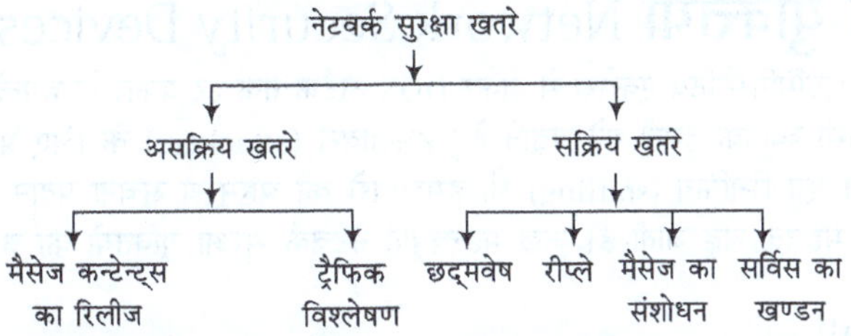

असक्रिय खतरे Passive Threats

असक्रिय खतरे (passive threats) के अन्तर्गत कम्युनिकेशन से सम्बन्धित सूचना प्राप्त करने के लिए किसी आक्रमणकारी द्वारा किए गए प्रयास सम्मिलित होते हैं।

मैसेज कन्टेन्ट्स का रिलीज होना Release of Message Contents

कोई टेलीफोन बातचीत, कोई ई-मेल मैसेज (E-mail message) और ट्रांसफर की गई फाइल में संवेदनशील अथवा गोपनीय सूचनाएँ हो सकती हैं। किसी प्रतिद्वन्द्वी अथवा अवांछनीय हमलावर द्वारा इन ट्रांसमिशन को पढ़े जाने से रोकना चाहेंगे।

ट्रैफिक विश्लेषण Traffic Analysis

यह एन्क्रिप्टेड मैसेजेज पर किए जाने वाले हमले का एक प्रकार है। प्रतिद्वन्द्वी इस प्रकार के एन्क्रिप्टेड मैसेज (encrypted message) के पैटर्न का अवलोकन करने में सक्षम हो सकता है। प्रतिद्वन्द्वी कम्युनिकेट करने वाले होस्ट्स की लोकेशन और पहचान को निर्धारित कर सकता है और आदान-प्रदान किए जाने वाले मैसेज की फ्रीक्वेन्सी और लम्बाई का निरीक्षण कर सकता है।

सक्रिय खतरे Active Threats

एक्टिव थ्रेट्स (active threats) के अन्तर्गत डेटा स्ट्रीम (data stream) में उत्पन्न परिवर्तन अथवा एक फर्जी स्ट्रीम (false stream) का क्रिएशन सम्मिलित होता है।

छद्मवेष Masquerade

जब कोई एन्टिटी (entity) किसी अन्य एन्टिटी के छद्मवेष धारण कर लेती है, तब यह खतरा (threat) उत्पन्न होता है। एक छद्मवेष (masquerade) हमले में सामान्यत: एक्टिव हमलों (active attacks) के अन्य रूपों में से कोई एक रूप भी सम्मिलित होता है। उदाहरणार्थ ऑथेन्टिकेशन सिक्वेन्सेज (authentication sequences) पर कब्जा किया जा सकता है और एक वैलिड ऑथेन्टिकेशन सिक्वेन्स (valid authentication sequence) के होने के उपरान्त यह दोहराई जा सकती है। इस प्रकार कुछ विशेषाधिकारों के साथ एक एन्टिटी को इन विशेषाधिकारों वाली एन्टिटी का रूप धारण करके कुछ अतिरिक्त विशेषाधिकार प्राप्त करने योग्य बना दी जाती है।

रिप्ले Replay

इसमें एक अनाधिकृत प्रभाव (unauthorised effect) उत्पन्न करने के लिए डेटा यूनिट (data unit) का एक पैसिव कैप्चर (passive capture) और इसका अनुवर्ती (subsequent) रिट्रान्समिशन (retransmission) सम्मिलित है।

मैसेज का मॉडीफिकेशन Modification of Message

इसका आशय है कि अनाधिकृत प्रभाव (unauthorised effect) उत्पन्न करने के लिए मैसेज का कुछ भाग परिवर्तित (alter) कर दिया गया है अथवा मैसेजेज़ (messages) को विलम्बित (delay) अथवा रूपान्तरित (render) कर दिया गया है।

सर्विस का खण्डन Denial of Service, DOS

यह खतरा (threat) तब उत्पन्न होता है, जब एक आक्रमणकर्ता द्वारा किसी रिसोर्स की उपलब्धता को जानबूझकर ब्लॉक अथवा डिग्रेड कर दिया गया है। इस प्रकार कम्युनिकेशन सुविधाओं (communication facilities) के सामान्य प्रयोग (normal use) और मैनेजमेन्ट (management) में परेशानी उत्पन्न होती है। इस आक्रमण का एक विशिष्ट लक्ष्य (specific target) भी हो सकता है। उदाहरण के लिए, एक एन्टिटी किसी विशेष डेस्टिनेशन के लिए निर्देशित सभी मैसेजेज़ को दबा अथवा छिपा सकती है। सर्विस खण्डन (service denial) के एक अन्य रूप या तो नेटवर्क को अशक्त (disable) करके या फिर नेटवर्क को उसकी परफॉर्मेन्स (performance) डिग्रेड (degrade) करने के लिए मैसेजेज़ से ओवरलोड करके सम्पूर्ण नेटवर्क का विघटन है।

21.4 नेटवर्क सुरक्षा युक्तियाँ Network Security Devices

नेटवर्क युक्तियाँ अनाधिकृत एडमिनिस्ट्रेटिव एक्सेस से लेकर DOS अटैक तक हर प्रकार के हमलों के लिए हमलावरों अर्थात् अनाधिकृत यूजर्स के लिए प्रथम सीढ़ी हैं। किसी व्यापक हमले को बढ़ाने हेतु हमलावरों (attackers) के लिए प्रथम बिन्दु है। इस स्तर पर असक्रिय अटैक; जैसे—स्कैनिंग (scanning) एवं स्निफिंग (sniffing) भी हमलावरों को बहुमूल्य सूचना प्रदान कर सकते हैं। इसीलिए कम्प्यूटर नेटवर्क में नेटवर्क सुरक्षा युक्तियों की महत्तता बढ़ जाती है। कुछ महत्त्वपूर्ण नेटवर्क सुरक्षा युक्तियों का वर्णन निम्नानुसार है

फायरवॉल Firewall

फायरवॉल एक ऐसा सुरक्षित कम्प्यूटर या राउटर होता है, जो इण्टरनेट और किसी नेटवर्क के मध्य स्थापित किया जा सकता है और जिसका एक मात्र कार्य इण्टरनेट के अन्य उपयोगकर्ताओं को उस नेटवर्क में घुसपैठ करने से रोकना होता है। दूसरे शब्दों में, फायरवॉल इण्टरनेट और सम्बन्धित लोकल एरिया नेटवर्क के मध्य में एक सुरक्षा गार्ड के समान कार्य करता है। लेन (LAN) से आने और जाने वाले समस्त नेटवर्क ट्रैफिक को फायरवॉल से होकर गुजरना पड़ता है, जहाँ पर यह नेटवर्क के अनाधिकृत उपयोग या पहुँच (access) को रोक देता है एवं उचित उपयोग की ही अनुमति देता है। इसे कभी-कभी सुरक्षा गेटवे (secuirty gateway) भी कहा जाता है।

नेटवर्क को उस समय किसी फायरवॉल की आवश्यकता नहीं है, जब उसके आन्तरिक अर्थात् लोकल एरिया नेटवर्क के सभी कम्प्यूटर (सर्वर तथा वर्कस्टेशन) भली प्रकार सुरक्षित किए गए हैं अर्थात् प्रत्येक सिस्टम में उपयोगकर्ताओं का उच्चस्तरीय अधि प्रमाणित (authentication) हो चुका होता है। नेटवर्क में संचार की सुरक्षित (secure) और कूटलेखन (encryption) से समर्थित योग्यता होती है यदि वह अच्छी तरह प्रबन्धित (well-managed) होता है। अच्छी तरह प्रबन्धित होने से तात्पर्य यह है कि उपयोगकर्ताओं को अपने पासवर्ड पर विश्वास है, वे उत्तम पासवर्ड चुनते हैं। इस स्थिति में सिस्टम एकाउण्टों को बिना पासवर्ड या डिफॉल्ट पासवर्ड के साथ नहीं छोड़ा गया है और ऑपरेटिंग सिस्टम में नवीनतम पैच भी स्थापित कर लिए गए हैं।

नेटवर्क को कई कारणों के आधार पर सुरक्षित नहीं कहा जा सकता है। सिस्टम में बहुत-से अनुप्रयोग (applications) ऐसे होते हैं, जो बुरे लोगों को ध्यान में रखे बिना डिजायन किए गए थे और बहुत-से उपयोगकर्ता सुरक्षा उपायों (जैसे लम्बे पासवर्ड चुनने की बाध्यता) को प्रयोग करने से बचना चाहते हैं। यदि उपयोगकर्ता इण्टरनेट का उपयोग करना चाहते हैं, अपनी फाइलों को शेयर करना चाहते हैं अथवा ई-मेल का आदान-प्रदान करना चाहते हैं इण्टरनेट पर उपलब्ध बहुत-सी सेवाओं हेतु वह फायरवॉल तकनीक को दो प्रकार से उपयोग में ला सकता है— इसमें प्रथम विधि में फायरवॉल एप्लायंस (firewall appliance) का प्रयोग किया जा सकता है जोकि मूलत: एक राउटर होता है, जिसमें फायरवॉल की विशेषताएँ पहले से बनी होती हैं। अधिकांश फायरवॉल एप्लायंसों में एक वेब-आधारित इण्टरफेस (interface) सम्मिलत होता है, जो आपको अपने नेटवर्क के किसी भी कम्प्यूटर से किसी ब्राउजर का उपयोग करके फायरवॉल से जुड़ने की सुविधा प्रदान करता है। तब आप फायरवॉल की सेटिंग को अपनी आवश्यकताओं के अनुसार सुधार सकते हैं। इसके विकल्प के रूप में, द्वितीय विधि में आप एक सर्वर कम्प्यूटर लगा सकते हैं, जो किसी फायरवॉल कम्प्यूटर की तरह कार्य करता हो। यह सर्वर किसी भी नेटवर्क ऑपरेटिंग सिस्टम पर कार्य कर सकता है, हालाँकि अधिकांश समर्पित फायरवॉल सिस्टम लाइनक्स (linux) पर चलते हैं।

राउटर Router

जब अनेक नेटवर्क सेगमेन्ट्स (network segments) भिन्न-भिन्न प्रोटोकॉल्स (protocols) और नेटवर्क ऑर्किटेक्चर का प्रयोग करते हैं, तो इनको परस्पर जोड़ने को सुनिश्चित करने में ब्रिजेज (bridges) सक्षम नहीं होते हैं। ऐसे जटिल नेटवर्क के लिए राउटर्स की आवश्यकता होती है।

राउटर एक ऐसी युक्ति होती है, जो OSI रेफरेन्स मॉडल की नेटवर्क लेयर पर कार्य करता है। चूँकि राउटर्स नेटवर्क लेयर पर कार्य करते हैं। अत: ये पैकेट्स (packets) को अनेक नेटवर्क्स में रूट (route) कर सकते हैं। इसके लिए राउटर्स पृथक्-पृथक् नेटवर्क्स के बीच प्रोटोकॉल (protocol) विशिष्ट इन्फॉर्मेशन का आदान-प्रदान करते हैं और ट्रैफिक (traffic) को फिल्टर (filter) और पृथक् अर्थात् आइसोलेट (isolate) कर सकते हैं। राउटर एक इन्टेलिजेन्ट डिवाइस (intelligent device) है, जो प्रत्येक डेटा पैकेट को उसके डेस्टिनेशन (destination) तक पहुँचने के लिए उसके पाथ (path) अथवा रूट का निर्धारण करता है। राउटर द्वारा नेटवर्क में पाथ (path) का निर्धारण होस्ट (host) और राउटर (router) की रूटिंग टेबल (routing table) में संग्रहीत इन्फॉर्मेशन के आधार पर किया जाता है। राउटर्स सामान्यत: एक बिल्ट-इन पैकेट (built-in packet) फिल्टर प्रदान करता है जो एड्रेस रेंज एवं पोर्ट इत्यादि को अनुमति प्रदान कर सकता है। इस एक्सेस लिस्ट का प्रयोग एडमिनिस्ट्रेटिव एक्सेस की सीमितता के लिए भी किया जा सकता है। अत: नेटवर्क सुरक्षा में राउटर अहम् भूमिका निभाता है।

गेटवे Gateway

गेटवेज भिन्न-भिन्न नेटवर्क आर्किटेक्चर (network architecture) अर्थात् प्रोटोकॉल का प्रयोग करने वाले नेटवर्क सेग्मेन्ट्स को कम्युनिकेट करने में सक्षम बनाते हैं। गेटवेज एक नेटवर्क एनवायरमेन्ट से ट्रांसमिट किए जा रहे डेटा को किसी अन्य नेटवर्क एनवायरमेन्ट को समझे जाने योग्य बनाने के लिए रिपैकेज (repackage) और कन्वर्ट करते हैं। एक गेटवे ऐसे दो सिस्टम्स को लिंक कर सकता है जो एकसमान कम्युनिकेशन प्रोटोकॉल्स डेटा फॉर्मेट, लैंग्वेजेज़ और ऑर्किटेक्चर का प्रयोग नहीं करते हैं। गेटवेज का प्रयोग असमान अर्थात् हेट्रोजीनियस नेटवर्क्स (heterogenous networks) को इण्टरकनेक्ट करने के लिए किया जाता है। उदाहरण के लिए, एक गेटवे माइक्रोसॉफ्ट विण्डोज NT सर्वर को IBM के सिस्टम नेटवर्क ऑर्किटेक्चर सर्वर से कनेक्ट कर सकता है।

गेटवे एक नेटवर्क से डेटा को स्वीकार करके डेटा पैकेट्स (data packets) से, उस नेटवर्क के प्रोटोकॉल स्टैक द्वारा पैकेट्स में संलग्न की गई इन्फॉर्मेशन अर्थात् पैकेट-इन्फॉर्मेशन (packet information) को हटा देता है और डेटा पैकेट्स को किसी अन्य नेटवर्क अर्थात् डेस्टिनेशन नेटवर्क द्वारा स्वीकार (accept) किए जाने वाले फॉर्मेट में परिवर्तित कर देता है। इसका तात्पर्य यह है कि गेटवेज प्रोटोकॉल कन्वर्टर का कार्य करते हैं। प्रोटोकॉल कन्वर्शन के लिए कुछ गेटवेज OSI रेफरेन्स मॉडल की सातों लेयर्स का प्रयोग करते हैं; परन्तु साधारणत: गेटवेज एप्लीकेशन लेयर पर प्रोटोकॉल कन्वर्जन का कार्य करते हैं। गेटवे ऐसी कोई भी डिवाइस हो सकता है, जो प्रोटोकॉल कन्वर्जन का कार्य कर सके। फिर गेटवे या तो एक राउटर (router) हो सकता है या फिर एक डेडिकेटेड सर्वर (dedicated server)। यदि किसी गेटवे सर्वर (gateway server) का प्रयोग अनेक कार्यों के लिए किया जाता है, तो अधिक RAM और शक्तिशाली CPU की आवश्यकता होती है, ताकि सर्वर (server) की परफॉर्मेन्स (performance) डिग्रेड (degrade) न हो।

स्विच Switch

नेटवर्क स्विच को स्विचिंग हब के रूप में भी जाना जाता है। कम्प्यूटर नेटवर्किंग डिवाइस (computer networking device) वह है, जिसका प्रयोग एक कम्प्यूटर नेटवर्क पर अनेक डिवाइसेज को एक साथ कनेक्ट करने के लिए किया जाता है। स्विच को हब से अधिक उन्नत माना जाता है, क्योंकि स्विच (switch), समान मैसेज (message) को अपने सभी पोर्ट्स को प्रेषित (send) न करके, केवल उसी डिवाइस को मैसेज प्रेषित करता है, जिसने रिक्वेस्ट की है अथवा जिसको उसकी आवश्यकता है।

यह एक मल्टीपोर्ट नेटवर्क ब्रिज होता है, जो OSI रेफरेन्स मॉडल (OSI reference model) की डेटा लिंक लेयर पर डेटा (data) को प्रोसेस और फॉरवर्ड करता है। इन स्विचेज (switches) को सामान्यत: लेयर-3 (layer-3) अथवा मल्टीलेयर स्विचेज (switches) के रूप में जाना जाता है। इनका प्रयोग सामान्यत: मल्टीपल पैरेलल कन्वर्सेशन के साथ सेगमेन्ट्स (segments) के मध्य कम्युनिकेशन रेट्स (communication rates) में वृद्धि करने और विभिन्न नेटवर्क टेक्नोलॉजी; जैसे—ATM और 100Base-TX इत्यादि के मध्य कम्युनिकेशन करने के लिए किया जाता है।

21.5 नेटवर्क सुरक्षा की विधियाँ Methods of Network Security

जब आप अपने नेटवर्क पर सुरक्षा नियमों को लागू करने की योजना बनाना चाहते हैं, तो आपको पहले यह निश्चित कर लेना चाहिए कि आप सुरक्षा की दो मौलिक विधियों में से किस विधि को अपनाना चाहते हैं। ये दो विधियाँ निम्न हैं

ओपन-डोर टाइप Open-door Type

इस विधि में प्रारम्भ में प्रत्येक व्यक्ति को सभी कार्य करने की अनुमति दे देते हैं और फिर उन कार्यों पर सुरक्षा स्तर के अनुसार करने या न करने के प्रतिबन्ध लगाते हैं। इस नीति को अधिकार मॉडल (entitlement model) भी कहा जाता है, क्योंकि इसमें मौलिक विचार यह है कि प्रत्येक उपयोगकर्ता को नेटवर्क का पूरा उपयोग करने का अधिकार है।

क्लोज-डोर टाइप Closed-door Type

इस विधि में प्रारम्भ में प्रत्येक व्यक्ति को सभी कार्य करने से मना कर दिया जाता है और फिर उसकी आवश्यकता के अनुसार विशेष कार्य करने की अनुमति दी जाती है। इस नीति को अनुमति मॉडल (permissions model) भी कहा जाता है, क्योंकि इसमें मौलिक विचार यह है कि उपयोगकर्ताओं को कुछ भी करने का अधिकार नहीं है, बल्कि उसे प्रत्येक कार्य करने की अनुमति लेनी होगी। अधिकांश मामलों में ओपन-डोर नीति (open-door policy) को अपनाना अधिक सरल है। वास्तव में किसी नेटवर्क पर डेटा का एक छोटा भाग ही सुरक्षा की दृष्टि से संवेदनशील होता है, जैसे कर्मचारियों की गोपनीय फाइल या कोई विशेष उत्पादन तैयार करने की गुप्त प्रक्रिया। शेष सूचनाओं को नेटवर्क पर बिना किसी खतरे के उन सभी व्यक्तियों को उपलब्ध कराया जा सकता है, जिनके पास नेटवर्क में कार्य करने की अनुमति है।

यदि आप क्लोज-डोर नीति को अपनाते हैं, तो आप प्रत्येक उपयोगकर्ता को इस प्रकार सेट करते हैं कि उसे कुछ भी करने की अनमति नहीं है। तब आप उनको उनकी आवश्यकता के अनुसार विशेष फाइलों या फोल्डरों तक पहुँचने या कोई विशेष कार्य करने की अनुमति प्रदान करते हैं। क्लोज-डोर नीति से नेटवर्क की सुरक्षा कड़ी हो जाती है, लेकिन इससे कार्य करने में कई बाधाएँ पैदा हो सकती हैं। उदाहरण के लिए, आपके नेटवर्क उपयोगकर्ता लगातार शिकायतें कर सकते हैं कि वे अपनी आवश्यकता के अनुसार सूचनाओं तक नहीं पहुँच पा रहे हैं। इसके परिणामस्वरूप आपको उनके उपयोग अधिकार (access rights) बार-बार सुधारने का कार्य करना पड़ेगा। इसलिए क्लोज-डोर नीति को केवल उसी स्थिति में लागू किया जाना चाहिए जब नेटवर्क की अधिकतर सूचनाएँ संवेदनशील हों और जब आप उसे नेटवर्क के प्रशासन अर्थात् सुरक्षा नीति लागू करने में अधिक समय लगाने के लिए तैयार हों।

21.6 नेटवर्क प्रदर्शन Network Performance

नेटवर्क प्रदर्शन सामान्यतः नेटवर्क की सर्विस गुणवत्ता के मापन (measure) को सन्दर्भित करता है। नेटवर्क प्रदर्शन के मापन के लिए अलग-अलग विधियाँ प्रयोग की जाती हैं, क्योंकि प्रत्येक नेटवर्क का डिजाइन व प्रकृति भिन्न-भिन्न होती है। यह एक गुणात्मक एवं मात्रात्मक प्रक्रिया है, जोकि दिए गये नेटवर्क के प्रदर्शन स्तर को परिभाषित करती है। इसके द्वारा सामूहिक नेटवर्क का विश्लेषण एवं समीक्षा की जाती है। नेटवर्क प्रदर्शन में निम्न मापनों को विशिष्टतः सम्मिलित किया जाता है

बैण्डविड्थ Bandwidth

यह जानकारी/निर्देश को प्रेषित करने की उच्चतम दर है, जिसे प्रायः बिट/सेकण्ड में मापा जाता है। उपलब्ध चैनल बैण्डविड्थ एवं प्राप्त सिग्नल-टू-नॉइज का अनुपात (signal-to-noise ratio) उच्चतम सम्भावित प्रवाह क्षमता कहलाता है।

प्रवाह क्षमता Throughput

प्रति यूनिट टाइम में सफलतापूर्व प्रदत्त (delivered) संदेश की संख्या प्रवाह क्षमता कहलाती है। प्रवाह क्षमता उपलब्ध बैण्डविड्थ द्वारा नियन्त्रित की जाती है या हार्डवेयर सीमितता एवं सिग्नल-टू-नॉइज अनुपात द्वारा नियन्त्रित की जा सकती है।

विलम्ब Latency

यह सेण्डर (sender) एवं रिसीवर (receiver) के मध्य का डिले (delay) होता है। यह सिग्नल ट्रेवल टाइम (signal travel time) का एक मुख्य फंक्शन होता है। इसे नोड पर एवं इन्फॉर्मेशन के पास होने के प्रोसेसिंग टाइम (processing time) द्वारा भी परिभाषित किया जाता है।

जिटर Jitter

इसका शाब्दिक अर्थ 'कलमलाना' (jitter) होता है। पैकेट डिले (packet delay) में उत्पन्न रिसीवर वैरिएशन (variation) जिटर कहलाता है। यह इलेक्ट्रॉनिक्स एवं दूरसंचार के क्षेत्र में आवधिक संकेत की वास्तविक अवधि से अवांछित विचलन होता है। संचार में जिटर एक महत्त्वपूर्ण एवं प्रायः अवांछित कारक होता है।

त्रुटि दर Error Rate

यह कुल भेजी गई करप्ट हुई बिट (corrupted bit) को प्रतिशत एवं भिन्न के रूप में व्यक्त की गई दर होती है। डिजिटल ट्रांसमिशन में बिट त्रुटि की संख्या डेटा स्ट्रीम की रिसीव बिट से संचार चैनल तक होती है।

21.7 वायरलेस नेटवर्क की सुरक्षा Security of Wireless Network

वायरलेस नेटवर्क के लिए सुरक्षा का विकल्प ऑथेन्टिकेशन (authentication) और एंक्रिप्शन (encryption) सेवाओं के साथ डब्ल्यूईपी (WEP) पर आधारित है। सुरक्षा सेवाओं का प्रयोग अनाधिकृत एक्सेस; जैसे—इवेसड्रॉपिंग (eavesdropping) से वायरलेस नेटवर्कों की सुरक्षा के लिए किया जाता है। स्वचालित वायरलेस नेटवर्क कॉन्फिगुरेशन के साथ यह भी उल्लेख कर सकते हैं कि एक नेटवर्क-की उस समय आपके डेटा को एंक्रिप्ट करने के लिए प्रयोग की गई है, जब यह नेटवर्क पर भेजा गया है। आपके कम्प्यूटर में वायरलेस नेटवर्क एडॉप्टर डब्ल्यूपीए (WPA) सुरक्षा प्रोटोकॉल को सपोर्ट कर सकता है। डब्ल्यूपीए, डब्ल्यूईपी की अपेक्षा शक्तिशाली इंक्रिप्शन प्रदान करता है। डब्ल्यूपीए के साथ नेटवर्क किए गए कम्प्यूटरों और डिवाइसों पर नेटवर्क-की अपने आप परिवर्तित हो जाती है और नियमित रूप से डब्ल्यूईपी की अपेक्षा अधिक सुरक्षा प्रदान करने के लिए प्रामाणिक होती है।

वायरलेस नेटवर्क, नेटवर्क एक्सेस को सुरक्षित करने के साथ ट्रांसफर हुए डेटा को सुरक्षित करने के लिए एसएसआईडी (SSID), एमएसी फिल्ट्रिंग (MAC filtering), डब्ल्यूईपी (WEP) और डब्ल्यूपीए (WPA) विधियों का प्रयोग करते हैं।

सर्विस सेट आइडेंटीफायर Service Set Identifier (SSID)

एस एस आई डी का नाम कॉन्फिगर करना बहुत जरूरी है जो आपके वायरलेस नेटवर्क को सुरक्षित करने के लिए अवश्य करना चाहिए। डिफॉल्ट एस एस आई डी नाम बहुत जाना पहचाना है और नेटवर्क ऑनलाइन पर उपलब्ध है। प्रत्येक वायरलेस नेटवर्क नोड और एक्सेस प्वॉइण्ट को ठीक ऐसे ही एस एस आई डी नाम से कॉन्फिगर करने की जरूरत होती है। तब यह एस एस आई डी नाम वायरलेस नेटवर्क कवरेज एरिया में प्रत्येक डेटा पॉकेट ब्रॉडकास्ट के शीर्षक में जुड़ जाता है। इसमें गलत डेटा नाम के साथ डेटा पैकेट रद्द हो जाता है।

मैक फिल्टरिंग MAC Filtering

मैक फिल्टरिंग वायरलेस नेटवर्क की एक्सेस लिमिट के लिए स्वीकृत प्रयोगकर्ताओं की सूची तैयार करता है। एमएसी इन प्रयोगकर्ताओं के लिए नोड एड्रेस उपलब्ध कराता है, जो वायरलेस नेटवर्क में हिस्सा लेने के लिए स्वीकृत किए जाते हैं। सूची में मौजूद कोई भी डेटा पैकेट जिसमें नोड का एमएसी एड्रेस नहीं है, रिजेक्ट हो जाता है।

वायरलेस इक्यिूवैलेंट प्राइवेसी Wireless Equivalent Privacy (WEP)

डब्ल्यूईपी सक्रिय होने के बाद यह सुनिश्चित करते हैं कि ट्रांसमिशन के दौरान डेटा सुरक्षित हो गया है। डब्ल्यूईपी का प्रयोग एनक्रिप्शन विधि की भाँति होता है, जो स्टैण्डर्ड 40-बिट एनक्रिप्शन का प्रयोग डेटा पैकेट को बिखेरने के लिए करता है। 40-बिट एनक्रिप्शन के अतिरिक्त 104-बिट और 128-बिट एनक्रिप्शन का भी प्रयोग किया जा सकता है। वायरलेस नोड के मैक एड्रेस पर आधारित प्रामाणिकता उपलब्ध कराता है। यह पूर्ण एण्ड-टू-एण्ड एनक्रिप्शन का सपोर्ट करता है। इसके अतिरिक्त डब्ल्यूईपी दो निम्नतर ओएसआई नेटवर्क लेयर पर कार्य करता है, जोकि डेटा लिंक लेयर और फिजिकल लेयर है।

वाई-फाई सुरक्षित एक्सेस Wi-Fi Protected Access (WPA)

डब्ल्यूपीए एक तरीका है जो सुरक्षा में वृद्धि; जैसे—एंक्रिप्शन—की इण्टीग्रिटी-चेकिंग (encryption key integrity-checking) की सुविधा प्रदान करता है। यह तरीका एक सिक्योरिटी प्रोटोकॉल की तरह कार्य करता है और डब्ल्यूईपी की कमियों को दूर करता है। एमएसी, एड्रेस को खोजना बहुत ही कठिन होता है, क्योंकि वे अनएन्क्रिप्टिड, क्लीयर टेक्स्ट फॉर्मेट (unencrypted, clear text format) में भेजे जाते हैं। डब्ल्यूपीए में, प्रयोगकर्ता का नाम और पासवर्ड एन्क्रिप्टिड होते हैं और इसलिए अपेक्षाकृत अधिक सुरक्षित होते हैं।

21.8 कूट-लेखन Cryptography

क्रिप्टोग्राफी एक ग्रीक शब्द है जिसका शाब्दिक अर्थ है— गूढ़ लेखन (secret writing)। अत: हम कह सकते हैं कि सूचनाओं को गुप्त रखने की प्रक्रिया, क्रिप्टोग्राफी कहलाती है। क्रिप्टोग्राफी विज्ञान की वह कला है जिसमें किसी सुगम व आसान संदेश को कोड भाषा में रूपान्तरित किया जाता है एवं पुन: संदेश को उसके वास्तविक रूप में बदला जाता है। इसके द्वारा संदेश को आक्रमणों से सुरक्षित व प्रतिरक्षित किया जाता है। कम्प्यूटर के क्षेत्र में क्रिप्टोग्राफी का व्यापक प्रयोग किया जाता है; जैसे—ATM कार्ड पासवर्ड तथा ई-कॉमर्स इत्यादि। इसका मुख्य उपयोग किसी सूचना को दो यूजर्स के मध्य इस प्रकार भेजना है कि अन्य लोग उसे पढ़ न सकें।

कूटलेखन एवं कूटपठन (decryption) क्रियाओं का अध्ययन क्रिप्टोग्राफी के अन्तर्गत किया जाता है। किसी साधारण सूचना अथवा पाठ्य को अक्षरों या चिह्नों के रूप में किसी व्यक्ति के समझ में न आने योग्य (unintelligible) अथवा भ्रमपूर्ण (misleading) भाषा में परिवर्तित करना

कूटलेखन कहलाता है। इसका मुख्य उद्देश्य सूचना/निर्देश को अनाधिकृत यूजर से बचाना एवं अधिकृत यूजर तक सुरक्षित पहुँचाना होता है। कूटपठन क्रिया कूटलेखन (encryption) की विपरीत क्रिया है अर्थात् किसी कूटलेखित किए गए पाठ्य या सूचना को उसके मूल रूप में परिवर्तित करना, ताकि प्राप्तकर्ता उसे पढ़ सके, कूटपठन कहलाता है। किसी संदेश को उसके मौलिक रूप में प्लेनटेक्स्ट या क्लीयरटेक्स्ट (cleartext) कहा जाता है और उसके बदले हुए अर्थात् कोडिड रूप को साइफरटेक्स्ट (ciphertext) कहते हैं।

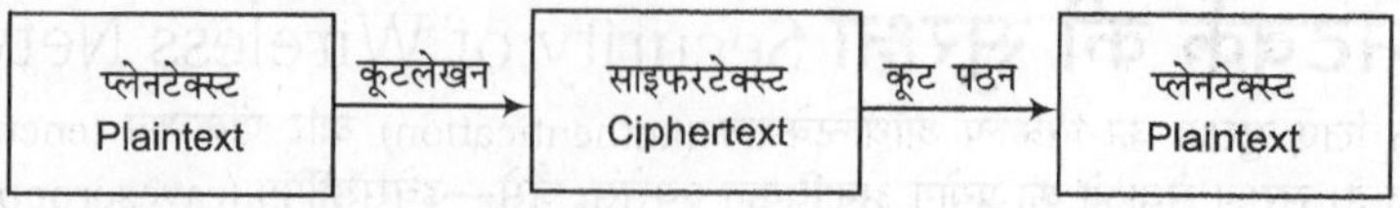

सम्बन्धी शब्दावली Related Terminology

प्लेनटेक्स्ट (Plaintext) इनपुट के रूप में एल्गोरिथ्म में फीड किया गया मूल संदेश अथवा डेटा प्लेनटेक्स्ट (plaintext) कहलाता है।

एन्क्रिप्शन एल्गोरिथ्म (Encryption Algorithm) ऐसी एल्गोरिथ्म (algorithm), जो प्लेनटेक्स्ट पर विभिन्न प्रतिस्थापनों (substitutions) और रूपान्तरों को क्रियान्वित करती है, एन्क्रिप्शन एल्गोरिथ्म कहलाती है। एन्क्रिप्शन एक ऐसा प्रक्रम है, जो प्लेनटेक्स्ट (plaintext) को साइफरटेक्स्ट में परिवर्तित करती है।

साइफरटेक्स्ट (Ciphertext) यह मैसेज का एन्क्रिप्टेड रूप है। यह आउटपुट (output) के रूप में उत्पादित अबोधगम्य मैसेज है। यह प्लेनटेक्स्ट और 'की' (key) पर निर्भर करता है।

डिक्रिप्शन एल्गोरिथ्म (Decryption Algorithm) डिक्रिप्शन ऐसी प्रोसेस (process) है, जो साइफरटेक्स्ट (ciphertext) को प्लेनटेक्स्ट (plaintext) में परिवर्तित करती है। डिक्रिप्शन एल्गोरिथ्म (decryption algorithm) अनिवार्य रूप से विपरीत रन (reverse run) होने वाली एन्क्रिप्शन एल्गोरिथ्म है। यह साइफरटेक्स्ट एवं 'की' (key) को ग्रहण करती है और प्लेनटेक्स्ट उत्पन्न करती है।

'की' (Key) यह एन्क्रिप्शन एल्गोरिथ्म के लिए एक इनपुट (input) के रूप में कार्य करती है। यह एल्गोरिथ्म द्वारा क्रियान्वित (perform) किए गए सटीक प्रतिस्थापन और रूपान्तर 'की' (key) पर निर्भर करते हैं। इस प्रकार 'की' (key) एक नम्बर (number) अथवा नम्बर का एक सेट होती है, जिसे एल्गोरिथ्म (algorithm) एन्क्रिप्शन और डिक्रिप्शन क्रियान्वित करने के लिए प्रयोग करती है।

क्रिप्टोग्राफी का कार्य करने वाले को क्रिप्टोग्राफर (cryptographer) कहते हैं। ये ऐसे गुप्त कोड की खोज करते हैं, जिनसे सूचनाओं का कूटलेखन किया जा सके। जो व्यक्ति उस कोड को तोड़ने अर्थात् कूटलेखित सूचनाओं को पढ़ने का प्रयास करता है, उसे क्रिप्टएनालिस्ट कहते हैं।

21.9 कम्प्यूटर एवं नेटवर्क सर्विलांस Computer and Network Surveillance

कम्प्यूटर एवं नेटवर्क सर्विलांस हार्ड ड्राइव पर भण्डारित डेटा एवं कम्प्यूटर गतिविधि की मॉनीटरिंग (monitoring) करता है। मॉनीटरिंग प्राय: सरकारी एवं गैर-सरकारी संस्था द्वारा एवं व्यक्तिगत (individualy) रूप से छिपकर की जाती है। यह लीगल (legal) एवं प्राधिकृत (authorization) भी हो सकती है अथवा नहीं भी। वर्तमान में कम्प्यूटर एवं नेटवर्क सर्विलांस सभी इण्टरनेट ट्रैफिक की अवैध गतिविधियों पर व्यापक रूप से निगरानी रखता है। सर्विलांस, सरकारी एवं निजी एजेन्सियों को समाजिक नियन्त्रण बनाए रखने, पहचान के खतरों पर नजर रखने व रोकथाम हेतु अनुमति प्रदान करता है। कुल सूचना जागरूकता कार्यक्रम के आगमन से, हाई स्पीड सर्विलांस कम्प्यूटर एवं बॉयोमैट्रिक्स सॉफ्टवेयर के समान प्रौद्योगिकी एवं संचार सहायक कानून प्रवर्तन अधिनियम; जैसे— कानून (laws) के कारण अब सरकार में नागरिकों की गतिविधियों पर नजर रखने की अभूतपूर्व क्षमता विकसित हो गयी है।

नेटवर्क सर्विलांस Network Surveillance

कम्प्यूटर सर्विलांस का विशाल हिस्सा इण्टरनेट पर ट्रैफिक एवं डेटा की निगरानी करने के अन्तर्गत आता है। पैकेट केप्चर (इसे पैकेट स्निफिंग भी कहते हैं) कम्प्यूटर पर डेटा ट्रैफिक की निगरानी करता है। कम्प्यूटरों के मध्य डेटा इण्टरनेट के माध्यम से प्रेषित एवं प्राप्त किया जाता है, जिसे पैकेटों (packets) के रूप में भेजा जाता है, ये पैकेट अपने गंतव्य पर पहुँच जाने के पश्चात् पुन: पूर्ण मैसेज में असेम्बल (assemble) हो जाते हैं। इन पैकेट स्निफर के द्वारा काफी डेटा इकट्ठा हो जाता है। सर्विलांस इण्टरनेट ट्रैफिक, फिल्टरिंग आउट एवं बिट इत्यादि सम्बन्धी जानकारी द्वारा निर्णय करता है।

21.10 युक्तियों का रिमोट प्रबन्धन Remote Management of Devices

एक से अधिक डोमेन एवं दूरदराज के नेटवर्कों का प्रबन्धन करना अत्यन्त कठिन कार्य है। यह कार्य तब अत्यन्त जटिल हो सकता है जब सम्पूर्ण नेटवर्किंग का प्रबन्ध केवल एक केन्द्रीय प्रशासनिक विभाग करता है। दूरदराज के नेटवर्कों के प्रबन्धन में सहायता करने के लिए सॉफ्टवेयर उपलब्ध होते हैं। रिमोट नेटवर्कों की सभी समस्याओं को दूर करने में प्रयुक्त इन सॉफ्टवेयरों में शीघ्र एवं दक्षतापूर्ण तरीके से नेटवर्क को प्रबन्ध करने की क्षमता होती है। रिमोट प्रबन्धन हेतु कुछ मुख्य टूल्स का विवरण निम्न प्रकार हैं

WAN प्रबन्धन WAN Management

दक्षता एवं सफलतापूर्वक रिमोट नेटवर्क के प्रबन्धन में प्रभावशाली WAN प्रबन्धन (WAN management) टूल्स सॉफ्टवेयर सोल्यूशन (software solution) में अवश्य निहित होना चाहिए। यह समूहों में सभी सर्वर, वर्कस्टेशन एवं मोबाइल डिवाइसेस की व्यवस्था करने एवं विशिष्ट मानदण्डों के आधार पर विभाजन की अनुमति प्रदान करने की सुविधा होती है। इन समूहों का उपयोग नेटवर्क प्रबन्धन सॉफ्टवेयर की अन्य सुविधाओं में से किसी एक के साथ संयोजन के रूप में प्रयोग किया जा सकता है।

ऑनलाइन सूची Online Inventory

ऊपर वर्णित किए गए समूह किस प्रकार दूरदराज के नेटवर्कों का प्रबन्धन करते हैं, यह ऑनलाइन सूची पर आधारित होता है। रिमोट नेटवर्क प्रबन्धन कंसोल (console) सभी युक्तियों की इनवेंटरी रिपोर्ट (inventory report) उत्पन्न करने की अनुमति प्रदान करता है। इस सूची पर एक रिपोर्ट सम्मिलित है, जोकि निम्न प्रकार हैं

हार्डवेयर Hardware

CPU सम्बन्धी विवरण प्रदान करना, हार्डडिस्क क्षमता, RAM एवं उसकी उपलब्धता को दर्शाना।

सॉफ्टवेयर Software

मशीन/युक्तियों पर स्थापित सॉफ्टवेयर का विवरण, केवल अधिकृत एवं आवश्यक एप्लीकेशन की स्थापना सुनिश्चित करना।

सर्विस एवं हॉटफिक्स Service and Hotfixes

सभी हार्डवेयर पर स्थापित वर्तमान सर्विस पैक्स (service packs) पर विवरण प्रदान करना एवं पैच, हॉटफिक्सेस पर जानकारी प्रदान करना। वर्तमान में रनिंग (running) सेवाओं का विवरण भी प्रदान करना।

रिमोट पावर प्रबन्धन Remote Power Management

एक व्यापक रूप से वितरित रिमोट नेटवर्क में पावर सम्बन्धी अनेक समस्याएँ उत्पन्न हो सकती हैं, क्योंकि साइट (site) पर हमेशा पावर को ऑन (ON) या ऑफ (OFF) करने के लिए स्टाफ मेम्बर (staff member) उपलब्ध नहीं हो सकते हैं, इसलिए रिमोट नेटवर्क के लिए पावर प्रबन्ध अति आवश्यक है तथा उसमें रिमोट सम्बन्धी सुविधा होना भी अनिवार्य हो जाता है। रिमोट नेटवर्क प्रबन्धन टूल का उपयोग करके ऊर्जा की खपत को कम किया जा सकता है एवं वेक-ऑन-LAN (wake-on-LAN) सुविधा का उपयोग करके आवश्यकता एवं शेड्यूल के अनुसार टर्न ऑन एवं टर्न ऑफ किया जा सकता है।

अभ्यास प्रश्न

परीक्षा प्रारूपी प्रश्न

बहुविकल्पीय

1. एक कम्प्यूटर नेटवर्क को बाह्य आक्रमण से बचाने की कार्य विधि है
(a) फायरवॉल (b) एण्टीवायरस
(c) डिजिटल सिग्नेचर (d) फॉर्मेटिंग

2. संचरण (transmission) के दौरान किसी फाइल का एन्क्रिप्शन करने का मुख्य कारण है
(a) फाइल के आकार को कम करना
(b) इसके संचरण को सुरक्षित करना
(c) इसे बैकअप के लिए तैयार करना
(d) उपरोक्त सभी

3. जब हैकर आपके फोन या ई-मेल पर सम्पर्क करके आपका पासवर्ड अधिग्रहित करने की कोशिश करता है, तो इस प्रक्रिया को कहते हैं
(a) स्पूफिंग (spoofing) (b) फिशिंग (phising)
(c) स्पैमिंग (spemming) (d) बगिंग (bugging)

4. निम्न में से कौन-सा रूप एक प्रकार का प्रोग्राम है, जोकि GIF इमेज के अन्दर पड़ा होता है?
(a) वेब बग (b) कूकी
(c) स्पाइवेयर एप्लीकेशन (d) स्पैम

5. "यह कुछ भी हो सकता है, जोकि कम्प्यूटर सिस्टम (computer system) को नुकसान पहुँचा सकता है।" इस कथन में 'यह' सामान्य रूप से है
(a) फिशिंग (b) थ्रेट
(c) स्पूफ (d) इनमें से कोई नहीं

6. एक व्यक्ति जो अपने ज्ञान का प्रयोग दूसरे व्यक्तियों के कम्प्यूटरों से अवैध तरीके से जानकारी को प्राप्त करने या उसे नष्ट करने के लिए करता है, कहलाता है
(a) स्पैमर (b) हैकर
(c) इन्स्टैन्ट मैसेंजर (d) ये सभी

7. वायरसों, ट्रॉजन हॉर्स अटैक, एपलेट को निम्न में से कौन वर्णित करता है?
(a) मालवेयर (b) स्पैम (c) फिशिंग (d) वायरस

8. निम्न में से कौन रियल सिक्योरिटी तथा प्राइवेसी खतरों से सम्बन्धित नहीं है?
(a) हैकर्स (b) स्पैम
(c) वायरस (d) चोर की पहचान करना

9. पहला पी.सी. (PC) वायरस बनाया गया था
(a) 1980 में (b) 1984 में (c) 1986 में (d) 1988 में

10. कम्प्यूटर वायरस क्या है?
(a) एक हार्डवेयर (b) विण्डोज टूल
(c) एक कम्प्यूटर प्रोग्राम (d) एक सिस्टम सॉफ्टवेयर

11. पहला कम्प्यूटर वायरस है
(a) क्रीपर (creeper) (b) परम (param)
(c) द फैमस (the famous) (d) हार्ली (harlie)

12. निम्नलिखित में से कौन कम्प्यूटर मैमोरी में दाखिल होता है, परन्तु ये न तो वायरस है और न ही अपने को मैमोरी में नकल करता है?
(a) टॉर्जन हॉर्स (b) लॉजिक बम
(c) क्रैकर (d) फायरवॉल

13. एक फायरवॉल संचालित होती है
(a) पूर्व क्रय फेस द्वारा
(b) इण्टरनेट को एक्स्ट्रोनेट से अलग करके
(c) पैकेटों को नेटवर्क से/में जाँचना तथा नेटवर्क ट्रैफिक को नियन्त्रित फिल्टरिंग करवाना
(d) उपरोक्त सभी

14. निम्न में से कौन फायरवॉल का प्रमुख कार्य है?
(a) निगरानी करना (b) डिलीट करना
(c) कॉपी करना (d) मूव करना

15. निम्न में से कौन-सा वायरस एप्लीकेशन सॉफ्टवेयर में फैलता है?
(a) मैक्रो वायरस (b) बूट वायरस
(c) फाइल वायरस (d) एण्टीवायरस

16. एक टाइम बम विशेषतया प्राप्त होता है
(a) एक विशेष समय/तारीख पर (b) केवल एक विशेष समय पर
(c) लॉजिक तथा डेटा पर (d) ये सभी

17. घृणित मैसेजिंग सिस्टम से अनैच्छिक मैसेज भेजने को क्या कहते हैं?
(a) फिशिंग (b) स्पैम (c) मालवेयर (d) फायरवॉल

18. ट्रेण्ड माइक्रो क्या है?
(a) वायरस प्रोगाम (b) एण्टीवायरस प्रोग्राम
(c) सिर्फ एक प्रोग्राम (d) ये सभी

19. ARPANET ने किस वायरस का पता लगाया था?
(a) एण्टीवायरस (b) क्रीपर
(c) एल्क–क्लोनर (d) मैलिसा

20. एक एण्टीवायरस है
(a) कम्प्यूटर (b) प्रोग्राम कोड
(c) एप्लीकेशन सॉफ्टवेयर (d) कम्पनी का नाम

अध्याय 22 WEEK 22

सर्वर एवं DNS संकल्पनाएँ

Concepts of Server and DNS

परिचय Introduction

कम्प्यूटर नेटवर्क के क्षेत्र में सर्वर एक कम्प्यूटर प्रोग्राम है जो अन्य प्रोग्रामों एवं युक्तियों को सुविधा प्रदान करता है, जिन्हें क्लाइण्ट (client) कहा जाता है एवं इस मॉडल को क्लाइण्ट-सर्वर मॉडल के नाम से सन्दर्भित किया जाता है। इस मॉडल में एक केन्द्रीय कम्प्यूटर होता है जो सूचना एवं सन्देशों को अन्य कम्प्यूटरों को उपलब्ध कराता है। इस नेटवर्क से संयोजित यूजर (client) द्वारा प्रदत्त निर्देशों का सर्वर अनुपालन करता है। सर्वर विविध प्रकार की सर्विस; जैसे—विभिन्न क्लाइण्टों को डेटा एवं रिसोर्सस भेजना या एक क्लाइण्ट हेतु कम्प्यूटेशन का प्रदर्शन करना इत्यादि कार्य सम्पन्न करता है। एक एकल सर्वर विभिन्न क्लाइण्टों को सेवा प्रदान कर सकता है, उसी प्रकार एक एकल क्लाइण्ट एक से अधिक सर्वर्स का भी प्रयोग कर सकता है। विविध अनुप्रयोगों के लिए विविध प्रकार के सर्वर्स उपयोग में लाए जाते हैं।

कम्प्यूटर नेटवर्किंग में इण्टरनेट के आई पी (IP) एड्रेस के विषय में जानकारी रखने का कार्य डोमेन नेम सिस्टम (DNS) करता है। डोमेन नेम सिस्टम आमतौर पर एक प्रकार के बड़े कम्प्यूटर होते हैं जैसे ही कोई नाम कम्प्यूटर से जुड़ने के लिए कमाण्ड देता है तो सर्वप्रथम डोमेन नेम सिस्टम उस विशेष नाम का पता स्वयं खोजता है तत्पश्चात् उस आई पी एड्रेस से कम्प्यूटर का इण्टरनेट से सम्पर्क बनाया जाता है। इस अध्याय में हम सर्वर एवं DNS से सम्बन्धित सभी संकल्पनाओं का अवलोकन करके विस्तारपूर्वक अध्ययन करेंगे।

22.1 सर्वर Server

सर्वर एक कम्प्यूटर प्रोग्राम है जो अन्य प्रोग्राम अर्थात् क्लाइण्ट की रिक्वेस्ट के अनुसार कार्य सम्पन्न करता है। इस प्रकार सर्वर कुछ गणना के कार्य क्लाइण्ट की तरफ से भी प्रस्तुत करता है। क्लाइण्ट या तो समान कम्प्यूटर पर चलता है या नेटवर्क के द्वारा सम्बद्ध होता है। इनके कुछ छोटे नेटवर्कों में प्रत्येक मशीन कुछ समान स्रोत रखती है जिनको दूसरी मशीन आवश्यकता के अनुसार प्रयोग करने की सक्षम होती है। उदाहरण के लिए एक छोटे घर का नेटवर्क इस प्रकार व्यवस्थित होता है

चित्र में एक नेटवर्क अभिन्यास दर्शाया गया है

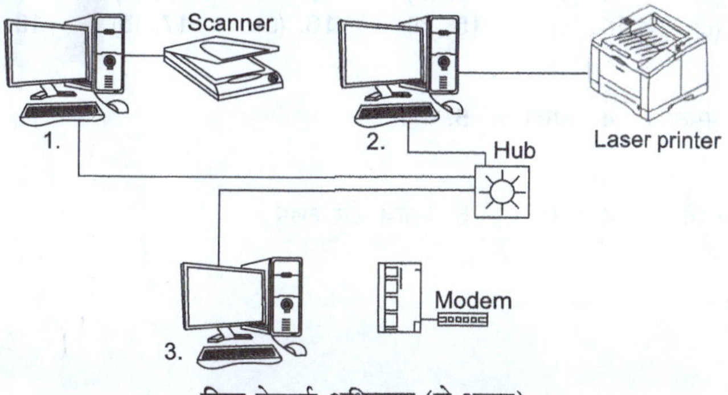

चित्र नेटवर्क अभिन्यास (ले-आउट)

एक मशीन स्कैनर से जुड़ी है जबकि अन्य प्रिन्टर से जुड़ी हुई है। गेम मशीन इण्टरनेट से जुड़ी है, जिसका सभी तीनों मशीनें प्रयोग कर सकती हैं। यह छोटे नेटवर्क का श्रेष्ठ तरीका है कि बहुत-सी आग्रहों (requests) को स्रोतों का प्रयोग करने के लिए ज्यादा दूर नहीं जाना पड़ता है। कुछ मुख्य सर्वरों का वर्णन निम्न प्रकार हैं

विविध प्रारूपी प्रश्न

सत्य/असत्य

1. ओपन-डोर टाइप नीति को अधिकार मॉडल (entitlment model) भी कहा जाता है।
2. नेटवर्क प्रदर्शन (performance) नेटवर्क की सर्विस गुणवत्ता के मापन को सन्दर्भित करता है।
3. सैण्डर (sender) एवं रिसीवर (receiver) के मध्य का डिले जिटर कहलाता है।
4. क्रिप्टोग्राफी के अन्तर्गत लिखी सूचना को एक साधारण यूजर भी आसानी से पढ़ सकता है।
5. साइफरटेक्स्ट (ciphertext) मैसेज व एन्क्रिप्टेड रूप है।

रिक्त स्थानों की पूर्ति

1. जटिल नेटवर्क को परस्पर जोड़ने तथा इनमें फास्ट कम्युनिकेशन को सुनिश्चित करने में ······· की आवश्यकता होती है।
2. ······· एक ऐसी डिवाइस होती है, जो OSI मॉडल की नेटवर्क लेयर पर कार्य करता है।
3. ······· का प्रयोग असमान अर्थात् हेट्रोजीनियस नेटवर्क्स को इण्टरकनेक्ट करने के लिए किया जाता है।
4. स्विच को ······· से अधिक उन्नत माना जाता है।
5. ······· विधि को अनुमति मॉडल कहा जाता है।

अतिलघु उत्तरीय

1. नेटवर्क सुरक्षा को संक्षेप में समझाएँ।
2. वायरस से आप क्या समझते हैं?
3. वर्चुअल प्राइवेट नेटवर्क (VPN) क्या है?
4. नेटवर्क सुरक्षा की विधियों का संक्षेप में वर्णन करें।
5. बैण्डविड्थ से आप क्या समझते हैं?

लघु उत्तरीय

1. त्रुटि दर क्या है? संक्षेप में वर्णन करें।
2. जिटर (jitter) से आप क्या समझते हैं?
3. मैक फिल्टरिंग का कार्य क्या होता है?
4. नेटवर्क सर्विलांस क्या है?
5. रिमोट प्रबन्धन का संक्षिप्त वर्णन करें।

दीर्घ उत्तरीय

1. नेटवर्क सुरक्षा में प्रयुक्त टूल्स का उल्लेख विस्तारपूर्वक करें।
2. फायरवॉल से आप क्या समझते हैं? नेटवर्क प्रणाली में फायरवॉल की उपयोगिता को विस्तारपूर्वक समझाएँ।
3. वायरलैस नेटवर्क की सुरक्षा का वर्णन विस्तारपूर्वक कीजिए।
4. कूट लेखन अर्थात् क्रिप्टोग्राफी का वर्णन करें।
5. कम्प्यूटर एवं नेटवर्क सर्विलांस से आप क्या समझते हैं? इसकी व्याख्या विस्तारपूर्वक कीजिए।

उत्तरमाला

बहुविल्पीय

1. (a)	2. (b)	3. (b)	4. (c)	5. (b)	6. (b)	7. (a)	8. (c)	9. (c)	10. (c)
11. (a)	12. (b)	13. (c)	14. (a)	15. (a)	16. (b)	17. (b)	18. (b)	19. (b)	20. (c)

सत्य/असत्य

1. सत्य 2. सत्य 3. असत्य 4. असत्य 5. सत्य

रिक्त स्थानों की पूर्ति

1. राउटर्स 2. राउटर 3. गेटवे 4. हब 5. क्लोज-डोर टाइप

□□□

फाइल सर्वर File Server

यह सर्वर वर्क स्टेशन के द्वारा एक्सेस किए गए फाइल को स्टोर करता है। यह डिस्क पर फाइल सिस्टम को कॉपी करता है एवं यूजर को विभिन्न स्थानों से लॉगइन (login) करने की अनुमति प्रदान करता है।

प्रिन्टर सर्वर Printer Server

यह सर्वर सभी प्रकार की प्रिन्टिंग आवश्यकताओं की पूर्ति करता है। यदि एक से अधिक यूजर प्रिन्ट की माँग करते हैं तो उस स्थिति में यह सर्वर सभी माँगों को एक कतार के रूप में व्यवस्थित कर फर्स्ट कम एवं फर्स्ट सर्व (FCFS) के आधार पर काम करता है।

डिस्क सर्वर Disk Server

यह सर्वर सेकेण्डरी स्टोरेज में स्टोर किए गए डेटा की एक बड़ी मात्रा को यूजर के लिए उपलब्ध कराता है।

कम्युनिकेशन सर्वर Communication Server

लोकल एरिया नेटवर्क (LAN) में दूसरे नेटवर्क को एक्सेस करने के लिए मॉडेम (modem) या टेलीफोन लाइन का उपयोग किया जाता है। इस स्थिति में कम्युनिकेशन सर्वर LAN यूजर के समूह को लम्बी दूरी वाले सन्देश प्रेषित करने में मदद करता है।

वेब सर्वर Web Server

ये सर्वर या तो कम्प्यूटर हॉर्डवेयर या सॉफ्टवेयर एप्लीकेशन होते हैं, जो इण्टरनेट के माध्यम से किसी सामग्री को एक्सेस करने की सुविधा प्रदान करते हैं। यह सर्वर कम्प्यूटर एवं उसमें स्थापित प्रोग्राम का एक संयुक्त रूप होता है, जो वेब ब्राउजर के माध्यम से क्लाइण्ट के साथ सम्पर्क स्थापित करता है। यह सर्वर क्लाइण्ट-सर्वर मॉडल के सिद्धान्त के आधार पर कार्य करता है।

विशेषताएँ Features

इसकी मुख्य विशेषताएँ निम्नलिखित हैं

1. यह काल्पनिक होस्टिंग प्रदान करता है।
2. यह बड़ी-बड़ी फाइलों को सपोर्ट करने में सक्षम होता है।
3. यह नेटवर्क को सन्तृप्त होने से बचाता है एवं कई सारे क्लाइण्ट को सुविधाएँ प्रदान करने में सक्षम होता है।
4. यह डॉयनामिक वेबपेज का निर्माण करता है।

22.2 एप्लीकेशन सर्वर Application Server

यह सर्वर एक सॉफ्टवेयर फ्रेमवर्क है जो एप्लीकेशन को रन करने के लिए एक माध्यम प्रदान करता है। एप्लीकेशन सर्वर मुख्य रूप से त्रिस्तरीय एप्लीकेशन है, जिसे निम्न प्रकार से समझा जा सकता है

ग्राफिकल यूजर इण्टरफेस सर्वर
(Graphical User Interface Server) (GUI)
डेटाबेस सर्वर (Database Server)
ट्रांजेक्शन सर्वर (Transaction Server)

विशेषताएँ Features

इस सर्वर की निम्नलिखित विशेषताएँ हैं

1. यह सर्वर डेटा एवं कोड को एकीकृत कर उसे मैनीपुलेट करने की सुविधा प्रदान करता है।
2. इसमें डेटाबेस सर्वर एवं सिस्टम सेटिंग सभी प्रक्रियाएँ केन्द्रीकृत होती हैं।
3. यह नेटवर्क ट्रैफिक को सीमित कर उसके प्रदर्शन को और बेहतर बनाता है।
4. यह ट्रांजेक्शन सपोर्ट प्रदान करता है जिसके फलस्वरूप लागत में बचत होती है।

22.3 डेटाबेस सर्वर Database Server

यह सर्वर एक कम्प्यूटर प्रोग्राम है, जो अन्य कम्प्यूटरों को डेटाबेस सर्विस की सुविधा प्रदान करता है। इस प्रकार के सर्वर को या तो फ्रण्ट एण्ड (front end) या पैक एण्ड (pack end) के माध्यम से एक्सेस किया जा सकता है। Oracle, DB2, Informix एवं SQL सर्वर डेटाबेस सर्वर के ही उदाहरण हैं।

विशेषताएँ Features

इस सर्वर की निम्नलिखित विशेषताएँ हैं

1. इसमें किसी संगठन से सम्बन्धित सभी डेटा एक ही स्थान पर स्टोर होते हैं।
2. यह डेटा की सुरक्षा को बढ़ाने की सुविधा प्रदान करता है।
3. इसमें डेटा इस प्रकार से व्यवस्थित रहते हैं कि इनकी सर्चिंग एवं रिट्रीवल तीव्र गति से होती है।
4. इस प्रकार के सर्वर में डेटा को सर्च करना एवं उसे प्राप्त करना काफी आसान होता है।
5. इसमें बहुत सारे क्लाइण्ट एक ही बार में स्टोर डेटा को एक्सेस कर सकते हैं।

22.4 सर्वर हार्डवेयर Server Hardware

जब आप विण्डोज सर्वर 2008 की स्थापना करते हैं, तब हमें हार्डवेयर युक्तियों की भी आवश्यकता पड़ती है; जैसे— प्रोसेसर, रैम और हार्डडिस्क इत्यादि। सर्वर ही मुख्य रूप से संसाधनों, अनुप्रयोगों और प्रिन्ट जॉब के प्रबन्ध के लिए उत्तरदायी है। इसलिए सर्वर ऑपरेटिंग सिस्टम के लिए सर्वर की स्थापना करने से पूर्व प्रयुक्त हार्डवेयर को सुनिश्चित करना आवश्यक हो जाता है, जिसमें विण्डोज सर्वर 2008 के लिए प्रयुक्त हार्डवेयर की आवश्यकता को प्रदर्शित किया गया है।

तालिका विण्डोज सर्वर 2008 के इन्स्टॉलेशन हेतु आवश्यक हार्डवेयर की सूची

प्रोसेसर	कम-से-कम 1 GHz 32 bit प्रोसेसेर एवं अधिकतम 2GHz या इससे अधिक गति युक्ति संस्तुत किया गया है। विण्डोज सर्वर 2008 के लिए इटेनियम पर आधारित इन्टेल इटेनियम 2 प्रोसेसर आवश्यक।
रैम	कम-से-कम 512 MB एवं अधिकतम 2GB या इससे अधिक (पूर्ण संस्थापन) संस्तुत किया गया। 32 बिट सिस्टम में 4GB (स्टैण्डर्ड संस्करण) या 64 GB (इण्टरप्राइज और डेटासेन्टर संस्करण) के लिए। 64 बिट सिस्टम के लिए 32 GB हार्डडिस्क (स्टैण्डर्ड संस्करण) या 2 TB (इण्टरप्राइज, डेटासेन्टर और इटेनियम पर आधारित सिस्टम) के लिए।
हार्डडिस्क में खाली स्थान	अधिक-से-अधिक 10 GB
ड्राइव	डीवीडी
डिस्प्ले	सुपर वीजीए या इससे उच्च रीजॉल्यूशन
बाह्य युक्तियाँ	की-बोर्ड और माइक्रोसॉफ्ट कम्पैटिबल माउस या प्वॉइण्टिंग डिवाइस।

विण्डोज सर्वर 2008 के इन्स्टॉलेशन के पूर्व आवश्यक हार्डवेयरों की जानकारी होने के पश्चात् विण्डोज सर्वर 2008 की स्थापना के पदों का अध्ययन अग्र शीर्षक में करेंगे जिससे विण्डोज सर्वर के इन्स्टॉलेशन के विषय में सीखेंगे।

22.5 विण्डोज सर्वर 2008 की स्थापना के पद Installation Steps of Windows Server 2008

सिस्टम में आवश्यक हार्डवेयर की उपलब्धता के पश्चात् विण्डोज सर्वर 2008 की स्थापना की जा सकती है।

विण्डोज सर्वर 2008 को इन्स्टॉल करने के लिए निम्न पदों का अनुसरण करते हैं

1. सर्वप्रथम डीवीडी ड्राइव में विण्डोज सर्वर 2008 की डीवीडी इन्सर्ट (insert) करते हैं।
2. अपने सिस्टम को रिबूट करने के पश्चात् बूटिंग स्क्रीन पर Press Any Key To Boot From CD/DVD मैसेज दिखाई देता है।
3. की-बोर्ड पर कोई बटन दबाते हैं जिससे विण्डोज सर्वर 2008 का सेटअप लोड होना प्रारम्भ कर देता है।
4. Language to install कॉम्बो बॉक्स से Language चुनते हैं। चित्र में प्रदर्शित लैंग्वेज के चुनाव में हमने अंग्रेजी (english) भाषा का चयन किया है।
5. Time and Currency Format कॉम्बो बॉक्स टाइम और करेन्सी फॉरमैट को चुनते हैं। हमने अंग्रेजी (UK) भाषा का चुनाव किया है।
6. Keyboard or Input Method कॉम्बो बॉक्स से की-बोर्ड या इनपुट को चुनते हैं।
7. विण्डोज सर्वर 2008 को इन्स्टॉल करने के लिए Next बटन पर क्लिक करते हैं।

अब Install Windows दिखाई देती है।

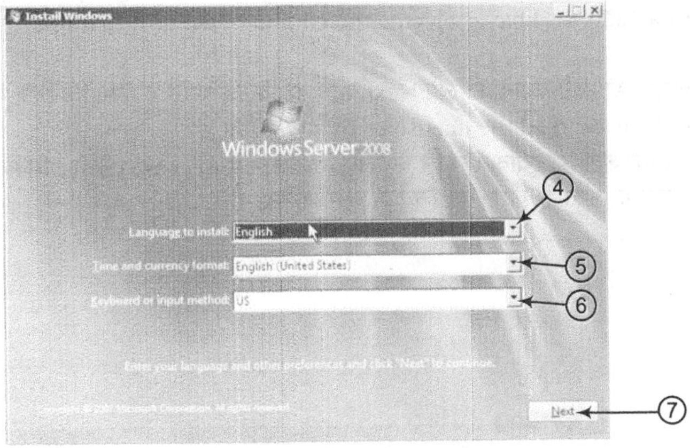

चित्र विण्डोज सर्वर 2008

8. विण्डोज सर्वर 2008 के इन्स्टॉलेशन को शुरू करने के लिए Install Now बटन पर क्लिक करते हैं, जैसा कि चित्र में दिखाया गया है।

चित्र इन्स्टॉलेशन

9. अब Type Your Product Key For Activation नाम का पेज दिखाई देता है। अब दर्शाए गए बॉक्स में प्रोडक्ट की (product key) को टाइप करते हैं एवं Next बटन पर क्लिक करें, जैसा कि चित्र में दिखाया गया है।

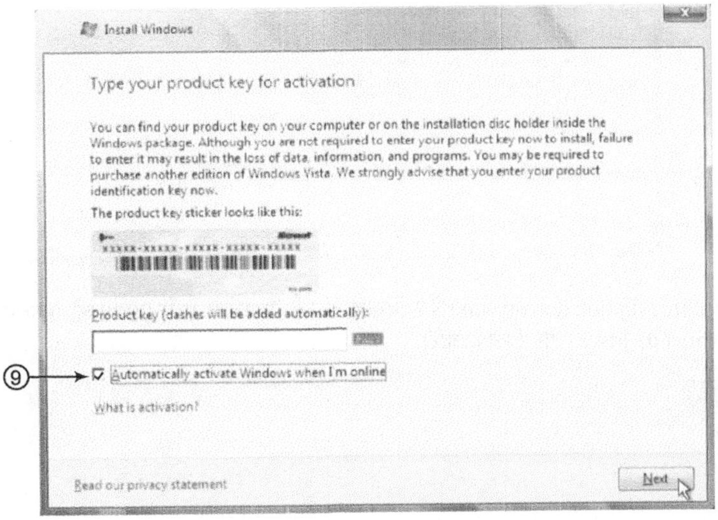

10. अब Select the Edition of Windows That You Purchased पेज (चित्रानुसार) दिखाई देता है। उस सर्वर संस्करण को चुनते हैं जिसे आप इन्स्टॉल करना चाहते हैं। I have selected the edition of window that I purchased विकल्प के बाएँ ओर चेक बॉक्स को चुनते हैं।
11. इन्स्टॉलेशन के प्रोसेस को आगे बढ़ाने के लिए Next बटन पर क्लिक करते हैं जैसा कि चित्र में दिखाया गया है। अब आगे प्रक्रम में Install Windows पेज में Please read the license term दिखाई देता है।
12. लाइसेन्स के नियम एवं शर्तों को स्वीकार करने के लिए I accept the license terms विकल्प के बाएँ ओर चेक बॉक्स को चुनते हैं। अब Next बटन पर क्लिक करते हैं जैसा कि चित्र में दर्शाया गया है।

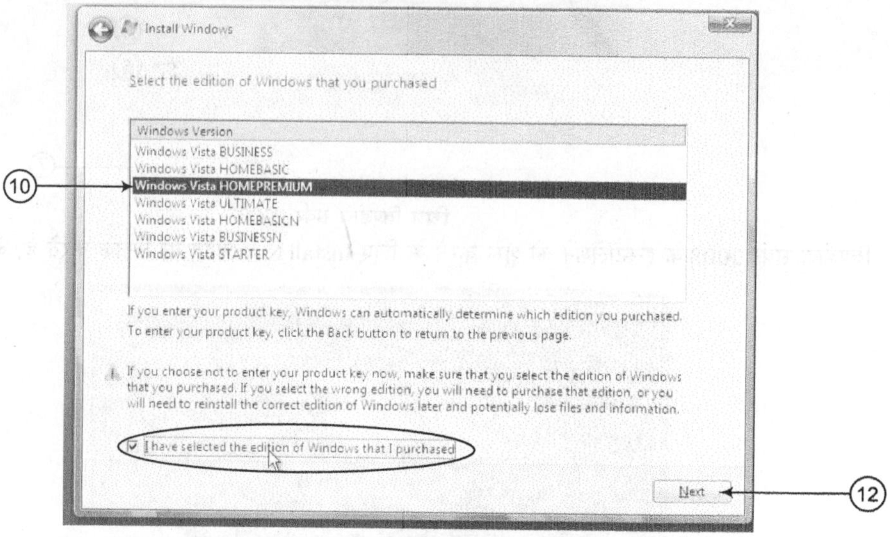

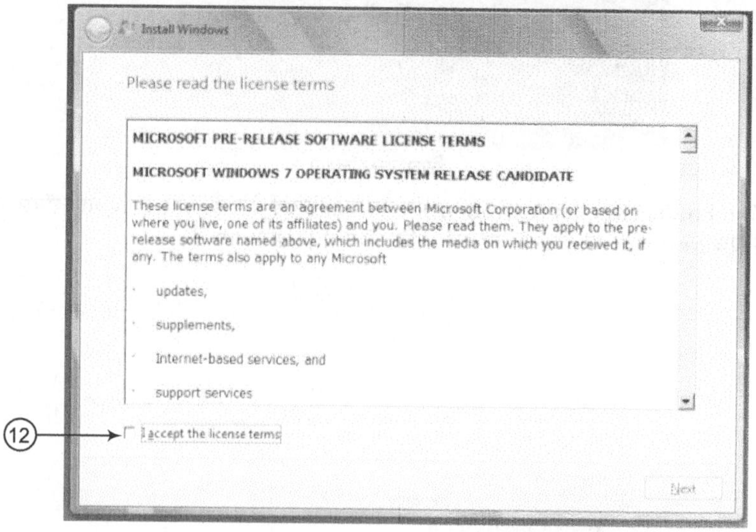

13. Which Type of Installation do you want पेज दिखाई देता है। विण्डोज सर्वर 2008 को एकदम सही कॉपी को इन्स्टॉल करने के लिए Custom (advanced) विकल्प पर क्लिक करें।

14. अब Where do you to install windows पेज दिखाई देता है। यह डिस्क ड्राइव के विषय में पूछता है जहाँ पर हम विण्डोज सर्वर को इन्स्टॉल करना चाहते हैं। विण्डोज सर्वर को इन्स्टॉल करने के लिए Disk 0 unalloacated space विकल्प को चुनकर Next बटन पर क्लिक करते हैं, जैसा कि निम्न चित्र में दर्शाया गया है।

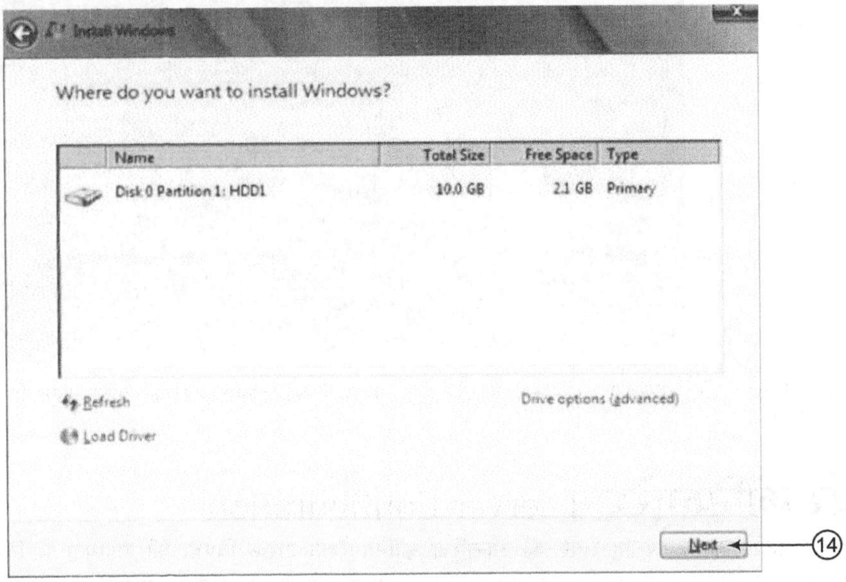

15. चूँकि डिस्क चुनी जा चुकी है, इसीलिए अब installing windows पेज दिखाई देता है, जो विण्डोज सर्वर 2008 को इन्स्टॉल करने में कुछ समय लेता है, जैसे ही इन्स्टॉलेशन का प्रथम भाग समाप्त होता है, सर्वर रीस्टार्ट (restart) होता है और डिफॉल्ट के द्वारा सेट किए गए पासवर्ड को बदलने के लिए बताता है।

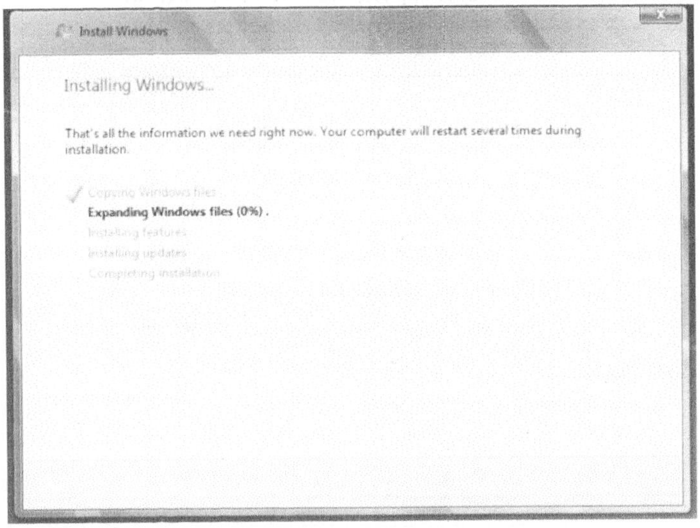

16. पासवर्ड को बदलने के लिए OK बटन पर क्लिक करते हैं, तो Administartors पेज दिखाई देता है जो आपको पासवर्ड डालने के लिए बताता है।

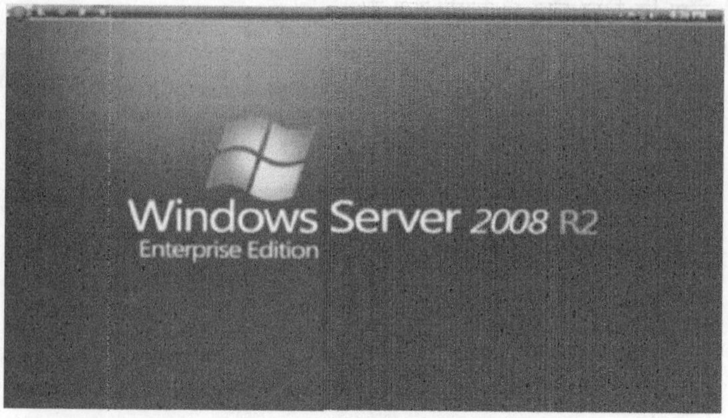

17. Administrators पासवर्ड को डालते हैं और पुन: पासवर्ड को डालकर उसकी पुष्टि करते हैं और उसके बाद Enter 'की' (key) दबाते हैं।

22.6 सर्वर कॉन्फिगुरेशन Server Configuration

विण्डोज इन्स्टॉलेशन के पश्चात् सर्वर को आन्तरिक कॉन्फिगुरेशन टास्क विण्डो की सहायता से विन्यसित करते हैं। विण्डोज सर्वर की कॉन्फिगुरेशन में विभिन्न कम्प्यूटर विकल्पों; जैसे—टाइम एवं डेट सेटिंग, नेटवर्किंग विकल्पों को समानुरूपता, कम्प्यूटर नेम एवं डोमेन प्रदान करने इत्यादि, ऑटोमैटिक अपडेटिंग (automatic updating) एवं फीडबैक लिंक (feed back link) इत्यादि को सेट (set) करने में समर्थ करता है। विण्डोज सर्वर 2008 में विभिन्न विकल्पों को विन्यसित करने के लिए निम्न पदों का अनुसरण करना चाहिए।

1. सर्वप्रथम Set Time Zone विकल्प पर क्लिक करते हैं। डेट एवं टाइम को सेट करने हेतु Date and Time डायलॉग बॉक्स में प्रदर्शित दिनांक एवं समय को डिफॉल्ट करते हैं तत्पश्चात् OK बटन पर क्लिक करते हैं।

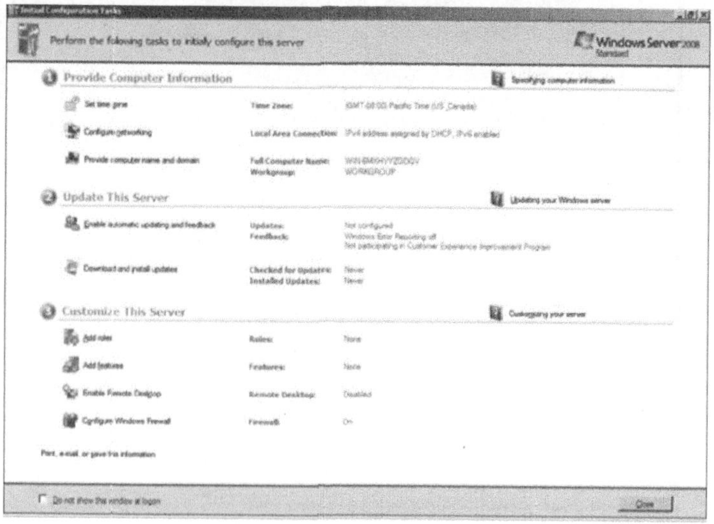

चित्र प्रारम्भिक कॉन्फिगुरेशन टास्क

2. अब Initial configuration task विण्डो पुन: दिखाई देती है इसमें configure networking विकल्प पर क्लिक करते हैं जिससे network connection विण्डो दिखाई देती है।
3. Local Area Connection विकल्प पर डबल क्लिक करते हैं तो local area connection status डायलॉग बॉक्स दिखाई देता है। इस डायलॉग बॉक्स में properties बटन पर क्लिक करते हैं, तब local area connection properties डायलॉग बॉक्स दिखाई देता है।
4. डिफॉल्ट द्वारा IPV6 सक्रिय (active) दिखाई देता है, चेक-बॉक्स को खाली करते हैं।
5. अब Internet Protocol Version 4 (TCP/IPV4) विकल्प के सामने प्रदर्शित चेक बॉक्स को चुनते हैं।

6. Internet Protocol Version 4 (TCP/IPV4) विकल्प पर डबल क्लिक करते हैं, तब Internet Protocol Version (TCP/IPV4) properties डायलॉग बॉक्स दिखाई देता है। use the following IP address को चुनकर IP address, subnet mask एवं default gateway के साथ-ही-साथ Preferred DNS server address को भी प्रविष्ट करते हैं।
7. Internet Protocol 4 Properties डायलॉग बॉक्स को बन्द करने के लिए OK बटन पर क्लिक करते हैं, जैसा कि चित्र में दिखाया गया है। Internet Protocol Version 4 Properties डायलॉग बॉक्स बन्द हो जाता है और Initial Configuration Tasks Windows पुन: दिखाई देती है।

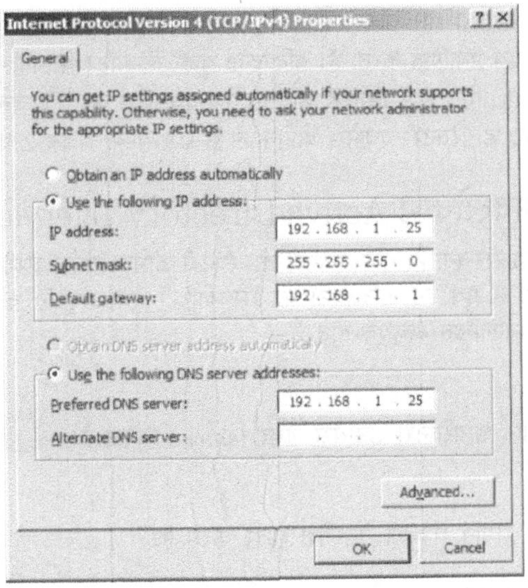

चित्र इण्टरनेट प्रोटोकॉल वर्जन 4

8. कम्प्यूटर नेम और डोमेन नेम को बदलने के लिए Initial Configuration Task में provider computer name and domain विकल्प पर क्लिक करते हैं।
9. System Properties डायलॉग बॉक्स में उपलब्ध कम्प्यूटर के नाम को बदलने के लिए Change विकल्प पर क्लिक करते हैं, तो Computer name/Domain Changes डायलॉग बॉक्स दिखाई देता है।
10. Computer Name टेक्स्ट बॉक्स में कम्प्यूटर का नाम टाइप करते हैं। यहाँ पर हमने नाम को KOGENT_TEST_SERVER टाइप किया है।
11. Domain के सामने रेडियो बटन पर क्लिक करें और डोमेन नेम को प्रविष्ट करते हैं। यहाँ पर हमने Kogent_domain टाइप किया हैं। OK बटन पर क्लिक करते हैं। Computer Name/Domain Changes मैसेज बॉक्स दिखाई देता है जो कॉन्फिगुरेशन में हुए परिवर्तनों को सुरक्षित करने के लिए कम्प्यूटर को रिस्टार्ट करने के लिए कहता है। OK बटन पर क्लिक करते हैं।

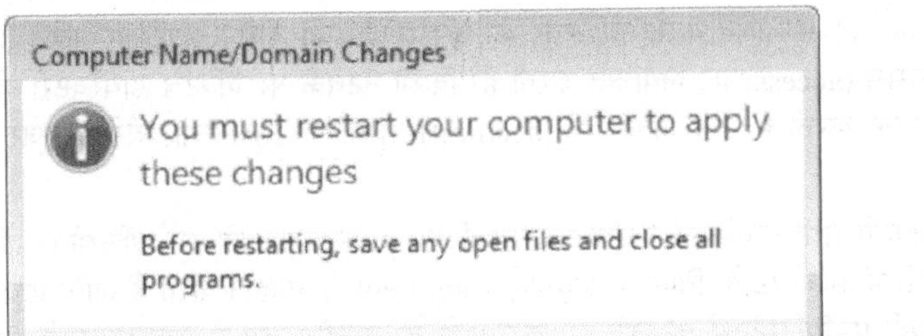

चित्र कम्प्यूटर नाम/डोमेन चेंज

12. जैसे ही आप OK बटन पर क्लिक करेंगे आपका सिस्टम रीस्टार्ट हो जाएगा और Initial Configuration Task Window स्वत: ही दिखाई देगी। update this server सेक्शन में आप एडमिनिस्ट्रेशन को Enable automatic updating and feedback लिंक का प्रयोग करके माइक्रोसॉफ्ट प्रोडक्ट अपडेटों को माइक्रोसॉफ्ट विण्डोज सर्वर और विण्डोज ऑपरेटिंग सिस्टम में जोड़ने के लिए सक्षम बना सकते हैं।
13. अब Enable automatic updating and feedback विकल्प पर क्लिक करते हैं।

22.7 एक्टिव डायरेक्टरी Active Directory

एक्टिव डायरेक्टरी एक डायरेक्टरी सर्विस होती है जिसे विण्डोज डोमेन नेटवर्क के लिए माइक्रोसॉफ्ट ने निर्मित किया। यह अधिकांश विण्डोज सर्वर ऑपरेटिंग सिस्टम में सर्विसों एवं प्रक्रमों के सेट के रूप में निहित होती है। प्रारम्भ में एक्टिव डायरेक्टरी केवल केन्द्रीय डोमेन प्रबन्धन की प्रभारी (.charge) थी। विण्डोज सर्वर 2008 आने के पश्चात् डायरेक्टरी आधारित आइडेन्टिटी (identity) सम्बन्धित सर्विसों के लिए मुख्य शीर्षक (title) बन गई।

एक्टिव डायरेक्टरी डोमेन सर्विस (ADDS) पर चालित (running) सर्वर डोमेन कण्ट्रोलर कहलाती है। यह विण्डोज डोमेन प्रकार के नेटवर्क में कम्प्यूटर्स एवं यूजर्स को अधिकृत एवं प्रमाणित करती है। यदि कोई यूजर कम्प्यूटर में लॉग-इन करता है जोकि विण्डोज डोमेन का एक भाग है, एक्टिव डायरेक्टरी सबमिट (submit) किए गए पासवर्ड को निर्धारित एवं जाँच करती है जबकि यूजर चाहे सिस्टम एडमिनिस्ट्रेटर हो या सामान्य यूजर। एक्टिव डायरेक्टरी लाइटवेट डायरेक्टरी एक्सेस प्रोटोकॉल (LDAP) के वर्जन 2 एवं 3, DNS इत्यादि का प्रयोग करती हैं।

एक्टिव डायरेक्टरी अवलोकन Active Directory Overview

डायरेक्टरी सामान्यत: एक श्रेणीबद्ध संरचना है। एक एक्टिव डायरेक्टरी डोमेन सर्विस जैसी डायरेक्टरी सर्विस रिसोर्सस, यूजर अकाउण्ट, ग्रुप्स इत्यादि की जानकारी प्रदान करती है एवं इन ऑब्जेक्टों की सिक्योरिटी एवं अनुमति को सेट करने की अनुमति प्रदान करती है। एक्टिव डायरेक्टरी नेटवर्क अवयव के निम्नलिखित अवयव होते हैं—

डोमेन Domain

कम्प्यूटरों एक ऐसा समूह जो समान डायरेक्टरी डेटाबेस शेयर (share) करता है।

डोमेन ट्री Doman Tree

एक या एक से अधिक डोमेन जो समान संस्पर्शी नेमस्पेश शेयर करते हैं।

डोमेन फॉरेस्ट Domain Forest

एक या एक से अधिक डोमेन ट्री जो समान डायरेक्टरी इन्फॉर्मेशन शेयर करते हैं।

ऑर्गेनाइजेशन यूनिट Organization Unit

डोमेन का एक उपसमूह जो लॉजिकल एडमिनिस्ट्रेटिव समूह में डोमेन के अन्दर आब्जेक्ट्स (objects) को व्यवस्थित करते हैं।

ऑब्जेक्ट्स Objects

ऑब्जेक्ट एकल संस्थाओं (entities); जैसे—कम्प्यूटर, यूजर्स, एप्लीकेशन इत्यादि को प्रदर्शित करता है।

एक्टिव डायरेक्टरी सर्विस Active Directory Service

एक्टिव डायरेक्टरी डोमेन सर्विस प्रत्येक विण्डोज डोमेन नेटवर्क का आधार है। यह डोमेन के मेम्बरों (members) के साथ-साथ युक्तियों एवं यूजर्स से सम्बन्धित इन्फॉर्मेशन भण्डारित करता है। सर्वर की इस सर्विस को डोमेन कण्ट्रोलर कहते हैं। एक्टिव डायरेक्टरी एक सर्विस है जो नेटवर्क संसाधनों के एक्सेस (access) को नियन्त्रित करती है। किसी नेटवर्क पर एक्टिव डायरेक्टरी जोड़ने, हटाने एवं संसाधनों की देख-रेख करना इत्यादि कार्य सम्पन्न करती है। यह अकाउण्ट (account) सम्बन्धित सूचनाओं; जैसे—यूजर, समूह एवं कम्प्यूटरों के लिए केन्द्रीय संग्राहक है।

एक्टिव डायरेक्टरी नेटवर्क में सभी ऑब्जेक्टों, जिसमें प्रयोगकर्ता, समूह, कम्प्यूटर, प्रिन्टर, पॉलिसी इत्यादि को डायरेक्टरी सेवाएँ प्रदान करती हैं। डायरेक्टरी सेवाएँ नेटवर्क में ऑब्जेक्ट के विषय में सूचनाएँ वर्गीकृत रूप से संग्रहीत करते हैं ताकि एडमिनिस्ट्रेटर इन ऑब्जेक्टों को सँभालने में सक्षम हो सकें यह नेटवर्क एडमिनिस्ट्रेटर्स को जुड़े हुए कम्प्यूटरों का केन्द्रीय रूप से प्रबन्धन करने, यूजर के समूहों के लिए पॉलिसी को सेट करने और बहुल कम्प्यूटरों के लिए नई एप्लीकेशनों को परिनियोजित करने की अनुमति प्रदान करती है। जब हम एक्टिव डायरेक्टरी को इन्स्टॉल करते हैं, तो विण्डोज सर्वर 2008 एक कम्प्यूटर को डोमेन कण्ट्रोलर की तरह विन्यस्त करता है। डोमेन कण्ट्रोलर नेटवर्क यूजर्स के लिए नेटवर्क के केन्द्रीय संग्रहण को उपलब्ध रखती है। डोमेन कण्ट्रोलर यूजर के अकाउण्ट की सूचनाओं को संग्रहीत करता है, प्रयोगकर्ता को प्रमाणित करता है और विण्डोज डोमेन के लिए सुरक्षा नीतियों को पुष्ट करता है। विण्डोज सर्वर में एक्टिव डायरेक्टरी निम्न विशेषताओं को सपोर्ट करती है।

- **एडी डीएस** (AD DS) नेटवर्क पर सूचनाओं को संग्रहीत करती है और इस सूचना को प्रयोगकर्ताओं और नेटवर्क एडमिनिस्ट्रेटरों को उपलब्ध कराती है।
- **एडी एफएस** (AD FS) संगठनों के लिए एक आईडेन्टीफाई फेडेरेशन सॉल्यूशन्स मुहैया करती है जिसका प्रयोग आईडेन्टिटी की सूचना को उनके नेटवर्कों के साथ शेयर करने के लिए किया जाता है ताकि नेटवर्क पर सूचना की सुरक्षा बनी रहे।

- **एक्टिव डायरेक्टरी लाइटवेट डायरेक्टरी सर्विसेज (एडी एलडीएस)** (Active Directory Lightweight Directory Services (AD LDS)) : एक्टिव डायरेक्ट्री में सुरक्षित सूचना को डेटा संग्रहण और सुधार मुहैया करती है।
- **एक्टिव डायरेक्टरी राइट्स मैनेजमेन्ट सर्विसेज** (Active Directory Rights Management Services (AD RMS)) : Information Protection Technolgy को सपोर्ट करती है ताकि डेटा के कन्टेट को अनाधिकृत एक्सेस से सुरक्षा प्रदान की जा सके। AD RMS में, एडमिनिस्ट्रेटर प्रयोगकर्ता को सूचनाओं को खोलने, उसे बदलने, प्रिन्ट करने और उसे आगे भेजने के लिए रोक और आज्ञा दे सकती है।

एक्टिव डायरेक्टरी की स्थापना
Installation of Active Directory

एक्टिव डायरेक्टरी केन्द्रीय प्रमाणित एवं अधिकृत सर्विसेज प्रदान करती है। विण्डोज सर्वर 2008 में एक्टिव डायरेक्टरी यूजर समूहों एवं कम्प्यूटरों के लिए डायरेक्टरी सेवाएँ प्रदान करती हैं। विण्डोज सर्वर 2008 में एक्टिव डायरेक्टरी की स्थापना हेतु निम्नलिखित पदों का अनुसरण करना चाहिए

1. सर्वप्रथम Start बटन पर क्लिक करते हैं तब स्क्रीन पर Start Menu दिखाई देता है। Start Menu के दाएँ भाग से Server Manager पर क्लिक करते हैं।
2. अब स्क्रीन पर Server Manager विण्डो दिखाई देती है, जहाँ पर Roles पर क्लिक करने पर Roles पेज दिखाई देता है।
3. अब Add Roles Wizard नाम से एक विण्डो दिखाई देती है किसी भी Roles सेवाओं को इन्स्टॉल करते समय Before You Begin पेज को पढ़ते हैं।
4. इसके बाद Next बटन पर क्लिक करते हैं जिससे Select Service Role पेज दिखाई देता है।
5. Active Directory Domain Service के सामने के चेक बॉक्स को चुनते हैं एवं Next बटन पर क्लिक करते हैं।
6. इस प्रकार से सर्वर पर एक्टिव डायरेक्टरी इन्स्टॉल हो जाती है।

22.8 डोमेन नेम सिस्टम
Domain Name System, DNS

डोमेन नेम सिस्टम एक प्रकार के बड़े कम्प्यूटर होते हैं जिनका कार्य इण्टरनेट के आईपी एड्रेस और नामों की जानकारी रखना है। जैसे ही कोई नाम कम्प्यूटर से जुड़ने के लिए कहता है तो सबसे पहले डोमेने नेम सिस्टम उस विशेष नाम का पता अपने द्वारा ढूँढ़ता है और फिर उस आईपी एड्रेस से कम्प्यूटर का इण्टरनेट से सम्पर्क बनाया जाता है।

डोमेन नेम सिस्टम प्राय: होस्ट नेम्स (host names) का ट्रांसलेशन IP एड्रेसेज में IP एड्रेस में एवं IP एड्रेसेज का ट्रांसलेशन होस्ट नेम्स (host names) में करने में समन्वय प्रदान करता है। प्रत्येक डोमेन के दो न्यूनतम भाग होते हैं जो एक बिन्दु (. dot) द्वारा विभक्त होते हैं। यदि रिमोट मशीन लॉगिंग (logging) अथवा प्रामाणिकता का प्रदर्शन करती है तो IP एड्रेसेज का होस्ट नेम्स (host names) में ट्रांसलेशन आवश्यक होता है। डोमेन नेम्स (domain names) में एक पदानुक्रम (hierachy) सम्मिलित होता है, इसलिए ये अद्वितीय (unique) होते हैं और याद करने में भी सरल होते हैं। यह ध्यान रखना महत्त्वपूर्ण है कि यदि यह एक एड्रेस (address) है, तो इसका अद्वितीय (unique) होना आवश्यक है।

DNS संचार DNS Communication

प्रत्येक DNS सर्वर विभिन्न रूट-नेम सर्वर्स (root-name servers) का IP एड्रेस रखता है। ये सर्वर टॉप लेवल डोमेन तथा इन डोमेन के लिए प्रामाणिक (authoritative) DNS सर्वर्स के IP एड्रेस की लिस्ट को मेनटेन (manitain) करने के लिए उत्तरदायी होते हैं। एक विशिष्ट डोमेन के लिए प्रामाणिक सर्वर सूचना का अन्तिम स्रोत (final source) होता है। ये सर्वर एडमिनिस्ट्रेटर द्वारा रन किया जाता है, जिसमें वह नेटवर्क कॉन्फिगुरेशन के परिवर्तित होने पर परिवर्तन करता है। ये सर्वर्स नेम रिजोल्यूशन प्रक्रिया का एक छोटा कार्य सम्पन्न करते हैं, परन्तु ये फिर भी एक सेकण्ड में सैकड़ों रिक्वेस्ट को प्रोसेस करते हैं।

एक DNS सर्वर चित्रानुसार नेम में उपस्थित टॉप लेवल डोमेन के प्रामाणिक सर्वर एड्रेस द्वारा रिक्वेस्ट किए गए रूट-नेम सर्वर्स को भेजे गए नेम को रिजोल्व करने की कोशिश करता रहता है।

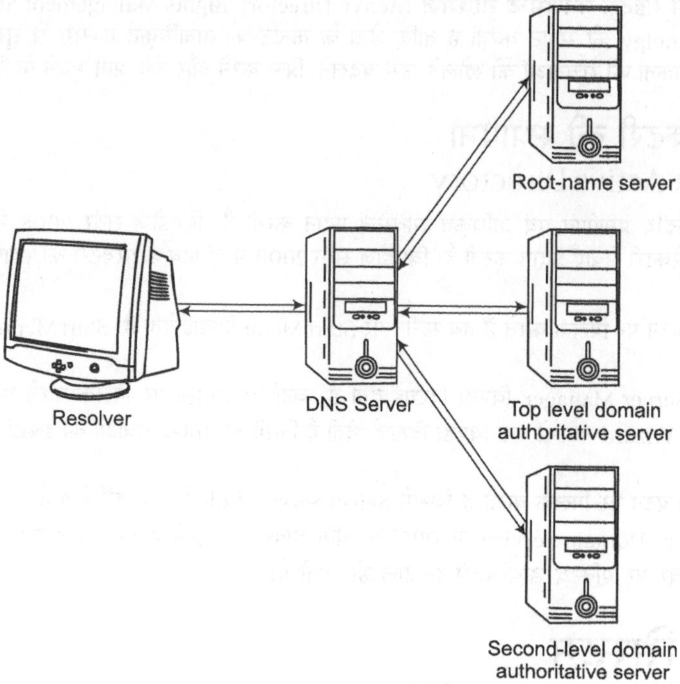

चित्र DNS नेम रिजोल्यूशन प्रोसेस

नेम को रिजोल्व करने के लिए सर्वर रूट-नेम सर्वर को रिक्वेस्ट भेजता है तथा com डोमेन के प्रमाणिक सर्वर से एड्रेस पूछता है। यह प्रमाणिक सर्वर com डोमेन के लिए अधिकृत होता है इसलिए यह एक स्टेप को छोड़कर microsoft.com डोमेन प्रमाणिक सर्वर हेतु एड्रेस भेज देता है अन्यथा रूट-नेम सर्वर टॉप लेवल डोमेन सर्वर के एड्रेस के साथ रेस्पॉन्स करता है तथा वास्तविक सर्वर टॉप लेवल डोमेन सर्वर को सेकण्ड लेवल डोमेन प्रामाणिक सर्वर हेतु एक नई प्रामाणिक सर्वर का एड्रेस पता कर लेता है तब वह डोमेन प्रामाणिक एड्रेस पता कर लेता है तब वह होस्ट www के IP एड्रेस हेतु रिक्वेस्ट उत्पन्न करता है। अब microsoft. com सर्वर रिक्वेस्ट IP एड्रेस को रेस्पॉन्स करता है तथा वास्तविक सर्वर क्लाइण्ट को एड्रेस भेज देता है।

नेम रिजोल्यूशन Name Resolution

किसी नेटवर्क में उपस्थित कम्प्यूटर्स के नेम निर्धारण करने के लिए प्रयोग की जाने वाली प्रक्रिया नेम रिजोल्यूशन कहलाती है। इसके मुख्यत: दो प्रकार होते हैं

होस्ट नेम HOST Names

कम्प्यूटर्स के मध्य संचार एवं एक-दूसरे को पहचानने (recognize) का IP एड्रेस सर्वोत्तम तरीका है, परन्तु ये सब उपयोगकर्ताओं (users) के लिए सरल माध्यम नहीं होते हैं। इस स्थिति में यूजर्स को वेब पर सर्फिंग करते समय प्रत्येक साइट हेतु अथवा लोकल नेटवर्क पर ड्राइव या प्रिन्टर को एक्सेस करने हेतु IP एड्रेस ध्यान रखना अनिवार्य हो जाता हैं। TCP/IP को उपयागकर्ताओं हेतु सरल बनाने के लिए डेवलपर इन्हें होस्ट नेम (host name) प्रदान कर देते हैं जिससे एडमिनिस्ट्रेटर नेटवर्क में कम्प्यूटर्स को आसान होस्ट नाम दे सकते हैं तथा आवश्यकतानुसार उन होस्ट नेम को पुन: IP एड्रेस में परिवर्तित कर सकते हैं।

होस्ट नेम एक कम्प्यूटर को प्रदर्शित करने के लिए एडमिनिस्ट्रेटर द्वारा निर्धारित किया गया सरल नाम है। नेटवर्क में उपस्थित प्रत्येक कम्प्यूटर का होस्ट नेम कम्प्यूटर में उपस्थित 'होस्ट' नाम की टेक्स्ट फाइल में स्टोर होता है। होस्ट फाइल में नेटवर्क में संयोजित सभी कम्प्यूटर्स के होस्ट नेम के साथ-साथ IP एड्रेस भी उपस्थित होते हैं। नेटवर्क किसी अन्य कम्प्यूटर के साथ कम्युनिकेशन हेतु उसके होस्ट नेम को ही दिया जाता है जिसे आपका कम्प्यूटर होस्ट फाइल में से देखकर IP एड्रेस में परिवर्तित कर लेता है। होस्ट नेम को उसके तुल्य IP एड्रेस में परिवर्तित करने की प्रक्रिया 'नेम रिजोल्यूशन' कहलाती है। नेम रिजोल्यूशन प्रक्रिया एक अनिवार्य प्रक्रिया है, क्योंकि IP डेटाग्राम (datagram) डेस्टीनेशन की पहचान हेतु IP एड्रेस का प्रयोग करता है न कि उसके होस्ट नेम का। प्रत्येक कम्प्यूटर स्वयं की एक होस्ट फाइल रखता है, जिसमें होस्ट नेम के साथ-साथ IP एड्रेस भी स्टोर किए जाते हैं।

नेटबॉयस नाम Net BIOS Names

नेटबॉयस एक प्रोग्रामिंग इण्टरफेस है जिसके प्रयोग से कम्प्यूटर के नेटवर्किंग हॉर्डवेयर से नेटवर्क द्वारा कम्युनिकेट किया जाता है। नेटबॉयस का अपना एक नेम स्पेस (name space) होता है, जो नेटवर्क में उपस्थित कम्प्यूटर्स की पहचान (identify) करने के लिए Net BEUI को उसी प्रकार प्रयोग करता है जिस प्रकार IP अपना IP एड्रेस और IPX अपना हार्डवेयर एड्रेस प्रयोग करता है।

विण्डोज इन्स्टॉल करते समय कम्प्यूटर सिस्टम को जो नाम एसाइन होता है वास्तव में वह नेटबॉयस नेम होता है जोकि नेटवर्क में यूनिक होना अनिवार्य है। नेटबॉयस नेम की लम्बाई 16 अक्षरों (characters) की होती है। विण्डोज इस नेटबॉयस नेम में से यूजर के लिए एसाइन एल्फान्यूमैरिक अक्षरों को छोड़कर कोड के लिए शेष 15 अक्षरों को रिजर्व करता है, जो उसके संसाधन के प्रकारों के लिए आइडेन्टिफाई करता है। नेटबॉयस नेम को विभिन्न कोड आइडेन्टिफाई कर सकते हैं; जैसे—कण्ट्रोलर का प्रदर्शन, डोमेन कण्ट्रोलर, यूजर, ग्रुप तथा अन्य संसाधन इत्यादि। यदि हम कम्प्यूटर को 15 अक्षरों से कम अथवा अधिक का नाम एसाइन करते हैं, तब भी सिस्टम 15 अक्षर ही लेता है। इसलिए आइडेन्टिफिकेशन कोड सदैव अन्तिम अक्षर ही होता है।

DNS का संक्षिप्त विवरण Overview of DNS

जब आप TCP/IP को रेफर करने के लिए कम्प्यूटर का DNS नेम प्रयोग करते हैं; जैसे—वेब ब्राउजर में www.microsoft.com टाइप करते हैं, तब डेस्टीनेशन सर्वर को ट्रेफिक भेजने से पहले आपका वर्कस्टेशन नेम रिजोल्यूशन प्रक्रिया को सम्पन्न करता है। यदि आप तीव्रता से देखते हैं तो आपके ब्राउजर डिस्प्ले पर एक सेकण्ड से कम समय के लिए स्टेटस मैसेज दिखाई देता है, जोकि नेम को रिजोल्व करते हुए प्रदर्शित करता है। नेम रिजोल्यूशन प्रक्रिया को सम्पन्न करते समय TCP/IP क्लाइण्ट कान्फिगुरेशन में निर्धारित एड्रेस वाले DNS सर्वर को क्लाइण्ट कम्प्यूटर नेम सहित मैसेज ट्रांसमिट करता है। प्रत्येक कम्प्यूटर में रन करने वाले TCP/IP जिसे DNS क्लाइण्ट इम्प्लीमैन्शन द्वारा पहचाना जाता है, उसी को रिजोल्व (resolver) कहते हैं। DNS सर्वर IP एड्रेस को निर्धारित करता है तथा इसे रिजोल्वर द्वारा प्रदान किए गए नेम के साथ क्लाइण्ट को वापिस भेज देता है। अब क्लाइण्ट इस IP एड्रेस का प्रयोग करके वांछित गंतव्य पर वास्तविक संदेश भेज सकता है।

DNS का प्राइमरी भाग इसका पदानुक्रम नेमस्पेस (hierachical namesp@ce) होता है जो तीन या अधिक शब्दों से निर्मित नेम द्वारा कम्प्यूटर्स को आइडेन्टिफाई करता है। इन शब्दों को अवधि (period) के द्वारा अलग-अलग किया जाता है। कम्प्यूटर के DNS नाम में होस्ट नेम एवं डोमेन नेम समाहित होते हैं। दो या अधिक शब्दों से बना डोमेन नेम नेटवर्क अथवा नेटवर्क पर रन करने वाली आर्गेनाइजेशन को आइडेन्टिफाई करता है तथा होस्ट नेम नेटवर्क में उपस्थित एक विशिष्ट कम्प्यूटर अथवा ऑर्गेनाइजेशन को आइडेन्टिफाई करता है। उदाहरण के लिए डोमेन microsoft.com में www एक विशिष्ट होस्ट का नाम है।

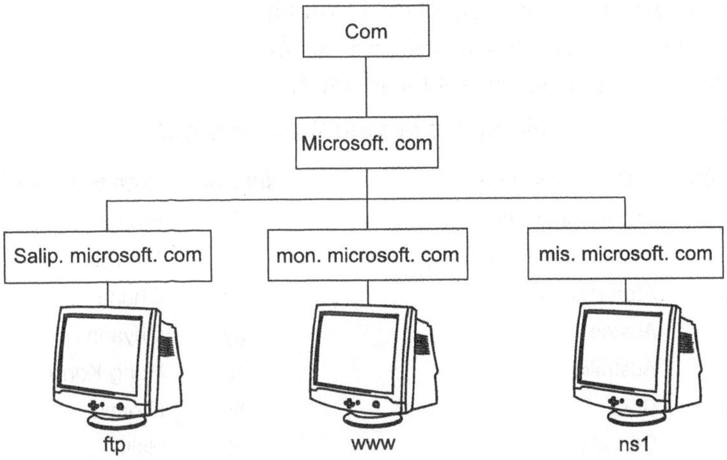

चित्र विविध डोमेन लेवल अथवा दो डोमेन लेवल व होस्ट नेम सहित DNS नेम

डोमेन नेम इण्टरनेट पर ऑर्गेनाइजेशन के साथ रजिस्टर्ड होने चाहिए, जोकि उनके डुप्लीकेशन न होने के लिए जिम्मेदार होता है चित्र में प्रदर्शित microsoft.com डोमेन आवश्यकतानुसार सब-डोमेन बना सकता है। इसमें एक ऑनर (owner) अपनी इच्छानुसार एक से अधिक होस्ट अथवा सब-डोमेन बनाने की सामर्थ्य रखता है। DNS नेम दाएँ हाथ से बाएँ हाथ (right hand to left hand) की ओर पढ़े जाते हैं। दायीं ओर अन्त में स्थित शब्द डोमेन पदानुक्रम (domain-hirarchy) के टॉप (top) को प्रदर्शित करता है; जैसे www.microsoft.com में 'com' टॉप लेवल डोमेन कहलाता है। वास्तविक DNS स्टैण्डर्ड आठ टॉप लेवल डोमेन को परिभाषित करता है, जो com, edu, gov, mil, net, org, int and arpa हैं। आजकल इनके अतिरिक्त भी विश्व में अन्य प्रकार के टॉप लेवल डोमेन एड हो गए हैं। ये अन्तर्राष्ट्रीय टॉप लेवल डोमेन में केवल दो अक्षर होते हैं।

इनको निम्न प्रकार से समझा जा सकता है

डोमेन की श्रेणियाँ Categories of Domain

डोमेन नेम को मुख्य रूप से दो वर्गों में विभाजित किया जा सकता है

जेनेरिक टॉप लेवल डोमेन Generic Top Level Domain, GTLD

- जेनेरिक टॉप लेवल डोमेन को GTLD के नाम से भी जाना जाता है।
- इसका प्रयोग किसी विशेष वर्ग या संस्थाओं द्वारा किया जाता है।
- ये तीन या तीन से अधिक अक्षरों तक लम्बे हो सकते हैं।
- इनके नाम संस्था के नामों के अनुसार भी हो सकते हैं।

तालिका कुछ प्रचलित डोमेन नेम

डोमेन नेम	प्रयोग क्षेत्र
.aero	एयरपोर्ट क्षेत्रों के लिए
.biz	व्यावसायिक संस्थाओं के लिए
.com	व्यावसायिक संस्थाओं के लिए
.coop	सहकारी संस्थाओं के लिए
.edu	शैक्षणिक संस्थाओं के लिए
.gov	सरकारी संस्थाओं के लिए
.info	सूचना प्रदान करने वाली संस्थाओं के लिए
.jobs	रोजगार से सम्बन्धित संस्थाओं के लिए
.org	सरकारी या गैर-सरकारी संस्थाओं के लिए
.int	अन्तर्राष्ट्रीय संस्थाओं के लिए
.net	नेटवर्क इन्फ्रास्ट्रक्चर वाली संस्थाओं के लिए

कण्ट्री टॉप लेवल डोमेन Country Top Level Domain

- कण्ट्री टॉप लेवल डोमेन को CCTLD के नाम से भी जाना जाता है।
- इसके अन्तर्गत देशों के नाम के अनुसार डोमेन नेम बनाए जाते हैं।

तालिका प्रचलित डोमेन नेम व उनके यूजर

डोमेन नेम	प्रयोग करने वाले देश	डोमेन नेम	प्रयोग करने वाले देश
.ac	Ascension Island	.fr	France
.ae	United Arab Emirates	.ge	Georgia
.af	Afghanistan	.gh	Ghana
.at	Austria	.gy	Guyana
.au	Australia	.hk	Hong Kong
.br	Brazil	.hr	Croatia
.ca	Canada	.ht	Haiti
.dk	Denmark	.id	Indonesia
.dm	Dominica	.ie	Ireland
.dz	Algeria	.il	Israel
.eg	Egypt	.zm	Zambia
.es	Spain	.zw	Zimbabwe
.fi	Finland		

22.9 डायनामिक होस्ट कॉन्फिगुरेशन प्रोटोकॉल Dynamic Host Configuration Protocol, DHCP

माइक्रोसॉफ्ट ने RARP एवं BOOTP के दोषों को दूर करने हेतु DHCP को बनाया है। DHCP का आधार BOOTP एक बड़े रूप में है, परन्तु TCP/IP क्लाइण्ट के समान सरलतापूर्वक पूर्व निर्धारित कॉन्फिगुरेशन पैरामीटर्स को फीड करने के स्थान पर DHCP पूल से डायनमिक रूप से IP ऐड्रस निर्धारित (allocate) करता है तथा जब वह अधिक समय तक प्रयोग में नहीं आते हैं, तो उन्हें पुन: क्लेम करता है। DHCP वर्कस्टेशन को डुप्लीकेट IP एड्रेस एसाइन होने से सुरक्षा प्रदान करता है और सबनेट के चारों ओर मैनुअल रहित कॉन्फिगर होने के लिए एडमिनिस्ट्रेटर को मूव करने में सहायता प्रदान करता है। DHCP, TCP/IP क्लाइण्ट को कॉन्फिगुरेशन पैरामीटर्स की एक वृहत-रेंज प्रदान करने में सक्षम है, जबकि इसमें तीसरी पार्टी डेवलेपर द्वारा एड किए जाने वाले प्लेटफॉर्म स्पेसिफिक पैरामीटर्स भी सम्मिलित हैं।

DHCP का संक्षिप्त विवरण Overview of DHCP

DHCP के मुख्यत: तीन अवयव होते हैं जो कि एक-दूसरे के मध्य संचार करने के लिए प्रयोग किए जाते हैं। ये अवयव क्लाइण्ट, सर्वर एवं प्रोटोकॉल हैं। आज के समय में DHCP, नेटवर्किंग क्लाइण्ट के साथ ही एकीकृत होता है, जबकि आजकल ऑपरेटिंग सिस्टम भी एकीकृत होने के कारण DHCP को पृथक् रूप से उल्लेख (refer) नहीं करता है। माइक्रोसॉफ्ट विण्डोज 200 सिस्टम में उदाहरणस्वरूप जब आप TCP/IP प्रोपर्टीज डायलॉग बॉक्स में "Obtain an IP address automatically" को सलेक्ट करते हैं तब आप वास्तविक रूप से DHCP क्लाइण्ट को एक्टिवेट करते हैं। DHCP सर्वर कम्प्यूटर पर रन करने वाली एक एप्लीकेशन है जोकि DHCP क्लाइण्ट से सर्विस रिक्वेस्ट प्रदान करती है। विण्डोज 2000 सर्वर एवं माइक्रोसॉफ्ट विण्डोज NT सर्वर दोनों के ऑपरेटिंग सिस्टम में DHCP सर्वर एप्लीकेशन शामिल होती है, परन्तु अन्य प्लेटफॉर्मों के लिए इनमें कई बदलाव करने पड़ते हैं। DHCP का प्रयोग UNIX, NOVell Netware एवं माइक्रोसॉफ्ट नेटवर्क में बड़ी मात्रा में किया जाता है। एक DHCP क्लाइण्ट किसी अन्य प्लेटफॉर्म द्वारा रन करते हुए DHCP सर्वर से कॉन्फिगुरेशन सेटिंग रिट्रिव कर सकता है। माइक्रोसॉफ्ट द्वारा निर्मित DHCP पब्लिक BOOTP स्टैण्डर्ड पर आधारित है, जोकि ओपन TCP/IP स्टैण्डर्ड के समकक्ष होता है।

DHCP का मुख्य कार्य IP एड्रेस को एसाइन करना है, जोकि इस सुविधा का सबसे कठिन कार्य है, क्योंकि इस स्थिति में प्रत्येक कम्प्यूटर के लिए एक यूनिक अर्थात् विशिष्ट IP एड्रेस होना चाहिए। DHCP मूलत: निम्न तीन प्रकार से IP एड्रेस को निर्धारित कर सकता है।

मैनुअल निर्धारण Manual Allocation

एडमिनिस्ट्रेटर कम्प्यूटर पर DHCP सर्वर में स्पेसिफिक IP एड्रेस एसाइन करता है तथा सर्वर कम्प्यूटर द्वारा रिक्वेस्ट किए जाने पर उस एड्रेस को प्रदान करता है।

ऑटोमेटिक निर्धारण Automatic Allocation

DHCP सर्वर एड्रेस के सामान्य वितरित कोष (common pool) से IP एड्रेस सहित क्लाइण्ट सप्लाई करता है तथा क्लाइण्ट एसाइन किए गए IP एड्रेस को सदैव के लिए सुरक्षित कर लेता है।

डायनामिक निर्धारण Dyamic Allocation

DHCP सर्वर एड्रेस के वितरित कोष (Common pool) को लीज आधार (leased basis) पर क्लाइण्ट को IP एड्रेस प्रदान करता है। क्लाइण्ट निश्चित समयावधि के पश्चात् लीज को रिन्यू कराता रहता है तथा एड्रेस वितरित कोष में पुन: लोकेट हो जाता है।

मैनुअल निर्धारण BOOTP एड्रेस एसाइन करने के समकक्ष कार्य है। इसके द्वारा एडमिनिस्ट्रेटर के समय की बचत होती है, परन्तु यह उन सभी सिस्टम के लिए अनिवार्य होता है, जिन्हें स्थायी (Permanent) IP एड्रेस की आवश्यकता रहती हैं। उदाहरण के तौर पर इण्टरनेट सर्वर में उनके विशिष्ट एड्रेस के साथ उनका DMS नेम भी सम्मिलित होता है। एडमिनिस्ट्रेटर सीधे ही कम्प्यूटर्स के TCP/IP क्लाइण्ट कॉन्फीगर करने में सक्षम होता है, परन्तु IP एड्रेस को डुप्लीकेट रूप से (duplicacy) बचाने के लिए एसाइनमेन्ट हेतु DHCP सर्वर का प्रयोग किया जाता है। स्थायी एड्रेस एसाइन करने से DHCP क्लाइण्ट/सर्वर कम्युनिकेशन द्वारा उत्पन्न नेटवर्क ट्रैफिक को कम किया जा सकता है।

DHCP क्लाइण्ट संचार DHCP Client Communication

जब कम्प्यूटर पहली बार बूट होता है, तो DHCP क्लाइण्ट सर्वर से कम्युनिकेट करना आरम्भ कर देता है। क्लाइण्ट एक DHCP DISCOVER संदेश (message) को उत्पन्न करता है तथा उसे चारों ओर फैला देता है। इस अवस्था में क्लाइण्ट का कोई IP एड्रेस नहीं होता है, अन्य शब्दों में इसे आरम्भिक अवस्था (initial state) कह सकते हैं। अन्य ब्रॉडकास्ट के समान इसका ट्रांसलिशन क्लाइण्ट लोकल नेटवर्क तक ही सीमित होता है, परन्तु एडमिनिस्ट्रेटर लोकल एरिया नेटवर्क (LAN) में उपस्थित कम्प्यूटर पर DHCP रिले एजेंट सर्विस इन्स्टॉल कर सकते हैं। इसके द्वारा अन्य नेटवर्क के DHCP सर्वर को संदेश भेजा जाता है। यह मल्टीपल LANS पर एक DHCP सर्वर को सर्विस क्लाइण्ट के लिए एनेबल करता है। चित्रानुसार जब DHCP सर्वर क्लाइण्ट से DHCP DISCOVER संदेश रिसीव करता है, तो वह DHCP OFFER संदेश उत्पन्न करता है, जिसमें IP एड्रेस एवं अन्य ऑप्शनल पैरामीटर्स सम्मिलित रहते हैं।

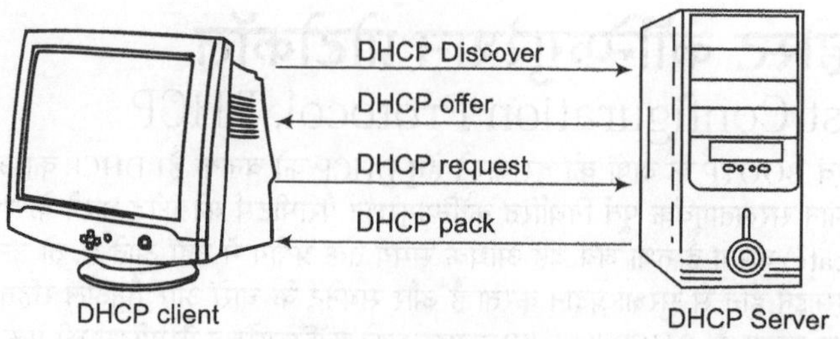

चित्र क्लाइण्ट/सर्वर संचार

अधिकतर केस में सर्वर संदेश सीधे क्लाइण्ट को भेजता है, क्योंकि क्लाइण्ट DHCP OFFER संदेश चारों ओर फैलाता है तथा कई सर्वर द्वारा DHCP OFFER रेस्पॉन्स रिसीव कर सकता है। एक निश्चित समय अन्तराल के पश्चात् क्लाइण्ट संदेश फैलाना एवं IP एड्रेस के ऑफर लेना बन्द कर देता है। अब क्लाइण्ट DHCP REQUEST संदेश को उत्पन्न करता है, जिसमें ग्रहण किए गए सर्वर का एड्रेस निहित होता है। यह IP एड्रेस ऑफर किए गए IP एड्रेस में से ही एक होता है। ऑफर किए गए पैरामीटर्स के साथ क्लाइण्ट स्वयं कॉन्फिगर नहीं हो जाते हैं, इसलिए ये DHCP REQUEST संदेश को चारों ओर फैला देते हैं।

इस संदेश से यह पता चलता है कि क्लाइण्ट ने ऑफर किए गए एड्रेस को ग्रहण कर लिया है तथा साथ ही नेटवर्क में उपस्थित अन्य सर्वर्स को भी यह जानकारी प्रदान करता है कि उन सभी के ऑफर को रिजेक्ट कर दिया गया है। DHCPREQUEST संदेश को रिसीव करने पर सर्वर ऑफर किए IP एड्रेस को स्वीकार करके अन्य सेटिंग्स पर क्लाइण्ट के हार्डवेयर एड्रेस के डेटाबेस कॉम्बीनेशन भेजता है तथा एसाइनमेन्ट के लिए यूनिक आइडेन्टिफायर के समान IP एड्रेस ऑफर करता है। यह प्रक्रिया लीज आइडेन्टिफिकेशन कुकी (lease identification cookie) कहलाती है। ट्रांसएक्शन के इस भाग को सम्मिलित करके सर्वर क्लाइण्ट को DHCPACK संदेश भेजता है, जोकि उस प्रोसेस को पूर्ण करने हेतु कन्फर्मेशन प्रदान करता है यदि सर्वर का एसाइनमेन्ट पूर्ण नहीं होता है, तो वह क्लाइण्ट को DHCPNAK संदेश भेजता है तथा सम्पूर्ण प्रक्रिया को आरम्भ से ही शुरू करता है।

DHCP **लीजिंग** DHCP Leasing

वह प्रोसेस, जिसके द्वारा DHCP सर्वर क्लाइण्ट को कॉन्फिगुरेशन पैरामीटर एसाइन करता है, DHCP लीजिंग कहलाता है। सर्वर मैनुअल, ऑटोमेटिक अथवा डायनामिक एलोकेशन (allocation) का प्रयोग कर सकता है। यह प्रक्रिया मैनुअल एवं ऑटोमेटिक एलोकेशन के साथ DHCP क्लाइण्ट/सर्वर कम्युनिकेशन पर समाप्त हो जाती है। क्लाइण्ट इस स्थिति में एसाइन की गई सेटिंग्स को तब तक के लिए सुरक्षित कर लेता है। जब तक कोई उन्हें चेंज न करे अथवा पुन: एसाइन न करे। इनके अतिरिक्त जब सर्वर सेटिंग को डायनमिक एलोकेट करता है, तब क्लाइण्ट एक निश्चित समय अवधि के लिए IP एड्रेस को लीज कर लेता है तथा इसके पश्चात् उन्हें चलाने के लिए लीज को रिन्यू करना आवश्यक हो जाता है।

IP एड्रेस लीज की लम्बाई दिनों में मापी जाती है और यह नेटवर्क के आसपास के सभी कम्प्यूटर्स के बार-बार मूव कराने अथवा IP एड्रेस की शॉर्ट सप्लाई पर निर्भर होती है। छोटी लीज (shorter lease) अधिक नेटवर्क ट्रैफिक उत्पन्न करती है, परन्तु एनेबल सर्वर प्रयोग न होने वाले एड्रेस को तेजी से रिक्लेम कर देता है। इसके सापेक्ष स्टेबल नेटवर्क में DHCP द्वारा उत्पन्न लम्बी लीज (longer lease) ट्रैफिक की मात्रा को घटाता है।

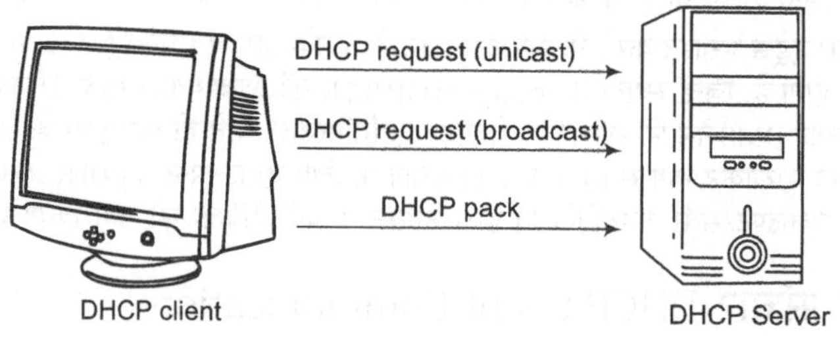

चित्र DHCP लीज रिन्यू प्रोसेस

लीज प्रक्रिया तब आरम्भ होती है, जब बाउण्ड क्लाइण्ट अपनी लीज तक पहुँच जाता है। इसमें लीज के बाउण्डिड समय को रिन्युअल समय मान (renewal time value) अथवा T1 मान के नाम से भी जाना जाता है डिफाल्ट रूप में लीज अवधि (lease period) का रिन्युअल समय मान लीज अवधि का 50% होता है। जब क्लाइण्ट इस बिन्दु पर पहुँचता है, तब वह रिन्यू अवस्था में प्रवेश कर जाता है तथा DHCPREQEST संदेश को उत्पन्न करना आरम्भ कर देता है। क्लाइण्ट इन संदेशों को उन सर्वर्स को भेजता है, जिनकी लीज को वह यूनिकॉस्ट के रूप में होल्ड करता है।

आरम्भिक स्थिति में DHCPREQUEST संदेशों को फैलाने के स्थान पर क्लाइण्ट को उत्पन्न करती हैं। संदेशों को रिसीव करने हेतु यदि सर्वर उपलब्ध होता है, तो दो स्थितियाँ घटित हो सकती हैं। प्रथम स्थिति में सर्वर DHCPNAK संदेश को रेस्पॉण्ड करके लीज को रिन्यू करने का संदेश देता है तथा लीज टाइम क्लॉक को रिस्टार्ट करता है अन्यथा द्वितीय स्थिति में DHCPNAK मैसेज लीज को टर्मिनेट कर देता है तथा क्लाइण्ट को एड्रेस एसाइनमेन्ट प्रोसेस को शुरू से आरम्भ करने के लिए फोर्स करता है।

यदि सर्वर DHCPREQUEST संदेश को रेस्पॉण्ड नहीं कर रहा है, तब भी वह क्लाइण्ट को तब तक संदेश भेजता रहता है, जब तक कि वह रिबाइण्डिंग टाइम वैल्यू अथवा T2 वैल्यू तक नहीं पहुँच जाता है। डिफाल्ट रूप में रिबाइण्डिंग टाइम वैल्यू अथवा T2 वैल्यू का मान लीज अवधि का 87.5% होता है। इस मान पर क्लाइण्ट रिबाइण्डिंग स्टेट में पहुँच जाता है और DHCP REQUEST संदेश को फैलाना आरम्भ कर देता है। DHCP क्लाइण्ट नेटवर्क में उपस्थित किसी भी DHCP सर्वर से एड्रेस एसाइनमेन्ट माँगता है। इस स्थिति में सर्वर DHCPACK या DHCPNAK संदेश को रेस्पॉण्ड करने में सक्षम होता है यदि लीज टाइम बिना रेस्पॉन्स के किसी भी DHCP सर्वर से एक्सपायर (expire) होता है, तो क्लाइण्ट का IP एड्रेस रिलीज हो जाता है तथा DHCPDISCOVER ट्रांसमिशन के अतिरिक्त सभी TCP/IP संचार सीज (ceases) हो जाते हैं।

22.10 लाइनक्स सर्वर इन्स्टॉलेशन एवं कॉन्फिगुरेशन Linux Server Installation and Configuration

लाइनक्स बहुत कम कीमत वाला एक स्टेबल एवं सुरक्षित सर्वर है। लाइनक्स DHCP सर्वर, डोमेन नेम सर्वर (DNS), वेब सर्वर एवं सर्वर Ftp सर्वर आदि के समान सर्वर्स का एक उपयुक्त समाधान (perfect solution) है। लाइनक्स, फायरवाल एवं गेटवे राउटर आदि अन्य नेटवर्क उपयोगिता के लिए प्रयोग किया जा सकता है। लाइनक्स सर्वर इन्स्टॉलेशन एवं कॉन्फिगुरेशन सम्बन्धी उपयोगी पदों का वर्णन निम्नवत् है

कॉन्फिगुरेशन प्लान Configuration Plan

लाइनक्स सिस्टम में सभी कॉन्फिगुरेशन फाइल '/etc' डायरेक्टरी के अन्तर्गत उपस्थित होती हैं। अत: लाइनक्स सर्वर कॉन्फिगुरेशन फाइलें बिना किसी संशय के सदैव '/etc' डायरेक्टरी में ही मिल जाती हैं। BSD स्टाइल लाइनक्स एवं सिस्टम V लाइनक्स के आधार लगभग समान होते हैं बस इनके फाइल सिस्टम स्ट्रक्चर में अन्तर होता है। सैटअप में जाकर सर्वर की अवधारणा (concept) को पढ़ना व समझना चाहिए। यह उस समय अति आवश्यक है जब आप सर्वर कॉन्फिगुरेशन मैनुअल रूप में करने के लिए निर्णय ले चुके हों। यदि आपको इससे सम्बन्धित कोई समस्या अथवा रन कराते हुए समस्या उत्पन्न होती है तो एरर को लिखकर इण्टरनेट पर उसका निवारण सर्च करें।

पब्लिक एवं डेटा डायरेक्टरी Public and Data Directory

लाइनक्स सम्बन्धी डेटा को स्टोर करने के लिए निम्न डायरेक्टरी होती है

/var डायरेक्टरी /Var Directory

सिस्टम के रन करते समय इस डायरेक्टरी में वैरिएबल डेटा उपस्थित होता है जोकि नियत रूप से परिवर्तित होता रहता है। इस डायरेक्टरी में वैरिएबल फाइल उपस्थित रहती है। इनमें स्पूल (spool) डायरेक्टरी एवं फाइल, एडमिनिस्ट्रेटिव एवं लॉगिंग डेटा (logging data), ट्रांजिएट (transient) तथा अस्थायी फाइल (temporary files) सम्मिलित रहती हैं।

होस्ट फाइल HOST File

कम्प्यूटर सिस्टम के स्टार्ट होने पर DMS के रेफरेन्स से पूर्व सिस्टम को कुछ होस्ट नेम से IP एड्रेस की मैपिंग करने के लिए उन्हें जानने की आवश्यकता होती है। यह मैपिंग '/etc/hosts' फाइल में उपस्थित होती हैं। नेम सर्वर एवं किसी नेटवर्क प्रोग्राम उपस्थित न होने की स्थिति में सिस्टम होस्ट नेम से सम्बन्धित IP एड्रेस को निश्चित करके फाइल रूप में परामर्श (consult) करता है। नीचे एक होस्ट फाइल का उदाहरण '/etc/hosts' फाइल के रूप में दिया गया है

IP एड्रेस	होस्ट नेम	एलियास (Alias)	अन्य नाम
127.0.01		local host	deep.openna.com
208.164.186.1		deep.openna.com	deep
208.164.186.2		mail.openna.com	mail
208.164.186.3		web.openna.com	web

उपरोक्त में बायीं ओर का कॉलम IP एड्रेस होता है, जिसे रिजोल्व किया जाता है। इससे अगला कॉलम होस्ट नेम का है तथा इसके बाद होस्ट के लिए एलियास (Alias) का कॉलम है। उदाहरण के रूप में द्वितीय लाइन में होस्ट deep.openna.com के लिए IP एड्रेस 208.164.186.1 है तथा होस्ट का अन्य नाम deep है।

साम्बा वेब एडमिनिस्ट्रेशन टूल Samba Web Administration Tool, SWAT

साम्बा की वेब-आधारित कॉन्फिगुरेशन को स्वीकार (allow) करने वाला टूल साम्बा वेब एडमिनिस्ट्रेशन टूल (SWAT) कहलाता है। इसके द्वारा तीव्रता से साम्बा कॉन्फिगुरेशन पूर्ण हो जाती है। यह कनेक्शन सम्बन्धी सूचानाओं की वर्तमान स्थिति (current status) को मॉनीटर करता है तथा नेटवर्क वाइड (network wide) MS विण्डोज नेटवर्क पासवर्ड मैनेजमेन्ट को आज्ञा प्रदान करता है।

पासवर्ड प्रमाणीकरण Password Authentication

पासवर्ड प्रमाणीकरण का प्रयोग लाइनक्स अथवा लाइनक्स आधारित सर्वर को सुरक्षा प्रदान करने के लिए किया जाता है। पासवर्ड प्रमाणीकरण को 'SSS key' द्वारा प्रदर्शित किया जाता है। 'SSS key' आधारित ओपन SSH सर्वर विविध प्रकार की प्रमाणीकरण स्कीम को सपोर्ट करता है। इनमें से दो मुख्य निम्नलिखित हैं

1. पासवर्ड आधारित प्रमाणीकरण
2. पब्लिक 'की' (key) आधारित प्रमाणीकरण।

यह पासवर्ड को प्रयोग करने की एक वैकल्पिक (alternative) सिक्योरिटी विधि है। यह विधि VPS, क्लाउड (cloud), समर्पित (dedicated) अथवा होम आधारित सर्वर्स को संस्तुति (recomendation) प्रदान करती है।

उपयोगकर्ता पब्लिक एवं प्राइवेट दोनों प्रकार के 'की' (Key) का प्रयोग अपनी आवश्यकतानुसार कर सकते हैं। उदाहरण के तौर पर प्रमाणीकरण विधि को निम्न चित्रानुसार सरलता से समझा जा सकता है

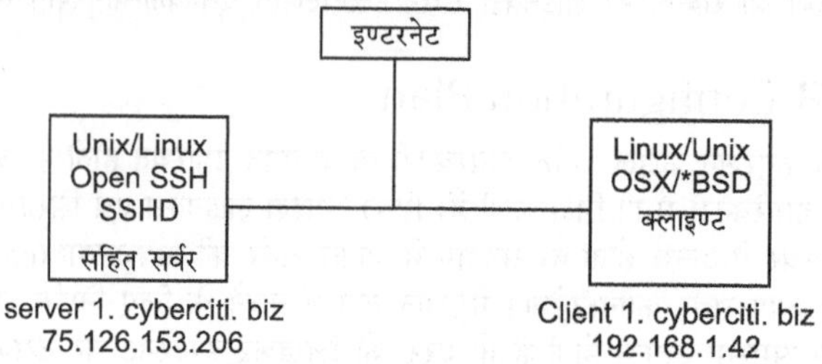

चित्र पासवर्ड प्रमाणीकरण विधि

उपरोक्त में सर्वर एवं क्लाइण्ट सम्बन्धी विवरण निम्न प्रकार है

Server 1. Cyberciti. biz

रिमोट होस्ट पर आप अपनी पब्लिक 'की' (key) स्टोर कर सकते हैं, लेकिन आपका सर्वर Linux/Unix आधारित होना चाहिए।

Client 1. Cyberciti. biz

आपकी प्राइवेट 'की' (key) डेस्कटॉप/लैपटॉप अथवा कम्प्यूटर पर स्थित होती है, जिसका प्रयोग आप सर्वर 1-'cyberciti. biz' सर्वर से कनेक्ट करने के लिए करते हैं। उपयोगकर्ता को अपनी प्राइवेट फाइल अथवा 'की' सुरक्षा की दृष्टि से किसी अन्य के साथ शेयर नहीं करनी चाहिए।

टेलनेट Telnet

टेलनेट सर्वर का प्रयोग अन्य सिस्टम को लॉग-इन करने के लिए किया जाता है। टेलनेट कमाण्ड के द्वारा नेटवर्क पर उपस्थित अन्य सिस्टम को रिमोट रूप में लॉग किया जा सकता है। यह सिस्टम आपके लोकल एरिया नेटवर्क (LAN) अथवा इण्टरनेट कनेक्शन पर उपलब्ध हो सकता है। रिमोट टर्मिनल से अन्य कम्प्यूटर सिस्टम को लॉग करने हेतु टेलनेट ऑपरेट किया जाता है। इसके लिए लॉग-इन नेम एवं पासवर्ड भी पूछा जा सकता है। यदि आपका किसी अन्य सिस्टम में अकाण्उट (account) है तो आप उसको लॉग करने के लिए टेलनेट का प्रयोग कर सकते हैं। नीचे एक उदाहरण दिया गया है, जिसमें एक टेलनेट सर्वर को कॉन्फिगर किया गया है तथा क्लाइण्ट की ओर से इनवोक (invoke) कनेक्शन बनाया जाएगा। इसके लिए तीन सिस्टम; एक लाइनक्स सर्वर, एक लाइनक्स क्लाइण्ट एवं एक विण्डो क्लाइण्ट का प्रयोग किया जाता है। इस कार्य को पूर्ण करने हेतु निम्न लिंक का पालन करते हैं। लाइनक्स में नेटवर्क कॉन्फिगुरेशन निम्नवत् हैं

1. IP एड्रेस 192.168.0.254 एवं होस्ट नेम सर्वर सहित एक लाइनक्स सर्वर।
2. IP एड्रेस 192.168.0.1 एवं होस्ट नेम क्लाइण्ट 1 सहित एक लाइनक्स क्लाइण्ट।
3. IP एड्रेस 192.168.0.2 एवं होस्ट नेम क्लाइण्ट 2 सहित एक विण्डोज XP सिस्टम।
4. दोनों लाइनक्स सिस्टम पर अपडेटिड /etc/hosts फाइल।
5. रनिंग अवस्था Port map xinetd सर्विस।
6. सर्वर पर फायरवाल ऑफ अवश्य हो।

टेलनेट सर्वर को कॉन्फिगर करने हेतु चार rpm की आवश्यकता होती है, जोकि telnet, telnet, server, portmap एवं xinetd हैं। इन सबका उपस्थित होना आवश्यक हैं अन्यथा सर्वप्रथम इन्हें इन्स्टॉल करें। अब सिस्टम सर्विस में इन सबको ऑन करें। इसके पश्चात् xinetd एवं port map सर्विस को रिस्टॉर्ट करें। रिबूट के पश्चात् 'Chkconfig' कमाण्ड के द्वारा इन सर्विसों को सुरक्षित रखें। रिबूट के बाद इनका स्टेटस वैरिफिकेशन करें। ये सभी रनिंग अवस्था में होनी अनिवार्य हैं। एक सामान्य यूजर नया बनाएँ। लाइनक्स क्लाइण्ट पर telnet सर्वर से ping करें तथा telnet कमाण्ड रन करें। अब यूजर नेम एवं पासवर्ड दें। अब विण्डो क्लाइण्ट के लिए टेलनेट सर्वर से ping करें तथा telent कमाण्ड रन करें। अब यूजर नेम एवं पासवर्ड दें"। लाइनक्स सर्वर पर सिक्योरिटी (security) फाइल ओपन करें। अन्त में एक टेलनेट सेशन को रूट करने के लिए एड की गई फाइल 'Pts/o' को एनेबल करें। एक से अधिक टेलनेट सेशन को ओपन करने हेतु आवश्यकतानुसार pts/1, pts/2 एवं अन्य को एड करके रूट करें। अब xinetd एवं portmap सर्विस को रिस्टार्ट करें तथा रूट से लॉग-इन द्वारा विण्डो का वैरिफिकेशन करें।

अभ्यास प्रश्न

परीक्षा प्रारूपी प्रश्न

बहुविकल्पीय

1. किसी भी शैक्षणिक संस्थान को सामान्य रूप से दर्शाने के लिए निम्न में से कौन-सा डोमेन नेम प्रस्तुत होता है?
(a) .org (b) .mil
(c) .in (d) .edu

2. यूजरनेम व उसके बाद डोमेन नेम निम्न में से क्या दर्शाता है?
(a) वेब एड्रेस (b) आई पी एड्रेस
(c) डोमेन नेमिंग सिस्टम (d) ई-मेल एड्रेस

3. .net डोमेन का प्रयोग होता है
(a) शैक्षणिक संस्थानों में
(b) इण्टरनेट इन्फ्रास्ट्रक्चर तथा सर्विस प्रोवाइडर में
(c) अन्तर्राष्ट्रीय ऑर्गनाइजेशन में
(d) उपरोक्त में से कोई नहीं

4. किसी भी डोमेन नेम के अन्तिम तीन अक्षर दर्शाते हैं
(a) ऑर्गेनाइजेशन (b) कनेक्टिविटी
(c) सर्वर (d) प्रोटोकॉल

5. ई-मेल एड्रेस में दो भाग होते हैं, पहला भाग यूजरनेम होता है, जो दूसरे भाग से @ के द्वारा अलग रहता है तो इसमें दूसरा भाग होता है
(a) पासवर्ड (b) मेल प्रोवाइडर
(c) वेबसाइट का नाम (d) डोमेन नेम

6. निम्न में से कौन-सा डोमेन लाभान्वित व्यापार में प्रयोग किया जाता है?
(a) .com (b) .edu (c) .mil (d) .net

7. निम्न में से कौन-सा डोमेन ऑस्ट्रिया देश द्वारा प्रयोग किया जाता है?
(a) .ac (b) .ae (c) .at (d) .au

8. कम्प्यूटर नेटवर्क के अवयवों में शामिल हैं
(a) सर्वर (b) नोड
(c) नेटवर्क कार्ड (d) ये सभी

9. निम्न में से कौन-सा सर्वर क्लाइन्ट-सर्वर मॉडल के आधार पर कार्य करता है?
(a) डिस्क सर्वर (b) फाइल सर्वर
(c) वेब सर्वर (d) प्रिन्ट सर्वर

10. वेब सर्वर की विशेषता है
(a) यह काल्पनिक होस्टिंग प्रदान करता है
(b) यह बड़ी-बड़ी फाइलों को सपोर्ट करने में सक्षम होता है
(c) यह डायनामिक वेब पेज का निर्माण करता है।
(d) उपरोक्त में से कोई नहीं

11. डेटाबेस सर्वर का उदाहरण है
(a) oracle (b) DBZ
(c) Informix (d) ये सभी

12. GTLD का पूर्ण रूप है
(a) Generick Top Level Domain
(b) General Top Level Domain
(c) Generick Top Look Domain
(d) General Top Loop Domain

13. किस सर्वर में बहुत सारे क्लाइण्ट एक ही बार में स्टोर डेटा को एक्सेस कर सकते हैं?
(a) एप्लीकेशन सर्वर (b) डेटाबेस सर्वर
(c) फाइल सर्वर (d) प्रिन्ट सर्वर

14. सहकारी संस्थाओं के लिए डोमेन नेम है
(a) .biz (b) .aero
(c) .coop (d) .gov

15. एप्लीकेशन सर्वर मुख्य रूप से एक ······ एप्लीकेशन है।
(a) एकलस्तरीय
(b) द्विस्तरीय
(c) त्रिस्तरीय
(d) उपरोक्त में से कोई नहीं

विविध प्रारूपी प्रश्न

सत्य/असत्य

1. DNS, IP की मैपिंग डोमेन नेम के साथ प्रदान करता है।
2. लाइनक्स में फाइलों को प्रायः तीन प्रकारों में विभाजित किया गया है।
3. DNS एक डिस्ट्रीब्यूटेड डेटाबेस है जो स्ट्राँग कन्सिस्टेन्सी और ऑटोमिसिटी की गारण्टी प्रदान करता है।
4. नेटवर्क कॉन्फिगुरेशन DHCP OFFER द्वारा किया जाता है।
5. इण्टरनेट पर प्रत्येक कम्प्यूटर का डोमेन नेम और डोमेन एड्रेस होता है।

रिक्त स्थानों की पूर्ति

1. डोमेन नेम को .... वर्गों में विभाजित किया जा सकता है।
2. फाइल सर्वर वर्क स्टेशन के द्वारा एक्सेस किए गए फाइल को .... करता है।
3. ADDS नेटवर्क पर सूचनाओं को .... करता है।
4. डोमेन नेम सिस्टम का कार्य इण्टरनेट के .... की जानकारी रखना है।
5. जेनेरिक टॉप लेवल डोमेन को .... के नाम से भी जाना जाता है।

अतिलघु उत्तरीय

1. DHCP प्रोसेस का अन्त किस सन्देश से प्राप्त होता है?
2. डोमेन नेम को कितने वर्गों में विभाजित किया जा सकता है?
3. DNS का पूर्ण रूप लिखिए।
4. सर्वर के विभिन्न प्रकारों के नाम लिखिए।
5. डेटाबेस सर्वर की मुख्य विशेषताएँ लिखिए।

लघु उत्तरीय

1. DHCP में रिले का क्या महत्त्व है?
2. सर्वर से आप क्या समझते हैं? इसके विभिन्न प्रकारों के नाम बताइए।
3. एक्टिव डायरेक्टरी से आप क्या समझते हैं?
4. एक्टिव डायरेक्टरी सर्विस को संक्षिप्त में समझाइए।
5. जेनेरिक टॉप लेवल डोमेन से आप क्या समझते हैं?

दीर्घ उत्तरीय

1. DHCP की कार्यविधि समझाइए।
2. डोमेन नेम सिस्टम से क्या अभिप्राय है? इन्हें कितने वर्गों में वर्गीकृत किया गया है? इसका विवरण दीजिए।
3. एक्टिव डायरेक्टरी सर्विस का विस्तृत वर्णन कीजिए।
4. विण्डोज सर्वर 2008 की स्थापना किस प्रकार की जाती है?

उत्तरमाला

बहुविकल्पीय

1. (d) **2.** (d) **3.** (b) **4.** (a) **5.** (d) **6.** (a) **7.** (c) **8.** (d) **9.** (c) **10.** (d)
11. (d) **12.** (a) **13.** (b) **14.** (c) **15.** (c)

सत्य/असत्य

1. सत्य **2.** असत्य **3.** सत्य **4.** असत्य **5.** सत्य

रिक्त स्थानों की पूर्ति

1. दो **2.** स्टोर **3.** संग्रहीत **4.** आईपी एड्रेस **5.** GTLD

□□□

अध्याय 23 WEEK 23

राउटिंग एवं विविध नीतियाँ

Routing and Various Strategies

परिचय Introduction

आजकल सभी संस्थान अपने कर्मचारियों के कम्प्यूटर को नेटवर्क एक्सेस सर्वर जैसे वर्चुअल प्राइवेट नेटवर्क (Virtual Private Network, VPN) सर्वर, डायल-अप (dial-up) सर्वर, वायरलेस एक्सेस प्वॉइण्ट्स (Wireless Acces Points, WAP) के द्वारा नेटवर्क कनेक्टिविटी उपलब्ध कराते हैं, ताकि यूजर की पहचान ज्ञात की जा सके व अवांछित यूजर नेटवर्क को ऐक्सस न कर पाए। इस कार्य हेतु कम्प्यूटर नेटवर्क के केन्द्र द्वारा मैनेज और इन्फोर्स नेटवर्क एक्सेस पॉलिसियों को बनाने के लिए नेटवर्क पॉलिसी सर्वर का प्रयोग कर सकते हैं। एक नेटवर्क पॉलिसी नियमों का एक सेट है जो नेटवर्क पर कम्प्यूटर की हेल्थ आवश्यकताओं को परिभाषित करता है। राउटिंग हेतु TCP/IP कम्युनिकेशन के लिए क्लाइण्ट सर्वर मॉडल का प्रयोग करता है, जिसमें एक प्रयोगकर्ता (client) कम्युनिकेशन को स्थापित करते हुए सर्विसों के लिए होस्ट कम्प्यूटर (server) से अनुरोध करता है। इस अध्याय में हम कम्प्यूटर नेटवर्क से सम्बन्धित विविध प्रकार की नीतियाँ तथा राउटिंग जैसी महत्त्वपूर्ण संकल्पनाओं का अध्ययन करेंगे।

23.1 रिमोट एक्सेस अवलोकन
Remote Access Overview

रिमोट एक्सेस सर्विस (RAS) सर्वर्स क्लाइण्ट्स (clients) को सर्वर्स एवं आन्तरिक नेटवर्कों को एक्सेस करने हेतु डायल-अप कनेक्शन्स का प्रयोग करने के लिए अनुमति प्रदान करता है। RAS सर्वर में विशिष्ट रूप से एक मॉडेम होता है (या एक से अधिक) जोकि क्लाइण्ट्स से आने वाले कनेक्शनों को अनुमति प्रदान करता है जो किसी आक्रामक (attacker) के द्वारा किया गया समझौता भी हो सकता है। बहुत-से आक्रामक (attackers) पासवर्ड्स का अनुमान लगा के अनाधिकृत (unauthorised) कनेक्शनों की स्थापना करने की कोशिश कर सकते हैं। ऐसी स्थिति से बचने के लिए कुछ RAS सर्वर्स पासवर्ड पॉलिसीज के लिए अनुमति प्रदान कर देते हैं। जब भी सम्भव हो सके तब कई सारे अनुचित (incorrect) लॉग-ऑन प्रयासों (attempts) के पश्चात् अपने अकाउण्ट (account) को लॉक (lock) करने हेतु पासवर्ड पॉलिसी को समनुरूप (configure) करें।

23.2 रिमोट एक्सेस ऑथेन्टीकेशन प्रोटोकॉल
Remote Access Authentication Protocol

रिमोट एक्सेस ऑथेन्टीकेशन एक प्रक्रिया है जिसके अन्तर्गत कम्प्यूटर यूजर किसी नेटवर्क पर सुरक्षापूर्वक सम्पर्क (communicate) कर सकते हैं। ऐसे बहुत-से सक्षम तरीके (methods) हैं उच्च श्रेणी की सुरक्षा प्रदान करते हैं। इन सभी विधियों (methods) के साथ शेयर्ड की कई एक थीम (theme); एक डिजिटल सर्टिफिकेट (digital certificate) का प्रयोग है, जिसमें वह सूचना होती है, जिसमें एक सर्वर पर यूजर की पहचान की जाती है एवं जो उनके परिचय पत्र (credentials) उपलब्ध कराते हैं। रिमोट एक्सेस ऑथेन्टीकेशन प्रोटोकॉल ऑनलाइन बिजनेस को चलाने तथा ATMs के प्रयोग हेतु सुरक्षा प्रदान करता है।

23.3 वर्चुअल प्राइवेट नेटवर्क संकल्पना
Virtual Private Network (VPN) Concept

वर्चुअल प्राइवेट नेटवर्क एक प्रकार का नेटवर्क है जो किसी प्राइवेट नेटवर्क; जैसे कि किसी कम्पनी के आन्तरिक नेटवर्क (Internal network) से जुड़ने के लिए इण्टरनेट का प्रयोग करके बनाया जाता है। यह आजकल का एक तेजी से प्रसारित होने वाला नेटवर्क है, जिसका प्रयोग बड़ी-बड़ी संस्थाओं मे तेजी से बढ़ा है। ये नेटवर्क आभासी भी है और निजी भी, निजी इसलिए क्योंकि इस नेटवर्क में किसी संस्था की निजात की पूरी गारण्टी होती है तथा आभासी इसलिए, क्योंकि यह नेटवर्क वैन का प्रयोग नहीं करता है।

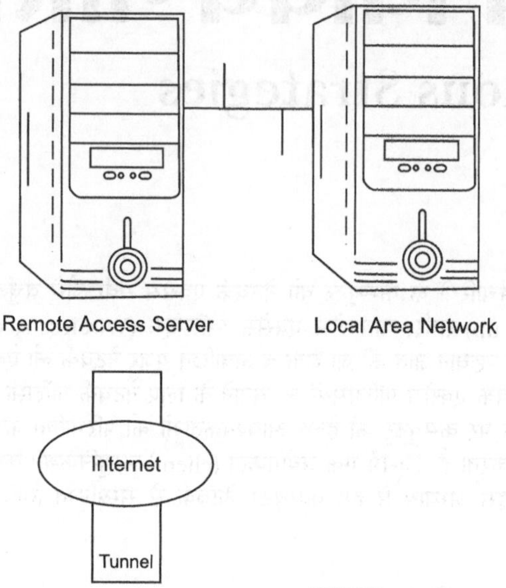

चित्र वर्चुअल प्राइवेट नेटवर्क की संकल्पना

23.4 राउटिंग और रिमोट एक्सेस सर्विसेस
Routing and Remote Access Services (RRAS)

RRAS का प्रयोग तब किया जाता है जब नेटवर्किंग की आवश्यकता लोकल एरिया नेटवर्क (LAN) की सीमा से बाहर हो जाती है। दूसरे शब्दों, में, RRAS का प्रयोग वाइड एरिया नेटवर्क (WAN) और मेट्रोपोलिटन एरिया नेटवर्क (MAN) के लिए किया जाता है। RRAS का राउटिंग पार्ट LAN-to-LAN, LAN-to-WAN, VPN नेटवर्क या नेटवर्क एड्रेस ट्रांसलेशन (NAT) राउटिंग सेवाएँ प्रदान करता है, जबकि रिमोट एक्सेस जैसा कि नाम से प्रतीत होता है, VPN डायल-अप कनेक्शन के जरिए LAN को रिमोट कनेक्टिविटी प्रदान करता है। RRAS द्वारा प्रदान की जाने वाली रूटिंग सेवाएँ अग्र प्रकार हैं

डायनामिक राउटिंग Dynamic Routing

यह रिमोट रिसोर्सों का विभाजन करता है जो डायनामिक रूटिंग सेवाओं के जरिए स्थापित होती है। डॉयनामिक राउटिंग एक प्रक्रिया है, जिसे राउटर डिस्कवरी कहते हैं। यह एक ऐसी प्रक्रिया है जो आसपास में डॉयनामिक राउटिंग द्वारा संयोजित राउटर्स को स्थापित करता है। डॉयनामिक राउटिंग उस समय एडमिनिस्ट्रेटर का काम करती है, जब रिमोट संसाधनों को विशाल रूप से आवंटित किया जाता है। यह सेवा मुख्य रूप से तब उपयोगी होती है जब नेटवर्क जटिल होता है। डॉयनामिक राउटिंग नेटवर्क के आकार में आए बदलाव के साथ विकास करने के योग्य होती है।

राउटिंग इन्फॉर्मेशन प्रोटोकॉल
Routing Information Protocol (RIP)

यह डिस्टेंस-वेक्टर-प्रोटोकॉल की ओर संकेत करता है, जिसका अर्थ है कि हर RIP चलाने वाला राउटर अपने सभी राउटिंग टेबल; एक राउटर के सभी चालू इण्टरफेस जो नियमित समय के बाद एक नेटवर्क पर उपलब्ध होते हैं, उन्हें भेजता है। यह प्रोटोकॉल डॉयनामिकली एक्सेस को डाटा पैकेट्स टारगेट स्रोत से गन्तव्य स्रोत के लिए भेजे जाते हैं। राउटिंग इन्फॉर्मेशन के दो संस्करण हैं

1. राउटिंग इन्फॉर्मेशन प्रोटोकॉल संस्करण—1 (RIP v1)
2. राउटिंग इन्फॉर्मेशन प्रोटोकॉल संस्करण—2 (RIP v2)

उपरोक्त दोनों संस्करणों के पास एक जैसे होल्ड डाउन टाइमर्स (hold down timers) और लूप एवॉइडेंस स्कीम्स (loop avoidance schemes) होते हैं।

23.5 TCP/IP राउटिंग

राउटर (router) एक ऐसी डिवाइस होती है, जो OSI रेफरेन्स मॉडल (OSI reference model) की नेटवर्क लेयर (network layer) पर कार्य करती है। चूँकि राउटर्स नेटवर्क लेयर पर कार्य करते हैं। अत: ये पैकेट्स को अनेक नेटवर्क्स में रूट (route) कर सकते हैं। इसके लिए राउटर्स पृथक्-पृथक् नेटवर्क्स के बीच प्रोटोकॉल (protocol) विशिष्ट इन्फॉर्मेशन का आदान-प्रदान करते हैं। राउटर हार्डवेयर तथा सॉफ्टवेयर की सन्धि का प्रयोग अपने सोर्स से अपने डेस्टीनेशन (destination) तक डाटा को मार्ग देने के लिए करता है। एक राउटर को विभिन्न प्रकार के नेटवर्क प्रोटोकॉल; जैसे—TCP/IP, IPX/SPX आदि से डाटा पैकेट को मार्ग देने के लिए विन्यसित किया जा सकता है।

ट्रांसमिशन कण्ट्रोल प्रोटोकॉल (Transmission Control Protocol-TCP), एक नोड (node) अथवा होस्ट (host) से दूसरे नोड (node) अथवा होस्ट (host) पर विश्वसनीय ट्रांसमिशन के लिए उत्तरदायी है। यह एक कनेक्शन-ओरिएन्टेड प्रोटोकॉल है और किन्हीं भी दो होस्ट्स (hosts) अथवा नोड्स (nodes) के मध्य डाटा के ट्रांसफर होने से पूर्व एक कनेक्शन स्थापित करता है। इस कनेक्शन को एक सेशन (session) अथवा लिंक (link) अथवा वर्चुअल सर्किट (virtual circuit) भी कहा जाता है।

एक विश्वसनीय कनेक्शन (reliable connection) को स्थापित करने के लिए TCP एक विधि (method) का प्रयोग करते हैं, जिसे थ्री-वे हैन्डशेप (three-way handshape) कहते हैं। यह विधि ट्रांसमिशन की दोनों साइड्स (sides) के लिए पोर्ट नम्बर (port number) और प्रारम्भिक सिक्वेन्स नम्बर्स (beginning sequence numbers) का निर्धारण (set) करती है। थ्री-वे हैन्डशेप में निम्न तीन स्टेप्स (steps) सम्मिलित होते हैं

***Step* 1** रिक्वेस्टर (requestor) प्रयोग किए जाने वाले पोर्ट नम्बर (port number) और इनिशियल सिक्वेन्स नम्बर (Initial Sequence Number-ISN) को निर्दिष्ट करते हुए एक पैकेट, सर्वर को प्रेषित करता है।

***Step* 2** सर्वर, रिक्वेस्टर (eequestor) को एक इनिशियल सिक्वेन्स नम्बर के साथ एकनॉलेज (acknowledge) करता है, जिसकी वैल्यू रिक्वेस्टर के ISN से एक अधिक अर्थात् ISN+1 होती है।

***Step* 3** रिक्वेस्टर, सर्वर को एक वैल्यू से एकनॉलेज (acknowledge) करता है, जो सर्वर के ISN की वैल्यू से एक अधिक होता है।

TCP पैकेट में उपस्थित सूचनाएँ
Informations Present in TCP Packet

एक विश्वसनीय कनेक्शन (reliable connection) का अनुरक्षण (maintain) करने के लिए एक TCP पैकेट में निम्न सूचनाएँ होती हैं

1. एक सोर्स (source) और डेस्टिनेशन (destination) पोर्ट नम्बर (port number);
2. मैसेजेज (messages) के लिए एक सिक्वेन्स नम्बर (sequence number), जिससे मैसेज को उसके मूल स्वरूप (original form) में वापस लाया जा सके।
3. एक चेकसम वैल्यू (checksum value), जिससे कि यह सुनिश्चित किया जा सके कि इन्फॉर्मेशन को बिना किसी त्रुटि (error) के भेजा गया अथवा नहीं।
4. एक एकनॉलेजमेन्ट नम्बर (acknowledgement number), जो सेन्डिंग (sending) कम्प्यूटर को यह बता सकें कि मैसेज अथवा डाटा के कितने पैकेट्स, रिसीविंग (receiving) कम्प्यूटर पर पहुँचे हैं।

5. TCP स्लाइडिंग विण्डोज (TCP sliding windows) इन सूचनाओं को स्टोर करने के लिए प्रत्येक TCP प्रोटोकॉल हैडर (TCP protocol header) के निम्नलिखित फील्ड्स (fields) होते हैं।

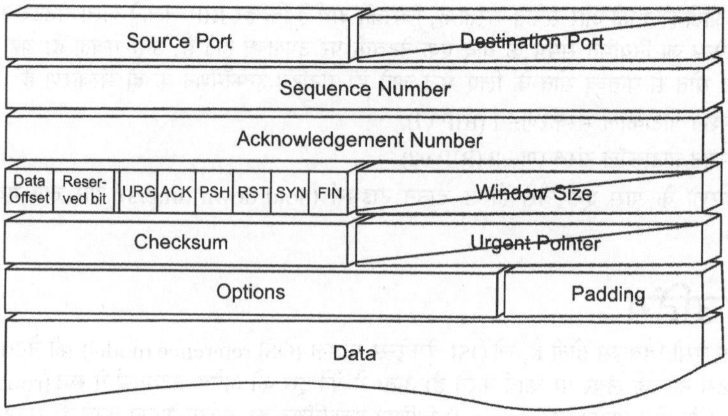

चित्र TCP हैडर फॉर्मेट

23.6 यूजर ऑथेन्टीकेशन User Authentication

प्रमाणीकरण (authentication) का अर्थ नेटवर्क (network) को इस योग्य बनाना है कि वह इसके रिसोर्सेज (resources) को एक्सेस (access) करने के लिए केवल अधिकृत यूजर्स (authorised users) को ही स्वीकार करें। यह एक ऐसा तरीका उपलब्ध कराता है, जिसमें यह ज्ञात होता है कि कुछ उपायों के माध्यम से एक्सेस कन्ट्रोल मैकेनिज्म (access control mechanisms) द्वारा क्लेम्ड आइडेन्टीफायर (claimed identifier) को कहाँ सत्यापित (verify) किया जाएगा।

यूजर ऑथेन्टीकेशन (user authentication), सिक्योरिटी (security) का सबसे बुनियादी रूप है। इसके पीछे का तर्क अत्यन्त सरल है। यूजर ऑथेन्टीकेशन (user authentication) हमें हमारी पहचान (identity) सिद्ध करने की योग्यता प्रदान करता है और हमें उन इन्फॉर्मेशन (information) और रिसोर्सेज (resources) को एक्सेस (access) करने की अनुमति प्रदान करता है, जिनका उपयोग करने का अधिकार हमें प्राप्त है। अपनी पहचान (identity) सिद्ध करने में निम्नलिखित तीन सम्भावित कारकों (factors) में से किसी एक अथवा अधिक का प्रयोग करना सम्मिलित हैं

1. ऐसा कुछ जो हम जानते हैं; जैसे—पासवर्ड (password), पिन (PIN) आदि।
2. ऐसा कुछ जो हम हैं; जैसे—बायोमैट्रिक (biometric) : चेहरा (face), अँगुलियों के चिन्ह (finger prints), आवाज (voice), रेटिना (retina) आदि।
3. ऐसा कुछ जो हमारे पास है; जैसे—वोटर आईडी कार्ड (voter ID card), पासपोर्ट (passport), टोकन (token) आदि।

   उपरोक्त में से पहले दो कारकों (factors) का प्रयोग अत्यन्त सरल और सामान्यत: प्रयोग किए जाते हैं, परन्तु तीसरा कारक अर्थात् ऑनरशिप (ownership) ऑथेन्टीकेशन (authentication) की एक जटिल अवधारणा है। डिजिटल वर्ल्ड (digital world) में इसका आशय किसी डाटा (data); जैसे—क्रिप्टोग्राफिक कुँजी (cryptographic key) से होता है, न कि किसी भौतिक वस्तु से।

23.7 ग्रुप पॉलिसी Group Policy

यूजर पॉलिसी सम्मतियाँ (permissions) हैं जिन्हें प्रयोगकर्ताओं को नेटवर्क के निश्चित स्तर पर एक्सेस प्रदान करने के लिए परिभाषित किया गया है। समूह नीतियाँ (group policies) यूजर पॉलिसी से अलग हैं। ये यूजर पॉलिसीज के संग्रह रूप हैं। ग्रुप पॉलिसीज स्टैण्डर्ड और गाइड लाइन स्थापित करती हैं, जो एक संस्था में प्रयोगकर्ताओं के एक पूरे समूह के लिए एकसमान होती हैं। ग्रुप पॉलिसीज एक संस्था द्वारा वर्णित या परिभाषित सामान्य परमिशन्स को व्यक्त करती हैं और एक पदानुक्रम (hierarchical) ढाँचा भी स्थापित कर सकते हैं। ग्रुप पॉलिसीज का प्रयोग फाइलों, फोल्डरों और एप्लिकेशन्स के एक्सेस को नियन्त्रित करने के लिए किया जाता है। उनका प्रयोग नियत कार्य को स्वत: परिचालित करने के लिए एप्लिकेशन सेटिंग और सिस्टम को बदलने के लिए या फाइलों और फोल्डरों, जिनका एक्सेस ग्रुप पॉलिसीज के पास होता है, को मिलाने के लिए भी किया जाता है। ये पॉलिसीज फाइलें और विशेष फोल्डरों के शॉर्टकट को भी स्टोर कर सकती हैं।

ग्रुप नीतियाँ निम्नलिखित में से किसी भी स्तर में परिभाषित की जा सकती हैं

- लोकल कम्प्यूटर लेवल (Local computer Level)
- साइट लेवल (Site Level)
- डोमेन लेवल (Domain Level)
- ऑर्गेनाइजेशनल यूनिट (ओ.यू.) लेवल (Organisational Unit Level)

ग्रुप पॉलिसियों को बनाने और सम्भालने की प्रक्रिया साइट, डोमेन और ओयू स्तरों पर एक समान रहती है, परन्तु लोकल कम्प्यूटर लेवल पर अलग प्रकार की होती है, यद्यपि एक सिंगल लोकल ग्रुप नीति विण्डोज सर्वर 2008 के इंस्टॉलेशन के समय बनाई जाती है। लोकल ग्रुप पॉलिसी एक डिफॉल्ट लोकेशन में स्टोर की जाती है जो इस प्रकार है

C:\Windows\System 32\Group Policy

डिफॉल्ट द्वारा Group Policy लोकल कम्प्यूटर के स्तर पर क्रियान्वित की जाती है। ग्रुप पॉलिसी को डोमेन या ऑर्गेनाइजेशनल यूनिट (OU) स्तर पर ओवर-राइट किया जा सकता है।

23.8 प्रयोगकर्ता प्रोफाइल Users Profile

एक प्रयोगकर्ता प्रोफाइल मुख्य रूप से एक प्रयोगकर्ता द्वारा उनकी आवश्यकता के अनुसार सेट की गई कॉन्फिगुरेशन सेटिंग की ओर संकेत करता है, जैसे कि यूजर्स एनवायरमेन्ट (environment) और प्रीफ्रेंस सेटिंग। दूसरे शब्दों में, प्रयोगकर्ता प्रोफाइलें विशेष प्रयोगकर्ता से जुड़ी सूचनाओं और वस्तुओं को संग्रहीत करने के लिए प्रयोग की जाती हैं। प्रयोगकर्ता प्रोफाइलें निम्न तीन प्रकार की होती हैं

लोकल यूजर प्रोफाइल Local User Profile

लोकल यूजर प्रोफाइल वे प्रोफाइलें हैं जो जब भी कभी एक नया यूजर बनाती हैं या एक कम्प्यूटर पर लॉग ऑन करती हैं, तब स्वत: ही बन जाती हैं। यूजर आवश्यकतानुसार यूजर प्रोफाइल की सेटिंग को बदल भी सकता है। लोकल यूजर अकाउण्ट की एक कमी यह है कि इसका प्रयोग उस कम्प्यूटर तक सीमित है जिस पर यूजर का अकाउण्ट बनाया गया है। यदि यूजर किसी अन्य कम्प्यूटर से लॉग ऑन करता है, तो एक नई लोकल यूजर प्रोफाइल बनानी पड़ती है।

रोमिंग यूजर प्रोफाइल Roaming User Profile

रोमिंग यूजर प्रोफाइल द्वारा हर बार जब प्रयोगकर्ता अलग कम्प्यूटर से लॉग ऑन करता है, तब नई यूजर प्रोफाइल को बनाने की समस्या को हल हो जाती है। इस प्रकार की यूजर प्रोफाइल सर्वर द्वारा बनाई जाती है, इसलिए एक डोमेन पर जब आप पहली बार लॉग ऑन करते हैं (जो सर्वर की तरह भी काम करता है) तब आपको सर्वर द्वारा प्रमाणित कर दिया जाता है और आपकी प्रोफाइल जिस पर आप वर्तमान समय में कार्यरत हैं, भेज दिया जाता है। यहाँ पर इसे लोकल यूजर प्रोफाइल के रूप में सुरक्षित कर दिया गया है। यूजर प्रोफाइल पर किए गए सभी परिवर्तनों को सर्वर और लोकल कम्प्यूटर दोनों पर सुरक्षित कर लिया जाता है। निम्नलिखित सोपानों को एक रोमिंग प्रोफाइल बनाने के लिए क्रियान्वित करते हैं

1. प्रोफाइलों को रखने के लिए कम्प्यूटर पर एक फोल्डर बनाएँ।
2. उसी कम्प्यूटर पर एक यूजर अकाउण्ट बनाएँ।
3. प्रोफाइल फोल्डर को यूजर के अकाउण्ट पर नियुक्त कीजिए।
4. एक रोमिंग यूजर प्रोफाइल बनाइएँ।
5. यूजर के लिए एक प्रोफाइल टेम्प्लेट कॉपी कीजिए।

मेन्डेटरी यूजर प्रोफाइल Mandatory User Profile

मैंडेटरी यूजर प्रोफाइल ऐसा प्रोफाइल है जो बदला नहीं जा सकता। यह प्रोफाइल रीड-ओनली है और मुख्य रूप से तब प्रयोग में लाई जाती है जब एक ही प्रोफाइल को कई यूजरों द्वारा बाँटा जाता है। एक मैंडेटरी यूजर प्रोफाइल में परिवर्तन सुरक्षित नहीं किए जाते हैं। जब यूजर लॉग ऑफ होता है तब एक मैंडेटरी यूजर प्रोफाइल को रोमिंग यूजर प्रोफाइल के साथ यूजर के नाम का प्रयोग करके और Ntuser से Ntuser. man तक की सिस्टम फाइल को दोबारा नामकरण करके बनाया जा सकता है।

अभ्यास प्रश्न

परीक्षा प्रारूपी प्रश्न

बहुविकल्पीय

1. VPN का पूर्ण रूप क्या है?
   (a) Virtual Private Network
   (b) Village Private Network
   (c) Virtual Power Network
   (d) उपरोक्त में से कोई नहीं

2. सूचना शेयर करने के लिए एक-दूसरे से कनेक्टेड दो या दो से अधिक कम्प्यूटर से ·········· बनता है।
   (a) नेटवर्क (b) राउटर
   (c) सर्वर (d) टनल

3. राउटिंग फंक्शन के लिए निम्न में से किसकी आवश्यकता नहीं होती है?
   (a) करेक्टनेस (correctness)
   (b) रोबस्टनेस (robustness)
   (c) डिले टाइम (delay Time)
   (d) स्टेबिलिटी (stability)

4. निम्न में से कौन-सा प्रोटोकॉल एक एडमिनिस्ट्रेटर को प्रत्येक राउट के लिए मूल्य निर्धारण की अनुमति प्रदान करता है?
   (a) OSPF (b) RIP
   (c) BGP (d) BBGP

5. निम्न में से किस योजना (scheme) में प्रत्येक सोर्स-डेस्टिनेशन युग्म (source destination pair) के लिए सिर्फ एक राउटिंग सिक्वेन्स होता है?
   (a) स्टेटिक राउटिंग
   (b) फिक्स्ड आल्टरनेटिव राउटिंग
   (c) स्टैण्डर्ड राउटिंग
   (d) डायनामिक राउटिंग

6. ओपन शॉर्स्टेस्ट पाथ फस्ट (OSPF) प्रोटोकॉल ·········· राउटिंग पर आधारित है।
   (a) डिस्टेन्स वेक्टर
   (b) लिंक स्टेट
   (c) पाथ वेक्टर
   (d) नॉन डिस्टेन्स वेक्टर

7. राउटिंग इन्फॉर्मेशन प्रोटोकॉल (RIP) एक डोमेन राउटिंग प्रोटोकॉल है। यह ·········· राउटिंग पर आधारित होता है।
   (a) डिस्टेन्स वेक्टर (b) लिंक स्टेट
   (c) पाथ वेक्टर (d) डिस्टेन्स कोड

8. रिमोट एक्सेस ऑथेन्टीकेशन एक ·········· है।
   (a) प्रोटोकॉल (b) सॉफ्टवेयर
   (c) प्रक्रिया (d) डिवाइस

9. किसी कम्पनी के आन्तरिक नेटवर्क (internal network) से जुड़ने के लिए इण्टरनेट का प्रयोग करके निम्न में से कौन-सा नेटवर्क बनाया जाता है?
   (a) WAN (b) LAN
   (c) PAN (d) VPN

10. VPN किस प्रकार का नेटवर्क है?
    (a) आभासी (b) निजी
    (c) 'a' और 'b' दोनों (d) इनमें से कोई नहीं

11. RRAS (Routing and Remote Access Services) का प्रयोग निम्न में से किस प्रकार के नेटवर्क के साथ किया जाता है?
    (a) LAN (b) MAN
    (c) WAN (d) 'b' और 'c' दोनों

12. TCP/IP तथा IPX/SPX प्रोटोकॉल का प्रयोग ·········· द्वारा किया जाता है।
    (a) NIC कार्ड (b) हब
    (c) राउटर्स (d) इनमें से कोई नहीं

13. निम्न में से किस स्तर पर ग्रुप नीतियों को परिभाषित किया जाता है?
    (a) लोकल एवं साइट लेवल
    (b) डोमेन लेवल
    (c) ऑर्गेनाइजेशनल यूनिट (OU) लेवल
    (d) उपरोक्त सभी

14. विण्डोज सर्वर 2008 में लोकल ग्रुप पॉलिसी की डिफॉल्ट लोकेशन क्या है?
    (a) C:\windows\system 32/Group policy
    (b) D:\windows\system 32/Group policy
    (c) E:\windows\system 32/Group policy
    (d) उपरोक्त में से कोई नहीं

15. निम्न में से कौन प्रयोगकर्ता प्रोफाइल (user profile) है?
    (a) लोकल यूजर प्रोफाइल
    (b) रोमिंग यूजर प्रोफाइल
    (c) मेन्डेटरी यूजर प्रोफाइल
    (d) उपरोक्त सभी

विविध प्रारूपी प्रश्न

सत्य/असत्य

1. RAS (Remote Access Service) सर्वर में विशिष्ट रूप से एक मॉडेम होता है।
2. रिमोट एक्सेस ऑथेन्टीकेशन प्रोटोकॉल ऑनलाइन बिजनेस को चलाने में सुरक्षा प्रदान करता है।
3. वर्चुअल प्राइवेट नेटवर्क (VPN) पब्लिक नेटवर्क प्रणाली होता है।
4. VPN एक आभासी नेटवर्क प्रणाली है जो डाटा ट्रांसफर के लिए वाइड एरिया नेटवर्क (WAN) का प्रयोग करता है।
5. डायनामिक राउटिंग एक प्रक्रिया (process) है, जिसे राउटर डिस्कवरी कहते हैं।

रिक्त स्थानों की पूर्ति

1. डॉयनामिक राउटिंग रिसोर्सों का ………… करता है।
2. राउटिंग इन्फॉर्मेशन प्रोटोकॉल के ………… संस्करण है।
3. राउटर्स नेटवर्क लेयर पर कार्य करता है तथा डाटा पैकेट्स को अनेक नेटवर्क में ………… कर सकता है।
4. यूजर ऑथेन्टीकेशन, ………… का सबसे बुनियादी रूप है।
5. ग्रुप पॉलिसी को डोमेन या ………… स्तर पर ओवर-राइट किया जाता है।

अतिलघु उत्तरीय

1. क्लाइण्ट्स (clients) से आप क्या समझते हैं?
2. सर्वर्स से आप क्या समझते हैं?
3. डायल-अप कनेक्शन (dial-up connection) क्या होता है?
4. राउटिंग से आप क्या समझते हैं?
5. 'यूजर्स' को परिभाषित कीजिए।

लघु उत्तरीय

1. VPN को परिभाषित कीजिए।
2. इण्टरनेट क्या है? संक्षेप में समझाएँ।
3. राउटर क्या होता है? यह OSI मॉडल के किस लेयर पर कार्य करता है?
4. नेटवर्क से आप क्या समझते हैं? यह कितने प्रकार का होता है?
5. मैंडेटरी यूजर प्रोफाइल को संक्षेप में समझाएँ।

दीर्घ उत्तरीय

1. रिमोट एक्सेस ऑथेन्टीकेशन प्रोटोकॉल का वर्णन विस्तारपूर्वक कीजिए।
2. वर्चुअल प्राइवेट नेटवर्क (VPN) की महत्ता को समझाएँ।
3. राउटिंग से आप क्या समझते हैं? यह कितने प्रकार का होता है? RRAS द्वारा प्रदान की जाने वाली राउटिंग सेवाओं का उल्लेख करें।
4. राउटिंग इन्फॉर्मेशन प्रोटोकॉल का वर्णन विस्तारपूर्वक करें।
5. TCP\IP राउटिंग से आप क्या समझते हैं? राउटर्स में TCP\IP को कैसे प्रयोग किया जाता है?

उत्तरमाला

■ **बहुविकल्पीय**

1. (a) **2.** (a) **3.** (c) **4.** (a) **5.** (b) **6.** (a) **7.** (a) **8.** (c) **9.** (d) **10.** (c)
11. (d) **12.** (c) **13.** (d) **14.** (a) **15.** (d)

■ **सत्य/असत्य**

1. सत्य **2.** सत्य **3.** असत्य **4.** असत्य **5.** सत्य

■ **रिक्त स्थानों की पूर्ति**

1. विभाजन **2.** दो **3.** रूट **4.** सिक्योरिटी **5.** OU

□□□

सर्वर कॉन्फिगुरेशन
Server Configuration

परिचय Introduction

सर्वर एक ऐसा कम्प्यूटर प्रोग्राम अथवा युक्ति है जो किसी नेटवर्क पर नेटवर्क स्रोतों (network resources) को प्रबन्धित (manage) करता है। यह दूसरे प्रोग्राम एवं युक्तियों हेतु क्रियात्मकता (functionality) प्रदान करता है। यह आर्किटेक्चर क्लाइण्ट-सर्वर मॉडल (client server model) कहलाता है। सर्वर विभिन्न प्रकार की क्रियात्मकतायें (functionalities) प्रदान करता है जोकि सामान्य रूप से सर्विसेज (services) कहलाती हैं; जैसे—डेटा या स्रोतों को विविध (multiple) क्लाइण्टों के मध्य शेयर (share) करना या किसी क्लाइण्ट के लिए संगणना (computation) क्रियान्वित करना। सूचना एवं संचार प्रौद्योगिकी के अन्तर्गत विभिन्न सर्वर्स; जैसे— डेटाबेस सर्वर्स, फाइल सर्वर्स, मेल सर्वर्स, प्रिन्ट सर्वर्स, वेब सर्वर्स, गेम सर्वर्स, एप्लीकेशन सर्वर्स आदि सम्मिलित होते हैं। इस अध्याय में हम विभिन्न प्रकार के सर्वर और उनके बैकअप एवं सिक्योरिटी का अध्ययन करेंगे।

24.1 वेब सर्वर Web Server

वेब सर्वर (web server) एक प्रोग्राम है, जो किसी वेबसाइट पर रन (run) करता रहता है और वेब ब्राउजर (web browser) द्वारा फाइल्स के लिए की जाने वाली रिक्वेस्ट (request) का प्रत्युत्तर (reply) देने के लिए उत्तरदायी होता है। वर्ल्ड वाइड वेब (world wide web) पर प्रत्येक वेबसाइट का एक सर्वर (server) होता है, जो एक होस्ट कम्प्यूटर पर रन (run) करता रहता है। होस्ट कम्प्यूटर कम्युनिकेशन प्रोटोकॉल्स और इण्टरनेट पर वेबसाइट क्रिएट करने से सम्बन्धित सॉफ्टवेयर को व्यवस्थित करता है। होस्ट कम्प्यूटर UNIX, विण्डोज NT/2000/XP या मैकिनटॉश (macintosh) ऑपरेटिंग सिस्टम का प्रयोग करता है, जिसमें TCP/IP प्रोटोकॉल अन्तर्निर्मित होता है।

किसी वेबसाइट का सर्वर अर्थात् वेब सर्वर (web server) किसी क्लाइण्ट से कनेक्शन स्थापित करने के लिए TCP पोर्ट-80 (TCP port-80) को सुनता (listen) अर्थात् है। TCP/IP प्रोटोकॉल का ट्रांसपोर्ट प्रोटोकॉल प्रत्येक प्रोसेस के लिए एक कॉन्सेप्चुअल कनेक्शन (conceptual connection) का एक सेट परिभाषित करता है, जिसे प्रोटोकॉल पोर्ट्स या पोर्ट्स (ports) कहा जाता है। सामान्यत: ब्राउजर ही क्लाइण्ट होता है। कनेक्शन के स्थापित होने के पश्चात् क्लाइण्ट एक प्रार्थना भेजता है और सर्वर एक प्रत्युत्तर भेजता है। इसके बाद कनेक्शन को मुक्त (release) कर दिया जाता है।

वह प्रोटोकॉल जो लीगल रिक्वेस्ट्स और रिप्लाइज (legal requests and replies) को परिभाषित करता है, उसे HTTP के नाम से जाना जाता है। HTTP (Hyper Text Transfer Protocol) एक विधि (method) है, जिसका प्रयोग वेब पर डॉक्यूमेण्ट को रिट्रीव करने के लिए किया जाता है। चूँकि HTTP एक ASCII प्रोटोकॉल है। अत: ब्राउजर के ठीक विपरीत कोई भी व्यक्ति किसी भी टर्मिनल से किसी भी वेब सर्वर से सीधे-सीधे कम्युनिकेट (communicate) कर सकता है। किसी टर्मिनल के माध्यम से किसी वेब सर्वर (web server) से कम्युनिकेट करने के लिए उस वेब सर्वर पर Port-80 से एक TCP कनेक्शन स्थापित करने की आवश्यकता होती है। Telnet प्रोग्राम का प्रयोग कर सरलता से इस प्रकार का कनेक्शन स्थापित किया जा सकता है।

समस्त वेब सर्वर्स, HTTP नामक प्रोटोकॉल का प्रयोग करते हैं, परन्तु कुछ पुराने वेब सर्वर्स FTP, Gopher आदि प्रोटोकॉल का प्रयोग करते हैं। चूँकि FTP और गोफर सर्वर्स (FTP and gopher servers) पर बड़ी मात्रा में उपयोगी सूचनाएँ उपलब्ध हैं। अतः वेब को डिजाइन करने का एक उद्देश्य इन सूचनाओं को वेब-यूजरों (web-users) को उपलब्ध कराना भी था। अतः कुछ ब्राउजर में FTP और Gopher सर्वरों से कम्युनिकेट करने के लिए FTP और Gopher प्रोटोकॉल का प्रयोग करने की क्षमता को शामिल किया गया परन्तु ब्राउजर को प्रत्येक प्रोटोकॉल को समझने योग्य बनाने से ब्राउजर का साइज अनावश्यक बहुत बड़ा हो जाता है। अतः इस समस्या के समाधान के लिए प्रॉक्सी सर्वर (proxy server) का प्रयोग किया जाता है। प्रॉक्सी सर्वर एक प्रकार का गेटवे (gateway) है, जो HTTP रिक्वेस्ट्स (HTTP requests) को स्वीकार कर उन्हें एफ टी पी रिक्वेस्ट्स (FTP requests) या अन्य प्रोटोकॉल स्टैण्डर्ड में ट्रांसलेट कर देता है, ताकि ब्राउजर को HTTP के स्थान पर अलावा किसी अन्य प्रोटोकॉल को समझने की आवश्यकता न हो।

विशेषताएँ Features

इसकी मुख्य विशेषताएँ निम्नलिखित हैं

1. यह काल्पनिक होस्टिंग प्रदान करता है।
2. यह बड़ी-बड़ी फाइलों को सपोर्ट करने में सक्षम होता है।
3. यह नेटवर्क को संतृप्त होने से बचाता है एवं कई सारे क्लाइण्ट को सुविधाएँ प्रदान करने में सक्षम होता है।
4. यह डायनमिक वेब पेज का निर्माण करता है।

विण्डोज पर आधारित वेब सर्वर Web Server based on Windows

विण्डोज पर आधारित कुछ मुख्य वेब सर्वर निम्न हैं

Commerce Builder इस वेब सर्वर को The Internet Factory, Inc. द्वारा विकसित किया गया था। यह वेब सर्वर पूर्ण रूप से अच्छी सुरक्षा और प्रॉक्सी सर्वर गुण के आधार पर बनाया गया है। यह मुख्य रूप से Windows 95 और Windows NT के लिए रन करता है।

Microsoft Internet Information Server इस शक्तिशाली वेब सर्वर को वर्ष 1996 में लागू किया गया था। यह वेब सर्वर NT सर्वर की सुरक्षा एवं नियन्त्रित करने के लिए NT Server से निकटता से जुड़ा हुआ है।

Netscape FastTrack Server यह एक अत्यधिक प्रचलित वेब सर्वर है, जिसके माध्यम से हम इण्टरनेट को अधिक तीव्र गति से एक्सेस कर सकते हैं। इस वेब सर्वर को नेटस्केप कम्युनिकेशन कॉर्पोरेशन द्वारा विकसित किया गया था।

Netscape Enterprise Server इसका निर्माण Netscape FastTrack Server के निर्माण के बाद नेटस्केप कम्युनिकेशन्स कॉर्पोरेशन (Netscape Communications Corporation) द्वारा किया गया। इस वेब सर्वर पर कुछ अतिरिक्त रुचि वाले गुणों को ऑफर किया, जहाँ पर विभिन्न लोग मैनेजमेन्ट से सम्बन्धित कार्यों को सम्पन्न करते थे।

Secure Web Server यह वेब सर्वर मुख्यतः विण्डोज 95 और विण्डोज NT पर कार्य करता है। इसके अतिरिक्त यह Unix के समस्त प्रचलित संस्करणों पर भी कार्य करता है।

24.2 सर्वर के बैकअप एवं रिकवरी की संकल्पना Concept of Backup and Recovery of Server

एक सर्वर आधारित नेटवर्क में जानकारी एक केन्द्रीय सर्वर या सर्वरों के समूह पर मौजूद होता है। सर्वर एक कम्प्यूटर है, जो नेटवर्क पर दूसरे कम्प्यूटरों को सेवा प्रदान करने के लिए खास तौर पर बनाया गया है। नेटवर्क क्लाइण्ट एक कम्प्यूटर होता है जो सर्वर पर उपलब्ध जानकारी को एक्सेस करता है। सर्वर आधारित नेटवर्क मॉडल छोटे कम्प्यूटर नेटवर्कों के अलावा सभी के लिए उपयुक्त होता है। चूँकि हार्डवेयर साधन अपेक्षाकृत अधिक उपयोगी नेटवर्क सर्वर पर केन्द्रित है, इसलिए क्लाइण्ट कम्प्यूटर को न्यूनतम हार्डवेयर कॉन्फिगुरेशन के साथ बनाया जा सकता है। उदाहरण के लिए; एक सामान्य नेटवर्क क्लाइण्ट मशीन में 486 प्रोसेसर और 8 to 16 मेगाबाइट की रैम हो सकती है। एक जटिल सर्वर में 32 मेगाबाइट्स (या ज्यादा) की रैम हो सकती है और 40 गीगाबाइट की फाइल स्टोरेज कैपेसिटी हो सकती है।

सर्वर को कुछ खास सेवाओं के सेट को प्रदान करने के द्वारा यह सम्भव हो गया है कि उन सेवाओं के लिए सर्वर को आवश्यकतानुसार अपने अनुकूल बना सकते हैं जिसका परिणाम ऑप्टिकल, परफॉर्मेन्स, आसान ट्रबलशूटिंग (troubleshooting) में होता है। एक्सचेंज सर्वर और SQL सर्वर दोनों सूचना व जानकारी आधारित सेवा हैं और इनको उस सर्वर पर जो फाइलों को मुहैया कराता है और प्रिण्ट करता है, पर चलाने से परफॉर्मेन्स कम हो जाती है। सिंगल सर्वर को SQL सर्वर बनाना खर्चीला तो है लेकिन यह SQL डेटाबेस और सामान्य फाइलों और प्रिण्ट करने की क्षमता को बढ़ा देता है।

24.3 सर्वर के प्रकार Types of Server

सर्वर विभिन्न प्रकार के होते हैं, जिनका वर्णन निम्नवत् है

फाइल सर्वर File Server

फाइल सर्वर प्रयोगकर्ताओं के लिए चित्रानुसार नेटवर्क पर फाइलों को संग्रहित करता है।

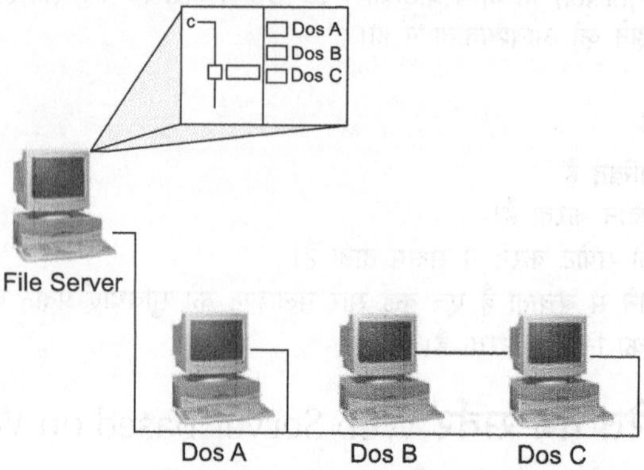

चित्र फाइल सर्वर की संकल्पना

फाइल सर्वर नेटवर्क पर सर्वरों का सबसे आसान प्रकार है। इस प्रकार की डेटा सेवाओं के लिए चौड़ी बैण्डविड्थ की आवश्यकता रहती है और जब वहाँ ज्यादा प्रयोगकर्ता होते हैं, तब यह नेटवर्क धीमा हो जाता है। परम्परागत LAN कम्प्यूटिंग प्रयोगकर्ताओं को संसाधनों; जैसे— डेटा फाइल और पेरीफेरल डिवाइसों को पर्सनल कम्प्यूटर यूनिट से नेटवर्क्ड फाइल सर्वर (Networked File Server, NFS) पर ले जाकर शेयर करने की अनुमति देता है।

क्लाइण्ट मशीन पर एक प्रयोगकर्ता फाइल को फाइल सर्वर पर मौजूद हार्ड ड्राइव में सुरक्षित कर सकता है। अगर प्रयोगकर्ता फाइल को बाद में एक्सेस करने की इच्छा रखता है, तो फाइल को सर्वर से नेटवर्क कनेक्शन के द्वारा क्लाइण्ट मशीन से एक्सेस कर सकता है। सर्वर पर फाइल संग्रहण के लिए एक निश्चित जगह बनाने से महत्त्वपूर्ण फाइलों का बैकअप बनाने और त्रुटिहीन सिस्टम; जैसे— रिडेंडेण्ट ऐरे ऑफ इनएक्सपेन्सिव डिस्क (Redundant Array of Inexpensive Disks, RAID) आदि को चलाने में आसानी होती है।

डेटाबेस सर्वर Database Server

डेटाबेस सर्वरों में क्लाइण्ट स्ट्रक्चर क्वेरी लैंग्वेज (Structure Query Language, SQL) आदेशों को संदेश के तौर पर सर्वर को भेजता है और इस प्रश्न का जवाब नेटवर्क के रास्ते वापस आता है। कोड जो SQL आदेशों को साथ ही साथ डेटा को प्रोसेस करता है, सर्वर पर भी मौजूद होता है। यह सर्वर को निर्देशित डेटा को खोजने और इसकी अपनी प्रोसेसिंग क्षमता का प्रयोग करने की अनुमति देता है जबकि फाइल सर्वर में सभी रिकॉर्डों को क्लाइण्ट के पास वापस भेज देते हैं और अपने डेटा को स्वयं खोजना पड़ता है।

प्रिण्ट सर्वर Print Server

प्रिण्ट सर्वर नेटवर्क से प्रिन्टिंग सुविधाओं को एक्सेस करने का प्रबन्ध करता है और कुछ मशीनों को चित्रानुसार समान प्रिण्टर का प्रयोग करने के लिए समर्थ बनाता है।

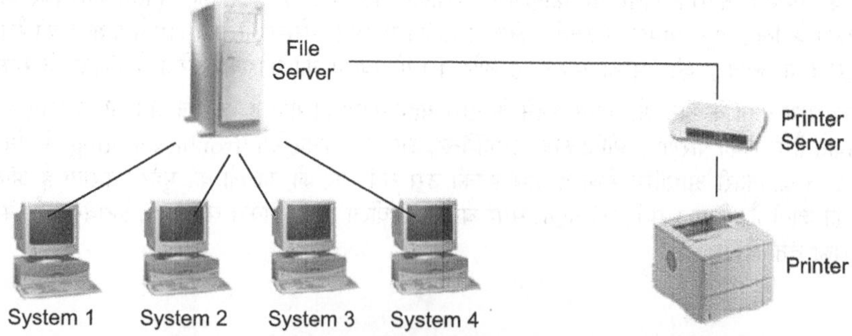

चित्र प्रिन्ट सर्वर की संकल्पना

चूँकि फाइलें और प्रिण्टर बहुत महत्त्वपूर्ण होते हैं और कई नेटवर्कों के लिए आधार का काम करते हैं, इसलिए आमतौर पर फाइल सर्वर और प्रिण्ट सर्वर के लिए प्रयोग में लाए जाते हैं। माइक्रोसॉफ्ट उस मशीन के लिए (जो या तो फाइल या प्रिण्ट सेवाओं को उपलब्ध कराता है) फाइल एण्ड प्रिण्ट सर्वर (file and print server) शब्द का प्रयोग करता है, क्योंकि सर्वर पर प्रिण्टर या हार्ड ड्राइव स्पेस का प्रयोग एक क्लाइण्ट कनेक्शन समझा जाता है।

एप्लीकेशन सर्वर Application Server

एप्लीकेशन सर्वर प्रयोगकर्ता के लिए कोई एप्लीकेशन चलाता है, जिसे चित्र में दर्शाया गया है यह सर्वर पर सभी या प्रोसेसिंग के कुछ भागों पर ही कार्य करता है। एप्लीकेशन सर्वर बड़े डेटाबेस में खोज कर आवश्यक सूचना उपलब्ध करा सकता है। यह सर्वर क्लाइण्ट/सर्वर एप्लीकेशन का एक हिस्सा हो सकता है, जिसमें क्लाइण्ट और सर्वर दोनों कुछ काम करते हैं।

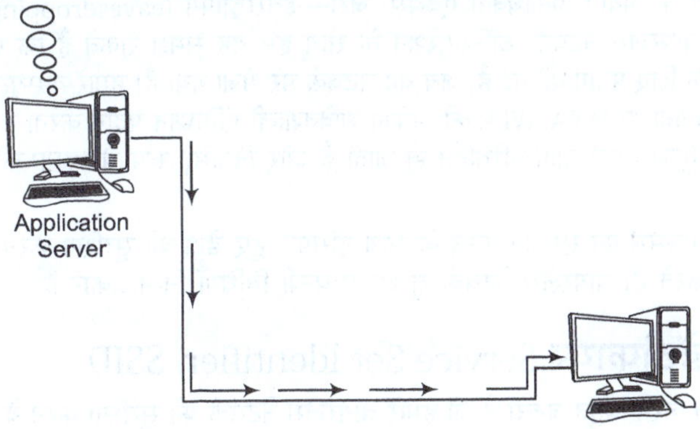

चित्र एप्लीकेशन सर्वर की संकल्पना

फाइल और प्रिण्ट सर्वर फाइलों को संग्रहित करते हैं, परन्तु प्रोसेसिंग नहीं करते। ये एप्लीकेशन सर्वर प्रोसेसिंग और क्लाइण्ट के लिए परिणामों को डाउनलोड करने सम्बन्धी दोनों कार्य करता है। इसलिए फाइल और प्रिण्ट सर्वर को रैम की ज्यादा आवश्यकता होती है, पर ये प्रोसेसर पर ज्यादा लोड नहीं डालते। अच्छा एप्लीकेशन सर्वर रैम इन्टेन्सिव (intensive) भी हो सकता है, परन्तु इसे एक प्रोसेसर की आवश्यकता होती है। सर्वर आधारित मॉडल में नेटवर्क एडमिनिस्ट्रेटर नेटवर्क सूचनाओं को एक्सेस करने को आसानी से नियन्त्रित कर सकता है। नेटवर्क ऑपरेटिंग सिस्टम के द्वारा नेटवर्क एडमिनिस्ट्रेटर प्रयोगकर्ता को सर्वर पर उपलब्ध फाइलों, प्रिण्टरों और दूसरे संसाधनों को एक्सेस करने के लिए निर्देश दे सकता है या निर्देश को नियन्त्रित कर सकता है।

24.4 ऑडिट पॉलिसी Audit Policy

ऑडिटिंग का प्रयोग एक लॉग फाइल (log file) के अन्तर्गत सिक्योरिटी से सम्बन्धित घटनाओं (events) को कैद (capture) करने के लिए किया जाता है। इस स्थिति में हम लॉग फाइल का प्रयोग सिक्योरिटी को भेदने वाले प्रयासों (attempts) को पहचानने के लिए कर सकते हैं। सिक्योरिटी भेदने (breach) की घटना के अन्तर्गत, हम लॉग फाइलों का प्रयोग किसी अनाधिकृत यूजर (unauthorized user) की पहचान एवं उस पर मुकदमा चलाने हेतु कर सकते हैं। ऑडिटिंग के सक्षम (enable) होने पर यह किसी सिस्टम को सिक्योर करने हेतु कोई बचाव (defence) विधि (method) उपलब्ध नहीं कराती है।

24.5 IP सिक्योरिटी IP Security (IP Sec)

IP Sec का पूरा नाम IP सिक्योरिटी है। यह प्रोटोकॉल का एक सूट (suite) होता है जोकि इण्टरनेट प्रोटोकॉल कम्युनिकेशन की सिक्योरिटी को बनाये रखता है। इसके अन्तर्गत क्रिप्टोग्राफिक कुंजी (key) बनाने से जुड़े प्रोटोकॉल भी आते हैं। IP Sec प्रोटोकॉल की नेटवर्क लेयर द्वारा प्रयोग किया जाता है। OSI मॉडल में इसे तीसरी लेयर से प्रयोग करते हैं। इसी कारण IP Sec ज्यादा लचीला प्रोटोकॉल बन जाता है और इसे TCP और UDP पर आधारित प्रोटोकॉल्स को सुरक्षित करने के लिए प्रयोग करते हैं। IP Sec ऑपरेशन के निम्न दो मोड होते हैं

ट्रांसपोर्ट मोड Transport Mode

इस मोड में केवल IP पैकेट का पे-लोड (मैसेज) ही एन्क्रिप्टेड (encrypted) होता है। इसका प्रयोग होस्ट-टू-होस्ट कम्युनिकेशन के लिए किया जाता है।

टनल मोड Tunnel Mode

इस मोड में समूचा IP पैकेट एन्क्रिप्टेड होता है। इसका प्रयोग नेटवर्क-टू-नेटवर्क कम्युनिकेशन के लिए होता है। इसके अलावा इसे होस्ट-टू-नेटवर्क और इण्टरनेट पर होस्ट-टू-होस्ट कम्युनिकेशन के लिए भी प्रयुक्त कर सकते हैं।

24.6 वायरलेस नेटवर्क की सुरक्षा योजना Security Planning of Wireless Network

वायरलेस नेटवर्क के लिए सुरक्षा का विकल्प ऑथैन्टिकेशन (authentication) और एंक्रिप्शन (encryption) सेवाओं के साथ WEP पर आधारित है। सुरक्षा सेवाओं का प्रयोग अनाधिकृत एक्सेस; जैसे—इवेसड्रॉपिंग (eavesdropping) से वायरलेस नेटवर्कों की सुरक्षा के लिए किया जाता है। स्वचालित वायरलेस नेटवर्क कॉन्फिगुरेशन के साथ हम यह समझ सकते हैं कि एक नेटवर्क कुंजी (key) हमारे डेटा को तब एन्क्रिप्ट (encrypt) करने के लिए प्रयोग की गई है, जब यह नेटवर्क पर भेजा गया है। हमारे कम्प्यूटर में वायरलेस नेटवर्क एडॉप्टर WPA सुरक्षा प्रोटोकॉल को सपोर्ट कर सकता है। WPA, WPE की अपेक्षा शक्तिशाली एंक्रिप्शन प्रदान करता है। WPA के साथ नेटवर्क किये गए कम्प्यूटरों और डिवाइसों पर नेटवर्क कुंजी अपने आप परिवर्तित हो जाती है और नियमित रूप से WEP की अपेक्षा अधिक सुरक्षा प्रदान करने के लिए प्रमाणिक होती है।

वायरलेस नेटवर्क, नेटवर्क एक्सेस को सुरक्षित करने के साथ ट्रांसफर हुए डेटा को सुरक्षित करने के लिए SSID, MAC फिल्ट्रिंग, WEP और WPA विधियों का प्रयोग करते हैं। वायरलेस नेटवर्क सुरक्षा सम्बन्धी विधियाँ निम्न प्रकार हैं

सर्विस सेट आइडेंटीफायर Service Set Identifier, SSID

SSID का नाम कॉन्फिगुरेशन करना बहुत जरूरी है जो हमारे वायरलेस नेटवर्क को सुरक्षित करने के लिए करना भी चाहिए। डिफॉल्ट SSID नाम बहुत जाना-पहचाना सा है जोकि नेटवर्क ऑन लाइन पर उपलब्ध होता है। प्रत्येक वायरलेस नेटवर्क नोड ओर एक्सेस प्वॉइण्ट को ठीक ऐसे ही SSID नाम से कॉन्फिगुरेशन करने की जरूरत होती है। तब यह SSID नाम वायरलेस नेटवर्क कवरेज एरिया में प्रत्येक डेटा पॉकेट ब्रॉडकास्ट के शीर्षक में जुड़ जाता है। गलत डेटा नाम के साथ डेटा पैकेट रद्द हो जाता है।

मैक फिल्टरिंग MAC Filtering

मैक फिल्टरिंग वायरलेस नेटवर्क की एक्सेस लिमिट के लिए स्वीकृत प्रयोगकर्ताओं की सूची तैयार करता है। MAC इन प्रयोगकर्ताओं के लिए नोड एड्रेस उपलब्ध कराता है, जो वायरलेस नेटवर्क में हिस्सा लेने के लिए स्वीकृत किए जाते हैं। सूची में मौजूद कोई भी डेटा पैकेट जिसमें नोड का MAC एड्रेस नहीं है, रिजेक्ट हो जाता है।

24.7 नेटवर्क ट्रैफिक का प्रबन्धन Network Traffic Management

नेटवर्क ट्रैफिक के प्रबन्धन के अन्तर्गत कन्जेशन (congestion) एक प्रमुख समस्या है। कन्जेशन एक ऐसी स्थिति है, जिसमें सबनेट (subnet) अथवा इसके एक भाग में अत्यधिक पैकेट्स स्थित होते हैं। कन्जेशन तब अस्तित्व में आता है, जब नेटवर्क में किसी बिन्दु पर माँग, क्षमता से अधिक हो जाती है। यह माँग किसी रिसोर्स; जैसे—चैनल बैण्डविड्थ (channel bandwidth) एवं राउटर बफर स्टोरेज (router buffer storage) की हो सकती है। दूसरे शब्दों में, जब अत्यधिक ट्रैफिक (traffic) की पेशकश की जाती है, तो कन्जेशन स्थित हो जाता है और परफॉर्मेन्स (performance) तेजी से गिर जाती है।

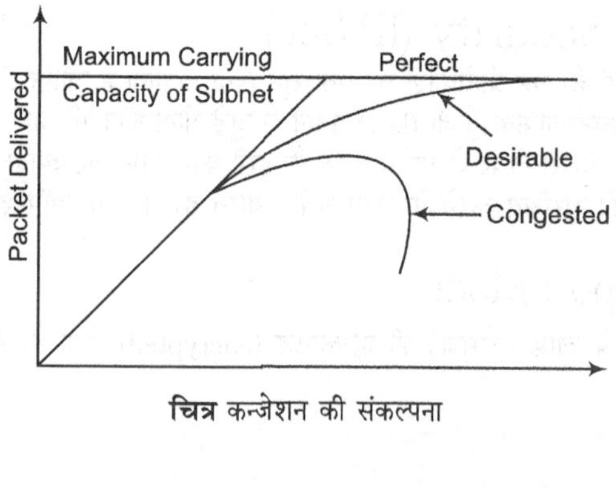

चित्र कन्जेशन की संकल्पना

कन्जेशन के कारण Causes of Congestion

एक सबनेट (subnet) में कन्जेशन के विभिन्न कारण निम्न प्रकार से हैं

1. इनपुट ट्रैफिक रेट (Input traffic rate) का आउटपुट लाइन्स (output lines) की क्षमता से अधिक हो जाना।

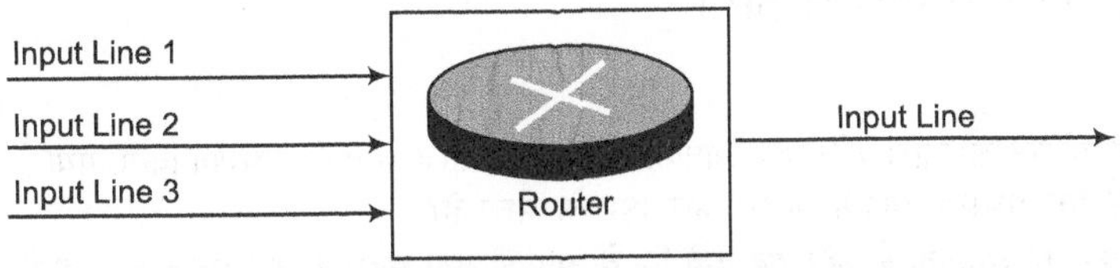

चित्र एक समय में तीन इनपुट लाइनों से डेटा प्राप्त करना

2. राउटर्स बुककीपिंग टास्क (Book-keeping task) अर्थात् क्यूइंग बफर्स (queuing buffers), टेबल्स की अपडेटिंग आदि को परफॉर्म करने के लिए अत्यन्त धीमे होते हैं।
3. राउटर्स के बफर्स (buffers) अत्यन्त सीमित होते हैं।
4. कन्जेशन धीमे लिंक्स (links) के कारण भी उत्पन्न हो सकता है।

उपाय Measures

कन्जेशन की समस्या को दूर करने हेतु उपाय निम्न प्रकार हैं

रिसोर्स को बढ़ाकर By Increasing the Resource

1. निश्चित बिन्दुओं के मध्य बैण्डविड्थ को अस्थाई रूप से बढ़ाने के लिए एक अतिरिक्त लाइन (line) का प्रयोग करके रिसोर्स (resource) को बढ़ाया जा सकता है।
2. ट्रैफिक को मल्टीपल रूट्स (multiple routes) पर विभाजित करके रिसोर्स (resource) को बढ़ाया जा सकता है।
3. अतिरिक्त रूट्स (routes) का प्रयोग करके रिसोर्स को बढ़ाया जा सकता है।

लोड को घटाकर By Decreasing the Load

1. कुछ यूजर्स को सर्विस से वंचित करके लोड को घटाया जा सकता है।
2. कुछ तथा सभी यूजर्स की सर्विस की गुणवत्ता को कम करके लोड को घटाया जा सकता है।
3. एक पूर्वानुमान योग्य तरीके से यूजर्स की माँग का शेड्यूल तैयार करके लोड को घटाया जा सकता है।

24.8 क्वालिटी ऑफ सर्विसेज Quality of Services, QOS

क्वालिटी ऑफ सर्विसेज नेटवर्किंग (networking) और तकनीकों (techniques) का एक विशाल संग्रह है। QOS का लक्ष्य अपेक्षित परिणामों को डिलीवर (deliver) करने के लिए नेटवर्क (network) की क्षमता पर गारण्टी प्रदान करना है। QOS में नेटवर्क ट्रैफिक की प्राथमिकता सम्मिलित है। QOS को नेटवर्क इन्टरफेस पर दिए गए सर्वर अथवा राउटर की परफॉर्मेन्स अथवा विशिष्ट एप्लीकेशन्स के सन्दर्भ में टारगेट किया जा सकता है। यह सुनिश्चित करने के लिए कि नेटवर्क वांछनीय स्तर पर परफॉर्म कर रहा है, नेटवर्क मॉनीटरिंग सिस्टम को आमतौर पर QOS के एक भाग के रूप में असरदार तरीके से प्रयोग किया जाना चाहिए।

QOS के लाभ Advantages of QOS

1. प्रमुख एप्लीकेशन्स (applications) और यूजर्स (users) के लिए बैण्डविड्थ की गारण्टी प्रदान करता है।
2. तीव्रतर नेटवर्क इन्फ्रास्ट्रक्चर (faster network infrastructure) के लिए आवश्यकताओं को दूर रखना सम्भव है।
3. ट्रैफिक फ्लो (traffic flow) की माप (measurement) और मैनेजमेन्ट (management) द्वारा नेटवर्क प्लानिंग (network planning) में सहायक है।

QOS की हानियाँ Disadvantages of QOS

1. जटिल कॉन्फिगुरेशन चुनौतियों (complex configuration challenges) से बचने के लिए मैनेजमेन्ट सॉफ्टवेयर पैकेजेज (management software packages) आवश्यक हैं।
2. कार्यान्वयन (implementation) के कुछ पुराने गियर (old gear) को स्वैप (swap) किए जाने की आवश्यकता है।
3. अच्छी QOS पाने वाले और नियन्त्रित करने वालों के मध्य मतभेद होने पर अनेक समस्याएँ उत्पन्न हो जाती हैं।

24.9 इण्टरनेट कनेक्टिविटी में मुख्य दोष Main Faults in Connectivity of Internet

समस्या 1 ISP से संयोजन न होना

समाधान

1. मॉडेम की कॉन्फिगुरेशन की जाँच करें। यदि आपका मॉडेम ठीक तरह से कॉन्फिगुरेशन किया गया है और आप डॉयल आउट कर सकते हैं, तब सम्भावना है कि समस्या आपके मॉडेम और ISP के मध्य है।
2. अपने ISP से तकनीकी सहायता लें और यह देखें कि वे आपकी क्या सहायता कर सकते हैं। ISP से कनेक्ट करने के लिए आपको मैनुअल के अनुसार TCP/IP प्रोटोकॉल और सही ISP DNS IP Address को डायल अप नेटवर्किंग सेक्शन में सेट करने की आवश्यकता पड़ती है। यदि आप इन terms और सेटिंग्स से परिचित नहीं हैं, तो आपका लोकल ISP सपोर्ट प्रतिनिधि प्रत्येक आवश्यक सेटिंग के साथ आपकी सहायता करने में सक्षम होगा।

समस्या 2 मॉडेम से डायलटोन का न आना

समाधान

1. मॉडेम के पीछे दो फोन जैक होते हैं। एक फोन लाइन के लिए और दूसरा आपके टेलीफोन के लिए। यह सुनिश्चित कर लें कि कहीं इन दोनों पोर्टों में कनेक्शन उल्टे तो नहीं हो गए हैं। फोन लाइन वाला कनेक्टर कहीं टेलीफोन वाले कनेक्टर से तो नहीं जुड़ गया है।
2. यह भी देखें कि टेलीफोन सीधे फोन लाइन से कनेक्ट हो और यह सुनिश्चित करें कि फोन की डायलटोन आ रही है कि नहीं। यदि आप मॉडेम का प्रयोग कार्यालय वातावरण में कर रहे हैं तब यह सुनिश्चित कर लें कि फोन लाइन जिसका प्रयोग आप कर रहे हैं वह डेटा कॉल को सपोर्ट कर रही है या नहीं। अधिकतर कार्यालयों में पब्लिक ब्रांच एक्सचेंज सिस्टम की फोन लाइनें होती हैं जो केवल वॉयस कॉलों को सपोर्ट करती हैं।

समस्या 3 इण्टरनेट एक्सप्लोरर की गति कम या बन्द हो जाना

समाधान

1. सबसे पहले आपको इण्टरनेट एक्सप्लोरर के सभी add-one को निष्क्रिय कर safe mode में चलाना है।
2. डिफॉल्ट से इण्टरनेट एक्सप्लोरर की सम्पूर्ण सेटिंग दोबारा करें।
3. यदि अब भी बहुत मन्द ब्राउजिंग है, तब Receive Window Auto Tuning निम्न कमाण्ड टाइप कर निष्क्रिय करें
   netsh int top set global autotuninglevel = disabled
4. यदि आप Torrents (file extension) डाउनलोड कर रहे हैं, तब समस्या राउटर की हो सकती है, इसलिए समस्या के समाधान के लिए राउटर को रीबूट करें।

अभ्यास प्रश्न

परीक्षा प्रारूपी प्रश्न

बहुविकल्पीय

1. निम्नलिखित में से कौन-सा कम्युनिकेशन प्रोटोकॉल प्रत्येक कम्प्यूटर के लिए मानक सेट करता है, जोकि वेब आधारित सूचनाओं को एक्सेस करती है?
   (a) XML (b) DML
   (c) HTTP (d) HTML

2. वेब ब्राउजर में अंकित होने वाले वेब एड्रेस को आगे आई. पी. एड्रेस में अनुवादित कर लिया जाता है, यह कार्य किया जाता है
   (a) ट्रांसलेटर द्वारा
   (b) वेब ब्राउजर द्वारा
   (c) इण्टरनेट सर्विस प्रोवाइडर द्वारा
   (d) डोमेन नेम सिस्टम द्वारा

3. सर्वर्स वे कम्प्यूटर हैं जो ······· से कनेक्टेड दूसरे कम्प्यूटरों को रिसोर्सेस प्रोवाइड करते हैं।
   (a) नेटवर्क (b) मेनफ्रेम
   (c) सुपर कम्प्यूटर (d) क्लाइण्ट

4. P2P एक ······· एप्लीकेशन आर्किटेक्चर है।
   (a) क्लाइण्ट/सर्वर (b) डिस्ट्रिब्यूटेड
   (c) सेण्ट्रलाइज्ड (d) 1-टीचर

5. निम्न में से कौन-सा वायरस एप्लीकेशन सॉफ्टवेयर में फैलता है?
   (a) मैक्रो वायरस
   (b) बूट वायरस
   (c) फाइल वायरस
   (d) एण्टीवायरस

6. निम्नलिखित में से HTTP कनेक्शन को सुरक्षित रखने के लिए कौन-सा कूटलेखित प्रोटोकॉल है?
   (a) स्ट्रीम कण्ट्रोल ट्रांसमिशन प्रोटोकॉल (SCTP)
   (b) ट्रांसपोर्ट लेयर सिक्योरिटी (TLS)
   (c) एक्सप्लिसिट कंजेशन नॉटिफिकेशन (ECN)
   (d) रिसोर्स रिजर्वेशन प्रोटोकॉल (RRP)

7. निम्नलिखित में इसके अलावा सभी रियल सिक्योरिटी तथा प्राइवेसी खतरों से सम्बन्धित है
   (a) हैकर्स (b) स्पैम
   (c) वायरस (d) चोर की पहचान करना

8. इण्टरनेट द्वारा किसी भी सर्विस के लिए आरक्षण करना है
   (a) ई-लर्निंग (b) ई-गवर्नेंस (c) ई-ट्रेडिंग (d) ई-रिजर्वेशन

9. HTML में, टैग्स जिसमें की-वर्ड होते हैं, ············से घिरे होते हैं।
   (a) फ्लोअर ब्रैकेट्स (b) एंगूलर ब्रैकेट्स (< >)
   (c) पैरेनथैसिस () (d) स्क्वायर ब्रैकेट्स []

10. यह वेब ब्राउजर टेक्स्ट तथा ग्राफिक्स दोनों को सपोर्ट करता है
    (a) टेक्स्ट ब्राउजर (b) ग्राफिकल वेब ब्राउजर
    (c) वेब सर्वर (d) HTML

11. एफ टी पी (FTP) का पूर्ण रूप है
    (a) फास्ट टेक्स्ट प्रोसेसिंग (b) फाइल ट्रांसमिशन प्रोग्राम
    (c) फास्ट ट्रांसमिशन प्रोसेसर (d) फाइल ट्रांसफर प्रोटोकॉल

12. एक सामान्य नेटवर्क क्लाइण्ट मशीन में कितने प्रोसेसर हो सकते हैं?
    (a) 350 (b) 430 (c) 486 (d) 556

13. निम्न में से कौन-सा सर्वर का प्रकार नहीं है?
    (a) फाइल सर्वर (b) डेटाबेस सर्वर
    (c) सर्विस सर्वर (d) प्रिन्ट सर्वर

14. IP सिक्योरिटी के टनल मोड का प्रयोग निम्न में से किस कम्युनिकेशन हेतु किया जाता है?
    (a) नेटवर्क-टू-नेटवर्क (b) होस्ट-टू-नेटवर्क
    (c) होस्ट-टू-होस्ट (d) ये सभी

15. QOS का पूर्ण रूप है
    (a) Quality of Service (b) Quality of System
    (c) Quality of Symbol (d) इनमें से कोई नहीं

विविध प्रारूपी प्रश्न

सत्य/असत्य

1. सर्वर दूसरे प्रोग्रामों एवं युक्तियों के लिए क्रियात्मकता प्रदान करता है।
2. समस्त वेब सर्वर्स, HTTP नामक प्रोटोकॉल का प्रयोग करते हैं।
3. Commerce Builder मुख्य रूप से केवल Windows 95 के लिए ही रन करता है।
4. फाइल और प्रिन्ट सर्वर फाइलों को संग्रहित करते हैं।
5. ट्रांसपोर्ट मोड का प्रयोग होस्ट-टू-होस्ट कम्युनिकेशन के लिए किया जाता है।

रिक्त स्थानों की पूर्ति

1. प्रॉक्सी सर्वर एक प्रकार का ·········· है।
2. वेब सर्वर्स ·········· वेब पेज का निर्माण करते हैं।
3. एक जटिल सर्वर में ·········· मेगाबाइट्स की रैम हो सकती है।
4. फाइल और प्रिन्ट सर्वर फाइलों को संग्रहित करते हैं, परन्तु ·········· नहीं करते हैं।
5. टनल मोड का प्रयोग ·········· कम्युनिकेशन के लिए होता है।

अतिलघु उत्तरीय

1. वेब सर्वर्स की मुख्य विशेषताएँ लिखिए।
2. विण्डोज पर आधारित कुछ वेब सर्वर के नाम बताइए।
3. प्रिन्ट सर्वर से आप क्या समझते हैं?
4. ऑडिटिंग पॉलिसी क्या है?
5. मैक फिल्टरिंग से क्या आशय है?

लघु उत्तरीय

1. सर्वर से आप क्या समझते हैं? सर्वर के विभिन्न प्रकारों के नाम भी लिखिए।
2. एप्लीकेशन सर्वर से आपका क्या तात्पर्य है? संक्षिप्त में उत्तर दीजिए।
3. विण्डोज पर आधारित कुछ मुख्य वेब सर्वर का वर्णन कीजिए।
4. ऑडिटिंग पॉलिसी को संक्षिप्त में समझाइए।
5. वायरलेस नेटवर्क सुरक्षा सम्बन्धी विधियों में से किसी एक का वर्णन कीजिए।

दीर्घ उत्तरीय

1. वेब सर्वर्स का परिचय दीजिए तथा विण्डोज पर आधारित वेब सर्वर्स का विस्तृत वर्णन कीजिए।
2. सर्वर के बैकअप एवं रिकवरी से आप क्या समझते हैं? इनके विभिन्न प्रकारों का उल्लेख कीजिए।
3. वायरलेस नेटवर्क सुरक्षा सम्बन्धी विधियों का वर्णन कीजिए।
4. नेटवर्क ट्रैफिक प्रबन्धन क्या है? इसमें उत्पन्न समस्या का विस्तारपूर्वक वर्णन कीजिए।
5. इण्टरनेट कनैक्टिविटी में होने वाली समस्याओं का वर्णन कीजिए।

उत्तरमाला

बहुविकल्पीय

1. (c) **2.** (d) **3.** (a) **4.** (b) **5.** (a) **6.** (b) **7.** (c) **8.** (d) **9.** (b) **10.** (b)
11. (d) **12.** (c) **13.** (c) **14.** (d) **15.** (a)

सत्य/असत्य

1. सत्य **2.** सत्य **3.** असत्य **4.** सत्य **5.** सत्य

रिक्त स्थानों की पूर्ति

1. गेटवे (gateway) **2.** डायनमिक **3.** 32 **4.** प्रोसेसिंग **5.** नेटवर्क-टू-नेटवर्क

□□□